Arbeitsschutz von A–Z

Inhaltsverzeichnis

Abbrucharbeiten

Abbrucharbeiten sind Arbeiten zur Beseitigung von baulichen Anlagen, einschließlich der dafür notwendigen vorbereitenden und abschließenden Arbeiten. Zu den vorbereitenden und abschließenden Arbeiten zählen Tätigkeiten zur Baustelleneinrichtung und -räumung (Aufstellung/Abbau von Großgeräten, Bauwagen und Containern, Verkehrsflächen und Transportwegen, Lagerflächen, Medienversorgung, Baustellensicherung, Arbeits- und Schutzgerüste, Abfallentsorgung).

Gesetze, Vorschriften und Rechtsprechung

Wesentliche Arbeitsschutzvorgaben für Abbrucharbeiten enthalten neben dem allgemein geltenden Recht (ArbSchG, DGUV-V 1) folgende Vorschriften und Regeln:

- Gefahrstoffverordnung (GefStoffV)
- TRGS 519 „Asbest: Abbruch-, Sanierungs- oder Instandhaltungsarbeiten“
- TRGS 521 „Abbruch-, Sanierungs- und Instandhaltungsarbeiten mit alter Mineralwolle“
- DGUV-V 38 „Bauarbeiten“ inkl. Durchführungsanweisungen
- DGUV-R 101-603 „Branche Abbruch und Rückbau“

Weitere Rechtsgrundlagen mit Vorgaben für Abbrucharbeiten sind:

- Bundes-Immissionsschutzgesetz (BImSchG)
- Kreislaufwirtschaftsgesetz (KrWG)
- Musterbauordnung bzw. die Bauordnungen der Länder und ergänzende Verwaltungsvorschriften
- ATV DIN 18459 „Abbruch- und Rückbauarbeiten“

1 Gefährdungen

Abbrucharbeiten bergen ein hohes Gefährdungspotenzial. Das äußert sich u.a. durch folgende Unfallgefährdungen:

- Absturz von hochgelegenen Arbeitsplätzen und Verkehrswegen,
- Erschlagenwerden von ein- oder umstürzenden Bauteilen,
- Überrollt- oder Gequetschtwerden von Baumaschinen oder -fahrzeugen,
- Getroffenwerden von herabfallenden Teilen,
- → *Stürzen, Stolpern*, Ausrutschen.

Darüber hinaus sind Gefährdungen und -belastungen für die Beschäftigten möglich, wie z.B.:

- → *Gefahrstoffe* (Einatmen gefährlicher Stoffe, z.B. Quarzstaub, alte → *künstliche Mineralfasern* oder Asbest),
- → *Lärm*,
- → *Vibrationen* (Hand-Arm-, Ganzkörpervibrationen).

2 Vorbereitung von Abbrucharbeiten

2.1 Abbruchplanung des Bauherrn

Der Bauherr als Träger des Bausubstanzrisikos und der Planungsverantwortung veranlasst grundsätzlich eine Bestandsaufnahme und ggf. erforderliche weitere Bausubstanzuntersuchungen. Damit erhält man Kenntnis über die relevanten arbeitsschutz- und abfallrechtlichen Problemstoffe der baulichen Anlage. In der Verantwortung des Bauherrn liegen i.d.R. auch folgende Leistungen:

- Abbruch- und Entsorgungskonzept,
- Mengenermittlung,
- Ausschreibung/Vergabe,
- sonstige Fachplanungen.

Ein Antrag auf Abbruchgenehmigung ist bei genehmigungspflichtigen Abbruchvorhaben bzw. Anzeige bei vereinfachten Genehmigungsverfahren vom Bauherrn bei der Bauaufsichtsbehörde einzureichen.

Praxis-Beispiel: Verpflichtungen für den Bauherrn

Unabhängig von den Arbeitsschutzpflichten der späteren Arbeitgeber treffen den Bauherrn im Vorfeld einer Abbruchmaßnahme ggf. weitreichende Erkundungs-, Planungs-, Informations-, Organisations- und Nachweispflichten. Hilfreich dafür sind neben der Beauftragung geeigneter Erfüllungsgehilfen auch rechtzeitige Abstimmungen mit der zuständigen Behörde auch über regionale Besonderheiten!

2.2 Abbruchplanung des Abbruchunternehmers

Auf Basis der Abbruchgenehmigung und der sonstigen maßgeblichen Unterlagen aus der Untersuchung des Abbruchobjektes trifft der Abbruchunternehmer seine Vorbereitungen. Hierzu ist ggf. eine ergänzende Untersuchung des baulichen Zustandes erforderlich. Mit den vorliegenden Informationen wählt der Arbeitgeber die Abbruchtechnologien und -methoden (s. Abschn. 3) sowie die dazu notwendigen Hilfsverfahren und -mittel. Darauf aufbauend ist für Abbruch- und Rückbauarbeiten, an die besondere sicherheitstechnische Anforderungen gestellt werden, eine schriftliche Abbruchanweisung zu erarbeiten, die vor Aufnahme der Abbrucharbeiten auf der Baustelle vorliegen muss.

Praxis-Beispiel: Abbruchanweisung als Gefährdungsbeurteilung

Eine Abbruchanweisung kann, korrekte Erarbeitung vorausgesetzt, wesentliche Anforderungen für eine baustellenspezifische → *Gefährdungsbeurteilung* nach ArbSchG erfüllen, da mit ihr durch eine Beurteilung der für die Beschäftigten mit ihrer Arbeit verbundenen Gefährdung dokumentiert wird, welche Maßnahmen des Arbeitsschutzes erforderlich sind.

Der Arbeitgeber benennt für die spätere Ausführung der Abbrucharbeiten einen oder ggf. mehrere weisungsbefugte und fachkundige Personen als Aufsichtführenden nach § 8 DGUV-V 1 bzw. § 3 Abs. 2 DGUV-V 38.

3 Abbruchmethoden

Abtragen

Das Abtragen ist das manuelle, schichtenweise Abbrechen von Teilen der baulichen Anlage mit handgeführten mechanischen Arbeitsmitteln (z. B. Meißel, Hammer, Spitzhacke, Brechstange, Handsäge) oder mit handgeführten Elektro-, Druckluft- oder Hydraulikgeräten (z. B. Bohrhammer, Schlagbohrer).

Einreißen, Einziehen

Unter der Methode Einreißen/Einziehen wird das Umziehen von Teilen der baulichen Anlage mithilfe von Seilen, Ketten oder mit dem teleskopierbaren Abbruchstiel mit Abbruchkopf eines Hydraulikbaggers verstanden. Dabei können Winden, Greifzüge, Baufahrzeuge und Erdbaumaschinen als Zugvorrichtung für Zugmittel sein.

Abgreifen

Bei der Methode des Abgreifens werden die Teile der baulichen Anlage mechanisch mittels Greifer (angebracht an einem Abbruchbagger) von oben nach unten abgetragen.

Einschlagen

Unter dem Einschlagen versteht man das Zerstören von Teilen der baulichen Anlage durch stählerne Fallbirnen, Schlagkugeln oder -keile, die an Trägergeräten (meist Seilbagger) hängen. Dabei kann die Fallbirne im freien Fall in senkrechter Richtung (Fallschlag) oder in waagerechter Richtung (Schwingschlag oder Schwenkschlag) zum Einsatz kommen.

Eindrücken

Mithilfe hydraulisch betriebener Bagger, Frontlader oder Planierraupen werden Teile der baulichen Anlage beim Eindrücken zum Einsturz gebracht. Dabei muss das Arbeitsgerät, z. B. der teleskopierbare Abbruchstiel, den höchsten Punkt des abzubrechenden Teils erreichen können.

Demontieren

Das Demontieren, als Umkehrvorgang der Montage, ist das Auseinandernehmen von Teilen der baulichen Anlage durch Lösen der kraft- bzw. formschlüssigen Verbindungen oder durch Abtrennen und Durchsägen bzw. durch thermische Trennverfahren.

Sprengen

Sprengen ist das Zerstören/Niederlegen von baulichen Anlagen durch die Verwendung von Explosivstoffen.

Mechanisches Trennen

Mechanische Trennverfahren, wie das Kernbohren, Sägen, Schneiden, Fräsen, Schälen dienen dem Zerkleinern oder dem Teilabbruch von Teilen der baulichen Anlage, dem Herstellen von Öffnungen und der Vorbereitung anderer Abbruchmethoden.

Brennschneiden

Das Brennschneiden ist ein thermisches Trennverfahren, bei dem das durch den Schneidbrenner erhitzte Material mit dem Strahl (Sauerstoff-Brenngas-Gemisch) oxidiert und aus der dabei entstandenen Schnittfuge geblasen wird. Als Brenngas wird z. B. Acetylen oder Propan eingesetzt.

Weitere Abbruchmethoden

Weitere Abbruchmethoden sind:

- thermisches Trennen mit Kern- oder Pulverlanzen,
- Sprengen mit expandierenden Gemischen,
- hydraulisches Spalten,
- Hochdruckwasserstrahlschneiden.

4 Durchführung von Abbrucharbeiten

Dem Arbeitgeber obliegt die ordnungsgemäße, den technische Baubestimmungen und den genehmigten Abbruchvorlagen entsprechende Ausführung der Arbeiten. Dazu gehört die ordnungsgemäße Einrichtung der Abbruchbaustelle (z. B. Absperrung und Kennzeichnung der Abbruchbaustelle, → *Fluchtwege*, sanitäre Anlagen, Warnposten, Signalgeräte), aber auch der sichere Betrieb.

In allen Bauzuständen, also auch im Rahmen von Abbruch- bzw. Rückbauarbeiten, muss grundsätzlich die Standsicherheit und Tragfähigkeit von baulichen Anlagen und ihrer Teile (Gerüste, Geräte, Hilfskonstruktionen, Laufstege und andere Einrichtungen) gewährleistet sein. Sie müssen so bemessen, aufgestellt, unterstützt, ausgesteift, verankert und beschaffen sein, dass sie die Lasten, die bei der vorgesehenen Verwendung anfallen, aufnehmen und ableiten können. Kann diese Forderung, bedingt durch den Abbruch, nicht eingehalten werden, müssen andere Maßnahmen (z. B. Absperrungen) den Schutz der Beschäftigten gewährleisten.

Gefahrenbereiche, die durch Abbrucharbeiten entstehen, dürfen nicht betreten werden. Um das zu erreichen, muss der Aufsichtführende für eine Absperrung sorgen und ggf. auch für eine Kennzeichnung mit Warnzeichen oder Warnposten, die erforderlichenfalls mit Signalgeräten ausgerüstet sind. Vorgeschriebene Sicherheitsabstände sind einzuhalten. Bei unvorhergesehenen, gefahrdrohenden Zuständen müssen die Abbrucharbeiten bis zur Klärung des weiteren Vorgehens unterbrochen werden.

Abbruchmaterial (Gegenstände und Massen) darf nur abgeworfen werden, wenn wirksame Maßnahmen ergriffen wurden, die verhindern, dass Personen von diesem herabfallenden Material getroffen werden können. Insbesondere müssen geschlossene Rutschen bis zur Übergabestelle oder Absperrungen des Gefahrenbereichs vorhanden sein.

Abbrucharbeiten dürfen nur mit sicheren (z.B. Fahrerkabinen mit widerstandsfähigen Schutzdächern und Frontschutz) und geeigneten (z.B. ausreichende Reichhöhe) Baumaschinen ausgeführt werden. Einreißarbeiten dürfen nur unter Beachtung der Vorgaben für die Zugmittel durchgeführt werden. Abbrucharbeiten mit handgeführten Arbeitsmitteln sind möglichst zu vermeiden. Bauliche Anlagen oder Teile davon dürfen nicht durch Unterhöhlen oder Einschlitzen umgelegt werden. Der kontinuierliche Abtransport des Abbruchmaterials ist zu gewährleisten, um eine Überlastung von Decken und Wänden zu vermeiden und Treppenhäuser, Verkehrs- und Fluchtwege freizuhalten.

5 Abbrucharbeiten in kontaminierten Bereichen

Im Zusammenhang mit dem Abbruch bzw. Rückbau von baulichen und technischen Anlagen können Materialien freigesetzt werden, die Gefahrstoffe, wie z.B. Asbest, teerstämmige Materialien (polyzyklische aromatische Kohlenwasserstoffe – PAK), Holzschutzmittelwirkstoffe (PCP, Lindan, DDT) oder polychlorierte Biphenyle (PCB), enthalten.

Kann bei einem Abbruchobjekt eine solche Verunreinigung mit → *Gefahrstoffen* oder → *biologischen Arbeitsstoffen* (z.B. Schimmelpilzbefall an der Bausubstanz oder Verunreinigungen durch Taubenkot) über eine gesundheitlich unbedenkliche Grundbelastung hinaus nicht ausgeschlossen werden, müssen für die Abbrucharbeiten weitergehende Schutzmaßnahmen ergriffen werden. Bekanntes Beispiel hierfür ist die Einrichtung einer Schwarz-Weiß-Anlage.

Praxis-Beispiel: Sozialräume in kontaminierten Bereichen

Die Errichtung und Nutzung von Sozialräumen und → *Unterkünften* sind in kontaminierten Bereichen nur zulässig, wenn das Eindringen von gefahrstoffbelasteter Atmosphäre unmöglich ist.

Matthias Glawe

Abdeckungen

Abdeckungen sind Absturz- bzw. Sturzsicherungen, die ein Abstürzen von Personen aus der Höhe oder ein Hineinstürzen bzw. Stolpern von Personen verhindern sollen. Abdeckungen können an Boden- und Deckenöffnungen oder an Wandluken angebracht werden.

Gesetze, Vorschriften und Rechtsprechung

In folgenden Vorschriften bzw. Regeln werden Anforderungen an Abdeckungen gestellt:

- Anhang Nr. 1.5 Arbeitsstättenverordnung (ArbStättV)
- ASR A1.5 „Fußböden“
- ASR A2.1 „Schutz vor Absturz und herabfallenden Gegenständen, Betreten von Gefahrenbereichen“
- TRBS 2121 „Gefährdung von Beschäftigten durch Absturz – Allgemeiner Teil“
- DGUV-V 38 „Bauarbeiten“
- DGUV-I 201-054 „Dach-, Zimmer- und Holzbauarbeiten“

1 Zweck von Abdeckungen

Abdeckungen sind technische Schutzmaßnahmen, die ein Abstürzen aus der Höhe an Öffnungen und ein Hineinstürzen in bzw. Stolpern an Vertiefungen verhindern sollen.

Mit Abdeckungen werden horizontale Öffnungen und Ausschnitte geschlossen. Nicht durchtrittsichere Beläge in Flächen (Böden, Decken, Dächern, Lichtkuppeln etc.) können mit Hilfe von Abdeckungen während der Arbeit gesichert und auf diese Weise ein Sturz in oder durch die Flächen verhindert werden (**Abb. 1**).

Abb. 1: Abdeckung an einer Absturzstelle

Außerdem können durch sachgerecht ausgeführte Abdeckungen Stolperstellen vermieden werden (**Abb. 2**).

Abb. 2: Abdeckung an einer Sturz- bzw. Stolperstelle

2 Gefährdungsbeurteilung

Neben den prinzipiellen Anforderungen aus dem Vorschriften- und Regelwerk zu Abdeckungen bildet die → *Gefährdungsbeurteilung* der Arbeitsbedingungen die Grundlage für die Auswahl und den Einsatz von Abdeckungen.

§ 9 Abs. 2 DGUV-V 38 enthält Anforderungen an → *Absturzsicherungen* (z. B. Abdeckungen). Hier wird in Abhängigkeit von der Absturzhöhe dargestellt, ab wann eine entsprechende Absturzsicherung (z. B. eine Abdeckung) anzubringen ist. § 10 DGUV-V 38 legt darüber hinaus fest, dass an Öffnungen in Böden, Decken und Dachflächen sowie an Vertiefungen Einrichtungen vorhanden sein müssen, die ein Abstürzen, Hineinfallen oder Hineintreten von Personen verhindern.

Anhang 2.1 ArbStättV verlangt, dass Arbeitsplätze und Verkehrswege, bei denen Absturzgefahr besteht, mit Schutzvorrichtungen versehen sein müssen, die verhindern, dass ein Arbeitnehmer abstürzen oder in den Gefahrenbereich gelangen kann. In der ASR A2.1 „Schutz vor Absturz und herabfallenden Gegenständen, Betreten von Gefahrenbereichen" werden diese Anforderungen konkretisiert.

Wie hoch das Risiko an solchen Absturz- bzw. Sturzstellen ist, kann durch eine Gefährdungsbeurteilung festgestellt werden. Dabei müssen die konkreten Gefahrquellen und gefahrbringenden Bedingungen als Ursachen ermittelt und anhand einer Risikobeurteilung festgestellt werden, ob und welche Maßnahmen zum Einsatz kommen. Abschn. 3.3 TRBS 2121 „Gefährdungen von Beschäftigten durch Absturz" nennt auch Kriterien, nach denen diese Bewertung erfolgen kann. Dazu zählen u. a.:

- der Höhenunterschied zwischen der Absturzkante und der tiefer liegenden Fläche,
- der Abstand zur Absturzkante,
- die Beschaffenheit der tiefer liegenden Fläche,
- die Art und Dauer der Tätigkeit und
- die Arbeitsumgebungsbedingungen.

Abdeckungen sind in diesem Zusammenhang technische Maßnahmen der höchsten Rangfolge, die einerseits helfen, die Anforderungen aus dem Vorschriften- und Regelwerk zu erfüllen und andererseits eine Risikoreduzierung auf der Basis der Gefährdungsbeurteilung unterstützen.

3 Beschaffenheit von Abdeckungen

Abdeckungen können aus Holz oder aus Stahl beschaffen sein. Über- bzw. Unterspannungen können ebenfalls zum Einsatz kommen.

Die verwendeten Materialien müssen ausreichend tragfähig und witterungsbeständig sein. Die Tragfähigkeit der Abdeckung muss ein Begehen sowie auch ggf. ein Befahren bzw. Überfahren mit Arbeitsgeräten ermöglichen. Sie müssen durchtrittsicher ausgelegt sein. Abdeckungen müssen unverschiebbar sein, damit die Öffnungen, Ausschnitte usw. nicht unbeabsichtigt freigelegt werden können. Dazu sollten Abdeckungen passgenau zugeschnitten werden. Sie müssen, wenn möglich, fixiert werden. Damit wird das Entstehen von Stolperstellen verhindert.

In den verschiedenen Ländern der EU werden unterschiedliche Anforderungen an die Beschaffenheit von Abdeckungen gestellt. Diese beziehen sich auf die verwendeten Materialien und deren Abmessungen, wie z. B. die Dicke oder Breite von verwendeten Holzbohlen und auf die Regelungen zur Absturzhöhe und Art der Öffnungen.

Praxis-Beispiel: Zulässige Stützweiten bei Abdeckungen aus Holz

In Deutschland müssen Dach- und Deckenöffnungen bzw. Bodenöffnungen und Vertiefungen immer abgedeckt werden. Als Abdeckungen aus Holz kommen Bretter und Bohlen zum Einsatz. Deren Dicke muss mind. 3 cm betragen. Die zulässige Stützweite für Abdeckungen aus Holz ist abhängig von der Dicke der Bretter bzw. Bohlen und von der Bohlenbreite (vgl. **Tab. 1**).

Brett- oder Bohlenbreite (cm)	Brett- oder Bohlendicke (cm)				
	3,0	3,5	4,0	4,5	5,0
20	1,25	1,50	1,75	2,25	2,50
24 und 28	1,25	1,75	2,25	2,50	2,75

Tab. 1: Zulässige Stützweite in m (aus DGUV-I 201-054)

Abdeckungen aus Stahl sind Bleche und Gitter.

Netzkonstruktionen bzw. Stahlgittermatten können zum Unter- bzw. Überspannen eingesetzt werden.

Absturzsicherung

Eine Absturzsicherung ist eine zwangsläufig wirksame, technische Schutzmaßnahme, die das Herabfallen von Personen von höher gelegenen Ebenen auf eine tiefer gelegene Fläche bzw. auf einen Gegenstand, das Durchbrechen durch eine nicht tragfähige Fläche oder das Hineinfallen bzw. Versinken in flüssige oder körnige Stoffe verhindern soll.

Gesetze, Vorschriften und Rechtsprechung

Absturzsicherungen fordern v. a. Anhang 2.1 und Anhang 5.2 Arbeitsstättenverordnung (ArbStättV) sowie § 9 und Anhang 1 Nr. 3.1.5 ff. Betriebssicherheitsverordnung (BetrSichV).

Im Technischen Regelwerk sind insbesondere ASR A2.1 „Schutz vor Absturz und herabfallenden Gegenständen, Betreten von Gefahrenbereichen" und TRBS 2121 „Gefährdung von Beschäftigten durch Absturz – Allgemeine Anforderungen" bedeutsam.

Auch im Regelwerk der gesetzlichen Unfallversicherungsträger finden sich an vielen Stellen Forderungen nach absturzgesicherten Arbeitsplätzen und Verkehrswegen, z. B. in der DGUV-V 38 „Bauarbeiten". Als Hilfestellung bei der Umsetzung der Arbeitsschutzpflichten steht die DGUV-I 201-023 „Sicherheit von Seitenschutz, Randsicherungen und Dachschutzwänden als Absturzsicherungen bei Bauarbeiten" zur Verfügung. Sicherheitstechnische Produktanforderungen an Absturzsicherungen enthalten zudem DIN Normen, wie z. B die DIN EN 13374 „Temporäre Seitenschutzsysteme", die DIN EN 1263 „Schutznetze" oder die DIN EN 795 „Persönliche Absturzschutzausrüstung – Anschlageinrichtungen".

1 Wann sind Absturzsicherungen notwendig?

Unter dem Begriff Absturzsicherung werden Geländer, feste Abschrankungen oder Absperrungen, Brüstungen, → *Abdeckungen* und ähnliche Einrichtungen zusammengefasst. Eine Absturzsicherung ist eine zwangsläufig wirksame, kollektive, technische Schutzmaßnahme, die einen Absturz auch ohne bewusstes Mitwirken der Beschäftigten oder sonstiger gefährdeter Personen verhindert. Die damit verbundene Absturzgefährdung kann gem. Abschn. 4.1 ASR A2.1 und Abschn. 3.3 TRBS 2121 nach folgenden Kriterien bewertet werden:

- Höhenunterschied zwischen Absturzkante und tiefer liegender Fläche oder Gegenstand,
- Abstand zur Absturzkante (horizontaler Abstand zwischen der tragfähigen/durchtrittsicheren und der nicht tragfähigen/nicht durchtrittsicheren Fläche sowie vertikaler Abstand zwischen einerseits Gerüstbelag und andererseits Gebäude, Glasflächen oder Bauteilen),
- Beschaffenheit des Standplatzes (Neigungswinkel), der Standfläche (z. B. Rutschhemmung),
- Beschaffenheit der tiefer liegenden Fläche oder des Gegenstandes,
- Art und Dauer der Tätigkeit (körperliche Belastung),
- Arbeitsumgebungsbedingungen, z. B. Sichtverhältnisse/Erkennbarkeit der Absturzkante, Erkennbarkeit, Vibrationen, gleichgewichtsbeeinflussende Faktoren, Witterungseinflüsse, Beleuchtung, Tageszeit, Blendwirkung.

Eine Gefährdung durch Absturz liegt bei einer Absturzhöhe von mehr als 1 m vor (Anhang 2.1 Abs. 1 ArbStättV, Abschn. 4.1 Abs. 4 ASR A2.1). Befinden sich Arbeitsplätze oder Verkehrswege 0,2 m bis 1 m oberhalb einer angrenzenden Fläche, ist im Rahmen der Gefährdungsbeurteilung zu ermitteln, ob und welche Absturzsicherungen erforderlich sind. Bei einer Gefährdung des Hineinfallens oder des Versinkens in Stoffen ist unabhängig von der Absturzhöhe ein Schutz gegen Absturz vorzusehen. Eine weitere Unterscheidung nach Absturzhöhen enthält Abschn. 8.2 ASR A2.1. Dort werden Schutzvorrichtungen, die ein Abstürzen von Beschäftigten an Arbeitsplätzen und Verkehrswegen auf Baustellen verhindern, abgestuft für verschiedene Absturzhöhen gefordert:

1. unabhängig von der Absturzhöhe bei
   a) Arbeitsplätzen auf Baustellen am und über Wasser oder an und über anderen festen oder flüssigen Stoffen, in denen man versinken kann,
   b) Verkehrswegen auf Baustellen über Wasser oder anderen festen oder flüssigen Stoffen, in denen man versinken kann,
2. bei mehr als 1 m Absturzhöhe an Wandöffnungen, an freiliegenden Treppenläufen und -absätzen und an allen übrigen Verkehrswegen auf Baustellen sowie
3. bei mehr als 2 m Absturzhöhe an allen übrigen Arbeitsplätzen.

Bei einer Absturzhöhe bis zu 3 m ist eine Schutzvorrichtung entbehrlich an Arbeitsplätzen und Verkehrswegen auf Dächern und Geschossdecken von baulichen Anlagen mit bis zu 22,5 Grad Neigung und nicht mehr als 50 m^2 Grundfläche, sofern die Arbeiten von hierfür fachlich qualifizierten und körperlich geeigneten Beschäftigten ausgeführt werden und diese Beschäftigten besonders unterwiesen sind. Die Absturzkante muss für die Beschäftigten deutlich erkennbar sein.

Praxis-Beispiel: Umgang mit den vorgegebenen Absturzhöhen

Neben den angegebenen Zahlenwerten wird im Arbeitsschutzrecht ausdrücklich darauf hingewiesen, dass zulässige Absturzhöhen entsprechend der jeweiligen betrieblichen Situation nicht starr festgelegt sind. Entscheidend ist das Ergebnis der betrieblichen → *Gefährdungsbeurteilung*, bei der die Absturzgefährdungen nicht nur von der Absturzhöhe abhängig sind, sondern bei der auch andere Einflussgrößen berücksichtigt werden.

2 Abdeckung

Die → *Abdeckung* horizontaler Öffnungen (Bodenöffnungen) oder nicht ausreichend tragfähiger Flächen insbesondere an Arbeitsplätzen und Verkehrswegen ist eine Maßnahme zum Schutz vor einem Absturz. Sie ist eine technische, direkt wirkende Schutzmaßnahme, da sie einen Absturz nicht zulässt. Als abdeckbare Dach- oder Decken- bzw. Bodenöffnungen gelten Öffnungen mit einer Kantenlänge von max. 3 m oder einer Fläche von max. 9 m^2. Die zur Abdeckung verwendeten Materialien müssen ausreichend tragfähig und witterungsbeständig sein (Bretter, $d \geq 3{,}0$ cm, Holzbohlen, $d \geq 3{,}0$ cm, Bleche, Stahlplatten, Gitter, Netzkonstruktion, Stahlgittermatten). Die Tragfähigkeit der Abdeckung muss ein Begehen sowie auch ggf. ein Befahren bzw. Überfahren mit Arbeitsgeräten ermöglichen. Abdeckungen müssen gegen Verschieben gesichert sein, damit Öffnungen nicht unbeabsichtigt freigelegt werden können.

Um Gefährdungen durch z.B. Stolpern zu vermeiden, sind Einbauten, wie z.B. Schachtabdeckungen, Roste oder Abläufe, bündig in die Verkehrswege einzupassen. Abweichend davon dürfen Abdeckungen von Öffnungen in Verkehrswegen auf Baustellen max. 5 cm über die umgebende Oberfläche hinausragen.

3 Absperrung

Eine Absperrung wird i.d.R. in einem Mindestabstand von 2 m zur Absturzkante errichtet, um ein unbewusstes oder unbefugtes Betreten des Gefahrenbereiches zu verhindern. Damit handelt es sich um eine technische, direkt wirkende Maßnahme zum Schutz vor Absturz. Zur Errichtung der Absperrung können verschiedene Materialien wie Holz und Stahl verwendet werden. Die konstruktive Ausbildung erfolgt normalerweise über Geländer, Gurte, Ketten, Seile und Seitenschutzpfosten. Ergänzt wird die Sicherung des Gefahrenbereiches durch eine gut sichtbare Kennzeichnung entsprechend der ASR A1.3 „Sicherheits- und Gesundheitsschutzkennzeichnung" („Zutritt für Unbefugte verboten"). Bei Verkehrswegen kann es als Schutzmaßnahme auch ausreichend sein, wenn die Abgrenzung des Gefahrenbereiches optisch deutlich erkennbar ist.

4 Umwehrung an Absturzkanten

Absturzkanten sind durch Umwehrungen so zu gestalten, dass Beschäftigte nicht abstürzen können. Angewendet werden können:

- Brüstung,
- Geländer,
- Schutzgitterelemente, geschlossene Bohlwände oder 3-teiliger Seitenschutz mit Schutznetzen.

Umwehrungen sind eine technische, direkt wirkende Maßnahme zur Absturzsicherung, d. h., sie lassen einen Absturz nicht zu. Umwehrungen sollen das Abstützen einer Person gewährleisten, die sich an ihnen anlehnt oder ihr Halt bieten, wenn sich eine Person beim Laufen an der Umwehrung mit den Händen festhält. Außerdem soll die Umwehrung eine Person abwehren, die gegen den Seitenschutz läuft oder fällt. Die Umwehrungen müssen mind. 1 m hoch sein. Beträgt die Absturzhöhe mehr als 12 m, muss die Höhe der Umwehrung mind. 1,10 m betragen. Brüstungen sind geschlossene, i. d. R. massiv ausgeführte Absturzsicherungen (z. B. Wandscheiben bzw. im Fall der Fensterbrüstung Außenwände). Sie verhindern darüber hinaus auch ein Hindurchrutschen. Daher dürfen zwischen Boden und Oberkante keine horizontalen Bauteile vorhanden sein, die beim Versuch zu klettern als Auftritt verwendet werden können. Die Höhe der Umwehrungen darf bei Brüstungen bis auf 0,80 m verringert werden, wenn die Tiefe der Umwehrung mindestens 0,20 m beträgt und durch die Tiefe der Brüstung ein gleichwertiger Schutz gegen Absturz gegeben ist. Werden Geländer als Umwehrung verwendet können nach arbeitsschutzfachlichen Gesichtspunkten 3 verschiedene Arten unterschieden werden:

1. Geländer mit geschlossener Füllung.
2. Geländer mit senkrechten Stäben (Füllstabgeländer (**Abb. 1**); max. lichter Abstand der Füllstäbe: 0,18 m, bei baulichen Anlagen, in denen mit dauernder oder häufiger Anwesenheit von Kindern gerechnet werden muss, können geringere Abstände erforderlich sein; Sicherheitsmaß für den Kinderkopf bei der Bemessung von Spielplatzgeräten: 89 mm gemäß DIN EN 1176-1).

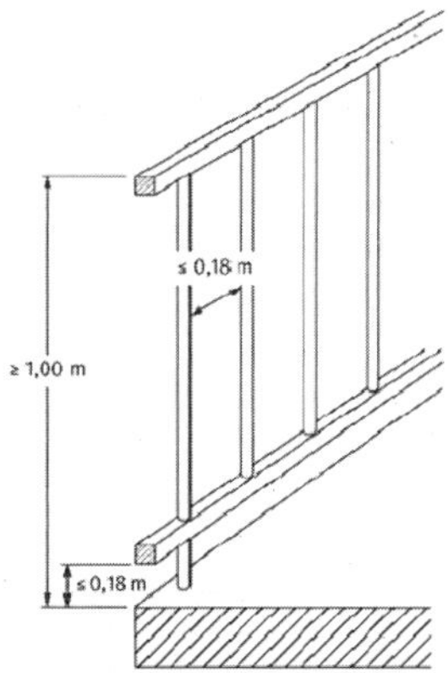

Abb. 1: Füllstabgeländer (Quelle: ASR A2.1)

3. Geländer als 3-teiliger Seitenschutz/Knieleistengeländer (**Abb. 2**) (mit Handlauf, Knieleiste und Fußleiste, Zwischenabstand nicht größer als 0,50 m, Fußleiste mind. 0,05 m hoch und unmittelbar an Absturzkante angeordnet).

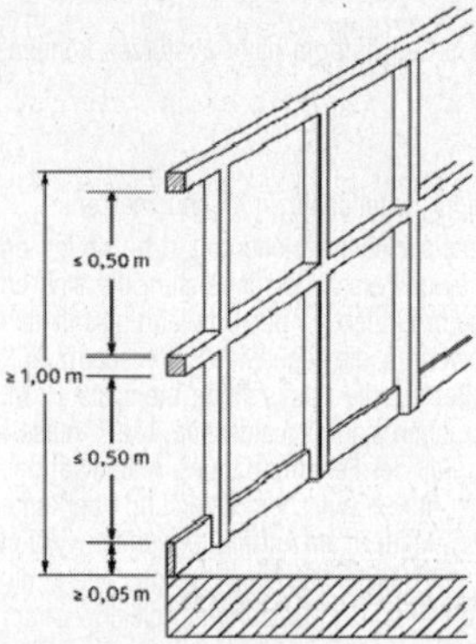

Abb. 2: Knieleistengeländer (Quelle: ASR A2.1)

Für die Errichtung einer temporären Absturzsicherung als 3-teiligem Seitenschutz (z. B. bei Bauarbeiten) sind Güteanforderungen an die Bauteile (Holzbauteile, Rohre, Netze, Zurrgurte) zu erfüllen. Darüber hinaus sind die von der ASR A2.1 abweichenden Maße des Seitenschutzes (Oberkante Geländer $\geq$ 1 m, Abstand zwischen Geländer- und Zwischenholm bzw. Zwischenholm und Bordbrett max. 0,47 m, Höhe Bordbrett nach DIN EN 13374: $\geq$ 0,15 m) vorgegeben.

Die Umwehrungen müssen an ihrer Oberkante eine Horizontallast H = 1.000 N/m aufnehmen können. Abweichungen hiervon sind bei Bühnen und Laufstegen, bei Verkehrswegen für Inspektions- oder Wartungszwecke sowie an Steckgeländern zulässig.

5 Sicherung an Wandöffnungen

Sicherungen zum Schutz vor Absturz sind an Wandöffnungen erforderlich, wenn:

- die Brüstungshöhe geringer als 1 m ist (oder 0,80 m, wenn Umwehrungstiefe > 0,20 m),
- die Breite größer als 0,18 m und die Höhe größer als 1 m sind und
- eine Gefährdung durch Absturz besteht.

Umwehrungen können fest angebracht oder beweglich ausgeführt sein, dürfen sich nicht zur tiefer liegenden Seite hin öffnen lassen und müssen mit einer Sicherung gegen unbeabsichtigtes Öffnen oder Ausheben versehen sein. Sie können z. B. aus verschieb- oder schwenkbaren Schranken, Schleusengeländern oder Halbtüren bestehen.

6 Gerüste

→ *Gerüste* sind vorübergehend errichtete Baukonstruktionen veränderlicher Länge, Breite und Höhe, die an der Verwendungsstelle aus Gerüstbauteilen zusammengesetzt, ihrer Bestimmung entsprechend verwendet und wieder auseinander genommen werden können. Als Arbeitsgerüste dienen sie zur Bereitstellung eines sicheren Arbeitsplatzes, z. B. für die Errichtung, die → *Instandhaltung*, die Instandsetzung und den Abbruch von baulichen Anlagen und des dazu notwendigen Zugangs (Anhang 1 Nr. 3.2 Betriebssicherheitsverordnung, TRBS 2121 Teil 1 „Gefährdungen von Personen durch Absturz – Bereitstellung und Benutzung von Gerüsten“, DIN EN 12811-1 „Temporäre Konstruktionen für Bauwerke – Teil 1: Arbeitsgerüste – Leistungsanforderungen, Entwurf, Konstruktion und Bemessung“). Zu den Arbeitsgerüsten gehören neben den Fassadengerüsten auch Raum- und Hängegerüste sowie fahrbare Gerüste.

Ebenfalls in den Regelungsbereich der TRBS 2121 Teil 1 einbezogen sind Schutzgerüste, die als Fang- oder Dachfanggerüste (z.B. nach DIN 4420-1) Beschäftigte gegen tieferen Absturz oder als Schutzdächer Beschäftigte, Maschinen, Geräte und anderes vor herabfallenden Gegenständen schützen. Bauhilfsmittel, wie z.B. Konsolgerüste, Bockgerüste, Schalungen, Tragkonstruktionen und Traggerüste und auch fahrbare Arbeitsbühnen, werden in anderen Regelwerken behandelt.

Grundlegend müssen aufgebaute Gerüste standsicher sein, sodass ein Umstürzen ausgeschlossen ist, über einen sicheren Zugang erreichbar sein und über Einrichtungen verfügen, die einen Absturz vom Gerüst verhindern.

Die Arbeits- und Zugangsbereiche von Gerüsten werden grundsätzlich durch einen Seitenschutz gesichert, der aus einem Geländerholm, Zwischenseitenschutz (Knieleiste) und einem Bordbrett besteht. Der Seitenschutz muss gegen unbeabsichtigtes Lösen gesichert sein. Die Abmessungen entsprechen den Anforderungen der DIN EN 13372 (Oberkante Geländerholm $\geq$ 1 m, Bordbrett $\geq$ 0,15 m, Zwischenabstände max. 0,47 m).

Maßnahmen zum Schutz gegen Absturz sind dann nicht erforderlich, wenn die Arbeits- und Zugangsbereiche höchstens 0,30 m von anderen tragfähigen und ausreichend großen Flächen entfernt liegen (z.B. Abstand der Gerüstbohlen zum Gebäude). Anforderungen an den Seitenschutz können z.B. DIN EN 12811-1, DIN 4420-1 oder den Aufbau- und Verwendungsanleitungen der Gerüsthersteller entnommen werden.

Matthias Glawe

Aerosole

Als Aerosol bezeichnet man eine Dispersion (Verteilung) aus festen oder flüssigen Teilchen in einem Gas (meist Luft). Aerosolteilchen haben eine Größe, die im Mikrometer-Bereich liegt (1000 Mikrometer entsprechen einem Millimeter). Aerosole können Gefahrstoffe sein, die durch Einatmen eine Gesundheitsgefährdung bewirken. Durch Einsatz geeigneter Filter lassen sich Aerosole aus der Einatemluft filtern, sodass die Gefährdung auf ein Mindestmaß reduziert werden kann. Diese Filter müssen die besondere Eigenschaft besitzen, sowohl flüssige als auch feste Teilchen mit so geringen Abmessungen wie möglich zurückzuhalten.

Die dafür eingesetzten Filter werden Partikelfilter genannt. Aus diesem alten Begriff ist ersichtlich, dass man früher von festen oder flüssigen Partikeln sprach, die die Partikelfilter zurückhalten (filtern). Heutzutage ist der Begriff Partikel durch den Begriff Aerosol ersetzt. Der Begriff Partikelfilter ist jedoch geblieben.

Gesetze, Vorschriften und Rechtsprechung

DGUV-R 112-190 „Benutzung von Atemschutzgeräten“

Dirk Rittershaus

Akkreditierung

Verfahren, nach dem eine anerkannte und autorisierte Stelle einer Organisation, die Konformitätsbewertungen durchführen möchte (z.B. eine Zertifizierungsgesellschaft), die formelle Anerkennung erteilt, dass diese Organisation kompetent ist, entsprechende Prüfungen und Zertifizierungen von Managementsystemen, Personen und Produkten durchzuführen.

Albert Ritter

Alkohol

Mäßiger Alkoholkonsum ist fester Bestandteil unserer Kultur. Alkoholmissbrauch ist hingegen wegen der damit verbundenen physischen und psychischen Gesundheitsgefahren nicht nur gesellschaftlich unakzeptabel, sondern am Arbeitsplatz ein besonderes Produktivitäts- und Sicherheitsrisiko. Alkoholabhängigkeit ist zudem international als Krankheit eingestuft. Wegen der hohen Zahl von Betroffenen in der Gesamtbevölkerung muss grundsätzlich in jedem Betrieb davon ausgegangen werden, dass alkoholkranke oder -gefährdete Mitarbeiter unter der Belegschaft sein können. Die betrieblich verantwortlichen Fach- und Führungskräfte sind daher gut beraten, Handlungskonzepte für solche Fälle zu erarbeiten. Nur mit konsequentem und einheitlichem Vorgehen können Alkoholprobleme im Betrieb zielorientiert und rechtssicher angegangen werden, was sowohl der Fürsorgepflicht gegenüber dem Betroffenen und seinem Umfeld als auch dem Betriebswohl entspricht.

Gesetze, Vorschriften und Rechtsprechung

Entgegen weit verbreiteter Vorstellungen ist Alkoholkonsum am Arbeitsplatz nicht allgemein untersagt. Grundsätzlich gilt § 15 Abs. 2 DGUV-V 1. Demnach dürfen sich die Mitarbeiter durch den Konsum von Alkohol, Drogen oder anderen berauschenden Mitteln nicht in einen Zustand versetzen, durch den sie sich selbst oder andere gefährden können.

Allerdings sind zahlreiche Betriebe den sich ändernden gesellschaftlichen Einstellungen längst gefolgt und dazu übergegangen, ein absolutes Alkoholverbot in einer Dienst- oder betrieblichen Anweisung oder entsprechenden Vereinbarung zu verankern. Eine solche Anweisung wird häufig mit allgemeinen betrieblichen Sicherheitsinteressen begründet. Damit ist sie dann auch arbeitsschutzrechtlich bindend.

1 Wirkung von Alkohol

1.1 Akute Wirkung

Alkohol wirkt auf den menschlichen Organismus toxisch, wobei es wie bei allen Schadstoffen, natürlich auf die Menge ankommt. Er beeinflusst in erster Linie das Gehirn, wodurch v. a. Wahrnehmung und Gefühle verändert werden. Allgemein wirkt Alkohol zunächst anregend, in steigenden Mengen betäubend. Über die Schleimhäute des Verdauungstrakts wird Alkohol schnell in den Blutkreislauf aufgenommen. Der Blutalkoholgehalt wird in Promille (abgekürzt ‰, Anzahl Teile reinen Alkohols auf 1.000 Teile Blut) angegeben.

- **Ab ca. 0,2** ‰ verändert sich das persönliche Verhalten: Menschen fühlen sich zwangloser und freier, wodurch u. a. die Hemmschwelle sinkt, weiteren Alkohol zu trinken. Aber Konzentrations-, Reaktions- und Sehvermögen lassen gleichzeitig bereits merklich nach.
- **Ab ca. 1** ‰ setzt das Rauschstadium ein (überzogen heitere oder depressive Stimmung, Torkeln, Lallen).
- **Ab ca. 2** ‰ kommt es zu Bewusstseinstrübungen bis hin zur Bewusstlosigkeit.
- **Bei ca. 3** ‰ droht eine tödliche Alkoholvergiftung. Das entspricht etwa einen Wert von 6 g reinem Alkohol pro kg Körpergewicht. Bei Kindern liegt dieser Wert deutlich geringer (ca. 3 g). Dadurch sind auch Heranwachsende deutlich stärker gefährdet.

Äußere Umstände wie Erschöpfung, ein leerer Magen oder die Einnahme von Medikamenten können dazu führen, dass Alkohol deutlich heftiger wirkt. Außerdem verschieben sich die Wirkungsschwellen abhängig von den persönlichen Konsumgewohnheiten.

Der Abbau von Alkohol erfolgt aus dem Blut über die Leber (Zerlegung in Kohlendioxid und Wasser). Man geht von einem Abbau von 0,15 Promille pro Stunde aus (bei Frauen deutlich geringere Abbaurate als bei Männern).

1.2 Langfristige Wirkung

Langfristig wirkt sich Alkohol auf viele Organe und Funktionen schädigend aus, z. B.

- **Hirnfunktion:** Bei jedem Vollrausch sterben Millionen von Hirnzellen ab. Zuerst leiden Gedächtnis und Konzentrationsvermögen, Kritik und Urteilsfähigkeit, später kommt es zu einem Verfall der Intelligenz.
- **Leber:** Es kommt zu einer Leberschwellung, später zu Leberverfettung bis hin zum Leberzerfall (Zirrhose).
- Erhöhtes Risiko für **zahlreiche weitere Gesundheitsstörungen** wie Magen- und Darmentzündungen, Krebs (Mund- und Rachenraum, Verdauungsorgane, Bauchspeicheldrüse, Leber), Störungen des Sexuallebens, Herz-Kreislauf-Probleme.
- **Veränderungen der Persönlichkeitseigenschaften:** Alkoholiker fallen im Kontakt oft durch Reizbarkeit, Unzuverlässigkeit, Unberechenbarkeit oder Aggressivität auf, was wiederum zu Vereinsamung und Depression führt. Besonders bei Jugendlichen leidet die psychische Reifung (mangelndes Selbstvertrauen und Selbstwertgefühl, fehlende emotionale Stabilität).

1.3 Alkoholabhängigkeit

Körperliche Alkoholabhängigkeit entwickelt sich i. d. R. über längere Zeiträume. Daher empfinden Betroffene die Gefahr zunächst nicht („Ich kann jederzeit aufhören").

Die körperliche Abhängigkeit äußert sich zunächst unspezifisch durch Unruhezustände, Gereiztheit oder Schlaflosigkeit, wenn kein Alkohol getrunken wird. Später kommt es zu Schweißausbrüchen, morgendlichem Zittern, Krampfanfällen, schweren Angstgefühlen, Depressionen, Aggressivität usw.

Psychisch äußert sich die Abhängigkeit durch das unüberwindbare Gefühl, den Lebensanforderungen ohne Alkohol nicht gewachsen zu sein.

Jugendliche reagieren auch hier empfindlicher und geraten umso schneller in eine Alkoholabhängigkeit, desto früher sie mit dem (selbst maßvollen) Alkoholkonsum begonnen haben.

Alkoholabhängigkeit hat immer auch soziale Folgen: Zwischenmenschliche Beziehungen werden vernachlässigt, die damit verbundenen Schuld- und Schamgefühle sowie die Isolation verstärken wiederum den Alkoholkonsum. Daher stellt eine Alkoholabhängigkeit einen sich selbst verstärkenden Prozess dar, der irgendwann im totalen Zusammenbruch des Lebensgefüges endet.

Durch die mittelbaren Folgen einer Alkoholabhängigkeit werden die Menschen im Umfeld des Betroffenen zum Teil erheblich beeinträchtigt und geschädigt. Ehepartner und Kinder, die oft jahrelang erfolglos versuchen, die Folgen einer Alkoholabhängigkeit innerhalb und außerhalb der Familie zu kompensieren, geraten dabei nicht selten durch Überforderung oder Nachahmung selbst in ein Suchtverhalten oder erleiden andere psychische Beeinträchtigungen.

2 Alkoholprobleme erkennen

Alkoholmissbrauch ist in der Gesamtbevölkerung weit verbreitet. Es muss davon ausgegangen werden, dass etwa 5 % der Bevölkerung behandlungsbedürftig betroffen sind. Im erwerbsfähigen Alter ist der Anteil noch größer. Studien gehen davon aus, dass bis zu 7–10 % der Beschäftigten einen problematischen Umgang mit Alkohol haben oder bereits abhängig sind.

Als typische Anzeichen gelten:

- häufige kurze Fehlzeiten,
- stark schwankende Leistungsfähigkeit,
- starke Stimmungs- und Motivationsschwankungen,
- plötzliche, unerwartete Leistungsmängel,
- heimliche Alkoholvorräte (manchmal getarnt in Flaschen alkoholfreier Getränke),
- Alkoholfahne (bzw. die entsprechenden Vertuschungsversuche).

Weil aber viele dieser Anzeichen unspezifisch sind und auch andere Ursachen haben können, bleibt die Wahrnehmung eines Alkoholproblems für Kollegen und Vorgesetzte oft lange eine Sache des „Bauchgefühls", was den Umgang damit erschwert.

Praxis-Beispiel: Alkoholabhängigkeit ist keine Frage der Trinkgewohnheiten

Wann und wie viel jemand trinkt, sagt noch nichts über den Grad seiner Abhängigkeit. Es gibt Alkoholabhängige, die durchaus über längere Zeiträume abstinent leben können, aber ihren Konsum im Einzelfall nicht kontrollieren können („Quartalssäufer"), als auch solche, die ihre tägliche Trinkmenge lange Zeit stabil halten, aber auf keinen Fall auf Alkohol verzichten können („Spiegeltrinker").

3 Umgang mit betroffenen Beschäftigten

Obwohl statistisch betrachtet kaum ein Betrieb nicht betroffen sein dürfte, tun sich Betriebe vielfach schwer mit dem Thema Alkoholmissbrauch. Sie fürchten

- die Auseinandersetzung mit einem in jeder Hinsicht unangenehmen Thema,
- eine unangemessene Einmischung in die Privatsphäre der Beschäftigten,
- eine ungünstige Wirkung in der Öffentlichkeit,
- ungeklärte rechtliche Rahmenbedingungen.

Tatsächlich wird von niemandem im Betrieb erwartet, Diagnosen zu stellen oder gezielt „Jagd" auf potenzielle Betroffene zu machen. Jedoch erledigt sich Alkoholkrankheit i. d. R. nicht von selbst, denn es gehört zum Suchtverhalten dazu, dass der Betroffene das Problem von sich wegschiebt und nicht von sich aus dagegen aktiv wird. Wegsehen verschleppt daher die alkoholbedingten Probleme auf unbestimmte Zeit mit allen negativen Folgen für den Betrieb, für Betroffene und Angehörige.

Vorgesetzte und Kollegen sind allerdings keine Therapeuten. Wohlgemeinte Hilfsversuche (den Betroffenen z.B. entschuldigen, seiner Verantwortung entheben, ihn vor Alkohol „schützen") führen in aller Regel dazu, dass die „Helfer" ungewollt in das Suchtgeschehen mit einbezogen werden („Co-Alkoholismus"). Nur der Betroffene selbst kann sein Suchtverhalten durchbrechen, und das i. d. R. nur mit professioneller Hilfe.

Praxis-Beispiel: Einflussmöglichkeit beschränkt

Risikoreiches und schädliches Verhalten ist vom Recht auf persönliche Freiheit gedeckt. Der Betrieb kann verlangen, dass die vertragliche vereinbarte Arbeitsleistung erbracht wird und gefährdeten Menschen Hilfe anbieten. Wenn kein arbeitsrechtlich relevantes Fehlverhalten festzustellen ist und der Betroffene keine Hilfe annehmen will, bleibt die Sucht Privatsache.

4 Gesprächsmodelle

Je nach Ausgangssituationen kommen unterschiedliche Gesprächsansätze im Umgang mit Betroffenen infrage:

4.1 Fürsorgegespräch

Wer immer Anzeichen von Alkoholmissbrauch bei einem Betroffenen feststellt, ohne dass es dadurch zu einer offenkundigen Pflichtverletzung kommt, kann ihn auf kollegialer Ebene ohne jeden arbeitsrechtlichen Charakter ansprechen:

- Wahrnehmung darstellen, nach Problemen fragen;
- deutlich machen, dass ein solches Gespräch aus dem Wunsch entsteht, den Betroffenen zu unterstützen;
- auf Hilfsangebote hinweisen.

Je häufiger und deutlicher ein Betroffener solche Rückmeldungen bekommt, desto größer wird für ihn der Druck, selber etwas zu unternehmen.

Praxis-Beispiel: Trunkenheit macht arbeitsunfähig

Offensichtlich alkoholisierte Mitarbeiter müssen im Rahmen der Fürsorgepflicht vom Arbeitsplatz entfernt und begleitet nach Hause gebracht werden. In kritischen Fällen, wenn besondere Gefahren drohen (Teilnahme am Straßenverkehr unter Alkoholeinfluss, Betrieb gefährlicher → *Maschinen*), sind hier alle Mitarbeiter zur Aufmerksamkeit verpflichtet.

4.2 Klärungsgespräche

Klärungsgespräche werden durch den Vorgesetzten dann geführt, wenn deutliche Pflichtverletzungen erkennbar sind, der Hintergrund aber unklar ist.

- Pflichtverletzungen aufzeigen;
- Verhaltensänderung anmahnen;
- Fürsorge signalisieren und auf Hilfsangebote hinweisen;
- Gesprächsnotiz fertigen, die aber nur die Beteiligten erhalten.

Auf Wunsch kann zu einem solchen Gespräch der → *Betriebsrat* zugezogen werden.

4.3 Stufengespräche

Stufengespräche sind Bestandteil von Stufenplänen (s. u.). Daran nehmen i. d. R. mehrere betrieblich Verantwortliche und → *Betriebs-*/Personalrat teil. Themen sind:

- offensichtlich suchtbedingte Pflichtverletzungen (Ausfallzeiten, Leistungsabfälle, Alkoholvorräte usw.),
- ein bestimmtes Verhalten fordern und Sanktionen, abgestimmt mit Hilfsangeboten und Beobachtungszeiträumen, festlegen (z. B.: Kontaktaufnahme mit Suchtberatung innerhalb von 4 Wochen, sonst nächste Prozessstufe).

Stufengespräche werden in der Personalakte dokumentiert.

Praxis-Beispiel: Informationen zu Stufenmodellen

Stufenpläne sind unverzichtbar zur Intervention bei Suchtproblemen und sollten in Betriebs- oder Dienstvereinbarungen fixiert werden und alle psychoaktiven Substanzen erfassen (auch → *Medikamente*, illegale → *Drogen*). Sie haben immer das Ziel, Betroffene dazu zu bringen, Beratungs- und Hilfsangebote anzunehmen und so das Suchtverhalten zu durchbrechen. Sie stellen aber auch einen arbeitsrechtlichen Prozess dar. Er beinhaltet und regelt in letzter Konsequenz die Kündigung, möglichst mit Aussicht auf Wiedereinstellung nach erfolgter Therapie. Enthalten sind aber auch Regelungen, wie bei erneuter Auffälligkeit nach längeren unkritischen Phasen vorzugehen ist.

Vor Ort bieten örtliche Suchtberatungsstellen persönliche Beratung an.

Im Internet gibt es breite Informations- und Unterstützungsangebote z. B. über

- DHS Deutsche Hauptstelle für Suchtfragen (auch speziell auf die Arbeitswelt bezogen),
- BZgA Bundeszentrale für gesundheitliche Aufklärung,
- DGUV, Berufsgenossenschaften.

Verfügbar sind Informationen zum Umgang mit Alkoholkranken im Betrieb und Muster für Stufenpläne sowie zum Teil auch Trainings, in denen die oft schwierigen Gespräche mit Abhängigen geübt werden können.

5 Prävention

Zur Prävention gegen Alkoholmissbrauch kann beitragen:

- Geregelter Umgang mit Alkohol im Betrieb, z. B. durch eine „Betriebsanweisung Alkohol", in der festgeschrieben wird, ob und unter welchen Umständen der Konsum von Alkohol im Betrieb gestattet ist.
- Weitmöglichster Verzicht auf den Ausschank von Alkohol bei betrieblichen Veranstaltungen.
- Alkoholkonsum und seine Risiken thematisieren, z. B. im Rahmen der Ausbildung oder in Unterweisungen.

Praxis-Beispiel: Alkoholverbot nicht nur auf dem Papier

Wichtiger als ein möglichst drastisch formuliertes Alkoholverbot ist unter präventiven Gesichtspunkten, die ganze Unternehmenskultur im Hinblick auf einen verantwortungsvollen Alkoholkonsum. Eine Betriebs- oder Dienstvereinbarung sollte daher auch immer berücksichtigen, wie bei Betriebsausflügen oder -festen, Gästebewirtungen usw. zu verfahren ist. Sie sollte nicht durch pauschale Ausnahmen („mit Genehmigung der Geschäftsführung") ausgehöhlt werden.

Praxis-Beispiel: Alkohol am Arbeitsplatz in Zahlen

Schätzungsweise 10–13 % der Arbeits- und Wegeunfälle passieren unter Alkoholeinfluss. Alkoholabhängige fehlen etwa 16-mal so häufig wie andere Arbeitnehmer, nicht nur durch alkoholbedingte Ausfälle, sondern weil sie häufiger an anderen Krankheiten leiden und länger zur Genesung brauchen. Insgesamt bringen Alkoholabhängige über einen mehrjährigen Zeitraum betrachtet nur Dreiviertel der möglichen Arbeitsleistung. 100 alkoholgefährdete oder abhängige Mitarbeiter (statistisch in einem Betrieb mit ca. 1.500 Mitarbeitern zu erwarten) verursachen in 5 Jahren ihren Betrieben Kosten von über 1,5 Mio. EUR (nach Angaben der Bundeszentrale für gesundheitliche Aufklärung).

Cornelia von Quistorp

Alleinarbeit

Alleinarbeit bedeutet, dass eine Person allein, außerhalb von Ruf- und Sichtweite zu anderen Personen, Arbeiten ausführt. Alleinarbeit an sich stellt kein Arbeitsschutzproblem dar. Allerdings sollten aber sog. gefährliche Arbeiten nicht allein ausgeführt werden. Ist hier Alleinarbeit unumgänglich bzw. übersteigt das Risiko eine gewisse Schwelle, muss sichergestellt werden, dass im Notfall Hilfe geleistet werden kann, z.B. durch Personen-Notsignalanlagen.

1 Definition

Alleinarbeit liegt vor, „wenn eine Person allein, außerhalb von Ruf- und Sichtweite zu anderen Personen, Arbeiten ausführt" (Abschn. 2.7.2 DGUV-R 100-001). Dieser Sachverhalt tritt grundsätzlich mehr oder weniger überall im Arbeitsleben auf, z.B.:

- wenn außerhalb der Regelarbeitszeit gearbeitet wird,
- im Reinigungsdienst „nach Feierabend"
- im Einzelhandel in kleinen Betrieben bzw. in betriebsschwachen Zeiten,
- im Handwerk (in Kleinbetrieben und bei Montagen),
- im Außendienst
- in der Landwirtschaft,
- in Anlagen aller Art, in denen wenig Personal eingesetzt ist (Chemie, Ver- und Entsorgung, Lebensmittelverarbeitung usw.),
- in ausgedehnten Lagern, Archiven usw.,
- im Wach- und Sicherungsgewerbe.

Alleinarbeit ist weit verbreitet und jeder Mensch ist im Arbeitsleben hier und da einmal alleine tätig. Das macht deutlich, dass Alleinarbeit ein Alltagsphänomen ist, das dem üblichen Lebensrisiko entspricht und keinesfalls generell unzulässig ist. Trotzdem gibt es gerade im Hinblick auf Alleinarbeit immer wieder Situationen im betrieblichen Alltag, in denen die Sicherheit der „Alleinarbeiter" kritisch hinterfragt wird, z.B. wenn es zu einem beunruhigenden Vorfall gekommen ist. Daher ist es wichtig, dass im Rahmen der betrieblichen Sicherheitsarbeit mögliche Alleinarbeitssituationen analysiert und ggf. Sicherheitsmaßnahmen festgelegt werden.

2 Gefährliche Alleinarbeit

Der Begriff „Gefährliche Arbeiten" ist u.a. in der DGUV-V 1 verankert und hat nicht nur, aber auch in Bezug auf Alleinarbeit Relevanz:

„Wird eine gefährliche Arbeit von einer Person allein ausgeführt, so hat der Unternehmer über die allgemeinen Schutzmaßnahmen hinaus für geeignete technische oder organisatorische Personenschutzmaßnahmen zu sorgen" (§ 8 Abs. 2 DGUV-V 1).

Die DGUV-R 100-001 legt diese Aussage weiter aus:

„Gefährliche Arbeiten sind solche, bei denen eine erhöhte Gefährdung aus dem Arbeitsverfahren, der Art der Tätigkeit, den verwendeten Stoffen oder aus der Umgebung gegeben ist, weil keine ausreichenden Schutzmaßnahmen durchgeführt werden können" (Abschn. 2.7.1 DGUV-R 100-001).

„Grundsätzlich sollte eine „gefährliche Arbeit" nicht von einer Person allein ausgeführt werden. Ausnahmsweise kann es aus betrieblichen Gegebenheiten notwendig sein, eine Person allein mit einer „gefährlichen Arbeit" zu beauftragen. In diesem Fall hat der Unternehmer in Abhängigkeit von der Gefährdung an Einzelarbeitsplätzen geeignete Maßnahmen zur Überwachung zu treffen. Diese Überwachung kann durch technische oder organisatorische Maßnahmen umgesetzt werden" (Abschn. 2.7.2 DGUV-R 100-001).

Eine beispielhafte Auflistung gefährlicher Arbeiten in Abschn. 2.7.1 DGUV-R 100-001 macht deutlich, dass hier tatsächlich an besonders risikoreiche Arbeiten in bestimmten Branchen gedacht ist:

- Arbeiten mit → *Absturzgefahr*
- Arbeiten in Silos, → *Behältern* oder engen Räumen,
- Schweißen in → *engen Räumen*
- Feuerarbeiten in brand- oder → *explosionsgefährdeten Bereichen* oder an geschlossenen Hohlkörpern,
- Gasdruckproben und Dichtigkeitsprüfungen an Behältern,
- Erprobung von technischen Großanlagen, wie Kesselanlagen,
- Sprengarbeiten,
- Fällen von Bäumen,
- Arbeiten im Bereich von Gleisen während des Bahnbetriebes,
- der Einsatz bei der Feuerwehr,
- Vortriebsarbeiten im Tunnelbau,
- Arbeiten an offenen Einfüllöffnungen von Ballenpressen, die mit Stetigförderern beschickt werden und deren ungesicherten Aufgabestellen,
- Arbeiten in gasgefährdeten Bereichen,
- Hebezeugarbeiten bei fehlender Sicht des Kranführers auf die Last,
- Umgang mit besonders gefährlichen Stoffen, z.B. in chemischen, physikalischen oder medizinischen → *Laboratorien.*

Darüber hinaus gibt es Aussagen zum Umgang mit bzw. zur Zulässigkeit von Alleinarbeit in den berufsgenossenschaftlichen Regelungen bestimmter Branchen wie:

- Forstbetriebe,
- Steinbrüche,
- Spezialtiefbau,
- Hafenbetriebe,
- → *Instandhaltung*
- Küchen, Backbetriebe und Gaststätten.

Aus der Tatsache, dass hier das Unfallverhütungsrecht im Hinblick auf gefährliche Alleinarbeit konkretisiert wird, darf jedoch im Sinne eines guten betrieblichen Sicherheitsstandards nicht geschlossen werden, dass Alleinarbeit in allen anderen Fällen stets bedenkenlos und ohne weitere Maßnahmen erfolgen kann. Vielmehr ist hier wie so oft eine gründliche → *Gefährdungsbeurteilung* wichtiger als der sture Blick in die Vorschriften.

Ob und welche Risiken von Alleinarbeit ausgehen und welche Maßnahmen sinnvoll sind, ist – von offensichtlichen Gefahrsituationen wie den oben genannten abgesehen – von den Bedingungen im Einzelfall abhängig. So spielt neben technischen Risiken natürlich auch die persönliche Lage der betroffenen Beschäftigten (Alter, Erfahrung, Gesundheitszustand, persönliches Sicherheitsbedürfnis) eine Rolle.

Praxis-Beispiel: Bewertungssystem für Einzelarbeitsplätze

Um solche Beurteilungen objektiv und nachvollziehbar durchzuführen, ist die DGUV-R 112-139 „Einsatz von Personen-Notsignal-Anlagen“ hilfreich. Sie enthält ein kennziffernbasiertes Bewertungssystem für Einzelarbeitsplätze, das auch für Fälle anwendbar ist, in denen Personen-Notsignalanlagen als Maßnahme viel zu hoch gegriffen wären.

3 Maßnahmen gegen Risiken bei Alleinarbeit

Ergibt die → *Gefährdungsbeurteilung*, dass zur Sicherung von Einzelarbeitsplätzen eine umfassend wirksame technische Maßnahme erforderlich ist, ist der Einsatz von geeigneten → *Personen-Notsignalanlagen* angezeigt. Weitergehende Informationen enthält DGUV-R 112-139. Diese Anlagen sind technisch relativ aufwendig und verlangen eine gewisse Akzeptanz bei den Beschäftigten, die sich je nach Ausführung und Arbeitssituation unter Umständen kontrolliert oder in ihrer Privatsphäre beeinträchtigt führen.

Obwohl solche Anlagen in bestimmten Bereichen (Anlagenbetrieb) etabliert und bewährt sind, sind sie daher sicher nicht das Mittel der Wahl für jede Art von Risiko bei Alleinarbeit.

Zu den organisatorischen Maßnahmen zählen z.B. Kontrollgänge einer zweiten Person, zeitlich abgestimmte Telefon-/Funkmeldesysteme oder ständige Kameraüberwachung.

Insbesondere die telefonische Kontaktaufnahme bietet viele Möglichkeiten, objektiv mehr Sicherheit zu schaffen und den Beschäftigten Angstgefühle zu nehmen. Durch die allgemeine Verbreitung von Mobiltelefonen ist die Möglichkeit, telefonisch im Notfall Hilfe herbeizurufen, bereits stark verbessert. Natürlich kann kein Handy eine Personennotsignalanlage ersetzen. Aber gerade in Bereichen, in denen das Risiko von dem des Alltagslebens kaum abweicht, ist ein funktionsbereites Handy in der Tasche für viele Beschäftigte eine wesentliche Erleichterung, die ggf. auch über den Betrieb leicht zu organisieren ist („Notfallhandy“).

Cornelia von Quistorp

Ältere Arbeitnehmer

Ältere Arbeitnehmer sind laut OECD Mitarbeiter, die in der zweiten Hälfte des Berufslebens stehen, das Rentenalter noch nicht erreicht haben, und gesund und arbeitsfähig sind. Eine konkrete Altersangabe, ab wann ein Beschäftigter zu den älteren Arbeitnehmern zählt, gibt es nicht. Häufig werden Arbeitnehmer ab 50 (sog. „50+“) bzw. 55 Jahren zu den älteren Arbeitnehmern gezählt.

Der demografische Wandel in Deutschland führt dazu, dass der Unternehmenserfolg zukünftig von einer älteren Belegschaft erzielt werden muss. Jüngere Fachkräfte sind schon jetzt Mangelware und dieser Trend verstärkt sich noch. Die Verlängerung der Lebensarbeitszeit zwingt Arbeitgeber, Maßnahmen zu ergreifen, damit ältere Arbeitnehmer gesund und leistungsfähig bleiben.

1 Leistungsfähigkeit und Unfallrisiko

In den Köpfen von Unternehmern und Personalverantwortlichen hält sich z. T. die Vorstellung, dass ältere Arbeitnehmer teuer, häufig krank und wenig belastbar sind. Ein differenzierter Blick auf Leistungsfähigkeit, Ausfallzeiten und Unfallrisiko älterer Arbeitnehmer ermöglicht eine realistische Einschätzung.

1.1 Altersbedingte Veränderungen

Der großen Lebens- und Berufserfahrung älterer Arbeitnehmer sowie Eigenschaften, wie Zuverlässigkeit und Besonnenheit, stehen altersbedingte Veränderungen gegenüber:[1]

- abnehmende körperliche Ausdauer,
- altersbedingt erhöhte Werte für das Körpergewicht und den Body Mass Index,
- Körperkraft, Kraft beim Greifen, Gelenkbeweglichkeit, Wirbelsäulen-Flexibilität und andere Parameter unterliegen zwar altersbedingten Verschlechterungen, diese sind aber individuell extrem unterschiedlich ausgeprägt und können teilweise durch Training kompensiert werden,
- Erholungsbedürfnis und die Notwendigkeit von Pausen nehmen mit dem Alter zu,
- Reaktionszeiten verlängern sich, dies wird jedoch teilweise durch Übung und Erfahrung kompensiert,
- für kognitive Fähigkeiten gilt: „Use it or lose it" (Gebrauch es oder verlier es), d. h., Übung ist extrem wichtig, um intellektuelle Kompetenzen im Alter zu behalten,
- Fähigkeiten der Sinnesorgane wie Hörvermögen, Sehschärfe, Farbunterscheidung usw. lassen mit dem Alter zunehmend nach.

Für die Leistungsfähigkeit sind allerdings nicht Alter oder Geschlecht entscheidend, sondern Arbeitsbedingungen, Lebensverhältnisse, Bildung und Motivation.[2] Das kalendarische Alter sagt also wenig über die individuelle Leistungsfähigkeit aus.

Praxis-Beispiel: Alterssimulation mit GERT

Um jüngeren Beschäftigten zu zeigen, wie ältere Kollegen Arbeit und Arbeitsumgebung wahrnehmen, kann der Alterssimulationsanzug GERT eingesetzt werden. Er simuliert eine Alterszunahme von 30 bis 40 Jahren. Die einzelnen Komponenten des Anzugs machen mögliche altersbedingte Einschränkungen erlebbar, wie z. B.:

- Eintrübung der Augenlinse,
- Einengung des Gesichtsfelds,
- Hochtonschwerhörigkeit,
- Einschränkung der Kopfbeweglichkeit,
- Gelenkversteifung,
- Kraftverlust,
- eingeschränktes Greifvermögen,
- eingeschränktes Koordinationsvermögen.

GERT ermöglicht auch in der Aus- und Weiterbildung von Fachkräften, für das Thema „Ältere Arbeitnehmer" zu sensibilisieren.

1.2 Krankheit und Unfallrisiko

Ältere Beschäftigte sind i. Allg. seltener krank als jüngere, allerdings ist die Dauer der → *Arbeitsunfähigkeit* pro Krankheitsfall höher, laut BAuA liegt sie bei Beschäftigten unter 45 Jahren bei durchschnittlich 8,1 und über 45 Jahren bei durchschnittlich 16,1 Ausfalltagen.[3]

Meldepflichtige Unfälle kommen bei 20- bis 29-Jährigen ähnlich häufig vor wie bei 40- bis 54-Jährigen. Falls Ältere Unfälle erleiden, so sind diese i. Allg. schwerwiegender und häufiger tödlich.[4]

1 Quelle: BVPG.

2 Langhoff, 2010.

3 Quelle: Sicherheit und Gesundheit bei der Arbeit 2018, www.baua.de.

4 Quelle: DGUV.

Praxis-Beispiel: Prävention lohnt sich – für alle Beschäftigten

Mit der Schrift „Prävention kennt keine Altersgrenzen" liefert die DGUV Tipps und Argumente für Prävention für alle Beschäftigten. Denn auch junge Arbeitnehmer werden älter und die älteren sollen noch lange arbeits- und leistungsfähig bleiben.

Der demografische Wandel verändert die Arbeitswelt: Die mittlere Altersgruppe (30–49 Jahre) der Erwerbsfähigen wird von 49 % im Jahr 2015 auf ca. 42 % im Jahre 2020 abnehmen.

Die Altersgruppe der 50- bis 64-Jährigen wird dagegen im selben Zeitraum auf ca. 39 % steigen, das sind etwa 2 von 5 Beschäftigten.[1]

Es müssen also Maßnahmen zur Förderung von Gesundheit, Qualifikation und Motivation ergriffen werden, damit der Betrieb auch zukünftig wettbewerbsfähig bleibt.

2 Maßnahmen

2.1 Betrieblich

Wissen und Erfahrung der älteren Beschäftigten dürfen nicht verloren gehen, sie dürfen nicht von Weiterbildung ausgeschlossen werden. Organisatorische Maßnahmen können sein:

- altersgemischte Teams,
- Wissensmanagement, d.h. Weitergabe von Wissen an jüngere Kollegen oder Nachfolger,
- regelmäßige Weiterbildung und Erwerb neuer Qualifikationen.

Ziel betrieblicher Maßnahmen muss v.a. sein, dass auch ältere Beschäftigte gesund und arbeitsfähig bleiben:

- Eine gute **ergonomische Arbeitsplatzgestaltung** kann körperliche Belastungen oder länger dauernde einseitige Belastungen vermeiden bzw. verringern. Ergonomische alters- und alternsgerechte Arbeitsmittel sind Bestandteil eines ergonomischen Arbeitsplatzes, wie z.B. Hebe- und Tragehilfen zum Bewegen schwerer Lasten. Anpassung an altersbedingte Veränderungen geht vor Umsetzen an einen anderen Arbeitsplatz (Schonarbeitsplatz). Nur wenn auch ältere Arbeitnehmer gefordert und ihre Fähigkeiten regelmäßig trainiert werden, bleiben sie leistungsfähig.
- Da die Fähigkeiten der Sinnesorgane mit dem Alter zunehmend nachlassen, können folgende **technische Maßnahmen** sinnvoll sein, z.B. verbesserte → *Beleuchtung* am Arbeitsplatz, Beschriftung und Hinweise in großer gut lesbarer Schrift, akustische Signale in Frequenzbereichen, die sowohl ältere als auch jüngere Beschäftigte gut hören.
- → *Betriebliches Gesundheitsmanagement* – mit Aktionen und Veranstaltungen z.B. zu gesunder → *Ernährung*, Ausgleichsübungen, Umgang mit → *Stress* – kommt allen Mitarbeitern zugute, auch den älteren.
- **Betriebliches Alternsmanagement** umfasst i.Allg. (1) Altersstruktur, Krankenstand und Qualifikationsstruktur analysieren, (2) Maßnahmen festlegen und umsetzen, (3) Wirksamkeit der Maßnahmen bewerten.
- **Demografie-Lotsen oder -Berater** unterstützen Unternehmen und Mitarbeiter dabei, alter(n)sgerechte Arbeitsbedingungen zu schaffen.

Praxis-Beispiel: Gefährdungsbeurteilung

Unternehmen müssen mit einer zunehmend älteren Belegschaft leistungs- und wettbewerbsfähig bleiben. Die Gefährdungsbeurteilung muss deshalb auch Alter und Altern der Beschäftigten berücksichtigen: Die **altersgerechte** Arbeit orientiert sich an den besonderen Fähigkeiten und Bedürfnissen der jeweiligen Altersgruppe. Die **alternsgerechte** Arbeitsorganisation berücksichtigt den Alterungsprozess der Mitarbeiterinnen und Mitarbeiter umfassend. Im Rahmen der Gefährdungsbeurteilung muss daher auch die ergonomische alters- und alternsgerechte Gestaltung von Arbeitsmitteln berücksichtigt werden (§ 3 BetrSichV).

1 Quelle: Statistisches Bundesamt, 2015.

Geeignete Maßnahmen können sich sowohl auf die Arbeitsplatzgestaltung (Ergonomie, Arbeitsmittel) als auch auf die Arbeitsgestaltung (Aufgaben, Arbeitszeit, Arbeitstempo) beziehen. Ziel ist, Gesundheit und Arbeitsfähigkeit vor allem älterer Mitarbeiter möglichst lange zu erhalten.

Experten des Verbandes für Sicherheit, Gesundheit und Umweltschutz bei der Arbeit (VDSI), der Deutschen Gesellschaft für Arbeitsmedizin und Umweltmedizin (DGAUM) sowie der Demografie-Experten e.V. (DEx) haben einen Vorschlag zu Gefährdungsfaktoren erstellt, die sich mit dem Alter verändern. Dabei wurden die Faktoren der „Leitlinie Gefährdungsbeurteilung und Dokumentation" der Gemeinsamen Deutschen Arbeitsschutzstrategie (GDA) erweitert und auch mögliche Maßnahmen ergänzt. Die so entstandene „Gefährdungsbeurteilung unter Berücksichtigung alter(n)sgerechter Arbeit" soll als Handlungshilfe für die Praxis dienen.

2.2 Staatlich

Maßnahmen wie Eingliederungszuschüsse, Förderung der Weiterbildung oder erleichterte Befristung von Arbeitsverhältnissen sollen die Beschäftigung älterer Arbeitnehmer für Unternehmen auch in wirtschaftlicher Hinsicht attraktiv machen. Entgeltsicherung soll die Lücke schließen, wenn Arbeitnehmer über 50 Jahre eine Tätigkeit aufnehmen, bei der sie weniger verdienen als in einer früher ausgeübten Tätigkeit.

Regelungen zu Altersteilzeit oder vorgezogenem Ruhestand haben dagegen in der Vergangenheit dazu geführt, dass ältere Arbeitnehmer vorzeitig aus dem Berufsleben ausgeschieden sind und mit ihnen wertvolles Wissen.

3 Weiterführende Informationen

- Sporket, Alternsmanagement in der betrieblichen Personalpolitik, in: Badura et al., Fehlzeitenreport 2010, S. 163–173.
- Bundesvereinigung Prävention und Gesundheitsförderung e.V. (BVPG).
- www.baua.de: u.a. Factsheet „Demografischer Wandel in der Arbeit – körperlich schwere Arbeit belastet Ältere stärker" (BIBB/BAuA-Erwerbstätigenbefragung 2012).
- www.bmas.de.
- www.dguv.de: u.a. Unfallstatistiken, Schriften, z.B. „Prävention kennt keine Altersgrenzen: Demografischer Wandel in der Arbeitswelt – Tipps und Argumente für die Prävention".
- www.iga-info.de.

Bettina Huck

Alternative Betreuung

Alternative Modelle zur sog. Regelbetreuung im Arbeitsschutz werden als alternative Betreuung bzw. Unternehmermodell bezeichnet. Die alternative, bedarfsorientierte betriebsärztliche und sicherheitstechnische Betreuung kann in Betrieben mit bis zu max. 50 Beschäftigten angewendet werden. Dabei legt die zuständige Berufsgenossenschaft (BG) als gesetzlicher Unfallversicherungsträger die Obergrenze für die Mitarbeiterzahl fest.

Eine Sonderform ist die alternative bedarfsorientierte betriebsärztliche und sicherheitstechnische Betreuung in Betrieben mit 10 und weniger Beschäftigten durch Kompetenzzentren. Hier stehen bei Bedarf Experten für Arbeits- und Gesundheitsschutz zur Verfügung. Dieses Modell wurde bisher nur von 2 Berufsgenossenschaften eingeführt.

Gesetze, Vorschriften und Rechtsprechung

Grundlegend sind Arbeitsschutzgesetz, Arbeitssicherheitsgesetz und DGUV-V 2, v. a. Anlagen 3 und 4.

1 Bedingungen

Voraussetzung für eine alternative Betreuung ist, dass der Unternehmer über Arbeits- und Gesundheitsschutz informiert und für dessen Umsetzung motiviert ist.

Das sog. Unternehmermodell nach Anlage 3 DGUV-V 2 erfordert, dass der Unternehmer aktiv in das Betriebsgeschehen eingebunden ist. Deshalb liegt die Obergrenze bei max. 50 Beschäftigten. Sind mehrere Personen als „Unternehmer" tätig, übernimmt der technische Leiter die Verantwortung für Arbeits- und Gesundheitsschutz.

Der Unternehmer entscheidet allein darüber, ob und in welchem Umfang eine externe Betreuung erfolgt. Sowohl arbeitsmedizinische als auch sicherheitstechnische Betreuung kann als alternative Betreuung umgesetzt werden.

Bei **besonderen Anlässen** (bedarfsorientiert) muss sich der Unternehmer von einem → *Betriebsarzt* oder einer → *Fachkraft für Arbeitssicherheit* betreuen lassen.

Besondere Anlässe für den Einsatz von Fachkraft für Arbeitssicherheit **und** Betriebsarzt können u.a. sein (s. Anlage 3 bzw. Anlage 1 DGUV-V 2):

- Planung, Errichtung und Änderung von Betriebsanlagen,
- Einführung neuer → *Arbeitsmittel*, Arbeitsstoffe, bzw. → *Gefahrstoffe*, die ein erhöhtes Gefährdungspotenzial zur Folge haben,
- Einführen neuer Arbeitsverfahren und grundlegende Änderung,
- Gestaltung neuer Arbeitsplätze und -abläufe,
- Untersuchung von Unfällen und Berufskrankheiten,
- Beratung der Beschäftigten über besondere Unfall- und Gesundheitsgefahren bei der Arbeit,
- Erstellen von Notfall- und Alarmplänen.

Eine Fachkraft für Arbeitssicherheit kann erforderlich sein zum Durchführen sicherheitstechnischer Überprüfungen und Beurteilungen von Anlagen, Arbeitssystemen und Arbeitsverfahren.

Weitere Anlässe für den Einsatz eines Betriebsarztes können sein:

- grundlegende Umgestaltung von Arbeitszeit-, Pausen- und Schichtsystemen,
- Durchführen → *arbeitsmedizinischer Vorsorgeuntersuchungen*, Beurteilungen und Beratungen sind erforderlich,
- Suchterkrankungen, die gefährdungsfreies Arbeiten beeinträchtigen,
- Fragen des Arbeitsplatzwechsels sowie der Eingliederung und Wiedereingliederung behinderter Menschen und der (Wieder-)Eingliederung von Rehabilitanden,
- Häufung gesundheitlicher Probleme,
- Auftreten posttraumatischer Belastungszustände,
- Gefahr einer Pandemie,
- spezielle demographische Entwicklungen im Betrieb (z.B. „Überalterung" der Belegschaft).

Sonstige Experten, die weder Betriebsarzt noch Fachkraft für Arbeitssicherheit sind, können bei Themen wie Lärmminderungs-, Brandschutz- und Lüftungsmaßnahmen als Berater hinzugezogen werden (Nr. 3 Anlage 3 DGUV-V 2).

2 Umsetzung

Die alternative Betreuung umfasst

- Motivation,
- Information,
- Fortbildung und
- die Inanspruchnahme bedarfsorientierter Betreuung.

Damit der Unternehmer seine Aufgaben erfüllen kann, ist er verpflichtet, an Seminaren mit folgenden Inhalten teilzunehmen (vgl. Anlage 3 DGUV-V 2 der BGN):

- u.a. → *Verantwortung* des Arbeitgebers, Arbeitsschutz als Führungsaufgabe, wirtschaftliche Aspekte, → *Gefährdungsbeurteilung*, Methoden der → *Unterweisung* (Motivation);
- u.a. Grundlagen zur Durchführung der Gefährdungsbeurteilung, Inhalte und Organisation von Unterweisungen, Prävention, Maschinen-, Anlagen- und Gerätesicherheit, branchenspezifische Informationen (Information).

Sowohl die Anzahl erforderlicher Lehreinheiten als auch der Zeitraum, in dem die Seminare absolviert werden müssen, sind in der Anlage 3 DGUV-V 2 festgelegt und variieren bei den verschiedenen Berufsgenossenschaften.

Anschließend muss der Unternehmer an bestimmten Fortbildungsmaßnahmen teilnehmen, deren Umfang ebenfalls festgelegt ist. Seminare und Fortbildungsveranstaltungen werden u.a. von den Berufsgenossenschaften angeboten.

Die BG Metall Nord Süd fordert z.B., dass Seminare zur Motivation und Information innerhalb von 2 Jahren und die Fortbildung nach höchstens 5 Jahren absolviert werden muss.

Bei der alternativen Betreuung durch Kompetenzzentren variieren die Vorgaben für Methode und Umfang der Motivations- und Informationsmaßnahmen sowie der Zeitabstand für die erforderliche Fortbildung – in Abhängigkeit von der Betreuungsgruppe nach Anlage 2 DGUV-V 2. Dies gilt bei BGN und BGHW auch für das Unternehmermodell.

Der Unternehmer muss nachweisen, dass er die Vorgaben erfüllt. Dazu sind folgende schriftlichen Nachweise erforderlich:

- Nachweis über die Teilnahme an Maßnahmen zu Motivation, Information und Fortbildung,
- aktuelle Unterlagen über die durchgeführte Gefährdungsbeurteilung,
- Berichte nach § 5 DGUV-V 2: Schriftlicher Bericht der → *Fachkraft für Arbeitssicherheit* und des → *Betriebsarztes* über die Erfüllung der ihnen übertragenen Aufgaben sowie deren Zusammenarbeit.

Praxis-Beispiel: Vorgaben müssen eingehalten und Maßnahmen dokumentiert sein

Erfüllt der Unternehmer die Vorgaben nicht (z.B. fehlende schriftliche Nachweise, Seminare und Fortbildung nicht im vorgegebenen Zeitraum absolviert, Gefährdungsbeurteilung nicht durchgeführt), unterliegt sein Unternehmen der Regelbetreuung.

3 Nutzen

Besonders für kleine Unternehmen mit geringem Gefährdungspotenzial kann die alternative Betreuung Vorteile bieten:

- Kosten für eine Regelbetreuung entfallen,
- Betreuung orientiert sich am tatsächlichen Bedarf,
- Betriebsabläufe können verbessert und Qualität gesichert werden,
- rechtssicheres Arbeiten ist möglich,
- der Unternehmer kennt seine Aufgaben im Arbeits- und Gesundheitsschutz und ist mit seinen Beschäftigten in Kontakt, als Vorbild kann er sicheres Verhalten am Arbeitsplatz fördern.

Bettina Huck

AMS-Konzepte

Ein AMS-Konzept (synonym wird auch die Bezeichnung AMS-Standard verwendet) ist ein Leitfaden mit Empfehlungen (teilweise auch Forderungen) zum Aufbau eines Arbeitsschutz-Managementsystems (AMS). Da die DIN ISO 45.001:2018 von einem Managementsystem für Sicherheit und Gesundheit bei der Arbeit (SGA-MS) spricht, wird synonym auch von Konzepten für SGA-MS gesprochen. Ein AMS-Konzept umfasst eine Darlegung der Struktur der Managementsystemelemente, eine Beschreibung der Elemente und deren Zusammenwirken sowie Forderungen hinsichtlich der Gestaltung der Elemente.

1 Keine gesetzliche Vorgabe

Die Einführung eines → *Arbeitsschutz-Managementsystems* (Managementsystem für Sicherheit und Gesundheit bei der Arbeit) wird derzeit weder vom Gesetzgeber noch von den Trägern der gesetzlichen Unfallversicherung explizit gefordert. Sie machen zwar Vorgaben zur Umsetzung der Gesetze, Vorschriften etc. sowie zur Sicherstellung der Wirksamkeit und zur Nachweisbarkeit der Umsetzung, überlassen aber die Art und Weise der Realisierung weitgehend dem jeweiligen Unternehmen.

Insbesondere das Arbeitsschutzgesetz (ArbSchG) fordert aber auch eine wirksame Systematik der Umsetzung sowie eine erkennbare Wahrnehmung der Führungsverantwortung im Arbeitsschutz. Indirekt wird also durchaus die Anwendung einer – wie auch immer gestalteten – Systematik gefordert. Ein Arbeitsschutz-Managementsystem stellt eine solche Systematik dar, wobei die Einführung freiwillig ist und nur Empfehlungen zur Gestaltung des unternehmensspezifischen AMS gemacht werden. Solche Empfehlungen sind v. a.

- Nationaler Leitfaden für Arbeitsschutzmanagementsysteme (NLA 2003) des BMWA, der obersten Arbeitsschutzbehörden der Länder, der Träger der gesetzlichen Unfallversicherung und der Sozialpartner;
- AMS-Leitfäden der Bundesländer (z. B. das bayerische AMS-Konzept „OHRIS: Occupational Health- and Risk-Managementsystem“;
- AMS-Leitfäden einiger Berufsgenossenschaften (z. B. AMS Bau);
- der internationale AMS-Standard OHSAS 18.001 „Occupational Health and Safety Assessment Series“; durch die Veröffentlichung der ISO 45.001:2018 wird dieser Standard schrittweise bis 2020 abgelöst;
- die internationale Norm ISO 45.001:2018: Occupational health and safety management systems – Requirements with guidance for use bzw. die Deutsche Norm DIN ISO 45.001:2018: Managementsysteme für Sicherheit und Gesundheit bei der Arbeit – Anforderungen mit Leitlinien zur Anwendung.

Immer mehr Unternehmen verlangen von ihren Werksvertragspartnern (v. a. den Kontraktoren) einen anerkannten Nachweis eines systematischen und wirksamen Arbeitsschutzes. Daher besitzen die AMS-Konzepte, die diesen Arbeitsschutz-Managementsystemen zugrunde liegen (v. a. das „→ *Sicherheits-Certifikat-Contraktoren*“), eine besondere Relevanz. AMS-Konzepte können demzufolge als normative Vorgabe betrachtet werden.

2 Intention der AMS-Konzepte

Jedes Unternehmen, das ein Managementsystem für Sicherheit und Gesundheit bei der Arbeit (ein → *Arbeitsschutz-Managementsystem*) einführen möchte, sollte dieses AMS unternehmensspezifisch gestalten und mit dem ggf. vorhandenen Managementsystem (z. B. einem Qualitäts-Managementsystem) verbinden. Wenn sie eine ausreichende Anerkennung besitzen, liefern AMS-Konzepte eine wichtige Orientierungsgrundlage für den Aufbau (die Entwicklung) des „eigenen“ AMS, seine Weiterentwicklung und Bewertung. Einige sind auch die Grundlage für die Zertifizierung des praktizierten → *Arbeitsschutz-Managementsystems*. Hierzu zählen die DIN ISO 45.001:2018 sowie SCC.

Praxis-Beispiel: Auswahl eines passenden AMS-Konzeptes

Die Orientierung an einem AMS-Konzept gibt einem Unternehmen Sicherheit beim Aufbau sowie bei der Weiterentwicklung seines Arbeitsschutz-Managementsystems. Die Auswahl eines **geeigneten** AMS-Konzeptes (Leitfadens für den Aufbau eines eigenen Managementsystems für Sicherheit und Gesundheit bei der Arbeit) ist sehr wichtig. Sie hängt v. a. ab von der Unternehmenspolitik (z. B. Orientierung an einem Business Excellence Konzept), den betrieblichen Besonderheiten (z. B. internationale Ausrichtung, Kontraktor) sowie den Kunden- und Markterfordernissen (z. B. werden zertifizierte Nachweise für ein intaktes AMS gefordert oder honoriert).

Grundlage für die Auswahl eines geeigneten AMS-Konzeptes sollten die Antworten auf folgende Fragen sein:

- Was will das Unternehmen?
- Was wollen die Kunden bzw. was ist am Markt üblich?
- Welche Managementsysteme sind im Unternehmen bereits vorhanden?

3 Wesentliche AMS-Konzepte

Derzeit liegen mehrere AMS-Konzepte in Form von Leitfäden und Normen vor. Alle AMS-Konzepte gehen von einer freiwilligen Anwendung aus.

Die Wesentlichsten zeigt die folgende Tabelle:

Titel	**Ausrichtung**		**zertifizierbar?**	
	national	**inter-national**	**ja**	**nein**
Nationaler (deutscher) Leitfaden für Arbeitsschutz-Managementsysteme: NLA 2003 Hier ist eine behördliche Begutachtung möglich.	☒	☐	☐	☒
Occupational Health and Safety Assessment Series: OHSAS 18001:2007	☐	☒	☐	☒
wortgleiche englische Norm: BS OHSAS 18001:2007 Hinweis: durch die Veröffentlichung der ISO 45.001:2018 wird dieser Standard schrittweise bis 2020 abgelöst.	☐	☒	☒	☐
ISO 45.001:2018 bzw. DIN ISO 45.001:2018: Managementsysteme für Sicherheit und Gesundheit bei der Arbeit – Anforderungen mit Leitlinien zur Anwendung		☒	☒	
Sicherheits-Certifikat-Contraktoren: SCC und SCP 2006	☐	☒	☒	☐
AMS-Leitfäden von Arbeitsministerien einzelner Bundesländer, z. B.: • Occupational Health- and Risk-Managementsystem: OHRIS 2010 • Leitfaden Arbeitsschutzmanagement der Hessischen Arbeitsschutzverwaltung: ASCA 2007	☒	☐	☐	☒
Branchenspezifische Handlungshilfen einzelner Unfallversicherungsträger, z. B.: • Gütesiegel „Sicher mit System", z. B. der BGHM • „AMS-Bau" der Bau-BG • „AMS – Arbeitsschutz mit System" der VBG Bei diesen Leitfäden, denen der NLA zugrunde liegt, kann der jeweilige Unfallversicherungsträger eine bg-liche Begutachtung durchführen.				

Albert Ritter

Anlegeleitern

Anlegeleitern sind ein-, zwei- und dreiteilige Leitern, die zur ihrer Benutzung an feste, tragfähige Untergründe angelegt werden müssen. Einteilige Anlegeleitern können mit Sprossen oder Stufen ausgerüstet sein, mehrteilige Anlegeleitern haben konstruktionsbedingt nur Sprossen. Die Stufen bzw. Sprossen sind durch Bördelung, Nietung, Verschraubung oder Verschweißung fest mit 2 Holmen verbunden und bilden damit den „Steigschenkel". Der Gesamtlängenbereich von Anlegeleitern beträgt etwa 2 m bis 16 m.

Alle Anlegeleitern müssen an den Holmenden mit geeigneten Abrutschsicherungen ausgestattet sein. Die Abrutschsicherungen der unteren Holmenden (Leiterfüße) weisen eine Shore-Härte zwischen 70 und 80 (Shore A) auf und sollten profiliert sein.

Zu den Anlegeleitern zählen auch Leitern für Spezialaufgaben wie Glasreiniger- oder Obstbaumleitern.

Gesetze, Vorschriften und Rechtsprechung

- Produktsicherheitsgesetz (ProdSG)
- Anhang 1 BetrSichV Nr. 3.1 und 3.3
- TRBS 2121 Teil 2 „Gefährdung von Beschäftigten bei der Verwendung von Leitern"
- DIN EN 131 Teil 1 „Leitern; Benennungen, Bauarten, Funktionsmaße"
- DIN EN 131 Teil 2 „Leitern; Anforderungen, Prüfung, Kennzeichnung"
- DIN EN 131 Teil 3 „Leitern; Kennzeichnung und Gebrauchsanleitungen"
- Din EN 131 Teil 6 „Leitern: Teleskopleitern"
- DIN 4567 Teil 1 „Leitern für den besonderen betrieblichen Gebrauch: Obstbaumleitern aus Holz und Aluminium"
- DIN 4567 Teil 3 „Leitern für den besonderen betrieblichen Gebrauch: Bauleitern"

1 Anforderungen

Für tragbare Anlegeleitern ab einer Länge von 3 m gelten Vorgaben für die Mindeststandbreite. Die erforderliche Standbreite wird nach folgender Formel berechnet:

$b2$ (bei $l1 > 3.000$ mm) $= b1 + 0{,}1\, l1 + 2\, t$

b1: Lichtes Maß

l1: Leiterlänge in Anlegestellung

t: Holmbreite

Diese Forderung gilt entsprechend auch für Leitern, die als Anlegeleitern verwendet werden können, z. B. Mehrzweckleitern. Mehrteilige Leitern müssen so gebaut sein, dass die einzelnen Leiterteile ab 3 m nicht mehr als separate Leiter verwendet werden können. Um dies zu verhindern, können z. B. Trennsicherungen eingebaut sein (EN 131-1).

> **Praxis-Beispiel: Herstelldatum beachten**
>
> Im Unternehmen verwendete Leitern, die vor dem 1.1.2018 hergestellt wurden, haben evtl. keine ausreichende Standbreite. Im Rahmen einer Gefährdungsbeurteilung muss dann ermittelt werden, ob die Leiter mit einer Quertraverse ausgerüstet werden muss oder das geforderte Sicherheitsniveau mit einer anderen Maßnahme erreicht werden kann.
>
> Lagerbestände von Leitern, die vor dem 1.1.2018 hergestellt wurden, dürfen noch abverkauft werden. Dagegen müssen Leitern, die ab dem 1.1.2018 produziert wurden, die Forderungen der neuen Norm erfüllen. Beim Kauf neuer Leitern ist daher das Herstelldatum zu beachten.

2 Arten

2.1 Einteilige Anlegeleitern

Anlegeleitern werden aus parallel verlaufenden Holmen mit dazwischen liegenden Sprossen (**Sprossenanlegeleitern**) oder Stufen (**Stufenanlegeleitern**) hergestellt (s. **Abb. 1**). Die mind. 80 mm tiefen Stufen bieten im Vergleich zu den nur mind. 20 mm tiefen Sprossen einen ergonomischeren Stand.

Das lichte Maß (Fußfreiraum) zwischen den Holmen beträgt mindestens 280 mm. Als Werkstoffe sind Aluminium, Stahl, Holz und glasfaserverstärkter Kunststoff (GFK) gebräuchlich. Alle 4 Holmenden müssen mit geeigneten Abrutschsicherungen (Leiterfüßen) versehen sein. Nur wenn die Form der Sprossen (z.B. Dreikantsprossen) die Anlegerichtung der Leiter vorgibt, müssen nur die unteren Holmenden als Leiterfüße ausgeführt sein. Die oberen Holmenden sind aber zur Vermeidung des Hängenbleibens mit Stopfen etc. zu verschließen.

Einteilige Anlegeleitern werden bis zu einer Länge von ca. 8 m hergestellt. Längere einteilige Anlegeleitern sind sperrig und nicht mehr sicher zu handhaben.

Abb. 1: Anlegeleiter (Quelle: KRAUSE)

2.2 Zwei- und dreiteilige Schiebeleitern

Zwei- und dreiteilige Anlegeleitern wurden entwickelt, um größere Höhen von Anlegeleitern aus erreichen zu können. Sie werden als Schiebeleitern bezeichnet. Es handelt sich entweder um ausschiebbare oder mit einem Seilzug ausziehbare Leitern. Die zweiteilige Schiebeleiter kann bis zu einer Gesamtlänge von etwa 12 m; die dreiteilige Schiebeleiter bis zu einer Gesamtlänge von etwa 16 m in Sprossenabständen verstellt werden.

Zwei- oder dreiteilige Schiebeleitern werden aus 2 bzw. 3 in Beschlägen übereinander geführten Sprossenanlegeleitern gebildet. Die obere(n) Leiter(n) sind mit Steckhaken ausgestattet, mit denen sich diese Leiterteile in Sprossenabständen verschieben und arretieren lassen. Die Steckhaken müssen Abhebesicherungen aufweisen, damit sich die Leiterteile – z.B. beim Versetzen der ausgeschobenen Leiter – nicht unbeabsichtigt voneinander lösen können.

Wird das Ausschieben der Leiterteile mittels Seilzug durchgeführt, werden diese Leitern oft auch **Seilzugleitern** genannt (s. **Abb. 2**). Hier werden anstelle der einfachen Steckhaken feder- oder schwerkraftbetätigte Beschläge eingesetzt, die auch beim Ausfall des Zugseiles das Einhaken/-rasten angehobener Leiterteile schon nach einem Fallweg von einem Sprossenabstand sicherstellen.

Abb. 2: Schiebeleiter mit Seilzug, zweiteilig (Quelle: KRAUSE)

2.3 Teleskopanlegeleitern

Teleskopanlegeleitern bestehen aus ineinander geführten Holmsegmenten mit dazwischen liegenden Sprossen oder Stufen. Durch Ausziehen der Segmente lässt sich diese Bauart in Sprossenabständen bis zur Gesamtlänge (meist 11 Sprossen) einsetzen. Die Segmente sind mit beidseitigen Verriegelungen ausgestattet, die selbsttätig einrasten müssen. Vor dem Besteigen muss man sich darüber vergewissern! Beim Ausziehen der Leiter darf es nicht möglich sein, im Verlauf des Steigweges einzelne Sprossensegmente nicht auszuziehen (aufeinander liegen zu lassen), denn in diesem Fall ist die in der Norm EN 131 begründete Forderung nach gleichen Sprossen-/Stufenabständen nicht erfüllt.

Die Leiter gibt es in den meisten Fällen nur in „Haushaltsqualität“ (s. **Abb. 3**). Dabei müssen die „Prüfgrundsätze für Teleskopleitern“ erfüllt sein.

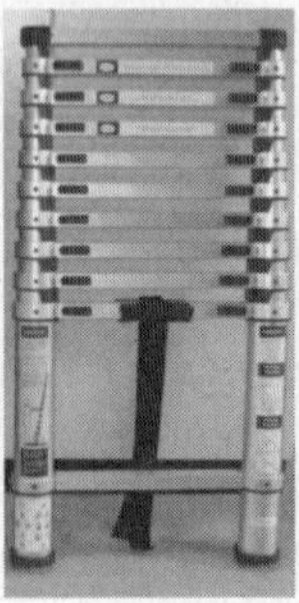

Abb. 3: Teleskopleiter in „Haushaltsqualität“

In wenigen Fällen werden diese Prüfgrundsätze deutlich übertroffen; die Leiter kann dann beim Erfüllen der Norm EN 1147 sogar für den Feuerwehreinsatz geeignet sein (s. **Abb. 4**).

Abb. 4: Teleskopleiter in „Industriequalität"

Der Vorteil dieser in den letzten Jahren zunehmend verbreiteten Bauart liegt in der platzsparenden Aufbewahrung bzw. dem platzsparenden Transport sowie der Möglichkeit, die Leiterlänge einzustellen.

Die Leiter ist konstruktionsbedingt jedoch sehr anfällig gegenüber Verschmutzungen. Dies kann schon nach kurzer Zeit zum Ausschlagen der Holmführungen führen mit dem Ergebnis, dass die Durchbiegung der nun lockerer ineinander geführten Holmsegmente deutlich ansteigt.

Außerdem ist diese Leiterbauart schlagempfindlich. Wird ein Holmsegment eingebeult, kann dies dazu führen, dass sich die Leiter in diesem Bereich nicht mehr vollständig ausfahren und verriegeln lässt.

Aus diesen Gründen ist die Leiter in „Haushaltsqualität" (s. **Abb. 2**) nicht für den rauen gewerblichen Einsatz zu empfehlen.

2.4 Glasreinigerleitern

Glasreinigerleitern werden je nach Standhöhe in **Etagenleitern** (max. Standhöhe 2 m) und **Tourenleitern** (max. Standhöhe 7 m) unterschieden. Beide werden zur Reinigung von Glasflächen, z.B. Fenstern, Glaswänden, Glasfassaden, verwendet (s. **Abb. 5**).

Abb. 5: Glasreinigerleiter (Quelle: KRAUSE)

Glasreinigerleitern bestehen i.d.R. aus mehreren Steckleiterteilen; einem Fußteil, einem Kopfteil und einem oder mehreren Mittelteilen. Die Fußteile von Etagenleitern sind breiter als normale Anlegeleitern, da das obere Ende des Kopfteiles als Punktanlage (Polster oder Rolle) ausgebildet ist. Ihre gestreckte Form entspricht einem schmalen Dreieck. Zur Benutzung wird die Glasreinigerleiter z.B. an ein Fensterkreuz angelegt.

Die für Anlegeleitern nach EN 131 übliche Auslegung für eine Belastung beträgt 1,5 kN. Die Hersteller von Glasreinigerleitern legen diesen Leitertyp i.d.R. für mindestens 1,0 kN aus. Der Entwurf der DIN 4567 Teil 2 für Glasreinigerleitern wurde zurückgezogen.

Die zu berücksichtigende Sicherheitszahl für Glasreinigerleitern aus Aluminium oder Stahl beträgt S = 1,75.

Die Holmquerschnittsabmessungen für Glasreinigerleitern aus Holz stimmen mit den Angaben in **Tab. 1** überein. Darüber hinaus beträgt die max. Leiterbreite am Fußende 700 mm.

Der Sprossenquerschnitt für Sprossen aus Holz beträgt in jedem Falle 22/35 mm.

Für Glasreinigerleitern aus Kunststoff sind keine konkreten Anforderungen festgelegt. Sie müssen so gestaltet sein, dass ihre Sicherheit der von Holzleitern oder Metallleitern entspricht.

Leiterlänge/Sprossenzahl	Holmquerschnitt in mm
12	23/55
14	23/58
15	23/60
18	23/65
28	27/73

Tab. 1: Querschnittsabmessungen für Holme aus Holz

2.5 Obstbaumleitern

Obstbaumleitern werden in landwirtschaftlichen Obstanbaubetrieben ausschließlich bei Ernte- und Pflegearbeiten an Obstbäumen verwendet.

Obstbaumleitern bestehen aus ein- oder zweiteiligen Holz- oder Aluminiumanlegeleitern mit und ohne Stützen (s. **Abb. 6**). Am Fußende und an den Stützen sind Metallspitzen als Abrutschsicherungen angebracht.

Einteilige Obstbaumleitern mit 16 Sprossen oder mehr sowie zweiteilige Obstbaumleitern müssen zusätzlich mit Spreizsicherungen (Ketten, Gurten) ausgerüstet sein.

Anforderungen an Obstbaumleitern aus Holz und Aluminium enthält die Norm DIN 4567 Teil 1.

Abb. 6: Obstbaumleiter (Quelle: KRAUSE)

Mit Blick auf die verringerte Tragfähigkeit und Standsicherheit von Obstbaumleitern sind Benutzerinformationen anzubringen, die darauf hinweisen, dass

- die Obstbaumleiter nur im Obstbau verwendet werden darf,
- mehrteilige Obstbaumleitern (auch mit Stützen) mit dem Leiterkopf an tragfähige Baumteile anzulegen sind,
- mehrteilige Obstbaumleitern nicht frei aufgestellt werden dürfen,
- der Neigungswinkel der Leiter nicht kleiner als 75° sein darf.

Darüber hinaus ist an der Obstbaumleiter die max. zulässige Belastung von 100 kg (= ca.1.000 N = 1,0 kN) anzugeben und das Herstellerzeichen sowie das Herstellungsdatum (Monat, Jahr) oder eine Seriennummer aufzubringen.

Wenn diese Voraussetzungen erfüllt sind, darf der Hersteller die Leitern mit dem DIN-Zeichen und der Normnummer kennzeichnen.

2.6 Bauleitern

Die Bauleiter ist eine Anlegeleiter aus Holz, die vorwiegend auf Baustellen eingesetzt wird. Ihre Holme werden aus vollen oder einmal längs geteilten (aufgeschnittenen) Fichtenstangen hergestellt. Die Sprossen sind aus Schnittholz gefertigt.

Die Bauleiter ist aufgrund ihrer Abmessungen schwer und unhandlich. Dies ist ein Grund dafür, dass ihre Anwendung auf der Baustelle immer mehr an Bedeutung verloren hat.

Konkrete Anforderungen an Bauleitern enthielt die von allen Unfallversicherungsträgern zurückgezogene Unfallverhütungsvorschrift BGV D36 (§ 5 Abs. 2) einschließlich Durchführungsanweisung (vgl. **Tab. 2**). Anforderungen an Bauleitern legt nun die DIN 4567-Teil 3 fest.

Leiterlänge in m (max.)	Holmmaße in mm (mind.) rund	Holmmaße in mm (mind.) halbrund	Leiterbreite in mm (max.)	Sprossenquerschnitt in mm (mind.)
4	65	80	450	30/50
6	70	90	500	35/50
8	75	100	650	40/60
10	85	110	650	40/60

Tab. 2: Hauptabmessungen von Bauleitern

Die Sprossenenden sind in die Holme eingelassen (eingekerbt). Die Tiefe der Einkerbung beträgt 2 cm. Die Sprossenenden sind mit je 2 Nägeln, 75 mm lang, befestigt.

Bettina Huck

Anschläger

Die Person an der Last wird als Anschläger bezeichnet. Er bereitet das Heben schwerer Lasten vor, schlägt die Last mit geeigneten Lastaufnahmeeinrichtungen an und ist schließlich für das sichere Absetzen der Last verantwortlich. Dazu muss er eng mit dem Kranführer zusammenarbeiten, häufig bedient der Anschläger auch selbst flur- oder funkferngesteuerte Krane. Wegen des hohen Gefährdungspotenzials beim Heben schwerer Lasten muss der Anschläger sachkundig sein, er wird vom Unternehmer bestellt.

Gesetze, Vorschriften und Rechtsprechung

Es gelten die Betriebssicherheitsverordnung, Kap. 2.8 DGUV-R 100-500 und DGUV-I 209-013 „Anschläger".

1 Aufgaben und Bestellung

Werden im Unternehmen Lasten im Hebezeugbetrieb bewegt, muss eine → *befähigte Person* (Sachkundiger) für → *Anschlagmittel* und → *Lastaufnahmemittel* bestellt werden (Abschn. 25 DGUV-I 209-013). Es empfiehlt sich eine schriftliche Beauftragung, um Aufgaben und Befugnisse, auch die Befugnisse zur Reparatur und Neubeschaffung zu dokumentieren (Muster s. Bild 25-1 in Abschn. 25 DGUV-I 209-013.

Der Anschläger hat beim Krantransport v. a. folgende Aufgaben (Abschn. 3 DGUV-I 209-013):

- den Transport vorbereiten,
- dem Kranführer das Gewicht der Last mitteilen,
- die Last anschlagen,
- sich mit allen am Transport Beteiligten verständigen und Unbeteiligte vor Gefahren warnen,
- dem Kranführer Zeichen geben,

- beim Anlüften darauf achten, dass die Last gefahrlos weiter angehoben werden kann,
- ggf. die Last mit einem Leitseil führen,
- Anweisungen zum Absetzen der Last geben,
- Last gegen Umstürzen und Auseinanderfallen sichern,
- Anschlagmittel entfernen.

Praxis-Beispiel: Durchführung regelmäßiger Prüfungen

Lastaufnahmeeinrichtungen

Regelmäßige Prüfungen von Lastaufnahmeeinrichtungen müssen längstens nach einem Jahr durchgeführt werden (Nr. 3.15.2.1 Kap. 2.8 DGUV-R 100-500).

Die regelmäßigen Prüfungen können vom Sachkundigen für Anschlagmittel und Lastaufnahmemittel durchgeführt werden. Daneben können auch Sachverständige für Krane oder Betriebsingenieure, Maschinenmeister, Kranmeister oder hierfür besonders ausgebildetes Fachpersonal die regelmäßigen Prüfungen durchführen, wenn sie ausreichende Kenntnisse und Erfahrungen haben. Für spezielle Lastaufnahmemittel, wie Vakuumheber und Magnete, ist die genaue Kenntnis der Betriebsanleitungen notwendig.

Besondere Prüfungen von Rundstahlketten sind nach längstens 3 Jahren erforderlich (Nr. 3.15.2.2 Kap. 2.8 DGUV-R 100-500) und sollten durch Fremdfirmen durchgeführt werden, da hier spezielle Prüfeinrichtungen, Schulung und Sehfähigkeit erforderlich sind. Auch für Hebebänder mit aufvulkanisierter Umhüllung beträgt die Prüffrist max. 3 Jahre (Nr. 3.15.2.3 Kap. 2.8 DGUV-R 100-500).

Krane

Für bestimmte Krane gelten die Prüfvorschriften nach Abschn. 1 Anhang 3 BetrSichV. Tabelle 1 listet auf, welche Prüffristen gelten und wer die Prüfung durchführen darf, zur Prüfung befähigte Person oder Prüfsachverständiger.

2 Gefahren

Besonders gefährdet sind Kopf, Füße, Hände und Ohren des Anschlägers. Mögliche Gefährdungen sind z. B.:

- Anstoßgefahr, z. B. an Kranhaken, beim Annehmen der Anschlagmittel,
- herabfallende Gegenstände,
- Verletzung an spitzen oder scharfen Gegenständen im Fußbereich,
- Verletzung durch Seile oder scharfe Kanten,
- Unfälle bei Arbeiten im Außenbereich, z. B. durch Lastwagenverkehr.

Praxis-Beispiel: Erhöhte Gefährdung

In Bearbeitungsbetrieben werden Lasten häufig mit flur- oder funkferngesteuerten Kranen bewegt. Der Anschläger bedient dann gleichzeitig den Kran. Daraus ergibt sich eine höhere Gefährdung, weil

- mindestens eine Hand für die Steuerbirne/das Steuerpult benötigt wird,
- der Kranfahrer sehr nah am Geschehen ist,
- unbeabsichtigte Bewegungen beim Handhaben oder Positionieren der → *Anschlagmittel* zu fehlerhaften Steuerimpulsen führen können (Abschn. 3 DGUV-I 209-013),

Bei funkferngesteuerten Kranen muss der Kranbediener nicht unbedingt in der Nähe der Last sein; dies kann bedeuten, dass er den Gefahrenbereich nicht einsehen kann. Er benötigt dann einen Einweiser (z. B. den Anschläger).

3 Maßnahmen

Der Arbeitgeber muss u. a. gewährleisten, dass die besonderen Vorschriften für die Verwendung von Arbeitsmitteln zum Heben von Lasten nach Anhang 1 Kap. 2 BetrSichV eingehalten werden. Neben Standsicherheit und Festigkeit, muss auch der Hinweis auf die zulässige Tragfähigkeit deutlich sichtbar sein.

3.1 Technisch

- geeignete Lastaufnahmeeinrichtungen, u.a. Auswahl des richtigen → *Anschlagmittels*
- Hilfsmittel, z.B. Holzkeile, Unterleghölzer, Ziehhaken, Leitseil
- ggf. Gewicht der zu hebenden Last ermitteln, falls die Gewichtsangabe fehlt
- ggf. Schwerpunkt ermitteln
- geeignete → *Beleuchtung*, z.B. bei Arbeiten im Außenbereich

3.2 Organisatorisch

- Belastungstabellen für → *Anschlagmittel* mitführen (zum Ermitteln der Tragfähigkeit bzw. zur Auswahl eines geeigneten Anschlagmittels).
- Anschläger muss sich frei bewegen können, er darf nicht in Zwangshaltung oder in engen Räumen verharren müssen.

Praxis-Beispiel: „Mausefallen" vermeiden

Beim Anheben der Last kann es zu Pendelbewegungen kommen. Deshalb sollte der Anschläger einen Standort einnehmen, der Ausweichmöglichkeiten bietet, also nicht zwischen gestapelten Gütern oder vor Wänden oder Absperrungen.

- Sichere Zugänge zu gestapelten Gütern schaffen.
- Kommunikation zwischen Anschläger und Kranführer bzw. mehreren Anschlägern regeln. Dies erfolgt durch eindeutige Zeichen, falls keine Verbindung über Sprache (Funkverbindung) möglich ist.

Praxis-Beispiel: Unmissverständliche Zeichen von einer Person

Die Zeichen des Anschlägers an den Kranführer müssen klar und deutlich sein. Zeichen, die sich in der Praxis bewährt haben, liefern die Bilder 19-3 bis 19-5 in Abschn. 19 DGUV-I 209-013). Abweichende Zeichen sind zulässig, müssen jedoch unmissverständlich sein und vorher verabredet werden. Um Missverständnisse zu vermeiden, gibt nur eine Person Zeichen. Bei mehreren Anschlägern muss deshalb vorab vereinbart werden, wer Zeichen an den Kranführer gibt.

3.3 Persönlich

- → *Industrie-Schutzhelm*
- → *Sicherheitsschuhe* mit Schutzkappe, ggf. mit durchtrittsicherer Sohle
- → *Schutzhandschuhe*
- ggf. → *Gehörschutz* in Lärmbereichen
- ggf. Maschinenschutzanzug oder Wetterschutzanzug
- ggf. Warnkleidung bei Arbeiten im Außenbereich

Bettina Huck

Anschlagmittel

Anschlagmittel sind nicht zum Hebezeug (z.B. Kran) gehörende Lastaufnahmeeinrichtungen, die eine Verbindung zwischen dem zum Hebezeug gehörenden Tragmittel (z.B. Kranhaken) und der zu hebenden Last oder zwischen dem Tragmittel und einem nicht zum Hebezeug gehörenden Lastaufnahmemittel (z.B. Greifer) herstellen.

Gesetze, Vorschriften und Rechtsprechung

Praxisorientierte Informationen zum Thema Anschlagen von Lasten enthält die DGUV-I 209-013 „Anschläger". Spezielle Informationen zu einzelnen Arten von Anschlagmitteln enthalten:

- DGUV-R 109-004 „Rundstahlketten als Anschlagmittel in Feuerverzinkereien"
- DGUV-R 109-005 „Gebrauch von Anschlag-Drahtseilen"
- DGUV-R 109-006 „Gebrauch von Anschlag-Faserseilen"

1 Definition

Anschlagmittel sind z. B.:

- Anschlagseile,
- Anschlagketten,
- Hebebänder und
- Zubehörteile, z. B. Haken, Ösen, Verbindungs- und Verkürzungsglieder, Ösenhaken, Schäkel, Ringe, Ösenschrauben.

2 Sicheres Anschlagen von Lasten

Lasten müssen sicher angeschlagen werden. Dabei dürfen sich die Lasten, Lastaufnahme- sowie Anschlagmittel nicht unbeabsichtigt lösen oder verschieben. Die Lastaufnahme- und Anschlagmittel sind entsprechend den zu handhabenden Lasten, den Greifpunkten, den Einhakvorrichtungen, den Witterungsbedingungen sowie der Art und Weise des Anschlagens auszuwählen. Bei der Benutzung von Lastaufnahme- und Anschlagmitteln müssen den Beschäftigten angemessene Informationen über deren Eigenschaften zur Verfügung stehen. Verbindungen von Anschlagmitteln sind deutlich zu kennzeichnen, sofern sie nach der Benutzung nicht getrennt werden.

3 Hinweise auf dem Anschlagmittel

Alle Anschlagmittel haben einen deutlich sichtbaren Hinweis (vgl. **Abb. 1**) auf die zulässige Tragfähigkeit und/oder sind ggf. mit einem Schild zu versehen, auf dem die zulässige Tragfähigkeit für die einzelnen Betriebszustände angegeben ist.

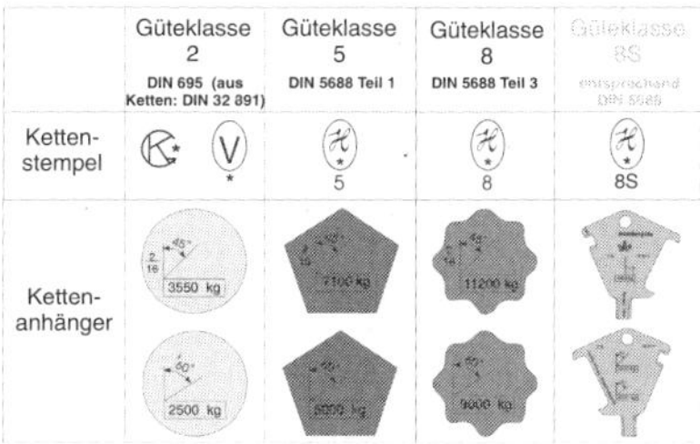

Abb. 1: Beispiel: Kennzeichnung von Anschlagketten

4 Ablegereife

Die Ablegereife von Anschlagmitteln gibt an, wann das jeweilige Anschlagmittel nicht mehr genutzt werden darf.

4.1 Prüffristen

Der Unternehmer muss dafür sorgen, dass Lastaufnahmeeinrichtungen in Abständen von längstens einem Jahr durch einen Sachkundigen geprüft werden. Im Abstand von längstens drei Jahren müssen Rundstahlketten, die als Anschlagmittel verwendet werden, auf Rissfreiheit und Hebebänder mit aufvulkanisierter Umhüllung auf Drahtbrüche geprüft werden.

Die Prüffristen können jedoch auch verkürzt werden. Das ist insbesondere dann der Fall, wenn die → *Lastaufnahmemittel* besonders häufig genutzt werden, mit hohem Verschleiß zu rechnen ist oder die Umgebungsbedingungen zu Korrosion führen.

Außerordentliche Prüfungen der Lastaufnahmeeinrichtungen sind nach Schadensfällen oder besonderen Vorkommnissen, die die Tragfähigkeit beeinflussen können, sowie nach Instandsetzung fällig.

Lastaufnahmemittel, die auffällig sind, d.h. durch die Prüfung gefallen sind, müssen „abgelegt" (entsorgt) werden.

Anstelle des o.g. Sachkundigen tritt nach BetrSichV/TRBS 1203 die → *Befähigte Person*, die entsprechend qualifiziert und ausgebildet sein muss. Wenn Mitarbeiter bei ihrer täglichen Sichtkontrolle von sich aus Mängel feststellen, müssen die Lastaufnahmemittel ebenfalls abgelegt werden.

4.2 Prüfkriterien

Bei der Prüfung der Lastaufnahmemittel gelten folgende Kriterien:

4.2.1 Anschlagketten

Anschlagketten sind ablegereif bei:

- Bruch eines Kettengliedes,
- Anrissen, Oberflächenverletzungen oder festigkeitsbeeinträchtigenden Korrosionsnarben von mehr als 10 % des noch vorhandenen Kettendurchmessers,
- Längung, auch einzelner Kettenglieder, um mehr als 5 %,
- Abnahme der Glieddicke an irgendeiner Stelle auf die nächst kleinere genormte Dicke oder
- Verformung eines Kettenglieds.

4.2.2 Anschlagseile

Anschlagseile aus Stahldraht sind ablegereif bei (vgl. **Abb. 2**):

- Auftreten von mindestens sechs Drahtbrüchen auf einer Länge von 6d (d = Seildurchmesser),
- Litzenbrüchen,
- Aufdoldungen,
- Lockerung der äußeren Lage,
- Quetschungen,
- Knicken,
- Kinken (Klanken),
- Korrosionsnarben,
- Beschädigungen oder starken Abnutzungen der Seilendverbindungen.

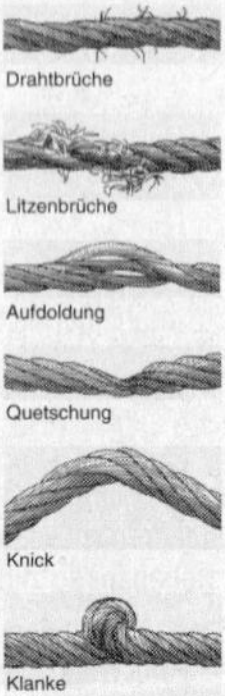

Abb. 2: Ablegereife von Anschlagseilen aus Stahldraht

4.2.3 Hebebänder

Hebebänder sind ablegereif bei:

- Beschädigungen der Webkante oder des Gewebes und Garnbrüchen in großer Zahl, z.B. mehr als 10 % des Querschnitts,
- stärkerer Verformung infolge von Wärmeeinwirkung,
- Schäden an der Vernähung des Bandes,
- Schäden infolge von Einwirkung aggressiver Stoffe,
- Beschädigung der aufvulkanisierten Gummiauflage bei Stahldrahtbändern oder
- Beschädigung der Beschlagteile.

4.2.4 Lasthaken

Lasthaken sind ablegereif bei:

- Anrissen, insbesondere Querrissen in Schaft, Hals, Gewinde oder Hakenmaul, Aufweitung des Hakenmauls um mehr als 10 % oder
- Abnutzung im Hakengrund um mehr als 5 %.

4.2.5 Naturfaserseile

Naturfaserseile (Ma, Ha) sind ablegereif bei:

- Bruch einer Litze,
- mechanischen Beschädigungen, starkem Verschleiß oder Auflockerungen,
- Herausfallen von Fasermehl beim Aufdrehen des Seiles,
- Schäden infolge feuchter Lagerung oder Einwirkung aggressiver Stoffe,
- Garnbrüchen in großer Zahl, z.B. mehr als 10 % der Gesamtgarnzahl im am stärksten beschädigten Querschnitt,
- Lockerung der Spleiße.

4.2.6 Chemiefaserseile

Chemiefaserseile (PA, PP, PES) sind ablegereif bei:

- Bruch einer Litze,
- Garnbrüchen in großer Zahl, z.B. mehr als 10 % der Gesamtgarnzahl im am stärksten beschädigten Querschnitt,
- starker Verformung infolge Wärme, z.B. durch innere oder äußere Reibung oder Wärmestrahlung,
- Lockerung der Spleiße,
- Schäden infolge Einwirkung aggressiver Stoffe.

Arne Gotzen

Arbeiten 4.0

Mit Arbeiten 4.0 werden die charakteristischen Merkmale der zukünftigen Arbeitswelt beschrieben, die sowohl das produktive Gewerbe als auch die Dienstleistungsbranche betreffen. Die Schlagwörter im Zusammenhang mit zukünftigen (und bereits heute zunehmend praktiziertem) Arbeitshandeln sind: Digitalisierung, Automatisierung und Vernetzung, Big Data, Crowdworking, Solo-Selbstständige sowie räumliche und zeitliche Entgrenzung der Arbeit. Begleitet wird dieser Umbruch von einem gesellschaftlichen Wertewandel in Bezug auf die Arbeit: Sowohl bei Unternehmen als auch bei Arbeitnehmern lassen sich Veränderungen hinsichtlich ihrer Flexibilitätsanforderungen und -bedürfnisse feststellen. Auch der Arbeits- und Gesundheitsschutz sieht sich dabei mit neuen Herausforderungen konfrontiert. Wie bei allen Veränderungen kontrastieren Chancen und Risiken und es wird Gewinner und Verlierer geben.

Fritzi Wiessmann

Arbeiten im Freien

Rund 3 Mio. Menschen arbeiten in Deutschland überwiegend oder zeitweise im Freien. Vor allem Beschäftigte im Baugewerbe (z.B. Dachdecker, Straßenbauer), in der Land- und Forstwirtschaft, im Garten- und Landschaftsbau, in der Abfallentsorgung sowie im Fischereigewerbe und bei der Seefahrt sind bei ihrer Arbeit Witterungseinflüssen ausgesetzt.

Der Arbeitgeber hat dafür zu sorgen, dass Arbeitsplätze im Freien bei jeder Witterung sicher benutzt werden können und die Gesundheit der Beschäftigten nicht gefährdet ist. Er muss deshalb die Arbeitsplätze gegen Witterungseinflüsse schützen oder geeignete PSA zur Verfügung stellen.

Gesetze, Vorschriften und Rechtsprechung

Grundlage sind das Arbeitsschutzgesetz sowie die Arbeitsstättenverordnung, v.a. § 3 i.V.m. Nr. 5.1 Anhang. Die DGUV-R 112-189 regelt die Benutzung von Schutzkleidung. Hinweise und Empfehlungen zur Arbeit im Freien liefern Informationen der Berufsgenossenschaften, u.a.

- BG Bau, u.a. D 505 „Gefährdung durch UV-Strahlung, Hitze und Kälte“, Betriebsanweisung „Arbeiten im Freien bei Hitze“, Broschüre „UV-Strahlung und Hitze – Schützen Sie sich!“,
- BG ETEM, u.a. „Hautschutz bei Tätigkeiten im Freien“.

Die Baustellenverordnung regelt Arbeiten auf Baustellen von Büro-, Betriebs- und Wohngebäuden sowie im Straßenbau.

1 Einflüsse

Anders als in Büros, Werkstätten oder → *Laboren* sind Beschäftigte bei Arbeiten im Freien – zusätzlich zu den Gefährdungen durch die Tätigkeit selbst – Witterungseinflüssen ausgesetzt.

Bei Sonneneinstrahlung, hohen Lufttemperaturen oder an einem Hitzearbeitsplatz im Freien beeinflussen folgende Faktoren die Arbeit:

- Hitze;
- UV-Strahlung;
- Luftschadstoffe wie z.B. Ozon.

Praxis-Beispiel: Hitzearbeit

Berufsgenossenschaftliche Regelwerke zur → *Hitzearbeit* gelten für Arbeitsplätze, an denen die Hitze technologisch bedingt ist. Typische Hitzearbeitsplätze sind an Hochöfen, in Schmieden oder Gießereien, aber auch in Bäckereien, Pizzerien und im Schnellimbiss.

Hitzearbeitsplätze im Freien finden sich z.B. auf → *Baustellen* im Straßenbau bei Arbeiten mit heißem Asphalt.

Abschn. 1 Nr. 3 DGUV-I 213-002 definiert Hitzearbeit als „Arbeit, bei der es infolge kombinierter Belastung aus Hitze, körperlicher Arbeit und gegebenenfalls Bekleidung zu einer Erwärmung des Körpers und damit zu einem Anstieg der Körpertemperatur kommt. Dadurch können Gesundheitsschäden entstehen.“

Bei Arbeiten im Freien kann bei starker Sonneneinstrahlung bzw. hohen Lufttemperaturen ebenfalls Hitze die Gesundheit und Sicherheit der Beschäftigten gefährden, zusätzlich stellen UV-Strahlung und hohe Ozonwerte Gefahren dar.

Witterungseinflüsse wie Kälte, Glätte, Nässe bei Regen oder Schneefall oder Wind erschweren Arbeiten im Freien.

Im Herbst und Winter wird es später hell, die Dämmerung setzt früher ein. Bei eingeschränkter Sehfähigkeit in der Dunkelheit sind Gefahren schlechter erkennbar.

2 Gefahren

2.1 Hitze

- Kopfschmerzen, Übelkeit, Schwindel, Bewusstseinsstörung, Blutdruckabfall (sog. Sonnenstich);
- Hitzekollaps (Kreislaufversagen) nach Schweiß-/Flüssigkeitsverlust, Hitzekrämpfe (durch Elektrolytverschiebungen), Hitzschlag;
- sinkende körperliche und geistige Leistungsfähigkeit: bei ca. 35 °C wird die körperliche Leistungsfähigkeit um durchschnittlich ein Drittel gesenkt;
- erhöhte Unfallgefahr wegen nachlassender geistiger und körperlicher Leistungsfähigkeit.

Praxis-Beispiel: Einfluss der Witterung auf ältere und leistungsgeminderte Personen beachten

Bei Arbeiten im Freien und starker Hitze müssen die Bedürfnisse älterer oder leistungsgeminderter Beschäftigter besonders berücksichtigt werden:

Bei → *älteren Personen* kann die Regulierung der Körpertemperatur gestört oder verlangsamt sein. Das Durstgefühl und die Fähigkeit zu schwitzen nehmen ab. Hitzeerschöpfung bis hin zum Hitzschlag kann die Folge sein.

Auch folgender Personenkreis ist besonders stark gefährdet: Beschäftigte mit Bluthochdruck, Diabetes mellitus, chronischer Bronchitis oder Nierenfunktionsstörungen.

Es werden dann ergänzende Maßnahmen erforderlich, z.B. verkürzte Einsatzzeiten, keine → *Alleinarbeit*. Im Extremfall können ältere oder leistungsgeminderte Mitarbeiter bei starker Hitze nicht im Freien beschäftigt werden.

2.2 Sonnen-, UV-Strahlung

- kann zu Sonnenbrand und Hautkrebs führen: Der UV-Index (UVI) beschreibt die sonnenbrandwirksame UV-Strahlung der Sonne. Je höher der UVI, desto größer ist die UV-Belastung und damit das Risiko eines Sonnenbrands. Ab UVI 3 sollten Schutzmaßnahmen erfolgen (s. Abschn. 3);
- Augen können schmerzen oder tränen, Hornhaut- und Bindehautentzündungen sind möglich, Netzhaut und Linse können geschädigt werden (Trübung der Augenlinse/Grauer Star);
- Blendungen können zu erhöhter Unfallgefahr führen: Stolperstellen werden übersehen, Hindernisse nicht klar erkannt.

2.3 Ozon

- kann Schleimhäute der Augen und Atemwege reizen;
- entzündliche Reaktionen der Lunge bis hin zu Asthmaanfällen sind möglich.

Praxis-Beispiel: Gefahren erkennen

Der Deutsche Wetterdienst (DWD) gibt regelmäßig seine Medizin-Meteorologische Gefahrenindizes-Beurteilung, u.a. für den thermischen Gefahrenindex und den UV-Gefahrenindex. Ozonkonzentrationen in der Luft werden an rund 300 Messstationen in Deutschland gemessen und von den zuständigen Behörden der Länder veröffentlicht.

Arbeitgeber können damit Gefahren beurteilen und geeignete Maßnahmen festlegen.

2.4 Kälte

- körperliche Beweglichkeit und Koordinationsfähigkeit lassen nach;
- Finger oder Fußzehen können erfrieren;
- Erkältungsgefahr nimmt zu.

2.5 Nässe, Glätte

- Stolper-, Rutsch- und Sturzunfälle durch nasse oder glatte Oberflächen.

2.6 Dunkelheit

- Sehfähigkeit kann reduziert sein (Nachtblindheit);
- erhöhte Unfallgefahr, da Gefahren schlechter erkannt werden.

3 Maßnahmen

3.1 Technisch

- Sonnen- bzw. Wetterschutz, z. B. durch UV-absorbierende Überdachungen, Sonnenschirme, Sonnensegel, provisorische Unterstellmöglichkeiten;
- überdachte → *Verkehrswege* im Freien;
- Einsatz von Warn-Messgeräten, z. B. UV-Dosimeter;
- Anlagen zur Besprühung mit Wasser;
- ausreichende → *Beleuchtung* (Abschn. 7 i. V. mit Anhang 4 ASR A3.4).

3.2 Organisatorisch

- → *Betriebsanweisung* erstellen und regelmäßig → *Unterweisungen* durchführen (§ 12 ArbSchG), u. a. über die Gefahren von Hitze, UV-Strahlung und Ozon und geeignete Schutzmaßnahmen;
- Arbeitsorganisation anpassen:

Praxis-Beispiel: Arbeitsorganisation anpassen

Im Sommer

- Arbeiten vor 11 Uhr und nach 16 Uhr durchführen,
- Arbeiten auf mehrere Personen verteilen,
- vorbereitende Tätigkeiten im Schatten durchführen,
- Arbeits- und Pausenzeiten anpassen, z. B. stündliche Kurzpausen von ca. 5 Minuten bei über 30 °C bzw. 15 Minuten bei Temperaturen über 35 °C.

Aufwärmzeiten im Winter festlegen.

- Angebotsvorsorge organisieren bei „Tätigkeiten im Freien mit intensiver Belastung durch natürliche UV-Strahlung von regelmäßig einer Stunde oder mehr je Tag" (Anhang Teil 3 Nr. 5 ArbMedVV und AMR 13.3);
- → *Erste-Hilfe*-Maßnahmen;
- mehr Vorfertigung in Hallen;
- keine → *Alleinarbeit* bei hohen Temperaturen, v. a. bei älteren Beschäftigten oder Beschäftigten, die Schutzanzüge bzw. → *Atemschutzgeräte* tragen;
- Prüfung der Schutzkleidung;
- Aufbewahrung, Reinigung und Reparatur der Schutzkleidung;
- Räum- und Streudienst auf dem Betriebsgelände.

3.3 Persönlich

Grundsätzlich muss der Arbeitgeber → *persönliche Schutzausrüstung* bereitstellen (§ 3 ArbSchG). Ist Wetter- oder Kälteschutzkleidung oder Warnkleidung für Arbeiten im Freien erforderlich, so trägt der Arbeitgeber die Kosten, ebenso wie für geeignete Sonnenbrillen.

Praxis-Beispiel: Prämien für PSA

Berufsgenossenschaften fördern den Arbeits- und Gesundheitsschutz, u. a. mit Prämien für PSA. Prämienkataloge listen auf, was konkret gefördert wird. Die Prämien müssen bei der zuständigen BG beantragt werden. So gewährt die BG BAU Prämien u. a. auch für Sonnenbrillen, Kühlwesten sowie Funktions- und Warnshirts mit UV-Schutz. Unternehmen erhalten Zuschüsse von bis zu 50 % der Anschaffungskosten.

3.3.1 Bei starker Sonneneinstrahlung bzw. hohen Lufttemperaturen

Gegen UV-Strahlung:

- Kopfbedeckung, z. B. Hüte, die auch den Nacken schützen;
- körperbedeckende Kleidung ggf. aus Material mit UV-Schutz.

Praxis-Beispiel: Optimaler UV-Schutz

Es gelten folgende Empfehlungen[1]:

- Kleidung aus Polyester, Nylon oder Seide bietet einen besseren UV-Schutz als solche aus Baumwolle, Viskose oder Leinen;
- dunkle Farben sind besser als helle Farben: Grün, rot und gelb bieten einen guten UV-Schutz;
- dichtes und möglichst lichtundurchlässiges Gewebe schützt besonders gut, es sollte auch nach dem Waschen diese Eigenschaften behalten;
- der Ultraviolet Protection Factor (UPF) sollte bei trockenem und nassem Gewebe > 15 sein, d. h., die Kleidung lässt weniger als 1/15 der UV-Strahlung durch.

- Sonnenschutzcreme: empfohlen wird ein Lichtschutzfaktor von mind. 30; ca. 30 Minuten vor Exposition und danach alle 2 Stunden ausreichend dick auftragen;
- Sonnenbrillen mit seitlicher Abdeckung (Filterkategorie 2 oder 3 nach DIN EN 1836, CE-Zeichen).[2]

Flüssigkeitsverlust (durch Schwitzen) ausgleichen: ausreichend Flüssigkeit zu sich nehmen, am besten Tee oder Mineralwasser; in Abhängigkeit von Temperatur und Schwere der körperlichen Arbeit werden bis zu 4 Liter empfohlen.

Praxis-Beispiel: Bei hohen Außentemperaturen Getränke für die Beschäftigten bereitstellen

Damit Beschäftigte bei hohen Außentemperaturen (über 30 °C) ausreichend Flüssigkeit zu sich zu nehmen, empfiehlt es sich, geeignete Getränke bereitzustellen, z. B. Mineralwasser oder ungesüßten Tee. Dies kann kostenlos oder gegen Bezahlung erfolgen. Die Getränke sollten sich im direkten Arbeitsumfeld befinden, damit der Arbeitsplatz nicht verlassen werden muss. Sie sollten nicht zu stark gekühlt sein, da der Körper sonst zusätzliche Wärme erzeugt und damit den Kreislauf zusätzlich belastet.

3.3.2 Bei kaltem, nassem Wetter

- Wetterschutzkleidung gegen Nässe, Wind und Umgebungstemperaturen bis –5 °C mit Tragezeitbegrenzung[3];
- Kälteschutzkleidung gegen kaltes Wetter bzw. Temperaturen unter –5 °C[4];
- Schuhe: rutschfest, gegen Kälte und Nässe;
- Handschuhe;
- Mütze;
- warme Getränke zu sich nehmen.

3.3.3 Bei Dunkelheit

Warnkleidung in Warnfarben mit Reflexstreifen für Personen, die im Verkehrsraum tätig sind[5], z. B. Anzug, Jacke, Weste, Hose. Warnkleidung muss auch bei Arbeiten auf → *Verkehrswegen* innerhalb des Betriebsgeländes getragen werden.

---

1 Quelle: BG BAU.

2 Vgl. DGUV-R 112-192.

3 Abschn. 4.3.17 DGUV-R 112-189.

4 Abschn. 4.3.18 DGUV-R 112-189.

5 Abschn. 4.3.19 DGUV-R 112-189.

3.3.4 An Hitzearbeitsplätzen im Freien

Für Hitzearbeitsplätze im Freien gelten die Vorschriften der DGUV-I 213-002 und DGUV-I 213-022 zur → *Hitzearbeit*. Zusätzlich müssen Maßnahmen zum Schutz vor UV-Strahlung ergriffen werden.

Bettina Huck

Arbeiten in Behältern

Unter Behältern versteht man mit festen Wandungen umgebene luftaustauscharme Bereiche, z. B. Tanks, Kessel, Schächte, Maschinen oder Rohrleitungen. Die Arbeit in Behältern umfasst alle Tätigkeiten, bei denen sich Beschäftigte in Behältern aufhalten. Dazu gehören Reinigungs- und Wartungsarbeiten, Inspektionen und Reparaturen. Das Arbeiten in Behältern oder auch engen Räumen stellt eine der gefährlichsten Tätigkeiten dar.

Diese Gefährdungen haben ihre Ursache in der besonderen räumlichen Enge oder in den sich im Behälter befindlichen Stoffen bzw. Einrichtungen. Daher sind besondere Vorsichtsmaßnahmen zu ergreifen, wenn Behälter befahren werden oder in ihnen gearbeitet wird.

Gesetze, Vorschriften und Rechtsprechung

Regeln zum sicheren Arbeiten in Behältern enthalten DGUV-R 113-004 „Behälter, Silos und enge Räume; Teil 1: Arbeiten in Behältern, Silos und engen Räumen“ und DGUV-R 113-005 „Behälter, Silos und enge Räume; Teil 2: Umgang mit transportablen Silos“.

1 Mit welchen Gefährdungen ist zu rechnen?

Bei der Arbeit in Behältern sind die in **Tab. 1** aufgeführten Gefährdungen möglich.

Gefährdung	Beispiele
Organisatorische Mängel	Keine → *Unterweisung*, kein Erlaubnisschein, keine Betriebsanweisung
→ *Gefahrstoffe*, Stoffe und Gemische	Sauerstoffanreicherung durch Fehlbedienung beim → *Schweißen*, Reststoffe im Behälter, Entfernen oder Aufbringen von Beschichtungsstoffen im Behälter, Reinigen
Sauerstoffmangel	Fehlende Belüftung, Sauerstoffverbrauch bei der Arbeit, Spülen mit Inertgasen, Stoffe und Güter, die Sauerstoffarmut verursachen (s. Anhang 5 DGUV-R 113-004)
Brände, Explosionen	Vorhandene brennbare Stoffe
Absturz	Absturz in den Behälter oder im Behälter
Mechanische Einwirkungen	Bewegliche Teile oder Einbauten wie Fördereinrichtungen, verwendete Flüssigkeitsstrahler
Elektrischer Strom	Unfall durch verwendete elektrische Geräte wie Handleuchten oder elektrische → *Handwerkzeuge*
Hitze oder Kälte	Aufgeheizte oder kalte Behälterteile, Schweißarbeiten
Strahlung	z. B. durch Messgeräte
Erhöhte körperliche bzw. psychische Belastungen	Körperlich schwere Arbeit im Behälter, Arbeiten in Zwangshaltungen, Beschäftigte mit Platzangst

Gefährdung	Beispiele
Nicht ausreichende Rettungsmaßnahmen	Fehlender Sicherungsposten, fehlende Einrichtungen/Geräte für die Notfallrettung
Versinken oder Verschütten	Der Behälter enthält noch Reststoff oder das Produkt.

Tab. 1: Gefährdungen bei der Arbeit in Behältern

2 Welche Vorsichtsmaßnahmen sind zu ergreifen?

Die Vorgehensweise für das Arbeiten in Behältern muss der Unternehmer festlegen. Bevor mit den Arbeiten begonnen werden kann, sind folgende Punkte zu beachten:

- Die im Einzelfall möglichen Gefährdungen müssen ermittelt und beurteilt werden.
- Die sich ergebenden technischen, organisatorischen und persönlichen Schutzmaßnahmen einschließlich Notfall- und Rettungsmaßnahmen sind in einem schriftlichen **Erlaubnisschein** oder einer **Betriebsanweisung** zusammenzufassen. Einen Muster-Erlaubnisschein enthält Anhang 1 DGUV-R 113-004. Daraus folgt, dass die Arbeit in Behältern **grundsätzlich nur mit einer schriftlichen Erlaubnis** gestattet ist. Nach längeren Arbeitsunterbrechungen, z. B. Wiederaufnahme der Arbeit am nächsten Tag, nach Wechsel der an den Arbeiten Beteiligten (z. B. Schichtwechsel oder Wechsel des Fremdunternehmens), muss der Erlaubnisschein neu ausgestellt bzw. verlängert werden.

Praxis-Beispiel: Erlaubnisschein oder Betriebsanweisung?

Der Erlaubnisschein kann durch eine Betriebsanweisung ersetzt werden, wenn immer **gleichartige Arbeitsbedingungen** bestehen und **gleichartige wirksame Schutzmaßnahmen** festgelegt sind. Anhang 4 DGUV-R 113-004 listet z. B. empfohlene Mindestmaße für Behälteröffnungen, Zugangsvarianten und erforderliche Schutzmaßnahmen auf. Eine Muster-Betriebsanweisung zum Befahren einer Styrol-Pumpengrube liefert Anhang 2 DGUV-R 113-004.

- Es sind alle notwendigen Sicherheitsmaßnahmen zu treffen, z. B.:
  - technisch: technische oder freie Lüftung, Antriebe von bewegten Bauteilen und Maschinen von der Energiequelle dauerhaft sicher trennen (LOTO-Systeme),
  - organisatorisch: Freimessen, keine Sauerstoffflaschen im Behälter,
  - persönlich: Atemschutz, PSA gegen Absturz.
- Die Rettungsmaßnahmen müssen mind. jährlich praxisnah geübt werden. Rettungseinrichtungen bzw. -ausrüstungen (z. B. Rettungsschlaufe, Schleifkorb, Rettungswanne) müssen grundsätzlich vor Ort bereitgehalten werden. Ein schriftlicher Rettungsplan ist erforderlich, wenn komplexe Situationen vorliegen.
- Alle an den Arbeiten beteiligten Personen müssen – anhand von Erlaubnisschein bzw. Betriebsanweisung – über die Gefährdungen und Schutzmaßnahmen unterwiesen werden. Aufsichtführender, Sicherungsposten und ggf. Verantwortliche eines Fremdunternehmens haben grundsätzlich per Unterschrift auf dem Erlaubnisschein zu bestätigen, dass sie Kenntnis der festgelegten Maßnahmen haben. Handelt es sich um regelmäßig wiederkehrende, gleichartige Tätigkeiten, so sind die beteiligten Personen mindestens jährlich zu → *unterweisen*.
- Eine weisungsbefugte aufsichtsführende Person ist einzusetzen. Der **Aufsichtführende** kann den Erlaubnisschein ausstellen und muss überwachen, ob die festgelegten Schutzmaßnahmen eingehalten werden.

Während bestimmter Arbeiten in Behältern ist mindestens ein **Sicherungsposten**, der mit der im Behälter arbeitenden Person in ständiger Verbindung (z. B. Sicht, Sprechverbindung, Personen-Notsignal-Anlage, Signalleine etc.) steht, einzurichten. Der Sicherungsposten muss Hilfe holen können, ohne seinen Platz zu verlassen, bzw. selbst Rettungsmaßnahmen durchführen oder einleiten.

Bettina Huck

Arbeiten unter Spannung

Arbeiten unter Spannung sind Arbeiten, bei denen eine Person mit Körperteilen oder Gegenständen (Werkzeuge, Geräte, Ausrüstungen oder Vorrichtungen) unter Spannung stehende Teile berührt oder in die Gefahrenzone gelangt.

Gesetze, Vorschriften und Rechtsprechung

Das Arbeiten unter Spannung ist erlaubt, wenn weder Körperdurchströmung noch Lichtbogenbildung zu einer Gefährdung führen. Ansonsten darf unter Spannung nur gearbeitet werden, wenn zwingende Gründe vorliegen und besondere technische, organisatorische und persönliche Maßnahmen eingehalten werden. Die DGUV-V 3 legt die Voraussetzungen fest, unter denen Arbeiten unter Spannung durchgeführt werden dürfen. Die DGUV-R 103-011 konkretisiert die Maßnahmen.

1 Wann Arbeiten unter Spannung nicht erlaubt ist

§ 6 DGUV-V 3 „Elektrische Anlagen und Betriebsmittel" legt fest, wann Arbeiten unter Spannung **grundsätzlich** nicht durchgeführt werden dürfen:

1. An unter Spannung stehenden aktiven Teilen elektrischer Anlagen und Betriebsmittel darf, abgesehen von den Festlegungen in § 8 DGUV-V 3, nicht gearbeitet werden.
2. Vor Beginn der Arbeiten an aktiven Teilen elektrischer Anlagen und Betriebsmittel muss der spannungsfreie Zustand hergestellt und für die Dauer der Arbeiten sichergestellt werden.

„Arbeiten an unter Spannung stehenden aktiven Teilen elektrischer Anlagen und Betriebsmittel" werden auch als **„Arbeiten unter Spannung"** bezeichnet.

Arbeiten unter Spannung sind grundsätzlich nicht erlaubt, weil mit diesen Arbeiten eine erhöhte Gefährdung verbunden ist.

2 Herstellung des spannungsfreien Zustandes

Durch Einhalten der → ***5 Sicherheitsregeln*** wird sichergestellt, dass das Arbeiten in spannungsfreiem Zustand sicher abläuft:

1. freischalten,
2. gegen Wiedereinschalten sichern,
3. Spannungsfreiheit feststellen,
4. erden und kurzschließen,
5. benachbarte, unter Spannung stehende Teile abdecken oder abschranken.

3 Ausnahmen von der Regel

Doch es gibt die Ausnahmen des § 8 DGUV-V 3, die als „zulässige Abweichungen" bezeichnet werden. Von dem o. g. § 6 DGUV-V 3 „darf abgewichen werden, wenn"

- durch die Art der Anlage eine Gefährdung durch Körperdurchströmung oder durch Lichtbogenbildung ausgeschlossen ist oder
- aus zwingenden Gründen der spannungsfreie Zustand nicht hergestellt und sichergestellt werden kann.

Ist es aus zwingenden Gründen nicht möglich, einen spannungsfreien Zustand her- bzw. sicherzustellen, muss auf jeden Fall dafür gesorgt werden, dass

- durch die Art der bei diesen Arbeiten verwendeten Hilfsmittel oder Werkzeuge eine Gefährdung durch Körperdurchströmung oder durch Lichtbogenbildung ausgeschlossen ist und
- mit diesen Arbeiten nur Personen beauftragt werden, die für diese Arbeiten an unter Spannung stehenden aktiven Teilen fachlich geeignet sind, und
- weitere technische, organisatorische und persönliche Sicherheitsmaßnahmen festlegt und durchgeführt werden, die einen ausreichenden Schutz gegen eine Gefährdung durch Körperdurchströmung oder durch Lichtbogenbildung sicherstellen.

4 Weitere Informationen

Die Durchführungsanweisung zu § 8 DGUV-V 3 konkretisiert diese Maßnahmen. Insbesondere werden die „zwingenden Gründe“ beschrieben, unter denen die Arbeiten unter Spannung erlaubt sind. Weiterhin werden Arbeiten genannt, die von einer → *Elektrofachkraft* und/oder einer **elektrotechnisch unterwiesenen Person** und/oder einem elektrotechnischen Laien unter Spannung durchgeführt werden dürfen. Die DGUV-R 103-011 „Arbeiten unter Spannung an elektrischen Anlagen und Betriebsmitteln“ beschreibt ausführlich die Maßnahmen, die beim Arbeiten unter Spannung zu beachten sind. Der Schwerpunkt liegt auf organisatorischen Voraussetzungen für die Arbeiten und die Ausbildung der Beschäftigten.

5 Neuerungen

Im Juli 2010 wurde die TRBS 2131 „Elektrische Gefährdungen“ außer Kraft gesetzt – seither gelten wieder die Anforderungen der DGUV-V 3. Anforderungen an die zur Prüfung befähigten Personen von elektrischen Anlagen und Betriebsmitteln sind in der TRBS 1203 „Zur Prüfung befähigte Personen“ geregelt. Die TRBS 1203 konkretisiert dabei die Anforderungen an die Berufsausbildung, die Berufserfahrung und die zeitnahe berufliche Tätigkeit von zur Prüfung befähigten Personen. Durch die Aufhebung der TRBS 2131 sind die Begriffe „→ *Elektrofachkraft*,“ „→ *elektrotechnisch unterwiesene Person*“ und „elektrotechnischer Laie“, die in der DGUV-V 3 geregelt sind, wieder anzuwendende Begriffe. Die in der DGUV-V 3 genannten Grundanforderungen für Arbeiten unter Spannung sind somit anzuwenden. Im Rahmen der → *Gefährdungsbeurteilung* sind dabei die für den Einzelfall festgelegten Schutzmaßnahmen hinsichtlich ihrer Wirksamkeit zu bewerten.

Dirk Rittershaus

Arbeitnehmerüberlassung

Wenn ein Arbeitgeber seine Arbeitnehmer Dritten zur Arbeitsleistung überlässt, spricht man von Arbeitnehmerüberlassung. Im Gegensatz zum Fremdfirmeneinsatz im Rahmen von Werk- und Dienstverträgen gehen wesentliche Arbeitgeberpflichten dabei auf den entleihenden Betrieb über. Daher hat bei Leiharbeitnehmern zwar das Zeitarbeitsunternehmen als der verleihende Arbeitgeber gewisse Grundpflichten im Arbeitsschutz. Der Einsatzbetrieb muss aber die Mitarbeiter in Zeitarbeit in seinen Arbeitsschutzstrukturen ebenso berücksichtigen wie die eigenen Kräfte und entsprechend die Einhaltung der Arbeitsschutzvorschriften gewährleisten. Dafür sind konkrete Absprachen zwischen beiden Seiten erforderlich, die i. d. R. im Rahmen des Leihvertrags zu definieren und unbedingt schriftlich festzuhalten sind. .

Gesetze, Vorschriften und Rechtsprechung

Grundlegend ist das Arbeitnehmerüberlassungsgesetz. Es regelt die Pflichten von Verleiher und Entleiher. Informationen für die Praxis enthalten die DGUV-R 115-801 „Branche Zeitarbeit – Anforderungen an Einsatzbetriebe und Zeitarbeitsunternehmen“.

1 Rechtsgrundlage Arbeitnehmerüberlassungsgesetz

Nach § 11 Abs. 6 AÜG unterliegt die Tätigkeit des Leiharbeitnehmers beim Entleiher den für den Betrieb des Entleihers geltenden Vorschriften des Arbeitsschutzrechts. Der Entleiher muss bei der Ausarbeitung des Leihvertrags angeben, welche Arbeitsaufgaben und -bedingungen den Leiharbeitnehmer erwarten und welche Qualifikationen und Kompetenzen er mitbringen muss. Daraus ergibt sich für den Verleiher die Pflicht, sich entsprechend zu informieren und geeignete Beschäftigte auszuwählen bzw. dafür zu sorgen, dass die vorgesehenen Mitarbeiter ausreichend qualifiziert, ggf. auch betriebsärztlich untersucht und ausgestattet sind.

Ist der Leiharbeitnehmer dann vor Ort, liegen die Arbeitnehmerpflichten vor allem beim Entleiher. Er muss für die Integration des Beschäftigten in sein Arbeitsschutzsystem sorgen, z. B. durch arbeitsplatzspezifische → *Unterweisungen*, Sicherheitsanweisungen usw. Im gesamten Prozess muss darauf geachtet werden, dass Informationen nicht nur zwischen ver- und entleihendem Betrieb ausgetauscht werden müssen, sondern dass die betroffenen Arbeitnehmer ebenfalls über Arbeitsbedingungen, Gefahren und Schutzmaßnahmen informiert sind, ggf. in deren Muttersprache, wenn das zum Verständnis erforderlich ist.

Dabei muss immer berücksichtigt werden, dass der Leiharbeitnehmer im arbeitsrechtlichen Sinn Beschäftigter des verleihenden Unternehmens bleibt. Unabhängig von der Branche, in der er eingesetzt wird, bleibt er auch in der gesetzlichen Unfallversicherung des Verleihers. Zwischen den Berufsgenossenschaften gibt es vor diesem Hintergrund allerdings Vereinbarungen, nach denen die Berufsgenossenschaft des Entleihers ihre Aufsichtspflicht auch gegenüber den bei anderen UVV-Trägern versicherten Leiharbeitnehmern wahrnimmt.

2 Pflichten des Entleihers (beispielhaft)

- → *Gefährdungsbeurteilung* für die vorgesehenen Arbeitsplätze erstellen;
- Anforderungsprofil für die benötigten Mitarbeiter entwickeln und dem Verleiher zur Verfügung stellen;
- überprüfen, ob die angeforderten Leiharbeitnehmer über die nötigen Qualifikationen verfügen (z. B. Ausbildungsnachweise, Grundlagenunterweisung, nötige Vorsorgeuntersuchungen, Berechtigung zum Führen von → *Fahrzeugen*/→ *Flurförderzeugen* usw.);
- ggf. erforderliche → *Schutzausrüstung* zur Verfügung stellen und die Benutzung sicherstellen;
- betriebs- und tätigkeitsspezifische → *Unterweisung* durchführen (z. B. Verhalten im Brandfall, → *Fluchtwege*, Umgang mit bestimmten → *Maschinen*, Anlagen, Verfahren);
- allgemeine Berücksichtigung von Sicherheit und Gesundheitsschutz bei der Arbeitsgestaltung (→ *Arbeitsstätte*, Arbeitsorganisation, → *Arbeitsmittel*, Arbeitsstoffe usw.);
- Mitarbeiter der Zeitarbeit in der Arbeitsschutzorganisation berücksichtigen (z. B. bei der Ermittlung der Anzahl von Sicherheitsbeauftragten, Brandschutzhelfern und Ersthelfern).

3 Pflichten des Verleihers (beispielhaft)

- → *Gefährdungsbeurteilung* erstellen (unter Berücksichtigung der Informationen des entleihenden Betriebs);
- Anforderungsprofil der benötigten Mitarbeiter ermitteln;
- geeignete und qualifizierte Mitarbeiter auswählen bzw. Mitarbeiter entsprechend vorbereiten/ausbilden;
- ggf. geeignete → *persönliche Schutzausrüstung* bzw. → *Arbeitsmittel* beschaffen, für notwendige Prüfungen und Einweisung der Beschäftigten sorgen;
- Mitarbeiter in den allgemeinen Grundlagen sicheren Verhaltens → *unterweisen* (bei Arbeitsaufnahme, ggf. bei Tätigkeitswechsel, mind. jährlich);
- Einhaltung sicherer und gesundheitsschonender Arbeitsbedingungen beim Entleiher überprüfen;
- wirksames Arbeitssicherheitskonzept im Zeitarbeitsunternehmen einführen (z. B. betriebsärztliche und sicherheitstechnische Beratung, → *Unfallstatistik*, Ausbildung von Disponenten und → *Sicherheitsfachkräften* in Arbeitsschutzdingen).

Praxis-Beispiel: Doppelte Zuständigkeit

Grundsätzlich gilt: Zeitarbeitsunternehmen und Einsatzbetriebe sind nach dem Willen der Aufsichtsbehörden beide in der Arbeitsschutzverantwortung für die Beschäftigten. Wenn für die praktische Durchführung auch nur eine Seite zuständig ist, muss sich die jeweils andere Seite mindestens davon überzeugen, dass alles in Ordnung ist. Für die Beratung durch Fachkräfte für Arbeitssicherheit und Betriebsärzte nach DGUV-V 2 ist ausdrücklich vorgesehen, dass Mitarbeiter in Zeitarbeit beim Zeitarbeitsunternehmen und beim Einsatzbetrieb zu berücksichtigen sind (Abschn. 2.2 DGUV-R 115-801).

Praxis-Beispiel: Dokumentenqualität beachten

Gerade in der Arbeitnehmerüberlassung wird besonderer Wert auf aktuelle und stimmige Dokumente gelegt. Weil der verleihende Arbeitgeber nicht in täglichem Kontakt mit seinen Arbeitnehmern steht, wird erwartet, dass ein reibungsloser Informationsfluss sichergestellt ist. Dazu ist nachzuweisen:

- genaue Bezeichnung der auszuführenden Tätigkeiten im Überlassungsvertrag;
- Verpflichtung des Entleihers, Änderungen beim Einsatz der Leiharbeitnehmer nicht ohne vorherige Rücksprache vorzunehmen;
- regelmäßiger, dokumentierter Kontakt zum Entleiher mit Check des Tätigkeitsprofils und der Gefährdungsbeurteilung (Richtwert alle 3 Monate).

4 Praktische Umsetzung

In der Praxis gibt es verschiedene Modelle, nach denen arbeitsschutzrelevante Pflichten zwischen Ver- und Entleiher verteilt werden. Z. B. werden notwendige Vorsorgen häufig über das Zeitarbeitsunternehmen abgewickelt, manchmal aber auch über den entleihenden Betrieb. In jedem Fall ist es wesentlich, dass bei Zustandekommen des Leihvertrags die Schnittstellen im Arbeitsschutz präzise abgestimmt und schriftlich fixiert sind. Das gilt besonders auch für die gegenseitige Information bei Veränderungen im Arbeitsverhältnis, beim Auftreten von Unfällen usw. Wenn eine große Zahl von Beschäftigten dauerhaft in einen Betrieb verliehen wird, ist es sinnvoll, einen Verantwortlichen des Zeitarbeitsunternehmens vor Ort zu benennen, der Arbeitsschutzfragen koordiniert und Pflichten im Arbeitsschutz (z. B. Kontrollen, → *Unterweisungen* usw.) wahrnimmt (On-Site-Manager).

Praxis-Beispiel: Umfassende Meldepflichten bei Unfällen

Wenn Leiharbeitnehmer einen → *Arbeitsunfall* erleiden, bestehen Meldepflichten gegenüber

- der BG des entleihenden Unternehmens
- dem verleihenden Unternehmen
- der BG des verleihenden Unternehmens (i. d. R. über den Verleiher),
- bei entsprechender Unfallschwere gegenüber staatlichen Aufsichtsbehörden und der Polizei.

Wegen der höheren Zahl der Beteiligten kann es hier leicht zu Kommunikationsfehlern und Verwechslungen kommen. Alle Meldungen, Anzeigen und Kontakte sollten daher dokumentiert werden.

Im Zeitarbeitsunternehmen selber haben in Arbeitsschutzfragen typischerweise die Personalentscheidungsträger (Disponenten) besondere Verantwortung. Sie müssen im Kontakt mit den Kunden oft unterschiedlicher Branchen vor Ort die Arbeitsbedingungen einschätzen und geeignetes Personal auswählen.

Praxis-Beispiel: BG-Angebote nutzen

Die für die Zeitarbeitsbranche zuständige Verwaltungs-BG stellt für den gesamten Themenbereich Arbeitnehmerüberlassung umfangreiches, aktuelles Informations- und Arbeitsmaterial zur Verfügung und bietet Arbeitsschutzseminare speziell für die Zeitarbeitsbranche an.

Die VBG-Broschüre „Zeitarbeit – sicher, gesund und erfolgreich" für Zeitarbeitsunternehmen ermöglicht es, ein komplettes Arbeitsschutzmanagementsystem im branchenangepassten Format zu etablieren und stellt dazu viele konkrete Arbeitshilfen zur Verfügung.

Die DGUV-R 115-801 gibt einen umfassenden Überblick über alle Themenbereiche des betrieblichen Arbeitsschutzes und stellt jeweils dar, wie Zeitarbeitsunternehmen und Einsatzbetrieb davon betroffen sind (ebenfalls mit Arbeitshilfen, wie Musterformularen usw.)

Cornelia von Quistorp

Arbeitsmedizin

Die Arbeitsmedizin als vorrangig präventivmedizinisches Gebiet umfasst die Wechselbeziehungen zwischen Arbeit und Beruf einerseits sowie dem Menschen, seiner Gesundheit und seinen Krankheiten andererseits. Sie ist darauf ausgerichtet, die Gesundheit des Menschen in seiner Arbeitsumwelt zu fördern und aufrechtzuerhalten. Die Arbeitsmedizin wirkt arbeitsbedingten Gesundheitsgefahren durch präventive und hygienische Maßnahmen entgegen. Sie ist auf die Vorbeugung, Erkennung und Therapie arbeitsbedingter Gesundheitsschäden am Arbeitsplatz gerichtet. Sie wirkt mit bei der medizinischen, beruflichen und sozialen Rehabilitation sowie der betrieblichen Wiedereingliederung gesundheitlich beeinträchtigter oder behinderter Menschen.

Gesetze, Vorschriften und Rechtsprechung

Grundlegend ist die Verordnung zur arbeitsmedizinischen Vorsorge (ArbMedVV). Zu deren Konkretisierung werden Arbeitsmedizinische Regeln (AMR) erlassen.

Der DGUV Grundsatz DGUV-G 350-001 "Berufsgenossenschaftliche Grundsätze für arbeitsmedizinische Vorsorgeuntersuchungen" und die dazugehörigen Teile enthalten konkrete Informationen für die Durchführung arbeitsmedizinscher Vorsorgeuntersuchungen, z.B. zu Ablauf, Untersuchungsart und Fristen, Prüfmerkmalen, Verfahren, mit Hinweisen zur Beurteilung der Ergebnisse.

1 Beschreibung des Fachgebiets

Arbeitsmedizin ist interdisziplinär. Verschiedene Fachrichtungen der Medizin, Psychologie und Sozialwissenschaften leisten ihren Beitrag. Dazu kommen Grundkenntnisse und Verständnis für technische, wirtschaftliche und rechtliche Zusammenhänge. Zu den Schwerpunkten zählen:

- Arbeitsphysiologie, → *Ergonomie*, Arbeits- und Betriebspsychologie, Arbeitspathologie, Arbeitstoxikologie;
- Arbeitswelt und Arbeitsorganisation, rechtliche Grundlagen, spezielle Berufskunde, Verkehrsmedizin, Sozialversicherungsrecht;
- Arbeitsbedingte Erkrankungen, u.a. Berufskrankheiten, einschließlich der pathogenetischen, pathophysiologischen und pathologischen Grundlagen, Erkennung und Bewertung der Leistungsfähigkeit, Belastbarkeit und Einsatzfähigkeit;
- Arbeitshygiene mit den verschiedenen beeinflussenden Faktoren sowie der damit in Verbindung stehenden Umweltmedizin;
- → *Arbeitsmedizinische Vorsorge* und Früherkennungsmaßnahmen einschließlich Bewertung der Leistungsfähigkeit, Belastbarkeit und Einsatzfähigkeit;
- Unfallverhütung und Arbeitssicherheit unter besonderer Berücksichtigung der → *Ersten Hilfe* und deren Organisation;
- Gesundheitsberatung, → *Prävention* einschließlich Impfwesen und Gesundheitsförderung am Arbeitsplatz, psychosomatische Grundversorgung;
- Rehabilitation im Betrieb, Einsatz chronisch Kranker und schutzbedürftiger Personen am Arbeitsplatz;
- Allgemeine und spezielle medizinische Laboruntersuchungen, Probenentnahme und sachgerechte Probenbehandlung, Bewertung der Befunde und deren Einordnung in die diagnostische Fragestellung oder das Krankheitsbild;
- Begutachtung insbesondere zum Zusammenhang zwischen Erkrankung und Arbeit, Grundlagen der Epidemiologie, Dokumentation und Statistik;
- Qualitätssicherung ärztlicher Berufsausübung.

2 Arbeitsmedizinische Fachkunde

Die Gebietsbezeichnung **Facharzt für Arbeitsmedizin** oder (gleichbedeutend) **Arbeitsmediziner** bescheinigt die arbeitsmedizinische Fachkunde. Sie ist Voraussetzung für eine Bestellung zum Betriebsarzt (§ 4 ASiG, DGUV-V 2) oder für die Durchführung → *arbeitsmedizinischer Vorsorge*, die der Arbeitgeber nach der Verordnung zur arbeitsmedizinischen Vorsorge (ArbMedVV) in Auftrag geben muss. Den Facharzttitel verleiht die zuständige Landesärztekammer, wenn der Arzt

- mindestens 4 Jahre in festgelegten Fachgebieten, davon mindestens 21 Monate in der praktischen Arbeitsmedizin
- in für die Weiterbildung zugelassenen Einrichtungen ärztlich tätig war,
- einen dreimonatigen theoretischen Kurs in Arbeitsmedizin absolviert hat und
- eine Prüfung vor der Ärztekammer bestanden hat.

Die arbeitsmedizinische Fachkunde wird auch mit der Zusatzbezeichnung **Betriebsmedizin** nachgewiesen, die ebenfalls durch die Landesärztekammer verliehen wird und vom Arzt an der Stätte seiner betriebsärztlichen Tätigkeit geführt werden darf.

Michael Hans Mayer

Arbeitsmedizinische Vorsorge

Der Umgang mit Gefahrstoffen und gefährdende Tätigkeiten bewirken teilweise erst nach mehrjähriger Einwirkung sehr schwerwiegende Schädigungen der Gesundheit. Manchmal sind die Schädigungen nicht heilbar und führen im schlimmsten Fall zum Tod. Ziel der arbeitsmedizinischen Vorsorge ist, arbeitsbedingte Erkrankungen einschließlich Berufskrankheiten durch regelmäßige Untersuchungen frühzeitig zu erkennen und zu verhindern. Arbeitsmedizinische Vorsorge ist Teil des betrieblichen Gesundheitsschutzes. Die Maßnahmen der arbeitsmedizinischen Vorsorge stellen den Gesundheitszustand fest und können dazu führen, dass Beschäftigte bestimmte Tätigkeiten nicht mehr ausüben dürfen.

Sog. Eignungs- bzw. Tauglichkeitsuntersuchungen, wie sie z.B. vor der Einstellung von Beamten oder zur Feststellung der Tauglichkeit für bestimmte Tätigkeiten durchgeführt werden, sind dagegen nicht Bestandteil der arbeitsmedizinischen Vorsorge.

Gesetze, Vorschriften und Rechtsprechung

Grundlegend ist die Verordnung zur arbeitsmedizinischen Vorsorge (ArbMedVV); sie legt u.a. die Vorsorgeanlässe fest. Arbeitsmedizinische Regeln (AMR) konkretisieren die Verordnung.

Ergänzende Hinweise für die Gefährdungsbeurteilung und die Auswahl des zu untersuchenden Personenkreises enthalten die „DGUV Empfehlungen für arbeitsmedizinische Beratungen und Untersuchungen". Die Inhalte der abgelösten DGUV Informationen 240-011 bis 240-460 wurden integriert.

Der erste Teil der „DGUV Empfehlungen für arbeitsmedizinische Beratungen und Untersuchungen" umfasst alle Einzelempfehlungen und liefert konkrete Informationen für die Durchführung arbeitsmedizinischer Vorsorge, z.B. zu Ablauf, Untersuchungsart, Prüfmerkmalen, Verfahren, mit Hinweisen zur Beurteilung der Ergebnisse. Der zweite Teil zielt auf Eignungsbeurteilungen ab.

Die DGUV Empfehlungen basieren auf dem allgemein anerkannten Stand der Arbeitsmedizin, geben Hinweise i.S.v. „Best Practices" und sind nicht rechtsverbindlich.

1 Wann ist arbeitsmedizinische Vorsorge notwendig?

Für bestimmte Gefahrstoffe bzw. gefährdende Tätigkeiten ist in der Verordnung zur arbeitsmedizinischen Vorsorge (ArbMedVV) arbeitsmedizinische Vorsorge vorgeschrieben, d.h. Pflichtvorsorge bzw. Angebotsvorsorge. Darüber hinaus ist grundsätzlich auch eine Vorsorge auf Wunsch des Beschäftigten zu ermöglichen (Wunschvorsorge). Die Durchführung der Vorsorge ist meist an die Überschreitung eines Grenzwerts gekoppelt.

Die DGUV Empfehlungen enthalten Handlungsanleitungen für die arbeitsmedizinische Vorsorge und liefern dem Unternehmer ergänzende Hinweise zur Gefährdungsbeurteilung sowie zur Auswahl der Beschäftigten, für die arbeitsmedizinische Vorsorge organisiert werden muss. Sie enthalten z.T. auch Grenzwerte aus den entsprechenden Technischen Regeln.

Praxis-Beispiel: Bestimmte Untersuchungen in Betriebsvereinbarung festlegen

Für Tätigkeiten, für die in der ArbMedVV bisher keine Pflicht- oder Angebotsvorsorge festgelegt ist (z. B. für die DGUV Empfehlung „Fahr, Steuer- und Überwachungstätigkeiten") empfiehlt es sich, Vorsorge in einer Betriebsvereinbarung zu regeln. Die Bezeichnung z. B. G 25 für „Fahr-, Steuer- und Überwachungstätigkeiten" wird offiziell nicht mehr verwendet.

2 Wer führt arbeitsmedizinische Vorsorge durch und welches Ziel hat sie?

Arbeitsmedizinische Vorsorge führen grundsätzlich Betriebsärzte durch. Nach § 7 ArbMedVV muss der Arzt die Gebietsbezeichnung „Arbeitsmedizin" oder die Zusatzbezeichnung „Betriebsmedizin" führen. Hat der bestellte Betriebsarzt für bestimmte Untersuchungen nicht die erforderlichen Fachkenntnisse oder die speziellen Anerkennungen oder Ausrüstungen, muss ein Arzt hinzugezogen werden, der die Anforderungen erfüllt.

Die arbeitsmedizinische Vorsorge beinhaltet ein ärztliches Beratungsgespräch mit Anamnese einschließlich Arbeitsanamnese sowie körperliche oder klinische Untersuchungen, soweit der Beschäftigte diese Untersuchungen nicht ablehnt. (§ 2 Abs. 1 Nr. 3 ArbMedVV). Der Arbeitgeber muss

- Pflichtvorsorge veranlassen (§ 4 ArbMedVV),
- Angebotsvorsorge anbieten (§ 5 ArbMedVV),
- Wunschvorsorge (§ 5 a ArbMedVV) nach § 11 ArbSchG ermöglichen.

Der Gesetzgeber legt den Zeitpunkt für arbeitsmedizinische Vorsorge fest (s. §§ 4–5 und Anhang ArbMedVV):

- **Pflicht- und Angebotsvorsorge:** vor Aufnahme einer gefährdenden Tätigkeit und danach in regelmäßigen Abständen
- **Angebotsvorsorge:** am Ende einer Tätigkeit, z. B. in den Tropen, Subtropen und sonstigen Auslandsaufenthalten mit besonderen klimatischen Belastungen und Infektionsgefährdungen
- **Nachgehende Vorsorge:** nach Beendigung einer Tätigkeit, wenn nach einer längeren Latenzzeit Gesundheitsschäden auftreten können, z. B. bei Tätigkeiten
  - mit Exposition gegenüber einem krebserzeugenden oder keimzellmutagenen Stoff oder Gemisch der Kategorie 1A oder 1B oder bei krebserzeugenden Tätigkeiten oder Verfahren der Kategorie 1A oder 1B,
  - mit Exposition gegenüber Blei oder anorganischen Bleiverbindungen,
  - mit Hochtemperaturwollen, soweit dabei als krebserzeugend Kategorie 1A oder 1B eingestufte Faserstäube freigesetzt werden können (Anhang Teil 1 Abs. 3 ArbMedVV).

Praxis-Beispiel: Abweichungen beachten

AMR 11.1 legt u. a. fest, wann Angebots- bzw. Pflichtvorsorge bei Tätigkeiten mit krebserzeugenden oder keimzellmutagenen Gefahrstoffen der Kategorie 1A oder 1B nicht erforderlich sind (Abschneidekriterien). Das Recht auf Wunschvorsorge bleibt jedoch erhalten.

Sowohl Arbeitnehmer als auch Arbeitgeber erhalten eine Vorsorgebescheinigung darüber, dass, wann und aus welchem Anlass arbeitsmedizinische Vorsorge stattgefunden hat und wann eine weitere Vorsorge angezeigt ist. Dabei erfährt der Arbeitgeber nur, ob besondere Maßnahmen erforderlich sind, damit der Mitarbeiter die Tätigkeit weiterhin ausüben darf. Die Mitteilung an den Arbeitgeber, dass ein Tätigkeitswechsel aus medizinischer Sicht erforderlich ist, bedarf der Einwilligung des Beschäftigten (§ 6 Abs. 4 ArbMedVV, vgl. auch AMR 6.4).

Die arbeitsmedizinische Vorsorge hat also das Ziel, rechtzeitig Veränderungen am Gesundheitszustand festzustellen. Der Arbeitnehmer kann arbeitsmedizinische Vorsorge ablehnen. Lehnt er sie generell ab, so erhält er keine Vorsorgebescheinigung und darf die gefährdende Tätigkeit nicht weiter ausüben. Denn gemäß § 4 Abs. 2 ArbMedVV darf der Arbeitgeber eine Tätigkeit nur ausüben lassen, wenn der oder die Beschäftigte an der Pflichtvorsorge teilgenommen hat.

Der Mitarbeiter kann allerdings frei entscheiden, welche Vorsorge er durchführen lässt und welche nicht, entscheidend ist die generelle Teilnahme. In diesem Fall erhält der Beschäftigte eine Vorsorgebescheinigung. Die bisherige Beurteilung „keine Bedenken, keine Bedenken unter ..." ist nicht mehr zulässig.

Die AMR 6.3 regelt dazu Folgendes: Eine Vorsorgebescheinigung ist auszustellen, *„wenn das ärztliche Beratungsgespräch mit Anamnese, einschließlich Arbeitsanamnese sowie das Angebot und ggf. die Durchführung ... der erforderlichen körperlichen oder klinischen Untersuchungen stattgefunden hat. Da der oder die Beschäftigte das Recht hat, körperliche oder klinische Untersuchungen abzulehnen, darf die Ausstellung der Vorsorgebescheinigung nicht von der Teilnahme an körperlichen oder klinischen Untersuchungen abhängig gemacht werden".*

In Ausnahmefällen, z. B. bei Selbst- oder Fremdgefährdung, kann der Betriebsarzt weitere Informationen an den Arbeitgeber weiterleiten.

Im Sinne eines funktionierenden Arbeits- und Gesundheitsschutzes sollten Beschäftigte Sinn und Zweck der arbeitsmedizinischen Vorsorge kennen und diese wahrnehmen.

Praxis-Beispiel: Vorsorgekartei

Der Arbeitgeber muss eine Vorsorgekartei führen (§ 3 Abs. 4 ArbMedVV). Sie muss dokumentieren, „dass, wann und aus welchen Anlässen arbeitsmedizinische Vorsorge stattgefunden hat". Die Kartei kann automatisiert geführt werden. Bis zur Beendigung des Beschäftigungsverhältnisses müssen die Angaben aufbewahrt und anschließend grundsätzlich gelöscht werden (ggf. Aufbewahrungsfristen beachten: i. Allg. 6 Jahre für Personalunterlagen).

3 Welche Arbeitsmedizinischen Regeln sind zu beachten?

Arbeitsmedizinische Regeln konkretisieren die ArbMedVV. Gemäß AMR 5.1 muss das Angebot jedem Mitarbeiter, der einer Gefährdung durch die im Anhang zur ArbMedVV genannten Tätigkeiten ausgesetzt ist, **persönlich in schriftlicher Form oder in Textform (z. B. per E-Mail)** gemacht werden. Ein Aushang oder ein mündliches Angebot genügen also nicht. Die AMR liefert ein Musteranschreiben an den Beschäftigten.

AMR 6.1 regelt die Fristen für die Aufbewahrung ärztlicher Unterlagen. Unterlagen müssen,

- mind. **40 Jahre nach der letzten Untersuchung** aufbewahrt werden bei Tätigkeiten mit krebserzeugenden oder keimzellmutagenen Stoffen oder Gemischen der Kategorie 1A oder 1B (Die aktuelle Version der AMR 6.1 enthält noch die alten Begriffe und Kategorien, im Zuge einer Aktualisierung muss sie an die CLP-Verordnung angepasst werden).
- **10 Jahre nach der letzten Untersuchung** aufbewahrt werden bei sonstigen Tätigkeiten.

Es wird empfohlen, die ärztlichen Unterlagen von arbeitsmedizinischer Vorsorge ebenfalls 40 Jahre aufzubewahren bei Tätigkeiten, die zu Berufskrankheiten führen und eine längere Latenzzeit haben können (gilt für Pflichtvorsorge nach § 4 ArbMedVV, Angebotsvorsorge nach § 5 ArbMedVV sowie Wunschvorsorge nach § 11 ArbSchG bzw. § 5a ArbMedVV).

Ärztliche Unterlagen umfassen dabei alle Befundunterlagen, z. B. auch Röntgenaufnahmen. Der Arzt, der die Vorsorgeuntersuchung durchführt, ist dafür verantwortlich, dass die Schweigepflicht eingehalten und die Unterlagen aufbewahrt werden.

Arbeitsmedizinische Regeln im Überblick:

- AMR 2.1 Fristen für die Veranlassung/das Angebot arbeitsmedizinischer Vorsorge
- AMR 3.1 Erforderliche Auskünfte/Informationsbeschaffung über die Arbeitsplatzverhältnisse
- AMR 3.2 Arbeitsmedizinische Prävention
- AMR 3.3 Ganzheitliche arbeitsmedizinische Vorsorge unter Berücksichtigung aller Arbeitsbedingungen und arbeitsbedingten Gefährdungen
- AMR 5.1 Anforderungen an das Angebot von arbeitsmedizinischer Vorsorge
- AMR 6.1 Fristen für die Aufbewahrung ärztlicher Unterlagen
- AMR 6.2 Biomonitoring
- AMR 6.3 Vorsorgebescheinigung

- AMR 6.4 Mitteilungen an den Arbeitgeber nach § 6 Abs. 4 ArbMedVV
- AMR 6.5 Impfungen als Bestandteil der arbeitsmedizinischen Vorsorge bei Tätigkeiten mit biologischen Arbeitsstoffen
- AMR 6.6 Impfungen, präexpositionelle Chemoprophylaxe und Notfallprävention als Bestandteil der arbeitsmedizinischen Vorsorge nach ArbMedVV bei tätigkeitsbedingten Auslandsaufenthalten mit Infektionsgefährdungen
- AMR 6.7 Pneumokokken-Impfung als Bestandteil der arbeitsmedizinischen Vorsorge bei Tätigkeiten mit Gefahrstoffen durch Schweißen und Trennen von Metallen
- AMR 11.1 Abweichungen nach Anhang Teil 1 Absatz 4 ArbMedVV bei Tätigkeiten mit krebserzeugenden oder keimzellmutagenen Gefahrstoffen der Kategorie 1A oder 1B
- AMR 13.1 Tätigkeiten mit extremer Hitzebelastung, die zu einer besonderen Gefährdung führen können
- AMR 13.2 Tätigkeiten mit wesentlich erhöhten körperlichen Belastungen mit Gesundheitsgefährdungen für das Muskel-Skelett-System
- AMR 13.3 Tätigkeiten im Freien mit intensiver Belastung durch natürliche UV-Strahlung von regelmäßig einer Stunde oder mehr je Tag
- AMR 14.1 Angemessene Untersuchung der Augen und des Sehvermögens
- AMR 14.2 Einteilung von Atemschutzgeräten in Gruppen

Bettina Huck

Arbeitsmittel

Arbeitsmittel sind gemäß Betriebssicherheitsverordnung Werkzeuge, Geräte, Maschinen oder Anlagen, die für die Arbeit verwendet werden, sowie überwachungsbedürftige Anlagen. Die Verwendung von Arbeitsmitteln umfasst jegliche Tätigkeit mit diesen. Der Begriff des Arbeitsmittels ist somit sehr weit gefasst; er reicht im Prinzip vom Stift über Handwerkzeuge und Arbeitsmaschinen bis zu Aufzugsanlagen. Aber auch Regale und Leitern fallen unter den Begriff Arbeitsmittel. Der Arbeitgeber darf nur solche Arbeitsmittel zur Verfügung stellen und verwenden lassen, die unter Berücksichtigung der vorgesehenen Einsatzbedingungen bei der Verwendung sicher sind. Er muss zudem geeignete Arbeitsmittel zur Verfügung stellen und dafür sorgen, dass eine regelmäßige Prüfung der Arbeitsmittel durchgeführt wird. Die Beschäftigten müssen Arbeitsmittel bestimmungsgemäß verwenden.

Gesetze, Vorschriften und Rechtsprechung

Aufgrund des umfassenden Begriffs sind zahlreiche Vorschriften auf EU-Ebene, im Bundesrecht und im berufsgenossenschaftlichen Vorschriften- und Regelwerk bedeutsam. Beispielhaft zu nennen sind im Hinblick auf das Inverkehrbringen von Arbeitsmitteln die EU-Maschinen-Richtlinie 2006/42/EG und das Produktsicherheitsgesetz (ProdSG). Grundlegend für den Betrieb von Arbeitsmitteln ist v. a. die Betriebssicherheitsverordnung (BetrSichV). Zahlreiche Hinweise für den Betrieb einzelner Arbeitsmittel enthält z. B. die DGUV-R 100-500 „Betreiben von Arbeitsmitteln".

1 Inverkehrbringen und Verwenden von Arbeitsmitteln

An den Inverkehrbringer (Hersteller, Importeur, Händler) und den Arbeitgeber werden von gesetzlicher Seite sicherheitstechnische Anforderungen und Voraussetzungen in Bezug auf das Inverkehrbringen bzw. Bereitstellen der Arbeitsmittel gestellt.

Sofern es sich um Maschinen handelt, muss der Hersteller oder sein Bevollmächtigter vor dem Inverkehrbringen bzw. der Inbetriebnahme einer Maschine sicherstellen, dass die für sie geltenden Sicherheits- und Gesundheitsschutzanforderungen erfüllt werden. An Maschinen muss sich eine CE-Konformitätskennzeichnung befinden.

Der Arbeitgeber muss dafür Sorge tragen, dass Arbeitsmittel zur Verfügung gestellt werden, die die Sicherheit und Gesundheit der Beschäftigten nicht gefährden. Die Möglichkeit, einen höheren Sicherheitsgrad zu erreichen, oder die Verfügbarkeit anderer Produkte, die ein geringeres Risiko darstellen, ist kein ausreichender Grund, ein Produkt als gefährlich anzusehen.

Arbeitsmittel dürfen nicht mehr zur Verfügung gestellt werden, wenn sie Mängel aufweisen, die die sichere Verwendung beeinträchtigen. Weiterhin muss der Arbeitgeber dafür sorgen, dass seine Beschäftigten nur die Arbeitsmittel verwenden, die er ihnen zur Verfügung gestellt oder deren Verwendung er ihnen ausdrücklich gestattet hat. Dies ist beispielsweise dann von Belang, wenn ein Hausmeister seine privaten Werkzeuge von zu Hause mitbringt und während seiner Arbeit einsetzt.

Beschäftigte haben gemäß Arbeitsschutzgesetz die Arbeitsmittel bestimmungsgemäß zu verwenden. Ergo darf ein Stuhl eben nicht als Leiter, ein Hubwagen nicht als Roller oder ein Schraubendreher nicht als Meißel eingesetzt werden.

2 Gefährdungsbeurteilung und Schutzmaßnahmen

Der Arbeitgeber muss vor der Verwendung von Arbeitsmitteln die auftretenden Gefährdungen beurteilen (Gefährdungsbeurteilung) und daraus notwendige und geeignete Schutzmaßnahmen ableiten. Das Vorhandensein einer CE-Kennzeichnung am Arbeitsmittel entbindet nicht von der Pflicht zur Durchführung einer Gefährdungsbeurteilung.

Der Arbeitgeber hat darauf zu achten, dass die Beschäftigten in der Lage sind, die Arbeitsmittel zu verwenden, ohne sich oder andere Personen zu gefährden. Werden Arbeitsmittel im Freien verwendet, muss der Arbeitgeber dafür sorgen, dass die sichere Verwendung ungeachtet der Witterungsverhältnisse stets gewährleistet ist.

Die zu treffenden Schutzmaßnahmen müssen dem Ergebnis der Gefährdungsbeurteilung und dem Stand der Technik entsprechen. Bei der Festlegung der Maßnahmen sind für die Bereitstellung und Benutzung von Arbeitsmitteln auch die Grundsätze der Ergonomie zu beachten. Dies gilt insbesondere für die Körperhaltung, die Beschäftigte bei der Benutzung der Arbeitsmittel einnehmen müssen.

In die Beurteilung sind alle Gefährdungen einzubeziehen, die bei der Verwendung von Arbeitsmitteln ausgehen, und zwar von

- den Arbeitsmitteln selbst (z. B. beim Einsatz einer Säge),
- der Arbeitsumgebung (z. B. Absturzgefahr beim Mähen an einer Böschung) und
- den Arbeitsgegenständen, an denen Tätigkeiten mit Arbeitsmitteln durchgeführt werden (z. B. beim Löten eines Autotanks).

Bei der Erstellung der Gefährdungsbeurteilung von Arbeitsmitteln ist insbesondere Folgendes zu berücksichtigen:

- die Gebrauchstauglichkeit von Arbeitsmitteln einschließlich der ergonomischen, alters- und alternsgerechten Gestaltung,
- die sicherheitsrelevanten und ergonomischen Zusammenhänge zwischen Arbeitsplatz, Arbeitsmittel, Arbeitsverfahren, Arbeitsorganisation, Arbeitsablauf, Arbeitszeit und Arbeitsaufgabe,
- die physischen und psychischen Belastungen der Beschäftigten, die bei der Verwendung von Arbeitsmitteln auftreten,
- vorhersehbare Betriebsstörungen und die Gefährdung bei Maßnahmen zu deren Beseitigung.

Praxis-Beispiel: Gefährdungsbeurteilung vor der Beschaffung

Die Gefährdungsbeurteilung soll nach Möglichkeit bereits vor der Auswahl und der Beschaffung der Arbeitsmittel begonnen werden. Dabei sind insbesondere die Eignung des Arbeitsmittels für die geplante Verwendung sowie die Arbeitsabläufe und die Arbeitsorganisation zu berücksichtigen. Dies ist in der Praxis meistens überaus schwierig umzusetzen, da bei einem völlig neuen Arbeitsmittel die Eignung sowie mögliche Gefährdungen oftmals eben nur ansatzweise abzuschätzen sind. In jedem Fall ist eine Gefährdungsbeurteilung, die bereits vor der Anschaffung eines Arbeitsmittels erstellt wurde, nach Inbetriebnahme dieses Arbeitsmittels zu überprüfen und ggf. zu überarbeiten. Gebrauchs- und Betriebsanleitungen sowie weitere Informationen des Herstellers (Betriebsanweisungen, Sicherheitsdatenblätter, Produktinformationen) können allerdings schon vor der Anschaffung eines Arbeitsmittels aufschlussreiche Informationen hierüber liefern, die auch in die Gefährdungsbeurteilung einfließen.

Bei der Festlegung der Schutzmaßnahmen gilt auch bei Arbeitsmitteln das TOP-Prinzip. Zunächst müssen Gefährdungen durch technische Schutzmaßnahmen (T) vermieden werden (z.B. Einhausung einer Maschine). Hierbei ist immer der Stand der Technik zu berücksichtigen. Sofern sich danach eine Restgefährdung ergibt, sind organisatorische Maßnahmen (O) zu wählen (beim Transport einer Last mit einem Kran wird der Gefahrenbereich unter dem Kran gesperrt). Erst danach kommen personenbezogene Schutzmaßnahmen (P), wie das Tragen von Gehörschutz an einer Handkreissäge, in Betracht. Die Verwendung persönlicher Schutzausrüstung ist für jeden Beschäftigten auf das erforderliche Minimum zu beschränken.

3 Anforderungen an Arbeitsmittel

Arbeitsmittel dürfen nur absichtlich in Gang gesetzt werden. Ggf. muss das Ingangsetzen sicher verhindert werden können oder die Beschäftigten müssen sich rechtzeitig der Gefahr entziehen können.

Kraftbetriebene Arbeitsmittel müssen mit einem schnell erreichbaren und auffälligen Not-Aus-Schalter ausgerüstet sein. Nach Betätigen des Not-Aus-Schalters müssen Gefahr bringende Bewegungen oder Prozesse unverzüglich stillgesetzt werden. Auf einen Not-Aus kann dann verzichtet werden, wenn die Gefährdung hierdurch nicht verringert würde. In diesem Fall ist die Sicherheit allerdings auf andere Weise zu gewährleisten.

Es müssen Maßnahmen getroffen werden, damit Personen nicht unbeabsichtigt in Arbeitsmitteln eingeschlossen werden (beispielsweise die Notöffnung von Kühlraumtüren). Im Notfall müssen eingeschlossene Personen aus Arbeitsmitteln in angemessener Zeit befreit werden können (z.B. aus Aufzügen).

Schutzeinrichtungen an Arbeitsmitteln müssen stabil sein und sicher in ihrer Position bleiben.

An Arbeitsmitteln oder in deren Gefahrenbereich muss eine ausreichende Sicherheitskennzeichnung vorhanden sein, die auf entsprechende Gefahren hinweist. Die Sicherheitskennzeichnung muss unmissverständlich und leicht wahrnehmbar sein.

Sofern Arbeitsmittel in Bereichen mit gefährlicher explosionsfähiger Atmosphäre verwendet werden, müssen sie für die Verwendung in explosionsgefährdeten Bereichen geeignet sein.

Damit Arbeitsmittel während der gesamten Verwendungsdauer sicher betrieben werden können, sind entsprechende Instandhaltungsmaßnahmen zu treffen. Hierbei sind die Angaben des Herstellers zu berücksichtigen (z.B. über Instandhaltungsintervalle). Es müssen die erforderlichen Maßnahmen getroffen werden, damit Instandhaltungsarbeiten sicher durchgeführt werden können, das Instandhaltungspersonal während dieser Tätigkeiten also nicht gefährdet wird.

Sofern Änderungen an Arbeitsmitteln durchgeführt werden, ist sicherzustellen, dass die geänderten Arbeitsmittel weiterhin den Sicherheits- und Gesundheitsschutzanforderungen entsprechen. Bei Änderungen von Arbeitsmitteln hat der Arbeitgeber zu beurteilen, ob es sich um prüfpflichtige Änderungen handelt. Bei einer Änderung eines Arbeitsmittels können Herstellerpflichten, beispielsweise aus dem Produktsicherheitsgesetz, die Folge sein!

4 Prüfungen

Arbeitsmittel, deren Sicherheit von den Montagebedingungen abhängt (z.B. Gerüste, Baustellenkrane), sind vor der erstmaligen Verwendung durch eine befähigte Person zu prüfen. Die Prüfung muss vor jeder Inbetriebnahme nach einer Montage erfolgen. Hierbei sind die Herstellerangaben zu berücksichtigen. Sofern Arbeitsmittel verändert werden (z.B. nach dem Einrichten einer Maschine), muss vor der erneuten Inbetriebnahme ebenfalls zunächst eine Prüfung erfolgen.

Arbeitsmittel, die durch Schäden zu einer Gefährdung für die Beschäftigten werden können, müssen in regelmäßigen Abständen durch eine befähigte Person geprüft werden. Dies trifft beispielsweise auch bei Regalen zu, die von einem Kran oder Flurförderzeug beim Be- oder Entladen beschädigt werden können, wodurch sich eine Gefährdung für die Beschäftigten ergibt. Der Arbeitgeber hat Art und Umfang der Prüfungen von Arbeitsmitteln sowie die Fristen von wiederkehrenden Prüfungen zu ermitteln und festzulegen, soweit die Prüfintervalle nicht schon in Vorgaben (z. B. berufsgenossenschaftlichem Regelwerk) festgelegt wurden. Gemäß TRBS 1201 hat sich bei kraftbetriebenen Arbeitsmitteln eine Prüfung in jährlichem Abstand bewährt.

Zusätzlich zur regelmäßigen Prüfung müssen Arbeitsmittel vor der Verwendung durch Inaugenscheinnahme auf offensichtliche Mängel kontrolliert werden. An einfachen Arbeitsmitteln, wie beispielsweise (nicht kraftbetriebenen) Handwerkzeugen, findet keine regelmäßige Prüfung statt. Diese Arbeitsmittel werden ausschließlich vor der Benutzung durch Inaugenscheinnahme geprüft. Hier entfällt eine schriftliche Dokumentation der Prüfung.

Zusätzliche Prüfungen sind dann erforderlich, wenn prüfpflichtige Änderungen an Arbeitsmitteln vorgenommen oder die Arbeitsmittel von außergewöhnlichen Ereignissen betroffen wurden, die die Sicherheit infrage stellen (z. B. Unfälle, längere Nichtbenutzung).

Die Ergebnisse von Prüfungen müssen aufgezeichnet und mindestens bis zur nächsten Prüfung aufbewahrt werden.

5 Unterweisung

Bevor Beschäftigte ein Arbeitsmittel erstmalig verwenden, muss der Arbeitgeber ihnen ausreichende und angemessene Informationen anhand der Gefährdungsbeurteilung in einer für die Beschäftigten verständlichen Form und Sprache zur Verfügung stellen. Er muss die Beschäftigten vor der Benutzung von Arbeitsmitteln und danach in regelmäßigen Abständen (i. d. R. jährlich) tätigkeitsbezogen unterweisen. Bestandteil einer Unterweisung sind auch immer die Betriebsanweisungen für diejenigen Arbeitsmittel, von denen trotz aller Schutzvorkehrungen Gefahren für die Beschäftigten ausgehen können. Selbstverständlich sind auch die Unterweisungen an Arbeitsmitteln zu dokumentieren.

Andreas Terboven

Arbeitsplatzgrenzwert (AGW)

Der Arbeitsplatzgrenzwert (AGW) ist der Grenzwert für die zeitlich gewichtete durchschnittliche Konzentration eines Stoffs in der Luft am Arbeitsplatz in Bezug auf einen gegebenen Referenzzeitraum. Er gibt an, bis zu welcher Konzentration eines Stoffs akute oder chronische schädliche Auswirkungen auf die Gesundheit i. Allg. nicht zu erwarten sind (Angabe in mg/m^3 oder ml/m^3 (ppm)). Anders ausgedrückt ist der AGW die höchstzulässige Konzentration eines Arbeitsstoffs (Gas, Dampf oder Schwebstoff) in der Luft am Arbeitsplatz, die nach dem gegenwärtigen Stand der Kenntnis auch bei wiederholter und langfristiger → *Exposition* i. Allg. die Gesundheit der Beschäftigten nicht beeinträchtigt. Die Festlegung der Arbeitsplatzgrenzwerte erfolgt also ausschließlich auf der Basis vorliegender arbeitsmedizinischer Erfahrungen und toxikologischer Erkenntnisse. Der Arbeitsplatzgrenzwert berücksichtigt sowohl die Aufnahme über die Haut (dermal) als auch über die Atemwege (inhalativ). Der Arbeitgeber muss dafür sorgen, dass Grenzwerte eingehalten werden.

Gesetze, Vorschriften und Rechtsprechung

Grundlegend sind § 2 Abs. 8 Gefahrstoffverordnung (GefStoffV) und TRGS 900 „Arbeitsplatzgrenzwerte".

1 Gesundheitsbasierte Grenzwerte

Die früheren MAK-Werte wurden durch die Gefahrstoffverordnung vom 23.12.2004 vom → *Arbeitsplatzgrenzwert (AGW)* abgelöst und der europäischen Sprachregelung angepasst. Es gibt damit nur noch einen Luftgrenzwert, den Arbeitsplatzgrenzwert. Alle Grenzwerte im Gefahrstoffrecht sind gesundheitsbasiert.

Praxis-Beispiel: Weitere Grenzwerte

Weitere Grenzwerte sind:

- EU-Arbeitsplatzgrenzwert ("binding limit values" (BLV)): Ist als Mindeststandard von allen Mitgliedstaaten der EU zu übernehmen.
- Empfehlungswerte der Unfallversicherungsträger (EW-UVT): Auch bei Einhaltung der EW-UVT ist eine gesundheitliche Gefährdung durch den Gefahrstoff nicht ausgeschlossen.

2 Bezugssystem

Grundlage ist i. d. R. eine tägliche 8-stündige Exposition (Schichtmittelwert) und eine durchschnittliche Wochenarbeitszeit von 40 Stunden (in 4-Schichtbetrieben 42 Stunden je Woche im Durchschnitt von 4 aufeinander folgenden Wochen). Expositionsspitzen während einer Schicht werden entsprechend mit Kurzzeitwerten beurteilt, die nach Höhe, Dauer, Häufigkeit und zeitlichem Abstand gegliedert sind. Das Einhalten der Luftgrenzwerte dient dem Schutz der Gesundheit von Arbeitnehmern vor einer Gefährdung durch das Einatmen von Stoffen und die Aufnahme über die Haut.

3 Veröffentlichung der AGW

Die Arbeitsplatzgrenzwerte werden vom Ausschuss für Gefahrstoffe gem. § 20 GefStoffV nach den Kriterien der BekGS 901 „Kriterien zur Ableitung von Arbeitsplatzgrenzwerten“ erarbeitet oder bewertet. Für → *Grenzwerte* gibt es in der Gefahrstoffverordnung nur allgemeine Regelungen, die dann in entsprechenden TRGS konkretisiert werden (z. B. Luftgrenzwerte in der TRGS 900). Die TRGS (Technische Regeln Gefahrstoffe) werden mit der Zeit auf die neuen Begriffe umgestellt werden. In der aktuellen TRGS 900 wurde bereits einigen Stoffen ein AGW zugeordnet. Andere Stoffe, die in der alten TRGS 900 enthalten waren und noch keinen AGW haben, werden in eine sog. Bearbeitungsliste überführt. Der Unterausschuss III "Gefahrstoffbewertung" des Ausschusses für Gefahrstoffe (AGS) des BMAS wird sich noch detaillierter mit diesen Stoffen befassen und entscheiden, ob ein gesundheitsbasierter Luftgrenzwert veröffentlicht wird. Für diese Stoffe können die alten MAK-Werte weiterhin als Richtschnur genutzt werden.

Welche Stoffe der AGS aktuell bearbeitet, zeigt die Bearbeitungsliste zu TRGS 900 und TRGS 910. Sie wird, ebenso wie Änderungen und Ergänzungen der TRGS 900, unter www.baua.de veröffentlicht.

Die TRK-Werte (Synonym für den Gefahrstoffschutz beim Umgang mit → *krebserzeugenden Stoffen*) entsprechen dagegen nicht mehr den neuen Anforderungen. Arbeitsplatzgrenzwerte für krebserzeugende, keimzellmutagene und reproduktionstoxische Stoffe müssen vom Ausschuss für Gefahrstoffe (AGS) erst noch aufgestellt werden.

Für krebserzeugende Stoffe, für die derzeit kein Arbeitsplatzgrenzwert (AGW) festgelegt werden kann, gelten sog. Risikowerte. Der Ausschuss für Gefahrstoffe (AGS) legt diese stoffspezifischen Konzentrationen auf der Grundlage des Risikos, an Krebs zu erkranken, fest (Risikokonzept).

Informationen zu Arbeitsplatzgrenzwerten enthalten:

- Datenbank GESTIS – Internationale Grenzwerte für chemische Substanzen (englisch),
- GESTIS-Stoffdatenbank mit Daten und Informationen zu gefährlichen Stoffen,
- Gefahrstoffliste online,
- aktuelle Grenzwerteliste des IFA,
- TRGS 900,
- Europäische Kommission, Begründungspapiere für Arbeitsplatzgrenzwerte (englisch).

Praxis-Beispiel: Fehlende Grenzwerte

Seit mit Inkrafttreten der Gefahrstoffverordnung vom 23.12.2004 die MAK- und TRK-Werte zurückgezogen wurden, fehlen vielfach Grenzwerte zur Beurteilung der Gefährdung. Falls es für einen Stoff oder ein Gemisch keinen AGW gibt, kann deshalb auf alternative Grenzwerte zurückgegriffen werden, z.B. den DNEL (Derived No Effect Level). Während AGWs in wissenschaftlichen Gremien wie der DFG-Senatskommission oder dem Ausschuss für Grenzwerte berufsbedingter Exposition (SCOEL) festgelegt werden, erfolgt die Ermittlung des DNEL durch Hersteller oder Importeur. Kritiker befürchten, dass derartige Grenzwerte eher das wirtschaftliche Interesse der Unternehmen im Blick haben als die Gesundheit der Beschäftigten.

Bettina Huck

Arbeitsschutzausschuss

Arbeitgeber mit mehr als 20 Beschäftigten sind verpflichtet, einen Arbeitsschutzausschuss in ihrem Betrieb zu bilden. Er bringt die mit Sicherheit und Gesundheitsschutz befassten Funktionsträger zusammen, um über die Angelegenheiten des Arbeitsschutzes zu beraten. Dieses Gremium ist kein Beschluss-, sondern ein Beratungsorgan. Die Entscheidung über die zu veranlassenden Maßnahmen liegt beim Arbeitgeber oder seinem Vertreter.

Gesetze, Vorschriften und Rechtsprechung

Organisation und Aufgaben des Arbeitsschutzausschusses sind in § 11 Arbeitssicherheitsgesetz geregelt (Details zur Ermittlung der Beschäftigtenzahl, Pflichtteilnehmer, vierteljährlicher Sitzungszyklus).

1 Wann muss ein Arbeitsschutzausschuss eingerichtet werden?

Das Unternehmen muss dann einen Arbeitsschutzaussschuss bilden, wenn es mehr als 20 Mitarbeiter hat. Bei der Berechnung der Beschäftigtenzahl muss der Arbeitgeber von seiner durchschnittlichen Beschäftigtenzahl ausgehen. „Ausnahmezeiten" wie besondere Saisongeschäfte fließen in die Saldierung nicht mit ein. Teilzeitbeschäftigte werden nach einem bestimmten Schlüssel berücksichtigt.

Bei Unternehmen mit mehreren Niederlassungen ist es üblich, einen zentralen Arbeitsschutzausschuss einzurichten, gerade wenn die einzelnen Filialen eher klein und/oder gleichartig sind. Es ist aber in jedem Fall darauf zu achten, dass (z.B. durch verbindliche Teilnahme von Vertretern aus den Filialen) der Informationsfluss in beide Richtungen gewährleistet ist und die Arbeit des Ausschusses nicht abgekoppelt von der Wirklichkeit in den Niederlassungen läuft.

2 Die Aufgaben der einzelnen Mitglieder

- **Arbeitgeber oder ein von ihm Beauftragter**
  Die Sitzungen des Arbeitsschutzausschusses müssen vom Arbeitgeber terminiert und einberufen werden. Ihm fällt auch die Benennung und ordnungsgemäße Einladung der anderen Mitglieder zu. Den Vorsitz hat der Arbeitgeber selbst (bei juristischen Personen das vertretungsbefugte Organ) oder ein von ihm Beauftragter. Der Beauftragte muss ein Arbeitnehmer des Unternehmens sein. In der Auswahl des Beauftragten ist der Arbeitgeber frei, insbesondere werden keine Mitbestimmungsrechte der Personalvertretung berührt. Der Beauftragte sollte über Kenntnisse im Arbeitsschutz verfügen, um den Arbeitgeber angemessen vertreten zu können.
- **2 vom → *Betriebsrat* bestimmte Betriebsratsmitglieder**
  Die 2 Betriebsratsmitglieder, die in den Arbeitsschutzausschuss entsandt werden, sind durch einen Betriebsratsbeschluss zu bestimmen. Auf die Auswahl des → *Betriebsrats* hat der Arbeitgeber keinen Einfluss – in dieser Entscheidung ist der Betriebsrat frei. Die benannten Ausschussmitglieder können bei Verhinderung durch andere Betriebsratsmitglieder vertreten werden. Für die Vertretungsregelung ist ebenfalls ein Beschluss des Betriebsrats erforderlich. Auch die Abberufung oder das Ausscheiden eines oder beider Betriebsratsmitglieder aus dem Arbeitsschutzausschuss und die Neubesetzung der Positionen ist ohne Einflussnahme des Arbeitgebers möglich. Einer Begründung seitens des Betriebsrats bedarf es nicht.

- **Betriebsärzte**
  Mitglieder des Ausschusses sind ferner → *Betriebsärzte*. Hier hat der Gesetzgeber keine Höchstzahl vorgegeben. Ist für das Unternehmen nur ein Betriebsarzt bestellt, ist er nach § 11 Mitglied des Arbeitsschutzausschusses. Dies gilt sowohl für Betriebsärzte, die auch Arbeitnehmer des Unternehmens sind, als auch für externe Betriebsärzte. Bei mehreren im Unternehmen beschäftigten Betriebsärzten entscheidet der Arbeitgeber, wer in den Arbeitsschutzausschuss berufen wird. Da gesetzlich keine Anzahl angegeben ist, kann der Arbeitgeber auch mehrere Betriebsärzte berufen. Der → *Betriebsrat* hat auf diese Entscheidung keinen Einfluss. Die Abberufung einzelner oder mehrerer Betriebsärzte kann vom Arbeitgeber ohne Beteiligung des Betriebsrats erfolgen.
- **Fachkräfte für Arbeitssicherheit**
  Die im Unternehmen bestellten externen oder internen → *Fachkräfte für Arbeitssicherheit* gehören dem Arbeitsschutzausschuss ebenfalls an. Hinsichtlich der Anzahl, Berufung und Abberufung ist der Unternehmer analog den Betriebsärzten frei in seiner Entscheidung.
- **Sicherheitsbeauftragte nach § 22 SGB VII**
  Entsprechend den Betriebsärzten und den Fachkräften für Arbeitssicherheit ist hier ebenfalls keine Anzahl der zu berufenden → *Sicherheitsbeauftragten* vorgegeben. Für die Berufung und Abberufung gilt das dort Erwähnte entsprechend.

Zur Steigerung der Effektivität des Arbeitsschutzausschusses ist es sinnvoll, je nach Themenstellung auch andere Sicherheitsexperten, wie z. B. Brandschutz-, Laser- oder → *Strahlenschutzbeauftragte*, zu den Sitzungen des Arbeitsschutzausschusses einzuladen.

3 Welche Aufgaben hat der Ausschuss?

Der Arbeitsschutzausschuss hat die Aufgabe, Angelegenheiten des Arbeitsschutzes und der Unfallverhütung zu beraten. In diesem Ausschuss sollen die verschiedenen Aspekte des Arbeitsschutzes von den verschiedenen Interessengruppen diskutiert und koordiniert werden. Ein Ziel ist die Verbesserung der Kommunikation und der Zusammenarbeit im Unternehmen. Dazu gehören die Auflistung der ermittelten Mängel, die Vorschläge zur Verbesserung der Arbeitsbedingungen und der Koordination. Der Arbeitsschutzausschuss kann nur Vorschläge für die einzelnen Punkte machen. Die Entscheidung über die durchzuführenden Maßnahmen trifft der Arbeitgeber oder sein Beauftragter.

Gerade in kleineren und mittleren Unternehmen, die sich in der betrieblichen Gesundheitsförderung engagieren oder ein Gesundheitsmanagementsystem einführen, kann der Arbeitsschutzausschuss auch in diesem Aufgabenfeld tätig werden. In kleineren Unternehmen ist der Arbeitsschutzausschuss oft ähnlich zusammengesetzt wie der Arbeitskreis Gesundheit, sodass sich eine Verknüpfung anbietet.

4 Weiteres

Der Arbeitsschutzausschuss muss grundsätzlich einmal im Quartal einberufen werden. Wenn im Unternehmen auf Fragen des Arbeits- und Gesundheitsschutzes Wert gelegt wird, wird man schnell feststellen, dass wesentlich seltenere Sitzungen kein effektives Arbeiten ermöglichen. Der Arbeitsschutzausschuss kann sich bei Bedarf oder auf Antrag eine Geschäftsordnung geben.

Arbeitsschutzmanagement

Arbeitsschutzmanagement heißt, den betrieblichen Arbeitsschutz (zu dem auch der Gesundheitsschutz, die Ergonomie sowie die Gesundheitsförderung zu zählen sind) zu managen. Dies bedeutet:

- Die Geschäftsführung legt Ziele für den Arbeitsschutz im Unternehmen schriftlich fest, macht sie bekannt und bricht sie mit den jeweils verantwortlichen Führungskräften für deren Bereiche herunter.

- Die Geschäftsführung regelt zusammen mit der Fachkraft für Arbeitssicherheit und weiteren Akteuren im Arbeitsschutz die Organisation des betrieblichen Arbeitsschutzes (Ressourcen, Strukturen und Prozesse).
- Die Führungskräfte planen Maßnahmen zur Umsetzung des Arbeitsschutzes in ihrem Zuständigkeitsbereich und zur Erreichung der vereinbarten Ziele.
- Die Führungskräfte setzen mit ihren Mitarbeitern die geplanten Maßnahmen entsprechend den Vorgaben um und verfolgen die Umsetzung.
- Die Führungskräfte steuern bei Bedarf nach.
- Der Unternehmer prüft regelmäßig mit Unterstützung der Akteure im Arbeitsschutz die Wirksamkeit der Maßnahmen und die Erreichung der Ziele und leitet bei Soll-Ist-Abweichungen Korrekturen und Verbesserungen ein.

Das systematische Vorgehen und das systematische Arbeitsschutzhandeln tragen zum Schutz der Beschäftigten und Dritter vor Arbeitsunfällen, Berufskrankheiten und arbeitsbedingten Erkrankungen, zur Gesundheitsförderung sowie zur Anlagensicherheit bei. Arbeitsschutz managen ist vor allem ein Führungsprozess. Arbeitsschutzmanagement unterscheidet sich von einem Arbeitsschutz-Managementsystem (AMS) dadurch, dass die Umsetzung sich nicht zwingend an einem definierten Managementsystem (AMS-Konzept) orientiert.

1 Arbeitsschutzmanagement – eine Pflicht?

Von einem Unternehmen wird derzeit weder vom Gesetzgeber, noch von seinem Unfallversicherungsträger die Anwendung eines Arbeitsschutzmanagements explizit gefordert. Betrachtet man allerdings die Forderungen des Arbeitsschutzgesetzes an einen Arbeitgeber (Unternehmer), so wird deutlich, dass die Kernpunkte eines Arbeitsschutzmanagements direkt und die ihm zugrundeliegende Strategie indirekt gefordert werden:

- Das Arbeitsschutzgesetz geht von einem zeitgemäßen, präventiven Arbeitsschutzverständnis aus (v.a. § 5).
- Es verpflichtet den Arbeitgeber, die erforderlichen Arbeitsschutzmaßnahmen „zu treffen“ – also zu ermitteln, zu planen und umzusetzen, sie „auf ihre Wirksamkeit zu überprüfen“ und erforderlichenfalls „anzupassen“ – also zu korrigieren oder zu verbessern (§ 3 Abs. 1 ArbSchG).
- Der Arbeitgeber muss für die Umsetzung des Arbeitsschutzes „eine geeignete Organisation“ aufbauen, die „erforderlichen Mittel bereitstellen“ und Sicherheit und Gesundheitsschutz in die betrieblichen Führungsstrukturen einbinden (§ 3 Abs. 2 ArbSchG), z.B. durch die Auswahl und Beauftragung geeigneter Führungskräfte (§ 7 ArbSchG), die Übertragung von Unternehmerpflichten (§ 13 ArbSchG) etc.

Einen empfehlenden Charakter hat der nationale „Leitfaden für Arbeitsschutzmanagementsysteme“, der von allen im Arbeitsschutz relevanten Gruppen (BMAS, Arbeitsschutzbehörden der Länder, Träger der gesetzlichen Unfallversicherung, Sozialpartner) erarbeitet und veröffentlicht wurde. Durch seinen „normativen“ Charakter empfiehlt er Unternehmen, ein Arbeitsschutzmanagement auf freiwilliger Basis anzuwenden.

Im Gegensatz zu diesen indirekten Forderungen erwarten und fordern immer mehr Kunden von ihren Auftragnehmern einen nachweisbar wirksamen Arbeitsschutz bzw. ein intaktes Arbeitsschutzmanagement. Ein Beispiel dafür ist die petro-chemische Industrie. Hier verlangen die Unternehmen von ihren Kontraktoren den Nachweis eines wirksamen Sicherheits-, Gesundheits- und Umweltschutz-Managementsystems (SGU) i.d.R. entsprechend dem AMS-Standard „→ *Sicherheits-Certifikat-Contraktoren (SCC)*“ bzw. „Sicherheits-Certifikat-Personaldienstleister (SCP)“. Die Relevanz des Themas Arbeitsschutzmanagement ist durch die Veröffentlichung der DIN ISO 45.001:2018 „Managementsysteme für Sicherheit und Gesundheit bei der Arbeit – Anforderungen mit Leitlinien zur Anwendung“ deutlich gestiegen. Immer mehr Unternehmen fordern zukünftig von ihren Lieferanten und Partnerfirmen ein Arbeitsschutzmanagement.

2 Arbeitsschutz managen

2.1 Managen – mehr als ein Modewort

Es ist ein Zeichen unserer Zeit, dass heute fast alle betrieblichen Aufgaben „gemanagt“ und diese Prozesse als „Management“ bezeichnet werden. Ganz selbstverständlich sprechen wir heute von Projektmanagement, Qualitätsmanagement, → *Umweltmanagement*, Kostenmanagement etc. Doch brauchen wir auch noch ein Arbeitsschutzmanagement?

Bei einer zeitgemäßen Unternehmensführung werden heute alle wesentlichen betrieblichen Aufgaben gemanagt. Managen umfasst dabei ganz allgemein das Ausrichten, Planen, Steuern, Initiieren, Kontrollieren und kontinuierliches Verbessern von Strukturen, Prozessen und Tätigkeiten zum Erreichen festgelegter Ziele. Dies gilt selbstverständlich auch für den Arbeitsschutz. Dem Managen liegt ein Regelkreis, der bekannte → *PDCA-Zyklus*, zugrunde. Ein Kernpunkt des Managens ist die Abfolge:

- **Planen (plan):** Wesentliche Aufgaben sind Analyse der Ausgangssituation, Formulierung von Zielen und Erarbeitung eines Maßnahmenplans.
- **Umsetzen (do):** Hier erfolgt die (ggf. pilotartige) Umsetzung der Maßnahmen – also die Realisierung entsprechend der Planung.
- **Überprüfen/Bewerten (check):** Bereits bei der Umsetzung beginnt die Überprüfung, ob die Maßnahmen geeignet und zielführend sind. Die Ergebnisse fließen in die Steuerung oder Lenkung der Umsetzung ein. Der Arbeitsschritt umfasst darüber hinaus die Ermittlung der Wirksamkeit der Maßnahmen und der Zielerreichung sowie die Bewertung des Ergebnisses.
- **Handeln/Anwenden (act):** Ausgehend von den Ergebnissen des dritten Schritts werden bei einem positiven Ergebnis die Maßnahmen als Standard definiert. Bei Soll-Ist-Abweichungen werden dagegen Korrekturen und ein Verbesserungsprozess eingeleitet.

2.2 Arbeitsschutz managen – warum?

Richtig gemanagte Aufgaben besitzen bekanntlich eine sehr hohe Effektivität und Effizienz. Arbeitsschutz ist Führungsaufgabe und sollte deshalb von den Führungskräften in gleicher Weise betrieben (gemanagt) werden wie andere Führungsaufgaben auch.

Die sehr umfangreichen Bemühungen des klassischen Arbeitsschutzes haben unbestritten zu deutlichen Verbesserungen der Arbeitsbedingungen beigetragen. Weniger Gefährdungen und körperliche Belastungen wirken sich erkennbar positiv auf die Unfallzahlen aus. Solche Anstrengungen sind auch in Zukunft zur Erhaltung und kontinuierlichen Verbesserung des betrieblichen Sicherheitsstandards dringend erforderlich. Für weitere Verbesserungen sowie v. a. für eine Steigerung der Wirksamkeit der umfangreichen Sicherheitsmaßnahmen und für störungsfreie Betriebsabläufe (Prozesse) sind zusätzlich „neue Wege“ sowie eine nutzenorientiertere Sichtweise vor allem beim Management (Arbeitsschutz nützt dem Betrieb, dem Management und den Beschäftigten) notwendig.

Schaut man sich an, wie heute erfolgreiche Unternehmen ihre betrieblichen Aufgaben (z. B. Innovationen, Produktion, Qualität) managen, so wird deutlich, dass auch die betriebliche Aufgabe „Sicherheit und Gesundheit bei der Arbeit“ systematisch organisiert und professionell angewendet – d. h. durch die Führungskräfte gemanagt – werden sollte. Der → *demografische Wandel*, der insbesondere einen längeren Erhalt der Arbeits- und Beschäftigungsfähigkeit erfordert, verstärkt die Notwendigkeit eines umfassenden Arbeitsschutzes, der die Sicherheit, Gesundheit und Arbeitsfähigkeit der Beschäftigten sichert und fördert.

2.3 Wie ein Arbeitsschutzmanagement funktioniert

Arbeitsschutzmanagement steht für ein systematisches Vorgehen bei der Organisation und Umsetzung des betrieblichen Arbeitsschutzes sowie das systematische Arbeitsschutzhandeln aller Beschäftigten (inkl. Unternehmer, Führungskräfte, eigene und entliehene Mitarbeiter sowie die Mitarbeiter der Partnerfirmen). Arbeitsschutzmanagement ist der Teil der Führung eines Unternehmens, der die konsequente, effektive und effiziente Erfüllung der öffentlich-rechtlichen Verpflichtungen und sonstiger Vorgaben bezüglich Sicherheit und Gesundheit bei der Arbeit managt.

Ein Arbeitsschutzmanagement

- **gibt dem betrieblichen Arbeitsschutz eine klare Ausrichtung** durch eine formulierte und kommunizierte Arbeitsschutzpolitik sowie regelmäßig neu festzulegende und zu vereinbarende messbare Arbeitsschutzziele (inkl. Kennzahlen);
- **stellt ein systematisches Vorgehen sicher** durch eine dokumentierte → *Arbeitsschutzorganisation*, die eine Struktur schafft, die Bereitstellung der erforderlichen Ressourcen sicherstellt, die Zuständigkeiten regelt, Prozesse beschreibt, die Einbeziehung der Beschäftigten beschreibt und Hilfsmittel, wie Formulare, Checklisten etc., zur Verfügung stellt;
- **nimmt das Management in die Verantwortung** durch die Übertragung von Aufgaben und Verantwortung sowie durch Sensibilisierungs- und Qualifizierungsmaßnahmen;
- **bezieht die Beschäftigten aktiv ein** durch die Stärkung der Eigenverantwortung sowie Mitwirkungsmöglichkeiten;
- **unterstützt und lenkt die Umsetzung** durch Beratung, Coaching und Rückmeldung;
- **ermittelt die Eignung, Wirksamkeit und Zielerreichung**, z. B. durch Audits;
- **stellt die Dokumentation und damit die Nachweisbarkeit sicher** und
- trägt zu einer **kontinuierlichen Verbesserung** des Arbeitsschutzes und des Arbeitsschutzmanagements bei.

2.4 Integraler Bestandteil der Unternehmensführung

Ein Arbeitsschutzmanagement sollte immer integraler Bestandteil aller organisatorischen und führungstechnischen Methoden (z. B. Prozessmanagement, Zielvereinbarung, strategisches Management, Zusammenarbeit mit Partnerfirmen (Contractor Management), Personalentwicklung) eines Unternehmens sein. Dadurch stehen Sicherheit und Gesundheit bei der Arbeit nicht außerhalb der „normalen" Führungs- und Geschäftsprozesse und ganzheitliche, prozessorientierte Maßnahmen sind erfahrungsgemäß wirkungsvoller.

Praxis-Beispiel: Einbindung des Arbeitsschutzmanagements in ein integriertes Management

Verknüpfen Sie das Arbeitsschutzmanagement mit den im Unternehmen vorhandenen oder noch aufzubauenden Managementsystemen (z. B. dem Qualitäts- und → *Umwelt-Managementsystem*). Dadurch entsteht ein integriertes Managementsystem. Neben der Nutzung von Synergien und dem frühzeitigen Erkennen von Zielkonflikten entwickelt sich dadurch eine besser abgestimmte Führung des Betriebs.

Albert Ritter

Arbeitsschutz-Managementsysteme

Unter einem Arbeitsschutz-Managementsystem (AMS) versteht man ein Managementsystem für die Organisation und Umsetzung des betrieblichen Arbeitsschutzes (inkl. Gesundheitsschutz, Ergonomie und Gesundheitsförderung = Sicherheit und Gesundheit bei der Arbeit). Dieses Managementsystem besteht aus miteinander verbundenen oder sich gegenseitig beeinflussenden Elementen einer Organisation und Verfahren, die dem betrieblichen Arbeitsschutz eine klare Ausrichtung geben (durch eine Arbeitsschutzpolitik sowie jährlich festgelegte messbare Arbeitsschutzziele), die Umsetzung organisieren und lenken (geregelt in der Arbeitsschutzorganisation), die Eignung der Festlegungen sowie die Wirksamkeit der Maßnahmen regelmäßig ermitteln und berichten, eine Bewertung durch das obere Management veranlassen sowie kontinuierliche Verbesserungen im Arbeitsschutz sowie beim Arbeitsschutz-Managementsystem anstoßen. Bedingt durch die DIN ISO 45.001:2018 „Managementsysteme für Sicherheit und Gesundheit bei der Arbeit – Anforderungen mit Leitlinien zur Anwendung" werden heute die Bezeichnungen Arbeitsschutz-Managementsystem (AMS) und Managementsysteme für Sicherheit und Gesundheit bei der Arbeit (SGA-MS) synonym verwendet.

1 Arbeitsschutzmanagement – eine Pflicht?

Von einem Unternehmen wird derzeit weder vom Gesetzgeber noch von seinem Unfallversicherungsträger die Anwendung eines Arbeitsschutzmanagements explizit gefordert. Betrachtet man allerdings die Forderungen des Arbeitsschutzgesetzes an einen Arbeitgeber, so wird deutlich, dass die Kernpunkte eines → *Arbeitsschutzmanagements* direkt und die ihm zugrundeliegende Strategie indirekt gefordert werden:

- Das Arbeitsschutzgesetz geht von einem zeitgemäßen, präventiven Arbeitsschutzverständnis aus (v.a. § 5 ArbSchG).
- Es verpflichtet den Arbeitgeber, die erforderlichen Arbeitsschutzmaßnahmen „zu treffen" – also zu ermitteln, zu planen und umzusetzen, sie „auf ihre Wirksamkeit zu überprüfen" und erforderlichenfalls „anzupassen" – also zu korrigieren oder zu verbessern (§ 3 Abs. 1 ArbSchG).
- Der Arbeitgeber muss für die Umsetzung des Arbeitsschutzes „eine geeignete Organisation" aufbauen, die „erforderlichen Mittel bereitstellen" und Sicherheit und Gesundheit (heute zählt hier zunehmend auch die Gesundheitsförderung) in die betrieblichen Führungsstrukturen einbinden (§ 3 Abs. 2 ArbSchG), z.B. durch die Auswahl und Beauftragung geeigneter → *Führungskräfte* (§ 7 ArbSchG), die → *Übertragung von Unternehmerpflichten* (§ 13 ArbSchG) etc.

Der nationale „Leitfaden für Arbeitsschutzmanagementsysteme" (NLA) ist ein von allen im Arbeitsschutz relevanten Gruppen (BMAS, Arbeitsschutzbehörden der Länder, Träger der gesetzlichen Unfallversicherung, Sozialpartner) autorisierter Bezugsstandard, besitzt damit einen „normativen" Charakter und ist als wichtige Empfehlung des Gesetzgebers sowie der Unfallversicherungsträger zu betrachten. Die Kernforderungen des NLA entsprechen heute auch den wesentlichen Inhalten der bg-lichen und behördlichen Systemkontrolle (siehe LASI-Leitfaden LV 54).

Ergänzend zu diesen indirekten Forderungen erwarten und fordern immer mehr Kunden von ihren Auftragnehmern einen nachweisbar wirksamen Arbeitsschutz bzw. ein intaktes Arbeitsschutzmanagement. Ein Beispiel dafür ist die petro-chemische Industrie. Hier verlangen die Unternehmen von ihren Kontraktoren den Nachweis eines wirksamen Sicherheits-, Gesundheits- und Umweltschutz-Managementsystems (SGU) i.d.R. entsprechend dem AMS-Standard „→ *Sicherheits-Certifikat-Contraktoren (SCC)*" bzw. „Sicherheits-Certifikat-Personaldienstleister (SCP)". Solche indirekten Effekte resultieren auch aus dem erweiterten Blickwinkel der aktuellen Normen für Managementsysteme (insbesondere der DIN ISO 9.001). Hier werden verstärkt die vorgelagerten Geschäftsbeziehungen sowie die Zusammenarbeit mit Dienstleistern und insbesondere Kontraktoren (Dienstleister, die ihre Leistung schwerpunktmäßig auf dem Gelände des Kunden erbringen) betrachtet.

2 Kennzeichen eines Managementsystems

Ein → *Managementsystem* ist ein komplexes Werkzeug zum Managen (Führen, Organisieren und Weiterentwickeln) eines Unternehmens bzw. einer betrieblichen Aufgabe (Qualität, Arbeitsschutz etc.). Stellt dieses Werkzeug ein strukturiertes System (ein Ordnungssystem) dar, spricht man von einem Managementsystem. In kleineren Betrieben wird auch die Bezeichnung Führungs- und Organisationskonzept verwendet. Managementsysteme gelten allgemein als eine wesentliche Voraussetzung für das wirtschaftliche Handeln eines Unternehmens.

Viele betriebliche Managementsysteme orientieren sich an den gängigen Normen für Managementsysteme. Die bekannteste und bedeutendste ist die Qualitätsmanagement-Norm DIN ISO 9001. Um allen Normen für Managementsysteme eine einheitliche Grundstruktur zu geben und damit das **gemeinsame Anwenden** zu erleichtern, wurde die sog. „High Level Structure" als übergeordnete Struktur für alle Managementsystem-Standards entwickelt. Dies definiert den Begriff Managementsystem: „Satz zusammenhängender oder sich gegenseitig beeinflussender Elemente einer Organisation (eines Unternehmens), um Politiken, Ziele und Prozesse zum Erreichen dieser Ziele festzulegen."

Einem Managementsystem liegt i.d.R. der → *PDCA-Zyklus* zugrunde. Bezogen auf ein Arbeitsschutz-Managementsystem bedeutet dies gemäß der DIN ISO 45.001:2018 (SGA = Sicherheit und Gesundheit bei der Arbeit):

- **Planen**: SGA-Risiken und SGA-Chancen und andere Risiken und Chancen bestimmen und bewerten, erforderliche SGA-Ziele und Prozesse festlegen, um Ergebnisse in Übereinstimmung mit der SGA-Politik der Organisation zu erhalten.
- **Durchführen**: Prozesse werden wie festgelegt (geplant) angewendet.
- **Prüfen**: Überwachen und Messen von Tätigkeiten und Prozessen, im Hinblick auf die SGA-Politik sowie die SGA-Ziele und das Berichten der Ergebnisse.
- **Handeln**: Ergreifen von Maßnahmen für die fortlaufende Verbesserung der SGA-Leistung, um die beabsichtigten Ergebnisse zu erreichen.

Demzufolge sind wesentliche Kennzeichen eines Managementsystems:

Praxis-Beispiel: Kennzeichen eines Managementsystems

- gibt den Entscheidungsprozessen und dem Handeln der Beschäftigten durch eine Politik (Visionen …) und vereinbarte Ziele eine **klare (strategische) Ausrichtung**;
- **schafft die Voraussetzungen für die Umsetzung** (regelt die Bereitstellung der erforderlichen Ressourcen, schafft Strukturen, definiert Prozesse und Tätigkeiten, regelt die Beteiligung der Beschäftigten etc.);
- **plant und lenkt die Umsetzung**;
- **ermittelt regelmäßig** die Eignung der Festlegungen des Managementsystems sowie die Wirksamkeit der Umsetzung;
- **berichtet** über den Stand der Umsetzung, die Zielerreichung sowie Soll-Ist-Abweichungen;
- veranlasst eine **regelmäßige Bewertung** des Erreichten und des Managementsystems durch das obere Management;
- **initiiert Korrekturen und kontinuierliche Verbesserungen** – auch beim Managementsystem selbst.

Ein Managementsystem umfasst alle organisatorischen und führungstechnischen Festlegungen, Maßnahmen und Methoden, die

- die Prozesse der Leistungserstellung an der Vision sowie den Zielen ausrichten und beherrschbar machen sollen,
- ein systematisches Handeln der Organisation bewirken und so
- das Erreichen der festgelegten Ziele sicherstellen.

Es vereinheitlicht bzw. standardisiert betriebliche Prozesse und Handlungen – schafft also Routinen. Für das Management ist es der Bezugsrahmen für die jeweiligen Aufgaben und ein Führungsinstrument. Für die Beschäftigten ist es vor allem eine Handlungsorientierung und ein Nachschlagewerk.

Orientiert sich das Managementsystem an einem anerkannten Managementsystem-Standard (z. B. einer Norm) kann das Managementsystem auch zertifiziert werden.

3 Kennzeichen eines Arbeitsschutz-Managementsystems

Praxis-Beispiel: Definition

Ein Arbeitsschutz-Managementsystem/ein Managementsystem für Sicherheit und Gesundheit bei der Arbeit sollte immer ein Teil des → *Managementsystems* eines Unternehmens sein. Und zwar der Teil des Managementsystems, der zur systematischen Organisation, Umsetzung des betrieblichen Arbeitsschutzes (inkl. Gesundheitsschutz, Ergonomie und Gesundheitsförderung), Wirksamkeitsermittlung und Weiterentwicklung des betrieblichen Arbeitsschutzes dient.

Einem zeitgemäßen AMS liegt der → *PDCA-Zyklus* (siehe oben) zugrunde und seine Struktur orientiert sich an der Gliederung der gängigen Managementsysteme (QMS und UMS bzw. der High Level Structure). Beim Aufbau eines unternehmensspezifischen AMS orientieren sich die meisten Unternehmen an einem Leitfaden, einem → *AMS-Konzept*, das ihnen für ihr Unternehmen als geeignet erscheint.

Die o. g. Kennzeichen eines Managementsystems gelten – übertragen auf den betrieblichen Arbeitsschutz – auch für ein AMS.

Ein Arbeitsschutz-Managementsystem besteht aus folgenden Kernelementen:

- einer Arbeitsschutzpolitik bzw. einem Leitbild;
- messbaren Arbeitsschutzzielen, die top-down heruntergebrochen, vereinbart und bekannt gemacht werden;
- der Ausrichtung der Entscheidungen und des Handelns des Managements und der Beschäftigten an der Arbeitsschutzpolitik sowie den vereinbarten Zielen;
- aufbauorganisatorische Festlegungen (z. B. Hierarchie, Verantwortung, Zuständigkeiten, Befugnisse);
- ablauforganisatorische (teilweise standardisierte) Regelungen (z. B. Arbeitsverfahren, Informations- und Entscheidungsprozesse);
- → *Audits* zur regelmäßigen Ermittlung der Eignung der Festlegungen und der Wirksamkeit der Maßnahmen;
- → *kontinuierlicher Verbesserungsprozess.*

4 Entwicklung und Umsetzung von AMS

Die Auseinandersetzung mit der Thematik Arbeitsschutzmanagement, Arbeitsschutz-Managementsysteme und Konzepte für AMS hat in Deutschland im Wesentlichen erst im Vorfeld des ISO Workshops „Occupational Health and Safety Management Systems Standardization" (5. und 6. Sept. 1996, Genf) sowie vor dem Hintergrund der Normungsaktivitäten insbesondere in England begonnen. Zuvor wurden derartige Fragestellungen unter dem Stichwort „Organisation der betrieblichen Arbeitssicherheit" diskutiert.

Fortschrittliche Unternehmen wenden bereits seit längerem eine Systematik zur Umsetzung des betrieblichen Arbeitsschutzes an. In der Vergangenheit war diese Systematik jedoch weniger ein Werkzeug des Managements, als vielmehr ein Instrument vor allem der leitenden → *Fachkräfte für Arbeitssicherheit.* Sie bezeichneten dieses Instrument erst später als → *Managementsystem.*

Die auch bei uns zu erkennende zunehmende Relevanz des Themas „Arbeitsschutz-Managementsysteme" hat vielfältige Aktivitäten ausgelöst. Einige wesentliche Meilensteine sind:

- Entwicklung des Standards „→ *SCC: Sicherheits Certifikat Contraktoren*" als gemeinsamer branchenspezifischer Sicherheitsstandard für Kontraktoren, die in der Mineralölindustrie tätig werden wollen, durch die Mineralöl- und Chemieindustrie in den Niederlanden in 1994.
- Übertragen des SCC-Systems auf deutsche Verhältnisse.
- Formulierung eines „Gemeinsamen Standpunktes zu AMS" 1997. Hier haben sich das BMAS, die obersten Arbeitsschutzbehörden der Bundesländer, die Träger der gesetzlichen Unfallversicherung und der Sozialpartner auf eine gemeinsame Position bezüglich der Argumente für ein AMS, den Rahmenbedingungen für ein AMS, den Anforderungen an ein AMS sowie dem Handlungsbedarf in Europa verständigt.
- Erarbeitung mehrerer AMS-Konzepte (v. a. Leitfäden zur Strukturierung und zum Aufbau eines Arbeitsschutz-Managementsystems) v. a. durch die Arbeitsministerien der Länder sowie Berufsgenossenschaften.
- Verstärkte Einführung von AMS in fortschrittlichen Unternehmen ab Ende der 1990er-Jahre.
- Vereinbarung von „Eckpunkten zur Entwicklung und Bewertung von Konzepten für Arbeitsschutzmanagementsysteme" zwischen dem BMAS, den obersten Arbeitsschutzbehörden der Bundesländer, den Trägern der gesetzlichen Unfallversicherung und den Sozialpartnern im Jahr 1999. Damit wurde eine von allen im Arbeitsschutz relevanten Gruppen getragene Bezugsgrundlage (Plattform und Mindestforderungen) für die Entwicklung und Bewertung von AMS-Konzepten geschaffen.
- 2 vergebliche Vorstöße zur Einleitung eines Normungsverfahrens für eine internationale Norm für AMS. Als Zwischenlösung wurde die Entwicklung eines internationalen Standards für AMS OHSAS 18001 initiiert.
- Entwicklung des internationalen AMS-Standards (ist keine Norm) OHSAS: Occupational Health and Safety Assessment Series unter der Federführung des britischen Normungsinstitutes BSI im Jahr 1999. Dieses AMS-Konzept gewann international schnell an Bedeutung.

- Entwicklung eines „Leitfadens für Arbeitsschutz-Managementsysteme" (Guidelines on Occupational Safety and Health Management Systems) durch die ILO (International Labour Organization) im Jahr 2001.
- Erarbeitung eines nationalen Leitfadens für AMS (NLA), abgeleitet aus dem ILO-Leitfaden durch das BMWA, die obersten Arbeitsschutzbehörden der Bundesländer, die Träger der gesetzlichen Unfallversicherung und die Sozialpartner im Jahr 2002 (veröffentlicht 2003). Damit wurde ein von allen im Arbeitsschutz relevanten Gruppen getragener Leitfaden zur Strukturierung, zum Aufbau und zur Bewertung (interne Bewertung sowie für eine freiwillige Systemkontrolle durch einen Träger der gesetzlichen Unfallversicherung und/oder die staatlichen Arbeitsschutzbehörden) eines Arbeitsschutz-Managementsystems vorgelegt. Leider wird der NLA nicht gepflegt und weiterentwickelt.
- Revision des internationalen AMS-Konzepts „OHSAS: Occupational Health and Safety Assessment Series" im Jahr 2007; zeitgleich Veröffentlichung dieses Standards (weitgehend wortgleich) als englische Norm BS OHSAS 18001:2007. Seit seiner Veröffentlichung gewinnt dieser Standard v. a. in Asien und Europa an Bedeutung. In Deutschland besitzen die AMS-Konzepte OHSAS 18001:2007 und SCC:2011 die größte Bedeutung.
- 2014: Nationale Normungsinstitute und ISO leiten ein Verfahren zur Entwicklung einer internationalen Norm für Arbeitsschutz-Managementsysteme unter der Bezeichnung ISO 45.001: „Arbeitsschutzmanagementsysteme – Anforderungen"ein.
- Am 12.3.2018 wurde die ISO 45.001:2018 „Occupational health and safety management systems – Requirements with guidance for use" veröffentlicht; die entsprechende DIN ISO 45.001:2018 Managementsysteme für Sicherheit und Gesundheit bei der Arbeit – Anforderungen mit Leitlinien zur Anwendung folgte im 2. Quartal 2018.

5 Einbindung des AMS in ein integriertes Managementsystem

Ein AMS ist Teil des → *Managementsystems* des Unternehmens. Deshalb sollten alle in einem Unternehmen praktizierten Managementsysteme – wo immer möglich – zusammengeführt werden. Bei einer Orientierung des betrieblichen AMS an der ISO 45.001 ist dies durch die gleiche Grundstruktur vergleichsweise einfach zu realisieren. Praktiziert das Unternehmen bereits ein normorientiertes Managementsystem – beispielsweise ein Qualitäts-Managementsystem – ergeben sich für das AMS einige Synergien, wie z. B. bei internen Audits.

Praxis-Beispiel: Insellösungen vermeiden!

Verknüpfen Sie das Arbeitsschutz-Managementsystem mit den im Unternehmen vorhandenen oder noch aufzubauenden Managementsystemen (z. B. dem Qualitäts- und Umwelt-Managementsystem). Dadurch entsteht ein integriertes Managementsystem (IMS). Neben der Erschließung von Synergien sowie der Vermeidung von Mehrfacharbeit entwickelt sich dadurch eine besser abgestimmte Führung des Betriebs → Reduzierung von Zielkonflikten. Erfahrungsgemäß ist der Aufwand für die Aufrechterhaltung eines IMS deutlich geringer.

Albert Ritter

Arbeitsschutzorganisation

Unter Arbeitsschutzorganisation werden alle Strukturen und Maßnahmen verstanden, mit denen der Arbeitgeber sicherstellt, dass seine zahlreichen Verpflichtungen für den Arbeitsschutz aus den gesetzlichen und berufsgenossenschaftlichen Vorschriften erfüllt werden. Die Organisationsstruktur orientiert sich an Betriebsgröße und -struktur, an den im Unternehmen angewandten Arbeitsverfahren, den technischen Arbeitsmitteln und den daraus resultierenden Gefahren für die Beschäftigten.

Gesetze, Vorschriften und Rechtsprechung

Der Arbeitgeber muss gemäß § 3 Abs. 2 Nr. 1 ArbSchG für eine geeignete Arbeitsschutzorganisation sorgen. Diese Formulierung lässt dem Unternehmer einen großen Handlungsspielraum, führt allerdings auch zu einer hohen Verantwortung für das installierte Organisationsmodell. Neben dem Arbeitsschutzgesetz werden wesentliche Details v. a. in folgenden Rechtsnormen geregelt:

- Arbeitssicherheitsgesetz
- DGUV-V 1 „Grundsätze der Prävention"
- DGUV-V 2 „Betriebsärzte und Fachkräfte für Arbeitssicherheit"

1 Welche Fachkräfte wirken bei der Arbeitsschutzorganisation mit?

Arbeitgeber

Er hat die Generalverantwortung für die Arbeitssicherheit und damit auch für die organisatorische Struktur seines Unternehmens. Bei Personen- oder Kapitalgesellschaften müssen die bestellten oder berufenen Organe (Vorstand, Geschäftsführung etc.) diese Pflichten wahrnehmen. Einzelne Aufgaben im Arbeitsschutz kann der Arbeitgeber auf „zuverlässige und fachkundige Personen" schriftlich übertragen (§ 13 ArbSchG).

Fach- und → *Führungskräfte*

Sie sind vom Unternehmer eingesetzt und ihm in der betrieblichen Hierarchie unterstellt. Fach- und Führungskräfte sind für einen bestimmten Teilbereich im Unternehmen zuständig und haben Weisungsbefugnis. Sie sind für die Sicherheit der unterstellten Mitarbeiter verantwortlich. Weisungsbefugnis und Verantwortung des Vorgesetzten richten sich nach dem vom Unternehmer zugewiesenen Aufgaben- und Kompetenzbereich (Delegationsprinzip). Die Fach- und Führungskräfte müssen daher im Rahmen der ihnen zugewiesenen Kompetenzen Maßnahmen für die Sicherheit und Gesundheit der ihnen unterstellten Mitarbeiter ergreifen. Dafür empfiehlt sich eine schriftliche → *Pflichtenübertragung.*

→ Fachkraft für Arbeitssicherheit

Abhängig von der Betriebsart und der Betriebsgröße muss jeder Arbeitgeber eine → *Fachkraft für Arbeitssicherheit* schriftlich bestellen und in einem bestimmten Umfang beschäftigen. Die Fachkraft für Arbeitssicherheit berät und unterstützt in allen Fragen des Arbeitsschutzes und der Unfallverhütung (§ 5 ASiG).

Ausnahmen gibt es für Kleinbetriebe, deren Arbeitgeber sich durch Schulung und Anleitung selbst in den Stand setzen können, die Arbeitsschutzorganisation weitgehend eigenständig zu betreiben (→ *Unternehmermodelle*).

Betriebsarzt

Nach § 2 ASiG ist der Unternehmer verpflichtet, einen → *Betriebsarzt* zu bestellen. In der Regel wird ein externer Betriebsarzt vertraglich verpflichtet werden.

> **Praxis-Beispiel: Einsatzzeitenermittlung nach DGUV-V 2**
>
> Ab 2011 erfolgt die sicherheitstechnische und betriebsärztliche Beratung nach DGUV-V 2, nach der branchenübergreifend Einsatzzeiten gefährdungsabhängig zu bestimmen sind.

Elektrofachkraft

Der Arbeitgeber muss gemäß §§ 2, 3 DGUV-V 3 eine → *Elektrofachkraft* bestellen, die die → *elektrischen Anlagen und Betriebsmittel* den elektrotechnischen Regeln entsprechend errichtet, ändert, in Stand hält und insbesondere Prüfungen nach § 5 DGUV-V 3 in den vorgegebenen Fristen durchführt.

Brandschutzbeauftragter

Die gesetzliche Verpflichtung zur Bestellung eines → *Brandschutzbeauftragten* ist branchenabhängig unterschiedlich. Eine ausdrückliche Verpflichtung in den Unfallverhütungsvorschriften ist nicht aufgeführt. Teilweise wird die Pflicht zur Bestellung aus § 10 Abs. 2 ArbSchG hergeleitet. Bei entsprechenden Gefahren empfiehlt es sich, einen Mitarbeiter adäquat ausbilden zu lassen und ihn anschließend zu bestellen. In Versicherungsverträgen gegen Brandschäden kann vertraglich die Bestellung eines Brandschutzbeauftragten oder eines Mitarbeiters, der für den Brandschutz zuständig sein soll, vorgeschrieben sein (z. B. Krankenhäuser und andere Pflegeeinrichtungen, Anlagen mit besonderem technischem Risiko). Dann hat der Unternehmer keine Wahl hinsichtlich der Bestellung, will er seine Ansprüche im Schadensfall nicht verlieren.

Ersthelfer

→ *Ersthelfer* mit entsprechender Ausbildung müssen in allen Betrieben und Unternehmen bestellt werden. Die Anzahl der ausgebildeten Ersthelfer orientiert sich an der Zahl der Beschäftigten und der Betriebsart. Die Zahl bewegt sich zwischen 5 % (Verwaltungs- und Handelsbetriebe) und 10 % (sonstige Betriebe) der Mitarbeiter. Es sollte darauf geachtet werden, dass die Anzahl der männlichen und weiblichen Ersthelfer in einem ausgewogenen Verhältnis zueinander steht und die Namen im Betrieb publik gemacht werden (Aushänge in den Abteilungen).

Arbeitsschutzausschuss

In Betrieben mit mehr als 20 Beschäftigten muss jeder Arbeitgeber einen → *Arbeitsschutzausschuss* bilden, der mindestens einmal vierteljährlich zusammentritt. Die Zusammensetzung ist in § 11 ASiG geregelt.

Sicherheitsbeauftragte

In Betrieben mit regelmäßig mehr als 20 Beschäftigten muss der Unternehmer unter Beteiligung des → *Betriebsrats* → *Sicherheitsbeauftragte* bestellen (§ 22 SGB VII). Die Sicherheitsbeauftragten müssen den Arbeitgeber bei den Maßnahmen des Arbeitsschutzes und der Unfallverhütung unterstützen. In ihrer Eigenschaft als Sicherheitsbeauftragte tragen sie keine Verantwortung. Vermeiden Sie deshalb unbedingt, dass Fach- und → *Führungskräfte* sowie andere Sicherheitsexperten zu Sicherheitsbeauftragten bestellt werden, da Interessenkollisionen unvermeidlich sind.

Weitere Beauftragte

Je nach Gefährdungspotenzial kann der Arbeitgeber verpflichtet sein, weitere Beauftragte zu bestellen. Darunter fallen z. B. Laserschutzbeauftragte nach § 5 Abs. 2 Arbeitsschutzverordnung zu künstlicher optischer Strahlung, Gefahrgutbeauftragte nach der Gefahrgutbeauftragtenverordnung, Beauftragter für Lagersicherheit nach DIN EN 15635, Abfallbeauftragter nach Kreislaufwirtschafts- und Abfallgesetz, → *Strahlenschutzbeauftragte* nach § 70 Strahlenschutzgesetz u. a.

Arbeitsstätten

Die Arbeitsstätte ist eine Örtlichkeit auf einem umgrenzten Grundstück oder Grundstückskomplex, auf dem mindestens eine Person ständig haupt- oder nebenberuflich arbeitet.

Gesetze, Vorschriften und Rechtsprechung

Zentrale Regelungen zur Errichtung und zum Betrieb von Arbeitsstätten enthalten die Arbeitsstättenverordnung (ArbStättV) und die dazu geltenden Arbeitsstätten-Regeln.

Bei der Errichtung von Arbeitsstätten ist auch das jeweilige Bauordnungsrecht der Länder zu beachten. In Einzelfällen kann es zu Normkollisionen kommen. Solche Konflikte werden so gelöst, dass jeweils die Rechtsvorschrift einzuhalten ist, die die weitergehenden Anforderungen an den Normadressaten stellt. In Härtefällen kann bei der zuständigen Aufsichtsbehörde (Amt für Arbeitsschutz bzw. Gewerbeaufsichtsamt oder Bauordnungsbehörde bzw. Bauamt) eine Ausnahmegenehmigung beantragt werden (§ 3 Abs. 3 ArbStättV).

1 Was gehört zur Arbeitsstätte?

Arbeitsstätten sind:

- Arbeitsräume in Gebäuden (einschließlich der Ausbildungsstätten),
- Telearbeitsplätze,
- Bildschirmarbeitsplätze,
- Arbeitsplätze auf dem Betriebsgelände im Freien,
- → *Baustellen*,
- Verkaufsstände im Freien im Zusammenhang mit Ladengeschäften,
- Wasserfahrzeuge, schwimmende Anlagen auf Binnengewässern.

Zur Arbeitsstätte gehören auch:

- alle → *Verkehrswege* im Betrieb,
- Fluchtwege und Notausgänge,
- Lager-, Maschinen- und Nebenräume,
- → *Pausen-, Bereitschafts-, Liegeräume*, Erste-Hilfe-Räume,
- → *Umkleide-*, → *Wasch- und Toilettenräume*, Unterkünfte,
- → *Sanitätsräume*.

2 Was regelt die ArbStättV generell?

Die ArbStättV ist eine der zentralen Vorschriften, die zu Sicherheit und Gesundheit am Arbeitsplatz beitragen. Sie soll Gesundheitsbelastungen am Arbeitsplatz und damit auch → *Arbeitsunfälle* und → *Berufskrankheiten* verhüten (→ *Prävention*): Durch eine genaue Regelung der Einrichtung und Beschaffenheit von Arbeitsplätzen sollen mögliche Gefahrenstellen so entschärft werden, dass es nicht zu Unfällen oder dauerhaften Gesundheitsbelastungen kommen kann.

Viele Regelungen umfassen Maßnahmen zur menschengerechten Gestaltung von Arbeitsplätzen, z.B. zur Lärmverhinderung oder zu ordnungsgemäßen Luft-, Temperatur- und Raumverhältnissen sowie zur Gestaltung der Arbeitsplätze dahingehend, dass sie möglichst ausreichend mit Tageslicht versehen werden. Das trägt, neben der Sicherstellung eines grundsätzlichen Wohlbefindens am Arbeitsplatz, ebenfalls dazu bei, Krankheiten zu verhindern, die sich zu Berufskrankheiten auswachsen können. Wichtig ist auch die Regelung einwandfreier sozialer Einrichtungen, wie z.B. der Regeln zu → *Erholungs-* und Sanitärräumen.

> **Praxis-Beispiel: Aushangpflicht**
>
> Die ArbStättV gehört zu den sog. „→ *Aushangpflichtigen Gesetzen*", d.h. sie ist in geeigneter Form durch Betriebsaushänge allen Arbeitnehmern zugänglich zu machen.

Die praktische Umsetzung der ArbStättV wird durch die Arbeitsstätten-Regeln (ASR) erleichtert und unterstützt, die zu den Vorschriften der ArbStättV detaillierte technische Regeln anbieten. Sie umfassen allgemein anerkannte Regeln der Sicherheitstechnik, → *Arbeitsmedizin* und → *Hygiene*. Derzeit gibt es ASR, z.B. zur Gestaltung von → *Fußböden*, → *Türen und Toren* und → *Verkehrswegen*, zur Ausstattung mit → *Feuerlöscheinrichtungen*, zur Einrichtung von Sanitärräumen und → *Pausen- und Bereitschaftsräumen*.

3 Kontrolle und Sanktionen

Zur Umsetzung dieser Vorschriften ist der Arbeitgeber gesetzlich verpflichtet. Dazu bedient er sich im Betrieb seiner betrieblichen Beauftragten, der → *Sicherheitsfachkraft* wie auch des Managements. Jeder Arbeitnehmer ist zudem gehalten, seinen Arbeitsplatz in einer – den Vorschriften entsprechenden – ordnungsgemäßen Form zu erhalten.

Die Aufsicht führen in erster Linie die staatlichen Arbeitsschutzbehörden (Gewerbeaufsicht und Ämter für Arbeitsschutz, Baubehörden usw.), aber auch die Berufsgenossenschaften. Die DGUV-V 1 „Grundsätze der Prävention" ermöglicht es den Berufsgenossenschaften seit dem 1.1.2004, ihrem Präventionsauftrag auch auf der Grundlage staatlicher Vorschriften nachzukommen.

Verstößt ein Arbeitgeber gegen diese Vorschriften, so kann das seitens der staatlichen Aufsicht Bußgelder, Auflagen oder gar die Entziehung der gewerberechtlichen Erlaubnis zur Folge haben. Die Vorschriften der ArbStättV sind Schutzgesetze im Sinne des § 823 Abs. 2 BGB, d.h., bei Verstößen können Regressansprüche des Arbeitnehmers gegen den Arbeitgeber entstehen!

Joachim Schwede

Arbeitsunfähigkeit

Ein Arbeitnehmer ist arbeitsunfähig, wenn er objektiv nicht oder nur mit der Gefahr einer gesundheitlichen Verschlechterung fähig ist, die ihm nach dem Arbeitsvertrag obliegende Arbeit zu verrichten. Arbeitsunfähigkeit (AU) ist die zentrale Voraussetzung für den Entgeltfortzahlungsanspruch nach dem Entgeltfortzahlungsgesetz (EFZG) sowie den Anspruch auf Krankengeld nach dem Sozialgesetzbuch V (SGB V). Sie ist begrifflich von der verminderten Erwerbsfähigkeit zu unterscheiden.

Gesetze, Vorschriften und Rechtsprechung

Arbeitsrecht: Wichtigste gesetzliche Regelung ist das Entgeltfortzahlungsgesetz: § 3 EFZG regelt den Begriff der Arbeitsunfähigkeit und ist Anspruchsgrundlage für die Entgeltfortzahlung; § 5 EFZG normiert die Anforderungen an die Anzeigepflichten des Arbeitnehmers. Ab dem 7.10.2020 ist unter bestimmten Umständen die Arbeitsunfähigkeitsdiagnose per Video-Sprechstunde möglich. Ab dem 1.10.2021 wird durch § 5 Abs. 1a EFZG (n.F.) i.V.m. § 109 SGB IV die elektronische Arbeitsunfähigkeitsbescheinigung eingeführt. Ab dem 1.7.2022 erfolgt auch die Vorlage gegenüber dem Arbeitgeber nur noch elektronisch. Praxisbezogene Präzisierungen enthält die „Arbeitsunfähigkeits-Richtlinie" des Gemeinsamen Bundesausschusses (G-BA) der Krankenkassen. Wichtig ist weiterhin das Bundesurlaubsgesetz (BUrlG) beim Zusammentreffen von Arbeitsunfähigkeit und Urlaub sowie das Mutterschutzgesetz (MuSchG) bei einer Arbeitsunfähigkeit während der dortigen Schutzzeiten; von Bedeutung sind oftmals auch Spezialregelungen in Tarifverträgen. § 616 BGB regelt den Entgeltzahlungsanspruch während des Arztbesuchs. § 275 SGB V betrifft die Einschaltung des Medizinischen Dienstes der Krankenversicherung. Von Bedeutung ist insbesondere auch die einschlägige Rechtsprechung des Europäischen Gerichtshofs (EuGH).

Sozialversicherung: Die Arbeitsunfähigkeit als Voraussetzung für den Anspruch auf Krankengeld ist in § 44 Abs. 1 SGB V geregelt. Grundlage für die Beurteilung der Arbeitsunfähigkeit durch Vertragsärzte und Krankenkassen ist die Richtlinie des Gemeinsamen Bundesausschusses über die Beurteilung der Arbeitsunfähigkeit und die Maßnahmen zur stufenweisen Wiedereingliederung (AUR).

Der unbestimmte Rechtsbegriff der Arbeitsunfähigkeit wird für den Bereich des Sozialversicherungsrechts durch das Bundessozialgericht (BSG) ausgelegt (BSG, Urteil v. 25.2.2010, B 13 R 116/08 R). Für das EFZG ist die Rechtsprechung des Bundesarbeitsgerichts (BAG) maßgeblich (BAG, Urteil v. 26.10.2016, 5 AZR 167/16 und BAG, Urteil v. 9.4.2014, 10 AZR 637/13).

1 Der Begriff der Arbeitsunfähigkeit

1.1 Allgemeine Grundsätze

Eine Arbeitsunfähigkeit des Arbeitnehmers kann sich aus den unterschiedlichsten Gründen ergeben. Grundsätzlich müssen die Ursachen für die Arbeitsunfähigkeit in der Person des Arbeitnehmers begründet sein.

Der wichtigste Fall der Arbeitsunfähigkeit ist die den **Entgeltfortzahlungsanspruch** begründende Arbeitsunfähigkeit infolge Krankheit. Dabei ist zwischen der Krankheit und der Arbeitsunfähigkeit streng zu unterscheiden.

Praxis-Beispiel: Unterscheidung zwischen Krankheit und Arbeitsunfähigkeit

Die Krankheit ist Ursache der Arbeitsunfähigkeit. Das Vorliegen einer Krankheit bedeutet jedoch keinesfalls automatisch, dass damit auch die Arbeitsunfähigkeit vorliegt! Erforderlich ist vielmehr die kausale Verknüpfung von Krankheit und der Unmöglichkeit, die geschuldete Arbeitsleistung zu erbringen.

Die Beurteilung der **krankheitsbedingten Arbeitsunfähigkeit** muss in Bezug auf die vom Arbeitnehmer nach dem Inhalt des Arbeitsvertrags **geschuldete Arbeitspflicht** erfolgen. Die (gesundheitlichen) Umstände müssen es verhindern, dass der Arbeitnehmer seine Arbeitsleistung erbringen kann. Gleichgestellt ist der Fall, dass der Arbeitnehmer die Tätigkeit aufgrund der ärztlichen Prognose objektiv nicht ausüben sollte, weil anderenfalls die Heilung verhindert oder zumindest verzögert wird. Ausreichend ist es daher, wenn der Arbeitnehmer seine geschuldete Arbeitsleistung nur unter der Gefahr fortsetzen könnte, in absehbarer Zeit seinen Zustand zu verschlimmern.[1]

Arbeitsrechtlich ist es unbeachtlich, ob der Arbeitnehmer durch die Krankheit ganz oder teilweise arbeitsunfähig ist; auch der **vermindert Arbeitsfähige** ist arbeitsunfähig krank, ebenso der nach § 74 SGB V (stufenweise Wiedereingliederung) Teilzeitarbeit leistende Arbeitnehmer. Der Arbeitgeber ist nicht zu einer Teilzeitbeschäftigung verpflichtet und braucht ihm auch bei Einverständnis mit seiner Teilzeitbeschäftigung keine Vergütung zu zahlen, wenn das nicht besonders vereinbart ist.[2] Davon zu unterscheiden ist der Fall einer bezogen auf den aktuellen Arbeitsplatz an sich uneingeschränkten Leistungsfähigkeit, jedoch einer Einschränkung im Hinblick auf die gesamte Bandbreite der arbeitsvertraglich an sich zulässigen Leistungsbestimmungen im Sinne des Direktionsrechts gemäß § 106 GewO. In diesem Fall liegt keine Arbeitsunfähigkeit vor, der Arbeitgeber ist vielmehr verpflichtet, sein Weisungsrecht unter Berücksichtigung der Einschränkungen so auszuüben, dass dem Arbeitnehmer die Erbringung der Arbeitsleistung möglich ist.[3]

Wichtige Beurteilungsgrundlage ist die „**Arbeitsunfähigkeits-Richtlinie**" des G-BA der Krankenkassen.[4] Die Richtlinie fasst die Vorgaben zur Beurteilung der Arbeitsunfähigkeit unter Berücksichtigung der Rechtsprechung zusammen. Gemäß § 2 Abs. 1 AU-Richtlinie liegt Arbeitsunfähigkeit vor, wenn Versicherte aufgrund von Krankheit ihre zuletzt vor der Arbeitsunfähigkeit ausgeübte Tätigkeit nicht mehr oder nur unter der Gefahr der Verschlimmerung der Erkrankung ausführen können. Bei der Beurteilung ist darauf abzustellen, welche Bedingungen die bisherige Tätigkeit konkret geprägt haben. Arbeitsunfähigkeit liegt auch vor, wenn aufgrund eines bestimmten Krankheitszustands, der für sich allein noch keine Arbeitsunfähigkeit bedingt, absehbar ist, dass aus der Ausübung der Tätigkeit für die Gesundheit oder die Gesundung abträgliche Folgen erwachsen, die eine Arbeitsunfähigkeit unmittelbar hervorrufen.[5]

Keine Arbeitsunfähigkeit liegt vor, wenn nur der **Arbeitsweg** nicht zurückgelegt werden kann, obgleich der Arbeitnehmer arbeiten könnte –insoweit muss der Arbeitnehmer sich um entsprechende Ersatzlösungen kümmern. Auch der Arztbesuch allein bedeutet keine Arbeitsunfähigkeit.[6] Der Arbeitnehmer hat die Behandlung möglichst außerhalb der Arbeitszeit stattfinden zu lassen. Ist dies nicht möglich, besteht nur ein Lohnanspruch nach § 616 BGB.

Keine Arbeitsunfähigkeit ist schließlich auch das **altersgemäße Nachlassen** der Arbeitskraft.

---

1 Vgl. BAG, Urteil v. 26.10.2016, 5 AZR 167/16; BAG, Urteil v. 9.4.2014, 10 AZR 637/13; BAG, Urteil v. 23.1.2008, 5 AZR 393/07; BAG, Urteil v. 19.4.1994, 9 AZR 462/92; BAG, Urteil v. 7.8.1991, 5 AZR 410/90.

2 BAG, Urteil v. 9.4.2014, 10 AZR 637/13; BAG, Urteil v. 29.1.1992, 5 AZR 37/91.

3 BAG, Urteil v. 9.4.2014, 10 AZR 637/13 für den Fall einer Krankenschwester, die aus gesundheitlichen Gründen keine Nachtschichten leisten kann, i.Ü. aber voll leistungsfähig ist.

4 Richtlinie des Gemeinsamen Bundesausschusses über die Beurteilung der Arbeitsunfähigkeit und die Maßnahmen zur stufenweisen Wiedereingliederung nach § 92 Abs. 1 Satz 2 Nr. 7 SGB V, i.d.F. v. 14.11.2013.

5 Vgl. § 2 Abs. 1 Satz 2 und 3 AU-Richtlinie.

6 BAG, Beschluss v. 21.1.1997, 1 ABR 53/96.

1.2 Krankheit

Der entgeltfortzahlungsrechtliche Begriff der Krankheit unterscheidet sich geringfügig vom sozialversicherungsrechtlichen Begriff.[1] Krankheit im EFZG ist ein **regelwidriger körperlicher oder geistiger Zustand**. Anders als im Sozialversicherungsrecht bedarf es keiner „Behandlungsbedürftigkeit" des regelwidrigen Zustands, da es arbeitsrechtlich allein darauf ankommt, ob der erkrankte Arbeitnehmer seine Arbeitsleistung erbringen kann. Auch die Heilungs- oder Behandlungsmöglichkeit lässt die Krankheit nicht entfallen, beides ist für den Krankheitsbegriff unerheblich. So ist auch ein unheilbar kranker Arbeitnehmer krank im Sinne des EFZG und hat – bei Vorliegen der sonstigen Voraussetzungen – Anspruch auf Entgeltfortzahlung. Regelwidrig ist ein körperlicher oder geistiger Zustand dann, wenn er nach allgemeiner Erfahrung unter Berücksichtigung eines natürlichen Verlaufs des Lebensgangs nicht bei jedem anderen Menschen gleichen Alters und Geschlechts zu erwarten ist.

Eine Krankheit liegt auch bei rein **psychischen Veränderungen** vor (z.B. Depressionen, Schockzustände, Neurosen oder Psychosen). Für die entsprechende Anerkennung als Krankheit ist eine klinisch-funktionelle Diagnose erforderlich, das die Erkrankung zu gesundheitlichen Funktionsstörungen oder Beschwerden geführt hat.

Praxis-Beispiel: Ursache und Verschulden

Die Ursache der Krankheit ist zu trennen vom Verschulden des Arbeitnehmers an der Entstehung der Krankheit. Ein solches Verschulden führt zum Ausschluss des Entgeltfortzahlungsanspruchs. Die Ursache der Krankheit ist dagegen für den Anspruch ohne Bedeutung.

Unbeachtlich ist somit, ob die Krankheit oder deren Entstehung mit dem Arbeitsverhältnis (z.B. als Berufskrankheit) in Zusammenhang steht. Ursächlich können auch alkohol- oder drogenbedingten Krankheiten sein; hier kann jedoch u.U. ein Verschulden des Arbeitnehmers im Einzelfall anspruchsausschließend wirken.[2] Bei **ansteckender Krankheit** besteht ausnahmsweise auch dann Arbeitsunfähigkeit, wenn der Arbeitnehmer an sich seine Arbeitsleistung erbringen könnte.[3]

Nicht als Krankheit i.S.d. § 3 EFZG gelten normal verlaufende **Schwangerschaften**. Tritt zur Schwangerschaft innerhalb der Schutzfristen des Mutterschutzgesetzes eine Krankheit hinzu, gilt dies nicht als Arbeitsunfähigkeit im Sinne des EFZG.[4] Tritt im Zuge einer lege artis durchgeführten In-vitro-Fertilisation eine nicht erwartbare Erkrankung auf, begründet dies die Arbeitsunfähigkeit – ein Verschulden i.S.v. § 3 Abs. 1 Satz 1 EFZG scheidet dann aus.[5]

1.3 Der Krankheit gleichgestellte Fälle

Der Krankheit **gleichgestellt** sind verschiedene Fälle gesundheitlicher Beeinträchtigungen. Dazu gehören:

- Die stufenweisen Wiederaufnahme der Arbeit, durch die dem Versicherten die dauerhafte Wiedereingliederung in das Erwerbsleben durch eine schrittweise Heranführung an die volle Arbeitsbelastung ermöglicht werden soll.
- Eine auf Empfehlung der Berufsgenossenschaft vorgenommene Operation, die den Arbeitnehmer an seiner Arbeitsleistung hindert, auch wenn der Arbeitnehmer die Arbeit ohne Operation fortführen könnte.
- Eine Operation, die eine seit Geburt vorhandene gesundheitliche Störung, die keinen Einfluss auf die dem Arbeitnehmer obliegende Arbeit hat (z.B. Schielen), operativ beheben soll.
- Eine Arbeitsverhinderung aufgrund nicht rechtswidriger Sterilisation.

1 Mehr dazu unter Abschnitt „Sozialversicherung".

2 Vgl. dazu BAG, Urteil v. 18.3.2015, 10 AZR 99/14.

3 Zu den Besonderheiten einer Quarantäneanordnung s.u. Abschn. 1.4.

4 BAG, Urteil v. 7.10.1987, 5 AZR 610/86.

5 BAG, Urteil v. 26.10.2016, 5 AZR 167/16.

- Die Durchführung medizinischer Maßnahmen zur Herbeiführung einer Schwangerschaft.
- Ein unter den Voraussetzungen des § 218a Abs. 1 StGB vorgenommener Schwangerschaftsabbruch.
- Die im Rahmen des Transplantationsgesetzes erfolgenden Spende von Organen oder Geweben oder einer im Rahmen des Transfusionsgesetzes erfolgenden Spende von Blutstammzellen.
- Eine nur während der vereinbarten Arbeitszeit mögliche Dialysebehandlung für deren Dauer, die Zeit der Anfahrt zur Dialyseeinrichtung und für die nach der Dialyse erforderliche Ruhezeit.
- Der Defekt eines für die Ausübung der Tätigkeit oder das Erreichen des Arbeitsplatzes erforderlichen Hilfsmittels bis die Reparatur des Hilfsmittels beendet oder ein Ersatz des defekten Hilfsmittels erfolgt ist.

Nicht gleichgestellt sind dagegen die nachfolgenden Fälle:

- die Beaufsichtigung, Betreuung oder Pflege eines erkrankten Kindes;
- Zeiten, in denen ärztliche Behandlungen zu diagnostischen oder therapeutischen Zwecken (z. B. im Rahmen von Früherkennungsuntersuchungen) stattfinden;
- Inanspruchnahme von Heilmitteln (z. B. physikalisch-medizinische Therapie);
- Teilnahme an ergänzenden Leistungen zur Rehabilitation oder rehabilitativen Leistungen anderer Art (Koronarsportgruppen u. a.);
- Durchführung von ambulanten und stationären Vorsorge- und Rehabilitationsleistungen, es sei denn, vor Beginn der Leistung bestand bereits Arbeitsunfähigkeit und diese besteht fort oder die Arbeitsunfähigkeit wird durch eine interkurrente Erkrankung ausgelöst;
- Vorliegen eines Beschäftigungsverbots nach dem IfSG oder dem MuSchG;
- kosmetische und andere Operationen ohne krankheitsbedingten Hintergrund und ohne Komplikationen;
- nicht durch Krankheit bedingte Sterilisation;
- kurzzeitiges Fernbleiben von der Arbeit, weil dies erforderlich ist, um für einen pflegebedürftigen nahen Angehörigen in einer akut aufgetretenen Pflegesituation eine bedarfsgerechte Pflege zu organisieren oder eine pflegerische Versorgung in dieser Zeit sicherzustellen.[1]

1.4 Kausalität zwischen Krankheit und Arbeitsunfähigkeit

Grundsätzlich muss die Krankheit kausal für den Eintritt der Arbeitsunfähigkeit sein. An der geforderten Kausalität fehlt es, wenn der Arbeitnehmer trotz Erkrankung seine vertraglich geschuldete Arbeitsleistung erbringen kann. Darüber hinaus muss die krankheitsbedingte Arbeitsunfähigkeit auch alleinige Ursache für die Arbeitsverhinderung sein, sog. **Monokausalität der Erkrankung.** Der erkrankte Arbeitnehmer soll nicht mehr erhalten, als er im Fall seiner Gesundheit bekommen würde. Durch Arbeits- oder Tarifvertrag kann zugunsten des Arbeitnehmers hiervon abgewichen werden. Im Grundsatz besteht daher kein Entgeltfortzahlungsanspruch, wenn der Arbeitnehmer im Fall der Nichterkrankung aus anderen Gründen nicht gearbeitet und kein Entgelt erhalten hätte. Liegt ein Fall der **Doppel- oder Mehrfachkausalität** für den Arbeitsausfall vor, entfällt in der Regel der Anspruch auf Entgeltfortzahlung. So hat der Arbeitnehmer für einen arbeitsfreien, nicht vergüteten Tag, der in den Zeitraum der Erkrankung fällt, keinen Anspruch auf Entgeltfortzahlung. Der Arbeitnehmer kann gleichwohl nach einer anderen Anspruchsgrundlage einen Anspruch auf Vergütung haben.

Wichtige Fälle in der Praxis:

- Im Fall von **Kurzarbeit** entfällt der Entgeltfortzahlungsanspruch in dem Umfang, in dem die Kurzarbeit Ursache des Arbeitsausfalls ist.
- Beim Zusammentreffen von **Urlaub** und Krankheit werden gemäß § 9 BUrlG die durch ärztliches Zeugnis nachgewiesenen Tage der AU auf den Jahresurlaub nicht angerechnet – an Stelle des

1 § 2 PflegeZG.

Urlaubsentgelts entsteht ein Anspruch auf Entgeltfortzahlung. Gleiches gilt für die Teilnahme am Bildungsurlaub.

- Erkrankt der Arbeitnehmer während einer **Streikteilnahme** oder während einer Aussperrung, entsteht kein Entgeltfortzahlungsanspruch.
- Im Fall eines **Beschäftigungsverbots** nach § 11 MuSchG entsteht ebenfalls kein Anspruch; stattdessen erhält die Arbeitnehmerin Vergütung nach § 11 MuSchG.
- Strittig ist, ob der Verdacht einer Ansteckung, der zu einer behördlichen Quarantäneanordnung führt, den Entgeltfortzahlungsanspruch entfallen lässt. Dies wird teilweise verneint.[1] Richtigerweise entfällt der Anspruch, der Arbeitnehmer hat einen öffentlich-rechtlichen Entschädigungsanspruch nach § 56 IfSG.
- Befindet sich der Arbeitgeber im **Annahmeverzug**, entsteht ein Entgeltfortzahlungsanspruch, wenn der Arbeitnehmer erkrankt, da er in diesem Fall seine Arbeitskraft nicht anbieten kann.

Von den Fällen der Doppelkausalität ist die Frage eines **hypothetischen Kausalverlaufs** abzugrenzen. Eine hypothetische „Ersatzursache" ist gegeben, wenn ein Kausalverlauf ohne Arbeitsunfähigkeit unterstellt wird und der Anspruch auf Lohnzahlung aus anderen tatsächlichen oder rechtlichen Gründen entfallen wäre. Der Anspruch auf Entgeltfortzahlung setzt nicht voraus, dass bei fehlender Krankheit der Arbeitnehmer kein weiteres hypothetisches Arbeitshindernis gesetzt hätte. Es ist nur darauf abzustellen, ob bereits bestehende andere Ursachen zu einem Arbeitsausfall führen würden.

1.5 Kein Verschulden am Entstehen der Arbeitsunfähigkeit

Gemäß § 3 Abs. 1 EFZG ist der Entgeltfortzahlungsanspruch ausgeschlossen, wenn den Arbeitnehmer bei der Entstehung der Arbeitsunfähigkeit ein Verschulden trifft. Bei diesem Verschulden handelt es sich nicht um ein **Verschulden gegenüber einem Dritten** im schuldrechtlichen Sinne etwa einer unerlaubten Handlung.[2] Schuldhaft handelt deshalb nur ein Arbeitnehmer, der in erheblichem Maße gegen die von einem verständigen Menschen im eigenen Interesse zu erwartende Verhaltensweise verstößt. Erforderlich ist ein grober oder gröblicher Verstoß gegen das Eigeninteresse eines verständigen Menschen und damit ein besonders leichtfertiges oder vorsätzliches Verhalten. Dabei ist fahrlässiges Handeln nicht ausreichend, erforderlich ist ein Handeln im Angesicht der Gefahr „auf gut Glück".[3]

Aus der sprachlichen Fassung des § 3 Abs. 1 EFZG folgt, dass das Risiko der Unaufklärbarkeit der Ursachen einer Krankheit oder Arbeitsunfähigkeit und eines möglichen Verschuldens des Arbeitnehmers daran beim Arbeitgeber liegt.

Für **Suchterkrankungen**, insbesondere Alkoholsucht, kann nach den modernen Erkenntnissen ihrer Entstehung nicht mit der für die Annahme eines Verschuldens gemäß § 3 Abs. 1 EFZG erforderlichen Deutlichkeit festgestellt werden, was im Einzelfall die Ursache für die Alkoholabhängigkeit ist und dass willensgesteuertes Verhalten des Arbeitnehmers in relevantem Umfang daran einen Anteil hat. Ein Verschulden scheidet damit regelmäßig aus, da nicht eine singuläre – willentlich steuerbare – Ursache dafür, warum bei einer einzelnen Person eine Alkoholabhängigkeit eintritt, feststellbar ist.[4]

Bei einem **Arbeitsunfall** kann Verschulden dann zu bejahen sein, wenn der Arbeitnehmer gröblich gegen Anordnungen des Arbeitgebers oder gegen Unfallverhütungsvorschriften verstoßen hat.[5]

Wird durch eine **In-vitro-Fertilisation** willentlich und vorhersehbar eine Arbeitsunfähigkeit bedingende Erkrankung herbeigeführt, ist ein Entgeltfortzahlungsanspruch wegen Verschuldens ausgeschlossen. Ein

---

1 Arbeitsgericht Aachen, Urteil v. 11.3.2021, 1 Ca 3196/20.

2 § 276 BGB.

3 Vgl. BAG, Urteil v. 18.3.2015, 10 AZR 99/14 (Sucht als Krankheit); BAG, Urteil v. 26.10.2016, 5 AZR 167/16; LAG Köln, Urteil v. 14.7.2021, 11 Sa 31/21; LAG Rheinland-Pfalz, Urteil v. 15.1.2019, 8 Sa 247/18.

4 Grundlegend dazu BAG, Urteil v. 18.3.2015, 10 AZR 99/14; LAG Köln, Urteil v. 14.7.2021, 11 Sa 31/21.

5 LAG Rheinland-Pfalz, Urteil v. 15.1.2019, 8 Sa 247/18.

Verschulden liegt nicht vor, wenn im Rahmen einer In-vitro-Fertilisation, die nach allgemein anerkannten medizinischen Standards vom Arzt oder auf ärztliche Anordnung vorgenommen wird, eine zur Arbeitsunfähigkeit führende Erkrankung auftritt, mit deren Eintritt nicht gerechnet werden musste.[1]

Bei **Sportunfällen** ist zwischen gefährlichen und nicht gefährlichen Sportarten zu unterscheiden, weil die Ausübung ungefährlicher Sportarten sich von vornherein im Rahmen des allgemeinen Lebensrisikos bewegt. Eine gefährliche Sportart soll dagegen dann vorliegen, wenn das Verletzungsrisiko so groß ist, dass auch ein gut ausgebildeter Sportler bei sorgfältiger Beachtung aller Regeln dieses Risiko nicht vermeiden kann. In der Praxis ist bislang jedoch noch keine Sportart in ihrer Ausübung als von vornherein schuldhaft i. S. d. § 3 Abs. 1 EFZG qualifiziert worden.

Ein **Suizidversuch** stellt kein Verschulden dar, weil sich der betreffende Mitarbeiter in einem Zustand verminderter autonomer Willenssteuerung befindet; regelmäßig ist von einer psychischen Erkrankung auszugehen.

Der Arbeitnehmer schuldet i. Ü. keine besondere, vorbeugende Rücksichtnahme auf die finanziellen Belange des Arbeitgebers in Sinne eines allgemein gesunden oder krankheitsvermeidenden Verhaltens. Im Fall bereits bestehender Krankheit kann die u. U. anders zu bewerten sein.

2 Feststellung der Arbeitsunfähigkeit und Beweislast

Der erkrankte Arbeitnehmer weist seine Arbeitsunfähigkeit durch die ärztliche **Arbeitsunfähigkeitsbescheinigung**[2] nach. Diesem gesetzlich vorgeschriebenen Nachweis kommt nach ständiger Rechtsprechung ein hoher Beweiswert zu. Angesichts des hohen Beweiswertes einer ärztlichen AU-Bescheinigung müssen vom Arbeitgeber zumindest begründete Zweifel an der Richtigkeit einer ärztlichen AU-Bescheinigung aufgezeigt werden, um den Beweiswert der Bescheinigung zu erschüttern.[3]

Die seit dem 1.10.2021 eingeführte **elektronische AU-Bescheinigung** ändert[4] an dieser beweisrechtlichen Würdigung nichts. Die elektronische Meldung der Arbeitsunfähigkeit erfolgt seit dem 1.10.2021 an die Krankenkasse und seit dem 1.1.2023 an den Arbeitgeber.

Die aufgrund der **Covid-19-Pandemie eingeführte telefonische Anamnese war bis zum 31.3.2023 möglich**.[5] Im Rahmen dieser befristeten Sonderregelung konnte die Feststellung der Arbeitsunfähigkeit bei Versicherten mit Erkrankungen der oberen Atemwege, die keine schwere Symptomatik vorweisen, für einen Zeitraum von bis zu 7 Kalendertagen auch nach telefonischer Anamnese, und zwar im Wege der persönlichen ärztlichen Überzeugung vom Zustand des Versicherten durch eingehende telefonische Befragung erfolgen. Auch das Fortdauern der Arbeitsunfähigkeit kann auf diese Art und Weise einmalig für einen weiteren Zeitraum von bis zu 7 Kalendertagen festgestellt werden.[6]

Die telefonische Krankschreibung hat sich während der Corona-Pandemie bewährt. Für bestimmte Erkrankungen wie leichte grippale Infekte soll diese Möglichkeit auch künftig wieder eingeführt werden, sich jedoch auf Patienten, die den Arztpraxen bekannt sind, beschränken. Dadurch werden Arztpraxen entlastet und Patienten vor (weiteren) Infektionen aufgrund voller Wartezimmer geschützt.

---

1 BAG, Urteil v. 26.10.2016, 5 AZR 167/16.

2 § 5 Abs. 1 Satz 2 EFZG.

3 BAG, Urteil v. 19.2.2015, 8 AZR 1007/13; BAG, Urteil v. 19.2.1997, 5 AZR 83/96; BAG, Urteil v. 1.10.1997, 5 AZR 726/96; LAG Hessen, Urteil v. 2.10.2012, 18 Sa 492/11; LAG Hamm, Urteil v. 23.6.2004, 18 Sa 311/04.

4 § 5 Abs. 1a EFZG n. F.; § 109 SGB IV n. F.

5 Beschluss des Gemeinsamen Bundesausschusses (G-BA) der Krankenkassen v. 17.11.2022, in Kraft getreten am 1.12.2022, BAnz AT 16.12.2022 B2.

6 § 8 Abs. 1, 1a der AU-Richtlinien.

Seit dem 7.10.2020[1] besteht[2] die Möglichkeit einer **Videosprechstunde** als Basis einer Krankschreibung ohne unmittelbare persönliche Untersuchung des Versicherten. Aktuell[3] ist dies unter den nachfolgenden Voraussetzungen möglich:

- Es handelt sich um die Erstfeststellung der Arbeitsunfähigkeit.
- Die Feststellung der Arbeitsunfähigkeit ist begrenzt auf 7 Tage.
- Im Fall der Fortsetzung der Erkrankung muss der Arbeitnehmer für den anfänglichen Arbeitsunfähigkeitszeitraum bereits einmal unmittelbar und persönlich ärztlich untersucht worden sein.
- **Neu:** Der Versicherte muss dem Vertragsarzt oder einem anderen Arzt derselben Berufsausübungsgemeinschaft nicht aufgrund früherer Behandlung unmittelbar persönlich bekannt sein.
  Einschränkung dazu: Ist der Versicherte dem Arzt nicht bekannt, darf die erstmalige Krankschreibung nur bis maximal 3 Kalendertage erfolgen.
- Die Art der Erkrankung darf einer Videountersuchung nicht entgegenstehen; ist eine sichere Beurteilung der Arbeitsunfähigkeit im Wege der Videosprechstunde nicht möglich, kann die AU-Bescheinigung nicht erteilt werden.

Als typische, per Videosprechstunde diagnostizierbare Erkrankungen nennt die Begründung des G-BA der Krankenkassen Erkältungen, Menstruationsbeschwerden, Blasenentzündung, Magen-Darm-Infekt, Migräne, Krankheitsschübe z.B. bei chronisch-entzündlichen Darmerkrankungen sowie krankhafte Reaktionen auf schwere Belastungen und Anpassungsstörungen z.B. bei Verlust von nahestehenden Angehörigen. Eine Folgekrankschreibung per Videosprechstunde ist in allen Fällen nur möglich, wenn die vorangegangene Krankschreibung auf Grundlage einer persönlichen Untersuchung erfolgte. Ein Rechtsanspruch auf eine AU-Bescheinigung auf Basis einer Videosprechstunde besteht nicht. Der Versicherte ist vor der Videosprechstunde auf diese besonderen Umstände hinzuweisen. Technische Unzulänglichkeiten aufseiten des Versicherten (schlechte Beleuchtung, Übertragungsunterbrechungen etc.) gehen zulasten des Versicherten.

Bezweifelt der Arbeitgeber die Arbeitsunfähigkeit, kündigt er daraufhin oder verweigert er die Entgeltfortzahlung, so entscheidet das **Arbeitsgericht** auf Klage des Arbeitnehmers, ob Arbeitsunfähigkeit vorliegt. Erhebt der Arbeitgeber trotz vorgelegter ärztlicher AU-Bescheinigung den Vorwurf, die Arbeitsunfähigkeit sei nur vorgetäuscht, muss er einerseits vortragen, dass der Arbeitnehmer ihn vorsätzlich über das Bestehen der Arbeitsunfähigkeit getäuscht hat und darüber hinaus ausreichende Tatsachen darlegen und beweisen, die zu ernsthaften Zweifeln an einer Arbeitsunfähigkeit Anlass geben. Der Arbeitgeber muss im Rechtsstreit Umstände darlegen und ggf. beweisen, die zu **ernsthaften und begründeten Zweifeln** an der behaupteten krankheitsbedingten Arbeitsunfähigkeit Anlass geben und die so den Beweiswert der AU-Bescheinigung erschüttern.[4]

Der Arbeitnehmer ist in diesem Zusammenhang verpflichtet, seinen Arzt von der ärztlichen Schweigepflicht zu entbinden. Der Arbeitgeber hat auch die Möglichkeit, der Krankenkasse die Tatsachen mitzuteilen, die Zweifel an der Arbeitsunfähigkeit rechtfertigen. Die **Krankenkasse ist** dann **verpflichtet**, eine gutachtliche Stellungnahme des **Medizinischen Dienstes** der Krankenversicherung einzuholen.[5] Voraussetzung ist ferner, dass die Einholung der gutachtlichen Stellungnahme nach Art, Schwere, Dauer oder Häufigkeit der Erkrankung oder nach dem Krankheitsverlauf erforderlich ist. § 275 Abs. 1a Satz 1 Buchst. a und b SGB V bestimmt: **Zweifel an der Arbeitsunfähigkeit** sind insbesondere in Fällen

---

1 Beschluss des G-BA vom 15.10.2020, BAnz AT 12.11.2020 B3.

2 § 4 Abs. 5 AU-Richtlinie.

3 Vgl. Beschluss des G-BA v. 19.11.2021, BAnz AT 18.1.2022 B3.

4 BAG, Urteil v. 26.10.2016, 5 AZR 167/16; BAG, Urteil v. 19.2.2015, 8 AZR 1007/13; BAG, Urteil v. 21.3.1993, 2 AZR 543/95; BAG, Urteil v. 15.7.1992, 5 AZR 312/91; LAG Hamm, Urteil v. 13.3.2015, 1 Sa 1534/14; LAG Köln, Urteil v. 10.12.2020, 8 Sa 491/20; LAG Rheinland-Pfalz, Urteil v. 8.10.2013, 6 Sa 188/13; LAG Hessen, Urteil v. 20.3.2012, 19 Sa 1020/11.

5 § 275 Abs. 1 Nr. 3 SGB V.

anzunehmen, in denen Arbeitnehmer auffällig häufig oder auffällig häufig nur für kurze Dauer arbeitsunfähig sind oder der Beginn der Arbeitsunfähigkeit häufig auf einen Arbeitstag am Beginn oder am Ende einer Woche fällt, oder die Arbeitsunfähigkeit von einem Arzt festgestellt worden ist, der durch die Häufigkeit der von ihm ausgestellten Bescheinigungen über Arbeitsunfähigkeit auffällig geworden ist. Die Prüfung hat unverzüglich nach Vorlage der ärztlichen Feststellung über die Arbeitsunfähigkeit zu erfolgen.[1]

Der **Arbeitgeber kann verlangen**, dass die Krankenkasse eine gutachtliche Stellungnahme des Medizinischen Dienstes zur Überprüfung der Arbeitsunfähigkeit einholt. Die Krankenkasse kann allerdings von einer Einschaltung des Medizinischen Dienstes absehen, wenn sich die medizinischen Voraussetzungen der Arbeitsunfähigkeit eindeutig aus den der Krankenkasse vorliegenden ärztlichen Unterlagen ergeben.

Dessen Beweiswert kann der Arbeitgeber erschüttern, wenn er tatsächliche Umstände darlegt und ggf. beweist, die Anlass zu ernsthaften Zweifeln an der Arbeitsunfähigkeit geben. Gelingt das dem Arbeitgeber, muss der Arbeitnehmer substanziiert darlegen und beweisen, dass er arbeitsunfähig war. Der Beweis kann insbesondere durch Vernehmung des behandelnden Arztes nach entsprechender Befreiung von der Schweigepflicht erfolgen. Die Koinzidenz zwischen Kündigung und bescheinigter Arbeitsunfähigkeit begründet einen ernsthaften Zweifel an der bescheinigten Arbeitsunfähigkeit.[2]

Zwar kommt der von einem ausländischen Arzt im **Ausland** ausgestellten AU-Bescheinigung im Allgemeinen der gleiche Beweiswert zu wie einer im Inland ausgestellten Bescheinigung; sie muss jedoch erkennen lassen, dass der ausländische Arzt zwischen einer bloßen Erkrankung und einer mit Arbeitsunfähigkeit verbundenen Krankheit unterscheidet.[3] Wiederholte Erkrankungen ausländischer Arbeitnehmer gegen Ende des Heimaturlaubs oder unmittelbar danach können die Beweiskraft einer ärztlichen Bescheinigung erschüttern. Dies gilt allerdings nicht mehr für die in einem EU-Staat ausgestellte AU-Bescheinigung.[4] Der Arbeitgeber darf einem Arbeitnehmer, der ein ärztliches Attest aus einem EU-Staat vorlegt, die Entgeltfortzahlung nur dann verweigern, wenn er nachweisen kann, dass der Mitarbeiter missbräuchlich oder betrügerisch eine Arbeitsunfähigkeit gemeldet hat, ohne krank gewesen zu sein. Es reicht nicht aus, dass ernsthafte Zweifel an der Richtigkeit des Attestes dargelegt werden.[5] Das Gericht entscheidet nach freier Überzeugung[6], ob ein Missbrauch vorliegt oder nicht. Dabei muss es sich mit einem für das praktische Leben brauchbaren Grad der Gewissheit begnügen.[7] Zu beachten ist bei Erkrankungen im Ausland die Anzeigepflicht nach § 5 Abs. 2 EFZG.

3 Beurteilung

3.1 Arbeitnehmer/selbstständig Tätige

Arbeitsunfähig ist ein Versicherter, wenn er aufgrund von Krankheit seine zuletzt vor der Arbeitsunfähigkeit ausgeübte Arbeit nicht mehr oder nur unter der Gefahr der Verschlimmerung der Erkrankung ausführen kann.[8] Bei der Beurteilung ist darauf abzustellen, welche Bedingungen die bisherige Tätigkeit konkret geprägt haben. Es wird ausdrücklich auf die zuletzt vor Beginn der Arbeitsunfähigkeit ausgeübte Tätigkeit abgestellt.

---

1 § 275 Abs. 1a Satz 2 SGB V.

2 BAG, Urteil v. 8.9.2021, 5 AZR 149/21; zur datenschutzrechtlichen Relevanz der Entbindung von der Schweigepflicht vgl. LAG Rheinland-Pfalz, Urteil v. 13.6.2019, 5 Sa 438/18.

3 BAG, Urteil v. 20.2.1985, 5 AZR 180/83; LAG Düsseldorf, Urteil v. 25.8.1999, 17 Sa 812/99.

4 EuGH, Urteil v. 3.6.1992, C-45/90, Paletta.

5 EuGH, Urteil v. 2.5.1996, C-206/94.

6 § 286 ZPO.

7 BAG, Urteil v. 19.2.1997, 5 AZR 83/96.

8 BSG, Urteil v. 14.2.2001, B 1 KR 30/00 R.

Arbeitsunfähigkeit besteht weiterhin während einer

- stufenweisen Wiederaufnahme der Arbeit zur dauerhaften Wiedereingliederung in das Erwerbsleben,
- befristeten Eingliederung arbeitsunfähiger Versicherter in eine Werkstatt für Menschen mit Behinderungen oder
- Belastungserprobung und Arbeitstherapie.

Es ist unerheblich, ob der Versicherte trotz der gesundheitlichen Beeinträchtigung möglicherweise noch eine andere Tätigkeit ausüben kann. Die Arbeitsunfähigkeit wird nicht durch die

- Aufhebung des Arbeitsverhältnisses oder
- Meldung der Arbeitslosigkeit bei der Arbeitsvermittlung

beendet.

Der Versicherte gibt damit zwar zu erkennen, dass er sich für eine berufliche Neuorientierung öffnet und zu einem Berufswechsel bereit ist. Allerdings endet damit nicht der Bezug zur früheren Beschäftigung. Erst mit der tatsächlichen Aufnahme einer neuen beruflichen Tätigkeit wird die Arbeitsunfähigkeit beendet und die neue Tätigkeit zur Grundlage für die Beurteilung einer weiteren Arbeitsunfähigkeit.

Maßstab der Arbeitsunfähigkeit von hauptberuflich selbstständig Erwerbstätigen ist die vor Feststellung der Arbeitsunfähigkeit verrichtete Erwerbstätigkeit.[1]

3.2 Arbeitslosengeldbezieher

Arbeitslose sind arbeitsunfähig, wenn sie krankheitsbedingt nicht mehr in der Lage sind, leichte Arbeiten in einem zeitlichen Umfang zu verrichten, für den sie sich bei der Agentur für Arbeit zur Verfügung gestellt haben.[2] Dabei ist es unerheblich, welcher Tätigkeit der Versicherte vor der Arbeitslosigkeit nachging. Die Befragung durch den Arzt bezieht sich bei Arbeitslosen auch auf den zeitlichen Umfang, für den der Versicherte sich der Agentur für Arbeit zur Vermittlung zur Verfügung gestellt hat.

Praxis-Beispiel: Bürgergeld nach § 19 Abs. 1 Satz 1 SGB II und Krankengeld

Bezieher von Bürgergeld nach § 19 Abs. 1 Satz 1 SGB II haben keinen Anspruch auf Krankengeld.[3]

3.3 Ursächlichkeit

Für den Anspruch auf Entgeltersatzleistungen (z. B. Krankengeld) ist der ursächliche Zusammenhang zwischen einer Krankheit und der Arbeitsunfähigkeit erforderlich. Die Krankheit muss die wesentliche Bedingung für die Arbeitsunfähigkeit sein. Andere Ursachen neben der Krankheit schließen den Anspruch nicht aus.

Praxis-Beispiel: Wesentliche Bedingung

Ein beschäftigter Versicherter leidet unter einer Beinverkürzung als Folge einer Krankheit. Wenn die erforderliche Beinprothese zur Reparatur gegeben wird, kann die Arbeit nicht weiter ausgeübt werden. Die Arbeitsunfähigkeit hat ihre wesentliche Ursache in der Krankheit.[4]

4 Verweisungstätigkeit

Gibt ein Versicherter nach dem Eintritt der Arbeitsunfähigkeit die zuletzt ausgeübte Beschäftigung auf, ändert sich der rechtliche Maßstab für die Beurteilung der Arbeitsunfähigkeit. Es sind dann nicht mehr die konkreten Verhältnisse an diesem Arbeitsplatz maßgebend, sondern es ist abstrakt auf die Art der

1 BSG, Urteil v. 14.12.2006, B 1 KR 6/06 R.

2 BSG, Urteil v. 10.5.2012, B 1 KR 20/11 R.

3 § 44 Abs. 2 Satz 1 Nr. 1 SGB V.

4 BSG, Urteil v. 23.11.1971, 3 RK 26/70.

zuletzt ausgeübten Beschäftigung abzustellen.[1] Der Versicherte darf auf gleich oder ähnlich geartete Tätigkeiten verwiesen werden.

Handelt es sich bei der zuletzt ausgeübten Beschäftigung um einen anerkannten Ausbildungsberuf, scheidet eine Verweisung auf eine außerhalb dieses Berufs liegende Beschäftigung aus.

Eine Verweisungstätigkeit innerhalb des Ausbildungsberufs muss, was

- die Art der Verrichtung,
- die körperlichen und geistigen Anforderungen,
- die notwendigen Kenntnisse und Fertigkeiten sowie
- die Höhe des Entgelts

angeht, mit der bisher verrichteten Arbeit im Wesentlichen übereinstimmen. Der Versicherte muss sie ohne größere Umstellung und Einarbeitung ausführen können. Dieselben Bedingungen gelten bei ungelernten Arbeiten, nur dass hier das Spektrum der zumutbaren Tätigkeiten größer ist, weil die Verweisung nicht durch die Grenzen eines Ausbildungsberufs eingeschränkt ist.

5 Versicherung

Die Mitgliedschaft Versicherungspflichtiger bleibt während der Arbeitsunfähigkeit erhalten, solange Anspruch auf Krankengeld besteht.[2] Voraussetzung für den Erhalt der Mitgliedschaft ist, dass der Anspruch auf Krankengeld innerhalb eines Versicherungsverhältnisses oder in unmittelbarem Anschluss daran entsteht (Nahtlosigkeitsregelung).[3]

Die Arbeitsunfähigkeit muss also spätestens am nächsten Tag nach einem beendeten Beschäftigungsverhältnis ärztlich festgestellt werden.[4]

Praxis-Beispiel: Nahtlosigkeitsregelung

Das Beschäftigungsverhältnis eines versicherten Arbeitnehmers endet mit dem 26.4. (Mittwoch). Am 27.4. (Donnerstag) stellt ein Arzt fest, dass der Arbeitnehmer arbeitsunfähig krank ist. Es entsteht ein Anspruch auf Krankengeld mit dem Beginn des 27.4. (0:00 Uhr), der sich nahtlos an die vorhergehende Mitgliedschaft bis zum 26.4. (24:00 Uhr) anschließt.

Bei einer Fortsetzungserkrankung ist ebenfalls die fristgerechte ärztliche Feststellung für den Fortbestand entscheidend.[5]

Das Versicherungsverhältnis freiwillig versicherter Krankengeldbezieher wird durch die Arbeitsunfähigkeit nicht berührt.

Praxis-Beispiel: Freiwillige Versicherung mit Anspruch auf Krankengeld

Ein freiwillig versicherter Arbeitnehmer hat über das Ende des Arbeitsverhältnisses hinaus einen Anspruch auf Krankengeld, wenn die fortgesetzte Arbeitsunfähigkeit jeweils fristgerecht festgestellt wird.[6] Wird die fortgesetzte Arbeitsunfähigkeit verspätet festgestellt, ist die freiwillige Versicherung im Anschluss an den letzten Bewilligungsabschnitt des Krankengeldes in eine Versicherung ohne Anspruch auf Krankengeld zu ändern.[7]

---

1 BSG, Urteil v. 12.3.2013, B 1 KR 7/12 R.

2 § 192 Abs. 1 Nr. 2 SGB V.

3 BSG, Urteil v. 10.5.2012, B 1 KR 19/11 R; BSG, Urteil v. 7.4.2022, B 3 KR 3/24 R.

4 § 46 Satz 1 Nr. 2 SGB V.

5 § 46 Sätze 2, 3 SGB V.

6 § 46 Satz 2 SGB V.

7 BSG, Urteil v. 17.6.2021, B 3 KR 2/19 R.

6 Beschäftigungsverbote

Ein Beschäftigungsverbot nach dem Mutterschutzgesetz[1] ist nicht als Arbeitsunfähigkeit anzusehen.[2] Dies schließt allerdings nicht aus, dass während des Beschäftigungsverbots unabhängig von der Schwangerschaft Arbeitsunfähigkeit wegen einer Krankheit eintreten kann.

Beschäftigungsverbote oder Schutzmaßnahmen (Quarantäne) nach dem Infektionsschutzgesetz (IfSG) sind ebenfalls keine Arbeitsunfähigkeit.[3]

7 Bescheinigung des Arztes

7.1 Rückdatierung

Der behandelnde Arzt soll die Arbeitsunfähigkeit für eine vor der ersten Inanspruchnahme des Arztes liegende Zeit grundsätzlich nicht bescheinigen. Eine Rückdatierung des Beginns der Arbeitsunfähigkeit auf einen vor dem Behandlungsbeginn liegenden Tag ist

- nur ausnahmsweise,
- nur nach gewissenhafter Prüfung und
- in der Regel nur bis zu 3 Tage

zulässig. Das gilt auch für eine rückwirkende Bescheinigung über das Fortbestehen der Arbeitsunfähigkeit. Der Bescheinigung kommt die Bedeutung einer ärztlich-gutachtlichen Stellungnahme zu. Sie bildet die Grundlage für die Entscheidung der Krankenkasse über den Anspruch auf Krankengeld.

7.2 Während der Entgeltfortzahlung

Vertragsärzte bescheinigen die Arbeitsunfähigkeit während der Entgeltfortzahlung durch den Arbeitgeber auf dem vereinbarten Vordruck.[4] Dauert die Arbeitsunfähigkeit länger als in der Erstbescheinigung angegeben, ist erneut eine ärztliche Bescheinigung über das Fortbestehen der Arbeitsunfähigkeit auszustellen. Eine Fortsetzungserkrankung ist spätestens am nächsten Werktag nach dem vorhergehenden Bewilligungsabschnitt ärztlich festzustellen und zu bescheinigen.[5]

Praxis-Beispiel: Vereinbarter Vordruck

1. Die Vertragsärzte bescheinigen die Arbeitsunfähigkeit auf einem verbindlich vereinbarten Vordruck. Das Formular ist sowohl während der Entgeltfortzahlung als auch während des Krankengeldbezugs zu verwenden. Darin ist anzugeben, ob es sich um eine Erst- oder Folgebescheinigung handelt.
   Die Bescheinigung wird auch ab 1.1.2023 weiterhin ausgestellt, damit der Arbeitnehmer die Arbeitsunfähigkeit auch in Störfällen rechtssicher beweisen kann. Daran wird festgehalten, bis die Arbeitsunfähigkeit gegenüber dem Arbeitgeber durch ein geeignetes elektronisches Äquivalent mit gleich hohem Beweiswert nachgewiesen werden kann.
2. Die Arbeitgeber werden ab 1.1.2023 am elektronischen Meldeverfahren beteiligt.[6] Die Krankenkasse stellt die elektronischen Meldedaten zur Verfügung. Der Arbeitgeber erhält einen elektronischen Hinweis, dass die Daten für ihn abrufbar sind. Das Verfahren gilt auch für geringfügig Beschäftigte. Die Minijob-Zentrale ruft die Arbeitsunfähigkeitsdaten von der zuständigen Krankenkasse ab, um das U1-Verfahren durchzuführen.

---

1 §§ 3 ff. MuSchG.

2 § 3 Abs. 2 AUR.

3 §§ 28, 31 IfSG.

4 § 5 AUR.

5 § 46 Satz 2 SGB V.

6 § 109 Abs. 1 SGB IV, § 125 Abs. 5 SGB IV.

7.3 Während des Krankengeldbezugs

Während des Krankengeldbezugs wird die Arbeitsunfähigkeit vom Arzt ebenfalls durch eine AU-Bescheinigung attestiert. Eine Folgebescheinigung ist spätestens am nächsten Werktag nach dem zuletzt bescheinigten Ende der Arbeitsunfähigkeit auszustellen.[1] Der Vordruck dient sowohl als Auszahlungsschein als auch dem Nachweis der Arbeitsunfähigkeit gegenüber dem Arbeitgeber.

Ab 1.1.2023 sind die Arbeitsunfähigkeitsdaten unter Angabe der Diagnosen sowie unter Nutzung der Telematikinfrastruktur (elektronische Gesundheitskarte)[2] unmittelbar elektronisch an die Krankenkasse zu übermitteln.[3] Die Regelung gilt auch für Krankenhäuser und stationäre Reha-Einrichtungen.[4] Ausgenommen sind nur Vorsorge- und Rehabilitationseinrichtungen, die nicht an die Telematikinfrastruktur angeschlossen sind.

Die Praxis muss an ein Praxisinformationssystem angeschlossen sein. Sollte das nicht der Fall sein, kann eine Arbeitsunfähigkeit nicht zulasten der Krankenkasse festgestellt und bescheinigt werden.

Während der Übergangsphase bis zum 31.12.2022 wird weiterhin zusätzlich die 4-teilige Papierbescheinigung ausgestellt. Der Vordruck wird auch darüber hinaus verwendet, bis eine rechts- und beweissichere elektronische Bescheinigung möglich ist.

Praxis-Beispiel: Verspätete Feststellung

Wird die fortgesetzte Arbeitsunfähigkeit eines versicherungspflichtig beschäftigten Arbeitnehmers verspätet festgestellt, bleibt der Anspruch auf Krankengeld auch dann bestehen, wenn die weitere Arbeitsunfähigkeit wegen derselben Krankheit spätestens innerhalb eines Monats nach dem zuletzt bescheinigten Ende der Arbeitsunfähigkeit ärztlich festgestellt wird.[5] Allerdings ruht während dieser Zeit der Anspruch auf Krankengeld.[6]

7.4 Nach einer Krankenhausentlassung

Das Krankenhaus führt ein Entlassmanagement durch. In diesem Rahmen bescheinigt der Krankenhausarzt eine Arbeitsunfähigkeit für einen Zeitraum von bis zu 7 Kalendertagen nach der Entlassung.[7] Er handelt dabei wie ein Vertragsarzt und verwendet den vereinbarten Vordruck oder meldet elektronisch. Der weiterbehandelnde Vertragsarzt ist entsprechend zu informieren. Während der Corona-Pandemie kann die Bescheinigung für bis zu 14 Tage ausgestellt werden (die Regelung ist zunächst längstens bis zum 31.12.2021 befristet).[8] Falls erforderlich, wird eine Folgebescheinigung ausgestellt. Der Krankenhausarzt ist dabei an die AUR gebunden.

Die Regelungen gelten entsprechend für die stationsäquivalente psychiatrische Behandlung sowie für Ärzte in Einrichtungen der medizinischen Rehabilitation bei Leistungen nach den §§ 40 Abs. 2 und 41 SGB V.

---

1 § 46 Satz 2 SGB V.

2 § 291 a SGB V.

3 § 295 Abs. 1 Satz 1 Nr. 1, Satz 10 SGB V.

4 § 39 Abs. 1a Satz 6 2. Halbsatz SGB V.

5 § 46 Satz 3 SGB V.

6 § 49 Abs. 1 Nr. 8 SGB V.

7 § 4 a AUR.

8 § 8 Abs. 2 AUR.

7.5 Ärztliche Untersuchung

Die Arbeitsunfähigkeit darf nur aufgrund einer unmittelbaren und persönlichen ärztlichen Untersuchung bescheinigt werden.[1] Die Arbeitsunfähigkeit kann davon abweichend auch mittelbar persönlich im Rahmen von Videosprechstunden festgestellt werden.[2] Dies ist jedoch nur zulässig, wenn

- der Versicherte dem Vertragsarzt aufgrund früherer Behandlung unmittelbar persönlich bekannt ist und
- die Erkrankung dies nicht ausschließt.

Eine Arbeitsunfähigkeit kann im Rahmen einer eingehenden telefonischen Befragung festgestellt werden (seit dem 7.12.2023), wenn

- eine Videosprechstunde nicht möglich ist,
- die aktuell vorliegende Erkrankung keine schwere Symptomatik aufweist,
- mit den begrenzten Mitteln der telefonischen Anamnese ein ausreichender Eindruck vom Gesundheitszustand des Patienten verschafft werden kann und
- die Versicherten dem Arzt aufgrund früherer Behandlung unmittelbar persönlich bekannt sind.

Der Arzt kann die Arbeitsunfähigkeit unter diesen Voraussetzungen erstmalig für längstens 5 Kalendertage bescheinigen. Eine darüber hinaus bestehende Fortsetzungserkrankung muss bei einer persönlichen Untersuchung festgestellt werden.

Ansonsten ist eine erstmalige Feststellung der Arbeitsunfähigkeit nur für einen Zeitraum von bis zu 7 Kalendertagen möglich. Eine fortgesetzte Arbeitsunfähigkeit darf nur festgestellt werden, wenn bei dem Versicherten bereits zuvor aufgrund unmittelbar persönlicher Untersuchung durch den Vertragsarzt Arbeitsunfähigkeit wegen derselben Krankheit festgestellt worden ist.

Praxis-Beispiel: Videosprechstunde

Ist der Patient in der Arztpraxis unbekannt, kann die Arbeitsunfähigkeit längstens für 3 Kalendertage festgestellt werden.

Ausnahmsweise durfte während der COVID-19-Epidemie in Risikogebieten bei Erkrankungen der oberen Atemwege, die keine schwere Symptomatik vorweisen, und bei Verdachtsfällen auf eine Infektion mit COVID-19, eine Erstbescheinigung für längstens 7 Tage auch nach einer telefonischen Anamnese ausgestellt werden.[3] Eine Fortsetzungserkrankung konnte für weitere 7 Tage festgestellt werden. Die Ausnahmeregelung ist mit dem 31.3.2023 ausgelaufen.

Praxis-Beispiel: Epidemische Lage

Die Erstbescheinigung kann nach einer stationären Behandlung (Entlassmanagement) für 14 Tage ausgestellt werden, wenn der Deutsche Bundestag gemäß § 5 Abs. 1 IfSG eine epidemische Lage von nationaler Tragweite festgestellt hat. Die erstmals am 25.3.2020 festgestellte epidemische Lage bestand zunächst bis zum 25.11.2021 fort.[4]

Der Deutsche Bundestag hat das Recht, die epidemische Lage von nationaler Tragweite vor Ablauf der 3 Monate aufzuheben, wenn die Voraussetzungen für die epidemische Lage nicht mehr gegeben sind.[5]

---

1 § 4 Abs. 1 Satz 2 AUR.

2 § 4 Abs. 5 AUR.

3 § 8 Abs. 1a AUR.

4 Beschluss des Bundestages v. 25.8.2021.

5 § 5 Abs. 1 Satz 2 IfSG.

8 Anzeige

8.1 Gegenüber dem Arbeitgeber

Der Arbeitnehmer ist verpflichtet, dem Arbeitgeber die Arbeitsunfähigkeit und deren voraussichtliche Dauer unverzüglich und damit ohne schuldhaftes Zögern mitzuteilen.[1] Dies bedeutet, dass der Arbeitgeber am ersten Tag der Arbeitsunfähigkeit in den ersten Betriebsstunden (ggf. auch schon vor dem ersten Arztbesuch) zu unterrichten ist. Eine unverzügliche Anzeige ist darüber hinaus erforderlich, wenn eine Arbeitsunfähigkeit länger als angenommen oder durch den Arzt bescheinigt andauert.

Die Arbeitsunfähigkeit kann persönlich oder durch eine dritte Person mündlich oder telefonisch angezeigt werden und ist nicht an eine bestimmte Form gebunden.

Anzuzeigen ist, dass der Arbeitnehmer arbeitsunfähig ist und dieser Zustand auf einer Krankheit beruht. Art und Ursache der Krankheit sind nicht mitzuteilen.

Praxis-Beispiel: Elektronisches Arbeitgeberverfahren ab 1.1.2023

Gesetzlich krankenversicherte Arbeitnehmer zeigen im elektronischen Arbeitgeberverfahren ab 1.1.2023 die Arbeitsunfähigkeit und ihre Fortsetzung wie bisher unverzüglich an.

Praxis-Beispiel: Auskunftsanspruch des Arbeitgebers

Der Arbeitgeber hat einen Auskunftsanspruch gegenüber dem Arbeitnehmer, um festzustellen, ob

- die Arbeitsunfähigkeit selbst verschuldet ist oder
- der Arbeitnehmer einen Schadensersatzanspruch gegen einen Dritten hat, der auf den Arbeitgeber übergegangen ist.

8.2 Gegenüber der Agentur für Arbeit

Bezieher von Arbeitslosengeld oder Übergangsgeld sind verpflichtet, der zuständigen Agentur für Arbeit ihre Arbeitsunfähigkeit unverzüglich anzuzeigen.[2] Außerdem müssen sie spätestens vor Ablauf des dritten Kalendertages nach Eintritt der Arbeitsunfähigkeit eine ärztliche Bescheinigung über die Arbeitsunfähigkeit und deren voraussichtliche Dauer vorlegen. Das Gleiche gilt für Personen, die diese Leistungen beantragt haben.

9 Nachweispflicht des Arbeitnehmers

9.1 Arbeitsunfähigkeitsdauer länger als 3 Kalendertage

Dauert die Arbeitsunfähigkeit länger als 3 Kalendertage, hat der Arbeitnehmer eine ärztliche Bescheinigung über das Bestehen der Arbeitsunfähigkeit sowie deren voraussichtliche Dauer spätestens an dem darauffolgenden Arbeitstag vorzulegen.[3]

---

1 § 5 Abs. 1 EFZG, § 121 Abs. 1 Satz 1 BGB.

2 § 311 Satz 1 Nr. 1 SGB III.

3 § 5 Abs. 1 Satz 2 EFZG.

Praxis-Beispiel: Vorlage der Erstbescheinigung

Die Wochentage wurden beispielhaft gewählt, um die Wirkung auf die Fristen zu verdeutlichen.

Die Arbeitnehmer sind jeweils bis auf Weiteres arbeitsunfähig krank. Im Betrieb wird von montags bis freitags gearbeitet.	Arbeitsunfähigkeit von mehr als 3 Kalendertagen am …	Folgender Arbeitstag
Arbeitnehmer A ist seit dem 17.10. (Montag) arbeitsunfähig krank.	20.10.	21.10. (Freitag)
Arbeitnehmer B ist seit dem 18.10. (Dienstag) arbeitsunfähig krank.	21.10.	24.10. (Montag)
Arbeitnehmer C ist seit dem 19.10. (Mittwoch) arbeitsunfähig krank.	22.10.	24.10. (Montag)
Arbeitnehmer D ist seit dem 20.10. (Donnerstag) arbeitsunfähig krank.	23.10.	24.10. (Montag)
Arbeitnehmer E ist seit dem 21.10. (Freitag) arbeitsunfähig krank.	24.10.	25.10. (Dienstag)

Praxis-Beispiel: Rechtsauffassung zur Nachweisfrist

Das Beispiel zur Frist, innerhalb der die Arbeitsunfähigkeit nachzuweisen ist, orientiert sich ausschließlich am Gesetzestext. Alternativ wird in der Praxis die Auffassung vertreten, dass die Arbeitsunfähigkeit spätestens an dem Arbeitstag nachzuweisen ist, der auf den dritten Tag der Arbeitsunfähigkeit folgt.

9.2 Kurzzeitige Erkrankungen von bis zu 3 Kalendertagen

Der Arbeitgeber kann auch bei einer kurzzeitigen Erkrankung von bis zu 3 Kalendertagen einen Nachweis durch eine ärztliche Bescheinigung verlangen. Er kann außerdem die Frist für die Vorlage einer ärztlichen Bescheinigung gegenüber der gesetzlichen Regelfrist abkürzen.[1]

Es liegt im Ermessen des Arbeitgebers eine frühere Vorlage zu verlangen und zu entscheiden, ob generell, abteilungsbezogen oder im Einzelfall von der Regelfrist von 3 Kalendertagen abgewichen werden soll.

Der Arbeitgeber hat gegenüber den Arbeitnehmern ein einseitiges Bestimmungsrecht.[2] Eine vertragliche Regelung ist nicht erforderlich.

Es liegt im Ermessen des Arbeitgebers, sein Recht auszuüben. Eine Begründung ist nicht erforderlich. Dieses Recht kann durch eine ausdrückliche Regelung in einem Tarifvertrag ausgeschlossen werden.

Praxis-Beispiel: Recht des Arbeitgebers geltend machen

§ 5 Abs. 1 Satz 3 EFZG begründet einen Anspruch des Arbeitgebers.[3] Dieser Anspruch kann in einem Einzelfall ausgeübt, arbeitsvertraglich vereinbart oder durch Tarifvertrag geltend gemacht werden.

9.3 Folgebescheinigung

Die Angabe der voraussichtlichen Dauer der Arbeitsunfähigkeit in der Bescheinigung begrenzt deren Wirksamkeit. Dauert die Arbeitsunfähigkeit länger als angegeben, ist eine erneute ärztliche Bescheinigung beizubringen.

---

1 BAG, Urteil v. 14.11.2012, 5 AZR 886/11.

2 § 5 Abs. 1 Satz 3 EFZG.

3 § 194 Abs. 1 BGB.

Für die Vorlage dieser Folgebescheinigung sieht das Gesetz keine Frist vor. In der Praxis wird die Nachweisfrist in entsprechender Anwendung des § 5 Abs. 1 Satz 2 EFZG berechnet.[1] Der Nachweis über die Verlängerung der Arbeitsunfähigkeit ist demnach spätestens am ersten Arbeitstag nach dem dritten Kalendertag der noch nicht bescheinigten Arbeitsunfähigkeitszeit zu erbringen.

Praxis-Beispiel: Vorlage der Folgebescheinigung

Ein Arbeitnehmer ist aufgrund einer ärztlichen Erstbescheinigung bis zum 7.11. (Montag) arbeitsunfähig krank. Die Arbeitsunfähigkeit dauert darüber hinaus an. Die Folgebescheinigung ist spätestens am 11.11. (Freitag) vorzulegen.

Der Arbeitnehmer hat bereits am 8.11. in den ersten Betriebsstunden mitzuteilen, dass die Arbeitsunfähigkeit über den 7.11. hinaus fortdauert.

9.4 Elektronisches Arbeitgeberverfahren ab 1.1.2023

Die Arbeitgeber werden ab 1.1.2023 am elektronischen Verfahren beteiligt.[2] Die Krankenkasse stellt die elektronischen Meldedaten zur Verfügung. Der Arbeitgeber erhält einen elektronischen Hinweis, dass die Daten für ihn abrufbar sind. Das Verfahren gilt auch für geringfügig Beschäftigte. Die Minijob-Zentrale ruft die Arbeitsunfähigkeitsdaten von der zuständigen Krankenkasse ab, um das U1-Verfahren durchzuführen.

Der Nachweis wird für den Versicherten über das elektronische Verfahren geführt.[3] Der Arbeitnehmer ist verpflichtet, die Arbeitsunfähigkeit und ihre Fortsetzung fristgerecht[4] ärztlich feststellen zu lassen.[5]

Die Nachweispflicht des Arbeitnehmers bleibt bestehen, soweit die elektronische Meldung nicht greift. Dies betrifft die geringfügige Beschäftigung in Privathaushalten oder die Feststellung der Arbeitsunfähigkeit durch Ärzte, die nicht an der vertragsärztlichen Versorgung teilnehmen (z.B. bei im Ausland ansässigen Ärzten).

Der Arbeitnehmer erhält weiterhin eine Bescheinigung in Papier über die festgestellte Arbeitsunfähigkeit (ohne Diagnose). Sie dient dem Arbeitnehmer z.B. als Beweismittel in Störfällen (Technikversagen). Die Urkunde kann dem Arbeitgeber ausgehändigt werden.

Arbeitnehmer, die nicht gesetzlich krankenversichert sind, weisen die Arbeitsunfähigkeit weiterhin durch eine ärztliche Bescheinigung in Papier nach.

9.5 Verweigerung der Entgeltfortzahlung durch den Arbeitgeber bei Verletzung der Nachweispflicht

Der Arbeitgeber kann die Entgeltfortzahlung verweigern, wenn der Arbeitnehmer die Arbeitsunfähigkeit nicht oder nicht fristgerecht nachweist (Leistungsverweigerungsrecht).[6]

Praxis-Beispiel: Die Arbeitsunfähigkeit wird nicht rechtzeitig angezeigt

Verstößt der Arbeitnehmer gegen die Pflicht, seine Arbeitsunfähigkeit anzuzeigen, ergibt sich daraus kein Recht des Arbeitgebers, die Entgeltfortzahlung zu verweigern. Ein Verstoß gegen die Anzeigepflicht kann allerdings

- Schadensersatzansprüche des Arbeitgebers,
- eine Abmahnung oder
- eine Kündigung

nach sich ziehen.

---

1 BAG, Urteil v. 29.8.1980, 5 AZR 1051/79.

2 § 109 SGB IV in der ab 1.7.2022 geltenden Fassung.

3 § 5 Abs. 1a EFZG in der ab 1.7.2022 geltenden Fassung.

4 § 5 Abs. 1 Sätze 2–4 EFZG.

5 § 5 Abs. 1a Satz 2 EFZG in der ab 1.7.2022 geltenden Fassung.

6 § 7 Abs. 1 Nr. 1 EFZG.

Das Leistungsverweigerungsrecht steht dem Arbeitgeber nur zu, wenn der Arbeitnehmer die Verletzung seiner Obliegenheitspflichten zu vertreten hat.[7]

Das Leistungsverweigerungsrecht des Arbeitgebers ist vorläufig, solange der Arbeitnehmer die Arbeitsunfähigkeit nicht nachweist. Die Entgeltfortzahlung ist auch für die Vergangenheit zu leisten, wenn der Verweigerungsgrund wegfällt, weil der Arbeitnehmer seiner Nachweispflicht entsprochen hat.

10 Meldung bei der Krankenkasse

Dem Versicherten einer Krankenkasse obliegt es, der Krankenkasse die Arbeitsunfähigkeit innerhalb einer Woche nach dem Beginn der Arbeitsunfähigkeit zu melden.[8] Wird die Frist nicht eingehalten, ruht der Anspruch auf Krankengeld. Das gilt auch für eine Fortsetzungserkrankung.[9]

Bei verspäteter Meldung ist die Gewährung von Krankengeld selbst dann ausgeschlossen, wenn die Leistungsvoraussetzungen i. Ü. zweifelsfrei gegeben sind und den Versicherten kein Verschulden an dem unterbliebenen oder nicht rechtzeitigen Zugang der Meldung trifft. Auch eine vom Versicherten rechtzeitig zur Post gegebene, aber auf dem Postweg verloren gegangene Bescheinigung kann den Eintritt der Ruhenswirkung des Krankengeldes selbst dann nicht verhindern, wenn die Meldung unverzüglich nachgeholt wird.

Die Meldung ist nicht an eine bestimmte Form gebunden und kann persönlich oder durch Dritte gegenüber der zuständigen Krankenkasse erfolgen. Die Meldung ist u. a. erfolgt, wenn der Krankenkasse eine ärztliche Bescheinigung zugeht.

Aufgrund der elektronischen Übermittlung ab 1.1.2023 ist der Versicherte davon befreit, die Arbeitsunfähigkeit persönlich an die Krankenkasse zu melden.[10] Eine verspätete Übermittlung geht nicht zulasten des Versicherten. Die Ruhenswirkung einer verspäteten Meldung tritt nicht ein. Ist eine elektronische Übermittlung aus technischen Gründen während der Übergangsphase nicht möglich (z. B. weil das erforderliche Update für den Konnektor in der Arztpraxis noch nicht eingespielt werden konnte), obliegt dem Versicherten die Meldung an die Krankenkasse.

Praxis-Beispiel: Adressat der Meldung

Die Meldung ist als Obliegenheit des Versicherten gegenüber der für das Krankengeld zuständigen Krankenkasse abzugeben. § 16 Abs. 1 SGB I, wonach ein Leistungsantrag auch bei einem unzuständigen Leistungsträger wirksam abgegeben werden kann, ist auf die Meldung nicht anzuwenden.

Der Arzt ist verpflichtet, der Krankenkasse die AU-Bescheinigung unverzüglich zu übersenden.[11] Die Vorschrift bezweckt, den Arbeitgeber möglichst frühzeitig zu unterrichten, dass die Krankenkasse von der Arbeitsunfähigkeit weiß. Der Versicherte ist dadurch nicht von seiner Obliegenheit entbunden, der Krankenkasse die Arbeitsunfähigkeit zu melden.[12]

11 Begutachtung

Die Vorlage einer AU-Bescheinigung reicht regelmäßig aus, den Anspruch auf Entgeltfortzahlung oder Krankengeld zu begründen. Ist diese Voraussetzung erfüllt, kann der Arbeitgeber die Fortzahlung des Entgelts nicht mit einem bloßen Bestreiten der Arbeitsunfähigkeit verweigern.

---

7 § 7 Abs. 2 EFZG.

8 § 49 Abs. 1 Nr. 5 SGB V.

9 BSG, Urteil v. 5.12.2019, B 3 KR 5/19 R.

10 § 49 Abs. 1 Nr. 5 SGB V.

11 § 5 Abs. 1 Satz 5 EFZG.

12 BSG, Urteil v. 25.10.2018, B 3 KR 23/17 R.

Die Krankenkassen sind bei Arbeitsunfähigkeit eines Versicherten jedoch verpflichtet, eine Begutachtung durch den Medizinischen Dienst einzuleiten, soweit dies gesetzlich bestimmt ist.[1] Dies ist insbesondere der Fall, wenn es zur Sicherung des Behandlungserfolgs oder zur Beseitigung von Zweifeln an der Arbeitsunfähigkeit erforderlich ist. Die Zweifel an der Arbeitsunfähigkeit

- brauchen nicht begründet zu werden,
- können medizinische, rechtliche oder sonstige Ursachen haben oder
- können beim Arbeitgeber deshalb begründet sein, weil sich die Arbeitsunfähigkeitsmeldung z. B. nach innerbetrieblichen Differenzen, nach Beendigung des Arbeitsverhältnisses oder nach vorheriger Ankündigung des Arbeitnehmers ergeben haben.

11.1 Zweifel an der Arbeitsunfähigkeit

11.1.1 Krankenkasse

Nach § 275 Abs. 1a Satz 1 SGB V sind Zweifel an der Arbeitsunfähigkeit von der Krankenkasse insbesondere in den Fällen anzunehmen, in denen Versicherte

- auffällig häufig,
- auffällig häufig nur für kurze Dauer,
- am Ende oder zu Beginn der Arbeitswochen

arbeitsunfähig sind oder die Arbeitsunfähigkeit von einem Arzt festgestellt ist, der durch die Häufigkeit der von ihm ausgestellten Bescheinigungen über Arbeitsunfähigkeit auffällig geworden ist.

Darüber hinaus sind nach den Richtlinien über die Zusammenarbeit der Krankenkassen mit dem Medizinischen Dienst Zweifel an dem Bestehen von Arbeitsunfähigkeit u. a. dann angebracht, wenn

- ein Fehlverhalten des Arbeitnehmers im Hinblick auf das bescheinigte Krankheitsbild vorliegt,
- die Arbeitsunfähigkeitsmeldung nach innerbetrieblichen Differenzen oder nach Beendigung des Arbeitsverhältnisses erfolgt oder
- der Arbeitnehmer die Arbeitsunfähigkeit angekündigt hat.

11.1.2 Arbeitgeber

Der Arbeitgeber kann verlangen, dass die Krankenkasse eine Stellungnahme des Medizinischen Dienstes zur Überprüfung der Arbeitsunfähigkeit einholt. Die Krankenkasse kann jedoch von einer Beauftragung des Medizinischen Dienstes absehen, wenn sich die medizinischen Voraussetzungen der Arbeitsunfähigkeit eindeutig aus den der Krankenkasse vorliegenden Unterlagen ergeben.

11.2 Verfahren

Das Ergebnis und die erforderlichen Angaben über die Befunde werden dem behandelnden Arzt und der Krankenkasse mitgeteilt. Arbeitnehmer und Arbeitgeber werden vom Medizinischen Dienst nicht über das Ergebnis des Gutachtens informiert. Solange noch ein Anspruch auf Entgeltfortzahlung besteht und das Gutachten mit der Bescheinigung des Vertragsarztes im Ergebnis nicht übereinstimmt, teilt die Krankenkasse sowohl dem Arbeitgeber als auch dem Arbeitnehmer das Ergebnis der Begutachtung mit.

Inhalt dieser Mitteilung ist nicht eine eventuelle Änderung der Diagnose, sondern lediglich die abweichende Auffassung zur Frage der Arbeitsunfähigkeit oder der Dauer.

Der Arbeitgeber ist von der Krankenkasse auch dann zu benachrichtigen, wenn der Arbeitnehmer der Vorladung zur Begutachtung nicht nachgekommen ist.

Der behandelnde Arzt kann darüber hinaus ein Zweitgutachten bei der Krankenkasse beantragen, wenn er mit dem Gutachten des Medizinischen Dienstes nicht einverstanden ist.

Tobias Huep/Norbert Finkenbusch

1 § 275 Abs. 1 Satz 1 Nr. 3 SGB V.

Arbeitsunfall

Arbeitsunfälle sind zeitlich begrenzte, von außen auf den Körper einwirkende Ereignisse, die zu einem Gesundheitsschaden oder zum Tod führen. Sie werden auch als Berufsunfälle bzw. Werksunfälle oder Betriebsunfälle bezeichnet. Bei Unfallereignissen muss ein Bezug zu einer Tätigkeit gegeben sein, die unter dem Schutz der gesetzlichen Unfallversicherung steht (versicherte Tätigkeit). Anderenfalls (z. B. bei privaten Freizeit-, Sport- oder Verkehrsunfällen) handelt es sich nicht um einen Arbeitsunfall, für den ein Träger der gesetzlichen Unfallversicherung zuständig ist.

Gesetze, Vorschriften und Rechtsprechung

Arbeitsrecht: § 108 SGB VII (Bindung der Arbeitsgerichte an Feststellungen der Sozialversicherungsträger), § 3 Abs. 1 EFZG (Entgeltfortzahlung im Krankheitsfall auch bei Arbeitsunfall). § 193 Abs. 5 SGB VII und § 89 Abs. 6 BetrVG zur Mitbestimmung. BAG, Urteil v. 18.11.2019, 8 AZR 35/19 (zur Haftungsbeschränkung gemäß §§ 104 ff. SGB VII).

Sozialversicherung: § 8 Abs. 1 SGB VII bestimmt den Begriff „Arbeitsunfall" und verbindet ihn mit der versicherten Tätigkeit (§§ 2, 3 oder 6 SGB VII). Die Rechtsprechung enthält zahlreiche Urteile zum Begriff „Arbeitsunfall" (z. B. BSG, Urteil v. 7.5.2019, B 2 U 31/17).

1 Feststellung des Arbeitsunfalls

Die **Feststellung**, ob ein Arbeitsunfall gemäß § 8 SGB VII gegeben ist und in welchem Umfang und von welchem Träger der Unfallversicherung die Leistungen zu gewähren sind, obliegt den **Sozialversicherungsträgern**. Diese Feststellungen sind auch **für das Arbeitsgericht bindend**, wenn ein Arbeitgeber oder ein Betriebsangehöriger wegen eines Arbeitsunfalls in Anspruch genommen wird.[1]

2 Entgeltfortzahlung, Verletztengeld

Generell zahlt der Arbeitgeber bei Vorliegen der sonstigen Voraussetzungen auch bei einem Arbeitsunfall für die Dauer von **6 Wochen** das Arbeitsentgelt fort.[2]

Ist der Arbeitnehmer aufgrund eines Arbeitsunfalls arbeitsunfähig erkrankt, hat der Arbeitnehmer unter den Voraussetzungen der §§ 45 ff. SGB VII Anspruch auf Verletztengeld. Dieses wird von der Berufsgenossenschaft bzw. dem Unfallversicherungsträger wirtschaftlich getragen und durch die Krankenkassen ausgezahlt. Das Verletztengeld wird gemäß § 46 Abs. 1 SGB VII **von dem Tag an** gezahlt, ab dem die **Arbeitsunfähigkeit ärztlich festgestellt** wird, oder mit dem Tag des Beginns einer Heilbehandlungsmaßnahme, die den Versicherten an der Ausübung einer ganztägigen Erwerbstätigkeit hindert. Es **endet** unter den Voraussetzungen des § 46 Abs. 3 SGB VII.

Praxis-Beispiel: Abgrenzung und Konkurrenz zum Krankengeld

Das Krankengeld steht einem Arbeitnehmer grundsätzlich dann zu, wenn er arbeitsunfähig erkrankt ist. Während der 6-wöchigen Entgeltfortzahlung durch den Arbeitgeber ruht das Krankengeld und wird erst danach durch die Krankenkasse wirtschaftlich getragen und auch ausgezahlt.[3] Ist die Arbeitsunfähigkeit auf einen Arbeitsunfall zurückzuführen und erhält der Arbeitnehmer vom Unfallversicherungsträger Verletztengeld, ist ein Krankengeldanspruch gemäß § 11 Abs. 5 SGB V generell ausgeschlossen.[4]

---

1 § 108 SGB VII.

2 § 3 Abs. 1 EFZG.

3 § 44 Abs. 1, § 49 Abs. 1 Nr. 1 SGB V, § 3 EFZG.

4 Zu Konstellationen, in denen ausnahmsweise Kranken- und Verletztengeld nebeneinander bestehen können, vgl. BSG, Urteil v. 25.11.2015, B 3 KR 3/15 R.

3 Haftpflicht

Durch die gesetzliche Unfallversicherung wird die **Haftung des Arbeitgebers** wegen eines durch einen Arbeitsunfall herbeigeführten Personenschadens nach den §§ 104 ff. SGB VII **eingeschränkt**.[1] Nach der Intention des Gesetzgebers soll der Betriebsfrieden geschützt und daher jede rechtliche Auseinandersetzung über Verschulden und Haftungsfragen innerhalb des Betriebs vermieden werden.

Der Arbeitgeber haftet nur dann, wenn er den Versicherungsfall **vorsätzlich** oder auf einem nach § 8 Abs. 2 Nr. 1–4 SGB VII versicherten Weg (Wegeunfall) herbeigeführt hat. Nach der Rechtsprechung des BAG ist für die Annahme der vorsätzlichen Herbeiführung eines Versicherungsfalls ein **„doppelter Vorsatz"** erforderlich. Der Vorsatz des Schädigers muss sich nicht nur auf die Verletzungshandlung, sondern auch auf den Verletzungserfolg beziehen.[2] Die Haftungserleichterung gemäß §§ 104 f. SGB VII gilt für alle Ansprüche vertraglicher oder deliktischer Natur, die auf den **Ersatz des Personenschadens** gerichtet sind und auf ein Geschehen gestützt werden, das einen **Versicherungsfall** darstellen kann.[3]

Der Haftungsausschluss bezweckt, den Arbeitgeber – und gemäß § 105 SGB VII auch den Arbeitskollegen – unter den genannten Voraussetzungen von der Haftung wegen Personenschäden **insgesamt** freizustellen. Daher fallen unter die Personenschäden nicht nur immaterielle Schäden (Schmerzensgeld), sondern auch Heilbehandlungskosten und Vermögensschäden wegen der Verletzung oder Tötung des Versicherten. Diese Kosten werden durch die Unfallversicherung abgedeckt.[4] Das Eingreifen der Unfallversicherung und die Haftungsbeschränkung für den Arbeitgeber sind unabhängig davon, ob die Leistungen der Unfallversicherung den Personenschaden in jeder Hinsicht kompensieren.[5] Der Haftungsausschluss nach §§ 104 ff. SGB VII besteht auch, wenn der Arbeitgeber eine **Haftpflichtversicherung** abgeschlossen hat. Hat er aber eine **zusätzliche Unfallversicherung** ohne schriftliche Einwilligung des versicherten Arbeitnehmers abgeschlossen, so ist er dem Arbeitnehmer zur Herausgabe der Versicherungssumme verpflichtet.[6]

4 Mitbestimmung

Schwere Arbeitsunfälle müssen gemäß § 193 Abs. 1 SGB VII beim Unfallversicherungsträger angezeigt werden. Die Anzeige ist auch vom Betriebs- oder Personalrat zu unterzeichnen.[7] Der Arbeitgeber muss dem Betriebsrat eine Durchschrift der Anzeige aushändigen.[8] Bei **leichteren Arbeitsunfällen**, die nicht anzeigepflichtig sind, ergibt sich der Anspruch des Betriebsrats auf Unterrichtung durch den Arbeitgeber aus § 89 Abs. 2 Satz 1 BetrVG. Der Betriebsrat kann daher vom Arbeitgeber verlangen, über Arbeitsunfälle unterrichtet zu werden; dies umfasst auch Unfälle von **Fremdpersonal**, das auf dem Betriebsgelände tätig wird.[9]

5 Arbeitsunfall

Arbeitsunfälle sind Unfälle von Versicherten infolge einer den Versicherungsschutz nach §§ 2, 3 oder 6 SGB VII begründenden Tätigkeit (versicherte Tätigkeit).[10]

---

1 Vgl. hierzu Abschn. Sozialversicherung.

2 BAG, Urteil v. 18.11.2019, 8 AZR 35/19.

3 BGH, Urteil v. 30.5.2017, VI ZR 501/16.

4 BAG, Urteil v. 22.4.2004, 8 AZR 159/03; BAG, Urteil v. 19.8.2004, 8 AZR 349/03.

5 BGH, Urteil v. 8.3.2012, III ZR 191/11.

6 BAG, Urteil v. 18.2.1971, 5 AZR 318/70.

7 § 193 Abs. 5 SGB VII.

8 § 89 Abs. 6 BetrVG.

9 BAG, Beschluss v. 12.3.2019, 1 ABR 48/17.

10 § 8 Abs. 1 Satz 1 SGB VII.

Unfälle sind zeitlich begrenzte, von außen auf den Körper einwirkende Ereignisse, die zu einem Gesundheitsschaden oder zum Tod führen (Unfallereignis).[1]

Ein Arbeitsunfall erfordert, dass

- der Versicherte zum Kreis der in der Unfallversicherung versicherten Personen gehört (Versicherungsschutztatbestand),
- die Verrichtung der Tätigkeit des Versicherten zur Zeit des Unfalls der versicherten Tätigkeit zuzurechnen ist (innerer oder sachlicher Zusammenhang),
- die versicherte Tätigkeit zu dem zeitlich begrenzten von außen auf den Körper einwirkenden Unfallereignis geführt hat (Unfallkausalität) und
- das Unfallereignis einen Gesundheitserstschaden oder den Tod des Versicherten verursacht hat (haftungsbegründende Kausalität).[2]

Länger andauernde Unfallfolgen aufgrund des Gesundheitsschadens (haftungsausfüllende Kausalität) sind keine Voraussetzung für die Feststellung eines Arbeitsunfalls.[3]

Eine besondere Form des Arbeitsunfalls ist in der gesetzlichen Unfallversicherung der → *Wegeunfall.*

Eine Leistungspflicht der gesetzlichen Krankenversicherung bei Arbeitsunfällen besteht nicht.[4]

Das gilt auch, wenn der Gesundheitsschaden auf eine Spende von Organen, Geweben oder Blut zur Separation von Blutstammzellen oder anderen Blutbestandteilen zurückzuführen ist.[5] Der Ausschluss ist beim Verletztengeld nicht nur auf die Höhe beschränkt. Vielmehr besteht auch kein Anspruch auf Krankengeld, das über den Anspruch auf Verletztengeld hinausgeht (Krankengeld-Spitzbetrag).[6]

Praxis-Beispiel: Krankengeld-Spitzbetrag

Eine Ausnahme gilt für nebenberuflich Erwerbstätige, die in der Unfallversicherung freiwillig versichert und aufgrund ihrer hauptberuflichen Beschäftigung gesetzlich krankenversichert sind.[7] Das über das Verletztengeld aus der Unternehmertätigkeit hinausgehende Krankengeld ist als Spitzbetrag auszuzahlen.

5.1 Gesundheitsschaden

Gesundheitsschäden sind sowohl regelwidrige Zustände des Körpers als auch des Geistes und der Seele. Als Gesundheitsschaden gilt auch der Verlust eines Hilfsmittels.[8]

5.2 Zeitlich begrenztes Ereignis

Das Ereignis muss zeitlich begrenzt sein. Es wird nur bejaht, wenn es eine Arbeitsschicht nicht überschritten hat.[9] Bei länger einwirkenden Ereignissen kommt u. U. eine Berufskrankheit in Betracht.

5.3 Von außen auf den Körper einwirkendes Ereignis

Das Ereignis muss von außen einwirken. Das Merkmal wird insgesamt weit ausgelegt. „Von außen" bringt zum Ausdruck, dass sog. innere Ursachen (z. B. epileptischer Anfall, Herzinfarkt, Schlaganfall)

1 § 8 Abs. 1 Satz 2 SGB VII.
2 BSG, Urteil v. 30.3.2017, B 2 U 15/15 R.
3 BSG, Urteil v. 5.7.2011, B 2 U 17/10 R.
4 § 11 Abs. 5 SGB V.
5 § 12a SGB VII.
6 BSG, Urteil v. 26.6.2014, B 2 U 17/13 R.
7 BSG, Urteil v. 25.11.2015, B 3 KR 3/15 R.
8 § 8 Abs. 3 SGB VII.
9 BSG, Urteil v. 8.12.1998, B 2 U 1/98 R.

nicht als Unfall im Sinne der gesetzlichen Unfallversicherung anzusehen sind.[1] Allerdings kann die innere Ursache ihrerseits durch einen äußeren Vorgang hervorgerufen worden sein, z.B. kann eine besondere körperliche Anstrengung den epileptischen Anfall oder ein Stresszustand den Herzinfarkt verursacht haben.

6 Versicherte Tätigkeit

Als versicherte Tätigkeit gilt eine den Versicherungsschutz nach §§ 2, 3 oder 6 SGB VII begründende Tätigkeit. Im Kern geht es dabei um die Entscheidung, ob das Handeln einer Person noch vom Versicherungsschutz der gesetzlichen Unfallversicherung erfasst wird. Unstrittig ist dies bei Beschäftigten, insbesondere für die unmittelbar im Arbeitsvertrag geschuldete Tätigkeit.

6.1 Dienstreise/-weg

Unfallversicherungsschutz besteht immer dann, wenn Versicherte Tätigkeiten nachgehen, die für den Antritt der dienstlich veranlassten Auswärtstätigkeit maßgeblich sind.[2] Nicht versichert sind Tätigkeiten, die eindeutig der Privatsphäre zuzuordnen sind und denen man sich beliebig zuwenden kann (z.B. Besichtigungen oder Ausflüge).

Arbeitnehmer stehen auch unter dem Schutz der gesetzlichen Unfallversicherung, wenn sie auf Veranlassung des Arbeitgebers an einer Weiterbildungsmaßnahme teilnehmen.[3]

Erfolgt die Weiterbildung aus eigener Initiative und auf eigene Kosten, besteht ebenfalls Versicherungsschutz, wenn sie die beruflichen Chancen verbessert und nicht rein privaten Interessen dient. Der Versicherungsschutz erstreckt sich auf die Zeit des Seminars selbst sowie auf die An- und Abreise.

6.2 Betriebssport

Betriebssport ist eine versicherte Tätigkeit, wenn dadurch ein Ausgleich zur einseitigen beruflichen Belastung geschaffen werden soll.[4] Dies setzt einen zeitlichen Zusammenhang mit der Arbeit und eine gewisse Regelmäßigkeit voraus.

Erforderlich ist zusätzlich

- eine betriebsbezogene Organisation und
- ein im Wesentlichen auf den Betrieb bezogener Teilnehmerkreis.

Bei der einzelnen Betätigung darf der Wettbewerbscharakter nicht im Vordergrund stehen, deshalb ist die Teilnahme von Betriebssportgemeinschaften am allgemeinen Wettkampfbetrieb nicht versichert.

6.3 Gemeinschaftsveranstaltungen

Eine Teilnahme an Betriebsfesten, Betriebsausflügen oder ähnlichen betrieblichen Gemeinschaftsveranstaltungen kann der versicherten Beschäftigung ebenfalls unter bestimmten Voraussetzungen zugerechnet werden[5]:

- Der Arbeitgeber will die Veranstaltung als eigene betriebliche Gemeinschaftsveranstaltung zur Förderung der Zusammengehörigkeit der Beschäftigten untereinander durchführen (Einvernehmen mit der Unternehmensleitung).
- Er hat zu der Veranstaltung alle Betriebsangehörigen oder bei Gemeinschaftsveranstaltungen für organisatorisch abgegrenzte Abteilungen des Betriebs alle Angehörigen dieser Abteilung eingeladen oder einladen lassen. Die persönliche Teilnahme der Unternehmensleitung ist nicht erforderlich.

---

1 BSG, Urteil v. 9.5.2006, B 2 U 1/05 R.

2 BSG, Urteil v. 19.8. 2003, B 2 U 43/02 R.

3 BSG, Urteil v. 26.4.2016, B 2 U 14/14 R.

4 BSG, Urteil v. 27.10.2009, B 2 U 29/08 R.

5 BSG, Urteil v. 5.7.2016, B 2 U 19/14 R.

- Mit der Einladung muss der Wunsch des Arbeitgebers deutlich werden, dass möglichst alle Beschäftigten sich freiwillig zu einer Teilnahme entschließen.
- Die Teilnahme muss vorab erkennbar grundsätzlich allen Beschäftigten des Unternehmens oder der betroffenen Abteilung offenstehen und objektiv möglich sein.

Es fehlt am Einvernehmen mit der Unternehmensleitung, wenn sich einer betrieblichen Gemeinschaftsveranstaltung ein informelles Beisammensein anschließt, das nicht mehr zum Programm der Veranstaltung gehört.[1]

Der Zusammenhang zur versicherten Tätigkeit ist damit gelöst.

Es reicht nicht aus, nur den Beschäftigten einer ausgewählten Gruppe die Teilnahme anzubieten oder zugänglich zu machen.

Nur in Ausnahmefällen, in denen Beschäftigte von vornherein nicht teilnehmen können, muss die umfassende Teilnahmemöglichkeit nicht für alle Mitarbeiter bestehen.

Gründe dafür können sein, dass etwa aus Gründen der Daseinsvorsorge der Betrieb aufrechterhalten werden muss oder wegen der Größe der Belegschaft aus organisatorisch-technischen Gründen eine gemeinsame Betriebsveranstaltung ausscheidet. In diesen Fällen sind aber alle Beschäftigten einzuladen, deren Teilnahme möglich ist.

6.4 Heimarbeitsplatz

Der Schutz der → *gesetzlichen Unfallversicherung* beschränkt sich auf Unfälle im Arbeitsraum und auf dem Weg dorthin (versicherter Betriebsweg).[2] Der Versicherungsschutz beginnt, wenn der Weg zum Arbeitsplatz in der Absicht aufgenommen wird, dort mit der Arbeit zu beginnen. Der Versicherungsschutz endet mit dem Verlassen des Arbeitsplatzes. Ereignet sich der Unfall in Räumen, die gleichzeitig privaten und beruflichen Zwecken dienen, spricht die Vermutung so lange gegen einen Arbeitsunfall, wie nicht belegt worden ist, dass der Unfall tatsächlich bei einer beruflichen Arbeit geschehen ist.[3]

6.5 Befördern/Reparieren von Arbeitsgeräten

Arbeitnehmer üben eine versicherte Tätigkeit aus, wenn sie ein Arbeitsgerät oder eine Schutzausrüstung verwahren, befördern, instand halten und erneuern oder sich ein Arbeitsgerät oder eine Schutzausrüstung auf Veranlassung durch den Unternehmer erstmals beschaffen.

7 Ausschluss des Arbeitsunfalls

7.1 Gelegenheitsursache

Sind mehrere Ursachen für das Unfallereignis maßgebend (z. B. Sturz während der Arbeitszeit infolge eines Herzinfarkts), ist nach der Theorie der wesentlichen Bedingung zu entscheiden, ob ein Arbeitsunfall eingetreten ist.[4] Wenn das versicherte Unfallereignis die wesentliche Bedingung für die Unfallfolgen ist und der Gelegenheitsursache keine überragende Bedeutung zukommt, dann handelt es sich um einen Arbeitsunfall. Vergleichbar sind willentlich herbeigeführte Einwirkungen (z. B. Selbstverstümmelung) oder konkurrierende Ursachen, die der versicherten Tätigkeit nicht zuzurechnen sind (z. B. Drogenkonsum).

Ein Arbeitsunfall ist dagegen ausgeschlossen, wenn die Gelegenheitsursache die wesentliche Ursache für das Unfallereignis war.

---

1 BSG, Urteil v. 30.3.2017, B 2 U 15/15 R.

2 BSG, Urteil v. 27.11.2018, B 2 U 28/17 R.

3 BSG, Urteil v. 31.8.2017, B 2 U 9/16 R.

4 BSG, Urteil v. 9.5.2006, B 2 U 1/05 R.

7.2 Eigenwirtschaftliche Tätigkeit

Wenn der Unfallverletzte zum Unfallzeitpunkt höchst persönliche Verrichtungen (wie z.B. Essen) oder eigenwirtschaftliche Verrichtungen (wie z.B. Einkaufen) ausgeführt hat, dann fehlt es am sachlichen Zusammenhang mit der versicherten Tätigkeit; ein Arbeitsunfall ist ausgeschlossen.[1] Eigenwirtschaftliche Tätigkeiten unterbrechen die versicherte Tätigkeit und damit auch den Versicherungsschutz. Der Versicherungsschutz lebt wieder auf, wenn anschließend die versicherte Tätigkeit wieder ausgeübt wird.[2]

Das gilt auch, wenn der versicherte Weg zur Arbeit oder zur Wohnung durch eine privatwirtschaftliche Handlung unterbrochen wird und sich dabei ein Unfall ereignet.[3]

Praxis-Beispiel: Geringfügige Unterbrechung des versicherten Weges

Eine geringfügige Unterbrechung des versicherten Weges ist für den Versicherungsschutz unschädlich.[4] Davon ist auszugehen, wenn sie zu keiner erheblichen Zäsur in der Fortbewegung in Richtung auf das ursprünglich geplante Ziel führt, weil sie ohne nennenswerte zeitliche Verzögerung „im Vorbeigehen" oder „ganz nebenher" erledigt werden kann.

7.3 Gemischte Tätigkeit

Gibt der Verletzte für sein Handeln sowohl versicherte als auch private Gründe an (gemischte Tätigkeit; gemischte Motivationslage), ist zur Beurteilung des sachlichen Zusammenhangs zwischen der versicherten Tätigkeit und der Verrichtung zur Zeit des Unfalls darauf abzustellen, ob die Verrichtung hypothetisch auch dann vorgenommen worden wäre, wenn die privaten Gründe des Handelns nicht vorgelegen hätten.[5]

Praxis-Beispiel: Gemischte Motivationslage

Ein Arbeitnehmer verletzt sich während der Arbeitszeit bei der Reparatur einer Hebebühne im Betrieb seines Arbeitgebers. Die Hebebühne sollte für Arbeiten am privaten Pkw des Arbeitnehmers verwendet werden. Die Arbeit gehört nicht zur Beschäftigung des Klägers. Allerdings ist die Instandsetzung der Hebebühne für den Arbeitgeber nützlich, weil sie den Einsatz der Arbeitszeit anderer Arbeitnehmer oder die Vergütung eines Werkunternehmers erspart. Die Verrichtung ist einerseits durch das eigenwirtschaftliche Interesse des Klägers an der Reparatur seines Privat-Pkws motiviert gewesen, sie ist andererseits für den Arbeitgeber nützlich.

Ein Arbeitsunfall ist nicht eingetreten, weil der Arbeitnehmer ohne die Absicht, seinen privaten Pkw zu reparieren, nicht an der Hebebühne gearbeitet hätte.

7.4 Besondere Sachverhalte

Ein Eigenverschulden (Fahrlässigkeit und grobe Fahrlässigkeit) des Versicherten ist in der gesetzlichen Unfallversicherung bei der Annahme eines Versicherungsfalls ohne Bedeutung. Auch bei eigenem Verschulden liegt ein Wegeunfall vor, wenn die übrigen Voraussetzungen für einen Arbeitsunfall erfüllt sind. War jedoch Trunkenheit, Rauschgift- oder Tablettenmissbrauch die rechtlich allein wesentliche Ursache des Unfalls, entfällt der Versicherungsschutz. Gleiches gilt in den Fällen, in denen das Unfallereignis vorsätzlich herbeigeführt wurde.

---

1 BSG, Urteil v. 31.1.2012, B 2 U 2/11 R.

2 BSG, Urteil v. 4.7.2013, B 2 U 3/13 R.

3 BSG, Urteil v. 20.12.2016, B 2 U 15/16 R.

4 BSG, Urteil v. 7.5.2019, B 2 U 31/17 R.

5 BSG, Urteil v. 26.6.2014, B 2 U 4/13 R.

7.4.1 Alkohol

Ein Arbeitsunfall ist dann nicht gegeben, wenn die alkoholische Beeinflussung für den Eintritt des Unfalls derart bedeutsam war, dass demgegenüber die betrieblichen Umstände in den Hintergrund gedrängt und bedeutungslos werden. Ein typischer Fall der alkoholbedingten Herabsetzung der Leistungsfähigkeit ist die eingeschränkte Fahrtüchtigkeit von Kraftfahrern, weil der Alkoholgenuss ihre Wahrnehmungs- und Reaktionsfähigkeit beeinträchtigt. Von absoluter Fahruntüchtigkeit ist bei einer Blutalkoholkonzentration von 1,1 ‰ auszugehen.[1]

Praxis-Beispiel: Relative Fahruntüchtigkeit

Beweisanzeichen für eine alkoholbedingte Fahruntüchtigkeit bei einer Blutalkoholkonzentration von weniger als 1,1 ‰ sind:

- Fahrweise des Versicherten, z. B. überhöhte Geschwindigkeit,
- Fahren in Schlangenlinien,
- plötzliches Bremsen,
- Missachten von Vorfahrtszeichen oder einer roten Ampel,
- Überqueren einer großen Kreuzung ohne Reduzierung der Geschwindigkeit,
- Benehmen bei Polizeikontrollen,
- sonstiges Verhalten, das eine alkoholbedingte Enthemmung und Kritiklosigkeit erkennen lässt.

7.4.2 Drogen

Ähnlich wie beim Alkoholgenuss beseitigt die Einnahme von legalen oder illegalen Drogen den sachlichen Zusammenhang zwischen der versicherten Tätigkeit und der Verrichtung zur Zeit des Unfalls, wenn sie zu einer Lösung vom Betrieb geführt hat.[2] Cannabiskonsum ist die wesentliche Ursache eines Unfalls, wenn ein THC-Wert von mindestens 1 ng/ml im Blut festgestellt wurde und weitere Beweisanzeichen die drogenbedingte Fahruntüchtigkeit des Versicherten belegen. Derartige Beweisanzeichen sind Gangunsicherheiten, Müdigkeit, Apathie, Denk-, Konzentrations-, Aufmerksamkeits- und Wahrnehmungsstörungen, leichte Ablenkbarkeit.

7.4.3 Vollrausch

Vollrausch und Leistungsausfall liegen dann vor, wenn der Versicherte so hochgradig betrunken ist, dass er zum Unfallzeitpunkt bzw. in naher Zukunft das Wesentliche seiner eigentlichen Tätigkeit nicht oder nur grob fehlerhaft verrichten kann.[3] Konkret ist die Situation des Leistungsausfalls gegeben. Es liegt dann der Zustand der Volltrunkenheit vor, der zu einer Lösung vom Versicherungsschutz führt, d. h., ein Arbeitsunfall kann unter keinen Umständen mehr angenommen werden. Die Lösung vom Versicherungsschutz tritt durch den Zustand der Volltrunkenheit ein, ohne dass es z. B. eines Verweises von der Arbeitsstelle durch einen Vorgesetzten bedürfte.

8 Beweislast des Versicherten

Der Unfallversicherungsträger hat den Sachverhalt von Amts wegen zu ermitteln.[4] Nach dem Grundsatz der objektiven Beweislastverteilung geht die Unbeweisbarkeit eines anspruchsbegründenden Tatbestands zulasten des Versicherten.[5]

---

1 BSG, Urteil v. 30.1.2007, B 2 U 23/05 R.

2 BSG, Urteil v. 30.1.2007, B 2 U 23/05 R.

3 BSG, Urteil v. 5.9.2006, B 2 U 24/05 R.

4 § 20 Abs. 1 Satz 1 SGB X.

5 BSG, Urteil v. 27.10.2009, B 2 U 23/08 R.

9 Anzeigepflicht des Unternehmers

Unternehmer sind nach § 193 SGB VII verpflichtet, einen Arbeits- oder Wegeunfall dann anzuzeigen, wenn ein Beschäftigter getötet oder so schwer verletzt wird, dass er für mehr als 3 Tage arbeitsunfähig ist. Ein Exemplar ist an den zuständigen Unfallversicherungsträger zu senden. Ein Exemplar dient der Dokumentation im Unternehmen. Unterliegt das Unternehmen der allgemeinen Arbeitsschutzaufsicht, ist ein Exemplar an die für den Arbeitsschutz zuständige Landesbehörde zu senden. Der allgemeinen Arbeitsschutzaufsicht unterliegen z. B. landwirtschaftliche Betriebe, soweit sie Arbeitnehmer beschäftigen. Zu den zuständigen Landesbehörden zählen z. B. die Gewerbeaufsichtsämter und die Staatlichen Ämter für Arbeitsschutz.

Praxis-Beispiel: Kopie für den Arbeitnehmer

Der verunglückte Mitarbeiter hat das Recht auf eine Kopie der Unfallanzeige. Arbeitgeber sind verpflichtet, Arbeitnehmer darauf hinzuweisen.

10 Haftungsausschluss

Personen, die durch eine betriebliche Tätigkeit einen Versicherungsfall von Versicherten desselben Betriebs verursacht haben, sind zum Ersatz des Personenschadens nur verpflichtet, wenn sie den Versicherungsfall vorsätzlich oder auf einem nach § 8 Abs. 2 Nr. 1–4 SGB VII versicherten Weg herbeigeführt haben.[1] Das gleiche Haftungsprivileg genießt der Unternehmer, in dessen Betrieb sich der Arbeitsunfall ereignet hat.[2] Der Forderungsübergang nach § 116 SGB X ist jeweils ausgeschlossen. Damit können zivilrechtliche Ansprüche (z. B. Schmerzensgeld) durch den Geschädigten nur bei Vorsatz oder im Zusammenhang mit Wegeunfällen geltend gemacht werden.

Constanze Oberkirch/Norbert Finkenbusch

Arbeitszeit

Arbeitszeit im Sinne des Arbeitszeitgesetzes ist die Zeit vom Beginn bis zum Ende der Arbeit ohne die Ruhepausen. Arbeitszeiten bei mehreren Arbeitgebern sind zusammenzurechnen. Im Bergbau unter Tage zählen die Ruhezeiten zur Arbeitszeit.

Gesetze, Vorschriften und Rechtsprechung

Arbeitsrecht: Gesetzlich geregelt ist die Arbeitszeit im Arbeitszeitgesetz (ArbZG). Zu beachten sind das Ladenschlussgesetz des Bundes und die Ladenöffnungsgesetze der Länder. Rechtsprechung: BAG, Urteil v. 25.2.2015, 5 AZR 886/12 (Definition und rechtliche Einordnung der Ruhepause); BAG, Urteil v. 12.12.2012, 5 AZR 918/11, Rz. 19 (Arbeitsbereitschaft ist die Zeit wacher Achtsamkeit im Zustand der Entspannung und Abgrenzung zum Bereitschaftsdienst); BAG, Urteil v 25.4.2007, 6 AZR 799/06, Rz. 18 (Definition des Bereitschaftsdienstes); EuGH, Urteil v. 9.9.2003, C-151/02 (ärztlicher Bereitschaftsdienst in Klinik ist Arbeitszeit); EuGH, Urteil v. 21.2.2018, C-518/15 (Ville de Nivelles/Rudy Matzak – zu Hause geleisteter Bereitschaftsdienst kann Arbeitszeit sein).

1 Arbeitszeitbegriffe

Der Begriff der **Arbeitszeit** wird in verschiedenen Zusammenhängen eingesetzt. Je nach Themenbereich kommt ihm dabei eine **unterschiedliche Bedeutung** zu.

---

1 § 104 Abs. 1 Satz 1 SGB VII.

2 § 105 Abs. 1 Satz 1 SGB VII.

1.1 Arbeitszeit im Sinne des ArbZG

Das ArbZG definiert die Arbeitszeit als die **Zeit vom Beginn bis zum Ende der Arbeit ohne die Ruhepausen**; Arbeitszeiten bei mehreren Arbeitgebern sind zusammenzurechnen.[1] Im Bergbau unter Tage zählen die Ruhepausen zur Arbeitszeit.

Der **Arbeitszeitschutz nach dem ArbZG** umfasst Vorschriften über die tägliche Höchstarbeitszeit, über die Festlegung der zeitlichen Lage der Arbeitszeit während eines Tages, über Pausen und arbeitsfreie Zeiten nach Ende der täglichen Arbeit sowie über Sonn- und Feiertagsruhe.

1.2 Vertragliche Arbeitszeit

Hinter dem Begriff der **vertraglichen Arbeitszeit** steht die Frage, in welchem zeitlichen Umfang der Arbeitnehmer seine Arbeitsleistung erbringen muss. Die geschuldete Arbeitszeit ergibt sich zunächst aus dem **Arbeitsvertrag**; existieren **tarifvertragliche Bestimmungen** zur Arbeitszeit, sind diese ebenfalls zu berücksichtigen.

Von den vertraglich vereinbarten sind die **tatsächlich geleisteten** Zeiten abzugrenzen. Diese umfassen auch Überstunden und Mehrarbeit bzw. im umgekehrten Fall fehlende Arbeitszeiten z.B. aufgrund von Krankheit.

1.3 Vergütungsrechtliche Arbeitszeit

Der Begriff der vergütungsrechtlichen Arbeitszeit knüpft an die Definition der Arbeit in § 611 a BGB an. Damit eine **Vergütungspflicht** entsteht, muss die Tätigkeit zunächst eine Arbeit i. S. d. § 611 a BGB sein. Die zu zahlende Vergütung muss dabei **nicht immer gleich hoch** sein. Die Arbeits- oder Tarifvertragsparteien können für die eigentliche Haupttätigkeit eine Vergütung festlegen und für andere Tätigkeiten gesonderte Regelungen treffen.

> **Praxis-Beispiel: Gesonderte Vergütung für Reisezeiten**
>
> Gesonderte Vergütungsregelungen für eine andere als die eigentliche Tätigkeit können z.B. für Reisezeiten getroffen werden.[2]

Die vergütungsrechtliche Arbeitszeit ist **unabhängig** von der Einordnung als Arbeitszeit im Sinne des ArbZG zu definieren. Denn die Qualifikation einer bestimmten Zeitspanne als Arbeitszeit im Rahmen des gesetzlichen Arbeitszeitschutzrechts führt nicht zwingend zu einer Vergütungspflicht. Umgekehrt muss auch die Herausnahme bestimmter Zeiten aus der Arbeitszeit nicht unbedingt die Vergütungspflicht ausschließen.[3]

Auch der Gerichtshof der Europäischen Union nimmt in ständiger Rechtsprechung an, dass die Arbeitszeitrichtlinie (RL 2003/88/EG) mit Ausnahme des in ihrem Art. 7 Abs. 1 geregelten besonderen Falls des bezahlten Jahresurlaubs keine Anwendung auf die Vergütung der Arbeitnehmer findet.[4]

1.4 Betriebsverfassungsrechtliche Arbeitszeit

Der Betriebsrat hat im Rahmen der Arbeitszeit ein Mitbestimmungsrecht bezüglich etlicher Belange. Die zentrale Vorschrift ist § 87 Abs. 1 Nr. 2 und 3 BetrVG. Danach hat der Betriebsrat, soweit eine gesetzliche oder tarifliche Regelung nicht besteht, hinsichtlich **Beginn und Ende** der täglichen Arbeitszeit, einschließlich der **Pausen** sowie **über die Verteilung** der Arbeitszeit auf die einzelnen Wochentage und bei einer vorübergehenden Verkürzung oder Verlängerung der betriebsüblichen Arbeitszeit mitzubestimmen.

---

1 § 2 Abs. 1 ArbZG.

2 BAG, Urteil v. 17.10.2018, 5 AZR 553/17, Rz. 18.

3 BAG, Urteil v. 12.12.2012, 5 AZR 355/12, Rz. 16; BAG, Urteil v. 21.12.2016, 5 AZR 362/16, Rz. 30.

4 EuGH, Urteil v. 21.2.2018, C-518/15 (Matzak), Rzn. 49 ff.

2 Geltungsbereich des Arbeitszeitgesetzes

Das ArbZG gilt für alle Arbeitnehmer über 18 Jahre. Es ist nach § 18 ArbZG nicht anzuwenden auf Leitende Angestellte i.S.v. § 5 Abs. 3 BetrVG und u.a. auf Chefärzte und Arbeitnehmer in häuslicher Gemeinschaft sowie für den liturgischen Bereich der Kirchen und der Religionsgemeinschaften.

Praxis-Beispiel: Sonderregelungen

Sonderregelungen gelten für Arbeitnehmer in Bäckereien und Konditoreien (s.u.), für Besatzungsmitglieder im Sinne des Seemannsgesetzes und teilweise für den öffentlichen Dienst, die Luftfahrt und die Binnenschifffahrt.[1]

3 Zeitliche Lage der Arbeitszeit

Die konkrete Lage der Arbeitszeit kann sich aus dem Arbeitsvertrag, einer Betriebsvereinbarung oder tarifvertraglichen Regelungen ergeben. Sofern hier keine Festlegungen getroffen sind, unterliegt die Bestimmung der Lage der Arbeitszeit dem **Direktionsrecht** des Arbeitgebers.

Gesetzliche Regelungen gelten für **Mütter** und **Jugendliche**.

Bei der Festlegung der Lage der Arbeitszeit muss der Arbeitgeber die Vorschriften zur Sonn- und Feiertagsarbeit sowie zur Nachtarbeit berücksichtigen.

3.1 Sonn- und Feiertagsarbeit

Nach § 9 Abs. 1 ArbZG dürfen Arbeitnehmer grundsätzlich an Sonn- und gesetzlichen Feiertagen **von 0 bis 24 Uhr** nicht beschäftigt werden. Das **Beschäftigungsverbot** bezieht sich dabei auch auf Mehrarbeit, Überstunden, Bereitschaftsdienste, Inanspruchnahme von Rufbereitschaften, Ausbildungs- und Reisezeiten. Dies gilt grundsätzlich auch dann, wenn diese Zeiten arbeitszeitschutzrechtlich nicht als „Arbeitszeit" i.S.d. § 2 Abs. 1 ArbZG zu werten sind.

Ausnahmen und die dazugehörigen Ausgleichsregelungen sind in den §§ 10 ff. ArbZG definiert. Sie gelten z.B. für Not- und Rettungsdienste sowie die Feuerwehr, in Krankenhäusern und anderen Einrichtungen zur Behandlung, Pflege und Betreuung von Personen, in Gaststätten sowie in der Landwirtschaft und der Tierhaltung.

3.2 Nachtarbeit

Nachtarbeit im Sinne des ArbZG ist jede Arbeit, die mehr als 2 Stunden der Nachtzeit umfasst.[2]

Nachtzeit ist dabei die Zeit von 23 bis 6 Uhr, in Bäckereien und Konditoreien die Zeit von 22 bis 5 Uhr.[3]

Die Arbeitszeit der Nachtarbeitnehmer ist nach den gesicherten arbeitswissenschaftlichen Erkenntnissen über die **menschengerechte Gestaltung** der Arbeit festzulegen. Die **werktägliche Arbeitszeit** der Nachtarbeitnehmer darf grundsätzlich nicht über 8 Stunden hinausgehen. Sie kann ausnahmsweise auf **bis zu 10 Stunden** verlängert werden, wenn innerhalb von einem Kalendermonat oder innerhalb von 4 Wochen **im Durchschnitt 8 Stunden** werktäglich **nicht überschritten** werden.[4]

Bestehen keine tarifvertraglichen **Ausgleichsregelungen**, hat der Arbeitgeber für einen Ausgleich der während der Nachtzeit geleisteten Arbeitsstunden zu sorgen.[5]

4 Tägliche Höchstarbeitszeit

Das Arbeitszeitgesetz regelt die tägliche Höchstarbeitszeit und etliche Ausnahmen.

---

1 §§ 18–21 ArbZG.
2 § 2 Abs. 4 ArbZG.
3 § 2 Abs. 3 ArbZG.
4 § 6 Abs. 2 ArbZG.
5 § 6 Abs. 5 ArbZG.

4.1 Höchstarbeitszeit

Die werktägliche Arbeitszeit darf **8 Stunden** grundsätzlich nicht überschreiten. Sie kann bis zu **10 Stunden** verlängert werden, wenn innerhalb von 6 Kalendermonaten oder innerhalb von 24 Wochen im Durchschnitt 8 Stunden werktäglich nicht überschritten werden.[1]

4.2 Abweichende Regelungen durch Tarifvertrag

Nach § 7 ArbZG kann in einem Tarifvertrag oder aufgrund eines Tarifvertrags in einer Betriebs- oder Dienstvereinbarung abweichend von § 3 ArbZG (tägliche Höchstarbeitszeit) zugelassen werden,

- die Arbeitszeit über 10 Stunden werktäglich zu verlängern, wenn in die Arbeitszeit regelmäßig und in erheblichem Umfang Arbeitsbereitschaft oder Bereitschaftsdienst fällt,
- einen anderen Ausgleichszeitraum festzulegen.

Sofern der **Gesundheitsschutz** der Arbeitnehmer durch einen entsprechenden **Zeitausgleich** gewährleistet wird, können nach § 7 Abs. 2 ArbZG ferner Anpassungen im landwirtschaftlichen Bereich, in Krankenhäusern, Alten- und Pflegeheimen sowie im öffentlichen Dienst zugelassen werden.

4.3 Höchstgrenzen bei Tarifverträgen

Werden verlängerte Arbeitszeiten tariflich zugelassen, muss nach § 7 Abs. 8 ArbZG grundsätzlich gewährleistet sein, dass die Arbeitszeit einschließlich Arbeitsbereitschaft und Bereitschaftsdienst im **Durchschnitt** von 12 Monaten **48 Wochenstunden** nicht überschreitet. Die Übergangsregelung für Alttarifverträge in § 25 ArbZG ist zum 31.12.2006 ausgelaufen. Die Übergangsregelung erfasste zudem die 48-Stunden-Grenze nicht.[2]

4.4 Höchstgrenzen bei Betriebs- bzw. Individualvereinbarung

Im Geltungsbereich eines Tarifvertrags nach § 7 Abs. 1, 2 oder 2a ArbZG können abweichende tarifvertragliche Regelungen im Betrieb eines **nicht tarifgebundenen Arbeitgebers** durch Betriebs- oder Dienstvereinbarung oder, wenn ein Betriebs- oder Personalrat nicht besteht, durch schriftliche Vereinbarung zwischen Arbeitgeber und dem Arbeitnehmer übernommen werden.[3]

Aufgrund der Regelungen nach § 7 Abs. 2a, 3–5 ArbZG – jeweils i. V. m. § 7 Abs. 2a ArbZG – darf die Arbeitszeit nur verlängert werden, wenn der Arbeitnehmer **schriftlich eingewilligt** hat. Der Arbeitnehmer kann die Einwilligung mit einer Frist von 6 Monaten schriftlich widerrufen.

Die Arbeitszeit darf allerdings auch in einem solchen Fall **48 Stunden wöchentlich** im **Durchschnitt** von 6 Kalendermonaten nicht überschreiten.[4]

5 Ruhepausen und Ruhezeit

Die tägliche Arbeitszeit wird unterbrochen von kurzen Ruhe**pausen**. Die Ruhe**zeit** liegt zwischen dem Ende der Arbeitszeit und dem Beginn der nächsten Arbeitszeit. Ruhepause und Ruhezeit dienen der Erholung der Arbeitnehmer.

5.1 Ruhepausen

Nach § 4 ArbZG hat der Arbeitgeber den Arbeitnehmern während einer zusammenhängenden Arbeitszeit Ruhepausen zu gewähren. Der Begriff ist gesetzlich nicht definiert. Er wird allgemein verstanden als im Interesse des Arbeitnehmers stehende **Arbeitsunterbrechung**, während der er **nicht zur Arbeits-**

---

1 § 3 ArbZG.

2 BAG, Beschluss v. 24.1.2006, 1 ABR 6/05.

3 § 7 Abs. 3 ArbZG.

4 § 7 Abs. 8 Satz 2 ArbZG.

leistung herangezogen werden darf und die er nach **eigener Vorstellung** verbringen kann.[1] § 4 ArbZG entbindet somit im Umfang der gesetzlichen Mindestpausen den Arbeitgeber von der Verpflichtung, Arbeitsleistung des Arbeitnehmers anzunehmen, und setzt zugleich den Arbeitnehmer außerstande, die Arbeitsleistung zu bewirken.[2, 3]

Praxis-Beispiel: Länge der Ruhepausen

Die Ruhepausen betragen grundsätzlich bei einer Arbeitszeit von mehr als 6 Stunden 30 Minuten und bei einer Arbeitszeit von mehr als 9 Stunden 45 Minuten. Die Ruhepausen dürfen in Zeitabschnitte von mindestens 15 Minuten aufgeteilt werden. Länger als 6 Stunden hintereinander dürfen Arbeitnehmer nicht ohne Ruhepause beschäftigt werden.

Nach einer Entscheidung des EuGH kann die einem Arbeitnehmer während seiner täglichen Arbeitszeit gewährte Ruhepause **Arbeitszeit** sein.[4] Im entschiedenen Fall musste ein Feuerwehrmann während der 30-minütigen Ruhepausen – wenn nötig – innerhalb von 2 Minuten einsatzbereit sein. Bei einer **Gesamtwürdigung** der relevanten Umstände muss sich in derartigen Fällen ergeben, dass die dem Arbeitnehmer während der Ruhepause auferlegten **Einschränkungen** von solcher Art sind, dass sie objektiv gesehen **ganz erheblich** seine Möglichkeit beschränken, die Zeit, in der seine beruflichen Leistungen nicht in Anspruch genommen werden, frei zu gestalten und sie seinen eigenen Interessen zu widmen.[5]

5.2 Ruhezeit

Die Arbeitnehmer müssen nach Beendigung der täglichen Arbeitszeit eine ununterbrochene Ruhezeit von **mindestens 11 Stunden** haben.[6]

Besonderheiten gelten für **Jugendliche**. Nach Beendigung der täglichen Arbeitszeit dürfen sie nicht vor Ablauf einer ununterbrochenen Freizeit von **mindestens 12 Stunden** beschäftigt werden.[7]

6 Besonderheiten bei Bereitschaftsdienst, Arbeits- und Rufbereitschaft

Arbeits- und Bereitschaftsdienst sind insgesamt als **Arbeitszeit** i. S. v. § 2 Abs. 1 ArbZG zu werten.

6.1 Arbeitsbereitschaft

Die Arbeitsbereitschaft ist geprägt von einer gegenüber der vollen Arbeitsleistung nur geminderten, nicht die gesamte Aufmerksamkeit beanspruchenden Tätigkeit. Das Bundesarbeitsgericht (BAG) definiert sie als **Zeit wacher Achtsamkeit im Zustand der Entspannung**; bei der Arbeitsbereitschaft muss sich der Arbeitnehmer zur Arbeit bereithalten, um erforderlichenfalls von sich aus tätig zu werden.[8]

Gegenüber der Vollarbeit stellt die Arbeitsbereitschaft in körperlicher und geistiger Hinsicht eine mindere Leistung dar.[9]

---

1 BAG, Urteil v. 13.2.1992, 6 AZR 638/89.

2 § 297 BGB.

3 BAG, Urteil v. 25.2.2015, 5 AZR 886/12.

4 EuGH, Urteil v. 9.9.2021, C-107/19.

5 S. Abschn. 6.3 zu EuGH, Urteil v. 9.3.2021, C-580/19.

6 § 5 Abs. 1 ArbZG.

7 § 13 JArbSchG.

8 BAG, Urteil v. 12.12.2012, 5 AZR 918/11, Rz. 19.

9 BAG, Urteil v. 25.10.1989, 2 AZR 633/88.

6.2 Bereitschaftsdienst

Im Unterschied zu Vollarbeit und Arbeitsbereitschaft liegt Bereitschaftsdienst vor, wenn sich der Arbeitnehmer, **ohne dass von ihm wache Aufmerksamkeit gefordert wird**, für Zwecke des Betriebs an einer vom Arbeitgeber bestimmten Stelle innerhalb oder außerhalb des Betriebs aufzuhalten hat, damit er erforderlichenfalls seine volle Arbeitstätigkeit unverzüglich aufnehmen kann.[1]

Grundsätzlich ist Bereitschaftsdienst danach keine volle Arbeitsleistung, sondern eine **Aufenthaltsbeschränkung**, die mit der Verpflichtung verbunden ist, bei Bedarf unverzüglich tätig zu werden. Damit **unterscheidet** sich dieser Dienst seinem Wesen nach von der **vollen Arbeitstätigkeit**, die vom Arbeitnehmer eine ständige Aufmerksamkeit und Arbeitsleistung verlangt.[2] Entscheidend für die **Abgrenzung** von **Arbeitsbereitschaft** zum **Bereitschaftsdienst** ist allein, dass sich der Arbeitnehmer bei der Arbeitsbereitschaft zur Arbeit bereithalten muss, um erforderlichenfalls **von sich aus** tätig zu werden, während beim Bereitschaftsdienst der Arbeitnehmer **„auf Anforderung"** den Dienst aufnehmen muss.[3]

In diesem Rahmen kann der Arbeitnehmer während des Bereitschaftsdienstes seine Zeit weitgehend frei gestalten und kann in Zeiten ohne Inanspruchnahme auch ruhen, da er – anders als bei der Arbeitsbereitschaft – nicht zu „wacher Aufmerksamkeit" verpflichtet ist. Der EuGH hat entschieden, dass es sich dann um **Arbeitszeit** handelt, wenn der Arbeitnehmer seinen Bereitschaftsdienst von seiner eigenen Wohnung aus erfüllen kann, aber verpflichtet ist, sich innerhalb von 8 Minuten am Arbeitsplatz einzufinden.[4] Denn die Möglichkeit, anderen Tätigkeiten nachzugehen, ist hierdurch erheblich eingeschränkt.

> **Praxis-Beispiel: Ärztlicher Bereitschaftsdienst**
>
> Der Bereitschaftsdienst, den ein **Arzt** in Form persönlicher Anwesenheit im Krankenhaus leistet, ist nach der Rechtsprechung in vollem Umfang Arbeitszeit i.S.d. Richtlinie 93/104/EG, auch wenn es dem Betroffenen in Zeiten, in denen er nicht in Anspruch genommen wird, gestattet ist, sich an seiner Arbeitsstelle auszuruhen.[5]

6.3 Rufbereitschaft

Rufbereitschaft liegt regelmäßig dann vor, wenn sich der Arbeitnehmer auf Anordnung des Arbeitgebers außerhalb der regelmäßigen Arbeitszeit an einer dem Arbeitgeber anzuzeigenden Stelle aufzuhalten hat, um **auf Abruf** die Arbeit aufzunehmen. Der Arbeitnehmer kann sich an einer beliebigen Stelle aufhalten. Er muss die Arbeitsstätte aber in **angemessen kurzer Zeit** erreichen können.[6]

> **Praxis-Beispiel: Grundsätzlich keine Arbeitszeit**
>
> Die Rufbereitschaft ist grundsätzlich **keine Arbeitszeit** i.S.v. § 2 Abs. 1 ArbZG. Sie bleibt daher auch bei der Berechnung der zulässigen Arbeitszeiten außer Ansatz.

Wenn der Arbeitnehmer einen Bereitschaftsdienst nach dem System der Rufbereitschaft erbringt, die seine **ständige Erreichbarkeit**, nicht jedoch zugleich seine Anwesenheit am Arbeitsplatz erfordert, handelt es sich nach der Rechtsprechung des EuGH nicht um Arbeitszeit. Selbst wenn der Arbeitnehmer seinem Arbeitgeber in dem Sinne zur Verfügung steht, dass er erreichbar sein muss, kann er in dieser Situation freier über seine Zeit verfügen und eigenen Interessen nachgehen. Unter diesen Umständen ist

---

1 BAG, Urteil v. 28.1.2004, 5 AZR 530/02; BAG, Urteil v. 10.6.1959, 4 AZR 567/56.

2 BAG, Urteil v. 25.4.2007, 6 AZR 799/06, Rz 18.

3 BAG, Urteil v. 12.12.2012, 5 AZR 918/11, Rz. 19.

4 EuGH, Urteil v. 21.2.2018, C-518/15 (Ville de Nivelles/Rudy Matzak).

5 EuGH, Urteil v. 9.9.2003, C-151/02 (Landeshauptstadt Kiel, Norbert Jaeger); BAG, Beschluss v. 18.2.2003, 1 ABR 2/02.

6 BAG, Urteil v. 19.12.1991, 6 AZR 592/89.

nur die Zeit, die für die **tatsächliche Erbringung von Leistungen** aufgewandt wird, als „Arbeitszeit" i. S. d. Richtlinie 2003/88 anzusehen.[1]

Praxis-Beispiel: Ausnahmen

In Einzelfällen kann die Rufbereitschaft aber auch **insgesamt** als Arbeitszeit zu werten sein. Dies ist etwa dann der Fall, wenn der Arbeitnehmer nicht nur verpflichtet ist, für seinen Arbeitgeber verfügbar zu sein, sondern dem Arbeitnehmer auch vorgegeben wird, sich an seinem Wohnort aufzuhalten und sich auf Zuruf innerhalb von 8 Minuten an seinem Arbeitsplatz einzufinden.[2] Erforderlich ist eine **Gesamtbeurteilung** aller Umstände des Einzelfalls. Ergibt sich hiernach, dass die dem Arbeitnehmer während dieser Zeit auferlegten **Einschränkungen** von solcher Art sind, dass sie seine Möglichkeiten, die Zeit, in der seine beruflichen Leistungen nicht in Anspruch genommen werden, frei zu gestalten und sie seinen eigenen Interessen zu widmen, objektiv gesehen **ganz erheblich beeinträchtigen**, kann in diesem Fall die Rufbereitschaft des Arbeitnehmers in vollem Umfang „**Arbeitszeit**" darstellen.[3]

Im entschiedenen Fall musste der Arbeitnehmer innerhalb von 20 Minuten in Einsatzkleidung mit dem Einsatzfahrzeug, unter Inanspruchnahme der für dieses Fahrzeug (Feuerwehrfahrzeug) geltenden Sonderrechte gegenüber der Straßenverkehrsordnung und Wegerechte, die Stadtgrenze seiner Dienststelle erreichen.

Praxis-Beispiel: Rufbereitschaft bei schwerbehinderten Arbeitnehmern

Ob ein **schwerbehinderter Arbeitnehmer** Anspruch auf **Freistellung von als Rufbereitschaft angeordneter Bereitschaftszeit** hat, hängt von den Umständen des Einzelfalls ab. Einen Anspruch auf generelle Freistellung von der Rufbereitschaft auf Grundlage von § 207 SGB IX hat das BAG abgelehnt.[4] Nach § 207 SGB IX erhält ein schwerbehinderter Arbeitnehmer die Möglichkeit, sich auf Verlangen von **Mehrarbeit** freistellen zu lassen. Mehrarbeit in diesem Sinne ist jede über werktäglich 8 Stunden (§ 3 Satz 1 ArbZG) hinausgehende Arbeitszeit. Maßgeblich ist dabei das Arbeitszeitgesetz, das eine 6-Tage-Woche zugrunde legt. Nach Ansicht des BAG könnte der Arbeitnehmer im entschiedenen Fall angesichts seiner regulären 5-Tage-Woche zumindest an einem 6. Tag in der Woche zu einer 8-stündigen Bereitschaft herangezogen werden. Für einen Anspruch auf Freistellung von der Rufbereitschaft, der sich aus § 164 Abs. 4 Satz 1 Nr. 4 SGB IX ergeben kann, war der Arbeitnehmer seiner **Darlegungs- und Beweislast** nicht nachgekommen. Er hätte darlegen müssen, dass er aufgrund seiner behinderungsbedingten Einschränkungen vollständig von der Teilnahme an den als Rufbereitschaft angeordneten Bereitschaftszeiten zu befreien ist.

6.4 Reisezeit

Grundsätzlich erbringt der Arbeitnehmer mit der Zurücklegung des **Weges von der Wohnung zur Arbeitsstelle** und zurück **keine Arbeit** für den Arbeitgeber.[5] Anders ist es jedoch, wenn der Arbeitnehmer seine Tätigkeit außerhalb des Betriebs zu erbringen hat. In diesem Fall gehört das Fahren zur **auswärtigen Arbeitsstelle** zu den vertraglichen Hauptleistungspflichten, weil das wirtschaftliche Ziel der Gesamttätigkeit darauf gerichtet ist, verschiedene Kunden aufzusuchen – sei es, um dort Dienstleistungen zu erbringen, oder um Geschäfte für den Arbeitgeber zu vermitteln oder abzuschließen. Dazu gehört zwingend die jeweilige Anreise. Nicht nur die Fahrten zwischen den Kunden, auch die zum ersten Kunden und vom letzten Kunden zurück, bilden mit der übrigen Tätigkeit eine Einheit und sind insgesamt eine Dienstleistung i. S. d. §§ 611, 612 BGB. Hat der Arbeitnehmer seine Tätigkeit an einer auswärtigen

---

1 EuGH, Urteil v. 21.2.2018, C-518/15 (Ville de Nivelles/Rudy Matzak), Rz. 60 unter Verweis auf EuGH, Urteil v. 9.9.2003, C-151/02 (Jaeger).

2 EuGH, Urteil v. 21.2.2018, C-518/15.

3 EuGH, Urteil v. 9.3.2021, C-580/19.

4 BAG, Urteil v. 27.7.2021, 9 AZR 448/20.

5 BAG, Urteil v. 22.4.2009, 5 AZR 292/08.

Arbeitsstelle zu erbringen, leistet er mit den Fahrten zum Kunden und zurück daher **vergütungspflichtige Arbeit**, unabhängig davon, ob Fahrtantritt und Fahrtende vom Betrieb des Arbeitgebers oder von der Wohnung des Arbeitnehmers aus erfolgen.[1]

Praxis-Beispiel: Vergütungsvereinbarung für Reisezeit

Durch Arbeits- oder Tarifvertrag kann eine **gesonderte Vergütungsregelung** für eine andere als die eigentliche Tätigkeit und damit auch für Fahrten zur auswärtigen Arbeitsstelle getroffen werden.[2] Zu beachten ist jedoch, dass dabei für die in einem Kalendermonat insgesamt geleistete vergütungspflichtige Arbeit der gesetzliche Anspruch auf den **Mindestlohn** nicht unterschritten werden darf.

Dieselben Grundsätze gelten auch bei einem Einsatz des Arbeitnehmers im Ausland. Entsendet der Arbeitgeber den Arbeitnehmer vorübergehend zur Arbeit ins **Ausland**, sind die für **Hin- und Rückreise** erforderlichen Zeiten wie Arbeit zu vergüten[3], da in diesem Fall die Reisen zur auswärtigen Arbeitsstelle und von dort zurück i. d. R. ausschließlich im **Interesse des Arbeitgebers** erfolgen.

Praxis-Beispiel: Bahnreisen als Arbeitszeit i. S. d. ArbZG

Reisezeiten mit der Bahn, die im Zusammenhang mit der Überführung von neuen Nutzfahrzeugen anfallen, sind nach Rechtsprechung des Verwaltungsgerichts Lüneburg Arbeitszeit im Sinne des Arbeitszeitgesetzes.[4] Die einschlägigen europarechtlichen Grundlagen[5] erforderten im vorliegenden Fall eine von der gängigen Definition des Bundesarbeitsgerichts (BAG) abweichende Bestimmung des Begriffs der Arbeitszeit. Für die europarechtliche Begriffsbestimmung ist nach Ansicht des Verwaltungsgerichts allein entscheidend, ob der Arbeitnehmer dem Arbeitgeber zur Verfügung steht und seine Tätigkeit ausübt oder Aufgaben wahrnimmt. Danach zählt die Bahnreisezeit als Arbeitszeit. Denn die regelmäßig mehrstündige An- und Abreise mit der Bahn sei einerseits bereits **Teil der Leistungserbringung** und **beschränke** andererseits die **Freiheit** der Fahrer, **über ihre Zeit selbst zu bestimmen**.

6.5 Notfälle

Bei vorübergehenden Arbeiten in Notfällen und in außergewöhnlichen Fällen kann unter den Voraussetzungen des § 14 ArbZG u. a. von der Regelung über die tägliche Höchstarbeitszeit in § 3 ArbZG abgewichen werden.

Soweit von diesen Befugnissen Gebrauch gemacht wird, darf die Arbeitszeit 48 Stunden wöchentlich im Durchschnitt von 6 Kalendermonaten oder 24 Wochen nicht überschreiten.

6.6 Ausnahmebewilligung

Für kontinuierliche Schichtbetriebe und Montagestellen, für Saison- und Kampagnebetriebe sowie für den öffentlichen Dienst können weitere Ausnahmen u. a. von der täglichen Höchstarbeitszeit durch die **Aufsichtsbehörde** bewilligt werden.[6]

7 Aushang und Arbeitszeitnachweis

Der Arbeitgeber ist verpflichtet, einen Abdruck des **Arbeitszeitgesetzes** und der für den Betrieb geltenden (abweichenden) Tarifverträge und Betriebs- oder Dienstvereinbarungen an geeigneter Stelle

---

1 BAG, Urteil v. 25.4.2018, 5 AZR 424/17.

2 BAG, Urteil v. 25.4.2018, 5 AZR 424/17.

3 BAG, Urteil v. 17.10.2018, 5 AZR 553/17.

4 VG Lüneburg, Urteil v. 2.5.2023, 3 A 146/22.

5 Richtlinie 2003/88/EG.

6 § 15 ArbZG.

im Betrieb zur Einsichtnahme auszulegen oder auszuhängen.[1] Ferner hat der Arbeitgeber die über die **werktägliche Arbeitszeit** des § 3 Satz 1 ArbZG hinausgehende Arbeitszeit der Arbeitnehmer aufzuzeichnen und ein Verzeichnis der Arbeitnehmer zu führen, die in eine Verlängerung der Arbeitszeit nach § 7 Abs. 7 ArbZG eingewilligt haben.[2]

Praxis-Beispiel: Rechtsprechung zur Arbeitszeiterfassung

Nach der Rechtsprechung des EuGH besteht eine unionsrechtliche Verpflichtung von Arbeitgebern zur Einrichtung eines objektiven, verlässlichen und zugänglichen Systems für die Erfassung sämtlicher Arbeitszeiten.[3]

Der **Gesetzgeber** hat die Vorgaben des EuGH **bislang nicht umgesetzt**. Im April 2023 wurde ein Entwurf zur Ausgestaltung der Arbeitszeiterfassung im ArbZG veröffentlicht. Ob und **wann das Gesetz in Kraft tritt**, kann derzeit **nicht beantwortet** werden.

Vom **BAG** liegen aber mittlerweile 2 Entscheidungen zur Thematik vor.

Das **BAG** ist der Auffassung, dass **Arbeitgeber** bereits nach § 3 Abs. 2 Nr. 1 ArbSchG in unionsrechtskonformer Auslegung **verpflichtet** sind, ein **System einzuführen**, mit dem die von den Arbeitnehmern **geleistete Arbeitszeit erfasst** werden kann.[4]

Solange (und soweit) der Gesetzgeber den ihm zustehenden Spielraum bei der Ausgestaltung der unionsrechtlichen Arbeitszeiterfassungspflicht nicht ausgeübt hat, können die Betriebsparteien und – im Fall ihrer fehlenden Einigung – die Einigungsstelle nach Maßgabe des § 87 Abs. 2 BetrVG entsprechende Regelungen treffen. Ihnen kommt insbesondere ein Gestaltungsspielraum dahingehend zu, in welcher Art und Weise – ggf. differenziert nach der Art der von den Arbeitnehmern ausgeübten Tätigkeiten – die Erfassung von Beginn und Ende der Arbeitszeit im Betrieb zu erfolgen hat.[5]

In einer vorhergehenden Entscheidung hatte das BAG bereits zur Frage der **Darlegungs- und Beweislast im Überstundenvergütungsprozess** Stellung bezogen und dabei auch das Urteil des EuGH und die daraus folgende unionsrechtliche Pflicht zur Arbeitszeiterfassung erörtert. Das BAG hatte auch vor dem Hintergrund der Rechtsprechung des EuGH die Darlegung der arbeitgeberseitigen Veranlassung und Zurechnung von Überstunden **durch den Arbeitnehmer** für notwendig erachtet. Die Entscheidung des EuGH sei zur Auslegung und Anwendung der Arbeitszeitrichtlinie 2003/88/EG und von Art. 31 der Charta der Grundrechte der Europäischen Union ergangen. Nach gesicherter Rechtsprechung des EuGH beschränkten sich diese Bestimmungen darauf, Aspekte der Arbeitszeitgestaltung zu regeln, um den Schutz der **Sicherheit und der Gesundheit** der Arbeitnehmer zu gewährleisten. Sie fänden aber grundsätzlich keine Anwendung auf die **Vergütung** der Arbeitnehmer. Die **unionsrechtlich begründete Pflicht zur Messung der täglichen Arbeitszeit** habe deshalb **keine Auswirkung** auf die nach deutschem materiellen und Prozessrecht entwickelten Grundsätze über die Verteilung der **Darlegungs- und Beweislast im Überstundenvergütungsprozess**.[6]

8 Ausgleichsansprüche bei Arbeitszeitverstößen

Der EuGH[7] hat einem im öffentlichen Einsatzdienst tätigen Arbeitnehmer (Feuerwehrmann), der entgegen Art. 6b der Richtlinie 2003/88 der Europäischen Union mehr als 48 Stunden wöchentlich durch seinen Arbeitgeber (Behörde) beschäftigt wurde, Ausgleichsansprüche zugesprochen. Ob dieser Aus-

1 § 16 Abs. 1 ArbZG.

2 § 16 Abs. 2 ArbZG.

3 EuGH, Urteil v. 14.5.2019, C-55/18.

4 BAG, Beschluss v. 13.9.2022, 1 ABR 22/21.

5 BAG, Beschluss v. 13.9.2022, 1 ABR 22/21, Rz. 66.

6 BAG, Urteil v. 4.5.2022, 5 AZR 359/21.

7 EuGH, Urteil v. 25.11.2010, C-429/09.

gleich in der Gewährung von Freizeit oder in finanzieller Entschädigung besteht, kann durch die Mitgliedsstaaten in nationalen Vorschriften geregelt werden. Der Ausgleich muss dabei angemessen sein.

9 Arbeitszeitbetrug

Täuscht ein Arbeitnehmer bewusst über die Erbringung seiner Arbeitsleistung, liegt ab der ersten Minute ein Arbeitszeitbetrug vor. Dem Arbeitgeber wird dabei suggeriert, dass Arbeitsleistung in einem bestimmten Umfang erbracht wurde, obwohl dem Arbeitnehmer bewusst ist, dass er die Arbeitsleistung nur in einem geringeren Umfang oder gar nicht erbracht hat.

Der Arbeitnehmer muss durch diese **bewusste Täuschung** eine **Fehlvorstellung beim Arbeitgeber** hervorgerufen haben, er hätte einen Anspruch auf die entsprechend höhere Vergütung. Eine solche Täuschungshandlung kann z. B. durch die Dokumentation bzw. Erfassung von Arbeitszeiten erfolgen, die tatsächlich nicht geleistet wurden und für die daher auch kein Vergütungsanspruch besteht.

10 Besondere Regelungen

10.1 Bäckereien und Konditoreien

Für Bäckereien und Konditoreien ist in § 2 Abs. 3 ArbZG der Zeitraum für die Nachtarbeit abweichend vom generell für Nachtarbeit geltenden Zeitraum (23 bis 6 Uhr) auf die Zeit von 22 bis 5 Uhr festgesetzt worden. Die einschränkenden Vorschriften des Arbeitszeitgesetzes für Nachtarbeit in Bäckereien und Konditoreien gelten daher nur dann, wenn die Arbeit vor 3 Uhr beginnt.

10.2 Ladenschlussgesetz

Das **Ladenschlussgesetz des Bundes** gilt als partielles Bundesrecht in den Ländern fort, in denen es kein eigenes Landesgesetz gibt.[1] Das Ladenschlussgesetz schreibt zwingend vor, dass Verkaufsstellen aller Art, Wochenmärkte und das ambulante Gewerbe für den geschäftlichen Verkehr geschlossen sein müssen an Sonn- und Feiertagen, montags bis freitags bis 6 Uhr und ab 20 Uhr, samstags bis 6 Uhr und ab 20 Uhr, am 24.12. – wenn dieser Tag auf einen Werktag fällt – bis 6 Uhr und ab 14 Uhr. Verkaufsstellen für Bäcker- oder Konditorwaren dürfen bereits um 5.30 Uhr öffnen. Die beim Ladenschluss anwesenden Kunden dürfen noch bedient werden. Das Ladenschlussgesetz sieht etliche Ausnahmen für einzelne Gewerbezweige vor.

Praxis-Beispiel: Ladenöffnungsgesetze der Länder

Die meisten **Bundesländer** haben zudem eigene Ladenschlussgesetze erlassen, die weitergehende Öffnungszeiten zulassen.

Arbeitnehmer dürfen in Verkaufsstellen an Sonn- und Feiertagen nur während der ausnahmsweise zugelassenen Öffnungszeiten und für unerlässliche Vorbereitungs- und Abschlussarbeiten während weiterer 30 Minuten beschäftigt sein, aber nicht mehr als 8 Stunden. Für Sonn- und Feiertagsarbeit in Verkaufsstellen ist den Arbeitnehmern in derselben Woche Freizeit zu gewähren, wenn die Arbeit länger als 3 Stunden gedauert hat; mindestens jeder dritte Sonntag muss dann beschäftigungsfrei bleiben. Weitere Einzelheiten enthält § 17 LadSchlG.

11 Beteiligung des Betriebsrats

Gemäß § 87 Abs. 1 Nr. 2 BetrVG hat der Betriebsrat bei der Festlegung von Beginn und Ende der Arbeitszeit sowie der Pausen und der Verteilung der Arbeitszeit auf die Wochentage mitzubestimmen. Auch nach § 87 Abs. 1 Nr. 3 BetrVG steht ihm bei der vorübergehenden Verlängerung oder Verkürzung der betriebsüblichen Arbeitszeit ein Mitbestimmungsrecht zu. Es handelt sich dabei um erzwingbare Mitbestimmungsrechte im Bereich der sozialen Mitbestimmung. Der Umfang der Mitbestimmung richtet sich nach dem durch die gesetzlichen und tariflichen Vorschriften gegebenen Rahmen.

Constanze Oberkirch

1 Art. 125a GG.

Atemschutz

Atemschutz ist der Oberbegriff für die Gruppe der Persönlichen Schutzausrüstungen (PSA), die dem Benutzer gefährdungsfreies Atmen ermöglicht. Diese PSA wird auch Atemschutzgerät genannt. Mit einem Atemschutzgerät werden schädigende Partikel durch Einsatz von Partikelfiltern aus der Luft zurückgehalten. Sofern es sich um gasförmige Schadstoffe handelt, werden Gasfilter eingesetzt. Kombinationen aus partikel- und gasförmigen Schadstoffen werden durch den Einsatz von Kombinationsfiltern aus der Luft gefiltert. Sofern Partikel-, Gas- oder Kombinationsfilter nicht eingesetzt werden können, weil diese keine oder keine ausreichende Filterwirkung ermöglichen, werden Isoliergeräte eingesetzt. Bei Isoliergeräten erhält der Benutzer Atemluft aus einem Atemluftvorrat zur Verfügung gestellt. Der Benutzer ist beim Einsatz eines Isoliergeräts vollständig von der Umgebungsatmosphäre isoliert. Dieser Atemschutz ist in erster Linie ein Eigenschutz, der den Benutzer vor schädigenden Einwirkungen schützt. Darüber hinaus wird Atemschutz auch als Fremdschutz angewendet. Vorrangig werden dabei Patienten (z. B. bei Operationen) vor Infektionen durch das Tragen von OP-Masken (MNS = Mund-Nasen-Schutz) geschützt.

Gesetze, Vorschriften und Rechtsprechung

Für Atemschutz ist grundsätzlich die DGUV-R 112-190 „Benutzung von Atemschutzgeräten" anzuwenden. Sie konkretisiert die PSA-Benutzungs-Verordnung. Für Feuerwehren gilt die FwDV 7 „Atemschutz". Für die Gefährdungsbeurteilung sind die Gefahrstoffverordnung und die Technischen Regeln Gefahrstoffe zu berücksichtigen. Dabei nennen die TRGS 900 „Arbeitsplatzgrenzwerte" und die TRGS 903 „Biologische Grenzwerte" die für das Einatmen von Gefahrstoffen und biologischen Arbeitsstoffen einzuhaltenden Grenzwerte, die bei der Auswahl von Atemschutz Berücksichtigung finden. Die Durchführung arbeitsmedizinischer Vorsorgeuntersuchungen für Atemschutzgeräteträger ist in der ArbMedVV geregelt.

1 Atemschutzgeräte

Atemschutzgeräte sind → *PSA*, die dann eingesetzt werden, wenn atembare, die Gesundheit gefährdende, Umgebungsatmosphäre vorliegt und durch technische oder organisatorische Schutzmaßnahmen die Gesundheit der Mitarbeiter nicht ausreichend geschützt werden kann.

Unterschieden wird zwischen:

- **Filtergeräten**, die Partikel, Gase oder Kombinationen aus Partikel oder Gasen aus der Umgebungsatmosphäre filtern. Filtergeräte sind umgebungsluft**abhängige** Atemschutzgeräte.
- **Isoliergeräten** als umgebungsluft**unabhängige** Atemschutzgeräte. Sofern Atemschutzgeräte zum sicheren Verlassen von Bereichen eingesetzt werden, werden diese Isoliergeräte Selbstretter genannt.

Die Teile des Atemschutzgeräts, die die Verbindung mit dem Träger des Atemschutzgeräts herstellen, werden Atemanschluss genannt. Als Atemanschlüsse für Filtergeräte stehen filtrierende Halbmasken, Halbmasken/Viertelmasken, Mundstückgarnituren, Vollmasken, Atemschutzhauben oder Atemschutzhelme zur Verfügung:

- **Halbmasken** umschließen Mund, Nase und Kinn. **Viertelmasken** umschließen Mund und Nase. An sie werden Filter bis max. 300 g Gewicht angeschlossen.
- **Filtrierende Halbmasken** umschließen Mund, Nase und Kinn. Die Maske besteht aus einem filtrierenden Material.
- **Mundstückgarnituren** dichten den Mund ab und werden mit den Zähnen gehalten. Die Nase wird mit einer Nasenklemme verschlossen.
- **Vollmasken** umschließen das ganze Gesicht und schützen gleichzeitig die Augen. An Vollmasken werden Filter oder Isoliergeräte angeschlossen.

Praxis-Beispiel: Brillenträger

Achten Sie beim Einsatz von Vollmasken darauf, dass Brillenträger Maskenbrillen einsetzen. Dabei handelt es sich um bügellose Brillen, die innen am Maskenkörper befestigt werden. Das Tragen von Kontaktlinsen unter einer Vollmaske kann zu einem zusätzlichen Risiko führen, da bei einer Augenreizung oder dem Verrutschen der Linse ein Zugriff nicht möglich ist. Daher: Kontaktlinsen unter einer Vollmaske nicht einsetzen.

Bei **Atemschutzhauben** und **Atemschutzhelmen** muss dem Träger des Atemschutzgeräts die gefilterte Luft bauartbedingt mithilfe eines Gebläses zugeführt werden. Bei Halbmasken, Viertelmasken, Mundstückgarnituren und Vollmasken besteht ebenfalls die Möglichkeit, diese als gebläseunterstützten Atemanschluss zu erhalten.

Damit Untersuchungskriterien für die → *arbeitsmedizinische Vorsorge* unterschieden werden können, werden Atemschutzgeräte in 3 Gerätegruppen eingeteilt[1]:

- **Gerätegruppe 1:** Gerätegewicht bis 3 kg und Atemwiderstand bis 5 mbar. Beispiele: Filtergerät mit Partikelfilter der Partikelfilterklassen P1 und P2 oder gebläseunterstütztes Filtergerät mit Voll- oder Halbmaske.
- **Gerätegruppe 2:** Gerätegewicht zwischen 3 und 5 kg oder Atemwiderstand über 5 mbar. Beispiele: Filtergerät mit Partikelfilter der Partikelfilterklasse P3, mit Gasfilter oder mit Kombinationsfilter.
- **Gerätegruppe 3:** Gerätegewicht über 5 kg. Beispiele: Frei tragbares Isoliergerät (Pressluftatmer) oder Regenerationsgerät über 5 kg.

2 Filtergeräte als umgebungsluftabhängige Atemschutzgeräte

Umgebungsluftabhängige Atemschutzgeräte filtern für den Menschen schädliche atembare Stoffe aus der Umgebungsatmosphäre. Sie dürfen nur dann eingesetzt werden, wenn

- die Sauerstoffkonzentration mind. 17 Vol.-% beträgt,
- die Sauerstoffkonzentration beim Einsatz von CO-Filtern mind. 19 Vol.-% beträgt,
- die Umgebungsbedingungen bekannt sind (Schadstoffzusammensetzung, Konzentration, zeitliche Konzentrationsveränderungen etc.),
- die Einsatzgrenzen für Filtergeräte nicht überschritten werden oder
- nicht mehr gefilterte → *Gase* gerochen oder geschmeckt werden können.

Je nach vorliegenden Schadstoffen werden unterschiedliche Filtertypen eingesetzt. Für Partikel werden Partikelfilter verwendet, für Gase gibt es Gasfilter. Treten gleichzeitig Partikel und Gase auf, werden Kombinationsfilter eingesetzt.

2.1 Partikelfilter

Partikelfilter gibt es für Vollmasken, Halbmasken, Viertelmasken und Mundstückgarnituren. Der Filterkörper wird dabei mittels Schraubgewindeanschluss auf den Maskenkörper geschraubt. Das Abscheidevermögen der Partikelfilter wird in 3 Filterklassen eingeteilt:

- Filterklasse P1 – geringes Abscheidevermögen,
- Filterklasse P2 – mittleres Abscheidevermögen,
- Filterklasse P3 – hohes Abscheidevermögen.

Bei **partikelfiltrierenden** Halbmasken besteht der Maskenkörper aus einem Filtergewebe, das Partikel aus der Luft filtert. Partikelfilter werden in 3 Filterklassen eingeteilt:

- Filterklasse FFP1 – geringes Abscheidevermögen,
- Filterklasse FFP2 – mittleres Abscheidevermögen,
- Filterklasse FFP3 – hohes Abscheidevermögen.

---

1 Vgl. Abschn. 3.1 AMR Nr. 14.2 „Einteilung von Atemschutzgeräten in Gruppen“.

Praxis-Beispiel: Einsatzdauer von Partikelfiltern

Die Einsatzdauer von Partikelfiltern richtet sich nach dem Atemwiderstand. Wird dieser durch Staubeinlagerungen oder Feuchtigkeit (Atemfeuchte, Schweiß) unangenehm hoch, dann sind Partikelfilter zu wechseln. Eine Reinigung oder Desinfektion des Filters scheidet aus. Partikelfilter dürfen nicht von mehreren Personen benutzt werden. Partikelfilter werden mit „NR" gekennzeichnet, wenn ein Mehrfachgebrauch auf die Dauer einer Arbeitsschicht begrenzt ist. Sind Partikelfilter mit „R" gekennzeichnet, dann ist eine Wiederbenutzung über die Dauer einer Arbeitsschicht hinaus möglich.

2.2 Gasfilter

Gasfilter gibt es für Vollmasken, Halbmasken, Viertelmasken, Mundstückgarnituren. Je nach Gas werden die Filtertypen eingeteilt in

- A-Filter,
- B-Filter,
- E-Filter und
- K-Filter.

Wie bei den Partikelfiltern gibt es eine Klasseneinteilung in jeweils 3 Klassen (A1, A2, A3, …, K3). Die Filterklasse gibt dabei an, ob

- eine niedrige Gaskonzentration = 1,
- eine mittlere Gaskonzentration = 2 oder
- eine hohe Gaskonzentration = 3

vorliegen darf.

2.2.1 Gebrauchsdauer

Die **Gebrauchsdauer** ist für den jeweiligen Arbeitseinsatz festzulegen. Sofern der Durchbruch von → *Gasen* oder Dämpfen durch Geruch oder Geschmack wahrgenommen werden kann, ist leicht erkennbar, wann die Aufnahmekapazität des Gasfilters erschöpft ist.

Praxis-Beispiel: Gebrauchsdauer von vielen Faktoren abhängig

Eine generelle Aussage über die Gebrauchsdauer kann nicht gemacht werden, da diese von äußeren Bedingungen abhängt, wie

- Konzentration des Schadstoffs,
- Luftbedarf des Geräteträgers,
- Luftfeuchtigkeit und
- Lufttemperatur.

Sollen **Gasfilter mehrmals eingesetzt** werden (Ausnahme z. B. AX-Filter), müssen sie gasdicht verpackt werden. Zeitpunkt der Anwendung, Einsatzbedingungen, Einsatzdauer und Schadstoff sind schriftlich festzuhalten. Der gebrauchte Filter darf höchstens 6 Monate aufbewahrt werden.

Praxis-Beispiel: Keine Verwendung für anderen Schadstoff

Bei einem erneuten Einsatz darf ein Gasfilter nicht für einen anderen Schadstoff wiederverwendet werden.

Bei der Lagerung von gebrauchten Gasfiltern kann es zum Durchwachsen von Mikroorganismen kommen, die zu einer möglichen Infektionsgefahr führen können. Bei Auftreten von Geruch oder Geschmack ist daher von einer erneuten Verwendung gebrauchter Gasfilter abzusehen.

2.2.2 Die Besonderheiten von AX-Filtern

Gase oder Dämpfe organischer Verbindungen, deren Siedepunkt höchstens 65 °C beträgt, werden Niedrigsieder genannt. Niedrigsieder werden in 4 Gruppen eingeteilt. Niedrigsieder der Gruppen 1 und 2 können von A-Filtern nicht zurückgehalten werden. Dafür sind spezielle AX-Filter erforderlich. AX-Filter dürfen nicht für Niedrigsiedergemische bzw. Gemische aus einem Niedrigsieder und anderen organischen Verbindungen eingesetzt werden.

Praxis-Beispiel: Bedingungen für den Einsatz von AX-Filtern

Es dürfen nur Filter im Anlieferungszustand eingesetzt werden (der Filter muss vor der Verwendung noch ordnungsgemäß versiegelt sein; die Lagerung ist entsprechend den Herstellerangaben möglich).

Praxis-Beispiel: Besonderheit von Niedrigsiedern

Auf eine Besonderheit bei einem Niedrigsieder möchten wir Sie aufmerksam machen. Aceton ist ein häufig eingesetztes Lösemittel, das gerne für Reinigungszwecke eingesetzt wird. Beachten Sie bei dem Niedrigsieder Aceton, dass dieses Lösemittel hautresorptiv (hautdurchlässig) ist. Nicht jeder Chemikalienschutzhandschuh ist gegen den Hautkontakt mit Aceton geeignet.

2.3 Besondere Atemanschlüsse für Filtergeräte

Neben filtrierenden Halbmasken, Halbmasken/Viertelmasken, Mundstückgarnituren und Vollmasken stehen auch **Atemschutzhauben** oder **Atemschutzhelme** zur Verfügung. Bei Atemschutzhauben und Atemschutzhelmen muss dem Träger des Atemschutzgeräts die gefilterte Luft bauartbedingt mithilfe eines Gebläses zugeführt werden. Bei Halbmasken, Viertelmasken, Mundstückgarnituren und Vollmasken besteht ebenfalls die Möglichkeit, diese als gebläseunterstützten Atemanschluss zu erhalten.

3 Isoliergeräte als umgebungsluftunabhängige Atemschutzgeräte

Umgebungsluftunabhängige Atemschutzgeräte werden Isoliergeräte genannt. Sie bieten Schutz vor Sauerstoffmangel und schadstoffhaltiger Atmosphäre. Isoliergeräte führen dem Träger gesundheitsunschädliche Atemluft zu. Sie werden unterteilt in frei tragbare und nicht frei tragbare Isoliergeräte. Sie werden z. B. immer dann eingesetzt, wenn die o. g. Bedingungen für das Tragen von Filtergeräten nicht erfüllt werden können.

3.1 Pressluftatmer

Pressluftatmer sind frei tragbare Isoliergeräte, die den Atemluftvorrat in Druckluftflaschen bei 200 bar oder 300 bar Fülldruck bevorraten. Dabei ist der Begriff **Pressluftatmer** die Kurzbezeichnung für Behältergeräte mit Druckluft.

Die Kombination aus Druckminderer und Lungenautomat ermöglicht dem Geräteträger, dass die benötigte Luftmenge bei einem erträglichen Druck eingeatmet werden kann. Als Atemanschluss werden Vollmasken oder Mundstückgarnituren verwendet.

Bei der Verwendung von **Vollmasken** werden **Pressluftatmer** mit Normaldruck und mit Überdruck unterschieden. Bei Geräten mit Normaldruck wird beim Einatmen ein geringer Unterdruck im Maskeninnern erzeugt. Eine Leckage kann nun dazu führen, dass dabei Schadstoffe in das Innere der Maske gelangen können. Bei Überdruckgeräten kann das nicht vorkommen, da im Maskeninnern auch beim Einatmen stets ein Überdruck vorliegt.

3.2 Schlauchgeräte

Schlauchgeräte stellen dem Atemschutzgeräteträger die schadstofffreie Atemluft über einen längeren Schlauch zur Verfügung. Funktionsbedingt werden Frischluft-Schlauchgeräte und Druckluft-Schlauchgeräte unterschieden. Bei beiden Gerätearten trägt der Benutzer keine schwere Druckgasflasche auf dem Rücken.

3.3 Atemschutzgeräte zur Selbstrettung

Atemschutzgeräte, die dem Benutzer die Flucht aus Bereichen mit schadstoffhaltiger Umgebungsatmosphäre ermöglichen, werden als Selbstretter oder Fluchtgeräte bezeichnet. Für diese Geräte ist keine arbeitsmedizinische Vorsorgeuntersuchung erforderlich. Selbstretter sind je nach Aufgabe als Filtergeräte oder Isoliergeräte einsetzbar.

4 Voraussetzungen für die Benutzung von Atemschutzgeräten

4.1 Gefährdungsbeurteilung

Grundlage für die Benutzung von Atemschutz ist das Vorliegen einer → *Gefährdungsbeurteilung*, aus der hervorgeht, dass die Gefährdung nicht durch technische oder organisatorische Maßnahmen auf ein gesundheitlich verträgliches Maß reduziert werden kann. Nur in solchen Fällen darf Atemschutz zum Einsatz kommen.

4.2 Belastung von Atemschutzgeräteträgern

Atemschutzgeräteträger werden bei der Benutzung von Atemschutzgeräten besonders belastet. Belastungsfaktoren, die berücksichtigt werden müssen, sind:

- Gerätegewicht,
- Atemwiderstand,
- körperliche Arbeit,
- Umgebungstemperatur,
- ggf. eingeschränkter Wärmeaustausch (isolierende Schutzkleidung).

Aufgrund dieser Belastungsfaktoren wird die Dauer pro Arbeitseinsatz, die Anzahl der Einsätze pro Arbeitsschicht und die Anzahl der Einsatztage je Arbeitswoche begrenzt (Gebrauchsdauer von Atemschutzgeräten vgl. Abschn. 8.2 und Tabelle 21 DGUV-R-112-190).

4.3 Arbeitsmedizinische Vorsorge

Atemschutzgeräteträger müssen vor der erstmaligen Tätigkeit und danach wiederkehrend arbeitsmedizinisch untersucht werden, um eine gesundheitliche Eignung feststellen zu können. Die arbeitsmedizinische Vorsorge ist in der ArbMedVV geregelt. Hier wird hinsichtlich Angebotsvorsorge und **Pflichtvorsorge** unterschieden. Eine Pflichtvorsorge ist erforderlich für Geräte der Gerätegruppen 2 und 3 (z. B. Partikelfilter der Partikelfilterklasse P3, Gasfilter, Kombinationsfilter, Vollmasken, Pressluftatmer). Ohne eine erfolgreiche Untersuchung darf für diese Gerätegruppen ein Atemschutzgeräteträger nicht mit Atemschutzgeräten tätig werden. Werden nur Atemschutzgeräte der Gerätegruppe 1 (z. B. Partikelfilter der Partikelfilterklasse P1 und P2) eingesetzt, dann ist dafür lediglich eine **Angebotsvorsorge** erforderlich. Der Arbeitgeber muss diese Untersuchung anbieten, sie ist aber nicht erforderlich für den Einsatz von Atemschutzgeräten. Nähere Informationen enthält Abschn. 9.1 DGUV-R 112-190.

4.4 Schulung und Übung

Atemschutzgeräteträger werden jährlich theoretisch geschult und es findet eine praktische Übung statt. Die Schulung erfolgt durch dafür besonders ausgebildetes Personal. Inhalte dieser Ausbildung sind in Abschn. 7 DGUV-R 112-190 aufgeführt.

4.5 Unterweisung

Für die Benutzung von Atemschutzgeräten werden Geräteträger durch den Vorgesetzten auf Grundlage von → *Betriebsanweisungen* → *unterwiesen*. Beispielhafte Betriebsanweisungen enthält Anhang 11.2 DGUV-R 112-190.

4.6 Wartung

Atemschutzgeräte sind durch Atemschutzgerätewarte in regelmäßigen Abständen zu warten. Wartungsfristen enthalten die Tabellen 13 bis 20 in Abschn. 6.9.3 DGUV-R 112-190.

Dirk Rittershaus

Audit (Arbeitsschutz)

Als Audit wird im Allg. ein geregeltes und dokumentiertes Verfahren zur systematischen und unabhängigen Untersuchung und Bewertung von Prozessen, Aktivitäten und deren Ergebnissen anhand festgelegter Soll-Kriterien verstanden. Audits vergleichen den Ist-Zustand mit dem Ziel- bzw. Soll-Zustand (Vorgaben oder Richtwerten von Standards oder Richtlinien). Sie stellen fest, ob und inwieweit die Ist-Prozesse, Aktivitäten und Ergebnisse den geplanten Vorgaben bzw. Richtwerten entsprechen und ob diese Vorgaben/Richtwerte effizient verwirklicht werden sowie ob sie geeignet sind, die Ziele zu erreichen. Audits sind ein fester und unverzichtbarer Bestandteil jedes Managementsystems. Sie dienen dort als Informationen für Verbesserungen sowie als Nachweise für die Erfüllung der Anforderungen. In Abhängigkeit von der Unternehmenszugehörigkeit der auditierenden Person wird zwischen internen und externen Audits unterschieden.

Gesetze, Vorschriften und Rechtsprechung

Die unternehmensinterne und externe Überprüfung der Erfüllung öffentlich-rechtlicher Verpflichtungen ist ein Grundprinzip des deutschen Arbeitsschutzrechts. Dabei werden jedoch keine Audits gefordert, wobei die im Arbeitsschutz verwendeten Verfahren zur Überprüfung, Überwachung etc. mit Audits vergleichbar sind. Audits sind ein Werkzeug von Managementsystemen. Sie können die in Gesetzen und Vorschriften geforderten Überprüfungen und Überwachungen unterstützen. Beispiele: Arbeitsschutz-Audits sind auch ein Werkzeug für die in § 3 Arbeitsschutzgesetz geforderte Überprüfung der Wirksamkeit des Arbeitsschutzes. Durch Complianceaudits lässt sich belegen, dass die für das Unternehmen zutreffenden öffentlich-rechtlichen Verpflichtungen im Arbeitsschutz erfüllt bzw. eingehalten werden.

Die Durchführung von Audits ist bei der Anwendung eines → *Arbeitsschutzmanagements* obligatorisch. Ohne Audits oder Assessments ist kein Managementsystem funktionsfähig, denn sie ermöglichen den für jedes Managementsystem zwingend erforderlichen Regelkreis (→ *PDCA-Zyklus*). Ob neben internen Audits auch externe Audits und insbesondere Zertifizierungsaudits erforderlich sind, hängt von der betrieblichen Zielsetzung der Anwendung des Managementsystems (v.a. Zertifizierung ja/nein) ab. Wettbewerbsrechtlich ist die Forderung des Nachweises eines intakten und wirksamen Arbeitsschutzes zulässig.

1 Zweck von Audits

Zu den grundlegenden Prinzipien erfolgreichen (wirkungsvollen) Handelns gehört es, regelmäßig zu prüfen, ob die Ausrichtung (noch) stimmt, man auf dem richtigen Weg ist, richtig vorgeht, die nächsten Schritte zielführend sind sowie bei Bedarf (Erkennen von Abweichungen) nachzusteuern. Das gilt selbstverständlich auch für den Arbeitsschutz. Festgelegte Prozesse, die Wahrnehmung von Aufgaben sowie das Erreichen von Zielen werden deshalb entsprechend dem Regelkreisprinzip gesteuert, d.h., durch Beobachtungen und Erhebungen wird zeitnah geprüft, ob Abweichungen vorliegen und nachgesteuert werden muss. Eine solche Überprüfungsmethode ist auch für → *Managementsysteme* erforderlich.

Durch die Festlegung der Ziele, Grundsätze, Zuständigkeiten, Prozesse (Abläufe) und Verfahren ist ein Managementsystem zunächst fixiert. Ob das Managementsystem wirklich praktikabel ist, angewendet wird und v. a. auch wirksam ist, stellt sich erst mit der Zeit heraus. Um das festzustellen und um das Managementsystem kontinuierlich zu verbessern, muss es planmäßig und konsequent in festgelegten Zeitabständen überprüft und bewertet werden. Die wichtigste Methode (regelhaftes Verfahren) dafür ist das Auditieren. Eine Alternative sind Assessments. Assessments bzw. Self-Assessments sind v. a. bei umfassenden Qualitätsmanagementsystemen (z.B. TQM gem. dem EFQM-Modell) üblich.

Die Unterschiede zwischen einem Audit und einem Assessment sind gering. Assessments haben gegenüber Audits einen konstruktiveren Charakter. Audits bewerten Prozesse, Aktivitäten und deren Ergebnisse primär in Bezug zu „Soll-/Richtwerten", also den definierten Vorgaben (Wie soll es sein?) und Zielen (Was soll erreicht werden?). Ein Audit ermittelt damit die Erreichung bzw. Einhaltung oder

Abweichung bzw. Nichteinhaltung. Ein Assessment betrachtet stärker auch die Potenziale und hinterfragt die Einflüsse auf die Prozesse und Ergebnisse.

Praxis-Beispiel: Audits sollten konstruktiv betrachtet werden

Ziele von Audits:

- Ziel-/Sollzustand durch bewertbare Kriterien für die Vorgaben bzw. Richtwerte zu untersetzen (operationalisieren),
- qualifizierte Rückmeldung zum aktuellen Stand (Wo stehen wir im Hinblick auf unsere Ziele bzw. geplanten Vorgehensweisen?),
- Verbesserung der Wirksamkeit und Qualität des betrachteten Systems (Schwachstellenanalyse und gezielte Verbesserungen),
- Sicherstellung/Steuerung der Einhaltung wichtiger Anforderungen,
- Wettbewerbsvorteile durch den Nachweis der erfolgreichen Durchführung von Audits (Feststellung der Konformität und Aufdecken von Verbesserungspotenzialen) sowie ggf. der Zertifizierung.

2 Kennzeichen und Formen

Der aus dem Lateinischen stammende Begriff „Audit“ (audire = hören, zuhören) wird im Management entsprechend dem englischen bzw. amerikanischen Sprachgebrauch verwendet. Hier steht Audit für Überprüfung und Bewertung oder Buch-/Rechnungsprüfung, die früher den „Prüfern“ vorgetragen wurden.

Praxis-Beispiel: Kennzeichen von Audits

Audits sind heute ein zentrales, steuerndes Werkzeug von Managementsystemen.

Zunächst stellt ein Audit „nur“ fest, ob ein Unternehmen seine selbst gesetzten Ziele erreicht hat, und in manchen Fällen auch, in welchem Umfang (Grad). Dabei wird nicht das Unternehmen an sich auditiert, sondern das System, das ein Unternehmen zum Erreichen der jeweiligen Ziele implementiert hat.

Bei Audits handelt es sich um ein **geregeltes und dokumentiertes** Verfahren zur systematischen und unabhängigen Untersuchung und Bewertung von Prozessen, Aktivitäten und deren Ergebnissen anhand festgelegter Kriterien.

Die Norm DIN EN ISO 19011:2018 (Leitfaden zur Auditierung von Managementsystemen) beschreibt Audits als systematischen, unabhängigen und dokumentierten Prozess zur Erlangung von Nachweisen (Feststellungen) und deren objektiver Auswertung, inwieweit die Auditkriterien erfüllt sind. D.h., ein Audit überprüft gelebte Prozesse, die erstellten Produkte (Leistungen) oder laufende Projekte anhand definierter Kriterien des „Solls“.

Duale Wirkung: Audits sollen einerseits Risiken (Schwachstellen) und Chancen aufzeigen, konkrete Hinweise auf Verbesserungsmöglichkeiten liefern, zu einem kontinuierlichen Verbesserungsprozess beitragen und damit den wirtschaftlichen Erfolg eines Unternehmens fördern. Andererseits sollen sie einen Nachweis zum Erfüllungsgrad des geplanten Zustands (festgelegter Soll-Kriterien) liefern und damit das Vertrauen in die Fähigkeiten des auditierten Unternehmens fördern.

Hinweise:

- Aufgabe eines Audits ist es nicht, Abweichungen vom Idealzustand aufzuzeigen, sondern „nur“ vom „selbst“ definierten Sollzustand.
- Jedes Audit ist eine Momentaufnahme und kann deshalb keinen Anspruch auf Vollständigkeit erheben.

Beim Praktizieren eines Managementsystems können unterschiedliche Audittypen zum Einsatz kommen.

Differenzierung nach dem Gegenstand des Audits:

- **Systemaudit:** betrachtet – überprüft und bewertet – ein Managementsystem;
- **Complianceaudit:** Überprüfung der Übereinstimmung (Konformität) mit einem Regelwerk (z.B. gesetzliche oder behördliche Vorgaben) oder dem Anforderungskatalog eines Standards;
- **Prozess- oder Verfahrensaudit:** betrachtet – überprüft und bewertet – die Eignung und Wirksamkeit eines bestimmten Prozesses bzw. Verfahrens hinsichtlich des geplanten Ziels;
- **Produktaudit:** betrachtet – überprüft und bewertet – zufällig ausgewählte Produkte auf Übereinstimmung mit den vorgegebenen Spezifikationen;
- **Projektaudit:** betrachtet – überprüft und bewertet – die Vorgehensweise in einem Projekt sowie den Fortschritt vor dem Hintergrund der Projektziele;
- **Lieferantenaudit:** betrachtet – überprüft und bewertet – die Leistungs- und Qualitätsfähigkeit, Zuverlässigkeit etc. eines Zulieferers anhand definierter Kriterien.

Audits werden durch fachlich qualifizierte und unabhängige Auditoren durchgeführt. Dies können eigene Mitarbeiter oder externe Auditoren sein. Daraus ergibt sich eine weitere Differenzierung von Audits:

- **Interne Audits** (auch „First Party Audits" genannt)**:** Sie werden von entsprechend qualifizierten Mitarbeitern des Unternehmens (internen Auditoren) anhand verbindlicher Verfahrensanweisungen durchgeführt. Bei der Durchführung der Audits sind diese Auditoren unabhängig und weisungsfrei.
  Diese Auditart wird für interne Zwecke des Unternehmens (regelmäßige interne Überprüfung des Managementsystems, von Prozessen, Projekten oder Produkten) durchgeführt.
- **Externe Audits:** Sie werden von betriebsfremden (externen), entsprechend qualifizierten Auditoren (z.B. Mitarbeiter des Kunden) anhand definierter Verfahrensanweisungen durchgeführt. Bei der Durchführung der Audits sind die Auditoren unabhängig und weisungsfrei. Da hier neben dem beauftragenden Unternehmen eine zweite „Partei" beteiligt ist, spricht man auch von „Second Party Audits". Ein Beispiel hierfür sind Lieferantenaudits: hier führt ein entsprechend qualifizierter Mitarbeiter eines Unternehmens bei dessen Lieferanten Audits durch.
  Eine besondere Art von externen Audits sind Zertifizierungsaudits sowie behördliche Audits. Die Auditoren solcher „Third Party Audits" sind Mitarbeiter von Zertifizierungsgesellschaften bzw. selbstständige Auditoren oder Berater.

3 Audits im Arbeitsschutz

Der Begriff „Audit" ist im Arbeitsschutz „nur" in Verbindung mit Arbeitsschutz-Managementsystemen gängig, wobei die Intentionen von Audits (s.o.) auch ein Anliegen eines wirksamen und rechtskonformen Arbeitsschutzes sind. Statt des Begriffs „Audit" spricht das Arbeitsschutzgesetz von „Beurteilung der Arbeitsbedingungen" sowie von der „Überprüfung der Wirksamkeit" der Maßnahmen für sichere und gesunde Arbeitsbedingungen.

3.1 Kennzeichen von Audits im Arbeitsschutz

Audits sieht das öffentlich-rechtlich geregelte Arbeitsschutzsystem in Deutschland nicht vor. Vergleichbare Vorgehensweisen und Methoden sind die Ermittlung der Ist-Situation traditionell durch Begehungen (Betriebs-/Sicherheitsbegehungen) sowie Messungen (z.B. Lärmmessungen). Dabei stehen im Vordergrund: die Betrachtung der Arbeitsbedingungen, die Ermittlung von Belastungen und Gefährdungen sowie die Betrachtung der gelebten Arbeitsschutzpraxis (Gestaltung sicherer Zustände und die sicherheitsgerechten Verhaltensweisen der Beschäftigten, einschließlich der Führungskräfte).

Praxis-Beispiel: Audits im Arbeitsschutz

Die Notwendigkeit von Audits im Arbeitsschutz ergibt sich aus

- der freiwilligen Anwendung eines Arbeitsschutz-Managementsystems (AMS),
- ggf. der Forderung (potenzieller) Kunden (Nachweis der Anwendung eines wirksamen und rechtskonformen Arbeitsschutzes),

- ggf. der Forderung von Partnerbetrieben mit denen gemeinsame Aufträge bearbeitet werden (Nachweis der Anwendung eines wirksamen und rechtskonformen Arbeitsschutzes) sowie
- ggf. vor Versicherern, die Vergünstigungen in Aussicht stellen.

Audits im Arbeitsschutz sind demzufolge „eigentlich" freiwillig, wobei die externen Erwartungen und möglichen Vorteile die Freiwilligkeit stark einschränken können.

Audits im Arbeitsschutz betrachten über die Arbeitsbedingungen (die Belastungen und Gefährdungen) und die gelebte Arbeitsschutzpraxis hinaus auch

- den formulierten und erkennbaren Stellenwert der Sicherheit und Gesundheit bei der Arbeit,
- die Organisation des betrieblichen Arbeitsschutzes,
- die Integration von Arbeitsschutzbelangen in die betrieblichen Prozesse,
- das Sicherheitsbewusstsein der Beschäftigten, einschließlich der Führungskräfte,
- das Sicherheitswissen der Beschäftigten, einschließlich der Führungskräfte,
- die Kommunikation und Zusammenarbeit,
- die Einbeziehung der Mitarbeiter bei Gestaltungs- und Sicherheitsmaßnahmen, dem Erkennen und Lösen von Sicherheitsproblemen sowie der Verbesserung des betrieblichen Arbeitsschutzes,
- die Eignung der Regelungen im Arbeitsschutz,
- die Dokumentation etc.

und dies vor dem Hintergrund der Vorgaben aus öffentlich-rechtlichen Verpflichtungen sowie dem jeweiligen Managementsystem.

Die Funktion von Audits im Arbeitsschutz sowie die Arten von Audits (Ausnahme Produktaudit) sind identisch mit Audits in anderen Managementsystemen.

Praxis-Beispiel: Definition „AMS-Audit"

Ein AMS-Audit ist ein systematisches, unabhängiges und dokumentiertes Verfahren.

Zweck ist die Untersuchung und Bewertung der tatsächlichen Gegebenheiten in einem Unternehmen hinsichtlich der Organisation und der gelebten Praxis des betrieblichen Arbeitsschutzes.

Das Audit ermittelt anhand definierter Kriterien des Referenzsystems (dem → *AMS* sowie den rechtlichen und ggf. darüber hinausgehenden eigenen Vorgaben), ob bzw. inwieweit die tatsächlichen Gegebenheiten den im Arbeitsschutz-Managementsystem definierten Vorgaben (bzw. denen des → *AMS-Konzeptes*) hinsichtlich Vollständigkeit und Wirksamkeit entsprechen (Systemaudit). In einem Complianceaudit wird zusätzlich ermittelt, ob bzw. inwieweit das Unternehmen die ordnungsrechtlichen und sich selbst vorgegebenen Verpflichtungen kennt und einhält.

Aus den Ergebnissen und deren Bewertung werden Stärken und Verbesserungsmöglichkeiten abgeleitet sowie ein Nachweis zum Erfüllungsgrad des geplanten Zustands erstellt – bei einem externen Audit in Form eines Zertifikates.

Jedes Arbeitsschutzmanagement braucht mindestens regelmäßige interne Audits (System- und Complianceaudits), denn sie sind für eine kontinuierliche bzw. fortlaufende Verbesserung zwingend erforderlich. Für diese internen Audits ist ein Plan (ein internes Auditprogramm) zu erstellen. Externe Audits sind nur bei einer Zertifizierung des AMS erforderlich.

Audits im Rahmen des → *Arbeitsschutzmanagements* sollen i. W. ermitteln/überprüfen:

- die Stärken (Chancen) und Schwachstellen (Verbesserungspotenziale und Risiken) des gelebten Arbeitsschutzes sowie des AMS,
- ob die Festlegungen (Ziele, Zuständigkeiten, Prozesse und Verfahren) praktikabel und geeignet sind,
- ob bzw. inwieweit die festgelegten Aufgaben im Arbeitsschutz wahrgenommen werden,
- ob bzw. inwieweit die festgelegten Prozesse, Verfahren und Methoden angewendet (gelebt) werden,
- ob bzw. inwieweit die angestrebten Verhaltensweisen gelebt werden,
- ob bzw. inwieweit die Festlegungen dem zugrunde liegenden Referenzsystem entsprechen; grundsätzlich sind dies die öffentlich-rechtlichen und sich selbst auferlegten Verpflichtungen; bei einer

Orientierung an einem bestimmten AMS-Standard (z. B. → *SCC* oder SGA-Managementsystem gem. DIN ISO 45001:2018) umfasst das Referenzsystem auch die normativen Forderungen dieses AMS-Standards sowie
- ob das AMS wirksam ist.

3.2 AMS-Systemaudit

Ein → *AMS* erfordert regelmäßige interne Systemaudits. Externe Systemaudits sind nur erforderlich bei einer Zertifizierung oder einer freiwilligen Systemkontrolle durch den zuständigen Unfallversicherungsträger und/oder die staatliche Arbeitsschutzbehörde.

Ein Systemaudit überprüft das gesamte Arbeitsschutz-Managementsystem eines Unternehmens oder definierter Teile davon. Es überprüft und beurteilt, ob das Arbeitsschutz-Managementsystem geeignet ist, die Arbeitsschutzpolitik umzusetzen und die Arbeitsschutzziele zu erreichen, ob es angewendet wird, wirksam ist und wo Korrekturen und Verbesserungen notwendig bzw. möglich sind. Die Basis (das Soll-/Referenzsystem) dafür sind die betrieblichen Festlegungen, die sich am zugrunde liegenden → *AMS-Konzept* orientieren und im → *AMS-Handbuch bzw. den „Dokumentierten Informationen" (gem. DIN ISO 45001)* zu finden sind, sowie die für das Unternehmen zutreffenden öffentlich-rechtlichen Verpflichtungen.

Nach dem Audit stellt das Auditteam wesentliche Ergebnisse in einem Abschlussgespräch vor. Die DIN ISO 45001 sieht die Einbeziehung von Arbeitnehmervertretern hierbei vor. Den vom Leiter des Auditteams zu erstellenden Ergebnisbericht leitet dieser an die oberste Leitung sowie das Management weiter.

Die internen Systemaudits dienen dem Management dazu, die Organisation des Arbeitsschutzes sowie die Wirksamkeit der Umsetzung kontinuierlich zu überwachen, zu beurteilen und Verbesserungsmaßnahmen einzuleiten.

3.3 AMS-Complianceaudit

Das Arbeitsschutzmanagement muss rechtskonform praktiziert werden. Um die Umsetzung nachzuweisen und Verbesserungspotenziale zu erkennen, sehen → *AMS* regelmäßige Complianceaudits vor. Diese werden i. d. R. intern durchgeführt. Bei einer Zertifizierung oder einer freiwilligen Systemkontrolle durch den zuständigen Unfallversicherungsträger und/oder die staatliche Arbeitsschutzbehörde sind sie Bestandteil der hierzu durchgeführten Audits.

Ein Complianceaudit (Erfüllungsaudit) ist eine systematische und dokumentierte Untersuchung der konformen Regelung des Arbeitsschutzes sowie eine Überprüfung, ob Abweichungen von den Vorgaben des ordnungsrechtlichen Vorschriften- und Regelwerks oder von einem, von Behörden oder der obersten Leitung eines Unternehmens geforderten Sollzustand bestehen.

Die Ergebnisse der Überprüfung und Vorschläge für geeignete Abhilfemaßnahmen sind zu dokumentieren und der obersten Leitung des Unternehmens vorzulegen.

Albert Ritter

Augen- und Gesichtsschutz

Augen- und Gesichtsschutz sind ein Teil der Persönlichen Schutzausrüstung (PSA). Trotz der Auswahl sicherer Arbeitsverfahren und entsprechender Schutzmaßnahmen sind die Augen und das Gesicht in vielen Arbeitsbereichen und bei zahlreichen Tätigkeiten schädigenden äußeren Einflüssen ausgesetzt. Der Einsatz von Schutzbrillen bzw. Augenschutz und Gesichtsschutz als Persönliche Schutzausrüstung ist erforderlich. Zum Augen- und Gesichtsschutz gehören:

- Gestellbrillen
- Korbbrillen
- Korrektionsschutzbrillen

- Vorstecker
- Schutzschilde
- Schutzschirme/Visiere
- Schutzhauben

Gesetze, Vorschriften und Rechtsprechung

Ergibt die Gefährdungsbeurteilung, dass trotz technischer und organisatorischer Schutzmaßnahmen mit Augen- oder Gesichtsverletzungen zu rechnen ist, muss den Mitarbeitern Augen- bzw. Gesichtsschutz zur Verfügung gestellt werden. Generelle Rechtsgrundlage für den Einsatz von PSA sind die PSA-Benutzungs-Richtlinie 89/656/EWG bzw. die PSA-Benutzungsverordnung (PSA-BV).

Konkrete Anforderungen an die Auswahl, Beschaffung, Bereitstellung und die Benutzung von Augen- und Gesichtsschutz gehen aus der DGUV-R 112-192 „Benutzung von Augen- und Gesichtsschutz“ hervor. Anhang 3 Nr. 3 DGUV-R 112-192 enthält Beispiele für Normen, die in Verbindung mit Augen- und Gesichtsschutz relevant sind.

1 Gefährdungen

Tab. 1 enthält mögliche Gefährdungen, die zu einer Schädigung der Augen oder des Gesichts führen können. Bei vielen Tätigkeiten ist mit dem Zusammentreffen mehrerer Gefährdungen zu rechnen. So entstehen z. B. beim Austritt von Flüssigkeiten oder Gasen unter hohem Druck gleichzeitig mechanische, chemische und thermische Gefährdungen.

Gefährdung	Beschreibung
mechanisch	• Fremdkörper, die auf das Auge treffen und in das Auge eindringen können. • Staubpartikel können zwischen Lider und Augapfel gelangen und zu Reizungen oder zu Entzündungen führen, ohne die Hornhaut des Auges zu verletzen. • Späne, Splitter, Körner etc., die auf das Auge treffen, führen beim Eindringen in die Hornhaut zu Verletzungen (Geschwindigkeit und Größe des Fremdkörpers bestimmen das Schadensausmaß).
optisch	• Eine optische Schädigung des Auges entsteht durch die Energie von Strahlung aus natürlichen oder künstlichen Lichtquellen, die auf das Auge auftrifft (Erwärmung des Auges). Die Gefährdung ist abhängig von der Wellenlänge der Strahlung. Man unterscheidet zwischen ultravioletter Strahlung, sichtbarem Licht, infraroter Strahlung und Laserstrahlung. Besteht nicht nur direkte Strahlung, sondern auch Streustrahlung, ist eine Arbeitsbrille mit Seitenschutz erforderlich.
chemisch	• Eine chemische Schädigung des Auges wird durch feste, flüssige oder gasförmige Stoffe hervorgerufen, die in das Auge eindringen und zu Verätzungen führen können. Da chemische Stoffe auch seitlich auf das Auge einwirken können, ist ein umfassender Augenschutz erforderlich. • Chemische Schädigungen durch feste Stoffe entstehen erst durch das Reagieren mit der Augenflüssigkeit. Gasförmige Stoffe sind Dämpfe, Nebel und Rauche, die zu Schädigungen der Schleimhäute der Augen führen können. Schädigende flüssige chemische Stoffe sind vorwiegend Säuren und Laugen, wobei von Laugen die größeren Gefährdungen ausgehen.

Gefährdung	Beschreibung
thermisch	• Eine thermische Schädigung der Augen wird bei allen extremen Temperatureinwirkungen hervorgerufen. Kälteeinwirkung (Aufenthalt in kalter Witterung oder Kühlhäusern) kann zum Tränen des Auges und zu Erfrierungserscheinungen führen. Hitzeeinwirkungen als Strahlungswärme (von Öfen) oder als Berührungswärme (Auftreffen heißer Flüssigkeiten oder Fremdkörper) kann zu Verbrennungen führen.
biologisch	• Biologische Agenzien (Bakterien, Viren, Sporen) können über das Auge in den Körper gelangen und Infektionen verursachen.
elektrisch	• Bei Schaltarbeiten oder Kurzschlüssen in elektrischen Energieverteilungsanlagen können Störlichtbögen entstehen. Durch die entstehenden hohen Temperaturen und wegspritzende Teilchen besteht die Gefahr, dass Auge und Gesicht erheblich geschädigt werden.

Tab. 1: Mögliche Gefährdungen für Augen und Gesicht

2 Arten von Augen- und Gesichtsschutz

Die **Augenschutzgeräte** bestehen im Allgemeinen aus dem Tragkörper und den Sichtscheiben. Die Tragkörper sind Schutzbrillen und, wenn außerdem der Schutz von Gesicht, Hals und der Atemwege erforderlich ist, sind es Schutzschilde, Schutzschirme oder Schutzhauben.

Die **Tragkörper** müssen je nach Art und Größe der Einwirkungen über eine ausreichende mechanische Festigkeit und Beständigkeit gegen Temperatureinwirkungen und Chemikalien verfügen. Die mechanische Festigkeit wird unterschieden in schwache und starke Stoßbelastung. Tragkörper enthalten als Kennzeichnung das Identifikationszeichen des Herstellers, den Verwendungsbereich und das Zeichen für die Stoßprüfung (falls zutreffend).

Der **Schutzschild** wird vom Benutzer mit einer Hand gehalten. Es schützt neben den Augen auch das Gesicht und Teile des Halses vor herumfliegenden Spänen und Splittern, vor Chemikalien und Strahlung. In dem Schutzschild ist ein ausreichend großes Fenster, in das die erforderlichen Sichtscheiben eingesetzt werden können. Am häufigsten werden Schutzschilde beim Schweißen eingesetzt.

Der **Schutzschirm** schützt das Gesicht mit einer Sichtscheibe, und je nach Länge und Erweiterungsteilen (Schürzen) auch Teile des Halses. Die Sichtscheibe wird mit Tragehilfen am Kopftragegestell oder Schutzhelm befestigt und kann an den Tragehilfen starr, leicht auswechselbar oder hochklappbar befestigt sein.

Die **Schutzhaube** umschließt rundherum den Kopf und Hals und – je nach Ausführung – die oberen Schulterpartien. Sie besteht aus undurchsichtigem Material und ist mit einem Fenster für die Sichtscheibe ausgestattet.

Die **Sichtscheiben** werden in Abhängigkeit von ihrer Schutzwirkung eingeteilt in Sicherheitsscheiben und Sichtscheiben. Die Werkstoffe für Sichtscheiben müssen die in den DIN-Normen gestellten Anforderungen an die optische Qualität, mechanische und thermische Beständigkeit sowie gegen UV-Strahlung und gegen glühende Körper erfüllen. Als Werkstoff werden sowohl Glas wie Kunststoff verwendet, für Sicherheitssichtscheiben ohne Filterwirkung oft auch eine Kombination aus beiden Werkstoffen.

Mit **Sicherheitsscheiben** sollen vorwiegend mechanische Augenschäden verhindert werden. Kunststoffscheiben sind gegen Säuren, Laugen und Lösemittel beständig und werden wegen ihres geringen Gewichts sowie wegen der minimalen Haftung von Metallsplittern bevorzugt eingesetzt.

Sichtscheiben mit Filterwirkung sollen schädliche Strahlen so filtern, dass sie für das Auge verträglich sind, und außerdem sollen gute Sichtbedingungen erhalten bleiben. Die Filterwirkung wird in Schutzstufen unterteilt. Sie ergeben sich aus dem für den Blendschutz erforderlichen Lichttransmissionsgrad im sichtbaren Spektralbereich, wobei auf ausreichenden Schutz gegen Blendung, UV- und IR-Strahlung geachtet wird. In Abhängigkeit von der Strahlenart werden unterschieden:

- Schweißer-Schutzfilter,
- Schutzfilter gegen Ultraviolett-Strahlung (UV),
- Schutzfilter gegen Infrarot-Strahlung (IR),
- Laser-Schutzfilter.

Tab. 2 zeigt Beispiele für Augen- und Gesichtsschutz.

Gestellbrille Schutzbrille, die mit Ohrbügeln oder mit Tragehilfen für die Befestigung am Schutzhelm ausgerüstet sein kann (ggf. mit Seitenschutz). (Ausführungen mit 2 Scheiben oder mit einer Scheibe erhältlich)	  
Korbbrille Korbartiger Tragekörper aus elastischem Material, umschließt den Augenraum und schmiegt sich an das Gesicht an	
Korrektionsschutzbrille Meist Gestellbrille mit optisch korrigierender Wirkung	
Vorstecker Tragekörper mit Fassungen für Sicherheits- oder Filtersichtscheiben; werden auf Korrektionsschutzbrille aufgesteckt	
Schutzschild Mit der Hand gehaltene PSA, die Gesicht und Teile des Halses schützt	
Schutzschirm, Visier Tragehilfe mit Sicherheitssichtscheibe, die am Helm oder mit Kopfhalterung direkt auf dem Kopf getragen wird und Gesicht/Hals schützt	
Schutzhaubc Schützt meist Kopf und Hals	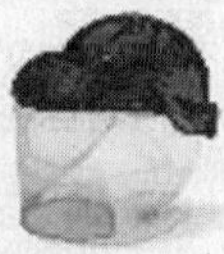

Tab. 2: Beispiele für Augen- und Gesichtsschutz (Bilder: Infield, Sperian, Uvex)

Praxis-Beispiel: Fehlsichtige Mitarbeiter

„Normale" Brillen haben keine Schutzwirkung und sind daher keine PSA. Der Unternehmer muss daher auch fehlsichtigen Mitarbeitern einen geeigneten Augen- bzw. Gesichtsschutz zur Verfügung stellen.

Praxis-Beispiel: Arbeiten von kurzer Dauer

Für kurzzeitige Arbeiten über wenige Minuten können z. B. Korb-, Überbrillen oder Visiere getragen werden. Kombinationen mit Korb- oder Überbrillen neigen allerdings zum Beschlagen, können dadurch zu zusätzlichen Gefährdungen führen und werden deshalb erfahrungsgemäß oft abgelehnt. Außerdem verursachen derartige Kombinationen oft Doppelbilder oder Spiegelungen.

Daher wird der Einsatz von Korrektionsschutzbrillen empfohlen, da sie Schutzfunktion und korrigierende Wirkung vereinen. Korrektionsschutzbrillen werden erfahrungsgemäß von den betroffenen Mitarbeitern problemlos getragen und darüber hinaus regelmäßig besser gepflegt. In der Anschaffung ist dieser Augenschutz zwar teurer, dies gleicht sich allerdings in fast allen Fällen durch die erheblich längere Benutzungsdauer aus.

3 Kennzeichnung

Augen- und Gesichtsschutz muss entsprechend den Normen gekennzeichnet sein. Sichtscheiben und Tragkörper sind getrennt gekennzeichnet. Bestehen beide aus einer Einheit, befindet sich die Kennzeichnung auf dem Tragkörper. Die Kennzeichnung von Sichtscheiben muss die wesentlichen Inhalte der **Abb. 1** enthalten.

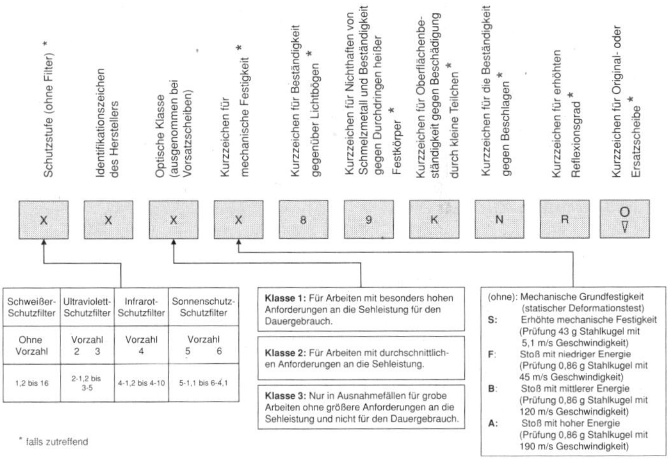

Abb. 1: Kennzeichnung von Sichtscheiben

4 Einsatz

Beim Einsatz von Augen und Gesichtsschutz ist es erforderlich, dass diese einen ausreichenden Schutz vor den in der → *Gefährdungsbeurteilung* ermittelten Gefährdungen bieten. Darüber hinaus ist bei der

Auswahl auch auf eine ausreichenden Tragekomfort zu achten. Dies ist besonders wichtig, wenn die Beschäftigten weitere PSA wie z.B. → *Gehörschutz* und/oder → *Kopfschutz* tragen müssen (z.B. können Brillenbügel Kapselgehörschützer in ihrer Wirksamkeit erheblich beeinflussen; auch können Augen- und → *Atemschutz* sich gegenseitig behindern). Die Pflicht zum Tragen von Augen- oder Gesichtsschutz wird durch die Gebotszeichen in **Abb. 2** kenntlich gemacht.

Bei der Benutzung können Verunreinigungen, z.B. durch Stäube und Flüssigkeiten, auftreten und Hautreizungen oder sogar Infektionen verursachen. Deshalb ist Augen- und Gesichtsschutz in regelmäßigen Abständen zu reinigen, zu pflegen und ggf. zu desinfizieren.

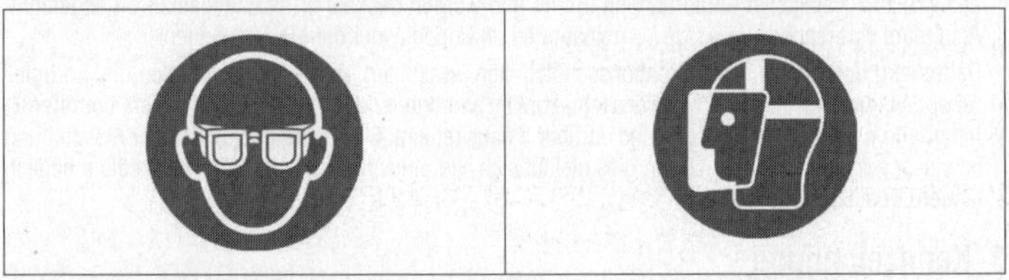

Abb. 2: Gebotszeichen Augen- und Gesichtsschutz benutzen

Praxis-Beispiel: Fremdkörper im Auge

Schutzbrillen schützen vor dem direkten Aufprall von Spänen, Splittern oder Grobstaub auf das Auge. Trotz Einsatz von Schutzbrillen kann es zum Unfalltyp „Fremdkörper im Auge" kommen. Der Fremdkörper wird mit den Fingern in das Auge gerieben (zwischen Hornhaut und Augenlid). Es besteht auch die Möglichkeit, dass sich die Fremdkörper in den Haaren verfangen oder auf dem Tragekörper der Schutzbrille ablagern. Nach dem Absetzen der Brille können die Fremdkörper dann ins Auge gelangen.

Praxis-Beispiel: Reinigung von Augen- und Gesichtsschutz

Die Reinigung von Augen- und Gesichtsschutz ist sehr wichtig. Werden z.B. Sicht- oder Sicherheitsscheiben aus Kunststoff trocken gereinigt, so kann dies zum „blind" werden des Materials führen. Die Folge ist eine schlechte Sicht und oftmals der Grund für eine Nicht-Benutzung. Bei der Reinigung sind daher auch die Hinweise der Hersteller zu berücksichtigen. Informationen zur richtigen Reinigung ist Teil der → *Unterweisung.*

5 Auswahl

Die Vielfalt auf dem Gebiet des Augen- und Gesichtsschutzes als → *Persönliche Schutzausrüstung* ist sehr groß. Nachdem im Rahmen der Gefährdungsbeurteilung die Bereiche ermittelt wurden, in denen Augen- und Gesichtsschutz erforderlich sind, können folgende Beteiligte bei der Auswahl des richtigen Augen- und Gesichtsschutzes helfen:

- Mitarbeiter bzw. Vorgesetzte, die bereits Erfahrungen besitzen,
- → *Betriebsarzt,*
- → *Fachkraft für Arbeitssicherheit,*
- PSA-Lieferant,
- Hersteller von Augen- und Gesichtsschutz,
- Aufsichtsperson der Berufsgenossenschaft.

Dirk Haffke

Aushangpflichten

Für eine größere Zahl von Gesetzen hat der Gesetzgeber vorgesehen, dass diese auf geeignete Weise im Betrieb bekannt gemacht werden müssen, um den Gedanken des Arbeits- und Gesundheitsschutzes im Betrieb zu fördern. Man spricht in diesem Zusammenhang von „Aushangpflichtigen Gesetzen".

Gesetze, Vorschriften und Rechtsprechung

Zahlreiche Vorschriften des Bundesrechts und des berufsgenossenschaftlichen Vorschriften- und Regelwerks sind aushangpflichtig. Siehe dazu unten.

1 Für wen gilt die Aushangpflicht?

Die Aushangpflicht gilt für jeden Arbeitgeber, der mind. eine/n Arbeitnehmer/in beschäftigt, unabhängig von dessen Rechtsform.

2 Welche Vorschriften sind aushangpflichtig?

- Allgemeines Gleichbehandlungsgesetz (AGG)
- Arbeitszeitgesetz (ArbZG)
- Arbeitsgerichtsgesetz (ArbGG; Auszug)
- Bürgerliches Gesetzbuch (BGB; nur arbeitsrechtliche Vorschriften)
- Druckluftverordnung (nur in Betrieben, die dem Schutzbereich unterfallen)
- Heimarbeitsgesetz (nur in Betrieben, die dem Schutzbereich unterfallen)
- Jugendarbeitsschutzgesetz (JArbSchG)
- Jugendarbeitsschutzuntersuchungsverordnung
- Ladenschlussgesetz (LSchlG; das LSchlG gilt nur noch in Bayern, alle anderen Bundesländer haben eigene Gesetze erlassen, die nur noch z. T. aushangpflichtig sind)
- Mutterschutzgesetz (MuSchG)
- Seemannsgesetz (nur in Betrieben, die dem Schutzbereich unterliegen)
- Sozialgesetzbuch VII (SGB VII; Auszug)
- Strahlenschutzgesetz (nur in Betrieben, die dem Schutzbereich unterliegen)
- Strahlenschutzverordnung (nur in Betrieben, die dem Schutzbereich unterliegen)

Die Aushangpflicht ist jeweils im genannten Gesetz geregelt.

Aus betrieblichen oder gesetzgeberischen Gründen angebracht (aber nicht verpflichtend!) ist der Aushang von

- Arbeitsstättenverordnung
- Bundesurlaubsgesetz
- Bundeselterngeld- und Elternzeitgesetz
- Bundesdatenschutzgesetz (Auszug)
- Nachweisgesetz

Die einschlägigen Vorschriften des berufsgenossenschaftlichen Regelwerks (DGUV-Vorschriften; ehedem Unfallverhütungsvorschriften) sind ebenfalls auszuhängen.

Auch Tarifverträge oder Betriebsvereinbarungen können vorsehen, dass diese durch Aushang im Betrieb allen Arbeitnehmern bekannt gemacht werden müssen.

3 Wie ist der Aushangpflicht nachzukommen?

Der Aushangpflicht wird der Arbeitgeber dadurch gerecht, dass diese an einem „Schwarzen Brett" ausgehängt bzw. zugänglich gemacht werden. Der Arbeitnehmer muss ungestört und von Vorgesetzten unkontrollierbar diese Gesetze einsehen können. In größeren Unternehmen mit mehreren Betriebsteilen, verschiedenen Baukörpern oder Stockwerken, verschiedenen Filialen usw. muss in jeder dieser Einheiten ein Aushang erfolgen. Der Arbeitnehmer muss die Vorschriften „stets" einsehen können, d. h. ein Aushang in Räumen, die nicht immer zugänglich sind, reicht nicht aus.

Der Aushang muss die jeweils aktuell geltenden Gesetze umfassen.

Praxis-Beispiel: Aushangpflichtige Gesetze

Viele Verlage geben Textsammlungen unter dem Titel „Aushangpflichtige Gesetze" heraus, die oftmals bereits mit einer Kordel zum Aufhängen versehen sind. Wird hier die jeweils aktuelle Auflage verwendet, kommt man seiner Aktualitätsverpflichtung ohne Probleme nach.

Die berufsgenossenschaftlichen Regelungen werden von der zuständigen Berufsgenossenschaft dem Arbeitgeber zum Aushang überlassen.

In Zeiten, in denen der PC am Arbeitsplatz zur „Standardausrüstung" gehört und die Firmenintranets viele wichtige Informationen enthalten, kann der „Aushangverpflichtung" auch durch eine Bereitstellung der Gesetze in diesem Intranet nachgekommen werden, allerdings nur dann, wenn sichergestellt ist, dass jeder Mitarbeiter Zugang zu einem solchen Arbeitsplatz hat!

In einigen Vorschriften ist von einer „Auslegeverpflichtung" die Rede. Diese entspricht der Aushangverpflichtung.

4 Welche Folgen hat ein Verstoß gegen die Aushangpflicht?

Ein Verstoß gegen die Aushangpflicht widerspricht der Fürsorgepflicht des Arbeitgebers aus § 611 BGB. Dieser Verstoß kann im Schadensfall eine zivilrechtliche Haftung des Arbeitgebers für Schäden nach sich ziehen, die der Arbeitnehmer erleidet, weil er Vorgaben nicht einhalten konnte, ohne von diesen zu wissen.

Die Erfüllung der Aushangverpflichtung wird von den Aufsichtsbehörden wie auch von den Berufsgenossenschaften kontrolliert. Fehlende, unvollständige oder fehlerhafte Aushänge können Bußgelder nach sich ziehen.

Sollen tarifvertragliche Regelungen oder Betriebsvereinbarungen durch Aushang im Betrieb bekannt gegeben werden, kann sich der Arbeitgeber nicht auf diese berufen, wenn der Aushang unterblieben ist. So kann es passieren, dass z. B. Ausschlussfristen nicht zur Geltung kommen können.

Joachim Schwede

Auslandseinsätze

Für eine zunehmende Zahl von Arbeitnehmern gehören Auslandseinsätze zum Berufsalltag. Sind diese befristet und bleibt während der Zeit das Arbeitsverhältnis bei ihrem inländischen Arbeitgeber bestehen, dann gilt der Schutz der gesetzlichen Unfallversicherung auch im Ausland weiter. Allerdings gibt es dabei eine Reihe von Bedingungen und Formalitäten zu beachten. Außerdem müssen praktische Fragen für einen sicheren Auslandaufenthalt geklärt werden. Wenn das Ziel weiter entfernt liegt, sind das z. B. Impfungen, die Bedingungen des Einsatzes und der Gesundheitsversorgung im Aufenthaltsland.

Gesetze, Vorschriften und Rechtsprechung

Grundsätzlich ist der Schutz der deutschen gesetzlichen Unfallversicherung auf das Inland beschränkt. Für die vor Ort Beschäftigten von Auslandniederlassungen gilt er z. B. nicht (sog. Ortskräfte). Unterschiedliche Rechtsgrundlagen führen dazu, dass der Schutz der gesetzlichen Unfallversicherung im Ausland wirksam bleibt:

- EU-Verordnungen (EWG) Nr. 1408/71 und Nr. 574/72 betrifft Mitarbeiter deutscher Unternehmen, die für nicht länger als 12 Monate ins EU-Ausland entsandt werden.
- Abkommen über soziale Sicherheit, in die die gesetzliche Unfallversicherung einbezogen ist, bestehen mit einigen Nicht-EU-Staaten (Bulgarien, Israel, Kroatien, Marokko, Serbien und Montenegro, Türkei, Tunesien) und ermöglichen den Fortbestand der Unfallversicherung bei Einsätzen dort (für 12 bis 36 Monate, manchmal darüber hinaus gehend).
- Ausstrahlungsregelung des § 4 Sozialgesetzbuch IV betrifft Mitarbeiter, die in andere als die o. g. Länder entsendet werden (ohne feste Zeitgrenze).

Freiwillige Auslandversicherungen ermöglichen einige Unfallversicherungsträger für Fälle, für die die anderen Grundlagen nicht herangezogen werden können, z.B. weil das Beschäftigungsverhältnis im Inland für die Zeit des Auslandseinsatzes ruht. Alle weiteren arbeitsschutzrechtlichen Bestimmungen gelten im Ausland fort, soweit das umsetzbar ist und Rechtsnormen des Ziellandes nicht dagegen sprechen.

1 Unfallversicherungsschutz im Ausland

Damit der Schutz der gesetzlichen Unfallversicherung im Ausland bestehen bleibt, müssen bestimmte Bedingungen erfüllt sein, die von den Umständen im Einzelnen und vom Zielland bestimmt werden. I.d.R. gilt:

- Das Arbeitsverhältnis im Inland muss aufrechterhalten werden.
- Beschäftigte, die ihr Arbeitsverhältnis zum Zweck des Auslandseinsatzes neu aufgenommen haben, müssen vorher zumindest in Deutschland ihren gewöhnlichen Aufenthalt gehabt haben.
- Für viele (nicht alle) Zielländer darf der Auslandseinsatz eine bestimmte Dauer nicht überschreiten (meist zwischen 12 und 36 Monate).
- Die Nationalität des Beschäftigten spielt keine Rolle.

1.1 EU und Abkommenstaaten

Für EU-Länder beruht der Unfallversicherungsschutz auf bestehenden EU-Gesetzen bzw. für bestimmte Drittstaaten auf EU-Abkommen (Island, Liechtenstein, Norwegen, Schweiz).

Mit einigen Nicht-EU-Staaten (Bulgarien, Israel, Kroatien, Marokko, Serbien und Montenegro, Türkei, Tunesien) bestehen außerdem Abkommen der Bundesrepublik Deutschland über soziale Sicherheit, die auch die gesetzliche Unfallversicherung einbeziehen (Abkommenstaaten).

Praxis-Beispiel: Versicherungsbedingungen im Einzelfall prüfen

Internationales Sozialrecht ist sehr differenziert. Selbst innerhalb der EU gibt es einige länderspezifische Abweichungen. Deswegen ist es wichtig, im konkreten Fall mit der zuständigen Unfallversicherung alle Versicherungsfragen zu klären. Das gilt insbesondere auch für Großbritannien nach dem EU-Austritt, wo viele Fragen der internationalen Zusammenarbeit erst nach und nach geklärt werden können.

Praxis-Beispiel: Länderspezifische Ansprechpartner finden

Um unfallversicherungsrechtliche Fragen in Zusammenhang mit Auslandstätigkeiten effektiv bearbeiten zu können, haben einzelne Berufsgenossenschaften innerhalb der DGUV jeweils die Zuständigkeit für ein oder mehrere Länder übernommen, mit denen versicherungsrechtliche Vereinbarungen bestehen. Auf diese Weise werden Anfragen und Versicherungsfälle nicht nach BG-Zugehörigkeit, sondern von der sog. Verbindungsstelle der für das betroffene Land zuständigen BG bearbeitet. Die entsprechende Liste ist unter www.dguv.de zu finden. Geht es um Länder, mit denen keine Versicherungsabkommen bestehen (z.B. in Übersee), bleibt die eigene BG Ansprechpartner.

In der EU und den Abkommenstaaten werden die Leistungen im Rahmen der gesetzlichen Unfallversicherung über die entsprechenden Sozialleistungssysteme der Zielländer erbracht, und zwar nach dortigen Bestimmungen („Sachleistungsaushilfe"). D.h., dass nicht immer das in Deutschland vorgesehene Leistungsspektrum gewährleistet ist und ggf. im Zielland vorgeschriebene Zuzahlungen zu leisten sind, die später allerdings i.d.R. durch die deutschen Unfallversicherungsträger erstattet werden.

Praxis-Beispiel: Zusätzlicher Versicherungsschutz nötig

Die gesetzliche Unfallversicherung deckt gerade im Ausland nicht alle wesentlichen Risiken ab. Für private Erkrankungen und Unfälle (sowie natürlich für mitreisende Familienmitglieder) wird eine Auslandskrankenversicherung benötigt (wenn nicht, wie das bei einigen gängigen EU-Reiseländern der Fall ist, weitgehende Sozialversicherungsabkommen bzw. Kooperationen der Krankenkassen bestehen). Sinnvoll kann auch eine Rücktransportversicherung sein, denn weil die Leistungen der gesetzlichen Unfallversicherung per Sachleistungsaushilfe grundsätzlich im Ausland erbracht werden, sind Rücktransporte nur dann vorgesehen, wenn medizinisch absolut nötig.

Nachweis des Versicherungsschutzes

Um bei Eintritt des Versicherungsfalles medizinische Leistungen in Anspruch nehmen zu können (oder auch im Ausland die Weiterbehandlung eines vor Antritt des Auslandseinsatzes eingetretenen Versicherungsfalles zu ermöglichen), sind je nach Zielland unterschiedliche Dokumente erforderlich, die vor Antritt des Einsatzes zu beschaffen sind. Welche Bescheinigungen das sind und wer für die Beschaffung und Ausstellung zuständig ist, geht aus den Informationen der Unfallversicherungsträger zurück (Entsendemerkblatt, s. u.).

Praxis-Beispiel: Europäische Versicherungskarte

In allen EU-Staaten sowie Island, Norwegen, Schweiz und Liechtenstein sollte auf jeden Fall die europäische Krankenversicherungskarte mitgeführt werden, die die deutschen Krankenversicherungen ausstellen. Sie ermöglicht unbürokratisch einen Start der medizinischen Leistungen, auch wenn die vollständigen Unfallversicherungsdokumente nicht zur Hand sind.

Praxis-Beispiel: Wahlleistungen können nicht erstattet werden

Werden im Rahmen der Heilbehandlung Wahlleistungen in Anspruch genommen, die im Zielland nicht von der gesetzlichen Unfallversicherung übernommen werden, können diese auch von den deutschen Unfallversicherungsträgern nicht erstattet werden (auch wenn sie hier zum Standard gehören).

1.2 Nicht-Abkommenstaaten

In allen Zielländern, die nicht unter die gesetzlichen Regelungen oder Abkommen zur Sozialversicherung fallen (z. B. die nord-, südamerikanischen und asiatischen sowie die meisten afrikanischen Staaten, Russland) muss der Reisende selbst entsprechende Vorsorge zur gesundheitlichen Versorgung auch im Fall von Unfällen und Berufskrankheiten tragen, z. B. in dem entsprechende Verträge mit Auslandskrankenversicherungen abgeschlossen werden, in denen der Reisende selbst und nicht der Arbeitgeber Vertragspartner ist.

Trotzdem ist der Arbeitgeber im Rahmen seiner Fürsorgepflicht gehalten, den Arbeitnehmer dabei entsprechend zu unterstützen und für die Kosten zunächst aufzukommen. Im Nachhinein erstattet der zuständige inländische Unfallversicherungsträger dann nach Beleg die Kosten „in angemessenen Umfang“. Dazu ist es sinnvoll, im Vorhinein oder auch im akuten Fall kurzfristig mit dem Unfallversicherungsträger zu klären, was erstattungsfähig ist (besonders wichtig z. B. im Hinblick auf teure Rücktransporte).

Praxis-Beispiel: Doppelversicherung bei Aufenthalt in Nicht-Abkommenstaaten möglich

In Nicht-Abkommenstaaten müssen trotz der in Deutschland bestehenden Unfallversicherung u. U. zusätzlich Beiträge zu dortigen Sozialversicherungssystemen gezahlt werden, unabhängig davon, wie die medizinischen Leistungen tatsächlich dargestellt bzw. abgerechnet werden.

2 Arbeitsschutz im Ausland

Grundsätzlich muss das in Deutschland verfolgte Schutzniveau auch im Ausland eingehalten werden. Wo Abweichungen unvermeidlich sind, muss über eine → *Gefährdungsbeurteilung* so weit wie möglich sichergestellt werden, dass keine untragbaren Risiken auftreten.

Bei Verstößen gegen Unfallverhütungsvorschriften bei Arbeiten im Ausland kann der Unfallversicherungsträger gegen das Unternehmen im Inland Maßnahmen ergreifen.

Bei länger andauernden Arbeiten im Ausland (z. B. → *Baustellen* i. S. v. DGUV-V 38 „Bauarbeiten“) ist vom Unternehmen Folgendes zu regeln bzw. zu veranlassen:

- Anzeige der Auslandstätigkeit beim zuständigen Unfallversicherungsträger (soweit in den Unfallverhütungsvorschriften oder sonst durch den Unfallversicherungsträger gefordert);

- ggf. Anzeige der Tätigkeiten bei den deutschen Auslandsvertretungen;
- Sicherstellen der → *Ersten Hilfe* und Medizinischen Versorgung vor Ort (ggf. in Zusammenarbeit mit dem ausländischen Auftraggeber). Dazu gehört u.a.: Erste-Hilfe-Material, → *Ersthelfer*, Rettungsgerät, Transportmittel/Verkehrsverbindung zu einem geeigneten Arzt/Krankenhaus, Dokumentation aller Hilfeleistungen/ Behandlungen. Informationen geben die Verbindungsstellen der Unfallversicherungsträger, Arbeitgeberverbände, die deutschen Auslandsvertretungen, Hilfeleistungsorganisationen wie das DRK u. a.);
- schriftliche Bestellung eines verantwortlichen Leiters für die Durchführung der Unfallverhütungsmaßnahmen, der Ersten Hilfe und für die Einleitung einer Heilbehandlung im Ausland (möglichst mit Vertreter), entsprechende → *Unterweisung*, Bereitstellen aller notwendigen Informationen zum Unfallschutz (Unfallverhütungsvorschriften, Bestimmungen des Ziellandes);
- Einbeziehung der Auslandstätigkeit in die betriebliche Sicherheitsorganisation (→ *Betriebsarzt*, → *Fachkraft für Arbeitssicherheit*, → *Sicherheitsbeauftragte*);
- ärztliche Beratung bzw. → *arbeitsmedizinische Vorsorge* vor der Entsendung in Gebiete mit besonderen klimatischen und gesundheitlichen Belastungen (s. u.);
- meldepflichtige und tödliche → *Unfälle* sowie → *Berufskrankheiten* (bzw. Verdacht darauf) sind dem deutschen Unfallversicherungsträger sobald wie möglich zu melden. Besteht noch bei der Rückkehr Behandlungsbedarf, ist umgehend ein Durchgangsarzt aufzusuchen.

Praxis-Beispiel: Vordruck Medical Report

Ärztliche Leistungen bei Versicherungsfällen im Ausland sollten auf dem dafür vorgesehen, internationalen Formular „Medical Report" dokumentiert werden (verfügbar in englisch/französisch oder spanisch/portugiesisch, siehe Entsendemerkblatt). Das erleichtert die Bearbeitung späterer Ansprüche gegenüber der Sozialversicherung.

3 Reisemedizin und Impfungen

Bei Reisen in Länder, in denen besondere klimatische oder gesundheitliche Rahmenbedingungen herrschen, muss der Betriebsarzt entsprechend beraten. Themen sind je nach Zielland z. B.:

- Impfprophylaxe, z. B. Hepatitis A und B, Malariaprophylaxe (wegen der weiten Verbreitung und des hohen Ansteckungsrisikos besonders wichtig);
- Hinweise zum persönlichen Verhalten (Vermeidung von lebensmittelbedingten Infektionen, Sexualverhalten);
- ggf. Mitnahme von Material und/oder Medikamenten zur Ersten Hilfe oder Erstbehandlung in Ländern mit schwachen Gesundheitssystemen.

Bei längeren Aufenthalten in entsprechenden Ländern (mehr als 3 Monate) ist der Untersuchungsgrundsatz G 35 „Arbeitsaufenthalt im Ausland unter besonderen klimatischen und gesundheitlichen Belastungen" (DGUV Grundsatz 350-001) anzuwenden. Dieser sieht neben einer Untersuchung vor der Ausreise auch eine Rückkehruntersuchung vor (bei Auslandaufenthalten von mehr als einem Jahr).

Praxis-Beispiel: „Tropenuntersuchung" auch für Familienangehörige vorsehen

Aus medizinischer Sicht ist eine dem Untersuchungsgrundsatz G 35 entsprechende Untersuchung auch für mitreisende Familienangehörige absolut sinnvoll (wird i. d. R. von den Krankenkassen getragen).

Praxis-Beispiel: Entsendemerkblatt der DGUV

Die DGUV stellt alle relevanten Informationen in einem sehr ausführlichen Entsendemerkblatt zur Verfügung, das von der ehemaligen Deutschen Verbindungsstelle Unfallversicherung – Ausland (DVUA) innerhalb des HVBG herausgebracht wurde (siehe unter www.dguv.de). Die DVUA gibt es mit Übergang des HVBG in die DGUV allerdings nicht mehr unter diesem Namen. Die Funktionen hat die

DGUV unter der Bezeichnung Referat Koordination Verbindungsstelle/Sachleistungsaushilfe übernommen.

Cornelia von Quistorp

Auslösewerte

Lärm und Vibrationen am Arbeitsplatz gefährden die Gesundheit der Beschäftigten. Der Arbeitgeber ist verpflichtet, derartige Belastungen zu vermeiden bzw. zu verringern. Zum Schutz vor Lärm und Vibrationen legt die Lärm- und Vibrations-Arbeitsschutzverordnung (LärmVibrationsArbSchV) für Lärm obere und untere Auslösewerte und für Vibrationen Auslösewerte und Expositionsgrenzwerte fest. Bei Überschreiten der Auslösewerte müssen Maßnahmen zur Vermeidung und Verringerung von Lärm bzw. Vibrationen ergriffen werden. Auslösewerte dienen also als Warngrenze bzw. Einschreitgröße. Der Expositionsgrenzwert ist festgelegt als der Wert, dem der Beschäftigte maximal ausgesetzt sein darf. Im Rahmen einer Gefährdungsbeurteilung ist zu ermitteln, ob und in welchem Maß die Beschäftigten Lärm bzw. Vibrationen am Arbeitsplatz ausgesetzt sind. Messungen müssen gem. dem Stand der Technik und von fachkundigen Personen durchgeführt werden.

Gesetze, Vorschriften und Rechtsprechung

Auslösewerte sind in der Lärm- und Vibrations-Arbeitsschutzverordnung (LärmVibrationsArbSchV) festgelegt.

Die Technischen Regeln zur LärmVibrationsArbSchV (TRLV Lärm und TRLV Vibrationen) geben Hinweise zu Beurteilung der Gefährdung, Messung und Schutzmaßnahmen.

1 Obere und untere Auslösewerte bei Lärmexposition

In § 6 LärmVibrationsArbSchV sind obere und untere Auslösewerte für Lärmbelastungen festgelegt. Die Werte beziehen sich auf eine 8-Stunden-Schicht und legen die durchschnittliche Lärmbelastung sowie einen Höchstwert fest:

- obere Auslösewerte $L_{EX,\,8\,h}$ = 85 dB (A) bzw. $L_{pC,\,peak}$ = 137 dB (C);
- untere Auslösewerte $L_{EX,\,8\,h}$ = 80 dB (A) bzw. $L_{pC,\,peak}$ = 135 dB (C).

Bei der Anwendung dieser Werte wird die dämmende Wirkung eines persönlichen → *Gehörschutzes* nicht berücksichtigt (§ 6 LärmVibrationsArbSchV).

2 Maßnahmen zur Vermeidung und Verringerung der Lärmexposition

Wird einer der oberen Auslösewerte überschritten, sind technische und organisatorische Maßnahmen zum Schutz der Beschäftigten festzulegen und durchzuführen. Priorität haben dabei Maßnahmen, die dort ansetzen, wo der → *Lärm* entsteht (§ 7 LärmVibrationsArbSchV). Geeignete Maßnahmen zur Verringerung bzw. Vermeidung von Lärmexposition können sein (in der Reihenfolge ihrer Priorität):

Technische Maßnahmen:

- alternative Arbeitsverfahren;
- Einsatz von → *Arbeitsmitteln*, die keinen oder weniger Lärm verursachen;
- Gestaltung von Arbeitsplatz bzw. Gebäude unter dem Aspekt Lärmschutz;
- technische Vorrichtungen zum Lärmschutz, z.B. Kapselung von → *Maschinen* oder Abdichtung zur Schalldämmung.

Organisatorische Maßnahmen:

- Arbeitszeiten mit hoher Lärmbelastung zeitlich beschränken;
- der Arbeitgeber ist gem. § 7 LärmVibrationsArbSchV auch dazu verpflichtet, Lärmbereiche zu kennzeichnen und wenn möglich abzugrenzen, sobald einer der oberen Auslösewerte erreicht oder überschritten wird.

Werden trotz der durchgeführten Maßnahmen die unteren Auslöswerte überschritten, muss der Arbeitgeber

- dem Beschäftigten einen geeigneten persönlichen → *Gehörschutz* zur Verfügung stellen;
- sicherstellen, dass der Beschäftigte ihn bei Erreichen oder Überschreiten eines der oberen Auslösewerte auch trägt (§ 8 LärmVibrationsArbSchV).

3 Auslösewerte und Expositionsgrenzwerte bei Vibrationen

§ 9 LärmVibrationsArbSchV regelt Expositionsgrenzwerte und Auslösewerte bei Vibrationsexposition sowie Maßnahmen zur Vermeidung und Verringerung. Für Hand-Arm- bzw. Ganzkörpervibrationen gelten verschiedene Auslöse- und Expositionsgrenzwerte. Sie sind bezogen auf durchschnittliche Werte einer 8-Stunden-Schicht und definieren für Ganzkörpervibrationen Belastungen in horizontaler (x- und y-) sowie in vertikaler (z-)Richtung:

Hand-Arm-Vibrationen:

- Expositionsgrenzwert A (8) = 5 m/s^2
- Auslösewert A (8) = 2,5 m/s^2

Ganzkörpervibrationen:

- Expositionsgrenzwert A (8) = 1,15 m/s^2 in X- und Y-Richtung und A (8) = 0,8 m/s^2 in Z-Richtung
- Auslösewert A (8) = 0,5 m/s^2

Im Anhang Vibrationen der LärmVibrationsArbSchV ist festgelegt, wie Vibrationsexposition ermittelt, bewertet bzw. gemessen wird.

4 Maßnahmen zur Vermeidung und Verringerung der Exposition durch Vibrationen

Die Auslösewerte für Vibrationen dienen der → *Prävention.* Bei Überschreitung der Werte müssen technische und organisatorische Maßnahmen festgelegt und durchgeführt werden, um die Vibrationsbelastung zu verringern. Die Expositionsgrenzwerte dürfen nicht überschritten werden, da hier bei lang anhaltender Einwirkung mit Gesundheitsschäden gerechnet werden muss. Wird einer der Expositionsgrenzwerte trotz bereits durchgeführter Maßnahmen überschritten, ist der Arbeitgeber deshalb dazu verpflichtet, dass „unverzüglich" weitere Maßnahmen zur Vermeidung bzw. Verringerung ergriffen werden (§ 10 LärmVibrationsArbSchV). Maßnahmen können sein (in der Reihenfolge ihrer Priorität):

Technische Maßnahmen:

- alternative Arbeitsverfahren;
- Einsatz von → *Arbeitsmitteln*, die vibrationsmindernd bzw. vibrationsgemindert sind;
- Gestaltung von Arbeitsplatz bzw. Gebäude unter dem Aspekt Vibrationsschutz.

Organisatorische Maßnahmen: Arbeitszeiten mit vibrationsintensiver Tätigkeit zeitlich beschränken. Grundsätzlich gilt es auch hier, die Vibration am Entstehungsort zu vermeiden bzw. zu verringern.

Ergänzend zu technischen und organisatorischen Maßnahmen tragen → *persönliche Schutzausrüstungen* wie z. B. Antivibrations-Schutzhandschuhe (HAV) dazu bei, die Gesundheit der Beschäftigten zu schützen.

Bettina Huck

Barrierefreiheit

Barrierefreiheit bezeichnet das Prinzip, dass die gestaltete Umwelt allen Menschen so weit wie möglich unabhängig von ihren individuellen Fähigkeiten und Bedürfnissen ermöglichen soll, sich selbstständig zu bewegen und Einrichtungen und Informationen zu nutzen. Im deutschen Sprachgebrauch löst der Begriff die Bezeichnung „behindertengerecht" zunehmend ab und ist auch nicht auf Menschen mit Behinderung beschränkt, sondern schließt auch die Belange z. B. von Älteren oder Personen, die Kleinkinder bei sich haben, mit ein. Barrierefrei sollen dabei nicht mehr vorrangig nur bauliche Anlagen sein, sondern alle Bereiche, in denen der Mensch mit seiner Umgebung in Kontakt kommt, also z.B. auch der Umgang mit elektronischen Daten und automatisierten Abläufen, die Gestaltung von Sprache, die Erkennbarkeit von Dokumenten usw.

Gesetze, Vorschriften und Rechtsprechung

Der Begriff Barrierefreiheit ist in § 4 Behindertengleichstellungsgesetz (BGG) verankert: „Barrierefrei sind bauliche und sonstige Anlagen, Verkehrsmittel, technische Gebrauchsgegenstände, Systeme der Informationsverarbeitung, akustische und visuelle Informationsquellen und Kommunikationseinrichtungen sowie andere gestaltete Lebensbereiche, wenn sie für behinderte Menschen in der allgemein üblichen Weise, ohne besondere Erschwernis und grundsätzlich ohne fremde Hilfe zugänglich und nutzbar sind."

Um dahin zu kommen, dass zunehmend weniger Barrieren in gestalteten Lebensbereichen auftreten, definiert § 5 BGG das Instrument der Zielvereinbarung. Danach sind anerkannte Verbände, die die Interessen behinderter Menschen vertreten, berechtigt, mit Verbänden und Organisationen des öffentlichen Lebens (Branchenverbänden, aber auch staatlichen und kommunalen Stellen, Körperschaften usw.) Zielvereinbarungen auszuhandeln, in denen festgelegt wird, wie gestaltete Lebensbereiche künftig zu verändern sind, um dem Anspruch behinderter Menschen auf Zugang und Nutzung zu genügen. Zielvereinbarungen enthalten Mindestanforderungen, die Festlegung von Fristen bzw. Zeitplänen und u.U. auch Vertragsstrafen abreden. Bisher gibt es allerdings bundesweit nur relativ wenige Zielvereinbarungen.

Da die Gültigkeit des BGG prinzipiell auf die Bereiche beschränkt ist, in denen Bundesrecht gültig ist, gibt es auch **länderspezifische Rechtsnormen zur Integration von Menschen mit Behinderungen**, die z.T. gleiche oder ähnliche Regelungen zur Barrierefreiheit enthalten, z.T. aber auch abweichen.

Größere praktische Bedeutung haben die **niederrangigen Rechtsnormen**, v.a.

- die (länderspezifisch unterschiedlichen) Vorgaben der Landesbauordnungen zum barrierefreien Bauen,
- Richtlinien und Regeln, wie die ASR V3a.2 „Barrierefreie Gestaltung von Arbeitsstätten", und VDI Vorschriften, z.B. VDI 6000 „Sanitärräume", VDI 6008 „Barrierefreie Lebensräume",
- unterschiedliche DIN-Normen zur barrierefreien Gestaltung, v.a. DIN 18040 „Barrierefreies Bauen" (besonders Teil 1 „Öffentlich zugängliche Gebäude"),
- weitere DIN-Normen zu Detailfragen wie Bodenindikatoren zur Orientierung, Kontrastgestaltung von Informationssystemen, Notrufsystemen u.v.m.).

1 Barrierefreiheit in Arbeitsstätten

Das Prinzip der Barrierefreiheit hat als grundsätzliches Ziel, das Lebensumfeld ganz allgemein und selbstverständlich so zu gestalten, dass möglichst alle Menschen sich darin orientieren und bewegen können. So global betrachtet ist es wünschenswert, dass der Betreiber einer Arbeitsstätte bei allen betrieblichen Entscheidungen Barrierefreiheit anstrebt und entsprechend berücksichtigt. Praktisch steht aber oft die Frage im Raum, ob und in welchem Umfang barrierefreie Gestaltung in Arbeitsstätten verbindlich realisiert werden muss. Dabei sind unterschiedliche rechtliche Hintergründe zu berücksichtigen.

2 Gleichstellungsgesetz

Konkrete Umsetzungserfordernisse ergeben sich aus den nach BGG getroffenen Zielvereinbarungen bzw. aus den vergleichbaren Ländergesetzen (zzt. vorgesehen für Mecklenburg-Vorpommern, Nordrhein-Westfalen, Saarland, Hessen, Thüringen, Sachsen). Danach kann z.B. ein Unternehmerverband oder ein öffentlicher Arbeitgeber mit einem anerkannten Behindertenverband vereinbaren, dass in einem bestimmten Zeitraum dafür gesorgt wird, dass in allen zugehörigen Arbeitsstätten mobilitäts- und sinnesbehinderte Menschen beschäftigt werden können. Z.T. sind bestimmte Vorgaben zur Barrierefreiheit für öffentliche Einrichtungen der Länder auch unmittelbar in Ländergesetzen verankert.

Zielvereinbarungen sind grundsätzlich bindend und würden ggf. auch Nachrüstungspflichten nach sich ziehen, sind bisher tatsächlich allerdings meist eher auf öffentlich zugängliche Bereiche und weniger auf Arbeitsstätten bezogen und allgemein noch selten.

3 Landesbauordnungen

Viele Bauordnungen der Länder enthalten konkrete Anforderungen an Barrierefreiheit für bestimmte Bauten. Davon sind Betreiber dann betroffen, wenn es sich bei der Arbeitsstätte um ein solches Objekt handelt (länderspezifisch, meist aber Einrichtungen des Kultur und des Bildungswesens, Sport- und Freizeitstätten, Einrichtungen des Gesundheitswesens, Büro-, Verwaltungs- und Gerichtsgebäude, Verkaufs- und Gaststätten sowie Stellplätze, Garagen und Toilettenanlagen).

Anforderungen gibt es z.B. für

- Eingänge (Mindestbreiten, stufenlos, ausreichende Bewegungsfläche),
- Rampenneigungen, Zwischenpodeste an Rampen und Treppen,
- Handläufe,
- Toilettenräume.

Die Anforderungen nach Landesbauordnungen beziehen sich weitgehend nur auf die Bedürfnisse von Menschen mit Mobilitätseinschränkungen. Sie sind größtenteils schon lange bekannt und meist auch umgesetzt. Einschränkend wirkt, dass für Bestandsbauten, Umnutzungen und schwierige bauliche Situationen oft Ausnahmeregelungen vorgesehen sind. Z. T. sind die Forderungen nach Landesbauordnung auch ausdrücklich nur auf die öffentlich zugänglichen Bereiche von öffentlichen Gebäuden bezogen, sodass Arbeitsplätze außerhalb dieser Bereiche danach nicht unbedingt barrierefrei sein müssen.

Praxis-Beispiel: Normen und Richtlinien zur Barrierefreiheit

DIN-Normen und VDI-Richtlinien sind als solche zunächst nicht unbedingt rechtlich bindend. Wenn aber für einen Bereich oder ein Projekt Barrierefreiheit zu realisieren ist, dann sollte von den konkreten Angaben in den etablierten Normen und Regeln ausgegangen werden, weil sie den Stand der Technik in den betreffenden Bereichen wiedergeben. Abweichungen in begründeten Einzelfällen sind immer möglich und zum Teil auch nötig, gerade wenn es um bestimmte Bedürfnisse einzelner Nutzer geht, die nicht immer von allgemeingültigen Normen abgebildet werden.

4 Arbeitsstättenrecht

In § 3a Abs. 2 **Arbeitsstättenverordnung** wird Barrierefreiheit nur für den Fall eingefordert, dass tatsächlich Menschen mit Behinderungen beschäftigt werden und nur bezogen auf deren Bedürfnisse: „*Beschäftigt der Arbeitgeber Menschen mit Behinderungen, hat er die Arbeitsstätte so einzurichten und zu betreiben, dass die besonderen Belange dieser Beschäftigten im Hinblick auf Sicherheit und Gesundheitsschutz berücksichtigt werden. Dies gilt insbesondere für die barrierefreie Gestaltung von Arbeitsplätzen, Sanitär-, Pausen- und Bereitschaftsräumen, Kantinen, Erste-Hilfe-Räumen und Unterkünften sowie den zugehörigen Türen, Verkehrswegen, Fluchtwegen, Notausgängen, Treppen und Orientierungssystemen, die von den Beschäftigten mit Behinderungen benutzt werden.*“

Dazu sind relativ weite Ausnahmeregelungen vorgesehen, die allerdings in einem schriftlichen Verfahren durch die zuständige Arbeitsschutzaufsichtsbehörde zu genehmigen sind und den Schutz des Beschäftigten nicht einschränken dürfen. Die länderspezifischen baurechtlichen Vorschriften (s.o.) bleiben ausdrücklich unberührt.

In der **ASR V3a.2** „Barrierefreie Gestaltung von Arbeitsstätten“ wird das dahingehend konkretisiert, dass der Arbeitgeber Barrierefreiheit zwar nur individuell entsprechend den Bedürfnissen der bei ihm Beschäftigten sicherstellen muss, aber ausdrücklich unabhängig vom festgestellten Grad der Behinderung, also nicht etwa nur für sog. Schwerbehinderte mit einer Minderung der Erwerbsfähigkeit von mehr als 50 %. Auch dann, wenn ein Mitarbeiter darauf verzichtet, eine Behinderung überhaupt offiziell feststellen zu lassen, hat der Arbeitgeber die nötigen Maßnahmen zu ergreifen, damit dieser sicher und gesundheitsschonend arbeiten kann. Diese Maßnahmen sind in einer Gefährdungsbeurteilung festzulegen, bei der nach der im Arbeitsschutz üblichen Rangfolge technische vor organisatorischen vor personenbezogenen Maßnahmen umzusetzen sind. Nur, wenn es dabei für den Arbeitgeber zu unverhältnismäßigen Aufwendungen kommt, darf davon abgewichen werden.

In die Beurteilung müssen alle Bereiche einer Arbeitsstätte mit einbezogen und entsprechend gestaltet werden, zu denen die Betroffenen Zugang haben müssen.

Praxis-Beispiel: Verhältnismäßigkeit der Maßnahmen

Selbstverständlich muss jeder Beschäftigte die Möglichkeit haben, bei Bedarf persönlichen Kontakt mit der Personalvertretung eines Betriebs aufzunehmen. Wenn das Betriebsratsbüro nur über Treppen erreichbar ist, ist es aber sicher nicht verhältnismäßig, einen Treppenlift zu installieren, damit ein mobilitätseingeschränkter Beschäftigter dort hingelangen kann. Vielmehr gibt es sicher in jedem Betrieb eine Möglichkeit, dass ein solcher Kontakt unter Wahrung aller Interessen an einem erreichbaren Ort stattfinden kann. Anders sähe es aus, wenn ein mobilitätseingeschränkter Beschäftigter in den Betriebsrat gewählt wird oder wenn in einem größeren Betrieb eine größere Zahl von Beschäftigten nicht ausreichend gut über Treppen gehen kann.

Praxis-Beispiel: Wann spricht man von einer Behinderung?

Eine **Behinderung** liegt vor, wenn die körperliche Funktion, geistige Fähigkeit oder psychische Gesundheit mit hoher Wahrscheinlichkeit länger als 6 Monate von dem für das Lebensalter typischen Zustand abweicht und dadurch Einschränkungen am Arbeitsplatz oder in der Arbeitsstätte bestehen (Definition nach ASR V3a.2 aus § 2 SGB IX).

Barrierefreie Gestaltung kann abhängig von den zu berücksichtigenden Einschränkungen der Betroffenen folgende Bereiche umfassen:

- bauliche und sonstige Anlagen (Gebäude, Außenanlagen, Produktionsanlagen usw.),
- Transport- und Arbeitsmittel (Pkw, Transportwagen, Büroausstattung, → *Handwerkzeuge* usw.),
- Systeme der Informationsverarbeitung (EDV-Anlagen und Geräte),
- akustische, visuelle und taktile Informationsquellen und Kommunikationseinrichtungen (Lautsprecheranlagen, Alarmierungssysteme, Lagepläne und Orientierungssysteme, Bürokommunikation).

Grundsätzlich sollen alle Anlagen, Einrichtungen und Geräte für Beschäftigte mit Behinderungen in der allgemein üblichen Weise, ohne besondere Erschwernisse und grundsätzlich ohne fremde Hilfe zugänglich und nutzbar sein. Das geschieht u. a. durch

- das 2-Sinne-Prinzip bei der Informationsübertragung: Danach werden immer 2 der 3 Sinne „Hören, Sehen, Tasten" angesprochen, z. B. sicht- und tastbare Lagepläne, Bodenmarkierungen oder Gefahrstoffinformationen, sicht- und hörbare Alarmzeichen;
- geeignete Informationsaufbereitung (z. B. vergrößert oder vereinfacht);
- den Ausgleich nicht ausreichend vorhandener motorischer Fähigkeiten durch eine von der Beanspruchung her angepasste Gestaltung (z. B. Rampe statt Treppe, niedrigere Türgriffe, Arbeitshöhen usw., reduzierte Gewichte) und/oder mechanische Unterstützung (z. B. motorisch angetriebene Türen oder Transportwagen).

Praxis-Beispiel: Barrierefrei heißt nicht „rollstuhlfahrergeeignet"

Viel zu oft wird mit dem Begriff Behinderung eine Mobilitätseinschränkung wie z. B. eine Gehbehinderung verbunden. Tatsächlich haben aber die Mehrzahl der Menschen mit Behinderung andere, ganz unterschiedliche Einschränkungen wie Seh- oder Hörbehinderungen, krankheitsbedingt verminderte körperliche Leistungsfähigkeit, Lern- oder Verständnisschwierigkeiten, geringe Körpergröße oder besondere psychische Beeinträchtigungen. Barrierefreiheit ist daher individuell ganz unterschiedlich zu gestalten – in der Gesellschaft ebenso wie im Betrieb. Deshalb wird vom Arbeitgeber auch nicht gefordert, pauschal für allgemeine Barrierefreiheit zu sorgen.

In den Anhängen der ASR V3a.2 werden Anforderungen an die barrierefreie Gestaltung im Rahmen der entsprechenden Arbeitsstättenregeln präzisiert (z. B. Sicherheitskennzeichnung nach dem 2-Sinne-Prinzip, großräumigere Gestaltung von Arbeitsräumen, Verkehrs- und Fluchtwegen für Nutzer von Rollstühlen, Rollatoren oder anderen Hilfsmitteln und Anforderungen an Türen und Tore, damit sie von Menschen mit Einschränkungen erkannt, bedient und passiert werden können).

Praxis-Beispiel: Beratung zu Gestaltungsfragen

Was am Arbeitsplatz tatsächlich eine Barriere für Betroffene darstellt bzw. wie eine solche überwunden werden kann und gleichzeitig Sicherheit und Gesundheitsschutz zu gewährleisten sind, ist ohne entsprechende Erfahrungen oft schwer zu erkennen und einzuschätzen. Am Gestaltungsprozess sollten daher möglichst viele Informationsquellen beteiligt werden, z. B.

- direkt betroffene Beschäftigte,
- Schwerbehindertenvertretung,
- Fachkraft für Arbeitssicherheit,
- Betriebsarzt,
- ggf. Integrationsamt (bei Schwerbehinderung oder entsprechender Voreinstufung),
- ggf. Agentur für Arbeit.

5 Barrierefreiheit Neu- und Umbau

Bei der Mehrzahl der Arbeitsstätten, die nicht in besonderer Weise öffentlich zugänglich sind und für die keine Zielvereinbarungen nach BGG getroffen wurden, ist der Arbeitgeber nicht verpflichtet, bestimmte Anforderungen an Barrierefreiheit pauschal zu realisieren, solange kein Beschäftigter einen entsprechenden Bedarf hat.

Dessen ungeachtet ist es natürlich aus technischen und wirtschaftlichen Überlegungen sinnvoll, bestimmte grundlegende Gestaltungsprinzipien bei Neu- und Umbau von vornherein zu berücksichtigen, weil sie sich bei einer künftigen Beschäftigung von Menschen mit Behinderungen nur mit sehr hohem (und dann ggf. unverhältnismäßigem) Aufwand umsetzen lassen. In der ASR V3a.2 wird darauf ausdrücklich hingewiesen und damit an die Um- und Einsicht von Arbeitgebern und ihren Planern im Hinblick auf die Verwirklichung einer barrierefreien Arbeitswelt appelliert.

Cornelia von Quistorp

Batterieladestationen

Batterieladestationen sind Räume, in denen Batterien von elektrobetriebenen Flurförderzeugen vorübergehend zum Laden aufgestellt werden und in denen gleichzeitig die Ladegeräte untergebracht sind. Davon zu unterscheiden ist der Batterieraum bzw. Batterieladeraum, in dem die Batterien zwar ebenfalls vorübergehend zum Laden aufgestellt werden, von dem die Ladegeräte aber räumlich getrennt sind. Batterieladeanlagen umfassen Batterieladeräume, Batterieladestationen, Einzelladeplätze und die zum Laden erforderlichen elektrischen Betriebsmittel. Sie sind von anderen Betriebsbereichen durch geeignete Maßnahmen, z. B. Wände, Abstände, Hindernisse oder Kennzeichnung, räumlich abgegrenzt.

Gesetze, Vorschriften und Rechtsprechung

Es gibt keine speziellen Vorschriften über die bauliche und sicherheitstechnische Gestaltung von Batterieladestationen. Allgemeine Vorgaben zur Gestaltung von Arbeitsplätzen enthält u. a. die DGUV-V 1 „Grundsätze der Prävention". Für die Umsetzung der allgemeinen Vorgaben und zum Stand der Technik geben die VdS 2259 „Batterieanlagen für Elektrofahrzeuge", FBRCI-013 Fachbereich aktuell: Explosionsschutz an Batterieladeanlagen, informativ die zurückgezogene DGUV-I 209-067 „Sicherheit beim Einrichten und Betreiben von Batterieladeanlagen" sowie BGHW Spezial SP02 „Einsatz von Flurförderzeugen" Hilfestellung. In Batterieladestationen ist mit der Bildung von Wasserstoff und explosionsfähigen Atmosphären zu rechnen. Daher sind zur Verhinderung von Explosionsgefahren die

Vorschriften der Gefahrstoffverordnung in Hinblick auf die Vermeidung von gefährlichen explosionsfähigen Atmosphären im Rahmen der Ersatzstoff- und Ersatzverfahrensprüfung unter Beachtung des Minimierungsgebots durch technische Maßnahmen wie Absaugung/Lüftung zu beachten. Ist eine explosionsfähige Atmosphäre nicht zu verhindern, sind die Schutzmaßnahmen nach Anhang I Nummer 1 GefStoffV zu beachten. Ferner ist im Rahmen der Gefährdungsbeurteilung nach § 6 Abs. 9 GefStoffV ein Explosionsschutzdokument zu erstellen.

1 Einzelladeplatz

Vorwiegend sind in den Unternehmen Batterieladeanlagen als offene Einzelladeplätze (umgangssprachlich „Ladestellen") mit Ladeeinrichtungen vorhanden (**Abb. 1**). Das Aufladen der Batterien erfolgt dabei ohne Ausbau. Die Batterien werden durch eine Ladeleitung mit dem Ladegerät verbunden. Darüber hinaus gibt es auch → *Flurförderzeuge*, bei denen das Ladegerät bereits im Flurförderzeug integriert ist (**Abb. 2**).

Einzelladeplätze (**Abb. 3**), z.B. in Arbeits-, Lager- oder Betriebsräumen, müssen an gut zugänglichen Stellen eingerichtet sein, damit sie mit den → *Flurförderzeugen* auch sicher erreicht werden können.

Der horizontale Abstand von Einzelladeplätzen zu brennbaren Bauteilen und anderen brennbaren Materialien, wie z.B. eingelagerter Ware, muss mind. 2,5 m betragen. Feuer-, explosions- und explosivstoffgefährdete Bereiche müssen mind. 5 m von den Einzelladeplätzen entfernt sein. Weitere Mindestabmessungen an Batterieanlagen enthält **Abb. 4**.

Abb. 1: Batterieladestation für Flurförderzeuge

Abb. 2: Flurförderzeug mit integriertem Ladegerät

Abb. 3: Einzelladeplatz für Flurförderzeuge

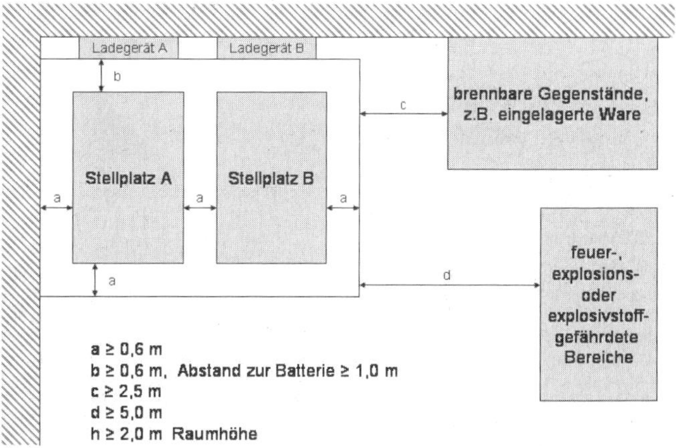

Abb. 4: Mindestabstände und -abmessungen an Batterieladestellen

Praxis-Beispiel: Einzelladeplätze dürfen nicht errichtet werden in

- feuergefährdeten Bereichen (Betriebsstätten),
- explosionsgefährdeten Bereichen,
- feuchten und nassen Bereichen/Räumen,
- geschlossenen Großgaragen.

2 Lüftung

Beim Ladevorgang von Batterien kann sich, insbesondere bei Überladung u. a. Wasserstoff bilden. Der dann aus der Batterie austretende Wasserstoff bildet ab einer bestimmten Konzentration zusammen mit dem in der Umgebungsluft enthaltenen Sauerstoff ein explosionsfähiges Gemisch. Dieses Gemisch wird auch als Knallgas bezeichnet. Moderne, elektronisch geregelte Ladegeräte verhindern diese Überladung und können das Risiko der Knallgasbildung deutlich reduzieren. Damit entstehender Wasserstoff gefahrlos entweichen kann, ist eine ausreichende Lüftung der Batterieladestation notwendig. Bei der Gestaltung ist möglichst eine natürliche Lüftung anzustreben. Die Zuluft soll dabei von außen einströmen und die Abluft muss ins Freie geführt werden (**Abb. 5**).

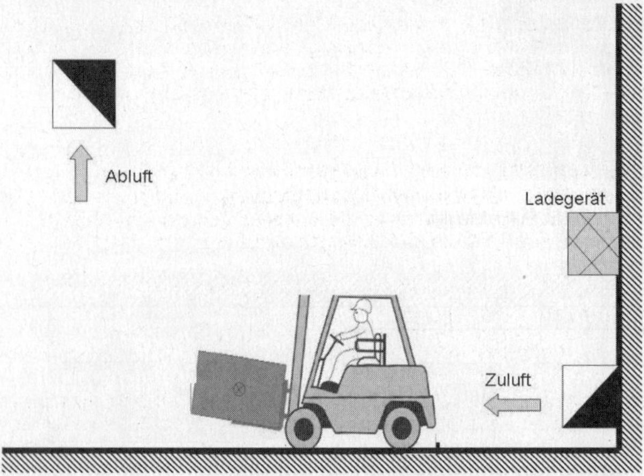

Abb. 5: Luftführung an einer Batterieladestation

Die Abluft darf jedoch nicht in Kamine bzw. Schornsteine oder andere Einrichtungen von Feuerungsanlagen oder Nachbarräume abgeführt werden. Bei natürlicher Lüftung soll die Luftgeschwindigkeit in den Öffnungen mind. 0,1 m/s betragen. In Hallen und im Freien kann davon ausgegangen werden, dass diese Luftgeschwindigkeit zu jeder Zeit vorherrscht und damit ein ausreichender Luftaustausch stattfindet. Wenn es keine natürliche Lüftung gibt und damit der Luftvolumenstrom nicht sichergestellt werden kann, ist eine technische Lüftung erforderlich. Diese muss vor Beginn des Ladevorgangs eingeschaltet werden und nach Beendigung noch mind. 1 Stunde nachlaufen.

Praxis-Beispiel: Versagen der Lüftung

Technische Lüftungen können aus unterschiedlichen Gründen versagen. In diesen Fällen kann es dann beim Ladevorgang zur Anreicherung von Wasserstoff kommen, sodass je nach Konzentration eine → *explosionsfähige Atmosphäre* entstehen kann. Achten Sie daher darauf, dass der Volumenstrom der Lüftung überwacht und in diesen Fällen das Ladegerät abgeschaltet wird. Zusätzlich empfiehlt es sich, dass eine Fehlermeldung an eine besetzte Stelle weitergeleitet wird.

Die Luftein- und -austrittsöffnungen sollen sich an gegenüberliegenden Wänden befinden. Wenn sich beide Öffnungen in der gleichen Wand befinden, müssen diese vertikal mind. 2,0 m auseinanderliegen. Die Lüftung von Batterieladestationen gilt als ausreichend, wenn während des Ladens mind. ein bestimmter **Luftvolumenstrom Q** sichergestellt ist. Wenn mehrere Batterien gleichzeitig im Raum geladen werden, muss für jede Batterie der erforderliche Luftvolumenstrom $\mathbf{Q_e}$ bestimmt werden. Der für die Batterieladestation erforderliche Luftvolumenstrom $\mathbf{Q_{ges}}$ errechnet sich aus der Summe der erforderlichen Luftvolumenströme aller in dem Raum zu ladenden Batterien.

3 Kennzeichnung

Batterieladeplätze bzw. die Bereiche müssen mit dem Warnschild W 023 „Warnung vor Gefahren durch Batterien" und dem Verbotsschild P 003 „Feuer, offenes Licht und Rauchen verboten" gekennzeichnet werden (ASR A1.3 „Sicherheits- und Gesundheitsschutzkennzeichnung").

4 Explosionsschutzdokument

Für die Batterieladestationen ist ein Explosionsschutzdokument zu erstellen. Dies gilt nicht für den Einsatz von Lithium-Ionen-Batterien, da beim Ladevorgang kein Wasserstoff freigesetzt wird und somit nicht von einem explosionsgefährlichen Wasserstoff-Luftgemisch auszugehen ist. Eine Brandgefahr besteht hingegen beim Ladevorgang, bei Beschädigungen oder beim Kurzschluss.

5 Betrieb

Folgende Punkte müssen beim Betrieb von Batterieanlagen u. a. berücksichtigt werden:

- Die Energie einer Batterie kann durch Kurzschlussbildung unkontrolliert freigesetzt werden. Die Folgen können Schmelzen von Metallen oder auch Zerstörungen an Leitungen und Batterien sein.
- Ladegeräte sollen kippsicher und außerhalb des Abluftstroms der Batterie sowie auf nicht brennbarem Material aufgestellt werden.
- Der Abstand zwischen Ladegerät und Batterie muss mind. 1 m betragen.
- Der Abstand zu brennbarem Material muss mind. 2,5 m betragen.
- Der Abstand zu feuer- und explosionsgefährdeten Bereichen muss mind. 5 m betragen.
- Die Aufstellung muss so erfolgen, dass Batterien und Ladegeräte leicht zugänglich sind und so auch einfach kontrolliert und gewartet werden können.
- Das Ladegerät darf nur im spannungsfreien Zustand und polrichtig an die Batterie angeschlossen werden. Dabei muss bei Anschluss- und Klemmzangen, sofern diese verwendet werden, eine ausreichende Isolierung gewährleistet sein. Bei Wartungsarbeiten dürfen nur isolierte Werkzeuge benutzt werden, die keine Funken erzeugen.
- Die Verschlusskappen der Batterien müssen für den Ladevorgang abgeschraubt werden (Verdünnungseffekt des entstehenden Wasserstoff-Luft-Gemischs).
- Die Lüftung muss ausreichend sein. Ist eine technische Lüftung notwendig, muss deren Funktion während des Ladevorgangs sichergestellt sein (s. o.).

Im Bereich der Batterieladestation sollten ein Waschbecken, eine → *Notdusche*, → *Verbandkasten* und eine Augenspülstation vorhanden sein, um im Notfall entsprechende → *Erste-Hilfe*-Maßnahmen ergreifen zu können. Bei Arbeiten an Batterien (z. B. Wasser nachfüllen) muss folgende → *Persönliche Schutzausrüstung (PSA)* getragen werden:

- → *Gesichtsschutzschild* oder dicht schließende Schutzbrille,
- säurefeste → *Schutzhandschuhe*,
- → *Fußschutz* (antistatisch),
- säurefeste Gummischürze.

Die Aufbewahrung der → *PSA* sollte in einem Schrank erfolgen, um Verschmutzungen etc. zu vermeiden. Darüber hinaus sollten auch folgende Punkte beachtet werden:

- Es muss geeignete Maßnahmen geben, damit auslaufendes Elektrolyt oder Batteriesäure nicht in die öffentliche Kanalisation und in die Kläranlage gelangen kann.
- Der Elektrolyt muss in geeigneten (säure- und laugenbeständigen) Behältern gesammelt bzw. neutralisiert werden.
- Für die Aufnahme von vergossenem oder ausgetretenem Elektrolyt oder Batteriesäure muss geeignetes Bindemittel (saugfähiges bzw. neutralisierendes Material) zur Verfügung stehen.
- Für die Bekämpfung von Entstehungsbränden sind geeignete Feuerlöschmittel (i. d. R. werden hier → *Feuerlöscher* eingesetzt) vorrätig zu halten. Diese müssen den Brandklassen ABC entsprechen.

Die Bereitstellung muss so erfolgen, dass die Löschmittel auch nach Ausbruch eines Entstehungsbrands noch leicht erreichbar sind. Achten Sie bei Schulungen der Mitarbeiter darauf, dass insbesondere die Anwendung der Feuerlöschmittel an unter Spannung stehenden Betriebsmitteln unterwiesen wird. Die → *Unterweisungen* müssen in angemessenen Zeitabständen wiederholt werden.

6 Betriebsanweisung und Unterweisung

Mitarbeiter müssen über den Umgang mit Batterieladeanlagen sowie in der Anwendung der Schutzkleidung → *unterwiesen* werden. Dies kann anhand einer → *Betriebsanweisung* für „Batterieladeanlagen" erfolgen (**Abb. 6**).

Betriebsanweisung — DATUM:

Geltungsbereich und Tätigkeiten

Nr.: **Batterieladestationen** — Unterschrift Vorgesetzter

ANWENDUNGSBEREICH

Batterieladestationen von Flurförderzeugen.

GEFAHREN FÜR MENSCH UND UMWELT

- Verätzungsgefahr durch Batteriesäure
- Beim Überladen der Batterien oder bei zu hoher Ladespannung kann hochentzündlicher Wasserstoff entstehen. In Verbindung mit Sauerstoff kann das sogenannte „Knallgas" entstehen, welchen explosionsfähig ist!
- Gefahr durch elektrischen Strom

SCHUTZMAẞNAHMEN UND VERHALTENSREGELN

- Betriebsanleitung der Hersteller der Batterie und des Ladegerätes beachten.
- In der Ladestation sind offene Zündquellen, offenes Licht und Rauchen verboten.
- Gabelstapler nur an das zugehörige Ladegerät anschließen.
- An- und Abklemmen der Pole nur bei abgeschaltetem Ladegerät.
- Batterie vor dem Laden auf Gehäuseschäden, angehobene Bleiplatten und austretende Säure untersuchen.
- Auf festen Sitz der Polklemmen achten.
- Keine Werkzeuge (Metallteile) auf der Batterie ablegen (Kurzschluss).
- Ladestation stets gut belüften.
- Abdeckungen während des Ladevorgangs geöffnet halten bzw. abnehmen.
- Bei Arbeiten an der Ladebatterie zum Schutz vor Batteriesäure dicht schließende Schutzbrille und Schutzhandschuhe tragen.
- Abstand Ladestation/Batterie zu brennbaren Materialien mindestens 2,5 m.
- Abstand Ladegerät zur Batterie mindestens 1 m.
- Abstand Ladestation/Batterie zu feuer- oder explosionsgefährdeten Bereichen mindestens 5 m.
- Transport von Batterien nur mit geschlossenen Zellen.

VERHALTEN BEI STÖRUNGEN

- Bei Betriebsstörungen Ladegerät sofort ausschalten. Steckverbindung zur Batterie ziehen.
- Verschüttete Batteriesäure mit Bindemittel aufnehmen und der Entsorgung zuführen; kleine Mengen mit viel Wasser wegspülen.
- Mängel dem Vorgesetzten melden

VERHALTEN BEI UNFÄLLEN : ERSTE HILFE

- **Nach Hautkontakt**: Sofort mit viel Wasser abwaschen. Benetzte Kleidung sofort ausziehen.
- **Nach Augenkontakt**: Bei geöffneten Augenlidern mind. 15 Minuten unter fließendem Wasser oder mit einer Augenspülflasche ausspülen und Arzt konsultieren.
- **Nach Einatmen**: Für Frischluft sorgen und Arzt hinzuziehen.
- **Nach Verschlucken**: Mund ausspülen und viel Wasser nachtrinken. Kein Erbrechen herbeiführen. Sofort Arzt hinzuziehen

Notruf: 112

Melden Sie jeden Unfall unverzüglich Ihrem Vorgesetzten oder dessen Vertreter.

INSTANDHALTUNG UND ENTSORGUNG

- Regelmäßige Überprüfung durch eine Elektrofachkraft bzw. Befähigte Person.
- Weitere Wartungsarbeiten dürfen nur von entsprechendem Fachkräften durchgeführt werden.

Abb. 6: Betriebsanweisung für Batterieladestation

Dirk Haffke

Bauarbeiten

Unter Bauarbeiten im arbeitsschutzfachlichen Sinne werden Arbeiten zur Herstellung, Montage, Instandhaltung, Änderung, Demontage und Beseitigung von baulichen Anlagen einschließlich der hierfür vorbereitenden und abschließenden Arbeiten verstanden. Zu den vorbereitenden und abschließenden Arbeiten zählen Tätigkeiten zur Baustelleneinrichtung und -räumung. Bauliche Anlagen sind mit dem Erdboden verbundene, aus Baustoffen oder Bauteilen hergestellte Anlagen, einschließlich ihrer Gebäudetechnik. Zu den baulichen Anlagen zählen z. B. auch Aufschüttungen und Abgrabungen, Deponien und Bodensanierungen.

Gesetze, Vorschriften und Rechtsprechung

Öffentlich-rechtliche Verpflichtungen für Bauarbeiten sind in vielen verschiedenen Arbeitsschutzbestimmungen verankert. Für die wesentliche Verbesserung von Sicherheit und Gesundheitsschutz der Beschäftigten auf Baustellen wurde die Baustellenverordnung erlassen, deren Normadressat der Bauherr ist. Im sonstigen staatlichen Arbeitsschutzrecht gibt es keine spezifische Vorschrift für Bauarbeiten. Allerdings befasst sich beim Ausschuss für Arbeitsstätten (ASTA), einem Gremium, das mit der Ausarbeitung von technischen Regeln betraut ist, eine Projektgruppe Baustellen mit der Erarbeitung separater Kapitel „Abweichende und ergänzende Anforderungen für Baustellen" in den jeweiligen Regeln für Arbeitsstätten (ASR).

Für den Bereich des autonomen Arbeitsschutzrechts haben die gesetzlichen Unfallversicherungsträger die DGUV Vorschrift 38 „Bauarbeiten" erlassen. Diese Unfallverhütungsvorschrift wurde insbesondere an das staatliche Vorschriften- und Regelwerk angepasst und formuliert verbindlich die Anforderungen für ein sicheres Arbeiten am Bau. Neben den klassischen Arbeitgebern werden mit der DGUV-V 38 auch Solo-Selbstständige und Bauherren, die in Eigenarbeit nicht gewerbsmäßige Bauarbeiten ausführen und sich dabei durch Bauhelfer unterstützen lassen, in den Pflichtenkreis einbezogen.

Untersetzt wird diese Vorschrift durch DGUV-Regeln, die sich auf bestimmte Baubranchen beziehen (Tiefbau, Abbruch und Rückbau, Rohbau, Ausbau, Gebäudereinigung u. a.).

1 Bauherrschaft

Bauherren veranlassen als persönliche oder juristische Personen selbst oder durch Dritte die Errichtung, Instandhaltung, Änderung oder Beseitigung von baulichen Anlagen in eigenem Namen und auf eigene Rechnung. Sie tragen die Risiken der Bauvorbereitung und -durchführung und entscheiden auch über die architektonische und technische Gestaltung und die Finanzierung. Bauherren obliegen außerdem die nach den öffentlich-rechtlichen Vorschriften erforderlichen Anträge, Anzeigen und Nachweise. Durch die Auswahl geeigneter Personen und Firmen für die Planung und Ausführung der Vorhaben bestimmen Bauherren maßgeblich auch die → *Arbeitsschutzorganisation* auf der → *Baustelle*.

2 Planung

Für die Errichtung, Instandhaltung, Änderung oder Beseitigung baulicher Anlagen werden unter Beachtung verschiedener rechtlicher und technischer Bestimmungen gedankliche Entwicklungen, Planungen, Gestaltungen und Berechnungen vorgenommen. Hierfür werden z. B. Architekten, Bauingenieure, Landschaftsarchitekten und Fachplaner tätig. Nach § 2 Abs. 1 BaustellV muss der Bauherr grundsätzlich während der Planung und Ausführung die allgemeinen Grundsätze nach § 4 ArbSchG berücksichtigen. Dies wird durch räumliche, zeitliche und technische Vorgaben erreicht, die eine sichere und gesundheitsgerechte Durchführung des Bauvorhabens fördern. Diese Vorgaben haben Einfluss auf Angebot und Auswahl der Bauverfahren und Baumaterialien sowie auf den Bauablauf. Die RAB 33 „Allgemeine Grundsätze nach § 4 des Arbeitsschutzgesetzes bei Anwendung der Baustellenverordnung" erläutert die Anwendung dieser Grundsätze.

Die Planung der Ausführung der Bauarbeiten erfolgt in Verantwortung des jeweiligen Arbeitgebers auf Basis der geforderten Leistungen (Leistungsverzeichnis) unter Beachtung der öffentlich-rechtlichen

Verpflichtungen, zu denen auch Arbeitsschutzbestimmungen gehören. Um die Leistungen qualitäts- und fristgerecht zu erfüllen, sind geeignete Arbeitsverfahren, -mittel und -stoffe auszuwählen sowie Personal in ausreichender Anzahl und mit ausreichender Qualifikation bereitzustellen.

Im Rahmen der Arbeitsplanung hat der Arbeitgeber auch die Gefährdungen baustellenbezogen zu ermitteln und die notwendigen Maßnahmen des Arbeitsschutzes festzulegen und ggf. zu dokumentieren.

3 Leitung und Aufsicht

Bauarbeiten müssen von fachlich geeigneten Vorgesetzten geleitet werden, um die vorschriftsmäßige Durchführung der Arbeiten zu gewährleisten. Darüber hinaus müssen diese Arbeiten von weisungsbefugten Personen beaufsichtigt werden (Aufsichtführende). Diese haben die arbeitssichere Durchführung der Bauarbeiten vor Ort zu überwachen.

Anhang 5.2 Abs. 5 ArbStättV fordert, dass Abbrucharbeiten, Montage- oder Demontagearbeiten, insbesondere der Auf- oder Abbau von Stahl- oder Betonkonstruktionen, die Montage oder Demontage von Verbau zur Sicherung von Erd- oder Felswänden oder Senkkästen fachkundig zu planen und nur unter fachkundiger Aufsicht sowie nach schriftlicher Abbruch-, Montage- oder Demontageanweisung durchzuführen sind.

4 Koordination

Führen Beschäftigte mehrerer Arbeitgeber gleichzeitig oder nacheinander Bauarbeiten aus, bei denen es zu Wechselwirkungen hinsichtlich des Arbeitsschutzes (gegenseitige Gefährdungen) kommt, muss für eine Abstimmung der Arbeiten gesorgt werden. Hierfür wird je nach Sachlage vom Bauherrn (gem. BaustellV) oder von den beteiligten Arbeitgebern (DGUV-V 1) ein → *Koordinator* bestellt.

Die Regeln zum Arbeitsschutz auf Baustellen (RAB) untersetzen die Baustellenverordnung mit Aspekten zur Eignung eines Koordinators (RAB 30) und den Anforderungen an die zu erstellenden Dokumente (Sicherheits- und Gesundheitsschutzplan (RAB 31), Unterlage für spätere Arbeiten (RAB 32)).

5 Ausführung

An die sichere Ausführung von Bauarbeiten werden umfangreiche Anforderungen gestellt. Das hängt u. a. damit zusammen, dass die Unfall- und Gesundheitsgefahren für die Beschäftigten im Baubereich im Vergleich zu anderen Wirtschaftszweigen überproportional hoch sind. Das Tätigwerden auf engem Raum, im Freien und/oder zusammen mit anderen Unternehmen, sich schnell verändernde Arbeitssituationen, gefährliche Zwischenbauzustände und viele weitere Faktoren erfordern das Ergreifen geeigneter Schutzmaßnahmen.

5.1 Baustelleneinrichtung

Um die sichere Ausführung der Bauarbeiten zu gewährleisten, müssen ausreichende Vorbereitungen getroffen werden. Dazu gehört eine geeignete Einrichtung der Baustelle. Elemente der → *Baustelleneinrichtung* sind u. a. → *Verkehrsflächen* und Transportwege, Lagerflächen, Gebäude, Bauwagen und Container, sanitäre Einrichtungen, Medienversorgung, Baustellensicherung und Großgeräte (z. B. Krane). Allgemein formulierte Anforderungen hierzu enthält Anhang 5.2 ArbStättV. Diese werden u. a. durch Technische Regeln für Arbeitsstätten konkretisiert (z. B. ASR A1.8 „Verkehrswege", ASR A2.1 „Schutz vor Absturz und herabfallenden Gegenständen, Betreten von Gefahrenbereichen", ASR A3.4 „Beleuchtung und Sichtverbindung", ASR A4.1 „Sanitärräume", ASR A5.2 „Anforderungen an Arbeitsplätze und Verkehrswege auf Baustellen im Grenzbereich zum Straßenverkehr – Straßenbaustellen").

5.2 Gemeinsame Arbeitsschutzbestimmungen

Zusammenfassend für die vielen Arten von Bauarbeiten enthält die DGUV-V 38 gemeinsame Bestimmungen zur Gewährleistung von Sicherheit und Gesundheitsschutz. Zu den Regelungsschwerpunkten gehören dabei die Standsicherheit und Tragfähigkeit, bestehende Anlagen und Verkehrsgefahren, der Betrieb von selbstfahrenden Arbeitsmitteln, die Sicherung von Öffnungen und Vertiefungen sowie

Fahrzeugen auf Baustellen, das Thema Absturz und die Gefahr durch herabfallende Gegenstände. Außerdem enthält der Anhang 5.2 ArbStättV Regelungen für Baustellen, insbesondere auch Vorgaben für die Notwendigkeit von Absturzsicherungen in Abhängigkeit von der Art der Arbeitsplätze bzw. der Absturzhöhen. Ebenfalls enthalten sind Aussagen zur Sicherung von Erd- oder Felswänden, sodass diese während der einzelnen Bauzustände standsicher sind.

5.3 Weitergehende Bestimmungen

Einzelaspekte zur Sicherheit auf der Baustelle sind in Technischen Regeln für Arbeitsstätten (ASR) enthalten, wie z. B. für Anforderungen an Verkehrswege (ASR A1.8), Schutz vor Absturz und herabfallenden Gegenständen, Betreten von Gefahrenbereichen (ASR A2.1), Brandschutz/Maßnahmen gegen Brände (ASR A2.2), Fluchtwege und Notausgänge (ASR A2.3), Beleuchtung und Sichtverbindung (ASR A3.4), Sanitärräume (ASR A4.1), Mittel und Einrichtungen zur Ersten Hilfe (ASR A4.3), Unterkünfte (ASR A4.4) und Anforderungen an Straßenbaustellen (ASR A5.2).

Für die Verwendung von Arbeitsmitteln gibt es einige Technische Regeln für Betriebssicherheit, die schwerpunktmäßig bei Bauarbeiten zu berücksichtigen sind: Verwenden von mobilen Arbeitsmitteln (TRBS 2111 Teil 1), Schutz vor Absturz (TRBS 2121), Verwendung von Gerüsten (TRBS 2121 Teil 1), Verwendung von Leitern (TRBS 2121 Teil 2), Verwendung von Zugangs- und Positionierungsverfahren unter Zuhilfenahme von Seilen (TRBS 2121 Teil 3) Heben von Beschäftigten mit hierfür nicht vorgesehenen Arbeitsmitteln (TRBS 2121 Teil 4).

Außerdem muss, je nach auszuführender Arbeit, weiteres technisches Regelwerk beachtet werden. So z. B. bei Gefährdungen durch Lärm und Vibrationen (Technische Regeln zur Lärm- und Vibrations-Arbeitsschutzverordnung (TRLV)) oder beim Umgang mit bzw. Entstehen von Gefahrstoffen (Staub) (Technische Regeln für Gefahrstoffe).

Verbindliche, zusätzliche Bestimmungen für bestimmte Arten von Bauarbeiten (Montagearbeiten, Abbrucharbeiten, Arbeiten mit heißen Massen, Arbeiten in Baugruben und Gräben sowie an und vor Erd- und Felswänden, Bauarbeiten unter Tage, Arbeiten in Bohrungen, Arbeiten in Rohrleitungen) enthält die DGUV-V 38 nicht mehr. Hierfür stehen jetzt sog. Branchenregeln zur Verfügung, die staatliche Regeln mit branchenspezifischen Inhalten verbinden. Als tätigkeits-, arbeitsplatz- oder arbeitsverfahrenbezogenes Gesamtkompendium stehen die Regeln bislang für folgende Branchen der BG Bau zur Verfügung: Abbruch und Rückbau, Tiefbau, Betonindustrie, Rohbau, Ausbau, Tischler- und Schreinerhandwerk, Metallbau, Gebäudereinigung, Bürobetriebe.

Matthias Glawe

Baustellen

Eine Baustelle ist der Ort, an dem ein Bauvorhaben ausgeführt wird. Dies kann eine oder mehrere bauliche Anlagen betreffen. Baustellen sind vorübergehend errichtete Arbeitsstätten, die Arbeitsplätze und Arbeitsbedingungen verändern sich also von Baustelle zu Baustelle. Beschäftigte auf Baustellen sind einem besonders hohen Unfall- und Gesundheitsrisiko ausgesetzt. Laut Untersuchungen in der EU werden Arbeitsunfälle überwiegend durch nicht geeignete bauliche bzw. organisatorische Entscheidungen und schlechte Planung verursacht. Ziel der Baustellenverordnung ist es, Sicherheit und Gesundheitsschutz der Beschäftigten auf Baustellen zu verbessern. Bereits bei der Planung soll beachtet werden, dass Gefährdungen möglichst beseitigt bzw. verringert werden.

Gesetze, Vorschriften und Rechtsprechung

Neben dem Arbeitsschutzgesetz und der Arbeitsstättenverordnung sind für den Arbeitsschutz auf Baustellen v. a. die Baustellenverordnung und die Regeln zum Arbeitsschutz auf Baustellen (RAB) grundlegend:

- RAB 01 „Gegenstand, Zustandekommen, Aufbau, Anwendung und Wirksamwerden der RAB“
- RAB 10 „Begriffsbestimmungen“

- RAB 25 „Arbeiten in Druckluft"
- RAB 30 „Geeigneter Koordinator"
- RAB 31 „Sicherheits- und Gesundheitsschutzplan – SiGePlan"
- RAB 32 „Unterlage für spätere Arbeiten"
- RAB 33 „Allgemeine Grundsätze nach § 4 des Arbeitsschutzgesetzes bei Anwendung der Baustellenverordnung"
- ASR A4.1 „Sanitärräume": Abschn. 8 Abweichende/ergänzende Anforderungen für Baustellen
- ASR A4.4 „Unterkünfte": Abschn. 6 Abweichende/ergänzende Anforderungen für Baustellen

1 Pflichten des Bauherrn

- Bereits bei der Planung der Ausführung müssen die allgemeinen Grundsätze des § 4 ArbSchG zum Schutz von Sicherheit und Gesundheit der Beschäftigten beachtet werden.
- Baustellen müssen – ab einer bestimmten Dauer, Zahl der Beschäftigten auf der Baustelle bzw. Anzahl Personentage – spätestens 2 Wochen vor Einrichtung der zuständigen Behörde (i. d. R. Amt für Arbeitsschutz und Sicherheitstechnik, Gewerbeaufsichtsamt) schriftlich angezeigt werden (Vorankündigung eines Bauvorhabens gem. § 2 Baustellenverordnung). Diese → *Vorankündigung* muss auf der Baustelle gut sichtbar ausgehängt und bei erheblichen Änderungen angepasst werden (§ 2 BaustellV).
- Ein oder mehrere → *Sicherheits- und Gesundheitskoordinator/en* (Koordinatoren) müssen bestellt werden, wenn Beschäftigte mehrerer Unternehmen bzw. Arbeitgeber auf der Baustelle tätig sind (§ 3 BaustellV und RAB 30).
- Ein → *Sicherheits- und Gesundheitsschutzplan* (SiGe-Plan) muss erstellt werden, wenn
  - Beschäftigte mehrerer Unternehmen auf der Baustelle tätig sind und eine → *Vorankündigung* erforderlich ist oder
  - Beschäftigte mehrerer Unternehmen tätig sind und besonders gefährliche Arbeiten, wie z. B. das Heben und Versetzen von Massivbauelementen mit kraftbetriebenen Arbeitsmitteln (vgl. Anhang II BaustellV) durchgeführt werden (§ 2 BaustellV und RAB 31).
- Für Baustellen, auf denen jeder Beschäftigte für denselben Arbeitgeber tätig ist, gilt folgende Informationspflicht: Wenn die Dauer der Arbeiten umfangreicher ist oder besonders gefährliche Arbeiten ausgeführt werden sollen, muss der Bauherr den Arbeitgeber über die Umstände auf dem Gelände unterrichten, die in einen → *Sicherheits- und Gesundheitsschutzplan* einzubeziehen wären (§ 2 BaustellV).
- Es muss eine Unterlage für spätere Arbeiten an der baulichen Anlage erstellt werden (z. B. für Wartung, → *Instandhaltung*, Reinigung), wenn Beschäftigte mehrerer Arbeitgeber an der Errichtung bzw. Änderung beteiligt sind (§ 3 BaustellV und RAB 32).
- Der Bauherr kann die zuvor genannten Aufgaben – auch die des → *Koordinators* – selbst wahrnehmen oder Dritte damit beauftragen bzw. einen oder mehrere Koordinatoren bestellen.

2 Planung und Ausführung

Gesundheit und Sicherheit der Beschäftigten können am besten gewährleistet werden, wenn bereits bei der Planung der Ausführung folgende Aspekte berücksichtigt werden (vgl. § 4 ArbSchG und Abschn. 5.1 RAB 33):

- räumliche und technische Vorgaben zur Gestaltung des Bauvorhabens,
- räumliche und zeitliche Zuordnung der Arbeitsabläufe,
- Vorgaben für eine geeignete Baustellenorganisation, z. B. durch eine Baustellenordnung,
- Übertragen von Aufgaben, Festlegen von Verantwortung und Zuständigkeit,
- Auswahl und Beauftragung geeigneter (= fachkundiger, zuverlässiger) Unternehmen für Planung und Ausführung,
- Hinweise des Bauherrn und → *Koordinators* bereits in der Ausschreibung,
- Hinwirken auf Auswahl schadstoff- und emissionsarmer Materialien und Arbeitsverfahren,
- Hinwirken auf Einsatz gefährdungsarmer Geräte und → *Maschinen*,
- Stand der Technik und Erkenntnisse der → *Arbeitsmedizin* und → *Hygiene*,

- Rahmenbedingungen des Bauvorhabens und Wechselwirkungen (Umwelteinflüsse, Infrastruktur, u.a.),
- Schutzwirkung durch vorrangig bauliche, technische und organisatorische Maßnahmen.

Bettina Huck

Baustelleneinrichtung

Bereits bei der Einrichtung einer Baustelle gibt es eine Vielzahl an Sicherungsmaßnahmen zu beachten, um einen reibungslosen und möglichst gefahrlosen Ablauf der Baumaßnahmen zu gewährleisten. Neben der Einrichtung von Verkehrswegen, Lagerflächen, Unterkünften etc. auf dem Baustellengelände selbst, gilt es vor allem, eine sichere Abgrenzung und Absicherung der Baustelle gegenüber öffentlichen Bereichen, wie z. B. dem Straßen- und Fußgängerverkehr, sicherzustellen.

1 Sicherung des Baustellengeländes nach außen

Zum Schutz Unbeteiligter vor Gefahren, die sich während der Bautätigkeiten ergeben, aber auch zum Schutz der Baustelleneinrichtung und des Bauwerkes selbst ist es erforderlich, das Baustellengelände gegen unbefugtes Betreten zu sichern. Welche Art der Sicherung (z. B. Bauzaun, Holzverschlag, Sichtschutz etc.) erforderlich ist, muss im Einzelfall anhand der Rahmenbedingungen entschieden werden. Unabhängig davon, welches Mittel zur Abgrenzung des Baustellengeländes gewählt wurde, sind alle am Bauprojekt beteiligten Unternehmen zu verpflichten, an der Vorhaltung der Sicherheitseinrichtung mitzuwirken. Dies bedeutet beispielsweise, dass das Unternehmen, das am Ende eines Werktages das Baustellengelände als letztes verlässt, für das ordnungsgemäße Schließen des Bauzaunes und der Baustelleneinfahrt verantwortlich erklärt werden muss. Ebenso sind zur Andienung kurzzeitig eingerichtete Öffnungen im Bauzaun durch das verantwortliche Unternehmen unverzüglich wieder zu verschließen. Es empfiehlt sich eine Dokumentation der getroffenen Festlegungen.

Alle Maßnahmen sind vor Einrichtung der Baustelle in den **Sicherheits- und Gesundheitsschutzplan** gem. Baustellenverordnung aufzunehmen. Wenn die → *Baustelle* Einfluss auf den öffentlichen Straßenverkehr hat, so sind hier insbesondere die Straßenverkehrsordnung (StVO) und die Richtlinien für die Sicherung von Arbeitsstellen an Straßen (RSA) zu beachten.

Nach § 45 Absatz 6 StVO ist für alle Arbeiten, die Auswirkungen auf den öffentlichen Verkehrsbereich haben, eine verkehrsrechtliche Anordnung bei der zuständigen Behörde einzuholen. Ohne diese Anordnung darf mit den Arbeiten nicht begonnen werden. Bestandteil des Antrages auf diese Anordnung ist u. a. die Nennung eines nachweislich qualifizierten Verantwortlichen für die Sicherung von Arbeitsstellen im öffentlichen Verkehrsraum. Die für diesen Verantwortlichen erforderliche Qualifikation ist im „Merkblatt über Rahmenbedingungen für erforderliche Fachkenntnisse zur Verkehrssicherung von Arbeitsstellen an Straßen (MVAS 1999)“ definiert.

Im Allgemeinen Rundschreiben Straßenbau Nr. 34/1997 des Bundesministeriums für Verkehr, Bau- und Wohnungswesen wird den obersten Straßenbehörden der Länder nahegelegt, die bereits für den Bereich der Bundesfernstraßen gültigen „Zusätzlichen Technischen Vertragsbedingungen und Richtlinien für Sicherungsarbeiten an Arbeitsstellen an Straßen (ZTV-SA 97)“ auch für Straßen in deren Zuständigkeitsgebiet einzuführen. Die Straßenbaubehörden sind dieser Aufforderung weitestgehend nachgekommen, sodass die ZTV-SA nun bei der Einrichtung, dem Betrieb und dem Ausbau von Arbeitsstellen an und auf nahezu allen Straßen Anwendung finden, soweit es die verkehrs- und bautechnische Sicherung solcher Arbeitsstellen gegenüber dem Verkehrsteilnehmer (auch Fußgänger und Radfahrer) betrifft. Die ZTV-SA sind in Ergänzung zu den „Allgemeinen technischen Vorschriften“ (ATV) im Teil C der Verdingungsordnung für Bauleistungen Bestandteil des Bauvertrages und beschreiben detailliert die zur Absicherung von Baustellen an und auf Straßen erforderlichen Sicherungsmaßnahmen sowie das hierfür zu verwendende Material.

2 Krane

Bei der Aufstellung von Kranen ist auf ausreichend tragfähigen Untergrund zu achten, ggf. sind die Abstützungen von Kranen entsprechend der Tragfähigkeit des Untergrundes zu unterbauen. Es ist sicherzustellen, dass die Steuerstände sicher erreicht werden können.

Bei der Auswahl des Standortes eines Kranes sind neben der Tragfähigkeit des Untergrundes weitere Faktoren zu berücksichtigen. Hierunter fallen erforderliche Sicherheitsabstände zu Grabenkanten und Böschungen sowie zu → *Verkehrswegen* und Lagerflächen.

Vorhandene elektrische Freileitungen müssen nach Möglichkeit außerhalb des Baustellengeländes verlegt oder freigeschaltet werden. Wenn dies nicht möglich ist, sind geeignete Abschrankungen, Abschirmungen oder Hinweise anzubringen, um Fahrzeuge und Einrichtungen von diesen Leitungen fernzuhalten. Die in der C412 der BG BAU-Medien festgelegten Sicherheitsabstände sind in jedem Fall einzuhalten.

Des Weiteren sind Wechselwirkungen zu anderen Kranen, gefährdete Bereiche im Schwenkbereich und die zu erwartenden Angriffskräfte durch Seitenwind zu berücksichtigen.

Nach erfolgter Aufstellung sind Krane vor der Inbetriebnahme durch einen Sachkundigen zu überprüfen. Die Prüfung erstreckt sich auf die ordnungsgemäße Aufstellung, Ausrüstung und Betriebsbereitschaft. Die Ergebnisse der → *Prüfungen* sind in einem Prüfbuch zu dokumentieren.

Mit dem Führen von Kranen dürfen nur Beschäftigte beauftragt werden, die den Anforderungen des § 29 DGUV-V 52 „Krane" genügen. Hierunter sind Volljährigkeit, körperliche und geistige Eignung und ausreichende Qualifikation zu verstehen.

Eine arbeitsmedizinische Vorsorge nach DGUV-I 240-250 „Fahr-, Steuer- und Überwachungstätigkeiten" wird dringend empfohlen.

Die Bestimmungen zur Absturzsicherung nach DGUV-V 38 sind zu beachten.

3 Verkehrswege

→ *Verkehrswege* sind so einzurichten, dass sich die Beschäftigten bei jeder Witterung auf dem Gelände sicher bewegen können. Diese Forderung beinhaltet das Anlegen von Verkehrswegen, über welche die auf der Baustelle Beschäftigten jeden Arbeitsplatz gefahrlos und ohne Behinderung erreichen und die notwendigen Materialtransporte durchführen können.

Die Verkehrswege sollen nach Möglichkeit eben und trittsicher sein und müssen den auftretenden Beanspruchungen sowie der Verkehrsbelastung entsprechen. Um die Verkehrswege auch bei Dunkelheit sicher benutzen zu können, ist eine ausreichende sachgemäße Beleuchtung (Mindestbeleuchtungsstärke 20 bzw. 50 Lux) vorzusehen.

Schutzvorrichtungen, die ein Abstürzen von Beschäftigten an Arbeitsplätzen und Verkehrswegen auf Baustellen verhindern, müssen vorhanden sein (Details vgl. Anhang 2.1 ArbStättV). Erhöhte Verkehrswege, die höher als 1,0 m über dem Boden liegen, müssen durch Geländer mit Knie- und Fußleiste gesichert sein.

4 Verkehrswegbreiten

Die erforderliche Breite der Verkehrswege richtet sich nach der Nutzungsart. Für Verkehrswege, die lediglich für Personenverkehr genutzt werden, gilt eine Mindestbreite von 0,5 m (z. B. für Laufstege). Bei Verkehrswegen, die gemeinsam von → *Fahrzeugen* und Fußgängern genutzt werden, gilt eine Mindestbreite von 1,5 m zuzüglich der größten erwarteten Fahrzeugbreite. Bei Begegnungsverkehr errechnet sich die Mindestbreite des Verkehrsweges aus der doppelten Breite des gemeinsam genutzten Verkehrsweges zuzüglich eines Sicherheitszuschlages für Begegnungsverkehr von 0,4 m.

Bei der Planung und Herstellung der Verkehrswege sind Sicherheitsabstände zu Baugruben- und Grabenkanten einzuhalten. Bei Nutzung der Verkehrswege durch → *Fahrzeuge* mit einem Gesamtgewicht von mehr als 12 Tonnen ist bei verbauten Baugruben und Gräben ein Abstand von $\geq$ 1,0 m und bei unverbauten Gräben und Böschungen ein Abstand von $\geq 2{,}0$ m erforderlich. Bei geringeren Belastungen gelten Sicherheitsabstände von 0,6 m bzw. 1,0 m.

Verkehrswege müssen von Lagergut freigehalten werden. Das Lichtraumprofil für den Verkehr von Versorgungsfahrzeugen ist freizuhalten (lichte Höhe beachten).

5 Fluchtwege

→ *Fluchtwege* sollen sicherstellen, dass sich die Beschäftigten im Gefahrenfall möglichst schnell selbst aus dem gefährdeten Bereich in Sicherheit bringen und von außen durch Helfer oder besondere Rettungsdienste gerettet werden können. Dafür kommen alle dafür geeigneten Verkehrswege infrage. Mit ihnen muss eine möglichst schnelle Flucht aus allen Bereichen der Baustelle ins Freie oder einen gesicherten Bereich sichergestellt werden. Fluchtwege sind dauerhaft zu kennzeichnen (ASR A1.3 „Sicherheits- und Gesundheitsschutzkennzeichnung" bzw. DGUV-V 9 „Sicherheits- und Gesundheitsschutzkennzeichnung am Arbeitsplatz"), freizuhalten und bei Dunkelheit ausreichend zu beleuchten.

Für die Gestaltung von Fluchtwegen in Arbeitsstätten (z.B. der Baustelleneinrichtung) sind die Anforderungen nach ASR A2.3 „Fluchtwege, Notausgänge, Flucht- und Rettungsplan" z.B. hinsichtlich Fluchtweglänge und Mindestbreiten zu beachten.

6 Lagerflächen

Lagerflächen müssen eingerichtet und gekennzeichnet sein. Sie müssen einen ausreichend tragfähigen Untergrund haben. Lagerflächen dürfen die Breite von → *Verkehrswegen* und Flucht- und Rettungswegen nicht einschränken.

7 Einrichtungen zur Ersten Hilfe

Als Einrichtungen und Mittel zur → *Ersten Hilfe* müssen auf der Baustelle vorhanden sein (s. auch A004 der BG BAU- Medien):

- → *Ersthelfer* (10 % der Beschäftigten) mit der Grundausbildung von mind. 8 Doppelstunden. Fortbildung innerhalb von 2 Jahren mit mind. 4 Doppelstunden,
- Meldevorrichtungen, über die Hilfe herbeigerufen werden kann (Telefon, Funk u.a.),
- Erste-Hilfe-Mittel (→ *Verbandkasten*),
- Verbandbuch/Rettungsblock,
- Rettungstransportmittel (Krankentrage, ab 21 Beschäftigten),
- → *Sanitätsraum* (ab 51 Beschäftigten), in dem Erste Hilfe geleistet oder die ärztliche Erstversorgung durchgeführt wird,
- → *Betriebssanitäter* (ab 101 Beschäftigten) mit der Ausbildung für den Sanitätsdienst. Es können z.B. auch Rettungssanitäter oder Rettungsassistenten der Hilfsorganisationen (DRK, ASB, JUH, MHD) eingesetzt werden.

Die Standorte der Verbandkästen, Krankentragen und des Sanitätsraumes sowie Namen und Aufenthaltsort der Ersthelfer bzw. Betriebssanitäter und eine Anleitung zur Ersten Hilfe mit Rufnummern und Adressen des Rettungsdienstes, des Krankenhauses, sowie des Notarztes müssen auf der Baustelle gut sichtbar ausgehängt werden.

8 Tagesunterkünfte

Wenn mehr als 4 Beschäftigte länger als eine Woche oder mehr als 20 Personentage auf der Baustelle tätig sind, müssen Tagesunterkünfte vorhanden sein; Mindestraumhöhe: 2,3 m. Die Unterkünfte müssen zu beleuchten und mit Tischen, Sitzgelegenheiten, Kleiderablage und einem abschließbaren Fach ausgestattet sein. Sie müssen beheizbar und bis zu einer Raumtemperatur von 21 °C ausgeführt sein. Die unmittelbar ins Freie führenden Ausgänge müssen als Windfang ausgebildet sein. Den Beschäftigten muss Trinkwasser oder anderes alkoholfreies Getränk zur Verfügung gestellt werden.

9 Waschräume

Wenn mindestens 10 Beschäftigte länger als zwei Wochen auf einer Baustelle tätig sind, müssen Waschräume errichtet werden. Mindestraumhöhe: 2,3 m, Umkleide- und Wachräume sind für Frauen und Männer getrennt einzurichten. Die → *Waschräume* müssen ebenfalls auf eine Raumtemperatur von 21 °C zu beheizen sein und sich in der Nähe der Tagesunterkunft befinden. Die Räume müssen zu beleuchten sein. Wände und Fußböden müssen sich leicht reinigen lassen, Reinigungsmittel sind vom Arbeitgeber zur Verfügung zu stellen.

Die Verbindungswege zwischen Waschräumen und → *Tagesunterkünften* bzw. → *Umkleideräumen* müssen witterungsgeschützt sein.

Auf Baustellen kürzerer Dauer, bei denen 4 Beschäftigte nicht länger als eine Woche arbeiten, kann auf Tagesunterkünfte verzichtet werden, wenn die Beschäftigten sich an windgeschützten Stellen auf der Baustelle oder in naheliegenden Gebäuden umkleiden, waschen, wärmen und ihre Mahlzeiten einnehmen können.

Auf Einrichtungen zum Waschen und Umkleiden kann verzichtet werden, wenn die Beschäftigten regelmäßig nach Beendigung der Arbeitszeit in Betriebsgebäude mit Umkleideräumen, Waschräumen und Trockeneinrichtungen zurückkehren. Es muss jedoch trotzdem für 10 Beschäftigte mindestens je eine Wasserzapfstelle vorhanden sein.

10 Toiletten

Auf die Bereitstellung einer ausreichenden Anzahl Toiletten ist zu achten. → *Toilettenräume*, nach Frauen und Männern getrennt, müssen von innen abschließbar, zu beleuchten und zu beheizen sein (18 °C). Die Anzahl der bereitzustellenden Toiletten ergibt sich aus ASR 48/1,2 (außer Kraft) und DIN 18 228 Blatt 2.

Rainer von Kiparski

Baustellenordnung

Die Baustellenordnung ist ein Instrument, das Bauherren, Bauleitungen oder Bauunternehmen unterstützen soll, Regelungen zum Verhalten und zur abgestimmten und partnerschaftlichen Zusammenarbeit der auf Baustellen Tätigen aufzustellen und zu vereinbaren.

Auf Baustellen Tätige können u. a. Beschäftigte diverser Bauunternehmen, Dienstleister und Lieferanten sein. Auch Vertreter des Bauherrn, Aufsichtsdienste und Baustellenbesucher sind Personen, die sich auf Baustellen aufhalten können. Es empfiehlt sich, diese in die Regelungen der Baustellenordnung einzubeziehen.

Gesetze, Vorschriften und Rechtsprechung

- Arbeitsschutzgesetz (ArbSchG)
- Baustellenverordnung (BaustellV)
- Arbeitsstättenverordnung (ArbStättV)
- Betriebssicherheitsverordnung (BetrSichV)
- Gefahrstoffverordnung (GefStoffV)
- Lärm- und Vibrations-Arbeitsschutzverordnung (LärmVibrationsArbSchV)
- Bauordnung des jeweiligen Bundeslandes
- Bürgerliches Gesetzbuch (BGB)

1 Hausordnung für die Baustelle

Die Baustellenordnung ist kein rechtlich verbindliches Konstrukt, vielmehr eine Vereinbarung zur Ordnung der Baustelle. Sie enthält auf das konkrete Bauvorhaben bezogene Regelungen des Miteinanders, die verbindlich in Verträgen, Leistungsbeschreibungen und im Planungsprozess fixiert sind, sollte aber keine zusätzlichen Pflichten beinhalten. Die Anforderungen an Allgemeine Geschäftsbedingungen sollen eingehalten, die Möglichkeit zur Kenntnisnahme gegeben sein. Oft wird sie als „Hausordnung für die Baustelle“ bezeichnet.

Eine fixe Vorgabe für die Inhalte einer Baustellenordnung gibt es nicht. Vielmehr können darin die Dinge geregelt werden, die für regelwürdig angesehen werden und für das geordnete Zusammenwirken sinnvoll erscheinen.

Die Regelungen können folgende Themenfelder betreffen:

- Arbeitsschutz,
- Umweltschutz,
- Verkehrssicherung,
- Koordination und Zusammenarbeit,
- Maßnahmen zur Ersten Hilfe,
- Transport- und Lagermöglichkeiten,
- Kataster der anliegenden Leitungen und Netzanlagen,
- Parallele Nutzungen, z.B. beim Bauen im Bestand und anderen betrieblichen Tätigkeiten auf dem Baustellengelände.

1.1 Form

Die Baustellenordnung soll informieren und lenken, offen und transparent sein und v.a. einfach verständlich und überschaubar.

Eine kompakte Ausführung, ergänzt z.B. durch Plakat oder Aushang empfiehlt sich, Piktogramme sind sinnvoll, da sie mehrere Informationen und Aussagen bündeln und über Sprachbarrieren hinweg darstellen können. Zudem wird Textlastigkeit vermieden, ebenso wie komplizierte und wortreiche Beschreibungen. Sichtbar gemacht werden kann die Baustellenordnung an den Zugängen zur Baustelle oder verteilt werden als Handzettel. Vermittelt werden kann sie bei Einweisungen oder Unterweisungen.

1.2 Nutzen/Anwender

Zielgruppen sind Bauherren, Bauleitungen, Projektleitungen oder Generalunternehmen größerer Bauvorhaben, die in der Verantwortung für einen geordneten und abgestimmten Bauablauf und für die wirksame Weitergabe von Basisinformationen stehen. Aber auch Bauherren kleinerer Bauvorhaben finden Anregungen, die in Bezug auf ihr Projekt anwendbar sind.

Baufirmen (z.B. Führungsverantwortliche, Fachkräfte für Arbeitssicherheit, Betriebsärzte, Sicherheitsbeauftragte, Ersthelfer, Brandschutzhelfer) finden zu verschiedenen Themengebieten Hinweise für die Auftragsausführung und können ihre Arbeitseinsätze entsprechend vorbereiten und disponieren. Spezifische Inhalte der Baustellenordnung können für die Erstellung der baustellenbezogenen Gefährdungsbeurteilung genutzt werden.

Koordinatoren nach Baustellenverordnung finden Hinweise zum Arbeitsschutz. Baustellenordnung und Sicherheits- und Gesundheitsschutzplan können sich partiell ergänzen.

2 Auswahl möglicher Regelungsthemen mit Untersetzung

2.1 Festlegender

- Auftraggeber/Arbeitsgemeinschaft/Bauherr
- Organigramm/Zuständigkeiten/Aufgaben/Verantwortung
- konkrete Bezeichnung des Bauvorhabens

2.2 Zweck und Inhalt

- kompakte Informationen für Unternehmen und deren Beschäftigte, Lieferanten, Baustellenbesucher sowie weitere Beteiligte

- Regelungen zur Organisation, Koordination und Überwachung des sicheren Baustellenbetriebs und deren Einrichtungen
- Gewährleistung der Arbeitssicherheit und des Gesundheitsschutzes der auf der Baustelle tätigen Personen (Beschäftigten und sonstige Personen)
- Firmenübergreifende Festlegungen zum Verhalten und zur Zusammenarbeit auf der Baustelle, Maßgaben zur Zusammenarbeit aller am Bau Beteiligten
- Verbesserung der Arbeitsabläufe, störungsfreier Bauablauf, reibungsloser Baustellenablauf
- Regelungen aus den Bereichen Verkehrssicherung, Arbeitsschutz, Umweltschutz

2.3 Koordination/Kommunikation

- Liste aller am Bau Beteiligten mit Kontaktdaten
- abgestimmte Bauablauf- und Terminplanung
- Klärung der Kommunikationswege und -formen
- Regelungen zu Beratungen und Begehungen
- Regelungen zur Informationsweitergabe, Festlegen von Fristen
- Informationen zu gewerkübergreifenden Gefährdungen und zu den Maßnahmen
- Nachunternehmer in die Informations- und Kommunikationswege einbeziehen

2.4 Geltungsbereich

- **örtlich:** Übersichtsplan, Adresse, Grundstück der Baustelle oder der betroffenen Bereiche, vom Bauherr zur Verfügung gestellte Flächen, Gebäude und angrenzende Bereiche, gesamtes Baugelände einschließlich Zufahrtsstraßen, Baustraßen, soziale Einrichtungen der Baustelle, Baustelleneinrichtungsplan
- **sachlich:** Bautätigkeiten, weitere Tätigkeiten, Aufenthalt auf der Baustelle
- **zeitlich:** Geltungsdauer? Inkl. vorbereitende Arbeiten? Bis zur vollständigen Beräumung der Baustelle? Bis zur Verkehrsfreigabe? Einschl. Gewährleistungsarbeiten? Bauzeitenplan
- **persönlich:** direkte/indirekte Gültigkeit für alle Unternehmen, Unternehmer, Arbeitnehmer, Dienstleister, Bauherrenvertreter, Aufsichtsbehörden, Besucher, Journalisten

2.5 Verbindlichkeit

- Pflicht zur Einhaltung vertraglich festlegen im Vertrag zwischen dem Bauherrn und den Auftragnehmern und Nachunternehmern
- Wer kontrolliert Einhaltung?
- Ergänzung zu den Allgemeinen Zusatzbedingungen Arbeitssicherheit?
- Kontrolle der Einhaltung der Vorschriften durch Führungspersonal der Firmen

2.6 Weisungsbefugnisse

- Sichtbarmachung der Weisungsbefugnisse
- Vertragliche Fixierung der Weisungsbefugnisse, dadurch Klarheit und Verbindlichkeit
- Wer ist weisungsbefugt? z. B. Bauleitung, aufsichtführende Personen, Koordinator nach Baustellenverordnung (gesonderte Beauftragung, weil nicht aus Rechtsvorschriften herleitbar)
- Gegenüber wem besteht die Weisungsbefugnis? z. B. gegenüber den ausführenden Firmen und deren Arbeitnehmern, selbstständige Einzelunternehmer
- Wann greift die Weisungsbefugnis? z. B. bei Gefahr im Verzug
- Weisungsbefugnis hinsichtlich welcher Inhalte? z. B. Arbeitssicherheit, Umweltschutz
- Folgen von Verstößen gegen Regelungen der Baustellenordnung vorab bekannt machen, z. B. bei Nichteinhalten einzelner Passagen oder Nichtbeachten von Anweisungen weisungsbefugter Personen
- Ahndung z. B. durch Verweis von der Baustelle
- Ggf. Einlasskontrolle, Anmeldung bei Wachschutz
- Ausweispflicht der Arbeitnehmer
- Regelung zum Zutritt betriebsfremder Personen, z. B. im Rahmen von Besichtigungen und Führungen

- Begleitung von Besuchern auf der Baustelle durch autorisierte Personen
- Tragepflicht von persönlicher Schutzausrüstung (z. B. Schutzhelm, Sicherheitsschuhe, Gehörschutz, Warnkleidung) für Arbeitnehmer und betriebsfremde Personen
- Verwehren des Zutritts bei Nichttragen von PSA
- Zutrittsrechte für Montagepersonal und Dienstleister für bestimmte Arbeitsbereiche

2.7 Meldepflichten

- Meldepflicht der Namen der eingesetzten Mitarbeiter, Leiharbeitnehmer, Nachunternehmer, Dienstleister
- geplanter Geräteeinsatz
- Meldung von Unfällen, Personenschäden, Schadenfällen, Bränden, Verpuffungen, Explosionen, Kontaminationen, Funden (z. B. Kampfmittel), umweltrelevanten Beeinträchtigungen (z. B. Wasser- oder Bodenverschmutzungen, unerlaubte Abfalllagerung), erkannten oder neu auftretenden Gefahren, gefährlichen Situationen
- Anmeldung großer Transportvorhaben (z. B. Schwertransporte) und großer Materiallieferungen
- Meldung von Diebstählen und versuchten Diebstählen
- Meldung des Verlustes sensibler Daten

2.8 Ein- und Unterweisung

- Einweisung des auf der Baustelle eingesetzten Personals vor Arbeitsaufnahme
- Unterweisung durch verantwortliche Führungskraft über die besonderen Bedingungen auf der Baustelle
- Dokumentation der Unterweisung
- Einweisung und Zutrittsregelungen für Bereiche mit verfahrensbedingten, örtlich bedingten oder anderen Besonderheiten oder Gefährdungen

2.9 Verkehrssicherungspflichten

- Nutzung zugewiesener Flächen für Baustelleneinrichtung, Materiallagerung, Maschinen, Ausrüstungen
- Verwehren des Zutritts unbefugter Personen auf die Baustelle
- Objektschutz der Baustelle
- Baustelle und außenliegende Lagerflächen durch Umzäunung sichern, Intaktheit prüfen
- Ein- und Ausfahrt zum öffentlichen Straßenbereich
- zum Arbeitsende Maschinen und Geräte, insbesondere Krane und Gerüste sichern und gegen unbefugten Zugriff schützen
- Sicherung gegen herabfallende und wegwehende Gegenstände
- Wettervorhersagen beachten
- Fenster, Türen und Tore schließen
- Maßnahmen zur Diebstahlsicherung treffen
- Regeln für den Besucherverkehr aufstellen
- Einrichtung getrennter Wege für den Fahrzeug- und Fußgängerverkehr
- Beseitigen oder Sichern von Gefahrenstellen
- Beseitigen oder Vermeiden von Verschmutzungen der Verkehrswege
- Sichern und Kennzeichnen von Öffnungen und Stolperfallen
- Schwenkbereiche sichern

2.10 Rauschmittel, Alkohol, Drogen

- Regelungen zum Umgang mit Rauschmitteln, Alkohol, Drogen etc.
- Vorgehen beim begründeten Verdacht auf Alkohol- oder Drogeneinfluss
- Konsequenzen der Nichtbeachtung

- Regelungen zum Nichtraucherschutz, Rauchverbote in bestimmten Bereichen, erlaubtes Rauchen in dafür vorgesehenen Bereichen

2.11 Alarmierung bei Notfällen

- Aushang des Alarmplans an zentraler Stelle
- Aushang von Notfallnummern
- Flucht- und Rettungsplan aufstellen, aushängen, einweisen, unterweisen
- Räumübungen durchführen
- Hinweis auf spezielle Meldeeinrichtungen, Alarme, Signaltöne
- Verhalten im Notfall
- Festlegen und Beschreiben der Sammelplätze
- Festlegen von Lotsenpunkten

2.12 Erste Hilfe

- Informationstafel mit Angaben zur Ersten-Hilfe, Rettungs- und Notrufnummern
- Organisation der Ersten-Hilfe durch jede Firma selbstständig, Bereitstellung der erforderlichen Zahl von Ersthelfern
- Hinweis auf zentrale Sanitätseinrichtungen

2.13 Brand- und Explosionsschutz

- Brandschutzordnung bekannt machen
- Festlegen von Rauchverboten
- Aufstellen geeigneter Feuerlöscher
- Durchführung von Arbeiten mit Brandgefährdung nur unter Treffen geeigneter Schutzmaßnahmen, Bereitstellen geeigneter Löscheinrichtungen
- Lagerung leichtentzündlicher oder selbstentzündlicher Stoffe in Mengen, die für den Fortgang der Arbeit erforderlich sind
- Lagerung brennbarer Abfälle vermeiden
- Sauerstoff-, Acetylen- und Flüssiggasflaschen vorschriftsmäßig lagern, nicht der Sonnenstrahlung oder sonstigen Wärmeeinflüssen aussetzten, für Lüftung sorgen

2.14 Zufahrt/Baustellenverkehr

- Baustelle nur durch dafür eingerichtete Zugänge betreten, befahren und verlassen
- Gültigkeit der Straßenverkehrsordnung
- Benutzung der eingerichteten Verkehrswege
- ausreichende Tragfähigkeit der Verkehrswege
- Parken an dafür vorgesehenen Standorten
- Freihalten von Zufahrtswegen für Feuerwehr-, Rettungs- und sonstige Hilfsfahrzeuge
- Sauberhalten der Verkehrswege, umgehende Beseitigung von Verschmutzungen und Beschädigungen
- Einweisungspflicht bei Rückwärtsfahrt oder technische Maßnahmen der Rückraumüberwachung
- Regeln für den Anlieferverkehr
- Vorsehen einer Allgemeinbeleuchtung der Verkehrswege

2.15 Ver- und Entsorgungsleitungen

- Einholung der Leitungspläne der Ver- und Entsorger
- Zugänge zu Leitungen und zugehörigen Einrichtungen freihalten, vor Beschädigungen schützen und gegen Lageveränderungen sichern
- Meldungswege und Abläufe bei Beschädigung an Leitungen
- ggf. Freischalten von Leitungen vor Tätigkeiten in deren Nähe

- Bereitstellen von Speisepunkten für Elektroenergie, Wasser
- Einsatz von elektrischen Anlagen und Betriebsmitteln, Baustromverteiler mit FI-Schutzschalter

2.16 Bauausführung

- Beginn der Arbeiten, Arbeitsabläufe, Bauzeitenpläne
- Verpflichtung zu reibungsloser Zusammenarbeit, gegenseitiger Information und rechtzeitigen Abstimmung
- Bereithalten nötiger Unterlagen, z. B. Montageanweisung
- Anmeldung und Abstimmung des Einsatzes von stationären und mobilen Großgeräten, Maschinen, Anlagen
- Abstimmung von Lagerflächen und Aufstellflächen
- sichere Materiallagerung und Anordnung von Haufwerken, Böschungssicherung
- Vorhaltung des Tagesvorrats an Material, Hilfs- und Betriebsstoffen

2.17 Besonders gefährliche Arbeiten

Vorlage der Gefährdungsbeurteilung u. a. für gefährliche Arbeiten und Nachweis der Unterweisung, z. B. bei

- Arbeiten mit Gefahr des Versinkens, des Verschüttetwerdens oder des Absturzes
- Erdarbeiten, Arbeiten an Gräben, Gruben, Böschungen
- Arbeiten auf hochgelegenen Arbeitsplätzen und Verkehrswegen
- Arbeiten mit Gefahrstoffen
- Arbeiten mit geringerem Abstand zu Hochspannungsleitungen
- Arbeiten am und über Wasser
- Brunnenbau, unterirdischen Erdarbeiten und Tunnelbau/Mikrotunneling
- Arbeiten mit Tauchgeräten
- Arbeiten in Druckluft
- Spreng- und Abbrucharbeiten
- Aufbau oder Abbau von Massivbauelementen, Montagearbeiten, Fertigteile
- Arbeiten an und neben Gleisen

2.18 Abfälle/Entsorgung

- Regelung der ordnungsgemäßen Entsorgung von Abfällen, Restmaterialien und Stoffen
- Verantwortung als Abfallerzeuger

2.19 Lärm- und Staubschutz (Anwohner)

- Vermeiden bzw. Reduzierung schädlicher oder belästigender Umwelteinwirkungen durch Lärm, Staub, Abgase, Vibrationen etc.
- Einsatz emissionsarmer Baumaschinen, Geräte und Arbeitsverfahren nach dem Stand der Technik
- Festlegen einer arbeitstäglichen Betriebszeit der Baustelle
- Regelung für Arbeiten nachts, an Sonn- und Feiertagen

2.20 Gewässerschutz/Bodenschutz

- sorgsamer Umgang mit wassergefährdenden Stoffen unter Beachtung des Schutzes von Wasser und Boden
- Abwasser, Öle, Fette und weitere Gefahrstoffe nicht in den Boden oder ins Wasser ableiten oder versickern lassen
- Lager für Benzin, Diesel, Heizöl, Schmieröl, Fette ordnungsgemäß einrichten
- Boden- und Wasserverschmutzungen unverzüglich melden
- Verdacht auf Kontaminationen unverzüglich melden
- widerrechtliche Einleitungen von Flüssigkeiten unterbinden

2.21 Schutz bestehender Bauwerke, Sachgüter und Vegetation

- Maßnahmen der Sicherung von Bauwerken, Sachgütern und Vegetation, z. B. Baumschutz, treffen
- Planen, Festlegen und Durchführen von Sicherungsmaßnahmen vor Beginn von Ramm-, Press- und Rüttelarbeiten
- Durchführung von Setzungsmessungen, Rissmessungen und Schwingungsmessungen etc.
- Durchführung der Beweissicherung, Dokumentation

Andreas Voigt

Beinaheunfall

Ein Beinaheunfall ist eine gefährliche Begebenheit bei der Arbeit, durch die beinahe ein Unfall mit Personenschaden einer versicherten Person verursacht worden wäre. Bei einem Beinaheunfall kann durchaus ein Sachschaden entstanden sein. Jeder Beinaheunfall ist ein Warnsignal, auf das – wie bei einem Arbeitsunfall – reagiert werden sollte.

Gesetze, Vorschriften und Rechtsprechung

Beinaheunfälle geben Hinweise auf sicherheitswidrige Zustände oder Verhaltensweisen. Deshalb sind sie als Teil der im Arbeitsschutzgesetz (§ 5 ArbSchG) geforderten Beurteilung der Arbeitsbedingungen (Gefährdungsbeurteilungen) zu betrachten und zu analysieren. Das deutsche Arbeitsschutzrecht fordert darüber hinaus z. B. in §§ 3–5, 9 ArbSchG, dass Unfälle jeglicher Art, und damit streng genommen auch Beinaheunfälle, durch geeignete Präventionsmaßnahmen zu vermeiden sind.

Gem. § 15 ArbSchG „Pflichten der Beschäftigten“ sind alle Mitarbeiterinnen und Mitarbeiter verpflichtet, nicht nur jeden Arbeits- und Wegeunfall, sondern jedes Ereignis, das beinahe zu einem Unfall geführt hätte, zu melden.

1 Vorliegen eines Arbeitsunfalls

Ein → *Arbeitsunfall* liegt vor, wenn eine versicherte Person bei einer versicherten Tätigkeit einen Unfall erleidet. Einen „Unfall“ definiert die gesetzliche Unfallversicherung als ein zeitlich begrenztes, von außen auf den Körper einwirkendes Ereignis, das zu einem Gesundheitsschaden oder zum Tod geführt hat.

2 Vorliegen eines Beinaheunfalls

Arbeitsunfälle sind heute im betrieblichen Alltag erfreulicherweise seltene Ereignisse. Dies ist sicherlich eine Folge der Reduzierung der sicherheitswidrigen Zustände und Verhaltensweisen – also der Gefährdungen. Bei der Arbeit gibt es jedoch weiterhin gefährliche Begebenheiten, bei denen jedoch „nichts passiert ist“. Die in der Praxis häufig anzutreffende Vermutung, dass die Gefährdungen bei einem Beinaheunfall gering waren, sind – wie praktische Erfahrungen zeigen – falsch.

I. d. R. werden Beinaheunfälle in der Praxis nicht explizit betrachtet, weil sie nicht gemeldet, dokumentiert und analysiert werden. Die Chance, auch aus Beinaheunfällen zu lernen, ist damit sehr gering.

> **Praxis-Beispiel: Aus Unfällen lernen**
>
> **Fall 1:** Bei Arbeiten auf einem → *Gerüst* stößt der Bauarbeiter K. Mayer unbeabsichtigt an einen auf dem Arbeitsgerüst liegenden Hammer. Dieser fällt herunter und trifft seinen Kollegen P. Urban, der neben dem Gerüst arbeitet, an der Schulter. Peter Urban erleidet eine Fleischwunde und Prellungen. Hier liegt ein Unfall vor. Bei der → *Unfallanalyse* zeigt sich, dass am Arbeitsgerüst die Seitenbretter (Bordbretter) fehlten und K. Mayer auf dem Gerüst den Hammer nicht korrekt abgelegt hatte. Die Seitenbretter wurden deshalb umgehend angebracht und alle Bauarbeiter entsprechend unterwiesen.

Fall 2: Gleiche Situation, nur landet der herunterfallende Hammer in diesem Fall einen halben Meter neben dem unten arbeitenden Mitarbeiter, P. Urban. Großer Schrecken, aber keine Verletzung bei P. Urban, der sich lautstark bei K. Mayer beschwert. Glück gehabt. Hier liegt kein Unfall vor, was häufig dazu führt, dass einfach weitergearbeitet wird, wenn nicht der Sicherheitsbeauftragte oder ein engagierter Mitarbeiter aktiv wird. Die Begebenheit wird deshalb weder gemeldet noch analysiert. D.h., die Ursachen dieser gefährlichen Begebenheit werden nicht ermittelt und damit auch keine geeigneten Schutzmaßnahmen ergriffen. Die Chance, aus der Begebenheit zu lernen (Korrektur- und Verbesserungsmaßnahmen einzuleiten), ist vertan. Würde diese gefährliche Begebenheit als Beinaheunfall erkannt und in vergleichbarer Weise wie ein Unfall analysiert, würden mit großer Wahrscheinlichkeit auch in diesem Fall die o.g. Präventionsmaßnahmen ergriffen und dadurch die Gefährdungen beseitigt bzw. reduziert.

Beinaheunfälle mehrheitlich einfach „hinzunehmen" – „es ist ja nichts passiert", ist eine in vielen Unternehmen anzutreffende Verhaltensweise und kennzeichnet auch die gelebte Sicherheitskultur.

Praxis-Beispiel: Beinaheunfälle zum Thema machen

Die Unfallpyramide, die Schwere und Häufigkeit von Arbeitsunfällen in ein Verhältnis setzt, besagt, dass die Anzahl von Beinaheunfällen sehr viel höher ist als die der Unfälle. Hier bestehen gute Chancen, die Wirksamkeit des betrieblichen Arbeitsschutzes nachhaltig mit den Beschäftigten gemeinsam zu verbessern.

Nicht zu Beinaheunfällen zählen unsichere Zustände oder Situationen, also Gefahren, die zu einem Unfall oder einer Verletzung führen könnten, wenn keine Abhilfe geschaffen wird. Ein unsicherer Zustand kann durch fehlerhaftes Design, falsche Fertigungs- und Bauweise oder durch Mängel, die auf unzureichender Wartung beruhen, verursacht werden (Beispiele: verrostete → *Schutzabdeckung* mit scharfen Kanten, Unebenheit in der Nähe eines Gehwegs, defekte → *Beleuchtung* bei einer Außentreppe, die bei einem Notfall benutzt werden soll).

3 Beinaheunfälle als Verbesserungschance begreifen

Zeitgemäße Sicherheitskonzepte messen der Betrachtung von Beinaheunfällen bzw. sonstiger gefährlicher Situationen einen hohen Stellenwert bei. Gleiches gilt auch für das → *Arbeitsschutzmanagement.* In der Regel empfehlen/fordern die → *AMS-Konzepte* die Erfassung und Bearbeitung von Beinaheunfällen zu regeln. Ziel ist es, das Potenzial der Beinaheunfälle zu nutzen, um dadurch die Häufigkeit und Schwere von Arbeitsunfällen nachhaltig zu verringern. Ohne die Kenntnis der Beinaheunfälle sowie eine Systematik zur Erfassung und Bearbeitung von Beinaheunfällen geht dies aber nicht.

Wirksame Konzepte müssen hier ansetzen. Erforderlich sind v. a. folgende Maßnahmen:

- Die Intention der Erfassung von Beinaheunfällen ist zu kommunizieren. Dabei ist zu beachten, dass sich viele Mitarbeiter schwer tun, auf eigene Fehler, eigenes sicherheitswidriges Verhalten oder sicherheitswidriges Verhalten von Kollegen sowie auf sicherheitswidrige Zustände hinzuweisen, wenn ja, wenn „nichts passiert ist". (**Wichtig:** Weisen Sie darauf hin, dass der Verzicht auf die Meldung eines Beinaheunfalls kein Kavaliersdelikt ist!)
- Um die Bereitschaft zu fördern, Beinaheunfälle zu melden, sind geeignete Informations- und Motivationsmaßnahmen erforderlich.
- Anhand aussagefähiger Beispiele ist zu kommunizieren, welche Begebenheiten das Unternehmen zu Beinaheunfällen („Near Miss") zählt. Hierfür sind eine klare Definition „Kennzeichen von Beinaheunfällen" sowie eine Abgrenzung zu „unsichere Zustände oder Situationen" erforderlich. Die Spannbreite geht von „Gefährliche Begebenheit bei der Arbeit, die das Potenzial für schwerste Verletzungsgefahr in sich bergen" über „Gefährliche Begebenheiten, die sich wieder ereignen könnten" bis zu „Jeder gefährliche Begebenheit bei der Arbeit."

- Ein konstruktiver Umgang mit bekannt gemachten Beinaheunfällen ist vom Management nachdrücklich zuzusichern und erkennbar zu praktizieren – wer Nachteile für sich oder Kollegen befürchtet, beteiligt sich nicht.
- Differenzierte Möglichkeiten zum Melden von Beinaheunfällen (direktes Ansprechen, Ansprechen des → *Sicherheitsbeauftragten*, Verwendung eines Formblatts zur anonymen Meldung etc.) sind empfehlenswert.
- Der Verwaltungsaufwand ist zu begrenzen.
- Eine schnelle und transparente Analyse und Bearbeitung der Beinaheunfälle, mit einer anschließenden Einleitung von Korrektur- und Verbesserungsmaßnahmen ist zu regeln.

Albert Ritter

Belastung, Beanspruchung

Das Belastungs-Beanspruchungs-Konzept geht von der Vorstellung aus, dass jeder Arbeitsplatz durch äußere Bedingungen gekennzeichnet ist, die für jede dort tätige Person gleich sind (Belastung). In Abhängigkeit von den individuellen Eigenschaften und Fähigkeiten können die Beanspruchungen der Menschen als Folge der jeweiligen Belastungen sehr unterschiedlich sein. Die Begriffe Belastung und Beanspruchung werden für unterschiedlichste physische und psychische Anforderungen genutzt. Diese können den Menschen durch interne und externe Prozesse erreichen. Leider führen unklare und wenig trennscharfe Verwendungen dieser Begriffe zu Verwechslungen und Missverständnissen. Die in den letzten Jahren zusehends ansteigende Bedeutung psychischer Erkrankungen und die damit verbundenen Kosten für den Arbeitsmarkt führen zu einer hohen Aufmerksamkeit gegenüber psychischen Belastungen und Beanspruchungen am Arbeitsplatz.

Gesetze, Vorschriften und Rechtsprechung

Derzeit gibt es kein einheitliches Erklärungsmodell zum Formenkreis „psychische Belastung". Die Norm DIN EN ISO 10075 „Ergonomische Grundlagen bezüglich psychischer Arbeitsbelastung" ermöglicht aber eine begriffliche Orientierung.

1 Definitionen

Belastung

Unter **Belastung** werden objektive, von außen auf den Menschen wirkende Faktoren verstanden wie z. B. → *Lärm*, Zeitdruck oder widersprüchliche Erwartungen an Mitarbeiter.

Beanspruchung

Unter **Beanspruchung** werden die subjektiven Folgen dieser Belastungen verstanden. Diese lassen sich unterteilen in

- physische (z. B. Beanspruchung des Herz-Kreislaufsystems, der Muskulatur etc.) und
- psychische Beanspruchung (z. B. Beanspruchung der Aufmerksamkeit, des Gedächtnisses, Art der psychosozialen Unterstützung etc.).

Durch eine Diskrepanz zwischen der Beanspruchung einer Person und ihren jeweiligen Bewältigungsressourcen (z. B. konditionelle Fähigkeiten, Entspannungsfähigkeit, Gelassenheit) können sich sowohl positive (z. B. höhere Aktivierung) als auch negative Beanspruchungsfolgen (z. B. → *Stress*, Monotonie etc.) ergeben.

Psychische Belastung gemäß DIN EN ISO 10075

Die internationale Norm DIN EN ISO 10075 „Ergonomische Grundlagen bezüglich psychischer Arbeitsbelastung" bietet eine begriffliche Orientierung. Nach der DIN EN ISO 10075 werden psychische Belastung und Beanspruchung wie folgt definiert[1]:

Psychische Belastung ist die Gesamtheit aller erfassbaren Einflüsse, die von außen auf den Menschen zukommen und psychisch auf ihn wirken.

Psychische Beanspruchung

Psychische Beanspruchung ist die unmittelbare (nicht langfristige) Auswirkung der → *psychischen Belastung* im Individuum in Abhängigkeit von seinen jeweiligen überdauernden und augenblicklichen Voraussetzungen, einschließlich der individuellen Bewältigungsstrategien. Grundsätzlich werden Belastungen zunächst neutral gesehen, d. h., sie sind per se nicht negativ. Erst bei Überschreitung einer bestimmten Belastungsgrenze wird diese als gesundheitsgefährdend bewertet. Entscheidend für das Ausmaß der Belastung sind ihre Dauer und Intensität.

2 Rechtliche und institutionelle Legitimation

Die DIN EN 10075 regelt international die ergonomischen Grundlagen hinsichtlich psychischer Belastungen. Erforderliche Maßnahmen sind abhängig von spezifischen Gefährdungen des Arbeitsplatzes.

Beteiligte Gesetze und Institutionen sind:

- Arbeitsschutzgesetz (ArbSchG)
- Betriebsverfassungsgesetz (BetrVG)
- → *Betriebsrat*
- Arbeitgeber

Sie alle bilden ein geschlossenes System zur Förderung einer menschengerechten Arbeit. Der Arbeitgeber muss die Arbeit so gestalten, dass eine Gefährdung für Leben und Gesundheit möglichst vermieden und die verbleibende Gefährdung möglichst gering gehalten wird.

3 Einfluss von Stressmodellen

Zur Beurteilung von Stressoren nehmen die psychologische Theoriebildung und hier v. a. div. stresstheoretische Modelle Einfluss. Bekannte Modelle, wie z. B. das **Job-Strain-Modell**[2] oder das **Transaktionale Stressmodell**[3] sind in den vergangenen Jahren um das **Arbeitspsychologische Stressmodell**[4] erweitert worden. Darin wird ein Stressprozess beschrieben, der die nachstehend aufgeführten Faktoren als relevant beschreibt und berücksichtigt (vgl. **Abb. 1**):

- Stressoren und Risikofaktoren,
- Ressourcen,
- die individuelle und externe Bewertung,
- die Bewältigung und Stressfolgen.

Zwischen den vorstehend beschriebenen Merkmalen und Prozessen bestehen Rück- bzw. Folgewirkungen.

1 Joiko/Schmauder/Wolff, Psychische Belastung und Beanspruchung im Berufsleben. Erkennen-Gestalten, 5. Aufl. 2010.

2 Karasek/Theorell, Healthy Work, 1990.

3 Lazarus, Emotion and Adaptation, 1991.

4 Greif/Bamberg/Semmer (Hrsg.), Psychischer Stress am Arbeitsplatz, 1991; Bamberg/Busch/Ducki, Stress und Ressourcenmanagement, Strategien und Methoden für die neue Arbeitswelt, 2003; Zapf/Semmer, Stress und Gesundheit in Organisationen, in: Schuler (Hrsg.), Enzyklopädie der Psychologie, 2004.

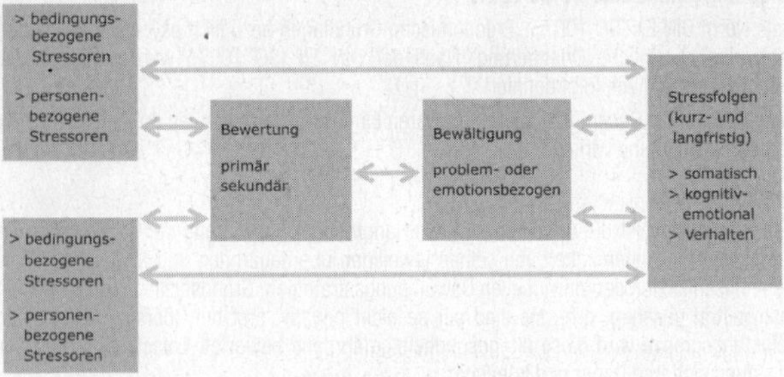

Abb. 1: Arbeitspsychologische Erweiterung des transaktionalen Stressmodells[1]

4 Arbeitsphysiologie und -psychologie

Arbeitsphysiologie und **-psychologie** erforschen die Auswirkungen von arbeitsbedingten Belastungen und Beanspruchungen auf den Menschen. Die Untersuchungen zur Auswirkung von → *Lärm*, Schmutz, → *Stäuben*, → *Hitze*, Allergenen oder körperlicher Aktivität (Koordination, Beweglichkeit, Kraft, Ausdauer, Schnelligkeit) auf den Menschen gehören z.B. zu den **arbeitsphysiologischen** Maßnahmen. **Arbeitspsychologische** Fragestellungen stellen z.B. die Auswirkungen von Arbeitszufriedenheit, Arbeitsunzufriedenheit, positiver/negativer psycho-sozialer Unterstützung am Arbeitsplatz, Mitwirkung und Mitverantwortung (Partizipation) sowie von → *Mobbing* dar.

Bei den Belastungsformen unterscheidet man im Wesentlichen:

- physikalische Belastungen, z.B. Hitze und Luftfeuchtigkeit;
- chemische Belastungen, z.B. Schadstoffkonzentrationen;
- energetische Belastungen, z.B. Kalorienverbrauch bei körperlicher Schwerstarbeit;
- informelle, mediale Belastungen, z.B. Bildschirmarbeit;
- psychische, soziale, psychosoziale Faktoren.

In **Abb. 2** ist die Größe des angehängten Gewichts ursächlich verantwortlich für die Auslenkung des Zeigers, der die Beanspruchung anzeigt. Die Beanspruchung ist im angezeigten Ergebnis abhängig von den Federkonstanten.

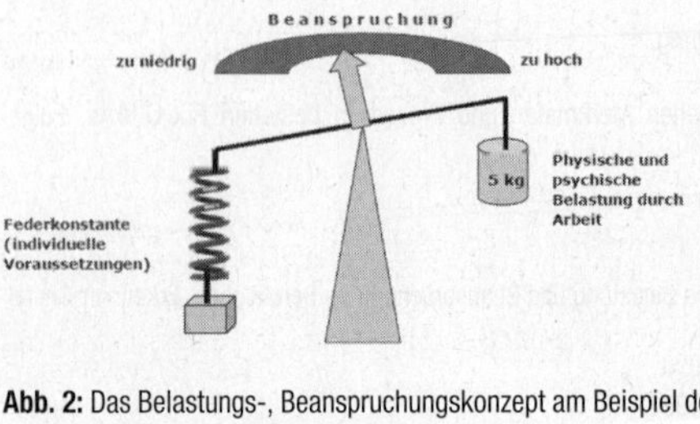

Abb. 2: Das Belastungs-, Beanspruchungskonzept am Beispiel der Federwaage

---

1 Nach Bamberg/Busch/Ducki, Stress und Ressourcenmanagement, Strategien und Methoden für die neue Arbeitswelt, 2003.

In der Arbeits- oder Sportmedizin kann mittels reproduzierbarer diagnostischer Verfahren oder Tests die individuelle Leistungsfähigkeit gemessen werden. Bei der **Arbeitsplatz-,** respektive der → ***Gefährdungsanalyse*** können diesbezügliche Belastungen erfasst werden. Hierbei ist die Beanspruchung wesentlich abhängig von der individuellen Leistungsfähigkeit. Je höher diese ist, umso niedriger ist die Beanspruchung.

Am Beispiel der **Federwaage** wird als intervenierende Variable die **Federkonstante** dargestellt.[1] Auf den Menschen bezogen sind das z.B. bestimmte Persönlichkeitseigenschaften, Fähigkeiten und Fertigkeiten. Diese intervenierenden Variablen werden in der Folge als auch als Ressourcen bezeichnet. Die Ressourcen, die ein Mensch einer Belastung entgegensetzen kann, werden wie folgt differenziert:

- persönliche Ressourcen,
- natürlich vorgegebene Ressourcen,
- technisch hergestellte und sozial organisierte Ressourcen.

Während bei reproduzierbaren Ausdauertestungen nahezu eine lineare Beziehung zwischen Belastung und Beanspruchung besteht, sind bei Arbeiten mit hohen psychosozialen Belastungsmerkmalen Belastung und Beanspruchung nicht direkt miteinander verknüpft.

Wydra[2] unterscheidet v. a. aus sportwissenschaftlicher Sicht zwischen **permanenten und konsumptiven Ressourcen.** Unter permanenten Ressourcen werden persönliche Quellen verstanden, die langfristig verfügbar sind. Diese stellen vermutlich strukturell verankerte innere Leistungsvoraussetzungen dar, die durch Übung und Training erweitert werden können (z.B. die motorischen Hauptbeanspruchungsformen Kraft, Ausdauer, Koordination, Beweglichkeit und Schnelligkeit). Zu den konsumptiven Ressourcen wird die „erneuerbare“ Energie (Kraft) verstanden. Sie unterliegen einer begrenzten Vorratshaltung, sind schnell verfügbar und bauen sich je nach Einsatzintensität und Einsatzumfang schnell und entsprechend proportional ab

Als Beispiel können die Energievorräte in der Muskulatur genannt werden. Permanente und konsumptive Ressourcen bedingen sich gegenseitig. So kann eine vorhandene permanente Ressource, wie z.B. die Ausdauerleistungsfähigkeit nicht ausgenutzt werden, wenn die konsumptiven Ressourcen, wie z.B. die Kohlenhydratspeicher in der Muskulatur und der Leber relativ leer sind.

Das Fragen nach Grenzwerten bzw. „Erträglichkeitsgrenzen“ stellt die zentrale Aufgabe der Arbeitsphysiologie dar. Kernanliegen ist die Bestimmung der Arbeitsbelastung, die bei täglicher Wiederholung, z.B. im Rahmen einer 8-Stunden-Schicht, ein Arbeitsleben lang ohne Gesundheitsbeeinträchtigung möglich ist. Mit dieser Fragestellung wird die Brücke von der Arbeitsphysiologie zur **Gesundheitsvorsorge** und **-sicherung** geschlagen.

An dieser Stelle sollte auch auf die entsprechende europäische und deutsche Gesetzgebung hingewiesen werden, z.B. die EG-Rahmenrichtlinie Arbeitsschutz (89/391/EWG). Arbeitsbelastungen sollen an die Möglichkeiten des betroffenen Individuums angepasst werden. Dabei wird mit z.T. aufwendigen **Assessments** (= Ermittlung der Eignung von Menschen hinsichtlich ihrer biologischen und psychischen Ausgangsvoraussetzungen für bestimmte Arbeitsplätze) gearbeitet. Übergeordnetes Ziel ist die Harmonisierung von Mensch und Arbeitsbedingungen, ohne dass die menschlichen Eigenschaften, Fähigkeiten und Fertigkeiten über- oder unterfordert werden.

4.1 Belastungsforschung und Psychosomatik

Die Begriffe **Belastung (load, stress)** und **Beanspruchung (strain)** haben in der **Arbeitsphysiologie** einen zentralen Stellenwert. Vor dem Hintergrund der rasanten Veränderung der Arbeitswelt – z.B. Reduzierung rein körperlicher Belastungen bei Zunahme **psycho-sozialer Belastungsfaktoren** einschließlich negativem Stress, beschäftigt sich die **Arbeitspsychologie** verstärkt mit psychosomatischen

---

1 Wydra, Belastungssteuerung als eine sportpädagogische Aufgabe, in: Gesundheitssport und Sporttherapie, Heft 3, 2001, S. 81–85.

2 Wydra, Belastungssteuerung als eine sportpädagogische Aufgabe, in: Gesundheitssport und Sporttherapie, Heft 3, 2001, S. 81–85.

Aspekten von Belastungen und Beanspruchungen. Diesen Dimensionen widmet sich das „Integrierte Belastungs- und Beanspruchungskonzept". In **Abb. 3** wird ein Erklärungsmodell für Zusammenhänge zwischen psychischer Belastung und Beanspruchung dargestellt. Meist entstehen gemischte Formen von physischen und psychischen Belastungen, von denen jeweils ein deutlich überwiegender Anteil besondere Beanspruchungen erzeugen kann.

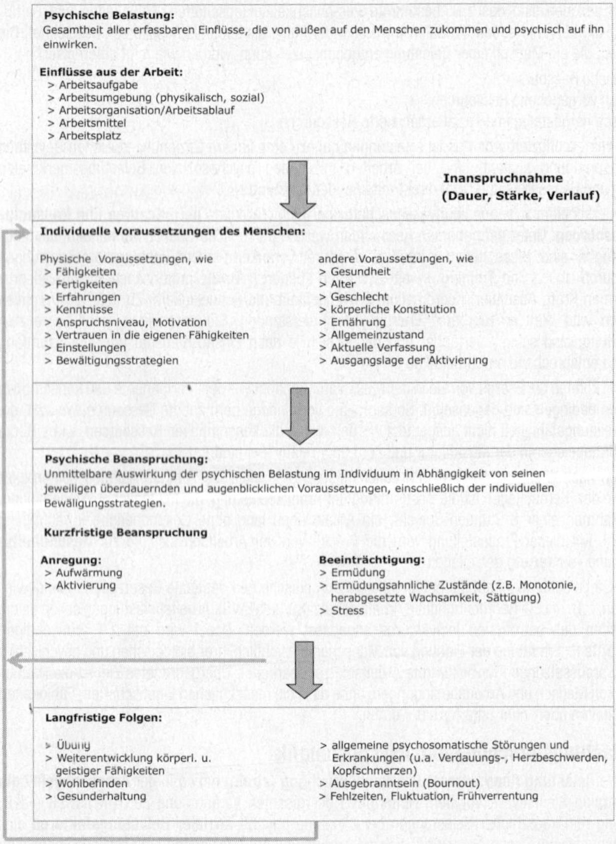

Abb. 3: Erklärungsmodell für Zusammenhänge hinsichtlich psychischer Belastung und Beanspruchung[1]

1 Joiko/Schmauder/Wolff, Psychische Belastung und Beanspruchung im Berufsleben. Erkennen-Gestalten, 5. Aufl. 2010.

4.2 Das integrierte Belastungs- und Beanspruchungskonzept

In diesem Konzept wird die **Handlungskompetenz als persönliche Ressource des Menschen** betrachtet und steht als beeinflussende Variable im Mittelpunkt der Betrachtungen. Kognitive, emotionale, affektive, sensitive, körperliche und soziale Fähigkeiten und Fertigkeiten ermöglichen umfassende und gezielte Handlungskompetenzen, die helfen, Belastungen mit ihren individuell beanspruchenden Wirkmechanismen zu regulieren. In diesem Zusammenhang wirken Belastungen nicht direkt, sondern im Sinne eines subjektbezogenen Verhaltens.

Aus der Sicht des → *betrieblichen Gesundheitsmanagements* erlangt die Anleitung zu einem situativ angemessenen und selbstverantwortlich gestalteten Bezug zwischen Arbeitnehmer und Arbeitsaufgabe eine zentrale Bedeutung. Es gilt die Ressourcen des Einzelnen so zu entwickeln und zu stärken, dass er eigenständig die Belastung steuern kann. Einerseits sollen die Arbeitsbelastungen an die Möglichkeiten des Individuums angepasst werden. Anderseits soll mit teils aufwendigen Assessments die Eignung von Menschen hinsichtlich Ihrer biologischen, psychischen und sozialen Ausgangsvoraussetzungen getestet werden.

Das in **Abb. 3** dargestellte Modell zeigt, dass Einflüsse aus der Arbeit (z. B. Arbeitsaufgabe, Arbeitsmittel) auf den Menschen mit seinen jeweiligen überdauernden und augenblicklichen Voraussetzungen und seinen Bewältigungsstrategien einwirken. Die Inanspruchnahme der Voraussetzungen des arbeitenden Menschen führt zu psychischer Beanspruchung. Diese äußert sich kurzfristig in unterschiedlicher Form auf psychischer und/oder körperlicher Ebene. Ob es dabei zu erwünschter oder beeinträchtigender Beanspruchung kommt, hängt ab von den von außen einwirkenden Einflüssen und von den persönlichen Voraussetzungen des Individuums (vgl. **Tab. 1**).

Anregung		Beeinträchtigung (Fehlbeanspruchung)		
Aufwärmung	**Aktivierung**	**Psychische Ermüdung**	**Ermüdungsähnliche Zustände**	→ ***Stress***[1]
Eine häufige Folge psychischer Beanspruchung, die bald nach Beginn der Arbeitsaufnahme dazu führt, dass die Tätigkeit mit weniger Anstrengung als anfangs ausgeführt wird.	Ein innerer Zustand mit unterschiedlich hoher psychischer und körperlicher Funktionstüchtigkeit. Je nach Dauer und Intensität kommt es zu unterschiedlichen Graden der Aktivierung. Dabei gibt es einen Bereich der optimalen, d.h. weder zu geringen noch zu hohen Aktivierung, der höchste Funktionstüchtigkeit sicherstellt. Eine plötzliche Erhöhung der Beanspruchung kann jedoch zu einer ungewünschten Überaktivierung führen.	Vorübergehende Beeinträchtigung der psychischen und körperlichen Leistungsfähigkeit eines Menschen, die von der Intensität, Dauer und Verlauf der vorangegangenen Beanspruchung abhängt. Mögliche Folgen sind: Mehr Zeitbedarf für Handlungen, Bewegungsfehler wie Fehlgreifen, Fehltreten, Vergessen von wichtigen Informationen (Terminen, Zwischenergebnissen). Erholung von psychischer Ermüdung kann besser durch eine zeitliche Unterbrechung der Tätigkeit statt durch deren Änderung erzielt werden.	Zustände des Menschen, die als Auswirkungen psychischer Beanspruchung in abwechslungsarmen Situationen auftreten. Sie verschwinden schnell nach Eintreten eines Wechsels der Arbeitsaufgabe und/oder der Umgebung bzw. der äußeren Situation. Zu diesen Zuständen zählen: Monotonie, herabgesetzte Wachsamkeit, psychische Sättigung (vgl. **Tab. 2**).	Als unangenehm empfundener Zustand, der von der Person als bedrohlich, kritisch, wichtig und unausweichlich erlebt wird. Er entsteht besonders dann, wenn die Person einschätzt, dass sie ihre Aufgaben nicht bewältigen kann. Mögliche Folgen sind: Befindlichkeitsstörungen, Angstzustände, hoher Blutdruck, nervöse Magenschmerzen, steigendes Herzinfarktrisiko, sinkende Leistung, erhöhte Fehlerzahl.

Tab 1: Auswirkungen psychischer Belastung nach DIN EN ISO – 10075-1

1 Im Alltag häufig synonym mit psychischer Belastung verwendet. Nicht alle psychischen Belastungen führen jedoch zu Stress. Psychische Belastungen, die Stress auslösen, werden Stressoren genannt. Erst die Reaktionen auf Stressoren, wie z.B. Zeitdruck, Informationsmangel, häufige Störungen und Unterbrechungen der Arbeit sowie widersprüchliche Anweisungen durch verschiedene Vorgesetzte sollten mit dem Begriff Stress belegt werden.

Monotonie	Herabgesetzte Wachsamkeit	Psychische Sättigung
Ein langsam entstehender Zustand herabgesetzter Aktivierung, der bei lang andauernden, einförmigen und sich wiederholenden Arbeitsaufgaben oder Tätigkeiten auftreten kann. Hauptsächliche Folgen sind: Schläfrigkeit, Müdigkeit, Leistungsabnahme und Leistungsschwankungen, Verminderung der Umstellungs- und Reaktionsfähigkeit, Zunahme der Schwankungen der Herzschlagfrequenz.	Ein bei abwechslungsarmen Beobachtungstätigkeiten langsam entstehender Zustand mit herabgesetzter Signalentdeckungsleistung (z. B. bei Radarschirm- und Intrumentalbeobachtungen), Monotonie und herabgesetzte Wachsamkeit unterscheiden sich zwar in den Entstehungsbedingungen, nicht aber in den Auswirkungen.	Ein Zustand der nervös-unruhevollen, stark affekt-betonten Ablehnung einer sich wiederholenden Tätigkeit oder Situation, bei der das Erleben des „Auf der Stelle Tretens“ oder des „Nicht weiter Kommens“ besteht. Zusätzliche Symptome psychischer Sättigung sind: Ärger, Leistungsabfall, Müdigkeitsempfinden, Tendenz, sich von der Aufgabe zurückzuziehen. Die psychische Sättigung ist im Gegensatz zu Monotonie und herabgesetzter Wachsamkeit durch ein unverändertes oder sogar gesteigertes Niveau der Aktivierung, verbunden mit negativer Erlebnisqualität gekennzeichnet.

Tab. 2: Wesentliche Faktoren ermüdungsähnlicher Zustände

Jürgen Wicharz

Beleuchtung

Die Beleuchtung erhellt Arbeitsräume und Wege mit Lichtquellen und schafft geeignete Lichtverhältnisse für die jeweiligen Tätigkeiten. Lichtquellen können künstlich (Leuchten) und natürlich (Tageslicht) sein, wobei ein ausgewogenes, harmonisches Nebeneinander von beiden Arten eingerichtet werden sollte. Licht beeinflusst wie kaum ein anderer Umfeldfaktor Wohlbefinden und Gesundheit, Motivation und Leistung bei der Arbeit.

Gesetze, Vorschriften und Rechtsprechung

Für eine normgerechte Planung und Betrieb der Beleuchtung von Arbeitsstätten sind folgende Regelungen relevant:

Grundsätzliche Anforderungen an die Beleuchtung in Arbeitsstätten werden in der Arbeitsstättenverordnung (ArbStättV) im Anhang 3.4 „Beleuchtung und Sichtverbindung“ geregelt.

Die DIN EN 12464-1 „Beleuchtung von Arbeitsstätten – Arbeitsstätten in Innenräumen“ (2021-11) gilt wortgleich in ganz Europa und als ISO 8995/CIE S 008 als ISO-Standard in ähnlicher Form weltweit. Sie stellt den anerkannten Stand der Technik nach § 4 Abs. 3 ArbSchG dar.

Die Anforderungen an die Beleuchtung sind in ASR A3.4 „Beleuchtung und Sichtverbindung“ ausgeführt.

Im Rahmen der Beleuchtung sind zudem folgende Normen relevant:

- DIN 12665 „Licht und Beleuchtung – Grundlegende Begriffe und Kriterien für die Festlegung von Anforderungen an die Beleuchtung“
- DIN EN 15193 „Energetische Bewertung von Gebäuden – Energetische Anforderungen an die Beleuchtung“
- Für Arbeitsstätten im Freien gilt die DIN EN 12464-2 „Licht und Beleuchtung – Beleuchtung von Arbeitsstätten – Teil 2: Arbeitsplätze im Freien“

Berufsgenossenschaftliche Informationen:

- DGUV-I 215-210 "Natürliche und künstliche Beleuchtung von Arbeitsstätten"
- DGUV-I 215-442 „Beleuchtung im Büro“

1 Licht ins Dunkel bringen – das Thema beleuchten

Mit dem Wechsel der Tages- und Jahreszeiten verändert sich das Tageslicht und damit auch die Notwendigkeit, den Arbeitsplatz mit künstlicher Beleuchtung zusätzlich zu beleuchten. Dabei ist nicht egal, welches Licht den Menschen am Arbeitsplatz angeboten wird, sondern welche Qualität es hat. Der Tageslichtrhythmus prägt den menschlichen Organismus und sein Wohlbefinden. Licht sollte daher im richtigen Mix im Hinblick auf die Arbeitsaufgabe und den Tagesablauf am Arbeitsplatz angeboten werden und mit unterschiedlichen Lichtstimmungen die natürlichen Lichtszenarien im Tagesablauf als „dynamisches Licht“ abbilden. Dies gilt gleichermaßen für

- den Büroarbeitsplatz,
- den Industriearbeitsplatz,
- den Schülerarbeitsplatz,
- das Seniorenheim,
- das Licht zu Hause.

Die Mitarbeiter sind wacher, motivierter, konzentrierter und fühlen sich auch noch wohler. So rechnet sich die Investition durch die folgenden Effekte:

- die Fehlerquote sinkt,
- die Sicherheit ist erhöht,
- die Produktivität steigt an.

Die Frage einer zeitgemäßen effizienten und effektiven Beleuchtung ist mehrdimensional und fordert ein integriertes ganzheitliches Konzept, das

- funktionalen Qualitätsmerkmalen entsprechen muss,
- individuell einstellbar ist,
- energieeffizient ist,
- einem bestimmten Designanspruch gerecht wird.

Praxis-Beispiel: Licht richtig einsetzen

Es zahlt sich aus, Licht

- dort einzusetzen, wo es gebraucht wird,
- dort zu reduzieren, wo es unnötige Energie verbraucht.

Das ist heute technisch bereits sogar mit einem dezentralen individuellen Lichtmanagement einfacher umsetzbar, als viele denken.

2 Sehbereich und Umgebungsbereich

Früher wurde der gesamte Raum mit der Nennbeleuchtungsstärke beleuchtet (Allgemeinbeleuchtung). Nun können der Bereich der Sehaufgabe, definiert als der Teil des Arbeitsplatzes, in dem die Sehaufgabe ausgeführt wird, sowie der (unmittelbare) Umgebungsbereich (**Abb. 1**) unterschiedlich beleuchtet werden. Um den Bereich der Sehaufgabe schließt sich der unmittelbare Umgebungsbereich mit mind. 0,5 m Breite an. Die Beleuchtungsstärke im weiteren Umfeld hängt von den anderen hier eingerichteten Arbeitsplätzen bzw. zu verrichtenden Sehaufgaben ab.

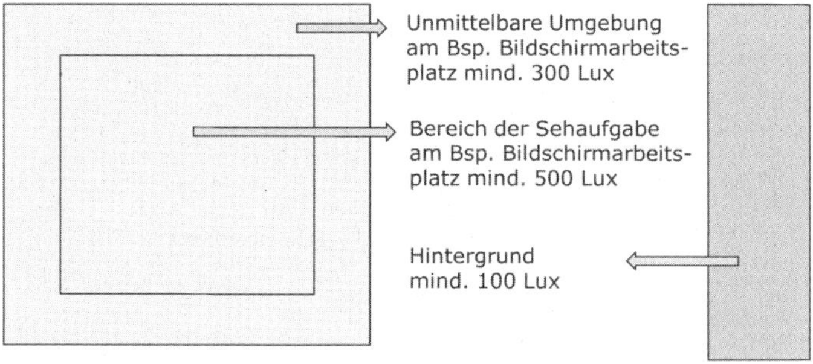

Abb. 1: Arbeitsplatz und Sehaufgabe: Bereich der Sehaufgabe, unmittelbare Umgebung und Hintergrundbereich für größere Räume

Die Arbeitsbereiche setzen sich zusammen aus

- Arbeitsflächen,
- Benutzerflächen,
- und allen, dem unmittelbaren Fortgang der Arbeit dienenden Lagerflächen.

Neben den Arbeitsbereichen wird untergliedert:

- Umgebungsbereiche (UB): Unmittelbarer Umgebungsbereich ist die den Bereich der Sehaufgabe umgebende, sich im Gesichtsfeld befindende Fläche von mind. 0,5 m Breite;
- sonstige Bereiche (SB), die nicht zum Umgebungsbereich gehören, z. B. Verkehrswege, Lagerflächen, andere größere Hallenbereiche;
- Teilflächen (TF), die nur für bestimmte Tätigkeiten mit höheren Sehanforderungen innerhalb des Arbeitsbereichs festgelegt werden (vgl. **Abb. 6** in Abschn. 4.3).

3 Die Gütemerkmale der künstlichen Beleuchtung

Bei der Beleuchtung von Arbeitsplätzen sind folgende Gütemerkmale zu beachten (**Abb. 2**):

- Beleuchtungsniveau und Beleuchtungsstärke,
- Leuchtdichteverteilung,
- Begrenzung der direkten und indirekten Blendung,
- Lichtrichtung und Schattigkeit,
- Lichtfarbe und Farbwiedergabe,
- Flimmerfreiheit.

Diese lichttechnischen Gütemerkmale stehen zueinander in Beziehung und sind damit in der richtigen Abstimmung auf die Sehaufgabe mehr als die Summe der Einzelteile.

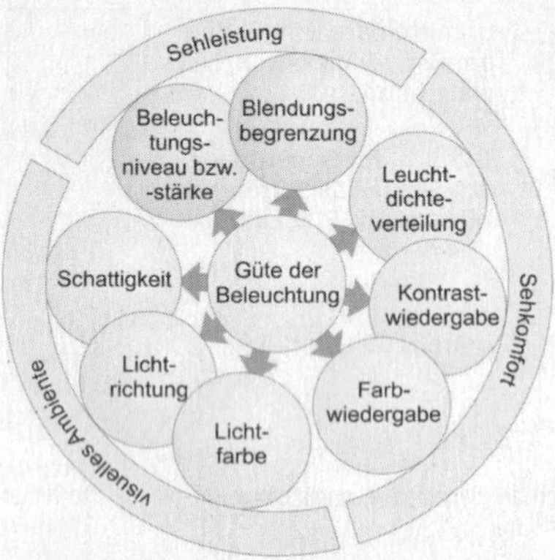

Abb. 2: Merkmale einer guten Beleuchtung

3.1 Beleuchtungsniveau und Beleuchtungsstärke

Das Beleuchtungsniveau muss der Art der Sehaufgabe Rechnung tragen und wird hauptsächlich von der Beleuchtungsstärke definiert. Folgende Beleuchtungsstärken werden unterschieden:

- **horizontal**: wird als Bewertungsgröße für das Beleuchtungsniveau auf horizontalen Flächen (z.B. Arbeitstisch) verwendet. Im Arbeitsbereich muss sie mind. 500 lx betragen.
- **zylindrisch**: gilt als Maß für den Helligkeitseindruck im Raum. Im Besonderen wird sie als Bewertungsgröße für die Helligkeit von Gesichtern vor dem Hintergrund der Forderung nach der Gewährleistung einer guten visuellen Kommunikation genutzt. Im Arbeitsbereich muss sie im Mittel in einer Höhe von 120 cm über dem Fußboden mind. 175 lx betragen.
- **vertikal**: dient der Beurteilung des Beleuchtungsniveaus an vertikalen Flächen (Schrank, Wand, Regal etc.). Werden gelegentlich Lesetätigkeiten an Schrank- oder Regalflächen erforderlich, muss die vertikale Beleuchtungsstärke mind. 175 lx betragen; werden diese Sehaufgaben häufig abgefordert mind. 300 lx.

Die Gleichmäßigkeit der Beleuchtungsstärke wird in der Berechnung von Beleuchtungsanlagen mittels der 2 Werte:

- „g1" Quotient aus minimaler Beleuchtungsstärke E_{min} und mittlerer Beleuchtungsstärke $\bar{E}$
- „g2" Quotient aus minimaler Beleuchtungsstärke E_{min} und maximaler Beleuchtungsstärke E_{max}

Die gleichmäßige Beleuchtung soll die Entstehung von störenden Helligkeitsunterschieden vermeiden und somit u.a. der Ablenkung von der Sehaufgabe vorbeugen.

Bei der Planung der Beleuchtungsanlage muss ein Wartungsfaktor angegeben werden, da mit zunehmender Betriebszeit die Beleuchtungsstärke durch Alterung und Verschmutzung abnimmt. Aus diesem Grund muss die Neuanlage eine höhere Beleuchtungsstärke aufweisen, d.h. die Abnahme wird mit dem Wartungsfaktor erfasst. Der Wartungswert der Beleuchtungsstärke ($\bar{E}m$) ist der Wert, unter den die mittlere Beleuchtungsstärke auf einer bestimmten Fläche nicht sinken darf (**Abb. 3**). Es handelt sich um die mittlere Beleuchtungsstärke zu dem Zeitpunkt, an dem eine Wartung durchzuführen ist.

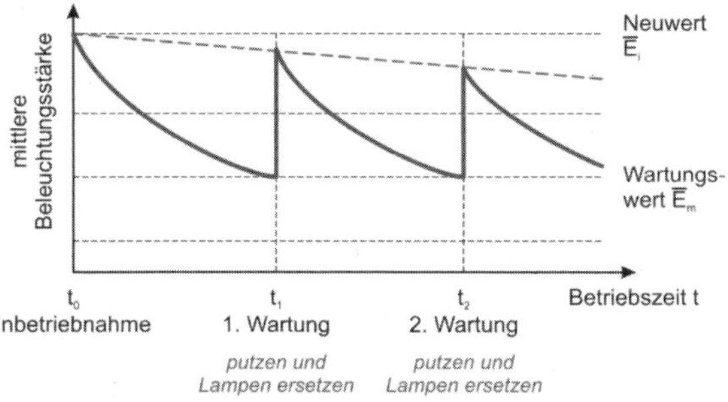

Abb. 3: Neuwert – Wartungswert und Wartung

Der Wartungsfaktor ist abhängig von:

- Lampen und Leuchtenart,
- Staub- und Verschmutzungsgefahr der Umgebung,
- Wartungsmethode,
- Wartungsintervall.

Da die betriebsbedingten Einflüsse bei der Planung oft nicht bekannt sind, wird bei einem Wartungsintervall von 3 Jahren ein Wartungsfaktor von 0,67 in sauberen Umgebungen und von bis zu 0,50 in schmutzigen Umgebungen angesetzt.

3.2 Leuchtdichteverteilung

Als angenehm werden die Sehbedingungen dann eingestuft, wenn im Gesichtsfeld eine harmonische Leuchtdichteverteilung vorherrscht. Dauernde Hell-Dunkel-Adaptionen, die aus hohen Helligkeitsunterschieden resultieren, werden vermieden. Bei der Leuchtdichteverteilung ist v.a. zu berücksichtigen, dass störende Reflexionen heller Flächen auf dem Bildschirm des Beschäftigten unbedingt verhindert werden müssen. Da die Reflexionsgrade von Wänden, Decken, Fußboden und Einrichtungsgegenständen (**Tab. 1**) die Leuchtdichteverteilung in nicht unerheblichem Maße beeinflussen, sind sie bei der Berechnung der Beleuchtungsanlage entsprechend zu berücksichtigen.

Decke	0,7 bis 0,9
Wände	0,5 bis 0,8
Boden	0,2 bis 0,4
Arbeitsflächen, Möbel und Geräte	0,2 bis 0,7

Tab. 1: Empfohlene mittlere Reflexionsgrade

3.3 Begrenzung der Blendung

Die Blendung wird unterschieden in

- Direktblendung
- indirekte Blendung (Reflexblendung).

Direkte und/oder indirekte Blendung wird nicht gezwungenermaßen von der künstlichen Beleuchtung verursacht. Um z.B. Reflexblendungen auf dem Bildschirm zu vermeiden, ist dessen Position zur Fensterfläche des Raums weitaus stärker zu berücksichtigen als die Ausführung der verwendeten

Lampen und Leuchten. Reflexblendungen auf der Arbeitsvorlage dagegen resultieren häufig aus einer unzureichenden Beleuchtungsanlage. Ein hoher indirekter Beleuchtungsanteil bzw. die sinnvolle Verteilung des Lichtstroms durch eine qualitativ hochwertige Leuchte tragen auf jeden Fall zur Reduzierung der Blendung bei. Bei der Direktblendung durch Leuchten wird das CIE Unified Glare-Rating-Verfahren (UGR) angewendet. Es basiert auf einer komplexen Formel, die Angaben zur Hintergrundleuchtdichte (Lb), mittlerer Leuchtenleuchtdichte (L), Raumwinkel (ω) und Positionsindex (P) beinhaltet. Sie dient der Berechnung der UGR-Tabellen.

3.4 Lichtrichtung und Schattigkeit

Eine gewisse Schattigkeit ist die Voraussetzung, um Gegenstände plastisch erscheinen zu lassen und Oberflächenstrukturen erkennen zu können. Schlagschatten, hervorgerufen durch stark gerichtetes Licht, sind dagegen auf jeden Fall zu vermeiden, da sie sehr dunkle Raumbereiche schaffen, in denen kaum noch eine Sehaufgabe erfüllt werden kann. Ein ausgewogenes Verhältnis zwischen Licht und Schattigkeit muss also gewährleistet werden.

3.5 Lichtfarbe und Farbwiedergabe

Ein erheblicher Teil der Informationsaufnahme erfolgt über die Wahrnehmung von Farben. Die Darstellung von Farben wiederum hängt stark von den Eigenschaften des vorhandenen Lichtes ab.

Die Lichtfarbe einer Lampe wird in der Einheit Kelvin (K) angegeben. Unterteilt wird die Lichtfarbe dabei in 3 Kategorien:

1. Warmweiß (< 3.300 K)
2. Neutralweiß (3.300 K–5.300 K)
3. Tageslichtweiß (> 5.300 K)

Tageslichtweiße künstliche Beleuchtung wird von den meisten Beschäftigten als ungemütlich und grell empfunden. Aus diesem Grunde wird bei der Einrichtung von Büro- und Bildschirmarbeitsplätzen warmweißes oder neutralweißes Licht verwendet.

Trotz gleicher Lichtfarbe verschiedener Lampen können diese doch eine vollkommen unterschiedliche spektrale Zusammensetzung und somit variierende Farbwiedergaben haben. Zur Beschreibung der farblichen Wirkung der Lichtquellen werden mittels des Farbwiedergabe-Index (Ra) deren Farbwiedergabeeigenschaften angegeben. Bei der Büro-/Bildschirmarbeit sollten mind. Lampen mit einem Farbwiedergabe-Index von Ra = 80 zum Einsatz kommen. Eine Lichtquelle mit Ra = 100 lässt alle Farben absolut authentisch erscheinen.

3.6 Flimmerfreiheit

Das Flimmern von Gasentladungslampen wird als ausgesprochen störend empfunden. Um eine flimmerfreie Beleuchtung zu gewährleisten, sollte unbedingt ein elektronisches Vorschaltgerät zum Einsatz kommen.

4 Beleuchtungskonzepte

4.1 Raumbezogene Beleuchtung

Die raumbezogene Beleuchtung entspricht einer gleichmäßigen Beleuchtung des Raumes (abzüglich Randstreifen von 0,5 m Breite, wenn ausgeschlossen werden kann, dass sich hier Arbeitsplätze befinden). Sie ist vergleichbar bzw. identisch mit der „alten“ raumbezogenen Allgemeinbeleuchtung (**Abb. 4**).

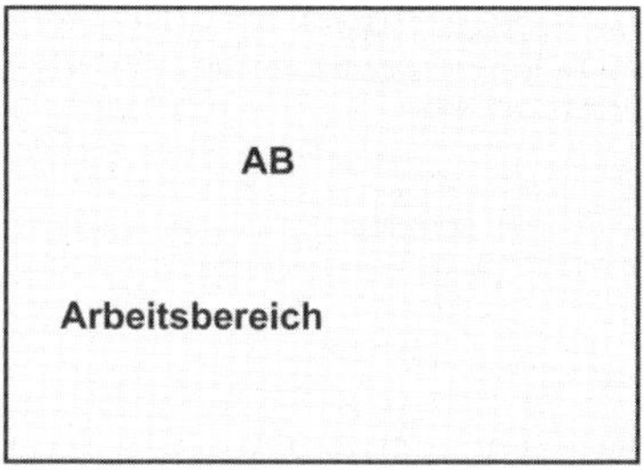

AB .. Arbeitsbereich

Abb. 4: Raumbezogene Beleuchtung

Anwendung:

- wenn Arbeitsbereiche in der Planungsphase örtlich noch nicht zugeordnet werden können;
- wenn die räumliche Ausdehnung der Arbeitsbereiche in der Planungsphase noch nicht bekannt ist;
- wenn eine flexible Anordnung der Arbeitsbereiche vorgesehen ist oder mit häufigen Umzügen zu rechnen ist;
- wenn der Raum gleichmäßig ausgeleuchtet sein soll.

4.2 Arbeitsbereichsbezogene Beleuchtung

Arbeits- und Umgebungsbereich werden gesondert beleuchtet. Der Arbeitsbereich ist nach der Norm nicht auf den Schreibtisch begrenzt. Es gehören ebenfalls Flächen dazu, auf denen die dem unmittelbaren Fortgang der Arbeit dienenden Arbeitsmittel angeordnet sind und Flächen, die bei der funktions- und sachgerechten Ausübung der Tätigkeit für den Benutzer mind. erforderlich sind (**Abb. 5**). Die Benutzerflächen haben am Schreibtisch eine Mindesttiefe von 1 m, bei Besucher- und Besprechungsplätzen sind 0,80 m ausreichend.

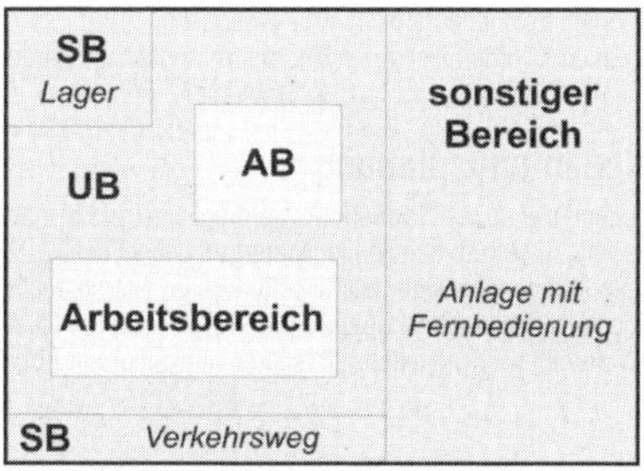

AB .. Arbeitsbereich
SB .. sonstige Bereiche
UB .. Umgebungsbereich

Abb. 5: Arbeitsbereichsbezogene Beleuchtung

Anwendung:

- wenn die Anordnung der Arbeitsplätze und der Arbeitsbereiche bekannt ist;
- wenn verschiedene Arbeitsbereiche unterschiedliche Beleuchtungsbedingungen erfordern;
- wenn im Raum unterschiedliche Lichtzonen vorhanden sein sollen.

4.3 Teilflächenbezogene Beleuchtung

Teilflächen innerhalb der Arbeitsbereiche werden gesondert beleuchtet. Die Beleuchtungsstärke der Teilfläche (mind. 600 × 600 mm groß) soll deutlich höher sein als die des Arbeitsbereichs und einen weichen Übergang haben (**Abb. 6**).

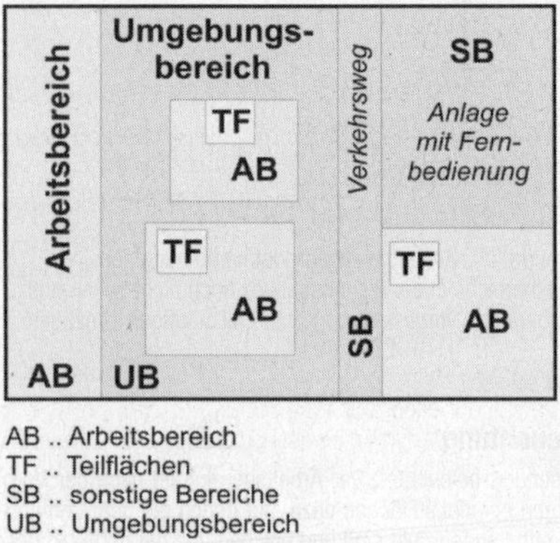

Abb. 6: Teilflächenbezogene Beleuchtung

Anwendung:

- bei unterschiedlichen Tätigkeiten/Sehaufgaben in einem Arbeitsbereich,
- bei räumlich unterschiedlich orientierten Arbeitsmitteln innerhalb des Arbeitsbereichs,
- bei individuellem Sehvermögen und individuellen Erfordernissen der Mitarbeiter angepasst werden soll/muss.

5 Forderungen an eine gute Beleuchtungsplanung

Generell gilt für die Beleuchtung fast aller Arbeitsplätze: so viel **Tageslicht** wie möglich. Trotz beinahe perfekter Lichttechnik brauchen Menschen das volle Spektrum des Sonnenlichts zum Leben, denn Licht ist ein Lebensprinzip. Eine gesunde nachhaltige, energiebewusste, leistungsfördernde, altersgerechte und intelligente Beleuchtung heißt: systemergonomisches Lichtmanagement von Tages- und Kunstlicht am besten mit Tageslichtspektrumleuchten sowie einer individuellen altersgerechten Steuerung bzw. Arbeitsplatzleuchte.

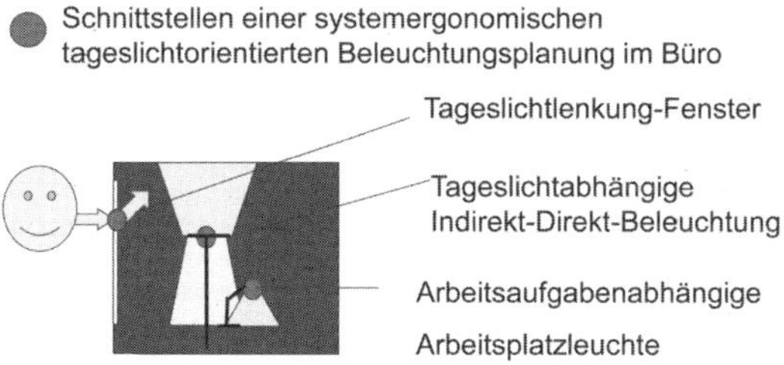

Abb. 7: Anforderungen an systemergonomische Beleuchtungsplanung

Heute ist erreicht, dass in Abschn. 6.1 ASR A3.4 gefordert wird: „Eine Verringerung des individuellen Sehvermögens, z.B. mit zunehmendem Alter, kann eine höhere Anforderung an die Beleuchtungsqualität (z.B. eine höhere Beleuchtungsstärke und höhere Anforderungen an die Begrenzung der Blendung) erfordern."

Cornelia von Quistorp

Berufsgenossenschaften

Eine Berufsgenossenschaft ist ein Träger der gesetzlichen Unfallversicherung für die gewerbliche Wirtschaft. Zwangsmitglied ist hier jeder Unternehmer, der Arbeitnehmer beschäftigt. Die Berufsgenossenschaften gehören zu den Sozialversicherungsträgern, da die gesetzliche Unfallversicherung einen der 5 Zweige der Sozialversicherung darstellt.

Gesetze, Vorschriften und Rechtsprechung

Sozialversicherung: § 114 SGB VII regelt, welche Träger es in der gesetzlichen Unfallversicherung gibt. Der Bescheid über die Zuständigkeit sowie den Begriff des Unternehmers werden in § 136 SGB VII definiert. In § 192 SGB VII sind die Mitteilungs- und Auskunftspflichten von Unternehmern und Bauherren normiert.

Der Europäische Gerichtshof hat entschieden, dass das Monopol der Berufsgenossenschaften weder gegen das Wettbewerbsrecht der EU noch gegen die Dienstleistungsfreiheit verstößt (EuGH, Urteil v. 5.3.2009, C-350/07).

Die notwendigen Mittel werden durch Beiträge der Unternehmer aufgebracht.[1] Außer der Unfallversicherung haben die Berufsgenossenschaften Unfallverhütung zu betreiben.

Insbesondere ist es Aufgabe der Berufsgenossenschaften, Vorschriften zu erlassen über Einrichtungen und Maßnahmen der Arbeitgeber sowie das Verhalten der Arbeitnehmer und der sonstigen Versicherten zur Verhütung von Arbeitsunfällen, Berufskrankheiten und von arbeitsbedingten Gesundheitsgefahren.[2]

Wer vorsätzlich oder fahrlässig gegen eine Unfallverhütungsvorschrift oder gegen bestimmte Vorschriften des SGB VII verstößt, kann mit **Bußgeld** belegt werden. Die Berufsgenossenschaften überwachen die Durchführung der Unfallverhütungsvorschriften durch Aufsichtspersonen.[3] Wird festgestellt, dass Vorschriften und Regeln nicht eingehalten werden, haben die Aufsichtsdienste durch **Revisionsschreiben** (Niederschriften über Betriebsbesichtigungen) oder **Anordnungen** dafür zu sorgen, dass ein den

1 §§ 150 ff. SGB VII.

2 § 15 SGB VII.

3 § 19 SGB VII.

Vorschriften und Regeln entsprechender Zustand hergestellt wird. In besonders schweren Fällen können Maschinen und Anlagen von der Berufsgenossenschaft **stillgelegt** werden. Der Unternehmer hat die Aufsichtsperson zu unterstützen, soweit dies zur Erfüllung ihrer Aufgaben erforderlich ist.

1 Aufbau/Abgrenzung zu anderen Trägern

Berufsgenossenschaften sind Träger der gesetzlichen Unfallversicherung für die gewerbliche Wirtschaft und die Landwirtschaft. Es gibt 9 gewerbliche Berufsgenossenschaften, die überwiegend nach fachlichen Gesichtspunkten gegliedert sind. Sie sind für alle Unternehmen (Betriebe, Verwaltungen, Einrichtungen, Tätigkeiten) einer bestimmten Branche zuständig. Die Unternehmen in der Landwirtschaft werden durch die Sozialversicherung für Landwirtschaft, Forsten und Gartenbau betreut.

Neben den Berufsgenossenschaften gibt es bei den Ländern 16 Unfallkassen, ferner 3 Gemeindeunfallversicherungsverbände. Auf Bundesebene gibt es die Unfallversicherung Bund und Bahn. Ferner existieren 4 Feuerwehr-Unfallkassen.

2 Organisation

Berufsgenossenschaften sind kraft Gesetzes gebildete Pflichtvereinigungen der Unternehmer. Sie sind Körperschaften des öffentlichen Rechts und haben Behördeneigenschaft. Ihre Aufgaben nehmen sie in Erfüllung ihrer gesetzlichen Pflicht in eigenem Namen und unter eigener Verantwortung wahr. Sie stehen unter der Rechtsaufsicht des Bundesamts für Soziale Sicherung (BAS), die Fachaufsicht über die Prävention hat das Bundesministerium für Arbeit und Sozialordnung. Die Berufsgenossenschaften verwalten sich selbst durch ihre Organe, die Vertreterversammlung und den Vorstand. Alle 6 Jahre werden die Vertreter der Arbeitgeber und der Versicherten in der Sozialversicherungswahl neu gewählt.

3 Unternehmer und Versicherte

Mitglied der fachlich zuständigen Berufsgenossenschaft ist entsprechend dem Gewerbezweig jeder Unternehmer. Die Mitgliedschaft beginnt mit den vorbereitenden Arbeiten für die Eröffnung des Unternehmens[1] oder bei der erstmaligen Beschäftigung von Personen. Bei vielen Berufsgenossenschaften sind die Unternehmer pflichtversichert, bei einigen Berufsgenossenschaften kann sich der Unternehmer selbst freiwillig versichern, um geschützt zu sein. Die Anmeldung des Unternehmens muss binnen einer Woche vorgenommen werden.[2] Der Unternehmer hat jede Änderung seines Betriebs, die für die berufsgenossenschaftliche Zuständigkeit oder für die Beitragsberechnung von Bedeutung ist, binnen 4 Wochen anzuzeigen. Die Folge kann die Überweisung an eine andere Berufsgenossenschaft oder eine geänderte Risikoeinstufung[3] sein.

4 Aufgaben

Die Berufsgenossenschaften haben die Aufgabe,

- an der Stelle des Unternehmers bei Arbeitsunfällen einzutreten, also die Haftung zu übernehmen,
- → *Arbeitsunfälle*, → *Berufskrankheiten* und arbeitsbedingte Gesundheitsgefahren[4] zu verhüten (Prävention),
- Gesundheit und Arbeitskraft der Verletzten wiederherzustellen (Rehabilitation) und
- die Verletzten oder ihre Hinterbliebenen finanziell zu entschädigen.

---

1 § 136 Abs. 1 Satz 2 SGB VII.

2 § 192 SGB VII.

3 § 160 SGB VII.

4 § 15 SGB VII.

5 Finanzierung

Die gewerblichen Berufsgenossenschaften finanzieren sich ausschließlich durch Beiträge der Unternehmer[1], weil die Übernahme der Haftung ausschließlich den Unternehmern zugutekommt. Die pflichtversicherten Arbeitnehmer sind also, anders als in anderen Sozialversicherungszweigen, an der Beitragszahlung nicht beteiligt. Der Bedarf des abgelaufenen Geschäftsjahres wird auf die Mitglieder umgelegt. Die Beiträge werden nicht nach festen Prozentsätzen wie in den anderen Sozialversicherungszweigen, sondern nach dem Entgelt, das die Versicherten im Betrieb verdient haben, bis zu einer Höchstgrenze sowie nach dem Gefahrtarif – das ist eine Einstufung in Schadensklassen – berechnet. Die Unternehmer müssen den Berufsgenossenschaften jeweils bis zum 11. Februar nach Ablauf des Geschäftsjahres das Arbeitsentgelt nachweisen (letztmalig am 11.2.2018). Zum 16. Februar muss das Entgelt pro Arbeitnehmer und pro Gefahrtarifstelle ferner mit der Jahresmeldung im DEÜV-Verfahren gemeldet werden.

Berufskrankheit

Berufskrankheiten treten nicht durch ein plötzliches Ereignis ein. Hier wird die gesundheitliche Beeinträchtigung und Schädigung des gesetzlich Unfallversicherten durch eine schädigende Einwirkung bei einer beruflichen Tätigkeit über einen längeren Zeitraum hinweg verursacht. Liegt hierbei ein ursächlicher Zusammenhang mit einer versicherten Tätigkeit (z.B. als Arbeitnehmer) und der geforderten Krankheitsmerkmale vor, so spricht man von einer Berufskrankheit.

Gesetze, Vorschriften und Rechtsprechung

Sozialversicherung: Der Begriff der Berufskrankheit wird in § 9 SGB VII gesetzlich geregelt. Die Berufskrankheiten-Verordnung (BKV) konkretisiert diese Vorschrift, während Anlage 1 der BKV den Katalog der Berufskrankheiten enthält, welche von den Trägern der gesetzlichen Unfallversicherung derzeit anzuerkennen sind.

Das **Arbeitsverhältnis** bleibt bei bestehender Berufskrankheit grundsätzlich **bestehen**.

Wird ein Arbeitnehmer durch eine Berufskrankheit[2] arbeitsunfähig, so hat er zunächst Anspruch gegen seinen Arbeitgeber auf **Entgeltfortzahlung im Krankheitsfall**. Der Anspruch eines Arbeitnehmers gegen seinen Arbeitgeber auf Entgeltfortzahlung besteht auch dann, wenn der Arbeitnehmer wegen eines von der Unfallversicherung anerkannten Arbeitsunfalls arbeitsunfähig erkrankt ist.[3]

Unabhängig davon, ob es sich um eine Berufskrankheit oder eine Krankheit mit anderen Ursachen handelt, ist der Arbeitgeber unter den Voraussetzungen des § 167 Abs. 2 SGB IX zur Durchführung eines **betrieblichen Eingliederungsmanagements** (bEM) verpflichtet. Der Arbeitgeber klärt in diesem Fall die Möglichkeiten, wie die Arbeitsunfähigkeit möglichst überwunden werden und mit welchen Leistungen oder Hilfen erneuter Arbeitsunfähigkeit vorgebeugt und der Arbeitsplatz erhalten werden kann.

Praxis-Beispiel: Leistungen der Unfallversicherung

Ist eine Krankheit offiziell als Berufskrankheit[4] **anerkannt**, hat der Arbeitnehmer Anspruch auf verschiedene Leistungen der Unfallversicherung. Zu diesen gehören insbesondere auch **Leistungen zur Teilhabe am Arbeitsleben**, z. B.

- Beratung, Trainingsmaßnahmen und Mobilitätshilfen,
- Umgestaltung des Arbeitsplatzes,
- Zuschüsse an Arbeitgeber sowie
- Aus- und Fortbildung, Umschulung.

---

1 § 150 SGB VII.

2 § 9 SGB VII.

3 BAG, Urteil v. 11.10.1972, 5 AZR 250/72.

4 § 9 SGB VII.

Kündigung bei einer Berufskrankheit

Auch bei einer Berufskrankheit kann unter bestimmten Umständen eine Kündigung des Arbeitsverhältnisses möglich sein. Es gelten zunächst die allgemeinen Grundsätze wie bei einer **krankheitsbedingten Kündigung**: Es muss

- eine **negative Zukunftsprognose** vorliegen,
- eine **erhebliche Beeinträchtigung der betrieblichen Interessen** gegeben sein und
- die im Rahmen des § 1 Abs. 2 Satz 1 KSchG gebotene **Interessenabwägung** muss zugunsten des Arbeitgebers ausfallen.

Die Möglichkeit einer **Weiterbeschäftigung auf einem freien Arbeitsplatz** – ggf. auch zu **geänderten Bedingungen** – schließt eine krankheitsbedingte Kündigung dabei aber aus. Wenn eine **Umsetzungsmöglichkeit** besteht, führt die Krankheit nicht zu einer erheblichen Beeinträchtigung der betrieblichen Interessen.[5]

Beruhen bestimmte Kurzerkrankungen auf Arbeitsunfällen, ist dies schon bei der Erstellung der **Zukunftsprognose** zu berücksichtigen. Liegt eine langandauernde oder sogar dauerhafte Arbeitsunfähigkeit aufgrund einer **Berufskrankheit** vor, ist dies im Rahmen der **Interessenabwägung** zu berücksichtigen.[6] Es sind dabei strenge Maßstäbe an die Unzumutbarkeit einer Fortsetzung des Arbeitsverhältnisses für den Arbeitgeber zu setzen, insbesondere dann, wenn der Arbeitgeber die notwendigen Schutz- und Sicherheitsmaßnahmen unterlassen haben sollte.

1 Entschädigung durch Berufsgenossenschaft

Primär werden die Versicherten in der gesetzlichen Unfallversicherung entschädigt, wenn ihr Gesundheitsschaden durch ein plötzliches schädigendes Ereignis bei einer beruflichen Tätigkeit eingetreten ist. Der soziale Schutzgedanke greift aber auch dann, wenn der Gesundheitsschaden auf einer allmählich schädigenden Einwirkung im Betrieb beruht, aber grundsätzlich nur, wenn die schädigende Einwirkung als Berufskrankheit definiert und anerkannt ist.[7] Die Berufskrankheit stellt neben dem → *Arbeitsunfall* einen eigenständigen Versicherungsfall dar.

1.1 Berufskrankheiten-Verordnung

Die Berufskrankheiten werden von der Bundesregierung in einer Rechtsverordnung aufgeführt, der Berufskrankheiten-Verordnung. Es dürfen nur Erkrankungen in diese Verordnung aufgenommen werden, wenn sie nach den Erkenntnissen der medizinischen Wissenschaft durch besondere Einwirkungen verursacht worden sind, denen bestimmte Personengruppen durch ihre Arbeit in erheblich höherem Grade als die übrige Bevölkerung einer Gefährdung ausgesetzt sind. Auch Krankheiten, die noch nicht in dieser Liste enthalten sind, können wie eine Berufskrankheit entschädigt werden, wenn nach neuen wissenschaftlichen Erkenntnissen für sie die gleichen Voraussetzungen gegeben sind, wie sie für die Aufnahme in die Liste gefordert werden.

1.2 Arbeitsbedingte Erkrankungen/arbeitsbedingte oder berufsbedingte Gesundheitsgefahren

„Arbeitsbedingte Erkrankungen“[8] und „arbeitsbedingte oder berufsbedingte Gesundheitsgefahren“[9] sind von den Berufskrankheiten deutlich zu trennen: nur Krankheiten, die die Begriffsmerkmale des § 9 Abs. 1 Satz 1 SGB VII erfüllen, sind Berufskrankheiten. Nach der Definition handelt es sich um Krankheiten von Versicherten, die durch Rechtsverordnung als Berufskrankheit bezeichnet wurden und

5 BAG, Urteil v. 19.4.2007, 2 AZR 239/06.

6 BAG, Urteil v. 8.11.2007, 2 AZR 292/06, Rz. 16.

7 §§ 7 und 9 SGB VII.

8 § 3 Abs. 1 Nr. 3 ASiG.

9 § 14 SGB VII.

die diese im Einzelfall infolge einer versicherten Tätigkeit erlitten haben. Der Nachweis dieser **Kausalität** ist häufig schwierig, weil berufliche Faktoren mit Einwirkungen aus dem unversicherten häuslichen Lebensbereich konkurrieren.

1.3 Wegfall des Unterlassungszwangs

Am 7.5.2020 wurde der Entwurf der Bundesregierung für ein 7. SGB IV-ÄndG vom Bundestag angenommen. Die Gesetzesänderungen sind zum 1.1.2021 in Kraft getreten. Ab diesem Zeitpunkt ist es bei 99 Berufskrankheiten-Ziffern für die Anerkennung einer Berufskrankheit nicht mehr erforderlich, dass die Versicherten die gefährdende Tätigkeit dauerhaft unterlassen (sog. Unterlassungszwang). Zu diesen Berufskrankheiten gehören insbesondere die Hauterkrankungen (BK-Ziffer 5101), Erkrankungen der Lenden- und Halswirbelsäule (BK-Ziffern 2108, 2109, 2110) und der Atemwege (BK-Ziffern 4301, 4302).

2 Aufteilung in Gruppen

In der zurzeit gültigen Liste der Berufskrankheiten-Verordnung sind die Berufskrankheiten in folgende 6 Gruppen eingeteilt:

1. Durch chemische Einwirkungen verursachte Krankheiten, z.B. Erkrankungen des Blutes, des blutbildenden und des lymphatischen Systems durch Benzol (BK-Ziffer 1318).
2. Durch physikalische Einwirkungen verursachte Krankheiten, z.B. Schwerhörigkeit durch Lärm am Arbeitsplatz (BK 2301).
3. Durch Infektionserreger oder Parasiten verursachte Krankheiten sowie Tropenkrankheiten.
4. Erkrankungen der Atemwege und der Lunge, des Rippenfells und Bauchfells, z.B. Lungenkrankheiten durch Asbest (BK-Ziffer 4104) oder durch allergisierende Stoffe verursachte obstruktive Atemwegserkrankungen (BK-Ziffer 4301).
5. Hautkrankheiten und
6. Krankheiten sonstiger Ursache, Augenzittern der Bergleute (BK-Ziffer 6101).

Für einige Berufskrankheiten-Tatbestände werden zusätzliche versicherungsrechtliche Merkmale für den Eintritt des Versicherungsfalls gefordert. Der Umfang der Entschädigung bei Berufskrankheiten ist der gleiche wie bei → *Arbeitsunfällen*. Der Unternehmer muss bei Verdacht auf eine Berufskrankheit Anzeige beim Unfallversicherungsträger erstatten (Formblatt).

Betreuungsumfang

Fachkräfte für Arbeitssicherheit und Betriebsärzte unterstützen Unternehmen und Verwaltungen gemäß Arbeitssicherheitsgesetz beim Arbeitsschutz und der Unfallverhütung. Der genaue Umfang dieser Betreuung muss auf Basis der Vorgaben der DGUV-V 2 „Betriebsärzte und Fachkräfte für Arbeitssicherheit" ermittelt werden.

Gesetze, Vorschriften und Rechtsprechung

Grundlegend für die Ermittlung des Betreuungsumfangs ist die DGUV-V 2 „Betriebsärzte und Fachkräfte für Arbeitssicherheit" in der Fassung des jeweiligen Unfallversicherungsträgers. Sie basiert auf dem Arbeitssicherheitsgesetz (ASiG) und § 15 SGB VII.

1 Grundprinzip: Bedarfsorientierte Betreuung

Mit der DGUV Vorschrift 2 wurde ein neues Grundprinzip für die Ermittlung und Festlegung der betriebsärztlichen und sicherheitstechnischen Betreuungsleistungen etabliert:

- Grundsätzlich müssen zunächst die Inhalte der Betreuung konkret anhand des Bedarfs des jeweiligen Betriebs ermittelt und zwischen → *Betriebsarzt* und → *Fachkraft* aufgeteilt werden. Die in der DGUV Vorschrift 2 beschriebenen Aufgabenfelder und -kataloge stecken präzise den Rahmen für die Betreuungsleistungen ab.

- Auf Basis der ermittelten Leistungen ist dann der erforderliche Aufwand festzulegen und im Betrieb zu vereinbaren. Dieser leistungsorientierte Ansatz tritt anstelle pauschal vorgegebener Einsatzzeiten.

2 Betreuungsmodelle

Die Regelungen der DGUV-V 2 geben den Arbeitgebern mehr Freiräume im Arbeitsschutz, aber auch mehr Eigenverantwortung. Wie das genau aussieht, hängt von der Größe des Unternehmens ab:

In **Unternehmen mit bis zu 10 Mitarbeitern** hat der Unternehmer die Wahl:

- er lässt sich in Fragen des Arbeitsschutzes schulen und sensibilisieren (sog. alternative Betreuung) oder
- er entscheidet sich für die Regelbetreuung. In Unternehmen bis zu 10 Beschäftigten besteht diese aus einer Grundbetreuung, die je nach Gefährdungslage im Betrieb im Abstand von 1 bis 5 Jahren zu wiederholen ist, und aus der anlassbezogenen Betreuung, die für bestimmte Ereignisse die Pflicht zur Beratung festlegt.

In **Unternehmen mit mehr als 50 Mitarbeitern** gilt die Regelbetreuung, bestehend aus Grundbetreuung und betriebsspezifischem Teil der Betreuung. Für die **Grundbetreuung** gelten feste Einsatzzeiten je Beschäftigtem, die der Unternehmer auf → *Betriebsarzt* und → *Fachkraft* verteilt. Hier geht es im Wesentlichen um die grundlegenden Aufgaben im Arbeitsschutz wie z.B. → *Gefährdungsbeurteilung*, die Organisation des betrieblichen Arbeitsschutzes und Beratung zu allgemeinen Themen des Arbeitsschutzes. Auf der Grundbetreuung setzt die **betriebsspezifische Betreuung** auf. Sie betrifft besondere Risiken und Verhältnisse des Unternehmens und umfasst Aufgabenfelder, die von Sicherheitsfragen bei der Beschaffung neuer → *Maschinen* bis zur Weiterentwicklung des → *betrieblichen Gesundheitsmanagements* reichen.

Unternehmen mit 11 bis 50 Mitarbeitern können je nach Vorgaben der Berufsgenossenschaft oder Unfallkasse zwischen alternativer Betreuung und Regelbetreuung entscheiden.

3 Kleinbetriebsbetreuung

3.1 Regelbetreuung der Betriebe bis zu 10 Mitarbeitern

Der Umfang der Betreuung wird in Anlage 1 DGUV-V 2 geregelt. Die Regelbetreuung für Betriebe mit durchschnittlich bis zu 10 Mitarbeitern besteht aus Grundbetreuung und anlassbezogener Betreuung. Zur Grundbetreuung gehört im Wesentlichen die Unterstützung bei der Erstellung und Aktualisierung der → *Gefährdungsbeurteilung* durch → *Betriebsarzt* oder → *Fachkraft für Arbeitssicherheit*. Dies umfasst auch die Ableitung entsprechender Schutzmaßnahmen und deren Wirksamkeitskontrolle sowie die Anpassung der → *Gefährdungsbeurteilung* an sich ändernde Gegebenheiten.

Die Aufgaben der Grundbetreuung müssen in regelmäßigen Intervallen oder bei maßgeblichen Änderungen der Arbeitsverhältnisse wiederholt werden. Wie oft das anfällt, ergibt sich aus der Einstufung des Betriebs in die **Betreuungsgruppe**, die der zuständige Unfallversicherungsträger auf der Grundlage des Gefahrenpotenzials, der Branchenstruktur sowie der Größe und Struktur der Betriebsarten vorgenommen hat:

- Gruppe I nach max. 1 Jahr,
- Gruppe II nach max. 3 Jahren,
- Gruppe III nach max. 5 Jahren.

Der Betreuungsumfang ist nicht von der Anzahl der Beschäftigten abhängig, sondern von den tatsächlich im Betrieb existierenden Gefährdungen.

Der Arbeitgeber ist zusätzlich verpflichtet, sein Unternehmen bei besonderen Anlässen durch einen Betriebsarzt oder eine Fachkraft für Arbeitssicherheit in Fragen der Sicherheit und des Gesundheitsschutzes betreuen zu lassen. Die entsprechenden Anlässe sind in der DGUV-V 2 aufgeführt.

Die Durchführung der Grundbetreuung und der anlassbezogenen Betreuung muss der Unternehmer gegenüber den Aufsichtsbehörden nachweisen können. Der Betrieb muss über aktuelle schriftliche Unterlagen verfügen, aus denen die Durchführung der Grundbetreuung, die Ergebnisse der Gefährdungsbeurteilung, die Maßnahmen und das Resultat von deren Überprüfung hervorgehen. Die Beschäftigten sind über die Art der praktizierten betriebsärztlichen und sicherheitstechnischen Betreuung zu informieren. Sie müssen wissen, welcher Betriebsarzt und welche Fachkraft für Arbeitssicherheit ihr Ansprechpartner ist.

3.2 Bedarfsorientierte alternative Betreuung der Betriebe bis zu 50 Mitarbeitern

Die Art der bedarfsorientierten alternativen Betreuung wird in Anlage 3 DGUV-V 2 geregelt. Voraussetzung für die Teilnahme an der alternativen Betreuung ist die Maßgabe, dass der Unternehmer aktiv in das Betriebsgeschehen eingebunden ist. Aus diesem Grund haben die Unfallversicherungsträger für diese Betreuungsform eine Betriebsgrößenobergrenze von max. 50 Mitarbeitern festgelegt. Sowohl die betriebsärztliche als auch die sicherheitstechnische Betreuung kann über die alternative Betreuungsform umgesetzt werden.

Eine besondere Form der bedarfsorientierten alternativen Betreuung ist das sog. Kompetenzzentrenmodell, das in Anlage 4 geregelt wird und für Betriebe mit bis zu 10 Beschäftigten gilt. Dieses Modell ist nur bei der BG Nahrungsmittel und Gaststätten sowie die der BG Handel und Warendistribution eingeführt worden.

Die alternative Betreuungsform zur betriebsärztlichen und sicherheitstechnischen Betreuung nach Anlage 3 besteht aus Motivations-, Informations- und Fortbildungsmaßnahmen für die Unternehmer sowie einer bedarfsgerechten Betreuung auf der Grundlage der Gefährdungsbeurteilung. Die Motivations-, Informations- und Fortbildungsmaßnahmen erzeugen bei den Unternehmern ein Problembewusstsein für den Arbeitsschutz und versetzen ihn in die Lage, den individuellen betriebsärztlichen und sicherheitstechnischen Beratungsbedarf zu identifizieren. Als Grundlage für die Bedarfsermittlung dient die Gefährdungsbeurteilung. Der Arbeitgeber entscheidet allein über das Ausmaß der externen Betreuung.

Hinsichtlich der inhaltlichen Ausgestaltung der Motivations- und Informationsmaßnahmen gelten die Festlegungen des jeweils zuständigen Unfallversicherungsträgers. Um die in der Arbeitswelt vorhandenen unterschiedlichen Gefährdungen für Sicherheit und Gesundheit berücksichtigen zu können, wurden die Betriebe in 3 Betreuungsgruppen eingeteilt. Hieraus wiederum ergeben sich konkrete Anforderungen an die Umsetzung der Motivations- und Informationsmaßnahmen sowie an die Zeitintervalle für die erforderlichen Fortbildungsmaßnahmen.

Der Arbeitgeber ist zusätzlich verpflichtet, sein Unternehmen bei besonderen Anlässen durch einen → *Betriebsarzt* oder eine → *Fachkraft für Arbeitssicherheit* in Fragen der Sicherheit und des Gesundheitsschutzes betreuen zu lassen. Die entsprechenden Anlässe sind in Anlage 3 DGUV-V 2 aufgeführt. Sie sind identisch mit den in Anlage 1 genannten Anlässen.

4 Regelbetreuung der Betriebe mit mehr als 10 Mitarbeitern

4.1 Umfang der Betreuung

Der Umfang der Betreuung wird in Anlage 2 DGUV-V 2 geregelt. Die betriebsärztliche und sicherheitstechnische Regelbetreuung der Betriebe mit mehr als 10 Mitarbeitern besteht aus 2 Komponenten: Der **Grundbetreuung**, für die in der Unfallverhütungsvorschrift Einsatzzeiten vorgegeben werden und dem **betriebsspezifischen Betreuungsanteil**, der von jedem Betrieb selbst zu ermitteln ist.

Praxis-Beispiel: Beide Betreuungsteile sind verpflichtend

Durch die Grundbetreuung wird sichergestellt, dass für vergleichbare Betriebe identische Grundanforderungen bestehen. Der betriebsspezifische Teil stellt sicher, dass der Betreuungsumfang passgenau den betrieblichen Erfordernissen angepasst werden kann.

4.2 Grundbetreuung

Die Grundbetreuung ist darauf ausgerichtet, dass Betriebsärzte und Fachkräfte für Arbeitssicherheit den Arbeitgeber darin unterstützen, seine im Arbeitsschutzgesetz festgelegten Pflichten zu erfüllen, die unabhängig von der Art und Größe des Betriebs kontinuierlich anfallen. Die Leistungen von Betriebsärzten und Fachkräften im Rahmen der Grundbetreuung konzentrieren sich auf die Basisaufgaben des betrieblichen Arbeitsschutzes. Der Umfang der Grundbetreuung wird über die Zuweisung des Betriebs zu einer von 3 Betreuungsgruppen bestimmt. Durch die Multiplikation der Zahl der Beschäftigten mit dem gruppenspezifischen Stundenfaktor wird die Einsatzzeit berechnet.

Praxis-Beispiel: Zuordnung zu Betreuungsgruppen

Die Betriebe sind anhand des in Deutschland geltenden WZ-Kodes (Klassifizierung der Wirtschaftszweige) mit ihren Betriebsarten einer der 3 Betreuungsgruppen der Grundbetreuung zugeordnet worden. Damit ist gewährleistet, dass für gleichartige Betriebe wie beispielsweise Kliniken, Altenpflegeheime oder Veranstaltungsstätten, dieselben Betreuungszeiten und Ansprüche an die Grundbetreuung gelten, unabhängig davon, welcher Unfallversicherungsträger für den Betrieb zuständig ist.

Für die 3 Betreuungsgruppen gelten folgende Einsatzzeiten:

	Gruppe I	Gruppe II	Gruppe III
Einsatzzeit (Std./Jahr pro Beschäftigtem/r)	2,5	1,5	0,5

Praxis-Beispiel: Verteilung der Einsatzzeiten

Die genannten Einsatzzeiten stellen Summenwerte für → *Betriebsarzt* und → *Fachkraft für Arbeitssicherheit* dar. Die konkrete Aufteilung zwischen beiden ist Sache des Unternehmers. Hierbei wirkt die betriebliche Interessenvertretung mit, Betriebsarzt und Fachkraft für Arbeitssicherheit beraten. Der Mindestanteil für eine der beiden Disziplinen beträgt jeweils 20 %, mindestens aber 0,2 Stunden pro Jahr und Mitarbeiter. Dieser Anteil darf nicht unterschritten werden.

Der betriebsärztlichen und sicherheitstechnischen Grundbetreuung werden durch die DGUV-V 2 konkrete Aufgaben zugewiesen. Die Aufgabenfelder der Grundbetreuung umfassen die grundlegenden Unterstützungsleistungen, die sich vor allem auf die Arbeitgeberpflichten aus den §§ 3, 4 und 5 ArbSchG beziehen. Dazu zählt v. a. die Unterstützung bei der Konzeption, Durchführung und Auswertung der Gefährdungsbeurteilung, bei den grundlegenden verhältnis- und verhaltenspräventiven Maßnahmen der Arbeitsgestaltung sowie die Unterstützung bei der Schaffung einer geeigneten Organisation zur Durchführung der Maßnahmen des Arbeitsschutzes und der Integration in die Führungstätigkeit.

Praxis-Beispiel: Arbeitsmedizinische Vorsorge

Die individuelle arbeitsmedizinische Vorsorge gemäß ArbMedVV ist Bestandteil der betriebsspezifischen Betreuung und nicht Bestandteil der Grundbetreuung.

4.3 Betriebsspezifischer Teil

Neben der Grundbetreuung ist die betriebsspezifische Betreuung fester Bestandteil der Gesamtbetreuung.

Praxis-Beispiel: Spezielle Erfordernisse des Betriebs

Die betriebsspezifische Betreuung trägt den speziellen Erfordernissen des jeweiligen Betriebs Rechnung, die sich z.B. aus seiner Art und Größe sowie aus den sonstigen betrieblichen Gegebenheiten ergeben. Sie geht immer von spezifischen betrieblichen Gefährdungen, Situationen und Anlässen aus.

Die zu erbringenden Unterstützungsleistungen setzen auf den Basisleistungen der Grundbetreuung auf und ergänzen sie um die betriebsspezifisch entweder dauerhaft oder temporär erforderlichen Betreuungsleistungen.

Der inhaltliche Bedarf und der Umfang der betriebsspezifischen Betreuung müssen vom Unternehmer ermittelt werden. Für die betriebsspezifische Betreuung sind keine festen Einsatzzeiten, sondern 16 in Anlage 2 benannte und in Anhang 4 näher beschriebene Aufgabenfelder vorgegeben. Der Unternehmer muss ermitteln und prüfen, welche Aufgaben im Betrieb erforderlich sind und welcher Personalaufwand zur Erfüllung dieser Betreuungsleistungen erforderlich ist. Dabei muss er sich von Betriebsarzt und der Fachkraft beraten lassen, die ihm dazu Vorschläge unterbreiten sollen. Auf dieser Grundlage werden Inhalt und Dauer der betriebsspezifischen Betreuung ermittelt, der jährliche Personalaufwand getrennt für beide Professionen bestimmt und die notwendigen Betreuungsleistungen schriftlich vereinbart.

Die betriebsspezifische Betreuung umfasst 4 Bereiche mit insgesamt 16 Aufgabenfeldern:

1. Regelmäßig vorliegende betriebsspezifische Unfall- und Gesundheitsgefahren, Erfordernisse zur menschengerechten Arbeitsgestaltung (i. d. R. dauerhaft) – mit 8 Aufgabenfeldern
2. Betriebliche Veränderungen in den Arbeitsbedingungen und in der Organisation (i. d. R. temporär) – mit 5 Aufgabenfeldern
3. Externe Entwicklung mit spezifischem Einfluss auf die betriebliche Situation (i. d. R. temporär) – mit 2 Aufgabenfeldern
4. Betriebliche Aktionen, Programme und Maßnahmen (i. d. R. temporär) – mit 1 Aufgabenfeld

Praxis-Beispiel: Systematische Prüfung erforderlich

Das in Anlage 2 DGUV-V 2 verbindlich beschriebene Verfahren zur Festlegung der betriebsspezifischen Betreuung erfordert eine systematische Prüfung der erforderlichen Aufgaben anhand des vorgegebenen Katalogs von Aufgabenfeldern sowie von Auslöse- und Aufwandskriterien. Anhand der **Auslösekriterien** ist zu entscheiden, ob ein Betreuungsbedarf in dem jeweiligen Aufgabenfeld vorhanden ist. Mithilfe von **Aufwandskriterien** werden die zu erbringenden Betreuungsleistungen festgestellt. Der dazu erforderliche Zeitaufwand muss zwischen Unternehmer einerseits und Betriebsarzt und Fachkraft andererseits festgelegt und vereinbart werden. Dabei müssen die Mitbestimmungsrechte der betrieblichen Interessenvertretung beachtet werden. Die erforderlichen Personalressourcen werden somit leistungsbezogen bestimmt und nicht umgekehrt erst Ressourcen (Einsatzzeiten) festgelegt und dann die Leistungen konkretisiert.

4.4 Dokumentation

Im Rahmen der Gesamtbetreuung müssen → *Betriebsärzte* und → *Fachkräfte für Arbeitssicherheit* den Unternehmer bei der Erstellung von Dokumentationen unterstützen und zusätzlich regelmäßig über ihre Tätigkeit sowie deren Ergebnisse zu berichten. Die Verteilung des Betreuungsaufwands ist dabei aufzulisten. Der Bericht soll zudem Verbesserungsvorschläge an den Arbeitgeber enthalten und Auskunft über den Stand ihrer Umsetzung geben.

Die erbrachten Leistungen der betriebsspezifischen Betreuung sind durch eine Konkretisierung der Aufwandskriterien zu beschreiben. Der daraus resultierende Personalaufwand für Betriebsärzte und Fachkräfte für Arbeitssicherheit ist festzuhalten. Auf der Basis des gemeinsamen Berichts über die geleistete Arbeit lässt sich ein neues Angebot für die zukünftige Arbeit erstellen und in Form einer Zielvereinbarung mit dem Unternehmer festschreiben.

Gerhard Strothotte

Betriebliche Gesundheitsförderung

Betriebliche Gesundheitsförderung (BGF) umfasst alle Maßnahmen, die der Stärkung der individuellen Gesundheits-Ressourcen und Kompetenzen dienen und das Individuums zu einem gesundheitsförderlichen Verhalten in der Arbeitswelt befähigen. Betriebliche Gesundheitsförderung folgt dem Ansatz der Salutogenese, die zum Ziel hat, Gesundheit und Wohlbefinden zu fördern. In der Arbeitswelt fokussiert sich Gesundheitsförderung auf physische, psychische und soziale gesundheitsgefährdende bzw. gesundheitsförderliche Einflussfaktoren, die im Rahmen von Gefährdungsbeurteilungen ermittelt bzw.

erarbeitet werden können. Von der Betrieblichen Gesundheitsförderung abzugrenzen ist das Betriebliche Gesundheitsmanagement. Letzteres versteht sich als ganzheitliches Managementsystem, das auch – aber nicht nur – die Betriebliche Gesundheitsförderung umfasst.

Gesetze, Vorschriften und Rechtsprechung

In Europa findet betriebliche Gesundheitsförderung und deren gesundheitspolitische Bedeutung in der Arbeitswelt ein gemeinsames Verständnis durch die Luxemburger Deklaration von 2007 (jüngste Fassung), die auf Basis der EG-Rahmenrichtlinie Arbeitsschutz 89/391/EWG erarbeitet wurde und als Selbstverpflichtung von Unternehmen unterzeichnet werden kann.

Im gesetzlichen Arbeitsschutz und der betrieblichen Gesundheitsförderung gibt es 3 verantwortliche Akteure, die in symmetrischer und verpflichtender Zusammenarbeit agieren:

Hauptaufgabe der **Gesetzlichen Unfallversicherung** ist es, „mit allen geeigneten Mitteln Arbeitsunfälle und Berufskrankheiten sowie arbeitsbedingte Gesundheitsgefahren zu verhüten" (§ 1 SGB VII). Dabei ist die Verhütung arbeitsbedingter Gesundheitsgefahren eine wichtige Aufgabe der Unfallversicherung, für die vor Ort der Unternehmer und die Beauftragten für Arbeitsschutz zuständig sind.

Die **Gesetzliche Krankenversicherung** unterstützt durch Präventionsangebote und ihre Erkenntnisse über die Zusammenhänge von Erkrankungen und Arbeitsbedingungen. Die Arbeitsgemeinschaft der Spitzenverbände der Krankenkassen hat den „Leitfaden Prävention" veröffentlicht. Er enthält die „gemeinsamen und einheitlichen Handlungsfelder und Kriterien der Spitzenverbände der Krankenkassen zur Umsetzung von §§ 20 und 20b SGB V.

Der **Arbeitgeber** ist nach ArbSchG verpflichtet, die „erforderlichen Maßnahmen des Arbeitsschutzes" gegen arbeitsbedingte Gesundheitsgefahren durchzuführen. Diese Aufgaben werden gemäß ASiG primär von Fachkräften für Arbeitssicherheit und Betriebsärzten wahrgenommen.

Das Betriebliche Eingliederungsmanagement nach § 167 Abs. 2 SGB IX ergänzt die rechtlichen Grundlagen in der betrieblichen Gesundheitsförderung.

1 Betriebliche Gesundheitsförderung in der Praxis

BGF umfasst in der Praxis verhaltensorientierte Maßnahmen in den Handlungsfeldern Bewegung, → *Ernährung*, Stressbewältigung oder Suchtprävention, die häufig in Kursverfahren angeboten werden. Die Maßnahmen werden überwiegend in Kooperation mit Krankenkassen und deren Gesundheitsdienstleistern durchgeführt und sind bei regelmäßiger Teilnahme teilweise erstattungsfähig durch die Krankenkasse.

Da Krankenkassen und betriebliche Gesundheitsakteure einen Anstieg → *psychischer Belastungen* und hiermit korrelierende → *Arbeitsunfähigkeiten* verzeichnen, werden zunehmend präventive und ressourcenstärkende Maßnahmen zum Umgang mit → *Stress* oder → *Burnout* angeboten. Weitere Maßnahmen zur Prävention und zum Umgang mit psychischen Belastungen sind Seminare zur Kompetenzentwicklung in den Themen → *Mobbing* oder → *gesunde Führung.*

2 Ausgangspunkt: Zusammenhänge von Krankheiten und Arbeitsbedingungen erkennen

Ausgangspunkt um mögliche BGF-Maßnahmen einzuleiten, sind meist äußere Anlässe in Form aktueller Problemstellungen oder das überzeugende Angebot eines betrieblichen Akteurs, in einem Themenbereich aktiv zu werden. In die Analyse fließen verschiedene vorhandene Daten ein:

- Arbeitsunfähigkeitsdaten der Krankenkassen (Gesundheitsberichte der Krankenkassen)
- Daten über Berufskrankheiten, → *Arbeitsunfälle*
- Erkenntnisse von technischen Aufsichtsdiensten der Unfallversicherungen
- → *Gefährdungsbeurteilungen*, Personalinformationen und betriebsärztliche Daten der Unternehmen
- Erkenntnisse der → *Fachkräfte für Arbeitssicherheit*

Daten können aus extra durchgeführten Erhebungen stammen, z. B.:

- Mitarbeiter- und Expertenbefragungen
- Risikofaktoren-Screenings
- Gesundheitszirkel

2.1 Maßnahmen entwickeln und durchführen

Grundsätzlich können Maßnahmen unterschieden werden, die sich auf das Verhalten der Beschäftigten richten (Verhaltensprävention) und solche, die die Arbeitsverhältnisse (Verhältnisprävention) verändern.

Konkrete Beispiele verhaltensorientierter Interventionen:

- Kurse für richtiges → *Heben und Tragen*
- Rückenschule
- Stressbewältigung
- gesundes Essen in der Kantine
- Ernährungsberatung
- Bewegungsangebote
- Interventionen bei (drohendem) → *Alkoholismus*
- Raucherentwöhnung

Beispiele zur Veränderung der Arbeitsverhältnisse:

- Gestaltung von Arbeitsplätzen
- Verbesserung von Informations- und Kommunikationsstrukturen
- Erweiterung des Handlungsspielraums von Mitarbeitern

2.2 Evaluation und Qualitätssicherung

Um die tatsächlichen Effekte der Maßnahmen zu erkennen, ist eine Evaluation erforderlich: Veränderungen von Krankenstand, Mitarbeiter-Fluktuation, Zufriedenheit der Beteiligten (Befragung) usw.

Werden Analyse, Maßnahmen und Evaluation nachhaltig und systematisch durchgeführt und diese in eine Strategie betrieblicher Gesundheitspolitik mit Strukturen und Prozessen eingebunden, spricht man von → *Betrieblichem Gesundheitsmanagement.*

2.3 Erfolgskriterien

In einer Untersuchung des Europäischen Informationszentrums zeigten sich für das Gelingen Betrieblicher Gesundheitsförderung folgende Erfolgsfaktoren:

- **Partizipation:** Die Beschäftigten müssen in alle Phasen der Gesundheits-Projekte einbezogen und die betriebliche Öffentlichkeit muss frühzeitig informiert werden.
- **Integration:** Gesundheit der Beschäftigten muss zur gelebten Unternehmensphilosophie gehören und bei allen wichtigen Entscheidungen berücksichtigt werden.
- **Ganzheitlichkeit:** Verhaltens- und verhältnisorientierte Interventionen.

2.4 Akteure der betrieblichen Gesundheitsförderung

Systematische, ganzheitliche Gesundheitsförderung (→ *Betriebliches Gesundheitsmanagement*) zeichnet sich aus durch die Einbindung in

- betriebliche Strukturen und Prozesse sowie
- die Einrichtung eines Steuerkreises Gesundheit aus.

Dies führt dazu, dass Führungskräfte und Mitarbeiter/innen (Betriebsrat) systematisch als Akteure eingebunden werden. Weitere Stellen, wie z. B. die Sozialberatung, Beauftragte für das → *betriebliche Eingliederungsmanagement* oder die Personal- und Organisationsentwicklung kommen hinzu, ebenso Vertreter der gesetzlichen Unfallversicherung und der gesetzlichen Krankenversicherung.

Die vorhandene geeignete Organisation zur Koordination der Akteure und Maßnahmen im Unternehmen ist der ab 20 Mitarbeiter gesetzlich vorgeschriebene → *Arbeitsschutzausschuss*.

Kerstin Schneider

Betriebliches Eingliederungsmanagement

Betriebliches Eingliederungsmanagement (BEM) beschreibt einen strukturierten Prozess, der dazu dient, nach längeren Arbeitsunfähigkeitszeiten zu prüfen, ob und wie die Bedingungen am Arbeitsplatz eines Beschäftigten anzupassen sind, um das Risiko zu vermindern, dass es zu erneuten Ausfällen kommt. BEM greift für alle Beschäftigten, nicht nur für solche mit anerkannter Behinderung. Am BEM sind neben dem Arbeitgeber und Betroffenen auch Betriebs-/Personalrat und Schwerbehindertenvertreter sowie auf Wunsch eine Vertrauensperson des Betroffenen beteiligt. Andere Fachleute werden bei Bedarf hinzugezogen. BEM wirkt sich durch die Vermeidung von arbeitsbedingten Gesundheitsbelastungen positiv für Arbeitgeber und Arbeitnehmer aus und sollte daher von beiden Seiten gefördert werden.

Gesetze, Vorschriften und Rechtsprechung

Das Betriebliche Eingliederungsmanagement ist in § 167 Abs. 2 SGB IX geregelt. Danach ist der Arbeitgeber verpflichtet, allen Beschäftigten, die innerhalb eines Jahres länger als 6 Wochen wegen derselben Krankheit arbeitsunfähig sind, ein BEM anzubieten. Für Arbeitnehmer ist die Teilnahme freiwillig. Dem BEM liegt ein präventiver Ansatz zugrunde, der sich deshalb ausdrücklich nicht nur auf Menschen mit anerkannter Behinderung bezieht. BEM greift in allen Betrieben und ist nicht davon abhängig, ob eine Schwerbehindertenvertretung besteht oder überhaupt Schwerbehinderte beschäftigt werden.

1 Ziele

Ziel des BEM ist, für einen arbeitsunfähig erkrankten Arbeitnehmer nach seiner Rückkehr in den Betrieb die Arbeitsbedingungen soweit anzupassen, dass die **Arbeitsfähigkeit** in Zukunft möglichst weitgehend **erhalten** bleibt und weitere Ausfälle bzw. eine Verschlechterung seines Zustands vermieden werden.

Daher ist es konsequent, dass sich die Regelung im Gegensatz zu den meisten anderen Bestimmungen des SGB nicht nur auf Beschäftigte mit einer anerkannten Behinderung bezieht, sondern auf alle Arbeitnehmer mit entsprechenden Ausfallzeiten. Unter Umständen kann gerade ein BEM dazu beitragen, dass eine drohende Schwerbehinderung vermieden wird.

Damit dient BEM ganz klar dem Nutzen von Arbeitnehmer und Arbeitgeber und ist nicht Instrument einer bestimmten Interessenvertretung.

Praxis-Beispiel: Stufenweise Wiedereingliederung

Von einem BEM abzugrenzen ist die stufenweise Wiedereingliederung nach § 44 SGB IX. Unter stufenweiser Wiedereingliederung werden Modelle verstanden, bei denen Beschäftigte, die sich nach Erkrankung oder Verletzung in der Genesungsphase befinden, nach Absprache mit dem behandelnden Arzt i. d. R. stundenweise an den Arbeitsplatz zurückkehren und so allmählich (z. B. in wochenweisen Steigerungen) wieder an die Arbeitsbelastungen herangeführt werden. Die Wiedereingliederung fällt dabei noch in die **Phase der Arbeitsunfähigkeit**. Da es sich meist um Fälle mit längeren AU-Zeiten handelt, ist die stufenweise Wiedereingliederung die wohl häufigste Maßnahme im Rahmen des BEM. Zu beachten ist, dass ein BEM aber auf keinen Fall automatisch eine stufenweise Wiedereingliederung beinhaltet.

2 Aufgaben und Verfahrensbeteiligte

2.1 Arbeitgeber

Der Arbeitgeber trägt die Verantwortung dafür, dass das BEM-Verfahren entsprechend den gesetzlichen Vorgaben ordnungsgemäß abläuft. Das beinhaltet u. a.:

- Prüfung der AU-Tage, um festzustellen, wann das 6-Wochen-Kriterium gegeben ist;
- Start des BEM-Verfahrens durch Kontaktaufnahme mit dem betroffenen Arbeitnehmer;
- Endverantwortung dafür, dass ein BEM-Fall entsprechend der betriebsspezifisch vorgesehenen Organisationsstruktur abläuft (vgl. **Abb. 1**).

Die fachliche Arbeit kann der Arbeitgeber einem BEM-Beauftragten oder einem Team übergeben.

Praxis-Beispiel: Wann wird ein BEM-Verfahren fällig?

Die **6-Wochenfrist**, nach der ein BEM-Verfahren anzubieten ist, wird wie folgt berechnet:

- Bei durchgehender → *Arbeitsunfähigkeit* ist die „Auslöseschwelle" nach 42 Tagen erreicht.
- Bei mehreren Erkrankungen geht man, je nach Arbeitsvertrag, von 30 (bei einer 5-Tage-Woche) oder 36 (bei einer 6-Tage-Woche) AU-Tagen aus. Dabei zählen auch AU-Tage mit, für die keine AU-Bescheinigung vorliegt.
- Das Kalenderjahr spielt keine Rolle. Ausgegangen wird von den AU-Zeiten der letzten 12 Monate.
- Es werden zunächst alle krankheitsbedingten AU-Tage berücksichtigt, unabhängig davon, ob sie auf eine oder mehrere Krankheiten zurückzuführen sind oder ob es sich um Kuren, Reha-Maßnahmen usw. handelte.

BEM gilt grundsätzlich für alle Arbeitnehmer, auch für Teilzeitbeschäftigte und Aushilfen (soweit die Dauer des Arbeitsverhältnisses es zulässt).

2.2 Beschäftigte

Ein BEM-Verfahren kann nur stattfinden, wenn der Betroffene einwilligt. Diese Einwilligung wird zu Beginn durch den Arbeitgeber abgefragt. Sie kann jederzeit im Verlauf des Verfahrens widerrufen und das Verfahren damit beendet werden.

Entscheidet sich der Betroffene für das BEM-Verfahren, ist er aber **zur Mitwirkung verpflichtet**. Schließlich kann der Arbeitgeber nur dann sinnvolle Maßnahmen zur Verbesserung der Arbeitsbedingungen und damit zugunsten des Beschäftigten entwickeln, wenn dieser die entsprechenden Auskünfte erteilt. Dabei geht es z. B. um:

- mögliche betriebliche Gründe für die → *Arbeitsunfähigkeit*;
- Auswirkungen der aufgetretenen Erkrankung auf die Leistungsfähigkeit am Arbeitsplatz;
- Kontakt zu behandelnden Ärzten ermöglichen (dazu muss der Betroffene u. U. seinen Arzt von der Schweigepflicht in bestimmten Punkten entbinden);
- Zusammenarbeit mit internen oder externen Fachleuten (z. B. → *Betriebsarzt*, Integrationsberater).

Dabei ist es unvermeidbar, dass sensible gesundheitsbezogene Daten offengelegt werden müssen. Das ist dem Beschäftigten nur zuzumuten, wenn der persönliche Datenschutz absolut sichergestellt ist. Dafür hat der Arbeitgeber im Rahmen seiner Organisationspflicht zu sorgen.

Auf Wunsch kann der Betroffene eine Vertrauensperson seiner Wahl in BEM-Gespräche einbeziehen. Grundsätzlich kann das jede Person sein (nicht etwa nur Betriebsangehörige!), z. B. auch ein Angehöriger oder ein Rechtsbeistand. Kosten, die durch die Einbeziehung einer solchen Vertrauensperson entstehen, übernimmt aber nicht der Arbeitgeber.

Praxis-Beispiel: Datenschutz sicherstellen

BEM kann nur funktionieren, wenn der Betroffene absolutes Vertrauen haben kann, dass das Verfahren sich nicht nachteilig für ihn auswirkt, weil er ansonsten das Verfahren ablehnen wird. Wegen der besonders sensiblen Krankheitsdaten muss der Datenschutz daher sehr sorgfältig sichergestellt werden.

Wichtig ist:

- Anzahl der Personen, die von sensiblen Daten Kenntnis erhalten, so gering wie möglich halten.
- Kritische Zuständigkeitsüberlagerungen vermeiden, in dem z. B. der vom Arbeitgeber bestimmte Verfahrensbeauftragte nicht gleichzeitig Personal- oder Führungsverantwortung gegenüber dem Betroffenen hat.
- Datenschutzerklärung von allen Beteiligten einholen.
- Unterlagen datenschutzgerecht aufbewahren (gesondert zur Personalakte).

Konkrete Informationen zum Thema Datenschutz geben, z. B. die Informationen der Integrationsämter zu BEM (s. u.).

2.3 Schwerbehindertenvertretung

Ist im Betrieb eine Schwerbehindertenvertretung vorgesehen (wenn mind. 5 Mitarbeiter mit einem Grad der Behinderung von 50 % oder mehr beschäftigt werden), dann muss sie an einem BEM-Verfahren nur dann verbindlich teilnehmen, wenn der Betroffene als schwerbehindert eingestuft ist, vgl. § 178 SGB IX. Wird das BEM-Verfahren allerdings durch ein festes Team geführt, gehört die Schwerbehindertenvertretung i. d. R. dazu. Es dürfte kein Grund bestehen, sie von einem BEM-Verfahren für nicht behinderte Beschäftigte auszuschließen, zumal sich Schwerbehindertenvertreter mit vielen Fragen, die im Laufe eines BEM-Verfahrens anstehen, gut auskennen und nützliche Erfahrungen einbringen können.

2.4 Betriebs-/Personalrat

Sofern vorhanden, nimmt die Beschäftigtenvertretung am BEM-Verfahren im Rahmen ihrer Aufgaben nach dem Betriebsverfassungsgesetz teil. **Mitbestimmungspflichtig** ist die **Ausgestaltung** des BEM-Verfahrens. Das BEM als solches ist hingegen eine gesetzliche Verpflichtung und kann von der Beschäftigtenvertretung nicht abgelehnt werden.

Im Einvernehmen mit dem Arbeitgeber können auch Teilaufgaben innerhalb des BEM-Verfahrens selbstständig durch die Beschäftigtenvertretung abgewickelt werden.

Praxis-Beispiel: BEM braucht Zusammenarbeit

Als personenbezogene Maßnahmen sind viele Aktivitäten innerhalb des BEM (z. B. Umsetzungen auf andere Arbeitsplätze) mitbestimmungspflichtig. Für den Gesamterfolg ist es wichtig, dass die Zusammenarbeit aller Beteiligten offen und vertrauensvoll ist und die im Rahmen des BEM beschlossenen Maßnahmen von allen mitgetragen und tatsächlich umgesetzt werden können.

2.5 Betriebsarzt

Der → *Betriebsarzt* hat in BEM-Verfahren als medizinischer Sachverständiger des Betriebs eine zentrale Rolle, z. B. in der Kommunikation zwischen Betroffenem, Betrieb und behandelnden Ärzten. Gerade in Kleinbetrieben, in denen keine Beschäftigtenvertretung besteht und/oder kein Integrationsteam berufen wurde, ist häufig der Betriebsarzt mit der Durchführung von BEM-Verfahren beauftragt und wickelt diese mit dem Betroffenen und Kollegen/Führungskräften vor Ort ab.

2.6 Sicherheitsfachkraft

Die → *Sicherheitsfachkraft* ist im BEM-Verfahren besonders in Bezug auf die **Arbeitsplatzgestaltung** gefragt. Je nach Ausgangslage umfasst das Verhaltensfragen, z. B. ergonomisch richtige Einstellung und Gebrauch des Mobiliars am Arbeitsplatz ebenso wie komplexe Veränderungen an Geräten, Maschinen und Anlagen, um leistungsgewandelten Beschäftigten eine bestimmte Tätigkeit zu ermöglichen bzw. bestimmte Belastungen zu vermeiden. Dabei sollte abhängig von der Ausgangslage berücksichtigt werden, was ggf. an externer Beratung hinzuzuziehen ist.

2.7 Externe Stellen

Beratung in Fragen der beruflichen Rehabilitation bieten unterschiedliche Einrichtungen.

Nach § 167 SGB IX sind vor allem die Rehabilitationsträger betroffen. Da es um Menschen geht, die in einem Arbeitsverhältnis stehen, sind das v. a.:

- die **gesetzliche Rentenversicherung**, die nach dem Grundsatz Rehabilitation vor Rente Leistungen erbringt, um Beschäftigte in Arbeit zu halten;
- die Träger der **gesetzlichen Unfallversicherung** (wenn ein → *Arbeitsunfall* oder eine → *Berufskrankheit* eine Rolle spielt).

Geht es um schwerbehinderte oder von Behinderung bedrohte Beschäftigte, sind die **Integrationsämter** Ansprechpartner, deren Aufgabe es ist, behinderten Menschen die Teilhabe am Arbeitsleben zu ermöglichen. Fachleute der Integrationsämter beraten zu den organisatorischen und technischen Fragen zur Beschäftigung von Behinderten und fördern notwendige Sondermaßnahmen am Arbeitsplatz auch finanziell.

Praxis-Beispiel: Beratungsangebote nutzen

Wegen der breiten branchenspezifischen Erfahrungen ist es besonders bei technisch-praktischen Fragen immer sinnvoll, die eigene BG/Unfallkasse anzusprechen, die i. d. R. offen ist für Beratung aller Art, auch wenn sie nicht Rehaträger ist.

Auch bei Krankenkassen kann Beratung zu Fragen der Arbeitsplatzgestaltung angefragt werden.

Auf den Internetseiten der Integrationsämter sind außerdem sehr gut aufbereitete Informationen und Handlungshilfen zum BEM zu finden.

3 Verfahrensablauf

3.1 Bevor es losgeht

Zunächst sollte der Arbeitgeber überlegen, wie ein BEM im Betrieb am besten umgesetzt werden kann:

- **Beteiligung klären:** Das ist abhängig davon, ob es eine Beschäftigten- und/oder Schwerbehindertenvertretung oder andere Einrichtungen gibt, die sich speziell mit Integration im Betrieb beschäftigen (Integrationsteams, „Disability-Manager").
- **Verfahrensverantwortliche bestimmen:** Vorsicht! Mitarbeiter der Personalabteilung und Führungskräfte sind nur bedingt geeignet (Datenschutz).
- **Betriebsvereinbarung verhandeln:** In Betrieben mit Beschäftigtenvertretung ist eine Betriebsvereinbarung zum Thema angebracht, um die abgestimmte Vorgehensweise im BEM zu dokumentieren.
- BEM fallunabhängig im Betrieb bekannt machen, für Vertrauen und Mitarbeit werben.

Praxis-Beispiel: Stichwort Inklusionsvereinbarung

In § 166 SGB IX werden Arbeitgeber und Schwerbehindertenvertretung verpflichtet, in einer Inklusionsvereinbarung die Regelungen zur Integration behinderter Menschen am Arbeitsplatz festzuschreiben. Dabei ist auch das BEM aufgeführt. Da BEM sich aber auch auf nicht behinderte Arbeitnehmer bezieht, empfiehlt es sich, dazu eine **gesonderte Betriebsvereinbarung** mit der Beschäftigtenvertretung zu treffen, auf die in der Inklusionsvereinbarung Bezug genommen werden kann.

Praxis-Beispiel: BEM auf den Betrieb abstimmen

Während in Großbetrieben Betriebsvereinbarungen zu BEM unumgänglich und feste BEM-Arbeitsgruppen installiert sind, die auftretende Fälle kontinuierlich bearbeiten, reicht es in kleinen Einheiten oft, wenn sich die betroffenen Funktionsträger „auf dem kleinen Dienstweg" abstimmen und die nötigen Gespräche organisieren. BEM sollte nicht als starrer Apparat verstanden werden.

3.2 Ablaufschema (Beispiel)

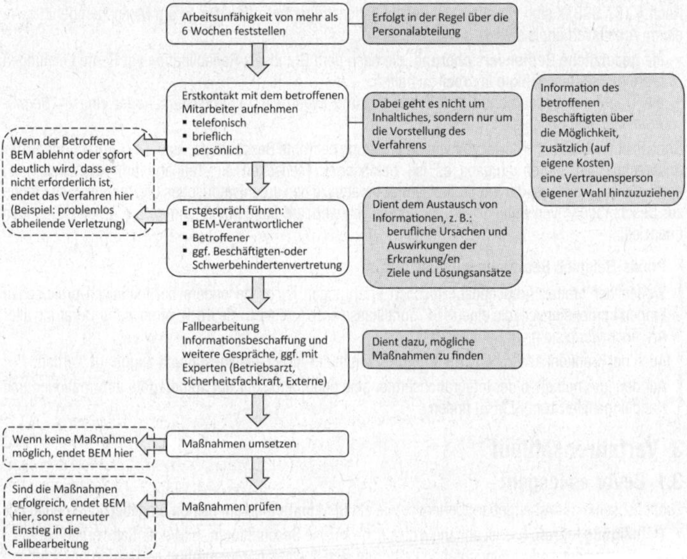

Abb. 1: Ablauf des BEM

4 Vorbehalte und Chancen

4.1 Arbeitgebersicht

Möglicher Vorbehalt:

- BEM verursacht einen hohen Zeit- und Organisationsaufwand durch das stark strukturierte Verfahren und Kosten durch die Maßnahmen, die umzusetzen sind.

Zu erwartende Vorteile:

- BEM reduziert Fehlzeiten durch gezielte Maßnahmengestaltung.
- Gerade bei langwierigen und chronischen Erkrankungen muss davon ausgegangen werden, dass das Krankheitsgeschehen nach einer AU-Phase von 6 Wochen nicht abgeschlossen ist, sondern dass es zu weiteren Ausfällen kommt, die den Arbeitgeber Geld kosten. Hier besteht Einsparpotenzial durch genaue Analyse der Belastungen und konkrete Problemlösung.
- BEM verbessert → *Betriebsklima* und Ansehen des Betriebs, weil das Verfahren Fürsorge und → *Wertschätzung* für die Beschäftigten signalisiert.
- BEM stellt klar, dass Fehlzeiten nicht nur Privatsache sind, sondern dass der Betrieb ein legitimes Interesse an der Arbeitskraft der Arbeitnehmer hat.

4.2 Arbeitnehmersicht

Möglicher Vorbehalt:

- Der Bereich der persönlichen Gesundheit, wird als Privatsache angesehen. Schließlich steht in einer AU-Bescheinigung ja auch keine Diagnose. BEM macht aus diesem sensiblen Bereich nun eine Betriebsangelegenheit, was zu Nachteilen für den Betroffenen führen könnte.
- Wenn BEM nicht den erwünschten Erfolg hat und weitere AU-Zeiten anfallen, könnte es genutzt werden, um eine krankheitsbedingte Kündigung durchzusetzen.

Zu erwartenden Vorteile:

- BEM ermöglicht es, dass Arbeitsbedingungen so exakt wie möglich auf die individuellen Möglichkeiten abgestimmt werden. Das erhöht bestmöglich die Chancen, dass ein Fortschreiten einer mit der Arbeit in Zusammenhang stehenden Erkrankung vermieden und die Arbeitsfähigkeit erhalten bleibt. Das bringt dem Arbeitnehmer persönliche Lebensqualität und sichert sein Erwerbseinkommen.

Cornelia von Quistorp

Betriebliches Gesundheitsmanagement

Betriebliches Gesundheitsmanagement (BGM) ist ein Managementprozess, der zielgerichtet gesundheitsförderliche Maßnahmen, Strukturen und Prozesse integriert und steuert. Es beinhaltet verhaltens- und verhältnisorientierte Maßnahmen, um Arbeitsbedingungen gesundheitsförderlich zu gestalten und Beschäftigte zu einem Ressourcen stärkenden Verhalten zu befähigen. Davon abzugrenzen ist die „Betriebliche Gesundheitsförderung", die sich primär auf individuelle verhaltenspräventive Maßnahmen in den Themen Bewegung, Ernährung, Stressbewältigung und Suchtprävention konzentriert und damit ein Teilbereich des BGM ist. BGM hat demgegenüber eine ganzheitliche, integrative Betrachtung und Herangehensweise, die Führung und Kultur, Arbeits- und Gesundheitsschutz, betriebliche Gesundheitsförderung sowie Personal- und Organisationsentwicklung umfasst. Dabei agieren unterschiedlichste (über-)betriebliche (Gesundheits-)Akteure unter einer gemeinsamen Strategie im Themenfeld Arbeit und Gesundheit.

Gesetze, Vorschriften und Rechtsprechung

Das Arbeitsschutzgesetz zeichnet sich durch einen ganzheitlichen und präventiven Ansatz, einen kooperativen und beteiligungsorientierten Ablauf und ein erweitertes Verständnis von Arbeits- und Gesundheitsschutz aus. Ziel ist, neben der Verhütung von Unfällen, die menschengerechte Gestaltung der Arbeit (§ 2 Abs. 1 ArbSchG).

Außerdem schreibt das ArbSchG vor, dass der Arbeits- und Gesundheitsschutz als kontinuierlicher Verbesserungsprozess zu organisieren ist. Dieses Verfahren findet sich im BGM wieder.

Mit der Durchführung von Gefährdungsbeurteilungen ist der Arbeitgeber verpflichtet, Gefahrenquellen einschließlich möglicher Ursachen psychischer Belastungen zu analysieren, entsprechende Gegenmaßnahmen einzuleiten und deren Wirksamkeit zu überprüfen (§ 3 Abs. 1 ArbSchG).

Auch wenn BGM keine direkte gesetzliche Verpflichtung für den Arbeitgeber ist, bilden das Arbeitsschutzgesetz sowie die einschlägigen Rechtsverordnungen, wie z. B. die Arbeitsstättenverordnung oder die Gefahrstoffverordnung eine wichtige rechtliche Orientierung.

1 Hohes Niveau des klassischen Gesundheitsschutzes

Die primär auf die Verhütung von Berufskrankheiten und Unfällen ausgerichteten klassischen Konzepte des Gesundheitsschutzes haben ein hohes Niveau erreicht, sind jedoch gerade deshalb auch an Grenzen gestoßen:

- weitere Verbesserungen bei den herkömmlichen Aufgaben und Methoden werden immer schwieriger;
- die Veränderungen der Arbeitswelt verlangen neue Ansätze und Instrumente.

Arbeitssicherheit und Gesundheitsschutz müssen sich angesichts dieser Entwicklung neu orientieren und mehr umfassen als die Verhütung von → *Arbeitsunfällen* und → *Berufskrankheiten* – ohne dabei Bewährtes aus dem Auge zu verlieren.

Praxis-Beispiel: Gesundheitsmanagement geht über den „klassischen" Arbeitsschutz hinaus
Klassische Ziele und Aufgaben des Gesundheitsschutzes werden auch in Zukunft gültig bleiben. BGM geht darüber hinaus und entwickelt betriebliche Strukturen und Prozesse. Es dient damit den Beschäftigten wie dem Unternehmen. BGM tritt hierbei nicht in Konkurrenz zu anderen Managementzielen, sondern agiert unterstützend in allen Bereichen eines Unternehmens.

Das Arbeitsschutzgesetz trägt dieser Entwicklung Rechnung. Anstatt jedes Detail vorzuschreiben und behördlich zu kontrollieren, werden die Verantwortlichen im Unternehmen verpflichtet, für Arbeitsbedingungen zu sorgen, die dem aktuellen Stand von Wissenschaft und Technik entsprechen. Staatliche Aufsicht gilt zunehmend den Methoden, mit denen diese Ziele erreicht werden – also dem Management.

2 Erfolgsfaktor „Mensch" als Element aller Managementprozesse

Die schnell fortschreitende Entwicklung von Wissenschaft und Technik, globalisierte Märkte und die Entstehung einer Informations- und Wissensgesellschaft verstärken den Druck auf die Unternehmen und stellen sie vor neue Anforderungen. Diese machen eine stärkere Fokussierung auf die Mensch-Mensch-Schnittstelle erforderlich. Bei der Vielzahl von Veränderungsprozessen, die Unternehmen heute parallel durchlaufen, haben sich → *Managementsysteme* für einzelne Teilbereiche entwickelt, z.B. Produkt-, Qualitäts-, → *Umwelt-* oder Verbesserungsmanagement. Sie sollen nicht Einzelmaßnahmen festschreiben, sondern bestimmte Kernelemente und -prozesse. Ihre Entwicklung und laufende Optimierung richten sich auf die gesamte Organisation und gelten als Führungsaufgabe.

Das gemeinsame Element aller Managementsysteme ist der Mitarbeiter mit seinen Kenntnissen und Fähigkeiten, seiner Einstellung, seiner Motivation und seinem daraus resultierenden Verhalten. Der Managementprozess BGM bildet hier eine Querschnittsaufgabe und ist Bestandteil der Führungsstrategie (**Abb. 1**).

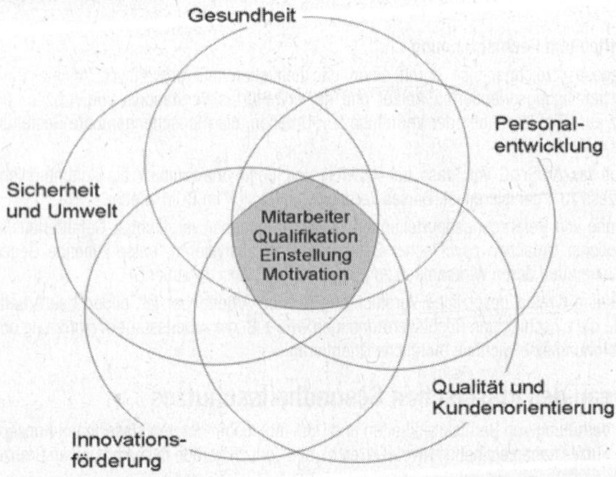

Abb. 1: Zusammenhang verschiedener Managementziele

3 BGM im Unternehmen etablieren

3.1 Implementierung

Praxis-Beispiel: Schritte zur nachhaltigen Implementierung eines BGM

1. Verständigung über eine betriebliche Gesundheitspolitik, idealerweise in Form einer Führungsstrategie, Verankerung einer Grundmotivation in Unternehmensleitlinien und die Definition von Gesundheitszielen;
2. Abschluss schriftlicher Vereinbarungen zwischen Unternehmensleitung und Arbeitnehmern (Betriebsvereinbarung);
3. Einrichtung eines interdisziplinären Steuerkreises Gesundheit: Mitglieder oder Beteiligte sind i. d. R. BGM-Verantwortlicher/Koordinator, → *Sicherheitsfachkraft*, Personalentwicklung, Sozialberatung, Datenschutzbeauftragter, Schwerbehindertenvertretung, → *Betriebsrat*, → *Betriebsarzt*, Gleichstellungsstelle und Vertreter von Krankenkassen bzw. Berufsgenossenschaften;
4. Bereitstellung von Ressourcen (Budget, Infrastruktur);
5. Festlegung personeller Verantwortlichkeiten;
6. Qualifizierung von Experten und Führungskräften als betriebliche Gesundheitsakteure;
7. Sensibilisierung, Beteiligung und Befähigung der Mitarbeiter;
8. Kontinuierliche interne Kommunikation/internes Marketing;
9. Anwendung eines → *kontinuierlichen Verbesserungsprozesses* (vgl. **Abb. 2**);
10. Erhebung/Aufbau einer BGM-Dateninfrastruktur und von Kennzahlen;
11. Integration von „Gesundheit" in die betrieblichen Routineprozesse.

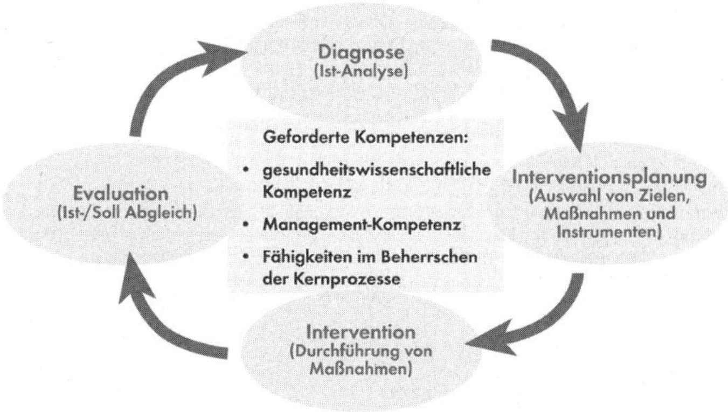

Abb. 2: Kernprozesse des betrieblichen Gesundheitsmanagements, Deming-Zyklus[1]

3.2 Analyseinstrumente

Die Grundlage für zielgerichtetes Handeln im BGM bildet eine datenbasierte Organisationsanalyse im Unternehmen bzw. in ausgewählten Pilotbereichen. Zur Messung und Bewertung dienen die Instrumente der Organisationsdiagnose, d. h. medizinische, technische und psychosoziale Kenngrößen – z. B. Erkrankungen und Beschwerden, technische Gefährdungsanalysen, subjektives Wohlbefinden oder soziales Klima in Gruppen – und die jeweils geeigneten Erhebungsmethoden.

1 Nach Badura et al., Betriebliche Gesundheitspolitik, 2010.

Neben der Wirksamkeit von Maßnahmen im Sinne solcher Kriterien muss auch die Relation von Aufwand und Nutzen, also die Effizienz bewertet werden. Auch unter diesem Gesichtspunkt ist es erforderlich, bereits bei der Planung die entsprechenden Entscheidungs- und Bewertungskriterien festzulegen, die Kosten zu kalkulieren und die Aufwendungen zu dokumentieren.

BGM-Kennzahlen fließen zunehmend in die Balanced Score Card von Unternehmen ein.

Häufige Analyseinstrumente, die i. d. R. kombiniert werden:

- → *Gefährdungsbeurteilung* zur Erhebung physischer und → *psychischer Belastungen*,
- Arbeitsplatzbeobachtung,
- Interviews/Gespräche,
- Fragebogen,
- Gesundheitszirkel,
- Fokusgruppen,
- Gesundheitsbericht.

Ziel des Vorgehens ist es, gesundheitlich bedeutsame Informationen in betriebliche Entscheidungs- und Arbeitsprozesse zu integrieren. Dafür ist die fundierte, zuverlässige und glaubwürdige Bewertung dieser Informationen unerlässlich. Erst dadurch unterscheidet sich ein nachhaltiges betriebliches Gesundheitsmanagement-Konzept vom kurzatmigen Aktionismus der → *Gesundheitsförderung* im Betrieb und marketingorientierten Maßnahmen von Krankenkassen.

4 Erfolgsfaktoren, Nutzen und Wirksamkeit von BGM

Die Wirksamkeit von BGM-Maßnahmen konnte in den vergangenen Jahren durch Studien und Untersuchungen belegt werden. So ist ein Kosten-Nutzen-Verhältnis von 1 : 3 bis 1 : 6 und deutlich höher möglich, wenn die Maßnahmen entsprechend aufeinander abgestimmt und in ein ganzheitliches BGM eingebunden sind. Diese gesicherte Return on Invest-Quote muss → *Führungskräfte* in Unternehmen ermutigen, in die Gesundheit und Arbeitszufriedenheit ihrer Beschäftigen zu investieren.

4.1 Erfolgsfaktoren im BGM

„Erfolgreichem BGM liegt eine salutogenetische Betrachtung, die WHO-Definition als Rahmen, arbeitspsychologische Grundlagen und die Ottawa Charta als Leitlinie zugrunde“.[1]

Dabei werden die systematische Herangehensweise (vgl. **Abb. 2**), Kompetenz und eine gute Wissensbasis mit einer guten internen Kommunikation über die Vorgehensweise gepaart sowie Zielsetzungen an die Beschäftigten als wichtige Voraussetzungen beschrieben. Ebenso schaffen Langfristigkeit und ganzheitliche Handlungsansätze die Basis für die Wirksamkeit von Konzepten.

Zu den strukturellen Erfolgskriterien zählen

- flache Hierarchien,
- Partizipation,
- flexible Arbeitszeitmodelle,
- transparente Arbeitsabläufe,
- Qualifizierungs- und Entwicklungsmöglichkeiten oder
- eine arbeitsmedizinische bedarfsgerechte Betreuung.

Da BGM eine interdisziplinäre Aufgabe ist, zählt die Vernetzung der betrieblichen Gesundheitsakteure, v. a. der Experten, die zum Steuerkreis Gesundheit zählen, zu den Kriterien erfolgreichen Gesundheitsmanagements.

„Ein effektives und effizientes Gesundheitsmanagement setzt ein Netzwerk von kompetenten Partnern voraus. Je mehr Partner an einem Strang ziehen, desto ganzheitlicher können die richtigen Maßnahmen und Projekte umgesetzt werden“.[2]

---

1 Waldherr, Gesunde Mitarbeiter – gesundes Unternehmen, 2009.

2 Dräxler et al., 30 Minuten Gesundheitsmanagement, 2010.

Die **Akteure im BGM** sind in **Abb. 3** enthalten.

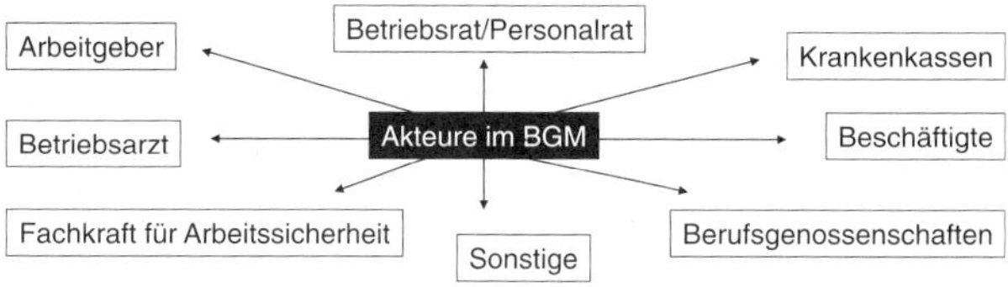

Abb. 3: Akteure im Betrieblichen Gesundheitsmanagement

Als stärkste gesundheitsfördernde Elemente werden von den Mitarbeitern empfunden:

- persönliche Zuwendung,
- Transparenz,
- Verlässlichkeit,
- Anerkennung der Führungskräfte.

Die Aussage „Wertschöpfung durch → *Wertschätzung*" bringt das knapp auf den Punkt.

Die zentrale Rolle wird jedoch den Führungskräften zugeschrieben, da nicht Betriebe und Organisationen, sondern das soziale Umfeld und die Führungskraft erlebt werden.[1]

Unverzichtbar für die erfolgreiche Implementierung eines BGM ist das Thema → *Gesunde Führung*, d.h. die Sensibilisierung der Führungskräfte für das Thema Gesundheit, ihren Einfluss als Vorbild und Multiplikator sowie auf das Verhalten und die Motivation der Mitarbeiter und auf die Gestaltung von Arbeitsabläufen und Strukturen.

4.2 Die Konzeption entscheidet, ob etwas Messbares herauskommt

Maßnahmen müssen von Anfang an so entwickelt werden, dass ihre Wirkungen später messbar und bewertbar sind. Bei den Daten darf es sich auch um subjektive Eindrücke und Sichtweisen der Beschäftigten handeln – vorausgesetzt, diese werden mit anerkannten, statistisch sauberen Methoden erhoben. Die spätere Erfassung der Ergebnisse und die Auswertungsmethoden sind unverzichtbare Bausteine bereits bei der Konzeption von Gesundheitsmaßnahmen.

Immatierelle, nicht greifbare und „weiche" Unternehmenswerte, wie Human- und Sozialkapital, gewinnen eine zunehmende Bedeutung in der Prognose des Unternehmenserfolgs gegenüber den Finanzkennziffern. Wohlbefinden und gute Gesundheit zählen zu den zentralen Bestandteilen. In den Vordergrund rückt zunehmend der Mensch als soziales Wesen im Zusammenhang mit dem Unternehmenserfolg.

4.3 Wirksamkeit und Nutzen von BGM

Zur Wirksamkeitsüberprüfung von Maßnahmen sind messbare Daten und Ziele erforderlich, die das betriebliche Krankheits- und Gesundheitsgeschehen betreffen. Zunehmende Relevanz erhält die Betrachtung des Zusammenhangs zwischen Gesundheit und Sozialkapital bei der Arbeit. Sozialkapital gibt die von Beschäftigten empfundene Qualität der Führung, gemeinsame Werte und Überzeugungen sowie die Qualität der sozialen Beziehungen bei der Arbeit wieder.

In einer Untersuchung von 1.000 Studien und über 40 wissenschaftlichen Übersichtsartikeln der Jahre 2000–2006 hat die IGA, Initiative Gesundheit und Arbeit festgestellt, dass mithilfe gezielter verhaltens-

1 Vgl. Waldherr, Gesunde Mitarbeiter – gesundes Unternehmen, 2009.

präventiver BGF-Maßnahmen arbeitsweltbezogenen psychischen und muskuloskelettalen Erkrankungen vorgebeugt werden kann.[1]

Studien der Bielefelder Fakultät für Gesundheitswissenschaften zum Sozialkapital belegen die Wirkung des Sozialkapitals auf die Gesundheit und die Fehlzeiten der Beschäftigten. Als Einflussfaktoren auf das Wohlbefinden der Beschäftigten konnten insbesondere die Akzeptanz und Qualität der Führung sowie die sozialen Aspekte im Team festgestellt werden.[2]

Der Nutzen von BGM wird gesehen in

- einer Motivations- und Leistungssteigerung der Mitarbeiter,
- der Sicherung von Arbeitsfähigkeit,
- höherer Arbeitszufriedenheit,
- geringeren Kosten (z. B. an Lohnfortzahlungen),
- gesteigerter Produktivität und Wettbewerbsfähigkeit.

> **Praxis-Beispiel: Steuerfreibetrag für betriebliche Präventionsmaßnahmen**
>
> Seit dem 1.1.2020 erhalten Unternehmen für betriebliche Maßnahmen der Gesundheitsförderung im Bereich Bewegung, → *Ernährung*, Stressbewältigung und Suchtprävention sowie psychosozialer Beratung einen jährlichen Steuerfreibetrag von max. 600 EUR pro Mitarbeiter.

Kerstin Schneider

Betriebsanweisung

In der Betriebsanweisung regelt das Unternehmen den Umgang der Beschäftigten mit gefährlichen chemischen oder biologischen Stoffen, Maschinen und Fahrzeugen sowie bestimmte Verfahren und Arbeitsabläufe. Dadurch sollen Gesundheitsgefährdungen und Gefahren ausgeschlossen werden. Die Betriebsanweisung ist keine Betriebsanleitung. Die Betriebsanleitung wird vom Hersteller einer Anlage bzw. eines Arbeitsmittels erstellt und enthält Informationen und Angaben über Voraussetzungen bei der Montage und Inbetriebnahme, über vorgesehene Betriebsbedingungen, Wartung und Instandsetzung. Die Betriebsanleitung kann als Grundlage für die Betriebsanweisung dienen.

Gesetze, Vorschriften und Rechtsprechung

Betriebsanweisungen werden in folgenden Vorschriften gefordert:

- § 14 GefStoffV i. V. mit TRGS 555: Betriebsanweisungen für gefährliche chemische Arbeitsstoffe,
- § 14 BioStoffV: Betriebsanweisungen für gefährliche biologische Arbeitsstoffe,
- § 9 ArbSchG und § 12 BetrSichV: Betriebsanweisungen für Maschinen bzw. für besonders gefährliche Tätigkeiten.

Hinweise und Beispiele enthalten auch die DGUV-I 211-010 „Sicherheit durch Betriebsanweisungen" und die DGUV-I 213-016 „Betriebsanweisungen nach der Biostoffverordnung". Verschiedene berufsgenossenschaftliche Vorschriften fordern zusätzlich Betriebsanweisungen für bestimmte Tätigkeiten bzw. Arbeitsmittel.

1 Inhalt und Aufbau von Betriebsanweisungen

Die Vorgaben der Betriebsanweisung müssen auf den Arbeitsplatz zugeschnitten sein. Sie muss übersichtlich gestaltet werden und sollte möglichst auf einer DIN A4-Seite Platz finden. Piktogramme, Symbole, Gebots-, Verbots- und Warnzeichen erleichtern den Arbeitnehmern die Aufnahme der Informationen. Die erforderliche Kennzeichnung sollte gemäß der ASR A1.3 „Sicherheits- und Gesund-

---

1 Kreis/Bödeker, Gesundheitlicher und ökonomischer Nutzen betrieblicher Gesundheitsförderung und Prävention: Zusammenstellung der wissenschaftlichen Evidenz, iga Report 3, 2003.

2 Badura et al., Sozialkapital, Grundlagen von Gesundheit und Unternehmenserfolg, 2008.

heitsschutzkennzeichnung" erfolgen. Die Anweisungen müssen „in verständlicher Form und Sprache" verfasst sein. Das bedeutet, dass Betriebsanweisungen für ausländische Mitarbeiter ggf. in deren Sprache erstellt werden müssen. Betriebsanweisungen für → *Fahrzeuge*/Maschinen/Arbeitsverfahren/Arbeitsabläufe und Betriebsanweisungen für → *Gefahrstoffe* unterscheiden sich in Aussehen und Inhalt. Die äußere Form ist nicht festgelegt.

Die DGUV-I 211-010 empfiehlt folgende farbliche Gestaltung:

Art der Betriebsanweisung	Farbe
Bedienung von Maschinen oder für Arbeitsverfahren	blau
Gefahrstoffe	orange
Benutzung Persönlicher Schutzausrüstung	grün

Tab. 1: Farbliche Gestaltung von Betriebsanweisungen nach DGUV-I 211-010

Unternehmen können allerdings selbst festlegen, welche Farben sie für welche Art von Betriebsanweisung verwenden. Sie sollten jedoch innerhalb eines Unternehmens grafisch einheitlich gestaltet sein; dies gewährleistet, dass sie von den Beschäftigten akzeptiert und verstanden werden.

Betriebsanweisungen für → *Fahrzeuge*/Maschinen/Arbeitsverfahren/Arbeitsabläufe sind in folgende Abschnitte gegliedert:

- Anwendungsbereich,
- Gefahren für Mensch und Umwelt beim Umgang mit der Maschine,
- Schutzmaßnahmen und Verhaltensregeln beim Umgang mit der Maschine,
- Verhalten bei Störungen,
- → *Erste Hilfe*, Notrufnummern,
- → *Instandhaltung* der Maschine, Entsorgung von Abfällen,
- Folgen bei Nichtbeachtung der Betriebsanweisung.

Betriebsanweisungen für → *Gefahrstoffe* werden häufig mit rotem Rahmen und rotem Querbalken statt in oranger Farbe dargestellt. Für die farbliche Gestaltung von **Betriebsanweisungen für → *Biostoffe*** existieren keine Empfehlungen.

Beide werden in folgende Abschnitte untergliedert (hier am Beispiel für Gefahrstoffe):

- Anwendungsbereich (Arbeitsplatz) und Angaben, wofür der Gefahrstoff eingesetzt wird,
- Bezeichnung des Gefahrstoffs bzw. der Inhaltsstoffe,
- Gefahren für Mensch und Umwelt, die von dem Gefahrstoff ausgehen können,
- Schutzmaßnahmen und Verhaltensregeln, z. B. → *Persönliche Schutzausrüstungen*,
- Verhalten im Gefahrfall und bei Störungen, z. B. Brand, Leckage,
- Angaben zur → *Erste Hilfe*, Notrufnummern und → *Ersthelfer*,
- sachgerechte Entsorgung (Abfälle).

Betriebsanweisungen müssen am jeweiligen Arbeitsplatz zur Verfügung gestellt (§ 12 BetrSichV) bzw. zugänglich gemacht (§ 14 GefStoffV) werden, und zwar bevor Beschäftigte Arbeitsmittel erstmalig verwenden bzw. vor Aufnahme der Tätigkeit. Wie dies konkret gewährleistet werden kann, ist abhängig von der Beschaffenheit des Arbeitsplatzes. Die Inhalte der Betriebsanweisungen müssen den Mitarbeitern bekannt gemacht werden (→ *Unterweisung*). Beim Umgang mit Gefahrstoffen müssen Unterweisungen vor Aufnahme der Beschäftigung und danach mindestens jährlich arbeitsplatz- und tätigkeitsbezogen erfolgen, und zwar mündlich. Die Ergebnisse der → *Gefährdungsbeurteilung* müssen in die Betriebsanweisung einfließen. Bei Änderungen muss die Betriebsanweisung aktualisiert werden, z. B. beim Einsatz neuer Stoffe, Verfahren oder Arbeitsmittel oder bei geänderter Einstufung und Kennzeichnung nach CLP. Die Beschäftigten müssen die Vorgaben der Betriebsanweisungen befolgen.

2 Informationsquellen zur Erstellung der Betriebsanweisung

Basis für die Erstellung der Betriebsanweisungen für Gefahrstoffe sind die Informationen im → *Sicherheitsdatenblatt* des Gefahrstoffs. Weitere Informationen zum Umgang mit Gefahrstoffen enthalten die Datenbank „International Chemical Safety Cards" und die GESTIS-Stoffdatenbank.

Vorlagen für Betriebsanweisungen, die noch auf die betrieblichen Verhältnisse angepasst werden müssen, werden auch von verschiedenen Berufsgenossenschaften auf ihren Websites angeboten. Daneben gibt es Softwareanwendungen, die – nach Erfassen der Informationen aus dem Sicherheitsdatenblatt – auf Knopfdruck Betriebsanweisungen erstellen.

Praxis-Beispiel: Gefahrstoffbetriebsanweisungen und CLP-Verordnung

Mit der Umsetzung der CLP-Verordnung 1272/2008/EG zur Einstufung und Kennzeichnung von Stoffen und Gemischen wurden die bisher verwendeten Gefahrensymbole sowie R- und S-Sätze ersetzt durch → *Gefahrenpiktogramme*, → *H-* und → *P-Sätze* sowie → *Signalwörter*. Darüber hinaus wurden teilweise Einstufungskriterien verändert. Stoffe müssen bereits seit 1.12.2010 nach neuem Recht eingestuft und gekennzeichnet werden, Gemische seit 1.6.2015.

Daraus folgt: Wird ein → *Sicherheitsdatenblatt* aktualisiert, muss geprüft werden, ob die daraus abgeleitete Betriebsanweisung angepasst werden muss.

Bettina Huck

Betriebsarzt

Betriebsärzte sind Personen mit arbeitsmedizinischer Fachkunde, denen vom Arbeitgeber die im Arbeitssicherheitsgesetz beschriebenen Aufgaben übertragen wurden. Ihre Tätigkeit widmet sich der Schnittstelle zwischen Arbeit und Beruf einerseits sowie dem Menschen, seiner Gesundheit und seinen Krankheiten andererseits. Betriebsärzte übernehmen die ärztliche Beratung des Arbeitgebers und der Arbeitnehmer in allen Fragen des Gesundheitsschutzes, der betrieblichen Gesundheitsförderung, der Prävention und Rehabilitation. Ihre Tätigkeit dient der Vorbeugung, Erkennung und Therapie arbeitsbedingter Gesundheitsschäden, dem Erhalt der Beschäftigungsfähigkeit, dem betrieblichen Eingliederungsmanagement und der allgemeinen Prävention im betrieblichen Umfeld. Sie wirken auch bei Maßnahmen zur Teilhabe behinderter Menschen am Arbeitsleben mit.

Gesetze, Vorschriften und Rechtsprechung

- Arbeitsschutzgesetz (ArbSchG)
- Arbeitssicherheitsgesetz (ASiG)
- Sozialgesetzbuch, insbesondere SGB V, VI, VII und IX,
- Verordnung zur arbeitsmedizinischen Vorsorge (ArbMedVV)
- Arbeitsmedizinische Regeln (AMR)
- DGUV-V 1 „Grundsätze der Prävention"
- DGUV-V 2 „Betriebsärzte und Fachkräfte für Arbeitssicherheit"
- Berufsgenossenschaftliche Grundsätze für arbeitsmedizinische Vorsorgeuntersuchungen

1 Aufgaben und Pflichten

Betriebsärzte haben die Aufgabe, den Arbeitgeber zu beraten, insbesondere bei der

- Beurteilung der Arbeitsbedingungen (→ *Gefährdungsbeurteilung*),
- Planung, Ausführung und Unterhaltung von Anlagen, Einrichtungen usw.,
- Beschaffung und dem Einsatz von → *Arbeitsmitteln*, -verfahren und -stoffen,
- Gestaltung von Arbeitsplätzen, Arbeitsorganisation und Arbeitsumgebung,
- → *arbeitsmedizinischen Vorsorge*,
- → *Ersten Hilfe* und sonstigen Notfallmaßnahmen.

Sie haben

- die Arbeitnehmer zu untersuchen und zu beraten sowie
- die Untersuchungsergebnisse zu erfassen und auszuwerten.

Beratung der Beschäftigten

Gemäß Abschn. 3 AMR 3.2 „Arbeitsmedizinische Prävention" müssen Beschäftigte eine allgemeine arbeitsmedizinische bzw. allgemeine arbeitsmedizinisch-toxikologische Beratung erhalten. Inhalte sind:

- Erläuterung der möglichen gesundheitlichen Folgen der Gefährdung und deren Vermeidung,
- Sofortmaßnahmen mit Darstellung der besonderen Maßnahmen der Ersten Hilfe,
- Informationen, damit Gesundheitsschäden nicht entstehen bzw. sich nicht verschlimmern,
- Informationen über den Anspruch auf arbeitsmedizinische Vorsorge,

und zwar in einer für den Laien verständlichen Form.

Diese Beratung kann, muss jedoch nicht, im Rahmen der Unterweisung erfolgen. Im Gegensatz zur individuellen Beratung wird sie i.d.R. in der Gruppe durchgeführt. Die Beteiligung des mit der arbeitsmedizinischen Vorsorge beauftragten Arztes ist erforderlich,

- wenn nach der Gefährdungsbeurteilung Pflichtvorsorge zu veranlassen oder Angebotsvorsorge anzubieten ist oder
- wenn dies in einer Technischen Regel im Kapitel Arbeitsmedizinische Prävention ausgeführt wird.

„Beteiligung des mit der arbeitsmedizinischen Vorsorge beauftragten Arztes" bedeutet hier nicht zwingend, dass der Betriebsarzt die Beratung durchgängig persönlich vornimmt. So erfüllt z.B. eine ärztliche Schulung der Personen, die die Unterweisung durchführen oder das Mitwirken beim Erstellen geeigneter Unterweisungsmaterialien das Beteiligungsgebot.

Beratungsinhalte richten sich nach der Gefährdungsbeurteilung. Enthalten Technische Regeln im Kapitel „Arbeitsmedizinische Prävention" konkrete Beratungsinhalte, so müssen diese vermittelt werden.

Mögliche Themen der allgemeinen arbeitsmedizinischen bzw. arbeitsmedizinisch-toxikologischen Beratung konkretisiert Abschn. 3 Abs. 5 AMR 3.2:

- Informationen über Aufnahmewege,
- Übertragungs- und Infektionswege,
- Informationen über Wirkungen,
- Erläuterungen zu möglichen Kombinationswirkungen,
- medizinische Faktoren, die zu einer Erhöhung der Gefährdung führen können, z.B. bestimmte Vorerkrankungen oder Dispositionen,
- mögliche Wechselwirkungen mit Medikamenten,
- Krankheitsbild/Symptome einschließlich Beschreibung des Wirkortes (lokal, organbezogen, systemisch),
- zeitliche Zusammenhänge der Beschwerden mit der entsprechenden Tätigkeit,
- Möglichkeiten der Chemo- bzw. Impfprophylaxe,
- medizinische Aspekte des Gebrauchs von persönlicher Schutzausrüstung (z.B. Schutzhandschuhe, Schutzkleidung und Atemschutz), einschließlich Handhabung, maximale Tragzeiten und Wechselturnus und mögliche Belastungen,
- Verhaltensregeln zur Arbeitsgestaltung, z.B. Wechsel der Arbeitsweise, eingeschobene Expositionspausen,
- die Problematik der Feuchtarbeit einschließlich der Hautschutz- und Hautpflegemaßnahmen,
- konsequente Umsetzung von Hygienemaßnahmen,
- weitere Maßnahmen zur Verhältnis- und Verhaltensprävention, etwa zu Essen, Trinken und Rauchen am Arbeitsplatz,
- Information über Inhalt und Ziel der arbeitsmedizinischen Vorsorge einschließlich Biomonitoring und Impfangebot,
- Sofortmaßnahmen (besondere Maßnahmen der Ersten Hilfe) und Maßnahmen der postexpositionellen Prophylaxe sowie das weitere Vorgehen,

- Information zu Verhaltensweisen bei Erkrankungsverdacht mit Hinweis auf arbeitsmedizinische Beratungsmöglichkeit,
- Information über das Recht auf Wunschvorsorge.

§ 3 Arbeitssicherheitsgesetz (ASiG) nennt die wichtigsten betriebsärztlichen Aufgaben. Je nach Art und Organisation des Betriebs können weitere Arbeitsgebiete dazukommen, z.B.:

- reisemedizinische Betreuung von Mitarbeitern,
- betriebliche Gesundheitsförderung, zum Beispiel in Zusammenarbeit mit den Krankenkassen,
- Beratung bei Suchterkrankungen oder anderen psychosozialen Problemen,
- Schulung von Mitarbeitern und Führungskräften,
- allgemeine Gesundheitsprävention im betrieblichen Umfeld.

Die Tätigkeit der Betriebsärzte ist grundsätzlich nicht auf die in § 3 ASiG genannten Aufgaben beschränkt, solange sie sich im Wesentlichen innerhalb des Fachgebiets → *Arbeitsmedizin* abspielt. Das einzige **Verbot** enthält § 3 Abs. 3 ASiG: Zu den Aufgaben der Betriebsärzte gehört es nicht, Krankmeldungen der Arbeitnehmer auf ihre Berechtigung zu überprüfen. Diese Bestimmung ist zum Schutz des **Vertrauensverhältnisses** gedacht, das für eine sinnvolle ärztliche Beratung der Arbeitnehmer unverzichtbar ist, und zu dem die Sicherheit gehört, dass die ärztliche **Schweigepflicht** auch gegenüber dem Arbeitgeber konsequent eingehalten wird (§ 8 ASiG).

2 Fachkunde

Zum Betriebsarzt darf nur bestellt werden, wer die vom Gesetz verlangte arbeitsmedizinische Fachkunde besitzt. Die Fachkunde ist generell vorhanden, wenn der Arzt die Bezeichnung **Facharzt für Arbeitsmedizin** oder **Arbeitsmediziner** führen darf. Auch die Zusatzbezeichnung Betriebsmedizin signalisiert, dass die erforderliche Fachkunde für den jeweiligen Betrieb vorliegt. Facharzttitel oder Zusatzbezeichnung verleiht die Ärztekammer, wenn Berufserfahrung, Weiterbildung und Kenntnisstand im Fach Arbeitsmedizin den Anforderungen entsprechen.

Detaillierte, verbindliche Bestimmungen finden sich in den Vorschriften der Unfallversicherungsträger, insbesondere der DGUV-V 2.

3 Arbeitsmedizinische Vorsorge und Untersuchungen

Zu den Kernaufgaben der Betriebsärzte gemäß § 3 ASiG gehört es, tätigkeitsbedingte Einflüsse auf die Gesundheit (z.B. durch → *Gefahrstoffe*, → *Lärm*, Klima, → *Ergonomie* usw.) zu beurteilen, geeignete Maßnahmen zu empfehlen sowie die Beschäftigten über mögliche Gesundheitsgefährdungen aufzuklären und zu beraten. Um diese Aufgaben zu erfüllen, muss der Arzt die Arbeitsplatzverhältnisse kennen – dies wird in der Verordnung zur arbeitsmedizinischen Vorsorge ausdrücklich gefordert (§ 6 ArbMedVV).

Darüber hinaus verlangt die ArbMedVV vom Arbeitgeber je nach Gefährdungsbeurteilung spezielle → *arbeitsmedizinische Vorsorge* zu veranlassen (Pflichtvorsorge) oder den Beschäftigten anzubieten (Angebotsvorsorge). Er darf damit nur Ärzte beauftragen, die Fachärzte für Arbeitsmedizin sind oder die Zusatzbezeichnung Betriebsmedizin führen.

Der Betriebsarzt erfüllt diese fachlichen Voraussetzungen, kennt die Arbeitsplatzverhältnisse und ist an der → *Gefährdungsbeurteilung* regelmäßig beteiligt. Deshalb soll der Arbeitgeber vorrangig den Betriebsarzt mit der Durchführung arbeitsmedizinischer Vorsorge beauftragen (§ 3 Abs. 2 ArbMedVV). Wenn zusätzlich besondere Fachkenntnisse oder eine spezielle Ausrüstung (z.B. ein Röntgengerät) erforderlich sind, zieht der Betriebsarzt weitere Fachärzte hinzu.

4 Besondere Ermächtigungen

Für Untersuchungen oder Maßnahmen nach bestimmten staatlichen Vorschriften darf der Arbeitgeber nur speziell ermächtigte Ärzte in Anspruch nehmen. An sie werden besondere Anforderungen gestellt, die über die arbeitsmedizinische Fachkunde noch hinausgehen. Solche Ermächtigungen beziehen sich

z. B. auf die Gentechnik-Sicherheitsverordnung, Druckluftverordnung oder die Gesundheitsschutz-Bergverordnung.

Der Betriebsarzt sollte über die notwendigen Ermächtigungen verfügen (andernfalls müssten die Mitarbeiter sich anderweitig untersuchen lassen, was i. d. R. mit zusätzlichem Zeitaufwand und Mehrkosten verbunden ist).

Die Ermächtigungen werden durch die zuständigen staatlichen Behörden erteilt.

5 Zusammenarbeit

Für eine erfolgreiche betriebsärztliche Tätigkeit ist die Zusammenarbeit mit einer Vielzahl betrieblicher und externer Ansprechpartner unerlässlich. → *Fachkräfte für Arbeitssicherheit*, Personalbetreuer, → *Betriebsrat*, → *Führungskräfte*, Behindertenvertretung, niedergelassene Ärzte, Krankenkassen, Rentenversicherung, Krankenhäuser, Sozialberater, Unfallversicherungsträger, Selbsthilfegruppen, Psychologen, Umweltbeauftragte, Physiotherapeuten, Betriebsmittelkonstrukteure, Reha-Kliniken, betriebliche Ausbilder, Qualitätsmanager und andere mehr zählen zu den möglichen Kooperations- oder Kommunikationspartnern des Betriebsarztes. Fachkräfte für Arbeitssicherheit, Betriebsräte und Betriebsärzte sind zur Zusammenarbeit sogar gesetzlich verpflichtet (§§ 9 und 10 ASiG).

Bettina Huck

Betriebsklima

Das Betriebsklima spielt für die Zufriedenheit von Beschäftigten eine wichtige Rolle. Vor allem weiche Faktoren, wie Wertschätzung, Toleranz, Hilfsbereitschaft, Kooperations-, Team- und Kommunikationsfähigkeit, geben den Ausschlag in die richtige Richtung. Aber auch objektiv messbare Bedingungen, wie Sozialleistungen, Bezahlung, Verhalten von Vorgesetzten, Organisation oder Leistungsdruck, nehmen Einfluss darauf, ob das Klima im Betrieb gut oder schlecht ist.

Die Stimmung, die bei der Arbeit herrscht, kann entscheidend für die Gesundheit der Beschäftigten sein. Und sie kann sich auf die emotionale Bindung dem Arbeitgeber gegenüber auswirken. Langfristig ist das Betriebsklima also auch für den Erfolg eines Unternehmens ausschlaggebend.

1 Allgemeine Grundsätze des Arbeitsschutzgesetzes

Der Arbeitgeber muss bei Maßnahmen des Arbeitsschutzes u. a. von folgenden allgemeinen Grundsätzen ausgehen (§ 4 ArbSchG):

- Die Arbeit ist so zu gestalten, dass eine Gefährdung für Leben und Gesundheit möglichst vermieden und die verbleibende Gefährdung möglichst gering gehalten wird.
- Gefahren sind an ihrer Quelle zu bekämpfen.
- Maßnahmen sind so zu planen, dass sie Technik, Arbeitsorganisation, sonstige Arbeitsbedingungen, soziale Beziehungen und Einfluss der Umwelt auf den Arbeitsplatz sachgerecht verknüpfen.
- Den Beschäftigten sind geeignete Anweisungen zu erteilen.

2 Ursachen für ein schlechtes Klima

Werden eingespielte Teams umstrukturiert, Abteilungen ausgelagert oder Arbeiten anders verteilt, verunsichert das die Beschäftigten. Meist funktioniert dann nicht mehr alles reibungslos. Die Stimmung kippt v. a. dann, wenn bewährte Strukturen verändert werden und die Gründe für die Betroffenen nicht nachvollziehbar sind.

Herrscht in einem Betrieb lange Zeit ein Klima, das von Unsicherheit, Angst, unsolidarischem Verhalten, Ungerechtigkeit oder mangelndem gegenseitigen Verständnis zwischen Vorgesetzten und Mitarbeitern geprägt ist, entwickelt sich daraus nach und nach ein **schlechtes Betriebsklima**.

Praxis-Beispiel: Vertrauen oder Misstrauen?

Wenn Mitarbeiter ihren Vorgesetzten vertrauen, gehen sie im Zweifelsfall davon aus, dass alles seine Richtigkeit hat. Wenn sie aber misstrauen, vermuten sie bei jeder Sache, die nicht vollständig transparent ist, dass eine „Schweinerei dahinter steckt". Besonders heftig fallen die Spekulationen aus, wenn eine Führungskraft schon einmal einseitig und manipulativ mit Informationen umgegangen ist. Um das Misstrauen der Mitarbeiter dann wieder abzubauen, braucht es lange Zeit sowie verlässliche und transparente Kommunikation. Manchmal ist sogar eine schriftliche Betriebsvereinbarung notwendig, damit sich neues Vertrauen aufbauen kann.

2.1 Negative Folgen

Während der Corona-Pandemie wurden in den Unternehmen weniger Mitarbeiter neu eingestellt als üblich und Ausbildungsabschlüsse mussten verschoben werden. In andere Branchen, wie z.B. der Gastronomie, sind Arbeitskräfte abgewandert, aber auch Verkäufer oder Mitarbeiter der Event- oder Tourismusbranche haben sich neu orientiert. Geboomt haben dagegen Testzentren und die Möglichkeit dort zu arbeiten. Doch die gibt es 2023 nicht mehr. Heute fehlt es bei vielen Stellen an Personal. Wenn ein Unternehmen allerdings Personal und Kosten einspart, steigen in der Belegschaft Konkurrenz- und Leistungsdruck. Das wirkt sich fast immer auch auf den Umgang miteinander aus. Das Betriebsklima verschlechtert sich. Die Folgen sind im persönlichen wie wirtschaftlichen Bereich zu spüren.

Ist das Klima schlecht,

- lässt die Motivation nach,
- sinkt die Arbeitsfreude,
- steigt die Arbeitsunlust,
- belastet das die Psyche,
- können Konflikte vermehrt zu → *Mobbing* führen,
- ist die „innere Kündigung" oft nur eine Frage der Zeit,
- nimmt der Krankenstand zu,
- verschlechtert sich das Produktionsergebnis.

2.2 Gesundheitliche Beschwerden

Mehr als ein Viertel derer, die das Betriebsklima in ihrem Unternehmen als schlecht bewerten, sind laut Wissenschaftlichem Institut der AOK (WIdO) mit ihrer Gesundheit unzufrieden. Wer längere Zeit in einem schlechten Betriebsklima arbeitet, hat ein höheres Risiko zu erkranken. Das zeigen die Ergebnisse des AOK Fehlzeiten-Reports 2018:

- 12,1 Arbeitsunfähigkeitstage (AU-Tage) verzeichnete die AOK im Durchschnitt.
- Auf 19,6 AU-Tage kamen die Beschäftigten, die unter schlechten Arbeitsbedingungen und in einem schlechten Betriebsklima arbeiten.
- Nur 9,4 Fehltage hatten dagegen diejenigen, die sich bei der Arbeit wohlfühlen und sie als sinnhaft ansehen.

Steigt der Leistungs- und Zeitdruck durch krankheitsbedingte Ausfälle, kann sich das auf die Stimmung des Einzelnen niederschlagen. Die Folge ist dann nicht selten ein Domino-Effekt: nach und nach fallen immer mehr Mitarbeiter aus.

Die Corona-Pandemie hat für besonders hohe Belastungen in Krankenhäusern, Pflege- und Altersheimen gesorgt. Die Pflegekräfte haben immer wieder darauf hingewiesen, dass ein paar Mal öffentlich für sie zu klatschen, nicht genug an Wertschätzung sei. Jetzt belegt eine Studie der Techniker Krankenkasse (TK) aus dem Jahr 2023, dass die Fehltage bei den Pflegekräften von 2021 auf 2022 um 40 % gestiegen sind. 2022 lagen sie bei rund 30 Tagen. Das ist 57 % über dem Durchschnitt aller Beschäftigten in Deutschland. Grund für die AU-Tage sind vor allem psychische Erkrankungen, Atemwegsinfektionen und Rückenleiden.

3 Die Balance hin zum Guten

Menschen sind keine Maschinen. Sie haben Bedürfnisse und Interessen. Und als soziale Wesen bauen sie untereinander Beziehungen auf. Die Qualität dieser Kontakte ist entscheidend für das Betriebsklima.

3.1 Geben und Nehmen

Beim Zusammenarbeiten kann es auch einmal zu Unstimmigkeiten oder Reibereien kommen. Doch die Atmosphäre am Arbeitsplatz und im Kollegenkreis sollte überwiegend gut sein. So sollte z.B. das Verhältnis von Geben und Nehmen stimmen. Denn dann fühlen sich Beziehungen – auch in der Arbeitswelt – gut an und vermitteln Sicherheit.

3.2 Miteinander von Alt und Jung

Der Stellenwert der Arbeit hat sich in der Gesellschaft in den vergangenen Jahren gewandelt. Für die sog. Babyboomer, die allmählich in Rente gehen, sind Status und ein möglichst hohes Gehalt wichtig. Dafür nehmen sie auch einen überdurchschnittlichen Einsatz in Kauf. Für die Jüngeren steht Freude an der Arbeit ganz oben, wie die Studie „Deutschland 2020: The Meaning of Work Report“[1] des Jobportals Indeed und des Marktforschungsinstituts YouGov zeigt. Erst an zweiter Stelle stehen das Gehalt, das v. a. mit Wertschätzung in Verbindung gebracht wird. Auf Platz 3 nannten die Studienteilnehmer das Thema Selbstverwirklichung. Der jüngeren Generation sind Sinnhaftigkeit der Arbeit und Selbstverwirklichung der eigenen Interessen und Talente wichtiger als Arbeiten ausschließlich zum Broterwerb. Fürs Klima in altersgemischten Teams ist es wichtig, offen über persönliche Einstellungen und Erwartungen zu sprechen.

3.3 Zufriedenheit kann man hören und sehen

Umfragen zeigen immer wieder, dass Arbeitsfreude, Zufriedenheit und Leistungsbereitschaft miteinander zusammenhängen. Zufriedenheit kann man übrigens hören und sehen: Die Mitarbeiter äußeren sich stolz über ihre Arbeit und gehen sie mit Freude oder Begeisterung an.

Zur Zufriedenheit bei der Arbeit tragen Führungskräfte mit Wertschätzung, Vertrauen, Anerkennung und Lob maßgeblich bei. Aber auch das kollegiale Umfeld muss stimmen. Spannungen am Arbeitsplatz sind für rund 2 Drittel der Beschäftigten ein Grund, sich nach einer neuen Arbeitsstelle umzuschauen.

Praxis-Beispiel: Wertschätzung kommt immer gut an!

Ein wichtiger Aspekt für ein gutes Betriebsklima ist ein wertschätzender Umgang miteinander. Und der lässt sich unter Kollegen bereits durch kleine Aufmerksamkeiten ausdrücken:

- Laden Sie neue Teamkollegen zum gemeinsamen Mittagessen ein.
- Schicken Sie zum Geburtstag einen Glückwunsch.
- Loben Sie andere für die gute Zusammenarbeit.
- Bedanken Sie sich für Hilfe oder Unterstützung, die Sie bekommen haben.
- Suchen Sie beim Betriebsausflug den Kontakt zu anderen und lernen Sie so ungezwungen Ihre Kollegen besser kennen.

3.4 Ein gutes Betriebsklima steht bei den Beschäftigten ganz oben

Laut dem Fehlzeiten-Report 2018 des Wissenschaftlichen Instituts der AOK (WIdO)

- ist es für 98,4 % der Befragten am wichtigsten, dass sie sich am Arbeitsplatz wohlfühlen,
- legen 97,9 % Wert auf eine gute Zusammenarbeit mit Kollegen,

1 https://www.hiringlab.org/de/blog/2020/01/20/vom-sinn-der-arbeit/.

- ist für 96,8 % ein gutes Betriebsklima wichtig (Allerdings gaben nur 78 % an, dass in ihrem Unternehmen das Betriebsklima gut sei.),
- ist für 96,8 % die Loyalität des Unternehmens von Bedeutung,
- wollen 92,4 % ein gutes Verhältnis zum Vorgesetzten.

4 Merkmale eines guten Klimas

Kommen die Beschäftigten gerne zur Arbeit und fühlen sie sich bei der Arbeit wohl, kann man davon ausgehen, dass das Betriebsklima stimmt. Offensichtlich wird das u. a. durch:

- eine entspannte und gelassene Stimmung,
- ein hohes Maß an Toleranz,
- gegenseitige Anerkennung und → *Wertschätzung,*
- Hilfsbereitschaft und soziale Unterstützung untereinander,
- die Zusammenarbeit verschiedener Hierarchieebenen,
- eine offene und eindeutige Kommunikation.

Praxis-Beispiel: Zu einem guten Betriebsklima tragen bei:

- genügend Personal,
- klar abgegrenzte Zuständigkeiten,
- definierte Arbeitsaufgaben,
- fair geregelte Arbeitszeiten,
- angemessene Bezahlung sowie
- ein passend zusammengesetztes Team.

5 Betriebsklima in Zeiten der Digitalisierung

Flexibilität bei den Arbeitszeiten und Remote Work haben seit der Corona-Pandemie 2020-2023 rasant zugenommen. Heute arbeiten mehr Fach- und Führungskräfte im Homeoffice. Studien zeigen, dass v. a. hybrides Arbeiten – eine Mischung aus Homeoffice und Präsenzphase – für eine gute Unternehmenskultur wichtiger geworden ist.

Für Führungskräfte ist es allerdings noch immer eine Herausforderung, das Wohlbefinden und die Gesundheit der Mitarbeiter im Homeoffice im Blick zu behalten. Die Unternehmen kosten die neuen Arbeitsformen Geld, etwa wenn das Homeoffice technisch mit digitalen Geräten ausgerüstet und/oder mit ergonomischen Möbeln ausgestattet werden soll oder wenn neue Formen von Gesundheitsangeboten durchgeführt werden sollen. Doch diese Investitionen lohnen sich, wenn sie dem Bedarf der Beschäftigten entsprechen.

5.1 Sich wohlfühlen geht auch online

Wenn viele – oder gar alle – überall außer am Arbeitsplatz im Betrieb selbst arbeiten, braucht es auch Veränderungen in Sachen Betriebsklima. Was dabei wichtig ist, belegen Umfragen, die während bzw. nach den Corona-Lockdowns gemacht wurden:

- Reale Begegnungsmöglichkeiten fördern den Zusammenhalt in einem Team bzw. in der Belegschaft. Deshalb sind hybride Arbeitsmodelle reinem Remote Work gegenüber zu bevorzugen.
- Warnsignale zu psychischen Belastungen müssen frühzeitig erkannt werden, um schnell und effektiv gegensteuern zu können. Dafür ist ein enger und direkter Austausch mit Kollegen bzw. mit der Führungskraft notwendig.
- Führungskräfte müssen die Bedürfnisse ihrer Remote Worker kennen und ernst nehmen.
- Gemeinsame Aktivitäten sollten auch dann gefördert werden und stattfinden, wenn Arbeit online erledigt wird.
- Bei Online-Gesprächen oder -Veranstaltungen ist es wichtig, Anerkennung und Wertschätzung zu äußern.
- Auch in der digitalen Zusammenarbeit ist Vertrauen Grundlage für ein gutes Klima.

Praxis-Beispiel: Feelgood Manager

Bei einer Mitglieder-Befragung von Xing sprachen sich 60 % für einen „Feelgood Manager" aus, also eine Person im Unternehmen, die sich aktiv für ein gutes Betriebsklima und eine gute Unternehmenskultur einsetzt. Ihre Aufgabe ist es, Möglichkeiten zu schaffen, damit sich die Kollegen einmal „in Ruhe" austauschen oder hin und wieder zusammen Spaß haben können, etwa bei einer (Online-)Weihnachtsfeier. Gerade in der Corona-Krise 2020-2022 hat sich gezeigt, dass den Mitarbeitern Zusammenhalt viel bedeutet und dass sie sich wünschen, dass sich der Arbeitgeber um sie und ihre Bedürfnisse sorgt.

5.2 Homeoffice bietet Chancen und Herausforderungen

Gerade die jüngeren Erwerbstätigen würden gerne mehr und öfter im Homeoffice arbeiten und von dort auch an Online-Weiterbildungen teilnehmen. Digital zu arbeiten bedeutet für sie mehr Flexibilität sowie eine größere Zeit- und Ortsunabhängigkeit. Während der Corona-Pandemie 2020-2023 haben einige diese neu gewonnene „Freiheit" genutzt und sind aufs Land gezogen. Andere ortsunabhängig Arbeitende bleiben länger an einem Urlaubsort und erledigen ihre Aufgaben einige Zeit von dort aus. So verbinden Remote Worker die Anforderungen der Arbeitswelt mit einer entspannten Lebensweise.

Um gut, gesund und unabhängig digital arbeiten und lernen zu können, wünschen sich die Beschäftigten eine gut funktionierende technische Ausstattung, ergonomische Büromöbel fürs Homeoffice sowie regelmäßige Online-Teamkonferenzen. Der Arbeitgeber ist also gefordert, Arbeitsplätze neu zu denken. Und er sollte bereit sein, die Unternehmenskultur der veränderten Situation anzupassen. Letztlich verlangt eine neue Arbeitskultur ein Umdenken aller Beteiligten.

6 Mit dem KulturCheck das Betriebsklima analysieren

Das Betriebsklima wird heute als Teil der Unternehmenskultur verstanden. Im Rahmen der „Komm mit Mensch!"-Kampagne wurde 2018 die Web-App KulturCheck[1] entwickelt. Mit diesem Analysetool können Unternehmen ihre Unternehmens- bzw. Präventionskultur überprüfen. Dabei geht es um die Bereiche:

- Kollegenbeziehungen,
- Vorgesetztenverhalten,
- Organisationsstruktur,
- Möglichkeiten der Information und Mitsprache sowie
- Interessenvertretung.

6.1 Durchführung der Analyse

Die Analyse erfolgt in 5 Schritten:

1. Soll-Zustand bestimmen
2. Ist-Zustand beschreiben
3. Weichen Soll- und Ist-Zustand voneinander ab, Maßnahmen überlegen, um den Soll-Zustand zu erreichen
4. Maßnahmen planen und durchführen
5. Ergebnis überprüfen und evaluieren

Mit dem standardisierten Fragebogen des KulturChecks, den die Mitarbeiter anonym beantworten, kann der Ist-Zustand erfasst werden. Mit Fragen oder zu bewertenden Aussagen werden verschiedene Dimensionen, wie Führungsstil und Kommunikation sowie das Betriebsklima beleuchtet.

Typische Aussagen, die bei der Analyse vorkommen, sind z. B.:

- Mein direkter Vorgesetzter nimmt sich Zeit, um über meine Arbeitsprobleme zu sprechen.
- Meine Tätigkeit wird angemessen bezahlt.

---

1 https://www.kulturcheck.dguv.de/login.

- Mein Vorgesetzter behandelt mich fair.
- Ich fühle mich gut informiert über Dinge, die meine Abteilung betreffen.
- Ideen und Vorschläge werden in unserem Betrieb berücksichtigt.
- Ich empfinde meine Arbeitsumgebung als sicher und vertrauensvoll.
- Ich fühle mich an meiner Arbeitsstelle als Teil einer Gemeinschaft.

6.2 Zeitpunkt der Analyse

Gibt es einen besonderen Anlass, eine Analyse durchzuführen, ist die Stimmung meist schon schlecht. Besser ist es, regelmäßig zu überprüfen, ob die Bedingungen und das Geben-Nehmen-Verhältnis noch passen. So empfiehlt es sich, alle 2 bis 3 Jahre die Unternehmenskultur und das Betriebsklima zum Thema bei der Geschäftsführung und der Belegschaft zu machen.

7 Rahmenbedingungen für ein gutes Klima

Eine vertrauensvolle und menschengerechte Unternehmenskultur ist die Grundlage für ein gutes Betriebsklima. Es ist Aufgabe des Gesundheitsschutzes am Arbeitsplatz, dass sich alle im Betrieb wohlfühlen und gern zur Arbeit kommen. In der Verantwortung stehen in erster Linie die Führungskräfte. Sie haben Planungs-, Organisations- und Kontrollfunktionen. Und sie sind wichtige Moderatoren, wenn es um das soziale Miteinander der Mitarbeiter geht. Letztlich ist aber jeder für das Betriebsklima mitverantwortlich und muss seinen Beitrag dazu leisten.

Grundbedingungen für ein gutes Betriebsklima sind:

- eine vertrauensvolle Unternehmenskultur,
- Raum für eigenverantwortliches Handeln,
- faire und transparente Strukturen,
- flache Hierarchien sowie
- ein mitarbeiterfreundlicher und kooperativer Führungsstil.

7.1 Eine Gefährdungsbeurteilung durchführen

Der Gesetzgeber schreibt eine → *Gefährdungsbeurteilung* am Arbeitsplatz vor. Zu den Gefährdungen zählen auch psychosoziale Belastungen. Das bedeutet, dass auch das Betriebsklima zu bewerten ist. Sollten sich dabei Mängel zeigen, sind Maßnahmen zu ergreifen, damit diese verringert oder verhindert werden.

7.2 Eine Betriebsvereinbarung abschließen

Damit jeder Mitarbeiter weiß, worauf es ankommt, empfiehlt es sich, das gewünschte Verhalten in einer Betriebsvereinbarung festzuhalten. Die Regeln für das faire Miteinander weisen darauf hin, dass Kollegialität und gegenseitige Unterstützung geschätzt und Ellenbogenmentalität und Feindseligkeiten unerwünscht sind. Für Transparenz sorgt auch, dass eindeutig festgelegt ist, wie bei unkorrektem Verhalten verfahren wird und mit welchen Konsequenzen zu rechnen ist.

7.3 Die Beziehungen zwischen Kollegen fördern

Für 41 % der Beschäftigten ist laut einer repräsentativen Umfrage in Deutschland eine gute Beziehung zu den Kollegen maßgeblich für ihre Arbeitsmotivation. Kluge Unternehmen fördern deshalb die guten Beziehungen in ihren Teams. Sie veranstalten z.B. Ausflüge oder Erlebnis-Workshops. Die gemeinsamen Aktivitäten abseits vom Arbeitsplatz sollen die Bande innerhalb der Kollegenschaft sowie zum Unternehmen stärken. Um die Kollegialität von Teams zu fördern, die zwar gemeinsam, aber digital an unterschiedlichen Orten arbeiten, braucht es jetzt und in Zukunft neue Ideen.

Praxis-Beispiel: Wie Pflanzen, Humor und Respekt zum Betriebsklima beitragen

Manchmal sind es v.a. die kleinen Dinge und Aufmerksamkeiten, die, kaum wahrgenommen, einen großen Beitrag zu einem guten Betriebsklima leisten können:

- Licht, Luft und Pflanzen sorgen für ein angenehmes Raumklima und eine gute Grundstimmung.
- Lob, gegenseitige Anerkennung und individuelle Anreize drücken die persönliche → *Wertschätzung* aus.
- Freude und Humor zaubern ein Lächeln auf die Gesichter.
- Sinnvolle Arbeitsaufgaben machen zufrieden.
- Akzeptanz lässt Schwächen und Unterschiede zu.
- Toleranz erlaubt jedem seinen eigenen Arbeitsstil.
- Respekt anerkennt die Arbeit von Kollegen und die Entscheidungen von Vorgesetzten.
- Miteinander arbeiten macht stark.
- Offene Kommunikation – regelmäßig und in Ruhe – vermittelt Sicherheit.
- Konstruktive Kritik im 4-Augen-Gespräch ermöglicht Veränderung.
- Aus Gerechtigkeit entsteht Vertrauen.

Bettina Brucker

Betriebsrat

Zu den Aufgaben des Betriebsrats gemäß BetrVG gehört auch, über die Durchführung des Arbeitsschutzes im Betrieb zu wachen. Auf der Grundlage des BetrVG kann der Betriebsrat wesentlichen Einfluss auf die Verbesserung der Arbeitssicherheit und des Gesundheitsschutzes im Betrieb nehmen.

Gesetze, Vorschriften und Rechtsprechung

Es gelten das Arbeitssicherheitsgesetz (ASiG) und das Betriebsverfassungsgesetz (BetrVG): Im BetrVG sind Anhörungs-, Mitbestimmungs- und Beteiligungsrechte des Betriebsrats vorgesehen (vgl. z.B. §§ 28a Abs. 2, 87 und 102 BetrVG). Seine Aufgabe ist es u.a., die Beschäftigung im Betrieb sowie die Maßnahmen des Arbeitsschutzes zu fördern und zu sichern (§ 80 BetrVG). Außerdem ergibt sich aus § 89 Abs. 1 BetrVG die Pflicht, aktiv an der Bekämpfung von Gefahren für Leben und Gesundheit teilzunehmen. Der Betriebsrat muss den Unternehmer bzw. den verantwortlichen Vorgesetzten auf bestehende Mängel und die daraus resultierenden Gefahren hinweisen. Er kann die Beseitigung der Mängel allerdings nicht in eigener Regie veranlassen oder auf Kosten des Unternehmers neue → *Arbeitsmittel* beschaffen. Der Betriebsrat hat kein Direktionsrecht, er ist beratend und überwachend tätig.

1 Mitarbeit im Arbeitsschutzausschuss

Gemäß § 11 Arbeitssicherheitsgesetz (ASiG) muss der Arbeitgeber in Unternehmen mit mehr als 20 Beschäftigten einen → *Arbeitsschutzausschuss* bilden. Er setzt sich zusammen aus dem Arbeitgeber oder einem von ihm Beauftragten, zwei vom Betriebsrat bestimmten Betriebsratsmitgliedern, → *Betriebsärzten*, → *Fachkräften für Arbeitssicherheit* und → *Sicherheitsbeauftragten*. Der Ausschuss hat die Aufgabe, Anliegen des Arbeitsschutzes und der Unfallverhütung zu beraten. Der Arbeitsschutzausschuss tritt mindestens einmal vierteljährlich zusammen.

2 Überwachung

Im Aufgabenkatalog des Betriebsverfassungsgesetzes (BetrVG) steht an erster Stelle das Recht und die Pflicht des Betriebsrats, darüber zu wachen, dass die Vorschriften zum Schutz der Arbeitnehmer eingehalten werden, und zwar sowohl vom Arbeitgeber als auch von den Arbeitnehmern (§ 80 Abs. 1 Nr. 1 BetrVG). Darüber hinaus hat der Betriebsrat das Recht und die Pflicht, Maßnahmen zur Verbesserung von Arbeitssicherheit und Gesundheitsschutz für die Beschäftigten beim Arbeitgeber zu beantragen.

Hilfreich sind dazu Begehungen. Es empfiehlt sich, dass der Betriebsrat die Begehung zusammen mit dem → *Sicherheitsbeauftragten*, der → *Fachkraft für Arbeitssicherheit* und/oder dem → *Betriebsarzt* durchführt.

Trotz der Überwachungspflicht des Betriebsrats ist der Unternehmer für die Durchführung und Gewährleistung des betrieblichen Arbeitsschutzes allein verantwortlich. Der Betriebsrat darf den Beschäftigten keine Anweisungen erteilen.

3 Information durch den Arbeitgeber

Um seine Aufgaben wahrnehmen zu können, ist der Betriebsrat auf Informationen des Arbeitgebers angewiesen. Deshalb muss der Arbeitgeber den Betriebsrat über sämtliche Angelegenheiten, die zu seinem Aufgabenbereich gehören, rechtzeitig und umfassend unterrichten (§ 80 Abs. 2 Satz 1 BetrVG). Dies betrifft u. a.:

- Auflagen und Anordnungen der zuständigen Stellen (z. B. staatliche Behörden, Berufsgenossenschaft) (§ 89 Abs. 2 BetrVG),
- bauliche, technische oder organisatorische Veränderungen im Betrieb (§ 90 Abs. 1 und 2 BetrVG) und deren Auswirkungen auf die Arbeitnehmer (§ 90 Abs. 2 BetrVG),
- einen Antrag auf Ausnahme von einer Unfallverhütungsvorschrift: Stellungnahme des Betriebsrats ist erforderlich (§ 14 Abs. 1 DGUV-V 1),
- meldepflichtige → *Arbeitsunfälle*: Der Betriebsrat muss die Unfallanzeigen unterschreiben (§ 193 Abs. 5 SGB VII). Die Verantwortung für die Richtigkeit der in der Unfallanzeige aufgeführten Angaben bleibt beim Unternehmer,
- Tätigkeiten mit → *Gefahrstoffen*,
- Betriebsbesichtigungen, Besprechungen, Unfalluntersuchungen.

4 Zusammenarbeit mit Betriebsarzt und Fachkraft für Arbeitssicherheit

Die → *Betriebsärzte* und die → *Fachkräfte für Arbeitssicherheit* müssen

- bei der Erfüllung ihrer Aufgaben mit dem Betriebsrat zusammenarbeiten (§ 9 Abs. 1 ASiG),
- ihn über wichtige Angelegenheiten des Arbeitsschutzes und der Unfallverhütung unterrichten und
- den Betriebsrat auf sein Verlangen in Angelegenheiten des Arbeitsschutzes und der Unfallverhütung beraten (§ 9 Abs. 2 ASiG).

5 Mitwirkung – Mitbestimmung

Nach § 87 Abs. 1 Nr. 7 BetrVG muss der Betriebsrat bei betrieblichen Regelungen über Gesundheitsschutz mitbestimmen, wenn der Arbeitgeber bei deren Gestaltung Handlungsspielräume hat. Dies betrifft u. a.:

- Bestellung oder Abberufung eines → *Betriebsarztes* und einer → *Fachkraft für Arbeitssicherheit* sowie Erweiterung oder Einschränkung ihrer Aufgaben (§ 9 Abs. 3 ASiG),
- Betreuungsform (überbetrieblicher Dienst oder eigener Mitarbeiter),
- Benennung von → *Sicherheitsbeauftragten* (§ 22 Abs. 1 SGB VII),
- → *Gefährdungsbeurteilung* (BAG, 8.6.2004, 1 ABR 13/03),
- → *Unterweisung* der Beschäftigten nach § 12 ArbSchG,
- Auswahl → *Persönlicher Schutzausrüstungen*,
- Gestaltung von Arbeitsplätzen, Arbeitsablauf und Arbeitsumgebung (BetrVG).

6 Betriebsvereinbarungen

Neben der gesetzlich vorgesehenen Mitbestimmung können Arbeitgeber und Betriebsrat gemäß § 88 BetrVG weitergehende freiwillige Betriebsvereinbarungen treffen. Betriebsvereinbarungen gelten als Ergänzungen zu rechtlichen Grundlagen. Sie dürfen Gesetze und Unfallverhütungsvorschriften nicht unterschreiten oder gar außer Kraft setzen. Betriebsvereinbarungen sind von Betriebsrat und Arbeitgeber gemeinsam zu beschließen und schriftlich niederzulegen. Betriebsvereinbarungen sind ebenso wie Gesetze unmittelbar rechtsverbindlich.

Bettina Huck

Betriebssanitäter

Betriebssanitäter sind betriebliche Ersthelfer mit einer erweiterten, fachlich qualifizierten Ausbildung. Sie können bei einer Erkrankung, Vergiftung oder einem Unfall im Betrieb eine erweiterte Erste Hilfe durchführen und den Betriebsarzt oder den nachfolgenden Rettungsdienst bei der Durchführung notwendiger lebensrettender Maßnahmen unterstützen.

Gesetze, Vorschriften und Rechtsprechung

Regelungen zum Thema Betriebssanitätsdienst enthalten § 27 DGUV-V 1 „Grundsätze der Prävention" und DGUV-G 304-002 „Aus- und Fortbildung für den betrieblichen Sanitätsdienst".

1 Notwendigkeit

Ein Betriebssanitäter muss in folgenden Betrieben vorhanden sein:

- bei mehr als 1.500 anwesenden Mitarbeitern,
- bei mehr als 250 anwesenden Mitarbeitern, wenn Art, Schwere und Zahl der Unfälle dies erfordert,
- bei mehr als 100 anwesenden Mitarbeitern auf Baustellen.

In Einzelfällen kann nach Rücksprache mit der zuständigen Berufsgenossenschaft, von der Verpflichtung, einen Betriebssanitäter vorzuhalten, abgesehen werden.

2 Aus- und Fortbildung der Betriebssanitäter

2.1 Ausbildung

Nach § 27 Abs. 3 DGUV-V 1 darf der Unternehmer als Betriebssanitäter nur Personen einsetzen, die von einer Stelle ausgebildet worden sind, welche von den Unfallversicherungsträgern in personeller, sachlicher und organisatorischer Hinsicht als geeignet anerkannt und zertifiziert wurden. Ziel dieser Anerkennung ist die Sicherstellung der Qualität und der Einheitlichkeit der Aus- und Fortbildung. Aktuelle Listen der geeigneten Stellen für die Betriebssanitäterausbildung können im Internet auf der Website der Deutschen Gesetzlichen Unfallversicherung (DGUV) unter www.dguv.de/fb-erstehilfe/ausbildungsstellen/index.jsp abgerufen werden. Die Aus- und Fortbildung von Betriebssanitätern ist deutlich umfangreicher als die der Ersthelfer und unterteilt sich in einen Grund- und Aufbaulehrgang. Die entsprechenden Anforderungskriterien und Inhalte für die Betriebssanitäterausbildung sind im DGUV Grundsatz 304-002 „Aus- und Fortbildung für den betrieblichen Sanitätsdienst" definiert und erläutert. Die Ausbildung zum Betriebssanitäter unterteilt sich in einen Grund- und einen Aufbaulehrgang.

2.1.1 Grundlehrgang

Der Betriebssanitäter ist kein Ausbildungsberuf, sondern lediglich eine Qualifizierungsmaßnahme. Gemäß den Richtlinien der DGUV (DGUV-G 304-002) ist der Grundlehrgang eine 63-Stunden-Ausbildung. Pro Tag dürfen maximal 9 Unterrichtseinheiten absolviert werden, wobei mindestens insgesamt 3 Pausen – deren Gesamtdauer mindestens 45 Minuten beträgt – durchzuführen sind. Voraussetzung für die Teilnahme an der Grundausbildung ist die Ausbildung zum Ersthelfer oder die Teilnahme an einer Erste-Hilfe-Fortbildung innerhalb der letzten 2 Jahre. Der Lehrgang schließt mit einer theoretischen, mündlichen und praktischen Prüfung ab.

Dieser Lehrgang soll den Teilnehmer befähigen, sowohl theoretisches als auch praktisches Grundwissen im Bereich der Notfallmedizin zu sammeln. Teilnehmer einer Fortbildung dürfen nicht in eine Grundausbildung integriert werden. Die Grundausbildung muss in einem reinen Präsenzlehrgang durchgeführt werden.

Der Lehrgang schließt mit einer theoretischen und einer praktischen Prüfung ab. Die Prüfungszeit kann nicht auf die 63 Stunden angerechnet werden und ist zusätzlich zu absolvieren.

An die Stelle der Grundausbildung können beispielsweise folgende Qualifikationen treten:

- Aprobation als Arzt,
- examinierte Krankenpflegekräfte mit 3-jähriger Ausbildung,
- Rettungsassistenten/Notfallsanitäter,
- Rettungssanitäter,
- Sanitätspersonal der Bundeswehr mit sanitätsdienstlicher Fachausbildung.

2.1.2 Aufbaulehrgang

Der Grundlehrgang reicht für den Einsatz als Betriebssanitäter allein nicht aus. Es muss zusätzlich die Teilnahme am Aufbaulehrgang erfolgen. Für die Teilnahme am Aufbaulehrgang darf die Teilnahme an der Grundausbildung nicht mehr als 2 Jahre zurückliegen. Sofern die 2-Jahres-Frist verstrichen ist, muss der Grundlehrgang wiederholt werden. Wurde anstelle der Grundausbildung eine vergleichbare berufliche Tätigkeit anerkannt, ist für die Berechnung der 2-Jahres-Frist die Beendigung der entsprechenden Tätigkeit maßgebend. Der Aufbaulehrgang muss zwingend von allen künftigen Betriebssanitätern absolviert werden. Eine Anrechnung anderer beruflicher Tätigkeiten wie in der Grundausbildung ist nun nicht mehr möglich.

Der Aufbaulehrgang umfasst mindestens 32 Unterrichtseinheiten, zuzüglich der Prüfungszeit, die von der Anzahl der Lehrgangsteilnehmer abhängig ist. Pro Tag dürfen maximal 9 Unterrichtseinheiten absolviert werden, wobei mindestens 3 Pausen – deren Gesamtdauer mindestens 45 Minuten beträgt – einzulegen sind. Der Aufbaulehrgang ist als Präsenzlehrgang durchzuführen und endet mit einer schriftlichen, mündlichen und praktischen Prüfung.

In diesem Lehrgang sollen die erworbenen Kenntnisse der betrieblichen Notfallmedizin erweitert und vertieft werden. Die Inhalte des Grund- und Aufbaulehrganges sind von der DGUV definiert.

2.2 Fortbildung

Um eine effektive → *Erste Hilfe* im Betrieb sicherstellen zu können, müssen die Betriebssanitäter entsprechend ihrer Tätigkeit regelmäßig fortgebildet werden.

Dazu wird von den Bildungseinrichtungen eine spezielle Fortbildung angeboten, in dem die wichtigsten Maßnahmen nochmals wiederholt und praktisch geübt werden.

Diese Fortbildung umfasst mind. 8 Doppelstunden (16 Unterrichtseinheiten) und soll spätestens alle 3 Jahre durchgeführt werden.

2.3 Kosten der Aus- und Fortbildung

Die Kosten für die Schulung zum Betriebssanitäter müssen – im Gegensatz zum Ersthelfer – vollständig von den Unternehmen allein getragen werden.

2.4 Anmeldeverfahren

I. d. R. meldet der Unternehmer die zukünftigen Ersthelfer zur Ausbildung bei einer ermächtigten Stelle an. Dazu leitet er das ausgefüllte Anmeldeformular zur verbindlichen Anmeldung an die Ausbildungsstelle weiter.

Nach erfolgreicher Teilnahme am Lehrgang muss der Unternehmer den Beschäftigten als Betriebssanitäter im Betrieb benennen. Es bietet sich an, z. B. durch Verleihung einer Ernennungsurkunde auf diese besondere Funktion deutlich hinzuweisen.

2.5 Ausbildungsstellen

Ausbildungsstellen für die Aus- und Fortbildung von betrieblichen Ersthelfern müssen von der Berufsgenossenschaft anerkannt und zertifiziert sein.

Sog. ermächtigte Stellen sind i. d. R. die 5 großen Hilfsorganisationen:

- Deutsches Rotes Kreuz (DRK)
- Malteser Hilfsdienst (MHD)

- Johanniter Unfallhilfe (JUH)
- Arbeiter Samariter Bund (ASB)
- Deutsche Lebensrettungsgesellschaft (DLRG)

Aber auch andere Institutionen (z. B. Feuerwehren, Rettungsdienstschulen) können die Ermächtigung der Berufsgenossenschaft erhalten.

Einen Überblick über die ermächtigten Stellen enthält die „Liste der ermächtigten Stellen" auf der Internetseite der Qualitätssicherungsstelle Erste Hilfe (www.bg-qseh.de).

3 Konsequenzen bei Verstößen

Das Nichtvorhandensein von Betriebssanitätern stellt eine Ordnungswidrigkeit dar.

Im Falle einer Kontrolle durch den technischen Aufsichtsbeamten der Berufsgenossenschaften können bei Verstößen gegen die Pflicht, Betriebssanitäter vorzuweisen, verschiedene „Sanktionen" erhoben werden:

- Bußgeld in Höhe von bis zu 10.000 EUR,
- Erhöhung der Beitragssätze durch den Anstieg des betrieblichen Risikos.

Christian Piehl/Steffen Pluntke

Bildschirmarbeitsplatz

Ein Bildschirmarbeitsplatz ist der räumliche Bereich im Arbeitssystem einschließlich der unmittelbaren Arbeitsumgebung, der mit einem Bildschirmgerät sowie ggf. mit Zusatzgeräten und sonstigen Arbeitsmitteln ausgerüstet ist (§ 2 Abs. 5 ArbStättV).

Gesetze, Vorschriften und Rechtsprechung

Seit 3.12.2016 ist die frühere Bildschirmarbeitsverordnung (BildscharbV) in die Arbeitsstättenverordnung (ArbStättV) integriert, in aktualisierter Form und dem Stand der Technik angepasst. Die Bildschirmarbeitsverordnung war für die aktuelle Praxis überholt, denn weder Flachbildschirme, noch Notebooks, Smartphones oder das iPad waren zum Zeitpunkt ihres Entstehens erfunden. Der Stand der Technik ändert sich hier schneller als die dazugehörigen Regeln. Die Anforderungen an die Bildschirmarbeit können so auch vom Ausschuss für Arbeitsstätten (ASTA) in einer Arbeitsstättenregel (ASR) zur Bildschirmarbeit differenzierter ausgeführt werden.

Der Dynamik der technischen Entwicklung wird jedoch über § 4 Nr. 3 ArbSchG und § 3a Abs. 1 ArbStättV Rechnung getragen. Der Arbeitgeber hat den Stand der Technik und die wissenschaftlichen Erkenntnisse zu berücksichtigen und damit eine Verpflichtung, sich der aktuellen Entwicklung anzupassen.

Der Stand der Technik und die wissenschaftlichen Erkenntnisse sind in folgenden offiziellen Veröffentlichungen zu finden:

- DGUV-I 215-410 „Bildschirm- und Büroarbeitsplätze Leitfaden für die Gestaltung"
- DGUV-I 215-441 „Büroraumplanung"

1 Was ist ein Bildschirmarbeitsplatz?

1.1 Begriffsbestimmung

Ausgangspunkt ist die Definition des Bildschirmgerätes in § 2 Abs. 6 ArbStättV: *„Bildschirmgeräte sind Funktionseinheiten, zu denen insbesondere Bildschirme zur Darstellung von visuellen Informationen, Einrichtungen zur Datenein- und -ausgabe, sonstige Steuerungs- und Kommunikationseinheiten (Rechner) sowie eine Software zur Steuerung und Umsetzung der Arbeitsaufgabe gehören."* Diese Definition ist bewusst weiter gefasst worden, da das Bildschirmgerät aus § 2 BildscharbV nur einen Teil des Bildschirmarbeitsplatzes ausmacht.

In § 2 Abs. 5 ArbStättV sind die Bildschirmarbeitsplätze beschrieben:

1. Arbeitsplätze, die sich in Arbeitsräumen gemäß § 2 Abs. 3 ArbStättV befinden,
2. die mit **Bildschirmgeräten** und
3. sonstigen Arbeitsmitteln ausgestattet sind.

Heute ist fast jeder Büroarbeitsplatz auch ein Bildschirmarbeitsplatz. Darüber hinaus sind viele weitere Arbeitsplätze in der **Produktion** gem. der Bildschirmarbeitsplatzdefinition ein Bildschirmarbeitsplatz. Welche Arbeitsplätze ausgenommen sind und damit nicht dem Anhang 6 ArbStättV entsprechen müssen, wird in § 1 Abs. 2 und 5 formuliert.[1]

Nicht nur in der Produktion ist zu überlegen, wie die Arbeitsplätze ergonomisch gestaltet werden können: Mit der explosionsartigen Verbreitung mobiler Geräte (z.B. Tablet, Smartphone) muss deren vermehrte Nutzung unter Arbeits- und Gesundheitsschutzaspekten kritisch und konstruktiv begleitet werden. Es gilt, die Mitarbeiter in einem gesundheitsgerechten Umgang zu schulen (Verhaltensprävention).

1.2 Mobile Arbeitsplätze gesund und sicher

Mit § 1 Abs. 5 Nr. 2 ArbStättV ist die Frage, ob die mobile Nutzung als Arbeiten am Bildschirmarbeitsplatz verstanden werden muss, geklärt. Tragbare Bildschirmgeräte für die ortsveränderliche Verwendung, die nicht regelmäßig an einem Arbeitsplatz verwendet werden, müssen **nicht** die Anforderungen des Anhang 6 ArbStättV mit einer externen Tastatur, Maus und Bildschirm erfüllen. Sicher ist heute schon, dass längeres Arbeiten mit mobilen Geräten Augen (Bildschirmgröße und Sehabstand), Hände (kleine oder virtuelle Tastatur) und Rücken (Zwangshaltung auf dem Schoß, im Zug oder Hotel) wesentlich mehr belastet als die Arbeit an einem ergonomisch gestalteten Bildschirmarbeitsplatz.

Hier gilt es, besonders auf den regelmäßigen Gebrauch von Notebooks im Büro zu achten; denn auch wenn die Bildschirmdarstellung und -qualität moderner Notebooks normalerweise üblichen Flachbildschirmen entspricht, hat das Arbeiten mit Notebooks folgende Nachteile:

- Durch die feste Verbindung zwischen Bildschirm und Tastatur ist eine flexible Anordnung nicht möglich, was Zwangshaltungen Vorschub leistet.
- Die Notebooktastaturen sind kleiner als normale Tastaturen; sie haben keinen separaten Nummernblock und zahlreiche Doppelbelegungen einzelner Tasten, die mit Funktionstasten abgerufen werden müssen. Bei länger dauernder Eingabetätigkeit am Notebook führt die umständlichere Tastenbedienung zu schnellerer Ermüdung.

Wenn aus betrieblichen Gründen **regelmäßig** auch an einem Büroarbeitsplatz gearbeitet werden muss, ist mind. eine separate Tastatur/Maus erforderlich, besser ist jedoch eine Dockingstation mit separatem Bildschirm, separater Tastatur und Maus.

Der Arbeitgeber ist gem. § 3 Abs. 3 ArbStättV verpflichtet, bei der Gefährdungsbeurteilung „*insbesondere die Belastungen der Augen oder die Gefährdung des Sehvermögens*“ zu berücksichtigen. Er hat eine Untersuchung der Augen und des Sehvermögens (Untersuchung nach dem Berufsgenossenschaftlichen Grundsatz G 37) und DGUV-I 250-008 anzubieten (Abschn. 2.1–2.3 „Gesundheit im Büro – Fragen und Antworten“).

Praxis-Beispiel: Leichte und schnelle ergonomische Integration von Notebooks nötig

Die technische Integrationslösung muss mit einem Griff oder Klick einfach und schnell möglich sein, z.B. Dockingstation oder USB-Hub. Je aufwendiger der Anschluss ist (z.B. alle Peripheriegeräte müssen einzeln angeschlossen werden), desto weniger wird dies vom Mitarbeiter auch wirklich genutzt. Ist ja nur für kurze Zeit, das lohnt sich nicht – so der Verstand des Mitarbeiters. Doch oft kommt es anders, als man denkt und es sind dann doch längere Arbeiten.

---

1 *Arbeitsstätten im Reisegewerbe und im Marktverkehr; Transportmittel, die im öffentlichen Verkehr eingesetzt werden; Felder, Wälder und sonstige Flächen, die zu einem land- oder forstwirtschaftlichen Betrieb gehören, aber außerhalb der von ihm bebauten Fläche liegen.*

2 Bildschirmarbeitsplatz: Gefahrfreier Ort?

Die gemeinhin als risikolos eingeschätzte Arbeit am Bildschirmarbeitsplatz ist nicht frei von Unfall- und Gesundheitsgefahren – besonders wenn Grundsätze der Sicherheitstechnik und Ergonomie ignoriert werden. Mängel in der → *Ergonomie* von Arbeitsplatz und Umgebung, aber auch der Ergonomie widersprechende Arbeitshaltungen und Arbeitsgewohnheiten können Wohlbefinden und Leistungsfähigkeit der Angestellten im Büro und unterwegs gefährden.

Es ist eine Frage der

- Anthropometrie bei festen Arbeitsplätzen, also der Anpassung der Arbeitsmittel an die Körpermaße und natürlichen Bewegungsabläufe des mit diesen Arbeitsmitteln arbeitenden Menschen und
- der richtigen und nur kurzzeitigen Nutzung von mobilen Endgeräten, wie Smartphone, Tablet und Notebooks.

3 Der Bildschirmarbeitsplatz ist mehr als die Summe seiner Einzelteile

Für beschwerdefreies Arbeiten müssen folgende Grundvoraussetzungen erfüllt werden:

- ein systemergonomisch gestalteter (Verhältnisergonomie, -prävention) und sachgerecht (Verhaltensergonomie, -prävention) genutzter Bildschirmarbeitsplatz mit
- benutzerfreundlicher Software (→ *Software-Ergonomie*),
- einem hochwertigen Monitor und
- einem auf den Benutzer und die Arbeitsaufgabe abgestimmten Eingabesystem (Tastatur, Maus).

Unerlässlich neben der optimalen Gestaltung: Jeder Mitarbeiter muss umfassend informiert und unterwiesen (§ 12 ArbSchG und § 6 ArbStättV) werden, wie er die → *Arbeitsmittel* richtig und optimal nutzt (Bildschirmkompetenz-Training).

Erst mit dem Bewusstsein, dass das Arbeitssystem nur so leistungsfähig ist wie das schwächste Glied und dem Blick, wo Problembereiche entstehen können (**Abb. 1**) ist es möglich, aus den Schnittstellen Nahtstellen zu machen (**Abb. 2**).

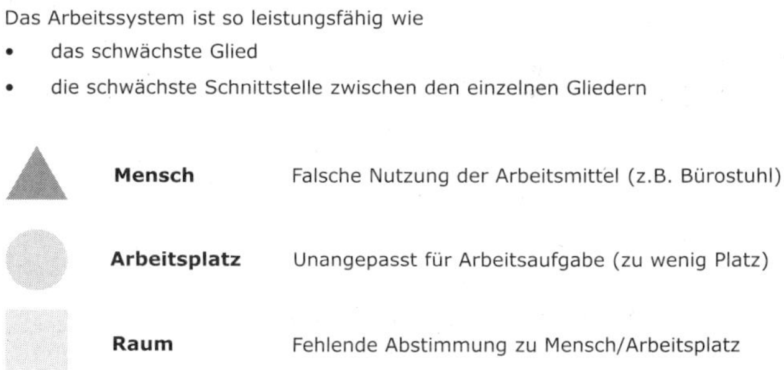

Abb. 1: Der Bildschirmarbeitsplatz ist so gut wie das schwächste Glied

Schnittstellen treten auf

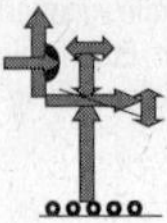

- wo Einzelkomponenten an Mitarbeiter angepasst werden müssen, z. B. Stuhl oder Stehhilfe

oder

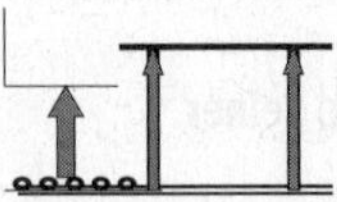

- Wo Einzelkomponenten in Beziehung zu anderen stehen, z. B. Stuhl zum Tisch bzw. Stehhilfe – Arbeitsfläche bzw. Anordnung der Arbeitsmittel

Abb. 2: Schnittstellen erkennen

Mit diesem Blick ergeben sich so die wichtigsten Schnittstellen im Büro:

- Stuhl und Benutzer,
- Tisch und Stuhl,
- Bildschirmabstand und Tischtiefe,
- Anordnung des Arbeitsplatzes zu Fenstern und Beleuchtung,
- Anordnung des Arbeitsplatzes zu Tür und Zugquellen,
- die Umgebungsfaktoren, wie Akustik, Optik, Klima des Raumes.

Ein optimaler Bildschirmarbeitsplatz ist nur eine notwendige, aber keine hinreichende Voraussetzung für erfolgreiche Büroarbeit. *„Ein guter Büroarbeitsplatz wird für die Mitarbeiter nie der gleiche Motivationsfaktor sein, wie z.B. eine wertschätzende und faire Behandlung durch eine Führungskraft oder eine erfüllende Arbeitsaufgabe.“*[1] So wird das Thema „Wertschöpfung durch → *Wertschätzung*“ durch eine → *gesunde Führung* an Bedeutung gewinnen.

3.1 Die Elemente eines Büroarbeitsplatzes

Zentrales Kriterium für den richtig gestalteten Bildschirmarbeitsplatz ist die **Anordnung der → *Arbeitsmittel*** gem. Anhang 6 ArbStättV und Abschn. 7.2 DGUV-I 215-410. Hier wird beschrieben, wie Monitor, Tastatur und Vorlage bei unterschiedlichen Arten der Bildschirmarbeit effizient platziert werden.

Neben der Anordnung der Arbeitsmittel ist aufgrund der zunehmenden Probleme durch das sog. RSI-Syndrom der Fokus auf die Eingabemittel zu legen.

RSI (Schädigung durch wiederholte Belastung) wird hauptsächlich verursacht durch

- die extrem schnellen Bewegungen und extrem häufige sich ständig wiederholende gleichartige Bewegungen (Tastatur- und Mausarbeit, Klick/Doppelklick),
- zigtausendfache Wiederholungen (Repetitionen),
- fehlende Pausen,
- fehlende Mischarbeit,
- den überwiegenden Teil der Arbeitszeit am Bildschirm.

Nicht nur die Hände müssen so Schwerstarbeit leisten, sondern besonders das Auge. Zur Entlastung der Augen ist ein angemessener **Sehabstand** zum Bildschirm einzuhalten. Die ideale Distanz zum Monitor variiert je nach Mitarbeiter, Bildschirmgröße und Tätigkeit. Bei mittlerer Größe von Bildschirm und Zeichen sollte der Abstand mind. 50 cm betragen. Ein noch größerer Sehabstand ist fast immer

1 Kleinhenz, Der Büroarbeitsplatz, Handbuch für die Gestaltung von Arbeitsplätzen im Büro, 2011.

empfehlenswert und deutlich angenehmer für den Beschäftigten. Bei Dialogarbeit (Blick v.a. auf dem Monitor) liegt der als angenehm empfundene Sehabstand bei durchschnittlich 74 cm (variiert von 50 bis 100 cm), bei einem häufigen Wechsel zwischen Display und Vorlage bei durchschnittlich 64 cm (variiert von 50 bis 70 cm). Dies ergab eine repräsentative Studie.

Der **Arbeitstisch** im Büro soll nicht nur ein hohes Maß an Beinfreiheit bieten, er soll zudem in der Höhe verstellbar sein. Grundregel: Zuerst den Stuhl richtig einstellen, dann die Tischhöhe. Unterarm und Oberarm sollten etwa einen Winkel von 90 Grad bilden – der Unterarm sollte locker auf der Arbeitsfläche aufliegen. Auch andere Arbeitsflächen, wie Beistell- oder Besprechungstische, manchmal auch Container oder Sideboards, sollten so groß sein, dass sich alle Arbeitsmittel entsprechend den jeweiligen Arbeitsaufgaben flexibel und belastungsarm anordnen lassen.

Trotz ausgezeichneter **Stühle** sitzen sich viele Menschen im Büro krank, weil sie u.a. nicht wissen, wie man den eigenen Bürostuhl perfekt einstellt, und falsche, für das Wohlbefinden fatale Sitzgewohnheiten pflegen. Hier hilft ein entsprechendes Sitz-Kompetenz-Training, das dem Mitarbeiter nicht nur das Tisch-Stuhl-System anpasst, sondern die einzelnen dynamischen Elemente erklärt, z.B. die Rückenlehnen.

Generell sollte man beim Sitzen starre Dauerhaltungen vermeiden und sich stattdessen möglichst viel bewegen. Dynamisch sitzen heißt die Devise: so oft wie möglich variieren zwischen vorgeneigter, aufrechter und zurückgelehnter Sitzhaltung. Dynamische Sitzkonzepte entkoppeln die Sitzfläche, sodass keine statische Sitzbelastung mehr möglich ist. So kann der Körper in seinen eigenen Schwingungen dynamisch bleiben und das Gehirn ist zusätzlich wesentlich wacher.

Moderne Büroarbeitsplätze ermöglichen den Wechsel zwischen Sitzen und Stehen während der Arbeit (→ *Sitz-Steh-Dynamik*): durch einen bis Stehhöhe verstellbaren Tisch (**Flächenkonzept**), einen zusätzlichen Steh-Arbeitsplatz (**Zonenkonzept**) oder ein im Arbeitsplatz integriertes Stehpult.

Grundlage für angenehmes Sehen und für eine belastungsarme Körperhaltung am Bildschirmarbeitsplatz ist ein einwandfreies **Sehvermögen** des Beschäftigten – gerade im Nahbereich von 50 bis 100 cm. Deswegen legt nun § 3 Abs. 1 ArbStättV besonderen Wert auf die Berücksichtigung der Belastungen der Augen bzw. einer möglichen Gefährdung des Sehvermögens der Mitarbeiter im Rahmen der Gefährdungsbeurteilung.

3.2 Das Arbeitsumfeld

Jeder Beschäftigte ist einer Vielzahl von Einflussfaktoren aus der unmittelbaren Arbeitsumgebung ausgesetzt. Diese Einflussfaktoren können Leistung und Motivation des Mitarbeiters fördern, aber auch belasten. Dies gilt besonders für die Umgebungsfaktoren

- → *Beleuchtung*,
- → *Raumklima* und
- auditive bzw. visuelle Reizsituation.

Auf sie reagiert jeder Beschäftigte hoch sensibel!

Neben diesen „harten" Umgebungseinflüssen rücken die eher „weichen" immer mehr ins Blickfeld:

- ästhetische Einflüsse (Farbgestaltung, Corporate Identity),
- soziale Faktoren (Kommunikationssituation, Kontaktmöglichkeiten zu Kollegen) und
- psychologische Aspekte (Raumpsychologie, Personalisierung, Privatsphäre).

Konzentriertes Arbeiten erfordert:

- in erster Linie ein lärmarmes wie visuell ruhiges Umfeld (Raumakustik, akustische und visuelle Abschirmung),
- v.a. bei anspruchsvollen Sehaufgaben eine perfekt auf die Tätigkeit und das Mitarbeiteralter abgestimmte, individuell steuerbare Beleuchtung, z.B. Indirekt-Direkt-Beleuchtung und eine Arbeitsplatzleuchte,
- einen individuellen, verstellbaren Sonnenschutz,

- einen richtig platzierten Bildschirm (Blickrichtung parallel zum Fenster) und blendfrei zur vorhandenen Beleuchtung.

Michael Schurr

Bildschirmbrille

Eine Bildschirmbrille ist eine spezielle Sehhilfe für Arbeiten am Bildschirm. Sie ist notwendig, wenn die Arbeitsaufgabe mit „normalen" Sehhilfen nicht zufriedenstellend erfüllt werden kann, was häufig etwa ab dem 45. Lebensjahr der Fall ist. Grundsätzlich trägt der Arbeitgeber die Kosten einer Bildschirmbrille. Mitarbeiter können an den Kosten beteiligt werden, wenn diese eine Zusatzausstattung wünschen oder die Brille auch privat nutzen. Der Arbeitgeber darf die Bildschirmbrille in diesem Kontext nicht als ein modisches Arbeitsmittel des Arbeitnehmers betrachten, sondern als eine Persönliche Schutzausrüstung, deren Kosten der Arbeitgeber trägt.

Gesetze, Vorschriften und Rechtsprechung

Der Arbeitgeber muss Arbeitnehmern, die am Bildschirm arbeiten, vor Aufnahme ihrer Tätigkeit, während der Tätigkeit und bei Sehproblemen eine Angebotsvorsorge anbieten (§ 5 ArbMedVV). Die Angebotsvorsorge enthält das Angebot auf eine angemessene Untersuchung der Augen und des Sehvermögens (Anhang Teil 4). Abschn. 2 AMR Nr. 14.1 definiert, was zu einer angemessenen Untersuchung gehört: ein ärztliches Gespräch mit Ermittlung der Vorgeschichte und aktueller Beschwerden, ein Sehtest sowie eine ärztliche Beurteilung und persönliche Beratung, einschließlich Mitteilung des Ergebnisses.

Erweist sich aufgrund der Angebotsvorsorge eine augenärztliche Untersuchung als erforderlich, muss diese ermöglicht werden. „Den Beschäftigten müssen im erforderlichen Umfang spezielle Sehhilfen für ihre Arbeit an Bildschirmgeräten zur Verfügung gestellt werden, wenn das Ergebnis der Angebotsvorsorge ist, dass spezielle Sehhilfen notwendig und normale Sehhilfen nicht geeignet sind" (Anhang Teil 4 Abs. 2 Punkt 1). Diese speziellen Sehhilfen werden auch Bildschirmbrillen genannt und müssen vom Arbeitgeber zur Verfügung gestellt werden.

Bildschirmarbeitsplätze sind gem. § 2 Abs. 5 der Arbeitsstättenverordnung (ArbStättV) Arbeitsplätze , die sich in Arbeitsräumen befinden und die mit Bildschirmgeräten und sonstigen Arbeitsmitteln ausgestattet sind. Insbesondere die Frage, wer die Kosten für die Bildschirmbrille trägt, ist in der Praxis umstritten. Die Forderung aus Anhang Teil 4 ArbMedVV, dass spezielle Sehhilfen vom Arbeitgeber zur Verfügung gestellt (und bezahlt) werden müssen, wird u. a. in folgenden Vorschriften und Urteilen untermauert:

- Abschn. 3 DGUV-I 250-008 „Sehhilfen am Bildschirmarbeitsplatz", der sich dabei auf § 3 Abs. 3 ArbSchG und § 4 ArbSchG stützt.
- Kommentar in DGUV-I 240-370 „Berufsgenossenschaftlicher Grundsatz für arbeitsmedizinische Vorsorgeuntersuchungen Bildschirm-Arbeitsplätze (G 37)".
- Arbeitsgericht Neumünster (Januar 2000, 4 Ca 1034 b/99): Angemessene Kostenerstattung für eine bildschirmgerechte Sehhilfe durch den Arbeitgeber ist rechtmäßig, wenn die Bildschirmbrille augenärztlich verordnet wurde, auch wenn der Beschäftigte an einem etwa 7-stündigen Arbeitstag nur 30 bis 45 Minuten täglich am PC arbeitet.
- Bundesverwaltungsgericht, Urteil v. 27.2.2003, 2 C 2.02: Der Dienstherr darf bei der Erstattung der Kosten für die Anschaffung einer Bildschirmarbeitsbrille eine dem Beamten gewährte Versicherungsleistung nicht anrechnen (spezielle Sehhilfen sind nicht wie beihilfefähige medizinische Leistungen zu regeln).

Weitere Urteile zum Thema stammen vom LAG Hamm (Urteil v. 29.10.1999, 5 Sa 2185/98) und ArbG Frankfurt (5 Ca 2695/02).

1 Kontroverse Diskussion und betriebliche Praxis

Die Vorgaben des Gesetzgebers haben kontroverse Diskussionen über folgende Fragen ausgelöst:

- Wer muss oder soll untersucht werden?
- Wer ist die „fachkundige Person", die eine „angemessene Untersuchung der Augen und des Sehvermögens" durchführt?
- Wann sind spezielle Sehhilfen für die Bildschirmarbeit notwendig?
- Wer trifft die Entscheidung über die Notwendigkeit spezieller Sehhilfen?
- Wer trägt die Kosten für eine spezielle Sehhilfe?
- Mit welcher Häufigkeit des Bedarfes an speziellen Sehhilfen ist zu rechnen?

1.1 Wer muss oder soll untersucht werden?

Die Untersuchung ist ein Angebot für Beschäftigte mit Bildschirmtätigkeit (Angebotsuntersuchung gem. § 5 i. V. mit Anhang Teil 4 ArbMedVV). Für den Mitarbeiter besteht also kein Zwang zur Teilnahme an der angebotenen Untersuchung. Die Praxis zeigt allerdings, dass das Angebot fast immer angenommen wird, da Arbeitgeber wie Arbeitnehmer gleichermaßen an der Untersuchung interessiert sind. Schließlich geht es ja um die Sicherstellung des Sehkomforts und der Leistungsfähigkeit der Beschäftigten.

1.2 Wer ist die fachkundige Person?

Nach Anhang Teil 4 ArbMedVV muss die Untersuchung der Augen und des Sehvermögens der Mitarbeiter durch eine „fachkundige Person" erfolgen. Die Untersuchung der Augen ist ohne jeden Zweifel dem Arzt, also dem → *Betriebs-* oder Augenarzt, vorbehalten. Soweit es sich nur um die Untersuchung des Sehvermögens handelt, kommt dafür grundsätzlich auch der Augenoptiker infrage.

Die Zielsetzung einer ganzheitlich-präventiven Vorgehensweise legt aber eine betriebliche Regelung nahe, wonach die komplette Untersuchung der Augen und des Sehvermögens durch den Betriebsarzt erfolgt. Dieser wird sich des Instrumentariums des berufsgenossenschaftlichen Grundsatzes G37 bedienen und Aspekte der körperlichen sowie der → *psychischen Belastungen* und Beanspruchungen einbeziehen.

1.3 Wann sind spezielle Sehhilfen für die Bildschirmarbeit notwendig?

Nach Anhang Teil 4 ArbMedVV sind spezielle Bildschirmbrillen notwendig, wenn normale Sehhilfen für die Bildschirmarbeit nicht geeignet sind. Dieser Fall kann eintreten, wenn die Akkommodationsfähigkeit soweit eingeschränkt ist, dass der Bildschirm mit der normalen Sehhilfe nicht mehr ohne Probleme scharf gesehen werden kann.

Eine der Ursachen für Sehprobleme alterssichtiger Bildschirmnutzer kann in dem integrierten Nahteil ihrer Zweistärkenbrille liegen: Um Sehobjekte im Nahbereich scharf zu sehen, müssen mit diesem Nahteil gezielte Kopfbewegungen ausgeführt werden, wo der Nichtalterssichtige nur Augenbewegungen macht.

Wieweit diese Kopfbewegungen akzeptiert werden und ob sie eine unzumutbare Beanspruchung oder ein geradezu vorteilhaftes Nackentraining darstellen, sollte der Betriebsarzt im Rahmen der G37-Untersuchung beurteilen.

Eine Altersnahbrille ist für die Bildschirmarbeit nur geeignet, wenn sie bei noch ausreichender Akkommodationsfähigkeit scharfes Sehen auf Entfernungen zwischen Vorlage/Tastatur (ca. 40 cm) und Bildschirm (ca. 50–70 cm) ermöglicht.

1.4 Wer trifft die Entscheidung über die Notwendigkeit spezieller Sehhilfen?

Nach den bisherigen Ausführungen wird ersichtlich, dass keiner diese Entscheidung besser treffen kann als der → *Betriebsarzt*, der die Mitarbeiter auf der Grundlage seiner Untersuchungsergebnisse berät.

Die Refraktionsbestimmung bzw. Brillenverordnung erfolgt durch einen Augenarzt oder Augenoptiker. Da sich die Kassen derzeit meist weigern, die Kosten für die Verordnung einer Bildschirmbrille zu übernehmen, ist zunächst zu klären, wieweit der Arbeitgeber für diese Kosten aufkommt. Der Arbeitgeber kann durch diesbezügliche Regelungen seine Entscheidung ausdrücklich dem Betriebsarzt übertragen.

1.5 Wer trägt die Kosten für eine spezielle Sehhilfe?

Anhang Teil 4 ArbMedVV sieht vor, dass den Mitarbeitern spezielle Sehhilfen für ihre Arbeit an Bildschirmgeräten zur Verfügung gestellt werden, wenn normale Sehhilfen für diese Arbeit nicht geeignet sind. Die Kosten dafür wurden bis zum April 1997 von den Krankenkassen übernommen, seither grundsätzlich nicht mehr.

Solange diese Haltung besteht, ist sicherzustellen, dass den Mitarbeitern keine Kosten für besondere Bildschirmbrillen auferlegt werden. Der Arbeitgeber hat dann dafür zu sorgen, dass den Mitarbeitern auf seine Kosten innerhalb eines festzulegenden Kostenrahmens erforderlichenfalls geeignete Sehhilfen zur Verfügung gestellt werden.

Die Anpassung und Anfertigung der Brille ist Aufgabe eines Augenoptikers. Da hier in Bezug auf Gestaltung und Kosten einer Brille ohne entsprechende Festlegungen ein erheblicher Spielraum besteht, empfiehlt es sich, mit einem Optiker seines Vertrauens vorab Absprachen z.B. über den Kostenrahmen zu treffen. Als Vorbild für derartige Absprachen mag die Versorgung mit Korrektionsschutzbrillen dienen. Geeignete spezielle Sehhilfen sind für 100 bis 150 EUR erhältlich. Luxusausstattungen trägt der Mitarbeiter. Größere Betriebe sollten überlegen, ob sie darüber eine Betriebsvereinbarung abschließen wollen.

Bildschirmbrille im öffentlichen Dienst

Das Bundesverwaltungsgericht hat 2003 bestimmt (Urteil v. 27.2. 2003, 2 C 2.02), dass die speziellen Sehhilfen nicht wie beihilfefähige Leistungen zu sehen sind, sondern im vollen Umfang vom Dienstherrn zu bezahlen sind. Überlasse der Dienstgeber dem Mitarbeiter die Anschaffung (Kostenerstattungsanspruch), statt eine Sachausstattung zur Verfügung zu stellen, dann dürfe es keine Mehrbelastung für den Mitarbeiter geben (Art. 9 Satz 2 Nr. 3 EU-Richtlinie). Das Bundesministerium hat daraufhin die Kostenerstattung für spezielle Sehhilfen mit Rundschreiben v. 30.12.2003 DII 4 – 211 470 – 1/201 neu geregelt.

Zusatznutzen: Kostenbeteiligung des Arbeitgebers?

Dem Arbeitnehmer muss es freigestellt sein, ob er sich für eine Brille entscheidet,

- die einen Zusatznutzen für ihn hat oder
- die nur die Eigenschaften aufweist, die für die Arbeitsaufgabe und die individuellen Gegebenheiten benötigt werden.

> **Praxis-Beispiel: Zuzahlungen**
>
> Betriebs-/Dienstvereinbarungen, die feste Pauschalen für Brillen festlegen und die nötige Zuzahlung für den Mitarbeiter nicht an einen Zusatznutzen binden, sind unzulässig.

Wer haftet und bezahlt bei einer beschädigten Brille?

Betrifft die Beschädigung eine reine Bildschirmbrille, die ausschließlich bei der Arbeit benutzt wird, müssen die Kosten wie bei anderen Schutzausrüstungen eindeutig vom Arbeitgeber getragen werden. Soweit eine Brille mit Zusatznutzen auf dem Arbeitsweg und bei der Arbeit beschädigt wird, ist gem. Urteil des Bundessozialgerichts v. 20.2.2001 (B2 U9/00 R) die gesetzliche Unfallversicherung in der Pflicht. Dabei wird erstattet, was sinnvoll ist, also z.B. getönte oder entspiegelte Gläser, aber keine Designerfassungen.

> **Praxis-Beispiel: Erstattung von Schäden**
>
> Die Erstattung wird leichter, wenn Brillenschäden wie → *Arbeitsunfälle* behandelt und gemeldet werden.

2 Welche Besonderheiten zeichnen die Bildschirmbrille aus?

Normale Sehhilfen sind zur Korrektur einer Fehlsichtigkeit notwendig und genügen den Sehanforderungen des Alltags. Dagegen hat die Unfallkasse Berlin folgende Kriterien für eine Bildschirmbrille aufgestellt, die erfüllt werden müssen:

- Die Sehhilfe ist ausschließlich für die Bildschirmarbeit erforderlich. Es wird sonst keine Brille benötigt.
- Oder es ist bereits eine Sehhilfe vorhanden. Für die Bildschirmentfernung ist diese nicht ausreichend. Um ein optimales Sehvermögen am Bildschirm zu gewährleisten, ist eine zusätzliche Bildschirmarbeitsbrille erforderlich.

I. d. R. handelt es sich bei Bildschirmarbeitsbrillen aufgrund der beschriebenen Funktion um Einstärkenbrillen. Für spezielle Arbeitsplätze mit ständigem Wechsel zwischen Bildschirm und Textvorlage oder schnellem Wechsel zwischen Bildschirm und Publikumsverkehr sollte der Arbeitgeber in Zusammenarbeit mit dem Betriebsarzt prüfen, ob die Kosten für eine Mehrstärkenbrille übernommen werden können.

Die speziellen Konstruktionsmerkmale erlauben ein scharfes Sehen in einem erweiterten Nahbereich.

Das wird z. B. erreicht durch:

- Lesebrille mit Einstellung auf etwas weitere Entfernung.
- Bifokallesebrille: der Einschliff deckt die Nähe ab, das übrige Glas den entfernteren Nahbereich.
- Trifokalbrille: ähnlich, der Nahbereich ist noch einmal unterteilt.
- Gleitsichtbrille für die Nähe: übergangslos wird der Nah- und Mittelbereich (bis 2–5 m eingestellt).
- Nicht voll korrigierte Brille bei Kurzsichtigkeit: Durch den Verzicht auf volle Korrektur gewinnt man Sehschärfe in der Nähe (beim Kurzsichtigen mit beginnender Alterssichtigkeit möglich).

Abschn. 3 DGUV-I 250-008 enthält einen Ablaufplan für die Vorgehensweise bei der Ermittlung des Bedarfs an einer speziellen Sehhilfe.

Michael Schurr

Biologische Arbeitsstoffe

Biologische Arbeitsstoffe bzw. Biostoffe sind Mikroorganismen, Zellkulturen und Endoparasiten einschließlich ihrer gentechnisch veränderten Formen sowie mit transmissibler spongiformer Enzephalopathie (TSE) assoziierte Agenzien, die den Menschen durch Infektionen, übertragbare Krankheiten, Toxinbildung, sensibilisierende oder sonstige, die Gesundheit schädigende Wirkungen gefährden können. Als Biostoffe gelten auch bestimmte Ektoparasiten sowie technisch hergestellte biologische Einheiten mit neuen Eigenschaften, die die Gesundheit in gleicher Weise gefährden können wie Biostoffe.

Tierhaare, Federn, Stoffwechselprodukte oder organische Stäube sind dagegen keine Biostoffe.

Gesetze, Vorschriften und Rechtsprechung

Es finden i. W. Anwendung:

- Verordnung zur arbeitsmedizinischen Vorsorge (ArbMedVV)
- Biostoffverordnung (BioStoffV)
- Gefahrstoffverordnung (GefStoffV)
- Gentechnik-Sicherheitsverordnung (GenTSV)
- Infektionsschutzgesetz (IfSG)
- Technische Regeln für Biologische Arbeitsstoffe (TRBA) und Beschlüsse des Ausschusses für Biologische Arbeitsstoffe (ABAS)
- Technische Regeln für Gefahrstoffe (TRGS)

1 Arten

1.1 Mikroorganismen

Zu den Mikroorganismen gehören Bakterien, Viren, Protozoen und Pilze. Gemeinsames Merkmal ist, dass sie mikroskopisch klein und daher mit bloßem Auge nicht erkennbar sind. Vor allem Bakterien und Pilze sind weit verbreitet, sie kommen überall vor: in Luft, Wasser und Boden. Nicht alle Mikroorganismen gefährden die Gesundheit des Menschen.

1.2 Prionen

Prionen sind Proteine mit virusähnlichen Eigenschaften. Sie stehen im Verdacht, sog. transmissible spongiforme Enzephalopathie zu verursachen, eine Hirnerkrankung, bei der das Hirngewebe schwammartig aussieht (z. B. BSE bei Rindern oder Creutzfeld-Jakob beim Menschen).

1.3 Ektoparasiten

Ektoparasiten leben auf anderen Organismen (z. B. Stechmücke, Läuse, Zecken).

1.4 Endoparasiten

Endoparasiten halten sich im Innern des Wirts auf. Endoparasiten beim Menschen sind z. B. Erreger von Malaria oder Ruhr sowie einige Würmer, wie z. B. der Bandwurm.

2 Risikogruppen

Biostoffe werden entsprechend ihrem Infektionsrisiko in 4 Risikogruppen eingestuft (§ 3 BioStoffV), dabei kennzeichnet 1 das geringste und 4 das höchste Risiko. Z. B. gehören Ebola- oder Pockenviren zur Risikogruppe 4, da sie schwere Krankheiten hervorrufen, eine ernste Gefahr für Beschäftigte darstellen und eine wirksame Vorbeugung oder Behandlung normalerweise nicht möglich ist.

3 Arbeitsbereiche und Tätigkeiten

In Deutschland haben mehr als 5 Mio. Beschäftigte Kontakt mit biologischen Arbeitsstoffen.[1] Mögliche Bereiche bzw. Tätigkeiten sind z. B.:

- Forschungseinrichtungen und → *Labore*,
- Biotechnologie mit z. B. Bioreaktoren, Separatoren,
- Gesundheitswesen: Krankenhaus, Pflegeheime,
- Entsorgungswirtschaft: Kompostierungsanlagen, Müllverbrennung,
- Kanalreinigung,
- Tierhaltung, Tierzucht und Veterinärwesen,
- Gebäudesanierung,
- Umgang mit → *Kühlschmierstoffen* in der Metallbearbeitung,
- Land- und Forstwirtschaft,
- Biogasanlagen,
- Schlachtbetriebe,
- Straßenreinigung,
- Reinigung von Sanitärbereichen,
- Bodenarbeiten,
- Wein- und Gartenbau,
- Tätigkeiten an raumlufttechnischen Anlagen.

1 Quelle: BAuA.

Gezielte Tätigkeiten liegen nach § 2 Abs. 8 BioStoffV vor, wenn

- Tätigkeiten auf einen oder mehrere Biostoffe unmittelbar ausgerichtet sind,
- der Biostoff oder die Biostoffe mindestens der Spezies nach bekannt sind und
- die Exposition der Beschäftigten im Normalbetrieb hinreichend bekannt oder abschätzbar ist.

Typische Tätigkeiten sind u.a. das Isolieren, Vermehren, Aufschließen, Mischen, Umfüllen oder Abtrennen von Biostoffen.

Bei **nicht gezielten Tätigkeiten** liegt mindestens eine der zuvor genannten Voraussetzungen **nicht** vor. Dies gilt v.a. für die Arbeit mit Menschen, Tieren, Pflanzen, Produkten, Gegenständen oder Materialien, wenn Biostoffe auftreten oder freigesetzt werden und Beschäftigte damit in Kontakt kommen können (§ 2 Abs. 7 Nr. 2 BioStoffV). Nicht gezielte Tätigkeiten sind z.B.:

- Blutentnahme bei einem Patienten mit bekanntem oder unbekanntem Erreger im Blut;
- Instandsetzungs- oder Prüftätigkeiten an kontaminierten Geräten oder in kontaminierten Anlagen (Lüftungstechnik);
- Reinigungstätigkeiten in Krankenhäusern und Laboren.

Praxis-Beispiel: Gezielte und nicht gezielte Tätigkeit nebeneinander

Gezielte und nicht gezielte Tätigkeiten können nebeneinander vorliegen. Das ist z.B. im Labor der Fall, wenn aus dem Blut eines Patienten Aids-Viren kultiviert werden und nicht ausgeschlossen werden kann, dass sein Blut gleichzeitig Hepatitis-B-Viren enthält.

4 Gefährdungen und Schutzstufen

Die Aufnahme von Biostoffen erfolgt v.a. über die Atemwege (Aerosole, Staub). Biostoffe können bei unzureichender Hygiene am Arbeitsplatz auch durch Essen, Trinken oder Rauchen aufgenommen werden oder über verletzte, aufgeweichte oder vorgeschädigte Haut eindringen. Auch Spritzer in die Augen oder auf die Mundschleimhaut müssen als Eintrittspforte berücksichtigt werden.

Beim Umgang mit scharfen oder spitzen Arbeitsmitteln besteht ein hohes Gefährdungspotenzial, wenn durch Schnitt- oder Stichverletzungen mit gebrauchten Instrumenten Biostoffe in den Körper gelangen und Infektionen verursachen.

4.1 Gefährdungsbeurteilung

Die → *Gefährdungsbeurteilung* (§ 4 BiostoffV) muss vor Aufnahme der Tätigkeit fachkundig durchgeführt werden. Der Arbeitgeber muss sich dazu beraten lassen, falls er nicht selbst über ausreichende Fachkunde verfügt. Regelungen zur erforderlichen Fachkunde enthält die TRBA 200. Die Gefährdungsbeurteilung muss jedes zweite Jahr überprüft und bei Bedarf aktualisiert werden.

Die Gefährdungsbeurteilung muss unabhängig von der Anzahl der Beschäftigten dokumentiert werden. Sie muss grundsätzlich ein Verzeichnis aller auftretenden oder verwendeten Biostoffe enthalten (Biostoffverzeichnis), soweit sie bekannt und für die Gefährdungsbeurteilung maßgeblich sind. Das Verzeichnis muss auch deren Einstufung in Risikogruppen enthalten.[1]

Praxis-Beispiel: Risikogruppe ermitteln

Informationen zu Biostoffen, u.a. auch zur Risikogruppe, liefert die DGUV. Liegt für einen Biostoff weder eine Einstufung in den TRBA 460, 462, 464, 466 noch in der Organismenliste nach § 5 Abs. 6 GenTSV vor, muss der Arbeitgeber, der eine gezielte Tätigkeit mit diesem Biostoff beabsichtigt, diesen in eine Risikogruppe einstufen, und zwar im Rahmen der Gefährdungsbeurteilung vor Aufnahme der Tätigkeiten. Für die Einstufung ist das vom Biostoff ausgehende Infektionsrisiko für den gesunden Menschen maßgebend. Hilfestellung gibt die TRBA 450 „Einstufungskriterien für Biologische Arbeitsstoffe“.

1 § 7 BioStoffV.

4.2 Schutzstufen

Bei Tätigkeiten in Laboren, in der Versuchstierhaltung, in der Biotechnologie und in Einrichtungen des Gesundheitsdienstes muss ermittelt werden, ob gezielte oder nicht gezielte Tätigkeiten ausgeführt werden. Diesen Tätigkeiten müssen Schutzstufen zugeordnet werden.

Die Schutzstufe richtet sich nach der Risikogruppe des Biostoffs, d.h., Tätigkeiten mit Biostoffen der Risikogruppe 3 sind der Schutzstufe 3 zugeordnet. Wird z.B. bei **gezielten** Tätigkeiten mit mehreren Biostoffen gearbeitet, orientiert sich die Schutzstufe am Biostoff mit der höchsten Risikogruppe.[2]

Bei **nicht gezielten** Tätigkeiten richtet sich die Schutzstufe nach der Risikogruppe des Biostoffs, der den Grad der Infektionsgefährdung für Beschäftigte bestimmt aufgrund

- seiner Auftrittswahrscheinlichkeit,
- der Art der Tätigkeit und
- der Exposition (Art, Dauer, Höhe und Häufigkeit).[3]

Dagegen müssen z.B. Reinigungs- und Sanierungsarbeiten, Tätigkeiten in der Veterinärmedizin, der Land-, Forst-, Abwasser- und Abfallwirtschaft sowie in Biogasanlagen und Schlachtbetrieben keiner Schutzstufe zugeordnet werden.[4]

Praxis-Beispiel: Keine Schutzstufe für ambulante Pflegedienste

Nach § 2 Abs. 14 BioStoffV sind Einrichtungen des Gesundheitsdienstes definiert als *„Arbeitsstätten, in denen Menschen stationär medizinisch untersucht, behandelt oder gepflegt werden oder ambulant medizinisch untersucht oder behandelt werden"*. Ambulante Pflegedienste sind also keine derartigen Einrichtungen, Pflegetätigkeiten in Privathaushalten werden keiner Schutzstufe zugeordnet. Es gelten die Vorschriften des § 11 Abs. 2 bis 5 BiostoffV. Der Arbeitgeber muss in Arbeitsanweisungen Folgendes festlegen (§ 9 Abs. 5 BiostoffV):

- Umgang mit Persönlicher Schutzausrüstung und Arbeitskleidung,
- Erforderliche Maßnahmen zu Hygiene und Desinfektion.

5 Maßnahmen

Gefährdungen für Sicherheit und Gesundheit der Beschäftigten müssen vermieden bzw. verringert werden. Schutzmaßnahmen müssen in der Reihenfolge technisch – organisatorisch – persönlich festgelegt und umgesetzt werden. Ausgehend von den Grundpflichten nach § 8 BioStoffV müssen mit zunehmendem Infektionsrisiko zusätzliche Maßnahmen ergriffen werden.

Für Tätigkeiten bzw. Bereiche mit Biostoffen können geeignete Schutzmaßnahmen z.B. sein:

5.1 Technisch

- Lüftungstechnik und Abluftanlagen, z.B. Lüftungsanlagen in Sortieranlagen für Bioabfall;
- Radlader und sonstige Fahrzeuge in Kompostierungsanlagen mit Schutzbelüftungsanlagen;
- maschinelle statt manuelle Sortierung von Bioabfall;
- leicht zu reinigende → *Fußböden* und Oberflächen.

5.2 Organisatorisch

- → *Unterweisung* nach § 14 BioStoffV vor Aufnahme der Beschäftigung und danach mind. jährlich arbeitsplatzbezogen, und zwar mündlich. Grundlage ist u.a. die → *Betriebsanweisung.* Im Rahmen der Unterweisung muss auch eine allgemeine arbeitsmedizinische Beratung erfolgen.

---

2 § 5 Abs. 2 Nr. 1 BioStoffV.

3 § 5 Abs. 2 Nr. 2 BioStoffV.

4 § 6 BioStoffV.

- arbeitsmedizinische Vorsorge: Angebots- und Pflichtvorsorge gem. Anhang Teil 2 ArbMedVV;
- Messungen, v. a. der Konzentration von Biostoffen in der Atemluft;
- Prüfung der Funktion der technischen Schutzmaßnahmen regelmäßig, mind. jedes zweite Jahr auf Wirksamkeit. Ergebnisse und Datum der Wirksamkeitsprüfung müssen dokumentiert werden.[1]
- Die Beschäftigungsbeschränkungen bzw. -verbote zum Schutz von schwangeren und stillenden Frauen (MuSchG) sowie von Jugendlichen (JArbSchG) sind einzuhalten.

Praxis-Beispiel: Mutterschutzgesetz: Unverantwortbare Gefährdung

§§ 11 und 12 MuSchG legen unzulässige Tätigkeiten und Arbeitsbedingungen fest. Schwangere und stillende Frauen dürfen keiner unverantwortbaren Gefährdung ausgesetzt werden. Als „unverantwortbare Gefährdung" gelten u. a. Tätigkeiten oder Arbeitsbedingungen, bei denen Schwangere mit Biostoffen der Risikogruppe 4, Rötelnvirus oder Toxoplasma bzw. stillende Frauen mit Biostoffen der Risikogruppe 4 in Kontakt kommen können, es sei denn, sie verfügen über ausreichenden Immunschutz.

Praxis-Beispiel: Technischer Kontrollwert (TKW)

In Bekanntmachungen (u. a. www.gmbl-online.de) nach § 19 Abs. 4 BioStoffV können Werte für einen Arbeitsbereich, ein Arbeitsverfahren oder einen Anlagetyp festgelegt werden. Dieser sog. technische Kontrollwert beschreibt die nach dem Stand der Technik erreichbare Konzentration der Biostoffe in der Luft am Arbeitsplatz. Der festgelegte Wert muss für die Wirksamkeitsüberprüfung der technischen Schutzmaßnahmen herangezogen werden.[2]

Für Anlagen zur Aufbereitung von Abfällen mit physikalischen, mechanischen und/oder biologischen Verfahren (z. B. Aufbereitungs- und Sortieranlagen, Kompostierungsanlagen, Vergärungsanlagen, Abfallumladestationen) wurde in der TRBA 214 „Anlagen zur Behandlung und Verwertung von Abfällen" ein TKW festgelegt; er beträgt 50.000 koloniebildende Einheiten (KBE) pro m^3 Atemluft.[3]

Der technische Kontrollwert ist kein Grenzwert, er soll als Hilfestellung dienen, um die Wirksamkeit der getroffenen Schutzmaßnahmen zu beurteilen.

Der TKW wird auf der Basis der TRBA 405 „Anwendung von Messverfahren und technischen Kontrollwerten für luftgetragene Biologische Arbeitsstoffe" und dem zugehörigen Messverfahren ermittelt.[4]

5.3 Persönlich

Geeignete → *Persönliche Schutzausrüstungen* können z. B. sein:

- → *Atemschutz*: z. B. partikelfiltrierende Maske oder hinterlüftete Haube;
- Schutzkleidung;
- → *Schutzhandschuhe*, ggf. stichfeste Handschuhe.

1 § 8 Abs. 6 BioStoffV.

2 § 8 Abs. 6 BioStoffV.

3 S. Abschn. 5 TRBA 214.

4 S. IFA-Arbeitsmappe: Messung von Gefahrstoffen, www.dguv.de

6 Tätigkeiten und Maßnahmen im Überblick

Tätigkeiten	Rechtsgrundlage BioStoffV	Maßnahmen
alle Tätigkeiten mit Biostoffen, ausschließlich Tätigkeiten mit Biostoffen der Risikogruppe 1 ohne sensibilisierende und toxische Wirkungen	§ 8, § 9 Abs. 1 und 4	Grundpflichten und allgemeine Schutzmaßnahmen, v. a.: • allgemeine Hygienemaßnahmen • sichere Lagerung und sicherer innerbetrieblicher Transport • geeignete Behälter verwenden, diese kennzeichnen und so gestalten, dass sie nicht mit Lebensmitteln verwechselt werden können
nicht ausschließlich Tätigkeiten mit Biostoffen der Risikogruppe 1 ohne sensibilisierende und toxische Wirkungen	§ 9 Abs. 3	zusätzlich weitergehende Schutzmaßnahmen, u. a.: • Gefahr von Stich- und Schnittverletzungen verhindern bzw. verringern • Staub- und Aerosolbildung oder Exposition mit Staub und Aerosolen verringern • Zahl der exponierten Personen begrenzen • Desinfektion, Inaktivierung bzw. Dekontamination • PSA reinigen, warten und instand halten • PSA und Schutzkleidung muss sicher abgelegt werden und getrennt von anderen Kleidungsstücken aufbewahrt werden können • Verbot für das Aufnehmen von Nahrungs- und Genussmitteln am Arbeitsplatz
Tätigkeiten der Schutzstufe 1 in Laboren, in der Versuchstierhaltung, in der Biotechnologie und in Einrichtungen des Gesundheitsdienstes	§ 9 Abs. 2	zusätzlich spezielle Hygienemaßnahmen nach den Regeln und Erkenntnissen des Ausschusses für Biologische Arbeitsstoffe (ABAS)

Tätigkeiten	**Rechtsgrundlage BioStoffV**	**Maßnahmen**
Tätigkeiten der Schutzstufe 2, 3 oder 4 in Laboren, in der Versuchstierhaltung und in der Biotechnologie	§ 10, Anhang II oder III	zusätzlich zu den Maßnahmen nach § 9 u. a. folgende Schutzmaßnahmen: • Schutzstufenbereiche festlegen, mit Schutzstufe und dem Symbol für Biogefährdung (**Abb. 1**) kennzeichnen • Schutzmaßnahmen nach Anhang II oder III ergreifen • gebrauchte spitze und scharfe Arbeitsmittel sicher entsorgen • Zugang zu Biostoffen der Risikogruppen 3 und 4 auf dazu berechtigte, fachkundige und zuverlässige Beschäftigte beschränken • Tätigkeiten mit Biostoffen der Risikogruppen 3 und 4 nur an fachkundige Beschäftigte übertragen, die anhand von Arbeitsanweisungen eingewiesen und geschult sind • bei Schutzstufe 3 oder 4 fachkundige Person benennen
Tätigkeiten der Schutzstufe 2, 3 oder 4 *in Einrichtungen des Gesundheitsdienstes*	§ 11	zusätzlich zu den Maßnahmen nach § 9 u. a. folgende Schutzmaßnahmen: • wirksame Desinfektions- und Inaktivierungsverfahren festlegen • leicht zu reinigende, gegen Desinfektionsmittel beständige Oberflächen • spitze und scharfe medizinische Instrumente grundsätzlich ersetzen durch Instrumente, ohne oder mit geringerer Gefahr für Stich- und Schnittverletzungen • spitze und scharfe medizinische Instrumente nach Gebrauch sicher entsorgen • gebrauchte Kanülen grundsätzlich nicht in Schutzkappen zurückstecken • Tätigkeiten der Schutzstufe 3 und 4 nur an fachkundige Beschäftigte übertragen, die anhand von Arbeitsanweisungen eingewiesen und geschult sind • bei Schutzstufe 4 fachkundige Person benennen und Anhang II bez. Anforderungen an Oberflächen anwenden

Tab. 1: Übersicht über Tätigkeiten, geltende Rechtsgrundlagen und Maßnahmen

Abb. 1: Symbol für Biogefährdung

7 Erlaubnis und Anzeige

Erlaubnis

Bevor Tätigkeiten der Schutzstufe 3 oder 4 in Laboren, der Versuchstierhaltung oder der Biotechnologie sowie in Einrichtungen des Gesundheitsdienstes der Schutzstufe 4 aufgenommen werden, muss bei der zuständigen Behörde eine Erlaubnis schriftlich beantragt werden.[1]

Anzeige

Anzeigepflicht besteht für

- die erstmalige Aufnahme einer gezielten Tätigkeit mit Biostoffen der Risikogruppe 2 und mit Biostoffen der Risikogruppe 3, soweit die Tätigkeiten keiner Erlaubnispflicht nach § 15 unterliegen, in Laboren, in der Versuchstierhaltung und in der Biotechnologie;
- jede Änderung der erlaubten oder angezeigten Tätigkeiten, wenn sie für Sicherheit und Gesundheitsschutz bedeutsam sind;
- die Aufnahme eines infizierten Patienten in eine Station der Schutzstufe 4;
- das Einstellen einer erlaubnispflichtigen Tätigkeit.[2]

Bettina Huck

Biologischer Grenzwert (BGW)

Der Biologische Grenzwert ist der Grenzwert für die toxikologisch-arbeitsmedizinisch abgeleitete Konzentration eines Stoffs, seines Metaboliten oder eines Beanspruchungsindikators im entsprechenden biologischen Material, bis zu dem i. Allg. die Gesundheit eines Beschäftigten nicht beeinträchtigt wird. Die Grenzwerte zeigen die tatsächliche Beanspruchung des Einzelnen durch Gefahrstoffe an. Sie werden im Harn oder Blut (Vollblut, Erythrozytenfraktion, Plasma, Serum) im Rahmen spezieller → *arbeitsmedizinischer Vorsorge* ermittelt.

Gesetze, Vorschriften und Rechtsprechung

Grundlegend gelten § 2 Abs. 9 Gefahrstoffverordnung (GefStoffV) und TRGS 903 „Biologische Grenzwerte (BGW)".

1 § 15 BioStoffV.

2 § 16 BioStoffV.

1 Gesundheitsbasierte Grenzwerte

Die früheren BAT-Werte wurden mit der Gefahrstoffverordnung vom 23.12.2004 durch den Biologischen Grenzwert (BGW) abgelöst und der europäischen Sprachregelung angepasst. Alle → *Grenzwerte* im Gefahrstoffrecht sind damit gesundheitsbasiert.

2 Bezugssystem

Beim Festlegen der Grenzwerte wird – wie beim → *Arbeitsplatzgrenzwert* – i. d. R. von einer Exposition von max. 8 Stunden pro Tag und 40 Stunden pro Woche ausgegangen. Die Grenzwerte gelten i. d. R. für Einzelstoffe.

Mit Ausnahme von akut toxischen Stoffen ist der BGW nicht mehr als Höchstwert für gesunde Einzelpersonen definiert, sondern folgt dem sog. "Mittelwertskonzept", d. h. die mittlere Konzentration des untersuchten Parameters bei mehreren Untersuchungen einer Person darf den BGW nicht überschreiten.

Die Biologischen Grenzwerte werden vom Ausschuss für Gefahrstoffe gem. § 20 GefStoffV vorgeschlagen und regelmäßig überprüft. Die TRGS (Technische Regeln Gefahrstoffe) werden mit der Zeit auf die neuen Begriffe umgestellt. Bis dahin können die BAT-Werte (z. B. in der TRGS 903) weiterhin als Richtschnur genutzt werden.

Praxis-Beispiel: Arbeitsmedizinische Regel beachten

Die AMR 6.2 „Biomonitoring" konkretisiert die Anforderungen aus der ArbMedVV: Sie legt fest, wann und unter welchen Bedingungen ein Biomonitoring angeboten werden soll, wie die Ergebnisse zu bewerten und den Beschäftigen zu vermitteln sind. Die Organisation ist Aufgabe des Arbeitgebers.

Bettina Huck

Brandabschnitte

Um Gefahren und mögliche Schäden zu begrenzen und Brandschutzmaßnahmen sinnvoll planen zu können, werden größere Gebäude oder Gebäudegruppen in Brandabschnitte unterteilt. Darunter versteht man einen Teil des Gebäudes oder der Gebäudegruppe, der unter Brandschutzgesichtspunkten eine Einheit bildet und von den umgebenden Abschnitten durch Wände und Decken abgetrennt ist. An diese Abtrennungen und die Öffnungen darin (Türen, Rohrdurchbrüche usw.) werden besondere Anforderungen gestellt. Dadurch wird dafür gesorgt, dass Flammen und Rauch im Brandfall möglichst auf einen Brandabschnitt begrenzt bleiben.

Gesetze, Vorschriften und Rechtsprechung

Es gibt keine einheitlichen Regeln dafür, wie die Einteilung in Brandabschnitte erfolgt. Es kommen je nach Objekt unterschiedliche Ansätze zum Tragen:

Nach § 30 Musterbauordnung (MBO) sind ausgedehnte Gebäude durch Gebäudetrennwände in höchstens 40 m lange Brandabschnitte zu unterteilen. Größere Abschnitte können gestattet werden, wenn die Nutzung des Gebäudes es erfordert und wenn wegen des Brandschutzes keine Bedenken bestehen (§ 51 MBO).

Bei Sonderbauten wie Krankenhäusern, Versammlungs- und Verkaufsstätten usw. bestimmt die Art der Nutzung die Unterteilung in Brandabschnitte. Krankenhäuser müssen z. B. immer 2 Brandabschnitte je Obergeschoss haben, um im Notfall die Betten aus dem gefährdeten Bereich in Sicherheit bringen zu können, während es in Bühnenhäusern auf die Abtrennung des Zuschauerraumes vom Bühnenbereich ankommt. Auch die DIN 18230 „Baulicher Brandschutz im Industriebau" (Industriebaurichtlinie) sieht von der Musterbauordnung abweichende Bestimmungen vor.

Große Bedeutung kommt den Brandabschnitten bei der Tarifierung innerhalb der Feuerversicherung zu. Deshalb geben oft die Bestimmungen der Sachversicherer den Ausschlag bei der Festsetzung der

Brandabschnitte. Größere Brandabschnitte sind bei geringen Risiken möglich oder wenn weiterreichende Schutzmaßnahmen ergriffen werden (z.B. Brandmelde- und Löschanlagen); kleinere Brandabschnitte können für günstigere Tarife bei hohen Risiken sorgen.

Über die Anordnung und Ausführung von Brandabschnitten gibt u.a. das VdS-Merkblatt 2234 „Brand- und Komplextrennwände" Auskunft.

1 Brandwände

I.d.R. erfolgt die Unterteilung in Brandabschnitte durch Brandwände (vgl. **Abb. 1**). Sie müssen

- aus nicht brennbaren Baustoffen bestehen,
- einem Vollbrand mindestens 90 Min. standhalten,
- unabhängig von der Gebäudekonstruktion sein.

Damit soll auch bei Einsturz eines Gebäudeteils die Ausbreitung von Feuer und Rauch auf andere Bereiche unterbunden werden. Nötige Öffnungen müssen stets mit geeigneten Feuerschutzabschlüssen versehen sein.

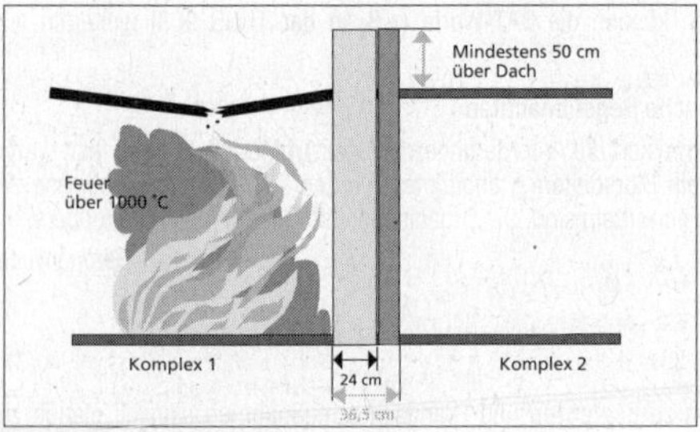

Abb. 1: Unterteilung in Brandabschnitte durch Brandwände. Ziegelwände müssen als Brandwände mind. 24 cm, als Komplextrennwand 36,5 cm dick sein.

Praxis-Beispiel: Brandabschnitte erfassen

Wenn man sich mit einem Gebäude unter Brandschutzgesichtspunkten vertraut macht, muss man die Einteilung in Brandabschnitte erfassen, die nicht immer sofort äußerlich erkennbar ist. Überspitzt könnte man sagen: Egal, ob ein Brandabschnitt aus einer großen, zusammenhängenden Halle besteht oder aus einem Büroabschnitt mit verwinkelten Fluren, Zwischenwänden und vielen Räumen: Der Brandschutzexperte sieht nicht die Einbauten, sondern nur die begrenzenden Wände und Decken und interessiert sich für die Abschlüsse in den darin befindlichen Tür- und sonstigen Öffnungen.

2 Komplextrennung

Schärfere Anforderungen stellen die Sachversicherer an Komplextrennwände (**Abb. 2**), die einzelne Gebäude- oder Lagerkomplexe voneinander trennen. Sie müssen einem Brand 180 Min. standhalten. Auch hier dürfen zwar entsprechende Öffnungen vorgesehen werden, da aber jede Öffnung eine Schwächung der Komplextrennwand bedeutet, dürfen pro Geschoss (bis 220 m^2) max. 4 Öffnungen mit max. 22 m^2 Öffnungsfläche vorhanden sein, ab 220 m^2 Geschossfläche 4 Öffnungen mit einer Gesamtfläche von max. 10 % der Geschossfläche.

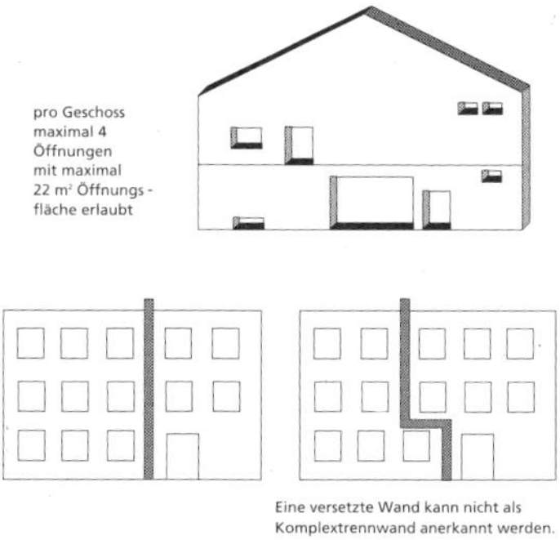

Abb. 2: Komplextrennung

Komplextrennung kann aber auch über räumliche Trennung erreicht werden. Danach muss zwischen 2 Gebäuden ein Mindestabstand von der Höhe des höheren Gebäudes bestehen (mind. 5 m, höchstens 20 m). Zwischen einem Gebäude und einem Lager brennbarer Stoffe im Freien müssen ebenfalls 20 m frei bleiben.

3 Weitere Ausführungsregeln für Brandabschnitte

Zu den weiteren Anforderungen an Brand- bzw. Komplextrennwände gehören:

- Sie müssen i. d. R. unversetzt durch alle Geschosse führen. Bei Brandwänden kann davon abgewichen werden, wenn die Nutzung es erfordert und die Decken mit entsprechender Feuerwiderstandsdauer ausgelegt werden.
- Wenn Gebäude oder Gebäudeteile in einem Winkel von weniger als 120° zueinander liegen, muss die trennende Brandwand mind. 5 m von der inneren Ecke entfernt angeordnet werden, um einen Feuerüberschlag in diesem Bereich zu verhindern. Alternativ muss die angrenzende Wand eines Gebäudes auf einer Länge von mind. 5 m oder entsprechende Abschnitte von den angrenzenden Wänden beider Gebäude aus nicht brennbaren Baustoffen und feuerbeständig (F 90-A) sowie mit entsprechend geschützten Öffnungen ausgeführt werden. Für Komplextrennwände werden 7 m angesetzt.
- Angrenzende Wände müssen auf einer Breite von 2 m feuerbeständig sein.
- Brandwände müssen i. d. R. 30 cm über Dach geführt werden, Komplextrennwände 50 cm. Um eine wirksame aktive Brandbekämpfung durch Feuerwehreinsatzkräfte vom Dach aus zu ermöglichen, die dazu Schutz vor Flammen und Wärmestrahlung benötigen, sind allerdings 80 cm Höhe sinnvoll.
- Zwischen Bereichen, in denen mit Explosionen oder besonders schneller Brandausbreitung zu rechnen ist, müssen → *Türen oder Tore* in Brandwänden u. U. als Sicherheitsschleuse ausgeführt werden.
- Brand- oder Komplextrennwände dürfen nicht mit benachbarten Bauteilen oder Einrichtungen (Stützen, Unterzügen, z. B. Kranbahnen) so in Verbindung stehen, dass sie durch brandbedingte Ausdehnung oder Einsturz dieser Bauteile in ihrer Standsicherheit gefährdet werden.

Praxis-Beispiel: VdS-Merkblatt

Das VdS-Merkblatt 2234 „Brand- und Komplextrennwände" gibt in gut lesbarer und anschaulicher Weise Auskunft zu allen Detailanforderungen an Brandabschnitte.

Cornelia von Quistorp

Brandschutz

Unter Brandschutz versteht man alle vorbeugenden und abwehrenden Maßnahmen, die dazu dienen, einen Brand sowie die Ausbreitung von Rauch und Feuer zu verhindern, die Rettung von Menschen und Tieren zu ermöglichen und wirksame Löschmaßnahmen durchzuführen. Durch Brandereignisse können Menschenleben, Sachwerte, die öffentliche Sicherheit und die Produktions- bzw. Existenzgrundlagen eines Unternehmens gefährdet werden. Deswegen besteht ein vielfältiges Interesse des Betriebes, der Versicherungswirtschaft und der Gesellschaft, Brände in Betrieben möglichst zu verhindern oder deren Folgen weitgehend einzugrenzen. Dabei sind die Risiken ja nach Branche sehr unterschiedlich. Entsprechend groß ist die Vielfalt an vorbeugenden und abwehrenden Brandschutzmaßnahmen.

Gesetze, Vorschriften und Rechtsprechung

Betrieblicher Brandschutz beruht i.W. auf 3 Säulen:

Baurecht

Die länderspezifischen Landesbauordnungen enthalten allgemeine Brandschutzanforderungen, und werden ergänzt durch Sonderbauverordnungen, wie z.B. die Verkaufsstätten- und die Versammlungsstättenverordnung, sowie durch technische Prüfverordnungen (für Brandschutzeinrichtungen) und andere nachgeordnete Verwaltungsvorschriften und technische Regeln. Praktisch wichtig sind zusätzlich Normen, z.B. DIN 4102 „Baustoffe“, DIN 18230 „Baulicher Brandschutz im Industriebau“, DIN ISO 23601 „Sicherheitskennzeichnung – Flucht- und. Rettungspläne“, DIN EN ISO 7010 „Grafische Symbole“ usw.

Versicherungsbestimmungen

Der Gesamtverband der Deutschen Versicherungswirtschaft (GDV) gibt über sein Prüfinstitut VdS Richtlinien zu vielen brandschutzrelevanten Themen heraus, z.B. VdS 100 „Allgemeine Bedingungen für die Feuerversicherung“, VdS 2038 „Allgemeine Sicherheitsvorschriften der Feuerversicherer für Fabriken und gewerbliche Anlagen“, VdS 3111 „Brandschutzbeauftragter (Fachkraft für Brandschutz)“, VdS 2001 „Regeln für die Ausrüstung von Arbeitsstätten mit Feuerlöschern“ und viele weitere, auch zu branchen- und fachspezifischen Themen. Im engeren Sinn sind sie Versicherungsbedingungen für die zu versichernden Objekte, geben aber praktisch in vielen Fällen den Stand der Technik wieder und stellen daher wesentliche Rechtsnormen dar.

Arbeitsschutzbestimmungen

Im Arbeitsschutzrecht steht der Schutz der Beschäftigten im Vordergrund, so im Arbeitsschutzgesetz (§ 10), in der DGUV-V 1 (u.a. § 22) und in der Arbeitsstättenverordnung (§ 3 Abs. 1, Anhang 2.2 und Anhang 2.3) sowie die dazu gehörigen ASR A2.2 „Maßnahmen gegen Brände“ und ASR A2.3 „Fluchtwege und Notausgänge“.

1 Rechtsgrundlagen

1.1 Baurechtliche Bestimmungen

Seit jeher besteht ein staatliches Interesse, Brandschutzstandards festzusetzen und deren Einhaltung zu überwachen. Dabei geht es um

- den Schutz der Gebäudenutzer,
- die Schadensminimierung bzw. die Verhinderung von Brandausbreitung innerhalb der Bebauung und
- die Sicherstellung einer effektiven Brandbekämpfung durch die Feuerwehren.

Dabei ist Brandschutz vor allem Ländersache. Maßgebliche Rechtsgrundlage ist die jeweilige Landesbauordnung (LBO) mit den nachgeordneten Rechtsvorschriften (z.B. Sonderbauverordnungen für Hochhäuser, Garagen, Krankenhäuser usw.).

Praxis-Beispiel: Brandschutz ist standortspezifisch

Landes- und Sonderbauordnungen beruhen zwar auf oft bundesweit einheitlichen Musterbauordnungen, trotzdem weichen sie in den Ländern erheblich voneinander ab. Dazu kommt, dass bei den überwachenden mittleren und unteren Baubehörden auf Kreis- und kommunaler Ebene ein erheblicher Auslegungsspielraum besteht. Daher können viele Bewertungen und Entscheidungen im baulichen Brandschutz nur vor Ort in Zusammenarbeit mit den zuständigen Behörden getroffen werden. Ansprechpartner ist zunächst die örtliche Baubehörde (Bauaufsichtsamt, Bauordnungsamt o.Ä.) bzw. je nach Größe des Objekts bzw. der Kommune auch die entsprechende Stelle auf Kreisebene. Einige Baubehörden beschäftigten eigene Brandschutzingenieure, andere bedienen sich für die Beurteilung brandschutztechnischer Fragen der zuständigen Feuerwehren.

Grundsätzlich können im Rahmen baurechtlicher Vorgänge alle Bereiche des betrieblichen Brandschutzes betroffen sein, v.a. aber bauliche Fragen wie Ausführung von → *Brandabschnitten*, Bestimmungen über die verwendeten Baustoffe und Bauteile, → *Flucht- und Rettungswege* usw.; darüber hinaus Maßnahmen, die den Einsatz der Feuerwehr betreffen, z.B. Einrichtungen zur Brandbekämpfung wie Hydranten, Steigleitungen oder Feuerwehreinsatzpläne. Oft wird dabei Bezug auf brandschutzrelevante DIN-Normen wie die DIN 4102 Baustoffe und andere genommen.

Praxis-Beispiel: Genehmigungsstand

Ausschlaggebend ist in Baurechtsfragen immer der Stand der Genehmigung, also das, was in der letzten diesbezüglichen Baugenehmigung festgehalten ist, z.B. welchem Zweck das Gebäude dienen soll und welche Brandschutzmaßnahmen dementsprechend zu realisieren sind. Wenn davon abgewichen wird, muss neu genehmigt werden, andernfalls liegt grundsätzlich ein nicht genehmigter Betrieb vor, mit den entsprechenden rechtlichen Konsequenzen im Schadensfall. In der Praxis wird aber häufig versäumt zu prüfen, ob Veränderungen in der Nutzung oder im Bauzustand Auswirkungen auf den Genehmigungsstand haben bzw. entsprechende Genehmigungen zu beantragen. Eine Erhebung diesbezüglicher Daten durch die Behörden gibt es i.d.R. nicht. Nach langen Betriebszeiten ist es daher oft schwierig den Genehmigungsstand nachzuvollziehen. In Zweifelsfällen ist eine (i.d.R. kostenpflichtige) Nachfrage bei der zuständigen Bauordnungsbehörde sinnvoll.

1.2 Bestimmungen der Schadenversicherer

Das notwendigerweise große Interesse der Feuerversicherungen an der Brandverhütung bzw. der Schadenminimierung hat dazu geführt, dass diese Branche seit jeher den Brandschutz nicht nur am einzelnen Objekt mit entsprechenden Auflagen zu fördern sucht, sondern auch intensiv Forschung, Entwicklung und Prüfwesen in diesem Bereich betreibt. Ein Ausdruck davon ist das sehr differenzierte Regelwerk der verbandseigenen Prüfinstitution VdS, die VdS-Richtlinien.

Praxis-Beispiel: Versicherungskosten berücksichtigen

Die Einhaltung der entsprechenden Richtlinien ist letztlich die Grundlage dafür, dass ein Betrieb überhaupt versichert werden kann bzw. dass eine günstige Prämienberechnung erfolgt. Betriebliche Investitionen in den Brandschutz sind daher immer auch unter diesem Aspekt zu sehen.

Relevant sind für den Versicherungsbereich neben baulichen Fragen besonders Themen wie Brandmelde- und Löschanlagen, betriebliche Brandrisiken (z.B. in der Produktion). Daneben spielen aber auch organisatorische Maßnahmen wie Bestellung von Brandschutzbeauftragten für die Versicherung eine Rolle.

Praxis-Beispiel: VdS-Standards für Material und Dienstleistungen

Oft sind die Bestimmungen der VdS sowohl bei der Anerkennung von allen möglichen technischen Brandschutzeinrichtungen als auch bei der Zulassung ausführender Fachfirmen wesentlich.

1.3 Arbeitsschutzbestimmungen

Der Arbeitsschutz deckt nur einen vergleichsweise kleinen und allgemeinen, wenn auch wichtigen Bereich des Brandschutzes ab – den Schutz der Beschäftigten eines Betriebes. Schutz vor Gefahren durch Brände ist natürlich Bestandteil der Fürsorgepflichten des Arbeitsgebers, wie sie in § 10 Arbeitsschutzgesetz und in §§ 21, 22 DGUV-V 1 „Grundlagen der Prävention“ festgehalten sind. Hier geht es v.a. um die Unterweisung und Ausbildung der Beschäftigten in Sachen Brandschutz und Verhalten im Notfall.

Brandschutzanforderungen finden sich v. a. im Arbeitsstättenrecht, d.h. § 3 Abs. 1, Anhang 2.2 und Anhang 2.3 Arbeitsstättenverordnung sowie in den dazu gehörigen ASR A2.2 „Maßnahmen gegen Brände“ und ASR A2.3 „Fluchtwege und Notausgänge“.

Darüber hinaus gibt es im berufsgenossenschaftlichen Regelwerk diverse weitere allgemeine und branchenspezifische Informationen zum Thema Brandschutz, z.B. die DGUV-I 205-001 „Betrieblicher Brandschutz in der Praxis“.

2 Brandschutz in der betrieblichen Praxis

2.1 Brandrisiko im Betrieb

Vergleicht man die Zahlen bezüglich der Verletzungen und Todesfälle, so ist festzuhalten, dass trotz der seit Jahren sinkenden Zahlen bei Arbeitsunfällen immer noch um ein Vielfaches mehr Menschen durch typische → *Arbeitsunfälle* zu Schaden kommen als durch alle Brände im betrieblichen, privaten und öffentlichen Bereich zusammen. Wenn Beschäftigte durch Brände am Arbeitsplatz verletzt oder getötet werden, dann nahezu ausschließlich durch das unmittelbare Brandereignis (etwa weil sie durch eine Behälterexplosion oder die Stichflamme einer Verpuffung getroffen werden), nicht aber, weil sie ein Gebäude nicht hätten schnell genug verlassen können. So betrachtet ist das Risiko, in einem Betrieb durch einen Brand zu Schaden zu kommen, deutlich geringer als im Bereich der Wohnbebauung. Auf der anderen Seite kann ein Schadenfeuer sehr viel schneller als ein Unfall einen Betrieb wirtschaftlich existenziell gefährden. Grundsätzlich ist das spezifische Brandrisiko eines Betriebes natürlich weitgehend branchenabhängig, wobei in Betrieben mit hohen technischen Risiken von vornherein ein höheres Anforderungs- und Aufmerksamkeitsniveau besteht.

Praxis-Beispiel: Interesse wecken

Im betrieblichen Alltag wird man feststellen, dass auch im Brandschutz selbst grundlegende Ausstattungs- und Verhaltensregeln immer wieder außer Acht gelassen werden und fortlaufend für Aufklärung und Akzeptanz gesorgt werden muss.

Eine Chance für den Brandschutz ist jedoch, dass die Gefahren von Bränden im Bewusstsein der Bevölkerung seit jeher stärker verankert sind und Brandschutzfragen in gewissem Umfang auch den privaten Bereich der Beschäftigten betreffen. Auf dieses Interesse kann der betriebliche Brandschutz aufbauen.

2.2 Einteilung in Fachgebiete

Grundsätzlich unterscheidet man zwischen vorbeugendem Brandschutz, der alle Maßnahmen zur Brandverhütung und gegen die Brandausbreitung umfasst, vom abwehrenden Brandschutz, der sich mit allem beschäftigt, was den Feuerwehreinsatz betrifft.

In der betrieblichen Praxis spielt der vorbeugende Brandschutz mit seinen Untergebieten eine deutlich größere Rolle, wobei die Zuordnung und Unterteilung in die einzelnen Fachgebiete nicht immer eindeutig und trennscharf ist.

2.3 Vorbeugender Brandschutz

2.3.1 Baulicher Brandschutz

Der bauliche Brandschutz umfasst alle Anforderungen an Gebäude und andere bauliche Anlagen bzw. an ihre Baustoffe und Bauteile. Teils ergeben sich diese Anforderungen aus den baurechtlichen Standards, teils werden sie im Rahmen des baurechtlichen Verfahrens im Einzelfall ermittelt (→ *Brandschutzkonzept*).

Wesentliche Stichpunkte sind:

- Brand- und Rauchabschnitte (Anordnung im Gebäude, Abtrennung, Abschluss von Öffnungen);
- → *Rettungswege* (Länge, Breite, Ausführung);
- Anforderungen an Baustoffe (vor allem Brennbarkeit, A-/B-Einteilung);
- Anforderungen an Bauteile (Feuerwiderstand (F bzw. T 30, 60, 90 usw.), Bauprüfung u. v. m.).

Praxis-Beispiel: Praxisfragen Baulicher Brandschutz

- Entspricht die Gebäudestruktur und -substanz sowie die Nutzung noch dem genehmigten Stand?
- Sind vorgesehene Veränderungen brandschutzrelevant?
- Werden bei der Auswahl von Materialien für Bauprojekte Brandschutzkriterien berücksichtigt?
- Sind Brand- und Rauchschutztüren an den vorgesehenen Stellen vorhanden und in Ordnung?
- Wo sind ggf. zugelassene Feststelleinrichtungen an Türen erforderlich, damit diese nicht ständig verkeilt werden?

2.3.2 Anlagentechnischer Brandschutz

Häufige Brandschutzanlagen in Betrieben sind:

- Brandmeldeanlagen;
- Alarmierungseinrichtungen;
- automatische Löschanlagen;
- Anlagen zur Entrauchung oder Rauchfreihaltung;
- Blitz- und Überspannungsschutzanlagen;
- Brandschutztechnische Einrichtungen, wie Steigleitungen, Wandhydranten, Druckerhöhungsanlagen usw.;
- weitere gebäudetechnische Einrichtungen, soweit sie brandschutzrelevant sind (z. B. Brandschutzsteuerungen von Lüftungs-, Aufzugs- oder Schließanlagen).

Brandschutzanlagen werden meistens aufgrund von konkreten baurechtlichen und/oder versicherungstechnischen Gegebenheiten realisiert. Für Planung, Ausführung und Wartung/Prüfung sind i. d. R. zugelassene Fachfirmen erforderlich.

Praxis-Beispiel: Praxisfragen Brandschutzanlagen

- Sind die im Genehmigungsverfahren ausgewiesenen Brandschutzanlagen und -einrichtungen vorhanden und funktionsfähig?
- Ist die Funktion der Anlagen den Nutzern bekannt, soweit das für die Gebäudenutzung bzw. im Ernstfall erforderlich ist?
- Werden die nötigen Prüfungen/Wartungen sichergestellt?

2.3.3 Organisatorischer Brandschutz

Im organisatorischen Brandschutz liegt ein Schwerpunkt für Sicherheitsverantwortliche im Betrieb, weil der Unternehmer/Betreiber hier seiner Organisationsverantwortung kontinuierlich nachkommen muss.

Wesentliche Stichpunkte sind:

- Kennzeichnung der Rettungswege und Sicherheitseinrichtungen;
- Bereitstellung von Kleinlöschgeräten (→ *Feuerlöscher*, Brandschutzdecke);
- Ausbildung von → *Brandschutzhelfern* nach ASR A2.2;
- Organisation von → *Unterweisungen*, Übungen;

- Erstellen und Pflegen von → *Brandschutzordnung* bzw. Alarmplänen nach ASR A2.2 bzw. DIN 14096, Evakuierungskonzept oder Rettungswegplänen.

Praxis-Beispiel: Praxisfragen Organisatorischer Brandschutz
- Sind die erforderlichen Kleinlöschgeräte vorhanden?
- Sind die vorhandenen Pläne und Aushänge aktuell?
- Finden ausreichend praxisgerechte → *Brandschutzunterweisungen* statt?
- Gibt es ausreichend Brandschutzhelfer?
- Finden → *Evakuierungsübungen* statt?

2.4 Abwehrender Brandschutz

Da das Feuerwehrwesen kommunal organisiert ist und sich damit standortabhängig sehr unterschiedlich darstellt, besteht die Aufgabe des Betriebes v. a. darin, die Schnittstellen zur örtlichen Feuerwehrstruktur zu kennen und abzustimmen. Das betrifft z. B.:

- Flächen für die Feuerwehr (Aufstell- und Bewegungsflächen);
- Festlegung zentraler Anlaufstellen für die Feuerwehr (z. B. Schlüsseldepots);
- Löschwasserversorgung und → *Löschwasserrückhaltung*;
- Erstellung eines → *Feuerwehrplans* nach DIN 14095 (wenn gefordert).

Praxis-Beispiel: Praxisfragen Abwehrender Brandschutz
- Sind die Aufstellflächen für die Feuerwehr bekannt und freigehalten?
- Besteht (bei größeren Objekten) Kontakt zur örtlichen Feuerwehr und wurden wichtige Schnittstellen für den Feuerwehreinsatz abgeglichen?

Cornelia von Quistorp

Brandschutzbeauftragter

Brand- und Explosionsschutz ist in einem Betrieb nur dann effektiv, wenn die baulichen, technischen, organisatorischen und personellen Brandschutzmaßnahmen aufeinander abgestimmt sind. Eine der wichtigsten betrieblichen Maßnahmen ist die Bestellung eines Brandschutzbeauftragten, wenn dieser nicht ohnehin durch Behörden, Versicherer oder auf Grundlage einer Sonderbauvorschrift gefordert wird. Der Brandschutzbeauftragte ist Teil des betrieblich-organisatorischen Brandschutzes. Der Schwerpunkt seiner Tätigkeit liegt in der Prävention.

Gesetze, Vorschriften und Rechtsprechung

Es gelten folgende Gesetze und Verordnungen:

- Arbeitsschutzgesetz (ArbSchG): Die §§ 10 und 13 Abs. 2 Arbeitsschutzgesetz verlangen vom Arbeitgeber nicht nur Brandschutzmaßnahmen, sondern auch die Benennung von Beschäftigten, die diese Maßnahmen durchführen. Sofern der Arbeitgeber die ihm obliegenden Aufgaben nicht selbst wahrnimmt, kann er zuverlässige und fachkundige Personen schriftlich damit beauftragen.
- Die Landesbauordnungen und die dazugehörigen Sondervorschriften verlangen dagegen in bestimmten Fällen die Bestellung von Brandschutzbeauftragten: § 51 der Musterbauordnung verlangt ihn für sog. Sonderbauten, wie Hochhäuser, Verkaufsstätten, Versammlungsstätten, Krankenhäuser etc.

Im Bereich des öffentlichen Dienstes ist der Brandschutzbeauftragte nicht vorgeschrieben, da die Länder oder der Bund sog. Eigenversicherer sind. Lediglich bei den Forderungen nach den Sonderbauvorschriften kann auch im Bereich des Öffentlichen Dienstes der Brandschutzbeauftragte durch Brandschutzkonzepte oder die untere Bauaufsichtsbehörde gefordert werden.

1 Bestellung

Eine Bestellung muss immer in schriftlicher Form erfolgen (Abschn. 2 DGUV-I 205-003).

Der Brandschutzbeauftragte sollte unmittelbar dem Arbeitgeber unterstellt sein und zu allen Fragestellungen, die den Brandschutz betreffen, rechtzeitig eingebunden werden, schon bei der Planung. Brandschutzbeauftragte sind weisungsfrei und dürfen wegen der Erfüllung ihrer Aufgaben nicht benachteiligt werden.

Grundsätzlich können Brandschutzbeauftragte in jedem Betrieb oder jeder Einrichtung bestellt werden. Besonders dort, wo ein erhöhtes Brandrisiko besteht, sind Brandschutzbeauftragte sehr sinnvoll (vgl. ASR A2.2). Bei der Beurteilung des Brandrisikos eines Betriebs müssen z. B. berücksichtigt werden:

- Art der Nutzung (z. B. Lager, Werkstatt usw.),
- bauliche Gegebenheiten,
- die Personengefährdung,
- die angewendeten Arbeitsverfahren,
- die Menge und Art der eingesetzten Arbeitsstoffe.

Die Vereinigung zur Förderung des Deutschen Brandschutzes e. V. (vfdb) schlägt die Bestellung von Brandschutzbeauftragten in Abhängigkeit von Brandrisiko und Zahl der durchschnittlich im Betrieb anwesenden Personen vor, wenn keine weiteren Vorschriften eine Bestellung gesondert fordern. Bei Betrieben der Verwaltung, der Dienstleistung sowie des Handels und Verkaufs sollte nach vfdb unabhängig vom Brandrisiko bei einer entsprechenden Anzahl und Art der durchschnittlich im Betrieb anwesenden Personen ein Brandschutzbeauftragter benannt werden.

Auch für Betriebe, wie z. B. Einkaufszentren, Betriebshöfe usw., sowie für Gebäude, die eine Vielzahl verschiedener Betriebe beherbergen, ist bedingt durch die Gesamtsituation (gemeinsame → *Rettungswege*, Mischnutzung, Schnittstellen) die Bestellung eines koordinierenden Brandschutzbeauftragten zu empfehlen.

Sind Brandschutzbeauftragte gesetzlich oder gemäß behördlicher Auflagen gefordert, müssen ihre Namen und jeder Wechsel der zuständigen Behörde auf Verlangen mitgeteilt werden.

2 Aufgaben

Aufgaben, Zuständigkeitsbereich und Rahmenbedingungen, wie z. B. Zugriff auf alle brandschutzrelevanten Unterlagen und Informationen, Zutritt zu allen betreffenden Liegenschaften und Räumen, sowie verfügbare Arbeitszeit und Arbeitsmittel, sind in der Bestellung zu definieren und festzulegen (s. Muster Bestellungsschreiben zur Aufgabenübertragung, Anhang 1 DGUV-I 205-003). Ziel ist, Gefahren im Unternehmen zu minimieren und Schäden möglichst gering zu halten, d. h. vorbeugender, abwehrender und organisatorischer Brandschutz.

Aufgaben des Brandschutzbeauftragten sind v. a. (vgl. Abschn. 3 DGUV-I 205-003):

- Beratung des Auftraggebers bzw. des Brandschutzverantwortlichen in Fragen des Brandschutzes, z. B. bei Planung von Neu-, Um- und Erweiterungsbauten sowie bei Nutzungsänderungen oder Anmietungen sowie bei Beschaffungen;
- Stellungnahme zu Investitionsentscheidungen;
- Beratung bei der Organisation und Überwachung der Brandschutzkontrollen;
- Mitwirken bei der Umsetzung des Brandschutzkonzepts;
- Dokumentation und Meldung von Brandschutzmängeln an den betrieblichen „Brandschutzverantwortlichen" und Maßnahmen zum Beseitigen der Mängel vorschlagen;
- Überwachung der Beseitigung von brandschutztechnischen Mängeln (z. B. Betreuung von Brandschutzeinrichtungen und Durchführung von Brandschutzbegehungen);
- Mitwirkung bei der Brandursachenuntersuchung, insbesondere im Hinblick auf die Verbesserung der Brandverhütung sowie beim Ermitteln von Brand- und Explosionsgefahren;
- Mitwirken bei Beurteilungen der Brandgefährdung an Arbeitsplätzen;
- Beraten bei feuergefährlichen Arbeitsverfahren und beim Einsatz brennbarer Arbeitsstoffe;

- Mitwirken beim Ausarbeiten von Betriebsanweisungen, soweit sie den Brandschutz betreffen;
- Mitwirken beim Umsetzen behördlicher Anordnungen und Anforderungen des Feuerversicherers;
- Beraten bei der Ausstattung mit Feuerlöscheinrichtungen und bei der Auswahl der Löschmittel;
- Planen, organisieren und durchführen von Evakuierungsübungen;
- Mitwirkung bei der Festlegung von brandschutztechnischen Sicherheitsmaßnahmen bei baulichen Maßnahmen, insbesondere bei → *Schweiß-*, Brenn-, Löt- und Schleifarbeiten und Überwachen, dass die Maßnahmen eingehalten werden;
- Festlegung von Ersatzmaßnahmen bei Ausfall oder Außerbetriebsetzung von Brandschutzeinrichtungen;
- Mitwirkung beim Aufbau und der Weiterentwicklung der Gefahrenabwehr und Notfallorganisation (z.B. Schulung der betrieblichen Einsatzleitung, Stabsrahmenübungen, Erarbeitung und Fortschreibung von Gefahrenabwehrplänen, Aus- und Fortbildung von → *Brandschutzhelfern* und Überwachung der Benutzbarkeit von → *Flucht- und Rettungswegen*);
- Kontrollieren der Sicherheitskennzeichnungen für Brandschutzeinrichtungen sowie für Flucht- und Rettungswege;
- Erstellen und Fortschreiben der → *Brandschutzordnung*, der Alarm-, Hausalarm- und Notfall- → *Brandschutzpläne* (z.B. Erstellen von Brandschutzordnungen nach DIN 14096 und Erstellen von → *Feuerwehrplänen* nach DIN 14095);
- Führungskräfte bei der regelmäßigen → *Brandschutzunterweisung* von Beschäftigten unterstützen;
- Prüfen der Lagerung und/oder der Einrichtungen zur Lagerung von brennbaren Flüssigkeiten, Gasen usw.;
- Prüfen und Warten der brandschutztechnischen Einrichtungen überwachen;
- kooperative Zusammenarbeit mit der → *Fachkraft für Arbeitssicherheit* und den Beauftragten des Betriebs für Immissionsschutz, Gefahrgut bzw. Abfallwirtschaft;
- Unterstützung beim ständigen Kontakt zu Brandschutzdienststellen sowie zur Feuerwehr für gemeinsame Übungen und Begehungen. Zusammenarbeit mit Aufsichtsbehörden (u.a. Teilnahme an behördlichen Brandschauen), der örtlichen Feuerwehr und dem Feuerversicherer;
- Dokumentieren seiner Tätigkeiten im Brandschutz (z.B. in Form eines regelmäßigen/monatlichen Brandschutz- sowie Jahresberichts).

In Betrieben mit einer Werkfeuerwehr sollten die Aufgaben des Brandschutzbeauftragten an die Leitung der Werkfeuerwehr übertragen werden.

3 Einbindung in das betriebliche Sicherheitskonzept

Die Funktion eines Brandschutzbeauftragten sollte in ein vorhandenes Sicherheitskonzept integriert sein. Zu seinen Aufgaben gehört, bei allen baulichen, technischen und organisatorischen Maßnahmen mitzuwirken, die den Brandschutz betreffen. Er sollte daher z.B.

- bei fachlichen Fragen im Arbeitsschutzausschuss vertreten sein,
- in den betrieblichen Alarm- und Gefahrenabwehrplan integriert werden und
- Bestandteil der → *Rettungskette* im Betrieb sein.

Die Einsatzzeit des Brandschutzbeauftragten hängt von den örtlichen Betriebsverhältnissen ab. Anhang 2 DGUV-I 205-003 listet am Beispiel eines Möbelhauses mit 5 Geschossen den Zeitbedarf auf, der mindestens erforderlich ist.

4 Qualifikation und Ausbildung

Das Tätigkeitsgebiet ist so umfangreich, dass eine spezielle Ausbildung notwendig ist. Sie umfasst grundsätzlich mind. 64 Unterrichtseinheiten und muss innerhalb von 2 Jahren abgeschlossen sein. Die Ausbildung gliedert sich in Präsenz- und Praxisphasen sowie Praxisprojekt, Selbstlernphasen, Online-Seminare und Abschlussprüfungen.

Die Besetzung der Position des Brandschutzbeauftragten kann sowohl durch interne Mitarbeiter oder externe Anbieter erfolgen.

Praxis-Beispiel: Externe Brandschutzbeauftragte

Externe Dienstleister müssen in die betriebliche Brandschutzorganisation eingebunden sein und auch kurzfristig beraten und unterstützen können. Vertragliche Regelungen sollten dies berücksichtigen. Ist ein Brandschutzbeauftragter zwingend vorgeschrieben, so ist für die Beauftragung eines Externen ggf. eine Zustimmung durch die zuständige Behörde erforderlich.

- Teilnehmer an der Ausbildung zum Brandschutzbeauftragten sollen mind. eine abgeschlossene Berufsausbildung besitzen. Eine besondere Qualifikation wird für Betriebe mit erhöhter Brandgefährdung empfohlen, z. B.
- feuerwehrtechnische Ausbildung,
- Ausbildung Werkfeuerwehrmann/-frau,
- Fachkraft für Arbeitssicherheit,
- Hochschul-Studium mit Schwerpunkt Brandschutz oder Sicherheitstechnik.

Personen mit brandschutztechnischer oder feuerwehrtechnischer Ausbildung können nur dann zu Brandschutzbeauftragten bestellt werden, wenn die Ausbildungseinrichtung den Erwerb der Kompetenzen nach Anhang 2 DGUV I 205-003 bestätigt.

Um auf dem aktuellen Stand zu sein, darf die Ausbildung nicht länger als 3 Jahre zurückliegen; kann keine Fortbildung nachgewiesen werden, muss die Ausbildung zum Brandschutzbeauftragten erneut absolviert werden. Eine regelmäßige Fortbildung ist notwendig; innerhalb von 3 Jahren müssen mind. 16 Unterrichtseinheiten absolviert werden. Die Teilnahme muss dokumentiert werden. Der Arbeitgeber muss dem Brandschutzbeauftragten die Fortbildung – ebenso wie die Ausbildung – ermöglichen.

Einrichtungen zur Ausbildung von Brandschutzbeauftragten sind u. a.:

- CFPA-anerkannte Ausbildungseinrichtungen,
- Ausbildungseinrichtungen der Träger der gesetzlichen Unfallversicherung,
- Ausbildungseinrichtungen der Schadenversicherer sowie der Fach- und Prüfeinrichtungen für Brand- und Explosionsschutz,
- die Feuerwehrschulen der Bundesländer,
- die Bundeswehr-Feuerwehrschule,
- staatliche oder staatlich anerkannte Hochschulen.

Praxis-Beispiel: Ausbildung der Schadenversicherer kann sich lohnen

Für den gewerblichen Bereich ist die Ausbildung der Schadenversicherer sinnvoll, da hier auch die Prämienrichtlinien greifen und i. d. R. nur Lehrgänge nach VdS anerkannt werden. Die Wichtigkeit der Bestellung ist erkennbar aus der Tatsache, dass Versicherer bis zu 20 % Nachlass auf die Feuerversicherung gewähren, falls ein innerbetrieblicher Brandschutzbeauftragter bestellt ist. Für den öffentlichen Dienst hat dies keine weiteren Auswirkungen, da hier die Bestellung i. d. R. freiwillig erfolgt.

5 Internetlinks

www.vbbd.de (Verein der Brandschutzbeauftragten in Deutschland e. V.)

www.cfpa-e.eu (Ausbildungsmodell der Confederation of Fire Protection Association (CFPA) Europe)

www.vfdb.de (Vereinigung zur Förderung des Deutschen Brandschutzes e. V.):

- vfdb 12-09-01: 2014-11: Die gemeinsame Textfassung der Richtlinie ist wortgleich unter dem Titel „Aufgaben, Qualifikation, Ausbildung und Bestellung zum Brandschutzbeauftragten“ als vfdb 12-09-01: 2014-11, DGUV Information 205-003 und VdS 3111 veröffentlicht.

www.vds.de (VdS Schadenverhütung ist ein Unternehmen des GDV (Gesamtverband der Deutschen Versicherungswirtschaft e. V.), Schwerpunkte: Vorbeugender Brandschutz und Sicherheitstechnik

Bettina Huck

Brandschutzhelfer

Brandschutzhelfer sind Mitarbeiter eines Unternehmens, die im Brandfall gezielte Maßnahmen zur Gefahrenabwehr bzw. zum Schutz anderer Beschäftigter ausüben. Dazu sind diese Personen durch den Unternehmer entsprechend fachkundig auszubilden. Diese Ausbildung umfasst eine theoretische Unterweisung sowie eine praktische Übung mit Feuerlöscheinrichtungen. Die Notwendigkeit und die Anzahl der Brandschutzhelfer hängen von der Größe des Unternehmens sowie den möglichen Brandszenarien ab.

Gesetze, Vorschriften und Rechtsprechung

Gemäß Abschn. 7.3 ASR A2.2 „Maßnahmen gegen Brände" muss der Arbeitgeber eine ausreichende Anzahl von Beschäftigten durch Unterweisung und Übung im Umgang mit Feuerlöscheinrichtungen zur Bekämpfung von Entstehungsbränden vertraut machen. Die Anzahl dieser Brandschutzhelfer ergibt sich aus der Gefährdungsbeurteilung. Ein Anteil von 5 % der Beschäftigten ist i. d. R. ausreichend. Eine größere Anzahl von Brandschutzhelfern kann z. B. in Bereichen mit erhöhter Brandgefährdung (s. Abschn. 6 ASR A2.2), bei Anwesenheit vieler Personen, bei Personen mit eingeschränkter Mobilität sowie bei großer räumlicher Ausdehnung der Arbeitsstätte erforderlich sein. Bei der Anzahl der Brandschutzhelfer sind auch Schichtbetrieb und Abwesenheit einzelner Beschäftigter, z. B. Fortbildung, Urlaub und Krankheit, zu berücksichtigen.

1 Aufgaben

1.1 Brandbekämpfung

Eine wesentliche Aufgabe der Brandschutzhelfer ist die Brandbekämpfung von Entstehungsbränden mit den im Unternehmen zur Verfügung stehenden Löschmitteln. Dazu müssen sie in der Handhabung der am Arbeitsplatz vorhandenen → *Feuerlöscheinrichtungen* ausgebildet werden.

Sind in einem Betrieb Wandhydranten vorhanden, dann sind die Brandschutzhelfer auch in die Bedienung der Wandhydranten einzuweisen.

Brandschutzhelfer sollten für alle Mitarbeiter und für die externen Rettungskräfte entsprechend gekennzeichnet werden (z. B. durch eine entsprechende Armbinde oder eine speziell gekennzeichnete Warnweste). Dies ist auch sehr wichtig, um Missverständnisse im Rahmen der Evakuierung von Gebäuden zu vermeiden (vgl. Abschn. 1.2).

1.2 Evakuierung

In weitläufigen baulichen oder technischen Anlagen mit entsprechender Mitarbeiterkapazität und in Gebäuden mit hohem Aufkommen von betriebsfremden Personen, kann der Einsatz von Evakuierungshelfern sinnvoll sein. Ziel ist es hierbei, die Evakuierung geordnet ablaufen zu lassen und die komplette Räumung der jeweiligen Bereiche zu überwachen. Die Größe des zugewiesenen Abschnitts sollte es dem Brandschutzhelfer noch ermöglichen, das Gebäude selbst sicher zu verlassen.

Die Erfassung der Vollzähligkeit aller Mitarbeiter an der Sammelstelle kann ebenfalls im Aufgabengebiet der Evakuierungshelfer liegen.

Es ist durchaus sinnvoll, wenn Brandschutzhelfer die Aufgaben von Evakuierungshelfern mit übernehmen. In diesem Fall sollte bei der Ausbildung der Part der Räumung eines Gebäudes bzw. Gebäudebereichs jedoch intensiver behandelt werden.

Praxis-Beispiel: Mitarbeiter mit Behinderungen

Werden in einem Betrieb Mitarbeiter beschäftigt, die aufgrund ihrer Behinderung bei einer Evakuierung Hilfe durch andere Personen benötigen, müssen diese Personen benannt und mit den personenbezogenen Maßnahmen vertraut gemacht werden. Für diesen Personenkreis sind regelmäßige Übungen grundsätzlich erforderlich – auch dann, wenn mit den übrigen Beschäftigten keine → *Evakuierungsübungen* notwendig sind.

Je nach betrieblichen Besonderheiten können Brandschutzhelfer für weitere Aufgaben im Brandfall vorgesehen werden (z. B. Einweisen der Feuerwehr).

2 Ausbildung

Die Ausbildung von Brandschutzhelfern ist in der DGUV-I 205-023 „Brandschutzhelfer – Ausbildung und Befähigung" geregelt.

Demnach sind für die Theorie mindestens 2 Unterrichtseinheiten à 45 Minuten vorzusehen. Die Zeitdauer für die Praxis hängt von der Gruppengröße ab. Jedem Teilnehmer sollte ausreichend Übungszeit zur Verfügung stehen. Erfahrungsgemäß sind 5 bis 10 Minuten pro Teilnehmer ausreichend.

Bei betriebsspezifischen Besonderheiten ist sowohl für die Theorie als auch für die Praxis eine entsprechend längere Ausbildung erforderlich.

Die theoretische Ausbildung behandelt folgende Themenschwerpunkte:

- Grundzüge des Brandschutzes,
- Kenntnisse über die betriebliche Brandschutzorganisation,
- Funktions- und Wirkungsweise von Feuerlöscheinrichtungen,
- Gefahren durch Brände,
- Verhalten im Brandfall.

Praxis-Beispiel: Löschübungen

Zur Ausbildung von Brandschutzhelfern gehört immer auch eine realitätsnahe Übung mit Feuerlöscheinrichtungen. Üblicherweise werden hierfür eigens entwickelte Trainingsgeräte verwendet, bei denen das Feuer mit einer Propangasflasche entfacht wird. Zum Löschen werden Übungslöscher verwendet, die mit Wasser und Druckluft befüllt sind. Auf diese Weise werden etwaige Umweltauflagen erfüllt, ein relativ realistisches Training ist aber dennoch möglich.

Eine regelmäßige Wiederholung der Ausbildung der Brandschutzhelfer ist nicht zwingend erforderlich. In der Praxis hat es sich bewährt, die Auffrischung im Abstand von 2 bis 5 Jahren zu wiederholen. Das Zeitintervall für die Wiederholung ist anhand der Gefährdungsbeurteilung festzulegen.

Bei wesentlichen betrieblichen Änderungen ist in kürzeren Abständen eine Wiederholung der Ausbildung erforderlich. Das kann z. B. erforderlich sein bei

- entsprechenden Ergebnissen aus der Gefährdungsbeurteilung (beispielsweise besondere Anforderungen an Brandschutzhelfer),
- neuen Produktions- und Arbeitsverfahren mit veränderter Brandgefährdung,
- Versetzung eines Brandschutzhelfers in einen anderen Bereich, wodurch ein abweichendes Vorgehen bei der Erstbrandbekämpfung resultiert.

3 Benennung

Der Unternehmer und seine → *Führungskräfte* müssen entsprechend geeignete Mitarbeiter auswählen und schriftlich benennen. Die Benennung sollte sich dabei jeweils an den baulichen und betriebsspezifischen Erfordernissen orientieren. Außerdem ist die Sicherstellung der Aufgaben der Brandschutzhelfer auch für den Schichtbetrieb zu gewährleisten.

Betriebliche Feuerwehren nehmen i. d. R. die Aufgaben der Brandschutzhelfer selbst wahr. Die Benennung zusätzlicher Brandschutzhelfer sollte daher in Absprache mit dem Leiter der Betrieblichen Feuerwehr erfolgen.

4 Baustellen

Die Anforderung zur Ausbildung von Brandschutzhelfern gilt auf Baustellen nur für stationäre Baustelleneinrichtungen, wie Baubüros, Unterkünfte oder Werkstätten. Personen, die auf Baustellen Tätigkeiten mit einer erhöhten Brandgefährdung ausführen, wie beispielsweise Schweißen, Brennschneiden, Trennschleifen oder Löten, sind im Umgang mit Feuerlöscheinrichtungen zu unterweisen. Diese Unterweisung beinhaltet einen theoretischen und einen praktischen Teil, entspricht also der Ausbildung von Brandschutzhelfern.

> **Praxis-Beispiel: Fähigkeiten beachten**
>
> Die zugewiesenen Aufgaben als Brandschutzhelfer dürfen die Fähigkeiten der jeweiligen Person nicht übersteigen und diese auch nicht in eine gefährliche bzw. unkontrollierbare Situation bringen.

Andreas Terboven

Brandschutzkonzept

Als Brandschutzkonzept wird die Gesamtheit aller brandschutztechnischen Maßnahmen für ein Objekt verstanden. Durch die steigenden Dimensionen und die größere Komplexität moderner Gebäude im Industrie-, Gewerbe- und Dienstleistungsbereich werden die Anforderungen an solche Bauten immer höher und es kommt häufig zu einzelfallbezogenen Abweichungen von den grundsätzlichen Anforderungen der Bauordnungen und technischen Regeln. In einem Brandschutzkonzept muss nachgewiesen werden, dass das Zusammenspiel aller einzelnen brandschutztechnischen Maßnahmen in sich schlüssig und nachvollziehbar ist und diese so geeignet sind, das geforderte Schutzziel zu erreichen.

Brandschutzkonzepte werden im Rahmen von bau- oder versicherungsrechtlichen Verfahren gefordert und müssen vom Bauherrn bzw. Betreiber bei geeigneten Fachleuten (z.B. Sachverständige oder zertifizierte Fachplaner Brandschutz) in Auftrag gegeben werden.

Gesetze, Vorschriften und Rechtsprechung

Grundlegend im Hinblick auf die Pflicht, ein Brandschutzkonzept zu erstellen, sind die Landesbauordnungen oder Sonderbauverordnungen der Länder, z.B. § 50 Abs. 1 Nr. 19 LBO NRW.

Nähere Bestimmungen zur Ausführung des Brandschutzkonzeptes finden sich in länderspezifischen Verordnungen (z.B. NRW: Verordnung über bautechnische Prüfungen (BauPrüfV), § 9 Brandschutzkonzept).

Auch aus den Versicherungsbestimmungen kann sich diese Pflicht ergeben (VdS 2000 „Brandschutz im Betrieb"). Hier wird drauf verwiesen, dass ein wirkungsvoller Brandschutz nur durch ein auf den Betrieb abgestimmtes Gesamtkonzept – auch ganzheitliches Brandschutzkonzept genannt – erreicht werden kann, wenn alle Einzelmaßnahmen optimal kombiniert werden.

Als weitere Grundlage zur Erstellung von Brandschutzkonzepten dient die vfdb Richtlinie 01/01 Brandschutzkonzept. Hier wird wie folgt argumentiert: *„In heutigen Bauwerken, die immer komplexere und größere Dimensionen erreichen, sind einzelne brandschutztechnische Maßnahmen der Vorschriftenwerke nicht mehr ohne Weiteres anwendbar. Vielmehr muss zur Umsetzung der Schutzziele des Baurechts das Zusammenspiel aller brandschutztechnischen Maßnahmen in sich schlüssig und nachvollziehbar in einem Brandschutzkonzept dargestellt werden. Die Richtlinie gibt hierzu stichpunktartig Hilfestellung."*

1 Landesbauordnungen

> **Praxis-Beispiel: Überprüfung des aktuellen Standes der Landesbauordnung erforderlich**
>
> Insbesondere bei Neu- oder Umplanungen ist immer der aktuelle Stand der zugehörigen Landesbauordnung zu beachten und heranzuziehen.

Baurecht ist Ländersache und die Bauordnungen sind länderspezifisch. In der Musterbauordnung findet sich der Hinweis auf die Erstellung eines Brandschutzkonzeptes in § 51 Abs. 2 Punkt 19. Hier erfolgt die Darstellung am Beispiel der Landesbauordnung des Landes Nordrhein-Westfalen (§ 50 Abs. 1 Nr. 19).

Gemäß der Verordnung über bautechnische Prüfungen (BauPrüfV) ist nach § 9 *„das Brandschutzkonzept eine zielorientierte Gesamtbewertung des baulichen und abwehrenden Brandschutzes bei Sonderbauten"*.

In der Verwaltungsvorschrift zur Verordnung über bautechnische Prüfungen – VV BauPrüfVO – RdErl. d. Ministeriums für Bauen und Wohnen vom 8.3.2000 zu § 9 Brandschutzkonzept heißt es:

„9.1 Zu Absatz 1

9.11 Das Brandschutzkonzept muss die Angaben enthalten, die für eine zielorientierte Gesamtbewertung des vorbeugenden baulichen und anlagentechnischen Brandschutzes, des betrieblichen Brandschutzes und des abwehrenden Brandschutzes erforderlich sind.

Es muss auf den Einzelfall und auf die Nutzung der baulichen Anlage abgestimmt sein. Die angewandten Nachweisverfahren und die zugrunde gelegten Parameter, insbesondere Brandszenarien, sind detailliert darzulegen. Bei beabsichtigten Abweichungen von bauordnungsrechtlichen Vorschriften ist eine Risikobetrachtung durchzuführen."

Ähnliche Regelungen zur Aufstellung eines Brandschutzkonzeptes finden sich auch in den Bauordnungen einiger anderer Bundesländer.

2 Privatrechtliche Bestimmungen des VdS

Die VdS 2000 „Brandschutz im Betrieb" enthält für den Betreiber und den Verantwortlichen des → *Brandschutzes* im Betrieb Hinweise zur Bearbeitung dieses Kapitels. Es dient als Handlungshilfe für eine Umsetzung der Brandschutzbestimmungen und geht intensiv für Laien auf die o. g. Kapitel ein. Ein Großteil der in der vfdb-Richtlinie[1] genannten Punkte wird hier eingehend unter dem Aspekt des betrieblichen Brandschutzes erläutert.

3 vfdb-Richtlinie 01/01

Grundsätzlich wird z. B. in der vfdb[2]-Richtlinie 01/01 von 3 Einzelmaßnahmen ausgegangen, die in ihrer Gesamtheit das besondere Schutzziel des → *Brandschutzes* erreichen. In der Richtlinie werden der **vorbeugende und anlagentechnische Brandschutz** zusammengefasst. Der **betriebliche organisatorische Brandschutz** und der **abwehrende Brandschutz** werden als Einzelmaßnahmen betrachtet.

Diese Einzelkomponenten und ihre Verknüpfungen sollen im Hinblick auf das Schutzziel beschrieben werden unter Berücksichtigung

- der Nutzung,
- des Brandrisikos,
- des zu erwartenden Schadenausmaßes.

Die Richtlinie sieht das Brandschutzkonzept als Grundlage vor bei

- Planung eines Gebäudes,
- Nutzung des Objekts,
- Organisation des betrieblichen Brandschutzes,
- Ausbildung der Mitarbeiter,
- Planung von Umbauten und Nutzungsänderungen.

Auch im Baugenehmigungsverfahren soll das Brandschutzkonzept als eigenständige Bauvorlage angesehen werden. In diesem Falle dient es als Grundlage für

- bauaufsichtliche Beurteilung/Genehmigung,
- Fachplanung, Bauausführung und Koordination der Gewerke,
- Abnahme und die wiederkehrenden Prüfungen,
- privatrechtliche Risikobeurteilung,
- Brandsicherheitsschauen,
- Einsatzplanung der Feuerwehr.

---

1 Vgl. Kap. 3.

2 Vereinigung zur Förderung des deutschen Brandschutzes e. V.

Die Richtlinie unterteilt die Inhalte in allgemeine Angaben, den vorbeugenden, den organisatorischen, den betrieblichen und den abwehrenden Brandschutz. Der vorbeugende Brandschutz wird dabei noch in den baulichen und den anlagentechnischen Brandschutz unterteilt.

3.1 Allgemeine Angaben

Zu den allgemeinen Angaben gehören nach vfdb 01/01:

- Beschreibung des Gebäudes/der baulichen Anlage und der örtlichen Situation im Hinblick auf den → *Brandschutz*,
- Art der Nutzung,
- Beurteilungsgrundlage (Planungsstand und Rechtsgrundlage),
- Anzahl und Art der Personen, die die bauliche Anlage nutzen,
- Brandlast der Nutz- und Lagerflächen,
- Darstellung der Schutzziele und v.a. Beschreibung der Schwerpunkte der Schutzziele, z.B. zum Personen-, Sachwert-, Denkmal-, Unfall- und Umweltschutz,
- Brandgefahren und besondere → *Zündquellen*,
- Risikoanalyse und Benennung der Risikoschwerpunkte.

3.2 Vorbeugender Brandschutz

Bestandteile des vorbeugenden Brandschutzes sind der bauliche sowie der anlagentechnische Brandschutz mit den Inhalten:

Baulicher Brandschutz:

- Zugänglichkeit der baulichen Anlagen vom öffentlichen Straßenraum wie Zugänge, Zufahrten,
- Erster und zweiter → *Rettungsweg* und Rettungswegausbildung,
- Anordnung von → *Brandabschnitten* und anderen brandschutztechnischen Unterteilungen sowie die Ausführung deren trennender Bauteile einschließlich ihrer Aussteifung,
- Abschluss von Öffnungen in abschnittsbildenden Bauteilen,
- Anordnung und Ausführung von Rauchabschnitten (Rauchschürzen, → *Rauchschutztüren*),
- Feuerwiderstand von Bauteilen (Standsicherheit, Raumabschluss, Isolierung usw.),
- Brennbarkeit der Baustoffe.

Anlagentechnischer Brandschutz:

- Brandmeldeanlagen mit Darstellung der überwachten Bereiche, der Brandkenngröße und der Stelle, auf die aufgeschaltet wird,
- Alarmierungseinrichtung mit Beschreibung der Auslösung und Funktionsweise,
- automatische Löschanlagen mit Darstellung der Art der Anlage und der geschützten Bereiche,
- brandschutztechnische Einrichtungen wie Steigleitungen, Wandhydranten, Druckerhöhungsanlage, halbstationäre Löschanlagen und Einspeisestellen für die Feuerwehr,
- Rauchableitung mit Darstellung der Anlage einschließlich der Zulufteinrichtungen und des zu entrauchenden Bereichs,
- Einrichtungen zur Rauchfreihaltung mit Schutzbereichen,
- Maßnahmen für den Wärmeabzug mit Darstellung der Art der Anlage,
- Lüftungskonzept, soweit es den Brandschutz berührt (z.B. Umsteuerung der Lüftungsanlagen von Um- auf Abluftbetrieb),
- Angabe zum Funktionserhalt von sicherheitsrelevanten Anlagen einschließlich der Netzersatzversorgung,
- Blitz- und Überspannungsschutzanlage,
- → *Sicherheits-* und Notbeleuchtung,
- Angaben zu Aufzügen (z.B. Brandfallsteuerung, Aufschaltung der Notrufabfrage, Feuerwehraufzüge),
- Beschreibung der Funktion und Ausführung von Gebäudefunkanlagen.

3.3 Organisatorischer Brandschutz

Der zweite zu betrachtende Bereich im Brandschutzkonzept der vfdb-Richtlinie ist der organisatorische oder auch betriebliche Brandschutz:

- Angabe über das Erfordernis einer → *Brandschutzordnung* nach DIN 14096, einer Evakuierungsplanung und von Rettungswegplänen,
- Kennzeichnung der Rettungswege und Sicherheitseinrichtungen,
- Bereitstellung von Kleinlöschgeräten (→ *Feuerlöscher*, Löschdecke),
- Hinweis auf die Ausbildung des Personals in der Handhabung von Kleinlöschgeräten und auf die jährliche Einweisung der Mitarbeiter in die Brandschutzordnung,
- Einrichtung einer Werkfeuerwehr.

3.4 Abwehrender Brandschutz

Anschließend wird in der Richtlinie der abwehrende Brandschutz betrachtet:

- Löschwasserversorgung und -rückhaltung,
- Erstellung eines → *Feuerwehrplans* nach DIN 14095,
- Flächen für die Feuerwehr (Aufstell- und Bewegungsflächen),
- Einrichtung von Schlüsseldepots (Feuerwehrschlüsselkästen),
- Festlegung zentraler Anlaufstellen für die Feuerwehr.

Zur Umsetzung des Brandschutzkonzeptes kann es für ein reibungsloses Zusammenwirken während der Bauphase erforderlich sein,

- besondere Brandschutzmaßnahmen entsprechend dem Baufortschritt festzulegen,
- Verantwortlichkeiten bzw. Zuständigkeiten (Bauleiter, Fachplaner, ausführende Firma, Bauherr) zu definieren,
- die Qualifikation von ausführenden Firmen zu beschreiben und
- Hinweise zur Ausführung, ggf. mit Vorgabe erforderlicher Nachweise, zu geben.

In Abschn. 5 der vfdb-Richtlinie wird weiter darauf hingewiesen, *„auf eine für Laien verständliche Dokumentation der für die Nutzung relevanten Punkte"* zu achten. Dies sollte sich nach Meinung der Verfasser besonders auf die Hinweise zur Nutzung, Angaben zur Abnahme, wiederkehrende Prüfungen und Wartung von sicherheitstechnischen Einrichtungen, Angaben zur notwendigen Dokumentation (Prüfbücher), Hinweise zur Verantwortung im Betrieb (Brandschutzbeauftragter), Hinweise auf die Fortschreibung des Brandschutzkonzeptes bei Nutzungsänderung erstrecken.

4 Brandschutzleitfaden des Bundesbauministeriums

Der Brandschutzleitfaden für Gebäude besonderer Art oder Nutzung des Bundesministeriums für Verkehr, Bau- und Wohnungswesen gilt für öffentliche Bauten des Bundes und befasst sich auch mit dem Thema Brandschutzkonzept. Der Leitfaden wurde für die Planung, Erstellung und Unterhaltung sowie den Betrieb von Gebäuden des Bundes im Zuständigkeitsbereich des Bundesministeriums für Raumordnung, Bauwesen und Städtebau (BMBau) erstellt.

Das in diesem Leitfaden zu betrachtende ganzheitliche Brandschutzkonzept (**Abb. 1**) setzt sich wie in der vfdb-Richtlinie aus dem vorbeugenden und abwehrenden → *Brandschutz* in folgenden sich beeinflussenden Segmenten zusammen:

- baulicher Brandschutz,
- anlagentechnischer Brandschutz,
- betrieblich-organisatorischer Brandschutz.

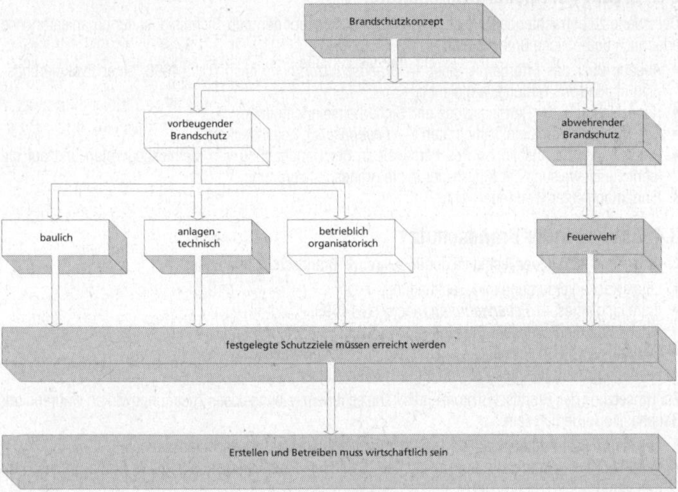

Abb. 1: Grafische Darstellung eines Brandschutzkonzeptes

Diese Segmente sind von der ersten Planungsphase an so zu wählen und zu kombinieren, dass in ihrem Zusammenspiel das erforderliche bauliche Sicherheitsniveau kostengünstig sichergestellt wird und Nutzung und Betrieb des Gebäudes dauerhaft, ohne Absinken des Sicherheitsniveaus, und wirtschaftlich durchgeführt werden können.

Anlagentechnische und organisatorische Maßnahmen sind erforderlich, um im Rahmen des Brandschutzkonzeptes die Maßnahmen des baulichen und abwehrenden Brandschutzes zu ergänzen und den Brandschutz, z. B. auch bei hohen betrieblichen und baulichen Brandlasten, sicherzustellen.

Die Aussage, dass ein technisch optimierter und sinnvoller Brandschutz nur durch schutzzielorientierte und risikogerechte Kombinationen der vorgegangenen Maßnahmen im Rahmen eines umfassenden Brandschutzkonzeptes erreicht werden kann, in dem Brandschutzmaßnahmen aus den nutzungsspezifischen Brandgefahren und Brandauswirkungen sowie den allgemeinen Schutzzielen nach Musterbauordnung und besonderen Schutzzielen abgeleitet sind, kann nur unterstrichen werden.

5 Brandrisikoanalyse

Grundlage für ein ausgereiftes → *Brandschutzkonzept* kann eine Brandrisikoanalyse sein, die alle o. g. Punkte systematisch erfasst und bewertet. Eine Brandrisikoanalyse deckt Schwachstellen auf und legt somit zugleich die entsprechenden Maßnahmen fest. Sie kann sehr variabel gestaltet werden und verschiedenste Anforderungen erfüllen, nur sollte eine bestimmte Vorgehensweise und Systematik beachtet werden. Die Durchführung einer Brandrisikoanalyse ist sehr zeitintensiv.

Cornelia von Quistorp

Brandschutzordnung

Eine Brandschutzordnung ist eine auf ein bestimmtes bauliches Objekt zugeschnittene Zusammenfassung von Regeln für die Brandverhütung und das Verhalten im Brandfall. Die 3 Teile der Brandschutzordnung sprechen unterschiedliche Personenkreise an. Teil A beinhaltet allgemeine Informationen an alle Personen, die sich im Gebäude aufhalten – also auch Betriebsfremde. Dieser Teil ist an zentralen Stellen des Gebäudes gut sichtbar auszuhängen. Teil B richtet sich an alle Personen, die sich nicht nur vorübergehend im Betrieb aufhalten. Dies sind z. B. die Mitarbeiter des jeweiligen Unternehmens, aber auch Beschäftigte von Fremdfirmen, die längerfristige Arbeiten im Betrieb ausführen. Teil B gibt Hinweise auf Maßnahmen zur Brandverhütung sowie zum Verhalten im Brandfall. Teil C richtet sich an Personen, die besondere Aufgaben im Brandschutz wahrnehmen, z. B. Brandschutzbeauftragte, Brandschutzhelfer oder Führungskräfte.

Gesetze, Vorschriften und Rechtsprechung

Die Regeln für das Erstellen von Brandschutzordnungen sind in der DIN 14096 festgelegt:

Weitere Rechtsgrundlagen sind zu finden in Abschn. 7.1 ASR A2.2 "Maßnahmen gegen Brände", Abschn. 5.12.4 "Muster-Industriebaurichtlinie", Abschn. 4.4.1 DGUV-R 100-001 und Abschn. 14 DGUV-I 205-001 „Arbeitssicherheit durch vorbeugenden Brandschutz". Außerdem wird in einigen Landesbauvorschriften für Gebäude besonderer Art und Nutzung eine Brandschutzordnung gefordert, z. B. in den Verkaufsstätten- oder Versammlungsstättenverordnungen.

1 Verhaltensanweisung für den Brandfall

Die Brandschutzordnung ist die Grundlage für das Verhalten aller Personen im Brandfall, bezogen auf eine Gebäudeeinheit. Jedes Unternehmen mit eigenen baulichen Objekten ist zur Erstellung verpflichtet. Die Brandschutzordnung gliedert sich in 3 Teile (A, B, C). Je nach Art, Nutzung und Größe der baulichen Anlage und im Einvernehmen mit der für den Brandschutz zuständigen Behörde, können die Teile B und/oder C entfallen.

In die Brandschutzordnung kann auch ein Alarmplan integriert werden. Im Alarmplan wird festgelegt, welche Personen oder Institutionen im Brandfall informiert werden müssen.

> **Praxis-Beispiel: Aktuelle Fassung der DIN 14096**
>
> Durch die Überarbeitung der DIN 14096 im Mai 2014 gab es einige Änderungen in dieser Norm. Die eigene Brandschutzordnung sollte daher mit der aktuellen Fassung der DIN verglichen und ggf. überarbeitet werden.

> **Praxis-Beispiel: Individuelle Erstellung**
>
> Die Brandschutzordnung muss in jedem Fall individuell auf das jeweilige bauliche Objekt zugeschnitten werden und ist alle 2 Jahre durch eine fachkundige Person (z. B. → *Brandschutzbeauftragten*) zu überprüfen.

2 Teil A

Teil A der Brandschutzordnung muss allen Mitarbeitern oder sonst anwesenden Personenkreisen einen Gesamtüberblick verschaffen über die Regeln der Brandverhütung und das Verhalten im Brandfall:

Brände verhüten

Hier kann z. B. das Verbot von offenem Feuer oder ein grundsätzliches Rauchverbot festgeschrieben werden.

Verhalten im Brandfall

- Regelungen zu **Brandmeldemöglichkeiten** wie Telefonnummer 112 und evtl. eine interne Alarmnummer, ggf. auch der Hinweis auf sog. Handdruckknopfmelder.

- Das Verhalten **während einem Brandalarm**, wie Ruhe bewahren, über die ausgeschilderten → *Fluchtwege* in Sicherheit bringen, keine Aufzüge benutzen, Türen schließen, hilflosen Personen helfen und auf besondere Anweisungen achten.
- Aufzeigen der **Selbsthilfemöglichkeiten**, wie eigene Löschversuche mit betriebsinternen → *Handfeuerlöschern*, Löschdecken oder evtl. Wandhydranten.

Teil A ist im Gebäude gut sichtbar auszuhängen. Es sollte sich um eine bzw. mehrere Stellen handeln, an denen Personen häufiger vorbeigehen oder verweilen. Solche Stellen sind z. B. Hauszugänge, Hallen, Flure, Aufzüge, Treppenräume oder Besprechungsräume.

Fremdsprachige Übersetzungen dürfen nicht innerhalb des Teiles A enthalten sein. Sofern sich fremdsprachige Personen im Gebäude aufhalten ist ein separater Aushang in der jeweiligen Sprache auszuhängen.

Praxis-Beispiel: Format

Das Format sollte A4 sein. Der Aushang muss mit einem 10 mm breiten roten Rahmen versehen werden. **Abb. 1** zeigt eine Musterbrandschutzordnung Teil A.

Brandschutzordnung Teil A

Firma
Standort

Brände verhüten

Keine offenen Flammen, Feuer, offene Zündquellen!
Rauchen im gesamten Gebäude verboten!

Verhalten im Brandfall

Ruhe bewahren Brand melden	**Hausalarm über Druckknopfmelder auslösen und Feuerwehr über Notruf ☎ (0) 112 alarmieren!** Inhalt der Meldung: • Wer meldet? • Was ist passiert? • Wo ist etwas passiert? • Wie viele Personen sind betroffen/verletzt? • Warten auf Rückfragen!
In Sicherheit bringen	• Andere Personen warnen und mitnehmen • Hilfsbedürftigen Personen unterstützen • Türen und Fenster schließen • Gekennzeichneten Fluchtwegen folgen • Keine Aufzüge benutzen • Anweisungen der Brandschutzhelfer/ Feuerwehr befolgen Sammelstelle .... aufsuchen
Löschversuch unternehmen	• Feuerlöscher benutzen • Eigensicherung beachten • Wandhydrant benutzen • Eigensicherung beachten

Brandschutzordnung Teil A nach DIN 14 096

Abb. 1: Brandschutzordnung Teil A gemäß DIN 14096

3 Teil B

Teil B der Brandschutzordnung dient als allgemeiner Textteil zur Information und zur Festschreibung betriebsinterner Brandschutzregeln. Zu berücksichtigen sind Themen, wie:

- **Brandverhütung** (z. B. Rauchverbot, offenes Feuer, feuergefährliche Arbeiten (Erlaubnisschein für feuergefährliche Arbeiten, wie → *Schweißen*, Schneiden, Löten, Auftauen oder Trennschleifen), brennbare Abfälle, elektrische Geräte, gasbetriebene Geräte und andere Zündquellen),
- **Brand- und Rauchausbreitung** (z. B. Feuer- und Rauchabschlüsse, Rauch- und Wärmeabzugsanlagen),
- **Flucht- und Rettungswege** (z. B. Freihalten von → *Rettungswegen* und → *Notausgängen*),
- **Melde- und Löscheinrichtungen** (z. B. Hinweise auf Telefone, Brandmeldeeinrichtungen, interne Meldestellen),
- **Verhalten im Brandfall** (z. B. Hinweise zur Vermeidung von Panik und unüberlegtem Handeln),
- **Brand melden** (z. B. wo kann gemeldet werden, was muss eine Meldung beinhalten, "5-W-Schema"),
- **Alarmsignale und Anweisungen beachten** (z. B. Bedeutung von Alarmsignalen),
- **In Sicherheit bringen** (z. B. Fluchtwege, Aufzugverbot, hilflose Menschen, Sammelstelle),
- **Löschversuche unternehmen** (z. B. Durchführung von Löschversuchen, Behandlung brennender Personen),
- **Besondere Verhaltensregeln** (z. B. Arbeitsmittel sichern, Sachwerte bergen, Türen schließen).

Die Brandschutzordnung Teil B sollte in Form von Merkblättern, Broschüren oder Anweisungen erstellt und in die betriebliche Sicherheitsdokumentation integriert werden. Die Inhalte des Teil B sind in die jährliche → *Unterweisung* der Beschäftigten einzubinden.

Bei der Erstellung ist zu berücksichtigen, welche Personen in welchem Arbeitsumfeld angesprochen werden sollen. In größeren Betrieben muss der Teil B so untergliedert sein, dass den Mitarbeitern eine Brandschutzordnung übergeben werden kann, die die Situation ihres Arbeitsumfeldes speziell berücksichtigt.

4 Teil C

Teil C der Brandschutzordnung richtet sich an Personenkreise, denen über ihre allgemeinen Aufgaben hinaus besondere Aufgaben im Brandschutz übertragen wurden, z. B.:

- → ***Brandschutzbeauftragte***: Koordination der internen Abläufe, Kontaktperson zur Feuerwehr, Weisungsgeber für die internen Selbsthilfekräfte.
- → ***Fachkräfte für Arbeitssicherheit***: Oft in Personalunion auch Brandschutzbeauftragte oder zu deren Unterstützung im Einsatz.
- → ***Sicherheitsbeauftragte***: Unterstützen o. g. Personenkreis oder sorgen die für die ordnungsgemäßen Abläufe in verschiedenen Teilbereichen.
- → ***Brandschutzhelfer***: Speziell zur Bekämpfung von Entstehungsbränden ausgebildete Mitarbeiter.
- **Räumungs-/Evakuierungshelfer:** Zur Durchführung der Räumung eines Gebäudes oder Gebäudeabschnittes speziell ausgebildete Mitarbeiter. Oftmals in Personalunion auch Brandschutzhelfer.
- **Ordner:** Vermeidung von Paniksituationen ggf. in Kundenbereichen oder in Bereichen mit großen Menschenansammlungen.
- → ***Führungskräfte* und Management:** Verantwortung und Entscheidungsbefugnisse vor oder nach Eintreffen der Feuerwehr.

Gliederung und Inhalt des Textes müssen sich nach den jeweiligen innerbetrieblichen Gegebenheiten richten. Der Text muss eindeutig und leicht verständlich sein. Es muss sichergestellt sein, dass die Inhalte regelmäßig aktualisiert bzw. Änderungen sofort eingepflegt werden.

Praxis-Beispiel: Informationsweitergabe

Die jeweiligen Brandschutzordnungen Teil B und C müssen den Personen mit besonderen Brandschutzaufgaben schriftlich übergeben werden. Es ist anzuraten, sich den Erhalt schriftlich bestätigen zu lassen.

Andreas Terboven

Brandschutztüren

Türen, die 2 benachbarte Rauch- oder Brandabschnitte voneinander abtrennen, müssen bestimmte Brandschutzanforderungen erfüllen, z. B. selbst- und dichtschließend sein und einem Flammenbrand für eine bestimmte Dauer Stand halten, um bei einem Brandfall in einem Gebäude Flucht, Rettung und Löschangriff zu ermöglichen. In Abhängigkeit vom jeweiligen Anforderungsniveau wird von sog. dichtschließenden Türen, von Rauch- oder Brandschutztüren gesprochen.

Türen mit Brandschutzanforderungen müssen ordnungsgemäß betrieben werden, dürfen also weder verändert oder entfernt noch in geöffnetem Zustand festgesetzt werden. Das zu gewährleisten ist Aufgabe der betrieblich Verantwortlichen, umso mehr, als damit auch Haftungsfragen verbunden sein können.

Gesetze, Vorschriften und Rechtsprechung

Türen mit Brandschutzanforderungen sind Bauteile im Sinne der EU-Bauproduktenverordnung (EG) 305/2011 bzw. Bauproduktengesetz (BauPG). Im Normalfall werden sie nach festgelegten technischen Regeln gefertigt (geregelte Bauprodukte) und dürfen so nach Baumusterprüfung in Verkehr gebracht werden. Solche Produkte sind mit dem Übereinstimmungszeichen „Ü" für Bauprodukte gekennzeichnet.

Wo und wie genau eine Tür mit Brandschutzanforderungen erforderlich ist, ist Bestandteil des Genehmigungsverfahrens und folgt unterschiedlichen Rechtsvorgaben wie Landesbauordnungen, Sonderbauvorschriften, Baunormen (z. B. DIN 18230 Industriebau), Vorgaben der Sachversicherer (VdS-Richtlinien) oder auch Einzelfallentscheidungen der zuständigen Bauaufsichtsbehörden. Auf jeden Fall muss im laufenden Betrieb eines Gebäudes sichergestellt werden, dass vom Genehmigungsstand in Bezug auf Türen mit Brandschutzanforderungen nicht einfach abgewichen wird. Wenn solche Türen verändert, entfernt, verkeilt oder nicht in Stand gehalten werden, können sowohl der Verlust des Versicherungsschutzes als auch zivil- und strafrechtliche Konsequenzen drohen, wenn es zu Sach- oder Personenschäden kommt, die bei ordnungsgemäßem Betrieb vermeidbar gewesen wären.

1 Brandschutzanforderungen an Türen

Sog. **dichtschließende** → *Türen* werden z. B. für den Verschluss von Wohnungen und anderen Räumen mit geringen Brandrisiken zum Treppenhaus hin verlangt. In den Verwaltungsvorschriften zur LBO NRW sind als dichtschließende Türen definiert: „Türen mit stumpf eingeschlagenem oder gefälztem, vollwandigem Türblatt mit einer mindestens dreiseitig umlaufenden Dichtung."

Die Rauchausbreitung wird behindert, aber dichtschließende Türen müssen nicht selbstschließend sein.

Rauchdichte Türen (Rauchschutztüren) dienen dazu, eine Rauchausbreitung im Brandfall weitergehend zu verhindern. Sie sind – oft als Glastüren – in größeren Gebäuden sehr verbreitet, z. B. zur Unterteilung langer Flure oder zwischen Fluren und Treppenräumen (**Abb. 1**). Anforderungen an solche Türen sind:

- selbsttätige Schließung,
- nur mit geeigneter Feststellvorrichtung festsetzen,
- keine Schwellen, ausgenommen Flachrundschwellen $\leq$ 5 mm Höhe,
- nicht abschließbar,
- robust,
- nicht schwergängig,
- Kennzeichnung auf dem Typenschild mit RS und einer Ziffernbezeichnung für die genaue Ausführung.

Abb. 1: Rauchschutztür, selbstschließend mit zugelassener Feststelleinrichtung

Brandschutztüren sollen → *Brandabschnitte* rauch- und wärmedicht abtrennen. Für sie gelten dieselben Anforderungen wie für Rauchschutztüren, darüber hinaus aber noch Anforderungen an die Feuerwiderstandsdauer (T 30, 60 usw.). Man findet Brandschutztüren in Brand- und Komplextrennwänden oder an Räumen mit erhöhtem Risiko, die am Treppenraum liegen (z.B. Keller-, Lager-, Verkaufs- und ähnliche Räume).

Meist handelt es sich dabei um Stahltüren. Glaseinsätze sind grundsätzlich möglich, aber teuer. Auch Ausführungen in Verbundwerkstoffen (z.B. Holz-Kunststoff) sind grundsätzlich möglich.

Abb. 2: Prüfsiegel einer Brandschutztür

Praxis-Beispiel: Feuerschutzabschlüsse

Türen sind nur **eine** Art, eine Öffnung in der Abgrenzung eines Rauch- oder Brandabschnittes zu verschließen. Natürlich gelten auch für alle anderen sog. Feuerschutzabschlüsse wie Tore, Fenster,

Verglasungen, Rohrleitungsschotten usw. dieselben Prinzipien, nämlich, dass solche Abschlüsse im Brandfall die Ausbreitung von Feuer und Rauch für eine vorgesehene Dauer wirksam unterbinden müssen und dass grundsätzlich ohne fachkundige Beratung bzw. Genehmigung keine Veränderungen daran vorgenommen werden dürfen. Ist also neben einer Brandschutztür für eine Kabeldurchführung ein Loch in die Wand gebohrt worden und nicht korrekt verschlossen, ist das genauso ein wesentlicher Baumangel, als wenn die Tür nicht funktionsfähig ist.

2 Betrieb von Türen mit Brandschutzanforderungen

Türen mit Brandschutzanforderungen sind grundsätzlich genehmigungsrelevant bzw. wesentlich für den Erhalt des Versicherungsschutzes. Daher und um im Brandfall nicht Sachwerte und Menschenleben unnötig zu gefährden, ist es unabdingbar, diese Türen in vorgesehener Weise in Funktion zu halten.

2.1 Missbräuchliche Nutzung vermeiden

Praxis-Beispiel: Dicht schließende Türen

Dichtschließende Türen im Sinne des Baurechtes sind zwar i.d.R. auch Bestandteil von Bau- und Betriebsanforderungen an Gebäude und müssen daher wie vorgegeben eingebaut und erhalten werden. Sie sind aber nicht kennzeichnungspflichtig und müssen nicht selbstschließend, also mit Türschließern ausgestattet sein. Sie sind deshalb nicht so ohne Weiteres vor Ort erkennbar und die hier beschriebenen Anforderungen an den Betrieb von Rauch- und Brandschutztüren sind so nicht darauf anwendbar.

Dichtschließende Türen werden z.B. an Schlafräumen in Wohn-, Pflege- oder Beherbergungseinrichtungen verlangt, damit bei nächtlichen Bränden möglichst kein Rauch in die Räume eindringt; oder an Abstell- oder Anschlussräumen in Bürogebäuden, damit die Rauchausbreitung bei Entstehungsbränden unterbunden werden kann.

Damit sie im Brandfall wirklich geschlossen sind, dürfen Rauch- und Brandschutztüren auf keinen Fall verkeilt, festgebunden oder sonst wie festgesetzt werden. Diese an für sich selbstverständliche Regel wirft im betrieblichen Alltag immer wieder große Probleme auf. Weil die enorme Schutzwirkung solcher Türen für die Gebäudenutzer eher abstrakt bleibt, während die mühsame Benutzung der schweren Türen tagtäglich spürbar ist, muss immer wieder damit gerechnet werden, dass die Türen unerlaubt offen gehalten werden. Die wiederkehrenden „Argumente" sind z.B.:

- die Tür ist mir zu schwer,
- ich habe keine Hand frei oder muss einen Wagen o.Ä. mitführen,
- die geschlossene Tür erschwert die Kommunikation oder die Lüftung und soll deshalb offen bleiben,
- wir schließen die Tür immer bei Geschäftsschluss, tagsüber merken wir ja, wenn Gefahr droht.

Dazu sollten folgende Punkte berücksichtigt werden:

Es gibt außer der Verwendung einer zugelassenen Feststelleinrichtung (s.u.) keine zulässige Möglichkeit, Rauch- oder Brandschutztüren geöffnet zu halten. Sie müssen nicht nur zu bestimmten Zeiten geschlossen sein, sondern immer, wenn sie nicht gerade durchquert werden. Zu Transportzwecken kann eine Tür ausnahmsweise verkeilt werden, aber der Keil muss unmittelbar nach Passieren der Tür wieder entfernt werden.

Weil diese Vorgehensweise tatsächlich im Betriebsalltag die Arbeitsbedingungen erheblich erschweren kann, ist es sinnvoll, mehr als nur gelegentlich benutzte Rauch- oder Brandschutztüren nach Möglichkeit mit **zugelassenen Feststellanlagen** (**Abb. 3**) auszustatten, die im Brandfall selbsttätig auslösen. Dies gilt umso mehr, wenn häufig sperrige Güter transportiert werden oder Menschen mit bestimmten körperlichen Einschränkungen die Türen passieren müssen. Eine Feststellanlage besteht i.d.R. aus einem Feststellelement (elektrischer Haftmagnet oder Türschiene) und ist mit Rauchmeldern bzw. einer Brandmeldeanlage gekoppelt. Deren Signal löst im Brandfall die Arretierung, sodass die Tür zufällt (wobei sie natürlich normal passierbar bleibt). Dies erleichtert nicht nur den innerbetrieblichen Personen- und Warenverkehr ungemein und ermöglicht eine freundlichere Raumwirkung, sondern schont auch die sehr schweren Türen vor starkem Verschleiß oder vor Beschädigung durch Verkeilen (s. u.).

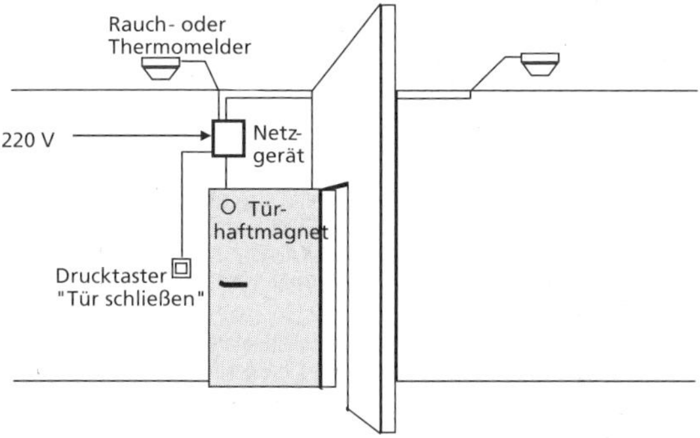

Abb. 3: Feststellanlage

Praxis-Beispiel: Unterweisungsthema Türen

Die Beschäftigten müssen immer wieder darauf hingewiesen werden, dass das Festsetzen der Türen kein „Kavaliersdelikt" ist. Vielmehr ist damit zu rechnen, dass im Falle eines Schadens ein solches Verhalten als grob fahrlässig einzustufen ist und ggf. neben haftungs- auch strafrechtliche Konsequenzen nach sich ziehen kann. Es muss klargestellt werden, dass die Türen eine Lebensversicherung für alle Gebäudenutzer darstellen und sie keinesfalls nur dazu da sind, außerhalb der Betriebszeiten den Sachwertschutz sicherzustellen. Außerdem sollte man bei Bedarf darauf hinweisen, dass durch unsachgemäßes Verkeilen die Türen leicht verziehen, nicht mehr dicht schließen und dann kostenaufwendig überholt werden müssen. Beschäftigte sollten dazu angehalten werden, Mängel an Türen zu melden und so die für Haustechnik Verantwortlichen zu unterstützen.

2.2 Instandhaltung

Rauch- und Brandschutztüren können ihre Funktion nur erfüllen, wenn sie in einwandfreiem technischen Zustand sind. Dazu gehört v. a.:

- Sie müssen nicht nur selbsttätig zufallen, sondern die Sperrklinke muss einrasten. Sonst können sie im Brandfall von anstehendem heißen Rauch aufgedrückt und damit unwirksam werden. Problematisch dabei ist, dass eine Tür, je schwerer sie ist und je mehr sie bewegt wird, desto eher ihren Sitz verändert und dann nicht mehr richtig schließt.
- Die 3-seitig angebrachten Dichtungen müssen in Ordnung sein, also nicht fehlen, wesentlich beschädigt, ausgehärtet oder überlackiert sein.

Funktionsstörungen, besonders Schließprobleme an Rauch- und Brandschutztüren sind so häufig, dass sie leicht als unvermeidliches Übel hingenommen werden. Sie stellen aber einen gravierenden Mangel dar und müssen unverzüglich abgestellt werden. I. d. R. reicht dafür nicht der jährliche Besuch eines Servicetechnikers. Kontinuierliche Kontrollen können eine Aufgabe für → *Brandschutz-* oder → *Sicherheitsbeauftragte* sein.

2.3 Prüfung

Für Türen mit Brandschutzanforderungen **ohne** zugelassene Feststelleinrichtung gibt es keine allgemein gültige Prüffrist. Die Türen müssen stets in einwandfreiem Zustand sein. Weil aber das Risiko für

Schäden extrem von Art und Häufigkeit der Nutzung abhängt, sind die anzusetzenden Prüfintervalle entsprechend unterschiedlich.

Praxis-Beispiel: Unterschiedliche Nutzung

Die sehr selten benutzte Brandschutztür eines Heizungsraumes wird sich auch über Jahre hin kaum in Zustand und Funktion verändern und braucht deshalb nur in sehr weiten Abständen „der Form halber" kontrolliert werden. Eine täglich häufig benutzte Tür zu einem Treppenraum, durch die auch noch regelmäßig Transporte stattfinden, kann aber schon nach wenigen Monaten verzogen oder beschädigt sein, sodass hier selbst eine jährliche Prüfung nicht ausreichend ist.

Die Überprüfung kann von geeigneten → *befähigten Personen* problemlos intern vorgenommen werden, da es sich um eine übersichtliche Funktions- und Sichtprüfung handelt. Sinnvoll ist es, dafür → *Sicherheits-* oder → *Brandschutzbeauftragte* zu beauftragen und ggf. durch einen Fachbetrieb schulen zu lassen. In einzelnen technischen Regeln (z. B. in Aufgabenkatalogen für Brandschutzbeauftragte oder in Betriebsvorgaben für Pflegeeinrichtungen) wird von einer monatlichen bis vierteljährlichen Prüfung von Rauch- und Brandschutztüren ausgegangen.

Für rauchmeldergesteuerte Feststellanlagen von Türen mit Brandschutzanforderungen muss von einer mindestens jährlichen Überprüfung ausgegangen werden (so u.a. in einzelnen technischen Prüfverordnungen der Länder, Versicherungs- und Herstellervorgaben). Bei stark strapazierten Türen bzw. solche in kritischen Bereichen wird auch diese Frist u. U. deutlich verkürzt.

Cornelia von Quistorp

Brandschutzunterweisung

Brandschutzunterweisungen sind grundsätzlich ein Bestandteil der regelmäßigen Arbeitsschutzunterweisungen, da Gefahren durch Brände praktisch in allen Betrieben und Arbeitsstätten bestehen. Besondere Sorgfalt bei der Durchführung von Brandschutzunterweisungen ist geboten, wenn in erheblichem Umfang Dritte gefährdet sein können (Publikumsverkehr, Kunden, Gäste, Patienten/Bewohner von Pflegeeinrichtungen, Kinder usw.). Da Brandschutzunterweisungen grundsätzlich vor Aufnahme der Arbeit und danach jährlich dokumentiert durchzuführen sind, stellt es für viele Betriebe eine nicht unerhebliche Herausforderung dar, solche Unterweisungen effektiv zu organisieren und inhaltlich sinnvoll zu gestalten. Die regelmäßige und hinreichend vollständige Brandschutzunterweisung der Beschäftigten ist häufig ein Prüfkriterium in Qualitätsmanagementsystemen.

Gesetze, Vorschriften und Rechtsprechung

Die Pflicht des Arbeitgebers zu regelmäßigen Brandschutzunterweisungen leitet sich zunächst aus den Rechtsquellen der allgemeinen Arbeitsschutzunterweisung ab, d.h. § 12 Arbeitsschutzgesetz. § 4 DGUV-V 1 nimmt darauf Bezug und stellt klar, dass die Unterweisungen jährlich wiederholt werden müssen.

Nach Abschn. 5.12.5 Muster-Industriebaurichtlinie gilt für Gebäude oder Gebäudeteile im Bereich der Industrie und des Gewerbes, die der Produktion oder Lagerung von Produkten oder Gütern dienen, dass „die Betriebsangehörigen … bei Beginn des Arbeitsverhältnisses und danach in Abständen von höchstens 2 Jahren über die Lage und die Bedienung der Feuerlöschgeräte, der Brandmelde- und Feuerlöscheinrichtungen sowie über die Brandschutzordnung zu belehren" sind.

Spezielle Brandschutzschulungen/-übungen leiten sich darüber hinaus ab aus Abschn. 11 ASR A2.3 „Fluchtwege und Notausgänge" (Begehung der Fluchtwege) und § 22 DGUV-V 1 (Löschübungen).

1 Organisation von Brandschutzunterweisungen

Organisation und Durchführung von → *Unterweisungen* richten sich ganz nach den Erfordernissen des Betriebes. Was empfehlenswert ist, hängt davon ab, welche Strukturen bestehen, wer in welchem Umfang und in welcher Form Unterweisungen durchführt. Weil der Aufwand für ein funktionierendes und vorschriftsgemäßes Unterweisungskonzept nicht ganz unerheblich ist, kommt es dabei besonders auf **Effektivität** an.

So ist es i.d.R. empfehlenswert, bestehende Strukturen zu nutzen, statt für Sicherheits- bzw. Brandschutzunterweisungen eine eigene Organisationsstruktur aufzuziehen. Erstunterweisungen für neue Beschäftigte können z.B. mit der üblichen Einweisung am Arbeitsplatz in den ersten Arbeitstagen abgedeckt werden. Dazu ist es ausreichend, wenn der zuständige Vorgesetzte die ohnehin erforderlichen Unterlagen wie → *Brandschutzordnung*, Alarmplan, ggf. → *Betriebsanweisung* für → *Gefahrstoffe* o.Ä. zur Hand nimmt und dem Neueinsteiger wichtige Punkte erläutert. Beim Rundgang im Betrieb kann auf → *Notausgänge*, → *Löscheinrichtungen* usw. hingewiesen werden.

Ist eine solche Vorgehensweise nicht möglich oder erfolgreich, kann ab einer bestimmten Betriebsgröße mit der Personalabteilung fest vereinbart werden, in regelmäßigen Abständen solche Erstunterweisungen in Sachen → *Brandschutz* für neue Mitarbeiter durchzuführen.

Ebenso wirkt es sich meist vorteilhaft aus, wenn die regelmäßigen Unterweisungen im Rahmen ohnehin bestehender regelmäßiger Arbeitsgespräche, Dienstbesprechungen durchgeführt werden. Das vermeidet Organisationsaufwand und unterstreicht vor allem den wichtigen Ansatz, dass Brandschutz ein Betriebsziel ist wie die erfolgreiche Produktion oder die reibungslose Geschäftsabwicklung – und nicht etwa das Steckenpferd des Brandschutzbeauftragten oder der Sicherheitsfachkraft. In jedem Fall müssen die durchgeführten Unterweisungen schriftlich dokumentiert werden.

1.1 Wie oft unterweisen?

Grundsätzlich ist davon auszugehen, dass Brandschutzunterweisungen vor Aufnahme der Tätigkeit und danach regelmäßig mind. einmal im Jahr sowie aus gegebenem Anlass durchzuführen sind.[1]

1.2 Wer führt Unterweisungen durch?

- Zuständige → *Führungskraft*: Rechtlich gesehen ist sie zuständig, weil sie die Weisungsbefugnis für den Bereich hat. Dafür spricht auch, dass → *Brandschutz* letztlich nicht von anderen Unternehmenszielen abgekoppelt werden kann und der Vorgesetzte am besten wissen sollte, welche Themen für den betreffenden Bereich relevant und wichtig sind. Allerdings ist in der betrieblichen Praxis nicht davon auszugehen, dass Vorgesetzte die → *Unterweisungen* in jedem Fall inhaltlich gestalten können oder wollen. Wenigstens sollten sie sie aber durch ihre Führungsrolle stützen.
- → *Brandschutzbeauftragter* bzw. die Werks- oder Betriebsfeuerwehr (soweit vorhanden): Unabhängig davon, auf welchen Grundlagen ein Brandschutzbeauftragter bestellt ist, sollte er ein geeigneter Referent für die betriebliche Unterweisung sein. In vielen Fällen ist das sogar eine seiner Kernaufgaben.
- Möglicherweise kann auch einer der → *Brandschutz- oder Räumungshelfer*, soweit solche im Notfallkonzept benannt sind, hier Aufgaben übernehmen. Das hat den Vorteil, dass sich deren Einsatz dann nicht nur auf gelegentliche Übungen und den hoffentlich nicht eintretenden Ernstfall beschränkt.
- → *Sicherheitsfachkraft*: deckt im Rahmen ihrer Aufgaben im Arbeitsschutz natürlich auch den betrieblichen Brandschutz ab und kann auch Brandschutzunterweisungen übernehmen, besonders wenn keine anderen Funktionen im Brandschutz vor Ort vertreten sind.
- Andere geeignete Betriebsangehörige wie → *Sicherheitsbeauftragte*, Werkschutzmitarbeiter oder Angehörige freiwilliger Feuerwehren können wirkungsvoll in die Unterweisungen mit einbezogen werden mit Themen, in denen sie besonders bewandert sind. Oft unterstützt es die Aufmerksamkeit und Akzeptanz, wenn außer den bekannten betrieblichen Fachleuten auch andere aus dem Kollegenkreis als Referenten auftreten.

1 § 12 ArbSchG, § 4 DGUV-V 1, VdS 2038 „Allgemeine Sicherheitsvorschriften der Feuerversicherer für Fabriken und gewerbliche Anlagen", VdS 2213 „Brandschutzausbildung im Betrieb".

- Externe Referenten: Natürlich können für Unterweisungen externe Leistungen zugekauft werden. Dazu stehen spezialisierte Dienstleister zur Verfügung. Oft bieten auch die Berufsfeuerwehren solche Leistungen an.
- Auch kleinere Feuerwehren verfügen i. d. R. über geeignetes Personal, sind aber in ihren Kapazitäten sehr begrenzt und ggf. kostenpflichtig.
- Lieferanten bieten oft an, sich an betrieblichen Unterweisungen zu beteiligen, sei es mit Schulungsmaterial und -medien oder auch mit praktischen Schulungen oder Vorführungen. Dabei ist zu prüfen, ob die vermittelten Ziele und Inhalte wirklich mit dem übereinstimmen, was der Betrieb braucht und wie es sich mit den Kosten verhält.

2 Gestaltung von Brandschutzunterweisungen

2.1 In welcher Form wird unterwiesen?

Die Möglichkeiten, die erforderlichen Inhalte effektiv und ansprechend zu vermitteln, sind vielfältig. Dazu folgende Beispiele:

Praxis-Beispiel: Formen der Unterweisung

- In einem **papierverarbeitenden Betrieb** spricht im Rahmen regelmäßig stattfindender Abteilungsbesprechungen einmal im Quartal der zuständige → *Brandhelfer* für 15 Minuten relevante Brandschutzthemen an. Der Abteilungsleiter führt darüber Protokoll. Er achtet darauf, dass die wichtigsten Inhalte (Rauchverbote, Verhalten im Brandfall usw.) wenigstens einmal im Jahr vorkommen.
- In einem **Krankenhaus** mit 1.000 Beschäftigten obliegen der → *Sicherheitsfachkraft* die allgemeinen Sicherheitsunterweisungen. Da es von den Beschäftigten als uneffektiv empfunden wird, mehrmals im Jahr an betrieblichen → *Unterweisungen* teilzunehmen, werden allgemeine Sicherheitsfragen, Umgang mit → *Gefahrstoffen* und → *Brandschutz* in einer Veranstaltung abgedeckt. Diese dauert dann inklusive praktischem Teil zum Umgang mit Handfeuerlöschern gut 3 Stunden. Bei einer sinnvollen Teilnehmerzahl von 20 Personen und 2 Terminen pro Unterweisungstag bedeutet das einen Aufwand von 25 Manntagen (ohne Vorbereitungsaufwand). Etwa 2-mal im Monat werden die Unterweisungstage angeboten. Die Abteilungen müssen dafür sorgen, dass ihr Personal einmal im Jahr nach Voranmeldung an einem Termin der Wahl teilnimmt.
- In einem **Verwaltungsbetrieb** gehen die Beschäftigten davon aus, dass Brandschutz eine Sache des Hausmeisters ist und zeigen kaum Interesse. Um eine gute Akzeptanz zu finden, entscheidet sich der Betriebsleiter, eine externe Fachkraft zu beauftragen, in einem 1,5-stündigen Unterweisungsgespräch mit den Beschäftigten die vorhandenen Brandrisiken zu erarbeiten, Verhaltenshinweise zu geben und die Scheu vor dem Umgang mit Handfeuerlöschern abzubauen.
- Im Rahmen der Neuinstallation einer automatischen Brandmeldeanlage wird vertraglich vereinbart, dass die ausführende Firma eine erste → *Räumungsübung* für die Beschäftigten mit begleitet. Ergänzt um eine kurze Auffrischung in Sachen → *Brandschutzordnung* ist das die jährliche Brandschutzunterweisung.
- Für die **Lehrwerkstatt eines Metallbaubetriebes**, in dem häufig lackiert wird, veranstaltet ein Kollege mit Feuerwehrerfahrung einen einfachen Experimentalvortrag zum Umgang mit → *brennbaren Flüssigkeiten* (einfache und gut beherrschbare Versuche finden sich in Materialien für Schulen, aber auch in den Informationsschriften der Berufsgenossenschaften). Der Meister ergänzt die Vorführung durch wichtige betriebliche Hinweise.

2.2 Hinweise zur inhaltlichen Gestaltung

Besonders wichtig ist, dass Inhalt und Aufbereitung der Unterweisung wirklich dem entsprechen, was die Teilnehmenden tatsächlich wissen müssen und aufnehmen können – und nicht etwa dem, was der Referent am besten darstellen kann. Technisch interessierte Produktionsmitarbeiter spricht z. B. ein Überblick über die Konstruktion von Handfeuerlöschern möglicherweise besonders an – Altenpflegerinnen empfinden es eher als überflüssig und wollen lediglich die Handhabung trainieren.

Unterweisungen können kaum sinnvoll durchgeführt werden, wenn der Stand des Brandschutzes im Betrieb zu wünschen übrig lässt. Die → *Brandschutzordnung* des Betriebes muss verbindlich vorliegen und sollte nicht im Rahmen der → *Unterweisungen* erst diskutiert werden (z. B. Umgang mit Kerzen oder Raucherbereiche). Ebenso sollte der bauliche Stand (z. B. von → *Brand- und Rauchschutztüren*) einwandfrei sein. Wo das aus besonderen Gründen nicht der Fall ist, sollte im Rahmen der Unterweisung klargestellt werden, dass und wann eventuelle Mängel abgestellt werden. Andernfalls leidet die Akzeptanz der gesamten Brandschutzbemühungen.

Praxis-Beispiel: Brandschutzunterweisungen praxisnah und anschaulich gestalten

Die allgemeinen Grundsätze der Wissensweitergabe gelten auch bei betrieblichen Unterweisungen: Die Effektivität des Lernens nimmt stetig zu vom stillen Lesen über das Hören (Lehrvortrag), das bildunterstützte Hören (Folienvortrag, Filme) zum Erarbeiten im Gespräch und beim praktischen Handeln. Das bloße Aushändigen von Schulungsunterlagen zum Selbststudium sollte sich daher bei Sicherheitsunterweisungen verbieten. Ebenso sollte jeder Vortrag wenigstens durch einige visuelle Eindrücke ergänzt werden.

Dabei kommt es gar nicht so sehr auf ausgefeilte Schulungsmaterialien an. Der Unterweisende tut gut daran, auf die ohnehin vorhandenen Unterlagen und Medien zurückzugreifen: die → *Brandschutzordnung* bzw. Alarmplan, → *Betriebsanweisungen* für → *Gefahrstoffe*, die vorhandene Fluchtwegekennzeichnung, die → *Löscheinrichtungen* usw. Das erspart oft genug aufwendige Vorbereitungen und spricht die Beschäftigten in vielen Fällen mehr an als eine ausgeklügelte Präsentation auf einer Leinwand. Vieles lässt sich auf einem Rundgang durch den Betrieb wirkungsvoller und unkomplizierter vermitteln als im Schulungsraum. Selten oder nie benutzte → *Rettungswege* sollten begangen werden, automatische Feuerschutztore ausprobiert und die Löschdecke einmal auseinandergefaltet werden.

Praxis-Beispiel: Ergänzungsthemen

Um regelmäßige Unterweisungen abwechslungsreich zu gestalten, bietet es sich an, das Themenfeld gelegentlich zu erweitern. Betriebsarzt oder Ersthelfer können zum Thema „Erste Hilfe bei Brandverletzungen" Informationen geben. Interessant und sinnvoll sind auch Hinweise zum häuslichen Umfeld, z. B. über Sicherheit beim Grillen (Finger weg von brennbaren Flüssigkeiten!) oder den Einsatz von Rauchmeldern.

Auch ein Löschtraining oder eine → *Räumungsübung* können Brandschutzunterweisungen ergänzen oder als solche dokumentiert werden.

Cornelia von Quistorp

Brennbare Flüssigkeiten

Brennbare Flüssigkeiten werden gemäß § 3 GefStoffV der Gefahrenklasse "entzündbare Flüssigkeiten" zugeordnet. Nach CLP-Verordnung werden sie als entzündbar, leicht entzündbar bzw. extrem entzündbar bezeichnet. Gefährliche Eigenschaften nach Stoff- bzw. Zubereitungsrichtlinie waren entzündlich, leichtentzündlich oder hochentzündlich.

Die Begriffe brennbar, entzündlich und entzündbar werden in der Praxis noch so lange parallel verwendet, bis Technische Regeln und relevante Vorschriften an Gefahrstoffverordnung und CLP-Verordnung angepasst sind.

Darüber hinaus besitzen sie meist weitere gefährliche Eigenschaften, wie z. B. toxisch, gesundheitsgefährdend oder auch umweltgefährlich. Brennbare Flüssigkeiten – bzw. deren Dämpfe – können aufgrund ihres Anteils an brennbaren Komponenten unter bestimmten Bedingungen entzündliche Gemische mit Luft bilden. Brennbare Flüssigkeiten werden verwendet z. B. als Verdünnungsmittel für Farben und Kleber, als Reinigungsmittel für Werkstücke, Maschinen und Druckeinrichtungen und als

Lösemittel in Farben, Lacken und Klebern. Bei Gebrauch, Abfüllen und Lagern sind Maßnahmen zum Brand- und Explosionsschutz erforderlich.

Gesetze, Vorschriften und Rechtsprechung

Es gelten folgende Regelungen zum Umgang mit brennbaren Flüssigkeiten:

- Betriebssicherheitsverordnung (BetrSichV)
- § 11 Gefahrstoffverordnung (GefStoffV) i. V. mit Anhang I Nr. 1 GefStoffV
- CLP-Verordnung (EG) Nr. 1272/2008
- TRBS 1201 Teil 1 „Prüfung von Anlagen in explosionsgefährdeten Bereichen "
- TRGS 720 „Gefährliche explosionsfähige Gemische – Allgemeines"
- TRGS 721 „Gefährliche explosionsfähige Gemische – Beurteilung der Explosionsgefährdung"
- TRGS 722 „Vermeidung oder Einschränkung gefährlicher explosionsfähiger Gemische"
- TRGS 723 „Gefährliche explosionsfähige Gemische – Vermeidung der Entzündung gefährlicher explosionsfähiger Gemische"
- TRGS 724 „Gefährliche explosionsfähige Gemische – Maßnahmen des konstruktiven Explosionsschutzes, welche die Auswirkung einer Explosion auf ein unbedenkliches Maß beschränken"
- TRGS 727 „Vermeidung von Zündgefahren infolge elektrostatischer Aufladungen"
- TRGS 510 „Lagerung von Gefahrstoffen in ortsbeweglichen Behältern"

1 Gefahrenklassen ersetzen Gefährlichkeitsmerkmale

Brennbare Flüssigkeiten werden nach CLP-Verordnung als extrem entzündbar, leicht entzündbar bzw. entzündbar eingestuft; dies entspricht den Gefahrenkategorien 1, 2 bzw. 3. Die Einteilung erfolgt jeweils i. W. auf der Grundlage des Flammpunktes.

Der Flammpunkt einer brennbaren Flüssigkeit ist die niedrigste Temperatur, bei der unter vorgeschriebenen Versuchsbedingungen eine Flüssigkeit brennbares Gas oder brennbaren Dampf in solcher Menge abgibt, dass bei Kontakt mit einer wirksamen Zündquelle sofort eine Flamme auftritt (DIN 1127-1). Es gibt verschiedene standardisierte Apparaturen, um den Flammpunkt einer Flüssigkeit zu bestimmen.

Praxis-Beispiel: Wasserlöslichkeit

Eine Unterscheidung hinsichtlich der Mischbarkeit mit Wasser, wie in der früheren Verordnung über brennbare Flüssigkeiten (VbF), gibt es nicht mehr. Dennoch spielt die Wasserlöslichkeit eine wichtige Rolle, weil davon die Auswahl geeigneter Löschmittel abhängt. Nur die Brände wasserlöslicher Flüssigkeiten (ehemals VbF-B) lassen sich mit Wasser löschen. Die Flüssigkeiten der ehemals VbF-Gruppen A schwimmen auf dem Wasser und brennen dabei weiter. Informationen u. a. zur Wasserlöslichkeit finden sich in den → *Sicherheitsdatenblättern* der Produkte, die von den Herstellern zur Verfügung gestellt werden müssen.

2 Kennzeichnung

Behälter für leichtentzündliche Flüssigkeiten mussten bisher mit dem Flammensymbol (F) und der Aufschrift „R 11" → *gekennzeichnet* sein, für hochentzündliche Flüssigkeiten mit dem Flammensymbol (F+) und „R 12". Behälter für entzündliche Flüssigkeiten mussten bisher die Aufschrift „Entzündlich R 10" tragen.

Mit Umsetzung der CLP-Verordnung 1272/2008/EG werden die bisher verwendeten → *Gefahrensymbole* und Bezeichnungen durch → *Gefahrenpiktogramme* mit neuer Bezeichnung und Kodierung ersetzt. Bestimmte brennbare Flüssigkeiten werden als „Entzündbare Flüssigkeiten" bezeichnet und tragen das Piktogramm „Flamme". Wesentliche Änderung ist die Erhöhung des Flammpunktes als Einstufungskriterium. **Tab. 1** vergleicht die Kennzeichnung brennbarer Flüssigkeiten nach altem und neuem Recht.

Stoffe müssen seit 1.12.2010, Gemische seit 1.6.2015 zwingend nach neuem Recht eingestuft und gekennzeichnet werden.

Praxis-Beispiel: Kennzeichnung in Handel und Unternehmen

Die Einstufung ist die Grundlage für die Kennzeichnung von Stoffen und Gemischen.

Für den **Handel** gilt: Es dürfen nur Stoffe und Gemische mit „neuer“ Kennzeichnung in Verkehr gebracht werden.

Im **Unternehmen** dürfen Bestände mit „alter“ Kennzeichnung weiterverwendet werden, Umetikettieren ist nicht erforderlich. Die Betriebsanweisung nach "altem" Recht darf weiter genutzt werden, sofern es keine neuen Erkenntnisse über zusätzliche, nicht gekennzeichnete Gefahren gibt. Sobald Gebinde mit neuer Kennzeichnung beschafft werden, muss auf der Grundlage des Sicherheitsdatenblatts eine Betriebsanweisung gemäß CLP-Verordnung erstellt werden. I. d. R. erfolgt dazu eine Information der Abteilung Einkauf an diejenige Abteilung im Unternehmen, in der der Gefahrstoff verwendet wird.

	Stoff- und Zubereitungsrichtlinie	**GHS-Verordnung**	**Stoff- und Zubereitungsrichtlinie**	**GHS**	**Stoff- und Zubereitungsrichtlinie**	**GHS**
Bezeichnung	hochentzündlich	extrem entzündbar	leichtentzündlich	leicht entzündbar	entzündlich	entzündbar
Symbol/ Piktogramm	Flammensymbol (F+), R12	Flamme (GHS02)	Flammensymbol (F), R11	Flamme (GHS02)	Kein Flammensymbol, R 10	Flamme (GHS02)
Signalwort	–	Gefahr	–	Gefahr	–	Achtung
Kategorie	–	1	–	2	–	3
Flammpunkt	unter 0 °C (Siedepunkt ≤ 35 °C)	unter 23 °C (Siedepunkt ≤ 35 °C)	von 0 °C bis unter 21 °C	unter 23 °C (Siedepunkt >35 °C)	von 21 °C bis 55 °C	von 23 °C bis 60 °C

Tab. 1: Kennzeichnung brennbarer Flüssigkeiten nach Richtlinie 67/548/EWG bzw. 1999/45/EG und CLP-Verordnung 1272/2008/EG

3 Brand- und Explosionsgefahren

Werden brennbare Flüssigkeiten verwendet, muss auf die Durchführung der vorgeschriebenen Brandschutzmaßnahmen geachtet werden. Von brennbaren Flüssigkeiten gehen besondere Gefahren aus, die zusätzliche Maßnahmen erfordern. Beim Verdunsten brennbarer Flüssigkeiten bilden sich Dämpfe, die sich mit Luft mischen. Werden bestimmte, von der Art der verdunsteten Flüssigkeit abhängige Mischungsverhältnisse erreicht, entsteht ein explosionsfähiges Dampf/Luft-Gemisch – dieses wird auch als → *explosionsfähige Atmosphäre* bezeichnet. Zum Schutz von Gesundheit und zur Sicherheit der Beschäftigten und sonstiger anwesender Personen muss der Arbeitgeber entsprechende → *Explosionsschutzmaßnahmen* treffen, und zwar in folgender Rangfolge (§ 11 Abs. 2 GefStoffV):

- Vermeiden von gefährlichen Mengen oder Konzentrationen von Gefahrstoffen, die zu Brand- und Explosionsgefährdungen führen können,
- Vermeiden von Zündquellen oder Bedingungen, die Brände oder Explosionen auslösen können,
- Verringern von schädlichen Auswirkungen von Bränden oder Explosionen auf die Gesundheit und Sicherheit der Beschäftigten und anderer Personen, so weit wie möglich.

4 Aufbewahren, Abfüllen und Lagern von brennbaren Flüssigkeiten

Brennbare Flüssigkeiten sollten nur in bruchsicheren Gefäßen aufbewahrt werden. Gut geeignet sind Metallbehälter. Auch Kunststoffbehälter können verwendet werden. Sie müssen aber bauartzugelassen sein, da sonst eine elektrostatische Aufladung auftreten und dadurch ein Entzünden der Dämpfe verursacht werden kann. Müssen brennbare Flüssigkeiten innerbetrieblich umgefüllt werden, müssen rechtzeitig geeignete Gefäße bereitgehalten werden. Behälter mit Dosiereinrichtung erleichtern ein verschüttfreies Umgießen.

In Arbeitsräumen dürfen nur so viel brennbare Flüssigkeiten aufbewahrt werden, wie für den Fortgang der Arbeit notwendig sind. Dies bedeutet, dass maximal der Bedarf für einen Tag in Arbeitsräumen vorhanden sein darf. Über den Tagesbedarf hinausgehende Mengen sind in Vorrats- oder Lagerräumen aufzubewahren. Von dieser Regel darf nur dann abgewichen werden, wenn ein → *Sicherheitsschrank* zur Lagerung verwendet wird und nur bestimmte Mengen darin gelagert werden.

Abschn. 12 TRGS 510 legt für die Lagerung entzündbarer Flüssigkeiten in ortsbeweglichen Behältern zusätzliche Maßnahmen fest:

- zulässige Lagermengen, z. B. die Lagermenge je Raum ist – ohne zusätzliche Maßnahmen – auf 100 t entzündbare Flüssigkeiten beschränkt;
- bauliche Anforderungen an Lagerräume, z. B. Lagerräume müssen von angrenzenden Räumen bei Lagermengen bis 1 t (Kat. 1 und 2) bzw. bis 10 t (Kat. 3) feuerhemmend, darüber hinaus feuerbeständig abgetrennt sein;
- Anforderungen an Rückhalteeinrichtungen;
- erforderliche Brandschutzeinrichtungen, z. B. Lagerräume müssen bei Lagermengen über 20 t mit einer automatischen Feuerlöschanlage ausgestattet sein.

Leitungen unter innerem Überdruck für brennbare Flüssigkeiten sowie Anlagen zur Lagerung, Abfüllung (Füllen, Entleeren) und Beförderung von brennbaren Flüssigkeiten sind gemäß § 2 Nr. 30 ProdSG → *überwachungsbedürftige Anlagen.*

Für Lageranlagen mit mehr als 10.000 l sowie für Füllstellen mit einer Umschlagkapazität von mehr als 1.000 l pro Stunde entzündbare Flüssigkeiten besteht Erlaubnispflicht (§ 18 BetrSichV). Sie dürfen nur durch zur Prüfung befähigte Personen überprüft werden.

Für Rohrleitungsanlagen unter innerem Überdruck (Druckanlagen) für entzündbare Flüssigkeiten gelten die entsprechenden Abschnitte der BetrSichV, insbesondere Abschn. 4 Anhang 2.

Bettina Huck

Burnout-Syndrom

Das Burnout-Syndrom bezeichnet einen Zustand der totalen körperlichen und emotionalen Erschöpfung, der sich über einen längeren Zeitraum entwickelt hat. Der Begriff kommt aus der Psychologie und der Medizin. „Burn out" (engl.) bedeutet wörtlich übersetzt „ausbrennen". Von einem Syndrom spricht die Wissenschaft, wenn verschiedene Krankheitszeichen zusammen auftreten, die eine gemeinsame Ursache haben. Burnout tritt in allen sozialen Schichten und Altersstufen auf, sowohl bei Männern als auch bei Frauen. Es neigt zu einem chronischen Verlauf. Zu den Symptomen zählen u. a. reduzierte Leistungsfähigkeit, erhöhte Suchtgefahr sowie Entfremdung von der beruflichen Tätigkeit.

Gesetze, Vorschriften und Rechtsprechung

Seit 2022 findet sich Burnout (QD85) in der ICD-11 in Kapitel 24 unter „Faktoren, die die Gesundheit oder die Inanspruchnahme von Gesundheitsdiensten beeinflussen". Es ist nicht bei den psychischen Erkrankungen eingeordnet. Burnout wird als berufsbedingte Symptomatik definiert. Im Unterschied zur vorherigen ICD-10 sind die Kriterien in der ICD-11 genauer definiert. Burnout ist demnach ein Syndrom, das aufgrund von chronischem Stress am Arbeitsplatz bedingt ist, der nicht erfolgreich bewältigt wurde. Burnout bezieht sich ausschließlich auf den beruflichen Kontext und sollte nicht für Erfahrungen in anderen Lebensbereichen verwendet werden.

2006 wurde Burnout bisher einmalig als Berufskrankheit anerkannt. Ein Manager hatte Berufsunfähigkeitsrente eingeklagt, nachdem er auf Anraten von Fachärzten seinen Beruf nach einem Zusammenbruch aufgegeben hatte (LG München, Urteil v. 22.3.2006, 25 O 19798/03).

2018 entschied das Bayerische Landessozialgericht in München, dass Gesundheitsstörungen auf psychiatrischem Fachgebiet nicht als Berufskrankheit anzuerkennen seien (Urteil v. 27.4.2018, L 3 U 233/15).

1 Ursachen

1.1 Äußere Faktoren

Das Arbeitsleben hat sich durch Globalisierung, Digitalisierung, alternde Erwerbsbevölkerung und Outsourcing von Betriebsfunktionen stark verändert. Produktionszyklen und Kommunikationsprozesse laufen in immer schnelleren Zeitfolgen ab. Arbeitszeiten, Mehrarbeit, Dienstleistungsbereitschaft und Konkurrenzdruck haben sich für den Einzelnen erhöht. Die technischen, gesellschaftlichen, wirtschaftlichen und politischen Entwicklungen bestimmen die Zukunft der Unternehmen. Aktionäre fordern Profit und Wachstum. Kunden verlangen optimale Qualität, schnell und preiswert. Unsichere Arbeitsplätze und ständige Veränderungen fordern Flexibilität und Mobilität. Diese äußeren Faktoren belasten körperlich und seelisch.

1.2 Innere Faktoren

Die innere Einstellung eines Menschen, etwa zu Motivation und Leistungsbereitschaft, ist individuell geprägt. Sie wird von persönlichen Erfahrungen und erlernten Verhaltensmustern bestimmt. In der Arbeitswelt ist sie die Grundlage für den Erfolg des Einzelnen und des Unternehmens. Allerdings ist die Grenze zwischen Engagement hin zu Überbelastung und Überforderung fließend. Ist eine Person übertrieben perfekt, idealistisch, ehrgeizig oder fällt es ihr schwer „Nein" zu sagen, kann dieses Verhalten zum Gesundheitsrisiko werden.

Praxis-Beispiel: Wer nicht abschaltet, riskiert seine Gesundheit

Einzelne Stressfaktoren lassen sich fast immer bewältigen. Treffen jedoch persönliche Disposition und schlechte Arbeitsbedingungen aufeinander, kann sich das Burnout-Syndrom entwickeln. Das geschieht in Phasen über Wochen oder Jahre hinweg. Betroffene, die keine sozialen Kontakte aufbauen können oder diese vernachlässigen, sind zusätzlich gefährdet. Immer entscheidender wird im Krankheitsverlauf aber vor allem der Zustand, nicht mehr abschalten zu können – ob am Tag oder in der Nacht.

2 Symptome

2.1 Phasen

Das Burnout-Syndrom wird in Phasen unterteilt:

- sehr hohes Engagement und Vernachlässigung eigener Bedürfnisse
- Verdrängung von Konflikten und Problemen
- Erschöpfung und Unzufriedenheit
- Wachsende Selbstzweifel – nachlassender Arbeitseifer
- Gleichgültigkeit gegenüber Arbeit und Menschen
- Depression und Verzweiflung

Praxis-Beispiel: Diagnose durch Arzt oder Psychologen

Für die Diagnose braucht es das Wissen und die Fachkompetenz von Ärzten und Psychologen. Da die Krankheit ein schleichender Prozess ist, sollten aber Betroffene, Kollegen und Verantwortliche mögliche Anzeichen kennen und erkennen können. So kann etwa der → *Betriebsarzt* bei Untersuchungen, Vorgesetzte bei Mitarbeitergesprächen oder die → *Fachkraft für Arbeitssicherheit* bei → *Gefährdungsbeurteilungen* auf Aussagen oder Wahrnehmungen achten, die möglicherweise auf eine krankhafte Veränderung hinweisen.

2.2 Erschöpfungsmerkmale

- sich ausgelaugt fühlen,
- emotional erschöpft („ausgebrannt") sein,
- mangelnde Energie,
- Überforderung,
- permanente Müdigkeit,
- verspannte Muskulatur,
- Kopf- und Rückenschmerzen,
- Magen-/Darmbeschwerden,
- Schlafstörungen.

2.3 Entfremdung (von der beruflichen Tätigkeit)

- Arbeit wird zur Belastung,
- Frustration,
- zynische Haltung gegenüber Kollegen und Kolleginnen,
- Abstumpfung gegenüber beruflicher Aufgaben,
- starke Distanz gegenüber der Arbeit,
- negative Einstellung zu sich selbst, zur Arbeit und zum Leben,
- Verlust der Selbstachtung.

2.4 Verringerte Leistungsfähigkeit

- Tätigkeit wird als sehr negativ empfunden,
- mangelnde Konzentration,
- Lustlosigkeit,
- Gefühl der Unzulänglichkeit,
- Gefühl der Minderwertigkeit,
- Leistung lässt im Beruf und/oder im Alltag nach.

Praxis-Beispiel: Anzeichen für Überbelastung

Folgende Anzeichen können darauf hindeuten, dass eine Belastung zu lange anhält und überfordert:

- veränderte Essgewohnheiten,
- sichtbare Gewichtszu- oder -abnahme,
- erhöhte Anfälligkeit für Infekte,
- vermehrter Alkohol- oder Medikamentenkonsum,
- fehlende Kontrolle von Emotionen,
- Reizbarkeit,
- Vereinsamung,
- Lustlosigkeit,
- Zynismus, Verachtung, Aggressivität,
- Verlust der Kontaktbereitschaft gegenüber Kollegen.

3 Bedeutung für die Arbeitswelt

Burnout verursacht Leistungsminderungen und kann bis zur Berufsunfähigkeit führen. Statistische Daten der Krankenkassen zeigen eine deutliche Zunahme von psychischen Erkrankungen und lange Ausfallzeiten (**Abb. 1**). Welchen Anteil Burnout am Krankheitsgeschehen hat, lässt sich allerdings nicht konkret sagen.

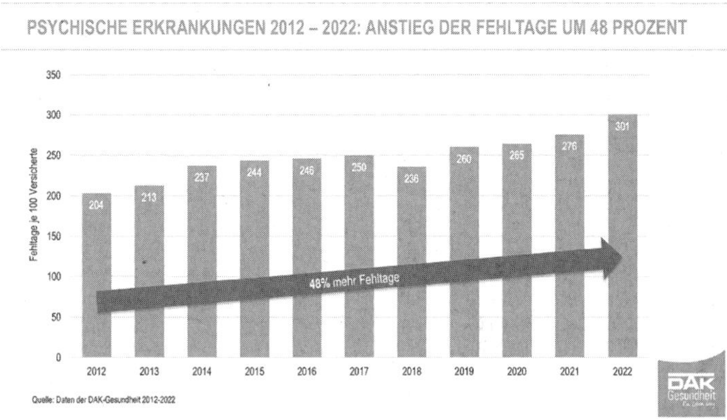

Abb. 1: Anstieg psychischer Erkrankungen[1]

3.1 Rolle der Arbeitsmediziner

Burnout verursacht personelle Ausfälle, hohe Produktionsausfallkosten sowie extreme Folgekosten durch langwierige Behandlungen und Therapien. Durch eine enge Zusammenarbeit von Arbeitsmedizinern und Psychotherapeuten lassen sich vielfältige präventive Maßnahmen im Unternehmen etablieren. Sie sorgen für gute Arbeitsbedingungen und einen fürsorglichen und selbstverantwortlichen Umgang der Beschäftigten mit sich selbst.

3.2 Aufgabe der Führungskraft

Alle Personalebenen im Unternehmen müssen über das Thema informiert und geschult werden. → *Führungskräfte* nehmen beim Gesundheitsschutz eine Vorbildrolle ein. Doch gerade ihnen fällt es häufig schwer, abzuschalten, loszulassen, Pausen und rechtzeitig Feierabend zu machen. Dieses Fehlverhalten greift immer mehr um sich. So klagen vermehrt auch Auszubildende bereits in den ersten Berufsjahren über das Gefühl des Ausgebranntseins.

4 Prävention und Rehabilitation

An erster Stelle steht die Gefährdungsbeurteilung, die für jeden Arbeitsplatz durchzuführen ist und bei der auch psychische Belastungen thematisiert werden müssen. Bei Präventionsmaßnahmen ist auf körperliche wie seelische Belange zu achten. So gehören Sport- und Bewegungsangebote und ein ergonomisch gestalteter Arbeitsplatz ebenso zur → *betrieblichen Gesundheitsförderung* wie der persönliche Austausch im Team oder regelmäßige Pausenzeiten.

Die Krankheit wird in den verschiedenen Stadien mit einem so genannten integrativen Ansatz behandelt. Dabei werden mehrere Methoden wie Körpertherapie, Entspannungsmethoden, Erholung, sportliche Aktivierung und Psychotherapie kombiniert. In einer frühen Phase können eine Veränderung der Arbeitsbedingungen und eine ambulante therapeutische Begleitung ausreichend sein. Hat sich das

1 Quelle: Daten der DAK-Gesundheitsreport 2012-2023.

Burnout-Syndrom bereits weiterentwickelt, ist Arbeiten oft für einen längeren Zeitraum nicht möglich. Nach einem Klinikaufenthalt erfolgt schrittweise ein Wiedereinstieg in die Arbeit. Hierbei hilft ein betriebliches Eingliederungsmanagement (BEM). Manchmal muss der Betroffene sich allerdings auch beruflich neu orientieren.

Bettina Brucker

CE-Kennzeichnung

Die Abkürzung CE steht für „Conformité Européenne" und bedeutet, dass ein Produkt dem europäischen Regelwerk für Arbeits- und Gesundheitsschutz entsprechend konstruiert, gestaltet und gefertigt wurde. Es muss als „Verwaltungs- und Sicherheitszeichen" auf allen Produkten angebracht sein, für die ein solches Zeichen aufgrund einer europäischen Richtlinie verlangt wird. Es ist die Voraussetzung für den freien Warenverkehr auf dem europäischen Binnenmarkt des jeweiligen Produktes. Wenn europäische Richtlinien Anforderungen an die Konformität von Produkten stellen, und wenn dabei die Anbringung eines CE-Kennzeichens verlangt wird, darf dieses Produkt nur in den Verkehr gebracht werden, wenn auf ihm das CE-Kennzeichen angebracht worden ist.

Gesetze, Vorschriften und Rechtsprechung

Die Anbringung eines CE-Kennzeichens wird in einer Vielzahl von europäischen Richtlinien und Verordnungen verlangt. Wichtig im Arbeitsschutz sind z.B. die Richtlinien zu Niederspannung (2006/95/EG), Einfache Druckbehälter (2009/105/EG), Gasverbrauchseinrichtungen (Verordnung (EU) 2016/426), Persönliche Schutzausrüstungen (Verordnung (EU) 2016/425), Maschinen (2006/42/EG) oder Druckgeräte (97/23/EG).

Die nationale Umsetzung der Vorgaben der o.g. europäischen Richtlinien erfolgt durch das Produktsicherheitsgesetz (ProdSG).

1 Voraussetzung: Konformitätsbewertungsverfahren

Die CE-Konformitätskennzeichnung besteht aus den Buchstaben „CE" mit dem in **Abb. 1** wiedergegebenen Schriftbild.

Abb. 1: CE-Zeichen

Es kann ggf. durch eine dahinter stehende Kennnummer einer benannten Stelle ergänzt werden, sofern eine europäische Richtlinie dieses vorschreibt (z.B. bei Aufzugsanlagen oder → *Druckbehältern*). Es muss gut sichtbar, leserlich und dauerhaft vom Hersteller auf dem jeweiligen Produkt angebracht werden.

Mit der Anbringung des CE-Kennzeichens macht der Hersteller deutlich, dass er die in den europäischen Richtlinien verlangten Konformitätsbewertungsverfahren für das jeweilige Produkt durchgeführt hat.

Bei der Durchführung dieser Verfahren wird in aller Regel auf in der EU harmonisierte Normen Bezug genommen. Daher kann man als Verbraucher davon ausgehen, dass Mindestmaßstäbe an die Sicherheit eines Produktes gestellt worden sind.

Bei besonders sicherheitsrelevanten Produkten ist zusätzlich ein GS Zeichen (geprüfte Sicherheit) durch eine akkreditierte Stelle (z.B. BG, TÜV, Dekra etc.) zu empfehlen.

2 Achtung Fälschung!

CE-Kennzeichen sind bedauerlicherweise nicht gegen Fälschungen gefeit. Der in der Vergangenheit bekannteste Fall betraf einen chinesischen Handelsvertreter, der im europäischen Wirtschaftsraum Produkte verkaufen wollte. Das dem eigentlichen CE-Zeichen sehr ähnliche Zeichen des chinesischen Händlers war jedoch bei ihm mit einer anderen Bedeutung angebracht worden, nämlich CE = „China Export".

Für den Verbraucher bzw. den Käufer von Produkten bedeutet dies, dass er sich nicht alleine auf das Kennzeichen selber verlassen kann. Er muss ggf. weitere Dinge vor dem Kauf oder der Inbetriebnahme prüfen, z.B. die schriftliche → *Konformitätserklärung* anfordern und die angegebenen Normen auf Aktualität prüfen.

Rainer von Kiparski

Compliance

Der Begriff „Compliance" ist ursprünglich ein amerikanischer Rechtsbegriff und umschreibt die Sicherstellung rechtskonformen Verhaltens innerhalb eines Unternehmens. Er hat in den letzten Jahren – nicht zuletzt aufgrund öffentlicher Skandale um massive Gesetzesverstöße in deutschen Großunternehmen – an immenser Bedeutung gewonnen. Compliance ist mittlerweile als eine wesentliche Managementaufgabe anerkannt, nicht zuletzt, da die Geschäftsleitung faktisch für gesetzeswidriges Verhalten der Mitarbeiter haftet oder auch strafrechtlich belangt werden kann, wenn die Regelverstöße der Mitarbeiter auch auf pflichtwidrig fehlende Compliance-Strukturen, bzw. -Kontrollen der Unternehmensleitung zurückzuführen sind. Ein funktionierendes Compliance-Management innerhalb des Unternehmens erfüllt daher eine wichtige Schutzfunktion für das Unternehmen und seine Verantwortungsträger. Risiken in Form von Sanktionen und Rufschädigungen werden verringert.

Gesetze, Vorschriften und Rechtsprechung

Es besteht keine gesetzliche Verpflichtung, eine Compliance-Struktur im Unternehmen einzuführen – es bestehen aber international konkret zu beachtende gesetzliche Vorgaben. Für die USA sind dies der Foreign Corrupt Practices Act (FCPA, 1977) und der Sarbanes Oxley Act (2002), auf europäischer Ebene hat der UK Bribery Act (2011) keine unwesentliche Bedeutung und im Bereich der deutschen Gesetzgebung sind § 25a KWG, § 33 b WpHG, oder §§ 28, 29 KAGB zu nennen. Im Zuständigkeitsbereich der Bundesanstalt für Finanzdienstleistungsaufsicht (BaFin) ist mit § 4d FinDAG seit 2016 eine Norm zum Whistleblowing (Hinweisgebersystem) in Kraft. Schließlich sind noch § 91 Abs. 2 AktG (Verpflichtung des Vorstands, ein System zur Früherkennung gesellschaftsgefährdender Entwicklungen einzuführen) und § 130 OWiG (schuldhafte Verletzung der Aufsichtspflicht als Ordungswidrigkeit) zu nennen. Mit der EU-Whistleblower-Richtlinie (Richtlinie (EU) 2019/1937) gilt ab dem 17.12.2021 umfangreicher Schutz für Hinweisgeber auch in Deutschland, welche allerdings noch in nationales Recht umzusetzen ist. Die Umsetzung in Form des neuen Hinweisgeberschutzgesetzes (HinSchG) befindet sich derzeit im Gesetzgebungsverfahren.

1 Allgemeines

Neben dem Schutz vor Haftung und Imageverlust kann eine Compliance-Struktur die **Basis einer positiven Unternehmenskultur** darstellen. Wird die Compliance-Struktur nach außen kommuniziert und zu Marketingmaßnahmen eingesetzt, führt dies regelmäßig zu einer **Stärkung des Unternehmensimages**.

Neben der Risikoanalyse bedarf es der Implementierung eines sog. **Compliance-Commitments** der Unternehmensleitung. Darunter versteht man die deutliche und glaubhafte Bekennung der Geschäftsleitung zur Bekämpfung von Compliance-Verstößen. Das Compliance-Commitment ist die Grundlage einer jeden funktionierenden Compliance-Struktur. Mögliche organisatorische Maßnahmen im Unternehmen sind beispielsweise die Einrichtung einer Compliance-Abteilung – ggf. mit Unterabteilungen und die Bestellung eines sog. „**Compliance-Officers**". Wichtigster Bestandteil der Compliance-Struktur sind die eigentlichen Compliance-Regeln, die wiederum arbeitsrechtlich implementiert werden müssen. In der Praxis geschieht das oftmals durch den Erlass eines „Code of Conduct" (Verhaltenskodex). Schließlich muss die geschaffene Compliance-Struktur innerhalb des Unternehmens und der Belegschaft kommuniziert und die getroffenen Maßnahmen dokumentiert werden, um die gewünschte Haftungsbegrenzung tatsächlich zu gewährleisten.

2 Einführung im Unternehmen

Die Einführung einer funktionierenden Compliance-Struktur bedarf eines **unternehmensspezifischen Konzeptes**. Teil dieses Konzeptes sollte zunächst eine Analyse möglicher Risiken von Compliance-Verstößen für das Unternehmen sein. Dabei sollten die Besonderheiten der jeweiligen Branche und des jeweiligen Unternehmens beachtet werden. Sind bereits Compliance-Verstöße bekannt geworden oder sind solche konkret absehbar, sollte das Compliance-Konzept besonders sorgfältig erarbeitet werden, um zukünftigen Compliance-Verstößen entgegenzuwirken bzw. absehbare Compliance-Verstöße noch zu verhindern. Das Konzept sollte weiter eine deutliche Zuordnung von Verantwortungsbereichen enthalten und diese entsprechend organisieren. Wie differenziert die Organisation ausgestaltet werden muss, hängt wiederum von der Größe und den Gegebenheiten des jeweiligen Unternehmens ab.

Anja Mengel/Jan Peters

Dacharbeiten

Dacharbeiten sind Arbeiten an und auf Dächern. Dabei kann es sich um die Herstellung, Instandhaltung, Änderung oder Beseitigung von Dachdeckungen und Dachabdichtungen handeln. Die Unfallraten bei Arbeiten auf und an Dächern sind hoch, die Unfallfolgen oft schwer. Deshalb dürfen Dacharbeiten nur unter bestimmten Sicherheitsvorkehrungen und mit der nötigen Ausstattung sowie von geeignetem Personal vorgenommen werden. Da Kontroll- und Wartungsarbeiten auf Dächern bei größeren Gebäuden häufig anfallen, sind davon nicht nur Fachbetriebe aus dem Dachdecker- oder sonstigen Bauhandwerk betroffen, sondern auch haustechnische Abteilungen oder einzelne Hausmeister. Gerade für diesen Fall muss der Arbeitgeber präzise klären, ob überhaupt und in welchem Umfang Dacharbeiten vorgenommen werden dürfen.

Gesetze, Vorschriften und Rechtsprechung

In folgenden Vorschriften bzw. Regeln werden Anforderungen an Stolperstellen gestellt:

- Anhang 1.5, Anhang 2.1 und Anhang 5.2 Arbeitsstättenverordnung (ArbStättV)
- DGUV-V 38 „Bauarbeiten"
- ASR A2.1 „Schutz vor Absturz und herabfallenden Gegenständen, Betreten von Gefahrenbereichen"; darin Angaben zu:
  - Arbeitsplätzen auf geneigten Flächen,
  - Arbeitsplätzen mit Absturzgefahr,
  - Arbeiten auf Baustellen;
- DGUV-I 201-054 "Dach-, Zimmer- und Holzbauarbeiten"; darin Konkretisierung der Vorgaben vor allem für ausführende Handwerksbetriebe.

1 Dacharbeiten durch bauausführende Firmen

Die DGUV-I 201-054 wendet sich in erster Linie an bauausführende Firmen. Sie regelt, unter welchen Bedingungen Dacharbeiten auszuführen sind:

1.1 Vor Arbeitsbeginn

1.1.1 Berücksichtigung bauseitiger Bedingungen

- vorhandene Sicherheitseinrichtungen wie z. B. Anschlageinrichtungen,
- nicht belastbare Decken, Böden oder Dachflächen,
- bauseitige bzw. betriebliche Risiken wie nicht außer Betrieb zu nehmende Anlagen, mögliche Gefahrstoffbelastungen
- Auflagen aufgrund des Nachbarschaftsrechts,
- vorhandene Notausgänge und Fluchtwege.

1.1.2 Festlegung der für die sichere Durchführung der Arbeiten erforderlichen Voraussetzungen

Praxis-Beispiel: Anforderungen an den Bauherrn/Betreiber

Die DGUV-I 201-054 verpflichtet Dacharbeiten ausführende Unternehmer, den Bauherrn bzw. den Betreiber eines Gebäudes auf die „für die sichere Durchführung der Arbeiten erforderlichen Voraussetzungen" hinzuweisen. Wenn z. B. ein Auftrag für regelmäßige Wartung/Reinigung von Dachflächen extern vergeben wird, darf es daher nicht wundern, wenn angefragte Unternehmen z. B. die Montage geeigneter Anschlagpunkte für Seilsicherungen auf dem Dach zur Bedingung machen. Es ist eher kritisch zu sehen, wenn ein Unternehmen auf erforderliche Sicherungsmaßnahmen zu verzichten bereit ist. Schließlich sieht die DGUV-I 201-054 ausdrücklich vor, dass ausführende Unternehmer den Auftraggeber schriftlich darüber informieren müssen, wenn *„Bedenken gegen die vorgesehene Art der Ausführung, insbesondere hinsichtlich der Sicherung gegen Unfallgefahren"* bestehen.

Voraussetzungen für die sichere Durchführung von Dacharbeiten können sein:

- ebene und tragfähige Flächen innerhalb und außerhalb der Gebäude für den Einsatz von Stand- und Fahrgerüsten oder Hubarbeitsbühnen,
- nicht verschiebbare und begehbare Abdeckungen von Deckenöffnungen,
- Befestigungsmöglichkeiten für Seitenschutzbauteile an Absturzkanten,
- Befestigungsmöglichkeiten für Schutznetze oder Dachrandsicherungen,
- geeignete Anschlagkonstruktionen für persönliche Schutzausrüstungen (PSA) gegen Absturz, z. B. Sicherheitsdachhaken und Anschlageinrichtungen auf Flachdächern,
- Verankerungsmöglichkeiten für Standgerüste.

1.1.3 Organisatorische Vorgaben

Leitung

Dacharbeiten müssen nach Abschn. 2.3.1 DGUV-I 201-054 von fachlich geeigneten Vorgesetzten geleitet werden. Diese müssen *„aufgrund ihrer Ausbildung und bisherigen Tätigkeiten umfassende Kenntnisse auf dem Gebiet der jeweils auszuführenden Arbeiten haben und mit einschlägigen staatlichen Arbeitsschutzvorschriften, Unfallverhütungsvorschriften und allgemein anerkannten Regeln der Technik vertraut sein"*. Sie müssen die vorschriftsmäßige Durchführung der Arbeiten gewährleisten und sollten schriftlich beauftragt sein.

Aufsicht

Außerdem müssen Dacharbeiten von ausreichend qualifizierten und erfahrenen „Aufsichtführenden" beaufsichtigt werden. Diese müssen für die arbeitssichere Ausführung sorgen und dabei alle verwendeten Einrichtungen (betriebseigene sowie von anderer Seite zur Verfügung gestellte), wie Gerüste, Geräte, Schutzvorrichtungen u. a., auf Mängel überprüfen. Beschäftigte sind verpflichtet, festgestellte Mängel dem Aufsichtführenden anzuzeigen.

Weitere organisatorische Punkte

- Abstimmung sicherheitsrelevanter Punkte mit anderen gleichzeitig tätigen Unternehmen;
- Zusammenarbeit mit dem Sicherheits- und Gesundheitsschutzkoordinator nach Baustellenverordnung und Einhaltung der Vorgaben des Sicherheits- und Gesundheitsschutzplans;
- dokumentierte Unterweisung der Beschäftigten.

1.2 Durchführung

1.2.1 Allgemeine Anforderungen

Bei Beginn der Arbeiten hat der Unternehmer sich davon zu überzeugen, dass die erforderlichen Voraussetzungen für sicheres Arbeiten gegeben sind und bauseitig keine Gefährdungen bestehen.

Beim unvermuteten Auftreten von Gefährdungen müssen Dacharbeiten sofort unterbrochen und der Aufsichtführende (s. o.) verständigt werden.

Werden Montage- oder Verlegearbeiten durchgeführt, bei denen besondere, nicht allgemein bekannte sicherheitstechnische Angaben erforderlich sind (z. B. bei der Montage von Nagelbinderplatten oder Einzelholzbaukonstrukionen oder bei der Verlegung von Wärmedämmplatten oder Lichtbändern), hat der Unternehmer eine schriftliche Montageanweisung mit allen erforderlichen Angaben zu erstellen.

Dacharbeiten dürfen nur ausgeführt werden, wenn darunterliegende Arbeitplätze und Verkehrsflächen entweder sicher gegen herabfallende Gegenstände und Massen geschützt sind (durch Abdeckungen, Gerüstbeläge, Fanggitter oder Fangnetze mit einer Maschenweite von höchstens 2 cm) oder die Bereiche abgesperrt sind (durch Geländer, Ketten oder Seile – Trassierband nicht ausreichend).

1.2.2 Schutzmaßnahmen gegen bestimmte Gefährdungen

Für folgende Themengebiete enthält die DGUV-I 201-054 zum Teil sehr detaillierte Vorgaben und Erläuterungen:

- Beschaffenheit von Gerüsten verschiedener Typen;
- Einsatz von Leitern;
- spezielle Arbeitsmittel auf Dächern und ihre Beschaffenheit, z. B. Dachdeckerauflegeleitern, Dachdeckerstühle, Standlatten, Sicherheitsdachhaken;
- Verkehrswege auf Dächern, z. B. Treppen, Laufstege, Aufzüge, Transportbühnen, Leitern;
- Absturzsicherungen: Seitenschutz/Randsicherung, Fanggerüste, Schutznetze, PSA gegen Absturz;
- Sicherung von Öffnungen bzw. nicht durchsturzsicheren Elementen;
- Arbeiten auf nicht durchsturzsicheren Dächern;
- Maßnahmen gegen Brandgefährdung;
- Maßnahmen gegen elektrische Gefährdung;
- sichere Verwendung von Handmaschinen.

Praxis-Beispiel: Einsatz von Leitern

Leitern sind auch bei Dacharbeiten in der Regel zum Erreichen von Arbeitsplätzen gedacht, nicht um darauf oder von dort aus zu arbeiten. Das ist nur dann zulässig, wenn *„wegen der geringen Gefährdung und … der geringen Dauer der Verwendung die Verwendung anderer, sichererer Arbeitsmittel nicht verhältnismäßig ist und die Gefährdungsbeurteilung ergibt, dass die Arbeiten sicher durchgeführt werden können"*.

Sicherere Arbeitsmittel sind z. B. Hubarbeitsbühnen und (Fahr-)Gerüste.

Praxis-Beispiel: Rangfolge der Schutzmaßnahmen gegen Absturz

Bei der Auswahl der Schutzmaßnahmen ist die Rangfolge

- Absturzsicherungen,
- Auffangeinrichtungen,
- individueller Gefahrenschutz (persönliche Schutzausrüstung)

zu beachten.

Praxis-Beispiel: Schutzmaßnahmen gegen Absturz bei Dacharbeiten – es gibt Ausnahmen!

Wenn „Eigenart und Fortgang der Arbeiten" die beschriebenen Sicherheitseinrichtungen nicht zulassen, darf bei Dacharbeiten darauf verzichtet werden, wenn

- die Dauer solcher Arbeiten möglichst gering gehalten wird,
- die Beschäftigten fachlich qualifiziert und körperlich geeignet sind,
- eine zusätzliche Unterweisung durchgeführt wurde,
- die Absturzkante deutlich erkennbar ist.

Typische Arbeiten, auf die diese Ausnahmeregelung zutreffen kann, sind z. B. Inspektionsarbeiten auf Dächern und das Aufrichten von Dachstühlen.

Praxis-Beispiel: Brandgefahr

Häufig werden auf Dächern Feuerarbeiten durchgeführt, z. B. Flachdachabdichtungen mit Heißbitumen oder Verschweißen von Bitumenbahnen. Durch die dabei verwendeten brennbaren Materialien (Bitumen, Brenngas), die Zündquellen (Brenner, Bitumenkocher) und die Dachkonstruktion, die ebenfalls oft brennbares Material enthält und in der Entstehungsbrände oft schwer zugänglich sind, ist das Brandrisiko bei Feuerarbeiten auf Dächern erheblich. Dementsprechend sind die in der DGUV-I 201-054 ausgewiesenen Sicherheitsmaßnahmen unverzichtbar, u. a.:

- Gas und Bitumen nur in arbeitstäglich benötigter Menge auf dem Dach;
- brennbare Materialien entfernen oder abdecken;
- Bitumenkocher und Flämmgeräte in ausreichendem Abstand zu brennbaren Materialien standsicher aufstellen, nur beaufsichtigt betreiben;
- für jedes Heiz-, Schmelz-, Flämm- oder Lötgerät min. einen geeigneten Feuerlöscher mit 6 LE (Löschmitteleinheiten) auf dem Dach vorhalten – Beschäftigte müssen im Einsatz unterwiesen sein;
- bei Bedarf (z. B. kritische oder unübersichtliche Bausubstanz) Brandwachen auf bzw. unter dem Dach während der Arbeiten und danach stellen.

Praxis-Beispiel: Gefährdungsbeurteilung erstellen

Konkrete Gefährdungen bei Dacharbeiten, ihre Risikoeinstufung und die daraus abzuleitenden Maßnahmen müssen in einer Gefährdungsbeurteilung ermittelt werden.

Weil die Dächer und die Arbeitssituationen darauf sehr vielfältig sind, verlangt es viel Kenntnis und Erfahrung, um eine solche Gefährdungsbeurteilung verantwortlich durchzuführen. Das gilt besonders für die Festlegung von Ausnahmefällen, in denen auf Schutzmaßnahmen bei Dacharbeiten ganz oder teilweise verzichtet werden kann (s. o.).

Praxis-Beispiel: Sicherheitsschuhe

Sicherheitsschuhe für Dachdecker müssen einerseits guten Halt auf dem Dach bieten, also eine besonders griffige, flexible Sohle haben. Andererseits finden Dacharbeiten meist auf Baustellen statt, wo durchtrittsichere Sohlen wichtig sind (die normalerweise weniger flexibel sind). Spezielle Dachdeckerstiefel vereinen beide Anforderungen mit weichen Reifenprofil-Sohlen sowie flexiblem Kunststoff-Durchtrittschutz. Ihnen sollte hier der Vorzug vor billigen S3-Baustiefeln gegeben werden.

2 Arbeiten auf Dächern

In vielen Unternehmen bestehen Verkehrswege und Arbeitsplätze auf Dächern, sei es für Inspektions-, Wartungs- und Unterhaltungsarbeiten an Dächern selber (z. B. Reinigung von Dachabläufen, Beseitigung von Schneelasten u. Ä.) oder um andere Anlagen zu erreichen, die auf Dächern montiert sind (z. B. Lüftungseinrichtungen, Aufzugtriebwerksräume u. Ä.). Dabei bestehen Gefahren durch fehlende oder ungeeignet ausgeführte Verkehrswege auf Dächern, in der Nähe liegende Absturzkanten oder nicht durchsturzsichere Einbauten (Lichtkuppeln oder -platten, Lüftungsauslässe o. Ä.), die schlimmstenfalls unter Laub, Wasser oder Schnee nicht zu erkennen sind. Entsprechend gravierend ist hier das Unfallrisiko und das Unfallgeschehen.

Praxis-Beispiel: DGUV-I 203-058 Schutz gegen Absturz bei Arbeiten an elektrischen Anlagen auf Dächern

Diese DGUV-Information bezieht sich formal zwar nur auf bestimmte auf Dächern anfallende Arbeiten, nämlich solche an elektrischen Anlagen wie Anlagen zur Energieerzeugung (z. B. Fotovoltaik, Solarthermie), Lichtwerbeanlagen, Sende- und Empfangseinrichtungen usw.

Diese Schrift stellt aber in übersichtlicher und praxisorientierter Form unterschiedliche Arbeitssituationen auf Dächern und mögliche Sicherungsmaßnahmen dar und ist damit auch ein guter Anhaltspunkt für die Beurteilung anderer Dacharbeiten.

Praxis-Beispiel: Hochrisiko Schneeräumung

Extremwetterlagen, die wegen hoher Schneelasten auf Dächern ein Eingreifen der Gebäudebetreiber erforderlich machen, sind in jeder Hinsicht eine Ausnahmesituation. Sie kommen selten vor und stellen eine erhebliche Bedrohung der Bausubstanz dar, sodass in der Folge häufig wenig erfahrene Personen mit der Schneeräumung auf Dächern befasst sind, die die Dächer nicht kennen und unter dem Schnee deren Beschaffenheit nicht erkennen können. Entsprechend drastisch können die Unfallfolgen sein, vor allem durch Absturz oder Sturz ins Innere durch nicht tragfähige Elemente. Allein bei einem einzigen Extremereignis in Bayern sind auf diese Weise 2006 mehrere Personen, meist Angehörige von Hilfsorganisationen im Einsatz, tödlich verunglückt.

Um diesem besonderen Risiko bei Arbeiten auf Dächern gerecht zu werden, hat die DGUV die DGUV-I 212-002 „Schneeräumung auf Dachflächen“ herausgebracht. Darin wird sehr konkret und detailliert für Bauplaner, Gebäudebetreiber/Unternehmer und ausführende Firmen ein „Schneemanagement“ für Gebäude beschrieben und Anforderungen an die sichere Ausführung solcher Arbeiten festgelegt.

2.1 Gefährdungsbeurteilung

Sobald in irgendeiner Form Arbeiten auf Dächern anfallen, muss dazu eine präzise Gefährdungsbeurteilung erstellt werden. Dabei sind z. B. folgende Fragen zu klären:

Bei der Planung:

- Welche Inspektions-, Wartungs- und Reparaturarbeiten können anfallen bzw. sind diese ggf. im Vorfeld vermeidbar?
- Wie sollen anfallende Arbeiten ausgeführt werden und durch wen?
- Welche Anlagen sollen/müssen auf dem Dach montiert werden?

Im Bestand:

- Welche Arbeiten werden auf Dächern verrichtet? – umfassende Analyse erforderlich!
- Wer arbeitet auf Dächern? Welche Kompetenz/Fachausbildung ist gegeben?
- Wie häufig fallen Arbeiten auf Dächern an?
- Unter welchen Umständen (geplant, ungeplant, aufschiebbar oder nicht) fallen Arbeiten auf Dächern an?

Dementsprechend sind geeignete, hinlänglich sichere und wirksame Maßnahmen (s. u.) festzulegen und umzusetzen.

Praxis-Beispiel: Eigene und Fremdfirmen-Mitarbeiter berücksichtigen

Im Rahmen der Gefährdungsbeurteilung müssen nicht nur die Arbeiten auf Dächern berücksichtigt werden, die durch eigene Beschäftigte auszuführen sind, sondern ausdrücklich auch solche, die durch beauftragte Fremdfirmen zu erledigen sind. Auch dafür sind detailliert Gefahren und Maßnahmen zu klären und umzusetzen (s. o. Vorgaben der DGUV-I 201-054).

2.2 Maßnahmen

2.2.1 Zugang

Zugangsbeschränkungen

Generell sollte der Zugang auf Dächer so beschränkt sein, dass nur zuständige Personen in Erfüllung bestimmter Aufgaben Zutritt nehmen können. Türen zu Dachausgängen sollten verschlossen sein, außenliegende Treppen oder Leitern umzäunt oder mit einer Aufstiegssperre versehen sein. An Zugängen auf Dächer sollte auf Zutrittsverbote für Unbefugte und auf Gefahren hingewiesen werden.

Schriftliche Arbeitsanweisung

Für anfallende Dacharbeiten sollte eine schriftliche Arbeits-/Betriebsanweisung vorliegen, die genau die durchzuführenden Arbeiten, befugte bzw. beauftragte Personen, die zu berücksichtigenden Maßnahmen bzw. zu verwendende Schutzeinrichtungen usw. erfasst.

Geeignete Zugänge

Dächer können über Treppen, Leitern, Steigleitern oder Steigeisengänge erreichbar sein. Wie der Zugang zu gestalten ist, ist von folgenden Faktoren abhängig und entsprechend zu entscheiden:

- Häufigkeit der anfallenden Arbeiten,
- benötigte Werkzeuge und Materialien,
- bauliche Gegebenheiten (vor allem Höhe des Gebäudes),
- Personenkreis, der Zugang zum Dach haben muss.

Zur Gestaltung von Zugängen, insbesondere Steigleitern und Steigeisengängen siehe ASR A1.8 „Verkehrswege" sowie ASR A2.1 „Schutz vor Absturz und herabfallenden Gegenständen, Betreten von Gefahrenbereichen".

2.2.2 Verkehrswege und Arbeitsplätze auf Dächern

Verkehrswege und Arbeitsplätze auf Dächern müssen sicher begeh- bzw. benutzbar sein. Vor allem müssen Absturzgefahren vermieden werden. Dabei ist zu berücksichtigen, dass an Arbeitsplätzen in der Regel höhere Anforderungen an Einrichtungen zur Absturzsicherung zu stellen sind als an Verkehrswegen, weil der Aufenthalt länger ist und die durchzuführende Tätigkeit ggf. ein zusätzliches Risiko bedeutet, mindestens aber die Aufmerksamkeit der Beschäftigten bindet.

> **Praxis-Beispiel: Mindestausstattung auf Dächern mit Einrichtungen zum Schutz gegen Absturz**
>
> In der DGUV-I 201-056 wird in einer Tabelle sehr übersichtlich ausgeführt, wie Dächer mit Schutzeinrichtungen gegen Absturz auszustatten sind, abhängig davon, welche Personengruppen unterschiedlicher Qualifikation (Dachdecker, Haustechniker, andere Handwerker, andere Gebäudenutzer) sich zu welchem Zweck und wie häufig dort aufhalten.

Nicht durchtrittsichere Dächer

Sie dürfen nur über geeignete Laufstege betreten werden, die die für Verkehrswege üblichen Breiten haben und seitlich mit Geländern gesichert werden müssen. Wo wegen der Oberflächenbeschaffenheit des Daches keine ausreichend breiten Verkehrswege möglich sind und ggf. Anseilschutz (s. u.), müssen wenigstens ausreichend sichere Trittmöglichkeiten geschaffen werden.

> **Praxis-Beispiel: Betreten verboten!**
>
> Nicht durchtrittsichere Dächer sind weitverbreitet, z. B. Faserzementeindeckungen auf Gewerbehallen. Wenn auf solchen Dächern keine Laufstege vorhanden sind, dürfen sie nicht betreten werden – auch nicht im Notfall!

Absturzkanten und nicht durchtrittsichere Einbauten

Generell gilt: von Absturzgefahr wird ausgegangen, wenn Absturzkanten oder nicht durchtrittsichere Einbauten weniger als 2 m von Verkehrswegen und Arbeitsplätzen entfernt sind. In diesem Fall ist Absturzsicherung mit einer der folgenden Maßnahmen erforderlich:

Geländer sind eine der sichersten und oft auch gut umsetzbaren Absturzsicherungen. Sie können fest montiert sein, sind aber auch nachrüstbar. Speziell für Dächer gibt es frei aufstellbare Geländer, für die keine Montage in der Dachhaut erforderlich ist und so gestaltet sein können, dass sie beim Anblick der Fassade nicht wahrgenommen werden.

Überdeckungen oder Unterspannungen von nicht durchtrittsicheren Einbauten können ebenfalls bei Bedarf (ggf. lichtdurchlässig) nachgerüstet werden. Dazu gehören Gitterabdeckungen über oder unter Lichtkuppeln, Auffangnetze unter Lichtplatten u. Ä.

Praxis-Beispiel: Wer tritt denn schon auf eine Lichtkuppel ...?

Niemand, der sich auskennt, tut das bewusst. Schwere Absturzunfälle passieren aber häufig, weil Personen, die sich in der Nähe aufhalten, ausrutschen und dann durchbrechen, oder weil Lichtplatten, Lüftungsauslässe u. a. unter Laub oder Schnee nicht mehr zu erkennen sind.

Anseilschutz ist die letzte Schutzmaßnahme, die bei Arbeiten auf Dächern nur dann ergriffen werden sollte, wenn die Gefährdungsbeurteilung ergeben hat, dass alle oben genannten Maßnahmen nicht umsetzbar oder nicht ausreichend sind (siehe Rangfolge der Schutzmaßnahmen TOP). Der Einsatz ist wenig komfortabel, die Rückhalteseile können bei Arbeiten hinderlich sein und vor allem hängt die Schutzwirkung davon ab, dass Gurtsysteme tatsächlich getragen und richtig verwendet werden. Bereits ein falsch angeschlagenes oder um wenige Meter zu langes Seil macht die Schutzwirkung zunichte.

Auf jeden Fall sollte Anseilschutz auf Dächern immer als Rückhalteschutz, nicht als Auffangeinrichtung ausgelegt werden.

Praxis-Beispiel: Auffangsysteme auf Dächern vermeiden

Der Einsatz von Auffangsystemen, bei denen nach einem Sturz die verunfallte Person im Seil hängt, ist auf Dächern praktisch kaum handhabbar:

- hohe Anforderungen an das Seilsystem, weil selbst zugelassene Seilsysteme bei Pendelstürzen über scharfkantige Dacheindeckungen versagen können, sodass Sonderausstattungen erforderlich sein können;
- hohe Anforderungen an das Rettungsgeschirr, das exakt auf Größe und Gewicht der Personen anzupassen ist, ggf. über Dämpfer verfügen muss usw.;
- hohe körperliche Belastung, sodass eine arbeitsmedizinische Vorsorge (Arbeiten mit Absturzgefahr, Grundsatz G 41) erforderlich wird, zudem im Falle eine Absturzes nicht geringes Verletzungsrisiko;
- hoher Trainingsaufwand, weil mit Auffangsystemen nach DGUV-R 112-198 intensiv praktisch geübt werden muss;
- hohe Ansprüche an die Notfallorganisation, weil im Seil hängende Personen innerhalb weniger Minuten gerettet werden müssen, um das ggf. lebensbedrohliche Hängetrauma zu vermeiden – was i. d. R. nur mit externer Hilfe möglich sein dürfte.

Weil auf vielen Dächern nur gelegentlich Inspektions- und Wartungsarbeiten anfallen, ist Anseilschutz, obwohl in der Rangfolge der Schutzmaßnahmen hinten, ein weit verbreitetes Schutzsystem auf Dächern. Bei Neubauten werden entsprechende Anschlagpunkte bereits vorgesehen. Bei vielen Altbauten müssen sie nachgerüstet werden, um vorschriftsmäßig arbeiten zu können. Dazu sind unterschiedliche Systeme im Markt vertreten, die die Dachhaut nicht beschädigen.

Verkehrswege und Arbeitsplätze außerhalb der Gefahrenzone für Absturz

Liegen Verkehrswege und Arbeitsplätze auf Dächern weiter als 2 m von Absturzkanten und nicht durchtrittsicheren Einbauten entfernt, kann mit einer Absperrung (Geländer, Ketten, Seile) ggf. auch nur mit einer optischen Abgrenzung (Farbkennzeichnung, unterschiedliche Bodengestaltung) dafür gesorgt werden, dass die Gefahrenzone nicht betreten wird. Das ist in der schriftlichen Arbeitsanweisung (s. o.) und in der Unterweisung zu vermitteln.

Praxis-Beispiel: Optische Abgrenzung

Wenn ein Flachdach bei Schnee betreten werden muss oder gar mit Schneeräumarbeiten (und sei es nur im Ausnahmefall) zu rechnen ist, dann sind alleine optische Abgrenzungen nicht ausreichend. Nur ausreichend hohe Geländer ermöglichen eine sichere Orientierung auf einem verschneiten Dach.[1]

Cornelia von Quistorp

Dampfkessel

Ein Dampfkessel ist ein geschlossenes Bauteil, in dem durch Wärmeeinwirkung Dampf- bzw. Heißwasser erzeugt wird. Zum Dampfkessel gehören auch die direkt angebrachten Teile, einschließlich der Vorrichtungen für den Anschluss an andere Geräte. Eine Dampfkesselanlage ist eine Druckanlage, die mindestens ein befeuertes oder anderweitig beheiztes überhitzungsgefährdetes Druckgerät zur Erzeugung von Dampf oder Heißwasser beinhaltet. Zu einer Dampfkesselanlage gehören auch – soweit vorhanden – die in Abschn. 2 Nr. 2.10 TRBS 2141 aufgeführten Einrichtungen, wie z.B. auch der Kesselaufstellungsraum.

Gesetze, Vorschriften und Rechtsprechung

Für die Beschaffenheit von befeuerten oder anderweitig beheizten überhitzungsgefährdeten Druckgeräten zur Erzeugung von Dampf oder Heißwasser mit einer Temperatur von mehr als 110 °C und einem Volumen von mehr als 2 l sowie allen Schnellkochtöpfen (Dampfkesselanlagen) gilt die Druckgeräterichtlinie 2014/68/EU und die 14. Verordnung zum Produktsicherheitsgesetz (14. ProdSV). Dampfkesselanlagen sind überwachungsbedürftige Anlagen nach § 2 Gesetz über Überwachungsbedürftige Anlagen (ÜAnlG) i. V. mit § 2 Abs. 13 Betriebssicherheitsverordnung (BetrSichV). Das gilt nicht für Anlagen mit einem Dampferzeuger mit zulässigem Betriebsdruck < 0,5 bar bzw. mit einem Heizkessel mit zulässiger Temperatur < 110 °C.

Den Stand der Technik geben die Technischen Regeln für Betriebssicherheit (TRBS) wieder. Für die Bereitstellung, Nutzung und Prüfung der Dampfkessel gilt die Betriebssicherheitsverordnung (BetrSichV). Außerdem sind ggf. Regelungen des Baurechtes zu beachten (z.B. Feuerungsverordnungen).

1 Gefahren

Hauptgefahr eines Dampfkessels ist der Zerknall durch unzulässigen Druck. Ursachen für einen Zerknall können auch Werkstoffmängel, Beschädigungen oder das Versagen von Überdruckventilen sein.

Druckgeräte werden nach Gefährdungspotenzial eingeteilt. Die Einteilung des Gefährdungspotenzials der Druckgeräte erfolgt nach

- der Gruppe der Fluide:
  - Gruppe 1: explosive Stoffe/Gemische, entzündbare Gase und Flüssigkeiten, pyrophore Flüssigkeiten, akut toxische Fluide, oxidierende Flüssigkeiten und Gase
  - Gruppe 2: alle Fluide, die nicht in Gruppe 1 eingestuft werden,
- dem maximalen Druck der Geräte PS in bar,
- dem inneren Volumen des → *Druckbehälters* V in Liter (l),
- dem Produkt aus max. Druck und Volumen PS × V in bar × l,
- der Nennweite der Druckleitung DN (gerundet und dimensionslos) sowie
- dem Produkt aus Nenndurchmesser der → *Rohrleitung* und dem max. Druck in DN × PS in bar.

2 Beschaffenheitsanforderungen

Dampfkessel dürfen nur in Betrieb genommen werden, wenn die Anforderungen der 14. ProdSV für Druckgeräte erfüllt sind. Wenn die Geräte nicht dem Geltungsbereich der Verordnung unterliegen,

1 Siehe dazu auch DGUV-I 212-002 „Schneeräumung auf Dachflächen“.

müssen sie mindestens dem → *Stand der Technik* entsprechen. Druckbehälter müssen beim Inverkehrbringen mit einer Konformitätserklärung versehen und mit dem → *CE-Zeichen* gekennzeichnet werden, wenn sie dem Geltungsbereich der Verordnung unterliegen.

3 Erlaubnis

Dampfkesselanlagen, die beheizte überhitzungsgefährdete Druckgeräte zur Erzeugung von Dampf oder Heißwasser mit einer Temperatur von mehr als 110 °C beinhalten, bedürfen hinsichtlich ihrer Montage, Installation, wesentlichen Veränderung und ihres Betriebes der Erlaubnis der zuständigen Behörde. Die Erlaubnis ist schriftlich mit den für die Beurteilung notwendigen Unterlagen und einem Prüfbericht einer → *zugelassenen Überwachungsstelle (ZÜS)* zu beantragen.

4 Prüfungen

Durch → *Prüfungen* von Dampfkesselanlagen wird der ordnungsgemäße Zustand vor Inbetriebnahme sowie wiederkehrend hinsichtlich des Betriebes festgestellt. Höchstfristen für Prüfungen sind dann vorgeschrieben, wenn sich die Dampfkesselanlage nach den Kriterien des Abschn. 4 Anhang 2 BetrSichV den Tabellen 2 bzw. 4 desselben Abschnitts zuordnen lässt. Dabei ist zu beachten, ob die Prüfungen durch eine befähigte Person oder eine zugelassene Überwachungsstelle durchgeführt werden müssen.

4.1 Prüfung vor Inbetriebnahme

Die Prüfung vor Inbetriebnahme und nach prüfpflichtigen Änderungen erfolgt in Abhängigkeit vom Gefährdungspotenzial durch → *zugelassene Überwachungsstellen* oder durch → *befähigte Personen*. Erst nach diesen Prüfungen dürfen Dampfkesselanlagen in Betrieb genommen werden. Dampfkesselanlagen zur Erzeugung von Dampf oder Heißwasser, die länger als 2 Jahre außer Betrieb waren, dürfen erst wieder in Betrieb genommen werden, nachdem ihre Anlagenteile einer inneren Prüfung unterzogen worden sind.

4.2 Wiederkehrende Prüfungen

Dampfkesselanlagen sind in bestimmten Fristen wiederkehrend auf den ordnungsgemäßen Zustand zu prüfen. Die Ermittlung der Prüffristen erfolgt auf Basis einer durchzuführenden Gefährdungsbeurteilung bzw. bei der Prüfung vor der ersten Inbetriebnahme. Entsprechend der nach dem Druckinhaltsprodukt (PS × V) gefundenen Prüfgruppe, kann die Notwendigkeit zur Beauftragung einer zugelassenen Überwachungsstelle nach Anhang 2 Abschnitt 4 Tabelle 2 der Betriebssicherheitsverordnung ermittelt werden. Aus Tabelle 1 und Nummer 5.9 des Abschnitts 4 lassen sich dann die maximalen Prüffristen bestimmen, je nachdem, ob eine zugelassene Überwachungsstelle oder eine befähigte Person die Prüfungen durchführen muss.

Nähere Hinweise zu Prüfungen enthält die TRBS 1201 Teil 2 „Prüfungen bei Gefährdungen durch Dampf und Druck".

5 Sonstige Betriebsvorschriften

Grundsätzlich gelten für alle → *überwachungsbedürftigen Anlagen* die Anforderungen der BetrSichV an → *Arbeitsmittel*. Daher muss der Arbeitgeber

- die Gefährdungen ermitteln, die mit der Benutzung des Druckbehälters verbunden sind und diese bewerten. Dabei sind Wechselwirkungen mit der Arbeitsumgebung zu berücksichtigen (→ *Gefährdungsbeurteilung*). Bei Durchführung der Gefährdungsbeurteilung ist die TRBS 2141 „Gefährdungen durch Dampf und Druck – Allgemeine Anforderungen" zu beachten,
- Maßnahmen nach dem → *Stand der Technik* festlegen, damit Sicherheit und Gesundheit der Beschäftigten gewährleistet sind. Hierbei sind ergonomische Anforderungen zu berücksichtigen,
- die Beschäftigten angemessen über Gefahren und Schutzmaßnahmen vor Aufnahme der Tätigkeit und danach in regelmäßigen Abständen unterrichten (→ *Unterweisung*),

- ggf. eine → *Betriebsanweisung* erstellen mit Angaben über die Einsatzbedingungen, über absehbare Betriebsstörungen, über die zur Benutzung der Arbeitsmittel vorliegenden Erfahrungen (§ 12 Abs. 2 BetrSichV) sowie über die bestimmungsgemäße Verwendung und über Sicherheitsmaßnahmen.

Der Betreiber von Dampfkesselanlagen hat außerdem Folgendes zu beachten:

- Unfälle im Zusammenhang mit der Anlage, bei denen Menschen getötet oder verletzt worden sind und Schadensfälle, bei denen Bauteile oder sicherheitstechnische Einrichtungen versagt haben oder beschädigt worden sind, hat der Anlagenbetreiber unverzüglich der zuständigen Landesbehörde anzuzeigen (§ 19 BetrSichV).
- Bedienung nur durch eine zuverlässige, eingewiesene Person mit der erforderlichen Sachkunde („beauftragter Beschäftigter" i. S. des § 12 Abs. 3 BetrSichV). Der „Kesselwärter" ist ein beauftragter Beschäftigter.

Martin Köhler

Defibrillator

Der automatisierte externe Defibrillator, kurz AED, ist ein Medizinprodukt, das im Rahmen der Wiederbelebung zum Einsatz kommt. Hier gibt das Gerät bei Vorliegen eines Kammerflimmerns oder einer pulslosen ventrikulären Tachykardie einen Stromstoß ab, um die Muskelfasern des Herzens zu depolarisieren. Die Analyse, ob ein Schock abgegeben wird oder nicht, führt das Gerät selbstständig durch.

Gesetze, Vorschriften und Rechtsprechung

Für den Einsatz des Defibrillators gelten die Bestimmungen des Medizinproduktegesetzes (MPG) sowie die Verordnung über das Errichten, Betreiben und Anwenden von Medizinprodukten (MPBetreibV).

1 Erfolgsaussichten der Wiederbelebung

Der wichtigste Faktor im Rahmen der Wiederbelebung ist die Zeit. So zeigen Studien die Überlebenswahrscheinlichkeit einer Wiederbelebung unter verschiedenen Aspekten:

- 2 % Überlebenswahrscheinlichkeit, wenn bis zum Eintreffen des Rettungsdienstes keine Wiederbelebungsversuche unternommen werden,
- 8 %, wenn durch den → *Ersthelfer* eine Wiederbelebung unternommen wird und durch den Rettungsdienst eine weitere Therapie (Medikamente, Defibrillation) erfolgt,
- bis zu 50 %, wenn bereits durch den Ersthelfer im Rahmen der Wiederbelebung ein AED eingesetzt wird.

2 Einsatz des AED

Ein AED wird eingesetzt, sobald der Betroffene bewusstlos (nicht ansprechbar) und seine Atmung nicht normal ist. Diese Kennzeichen sind ausschlaggebend für eine zu erfolgende Wiederbelebung.

Nachdem das Gerät eingeschalten wurde, gibt es kontinuierlich Anweisungen, wie jetzt weiter zu verfahren ist. Diesen Anweisungen ist durch den Helfer unbedingt Folge zu leisten. Der AED ersetzt im Rahmen der Wiederbelebung keine Atemspende und Herzdruckmassage, sondern ergänzt sie.

3 Arbeitsweise des AED

Im Verlauf der Arbeit mit dem AED führt dieser in regelmäßigen Abständen eine Analysephase durch. Das bedeutet konkret, dass der Herzrhythmus des Betroffenen regelmäßig ausgewertet wird. Erst nachdem das Gerät ein Kammerflimmern diagnostiziert hat, wird der Schock freigegeben und die notwendige Energie bereitgestellt.

Auch die Intensität des abzugebenden Schocks legt das Gerät allein fest.

4 Vorschriften des MPG und der MPBetreibV

4.1 Medizinprodukt

Gemäß § 3 MPG sind alle Produkte, die zu Zwecken der Prävention, Diagnostik, Therapie oder Rehabilitation zur Anwendung am Menschen bestimmt sind, **Medizinprodukte**.

Aktive Medizinprodukte sind alle medizinischen Gerätschaften, die über Strom (elektrischer Strom, Batterie, Gasantrieb) betrieben werden. Über diese Medizinprodukte muss der Betreiber ein Bestandsverzeichnis führen. Zu den aktiven Medizinprodukten gehört dementsprechend auch der AED.

Unter **Medizinprodukten der Anlage 1** versteht man die nichtimplantierbaren aktiven Medizinprodukte (z. B. AED) für deren Einsatz eine Einweisung in das Gerät durch den Hersteller oder einen Beauftragten erfolgen muss (Anlage 1 MPBetreibV).

4.2 Betreiber

Betreiber eines Medizinproduktes ist derjenige, der die tatsächliche Sachherrschaft über das entsprechende Medizinprodukt hat. Dabei ist nur der Besitz, nicht das Eigentum relevant.

4.3 Anwender

Anwender ist derjenige, der ein Medizinprodukt, wie den AED, berufsmäßig anwendet. Dabei ist unerheblich, ob es sich um eine haupt- oder ehrenamtliche Berufsausübung handelt.

Bestimmte Medizinprodukte dürfen grundsätzlich nur von Personen angewendet werden, die durch den Hersteller oder durch eine vom Hersteller oder Fachhändler geschulte und vom Betreiber (= Unternehmen) beauftragte Person in die sachgerechte Handhabung dieses Medizinproduktes eingewiesen worden sind. Defibrillatoren, die speziell für die sichere und leichte Anwendung und Nutzung durch Laien (z. B. Ersthelfer) konstruiert wurden, unterliegen dieser Regelung nicht. Eine Einweisung ist für Defibrillatoren, die nach der Kennzeichnung, der Gebrauchsanweisung oder den Werbematerialien zur Anwendung durch Laien vorgesehen sind, nicht zwingend notwendig. Diese Regelung bezieht sich ausdrücklich nur auf Laiengeräte, also nicht auf Geräte für berufliche/professionelle Anwender, die mit speziellen Defibrillatoren arbeiten. Wenngleich die Einweisung rechtlich nicht notwendig ist, ist sie dennoch sehr zu empfehlen.

Praxis-Beispiel: Hinweise für den Anwender

Folgende Hinweise sollen den Anwender in seiner Arbeit mit Medizinprodukten unterstützen:

- Anwendung nur, wenn der Umgang sicher beherrscht wird,
- Nachweis des sicheren Umganges durch Ausbildung,
- Anlage-1-Geräte dürfen nur von eingewiesenem Personal benutzt werden,
- Medizinprodukte nur entsprechend ihrer Bestimmung verwenden,
- Überzeugen vom ordnungsgemäßen Zustand der Produkte – es darf keine Gefahr von dem Produkt ausgehen.

4.4 Meldepflichtige Störungen von Medizinprodukten

Meldepflichtige Störungen von Medizinprodukten sind:

- Funktionsstörungen,
- jede Änderung eines Gerätemerkmals,
- Zwischenfälle, die zum Tod oder zur Verschlechterung des Gesundheitszustandes des Betroffenen geführt haben.

Sollte eine solche meldepflichtige Störung vorliegen, ist diese umgehend unter Sicherstellung aller Beweise mittels eines Berichtes dem Bundesamt für Arzneimittel und Medizinprodukte anzuzeigen.

Steffen Pluntke

Demografischer Wandel

Die Bevölkerung in den industrialisierten Staaten, Ländern oder Kommunen nimmt seit Mitte des 20. Jahrhunderts stetig ab. Verantwortlich für diesen sog. Demografischen Wandel ist u. a. die Tatsache, dass die Sterberate deutlich höher ist als die Geburtenrate. Die sozialen Sicherungssysteme, aber auch die Unternehmen werden dadurch vor neue Probleme gestellt. In den Unternehmen bedeutet dies z. B., dass das Durchschnittsalter der Mitarbeiter zunimmt, weil die Lebensarbeitszeit steigt und weniger jüngere Beschäftigte auf dem Arbeitsmarkt verfügbar sind.

1 Grundtendenz: Alterung der Gesellschaft

Der demografische Wandel in der Gesellschaft und damit auch bei den Belegschaften der Unternehmen wird im Wesentlichen beeinflusst durch

- die Geburtenrate,
- die Sterblichkeit und
- die Migration.

Eine gravierende Veränderung der Sterblichkeit hat sich in Deutschland schon vor mehr als 100 Jahren vollzogen und damit den demografischen Wandel initiiert. Der zweite demografische Übergang konnte zwischen 1965 und 1975 aufgrund eines starken Geburtenrückgangs beobachtet werden (**Abb. 1**). Der Altersaufbau wandelt sich dabei von der typischen Alterspyramide (1900) zur „Altersurne" heute. Bereits im Jahr 2013 war die stärkste Altersklasse in Deutschland die der „Über-50-Jährigen".

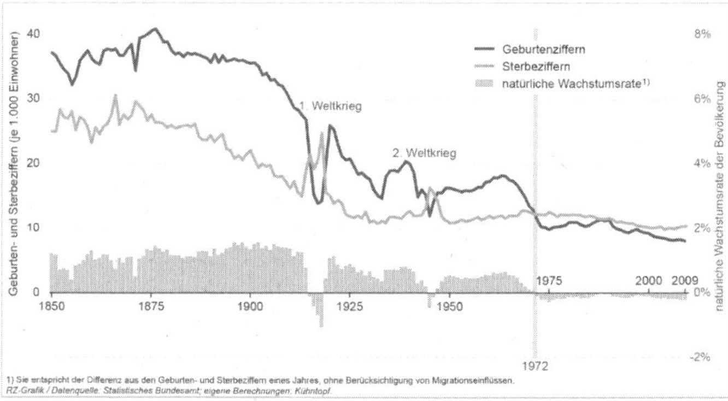

Abb. 1: Natürliche Bevölkerungsentwicklung in Deutschland: Geburtendefizite seit 1972 (Quelle: Deutschland im Demografischen Wandel: Ein Vergleich mit Japan, Rostocker Zentrum zur Erforschung des demografischen Wandels, Rostock 2011)

Diese Entwicklung ist jedoch nicht auf Deutschland begrenzt, sondern vollzieht sich bis auf wenige Ausnahmen weltweit (**Abb. 2**). In nahezu keinem europäischen Land wird heute die zur Bestanderhaltung notwendige Geburtenziffer von 2,1 erreicht (**Abb. 3**). Dies gilt auch für die USA und Japan. Europa hat bereits heute die älteste Bevölkerung und dabei wird es in den nächsten Jahrzehnten auch bleiben. Die Zahl der Erwerbstätigen wird in Europa in den nächsten 20 Jahren um ca. 20,8 Mio. (6,8 %) sinken, während die Zahl der „Über-55-Jährigen" um 24 Mio. (8,7 %) steigt.

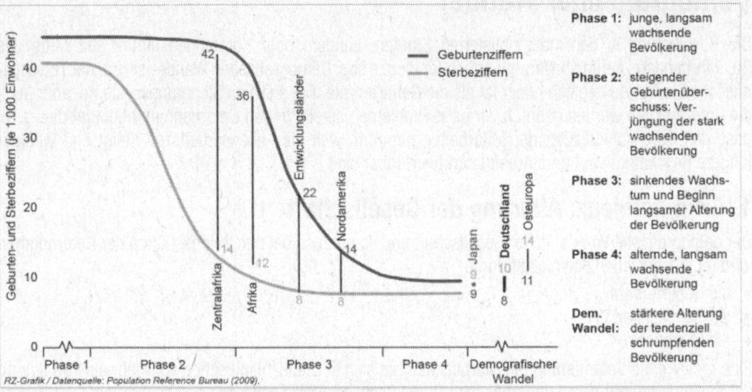

Abb. 2: Bevölkerungsentwicklung weltweit in Phasen (Quelle: Deutschland im Demografischen Wandel: Ein Vergleich mit Japan, Rostocker Zentrum zur Erforschung des demografischen Wandels, Rostock 2011)

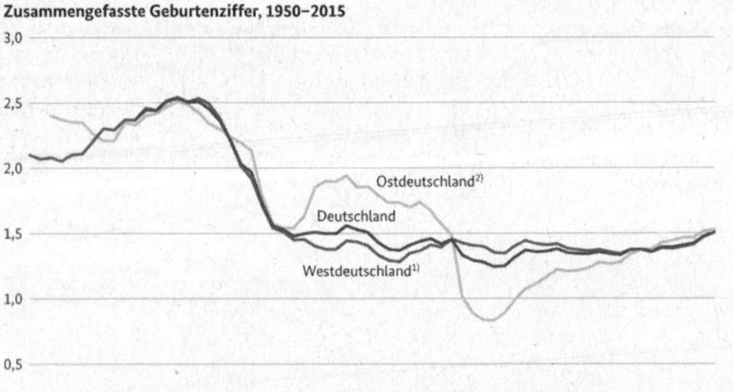

Abb. 3: Zusammengefasste Geburtenziffer (Quelle: Statistisches Bundesamt, 2017)

2 Einflussfaktoren

2.1 Geburtenziffer

Seit den 1970er-Jahren werden in Deutschland weniger als 210 Kinder je 100 Frauen (Bestanderhaltungsniveau) geboren. Die Geburtenrate liegt seit ca. 40 Jahren bei 1,4 Kindern pro Frau (**Abb. 4**).

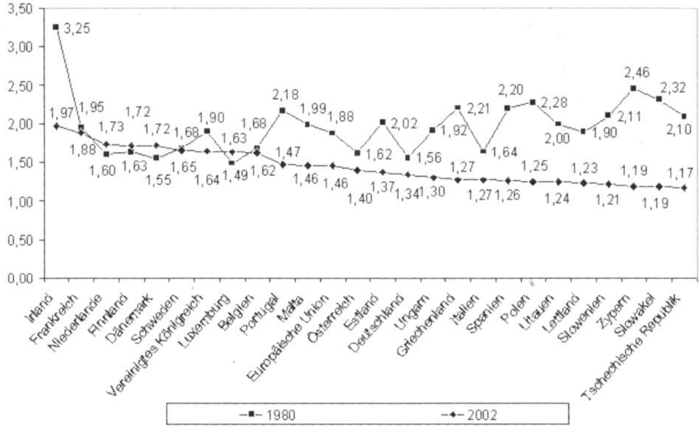

Abb. 4: Geburtenziffern im europäischen Vergleich 1980 und 2002 (Kinder pro Frau) (Quelle: Bundesministerium für Familie, Senioren, Frauen und Jugend)

2.2 Lebenserwartung und Mortalität

Die durchschnittliche Lebenserwartung beträgt nach der Sterbetafel 2010/2012 für Jungen knapp 78 Jahre und für Mädchen knapp 83 Jahre (**Abb. 5**). Die Lebenserwartung der Bevölkerung und der Altersaufbau der Bevölkerung beeinflussen die Zahl der Sterbefälle (Mortalität). Das **Geburtendefizit** als Differenz zwischen Geburten und Sterbefällen eines Jahrs betrug 2013 212.000. Im Jahr 2020 wird das Geburtendefizit voraussichtlich auf 300.000 steigen, bis zum Jahr 2050 sogar auf 600.000. Setzt sich der Trend wie beschrieben fort, dann werden in Deutschland im Jahr 2050 zwischen 8 und 13 Mio. Menschen weniger leben.

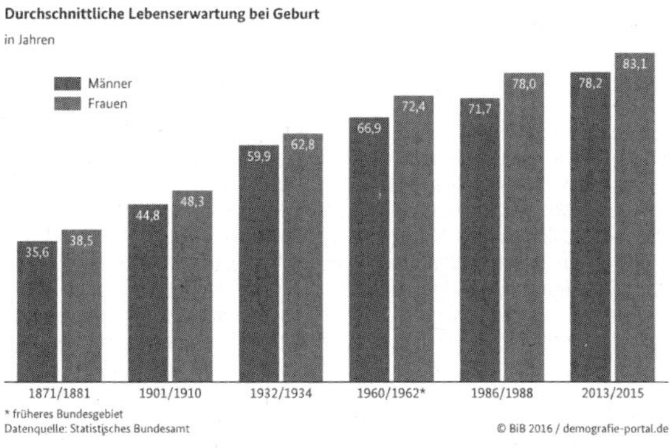

Abb. 5: Durchschnittliche Lebenserwartung bei Geburt in Deutschland (Quelle: Statistisches Bundesamt, 2016)

2.3 Migration

Die zukünftige Bevölkerungsstruktur in Deutschland wird auch beeinflusst durch Ein- und Auswanderung. Die Differenz zwischen Zu- und Fortzügen wird **Wanderungssaldo** genannt. Aus den bisher beobachteten Wanderungssalden (**Abb. 6**) lässt sich kein Trend ableiten. Die **UN** zeigte in einer Untersuchung aus dem Jahr 2000, dass die schrumpfenden Bevölkerungszahlen in Deutschland bis 2050 nur durch eine jährliche Zuwanderung von 344.000 Menschen ausgeglichen werden können. Um die Alterung der Bevölkerung aufzuhalten, müssten bis 2050 sogar 3,62 Mio. Einwanderer nach Deutschland kommen. Diese Zahlen zeigen nachdrücklich, dass die Alterung und Schrumpfung nicht oder nur bedingt mit Einwanderung zu lösen sind.

Abb. 6: Komponenten der Bevölkerungsentwicklung in Deutschland, 1950–2060 (Quelle: Statistisches Bundesamt, 2015)

Josef Sauer

Dokumentierte Informationen

Kennzeichnend für ein Managementsystem sind Festlegungen (Ziele, Zuständigkeiten) und Regelungen (Prozesse, Abläufe). Diese müssen dokumentiert sowie identifizierbar und zuordenbar sein. In vielen Unternehmen erfolgt dies in einem Managementhandbuch. Es ist eine geordnete Sammlung aller relevanten Informationen eines Managementsystems und damit der zentrale Teil der Dokumentation des Managementsystems eines Unternehmens. Managementsystem-Normen, wie die DIN ISO 9000 für das QMS oder die DIN ISO 45.001 für das AMS überlassen es dem Anwender, wie er die notwendige Dokumentation vornimmt. Die dokumentierten Informationen müssen jedoch vollständig, identifizierbar und zuordenbar sein. Dies kann ein Managementhandbuch sein oder in anderer Form erfolgen. Dokumentierte Informationen sind ein wichtiges Hilfsmittel zur Umsetzung eines Arbeitsschutz-Managementsystems (AMS).

1 Pflicht zur Erstellung?

Ohne dokumentierte Informationen (z. B. in Form eines Managementhandbuchs) ist ein → *Managementsystem* nicht funktionsfähig, denn es stellt die Informationsplattform für das betriebliche Handeln, die Darlegung des Soll-Zustands, die Basis für die Überwachung der Wirksamkeit sowie den Fundort der relevanten Informationen und Aufzeichnungen dar. Alle gängigen Managementsystemkonzepte verlangen deshalb die Erstellung solcher dokumentierter Informationen.

Sie erleichtern auch die Transparenz der Umsetzung externer Vorgaben und die Nachweisbarkeit von deren Einhaltung. Dadurch können Dokumentations- und Nachweisforderungen z. B. von Versicherungen sowie des Gesetzgebers leichter erfüllt werden. Wie bei den Normen überlässt auch der Gesetzgeber dem Unternehmen die Form der Dokumentation. So verpflichtet § 3 Abs. 2 Arbeitsschutzgesetz den Arbeitgeber zur Schaffung einer „geeigneten Organisation", die jederzeit nachweisbar (identifizierbar und zuordenbar) sein muss. Der Nachweis einer geeigneten Organisation des betrieblichen Arbeitsschutzes ist jedoch nicht gleichzusetzen mit den dokumentierten Informationen, die durch die AMS-Norm DIN ISO 45.001 gefordert werden. Gleichwohl erleichtert ein AMS-Handbuch den im Arbeitsschutzgesetz indirekt geforderten Nachweis stark.

2 Intention der dokumentierten Informationen (z. B. Managementhandbuch)

Dokumentierte Informationen (z. B. in Form eines Handbuchs) stellen allgemein eine geordnete Sammlung von Informationen dar. Als systematisch gegliedertes Nachschlagewerk dient sie dem Benutzer als „Gebrauchsanleitung" und ist Teil der gemeinsamen Wissensbasis eines Unternehmens. Benutzer sind die → *Führungskräfte*, die Akteure im Arbeitsschutz und die weiteren Beschäftigten.

Die dokumentierten Informationen

- sind die „oberste Direktive" des Unternehmers zur Organisation und Anwendung des Managementsystems,
- sind eine Orientierungsgrundlage für das eigene Handeln sowie eine praktische Hilfestellung für die tägliche Arbeit,
- erhöhen die Transparenz der Zusammenhänge im Unternehmen,
- fördern das Verständnis für die Ziele und Grundsätze des Unternehmens, die Managementprozesse, das Zusammenwirken im Unternehmen sowie die betrieblichen Abläufe (Prozesse),
- fördern das Vertrauen der Beschäftigten in das eigene Unternehmen,
- sind die Basis für interne → *Audits* sowie eine mögliche Zertifizierung des Managementsystems.

Dokumentierte Informationen sind die Basis eines Managementsystems. Gemeinsam mit allen „mitgeltenden" Unterlagen, die angefügt sind oder auf die verwiesen wird, dienen sie der Darlegung, Aufrechterhaltung, Überwachung der Wirksamkeit, der Dokumentation und permanenten Verbesserung des Managementsystems.

Praxis-Beispiel: Dokumentierte Informationen

- Sie müssen gelenkt und geschützt werden und ein angemessenes Format besitzen.
- Sie sind durch die Geschäftsführung in Kraft zu setzen.
- Sie müssen identifizierbar und zuordenbar sein (Titel, Datum, Autor, Referenznummer etc.).
- Sie müssen ein „angemessenes Format" (Sprache, Software) und Medium (Papier oder elektronisch) haben.
- Sie müssen überwacht und gelenkt werden, um ihre Aktualität und Verfügbarkeit sicherzustellen, z. B. durch die Hinterlegung der aktuellen Fassung im Intranet und einen entsprechenden Hinweis auf den ausgedruckten Exemplaren.
- Bei den Handbuchexemplaren, die den Geschäftspartnern, Kunden und Lieferanten zur Verfügung gestellt werden, sollten die Abschnitte, die das Firmen-Know-how darlegen, herausgenommen werden.

3 Inhalte

Dokumentierte Informationen

- beschreiben die wichtigen Elemente des Managementsystems,
- legen die Prozesse, Verfahren und die Dokumentation dar,

- zeigen die Wechselwirkungen zwischen den Prozessen auf,
- verweisen auf gültige Dokumente und Aufzeichnungen und
- schaffen den Zugang zu sämtlichen Vorgabedokumenten, Hilfsmitteln und Aufzeichnungen für das Management und die Beschäftigten.

Damit sind sie der zentrale Teil des Managementsystems. Mit der Offenlegung des praktizierten Managementsystems werden die Mitarbeiter, Geschäftspartner, Kunden und Lieferanten über die Aktivitäten zur Sicherung der durch das Managementsystem zu managenden betrieblichen Aufgabe (z.B. Qualität, Arbeits- und Gesundheitsschutz, Umweltschutz) informiert. Für die internen Mitarbeiter sind die Festlegungen der dokumentierten Informationen verbindlich. Bei den externen Partnern sollen sie eine längerfristige vertrauensvolle Zusammenarbeit fördern.

Das Geheimnis funktionierender Managementsysteme und ihrer Dokumentation liegt u.a. in der Einfachheit.

4 Struktur

Wie ein Unternehmen seine dokumentierten Informationen aufbaut, ist ihm überlassen. Pflichtelemente sind die Inkraftsetzung und Verbindlichkeitserklärung durch die Geschäftsführung sowie die Identifizierbarkeit und Zuordenbarkeit jedes Dokumentes.

Praxis-Beispiel: Beispielhafte Dokumentationsstruktur

Übergeordnete Dokumente (gelten i.d.R. für das gesamte Unternehmen):

- Struktur des Managementsystems,
- Leitlinien und Grundsätze (die Policy),
- daraus abgeleitete strategische Ziele,
- Aufbauorganisation inkl. der Beschreibung der Aufgaben und Zuständigkeiten sowie
- einzelne Systemelemente (teilweise mit Verweisen auf Richtlinien und Dokumente).

Darlegung der Prozesse (gelten i.d.R. für das gesamte Unternehmen): Dieser Teil gibt durch die Prozesslandschaft einen Überblick zum Vorgehen (Zusammenwirken) im Betrieb und beschreibt alle relevanten Prozesse inkl. der Prozessdaten, -kennzahlen und -verantwortlichkeiten.

Arbeitsdokumente/Anweisungen, wie Verfahrens-, Arbeits- und Prüfanweisungen (gelten i.d.R. für die jeweiligen Arbeitsbereiche bzw. -plätze): Für einige Tätigkeiten sind spezielle, tiefergehende Anweisungen (Detailregelungen) zu erstellen, z. B. in Form von Arbeitsanweisungen, → *Betriebsanweisungen* und Prüfanweisungen. Zu den Arbeitsdokumenten zählen auch die einzusetzenden Formulare, Checklisten etc.

Aufzeichnungen (gelten für die jeweiligen Arbeitsbereiche bzw. -plätze): Dazu zählen z.B. Maßnahmenpläne, Wartungspläne, Unterweisungspläne, Nachweise (z.B. Qualifizierungsnachweise), Protokolle, ausgefüllte Formulare und Checklisten, Leistungsnachweise, Reklamationsschreiben und Auditberichte.

5 Erstellung

Die Erstellung, Pflege und kontinuierliche Verbesserung der dokumentierten Informationen zählen zu den Aufgaben des Managementsystembeauftragten. Im Zeitalter der EDV ist es heute üblich, diese Informationen auf dem firmeneigenen Netz, i.d.R. im Intranet, zur Einsicht, d.h. zum Nachlesen und Ausdrucken, zur Verfügung zu stellen.

Bei dieser Lösung sind klare Regelungen für die Zugriffsberechtigung zu erstellen. Damit die Dokumente nur von den „zugelassenen" Personen erstellt, geändert, geprüft und freigegeben werden, sind die Zugriffsberechtigungen schriftlich festzuhalten und zu hinterlegen. Im Netz sollte nur die aktuelle Fassung verfügbar sein, sodass sich das Problem der gültigen Dokumente am Arbeitsplatz relativiert. Voraussetzung für diese Vorgehensweise ist, dass jeder Mitarbeiter einen eigenen Computer oder zumindest unmittelbaren Zugriff auf einen Computer hat.

Praxis-Beispiel: Tipps für die Erstellung der dokumentierten Informationen (des Managementhandbuchs)

- Begrenzen Sie den Umfang auf das betrieblich notwendige Ausmaß. Die Erfahrung der letzten Jahre hat gezeigt, dass eine sehr umfangreiche/detaillierte Dokumentation eine geringe Akzeptanz bei den Beschäftigten hat und zudem schwer zu verwalten ist.
- Definieren Sie nicht jeden Prozess bis ins kleinste Detail. Ein solches System engt ein und ist unflexibel.
- Es ist sinnvoll, alles so einfach wie möglich zu beschreiben, d.h. mit einfachen Worten und in einfachen Sätzen – der Sprache des Betriebs.
- Bilder, Prozessabläufe, tabellarische Übersichten sowie Beispiele sind häufig viel besser zu verstehen als lange Ausführungen.
- Wenn Mitarbeiter die deutsche Sprache nicht ausreichend beherrschen ist zu prüfen, ob zentrale Abschnitte in die Muttersprache dieser Mitarbeiter übersetzt werden müssen.

6 Dokumentierte Informationen eines AMS (AMS-Handbuch)

Die dokumentierten Informationen beschreiben das → *Arbeitsschutz-Managementsystem* eines Unternehmens und legen die Anforderungen bei der Anwendung fest. Die Notwendigkeit ergibt sich aus der praktischen Erwägung, alle arbeitsschutzrelevanten Informationen in aktueller Form an einem „Ort" zu finden, der expliziten Forderung aller → *AMS-Konzepte* sowie indirekt aus den öffentlich-rechtlichen Forderungen der Nachweisbarkeit insbesondere einer „geeigneten Organisation" für die Sicherheit und den Gesundheitsschutz (insb. § 3 ArbSchG).

Die AMS-Norm DIN ISO 45.001:2018 regelt die dokumentierte Information in Kapitel 7.5. Insgesamt fordert diese Norm folgende Dokumente (statt AMS wird in der Norm von SGA-Managementsystem gesprochen):

- Anwendungsbereich des AMS
- Arbeitsschutzpolitik
- Rollen, Verantwortlichkeiten und Befugnisse
- SGA-Risiken und SGA-Chancen
- Prozesse zum Ermitteln von SGA-Risiken und SGA-Chancen
- Maßnahmenplanung zu SGA-Risiken und SGA-Chancen
- Bewertung der SGA-Risiken und SGA-Chancen
- Informationen zu den für das Unternehmen geltenden rechtlichen Bestimmungen und anderen Anforderungen
- Arbeitsschutzziele und Planung zu deren Erreichung
- Nachweis der Kompetenzen
- Nachweis der Kommunikation
- Informationen zur betrieblichen Planung und Steuerung
- Informationen zur Notfallplanung und -reaktion
- Überwachung, Messung, Analyse und Leistungsbewertung
- Bewertung der Einhaltung von rechtlichen Verpflichtungen und anderen Anforderungen
- Ergebnisse und Berichte interner Audits
- Managementbewertung
- Nachweis von Vorfällen, Nichtkonformitäten und Korrekturmaßnahmen
- Maßnahmen zu Vorfällen, Nichtkonformitäten und Korrekturmaßnahmen
- fortlaufende Verbesserung des AMS

Praxis-Beispiel: Durch die dokumentierten Informationen weist ein Unternehmen auch seine geeignete Organisation des Arbeitsschutzes nach!

Ein Unternehmen, das ein Arbeitsschutzmanagement praktiziert und das AMS dokumentiert hat, erfüllt die öffentlich-rechtlichen Forderungen nach einer „geeigneten Organisation" gem. § 3 Abs. 2 ArbSchG.

Die dokumentierten Informationen sollten insbesondere umfassen:

Alle **Festlegungen**, z. B.

- die Arbeitsschutzpolitik,
- die Arbeitsschutzziele,
- die → *Organisation* des betrieblichen Arbeits- und Gesundheitsschutzes (z. B. Organigramm, Akteure, Gremien),
- Übersichten der für das Unternehmen gültigen öffentlich-rechtlichen Verpflichtungen,
- die zugewiesenen Pflichten und Aufgaben im Arbeits- und Gesundheitsschutz (z. B. → *Pflichtenübertragung*, Funktions-/Stellenbeschreibungen, Beauftragungen) sowie
- Dokumentationsregelungen (Festlegungen, wer, was und wie zu dokumentieren hat, wo es aufbewahrt wird und wie lange es aufbewahrt wird).

Darlegung aller geregelten Aktivitäten, z. B.

- betriebliche Prozesse, in die Sicherheits- und Gesundheitsschutzaspekte eingebunden sind (z. B. in Form von Prozessbeschreibungen, Ablaufplänen, Arbeitsanweisungen oder speziellen → *Betriebsanweisungen*),
- die arbeitsschutzspezifischen Prozesse (z. B. sicherheitstechnische und arbeitsmedizinische Betreuung, → *Gefährdungsbeurteilungen*, → *Unterweisungen*, → *Prüfungen*) sowie
- der Prozess der → *kontinuierlichen Verbesserung*.

Alle **Arbeitshilfen**, z. B.

- Vorlagen (z. B. für die Übertragung der Unternehmerpflichten, Bestellungen, Betriebsanweisungen),
- Formblätter (z. B. Formular für Unterweisungsprotokolle, Erhebungsbögen),
- Checklisten sowie
- Prüflisten für Sicherheitsaudits (interne AMS-Audits).

Alle **arbeitsschutzrelevanten Aufzeichnungen** (v. a. die Leistungen des Arbeitsschutzes), z. B.:

- Nachweise der Einhaltung der gültigen öffentlich-rechtlichen Verpflichtungen, wie Ergebnisse der Gefährdungsbeurteilungen, Gefahrstoffverzeichnisse, Lärmkataster, durchgeführte Unterweisungen, durchgeführte Prüfungen, durchgeführte arbeitsmedizinische Vorsorgeuntersuchungen (sofern notwendig),
- Ereignisse (z. B. Verletzungen, Unfälle, Berufskrankheiten),
- Ergebnisse der Überprüfung der Leistung und Wirksamkeit des AMS (z. B. Begehungsprotokolle, Protokolle der ASA-Sitzungen, Auditberichte).

Praxis-Beispiel: Dokumentierte Informationen bzw. das AMS-Handbuch unternehmensspezifisch erstellen

- Die Erstellung ist kein Selbstzweck. Richtig gestaltet regelt es die Umsetzung des betrieblichen Arbeitsschutzes (inkl. der Gesundheitsförderung) und hilft allen Beteiligten sich zu informieren, bietet Hilfestellungen an, unterstützt die Umsetzung, vereinfacht die Dokumentation und fördert die Nachweisbarkeit.
- Ihre Funktion im Unternehmen sollte deutlich gemacht werden.
- Dokumentierte Informationen müssen unternehmensspezifisch gestaltet sein. Von einer bloßen Übernahme von Standardlösungen (Textbausteinen oder ganzen Musterhandbüchern) ist dringend abzuraten! Dokumentierte Informationen verlieren an Bedeutung, wenn die Benutzer erkennen, dass sie nicht unternehmensspezifisch sind.
- Muster (z. B. Musterhandbücher) können und sollen nur Anregungen und eine Orientierung geben.
- Praktiziert das Unternehmen bereits ein anderes Managementsystem, sollte ein gemeinsames System für die dokumentierten Informationen erstellt werden. Dabei kann beispielsweise durch eine Referenzmatrix ein ganzheitlicher Überblick zur Dokumentation des AMS geschaffen werden.

Albert Ritter

Drogenmissbrauch

Unter Drogenmissbrauch wird der Konsum von illegalen Suchtmitteln wie Cannabis, Kokain, Heroin oder synthetischen Stoffen wie Ecstasy, Speed usw. verstanden. Er schädigt die Betroffenen gesundheitlich erheblich und stellt außerdem ein hohes Sicherheitsrisiko dar, wenn Beschäftigte unter Drogeneinfluss arbeiten oder am Straßenverkehr teilnehmen. Außerdem treten häufig schwere soziale Probleme und Straffälligkeit wegen Verstößen gegen das Betäubungsmittelgesetz oder Beschaffungskriminalität auf. Auch ein Betrieb muss, anders als bei anderen Suchtproblemen, bei (Verdachts-)Fällen von Drogenmissbrauch unter der Belegschaft Rechtsfragen berücksichtigen und mit höheren Ansehensverlusten rechnen.

Gesetze, Vorschriften und Rechtsprechung

In Deutschland regelt das Betäubungsmittelgesetz (BtmG) Herstellung, Inverkehrbringen, Ein- und Ausfuhr sowie Vernichtung von Betäubungsmitteln. Ein Stoff fällt unter den Geltungsbereich des Betäubungsmittelgesetzes, wenn er in eine der 3 Anlagen des Gesetzes aufgenommen ist.
Ob ein Stoff entsprechend eingestuft wird, hängt von seinem Gefährdungspotenzial ab, auf das alle auftretenden pharmazeutischen Stoffe (also auch neue Designerdrogen) überprüft werden. Als ausschlaggebend gilt, wenn ein Stoff ein Suchtpotenzial hat, das mit einer sozialen Schädigung des Betroffenen einhergeht und außerdem irreversible gesundheitliche Schäden auslöst.

Auch wenn das Betäubungsmittelgesetz eigentlich ein Verwaltungsgesetz ist, hat es wegen seiner Strafparagrafen (§§ 29 ff.: Herstellung, Handel und Besitz von Betäubungsmitteln usw.) große strafrechtliche Relevanz.

Am Arbeitsplatz gilt außerdem § 15 Abs. 2 DGUV-V 1. Demnach dürfen sich die Mitarbeiter durch den Konsum von Alkohol, Drogen oder anderen berauschenden Mitteln nicht in einen Zustand versetzen, durch den sie sich selbst oder andere gefährden können.

1 Suchtmittel in der Gesellschaft

Suchtmittel werden unterschiedlich angesprochen (Drogen, Genussmittel), unterschiedlich rechtlich eingestuft (legal oder illegal) und haben unterschiedliche Folgen (gesundheitlich und/oder sozial), ohne dass das eine mit dem anderen unmittelbar verknüpft ist. Wenn man mit Suchtproblemen, speziell mit Drogenmissbrauch umzugehen hat, ist es hilfreich, sich dessen bewusst zu sein.

1.1 Sprachgebrauch

„Drogen nehmen" weckt für die meisten Menschen die Assoziation, dass jemand in kriminellem Umfeld besonders gesundheitsgefährdende Stoffe konsumiert. Das ist dann richtig, wenn unter Drogen illegale Suchtmittel verstanden werden.

Im pharmazeutischen Sinne sind Drogen allerdings alle Wirkstoffe, die aus Pflanzen gewonnen werden. Darunter zählt auch Nikotin, nicht aber viele illegale synthetische Suchtmittel, die als „Drogen" angesprochen werden.

1.2 Wirkung von Suchtmitteln

Allen Suchtmitteln ist gemeinsam, dass Abhängige ihren Konsum nicht unter Gesichtspunkten der Vernunft steuern können, auch wenn ihnen die negativen Folgen bewusst sind.

Die meisten Suchtmittel, darunter alle illegalen, weniger aber Nikotin, wirken auf die Psyche des Menschen (psychoaktive Substanzen). Dadurch führt der Konsum zu einem erhöhten Sicherheitsrisiko, z. B. am Arbeitsplatz durch beschränkte Urteils-, Reaktions- und Handlungsfähigkeit. Außerdem hat die persönlichkeitsverändernde Wirkung psychoaktiver Suchtmittel erhebliche negative soziale Folgen (Verlust von Bindungen, Lebensumfeld usw.), wie auch bei dem legalen Suchtmittel → *Alkohol*. Bei den illegalen Suchtmitteln werden diese durch die auftretenden Gesetzeskonflikte noch verstärkt.

1.3 Gefährdungspotenzial

Fasst man das Gefährdungspotenzial von Suchtmitteln unter den Kriterien von physischen und sozialen Schäden sowie suchtauslösendem Potenzial zusammen, so sehen viele aktuelle Studien die legalen Suchtmittel → *Alkohol* und Nikotin unter den 10 gefährlichsten Suchtmitteln, und zwar bezogen auf den einzelnen Konsumenten. Rechnet man dazu ein, dass der Konsumentenkreis bei legalen Suchtmitteln enorm viel größer ist, ist der Gesamtschaden verglichen mit denen durch illegale Suchtmittel deutlich höher.

1.4 Rechtliche Einstufung von Suchtmitteln

Die Einteilung in legale und illegale Suchtmittel ist in gewisser Weise willkürlich und geprägt von gewachsenen gesellschaftlichen Normen. Kritiker weisen darauf hin, dass die relativ scharfe Bestrafung bei illegalen Suchtmitteln offenkundig die Verfügbarkeit nicht wie beabsichtigt unterbindet und sehen daher keine Rechtfertigung dafür, dass hier so anders verfahren wird als z. B. im Umgang mit → *Alkohol*, der als psychoaktive Substanz ein höheres Gefährdungspotenzial hat als viele Stoffe, die in den Anlagen des BtmG aufgeführt und damit nicht frei verfügbar sind.

2 Gängige illegale Drogen

2.1 Cannabis (Hasch, Marihuana)

Cannabis ist ein Hanfgewächs, das den berauschenden Wirkstoff Tetrahydrocannabinol (THC) enthält. Konsumiert wird vor allem der verharzte Pflanzensaft (Hasch, auch Dope, Shit), eine dunkelbraune, krümelige Substanz oder getrocknete Pflanzenteile (Marihuana, Gras), die wie ein grobes Gewürz aussehen. Meist wird die Droge mit Tabak geraucht (Joint, Stick, Stäbchen), seltener Nahrungsmitteln oder Getränken zugesetzt.

THC-Konsumenten erleben den Rausch entspannt und wohlgestimmt, oft mit einem Hang zur Passivität. Sie können aber auch aufgekratzt sein. Die Wirkung hält etwa 1 bis 4 Stunden an. Die Abhängigkeit tritt vergleichbar wie beim → *Alkohol* nicht sofort, sondern langfristig auf. Das unmittelbare Gesundheitsrisiko steht nicht im Vordergrund. Gefährlich sind Fehlhandlungen unter Rauscheinfluss (z. B. Unfälle), der Übergang zu anderen Drogen und soziale Probleme (z. B. Leistungsabfall in Schule oder Beruf, Drogendelikte). Cannabisprodukte sind vergleichsweise leicht und preisgünstig zu bekommen und daher die mit Abstand am weitesten verbreitete illegale Droge. Bis zu 40 % der jungen Männer haben nach aktuellen Studien damit Erfahrungen gemacht.

2.2 Kokain

Kokain (Koks, Schnee, Coke) wird aus den Blättern des südamerikanischen Kokastrauchs gewonnen und ist ein weißes, kristallines Pulver, das i. d. R. geschnupft, seltener gespritzt wird. Chemisch umgewandeltes Kokain kann auch geraucht werden (Crack, Rocks). Die Wirkung ist schmerzstillend, antriebs- und leistungsfördernd, allerdings nur sehr kurz. Danach folgen Phasen mit Angstzuständen und Halluzinationen, weswegen oft mehrere Einnahmen kurz hintereinander erfolgen. Später kommt es zu tiefer Erschöpfung und Niedergeschlagenheit.

Kokain hat ein hohes Suchtpotenzial und erhebliche kurzfristige (durch Komplikationen beim Konsum) und langfristige Gesundheitsrisiken (körperlicher Verfall, Gewichtsverlust, Organschäden, psychische Störungen, Persönlichkeitsveränderungen, soziale Isolation). Kokain ist bei intensivem Konsum sehr teuer und hat das Image der „Edeldroge“ für Intellektuelle und Leistungsträger.

2.3 Heroin

Heroin wird aus dem Saft des Schlafmohns gewonnen und ist eng verwandt mit Morphium und Opium. Es ist eine wasserlösliche, grau-braune bis weißliche Substanz, die oft noch weitere Inhaltsstoffe enthält und von Wirkung und Gehalt sehr unterschiedlich ist. Heroin kann geraucht oder geschnupft werden, wird aber wegen der stärkeren Wirkung von gewöhnten Abhängigen meist intravenös gespritzt.

Es wirkt schmerzlindernd und beruhigend und führt zu einem umfassenden Glücksempfinden. Heroin hat das stärkste bekannte Suchtpotenzial und auch alle anderen Risikofaktoren sind hoch (Vergiftungen, Organschäden, Infektionen durch die Injektionen, soziale Verwahrlosung, Beschaffungskriminalität usw.), sodass Heroinabhängige i. d. R. sehr schnell ins soziale Abseits und den gesundheitlichen Verfall geraten.

2.4 Synthetische Drogen/Designerdrogen

Synthetische Drogen bzw. Designerdrogen sind künstlich hergestellte Wirkstoffe, die ursprünglich zu Arzneizwecken entwickelt oder speziell zur Rauscherzeugung „designed" wurden. Es handelt sich um sehr unterschiedliche Stoffe, die dämpfend, anregend, euphorisierend oder halluzinogen wirken können und sehr viele, wechselnde Bezeichnungen haben (z. B. Speed, Ecstasy, XTC, Happy Pills, Peace Pills, Tabsi, Trips).

Sie werden meist in Form von Tabletten oder Tropfen angeboten, was die Hemmschwelle für Einsteiger gering macht („Partydroge"). Weil Zusammensetzung und Dosis oft stark schwanken, ist die Gefahr von schweren Nebenwirkungen sehr hoch. Längerfristig kann es zur psychischen Abhängigkeit und zum körperlichen Verfall kommen.

3 Umgang mit Drogenproblemen im Betrieb

3.1 Verdacht auf Konsum illegaler Drogen

Wegen der vielfältigen Wirkungen unterschiedlicher illegaler Suchtmittel ist es besonders schwierig, Drogenkonsum an Beschäftigten mit hinlänglicher Sicherheit zu erkennen. Alle Wirkungen von Drogenkonsum können auch auf anderem Wege zustande kommen, z. B. durch psychische Erkrankungen, Hirn- oder Nervenstörungen oder die Nebenwirkungen von → *Medikamenten*. Dazu kommt, dass Wirkungen und Nachwirkungen beim Konsumenten sehr unterschiedlich ausfallen können. Das gilt besonders, wenn unterschiedliche Suchtmittel nebeneinander konsumiert werden.

3.2 Körperliche und psychische Anzeichen

Als mögliche Anzeichen von Drogenmissbrauch gelten:

- Gleichgewichts- und Bewusstseinsstörungen;
- mangelnde Konzentration;
- nachlassende Reaktionsfähigkeit;
- Ermüdung;
- gestörte Wahrnehmungsfähigkeit, z. B. Hörverschlechterungen oder gestörte Sehfunktion (geweitete oder stark verengte Pupillen, Lichtempfindlichkeit, gerötete Augen);
- Stichverletzungen, Entzündungen an den Armen;
- körperlicher Verfall;
- Verhaltensauffälligkeiten wie Distanzlosigkeit, plötzlich ausgeprägte Redseligkeit, auffällige Unausgeglichenheit, Selbstüberschätzung, erhöhte Risikobereitschaft, Angstzustände, plötzliche finanzielle Schwierigkeiten.

Praxis-Beispiel: Gelegenheitskonsum am Wochenende

Gelegenheitskonsumenten nehmen typischerweise am Wochenende Drogen. Wer 2 Tage z. B. mit Ecstasy gefeiert hat, fällt danach oft in eine tiefe Erschöpfungsphase und wird deshalb am Arbeitsplatz auffällig oder erscheint gar nicht.

3.3 Vorgehen betrieblicher Verantwortlicher

Interventionen bei Drogenverdacht unterscheiden sich nicht vom Vorgehen bei → *Alkoholproblemen*. Festgestellte Auffälligkeiten sollten auf jedem Fall dem Betroffenen zurückgemeldet werden, weil das dazu beitragen kann, bei ihm Problembewusstsein und Änderungswillen zu erzeugen, ohne die kein Ausstieg aus der Sucht möglich ist.

Weil die Ausgangslagen unterschiedlich sind, sind verschiedene Gesprächsmodelle hilfreich:

3.3.1 Fürsorgegespräche

Fürsorgegespräche haben keinerlei arbeitsrechtlichen Charakter und können auch von Kollegen geführt werden, wenn ihnen „etwas auffällt". Es wird die Vermutung ausgesprochen, dass der Betroffene Probleme hat, Anteilnahme vermittelt und Hilfsmöglichkeiten aufgezeigt (Beratungsstellen, betriebliche Suchtkrankenhelfer, Betriebsarzt). Aufzeichnungen erfolgen nicht.

3.3.2 Klärungsgespräche

Klärungsgespräche führt ein Vorgesetzter in Fällen, in denen es zu deutlichen Pflichtverletzungen gekommen ist, der Hintergrund aber unklar ist (auf Wunsch des Betroffenen mit → *Betriebsrat*). Es wird nach Problemen gefragt, Hilfe aufgezeigt und eine Verhaltensänderung angemahnt. Es wird eine Gesprächsnotiz gefertigt, die aber niemand außer den Teilnehmenden bekommt.

3.3.3 Stufengespräche

Stufengespräche sind Teil eines arbeitsrechtlichen Prozesses, der (sinnvollerweise für alle psychoaktiven Substanzen, auch → *Alkohol*) in einer Betriebsvereinbarung festgeschrieben werden sollte, die in letzter Konsequenz auch die Kündigung umfasst. Es werden offensichtlich suchtbedingte Pflichtverletzungen angesprochen, ein bestimmtes Verhalten gefordert und Sanktionen, abgestimmt mit Hilfsangeboten und Beobachtungszeiträumen festgelegt (z.B. Kontaktaufnahme mit Suchtberatung innerhalb von 4 Wochen, sonst nächste Prozessstufe). Stufengespräche werden in der Personalakte dokumentiert und i.d.R. durch mehrere Verantwortliche und → *Betriebsrat* geführt.

Informationen zu Stufenmodellen gibt es u.a. bei Suchtberatungsstellen, Unfallversicherungsträgern und der Bundeszentrale für gesundheitliche Aufklärung.

Praxis-Beispiel: Gespräche mit Abhängigen trainieren

Abhängige haben suchtbedingt besondere Verhaltens- und Gesprächsmuster, die es schwierig machen, strukturiert und zielorientiert Gespräche zu führen. Wer umfassende Personalverantwortung hat, sollte relevante Gesprächssituationen unter Expertenanleitung trainieren (z.B. über Suchtberatungsstellen oder Unfallversicherungsträger).

Praxis-Beispiel: Risikoreiches Verhalten ist ein Persönlichkeitsrecht

Beim Umgang mit Suchtproblemen im Betrieb sollte klar sein: Risikoreiches Verhalten ist vom Recht auf persönliche Freiheit gedeckt. Der Betrieb kann verlangen, dass die vertraglich vereinbarte Arbeitsleistung erbracht wird und kann gefährdeten Menschen Hilfe anbieten. Wenn aber kein arbeitsrechtlich relevantes Fehlverhalten festzustellen ist, bleibt die Sucht Privatsache.

3.4 Drogentests

Tests zum Nachweis auf Drogenkonsum sind über Blut, Speichel, Urin oder Haare bzw. Nägel möglich, wobei erstere für den Nachweis eines kurz zurückliegenden Konsums geeignet sind, während Haare eine „Langzeitaussage" ermöglichen. Allerdings kommen solche Nachweise nur infrage, wenn der Betroffene zustimmt.

In besonders sensiblen Bereichen (z.B. Personenbeförderung, Sicherheitsdienste, gefährliche Anlagen) kann der Arbeitgeber ein berechtigtes Interesse an einem Drogentest reklamieren und entsprechende betriebliche oder vertragliche Vereinbarungen treffen. Liegen keine besonderen Sicherheitsanforderungen vor, ist es unter Arbeitsrechtsexperten umstritten, ob solche Tests zulässig sind. Die Ablehnung eines Bewerbers nach verweigertem Drogentest könnte als unrechtmäßige Unterstellung gewertet werden.

3.5 Drogenfunde, Verdacht auf Drogenhandel

Werden auf dem Betriebsgelände Drogen gefunden oder besteht der Verdacht auf Drogenhandel, muss unverzüglich die Polizei hinzugezogen werden. Drogenhandel und -besitz ist eine Straftat, deren

Verschleierung, etwa aus Angst vor Unruhe und öffentlichem Ansehensverlust, ebenfalls strafwürdig wäre.

Praxis-Beispiel: Drogendelikt als Kündigungsgrund

Ein Drogendelikt ist nicht automatisch ein Kündigungsgrund. Der Arbeitgeber muss geltend machen, dass betriebliche Interessen dadurch erheblich verletzt wurden. Das dürfte z.B. dann der Fall sein, wenn ein Beschäftigter wegen Drogenhandels verurteilt wurde oder durch anhaltenden Drogenkonsum seine Arbeitsleistung nicht bringen kann. Drogenkonsum alleine ist dagegen nach BtmG nicht strafbar und rechtfertigt nach einmaligem Vorfall keine fristlose Kündigung.

Cornelia von Quistorp

Druckbehälter

Ein Druckbehälter ist ein geschlossenes Bauteil, das zur Aufnahme von unter Druck stehenden Fluiden (Gase, Dämpfe und Flüssigkeiten) ausgelegt und gebaut ist. Zum Druckbehälter gehören auch die direkt angebrachten Teile einschließlich der Vorrichtungen für den Anschluss an andere Geräte. Ein Behälter kann mehrere Druckräume beinhalten. Rohrleitungen zum Befördern von Fluiden sind keine Druckbehälter. Außer sog. „einfachen Druckbehältern" sind Druckbehälter Bestandteil von Druckgeräten i.S. der Druckgeräterichtlinie 2014/68/EU oder können selbst Druckgeräte sein. Druckanlagen können Dampfkesselanlagen, Druckbehälteranlagen, Füllanlagen für unter Druck stehende Gase oder Rohrleitungsanlagen unter innerem Überdruck enthalten.

Gesetze, Vorschriften und Rechtsprechung

Druckbehälteranlagen sind → *überwachungsbedürftige Anlagen* nach § 2 Gesetz über überwachungsbedürftige Anlagen (ÜAnlG) i.V. mit § 2 Abs. 13 Betriebssicherheitsverordnung (BetrSichV). Ausnahmen sind Anlagen mit geringem Risikopotenzial. Die Beschaffenheitsanforderungen an Druckbehälteranlagen sind harmonisiert, d.h. durch einschlägige EG-Richtlinien geregelt. Für einfache Druckbehälter ist die 6. Verordnung zum Produktsicherheitsgesetz (6. ProdSV/Richtlinie 2009/105/EG) maßgeblich, für Druckgeräte (mit einem max. zulässigen Überdruck von > 0,5 bar) die 14. ProdSV (Richtlinie 2014/68/EU). Den Stand der Technik geben die Technischen Regeln für Betriebssicherheit (TRBS) wieder. Für die Bereitstellung, Nutzung und Prüfung der Druckbehälter gilt die Betriebssicherheitsverordnung (BetrSichV). Für das Inverkehrbringen und die Beschaffenheit ortsbeweglicher Druckgeräte ("Druckgefäße") zur Beförderung gefährlicher Güter gelten die Richtlinie 2010/35/EU bzw. das Gefahrgutrecht (ADR/RID).

1 Gefahren

Hauptgefahr eines Druckbehälters ist der Zerknall durch unzulässigen Druck (Versagen der drucktragenden Wandung). Ursachen für einen Zerknall können auch Werkstoffmängel, Beschädigungen oder das Versagen von Überdruckventilen sein. Bei Druckbehältern mit gefährlichen Fluiden besteht die Möglichkeit, dass bei Undichtigkeiten bzw. bei einem Zerknall → *Gase*, Dämpfe oder Flüssigkeiten freigesetzt werden, die toxisch, entzündlich, heiß oder sehr kalt sind.

Druckgeräte werden nach zunehmendem Gefahrenpotenzial in Kategorien eingestuft. Die Bewertung des Gefahrenpotenzials der Druckgeräte erfolgt nach

- der Gruppe der Fluide (Gruppe 1: explosionsgefährlich, hoch-, leicht- und entzündlich, sehr giftig, giftig, brandfördernd; Gruppe 2: alle Fluide, die nicht in Gruppe 1 eingestuft werden),
- dem max. Druck der Geräte PS in bar,
- dem inneren Volumen des Druckbehälters V in Liter (l),
- dem Produkt aus max. Druck und Volumen PS × V in bar × l,
- der Nennweite der Druckleitung DN (gerundet und dimensionslos),
- dem Produkt aus Nenndurchmesser der Rohrleitung und dem max. Druck in DN × PS in bar.

2 Beschaffenheitsanforderungen

Druckgeräte dürfen nur in Betrieb genommen werden, wenn die Anforderungen der 6. ProdSV für einfache Druckbehälter oder der 14. ProdSV für Druckgeräte erfüllt sind. Wenn die Geräte nicht dem Geltungsbereich der beiden Verordnungen unterliegen, z.B. Geräte mit einem max. zulässigen Überdruck von < 0,5 bar, müssen sie mind. dem Stand der Technik entsprechen. Druckbehälter bzw. Druckgeräte müssen bei Inverkehrbringen mit einer → *Konformitätserklärung* versehen und mit dem → *CE-Zeichen* gekennzeichnet werden. Einfache Druckbehälter, deren Druckinhaltsprodukt nicht mehr als 50 bar * l beträgt, müssen nach den in einem Mitgliedstaat anerkannten technischen Regeln hergestellt sein und dürfen kein CE-Zeichen tragen.

3 Prüfungen

Druckbehälter bzw. Druckbehälteranlagen sind Druckanlagen deren Prüfungen in der Betriebssicherheitsverordnung geregelt werden. Durch → *Prüfungen* von Druckanlagen wird der ordnungsgemäße Zustand vor Inbetriebnahme sowie wiederkehrend hinsichtlich des Betriebes festgestellt. Außerdem wird bei druckbeaufschlagten → *Arbeitsmitteln*, sofern die Sicherheit von den Montagebedingungen abhängt, die ordnungsgemäße Montage sowie die sichere Funktion festgestellt.

3.1 Prüfung vor Inbetriebnahme

Die Prüfung vor Inbetriebnahme und nach wesentlichen Veränderungen erfolgt in Abhängigkeit vom Gefährdungspotenzial durch → *zugelassene Stellen* oder durch → *befähigtes Personal*. Einfache Druckbehälter nach der 6. ProdSV können von befähigten Personen geprüft werden, sofern das Druckinhaltprodukt (PS × V) max. 200 bar × l beträgt. Erst nach diesen Prüfungen dürfen Druckgeräte in Betrieb genommen werden.

3.2 Wiederkehrende Prüfungen

Druckgeräte bzw. Druckanlagen sind in bestimmten Fristen wiederkehrend auf den ordnungsgemäßen Zustand zu prüfen. Die wiederkehrenden Prüfungen erfolgen auf Basis der in einer Gefährdungsbeurteilung ermittelten Fristen.

Die in Anhang 2 Abschnitt 4 Betriebssicherheitsverordnung genannten Fristen dürfen jedoch nicht überschritten werden. Prüfungen sind dann vorgeschrieben, wenn sich die Druckanlage bzw. deren Anlagenteile nach den Kriterien des Abschnitts 4 des Anhangs 2 der Betriebssicherheitsverordnung einer der Tabellen 3–11 desselben Abschnitts zuordnen lässt.

Entsprechend der nach dem Druckinhaltsprodukt (PS × V) gefundenen Prüfgruppe, kann die Notwendigkeit zur Beauftragung einer zugelassenen Überwachungsstelle nach Anhang 2 Abschnitt 4 Tabellen 2–11 der Betriebssicherheitsverordnung ermittelt werden. Aus Tabelle 1 und Nummer 5.9 des Abschnitts 4 lassen sich dann die maximalen Prüffristen bestimmen, je nachdem, ob eine zugelassene Überwachungsstelle oder eine befähigte Person die Prüfungen durchführen muss.

Den Anlagenteilen (Druckbehälter) sind ihre Ausrüstungsteile, wie z.B. Ventile, Druckregler, Messkammern, Manometer, Wasserstandsmesser, Filter, Ausdehnungsstücke etc. zugeordnet.

Nr. 7 des Abschnitts 4 des Anhangs 2 enthält Prüffristen für bestimmte Druckgeräte und Anlagenteile. Einzelheiten zur Durchführung der Prüfungen enthält TRBS 1201 Teil 2 „Prüfungen bei Gefährdungen durch Dampf und Druck“.

4 Sonstige Betriebsvorschriften

Grundsätzlich gelten für alle überwachungsbedürftigen Anlagen die Anforderungen der BetrSichV an → *Arbeitsmittel*. Daher muss der Arbeitgeber

- die Gefährdungen ermitteln, die mit der Benutzung des Druckbehälters verbunden sind und diese bewerten. Dabei sind Wechselwirkungen mit der Arbeitsumgebung zu berücksichtigen (→ *Gefährdungsbeurteilung*). Bei Durchführung der Gefährdungsbeurteilung ist die TRBS 2141 „Gefährdungen durch Dampf und Druck – Allgemeine Anforderungen" sowie die TRBS 1111 „Gefährdungsbeurteilung" zu beachten;

- Maßnahmen nach dem Stand der Technik festlegen, damit Sicherheit und Gesundheit der Beschäftigten gewährleistet sind. Dabei sind → *ergonomische Anforderungen* zu berücksichtigen;
- die Arbeitnehmer angemessen unterrichten (→ *Unterweisung*) über Gefahren und Schutzmaßnahmen vor Aufnahme der Tätigkeit und danach in regelmäßigen Abständen;
- ggf. eine → *Betriebsanweisung* erstellen mit Angaben über die Einsatzbedingungen, über absehbare Betriebsstörungen, über die zur Benutzung der → *Arbeitsmittel* vorliegenden Erfahrungen sowie über die bestimmungsgemäße Verwendung und über Sicherheitsmaßnahmen (§ 12 BetrSichV).

Der Betreiber von Druckbehältern hat außerdem Folgendes zu beachten:

- Druckbehälteranlagen müssen nach dem Stand der Technik montiert, installiert und betrieben werden. Bei der Einhaltung dieses Standards sind die Technischen Regeln zu berücksichtigen.
- Unfälle im Zusammenhang mit der Anlage, bei denen Menschen getötet oder verletzt worden sind und Schadensfälle, bei denen Bauteile oder sicherheitstechnische Einrichtungen versagt haben oder beschädigt worden sind, hat der Anlagenbetreiber unverzüglich der zuständigen Behörde anzuzeigen (§ 19 BetrSichV).

Martin Köhler

Druckgasbehälter

Druckgasbehälter sind Druckbehälter für Gase, unabhängig vom Druck. Druckgasbehälter sind u. a.

- ortsbewegliche Druckgeräte i. S. der ODV, z. B. Gasflaschen
- einfache Druckbehälter i. S. der 6. ProdSV in Abhängigkeit vom Druck
- Druckgeräte i. S. der 14. ProdSV als Teil einer Druckanlage.

Nach Abschn. 4 Anhang 2 BetrSichV gehören sie zu den sog. Druckanlagen.

Sie werden in Handwerk, Gewerbe und Industrie eingesetzt und im Handel zum Verkauf bereitgehalten. Man unterscheidet ortsbewegliche und ortsfeste Druckgasbehälter.

Gesetze, Vorschriften und Rechtsprechung

Es gelten v. a. folgende Regelungen:

- Betriebssicherheitsverordnung (BetrSichV)
- Gefahrstoffverordnung (GefStoffV)
- Verordnung über die Bereitstellung von einfachen Druckbehältern auf dem Markt (6. ProdSV)
- Aerosolpackungsverordnung (13. ProdSV)
- Druckgeräteverordnung (14. ProdSV)
- Ortsbewegliche-Druckgeräte-Verordnung (ODV)
- TRGS 407 „Tätigkeiten mit Gasen – Gefährdungsbeurteilung"
- TRGS 510 „Lagerung von Gefahrstoffen in ortsbeweglichen Behältern"
- TRBS 2141 „Gefährdungen durch Dampf und Druck"
- TRBS 3145/TRGS 745 „Ortsbewegliche Druckgasbehälter – Füllen, Bereithalten, innerbetriebliche Beförderung, Entleeren"
- TRBS 3146/TRGS 746 „Ortsfeste Druckanlagen für Gase"
- DGUV-V 79 „Verwendung von Flüssiggas"

Für Druckgasbehälter mit entzündbaren Gasen gelten zusätzlich:

- TRBS 2152/TRGS 720 „Gefährliche explosionsfähige Atmosphäre – Allgemeines"
- TRBS 2152 Teil 1/TRGS 721 „Gefährliche explosionsfähige Gemische – Beurteilung der Explosionsgefährdung"
- TRBS 2152 Teil 2/TRGS 722 „Vermeidung oder Einschränkung gefährlicher explosionsfähiger Atmosphäre"

- TRGS 723 „Gefährliche explosionsfähige Gemische – Vermeidung der Entzündung gefährlicher explosionsfähiger Gemische“ (ersetzt TRBS 2152 Teil 3)
- TRGS 724 „Gefährliche explosionsfähige Gemische – Maßnahmen des konstruktiven Explosionsschutzes, welche die Auswirkung einer Explosion auf ein unbedenkliches Maß beschränken“ (ersetzt TRBS 2152 Teil 4)
- TRGS 727 „Vermeidung von Zündgefahren infolge elektrostatischer Aufladungen“

1 Ortsbewegliche Druckgasbehälter

Ortsbewegliche Druckgasbehälter sind z. B. Aerosol- und Druckgaspackungen (umgangssprachlich als Sprüh- oder Spraydosen bezeichnet) sowie → *Gasflaschen* (Einwegflaschen oder wiederbefüllbare Flaschen), sie finden häufig Anwendung.

Daneben gehören zu den **ortsbeweglichen** Druckgasbehältern u. a. auch:

- Druckgefäße, wie Druckfässer, verschlossene Kryo-Behälter, Flaschenbündel,
- Tanks,
- Batteriefahrzeuge/-wagen,
- Gascontainer mit mehreren Elementen (MEGC).

2 Ortsfeste Druckgasbehälter

Ortsfeste Druckanlagen für Gase schließen alle druckbeaufschlagten Anlagenteile ein, der Mindestumfang besteht aus einem überwachungsbedürftigen Anlagenteil. Sie können auch nicht überwachungsbedürftige druckbeaufschlagte Arbeitsmittel beinhalten (s. Abschn. 2.1 TRBS 1201 Teil 2). Neben **ortsfesten Druckgasbehältern**, Füllanlagen, verbindenden Rohrleitungen und Ausrüstungsteilen können sie auch ortsbewegliche Druckgasbehälter beinhalten, wie dies z. B. bei Füllanlagen zum Füllen von Gasflaschen der Fall ist (Abschn. 2 TRBS 3146).

Ortsfeste Druckanlagen für Gase sind z. B.:

- Druckbehälteranlagen, z. B. ortsfeste Feuerlöschanlagen,
- → *Dampfkesselanlagen*,
- ortsfeste Druckgasbehälter, z. B. Gastanks.

Gefährdungen für Sicherheit und Gesundheit der Beschäftigten sowie der Umwelt ergeben sich bei Umgang, Transport und Lagerung ortsbeweglicher Druckgasbehälter bzw. beim Errichten, Aufstellen, Befüllen, Lagern, Entleeren, Instandhalten, Stillsetzen und Demontieren ortsfester Druckanlagen für Gase. Besonders Brand und Explosion müssen wirksam verhindert werden.

Bettina Huck

Eigenschutz

Unter dem Begriff Eigenschutz fasst man alle Maßnahmen zusammen, die dazu dienen, eine akute Gefahr für Leben und Gesundheit des Ersthelfers im Rahmen seiner Hilfeleistung abzuwenden.

1 Wunden

Bei blutenden Verletzungen kann es passieren, dass Krankheitserreger des Betroffenen über das Blut in den Körper des Helfers (durch kleine, nicht immer offensichtliche Verletzungen) gelangen. Dabei kann es um die Ansteckungsgefahr mit HIV gehen, es ist aber auch die Übertragung anderer Krankheitserreger durch Blutkontakt möglich, z. B. Hepatitis B.

Um eine Infektion des → *Ersthelfers* zu verhindern, sollte dieser stets bei sämtlichen Verletzungen Einmalhandschuhe tragen um sich und den Betroffenen vor einer möglichen Infektion zu schützen. Einmalhandschuhe befinden sich entsprechend im → *Betriebsverbandkasten* und sollten nach Gebrauch dort wieder aufgefüllt werden.

2 Straßenverkehr

Es passiert immer wieder, dass → *Ersthelfer* bei ihrer Hilfeleistung bei Verkehrsunfällen selbst schwer verletzt werden oder sogar tödlich verunglücken. Deshalb sollte jeder Helfer auch bei Verkehrsunfällen die Maßnahmen kennen, die zu seinem eigenen Schutz dienen.

2.1 Warnblinkanlage

Bei einer Panne, einem eigenen Unfall oder einem beobachteten Unfall soll immer erst die Warnblinkanlage des eigenen → *Fahrzeugs* betätigt werden.

Das Einschalten der Warnblinkanlage hat den Vorteil, dass der nachfolgende Verkehr auf eine Gefahr aufmerksam gemacht wird und entsprechend darauf reagieren kann. Dieses Verhalten dient aber auch dem Schutz des Helfers und des Betroffenen!

2.2 Warnweste

In Deutschland ist das Mitführen einer Warnweste seit 1.7.2014 sowohl in gewerblich als auch in privat genutzten Fahrzeugen Pflicht.[1]

Der Führer des Fahrzeugs ist verpflichtet, den zuständigen Personen auf Verlangen die Warnweste vorzuzeigen und zur Prüfung des vorschriftsmäßigen Zustands auszuhändigen.

Warnwesten dienen dazu, ihre Träger bei der Tätigkeit im Straßenraum aus ausreichender Entfernung – auch bei Dunkelheit – auffällig und unverwechselbar als gefährdete Personen erkennbar zu machen. Dafür sind Warnwesten in fluoreszierendem Orange-Rot mit aufgebrachten Reflexstreifen geeignet, die bestimmte Anforderungen hinsichtlich der Mindestfläche des sichtbaren Materials, der Anordnung der Materialien in der Schutzkleidung und der Rückstrahlwerte erfüllen.

Praxis-Beispiel: Geeignete Warnwesten

Geeignete Warnwesten erkennt man an der Aufschrift DIN EN 471:2003+A1:2007, Ausgabe März 2008 oder EN ISO 20471:2013.

Da die Warnweste der eigenen Sicherheit dient, wird empfohlen, diese bereits vor dem Verlassen des → *Fahrzeugs* anzulegen. Entsprechend sollte sich die Warnweste im Fahrzeuginneren (Handschuhfach, Ablage der Fahrertür) befinden.

2.3 Absichern der Unfallstelle

Um sich selbst oder den Betroffenen bei einem Verkehrsunfall ausreichend zu schützen, sollte die Unfallstelle mithilfe eines Warndreiecks abgesichert werden.

Die Absicherung der Unfallstelle mithilfe des Warndreiecks differenziert sich nach Art der Straße, auf der der Unfall geschehen ist:

- Bei Verkehrsunfällen **innerhalb geschlossener Ortschaften** wird das Warndreieck in 50 m Entfernung zur Unfallstelle aufgestellt. Zum rechten Fahrbahnrand sollte eine Entfernung von ca. 70 cm (eine Armlänge) eingehalten werden.
- Bei Verkehrsunfällen auf **Bundes- oder Landstraßen** wird das Warndreieck in 100 m Entfernung zur Unfallstelle aufgestellt. Zum rechten Fahrbahnrand sollte eine Entfernung von ca. 70 cm (eine Armlänge) eingehalten werden.
- Bei Verkehrsunfällen auf **Autobahnen** wird das Warndreieck in mind. 200 m Entfernung zur Unfallstelle aufgestellt. Zum rechten Fahrbahnrand sollte eine Entfernung von ca. 70 cm (eine Armlänge) eingehalten werden. Um als Helfer nicht unnötig in Gefahr zu geraten, sollte man die 200 m Strecke immer hinter der Leitplanke zurücklegen.

1 § 53a Abs. 2 StVZO.

3 Stromunfälle

Bei Unfällen, die im Zusammenhang mit elektrischem Strom stehen, besteht nicht nur Gefahr für den Betroffenen, sondern auch eine erhebliche Gefahr für den Helfer.

Die erste und wichtigste Maßnahme bei Unfällen mit Strom ist es, den Strom abzuschalten. Sollte das nicht möglich sein, muss die Abstellung durch den Anbieter vorgenommen werden bzw. muss entsprechendes Fachpersonal an die Unfallstelle geholt werden.

Die Unfallstelle muss durch den Helfer dann entsprechend abgesichert werden.

4 Erste Hilfe unter Corona-Bedingungen

Auch in Zeiten der Corona-Pandemie haben Menschen, die zuerst in Notfallsituationen eintreffen, die Pflicht, Erste Hilfe zu leisten.

Wenn möglich sollten Ersthelfer einen ausreichenden Sicherheitsabstand von mindestens 1,5 m einhalten. Wenn näherer Kontakt notwendig ist, z.B. bei Verletzungen, sollten Mund und Nase der hilfebedürftigen Person mit einem Tuch abgedeckt und auch das eigene Gesicht geschützt werden. Ersthelfern ist dringend zu empfehlen, eine medizinische Gesichtsmaske zu tragen. Infolge der Aktualisierungen der entsprechenden DIN-Normen müssen sowohl die Betriebsverbandkästen als auch der Kfz-Verbandkasten damit ausgestattet sein.

Ist die betroffene Person nicht ansprechbar, muss im Normalfall die Atmung kontrolliert werden. Unter Corona-Bedingungen kann sich die Atemkontrolle allein auf die Beobachtung der Brustkorbbewegung beschränken, um sich nicht dem Gesicht des Betroffenen zu nähern. Bei einem Herz-Kreislaufstillstand kann im Sinne einer Ermessensentscheidung in der Corona-Pandemie auf die Atemspende verzichtet und nur die Herzdruckmassage bis zum Eintreffen des Rettungsdienstes durchgeführt werden.

Menschen, die zu einer Risikogruppe zählen und Zeuge eines Notfalls sind, müssen abwägen, ob Hilfeleistungen an Fremden unter Rücksichtnahme auf die eigene Sicherheit möglich sind.

Christian Piehl/Steffen Pluntke

Einstufung

Einstufung (engl. „Classification") beschreibt den Vorgang der Abklärung, ob Stoffe bzw. Gemische gefährliche Eigenschaften besitzen. Auf der Grundlage der Einstufung erfolgt dann die Kennzeichnung und Verpackung. Hersteller oder Importeur haben die Pflicht zur Einstufung (eigenverantwortliche bzw. Selbsteinstufung). Dabei werden Gefahrenklassen und Gefahrenkategorien festgelegt. Eine sog. „harmonisierte" Einstufung wird auf Gemeinschaftsebene getroffen, der Lieferant muss diese harmonisierte Einstufung standardmäßig übernehmen. Lieferanten sind nach REACH-Verordnung Hersteller, Importeure, Händler oder andere Akteure in der Lieferkette. Die neue Gefahrstoffverordnung bezeichnet Hersteller, Einführer bzw. Inverkehrbringer als Lieferanten.

Gesetze, Vorschriften und Rechtsprechung

Es gelten folgende Rechtsvorschriften:

- Chemikaliengesetz
- Gefahrstoffverordnung
- CLP-Verordnung 1272/2008/EG
- REACH-Verordnung 1907/2006/EG
- TRGS 201 „Einstufung und Kennzeichnung bei Tätigkeiten mit Gefahrstoffen"

1 Fristen

Bisher galt für die Einstufung von Stoffen bzw. Gemischen die Stoff- bzw. Zubereitungsrichtlinie. Diese Richtlinien wurden durch die CLP-Verordnung ersetzt: **Stoffe** müssen seit dem 1.12.2010, **Gemische** seit 1.6.2015 nach der CLP-Verordnung eingestuft werden. Die Übergangsfristen für Lagerware sind abgelaufen, evtl. noch vorhandene Bestände müssen Lieferanten umetikettieren.

Praxis-Beispiel: Altbestände im Unternehmen

Im Unternehmen vorhandene Restbestände von Stoffen und Gemischen mit „alter" Kennzeichnung müssen dagegen nicht umetikettiert und können aufgebraucht werden. Sobald diese Stoffe und Gemische neu beschafft werden, müssen Betriebsanweisungen gemäß der neuen Kennzeichnung aktualisiert werden.

2 Harmonisierte Einstufung (sog. Legaleinstufung)

Eine harmonisierte Einstufung von Stoffen ist nur möglich, wenn

- der Stoff krebserzeugend, erbgutverändernd oder fortpflanzungsgefährdend und/oder atemwegssensibilisierend ist;
- der Stoff ein Wirkstoff in einem Biozid-Produkt oder einem Pflanzenschutzmittel ist;
- Bedarf an der Harmonisierung einer Einstufung auf EU-Ebene besteht, vorausgesetzt, dass eine Begründung für die Notwendigkeit einer solchen Maßnahme gegeben wird.

Mitgliedstaaten, Hersteller, Importeure und nachgeschaltete Anwender können eine Harmonisierung der Einstufung und Kennzeichnung eines Stoffes beantragen. Vorschläge dürfen jedoch nur für Stoffe, nicht für Gemische unterbreitet werden. Harmonisierte Einstufungen sind innerhalb der EU verbindlich und werden im Anhang VI der CLP-Verordnung (EG) Nr. 1272/2008 aufgeführt. Im Einstufungs- und Kennzeichnungsverzeichnis der EU sind angemeldete und registrierte Stoffe gelistet, einschließlich der Liste harmonisierter Einstufungen.[1]

3 Wie wird eingestuft?

Wenn keine Legaleinstufung vorliegt oder diese sich nur auf bestimmte Gefahrenklassen beschränkt, müssen Stoffe eigenverantwortlich bewertet und eingestuft werden. Gemische müssen vor dem Inverkehrbringen dagegen immer selbst eingestuft werden. Diese Selbsteinstufung erfolgt in 4 Schritten:

1. Erheben der Daten,
2. Bewerten der Angemessenheit und Zuverlässigkeit der Daten,
3. Überprüfen der Daten anhand der Einstufungskriterien,
4. Entscheiden über Einstufung (Kriterien: s. Anhang I CLP-Verordnung).

Einstufungen aus Stoff- bzw. Zubereitungsrichtlinie wurden in CLP-Einstufungen umgewandelt. Diese umgewandelten Einstufungen können verwendet werden, wenn

- ein Stoff vor dem 1.12.2010 nach Stoffrichtlinie bzw. ein Gemisch vor dem 1.6.2015 nach Zubereitungsrichtlinie eingestuft wurde und für den Stoff bzw. das Gemisch keine weiteren Daten zur Gefahrenklasse vorliegen.

Einstufungselemente für Stoffe bzw. Gemische sind:

- Gefahrenklassen und Gefahrenkategorien mit → *Gefahrenhinweisen* (H-Sätze) nach den Bestimmungen der CLP-Verordnung.

Gefährliche Eigenschaften sind in 3 Gruppen gegliedert:

- **Physikalische Gefahren**, z. B. explosiv, entzündbar,
- **Gesundheitsgefahren**, z. B. giftig, gesundheitsschädlich,
- **Umweltgefahren**, z. B. sehr giftig für Wasserorganismen.

Das Ergebnis der Einstufung wird im → *Sicherheitsdatenblatt* dokumentiert. Im Rahmen der Umsetzung der CLP-Verordnung werden gefährliche Stoffe bzw. Gemische häufig schärfer eingestuft als bisher.

---

1 Quelle: www.echa.europa.eu.

Einstufungen müssen mit wissenschaftlichen oder technischen Entwicklungen Schritt halten: Lieferanten müssen beurteilen, ob die Einstufung des von ihnen in Verkehr gebrachten Stoffes bzw. Gemisches neu bewertet werden soll.

Praxis-Beispiel: Einstufung und Kennzeichnung eines Reinigerkonzentrats XY nach Zubereitungsrichtlinie (abgelöst) bzw. CLP-Verordnung

Regelwerk/ Thema	Richtlinie 1999/45/EG (abgelöst)	CLP-Verordnung
Einstufung	Reizt die Augen Xi; R 36	Verursacht schwere Augenschäden Eye Dam 1; H318
Gefahrenbezeichnung	Xi; Reizend	–
→ ***Signalwort***	–	Gefahr
Symbole	Xi Reizend	Ätzwirkung (GHS05)
Gefahren	Hinweise auf besondere Gefahren: R 36 Reizt die Augen	→ *Gefahrenhinweise*: H318 Verursacht schwere Augenschäden.
Sicherheit	Sicherheitsratschläge: S 2 Darf nicht in die Hände von Kindern gelangen. S 46 Bei Verschlucken sofort ärztlichen Rat einholen und Verpackung oder Etikett vorzeigen. S 26 Bei Berührung mit den Augen sofort gründlich mit Wasser abspülen und Arzt konsultieren.	→ *Sicherheitshinweise*: P102 Darf nicht in die Hände von Kindern gelangen. P280 Schutzhandschuhe/Schutzkleidung/ Augenschutz/Gesichtsschutz tragen. P310 Sofort Giftinformationszentrum oder Arzt anrufen. P305+351+338 Bei Kontakt mit den Augen: Einige Minuten lang behutsam mit Wasser spülen. Vorhandene Kontaktlinsen nach Möglichkeit entfernen. Weiter spülen. P501 Inhalt/Behälter zugelassenem Entsorger oder kommunaler Sammelstelle zuführen.

4 Umgang mit Gefahrstoffen

Korrekte Einstufung, Kennzeichnung und Verpackung sind Voraussetzung für den sicheren Umgang mit → *Gefahrstoffen*. Mit der CLP-Verordnung wurden sie weltweit vereinheitlicht. Nur wenn die Gefahren im Unternehmen bekannt sind und geeignete Schutzmaßnahmen umgesetzt werden, können Unfälle und berufsbedingte Erkrankungen vermieden werden. Als wichtigste Informationsquelle dient das → *Sicherheitsdatenblatt*. Es muss für gefährliche Stoffe bzw. Gemische spätestens bei der ersten Lieferung mitgeliefert werden, i. Allg. wird es vor der ersten Bestellung angefordert. Auf der Grundlage der Informationen zum Gefährdungspotenzial werden → *Betriebsanweisungen* erstellt, die zur Schulung und → *Unterweisung* der Beschäftigten dienen.

Bettina Huck

Elektrische Anlagen und Betriebsmittel

Elektrische Betriebsmittel sind alle Gegenstände, die als Ganzes oder in einzelnen Teilen dem Anwenden elektrischer Energie (z. B. Gegenstände zum Erzeugen, Fortleiten, Verteilen, Speichern, Messen, Umsetzen und Verbrauchen) oder dem Übertragen, Verteilen und Verarbeiten von Informationen (z. B. Gegenstände der Fernmelde- und Informationstechnik) dienen. Den elektrischen Betriebsmitteln werden gleichgesetzt Schutz- und Hilfsmittel, soweit an diese Anforderungen hinsichtlich der elektrischen Sicherheit gestellt werden. Elektrische Anlagen werden durch Zusammenschluss elektrischer Betriebsmittel gebildet.

Gesetze, Vorschriften und Rechtsprechung

Die DGUV-V 3 „Elektrische Anlagen und Betriebsmittel" legt fest, unter welchen Bedingungen elektrische Anlagen und Betriebsmittel errichtet, geändert, instandgehalten und betrieben werden müssen. Grundsätzlich sind dabei die elektrotechnischen Regeln zu beachten. Weiterhin werden Regelungen für Prüfungen, Arbeiten an aktiven Teilen, Arbeiten in der Nähe aktiver Teile und zulässige Abweichungen in der Unfallverhütungsvorschrift beschrieben.

1 Wie ist der Betrieb der Anlagen bzw. Betriebsmittel geregelt?

Die DGUV-V 3 umfasst nur 10 Paragrafen, regelt aber das Einhalten von Tausenden Seiten elektrotechnischer Regeln. Wie ist das möglich? Betrachten wir hierzu § 3 DGUV-V 3:

„(1) Der Unternehmer hat dafür zu sorgen, dass elektrische Anlagen und Betriebsmittel nur von einer Elektrofachkraft oder unter Leitung und Aufsicht einer Elektrofachkraft **den elektrotechnischen Regeln entsprechend** errichtet, geändert und instandgehalten werden. Der Unternehmer hat ferner dafür zu sorgen, dass die elektrischen Anlagen und Betriebsmittel **den elektrotechnischen Regeln entsprechend** betrieben werden."

„(2) Ist bei einer elektrischen Anlage oder einem elektrischen Betriebsmittel ein Mangel festgestellt worden, d. h. entsprechen sie nicht oder nicht mehr **den elektrotechnischen Regeln**, so hat der Unternehmer dafür zu sorgen, dass der Mangel unverzüglich behoben wird und, falls bis dahin eine dringende Gefahr besteht, dafür zu sorgen, dass die elektrische Anlage oder das elektrische Betriebsmittel im mangelhaften Zustand nicht verwendet werden."

Wenn es keine elektrotechnischen Regeln gibt, oder diese unzureichend sind, werden dafür in der DGUV-V 3 Grundsätze beschrieben, die für diese elektrischen Anlagen und Betriebsmittel einzuhalten sind (§ 4 DGUV-V 3).

2 Wer prüft die elektrischen Anlagen und Betriebsmittel?

Elektrische Anlagen und Betriebsmittel müssen regelmäßig geprüft werden. Die Prüfung erfolgt durch eine → *Elektrofachkraft* oder unter Leitung und Aufsicht einer Elektrofachkraft. Prüfungen sind vor der ersten Inbetriebnahme und nach einer Änderung oder Instandsetzung vor der Wiederinbetriebnahme vorzunehmen. Für Wiederholungsprüfungen geben die Durchführungsanweisungen zu § 5 Abs. 1 DGUV-V 3 Auskunft, ebenso über **Prüffristen** von ortsfesten elektrischen Anlagen und Betriebsmitteln, ortsveränderlichen Betriebsmitteln und Schutz- und Hilfsmitteln.

3 Die Sicherheitsaspekte

→ *Arbeiten unter Spannung* sind grundsätzlich nicht erlaubt, weil mit diesen Arbeiten eine erhöhte Gefährdung verbunden ist (§ 6 DGUV-V 3).

Durch Einhalten der „→ *5 Sicherheitsregeln*" wird sichergestellt, dass das Arbeiten in spannungsfreiem Zustand sicher abläuft:

1. Freischalten,
2. Gegen Wiedereinschalten sichern,
3. Spannungsfreiheit feststellen,

4. Erden und Kurzschließen,
5. Benachbarte, unter Spannung stehende Teile abdecken oder abschranken.

Für **Arbeiten in der Nähe aktiver Teile** gelten die Forderungen nach § 7 DGUV-V 3:

In der Nähe aktiver Teile elektrischer Anlagen und Betriebsmittel, die nicht gegen direktes Berühren geschützt sind, darf, abgesehen von den Festlegungen in § 8 DGUV-V 3, nur gearbeitet werden, wenn

- deren spannungsfreier Zustand hergestellt und für die Dauer der Arbeiten sichergestellt ist oder
- die aktiven Teile für die Dauer der Arbeiten, insbesondere unter Berücksichtigung von Spannung, Betriebsort, Art der Arbeit und der verwendeten Arbeitsmittel, durch Abdecken oder Abschranken geschützt worden sind oder
- bei Verzicht auf vorstehende Maßnahmen die zulässigen Annäherungen nicht unterschritten werden.

Die dazugehörige Durchführungsanweisung gibt an, wann eine Gefahrenzone in Abhängigkeit von der Nennspannung vorliegt und welche **Schutzabstände** bei elektrotechnischen und bei nicht elektrotechnischen Arbeiten in Abhängigkeit von der Nennspannung einzuhalten sind.

Die in § 8 DGUV-V 3 genannten Festlegungen für das Arbeiten unter Spannung werden in der DGUV-R 103-011 „Arbeiten unter Spannung an elektrischen Anlagen und Betriebsmitteln“ konkretisiert.

Dirk Rittershaus

Elektrofachkraft

Eine Elektrofachkraft ist eine Person, die aufgrund ihrer fachlichen Ausbildung und Erfahrungen sowie ihrer Kenntnisse, z. B. der einschlägigen Bestimmungen, die ihr übertragenen Arbeiten beurteilen und mögliche Gefahren erkennen kann.

Gesetze, Vorschriften und Rechtsprechung

Die Begriffsbestimmungen für Elektrofachkräfte sind in mehreren Regelwerken hinterlegt. Dazu gehören u. a. § 2 „Begriffe“ der DGUV-V 3 „Elektrische Anlagen und Betriebsmittel“; und Nr. 2 „Begriffsbestimmungen“ DGUV-R 103-011 „Arbeiten unter Spannung an elektrischen Anlagen und Betriebsmitteln“. Umfangreiche fachliche Informationen enthält die DGUV-I 203-002 „Elektrofachkräfte“. Der Begriff Elektrofachkraft ist im DIN VDE Normenwerk wiederholt definiert. Die ausführlichste Darlegung enthält die VDE 1000-10:2021-06.

Soll die Elektrofachkraft Aufgaben einer befähigten Person nach Betriebssicherheitsverordnung (BetrSichV) ausführen, muss sie die Anforderungsmerkmale des Abschn. 2 TRBS 1203 „Allgemeine Anforderungen an zur Prüfung befähigte Personen“ und des Abschn. 3.1 TRBS 1203 „Anforderungen an zur Prüfung befähigte Personen für Arbeitsmittel mit elektrischen Komponenten“ erfüllen.

1 Elektrofachkraft (EFK)

1.1 Qualifikation

Elektrofachkraft ist kein Ausbildungsberuf. Die fachliche Qualifikation als Elektrofachkraft wird i. d. R. dadurch nachgewiesen, indem elektrotechnisches Wissens im Rahmen der Berufsausbildung unabhängig von Form und Ort (Schule, Betrieb usw.) vermittelt wurde. Dies trifft insbesondere für die Aus- und Weiterbildungen in der Elektrobranche z. B. Elektroingenieur (bzw. Master oder Bachelor), -techniker, -meister oder -geselle zu. Ausbildungsbeispiele sind Elektroniker der Fachrichtungen Energie- und Gebäudetechnik, Automatisierungstechnik oder Informations- und Telekommunikationstechnik, Systemelektroniker, Informationselektroniker Schwerpunkt Bürosystemtechnik oder Geräte- und Systemtechnik, Elektroniker für Maschinen und Antriebstechnik. Die Qualifikation kann aber auch durch eine mehrjährige Tätigkeit mit Ausbildung in Theorie und Praxis nach Überprüfung durch eine Elektrofachkraft nachgewiesen werden, wobei der Nachweis zu dokumentieren ist.

Praxis-Beispiel: Erfahrung bekommt man nur durch Praxis

Neben der fachlichen Ausbildung, werden von Elektrofachkräften auch ausreichende Kenntnisse und Erfahrungen verlangt. Diese erwirbt man erst während der Berufsausübung in den jeweiligen Unternehmen und/oder in speziellen Seminaren.

Eine Elektrofachkraft ist auf Grundlage dieser Kenntnisse und Erfahrungen in der Lage, insbesondere elektrische Gefährdungen, aber auch mechanische, thermische u. a. Gefährdungen zu erkennen und zu beurteilen, die erforderlichen Schutzmaßnahmen zu treffen sowie die Arbeiten sach- und sicherheitsgerecht auszuführen.

Praxis-Beispiel: Die Elektro-Allroundkraft gibt es nicht

Aufgrund der vielfältigen Arbeitsbereiche in der Elektrotechnik (Hoch- und Niederspannung, Gleich- und Wechselspannung, Fernmeldewesen, Energietechnik, Elektronik, Photovoltaik, usw.) gibt es keine Elektrofachkraft im Sinne einer universell einsetzbaren Allroundkraft. Die Elektrofachkraft ist durch ihre Ausbildung und Berufsausübung daher immer an ein berufliches Profil gebunden, in dem dann auch ihre erforderlichen Erfahrungen vorliegen. Der Arbeitgeber kann die Elektrofachkraft nur innerhalb dieses Profils einsetzen. Anders gesagt muss eine Elektrofachkraft die an sie gestellten Anforderungen jeweils für den konkreten elektrotechnischen Arbeitsbereich erfüllen.

Für das Prüfen von → *Arbeitsmitteln* gemäß BetrSichV als → *befähigte Person* muss die Elektrofachkraft durch ihre Berufsausbildung, Berufserfahrung und ihre zeitnahe berufliche Tätigkeit über die erforderlichen Fachkenntnisse verfügen. Hierzu gehört nach Abschn. 3.1 TRBS 1203 u. a. eine mindestens einjährige praktische Erfahrung mit der Errichtung, dem Zusammenbau oder der Instandhaltung von Arbeitsmitteln mit elektrischen Komponenten. Darüber hinaus muss sie ihre Kenntnisse der relevanten Regeln der Elektrotechnik regelmäßig aktualisieren.

Praxis-Beispiel: Fachverantwortung

Jede Elektrofachkraft trägt im Rahmen ihrer Aufgabenerfüllung eine Fachverantwortung und handelt dementsprechend eigenverantwortlich, unabhängig davon, in welcher betrieblichen Konstellation eine verantwortliche Elektrofachkraft vorhanden ist.

Praxis-Beispiel: Aktualisierung der Kenntnisse

Elektrofachkräfte müssen ihre erworbenen Kenntnisse regelmäßig auf den neuesten Stand bringen. So fordert Abschn. 3.1 der TRBS 1203, dass die befähigte Person für die Prüfungen zum Schutz vor elektrischen Gefährdungen ihre Kenntnisse aktualisieren muss, z. B. durch Teilnahme an fachspezifischen Schulungen oder an einem einschlägigen Erfahrungsaustausch. Beides kann auch innerbetrieblich erfolgen, wenn die erforderliche Fachkunde im Unternehmen zur Verfügung steht.

Geeignete zeitnahe berufliche Tätigkeiten als weiteres Kriterium für geeignete befähigte Personen können z. B. sein:

- Reparatur-, Service- und Wartungsarbeiten und abschließende Prüfung an elektrischen Geräten,
- die Prüfung elektrischer Betriebsmittel in der Industrie, z. B. in Laboratorien, an Prüfplätzen oder
- Instandsetzung und Prüfung von Arbeitsmitteln mit elektrischen Komponenten.

Wird eine Elektrofachkraft an Anlagen tätig, die an das öffentliche Elektrizitätsversorgungsnetz angeschlossen sind, muss sie außerdem in das Installateur-Verzeichnis des Verteilungsnetzbetreibers (VNB) eingetragen sein.

1.2 Aufgaben

Zu den Aufgaben einer Elektrofachkraft gehört es, im Auftrag des Arbeitgebers → *elektrische Anlagen und Betriebsmittel* entsprechend den elektrotechnischen Regeln zu errichten, zu ändern und instand zu halten. Gemäß der Betriebssicherheitsverordnung kann ihr nach Beauftragung des Arbeitgebers die Verantwortung für die ordnungsgemäße Durchführung der Prüfungen als → *befähigte Person* obliegen. Zu den Aufgaben einer Elektrofachkraft können auch das Unterrichten und → *Unterweisen* gehören.

Eine übertragene Aufsichtsverantwortung für → *elektrotechnisch unterwiesene Personen* beinhaltet eine stichprobenartige Kontrolle der Wiederholungsprüfungen vor Ort.

2 Verantwortliche Elektrofachkraft (VEFK)

Es liegt beim Arbeitgeber, einer geeigneten Elektrofachkraft Fach- und Aufsichtsverantwortung im Sinne einer notwendigen betrieblichen Arbeitsorganisation, zu übertragen. In diesem Fall spricht man von einer verantwortlichen Elektrofachkraft – VEFK. Die Verantwortung kann sich auch auf eine bestimmte Betriebs- und Anlagentechnik, auf bestimmte ortsbezogene oder thematische Zuordnungen beziehen. Eine verantwortliche Elektrofachkraft kann auch die fachliche Leitung eines Betriebs oder Betriebsteils vom Arbeitgeber übertragen bekommen (VEFK mit fachlicher Leitung). Zur Übertragung dieser Unternehmerpflichten gehören dann die Organisations-, Fürsorge-, Auswahl- und Kontrollpflichten. Zuständigkeitsbereiche, Aufgabenübertragungen und damit verbundene Weisungsbefugnisse müssen klar und ausreichend genau beschrieben sein.

In Betrieben mit nur einer Elektrofachkraft ist eine zusätzliche Verpflichtung als verantwortliche Elektrofachkraft nicht erforderlich. Hat der Betrieb mehrere VEFK benannt, muss für eine geeignete Organisation gesorgt werden, um die Verantwortlichkeiten in elektrotechnischen Bereichen klar zu regeln.

Praxis-Beispiel: Erfüllung der Qualifikationsanforderungen

Damit eine verantwortliche Elektrofachkraft (VEFK) beauftragt werden kann, muss sie die Qualifikationsanforderungen erfüllen. Erläutert wird die EFK und VEFK insbesondere in Abschn. 3.1. und Abschn. 3.2 der DIN VDE 1000-10:2021-06.

Wurden der Elektrofachkraft Leitungs- und Aufsichtsaufgaben nach § 3 Abs. 1 DGUV-V 3 übertragen, gehören hierzu insbesondere:

- das Überwachen der ordnungsgemäßen Errichtung, Änderung und Instandhaltung → *elektrischer Anlagen und Betriebsmittel*,
- das Anordnen, Durchführen und Kontrollieren der zur jeweiligen Arbeit erforderlichen Sicherheitsmaßnahmen einschließlich des Bereitstellens von Sicherheitseinrichtungen,
- das Unterrichten → *elektrotechnisch unterwiesener Personen*,
- das → *Unterweisen* von elektrotechnischen Laien über sicherheitsgerechtes Verhalten, erforderlichenfalls das Einweisen,
- das Überwachen, wenn nötig das Beaufsichtigen der Arbeiten und der Arbeitskräfte, z.B. bei nicht elektrotechnischen Arbeiten in der Nähe von unter Spannung stehender Teile.

3 Elektrofachkraft für festgelegte Tätigkeiten (EffT)

Nach DGUV-I 203-049 gilt als „Elektrofachkraft für festgelegte Tätigkeiten […], wer in Bezug auf die Inbetriebnahme und → *Instandhaltung* von elektrischen Betriebsmitteln in gleichartige, sich wiederholende Arbeiten ausgebildet ist, die vom Arbeitgeber in einer Arbeitsanweisung beschrieben sind. Zur Instandhaltung zählt auch die Durchführung wiederkehrender Prüfungen."

Das heißt, der Arbeitgeber kann für spezielle, klar definierte, Tätigkeiten, z.B. Inbetriebnahme und Instandhaltung von bestimmten elektrischen Betriebsmitteln, einen elektrotechnischen Laien, der eine abgeschlossene Berufsausbildung nachweisen kann, ausbilden lassen.

Praxis-Beispiel: Anforderung an die Ausbildung zur EffT

Die Ausbildung muss in Theorie und Praxis diejenigen Betriebsmittel beinhalten, die für die festgelegten Tätigkeiten infrage kommen. Die Ausbildung muss von einer hierfür fachlich qualifizierten Person, z.B. Ingenieur oder Meister in einem elektrotechnischen Beruf, durchgeführt werden.

Festgelegte Tätigkeiten sind gleichartige, sich wiederholende Arbeiten an Betriebsmitteln, die vom Unternehmer in einer Arbeitsanweisung beschrieben sind. In eigener Fachverantwortung dürfen nur solche festgelegten Tätigkeiten ausgeführt werden, für die die Ausbildung nachgewiesen ist. Diese festgelegten Tätigkeiten dürfen nur in Anlagen mit Nennspannungen bis 1.000 V AC bzw. 1.500 V DC und grundsätzlich nur im freigeschalteten Zustand durchgeführt werden. Unter Spannung sind Fehlersuche und Feststellen der Spannungsfreiheit erlaubt.

Praxis-Beispiel: Fahrplan für den Einsatz von EffT

1. Prüfen ob Voraussetzungen nach § 2 DGUV-V 3 und § 5 Handwerksordnung erfüllt sind.
2. Prüfen ob persönliche Voraussetzungen erfüllt sind (körperliche und geistige Eignung).
3. Organisation der Teilnahme an einem qualifizierten Lehrgang.
4. Überprüfung der erworbenen Kenntnisse (Qualifikationsnachweis).
5. Schriftliche Beauftragung.
6. Erstellung einer Arbeitsanweisung für die festgelegten elektrotechnischen Tätigkeiten.

Matthias Glawe

Elektroprüfung

Prüfungen elektrischer Anlagen und Betriebsmittel sind Besichtigungen, Messungen oder Erprobungen, die den Nachweis erbringen, dass die jeweilige Anlage bzw. das jeweilige Betriebsmittel den geltenden öffentlich-rechtlichen Verpflichtungen entspricht. Zu diesen Verpflichtungen gehören u.a. staatliche Gesetze und Verordnungen, Vorschriften der gesetzlichen Unfallversicherungsträger und Sicherheitsnormen. Prüfungen können den Nachweis des ordnungsgemäßen Zustandes einschließen. Sowohl neue Anlagen und Betriebsmittel als auch Änderungen und Erweiterungen bestehender Anlagen und Betriebsmittel müssen vor ihrer Inbetriebnahme und danach in regelmäßigen Abständen einer Prüfung unterzogen werden.

Gesetze, Vorschriften und Rechtsprechung

Die Verpflichtung zur Prüfung von Arbeitsmitteln ergibt sich grundsätzlich aus § 10 Betriebssicherheitsverordnung (BetrSichV). Konkretisiert werden die Anforderungen in der Technischen Regel für Betriebssicherheit (TRBS) 1201 „Prüfungen von Arbeitsmitteln und überwachungsbedürftigen Anlagen".

Im Regelwerk der gesetzlichen Unfallversicherungsträger finden sich in § 5 DGUV-V 3 „Elektrische Anlagen und Betriebsmittel" und in den dazugehörigen Durchführungsanweisungen Vorgaben zur Prüfung von elektrischen Anlagen und Betriebsmittel.

In § 49 „Anforderungen an Energieanlagen" des Energiewirtschaftsgesetzes – EnWG) wird Bezug auf die Bestimmungen des Verbandes der Elektrotechnik Elektronik Informationstechnik e. V. (VDE) genommen. Damit erhielten die DIN VDE Normen im Rahmen der allgemein anerkannten Regeln der Technik Gesetzescharakter. Somit sind insbesondere die DIN VDE 0100-600 und die DIN VDE 0105-100:2005-06 für die Prüfung elektrischer Anlagen zu berücksichtigen.

Weitere Forderungen zur regelmäßigen Prüfung können sich z.B. aus den Richtlinien der Sachversicherer (VdS-Richtlinien des Gesamtverbandes der Deutschen Versicherungswirtschaft e.V. (GDV), Klausel SK 3602) ergeben.

1 Prüfpersonal

Der Arbeitgeber muss für die Prüfung seiner → *elektrischen Anlagen und Betriebsmittel* **geeignete Personen** beauftragen, sofern er nicht selbst in der Lage ist, die Prüfungen durchzuführen. Die BetrSichV verlangt, dass mit dem „Überprüfen und erforderlichenfalls Erproben" nur Personen betraut werden dürfen, die hierzu → *befähigt* sind. Konkretisiert werden diese Anforderungen in der TRBS 1203 "Zur Prüfung befähigte Personen".

Gemäß den DIN VDE-Bestimmungen müssen die Prüfungen elektrischer Anlagen von → ***Elektrofachkräften*** durchgeführt werden, die Kenntnisse durch Prüfung vergleichbarer Anlagen haben. Die für die Prüfungen verantwortliche Elektrofachkraft entscheidet, welche Prüfarbeiten → *elektrotechnisch unterwiesene Personen* mit welchen Prüfgeräten durchführen müssen und inwieweit Aufsicht und Anleitung erforderlich sind. Dafür müssen ausreichende personelle Ressourcen bereitgestellt werden.

2 Prüfgrundlagen und -ziele

Prüfungen müssen in Art und Umfang nach den in den elektrotechnischen Regeln festgelegten Maßnahmen und unter Bezugnahme auf die erforderlichen Schaltpläne und technischen Unterlagen durchgeführt werden.

Ziel der Prüfungen ist es, festzustellen, ob Mängel an den für die Sicherheit wichtigen Teilen der → *Anlage oder Betriebsmittel* bestehen bzw. ob Gefahren bei bestimmungsgemäßer Verwendung für Benutzer oder Sachwerte auftreten können.

3 Prüffristen

Im Rahmen der → *Gefährdungsbeurteilung* nach § 3 BetrSichV sollen die zu prüfenden → *Arbeitsmittel* und die Prüffristen für diese Arbeitsmittel vom Arbeitgeber festgelegt werden. Mit den Prüfungen ist der sichere Zustand des Arbeitsmittels vor der ersten Inbetriebnahme und nach Änderungen oder Instandsetzungen sowie in regelmäßigen Abständen zu prüfen. Dabei müssen die Einsatzbedingungen berücksichtigt werden. Darüber hinaus soll dies im Einvernehmen mit der Befähigten Person erfolgen. Die Prüffristen sind dabei so zu bemessen, dass Mängel, die während der Benutzung entstehen können, rechtzeitig festgestellt werden.

Hilfestellungen zur Festlegung der Prüffristen können den Bedienungsanleitungen der Hersteller entnommen werden. Außerdem können folgende Informationen herangezogen werden:

- betriebliche Erfahrungen einschließlich vorhandener Prüfhistorien,
- Benutzungsdauern und -häufigkeiten des Arbeitsmittels,
- mechanische, chemische und thermische Beanspruchungen einschließlich der Witterungs- und Umwelteinflüsse,
- Unfallgeschehen vergleichbarer Arbeitsmittel,
- Qualifikation und Erfahrung der Benutzer.

Praxis-Beispiel: CE und GS-Zeichen ersparen keine Prüfungen

Für jedes elektrische Betriebsmittel ist vor dem ersten Einsatz eine → *Gefährdungsbeurteilung* durchzuführen (§ 5 ArbSchG, § 3 BetrSichV, § 3 DGUV-V 1. Dabei müssen die vom → *Arbeitsmittel* ausgehenden Gefährdungen, das Arbeitsumfeld und die Wechselwirkungen betrachtet werden. Je nach Beanspruchung und Gefährdungen ist das Prüfintervall für das elektrische Betriebsmittel festzulegen. Dabei spielen die → *CE-Kennzeichnung*, mit der Hersteller Normenkonformität dokumentieren und das → *GS-Zeichen*, das eine bestandene, freiwillige Baumusterprüfung nachweist, keine Rolle. Auch solche Arbeitsmittel müssen vor ihrem ersten Einsatz und danach in regelmäßigen Intervallen auf ihren ordnungsgemäßen Zustand geprüft werden.

Bewährte Prüfintervalle können z. B. den Tabellen 1 A-C der Durchführungsanweisung zu § 5 DGUV-V 3 „Elektrische Anlagen und Betriebsmittel" entnommen werden. Diese Angaben sind (nur) als Richtwert für normale Betriebs- und Umgebungsbedingungen zu verstehen. Entscheidend ist, dass der Arbeitgeber bzw. der Betreiber einer elektrischen Anlage unter Berücksichtigung der in seinem Unternehmen vorliegenden Betriebsbedingungen geeignete Prüfzeiträume und den Prüfumfang selbst festlegen bzw. durch eine entsprechend fachkundige Person festlegen lassen kann.

Anlage/Betriebsmittel	Prüffrist	Art der Prüfung	Prüfer
Elektrische Anlagen und ortsfeste Betriebsmittel	4 Jahre	auf ordnungsgemäßen Zustand	→ *Elektrofachkraft*
Elektrische Anlagen und ortsfeste elektrische Betriebsmittel „in Betriebsstätten, Räumen und Anlagen besonderer Art" (DIN VDE 0100-700)	1 Jahr		

Anlage/Betriebsmittel	Prüffrist	Art der Prüfung	Prüfer
Schutzmaßnahmen mit Fehlerstrom-Schutzeinrichtungen in nichtstationären Anlagen	1 Monat	auf Wirksamkeit	→ *Elektrofachkraft* oder → *elektrotechnisch unterwiesene Person* bei Verwendung geeigneter Mess- und Prüfgeräte
Fehlerstrom-, Differenzstrom- und Fehlerspannungs-Schutzschalter		auf einwandfreie Funktion durch Bestätigung der Prüfeinrichtung	Benutzer
• in stationären Anlagen	6 Monate		
• in nichtstationären Anlagen	arbeitstäglich		

Tab. 1a: DGUV-V 3: Wiederholungsprüfungen ortsfester elektrischer Anlagen und Betriebsmittel

Anlage/Betriebsmittel	Prüffrist Richt- und Maximalwerte	Art der Prüfung	Prüfer
Ortsveränderliche elektrische Betriebsmittel (soweit benutzt) Verlängerungs- und Geräteanschlussleitungen mit Steckvorrichtungen Anschlussleitungen mit Stecker bewegliche Leitungen mit Stecker und Festanschluss	Richtwert 6 Monate, auf → *Baustellen* 3 Monate*). Wird bei den Prüfungen eine Fehlerquote < 2 % erreicht, kann die Prüffrist entsprechend verlängert werden. Maximalwerte: • auf Baustellen, in Fertigungsstätten und Werkstätten oder unter ähnlichen Bedingungen ein Jahr, • in Büros oder unter ähnlichen Bedingungen zwei Jahre.	auf ordnungsgemäßen Zustand	→ *Elektrofachkraft* bei Verwendung geeigneter Mess- und Prüfgeräte auch → *elektrotechnisch unterwiesene Person*
*) Konkretisierung siehe DGUV-I 203-006 „Auswahl und Betrieb elektrischer Anlagen und Betriebsmittel auf Baustellen“			

Tab. 1b: DGUV-V 3: Wiederholungsprüfungen ortsveränderlicher elektrischer Betriebsmittel

Prüfobjekt	Prüffrist	Art der Prüfung	Prüfer
Isolierende Schutzbekleidung (soweit benutzt)	vor jeder Benutzung	auf augenfällige Mängel	Benutzer
	12 Monate 6 Monate für isolierende Handschuhe	auf Einhaltung der in den elektrotechnischen Regeln vorgegebenen Grenzwerte	→ *Elektrofachkraft*

Prüfobjekt	Prüffrist	Art der Prüfung	Prüfer
Isolierte Werkzeuge, Kabelschneidgeräte; isolierende Schutzvorrichtungen sowie Betätigungs- und Erdungsstangen	vor jeder Benutzung	auf äußerlich erkennbare Schäden und Mängel	Benutzer
Spannungsprüfer, Phasenvergleicher		auf einwandfreie Funktion	
Spannungsprüfer, Phasenvergleicher und Spannungsprüfsysteme (kapazitive Anzeigesysteme) für Nennspannungen über 1 kV	6 Jahre	auf Einhaltung der in den elektrotechnischen Regeln vorgeschriebenen Grenzwerte	→ *Elektrofachkraft*

Tab. 1c: DGUV-V 3: Prüfungen für Schutz- und Hilfsmittel

4 Prüfumfang und -methoden

Prüfungen können Besichtigen, Messen und/oder Erproben umfassen. Prüfergebnisse müssen bewertet und dokumentiert werden. Der Umfang der Prüfungen darf je nach Bedarf und nach den Betriebsverhältnissen auf Stichproben sowohl in Bezug auf den örtlichen Bereich (Anlagenteile) als auch auf die durchzuführenden Maßnahmen beschränkt werden, soweit dadurch eine Beurteilung des ordnungsgemäßen Zustands möglich ist. Den Umfang einer Prüfung legt der Arbeitgeber mithilfe seiner → *Gefährdungsbeurteilung* und unter Berücksichtigung des elektrotechnischen Regelwerks fest.

4.1 Besichtigen

Gemäß DIN VDE 0105-100 lässt sich durch Besichtigen z.B. feststellen, ob

- → *elektrische Anlagen und Betriebsmittel* äußerlich erkennbare Schäden oder Mängel aufweisen,
- elektrische Anlagen und Betriebsmittel den äußeren Einflüssen am Verwendungsort standhalten und den in Errichtungsnormen enthaltenen Zusatzfestlegungen für Betriebsstätten, Räume und Anlagen besonderer Art noch entsprechen,
- der Schutz gegen direktes Berühren aktiver Teile elektrischer Betriebsmittel noch vorhanden ist,
- die Schutzmaßnahmen bei indirektem Berühren noch den Errichtungsnormen entsprechen,
- die Überstrom-Schutzeinrichtungen den Leiterquerschnitten entsprechend noch richtig zugeordnet sind,
- für Betriebsmittel erforderliche Überspannungs- oder Überstrom-Schutzeinrichtungen noch vorhanden und richtig eingestellt sind,
- verbindlich festgelegte Schaltpläne, Beschriftungen und dauerhafte Kennzeichnungen der Stromkreise, Gebrauchs- oder Betriebsanleitungen noch vorhanden und zutreffend sind,
- Einrichtungen zur Unfallverhütung und Brandbekämpfung, z.B. Schutzvorrichtungen, Hilfsmittel, Sicherheitsschilder, Schottung von Leitungs- und Kabeldurchführungen vollständig und wirksam sind,
- die Festlegungen des Herstellers eines Betriebsmittels hinsichtlich der Montage noch eingehalten sind, z.B. Abstände wärmeerzeugender Betriebsmittel zur brennbaren Umgebung,
- ein ausreichender Potenzialausgleich sichergestellt ist,
- alle gleichzeitig berührbaren Körper, Schutzleiteranschlüsse und alle „fremden leitfähigen Teile" noch einbezogen sind.

4.2 Messen

Zur Beurteilung des ordnungsgemäßen Zustandes und zur Wirksamkeit von Schutzmaßnahmen können gemäß DIN VDE 0105-100 folgende Parameter gemessen werden:

- Schleifenwiderstand,
- Schutzleiterwiderstand,
- Auslöse-Fehlerstrom,
- Ansprechwert von Isolationsüberwachungseinrichtungen,
- Isolationswiderstand.

4.3 Erproben

Gemäß DIN VDE 0105-100 können bei wiederkehrender Prüfung folgende Aspekte erprobt werden:

- Isolationsüberwachungsgeräte, z.B. in ungeerdeten Hilfsstromkreisen, im IT-Netz, sowie der FI- und FU-Schutzeinrichtungen durch Betätigen der Prüftaste,
- Wirksamkeit von Stromkreisen und Betriebsmitteln, die der Sicherheit dienen, z.B. Schutzrelais, Not-Ausschaltung, Verriegelungen,
- Rechtsdrehfeld bei Drehstrom-Wand- und Kupplungssteckdosen,
- Funktionsfähigkeit von erforderlichen Melde- und Anzeigeeinrichtungen, z.B. Rückmeldung der Schaltstellungsanzeige an ferngesteuerten Schaltern, Meldeleuchten.

5 Prüfgeräte

Prüfungen → *elektrischer Anlagen und Betriebsmittel* müssen mit geeigneter Ausrüstung und so durchgeführt werden, dass Gefahren dabei vermieden werden. Für die Durchführung der Prüfungen werden von der Industrie zahlreiche Geräte angeboten. Bei der Auswahl ist es wichtig zu klären, ob u.a.

- die Prüfgeräte der Normenreihe DIN VDE 0404 sowie DIN VDE 0413 entsprechen,
- erforderliche Messungen nach DIN VDE 0701-0702 durchgeführt werden können,
- ausschließlich → *Elektrofachkräfte* oder im Prüfteam auch → *elektrotechnisch unterwiesene Personen* das Prüfgerät bedienen werden,
- das Gerät für Wiederholungsprüfungen durch elektrotechnisch unterwiesene Personen eindeutig anzeigt, ob die Prüfung bestanden wurde oder nicht, z.B. in Form eines akustischen oder optischen Alarms bzw. durch Abbruch der Prüfung bei einem aufgetretenen Fehler,
- die Ergebnisse der Prüfungen in einer bestimmten Form aufgezeichnet werden sollen,
- das Prüfgerät (wenn erforderlich) über interne Speichermöglichkeiten und PC-Schnittstellen verfügt, um Prüfungen zu automatisieren,
- Einlesegeräte für Barcodes oder Transponder die Dateneingabe weiter vereinfachen sollen,
- Prüfadapter (wenn erforderlich) für die Überprüfung von CEE- oder Kaltgerätesteckverbindungen vorhanden sind.

6 Dokumentation

Das Prüfungsergebnis muss aufgezeichnet werden. Inhalt, Form und Aussehen der Aufzeichnungen sind gesetzlich nicht vorgegeben. Möglich sind Aufzeichnungen in Form

- eines Prüfbuches,
- einer Karteikarte,
- eines Erfassungsbogens oder
- einer IT-unterstützten Dokumentation.

Bewährt hat sich in der Praxis die Verwendung von Prüfplaketten, auf denen z.B. die Prüfgrundlage, z.B. Norm, und das Datum der Prüfung zu entnehmen sind. Die Aufzeichnungen müssen den jeweiligen betrieblichen Erfordernissen angepasst sein und mindestens bis zur nächsten Prüfung aufbewahrt werden.

Praxis-Beispiel: Praxistipps für die Prüfung ortsveränderlicher elektrischer Betriebsmittel

Die DGUV-I 203-049 „Prüfung ortsveränderlicher elektrischer Betriebsmittel Praxistipps für Betriebe“ bietet wertvolle Hinweise zur Durchführung von Wiederholungsprüfungen an ortsveränderlichen elektrischen Betriebsmitteln.

Matthias Glawe

Elektrosmog

Elektrosmog ist eine umgangssprachliche Bezeichnung für vermutete gesundheitsschädliche Wirkungen von elektromagnetischen Feldern, die bei der Nutzung elektrischer Energie in allen Lebensbereichen auftreten. Schwierig ist, dass mit dem Begriff unspezifisch befürchtete Gefahrenquellen zusammengefasst werden, die verschiedenste physikalische Eigenschaften haben, was ihr Auftreten im Alltag, ihre Intensität, Ausbreitung, Wirkungen auf den Organismus und mögliche Strahlenschutzmaßnahmen angeht. Sachlicher ist die Bezeichnung Elektromagnetische Umweltverträglichkeit (EMUV).

Gesetze, Vorschriften und Rechtsprechung

Wegen der vielen unterschiedlichen Ausprägungen elektromagnetischer Felder bei der technischen Nutzung elektrischer Energie gibt es keine einheitliche Rechtsgrundlage. Wichtige Rechtsquellen sind:

Allgemeine umweltschutzbezogene Vorgaben:

- Empfehlungen der Internationalen Kommission für den Schutz vor nicht ionisierender Strahlung (Expertengremium innerhalb der WHO), enthalten Grundsätze zu Strahlenschutzfragen, Grenzwerten usw.
- Verordnung über elektromagnetische Felder (26. BImSchV) (bezogen auf die Auswirkungen von ortsfesten Anlagen wie z. B. Umspannwerke auf ihre Umgebung).

Arbeitsschutzrechtliche Vorschriften

Hinweis: Diese beziehen sich auf spezielle Anlagen und Arbeitsplätze, an denen stark erhöhte elektromagnetische Felder auftreten. Demgegenüber bezeichnet „Elektrosmog“ eher die allgegenwärtige Strahlungsimmission durch die alltägliche Nutzung elektrischer Energie.

- Verordnung zum Schutz der Beschäftigten vor Gefährdungen durch elektromagnetische Felder (EMFV – Arbeitsschutzverordnung zu elektromagnetischen Feldern),

mit zugehörigen Technischen Regeln:

- TREMF NF Statische und zeitveränderliche elektrische und magnetische Felder im Frequenzbereich bis 10 MHz,
- TREMF HF Elektromagnetische Felder im Frequenzbereich von 100 kHz bis 300 GHz,
- TREMF MR Magnetresonanzverfahren,

aus dem berufsgenossenschaftlichen Regelwerk:

- DGUV-V 15 „Elektromagnetische Felder“, konkretisiert durch DGUV-R 103-013

1 Physikalische Grundbegriffe

1.1 Arten von Strahlung

Das physikalische Phänomen Strahlung erstreckt sich über ein großes Spektrum unterschiedlicher Wellenlängen. Je größer die Wellenlänge und je geringer die Frequenz ist, desto weniger energiereich ist die Strahlung.

Ionisierende Strahlung

Ionisierende Strahlung deckt den oberen, energiereichen Teil des Spektrums ab. Die Energiedichte ist so hoch, dass Atome eines Stoffes ihre Kernstruktur grundlegend ändern und dabei energiereiche Strahlung aussenden (z. B. Radioaktivität, Röntgenstrahlung).

Nicht ionisierende Strahlung

Nicht ionisierende Strahlung ist von geringerer Intensität, sodass keine Ionisationsvorgänge an Atomen und Molekülen ausgelöst werden. Sie umfasst in der Reihenfolge zunehmender Energie:

- **statische elektrische und magnetische Felder** (Frequenzbereich 0 Hz–3 Hz): z. B. Erdmagnetfeld, elektrisches Feld zwischen 2 Polen einer Batterie;

- **niederfrequente elektromagnetische Felder** (Frequenzbereich 3 Hz–100 kHz): z.B. beim technischen Wechselstrom, damit also bei allen Formen der elektrischen Energieversorgung;
- **hochfrequente elektromagnetische Felder** (Frequenzbereich 100 kHz–300 GHz): z.B. Funk- und Mikrowellen, also der gesamte Bereich moderner Telekommunikation;
- → ***optische Strahlung*** (Wellenlängenbereich 1 mm–10 nm): z.B. Infrarotstrahlung, Licht, UV-Strahlung.

Praxis-Beispiel: Elektromagnetische Felder

Überall, wo elektrische Ladungen bewegt werden, entsteht neben einem elektrischen Feld auch ein entsprechendes Magnetfeld und umgekehrt. Da das immer zutrifft, wenn elektrische Energie technisch genutzt wird, wird häufig von elektromagnetischer Strahlung gesprochen, erst recht im Hochfrequenzbereich, wo die Wirkungen beider Felder kaum zu trennen sind.

Der Begriff Elektrosmog ist damit v. a. den nieder- und hochfrequenten elektromagnetischen Feldern zuzuordnen.

1.2 Niederfrequenzbereich (NF-Felder)

1.2.1 Elektrische Felder

Die elektrische Feldstärke wird in V/m bestimmt. Ein elektrisches Feld erzeugt auf der Oberfläche in Reichweite befindlicher leitfähiger Körper (auch auf dem menschlichen Körper) eine Verschiebung elektrischer Ladungen. Das führt zu einer Aufladung dieser Oberflächen und in der Folge zu geringen Ausgleichsströmen, die im Körper fließen, während das elektrische Feld im Köperinneren ansonsten keine direkten Auswirkungen hat. Deswegen lassen sich elektrische Felder leicht abschirmen, z.B. durch eine Blende aus leitfähigem Material. Außerdem nimmt die Intensität der Strahlung mit dem Abstand zur Quelle exponentiell ab.

Ab einer gewissen Intensität können Menschen die durch elektrische Felder erzeugte Aufladung auf der Köperfläche wahrnehmen (durch das Flimmern der Härchen auf der Haut, durch Kribbeln oder Hautrötungen), wobei die Wahrnehmungsschwelle individuell verschieden ist („Elektrosensibilität").

Niederfrequente elektrische Felder treten im Frequenzbereich von 3 hz bis 100 khz auf, in den die Stromversorgung im Haushalt und am Arbeitsplatz ebenso fällt wie die Energieversorgung von Bahnstrecken und der Transport von Energie in Hochspannungsleitungen.

1.2.2 Magnetische Felder

Die Stärke magnetischer Felder wird als A/m bestimmt. Sie ist mit der Stärke des zugehörigen elektrischen Feldes direkt verknüpft: Je größer die Stromstärke im entsprechenden Leiter ist, desto höher ist auch die magnetische Feldstärke, wobei die Energiedichte im Feld sehr ungleichmäßig sein kann.

In der Praxis wird statt der magnetischen Feldstärke oft die sog. magnetische Flussdichte in der Einheit Tesla (T) angegeben, wobei beide Werte direkt proportional verbunden sind (80 A/m entsprechen rund 100 Mikrotesla).

Magnetfelder dringen im Gegensatz zu elektrischen Feldern etwas tiefer in leitfähige Körper ein und können so im Inneren des menschlichen Körpers Wirbelströme erzeugen (so wie der Ringmagnet im Fahrraddynamo elektrischen Strom im Lichtkabel erzeugt). Wie groß diese Körperströme sind, ist allerdings nur sehr schwer zu bestimmen. Als Maß für ihre gesundheitliche Relevanz wird die Körperstromdichte in mA/m^2 herangezogen.

Die im menschlichen Organismus natürlich auftretenden elektrischen Ströme, die der Reizweiterleitung im Nervensystem dienen, liegen bei etwa 1–5 mA/m^2. In diesem Bereich und darunter sind keine Effekte magnetischer Strahlung zu erwarten. Erst ab einem Bereich von ca. 10–100 mA/m^2 gibt es bestätigte körperliche Effekte (optische Sinneseindrücke, beschleunigte Knochenheilung). Darüber ist mit Gesundheitsgefahren durch Störungen im Nervensystem zu rechnen, oberhalb von 1.000 mA/m^2 mit lebensbedrohlichen Herzrhythmusstörungen.

Eine Abschirmung magnetischer Felder ist schwierig. Allerdings sinkt auch hier die Feldstärke mit dem Abstand zu Quelle exponentiell.

	Elektrische Feldstärken (in V/m)		**magnetische Flussdichten (in Mikrotesla μT)**	
Abstand zum Gerät	*30 cm*	*3 cm*	*30 cm*	*1 m*
Haarfön	80	6–2000	0,01–7	0,01–0,3
Rasierapparat		15–1500	0,08–9	0,01–0,3
Bohrmaschine		400–800	2–3,5	0,08–0,2
Handrührgerät	100			
Staubsauger	50	200–800	2–20	0,13–2
Leuchtstofflampe		40–400	0,5–2	0,02–0,25
Mikrowellengerät		73–200	4–8	0,25–0,6
Radio	180	16–56	1	< 0.01
Küchenherd	8	1–50	0,15–0,5	0,01–0,04
Waschmaschine		0,8–50	0,15–3	0,01–0,15
Bügeleisen	120	8–30	0,12–0,3	0,01–0,03
Geschirrspüler		3,5–20	0,6–3	0,07–0,3
Computer		0,5–30	< 0,01	
Kühlschrank	120	0,5–1,7	0,01–0,25	< 0,01
Fernsehgerät	60	2,5–50	0,04–2	0,01–0,15
Heißwasserbereiter (stationär)	260			
Von außen in das Haus wirkende Felder (z. B. bei Hochspannungsleitungen über dem Haus)	20		5–20	
Eisenbahntrasse	im Freien, 20 m Abstand < 1.000	am Boden unter der Oberleitung 18–75 (bei Vollast)		

Tab. 1: Feldstärken von Geräten und Anlagen (nach Angaben des Bundesamtes für Strahlenschutz BfS)

1.3 Hochfrequente elektromagnetische Felder (HF-Felder)

Im Hochfrequenzbereich (Telekommunikations- und Rundfunkanlagen und -geräte) können die Wirkungen der elektrischen und magnetischen Strahlung kaum auseinandergehalten werden.

Die Eindringtiefen hochfrequenter Strahlung in den menschlichen Körper sind frequenzabhängig unterschiedlich. Sie liegen im Bereich von Radiowellen größenordnungsmäßig bei 10–30 cm, bei Mobilfunkfrequenzen nur bei wenigen Zentimetern. Wie viel Energie vom menschlichen Körper aufgenommen wird, ist stark von der Frequenz und der Größe des Organismus abhängig, weil dabei Resonanzeffekte eine wesentliche Rolle spielen. Erwachsene nehmen besonders viel Energie aus

UKW-Strahlung auf, Kinder aus den für Fernsehsignale genutzten Frequenzen. Daher sind auch Tierversuche in diesem Bereich schlecht übertragbar, weil Resonanzfrequenzen z. B. für Mäuse ganz anders liegen als für Menschen.

Hochfrequente elektromagnetische Strahlung erzeugt im menschlichen Körper vor allem Wärme, weil körpereigene Wassermoleküle zu schnellen Schwingungen angeregt werden und so Reibungswärme freigesetzt wird (Prinzip des Mikrowellengarens). Länger andauernde Überwärmung kann Nervensystem und Stoffwechselprozesse stören und empfindliche Strukturen gefährden, z. B. die Augen oder ein ungeborenes Kind im Mutterleib. Allerdings geschieht das erst bei hohen, relativ gut zu bestimmenden Feldstärken. Ausschlaggebend ist die „Spezifische Absorptionsrate" (SAR) als Maß für die vom Körper aufgenommene Energie. Sie wird gemessen in Leistung (Energie pro Zeiteinheit), die pro Kilogramm Gewebe absorbiert wird.

Damit es nicht zu einer gesundheitsschädlichen Überwärmung des Körpers kommt, wird nach internationalem Expertenübereinkommen die Einhaltung folgender SAR-Werte empfohlen (jeweils gemittelt über 10 g Körpergewebe):

- Gesamtkörper: 0,08 W/kg,
- Teilkörperbereich Kopf und Rumpf: 2 W/kg,
- Teilkörperbereich Extremitäten: 4 W/kg.

Umstritten und nicht ausreichend wissenschaftlich geklärt sind mögliche Wirkungen von HF-Feldern im menschlichen Organismus unterhalb der Auslöseschwelle für thermische Effekte (s. u.).

2 Risiko elektromagnetischer Strahlung

2.1 NF-Bereich

Für niederfrequente Felder sind die Grenzwerte für die Vermeidung gesundheitsschädlicher Wirkungen relativ gut bestätigt. Gemäß 26. BImSchV

- 5.000 V/m elektrische Feldstärke,
- 100 Mikrotesla magnetische Feldstärke.

Sie liegen damit weit oberhalb alltagsüblicher Werte. Auf diese Weise kann sichergestellt werden, dass Körperstromdichten von 1 bis 2 mA/m^2 nicht überschritten werden.

Weil elektrische Strahlung nicht in den menschlichen Körper eindringt, sind unterschwellige gesundheitliche Beeinträchtigungen bei geringen Feldstärken nicht zu erwarten und kaum Gegenstand der Beunruhigung. Anders ist es mit magnetischer Strahlung, die einerseits regelmäßig zur Gesundheitsförderung eingesetzt wird (Magnetfeldtherapie), andererseits aber auch mit meist unspezifischen Gesundheitsstörungen (häufig Schlafstörungen) in Verbindung gebracht wird, ohne dass es dafür gesicherte Belege gäbe. Tatsächlich gibt es aber in den letzten Jahrzehnten einige deutsche und internationale Studien, die einen Zusammenhang zwischen Magnetfeldbelastungen und Erkrankungsrisiko – speziell dem Leukämierisiko bei Kindern in unmittelbarer Nähe zu Hochspannungsleitungen – diskutierten. In der Folge gibt es seit 2001 eine Einstufung niederfrequenter Magnetfelder als ein mögliches Karzinogen für Menschen (durch die Internationale Agentur für Krebsforschung (IARC), bestätigt durch die WHO in 2008). Demnach gilt es als möglich, aber nicht als wahrscheinlich oder als bewiesen, dass schwache, niederfrequente Magnetfelder ein Krebsrisiko darstellen.

Entsprechend werden „Schutzeinrichtungen" gegen niederfrequente HF-Felder wie abschirmende Folien oder Unterbrecherkontakte für die häusliche Stromversorgung angeboten. Weil aber die Wirkungszusammenhänge speziell im Wohnbereich unbelegt und außerdem Magnetfelder schwer effektiv abzuschirmen sind, darf bezweifelt werden, dass der meist erhebliche Aufwand hier in einem sinnvollen Verhältnis zum Nutzen steht.

Praxis-Beispiel: „Magnetsinn"

Menschen können Magnetfelder nach bisheriger Erkenntnis nicht wahrnehmen, weil sie über keine entsprechende Sensorik verfügen. Diese gibt es allerdings im Tierreich, z. B. bei Vögeln, Reptilien und

Insekten. Auch bei einzelnen Säugetieren (Hirsche, Wale) gibt es Hinweise darauf, dass sie das statische Magnetfeld der Erde wahrnehmen und zur Orientierung nutzen.

Auch Menschen berichten immer wieder einmal, dass es ihnen möglich sei, z. B. das verdeckte An- und Abschalten von elektrischen Leitern durch die sich dabei veränderte magnetische Strahlung wahrzunehmen. Nach wissenschaftlichen Kriterien durchgeführte Untersuchungen haben das aber bisher nicht bestätigen können.

2.2 HF-Bereich

Im HF-Bereich ist die Risikoanalyse weiterhin Gegenstand auch der seriösen Forschung. Es geht v. a. um die noch nicht hinreichend geklärten Gesundheitsrisiken durch HF-Felder unterhalb der Auslöseschwelle thermischer Effekte. Dabei handelt es sich um allgemeine Gesundheitsbelastungen wie Schlaf-, Konzentrations- und andere Hirnfunktionsstörungen, aber auch um Krebserkrankungen. Problematisch ist, dass es zwar einzelne Studien gibt, die solche Risiken nahelegen, aber es bisher nicht gelungen ist, schlüssige Wirkmechanismen nachzuweisen. Vermutet werden u. a. Beeinflussungen des Hormonhaushaltes oder des Hirnstoffwechsels durch HF-Felder, deren tatsächliche Auswirkungen aber nicht hinreichend belegt sind.

Daher empfiehlt z. B. das Bundesamt für Strahlenschutz ungeachtet der Tatsache, dass alle gängigen HF-Anwendungen zur Zeit die festgesetzten SAR-Grenzwerte einhalten, im Interesse einer vorbeugenden Risikoanalyse die Exposition gegenüber HF-Netzen weiter zu minimieren, in dem z. B.

- wenn möglich das Festnetz- dem Mobiltelefon vorgezogen wird,
- Empfangsgeräte nicht direkt am Ohr gehalten werden,
- nicht bei schlechtem Empfang oder im Auto ohne Außenantenne mobil telefoniert wird,
- Mobiltelefone mit der Kennzeichnung „Blauer Engel" eingesetzt werden, die deutlich geringere als die empfohlenen SAR-Werte einhalten.

Zwar lässt sich so tatsächlich relativ einfach ein geringerer Expositionsgrad gegenüber HF-Strahlung erzielen, allerdings werden solche Hinweise in der Praxis kaum umgesetzt, weil das mögliche Gesundheitsrisiko in der Bevölkerung als viel zu vage angesehen wird und der „hautnahe" Umgang mit Telekommunikationstechnik von der übergroßen Mehrzahl der Nutzer als völlig normal und unproblematisch erlebt wird.

Praxis-Beispiel: Elektronische Implantate

Elektronische Implantate reagieren z. T. empfindlich auf elektromagnetische Felder (HF- und NF-Bereich). Das betrifft neben Herzschrittmachern auch implantierbare Defibrillatoren (ICD). I. d. R. ist das Risiko sehr gering, dass es im alltäglichen Umgang mit elektrischen Geräte und Anlagen zu Problemen kommt. Die Herstellerangaben müssen jedoch berücksichtigt werden. U. U. muss z. B. der brustnahe Gebrauch von schweren Elektrogeräten (Heckenscheren, Trennschleifer) unterbleiben.

Praxis-Beispiel: Elektromagnetische Felder am Arbeitsplatz

Seit 2001 gilt als Vorschrift der Gesetzlichen Unfallversicherung die DGUV-V 15 für Arbeitsplätze, an denen elektromagnetische Felder durch andere als die alltagsüblichen Quellen erzeugt werden, z. B. an Anlagen der Metallverarbeitung (Elektrolyse- und Galvanikverfahren, bestimmte Schweißverfahren), bei Arbeiten an Funk- und Energieanlagen, bei Anlagen zum induktiven oder kapazitiven Erwärmen (z. B. Kunststoffschweißen und -kleben). Sie enthält eine Vielzahl von differenzierten Grenzwerten für Felder unterschiedlicher Ausprägung und Angaben zur Abgrenzung von Gefahren- und Arbeitsbereichen.

Seit Ende 2016 existiert als staatliche Arbeitsschutznorm für diesen Bereich die „Verordnung zum Schutz der Beschäftigten vor Gefährdungen durch elektromagnetische Felder (Arbeitsschutzverordnung zu elektromagnetischen Feldern – EMFV)". 2023 wurde diese durch ergänzende Technische Regeln zur Arbeitsschutzverordnung zu Elektromagnetischen Feldern „TREMF" konkretisiert. Auf diese Weise wird die entsprechende EU-Arbeitsschutz-Richtlinie 2013/35/EU in nationales Recht umgesetzt und das dort vorgegebene System von Grenzwerten übernommen, das z. B. zulässige

Expositionen nach Art und Dauer der Einwirkung unterschiedlich angibt. Die so zu ermittelnden Grenzwerte für tolerable elektromagnetische Strahlungen weichen von denen nach DGUV-V 15 z.T. nach oben ab, sind also weniger streng. Die Vorschriften der DGUV sind aber weiter in Kraft, wobei grundsätzlich dem staatlichen Recht, also der EMFV, eine höhere rechtsbindende Wirkung zukommt.

Praxis-Beispiel: Bundesamt für Strahlenschutz (BfS)

Das BfS hält seriöse und gut lesbar aufbereitete Informationsmaterialien zum Thema auf der Internetseite bereit und informiert über aktuelle Forschungsergebnisse.

Cornelia von Quistorp

Elektrotechnisch unterwiesene Person

Nach der DGUV-V 3 gilt der Grundsatz, dass elektrische Anlagen und Betriebsmittel nur von einer Elektrofachkraft oder unter Leitung und Aufsicht einer Elektrofachkraft den elektrotechnischen Regeln entsprechend errichtet, geändert und instand gehalten werden dürfen. Bestimmte Tätigkeiten dürfen aber auch von einer elektrotechnisch unterwiesenen Person durchgeführt werden. Die Unterweisung erfolgt durch eine Elektrofachkraft. Sie muss die möglichen Gefahren bei unsachgemäßem Verhalten theoretisch und soweit erforderlich praktisch vermitteln.

Gesetze, Vorschriften und Rechtsprechung

Grundlage für die Tätigkeit von elektrotechnisch unterwiesenen Personen ist die Durchführungsanweisung zu DGUV-V 3 „Elektrische Anlagen und Betriebsmittel".

1 Definition

§ 3 Abs. 1 DGUV-V 3 „Elektrische Anlagen und Betriebsmittel" legt grundsätzlich fest, wer Arbeiten an elektrischen Anlagen und Betriebsmitteln durchführen darf:

„Der Unternehmer hat dafür zu sorgen, dass elektrische Anlagen und Betriebsmittel nur von einer Elektrofachkraft oder unter Leitung und Aufsicht den elektrotechnischen Regeln entsprechend errichtet, geändert und instand gehalten werden."

Die Formulierung **grundsätzlich** impliziert schon, dass von dieser Forderung unter bestimmten Bedingungen abgewichen werden darf.

In der Elektrotechnik werden 3 Personengruppen für die Durchführung elektrotechnischer Arbeiten unterschieden:

- → *Elektrofachkraft*,
- elektrotechnisch unterwiesene Person und
- elektrotechnischer Laie.

Die für diese Personengruppen erlaubten Tätigkeiten sind in den Durchführungsanweisungen zur DGUV-V 3 näher beschrieben.

Für eine elektrotechnisch unterwiesene Person gelten folgende Anforderungen:

Elektrotechnisch unterwiesene Person ist, wer durch eine Elektrofachkraft über die ihr übertragenen Aufgaben und die möglichen Gefahren bei unsachgemäßem Verhalten unterrichtet und erforderlichenfalls angelernt sowie über die notwendigen Schutzeinrichtungen und Schutzmaßnahmen belehrt wurde (BG Energie Textil Medienerzeugnisse MB 6).

In der Durchführungsanweisung zu § 5 DGUV-V 3 werden Prüfaufgaben bei Verwendung geeigneter Mess- und Prüfgeräte genannt, die von elektrotechnisch unterwiesenen Personen durchgeführt werden dürfen:

- ortsfeste Anlagen Schutzmaßnahmen mit Fehlerstrom-Schutzeinrichtungen in nichtstationären Anlagen monatlich auf Wirksamkeit prüfen;

- ortsveränderliche elektrische Betriebsmittel (Verlängerungs- und Geräteanschlussleitungen mit Steckvorrichtungen, Anschlussleitungen mit Steckvorrichtung, bewegliche Leitungen mit Stecker und Festanschluss) auf ordnungsgemäßen Zustand prüfen.

Darüber hinaus nennt die DGUV-V 3 Arbeiten, die auch von elektrotechnisch unterwiesenen Personen an oder in der Nähe von aktiven Teilen durchgeführt werden dürfen. Diese sind in der Durchführungsanweisung zu § 8 DGUV-V 3 (**Tab. 1**) zusammengefasst:

Nennspannungen	**Arbeiten**
bis AC 50 V bis DC 120 V	Alle Arbeiten, soweit eine Gefährdung, z.B. durch Lichtbogenbildung, ausgeschlossen ist.
über AC 50 V über DC 120 V	• Heranführen von Prüf-, Mess- und Justiereinrichtungen, z.B. Spannungsprüfern, von Werkzeugen zum Bewegen leichtgängiger Teile, von Betätigungsstangen; • Heranführen von Werkzeugen und Hilfsmitteln zum Reinigen sowie das Anbringen geeigneter Abdeckungen und Abschrankungen; • Herausnehmen und Einsetzen von nicht gegen direktes Berühren geschützten Sicherungseinsätzen mit geeigneten Hilfsmitteln, wenn dies gefahrlos möglich ist; • Anspritzen von unter Spannung stehenden Teilen bei der Brandbekämpfung oder zum Reinigen; • Arbeiten an Akkumulatoren und Fotovoltaikanlagen unter Beachtung geeigneter Vorsichtsmaßnahmen; • Arbeiten in Prüfanlagen und Laboratorien unter Beachtung geeigneter Vorsichtsmaßnahmen, wenn es die Arbeitsbedingungen erfordern; • Abklopfen von Raureif mit isolierenden Stangen.
bei allen Nennspannungen	• Alle Arbeiten, wenn die Stromkreise mit ausreichender Strom- oder Energiebegrenzung versehen sind und keine besonderen Gefahren (z.B. Explosionsgefahr) bestehen; • Arbeiten an Fernmeldeanlagen mit Fernspeisung, wenn Strom kleiner als AC 10 mA oder DC 30 mA.

Tab. 1: Arbeiten, die elektrotechnisch unterwiesene Personen durchführen dürfen

2 Unterweisung

Die DGUV-V 3 legt nicht fest, in welchem Intervall die Wiederholungsunterweisung für elektrotechnisch unterwiesene Personen stattfinden muss. Es gelten hier die Grundsätze der Prävention, nach denen der Unternehmer seine Beschäftigten über die Gefährdungen und einzuhaltenden Schutzmaßnahmen vor Beginn der Tätigkeit, und danach in regelmäßigen Abständen, mindestens jedoch jährlich, → *unterweisen* muss (§ 4 DGUV-V 1).

3 Neuerungen im Regelwerk

Im Juli 2010 wurde die TRBS 2131 „Elektrische Gefährdungen" außer Kraft gesetzt – seither gelten wieder die Anforderungen der DGUV-V 3. Anforderungen an die zur Prüfung von elektrischen Anlagen und Betriebsmitteln befähigten Person sind in der TRBS 1203 „Zur Prüfung befähigte Personen" geregelt. Insbesondere regelt Anhang 2 TRBS 1203 die Berufsausbildung, Berufserfahrung und zeitnahe Ausbildung von zur Prüfung befähigten Personen für Arbeitsmittel mit elektrischen Komponenten. Durch die Aufhebung der TRBS 2131 sind die Begriffe „→ *Elektrofachkraft*", „elektrotechnisch unterwiesene Person" und „elektrotechnischer Laie", die in der DGUV-V 3 geregelt sind, wieder anzuwendende Begriffe.

Dirk Rittershaus

Emissionsschutz

Unter Emissionsschutz versteht man die Gesamtheit der Maßnahmen, Emissionen zu begrenzen oder zu verhindern. Emission kommt aus dem Lateinischen (emittere: herausschicken, herauslassen) und meint das Freiwerden von Luftverunreinigungen, Geräuschen, Erschütterungen, Licht, Wärme, Strahlen und ähnlichen schädlichen physikalischen, biologischen oder chemischen Ausbreitungen. Der Begriff „Emissionsschutz" stellt Schutzmaßnahmen direkt an der Quelle der Verunreinigungen in den Mittelpunkt, während „Immissionsschutz" die Wirkungen auf die Umwelt, Lebewesen und Sachen, also am Ende des Wirkungspfads betrachtet.

Gesetze, Vorschriften und Rechtsprechung

Emissionsschutz ist ein wesentliches Element des Arbeitsschutzes, z. B. bei der Verwendung von Strahlern, gefährlichen Stoffen oder Arbeitsverfahren, die Dämpfe emittieren, z. B. Schweißarbeiten. Hier sind die einschlägigen Regelungen zum Arbeitsschutz wie die Gefahrstoffverordnung (GefStoffV), die Maschinenverordnung (9. ProdSGV) oder die Betriebssicherheitsverordnung (BetrSichV) zu beachten.

Betrachtet man die weiteren räumlichen Auswirkungen der Emissionen auf die Umwelt und Menschen, so ist das Bundes-Immissionsschutzgesetz (BImSchG) zu berücksichtigen. Mit Emissionen beschäftigt sich z. B. die (2. Verordnung zum Bundes-Immissionsschutzgesetz (2. BImSchV) – Verordnung zur Emissionsbegrenzung von leichtflüchtigen halogenierten organischen Verbindungen.

1 Arten von Emissionen

Zu den Emissionen, die für den Arbeitsschutz relevant sind, zählen insbesondere:

- Geräusche, z. B. von Maschinen,
- Erschütterungen, Vibrationen, ausgelöst z. B. durch Kompressoren,
- elektromagnetische Felder durch elektrische Anlagen,
- Abluft, z. B. Abgase, Qualm, Rauch, Stäube, Mikroorganismen, emittiert z. B. durch Schweißarbeiten, Landwirtschaft, Abfallsortieranlagen oder → *Fahrzeuge*,
- Gerüche, z. B. aus Abfallbehandlungsanlagen, Einrichtungen zur Tierhaltung oder Chemiebetrieben.

2 Maßnahmen des Emissionsschutzes

Können schädliche Emissionen nicht unterbunden oder verringert werden, kommt es zu einer Belastung durch Immissionen. Emissionsschutzmaßnahmen sollten möglichst direkt an der Quelle der Emissionen ansetzen und versuchen diese zu vermeiden oder zu verringern. Typische Maßnahmen sind z. B.:

- Konstruktive Maßnahmen zur Lärmvermeidung an Maschinen,
- Verwendung alternativer Arbeitsverfahren (z. B. staubarme Verfahren) oder Einsatzstoffe,
- Konstruktion erschütterungs- oder vibrationsarmer Arbeitsmittel,
- Entwicklung emissionsarmer Lacke und Farben.

Reichen diese Maßnahmen nicht aus, muss die Ausbreitung der Emissionen vermindert werden, z. B. durch:

- Kapselung oder Absaugung direkt am Entstehungsort von Dämpfen und Gerüchen,
- Ausstattung von Abgasanlagen mit Filtern,
- Trittschalldämmung.

Wesentliches Element des Emissionsschutzes ist die messtechnische Überwachung von Emissionen. Maßnahmen zum Emissionsschutz führen auch zu einem verbesserten → *Immissionsschutz*.

Martin Köhler

Employee Assistance Program (EAP)

EAP, auch Externe Mitarbeiterberatung genannt, ist eine konkrete Maßnahme zur betrieblichen Gesundheitsförderung in Unternehmen, Behörden und anderen Institutionen. Sie ist eine ganzheitliche und präventive Kurzzeitberatung nach dem Konzept „Hilfe zur Selbsthilfe“. Ziele sind die Schaffung einer Grundlage für Gesundheit und Leistungsfähigkeit von Arbeitnehmern und ihre Befähigung, diese durch Stärkung ihrer Selbstverantwortung zu erhalten.

Gesetze, Vorschriften und Rechtsprechung

Eine gesetzliche Verpflichtung für EAP besteht in Deutschland derzeit nicht.

1 Welchen Nutzen hat EAP?

Durch EAP bekommen belastete Mitarbeiter Unterstützung. Die Gesundheit und Leistungsfähigkeit können somit verbessert werden. Die Zufriedenheit am Arbeitsplatz nimmt zu. Infolgedessen können Kompetenzen und Ressourcen der Beschäftigten gestärkt werden. Die Effizienz und Rentabilität des Unternehmens steigt. Mittelfristig können Ausfallzeiten, Krankenstände und somit auch Kosten messbar reduziert werden. EAP ist damit gleichermaßen eine Hilfe für Mitarbeiter und für Unternehmen.

Praxis-Beispiel: Allgemeine Merkmale eines EAP

- institutionalisiertes betriebliches Angebot
- systemisch lösungsorientierte Kurzzeitberatung
- anonyme, vertrauliche und neutrale externe Beratungsstelle
- präventives Unterstützungsangebot für Mitarbeiter und Führungskräfte, Multiplikatoren und bei Bedarf Angehörige
- Beratung zu gesundheitlichen, beruflichen und persönlichen Fragestellungen
- Betroffene werden zu Handelnden: Hilfe zur Selbsthilfe-Konzept
- Abgrenzung: kein Therapiekonzept
- bei Bedarf Sorge für (therapeutische) Weiterbetreuung
- kurzfristige Terminvergabe
- Verfügbarkeit 24 Stunden/365 Tage
- Pauschalfinanzierung durch den Arbeitgeber: Preis im Jahr, pro Mitarbeiter
- kostenfrei für Ratsuchende
- unbegrenzte Anzahl an Beratungsgesprächen
- wirtschaftsorientiert und unbürokratisch

Nutzen für Unternehmen

- Erhöhung der Leistungsfähigkeit und Produktivität
- Reduzierung von Fehlzeiten und Präsentismus
- geringere Fluktuation
- Beitrag einer werteorientierten Unternehmenskultur
- Mitarbeiterbindung und dadurch Vermeidung von Know-how-Verlust
- Wettbewerbsvorteile bei der Rekrutierung qualifizierter Mitarbeiter
- Imagepflege im Innen- und Außenverhältnis
- Erkenntnisse zur Stärkung und Weiterentwicklung der Organisation
- kalkulierbare Investition durch Pauschalfinanzierung
- Return-on-Investment von mindestens 1:4

Berechnen Sie die Kosten für Ihr Unternehmen mit der Stanford-Formel:

2.000	x	0,20	=	400
Anzahl der Beschäftigten		20 % auffällige Mitarbeiter inkl. Sucht		Anzahl der auffälligen MitarbeiterInnen
400	x	40.000 €	=	16 Mio. €
MitarbeiterInnen		Durchschnittsgehalt Ihrer Beschäftigten/Jahr		Durchschnittsgehalt Ihrer auffälligen Mitarbeiter/Jahr
16 Mio. €	x	0,25	=	**4 Mio. €**
Summe		25 % Minderleistung		Ausfallkosten durch nicht erbrachte Leistungen/Jahr

Abb. 1: Stanford Formel: Ausfallkosten durch Minderleistungen

Nutzen für Führungskräfte

- Unterstützung bei der persönlichen Weiterentwicklung in der Führungsrolle,
- achtsameres, klareres und gesundheitsbewussteres Führungsverhalten – sowohl im Umgang mit sich selbst, als auch mit ihren Mitarbeitern.

Nutzen für Mitarbeiter

- Steigerung der Gesundheit, Zufriedenheit, Motivation und Leistungsfähigkeit,
- effiziente Problemlösung durch bedarfsgerechte und gezielte Beratung,
- Stärkung der Eigenverantwortung für Gesundheit und Wohlbefinden.

Nutzen für Angehörige

- privates Umfeld des Mitarbeiters wird bei Bedarf in die Beratung integriert,
- Familienangehörige der Mitarbeiter können die Beratung in Anspruch nehmen.

2 Wo setzt EAP an? Beratung und Prävention statt Krankenschein

EAP setzt an den Übergangsbereichen zwischen Beruflichem und Privatem sowie zwischen krank und gesund an. Es erfüllt eine Klammer- und Filterfunktion in einem bestehenden System des Kurierens von Krankheiten und des Gesunderhaltens von Menschen im betrieblichen Kontext. **EAP ist ein bewusst niedrigschwelliges Beratungsangebot mit präventivem Charakter.**

Praxis-Beispiel: Was ist ein Fall für die Beratung?

Siehe www.fuerstenberg-institut.de/externe-mitarbeiterberatung/.

Die Beratung setzt an, bevor „kleine" Probleme aus Arbeits- und Privatleben zu massiven werden und in der Folge Erkrankungen nach sich ziehen können. Im Gegensatz zu einer ärztlichen Behandlung oder Psychotherapie werden weder Diagnosen gestellt noch Rezepte oder Krankschreibungen ausgegeben. Eine qualifizierte Externe Mitarbeiterberatung erreicht in über 80 % der Fälle maßgebliche Besserungen der Situation der Betroffenen. In den übrigen Fällen erfolgt eine qualifizierte Weiterleitung an fachlich spezialisierte Netzwerkpartner des EAP-Anbieters.

3 An wen richtet sich das Angebot?

Das Unternehmen stellt das EAP-Angebot zur Verfügung. Für die Mitarbeiter und Führungskräfte sowie im Bedarfsfall auch deren Angehörige ist das Angebot kostenfrei – unabhängig davon, wie häufig eine Beratung in Anspruch genommen wird.

Praxis-Beispiel: Prinzip der Pauschalfinanzierung

- kalkulierbare Investition
- Preis pro Jahr pro Mitarbeiter
- keine Bürokratie
- keine zusätzlichen Kosten
- kostenfrei für ratsuchende Mitarbeiter
- unbegrenzte Anzahl an Beratungsgesprächen je Mitarbeiter
- effiziente Problemlösung
- Anonymität der Beratung

Mitarbeiter

Mitarbeiter werden bei der Lösungssuche für gesundheitliche, berufliche, private oder persönliche Fragestellungen unterstützt und in ihrer Eigenverantwortung gestärkt.

Führungskräfte

Führungskräfte erhalten fachliche Unterstützung bei schwierigen Führungsfragen – z. B. im Umgang mit psychisch belasteten oder auffälligen Mitarbeitern oder bei der persönlichen Weiterentwicklung in ihrer Führungsrolle – sowie bei eigenen Fragestellungen aus dem beruflichen oder privaten Kontext.

Multiplikatoren

Ergänzt werden die genannten Zielgruppen durch Multiplikatoren im Unternehmen, die im Sinne einer ganzheitlichen Lösung ihren Beitrag zur betrieblichen Gesundheitsförderung leisten. Dies sind z. B. HR-/Personalabteilungen, Arbeitnehmervertretungen, Betriebsärzte und Gleichstellungs- und Schwerbehindertenbeauftragte. Für diese Zielgruppen ist das Beratungsangebot zur Schaffung der eigenen Klarheit, aber auch zum Aufzeigen konkreter Unterstützungsmöglichkeiten für Ratsuchende zu sehen. Jeder Multiplikator kann sich, ähnlich wie eine Führungskraft oder ein Mitarbeiter, zu seiner eigenen Situation, aber auch zu seinen möglichen Beiträgen im Rahmen der Lösungssuche informieren.

4 Was sind die Kernthemen einer EAP-Beratung?

Die Externe Mitarbeiterberatung umfasst alle Themen aus dem Arbeits-, Privat- oder Gesundheitsbereich (vgl. **Abb. 2**), z. B.:

Berufliche und arbeitsplatzbezogene Fragestellungen

- berufliche Stresssituationen
- betriebliche Veränderungsprozesse
- Umgang mit wachsenden Anforderungen
- Konflikte, Krisen
- Entscheidungsfindung
- Karriere
- Zeit- und Selbstmanagement

Gesundheitliche Themen (psychisch, physisch)

- Stress- oder Erschöpfungszustände (Stichwort: Burnout)
- psychosomatische Beschwerden
- Nervosität, Unzufriedenheit, Schlafstörungen
- Suchtgefährdung und -abhängigkeit
- Rückenleiden oder andere physische Beschwerden

Persönliche Themen

- Schulden, bzw. Finanzen allgemein
- Probleme im Familien- und Freundeskreis
- Beziehung, Partnerschaft
- Umgang mit Erkrankungen oder Tod/Trauer
- Work-Life-Balance

Spezielle Führungsthemen

- gesundheitsorientierte Führung
- Umgang mit psychisch belasteten Mitarbeitern oder z. B. bei Suchtproblemen
- Vorbereitung auf schwierige Mitarbeitergespräche
- Spannungen und Konflikte im Team
- Veränderungsprozesse

Diese Auflistung erhebt keinen Anspruch auf Vollständigkeit und ist deshalb nicht als Themeneingrenzung zu verstehen. Prinzipiell ist EAP eine Anlaufstelle für alle Schwierigkeiten und Problemlagen des Einzelnen sowie in seinem Umfeld.

Fällt ein Beratungsthema nicht in den Kompetenzbereich des EAP-Anbieters, übernimmt dieser eine Lotsen- bzw. Weiterleitungsfunktion an sein Spezialisten-Netzwerk.

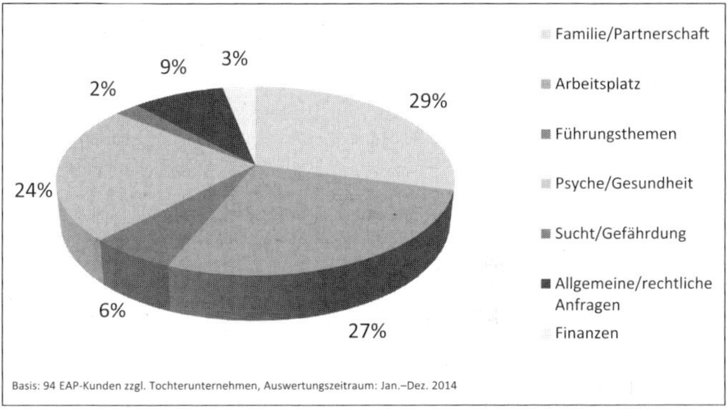

Abb. 2: EAP-Fragestellungen am Beispiel aus der EAP-Beratung des Fürstenberg Instituts

5 Welche Experten braucht EAP?

Die systemisch-lösungsorientierte Kurzzeitberatung legt den Fokus auf das Stärken vorhandener Ressourcen und Kompetenzen des Ratsuchenden. Dazu braucht es Fachexperten. Voraussetzung ist eine akademische Grundausbildung – z. B. in Psychologie, Pädagogik, Medizin, Sozialarbeit, Gesundheitswissenschaften oder angrenzenden Ausbildungsspektren wie Soziologie, Betriebswirtschaft, Recht oder Theologie – sowie eine Zusatzausbildung zum Systemischen Berater. Im Gegensatz zur klassischen Expertenberatung ist bei dem systemisch-lösungsorientierten Ansatz nicht der Berater der Experte, sondern der Klient selbst wird prozessorientiert zur eigenen Lösung begleitet. Dies stärkt die Eigenverantwortung der Ratsuchenden. Sie sind wieder in der Lage, von Betroffenen zu Handelnden zu werden.

Um als Fachexperte nicht zu akademisch zu beraten, brauchen die EAP-Berater wichtige zusätzliche Kompetenzen wie eine professionelle Beratungshaltung, Erfahrungen aus dem Beratungskontext sowie

Kenntnisse im Wirtschafts- und Unternehmensumfeld. Aber auch Bodenständigkeit, „gesunder Menschenverstand“ und Pragmatismus sind wichtige Eigenschaften bei der Beratung verschiedenster Anspruchsgruppen in Unternehmen. Denn sowohl der Geschäftsführer als auch die ungelernte Hilfskraft sind potenzielle Klienten.

6 Tue Gutes und rede darüber – wie wird EAP erfolgreich im Unternehmen kommuniziert und eingebunden?

Ein entscheidendes Kriterium für ein erfolgreiches EAP ist die Kommunikation im Unternehmen. Ein Mix aus schriftlichen und mündlichen, einmaligen und wiederkehrenden Kommunikationsmaßnahmen ergänzt um anlassbezogene Elemente ermöglicht die Informationsdurchdringung bei allen Zielgruppen und Multiplikatoren im Unternehmen. In einer einfach zu erfassenden und nicht problembezogenen Ansprache soll kontinuierlich insbesondere über den präventiven Schwerpunkt und die Bandbreite der Themen für eine Beratung informiert werden.

Kommunikationsphasen zur erfolgreichen Einführung der Externen Mitarbeiterberatung sind:

Startphase/Verhandlungsphase

Der Großteil der Multiplikatoren – Führungskräfte, Mitarbeiter HR/Personal, betriebliche Interessenvertreter – werden für eine aktive Unterstützung durch persönliche Kommunikation und anlassbezogene Ansprache frühzeitig eingebunden.

Grund: Aussagefähige Multiplikatoren schaffen Vertrauen, um Inhalte und die Ausrichtung des Angebots seitens des Unternehmens besser zu verstehen und Ratsuchenden so den ersten Zugang zu erleichtern.

Intensive Einführungsphase

In persönlichen Anschreiben (bestenfalls gemeinsam von Unternehmensleitung und HR/Personal) wird die Einführung von EAP angekündigt und der Hintergrund des Angebots erläutert. Ein beiliegender Flyer beschreibt darüber hinaus konkret die Dienstleistung und informiert über Anlauf- und Kontaktierungsmöglichkeiten.

Vorteilhaft sind Erläuterungen der Unternehmensleitung zum Anlass bzw. konkreten Hintergrund der Einführung dieser Unterstützung. Ein ehrliches Statement stärkt das Vertrauen der Mitarbeiter und senkt die Hemmschwelle, das Angebot wahrzunehmen.

Begleitende Informationsveranstaltungen für die Mitarbeiter durch den EAP-Anbieter dienen dem persönlichen Kennlernen des Angebots sowie einzelner Berater.

Phase fortlaufender Kommunikation

Medienangebote wie regelmäßige Newsletter, Plakate, kurze Erklärungsvideos, Beiträge für das Intranet oder die Mitarbeiterzeitung sollen den Nutzungsberechtigten auf „leicht verdauliche Weise“ und durch wiederkehrende Impulse das Angebot und mögliche Beratungsthemen näherbringen.

Themenrelevante Vorträge, Webinare und persönliche Ansprache bzw. Werbung für das EAP-Angebot sollen weiter für das Thema und Angebot im Unternehmen sensibilisieren.

Ziel ist die Durchdringung des Unternehmens für bestmögliche Bekanntheit und Stärkung des Vertrauens in die Beratung bzw. den EAP-Anbieter.

Wenn Multiplikatoren oder auch Mitarbeiter sich gegenseitig die Nutzung der Beratung empfehlen, hat die Kommunikation langfristig ihr Ziel erreicht.

7 Wie läuft eine Beratung ab?

Die Nutzung des EAP-Angebotes ist unkompliziert und läuft i. d. R. wie folgt ab:

1. Zum Start des EAP-Dienstleistungsangebots erhalten Mitarbeiter, Führungskräfte, Multiplikatoren und weitere Anspruchsberechtigte Informationen zu den Kontaktaufnahmemöglichkeiten (z. B. per E-Mail oder über eine kostenfreie Rufnummer).

2. Zur Vereinbarung eines Beratungstermins nennen die Ratsuchenden lediglich das Unternehmen, für das sie tätig sind und ein Stichwort zu ihrem Beratungsanliegen. Ersteres ist wichtig zur Prüfung der Anspruchsberechtigung, Letzteres ist wichtig, um den am besten geeigneten Berater in Standortnähe zu bestimmen. Bei diesem schnellen und unbürokratischen Vorgehen wird ein Höchstmaß an Vertrauen und Anonymität gewährleistet.
3. Innerhalb einer adäquaten Frist wird je nach Dringlichkeit ein Beratungstermin vereinbart. Ggf. erhält der Ratsuchende zur Vorbereitung auf die Beratung Zusatzinformationen.
4. Der Beratung kann persönlich (face-to-face), telefonisch oder durch spezielle Online-Tools erfolgen. Vor die Wahl gestellt, welche Art der Beratung sie bevorzugen, entscheiden sich mehr als 80 % der Ratsuchenden für das persönliche Gespräch. Nur 20 % möchten lieber telefonisch/online beraten werden – dies sind zumeist Führungskräfte mit kurzfristigen Anfragen z.B. zum Umgang mit psychisch belasteten Mitarbeitern oder als Vorbereitung auf schwierige Gespräche.
5. Die Beratung wird nach professioneller Einschätzung des Beraters sowie nach den Prämissen der lösungsorientierten Kurzzeitberatung bis zur Lösung fortgeführt. Aufgrund der pauschalen Finanzierung durch den Arbeitgeber ist die Anzahl der Beratungsgespräche, die ein Ratsuchender in Anspruch nimmt, nicht begrenzt.

Sollte eine Weitervermittlung an Spezialisten notwendig sein, z.B. bei ersthaften gesundheitlichen Beschwerden, verfügt der EAP-Anbieter über ein hervorragendes Netzwerk an Fachkliniken und -ärzten, um dem Betroffenen schnellstmöglich zu helfen. Auch Netzwerkpartner wie Rechtsanwälte und Spezialberatungsstellen gehören zu den möglichen Weiterleitungsstellen.

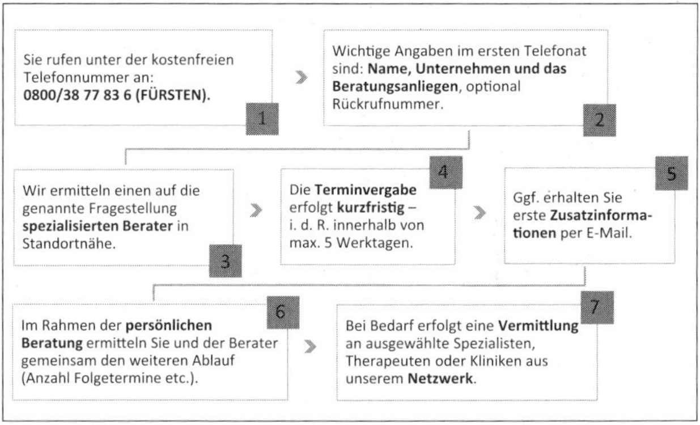

Abb. 3: Wie läuft der Beratungsprozess in der Praxis ab? – Ein Beispiel aus der EAP-Beratung des Fürstenberg Instituts

8 Welche Erkenntnisse erzeugt EAP?

Unter garantierter Sicherstellung der Vertraulichkeit muss ein EAP im Einzelfall seine Erkenntnisse der Organisation in anonymisierter Form zur Verfügung stellen. Nur so sind individuelle Lösungsansätze zur Steigerung von Gesundheit und Leistungsfähigkeit der Mitarbeiter (Personalentwicklung) sowie zur Stärkung der Organisation als Ganzes möglich (Organisationsentwicklung). Hierzu erhalten die Unternehmen ein regelmäßiges qualifiziertes Feedback über die Inanspruchnahme und Verteilung der Beratungsanliegen, ohne auf einzelne Personen, Funktionsträger oder Teams Rückschlüsse ziehen zu können. Die Auswertungsergebnisse werden in Form von statistischen Kennzahlen (grundlegende

Zahlen zur Nutzung der Beratung), Aufstellungen der zentralen Fragestellungen (Erstfragestellungen, Hauptthema der Beratung) sowie qualitativen Empfehlungen des EAP-Anbieters zur Verfügung gestellt. So erhalten Unternehmen eine wertvolle Außensicht auf ihre Organisation – und können die Erkenntnisse für eine zielgerichtete Personal- und Organisationsentwicklung nutzen.

9 Fazit

Qualitätsorientierte EAPs werden in Zukunft ganz selbstverständlich und flächendeckend Mitarbeitern und Unternehmen professionelle Unterstützung bei der Lösung von Problemen am Arbeitsplatz, im persönlichen und privaten Bereich bieten.

Das Ziel von EAP ist die Wiederherstellung und Stärkung persönlicher Stabilität, Gesundheit und Leistungsfähigkeit.

EAP ersetzt damit weder das soziale Umfeld von Menschen, noch nimmt es den Sozialversicherungsträgern die Verantwortung ab. EAP stellt im Unternehmensinteresse frühzeitig wirksame Präventionsmaßnahmen zur Verfügung, die das Gesundheitssystem noch zu wenig bietet.

Niels Gundermann

Entspannung

Als Entspannung bezeichnet man den körperlich und geistig spürbaren und messbaren Zustand, der als Gegenpol zur Anspannung gilt. Entspannung erhält und fördert die Gesundheit, indem es nicht zu einer Überspannung und damit zu einer Überlastung (Daueranspannung) oder gar zu einem Burnout kommt. Bei unserem Lebensstil überwiegt jedoch oft die Anspannung.

Physische und/oder psychische Anspannungen wirken durch äußere Reize (die sog. Stressoren) auf den Menschen ein. Das kann zu typischen Stressreaktionen führen, z. B. gesteigerter Nervosität, Kopf- oder Rückenschmerzen.

1 Stress – Burnout – Entspannung

Stress und Burnout – psychische Belastungen sind ein sehr großes gesellschaftliches Thema und eine der wichtigsten Lösungen dafür ist das Lebensprinzip „Entspannung".

Spannung – Anspannung – Überspannung – Entspannung …, der Mensch braucht den regelmäßigen und hinreichenden Wechsel zwischen Anspannung und Entspannung. Daher braucht jede Belastung eine Entlastung, jede Anspannung eine Entspannung. Der Mensch ist kein Perpetuum Mobile. Der Beleg dafür ist sein Tagesablauf, die natürlichste und für den Menschen beste Entspannungsmethode ist der Schlaf. Die für den menschlichen Körper schlechteste Entspannungsmethode ist das „Berieseln lassen vom Fernsehgerät" mit einem Glas Wein oder Bier am Abend.

Viele gestresste Menschen haben sehr oft Schlafstörungen, da sie nicht mehr abschalten und entspannen können. Der Druck im Unternehmen wird immer größer, die Negativspirale schraubt sich von Daueranspannung bis zum Burnout nach oben.

Damit es für seine Mitarbeiter nicht so weit kommt, sollte ein gesundes Unternehmen seinen Arbeitnehmern die Gelegenheit bieten, im Unternehmen zu entspannen. Von den zahlreichen Entspannungsmöglichkeiten sind aber nicht alle geeignet dafür, vom bzw. im Unternehmen gefördert zu werden.

2 Lebensprinzip Entspannung

2.1 Entspannung – Anspannung – Stress: Was ist das?

2.1.1 Wie entspannen wir im Alltag?

Sehr oft hört man: Entspannen? Ja klar, faulenzen auf der Couch, Fußball schauen und Entspannen durch Alkoholgenuss. Betrachtet man jedoch diese Entspannungsformen in Bezug auf ihre Wirkung auf

Geist und Körper, so stellt man fest, dass für eine wirkliche und gesunde Form der Entspannung etwas fehlt.

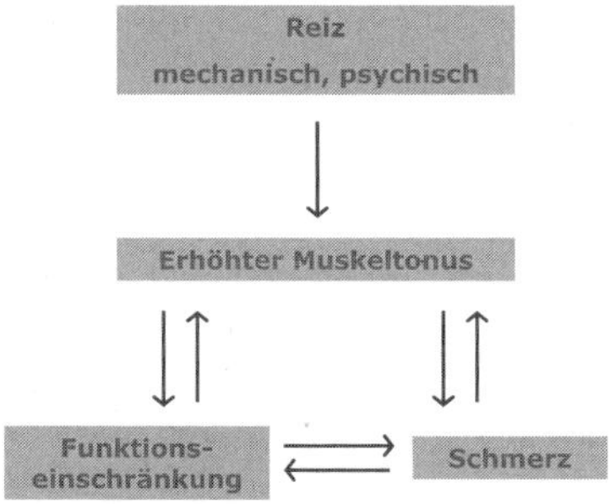

Abb. 1: Regulationsmechanismus des Muskeltonus und die Beziehung zwischen Nervensystem, Psyche und Muskulatur

Entspannung ist das Gegenteil von Anspannung. Dies ist ein Lebensprinzip. Ohne Anspannung keine Entspannung, ohne Entspannung Daueranspannung bzw. Stress.

2.1.2 Was ist Stress?

Der Begriff Stress kommt aus dem Englischen und bedeutet nichts anderes als Druck oder Spannung. Stress kann sowohl positiv (Eustress) als auch negativ (Disstress) sein. Insofern wird er auch unterschiedlich definiert: Hans Selye[1], bezeichnete in den 30er-Jahren Stress als „Die Würze des Lebens". Prof. Gert Kaluza, definiert Stress hingegen mit „Jede Situation, die ein Mensch als überfordernd oder bedrohlich wahrnimmt". Beide haben Recht. Jeder empfindet Stress unterschiedlich. Was für den einen schon eine Überforderung bedeutet, ist für den anderen ein positive Herausforderung.

2.1.3 Was passiert, wenn der Körper in Stress gerät?

Der Herzschlag beschleunigt sich, die Muskeln spannen sich an, die Atmung wir flach und schnell, Energie wird bereitgestellt, das logische Denken wird blockiert, um Gefahrensituationen über den Instinkt zu begegnen. Die Stresshormone Adrenalin, Dopamin, Cortisol u.a. werden vom Körper ausgeschüttet und dadurch werden Energiereserven freigesetzt, die aber wiederum unser Immunsystem auf Dauer schwächen.

Heutzutage lassen sich Stressbelastungen z.B. am Arbeitsplatz oder im Straßenverkehr nicht durch Flucht oder Kampf lösen, sondern sie müssen anderweitig kompensiert werden, weil sonst schwerwiegende Folgen auftreten können.

2.1.4 Was passiert, wenn der Körper nicht entspannen kann?

Negative Auswirkungen im beruflichen Umfeld können z.B. sein:

- die Verminderung der Gedächtnisleistung und Konzentration,
- Abnahme der Motivation,
- allgemeine Schwächung der Leistungsfähigkeit,
- Beeinträchtigung des Betriebsklimas,
- Steigerung der Fehlzeiten- und Krankheitstage.

1 Pionier der Stressforschung, Wien (1907–1982).

Physische und psychische Folgen von fehlenden Entspannungsmöglichkeiten können u.a. sein:

- Abnahme der Erholungsfähigkeit und deren Folgen,
- Herz-Kreislaufstörungen bis hin zum Herzinfarkt,
- Anfälligkeit für Infektionskrankheiten,
- Muskelverspannungen und Spannungskopfschmerzen,
- Schlafstörungen,
- wachsende Konfliktbereitschaft,
- Angst und depressive Verstimmungen,
- Absinken des Selbstwertgefühls,
- zunehmend negative Einstellung zur Arbeit und zum Leben.

Dem muss mit Entspannung entgegengewirkt werden, denn wer angespannt ist, befindet sich nicht im Gleichgewicht; zu viel Anspannung bindet Energie, die dann an anderer Stelle fehlt.

Entspannung teilt sich in aktive Entspannung (selbst etwas für die Entspannung tun, z.B. Sport treiben) und passive Entspannung (tun lassen, z.B. sich massieren lassen) auf.

Oftmals lösen sich Probleme, die unter Stress fast unlösbar scheinen, in der Entspannung fast von selbst. Entspannung und das einfache „Nichtstun", das „Chillen" (engl. für kühlen, abkühlen, im amerikanischen Slang auch gleichbedeutend für sich entspannen, rumhängen, abhängen) ist für unsere Gesundheit und unser Wohlbefinden genauso wichtig wie jede Aktivität. Aber auch Bewegung darf nicht zu kurz kommen, wenn es um Entspannung geht, denn Bewegung ist ebenfalls ein Lebensprinzip.

2.1.5 Was passiert bei Entspannung im Körper?

Bei Entspannung wird die Atmung ruhiger. Das Herz schlägt langsamer und der Blutdruck wird gesenkt. Damit wirkt Entspannung unmittelbar entlastend auf das Herz-Kreislaufsystem. Die Muskelspannung (Tonus) lässt nach und dadurch werden Verspannungen vermindert oder nicht weiter aufgebaut. Stresshormone können ausgeschieden und vorhandene Schadstoffe im Körper abgebaut werden. Emotionen werden beruhigt. Ängste oder andere unangenehme Gefühle können durch diese positive emotionale Wirkung von Entspannung von positiven Gefühlen und angenehmen Empfindungen überlagert werden.

Praxis-Beispiel: Entspannung nicht vergessen!

Wer ausgleichend zum stressigen Alltag regelmäßig **aktiv** entspannt, tut seinem Körper und Geist etwas Gutes. Wer das Lebensprinzip Entspannung nicht achtet, verhält sich wie ein Formel-1-Pilot, der keinen Boxenstopp zum Reifenwechsel und auftanken macht – er bleibt irgendwann liegen und kommt nicht mehr vorwärts. Entspannung ist auftanken von Körper, Geist und Seele.

2.2 Verschiedene Entspannungsformen

Methoden und Techniken der Entspannung – teils mithilfe von Instrumenten oder technischen Apparaturen – sollen helfen, Anspannung abzubauen und Entspannung zumindest vorübergehend zu erlangen.

Es wird generell in passives und aktives Entspannen unterschieden, aber auch in Entspannung in der Freizeit und Entspannung im Unternehmen, Entspannungsmöglichkeiten gibt es viele, von A wie Abendspaziergang bis Z wie Zilgrei, einer speziellen Atemtechnik mit dem Ziel die Entspannung des Körpers und den Ausgleich der Muskeln zu fördern. Viele Entspannungsmöglichkeiten, die früher nur privat eingesetzt wurden, verschwimmen inzwischen zunehmend zwischen privatem und betrieblichem Kontext. Man denke nur an die mobile Massage oder an Massagesessel mit audio-visuellen Entspannungsmöglichkeiten wie z.B. BrainLight, welche sich bereits in vielen Unternehmen sowie in Launch-Bereichen auf Flughäfen und Bahnhöfen befinden.

2.2.1 Passive Entspannung

Zur passiven Entspannung gehören alle Maßnahmen, bei denen der Entspannende „entspannt" wird, z.B. sich massieren lassen, in die Sauna gehen, schlafen, Musik hören, „chillen" (Slang aus dem amerikanischen, der so viel bedeutet wie entspannen, ausruhen, sich beruhigen).

2.2.2 Aktive Entspannung

Zur aktiven Entspannung gehören alle Maßnahmen, bei denen der Entspannende selbst etwas zur Entspannung beiträgt, wie z.B. Spazierengehen, Sport treiben, meditieren.

Ausdauersportarten wie z.B. Joggen, Schwimmen, Radfahren oder Mannschafts-Ballsportarten wie Fußball und Einzelsportarten (z.B. Tennis) eignen sich besonders gut als Ventile, um angestaute Energien loszuwerden.

3 Entspannung im Unternehmen

Schon ein nur 16 Minuten dauerndes Entspannungsverfahren, steigert die Leistung um bis zu 30 %. Dieses Ergebnis einer Studie von Hudetz & Hudetz[1] zeigt deutlich, dass auch im Unternehmen kurzfristige Entspannung möglich ist. Zumal sich hier auch ein historischer Wandel vollzogen hat. Viele Entspannungsmöglichkeiten, die wir aus der Freizeit kennen, sind heute im Unternehmen akzeptiert und teilweise sogar gern gesehen, wie z.B. das Powernapping (Kurzschlaf).

Es ist Unternehmen möglich, 500 EUR pro Mitarbeiter und Jahr für gesundheitsförderliche Maßnahmen steuerlich abzusetzen. Dies wird auch im Rahmen des → *betrieblichen Gesundheitsmanagements* sehr oft gemacht, indem Entspannungs-Lernkurse, wie z.B. Yoga angeboten werden. Das Unternehmen übernimmt die Kosten, der Mitarbeiter bringt die Zeit mit, teilweise wird von Unternehmen sogar ein Teil der Kurszeit der Arbeitszeit zugerechnet bis hin zu 100 %.

Entspannungsart	Kurz-Beschreibung	Einsatz im Unternehmen	Link/weitere Informationen
Passive Entspannung			
Tiefer, langer Schlaf	Die beste natürliche Entspannungsmöglichkeit des Körpers	Nicht geeignet	
Yoga	Hat eine meditative Wirkung und verbessert die Körperwahrnehmung sowie -beherrschung	Könnte innerhalb des → *BGM* als → *BGF*-Kurs angeboten werden – Trainerkosten beachten	www.yoga-vidya.de/
Powernapping	Kurzschlaf, ca. 10–30 Min.	Ohne Probleme direkt am Arbeitsplatz ausführbar – keine Kosten	
Mobile Massage	Masseur(in) kommt ins Haus	Wenn Raum zur Verfügung steht möglich – Kosten beachten	

1 Hudetz/Hudetz, Effect of Relaxation on Working Memory and the Bispectral Index of the EEG, Psychol Rep 95: 53–70, 2004.

Entspannungsart	Kurz-Beschreibung	Einsatz im Unternehmen	Link/weitere Informationen
BrainLight	Audio-Visuelles Entspannungssystem mit Massagesessel	Benötigt ca. 3–4 qm Platz, kann vom Unternehmen kostenneutral aufgestellt werden	www.brainlight.de
Lieblings-Musik hören		Ohne Probleme direkt am Arbeitsplatz ausführbar – keine Kosten	
Geführte Meditationen (z. B. auf CD)	z. B. Traumreisen	Ohne Probleme mit etwas Übung direkt am Arbeitsplatz vom einzelnen Mitarbeiter ausführbar – keine Kosten Als Kurs vom Unternehmen angeboten – Kosten beachten	
Natur genießen, „Sonne tanken"	Sonne ist ein exzellenter Energiespender	In jeder Pause – je nach Wegstrecke ins Freie möglich	
„Wohlfühl-Lächeln", Lachen	Bewusst die Mundwinkel ein paar Sekunden nach oben ziehen, dadurch werden Stresshormone gesenkt und die sog. Glückshormone angekurbelt – dadurch Entspannung	Jederzeit möglich, auch ein gutes Mittel für eine bessere Kommunikation im Unternehmen	
Blick in die Ferne schweifen lassen	Am besten in grüne Landschaft, die Farbe Grün entspannt die Augen sehr gut	Jederzeit möglich, kurzfristig einsetzbar, speziell als Augen-Entspannung bei Bildschirmarbeitsplätzen	
Aktive Entspannung			
Sportliche Entspannung – vor und nach der Arbeit			
Jogging	Ausdauersportart, aktives Laufen	Bedingt geeignet, evtl. Betriebssportgruppe – keine Kosten	www.dosb.de
Walking	Ausdauersportart, aktives Gehen zwischen Spazierengehen und Joggen	Bedingt geeignet, evtl. Betriebssportgruppe – keine Kosten	www.dosb.de

Entspannungsart	Kurz-Beschreibung	Einsatz im Unternehmen	Link/weitere Informationen
Schwimmen, Aquajogging, Wasserball	Ausdauersportart	Im Unternehmen nicht geeignet, trotzdem als Kurs bzw. Betriebsmannschaft möglich – Kosten beachten	www.dsv.de
Spazierengehen		In den Pausen	
Mannschaftssportarten wie Fußball		Bedingt geeignet, evtl. Betriebsmannschaft	Örtliche Vereine
Mentale Entspannung im Betrieb – setzt einen passenden Raum voraus			
Autogenes Training	Konzentration auf formelhafte Vorstellungen wie „Die Atmung geht ruhig und gleichmäßig", „Die Arme und Beine sind schwer"	Könnte innerhalb des BGM als BGF-Kurs angeboten werden – Trainerkosten beachten	
Progressive Muskelentspannung nach Jacobson	Anspannung und Entspannung einzelner Muskelgruppen und einhergehend Achtsamkeit auf die empfundenen Unterschiede	Könnte innerhalb des BGM als BGF-Kurs angeboten werden – Trainerkosten beachten	
Fernöstliche Methoden wie Qigong und Taijiquan	Langsame, meditative Körperübungen mit harmonisch fließender Bewegung	Könnte innerhalb des BGM als BGF-Kurs angeboten werden – Trainerkosten beachten	

Tab. 1: Überblick über Entspannungsarten im privaten und betrieblichen Einsatz

4 Wenn's eng wird – entspannt in 5–10 Minuten

Manchmal muss es einfach schnell gehen: Reklamationen, Termindruck, der Vorgesetzte sitzt einem buchstäblich im Nacken ..., man würde am liebsten laut „losbrüllen".

Übung 1: Der Blick in die Ferne

Durch die Arbeit am Computer ist der Blick ständig auf den Bildschirm fokussiert. Wenden Sie Ihren Blick regelmäßig vom Bildschirm Richtung Fenster und suchen Sie sich einen Punkt in der Ferne. Was ist das Weiteste, das Sie mit bloßem Auge erkennen können? Wandern Sie mit den Augen den Horizont entlang. Das wirkt beruhigend und entspannt auch die Augen.

Übung 2: Bewegung tut not

Vor allem dann, wenn man tagaus tagein die Zeit sitzend oder stehend verbringt, sollte man immer wieder aufstehen oder sich setzen und sei es nur „auf einen kurzen Kaffee oder Tee mit den Kollegen". Allein die Bewegung und das kurze Plaudern hilft dabei, den Kopf wieder frei zu bekommen und zu entspannen.

Übung 3: Shiatsu to go

Sie jagen von einem Termin zum anderen. Shiatsu to go kann ein kleiner und schneller Entspannungshelfer sein: Legen Sie hierzu Ihren rechten Mittelfinger zwischen Daumen und Zeigefinger der linken Hand (oben Zeigefinger, unten Daumen). Die beiden Finger der linken Hand massieren nun den unteren Rand des Mittelfingernagels. Zählen Sie bis 15 und wechseln Sie die Hände. Führen Sie diese Übung 2-mal komplett durch.

Übung 4: Das gekünstelte Lächeln

In Stresssituationen ist einem nicht zum Lächeln oder gar Lachen zumute. Versuchen Sie es trotzdem, nur für sich selber, auch wenn es nur ein schiefes Grinsen wird. Denn beim Lächeln (egal ob spontan oder erzwungen) kommt es zu einem biologischen Effekt. Dabei drückt der Gesichtsmuskel zwischen Wange und Auge genau auf den Nerv, der unserem Gehirn eine fröhliche Stimmung signalisiert. Je mehr Sie sich um ein Lächeln bemühen, also je mehr Sie die Mundwinkel nach oben ziehen, desto intensiver wird der Druck auf den Nerv und somit die Wirkung.

Annette Hock-Rackel

Ergonomie

Unter Ergonomie versteht man in erster Linie das Anpassen der Arbeitsbedingungen an die Fähigkeiten und Eigenschaften des arbeitenden Menschen. Man versteht aber auch darunter die Anpassung des Menschen an die Arbeit. Aufgabe der Ergonomie ist es, die Wechselbeziehung Mensch, Arbeit und Technik zu harmonisieren. Dadurch soll eine größtmögliche Arbeitszufriedenheit, ein möglichst kleines Unfall- und Gesundheitsrisiko für die Mitarbeiter und größtmöglicher wirtschaftlicher Nutzen für das Unternehmen erreicht werden.

1 Verhältnis- und Verhaltensergonomie: Nur gemeinsam sinnvoll

Ergonomie versteht sich als interdisziplinäre Wissenschaft, die aus den Erkenntnissen der Medizin, Biologie, Physiologie, Psychologie und Ingenieurwissenschaften schöpft. In Deutschland ist sie Teil der Arbeitswissenschaft und differenziert sich immer stärker aus. So wird das Wort Ergonomie immer häufiger gezielt mit Fachthemen kombiniert, wie z.B.

- Farbergonomie,
- Produktergonomie,
- → *Software-Ergonomie*,
- Systemergonomie,
- Verhaltensergonomie,
- Verhältnisergonomie.

Verhältnisergonomie beschreibt die ergonomische Gestaltung der zur Erfüllung der Arbeitsaufgabe nötigen Arbeitsmittel und der dazugehörigen Arbeitsumgebung bestehend aus den Räumen, dem Inventar, den Lichtverhältnissen, der Luftzufuhr, → *Lärm* von außen und innen.

In diesen Zusammenhang ist Produktergonomie nur die Reduktion der ergonomischen Anforderungen auf ein einzelnes Produkt, wobei dies immer im Zusammenspiel mit den anderen zur Erledigung der Arbeitsaufgabe zur Verfügung stehenden Verhältnissen zu sehen ist. So ist das prozessuale Zusammenspiel der Verhältnisse (Systemkette) in der Interaktion mit dem Mitarbeiter (Verhaltensergonomie) als Ganzes (System – Systemergonomie) zu betrachten.

Produkt- (Verhältnis-)ergonomie ist nur ein Teil, erst das richtige Benutzen schafft Nutzen (Verhaltensergonomie).

Verhaltensergonomie beschreibt „das ergonomische Verhalten am Arbeitsplatz und bedeutet, dass sich das Verhalten eines Mitarbeiters bei der Arbeit an anthropometrischen, biomechanischen und physiologischen Gesetzen orientiert. Seine Handlungen folgen den daraus abgeleiteten gesundheitsbewussten und gesundheitserhaltenden Regeln mit dem Ziel, die Leistungsfähigkeit zu steigern, Ermüdung zu reduzieren, Schädigungen zu vermeiden und eigene Ressourcen zu stärken."[1]

Dem Trend der Ganzheitlichkeit folgend taucht der Begriff "ganzheitliche Ergonomie" auf. Das Feld ist durch die Systemergonomie bereits seit über 20 Jahren besetzt. Es ist im Sinne „der Arbeitsplatz ist mehr als die Summe seiner Einzelteile" begrüßenswert, wenn der Blick weiter gefasst wird. Es muss aber wo Ganzheitlichkeit draufsteht auch Ganzheitlichkeit im Sinne des Begriffes Arbeitssystem (vgl. prEN ISO 6383:2014) drin sein. Das bedeutet, es gilt zu betrachten:

- den gesamten Lebenszyklus des Arbeitssystems,
- den Prozess an sich,
- die Interaktion der Verhältnisse,
- physische und psychische Arbeitsbelastungen und deren Wechselwirkungen, z.B. Beruf und Familie mit der Pflege von Angehörigen,
- feste und flexible Arbeitsplätze.

2 Ergonomie und Arbeitsschutzrecht

Da Ergonomie eine äußerst dynamische Wissenschaft ist, hinken die nationalen und europäischen Regelwerke und Vorschriften den Erkenntnissen der Ergonomie zum Teil ganz erheblich hinterher. Der in vielen Vorschriften enthaltene Begriff der „gesicherten arbeitswissenschaftlichen Erkenntnisse" und die Verpflichtung diese zu beachten, ist rechtlich also eine Form der notwendigen Aktualitätsgarantie.

Die Pflicht, die gesicherten arbeitswissenschaftlichen Erkenntnisse zu berücksichtigen, enthalten z.B.

- das Betriebsverfassungsgesetz (BetrVG),
- die Arbeitsstättenverordnung (ArbStättV),
- die Gefahrstoffverordnung (GefStoffV) und
- das Arbeitssicherheitsgesetz (ASiG).

§ 4 Arbeitsschutzgesetz bringt dies so zum Ausdruck: *„Der Arbeitgeber hat bei Maßnahmen des Arbeitsschutzes von folgenden allgemeinen Grundsätzen auszugehen: ... bei den Maßnahmen sind der Stand von Technik, Arbeitsmedizin und Hygiene sowie sonstige gesicherte arbeitswissenschaftliche Erkenntnisse zu berücksichtigen."*

Leider sind diese allgemeinen Grundsätze nur wenigen in Ihrer Bedeutung und Konsequenz bekannt bzw. noch weniger werden diese in der Praxis angewendet. So ist Prof. Rühmann beizupflichten:

„Es soll nicht verschwiegen werden, dass die Verhaltensergonomie oft die einzige Möglichkeit darstellt, mit der sich der Mitarbeiter vor einem erhöhten Gesundheitsrisiko schützen kann, und nicht immer stellen derartige Maßnahmen eine Bankrotterklärung der Verhältnisergonomie dar.[2]"

Der Arbeitgeber ist besonders dem Mitarbeiter verpflichtet. Er hat Maßnahmen zum Schutz des Mitarbeiters zu treffen, diese zu überprüfen und anzupassen. „Dabei hat er eine Verbesserung von Sicherheit und Gesundheitsschutz der Beschäftigten anzustreben." (§ 3 ArbSchG).

Praxis-Beispiel: Kein einmaliger Prozess

Das ist kein einmaliger, sondern ein kontinuierlicher Prozess, der sich am sinnvollsten mit der → *Gefährdungsbeurteilung* verbinden lässt, wenn diese auch kontinuierlich entsprechend den Veränderungen fortgeschrieben wird. Die Grundsätze der Ergonomie für die Gestaltung von Arbeitssystemen (DIN EN ISO 6385:2016-12) bringen es auf den Punkt: *„Die Beachtung von ergonomischen*

---

1 Vgl. www.asu-arbeitsmedizin.com, Fachlexikon Arbeitsmedizin.

2 Rühmann: Ergonomische Bewertung und Gestaltung von Produktionsarbeitsplätzen – nur eine Frage der Unternehmenskultur?, Ergonomie aktuell, Ausgabe 005, 2004, S. 2–6.

> *Grundsätzen betrifft den gesamten Lebenszyklus des Arbeitssystems, von Konzeption über Entwicklung, Umsetzung und Ausführung, Nutzung, Instandhaltung und Unterstützung bis zur Außerbetriebnahme.“*

§§ 15 bis 17 Arbeitsschutzgesetz nehmen aber auch den Arbeitnehmer in die Pflicht. Der Mitarbeiter muss

- für die Sicherheit und Gesundheit der Personen sorgen, die von seinen Handlungen oder Unterlassungen bei der Arbeit betroffen sind (→ *Gesunde Führung*),
- Schutzvorrichtungen und → *Persönliche Schutzausrüstung* bestimmungsgemäß zu verwenden (→ *PSA*),
- dem zuständigen Vorgesetzten jede von ihnen festgestellte, unmittelbare und erhebliche Gefahr für die Sicherheit und Gesundheit sowie jeden an den Schutzsystemen festgestellten Defekt unverzüglich zu melden (Mitteilungspflicht),
- gemeinsam mit dem → *Betriebsarzt* und der → *Fachkraft für Arbeitssicherheit* den Arbeitgeber dabei unterstützen, die Sicherheit und den Gesundheitsschutz der Beschäftigten bei der Arbeit zu gewährleisten und seine Pflichten entsprechend den behördlichen Auflagen zu erfüllen (Mitwirkungspflicht).

Die Mitgestaltung des eigenen Arbeitsplatzes fördert die Zufriedenheit und das Wohlbefinden und ermöglicht eine konsequente Einbeziehung der individuellen Bedürfnisse und Voraussetzungen über die reine gesetzliche Pflichterfüllung hinaus. Die Mitgestaltung der Arbeitswelt, ausreichende Informationen über betriebliche Abläufe sowie die Anerkennung von Leistung sind Schlüsselkomponenten, die ein gutes → *Betriebsklima* fördern und sich vorteilhaft auf die Gesundheit und Motivation der Beschäftigten auswirken.

Weiterführende Vorschriften sind:

- BGHM-I 101 „Mensch und Arbeitsplatz“
- DIN EN ISO 6385:2016-12 „Grundsätze der Ergonomie für die Gestaltung von Arbeitssystemen“
- DIN EN 614 „Sicherheit von Maschinen – Ergonomische Gestaltungsgrundsätze“

3 Zentrale Gestaltungsbereiche der Ergonomie

Bei der Gestaltung von Arbeitssystemen gilt der Mensch als Hauptfaktor und integraler Bestandteil des zu gestaltenden Systems, einschließlich des Arbeitsablaufs und der Arbeitsumgebung. Es gilt hier, die Wechselwirkungen der einzelnen Elemente aufeinander zu berücksichtigen.

Dazu zählen:

- **Arbeitsplatz und Arbeitsmittel:** Geräte, Maschinen, Mobiliar, Hilfsmittel unter den Gesichtspunkten Sitzen, Stehen, Abmessungen (Anthropometrie), Bewegungsräume, Sicherheitsabstände, Zwangshaltungen, Heben und Tragen, Blickwinkel, Anzeigen, Stellteile, Griffe und Instandhaltung.
- **Arbeitsumfeld:** → *Klima*, → *Beleuchtung*, akustische und visuelle Reizsituation, Farbgestaltung, → *Hygiene*, Sozialklima, mechanische Schwingungen, → *Gefahrstoffe*, Strahlung.
- **Arbeitsorganisation:** Arbeitsverfahren, Arbeitsplan, Arbeitsinstruktion, Arbeitszeit, Pausenregelung, Arbeitsbewertung, Entlohnung, Handlungs- und Entscheidungsspielraum.
- **Arbeitsinhalt:** Unterforderung und Monotonie, Überforderung.
- **Mensch:** Hier geht es nicht um die vorgegebenen, nicht oder kaum gestaltbaren Merkmale wie Geschlecht, Alter, Konstitution, Physiologie, sondern um die veränderbaren Merkmale Ausbildungsstand, Geschicklichkeit, Erfahrung, Verfassung. Diese sind beeinflussbar durch Training, Schulung, Instruktion und Einarbeitung. Die wichtigsten Themen sind: Lebenslanges Lernen (→ *Demografischer Wandel*) und → *Gesunde Führung.*

> **Praxis-Beispiel: Ergonomie proaktiv und präventiv anwenden**
>
> Die Ergonomie muss eine präventive Rolle spielen, indem sie von Anfang an angewendet wird, anstatt sie nachträglich für die Lösung von Problemen einzusetzen, wenn die Gestaltung des Arbeitssystems bereits abgeschlossen ist.

4 Ergonomische Basiskriterien

Die Gestaltungsbereiche sollen entsprechend den ergonomischen **Basiskriterien** gestaltet sein:

- **Ausführbarkeit:** Kann der Mitarbeiter die Arbeit ausführen? Generell ist eine Arbeit ausführbar, wenn ein Mensch bei Beachtung seiner körperlichen und geistigen Ressourcen die Tätigkeit ausüben kann.
- **Erträglichkeit:** Kann der Mitarbeiter die Arbeit auf Dauer ertragen? Generell gilt eine Arbeit als erträglich, wenn sie Wohlbefinden und Gesundheit des Mitarbeiters selbst dann nicht beeinträchtigt, wenn der Mitarbeiter diese Tätigkeit den ganzen Arbeitstag und das ganze Arbeitsleben verrichtet.
- **Zumutbarkeit:** Können Arbeit und Arbeitsbedingungen dem Mitarbeiter zugemutet werden?
- **Zufriedenheit:** Wird der Mitarbeiter mit der Arbeit und den Arbeitsbedingungen zufrieden sein?

In der Praxis überprüfen → *Sicherheitsfachkräfte* und → *Arbeitsmediziner* anhand von Checklisten, ob ein Arbeitsplatz nach den Erfordernissen und Erkenntnissen der Ergonomie gestaltet ist und in welchen Bereichen er entsprechend verbessert werden muss. Hier ist nicht nur auf die Einzelelemente (Produktergonomie) zu achten, sondern auch auf deren Zusammenspiel (Verhältnisergonomie) und auf die Ausführung durch den Mitarbeiter (Verhaltensergonomie). Dieser Schnittstellenoptimierung nimmt sich die Systemergonomie an.

5 Ergonomie von Anfang bis Ende

Ergonomisches Gestalten soll immer frühzeitig in die **Gesamtplanung** von neuen Arbeitssystemen integriert werden und den gesamten Prozess systemergonomisch mit seinen Abhängigkeiten (Verhältnis- und Verhaltensergonomie) betrachten. Wer dies nicht tut, muss später möglicherweise wegen mangelnder Ergonomie mit einer Änderung des neu eingerichteten Arbeitssystems rechnen. Nachträgliches Ändern kostet jedoch viel Geld und Zeit.

Ergonomische Arbeitsgestaltung sollte zentraler Grundsatz unternehmerischen Handelns sein. Ergonomie heißt immer auch Rationalisierung und Verbesserung der Rentabilität. Werden ergonomische Erkenntnisse optimal umgesetzt, lassen sich die Arbeitsbedingungen menschengerechter und Produktionsabläufe kostengünstiger gestalten. Ergonomisch geformte Arbeitsplätze und Arbeitsabläufe verbessern die Motivation der Mitarbeiter, bewirken eine deutliche Leistungssteigerung bei Anwesenheit (→ *Präsentismus*) und senken die Zahl der Ausfalltage durch Unfall oder Krankheit (Absentismus).

Praxis-Beispiel: Multidisziplinäres Team

Der Prozess der Gestaltung umfasst nicht nur alle Phasen des Lebenszyklus Arbeitssystem von der Konzeption bis zur Außerbetriebnahme, sondern wird am besten von einem multidisziplinären Gestaltungsteam bewältigt. Das Arbeitssystem ist auch nicht notwendigerweise statisch oder unveränderbar, sondern kann sich im Laufe der Zeit ändern oder entwickeln.

6 Investitionen in Ergonomie lohnen sich

Eine Investition in die → *Sitz-Steh-Dynamik* lohnt sich zweifellos, Dies belegt auch eine wissenschaftliche Langzeitstudie (Evaluation des Einsatzes von officeplus-Stehpulten bei der Drägerwerk AG).

Ein einfaches Rechenbeispiel macht die Dimension des wirtschaftlichen Potenzials deutlich:

Ergreift ein Unternehmen keine Maßnahmen der → *Sitz-Steh-Dynamik*, „verschenkt" es pro Mitarbeiter jährlich:

- 200 EUR wegen Krankheitsausfall,
- 1.500 EUR wegen Produktivitätseinbußen,

insgesamt also 1.700 EUR. Hat ein Unternehmen z. B. 200 Beschäftigte im Büro, sind das jährlich über 340.000 EUR.

Das Kosten-Nutzen-Verhältnis (Benefit-Cost-Ratio) kann dabei laut der Studie bei der Drägerwerk AG 1:12 erreichen. Das bedeutet, dass sich für jeden investierten Euro in Sitz-Steh-Dynamik eine Investitionsrendite (Return-on-Investment) von 12 EUR ergibt. Bewegungsergonomie durch gesundheitsfördernde Sitz-Steh-Dynamik nützt beiden Seiten:

- den Mitarbeitern: ihr Wohlbefinden und ihre Arbeitszufriedenheit am Arbeitsplatz steigen;
- dem Unternehmen: die Produktivität und die Qualität der Aufgabenerledigung nehmen zu.

7 Ergonomie in der betrieblichen Praxis

Ergonomie ist kein Luxus, sondern betriebswirtschaftlich sinnvoll, denn ein Großteil der arbeitsbedingten Erkrankungen und Unfälle in Industrie und Handel wird durch mangelhafte Arbeitsgestaltung und -organisation mit verursacht. So erstaunt, dass das wirtschaftliche und rechtliche Gebot für jeden Unternehmer in der betrieblichen Praxis nicht ankommt.

„Es kann leicht anhand von Beispielen gezeigt werden, dass von einer systematischen und institutionalisierten ergonomischen Arbeitsgestaltung in der Mehrzahl der Betriebe nicht ausgegangen werden kann."

„Eine „flächendeckende" Berücksichtigung ergonomischer Anforderungen bei der Bewertung und Auslegung von Arbeitsplätzen … ist nur von der Großindustrie leistbar. Viel wichtiger wäre eine Umsetzung arbeitswissenschaftlicher Erkenntnisse im Mittelstand, denn der Mittelstand stellt etwa 90 bis 95 Prozent aller Betriebe dar.[1]"

Die „Kosten" von Maßnahmen der Verhaltensergonomie sind vergleichsweise niedrig, haben geringe Eingriffe in die Organisationsstruktur zur Folge, aber ihre Wirkungen erfolgen eher langsam und zeitverzögert. Maßnahmen der Verhältnisergonomie zeigen dagegen eine schnelle Wirkung, sind aber mit hohen Kosten und stärkeren Eingriffen in die Organisationsstruktur verbunden.[2]

Wenn das, was sich in Einzelteile ausdifferenziert, über die Systemergonomie mit Ihrer Schnittstellenoptimierung wieder für den gesamten Produktionsprozess zusammengefügt wird, dann wird das Gesamtsystem leistungsfähiger und im globalen Wettbewerb überlebensfähig bleiben.

Praxis-Beispiel: Schnittstellenoptimierung ist in der Ergonomie und in der Praxis gefragt

Das Arbeitssystem ist so leistungsfähig wie
- das schwächste Glied,
- die schwächste Schnittstelle zwischen den einzelnen Gliedern.

Michael Schurr

Ernährung

Ernährung bezeichnet die Gesamtheit der Vorgänge, durch die dem lebenden Organismus diejenigen Substanzen von außen zugeführt werden, die zur Aufrechterhaltung der Lebensvorgänge notwendig sind – darunter fallen auch die komplexen Vorgänge im Gehirn. Sie dient als Energiequelle für alle Lebenserscheinungen wie Muskeltätigkeit, Körperwärme und Stofftransport. Ernährung liefert das Material zum Körperaufbau beim Wachstum und schafft Ersatz für im Organismus verbrauchte Substanzen. Grund- und Hauptnährstoffe sind die chemischen Energiespeicher Kohlenhydrate, Proteine und Fette.

Diese Nährstoffe führen wir über Lebensmittel zu uns. Es handelt sich also um ein Mittel zum Leben.

1 Essen und Trinken als Gesundheits- und Leistungsgeber

In vielen Unternehmensleitlinien finden sich Sätze wie: „Unsere Mitarbeiter sind unser wertvollstes Kapital". Allerdings gehört weit mehr als Massagegutscheine und Fitnesscenter-Mitgliedschaften dazu, um diese Leitlinie mit Leben zu füllen.

---

1 Rühmann: Ergonomische Bewertung und Gestaltung von Produktionsarbeitsplätzen – nur eine Frage der Unternehmenskultur?, Ergonomie aktuell, Ausgabe 005, 2004, S. 2–6.

2 Rühmann: Ergonomische Bewertung und Gestaltung von Produktionsarbeitsplätzen – nur eine Frage der Unternehmenskultur?, Ergonomie aktuell, Ausgabe 005, 2004, S. 2.

Es ist höchste Zeit, die Mitarbeiter nicht nur als Kostenstelle, sondern als Humankapital und lebende Ressource mit den menschlichen Bedürfnissen nach Wasser und Nahrung zu sehen. Ernährung ist Treibstoff für Körper, Geist und Seele und trägt entscheidend zum Wohlbefinden des Arbeitnehmers bei. Neben Bewegung und Entspannungsangeboten oder den klassischen Ernährungsangeboten sowie Gewichtsreduktionskursen ist die gesunde Ernährung für die geistige Fitness im gesamten Arbeitsalltag zu betrachten.

Vor allem sollte gesunde Ernährung nicht allein dem „mündigen" Arbeitnehmer überlassen werden, sondern muss im Rahmen des betrieblichen Gesundheitsmanagements auch zur Unternehmens- und Führungsaufgabe werden.

1.1 Gutes Futter – fitter Körper

Menschen, die gesund leben, sich ausgewogen ernähren und nicht übergewichtig sind, sind weniger häufig krank und leistungsfähiger.

Aus diesem Grund ist die Ernährung vom Aufstehen bis zum Schlafengehen im Fokus. Während der Arbeitszeit, sollte dies nicht alleine auf die Verantwortung des einzelnen Mitarbeiters abgeschoben werden.

Für die Umsetzung der unten aufgeführten Ernährungsempfehlungen im Unternehmen ist es nötig, einen möglichst allgemeingültigen Konsens zu finden. Denn aufgrund der Vielzahl der möglichen Ernährungskonzepte und -programme ist es nur schwer möglich, in der Gemeinschaftsverpflegung darauf so individuell einzugehen. Über eine geeignete Kantinenorganisation ist es jedoch möglich, dem Motto **„So vielseitig wie möglich, so ausgeglichen und gesund wie möglich"** Rechnung zu tragen.

Zu berücksichtigen ist dabei in hohem Maße die Struktur der Arbeitnehmerschaft und die Art der körperlichen Leistung.

Die Deutsche Gesellschaft für Ernährung (DGE) hat auf Basis aktueller wissenschaftlicher Erkenntnisse 10 Regeln formuliert, die Ihnen helfen, genussvoll und gesund erhaltend zu essen. Diese sind als Leitlinie für eine ausgewogene Ernährung sehr gut geeignet. Die Umsetzung dieser Regeln für die Verpflegung im Arbeitsalltag finden sich detailliert im Online-Portal www.jobundfit.de.

Praxis-Beispiel: 10 Regeln der DGE

1. Vielseitig essen
2. Reichlich Getreideprodukte – und Kartoffeln
3. Gemüse und Obst – Nimm „5 am Tag"
4. Täglich Milch und Milchprodukte; ein- bis zweimal in der Woche Fisch; Fleisch, Wurstwaren sowie Eier in Maßen
5. Wenig Fett und fettreiche Lebensmittel
6. Zucker und Salz in Maßen
7. Reichlich Flüssigkeit
8. Schmackhaft und schonend zubereiten
9. Sich Zeit nehmen und genießen
10. Auf das Gewicht achten und in Bewegung bleiben

Ausgewogene Ernährung, viel körperliche Bewegung und Sport (30 bis 60 Minuten pro Tag) gehören zusammen.

1.2 Brainfood – Garant für Leistungsfähigkeit und Effektivität

Ob reiner Schreibtischtäter, Mitarbeiter in der Produktion oder auf dem Bau – alle fordern von Ihrem Gehirn ständige Aufmerksamkeit. Unser Gehirn benötigt eine Vielzahl an Stoffen aus der Nahrung, um Botenstoffe, Schutzstoffe, Energiezufuhr, Sauerstofftransport und damit einen reibungslosen Ablauf des gesamten Denkprozesses zu gewährleisten.

Zucker – Energie für den Prozessor

Der Hauptenergielieferant für unser Gehirn ist die Glucose – also Zucker. Die Glucose für das Gehirn kann nicht – wie das beim Muskel der Fall ist – auch im Muskel (Gehirn) gespeichert werden, sondern muss konstant zugeführt werden. Aber Vorsicht: Zucker oder Traubenzucker helfen nur etwa 10 Minuten zu geistigen Höhenflügen und befördern uns dann ins tiefe Tal. Wichtig sind stärkehaltige Lebensmittel mit vielen Ballaststoffen, die eine längerfristige Versorgung mit Glucose bewirken. Es werden Kartoffeln, Nudeln, Reis und Vollkornbrot empfohlen.

Die Gedächtnisleistung wird aber nicht nur direkt durch einzelne Wirkstoffe im Gehirn beeinflusst, sondern durch eine Vielzahl von kleinen Parametern im gesamten Körper.

Vitamine für's Köpfchen

So hat zum Beispiel **Vitamin B1** eine Schlüsselstellung bei der Verarbeitung der genannten Kohlenhydrate und agiert so als Beschleuniger zur Konzentrationsfähigkeit. Man nennt es auch das Anti-Stress-Vitamin.

Vitamin B12 ist am Aufbau der schützenden Membranlipide der Nervengewebe beteiligt. Die antioxidativ wirkenden Vitamine C und E schützen nicht nur die Körperzellen vor Alterung, sondern natürlich auch die Gehirnzellen. Das Gleiche gilt für die sog. sekundären Pflanzenstoffe.

Nur das beste Motorenöl für die Schaltzentrale

Mehrfach ungesättigte Fettsäuren und hier insbesondere die bekannte Omega-3-Fettsäure beeinflussen die Geschmeidigkeit der Zellmembranen. Dies wirkt sich auf die Informationsweitergabe und Speicherung im Zentralnervensystem aus. Enthalten sind Sie in fettreichen Fischen wie Lachs, Hering, Makrele. Außerdem zeigte sich in Untersuchungen auch, dass die Omega-3-Fettsäuren die Gehirnzellen vor oxidativem Stress schützen, das heißt der Alterung und der Schädigung der Zellen entgegenwirken. Besonders große Mengen dieser gesunden Fettsäuren finden sich auch in Lein-, Raps-, Soja- und Walnussöl.

> **Praxis-Beispiel: Die tägliche Mischung und Ausgewogenheit auf Dauer bringen Power**
>
> Daraus wird deutlich, dass sowohl eine in festgelegten Zeiten konstante Zufuhr der Leistungsförderer über den Tag verteilt als auch eine ausgewogene Ernährung über einen längeren Zeitraum sinnvoll sind. Die logische Konsequenz ist, der Ernährung während des Arbeitstages höchste Aufmerksamkeit zu schenken.

1.3 Lebenselixier Trinken – ohne Wasser kein Leben

Über die Auswirkungen des Trinkens bzw. mögliche Folgen einer unzureichenden Wasserversorgung gibt es einige Studien mit beeindruckenden Ergebnissen:

- Bereits ein Flüssigkeitsverlust von 1 – 2 % führt zur Einschränkung der geistigen Leistungsfähigkeit. Zu diesem Zeitpunkt stellt sich noch kein Durstgefühl ein.
- Die Studienergebnisse zeigten auch, dass die geistige Leistungsfähigkeit am Tag nach zu geringer Flüssigkeitszufuhr noch stärker eingeschränkt war.

Daher lautet die Empfehlung auf jeden Fall über den Tag verteilt ausreichend zu trinken.

> **Praxis-Beispiel: Wasserbedarf**
>
> Der menschliche Organismus benötigt im Durchschnitt mindestens etwa 1,5 bis 2 Liter Wasser (stark abhängig von der körperlichen Leistung) pro Tag.

Denn alle Nährstoffe und der Sauerstoff werden im Blut zu den Gehirnzellen transportiert. Damit diese möglichst schnell dorthin gelangen, sollte das Blutvolumen möglichst hoch und damit die Fließgeschwindigkeit und die Durchblutung des Gehirns gewährleistet sein. So können die Gehirnzellen optimal versorgt werden.

Praxis-Beispiel: Durst – spätes Notsignal

Wer wartet bis sich der Durst meldet, ist bereits in seiner Leistungsfähigkeit eingeschränkt. Da das Durstgefühl durch Stress oder Gewohnheit auch stark unterdrückt sein kann, ist es besonders wichtig, nicht erst auf das Signal „Durst“ zu warten.

Praxis-Beispiel: Trinken während der Arbeitszeit

- Geeignete Durstlöscher sind: Mineralwasser, Leitungswasser, Fruchtsaftschorle, Früchtetees, grüner, schwarzer Tee und max. 2 – 3 Tassen Kaffee pro Tag;
- direkt neben die Kaffeemaschine Mineralwasser und Säfte stellen;
- am Arbeitsplatz immer ein Getränk in sicht- und greifbare Nähe stellen;
- Trinkmenge während der Arbeitszeit überprüfen, evtl. anfangs mit einem Trinktagebuch;
- auch bei längeren Autofahrten und Zugfahrten das Trinken nicht vergessen;
- eine große Flasche Wasser oder Schorle bereitstellen, die am Ende des Tages leer sein sollte;
- zu jeder Besprechung im Büro gehört eine Auswahl kalorienarmer Durstlöscher;
- der Arbeitgeber sollte Wasser zur freien Verfügung in allen Abteilungen anbieten.

2 Die Ernährung während des Arbeitstages

Verpflegung am Arbeitsplatz beschränkt sich nicht allein auf das Mittagessen – der gesamte Tag sollte in die Betrachtung und Konzeption mit einbezogen werden.

Der Mitarbeiter, der sich bei der „Nahrungsbeschaffung“ selbst überlassen ist, verschwendet viel Zeit allein durch den Einkaufsgang für den Snack oder das Mittagessen oder auch den Einkauf für das Abendessen. Die tatsächliche Ruhe- und damit Arbeitspause ist daher meist gering.

Auch die sozialen Kontakte und das Netzwerken während einer Mahlzeit mit Kollegen jenseits des Schreibtisches sind nicht außer Acht zu lassen – gemeinsam Essen verbindet und schafft Begegnung. All das funktioniert nur, wenn der Arbeitgeber die Versorgung mit gesundheitsförderlichem Essen sicherstellt und die räumlichen Voraussetzungen dafür schafft.

Dies führt auch unweigerlich zu Mitarbeiterbindung und erhöhter Motivation im gesamten Arbeitsalltag. Die Verpflegung am Arbeitsplatz hat viele Facetten. Neben der Mittagsmahlzeit bieten viele Betriebe eine Zwischenverpflegung oder schnelle Snacks als Alternative zum Gang in die Kantine an. Ein Blick auf diese Angebote und das Verbesserungspotenzial lohnt sich. Wer keine Kantine hat, sollte sich auch nicht aus der Verantwortung stehlen, sondern mit Ernährungsexperten nach Lösungen suchen.

Praxis-Beispiel: Betriebsverpflegung – weit mehr als nur das Mittagessen

Wer die Ernährung während der gesamten Arbeitszeit ernst nimmt, sollte auf jeden Fall folgende Aspekte nicht außer Acht lassen:

- Frühstücksangebot;
- Cafeteria: Angebot, Sortimentsgestaltung, Öffnungszeiten;
- Automaten für Schichtbetrieb: Angebot, Lieferant, alternative Möglichkeiten;
- Teeküchen, Pausenräume und Möglichkeiten der Selbstverpflegung;
- Besprechungs- und Tagungsverpflegung;
- Verpflegung der Außendienstmitarbeiter.

3 Ernährung – das Stiefkind im Gesundheitsmanagement

Die Möglichkeiten im betrieblichen Kontext durch Ernährung die Gesundheit und Leistungsfähigkeit der Mitarbeiter zu verbessern, sind vielfältig. Der Einsatz lohnt und wird von Krankenkassen auf Basis der Vorgaben der §§ 20 und 20b SGB V unterstützt.

Das Jahressteuergesetz § 3 Nr. 34 EStG von 2009 regelt die Aufwendungen des Arbeitgebers für „Leistungen zur Verbesserung des allgemeinen Gesundheitszustands und der betrieblichen Gesundheitsförderung“. Hierfür sind 500 EUR je Arbeitnehmer und Kalenderjahr steuer- und sozialabgabenfrei,

wenn die Maßnahmen dabei hinsichtlich Qualität und Zielsetzung den Anforderungen des § 20 SGB V gemäß des Leitfadens Prävention entsprechen.
Hier ist grundsätzlich eine genaue Prüfung im Einzelfall nötig, denn Mitgliedschaften in Fitnesscentern, Nahrungsergänzungsprodukte oder Leistungen von Anbietern, die nicht den Qualitätskriterien entsprechen, fallen nicht unter diese Regelung.

Um das Verpflegungsangebot eines Unternehmens unter die Lupe zu nehmen, den Ist-Zustand zu bewerten und die Bedürfnisse und Spezifikationen des Betriebs mit den Anforderungen des Qualitätsstandards zu verknüpfen, bedarf es einer externen professionellen Beratung durch Ernährungsfachkräfte, um neue Wege aufzuzeigen.

Praxis-Beispiel: Ganzheitliche Konzepte statt Gießkannen-Prinzip

Hier empfiehlt sich ein detailliertes, strategisches Vorgehen wie auch bei anderen Maßnahmen im betrieblichen Gesundheitsmanagement.

Praxis-Beispiel: Wir sitzen alle in einem Boot – alle langfristig mitnehmen

Natürlich können Aktionen auch das Unternehmen und die Mitarbeiter sensibilisieren – es muss im Anschluss aber immer ein weiteres Angebot folgen, sonst verpufft die Aktion.

Bei allen Aktionen sollten die Essensanbieter (Caterer, Kantine, Cafeteria, Lieferanten) mit einbezogen werden.

Praxis-Beispiel: Ernährung – eine arbeitsschutzrechtliche Herleitung

Es gibt direkte rechtliche Vorgaben, die ein Unternehmen dazu verpflichtet, sich um das Thema Ernährung zu kümmern. Aufgrund der existenziellen Bedeutung der Ernährung und unter Zuhilfenahme des gesunden Menschenverstands lässt sich ein Tätigwerden des Unternehmens aber mit den folgenden Überlegungen begründen:

1. Der Arbeitgeber hat aufgrund des bestehenden Arbeitsverhältnisses die sog. Fürsorgepflicht (vgl. § 618 Abs. 1 BGB). Der Arbeitgeber muss die Betriebsstrukturen und Arbeitsaufgaben so organisieren, dass seine Beschäftigten sich auch gesund ernähren können. Eine falsche und ungenügende Ernährung schädigt nicht nur die Gesundheit des Mitarbeiters, sondern auch seine Leistungsfähigkeit.
2. „Gefahren sind an ihrer Quelle zu bekämpfen" (§ 4 Nr. 2 ArbSchG): Eine gesunde Ernährung ist ein wesentlicher Beitrag um ernährungsbedingte Krankheiten zu vermeiden.
3. § 15 ArbSchG verpflichtet die Mitarbeiter, selbst aktiv zu sein. Sie sind gegenüber dem Arbeitgeber bereits durch die arbeitsvertragliche, sog. arbeitsrechtliche Treuepflicht zur Unterlassung betriebsschädlichen Verhaltens verpflichtet.

Andrea Brenner

Ersatzstoffe

Bevor ein Gefahrstoff eingesetzt wird, muss vorab geprüft werden, ob ein anderer Stoff verwendet werden kann, der unter den jeweiligen Verwendungsbedingungen für Gesundheit und Sicherheit der Beschäftigten nicht oder weniger gefährlich ist. Er wird als Ersatzstoff bezeichnet. Diese Prüfung ist Bestandteil der Gefährdungsbeurteilung und muss dokumentiert werden. Der Gefahrstoff kann dann ganz oder teilweise durch den Ersatzstoff ersetzt werden.

Ersatzverfahren sind technische Verfahren, mit denen ein vergleichbares Ergebnis ohne Einsatz von Gefahrstoffen oder Ersatzstoffen erreicht werden kann und Gefährdungen vermieden bzw. verringert werden.

TRGS für Ersatzstoffe und -verfahren existieren z. B. für Vorstriche und Klebstoffe für Böden, für Mittel zur Oberflächenbehandlung von Parkett und anderen Holzfußböden, für Material für die Wärmedämmung.

Gesetze, Vorschriften und Rechtsprechung

Es sind die grundlegenden Regelungen der Gefahrstoffverordnung und der REACH-Verordnung 1907/2006/EG und die folgenden Technischen Regeln zu beachten:

- TRGS 600 „Substitution“
- TRGS 608 „Ersatzstoffe, Ersatzverfahren und Verwendungsbeschränkungen für Hydrazin in Wasser- und Dampfsystemen“
- TRGS 610 „Ersatzstoffe und Ersatzverfahren für stark lösemittelhaltige Vorstriche und Klebstoffe für den Bodenbereich“
- TRGS 611 „Verwendungsbeschränkungen für wassermischbare bzw. wassergemischte Kühlschmierstoffe, bei deren Einsatz N-Nitrosamine auftreten können“
- TRGS 614 „Verwendungsbeschränkungen für Azofarbstoffe, die in krebserzeugende aromatische Amine gespalten werden können“
- TRGS 615 „Verwendungsbeschränkungen für Korrosionsschutzmittel, bei deren Einsatz N-Nitrosamine auftreten können“
- TRGS 617 „Ersatzstoffe für stark lösemittelhaltige Oberflächenbehandlungsmittel für Parkett und andere Holzfußböden“
- TRGS 619 „Substitution für Produkte aus Aluminiumsilikatwolle“

1 Substitution

Der Arbeitgeber ist verpflichtet, Gefährdungen für Sicherheit und Gesundheit der Beschäftigten zu verhindern bzw. zu verringern (§ 4 ArbSchG). Die Möglichkeiten einer Substitution müssen geprüft werden (§ 6 GefStoffV). Substitution bezieht sich auf Stoffe (Ersatzstoffe), Gemische, Erzeugnisse bzw. Verfahren und muss vorrangig durchgeführt werden (§ 7 Abs. 3 GefStoffV). Ziel ist, insgesamt eine geringere Gefährdung zu erreichen. Substitution muss deshalb die Gesamtsituation betrachten.

Praxis-Beispiel: Gesamte Gefährdungssituation betrachten

Ergibt sich z.B. aus der Substitutionsprüfung für einen gesundheitsgefährdenden Stoff, dass ein möglicher Ersatzstoff höhere Brandgefahr hervorruft, so ist abzuwägen, welcher Stoff insgesamt die geringste Gefährdung für Beschäftigte und Umwelt darstellt. Der Ersatzstoff darf andere Gefährdungen nicht erhöhen und Schutzgüter nicht beeinträchtigen.

Praxis-Beispiel: Dokumentation

Wird auf eine Substitution verzichtet, muss dies in der → *Gefährdungsbeurteilung* dokumentiert werden.

Eine Substitutionsprüfung ist auch bei der Planung für den Einsatz neuer Stoffe und Verfahren Pflicht. Die Substitution umfasst (vgl. Abb. 1 Anhang 1 TRGS 600):

- **Ermittlung von Substitutionsmöglichkeiten:** Welche Stoffe, Gemische oder Verfahren liefern vergleichbare Ergebnisse bei insgesamt geringerer Gefährdung? Informationen dazu liefern neben entsprechenden TRGS zahlreiche weitere Informationsquellen (s. Abschn. 3 TRGS 600).
- **Leitkriterien erstellen:** U.a. Welche Gefahrenklassen liegen vor? Wie ist das Freisetzungspotenzial? Liegen anerkannte tätigkeits- oder branchenspezifische Lösungen vor (Musterlösungen), müssen keine Leitkriterien erstellt werden (s. Abschn. 4 TRGS 600).
- **Entscheidung** auf der Grundlage der zusammengetragenen Informationen: Welcher Ersatzstoff bzw. welches Verfahren soll angewendet werden? Zu berücksichtigen sind dabei u.a. auch betriebliche Besonderheiten und Prozesse, Realisierbarkeit und Kosten. Eine Anleitung dazu enthält Anhang 3 TRGS 600. → *Fachkraft für Arbeitssicherheit* und → *Betriebsarzt* beraten dabei (s. Abschn. 5 TRGS 600).

- **Dokumentation:** Im Gefahrstoffverzeichnis muss dokumentiert werden, ob die Substitutionsprüfung durchgeführt wurde. Dies kann z.B. in einer zusätzlichen Spalte erfolgen: „Substitutionsprüfung durchgeführt ja/nein", mit Verweis auf weitere Checklisten. Die Ergebnisse der Substitutionsprüfung können mit Standardsätzen beschrieben werden, z.B. „Möglichkeiten einer Substitution sind …", „Keine Möglichkeiten einer Substitution", „Lösung ist bereits Substitutionslösung". Ergibt die Substitutionsprüfung bei Tätigkeiten, für die ergänzende Schutzmaßnahmen nach § 9 und § 10 GefStoffV zu treffen sind, Möglichkeiten einer Substitution, ohne dass diese umgesetzt werden, so müssen die Gründe dokumentiert werden, z.B. „Substitutionslösung technisch nicht geeignet / verringert Gefährdung nicht ausreichend / betrieblich nicht geeignet / ..., weil ..." (s. Abschn. 6 TRGS 600).

Nr. 2 Anhang 1 TRGS 600 beschreibt beispielhaft die Substitution bei der „Reinigung/ Entfettung von Anlagenteilen in Werkstätten".

2 Modell für die Substitutionsprüfung

Liegen keine Empfehlungen für Ersatzstoffe bzw. -verfahren vor, müssen Unternehmen im Rahmen der Substitutionsprüfung selbst ermitteln, welcher Ersatzstoff insgesamt die geringste Gefährdung darstellt. Anhang 2 TRGS 600 liefert dafür ein Modell:

Das **Spaltenmodell** (s. GHS-Spaltenmodell des IFA) ermöglicht einen schnellen Vergleich von Stoffen und Gemischen anhand weniger Faktoren. Informationen zur Einschätzung liefert i.W. das → *Sicherheitsdatenblatt*: → *Gefahrenhinweise* (H- bzw. EUH-Sätze), Wassergefährdungsklasse und Dampfdruck. Gefährdungen werden unter Berücksichtigung der Gesundheits- und Umweltgefahren sowie physikalisch-chemischer Gefahren, des Freisetzungsverhaltens und des Verfahrens beurteilt. Inhaltsstoffe von Gemischen werden nicht bewertet; es gilt die → *Einstufung* des Gemischs. Das Spaltenmodell darf nur angewendet werden, wenn der Hersteller die Stoffe und Gemische im Hinblick auf die gesundheitliche Gefährdung zumindest bezüglich akuter Toxizität, Hautreizung, Schleimhautreizung, erbgutveränderndem Potenzial und Hautsensibilisierung bewertet hat (Anhang 2 TRGS 600).

Das bisher ebenfalls verwendete Wirkfaktoren-Modell wurde gestrichen.

3 Beispiele für Ersatzstoffe und -verfahren

Die nachfolgende Tabelle zeigt Beispiele für → *Gefahrstoffe* sowie mögliche Ersatzstoffe und Ersatzverfahren. Die jeweilige TRGS liefert zusätzliche Informationen zu Stoffeigenschaften und Verfahren, mit denen eine Entscheidung darüber getroffen werden kann, welcher Ersatzstoff bzw. welches Verfahren – in Abhängigkeit von den betrieblichen Gegebenheiten – insgesamt die geringste Gefährdung darstellt.

Regelwerk	Anwendung	Gefahrstoff	Ersatzstoff	Ersatzverfahren
TRGS 608	Wasser- und Dampfsysteme	Hydrazin	Carbohydrazid, DEHA, Hydrochinon, MEKO, Ascorbate, Sulfit, Hyposulfit, Tannine	Entgasung, katalytische Reduktion
TRGS 610	Böden im Hochbau	Vorstriche, Klebstoffe	Lösemittelfreie Dispersions- oder PU-Klebstoffe, SMP-Klebstoffe	Bodenbeläge lose verlegen oder spannen, Holz- und Parkettböden schwimmend verlegen, nageln oder verschrauben

Regelwerk	Anwendung	Gefahrstoff	Ersatzstoff	Ersatzverfahren
TRGS 617	Oberflächenbehandlung für Parkett und andere Holzfußböden	Behandlungsmittel mit hohem Lösemittelanteil, mit N-Ethylpyrrolidon, N-Methylpyrrolidon, Butanonoxim, Terpenen	Wassersiegel ohne Lösemittel oder mit geringem Lösemittelanteil von < 5 bzw. < 15 % ohne N-Ethyl- bzw. N-Methylpyrrolidon Lösemittelarme und lösemittelfreie Wachse und Öle ohne Butanonoxim, ohne Terpene	Keine Informationen
TRGS 619	Wärmedämmung	Aluminiumsilikat-Wollen	Glas-, Mineral-, AES-wollen, faserfreie Produkte z. B. wärmedämmende Steine und Betone	Keine Informationen

Tab. 1: Beispiele für Ersatzstoffe und -verfahren

Beim Umgang mit Stoffen, für die Verwendungsbeschränkungen gelten, sind die TRGS 611, 614 bzw. 615 anzuwenden.

Verwendungsbeschränkungen bzw. -verbote für bestimmte Gefahrstoffe u. a. in Abbeiz- und Holzschutzmitteln regelt Anhang XVII REACH-Verordnung (1907/2006/EG).

4 Informationsquellen zu Substitutionsmöglichkeiten

- BG/BGIA-Empfehlungen mit Aussagen zur Substitution
- Produktcodes, z. B. GISCODE ist eine Typenkennzeichnung und fasst Produkte mit vergleichbarer Gesundheitsgefährdung und identischen Schutzmaßnahmen zu Gruppen zusammen. Das Gefahrstoffinformationssystem der Berufsgenossenschaft der Bauwirtschaft (GISBAU) bietet Informationen über die GISCODE-Gruppen mit Hinweisen zu Inhaltsstoffen, Expositionen und Schutzmaßnahmen, u. a. für Holzschutz- sowie Abbeizmittel.
- Empfehlungen Gefährdungsermittlung der Unfallversicherungsträger (EGU)
- Branchenregelungen
- LASI-Leitfäden
- Schriftenreihen der BAuA
- GHS-Spaltenmodell zur Suche nach Ersatzstoffen, Institut für Arbeitsschutz der Deutschen gesetzlichen Unfallversicherung (IFA)
- Datenbanken zu Ersatzstoffen und -verfahren und Stoff-Informationen sowie internationale Datenbanken (s. Literaturhinweise TRGS 600), z. B. www.bgetem.de, www.wingisonline.de

Bettina Huck

Erste Hilfe

Unter dem Begriff Erste Hilfe werden alle Maßnahmen zusammengefasst, die bei Unfällen, Vergiftungen oder akuten Erkrankungen ergriffen werden, um einen akuten gesundheitsgefährdenden oder lebensbedrohlichen Zustand von einer Person abzuwenden, und diese zur weiteren Behandlung an den Rettungsdienst, einen Arzt oder das Krankenhaus zu übergeben. Die Maßnahmen der Ersten Hilfe können die ärztliche Behandlung jedoch nicht ersetzen.

Gesetze, Vorschriften und Rechtsprechung

Für die Umsetzung einer effektiven Ersten Hilfe im Betrieb sind v.a. die folgenden gesetzlichen und berufsgenossenschaftlichen Regelungen grundlegend:

- § 10 Arbeitsschutzgesetz (ArbSchG)
- § 3 Abs. 1 i.V. mit Anhang 4.3 Arbeitsstättenverordnung (ArbStättV)
- §§ 24 ff. DGUV-V 1 „Grundsätze der Prävention"

1 Notwendigkeit

Alle Maßnahmen der Ersten Hilfe dienen der Überbrückung der Zeit vom Auffinden der verunglückten, verletzten bzw. erkrankten Person bis zum Eintreffen (notfall-) medizinischer Rettungsfachkräfte. Eine Hilfe, die sich in der Möglichkeit erschöpft, einen Arzt herbeizurufen oder den Verletzten schnell ins Krankenhaus zu bringen, wäre für einen Notfallpatienten u.U. lebensbedrohlich.

Praxis-Beispiel: Kein Ersatz für Arzt

Die Maßnahmen der Ersten Hilfe können die ärztlichen bzw. rettungsdienstlichen Maßnahmen nicht ersetzen.

Erste Hilfe dient der Heilbehandlung, ohne selbst eine solche zu sein. Für den Begriff der Ersten Hilfe ist es gleichgültig, welchen Grad der Qualifikation der Helfer hat, so er nur ausgebildet ist. Soll die Qualifikation betont werden, lässt sich unterscheiden zwischen

- der Ersten Hilfe des ausgebildeten „medizinischen Laien", z.B. des Ersthelfers,
- des Sanitäters,
- der ärztlichen Ersten Hilfe v.a. des notfallmedizinisch weitergebildeten Arztes, des Notarztes.

Die Maßnahmen der Ersten Hilfe sind für nicht medizinische Helfer nicht kompliziert und leicht zu erlernen. Die Erste Hilfe nimmt im Rettungsprozess eine wichtige Rolle ein, denn sie ist wie in einer Kette das Verbindungsglied zum Rettungsdienst bzw. Krankenhaus. Da eine Kette nur so stark ist wie ihr schwächstes Glied, hängt der Erfolg im Wesentlichen von der Qualität der Ersten Hilfe mit ab.

Zum Gebiet der Ersten Hilfe zählen nicht nur die im konkreten Fall durchzuführenden Maßnahmen, sondern auch alle organisatorischen Maßnahmen, Vorkehrungen, Einrichtungen, Hilfsmittel, die sie vorbereiten, ermöglichen, verbessern und der Aufzeichnung dienen.

2 Fachbereiche

2.1 Allgemeine Erste Hilfe

Unter den Bereich der allgemeinen Ersten Hilfe fallen alle Basiskenntnisse, die die einfachen Versorgungs- und Sicherheitsmaßnahmen von Menschen in allgemeinen Notfällen beschreiben.

Dazu gehören z.B. das theoretische Wissen über bestimmte Notfälle und Erkrankungen sowie die praktischen Kompetenzen, in gewissen Notfallsituationen die richtigen Handgriffe zu beherrschen.

2.2 Spezielle Erste Hilfe

Die spezielle Erste Hilfe umfasst alle ergänzenden Kenntnisse über spezifische Verletzungen und Erkrankungen, die betriebs- oder tätigkeitstypisch sind.

Dazu gehören z.B. das Wissen über Verletzungen durch chemische Stoffe oder atomare Strahlung.

2.3 Psychische Erste Hilfe

Unter psychischer Erste Hilfe versteht man die Information zur beruhigenden Einflussnahme auf den Betroffenen sowie das Verständnis für dessen Lage.

Darunter fallen verschiedene Maßnahmen wie z.B. das Gespräch, die Suche nach Körperkontakt und die Weitergabe von Informationen.

3 Erste-Hilfe-Material

Eine sachgerechte Erste Hilfe bei Unfällen kann mit dazu beitragen, Unfallfolgen zu mildern und den Betroffenen Leid zu ersparen. Daher ist es wichtig, dass in jedem Betrieb Erste-Hilfe-Material zur Verfügung steht. Schon kleine Wunden wie Schnitt-, Schürf- oder Stichverletzungen können bei unzureichender Erstversorgung zu Infektionen führen. Ordnungsgemäßes, keimfreies Verbandzeug kann dazu beitragen, derartige Folgen zu verhindern.

Das notwendige Material, das für eine Hilfeleistung benötigt wird, befindet sich i. d. R. in dem im Betrieb vorhanden → *Verbandkasten*. Welcher Verbandkasten im jeweiligen Betrieb vorhanden sein muss, richtet sich u. a. danach um welche Art Betrieb es sich im konkreten Fall handelt, und wie viele Mitarbeiter im Betrieb anwesend sind.

Das Verbandzeug muss im Bedarfsfall nicht nur schnell erreichbar sein, sondern auch gegen Verunreinigung, Nässe und hohe Temperaturen geschützt aufbewahrt werden. Es muss stets vollständig sein, damit im Bedarfsfall kein Mangel besteht. Das bedeutet, dass es nach jeder Erste-Hilfe-Leistung sofort wieder ergänzt werden muss.

4 Erste-Hilfe-Räume

Um eine effektive Erste Hilfe vorhalten zu können, verfügen größere Betriebe über einen Erste-Hilfe-Raum oder vergleichbare Bereiche.

In diesen speziellen Räumen kann dann auch die ärztliche Versorgung bei Erkrankungen durchgeführt werden.

5 Dokumentation

Jede Verletzung und Erkrankung im Betrieb sowie die Hilfeleistung, die in deren Zusammenhang durchgeführt wurde, muss dokumentiert werden. Praktischerweise erfolgt die Dokumentation im → *Meldeblock*, das sich bestenfalls in unmittelbarer Nähe des Verbandkastens befindet.

Praxis-Beispiel: Aufbewahrungsfrist

Die Dokumentation ist 5 Jahre aufzubewahren.

6 Ersthelfer

Um eine effektive Erste Hilfe im Betrieb sicher zu stellen, ist jeder Betrieb verpflichtet, → *Ersthelfer* zu benennen.

Die Schulung der Ersthelfer muss durch eine von den Berufsgenossenschaften anerkannte Ausbildungseinrichtung erfolgen. I. d. R. sind das die etablierten Hilfsorganisationen (Arbeiter-Samariter-Bund, Malteser Hilfsdienst, Deutsches Rotes Kreuz, Johanniter Unfallhilfe, Deutsche Lebensrettungsgesellschaft). Daneben kann ein Unternehmer die Erste-Hilfe-Schulung auch von privaten Anbietern durchführen lassen. Dazu muss nach § 26 Abs. 2 i. V. mit Anlage 2 DGUV-V 1 das ausbildende Unternehmen von der Berufsgenossenschaft für die Ausbildung zur Ersten Hilfe ermächtigt worden sein.

Die Erste-Hilfe-Kenntnisse müssen in Fortbildungen in einem Rhythmus von 2 Jahren aufgefrischt werden.

Die Anzahl der Ersthelfer richtet sich nach der Größe und dem Gefahrenpotenzial des Betriebs.

Ersthelfer, die bei Unglücksfällen oder gemeiner Gefahr oder Not Hilfe leisten oder einen anderen aus einer erheblichen Gefahr für seine Gesundheit retten, zählen zum Versichertenkreis der Unfallversicherung (§ 2 Abs. 1 Nr. 13a SGB VII). Das gilt nach § 2 Abs. 1 Nr. 12 SGB VII auch für Personen, die an Ausbildungsveranstaltungen von Unternehmen zur Hilfe bei Unglücksfällen teilnehmen.

7 Betriebssanitäter

In bestimmten Betrieben muss zur Absicherung der Ersten Hilfe auch ein eigener Betriebssanitäter zur Verfügung stehen. Aufgabe des Betriebssanitäters ist es, bei → *Arbeitsunfällen* und akuten Erkrankungen von Mitarbeitern erweiterte Erste Hilfe zu leisten. Er ist wichtiges Bindeglied in der betrieblichen Rettungskette zwischen dem → *Ersthelfer* und dem Rettungsdienst. Während die Ersthelfer für die unmittelbare Erste Hilfe ausgebildet sind und insbesondere lebensrettenden Sofortmaßnahmen einleiten, wird der Betriebssanitäter je nach Art und Schwere der Verletzung an den Unfallort gerufen oder vom Verletzten aufgesucht. Er führt weitergehende Maßnahmen der Notfallversorgung bis zum Eintreffen des Rettungsdienstes durch und setzt dabei entsprechende Geräte ein.

Betriebssanitäter sind erforderlich, wenn:

- mehr als 1.500 Beschäftigte in einem Betrieb anwesend sind;
- in einer Betriebsstätte 1.500 oder weniger, aber mehr als 250 Beschäftigte anwesend sind und die Art, Schwere und Zahl der Unfälle im Betrieb dies erfordern;
- mehr als 100 Beschäftigte an einer Baustelle tätig sind, ist grundsätzlich der Einsatz von Sanitätspersonal erforderlich. Das gilt auch, wenn der Unternehmer zur Erbringung einer Bauleistung aus einem von ihm übernommenen Auftrag Arbeiten an andere Unternehmer vergibt und insgesamt mehr als 100 Beschäftigte gleichzeitig tätig sind.

Bei der Bemessung der Zahl der Betriebssanitäter muss der Unternehmer Schichtbetrieb, Abwesenheits-, Krankheits- und Urlaubsvertretungen berücksichtigen. Betriebssanitäter müssen an speziell für den Betriebssanitätsdienst ausgerichteten Ausbildungen teilnehmen und sich entsprechend des Aufgabenfeldes fortbilden.

8 Unterstützungspflichten der Beschäftigten

Im Rahmen ihrer Unterstützungspflicht nach § 15 Abs. 1 DGUV-V 1 müssen sich Beschäftigte zum → *Ersthelfer* ausbilden und über einen Zeitraum von 2 Jahren auch fortbilden lassen. Nach der Ausbildung müssen sie sich für Erste-Hilfe-Leistungen zur Verfügung stellen. Jeder Beschäftigte ist nach § 28 DGUV-V 1 verpflichtet, → *Arbeitsunfälle* (Verletzungen, Gesundheitsschäden) sofort der zuständigen betrieblichen Stelle zu melden. Ist er selbst hierzu nicht imstande, liegt die Meldepflicht bei den Betriebsangehörigen.

Steffen Pluntke

Erste-Hilfe-Raum

Erste-Hilfe-Räume (früher Sanitätsräume) sind Räume, in denen bei einem Unfall oder bei einer Erkrankung im Betrieb Erste Hilfe geleistet oder die ärztliche Erstversorgung durchgeführt wird. Fahrzeuge (Sanitätswagen) oder transportable Raumzellen (Sanitätscontainer) sowie besonders hergerichtete, vom übrigen Raum nicht abgetrennte Sanitätsbereiche gelten als vergleichbare Einrichtungen.

Gesetze, Vorschriften und Rechtsprechung

Regelungen zu Erste-Hilfe-Räumen sind enthalten in § 6 ArbStättV und ASR A4.3 „Erste-Hilfe-Räume, Mittel und Einrichtungen zur Ersten Hilfe".

1 Wann muss ein Erste-Hilfe-Raum eingerichtet werden?

Erste-Hilfe-Räume oder vergleichbare Bereiche sind entsprechend der Art der Gefährdungen in der Arbeitsstätte oder der Anzahl der Beschäftigten, der Art der auszuübenden Tätigkeiten sowie der räumlichen Größe der Betriebe zur Verfügung zu stellen.

In einem Unternehmen muss mind. ein Erste-Hilfe-Raum oder eine vergleichbare Einrichtung vorhanden sein, wenn

- mehr als 1.000 Arbeitnehmer beschäftigt sind oder
- mit besonderen Unfallgefahren zu rechnen ist und mehr als 100 Arbeitnehmer beschäftigt sind,
- bei → *Baustellen* mit mehr als 50 Beschäftigten.

2 Lage und Kennzeichnung

Erste-Hilfe-Räume müssen an ihren Zugängen als solche gekennzeichnet und für Personen mit Rettungstransportmitteln leicht zugänglich sein. Es ist zu empfehlen, dass sich die Erste-Hilfe-Räume möglichst im Erdgeschoss befinden, sodass sie mit einer Krankentrage oder einem Fahrzeug möglichst schnell erreicht werden können.

An einer deutlich gekennzeichneten Stelle müssen Anschrift und Telefonnummer der örtlichen Rettungsdienste angegeben sein.

Erste-Hilfe-Räume sind mit dem Rettungszeichen E003 „Erste Hilfe", d.h. mit einem weißen Kreuz auf grünem Untergrund, zu kennzeichnen. Die Zugänge zum Erste-Hilfe-Raum müssen durch einen weißen waagerechten Pfeil auf einem rechteckigen grünen Untergrund mit weißer Umrandung gekennzeichnet werden.

3 Bauliche Gestaltung

Um die erforderlichen Einrichtungen und Ausstattungen aufnehmen zu können, müssen folgende Räume zur Verfügung stehen:

- **Erste-Hilfe-Raum:** Raum mit einer Grundfläche von mind. 20 qm und einer lichten Höhe von 2,5 m
- **Sanitätscontainer:** Raum mit einer Grundfläche von mind. 5,35 × 2,35 m und einer lichten Höhe von 2,30 m

Für die barrierefreie Gestaltung der Erste-Hilfe-Räume sowie Mittel und Einrichtungen zur Ersten Hilfe gilt die ASR V3a.2 „Barrierefreie Gestaltung von Arbeitsstätten" Anhang A4.3: Ergänzende Anforderungen zur ASR A4.3 „Erste-Hilfe-Räume, Mittel und Einrichtungen zur Ersten Hilfe".

3.1 Zugänge

Um den Erste-Hilfe-Raum oder eine vergleichbare Einrichtung besser erreichen zu können, sollen sich vor diesem möglichst keine Stufen befinden. Höhenunterschiede sollen durch eine Rampe ausgeglichen werden.

Die Transportwege zum Erste-Hilfe-Raum sollen möglichst so gestaltet werden, dass die verletzte Person einen ausreichenden Schutz vor Witterungseinflüssen (z.B. Regen, Schnee) hat.

3.2 Eingänge

Die Eingangstüren zu Erste-Hilfe-Räumen sollen dicht schließen und feststellbar sein. Sie sollen eine lichte Weite von mind. 1,2 m und eine Höhe von mind. 2 m aufweisen.

3.3 Fußböden, Wände, Decken

Wichtig ist, dass → *Fußböden*, Wände und Decken leicht zu reinigen und zu desinfizieren sind.

4 Einrichtung und Ausstattung

4.1 Einrichtung

Folgende Einrichtungen müssen mind. in Erste-Hilfe-Räumen oder vergleichbaren Einrichtungen installiert werden:

- Waschbecken mit Spiegel und Konsole, Seifenspender, Desinfektionsmittelspender, fließendes Kalt- und Warmwasser (bis 60 °C) aus der Mischbatterie;
- Telefon, von dem aus inner- und außerbetriebliche Stellen angewählt werden können.

Zudem sollte sich in der Nähe des Erste-Hilfe-Raums eine Toilette befinden.

4.2 Ausstattung

Folgende Ausstattung gehört in einen Erste-Hilfe-Raum:

- Schreibtisch
- Schreibstuhl
- Papierkorb
- „Anleitung zur Ersten Hilfe bei Unfällen"
- Verbandbuch oder Verbandkartei
- Krankentrage (DIN 13025)
- fahrbares Gestell für Krankentragen (DIN 13034 oder DIN 13046)
- Liege (Kopf- und Fußende verstellbar)
- Infusionsständer (höhenverstellbar)
- verschließbare Schränke zur übersichtlichen Aufbewahrung von Materialien und Medikamenten
- Abwurfbehälter

4.3 Erste-Hilfe-Material und Transportmittel

Folgendes Material ist ebenfalls vorzuhalten:

- Einwegdecken
- Einweglaken für Tragen und Liegen
- Decken
- Schienen zum Ruhigstellen von Extremitäten
- → *Defibrillator (AED)*
- HWS-Immobilisationskragen
- Vakuummatratze
- Inhalt von mind. 2 Verbandkästen DIN 13169-E (ohne Scheren)
- Guedeltuben Größen 2, 3 und 5
- Sauerstoffmasken
- Beatmungsbeutel
- Beatmungsmasken
- Absauggerät mit Absaugkathetern
- Infusionslösung 500 ml zur Schockbekämpfung
- Infusionsbesteck mit steriler Venenpunktionskanüle
- Einmalspritzen und Kanülen
- Alkoholtupfer
- Blutdruckmessgerät
- Stethoskop
- Augenspülflasche

4.4 Pflegegeräte

Folgende Pflegegeräte gehören zur Grundausstattung des Erste-Hilfe-Raumes:

- Wärmflasche
- Steckbecken mit Deckel
- Einweg-Urinale
- Einweg-Nierenschalen
- Einweg-Trinkbecher
- Einmalhandschuhe
- Schutzmäntel
- Einwegkleidung

4.5 Reinigungs- und Desinfektionsmaterial

Folgendes Reinigungs- und Desinfektionsmaterial sollte vorhanden sein:

- Seife für Seifenspender
- Reinigungsmittel
- Hautschutzcreme
- Nagelbürste
- Nagelschere
- Nagelfeile
- Zellstoff

4.6 Arzneimittel

Arzneimittel werden entsprechend der ärztlichen Vorgabe vorgehalten und unter Verschluss aufbewahrt.

Steffen Pluntke

Ersthelfer

Ersthelfer sind Personen, die die Erste Hilfe im Betrieb sicherstellen. Sie führen bei Unfällen, Vergiftungen und Erkrankungen im Betrieb entsprechende Maßnahmen der Ersten Hilfe durch, bis der Betroffene einer weiteren rettungsdienstlichen oder ärztlichen Versorgung zugeführt werden kann. Um dieser Aufgabe gerecht zu werden, werden Ersthelfer speziell ausgebildet.

Gesetze, Vorschriften und Rechtsprechung

Grundlegende Regelungen zur Thematik „betrieblicher Ersthelfer" sind enthalten in § 10 Arbeitsschutzgesetz, § 26 DGUV-V 1 „Grundsätze der Prävention" sowie § 23 Abs. 1 SGB VII.

1 Anzahl der Ersthelfer

Die erforderliche Anzahl der Ersthelfer richtet sich nach Art und Größe des jeweiligen Betriebs. Die Unfallversicherungsträger machen folgende Vorgaben zur Anzahl der Ersthelfer:

- bei 2 bis zu 20 anwesenden Mitarbeitern muss mind. ein Ersthelfer zur Verfügung stehen;
- bei mehr als 20 anwesenden Versicherten muss die Zahl der Ersthelfer in Verwaltungs- und Handelsbetrieben 5 % und in sonstigen Betrieben 10 % der anwesenden Mitarbeiter entsprechen.

Die Anzahl der Ersthelfer geht von anwesenden Mitarbeitern aus, damit auch bei Schichtbetrieb, Urlaubszeiten, Dienstreisen, zu erwartendem Krankenstand oder unterschiedlichen Verteilungen auf Filialen genügend Ersthelfer anwesend sind. Deshalb muss die Zahl der Ersthelfer größer sein, als sich allein durch die rechnerische Ermittlung aus der Gesamtbelegung ergibt.

2 Aus- und Fortbildung der betrieblichen Ersthelfer

2.1 Ausbildung

Praxis-Beispiel: Nur ausgebildete Ersthelfer einsetzen

Als Ersthelfer dürfen nur Personen eingesetzt werden, die an einem Erste-Hilfe-Lehrgang teilgenommen haben, der bei einem durch die Berufsgenossenschaft anerkannten Bildungsträger durchgeführt wird.

Die Grundausbildung in → *Erster Hilfe* umfasst 9 Unterrichtseinheiten und dauert in der Regel 1 Tag, wobei diese Ausbildung primär in der Arbeitszeit erfolgen soll. Dafür ist eine Abstimmung zwischen Betrieb und ausbildender Stelle erforderlich.

Innerhalb dieser Grundausbildung sollen die angehenden Ersthelfer umfassende Kenntnisse und Fertigkeiten über die verschiedensten Verletzungen und Erkrankungen erhalten. Dabei sollen jedoch die praktische Anwendung und die praktische Umsetzung des Erlernten im Mittelpunkt stehen.

Wird in einem Betrieb mit gefährlichen Stoffen umgegangen und ist damit zu rechnen, dass bei → *Arbeitsunfällen* besondere Maßnahmen der Ersten Hilfe erforderlich werden, die nicht Gegenstand der allgemeinen Ausbildung sind, so ist für eine Zusatzausbildung zu sorgen. Diese Zusatzausbildung kann Aufgabe des → *Betriebsarztes* sein.

2.2 Fortbildung

Um eine effektive Erste Hilfe im Betrieb sicherstellen zu können, müssen die betrieblichen Ersthelfer entsprechend ihrer Tätigkeit regelmäßig fortgebildet werden.

Dazu wird von den Bildungseinrichtungen ein spezielles Erste-Hilfe-Training angeboten, in dem die wichtigsten Maßnahmen (z.B. die Wiederbelebung in der Einhelfer- und der Zweihelfermethode) nochmals wiederholt und praktisch geübt werden.

Dieses Erste-Hilfe-Training umfasst 9 Unterrichtseinheiten und dauert i.d.R. einen Tag.

Werden in einem Betrieb mehrere Ersthelfer fortgebildet, besteht auch die Möglichkeit, diese als eine Gruppe fortzubilden. Entsprechend können hier die Fortbildungsinhalte besser den betrieblichen Gegebenheiten angepasst werden.

Die Fortbildung soll alle 2 Jahre durchgeführt werden.

Zum 1.4.2015 wurde eine spezielle Erste-Hilfe-Fortbildung in Bildungs- und Betreuungseinrichtungen für Kinder – ebenfalls im Umfang von 9 UE – eingeführt. Haben sich die Fortbildungen durch entsprechende Vorgaben der Unfallversicherungsträger in der Vergangenheit inhaltlich vor allem auf die Versorgung von erwachsenen Notfallbetroffenen konzentriert, werden in dieser neuen zielgruppenspezifischen Fortbildung besonders die Interessen von Erziehern, Betreuern, Tageseltern und Lehrern berücksichtigt, da diese berufsbedingt vor allem mit (Klein-)Kindern zu tun haben. Erstmals können dann u.a. auch folgende Themen behandelt werden:

- Maßnahmen zur psychischen Betreuung für Kinder
- Allgemeinzustand erkrankter Kinder erkennen und beurteilen
- Herz-Lungen-Wiederbelebung bei Säuglingen und Kindern
- Erkennen und Einleiten von Maßnahmen bei häufigen Kinderkrankheiten
- Erkennen und Versorgen von Sportverletzungen

Die Erste-Hilfe-Fortbildung in Bildungs- und Betreuungseinrichtungen für Kinder fokussiert sich dabei auf die Sicherung der in der Grundausbildung (Erste Hilfe bei Erwachsenen) erworbenen Kompetenzen. Darauf aufbauend werden spezifische Erste-Hilfe-Maßnahmen für Kinder vermittelt und die Bewältigung von Notfallsituationen trainiert. Die Auswahl der hierfür zusätzlich optional zur Verfügung stehenden Themen erfolgt anhand des spezifischen Bedarfs bzw. der Anforderungen der Teilnehmer bzw. des Unternehmens. Eine spezielle Erste-Hilfe-Grundausbildung für Bildungs- und Betreuungseinrichtungen für Kinder wird es hingegen (weiterhin) nicht geben.

2.3 Kosten der Aus- und Fortbildung

Die Kosten der Aus- und Fortbildung der betrieblichen Ersthelfer werden von der für den Betrieb zuständigen Bezirksverwaltung der Berufsgenossenschaft getragen. Die Lehrgangsgebühren werden vom Bildungsträger mit der Berufsgenossenschaft abgerechnet.

Sonstige Kosten, wie Fahrtkosten und ggf. Lohn- und Gehaltskosten werden vom Arbeitgeber getragen.

2.4 Anmeldeverfahren

I.d.R. meldet der Unternehmer die zukünftigen Ersthelfer zur Ausbildung bei einer ermächtigten Stelle an. Dazu leitet er das ausgefüllte Anmeldeformular zur verbindlichen Anmeldung an die Ausbildungsstelle weiter.

Nach erfolgreicher Teilnahme am Lehrgang muss der Unternehmer den Beschäftigten als Ersthelfer im Betrieb benennen.

Praxis-Beispiel: Ernennungsurkunde

Es bietet sich an, z.B. durch Verleihung einer Ernennungsurkunde auf diese besondere Funktion deutlich hinzuweisen.

2.5 Ausbildungsstellen

Ausbildungsstellen für die Aus- und Fortbildung von betrieblichen Ersthelfern müssen von der Berufsgenossenschaft anerkannt und zertifiziert sein.

Sog. ermächtigte Stellen sind i.d.R. die 5 großen Hilfsorganisationen:

- Deutsches Rotes Kreuz (DRK)
- Malteser Hilfsdienst (MHD)
- Johanniter Unfallhilfe (JUH)
- Arbeiter Samariter Bund (ASB)
- Deutsche Lebensrettungsgesellschaft (DLRG)

Aber auch andere Institutionen (z.B. Feuerwehren, Rettungsdienstschulen) können die Ermächtigung der Berufsgenossenschaft erhalten.

Einen Überblick über die ermächtigen Stellen stellt die Berufsgenossenschaft in Form ihrer „Liste der ermächtigten Stellen" auf der Internetseite der Qualitätssicherungsstelle Erste Hilfe zur Verfügung.

3 Gewinnung von Ersthelfern

Zu den Pflichten des Unternehmers gehört es, die → *Erste Hilfe* im Betrieb sicherzustellen. Dieser Pflicht kann der Unternehmer jedoch nur nachkommen, wenn seine Angestellten ihn dabei unterstützen. Dazu kann den Angestellten verdeutlicht werden, wie wichtig die Aufgabe des Ersthelfers ist.

Ebenfalls ist es allgemeine Pflicht, bei Unglücksfällen, gemeiner Gefahr oder Not Hilfe zu leisten (§ 323c StGB) auch wenn man nicht gesondert als Ersthelfer ausgebildet ist. Die Ausbildung in Erster Hilfe gibt aber eine gewisse Sicherheit, in Notsituationen das „Richtige" zu tun, da die Maßnahmen der Ersten Hilfe in der Ausbildung ausführlich trainiert wurden.

In § 28 DGUV-V 1 ist darüber hinaus die Pflicht der Mitarbeiter festgeschrieben, sich in Erster Hilfe ausbilden zu lassen. Diese Verpflichtung haben sie einerseits gegenüber der Berufsgenossenschaft, andererseits gegenüber dem Unternehmer. Sie ist Teil der Treuepflicht des Arbeitnehmers und bildet das Gegenstück zur Fürsorgepflicht des Unternehmers.

4 Ernennung als Ersthelfer

Nach erfolgreicher Qualifizierung sind die Ersthelfer im Unternehmen öffentlich zu benennen. Am besten eignet sich dazu ein Aushang oder die Bekanntgabe auf Dienstberatungen, Mitarbeiterbesprechungen etc.

Für die Bestellung gibt es keine Formvorschriften. Sie sollte allerdings schriftlich erfolgen. Sinnvoll wäre es außerdem, einen entsprechenden Vermerk in die Personalakte bzw. als Ergänzung zum Arbeitsvertrag aufzunehmen.

5 Konsequenzen bei Verstößen

Das Nichtvorhandensein von Ersthelfern stellt eine Ordnungswidrigkeit dar. Im Falle einer Kontrolle durch den technischen Aufsichtsbeamten der Berufsgenossenschaften können bei Verstößen gegen die Pflicht, Ersthelfer vorzuweisen verschiedene „Sanktionen" erhoben werden.

- Bußgeld in Höhe von bis zu 10.000 EUR
- Erhöhung der Beitragssätze durch den Anstieg des betrieblichen Risikos

Sollte ein Beschäftigter infolge mangelhafter Erste-Hilfe-Organisation oder fehlender Erste-Hilfe-Einrichtungen einen Gesundheitsschaden erleiden oder sogar zu Tode kommen, hätte dies außerdem strafrechtliche Konsequenzen – bis hin zu einer Anklage wegen Körperverletzung bzw. fahrlässiger Tötung.

Christian Piehl

Erzeugnis

Ein Erzeugnis ist definitionsgemäß ein Gegenstand, der bei der Herstellung eine spezifische Form, Oberfläche oder Gestalt erhält. Um die Definition für ein Erzeugnis zu erfüllen, muss dabei die Funktion des Gegenstands in größerem Maße durch seine Gestalt als durch seine chemische Zusammensetzung bestimmt sein. Typische Erzeugnisse sind z.B. Möbel, Elektrogeräte, Autos oder Werkzeuge. Abzugrenzen von Erzeugnissen sind – umgangssprachlich ausgedrückt – Chemikalien, also Stoffe bzw. Gemische. Bei der Produktion bzw. dem Import von Erzeugnissen sind jeweils andere chemikalienrechtliche Anforderungen maßgeblich, als dies bei Stoffen bzw. Gemischen der Fall ist. Mithilfe der ECHA-Leitlinien zu den Anforderungen für Stoffe in Erzeugnissen können Produzenten, Importeure und Lieferanten von Erzeugnissen analysieren, welchen Pflichten sie nach der REACH-Verordnung unterliegen.

Gesetze, Vorschriften und Rechtsprechung

Der Begriff des Erzeugnisses ist in verschiedenen chemikalienrechtlichen Regelwerken definiert, so in Art. 3 Abs. 3 Verordnung (EG) Nr. 1907/2006 (REACH-Verordnung), Art. 2 Abs. 9 Verordnung (EG) Nr. 1272/2008 (CLP-Verordnung) und § 3 Abs. 5 Chemikaliengesetz.

Benedikt Vogt

Evakuierungsübung

Evakuierungsübungen (auch Räumungsübungen) tragen dazu bei, dass die Nutzer von Gebäuden oder Anlagen in der Lage sind, diese im Brandfall oder bei anderen Notlagen sicher und zügig zu verlassen. Wichtiges Ziel ist außerdem, dass die Evakuierung so strukturiert abläuft, dass nach Möglichkeit die Vollständigkeit eindeutig festgestellt und so die risikoreiche Suche nach vermissten Personen vermieden wird. Evakuierungsübungen sind, wenn sie im realen Betrieb ablaufen, mit einer unvermeidlichen Betriebsstörung verbunden und können auch zu Unfall- und Haftungsrisiken führen. Sie müssen daher sorgfältig geplant und sinnvoll durchgeführt werden.

Gesetze, Vorschriften und Rechtsprechung

Evakuierungsübungen werden für bestimmte Gebäude baurechtlich vorgeschrieben, wenn es aufgrund der Art des Gebäudes (z.B. Größe, bauliche Besonderheiten) oder Art der Nutzung erforderlich ist, z.B. bei Schulen, Verkaufs- und Versammlungsstätten, Pflegeeinrichtungen.

Außerdem verpflichtet § 4 Abs. 4 Arbeitsstättenverordnung den Arbeitgeber, Beschäftigte regelmäßig im Verhalten im Notfall zu unterweisen und zu trainieren. Abschn. 11 Abs. 2 ASR A2.3 verweist in diesem Zusammenhang ausdrücklich auf eine möglichst jährliche Begehung der Fluchtwege sowie auf durchzuführende Evakuierungsübungen bei Bestehen von Flucht- und Rettungsplänen.

Konkrete Vorgaben und Arbeitshilfen finden sich in DGUV-I 205-033 "Alarmierung und Evakuierung".

1 Evakuierung sinnvoll – ja oder nein?

Vor allen anderen Überlegungen ist zunächst zu klären, ob eine komplette Evakuierung des Gebäudes im Notfall überhaupt sinnvoll ist oder ob das Notfallkonzept des betreffenden Gebäudes/der Anlage ganz anders aussehen sollte. Diese Frage ist letztlich mit der zuständigen Feuerwehr abzustimmen, die genau Auskunft geben kann, was die Einsatzplanung für den betreffenden Fall vorsieht und in welchen Punkten die betriebliche Notfallorganisation hier gefordert ist. Solchen Überlegungen sollte immer zugrunde liegen, dass die strengen Bestimmungen des baulichen → *Brandschutzes* ja gerade dazu da sind, dass im Fall eines Entstehungsbrandes **keine** unmittelbare Gefahr für alle Räume und Bereiche eines Gebäudes besteht.

1.1 Was spricht gegen eine Evakuierungsübung?

- Ist die Zeit bis zum Eintreffen der Feuerwehr sehr kurz (z.B. weil das Gebäude günstig gelegen ist), trifft die Feuerwehr u.U. gerade dann ein, wenn die Evakuierung in vollem Gange und die Unruhe entsprechend groß ist. Es ist dann sehr schwierig, einen Lageüberblick zu gewinnen und zügig einen Löschangriff zu starten.
- Wenn die → *Fluchtwege* sehr kurz sind (z.B. einstöckige, kleine Einheiten) und die Situation auch sonst unkritisch (erwachsene, mobile, ortskundige Gebäudenutzer), ist die Evakuierung von nicht direkt vom Brand betroffenen Bereichen u.U. nicht sinnvoll. Gleiches gilt auch, wenn Gebäudeteile so vollständig voneinander abgeschottet sind, dass mit einem Brandübergriff nicht zu rechnen ist. In solchen Fällen würde eine komplette Evakuierung ebenfalls durch Unruhe und Verwirrung mehr schaden als nutzen.
- In besonderen Fällen ist es gar nicht möglich, ein Gebäude mit den vorhandenen Kräften zu räumen (Pflegeheime, Krankenhäuser). Hier hat das Notfalltraining der Beschäftigten ganz anders anzusetzen.
- Schließlich gibt es tatsächlich Situationen, in denen bei einer Evakuierungsübung unter realistischen Bedingungen die sich daraus ergebenden Betriebsstörungen nicht akzeptabel sind (z.B. besondere Versorgungs- oder Dienstpflichten wie in Verkehrsbetrieben, medizinischen Einrichtungen, Gerichten usw., oder in Anlagen mit empfindlichen Produktionsprozessen). In solchen Fällen kommen z.B. Teilevakuierungen, stille Begehungen der Fluchtwege oder „gestellte" Evakuierungsübungen mit Versuchspersonen außerhalb der Betriebszeiten infrage.
- Der erhoffte Sicherheitszugewinn steht u.U. nicht in einem vernünftigen Maß zu den zu erwartenden Risiken.

Praxis-Beispiel: Risiken von Evakuierungsübungen

Diese können z.B. darin bestehen, dass

- Menschen beim Verlassen des Gebäudes zu Schaden kommen (gilt besonders für Menschen mit Behinderungen oder Ortsunkundige wie Kunden, Besucher usw.),
- es bei einer größeren Zahl von Menschen zu Gefahren durch oder für den Straßenverkehr kommt, wenn der Sammelplatz unmittelbar am öffentlichen Verkehrsbereich liegt oder eine Straße auf dem Weg zum Sammelplatz überquert werden muss.

1.2 Was spricht für eine Evakuierungsübung?

1. Der Unternehmer erfüllt auf diese Weise seine gesetzlichen Schutzpflichten, nach denen er alle erforderlichen Maßnahmen zur Sicherheit der Beschäftigten zu organisieren hat. Wenn eine Alarmeinrichtung für ein Evakuierungssignal im Gebäude vorhanden ist, muss den betroffenen Beschäftigten bzw. nach Möglichkeit allen Nutzern eines Gebäudes klar sein, um was für ein Signal es sich handelt und was zu tun ist. Abschn. 11 Abs. 2 ASR A2.3 fordert die Durchführung einer Evakuierungsübung schon bei Vorliegen eines → *Flucht- und Rettungsplans.*
2. Bauliche Gegebenheiten oder die Art der Nutzung können regelmäßige Evakuierungsübungen unbedingt erforderlich machen, z.B. Gebäude mit problematischen → *Fluchtwegen* (große Ausdehnung, brennbare Baustoffe), hohem Brandrisiko (bestimmte Produktionsbetriebe), besondere Personengruppen (z.B. Kinder). In solchen Fällen können Evakuierungsübungen behördlich auferlegte Pflicht sein.
3. Schließlich wünschen in bestimmten Fällen die Feuerwehren Evakuierungsübungen, deren Schwerpunkt dann i.d.R. auf den feuerwehrtechnischen Erfordernissen liegen.

Praxis-Beispiel: Begriffe: Evakuierung und Räumung

Beide Begriffe werden verwendet, wenn davon die Rede ist, dass Menschen in einem Gefahrenfall einen Bereich oder ein Gebäude umgehend verlassen müssen.

Vom sprachlichen Gesichtspunkt aus bezieht sich der Begriff Räumung auf die Menschen, die z.B. ein Gebäude verlassen, also räumen. Der Begriff Evakuierung bezieht sich auf den Bereich oder das Gebäude, das komplett geleert, also evakuiert werden muss. Demnach ist es nicht korrekt, wenn davon gesprochen wird, dass Menschen evakuiert werden.

In der DGUV-I 205-033 wird darauf hingewiesen, dass der Begriff „Räumung" eher im Bereich der öffentlichen Sicherheit (z.B. Polizeirecht) Verwendung findet und dass im Bereich von Sicherheit und Gesundheitsschutz der Begriff „Evakuierung" etabliert werden soll.

2 Evakuierungsübungen sorgfältig organisieren

Bei der Entscheidung für eine Evakuierungsübung sollten sich die Verantwortlichen darüber im Klaren sein, dass eine Evakuierungsübung mit einem gewissen, unvermeidlichen Maß an Arbeitszeitverlust und Betriebsstörungen einhergeht. Umso wichtiger ist es, dass diese Maßnahme zielgerichtet eingesetzt und sorgfältig vor- und nachbereitet wird.

Evakuierungsübungen können nur dann einen positiven Effekt haben, wenn die Betroffenen sie als sinnvolle Sicherheitsmaßnahme akzeptieren. Dazu muss spürbar werden, dass die Betriebsführung – nicht etwa nur die zuständige Fachabteilung – die Übungen mit Ernst und Nachdruck betreibt. Bei Vorbereitung, Durchführung und Auswertung muss stets alles vermieden werden, was die Übung lächerlich, schikanös oder beängstigend erscheinen lässt.

2.1 Evakuierungskonzept

Nach DGUV-I 205-033 hat der Arbeitgeber zunächst in einer Gefährdungsermittlung zu prüfen, welche Risiken zu einer Evakuierung führen können und welche Maßnahmen in diesem Fall erforderlich sind. Dabei spielen folgende Faktoren eine Rolle:

- Betriebsgröße (Anzahl der Beschäftigten und anwesenden Dritten),
- Betriebsart bzw. Wirtschaftszweig,
- Gebäudeart (Gebäude besonderer Art und Nutzung: Sonderbauten, Verkaufsstätten, Beherbergungsstätten, Garagen, Versammlungsstätten, Hochhäuser, Industriebauten, Schulen),
- Schichtarbeit,
- besondere Bereiche oder Abteilungen, Baustellen usw.
- spezielle Anforderungen aufgrund der Art und Nutzung des Gebäudes (z.B. Krankenhaus, Hotel, Einkaufszentrum, Industriebetrieb, Pflegeheim),
- spezielle Personengruppen: z.B. Kinder, Schülerinnen und Schüler, Studierende, Menschen mit Behinderung, Publikumsverkehr, Fremdfirmen

Dementsprechend ist das Evakuierungskonzept zu erarbeiten. Die DGUV-I 205-033 bietet dazu Muster und Checklisten.

Praxis-Beispiel: Evakuierungshelfer – ist diese Funktion sinnvoll?

In der DGUV-I 205-033 wird davon abgeraten. Es heißt dort in Abschn. 1.1:

„Da der betriebliche Evakuierungsplan jeder anwesenden Person im Unternehmen bekannt gemacht werden muss, sind alle Mitarbeiterinnen und Mitarbeiter über die Maßnahmen im Notfall zu unterweisen. Jede Mitarbeiterin und jeder Mitarbeiter haben eigenverantwortlich auf eigene Kolleginnen und Kollegen, andere anwesende Personen und z.B. Menschen mit Behinderungen zu achten. Eine Qualifizierung einiger weniger Personen ist nicht zielführend."

Wenn allerdings doch im Einzelfall das Notfallkonzept eines Unternehmens Beschäftigte vorsieht, die Aufgaben im Zusammenhang mit der Evakuierung übernehmen, müssen diese nach Abschn. 11 Abs. 3 ASR A2.3 mindestens jährlich betriebsspezifisch unterwiesen werden.

2.2 Ziele einer Evakuierungsübung

Lernziele bzw. Ergebnisse einer solchen Übung beziehen sich v.a. auf folgende Fragen:

- Werden alle Beschäftigten vom Evakuierungssignal erreicht?
- Verhalten sie sich dem Notfall- bzw. Evakuierungskonzept entsprechend?
- Wie lange dauert die Evakuierung?
- Gelingt es, auf dem Sammelplatz die Anwesenheit in einer vertretbaren Zeit festzustellen?

2.3 Planung

Wenn bis dahin noch gar keine oder schon sehr lange keine Evakuierungsübung mehr stattgefunden hat, empfiehlt sich folgende Vorgehensweise:

- Vorbereitung und Durchführung einer angekündigten Übung,
- Auswertung, ggf. Nachbesserungen im Notfallkonzept,
- weitere Übungen teil- oder unangekündigt.

Praxis-Beispiel: Unangekündigte Übungen

Zwar besteht bisweilen die Vorstellung, mit einer spontanen unangekündigten Übung könne den Betroffenen besonders drastisch vor Augen geführt werden, welche Probleme im Notfallkonzept eines Betriebs/eines Gebäudes möglicherweise bestehen. Jedoch ist davon auszugehen, dass dadurch unnötig Aufregung, Kritik und womöglich sogar Panik heraufbeschworen werden, die jeden erwünschten Lerneffekt zunichtemachen.

Bei der Vorbereitung einer Evakuierungsübung sind folgende Punkte zu berücksichtigen:

- Grundsätzlich hat eine Evakuierungsübung nur dann Sinn, wenn ein **funktionierendes Notfallkonzept** in einem Betrieb vorliegt (→ *Brandschutzordnung*, ggf. → *Flucht- und Rettungspläne*, Einteilung von → *Räumungshelfern* usw.) und dieses den Beschäftigten hinreichend bekannt ist. Die entsprechenden → *Unterweisungen* zum Thema „Verhalten im Notfall" sind dazu unverzichtbar – ein Blatt Papier, zur Kenntnisnahme herumgereicht, nützt da i. d. R. wenig.
- In jedem Fall sollte die **örtliche Feuerwehr** über die geplante Übung informiert werden, wenn sie nicht ohnehin involviert ist. Bei einer erstmalig durchgeführten Übung sollte geklärt werden, ob das Notfallkonzept des Betriebs bzw. der Ablauf der geplanten Übung sich tatsächlich mit der Einsatzplanung der Feuerwehr deckt. Ob und wie betriebliche Evakuierungsübungen vonseiten der Feuerwehren unterstützt werden können, ist sehr unterschiedlich. Die Teilnahme größerer Feuerwehrkontingente ist i. d. R. zu aufwendig und für die angestrebten Ziele betrieblicher Evakuierungsübungen auch nicht dringend erforderlich. I. d. R. begleiten aber bei Bedarf Feuerwehrangehörige beratend solche Übungen.
- Bei regelmäßig wiederkehrenden Übungen, besonders wenn sie auf dem Betriebsgelände ohne Öffentlichkeitseffekt durchgeführt werden können, wird nicht jedes Mal die Feuerwehr benachrichtigt werden müssen.
- Bei Gebäuden einer gewissen Größenordnung, die Evakuierungsübungen überhaupt erst angezeigt erscheinen lassen, ist ein **Evakuierungssignal** i. d. R. unverzichtbar. Oft ist das Vorhandensein einer solchen Einrichtung (Alarmglocke, -sirene, Durchsage o. Ä.) ja gerade der Auslöser für regelmäßige Evakuierungsübungen. Im anderen Fall muss überlegt werden, wie die Alarmierung erfolgen soll. Gegebenenfalls ist es nötig, ein mobiles Signalgerät (Druckluftsirene, Megaphon o. Ä.) vorzuhalten.
- Bereits im Vorfeld kann geprüft werden, ob das Evakuierungssignal akustisch in allen Gebäudebereichen ankommt.
- Die **Terminauswahl** stellt häufig eine Kompromisslösung dar: Einerseits sollte die Übung möglichst aus dem vollen Betrieb heraus erfolgen, um realitätsnahe Schlüsse zuzulassen. Andererseits muss die Betriebsstörung in einem vertretbaren Rahmen gehalten werden. Bestehen Zweifel am reibungslosen Verlauf der Evakuierung, ist es sicher nicht falsch, eine erste Evakuierungsübung bei geringer Besetzung, z. B. am Rande der Betriebszeiten, anzusetzen.
- Ggf. ist im Vorfeld zu prüfen, ob es aus Gründen der Verhältnismäßigkeit angezeigt erscheint, bestimmte Personen/Betriebsbereiche von der Evakuierung auszunehmen (Aufrechterhaltung wichtiger Versorgungspflichten, Produktionsprozesse u. Ä.). Das darf aber auf keinen Fall von den übrigen Beschäftigten so verstanden werden, dass auf solche Übungen kein großer Wert gelegt würde. Weil EDV in vielen Betrieben eine immer komplexere und wichtigere Rolle spielt, ist es auf jeden Fall sinnvoll, auch mit der EDV-Abteilung zu klären, ob (z. B. aus Gründen von Datenschutz und -sicherheit) während der Übung bestimmte Maßnahmen notwendig sind.

- Rechtzeitig vor der Übung und ggf. noch einmal unmittelbar vorher sollte eine erstmalig durchgeführte Übung allen Nutzern des Gebäudes (soweit erreichbar) bekannt gegeben werden. Diese **Information** beinhaltet sowohl Beginn als auch Ende der Übung und ggf. eine Kurzinfo zur Art des Evakuierungssignals und zum richtigen Verhalten bzw. einen Verweis auf die entsprechende Brandschutzordnung.

Praxis-Beispiel: Transporthilfsmittel für Menschen mit Behinderung

Nach DGUV-I 205-033 soll es das Ziel sein, dass (außerhalb von Sondernutzungen, wie Pflege- und Betreuungseinrichtungen) möglichst alle Nutzer ohne externe Hilfe das Gebäude verlassen können. Für den Transport von gehbehinderten oder verletzten Personen über Treppen stehen geeignete Transporthilfen zur Verfügung (vgl. **Abb. 1**). Sie sind für eingewiesene Personen einfach und sicher zu bedienen. Nachteilig ist aber, dass der Transport lange dauert und in engen Treppenhäusern viel Platz beansprucht. Daher ist zu überlegen, ob mit einem solchen Hilfsmittel tatsächlich ein Sicherheitszugewinn verbunden ist. In vielen Fällen ist es die bessere Lösung, wenn Personen, die im Notfall nicht sicher über Treppen gehen können, in Begleitung einen Raum möglichst weit weg vom Brandherd aufsuchen, die Türen geschlossen halten und die Hilfe der Feuerwehr abwarten. Solche Vorgänge müssen in der → *Brandschutzordnung* festgehalten werden.

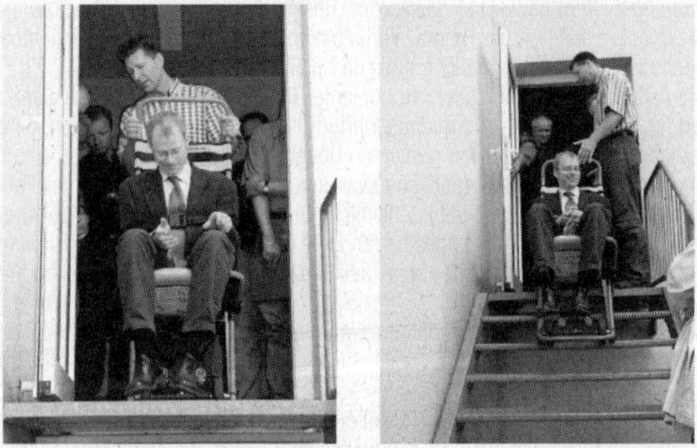

Abb. 1: Transporthilfe für Menschen mit Behinderung

Der **Ablauf einer Evakuierungsübung** ist in **Tab. 1** dargestellt.

Phasen	Dauer	Beteiligte Personen		Aufgaben
		Im Rahmen der Übung	Im Brandfall	
Auslösen des Evakuierungssignals		Übungsleiter oder Beauftragter	automatisch oder manuell	

Phasen	Dauer	Beteiligte Personen		Aufgaben
		Im Rahmen der Übung	Im Brandfall	
Evakuierungs-phase	3–5 min	Aufsichtsposten (nach Bedarf am Empfang und anderen Eingängen, Telefonzentrale usw.)		Sorgen dafür, dass keine Unbefugten das Gebäude während der Übung betreten (Schutz vor Diebstahl!), kümmern sich um evtl. Besucher, Telefon usw.
		Zeitnehmer (an jedem Gebäudeausgang)		Ermitteln die Zeit, bis der Hauptstrom der Personen das Gebäude verlassen hat, halten grob fest, welche Fluchtwege wie benutzt wurden.
		Evakuierungshelfer (soweit vorgesehen)		Kommen ihren Aufgaben nach Brandschutzordnung nach.
Ende der Evakuierungsphase		Übungsleiter oder Beauftragter	Feuerwehr	Alarm abstellen!
Feststellen der Vollständigkeit auf dem Sammelplatz	5 bis max. 20 min	Entsprechend der Brandschutzordnung, i. d. R. gruppen- oder abteilungsweise durch den jeweiligen Vorgesetzten, wobei Personen/Funktionen zu bestimmten sind, über die die Meldungen gesammelt und an die Einsatz- bzw. Übungsleitung weitergegeben werden. Alternativ erfolgt die Feststellung der vollständigen Evakuierung über die Evakuierungshelfer.		Dies ist der schwierigste Punkt einer Evakuierung. In vielen Betrieben fällt es sehr schwer, kopfgenau die Anwesenheit zu bestimmen (Außendienst, Gleitzeit, ...). Im Rahmen der Brandschutzordnung ist z. B. zu klären, wer bei einer Evakuierung ggf. von wo eine Anwesenheitsliste mitzunehmen hat.
		Kontrollperson		Geht durch das Gebäude und überprüft, ob alle das Signal wahrgenommen und entsprechend reagiert haben (Schließen von Türen, Aufzug nicht benutzt? usw.).

Phasen	Dauer	Beteiligte Personen		Aufgaben
		Im Rahmen der Übung	Im Brandfall	
Ende der Evakuierung	spätestens nach ca. 15–25 min je nach Größe	Übungsleiter		Die Übung endet, wenn die Anwesenheit erfolgreich festgestellt wurde, in jedem Fall aber nach Ablauf einer vorher festgelegten Frist. Diese Vorgehensweise verhindert, dass bei einem ungünstigen Übungsverlauf Unruhe und Verwirrung entsteht, was die Akzeptanz solcher Übungen untergraben würde.
Auswertungsrunde	mgl. direkt im Anschluss, Dauer ca. 30 min	Alle Beteiligten (s. o.), Vertreter der Geschäfts-/Betriebsleitung, Sicherheits-, Brandschutzbeauftragte, Sicherheitsfachkraft (soweit nicht ohnehin beteiligt).		I. d. R. ist das Interesse und Mitteilungsbedürfnis unmittelbar nach einer Übung groß, sodass die Auswertungsrunde dazu beiträgt, das Bewusstsein für die Brandschutzordnung zu schärfen. Die Ergebnisse der Übung werden zusammengetragen und aufgetretene Probleme festgehalten.
Nachbereitung, ggf. Anpassen der Brandschutzordnung				In einem Aushang, Rundmail o. Ä. kann den Beschäftigten für die Teilnahme gedankt und über die Ergebnisse der Übung informiert sowie auf evtl. Änderungen bzw. Verhaltensfehler hingewiesen werden.

Tab. 1: Ablauf einer Evakuierungsübung

Häufig auftretende Probleme bei Evakuierungsabläufen sind in **Tab. 2** dargestellt:

Problem	Maßnahme
Der Alarm wird nicht überall gehört.	Technische Nachbesserungen
Die Betroffenen benutzen nicht den kürzesten Weg ins Freie, sondern den gewohnten.	Unterweisung
Die Anwesenheit kann nicht festgestellt werden.	Unterschiedliche Gründe je nach Betriebsart und -größe, Brandschutzordnung ist entsprechend zu modifizieren.

Tab. 2: Probleme bei der Evakuierung

Praxis-Beispiel: Checklisten für die Evakuierungsübung

Nützliche Arbeitshilfen in Form von Checklisten für Planungsverantwortliche und Evakuierungshelfer finden sich in DGUV-I 205-033.

3 Regelmäßige Wiederholungsübungen

Nach ASR A2.3 sollen Evakuierungsübungen in Abständen von 2–5 Jahren wiederholt werden. Wenn die unverzügliche Evakuierung wesentlicher Bestandteil des Notfallkonzeptes eines Betriebs ist, sind ggf. kürzere Intervalle erforderlich, z. B. jährlich, bei hoher Fluktuation auch halbjährlich.

Wenn der Ablauf i. W. reibungslos funktioniert und den Beschäftigten vertraut ist, kann selbstverständlich auch unangekündigt geübt werden.

Praxis-Beispiel: Schädliche Routine

Ein großes Problem ist die Gefahr der Abstumpfung, wenn bei häufigen Übungsfrequenzen womöglich ein Teil der Betroffenen die Übungen nicht mehr ernst genug nimmt und es mehr oder weniger ins Ermessen gestellt sehen, ob reagiert wird oder nicht. Damit wird aus der Evakuierungsübung als einem Instrument der Sicherheit ein schwerer Unsicherheitsfaktor. Dem kann nur begegnet werden, wenn von vornherein alle Beteiligten die Sache entsprechend ernst nehmen und „Verweigerer" ggf. mit Konsequenzen rechnen müssen.

Cornelia von Quistorp

Exoskelette

Exoskelette sind am Körper getragene, physisch unterstützende technische Assistenzsysteme, die ihren Trägern eine zusätzliche Stützstruktur verleihen und somit deren Muskel-Skelett-Systeme entlasten. Sie werden hauptsächlich als Hebehilfe zur Vermeidung bzw. Reduzierung von Gesundheitsgefährdungen an Arbeitsplätzen in der Industrie sowie als Unterstützungsinstrument für diverse medizinische Therapie- und Rehabilitationsmaßnahmen eingesetzt.

Gesetze, Vorschriften und Rechtsprechung

Grundlegend gelten das Arbeitsschutzgesetz (ArbSchG) und die Betriebssicherheitsverordnung (BetrSichV). Die Rechtslage ist zum Großteil noch nicht eindeutig.

Selbstverständlich unterliegen Exoskelette hinsichtlich ihrer (potenziellen) Gefährdungsfaktoren den jeweiligen Regelwerken des Arbeitsschutzes, z. B. dem Arbeitsschutzgesetz (ArbSchG). Denn auch bei der Verwendung von Exoskeletten am Arbeitsplatz ist der Arbeitgeber gemäß Arbeitsschutzgesetz zur Durchführung einer Gefährdungsbeurteilung zur Ermittlung und Bewertung von Gefährdungen sowie Ableitung und Umsetzung von wirksamen Schutzmaßnahmen inklusive Unterweisungen, verpflichtet.

Aktuell wird noch diskutiert, ob Exoskelette als technische, organisatorische oder personenbezogene Schutzmaßnahme zu betrachten sind. Diese Frage ist schon deshalb noch nicht klar zu beantworten, da die rechtliche Zuordnung zu einem spezifischen Geltungsbereich einer EU-Richtlinie ebenfalls noch nicht festgelegt ist. In Fachkreisen dominiert aktuell allerdings die Tendenz, Exoskelette lediglich als personenbezogene Maßnahme und Persönliche Schutzausrüstung betrachten zu wollen – und daher folglich als letztes Glied in der S-T-O-P-Maßnahmenkette (Substitution – Technische Maßnahme – Organisatorische Maßnahme – Personenbezogene Maßnahme) des Arbeitsschutzes.

1 Aktive und passive Exoskelette

Grundsätzlich wird zwischen **Aktiven Exoskeletten** und **Passiven Exoskeletten** unterschieden. Aktive Exoskelette besitzen eine aktive mechanische Unterstützung mittels Sensoren, Elektromotoren oder pneumatischen Antrieben. Aufgrund ihrer modularen Bauweise können sie mehrere Körperregionen gleichzeitig unterstützen. Da sie zu ihrer Funktionsfähigkeit aber eine Energieversorgung durch Akkus und Motoren benötigen, haben sie ein deutlich höheres Eigengewicht als passive Exoskelette und ihr Einsatz ist zeitlich begrenzt. Bei passiven Exoskeletten dagegen erfolgt die Unterstützung reich mechanisch, beispielsweise über Federsysteme. Sie benötigen daher keine Energieversorgung und sind zeitlich unbegrenzt einsetzbar, können dafür aber auch nur einzelne Körperregionen unterstützen.

2 Anwendungsbereiche

Die hauptsächlichen Anwendungsgebiete von Exoskeletten sind die Medizin, der Einsatz in Produktion und Logistik der Wirtschaft sowie im Militärwesen. Andere Bereiche folgen aber, v. a. im Sport und in der Raumfahrt wird mit Exoskeletten experimentiert.

2.1 Medizinische Therapie und Rehabilitation

Die ersten Exoskelette wurden im Rahmen der medizinischen Rehabilitation eingesetzt. Als erstes Forschungsinstitut weltweit hat das Fraunhofer-Institut für Produktionsanlagen und Konstruktionstechnik einen Laufsimulator entwickelt, der Schlaganfall-Patienten das Wiedererlernen des Gehens erleichtert. Auch für die Rehabilitation nach orthopädischen Eingriffen eignen sich Exoskelette. Besonders erfolgreich werden sie in der Therapie von querschnittsgelähmten Patienten eingesetzt.

2.2 Industrieproduktion und Logistik

Der Einsatz von Exoskeletten an gewerblichen Arbeitsplätzen ist dagegen noch nicht sehr verbreitet. Dennoch werden Exoskelette aber in den letzten Jahren vermehrt in der Industrie eingesetzt, um z. B. Mitarbeiter bei Tätigkeiten über Kopf oder in der Hocke und beim Heben schwerer Lasten physisch zu unterstützen sowie um die Handkraft zu verstärken. Ein Ziel ist, durch Exoskelette präventiv zu bewirken, dass muskuloskelettale Beschwerden oder Schädigungen vermieden bzw. vermindert werden.

Prädestiniert sind Exoskelette insbesondere für die Logistik, beispielsweise bei der Auslieferung von Paketen an Endkunden. In der Montage erleichtern Exoskelette das Arbeiten über Kopf sowie mit schweren Werkstücken. In der Automobilwirtschaft kommen Exoskelette zunehmend zum Einsatz, um beispielsweise den Motorraum zu verkabeln oder bei der Anbringung von Autoteilen am Fahrzeug.

2.3 Militärwesen

Im militärischen Bereich konzentriert sich die Entwicklung bisher schwerpunktmäßig auf das Heben und den Transport schwerer Lasten. Die Anwendung von Exoskeletten für den unmittelbaren Einsatz im Feld, an der bereits geforscht und entwickelt wird, ist aber mittelfristig zu erwarten.

3 Sicherheitstechnische Anforderungen

Die sicherheitstechnischen Anforderungen an Exoskelette werden i. W. vom Einsatzzweck, also der bestimmungsgemäßen Verwendung, bestimmt. Die diesbezügliche Zuordnung zu einem Geltungsbereich einer EU-Richtlinie bzw. EU-Verordnung wird derzeit diskutiert. Denkbar wäre zunächst eine Zuordnung als technisches Hilfsmittel zur Maschinenrichtlinie (RL 2006/42/EG).

Weiterhin denkbar ist die Zuordnung als medizinisches Hilfsmittel, für die die Medizinprodukte-Richtlinie RL 93/42/EWG relevant wäre, oder aber als Persönliche Schutzausrüstung, wobei die neue PSA-Verordnung (EU) 2016/425 das verbindliche Regelwerk darstellen würde.

Eine klare rechtliche Zuordnung lässt auch deshalb noch auf sich warten, weil Exoskelette in sehr unterschiedlichen Anwendungsbereichen (vgl. Abschn. 2) eingesetzt werden. Einige Experten halten es daher für möglich und sinnvoll, dass die praktische Verwendung des jeweiligen Produktes zunächst vom Hersteller als „bestimmungsgemäße Verwendung" klar ausgewiesen werden sollte. Auf Basis dieser Ausweisung des Herstellers sollte dann das jeweilige Produkt einem bestimmten Geltungsbereich einer EU-Richtlinie bzw. EU-Verordnung zugeordnet werden.

Verständlicherweise kann es aufgrund dieser bislang unklaren Situation auch noch keine einschlägigen Produktnormen für Exoskelette geben. Erst bei klarer Zuordnung z. B. zur EU-Maschinenrichtlinie könnten die darin formulierten Schutzziele als Grundlage für die Erarbeitung von Produktnormen und damit einhergehend technisch detaillierteren Sicherheitsanforderungen genutzt werden.

4 Datenschutz

Der Datenschutz ist eine weitere rechtliche Herausforderung, deren endgültige Lösung noch aussteht. Das betrifft allerdings ausschließlich die aktiven Exoskelette. Diese sammeln nämlich große Mengen an Daten und verarbeiten sie: einerseits Daten ihrer Umwelt (z.B. die exakte GPS-Position oder Distanz zu Hindernissen) und andererseits die Daten der Anwender (Körpergröße, Herzschlagfrequenz, Stimmbefehle etc.). Der Arbeitgeber kann somit neben den herkömmlichen Personaldaten zahlreiche weitere Daten über seine Belegschaft erhalten, mit deren Hilfe moderne Big-Data-Analysen aussagekräftige Erkenntnisse über die kollektiven und individuellen Arbeitsleistungen der Beschäftigten generieren können.

Das Datenschutzgesetz sieht als wichtigstes Instrument zur Abwehr von Datenmissbrauch durch den Arbeitgeber die Einwilligung des Arbeitnehmers vor. An diese Einwilligung knüpft der Gesetzgeber mittels des Bundesdatenschutzgesetzes (§ 25 BDSG) hohe Anforderungen, damit die Entscheidung des einzelnen Mitarbeiters auch wirklich als autonom und nicht durch den Arbeitgeber beeinflusst anzusehen ist. Ob der Beschäftigte der Verwertung seiner (Gesundheits-)Daten durch das aktive Exoskelett zustimmt, sollte laut Experten daher einer detaillierten Einzelfallanalyse unterzogen werden.

Fest steht aber: Das Recht des Beschäftigten, seine Einwilligung zu widerrufen, kann für den Arbeitgeber unwägbare betriebswirtschaftliche Folgen haben. Viel wird daher davon abhängen, zu welchem Zweck der Arbeitgeber Exoskelette einführt, ob allein aus Gründen der Produktionssteigerung, aus Gesundheitsschutzgründen oder aufgrund beider Faktoren (Verbundzweck). Je mehr ein aktives Exoskelett den betrieblichen Arbeits- und Gesundheitsschutz stärkt, desto besser kann der Arbeitgeber sich rechtfertigen, Beschäftigtendaten zu sammeln. Ist es unklar, ob im Einzelfall Arbeitgeber- oder Beschäftigteninteressen überwiegen, sieht der Gesetzgeber im Regelfall einen Vorrang der unternehmerischen Interessen vor der informationellen Selbstbestimmung des Beschäftigten vor.

5 Arbeitsschutz

5.1 Rechtliche Aspekte der Arbeitsschutzorganisation

Im Arbeitsschutz gilt das S-T-O-P-Prinzip (Substitution – Technische Maßnahme – Organisatorische Maßnahme – Personenbezogene Maßnahme), das auf § 4 Nr. 2 ArbSchG basiert. Wie Exoskelette in das Schutzschema des S-T-O-P-Prinzips einzuordnen sind, ist aufgrund der oben beschriebenen Rechtslage noch unklar. Offen ist insbesondere, ob es sich um eine technische oder eine personenbezogene Maßnahme handelt.

Dass Beschäftigte Exoskelette direkt am Körper tragen, spricht nach Meinung vieler Fachleute zunächst einmal für eine Einordnung als personenbezogene Schutzausrüstung, denn Maschine und Mensch wirken direkt zusammen und das Gerät muss an seinen Träger persönlich angepasst werden. Das bedeutet gleichzeitig: Wenn ein Arbeitgeber Exoskelette in seinem Betrieb anwendet, dann muss er zunächst erwägen, ob der betreffende Arbeitsprozess nicht vollständig substituiert werden kann oder aber technische und organisatorische Maßnahmen der Einführung eines Exoskeletts vorgezogen werden können. Grundsätzlich aber gilt: Ein Exoskelett darf nicht als Maßnahme verwendet werden, um eine bereits festgestellte Gefährdung so zu reduzieren oder zu beseitigen, dass dadurch die Tätigkeit erst ermöglicht wird – es sei denn, es handelt sich um eine Persönliche Schutzausrüstung.

5.2 Anwendungsbereiche und Arbeitsorganisation

Der Einsatz von Exoskeletten in der industriellen Produktion soll dazu beitragen, die physische Belastung der Beschäftigten beim Heben und Tragen von schweren Lasten und gebeugten Zwangshaltungen deutlich zu reduzieren. Aber auch einseitig belastende Tätigkeiten wie z.B. langes Stehen sollen durch Exoskelette deutlich erleichtert werden. Mithilfe von Exoskeletten können selbst körperlich eingeschränkte Mitarbeiter in Tätigkeitsbereichen eingesetzt werden, für die sie vorher nicht einsatzfähig waren.

Die großen Hoffnungen für den Arbeitsschutz haben sich aber bislang für viele Tätigkeitsbereiche nicht erfüllt. Insbesondere bei stationären Arbeitsprozessen und/oder Tätigkeiten im Rahmen der industriellen Serienproduktion sollten Exoskelette nach Einschätzung vieler Experten nicht angewendet werden. Unter ergonomischen Gesichtspunkten sind der Einsatz von Hub- und Schwenkeinrichtungen sowie Zugentlastungen Exoskeletten vorzuziehen – auch wenn Werkstückträger, Gabelstapler, Kräne oder Scherenhubtische um ein Vielfaches teurer sind als die heute gängigen Exoskelett-Modelle.

Anders verhält es sich bei nicht-stationären Arbeitsprozessen, wie sie z.B. in der Logistik charakteristisch sind. Beim Transport und Heben schwerer Lasten können sie die Beschäftigten sinnvoll und effektiv unterstützen. In allen Anwendungsbereichen, stationären oder nicht-stationären, ist aber eine Gefährdungsbeurteilung unverzichtbar.

Trotz dieser o.g. positiven Effekte sollte der Einsatz von Exoskeletten sorgfältig vorbereitet und geplant werden.

5.3 Wirksamkeit

In der Forschung wird aktuell diskutiert, ob Exoskelette bei Arbeitsprozessen in der Industrie tatsächlich den Körper unterstützen oder lediglich die Lasten verteilen, d.h., ob die Erhöhung der körperlichen Belastung infolge der Anwendung von Exoskeletten an einer anderen Körperstelle zu einem Schaden führen kann.

Obwohl in zahlreichen kleineren Laborstudien bereits einzelne Wirkeffekte von Exoskeletten beschrieben wurden, ist der tatsächliche Nutzen in der betrieblichen Praxis weitgehend unerforscht. Bei den bisherigen Laborstudien konnten die in der betrieblichen Praxis vorkommenden Tätigkeiten in Bezug auf Ausprägung und Dauer nicht 1:1 abgebildet werden, daher ist ihr Wert für die Betriebspraxis fraglich.

Eine umfangreiche Labor-Studie des Instituts für Arbeitsschutz (IFA) der Deutschen Gesetzlichen Unfallversicherung (DGUV) in den Jahren 2017/18 konnte allerdings zum ersten Mal im Labor Haltungen testen, wie sie in der betrieblichen Praxis tatsächlich vorkommen, und daher erstmalig Antworten darauf geben, inwiefern durch Exoskelette bestimmte Tätigkeiten gefördert oder beeinträchtigt werden. Mittels biomechanischer Bewegungsanalysen der wichtigsten Tätigkeiten und Haltungen wurden im Rahmen dieser Studie die Nutzeffekte über den Verlauf einer gesamten Arbeitsschicht quantifiziert. Erste Ergebnisse zeigten, dass Exoskelette erst bei größeren Beugewinkeln deutlich außerhalb der Neutralstellung einen signifikanten Nutzeffekt liefern. Die Wirkung ist sowohl bei passiven als bei aktiven Exoskeletten nur unterstützend, d.h., dass vorrangig das Gewichtskraftmoment des unterstützten Körpersegments (teil-)kompensiert wird. Zusätzliche Lasten müssen weiterhin vom Muskel-Skelett-System getragen werden.

Unter Federführung der Deutschen Gesellschaft für Arbeitsmedizin und Umweltmedizin wurde 2020 die AWMF-Leitlinie „Einsatz von Exoskeletten im beruflichen Kontext zur Primär-, Sekundär-, und Tertiärprävention von arbeitsassoziierten muskuloskelettalen Beschwerden" herausgegeben. Die beteiligten Experten werteten dabei alle wissenschaftlichen Studien weltweit zum Thema Exoskelette aus. Die analysierten Studien berichteten zwar häufig – jedoch nicht für jede Tätigkeit – über eine gewisse Belastungsminderung in den unterstützen Körperregionen. Aber zumindest bis zum Jahr 2020 hatte es keine einzige Langzeitstudie gegeben, sodass eine nachhaltige Präventivwirkung von Exoskeletten bis dahin noch nicht einwandfrei nachgewiesen werden konnte – weder für passive noch für aktive Modelle. Hinzu kam: Genauso häufig wie von den Vorteilen berichteten die analysierten Studien von potenziellen Risiken. Beschäftigte, die mit Exoskeletten gearbeitet haben, klagten häufig über Unannehmlichkeiten und sogar Beschwerden, insbesondere an den direkten Kontaktstellen sowie über Belastungs- und Beanspruchungszunahmen in anderen Körperbereichen.

Neuere Studien (nach 2020) haben zu keiner grundlegenden Änderung in der Einschätzung der Wirksamkeit geführt, aber neue wichtige Aspekte identifizieren können. Wissenschaftler der Universität Innsbruck und vom Institut für Arbeitsschutz (IFA) der DGUV haben im Rahmen des 2022 abgeschlossenen Forschungsprojekt „Exo@Work" einen Testparcours mit 9 verschiedenen Arbeitsszenarien aus der Logistikbranche entwickelt, um die Effekte des Exoskeletts auf die Bewegungsergonomie und die Beanspruchung des Muskel-Skelett-Systems zu untersuchen. Der Testparcours bot verschiedene Arbeitsszenarien sowie Nebentätigkeiten. Dabei wurden Entlastungseffekte in den Phasen zwischen Heben und Absetzen einer 5 und einer 13 kg schweren Box untersucht. In Studien im Labor sowie an betrieblichen Arbeitsplätzen wurde dann die Belastung von 80 Testpersonen gemessen – sowohl unter Einsatz passiver als auch aktiver Exoskelette. Das Ergebnis: Passive und aktive Exoskelette konnten die muskuläre Belastung bei diesen Tätigkeiten tatsächlich reduzieren. Aber nur in bestimmten Bewegungsphasen wie dem Heben und Senken einer schweren Last, die das Vorbeugen des Oberkörpers erfordern. Bei Tätigkeiten, die in aufrechter Haltung ausgeführt wurden, war kein entlastender Einfluss erkennbar. Exoskelette, so folgerten die Autoren, unterstützen in der Belastungsspitze vorrangig nur eine Körperregion, nicht den gesamten Körper. Auffällig war auch, dass sowohl passive als auch aktive Exoskelette ihre Spitzenkraft nicht zeitgleich mit der Muskulatur erreichten. Beim Anheben einer Last muss die Rückenmuskulatur die Spitzenbelastung zunächst selbst tragen. Exoskelette leisten nur eine Teilunterstützung, die zwischen 10 und 30 % der maximalen Gesamtbelastung erreichte. Die menschliche Muskelkraft blieb also entscheidend. Das Fazit der Studie: Exoskelette können einen positiven Einfluss auf die Bewegungstreue beim Heben und Senken haben und dazu beitragen, dass die Muskulatur langsamer ermüdet. Dies kann den Effekt haben, dass in der Praxis weniger Fehler bei den Arbeitsaufgaben gemacht werden und sich dadurch die Arbeitsleistung erhöht. Die Entlastungswirkung der eingesetzten Exoskelette (aktiv als auch passiv) trat also nur bei gebeugter Rumpfhaltung ein.

Eine weitere IFA-Studie, ebenfalls aus dem Jahr 2022, untersuchte die potenziellen Unterschiede zwischen aktiven und passiven Exoskeletten in Hinsicht auf die Wirkungsweise und den Tragekomfort genauer. Dabei testeten 6 Frauen und 6 Männer im Alter zwischen 20 und 40 Jahren auf einem Parcours die Effekte von passiven und aktiven Exoskeletten auf das Muskel-Skelett-System. Sie mussten unterschiedlich schwere Lasten (Gewichte von 10 und 20 kg) anheben, halten und absetzen sowie ihren Rumpf ohne und mit Last (10 kg) nach vorn beugen. Die biomechanischen Messungen zeigten auch bei dieser Studie, dass Exoskelette je nach System den Körper beim Beugen und Aufrichten unterschiedlich stark unterstützen: Passive Exoskelette entlasteten beim Beugen stärker als beim Aufrichten, aktive dagegen unterstützten je nach Regelungseinstellung variabel und teilweise sogar mit einer größeren Wirkung als die passiven. Die aktiven Exoskelette zeigten in dieser Studie unter anderem bei aufrechter Körperhaltung eine bessere Unterstützung für ihre Träger als die passiven.

5.4 Nutzerakzeptanz

Eine im Jahr 2017 im Produktionsbereich der Audi AG durchgeführte Studie konstatierte, dass bei den Probanden trotz subjektiv wahrgenommener körperlicher Entlastung die Nachteile der Exoskelett-Systeme höher bewertet wurden. Als Nachteil wurde von den Testpersonen insbesondere der Diskomfort beim Tragen v.a. im Bereich der Körperkontaktstellen in Form von Schwitzen, Reibung sowie Druck- oder Gewichtempfinden genannt.

5.5 Gefährdung, Risiken, Gefährdungsbeurteilung

Auch zum Thema Gefährdungen und Risiken befindet sich die Forschung noch in den Anfängen. Mögliche Gefährdungen, die von Exoskeletten ausgehen und die bei den Anwendern/Nutzern zu physischen und teilweise auch psychischen Belastungen führen können, sind laut DGUV

- Fehlfunktionen der Steuerung oder eine Fehlbedienung,
- eine Einengung oder Fremdsteuerung,
- Stolper- und Sturzunfälle aufgrund des zusätzlichen Gewichtes oder der ausladenden mechanischen Komponenten,
- eine fehlende Notbefehlseinrichtung oder
- eine mangelhafte ergonomische Anpassung des Exoskeletts an die Trägerperson.

Experten der DGUV gehen davon aus, dass bei einem unfallartigen Ereignis das Risiko groß ist, dass die Beschäftigten v.a. aufgrund des zusätzlichen Gewichts oder den ausladenden mechanischen Komponenten schwerere Verletzungen davontragen werden als ohne Exoskelett. Eines der vorrangigen Probleme bei der Unfallprävention mit Exoskeletten ist den DGUV-Experten zufolge die Frage, wie der Träger im Falle eines Unfalls schnell und sicher aus dem Exoskelett flüchten kann.

Grundsätzlich müssen alle Gefährdungspotenziale durch den Inverkehrbringenden (Hersteller, teilweise auch Händler) mithilfe von geeigneten sicherheitstechnischen Maßnahmen ausgeschlossen werden. Für mechanische Einwirkungen auf Träger von Exoskeletten, die bei der bestimmungsgemäßen Anwendung oder aufgrund einer Fehlfunktion auftreten können, könnten die biomechanischen Grenzwerte für kollaborierende Roboter nach DIN ISO TS 15066 genutzt werden.

Zu den potenziellen Risiken beim Einsatz von Exoskeletten an Arbeitsplätzen hat das IFA den Entwurf einer Arbeitshilfe zur Gefährdungsbeurteilung herausgegeben.[1]

Joerg Hensiek

Explosionsfähige Atmosphäre

Eine explosionsfähige Atmosphäre ist ein Gemisch aus Luft und brennbaren Gasen, Dämpfen, Nebeln oder Stäuben unter atmosphärischen Bedingungen, in dem sich der Verbrennungsvorgang nach erfolgter Entzündung auf das gesamte unverbrannte Gemisch überträgt. Ein plötzlicher Temperatur- und Druckanstieg ist die Folge der Entzündung der explosionsfähigen Atmosphäre.

Gesetze, Vorschriften und Rechtsprechung

Regelungen zum betrieblichen Explosionsschutz enthalten die Gefahrstoffverordnung und die Betriebssicherheitsverordnung:

Die Gefahrstoffverordnung regelt den Fall, wenn die Bildung gefährlicher explosionsfähiger Atmosphäre nicht sicher verhindert werden kann. Die explosionsgefährdeten Bereiche müssen in Zonen eingeteilt werden und es muss ein → *Explosionsschutzdokument* erstellt werden.

Die Gefahrstoffverordnung legt auch fest, was zu tun ist, um die Bildung explosionsfähiger Atmosphäre zu verhindern und vorhandene explosionsfähige Atmosphäre zu beseitigen. In der GefStoffV sind auch nichtatmosphärische Bedingungen berücksichtigt.

Werden Arbeitsmittel in explosionsgefährdeten Bereichen verwendet, sind Maßnahmen unter Beachtung der Gefahrstoffverordnung zu ergreifen (§ 9 Abs. 4 BetrSichV).

Anhang 2 Abschn. 3 BetrSichV regelt die Prüfungen von Arbeitsmitteln sowie Prüfungen der technischen Maßnahmen in explosionsgefährdeten Bereichen für überwachungsbedürftige Anlagen i.S. der BetrSichV.

Die Explosionsschutzverordnung (11. ProdSV) enthält die Regelungen über das Inverkehrbringen von neuen Geräten und Schutzsystemen zur bestimmungsgemäßen Verwendung in explosionsgefährdeten Bereichen.

Im technischen Regelwerk enthält die TRBS 2152 „Gefährliche explosionsfähige Atmosphäre" neben einem grundlegenden allgemeinen Teil 2 weitere Teile zu speziellen Fragestellungen, z.B. zur Beurteilung der Explosionsgefährdung. Weiterhin werden gefährliche explosionsfähige Gemische in den TRGS 723 (ersetzt TRBS 2152 Teil 3) und TRGS 724 (ersetzt TRBS 2152 Teil 4) behandelt. Wie Zündgefahren aufgrund elektrostatischer Aufladung vermieden werden können, ist in der TRGS 727 beschrieben.

1 Siehe www.dguv.de/medien/ifa/de/pra/ergonomie/gefaehrdungsbeurteilung_exoskelette.pdf.

1 Kriterien für eine explosionsfähige Atmosphäre

Folgende Parameter sind für die Bildung einer explosionsfähigen Atmosphäre zu beachten:

- **Sauerstoffkonzentration:** Wesentlich für die Explosion ist der Sauerstoffanteil in der Luft. Der Sauerstoffgehalt in der Luft beträgt 20,9 Vol.-%. Die üblichen Beimengungen der Luft, z.B. Luftfeuchte, sind in die Betrachtung mit einzubeziehen.
- **Verteilungsgrad des brennbaren Stoffs:** Der brennbare Stoff muss ausreichend fein in der Atmosphäre verteilt sein. Diese feine Verteilung ist bei → *Gasen*, Dämpfen, Nebeln und → *Stäuben* gegeben. → *Brennbare Flüssigkeiten* dagegen können nur dann explosionsfähige Gemische bilden, wenn sie über ihren Flammpunkt hinaus erwärmt werden, denn nur dann ist eine ausreichende Menge verdampfte Flüssigkeit in der Atmosphäre verteilt.
- **Mischungsverhältnis von Luft zu brennbarem Stoff:** Gas/Luftgemische lassen sich nur in bestimmten Mischungsverhältnissen zünden. Die Konzentration des brennbaren Stoffes in der Luft muss innerhalb seiner Explosionsgrenzen liegen. Dieser Konzentrationsbereich wird als Zündbereich oder Explosionsbereich bezeichnet. Die Grenzen dieses Explosionsbereichs sind charakterisiert durch den oberen und den unteren Zündpunkt.
- Atmosphärische Bedingungen umfassen die Grenzen des Gesamtdrucks von 0,8 bis 1,1 bar und der Gemischtemperatur von -20 °C bis +60 °C.

2 Gefährliche explosionsfähige Atmosphäre

Eine gefährliche explosionsfähige Atmosphäre ist dann gegeben, wenn die Konzentration der brennbaren → *Gase*, Dämpfe und Nebel oder → *Stäube* so groß ist (gefahrdrohende Menge), dass im Fall der Entzündung Personenschäden möglich sind. Es wird davon ausgegangen, dass ein Volumen von 10 l eines explosionsfähigen Gemisches innerhalb eines geschlossenen Raumes bei der Zündung schädigende Wirkungen – insbesondere auf den Menschen – haben kann. Deshalb bezeichnet man einen Bereich, in dem sich ein solches Volumen eines explosionsfähigen Gemisches ansammeln kann, als explosionsgefährdeten Bereich.

Josef Sauer

Explosionsschutz

Unter dem Begriff Explosionsschutz versteht man den Schutz vor Explosionsgefährdungen, die durch explosionsfähige Atmosphäre entstehen. Als explosionsfähige Atmosphäre bezeichnet man explosionsfähige Gas-/Dampf-/Nebel-Luft bzw. Staub-Luft-Gemische oder sog. hybride Gemische, die aus Luft und brennbaren Stoffen in unterschiedlichen Aggregatzuständen bestehen.

Gefährliche explosionsfähige Atmosphäre ist explosionsfähige Atmosphäre in einer gefahrdrohenden Menge. Diese ist als Faustregel dann gegeben, wenn ca. 10 Liter oder aber 1/10.000 des Raumvolumens aus zusammenhängender explosionsfähiger Atmosphäre besteht.

Gesetze, Vorschriften und Rechtsprechung

Die gesetzlichen Rahmenbedingungen für den Explosionsschutz sind durch die EU-Richtlinien 2014/34/EU („ATEX-Richtlinie") und 1999/92/EG vorgegeben. Diese sind somit in Beschaffenheits- und Betriebsanforderungen aufgeteilt.

Die Umsetzung erfolgte im Wesentlichen durch die Gefahrstoffverordnung (GefStoffV) für die RL 1999/92/EG sowie die 11. ProdSV (Explosionsschutzverordnung) für die RL 2014/34/EU.

Die Technischen Regeln für Betriebssicherheit (TRBS) konkretisieren die Betriebssicherheitsverordnung. Zentral sind hier v. a.:

- TRGS 720 „Gefährliche explosionsfähige Gemische – Allgemeines“
- TRGS 721 „Gefährliche explosionsfähige Gemische – Beurteilung der Explosionsgefährdung“
- TRGS 722 „Vermeidung oder Einschränkung gefährlicher explosionsfähiger Gemische“
- TRGS 723 „Gefährliche explosionsfähige Gemische – Vermeidung der Entzündung gefährlicher explosionsfähiger Gemische“
- TRGS 724 „Gefährliche explosionsfähige Gemische – Maßnahmen des konstruktiven Explosionsschutzes, welche die Auswirkung einer Explosion auf ein unbedenkliches Maß beschränken“
- TRGS 727 „Vermeidung von Zündgefahren infolge elektrostatischer Aufladungen“
- TRBS 1201 Teil 1 „Prüfung von Anlagen und explosionsgefährdeten Bereichen“
- TRBS 1201 Teil 3 „Instandsetzung an Geräten, Schutzsystemen, Sicherheits-, Kontroll- und Regelvorrichtungen im Sinne der Richtlinie 2014/34/EU“

Da die TRBS den Stand der Technik sowie sonstige arbeitswissenschaftliche Erkenntnisse wiedergeben, besteht bei deren Anwendung die sog. Vermutungswirkung. Wählt der Arbeitgeber eine andere Lösung muss er das begründen und die Angemessenheit dokumentieren.

Daneben fokussieren auch Vorschriften im berufsgenossenschaftlichen Regelwerk den Explosionsschutz, z.B. die DGUV-I 209-046 „Lackierräume und -einrichtungen für flüssige Beschichtungsstoffe“ und die DGUV-I 209-052 „Elektrostatisches Beschichten“. Die bewährte DGUV-R 113-001 „Explosionsschutz-Regeln“ besteht mittlerweile aus den TRBS sowie zusätzlichen Inhalten, wie einer Beispielsammlung und einer Vorlage zum Explosionsschutzdokument. Auch in der TRGS 510 „Lagerung von Gefahrstoffen in ortsbeweglichen Behältern“ finden sich entsprechende Vorgaben zur Zoneneinteilung.

1 Systematik des Explosionsschutzes

1.1 Gefährdungsbeurteilung

Gem. § 3 BetrSichV ist der Arbeitgeber auf Grundlage des Arbeitsschutzgesetzes verpflichtet, Gefährdungen zu beurteilen, die bei der Benutzung von → *Arbeitsmitteln* oder durch Wechselwirkungen mit anderen Arbeitsmitteln bzw. der Arbeitsumgebung entstehen können.

Kann die Entstehung von gefährlicher → *explosionsgefährlicher Atmosphäre* nicht sicher verhindert werden, so ist deren Wahrscheinlichkeit und die Dauer des Auftretens, das Vorhandensein von → *Zündquellen* (und deren Wirksamkeit bzw. die Wahrscheinlichkeit der Entstehung) sowie die Auswirkungen einer eventuellen Explosion zu bewerten (Anhang I Nr. 1 GefStoffV).

Dabei gilt es, sich auf die sicherheitstechnischen Kennzahlen (STK) zu stützen, sowie anderweitige Eigenschaften der verwendeten Stoffe zu berücksichtigen. Auch angewendete Verfahren und Arbeitsmittel sowie das Arbeitsumfeld sind mit einzubeziehen. Auf Basis dieser Informationen erfolgt die → *Gefährdungsbeurteilung.* Dabei kann man sich an dem Ablaufdiagramm in **Abb. 1** orientieren.

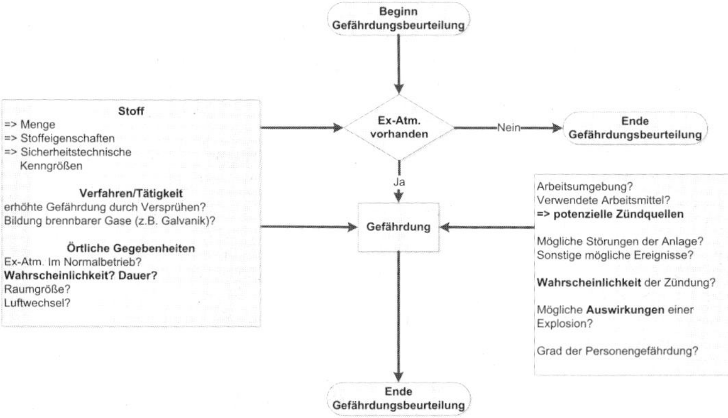

Abb. 1: Gefährdungsbeurteilung im Explosionsschutz nach TRBS 2152 Teil 1

1.2 Zoneneinteilung

Gem. § 6 Abs. 4 GefStoffV müssen explosionsgefährdete Bereiche nach Anhang I Nr. 1 Abschn. 1.7 GefStoffV in Zonen eingeteilt werden (**Tab. 1**).

Auftreten		System	
Häufigkeit	**Dauer**	**Gas-Luft**	**Staub-Luft**
ständig/häufig	lange Zeiträume	**0**	**20**
im Normalbetrieb gelegentlich	k.A.	**1**	**21**
im Normalbetrieb nicht und wenn doch, dann nur selten und für kurze Zeit	kurzzeitig	**2**	**22**

Tab. 1: Zoneneinteilung nach Abschn. 1.7 Anhang I Nr. 1 GefStoffV

Dabei muss grundsätzlich das Auftreten im Normalbetrieb beurteilt werden. Im Rahmen der → *Gefährdungsbeurteilung* empfiehlt es sich, auch eventuelle Ereignisse außerhalb des Normalbetriebs zu berücksichtigen („Was wäre, wenn …?“).

Als Normalbetrieb gilt laut Anhang I Nr. 1 Abschn. 1.7 GefStoffV „der Zustand, in dem Anlagen innerhalb ihrer Auslegungsparameter benutzt werden.“

Werden explosionsgefährdete Bereiche nicht in Zonen eingeteilt, sind Schutzmaßnahmen im Sinne der Zone 0 bzw. 20 zu treffen, soweit in der Gefährdungsbeurteilung nichts anderes festgelegt wurde.

1.3 Schutzmaßnahmen

1.3.1 Auswahl der Arbeitsmittel

Auf Grundlage der Gefährdungsbeurteilung sowie der eingeteilten Zonen sind insbesondere entsprechende → *Arbeitsmittel* auszuwählen. Dies dient der Vermeidung von → *Zündquellen* (sekundärer Explosionsschutz).

Dabei ist auf eventuelle Oberflächentemperaturen, elektrostatische Aufladungen (Ableitfähigkeit des Bodens, Erdung von Bauteilen, entsprechende Kleidung etc.), Funkenriss (Auswahl entsprechender Werkzeuge aus speziellen Legierungen) oder andere potenzielle Zündquellen, die z. B. vom Arbeitsmittel ausgehen können, zu achten.

Gem. Anhang II 2014/34/EU bestehen an Geräte und Schutzsysteme die in **Tab. 2** aufgeführten Anforderungen.

Kategorie	Zone	Kriterien
1G 1D	0 20	Sehr hohe Sicherheitsanforderungen, Explosionssicherheit ist auch bei seltenen Störungen zu gewährleisten
1G, 2G 1D, 2D	1 21	Hohe Sicherheitsanforderungen, Explosionssicherheit ist auch bei häufigen Störungen zu gewährleisten
1G, 2G, 3G 1D, 2D, 3D	2 22	Normale Sicherheitsanforderungen, bei normalem Betrieb ist das zu erwartende Auftreten von Zündquellen vermieden

Tab. 2: Anforderungen an Geräte und Schutzsysteme gem. Anhang II 2014/34/EU (G = für Bereiche mit Gas-/Dampf-/Nebel-Luft-Gemischen, D = für Bereiche mit Staub (= Dust)-Luft-Gemischen)

Verwirklicht werden diese Anforderungen durch verschiedene Zündschutzarten wie z. B. Kapselung der Geräte, das Vermeiden des Durchzündens einer Explosion aus dem Inneren eines Gerätes nach außen oder die Beschränkung von Energien o. Ä.

1.3.2 Prüfung der Arbeitsmittel

Gem. § 14 BetrSichV muss der Arbeitgeber allgemein sicherstellen, dass die → *Arbeitsmittel* geprüft werden. Arbeitsmittel sind „Werkzeuge, Geräte, Maschinen oder Anlagen sowie überwachungsbedürftige Anlagen“ (§ 2 BetrSichV).

Dazu zählen u. a. auch „Anlagen in explosionsgefährdeten Bereichen“, die Geräte, Schutzsysteme oder Sicherheits-, Kontroll- oder Regelvorrichtungen i. S. des Artikels 1 der Richtlinie 2014/34/EU sind oder beinhalten (§ 2 Nr. 30 ProdSG).

Diese Anlagen sind aufgrund des hohen Gefährdungspotenzials als überwachungsbedürftig eingestuft. Bei solchen Anlagen sind z. B. der Zustand der Anlage, sicherheitsrelevante Funktionen oder die ordnungsgemäße Instandsetzung durch regelmäßige Prüfungen zu gewährleisten.

Es wird unterschieden zwischen Prüfung vor Inbetriebnahme (§ 15, hierzu gehört auch die Prüfung nach prüfpflichtigen Änderungen oder Instandsetzungsarbeiten), wiederkehrender Prüfung (§ 16 mind. alle 6 Jahre) und angeordneter außerordentlicher Prüfung (§ 19 kann im Einzelfall angeordnet werden). Die Prüfvorschriften regelt Anhang 2 BetrSichV.

Die Prüfungen sind grundsätzlich von einer ZÜS durchzuführen. Häufig können die Prüfungen durch → *befähigte Personen* übernommen werden – ob dies der Fall ist, ist anhand §§ 15 ff. BetrSichV für den Einzelfall zu überprüfen. Einzelheiten zu Prüfungen von Anlagen und Arbeitsplätzen in explosionsgefährdeten Bereichen sind in der TRBS 1201 Teil 1 und TRBS 1201 Teil 3 zu finden.

1.3.3 Primärer Explosionsschutz

Der Begriff „Primärer Explosionsschutz“ bezeichnet das Verhindern des Auftretens explosionsfähiger Atmosphäre. Dies ist möglich durch → *Substitution* (z. B. das Ersetzen von → *Gefahrstoffen*, andere Prozesse etc.), die Unterschreitung von Konzentrationsgrenzen (Inertisierung, Berücksichtigung des Flammpunktes → *brennbarer Flüssigkeiten*, Absaugung) oder organisatorische Maßnahmen wie das regelmäßige Entfernen von Staubablagerungen.

1.3.4 Sekundärer Explosionsschutz

Der Sekundäre Explosionsschutz besteht aus dem Verhindern des Wirksamwerdens von → *Zündquellen*, also dem Verhindern der Entzündung → *explosionsfähiger Atmosphäre*.

Dies geschieht im Wesentlichen durch die → *Zoneneinteilung* und die damit verbundene Auswahl von → *Arbeitsmitteln* bzw. Geräten, aber auch durch organisatorische Maßnahmen (Rauchverbot, → *Unterweisung* der Mitarbeiter).

1.3.5 Tertiärer Explosionsschutz

Tertiärer Explosionsschutz bedeutet, die Auswirkungen einer Explosion zu beschränken.

Dies kann durch explosionsfeste Bauweise, Explosionsunterdrückung, explosionstechnische Entkopplung (Schnellschlussschieber, Rückschlagventile, Zellradschleusen etc.) von Anlagenteilen und/oder durch Druckentlastungseinrichtungen (Berstscheiben, Druckentlastungsschlote, Entlastungsschlote o.Ä.) geschehen.

> **Praxis-Beispiel: Einzelfallbetrachtung notwendig**
> Diese Einteilung stellt jedoch keine unbedingte Rangfolge der Schutzmaßnahmen dar. Explosionsschutzbetrachtungen und Schutzmaßnahmen sind immer für den Einzelfall durchzuführen.

2 Explosionsschutzdokument

Gem. § 6 Abs. 9 GefStoffV ist der Arbeitgeber verpflichtet, bei Gefährdung durch → *explosionsfähige Atmosphäre* unabhängig von der Anzahl der Beschäftigten ein → *Explosionsschutzdokument* zu erstellen und auf aktuellem Stand zu halten.

Darin sind die → *Gefährdungsbeurteilung*, die vorgenommene → *Zoneneinteilung*, abgeleitete Maßnahmen und deren Wirksamkeit zu dokumentieren. An dieser Stelle können auch Dokumente verwendet werden, die außerhalb der durch die GefStoffV auferlegten Verpflichtungen erstellt worden sind.

In der DGUV-R 113-001 findet sich ein beispielhafter Aufbau eines Explosionsschutzdokumentes, das folgendermaßen gegliedert ist:

1. Angabe des Betriebes/Betriebsteiles/Arbeitsbereiches
2. Verantwortlicher für den Betrieb/Betriebsteil/Arbeitsbereich, Erstellungsdatum und Anhänge
3. Kurzbeschreibung der baulichen und geografischen Gegebenheiten
4. Verfahrensbeschreibung – für den Explosionsschutz wesentliche Verfahrensparameter
5. Stoffdaten
6. Gefährdungsbeurteilung
7. Explosionsschutzmaßnahmen (Schutzkonzept)

Die letztendliche Gestaltung obliegt dem Arbeitgeber.

Josef Sauer

Explosionsschutzdokument

Das Explosionsschutzdokument ist ein von der Gefahrstoffverordnung gefordertes Dokument, aus dem hervorgeht, dass die Explosionsgefährdungen für explosionsgefährdete Bereiche ermittelt und bewertet wurden, welche Explosionsschutzzonen geschaffen und welche Explosionsschutzmaßnahmen ergriffen wurden.

Gesetze, Vorschriften und Rechtsprechung

Die Pflicht zur Erstellung von Explosionsschutzdokumenten ergibt sich insbesondere aus § 6 Abs. 9 und Anhang I Nr. 1 Gefahrstoffverordnung.

1 Arbeitgeberpflicht

Ergibt sich aus der → *Gefährdungsbeurteilung*, dass die Bildung gefährlicher → *explosionsfähiger Atmosphären* nicht sicher verhindert werden kann, hat der Arbeitgeber zu beurteilen:

- die Wahrscheinlichkeit und die Dauer des Auftretens gefährlicher explosionsfähiger Atmosphären,
- die Wahrscheinlichkeit des Vorhandenseins, der Aktivierung und des Wirksamwerdens von Zündquellen einschließlich elektrostatischer Entladungen und
- das Ausmaß der zu erwartenden Auswirkungen von Explosionen.

Die Ergebnisse der Beurteilung und die ergriffenen Maßnahmen sind in dem Explosionsschutzdokument festzuhalten.

2 Inhalt des Explosionsschutzdokuments

Aus dem Explosionsschutzdokument muss hervorgehen,

- dass die Explosionsgefährdungen ermittelt und einer Bewertung unterzogen worden sind,
- dass angemessene Vorkehrungen getroffen werden, um die Ziele des → *Explosionsschutzes* zu erreichen,
- welche Bereiche in Zonen eingeteilt wurden (§ 6 Abs. 9 und Anhang I Nr. 1 GefStoffV) und
- dass die für diese Bereiche geltenden Mindestvorschriften gem. § 6 Abs. 9 und Anhang I Nr. 1 GefStoffV eingehalten werden (Mindestvorschriften zur Verbesserung der Sicherheit und des Gesundheitsschutzes der Beschäftigten, die durch gefährliche → *explosionsfähige Atmosphäre* gefährdet werden können).

Das Explosionsschutzdokument muss vor Aufnahme der Arbeit erstellt werden. Wenn Veränderungen, Erweiterungen oder Umgestaltungen der → *Arbeitsmittel* oder des Arbeitsablaufs vorgenommen werden, muss es überarbeitet werden.

Die Hauptthemen, die beschrieben werden müssen, sind:

1. Angabe des Betriebs/Betriebsteils/Arbeitsbereichs;
2. Verantwortlicher für den Betrieb/Betriebsteil/Arbeitsbereich, Erstellungsdatum und Anhänge;
3. Kurzbeschreibung der baulichen und geografischen Gegebenheiten;
4. Verfahrensbeschreibung – für den → *Explosionsschutz* wesentliche Verfahrensparameter;
5. Stoffdaten;
6. → *Gefährdungsbeurteilung*;
7. → *Explosionsschutzmaßnahmen* (Schutzkonzept).

Josef Sauer

Explosionsschutzmaßnahmen

Zur Vermeidung von Explosionen müssen Explosionsschutzmaßnahmen getroffen werden. Sie umfassen die Verhinderung der Bildung explosionsfähiger Atmosphäre, die Vermeidung der Zündung explosionsfähiger Atmosphäre und die Reduktion der Auswirkungen von Explosionen so weit, dass die Gesundheit und Sicherheit der Arbeitnehmer gewährleistet ist. Zur Erreichung dieser Schutzziele sind technische, organisatorische und persönliche Explosionsschutzmaßnahmen geeignet.

Gesetze, Vorschriften und Rechtsprechung

- § 5 i. V. m. Anhang 2 und Anhang 3 Betriebssicherheitsverordnung (BetrSichV)
- TRGS 721 „Gefährliche explosionsfähige Gemische – Beurteilung der Explosionsgefährdung“
- TRGS 722 „Vermeidung oder Einschränkung gefährlicher explosionsfähiger Gemische“
- § 11 i. V. m. Anhang 1 Nr. 1 Gefahrstoffverordnung (GefStoffV)
- TRGS 723 „Gefährliche explosionsfähige Gemische – Vermeidung der Entzündung gefährlicher explosionsfähiger Gemische“

- TRGS 724 „Gefährliche explosionsfähige Gemische – Maßnahmen des konstruktiven Explosionsschutzes, welche die Auswirkung einer Explosion auf ein unbedenkliches Maß beschränken“
- TRGS 727 „Vermeidung von Zündgefahren infolge elektrostatischer Aufladungen“
- DGUV-R 113-001 „Explosionsschutz-Regeln“

1 Maßnahmen gegen die Bildung explosionsfähiger Atmosphäre

Damit die Gefahr einer Explosion besteht, sind ein brennbarer Stoff, der ausreichend fein verteilt in der Luft vorliegt, und eine → *Zündquelle* notwendig. Um die Bildung einer → *explosionsfähigen Atmosphäre* zu verhindern, können folgende Maßnahmen ergriffen werden:

Maßnahme	**Beispiele**
Verringerung der Mengen der brennbaren Stoffe	• durch erhöhte Belüftung oder Absaugung die Konzentration des brennbaren Stoffes unter die untere Explosionsschutzgrenze absenken; • Arbeiten in geschlossenen Anlagen; • regelmäßige Entfernung von → *Stäuben*; • Staubablagerung verringern durch wenige horizontale Flächen und glatte Wände; • Einsatz staubarmer Produkte wie Pasten oder Granulat; • Unterdrucksystem.
Ersatz der brennbaren Stoffe durch nichtbrennbare Stoffe	• brennbare Lösemittel durch wässrige Lösungen ersetzen.
Verringerung der Sauerstoffkonzentration	• Einsatz von Inertgas zum Verdünnen des Sauerstoffs.
Luftsauerstoff entfernen	• Einsatz von Inertgas.
Überwachung der Konzentration an brennbarem Stoff	• Gaswarngeräte einsetzen.

Tab. 1: Maßnahmen zur Verhinderung der Bildung explosionsfähiger Atmosphäre

Praxis-Beispiel: Luftsauerstoff

In den Bereichen, in denen sich Menschen aufhalten, ist der Ausschluss von Luftsauerstoff nicht möglich.

2 Maßnahmen gegen die Zündung explosionsfähiger Atmosphäre

Um eine explosionsfähige Atmosphäre zu zünden, ist eine → *Zündquelle* notwendig. Abschn. 4 TRGS 723 nennt 13 Arten von Zündquellen. In der betrieblichen Praxis sind folgende Zündquellen besonders relevant: Heiße Oberflächen, Flammen und heiße → *Gase*, mechanisch erzeugte Funken, chemische Reaktionen, → *elektrische Anlagen* und statische Elektrizität.

Die Anforderungen zur Vermeidung von wirksamen Zündquellen können auf nicht-atmosphärische Bedingungen übertragen werden, wenn Kenntnisse der Zündwirksamkeit bei nicht-atmosphärischen Bedingungen vorliegen.

Um die Zündung explosionsfähiger Atmosphäre zu vermeiden, sind folgende Maßnahmen geeignet:

Maßnahme	Beispiele
Einsatz explosionsgeschützter → *Arbeitsmittel*	• Auswahl der Geräte entsprechend der in der → *Gefährdungsbeurteilung* ermittelten → *Explosionsschutzzone*.
Geeignete Lösemittel auswählen	• Flammpunkt des verwendeten Lösemittels soll oberhalb der Betriebstemperatur der Anlage liegen.
Heiße Oberflächen verhindern	• Sicherheitsabstand zwischen der maximal auftretenden Oberflächentemperatur und der Zündtemperatur der explosionsfähigen Atmosphäre; • heißlaufende Teile aufgrund unzureichender Schmierung verhindern.
Offene Flammen durch → *Schweißen* oder Rauchen verhindern	• Organisatorische Maßnahmen wie Rauchverbot und Arbeitsfreigabeverfahren.
Mechanisch erzeugte Funken verhindern	• Eindringen von Fremdmaterialien in → *Maschinen* verhindern; • Materialwahl und Materialkombination beachten; • Organisatorische Maßnahme Arbeitsfreigabeverfahren.
Chemische Reaktionen verhindern	• Regelung der Anlagentemperatur; • Lagerung bei abgesenkten Umgebungstemperaturen.
Zündung durch statische Elektrizität verhindern	• Erdung und Potenzialausgleich durchführen.

Tab. 2: Maßnahmen zur Verhinderung der Zündung explosionsfähiger Atmosphäre

3 Konstruktiver Explosionsschutz

Durch einen konstruktiven → *Explosionsschutz* können die Auswirkungen von Explosionen so weit reduziert werden, dass die Gesundheit und Sicherheit der Arbeitnehmer gewährleistet ist. Beispiele für einen konstruktiven Explosionsschutz sind

- Explosionsfeste Bauweise von Behältern, Apparaten etc.,
- Explosionsunterdrückung durch z. B. Einblasen von Löschmitteln oder
- Verhinderung der Explosionsübertragung durch z. B. Flammendurchschlagsicherungen.

Weitere Maßnahmen zum Schutz der Arbeitnehmer sind die Einhaltung der maximalen Fluchtweglänge von 20 m und die Maßnahmen des abwehrenden → *Brandschutzes*.

4 Organisatorische und persönliche Maßnahmen

Neben den technischen Explosionsschutzmaßnahmen sind organisatorische und persönliche Maßnahmen zu ergreifen. Zu den organisatorischen Explosionsschutzmaßnahmen gehören

- → *Betriebsanweisungen* und Unterweisungen sowie eine ausreichende Qualifikation der Beschäftigten,
- Durchführung von → *Instandhaltungs- und Wartungsarbeiten*, → *Prüfungen und Überwachungen*,
- Arbeitsfreigabesystem,
- Kennzeichnung der explosionsgefährdeten Bereiche und Zutrittsregelungen.

Wichtige persönliche Maßnahmen sind z. B. das Tragen ableitfähiger Kleidung und Schuhe.

Josef Sauer

Exposition

Eine Exposition besteht dann, wenn der Organismus oder Teile des Organismus (einzelne Gewebearten oder Zellen) beabsichtigt oder unbeabsichtigt Kontakt mit Einflüssen von außen haben bzw. diesen ausgesetzt sind. Die Einflüsse von außen können biologischer, physikalischer, chemischer, psychischer oder anderer Art sein. Im Arbeitsschutz werden die Expositionen betrachtet, die schädigenden Einfluss ausüben können. Wichtige Bereiche, für die Regelungen zur Expositionsbegrenzung getroffen wurden, sind der Umgang mit Gefahrstoffen und Biostoffen, Lärm, elektrische, magnetische oder elektromagnetische Felder, Strahlung und Hitze. Eine Exposition muss nicht unbedingt krank machen, sie kann aber eine mögliche Ursache für eine Gesundheitsschädigung oder Erkrankung sein. Es gilt das Minimierungsprinzip hinsichtlich der Exposition von Beschäftigten.

Gesetze, Vorschriften und Rechtsprechung

Gefahrstoffe:

- Gefahrstoffverordnung (§§ 6–10) mit TRGS (z. B. TRGS 430 „Isocyanate – Gefährdungsbeurteilung und Schutzmaßnahmen")
- DGUV-I 201-012 „Emissionsarme Verfahren nach TRGS 519 für Tätigkeiten an asbesthaltigen Materialien"
- AMR 6.2 „Biomonitoring"

Biostoffe:

- Biostoffverordnung (§§ 4, 7 und 8–11), mit TRBA (z. B. TRBA 500 „Grundlegende Maßnahmen bei Tätigkeiten mit biologischen Arbeitsstoffen")
- TRBA 250 „Biologische Arbeitsstoffe im Gesundheitswesen und in der Wohlfahrtspflege"
- DGUV-I 201-032 „Gefährdungsbeurteilung für biologische Arbeitsstoffe bei Arbeiten auf Deponien"

Lärm:

- Art. 3 2003/10/EG „Lärm"
- Lärm- und Vibrations-Arbeitsschutzverordnung
- TRLV Lärm (Teile 1–3)

Vibrationen:

- Lärm- und Vibrations-Arbeitsschutzverordnung
- TRLV Vibrationen (Teile 1–3)

Elektrische, magnetische oder elektromagnetische Felder:

- 2004/40/EG „Elektromagnetische Felder"
- Verordnung zum Schutz der Beschäftigten vor Gefährdungen durch elektromagnetische Felder (EMFV)
- §§ 3, 4 DGUV-V 15 „Elektromagnetische Felder"
- TREMF NF (Technische Regel zur Arbeitsschutzverordnung zu elektromagnetischen Feldern) „Statische und zeitveränderliche elektrische und magnetische Felder im Frequenzbereich bis 10 MHz"
- TREMF HF „Elektromagnetische Felder im Frequenzbereich von 100 kHz bis 300 GHz"
- TREMF MR „Magnetresonanzverfahren"

Strahlung bzw. optische Strahlung:

- Verordnung zum Schutz der Beschäftigten vor Gefährdungen durch künstliche optische Strahlung (OStrV)
- §§ 9, 122 sowie Kap. 6 Abschn. 2, 3 und 6 Strahlenschutzverordnung (StrlSchV)
- §§ 77, 78, 80 Strahlenschutzgesetz (StrSchG)
- TROS IOS (Teile 1–3)
- TROS Laserstrahlung (Teile 1–3)

UV-Strahlung bei Arbeiten im Freien:

- AMR 13.3 „Tätigkeiten im Freien mit intensiver Belastung durch natürliche UV-Strahlung von regelmäßig einer Stunde oder mehr je Tag"

Hitze:

- DGUV-I 213-002 „Hitzearbeit – erkennen – beurteilen – schützen"
- DGUV-I 213-022 „Beurteilung von Hitzearbeit – Tipps für Wirtschaft, Verwaltung, Dienstleistung"
- AMR 13.1 „Tätigkeiten mit extremer Hitzebelastung, die zu einer besonderen Gefährdung führen können"

1 Gefahrstoffexposition

Nach der Gefahrstoffverordnung muss ermittelt werden, ob die Gesundheit und Sicherheit der Beschäftigten gewährleistet ist. Dazu müssen Ausmaß, Art und Dauer der Exposition unter Berücksichtigung aller Expositionswege (Lunge (inhalativ), Verschlucken (oral), Haut (dermal)) betrachtet werden. Es sind alle Möglichkeiten der Exposition zu berücksichtigen, also auch z. B. die Exposition, die bei Wartungs- und Reinigungsarbeiten auftreten kann. Zu den kritischen Expositionen zählen alle → *Gefahrstoffe* mit hohem Gefahrenpotenzial. Das sind z. B. krebserzeugende, toxische, ätzende oder sensibilisierende Stoffe. Dazu gehören auch feuergefährliche Stoffe oder Stoffe mit hohem Stofffreisetzungspotenzial.

2 Biostoffexposition

Beim Kontakt mit → *Biostoffen* gilt die Grundpflicht der Expositionsvermeidung bzw. der Expositionsverringerung. Es wird unterschieden zwischen gezielten und nicht gezielten Tätigkeiten. Ein Kriterium für eine gezielte Tätigkeit ist, dass die Exposition der Beschäftigten im Normalbetrieb hinreichend bekannt oder abschätzbar ist. In der → *Gefährdungsbeurteilung* sind Art, Dauer und Häufigkeit der Exposition wesentlich für die Beurteilung. Die Kontrolle der Arbeitsplätze auf mögliche Kontaminationen und die Überprüfung der Funktion und Wirksamkeit der technischen Schutzmaßnahmen tragen dazu bei, die Exposition der Beschäftigten so gering wie möglich zu halten.

3 Lärmexposition

Die Lärmschwerhörigkeit ist die zweithäufigste anerkannte Berufskrankheit[1] und medizinisch nicht heilbar. Um Schädigungen durch die arbeitsbedingte Lärmexposition zu verhindern, ist die Einhaltung eines „höchstzulässigen Beurteilungspegels" vorgeschrieben. Bei diesem handelt es sich um den auf eine 8-stündige Expositionszeit bezogenen Pegel eines konstanten Geräuschs oder, bei schwankendem Pegel, den diesem gleichgesetzten Pegel. Diese Pegel können ortsbezogen oder personenbezogen ermittelt werden.

Für die Beurteilung der Lärmexposition sind Ausmaß, Art und Dauer der Exposition, einschließlich der Exposition gegenüber impulsförmigem Schall wesentlich. In der EG-Lärmschutz-Richtlinie 2003/10/EG ist ein Expositionsgrenzwert von 87 Dezibel festgelegt, der nicht überschritten werden darf. In der Lärm- und Vibrations-Arbeitsschutzverordnung ist der max. Expositionsgrenzwert auf 85 dB(A) festgelegt worden.

Vibrationen

Vibrationen sind alle mechanischen Schwingungen, die durch Gegenstände auf den menschlichen Körper übertragen werden. Sie können zu einer mittelbaren oder unmittelbaren Gefährdung führen. Das Hand-Arm-System (HAV) kann ebenso betroffen sein wie der gesamte Körper (GV).

HAV kann zu Knochen- und Gelenkschäden, Durchblutungsstörungen oder neurologischen Erkrankungen führen. Mögliche Gefährdungen bei GV sind Rückenschmerzen und Schädigung der Wirbelsäule.

Der Tages-Vibrationsexpositionswert ist für HAV und GV der gemittelte Vibrationsexpositionswert bezogen auf eine 8-Stunden-Schicht.

Die Lärm- und Vibrations-Arbeitsschutzverordnung legt Expositionsgrenzwerte und Auslösewerte fest (§ 9 LärmVibrationsArbSchV). Die Werte beziehen sich auf eine 8-Stunden-Schicht.

---

1 Quelle: DGUV, Stand: 2022.

4 Exposition in elektrischen, magnetischen oder elektromagnetischen Feldern

Der Arbeitgeber muss in der → *Gefährdungsbeurteilung* ermitteln, in welchen Betriebsbereichen elektrische, magnetische oder elektromagnetische Felder auftreten. Diese Bereiche müssen dann den in DGUV-V 15 „Elektromagnetische Felder" definierten, verschiedenen Expositionsbereichen zugeordnet werden. Für diese Expositionsbereiche gelten jeweils unterschiedliche → *Grenzwerte*, Aufenthaltsdauern und sonstige Vorschriften. Diese Expositionsbereiche sind:

- Expositionsbereich 2 (allgemein zugänglicher Bereich ohne sonstige Einschränkungen),
- Expositionsbereich 1 (kontrollierter Bereich),
- Bereich erhöhter Exposition und
- Gefahrbereich.

Bei der Festlegung dieser Expositionsbereiche wurden mittelbare und unmittelbare Wirkungen auf Personen berücksichtigt. Expositionen oberhalb der angegebenen Werte sind unzulässig.

5 Strahlenexposition

Strahlenexposition bedeutet, dass → *Strahlung* auf den menschlichen Körper trifft, in unterschiedlichem Maße im Gewebe absorbiert wird und abhängig von der Strahlungsart auf molekularer Ebene mit dem Körpergewebe in Wechselwirkung tritt. Die „Menge" der im Körper absorbierten Strahlung wird als Dosis bezeichnet. Verschiedene Strahlungsarten verursachen im Körpergewebe jedoch in ihrer Höhe stark unterschiedliche biologische Wirkungen, bezogen auf die gleiche absorbierte Dosis. Expositionsgrenzwerte sind festgelegt für die Bevölkerung sowie für Personen, die aufgrund ihres Berufs Strahlung ausgesetzt sind.

6 UV-Strahlung

UV-Strahlung erhöht v.a. das Risiko, an Hautkrebs zu erkranken. Hohe Expositionen können zu Entzündungen der Bindehaut und der Hornhaut der Augen bis hin zu Schädigungen der Linse führen. Der UV-Index (UVI) beschreibt die sonnenbrandwirksame UV-Strahlung der Sonne. Je höher der UVI, desto größer ist die UV-Belastung. Ab UVI 3 sollten Schutzmaßnahmen erfolgen.

7 Hitzeexposition

Das Wärmeempfinden und die Wärmeerträglichkeit des Körpers sind wichtige Kriterien für die Beurteilung von → *Arbeit unter hoher Wärmebelastung*. Das Empfinden und die Erträglichkeit von Wärmestrahlung bis zum Schmerzempfinden auf der Haut begrenzen die max. mögliche Expositionszeit in Abhängigkeit von der Strahlungsintensität.

Bettina Huck

Extra-aurale Lärmwirkungen

Lärm in der Arbeitsumgebung kann sich in vielfältiger Weise auf Menschen am Arbeitsplatz auswirken. Er kann neben der sog. auralen Wirkung (direkte Beeinträchtigung des Gehörs, langfristige und dauerhafte Beschädigung des Hörvermögens) auch zu weiteren physiologischen Reaktionen, zu physischen und psychischen Beeinträchtigungen sowie zu einer Minderung der Leistung führen. Diese nichtgehörbezogenen Wirkungen von Schall auf den Menschen werden als extra-aurale Lärmwirkungen bezeichnet. Aurale Schäden und ihre Vermeidung sind nach wie vor ein wichtiges Thema im Arbeitsschutz. Vor dem Hintergrund sich wandelnder Arbeitsbedingungen gewinnen jedoch zunehmend auch die extra-auralen Wirkungen im Hinblick auf die Gesundheit von Beschäftigten an Bedeutung.

Gesetze, Vorschriften und Rechtsprechung

- ASR A3.7 „Lärm“
- LärmVibrationsArbSchV
- TRLV Lärm Teil 1–3
- DGUV-R 115-402 „Branche Call Center“
- DGUV-R 106-602 „Branche Kindertageseinrichtungen“
- DIN 45645 „Ermittlung von Beurteilungspegeln aus Messungen“
- DIN EN ISO 3382-2 „Messung von Parametern der Raumakustik“

1 Mögliche Gefahren/Potenzielle Auswirkungen

Extra-aurale Wirkungen entsprechen einer Stressreaktion. Hierbei unterscheidet man zwischen der **akuten Wirkung**, d.h. in direktem zeitlichen Zusammenhang zur Schallexposition und mit einem unmittelbaren Abklingen danach verbunden, und einer **chronischen Wirkung**, ausgelöst durch einen permanenten, andauernden Stressfaktor.

Mögliche Gefahren und Auswirkungen:

- Wirkungen auf die Arbeitsleistung (kognitiv),
- fehlende Wahrnehmung von akustischen Warnsignalen,
- Wirkungen auf das Nervensystem,
- Wirkungen auf das Herz-Kreislauf-System,
- Erhöhung der Stresshormonkonzentration,
- Herabsetzung von Aufmerksamkeit und Konzentration,
- Beeinträchtigung der Sprachverständlichkeit und damit der Kommunikation,
- Beeinträchtigung des Wohlbefindens durch Ärger, Nervosität, Anspannung,
- direkte Gefährdung durch nicht erkannte Warnsignale,
- physiologische Wirkungen, wie Erhöhung des Blutdrucks und der Herzfrequenz.

2 Grenzwerte

Grundsätzlich ist der Schalldruckpegel so niedrig wie möglich zu halten, allerdings gibt es zusätzlich Grenzwerte bzw. Beurteilungspegel für die jeweilige Tätigkeitskategorie:

a) einen maximalen Beurteilungspegel von 55 dB(A) bei Tätigkeiten der Kategorie I, beispielsweise Besprechungen, Schulungen oder wissenschaftliches Arbeiten;

b) einen maximalen Beurteilungspegel von 70 dB(A) bei Tätigkeiten der Kategorie II, beispielsweise Bürotätigkeiten oder Steuerungs- und Überwachungstätigkeiten;

c) einen maximalen Beurteilungspegel von 80 dB(A) bei Tätigkeiten der Kategorie III, beispielsweise handwerkliche Tätigkeiten oder einfache Maschinenbedienung.

Bezüglich der raumakustischen Anforderungen gibt es ebenfalls Grenzwerte zur Nachhallzeit (T):

a) Für Büroräume:
   - Callcenter: T = 0,5 s
   - Mehrpersonen- und Großraumbüros: T = 0,6 s
   - Ein- und Zweipersonenbüros: T = 0,8 s

b) Für Bildungsstätten erfolgt die Berechnung der zulässigen Nachhallzeit durch eine Formel:
   $T = (0{,}32 \times \lg V/m^3 - 0{,}17)$ s
   V = Raumvolumen in m^3
   Beispiel: Bei einem Unterrichtsraum mit einem Raumvolumen von 210 m^3 errechnet sich ein Sollwert für die Nachhallzeit von ca. 0,6 s.

c) Sonstige Räume mit Sprachkommunikation:
   Mindesteinhaltung eines Schallabsorptionsgrades von 0,3 bei eingerichtetem Raum.

Hinweis: Eine Auflistung der Schallabsorptionsgrade diverser Baustoffe u.Ä. kann dem Anhang 2 ASR A3.7 zur Abschätzung entnommen werden.

3 Ermittlungsverfahren

Es ergeben sich 3 mögliche Ermittlungsverfahren für den vorhandenen Schallpegel und die Nachhallzeit innerhalb der Stätte, um eine Gesamtbewertung nach den o. g. Richtlinien durchzuführen:

1. Ermittlung des Lärmpegels während der Tätigkeit durch Messung mit einem Schallpegelmesser Genauigkeitsklasse 1 oder 2. Hierbei ist zu berücksichtigen, dass die Messzeit nach Art, Ausmaß und Dauer lang genug sein muss, um den mittleren Schalldruckpegel der untersuchten Schalleinwirkung betrachten zu können. Hierzu gehört dann auch die Messung der Nachhallzeit der Stätte ohne Tätigkeit, um die erreichten Werte gegenüber den Vorgaben zu prüfen.
2. Begehung des Arbeitsplatzes oder der Stätte während der Tätigkeit, eine sog. lärmbezogene Arbeitsplatzbegehung. Diese ist von mindestens 2 Personen unabhängig voneinander durchzuführen und der Arbeitsplatz ist u. a. nach folgenden Kriterien zu prüfen:
   - störende Geräusche innerhalb des Raums, beispielsweise durch Sprachgeräusche weiterer Personen,
   - störende Geräusche, welche von außerhalb des Raums einwirken, z. B. Verkehrs- oder Baustellenlärm,
   - schallemittierende Geräte innerhalb des Raums, welche störend wirken, beispielsweise Drucker,
   - Halligkeit des Raumes, stark schallende Oberflächen wie z. B. glatte Wände.
3. Eine weitere Möglichkeit, das Vorhandensein von extra- auralen Lärmwirkungen festzustellen, ist über die ordnungsgemäße Durchführung der Gefährdungsbeurteilung. Im Rahmen der Ermittlung psychischer Belastungen am Arbeitsplatz können häufig Hinweise auf solche Lärmeinwirkungen gefunden werden, beispielsweise bei erhöhtem Stress der Mitarbeiter in einem Großraumbüro.

Wird bei der Begehung störender oder belästigender Lärm festgestellt, sind Maßnahmen zu treffen, um diese zu beseitigen oder mindestens zu reduzieren.

4 Mögliche Maßnahmen

Bei der Findung und Umsetzung von Maßnahmen sind grundsätzlich technische Maßnahmen den organisatorischen oder personenbezogenen vorzuziehen.

Mögliche technische Maßnahmen:

- Kapselung von Maschinen oder anderen Arbeitsmitteln,
- Verwendung von schallharten Wänden oder Fußböden,
- Beschaffung von lärmarmen Arbeitsmitteln,
- Reduzierung von Lärm an Quellen, wie Motoren oder Kompressoren.

Oder zur Reduzierung auf dem Übertragungsweg:

- Stellwände oder Abschirmungen,
- Raumtextilien, Dekorationen oder Möbel können ebenfalls schallabschirmend wirken,
- akustisch wirksame Gestaltung der Fenster oder Türen.

Mögliche organisatorische Maßnahmen:

- Kommunikationsregeln erstellen und beachten,
- Ausweichräume bzw. separate Bereiche für konzentriertes Arbeiten,
- Server, Drucker u. ä. schallemittierende Geräte räumlich vom Arbeitsbereich trennen,
- Festlegen von Zeitfenstern,
- rollierende Besetzung der Arbeitsplätze.

Mögliche personenbezogene Maßnahmen:

- Unterweisungen der Personen zum lärmarmen Arbeiten,
- Persönliche Schutzausrüstungen zur Verfügung stellen (Sprachverständlichkeit und akustische Orientierung muss dabei noch in ausreichendem Maße gegeben sein).

Alice Günther

Fachkraft für Arbeitssicherheit

Fachkräfte für Arbeitssicherheit müssen vom Arbeitgeber bestellt werden, wenn die im Arbeitssicherheitsgesetz formulierten Voraussetzungen erfüllt sind. Sie haben die Aufgabe, den Arbeitgeber beim Arbeitsschutz und bei der Unfallverhütung in allen Fragen der Arbeitssicherheit einschließlich der menschengerechten Gestaltung der Arbeit zu unterstützen und zu beraten. Als Fachkräfte für Arbeitssicherheit können Sicherheitsingenieure, Sicherheitstechniker oder Sicherheitsmeister haupt- oder nebenamtlich bestellt werden, die über die erforderliche sicherheitstechnische Fachkunde verfügen. Die Bestellung muss schriftlich erfolgen.

Gesetze, Vorschriften und Rechtsprechung

Das Arbeitssicherheitsgesetz (ASiG) ist die Grundlage für die Tätigkeit von Fachkräften für Arbeitssicherheit. Es regelt insbesondere, wann Fachkräfte für Arbeitssicherheit bestellt werden müssen, welche Aufgaben sie haben und welche Qualifikationen sie aufweisen müssen. Die DGUV Vorschrift 2 „Betriebsärzte und Fachkräfte für Arbeitssicherheit" konkretisiert die Anforderungen des ASiG hinsichtlich der Fachkunde, der Einsatzzeitberechnung und den Aufgaben der Fachkräfte für Arbeitssicherheit.

1 Unterstützung des Arbeitgebers

Durch den Einsatz der Fachkräfte für Arbeitssicherheit soll erreicht werden, dass (so die Grundsätze des ASiG)

- die dem Arbeitsschutz und der Unfallverhütung dienenden Vorschriften den besonderen Betriebsverhältnissen entsprechend angewandt werden,
- gesicherte [...] sicherheitstechnische Erkenntnisse zur Verbesserung des Arbeitsschutzes und der Unfallverhütung verwirklicht werden können,
- die dem Arbeitsschutz und der Unfallverhütung dienenden Maßnahmen einen möglichst hohen Wirkungsgrad erreichen.

Damit diese Grundsätze erfüllt werden können, sind bestimmte Bedingungen zu erfüllen, die im Folgenden dargestellt werden.

2 Schriftliche Bestellung

Der Arbeitgeber muss die Fachkräfte für Arbeitssicherheit schriftlich bestellen. Die in der Bestellung zu beschreibenden Aufgaben gem. § 6 ASiG sind an die Betriebsart (und deren Unfall- und Gesundheitsgefahren) anzupassen. Der Arbeitgeber muss dafür sorgen, dass die Fachkräfte für Arbeitssicherheit ihre Aufgaben erfüllen.

Das ist nur möglich, wenn die Fachkräfte für Arbeitssicherheit vom Arbeitgeber unterstützt werden, soweit das zur Erfüllung der Aufgaben erforderlich ist (Hilfspersonal, Räume, Einrichtungen, Geräte und Mittel). Näher beschreibt das ASiG die Unterstützungspflicht des Arbeitgebers allerdings nicht. Damit entsteht häufig ein Rechtfertigungsbedarf bei den Fachkräften für Arbeitssicherheit. Diese müssen i. d. R. mit einem begrenzten Budget auskommen und von Fall zu Fall begründen, warum sie ohne Sekretärin, Dienstfahrzeug, Handy, PC, div. Datenbanken, Internet-Zugriff, Videokamera, Digitalkamera, Scanner, Farblaserdrucker, Schallpegelmesser, Globe-Thermometer oder Beleuchtungsstärkemesser ihre Arbeit nur schlecht erledigen können.

Zusätzlich muss der Arbeitgeber den Fachkräften für Arbeitssicherheit die erforderliche Fortbildung ermöglichen (Kosten trägt der Arbeitgeber).

3 Aufgaben der Fachkräfte für Arbeitssicherheit

Die Fachkräfte für Arbeitssicherheit haben die Aufgabe, den Arbeitgeber beim Arbeitsschutz und bei der Unfallverhütung in allen Fragen der Arbeitssicherheit einschließlich der menschengerechten Gestaltung der Arbeit zu unterstützen (§ 6 Arbeitssicherheitsgesetz konkretisiert die Aufgaben):

Beratung bei:

- Planung, Ausführung und Unterhaltung von Betriebsanlagen und von sozialen und sanitären Einrichtungen,
- Beschaffung technischer → *Arbeitsmittel* und der Einführung von Arbeitsverfahren und Arbeitsstoffen,
- Auswahl und Erprobung von → *Körperschutzmitteln*,
- Arbeitsplatzgestaltung, Arbeitsablauf, Arbeitsumgebung und sonstige Fragen der Ergonomie,
- Beurteilung der Arbeitsbedingungen;

Prüfen von:

- Betriebsanlagen und technischen Arbeitsmitteln vor der Inbetriebnahme,
- Arbeitsverfahren vor ihrer Einführung;

Kontrollieren:

- → *Arbeitsstätten* in regelmäßigen Abständen begehen und festgestellte Mängel mitteilen, Maßnahmen zu deren Beseitigung vorschlagen und auf deren Durchführung hinwirken,
- Benutzung von Körperschutzmitteln,
- Ursachen von → *Arbeitsunfällen* ermitteln, Untersuchungsergebnisse erfassen und auswerten und dem Arbeitgeber Maßnahmen zur Verhütung dieser Arbeitsunfälle vorschlagen;

Hinwirken:

- Sicherheitsbewusstes Verhalten der Beschäftigten.

Anlage 2 DGUV V 2 beschreibt diese Aufgaben (Grundbetreuung und betriebsspezifischer Teil der Betreuung) detailliert.

3.1 Grundbetreuung

3.1.1 Aufgabenfelder

Folgende Aufgabenfelder gehören zu den Grundbetreuungsaufgaben für die Fachkräfte für Arbeitssicherheit (Anlage 2 DGUV-V 2, zu den Details siehe dort):

- Unterstützung bei der → *Gefährdungsbeurteilung* (Beurteilung der Arbeitsbedingungen);
- Unterstützung bei grundlegenden Maßnahmen der Arbeitsgestaltung (Verhältnisprävention);
- Unterstützung bei grundlegenden Maßnahmen der Arbeitsgestaltung (Verhaltensprävention, z. B. Unterstützung bei → *Unterweisungen*);
- Unterstützung bei der Schaffung einer geeigneten Organisation und Integration in die Führungstätigkeit (z. B. Integration des Arbeitsschutzes in die Aufbauorganisation);
- Untersuchung nach Ereignissen (z. B. Ermitteln von Unfallschwerpunkten);
- allgemeine Beratung von Arbeitgebern und → *Führungskräften*, betrieblichen Interessenvertretungen, Beschäftigten;
- Erstellung von Dokumentationen, Erfüllung von Meldepflichten;
- Mitwirken in betrieblichen Besprechungen (z. B. → *Arbeitsschutzausschuss*);
- Selbstorganisation (z. B. Fortbildung).

Diese Aufgabenfelder werden in Anhang 3 DGUV-V 2 in vielen Fällen noch in Einzelaufgaben zergliedert.

3.1.2 Einsatzzeitberechnung

Siehe dazu detailliert: → *Betreuungsumfang*. Diese daraus resultierende Einsatzzeit ist eine Gesamteinsatzzeit für Betriebsärzte und für die Fachkräfte für Arbeitssicherheit. Mindestens 20 % dieser Zeit entfallen auf eine der beiden Fachkräftegruppen, jedoch nicht weniger als 0,2 Stunden pro MA und Jahr.

Praxis-Beispiel: Betrieb mit 2.000 Mitarbeitern

500 Mitarbeiter arbeiten in der Verwaltung, 500 sind in der Elektrizitätsversorgung, 500 in der Gasversorgung und 500 in der Behandlung und Beseitigung gefährlicher Abfälle tätig. Entsprechend Anlage 2 Abschn. 4 DGUV-V 2 ergibt sich folgende Grundbetreuungszeit:

- Verwaltung = Gruppe I → 500 MA × 0,5 h/MA und Jahr = 250 h/Jahr
- Elektrizitätsversorgung = Gruppe II → 500 MA × 1,5 h/MA und Jahr → 750 h/Jahr
- Gasversorgung = Gruppe II → 500 MA × 1,5 h/MA und Jahr → 750 h/Jahr
- Behandlung und Beseitigung gefährlicher Abfälle = Gruppe III → 500 MA × 2,5 h/MA und Jahr = 1.250 h/Jahr

Gesamtgrundbetreuungszeit = 250 h + 750 h + 750 h + 1.250 h = 3.000 Stunden pro Jahr

Die Mindesteinsatzzeit für die Betriebsärzte wird daraufhin mit 600 Stunden pro Jahr und die für die Fachkräfte für Arbeitssicherheit mit 2.400 Stunden festzulegen sein. Die Grundbetreuung ist für den Betrieb jedoch nicht ausreichend, da es hier Gefährdungen gibt, die im Grundbetreuungsaufwand nicht enthalten sind. Diese sind aber in der betriebsspezifischen Betreuung enthalten.

3.2 Betriebsspezifischer Teil der Betreuung

Die Grundbetreuung kann aufgrund betrieblicher Besonderheiten um einen betriebsspezifischen Teil ergänzt werden, sodass sich durch die Aufgabenwahrnehmung dieser Tätigkeiten die Einsatzzeit erhöht. Zentrale Aufgabenfelder der betriebsspezifischen Betreuung sind (zu Details siehe Anhang 2 DGUV-V 2):

- regelmäßig vorliegende betriebsspezifische Unfall- und Gesundheitsgefahren, Erfordernisse zur menschengerechten Arbeitsgestaltung;
- betriebliche Veränderungen in den Arbeitsbedingungen und in der Organisation;
- externe Entwicklung mit spezifischem Einfluss auf die betriebliche Situation;
- betriebliche Aktionen, Programme und Maßnahmen.

3.2.1 Leistungsermittlung für die betriebsspezifische Betreuung

Für die in 3.2 genannten betriebsspezifischen Aufgabenfelder enthält Anhang 4 Abschnitt B DGUV-V 2 eine Tabelle, um die zusätzlichen Leistungen zu ermitteln. In dieser Tabelle werden die betriebsspezifischen Besonderheiten aufgeführt und um Auslösekriterien und einen Leistungskatalog ergänzt. Zur Ermittlung der Einsatzzeit wird geprüft, ob das Auslösekriterium zutrifft. Anschließend werden die Leistungen hinsichtlich des Aufwands abgeschätzt. Je nach Anzahl der zutreffenden Auslösekriterien ergibt sich zusätzlich zur Grundbetreuung ein Zusatzaufwand für die Betriebsärzte und für die Fachkräfte für Arbeitssicherheit.

Praxis-Beispiel: Betriebsspezifische Besonderheit: Besondere Tätigkeiten

Auslösekriterien:

- Feuerarbeiten in brand- und explosionsgefährdeten Bereichen,
- Gefährliche Arbeiten an unter Druck stehenden Anlagen,
- Arbeiten in gasgefährdeten Bereichen,
- Andere gefährliche Arbeiten (Schweißen in engen Räumen, Sprengarbeiten, Fällen von Bäumen, …),
- Arbeiten unter Infektionsgefahren,
- Umgang mit ionisierender Strahlung, Arbeiten im Bereich elektromagnetischer Felder,
- Alleinarbeit,
- Andere Tätigkeiten, die besondere Schutzmaßnahmen erfordern,
- Tätigkeiten, die nicht typisch für den Wirtschaftszweig bzw. für das Kerngeschäft des Betriebs sind.

Sofern zutreffend werden für jedes Auslösekriterium die zugehörigen Leistungen beschrieben:

- Ermitteln und Analysieren der spezifischen Gefährdungssituation (Gefährdungsfaktoren, Quellen, gefahrbringende Bedingungen, Wechselwirkungen),
- Spezifische tätigkeitsbezogene Risikobeurteilungen,

- Ermitteln des relevanten Stands der Technik und Arbeitsmedizin,
- Beratung zum Festlegen von Soll-Zuständen für die ermittelten Risiken,
- Entwickeln von Schutzkonzepten,
- Umsetzen der Schutzkonzepte unterstützen und begleiten,
- Durchführen von regelmäßigen Wirkungskontrollen,
- Gefährdungsbeurteilung fortschreiben.

4 Einbindung in die Unternehmensorganisation

Sicherheitsfachkräfte können haupt- oder nebenamtlich bestellt werden. Die Tätigkeit kann aber auch durch externe Fachkräfte erfolgen. Sicherheitsfachkräfte müssen über die Erfüllung der übertragenen Aufgaben regelmäßig einen Bericht erstatten. Sie müssen mit dem → *Betriebsarzt* und dem → *Betriebsrat* zusammenarbeiten.

Bei mehr als 20 Beschäftigten muss das Unternehmen einen → *Arbeitsschutzausschuss* bilden, an dem die Sicherheitsfachkraft teilnimmt. Meist ist die Teilnahme im Arbeitsschutzausschuss für die Sicherheitsfachkraft auch mit dessen Leitung verbunden. Sicherheitsfachkräfte sind als sachverständige Berater des Unternehmers in Sicherheitsfragen tätig, und für die Folgen ihrer Beratung verantwortlich (falsche Ratschläge, übersehene gravierende Mängel, unzureichende Vorschläge zur Beseitigung von Mängeln können somit zu Rechtsfolgen führen).

Dirk Rittershaus

Fahrzeuge

Güter und Waren müssen nicht nur innerhalb des Betriebs bewegt, sondern z.B. auch vom Hersteller zum Händler transportiert werden. Zum Einsatz kommen v. a. Land- oder Schienenfahrzeuge, seltener Wasserfahrzeuge. Im betrieblichen Bereich unterscheidet man u. a. zwischen

- maschinell angetriebenen, nicht an Schienen gebundenen Landfahrzeugen und deren Anhängefahrzeugen,
- dem fahrzeugtechnischen Teil von Arbeitsmaschinen und Arbeitseinrichtungen, sofern sie selbstfahrend oder als Anhängefahrzeuge verfahrbar sind,
- Flurförderzeugen wie z.B. Gabelstapler, die mit Rädern auf Flur laufen und frei lenkbar, zum Befördern, Ziehen oder Schieben von Lasten eingerichtet und zur innerbetrieblichen Verwendung bestimmt sind.

Der Unternehmer muss Sicherheit und Gesundheit der Beschäftigten gewährleisten. Dies kann nur sichergestellt werden, wenn Fahrzeuge regelmäßig gewartet und geprüft und die Beschäftigten unterwiesen werden.

Gesetze, Vorschriften und Rechtsprechung

Zur Anwendung kommen u. a.:

- Betriebssicherheitsverordnung (BetrSichV)
- DGUV-V 68 „Flurförderzeuge"
- DGUV-V 70 „Fahrzeuge"
- DGUV-V 73 „Schienenbahnen"
- TRGS 554 „Dieselmotoremissionen"

1 Arten von Fahrzeugen

Für Wasserfahrzeuge und Schienenbahnen gelten spezielle Regelwerke. Betriebe setzen v. a. Fahrzeuge nach DGUV-V 70 sowie Flurförderzeuge ein. Fahrzeuge, für die die DGUV-V 70 gilt sind u. a.:

- Personenkraftwagen,
- Lastkraftwagen (LKW),

- Speziallastkraftwagen, z. B. Feuerwehrfahrzeuge, Kommunalfahrzeuge, Wechselbehälter-Umsetzfahrzeuge,
- Kraftomnibusse,
- Sonderkraftfahrzeuge, z. B. Krankentransportwagen, Behindertentransportwagen,
- Zugmaschinen,
- einspurige Kraftfahrzeuge z. B. Krafträder und deren Anhängefahrzeuge.

Fahrzeuge sind überwiegend zulassungspflichtig und dürfen nur mit behördlicher Betriebserlaubnis (z. B. Fahrzeugbrief) gefahren werden. Zu den nicht zulassungspflichtigen aber betriebserlaubnispflichtigen Fahrzeugen gehören neben Mofas und Kleinkrafträdern auch bestimmte selbstfahrende Arbeitsmaschinen.

2 Antriebsarten

I. d. R. sind Verbrennungskraftmaschinen im Einsatz, v. a. Dieselverbrennungsmotoren (vgl. Dieselmotoremissionen). Der Unternehmer muss dafür sorgen, dass Gesundheitsgefährdungen bzw. Belästigungen der Beschäftigten durch Abgase das „unvermeidbare Maß" nach dem Stand der Technik nicht überschreiten (§ 16 DGUV-V 70). Beschäftigte müssen vor Verbrennungen an heißen Oberflächen oder Vergiftung durch Abgase geschützt werden.

3 Anforderungen und Sicherheitseinrichtungen

Fahrzeuge müssen gekennzeichnet, folgende Angaben müssen deutlich erkennbar und dauerhaft angebracht sein (§ 5 DGUV-V 70):

- Hersteller oder Lieferant,
- Fahrzeugtyp,
- Fabriken-Nr., Fahrzeug-Identifizierungsnummer oder Fahrgestell-Nr.,
- zulässiges Gesamtgewicht,
- zulässige Achslasten, außer bei Krafträdern und bei Gleiskettenfahrzeugen,
- ggf. Leergewicht, außer bei Arbeitsmaschinen,
- ggf. Baujahr,
- ggf. zulässige Anhängelast.

Weitere Anforderungen sind u. a.:

- geeignete und verstellbare Sitze,
- Fahrzeug gegen unbefugte Benutzung gesichert,
- ggf. auffälliger Anstrich z. B. für Müllsammel- oder Feuerwehrfahrzeuge.

Sicherheitseinrichtungen sollen Beschäftigte schützen, diese sind u. a.:

- **Geschlossenes Führerhaus:** Maschinell angetriebene Fahrzeuge, die vorwiegend im Freien eingesetzt werden, müssen grundsätzlich mit einem geschlossenen Führerhaus ausgerüstet sein. Einrichtungen zum Beheizen und Belüften sind dann erforderlich (§§ 6, 7 DGUV-V 70).
- **Sicherheitsgurte und Rückhaltsysteme:** In Abhängigkeit von Fahrzeugart sowie Ausrichtung und Art der Sitze müssen Schulterschräg- und/oder Beckengurte (3-Punkt- bzw. 2-Punktgurte) vorhanden sein, auf Liegeplätzen müssen Personen gegen das Herausfallen gesichert sein.
- **Einrichtungen für Schallzeichen**.
- **Signaleinrichtungen** zur Verständigung mit dem Fahrzeugführer, z. B. bei Müllsammelfahrzeugen.
- **Einrichtungen gegen Kippen** von Anhängerfahrzeugen.
- **Unterlegkeile** für mehrspurige Fahrzeuge (Fahrzeuge mit 4, 6 oder 8 Rädern), z. B. Lkw.

4 Führen

Fahrzeuge selbstständig führen dürfen grundsätzlich nur Beschäftigte (§ 35 DGUV-V 70)

- die das 18. Lebensjahr vollendet haben,
- die körperlich und geistig geeignet sind,

- die im Führen des Fahrzeuges unterwiesen sind und ihre Befähigung hierzu gegenüber dem Unternehmer nachgewiesen haben (z. B. Führerschein) und
- von denen zu erwarten ist, dass sie die ihnen übertragenen Aufgaben zuverlässig erfüllen.

Sie werden vom Unternehmer bestimmt. Vom Hersteller gelieferte Betriebsanleitungen müssen befolgt werden. Ggf. muss der Unternehmer → *Betriebsanweisungen* erstellen, sie sind dann Gegenstand der Unterweisung nach § 12 ArbSchG. Darin wird auch der sichere Umgang und Betrieb vermittelt, z. B. bei folgenden Tätigkeiten:

- Be- und Entladen,
- Kuppeln,
- Besteigen, Verlassen, Begehen,
- Verhalten vor und während der Fahrt,
- Ziehen von Lasten,
- Anhalten und Abstellen.

Sowohl gewerblich als auch privat genutzte Fahrzeuge müssen seit 1.7.2014 mit mindestens einer Warnweste ausgestattet sein.[1] Die Warnkleidung muss z. B. getragen werden, wenn Instandsetzungsarbeiten auf öffentlichen Straßen durchgeführt werden.

5 Prüfungen

Vor Beginn jeder Arbeitsschicht muss der Fahrzeugführer prüfen, ob Betätigungs- und Sicherheitseinrichtungen wirksam sind. Während der Fahrt muss er beobachten, ob Mängel vorhanden sind. Falls Mängel auftreten, muss er seine Ablösung bzw. den Aufsichtführenden darüber informieren (§ 36 DGUV-V 70).

Fahrzeuge müssen bei Bedarf, jedoch mind. jährlich von einem Sachkundigen (→ *befähigte Person* auf betriebssicheren Zustand geprüft werden (§ 57 DGUV-V 70). Der Unternehmer ist verantwortlich, dass die Prüfungen durchgeführt und dokumentiert werden.

Praxis-Beispiel: Unterschiedliche Prüffristen für Personenkraftwagen

Während für Geschäftswagen also eine jährliche Prüfung des betriebssicheren Zustands erforderlich ist, gilt für dienstlich oder geschäftlich genutzte Privatwagen eine Prüffrist von 2 Jahren.

Bettina Huck

Feuerlöschgeräte

Feuerlöschgeräte sind Einrichtungen und Geräte zur Bekämpfung von Entstehungsbränden, die in jeder Arbeitsstätte vorhanden sein müssen. Die Art der Löschgeräte und deren Anzahl richten sich nach der Betriebsgröße, den vorhandenen brennbaren Stoffen (Brandklassen) und der Brandgefährdung.

Gesetze, Vorschriften und Rechtsprechung

Grundlegend für die Ausstattung von Betrieben mit Löscheinrichtungen ist v. a. Anhang 2.2 Arbeitsstättenverordnung. Demnach hängt die Anzahl der erforderlichen Feuerlöscheinrichtungen ab von der Abmessung und Nutzung von Arbeitsstätten, der Brandgefährdung vorhandener Einrichtungen und Materialien und der größtmöglichen Anzahl anwesender Personen. Konkretisierungen erfolgen in ASR A2.2 „Maßnahmen gegen Brände".

1 Arten

Feuerlöschgeräte sind Feuerlöscheinrichtungen, die in erster Linie den im Betrieb anwesenden Personen zum Löschen von Entstehungsbränden dienen. Dies können sein:

---

1 § 53a Abs. 2 StVZO, vgl. auch § 31 DGUV-V 70.

- tragbare oder fahrbare Feuerlöscher,
- Löschdecken,
- Wandhydranten.

2 Standortwahl und Kennzeichnung

Die Standorte dieser Brandbekämpfungseinrichtungen sind so zu wählen, dass sie leicht erkennbar und erreichbar sind. Sie müssen deutlich und dauerhaft mit den vorgeschriebenen Hinweiszeichen **gemäß ASR A1.3 „Sicherheits- und Gesundheitsschutzkennzeichnung" gekennzeichnet werden** (**Abb. 1 bis 3**).

Abb. 1: Feuerlöscher

Abb. 2: Mittel und Geräte zur Brandbekämpfung

Abb. 3: Löschschlauch

3 Tragbare Feuerlöscher

Tragbare Feuerlöscher dienen der Bekämpfung von Entstehungsbränden und müssen in allen Unternehmen vorhanden sein. Die Bestimmung der Anzahl der Feuerlöscher und deren Auswahl müssen gemäß ASR A2.2 „Maßnahmen gegen Brände" erfolgen. Früher wurde die Berechnung nach der Löschmittelmenge eines Feuerlöschers durchgeführt. Durch die Einführung der EU-Normen ist heute das sog. Löschvermögen ausschlaggebend. Die Löschmittelhersteller müssen demnach die sog. Löschmitteleinheiten des jeweiligen Löschers angeben und nachweisen. Die Auswahl und die Berechnung der notwendigen Anzahl ist eine klassische Aufgabe eines → *Brandschutzbeauftragten* oder einer → *Fachkraft für Arbeitssicherheit*. Feuerlöscher sind sehr vielseitig und nach einer entsprechenden Einweisung von jedem bedienbar.

Ein Universallöschmittel für die unterschiedlichen in den Betrieben vorkommenden brennbaren Stoffe und Materialien gibt es leider nicht. Daher müssen unterschiedliche Löschmittel eingesetzt werden. Im Wesentlichen wird unterschieden zwischen:

- Wasserlöscher: vorrangig für feste, glutbildende Stoffe (Brandklasse A: Holz, Textilien, Papier etc.), deren Löschprinzip auf der Abkühlung der brennenden Stoffe beruht.
- Pulverlöscher: für feste, glutbildende (Brandklasse A), flüssige oder flüssig werdende (Brandklasse B: Benzin, Öle, Lacke) sowie gasförmige Stoffe (Brandklasse C: Methan, Propan, Stadtgas). Das Löschprinzip ist das Verdrängen des Sauerstoffes und damit verbundene Ersticken des Brandes.
- Schaumlöscher: für feste, glutbildende (Brandklasse A) und flüssige oder flüssig werdende Stoffe (Brandklasse B). Das Löschprinzip ist hier die Abdeckung der brennenden Oberfläche durch die Schaumbildung um einen Erstickungs- und Abkühlungseffekt zu erreichen.
- Kohlendioxidlöscher: für flüssige oder flüssig werdende Stoffe sowie elektrische Anlagen und Einrichtungen (z. B. Serverräume, elektrische Schalteinrichtungen). Das Löschprinzip ist die Verdrängung des Sauerstoffes bzw. die Reduktion des Sauerstoffes über dem Brandgut. Dadurch wird der Brand erstickt.

Für Brände von elektrischen Anlagen und Betriebsmitteln wird keine eigenständige Brandklasse ausgewiesen. Feuerlöscher, die für die Brandbekämpfung im Bereich elektrischer Anlagen geeignet sind, werden mit der maximalen Spannung und dem notwendigen Mindestabstand gekennzeichnet, z. B. bis 1.000 V, Mindestabstand 1 m.

Praxis-Beispiel: Gesundheitsgefährdung durch Kohlendioxidlöscher

Beim Einsatz (also bereits der Bereitstellung) von Kohlendioxid (CO_2) als Löschmittel sind Gesundheitsgefahren durch zu hohe CO_2-Konzentrationen zu berücksichtigen (Abschn. 5.2 ASR A2.2).

Für das Löschen von Fettbränden wurden speziell hierfür geeignete Löscher entwickelt (Brandklasse F). Die auf den Fettbrandlöschern angegebene Zahl zeigt an, dass unter Prüfbedingungen ein Brand mit dem angegebenen Volumen (in Litern) Speisefett/-öl erfolgreich abgelöscht werden kann. Feuerlöscher der Brandklasse F sind mit einem Löschvermögen von 5F, 25F, 40F und 75F erhältlich. Eine Umrechnung in Löschmitteleinheiten (LE) erfolgt nicht.

Bei allen Löscherarten wird das Löschmittel durch Druck, also durch ein Treibmittel, ausgestoßen. Hier unterscheiden wir wieder zwischen sog. Dauerdrucklöschern (stehen ständig unter Druck und sind sofort betriebsbereit) und Aufladelöschern (Treibmittel wird durch Öffnen einer außen- oder innenliegenden Druckpatrone aktiviert).

Es werden unterschiedliche Größen von Feuerlöschern angeboten. Die Gewichtsangabe auf dem Löscher bezieht sich immer auf die Füllmenge, also auf die Menge des Löschmittels. Diese können variieren zwischen 2 kg bei Kohlendioxidlöschern und 12 kg bei Pulverlöschern. Grundsätzlich sollten bei der Auswahl im Hinblick auf die Größe auch schwächere Personen berücksichtigt werden. Zwei 6 kg Löscher sind besser als ein 12 kg Löscher. Als Griffhöhe für Feuerlöscher haben sich 0,8 m bis 1,2 m als zweckmäßig erwiesen.

4 Fahrbare Feuerlöscher

Fahrbare Löscher ergänzen die tragbaren Löscher. Für die Bedienung dieser Geräte sollten spezielle Selbsthilfekräfte (z. B. Brandschutzhelfer) eingewiesen werden. Die Inbetriebnahme bzw. die Löschmittelinhalte sind die gleichen wie bei den Handfeuerlöschern. Fahrbare Feuerlöscher werden i. d. R. in großflächigen Gebäuden, in Warenhäusern, Versammlungsstätten oder Krankenhäusern bereitgehalten.

5 Wandhydranten

Wandhydranten sind in bestimmten Gebäuden besonderer Art und Nutzung vorhanden, z. B. in Hochhäusern, Warenhäusern, Krankenhäusern, Theatern und Industrieanlagen mit erhöhter Brandgefährdung. Wandhydranten oder Löschschlauchanschlüsse sind meist in Einbaukästen in der Wand oder freistehend, in oder in der Nähe von Treppenhäusern angebracht.

Die heutigen neu errichteten Wandhydranten haben i. d. R. sog. formbeständige Schläuche (Schnelleinsatzschläuche), die an wasserführende, ständig unter Druck stehende Steigleitungen angeschlossen und jederzeit einsatzbereit sind. Der Vorteil gegenüber früher installierten Textilschläuchen ist die sofortige Wasserverfügbarkeit, auch bei nicht vollständig ausgerollten Schläuchen. Ein weiterer Vorteil ist die Möglichkeit, mit Voll- oder Sprühstrahl arbeiten zu können. Wandhydranten mit formstabilen Löschschläuchen sind auch für den Einsatz durch Selbsthilfekräfte vorgesehen. Um den optimalen und gefahrlosen Einsatz von Wandhydranten zu gewährleisten, müssen die Mitarbeiter, die hier Selbsthilfe leisten können, entsprechend eingewiesen und geschult werden. Dazu bietet sich die Ausbildung der Brandschutzhelfer an, bei der u. a. der Umgang mit Wandhydranten geübt werden kann.

6 Löschdecken

Die Löschwirkung einer Löschdecke besteht darin, den Brand zu ersticken, indem die Zufuhr von Sauerstoff unterbunden wird.

Die Anwendung von Löschdecken wurde in den letzten Jahren immer wieder zur Diskussion gestellt. Ein Grund dafür ist die unmittelbare Nähe des Löschenden zum Brandherd, die beim Löschvorgang notwendig ist.

Der vordringliche Einsatzzweck der Löschdecke, nämlich das Löschen von in Brand geratenen Personen, wurde ebenfalls infrage gestellt. Dabei kam es in der Vergangenheit teilweise zu schweren Brandverletzungen, die auf den Einsatz der Löschdecke zurückgeführt wurden.

> **Praxis-Beispiel: Fritteusenbrände**
>
> Es zeigte sich in Versuchen, dass das Löschen eines Fettbrandes (in gewerblichen Fritteusen) mittels Löschdecke nicht möglich ist. Hierfür wurden spezielle Fettbrandlöscher (Brandklasse F) entwickelt.

Schnelles und richtiges Handeln ist meist die Voraussetzung, um hier Menschenleben zu retten oder schwerste Verletzungen zu vermeiden. Sofern kein geeigneter Feuerlöscher zur Hand ist, stellt eine Löschdecke immer noch ein adäquates Mittel zum Löschen dar.

> **Praxis-Beispiel: Grundsatz**
>
> Für die Anwendung einer Löschdecke gilt folgender Grundsatz. Nur Brände, die man völlig mit einer Löschdecke abdecken kann, können gelöscht werden.

Andreas Terboven

Flucht- und Rettungswege

Flucht- und Rettungswege sind Verkehrswege in einem Gebäude, an die aus Sicherheitsgründen besondere Anforderungen gestellt werden.

Gesetze, Vorschriften und Rechtsprechung

- Baurecht der Bundesländer (Landesbauordnungen, Sonderbauvorschriften u. a.)
- Arbeitsstättenverordnung mit ASR A2.3 „Fluchtwege und Notausgänge“ und ASR A1.3 „Sicherheits- und Gesundheitsschutzkennzeichnung“

1 Baurecht und Arbeitsschutzrecht grundlegend

1.1 Baurecht

Die Bauordnungen der Länder definieren als Schutzziel, dass „die Rettung von Menschen und Tieren sowie wirksame Löscharbeiten möglich“ sein müssen. Die Verkehrswege in einem Gebäude, die das möglich machen, werden im Baurecht Rettungswege genannt.

Alle Aufenthaltsräume (Räume, in denen sich Menschen nicht nur gelegentlich aufhalten) müssen 2 voneinander unabhängige Rettungswege haben. Bei größeren Gebäuden heißt das z. B., dass der an einen Raum angrenzende Flur in beiden Richtungen jeweils in ein Treppenhaus, an eine Tür ins Freie oder in einen anderen gesicherten Bereich (benachbarter → *Brandabschnitt*) mündet. Bei kleineren Gebäuden besteht der sog. zweite Rettungsweg meist in der sog. Anleitermöglichkeit für die Feuerwehr (ausreichend großes, gut erreichbares Fenster, Balkon usw.). Wie der zweite Rettungsweg realisiert wird, wird bei der Bauabnahme eines Gebäudes festgelegt und hängt von der erwarteten Personenzahl im Gebäude, vom Gefährdungspotenzial und weiteren örtlichen Gegebenheiten ab.

Die Bestimmungen der Landesbauordnung gelten prinzipiell für alle Gebäude, wobei nur vergleichsweise wenig allgemeingültige Vorgaben zu Rettungswegen gemacht werden. Konkretisierungen finden sich in unterschiedlichsten spezifischen Richtlinien für verschiedene Gebäudetypen und -größen, z. B. für sehr kleine oder sehr große Gebäude, Gebäude bestimmter Nutzung, Altbauten usw.

Ggf. werden auch Vorgaben im Rahmen des einzelnen Genehmigungsverfahrens gemacht.

1.2 Arbeitsschutzrecht

Die Arbeitsstättenverordnung und die ASR A2.3 „Fluchtwege und Notausgänge" verwenden im Gegensatz zum Baurecht den Begriff Fluchtweg, weil im Vordergrund das Bestreben liegt, die selbstständige Flucht von Beschäftigten aus den Arbeitsräumen möglichst sicherzustellen. Fluchtwege im Sinne der ASR A2.3 sind auch die im Bauordnungsrecht definierten Rettungswege, aber nur, wenn sie selbstständig begangen werden können.

Nach ASR A2.3 gibt es im Einzelfall weitergehende Anforderungen an Fluchtwege und Notausgänge, als sie sich aus dem Baurecht ergeben. Das bezieht sich v. a. auf die Forderung, ggf. zusätzliche, selbstständig nutzbare sogenannte Nebenfluchtwege zu schaffen, wenn die Gefährdungsbeurteilung eine Notwendigkeit dazu ergibt.

Hingewiesen wird in diesem Zusammenhang auf Bereiche mit erhöhter Brandgefahr, hoher Personendichte oder großer Ausdehnung (Produktions- und Lagerbereiche mit mehr als 200 m^2, andere Arbeitsräume mit mehr als 400 m^2 u. a.).

Es wird dabei folgende Unterscheidung getroffen (Abschn. 3.1 ASR A2.3):

1. Hauptfluchtwege (bisher erste Fluchtwege) sind insb. die zur Flucht erforderlichen Verkehrswege, die nach dem Bauordnungsrecht notwendigen Flure und Treppenräume für notwendige Treppen sowie die Notausgänge.
2. Nebenfluchtwege (bisher zweite Fluchtwege) sind zusätzliche Fluchtwege, die ebenfalls ins Freie oder in einen gesicherten Bereich führen.

Nach Abschn. 4 Abs. 2 ASR A2.3ergibt sich die Notwendigkeit, ergänzend zu den baurechtlichen Bestimmungen einen zweiten, selbstständig nutzbaren Fluchtweg einzurichten, aus dem Ergebnis der → *Gefährdungsbeurteilung*. Möglicherweise kann es hier zu abweichenden Einschätzungen unter bau- bzw. arbeitsschutzaufsichtlichen Aspekten kommen.

Da es im Arbeitsschutzrecht im Vergleich zum Bauordnungsrecht in der ASR A2.3 viel mehr und detailliertere allgemeingültige Vorgaben zu Fluchtwegen gibt, wird im Folgenden der Begriff Fluchtwege verwendet.

2 Hauptfluchtwege

2.1 Länge

Die Länge von Hauptfluchtwegen wird als die Luftlinie angegeben (**Tab. 1**), wobei die tatsächliche Lauflänge, die sich durch Einrichtungen, Anlagen, Mobiliar usw. ergibt, max. das 1,5-fache betragen darf.

Länge Rettungsweg Luftlinie	Räumlichkeiten
35 m	in Räumen ohne oder mit normaler Brandgefährdung sowie in Räumen mit erhöhter Brandgefährdung mit selbsttätigen → *Feuerlöscheinrichtungen*
25 m	in Räumen mit erhöhter Brandgefährdung ohne selbsttätige Feuerlöscheinrichtungen
10 m	in Räumen, in denen eine Gefährdung durch explosionsgefährliche Stoffe besteht

Tab. 1: Länge von Fluchtwegen nach ASR A2.3

2.2 Breite

Die Breite von Hauptfluchtwegen bemisst sich nach der Höchstzahl der Personen, die im Bedarfsfall den Rettungsweg benutzen müssen (**Tab. 2**).

Spalte A	Spalte B	Spalte C
Personenzahl	**Lichte Mindestbreiten von Durchgängen und Türen im Verlauf von Hauptfluchtwegen, z. B. Türen von Notausgängen**	**Lichte Mindestbreiten von Hauptfluchtwegen**
bis 5	0,80 m	0,90 m
bis 20	0,90 m	1,00 m
bis 50	0,90 m	1,20 m
bis 100	1,00 m	1,20 m
bis 200	1,05 m	1,20 m
bis 300	1,65 m	1,80 m
bis 400	2,25 m	2,40 m

Tab. 2: Breite von Hauptfluchtwegen in Abhängigkeit von der Gesamtzahl der Personen im Einzugsgebiet

Die lichte Mindestbreiten des Hauptfluchtweges nach **Tab. 2**, Spalte C darf durch kurze Einbauten oder Einrichtungen, z. B. Feuerlöscher, Wandvorsprünge, Türflügel, Türzargen, Türdrücker und Notausgangsbeschläge, die Maße nach Spalte B nicht unterschreiten.

Die lichte Höhe von Hauptfluchtwegen soll mindestens 2,10 m betragen und darf 2,00 m nicht unterschreiten. An Türen und Durchgängen soll die lichte Höhe mindestens 2,10 m betragen und darf 1,95 m nicht unterschreiten.

Abweichend gilt für Fluchtwege aus besonderen Bereichen:

Gänge zu persönlich zugewiesenen Arbeitsplätzen	0,60 m
Nebengänge von Lagereinrichtungen für die ausschließliche Be- und Entladung von Hand	0,75 m
Türen von Toilettenzellen und von Toilettenräumen mit nur einer Toilette entsprechend ASR A4.1 „Sanitärräume“	0,55 m

2.3 Treppen in Fluchtwegen

Fahrsteige, Fahrtreppen, Wendel- und Spindeltreppen sowie Steigleitern und Steigeisengänge sowie Ausgleichsstufen sind im Verlauf eines Hauptfluchtweges nicht zulässig.

Treppen im Verlauf von Hauptfluchtwegen müssen über gerade Läufe verfügen. Gebogene Treppenläufe sind in Sonderfällen zulässig (ASR A2.3 Abschn. 5 Abs. 13).

Spalte A	**Spalte B**	**Spalte C**
Personen pro Ebene	**Lichte Mindestbreiten von Durchgängen und Türen im Verlauf von nach der Treppe anschließenden Hauptfluchtwegen, z. B. Türen von Notausgängen**	**Lichte Mindestbreiten von Treppen und danach anschließender Hauptfluchtwege (in m)**
bis 30	0,90 m	1,00 m
bis 40	1,05 m	1,20 m
bis 50	1,25 m	1,40 m
bis 60	1,65 m	1,80 m
bis 70	2,25 m	2,40 m

Tab. 3: Lichte Mindestbreiten von Treppen in Treppenräumen und Außentreppen als Hauptfluchtwege von mehrgeschossigen Gebäuden in Abhängigkeit von der Personenbelegung pro Ebene

Zwischenwerte der Mindestbreiten (ermittelt durch lineare Interpolation) sind zulässig.

2.4 Türen und Tore in Fluchtwegen

Türen und Tore im Verlauf von Fluchtwegen müssen sich leicht und ohne besondere Hilfsmittel (also z. B. auch ohne Schlüssel, Transponder oder Code) öffnen lassen, und zwar über den gesamten Zeitraum, in dem Personen auf die Nutzung der Fluchtwege angewiesen sind. Ggf. sind an Türen oder Toren, die aus betrieblichen Gründen verschlossen sein müssen, Notentriegelungen (Panikschlösser) erforderlich. Manuell betätigte Türen von Notausgängen müssen in Fluchtrichtung aufschlagen. Für die Aufschlagrichtung bei „sonstigen" Türen im Verlauf von Fluchtwegen verweist die ASR A2.3 auf die durchzuführende Gefährdungsbeurteilung unter Berücksichtigung der örtlichen und betrieblichen Verhältnisse.

Für besondere Formen von Türen und Toren (Schiebe-, Karussell-, Drehflügel- und automatische Türen und Tore) gelten besondere Anforderungen.

3 Wichtig zu wissen

- Für Bestandsgebäude, die vor dem 30.9.2022 errichtet worden bzw. bis zu diesem Termin beantragt worden sind, dürfen die vor März 2022 üblichen Angaben zur Mindestbreite von Fluchtwegen weiter berücksichtigt werden.
- Nebenfluchtwege sollen in Breite und Höhe möglichst so beschaffen sein wie Hauptfluchtwege, allerdings sind Abstriche möglich (ASR A2.3 Abschn. 6.2).
- Hauptfluchtwege müssen entsprechend Abschn. 8.2 ASR A2.3 gut sichtbar, eindeutig und innerhalb der Erkennungsweite gekennzeichnet werden (zur Erkennungsweite siehe ASR A1.3„Sicherheits- und Gesundheitsschutzkennzeichnung, Tab. 3").
- Bei besonderer Gefährdung kann auch ein Sicherheitsleitsystem nach Abschn. 8.4 ASR A2.3 erforderlich sein, das z. B. gefährdungsabhängig die Fluchtrichtung anzeigt.
- Wenn bei Ausfall der Allgemeinbeleuchtung das gefahrlose Verlassen eines Bereichs nicht möglich ist, ist eine → *Sicherheitsbeleuchtung* nach Abschn. 9 ASR A2.3 (ggf. auch als langnachleuchtende Kennzeichnung) erforderlich.
- Wenn Personen mit Behinderung beschäftigt werden, müssen Fluchtwege sowie Alarmierungseinrichtungen grundsätzlich den Anforderungen des Anhang A2.3 der ASR V3a.2 „Barrierefreie Gestaltung von Arbeitsplätzen" entsprechen bzw. es müssen gleichwertige organisatorische Maß-

nahmen gefunden werden, um Menschen mit Behinderung ein sicheres Verlassen eines Bereiches zu ermöglichen.
- Treppenhäusern in Fluchtwegen kommt im Notfall besondere Bedeutung zu. Rauchdichte Türen müssen unbedingt funktionsfähig und geschlossen (bzw. mit selbstschließender Feststelleinrichtung versehen) sein. Keile in Rauch- und → *Brandschutztüren* sind lebensgefährlich! In Treppenhäusern dürfen keine Brandlasten (Kopierer, Getränkeautomaten, Papier, Abfall, Weihnachtsbäume, …) abgestellt werden.
- Aufzüge sind nach Arbeitsstättenrecht als Teil des Fluchtwegs nicht zulässig, baurechtlich nur im Ausnahmefall (bestimmte Sonderbauten).
- Fluchtwege sind stets freizuhalten. Gerade bei kleineren Gebäuden besteht die Gefahr, dass der zweite Rettungsweg mit den Jahren in Vergessenheit gerät, weil er nie benutzt wird. Aufstellflächen für die Feuerwehr dürfen nicht zugeparkt oder zweckentfremdet werden, Fenster, die als Anleitermöglichkeit für die Feuerwehr dienen, dürfen nicht zugestellt und müssen regelmäßig freigeschnitten werden.
- Sammelplätze sollen so bemessen sein, dass pro 2 Personen 1 m^2 Fläche zur Verfügung steht.
- Die Unterweisung der Beschäftigten über Verlauf und Nutzung der Fluchtwege, über Kennzeichnung und das Verhalten im Gefahrfall muss mind. jährlich erfolgen. Eine Begehung der Fluchtwege sollte einbezogen werden.

Cornelia von Quistorp

Flurförderzeuge

Flurförderzeuge sind Transportmittel, die ihrer Bauart nach dadurch gekennzeichnet sind, dass sie mit Rädern auf Flur laufen und frei lenkbar sowie zum innerbetrieblichen Befördern, Ziehen oder Schieben von Lasten eingerichtet sind. Flurförderzeuge mit Hubeinrichtung sind darüber hinaus zum Heben, Stapeln oder In-Regale-Einlagern von Lasten eingerichtet und können Lasten selbst aufnehmen und absetzen.

Gesetze, Vorschriften und Rechtsprechung

Regelungen zum Betrieb und zur Prüfung von Flurförderzeugen enthält die berufsgenossenschaftliche Vorschrift DGUV-V 68 „Flurförderzeuge“.

1 Arten von Flurförderzeugen

Flurförderzeuge unterscheiden sich in:

- **Gabelstapler** sind Flurförderzeuge mit kraftbetriebenem Fahrwerk und Hebeeinrichtung, bei denen die Last vor den Vorderrädern geführt wird. Gabelstapler können mit Fahrersitz oder -stand ausgerüstet sein.
- **Gabelhubwagen** sind Flurförderzeuge, deren Hub- und Fahrantrieb durch Muskelkraft erfolgen.
- **Mitgänger-Flurförderzeuge** (= **Geh-Flurförderzeuge** = **Ameise**) nach § 2 BGV D27 sind Flurförderzeuge, die durch einen mitgehenden Fahrer gesteuert werden.
- **Kommissioniergeräte** nach § 2 DGUV-V 68 sind Flurförderzeuge ohne Standplatz oder mit nicht hebbarem Standplatz oder mit einem bis 1,2 m über Flur hebbaren Standplatz für den Kommissionierer.
- **Kommissionierstapler** nach § 2 DGUV-V 68 sind Flurförderzeuge mit einem höher als 1,2 m über Flur hebbaren Standplatz für den Kommissionierer. Je nach Bauart kann die Kommissionierplattform begangen werden.
- **Regalstapler** sind Flurförderzeuge, die i. d. R. in Hochregalen spurgeführt werden. Beim Ein- und Auslagern wird der Fahrersitz oder -stand je nach Modell mit angehoben. Sie sind zum Ein- oder Auslagern ganzer Ladeeinheiten eingerichtet.

- **Dreiseitenstapler** sind Regalstapler, die die Last mit Gabel- oder Teleskopzinken aufnehmen und am Gabelbaum horizontal verdrehen können. Der Fahrersitz oder -stand wird je nach Modell mit angehoben.
- **Querstapler** sind Flurförderzeuge, deren Gabeln quer zur Fahrtrichtung angebracht sind. Zum Verfahren wird die Last auf dem Querstapler abgelegt.
- **Spreizenstapler** sind Flurförderzeuge (Gabelstapler, Hubwagen, Quersitzstapler), deren Gabelzinken zwischen zwei Radarmen (Spreizen) angebracht sind. Dies führt zu einer sichereren Lastführung, da der Lastschwerpunkt anders als am Gabelstapler nicht außerhalb der Laufräder (= außerhalb der Kippkanten) liegt.
- **Schubmaststapler** sind Spreizenstapler mit nach vorne verfahrbarem Hubgerüst.
- **Mitnahmestapler** sind Gabelstapler, die mit einem Lkw mitgenommen werden können. Sie können mit Fahrersitz oder Fernbedienung ausgestattet sein.
- **Teleskopstapler** sind Gabelstapler mit schräg angeordnetem Hubarm. Durch Ausfahren des Hubarms kann sowohl die Hubhöhe als auch die Reichweite verändert werden.
- **Containerstapler** sind Gabelstapler zum Transport von Seecontainern. Containerstapler dürfen konstruktionsbedingt mit angehobener Last fahren.
- **Schlepper** sind Flurförderzeuge zum Verziehen von Anhängern. Sie sind mit einer Anhängerkupplung ausgestattet und besitzen keine Hubeinrichtung. Schlepper können mit Fahrerstand oder -sitz betrieben werden.

2 Antriebsarten von Flurförderzeugen

Grundsätzlich werden Flurförderzeuge in → *Fahrzeuge* mit Elektro- und Verbrennungsmotor unterschieden. Verbrennungsmotoren können wiederum nach der Art des Brennstoffes in Gas-, Diesel- und Benzinmotoren unterteilt werden. Hierbei spielen → *Fahrzeuge* mit Benzinmotoren eine eher untergeordnete Rolle. Häufig eingesetzt werden Gabelstapler mit Gas- oder Dieselantrieb.

Dieselgabelstapler sind besonders geeignet für Einsätze mit großen Hubhöhen und weiten Wegstrecken. Gasgabelstapler werden häufig in geschlossenen Räumen mit großer Hubhöhe eingesetzt. Gasstapler dürfen nicht in Unterfluranlagen eingesetzt und nicht neben Kellerabgängen und Gruben abgestellt werden. Bei Dieselgabelstaplern ist aufgrund der Abgase auf gute Lüftungsbedingungen zu achten.

Elektroflurförderzeuge werden bevorzugt in Lagern und zum Kommissionieren in geschlossenen Räumen eingesetzt. Besondere Vorsichtsmaßnahmen sind beim Laden der Batterien zu beachten (vgl. → *Batterieladestationen*):

- Absolutes Rauchverbot (Knallgas)
- Säurefeste Schutzausrüstung beim Nachfüllen von Batteriewasser

2 Getriebearten sind bei Flurförderzeugen hauptsächlich im Einsatz:

Dies ist einerseits ein **Umschaltgetriebe**, bei dem mit einem Hand- oder Fußschalter zwischen Vorwärts- und Rückwärtsfahrt umgeschaltet werden kann. Es gibt ein Fahr- und ein Bremspedal. Diese Getriebeart ähnelt im Betrieb dem Fahren eines Pkw.

Andererseits kommt in vielen Fällen ein **Hydrostatgetriebe** zum Einsatz. In diesem Fall existieren zwei Fahrpedale und ein mittiges Bremspedal. Das rechte Fahrpedal für den Vorwärts- das linke für den Rückwärtsverkehr. Diese Pedalanordnung ist besonders für Fahranfänger sehr gewöhnungsbedürftig.

3 Sicherheitseinrichtungen von Flurförderzeugen

Verschiedene Sicherheitseinrichtungen an Flurförderzeugen und im Umgang mit Flurförderzeugen sind für einen sicheren Betrieb erforderlich:

- **Fahrerschutzdach**: Ein Fahrerschutzdach ist für alle Gabelstapler immer dann erforderlich, wenn aus der → *Gefährdungsbeurteilung* die Gefahr herabfallender Ladegüter nicht auszuschließen ist.

- **Lastschutzgitter**: Ein Lastschutzgitter ist immer dann erforderlich, wenn Ladegüter den Gabelbaum maßgeblich übersteigen können und damit eine Gefährdung durch überkippende Ladegüter nicht auszuschließen ist.
- **Totmannschalter** werden in unterschiedlichen Varianten verwendet. Bei Schmalgangstaplern sind i.d.R. Sitzschalter, bei Quersitzstaplern überwiegend Kontaktschalter für den linken Fuß eingebaut. Ist der Schalter nicht gedrückt, kann das → *Fahrzeug* nicht betrieben werden..
- **Kontaktschalter** an der Deichsel von Mitgängerfahrzeugen dienen der Fahrzeugrückbewegung bei Körperkontakt. Dieser Schutzschalter ist ein Fahrtrichtungsumkehrschalter, damit das → *Fahrzeug* sich bei Kontakt mit dem bedienenden Mitarbeiter von diesem wegbewegt.
- **Fahrerrückhaltesysteme** sind seit 4.12.2002 für alle Gabelstapler (ausgenommen Quersitzstapler) vorgeschrieben. Als Fahrerrückhaltesystem gelten geschlossene Fahrerkabinen ebenso wie Türbügel oder Beckengurte. Ziel dieser Maßnahme ist der Schutz des Fahrers bei umkippendem Stapler.

4 Führen von Flurförderzeugen

Zum Führen von Flurförderzeugen sind nach § 7 DGUV-V 68 bestimmte Voraussetzungen erforderlich. Danach müssen Fahrer:

- mindestens 18 Jahre alt sein,
- körperlich und geistig geeignet und ausgebildet sein,
- ihre Befähigung nachgewiesen haben,
- schriftlich vom Unternehmer beauftragt sein,
- auf dem zu führenden Fahrzeug eingewiesen (→ *unterwiesen*) sein.

Praxis-Beispiel: Arbeitsmedizinische Vorsorge

Die Durchführung einer arbeitsmedizinischen Vorsorgeuntersuchung gem. DGUV-I 240-250 „Fahr-, Steuer- und Überwachungstätigkeiten" wird empfohlen.

Vor Inbetriebnahme eines Flurförderzeugs ist dieses grundsätzlich auf seinen betriebssicheren Zustand zu prüfen. Ohne die Gewährleistung eines ausreichenden betriebssicheren Zustandes darf ein Flurförderzeug nicht betrieben werden. Die Mängel sind umgehend dem zuständigen Vorgesetzten zu melden.

Beim Betrieb von Flurförderzeugen sind grundsätzlich die Vorgaben der DGUV-V 68 zu beachten. Insbesondere gelten folgende Vorgaben:

- Nicht mit angehobener Last fahren (maximal 15 cm über Flur).
- Nur mit zurückgeneigter Last fahren.
- Last immer möglichst nahe am Gabelrücken führen.
- Nicht unter die angehobene Last treten.
- Keine Personen ohne zugelassenen Personenkorb anheben.
- Keine Personen ohne zugelassenen zweiten Sitz oder Stand befördern.
- Nur freigegebene Wege benutzen.
- Immer mit angemessener Geschwindigkeit fahren.
- Vorsicht beim Wechsel von hell nach dunkel und umgekehrt (Adaption = Anpassung des Auges an sich ändernde Beleuchtung).
- Vorsicht beim Wechsel von nass nach trocken und umgekehrt (rutschiger Boden, nasse Räder).
- Betriebsinterne Verkehrsregeln sind grundsätzlich zu beachten.
- Das Führen von → *Fahrzeugen* unter → *Alkohol*-, → *Drogen*- oder → *Medikamenteneinfluss* ist grundsätzlich untersagt (auch Restalkohol).
- Zum Führen von Fahrzeugen ist fest umschließendes Schuhwerk vorgeschrieben.
- Die im Einzelfall erforderliche → *Persönliche Schutzausrüstung* ist bestimmungsgemäß zu tragen.
- Das Fahrzeug muss gegen unbefugte Benutzung geschützt werden.
- Arbeiten, die gegen die Vorschriften verstoßen, müssen zurückgewiesen werden.

Nach der Benutzung von Flurförderzeugen sind diese bestimmungsgemäß abzustellen. Folgende Regeln sind beim Abstellen zu beachten:

- → *Flucht- und Rettungswege*, Einrichtungen zur → *Ersten Hilfe* und zum → *Brandschutz* sowie haustechnische Anlagen (Gas-, Wasser-, Stromverteiler) dürfen nicht zugestellt werden.
- Die Gabelzinken sind maximal abzusenken und nach vorne geneigt auf dem Boden abzulegen.
- Die Handbremse anziehen.
- Im Gefälle Unterlegkeil unterlegen.
- Zünd- bzw. Schaltschlüssel abziehen.

5 Ausbildung zum Führen von Flurförderfahrzeugen

Der **„Gabelstaplerführerschein"** (**„Staplerschein"**) dokumentiert den Nachweis der praktischen und theoretischen Fähigkeit (= Befähigung). Der Staplerschein kann auch mit der innerbetrieblichen Unterweisung und schriftlichen Beauftragung kombiniert werden, verliert damit aber seine Gültigkeit für andere Betriebe und Flurförderzeugtypen. Denkbar ist auch die Trennung dieser beiden Dokumente. Grundsätzlich muss ein Mitarbeiter mit Staplerschein auf jedem ihm anvertrauten Flurförderzeug unterwiesen werden. Die Dokumentation der Unterweisung ist sinnvoll.

Wichtige Änderungen im Regelwerk zur Ausbildung:

Das wichtigste Regelwerk für die Fahrausbildung für Flurförderzeuge, der DGUV Grundsatz 308-001, wurde grundlegend überarbeitet und ist im Dezember 2022 unter dem Titel „Qualifizierung und Beauftragung der Fahrerinnen und Fahrer von Flurförderzeugen außer geländegängigen Teleskopstaplern" erschienen. In dieser kam es zu einigen wichtigen Änderungen. Damit Unternehmen rechtssicher handeln, empfiehlt der Ausbildungsgrundsatz nunmehr unter anderem auch für Mitgänger-Geräte die Durchführung von theoretischen und praktischen Prüfungen sowie das Ausstellen eines Befähigungsnachweises in Form eines Fahrausweises. In diesem Fall sollte der Fahrausweis speziell für mitgängergeführte Flurförderzeuge ausgestellt sein und Angaben zur Gerätebauart beinhalten (wie z. B. Handhubwagen, Nieder-/Hochhubwagen). Abschnitt 3.6 mit dem Titel "Nachweis der Qualifikation" stellt eine neue Ergänzung dar. Dieser ist eine Reaktion darauf, dass in den vergangenen Jahren Qualifikationsbelege und Ausbildungsunterlagen zunehmend von staatlichen Institutionen und Berufsgenossenschaften kontrolliert wurden. Es ist damit offiziell festgeschrieben, dass jeder qualifizierte Nutzer eines Flurförderzeugs einen solchen Fahrerlaubnisschein erhalten muss. Darüber hinaus präzisiert der DGUV-G 308-001 die Format- und Inhaltanforderungen für diese Fahrerlaubnisscheine:

- Der Fahrerlaubnisschein sollte die Möglichkeit bieten, alle drei Ausbildungsstufen zu verzeichnen und jeweils mit einer Unterschrift und einem Stempel zu bestätigen.
- Zusätzlich zu persönlichen Angaben und einem Passfoto müssen im Schein auch Informationen zur grundlegenden Ausbildung (Stufe 1) festgehalten werden, einschließlich des Typs und der Tragfähigkeit des Geräts, auf dem die praktische Schulung durchgeführt wurde.
- Falls die Zusatzqualifizierung (Stufe 2) vorliegt, sollte diese ebenso im Fahrerlaubnisschein aufgeführt sein.

Qualifizierung von Ausbildern:

Nicht jede Person kommt als Ausbilder für die Führung von Flurförderfahrzeugen infrage. Die Qualifikationsanforderungen für die Ausbilder für die meisten Flurförderfahrzeuge sind ebenfalls im DGUV Grundsatz 308-001 „Qualifizierung und Beauftragung der Fahrerinnen und Fahrer von Flurförderzeugen außer geländegängigen Teleskopstaplern" zusammengefasst, die speziell für Teleskopstapler im neuen DGUV Grundsatz 308-009. Unter anderem gehört zu den Anforderungen, dass der Ausbilder auch selbst über einen Fahrausweis verfügen muss. Zusätzlich zu der eigenen Fahrausbildung sollte der Ausbilder über mind. 2 Jahre Erfahrung im Umgang mit den Geräten haben. Weiterhin sollte er genügend theoretisches Wissen erworben und Erfahrung in der Planung und Vermittlung von Lehrinhalten haben. Der Ausbilder sollte daher Kompetenzen und Erfahrung vorweisen können, die dem Niveau 5 des Deutschen Qualifikationsrahmens (DQR) entsprechen.

6 Prüfung von Flurförderzeugen

Flurförderzeuge sind gemäß § 37 DGUV-V 68 regelmäßig, mindestens jedoch jährlich durch eine → *befähigte Person* auf ihren betriebssicheren Zustand zu prüfen. Ebenso ist, unabhängig vom Flurförderzeug, jedes Anbaugerät mindestens jährlich durch eine befähigte Person zu prüfen.

Über die Prüfung nach § 37 DGUV-V 68 ist bei kraftbetriebenen Flurförderzeugen ein schriftlicher Prüfnachweis zu führen. Dieser Nachweis kann auch elektronisch geführt werden, muss aber in jedem Fall folgende Angaben beinhalten:

- Datum und Umfang,
- Ergebnis und Mängel,
- Beurteilung, ob Bedenken gegen den Weiterbetrieb bestehen,
- evtl. erforderliche Nachprüfung,
- Name und Anschrift des Prüfers.

Unternehmer, die vorsätzlich oder fahrlässig den Bestimmungen zu den Inspektionsintervallen nicht nachkommen, begehen eine Ordnungswidrigkeit gemäß § 209 Abs. 1 Nr. 1 SGB VII und können mit einer erheblichen Geldbuße belangt werden. Kommt es bei einem nicht fristgerecht geprüften Flurförderzeug zu einem Unfall mit Personenschaden, muss der verantwortliche Unternehmer zudem mit zivil- und strafrechtlichen Konsequenzen rechnen. Schließlich ersetzen Sachversicherer nur dann mögliche Schäden, wenn die festgelegten Prüfungsintervalle eingehalten wurden und die Fahrzeuge in einwandfreiem Zustand gewesen sind.

Grundsätzlich wird zwischen einer kleinen und einer großen Prüfung unterschieden. Die kleine Überprüfung muss alle 500 bis 600 Betriebsstunden erfolgen, was ungefähr einem Zeitraum von 3 Monaten im Einschichtbetrieb entspricht. Dabei werden folgende Elemente des Fahrzeugs nach Augenschein untersucht:

- Gabeln,
- Bolzen,
- Fahrgestell,
- Ketten.

Die große Prüfung wurde früher UVV- oder BGV-Prüfung genannt. Heute wird sie als FEM-4.004-Prüfung bezeichnet, weil sie nach den Vorgaben der Europäischen Vereinigung der Förder- und Lagertechnik (deutsch für Fédération Européenne de la Manutention, FEM) durchgeführt und dokumentiert wird. Das Flurförderzeug muss alle 2.000 bis 2.400 Betriebsstunden, bei Einschichtbetrieb entspricht das ungefähr einem Jahr, geprüft werden. Dabei müssen rund 100 verschiedene Kriterien geprüft und beurteilt werden. Die für die Sicherheit des Fahrzeugs wichtigsten Punkte sind:

- Lenkung,
- Bremsen,
- Bedienelemente,
- Räder,
- Antrieb,
- hydraulische Anlage,
- Hubgerüst,
- Hubketten,
- Lastaufnahmemittel,
- Fahrerschutzdach.

Besondere Vorschriften gelten für Flurförderzeuge bzw. Gabelstapler ohne Elektroantrieb. Für Dieselgabelstapler gelten zusätzlich zu den Vorschriften der DGUV-V 68 auch die Vorschriften der TRGS 554 „Abgase von Dieselmotoren“. Diese verlangt mindestens einmal im Jahr oder alle 1.500 Betriebsstunden eine Abgasmessung und die Überprüfung der Partikelfilteranlagen. Treibgasbetriebene Stapler müssen jährlich oder alle 1.000 Betriebsstunden inspiziert werden, wenn sie Flüssiggas als Treibstoff verwenden. Zudem muss bei Flüssiggasstaplern im Abstand von 6 Monaten der CO-Gehalt überprüft werden.

7 Sicherheitsvorkehrungen für den Fußgängerschutz

An mehr als jedem zweiten Unfall mit Flurförderzeugen sind Fußgänger beteiligt. Den Fahrern passiert bei einem derartigen Vorfall zumeist wenig, da sie v. a. durch die Fahrerkabine und Fahrerrückhaltesysteme geschützt sind. Dagegen können die Unfälle für Fußgänger sogar teilweise tödlich enden. Warnsysteme für Fußgänger gibt es daher schon seit geraumer Zeit in der Ausstattung von Flurförderzeugen. Allerdings beschränkte sich dies lange Zeit nur auf die Betätigung von Hupen. Erst seit Anfang der 1990er-Jahre wurden automatische akustische Signalsysteme auch für den Rückwärtsgang von Flurförderzeugen eingeführt und gehören mittlerweile zur Serienausstattung. Inzwischen gibt es auch Alarmsysteme, die ein Warnsignal auslösen, sobald eine Person oder ein anderes Objekt in den Gefahrenbereich des Flurförderzeugs gelangt. Neben den akustischen Warnsystemen haben sich zwischenzeitlich auch weitere Sicherheitssysteme etabliert:

Warnbeleuchtung: Mittels eines Punktstrahlers, der am Fahrerschutzrahmen befestigt wird, wird ein leuchtender Punkt auf den Boden vor dem Fahrzeug projiziert. So können Fußgänger in der Nähe eines Flurförderzeugs schnell erkennen, in welche Richtung sich das Fahrzeug bewegt und mit welcher Geschwindigkeit es fährt. Diese Leuchtmittel sind i. d. R. blau oder rot leuchtende LED-Leuchten. Sog. Sicherheits-Zonen-Systeme sind Weiterentwicklungen der Punktstrahler, wobei mehrere LED-Leuchten zu LED-Stripes verkettet werden und dabei hellleuchtende Linien an der Seite und der Rückseite des Fahrzeugs auf den Boden projizieren.

Kamerasysteme/Personenerkennungssysteme: Diese Systeme überwachen die Fahrstrecke kontinuierlich und warnen den Fahrer mit optischen und akustischen Signalen vor potenziellen Gefahren. Dabei arbeiten moderne Systeme bereits mit 2 Kameras, die versetzt voneinander angebracht sind und so ein Stereobild erstellen. Die 2-Kamera-Systeme können Entfernungen sehr viel genauer ermitteln und zwischen unbelebten Objekten, wie z. B. einer Palette und einer Person, sicher unterscheiden.

8 Sicherheitsunterweisungen für den Fahrer

In jedem Betrieb, in dem Stapler und andere Flurförderzeuge unterwegs sind, besteht ein erhöhtes Unfallrisiko. Daher sind Unterweisungen für alle Mitarbeiter in den betroffenen Arbeitsbereichen eine Notwendigkeit und rechtlich gesehen auch eine Pflicht. Besondere Wichtigkeit haben die Unterweisungen in Hinsicht auf Flurförderzeuge vor allem für die Fahrer. Für sie stellt die Unterweisung zusammen mit dem „Staplerschein“ sogar die notwendige Voraussetzung dar, um vom Arbeitgeber beauftragt werden zu können (§ 7 DGUV-V 68).

Eine Unterweisung muss mindestens einmal pro Jahr durchgeführt werden, nach außergewöhnlichen Ereignissen, wie z. B. einem Unfall, einem Beinaheunfall oder dem Fehlverhalten eines Fahrers, kann der Arbeitgeber bzw. Vorgesetzte auch eine zusätzliche Unterweisung (Wiederholungsunterweisung) anordnen. Eine Unterweisung muss aber in jedem Fall immer vor Aufnahme einer von dem Unterwiesenen bislang noch nicht ausgeübten Tätigkeit, bei Veränderungen im Aufgabenbereich, bei den Arbeitsabläufen und den Arbeitsmitteln sowie bei neuen Ergebnissen im Rahmen einer Gefährdungsbeurteilung durchgeführt werden.

Während bei der Staplerschein-Ausbildung neben den fahrtechnischen Kompetenzen v. a. theoretische Kenntnisse vermittelt werden, geht es bei der Unterweisung um den sicheren Umgang mit dem Fahrzeug an einem spezifischen Arbeitsplatz bzw. in einem besonderen Arbeitsbereich. Dabei werden die Unfallgefährdungen vor Ort und die Maßnahmen zu ihrer Verhütung vermittelt, arbeitsplatzbezogene Betriebsanweisungen erklärt, das korrekte Tragen der Schutzausrüstung erläutert und die Erste-Hilfe-Einrichtungen, Brandschutzvorkehrungen und Flucht- und Rettungswege im Arbeitsbereich vorgestellt. Es gehören aber auch Informationen über erforderliche arbeitsmedizinische Vorsorge zu den notwendigen Unterweisungsinhalten. Im praktischen Teil der Unterweisung schließlich wird das sichere Fahren der Flurförderzeuge im spezifischen Arbeitsbereich eingeübt.

Joerg Hensiek

Fremdfirmen

Werden Beschäftigte mehrerer Arbeitgeber an einem Arbeitsplatz tätig, müssen die Arbeitgeber hinsichtlich der Durchführung des Arbeits- und Gesundheitsschutzes zusammenarbeiten. Für die Arbeitgeber besteht außerdem die Pflicht, sich gegenseitig über die bei der Arbeit entstehenden Gefahren zu unterrichten und die Arbeitsschutzmaßnahmen abzustimmen.

Gesetze, Vorschriften und Rechtsprechung

Nach § 8 Arbeitsschutzgesetz sind Arbeitgeber verpflichtet, „bei der Durchführung von Sicherheits- und Gesundheitsschutzmaßnahmen zusammenzuarbeiten", wenn ihre Beschäftigten gemeinsam an einem Arbeitsplatz tätig sind. Insbesondere sollen sie sich über auftretende Gefährdungen gegenseitig unterrichten und Maßnahmen zur Gefahrenabwehr abstimmen. Außerdem muss ein Arbeitgeber, der Arbeitnehmer anderer Arbeitgeber in seinem Betrieb beschäftigt, sich vergewissern, dass diese hinreichend unterwiesen sind (§ 8 Abs. 2 ArbSchG). Nahezu identisch finden sich diese Forderungen auch in § 6 DGUV-V 1 „Grundsätze der Prävention". Informationen für die Praxis enthalten im berufsgenossenschaftlichen Regelwerk die DGUV-I 211-006 „Sicherheit und Gesundheitsschutz durch Koordinieren" und die DGUV-I 215-830 „Einsatz von Fremdfirmen im Rahmen von Werkverträgen".

1 Neue Formen der Zusammenarbeit

Dass Beschäftigte unterschiedlicher Arbeitgeber zeitweise oder dauerhaft unter einem Dach zusammenarbeiten, kommt schon lange nicht mehr nur im Rahmen von Baustellen, Montagearbeiten oder bei Veranstaltungen vor. Externe Dienstleister oder Zulieferer werden mit unterschiedlichsten betrieblichen Aufgaben betraut und sind häufig dauerhaft in den Betriebsräumen des Auftraggebers tätig (typisch bei Reinigungsdienst, Catering, Haustechnik, Logistik und vielen Beratertätigkeiten). In anderen Fällen werden einzelne Unternehmenszweige ausgegliedert oder verschiedene Unternehmen durch Partnerschaften verbunden, sodass im Ergebnis Beschäftigte unterschiedlicher Firmen in einem Raum oder an einem Tisch arbeiten. Und nicht zuletzt ist der Einsatz von Leiharbeitnehmern in vielen Branchen aus dem Betriebsalltag nicht wegzudenken. Bei allen diesen Variationen von Kooperationen ist der Arbeits- und Gesundheitsschutz in die Planungen mit einzubeziehen.

2 Maßnahmen des Arbeitsschutzes beim Einsatz von Fremdfirmen

Für den häufigen Fall, dass ein Arbeitgeber Fremdunternehmen in seinem Betrieb aufgrund von Werk-, Werklieferungs- oder Dienstverträgen beschäftigt (z. B. Reparatur- und Montagearbeiten) ergibt sich i. Allg. folgende „Aufgabenverteilung" im Arbeitsschutz:

1. **Aufgaben des Fremdunternehmens**
   Für die Durchführung und Einhaltung der gesetzlichen und berufsgenossenschaftlichen Vorschriften der eigenen Beschäftigten ist der Arbeitgeber des Fremdunternehmens zuständig und verantwortlich. Um mögliche Gefährdungen beurteilen und um entsprechende Maßnahmen einleiten zu können, muss sich der Fremdunternehmer über den Einsatzort und die Betriebsstätte informieren. Insbesondere muss er die Arbeits- und Produktionsverfahren, die technischen → *Arbeitsmittel* und → *Gefahrstoffe* in die Beurteilung einbeziehen. Nach der abgeschlossenen Beurteilung muss er seinen Mitarbeitern entsprechende Anweisungen erteilen.
2. **Aufgaben des Auftraggebers**
   Der Unternehmer, in dessen Betrieb das Fremdunternehmen die Arbeiten durchführt, muss
   - sicherstellen, dass den Mitarbeitern alle sicherheitsrelevanten Informationen zur Verfügung stehen und
   - sich vergewissern, dass entsprechende Anweisungen an alle Fremdfirmenmitarbeiter ergangen sind.

Ihm selbst obliegt nicht die Verpflichtung, die „fremden" Arbeitnehmer zu unterweisen, wohl aber zu kontrollieren, ob die notwendigen Anweisungen erteilt wurden.

Praxis-Beispiel: Sicherheitseinweisung bei Betreten eines Firmengeländes

In größeren und mittleren Betrieben ist es üblich, dass Fremdfirmenbeschäftigte vor Betreten des Geländes eine Sicherheitsunterweisung absolvieren müssen, meistens rechnergestützt und mit kurzer automatisierter Verständniskontrolle. Auf diese Weise kann das Unternehmen am einfachsten sicherstellen, dass wichtige Sicherheitsregeln die Fremdfirmenbeschäftigten erreichen.

Im Übrigen geht die allgemeine Rechtsauffassung davon aus, dass der Auftraggeber im Interesse der Gefahrenabwehr verpflichtet ist, die Arbeiten einstellen zu lassen, wenn für ihn erkennbar wird, dass die Fremdfirmenmitarbeiter erheblich gegen Schutzbestimmungen verstoßen.

Der Auftraggeber hat normalerweise – also für die „Fremdbeschäftigten" – keine allgemeinen oder besonderen Verpflichtungen hinsichtlich des Arbeitsschutzes. Davon unberührt bleibt seine zivilrechtliche und strafrechtliche Verantwortung, insbesondere für seine allgemeinen Verkehrssicherheitspflichten.

Bei umfangreicheren oder längerfristigen Kooperationen (Unternehmenskooperationen, Fremdvergabe von betriebsinternen Aufgaben usw.) wird grundsätzlich von denselben Rahmenbedingungen wie oben ausgegangen. Allerdings ist es in solchen Fällen manchmal sinnvoll, abweichende Vereinbarungen in Arbeitsschutzfragen zu treffen, z. B. weil es aus räumlichen oder organisatorischen Gründen angezeigt ist. Spätestens dann empfiehlt es sich, die Arbeitsschutzmaßnahmen in einem Vertrag oder einer Kooperationsvereinbarung schriftlich niederzulegen. Dabei kann z. B. auch die Bestellung eines → *Koordinators* nach § 6 DGUV-V 1 vereinbart werden sowie die verantwortliche Person des Auftragnehmers und die auftragsverantwortliche Person des Auftraggebers benannt werden (s. dazu DGUV-I 215-830 „Einsatz von Fremdfirmen im Rahmen von Werkverträgen").

3 Sonderfälle

- **Arbeitnehmerüberlassung**
  Setzt ein Betrieb Mitarbeiter eines Zeitarbeitsunternehmens ein , handelt es sich um → *Arbeitnehmerüberlassung* nach Arbeitnehmerüberlassungsgesetz (AÜG). In diesem Fall gelten bezüglich der Arbeitgeberpflichten die dort definierten Schnittstellen, nach denen wesentliche Arbeitsschutzpflichten (z. B. bestimmte Unterweisungs- und Informationspflichten) beim entleihenden Arbeitgeber angesiedelt sind (§ 11 (6) AÜG). Die schriftliche Fixierung dieser arbeitsschutzbezogenen Schnittstellen im Vertrag zwischen Verleiher und Entleiher ist hier Standard (siehe dazu DGUV-R 115-801 „Branche Zeitarbeit – Anforderungen an Einsatzbetriebe und Zeitarbeitsunternehmen").
- **Baustellen**
  Arbeitsschutzfragen rund um → *Baustellen* werden speziell in der Baustellenverordnung geregelt. Wird eine Baumaßnahme im Sinne von § 2 Baustellenverordnung (> 30 Tage Dauer und 20 Beschäftigte bzw. > 500 Mannstunden bzw. besonders gefährliche Arbeiten) geplant, sind die dort verankerten Vorgaben zu berücksichtigen. Dazu gehören neben der Vorankündigung bei der zuständigen Behörde das Erstellen eines → *Sicherheits- und Gesundheitsschutzplans* und die Bestellung eines Sicherheits- und Gesundheitsschutzkoordinators (SiGeKo), wenn Beschäftigte mehrerer Arbeitgeber gleichzeitig tätig sind.

Cornelia von Quistorp

Führungskräfte

Fach- und Führungskräfte sind vom Unternehmer eingesetzt und ihm in der betrieblichen Hierarchie unterstellt. Der Vorgesetzte nimmt Aufgaben wahr, die ihm der Unternehmer aus seinem Zuständigkeits- und Verantwortungsbereich zugewiesen hat. Er ist für einen bestimmten Teilbereich im Unternehmen zuständig und hat Weisungsbefugnis. Für die Sicherheit der unterstellten Mitarbeiter ist er verantwortlich. Weisungsbefugnis und Verantwortung des Vorgesetzten richten sich nach dem vom Unternehmer zugewiesenen Aufgaben- und Kompetenzbereich (Delegationsprinzip).

Gesetze, Vorschriften und Rechtsprechung

Aufgrund des Arbeitsvertrags nach § 611 BGB übernimmt jede Fach- und Führungskraft im Rahmen des zugewiesenen Aufgaben- und Kompetenzbereichs sog. **„originäre“, automatische Rechtspflichten für die Arbeitssicherheit**.

Diese Begründung der Führungspflichten bedarf **keiner gesonderten Vereinbarung**, sondern ist eine allgemeine Rechtspflicht.

Die Aufgaben- und Kompetenzbereiche werden u. a. abgegrenzt durch

- den Arbeitsvertrag (§ 611 BGB),
- die Stellenbeschreibung,
- das Organisationsschema sowie
- die Projektbeschreibung.

Die arbeitsvertraglich begründeten Fürsorgepflichten werden durch die staatliche Arbeitsschutzgesetzgebung (z. B. ArbSchG) und die Verhaltensregeln für sicheres Arbeiten in den Unfallverhütungsvorschriften näher spezifiziert.

1 Wann ist jemand ein Vorgesetzter?

Fach- und Führungskräfte sind vom Unternehmer eingesetzt und ihm in der betrieblichen Hierarchie unterstellt. Der Vorgesetzte nimmt Aufgaben wahr, die ihm der Unternehmer aus seinem Zuständigkeits- und Verantwortungsbereich zugewiesen hat. Er ist für einen bestimmten Teilbereich im Unternehmen zuständig und hat Weisungsbefugnis. Für die Sicherheit der unterstellten Mitarbeiter ist er verantwortlich. Weisungsbefugnis und Verantwortung des Vorgesetzten richten sich nach dem vom Unternehmer zugewiesenen Aufgaben- und Kompetenzbereich (Delegationsprinzip).

Maßgebend für die Eigenschaft als Vorgesetzter ist die hierarchische Stellung im Unternehmen. Wer mind. einem Betriebsangehörigen überstellt ist und diesem gegenüber Weisungsbefugnis hat ist Vorgesetzter. Auch die zeitweilige Überstellung (z. B. für eine zeitlich begrenzte Aufgabe) begründet bereits die (vorübergehende) Eigenschaft als Vorgesetzter mit allen Konsequenzen.

Die Fach- und Führungskräfte müssen daher im Rahmen der ihnen zugewiesenen Kompetenzen Maßnahmen für die Sicherheit und Gesundheit der ihnen unterstellten Beschäftigten ergreifen.

Die Führungsverantwortung für die Arbeitssicherheit ergibt sich sowohl aus dem Privatrecht als auch aus dem öffentlichen Recht.

2 Pflichten im Arbeitsschutz

Die oben beschriebenen allgemeinen Pflichten lösen im Bereich Arbeitsschutz typischerweise folgende Verantwortungen für Führungskräfte aus (beispielhaft):

- ständige bzw. regelmäßige Kontrolle des ordnungsgemäßen Zustands der Arbeitsplätze, von → *Arbeitsmitteln*, → *Maschinen* und Einrichtungen;
- Überwachung der Einhaltung von Sicherheitsbestimmungen durch die Beschäftigten, z. B. das Tragen von → *persönlicher Schutzausrüstung*;
- → *Unterweisung* der Beschäftigten in allen relevanten Bereichen des Arbeitsschutzes:
  - vor Aufnahme einer Arbeit,
  - bei neuen Arbeitsaufgaben oder Veränderungen im Arbeitsablauf, nach die Sicherheit gefährdenden Vorfällen,
  - regelmäßig mind. jährlich.

  Die Pflicht zur Unterweisung folgt insbesondere aus § 12 ArbSchG und § 4 DGUV-V 1. Daneben sind in zahlreichen gesetzlichen und berufsgenossenschaftlichen Regelungen spezielle Unterweisungspflichten statuiert, z. B. § 14 GefStoffV. Die durchgeführten Unterweisungen sollten aus Rechtsgründen mit Datum, Themen der Unterweisung und Unterschrift der Unterwiesenen schriftlich dokumentiert werden.

Auch wenn sich diese Pflichten ohne ausdrücklichen Auftrag aus den allgemeinen Vorgesetztenpflichten ableiten lassen, empfiehlt es sich dringend, in Betrieben mit mehreren Hirarchieebenen Pfichten im Arbeitsschutz schriftlich auf die Vorgesetzten der einzelnen Ebenen zu übertragen (§ 13 Arbeitsschutzgesetz). Auf diese Weise können Zuständigkeiten und Verantwortungen verbindlich geklärt werden. Das bedeutet mehr Rechtssicherheit für alle Beteiligten und fördert gleichzeitig das Engagement für Arbeitsschutzbelange auf allen Ebenen und damit den Sicherheitstandard eines Betriebs insgesamt (vgl. → *Pflichtenübertragung*).

3 Vorbildfunktion von Vorgesetzten

Der tatsächlich gelebte Arbeitsschutzstandard in einem Betrieb oder einer Abteilung steht und fällt mit dem Verhalten des Vorgesetzten. Dabei kommt es nicht nur darauf an, wie der Vorgesetzte seine Aufgaben und Pflichten organisatorisch und mit Worten wahrnimmt. Viel wichtiger ist, wie er die Sicherheitsinteressen im betrieblichen Alltag umsetzt oder eben auch nicht. Daher ist es wesentlich, dass Arbeitsschutzbelange bei der Beurteilung von Führungsverhalten mit berücksichtigt werden. Ohne umfassende Akzeptanz auf allen verantwortlichen Hierarchieebenen ist kein akzeptabler Arbeitsschutzstandard erreichbar.

Die Funktion des → *Sicherheitsbeauftragten*, der von der Definition her „einer unter Gleichen" sein soll, verträgt sich grundsätzlich nicht mit der Vorgesetztenrolle. Der Sicherheitsbeauftragte soll Kollegen ein Ratgeber und eine Vertrauensperson sein, die sich Arbeitsschutzbelangen besonders annimmt und die Führungskraft durch Hinweise unterstützt, aber eben kein Aufpasser oder verlängerter Arm der Führungskraft. Deswegen verfügt er ausdrücklich nicht über die Weisungsbefugnis, die die Führungskraft auszuüben hat.

Cornelia von Quistorp

Fußböden

Die Anforderungen an Fußböden beziehen sich nach Arbeitsstättenrecht nicht nur auf die statisch wirksame Tragschicht, den Fußbodenaufbau und die Oberfläche, sondern auch auf Auflagen, z.B. Matten, Roste oder Teppiche. Fußböden müssen unter Arbeitsschutzgesichtspunkten sicher und gesundheitsschonend begehbar sein.

Gesetze, Vorschriften und Rechtsprechung

Nummer 1.5 des Anhangs zur Arbeitsstättenverordnung formuliert Basisanforderungen an Fußböden. Diese Anforderungen werden in der ASR A1.5 „Fußböden" konkretisiert. Sie ist in weiten Teilen aus der DGUV-R 108-003 „Fußböden in Arbeitsräumen und Arbeitsbereichen mit Rutschgefahr" entstanden. Im Bereich der gesetzlichen Unfallversicherung existieren weitere Vorschriften für spezielle Bereiche, z.B.

- DGUV-I 207-006 „Bodenbeläge für nassbelastete Barfußbereiche"
- DGUV-I 208-007 „Roste – Auswahl und Betrieb"

1 Tragfähigkeit

In aller Regel sorgen die bestehenden baurechtlichen Bestimmungen dafür, dass Gebäude statisch ausreichend dimensioniert sind. So kommt es kaum vor, dass an regulären Arbeitsplätzen Bauteile wie Decken so stark überlastet werden, dass z.B. Einsturzgefahr besteht. Kritische Situationen können aber sein:

1.1 Fußböden in Nebenbereichen

In Bereichen wie Lagerflächen, Wartungsbühnen, Podesten u. ä., die normalerweise nicht oder nur sehr selten begangen werden, kann es zu gefährlichen Situationen kommen, z.B. weil

- Flächen begangen werden, die eigentlich nicht begehbar dimensioniert sind (Abdeckungen, Lichtplatten, ...),

– → *Abdeckungen* von Absturzstellen (auch unbemerkt) durch Alterung (Rost, Verwitterung) entscheidend an Tragfähigkeit verlieren,
– Abdeckungen, Bodenelemente, Roste usw. nicht stabil bzw. unverrückbar aufliegen.

Bei Sicherheitsbegehungen sollten verantwortliche Personen bemüht sein, ihre Wahrnehmung auch und gerade auf solche Bereiche zu lenken.

1.2 Umnutzung oder abweichende Nutzung

Wenn Räume anders genutzt werden als ursprünglich vorgesehen, muss geprüft werden, ob die entstehenden Verkehrslasten (durch Lagergüter, → *Maschinen*, → *Fahrzeuge*, Personen usw.) im zulässigen Bereich liegen. Probleme kann es z. B. geben, wenn

– auf einer Lagerbühne statt ursprünglich großvolumiger, leichter Lagergüter kompakte Materialien hoher Dichte gelagert werden.
– in Büro- oder einfachen Abstellräumen Papier in großen Mengen gelagert werden soll. Kompakt gepacktes Papier (z. B. Kopierpapier in Kartons) führt zu noch einmal deutlich höheren Flächenlasten als z. B. Aktenordner.
– aus Platzgründen schwere Maschinen in Bereichen aufgestellt werden sollen, wo sie nicht vorgesehen waren.
– Räume in großem zeitlichen Abstand immer wieder anders genutzt wurden und dabei z. B. Gruben oder Becken nachträglich mit nicht bestimmter Tragfähigkeit überdeckt wurden.

1.3 Fußbodenaufbau (Estrich) und Oberfläche

Schäden am Fußbodenaufbau sind nicht selten, führen zu Stolperstellen und Gefahren beim Fahrzeugverkehr. Typisch sind z. B. brüchige oder unebene Bodenbeläge und gebrochene Estrichschichten, die zu Unebenheiten unter der Nutzschicht führen. Sie entstehen meist durch zu hohe Punktlasten wie Füße von Maschinen oder Regalen, noch häufiger durch → *Flurförderzeuge* wie Handhubwagen oder Gabelstapler, die beim Rangieren mit den Lenkrollen Böden sehr stark belasten. Kritisch können auch starke Stoß- oder Schwingungsbelastungen sein.

Reparaturen lassen sich oft nur schwer ausführen, weil

– nur bei großflächiger Ausführung Fußbodenflächen die volle Tragfähigkeit erzielen, dazu aber komplette Betriebsbereiche längerfristig geräumt werden müssen,
– Flickstellen oft ihrerseits zu Stolperstellen führen und oft schnell wieder zerstört werden,
– auch bei guter Ausführung Ausbesserungen oder neue Beschichtungen sich nicht gut mit dem Untergrund verbinden, wenn der betriebsbedingt mit störenden Chemikalien wie Ölen/Fette verunreinigt ist.

Die zulässigen Verkehrslasten sollten daher eingehalten werden. Z. B. sollten nur Flächen mit Flurförderzeugen befahren werden, die entsprechend ausgelegt sind.

> **Praxis-Beispiel: Anbohren von Fußböden**
> Ob ein intakter Fußboden (etwa für Maschinen- oder Regalverankerungen) angebohrt wird, sollte sorgfältig abgewogen werden, weil das die Trag- und Widerstandsfähigkeit deutlich herabsetzt.

2 Beständigkeit gegenüber chemischen, biologischen und thermischen Einwirkungen

Fußböden müssen für die im Betrieb relevanten Einwirkungen wie z. B. Nässe, Schmutz, Kraftstoffe/Öle/Fette, Betriebsstoffe von Maschinen, aggressive Reinigungsmittel, Frost oder Wärme von Anlagen/Maschinen entsprechend ausgelegt sein.

Praxis-Beispiel: Dauerbelastung

Viele gängige Fußbodenmaterialen halten Umgebungseinwirkungen zwar im Einzelfall ohne erkennbare Folgen aus. Daraus kann aber nicht geschlossen werden, dass das auch im Dauerzustand der Fall ist. Um langwierige und störende Probleme zu vermeiden ist es daher wichtig, bei Neu- und Umbau bzw. bei einer geplanten Umnutzung eines Bereiches möglichst umfassend zu klären, ob der Fußboden den zu erwartenden Belastungen ohne vorzeitigen Verschleiß oder Beschädigung standhalten kann.

Auch dürfen auftretende Stoffe vom Fußboden nicht so aufgenommen und gespeichert werden, dass sich dadurch Gefährdungen für die Beschäftigten ergeben, z.B. durch Emissionen, Schimmelpilze oder Brandgefahren.[1]

3 Schutz vor Ausrutschen

Stürze stellen global betrachtet das größte Arbeitsunfallrisiko dar. Unter Sicherheitsaspekten kommt daher der Trittsicherheit von Fußböden besondere Beachtung zu.

Nach Abschn. 3.2 ASR A1.5 liegt eine **Rutschgefahr** dann vor, wenn die Möglichkeit des Ausrutschens von Beschäftigten oder Wegrutschens von Fahrzeugen oder Einrichtungsgegenständen besteht aufgrund

- einer zu geringen Rutschhemmung der Fußbodenoberfläche,
- einer unmittelbaren Änderung der Rutschhemmung der Fußbodenoberfläche oder
- des Verrutschens eines Bodenbelages.

Die Rutschgefahr wird von unterschiedlichen Faktoren bestimmt:

3.1 Rutschhemmung der Fußbodenoberfläche

Die Rutschhemmung kann für Bodenbeläge mithilfe von sog. Bewertungsgruppen (R9–R13) angegeben werden, wobei R 13 die höchste Rutschhemmung bedeutet. Die R-Gruppe wird in einem Laborverfahren ermittelt, in dem Versuchspersonen den Bodenbelag auf einer im Neigungswinkel veränderlichen schiefen Ebene begehen.

Praxis-Beispiel: R-Gruppen in der Praxis

Das R-Gruppen-Verfahren ist ein anerkanntes Verfahren zur Bewertung der Rutschhemmung, es definiert sich aber verfahrensbedingt nur über eine ganz bestimmte Situation (Bodenbelag wird auf schiefer Ebene mit einem bestimmten Gleitmittel und mit einem bestimmten Schuh in definierter Weise begangen). Ein Boden, der dabei mit einer bestimmten Rutschhemmung abschließt, kann doch unter anderen Betriebsbedingungen als glatt empfunden werden (z.B. mit anderen Sohlenmaterialien, anderen gleitfördernden Medien und in anderen Laufsituationen).

Die Überprüfung der angegebenen R-Gruppe an einem fertig verlegten Fußboden ist normgerecht nicht möglich, sondern nur mit einer Materialprobe in einem entsprechenden Prüflabor.

Praxis-Beispiel: Rutschhemmung: Mehr ist nicht immer besser

Sehr hohe Rutschhemmung führt zu einem unangenehmen Laufgefühl und oft auch zu einer erhöhten Verletzungsgefahr bei Stürzen. Außerdem lassen sich Böden mit sehr griffiger Oberfläche oft nur schwer reinigen.

Benachbarte Böden dürfen in der Rutschhemmung außerdem nicht mehr als eine R-Gruppe auseinander liegen.

3.2 Gleitfördernde Stoffe

Fußböden in Bereichen, in denen ein Gleitmittel (z.B. Fett, Wasser, Chemikalien, Produktionsreste) Rutschgefahr auslöst, müssen nicht nur rutschhemmend sein, sondern auch einen ausreichenden

1 Abschn. 4 Abs. 7 ASR A1.5.

Verdrängungsraum aufweisen, durch den der gleitfördernde Stoff ausweichen kann, sodass der Fuß ausreichend Bodenkontakt hat. Anhang 2 ASR A1.5 gibt für Fußböden in rutschgefährdeten Bereichen R-Gruppen und Verdrängungsraumvolumina vor.

Praxis-Beispiel: Eingangsbereiche

Eingangsbereiche werden üblicherweise wegen des optischen Eindrucks und guter Reinigungsfähigkeit mit glatten Böden ausgestattet, die keinen Verdrängungsraum aufweisen. Entsprechend können sie nur mit trockenen Sohlen sicher begangen werden. Daher sind ausreichende Sauberlaufzonen wichtig (nach Abschn. 6 Abs. 3 ASR A1.5 mind. 1,5 m über die gesamte Eingangsbreite), die natürlich keine Stolperstellen aufweisen dürfen.

Praxis-Beispiel: Was tun bei rutschigen Böden?

Bei entsprechenden Problemen sollte vorrangig geprüft werden, ob nicht z.B. ungeeignete Reinigungsmittel oder -verfahren oder nicht ausreichende Sauberlaufzonen ursächlich sein können.

Maßnahmen zur nachträglichen Verbesserung der rutschhemmenden Eigenschaften von Bodenbelägen werden zwar in bestimmten Fällen angeboten (z.B. Aufrauhen von Stein- oder keramischen Materialien oder Aufbringen von Beschichtungen), sind aber nicht immer erfolgreich und sollten unbedingt zunächst an unkritischer Stelle ausprobiert werden.

4 Vermeidung von Stolpergefahren

Stolperstellen sind nach Abschn. 3.4 ASR A1.5 Änderungen der Oberfläche in begehbaren Bereichen des Fußbodens, durch die erhöhte Sturzgefährdungen hervorgerufen werden. Als Stolperstellen gelten grundsätzlich:

- Höhenunterschiede von mehr als 4 mm,
- Spaltenbreiten von mehr als 20 mm,
- Roste mit einer Maschenteilung von mehr als 35 × 51 mm.

Stolperstellen können auch temporär auftreten, z.B. aufgrund einer Durchbiegung an der Verbindungsstelle verschiedener Fußböden.

Praxis-Beispiel: Anschrägungen

Anschrägungen, die Stolperstellen ausgleichen, dürfen eine Steigung von höchstens 25° haben.

5 Stoß- und Schwingungsdämpfung

Glatte und harte Böden haben viele Vorteile. Sie sind pflegeleicht und strapazierfähig sowie sicher begeh- und befahrbar und daher im gewerblichen, industriellen und Dienstleistungsbereich entsprechend weit verbreitet. Nachteilig ist, dass solche Oberflächen kaum schall- und stoßdämpfend sind und zu entsprechenden Belastungen der Beschäftigten erheblich beitragen.

Beschäftigte in solchen Bereichen sollten unbedingt mit Schuhen ausgestattet sein, die die fehlende Dämpfung des Fußbodens so gut wie möglich ausgleichen, um Gelenk- und Rückenprobleme zu vermeiden. An Steharbeitsplätzen sind stoßdämpfende Trittmatten oder -roste sinnvoll, wobei sichergestellt sein muss, dass davon keine Rutsch- oder Stolpergefahr ausgeht.

Ggf. sind schallmindernde Maßnahmen im Bereich von Decken und Wänden erforderlich.

Wenn die betrieblichen Anforderungen dem nicht entgegenstehen, kann ein gut dämpfender Boden (z.B. mit entsprechendem federndem Unterbau und/oder weichen Oberflächen) dagegen erheblich zu angenehmen und gesundheitsschonenden Arbeitsbedingungen beitragen.

Praxis-Beispiel: Trittschalldämmung

Wenn Schwingungen wie Stöße und Tritte vom Fußboden nicht aufgenommen werden, sondern sich unmittelbar auf die Gebäudestrukturen übertragen, sind sie oft überall im Gebäude störend wahrnehmbar. Nachträglich sind solche Probleme ohne einen komplett neuen Fußbodenaufbau kaum behebbar. Umso wichtiger ist es, bei Neu- und Umbauten auf eine wirksame Schwingungsentkopplung zu achten.

6 Wärmeisolation

Nach Abschn. 7 Abs. 1 ASR A1.5 soll die Oberflächentemperatur des Fußbodens i. d. R. nicht mehr als 3 °C unter oder 6 °C über der Lufttemperatur liegen. Von wenigen speziellen gewerblichen oder industriellen Bereichen, in denen betriebsbedingt hohe Oberflächentemperaturen auftreten, überwiegen in der Praxis Probleme mit kalten Fußböden durch unzureichende Wärmedämmung. Typische Situationen sind Räume im Altbaubestand, die über offenen oder unbeheizten Bereichen liegen (über zurückversetzten Eingängen, Durchfahrten, Garagen, Lagern …) oder die nicht unterkellert sind und in denen überwiegend sitzende Tätigkeiten verrichtet werden. Oft treten die Probleme auf, wenn solche Räume nachträglich zu Büroräumen umfunktioniert werden.

Praxis-Beispiel: Fußkälte

Werden die o. g. Wärmedifferenzen zwischen Fußboden- und Raumtemperatur überschritten, empfinden Beschäftigte die Räume insgesamt als zu kalt und regeln, wenn die Möglichkeit besteht, die Lufttemperatur höher, sodass die Differenz noch größer und das Raumklima und die Arbeitsbedingungen insgesamt noch ungünstiger werden (ungleichmäßige Wärmeverteilung, Lufttrockenheit usw.). Fußböden von Arbeitsräumen (besonders für sitzende Tätigkeiten), die an unbeheizte Bereiche angrenzen, müssen daher unbedingt so gut wie möglich wärmeisoliert sein. Allerdings ist es nicht einfach, ausreichende Wärmeisolation im Fußbodenbereich nachträglich anzubringen, zumal, wenn die Raumhöhe begrenzt ist.

Richtig ausgelegte Fußbodenflächenheizungen können ggf. ergänzend zu Wandheizkörpern in kritischen Räumen sehr hilfreich sein. In Einzelfällen, wo keine andere Abhilfe möglich ist, sind u. U. geeignete mobile elektrische Heizmatten eine Möglichkeit.

7 Optische Gestaltung

Die Farb- und Flächengestaltung von Fußböden sollte das sichere Begehen fördern und nicht erschweren. Kritisch können z. B. sehr unruhige oder hochglänzende Oberflächen sein oder solche, die zu optischen Täuschungen führen oder die Erkennung von Stufen erschweren können.

8 Reinigungsfähigkeit

Der Boden muss mit geeigneten Verfahren so gereinigt werden können, dass er den hygienischen Anforderungen der Nutzer entspricht. Je nach Beanspruchung kann sich das ganz unterschiedlich darstellen, vom Teppichboden im Besprechungsraum, der 2-mal wöchentlich gesaugt wird, bis hin zum hygienisch hochsensiblen OP-Bereich, der nach jedem Eingriff desinfizierend gereinigt werden muss.

Entsprechend den Sauberkeitsanforderungen sollte bei der Gestaltung von Fußböden auch darauf geachtet werden, dass die Reinigung vom dafür zuständigen Personal sicher und möglichst ergonomisch durchgeführt werden kann. Eine gut wischbare Oberfläche, dichte, glatte Fugen, wenige bzw. leicht auszuwischende Ecken und Kanten machen die Reinigung schnell und effektiv und schonen Reinigungskräfte und Unterhaltsbudget.

Praxis-Beispiel: Kehlsockel – einfach sauber und sicher

Als Kehlsockel bezeichnet man einen dichten, gerundeten Anschluss des Fußbodens an die Wand bis in eine Sockelhöhe von einigen Zentimetern. Auf diese Weise wird verhindert, dass sich Verunreinigungen in Ecken und Ritzen sammeln oder dass kritische Stoffe in Wand oder Boden eindringen. Nach Abschn. 4 Abs. 8 ASR A1.5 ist das v. a. für Räume vorgesehen, in denen mit → *Gefahrstoffen* oder → *Biostoffen* gearbeitet wird, es empfiehlt sich aber auch in vielen nass belasteten Räumen. Dichte Kehlsockel erleichtern die effektive Reinigung und stellen sicher, dass es durch Feuchtigkeit nicht zu schleichenden Bauwerksschäden kommt.

Praxis-Beispiel: Vorsicht bei ausgefallenen Fußbodenbelägen

Ausgefallene Fußbodenbeläge, z. B. aus Naturmaterialien (unversiegeltes Holz, Kork, Natursteine, Lehm u. a.) verlangen oft besondere Reinigungs- und Pflegeverfahren, die im betrieblichen Bereich manchmal kritisch sind. Z. B. reichen übliche Pflegeintervalle und -zeiten dafür nicht aus, oder es sind Stoffe wie Naturöle notwendig, für deren sichere Verarbeitung besondere Fachkenntnis erforderlich ist und/oder von denen Gesundheitsrisiken (Allergien, Hautreizungen) ausgehen. Bei der Planung solcher Sonderlösungen sollte das kritisch berücksichtigt werden.

Cornelia von Quistorp

Fußschutz

Fußschutz ist ein Teil der Persönlichen Schutzausrüstung (PSA). Fußschutz ist immer dann geboten, wenn mit Gefährdungen zu rechnen ist durch Stoßen, Einklemmen, umfallende, herabfallende oder abrollende Gegenstände, Hineintreten in spitze Gegenstände, heiße oder ätzende Flüssigkeiten, andere gesundheitsgefährdende Umgebungseinflüsse.

Fußschutz ist vorwiegend als Schutz gegen mechanisch, aber auch gegen chemisch, elektrisch oder thermisch bewirkte Verletzungen erforderlich. Entsprechend der Schutzwirkung wird der Fußschutz unterschieden in Sicherheitsschuhe, Schutzschuhe und Berufsschuhe.

Gesetze, Vorschriften und Rechtsprechung

Ergibt die Gefährdungsbeurteilung, dass trotz technischer und organisatorischer Schutzmaßnahmen mit Fußverletzungen zu rechnen ist, muss den Mitarbeitern Fußschutz zur Verfügung gestellt werden. Aus der DGUV-R 112-191 „Benutzung von Fuß- und Beinschutz" gehen Anforderungen an die Auswahl, Beschaffung, Bereitstellung und die Benutzung von Fußschutz hervor.

Für den Bereich Fußschutz sind aus Anwendersicht hauptsächlich nachfolgende Normen relevant:

- DIN EN ISO 20345 „Persönliche Schutzausrüstung; Sicherheitsschuhe"
- DIN EN ISO 20346 „Persönliche Schutzausrüstung; Schutzschuhe"
- DIN EN ISO 20347 „Persönliche Schutzausrüstung; Berufsschuhe"

Weitere Normen im Zusammenhang mit Fußschutz sind Anhang 6 BGR 191 zu entnehmen.

1 Einteilung

Fußschutz wird wie folgt unterschieden:

- **Sicherheitsschuhe:** Schuhe **mit Zehenkappen** für hohe Belastungen, deren Schutzwirkung mit einer Prüfenergie von 200 J geprüft wurde (**Kurzbezeichnung S**).
- **Schutzschuhe:** Schuhe **mit Zehenkappen** für mittlere Belastungen, deren Schutzwirkung mit einer Prüfenergie von 100 J geprüft wurde (**Kurzbezeichnung P**).
- **Berufsschuhe:** Schuhe, die mit mind. einem schützenden Bestandteil ausgestattet sind, jedoch **keine Zehenkappen** haben müssen (**Kurzbezeichnung O**).

Die **Abb. 1** und **2** zeigen Beispiele für die Bestandteile sowie für die sicherheitstechnische Ausrüstung eines Schuhs. Fußschutz wird nach der Schuhform unterschieden in Halbschuh, niedrige, halbhohe, hohe und oberschenkelhohe Stiefel.

Praxis-Beispiel: Schutzschuh ist kein Sicherheitsschuh!

Sicherheitsschuhe und Schutzschuhe sind nicht identisch! Im allgemeinen Sprachgebrauch werden oft falsche Bezeichnungen verwendet. Die Anforderungen an Sicherheitsschuhe sind höher. Die Zehenschutzkappe muss z. B. mehr Energie aufnehmen können.

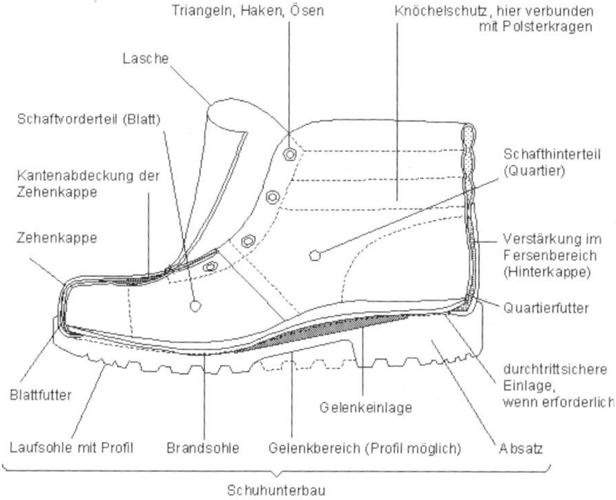

Abb. 1: Beispiele für die Bestandteile eines Schuhs

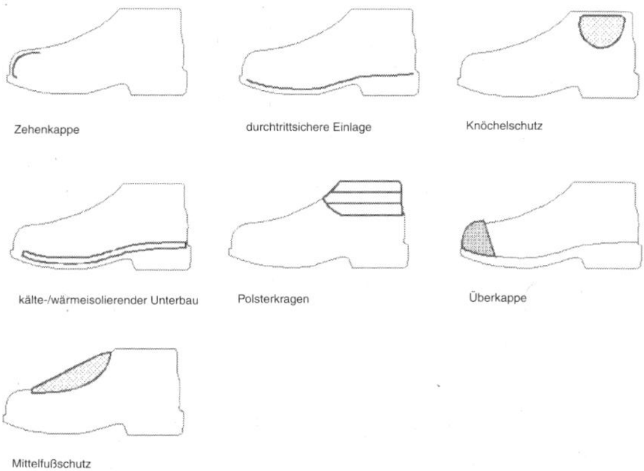

Abb. 2: Beispiele für sicherheitstechnische Ausrüstungen

2 Anforderungen

Die Anforderungen an Fußschutz richten sich nach dem Einsatzbereich. Anhang 4 DGUV-R 112-191 enthält die einzelnen Anforderungen zu

- Schuhoberteil,
- Futter,
- Lasche,
- Laufsohle,
- Brandsohle,
- Zehenkappe,
- Rutschhemmung,
- Wasserdurchtritt und Wasseraufnahme beim Schuhobermaterial,
- Profilierung, Kontaktwärme und Kraftstoffbeständigkeit bei der Laufsohle,
- Durchtrittsicherheit,
- elektrischer Durchgangswiderstand des Schuhunterbaus,
- Schuhe mit wärmeisolierendem Unterbau (Hitzeschuhe),
- Schuhe mit kälteisolierendem Unterbau,
- Energieaufnahme im Fersenbereich,
- Mittelfußschutz.

3 Kennzeichnung

Die Kennzeichnung der Schuhe erfolgt zusätzlich zur → *CE-Kennzeichnung* nach den Normen der Reihen DIN EN ISO 20344 bis DIN EN ISO 20347. Die Kennzeichnung muss enthalten:

- Schuhgröße,
- Zeichen des Herstellers,
- Typbezeichnung/Artikelnummer des Herstellers,
- Herstellungsdatum,
- Nummer der Europäischen Norm, z.B. „EN ISO 20345: 2004“,
- für evtl. vorhandene zusätzliche sicherheitstechnische Ausrüstungen sind die Kennzeichnungssymbole nach **Tab. 1** oder das Kurzzeichen nach **Tab. 2** zu verwenden,
- falls erforderlich Piktogramm.

Die CE-Kennzeichnung besteht aus dem Kurzzeichen „CE“ und besagt, dass das Produkt, an dem es angebracht ist, die Anforderungen aller einschlägigen EG-Richtlinien erfüllt.

Es gibt bei Berufs-, Schutz- und Sicherheitsschuhen **Grundanforderungen**, die wie folgt klassifiziert werden:

- I: Schuhe aus Leder oder anderen Materialien, hergestellt nach herkömmlichen Schuhfertigungsmethoden (z.B. Lederschuhe).
- II: Schuhe vollständig geformt oder vulkanisiert (Gummistiefel, Polymerstiefel – z.B. aus Polyurethan (PUR) – für den Nassbereich).

Sicherheits-, Schutz- und Berufsschuhe gehören mind. der Zertifizierungskategorie II an. Für sie muss eine EG-Baumusterprüfbescheinigung vorliegen. Nach DIN EN ISO 20344 bis DIN EN ISO 20347 gibt es die in **Tab. 1** aufgeführten Symbole der Schutzfunktionen.

Symbol	Schutzfunktion
A	Antistatische Schuhe
AN	Knöchelschutz
C	Antistatische Schuhe
CI	Kälteschutz
CR	Schnittschutz
E	Energieaufnahmevermögen im Fersenbereich
FO	Kraftstoffbeständigkeit
HI	Wärmeisolierung

Symbol	Schutzfunktion
HRO	Verhalten gegenüber Kontaktwärme
I	Elektrisch isolierende Schuhe
M	Mittelfußschutz
P	Durchtrittsicherheit
WR	Wasserdichtheit
WRU	Wasserdurchtritt und -aufnahme

Tab. 1: Kennzeichnungssymbole gem. Tab. 9 in Anhang 2 DGUV-R 112-191

Bei Schuhen mit mehreren Zusatzanforderungen führt die Kennzeichnung mit den einzelnen Kennzeichnungssymbolen zu Schwierigkeiten. Die Kennzeichnung ist zu umfangreich und für den Verbraucher zu unübersichtlich. Deshalb sind in den Normen der Reihe DIN EN ISO 20345 bis DIN EN ISO 20347 die meistbenutzten Kombinationen der sicherheitsrelevanten Grund- und Zusatzanforderungen zusammengefasst und Kurzzeichen für die Kennzeichnung eingeführt worden (**Tab. 2**).

Sicherheitsschuh S Grundanforderungen (200-J-Zehenkappe)	SB I, II	S1 I	S2 I	S3 I	S4 II	S5 II
Schutzschuh P (100-J-Zehenkappe)	PB	P1	P2	P3	P4	P5
Berufsschuh O (keine Zehenkappe)	--	01	02	03	04	05
Dabei bedeutet: B = keine Zusatzanforderung 1 = geschlossener Fersenbereich; Antistatik; Energieaufnahmevermögen im Fersenbereich 2 = 1 + Schutz gegen Wasserdurchtritt und Wasseraufnahme 3 = 2 + Durchtrittsicherheit; profilierte Laufsohle 4 = Antistatik; Energieaufnahmevermögen im Fersenbereich 5 = 4 + Durchtrittsicherheit der Sohle; profilierte Sohle						

Tab. 2: Kurzzeichen für die Kennzeichnung der meistbenutzten Kombinationen von sicherheitsrelevanten Grund- und Zusatzanforderungen

Praxis-Beispiel: Auswahl von geeignetem Fußschutz

Anhang 2 DGUV-R 112-191 (bisher BGR 191) enthält eine Beispielsammlung als Hilfestellung für die Auswahl von geeignetem Fußschutz. Sie ersetzt jedoch nicht die → *Gefährdungsbeurteilung*. Sie gibt lediglich eine Empfehlung auf der Basis jahrelanger Erfahrungen aus dem Unfallgeschehen der gewerblichen Wirtschaft wieder, in welchen Bereichen ein Sicherheitsschuh mit einer 200-J-Kappe zu tragen ist.

4 Schuhgrößen

Welche Schuhgröße ist die richtige? Diese Frage kann normalerweise nur die Anprobe beantworten. Das liegt daran, dass die Schuhgröße eine reine Längenangabe darstellt. Die Fußbreite wird bei dem Schuhgrößensystem *Pariser Stich* nicht berücksichtigt. Je nach Schuhleisten passen die Schuhe, sind zu weit oder zu schmal. Gerade auf dem Gebiet der Sicherheitsschuhe ist der Tragekomfort wichtig. Daher haben sich viele Hersteller dazu entschlossen, Fußschutz in mehreren Weiten anzubieten.

Die Schuhgröße lässt sich nicht durch eine einzelne Größe beschreiben. Schuhhersteller machen das aber im Bereich der Freizeitschuhe mit einer deutlichen Mehrheit. Dabei hat ein Fuß neben der Länge weitere individuell unterschiedliche Maße, die für einen passenden Schuh entscheidend sind (z. B. max. Breite und Spannhöhe). Zudem ist die Schuhform im Vorderfußbereich ein Merkmal für den Tragekomfort. Ein spitz zulaufender Zehenbereich sieht evtl. modisch aus, führt aber zu einer Zehendeformation. Ein zu breiter Schnitt im Fersenbereich führt dazu, dass der Schuh keinen festen Halt bietet.

Für Erwachsene gibt es bei Freizeitschuhen Zwischengrößen. Dadurch kann i. d. R. erreicht werden, dass ein zu schmal geschnittener Schuh eine „halbe Nummer größer" als passend empfunden wird.

Bei Sicherheitsschuhen gibt es mittlerweile den Trend, dass viele Schuhhersteller Teile ihres Sortiments auch in mehreren Weiten anbieten. Diese werden manchmal mit einer schlichten Weitenangabe oder aber als Schuhgröße im *Mondo-Point-System* bezeichnet.

Anhang 2 Nr. 4.1.2 DGUV-R 112-191 enthält eine Tabelle, die Fußlänge und Fußbreite gegenüberstellt. Die Zuordnung von Fußlänge zur bisherigen Schuhgröße nach dem Maßsystem *Pariser Stich* fehlt aber auch in der DGUV-R 112-191 und soll daher an dieser Stelle vorgenommen werden. Die Zuordnung folgt den Vorgaben der Hersteller.

Praxis-Beispiel: Schuhgröße

Der Größensprung beim *Pariser Stich* entspricht 6,66 mm. Folglich stellt die hier durchgeführte Gegenüberstellung (**Tab. 3**) einen Kompromiss dar. Berücksichtigt werden muss auch, dass hier die Fußlänge dargestellt ist. Der Fuß im belasteten Zustand beim Gehen ist länger. Die Schuhhersteller haben diese Spitzenzugabe bei den Schuhgrößen berücksichtigt. Bei Freizeitschuhen ist mit der Daumenprobe festzustellen, ob genügender Freiraum vor dem großen Zeh ist. Bei Sicherheitsschuhen scheidet diese Anprobe wegen der Zehenschutzkappe aus.

		Fußbreite [mm] Weitenbezeichnung (Code)					
Pariser Stich	**Fußlänge [mm]**	**7**	**8**	**9**	**10**	**11**	**12**
35	217	80	83	85	88	91	94
36	225	82	85	88	90	93	96
37	232	84	87	90	92	95	98
38	240	86	89	92	95	97	100
39	247	88	91	94	97	99	102
40	255	90	93	96	99	102	105
41	262	92	95	98	101	104	107
42	270	94	97	100	103	106	109
43	277	96	99	102	105	108	111
44	285	99	101	104	107	110	113
45	292	101	104	106	109	112	115
46	300	103	106	108	112	114	117
47	307	105	108	111	114	117	120

Tab. 3: Gegenüberstellung: Schuhgröße, Fußlänge und Fußbreite

Die Einteilung in Schuhweiten gibt es in der Praxis. Nicht umgesetzt wurde die gesamte Palette der Schuhweiten je Schuhgröße. Es hat sich gezeigt, dass die Vorhaltung der Schuhweiten 10 und 11 als Standardweiten ausreichend ist. Die Schuhhersteller sind in der Lage, auch andere Schuhweiten herzustellen, jedoch bedeutet das aufgrund der geringen Nachfrage i. d. R. eine Sonderanfertigung.

Praxis-Beispiel: Anprobe nicht vergessen

Die Schuhgröße kann bei dem Schuhweiten-System wie gewohnt durch Anprobe oder mithilfe von Fußmaßlehren bestimmt werden. Ob der Schuh dann dennoch „drückt", ist nur durch eine Anprobe festzustellen.

5 Praxis-Tipps

Je nach Unternehmensgröße kann es sinnvoll sein, die Ausstattung der Mitarbeiter mit Fußschutz nicht über ein eigenes Lager abzuwickeln, sondern ein Abkommen mit einem ortsansässigen Händler zu treffen. Dies reduziert die Kosten für die interne Lagerhaltung (Material, Räumlichkeiten, Personal).

Die Mitarbeiter haben so die Möglichkeit, sich z. B. mithilfe eines Berechtigungsscheins, aus dem die Mindestanforderungen an den Fußschutz hervorgehen müssen, beim Vertragspartner aus einer großen Palette einen Schuh nach ihren individuellen Bedürfnissen (und gem. den betrieblichen Vorgaben) selbst auszusuchen. Dadurch wird i. d. R. eine deutliche Akzeptanzsteigerung im Hinblick auf die Bereitschaft zum Tragen von Fußschutz erzielt. Auf dem Berechtigungsschein kann ebenfalls eine Betragsobergrenze vermerkt sein, bis zu der das Unternehmen die Kosten übernimmt. Übersteigt der ausgesuchte Fußschutz diesen Betrag, muss der Mitarbeiter die Differenz direkt beim Vertragspartner selbst bezahlen.

Bei orthopädischem Fußschutz kann die Kostenübernahme auch durch eine der nachfolgenden Organisationen erfolgen. Dies ist im Einzelfall zu überprüfen:

- Gesetzliche Unfallversicherungsträger (z. B. Berufsgenossenschaften (BG) oder Gemeindeunfallversicherer (GUV)),
- Hauptfürsorgestellen, Gesetzliche Rentenversicherung (Landesversicherungsanstalten (LVA) oder Bundesversicherungsanstalt (BVA)),
- Bundesagentur für Arbeit,
- Träger der begleitenden Hilfe im Arbeits- und Berufsleben,
- Träger der Sozialhilfe.

Näheres zur Übernahme von Kosten finden Sie im Anhang 2 Abschn. 5 DGUV-R 112-191.

Praxis-Beispiel: Orthopädische Einlagen

Beim Einsatz von orthopädisch angepassten Einlagen muss darauf geachtet werden, dass die Anforderungen des Schuhherstellers in Verbindung mit der DGUV-R 112-191 eingehalten werden. Der Sicherheitsschuh hat ansonsten ggf. keine Baumusterprüfung mehr!

Dirk Haffke

Gase

Gas bezeichnet einen Aggregatzustand von Materie oder einen Stoff, der sich üblicherweise in diesem Aggregatzustand befindet. Kennzeichnend für den gasförmigen Aggregatzustand sind:

- freie Beweglichkeit der Atome oder Moleküle,
- beliebiges Mischungsverhältnis verschiedener Gaskomponenten,
- Komprimierbarkeit,
- ein Gas füllt jeden Raum, in den es gebracht wird, völlig aus.

Nach CLP-Verordnung sind Gase definiert als Stoffe oder Gemische, die bei 50 °C einen Dampfdruck von 300 kPa (3 bar) haben oder bei 20 °C und einem Standarddruck von 101,3 kPa vollständig gasförmig sind.

Zu den wichtigsten, technisch eingesetzten Gasen zählen Acetylen, Argon, Helium, Stickstoff, Wasserstoff, Kohlendioxid, Sauerstoff und Flüssiggas. Gase werden i. W. eingeteilt in entzündbare, oxidierende, gesundheitsgefährliche und inerte Gase.

Gesetze, Vorschriften und Rechtsprechung

Für den Umgang mit Gasen und das Betreiben von Anlagen, in denen mit Gasen umgegangen wird, gelten verschiedene Vorschriften:

- Gefahrstoffverordnung (GefStoffV): Regelungen für Gase, denen Gefährlichkeitsmerkmale entsprechend dem Chemikaliengesetz und gemäß § 3 Gefahrenklassen zugeordnet sind. Regelungen zum Brand- und Explosionsschutz sind in § 11 i. V. mit Anhang I Nr. 1 festgelegt.
- Betriebssicherheitsverordnung (BetrSichV): Regelungen zu überwachungsbedürftigen Anlagen (Druckbehälteranlagen, Anlagen zur Abfüllung, Rohrleitungsanlagen unter innerem Überdruck für entzündbare, akut toxische oder ätzende Gase) und zu Prüfungen in explosionsgefährdeten Bereichen.

Technische Regeln konkretisieren die Anforderungen; für Gase unter Druck sowie entzündbare Gase sind dies v. a.:

- TRBS 1201 Teil 1 „Prüfung von Anlagen in explosionsgefährdeten Bereichen"
- TRBS 1201 Teil 2 „Prüfungen und Kontrollen bei Gefährdungen durch Dampf und Druck"
- TRBS 2141 „Gefährdungen durch Dampf und Druck"
- TRGS 720 „Gefährliche explosionsfähige Gemische – Allgemeines"
- TRGS 721 „Gefährliche explosionsfähige Gemische – Beurteilung der Explosionsgefährdung"
- TRGS 722 „Vermeidung oder Einschränkung gefährlicher explosionsfähiger Gemische"
- TRGS 723 „Gefährliche explosionsfähige Gemische – Vermeidung der Entzündung gefährlicher explosionsfähiger Gemische"; Hinweis: Die TRGS 723 gilt u. a. nicht für chemisch instabile Gase (Abschn. 1 Nr. 4)
- TRGS 724 „Gefährliche explosionsfähige Gemische – Maßnahmen des konstruktiven Explosionsschutzes, welche die Auswirkung einer Explosion auf ein unbedenkliches Maß beschränken"
- TRGS 727 „Vermeidung von Zündgefahren infolge elektrostatischer Aufladungen"
- TRBS 3145/TRGS 745 „Ortsbewegliche Druckgasbehälter – Füllen, Bereithalten, innerbetriebliche Beförderung, Entleeren"
- TRBS 3146/TRGS 746 „Ortsfeste Druckanlagen für Gase"
- TRGS 407 „Tätigkeiten mit Gasen – Gefährdungsbeurteilung"
- DIN EN 14513 „Ortsbewegliche Gasflaschen – Berstscheibeneinrichtungen zur Druckentlastung (ausgenommen für Acetylenflaschen)"
- Kap. 2.31 DGUV-R 100-500 enthält die Inhalte der früheren BGV D2 „Arbeiten an Gasleitungen", soweit sie dem Stand der Technik entsprechen und nicht bereits Inhalt der Betriebssicherheitsverordnung sind bzw. deren Inhalt widersprechen.

Für Arbeiten in Druckluft (Druckluftverordnung), Arbeiten in Laboratorien (Laborrichtlinien) sowie für Gasverbrauchsanlagen zu Brennzwecken existieren separate Regelungen.

1 Arten von Gasen

In Abhängigkeit von ihren Eigenschaften sind sicherheitstechnisch die in **Tab. 1** aufgeführten Gruppen von Gasen relevant.

Gruppe	Charakterisierung	Beispiele
Entzündbare (bisher: brennbare) Gase	Gase oder Gasgemische, die in Luft bei 20 °C und einem Standarddruck von 101,3 kPa einen Explosionsbereich haben (Anhang I Nr. 2.2 CLP-Verordnung).	Wasserstoff, Methan, Acetylen
Gesundheitsgefährliche Gase	Gase, die beim Menschen Gesundheitsschäden bewirken können. Sie werden gemäß CLP-Verordnung Gefahrenklassen zugeordnet.	Schwefelwasserstoff, Kohlenmonoxid, Ozon

Gruppe	Charakterisierung	Beispiele
Oxidierende (bisher: brandfördernde) Gase	Alle Gase oder Gasgemische, die i. Allg. durch Lieferung von Sauerstoff die Verbrennung anderer Materialien eher verursachen oder begünstigen können als Luft (Anhang I Nr. 2.4 CLP-Verordnung).	Sauerstoff
Chemisch instabile Gase	Gase, die unter den Lager- und Betriebsbedingungen durch Energieeinwirkung oder durch katalytische Einwirkung von Fremdstoffen – auch unter Ausschluss von Sauerstoff – zu einer exothermen Reaktion gebracht werden können.	Acetylen, Äthylen
Inerte Gase	Gase, die unter den im jeweiligen System vorliegenden Betriebs- und Lagerbedingungen nicht reagieren. Sie sind keiner Gefahrenklasse i. S. der Gefahrstoffverordnung zugeordnet. Durch Verdrängung des Luftsauerstoffs können sie jedoch erstickend wirken (Gefährdung bei falscher Handhabung).	Kohlendioxid, Argon, Stickstoff, Helium

Tab. 1: Sicherheitstechnisch bedeutsame Gruppen von Gasen

Anhang 1 TRGS 407 liefert eine Einteilung der Gase in Gruppen und gasspezifische Maßgaben. Dabei wird u. a. zwischen reinen Gasen und Gasgemischen unterschieden.

2 Was ist beim Umgang mit Gasen zu beachten?

Im Rahmen der Gefährdungsbeurteilung müssen v. a. Eigenschaften von Gasen, Tätigkeiten mit Gasen unter Druck, Freisetzung, Einwirkungen von außen sowie Gefährdungen beim Mischen beurteilt und geeignete Maßnahmen festgelegt werden. Detaillierte Hinweise dazu liefert die TRGS 407.

Um ein Gas oder ein Gasgemisch sicher handhaben zu können, müssen die sicherheitsrelevanten Eigenschaften ermittelt werden. Dazu gehören:

- Dichte,
- Zündtemperatur,
- Explosionsgrenzen oder
- Siedetemperatur.

Diese Daten können z. B. über die GESTIS-Stoffdatenbank des IFA ermittelt werden. Alle Anlagen, → *Rohrleitungen* und Ausrüstungsteile, die mit Gasen beaufschlagt sind, müssen technisch dicht sein. Die Dichtheit des Systems ist oberstes Gebot, da durch einen Gasaustritt Sicherheitsrisiken entstehen (Bildung zündfähiger Gemische, Explosionsgefahr, Freisetzung toxischer Gase etc.).

Die Materialien, die mit Gasen in Kontakt kommen, dürfen von den Gasen nicht in gefährlicher Weise angegriffen werden oder mit diesen keine gefährlichen Verbindungen eingehen. Gase werden technisch entweder in komprimierter oder tiefkalt verflüssigter Form gelagert. Der Kontakt mit tiefkalt verflüssigten Gasen verursacht starke Erfrierungen bzw. Kaltverbrennungen und schwere Augenschäden. Durch die tiefen Temperaturen verspröden Werkstoffe wie z. B. die meisten Kunststoffe oder Baustahl sehr stark. Da aus einem Liter tiefkalt verflüssigtem Gas große Gasmengen entstehen (Beispiel: aus 1 l tiefkalt verflüssigtem Sauerstoff entstehen 853 l Gas) ist beim Umgang mit tiefkalt verflüssigten Gasen in offenen Gefäßen eine ausreichende Lüftung notwendig.

2.1 Hinweise zum sicheren Umgang mit Druckgasflaschen

- keine Öle oder Fette im Bereich der Ventile verwenden,
- Ventile nicht mit Gewalt öffnen, sie müssen sich per Hand öffnen lassen,
- stehende Flaschen immer sichern,

- nach Gebrauch immer Ventil schließen und Flaschenkappe aufsetzen,
- beim Transport → *Gasflaschen* sichern, gut befestigen und auf ausreichende Lüftung achten.

2.2 Hinweise zum sicheren Umgang mit Sauerstoff, einem oxidierenden Gas

- Hautkontakt mit ausströmendem Sauerstoff vermeiden: Da Sauerstoff in flüssigem Zustand eine sehr niedrige Temperatur hat, besteht bei Hautkontakt eine große Verbrennungsgefahr;
- Kontakt zwischen ausströmendem Sauerstoff und empfindlichen Materialien wie den meisten Kunststoffen vermeiden: Versprödungsgefahr;
- Sauerstoff nicht unkontrolliert ausströmen lassen: Durch ausströmenden Sauerstoff besteht die Gefahr der Sauerstoffanreicherung der Luft: Die Brandgefahr steigt beträchtlich. Selbst Materialien, die in der Luft nicht brennen, können in mit Sauerstoff angereicherter Luft lebhaft oder sogar spontan brennen, sogar feuerhemmend imprägnierte Stoffe. Die Flammen sind wesentlich heißer und breiten sich mit großer Geschwindigkeit aus. Kleidung gut lüften, da Gefahr eines Kleidungsbrands besteht;
- Öle und Fette niemals zum Schmieren von Geräten für Sauerstoff oder Luft verwenden;
- nach Beendigung von → *Schweiß- und Schneidbrennarbeiten* unbedingt auch das Sauerstoffventil schließen;
- Sauerstoff nur dann verwenden, wenn er durch kein anderes Gas ersetzt werden kann: Die Verwendung von Sauerstoff zum Antreiben von Druckluftwerkzeugen, Aufblasen von Fahrzeugreifen oder Abstauben von Werkbänken, Maschinen und Kleidern ist gefährlich und daher nicht erlaubt;
- ausreichende Belüftung sicherstellen.

2.3 Hinweise zum sicheren Umgang mit inerten Gasen

- Gas nicht unkontrolliert ausströmen lassen: Argon, Stickstoff, Kohlendioxid, Helium sind geruchlose Gase – es kann Sauerstoffmangel entstehen. Bereits bei ca. 8 Vol.-% Sauerstoff in der Luft kann ein Mensch ohne Vorwarnung bewusstlos werden; 3 Vol.-% Sauerstoff führen zum Tod durch Ersticken. Da CO_2 und Argon schwerer als Luft sind, sammeln sie sich vor allem in tiefgelegenen Räumen an (z.B. Gruben, Keller).
- Vorsicht beim Umgang mit Trockeneis: Wegen Verbrennungsgefahr → *Schutzhandschuhe* oder Greifzange verwenden und Lagerbehälter nicht verschließen.

2.4 Hinweise zum sicheren Umgang mit entzündbaren Gasen

- Besonders wichtig: Bildung von explosionsfähiger Atmosphäre und Entstehung eines Brands vermeiden.
- Wasserstoff und Acetylen wirken in hohen Konzentrationen erstickend. Da Wasserstoff und Acetylen in reiner Form geruchlos sind, bemerkt das Opfer das Ersticken nicht.
- Wasserstoff ist wesentlich leichter als Luft, strömt sofort nach oben und kann sich unter der Raumdecke, unter Dachvorsprüngen o.Ä. ansammeln. Flüssiggas ist unter atmosphärischen Bedingungen wesentlich schwerer als Luft und fließt vorrangig nach unten. In Gruben, Kellerräumen, Kanälen oder Geländesenken können sich Flüssiggasansammlungen bei geringer Luftbewegung über einige Stunden halten.
- Zusammenlagerungsverbote beachten (s. Abschn. 13 TRGS 510).
- Vorgaben zur Lagerung von → *Druckgasbehältern* bzw. Druckgaskartuschen beachten (s. TRGS 510): So können in Abhängigkeit vom verwendeten Gas z.B. Gaswarneinrichtungen in Lagerräumen erforderlich sein bzw. weitere Forderungen zu baulichen Anforderungen und Brandschutz gelten (Abschn. 6, 7, 8 bzw. 10). Bei Lagermengen von über 20 kg entzündbarem Gas in Druckgaskartuschen bzw. entzündbaren Aerosolen in Aerosolpackungen müssen Lagerräume feuerbeständig von angrenzenden Räumen abgetrennt sein (Abschn. 11).

Bettina Huck

Gasflaschen

Gasflaschen gehören zu den ortsbeweglichen Druckgasbehältern und dienen als Behälter für Entnahme, Transport oder Lagerung von Gasen. Kleinere Gebinde werden als Gaskartusche bezeichnet. Druckgasflaschen enthalten Gase oder Dämpfe unter Druck, so werden z. B. Sauerstoff, Stickstoff, Wasserstoff, Argon oder Helium mit Drücken bis zu 300 bar verdichtet und in Flaschen gefüllt. Im Gegensatz dazu enthalten Flüssiggasflaschen verflüssigtes Gas. Behälter für Kohlenstoffdioxid enthalten sowohl flüssiges als auch gasförmiges Kohlenstoffdioxid, das z. B. zur Herstellung von Trockeneis dient.

Gasflaschen sind i. Allg. mit Gewinde und Ventil ausgestattet, an die eine Schlauch- oder Rohrleitung, meist über einen Druckminderer, angeschlossen werden kann. Je nach Verwendungszweck und Gaseigenschaften sind Gasflaschen aus Aluminium, Edelstahl, Stahl oder Faserverbundwerkstoffen gefertigt. Es kommen sowohl Einwegflaschen als auch wiederbefüllbare Flaschen zum Einsatz.

Gesetze, Vorschriften und Rechtsprechung

Es gelten folgende Vorschriften:

- Gefahrstoffverordnung (GefStoffV)
- Gefahrgutverordnung Straße, Eisenbahn und Binnenschifffahrt (GGVSEB)
- ADR (aktuelle Ausgabe)
- Betriebssicherheitsverordnung (BetrSichV)
- TRBS 1201 „Prüfungen und Kontrollen von Arbeitsmitteln und überwachungsbedürftigen Anlagen", Teile 1–4
- TRBS 2141 „Gefährdungen durch Dampf und Druck"
- TRGS 720 „Gefährliche explosionsfähige Gemische – Allgemeines"
- TRGS 721 „Gefährliche explosionsfähige Gemische – Beurteilung der Explosionsgefährdung"
- TRGS 722 „Vermeidung oder Einschränkung gefährlicher explosionsfähiger Gemische"
- TRGS 723 „Gefährliche explosionsfähige Gemische – Vermeidung der Entzündung gefährlicher explosionsfähiger Gemische"; Hinweis: Die TRGS 723 gilt u. a. nicht für chemisch instabile Gase wie z. B. Acetylen (Abschn. 1 Nr. 4).
- TRGS 724 „Gefährliche explosionsfähige Gemische – Maßnahmen des konstruktiven Explosionsschutzes, welche die Auswirkung einer Explosion auf ein unbedenkliches Maß beschränken"
- TRGS 727 „Vermeidung von Zündgefahren infolge elektrostatischer Aufladungen"
- TRBS 3145/TRGS 745 „Ortsbewegliche Druckgasbehälter – Füllen, Bereithalten, innerbetriebliche Beförderung, Entleeren"
- TRGS 407 „Tätigkeiten mit Gasen – Gefährdungsbeurteilung"
- TRGS 510 „Lagerung von Gefahrstoffen in ortsbeweglichen Behältern"
- DGUV-R 113-001 „Explosionsschutz-Regeln"
- DIN EN 1089-3 „Ortsbewegliche Gasflaschen – Gasflaschen-Kennzeichnung"
- DIN EN ISO 11117 „Gasflaschen – Ventilschutzkappen und Ventilschutzkörbe – Auslegung, Bau und Prüfungen"

1 Verwendungsbereiche

Gasflaschen werden v. a. eingesetzt

- beim → *Schweißen* in Werkstätten, metallverarbeitendem Gewerbe und Industrie, Baubranche, usw.,
- beim Betreiben von Getränkeschankanlagen in Gaststätten und Beherbergungsbetrieben,
- bei Arbeiten in → *Labors*
- für → *Atemschutzgeräte*, z. B. Feuerwehr.

Eine oder mehrere Gasflaschen können in einem Gestell am Arbeitsplatz (**Flaschenanlage**) bereitgestellt sein. Bei größeren Entnahmemengen werden mehrere Gasflaschen zu einer sog. **Flaschenbatterie** zusammengefasst, die in einem gesonderten Raum oder im Freien aufgestellt werden muss, wenn sie aus **mehr als 6 Flaschen** besteht. Vorteile gegenüber der Verwendung von Einzelflaschen sind (s. Abschn. 4.1.7 DGUV-I 209-011):

- zentrale Bedienung,
- Raumersparnis am Arbeitsplatz,
- weniger innerbetrieblicher Transport,
- größere Sicherheit.

Das **Flaschenbündel** ist ein Sonderfall einer Batterie. Hier sind alle Flaschen in einem Gestell über Rohrleitungen verbunden, werden gleichzeitig gefüllt und über einen zentralen Anschluss entleert.

Praxis-Beispiel: Flüssiggas

Gase wie Propan oder Butan werden durch Kühlung und Verdichtung verflüssigt und dann in Gasflaschen abgefüllt. Wegen Brand- und Explosionsgefahr gelten ergänzende Vorschriften für Betrieb und Prüfung von Flüssiggasanlagen, bei Lagerung und Transport von Flüssiggasflaschen sind zusätzliche Sicherheitsmaßnahmen erforderlich, u.a. müssen Flüssiggasflaschen bei Gebrauch und Lagerung immer aufrecht stehen. Für Flüssiggasflaschen gibt es keine einheitliche Farbkennzeichnung; erkennbar sind sie an der Bauform.

2 Kennzeichnung

Gase können entzündbar, gesundheitsgefährlich, oxidierend, chemisch instabil oder inert sein und tragen das entsprechende Gefahrenpiktogramm nach GHS. Zusätzlich müssen Gase mit dem Piktogramm GHS04 „Gasflasche" gekennzeichnet werden.

Auf der Schulter der Gasflasche müssen sowohl Informationen eingeprägt als auch der Gefahrgutaufkleber angebracht sein (vgl. DGUV-I 209-011):

Die **Prägung** enthält folgende Angaben:

- Gasart,
- Betriebsdruck,
- Prüfdruck,
- Prüfdaten,
- Eigentümer bzw. Hersteller,
- bei Acetylen auch die Kennzeichnung der porösen Masse.

Verbindliche Informationen liefert der **Gefahrgutaufkleber** (Abb. 4 in Abschn. 4.1.1 DGUV-I 209-011) zu

- Inhalt,
- Gasbenennung, bei Gasgemischen auch die einzelnen Bestandteile,
- Eigenschaften,
- Hersteller,
- H- und P-Sätzen.

Ein Sicherheitsdatenblatt muss vorliegen. Die **Farbkennzeichnung** bzw. -codierung von Gasflaschen muss nach DIN EN 1089-3 erfolgen und dient als zusätzlicher Hinweis, wenn z.B. der Gefahrgutaufkleber aus der Entfernung noch nicht erkennbar ist. Die Norm bezieht sich nur auf die Flaschenschulter (Ausnahme: medizinische Gase mit weißem Flaschenmantel). Die Farbe gibt Auskunft über die Gaseigenschaft. So gilt z.B. für Gasflaschen mit **technischem Sauerstoff** folgender Farbcode (vgl. Abb. 5 in Abschn. 4.1.1 DGUV-I 209-011):

- **Schulter** weiß,
- **Mantel** blau oder grau (nach Vereinbarung der Mitgliedsfirmen des Industriegaseverbands).

Praxis-Beispiel: Verwechslungsgefahr

Obwohl die Norm zur Farbkennzeichnung bereits seit 1997 gilt, sind evtl. immer noch Druckgasflaschen mit alter Kennzeichnung in Verkehr. Beim Umgang mit Gasflaschen ist deshalb besondere Sorgfalt geboten, verbindliche Informationen liefert nur der Gefahrgutaufkleber. So tragen z.B. nach der neuen Norm toxische und/oder ätzende Gase eine gelbe Schulter, dies war zuvor die Kennzeichnung für Acetylen.

3 Gefahren

Im Rahmen der Gefährdungsbeurteilung müssen v.a. Eigenschaften von Gasen, Tätigkeiten mit Gasen unter Druck, Freisetzung, Einwirkungen von außen, Gefährdungen beim Mischen beurteilt und geeignete Maßnahmen festgelegt werden. Detaillierte Hinweise dazu liefert die TRGS 407.

Unfälle mit Druckgasflaschen passieren häufig durch

- Abreißen des Ventils: Beim Austritt des Gases kann die Gasflasche zum Geschoss werden und im Extremfall sogar Betonwände durchschlagen;
- unkontrolliertes Austreten von Gas (Leckage): Toxische Gase können die Gesundheit ebenso gefährden wie erstickend wirkende Gase (z.B. Stickstoff);
- Brände durch Sauerstoff: Tritt Sauerstoff aus, können sich Materialien in unmittelbarer Nähe leicht entzünden (z.B. Öle oder Fette am Ventil);

Korrosion kann beim Eindringen von Wasser verursacht werden. **Fremdstoffe** können in die Gasflasche gelangen und ungezielte Reaktionen auslösen (Wärmeentwicklung bis hin zu Brand und Explosion).

Praxis-Beispiel: Spezialfall Acetylen

Für Umgang, Lagerung und Transport sind für Acetylen besondere Schutzmaßnahmen erforderlich. In Gasflaschen liegt es als gelöstes Gas vor. Es kann nicht so hoch verdichtet werden wie z.B. Sauerstoff, eine in der Flasche enthaltene poröse Masse enthält das Lösungsmittel. Ein besonders sorgsamer Umgang ist erforderlich, Acetylenflaschen dürfen keiner stoßartigen Belastung ausgesetzt sein. Das instabile Gas kann unter starker Wärmeentwicklung zerfallen. Sicherheitseinrichtungen gegen Gasrücktritt und Flammendurchschlag sind deshalb auch für Einzelflaschenanlagen empfehlenswert.

4 Hinweise zum sicheren Umgang

Grundregeln für einen sicheren Umgang mit Gasflaschen sind:

- keine Öle oder Fette im Bereich der Ventile verwenden;
- Ventile nicht mit Gewalt öffnen, sie müssen sich per Hand öffnen lassen;
- stehende Flaschen immer sichern, z.B. in feststehenden oder fahrbaren Gestellen, mit Schellen oder Ketten;
- nach Gebrauch immer Ventil schließen und mit Schutzkappe, Bügel oder Schutzkorb/-kragen sichern, dadurch wird das Eindringen von Fremdstoffen wirksam verhindert;
- Schlauchanschlussstutzen nicht auf benachbarte Flaschen richten;
- Druckgasflaschen dürfen nicht erhitzt werden.

Für den Umgang mit Sauerstoff sowie inerten und entzündbaren Gasen sind weitere Maßnahmen sinnvoll (vgl. → *Gase*).

5 Lagern und Bereithalten

Werden im Unternehmen große Mengen gleicher oder unterschiedlicher Gase verwendet und gelagert, ist ein Lagerkonzept sinnvoll. So können gelagerte Arten und Mengen von Gasen erfasst und eine sichere Lagerung gewährleistet werden. Für die Lagerung gilt u.a. (vgl. Abschn. 10 TRGS 510):

- außerhalb von Arbeitsräumen (in Arbeitsräumen nur in geeigneten Sicherheitsschränken, mind. G30);
- in Lagerräumen oder ggf. im Freien in Boxen, Containern oder Umzäunung;
- ausreichende Be- und Entlüftung;
- Zutritt durch Unbefugte verhindern (P006 „Zutritt für Unbefugte verboten") und Verbotszeichen P003 anbringen „Keine offene Flamme; Feuer, offene Zündquelle und Rauchen verboten";
- → *Feuerlöscher* muss leicht erreichbar sein;
- Flaschen möglichst stehend lagern, liegende Flaschen gegen Wegrollen sichern;
- gegen Umfallen oder Herabfallen sichern;
- kein Umfüllen von → *Gasen*;

- nicht zusammen mit entzündbaren Stoffen lagern;
- gegen Erwärmung schützen, d.h. nicht in der Nähe von Heizkörper oder Ofen, Mindestabstand vom Heizkörper: 0,50 m (Sonneneinstrahlung gilt in unseren Breiten als unbedenklich);
- nicht in Fluren, Treppenräumen, Durchgängen, Durchfahrten lagern, auch nicht in deren unmittelbarer Nähe und nicht an Flucht- und Rettungswegen (dies gilt auch für Gasflaschen zur Gasentnahme);
- auf ebenen Flächen abstellen.

Die **Lagerräume** für Gasflaschen müssen entsprechend ausgestattet sein u.a. mit

- feuerhemmenden bzw. feuerbeständigen Bauteilen,
- → *Fußböden* aus mindestens schwer entflammbarem Material,
- selbstschließenden, feuerhemmenden Tür/en zu angrenzenden Räumen.

In Abhängigkeit von den Eigenschaften der gelagerten Gase und Mengen gelten zusätzliche Forderungen z.B. bez. Brandschutz für die Lagerung **entzündbarer Gase** in Mengen über 200 kg oder 400 l (s. Abschn. 6 und 7 TRGS 510), v.a.:

- Explosionsschutzbereich festlegen und → *Explosionsschutzdokument* erstellen (gilt auch für die Lagerung im Freien),
- mit Warnzeichen W021 „Warnung vor feuergefährlichen Stoffen" kennzeichnen,
- mind. ein Ausgang ins Freie, in einen Treppenraum oder einen anderen Brandabschnitt (bis 200 m^2) bzw. mind. 2 Ausgänge (mehr als 200 m^2),
- ausreichende und geeignete Feuerlöscheinrichtungen, bei Lagerguthöhen über 7,50 m: grundsätzlich automatische Löschanlagen,
- → *elektrische Anlagen und Betriebsmittel* in explosionsgeschützter Ausführung,
- keine → *Zündquellen* im Schutzbereich,
- Arbeitsfreigabesystem z.B. für Schweißarbeiten,
- Gebäude mit geeignetem Blitzschutz.

Vorschriften zur Zusammenlagerung müssen beachtet werden (s. Abschn. 13 TRGS 510), Gasflaschen mit unterschiedlichen Inhalten müssen ggf. in ausreichender Entfernung oder separaten Räumen gelagert werden.

Praxis-Beispiel: Zusammenlagerung von entzündbaren Gasen und Sauerstoff

Druckgasflaschen mit entzündbaren Gasen (Acetylen, Flüssiggas) und oxidierenden Gasen (Sauerstoff) dürfen zusammen gelagert werden, wenn

- die Gesamtzahl 150 Druckgasflaschen nicht übersteigt,
- untereinander ein Abstand von mind. 2,0 m eingehalten wird (vgl. Tab. 12 in Abschn. 13.3 TRGS 510).

Im Gegensatz zum Lagern gilt als Bereithalten, wenn gefüllte ortsbewegliche Druckgasflaschen als Reservebehälter angeschlossen oder zum baldigen Anschluss aufgestellt oder leere Behälter zum Füllen bereitgestellt sind. Bereithalten schließt u.a. auch Gasflaschen an Arbeitsplätzen für den Handgebrauch, auf Verladerampen oder -flächen zum baldigen Abtransport sowie in Verkaufsräumen ein (Abschn. 2 Abs. 7 TRBS 3145).

Nach Abschn. 4.4 TRBS 3145 gilt für ortsbewegliche → *Druckgasbehälter* v.a.:

- max. nur so viele Druckgasbehälter zusätzlich bereithalten wie angeschlossen sind;
- für dauerhaftes Aufstellen: Räume mit W029 „Warnung vor Gasflaschen" kennzeichnen;
- geeignete Maßnahmen für Gefährdungen durch unkontrolliert freigesetztes Gas festlegen und umsetzen (z.B. Lüftung, Gaswarneinrichtung, Dichtheitskontrollen).

6 Transport

Bei der Beförderung von Druckgasflaschen kommt es immer wieder zu schweren Unfällen, v.a. in geschlossenen Fahrzeugen und Werkstattfahrzeugen. Ursachen sind meist mangelnde Lüftung und undichte Gasflaschen.

Folgende Grundregeln beim Transport von Gasflaschen sollten daher beachtet werden (vgl. DGUV-I 209-011):

- Sichern durch z. B. spezielle Transportpaletten mit verstellbaren Riegeln;
- ausreichende Lüftung bei Beförderung in geschlossenen Fahrzeugen;
- Schutz der Flasche und des Flaschenventils;
- Verschließen der Flaschenventile und wiederkehrend Dichtheit überprüfen.

Forderungen beim Befördern von Gasflaschen sind:

- Transport nur in dafür vorgesehenen Fahrzeugen;
- nicht werfen;
- nicht liegend rollen;
- vor Stößen bewahren, besonders bei Frost;
- nicht mit Lasthebemagnet befördern;
- dürfen nicht auf harte oder scharfe Kanten treffen, da die Flaschen sonst aufreißen können;
- Fahrzeuge mit gefüllten Druckgasflaschen nicht unbeaufsichtigt auf öffentlichen Straßen oder Plätzen abstellen;
- beim Be- und Entladen ist Rauchen und Umgang mit offenem Feuer verboten.

Grundsätzlich gelten für Transporte im öffentlichen Bereich die GGVSEB sowie das ADR. Sie legen u. a. Zuständigkeiten, Pflichten und Fahrwege sowie Einschränkungen der Beförderung gefährlicher Güter fest.

Für die **innerbetriebliche Beförderung** gelten entsprechende Forderungen: Ortsbewegliche → *Druckgasbehälter* dürfen v. a.

- grundsätzlich nur mit geschlossenem Absperrventil und Schutzkappe befördert werden,
- nur auf dafür vorgesehenen Einrichtungen gerollt werden (Rollreifen, Flaschenfuß, Konkavböden),
- nicht geworfen werden,
- nur mit geeigneten Lastaufnahmemitteln gehandhabt werden,
- grundsätzlich nicht an der Ventilschutzvorrichtung oder am Ventil angehoben werden (Abschn. 4.7 TRBS 3145).

Für die innerbetriebliche Beförderung auf Fahrzeugen, Flurförderzeugen oder mit Hebezeugen gelten die gleichen Forderungen wie für den Transport außerhalb des Betriebsgeländes.

Praxis-Beispiel: Sicherer Transport im Pkw

Das Gasflaschentransportsystem ToxBox kann eingesetzt werden, wenn Gasflaschen im Pkw mitgeführt werden müssen. ToxBox ist für alle Transporte geeignet, bei denen Gasflaschen oder andere → *Gefahrstoffe* in geringen Mengen transportiert werden müssen. Es gewährleistet, dass Gasflaschen oder Behälter für Gefahrstoffe gegen Umfallen gesichert sind und eine ausreichende Lüftung erfolgt (Quelle: IFA).

7 Prüfung

Druckgasflaschen müssen alle 10 Jahre (Anhang 2 Abschn. 4 BetrSichV) überprüft werden. Die Prüfung veranlasst der Lieferant. Sind Flaschen beschädigt, dürfen sie nicht mehr eingesetzt werden und sollten an den Lieferanten zurückgegeben werden.

8 Füllen und Entleeren

Gasflaschen werden i. Allg. in einem Füllwerk befüllt. Fachpersonal gewährleistet dort, dass nur geeignete und geprüfte Behälter zum Befüllen verwendet werden.

Für das Füllen ortsbeweglicher → *Druckgasbehälter* legt Abschn. 4.3 TRBS 3145 u. a. Folgendes fest: Sie dürfen

- keine Mängel aufweisen, durch die Beschäftigte oder Dritte gefährdet werden;
- in Füllanlagen nur von beauftragten Beschäftigten nach § 12 BetrSichV gefüllt und gewartet werden. Diese müssen zuverlässig und unterwiesen sein;
- nur mit dem Gas gefüllt werden, das auf dem Druckbehälter oder in der Füllanweisung angegeben ist.

Räume, in denen Gasflaschen gefüllt werden, dürfen nur von unterwiesenen bzw. fachkundigen Personen betreten werden.

Ortsbewegliche Druckgasbehälter dürfen u. a. nur über geeignete Entnahmeeinrichtungen mit sicherem und technisch dichtem Anschluss ohne Mängel entleert werden. Abschn. 4.5 TRBS 3145 regelt das Entleeren an Verbrauchsstellen, in Aufstellungsräumen und an Aufstellplätzen, von verflüssigten Gasen, von zusammengeschalteten ortsbeweglichen Druckgasbehältern sowie Acetylenflaschen und -bündeln.

9 Weiterführende Quellen

- DVS-Merkblatt 0211 „Druckgasflaschen in geschlossenen Kraftfahrzeugen"
- DVS-Merkblatt 0221 „Gasversorgungsanlagen für Schweißen, Schneiden und verwandte Verfahren – Empfehlungen für Prüffristen und die Gefährdungsbeurteilung"
- Industriegaseverband IGV, u. a. Sicherheitshinweise und Fachinformationen
- Linde AG, Sicherheitshinweise z. B. Behandlung von Gasflaschen in Notfällen, Lagerung, Transport

Bettina Huck

Gebrauchsdauer

Das Tragen von persönlicher Schutzausrüstung (PSA) stellt i. d. R. eine zusätzliche Belastung für den menschlichen Körper dar. Diese Belastungen sind z. B. Wärmestau oder Gerätegewicht. Daher gibt es abhängig von der Belastung individuelle Begrenzungen zur Gebrauchsdauer. Für bestimmte PSA wurde also die Häufigkeit des Einsatzes pro Schicht unter Berücksichtigung der Erholungszeiten festgelegt.

Gesetze, Vorschriften und Rechtsprechung

- Abschn. 5.2 DGUV-R 112-189 „Einsatz von Schutzkleidung"
- Abschn. 8 DGUV-R 112-190 „Benutzung von Atemschutzgeräten"

1 Gesundheitsgefahren durch PSA

Schwere körperliche Arbeit erhöht die Wärmeabgabe des menschlichen Körpers. PSA stellt u. U. eine Barriere dar, sodass sich der Körper mit zunehmender Gebrauchsdauer aufheizt. In der DGUV-R 112-189 „Einsatz von Schutzkleidung" wird die daraus resultierende Gesundheitsgefährdung als „**Metabolischer Kreislaufstress**" bezeichnet. Diese Gesundheitsgefährdung ist vor allem bei isolierenden Schutzanzügen ohne Wärmeaustausch zu berücksichtigen.

Das **Gerätegewicht** und der **Einatemwiderstand** bewirken bei Atemschutzgeräten eine zusätzliche Belastung für den Geräteträger. Bei Chemikalienschutzhandschuhen entscheidet die Durchbruchzeit (Permeation) über die Gebrauchsdauer.

Die Gebrauchsdauer für unterschiedliche PSA wird im Folgenden kurz beschrieben.

2 Wetterschutzkleidung

In Abschn. 4.3.17 DGUV-R 112-189 wird eine Empfehlung für die Gebrauchsdauer von Wetterschutzkleidung gegeben.

Die hier aufgeführte Gebrauchsdauer verdeutlicht die Auswirkung der Umgebungstemperatur bei gleicher Arbeitsschwere. Wird Wetterschutzkleidung der Klasse 1 in einem Bereich mit ca. 10 °C Umgebungstemperatur getragen, dann ist die empfohlene Gebrauchsdauer viermal so hoch wie in einem Bereich mit ca. 25 °C. Da der Einsatz von Ventilationsöffnungen in der Wetterschutzkleidung die

Gebrauchsdauer verlängern kann, ist die Benutzerinformation des Herstellers zu Hilfe zu nehmen, um genauere Angaben über die Gebrauchsdauer zu erhalten.

3 Chemikalienschutzkleidung

Isolierende Chemikalienschutzkleidung (z.B. Chemikalienschutzanzug) ohne Wärmeaustausch darf maximal 30 Minuten eingesetzt werden. Anschließend muss die Chemikalienschutzkleidung ausgezogen werden. Eine Pause – ohne körperliche Arbeit – von 90 Minuten folgt. Die Anzahl der Arbeitseinsätze bei leichter Arbeit ist auf zwei pro Schicht beschränkt (Ausnahme: jeder Arbeitseinsatz ist kleiner 15 Minuten; dann sind mehr Arbeitseinsätze möglich).

4 Chemikalienschutzhandschuhe

Die Gebrauchsdauer bei Chemikalienschutzhandschuhen ist abhängig von der Durchbruchzeit (Permeation). Wird ein Chemikalienschutzhandschuh eingesetzt, bei dem die Durchbruchzeit für die verwendete Chemikalie z.B. 30 Minuten beträgt, dann ist der Handschuh spätestens nach 30 Minuten Chemikalienkontakt zu wechseln. Entsprechende Angaben über die Gebrauchsdauer für Ihren speziellen Gefahrstoffeinsatz entnehmen Sie bitte der Benutzerinformation des Herstellers; ggf. ist auch eine Rückfrage beim Hersteller erforderlich.

5 Atemschutzgeräte

In der DGUV-R 112-190 „Benutzung von Atemschutzgeräten" sind ausführliche Angaben zur Gebrauchsdauer (vormals Tragezeitbegrenzung) enthalten. Dabei ist die mögliche Gebrauchsdauer, der Zeitraum fortwährenden Gebrauchs von einem Atemschutzgerät, pro Arbeitsschicht berücksichtigt. Darüber hinaus wird die erforderliche Erholungsdauer angegeben.

In der DGUV-R 112-190 wird eine Gebrauchsdauer angegeben für

- Atemschutzgeräte mit Schutzanzügen;
- Behältergeräte mit Druckluft (Pressluftatmer);
- Regenerationsgeräte;
- Schlauchgeräte;
- Filtergeräte.

Hier ist auch speziell darauf hingewiesen, dass bei bestimmten Geräten keine Gebrauchsdauer vorliegt. Aufgeführt sind z.B.

- Frisch- und Druckluftschlauchgeräte mit Haube, Helm oder Atemschutzanzug;
- Filtergeräte mit Gebläseunterstützung (Helm oder Haube).

Dirk Rittershaus

Gefährdungsbeurteilung

Die systematische Analyse der Gefährdungen an unterschiedlichen Arbeitsplätzen und bei verschiedenen Tätigkeiten ist ein Kerngedanke im präventiven Konzept der Gefährdungsbeurteilung. Die Gefährdungsbeurteilung ist eines der wichtigsten betrieblichen Werkzeuge im Arbeitsschutz zur Verhinderung von Unfällen und Berufskrankheiten. Sie ist in allen Unternehmen ab einem Beschäftigten Pflicht. Der Arbeitgeber trägt die Verantwortung, dass sie fachkundig durchgeführt und dokumentiert wird.

Gesetze, Vorschriften und Rechtsprechung

Die grundlegenden Vorschriften über die Gefährdungsbeurteilung finden sich in den §§ 5–6 ArbSchG. Weitere detaillierte Pflichten können den Verordnungen zum Arbeitsschutzgesetz entnommen werden, wie z.B. § 6 Gefahrstoffverordnung, § 3 Betriebssicherheitsverordnung und § 3 Arbeitsstättenverordnung.

1 Gefährdungsbeurteilung in 6 Schritten

Die Leitlinie „Gefährdungsbeurteilung und Dokumentation" der Bundesregierung und der Berufsgenossenschaften sieht im Rahmen der Gemeinsamen Deutschen Arbeitsschutzstrategie (GDA) folgende Schritte für die Gefährdungsbeurteilung vor:

- Festlegen von Arbeitsbereichen und Tätigkeiten,
- Ermitteln der möglichen Gefährdungen,
- Beurteilen der Gefährdungen,
- Festlegen konkreter Arbeitsschutzmaßnahmen (Rangfolge der Schutzmaßnahmen beachten),
- Durchführung der Maßnahmen,
- Überprüfen der Wirksamkeit der Maßnahmen.

Die Gefährdungsbeurteilung wird als Erstanalyse an bestehenden Arbeitsplätzen durchgeführt. Eine Aktualisierung der Ergebnisse ist notwendig bei:

- Neubeschaffung von Arbeitsmitteln,
- Einführung neuer Stoffe,
- Änderung von Arbeits- und Verkehrsbereichen,
- Änderung von Arbeitsverfahren und Tätigkeitsabläufen,
- Änderung der Betriebsorganisation,
- Änderung von gesetzlichen Vorgaben und Einstufungen,
- Änderung des Standes der Technik,
- Auftreten von Unfällen, Beinaheunfällen, Berufserkrankungen und anderen Erkrankungen.

In der Praxis hat es sich bewährt, Gefährdungsbeurteilungen im Turnus von 2 Jahren zu überprüfen und bei Bedarf zu aktualisieren.

Praxis-Beispiel: Mitarbeiter einbeziehen

Die Beschäftigten kennen die Gefährdungen und Belastungen, denen sie täglich ausgesetzt sind, am besten. Deshalb sollten sie unbedingt in die Durchführung der Gefährdungsbeurteilung eingebunden werden. Sie können durch Mitarbeiterbefragungen, Mitarbeitergespräche im Rahmen von arbeitsplatzbezogenen Unterweisungen, in Sicherheits- und Gesundheitszirkeln und in gemeinsamen Arbeitsplatzbesichtigungen in den Prozess der Gefährdungsbeurteilung eingebunden werden.

2 Gefährdungs- und Belastungsfaktoren

Bei der Gefährdungsbeurteilung werden die Gefährdungs- und Belastungsfaktoren betrachtet, die zu einer gesundheitlichen Beeinträchtigung, zu → *Arbeitsunfällen* oder zu → *Berufskrankheiten* führen können. Dabei werden der Arbeitsplatz, das Arbeitsverfahren und die Arbeitsmittel betrachtet im Hinblick auf:

- mechanische Gefährdungen,
- elektrische Gefährdungen,
- → *Gefahrstoffe,*
- → *biologische Arbeitsstoffe,*
- Brand- und Explosionsgefährdungen,
- thermische Gefährdungen,
- Gefährdungen durch spezielle physikalische Eigenschaften,
- Gefährdungen durch Arbeitsumgebungsbedingungen,
- physische Belastung/Arbeitsschwere durch mangelhafte ergonomische Arbeitsbedingungen,
- psychische Faktoren,
- sonstige Gefährdungen.

Im Rahmen der Gefährdungsbeurteilung wird dokumentiert, welche Gefährdungen vorliegen, und durch welche Schutzmaßnahme(n) diese Gefährdungen unwirksam gemacht wurden oder – im Fall von konkreten Mängeln – welche Maßnahmen ergriffen werden müssen. Im Endergebnis wird der sichere Zustand von Arbeitsplatz, Arbeitsverfahren und → *Arbeitsmitteln* beschrieben.

Eine Gefährdungsbeurteilung lebt also nicht von der Aussage, dass der derzeitige Systemzustand gefährdungsfrei ist, sondern von der Auflistung der Maßnahmen, die zu diesem sicheren Systemzustand führen oder geführt haben.

Praxis-Beispiel: Psychische Belastungsfaktoren und psychische Belastung

Obwohl psychische Erkrankungen – nach Muskel- und Skelettkrankheiten – im Jahr 2021 die zweithäufigste Ursache für krankheitsbedingte Ausfalltage waren, wurden psychische Belastungsfaktoren im Rahmen der Gefährdungsbeurteilung eher selten betrachtet. Allerdings werden seit September 2013 in § 5 Abs. 3 Nr. 6 ArbSchG auch die psychischen Belastungen bei der Arbeit genannt. Und die Ermittlung der psychischen Belastung wird auch in der Betriebssicherheitsverordnung und der Arbeitsstättenverordnung gefordert.

Praxis-Beispiel: Empfehlungen zum betrieblichen Infektionsschutz

Das Bundesministerium für Arbeit und Soziales (BMAS) empfiehlt zum Vermeiden von Atemwegsinfektionen bei der Arbeit, bewährte Schutzmaßnahmen umzusetzen, v. a. Abstand halten, Hygiene beachten, Atemschutz, Lüften, Personenkontakte einschränken sowie sog. vulnerable Personen schützen.[1] Der Arbeitgeber sollte auch hierbei die Fachkraft für Arbeitssicherheit und die Betriebsärztin oder den Betriebsarzt einbeziehen.

3 Schutzmaßnahmen

Die in der Gefährdungsbeurteilung beschriebenen Schutzmaßnahmen werden in 3 Kategorien unterteilt:

1. technische Schutzmaßnahmen,
2. organisatorische Schutzmaßnahmen und
3. personenbezogene (individuelle) Schutzmaßnahmen.

Diese Dreiteilung gibt die Rangfolge der Schutzmaßnahmen vor, die der Unternehmer bei der Festlegung von Schutzmaßnahmen beachten muss: T-O-P – erst technische Schutzmaßnahmen, dann organisatorische und erst zum Schluss personenbezogene Schutzmaßnahmen.

Hinweise zu möglichen Maßnahmen können z. B. den Technischen Regeln für Gefahrstoffe (TRGS), für Betriebssicherheit (TRBS) oder für Arbeitsstätten (ASR) entnommen werden.

4 Dokumentation

Die Ergebnisse der Gefährdungsbeurteilung müssen grundsätzlich dokumentiert werden. Bei Unfällen oder Auftreten von Berufskrankheiten kann so gegenüber Behörden und Berufsgenossenschaft belegt werden, dass der Unternehmer seine Pflicht erfüllt hat, Gefährdungen zu ermitteln und Schutzmaßnahmen festzulegen. Die Dokumentation der Gefährdungsbeurteilung ist auch ohne Unterschrift gültig, es empfiehlt sich jedoch zu unterschreiben.

Über das Aussehen der Dokumentation der Gefährdungsbeurteilung macht § 6 ArbSchG keine Aussage. Seit Inkrafttreten des ArbSchG im Jahr 1996 wurden jedoch sowohl von den Berufsgenossenschaften und Unfallkassen als auch von staatlichen Institutionen Standards zur Dokumentation der Gefährdungsbeurteilung entwickelt. An dieser Entwicklung haben sich auch Verlage und Großunternehmen beteiligt.

Da die Auswahl der Dokumentationsform entscheidend zum Erfolg der Gefährdungsbeurteilung und deren nachhaltiger Einführung beiträgt, muss jedes Unternehmen die für sich passende Form finden.

Es werden momentan vor allem 3 Formen der Dokumentation der Gefährdungsbeurteilung eingesetzt:

- EDV-Programme,
- Checklisten,
- formfreie Dokumentation.

Bettina Huck

1 „Empfehlungen des BMAS zur Vermeidung von Atemwegsinfektionen wie Grippe, grippale Infekte und COVID-19 bei der Arbeit", BMAS.

Gefahrenhinweise

Mit der Einführung des Global Harmonisierten Systems zur Einstufung und Kennzeichnung von Chemikalien (GHS) müssen gefährliche Stoffe und Gemische u.a. mit sog. Gefahrenhinweisen (Hazard Statements) gekennzeichnet werden. Gefahrenhinweise beschreiben Art und Schweregrad der Gefahr und setzen sich zusammen aus dem Kürzel H (Hazard Statements) und einer dreistelligen Zahl. Die erste Ziffer gibt Auskunft darüber, um welche der drei Gefahrenarten (H2** – physikalische Gefahren, H3** – Gesundheitsgefahren, H4** – Umweltgefahren) es sich handelt. Ergänzende Gefahrenmerkmale der EU werden mit EUH und dreistelliger Zahl gekennzeichnet.

Gesetze, Vorschriften und Rechtsprechung

Die Verwendung von Gefahrenhinweisen ist in Art. 21 1272/2008/EG „Einstufung, Kennzeichnung und Verpackung von Stoffen und Gemischen" geregelt.

1 Gefahrenhinweise

1.1 Physikalische Gefahren

H200	Instabil, explosiv.
H201	Explosiv, Gefahr der Massenexplosion.
H202	Explosiv; große Gefahr durch Splitter, Spreng- und Wurfstücke.
H203	Explosiv; Gefahr durch Feuer, Luftdruck oder Splitter, Spreng- und Wurfstücke.
H204	Gefahr durch Feuer oder Splitter, Spreng- und Wurfstücke.
H205	Gefahr der Massenexplosion bei Feuer.
H206	Gefahr durch Feuer, Druckstoß oder Sprengstücke; erhöhte Explosionsgefahr, wenn das Desensibilisierungsmittel reduziert wird.
H207	Gefahr durch Feuer oder Sprengstücke; erhöhte Explosionsgefahr, wenn das Desensibilisierungsmittel reduziert wird.
H208	Gefahr durch Feuer; erhöhte Explosionsgefahr, wenn das Desensibilisierungsmittel reduziert wird.
H220	Extrem entzündbares Gas.
H221	Entzündbares Gas.
H222	Extrem entzündbares Aerosol.
H223	Entzündbares Aerosol.
H224	Flüssigkeit und Dampf extrem entzündbar.
H225	Flüssigkeit und Dampf leicht entzündbar.
H226	Flüssigkeit und Dampf entzündbar.
H228	Entzündbarer Feststoff.
H229	Behälter steht unter Druck: kann bei Erwärmung bersten.
H230	Kann auch in Abwesenheit von Luft explosionsartig reagieren.
H231	Kann auch in Abwesenheit von Luft bei erhöhtem Druck und/oder erhöhter Temperatur explosionsartig reagieren.

H240	Erwärmung kann Explosion verursachen.
H241	Erwärmung kann Brand oder Explosion verursachen.
H242	Erwärmung kann Brand verursachen.
H250	Entzündet sich in Berührung mit Luft von selbst.
H251	Selbsterhitzungsfähig; kann in Brand geraten.
H252	In großen Mengen selbsterhitzungsfähig; kann in Brand geraten.
H260	In Berührung mit Wasser entstehen entzündbare Gase, die sich spontan entzünden können.
H261	In Berührung mit Wasser entstehen entzündbare Gase.
H270	Kann Brand verursachen oder verstärken; Oxidationsmittel.
H271	Kann Brand oder Explosion verursachen; starkes Oxidationsmittel.
H272	Kann Brand verstärken; Oxidationsmittel.
H280	Enthält Gas unter Druck; kann bei Erwärmung explodieren.
H281	Enthält tiefgekühltes Gas; kann Kälteverbrennungen oder -verletzungen verursachen.
H290	Kann gegenüber Metallen korrosiv sein.

1.2 Gesundheitsgefahren

H300	Lebensgefahr bei Verschlucken.
H301	Giftig bei Verschlucken.
H302	Gesundheitsschädlich bei Verschlucken.
H304	Kann bei Verschlucken und Eindringen in die Atemwege tödlich sein.
H310	Lebensgefahr bei Hautkontakt.
H311	Giftig bei Hautkontakt.
H312	Gesundheitsschädlich bei Hautkontakt.
H314	Verursacht schwere Verätzungen der Haut und schwere Augenschäden.
H315	Verursacht Hautreizungen.
H317	Kann allergische Hautreaktionen verursachen.
H318	Verursacht schwere Augenschäden.
H319	Verursacht schwere Augenreizung.
H330	Lebensgefahr bei Einatmen.
H331	Giftig bei Einatmen.
H332	Gesundheitsschädlich bei Einatmen.
H334	Kann bei Einatmen Allergie, asthmaartige Symptome oder Atembeschwerden verursachen.
H335	Kann die Atemwege reizen.
H336	Kann Schläfrigkeit und Benommenheit verursachen.

H340	Kann genetische Defekte verursachen <*Expositionsweg angeben, sofern schlüssig belegt ist, dass diese Gefahr bei keinem anderen Expositionsweg besteht*>.
H341	Kann vermutlich genetische Defekte verursachen <*Expositionsweg angeben, sofern schlüssig belegt ist, dass diese Gefahr bei keinem anderen Expositionsweg besteht*>.
H350	Kann Krebs erzeugen <*Expositionsweg angeben, sofern schlüssig belegt ist, dass diese Gefahr bei keinem anderen Expositionsweg besteht*>.
H350i[1]	Kann bei Einatmen Krebs erzeugen.
H351	Kann vermutlich Krebs erzeugen <*Expositionsweg angeben, sofern schlüssig belegt ist, dass diese Gefahr bei keinem anderen Expositionsweg besteht*>.
H360	Kann die Fruchtbarkeit beeinträchtigen oder das Kind im Mutterleib schädigen <*konkrete Wirkung angeben, sofern bekannt*> <*Expositionsweg angeben, sofern schlüssig belegt ist, dass die Gefahr bei keinem anderen Expositionsweg besteht*>.
H360F[2]	Kann die Fruchtbarkeit beeinträchtigen.
H360D[3]	Kann das Kind im Mutterleib schädigen.
H360FD[4]	Kann die Fruchtbarkeit beeinträchtigen. Kann das Kind im Mutterleib schädigen.
H360Fd[5]	Kann die Fruchtbarkeit beeinträchtigen. Kann vermutlich das Kind im Mutterleib schädigen.
H360Df[6]	Kann das Kind im Mutterleib schädigen. Kann vermutlich die Fruchtbarkeit beeinträchtigen.
H361	Kann vermutlich die Fruchtbarkeit beeinträchtigen oder das Kind im Mutterleib schädigen <*konkrete Wirkung angeben, sofern bekannt*> <*Expositionsweg angeben, sofern schlüssig belegt ist, dass die Gefahr bei keinem anderen Expositionsweg besteht*>.
H361f[7]	Kann vermutlich die Fruchtbarkeit beeinträchtigen.
H361d[8]	Kann vermutlich das Kind im Mutterleib schädigen.
H361fd[9]	Kann vermutlich die Fruchtbarkeit beeinträchtigen. Kann vermutlich das Kind im Mutterleib schädigen.

1 Dieser Gefahrenhinweis ist nicht Bestandteil in Anhang III aber in Anhang VI Teil 1 Nr. 1.1.2.1.2. der CLP-Verordnung.

2 Dieser Gefahrenhinweis ist nicht Bestandteil in Anhang III aber in Anhang VI Teil 1 Nr. 1.1.2.1.2. der CLP-Verordnung.

3 Dieser Gefahrenhinweis ist nicht Bestandteil in Anhang III aber in Anhang VI Teil 1 Nr. 1.1.2.1.2. der CLP-Verordnung.

4 Dieser Gefahrenhinweis ist nicht Bestandteil in Anhang III aber in Anhang VI Teil 1 Nr. 1.1.2.1.2. der CLP-Verordnung.

5 Dieser Gefahrenhinweis ist nicht Bestandteil in Anhang III aber in Anhang VI Teil 1 Nr. 1.1.2.1.2. der CLP-Verordnung.

6 Dieser Gefahrenhinweis ist nicht Bestandteil in Anhang III aber in Anhang VI Teil 1 Nr. 1.1.2.1.2. der CLP-Verordnung.

7 Dieser Gefahrenhinweis ist nicht Bestandteil in Anhang III aber in Anhang VI Teil 1 Nr. 1.1.2.1.2. der CLP-Verordnung.

8 Dieser Gefahrenhinweis ist nicht Bestandteil in Anhang III aber in Anhang VI Teil 1 Nr. 1.1.2.1.2. der CLP-Verordnung.

9 Dieser Gefahrenhinweis ist nicht Bestandteil in Anhang III aber in Anhang VI Teil 1 Nr. 1.1.2.1.2. der CLP-Verordnung.

H362	Kann Säuglinge über die Muttermilch schädigen.
H370	Schädigt die Organe *<oder alle betroffenen Organe nennen, sofern bekannt>* *<Expositionsweg angeben, sofern schlüssig belegt ist, dass diese Gefahr bei keinem anderen Expositionsweg besteht>*.
H371	Kann die Organe schädigen *<oder alle betroffenen Organe nennen, sofern bekannt>* *<Expositionsweg angeben, sofern schlüssig belegt ist, dass diese Gefahr bei keinem anderen Expositionsweg besteht>*.
H372	Schädigt die Organe *<alle betroffenen Organe nennen>* bei längerer oder wiederholter Exposition *<Expositionsweg angeben, wenn schlüssig belegt ist, dass diese Gefahr bei keinem anderen Expositionsweg besteht>*.
H373	Kann die Organe schädigen *<alle betroffenen Organe nennen, sofern bekannt>* bei längerer oder wiederholter Exposition *<Expositionsweg angeben, wenn schlüssig belegt ist, dass diese Gefahr bei keinem anderen Expositionsweg besteht>*.
H300+ H310	Lebensgefahr bei Verschlucken oder Hautkontakt.
H300+ H330	Lebensgefahr bei Verschlucken oder Einatmen.
H310+ H330	Lebensgefahr bei Hautkontakt oder Einatmen.
H300+ H310+ H330	Lebensgefahr bei Verschlucken, Hautkontakt oder Einatmen.
H301+ H311	Giftig bei Verschlucken oder Hautkontakt.
H301+ H331	Giftig bei Verschlucken oder Einatmen.
H311+ H331	Giftig bei Hautkontakt oder Einatmen.
H301+ H311+ H331	Giftig bei Verschlucken, Hautkontakt oder Einatmen.
H302+ H312	Gesundheitsschädlich bei Verschlucken oder Hautkontakt.
H302+ H332	Gesundheitsschädlich bei Verschlucken oder Einatmen.
H312+ H332	Gesundheitsschädlich bei Hautkontakt oder Einatmen.
H302+ H312+ H332	Gesundheitsschädlich bei Verschlucken, Hautkontakt oder Einatmen.

1.3 Umweltgefahren

H400	Sehr giftig für Wasserorganismen.
H410	Sehr giftig für Wasserorganismen, mit langfristiger Wirkung.
H411	Giftig für Wasserorganismen, mit langfristiger Wirkung.
H412	Schädlich für Wasserorganismen, mit langfristiger Wirkung.
H413	Kann für Wasserorganismen schädlich sein, mit langfristiger Wirkung.
H420	Schädigt die öffentliche Gesundheit und die Umwelt durch Ozonabbau in der äußeren Atmosphäre.

2 Ergänzende Gefahrenmerkmale

2.1 Physikalische Eigenschaften

EUH014	Reagiert heftig mit Wasser.
EUH018	Kann bei Verwendung explosionsfähige/entzündbare Dampf/Luft-Gemische bilden.
EUH019	Kann explosionsfähige Peroxide bilden.
EUH044	Explosionsgefahr bei Erhitzen unter Einschluss.

2.2 Gesundheitsgefährliche Eigenschaften

EUH029	Entwickelt bei Berührung mit Wasser giftige Gase.
EUH031	Entwickelt bei Berührung mit Säure giftige Gase.
EUH032	Entwickelt bei Berührung mit Säure sehr giftige Gase.
EUH066	Wiederholter Kontakt kann zu spröder oder rissiger Haut führen.
EUH070	Giftig bei Berührung mit den Augen.
EUH071	Wirkt ätzend auf die Atemwege.

3 Ergänzende Kennzeichnungselemente/Informationen über bestimmte Gemische

EUH201	Enthält Blei. Nicht für den Anstrich von Gegenständen verwenden, die von Kindern gekaut oder gelutscht werden könnten.
EUH201A[1]	Achtung! Enthält Blei.
EUH202	Cyanacrylat. Gefahr. Klebt innerhalb von Sekunden Haut und Augenlider zusammen. Darf nicht in die Hände von Kindern gelangen.
EUH203	Enthält Chrom (VI). Kann allergische Reaktionen hervorrufen.
EUH204	Enthält Isocyanate. Kann allergische Reaktionen hervorrufen.

1 Bei Verpackungen mit einem Inhalt von weniger als 125 ml darf der Hinweis von EUH201A verwendet werden.

EUH205	Enthält epoxidhaltige Verbindungen. Kann allergische Reaktionen hervorrufen.
EUH206	Achtung! Nicht zusammen mit anderen Produkten verwenden, da gefährliche Gase (Chlor) freigesetzt werden können.
EUH207	Achtung! Enthält Cadmium. Bei der Verwendung entstehen gefährliche Dämpfe. Hinweise des Herstellers beachten. Sicherheitsanweisungen einhalten.
EUH208	Enthält <*Name des sensibilisierenden Stoffes*>. Kann allergische Reaktionen hervorrufen.
EUH209	Kann bei Verwendung leicht entzündbar werden.
EUH209A	Kann bei Verwendung entzündbar werden.
EUH210	Sicherheitsdatenblatt auf Anfrage erhältlich.
EUH211	Achtung! Beim Sprühen können gefährliche lungengängige Tröpfchen entstehen. Aerosol oder Nebel nicht einatmen.
EUH212	Achtung! Bei der Verwendung kann gefährlicher lungengängiger Staub entstehen. Staub nicht einatmen.
EUH401	Zur Vermeidung von Risiken für Mensch und Umwelt die Gebrauchsanleitung einhalten.

Bettina Huck

Gefahrenpiktogramme

Ein Gefahrenpiktogramm ist eine Abbildung, die zusammen mit einer Gefahrenbezeichnung einen ersten Hinweis gibt, welche Gefahren von einem Gefahrstoff ausgehen. Allerdings ist nicht für jeden Gefahrstoff grundsätzlich ein Piktogramm vorgesehen.

Gefahrenpiktogramme sind EU-weit festgelegte Warnzeichen zur Kennzeichnung von gefährlichen Stoffen. Grundlage ist die CLP-Verordnung (EG) Nr. 1272/2008. Sie setzt die weltweit gültige GHS in Europa um. Stoffe müssen in Europa nach CLP gekennzeichnet werden.

Gesetze, Vorschriften und Rechtsprechung

Folgende Vorschriften regeln die Kennzeichnung von Gefahrstoffen:

- Art. 19 i. V. m. Anhang V CLP-Verordnung (EG) Nr. 1272/2008
- § 4 Gefahrstoffverordnung

1 Gefahrenpiktogramme nach CLP-Verordnung

Gefahrenpiktogramme sind rautenförmig, rotumrandet, mit einem schwarzen Symbol auf weißem Grund. Sie sollten immer zusammen mit dem Signalwort verwendet werden. Gemäß CLP-Verordnung gibt es 9 Gefahrenpiktogramme mit entsprechender Bezeichnung und Kodierung:

1. Explodierende Bombe (GHS01)
2. Flamme (GHS02)
3. Flamme über einem Kreis (GHS03)
4. Gasflasche (GHS04)
5. Ätzwirkung (GHS05)
6. Totenkopf mit gekreuzten Knochen (GHS06)
7. Ausrufezeichen (GHS07)
8. Gesundheitsgefahr (GHS08)
9. Umwelt (GHS09)

2 Was regelt die CLP-Verordnung?

Die CLP-Verordnung verpflichtet Hersteller, Importeure und nachgeschaltete Anwender von Stoffen und Gemischen zur Einstufung, Kennzeichnung und Verpackung von Gefahrstoffen vor dem Inverkehrbringen. Sie ist in allen Mitgliedsstaaten rechtlich bindend und auf alle Wirtschaftszweige anwendbar. Die Einstufung von Gefahrstoffen ist die Grundlage für die Gefahrenkommunikation. Die ermittelten Gefahren müssen allen Akteuren der Lieferkette, auch den Verbrauchern, mitgeteilt werden. Die Kennzeichnung erfolgt i. W. auf dem Etikett von Gebinden sowie im Sicherheitsdatenblatt.

Laut Art. 17 1272/2008/EG muss das Etikett – bei entsprechender Einstufung – neben Gefahrenpiktogrammen v. a. enthalten:

- → *Signalwort* „Gefahr" oder „Achtung",
- → *Gefahrenhinweise* H-Sätze (hazard statements) und
- → *Sicherheitshinweise* P-Sätze (precautionary statements) bez. Gefahr, Prävention, Gegenmaßnahmen, Lagerung und Entsorgung.

Etiketten müssen grundsätzlich in der Sprache des Mitgliedsstaates verfasst sein, in dem der Gefahrstoff in Verkehr gebracht wird.

Bettina Huck

Gefahrguttransport

Unter Gefahrguttransport versteht man die Beförderung gefährlicher Güter. Gefährliche Güter sind Stoffe und Gegenstände, die aufgrund ihrer Beschaffenheit beim Transport zu einer Gefahr für die Gesundheit von Mensch und Tier, Natur und Umwelt werden können. Die Beförderung umfasst nicht nur den Vorgang der Ortsveränderung, sondern auch die Übernahme und die Ablieferung des Guts sowie Vorbereitungs- und Abschlusshandlungen (z. B. Verpacken, Be- und Entladen). Auch der zeitweilige Aufenthalt im Verlauf der Beförderung (zeitweiliges Abstellen, Wechsel des Beförderungsmittels) gehört zum Gefahrguttransport.

Gesetze, Vorschriften und Rechtsprechung

Jede Beförderung von gefährlichen Gütern auf öffentlichen Verkehrswegen unterliegt in Deutschland dem Gefahrgutbeförderungsgesetz (GGBefG). Auf Basis des GGBefG wurden verkehrsträgerspezifische Verordnungen erlassen:

- Gefahrgutverordnung Straße, Eisenbahn und Binnenschifffahrt (GGVSEB)
- Gefahrgutverordnung See (GGVSee)

Für den Luftverkehr gibt es keine Gefahrgutverordnung. Hier gelten die ICAO-TI (International Civil Aviation Organisation – Technical Instructions for the Safe Transportation of Dangerous Goods) auf der Basis des Luftverkehrsgesetzes.

Die genauen Anforderungen, vor allem für den grenzüberschreitenden Transport, werden durch internationale Übereinkommen geregelt, auf die die o. g. Verordnungen Bezug nehmen.

- Straßenverkehr: ADR
- Schienenverkehr: RID
- Binnenschifftransport: ADN
- Seeverkehr: IMDG-Code

ADR, RID und ADN sind in der Richtlinie 2008/68/EG über den Transport gefährlicher Güter im Binnenland enthalten. Das ADR gilt in allen „ADR-Vertragsstaaten".

Darüber hinaus sind die Gefahrgut-Ausnahmeverordnung (GGAV) und die Gefahrgutbeauftragtenverordnung (GbV) zu beachten.

Die Gefahrgutvorschriften ändern sich laufend. Das ADR wird alle 2 Jahre aktualisiert, die IATA Dangerous Goods Regulations jährlich und der IMDG-Code soll ebenfalls alle 2 Jahre aktualisiert werden (durch die Veröffentlichung sog. Amendments). Übergangsfristen sind zu beachten. Daneben können sich einzelne Bestimmungen auch unregelmäßig ändern, z. B. durch multilaterale Vereinbarungen.

Das Gefahrgutrecht ist vom Umgangsrecht in den Betrieben (v. a. GefStoffV) zu unterscheiden!

1 Verantwortung und Pflichten

In den Gefahrgutvorschriften wird der Unternehmer direkt angesprochen:

Verantwortlich für die Beförderung ist, wer als Unternehmer oder Inhaber eines Betriebes

- gefährliche Güter verpackt, verlädt, versendet, befördert, entlädt, empfängt oder auspackt oder
- Verpackungen, Behälter (Container) oder → *Fahrzeuge* zur Beförderung gefährlicher Güter ... herstellt, einführt oder in Verkehr bringt (§ 9 Abs. 5 GGBefG).

Ein Unternehmen bzw. dessen Inhaber ist an der Gefahrgutbeförderung dann beteiligt, wenn ihm nach den Gefahrgutvorschriften Pflichten zugewiesen sind. Diese Pflichten sind v. a. in §§ 17–34 GGVSEB aufgelistet. Dort werden die Pflichten von folgenden juristischen Personen formuliert:

- Auftraggeber des Absenders,
- Absender,
- Beförderer,
- Empfänger,
- Verlader,
- Entlader,
- Verpacker,
- Befüller,
- Betreiber eines Tankcontainers, ortsbeweglichen Tanks, Kesselwagens, MEGC oder Schüttgut-Containers oder MEMU,
- Hersteller von Verpackungen.

Damit sind jedoch keine konkreten Personen gemeint, sondern die beteiligten Unternehmen. Dem Unternehmer obliegt es nun, seinen Betrieb so zu organisieren, dass die Pflichten aus dem Gefahrgutrecht erfüllt werden können. Dazu sollte er die Verantwortlichen in seinem Betrieb benennen (**Pflichtenübertragung** i. d. R. auf **Führungskräfte**, z. B. Leiter Versand, Betriebsleiter).

Einige Pflichten werden auch für natürliche Personen definiert, z. B. für den Fahrzeugführer oder Reisende im Eisenbahnverkehr.

Grundsätzlich muss jede Person, die mit der Beförderung gefährlicher Güter befasst ist, entsprechend ihrer Verantwortlichkeiten und Funktionen eine → *Unterweisung* über die Bestimmungen erhalten haben, die für die Beförderung dieser Güter gelten.

2 Wesentliche Inhalte der Transportvorschriften

Für alle Verkehrsträger existieren bzgl. des Gefahrguttransports detaillierte Anforderungen in folgenden Themenfeldern:

- Beschaffenheit und Verwendung von Verpackungen,
- Kennzeichnung und Bezettelung der Versandstücke,
- Dokumentation,
- Schulung/Unterweisung der am Transport beteiligten Personen,
- Freistellungen,
- Bau-, Prüfungs- und Zulassungsvorschriften für Verpackungen, Container, Tanks u. a.,
- Verhalten bei Unfällen,
- Sondervorschriften.

Weiterhin enthalten die Abkommen verkehrsträgerspezifische Regelungen. Für den **Straßenverkehr** beziehen sich diese Anforderungen insbesondere auf

- Erleichterungen für den Transport,
- Kennzeichnung und Bezettelung der → *Fahrzeuge*,

- die Ausrüstung der → *Fahrzeuge*,
- die Überwachung der → *Fahrzeuge*,
- die Durchführung der Beförderung.

Im **Luftverkehr** werden folgende Punkte zusätzlich betrachtet:

- Unterscheidung zwischen Fracht- und Passagiermaschinen,
- Zusammenpackung in Versandstücke,
- Transport gefährlicher Güter durch Passagiere,
- Abweichungen der Luftverkehrsgesellschaften und Länder.

Im **Seeverkehr** werden folgende Punkte zusätzlich betrachtet:

- Trennung/Stauung,
- Ladungssicherung und Zusammenpackung im Seecontainer,
- begaste Container,
- Beförderung von Beförderungseinheiten mit Schiffen.

Hinsichtlich der **multimodalen Beförderung** von Gefahrgütern sind ebenfalls Regelungen enthalten bzw. die Vorschriften sind entsprechend aufeinander abgestimmt. Dies ist z.B. beim Transport von Seecontainern mit dem LKW zu oder von Seehäfen zur späteren Beförderung mit dem Schiff hilfreich.

Entsprechend der verschiedenen Eigenschaften sind Gefahrgüter in Klassen eingeteilt (Gefahrgutklassen). Die Gefahrgutklassen sind ein wichtiges Merkmal zur Zuordnung von Anforderungen an den Transport.

Praxis-Beispiel: Verzeichnis gefährlicher Güter

Alle Abkommen zum Transport gefährlicher Güter enthalten als Kernstück eine Tabelle, in der jedem Gefahrgut eine UN-Nummer zugeordnet ist. Dies ist das Verzeichnis der gefährlichen Güter. Kennt man die UN-Nummer, können aus der Tabelle die für das konkrete Gefahrgut anzuwendenden Vorschriften der jeweiligen Verkehrsträger entnommen werden.

3 Gefahrgutbeauftragter

Unternehmen, die an der Beförderung gefährlicher Güter beteiligt sind, müssen schriftlich einen Gefahrgutbeauftragten bestellen (§ 3 Gefahrgutbeauftragtenverordnung, GbV). Diese Pflicht besteht unabhängig vom betreffenden Verkehrsträger. Die Pflicht zur Bestellung eines Gefahrgutbeauftragten entfällt, wenn

- bestimmte Mengengrenzen eingehalten werden,
- Beförderungen zu einem bestimmten, in der GbV definierten Zweck erfolgen oder
- der Unternehmer gefährliche Güter lediglich empfängt.

Der Gefahrgutbeauftragte entspricht dem „Sicherheitsberater“ auf europäischer Ebene. Seine Aufgaben sind in § 8 GbV geregelt.

Martin Köhler

Gefährliche Abfälle

Abfälle sind laut Kreislaufwirtschaftsgesetz (KrWG) alle Stoffe oder Gegenstände, derer sich ihr Besitzer entledigt, entledigen will oder entledigen muss.

Abfälle mit gefährlichen Eigenschaften werden vom Gesetzgeber als „gefährliche“ Abfälle bezeichnet, da sie Konzentrationen von Gefahrstoffen enthalten, die Gefahren für Mensch und Umwelt darstellen. Sie sind im Abfallverzeichnis der Abfallverzeichnis-Verordnung (AVV) mit einem Sternchen (*) versehen. Alle anderen Abfälle werden als „nicht gefährliche“ Abfälle definiert.

Umgangssprachliche Begriffe für gefährliche Abfälle sind Sondermüll, Giftmüll oder Sonderabfall.

Um Sicherheit und Gesundheit der Beschäftigten sowie den Schutz der Umwelt zu gewährleisten, müssen Abfälle fachkundig entsorgt werden. Dies schließt das Sammeln in geeigneten Behältern, das Zwischenlagern sowie den sicheren Transport zum Verwertungs- bzw. Beseitigungsort ein. Unternehmen müssen einen oder mehrere Abfallbeauftragte/n bestellen, wenn Größe und Art der Anlagen eine Bestellung erfordern. Der Abfallbeauftragte muss grundsätzlich Betriebsangehöriger sein und über die nötige Fachkunde verfügen.

Gesetze, Vorschriften und Rechtsprechung

Es gelten folgende Vorschriften:

- Arbeitsschutzgesetz
- Arbeitsstättenverordnung
- Gefahrstoffverordnung
- Betriebssicherheitsverordnung
- Verordnung über Betriebsbeauftragte für Abfall (Abfallbeauftragtenverordnung)
- Entsorgungsfachbetriebeverordnung
- Bundes-Immissionsschutzgesetz (BImSchG) und Bundesimmissionsschutzverordnungen (BImSchV), u. a. § 4 BImSchG und 4. BImSchV über genehmigungsbedürftige Anlagen, z. B. Lager für gefährliche Abfälle
- Verordnung über die Nachweisführung bei der Entsorgung von Abfällen
- Richtlinie 2008/98/EG über Abfälle
- Abfallverzeichnis-Verordnung (AVV)[1]
- Weitere Vorschriften in Abhängigkeit von der Abfallart, z. B. Elektro- und Elektronikgerätegesetz
- TRGS 520 „Errichtung und Betrieb von Sammelstellen und Zwischenlagern für Kleinmengen gefährlicher Abfälle“
- DGUV-R 114-601 „Abfallsammlung“
- DGUV-R 114-602 „Abfallbehandlung“

1 Bedeutung für den Arbeitsschutz

In Handwerk und Industrie fallen Abfälle an. Neben nicht gefährlichen Abfällen, die als Gewerbemüll entsorgt oder der Wiederverwertung zugeführt werden können wie z. B. Papier, Kartonagen, Kunststofffolien, entstehen in Abhängigkeit von verwendeten → *Arbeitsmitteln* und -verfahren häufig auch gefährliche Abfälle.

> **Praxis-Beispiel: Mengen an gefährlichen Abfällen in Deutschland**
>
> Die Menge gefährlicher Abfälle aus Produktion und Gewerbe lag 1999 bei ca. 7 Mio. Tonnen und betrug im Jahr 2018 ca. 9 Mio. Tonnen. Im Jahr 2018 landeten insgesamt ca. 26 Mio. Tonnen gefährliche Abfälle auf Deponien und in Verbrennungs- und Behandlungsanlagen.[2]

Nach § 48 KrWG werden an die Entsorgung und Überwachung gefährlicher Abfälle besondere Anforderungen gestellt. Eine fachkundige Behandlung und Entsorgung von Abfällen gewährleistet Sicherheit und Gesundheit der Beschäftigten und den Schutz der Umwelt. In Unternehmen müssen deshalb ggf. ein oder mehrere Abfallbeauftragte(r) bestellt werden. Vermeidung, Verwertung und Beseitigung von Abfällen wird durch die Behörde überwacht (§ 47 Abs. 1 KrWG).

> **Praxis-Beispiel: Wann ist ein Stoff kein Abfall**
>
> Das KrWG gilt u. a. nicht für:
>
> - Stoffe, sobald diese in Gewässer bzw. Abwasserbehandlungsanlagen eingeleitet bzw. eingebracht werden (Abwasser),
> - nicht in Behälter gefasste gasförmige Stoffe (Abluft).

1 Basiert auf dem Europäischen Abfallverzeichnis (EAV).

2 Begleitscheine als Berechnungsgrundlage, Quelle: UBA/Statistisches Bundesamt.

2 Entstehung, Vermeidung, Verwertung und Beseitigung

Gefährliche Abfälle entstehen bei der Herstellung von Produkten und Erzeugnissen unter Einsatz von → *Gefahrstoffen.* Auch Produkte und Erzeugnisse selbst können Gefahrstoffe sein.

Praxis-Beispiel: Vermeidung hat oberste Priorität

Erstes Gebot ist die Vermeidung von gefährlichem Abfall. Diese Verpflichtung ergibt sich nicht nur aus dem Abfallrecht, sondern auch aus der Pflicht zur Substitutionsprüfung und dem Vorrang einer → *Substitution* nach Gefahrstoffverordnung.

In Anlagen zur Behandlung, Verwertung oder Beseitigung gefährlicher Abfälle gelten die Forderungen des Arbeits-, Gesundheits- und Umweltschutzes gleichermaßen.

2.1 Abfallprodukte aus der Herstellung

Bei der Herstellung u.a. von

- Farb- und Anstrichmitteln,
- Kältemitteln,
- Pharmazeutika,
- Pflanzenbehandlungs- und Schädlingsbekämpfungsmitteln

entstehen gefährliche Abfälle mit unterschiedlichen stofflichen Eigenschaften und sich daraus ergebendem Gefährdungspotenzial.

Typische gefährliche Abfälle aus Handwerk, Industrie oder Krankenhäusern sind z.B.:

- verbrauchte Lösemittel, Säuren oder Laugen,
- Filterstäube,
- Krankenhausabfälle,
- Stoffe mit Schwermetallverunreinigungen,
- Pestizide.

2.2 Verwertung und Beseitigung von Abfällen

In geeigneten Anlagen können gefährliche Abfälle stofflich oder energetisch verwertet oder beseitigt werden. Dies sind:

- Anlagen zur Abfallbehandlung, wie Sortierung, Rückgewinnung von Stoffen (sog. stoffliche Verwertung, z.B. Metalle aus Schrott),
- Anlagen zur Abfalllagerung, z.B. → *Sammelstellen*, Zwischenlager,
- Anlagen zur Abfallverbrennung: Die Verbrennung gefährlicher Abfälle kann sowohl ein Verfahren zur sog. energetischen Verwertung als auch zur Vernichtung, d.h. Beseitigung sein,
- oberirdische oder Untertage-Deponien.

3 Einstufung und Kennzeichnung

Nach Abfallverzeichnis-Verordnung (AVV) werden gefährliche Abfälle nach Gefahrenklassen und -kategorien eingestuft (vgl. § 3 GefStoffV). Gehören Abfälle zu einer oder mehreren der dort aufgelisteten Klasse/n und werden bestimmte Konzentrationen an Gefahrstoffen erreicht bzw. überschritten, so handelt es sich um gefährliche Abfälle (§ 3 Abs. 2 AVV).

Praxis-Beispiel: Abfälle fallen nicht unter die CLP-Verordnung

Abfälle i.S. der Richtlinie 2008/98/EG fallen nicht in den Anwendungsbereich der CLP-Verordnung. D.h., Abfälle gelten nicht als → *Stoff*, Gemisch oder → *Erzeugnis* und Betreiber von Abfallbehandlungsanlagen gelten nicht als → *nachgeschaltete Anwender.*

Dagegen müssen Stoffe oder Gemische, die aus Abfall zurückgewonnen werden, nach CLP eingestuft und gekennzeichnet werden (Quelle: REACH-Helpdesk).

Mit Einführung der CLP-Verordnung hat sich die → *Einstufung* vieler Stoffe bzw. Gemische geändert, so können z. B. Stoffe, die bisher nicht als → *Gefahrstoff* eingestuft waren, dies nun sein. Werden sie zu Bestandteilen von Abfall, so ist zu erwarten, dass mehr Abfälle als „gefährlich" eingestuft werden müssen.

Die AVV beruht auf dem Europäischen Abfallverzeichnis (EAV). Verschiedene Abfallarten werden mit Abfallschlüsselnummern codiert. Diese Codes werden wiederum im Nachweisverfahren für gefährliche Abfälle verwendet.

Praxis-Beispiel: Nachweisverfahren für gefährliche Abfälle

Das Unternehmen muss die Behörde über Art, Menge, Zusammensetzung und vorgesehene Entsorgungsanlage informieren. Dies wird gewährleistet durch das Nachweisverfahren:

- Entsorgungsnachweis: Prüfen der Umweltverträglichkeit des Entsorgungsweges (Vorabkontrolle),
- Begleitschein: Unterlagen für den Transport,
- Übernahmeschein: Entsorger „quittiert" die Annahme des gefährlichen Abfalls.

Mit diesen Nachweisen ist eine Verbleibskontrolle für gefährliche Abfälle möglich. Sie erfolgt seit 1.4.2010 über das elektronische Abfallnachweisverfahren (eANV). Für Abfälle aus privaten Haushalten gelten diese Regelungen nicht.

4 Gefahren im Unternehmen

In Abhängigkeit von enthaltenen Stoffen und Beschaffenheit gefährlicher Abfälle ergibt sich ein Gefährdungspotenzial für Mensch und Umwelt:

- → *Stäube* oder Dämpfe können eingeatmet werden, die Lungen schädigen oder zu sonstigen Gesundheitsschäden führen z. B. Einatmen von Asbestfasern.
- Spritzer flüssiger gefährlicher Abfälle können Haut- oder Augenschäden hervorrufen, z. B. beim Umfüllen gebrauchter Säuren oder Laugen.
- Spitze Gegenstände können Verletzungen verursachen, z. B. gebrauchte Spritzen aus Klinikabfällen.
- Abfälle aus Krankenhäusern können bei Kontakt oder Verletzung Infektionen auslösen.
- Werden Abfälle, die miteinander reagieren, versehentlich zusammengebracht, können unkontrollierte Reaktionen ausgelöst werden z. B. Temperaturerhöhung, Entzündung, Explosion.
- Sind Sammelbehälter nicht geeignet oder beschädigt, können flüssige Abfälle auslaufen und ins Grundwasser gelangen (wassergefährdende Stoffe).
- Sind Lagerräume nicht ausreichend belüftet, kann sich eine → *explosionsfähige Atmosphäre* bilden.

5 Maßnahmen zur Reduktion des Gefahrenpotenzials

Maßnahmen zur Reduktion des Gefahrenpotenzials sind neben der Vermeidung die Sammlung von gefährlichen Abfällen in geeigneten Behältern, Lagerung in geeigneten Räumen sowie der sichere innerbetriebliche Transport zur Übergabestelle an den Verwerter oder Entsorger. Und gefährliche Abfälle dürfen grundsätzlich weder mit anderen Kategorien von gefährlichen Abfällen noch mit anderen Abfällen, Stoffen oder Materialien vermischt bzw. verdünnt werden (Vermischungsverbot, §§ 9 Abs. 2 und 9a KrWG).

Praxis-Beispiel: Verantwortung endet nicht am Werkszaun

Der Abfallerzeuger ist über den Werkszaun hinaus verantwortlich für eine ordnungsgemäße Entsorgung der Abfälle.

5.1 Technische Maßnahmen

Wegen des Gefährdungspotenzials der verwendeten Stoffe und Verfahren müssen im Rahmen der → *Gefährdungsbeurteilung* geeignete Schutzmaßnahmen festgelegt und umgesetzt werden. Technische Maßnahmen können u. a. sein:

- geeignete Gefäße für Lagerung und Transport,
- geeignete Räume zur Lagerung,
- ausreichende Belüftung oder Absaugeinrichtungen,
- geeignete Umfülleinrichtungen, z. B. Umfüllstation,
- Brand- und Explosionsschutzmaßnahmen.

5.2 Organisatorische Maßnahmen

Beschäftigte müssen Gefährdungen und geeignete Schutzmaßnahmen kennen. Durch ihre Mitwirkung können Unfälle und berufsbedingte Erkrankungen vermieden werden. Verantwortung für die Einhaltung gesetzlicher Vorgaben trägt der Arbeitgeber. Der Abfallbeauftragte berät und unterstützt. Organisatorische Maßnahmen sind z. B.:

- Bestellung eines oder mehrerer Abfallbeauftragten/r,
- → *Unterweisung* der Beschäftigten zum Umgang mit gefährlichen Abfällen,
- Kennzeichnung der Sammelgefäße und Lagerräume,
- Behördliche Genehmigung zum Transport über elektronisches Abfallnachweisverfahren (eANV).

In Anlagen zur Verwertung und Beseitigung gefährlicher Abfälle sind → *Hygienemaßnahmen* besonders wichtig. Hier sind z. B. Waschräume sowie getrennte Aufbewahrungsmöglichkeiten für Straßen- und Arbeitskleidung erforderlich.

5.3 Persönliche Schutzmaßnahmen

Beschäftigten muss geeignete → *PSA* zur Verfügung gestellt werden. Regelmäßige → *Unterweisungen* gewährleisten deren richtige Benutzung. Je nach Art und Beschaffenheit der gefährlichen Abfälle bieten folgende PSA den nötigen Schutz für Sicherheit und Gesundheit:

- → *Atemschutz*,
- → *Schutzbrille*,
- Schutzkleidung,
- → *Schutzhandschuhe*.

Entscheidend ist dabei, dass die PSA für das angewendete Verfahren geeignet ist.

Bettina Huck

Gefahrstoffe

Gefahrstoffe sind Stoffe, Gemische und bestimmte Erzeugnisse, die eine oder mehrere der in § 3 a Abs. 1 Chemikaliengesetz genannten, in § 3 GefStoffV näher bestimmten Gefahrenklassen aufweisen und den in Anhang I der Verordnung (EG) Nr. 1272/2008 dargelegten Kriterien entsprechen. Stoffe sind chemische Elemente oder chemische Verbindungen, die natürlich vorkommen oder hergestellt werden. Dazu gehören auch die zur Wahrung der Stabilität notwendigen Hilfsstoffe und die durch das Herstellungsverfahren bedingten Verunreinigungen, mit Ausnahme von Lösungsmitteln, die von dem Stoff ohne Beeinträchtigung seiner Stabilität und ohne Änderung seiner Zusammensetzung abgetrennt werden können. Gemische sind aus 2 oder mehreren Stoffen bestehende Gemische oder Lösungen (§ 3 ChemG). → *Biologische Arbeitsstoffe*, wie z. B. Biomüll oder Blutproben, können auch Gefahrstoffe sein. Der Umgang damit ist in der Biostoffverordnung geregelt.

Gesetze, Vorschriften und Rechtsprechung

Auf europäischer Ebene sind die CLP-Verordnung (EG) Nr. 1272/2008 und die REACH-Verordnung (EG) Nr. 1907/2006/EG grundlegend.

Die Vorgabe der europäischen Union zur Trennung der Rechtsvorschriften für Hersteller und für Anwender wird auch im Gefahrstoffrecht eingehalten. Wichtige Vorschriften für Hersteller von Gefahrstoffen sind z. B. das Chemikaliengesetz und die Chemikalienverbots-Verordnung. Für Anwender von

Gefahrstoffen gelten z.B. das Arbeitsschutzgesetz, die Gefahrstoffverordnung und die Technischen Regeln für Gefahrstoffe (TRGS). Für biologische Arbeitsstoffe ist darüber hinaus die Biostoffverordnung grundlegend.

1 Gefährliche Stoffe und Gemische

Gefahrstoffe sind in nahezu allen Betrieben im Einsatz. Sie können die Gesundheit gefährden, indem sie eingeatmet oder über die Haut aufgenommen werden. Schädigungen können sofort oder erst nach Jahren auftreten. Weiterhin sind die physikalisch-chemischen Gefährdungen, die z. B. durch Brände oder Explosionen in Anwesenheit von Gefahrstoffen auftreten, zu betrachten.

Gefährliche Stoffe oder gefährliche Gemische sind (§ 3a ChemG):

1. explosionsgefährlich
2. brandfördernd
3. hochentzündlich
4. leichtentzündlich
5. entzündlich
6. sehr giftig
7. giftig
8. gesundheitsschädlich
9. ätzend
10. reizend
11. sensibilisierend
12. krebserzeugend
13. fortpflanzungsgefährdend
14. erbgutverändernd
15. umweltgefährlich

Ausgenommen sind gefährliche Eigenschaften ionisierender Strahlen.

Die Definition für „umweltgefährlich" wurde geändert (§ 2 Abs. 2a GefStoffV): „Umweltgefährlich sind, über die Gefahrenklasse „gewässergefährdend" nach der Verordnung (EG) Nr. 1272/2008 hinaus, Stoffe oder Gemische, wenn sie selbst oder ihre Umwandlungsprodukte geeignet sind, die Beschaffenheit von Naturhaushalt, Boden oder Luft, Klima, Tieren, Pflanzen oder Mikroorganismen derart zu verändern, dass dadurch sofort oder später Gefahren für die Umwelt herbeigeführt werden können".

Gefahrenklassen geben die Art der Gefährdung wieder (§ 3 GefStoffV), Nummerierung nach Anhang I der Verordnung (EG) Nr. 1272/2008 in Klammern:

1. Physikalische Gefahren (2)

a) Explosive Stoffe/Gemische und Erzeugnisse mit Explosivstoff (2.1)
b) Entzündbare Gase (2.2)
c) Aerosole (2.3)
d) Oxidierende Gase (2.4)
e) Gase unter Druck (2.5)
f) Entzündbare Flüssigkeiten (2.6)
g) Entzündbare Feststoffe (2.7)
h) Selbstzersetzliche Stoffe und Gemische (2.8)
i) Pyrophore Flüssigkeiten (2.9)
j) Pyrophore Feststoffe (2.10)
k) Selbsterhitzungsfähige Stoffe und Gemische (2.11)
l) Stoffe und Gemische, die in Berührung mit Wasser entzündbare Gase entwickeln (2.12)
m) Oxidierende Flüssigkeiten (2.13)
n) Oxidierende Feststoffe (2.14)
o) Organische Peroxide (2.15)
p) Korrosiv gegenüber Metallen (2.16)

2. Gesundheitsgefahren (3)

a) Akute Toxizität (oral, dermal und inhalativ) (3.1)
b) Ätz-/Reizwirkung auf die Haut (3.2)
c) Schwere Augenschädigung/Augenreizung (3.3)
d) Sensibilisierung der Atemwege oder der Haut (3.4)
e) Keimzellmutagenität (3.5)
f) Karzinogenität (3.6)
g) Reproduktionstoxizität (3.7)
h) Spezifische Zielorgan-Toxizität, einmalige Exposition (STOT SE) (3.8)
i) Spezifische Zielorgan-Toxizität, wiederholte Exposition (STOT RE) (3.9)
j) Aspirationsgefahr (3.10)

3. Umweltgefahren (4)

Gewässergefährdend (akut und langfristig) (4.1)

4. Weitere Gefahren (5)

Die Ozonschicht schädigend (5.1)

2 Wie erkennt man Gefahrstoffe?

Gefahrstoffe müssen sicher und unverwechselbar verpackt sein. Das Etikett auf der Gefahrstoffverpackung enthält erste zur sicheren Handhabung wichtige Informationen wie → *Gefahrenpiktogramme*, Signalwort und die → *H-* und → *P-Sätze*.

3 Wo finden Mitarbeiter Informationen zu Gefahrstoffen?

Gefahrstoffe müssen sicher und unverwechselbar verpackt sein. Das Etikett auf der Gefahrstoffverpackung enthält erste zur sicheren Handhabung wichtige Informationen wie das (die) Gefahrenpiktogramm(e), das Signalwort und die H-/P-Sätze.

Umfangreichere Informationen enthält das vom Lieferant mitzuliefernde → *Sicherheitsdatenblatt*. Auf der Basis des Sicherheitsdatenblattes muss der Unternehmer eine → *Betriebsanweisung* für die Anwender von Gefahrstoffen im Betrieb erstellen.

4 Wie werden Mitarbeiter vor Gefahrstoffen geschützt?

Sobald feststeht, dass Beschäftigte Tätigkeiten mit einem Gefahrstoff durchführen oder Gefahrstoffe bei diesen Tätigkeiten entstehen oder freigesetzt werden, muss eine → *Gefährdungsbeurteilung* des Arbeitsplatzes oder der Tätigkeit durchgeführt werden. Hier werden die folgenden Gefährdungen berücksichtigt:

- Stoffeigenschaften,
- Sicherheitsinformationen des Lieferanten,
- Ausmaß,
- Art und Dauer der Exposition,
- physikalisch-chemische Wirkungen,
- Möglichkeit einer Substitution,
- Arbeitsbedingungen,
- Verfahren,
- → *Arbeitsmittel*,
- Schutzmaßnahmen und
- → *arbeitsmedizinische Vorsorge*.

Weiterhin müssen der inhalative und dermale Aufnahmeweg, mögliche explosionsgefährliche Atmosphäre und notwendige Wartungs- und → *Instandhaltungsarbeiten* in die Gefährdungsbeurteilung einbezogen werden. Die abschließende Bewertung wird. u. a. eingesetzt, um einer Tätigkeit mit Gefahrstoffen geeignete Schutzmaßnahmen zuzuordnen.

Praxis-Beispiel: Schutzmaßnahmen statt Schutzstufenkonzept

Die Gefahrstoffverordnung legt als Schutzmaßnahmen fest:

- Allgemeine Schutzmaßnahmen für alle Tätigkeiten mit Gefahrstoffen (§ 8 GefStoffV).
- Zusätzliche Schutzmaßnahmen: Maßnahmen, wenn z. B. → *Arbeitsplatzgrenzwerte* oder → *biologische Grenzwerte* überschritten werden oder eine Gefährdung durch Aufnahme über die Haut oder durch Schädigung der Augen besteht (§ 9 GefStoffV).
- Besondere Schutzmaßnahmen bei Tätigkeiten mit → *krebserzeugenden, keimzellmutagenen und reproduktionstoxischen Gefahrstoffen* der Kategorie 1A und 1B (§ 10 GefStoffV).
- Besondere Schutzmaßnahmen gegen physikalisch-chemische Einwirkungen insbesondere gegen Brand- und Explosionsgefährdungen (§ 11 GefStoffV).

5 Was muss der Arbeitgeber beim Umgang mit Gefahrstoffen beachten?

Der Arbeitgeber hat in Abhängigkeit von den Ergebnissen der → *Gefährdungsbeurteilung* folgende Pflichten:

1. Ermitteln, ob es sich bei den eingesetzten Chemikalien um Gefahrstoffe handelt und ob es ungefährliche → *Ersatzprodukte* für den gleichen Zweck gibt.
2. Feststellen, ob die → *Arbeitsplatzgrenzwerte* der entsprechenden Gefahrstoffe eingehalten werden. Ggf. müssen Maßnahmen zur Minderung von Schadstoffkonzentrationen ergriffen werden.
3. Genaue Anweisungen für den Umgang mit Gefahrstoffen geben (→ *Betriebsanweisung*) und Arbeitsverfahren so einrichten, dass keine Gefahrstoffe freigesetzt oder berührt werden. Eine Unterweisung muss vor Aufnahme der Beschäftigung und danach mindestens jährlich arbeitsplatzbezogen durchgeführt werden (§ 14 GefStoffV).
4. → *Persönliche Schutzausrüstungen* zur Verfügung stellen.
5. Gesundheitlich gefährdete Personen → *arbeitsmedizinisch untersuchen* zu lassen.
6. In explosionsgefährdeten Bereichen vor Aufnahme der Arbeit ein Explosionsschutzdokument erstellen.

Josef Sauer

Gehörschutz

Als Gehörschutz bezeichnet man Persönliche Schutzausrüstungen, die die Einwirkung des Lärms auf das Gehör verringern, sodass eine Lärmschwerhörigkeit nicht entsteht oder sich nicht verschlimmert.

Gesetze, Vorschriften und Rechtsprechung

Ergibt die Gefährdungsbeurteilung, dass trotz technischer und organisatorischer Schutzmaßnahmen mit Gefährdungen durch Lärm zu rechnen ist, muss den Mitarbeitern Gehörschutz zur Verfügung gestellt werden. Neben der PSA-Benutzungs-Richtline 89/656/EWG ist auch die PSA-Benutzungsverordnung zu berücksichtigen (→ *Persönliche Schutzausrüstung*). Weitere Vorgaben ergeben sich aus:

- Lärm- und Vibrations-Arbeitsschutzverordnung: Werden trotz technischer/organisatorischer Maßnahmen die unteren Auslösewerte nicht eingehalten, muss der Arbeitgeber geeigneten Gehörschutz zur Verfügung stellen. Dieser muss die Gefährdungen des Gehörs auf ein Minimum verringern. Die maximalen Expositionswerte dürfen auch mit Gehörschutz nicht überschritten werden.
- DGUV-R 112-194 „Einsatz von Gehörschutz": Enthält konkrete Anforderungen an die Auswahl, Beschaffung, Bereitstellung und die Benutzung von Gehörschutz.
- DGUV-I 201-021 „Arbeiten im Gleisbereich": schreibt zugelassenen Gehörschutz vor. Dieser stellt sicher, dass Warnsignale gehört werden können.

- DGUV-I 212-673 „Tragen von Gehörschützern bei der Teilnahme am öffentlichen Straßenverkehr" setzt in diesen Arbeitsbereichen zum Hören von Warnsignalen ebenfalls zugelassenen Gehörschutz voraus.
- DGUV-I 212-686 „Gehörschützer-Kurzinformation für Personen mit Hörverlust" richtet sich an den Benutzer von Gehörschutz, der mit dieser Informationsschrift zum Tragen von Gehörschutz motiviert werden soll.
- DGUV-I 212-823 „Ärztliche Beratung zum Gehörschutz" richtet sich an den Arbeitsmediziner, der im Rahmen der arbeitsmedizinischen Vorsorgeuntersuchung nach dem berufsgenossenschaftlichen Grundsatz G 20 tätig wird.
- DGUV-I 212-024 „Gehörschutz-Information".
- DIN EN 352: Gehörschützer: Allgemeine Anforderungen.

1 Vermeidung schwerwiegender Folgen

In vielen Fällen zeigt die → *Gefährdungsbeurteilung*, dass trotz technischer und organisatorischer Maßnahmen Tätigkeiten oder Bereiche vorliegen, die den Einsatz von Gehörschutz als individuelle Schutzmaßnahme notwendig machen.

Die Folgen von ungeschützter Lärmeinwirkung sind normalerweise zwar nicht tödlich, aber sehr schwerwiegend, weil eine Lärmschwerhörigkeit nicht geheilt werden kann. Die Lärmschwerhörigkeit ist die häufigste Berufskrankheit mit negativen Auswirkungen auf den Beruf und das Privatleben. Wer nicht gut hört, der steht abseits. Damit dies nicht passiert, muss Gehörschutz entsprechend ausgewählt und regelmäßig und richtig benutzt werden.

Sicherlich gibt es Unfälle, die durch Lärm verursacht werden. Die Verwendung von Gehörschutz kann ebenfalls zu Unfällen führen. Für beide Punkte liegen jedoch **keine** statistischen Auswertungen vor. Die Ursache liegt in der Tatsache begründet, dass die Unfallanzeige Lärm oder Gehörschutz als Auswertung nicht vorsieht.

Gehörschutz ist nicht gleich Gehörschutz. Die Grundaufgabe des individuellen Lärmschutzes wird von allen Gehörschutzprodukten erfüllt. Entscheidend für die ausreichende Wirkung ist aber, dass das Gehörschutzprodukt, das den Mitarbeitern zur Verfügung gestellt wird, auch für den jeweils vorliegenden Lärm geeignet ist. Die Mitarbeiter sind verpflichtet, Gehörschutzmittel bei besonders lauten Tätigkeiten oder in besonders lauten Betriebsbereichen gem. → *Betriebsanweisungen*, → *Unterweisung* bzw. Kennzeichnung zu tragen.

2 Arten von Gehörschutz

Unterschieden werden:

- **Gehörschutzstöpsel:** Sie werden direkt im Gehörgang oder in der Ohrmuschel getragen. Sie bestehen aus elastischem Kunststoff, Watte oder plastischer Masse. Sog. Otoplastiken (angepasster Gehörschutz) werden dabei direkt dem Gehörgang der betroffenen Person angepasst.
- **Kapselgehörschützer:** Sie werden über die Ohren gesetzt. Sie können mit einer elektroakustischen Ausrüstung versehen werden, um u.a. Sprache oder Signale wahrnehmen zu können und ein besseres Richtungshören zu ermöglichen. Schwache Signale und Geräusche (also auch Sprache) werden somit bis auf weniger als 85 dB(A) verstärkt.
- **Gehörschützer mit Kommunikationseinrichtung:** Diese Ausführungen ermöglichen z.B. die Sprachverständigung im Rahmen des Funkverkehrs.
- **Schallschutzhelme** schützen zusätzlich einen Teil des Kopfes gegen Schall.
- **Schallschutzanzüge** werden bei $\geq$ 130 dB eingesetzt, da bei diesen Schallpegeln der gesamte Körper gefährdet ist. In diesem Zusammenhang sind dann ggf. auch Schwingungen zu berücksichtigen.

Tab. 1 zeigt Beispiele für Gehörschutz.

Gehörschutzstöpsel	

Kapselgehörschutz	
	 Kapselgehörschutz mit elektronischer Geräuschverstärkung
	 Kapselgehörschutz mit integriertem Funkgerät

Kapselgehörschutz	 Kapselgehörschutz mit Schutzhelmbefestigung
Otoplastik (angepasster Gehörschutz)	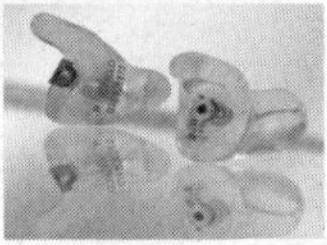

Tab. 1: Arten von Gehörschutz (Bilder: 3M, EAR, Infield, Peltor, Sperian)

3 Gefährdungsbeurteilung

Die Forderung zur Durchführung der → *Gefährdungsbeurteilung* ergibt sich beim Thema → *Lärm* nicht nur aus dem Arbeitsschutzgesetz und der PSA-Benutzungsverordnung, sondern auch aus der Lärm- und Vibrations-Arbeitsschutzverordnung. Danach sind folgende Punkte zu berücksichtigen:

- Art, Ausmaß und Dauer der Exposition durch Lärm; → *Auslösewerte* nach § 6 Satz 1 und die Expositionswerte nach § 8 Abs. 2 LärmVibrationsArbSchV;
- die Verfügbarkeit alternativer → *Arbeitsmittel* und Ausrüstungen, die zu einer geringeren Exposition der Beschäftigten führen (Substitutionsprüfung);
- Erkenntnisse aus der → *arbeitsmedizinischen Vorsorge* sowie allgemein zugängliche, veröffentlichte Informationen hierzu;
- die zeitliche Ausdehnung der beruflichen Exposition über eine 8-Stundenschicht hinaus;
- die Verfügbarkeit und Wirksamkeit von Gehörschutzmitteln;
- Auswirkungen auf die Gesundheit und Sicherheit von Beschäftigten, die besonders gefährdeten Gruppen angehören;
- Herstellerangaben zu Lärmimmissionen.

Die Gefährdungen sind zu beurteilen. Dabei sind mögliche Wechsel- oder Kombinationswirkungen zu berücksichtigen. Damit wird festgestellt, wo und wodurch Mitarbeiter unter Lärmgefährdung arbeiten. Ob sie dadurch einer auf Dauer schädigenden Einwirkung von Lärm ausgesetzt sind, ergibt eine Bewertung der Gefährdungen. Entscheidend für die Bewertung der Gefährdung ist der Tages-Lärmexpositionspegel. Sobald dieser einen Wert von 80 dB(A) erreicht oder überschreitet, ist von einer Gefährdung des Gehörs auszugehen. Ebenfalls ist mit einer Gehörgefährdung zu rechnen, wenn der Spitzenschalldruckpegel 135 dB(C) erreicht oder überschreitet.

4 Kennzeichnung

Gehörschutz muss eine → *CE-Kennzeichnung* besitzen. Ebenfalls muss eine Baumusterprüfung vorliegen.

Die schalldämmende Wirkung von Gehörschutzmitteln ist nicht bei allen Frequenzen gleich. Oft angewendete Verfahren zur Auswahl der geeigneten Gehörschutzmittel sind z.B. die Oktavband-Methode, die HML-Methode, der HML-Check oder die SNR-Methode. Die Hersteller führen auf den Verpackungen des Gehörschutzes unterschiedlichste Werte auf:

- H, M, L = Frequenzabhängige Schalldämmungswerte von Gehörschutz (H = high, M = medium, L = low)
- SNR = Vereinfachte Geräuschpegelminderung (Single Number Rating)
- PNR = Vorhergesagte Minderung des Geräuschpegels (Predicted Noise Level Reduction)

Praxis-Beispiel: Angegebene Dämmwerte korrigieren

Die 3 Arten von Gehörschutz führen aufgrund der dämmenden Wirkung dazu, dass sich der wirksame Restschallpegel reduziert. Die von den Herstellern angegebenen Dämmwerte müssen in der Praxis um Korrekturwerte vermindert werden. Berücksichtigen Sie für Gehörschutzstöpsel 9 dB, für Kapselgehörschützer 5 dB und für Otoplastiken 3 dB als Korrekturwert.

Praxis-Beispiel: Überprotektion vermeiden

Es muss darauf geachtet werden, dass beim Einsatz von Gehörschutz keine Überprotektion erfolgt. Dies würde dazu führen, dass der Benutzer ggf. Warnsignale, Maschinengeräusche oder Stimmen der Kollegen nicht hört, was wiederum Unfälle nach sich ziehen könnte. Im Fall der Sprachverständigung ist es wahrscheinlich, dass der Mitarbeiter den Gehörschutz entfernt, wenn er sich unterhalten will.

5 Auswahl

Die Vielfalt auf dem Gebiet des Gehörschutzes als → *Persönliche Schutzausrüstung* ist sehr groß. Nachdem im Rahmen der Gefährdungsbeurteilung die Bereiche ermittelt wurden, in denen Gehörschutz erforderlich ist, können folgende Beteiligte bei der Auswahl des richtigen Gehörschutzes helfen:

- Mitarbeiter bzw. Vorgesetzte, die bereits Erfahrungen besitzen,
- → *Betriebsarzt*,
- → *Fachkraft für Arbeitssicherheit*,
- PSA-Lieferant,
- Hersteller von Gehörschutz,
- Aufsichtsperson der Berufsgenossenschaft.

Eine Möglichkeit der Auswahl von geeignetem Gehörschutz bietet das „Gehörschutz-Auswahlprogramm" des IFA (vgl. Abschn. 7). Trotz dieses Programms ist es nicht immer möglich, so schnell eine geeignete Lösung zu finden. Daher sollten Sie gezielt Ihr Problem mehreren Herstellern gleichzeitig vortragen. Sofern es sich nicht um Standard-Probleme handelt, für die auch das PC-Programm eine Lösung finden kann, sind Händler vielfach ratlos und müssen sowieso den Hersteller befragen. Die Händler sind meist auch einseitig orientiert, da sie nur Stützpunkthändler für einige wenige Gehörschutzmittelhersteller sind. Indem Sie sich direkt an Hersteller wenden, haben diese auch die Verpflichtung, Ihnen eine verbindliche Auskunft zu erteilen.

Praxis-Beispiel: Gehörschützer-Positivliste

Das Institut für Arbeitsschutz (IFA) der DGUV bietet eine sog. „Gehörschützer – Positivliste" an. Die Positivliste enthält alle dem IFA gemeldeten Gehörschützer. Sie besteht aus 2 Teilen: Tab. 1 „Passiver Gehörschutz" und Tab. 2 „Gehörschützer mit elektronischer Zusatzeinrichtung". Eine ältere Version enthält auch der Anhang 3 DGUV-I 112-194.

Gehörschutzmittel, die in die engere Wahl kommen, sollten einem praktischen **Trageversuch** unterzogen werden. Grundsätzlich sind die Mitarbeiter bei der Auswahl der Persönlichen Schutzausrüstung zu beteiligen. Gem. § 87 Betriebsverfassungsgesetz hat auch der → *Betriebsrat* ein Mitbestimmungsrecht beim Gehörschutz, da durch den Einsatz Berufskrankheiten verhindert werden sollen.

Praxis-Beispiel: Muster anfordern

Die Hersteller von Gehörschutz bieten i. d. R. kostenlose Muster für Tests an bzw. stellen diese gerade bei teureren Gehörschützern leihweise zur Verfügung. Darüber hinaus stellen die Hersteller oftmals auch Fragebögen für einen Test zur Verfügung.

6 Einsatz

Sofern die unteren Auslösewerte gem. § 6 Satz 1 Nr. 2 LärmVibrationsArbSchV erreicht oder überschritten werden, müssen die Beschäftigten unterwiesen werden. Die → *Unterweisung* muss vor

Aufnahme der Beschäftigung und danach in regelmäßigen Abständen, mind. jährlich, erfolgen. Folgende Inhalte sollten erläutert werden:

- Expositionsgrenzwerte und → *Auslösewerte*;
- Ergebnisse der Ermittlungen zur Exposition zusammen mit einer Erläuterung ihrer Bedeutung und der Bewertung der damit verbundenen möglichen Gefährdungen und gesundheitlichen Folgen;
- die Voraussetzungen, unter denen die Beschäftigten Anspruch auf → *arbeitsmedizinische Vorsorge* haben, und deren Zweck;
- sachgerechte Verwendung der → *Persönlichen Schutzausrüstung*;
- Hinweise zur Erkennung und Meldung möglicher Gesundheitsstörungen.

Dadurch sollen die Beschäftigten sensibilisiert werden. Die Tragebereitschaft soll erhöht werden.

Sofern die unteren Auslösewerte gem. § 6 Satz 1 Nr. 2 LärmVibrationsArbSchV erreicht oder überschritten werden, ist den Beschäftigten eine Angebotsvorsorge gemäß dem berufsgenossenschaftlichen Grundsatz G 20 „Lärm" anzubieten. Werden die oberen Auslösewerte erreicht oder überschritten, ist eine Pflichtvorsorge erforderlich (Anhang Teil 3 ArbMedVV). Es empfiehlt sich, dass der Einsatz von Gehörschutz nur nach einer entsprechenden Vorsorgeuntersuchung erfolgt.

7 Weitere Informationen

- Das Institut für Arbeitsschutz (IFA) der Deutschen Gesetzlichen Unfallversicherung bietet ein **„Gehörschutzauswahl-Programm"** an. In dieses Programm ist eine Datenbank mit zahlreichen Datensätzen integriert, die Informationen zu Gehörschutzmitteln enthalten. Dazu werden die arbeitsmedizinischen, arbeitsplatz- und tätigkeitsbezogenen sowie sonstigen Kriterien angekreuzt, die für Arbeitsplatz oder Mitarbeiter relevant sind. Bereits bei dieser Eingabe erfährt man, ob die Kriterienkombination zu einem Ergebnis führt: Gibt es überhaupt ein geprüftes Gehörschutzmittel, das die geforderten Kriterien erfüllt? Anschließend werden die Daten zum vorliegenden Schalldruckpegel eingegeben. Die Schalldruckpegel lassen sich entsprechend den o.a. Methoden oder dem Check in das Programm eintragen. Das Programm ermittelt nun Gehörschutzmittel, die die Bedingungen erfüllen können. Fazit: Das Programm ersetzt zwar nicht den Trageversuch, erleichtert aber die Vorauswahl erheblich.
- Das Institut für Arbeitsmedizin, Sicherheitstechnik und Ergonomie e.V. (ASER) bietet einen **Lärmrechner** an. Dieser ermöglicht die Ermittlung der relevanten Werte, wenn Mitarbeiter unterschiedlichen Lärmexpositionen ausgesetzt sind.

Dirk Haffke

Gerüste

Gerüste sind vorübergehend errichtete Baukonstruktionen unterschiedlicher Höhe und Länge, die aus einzelnen Gerüstbauteilen vor Ort zusammengebaut werden. Sie werden v.a. dazu eingesetzt, temporär Arbeitsstellen bei Bauarbeiten oder bei Instandsetzungsarbeiten zu erreichen, wenn Leitern oder Abseilgeräte nicht verwendet werden können. Gerüste können freistehend sein, sind aber meistens an Bauwerken oder tragenden Bauteilen, die dafür geeignet sind, befestigt. Beim Auf- und Abbau und bei der Benutzung von Gerüsten muss besonders Absturzgefahr als Gefährdung so weit wie möglich vermieden werden.

Gesetze, Vorschriften und Rechtsprechung

Konstruktion, Bereitstellung und Benutzung von Gerüsten sind in einer Vielzahl von Vorschriften geregelt. Wie für alle Arbeitsmittel gelten auch für Gerüste die grundlegenden Anforderungen der Betriebssicherheitsverordnung zur Gefährdungsbeurteilung (§ 3 BetrSichV) und zur Prüfung und deren Dokumentation (§§ 14, bis 17 BetrSichV). Sie werden konkretisiert durch TRBS 1111 „Gefährdungsbeurteilung" und TRBS 1201 „Prüfungen von Arbeitsmitteln und überwachungsbedürftigen Anlagen". Konkrete Mindestanforderungen speziell an Gerüste enthält Anhang 1 Abschn. 3.1 und 3.2 BetrSichV. Nähere Ausführungen dazu macht TRBS 2121 Teil 1 „Gefährdung von Beschäftigten durch Absturz bei der Verwendung von Gerüsten". Wichtige Vorschriften im berufgenossenschaftlichen Regelwerk sind die DGUV-R 112-198 „Benutzung von persönlichen Schutzausrüstungen gegen Absturz", die DGUV-I 201-011 „Handlungsanleitung für den Umgang mit Arbeits- und Schutzgerüsten". Grundlegend für die Konstruktion von Gerüsten sind DIN 4420 Teile 1 und 3 „Arbeits- und Schutzgerüste" und DIN EN 12811 Teile 1 bis 2 „Temporäre Konstruktionen für Bauwerke".

1 Einsatzzweck und Gefährdungsfaktoren

Gerüste werden vorrangig dazu eingesetzt, temporär Arbeitsstellen bei → *Bauarbeiten* oder bei → *Instandsetzungsarbeiten* zu erreichen, wenn → *Leitern* oder Abseilgeräte nicht verwendet werden können.

Die Arbeitsstellen sind i. d. R. von einer Arbeitsebene aus in die Höhe gebaut. Es gibt aber auch Sonderfälle, bei denen Hängegerüste verwendet werden. Gerüste können freistehend sein, sind aber meistens an Bauwerken oder tragenden Bauteilen befestigt, die dafür geeignet sind.

Bei der Errichtung und beim Abbau von Gerüsten besteht für den Gerüstersteller Absturzgefährdung. Sofern Gerüste statisch unzureichend erstellt wurden oder sie entgegen der vorgesehenen Bestimmung zu stark belastet werden, besteht auch für den Gerüstbenutzer Absturzgefahr. Zudem können von Gerüsten Arbeitsmittel oder Materialien herabfallen und Dritte verletzen.

2 Gefährdungsbeurteilung

Bei der Errichtung von Gerüsten muss generell eine → *Gefährdungsbeurteilung* durchgeführt werden.

Praxis-Beispiel: Ausnahmen von der Gefährdungsbeurteilungspflicht

Die Gefährdungsbeurteilung muss nicht bei jeder Neuerrichtung von Gerüsten durchgeführt werden. Bei gleichartigen Gefährdungen reicht es aus, dass nur eine einzige Gefährdungsbeurteilung erstellt wird. Werden jedoch unterschiedliche Gerüsttypen (z. B. Dachfanggerüst, Konsolgerüst, Fassadengerüst, Rollgerüst) verwendet, sind dafür jeweils eigenständige Gefährdungsbeurteilungen notwendig. Werden Gerüste in Regelausführung aufgebaut, d. h. nach einer Aufbauanleitung des Herstellers, dann reicht es ebenfalls aus, dass nur eine Gefährdungsbeurteilung erstellt wird.

Die Gefährdungsbeurteilung berücksichtigt die Gefährdungs- und Belastungsfaktoren für die Errichtung, die Benutzung, die Veränderung und den Abbau von Gerüsten. Kommt es beim Umgang mit Gerüsten zu einem → *Arbeitsunfall*, dann ist im Rahmen einer **Unfallursachenanalyse** zu prüfen, ob die ermittelten Gefährdungen nachgebessert werden müssen.

3 Schutzmaßnahmen

3.1 Regelausführung

Gerüste sollten möglichst in Regelausführung errichtet werden. Dafür hat der Hersteller des Regelgerüsts Standsicherheitsnachweise erbracht.

Praxis-Beispiel: Erleichterungen für Gerüstersteller

Wird das Gerüst entsprechend den Vorgaben des Herstellers errichtet, muss der Gerüstersteller **keinen** Standsicherheitsnachweis erbringen.

Der **Standsicherheitsnachweis** ist jedoch bei allen Nicht-Regel-Ausführungen erforderlich. Dieser Standsicherheitsnachweis besteht aus einer Festigkeits- und einer Standfestigkeitsberechnung.

3.2 Montageanweisung, Benutzungsplan

Für die Montage von komplexen Gerüsten muss eine **Montageanweisung** erstellt werden. Die Montageanweisung muss einen Plan für Auf-, Um- und Abbau des Gerüsts enthalten. Die Montageanweisung darf nur von einer befähigten Person erstellt werden. Abschn. 4.1.2 TRBS 2121 Teil 1 erläutert den Inhalt einer Montageanweisung.

Darüber hinaus ist ein **gem. § 3 Abs. 4 Produktsicherheitsgesetz ein Plan für den Gebrauch** erforderlich. Dieser Plan für den Gebrauch (Benutzungsplan genannt) enthält folgende Angaben:

- Name und Anschrift des Gerüsterstellers,
- Gerüstbauart,
- Last- und Breitenklassen,
- die Art, Anzahl und Lage der Zugänge sowie
- evtl. vorhandene Verwendungsbeschränkungen.

Der Benutzungsplan ist identisch mit der **Gerüstfreigabe**, die an jedem Gerüstzugang befestigt ist. Benutzer können anhand des Benutzungsplans bzw. der Gerüstfreigabe erkennen, welche Lasten auf dem Gerüst eingesetzt werden dürfen (Belastbarkeit der einzelnen Gerüstbeläge).

3.3 Zugang zum Gerüst

→ *Leitern* als Zugang zu Arbeitsplätzen auf Gerüsten sind **nachrangig einzusetzen**. Vorrangig müssen Aufzüge, Transportbühnen oder Treppen verwendet werden (Abschn. 4.2 TRBS 2121 Teil 1). Während des Auf-, Um- oder Abbaus von Gerüsten ist der Gefahrenbereich zu **kennzeichnen**. Gerüste dürfen während dieser Arbeiten nur vom Gerüstbauer benutzt werden. Damit das für alle Laien erkenntlich ist, muss die Kennzeichnung **„Zutritt für Unbefugte Verboten"** an den Gerüstzugängen angebracht werden. Darüber hinaus sind bei diesen Arbeiten **Abgrenzungen** oder **Absperrungen** einzusetzen, damit kein Unbefugter das Gerüst während des gefährlichen Gerüstzustands benutzt (Abschn. 4.3 TRBS 2121 Teil 1).

3.4 Absturzsicherungen

Beim Auf- und Abbau sind → ***Absturzsicherungen*** erforderlich. Als Absturzsicherung dient grundsätzlich der dreiteilige **Seitenschutz**, der aus Bordbrett, Knieleiste und Handlauf besteht. Darüber hinaus ist es möglich, Auffangeinrichtungen und individuellen Gefahrenschutz als Absturzsicherung einzusetzen. Es ist aber stets die **Rangfolge der Schutzmaßnahmen** einzuhalten:

1. Absturzsicherung, gefolgt von
2. Auffangeinrichtung, und erst dann, wenn diese beiden Maßnahmen nicht eingesetzt werden können,
3. individueller Gefahrenschutz (PSA).

Sofern → *PSA* als Schutzmaßnahme eingesetzt wird, müssen die Anforderungen der DGUV-R 112-198 eingehalten werden.

Praxis-Beispiel: Absturzsicherung für Gerüstbauer

Für Gerüstbauer gilt daher grundsätzlich, dass sie sich bei Auf-, Um- und Abbauarbeiten von Gerüsten **auf der obersten Gerüstlage gegen Absturz sichern** müssen. Nur im begründeten Ausnahmefall darf darauf verzichtet werden. Dafür ist dann auch eine besondere Gefährdungsbeurteilung zu erstellen.

Da in diesem Ausnahmefall eine Absturzgefahr nicht ausgeschlossen werden kann, ist die grundsätzliche gesundheitliche Eignung festzustellen. Dies erfolgt nicht als → *arbeitsmedizinische Vorsorgeuntersuchung*, da die ArbMedVV die gesundheitliche Eignung nicht feststellt. Gesundheitliche Eignung muss im Rahmen einer Eignungsuntersuchung festgestellt werden. Hierfür kann der **Grundsatz G41** angewendet werden.

Für den Vertikaltransport von Gerüstbauteilen müssen bei der **manuellen Handhabung** geeignete **organisatorische Maßnahmen** ergriffen und **geeignete Arbeitsmittel** eingesetzt werden, damit die Sicherheit und Gesundheit nicht gefährdet werden. Auf eine Absturzsicherung bei der Benutzung darf nur in Arbeits- und Zugangsbereichen verzichtet werden, sofern der Gerüstabstand von anderen tragfähigen und ausreichend großen Flächen max. 30 cm beträgt.

Fahrgerüste dürfen nur dann **verfahren** werden, wenn sich auf ihnen **keine Beschäftigten aufhalten**. Sofern sich Beschäftigte auf Fahrgerüsten aufhalten, müssen diese **gegen unbeabsichtigtes Fortbewegen gesichert** sein.

3.5 Geeignetes Personal

Für folgende Tätigkeiten dürfen nur geeignete Personen bzw. befähigte Personen eingesetzt werden:

- Aufsicht der Auf-, Um- und Abbauarbeiten (Aufsichtführender = befähigte Person)
- Prüfung nach der Montage am Aufstellungsort = befähigte Person
- Erstellung der Montageanweisung = befähigte Person
- Prüfung vor der Benutzung = befähigte Person
- Auf-, Um- oder Abbau unter Aufsicht = fachlich geeignete Beschäftigte

Abschn. 4.2.7 TRBS 2121 Teil 1 enthält ausführliche Angaben zu den Anforderungen an geeignete Personen.

3.6 Prüfungen

Gerüste müssen unter Berücksichtigung der TRBS 1201 **nach der Montage geprüft** werden. Die Prüfung und deren Inhalt beschreibt Abschn. 5.2 TRBS 2121 Teil 1.

Die Prüfung erfolgt durch eine dafür → ***befähigte Person***. **Vor der Benutzung** prüft **jeder Benutzer** das Gerüst auf augenscheinliche Mängel (**Benutzerprüfung**). Nach außergewöhnlichen Ereignissen (z. B. Unfällen) ist das Gerüst außerordentlich durch eine befähigte Person zu prüfen.

Werden Gerüste von mehreren Arbeitgebern gleichzeitig oder nacheinander genutzt, dann ist die Prüfung durch die befähigte Person wiederholt durchzuführen. Diese Prüfung kann im Bedarfsfall z. B. arbeitstäglich oder nach bestimmten Tätigkeiten durchzuführen sein. Die durchgeführten Prüfungen der befähigten Personen sind auf der Gerüstfreigabe zu dokumentieren.

3.7 Weitere Maßnahmen

- Gerüstbauer und Gerüstbenutzer sind mind. einmal jährlich zu → ***unterweisen***.
- Grundsätzlich sind als → ***PSA*** mind. → *Schutzhelm* und → *Sicherheitsschuhe* zu verwenden.
- Bei Arbeiten in der Nähe von Freileitungen sind die **Schutzabstände** einzuhalten.

Dirk Rittershaus

Gesunde Führung

„Führungskräfte nehmen ihre Fehlzeiten mit" – diese Aussage ist in der betrieblichen Praxis weit verbreitet. Sie verdeutlicht den Zusammenhang zwischen dem Verhalten von Führungskräften und der Gesundheit der Beschäftigten. Führungskräfte gestalten maßgeblich die Arbeitsbedingungen und -abläufe, beeinflussen die Aufgabenverteilung zwischen den Mitarbeitern und sind dafür verantwortlich, welche Qualifizierungsmaßnahmen angeboten werden. Auch die Art und Weise der Kommunikation innerhalb einer Abteilung wird stark vom Verhalten der Führungskraft beeinflusst. Der Zusammenhang zwischen dem Führungskräfteverhalten und der Gesundheit von Mitarbeitern ist auch durch neueste Forschungsergebnisse belegt.

1 Erkenntnisse aus der Wissenschaft

1.1 Führungsverhalten als Belastungsfaktor

Eine Reihe empirischer Studien haben sich mit Auswirkungen des Führungsverhaltens auf die Belastungssituation von Mitarbeitern auseinandergesetzt. So haben Mitarbeiter, deren Vorgesetzte sich gegenüber ihren Bedürfnissen und Aufgabenzielen gleichgültig zeigen, höhere Fehlzeiten als ihre Kollegen.[1]

Eine Umfrage zeigte, dass hohe Fehlzeiten und ein schlechtes Verhältnis der Angestellten zu ihrem direkten Vorgesetzten eindeutig miteinander korrelieren. Vor allem sorgen ungleiche Behandlung von Mitarbeitern, geringe Entscheidungsbeteiligung und Missachtung üblicher Delegationsregeln von Seiten der Vorgesetzten für Kritik (Bertelsmann-Stiftung 2001). Ebenso ist die → *Stress* auslösende Wirkung von mangelnder Einbindung und Rücksprache belegt.[2]

Auch der Führungsstil wirkt sich auf Fehlzeiten aus. Ein partizipativer Führungsstil wirkt belastungs- und fehlzeitenreduzierend. Bei einem autoritären Führungsstil dagegen steigen die Fehlzeiten[3] (V. Rosenstiel 1995). Andere Studien zeigen positive Korrelationen zwischen aufgabenorientiertem Führungsstil und hohen Fehlzeiten sowie positive Korrelationen von mitarbeiterorientiertem Führungsstil und hoher Anwesenheit.

Eine Zusammenfassung verschiedener Metaanalysen[4] stellt belastende, demotivierende und tendenziell fehlzeitenfördernde Verhaltensweisen von Führungskräften wie folgt heraus:

- Konzentration auf die Sachaufgaben und Vernachlässigung der Personenaufgaben;
- autoritäres Führungsverhalten;
- zu geringe Anerkennung der Leistung der Mitarbeiter;
- zu häufige und zu unsachliche Kritik;
- Vorenthalten von Informationen;
- mangelnde Vermittlung des Sinns der Arbeit;
- ungerechte Arbeitsverteilung und fehlende Gleichbehandlung der Mitarbeiter;
- zu ausgeprägte Kontrolle und Aufsicht;
- unklare und ständig wechselnde Zielvorgaben und Führungsrichtlinien;
- zu geringe Einarbeitung neuer Mitarbeiter oder von Mitarbeitern in neue Aufgaben;
- zu häufige Versetzung an verschiedene Arbeitsplätze und kurzfristige Änderungen der Tätigkeitsinhalte;
- Nichteinhalten von Versprechen über Entwicklungsmöglichkeiten;
- mangelnde Weiterbildungsangebote;
- mangelnde Berücksichtigung der persönlichen Berufsziele der Mitarbeiter;
- Leistungsziele werden nicht realistisch gesetzt und verursachen dadurch Zeitdruck und Überstunden;
- häufiges Einmischen in Delegationsbereiche (Managementdurchgriff).

1 Stadler/Spieß, Gesundheitsförderliches Führen – Defizite erkennen und Fehlbelastungen der Mitarbeiter reduzieren, Arbeitsmedizin, Sozialmedizin, Umweltmedizin, 2005, S. 384 ff.

2 Cooper/Roden, Mental health and satisfaction amongst tax officers, Social Science and Medicine 1985, S. 474 ff.

3 Rosenstiel/RegnetDomsch (Hrsg.), Führung von Mitarbeitern. Handbuch für erfolgreiches Personalmanagement, 1995.

4 Stadler/Spieß, Gesundheitsförderliches Führen – Defizite erkennen und Fehlbelastungen der Mitarbeiter reduzieren, Arbeitsmedizin, Sozialmedizin, Umweltmedizin, 2005, S. 384 ff.

1.2 Führungsverhalten als Ressource

Führungskräfteverhalten kann einen gesundheitsfördernden Faktor darstellen. Studien belegen, dass ein ermutigendes Verhalten von Seiten der Vorgesetzten eine erhöhte Effektivität und geringere Spannung der Angestellten zur Folge hat.[1] Eine andere Studie zeigt, dass sich Führungsqualitäten wie Zielklarheit, → *Wertschätzung* und Respekt positiv auf die Anwesenheitsrate von Mitarbeitern auswirken. Auch die Einstellung der Führungskräfte gegenüber der Mitarbeitergesundheit ist wichtig für die langfristige Implementierung → *Betrieblicher Gesundheitsförderung.*[2]

Die Fehlzeiten der Mitarbeiter können durch das Führungskräfteverhalten auch positiv beeinflusst werden. Vor allem dann, wenn sich Vorgesetzte zugänglich gegenüber Änderungsvorschlägen der Mitarbeiter zeigen. Positive Auswirkungen auf die Anwesenheitsrate hat es, wenn die Aufgabenverteilung gemeinsam stattfindet und die Mitarbeiter in Entscheidungsprozesse einbezogen werden.[3]

Auch ein positiver Zusammenhang zwischen dem Unterstützungsverhalten der Führungskraft und der Mitarbeitergesundheit ist belegt. Dieser Zusammenhang scheint kein direkter zu sein. Vielmehr wirkt sich ein sozial unterstützendes Führungsverhalten gesundheitsfördernd auf das allgemeine Unterstützungsverhalten in einer Abteilung aus.[4]

Bei der Beurteilung der Arbeit durch Beschäftigte nimmt das Führungsverhalten ebenso eine wichtige Rolle ein. An erster Stelle innerhalb der Qualitätskriterien lagen dabei Aspekte wie

- die Behandlung „als Mensch“ durch Vorgesetzte;
- Vorgesetzte sorgen für eine gute Arbeitsplanung;
- Vorgesetzte vermitteln Anerkennung und konstruktive Kritik;
- Vorgesetzte kümmern sich um fachliche und berufliche Entwicklung;
- Vorgesetzte haben Verständnis für individuelle Probleme.[5]

2 Gesundheitsförderliche Rollen von Führungskräften

→ *Führungskräfte* haben in ihrem Führungsalltag verschieden Funktionen inne. Und – ob sie es wollen, oder nicht – damit erfüllen sie auch im Kontext der Mitarbeitergesundheit unterschiedliche Rollen. Im Folgenden sind diese so dargestellt, wie sie sich im idealen Fall gesundheitsfördernd auf die Mitarbeiter auswirken.

2.1 Gestaltung von Arbeitsbedingungen: Partizipation und Wertschätzung

Gestaltung von Rahmenbedingungen

Durch Regelungen und Vorgaben sowie durch die Festsetzung von Verfahrenswegen wirken Führungskräfte in dieser Funktion als Gestalter der Arbeitsorganisation und der Arbeitstätigkeit.

Sie beeinflussen:

- Ausmaß der Mitarbeiterpartizipation bei Planungs- und Entscheidungsprozessen
- Art der Arbeitsanforderungen

---

1 Laschinger/Wong/McMahon/Kaufmann, Leader behaviour impact on staff nurse empowerment, job tension and work effectiveness, Journal of nursing administration, 1999, S. 28 ff.

2 Dellve/Skagert/Vilhelmsson, Leadership in workplace health promotion projects: 1–2-year effects on long-term work attendance, European Journal of Public Health, S. 471 ff.

3 Schmidt, Wahrgenommenes Vorgesetztenverhalten, Fehlzeiten und Fluktuation, Zeitschrift für Arbeits- und Organisationspsychologie, 1996, S. 54 ff.

4 Wilde/Hinrichs/Schüpbach, Der Einfluss von Führungskräften und Kollegen auf die Gesundheit der Beschäftigten – zwei empirische Untersuchungen in einem Industrieunternehmen, Wirtschaftspsychologie, 2008, S. 100 ff.

5 Fuchs, INQA-Bericht. Was ist gute Arbeit? Anforderungen aus der Sicht von Erwerbstätigen. Konzeption und Auswertung einer repräsentativen Untersuchung, 2. Aufl., 2006.

- Ausmaß der Arbeitsbehinderungen
- Gestaltung des Arbeitsumfelds (Ergonomie, …)

Praxis-Beispiel: Gestaltungsspielräume nutzen

Bei der Verwirklichung eines gesundheitsförderlichen Arbeitsumfelds sollten vorhandene Gestaltungsspielräume ausgenutzt und Partizipation gewährt werden. Auf diese Weise können Maßnahmen zur Verbesserung der Arbeitssituation entwickelt werden. Mitarbeiter sollten die Möglichkeit haben, auf ihre Arbeitsbedingungen Einfluss zu nehmen, um Reaktanz (= Abwehrreaktion auf psychischen Druck) zu vermeiden. Dies führt auch dazu, dass Akzeptanz und Verantwortungsgefühl steigen. Zudem sollte die Arbeit ergonomisch optimal gestaltet und das System technisch „fehlertolerant" entwickelt sein. Letzteres ist besonders bedeutsam, da ein partzipationsorientiertes und offenes → *Betriebsklima* Fehler nicht ausschließt.

Gestaltung von zwischenmenschlichen Beziehungen

→ *Führungskräfte* wirken gestaltend auf die zwischenmenschlichen Beziehungen in ihrer Abteilung ein. Durch ihr Sozial- und Führungsverhalten haben sie einen direkten Einfluss auf die Beschäftigten sowie auf andere Vorgesetzte und Kollegen. Sie wirken v. a. ein auf:

- Klima innerhalb der Abteilung,
- Anerkennung von Leistungen,
- faire Beurteilung der Angestellten,
- Gespräch und Gesprächsführung,
- Umgang mit → *Stress*,
- soziale Unterstützung der Mitarbeiter bei der Aufgabenerledigung.

Gute Mitarbeiterführung beinhaltet das präventive Erkennen von Fehlentwicklungen und rechtzeitiges Planen von Interventionsmaßnahmen. Die Führungskraft sollte in der Lage sein, erste Anzeichen von → *Mobbing* oder → *Burnout* bei Mitarbeitern zu erkennen.

Praxis-Beispiel: Unterstützung der Mitarbeiter

Durch gegenseitige Unterstützung kann dafür gesorgt werden, dass Mitarbeiter besser mit Belastungen umgehen können. Bei schwierigen Aufgaben ist fachliche Unterstützung nötig, wohingegen monotone Aufgaben mit emotionaler Unterstützung besser bewältigt werden können.

Mitarbeiter, denen eine gewisse Fehlerquote zugestanden wird, empfinden die Anforderungen als weniger belastend. Sie sollten nicht mit schwierigen Aufgaben alleingelassen werden. Sinnvoll sind auch Weiterbildungsmaßnahmen für die Mitarbeiter zur Stressprävention und zum Stressmanagement. Dies wirkt sich belastungsreduzierend aus. Auch demonstrieren Führungskräfte so ihre → *Wertschätzung*. Sie zeigen, dass der Mitarbeiter als wichtigstes Potenzial für den ökonomischen Erfolg eines Unternehmens ernst genommen wird.

2.2 Vorleben von Werten und Normen

Führungskräfte sind Vertreter der Unternehmenskultur. Sie transportieren diese an die Mitarbeiter. So geben Sie z.B. eine Orientierung am Unternehmensleitbild und an der Unternehmenspolitik. Ihre Grundhaltung trägt auch zur Entwicklung von Einstellungen zu Gesundheit und Sicherheit der Mitarbeiter bei. Mitarbeiter orientieren sich am Verhalten von Führungskräften. Deshalb sollten Führungskräfte so handeln, wie sie es auch von anderen erwarten. Das Gesundheits- und Sicherheitsverhalten von Mitarbeitern spiegelt oft das Verhalten der Führungskräfte wider.

2.3 Multiplikatorenfunktion

→ *Führungskräfte* können als Vermittler von Wissen zu Gesundheit und Sicherheit eine Multiplikatorenfunktion einnehmen. Auch deshalb ist es wichtig, sie in die Planung und Umsetzung des → *Gesundheitsmanagements* einzubeziehen und ihre Gesundheitskompetenz zu erhöhen.

Praxis-Beispiel: Bewusstsein der Führungskräfte steigern

In der klassischen Führungskräfteausbildung wird das Thema „Gesundheit" oft vernachlässigt: Wenig Führungskräfte sind sich ihrer Verantwortung bewusst. Durch Information und Weiterbildung kann das Bewusstsein der Führungskräfte für ihre Verantwortung als Vorbilder und Multiplikatoren gestärkt werden.

2.4 Lotsenfunktion

Bei speziellen Fragestellungen und Anliegen bilden → *Führungskräfte* die Schnittstelle zu Fachkräften. Dies können Experten aus der Personalabteilung, der → *betrieblichen Gesundheitsförderung* oder der → *Arbeitsmedizin* sein. Bei Anfragen von Beschäftigten leiten sie diese weiter oder die Mitarbeiter werden direkt an die Experten verwiesen. In manchen Fällen kann es nötig sein, dass Führungskräfte Mitarbeiter auf Möglichkeiten aufmerksam machen, die außerhalb des Unternehmens liegen. Dies können therapeutische Angebote oder Selbsthilfegruppen sein. Dazu ist es nötig, dass die Führungskräfte eine Übersicht über solche Angebote zur Verfügung gestellt bekommen.

2.5 Mitarbeiter und Privatmensch

Eine wichtige Basis für die Führungsarbeit ist das Wohlbefinden der Führungskräfte in ihrer Rolle als Mitarbeiter und Privatmensch selbst. Nur eine leistungsstarke, gesunde Führungskraft kann eine gute Führungsarbeit leisten.

Zweifellos müssen sich Führungskräfte unter immer härteren Bedingungen bewähren. Gerade der Führungsalltag von Vorgesetzten in der „Sandwich-Position" ist oft von hohem Druck geprägt. Deshalb ist es wichtig, dass Führungskräfte im gesundheitsorientierten Führen unterstützt werden. Dies kann durch Qualifizierungsmaßnahmen geschehen. Es ist aber auch wichtig, dass in einem Unternehmen gesundheitsförderliche Strukturen etabliert werden, z. B. eine Vertrauen fördernde Unternehmenskultur. Zudem sollte die Führungskraft auch darin unterstützt werden, ein gesundes und balanciertes Verhältnis zwischen Arbeit und Freizeit zu gestalten (Arbeitszeitmanagement).

Praxis-Beispiel: Führungskräfte unterstützen

Nur eine Führungskraft, die sich in einer ausbalancierten Lebens- und Arbeitssituation befindet, kann gute, gesundheitsorientierte Führungsarbeit leisten! Es ist wichtig, dass Führungskräfte in diesen Bereichen Unterstützung erfahren.

3 Die Führungskraft – an allem schuld?

Mit Sicherheit muss auf den verschiedenen Ebenen am Thema der → *betrieblichen Gesundheitsförderung* gearbeitet werden. Es kann jedoch davon ausgegangen werden, dass das Führungskräfteverhalten eine Schlüsselfunktion in Bezug auf gesundheitliche Auswirkungen besitzt. Aber: Die → *Führungskräfte* sollten mit dem Thema nicht allein gelassen werden. Es ist nun einmal so, dass bei der Auswahl und Ausbildung von Führungskräften oft die fachliche Kompetenz im Vordergrund steht.

Der Aspekt des gesundheitsgerechten Führens wird selten berücksichtigt. Viele Führungskräfte haben Unterstützungsbedarf in der Frage, wie man Arbeitsbelastungen von Mitarbeitern reduzieren kann. Dies vor allem bei der mitarbeitergerechten Übertragung neuer Aufgaben und dem Umgang mit Konflikten.

Es ist wichtig, die Führungskräfte für das Thema so zu sensibilisieren, dass keine Abwehrreaktionen aufgrund der Befürchtung des „noch mehr Arbeitens" hervorgerufen werden. Stattdessen gilt es, die Vorgesetzten so zu unterstützen, dass eine Win-win-Situation entstehen kann – und das Wohlbefinden der Mitarbeiter und das der Führungskräfte gesteigert wird. Dies kann gut mithilfe von Workshops und Coaching geschehen. Von elementarer Bedeutung ist, dass die Unternehmensleitung hinter einem guten betrieblichen Gesundheitsmanagement steht und dies aktiv unterstützt. Nur so kann sich eine gesundheitsförderliche Unternehmenskultur entwickeln und gelebt werden.

Anneke Schröder

Gewerbeabfall

Gewerbeabfälle sind gewerbliche Siedlungsabfälle sowie bestimmte Bau- und Abbruchabfälle. Insgesamt fielen 2018 ca. 55 Mio. Tonnen Abfälle aus Produktion und Gewerbe an; diese gewerblichen Siedlungsabfälle ähneln in Zusammensetzung oder Beschaffenheit den Abfällen aus privaten Haushalten. Überwiegend mineralische Bau- und Abbruchabfälle sind dagegen keine gewerblichen Siedlungsabfälle; sie stammen aus Bau- und Abbruchtätigkeiten in Baugewerbe und Straßenbau. Im Jahr 2018 fielen ca. 228 Mio. Tonnen an.[1]

Ziel muss es sein, das in Gewerbeabfall enthaltene Sekundärrohstoffpotenzial durch eine erhöhte Recyclingquote zu nutzen. Die Gewerbeabfallverordnung soll dies ermöglichen und konkretisiert Vorgaben zu Getrenntsammeln, Vorbehandeln, Aufbereiten, Verwerten und Entsorgen. Es gelten umfangreiche Dokumentationspflichten.

Gesetze, Vorschriften und Rechtsprechung

Wesentliche Vorschriften sind Gewerbeabfallverordnung (GewAbfV), Kreislaufwirtschaftsgesetz (KrWG), Abfallbeauftragtenverordnung (AbfBeauftrV) sowie Abfallverzeichnis-Verordnung (AVV).

1 Grundlagen

Gewerbliche Siedlungsabfälle stammen v. a. aus Gewerbebetrieben und Industrieunternehmen sowie privaten und öffentlichen Einrichtungen, wie z. B. Büros, Arztpraxen, Verwaltungsgebäuden, Schulen, Kindergärten, Kliniken, Pflegeheimen, Kasernen oder Strafvollzugsanstalten.

Bau- und Abbruchabfälle, wie sie auf Baustellen in Baugewerbe und Straßenbau bei Bau- und Abbruchtätigkeiten anfallen, bestehen typischerweise aus Beton, Ziegel, Fliesen, Holz, Glas, Kunststoff, Bitumengemischen usw. (vgl. Kap. 17 Anlage AVV); die einzelnen Fraktionen müssen grundsätzlich voneinander getrennt werden. Bodenaushub, Baggergut und Gleisschotter werden dagegen meist unmittelbar zu Verfüllung und Deponiebau verwendet.

Nach § 6 KrWG gilt für Abfälle – auch für Gewerbeabfall – folgende Rangfolge („Abfallhierarchie"):

1. Vermeidung,
2. Vorbereitung zur Wiederverwendung,
3. Recycling,
4. sonstige Verwertung, insbesondere energetische Verwertung und Verfüllung,
5. Beseitigung.

Abfälle sind dabei „alle Stoffe oder Gegenstände, derer sich ihr Besitzer entledigt, entledigen will oder entledigen muss" (§ 3 Abs. 1 KrWG).

2 Verantwortliche im Unternehmen

Die Fachkraft für Arbeitssicherheit ist häufig auch als Abfallbeauftragter tätig. Die Abfallbeauftragtenverordnung regelt, welche Unternehmen Betriebsbeauftragte für Abfall bestellen müssen, und legt die Anforderungen in Bezug auf deren Fachkunde und Zuverlässigkeit fest. Aufgaben und Pflichten ergeben sich aus dem Kreislaufwirtschaftsgesetz.

3 Pflichten für Unternehmen

Die Abfallhierarchie spiegelt sich in den Forderungen für Gewerbeabfall wider. Und auch für Gewerbeabfall gilt das Vermischungsverbot: Gefährliche Abfälle dürfen grundsätzlich weder mit anderen Kategorien von gefährlichen Abfällen noch mit anderen Abfällen, Stoffen oder Materialien vermischt bzw. verdünnt werden (Vermischungsverbot, §§ 9 Abs. 2 und 9a KrWG).

---

1 Quelle: Umweltbundesamt, Stand 2020.

3.1 Gewerbliche Siedlungsabfälle

3.1.1 Getrennte Sammlung

Unternehmen („Erzeuger und Besitzer von gewerblichen Siedlungsabfällen") müssen grundsätzlich v. a. folgende Abfallfraktionen getrennt sammeln, befördern sowie für Wiederverwendung oder Recycling sorgen (§ 3 GewAbfV):

- Papier, Pappe und Karton (nicht Hygienepapier),
- Glas,
- Kunststoffe,
- Metalle (z. B. auch Metallspäne),
- Holz,
- Textilien,
- Bioabfälle.

Weitere gewerbliche Siedlungsabfälle können sein: Rinden, Kork, Leder, Farbeimer, nicht infektiöse Abfälle (s. Kap. 18 Anlage AVV), Sperrmüll, Batterien, Leuchtstoffröhren usw. (vgl. Kap. 20 Anlage AVV).

Nur wenn eine getrennte Sammlung technisch nicht möglich oder wirtschaftlich nicht zumutbar ist, entfällt diese Pflicht.

Praxis-Beispiel: Getrennte Sammlung: Technisch nicht möglich – wirtschaftlich nicht zumutbar

Technisch nicht möglich bedeutet z. B.:

- Für das Aufstellen der Abfallbehälter steht nicht genug Platz zur Verfügung.
- Die Abfallbehälter sind öffentlich zugänglich und werden von mehreren Unternehmen („Erzeugern") genutzt.

Wirtschaftlich nicht zumutbar heißt z. B.:

Die Kosten stehen „außer Verhältnis" zu den Kosten für gemischte Sammlung und anschließende Vorbehandlung, z. B. wegen starker Verunreinigung.

3.1.2 Vorbehandlung

Werden gewerbliche Siedlungsabfälle nicht getrennt, müssen die Gemische grundsätzlich einer Vorbehandlungsanlage zugeführt werden (§ 4 GewAbfV). Dies sind z. B. Anlagen zum Sortieren, Zerkleinern, Sieben, Sichten, Verdichten oder Pelletieren. Die Vorbehandlung von Abfällen dient dazu, diese gezielt für eine nachfolgende Verwertung oder Beseitigung zu konditionieren.

Für derartige Gemische gilt:

- Abfälle aus der humanmedizinischen oder tierärztlichen Versorgung und Forschung (s. Kap. 18 Anlage AVV) dürfen nicht enthalten sein.
- Bioabfälle und Glas darf nur enthalten sein, soweit sie die Vorbehandlung nicht beeinträchtigen oder verhindern.

Bei der **erstmaligen Übergabe der Gemische** müssen Unternehmen sich vom Betreiber einer Vorbehandlungsanlage schriftlich bestätigen lassen, dass die Anlage die folgenden Anforderungen (s. § 6 Absatz 1 und 3 GewAbfV) erfüllt:

- ordnungsgemäßes, schadloses und hochwertiges Recycling von Papier, Pappe und Karton, Kunststoff, Metall sowie Holz,
- Sortierquote von mind. 85 Masseprozent als Mittelwert im Kalenderjahr.

Verantwortliche können sich dazu die Dokumentation sowie die Ergebnisse der letzten Fremdkontrolle (s. § 11 Abs. 1 GewAbfV) vom Betreiber der Anlage vorlegen lassen. Die Recyclingquote muss mind. 30 Masseprozent betragen.

Ausnahmen

Wenn die Behandlung der Gemische in einer Vorbehandlungsanlage technisch nicht möglich oder wirtschaftlich nicht zumutbar ist, entfällt die Pflicht zur Vorbehandlung.

Diese Pflicht entfällt auch, wenn die Getrenntsammlungsquote im vorangegangenen Kalenderjahr mind. 90 Masseprozent betragen hat. Die Quote errechnet sich aus dem Quotienten der getrennt gesammelten Masse und der Gesamtmasse der im Unternehmen anfallenden Gewerbeabfälle, multipliziert mit 100 %.

Unternehmen müssen dann bis zum 31.3. des Folgejahres einen Nachweis erstellen, der durch einen zugelassenen Sachverständigen geprüft wurde.

Praxis-Beispiel: Zugelassene Sachverständige

Zugelassene Sachverständige müssen eine der 4 folgenden Anforderungen erfüllen (§ 4 Abs. 6 GewAbfV):

1. Befähigung durch eine Akkreditierung der nationalen Akkreditierungsstelle in einem allgemein anerkannten Verfahren festgestellt
2. Umweltgutachter oder Umweltgutachterorganisation
3. „nach § 36 der Gewerbeordnung öffentlich bestellt"
4. „in einem anderen Mitgliedstaat der Europäischen Union oder in einem Vertragsstaat des Abkommens über den Europäischen Wirtschaftsraum niedergelassen …"

3.1.3 Verwertung

Falls eine Vorbehandlung nicht möglich bzw. nicht Pflicht ist, müssen Gemische von anderen Abfällen getrennt gehalten und verwertet werden (§ 4 Abs. 4 GewAbfV). Für die Zusammensetzung derartiger Gemische gelten die gleichen Vorgaben wie bei der Vorbehandlung (s. Abschn. 3.1.2). Ca. 50 % der gemischten gewerblichen Siedlungsabfälle werden verbrannt. Verwertungsverfahren listet Anlage 2 KrWG auf.

3.1.4 Entsorgung

Können Gewerbeabfälle nicht verwertet werden, müssen sie dem „zuständigen öffentlich-rechtlichen Entsorgungsträger" i.d.R. dem kommunalen Abfallentsorger überlassen werden, falls dieser die Entsorgung nicht ausgeschlossen hat. Es muss dazu mind. ein Abfallbehälter des Entsorgers oder eines von ihm beauftragten Dritten genutzt werden („Pflichtrestmülltonne") (s. § 7 GewAbfV).

Praxis-Beispiel: Bagatellgrenze

Unternehmen können ihre gewerblichen Siedlungsabfälle dann zusammen mit Abfällen aus ihrem Privathaushalt sammeln und entsorgen, wenn ihnen wegen der geringen Menge getrenntes Sammeln bzw. Zuführen zur Vorbehandlung wirtschaftlich nicht zumutbar ist. Mengenbegrenzungen ergeben sich aus dem Fassungsvermögen der für den Privathaushalt bereitgestellten Abfallbehälter für Restmüll, Bioabfälle, Kunststoffe, Papier usw. Sie benötigen dann keine zusätzlichen Behälter für Gewerbeabfälle (s. § 7 GewAbfV).

3.2 Bau- und Abbruchabfälle

3.2.1 Getrennte Sammlung

Folgende Fraktionen müssen grundsätzlich getrennt gesammelt, befördert und der Vorbereitung zur Wiederverwendung oder dem Recycling zugeführt werden:

- Glas,
- Kunststoff,
- Metalle (auch Legierungen),
- Holz,
- Dämmmaterial,
- Bitumengemische,
- Baustoffe auf Gipsbasis,

- Beton,
- Ziegel,
- Fliesen und Keramik.

Die Pflicht zur getrennten Sammlung entfällt, wenn sie

- **technisch nicht möglich** ist, z. B. bei mineralischen Abfällen: wenn sie aus rückbaustatischen oder rückbautechnischen Gründen ausscheidet oder
- **wirtschaftlich nicht zumutbar** ist, z. B. bei hoher Verschmutzung, sehr geringen Mengen.

3.2.2 Vorbehandlung und Aufbereitung

Wird keine getrennte Sammlung durchgeführt, so müssen Bau- und Abbruchabfälle grundsätzlich vorbehandelt bzw. aufbereitet werden, abhängig von der Zusammensetzung der Gemische:

- Vorbehandlung: Gemische mit überwiegend Kunststoffen, Metallen, Holz
- Aufbereitung: Gemische mit überwiegend Beton, Ziegel, Fliesen oder Keramik

Derartige Gemische dürfen jedoch bestimmte Bestandteile nur unter folgenden Bedingungen enthalten:

- Beton, Ziegel, Fliesen und Keramik, soweit sie die Vorbehandlung nicht beeinträchtigen oder verhindern
- Glas, Dämmmaterial, Bitumengemische und Baustoffe auf Gipsbasis, soweit sie die Vorbehandlung oder Aufbereitung nicht beeinträchtigen oder verhindern

Unternehmen müssen sich **bei der erstmaligen Übergabe** vom Betreiber der Aufbereitungsanlage schriftlich bestätigen lassen, dass aus Beton, Ziegel, Fliesen oder Keramik definierte Gesteinskörnungen hergestellt werden. Beauftragt das Unternehmen einen Beförderer mit der Anlieferung der Gemische, so muss der Beförderer diese Bestätigung einholen. Für die Vorbehandlung von Gemischen aus Kunststoffen, Metallen, Holz gelten Regelungen nach § 4 Abs. 2 GewAbfV (s. Abschn. 3.1.2).

3.2.3 Verwertung

Die Pflicht zum Zuführen zu Vorbehandlung bzw. Aufbereitung entfällt, wenn dies technisch nicht möglich oder wirtschaftlich nicht zumutbar ist. Gemische müssen dann von anderen Abfällen getrennt und einer Verwertung zugeführt werden und dienen dann z. B. zum Deponiebau oder zum Verfüllen von Abgrabungen.

3.3 Dokumentation

Für Gewerbeabfall gelten umfangreiche Dokumentationspflichten für getrenntes Sammeln, Zuführen zur Vorbehandlung bzw. Aufbereitung und zum Verwerten. Geforderte Dokumente sind:

Für die **getrennte Sammlung**: Lagepläne, Lichtbilder, Praxisbelege, wie z. B. Liefer- oder Wiegescheine oder ähnliche Dokumente.

Für das **Zuführen der getrennt gesammelten Abfälle zur Vorbereitung zur Wiederverwendung oder zum Recycling**: Erklärung des Unternehmens, das die Abfälle übernimmt, mit Firmenname, Anschrift, Masse und beabsichtigtem Verbleib des Abfalls.

Auch das **Zuführen zu Vorbehandlung sowie Verwertung** muss dokumentiert werden. Als Dokumente können dienen: Lagepläne, Lichtbilder, Praxisbelege, wie z. B. Liefer- oder Wiegescheine, Entsorgungsverträge oder Nachweise des Unternehmens, das die Abfälle übernimmt.

Unternehmen müssen darüber hinaus auch erläutern und dokumentieren, warum eine Umsetzung der Vorgaben technisch nicht möglich bzw. wirtschaftlich nicht zumutbar ist.

Zur Dokumentation der **Getrenntsammlungsquote** von gewerblichen Siedlungsabfällen ist ein Nachweis erforderlich (s. Abschn. 3.1.2).

Dokumentation sowie Nachweis müssen auf Verlangen der zuständigen Behörde vorgelegt werden. Die zuständige Behörde kann für gewerbliche Siedlungsabfälle verlangen, dass dies elektronisch erfolgt (§§ 3, 4, 8, 9 GewAbfV).

Praxis-Beispiel: Ausnahme von der Dokumentationspflicht

Fallen bei Bau- und Abbruchmaßnahmen insgesamt höchstens 10 Kubikmeter Abfall an, so besteht keine Dokumentationspflicht (§ 8 Abs. 3 und § 9 Abs. 6 GewAbfV).

Praxis-Beispiel: Vorlagen erleichtern die Arbeit

Es empfiehlt sich, Pflichten aus der Gewerbeabfallverordnung für das eigene Unternehmen zu identifizieren und Vorlagen für die Dokumentation zu nutzen. Verantwortliche können Musterdokumente selbst erstellen oder auf das Angebot externer Dienstleister zugreifen.

Bettina Huck

Glastüren, Glaswände, Verglasungen

Glas ist ein lichtdurchlässiger Baustoff, der aufgrund seiner vielfältigen architektonischen Gestaltungsmöglichkeiten inzwischen in vielen Gebäude- und Anlagenteilen verwendet wird, nicht nur in Fenstern und Türen, sondern auch in Decken, Wänden, Böden, Verkleidungen usw.

Besondere Gefahren bei der Verwendung von Glas entstehen durch Anprall an Glasflächen, durch Glasbruch oder das Versagen von Bauteilen (Absturz). Vergleichbares gilt auch für die Verwendung von lichtdurchlässigen Kunststoffen. Die Vorgaben für Glasbauteile und Verglasungen in Abhängigkeit von der Anwendung haben sich in den letzten Jahren z. T. verändert (z. B. Einsatz von Drahtglas in Türen). Besondere Anforderungen an Glasbauteile ergeben sich aus weiter gehenden Sicherheitsanforderungen (→ *Brandschutz*, Schutz vor kriminellen Übergriffen, Sport- und Spielbereiche), die gesondert geregelt sind.

Gesetze, Vorschriften und Rechtsprechung

Die grundsätzlichen Anforderungen an Glas als Baustoff sind im Baurecht (§ 37 Abs. 2 Musterbauordnung) und im Arbeitsstättenrecht (Anhang 1.5 Abs. 3, Anhang 1.7 Abs. 2 und 4 Arbeitsstättenverordnung) verankert. Danach müssen Glastüren, Glaswände oder -dächer aus bruchsicherem Werkstoff ausgeführt oder so abgeschirmt sein, dass Personen nicht damit in Berührung kommen oder beim Zersplittern nicht verletzt werden können. Außerdem müssen durchsichtige Bauelemente so gestaltet sein, dass sie gut erkennbar sind. Konkreteres regeln die Arbeitsstättenrichtlinien ASR A1.7 „Türen und Tore" und ASR A1.6 „Fenster, Türen, lichtdurchlässige Wände". Details finden sich in DGUV-I 208-014 „Glastüren, Glaswände" und DGUV-I 202-087 „Mehr Sicherheit bei Glasbruch".

1 Risiken von Glas als Baustoff

Folgende unterschiedliche Risiken müssen bei der Verwendung von Bauteilen aus Glas beurteilt werden:

- Besteht die Gefahr, dass Personen oder Gegenstände gegen die Glaselemente prallen (Anforderungen an die Bruchfestigkeit, ferner Kennzeichnung von Glasflächen)?
- Besteht die Gefahr, dass Personen entweder durch direktes Berühren gesplitterter Gläser oder herabfallende Splitter verletzt werden können (Bruchverhalten, Splitterschutz)?
- Besteht die Gefahr, dass Personen durch Glasflächen hindurch abstürzen (Absturzsicherheit)?

2 Materialeigenschaften von Verglasungen

Eine Vielzahl von Baunormen regeln die unterschiedlichen Eigenschaften von Glasbaustoffen bzw. lichtdurchlässigen Kunststoffen. Diese sind nicht in allen Punkten einheitlich und beziehen sich auf unterschiedliche Anwendungsbereiche.

Folgende Eigenschaften und Bezeichnungen sind besonders wesentlich:

Die Bruchfestigkeit ist ein Maß für die Widerstandsfähigkeit gegenüber Stoß- und Biegebelastung. Sie ist wesentlich für die Verkehrssicherheit eines Bauteils aus Glas und natürlich auch eine Frage der Dimensionierung.

Einige Glasarten wie das „normale" Fensterglas (Floatglas), Drahtglas und Profilbauglas gelten aber bereits aufgrund der natürlichen Werkstoffeigenschaften als nicht hinreichend bruchfest und deshalb nur eingeschränkt verkehrssicher.

Als bruchsicher gelten Werkstoffe, die hinreichend bruchfest sind und beim Bersten durch Stoß- oder Biegebeanspruchung keine scharfkantigen oder spitzen Teile herauslösen. Bruchsichere, lichtdurchlässige Werkstoffe sind:

Kunststoffe wie Acrylglas (Handelsbezeichnungen Plexiglas, Makrolon), Polycarbonate usw. in angemessener Dimensionierung. Diese sind in vielfältigen Ausstattungen erhältlich und besonders wegen ihres geringen Gewichts bei hoher Stabilität vorteilhaft. Dafür sind sie weniger kratz- und alterungsbeständig.

Sicherheitsgläser wie

- Einscheibensicherheitsglas (ESG) nach DIN EN 12150, das durch thermische Behandlung vorgespannt wird und so nicht nur eine erhöhte Bruchfestigkeit erreicht, sondern auch bei Zerstörung in kleine, relativ stumpfe Krümel zerfällt. ESG-Bauteile können nicht nachträglich bearbeitet werden. Sie sind an einem Stempelaufdruck erkennbar (vgl. **Abb. 1**).
- Verbundsicherheitsglas (VSG) nach DIN EN ISO 12543 besteht aus mindestens zwei Glasplatten, die thermisch und unter hohem Druck mit einer zähelastischen, reißfesten Folie untereinander verbunden sind. Es hat ebenfalls eine hohe Bruchfestigkeit. Bei Zerstörung haften die Scherben im Verbund. Dadurch werden Verletzungen vermieden, allerdings können solche Gläser z. B. im Brandfall nicht ohne Weiteres herausgeschlagen werden. VSG wird nicht besonders gekennzeichnet und kann vom ungeübten Auge nicht immer identifiziert werden, am ehesten an den Profilkanten. VSG wird auch mit Drahteinlagen hergestellt, darf aber nicht mit herkömmlichem Drahtglas (Einscheibenglas mit Drahteinlage, s. u.) verwechselt werden.

Abb. 1: Stempelaufdruck für Einscheibensicherheitsglas

Glasbausteine: Wände aus Glasbausteinen müssen unter Umständen aber für ausreichende Stabilität z. B. mit Betonstützen verarbeitet werden.

Drahtglas (Drahtornamentglas) wird nach heutiger Auffassung generell nicht als hinreichend bruchsicher angesehen. Die Drahteinlage fixiert zwar bei Bruch die Scherben, erhöht aber kaum die Bruchfestigkeit. Außerdem ist die Oberfläche gesplitterten Drahtglases sehr schnittgefährlich. Deshalb sollte im Einzelfall sehr genau beurteilt werden, wo Drahtglas eingesetzt werden kann (z. B. bei hoch liegenden Glasflächen außerhalb der Reichweite von Personen).

Weitere, in bestimmten Bereichen wesentliche Eigenschaften von Spezialgläsern sind

- Ballwurfsicherheit (in Spiel- und Sportbereichen),
- durchwurf-, durchbruch-, durchschuss-, sprengwirkungshemmend (zum Schutz vor kriminellen Angriffen),
- feuerhemmend, feuerbeständig (z. B. zum Einsatz in → *Brandschutztüren* oder Fenstern in Brandwänden).

Für diese und weitere Spezialanforderungen liegen jeweils entsprechende Baunormen vor. Hier wird man auf die Beratung und das Know-how geeigneter Fachplaner angewiesen sein.

3 Anforderungen an Bauelemente aus/mit Glas

3.1 Türen

Türen müssen generell bruchsicher ausgeführt werden (Abschn. 5 Abs. 6 ASR A1.7). Für durchsichtige Flächen kommen danach Sicherheitsglas oder Kunststoffe mit vergleichbarer Bruchsicherheit infrage. Das gilt ausdrücklich auch dann, wenn zusätzlich feste Abschirmungen wie Stabgitter an Türen montiert sind, die z.B. ein Eindrücken der Flächen verhindern sollen.

Türverglasungen, die nur im oberen Drittel angebracht sind, dürfen aus „normalem" Glas (Floatglas) bestehen. Türen mit größeren Glaseinsätzen müssen mit bruchsicherem Werkstoff ausgestattet sein, d.h. mit Sicherheitsglas oder einem vergleichbaren Kunststoff. Dem liegt zugrunde, dass Türfüllungen am meisten durch Anstoßen beim Transport von Gegenständen bzw. durch Anfahren mit Transportmitteln gefährdet sind. Alternativ müssen die Glasflächen beidseitig mit Abschirmungen (Gitter) gegen Zerstörung geschützt werden.

Im Übrigen kann in manchen Fällen auch durch die Begrenzung des Öffnungswinkels bzw. einen sanften Anschlag wirksam verhindert werden, dass Türfüllungen zu Bruch gehen. Rauchschutztüren werden immer mit Sicherheitsglas bestückt wegen der besonderen Anforderungen an die Verkehrssicherheit.

→ *Türen*, deren Flächen zu mehr als drei Vierteln aus bruchsicherem, durchsichtigem Werkstoff bestehen, müssen in Augenhöhe so gekennzeichnet sein, dass sie deutlich wahrgenommen werden können, z.B. durch gut erkennbare Bildzeichen, Symbole oder Tönungen. In diesem Zusammenhang werden auch Handläufe bzw. hinreichend auffällige Griffe empfohlen.

Allerdings verzichtet die ASR A1.7 auf die frühere Vorschrift, dass Glastüren generell auf beiden Seiten in etwa 1 m Höhe eine über die Türbreite verlaufende Handleiste haben müssen. Damit wird der technischen und architektonischen Entwicklung Rechnung getragen, die längst auch in als → *Arbeitsstätten* genutzten Räumen Ganzglastüren vorsieht, die durch die vorgeschriebene Verwendung von Sicherheitsglas auch hinreichend sicher ausgeführt werden können.

Praxis-Beispiel: Regelmäßige Prüfungen

Um Glasbruch vorzubeugen, müssen rahmenlose Glastüren und Glasschiebeelemente müssen regelmäßig geprüft werden auf:

- Beschädigungen des Glases, v. a. auf Kantenverletzungen,
- auf den festen Sitz der Beschläge bzw. der Türbänder (Abschn. 10.4 ASR 1.7).

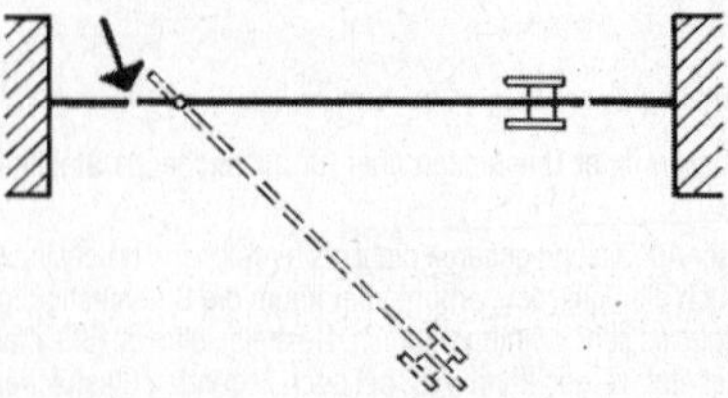

Abb. 2: Quetschstellen an Ganzglastüren

3.2 Fenster

Fenster über Brüstungshöhe (i.d.R. 90 cm) und mit einer üblichen Fensterbank dürfen in Floatglas ausgeführt werden. Tiefere oder bodentief eingebaute Fenster müssen, wenn Absturzgefahr (mehr als 1 m Tiefe) besteht, mit Sicherheitsglas versehen werden, das Absturz sichernd ausgelegt werden muss. Alternativ können Gitter o.Ä. als Absturzsicherung montiert werden (1 m hoch). An der Außenfassade können auch Schutzbepflanzungen dazu dienen, dass Personen sich nicht unmittelbar vor tief liegenden Fenstern (z.B. vom Tiefparterre) aufhalten.

Wenn Fenster unmittelbar an den Verkehrsbereich angrenzen (z. B. ohne Fensterbrüstungen) und nicht die erforderliche Bruchsicherheit aufweisen, kann es erforderlich sein, auch innen eine Abschirmung, z. B. ein Geländer, vorzusehen (mind. 20 cm vor der Scheibe). Auch andere bauliche Einrichtungen wie Heizkörper, Blumenkästen, Einbaumöbel o. Ä. können die Schutzfunktion der Abschirmung übernehmen, wenn sie geeignet gestaltet sind und nicht leicht verschoben werden können.

3.3 Wände

Lichtdurchlässige Wände müssen, wenn sie unmittelbar an Arbeitsplätze oder → *Verkehrswege* angrenzen, so gestaltet sein, dass sie gut erkennbar sind, z. B. durch Strukturierungen, Tönungen, Bildzeichen o. Ä. Wenn trotzdem Beschäftigte durch Bruch solcher Wände gefährdet sind, müssen weitere Maßnahmen ergriffen werden, z. B. die Verwendung von bruchfestem Glas oder einem anderen bruchfesten Werkstoff oder hinreichend feste Abschirmungen durch Geländer, Gitter oder Netze. Von einer solchen Gefährdung wird nach ASR A1.6 besonders ausgegangen

- im Bereich von Absätzen, Treppen oder Stufen,
- bei Menschengedränge,
- beim Transport von Material.

Besteht bei Bruch einer lichtdurchlässigen Wand außerdem Absturzgefahr, müssen die Sicherheitsmaßnahmen darauf abgestimmt sein, z. B. durch die Verwendung einer absturzsicheren Verglasung oder durch ein entsprechendes Geländer.

3.4 Dächer, Oberlichter

Überdachungen aus Glas müssen entsprechend den Verkehrslasten ausgelegt und auf jeden Fall so beschaffen sein, dass bei Bruch keine scharfkantigen Splitter oder Scherben auf Personen herunterfallen können (VSG oder Drahtornamentglas, kein ESG wegen der herabfallenden Krümel). Für freitragende Glaskonstruktionen ohne Rahmen gelten ebenso wie für begehbare Glasflächen besondere bauaufsichtliche Vorschriften. An Oberlichtern, die i. d. R. nicht durchtrittsicher ausgelegt sind, müssen geeignete Maßnahmen gegen Absturz vorgesehen werden, wenn nicht sicher auszuschließen ist, dass die Dachfläche nicht begangen wird.

Geeignet ist für Überdachungen und Oberlichter wegen seines geringen Gewichts natürlich besonders auch Kunststoff als Baumaterial, wobei allerdings auf die unterschiedliche UV-Stabilität der verschiedenen Materialien zu achten ist, die sich auch im Preis niederschlägt.

3.5 Geländer/Umwehrungen

Geländer und Umwehrungen müssen stets mit Sicherheitsglas (ESG, VSG) oder mit Glasbausteinen ausgeführt werden.

3.6 Spiegel und Verglasungen

Spiegel und Verglasungen (z. B. an Bildern oder Schaukästen) gelten als unproblematisch, wenn sie wie üblich etwa in Brusthöhe montiert sind. Andernfalls müssen bruchsichere Ausführungen gewählt werden oder größere Spiegel z. B. flächig mit der Wand verklebt werden.

Wenn die Gefahr besteht, dass Bilder durch vorbeistreifende Kleidung oder beim Transport von Gegenständen von der Wand gerissen werden (das kann in engen oder viel frequentierten Fluren, besonders aber in Treppenräumen der Fall sein), dann sollten sie fest an der Wand arretiert werden (z. B. mit kleinen Haken). In solchen Fällen sind Bilderrahmen immer sicherer als randlose Verglasungen, die leichter brechen.

Praxis-Beispiel: Vorsicht mit der Messerklinge

ESG kann durch den Einsatz scharfkantiger Werkzeuge (z. B. beim Ablösen von Aufklebern oder hartnäckigen Verschmutzungen) an der Oberfläche so beschädigt werden, dass es zum Bruch kommt. Ggf. sollte man darauf in einer Betriebsanweisung für die Reinigung hinweisen und das entsprechend unterweisen.

Praxis-Beispiel: Barrierefreiheit beim Einsatz von Glas

Wenn Menschen mit Behinderung beschäftigt werden, sind nach ASR V3a.2 *„die besonderen Anforderungen von Beschäftigten mit Behinderung zu berücksichtigen"*. So muss z. B. die Kennzeichnung durchsichtiger, nicht strukturierter Flächen auch für kleinwüchsige Beschäftigte und solche, die einen Rollstuhl benutzen, aus ihrer Augenhöhe erkennbar sein bzw. ist für Beschäftigte mit Sehbehinderung visuell kontrastierend zu gestalten. Bei beweglichen Elementen muss vermieden werden, dass sehbehinderte Beschäftigte im geöffneten Zustand dagegen prallen. Die Bedienelemente von Fenstern und Glastüren müssen so gestaltet und angeordnet sein, dass sie von blinden oder bewegungseingeschränkten Beschäftigten erkannt, erreicht und bedient werden können, oder es muss geeignete Möglichkeiten zur Fernsteuerung geben. Es ist sinnvoll, solche und ähnliche Maßnahmen bei der Bauplanung zu berücksichtigen, weil sie im Bestand oft nur schwer zu realisieren sind. Allerdings ist Barrierefreiheit zumindest nach Arbeitsstättenrecht nur in dem Maße verbindlich, wo Menschen mit Behinderung tatsächlich beschäftigt werden.

4 Sicherheit einplanen

Nach ASR A 1.6 ist der Arbeitgeber verpflichtet, schon bei der Planung zu berücksichtigen, wie Glasflächen sicher in Stand gehalten und gereinigt werden können. Dazu müssen sichere Standflächen vorgesehen werden. Das sind v. a.

- Reinigungsbalkone,
- Befahranlagen,
- Standroste mit Anschlagsmöglichkeit für Persönliche Schutzausrüstung gegen Absturz.

Alternativ kann auch von → *Hebebühnen* oder → *Gerüsten* gearbeitet werden, wenn diese und die nötigen Aufstellflächen zur Verfügung stehen.

Praxis-Beispiel: Keine „Hängepartien" für den Gebäudereiniger

Hochziehbare Personenaufnahmemittel wie Arbeitskörbe oder -sitze („Fensterputzeraufzug") sind keine Befahreinrichtungen i. S. der ASR A1.6 und nur „in nachrangigen Bereichen" zugelassen, wenn sich sichere Standflächen wie die oben aufgeführten nicht realisieren lassen.

Auch für den Einsatz von → *Leitern*, auf denen bestimmte nicht zu umfangreiche Arbeiten aufgeführt werden können, müssen bei der Planung entsprechende Vorkehrungen getroffen werden, z. B. Aufstell- und Anlegeflächen, Sicherungsmöglichkeiten und erweiterte Absturzsicherungen, wenn für den Einsatz einer Leiter das normale Geländer nicht ausreichend hoch ist. Genaueres ist in TRBS 2121 Teil 2 „Gefährdung von Beschäftigten bei der Verwendung von Leitern" geregelt.

Insbesondere rahmenlose Bauteile aus ESG sollten regelmäßig auf Kantenbeschädigungen kontrolliert werden, da diese zum unerwarteten Bruch der Scheibe führen können.

5 Weitere Arbeitsschutzfragen beim Einsatz von Glas als Baustoff

Zwar stehen die Unfallgefahren im Vordergrund, aber die Verwendung von Glas berührt auch andere Themen im Arbeitsschutz, die bei Planung und Gestaltung berücksichtigt werden sollten:

Schalleigenschaften

Glas ist extrem schallhart. Bei der großflächigen Verwendung von Glas im Innenraum können sehr ungünstige Schallerscheinungen auftreten, die einen erheblichen Mehraufwand an Schallschutz bedeuten.

→ ***Raumklima***

Gebäude oder Räume mit großen Glasflächen sind klimatechnisch schwieriger zu regeln. Glasflächen strahlen kalt ab und können zu Zuglufteffekten durch Fallwinde führen. Andererseits kann es zur unzuträglichen Aufheizung durch Sonneneinstrahlung kommen, was allerdings wieder stark von den jeweiligen Glaseigenschaften abhängt. Auf jeden Fall ist hier große Sorgfalt bei Planung, Bau und technischer Ausstattung gefordert.

Beleuchtungsbedingungen

Je größer der Anteil lichtdurchlässiger Flächen bei Arbeitsräumen, desto sorgfältiger muss die Beleuchtungssituation abgestimmt werden, besonders bei → *Bildschirmarbeitsplätzen*. Durchgehende Lichtbänder oder Ganzglasfassaden schränken in einem Raum häufig die Möglichkeiten, blendfrei am Bildschirm zu arbeiten, stark ein bzw. stellen erhebliche Anforderungen an flexible Lichtschutzeinrichtungen. Bei Räumen mit innen liegenden Glaswänden wirken sich bei nicht sachgemäßer Lichtplanung oft Reflexionen künstlicher → *Beleuchtung* störend aus.

Cornelia von Quistorp

Gleichstellung mit schwerbehinderten Menschen

Zum Jahresende 2021 lebten in Deutschland ca. 7,8 Mio. schwerbehinderte Menschen.[1] Davon sind gut die Hälfte in einem Alter, das ihnen die Teilhabe am Arbeitsmarkt ermöglichen würde. Wie hoch die Zahl der ihnen gleichgestellten Menschen ist, ist statistisch nicht erfasst. Sie dürfte allerdings höher liegen. Eine Gleichstellung ist wichtig für den Schutz vorhandener Arbeitsplätze bzw. zur Erlangung eines geeigneten Arbeitsplatzes. Wer kann sich wie und unter welchen Voraussetzungen gleichstellen lassen und welche Folgen sind damit verbunden?

Gesetze, Vorschriften und Rechtsprechung

Sozialgesetzbuch (SGB) IX

1 Wer wird gleichgestellt?

Nach § 2 Abs. 2 Sozialgesetzbuch (SGB) IX gilt ein Mensch als schwerbehindert, wenn ein Grad der Behinderung (GdB) von wenigstens 50 vorliegt und er einen Wohnsitz, gewöhnlichen Aufenthalt oder eine Beschäftigung auf einem Arbeitsplatz im Sinne des § 156 SGB IX im Geltungsbereich des Gesetzes hat. Weiter regelt § 2 Abs. 3 SGB IX, dass Menschen mit Behinderungen mit einem GdB von weniger als 50, aber wenigstens 30, bei denen die übrigen Voraussetzungen des § 2 Abs. 2 SGB IX vorliegen, als den Schwerbehinderten gleichgestellte Menschen gelten, wenn sie infolge ihrer Behinderung ohne die Gleichstellung einen geeigneten Arbeitsplatz im Sinne des § 156 SGB IX nicht erlangen oder nicht behalten können.

2 Voraussetzungen der Gleichstellung

Um eine Gleichstellung erlangen zu können, müssen 2 Voraussetzungen erfüllt werden.

GdB zwischen 30 und 40

Zentrale Voraussetzung ist, dass man behindert ist und einen GdB von mindestens 30 und nicht höher als 40 hat.

Nach § 2 Abs. 1 Satz 1 SGB IX sind *„Menschen mit Behinderungen Menschen, die körperliche, seelische, geistige oder Sinnesbeeinträchtigungen haben, die sie in Wechselwirkung mit einstellungs- und umweltbedingten Barrieren an der gleichberechtigten Teilhabe an der Gesellschaft mit hoher Wahrscheinlichkeit länger als sechs Monate hindern können“*. Eine Beeinträchtigung im Sinne des Satz 1 liegt nach § 2 Abs. 1 Satz 2 SGB IX vor, wenn der Körper- und Gesundheitszustand von dem für das Lebensalter typischen Zustand abweicht. Menschen sind zudem von Behinderung bedroht, wenn eine Beeinträchtigung nach Satz 1 zu erwarten ist (siehe § 2 Abs. 1 Satz 3 SGB IX).

Es sind nicht nur „sichtbare“ Behinderungen relevant. Auch mit einer unsichtbaren Behinderung, etwa einer seelischen oder psychischen Erkrankung kann man den GdB feststellen lassen und ggf. als schwerbehindert gelten.

---

1 destatis.de/DE/Presse/Pressemitteilungen/2022/06/PD22_259_227.html (Abruf vom 30.4.2023).

Der GdB beziffert die Schwere einer Behinderung und ist so das Maß für die körperlichen, geistigen, seelischen und sozialen Auswirkungen einer Funktionsbeeinträchtigung aufgrund eines Gesundheitsschadens. Er kann zwischen 20 und 100 liegen. Der GdB wird in Zehnerschritten gestaffelt.

Wenn es gesundheitliche Änderungen gibt, kann der GdB sich ändern, was sowohl Verbesserungen als auch Verschlechterungen im Gesundheitszustand umfasst. Der GdB kann dann überprüft und neu festgestellt werden. Dazu sind ein Antrag auf Neufeststellung sowie erneute medizinische Gutachten notwendig.

Der GdB kann auch herabgesetzt werden. Es ist damit möglich, die Schwerbehinderteneigenschaft zu verlieren, wenn der GdB unter 50 eingestuft wird.

Praxis-Beispiel: Antrag auf Neufeststellung des GdB

Anträge auf Neufeststellung eines bereits festgestellten GdB, die meistens aus dem Wunsch heraus, eine Erhöhung des GdB feststellen zu lassen, erfolgen, können auch „nach hinten losgehen" und eine Minderung des GdB zur Folge haben. Sie sollten deswegen gut vorbereitet sein, d. h., vorab von sachkundigen Medizinern begleitet werden.

Der GdB wird auf Antrag beim zuständigen Versorgungsträger (das sind üblicherweise die Versorgungsämter der Länder) durch ärztliche Gutachter bemessen. Liegen mehrere Beeinträchtigungen vor, wird ein Gesamt-GdB ermittelt. Es werden hier allerdings nicht die einzelnen Behinderungsgrade mehrerer Beeinträchtigungen schlicht addiert: Entscheidend für den Gesamt-GdB ist, wie sich einzelne Funktionsbeeinträchtigungen zueinander und untereinander auswirken. Die Behinderungen und ihre Auswirkungen werden also insgesamt betrachtet, nicht als voneinander isolierte Beeinträchtigungen. Bei der Beurteilung wird vom höchsten Einzel-GdB ausgegangen, dann wird im Hinblick auf alle weiteren Funktionsbeeinträchtigungen geprüft, ob das Ausmaß der Behinderung dadurch tatsächlich größer wird.

Der GdB wird vom Versorgungsamt mittels Bescheid festgestellt, der im Widerspruchsverfahren bzw. mit einer Klage vor dem Sozialgericht angreifbar ist. In der Regel weist das Versorgungsamt bei einem GdB von 30 oder 40 zudem ausdrücklich darauf hin, dass eine Gleichstellung beantragt werden kann.

Weitere Voraussetzungen der Gleichstellung

Ist ein GdB von 30 oder 40 festgestellt, müssen für eine Gleichstellung die weiteren Voraussetzungen des § 2 Abs. 3 SGB IX vorliegen, d. h. dass Menschen infolge ihrer Behinderung ohne die Gleichstellung einen geeigneten Arbeitsplatz im Sinne des § 156 SGB IX nicht erlangen oder nicht behalten können.

Hier wird der tiefere Sinn des Schutzes gleichgestellter Menschen erkennbar: Während schwerbehinderte Menschen mit der Feststellung der Schwerbehinderteneigenschaft einen erweiterten Kündigungsschutz genießen (bei einer Kündigung bedarf es gem. § 168 SGB IX der Zustimmung des Integrationsamtes), ist dies bei behinderten, aber nicht schwerbehinderten Menschen (= GdB unter 50) nicht automatisch der Fall. Sofern ein solcher Beschäftigter gesundheits- bzw. behinderungsbedingt von einer Kündigung bedroht ist, kann er auf Antrag mit schwerbehinderten Menschen gleichgestellt werden. Durch die Gleichstellung benötigt der Arbeitgeber auch für die Kündigung eines solchen Arbeitsverhältnisses dann die Zustimmung des Integrationsamtes.

3 Antragstellung

Die Gleichstellung ist bei der zuständigen Agentur für Arbeit zu beantragen und von dieser festzustellen (§ 151 Abs. 2 SGB IX).

Eine Gleichstellung sollte beantragt werden, wenn der Arbeitsplatz gefährdet ist. Anhaltspunkte für eine solche Gefährdung können sein:

- häufige behinderungsbedingte Fehlzeiten,
- andauernde verminderte Belastbarkeit,
- Abmahnungen oder Abfindungsangebote im Zusammenhang mit behinderungsbedingter verminderter Leistungsfähigkeit,

- auf Dauer notwendige Hilfsleistungen anderer Beschäftigter oder
- eingeschränkte berufliche bzw. regionale Mobilität aufgrund der Behinderung.

Praxis-Beispiel: Antragstellung bei drohender Kündigung

Kommt es im Rahmen einer länger währenden Erkrankung (mehr als sechs Wochen in einem Jahr) zu einem betrieblichen Eingliederungsmanagement (BEM) nach § 167 Abs. 2 SGB IX, kann von einer solchen Gefährdungslage ausgegangen werden.

Bei einer drohenden Kündigung ist zu beachten, dass die Gleichstellung grundsätzlich auf das Datum der Antragstellung zurückwirkt. Nach der Rechtsprechung des Bundesarbeitsgerichts (BAG) bedarf es bei der Kündigung eines Gleichgestellten nicht der Zustimmung des Integrationsamtes, wenn die Gleichstellung nicht mindestens drei Wochen vor der Kündigung beantragt wurde (BAG, Urteil v. 1.3.2007, 2 AZR 271/06).

4 Folgen der Gleichstellung

Mit der Gleichstellung wird der annähernd gleiche Status wie bei einer Schwerbehinderung erlangt. Dies bedeutet, dass gleichgestellte behinderte Menschen Anspruch haben auf

- Leistungen zur Teilhabe am Arbeitsleben nach dem Schwerbehindertenrecht,
- einen besonderen Kündigungsschutz (siehe § 168 SGB IX),
- besondere Einstellungs- und Beschäftigungsanreize für Arbeitgeber durch Lohnkostenzuschüsse,
- die Berücksichtigung bei der Beschäftigungspflicht des Arbeitgebers,
- Hilfen zur Arbeitsplatzgestaltung und ggf. eine Betreuung durch spezielle Fahrdienste.

Gleichgestellte

- erhalten jedoch keinen Schwerbehindertenausweis,
- haben keinen Anspruch auf Zusatzurlaub (siehe § 151 Abs. 3 SGB IX i. V. m. § 208 SGB IX),
- nutzen die unentgeltliche Beförderung im öffentlichen Personennahverkehr sowie
- eine vorgezogene Altersrente.

Der Arbeitgeber ist nicht nach § 178 Abs. 2 Satz 1 SGB IX verpflichtet, die Schwerbehindertenvertretung von der beabsichtigten Umsetzung eines potenziell Gleichgestellten vorsorglich zu unterrichten und sie hierzu vorsorglich anzuhören, wenn über dessen in Kenntnis des Arbeitgebers gestellten Gleichstellungsantrag noch nicht entschieden worden ist. Die im Falle einer dem Gleichstellungsantrag stattgebenden späteren Entscheidung der Bundesagentur für Arbeit nach § 151 Abs. 2 Satz 2 SGB IX eintretende Rückwirkung der Gleichstellung auf den Tag des Antragseingangs bewirkt nach Ansicht des BAG keine vorsorgliche Beteiligungsverpflichtung des Arbeitgebers, da die Rückwirkung erst durch den Gleichstellungsbescheid begründet wird und im Zeitpunkt der vor dem Bescheid erfolgten Umsetzung noch nicht eingetreten ist (BAG, Beschluss v. 22.1.2020, 7 ABR 18/18).

Gleichgestellte sind für die Wahl der betrieblichen Schwerbehindertenvertretung wahlberechtigt, wenn dem Antrag stattgegeben wurde.

Die Schwerbehindertenvertretung ist bei der Einstellung Gleichgestellter nur dann zu beteiligen, wenn Bewerber mit einem GdB unter 50 zum Zeitpunkt der Bewerbungsentscheidungen über einen positiv beschiedenen Antrag auf Gleichstellung verfügen (LAG Nürnberg, Urteil v. 18.11.2021, 5 Sa 211/21).

5 Besonderheiten bei Arbeitslosigkeit

Arbeitslose mit einem GdB von 30 oder 40 können auf Antrag gleichgestellt werden, wenn sie zur Erlangung eines Arbeitsplatzes diese Gleichstellung benötigen. So kann sich die Einstellungschance eines Gleichgestellten erhöhen, wenn der potenzielle Arbeitgeber die Schwerbehindertenquote nach § 154 SGB IX, auf die ja auch Gleichgestellte angerechnet werden (s. o.), nicht erfüllt.

Die Gleichstellung zur Erlangung eines geeigneten Arbeitsplatzes setzt im Übrigen kein konkretes Arbeitsplatzangebot voraus; es genügt, dass der behinderte im Vergleich mit einem nicht behinderten Menschen sich wegen seiner Behinderung in einer ungünstigen Konkurrenzsituation befindet und deshalb schwerer vermittelt werden kann. Entscheidend ist dabei, dass die Voraussetzungen der

Gleichstellung mit einem schwerbehinderten Menschen auf die konkreten Anforderungen am Arbeitsplatz bezogen sind, daher sind dann auch die konkreten Einschränkungen des behinderten Menschen zu prüfen.

Joachim Schwede

Grenzwerte

Grenzwerte sind Höchstwerte, die in Gesetzen und Regelwerken festgelegt sind. Bei der Festlegung von Grenzwerten wird ein Sicherheitsfaktor einbezogen, damit auch empfindliche Personen mit hoher Wahrscheinlichkeit geschützt sind. Werden die Grenzwerte eingehalten, wird davon ausgegangen, dass keine gesundheitlichen Schäden beim Menschen eintreten. Werden die Grenzwerte überschritten, müssen Maßnahmen zur **Senkung der Exposition** unter den Grenzwert ergriffen werden. Auch im öffentlichen Bereich gibt es Grenzwerte, z. B. den NOx-Grenzwert an stark befahrenen Straßen.

1 Aufgabe von Grenzwerten

Grenzwerte werden festgelegt, um die Gesundheit des Menschen zu erhalten bzw. nicht zu beeinträchtigen oder Umweltbelastungen auf ein erträgliches Maß zu reduzieren.

Beispiele:

- § 1 Abs. 1 **Bundes-Immissionsschutzgesetz**: „Zweck dieses Gesetzes ist es, Menschen, Tiere und Pflanzen, den Boden, das Wasser, die Atmosphäre sowie Kultur- und sonstige Sachgüter vor schädlichen Umwelteinwirkungen zu schützen und dem Entstehen schädlicher Umwelteinwirkungen vorzubeugen."
- § 1 Abs. 1 **Arbeitsschutzgesetz**: „Dieses Gesetz dient dazu, Sicherheit und Gesundheitsschutz der Beschäftigten bei der Arbeit durch Maßnahmen des Arbeitsschutzes zu sichern und zu verbessern."

Bei der Festlegung von Grenzwerten werden verschiedene Gesichtspunkte und Anforderungen berücksichtigt. Es handelt sich also i. d. R. um Kompromissentscheidungen, welche Belastungen toleriert bzw. welche Forderungen erfüllt werden können. Faktoren sind z. B. medizinische oder toxikologische Erkenntnisse und der Stand der Technik.

Mit dem Begriff **Grenzwerte** sind meist die gesetzlichen Höchstwerte gemeint, die von Unternehmern, Herstellern, Händlern oder auch jedem Einzelnen eingehalten werden müssen. Verwandte Begriffe sind z. B. der **Richtwert**, der weniger verbindlich ist und eher als Empfehlung angesehen werden kann, oder die **Schwellenwerte**, deren Überschreitung bestimmte Maßnahmen nach sich ziehen.

Werden Grenzwerte nicht eingehalten, können die zuständigen Behörden z. B. Bußgelder erheben (Ordnungswidrigkeiten), Sanierungsforderungen stellen, Genehmigungen aufheben oder auch Strafen verhängen.

Viele Grenzwerte werden von der Europäischen Union vorgegeben und entsprechend in deutsches Recht übernommen (s. Gefahrstoffrichtlinie und Änderungsrichtlinien).

Grenzwerte existieren für chemische und physikalische Einwirkungen. Für biologische Einwirkungen (Biostoffe) sind keine Grenzwerte für Arbeitsplätze festgelegt, Biostoffe werden in 4 Risikogruppen eingestuft.

2 Grenzwerte für chemische Einwirkungen

Chemikalien, Gefahrstoffe

- 98/24/EG und Änderungsrichtlinien: Richtlinie zum Schutz von Gesundheit und Sicherheit der Arbeitnehmer vor der Gefährdung durch chemische Arbeitsstoffe bei der Arbeit (Gefahrstoffrichtlinie), Anhang I: Verzeichnis verbindlicher Arbeitsplatzgrenzwerte;
- 2004/37/EG und Änderungsrichtlinien: Karzinogenrichtlinie, Anhang III: Grenzwerte und andere damit unmittelbar zusammenhängende Bestimmungen;

- 2000/39/EG, 2006/15/EG, 2009/161/EU, 2017/164/EU: Grenzwertlisten mit Arbeitsplatz-Richtgrenzwerten;
- 2010/75/EU: Richtlinie über Industrieemissionen, Anhänge V–VIII Schwellenwerte und Emissionsgrenzwerte;
- 2009/148/EG: Asbestrichtlinie;
- Gefahrstoffverordnung, Anhänge;
- TRGS 900: Arbeitsplatzgrenzwerte;
- TRGS 903: Biologische Grenzwerte (BGW), Abschn. 3;
- TRGS 505: Blei;
- Störfall-Verordnung (12. BImSchV) (Schwellenwerte in der Stoffliste in Anhang I).

Stoffe in der Luft

- 2016/2284/EU: Übergangsbestimmungen/Ausnahmen Entsprechungstabelle: Nationale Emissionshöchstmengen für bestimmte Luftschadstoffe;
- 1999/32/EG: Verringerung des Schwefelgehalts bestimmter flüssiger Kraft- oder Brennstoffe;
- TA Luft (Immissionswerte zu verschiedenen Schadstoffen und Stäuben);
- Verordnung über kleine und mittlere Feuerungsanlagen (1. BImSchV);
- Verordnung über Großfeuerungs-, Gasturbinen- und Verbrennungsmotoranlagen (13. BImSchV) (Emissionsgrenzwerte in mehreren Paragrafen).

3 Grenzwerte für physikalische Einwirkungen

Lärm

- 2003/10/EG: Lärm (Art. 3 Expositionsgrenzwerte und Auslösewerte);
- 2002/49/EG: Umgebungslärm (Art. 5 Lärmindizes und ihre Anwendung), gibt vor, wie die Grenzwerte ermittelt werden sollen;
- Verkehrslärmschutzverordnung (16. BImSchV) (§ 2 Immissionsgrenzwerte);
- Sportanlagenlärmschutz-Verordnung (18. BImSchV) (§ 2 Immissionsgrenzwerte);
- Arbeitsstättenverordnung (Anhang 3.7 Lärm);
- TA Lärm (Abschnitt 2.3.2 Immissionsrichtwerte);
- Allgemeine Verwaltungsvorschrift zum Schutz gegen Baulärm (Abschnitt 3 Immissionsrichtwerte);
- Gesundheitsschutz-Bergverordnung (Höchstwerte zu Staub, Lärm, Erschütterung);
- Lärm- und Vibrations-Arbeitsschutzverordnung (§ 6 Auslösewerte bei Lärm)

Strahlung

- 96/29/EG: Euratom Sicherheitsnormen zum Schutz vor ionisierenden Strahlungen (Kap. II Dosisbegrenzungen);
- Strahlenschutzverordnung (Dosisbegrenzungen in mehreren Paragrafen, enthält seit 1.1.2019 auch die Röntgenverordnung);
- Verordnung über elektromagnetische Felder (26. BImSchV) (Dosisbegrenzungen in mehreren Paragrafen);
- DGUV-V 15 „Elektromagnetische Felder“;
- DGUV-V 11 „Laserstrahlung“ i. V. m. DGUV-I 203-035 „Expositionsgrenzwerte für künstliche optische Strahlung“;
- 2006/25/EG: Künstliche optische Strahlung (Anhang I und II);
- Verordnung zum Schutz der Beschäftigten vor Gefährdungen durch künstliche optische Strahlung, § 6 OStrV „Expositionsgrenzwerte für künstliche optische Strahlung“.

Vibration

- 2002/44/EG: Vibrationen (Art. 3 Expositionsgrenzwerte und Auslösewerte);
- Lärm- und Vibrations-Arbeitsschutzverordnung (§ 9 Expositionsgrenzwerte und Auslösewerte bei Vibrationen)

Elektrizität

Die Auswirkungen von Strom auf den Organismus hängen von verschiedenen Faktoren, wie z.B. Einwirkungsdauer und Frequenz, ab. Es sind keine Grenzwerte festgelegt, DIN/VDE-Bestimmungen enthalten jedoch Vorgaben.

- Verordnung über elektromagnetische Felder (26. BImSchV)
- Verordnung zum Schutz der Beschäftigten vor Gefährdungen durch elektromagnetische Felder (EMFV) (Expositionsgrenzwerte- und Auslöseschwellen); (Umsetzung der Richtlinie 2013/35/EU)
- DGUV Vorschrift 15/16: Elektromagnetische Felder

Biomechanische Belastung (Heben und Tragen von Lasten)

Verordnung über Sicherheit und Gesundheitsschutz bei der manuellen Handhabung von Lasten bei der Arbeit (LasthandhabV) (Richtwerte für Männer und Frauen s. www.vbg.de bzw. Grenzwerte für werdende Mütter (§ 11 Abs. 2 MuSchG) und Regelungen für Jugendliche (§ 22 Abs. 1 JArbSchG) sowie „Leitmerkmalmethode zur Beurteilung und Gestaltung von Belastungen beim manuellen Heben, Halten und Tragen von Lasten $\geq$ 3 kg“, www.baua.de.

Thermische Belastungen

Für thermische Belastungen gibt es Empfehlungen, aber keine festgelegten Grenzwerte (vgl. ASR A3.5 Raumtemperaturen).

Bettina Huck

GS-Zeichen

Die Abkürzung GS-Zeichen steht für „geprüfte Sicherheit“ und ist als reines „Sicherheitszeichen“ zu verstehen. Die Durchführung einer produktbezogenen GS-Prüfung ist rein freiwillig. Hinter dem GS-Zeichen stehen zum Teil sehr aufwendige Prüfverfahren, die von einer unabhängigen, akkreditierten bzw. zugelassenen Stelle (GS-Stellen, d.h. Prüflabore, Prüforganisationen) durchgeführt werden müssen.

Gesetze, Vorschriften und Rechtsprechung

Das Verfahren zur Ausstellung eines GS-Kennzeichens erfolgt nach §§ 20 bis 23 Produktsicherheitsgesetz (ProdSG).

1 Deutsches Prüfzeichen

Das GS-Zeichen ist ein nur auf Deutschland bezogenes Prüfzeichen. Die prüfende GS-Stelle muss alle Ihre Prüfbescheinigungen veröffentlichen, sodass sich interessierte Verbraucher oder Käufer von Produkten mit GS-Zeichen vorab informieren können. Bei einem Missbrauch von GS-Zeichen hat die GS-Stelle die Marktaufsichtsbehörden unverzüglich zu informieren. Diese Behörde entscheidet dann über weitere Maßnahmen, wie z.B. die zwangsweise erteilte Weisung eines Produktrückrufes. Produktrückrufe werden im Internet öffentlich gemacht. Zusätzlich dazu entzieht die GS-Stelle das GS-Zeichen unverzüglich. Verstöße können mit einem Bußgeld von bis zu 100.000 EUR belangt werden.

2 Umfangreiche Prüfverfahren

Das GS-Zeichen signalisiert, dass das jeweilige verwendungsfähige Produkt in vollem Umfang und häufig noch darüber hinaus auf sicheren Gebrauch, technische Sicherheit und mögliche Umweltauswirkungen intensiv geprüft worden ist. Produkte, an die GS-Zeichen angebracht werden dürfen, können sein:

- technische → *Arbeitsmittel*, z.B. → *Maschinen*,
- Verbraucherprodukte, z.B. Spielzeug.

Für viele Produkte sind die jeweiligen GS-Prüfverfahren in Normen festgelegt. Daneben existieren aber auch häufig noch spezifische Prüfvorschriften. Diese Vorschriften werden vom Ausschuss für Produktsicherheit verifiziert. Sie können auch von anderen Institutionen, wie z. B. den Berufsgenossenschaften entwickelt und vorgegeben sein. Die GS-Prüfungen können dabei sehr umfangreich werden, z. B. auch durch Laboranalysen von Materialproben.

3 GS-Zeichen neben CE-Zeichen?

In der Regel kann das GS-Zeichen neben dem → *CE-Zeichen* auf einem Produkt angebracht werden, sofern es nicht als irreführend angesehen werden könnte. Die generelle Ausnahme bilden die Produkte, für die eine Baumusterzulassung nach europäischen Vorschriften gefordert ist. Dies können z. B. Sicherheitsbauteile sein, die in Maschinensteuerungen verbaut werden. Baumusterprüfungen gem. der Maschinen-Richtlinie sind ähnlich umfangreich wie GS-Prüfungen. An Produkten, die eine Baumusterprüfung bestanden haben, darf kein GS-Zeichen angebracht werden. Das CE-Zeichen trägt hier hinter dem Zeichen die Zulassungsnummer des jeweiligen Prüfinstitutes bzw. der Prüforganisation, z. B. CE 0032.

Zusätzlich zum GS-Zeichen muss eine entsprechende Prüfbescheinigung von einer GS-Stelle ausgestellt werden. Die Gültigkeitsdauer der Bescheinigung ist i. d. R. auf 5 Jahre befristet. Diese Bescheinigung ersetzt nicht automatisch die → *Konformitätserklärung* nach Maschinen-Richtlinie.

4 Aussehen

Das GS-Zeichen hat eine bestimmte Form (**Abb. 1**)

Abb. 1: GS-Zeichen

Das GS-Zeichen muss links oben mit einem ID-Zeichen der jeweiligen GS-Stelle ergänzt werden. Dieses ID-Zeichen (i. d. R. das Logo der jeweiligen GS-Stelle) kann über die Umrandung des GS-Zeichens hinweg reichen. Das GS-Zeichen muss gut sichtbar, leserlich und dauerhaft vom Hersteller auf dem jeweiligen Produkt angebracht werden.

5 Achtung Fälschung!

Auch GS-Kennzeichen sind bedauerlicherweise nicht gegen Fälschungen gefeit. Daher ist es für den Verbraucher oder den Käufer eines Produktes wichtig, auch die entsprechende Prüfbescheinigung der jeweiligen GS-Stelle einzusehen. Die GS-Stellen sind verpflichtet alle ihre Bescheinigungen zu veröffentlichen bzw. auch alle gefälschten Bescheinigungen bekanntzumachen.

Bettina Huck

Haftung

Haftung ist die Verantwortlichkeit für Forderungen, die sich aus der Schädigung anderer ergeben. Im betrieblichen Arbeits- und Gesundheitsschutz kann sich diese Verantwortlichkeit aus verschiedensten Vorschriften ergeben und Mitarbeiter und Beauftragte aller Unternehmensebenen sowie Dritte, die als Sicherheitsfachkraft oder Betriebsarzt bestellt sind, treffen.

Gesetze, Vorschriften und Rechtsprechung

Die Verantwortlichkeit für Schädigungsfolgen kann sich ergeben aus

- dem bürgerlichen Recht (Arbeitsvertrag, Deliktsrecht),
- dem staatlichen Arbeitsschutzrecht (Europäisches Recht, Bundes- und Landesrecht),
- dem Strafrecht,
- dem Sozialrecht, insbesondere aus dem Sozialgesetzbuch (SGB) VII,
- den berufsgenossenschaftlichen Vorschriften,
- betrieblichen Regelungen und
- dem Arbeitsvertrag.

1 Wer haftet?

Verantwortlichkeiten im betrieblichen Arbeits- und Gesundheitsschutz finden sich auf allen Unternehmensebenen: Der Unternehmer haftet aus seiner gesetzlichen Fürsorgepflicht (§ 611 BGB) heraus dafür, dass der Arbeitnehmer nicht an seiner Gesundheit beschädigt wird, wenn er im Betrieb tätig ist.

Er kann zudem deliktisch (§§ 823 ff. BGB) haften, wenn er fahrlässig oder vorsätzlich den Arbeitnehmer schädigt, indem er z. B. gegen Schutzgesetze verstößt. Schutzgesetze sind z. B. alle Rechtsvorschriften des gesetzlichen Arbeitsschutzes.

Praxis-Beispiel: Subunternehmer

Der Unternehmer selbst haftet auch unter strafrechtlichen Aspekten, wenn er Subunternehmer einsetzt, die sich nicht an Unfallverhütungsvorschriften halten! (OLG Karlsruhe, Urteil v. 24.3.1977, 3 Ss 159/76).

Wie der Unternehmer haften alle → *Führungskräfte* im Betrieb, d. h. alle Mitarbeiter, die auf den verschiedenen Führungsebenen anderen Mitarbeitern vorgesetzt sind. Vorgesetzter ist schon der, der nur einen weiteren Mitarbeiter führt. Die Führungsverantwortung beschränkt sich dabei stets auf den übertragenen Verantwortungsbereich.

In die Haftung genommen werden auch die betrieblichen Beauftragten, wenn sie gegen Vorschriften verstoßen.

→ *Sicherheitsfachkraft* und der → *Betriebsarzt* haften ebenfalls, z. B. für eine falsche Beratung oder die Durchführung schädigender Maßnahmen. Selbst der Arbeitnehmer haftet, wenn er in Ausübung seiner Tätigkeit anderen Schäden zufügt. Das ergibt sich aus dem Arbeitsvertrag und dem Gesetz, v. a. §§ 611, 823 BGB.

2 Wofür wird gehaftet?

2.1 Unternehmer und Unternehmensverantwortliche

Der Unternehmer und seine Leitungsverantwortlichen haften dann, wenn sie Arbeitnehmer durch eine **Pflichtverletzung** vorsätzlich oder fahrlässig schädigen. Eine Pflichtverletzung liegt vor, wenn gegen Vorgaben, die einzuhalten sind, verstoßen wird. Der Verstoß muss vorsätzlich oder fahrlässig (§ 276 BGB) erfolgen:

- **Vorsatz:** Die schädigende Handlung wird wissentlich und auch aktiv gewollt vorgenommen, in dem Bewusstsein, gegen bestehende Regeln zu verstoßen und dadurch jemanden zu schädigen.
- **Grobe Fahrlässigkeit:** Sie liegt bei der Außerachtlassung der erforderlichen Sorgfalt in besonders schwerem Maße vor und bedeutet leichtfertiges Handeln, d. h. die Nichtbeachtung einfacher, offenkundiger und grundlegender Regeln oder die Verletzung besonders wichtiger Sorgfaltsregeln und die Inkaufnahme eines möglichen Schadens.
- **Fahrlässigkeit**: Ist das Außerachtlassen der erforderlichen Sorgfalt, die Verletzung von Sorgfaltspflichten, d. h. Verursachung eines Schadens, obwohl der Schadenseintritt für den Schädiger erkennbar war oder erkennbar gewesen wäre sowie die Inkaufnahme eines möglichen Schadens.

Die Pflichtverletzung muss kausal für einen Schaden gewesen sein, d. h. der Schaden ist aufgrund der Pflichtverletzung entstanden.

Der **Schaden** ist jede für den Geschädigten negative Folge, sei es gesundheitlicher Natur oder auch ein Sachschaden. Schäden können auch „indirekt" auftreten. Wird z. B. ein Arbeitnehmer eines anderen Unternehmens geschädigt, besteht der Schaden auch in den möglicherweise anfallenden Entgeltfortzahlungskosten für diesen Arbeitnehmer.

2.2 Betriebliche Beauftragte

Betriebliche Beauftragte haften wie Unternehmer.

Praxis-Beispiel: Keine Haftungsfreistellung möglich!

Der Unternehmer kann weder seine → *Führungskräfte* noch betriebliche Beauftragte von der Haftung gegenüber den Arbeitnehmern oder Dritten freistellen. Diese haften auf alle Fälle direkt. Eine Haftungsfreistellung wirkt allenfalls im Innenverhältnis zwischen dem Unternehmer und seinen Führungskräften und betrieblichen Beauftragten!

2.3 Arbeitnehmer

Auch der Arbeitnehmer haftet für Schäden, die er Dritten zufügt. Zu beachten ist aber, dass er nur für Vorsatz und grobe Fahrlässigkeit haftet.

2.4 Sicherheitsfachkraft und Betriebsarzt

Ist die → *Sicherheitsfachkraft* als Arbeitnehmer des Unternehmens beschäftigt, haftet sie – wie andere Arbeitnehmer – nur für grobe Fahrlässigkeit und Vorsatz. Externe Sicherheitsfachkräfte beschränken deswegen in ihrem Bestellungsvertrag die Haftung üblicherweise entsprechend.

Der → *Betriebsarzt* haftet für Fahrlässigkeit und Vorsatz.

3 Strafrechtliche Verantwortung

Neben der zivilrechtlichen Haftung kann der Verstoß gegen Arbeitsschutzbestimmungen auch straf- und ordnungswidrigkeitenrechtliche Folgen haben. In vielen Arbeitsschutzvorschriften (z. B. §§ 25, 26 ArbSchG, § 21 ASiG, § 209 SGB VII) sind entsprechende Tatbestände vorgesehen. Daneben gelten natürlich auch im Arbeitsleben die Vorschriften des Strafgesetzbuchs (z. B. §§ 223 ff. StGB). Auch die staatlichen Aufsichtbehörden können Bußgelder verhängen oder sogar die Gewerbeerlaubnis entziehen, wenn gegen arbeits- und gesundheitsschützende Normen verstoßen wird.

4 Die Gesetzliche Unfallversicherung als Unternehmerhaftpflichtversicherung

Die Gesetzliche Unfallversicherung des SGB VII ist als Unternehmerhaftpflichtversicherung gestaltet. Das bedeutet, dass diese bei → *Arbeitsunfällen* oder → *Berufskrankheiten* für den Unternehmer eintritt, um die Folgen zu beheben oder ggf. abzumildern.

§ 110 SGB VII sieht jedoch eine Rückgriffsmöglichkeit der Unfallversicherung gegen den Arbeitgeber vor, wenn dieser vorsätzlich oder grob fahrlässig gegen Schutznormen verstoßen hat (grundsätzlich dazu BGH, Urteil v. 30.1.2001, VI ZR 49/00; zur Frage, ob sich grobe Fahrlässigkeit und Vorsatz auch auf die Schadensfolge beziehen müssen, verneinend der BGH, Urteil v. 15.7.2008, VI ZR 212/07). § 110 Abs. 1 SGB VII begrenzt den Anspruch des Sozialversicherungsträgers auf die Höhe der zivilrechtlichen Schadensersatzforderungen, sodass sich ein Mitverschulden des Geschädigten auf diesem Wege auswirken kann. Zudem sind deswegen in diesem Fall die Zivilgerichte zuständig.

Praxis-Beispiel: Schwarzarbeiter

Beschäftigt ein Unternehmer Schwarzarbeiter, hat er der Berufsgenossenschaft nach § 110 Abs. 1a SGB VII jede Leistung zu erstatten, die diese im Leistungsfall an den Schwarzarbeiter erbracht hat, unabhängig davon, ob der Schaden vom Arbeitgeber verschuldet worden ist.

Die gesetzliche Unfallversicherung haftet nach den §§ 104ff. SGB VII auch dann nicht, wenn ein Arbeitnehmer vorsätzlich durch einen Kollegen geschädigt wird. Dabei ist jedoch zu beachten, dass sich der Vorsatz auch auf die Schädigungsabsicht beziehen muss (BAG, Urteil v. 10.10.2002, 8 AZR 103/02, hier der BGH, der den Vorsatz nicht auf die Schädigungsabsicht beziehen will, Urteil v. 15.7.2008, VI ZR 212/07).

Joachim Schwede

Hand- und Armschutz

Schutzhandschuhe sind Handschuhe, die als Persönliche Schutzausrüstung die Hände vor Schädigungen durch mechanische, thermische und chemische Einwirkungen sowie vor Mikroorganismen, elektrischer Durchströmung und ionisierender Strahlung schützen. Armschutz ist eine Persönliche Schutzausrüstung, die den Unterarm und/oder den Oberarm vor Gefährdungen schützt. Zum Schutz des Unterarms dient häufig die längere Stulpe des Schutzhandschuhs. Den Oberarm schützt man am besten durch den Einsatz von Schutzärmeln. Armschutz gibt es hauptsächlich zum Einsatz gegen elektrische, mechanische, thermische und chemische Gefährdungen.

Gesetze, Vorschriften und Rechtsprechung

Ergibt die Gefährdungsbeurteilung, dass trotz technischer und organisatorischer Schutzmaßnahmen mit Gefährdungen der Hände oder Arme zu rechnen ist, muss den Mitarbeitern als → *Persönliche Schutzausrüstung* Hand- bzw. Armschutz zur Verfügung gestellt werden. Neben der PSA-Verordnung (2016/425/EU) ist auch die **PSA-Benutzungsverordnung** zu berücksichtigen. Weitere Vorgaben ergeben sich aus:

- DGUV-R 112-195 „Einsatz von Schutzhandschuhen": bei der Auswahl und Benutzung von Schutzhandschuhen zum Schutz gegen schädigende Einwirkungen mechanischer, thermischer und chemischer Art sowie gegen Mikroorganismen und ionisierende Strahlen.
- DGUV-R 112-202 „Benutzung von Stechschutzkleidung, Stechschutzhandschuhen und Armschützern": bei der Auswahl und die Benutzung von Handschuhen, Stulpen und Armschützern zum Schutz gegen Schnitt- oder Stichverletzungen.

Darüber hinaus sind zahlreiche Normen bedeutsam, z.B. die EN 420 – Schutzhandschuhe – Allgemeine Anforderungen und Prüfverfahren oder EN 374 – Schutzhandschuhe gegen Chemikalien und Mikroorganismen.

1 Berufskrankheit Haut

Die Berufskrankheit „Haut" (BK 5101) gehört zu den häufigsten Berufskrankheiten. Ein Großteil davon sind sog. Kontaktekzeme, die aufgrund chemischer Stoffe oder physikalischer Einwirkungen entstehen. Betroffen sind in den meisten Fällen die Hände und Arme. Dies ist nicht verwunderlich, da die Beschäftigten sehr viele Tätigkeiten mit den Händen ausüben.

2 Arten von Hand- und Armschutz

Einige Inhaltsstoffe von Handschuhen haben sich immer wieder als gesundheitsschädlich erwiesen. Gerade in elastischen Handschuhen kommt eine Vielzahl potenziell allergieauslösender Stoffe vor, allen voran Naturlatex, das hoch problematisch ist. Es sollte nur noch in nicht vermeidbaren Ausnahmefällen eingesetzt werden und muss dann bestimmten Anforderungen genügen, z.B. ungepudert eingesetzt werden Abschn. 6.4.2 TRGS 401. Stattdessen sind heute elastische Handschuhe Standard (z.B. aus

Vinyl oder Nitrilkautschuk), die möglichst nicht (für einfacheres Anziehen) gepudert sein sollten. Puder belastet in Verbindung mit Schweiß die Haut zusätzlich und kann dazu führen, dass allergieauslösende Stoffe in die Atemwege transportiert werden. **Tab. 1** zeigt eine Übersicht von Handschuhmaterialien.

Problematisch sind auch Gerb-, Farb- und Beschichtungsstoffe in Leder- oder Textilhandschuhen, die gerade bei billigen Produkten nicht deklariert sind. Markenhersteller liefern hier bessere Produktqualität und Dokumentation.

Handschuhmaterialien	
Leder	• Narbenleder • Spaltleder • Schrumpfarme Spezialleder
Kunststoffe	Vernetzbare **Elastomere**, wie • Naturkautschuk, Naturlatex (NR), • Chloroprenkautschuk, Chloroprenlatex (CR), • Nitrilkautschuk, Nitrillatex (NBR), • Butylkautschuk, Butyl (IIR), • Fluorkautschuk (FKM). **Thermoplaste**, wie • Polyvinylchlorid (PVC), • Polyvinylalkohol (PVAL), • Polyethylen (PE).
Gummi	
Textilfasern	• Naturfasern • Chemiefasern
Metall	z. B. Metallgeflechthandschuhe zum Schutz gegen Stich- und Schnittverletzungen oder als metallarmierte Handschuhe zum Schutz gegen Schnittverletzungen
Materialkombinationen	Kombinationen aus den o. g. Materialien

Tab. 1: Beispiele für Handschuhmaterialien

Es werden folgende Kategorien unterschieden:

- Kategorie I: minimale Risiken, geringe Schutzanforderungen;
- Kategorie II: mittlere Risiken, Schutz gegen z. B. mechanische Gefährdung;
- Kategorie III: Schutz gegen irreversible Schäden und tödliche Gefahren, z. B. durch Chemikalien, Mikroorganismen, Hitze, Kälte, Strahlung, Strom).

Tab. 2 zeigt Beispiele für Hand- und Armschutz.

Norm	**Kategorie**	**Beispiel**	**Material**	**Beschreibung**
EN 420	I	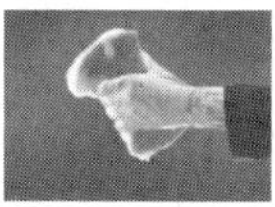	Latex	Einfache Ausführung (allgemein als „Putzhandschuh" bezeichnet)

Norm	Kategorie	Beispiel	Material	Beschreibung
EN 388 Schutzhandschuhe gegen mechanische Risiken	II		Rindvollleder	Mechanischer Schutzhandschuh
	II	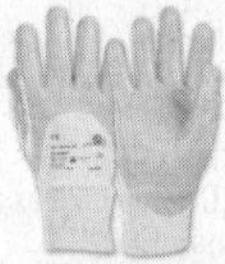	Baumwollträger mit Nitril-Beschichtung	Mechanischer Schutzhandschuh
	II		Polyamid/ Baumwolle mit Noppen	Arbeitshandschuh mit Noppen
	II		Nylon mit Nitril-Beschichtung	Beschichteter Schutzhandschuh
	II		Baumwoll-Interlock mit Nitril-Beschichtung	Mechanischer Schutzhandschuh
	II		Nitrilschaumstoff mit Innenhandbeschichtung	Beschichteter Schutzhandschuh mit ESD-Schutz
	III		Kevlar-Strick mit Latex-Beschichtung	Schnittschutzhandschuh
	II		Kunstleder, Elastomer, Cordura, Tyvek, Outlast	Antivibrationsschutzhandschuh

Norm	Kategorie	Beispiel	Material	Beschreibung
	III		Dyneema	Unterarm-Schnitt-schutz
EN 12477 Schutzhandschuhe für Schweißer	II	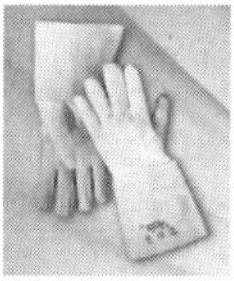	Nappaleder	Schweißerschutz-handschuh
EN 374 Schutzhandschuhe gegen Chemikalien und Mikroorganismen	III		Nitril	Chemikalienschutz-handschuh
	III		Baumwoll-Interlock mit Nitril-Beschichtung	Chemikalienschutz-handschuh
	III		Nitril	Chemikalienschutz-handschuh
	III		Butyl	Chemikalienschutz-handschuh
EN 407 Schutzhandschuhe gegen thermische Risiken	III		Beschichtetes Vliesstoff-Futter	Hitzeschutzhand-schuh
EN 511 Schutzhand-schuhe gegen Kälte	III		PVC/Nylon mit Thinsulate-Futter	Kälteschutzhand-schuh

Norm	Kategorie	Beispiel	Material	Beschreibung
EN 60903 Elektriker-Schutzhandschuh	III		Latex	Elektrikerschutzhandschuh

Tab. 2: Beispiele Arten von Hand- und Armschutz (Bilder: Ansell, JEESE, KCL, UVEX)

3 Gefährdungsbeurteilung und Auswahl

Das Arbeitsschutzgesetz und die PSA-Benutzungsverordnung schreiben eine → *Gefährdungsbeurteilung* vor (vgl. → *Persönliche Schutzausrüstung*). Ergibt sich aus der Gefährdungsbeurteilung, dass trotz technischer und organisatorischer Maßnahmen Handschutz erforderlich ist, muss der geeignete Handschuhtyp festgelegt werden. Typischerweise gibt es im betrieblichen Alltag 2 Ausgangssituationen:

Geringe, unspezifische Gefährdung: In der betrieblichen Praxis gibt es viele Tätigkeiten, bei denen die Hände erfahrungsgemäß bei allen oder nur bei bestimmten Beschäftigten (z.B. wegen empfindlicher Haut) erheblich beansprucht werden, Art und Grad der Gefährdung aber nicht klar abgegrenzt werden kann (z.B. Bau-, Reinigungs-, Transport-, Lager- und Montagearbeiten). Meist besteht in solchen Bereichen keine Tragepflicht und die zur Verfügung stehenden Handschuhe sind häufig nicht als Schutzausrüstung eingestuft, nicht zuletzt, weil bei Handschuhen oft der Preis die Auswahl bestimmt.

Hautbelastungen wirken oft langfristig und einmal eingetretene Gesundheitsprobleme sind mitunter schwer zu behandeln. Den Beschäftigten sollte nahe gelegt werden, Handschuhe zu benutzen. Das geschieht nicht nur durch Aufklärung (Unterweisung), sondern vor allem dadurch, dass geeignete Handschuhe in guter Qualität und mit guten Trageeigenschaften zur Verfügung gestellt werden.

Gefährdung nach Art und Grad bekannt: Tritt bei einer Tätigkeit eine spezielle Gefährdung auf, ist das Tragen von Schutzhandschuhen verbindlich festgelegt. Das Gebotszeichen M009 „Handschutz benutzen" (**Abb. 1**) weist entweder in Form von Schildern, Aufklebern oder als Bestandteil von Betriebsanweisungen auf die Tragepflicht hin.

Abb. 1: Gebotszeichen Handschutz benutzen

Typische Einsatzgebiete für Schutzhandschuhe sind:

- Umgang mit → *Gefahrstoffen*
- andauernde Feuchtarbeit
- einfache mechanische Arbeiten
- Schnitt- und Stichschutz
- Hitzeschutz

- Kälteschutz
- Schweißerschutz
- Vibrationsschutz
- Elektrische Arbeiten
- Krankenpflege

Die Verantwortlichen haben die Aufgabe, im Rahmen der → *Gefährdungsbeurteilung* auch den geeigneten Hand- und Armschutz auszuwählen. Fachkräfte für Arbeitssicherheit, Betriebsärzte, Aufsichtspersonen der Berufsgenossenschaft und nicht zuletzt die Hersteller von Hand- und Armschutz können bei der Auswahl des geeigneten Hand- und Armschutzes unterstützen. Die Kennzeichnung der Schutzhandschuhe (Piktogramme, vgl. **Tab. 2**) und die Angaben, die gute Hersteller ihren Produkten beigeben, helfen ebenfalls bei der Auswahl. Die Auswahl unter Aspekten von Schutzfunktion, Tragekomfort und Preis sollte unbedingt detailliert mit allen Beteiligten, nicht zuletzt den Handschuhbenutzern durchgeführt werden. Das fördert die Akzeptanz und den richtigen Einsatz der Handschuhe.

Praxis-Beispiel: Unterstützung der Hersteller

Die Hersteller von Hand- und Armschutz bieten i. d. R. kostenlose Muster für Tests an. Darüber hinaus stellen die Hersteller oftmals auch Fragebögen für einen Test zur Verfügung.

Praxis-Beispiel: Trageversuche

Vor der Einführung von Schutzhandschuhen oder Armschutz sollten unbedingt Trageversuche durchführt werden. Gerade bei Schutzhandschuhen ist die Trageakzeptanz der Benutzer sehr entscheidend. Mit den Händen wird aktiv gearbeitet, sodass die Schutzhandschuhe mehr im Fokus stehen als andere → *Persönliche Schutzausrüstungen*. Auch wenn Handschuhausführungen unterschiedlicher Hersteller von den Beschreibungen identisch sein sollen, so sind diese bzgl. Tastkomfort etc. mitunter unterschiedlich. Denken Sie daran, dass vom Bediener akzeptierte Schutzhandschuhe auch getragen werden.

4 Kennzeichnung

Hand- und Armschutz muss folgende Kennzeichnung besitzen:

- → *CE-Kennzeichnung*
- Name oder Kennzeichnung des Herstellers oder Lieferanten
- Typenangabe oder Modellnummer
- Größenangabe
- zugrunde liegende Norm
- Piktogramm (**Abb. 2**) und Leistungslevel (**Abb. 3**, bei Handschuhen von komplexer Konstruktion, die von einem anerkannten Institut geprüft wurden)

Die Kennzeichnung muss deutlich erkennbar und über die vorgesehene Gebrauchszeit des Handschuhes lesbar angebracht sein. Kennzeichnungen, die zu Verwechslungen mit den o. g. Kennzeichen führen können, sind nicht zulässig.

Piktogramm	Gefahrenklasse oder Anwendung	Piktogramm	Gefahrenklasse oder Anwendung
	mechanische Gefahren		Kälte
	Fallschnitt		Hitze und Feuer
	Statische Elektrizität		Hitze und Feuer für Feuerwehr
	chemische Gefahren		ionisierende Strahlen
	bakteriologische Kontamination	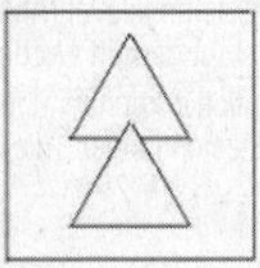	Arbeiten unter Spannung

Abb. 2: Einheitliche Piktogramme erleichtern den Überblick bei der Auswahl von Handschuhen

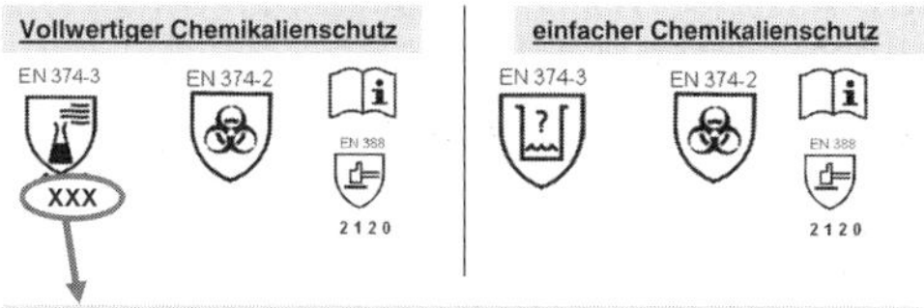

Kennbuchstabe	Prüfchemiekalie	Substanzklasse
A	Methanol	Primärer Alkohol
B	Aceton	Keton
C	Acetonitril	Nitril
D	Dichlormethan	Chloriertes Paraffin
E	Kohlenwasserstoffdisulfid	schwefelhaltige organische Verbindung
F	Toluol	aromatischer Kohlenwasserstoff
G	Diethylamin	Amin
H	Tetrahydrofuran	heterozyklische und Etherverbindungen
I	Ethylacetat	Ester
J	n-Heptan	aliphatischer Kohlenwasserstoff
K	Natriumhydroxid 40%	anorganische Base
L	Schwefelsäure 96%	anorganische Säure

Abb. 3: Piktogramme und Leistungslevel und deren Bedeutung

5 Einsatz

Ungeachtet der Schutzfunktion stellt das Tragen von Handschuhen eine Belastung dar. Besonders bei flüssigkeitsdichten Handschuhen führt das Schwitzen zu einer Aufweichung der oberen Hautschichten (Mazeration), die damit weniger Widerstandskraft gegenüber mechanischen Reizungen, Eindringen von Keimen usw. hat. Daher ist es sinnvoll, die Tragedauer auf das nötige Maß zu beschränken, möglichst „Handschuhpausen" einzulegen. Bei flüssigkeitsdichten Handschuhen sind zusätzlich die Vorgaben der TRGS 401 zu berücksichtigen und ggf. arbeitsmedizinische Vorsorgeuntersuchungen durchzuführen.

An Maschinen mit drehenden Teilen dürfen Schutzhandschuhe nicht getragen werden, sofern die Gefahr einer Verletzung durch Erfassen der Schutzhandschuhe besteht.

Zu jedem Hand- und Armschutz gibt es bestimmte Benutzungsregeln. Diese müssen eingehalten werden, um die Schutzfunktion sicherzustellen und mögliche neue Gefährdungen zu vermeiden. Beachtet werden muss z. B.

- Kontrolle auf mögliche Schäden/Undichtigkeiten;
- Benutzung nur für die vorgesehenen Tätigkeiten;
- Einhalten der Tragedauer;
- Art des Ablegens (zur Vermeidung von Kontaminationen und Verschmutzungen);
- Reinigung und Aufbewahrung (z. B. nicht in unmittelbarer Nähe zum Gefahrstoff).

In Bereichen, in denen verschiedene Arten von Handschuhen getragen werden, ist es empfehlenswert, einen **Handschuhplan** nach Art eines Hautschutzplans aufzustellen. Darin werden die zur Verfügung stehenden Handschuhe (möglichst mit Abbildung) aufgelistet und Informationen gegeben zu Einsatzmöglichkeiten, Benutzungsregeln und z. B. auch Lagerort oder Nachbeschaffung. Diese Informationen sollten auch Inhalt der regelmäßigen Unterweisungen sein.

Praxis-Beispiel: Farbauswahl

Versuchen Sie Schutzhandschuhe so auszuwählen, dass jede Farbe bzw. Farbkombination nur einmal zum Einsatz kommt. Dies erleichtert den Beschäftigten die Zuordnung, welchen Handschuh sie bei welcher Tätigkeit tragen sollen. Farben prägen sich eher ein als Produktnamen.

6 Weitere Informationen

- Das Institut für Arbeitsschutz (IFA) der Deutschen Gesetzlichen Unfallversicherung bietet im BGIA-Handbuch digital.de eine „**Schutzhandschuhe – Positivliste**" an. Diese listet alle Typen von Schutzhandschuhen auf, für die das IFA eine EG-Baumusterprüfbescheinigung ausgestellt hat.
- Das Gefahrstoff-Informationssystem der Berufsgenossenschaft Bau (**GISBAU**) enthält u.a. eine Handschuhdatenbank, Informationen zu Allergenen in Schutzhandschuhen sowie weitere Informationen zu Schutzhandschuhen.
- Handschuhdatenbank der BG RCI
- Der Bundesverband Handschutz e. V.[1] hält viele Informationen rund um das Thema Handschutz bereit und berät bei der Auswahl des richtigen Handschutzes.

Dirk Haffke

Handmaschinen

Handmaschinen sind (meist elektrisch) angetriebene Maschinen, die handgeführt werden. Sie werden also nicht an einem festen Platz mit einem Gehäuse oder einer Halterung aufgestellt, sondern können auch im Betrieb bewegt werden. Handmaschinen sind bei vielen gewerblichen Tätigkeiten sehr verbreitet, weil sie effektives Arbeiten ermöglichen und immer mehr Maschinen für unterschiedliche Bearbeitungsverfahren in handlicher Form (oft als Akkugeräte) zur Verfügung stehen. Die hohe Flexibilität und die vielfältigen Verwendungsmöglichkeiten von Handmaschinen führen aber auch zu einem beträchtlichen Unfallgeschehen.

Gesetze, Vorschriften und Rechtsprechung

Handmaschinen sind Maschinen i. S. d. Maschinenverordnung (9. ProdSV), nämlich

„mit einem anderen Antriebssystem als der unmittelbar eingesetzten menschlichen oder tierischen Kraft ausgestattete oder dafür vorgesehene Gesamtheit miteinander verbundener Teile oder Vorrichtungen, von denen mindestens eines bzw. eine beweglich ist und die für eine bestimmte Anwendung zusammengefügt sind" (§ 2 Abs. 2a 9. ProdSV).

Sie unterliegen damit grundsätzlich denselben Anforderungen wie stationäre Maschinen bzw. solche, die mindestens im Betrieb nicht bewegt werden. Augenfällig wird das dadurch, dass Handmaschinen beim Inverkehrbringen ein CE-Zeichen tragen müssen.

Im berufsgenossenschaftlichen Regelwerk finden sich Hinweise zum Umgang mit Handmaschinen in der DGUV-R 500 „Betreiben von Arbeitsmitteln", in der sämtliche aus Sicht der Unfallversicherungsträger relevanten Betriebsvorschriften an Maschinen zusammengeführt wurden. Die speziellen Risiken und Schutzmaßnahmen bei Handmaschinen werden (soweit vorhanden) dort in den einzelnen maschinentypbezogenen Kapiteln angesprochen.

1 Unfallgeschehen

In den Unfallstatistiken liegt der Umgang mit Handmaschinen (sowie mit Handwerkzeugen) seit Jahren unverändert auf Platz 2 der häufigsten Unfallursachen hinter den Stolper-, Rutsch- und Sturzunfällen und damit sehr hoch. Ursachen sind z. B.:

1 www.bvh.de

- Handmaschinen sind Bestandteil vieler Arbeitsprozesse. Schon aus Gründen der Effizienz wird, so oft es geht, zur Maschine gegriffen.
- Dank ihrer Antriebsenergie (i. d. R. Elektro- oder Verbrennungsmotoren, seltener Druckluft) ist das Kraftpotenzial relativ hoch, auch und gerade wenn „etwas danebengeht".
- Es wird vergleichsweise körpernah gearbeitet.
- Arbeit- und Bewegungsabläufe sind bei handgeführten Maschinen deutlich weniger kontrollierbar als bei stationären Anlagen und Maschinen.
- Handmaschinen werden häufig „vor Ort", d. h. bei Montagen, Reparaturen und auf Baustellen, eingesetzt, wo die Arbeitsbedingungen allgemein weniger geregelt sind als an Stationärmaschinen oder Anlagen.

Praxis-Beispiel: Das kann doch jeder ...!?

Wer das eine oder andere handwerklich selber macht, nimmt gerne auch mal eine Maschine in die Hand, mit der er oder sie noch nicht gearbeitet hat. Und tatsächlich lassen sich auch von relativ Ungeübten mit guten Handmaschinen in kurzer Zeit ansprechende Arbeitsergebnisse erzielen. Das darf aber nicht darüber hinwegtäuschen, dass einiges an Kenntnissen nötig ist, um tatsächlich auch sicher arbeiten zu können. Manche Risiken sind nicht sofort erkennbar, wie z. B. das Verfangen von Haaren in Bohrmaschinen oder von loser Kleidung in Bandschleifgeräten, das Herumschlagen von schlecht gespannten Werkstücken an Bohrmaschinen oder das Hochschlagen von Kreis- oder Kettensägen. Daher gilt: Nur wer aufgrund seiner Kenntnisse und Erfahrungen in der Lage ist, eine Handmaschine sicher zu bedienen, und auch entsprechend unterwiesen ist, darf damit tätig werden. Für besonders risikoreiche Handmaschinen wie Motorkettensägen muss (neben der geeigneten Schutzausrüstung) eine dokumentierte Ausbildung im Umgang damit vorliegen, bevor gearbeitet werden darf.

2 Auswahl

Handmaschinen, die in der EU in Verkehr gebracht werden, müssen zwingend mit einem → *CE-Kennzeichen* versehen sein. Damit werden Minimalanforderungen an die Sicherheit, weniger an die Qualität einer Maschine belegt, allerdings als Herstellerselbsterklärung (ohne Baumusterprüfung). Mindestens bei Maschinen, die in ausreichend hohen Stückzahlen auf den deutschen Markt gebracht werden, sollte auch auf das → *GS-Zeichen* Wert gelegt werden, was eine Baumusterprüfung bei einer externen Prüfstelle und detailliertere Sicherheitsstandards belegt.

Praxis-Beispiel: Auf Qualität achten

Schlecht gestaltete bzw. ausgeführte Handmaschinen liefern i. d. R. nicht nur schlechtere Arbeitsergebnisse. Schneiden und Klingen, die schnell stumpf sind, Antriebe, die unruhig laufen und leicht überlastet sind sowie unhandliche Gerätegestaltung führen auch dazu, dass der Arbeitsvorgang schlechter zu steuern und zu überblicken ist und die Unfallgefahr steigt.

3 Betrieb

- Handmaschinen müssen bestimmungsgemäß eingesetzt werden, also nur für den Zweck, für den sie auch gebaut wurden. Bedienungsanleitung und Sicherheitshinweise müssen den Nutzern bekannt sein.
- Das Arbeitsumfeld sollte für Arbeiten mit Handmaschinen möglichst übersichtlich und frei von zusätzlichen Störfaktoren und Gefahren gehalten werden. Das gilt umso mehr, wenn außerhalb von Werkstätten „vor Ort" auf Bau- und Montagestellen gearbeitet wird. Insbesondere mit gefährlichen oder schweren Maschinen, wie handgeführten Ketten oder Kreissägen, Hämmern oder Trennschleifern, darf nur von sicheren Standplätzen aus gearbeitet werden, d. h. z. B. nicht von Leitern aus.
- Beim Umgang und bei der Aufbewahrung von Handmaschinen sollte darauf geachtet werden, dass die Geräte nicht beschädigt werden. Gesplitterte Gehäuse, angeschnittene oder herausgezogene Kabel, fehlende Schutzeinrichtungen oder beschädigte Klingen sind leider häufige Mängel, die sicherheitsrelevant sein können und mit denen eine Handmaschine nicht betrieben werden darf.

- Je intensiver eine Handmaschine benutzt wird, desto mehr Wert sollte auf Gewicht und ergonomische Gestaltung gelegt werden, damit Gesundheitsbelastungen vermieden werden.

4 Prüfung

Als Arbeitsmittel müssen Handmaschinen entsprechend der Betriebssicherheitsverordnung geprüft werden. Umfang und Intervalle der Prüfung muss dabei der Betreiber, hier der Arbeitgeber, selber festlegen, wobei er eventuelle Herstellerangaben berücksichtigen muss.

Elektrische Handmaschinen, die die überwiegende Mehrzahl bilden, fallen darüber hinaus unter die Prüfungen für elektrische Geräte nach DGUV-V 3 mit Prüffristen von i. d. R. 6 Monaten bis einem Jahr.

Praxis-Beispiel: Prüfung von Handmaschinen

In der Unterweisung sollte vermittelt werden, dass jeder Nutzer vor Aufnahme der Arbeit sich vom sicherheitsgerechten Zustand der Maschinen zu überzeugen hat.

Regelmäßige Prüfungen können durch einen dafür beauftragten Mitarbeiter durchgeführt werden (bietet sich an, wenn es einen Werkstattverantwortlichen oder eine Werkzeugausgabe gibt). Ansonsten sollte es feste Fristen geben, nach denen alle Handmaschinen eines Betriebes oder Bereiches geprüft werden.

Bei Handmaschinen, die viel bewegt, hin und her transportiert und unter rauen Baustellenbedingungen betrieben werden, sollten die Prüfintervalle nicht zu kurz gewählt werden, wobei schon nach DGUV-V 3 elektrische Geräte auf Baustellen alle 6 Monate geprüft werden müssen.

Cornelia von Quistorp

Handwerkzeuge

Handwerkzeuge, wie Schraubendreher, Hammer, Zange und Säge, sind allen technologischen Entwicklungen zum Trotz aus den meisten Betrieben nicht ganz wegzudenken. Auch wenn die Nutzungsintensität nachgelassen hat und nur in wenigen Berufsbildern tatsächlich noch ein Großteil der Zeit mit nicht kraftbetriebenen Handwerkzeugen gearbeitet wird, sind Sicherheit und Ergonomie beim Umgang mit Handwerkzeugen ein relevantes Arbeitsschutzthema.

Gesetze, Vorschriften und Rechtsprechung

Handwerkzeuge sind Arbeitsmittel und fallen in den Geltungsbereich der Betriebssicherheitsverordnung (BetrSichV). Daraus ergibt sich u. a., dass Handwerkzeuge

- einer Gefährdungsbeurteilung zu unterziehen sind (§ 3 BetrSichV),
- in geeigneter Weise zu prüfen sind (§ 3 Abs. 6 BetrSichV),
- für den Verwendungszweck geeignet und sicher sein müssen (§ 5 BetrSichV),
- ergonomisch gestaltet sein müssen (§ 6 BetrSichV).

Viele praktische Hinweise zum sicheren Umgang mit Handwerkzeugen enthält die DGUV-I 209-001 „Sicherheit beim Arbeiten mit Handwerkzeugen“.

1 Handarbeit – ein auslaufendes Geschäft?

In einigen überwiegend handwerklichen Berufen werden wesentliche Anteile der Arbeit immer noch mit Handwerkzeug verrichtet, z. B. in Zimmerei, Garten- und Landschaftsbau, Elektrohandwerk, einigen Gewerken des Bauhandwerks und verschiedenen Kunsthandwerken. Ansonsten hat die Mechanisierung und Automatisierung der Arbeitswelt dazu geführt, dass „Dauertätigkeiten“ mit Handwerkzeug selten geworden sind. Wo immer möglich werden schon aus Gründen der Effektivitätssteigerung Handwerkzeuge durch (Hand-)Maschinen ersetzt:

- Druckluft- oder Akkuschrauber statt Schraubendreher,
- Band- und Kreissägen bzw. Trennschleifer statt Handsägen,
- Bohrhammer statt Hammer und Meißel.

Dadurch hat die Intensität der Arbeit mit Handwerkzeugen in Handwerk und Industrie soweit abgenommen, dass die körperlichen Dauerbelastungen (z. B. Nervenstörungen oder Gelenkverschleiß durch fortwährende Hammerschläge) abgenommen haben. Allerdings ist das Unfallgeschehen mit Handwerkzeug immer noch beträchtlich: Im langjährigen Verlauf der Unfallursachenstatistik nimmt der Umgang mit Handwerkzeug und → *Handmaschinen* stets Platz 2 nach den Stolper- und Sturzunfällen ein.

Praxis-Beispiel: Service und Außendienstmontage

Was im Betrieb längst maschinell erfolgt, wird „auf Montage", wo i. d. R. keine ausgerüstete Werkstatt zur Verfügung steht, immer noch per Hand gemacht (mit Handmaschinen, aber auch Handwerkzeug). Besonders im technischen Außendienst sollte man auf das Thema Werkzeugausstattung achten, wozu ggf. auch die Werkstattausstattung der Fahrzeuge gehört.

2 Gefährdungsbeurteilung/Auswahl/Beschaffung

2.1 Bedarf feststellen

Um bestimmte Tätigkeiten sicher ausführen zu können, ist das passende Werkzeug wichtig. Was genau erforderlich ist, kann Bestandteil der Maßnahmenplanung in der standardmäßigen → *Gefährdungsbeurteilung* eines Arbeitsplatzes bzw. Bereiches sein (s. dazu auch § 4 BetrSichV). Ggf. ist auch eine → *Betriebsanweisung* sinnvoll, die festhält, was wo und wie zu benutzen ist.

Praxis-Beispiel: Nicht ohne das passende Werkzeug

Kartonagen zerlegen: In vielen Betrieben kommen (Roh-)Ware oder Zulieferungen in Kartons an, die in Containern zu entsorgen sind. Wenn keine Presse zur Verfügung steht, müssen die Kartons zerlegt werden, weil sonst das Volumen nicht zu handhaben ist. Das Zerreißen von Kartons mit der Hand ist ausgesprochen mühsam und wegen der üblichen verstärkten Klebebänder unzweckmäßig. Mit einfachen Messern ist die Verletzungsgefahr hoch. Die häufig verwendeten Teppichmesser sind schließlich zum Schneiden auf festen Untergründen und nicht in instabilen und unhandlichen Kartons gedacht. Geeignet sind Sicherheitsmesser mit verdeckter Klinge, mit denen kräftesparend und sicher Kartonagen zerteilt werden können.

Umreifungsbänder trennen: Schwere Güter auf Paletten, in Ballen oder Stapeln werden mit stählernen Umreifungsbändern fixiert. Grundsätzlich lassen diese sich mit jeder Blechschere oder mit einem guten Bolzenschneider trennen. Dann kann es aber passieren, dass die unter Spannung stehenden Bänder hochschnellen und erhebliche Schnittverletzungen auslösen. Daher müssen zum Lösen von Umreifungsbändern Bandschneider eingesetzt werden, die die Bandenden beim Trennvorgang festhalten und gefahrlos entspannen.

Pressverbindungen herstellen: Seilverbindungen werden häufig ausgeführt, indem eine Presskausch (eine Art Manschette) über die zu verbindenden Seilabschnitte gezogen wird und mit hohem Druck darum gepresst wird. Auf ähnliche Weise werden auch Kabelschuhe und Stecker auf Kabel gepresst. Richtig ausgeführt sind diese Pressungen sehr haltbar und schwächen z. B. ein Seil weniger, als es andere Verbindungen tun würden. Diese Art der Verbindung darf aber nur mit genau der für das System jeweils vorgesehenen Presszange bzw. den an den Durchmesser der Kausch angepassten Pressbacken ausgeführt werden. Zwar ließe sich auch mit anderem Werkzeug eine oberflächlich ähnlich aussehende Verbindung herstellen. Sie erreicht aber sicher nicht die vorgeschriebene Festigkeit, was ein hohes Sicherheitsrisiko wäre.

2.2 Qualität

Die Qualitäten, in denen Handwerkzeug angeboten wird, sind sehr unterschiedlich, was schon an den Preisunterschieden erkennbar ist, die zwischen Werkzeugsets vom Discounter und Fachhandelsware bestehen. Auch in der Frage, ob und inwieweit qualitativ hochwertiges Werkzeug wichtig ist, gehen die Meinungen weit auseinander. Argumente wie

- geht doch sowieso bald wieder verloren,
- Schraubenschlüssel ist Schraubenschlüssel, da kann nichts dran verkehrt sein,
- wird nur ganz selten gebraucht,

führen dazu, dass billigem Werkzeug der Vorzug gegeben wird.

Wenn die Gefährdungsbeurteilung ergeben hat, dass bestimmte Tätigkeiten mit Handwerkzeug auszuüben sind, dann muss das **geeignete** Werkzeug zur Verfügung stehen, und zwar auch in ausreichender Qualität, weil minderwertiges Werkzeug tatsächlich ein erhöhtes Unfallrisiko birgt, z.B. durch

- Abrutschen von Schraubenköpfen durch schlechte Passung von Schlüsseln,
- Gratbildung an Hämmern oder Meißeln wegen schlechter Materialbeschaffenheit,
- Verbiegen von Zangen,
- Bruch von Werkzeug durch mangelnde Materialbeschaffenheit.

Praxis-Beispiel: Qualitätssiegel beachten

Unter Sicherheitsaspekten spielt vor allem das → *GS-Zeichen* für „Geprüfte Sicherheit", das über verschiedene Prüfstellen vergeben wird, eine Rolle.

Ein allgemeines Qualitätssiegel, das auch Rückschlüsse auf einen guten Sicherheitsstandard zulässt, ist das Verbandssiegel des Fachverbandes Werkzeugindustrie e.V. So gekennzeichnetes Werkzeug wurde nach den geltenden Regeln der Technik (u.a. DIN-Normen) gefertigt, was für Qualität und Passgenauigkeit wichtig ist.

Da es sich bei Handwerkzeug nicht um Maschinen im EU-rechtlichen Sinne handelt, muss **kein** → *CE-Zeichen* vergeben werden.

3 Lagerung/Unterbringung

Werkzeug sollte übersichtlich und griffbereit gelagert werden. Das sorgt für

- **Werterhaltung:** Schäden und Verschmutzung (z.B. an empfindlichen Oberflächen, wie Schneiden und Klingen) werden vermieden.
- **Unfallschutz:** Ungeordnetes Werkzeug führt zu Unfallgefahren, einerseits durch Verletzungen bei der Handhabung und andererseits dadurch, dass das benötigte Werkzeug im Bedarfsfall nicht schnell aufgefunden und daher durch Improvisieren ein höheres Unfallrisiko in Kauf genommen wird (z.B. „schnell mal der Schraubendreher" statt des Stemmeisens).

Bewährt sind

- **Werkzeugkisten** (ggf. verschließbar und personenbezogen): Vorsicht: Werkzeugkisten werden unter ergonomischen Gesichtspunkten schnell zu schwer. Günstig sind, wenn längere Wege anstehen, Karren oder Wagen zum Transport, ggf. auch Werkzeugrucksäcke.
- **Werkzeugwagen**, wenn der Arbeitsbereich eben und stufenlos ist (ggf. verschließbar und personenbezogen).
- **Werkzeugwände** für den stationären Einsatz – bieten viel Überblick.
- **Werkzeuggürtel** oder -taschen zum sicheren Mitführen von Werkzeug „am Mann". Das ist unumgänglich, wenn an schwer zugänglichen Stellen, auf Leitern, Podesten usw., gearbeitet wird, wo ggf. die Hände immer wieder zur Eigensicherung frei sein müssen.

Praxis-Beispiel: Werkzeug im Auto

Wegen des hohen Gewichtes geht von (ungesichertem) Werkzeug im Pkw eine erhebliche Gefahr aus. Werkzeugkisten müssen rutschfest verstaut, ggf. verzurrt werden. Gut sind eine Trennwand oder ein Gepäckschutznetz, die verhindern, dass einzelne Teile bei einem Aufprall wie Geschosse durchs Wageninnere fliegen.

Eine Werkstattausstattung im Fahrzeug kann sowohl Werkzeug sicher und übersichtlich aufnehmen als auch bei der Arbeit helfen (z.B. durch Möglichkeiten zum Spannen von Material und Werkstücken).

4 Sicheres Arbeiten

4.1 Ausbildung/Unterweisung

Wer nicht gelernt hat, mit Werkzeug richtig umzugehen, hat ein deutlich erhöhtes Unfallrisiko. Fachkräfte sollten diese Kenntnisse aus der Berufsausbildung mitbringen. Trotzdem ist der sichere Umgang mit Handwerkzeug immer wieder ein angezeigtes und vielfältiges Thema für die jährliche Unterweisung – erst recht für angelernte Kräfte oder solche, die nur gelegentlich mit Handwerkzeugen arbeiten.

4.2 Kritische Punkte

Arbeiten mit schadhaftem Werkzeug

Mangelhaftes Werkzeug wird nicht aussortiert, sondern verbleibt im Bestand, aus Gedankenlosigkeit oder weil keine Prüfroutine festgelegt ist oder weil die Ansicht vertreten wird, dass es „für dieses oder jenes" noch zu gebrauchen sei. Auf diese Weise wird der Bestand immer größer und unübersichtlicher, und der Sicherheitsstandard sinkt.

Unergonomisches Werkzeug

An Arbeitsplätzen, wo tatsächlich lange und intensiv mit Werkzeug gearbeitet wird (z. B. Schnittarbeiten im Pflanzenbau oder manuelle Richt- oder Treibarbeiten in der Metallverarbeitung), muss auf besondere ergonomische Qualität von Werkzeugen Wert gelegt werden, weil es sonst zu erheblichen Gesundheitsproblemen im Hand-Arm-Bereich kommen kann. Wichtig ist dann z. B. der kraftsparende Schnittmechanismus von Scheren oder Schwingungsdämpfung von Hämmern. Darüber informiert u. a. der Fachhandel, aber auch Fachinformationen der Unfallversicherungsträger zu relevanten Themen.

Falsche Handhabung

Werkzeug wird missbräuchlich eingesetzt, was häufig zu Unfällen und Schäden an Werkzeugen führt; z. B. werden

- Schraubendreher als Hebelwerkzeug bzw. Meißel zum Stemmen eingesetzt,
- Schraubenschlüssel (bei fest sitzenden Schrauben) mit aufgesteckten Rohren verlängert, was zum Abrutschen oder zum Bruch führen kann,
- Teppichmesser zum „freihändigen" Schneiden ohne feste Unterlage verwendet,
- Zangen zum Lösen von Schrauben verwendet, wenn kein passender Schlüssel zur Hand ist.

5 Prüfung

Weil auch Handwerkzeuge Arbeitsmittel i. S. d. Betriebssicherheitsverordnung sind, unterliegen sie den dort vorgesehenen Prüfungen: *„Unterliegen Arbeitsmittel Schäden verursachenden Einflüssen, die zu gefährlichen Situationen führen können, hat der Arbeitgeber die Arbeitsmittel entsprechend den nach § 3 Abs. 3 [d. h. im Rahmen einer Gefährdungsbeurteilung] ermittelten Fristen durch hierzu befähigte Personen überprüfen und erforderlichenfalls erproben zu lassen".*[1]

In der Praxis gilt es, einen Weg zu finden, diese Prüfverpflichtung umzusetzen, ohne dass unangemessener Aufwand entsteht. Nur in besonders sensiblen Bereichen, z. B. Ex-Schutz- oder ESD-geschützten Bereichen (Schutz vor elektrostatischer Entladung), kann es erforderlich sein, alle Handwerkzeuge einzeln zu erfassen und die Prüfung zu dokumentieren, weil hier besondere Anforderungen zu erfüllen sind. Sonst empfiehlt es sich, in der Gefährdungsbeurteilung oder im Prüfverzeichnis für den Betrieb zu dokumentieren, wie sichergestellt wird, dass nur einwandfreies Handwerkzeug verwendet wird. Das kann z. B. dadurch geschehen, dass festgehalten wird,

- dass der Nutzer verantwortlich ist, Werkzeug vor dem Einsatz auf ordnungsgemäßen Zustand zu kontrollieren und nur einwandfreies Werkzeug einzusetzen,

---

1 § 10 Abs. 2 BetrSichV.

- wer für Reparaturen zuständig ist bzw. sie vornehmen darf und wo und wie neues Werkzeug beschafft oder ausgegeben wird,
- dass und durch wen in gewissen Abständen oder zu festgelegten Terminen die gesamte Werkzeugausstattung kontrolliert wird.

Praxis-Beispiel: Wartung und Pflege

Mit gepflegtem Werkzeug kann besser und vor allem sicherer gearbeitet werden. Stumpfe Klingen an Scheren, Beiteln oder Schraubendrehern geben ein schlechtes Arbeitsergebnis und machen die Arbeit mühsam und belastend für die Hände. Erst recht, wenn hochwertiges Werkzeug gekauft wurde, sollte damit möglichst werterhaltend umgegangen werden. Zur Wartung und Pflege von Werkzeug gehören aber gewisse Kenntnisse und manchmal auch technische Möglichkeiten. Nicht jede gehärtete Klinge kann nachgearbeitet werden, und wenn, dann muss klar sein, welches Schleifmaterial und welcher Schleifwinkel richtig ist.

Cornelia von Quistorp

Hautschutz

Hautschutz ist ein Teil der Persönlichen Schutzausrüstung. Hautschutz ist der Schutz des Hautorgans vor beruflichen Schädigungen durch die Anwendung äußerlich auf die Haut aufzubringender Mittel. Hautschutz wird unterteilt in die Bereiche:

- Hautschutz: Schutzmittel, die vor einer hautbelastenden Tätigkeit auf die Haut aufgetragen werden und deren Schutzwirkung für die bestimmungsgemäße Anwendung nachgewiesen ist.
- Hautreinigung: Reinigungsmittel, die nach einer Tätigkeit zur Entfernung unerwünschter Stoffe auf der Haut angewandt werden.
- Hautpflege: Pflegemittel, die nach einer hautbelastenden Tätigkeit zur Förderung der Regeneration auf die saubere Haut aufgetragen werden.

Gesetze, Vorschriften und Rechtsprechung

Neben der PSA-Benutzungs-Richtlinie (89/656/EWG, wird ab 21.4.2018 durch die PSA-Verordnung (2016/425/EU) abgelöst) und der nationalen PSA-Benutzungsverordnung (vgl. → *Persönliche Schutzausrüstung*) sind für den Hautschutz u. a. auch folgende Vorgaben zu beachten.

Hautschutzmittel sind formal-juristisch sog. kosmetische Mittel und unterliegen dem Lebensmittel-, Bedarfsgegenstände- und Futtermittelgesetzbuch (LFGB) und im engeren Sinn der Kosmetik-Verordnung. Daher ist eine Deklaration der Inhaltsstoffe und eine 30-monatige Haltbarkeitsgarantie (oder ein Herstellungsdatum) seitens der Hersteller erforderlich. Zusätzlich muss (gegenüber der Aufsichtsbehörde) ein Wirksamkeitsnachweis der ausgelobten Wirkung und u. a. eine Sicherheitsbewertung zur gesundheitlichen Unbedenklichkeit des Produkts erbracht werden.

Die TRGS 401 „Gefährdung durch Hautkontakt" beschreibt alle Gefährdungen durch resorbierbare und hautgefährdende (ätzende, reizende, sensibilisierende) Stoffe und Feuchtarbeit – mit Ausnahme von Infektionskrankheiten der Haut und Strahlenschäden. Sie setzt die allgemeinen Anforderungen an die Gefährdungsbeurteilung aus der Gefahrstoffverordnung in konkrete Handlungshilfen um. Die einzelnen Tätigkeiten werden bestimmten Gefährdungskategorien zugeordnet und mögliche technische, organisatorische und hygienische Schutzmaßnahmen vorgestellt.

Gemäß Abschn. 4.3 TRBA 500 „Allgemeine Hygienemaßnahmen: Mindestanforderungen" müssen Mittel zum hygienischen Reinigen und Trocknen der Hände sowie ggf. Hautschutz- und Hautpflegemittel als organisatorische Maßnahme zur Verfügung gestellt werden.

Ein → *CE-Zeichen* ist für Hautmittel nicht vorgesehen bzw. wegen fehlender PSA-Normen/Detailvorschriften **nicht möglich**.

1 Aufgaben von Hautschutz

Die Haut – das größte Organ des Menschen – schützt den Menschen vor einer Vielzahl äußerer Einflüsse, z. B. Hitze, Kälte, Eindringen körperfremder Substanzen oder Krankheitserreger. Damit sie ihre Funktion ausreichend wahrnehmen kann, muss sie selbst geschützt werden. Im Arbeitsalltag kann den Gefährdungen durch entsprechende Schutzkleidung oder Hautschutzmittel wirksam vorgebeugt werden, aber auch eine ausreichende Nachversorgung ist wichtig.

Praxis-Beispiel: Hautschutz als nachrangige Schutzmaßnahme

Nach dem TOP-Prinzip müssen zuerst technische oder organisatorische Maßnahmen ergriffen werden, bevor → *Persönliche Schutzausrüstung* – so auch Hautschutz – eingesetzt wird.

Hautschutz soll hauptsächlich Folgendes erreichen:

- **Verhütung von irritativen Kontaktekzemen** (= Abnutzungsdermatose, subtoxisch-kumulatives Kontaktekzem): Diese nicht allergische Form des Kontaktekzems tritt nur nach längerem Hautkontakt mit einem Hautreizstoff (= Irritans) auf. Die Kontaktzeit (mehrere Stunden pro Arbeitswoche) kann sich auf Wochen bis Jahrzehnte erstrecken, bevor eine sicht- und fühlbare Hautreaktion auftritt. Es ist nicht Aufgabe von Hautschutzmitteln, die Aufnahme oder Wirkung von Giften oder Allergien/Kontakt mit Allergenen (= Allergie auslösende Substanzen) zu vermeiden.
- **Erleichterung der Hautreinigung:** Bei vorheriger Anwendung von Hautschutzmitteln kann auf die Verwendung von *lösemittelhaltigen Intensivreinigern* (= Spezialhandreiniger) verzichtet werden. Auch *reibemittelhaltige* Hautreinigungsmittel (= Handwaschpasten) können so vermieden oder in der Menge reduziert werden. Obwohl sich die Hautverträglichkeit von Hautreinigungsmitteln im gewerblichen Bereich in den letzten Jahren deutlich verbessert hat, trägt die oft aggressive/intensive Hautreinigung zur Entstehung von beruflich bedingten Hauterkrankungen bei.
- **Verringerung der Hauterweichung** (Hautmazeration) *unter* luft- und feuchtigkeitsdichten Schutzhandschuhen, gehört jedoch zu den weniger bekannten Anwendungsgebieten der Hautschutzmittel.

2 Hautschutz oder Schutzhandschuhe?

Eines der Haupteinsatzgebiete für Hautschutz ist der Schutz der Hände. Bei der Anwendung von Hautschutzmitteln im Praxisalltag kommt es zwangsläufig immer wieder zu Abgrenzungsproblemen gegenüber Schutzhandschuhen. Die Einzelentscheidung für die Art der einzusetzenden → *PSA* muss im Rahmen der → *Gefährdungsbeurteilung* (→ *Persönliche Schutzausrüstung*) getroffen werden. Grundsätzlich ist das Schutzvermögen der Hautschutzmittel aus technisch-physikalischen Gründen geringer als das der → *Schutzhandschuhe*. Hautschutzmittel können nicht gegen ätzende, Allergie auslösende oder giftige Substanzen verwendet werden.

Vorteile haben Hautschutzmittel immer dann, wenn Tastgefühl und Fingerfertigkeit erhalten bleiben müssen oder aufgrund rotierender Maschinenteile keine Handschuhe eingesetzt werden dürfen. Hautschutzmittel und Schutzhandschuhe sind kein Gegensatz: Beide sind Bestandteil der → *PSA* mit ihren Vor- und Nachteilen, die gegeneinander abgewogen werden müssen.

3 Hautschutzmittel

Hautschutzmittel lassen sich in 3 Gruppen unterteilen (vgl. **Tab. 1**).

Hautschutzmittel		
wasserlösliche Hautschutzmittel	Schutz vor fettlöslichen Schadstoffen durch Aufbau einer fettabweisenden Schutzschicht	
wasserunlösliche Hautschutzmittel	Schutz vor wässrigen Schadstoffen durch Aufbau einer fetten = wasserabweisenden Schutzschicht („Fettsalbe“)	
Hautschutzmittel mit speziellen Wirkstoffen (Sondergruppe)	gerbstoffhaltige Hautschutzmittel	Vorbeugen von Hautproblemen beim Tragen luftabschließender Schutzkleidung (Handschuhe)
	Mittel mit dualistischem Wirkprinzip und breitem Anwendungsgebiet	Schutz an Arbeitsplätzen mit wechselnder Schadstoffbelastung (wässrige und ölige Schadstoffe)
	Lichtschutzmittel für den beruflichen Bereich	Verlängerung der natürlichen Eigenschutzzeit der Haut gegenüber UV-Strahlen
	abdruckarme Hautschutzmitttel	Reduktion von Fingerabdrücken durch die Verwendung filmbildender Stoffe

Tab. 1: Gruppen von Hautschutzmitteln

Die meisten Hautschutzmittel **wirken** auf rein physikalische Weise, indem sie durch ihre Beschaffenheit eine für den Schadstoff schwer durchdringbare Schicht aufbauen. Voraussetzung dafür ist eine weitgehende Unlöslichkeit des Schadstoffs im Hautschutzpräparat. Das „Prinzip der umgekehrten Löslichkeit“ spiegelt sich auch in der Grobeinteilung der Schadstoffe in wasserlösliche und wasserunlösliche Hautschadstoffe wider.

Praxis-Beispiel: Auswahl von Hautschutz

Die Auswahl eines Hautschutzmittels ist immer eine Einzelfallentscheidung und kann nur auf genauer Kenntnis der Eigenschaften des Schadstoffs getroffen werden. Entscheidungsschwierigkeiten treten bei den (häufigen) Gemischen von Stoffen auf und sollten daher in Kooperation mit dem verantwortlichen Hersteller/Inverkehrbringer des Arbeitsstoffs sowie dem Beratungsdienst der Hautschutzmittel-Lieferanten gelöst werden.

4 Hautreinigungsmittel

Unsachgemäß durchgeführte Hautreinigungen sind vielfach Ursache für das Auftreten beruflich bedingter Hauterkrankungen. Jede Hautreinigung sollte so schonend wie möglich durchgeführt werden. Das eingesetzte Hautreinigungsmittel sollte nicht nur eine ausreichende Reinigungswirkung, sondern gleichzeitig die jeweils bestmögliche Hautverträglichkeit besitzen. **Tab. 2** zeigt die Unterschiede in Abhängigkeit der Verschmutzung.

Einfache Verschmutzung	Flüssiges oder festes Hautreinigungsmittel auf der Basis **waschaktiver Substanzen (WAS)** ist ausreichend.
Grobverschmutzungen	Bei Grobverschmutzungen, z. B. durch Fette, Öle, Metallstaub, Graphit oder Ruß, reichen Produkte auf reiner WAS-Basis i. d. R. nicht mehr aus. In **Grobhandreinigern** sind **Reibemittel** der reinigungsentscheidende Bestandteil. Sie unterstützen die Reinigungswirkung des WAS mechanisch, sodass die Schmutzpartikel auch aus den Hautfalten entfernt werden. Reibemittel bestehen aus: • Sand (Anwendung sehr stark zurückgegangen, da er Abwasserleitungen verstopft) • Holz • Kunststoff • „Bio“ (Basis z. B. Maiskolben, Walnussschalen, Olivenkernen oder Zuckerpartikeln) ⇒ deutlich wachsender Anteil, da umwelt- und werbegerechter **Lösemittelfreie Grobhandreiniger** decken die **Masse der Verschmutzungen** ab und können daher auch den lösemittelhaltigen Spezialhandreinigern vorgezogen werden.
Spezialverschmutzungen	Bei Spezialverschmutzungen (z. B. Lacke, Ölfarben, Kleber, Harze oder Teer) reichen die üblichen Produktaufbauten von Hautreinigungsmitteln nicht mehr aus. Zur Entfernung von Verschmutzungen, die besonders stark auf der Haut haften, werden **Spezialreiniger** benötigt, bei denen ein **Lösemittel** als Grundbaustein fungiert und waschaktive Substanzen sowie evtl. ein zusätzliches Reibemittel zur Reinigungsverstärkung eingesetzt werden. Die Reinigungswirkung kommt überwiegend durch ein chemisches Anlösen der Schmutzpartikel zustande.

Tab. 2: Hautreinigungsmittel in Abhängigkeit von der Verschmutzung

Praxis-Beispiel: Grundregeln für das richtige Waschen

Zur schonenden Hautreinigung gehört neben der Auswahl eines verschmutzungsangepassten Produkts auch das Beachten von Grundregeln für das richtige Waschen:

- Nur die notwendige Produktmenge verwenden (nicht zu viel)!
- Produkt zunächst ohne Wasser gründlich verreiben!
- Anschließend mit wenig Wasser waschen!
- Schmutz und Reinigungsmittel mit viel Wasser gründlich abspülen!
- Hände sorgfältig abtrocknen!

5 Hautpflegemittel

Regelmäßige Hautpflege nach der Arbeit bzw. nach intensivem Händewaschen oder bei längeren Arbeitspausen ist als Teil des Hautschutzes genauso wichtig wie Anwendung von Hautschutzmitteln vor Arbeitsbeginn. Die Auswahl eines Hautpflegemittels muss dem Hautzustand des jeweiligen Benutzers angepasst werden:

- Personen mit **normaler** Haut (Typ I) benötigen nur O/W-Emulsionen (O/W = Öl/Wasser) mit weniger hohem Lipidanteil (Fettanteil).
- Personen mit einem **trockenen** fettarmen Hautzustand (Typ II) benötigen eher Mittel mit höherem Lipidanteil wie z. B. eine O/W-Emulsion mit > 20 % Lipid (Fett).

- Bei **extrem trockenem** Hautzustand (Typ III) reicht der Lipidcharakter dieser Pflegeprodukte i.d.R. nicht aus und es sollte eine lipidreichere W/O-Emulsion bevorzugt werden. Sie schränkt den Feuchtigkeitsaustritt aus der Haut so stark ein, dass sich bereits nach relativ kurzer Anwendungszeit ein neues Feuchtigkeitsdepot in der Hornschicht aufbaut.

6 Hauterkrankungen

Hautkrankheiten gehören mit der Lärmschwerhörigkeit zu den häufigsten → *Berufskrankheiten*. Hautkrankheiten sind auch in anderen Industrieländern meist unter den TOP 3 der Erkrankungen zu finden. Die Definition der **Berufskrankheit Haut (BK 5101)** erschwert die Anerkennung. Die BK-Definition erfasst nur Vorfälle, die zweimal im Abstand von 4 Wochen aufgetreten sind.

Die Verdachtsanzeige wird richtigerweise schon beim ersten Krankheitsgeschehen erstellt. Häufig kann dann durch Intervention am Arbeitsplatz das versicherungsrechtlich notwendige zweite Auftreten der Hauterkrankung vermieden werden. Weniger als 10 % der Verdachtsanzeigen werden versicherungsrechtlich voll anerkannt und entschädigt. Aus dermatologischer Sicht ist die deutliche Mehrheit der Verdachtsfälle hingegen dem Grunde nach arbeitsbedingt bzw. -gefördert – unabhängig von der versicherungsrechtlichen Bedeutung.

Eine ärztliche Begutachtung ist bei Auftreten oder bei Verdacht von Hauterkrankungen unerlässlich. Bevorzugt sollte der → ***Betriebsarzt*** oder ein Hautarzt mit der Bewertung der arbeitsmedizinischen Situation beauftragt bzw. in die Maßnahmenerstellung einbezogen werden. Meist kann durch rasche Intervention eine Gefährdung weiterer Personen vermieden werden. Arbeitssicherheitstechnisch kann der Hautschutz erforderliche technische oder organisatorische Maßnahmen ergänzen sowie die medizinische Therapie unterstützen.

7 Hautschutzplan

Ergibt sich aus der Gefährdungsbeurteilung die Notwendigkeit zum Einsatz von Hautschutz (Hautschutzmittel, Hautreinigungsmittel und Hautpflegemittel), so sollten die entsprechenden Hautschutzmittel in einem Hautschutzplan festgelegt werden. Der Hautschutzplan (**Abb. 1** zeigt ein Bespiel) sollte 3 Bereiche enthalten:

- Allgemeiner Hautschutz, z.B. Tragen von Handschuhen,
- Reinigung zur Säuberung der Haut,
- Pflege zur Regeneration der Haut.

Es ist empfehlenswert, den Hautschutzplan in Zusammenarbeit mit dem Bereichsverantwortlichen, dem → *Betriebsarzt*, dem → *Betriebsrat*, der → *Fachkraft für Arbeitssicherheit* und dem Hautschutzhersteller zu erstellen. Viele Hautschutzhersteller stellen mittlerweile auch Standards/Vorlagen zur Hautschutzplanerstellung zur Verfügung oder Übernehmen sogar die Erstellung von Ausdrucken.

Praxis-Beispiel: Aushang von Hautschutzplänen

Hängen Sie die Hautschutzpläne in den Bereichen aus, an denen die Mitarbeiter häufig vorbeikommen. Dies können z.B. Sanitärbereiche, Waschplätze oder die entsprechenden Arbeitsplätze sein. Durch den Aushang der Pläne werden die Mitarbeiter ständig über die Verwendung der für sie wichtigen Produkte informiert und an die Benutzung erinnert.

Praxis-Beispiel: Akzeptanz von Hautschutz

Die Akzeptanz von Hautschutz kann deutlich erhöht werden, wenn die Mitarbeiter bei der Auswahl der Hautschutzmittel (Hautschutz, Hautreinigung und Hautpflege) beteiligt werden.

Die Mitarbeiter müssen mind. **einmal jährlich** mündlich über die Hautschutzmaßnahmen und die Hautgefährdungen informiert werden. Die Anwendungsempfehlungen der Hersteller, Aufklärungsfilme z.B. der Berufsgenossenschaft oder der Hersteller und vorhandene Gefahrstoff-→ *Betriebsanweisungen* können in die Aufklärung einbezogen werden.

DR. LANGE

Hautschutzplan

Für: ***Lebensmittelbereich***

	Hautschutz	*Hautreinigung*	*Hautpflege*	*Handschuhe*

Einsatzgebiet	Vor Arbeitsbeginn nach Hände-waschungen	Vor Pausen bzw. nach der Arbeit	Nach der Arbeit bzw. vor Pausen	Hinweise auf Einsatzbereich beachten
Trocken- und Feuchtarbeit	*Präparat A*	*Präparat B*	*Präparat C*	*Typ D*
Handschuhträger	*Präparat B*	*Präparat B*	*Präparat C*	//
Reinigungsarbeiten	*Präparat C*	*Präparat B*	*Präparat C*	*Typ D*
Lebensmittelkontakt Umgang mit Frischprodukten	*Präparat D*	*Präparat B*	Präparat C	*Typ D*

Ansprechperson Hautschutz:

Abb. 1: Beispiel für einen Hautschutzplan

Dirk Haffke

Hebebühnen

Hebebühnen sind Einrichtungen, die Lasten ähnlich wie ein Aufzug von tiefer zu höher gelegenen Positionen bewegen können. Dabei befindet sich die Last i.d.R. auf einer Plattform, die sich kraftbetrieben hebt und senkt. Mittels Hebebühnen werden große Lasten gehoben, was bei unsachgemäßer Handhabung ein großes Gefährdungspotenzial darstellen kann (z.B. Fahrzeughebebühne). An die Auswahl von Personen, die Hebebühnen bedienen dürfen, werden daher hohe Anforderungen gestellt.

Gesetze, Vorschriften und Rechtsprechung

- Betriebssicherheitsverordnung (BetrSichV)
- Produktsicherheitsgesetz (ProdSG)
- DGUV-R 109-008 „Fahrzeuginstandhaltung"
- Kap. 2.10 DGUV-R 100-500 „Betreiben von Arbeitsmitteln"
- DGUV-I 208-015 „Fahrzeughebebühnen"
- DGUV-I 208-019 „Sicherer Umgang mit fahrbaren Hubarbeitsbühnen"
- DGUV-I 208-040 „Beschaffen und Betreiben von Fahrzeughebebühnen"
- DGUV-G 308-002 „Prüfung von Hebebühnen"
- DGUV-G 308-003 „Prüfbuch von Hebebühnen"
- DGUV-G 308-008 „Ausbildung und Beauftragung der Bediener von Hubarbeitsbühnen"

1 Arten von Hebebühnen

Hebebühne ist der Sammelbegriff für Hebeeinrichtungen, bei denen das Lastaufnahmemittel nicht frei hängt, sondern geführt wird (z.B. über einen Hydraulikstempel).

Hebebühnen sind z.B.:

- Hubarbeitsbühnen,
- Hubladebühnen,
- Kippbühnen oder
- Fahrzeug-Hebebühnen.

2 Gefährdungen

Beim Betrieb von Hebebühnen treten folgende Gefährdungen auf:

- Quetschgefahren,
- herabfallende Lasten,
- Absturzgefahr,
- Überschreitung der zulässigen Belastung,
- elektrische Gefährdungen,
- mangelhafte Befähigung.

3 Schutzmaßnahmen

3.1 Beschäftigungsbeschränkung

Die Gefährdungen sind so groß, dass nur bestimmte Personen Hebebühnen bedienen dürfen.

Der Unternehmer darf mit der selbstständigen Bedienung von Hebebühnen nur Personen beschäftigen, die

1. das 18. Lebensjahr vollendet haben,
2. in der Bedienung der Hebebühne unterwiesen sind,
3. ihre Befähigung gegenüber dem Unternehmer nachgewiesen haben und
4. vom Unternehmer ausdrücklich mit dem Bedienen der Hebebühne schriftlich beauftragt wurden (Kap. 2.10, Nr. 2.1 DGUV-R 100-500, Abschn. 2 DGUV-G 308-008).

Praxis-Beispiel: Keine Einschränkungen

Diese Bedingungen müssen alle erfüllt sein. Es gibt keine Einschränkung, dass Jugendliche z. B. im Rahmen ihrer Ausbildung Hebebühnen selbstständig bedienen dürfen. Da der Begriff „selbstständige Bedienung" die Bedienung ohne Aufsicht darstellt, heißt das jedoch, dass Jugendliche unter Aufsicht durchaus Hebebühnen bedienen dürfen.

Abschn. 3 DGUV-G 308-008 regelt die notwendige theoretische und praktische Ausbildung der Bediener von Hebebühnen und den Inhalt der Abschlussprüfung.

3.2 Technische und organisatorische Schutzmaßnahmen

Beim Betrieb von Hebebühnen gelten folgende grundlegende Schutzmaßnahmen:

- zulässige Belastung nicht überschreiten,
- vorgesehene Zugänge benutzen,
- vorgesehene Steuerstelle verwenden,
- durch Bewegungen der Hebebühne darf niemand gefährdet werden,
- Aufenthalt im Gefahrenbereich (z. B. unter dem Lastaufnahmemittel) ist verboten,
- keine Gegenstände auf Lastaufnahmemittel werfen oder von diesen abwerfen,
- max. Fahrgeschwindigkeiten nicht überschreiten (schienengebunden 3 m/s, alle anderen 1,6 m/s),
- bei Einsatz in der Nähe von Freileitungen Schutzabstände beachten,
- nach dem Einsatz Hebebühne gegen unbefugte Benutzung sichern,
- jährlich durch eine befähigte Person prüfen und die durchgeführte Prüfung in einem Prüfbuch dokumentieren,
- Beschäftigte vor Aufnahme der Tätigkeit und danach in regelmäßigen Abständen, mind. jedoch einmal jährlich, unterweisen.

Dirk Rittershaus

Herstellungs- und Verwendungsverbote

Zum Schutz der Sicherheit und Gesundheit der Beschäftigten wurde sowohl die Herstellung als auch die Verwendung zahlreicher gefährlicher Stoffe, Gemische und Erzeugnisse beschränkt. Internationale sowie nationale Regelungen legen fest, für welche Gefahrstoffe diese Beschränkungen gelten, u. a. auch für Biozid-Produkte sowie für Tätigkeiten mit Gefahrstoffen in Heimarbeit. Besondere Herstellungs- und Verwendungsbeschränkungen, die weitergehender sind als die REACH-Verordnung gelten in Deutschland für

- Asbest,
- bestimmte aromatische Kohlenwasserstoffe,
- Pentachlorphenol,
- biopersistente Fasern,
- Kühlschmierstoffe und Korrosionsschutzmittel sowie
- besonders gefährliche krebserzeugende Stoffe.

Die Beschränkungen enthalten i. d. R. ein grundsätzliches Verbot. Sie erlauben aber in Ausnahmefällen den Umgang mit den o. g. Gefahrstoffen, z. B. bei Abbruch- und Sanierungsarbeiten, für Forschungs- und Analysezwecke oder wissenschaftliche Lehrzwecke. Besonders gefährliche krebserzeugende Stoffe dürfen nur in geschlossenen Anlagen hergestellt oder verwendet werden.

Gesetze, Vorschriften und Rechtsprechung

Herstellungs- und Verwendungsverbote sind v. a. geregelt in Art. 67 i. V. mit Anhang XVII 1907/2006/EG (REACH-Verordnung), § 16 und Anhang II Gefahrstoffverordnung sowie in TRGS 600 ff.

Bettina Huck

Hitzearbeit

Hitzearbeit ist eine Arbeit, bei der es infolge von Belastungen aus Hitze, körperlicher Arbeit und ggf. Bekleidung zu einer Erwärmung des Körpers und damit zu einem Anstieg der Körpertemperatur kommt. Die Folge können Gesundheitsschäden wie Kreislaufprobleme oder Muskelkrämpfe sein. Auch bei kurzzeitiger Beschäftigung mit Hitzearbeit kann ein Gesundheitsrisiko auftreten.

1 Hitzeadaptation

Mögliche Gesundheitsschäden bei Hitzearbeit können verringert werden, indem sich der Mitarbeiter langsam an die Hitze gewöhnt (Hitzeadaptation). Die Hitzeadaptation erfolgt in Abhängigkeit von der jeweils vorgegebenen thermischen Belastung innerhalb einer Zeitspanne von etwa 4 Wochen. In der Regel wird bereits nach einer Eingewöhnungszeit von etwa 2 Wochen das Risiko akuter Hitzeerkrankungen an Hitzearbeitsplätzen wesentlich verringert, wobei jedoch zu erwarten ist, dass die vollständige Akklimatisierung während der Ausführung von Hitzearbeit erst in der Folgezeit eintritt. Es ist zu berücksichtigen, dass Akklimatisierung verloren geht, wenn für die Dauer von 3 bis 4 Wochen keine Hitzearbeit geleistet wird.

Beispiele für Berufe, bei denen es zu einer Hitzeadaptation kommt, sind Schmelzer oder Flämmer. Beschäftigte an diesen Arbeitsplätzen sind ständig hitzeexponiert. Beschäftigte, die Behälter, Kessel, Industrieöfen und dgl. befahren oder besteigen, Steigrohre an Koksgruppen auswechseln und Anodenwechsel an Elektrolyseöfen durchführen sind teilweise exponierte, nicht hitzeadaptierte Arbeiter.

Auch Brennschneiden, Trennschleifen, Schweißen, Löten, Schmieden, Nieten und Bohren zählt zu Tätigkeiten an Hitzearbeitsplätzen.

2 Arbeitsmedizinische Vorsorgeuntersuchung

Vor erstmaliger Aufnahme einer Hitzearbeit muss im Rahmen der → *arbeitsmedizinischen Vorsorge* von einem ermächtigten Arzt sichergestellt werden, dass nur geeignete Personen eingesetzt werden. Darüber hinaus müssen in Abhängigkeit vom Alter in regelmäßigen Abständen Nachuntersuchungen durchgeführt werden. Dieser Abstand beträgt bei Personen bis 50 Jahren höchstens 60 Monate, bei Personen über 50 Jahren höchstens 24 Monate.

3 Arbeitskleidung

Für die Arbeitskleidung an Hitzearbeitsplätzen gelten besondere Vorschriften: Feuer- und Hitzearbeiten dürfen nicht in Arbeitskleidung, deren Entzündbarkeit durch Verunreinigung mit Arbeitsstoffen erhöht ist, durchgeführt werden.

4 Wann liegt ein Hitzearbeitsplatz vor?

Die Checkliste in **Tab. 1** zeigt, ob ein Hitzearbeitsplatz vorliegt. Sie berücksichtigt die Lufttemperatur bei normaler Luftfeuchte, die Lufttemperatur bei hoher Luftfeuchte, die Flüssigkeitsaufnahme im Laufe einer Schicht, die Wärmestrahlung und das subjektive Befinden der Beschäftigten in Verbindung mit der Wärmebelastung.

Einsetzbar ist die Checkliste unter mitteleuropäischen Klimaverhältnissen bei leichter bis mittelschwerer Arbeit, leichter Bekleidung und ausreichender Hitzegewöhnung. Davon abweichende Bedingungen erfordern eine entsprechende Modifikation der Checkliste.

Lufttemperatur und normale Luftfeuchte	**Lufttemperatur und gleichzeitig hohe Luftfeuchtigkeit (gekennzeichnet z. B. durch feuchte/nasse Haut)**	**Flüssigkeitsaufnahme**	**Wärmestrahlung**	**Subjektives Befinden in Verbindung mit Wärmebelastung**	**Ergebnis und Maßnahmen**
überwiegend bis 37 °C	überwiegend bis 26 °C mit hoher Luftfeuchtigkeit	Flüssigkeitsaufnahme bis 2 l/Schicht	keine Wärmestrahlung fühlbar	keine Beschwerden	**kein Hinweis auf Hitzearbeit**
überwiegend über 37 °C bis 45 °C	überwiegend über 26 °C bis 30 °C mit hoher Luftfeuchtigkeit	Flüssigkeitsaufnahme 2 bis 4 l/Schicht	warmes Gesicht nach 2 bis 3 Minuten fühlbar	Beschwerden wie: Schwächegefühl, Unwohlsein, erhöhtes Durstgefühl, Kopfschmerzen, Übelkeit, Schwindelgefühl	**kritische situationsspezifische Wertung mit evtl. weitergehender Arbeitsplatzanalyse kann erforderlich sein**
über 45 °C (Aufenthalt > 15 Minuten)	überwiegend über 30 °C mit hoher Luftfeuchtigkeit	Flüssigkeitsaufnahme über 4 l/Schicht	im Gesicht unerträglich		**Vorliegen eines Hitzearbeitsplatzes ist wahrscheinlich, eine kritische situationsspezifische Wertung mit evtl. weitergehender Arbeitsplatzanalyse ist erforderlich und weitere Maßnahmen (technisch, organisatorisch, personenbezogen) sind einzuleiten**

Tab. 1: Checkliste zur Prüfung, ob ein Hitzearbeitsplatz vorliegt

Zur Beurteilung des Risikos an einem wärmebelasteten Arbeitsplatz kann zusätzlich der Risikograph in **Abb. 1** genutzt werden.

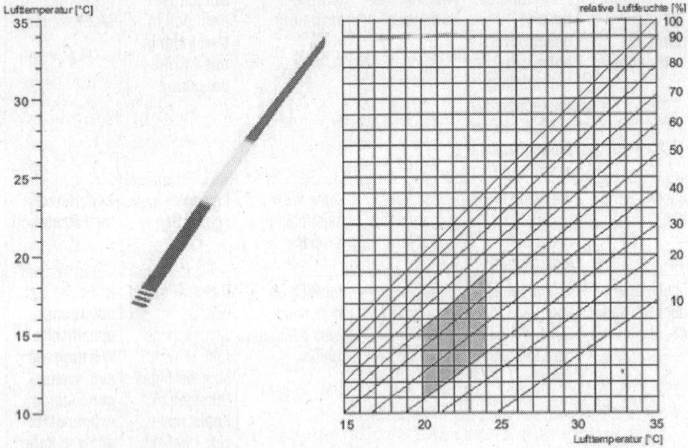

Abb. 1: Risikograph Klima für wärmebelastete Arbeitsplätze

Nadine Gotzen

Hitze- und Lichtschutz

Der Nutzwert eines gewerblich genutzten Gebäudes wird durch fehlenden oder ungeeigneten Hitze- und Lichtschutz erheblich gemindert. Aufheizung und Blendung, z. T. die Folge neuer Trends in der Bautechnik, können zu starken Belastungen an betroffenen Arbeitsplätzen führen. Den hohen Investitionskosten qualitativ hochwertiger Sonnenschutzeinrichtungen steht – bei optimal angepassten Lösungen – ein sehr hoher Gebrauchswert gegenüber.

Gesetze, Vorschriften und Rechtsprechung

Gemäß Anhang 3.4 Abs. 4 Arbeitsstättenverordnung muss die Stärke des Tageslichteinfalls am Arbeitsplatz je nach Art der Tätigkeit reguliert werden können. Nach Anhang 3.5 Abs. 3 Arbeitsstättenverordnung müssen Fenster, Oberlichter und Glaswände unter Berücksichtigung der Arbeitsverfahren und der Art der Arbeitsstätte eine Abschirmung gegen übermäßige Sonneneinstrahlung ermöglichen. Diese Forderung wird in den ASR A3.4 „Beleuchtung und Sichtverbindung“ und ASR A3.5 „Raumtemperaturen“ noch konkreter gefasst. Darin heißt es, dass störende Blendung und übermäßige Erwärmung durch Sonneneinstrahlung an solchen Bauteilen zu vermeiden oder wenigstens zu minimieren sind. Dazu werden Grenzwerte und konkrete Vorgehensweisen genannt.

1 Steigende Bedeutung

Die Bedeutung von Hitze- und Lichtschutz an betrieblich genutzten Gebäuden hat zugenommen. Gründe dafür sind u. a.:

- der große Anteil von Glasflächen in der Außenhaut von Gebäuden;
- Energiesparmaßnahmen, wie Wärmeschutzverglasungen;
- Einrichtung von Bildschirmarbeitsplätzen, die gleichmäßige Beleuchtungsverhältnisse benötigen.

Grundsätzlich gehören solche Einrichtungen zur Gebäudegrundausstattung. Während früher oft erst nach Abschluss der Bauphase deutlich wurde, dass Probleme mit Blendung und/oder Aufheizung bestehen, sind die Bestimmungen des Arbeitsstättenrechtes heute so konkret gefasst, dass bei sorgfältiger Bauplanung geeignete Einrichtungen gegen übermäßige Sonneneinstrahlung kaum mehr übersehen oder vergessen werden können.

2 Anforderungen an Hitze- und Lichtschutzeinrichtungen nach Arbeitsstättenrecht

In der ASR A3.5 „Raumtemperaturen" liegt der Schwerpunkt dem Titel entsprechend auf dem Hitzeschutz. Die allgemeine Forderung, dass an Fenstern, Türen und Oberlichtern störende Blendung und v. a. übermäßige Erwärmung zu vermeiden sind, wird in Abschn. 4.3 Abs. 2 ASR A3.5 wie folgt präzisiert: *„Führt die Sonneneinstrahlung durch Fenster, Oberlichter und Glaswände zu einer Erhöhung der Raumtemperatur über + 26 °C, so sind diese Bauteile mit geeigneten Sonnenschutzsystemen auszurüsten. Störende direkte Sonneneinstrahlung auf den Arbeitsplatz ist zu vermeiden"*.

Praxis-Beispiel: Sonnenschutz von Anfang an

Ausdrücklich wird in Abschn. 4.1 Abs. 1 ASR A3.5 darauf hingewiesen, dass effektiver Sonnenschutz bereits in der Planungsphase eines Gebäudes berücksichtigt werden muss und nicht als eine spätere „Nachbesserung" bei entsprechenden Problemen aufgefasst werden darf. Bei der Planung eines Gebäudes können Probleme am effektivsten vermieden werden. Vorsicht z. B. bei Ganzglasfassaden, Süd- und Westseiten, Dachfenstern oder Oberlichtern, Leichtbauweise (guter Wärmeschutz, aber oft schnelle Aufheizung).

Praxis-Beispiel: Raumtemperaturen an heißen Tagen

Die Angaben in der ASR A3.5 zum Schutz gegen übermäßige Sonneneinstrahlung beziehen sich zunächst auf Situationen, in denen die Außentemperaturen geringer als 26 °C sind. Steigen die Raumtemperaturen trotz geeigneter Sonnenschutzeinrichtungen über 26 °C (bei hohen Außentemperaturen), greifen ergänzende Regelungen.

Die ASR A3.4 „Beleuchtung und Sichtverbindung" enthält Angaben v. a. zum Lichtschutz: „Störende Blendung durch Sonneneinstrahlung ist zu vermeiden oder – wenn dies nicht möglich ist – zu minimieren. Zur Begrenzung störender Blendungen oder Reflexionen können z. B. Jalousien, Rollos und Lamellenstores dienen. Bei Dachoberlichtern können dies z. B. lichtstreuende Materialien oder Verglasungen mit integrierten Lamellenrastern sein" (Abschn. 5.2 ASR A3.4).

3 Außenliegende Sonnenschutzeinrichtungen

Prinzipiell haben außenliegende Sonnenschutzeinrichtungen besonders gute Wärmeschutzeigenschaften, weil sie nicht nur das Rauminnere, sondern bereits die Außenfassade vor zu starker Aufheizung schützen. Sie erfüllen immer auch teilweise Lichtschutzfunktionen, oft aber nicht in vollem Umfang.

Feste Sonnenschutzelemente

(Blenden, Vordächer u. Ä.) sind als Teil der Fassade i. d. R. so gestaltet, dass sie die hochstehende Sommersonne abfangen und so die Aufheizung des Gebäudes verhindern, ohne dass der Nutzen der tieferstehenden Wintersonne zu sehr eingeschränkt wird. Sie sind robust und durchaus effektiv und kommen im Rahmen moderner Gebäudekonzepte wieder vermehrt zum Einsatz (s. **Abb. 1**).

Abb. 1: Feste Sonnenschutzelemente[1]

Außenjalousien/Markisen

Außenjalousien und Markisen sind mehrfach einstellbar (Sonnenschutz auch bei Sichtkontakt nach außen) und bieten effektiven Hitzeschutz. Bei starker Sonnenbestrahlung sind die Lichtschutzeigenschaften aber oft nicht ausreichend, sodass zusätzlich innen Rollos o. Ä. erforderlich sein können.

Automatische Steuerungen ermöglichen, dass die Jalousien stets entsprechend der Witterung und Tageszeit eingesetzt werden, wobei die individuelle Bedienung natürlich nicht eingeschränkt werden sollte. Außerdem werden so die Jalousien vor Hagel, Vereisung, Sturm usw. geschützt. Der praktische Nutzwert hängt wesentlich von der Qualität der Steuerung ab. Schlecht ausgelegte Steuerung führt z. B. dazu, dass an windigen Sommertagen die Jalousien sich stundenlang nicht mehr bewegen lassen. Reparatur und Wartungskosten sind zu berücksichtigen. Aufwendig wird es, wenn Gerüste oder Hebebühnen erforderlich sind.

Folienbeschichtungen

Folienbeschichtungen sind relativ einfach und unauffällig aufzubringen, eignen sich daher besonders für die nachträgliche Montage auch in angemieteten Räumen, denkmalgeschützten Gebäuden usw. Die technischen Eigenschaften (reflektierend, lichtstreuend usw.) können auf den Einsatzzweck abgestimmt werden. Bei richtiger Verarbeitung (i. d. R. nur durch Fachfirmen) sind sie weitgehend verschleißfest. Sie verändern allerdings den optischen Eindruck im Innenraum dauerhaft und bieten keinerlei Einstellmöglichkeiten.

Zwischenliegende Sonnenschutzeinrichtungen

Zwischenliegende Sonnenschutzeinrichtungen laufen innerhalb von Doppelfenstern oder Isolierglasscheiben. Sie sind so nicht im Wege und vor Verschmutzung geschützt. Allerdings ist die Technik schwierig und damit teuer und nicht immer praxistauglich.

Praxis-Beispiel: Sichtkontakt nach außen

In ASR A3.5 „Beleuchtung und Sichtverbindung" wird darüber hinaus darauf hingewiesen, dass Hitze- und Lichtschutzeinrichtungen den Sichtkontakt nach außen nicht unnötig beeinträchtigen dürfen und daher rückziehbar sein müssen. Ist das nicht der Fall, wie z. B. bei festen Blenden an der Außenfassade, die nur einen geringen Durchblick ermöglichen, können diese Flächen nicht auf die nach ASR A3.4 erforderlichen Mindestflächen für die Sichtverbindung aus Arbeitsräumen angerechnet werden.

Einstellbare Hitze- und Lichtschutzeinrichtungen sollen möglichst von den Beschäftigten steuerbar sein.

1 Quelle: Schäfer Lochbleche GmbH & Co. KG, D-57290 Neunkirchen.

4 Innenliegende Sonnenschutzeinrichtungen

Gegenüber den i. d. R. an der Außenfassade angebrachten Wärmeschutzeinrichtungen sind ausgewiesene Lichtschutzeinrichtungen wegen der ästhetischen und technischen Anforderungen eher empfindliche Konstruktionen, die v. a. im Gebäudeinneren angebracht werden.

Innenjalousien

Innenjalousien (**Abb. 2**) sind einfach nachrüstbar, vielfältig einstellbar und schon sehr preiswert zu haben. Allerdings sind einfache Ausführungen für den betrieblichen Bereich oft weder robust genug noch zufriedenstellend von den Lichtschutzeigenschaften (zu großer Abstand vom Fenster, störende Durchzugslöcher).

Abb. 2: Innenjalousien[2]

Vertikal-Lamellenstores

Vertikal-Lamellenstores waren in den letzten Jahrzehnten im Büro- und Gewerbebereich besonders weit verbreitet. Nutzer schätzen den wohnlichen Eindruck und die vielfältige Einstellbarkeit. Allerdings sind gute Lichtschutzeigenschaften nur bei geeigneter Materialauswahl gegeben (nicht durchscheinend). Fensterbänke sind unter Lamellenstores nur eingeschränkt nutzbar.

Rollos/Faltstores

Bei entsprechender Materialauswahl und Qualität (keine „Baumarktware") werden gute bis sehr gute Lichtschutzqualitäten erzielt. Das Rollo (**Abb. 3**) u. Ä. kann exakt den Erfordernissen angepasst werden (Durchblick nach außen, Sicht-, Hitze-, Lichtschutz, Raumgestaltung). Bei fensternaher Montage und seitlicher Führung dichten Rollos sehr gut ab und bleiben dabei klein. Die Fensterbank bleibt nutzbar.

Abb. 3: Rollo/Faltstores[3]

2 Quelle: solarmatic.

3 Quelle: solarmatic.

5 Reparatur/Reinigung berücksichtigen

Reparatur und Reinigung sollten bei der Planung stets mit einbezogen werden. Außenliegende Einrichtungen lassen sich oft nur schwer erreichen (hohe Kosten durch Gerüste o. Ä.), bei innenliegenden Einrichtungen sollte berücksichtigt werden, ob Bespannungen z. B. gereinigt oder ausgetauscht werden können.

Cornelia von Quistorp

Hochbau

Hochbau ist ein Teilbereich des Bauwesens und bezieht sich auf das Planen und Errichten von Gebäuden, also baulicher Anlagen, die von Menschen genutzt werden und sich weitgehend über dem Erdboden befinden (auch Kellergeschosse). Bauliche Anlagen sind mit dem Erdboden verbundene, aus Bauprodukten hergestellte Anlagen; eine Verbindung mit dem Boden besteht auch dann, wenn die Anlage durch eigene Schwere auf dem Boden ruht oder auf ortsfesten Bahnen begrenzt beweglich ist oder wenn die Anlage nach ihrem Verwendungszweck dazu bestimmt ist, überwiegend ortsfest benutzt zu werden.

Gesetze, Vorschriften und Rechtsprechung

- Arbeitsschutzgesetz (ArbSchG)
- Arbeitssicherheitsgesetz (ASiG)
- Baustellenverordnung (BaustellV)
- Betriebssicherheitsverordnung (BetrSichV)
- Gefahrstoffverordnung (GefStoffV)
- DGUV-V 1 „Grundsätze der Prävention"
- DGUV-V 3 „Elektrische Anlagen und Betriebsmittel"
- DGUV-V 38 „Bauarbeiten"
- DGUV-V 79 „Verwendung von Flüssiggas"
- Musterbauordnung (MBO)
- Technische Regeln für Betriebssicherheit (TRBS)

1 Rechtlicher Rahmen

1.1 Baurecht

Hochbau unterliegt dem Baurecht, das sich v. a. auf die sichere Nutzung, auch unter allgemeinen Interessen, bezieht. In Deutschland ist das Baurecht landesspezifisch und damit in den Landesbauordnungen mit ergänzenden Richtlinien und technischen Baubestimmungen geregelt.

Über diese allgemeinen Interessen hinaus werden dort auch die Rollen und Verantwortungen der am Bau Beteiligten benannt:

- Der Bauherr muss dafür sorgen, dass die öffentlich-rechtlichen Vorschriften, erforderlichen Anträge, Anzeigen und Nachweise erfolgen und Entwurfsverfasser, Unternehmen und Bauleitung bestimmt werden.
- Der Bauleiter ist verantwortlich für den sicheren bautechnischen Betrieb der → *Baustelle*, insbesondere ist auf das gefahrlose Ineinandergreifen der Arbeiten der Unternehmer zu achten. Die Verantwortlichkeit der Unternehmer bleibt unberührt.

1.2 Arbeitsschutzrecht und Arbeitsschutzorganisation

Grundsätzlich ist die Verantwortung zum Arbeitsschutz im Arbeitsschutzgesetz und nachfolgenden Verordnungen geregelt: **verantwortlich ist der Unternehmer**. Er muss das geeignete Personal bereitstellen, die richtigen und sicheren Arbeitsmittel zur Verfügung halten und die entsprechende Organisation aufbauen und unterhalten. Dazu gehört neben Arbeitsplanung, die sicherheitstechnische und arbeitsmedizinische Betreuung, sowie das Notfallmanagement mit zumindest der → *Ersten-Hilfe*. Heute werden – v.a. bei internationaler Tätigkeit – → *Arbeitsschutz-Managementsysteme (AMS)* vorausgesetzt. Vorgesetzte, → *Fachkräfte für Arbeitssicherheit*, → *Sicherheitsbeauftragte* und → *Koordinatoren* sind verpflichtet zusammenzuarbeiten. Dem Personal müssen die notwendigen Schutzeinrichtungen zur Verfügung stehen. Das Personal ist in den Sicherheitsfragen zu unterweisen. Arbeitsschutzausschuss und Koordinationstreffen sind abzuhalten, um dort Ziele zu definieren und die Einhaltung zu verfolgen.

Solo-Selbstständige und Bauherren, die in Eigenarbeit nicht gewerbsmäßige Bauarbeiten ausführen und sich dabei durch Bauhelfer unterstützen lassen, sind in den Pflichtenkreis einbezogen.

1.2.1 Eigenverantwortung und Beurteilung der Arbeitsplätze

Die Eigenverantwortung des Unternehmers mithilfe von Beurteilungen von Arbeitsplätzen (→ *Gefährdungsbeurteilung*) ersetzt immer mehr die konkreten Regelungen und Vorgaben, wie sie früher im Regelwerk der Unfallversicherungsträger vorlagen.

Heute geben z. B. die Betriebssicherheitsverordnung, die Arbeitsstättenverordnung und auch die Baustellenverordnung den Rahmen für die Beurteilungskriterien vor. Diese Vorschriften werden für das Bauwesen ergänzt durch das berufsgenossenschaftliche Vorschriftenwerk, v. a. die DGUV-V 38 „Bauarbeiten".

Weiterhin zeigen technische Regelwerke, wie z. B. ASR, TRBS, RAB und die DGUV-Regeln, die Rahmenbedingungen auf.

Schließlich sind auch andere Rechtsbereiche wie z. B. das Chemikalienrecht zu beachten.

Wegen der heute vorliegenden Komplexität zieht sich durch alle Bereiche von Kriterien die Beurteilung der Arbeitsplätze als zentraler Orientierungsmaßstab. Sachgerechte Gefährdungsbeurteilungen sind die unabdingbare Voraussetzung für die richtige Auswahl der Arbeitsverfahren, Arbeitsmittel und Grundlage für eine wirksame Koordination.

1.2.2 Delegation von Verantwortung

Das Arbeitsschutzrecht ermöglicht die zumindest teilweise Delegation von Verantwortungen und Pflichten auf besondere Mitarbeiter. So wird z. B. mit einer jährlichen Vereinbarung Polieren und Bauleitern die unmittelbare Verantwortung für die jeweils ihnen vor Ort zugeordneten Arbeitnehmer übertragen. Dies erfolgt in einer schriftlichen beidseitigen Erklärung.

1.2.3 Koordination

In nahezu allen Fällen arbeiten im Hochbau mehrere Firmen (Unternehmen) am gleichen Ort. Aus der Koordinationsverpflichtung des § 6 ArbSchG und der §§ 6, 8 DGUV-V 1 erwächst die Verpflichtung der beteiligten Unternehmen die Arbeitssicherheit untereinander abzustimmen.

Mit § 3 Baustellenverordnung wurde dem Bauherrn eine zusätzliche Koordinationsverpflichtung übertragen. Sie wird durch einen geeigneten → *Sicherheits- und Gesundheitsschutzkoordinator* wahrgenommen. Bereits bevor ausführende Unternehmen im Spiel sind, sind die Belange von Sicherheit- und Gesundheitsschutz in die Planung einzubeziehen und in der Ausführung ist die Erbringung der vereinbarten Sicherheitsleistungen zu überwachen bzw. zu korrigieren.

2 Besonderheiten im Arbeitsschutz

Die Bauwirtschaft weist im Vergleich zu Verwaltung, Handwerk und Industrie spezielle Verhältnisse auf: Es müssen viele Unternehmen gleichzeitig oder nacheinander auf der Baustelle tätig werden. Die Baustelle ist kein fertiger Arbeitsplatz, es werden Personen unterschiedlicher Kultur, Sprache und Bildung eingesetzt. Im Hochbau liegen bedingt durch die Art der Tätigkeiten noch weitere besondere Gefährdungen vor.

2.1 Absturz und Sturz

Zwangsweise sind beim Hochbau die Arbeitsplätze und Verkehrswege noch nicht so gesichert, wie wir es aus dem späteren Betrieb von Gebäuden kennen. Ein wesentlicher Teil der Arbeiten muss über temporäre Hilfskonstruktionen – → *Gerüste* – erledigt werden. Oft müssen sie als Zugänge dienen, wobei mittlerweile nicht mehr der Aufstieg mit Gerüstleitern, sondern Gerüsttürme mit Treppenaufgängen eingesetzt werden. Bereits vorhandene Gebäudeteile sind noch nicht vollständig und weisen Absturzkanten und Bodenöffnungen auf.

An all diesen hochgelegenen Arbeitsplätzen und Verkehrswegen besteht die Gefahr, dass Menschen, Werkzeuge oder Bauteile abstürzen können. Letztere ergeben neben Materialschaden große Gefahren für Personen, die sich darunter aufhalten.

Alle diese Bereiche müssen so ausgeprägt sein, dass hinreichender Schutz für alle Belange besteht (Anhang 2 BetrSichV, § 12 DGUV-V 38 besteht. Seitenschutz muss ausreichend fest und üblicherweise dreiteilig sein: Geländerholm, Zwischenholm und Bordbrett. Das Bordbrett muss das Herabfallen von Gegenständen verhindern bzw. bei Gerüsten mit Fangflächen das Abrollen der aufgefangenen Person.

Früher wurden Absturzsicherungen oft zimmermannsmäßig erstellt und mit Zwingen am Bauwerk befestigt. Heute stehen jedoch in Bauteile integrierte Halterungen oder komplette Seitenschutzsysteme mit Befestigung bzw. auch integriert in Schalungssysteme zur Verfügung (z. B. Combisafe, Seitenschutzsystem XP u. a.). Sie sind früher einsetzbar, Gewerke übergreifend nutzbar, erfordern weniger Pflegeaufwand (wegen z. B. Entnahme von Holmbrettern), sind wiederverwendbar und insgesamt deutlich sicherer.

Gemäß den Grundsätzen des § 4 ArbSchG sind zuerst kollektive Maßnahmen, die die Gefahr bannen umzusetzen. Verhindern arbeitstechnische Gründe einen Absturzschutz, so ist Auffangschutz und letztlich personenbezogener Auffangschutz einzusetzen. Die zulässigen Absturzhöhen sind in § 12 DGUV-V 38 geregelt, wobei eine Beurteilung der Arbeitsplätze entsprechend der BetrSichV ggf. höherwertige Schutzmaßnahmen zur Vorgabe machen kann.

Unter Umständen, wenn die Gefahr von herabstürzenden Gegenständen besteht, müssen die Arbeiten zeitlich entzerrt werden. Oft ist es nur so möglich, dass Personen, die „unten" arbeiten müssten, nicht gefährdet werden.

Die BetrSichV mit TRBS 2111 und TRBS 2121 liefern den Rahmen bei mechanischen Gefährdungen und auch für den Einsatz von Gerüsten und → *Leitern* als Zugang oder Arbeitsplatz. Vor dem Einsatz von Leitern muss geprüft und abgewogen werden, ob nicht andere sicherere Methoden verfügbar sind.

2.2 Sichere Maschinen und Geräte

Der Einsatz kraftbetätigter Maschinen und Geräte erhöht ganz wesentlich die Arbeitsleistung und führt auch zu einer Entlastung der Beschäftigten von körperlich schweren Arbeiten. Oft erzeugen diese dann zusätzliche Belastungen und Gefahren. Sachgerechte Handhabung und sicherer Zustand sind von erheblicher Bedeutung für den gefahrarmen Arbeitseinsatz. Wesentlich ist die Nutzung von Maschinen und Geräten gemäß den vorgesehenen Einsatzarten. Die Überprüfung der technischen Arbeitsmittel auf volle Funktionsfähigkeit bzw. deren fachgerechter Reparatur bei Beschädigungen oder Defekten ist der zweite entscheidende Sicherheitsfaktor. Beides ist hinreichend in der Bedienungsanleitung des Herstellers (Produktsicherheitsgesetz) und in der Betriebsanweisung der Firma (ArbSchG) beschrieben. Diese Informationen sind am Einsatzort bereitzuhalten, um das Erlöschen von Haftung zu vermeiden. Hierzu zählt ebenfalls die Prüfung elektrischer Geräte und Anlagen nach DGUV-V 3.

2.3 Heben von Lasten

Der Hochbau erfordert das Heben von Lasten; nur so können aus Grundstoffen und Bauteilen Gebäude gefertigt werden. Trotz der Minimierung der Gewichte der Bauteile sorgt eine immer stärkere industrielle Vorfertigung für den Einsatz von Kranen und anderen Hilfsmitteln (ggf. Exoskelette). Auch hier gilt, dass sich niemand in Bereichen aufhalten darf, auf den Teile fallen können. Notfalls müssen dazu ganze Bereiche der Baustelle gesperrt werden.

Formschlüssige Transportverfahren (Betonkübel mit sauberen Rändern und Abstellrahmen oder Transportkörbe bzw. Stapeleinrichtungen) können als sicherere Kranlast z.B. mit Schlingen aufgenommen werden.

Alle Lastaufnahmemittel, Verbindungsmittel und Anschlagpunkte müssen unbeschädigt und für den vorgesehenen Einsatz geeignet sein. Regelmäßige Prüfungen sind dafür unerlässlich.

Auf jeden Fall muss das Anschlagen der Lasten an Hebezeuge durch einen erfahrenen Anschläger erfolgen. Dieser trägt nahezu die gleiche Verantwortung wie der eigentliche Kranführer und muss deshalb vom Unternehmer sorgfältig ausgesucht sein und Wissen über die eingesetzten Arbeits- und Hilfsmittel haben. Krane und Winden und Bauaufzüge mit Personenbeförderung sind als überwachungsbedürftige Anlagen eingestuft und müssen von zugelassenen Überwachungsstellen (ZÜS) geprüft werden.

Ein leider weit verbreitetes Fehlverhalten ist beim Entgegennehmen und Positionieren von Kranlasten zu beobachten. Statt die Last mithilfe eines Führungsseils zu stabilisieren oder auszurichten, wird diese direkt mit bloßen Händen geführt. Eventuelle Fehlbewegungen der Lasten (rucken, schlagen, pendeln) können nicht von Personen wirksam gedämpft werden. Die Personen geraten zwischen Last und andere Gegenstände und werden eingeklemmt oder vom ihrem Standplatz weggefegt und fallen in Gegenstände hinein oder stürzen ab. Mit dem Seil besteht Abstand zwischen Person und Last und im Gefahrfall kann es losgelassen werden und die Person kann sich in Sicherheit bringen.

2.4 Energieversorgung

Alle kraftbetriebenen Maschinen und Geräte benötigen Antriebsenergie. Die häufigsten Energieversorgungen auf Baustellen sind elektrischer Strom und Druckluft.

Elektrischer Strom ist für nahezu die gesamte Baustelle notwendig – und sei es nur für die Beleuchtung. Die Spanne reicht von der Starkstromversorgung mit Drehstromanschlüsse für Baukrane (Spitzenstromstärken von 500 Ampere und mehr) oder für Motoren mittlerer Leistungsbereiche und 2-Phasenversorgung von Handgeräten bis hin zum schutzisolierten Ladegerät für den Akkuschrauber.

Die Hauptversorgung wird meist aus dem öffentlichen Netz sichergestellt. Es kommen aber auch Netzersatzanlagen zum Einsatz. Zusätzlich ist auch der Blitz- oder Überspannungsschutz in der Bauphase bereits von Bedeutung.

Es gelten die 5 → *Sicherheitsregeln* im Umgang mit elektrischem Strom:

1. Freischalten,
2. Gegen Wiedereinschalten sichern,
3. Spannungsfreiheit feststellen,
4. Erden und Kurzschließen,
5. benachbarte, unter Spannung stehende Teile abdecken oder abschranken.

Die Vorschriften von VDE und DGUV-V 3 sind einzuhalten, nur so kann der notwendige Schutz gegen Stromverletzungen und Unfälle erreicht werden. Bereits 30 mA können tödlich sein, Stromdurchfluss durch die menschliche Brust führt bei 1/3 der Unfälle direkt zum Tod.

Das Basisschutzsystem für die Verteilung und den Einsatz von Maschinen und Geräten erfolgt durch die Fehlerstromschutzeinrichtung (RCCB/RCD). Dazu müssen beschädigungsfreie Leitungen eingesetzt werden und ausreichende Erdung am Verteiler anliegen. Die Isolation der Leitungen muss mechanisch stabil sein, um nicht bei der ersten Knick- oder Quetschbelastung defekt zu werden (hohe mechanische Belastung). Die Leitungen dürfen nicht überlastet werden. Aus diesem Grund immer nur eine Verlängerungsleitung mit ggf. inklusivem Zusatzverteiler (Kabelroller je Zug) einsetzen.

Die elektrischen Einrichtungen sind gemäß den VDE-Vorgaben und der Gefährdungsbeurteilung der Firmen regelmäßig zu prüfen: FI-Schalterprüfung täglich, Sichtprüfung der Geräte und Leitungen: täglich, kein Abzapfen von Strom ohne erkennbarer und gültiger Prüfung am Verteiler, defekte Geräte sofort aus der Nutzung nehmen, dem Vorgesetzten melden und sachgerecht instand setzen lassen.

Pressluftversorgung wird auf Baustellen häufig nur punktuell eingesetzt: Abbruchhammer oder Sonderwerkzeuge. Die große Gefahr dieser Geräte liegt in der hohen gespeicherten Energie der komprimierten Luft. Reißen Schlauchverbindungen ab, so schlagen die von der Versorgung kommenden Enden mit Vehemenz um sich. Ein Ausweichen ist oft unmöglich, schwerste Verletzungen die Folge. Die Geräte sind abhängig von der Einstufung ggf. durch eine → *ZÜS* zu überprüfen; eine tägliche Überprüfung der Schlauchleitungen durch den Nutzer sollte ebenfalls eine Standardsicherheitsmaßnahme sein.

Als weitere Gefährdung ist bei allen Einsätzen von spanendem Werkzeug oder Hämmern mit Lärm bzw. absplitternden Teilen zu rechnen. → *Gehörschutz* und zumindest → *Augenschutz*, meist sogar Gesichtsschutz, sind notwendige Maßnahmen.

2.5 Gefahrstoffe

Moderne Bauverfahren beziehen neben quasi natürlichen Stoffen (die jedoch auch nicht immer ungefährlich sind, z. B. Asbest) immer mehr künstliche Stoffe mit ein. Selbst Zement oder Löschkalk ist aufgrund der chemischen Eigenschaften für Haut und Augen gefährlich. Mithilfe von Zuschlagstoffen können besondere gewünschte Eigenschaften erzeugt werden. Diese Zuschläge sind jedoch meist für den Menschen gefährlich. Daher wird mittlerweile von den Unfallversicherungsträgern empfohlen, den Staub aus Abrieb von z. B. Bodenplatten oder Estrichen staubfrei mithilfe von Staubsaugern aufzunehmen. Beim einfachen Kehren wird empfohlen, Halbmasken gegen den aufgewirbelten Staub einzusetzen.[1]

Der Einsatz von Farben, Lacke und Mehrkomponenten-Chemie u. a. darf bei Einhaltung der entsprechend den Schutzmaßnahmen des Herstellers eingesetzt werden. Auch hier ist die Beurteilung des Arbeitsplatzes wesentliche Voraussetzung für eine mögliche Verwendung. Bevor ein Umgang mit solchen Stoffen erfolgen kann, müssen Datenblätter und → *Betriebsanweisungen* zur Verfügung stehen, Schutzmaßnahmen und → *PSA* vorhanden sein und das Personal über den richtigen Gebrauch unterwiesen werden. Die Gefahrenmomente sind durch die Koordination den anderen auf der Baustelle tätigen Firmen mitzuteilen. Der Einsatz ist ggf. abzustimmen.

Ein sehr weitverbreiteter → *Gefahrstoff* auf Baustellen ist Flüssiggas. Das Gas ist leicht brennbar und explosionsgefährlich und schwerer als Luft. Einsatz und Lagerung von Flüssiggas muss die notwendigen Schutzmaßnahmen berücksichtigen (z. B. DGUV-V 79).

3 Brandschutz

Die ArbStättV fordert, dass für Arbeitsplätze auf Baustellen alle üblichen Schutzmaßnahmen des Brandschutzes einzuhalten sind: Verfügbarkeit von Flucht- und Rettungswegen während aller Bauphasen und Löscheinrichtungen. Dazu sind auch Übungen durchzuführen.

4 Erste Hilfe und Notfallmanagement

Die DGUV-V 1 fordert, dass auf Baustellen ausreichend Sachmittel und geschultes Personal (→ *Ersthelfer)* zur Verfügung stehen, ärztliche Hilfe angefordert werden kann und Verletzte sachkundig abtransportiert werden können. Bei 2 bis 20 Personen muss es mindestens einen Ersthelfer geben, sonst für Baustellen 10 % der Beschäftigten. Ab 50 Beschäftigte muss ein → *Erste-Hilfe-Raum* zur Verfügung stehen, ab 100 Beschäftigten ein → *Rettungssanitäter*. Die Anzahl richtet sich nach der Anzahl von Beschäftigten, die gleichzeitig über eine Schicht anwesend sind.

Wie in anderen Betriebsstätten sind Schutz- und Notmaßnahmen für vorhersehbare Notfälle zu planen und die Ausrüstung dafür bereitzuhalten oder organisieren (z. B. Höhenrettung).

Andreas Voigt

---

1 S. a. Fachbeitrag: Staubminderung auf Baustellen.

Hubgeräte

Hubgeräte sind Geräte, die allein oder in Verbindung mit anderen Einrichtungen (z. B. Krane, Erdbaumaschinen, Hebebühnen, Flurförderzeuge, Regalbedienungsgeräte, Fahrzeuge) zum Heben und Senken von Lasten oder von Personen verwendet werden.

Gesetze, Vorschriften und Rechtsprechung

Für Hubgeräte, die gleichzeitig Maschinen sind, gelten die Beschaffenheitsanforderungen der Maschinenverordnung (außer bei Altmaschinen). Für alle Hubgeräte sind die Mindestanforderungen der Betriebssicherheitsverordnung (BetrSichV) hinsichtlich Beschaffenheit und sicherer Verwendung zu beachten. Darüber hinaus muss der Unternehmer dafür sorgen, dass Hubgeräte entsprechend den Bestimmungen der DGUV-V 54 „Winden, Hub- und Zuggeräte" beschaffen sind und betrieben werden.

1 Arten von Hubgeräten

Hubgeräte sind z. B.:

- Seil- und Kettenzüge (Flaschenzüge),
- Elektro- und Druckluftzüge mit Seil, Kette oder Band,
- Treibscheibengeräte,
- Wagenheber,
- Rangierheber,
- pneumatische und hydraulische Kolbengeräte,
- Hubeinrichtungen für Kipperbrücken auf → *Fahrzeugen*,
- Hubeinrichtungen an Fahrzeuganbaugeräten,
- Vakuumheber,
- Hubtische,
- Lifter.

2 Beschaffenheitsanforderungen

Für Hubgeräte, die unter den Anwendungsbereich der Maschinenverordnung fallen, gelten die Beschaffenheitsanforderungen gemäß Maschinenverordnung (9. ProdSV). Der Unternehmer darf diese Hubgeräte erstmals nur in Betrieb nehmen, wenn die Voraussetzungen der §§ 2 bis 4 Maschinenverordnung erfüllt sind.

Das gilt nicht

1. für Hubgeräte – ausgenommen in Nummer 2 aufgeführte –, die den Anforderungen der DGUV-V 54 „Winden, Hub- und Zuggeräte", Abschnitt II „Bau und Ausrüstung" entsprechen und bis zum 31. Dezember 1994 in den Verkehr gebracht worden sind;
2. für Hubgeräte zum Heben und Senken von Personen, die den Anforderungen der DGUV-V 54 „Winden, Hub- und Zuggeräte", Abschnitt II „Bau und Ausrüstung" entsprechen und bis zum 31. Dezember 1996 in den Verkehr gebracht worden sind.

Hubgeräte, die unter den Anwendungsbereich der EU Arbeitsmittelbenutzungs-Richtlinie (89/655/EWG) fallen, müssen seit 1. Januar 1997 mind. den Anforderungen dieser EU-Richtlinie bzw. Betriebssicherheitsverordnung (BetrSichV) entsprechen.

Darüber hinaus muss der Unternehmer dafür sorgen, dass Hubgeräte entsprechend den Bestimmungen der DGUV-V 54 „Winden, Hub- und Zuggeräte", Abschnitt II „Bau und Ausrüstung" beschaffen sind. Dort sind u. a. die folgenden Themen geregelt:

- Transport- und Befestigungseinrichtungen,
- Sicherungen an Führungen von Zahnstangen, Spindeln oder Kolben,
- Hand- und kraftbetriebene Geräte,
- Anforderungen an Steuereinrichtungen,
- Rücklaufsicherung der Last,

- Sicherung von Lasten gegen freien Fall,
- Bremseinrichtungen, allgemein,
- Bremseinrichtung beim Heben feuerflüssiger Massen,
- Notwendigkeit von Hilfsbremsen,
- Anforderungen an Seil- und Kettentriebe,
- Sicherung gegen Überlastung,
- Notendhalteinrichtungen,
- Anforderungen an Sicherheitseinrichtungen.

3 Kennzeichnung

An Hubgeräten müssen mindestens folgende Angaben dauerhaft und gut lesbar angegeben sein:

1. Hersteller oder Lieferant,
2. Baujahr,
3. Typ, falls Typenbezeichnung vorhanden,
4. Fabriknummer oder Seriennummer,
5. zulässige Belastung.

Zu weiteren spezifisch erforderlichen Angaben am Gerät siehe § 3 DGUV-V 54 „Winden, Hub- und Zuggeräte".

4 Prüfungen

Für Hubgeräte müssen nach Betriebssicherheitsverordnung (BetrSichV) Art, Umfang und Fristen erforderlicher → *Prüfungen* ermittelt und die notwendigen Voraussetzungen ermittelt und festgelegt werden, welche die Personen erfüllen müssen, die mit der Prüfung oder Erprobung von Hubgeräten beauftragt werden (→ *befähigte Person*).

Hubgeräte sind auch nach den Bestimmungen von Abschnitt III „Prüfungen" DGUV-V 54 der sicherheitstechnisch zu überprüfen. Danach müssen Hubgeräte, einschließlich der Tragkonstruktion sowie Seilblöcke, vor der ersten Inbetriebnahme und nach wesentlichen Änderungen vor der Wiederinbetriebnahme, durch eine zur Prüfung befähigte Person auf die ordnungsgemäße Aufstellung und Betriebsbereitschaft geprüft werden. Der Unternehmer muss außerdem dafür sorgen, dass Geräte einschließlich der Tragkonstruktion sowie Seilblöcke mind. einmal jährlich durch eine zur Prüfung befähigte Person geprüft werden. Er muss Hubgeräte darüber hinaus entsprechend den Einsatzbedingungen und den betrieblichen Verhältnissen nach Bedarf zwischenzeitlich durch eine zur Prüfung befähigte Person prüfen lassen.

Die Prüfung erstreckt sich im Wesentlichen auf die Vollständigkeit, Eignung und Wirksamkeit der Sicherheitseinrichtungen sowie auf den Zustand des Gerätes, der Tragmittel, der Rollen, der Ausrüstung und der Tragkonstruktion. Sicherheitseinrichtungen sind z.B. Rückschlagsicherungen, Rücklaufsicherungen, Bremseinrichtungen, Hilfsbremsen, Seilwickeleinrichtungen, Einrichtungen zum Sperren der Lastwelle, Sicherungen gegen Überlastung, Notendhalteinrichtungen.

5 Verwendung

Für die sichere Verwendung (Betrieb) von Hubgeräten sind die Festlegungen Betriebssicherheitsverordnung (BetrSichV) zu beachten, insbesondere Anhang 1, Abschnitt 2 „Besondere Vorschriften für die Verwendung von Arbeitsmitteln zum Heben von Lasten".

Eine Spezifizierung der Betriebsvorschriften enthält Abschnitt IV „Betrieb" der DGUV-V 54. Dort sind u.a. die folgenden Themen geregelt:

- Anforderungen an Personen, Beauftragung,
- Betriebsanleitung, → *Betriebsanweisung*,
- Aufstellung, Befestigung,
- zulässige Belastung,

- Prüfung vor Arbeitsbeginn,
- Feststellung und Beseitigung von Mängeln,
- Anschlagen der Last,
- Einleiten der Lastbewegung,
- zusätzliche Abstützung beim Anheben von → *Fahrzeugen*,
- Unterbrechen des Kraftflusses,
- Verlassen des Steuerstandes von unter Last stehenden Geräten,
- Personentransport,
- Anforderungen an Geräte, abhängig von der Verwendungsart,
- Anfahren von Notendhalteinrichtungen,
- Ablauf der theoretischen Nutzungsdauer von Geräten.

Rainer von Kiparski

Hygiene

Hygiene im klassischen Sinn bezeichnet die Lehre von der Verhütung der Krankheiten und der Erhaltung und Festigung der Gesundheit (Deutsche Gesellschaft für Hygiene und Mikrobiologie). So gesehen sind fast alle Bestrebungen im Arbeitsschutz hygienischer Natur. Im gebräuchlicheren Sinn wird unter Hygiene jedoch vor allem die Vorbeugung von Infektionskrankheiten verstanden. Diese betrifft nicht alle Betriebe in gleichem Maße. Allerdings sind Hygienefragen grundsätzlich überall dort relevant, wo Menschen zusammenkommen, also auch am Arbeitsplatz.

Gesetze, Vorschriften und Rechtsprechung

Gesetzliche Vorgaben zum Thema Hygiene finden sich in unterschiedlichen Rechtsgebieten, deren Schwerpunkte hauptsächlich außerhalb des Arbeitsschutzes liegen:

Infektionsschutz: Hier dient vor allem das Infektionsschutzgesetz dem Schutz vor der Ausbreitung von Infektionskrankheiten in der Bevölkerung und enthält u. a. Regelungen zu Meldepflichten und Beschäftigungsverboten. Speziellere Hygienefragen (z. B. im Krankenhaus oder bei drohenden Epidemien) werden in Leitlinien, Richtlinien oder Empfehlungen des Robert-Koch-Instituts geregelt, außerdem (für gesundheitsbezogene Dienstleistungen) in den Hygieneverordnungen der Länder.

Lebensmittelrecht: Im Lebensmittelbereich gibt es eine Vielzahl von hygienerelevanten Richtlinien und Normen (EG-Verordnung 852/2004 „Lebensmittelhygiene", Trinkwasserverordnung, HACCP-Richtlinien u. v. m.). Im Arbeitsschutzbereich beziehen sich einzelne Unfallverhütungsvorschriften auf Hygienefragen (s. u.).

1 Allgemeine Betriebshygiene

Allgemeine Hygienevorgaben ergeben sich v. a. aus den Fürsorgepflichten des Arbeitgebers nach ArbSchG bzw. DGUV-V 1. Konkrete Vorgaben machen die Arbeitsstättenverordnung und ihre Technischen Regeln, z. B. ASR A4.2 „Pausen- und Bereitschaftsräume" sowie die ASR A4.1 „Sanitärräume".

Im Wesentlichen werden hier ganz elementare Sachverhalte geregelt wie die Verfügbarkeit von → *Waschgelegenheiten* und → *Toiletten* und die immer noch gelegentlich ignorierte Festlegung, dass Seife und Handtücher nie gemeinschaftlich benutzt werden dürfen.

Zur Frage der **Reinigung** ist § 4 Abs. 2 ArbStättV maßgebend: „Der Arbeitgeber hat dafür zu sorgen, dass Arbeitsstätten den hygienischen Erfordernissen entsprechend gereinigt werden. Verunreinigungen und Ablagerungen, die zu Gefährdungen führen können, sind unverzüglich zu beseitigen."

Fragen zur Reinigungsintensität und -häufigkeit, die in der betrieblichen Praxis gerade in sensiblen Bereichen immer wieder auftreten, sind also nicht mit festen Vorgaben zu beantworten, sondern durch die → *Gefährdungsbeurteilung.*

Darüber hinaus sind für **konkrete Hygieneanforderungen** die entsprechenden branchenspezifischen Regelungen der Berufsgenossenschaften zu berücksichtigen. Dies betrifft vor allem Betriebe, die im weitesten Sinn mit → *biologischen Arbeitsstoffen* umgehen, wie

- Entsorgungsbetriebe, Kläranlagen,
- → *Laboratorien*,
- Tierhaltung,
- Gerbereien,
- Gebäudereiniger, Schädlingsbekämpfung,
- Lebensmittel verarbeitende Betriebe (z. B. Fleisch- und Getreideverarbeitung),
- Gesundheitswesen.

Besondere Anforderungen bestehen hier z. B. im Hinblick auf Schwarz-Weiß-Trennung von Privat- und Arbeitskleidung, Waschen von Arbeitskleidung, Händehygiene, Reinigung von Arbeitsbereichen und → *arbeitsmedizinische Vorsorge*.

Trinkwasserhygiene

Trinkwasser ist ein verderbliches Lebensmittel. Für den Umgang damit hat der Gesetzgeber daher besondere Anforderungen aufgestellt, um Keimbelastungen und andere Verunreinigungen zu vermeiden. Typische Trinkwasserkeime sind:

- **Legionellen**, die sich in Warmwasserleitungen ansiedeln können und über Tröpfcheninfektionen (beim Duschen/Baden) Atemwegserkrankungen auslösen können;
- **Coliforme (Kolikeime)**, die oral aufgenommen Durchfallerkrankungen auslösen.

Die Trinkwasserverordnung (TrinkwV) gibt vor, dass neben den Wasserversorgern auch Endverbraucher wie die Betriebe, die in ihren Gebäuden Trinkwasserinstallationen betreiben, für die Wasserqualität verantwortlich sind. Sie müssen gemäß Trinkwasserverordnung den Betrieb von Trinkwasseranlagen anzeigen und durch regelmäßige Wasserproben sicherstellen, dass die Trinkwasserqualität einwandfrei bleibt.

Praxis-Beispiel: Anzeigepflichten berücksichtigen

Anzeigepflichten bestehen auch bei Besitzerwechsel, z. B. beim Ankauf eines Betriebsgebäudes. Daher sollte der Zustand der Trinkwasseranlage beim Kauf entsprechend berücksichtigt werden. Welche Behörde für die Anzeige zuständig ist, ist auf Länderebene unterschiedlich geregelt.

Art und Umfang der Untersuchungen richten sich dabei nach der Art und Größe der Trinkwasseranlage bzw. dem durchschnittlichen Trinkwasserverbrauch. Details regeln die Gesundheitsämter, die entsprechende Informationen lokal zur Verfügung stellen.

Wenn der Betrieb Wasser zur Lebensmittelherstellung (vgl. Abschnitt Lebensmittelhygiene) oder anderweitig als Produktionsmittel einsetzt, greifen besondere Sorgfaltspflichten, die sich auch aus branchen- oder betriebsspezifischen Qualitätsnormen ableiten.

Praxis-Beispiel: Trinkwasserinstallation in Ordnung halten

- Die **Installation** muss der Trinkwasserverordnung und den geltenden Normen entsprechen (v. a. DVGW-Arbeitsblätter der Deutschen Vereinigung des Gas- und Wasserfaches e. V.). Wasserinstallationen sollten daher durch einen Fachbetrieb vorgenommen werden.
- **Tote Leitungsabschnitte** sind wegen der Gefahr der Verkeimung grundsätzlich nicht zulässig. Wenn Verbrauchsstellen wegfallen, müssen die Leitungsabschnitte so weit wie möglich vom Netz abgeklemmt und deinstalliert werden.
- **Wenig benutzte Verbrauchsstellen** (selten benutzte Duschen, Gästebereiche usw.) sollten regelmäßig gespült werden. Das dient nicht nur der Trinkwasserhygiene, sondern auch dem Erhalt der Installation.
- Hilfestellung bei Fragen rund um die Trinkwasserhygiene finden sich auf den Internet-Seiten des DVGW Deutscher Verein des Gas- und Wasserfaches e. V. – Technisch-wissenschaftlicher Verein.

2 Lebensmittelhygiene

Unter Lebensmittelhygiene können allgemein die Vorkehrungen verstanden werden, die nötig sind, um zu gewährleisten, dass ein Lebensmittel unter Berücksichtigung seines Verwendungszweckes für den menschlichen Verzehr tauglich ist. Ausschlaggebend ist für diesen Bereich besonders die EG-Verordnung 852/2004 „Lebensmittelhygiene", die in die deutsche Lebensmittelhygieneverordnung (LMHV) überführt wurde. Sie sieht verbindlich vor, dass Lebensmittel in der EU nur nach dem sog. **HACCP-System** (Hazard Analysis and Critical Control Point) hergestellt, verarbeitet bzw. in Verkehr gebracht werden dürfen. Es beinhaltet kurz gefasst:

- Analyse von Gefahren für die Lebensmittelsicherheit,
- detaillierte Verfahren zur Überwachung von Lebensmitteln in allen Produktionsstufen mit entsprechenden Maßnahmen bei Abweichungen (konkret sind das z. B.: Temperaturmessungen, Rückstellproben usw.),
- die ständige Validierung des Systems,
- fortlaufende Dokumentation.

Dadurch ergeben sich viele detaillierte Hygieneanforderungen an Lebensmittelbetriebe, die alle Bereiche umfassen (Rohstoffbeschaffung, Lagerung, Gebäude- und Produktionstechnik, Herstellungsverfahren, Verpackung, Versand, Schulung der Beschäftigten usw.). Weiterhin muss in vielen Lebensmittelbetrieben und insbesondere in Einrichtungen der Gemeinschaftsverpflegung (neben Gaststätten, Cafés, Wohn- und Pflegeeinrichtungen auch Kantinen) das Infektionsschutzgesetz berücksichtigt werden, dass u. a. die obligatorische Einweisung der dort tätigen Beschäftigten durch die Gesundheitsbehörde vorschreibt.

Auch in Nicht-Lebensmittelbetrieben wird sehr häufig mit Lebensmitteln umgangen. Verfügt der Betrieb über eine regelrechte Kantine, treffen ihn die HACCP-Vorgaben voll, sodass entsprechende Fachkräfte für die ordnungsgemäße Umsetzung sorgen müssen. Problematisch sind oft **Grenzbereiche**, wenn z. B. die Sekretärin Schnittchen für eine Besprechung richtet oder beim Firmenfest Würstchen für Besucher gegrillt werden.

Die Lebensmittelhygiene-Verordnung sieht für solche Fälle keine Ausnahme („Kleinmengenregelung") vor. Allerdings wird in der einführenden Begründung der EG-Richtlinie angedeutet, dass sich die Richtlinie dem Sinn nach an ausgesprochene Lebensmittelunternehmen wendet und in bestimmten Fällen statt der HACCP-Vorgaben eine „gute Hygienepraxis" ausreichend ist, um Risiken für Verbraucher zu vermeiden. In der Praxis gehen auch die für die Lebensmittelüberwachung zuständigen Aufsichtsbehörden von einem solchen Ansatz aus, weil anders im gesellschaftlichen Leben übliche Bewirtungen kaum möglich wären (z. B. Aktivitäten von Vereinen, öffentliche Feste, „Tage der offenen Tür").

Praxis-Beispiel: Umgang mit Lebensmitteln dokumentieren

Betriebe, die in geringem Umfang Lebensmittel verarbeiten und zum Verzehr anbieten, sollten also mindestens **Leitlinien zum Umgang mit Lebensmitteln** in geeigneter Form intern dokumentieren, z. B.:

- Reinigungsplan,
- Verzicht auf „Risikolebensmittel" wie rohes Fleisch/Fisch, rohe Eier oder leicht verderbliche Milchprodukte,
- → *Unterweisung* der betroffenen Beschäftigten zu Themen wie Lagerung von und mögliche Krankheitsübertragung durch Lebensmittel (solche Schulungen bieten die Gesundheitsbehörden häufig auch Kleinbetrieben an).

Selbstverständlich sollte sein, dass für die Zubereitung von Speisen ein geeigneter Raum bzw. Bereich vorhanden sein muss:

- hygienisch einwandfreier Kühlschrank,
- Küchenbereich mit Arbeitsfläche und Geräten, der gut sauber zu halten ist und nicht anderweitig benutzt wird (schwierig z. B. an kleinen Messeständen – ein Grund, hier besser auf einen professionellen Caterer zurückzugreifen).

3 Gesundheitswesen

Hygienefragen spielen im gesamten Gesundheitswesen eine große Rolle. Fachliche und rechtliche Grundlage sind hier v.a. die Empfehlungen des Robert-Koch-Instituts (RKI). Die Bezeichnung „Empfehlung" darf nicht über die recht hohe bindende Wirkung hinwegtäuschen, die darin Ausdruck findet, dass die Empfehlungen im Bundesgesundheitsblatt offiziell veröffentlicht werden. Empfehlungen gibt es für alle Bereiche des Gesundheitswesens (Krankenhäuser, Heime, Arztpraxen mit vielen unterschiedlichen Tätigkeitsbereichen).

Unter Arbeitsschutzgesichtspunkten ist die Krankenhaushygiene deswegen besonders wesentlich, weil Krankenhäuser große Arbeitgeber sind und hier Hygiene stets nicht nur den Schutz der Patienten betrifft, sondern auch den der Beschäftigten. Arbeitsschutz- und Hygieneverantwortliche müssen also eng zusammenarbeiten.

Grundlage der Krankenhaushygiene sind v. a. die Leitlinien der Kommission für Krankenhaushygiene und Infektionsprävention (KRINKO), die beim Robert-Koch-Institut RKI angesiedelt ist. Sie enthalten Anforderungen zur baulichen und funktionellen Gestaltung von Krankenhäusern und ihren Abteilungen, zum Umgang mit Medizinprodukten usw. sowie organisatorische Rahmenbedingungen. Diese Leitlinien stellen bundesweit den Stand von Wissenschaft und Technik dar, haben aber, weil die Gesundheitsfürsorge weitgehend ins Landesrecht fällt, keinen Gesetzesrang.

Vergleichbare Inhalte werden auf Landesebene jeweils in Verordnungen zur Hygiene in medizinischen Einrichtungen mehr oder weniger umfangreich rechtsverbindlich umgesetzt.

Wie im Arbeitsschutz sind für Hygienefragen im Krankenhaus die jeweiligen Vorgesetzten verantwortlich und weisungsbefugt, also Ärztlicher Direktor, Abteilungsleiter, Verwaltungsdirektion oder Pflegedienstleitung. Ihnen stehen beratend und ausführend zur Seite:

- **Krankenhaushygieniker** (Hygienefacharzt): ab etwa 400 Betten (bedarfsabhängig, außerdem teilweise länderspezifische Regelungen) entweder hauptamtlich oder durch Beratung von qualifizierter Stelle (i. d. R. staatliche oder kommunale Hygieneinstitute). Der Krankenhaushygieniker berät Einrichtungen bei Erkennung, Verhütung und Bekämpfung von Krankenhausinfektionen.
- **Hygienefachkraft:** Weitergebildete Pflegekraft (nach RKI-Richtlinie), Umfang abhängig vom Infektionsrisiko (eine Kraft für 300–1.000 Betten). Aufgaben sind die Analyse von Hygienerisiken, regelmäßige Begehungen, Beratung bei der Festlegung von Arbeitsverfahren, baulichen Maßnahmen, Erstellen von Hygiene- und Desinfektionsplänen, Überwachung der Einhaltung von Hygienemaßnahmen, Vorgehen bei Epidemien, Desinfektions- und Isolierungsmaßnahmen, Schulung und Unterweisung.
- **Hygienebeauftragter:** Arzt (für ein gesamtes Haus oder für einzelne Abteilungen), der über eine entsprechende Fortbildung (nach RKI-Richtlinie) verfügt. Er ist das Bindeglied zwischen Hygienefachleuten und Fachabteilungen.

Darüber hinaus sind mit Fragen der Krankenhaushygiene z. T. auch Krankenhausbetriebstechnik und Medizintechnik befasst. Außerdem ist i. d. R. die Zusammenarbeit mit einem geeigneten mikrobiologischen Labor zur Durchführung vorgeschriebener Untersuchungen erforderlich.

Die o. g. Hygienefachleute arbeiten auf Krankenhausebene in der **Hygienekommission** zusammen, die ggf. noch um weitere Mitglieder erweitert sein kann (Pflegedienst, Apotheke, Labor, Arbeitsschutz). Ihre Aufgaben sind:

- Analyse von Hygienerisiken,
- Festlegung und Organisation von Infektionsverhütungs- und Bekämpfungsmaßnahmen, Fortbildungen des Personals.

4 Gesundheitsbezogene Dienstleistungen

Für Hygienefragen bei nicht medizinischen Dienstleistungen wie in Haarpflege, Fuß- und Handpflege, Akupunktur, Tätowierungen und Piercing usw. sind die Hygieneverordnungen der Länder zu berücksichtigen. Sie enthalten Vorgaben zum Infektionsschutz für Kunden und Personal gleichermaßen, besonders im Hinblick auf den (möglichen) Kontakt mit Blut (Reinigung und Desinfektion von Bereichen und Geräten, persönliche Hygiene, Verwendung → *Persönlicher Schutzausrüstung* usw.).

Für den gesamten Bereich der Hygiene in Gesundheitsberufen im weiteren Sinn stellen die zuständigen Berufsgenossenschaften (v. a. BGW) zusätzliche Informationen und Unterlagen zu vielen speziellen Themen zu Verfügung.

Cornelia von Quistorp

Hygienemanagement

Ein zeitgemäßer Arbeitsschutz umfasst auch das systematische Organisieren und Anwenden der erforderlichen betrieblichen und persönlichen Maßnahmen der Hygiene (Hygienemanagement). Der Begriff Hygiene stammt aus dem Altgriechischen und bedeutet so viel, wie „der Gesundheit dienen". Hygiene ist also die Lehre und die betriebliche Praxis der Gesunderhaltung von Menschen (Beschäftigten, Lieferanten und Kunden sowie anderen Beteiligten in Lieferketten) durch eine gezielte Reinhaltung des Körpers, der Arbeitskleidung und der Arbeitsumgebung (ggf. einschließlich Schädlingsbekämpfung) sowie ein hygienegerechtes Verhalten der Beteiligten. Für jedes Unternehmen ist Hygiene – nicht erst seit der COVID-19-Pandemie – eine wichtige Präventionsaufgabe. Vorbeugende Maßnahmen sind durch Aufklärung, Reinigung und Desinfektion für gesunde Arbeitsbedingungen und die bewusste Abwehr von Krankheiten zu sorgen. Hygiene ist nicht nur „Sache" jedes Einzelnen, sondern auch eine Aufgabe der Unternehmensführung. So fordern insbesondere das Infektionsschutzgesetz, das Arbeitsschutzgesetz und die Biostoffverordnung geeignete Vorbeuge- und Schutzmaßnahmen sowie eine geregelte Dokumentation (Vorgaben- und Ergebnisdokumentation). Wie bei anderen betrieblichen Aufgaben ist auch bei der Hygiene ein systematisches Vorgehen in Form eines Managementsystems sinnvoll. Dieses definiert Ziele und Grundsätze und regelt die systematische Anwendung wie z. B. Hygiene- und Hautschutzpläne, betriebliche Anweisungen, Schulungskonzepte und Begehungs- und Überwachungskonzepte. Außerdem werden die betriebliche Hygienepraxis (Personalhygiene, Produkthygiene sowie Produktions- und Betriebshygiene) und ein fortlaufender Verbesserungsprozess angeleitet. Unabhängig davon sind die Nutzung vorhandener Prinzipien, wie der PDCA-Zyklus, Vorgehensweisen (Verfahren und Prozesse) sowie Managementwerkzeuge auch bei der Anwendung der für das Unternehmen relevanten Hygieneanforderungen sehr sinnvoll. Ein Hygienemanagement lässt sich als eigenständiges Managementsystem oder als Teil eines Arbeitsschutz-Managementsystems (AMS) gestalten. Empfehlenswert ist die Integration der betrieblichen Aufgabe „Hygiene" in ein zeitgemäßes Arbeitsschutz-Management das entsprechend der AMS-Norm DIN ISO 45001:2023 aufgebaut ist. Unternehmen, die Lebensmittel herstellen oder zubereiten und die Erfüllung der entsprechenden Hygieneforderungen sowie ggf. spezielle Anforderungen ihrer Kunden nachweisen müssen, sollten ein spezielles Hygienemanagement (beispielsweise HACCP – Hazard Analysis and Critical Control Points) aufbauen und praktizieren.

Albert Ritter

Immissionsschutz

Unter Immissionsschutz versteht man die Gesamtheit der Maßnahmen, Lebewesen, Gegenstände und die Umwelt vor schädlichen Immissionen zu schützen. Immission kommt aus dem Lateinischen (immittere: hineinschicken, -senden). Im umweltrechtlichen Sinne werden unter Immissionen auf Menschen, Tiere, und Pflanzen, den Boden, das Wasser, die Atmosphäre sowie Kultur- oder sonstige Sachgüter einwirkende Luftverunreinigungen, Geräusche, Erschütterungen, Licht, Wärme, Strahlen und ähnliche schädliche Umwelteinwirkungen verstanden (§ 3 Bundes-Immissionsschutzgesetz). Immissionen wirken am Ende des Wirkungspfads. Schäden treten also an einer Einwirkungsstelle auf, nachdem Emissionen einen Pfad (Luft, Wasser, Boden, Mensch, Tier) zurück gelegt haben.

Gesetze, Vorschriften und Rechtsprechung

Das Bundes-Immissionsschutzgesetz (BImSchG) ist das zentrale Gesetz zur Luftreinhaltung und Lärmbekämpfung sowie für die Zulassung/Genehmigung und Überwachung von Industrieanlagen. Auf Grundlage des BImSchG sind zahlreiche Rechtsverordnungen (BImSchV) zur Durchführung des BImSchG erlassen worden. Über die grundsätzlichen Anforderungen des Gesetzes hinaus regeln diese Verordnungen Details, insbesondere hinsichtlich Anlagen und deren Betrieb, Produkten und Stoffen sowie bestimmter Immissionen. Den Stand der Technik geben u.a. die Technischen Anleitungen zur Reinhaltung der Luft (TA-Luft) und zum Schutz gegen Lärm (TA-Lärm) als Allgemeine Verwaltungsvorschriften wieder. Im Rahmen der Richtlinie über Industrieemissionen der Europäischen Union (IED 2010/75/EU) werden Best Available Technique Reference Documents (BREFs) erstellt und in Deutschland als BVT-Merkblätter veröffentlicht. Zu den Merkblättern gehören BVT-Schlussfolgerungen, die als verbindliche Referenzdokumente für Genehmigungen dienen. Die Landes-Immissionsschutzgesetze (LImSchG) ergänzen die immissionsschutzrechtlichen Vorschriften des Bundes insbesondere um Anforderungen an das Verhalten von Personen, durch das schädliche Umwelteinwirkungen verursacht werden können (z.B. Regelungen zum Schutz der Nachtruhe, Abbrennen von Feuerwerken oder zum Halten von Tieren).

1 Arten von Immissionen

Zu den immissionsschutzrechtlich relevanten Immissionen zählen insbesondere:

- Geräusche, z.B. Verkehrslärm, Rasenmäherlärm, Baulärm, Gaststättenbetrieb,
- Erschütterungen, Vibrationen, ausgelöst z.B. durch Kompressoren, Musikanlagen,
- Licht, z.B. durch Flutlichtanlagen,
- Elektromagnetische Felder, z.B. in der Nähe von Hochspannungsleitungen,
- Luftverschmutzung durch Abgase, Qualm, Rauch, Stäube, Mikroorganismen, ausgelöst z.B. durch Industrie, Landwirtschaft oder → *Fahrzeuge*,
- Gerüche, z.B. durch Abfallbehandlungsanlagen, Tierhaltung oder Chemiebetriebe.

2 Maßnahmen des Immissionsschutzes

Immissionsschutz wird zum einen dadurch erreicht, indem durch den Gesetzgeber bestimmte Immissionswerte festgelegt werden und deren Einhaltung überwacht wird. Anlagenbetreiber tragen außerdem zum Immissionsschutz bei, indem Immissionen durch Vorsorgemaßnahmen bei umweltbeeinträchtigenden Anlagen vermieden bzw. vermindert werden. Hierzu hat der Gesetzgeber bestimmte Anforderungen für die Errichtung und den Betrieb solcher Anlagen definiert. Regelungen nach dem BImSchG enthalten daher Anforderungen an Immissionswerte für Gebiete sowie zur Minimierung von Immissionen, die aus dem Betrieb von Anlagen und der Herstellung von Produkten (Stoffe/Erzeugnisse) entstehen.

Gebietsbezogene Regelungen

Um regionale und örtliche Umweltbelastungen zu bekämpfen, enthält das BImSchG Regelungen zu Lärmminderungsplänen, Emissionskatastern, Luftreinhalteplänen oder Smoggebieten.

Produkt- und Stoffbezogene Regelungen

Bei diesen Regelungen handelt es sich in Wesentlichen um Beschaffenheitsanforderungen von Stoffen und Produkten (Erzeugnissen), wie z.B. die 32. BImSchV (Geräte- und Maschinenlärmschutzverordnung), die 3. BImSchV (Schwefelgehalt im leichten Heizöl) oder die 10. BImschV (Beschaffenheit von Kraftstoffen).

Anlagenbezogene Regelungen

Anlagenbezogene Regelungen beziehen sich auf die Überprüfung und Genehmigung von Betrieben sowie auf die Beschaffenheit bestimmter Anlagen (Stand der Technik):

- Bestimmte Anlagen werden als genehmigungsbedürftig festgelegt (4. BImSchV). In der Anlagenliste der Verordnung sind genehmigungsbedürftige Anlagen abschließend genannt.

- Genehmigungsbedürftige Anlagen, deren Betrieb mit einem besonderen Risikopotenzial verbunden ist, unterliegen den Anforderungen der Störfallverordnung (12. BImSchV).
- Für bestimmte Anlagen, wie z.B. Feuerungsanlagen (Kraftwerke) oder Abfallverbrennungsanlagen enthalten die Großfeuerungsanlagenverordnung (13. BImSchV) bzw. die Verordnung über die Verbrennung und die Mitverbrennung von Abfällen (17. BImSchV) spezielle Regelungen nach dem Stand der Technik.

Auch für nicht genehmigungsbedürftige Anlagen enthält das BImSchG Anforderungen, die in einzelnen Rechtsverordnungen konkretisiert werden, wie z.B. für Chemischreinigungsanlagen, Oberflächenbehandlungsanlagen und Extraktionsanlagen bzgl. der Emissionsbegrenzung von leichtflüchtigen halogenierten organischen Verbindungen (2. BImSchV) oder für kleine und mittlere Feuerungsanlagen (1. BImSchV). Im August 2017 ist die 42. BImSchV „Verordnung über Verdunstungskühlanlagen, Kühltürme und Nassabscheider" neu in Kraft getreten.

Betriebsbezogene Regelungen

Betriebsbezogene Regelungen sind insbesondere die Mitteilungspflichten zur Betriebsorganisation (§ 52b BImSchG), die Erleichterungen für auditierte Unternehmensstandorte (§ 58e BImSchG) sowie die Regelungen über Betriebsbeauftragte (5. BImSchV). Die Verpflichtung bestimmter Betriebe, Betriebsbeauftragte (Störfall- und Immissionsschutzbeauftragte) zu ernennen, soll die Umsetzung der komplexen gesetzlichen Regelungen erleichtern. Der Betrieb erhält einen kompetenten Berater, der auch gleichzeitig eine Eigenkontrolle sicherstellt und als Ansprechpartner für Behörden fungiert.

Martin Köhler

Infektionsschutz

Unter Infektionsschutz werden alle Maßnahmen verstanden, die dazu geeignet sind, übertragbare Krankheiten beim Menschen vorzubeugen, Infektionen frühzeitig zu erkennen und ihre Weiterverbreitung zu verhindern. Infektion ist dabei die Aufnahme eines Krankheitserregers und seine nachfolgende Entwicklung und Vermehrung im menschlichen Organismus, nicht erst der akute Ausbruch einer Krankheit. Dieser Ansatz bezieht sich auf die Gesamtbevölkerung und nicht auf den Schutz einzelner Gruppen, z.B. im Rahmen von bestimmten Fürsorgepflichten. Daher sind Maßnahmen des Infektionsschutzes auf ganz unterschiedlichen Feldern betrieblicher Aktivitäten bedeutsam, z.B. der Schutz der Mitarbeiter, der Schutz von Kunden, Klienten, Patienten usw., der Produktschutz (z.B. in der Lebensmittelverarbeitung) und der Schutz Dritter (z.B. in Fragen der Entsorgung von Abfallstoffen).

Gesetze, Vorschriften und Rechtsprechung

Das Infektionsschutzgesetz (IfSG) regelt grundlegende Strukturen des Infektionsschutzes für unterschiedliche Bereiche des öffentlichen und privaten Lebens, z.B. die Meldepflichten für übertragbare Krankheiten, Akutmaßnahmen bei Ansteckungsgefahr bzw. oder Epidemien, Impfwesen und Infektionsschutzmaßnahmen in bestimmten Bereichen und Branchen wie in Schulen und anderen Gemeinschaftseinrichtungen, bei der Wasseraufbereitung für den menschlichen Gebrauch und der Entsorgung von Abwasser, in der Lebensmittelverarbeitung und der Biotechnologie.

Wird im Rahmen einer Arbeitstätigkeit mit biologischen Arbeitsstoffen umgegangen, greift die Biostoffverordnung (BioStoffV). Sie regelt u.a. Infektionsschutzmaßnahmen für Beschäftigte in den betroffenen Branchen, die die BioStoffV pauschal erfasst. Spezifische Regelungen finden sich in den zugehörigen Technischen Regeln für Biologische Arbeitsstoffe, z.B. in der TRBA 500 „Allgemeine Hygieneanforderungen" und weiteren speziellen Regeln, z.B. für Gesundheitswesen, Abfallwirtschaft, Landwirtschaft und Biotechnologiebranche.

Für berufliche oder gewerbliche Tätigkeiten, die – außerhalb der Heilkunde – besonders hygienerelevant sind, gibt es die Hygiene-Verordnungen der Länder, die dem Infektionsschutzgesetz zugeordnet sind. Sie beziehen sich z.B. auf Maßnahmen gegen Infektionsgefahr bei Tätigkeiten wie Rasieren, Tätowieren, Piercen und Ohrlochstechen sowie für die Akupunktur.

Eine wesentliche Rolle spielt der Infektionsschutz auch in lebensmittelrechtlichen Bestimmungen wie der Lebensmittelhygieneverordnung (LMHV). Sie regelt die Herstellung und Behandlung von Lebensmitteln, sowie den Verkehr damit, hier v.a. im Hinblick auf den Verbraucherschutz.

1 Infektionsschutz im betrieblichen Alltag

In Unternehmen begegnen sich immer viele Menschen und haben Kontakt miteinander. Daher besteht grundsätzlich auch die Möglichkeit einer Verbreitung ansteckender Krankheiten. Aus Sicht des Betriebs sind folgende wesentliche Hygieneregeln einzuhalten:

- Geeignete Sanitäranlagen, Verwendung von Seifenspendern, Einmalhandtüchern oder Händetrocknern (keine gemeinschaftlichen Handtücher und Seifenstücke).[1]
- Sachgerechter Umgang mit Lebensmitteln, auch in Teeküchen, Pausenräumen, Speisen- und Getränkeautomaten.[2]
- Ordnungsgemäßes, gepflegtes Wasserversorgungssystem. Problematisch können sehr alte Verrohrungen, lange Leitungswege, „blinde" Leitungsfortsätze und wenig benutzte Entnahmestellen sein, besonders wenn das Wasser warm steht.[3]
- Besondere Desinfektionsmaßnahmen sind im Betriebsalltag in Unternehmen ohne spezielle Hygieneanforderungen nur in Ausnahmefällen sinnvoll und sollten nur nach ärztlicher Beratung vorgenommen werden. Z.B. können ungezielte und v. a. unkundig durchgeführte Flächendesinfektionsmaßnahmen ausgesprochen kritisch sein (Gefahr von Haut- und Atemwegsproblemen durch Raumluftbelastung, Brandgefahren bei fehlerhafter Anwendung, fehlende Effektivität).
- Das Bereitstellen von Händedesinfektionsmitteln, z.B. in Sanitärbereichen, ist seit der Corona-Pandemie 2020–20233 in vielen Unternehmen üblich, allerdings nach hygienischen Kriterien nicht dringend erforderlich, weil das normale Händewaschen nach dem Toilettengang völlig ausreichend ist.
- Aufklärung über Infektionsrisiken und -vermeidung mit Themen, wie allgemeiner Impfschutz, Hepatitis und HIV/AIDS, sind als Maßnahme des betrieblichen Gesundheitsschutzes angebracht, z.B. im Hinblick auf junge Menschen oder auch in der Reisezeit.

Praxis-Beispiel: Maßnahmen bei Epidemien

In besonderen Situationen, z.B. bei gehäuftem und/oder schwerwiegendem Infektionsgeschehen in der Bevölkerung, können im Betrieb folgende Vorsichtsmaßnahmen greifen:

- Hinweise auf häufiges, gründliches Händewaschen, v. a. nach dem Toilettengang, vor dem Essen, gründliches Lüften;
- Verzicht auf Körperkontakt im täglichen Umgang (Händeschütteln, Umarmungen);
- größere Zusammenkünfte/Menschenansammlungen vermeiden.

Bei entsprechendem Infektionsgeschehen sind u.U. besondere Impfaktionen angezeigt, wie z.B. während der Corona-Pandemie 2020–2023, in der in großem Umfang in Unternehmen Schutzimpfungen durchgeführt wurden, damit möglichst viele Menschen schnellstmöglich eine Grundimmunisierung gegen das SARS-CoV-2-Virus erhalten konnten. In solchen Situationen sollten die aktuellen Hinweise des Robert-Koch-Instituts und die Beratung durch den Arbeitsmediziner berücksichtigt werden.

Praxis-Beispiel: Grippeschutzimpfungen

In vielen Betrieben werden im Rahmen des betrieblichen Gesundheitsschutzes Impfungen durchgeführt. Am meisten verbreitet sind Impfungen gegen die saisonale Grippe. Viele → *Betriebsärzte* gehen davon aus, dass das Angebot einer jährlichen Schutzimpfung für Erwerbstätige zur Vermeidung

---

1 Siehe dazu u.a. ASR A4.1 „Sanitärräume".

2 Dabei gelten die Bestimmungen des Lebensmittelrechts.

3 Siehe dazu Trinkwasserverordnung (TrinkwV).

von hohen Ausfallraten aus Sicht des Betriebs wie der Beschäftigten langfristig sinnvoll ist. Daher investieren Unternehmen an dieser Stelle aktiv in den Gesundheitsschutz, obwohl mittlerweile auch die gesetzlichen und privaten Krankenversicherer die Kosten dafür weitestgehend übernehmen.

2 Infektionsschutz in besonderen Bereichen

In Bereichen, in denen besondere Infektionsrisiken bestehen, greift für den Schutz der Beschäftigten die BioStoffV. Danach muss eine → *Gefährdungsbeurteilung* durchgeführt werden, wobei die zu erwartenden Infektionserreger nach Kriterien wie Gefährlichkeit der Erkrankung, Ansteckungsgefahr/Impfmöglichkeit und Gefahr für die Allgemeinheit in 4 vorgegebene Risikogruppen eingestuft werden, denen wiederum Schutzstufen mit Maßnahmenplänen zugeordnet sind (§§ 6 ff. BioStoffV). Dabei wird generell nach gezielter und ungezielter Tätigkeit unterschieden. Gezielte Tätigkeiten liegen vor, wenn der Erreger bekannt und die Tätigkeit konkret auf den → *biologischen Arbeitsstoff* ausgerichtet ist (z.B. bei Grundstoffgewinnung, Forschungs- und Analysetätigkeiten). In den anderen Fällen spricht man von ungezielten Tätigkeiten.

In jedem Fall sind → *Betriebsanweisungen* und regelmäßige Personalunterweisungen vorgeschrieben. Darüber hinaus sind die meist branchenspezifischen TRBA (z.B. für das Gesundheitswesen, für die Abwasser- und Abfallbranche, Land- und Forstwirtschaft usw.) zu berücksichtigen.

Außerdem gelten Beschäftigungsbeschränkungen nach Jugendarbeitsschutzgesetz und Mutterschutzverordnung. Jugendliche, werdende und stillende Mütter dürfen mit infektionsgefährdenden Maßnahmen nicht beschäftigt werden. Ausnahmen sind möglich, z.B. bei Jugendlichen im Rahmen einer Ausbildung und bei Schwangeren, wenn gegen relevante Erreger nachweislich Immunschutz besteht (Beratung durch den Arbeitsmediziner erforderlich).

Ob → *arbeitsmedizinische Vorsorge* erforderlich ist, ergibt sich aus den Tabellen im Anhang der Verordnung zur arbeitsmedizinischen Vorsorge (ArbMedVV).

2.1 Gesundheitswesen/Wohlfahrtspflege

Infektionsschutz ist wegen des erhöhten Risikos im Gesundheitswesen und der Wohlfahrtspflege[1] ein umfangreiches Thema, das immer auf den Schutz von Patienten/Betreuten und Personal zielt. Zu berücksichtigen sind dabei:

- Die Bestimmungen des Infektionsschutzgesetzes, z.B. im Hinblick auf das Auftreten meldepflichtiger Krankheiten, Isolations- und Quarantänemaßnahmen, Hygienepläne, Analysetätigkeiten sowie Impfpflicht gegen Masern usw.
- Die Richtlinien, Empfehlungen und Merkblätter des Robert-Koch-Instituts zum Umgang mit Infektionserregern (Vorbeugung, Impfungen, Therapie, hygienische Maßnahmen).
- BioStoffV/TRBA: Im Gesundheitswesen handelt es sich bis auf wenige Ausnahmen im Forschungs- und Analysebereich um ungezielte Tätigkeiten, selbst wenn die Erreger und ihr Vorhandensein häufig bekannt sind, weil die Arbeitstätigkeit nicht direkt auf den → *biologischen Arbeitsstoff* (z.B. eine Körperflüssigkeit) ausgerichtet ist. Das führt zu allgemein niedrigeren Schutzstufen als z.B. in der Biotechnologie.
- Die TRBA 250 „Biologische Arbeitsstoffe im Gesundheitswesen und in der Wohlfahrtspflege“ enthält Details zur Risikoeinstufung und Schutzmaßnahmen (bauliche, technische, organisatorische Maßnahmen, Hygieneregeln, → *PSA* usw.). Besonders wichtig war in den letzten Jahren die Umstellung auf sog. „sicheres Werkzeug“, d.h. stichsichere Kanülen für Blutentnahmen, Zugänge usw., die Nadelstichverletzungen mit kontaminiertem Material vermeiden sollen und in den meisten medizinischen Bereichen verpflichtend sind. Entsprechende Vorfälle (auch Kontaminationen z.B. mit Blut in Mund oder Auge von Beschäftigten) müssen dokumentiert und behandelt werden (entsprechende Blutuntersuchungen, ggf. vorbeugende Medikamentengabe).

1 Gilt im Wesentlichen so auch für die Veterinärmedizin.

- Für die Mehrzahl der Beschäftigten im Gesundheitswesen muss eine arbeitsmedizinische Vorsorge bezogen auf infektionsgefährdende Tätigkeiten durchgeführt werden (Pflichtvorsorge), außer die Gefährdungsbeurteilung ergibt, dass eine Infektionsgefährdung auszuschließen ist.

Im Jahr 2017 haben die Berufsgenossenschaften in mehr als 500 Fällen im Gesundheitswesen berufsbedingte Infektionen entschädigt.

2.2 Gemeinschaftseinrichtungen

Besondere Anforderungen gelten für Gemeinschaftseinrichtungen, in denen überwiegend Kinder und Jugendliche betreut werden (Kindertageseinrichtungen, Schulen, Heime, Ferieneinrichtungen usw., §§ 33–35 IfSG). In diesen Einrichtungen dürfen Personen mit bestimmten Erkrankungen nicht tätig sein bzw. Kinder und Jugendliche dürfen mit bestimmten Infektionskrankheiten diese Einrichtungen nicht besuchen, bis durch ärztliches Attest bescheinigt werden kann, dass keine Ansteckungsgefahr mehr vorliegt (§ 34 IfSG). Für beide Gruppen gilt ebenso die Impfpflicht gegen Masern (§ 20 Abs. 8 IfSG).

Wenn Personen dauerhaft Ausscheider von Erregern sind, ohne selbst erkrankt zu sein, müssen in Abstimmung mit dem zuständigen Gesundheitsamt besondere Maßnahmen eingehalten werden. Auch bei bestimmten schwerwiegenden Erkrankungen im häuslichen Umfeld müssen Familienangehörige den Gemeinschaftseinrichtungen fernbleiben, auch wenn sie nicht erkennbar erkrankt sind.

Die Mitarbeiter müssen bei Antritt der Arbeit und danach alle 2 Jahre auf diese Sachverhalte hingewiesen werden (§ 35 IfSG).

Außerdem sind Hygienepläne zu erstellen (§ 36 Abs. 1 IfSG). Eine → *Gefährdungsbeurteilung* nach Biostoffverordnung ist erforderlich, wo regelmäßig intensiver Kontakt zu den Betreuten besteht (z. B. Wickeln, Hilfeleistung bei der Körperpflege und beim Toilettengang, Beseitigen von Stuhl, Urin, Erbrochenem). Dementsprechend können in bestimmten Fällen (z. B. wenn Kinder mit bekannten Infektionen gepflegt werden) auch Vorsorgeuntersuchungen erforderlich sein.

2.3 Biotechnologie

In der Biotechnologie überlagert sich der Schutz der Mitarbeiter mit dem erforderlichen Produktschutz und dem Schutz von Umwelt und Bevölkerung, z. B. vor gentechnisch veränderten Erregern. Generell gehen die strengeren Bestimmungen der Gentechnikgesetzgebung immer vor. Vor allem die Gentechniksicherheitsverordnung enthält u. a. auch konkrete Arbeitsschutzanforderungen. Die Biostoffverordnung greift meist im Hinblick auf den gezielten Umgang mit Erregern, weil Tätigkeiten unmittelbar auf den biologischen Arbeitsstoff ausgerichtet sind (Tätigkeiten in Forschungslaboren, besonders auch beim Umgang mit Versuchstieren, bei der Impfstoffherstellung, bei der Gewinnung von Grundstoffen für die Kosmetikindustrie usw.). Daraus ergeben sich höhere Risikoeinstufungen und Schutzstufen. Einstufung und Schutzmaßnahmen werden in den entsprechenden TRBA konkretisiert:

- TRBA 100 „Schutzmaßnahmen für Tätigkeiten mit biologischen Arbeitsstoffen in Laboratorien“,
- TRBA 120 „Versuchstierhaltung“,
- TRBA 310 „Arbeitsmedizinische Vorsorgemaßnahmen nach Anhang VI Gentechnik-Sicherheitsverordnung“.

Auf Basis der → *Gefährdungsbeurteilung* und der Regelungen der ArbMedVV muss die Notwendigkeit von arbeitsmedizinischer Vorsorge im Einzelfall ermittelt werden.

2.4 Land- und Forstwirtschaft

In der Landwirtschaft steht der Schutz vor Ausbruch und Verschleppung von Tierseuchen im Vordergrund und definiert bestimmte Hygienemaßnahmen. Bestimmungen zum Schutz der Beschäftigten vor Infektionen finden sich z. B. in VSG 4.1 „Tierhaltung“ und TRBA 230 „Schutzmaßnahmen bei Tätigkeiten mit biologischen Arbeitsstoffen in der Land- und Forstwirtschaft und vergleichbaren Tätigkeiten“. Pflichtvorsorge ist in Land- und Gartenbau und in der Forstwirtschaft erforderlich, wenn die Gefahr von Zeckenbissen besteht (Übertragung von FSME und/oder Borreliose), ggf. auch in Tollwutgebieten.

2.5 Lebensmittelverarbeitung

Infektionsrisiken im Umgang mit Lebensmitteln werden leicht unterschätzt, obwohl regelmäßig Vorfälle mit durch Lebensmittel übertragenen Infektionen zu verzeichnen sind. Zur Infektionsausbreitung kommt es sowohl durch mit Erregern behaftete Lebensmittel als auch durch Ausscheider, die Erreger in den Produktionsprozess eintragen. Die häufigste Ursache für durch Lebensmittel übertragene Infektionen sind Campylobacter-Bakterien, die in ganz Europa v. a. in den Sommermonaten Durchfallerkrankungen auslösen. Typische Erreger sind außerdem Salmonellen, Hepatitis A, Rota- und Noroviren. Die umfangreichen lebensmittelhygienischen Vorschriften sind zu berücksichtigen. Dazu sind die Merkblätter der Berufsgenossenschaft Nahrungsmittel und Gaststätten sehr informativ.

Praxis-Beispiel: Belehrung beim Umgang mit Nahrungsmitteln

Alle, die außerhalb des häuslichen Bereichs mit Nahrungsmitteln umgehen (also auch gelegentliche Servicekräfte, Aushilfen, Ehrenamtliche usw.) müssen vor Aufnahme der Tätigkeit durch das Gesundheitsamt und danach alle 2 Jahre durch den Arbeitgeber über Infektionsschutz belehrt werden (u. a. über Hygieneregeln und Beschäftigungsverbote bei Verdacht auf bestimmte Krankheiten, § 43 IfSG). Das ist für viele Betriebe und Veranstalter, die nicht regelmäßig mit Lebensmitteln umgehen, schwer durchzuhalten, sollte aber angestrebt werden. Weil bei Schäden durch Lebensmittelvergiftungen mit Haftungsansprüchen gerechnet werden muss, sollte die betriebliche Haftpflicht entsprechend ausgelegt sein.

Bestimmte Pflichtuntersuchungen sind nicht mehr vorgeschrieben, weil sie sich nicht als effektiv zum Infektionsschutz erwiesen haben.

2.6 Weitere Branchen mit Infektionsrisiken

- Entsorgungswirtschaft,
- Schädlingsbekämpfung,
- Feuerwehr, Rettungsdienst und andere im Katastrophenschutz eingesetzte Kräfte (auch im Hinblick auf Angriffe mit biologischen Agenzien),
- Personal an Flughäfen (bei Kontakt zu Reisenden mit Verdacht auf ansteckende Krankheiten),
- berufliche Tätigkeiten im Ausland.

Informationen zu solchen und anderen Fällen geben:

- Arbeits- und Reisemediziner,
- die zuständigen Berufsgenossenschaften,
- das Robert-Koch-Institut.

Cornelia von Quistorp

Instandhaltung

Instandhaltung ist die Kombination aller technischen und administrativen Maßnahmen sowie Maßnahmen des Managements während des Lebenszyklus eines Arbeitsmittels (technische Einheit, Anlage). Ihr Ziel ist die Erhaltung des funktionsfähigen Zustands oder der Rückführung in diesen, sodass es die geforderte Funktion erfüllen kann.

Gesetze, Vorschriften und Rechtsprechung

Grundlegend sind TRBS 1112 „Instandhaltung", bei besonderen Gefährdungen durch Gefahrstoffe einschließlich Explosionen zusätzlich TRGS 400 sowie TRBS 1112 Teil 1 und DGUV-I 209-015 „Instandhaltung – sicher und praxisgerecht durchführen".

1 Grundelemente der Instandhaltung

Die wichtigsten Begriffe werden in DIN EN 13306:2018-02 erläutert (**Abb. 1**). Aber auch die TRBS 1112 „Instandhaltung" enthält Begriffsbestimmungen. Danach ist **Instandhaltung** die Kombination aller technischen und administrativen Maßnahmen sowie Maßnahmen des Managements während des Lebenszyklus eines Arbeitsmittels (technischen Einheit einer Anlage) zur Erhaltung des funktionsfähigen Zustands oder der Rückführung in diesen, sodass es die geforderte Funktion erfüllen kann. Nach DIN 31051 (Neufassung Juni 2019) kann die Instandhaltung in folgende 4 Grundelemente eingeteilt werden:

Abb. 1: Instandhaltungsarbeiten nach DIN EN 13306 „Grundlagen der Instandhaltung"

- **Inspektion:** Maßnahmen zur Feststellung und Beurteilung des Ist-Zustands einer Betrachtungseinheit einschließlich der Bestimmung der Ursachen der Abnutzung und dem Ableiten der notwendigen Konsequenzen für eine künftige Nutzung;
- **Wartung:** Maßnahmen zur Verzögerung des Abbaus des vorhandenen Abnutzungsvorrats;
- **Instandsetzung:** Physische Maßnahme, die ausgeführt wird, um die Funktion einer fehlerhaften Einheit wiederherzustellen;
- **Verbesserung:** Kombination aller technischen und administrativen Maßnahmen sowie der Maßnahmen des Managements zur Steigerung der Zuverlässigkeit und/oder Instandhaltbarkeit und/oder Sicherheit einer Einheit, ohne ihre ursprüngliche Funktion zu ändern.

2 Ziele der Instandhaltung

Instandhaltungsarbeiten sind aus Gründen der Erhaltung der Betriebssicherheit und zur Vorbeugung von Ausfällen an Anlagen, Arbeits- und Betriebsmitteln erforderlich, z. B. um Produktionsunterbrechungen oder Versorgungsproblemen vorzubeugen.

Weitere Ziele können sein:

- Erhöhung und optimale Nutzung der Lebensdauer von → *Arbeits-* und Betriebsmitteln;
- Verbesserung der Betriebssicherheit;
- Erhöhung der Anlagenverfügbarkeit;
- Optimierung von Betriebsabläufen;
- Reduzierung von Störungen;
- Vorausschauende Planung von Kosten.

Im Laufe der Zeit verlieren technische Arbeitsmittel durch Abnutzung und Korrosion teilweise oder ganz ihre Funktionsfähigkeit. Dabei können auch sicherheitstechnisch bedenkliche Zustände auftreten.

Aufgabe der Instandhaltung ist es daher, durch regelmäßige Maßnahmen die Betriebs- und Arbeitssicherheit einer → *Maschine* oder einer Anlage zu gewährleisten. Dazu gehören auch die in vielen technischen Regelwerken geforderten wiederkehrenden Prüfungen, die gem. BetrSichV bei Arbeitsmitteln durch befähigte Personen erfolgen müssen.

Die Hersteller von Maschinen und Anlagen legen in Betriebsanleitungen Wartungs- und Inspektionsmaßnahmen fest, um den betriebs- und arbeitssicheren Zustand dauerhaft zu gewährleisten. Durch die Instandhaltung wird insofern auch ein besonderer Beitrag für die Sicherheit technischer Arbeitsmittel geleistet.

3 Instandhaltungsarten

Wartungsarbeiten sollten vorbeugend in regelmäßigen Abständen durchgeführt werden.

Dafür ist je nach Schwierigkeitsgrad der Arbeiten ausgebildetes Fachpersonal erforderlich. Ziel der Wartung ist es, eine möglichst lange Lebensdauer und einen geringen Verschleiß der gewarteten Objekte zu gewährleisten.

Wartung von technischen Objekten umfasst z.B. das Nachstellen, Schmieren, funktionserhaltendes Reinigen, Konservieren, Nachfüllen oder Ersetzen von Betriebsstoffen oder Verbrauchsmitteln (z.B. Kraftstoff, Schmierstoff oder Wasser) und planmäßiges Austauschen von Verschleißteilen (z.B. Filter oder Dichtungen), wenn deren noch zu erwartende Lebensdauer offensichtlich oder gemäß Herstellerangabe kürzer ist als das nächste Wartungsintervall.

Unter einer **Inspektion** versteht man eine prüfende Tätigkeit im Sinne einer Kontrolle oder Prüfung. Die Inspektion dient dabei der Feststellung des ordnungsgemäßen Zustands, z.B. eines → *Arbeits-* oder Betriebsmittels.

Nach § 4 BetrSichV muss jeder Arbeitgeber die nach den allgemeinen Grundsätzen § 4 Arbeitsschutzgesetzes erforderlichen Maßnahmen ergreifen, damit den Beschäftigten nur Arbeitsmittel zur Verfügung gestellt werden, die für die am Arbeitsplatz gegebenen Bedingungen geeignet und bei deren bestimmungsgemäßer Verwendung Sicherheit und Gesundheitsschutz gewährleistet sind.

Im Rahmen der → *Gefährdungsbeurteilung* muss er nach § 3 BetrSichV für Arbeitsmittel insbesondere Art, Umfang und Fristen erforderlicher Prüfungen (als eine Form der Inspektion) ermitteln. Ferner hat der Arbeitgeber die notwendigen Voraussetzungen zu ermitteln und festzulegen, die die Personen erfüllen müssen, die von ihm mit der Prüfung oder Erprobung von Arbeitsmitteln beauftragt werden.

Unter **Instandsetzung** oder auch Reparatur (von lat. reparare = wiederherstellen) wird der Vorgang verstanden, bei dem ein defektes Objekt in den ursprünglichen, funktionsfähigen Zustand zurückversetzt wird. Eine Reparatur kann z.B. durch den Austausch defekter Teile, durch das Hinzufügen von Teilen oder durch eine Neuordnung von Teilen (z.B. Zusammenkleben oder Schweißen) erfolgen. Bei modernen technischen Geräten und Arbeitsmitteln wird außerdem in zunehmendem Maß die Elektronik oder die elektrische Steuerung durch Programme zum Gegenstand von Reparaturen.

Nach der Durchführung von Instandsetzungsarbeiten **sind immer Erprobungen** erforderlich. Darunter versteht man jedes Ingangsetzen eines Arbeitsmittels nach einer Instandsetzung zum Zweck der Funktionsprüfung, der Feststellung und Überprüfung von sicherheitstechnisch relevanten Betriebsdaten (z.B. Testläufe) sowie der Vornahme von Einstellungsarbeiten an Arbeitsmitteln und deren Ausrüstungsteilen.

Arbeiten zu **Verbesserungen** als Bestandteil von Instandhaltungsarbeiten können nicht vollständig und klar gegen Umbau- und Modernisierungsarbeiten abgegrenzt werden. Als das entscheidende Kriterium zur Abgrenzung ist die Fragestellung anzusehen, was im Ergebnis der jeweiligen Arbeiten erreicht werden soll. Wird durch Verbesserungen die Anlage, das Arbeits- oder Betriebsmittel dahingehend verändert, dass der Sollzustand zwar angehoben, die Nutzung jedoch nicht verändert wird, so ist von Verbesserungen zu sprechen.

Als Verbesserungen werden Arbeiten und Maßnahmen bezeichnet

- zur Erhöhung des Werts,
- zur Berücksichtigung und Anwendung wissenschaftlich-technischer Erkenntnisse hinsichtlich der Erhöhung der Wirtschaftlichkeit (Gebrauchswertsteigerung z.B. durch Energieeinsparung, verbesserte Steuerung) oder
- zur Umnutzung einer Anlage.

4 Sicherheit und Gesundheitsschutz bei Instandhaltungsarbeiten

Bei der Inspektion, Wartung und Instandsetzung von Maschinen, Anlagen, Geräten oder Einrichtungen treten Gefährdungen auf, die mit den bekannten Gefährdungen in der Fertigung nicht vergleichbar sind, da bei diesen Arbeiten häufig vorhandene Schutzeinrichtungen außer Betrieb genommen werden müssen. Es muss dennoch dafür gesorgt werden, dass auch Instandhaltungsarbeiten sicher durchgeführt werden können.

Unfälle bei Instandhaltungsarbeiten bilden nach den Transportunfällen den größten Schwerpunkt im produzierenden Bereich. Bei der Instandhaltung von → *Maschinen* liegt die Unfallquote für Beschäftigte rund 10- bis 20-mal so hoch wie für das Fertigungspersonal. Entsprechend hoch ist mit 25 % der Anteil der tödlichen → *Arbeitsunfälle* (vgl. auch DGUV-I 209-015 „Instandhaltung – sicher und praxisgerecht durchführen"). Besonders häufig ereignen sich bei Instandhaltungsarbeiten Unfälle durch Quetschungen gefolgt von Absturzunfällen, insbesondere bei Arbeiten auf → *Leitern* oder auf ungesicherten hoch gelegenen Arbeitsplätzen.

Instandhaltungsarbeiten an laufenden Maschinen bilden einen besonderen Schwerpunkt. Zur Arbeitserleichterung oder zur Vermeidung von Stillstandszeiten werden oft Schutzeinrichtungen umgangen oder unwirksam gemacht. Instandhalter können auch Gefährdungen durch Gase, Dämpfe, Stäube, Hitze und unter Druck stehenden Medien sowie elektrischen Strom ausgesetzt sein. Durch eine gefährliche Umgebung können Brände und Explosionen oder Gesundheitsschäden entstehen.

Die Ursache für das überdurchschnittliche Unfallgeschehen liegt häufig in der fehlenden oder unzureichenden organisatorischen Vorbereitung von Instandhaltungsarbeiten. Oft werden Instandhaltungsarbeiten unter Zeitdruck durchgeführt. Ständig wechselnde Arbeitsbedingungen, Aufgaben und Örtlichkeiten setzen vor Arbeitsbeginn immer eine gesonderte → *Gefährdungsbeurteilung* mit Festlegung und Umsetzung besonderer Schutzmaßnahmen voraus. Bei mechanischen Gefährdungen hat sich insbesondere die Anwendung der 4-Rang-Methode bewährt (s. a. DGUV-I 209-015).

Regeln für die sichere Vorbereitung und Durchführung von Instandhaltungsarbeiten enthält TRBS 1112 „Instandhaltung". Schwerpunkt bei der Vorbereitung von Instandhaltungsarbeiten ist auch danach die Durchführung einer gesonderten Gefährdungsbeurteilung und die Festlegung der erforderlichen Schutzmaßnahmen. Dabei sind insbesondere zu berücksichtigen:

- Gefährdungen, die von dem instandzuhaltenden Arbeitsmittel ausgehen, z. B. Arbeitsstoffe, gefährliche Strahlung, frei zugängliche Maschinenteile, sich in Betrieb befindliche angrenzende → *Arbeitsmittel*, Betriebs- und Schaltzustände;
- Gefährdungen durch die Instandhaltungsmaßnahme an der Arbeitsstelle, z. B. Absturzgefahren durch Bodenöffnungen, undefinierte Schaltzustände, eingeschränkte Bewegungsfreiheit, eingesetzte Hilfsmittel (z. B. Krane);
- arbeitsorganisatorische Besonderheiten (z. B. Arbeiten in unbekannten Betriebsstrukturen, Zeitdruck).

Bei wiederkehrenden, gleichen oder ähnlichen Instandhaltungsarbeiten kann eine vorhandene Gefährdungsbeurteilung genutzt werden.

Der typische Ablauf von der Planung einer Instandhaltung bis zur Erprobung ist in einem Ablaufdiagramm in Anhang 1 TRBS 1112 dargestellt. Typische Gefährdungen bei Instandhaltungsarbeiten und die dazugehörigen Schutzmaßnahmen sind in Anhang 2 TRBS 1112 zusammengestellt.

Bestehen unterschiedliche Zuständigkeiten für Betrieb und Instandhaltung von Anlagen bzw. Arbeitsmitteln im Unternehmen hat sich in der Praxis bewährt, besondere Personen (Koordinatoren) zu beauftragen, welche die unmittelbare Verantwortung für die Verwendung (Betrieb) des Arbeitsmittels bzw. der Anlage tragen (Anlagenverantwortlicher) und solche, die die unmittelbare Verantwortung für die Durchführung der Instandhaltungsarbeiten tragen (Arbeitsverantwortlicher).

Da Instandhaltungsarbeiten oft unter der Einbeziehung von → *Fremdfirmen* durchgeführt werden, kommt außerdem der Abstimmung der Zusammenarbeit von Beschäftigten verschiedener Arbeitgeber eine besondere Bedeutung zu. In der Praxis hat sich bewährt, Aufsichtspersonen oder Koordinatoren zu bestellen, die die festgelegten Schutzmaßnahmen aufeinander abstimmen und überprüfen. Weiter ist sinnvoll, wenn sich die Arbeitgeber bezüglich der Benutzung von → *Persönlicher Schutzausrüstung*, von → *Arbeitsmitteln* oder -stoffen abstimmen.

Rainer von Kiparski

Inverkehrbringen

Das Inverkehrbringen steht im chemikalienrechtlichen Sinne für die entgeltliche oder unentgeltliche Abgabe an Dritte oder Bereitstellung für Dritte. Damit gilt nicht nur der Verkauf, sondern z. B. auch das Verschenken als Inverkehrbringen. Hingewiesen werden muss insbesondere darauf, dass definitionsgemäß auch die Einfuhr als Inverkehrbringen gilt.

Gesetze, Vorschriften und Rechtsprechung

Der Begriff Inverkehrbringen wird in Art. 3 Abs. 12 Verordnung (EG) Nr. 1907/2006 (REACH-Verordnung), Art. 2 Abs. 18 Verordnung (EG) Nr. 1272/2008 (CLP-Verordnung) bzw. § 3 Abs. 9 Chemikaliengesetz definiert.

Benedikt Vogt

Ionisierende Strahlung

Jede Art von Strahlung, wie etwa die Sonnenstrahlung, ist ein Energieträger. Ionisierende Strahlung ist dadurch charakterisiert, dass sie genügend Energie besitzt, um Atome und Moleküle zu ionisieren, d. h., aus elektrisch neutralen Atomen und Molekülen positiv und negativ geladene Teilchen zu erzeugen. Vor allem durch diesen Vorgang der Ladungstrennung überträgt die Strahlung beim Durchgang durch Materie, z. B. Luft oder menschliches Gewebe, ihre Energie an diese Materie. Die Ionisation und ihre Folgeeffekte können die Struktur der Materie oder der Zellen verändern und dadurch zu Strahlenschäden führen.

1 Was für Arten ionisierender Strahlung gibt es?

Die 2 Bereiche, in denen ionisierende Strahlung vorkommt, sind die **Wellenstrahlung** und die **Teilchenstrahlung**. Die Wellenstrahlung ist eine elektromagnetische Strahlung genau wie Licht. Der Unterschied zwischen der sichtbaren und der ionisierenden Strahlungsausprägung ist die Energie, die bei Licht sehr viel geringer ist. Physikalisch wird die Wellenstrahlung auch als Fotonenstrahlung bezeichnet.

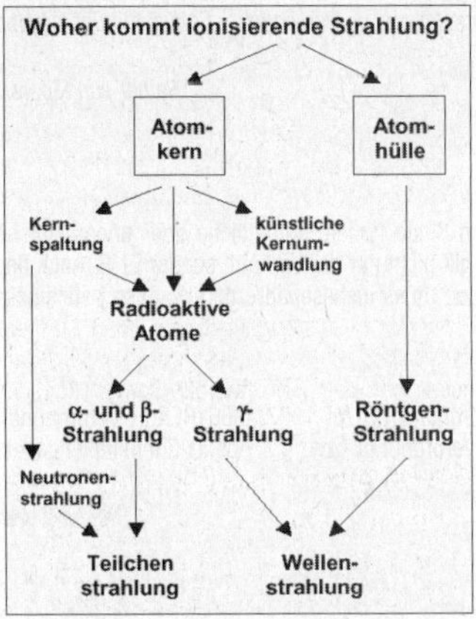

Abb. 1: Woher kommt ionisierende Strahlung?

Die bekannteste Art einer ionisierenden Wellenstrahlung ist die 1896 von Conrad Röntgen (1845–1923) in Würzburg entdeckte und später nach ihm benannte **Röntgenstrahlung** (im Englischen X-Ray). Die Röntgenstrahlung wird künstlich erzeugt. Sie wird ausgelöst durch das Anlegen von Hochspannung an eine Glühkatode, aus der dann Elektronen mit großer kinetischer Energie herausgelöst und beschleunigt werden.

Beim Auftreffen der Elektronen auf der Anode (dem sog. Target) werden die Elektronen abgebremst und es entsteht die sog. Bremsstrahlung. Diese Bremsstrahlung ist eine kurzwellige elektromagnetische Strahlung und wird Röntgenstrahlung genannt.

Röntgenstrahlung kann also, im Gegensatz zur Gammastrahlung, an- und abgeschaltet werden. Die Energie der Röntgenstrahlung wird durch die elektrische Spannung des Beschleunigungsfelds bestimmt. Sie wird deshalb oft in der Spannungseinheit Kilovolt (kV) angegeben. Korrekt ist jedoch eine Angabe in der Energieeinheit Kiloelektronenvolt (keV). Die Energien der Röntgenstrahlung liegen zwischen 5 keV und 1 MeV.

Die **Gammastrahlung** dagegen, ebenfalls eine ionisierende Wellenstrahlung, entsteht ständig bei der spontanen Umwandlung mancher radioaktiver Atomkerne (Radioaktivität), kommt also aus dem Kern und gehört deshalb zur **Kernstrahlung**. Sie hat meist eine etwas höhere Energie als die Röntgenstrahlung.

Die **Teilchenstrahlung** dagegen besteht, wie schon der Name sagt, aus geladenen Kernteilchen. Bei der **Alpha(α)-Strahlung** sind diese positiv geladene Heliu-4-Kerne, bestehend aus je 2 Protonen und 2 Neutronen, bei der **Beta(β)-Strahlung** handelt es sich um negativ geladene Elektronen, die – wie die Gammastrahlung – aus dem Atomkern stammen.

Eine Reihe weiterer Teilchen, wie **Neutronen** oder Protonen, können heute über **künstliche Kernumwandlungen** mit Teilchenbeschleunigern erzeugt werden. Sowohl bei solchen Kernumwandlungen wie auch bei der **Kernspaltung** entstehen wiederum radioaktive Atome, die ihrerseits Strahlung aussenden und auch Neutronen. Ein ganzer „Teilchen-Zoo“ kommt in der **kosmischen Strahlung** vor.

2 Was für Eigenschaften haben die verschiedenen Strahlenarten?

Röntgen- und Gammastrahlen können wegen ihres Wellencharakters Materie verhältnismäßig leicht durchdringen. Ihre Schwächung folgt einer exponentiellen Funktion, d.h. man kann eine **Halbwertschicht** angeben, nach der sich die Intensität – und damit auch die Dosis – der Strahlung auf jeweils die Hälfte verringert hat. Diese Halbwertschicht hängt von der Art der Strahlung und der Dichte der durchlaufenen Materie ab. Sie beträgt etwa für die 661-keV-Gammastrahlung von Cäsium-137 (^{137}Cs) in Luft rund 7 m, in Gewebe rund 30 cm. Die Halbwertschicht ist eine wichtige Größe für die Auslegung von Abschirmungen von Strahlenquellen.

Teilchenstrahlen dagegen haben eine definierte **Reichweite**, an deren Ende sie ihre Energie vollständig abgegeben haben. Alphateilchen haben in Luft eine Reichweite von einigen cm, Betateilchen je nach Energie von 10 cm bis zu 10 m. Teilchenstrahlen lassen sich daher verhältnismäßig leicht abschirmen. Eine besondere Spielart der Teilchenstrahlung sind die **Neutronen**, die hauptsächlich bei der Kernspaltung entstehen. Sie müssen durch spezielle „Neutronen-Schlucker", wie etwa das Element Bor oder Cadmium, abgeschirmt werden.

3 Was für Strahlenquellen gibt es, und wo begegnen wir ionisierender Strahlung?

Man unterscheidet zwischen natürlichen und künstlichen Strahlenquellen. Die 2 großen natürlichen Strahlenquellen, denen wir ständig ausgesetzt sind, sind die Erde selbst – „**Terrestrische Strahlung**" – und das Weltall – „**Kosmische Strahlung**".

Die terrestrische Strahlung ist bedingt durch die radioaktiven Gesteine in der Erdkruste und führt, je nach der geografischen Region, zu einer Strahlenexposition von 2–8 mSv/Jahr. Vereinzelt gibt es auch Gebiete mit noch weit höherer Dosis. Die kosmische Strahlung wird zum Großteil von der Lufthülle der Erde absorbiert und gelangt dadurch nur stark geschwächt auf die Erdoberfläche. Ihre Intensität nimmt somit aber auch umgekehrt mit wachsender Höhe zu. Sie stellt deshalb ein Strahlenschutzproblem beim Flugverkehr und vor allem bei der Raumfahrt dar. Zum Vergleich: Bei jedem Transatlantikflug erhalten Passagiere und Crew eine Dosis in der Größenordnung von 0,05 mSv. Die StrlSchV stuft deshalb das fliegende Personal als beruflich strahlenexponierte Personen ein.

Weiterhin ist mit ionisierender Strahlung in verschiedenen Baumaterialien, im Bergbau und bei der Abfallentsorgung zu rechnen.

Besondere Bedeutung für Arbeitsplätze und Aufenthaltsräume wird dem Schutz vor Radon beigemessen. Radon ist ein radioaktives Edelgas und trägt in schlecht belüfteten Räumen zur zusätzlichen Strahlenexposition durch Einatmen bei.

Der Einsatz und die Anwendungen von **Strahlen erzeugenden Geräten** und **künstlichen Strahlenquellen** sind sehr vielfältig. Am weitesten verbreitet und bekannt sind die **Röntgengeräte** in der radiologischen Medizin. Es gibt sie aber auch zu Materialprüfungszwecken in der Technik. Quellen mit künstlichen Radionukliden werden ebenfalls in der Medizin zur Therapie und in der Technik zur Materialprüfung und -veredelung genutzt. Schließlich gibt es noch die Verwendung von **Radionukliden als Tracer** (Markierungsstoffe) in der medizinischen, genetischen und pharmakologischen Forschung. Der Umgang mit allen diesen Strahlenquellen wird geregelt durch die Strahlenschutzverordnung (StrlSchV).

Tomy Sobetzko

Jugendarbeitsschutz

Unter 18-Jährige genießen aufgrund ihres Alters in bestimmten Beschäftigungsverhältnissen, so auch als Arbeitnehmer oder in der Berufsausbildung, besonderen Arbeitsschutz aufgrund des Jugendarbeitsschutzgesetzes (JArbSchG). Ziel ist es, aus der Tätigkeit drohende Gefahren für die allgemeine Entwicklung der Jugendlichen und Kinder, insbesondere ihrer Arbeitskraft und Gesundheit, zu vermeiden. Vor diesem Hintergrund geht das Gesetz von einem weit auszulegenden Begriff der „Beschäftigung“ und nicht nur vom Arbeitsverhältnis als Anknüpfungstatbestand aus.

Gesetze, Vorschriften und Rechtsprechung

Arbeitsrecht: Zentrale gesetzliche Regelung ist das Jugendarbeitsschutzgesetz (JArbSchG).

Von Bedeutung sind zudem das Berufsbildungsgesetz (BBiG) sowie das Arbeitszeitgesetz (ArbZG) als spezifisch arbeitsrechtliche Normen. Art. 32 der Europäischen Grundrechtecharta beinhaltet ein Verbot von Kinderarbeit sowie den Schutz der Jugendlichen am Arbeitsplatz. Ergänzt werden diese Regelungen durch die Richtlinie 94/33/EG über den Jugendarbeitsschutz vom 22.6.1994.

1 Geltungsbereich

Das Gesetz gilt für die Beschäftigung von Kindern[1] und die Beschäftigung von Jugendlichen[2] im Bereich der Bundesrepublik. Maßgeblich ist der Beschäftigungsort, die Staatsangehörigkeit oder der Wohnsitz spielen keine Rolle. Ohne Bedeutung ist, ob es sich um ein Berufsausbildungs- oder ähnliches Ausbildungsverhältnis (z.B. Praktikum oder Volontariat), ein Arbeits- oder Heimarbeitsverhältnis oder ein sonstiges Dienstleistungsverhältnis handelt, die der Arbeitsleistung von Arbeitnehmern oder Heimarbeitern ähnlich ist.[3, 4] Ausnahmen gelten für die Beschäftigung durch die Eltern oder sonstige Personensorgeberechtigte im **Familienhaushalt** und für geringfügige Hilfeleistungen, soweit sie gelegentlich aus Gefälligkeit oder aufgrund familienrechtlicher Vorschriften oder in Jugendhilfe- oder Behinderteneinrichtungen erfolgen.[5]

2 Der weite Beschäftigungsbegriff des JArbSchG

Das Jugendarbeitsschutzgesetz geht von einem Begriff der Beschäftigung aus, der weiter geht als das Arbeitsverhältnis.[6] Beschäftigung ist danach jede privatrechtliche, weisungsgebundene Tätigkeit in persönlicher Abhängigkeit ohne Rücksicht auf ihre Bezeichnung (z.B. Werkvertrag, Dienstvertrag etc.). Auf die Wirksamkeit kommt es nicht an; grundsätzlich genügt die tatsächliche Tätigkeit für einen anderen. Auch die Entgeltlichkeit oder der Arbeitszeitumfang sind unbeachtlich. Erfasst werden gemäß § 1 Abs. 1 JArbSchG insbesondere auch das Berufsausbildungsverhältnis im Sinne des Berufsbildungsgesetzes, aber auch begleitende Bildungsmaßnahmen sowie berufliche Ausbildungsverhältnisse, die nicht unter das Berufsbildungsgesetz fallen (z.B. Volontariate oder Praktika, die ohne berufsschulbezogene Ausbildungsteile durchgeführt werden, Fortbildungs- oder Umschulungsmaßnahmen). Einbezogen sind darüber hinaus jugendliche Heimarbeiter sowie als Auffangtatbestand die Beschäftigung von Jugendlichen bei der Erbringung von „sonstigen Dienstleistungen“[7] – diese müssen eine Ähnlichkeit

---

1 Unter 15 Jahren, § 2 Abs. 1 JArbSchG – auf Jugendliche (über 15 Jahre), die noch der Vollzeitschulpflicht (nicht: Berufsschulpflicht!) unterliegen, finden die Regelungen des Jugendarbeitsschutzgesetzes für Kinder Anwendung § 2 Abs. 3 JArbSchG.

2 Über 15, unter 18 Jahren, § 2 Abs. 2 JArbSchG; die Altersberechnung erfolgt analog der Fristberechnung nach § 187 Abs. 2 BGB, d.h. der Tag der Geburt zählt bereits zum neuen Lebensjahr.

3 § 1 Abs. 1 JArbSchG.

4 Vgl. BAG, Urteil v. 25.4.2013, 8 AZR 453/12.

5 § 1 Abs. 2 JArbSchG.

6 BAG, Urteil v. 25.4.2013, 8 AZR 453/12.

7 § 1 Abs. 1 Nr. 3 JArbSchG.

zur Tätigkeit eines Arbeitnehmers oder eines Heimarbeiters haben. Man wird darunter eine fremdbestimmte Arbeit im wirtschaftlichen Interesse eines Dritten verstehen müssen – Beispiele sind das Zeitungsaustragen, Haustierbetreuungen, Babysitterdienste etc.

Generell ausgenommen sind Beschäftigungen nach dem Ausnahmetatbestand von § 1 Abs. 2 JArbSchG:

- Geringfügige Gefälligkeitstätigkeiten
- Geringfügige familienrechtliche Tätigkeiten insbesondere im elterlichen Betrieb bzw. im Familienhaushalt
- Geringfügige Beschäftigungen in Einrichtungen der Jugendhilfe oder der Eingliederung von Menschen mit Behinderungen (in denen der Jugendliche jeweils selbst untergebracht ist)

Vom Arbeitgeber zu beachten sind bestimmte, zur Arbeit mit Jugendlichen nicht geeignete Personen[1] erfassende Beschäftigungsverbote nach § 25 JArbSchG. Die in § 25 Abs. 1 JArbSchG aufgeführten Personen dürfen Jugendliche nicht beschäftigen, diese aber auch nicht anweisen oder ausbilden und auch mit diesen Aufgaben nicht beauftragt werden.[2] Damit gilt dieses Verbot auch für Arbeitgeber[3], die – ohne selbst dem Katalog des § 25 Abs. 1 JArbSchG zu unterfallen – einschlägig belastete Personen mit den angeführten Tätigkeiten beauftragen. Der Arbeitgeber kann vom Arbeitnehmer bei der Beschäftigung mit Minderjährigen die Vorlage eines erweiterten Führungszeugnisses nach § 30a BZRG verlangen.[4]

3 Beschäftigung von Kindern

Die Beschäftigung von Kindern[5] ist **verboten**.[6] Das Verbot der Kinderbeschäftigung wird durch verschiedene, in § 5 Abs. 2–5 JArbSchG geregelte Ausnahmefälle durchbrochen. Neben Beschäftigungen zur Beschäftigungstherapie, während eines Betriebspraktikums (als schulisch eingebundene, betriebliche Veranstaltung zur Berufsfindung) in der 9-jährigen Vollzeitschulpflicht oder aufgrund richterlicher Weisung ist die arbeitsrechtlich bedeutsamste Ausnahme die Beschäftigung von Kindern über 13 Jahren mit Einwilligung der Personensorgeberechtigten mit leichten und für sie geeigneten Arbeiten bis 2 Stunden täglich (in der Landwirtschaft bis 3 Stunden). Die Kinder dürfen dabei nicht zwischen 18 und 8 Uhr und nicht vor oder während des Schulunterrichts[7] beschäftigt werden. Die Bundesregierung hat durch Verordnung näher bestimmt, was leichte und geeignete Arbeiten für Kinder sind. Nach der „Kinderarbeitsschutz-Verordnung“[8] sind zulässig:

- Austragen von Zeitungen, Zeitschriften, Anzeigenblättern und Werbeprospekten,
- in privaten und landwirtschaftlichen Haushalten Tätigkeiten in Haushalt und Garten, Botengänge, Kinderbetreuung, Nachhilfeunterricht, Haustierbetreuung, Einkäufe,
- in landwirtschaftlichen Betrieben Tätigkeiten bei der Ernte und Feldbestellung, der Selbstvermarktung landwirtschaftlicher Erzeugnisse und der Versorgung von Tieren,
- Handreichungen beim Sport,
- Tätigkeiten bei nichtgewerblichen Aktionen und Veranstaltungen der Kirchen, Religionsgemeinschaften, Verbände, Vereine und Parteien.

---

1 Es handelt sich dabei um rechtskräftige Verurteilungen verschiedener Straftaten mit unmittelbar oder mittelbar jugendgefährdenden Bezügen.

2 Dazu zählt nicht die Tätigkeit als Betriebsratsmitglied: LAG Hamm, Urteil v. 25.4.2014, 10 Sa 1718/13.

3 VG Ansbach, Beschluss v. 26.2.2007, 4 S 06.02992.

4 Zur Reichweite des Anspruchs vgl. LAG Hamm, Urteil v. 25.4.2014, 10 Sa 1718/13.

5 § 2 Abs. 1 JArbSchG: bis zum vollendeten 15. Lebensjahr.

6 § 5 Abs. 1 JArbSchG in Umsetzung der Richtlinie 94/33/EG.

7 § 5 Abs. 3 JArbSchG.

8 KindArbSchV v. 23.6.1998, BGBl. 1998 I S. 1508.

Als „nicht leichte Tätigkeit" bestimmt § 2 Abs. 2 KindArbSchV:

- Tätigkeiten, die mit einer manuellen Handhabung von Lasten verbunden sind, die regelmäßig das maximale Lastgewicht von 7,5 kg oder gelegentlich das maximale Lastgewicht von 10 kg überschreiten,
- Tätigkeiten, die infolge einer ungünstigen Körperhaltung physisch belastend sind,
- Tätigkeiten, die mit Unfallgefahren, insbesondere bei Arbeiten an Maschinen und bei der Betreuung von Tieren, verbunden sind, von denen anzunehmen ist, dass Kinder über 13 Jahre und vollzeitschulpflichtige Jugendliche sie wegen mangelnden Sicherheitsbewusstseins oder mangelnder Erfahrung nicht erkennen oder nicht abwenden können.

Die zuständige Aufsichtsbehörde kann im Einzelfall feststellen, ob die Beschäftigung nach § 2 KindArbSchV zulässig ist. Das Verbot der Kinderbeschäftigung gilt ferner nicht während der Schulferien für höchstens 4 Wochen im Kalenderjahr für die Beschäftigung von Jugendlichen (nicht: Kinder), die die Vollzeitschulpflicht noch nicht erfüllt haben und für die deshalb die für Kinder geltenden Vorschriften anzuwenden sind.[1] Ausnahmen unter behördlicher Bewilligung enthält § 6 JArbSchG.

4 Beschäftigung von nicht mehr vollzeitschulpflichtigen Kindern

§ 7 JArbSchG passt die gesetzlichen Regelungen an die (aufgrund der 9-jährigen Schulpflicht wenig praxisrelevanten) Fälle von Kindern an, die vor Vollendung des 15. Lebensjahres ihre Vollzeitschulpflicht erfüllt haben. Eine Beschäftigung ist dann erlaubt, wenn der Jugendliche in einem Berufsausbildungsverhältnis (dann bis zu 8 Stunden täglich für maximal 5 Tage je Woche)[2] oder mit leichten und für ihn geeigneten Tätigkeiten bis zu 7 Stunden täglich und 35 Stunden wöchentlich beschäftigt wird.[3]

5 Arbeitszeit der Jugendlichen

Die Arbeitszeit Jugendlicher ist auf 8 Stunden täglich ohne Einbeziehung der Pausen und 40 Stunden wöchentlich begrenzt.[4] Einzurechnen sind die Berufsschulteilnahme, Prüfungen und sonstige außerbetriebliche Ausbildungsmaßnahmen. Sonderregelungen gelten für den Fall, dass in Verbindung mit Feiertagen zwecks Schaffung einer längeren zusammenhängenden Freizeit (z.B. zwischen Weihnachten und Neujahr) an Werktagen nicht gearbeitet wird, die ausgefallene Arbeitszeit darf dann auf die Werktage in 5 aufeinanderfolgenden Wochen verteilt werden. Die Beschäftigung von Jugendlichen über 16 Jahren in der Landwirtschaft während der Erntezeit[5] erlaubt ebenfalls eine Abweichung von § 8 Abs. 1 JArbSchG, ohne dass eine Ausgleichszeit ausdrücklich angeordnet ist. Die Doppelwoche erfasst 2 Wochen einschließlich Samstag und Sonntag.

Wird an einzelnen Werktagen (z.B. am Freitag) die Arbeitszeit auf weniger als 8 Stunden verkürzt, so dürfen Jugendliche an den übrigen Werktagen derselben Woche bis zu 8 ½ Stunden beschäftigt werden.[6]

6 Ruhepausen

Im Voraus feststehende Ruhepausen von angemessener Dauer müssen allen Jugendlichen gewährt werden.[7] Als Ruhepause gilt nur eine Arbeitsunterbrechung von mindestens 15 Minuten. Die Pause muss dem Jugendlichen zur freien Verfügung stehen, er darf während dieser Zeit keinerlei arbeitsvertraglichen

---

1 § 2 Abs. 3 JArbSchG.

2 Vgl. § 8 JArbSchG.

3 § 7 JArbSchG.

4 § 8 Abs. 1 JArbSchG.

5 § 8 Abs. 2 und 3 JArbSchG.

6 § 8 Abs. 2a JArbSchG.

7 § 11 JArbSchG.

Verpflichtungen unterworfen sein.[1] Die Ruhepausen müssen bei einer Arbeitszeit von mehr als 4 ½ bis zu 6 Stunden mindestens 30 Minuten betragen, bei einer Arbeitszeit von mehr als 6 Stunden mindestens 60 Minuten. Sie dürfen frühestens eine Stunde nach Beginn und müssen spätestens 1 Stunde vor Ende der Arbeitszeit gewährt werden. Länger als 4 ½ Stunden dürfen Jugendliche nicht ohne Pause beschäftigt werden.

Richtigerweise sind Unterrichtspausen an Berufsschultagen ebenfalls als Pausen i. S. d. § 11 JArbSchG anzuerkennen, weil auch Berufsschulzeit auf die Arbeitszeit anzurechnen ist. Einen eigenen Pausenraum nur für Jugendliche muss der Arbeitgeber auch dann nicht bereitstellen, wenn er gemäß § 6 Abs. 3 ArbStättV bei mehr als 10 Arbeitnehmern zur Einrichtung gesonderter Pausenräume verpflichtet ist.

7 Schichtzeit

Die in § 12 JArbSchG getroffene Regelung zur Höchstgrenze von Schichtzeiten betrifft vor allem Wirtschaftsbereiche, in denen Schichtzeit aufgrund bestimmter Besonderheiten über die regelmäßig zulässige Arbeitszeit hinausgehende, längere Anwesenheit erforderlich ist (z. B. Gastronomie, auswärtige Montage etc.). Schichtzeit ist die tägliche Arbeitszeit unter Hinzurechnung der Ruhepausen.[2] Sie darf grundsätzlich 10 Stunden, im Bergbau unter Tage 8 Stunden, im Gaststättengewerbe, in der Landwirtschaft, in der Tierhaltung und auf Bau- und Montagestellen 11 Stunden nicht überschreiten.[3]

Ununterbrochene Freizeit von mindestens 12 Stunden ist den Jugendlichen nach Beendigung der täglichen Arbeitszeit zu gewähren.[4]

8 Nachtruhe

Sie ist von 20 bis 6 Uhr vorgeschrieben. In dieser Zeit dürfen Jugendliche nicht beschäftigt werden.[5] Ausnahmen gelten für Jugendliche über 16 Jahre

1. im Gaststätten- und Schaustellergewerbe bis 22 Uhr,
2. in mehrschichtigen Betrieben bis 23 Uhr,
3. in der Landwirtschaft ab 5 Uhr oder bis 21 Uhr,
4. in Bäckereien und Konditoreien ab 5 Uhr.

An dem einem Berufsschultag vorangehenden Tag dürfen Jugendliche auch in den vorstehend unter 1. bis 3. aufgeführten Fällen nicht nach 20 Uhr beschäftigt werden, wenn der Berufsschulunterricht vor 9 Uhr beginnt.

Sonn- und Feiertagsruhe schreiben § 17 JArbSchG und § 18 JArbSchG vor. Ausnahmen von der Feiertagsruhe gelten nicht am ersten Weihnachtstag, an Neujahr, am ersten Osterfeiertag und am 1.5. Auch bei den zugelassenen Ausnahmen vom Sonntagsbeschäftigungsverbot müssen mindestens 2 Sonntage im Monat beschäftigungsfrei sein. Bei Sonntagsarbeit ist an einem anderen berufsschulfreien Arbeitstag derselben Woche Freizeit zu gewähren.

9 Samstagsruhe

Samstagsruhe wird für Jugendliche durch § 16 JArbSchG vorgeschrieben. Bestimmte Ausnahmen sind zulässig:

- in Krankenanstalten sowie in Alten-, Pflege- und Kinderheimen,
- in offenen Verkaufsstellen, in Betrieben mit offenen Verkaufsstellen, in Bäckereien und Konditoreien, im Friseurhandwerk und im Marktverkehr,

---

1 BAG, Urteil v. 16.12.2009, 5 AZR 886/12.

2 § 4 Abs. 2 JArbSchG.

3 § 12 JArbSchG.

4 § 13 JArbSchG.

5 § 14 JArbSchG.

- im Verkehrswesen,
- in der Landwirtschaft und Tierhaltung,
- im Familienhaushalt,
- im Gaststätten- und Schaustellergewerbe,
- bei Musikaufführungen, Theatervorstellungen und anderen Aufführungen, bei Aufnahmen im Rundfunk (Hörfunk und Fernsehen), auf Ton- und Bildträger sowie bei Film- und Fotoaufnahmen,
- bei außerbetrieblichen Ausbildungsmaßnahmen,
- beim Sport,
- im ärztlichen Notdienst,
- in Reparaturwerkstätten für Kraftfahrzeuge.

Bei der Samstagsarbeit ist an einem anderen berufsschulfreien Arbeitstag **derselben** Woche Freizeit zu gewähren. Zudem sollen mindestens 2 Samstage im Monat frei bleiben. Die „Soll"-Vorschrift stellt keine gesetzliche Pflicht dar, kann jedoch bei der Ausübung des Weisungsrechts des Arbeitgebers im Rahmen des billigen Ermessens zu einer Quasi-Verpflichtung erstarken, wenn z.B. zwischen dem Einsatz erwachsener und jugendlicher Arbeitnehmer zu entscheiden ist.

10 Bezahlter Urlaub

Der gesetzliche Urlaubsanspruch beträgt bei Jugendlichen unter 16 Jahren mindestens 30 Werktage, unter 17 Jahren mindestens 27 Werktage und bei Jugendlichen unter 18 Jahren mindestens 25 Werktage.[1] Maßgeblich ist jeweils das Alter zu Beginn eines Kalenderjahres. Im Bergbau unter Tage werden 3 Tage Zusatzurlaub gewährt. Soweit der Urlaub Berufsschülern entsprechend der Soll-Vorschrift des § 19 Abs. 3 JArbSchG nicht in den Berufsschulferien gegeben wird, ist für jeden Berufsschultag, an dem die Berufsschule während des Urlaubs besucht wird, ein weiterer Urlaubstag zu gewähren. Im Übrigen gelten die Vorschriften des Bundesurlaubsgesetzes.

11 Ausnahmen in Notfällen

Ausnahmen von den Arbeitszeitregelungen des Jugendarbeitsschutzgesetzes gelten bei vorübergehenden und unaufschiebbaren Arbeiten in Notfällen (Brand, Explosionen, Ausfälle an Betriebsmitteln, Naturkatastrophen), soweit erwachsene Beschäftigte nicht zur Verfügung stehen.[2] Kein Notfall ist die auf unzureichend vorausschauender Planung des Arbeitgebers beruhende Störung. In Notfällen ist bei Überschreitung des 8-Stunden-Tags oder der 40-Stunden-Woche die Arbeitszeit ebenfalls auszugleichen; dies geschieht durch Verkürzung innerhalb der nächsten 3 Wochen.

12 Ausnahmen in Tarifverträgen und Betriebsvereinbarungen

In einem Tarifvertrag oder aufgrund eines Tarifvertrags in einer Betriebsvereinbarung können die im Einzelnen in § 21 a JArbSchG aufgeführten Ausnahmen zugelassen werden. Die abweichenden tarifvertraglichen Regelungen können durch schriftliche Vereinbarung zwischen Arbeitgeber und Jugendlichem übernommen werden.

13 Beschäftigungsverbote und -beschränkungen

Sie sind vorgesehen für Arbeiten, die die Leistungsfähigkeit des Jugendlichen übersteigen, mit sittlichen Gefahren oder mit besonderen Sicherheitsgefahren verbunden sind oder bei denen der Jugendliche gesundheitsgefährdender außergewöhnlicher Hitze, Kälte, Nässe oder schädlichen Einwirkungen von Lärm, Erschütterungen, Strahlen oder Gefahrstoffen ausgesetzt ist.[3]

---

1 § 19 JArbSchG.

2 § 21 JArbSchG.

3 § 22 JArbSchG.

14 Akkordarbeiten oder tempoabhängige Arbeiten

Sie sind für Jugendliche **verboten**.[1] Ausnahmen gelten bei Aufsicht eines Fachkundigen, soweit die Ausnahme zur Erreichung des Ausbildungsziels erforderlich oder eine Berufsausbildung für diese Beschäftigung abgeschlossen ist.

15 Arbeitsplatzgestaltung

Der Arbeitgeber hat den Arbeitsplatz des Jugendlichen und die Arbeitsstätte insgesamt so einzurichten und zu unterhalten sowie die Beschäftigung so zu regeln, dass die zum Schutz der Jugendlichen gegen Gefahren für Leben, Gesundheit und ihre seelisch-geistige Entwicklung erforderlichen Vorkehrungen getroffen sind.[2] Weitergehend als § 2 ArbStättV werden davon alle Arbeitsplätze, auch außerhalb des Betriebsgeländes, Werkzeuge, Maschinen und sonstige Geräte (Gerüste, Fahrzeuge, Regalaufbauten, Hebebühnen) erfasst. Vor Beschäftigungsbeginn hat der Arbeitgeber die Gefährdungen zu beurteilen.[3] Vor Beginn der Beschäftigung und in mindestens halbjährigen Abständen hat der Arbeitgeber die Jugendlichen über die Unfall- und Gesundheitsgefahren zu unterrichten.[4]

16 Ärztliche Untersuchung des Jugendlichen

Eine ärztliche Untersuchung des Jugendlichen ist auf Kosten des Landes vor Aufnahme der Beschäftigung vorgeschrieben; sie darf nicht länger als 14 Monate zurückliegen. Ohne Vorlage einer vom Arzt ausgestellten Bescheinigung über die Untersuchung darf ein Jugendlicher nicht beschäftigt werden.[5] Ausnahmen gelten nur für eine geringfügige oder eine nicht länger als 2 Monate dauernde Beschäftigung mit leichten Arbeiten, von denen keine gesundheitlichen Nachteile zu befürchten sind. Ein Jahr nach Beschäftigungsaufnahme hat sich der Arbeitgeber eine ärztliche Bescheinigung über die erste Nachuntersuchung vorlegen zu lassen. Liegt die Bescheinigung 14 Monate nach Aufnahme der ersten Beschäftigung nicht vor, darf der Jugendliche bis zur Vorlage der Bescheinigung nicht weiterbeschäftigt werden.[6] Bei einem Arbeitsplatzwechsel darf der Jugendliche erst beschäftigt werden, wenn die Bescheinigung über die Erstuntersuchung bzw. die Bescheinigung über die erste Nachuntersuchung dem Arbeitgeber vorgelegt worden ist.[7] Der Arbeitgeber hat diese Bescheinigungen aufzubewahren, bis der Jugendliche die Beschäftigung beendet oder 18 Jahre alt wird. Bei Ausscheiden hat er die Bescheinigungen auszuhändigen.

17 Aushänge

Zur **Durchführung des Gesetzes** sind Aushänge vorgeschrieben. Arbeitgeber, die regelmäßig mindestens einen Jugendlichen beschäftigen, haben einen Abdruck dieses Gesetzes und die Anschrift der zuständigen Aufsichtsbehörde an geeigneter Stelle im Betrieb zur Einsicht auszulegen oder auszuhängen. Ein Arbeitgeber, der regelmäßig mindestens 3 Jugendliche beschäftigt, hat einen Aushang über Beginn und Ende der regelmäßigen täglichen Arbeitszeit und der Pausen der Jugendlichen an geeigneter Stelle im Betrieb anzubringen. Der Arbeitgeber hat Verzeichnisse der Jugendlichen zu führen und sie der Aufsichtsbehörde auf Verlangen vorzulegen. Der Arbeitgeber hat Verzeichnisse der bei ihm beschäftigten Jugendlichen unter Angabe des Vor- und Familiennamens, des Geburtsdatums und der Wohnanschrift zu führen, in denen das Datum des Beginns der Beschäftigung enthalten ist.

---

1 § 23 JArbSchG.

2 § 28 JArbSchG.

3 § 28 a JArbSchG.

4 § 29 JArbSchG.

5 § 32 JArbSchG.

6 § 33 Abs. 3 JArbSchG.

7 § 36 JArbSchG.

18 Bußgeld- und Strafregelungen

Zuwiderhandlungen gegen das Jugendarbeitsschutzgesetz, insbesondere gegen die zentralen Vorschriften der ersten Teile des Gesetzes, können mit Geldbußen bis 30.000 EUR belegt werden. Wer vorsätzlich gegen § 58 Abs. 1 bis 3 JArbSchG verstößt und dadurch ein Kind, einen Jugendlichen oder eine Person, die noch nicht 21 Jahre alt ist, nicht zum Berufsschulbesuch freistellt und dadurch die genannten Personen in ihrer Gesundheit oder Arbeitskraft gefährdet, wird mit Freiheitsstrafe bis zu einem Jahr oder mit Geldstrafe bestraft (bei Fahrlässigkeit beträgt die Strafandrohung maximal 6 Monate). Ebenso wird bestraft, wer eine in Abs. 1, 2 oder 3 bezeichnete Handlung beharrlich wiederholt.

Tobias Huep

KMR-Stoffe

KMR-Stoffe (oder CMR-Stoffe) sind Stoffe mit den folgenden Eigenschaften: krebserzeugend bzw. karzinogen, keimzellmutagen (erbgutverändernd), reproduktionstoxisch (fortpflanzungsgefährdend). Das Europäische Altstoffregister (EINECS) enthält etwa 100.000 Substanzeinträge. Darunter sind auch CMR- bzw. KMR-Stoffe. Bei Verwendung von KMR-Stoffen müssen besondere Vorkehrungen getroffen werden, um die Gesundheit der Beschäftigten zu gewährleisten.

Gesetze, Vorschriften und Rechtsprechung

- Gefahrstoffverordnung (GefStoffV), wobei § 2 Abs. 3 und § 3 KMR-Stoffe definieren. Anhang II Nr. 6 „Besonders gefährliche krebserzeugende Stoffe" listet die Stoffe auf, die nur in geschlossenen Anlagen hergestellt oder verwendet werden dürfen; Ausnahmeregelungen gelten für Forschungs- und Analysezwecke sowie wissenschaftliche Lehrzwecke
- KMR-Liste des Instituts für Arbeitsschutz der DGUV (IFA)
- TRGS 905 „Verzeichnis krebserzeugender, keimzellmutagener oder reproduktionstoxischer Stoffe"
- TRGS 906 „Verzeichnis krebserzeugender Tätigkeiten oder Verfahren nach § 2 Abs. 3 Nr. 4 GefStoffV"
- TRGS 910 „Risikobezogenes Maßnahmenkonzept für Tätigkeiten mit krebserzeugenden Gefahrstoffen"

1 Wirkung

Als KMR-Stoffe werden Stoffe und Gemische eingestuft, die beim Menschen durch Einatmen, Verschlucken oder Aufnahme über die Haut

- Krebs erregen oder das Krebsrisiko erhöhen können (karzinogen), z. B. Cadmium-Verbindungen;
- vererbbare genetische Schäden zur Folge haben oder deren Häufigkeit erhöhen können (keimzellmutagen), z. B. Ethylen;
- fortpflanzungsgefährdend (reproduktionstoxisch) sind, d. h., nicht vererbbare Schäden der Nachkommenschaft hervorrufen oder deren Häufigkeit erhöhen (fruchtschädigend) oder eine Beeinträchtigung der männlichen oder weiblichen Fortpflanzungsfunktionen oder -fähigkeit zur Folge haben können (fruchtbarkeitsgefährdend), z. B. Dibutylphthalat (DBP).

2 Kategorien

KMR-Stoffe sind EU-weit in 3 Kategorien eingeteilt,

Kategorie 1 wird unterteilt und folgendermaßen definiert:

- Kategorie 1A : Bekanntermaßen kanzerogen, keimzellmutagen bzw. reproduktionstoxisch; Einstufung erfolgt überwiegend aufgrund von Nachweisen beim Menschen.
- Kategorie 1B : Wahrscheinlich kanzerogen, keimzellmutagen bzw. reproduktionstoxisch; Einstufung erfolgt überwiegend aufgrund von Nachweisen bei Tieren.

Die Kategorie 2 beschreibt den Verdacht auf Wirkpotenzial.

3 KMR-Liste

Die Liste der krebserzeugenden, keimzellmutagenen oder reproduktionstoxischen Stoffe (KMR-Liste, https://www.dguv.de/ifa/fachinfos/kmr-liste/index.jsp) wird regelmäßig aktualisiert und enthält Stoffe, die

- gem. Tabelle 3 des Anhang VI 1272/2008/EG (CLP) sowie der Anpassungen durch Verordnungen zur Änderung der CLP- bzw. GHS-Verordnung als karzinogen (krebserzeugend, carzinogen), keimzellmutagen (erbgutverändernd) oder reproduktionstoxisch (fortpflanzungsgefährdend) eingestuft sind,
- in der TRGS 905 „Verzeichnis krebserzeugender, keimzellmutagener oder reproduktionstoxischer Stoffe" aufgeführt werden oder
- in der TRGS 906 „Verzeichnis krebserzeugender Tätigkeiten oder Verfahren nach § 2 Abs. 3 Nr. 4 GefStoffV" verzeichnet sind.

Die Liste enthält nicht die komplexen Mineralöl-, Kohle- und Erdgasderivate aus Anhang VI 1272/2008/EG.

4 Umgang mit KMR-Stoffen

Die Gefahrstoffverordnung legt als Schutzmaßnahmen fest:

- Allgemeine Schutzmaßnahmen gelten für alle Tätigkeiten mit Gefahrstoffen (§ 8 GefStoffV).
- Zusätzliche Schutzmaßnahmen: Maßnahmen, wenn z. B. → *Arbeitsplatzgrenzwerte* oder → *biologische Grenzwerte* überschritten werden oder eine Gefährdung durch Aufnahme über die Haut oder durch Schädigung der Augen besteht (§ 9 GefStoffV).
- Besondere Schutzmaßnahmen bei Tätigkeiten mit krebserzeugenden, keimzellmutagenen und reproduktionstoxischen Gefahrstoffen der Kategorie 1A und 1B (§ 10 GefStoffV).
- Besondere Schutzmaßnahmen gegen physikalisch-chemische Einwirkungen, insbesondere gegen Brand- und Explosionsgefährdungen (§ 11 GefStoffV).

Für KMR-Stoffe der Kategorie 1A und 1B gilt: Werden festgelegte Grenzwerte für KMR-Stoffe eingehalten oder eine Tätigkeit nach einem bestehenden → *verfahrens- und stoffspezifischen Kriterium (VSK)* durchgeführt, gelten die erweiterten Forderungen nicht. In allen anderen Fällen müssen (s. § 10 GefStoffV) u. a. Gefahrenbereiche abgegrenzt und Warn- und Sicherheitszeichen angebracht werden, einschließlich der Verbotszeichen „Zutritt für Unbefugte verboten" und „Rauchen verboten". Abgesaugte Luft darf grundsätzlich nicht in die Arbeitsbereiche zurückgeführt werden. Sind sämtliche technischen Schutzmaßnahmen bereits ausgeschöpft, muss die Expositionsdauer soweit wie möglich verkürzt und den Beschäftigten Persönliche Schutzausrüstung zur Verfügung gestellt werden. Auch an Abbruch-, Sanierungs- und Instandhaltungsarbeiten, bei denen die Möglichkeit einer beträchtlichen Erhöhung der Exposition der Beschäftigten gegeben ist, werden ergänzende Anforderungen gestellt. Gemäß § 16 bestehen für bestimmte, besonders gefährliche Stoffe, Gemische und Erzeugnisse → *Herstellungs- und Verwendungsbeschränkungen.* Anhang II Nr. 6 GefStoffV gilt für besonders gefährliche krebserzeugende Stoffe.

Nach Anhang XVII Nr. 28 bis 30 1907/2006/EG (REACH) gelten Verwendungsbeschränkungen bzw. -verbote für bestimmte KMR-Stoffe der Kategorien 1A und 1B.

Praxis-Beispiel: TRGS 910: Risiko bewerten

Für die überwiegende Zahl der krebserzeugenden Stoffe ist derzeit kein Arbeitsplatzgrenzwert ableitbar. Es ist daher ein risikobezogenes Maßnahmenkonzept erforderlich, das auch das Minimierungsgebot nach § 7 GefStoffV konkretisiert. Anhand der TRGS 910 kann das Risiko beim Umgang mit krebserzeugenden Gefahrstoffen der Kategorien 1A und 1B bewertet werden. Entsprechend dem Akzeptanz- und Toleranzrisiko gilt: Unterhalb des Akzeptanzrisikos besteht ein geringes, akzeptables Risiko, oberhalb des Toleranzrisikos ist es hoch. Der Bereich dazwischen wird als mittleres Risiko betrachtet. Die TRGS 910 gibt Hinweise zu Gefährdungsbeurteilung und besonderen Maßnahmen. Sie listet auch Stoffe und deren Akzeptanz- und Toleranzkonzentration sowie Äquivalenzwerte in biologischem Material auf.

Praxis-Beispiel: GDA Gefahrstoff-Check

Mit dem GDA Gefahrstoff-Check für Tätigkeiten mit krebserzeugenden Stoffen können Unternehmen u.a. prüfen und bewerten, wie gut sie die Gefährdungsbeurteilung umgesetzt haben. Er hilft beim Durchführen der Gefährdungsbeurteilung, gibt konkrete Hinweise zu Pflichten und Maßnahmen und liefert eine Übersicht branchenspezifischer Hilfen für die Praxis.

Bettina Huck

Konformitätserklärung

Konformität bezeichnet allgemein die bestätigte Übereinstimmung mit dokumentierten Festlegungen (Spezifikationen). Wird die Konformität nachgewiesen oder glaubhaft zugesichert, so schafft dies bei den Partnern (Geschäftspartnern) mehr Vertrauen und Sicherheit und erfüllt ggf. externe Forderungen. Grundlage für die Konformität ist die Darlegung, dass ein Objekt (ein Produkt, eine Dienstleistung, ein Prozess, ein System, eine Person oder eine Stelle) gemäß einer selbst oder durch eine beauftragte Stelle durchgeführten Konformitätsbewertung die benannten Eigenschaften (Spezifikationen) aufweist.

Zu differenzieren ist zwischen allgemeinen Konformitätserklärungen, die sich auf dokumentierte, jedoch nicht öffentlich-rechtlich geforderte Festlegungen beziehen, und besonderen Formen von Konformitätserklärungen, denen einschlägige Festlegungen (regulatorische Forderungen) hinsichtlich der Erfordernis, den Spezifikationen sowie der Konformitätsbewertung zugrunde liegen. Details zu Konformitätserklärungen als rechtsverbindliche Bestätigung der Konformität werden in der internationalen Norm ISO/IEC 17000:2020 beschrieben.

Gesetze, Vorschriften und Rechtsprechung

Unternehmer und die von ihnen beauftragten Personen sind (auch) verantwortlich für die Sicherheit und Gesundheit der

- bereitgestellten Arbeitsmittel (v.a. gemäß Arbeitsschutzgesetz und Betriebssicherheitsverordnung) und
- Produkte, die im Rahmen einer Geschäftstätigkeit auf dem Markt bereitgestellt, ausgestellt oder erstmals verwendet werden (v. a. gemäß dem „neuen" Produktsicherheitsgesetz – ProdSG).

Bei den Rechtsvorschriften zur Sicherheit von Produkten (Maschinen, Geräten und anderen technischen Erzeugnissen) spielt das Produktsicherheitsgesetz (ProdSG) eine zentrale Rolle. Es wird untersetzt durch mehrere Verordnungen zum ProdSG, den Produktsicherheitsverordnungen (ProdSV). Diese beziehen sich auf spezielle Produktgruppen, wie beispielsweise "Maschinen" (s. 9. ProdSV „Maschinenverordnung"). Das ProdSG betrachtet Konformitätserklärungen als „Bestandteil" eines Produktes.

Mit dem ProdSG sowie den auf Grundlage des § 8 ProdSG erlassenen Rechtsverordnungen (Produktsicherheitsverordnungen) werden insgesamt 9 europäische Binnenmarktrichtlinien sowie die Richtlinie über die allgemeine Produktsicherheit 2001/95/EG in deutsches Recht umgesetzt. Dabei finden sich im ProdSG selbst solche Regelungen wieder, die in allen Richtlinien gleichermaßen enthalten sind, wie allgemeine Begriffsbestimmungen (Abschn. 1 ProdSG) oder die Regelungen zu den notifizierten Stellen (Abschn. 3 und 4 ProdSG). Diese Bestimmungen sind somit vor die Klammer gezogen. Die produktspezifischen Regelungen der Richtlinien (z.B. wesentliche Sicherheitsanforderungen und anzuwendende Konformitätsbewertungsverfahren) finden sich in den nachgelagerten Produktsicherheitsverordnungen (1. bis 14. ProdSV).

Konformitätserklärungen sind ein Hilfsmittel – teilweise auch eine explizite Forderung – bei der Beschaffung sowie der Bereitstellung und Vermarktung von Produkten. Sie finden auch im nicht geregelten Bereich Anwendung. Beispiele hierfür sind das Umweltmanagement sowie Qualitäts- und Umweltsiegel, denen eine entsprechende Erklärung der Geschäftsführung (im Sinne einer Konformitätserklärung) zugrunde liegt. Dies ist auch bei einem Arbeitsschutz-Managementsystem prinzipiell möglich, wobei in der Praxis statt einer selbst durchgeführten Konformitätsbewertung eine Zertifizierung nach der DIN ISO 45.001 oder eine berufsgenossenschaftliche Begutachtung die Regel sind.

1 Intention von Konformitätserklärungen

Grundsätzlich dienen Konformitätserklärungen dazu, dass die Kunden bzw. Partner ein höheres Vertrauen in ein Objekt (Produkt etc.) entwickeln. Einige Konformitätserklärungen, wie die EG-Konformitätserklärung, gehen darüber hinaus und bestätigen auch die Erfüllung bestimmter gesetzlicher Forderungen, die aus europäischen Richtlinien resultieren (z. B. der Maschinenverordnung – 9. ProdSV).

Das Spektrum der Konformitätserklärungen und deren Verwendungszweck ist breit. Es reicht von freiwilligen Konformitätserklärungen (z. B. einer Erklärung der Geschäftsführung, dass das praktizierte Arbeitsschutzmanagement den Forderungen der ISO 45.001 entspricht), rechtlich verpflichtenden Konformitätserklärungen bis zu extern durchzuführenden Konformitätserklärungen. Den EU-Konformitätserklärungen liegen Rechtsvorschriften aus dem europäischen System der Produktsicherheit zugrunde.

Eine Konformitätserklärung ist kein Gütesiegel für die Qualität eines Produktes, einer Dienstleistung, eines Prozesses, eines Systems, einer Person oder einer Stelle. Sie ist vielmehr eine schriftliche Zusicherung (Erklärung), dass das Objekt (Produkt, Dienstleistung etc.) die in der Erklärung genannten spezifizierten Eigenschaften, wie beispielsweise Forderungen oder Bestimmungen einer bestimmten Verordnung, erfüllt. Eine Konformitätserklärung ist also nicht ein „Mehr", sondern eine „Selbstverständlichkeit". Ein mögliches „Mehr" und die praktische Bedeutung einer Konformitätserklärung resultiert daraus, dass jeder Konformitätserklärung eine geregelte Konformitätsbewertung vorausgehen muss.

Praxis-Beispiel: Konformitätsbewertung

Eine Konformitätsbewertung ist gemäß § 2 ProdSG das Verfahren zur Bewertung, ob spezifische Anforderungen an ein Produkt, ein Verfahren, eine Dienstleistung, ein System, eine Person oder eine Stelle erfüllt worden sind.

D. h., der Verantwortliche

- für ein Produkt (der Hersteller oder Händler),
- für die Erbringung einer Dienstleistung (der Dienstleister) oder
- für das Betreiben einer speziellen Organisation, wie z. B. eines Prüflabors oder eines Qualitäts-Managementsystems, (der Betreiber)

oder eine von ihnen beauftragte Stelle überprüft mittels eines Verfahrens, ob das Objekt (Produkt, Dienstleistung, Stelle, QMS) die geforderten Spezifikationen aufweist. Ist dies der Fall, wird die Konformität bestätigt und das verwendete Konformitätsbewertungsverfahren benannt.

Die bei den Konformitätsbewertungen zu überprüfenden Eigenschaften beziehen sich auf Forderungen aus Normen oder vergleichbaren Standards oder Rechtsvorschriften, die v. a. aus dem europäischen System der Produktsicherheit resultieren. Teilweise fordern diese für bestimmte Produkte, z. B. Produkte aus dem Gebiet des Explosionsschutzes, verschärfte Konformitätsbewertungsverfahren, die durch eine neutrale, unabhängige und kompetente Stelle, eine Konformitätsbewertungsstelle (engl. „Notified Body"), durchzuführen sind – s. Abschn. 3 des ProdSG.

EU-Konformitätserklärung

Das europäische System der Produktsicherheit basiert auf der Selbstkontrolle von Herstellern und Inverkehrbringern (das Produktsicherheitsgesetz spricht von Organisationen, die Produkte auf dem Markt bereitstellen) sowie der Bestätigung einer Konformitätsbewertung. Das positive Ergebnis einer Konformitätsbewertung spiegelt sich in der EG-Konformitätserklärung und der Vergabe des EG-Konformitätszeichens (CE-Zeichen, s. § 7 ProdSG) auf dem Produkt wider.

Die EU-Konformitätserklärung ist eine besondere Form der Konformitätserklärung im gesetzlich geregelten Bereich zum Nachweis der Erfüllung von Anforderungen Europäischer Richtlinien oder Europäischer Verordnungen. Mit der EU-Konformitätserklärung bestätigt der „verantwortliche Hersteller" oder sein Bevollmächtigter (mit Sitz in der EU) in alleiniger Verantwortung und rechtsverbindlich, dass ein von ihm in Verkehr gebrachtes Produkt den grundlegenden Gesundheits- und Sicherheitsanforderungen aller relevanten europäischen Richtlinien entspricht, also mit ihnen konform ist.

Gemäß dem europäischen System der Produktsicherheit ist die EU-Konformitätserklärung eine zwingende Voraussetzung für

- das Inverkehrbringen des entsprechenden Produktes im Europäischen Wirtschaftsraum sowie
- die CE-Kennzeichnung.

Die EG-Konformitätserklärung kann frei gestaltet werden, muss aber bestimmte Angaben enthalten, die in der jeweiligen EU-Richtlinie definiert sind.

2 Produktkonformität: GS-Zeichen und CE-Kennzeichnung

Das europäische System der Produktsicherheit fordert eine Produktkonformität. D.h., es betont, dass die Hersteller und Inverkehrbringer von Produkten die Verantwortung für ihre Produkte auch bezüglich der Sicherheit und des Gesundheitsschutzes tragen. Sie müssen die grundlegenden Sicherheits-, Gesundheits- und Leistungsanforderungen gemäß den jeweiligen EG-Richtlinien erfüllen und durch eine fundierte Produktkonformität bestätigen bzw. nachweisen. Die Fundierung soll durch eine formelle Konformitätsbewertung erfolgen. Die Hersteller können in Abhängigkeit von der jeweiligen EU-Richtlinie zwischen verschiedenen Konformitätsbewertungsverfahren (z.B. Bewertung der technischen Dokumentation oder Bewertung mittels einer Baumusterprüfung) wählen.

Konformitätsbezogene Kennzeichnungen

In vielen Bereichen werden heute Produkte mit konformitätsbezogenen Kennzeichnungen, wie der CE-Kennzeichnung oder dem GS-Zeichen ausgezeichnet. Sie bescheinigen die Übereinstimmung eines Produktes mit den festgelegten Anforderungen der jeweiligen EU-Rechtsvorschriften, im Falle der CE-Kennzeichnungen, oder mit Anforderungen des deutschen Produktsicherheitsgesetzes, wie beim GS-Zeichen.

Praxis-Beispiel: GS-Zeichen

Das GS-Zeichen steht für „geprüfte Sicherheit“. Es ist ein in Deutschland im Produktsicherheitsgesetz (Abschn. 5, §§ 20–24 ProdSG) geregeltes, aber „freiwilliges“ Prüfzeichen. Es ist eine nationale Besonderheit, die weltweit anerkannt wird. Produkte, die verwendungsfertig und geeignet sind, dürfen mit dem GS-Zeichen nur versehen werden, wenn das GS-Zeichen von einer GS-Stelle auf Antrag des Herstellers oder seines Bevollmächtigten zuerkannt worden ist.

Das GS-Zeichen vermittelt den Nutzern eines damit ausgezeichneten Produktes, dass es – bei einer bestimmungsgemäßen Nutzung – sicher und gefahrlos benutzt werden kann. Weil es nicht nur für Verbraucherprodukte im Sinne des § 2 Nr. 25 ProdSG, sondern auch für als Arbeitsmittel verwendete Produkte vergeben werden kann, bietet es darüber hinaus Arbeitgebern eine gute Orientierung hinsichtlich ihrer Pflicht, den Beschäftigten nur sichere Arbeitsmittel zur Verfügung zu stellen (§ 5 BetrSichV).

Praxis-Beispiel: CE-Kennzeichnung

Viele europäische Richtlinien schreiben vor, dass Produkte, die im Europäischen Wirtschaftsraum in Verkehr gebracht werden sollen, zuvor mit der CE-Kennzeichnung versehen sein müssen – s. § 7 ProdSG. Der Hersteller erklärt mit dem Auszeichnen seines Produktes mit der CE-Kennzeichnung verbindlich gegenüber den Behörden, dass das Produkt

- allen geltenden europäischen Vorschriften entspricht,
- den vorgeschriebenen Konformitätsbewertungsverfahren unterzogen wurde und
- diese Konformitätsbewertung erfolgreich war.

Das CE-Zeichen ist kein Prüfzeichen und ersetzt dies auch nicht.

Praxis-Beispiel: Aussagekraft der EG-Konformitätserklärung und der CE-Kennzeichnung ist begrenzt

Konformitätsnachweise in Form von Konformitätsbestätigungen, wie Prüfberichte und Zertifikate sowie Konformitätserklärungen des Herstellers tragen zu mehr Vertrauen zwischen Geschäftspartnern bei.

Die EG-Konformitätserklärung stellt eine besondere Form der Konformitätserklärung im gesetzlich geregelten Bereich dar. Sie ist Voraussetzung für eine CE-Kennzeichnung und dafür, dass ein Produkt in der EU auf dem Markt bereitgestellt werden kann (darf).

Die CE-Kennzeichnung ist kein Gütesiegel für die Qualität eines Produktes! Der Hersteller bringt es eigenständig an. Man kann nicht zwangsläufig davon ausgehen, dass eine Maschine mit CE-Kennzeichnung auf jeden Fall sicher ist – auch wenn dies suggeriert wird und eigentlich so vorgegeben ist. Neue Maschinen und Arbeitsmittel sollten daher vor dem ersten Einsatz im Unternehmen auf wesentliche Sicherheitsaspekte überprüft werden, bevor sie benutzt werden.

Albert Ritter

Kontinuierlicher Verbesserungsprozess (KVP)

Etwas kontinuierlich oder fortlaufend zu verbessern ist zu allererst eine Haltung, die besagt, dass man Dinge oder Vorgänge nicht einfach so belässt, wie sie sind, bis ein Problem zum Handeln zwingt. Sie kommt im sog. PDCA-Zyklus zum Ausdruck. KVP ist ein systematischer Ansatz zum kontinuierlichen Verbessern, dem ein festgelegter Prozess (ein betriebsspezifisches Verfahren) zugrunde liegt. Ziel ist es, dass möglichst viele Beschäftigte fortlaufend nach Verbesserungsmöglichkeiten Ausschau halten und die erkannten Potenziale für Verbesserungen in kleinen, eher undramatischen Schritten erschlossen werden. KVP geht davon aus, dass Produkte und Dienstleistungen, Prozesse, Organisationen, Gestaltungsmaßnahmen, Arbeitsbedingungen, Kompetenzen etc. regelmäßig weiter verbessert werden können. Dem KVP-Prinzip liegt also eine Überzeugung – streben nach fortlaufendem Verbessern – zugrunde, die sowohl ein Ziel als auch eine Verhaltensweise im Alltag ist.

1 Teil von Managementsystemen

Ausgehend vom ökonomischen Prinzip muss jedes Unternehmen aus wirtschaftlichen Erwägungen heraus fortlaufend nach Möglichkeiten für innerbetriebliche Verbesserung Ausschau halten und sich auch kontinuierlich über neue Entwicklungen, Erkenntnisse, Vorgehensweisen etc. informieren. Das kontinuierliche Verbessern ist deshalb schon seit langem ein fester Bestandteil der Unternehmensführung. Die Entscheidung, einen Prozess für das kontinuierliche Verbessern zu definieren, geht darüber hinaus. *Der kontinuierliche Verbesserungsprozess (KVP) wird zu einem Verfahren eines → Managementsystems.* KVP ist heute ein zentrales Element aller zeitgemäßen Managementsysteme.

2 Kontinuierliches Verbessern in kleinen Schritten

KVP bzw. der PDCA-Zyklus sind altbekannte Handlungsprinzipien, die bereits in den 1930er-Jahren von Walter Andrew Shewhart und William Edwards Deming (amerikanische Qualitätspioniere) in die Praxis der Unternehmensführung integriert wurden und die Entwicklung moderner Konzepte der Unternehmensführung wesentlich mit prägen.

Das Prinzip des kontinuierlichen Verbesserns in kleinen, undramatischen Schritten wird v. a. auf das japanische Konzept „Kaizen“ (Verändern zum Besseren) zurückgeführt. Es besteht aus

- dem Grundsatz „Alles, was das Leben ausmacht, verdient es, verbessert zu werden.“;
- den Überzeugungen, dass graduelle Verbesserungen überall und ständig möglich sind und alle Beschäftigten zum kontinuierlichen Verbessern beitragen können;

- der Unterscheidung von Innovationen (gravierenden Neuerungen, sprunghafte Veränderung) und Verbesserungen (kleinere Veränderungen zum Besseren ohne Anspruch auf Perfektion, die v.a. die Art und Weise wie und unter welchen Bedingungen gearbeitet wird, betreffen);
- der Grundhaltung, dass kontinuierliches Verbessern ein Unternehmensziel und Teil der täglichen Arbeit aller Beschäftigten ist;
- definierten Vorgehensweisen, die ein rasches Prüfen und Einleiten der Umsetzung sicherstellen.

Praxis-Beispiel: Kontinuierliches Verbessern ist mehr als eine Methode

Kontinuierliches Verbessern muss von oben herunter gewollt und zum Prinzip erklärt werden. „Aktiv werden, täglich den eigenen Arbeitsprozess zu reflektieren und dies mit dem Ziel, die Effektivität und Effizienz zu verbessern", muss ein Leitbild werden. Der Schlüssel zum Erfolg ist das Erkennen von Verbesserungsmöglichkeiten. Mit der Einführung muss auch eine Verbesserungskultur entwickelt werden: konstruktiver Umgang mit Fehlern, Bereitschaft zum ständigen Ausschauhalten nach weiteren Verbesserungsmöglichkeiten, Beteiligung aller Beschäftigten, Verbessern als Teil der täglichen Arbeit begreifen.

3 PDCA-Zyklus: plan – do – check – act

Die von Shewart und Deming entwickelte Systematik zum kontinuierlichen Verbessern definiert die zyklische Wiederholung der 4 Phasen plan (planen), do (umsetzen), check (überprüfen/bewerten) und act (handeln/anwenden). Dieses sog. PDCA-Prinzip (Plan, Do, Check, Act) wird auch Deming-PDCA-Zyklus genannt.

Der PDCA-Zyklus (s. **Abb. 1**):

- **plan (planen):** Der Kreislauf beginnt mit der Untersuchung der jeweiligen Ausgangssituation, um Potenziale und Ziele für Verbesserungen zu erkennen sowie Zielsetzungen und einen Maßnahmenplan zur Realisierung der möglichen Verbesserung zu erarbeiten.
- **do (umsetzen):** Im zweiten Schritt erfolgt die (ggf. pilotartige) Umsetzung der Maßnahmen.
- **check (überprüfen/bewerten):** Im dritten Schritt wird überprüft bzw. bewertet, ob die gewünschte Verbesserung erzielt wurde bzw. die Maßnahmen wirksam sind.
- **act (handeln/anwenden):** Im positiven Fall werden im vierten Schritt die Maßnahmen als Standard definiert und regelmäßig auf Einhaltung/Wirksamkeit überprüft. Sind die erzielten Verbesserungen nicht ausreichend, wird direkt ein weiterer Verbesserungszyklus zur Optimierung eingeleitet.

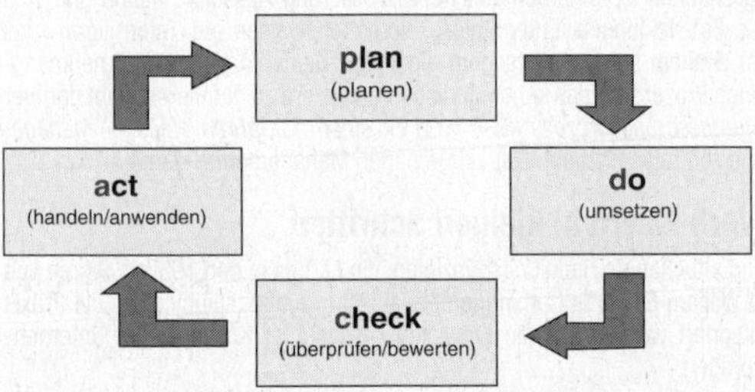

Abb. 1: Der PDCA-Zyklus: die Systematik des kontinuierlichen Verbesserns

Der Kreislauf aus diesen 4 Schritten ist als fortlaufender Prozess zu verstehen, d.h., der verbesserte Zustand ist in Zukunft die Ausgangssituation für weitere Verbesserungen. Das PDCA-Prinzip geht – wie Kaizen – davon aus, dass in jedem verbesserten Zustand (neuen Standard) eigene Schwächen, Widersprüche und Probleme verborgen sind und diese zum Ausgangspunkt weiterer Verbesserungen (Standard auf höherem Niveau) genutzt werden sollten.

Der PDCA-Zyklus macht das kontinuierliche Verbessern verallgemeinbar und in einem Prozess, der im gesamten Unternehmen und auf allen Stufen anwendbar ist, beschreibbar. Der kontinuierliche Verbesserungsprozess (KVP) wird damit selbst zu einem Standard.

4 KVP im Arbeitsschutz

Ein zeitgemäßer Arbeitsschutz strebt Verbesserungen bei der Sicherheit, den Arbeitsbedingungen, der Gesundheit der Beschäftigten sowie der Wirksamkeit und der Rechtskonformität der Maßnahmen an.

Praxis-Beispiel: KVP entspricht den Intentionen eines zeitgemäßen Arbeitsschutzes

Das Prinzip des kontinuierlichen bzw. fortlaufenden Verbesserns liegt auch dem Verständnis von einem modernen oder zeitgemäßen Arbeitsschutz zugrunde. Die Sicherheit und Gesundheit bei der Arbeit sind fortlaufend zu prüfen und wenn möglich zu verbessern. Für die betriebliche Praxis resultieren daraus einschneidende Konsequenzen. So sind die Arbeitsbedingungen und die Maßnahmen des betrieblichen Arbeitsschutzes immer wieder zu überprüfen (z.B. durch aktualisierte Gefährdungsbeurteilungen) und bei erkannten Optimierungsmöglichkeiten zu verbessern. Es reicht also nicht aus, „nur" Vorgaben zu erfüllen. Die Maßnahmen des betrieblichen Arbeitsschutzes müssen regelmäßig auf ihre Eignung und Wirksamkeit hin überprüft und verbessert werden. Dies fordert auch das Arbeitsschutzgesetz (ArbSchG). § 3 ArbSchG verpflichtet die Arbeitgeber dazu, die Maßnahmen des Arbeitsschutzes auf ihre Wirksamkeit zu überprüfen und erforderlichenfalls sich ändernden Gegebenheiten anzupassen. Dabei hat der Arbeitgeber eine Verbesserung von Sicherheit und Gesundheitsschutz der Beschäftigten anzustreben.

KVP im Arbeitsschutz hat zur Konsequenz, dass sich ein Unternehmen nicht mit dem erreichten Niveau der Sicherheit und Gesundheit bei der Arbeit sowie der Arbeitsschutzorganisation bzw. dem AMS zufriedengeben darf, sondern die Arbeitsbedingungen und den betrieblichen Arbeitsschutz systematisch und kontinuierlich verbessern muss. Dafür sieht das → *Arbeitsschutzmanagement* die Nutzung des vorhandenen kontinuierlichen Verbesserungsprozesses vor. Praktiziert ein Unternehmen bislang noch kein KVP, muss es im Rahmen der AMS-Einführung einen kontinuierlichen Verbesserungsprozess installieren.

Praxis-Beispiel: Kontinuierliche Verbesserung des Arbeitsschutzes

Das PDCA- oder Kaizen-Prinzip sollte auch im Arbeitsschutz angewendet werden. Nicht nur die betrieblichen Abläufe im Bereich der Sicherheit und des Gesundheitsschutzes, sondern auch das gesamte → *Arbeitsschutz-Managementsystem* und die Arbeitsschutzleistungen sollten immer wieder auf den Prüfstand, also kontinuierlich verbessert werden. Dies beinhaltet auch die Anpassung an veränderte externe Vorgaben (öffentlich-rechtliche Vorgaben, → *Stand der Technik* etc.).

Allen gängigen Arbeitsschutz-Managementsystemen liegt das KVP-Prinzip zugrunde und bei allen ist auch der kontinuierliche Verbesserungsprozess ein fester Bestandteil des Arbeitsschutzmanagements.

Die Anwendung des PDCA-Zyklus im Arbeitsschutz sieht folgenden iterativen Prozess vor:

- **plan (planen):**
  In einer Analyse und Bewertung von Risiken und Chancen (in der DIN ISO 45.001 SGA-Risiken und SGA-Chancen genannt) erfolgt die Feststellung des Ist-Zustandes, auch unter Berücksichtigung der öffentlich-rechtlichen Verpflichtungen und sonstiger arbeitsschutzrelevanter Anforderungen.
  Ergibt sich dabei ein Handlungsbedarf (Verbesserungsnotwendigkeiten oder -möglichkeiten), werden Maßnahmen unter Beachtung der Arbeitsschutzziele geplant, mit Zielen untersetzt, die erforderlichen Ressourcen definiert sowie die Umsetzung und Sicherstellung der Wirksamkeit festgelegt.
- **do (umsetzen):**
  Die im ersten Schritt geplanten Maßnahmen werden nun (ggf. zunächst pilotartig) umgesetzt. Dies beinhaltet auch die Lenkung der Umsetzung.
- **check (überprüfen/bewerten):**
  Im dritten Schritt wird überprüft bzw. bewertet, ob die gewünschte Verbesserung erzielt wurde bzw. die Maßnahmen wirksam sind. Ggf. muss nachgesteuert werden.

- **act (handeln/anwenden):**
  Werden die geplanten Verbesserungen erreicht und sind sie stabil, werden die Maßnahmen als Standard definiert und regelmäßig auf Einhaltung/Wirksamkeit überprüft.

Sind die erzielten Verbesserungen nicht ausreichend bzw. die SGA-Leistungen nicht ausreichend verbessert, muss direkt ein weiterer Verbesserungszyklus zur Optimierung (Erarbeitung von Korrektur- und Verbesserungsmaßnahmen) eingeleitet werden.

Albert Ritter

Koordinator

Der Koordinator stimmt Arbeiten von Beschäftigten mehrerer Arbeitgeber dahingehend ab, dass gegenseitige Gefährdungen vermieden oder die damit verbundenen Risiken durch geeignete Schutzmaßnahmen auf ein akzeptables Maß gesenkt werden.

Gesetze, Vorschriften und Rechtsprechung

Die Pflicht zur Bestellung eines geeigneten Koordinators ergibt sich aus verschiedenen staatlichen Arbeitsschutzvorschriften. Für das Tätigwerden von Beschäftigten mehrerer Arbeitgeber auf Baustellen ergeben sich die Koordinationspflichten v.a. aus § 3 Abs. 1 Baustellenverordnung (BaustellV). Die für eine Tätigkeit als Koordinator erforderliche Qualifikation und seine Aufgaben werden in der RAB 30 „Geeigneter Koordinator" beschrieben.

§ 13 Abs. 3 Betriebssicherheitsverordnung fordert im Zusammenhang mit der Zusammenarbeit mehrerer Arbeitgeber, dass für die Abstimmung der jeweils erforderlichen Schutzmaßnahmen ein Koordinator schriftlich zu bestellen ist, wenn bei der Verwendung von Arbeitsmitteln eine erhöhte Gefährdung von Beschäftigten anderer Arbeitgeber besteht.

Sofern aufgrund anderer Arbeitsschutzvorschriften (z.B. nach BaustellV) bereits ein Koordinator bestellt ist, kann dieser auch die Koordinationsaufgaben nach dieser Verordnung übernehmen. Dem Koordinator sind von den beteiligten Arbeitgebern alle erforderlichen sicherheitsrelevanten Informationen sowie Informationen zu den festgelegten Schutzmaßnahmen zur Verfügung zu stellen.

Nach § 15 Abs. 4 GefStoffV ist ein Koordinator zu bestellen, wenn bei Tätigkeiten von Beschäftigten eines Arbeitgebers eine erhöhte Gefährdung von Beschäftigten anderer Arbeitgeber durch Gefahrstoffe besteht.

§ 6 DGUV-V 1 fordert, dass im Rahmen der Zusammenarbeit mehrerer Unternehmer eine Person zu bestimmen ist, die die Arbeiten aufeinander abstimmt, soweit es zur Vermeidung einer möglichen gegenseitigen Gefährdung erforderlich ist.

Im Hinblick auf die besonderen Gefahren bei Arbeiten in kontaminierten Bereichen hat der Auftraggeber zur Koordinierung der Arbeiten und lückenlosen Überwachung der Einhaltung der im Arbeits- und Sicherheitsplan festgelegten Maßnahmen sowie zur fachkundigen Festlegung von Maßnahmen in Situationen, die nicht im Arbeits- und Sicherheitsplan erfasst sind, eine geeignete Person als Koordinator schriftlich zu bestellen (Abschn. 3.2.2 TRGS 524 bzw. Abschn. 5.1 DGUV-R 101-004).

Die Weisungsbefugnis des Koordinators ist nach GefStoffV und BetrSichV rechtlich verankert, für die Koordination nach BaustellV kann sie vertraglich zwischen den Parteien/Beteiligten geregelt werden. In jedem Fall entbindet die Bestellung eines Koordinators die Arbeitgeber allerdings nicht von ihrer Verantwortung für den Arbeitsschutz ihrer Beschäftigten.

1 Bestellung

Die Bestellung eines Koordinators richtet sich – abgesehen von den fachlichen Notwendigkeiten – nach der jeweiligen Rechtsgrundlage und den damit verbundenen Auslösekriterien.

Als Normadressat der Baustellenverordnung muss der Bauherr je nach Art und Umfang des Bauvorhabens einen, ggf. auch mehrere Koordinatoren für die Planung der Ausführung und für die eigentliche

Ausführung bestellen, wenn zu erwarten ist, dass auf der → *Baustelle* Beschäftigte mehrerer Arbeitgeber tätig werden. Die Größe des Bauvorhabens spielt dabei keine Rolle; entscheidend ist, ob Beschäftigte mehrerer Arbeitgeber tätig werden. Der Einsatz von Nachunternehmern, d. h. von Firmen, die Teilleistungen im Rahmen des Gesamtbauvorhabens selbstständig ausführen, bedeutet das Vorhandensein mehrerer Arbeitgeber. Die Bestellung muss so rechtzeitig erfolgen, dass die während der Planung der Ausführung des Bauvorhabens zu erfüllenden Aufgaben des Koordinators erledigt werden können.

Die Gefahrstoffverordnung legt fest, dass die beteiligten Arbeitgeber, bei denen sich arbeitsschutzrelevante Wechselwirkungen des Gefahrstoffumgangs ergeben, einen Koordinator zu bestellen haben, ohne hierfür nähere Angaben zu machen. Wurde ein Koordinator nach den Bestimmungen der Baustellenverordnung bestellt, gilt die Pflicht der Bestellung als erfüllt.

Der Koordinator nach § 6 DGUV-V 1 wird nach Abstimmung durch die beteiligten Unternehmer bestellt. Auslösekriterium dafür ist das Auftreten relevanter gegenseitiger Gefährdungen, bei denen sich die Tätigkeit eines Beschäftigten auf Beschäftigte eines anderen Unternehmers so auswirkt, dass die Möglichkeit eines Unfalles oder eines Gesundheitsschadens besteht.

Für die Bestellung eines Koordinators nach DGUV-R 101-004 spielen 2 Faktoren eine Rolle:

- Vorhandensein kontaminierter Bereiche (Standorte, bauliche Anlagen, Gegenstände, Boden, Wasser, Luft und dergleichen, die über eine gesundheitlich unbedenkliche Grundbelastung hinaus mit → *Gefahrstoffen* oder → *biologischen Arbeitsstoffen* verunreinigt sind).
- Ausführung der Arbeiten durch Beschäftigte mehrerer Arbeitgeber.

Verantwortlich für die Bestellung des Koordinators ist der Auftraggeber der Leistungen.

2 Aufgaben

Die Aufgaben eines Koordinators orientieren sich immer an den zu koordinierenden Leistungen (Art des Bauvorhabens, Gefährdungspotenziale usw.). Konkrete Festlegungen für Koordinationsaufgaben enthalten § 3 Abs. 2 und 3 BaustellV. Demnach muss der Koordinator während der Planung der Ausführung

- die vorgesehenen Maßnahmen zur Berücksichtigung die allgemeinen Grundsätze nach § 4 des Arbeitsschutzgesetzes koordinieren,
- den → *Sicherheits- und Gesundheitsschutzplan* ausarbeiten (lassen) und
- eine Unterlage mit den erforderlichen, bei möglichen späteren Arbeiten an der baulichen Anlage zu berücksichtigenden Angaben zu Sicherheit und Gesundheitsschutz zusammenstellen.

Während der Ausführungsphase muss er

- die Anwendung der allgemeinen Grundsätze nach § 4 des Arbeitsschutzgesetzes koordinieren,
- darauf achten, dass die Arbeitgeber und die Unternehmer ohne Beschäftigte ihre Pflichten nach BaustellV erfüllen,
- den Sicherheits- und Gesundheitsschutzplan bei Änderungen in der Ausführung des Bauvorhabens, die sich auf die weitere Koordination auswirken, anpassen (lassen),
- die Zusammenarbeit der Arbeitgeber organisieren und
- die Überwachung der ordnungsgemäßen Anwendung der Arbeitsverfahren durch die Arbeitgeber koordinieren.

Weitere Konkretisierungen zu den Aufgaben des Koordinators enthalten Abschn. 3.1 und 3.2 RAB 30.

In den Technischen Regeln für Arbeitsstätten (ASR), welche den Stand der Technik, Arbeitsmedizin und Hygiene sowie sonstige gesicherte wissenschaftliche Erkenntnisse für die Sicherheit und Gesundheit beim Einrichten und Betreiben von Arbeitsstätten wiedergeben, werden auch Anforderungen für Baustellen konkretisiert. In diesem Zusammenhang findet sich z. B. der Hinweis, dass bei der Festlegung und Einrichtung von Verkehrswegen auf Baustellen die Hinweise des Koordinators zu berücksichtigen sind (Abschn. 7.1 Abs. 4 ASR A1.8, Abschn. 8.2 Abs. 4 ASR A2.1).

Praxis-Beispiel: Koordinatoren ersetzen keine Fachkraft für Arbeitssicherheit

Unabhängig von der jeweiligen Rechtsgrundlage, nach der ein Koordinator bestellt wird, gilt grundsätzlich: Der Koordinator übernimmt in dieser Funktion keine Aufgaben einer Fachkraft für Arbeitssicherheit für die Beteiligten. Die Bestellung eines Koordinators entbindet die Arbeitgeber auch nicht von ihrer Verantwortung nach geltenden Arbeitsschutzbestimmungen.

Gefahrstoffverordnung und DGUV-V 1 enthalten keinen Aufgabenkatalog für den Koordinator. Hingegen sind in den Erläuterungen der DGUV-R 101-004 „Kontaminierte Bereiche" folgende Koordinationsaufgaben vorgesehen:

- baustellenbezogenen Arbeits- und Sicherheitsplan aufstellen;
- Mitarbeiter in die jeweiligen Gefährdungen und die erforderlichen Schutzmaßnahmen der Arbeitsoder → *Baustelle* einweisen;
- Überwachen, ob die in den → *Betriebsanweisungen* festgelegten Forderungen eingehalten werden;
- evtl. zusätzlich erforderliche Ermittlungen zu → *Gefahrstoffen* und → *biologischen Arbeitsstoffen* veranlassen;
- erforderliche Messungen in der Luft der Arbeitsbereiche veranlassen;
- Ergebnisse in Zusammenarbeit mit den ausführenden Unternehmen bewerten;
- zeitliche Abfolge von Einzelgewerken abstimmen und ihre Auswirkungen aufeinander hinsichtlich möglicher Gefahren bewerten.

3 Eignung

Der Besteller eines Koordinators ist gehalten, eine geeignete Person mit den Koordinationsleistungen zu beauftragen. Eine allgemeingültige Eignung für Koordinatoren gibt es nicht, da sich für Projekte und Bauvorhaben fachspezifische Anforderungsprofile ergeben können. Allgemein formuliert sollte als Koordinator nur beauftragt werden, wer für diese Tätigkeit über entsprechende Fachkenntnisse verfügt, die durch Berufsausbildung, Berufserfahrung und zeitnahe berufliche Tätigkeit erworben wurde (vgl. § 2 Abs. 7 BetrSichV, TRBS 1203).

Abschn. 4 RAB 30 erläutert, wer für die Koordination nach BaustellV geeignet ist. Um die Aufgaben fachgerecht erledigen zu können, muss der Koordinator demnach verfügen über ausreichende und einschlägige

- baufachliche Kenntnisse,
- arbeitsschutzfachliche Kenntnisse,
- Koordinatorenkenntnisse sowie
- berufliche Erfahrung in der Planung und/oder der Ausführung von Bauvorhaben.

Weitere Abschnitte der RAB 30 erläutern diese Eignungskriterien näher.

In Abschn. 2.5.1 DGUV-R 100-001 wird ausgeführt, dass die Person, welche die Arbeiten aufeinander abstimmt, für die Wahrnehmung der Aufgabe geeignet sein und über die erforderliche Fachkunde verfügen muss. Die Auswahl dieser Person ist zwischen den Unternehmern abzustimmen. Zweckmäßigerweise sollte dies ein Aufsichtführender (Betriebsleiter, Polier, Vorarbeiter oder anderer Vorgesetzter) der beteiligten Unternehmen sein.

Ausführlicher sind die Vorgaben für einen Koordinator bei Arbeiten in kontaminierten Bereichen nach TRGS 524 bzw. DGUV-R 101-004. Hier wird eine nachgewiesene Fachkunde über Sicherheit und Gesundheitsschutz verlangt. Diese kann im Rahmen der beruflichen Ausbildung oder durch Fort- bzw. Weiterbildung erworben werden. Sie wird als vorhanden angesehen, wenn sie durch Zeugnisse nachgewiesen und regelmäßig durch die Teilnahme an einer geeigneten qualifizierten Fortbildungsmaßnahme auf dem Gebiet aktualisiert wird. Einzelheiten zur Fachkunde enthalten die Anlagen 2A und 2B der TRGS 524. Außerdem sind Inhalte von qualifizierten Lehrgängen in den Anhängen 6A und 6B DGUV-R 101-004 enthalten.

Eine allgemeine Beschreibung der Eignung für eine fachkundige Person gemäß Anlage 2A TRGS 524 lässt sich grundsätzlich auch auf andere Einsatzfälle für Koordinatoren verallgemeinern:

Koordinatoren müssen sich aktiv für Sicherheit und Gesundheitsschutz auf Baustellen bzw. am jeweiligen Ausführungsort einsetzen. Sie müssen die Fähigkeit besitzen, Arbeitsabläufe systematisch, vorausschauend und Gewerke übergreifend zu durchdenken, sich anbahnende Gefährdungen zu erkennen und die gebotenen Koordinierungsmaßnahmen zu treffen. Koordinatoren müssen darüber hinaus über ein hinreichendes Maß an Sozialkompetenz verfügen. Sie müssen insbesondere die Fähigkeit zur Arbeit im Team, zur Führung kooperativer Prozesse sowie zur sachdienlichen Kommunikation besitzen. Ihre Funktion und Stellung muss so ausgestaltet sein, dass sie von anderen Planungs- und Ausführungsbeteiligten akzeptiert werden und sie sich ihrer Aufgabe auch in zeitlicher Hinsicht ausreichend und wirkungsvoll widmen können.

Praxis-Beispiel: Eignung eines Koordinators

Koordinatoren müssen über eine ausreichende und einschlägige berufliche Ausbildung und Qualifikation sowie erforderliche Kenntnisse, Erfahrungen und Fähigkeiten verfügen, um die geforderten Aufgaben sicher ausführen zu können.

4 Befugnisse

Befugnisse eines Koordinators sind in den staatlichen Rechtsgrundlagen nicht näher geregelt und müssen daher immer mit übertragen werden. Die Tätigkeit des Koordinators nach BaustellV kann von einer „Beraterfunktion ohne Weisungsbefugnis" bis hin zur Koordination mit einer „Weisungsbefugnis in allen Belangen der Sicherheit und des Gesundheitsschutzes" reichen.

Praxis-Beispiel: Pro und Contra Weisungsbefugnis

Vor- und Nachteile einer Weisungsbefugnis sind vor der Übertragung abzuwägen. Eine Weisungsbefugnis bedeutet gleichzeitig auch eine Übernahme von Verantwortung und erhöht auch das Haftungsrisiko.

Die Koordination nach DGUV-V 1 sieht eine Weisungsbefugnis grundsätzlich für den Fall vor, dass die beteiligten Arbeitgeber zu dem Ergebnis kommen, dass besondere Gefahren vorliegen. Diese Befugnis beinhaltet Anweisungen zur Arbeitssicherheit und zum Gesundheitsschutz sowohl gegenüber Beschäftigten des eigenen als auch eines anderen Unternehmens. Die Weisungsbefugnis wird zweckmäßigerweise zwischen den beteiligten Unternehmern vertraglich vereinbart. Die Beschäftigten sollten darüber informiert werden (Abschn. 2.5.1 DGUV-R 100-001).

Auch die Koordination für Arbeiten in kontaminierten Bereichen erfolgt mit einer Weisungsbefugnis. Gem. Abschn. 3.2.2 der TRGS 524 bzw. Abschn. 5.1 DGUV-R 101-004 muss der Auftraggeber dafür sorgen, dass der Koordinator in Bezug auf die Sicherheit und den Gesundheitsschutz aufgrund stofflich bedingter Gefährdungen Weisungsbefugnis gegenüber allen Auftragnehmern und deren Beschäftigten hat.

Matthias Glawe

Kopfschutz

Kopfschutz schützt gegen Gefährdungen durch herabfallende Gegenstände, pendelnde Lasten und Anstoßen an feststehende Gegenstände. Dafür stehen als Persönliche Schutzausrüstung (PSA) Industrieschutzhelme oder Industrieanstoßkappen zur Verfügung.

Gesetze, Vorschriften und Rechtsprechung

Ergibt die Gefährdungsbeurteilung, dass trotz technischer und organisatorischer Schutzmaßnahmen mit Gefährdungen durch herabfallende Gegenstände, pendelnde Lasten oder Anstoßen an feststehende Gegenstände zu rechnen ist, muss den Mitarbeitern als Persönliche Schutzausrüstung Kopfschutz zur Verfügung gestellt werden. Neben der **PSA-Benutzungs-Richtline** 89/656/EWG ist auch die **PSA-Benutzungsverordnung** zu berücksichtigen. Weitere Vorgaben ergeben sich aus:

- DGUV-R 112-193„Benutzung von Kopfschutz"
- DIN EN 397 „Industrieschutzhelme"
- DIN EN 812 „Industrie-Anstoßkappen"

1 Arten von Kopfschutz

Industrieschutzhelme sind Kopfbedeckungen aus widerstandsfähigem Material, die den Kopf vor allem gegen herabfallende Gegenstände, pendelnde Lasten und Anstoßen an feststehenden Gegenständen schützen sollen. **Helmschalen bzw. Schalen** sind der äußere Teil von Industrieschutzhelmen aus hartem Werkstoff, der einwirkende Kräfte aufnimmt und in die Innenausstattung einleitet. Die Helmschale kann unterschiedlich geformt sein, z.B. mit breitem umlaufendem Rand, mit Regenrinne, mit Schirm, mit heruntergezogenem Nackenteil. Die **Innenausstattung** ist der innere Teil des Industrieschutzhelms (bestehend aus einen korbähnlichen Gebilde, einem längenverstellbaren Kopfband und einem Nackenband), der die auf die Helmschale einwirkenden Kräfte verteilt und zugleich dämpft.

Industrieanstoßkappen sind Kopfbedeckungen, die den Kopf vor Verletzungen schützen sollen, die durch einen Stoß mit dem Kopf gegen harte, feststehende Gegenstände verursacht werden können.

Tab. 1 zeigt Beispiele für Kopfschutz.

Industrieschutz- helme		**Standard-Industrieschutzhelm** mit Regenrinne, Belüftungsöffnungen
	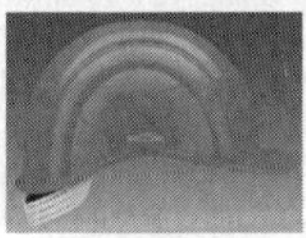	Bau-Schutzhelm: • große Schutzfläche durch Helmform mit heruntergezogenem Nackenteil mit Regenrinne • Seitlichen Stecktaschen zur Befestigung von Zubehör (z.B. Gehörschutz)
		Industrieschutzhelm mit umlaufendem Rand
		**Hochsteiger-Helm** z.B. für Gerüstbau und Mastbesteiger mit verkürztem Schirm und Seitenbelüftung

		Elektriker-Helm: • Zum Einsatz bei Arbeiten unter Spannung oder in der Nähe unter Spannung stehender Teile bis AC 1000 V oder DC 1500 V • Schutz vor Störlichtbogen • Elektrische Isolierung nach DIN EN 397 • Leitet maximal 1,5 mA bei 3000 V in die Innenschale
	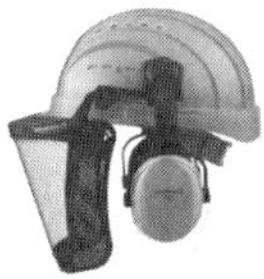	**Forstmeister-Helm** mit Visier und Gehörschutz
Anstoßkappe		Helmschale
	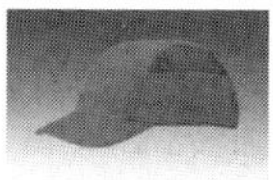	Industrieanstoßkappe mit textiler Umhüllung als Schirmmütze

Tab. 1: Arten von Kopfschutz (Bilder: Schuberth, Voss)

Tab. 2 zeigt unterschiedliche Materialien für Kopfschalen.

	Beispiele	**Beschreibung**
thermoplastische Kunststoffe (Thermoplaste)	• Polycarbonat (PC) • glasfaserverstärktes Polycarbonat (PC-GF) • Polyethylen (PE) • Polypropylen (PP) • glasfaserverstärktes Ploypropylen (PP-GF) • Acrylnitril-Butadien (ABS)	• Thermoplasten werden bei entsprechenden Temperaturen in einen elastischen Zustand gebracht und verformt. • Verstärkte Alterung, insbesondere durch UV-Strahlung • Gebrauchsdauer 4 Jahre ab Herstellungsdatum

	Beispiele	Beschreibung
duroplastische Kunststoffe (Duroplaste)	• Glasfaser-Polyester (UP-GF) • Textil-Phenol (PF-SF) • Naturfaser-Poly-Anilin-Acetat (PAA-NF)	• Duroplaste sind Kunststoffe, die aus mehreren Komponenten – Fasermaterial und Harzsystem – bestehen und während eines Pressvorganges unter Hitze und Druck aushärten. • Höhere Schutzeigenschaft, Chemikalien- und UV-Beständigkeit • Gebrauchsdauer 8 Jahre ab Herstellungsdatum (mind. doppelte Gebrauchsdauer im Vergleich zu Thermoplasten)

Tab. 2: Materialien von Kopfschalen

Praxis-Beispiel: „Verfallsdatum" des Helms beachten

Achten Sie beim Kauf darauf, „frische" Industrieschutzhelme zu bekommen, da diese ab Herstellungsdatum eine max. Gebrauchsdauer haben (Thermoplaste = 4 Jahre, Duroplaste = 8 Jahre). Das Herstellungsdatum finden Sie in der Helmschale. Erinnern Sie Ihre Mitarbeiter vierteljährlich an die max. Gebrauchsdauer.

2 Gefährdungsbeurteilung

Im Rahmen der → *Gefährdungsbeurteilung* nach § 5 Arbeitsschutzgesetz (vgl. → *Persönliche Schutzausrüstung*) müssen mögliche Gefährdungen ermittelt und Schutzmaßnahmen ergriffen werden. Werden Gefährdungen ermittelt, die zu Kopfverletzungen führen können, so ist die Rangfolge von Schutzmaßnahmen nach dem T-O-P-Prinzip (technisch, organisatorisch, persönlich) einzuhalten.

Es reicht nicht aus, die mögliche Kopfgefährdung zu nennen und hierfür Kopfschutz als Schutzmaßnahme festzulegen. Das ist keine Gefährdungsbeurteilung. Sofern technische und/oder organisatorische Schutzmaßnahmen nicht möglich sind, muss dies in der Gefährdungsbeurteilung dokumentiert und begründet werden. **Tab. 3** zeigt mögliche Gefährdungen und möglichen Kopfschutz.

Gefährdung	möglicher Kopfschutz		
	Standard-Industrieschutzhelm	Spezial-Industrieschutzhelm	Anstoßkappe
herabfallende Gegenstände	X (Grundanforderungen: Stoßdämpfung, Durchdringungsfestigkeit und Beständigkeit gegen eine Flamme, Gewährleistung des Sitzes)	X (Grundanforderungen: Stoßdämpfung, Durchdringungsfestigkeit und Beständigkeit gegen eine Flamme, Gewährleistung des Sitzes)	
pendelnde Gegenstände			
umfallende Gegenstände			
wegfliegende Gegenstände			
Anstoßen an Gegenstände			X
Eignung für niedrige Temperaturen bis –30 °C		X	
Eignung für hohe Temperaturen bis +150 °C		X	
elektrische Isolierung bis 400 V Wechselspannung (kurzfristiger unbeabsichtigter Kontakt),		X	

Gefährdung	möglicher Kopfschutz		
	Standard-Industrie-schutzhelm	Spezial-Industrie-schutzhelm	Anstoßkappe
elektrische Isolierung bis 1.000 V Wechselspannung (kurzfristiger unbeabsichtigter Kontakt),		X	
Eignung für begrenzte Kurzschlusslichtbogeneinwirkung		X	
stabil gegenüber Metallspritzern		X	
hohe Seitenfestigkeit		X	

Tab. 3: Gefährdungsarten und geeigneter Kopfschutz

Praxis-Beispiel: Sonderanfertigungen

Wurden im Rahmen der Gefährdungsbeurteilung spezielle Gefährdungen ermittelt, die nicht durch technische oder organisatorische Schutzmaßnahmen beseitigt werden können, sollten Hersteller von Kopfschutz kontaktiert werden. Diese verfügen neben notwendigem Fachwissen oft auch über Sonderanfertigungen, die nicht im Prospektmaterial abgebildet sind.

3 Kennzeichnung

Kopfschutz muss eine→ *CE-Kennzeichnung* und eine → *Konformitätserklärung* besitzen. Ebenfalls muss eine Baumusterprüfung vorliegen. Die Kennzeichnung muss folgende allgemeine Informationen enthalten:

- EN 397 für Industrieschutzhelme,
- EN 812 für Industrieanstoßkappen,
- Name oder Zeichen des Herstellers,
- Jahr und Quartal der Herstellung,
- Typbezeichnung des Herstellers,
- Größe oder Größenbereich (Kopfumfang in cm),
- bei Industrieschutzhelmen das Kurzzeichen des verwendeten Helmmaterials.

Industrieschutzhelme müssen je nach Zusatzanforderungen gemäß DIN EN 397 zusätzlich folgende Kennzeichnung aufweisen, die gegossen, geprägt oder durch ein dauerhaftes selbstklebendes Etikett erfolgen kann:

- –20 °C oder –30 °C: Einsatz bei sehr niedrigen Temperaturen
- +150 °C: Einsatz bei sehr hohen Temperaturen
- 440 Vac oder 1.000 Vac: Gefährdung durch kurzfristigen, unbeabsichtigten Kontakt mit Wechselspannung bis 440 V bzw. 1.000 V
- MM: Gefährdung durch Spritzer von geschmolzenem Metall
- LD: Gefährdung durch seitliche Beanspruchung

Industrie-Anstoßkappen müssen je nach Zusatzanforderung gemäß DIN EN 812 zusätzlich folgende Kennzeichnung aufweisen, die geprägt, aufgedruckt oder durch ein selbstklebendes Etikett erfolgen kann:

- –20 °C oder –30 °C: Einsatz bei sehr niedrigen Temperaturen
- 440 Vac: Gefährdung durch kurzfristigen, unbeabsichtigten Kontakt mit Wechselspannungen bis 440 V
- F: Flammenbeständigkeit

4 Einsatz

Wurde im Rahmen der → *Gefährdungsbeurteilung* festgelegt, dass in bestimmten Bereichen Kopfschutz getragen muss, müssen die Mitarbeiter im Rahmen der → *Unterweisung* (vor Arbeitsaufnahme, danach mind. 1 × jährlich) über mögliche Gefährdungen sowie die richtige Benutzung, Reinigung und Prüfung (Sichtprüfung vor Benutzung) des eingesetzten Kopfschutzes unterwiesen werden. Die bestehende Tragepflicht für Kopfschutz wird mit dem Gebotsschild M014 „Kopfschutz benutzen" (s. **Abb. 1**) kenntlich gemacht.

Abb. 1: Gebotszeichen M014 Kopfschutz benutzen

Die bereit gestellten Industrieschutzhelme sollten den Größen entsprechen, die die jeweiligen Benutzer benötigen. Viele Hersteller bieten bis zu drei Größen an:

- Helmschalengröße 1: 52–56 cm Kopfumfang
- Helmschalengröße 2: 53–61 cm Kopfumfang
- Helmschalengröße 3: 59–63 cm Kopfumfang

Voraussetzung für einen ausreichenden Kopfschutz ist, dass der Industrieschutzhelm entsprechend ausgewählt und eingestellt ist. Wenn die Größe passt, wird der Industrieschutzhelm so aufgesetzt, dass die Tragebänder auf dem Kopf aufliegen. Die Einstellung des Kopfbandes soll dann so erfolgen, dass es am Kopf anliegt, aber nicht drückt. In dieser Position erfüllt der Industrieschutzhelm dann seinen ausreichenden Schutz.

Praxis-Beispiel: Schutzhelm nicht zu locker einstellen

Wird der Industrieschutzhelm schon vorher eingestellt, besteht u. U. der Kontakt zu den Tragebändern nicht richtig. In diesem Fall können die Kräfte eines aufprallenden Gegenstandes nicht bestimmungsgemäß aufgenommen werden. Sitzt der Industrieschutzhelm zu locker, dann fällt er bei Kopfbewegungen (Bücken oder Überkopfarbeit) oder durch Einwirkung eines aufprallenden Gegenstandes leicht vom Kopf.

Ein häufig auf Unfallanzeigen beschriebener Unfallhergang im Zusammenhang mit Kopfverletzungen ist Folgender: „Als ich mich bückte, fiel mir der Schutzhelm vom Kopf. Ich hob ihn auf, und als ich mich aufrichtete, stieß ich mir den Kopf an …".

Auch Industrie-Anstoßkappen gibt es für unterschiedliche Kopfumfangsbereiche. Der Träger muss zunächst die Industrieanstoßkappe aufsetzen. Anschließend muss sie mit dem Kopfband an den Träger angepasst werden.

Praxis-Beispiel: Knacktest

Zur groben Feststellung, ob eine Helmschale aus nicht glasfaserverstärktem thermoplastischem Kunststoff bereits eine Versprödung aufweist, wird der sog. Knacktest empfohlen. Er wird folgendermaßen durchgeführt:

Die Helmschale wird mit den Händen seitlich eingedrückt bzw. der Schirm leicht verbogen. Nimmt man bei aufgelegtem Ohr Knister- oder Knackgeräusche wahr, sollte der Helm nicht mehr benutzt werden (vgl. Abschn. 3.2.3.1 DGUV-R 112-193. Der Knacktest darf nur für Industrieschutzhelme aus nicht glasfaserverstärkten thermoplastischen Kunststoffen (ABS, PC, PE, PP) durchgeführt werden.

Dirk Haffke

Kühlschmierstoffe

Kühlschmierstoffe (KSS) sind nichtwassermischbare, wassermischbare und wassergemischte flüssige Zubereitungen zum Kühlen, Schmieren und Spülen bei Fertigungsverfahren der spanenden und umformenden Be- und Verarbeitung. Den KSS sind zur Verbesserung ihrer Eigenschaften verschiedene chemische Stoffe zugesetzt, die bei den Beschäftigten durch Hautkontakt oder Einatmen gesundheitliche Beeinträchtigungen hervorrufen können. Zudem unterliegen wassergemischte Kühlschmierstoffe einer Besiedelung mit Mikroorganismen („Verkeimung"). Es handelt sich dabei um Bakterien, Schimmel- und Hefepilze. Bakterien und Pilze zählen zu den biologischen Arbeitsstoffen, wenn sie beim Menschen Infektionen, Allergien oder Vergiftungen hervorrufen können.

Gesetze, Vorschriften und Rechtsprechung

Grundlegend sind: Gefahrstoffverordnung (GefStoffV), Biostoffverordnung (BioStoffV), DGUV-R 109-003 „Tätigkeiten mit Kühlschmierstoffen", DGUV-I 209-024 „Minimalmengenschmierung in der spanenden Fertigung", DGUV-I 209-026 „Brand- und Explosionsschutz an Werkzeugmaschinen", DGUV-I 209-051 „Keimbelastung wassergemischter Kühlschmierstoffe", DGUV-I 209-022„Hautschutz an Holz- und Metallarbeitsplätzen", TRGS 611 „Verwendungsbeschränkungen für wassermischbare bzw. wassergemischte Kühlschmierstoffe, bei deren Einsatz N-Nitrosamine auftreten können" und BGIA Report 9/2006 „Absaugen und Abscheiden von Kühlschmierstoffemissionen".

1 Hauptgruppen

Es werden 3 Hauptgruppen unterschieden:

1. Nichtwassermischbare KSS, z. B. Schneidöle, Walzöle werden nicht mit Wasser gemischt.
2. Wassermischbare KSS werden mit Wasser auf die Gebrauchskonzentration verdünnt. Die Öle sind Mineralöle und Syntheseöle.
3. Wassergemischte KSS, z. B. Bohremulsion, Schleifwasser und Verdünnungen Öl/Wasser.

2 Inhaltsstoffe

Den KSS sind eine Vielzahl chemischer Wirkstoffe zugesetzt, um spezielle Eigenschaften zu erzielen, u. a. Korrosionsschutz-, Antinebel-, Alterungsschutz-, Hochdruck- und polare Zusätze sowie Emulgatoren, Entschäumer und Biozide.

Neben diesen Primärstoffen ergeben sich während des Gebrauchs sog. Sekundärstoffe, wie Reaktionsstoffe, Fremdstoffe und Mikroorganismen. Reaktionsstoffe sind z. B. Nitrosamine, polycyclische Kohlenwasserstoffe, Zersetzungsprodukte, Metalle und Metalloxide. Fremdstoffe, die von außen eingeschleppt werden, können sein: Hydraulikflüssigkeit, Schmierstoffe, Reiniger, luftgetragene Stoffe von anderen Emissionsquellen und Konservierungsmittel.

3 Gefährdungen

Beim Einsatz von wassergemischten Kühlschmierstoffen kann es beim Bearbeiten der Werkstücke zu einem direkten Hautkontakt kommen. Zudem ist es über Aerosolbildung bei bestimmten Bearbeitungsverfahren möglich Bioaerosole (Tröpfchen oder Staub mit angelagerten Mikroorganismen oder deren Bestandteilen) inhalativ (also durch Einatmen) aufzunehmen.

3.1 Gefährdungen der Haut

Bei der Gefährdungsbeurteilung müssen alle hautgefährdenden Tätigkeiten ermittelt werden, wobei der gesamte Arbeitsablauf zu ermitteln ist. Diese sind

- die Art der Hautgefährdung (physikalische, chemische oder biologische Einwirkung),
- Eigenschaften der hautschädigenden Stoffe,
- Art des Hautkontaktes (Vollkontakt, Spritzer, Aerosole etc.),
- die betroffenen Körperstellen,

- das Ausmaß, die Häufigkeit und der zeitliche Umfang der hautgefährdenden Tätigkeiten,
- Feuchtarbeit,
- weiter belastende Umgebungs- und Klimafaktoren sowie ggf. gefährdungserhöhende Faktoren, z. B. Anwendung abrasiver Hautreinigungsmittel.

Die stofflichen Gefährdungen der Haut können durch Entwässerung, Entfettung und allergisierende Eigenschaften entstehen, z. B. durch:

- Grundöle (z. B. Mineralöle);
- Tenside (oberflächenaktive Substanzen, die bewirken, dass 2 eigentlich nicht miteinander mischbare Flüssigkeiten, z. B. Öl und Wasser, fein vermengt werden können);
- Emulgatoren;
- Lösungsvermittler;
- Wasser.

Gefährdungen der Haut können durch Irritationen entstehen, z. B. durch:

- zu hohe Konzentrationen wassergemischter KSS,
- Eintrocknen von wassergemischten KSS auf Haut und Kleidung (Bildung von „Sekundärkonzentrat"),
- Kontakt der Haut mit eingetrockneten und somit aufkonzentrierten wassergemischten KSS auf Maschinen, Werkzeugen und Werkstücken,
- zu hohen pH-Wert,
- → *Biozide* (im Falle von Überdosierungen),
- niedrigviskose Öle (< 7 mm^2/s bei 40 °C),
- Späne und Werkstoffabrieb (auch in Putztüchern), die zu Hautverletzungen führen und dadurch das Entstehen von Hauterkrankungen begünstigen können.

Gefährdungen der Haut können durch sensibilisierende Stoffe entstehen, z. B. durch:

- bestimmte Biozide, die bei der Nachkonservierung allergische Exzeme hervorrufen können,
- bestimmte Duftstoffe (Geruchsüberdecker),
- von Werkstücken eingetragene Metall-Ionen, z. B. Cobalt-, Nickel-, Chrom-III-Ionen.

Praxis-Beispiel: Nitrosierende Agenzien

Kühlschmierstoffe, denen nitrosierende Agenzien als Komponenten zugesetzt worden sind, dürfen nicht verwendet werden. Der Unternehmer muss sicherstellen, dass den verwendeten KSS keine nitrosierenden Stoffe zugesetzt worden sind (vgl. auch §§ 8 ff. GefStoffV).

3.2 Gefährdungen innerer Organe oder der Atemwege

Gefährdungen innerer Organe oder der Atemwege können durch Hautresorption von Kühlschmierstoffbestandteilen oder Einatmen von Kühlschmierstoff-Dampf und -Aerosolen oder Verschlucken von Kühlschmierstoffen entstehen und hängen z. B. ab von der

- Konzentration von KSS-Dämpfen und Aerosolen in der Atemluft,
- Konzentration krebserzeugender Stoffe, z. B. Nickeloxide und Beryllium, die bei der Bearbeitung spezieller Legierungen in die KSS-Dämpfe und Aerosole gelangen können,
- Konzentration krebserzeugender Nitrosamine der Kategorien 1 oder 2, die sich in wassergemischten KSS aus nitrosierbaren sekundären Aminen bilden können.

4 Maßnahmen zum Schutz der Beschäftigten

4.1 Technische Schutzmaßnahmen

4.1.1 Trockenbearbeitung/Minimalmengenschmierung

Die Minimalmengenschmierung (MMS) ist eine Verlustschmierung. Im Gegensatz zur Nassbearbeitung/Überflutungsschmierung ist kein Kreislaufsystem vorhanden und der Schmierstoff wird in Form von Tröpfchen (Aerosolen) direkt auf die Wirkstelle aufgebracht.

Damit wird die Schmierstoffmenge enorm reduziert. Verluste durch Verdampfung und Verschleppung werden ebenfalls minimiert. Neben der gesundheitlichen Entlastung kann der Einsatz dieses Verfahrens wirtschaftliche Vorteile haben.

In der BG/BGIA-Empfehlung „Minimalmengenschmierung bei der Metallzerspanung" sind die Kriterien für die Erfüllung des Standes der Technik festgelegt. Der Anwender erhält genaue Hinweise zur wirksamen Reduzierung von Gefahrstoff-Emissionen sowie Vorgaben zum Einsatz der MMS.

Weitere Information s. DGUV-I 213-723 „Minimalmengenschmierung bei der Metallzerspanung".

4.1.2 Reinigung und Desinfektion von KSS-Kreisläufen für wassergemischte Kühlschmierstoffe

KSS müssen ausreichend gekennzeichnet (Name, Konzentration, Gesamtvolumen, Menge der nachzugebenen Biozide) und KSS-Kreisläufe (**Abb. 1**, **2**) ordnungsgemäß betrieben und überwacht werden. Kühlschmierstoff-Zentralanlagen sind so zu betreiben, dass u. a.:

1. feste Verunreinigungen durch vorhandene Einrichtungen abgeschieden werden und sich nicht in Toträumen, Ecken oder Hinterschneidungen von → *Rohrleitungen* Kanälen, Behältern und Filtern ablagern,
2. eine mechanische Reinigung – auch an schwer zugänglichen Stellen – möglich ist,
3. die eingesetzten Materialien nur entsprechend den Angaben des Herstellers verwendet werden,
4. sie weitgehend geschlossen sind,
5. bei Stillstandszeiten durch mikrobielle Aktivität keine erhöhten Konzentrationen entstehen, die die Arbeitshygiene belasten,
6. eine Vermischung von Hydraulik- und/oder Maschinenöl mit dem wassergemischten Kühlschmierstoff weitgehend vermieden ist,
7. ein Temperaturanstieg des wassergemischten Kühlschmierstoffes über die Umgebungstemperatur weitgehend verhindert ist.

Es ist ein Reinigungsplan mit Angabe der Reinigungsverfahren und -mittel festzulegen.

Abb. 1: Beispiel eines KSS-Kreislauftanks in der spanenden Alubearbeitung

Abb. 2: Beispiel eines KSS-Kreislauftanks in der spanenden Stahlbearbeitung

4.1.3 Verringerung von Kühlschmierstoff-Emissionen

Bei Tätigkeiten mit Kühlschmierstoffen gibt es einige technische Möglichkeiten zur Emissionsminderung. Es ist jedoch nicht in allen Fällen notwendig, sämtliche technischen Möglichkeiten auszuschöpfen, um ein ausreichendes Schutzniveau zu erhalten. Insbesondere bei emissionsarmen Bearbeitungsverfahren und geringer Maschinendichte sind vielfach Basismaßnahmen ausreichend. Unter Basismaßnahmen sind folgende Beispiele zu verstehen:

- Der Kühlschmierstoff soll unmittelbar und gleichmäßig an die Wirkstelle gebracht werden. Damit wird Reibung gemindert, sicherer Spänetransport und Wärmeabfuhr gewährleistet.
- Einstellung eines optimalen KSS-Volumenstroms.
- Möglichst weitgehende dichtende Einhausung der Anlage, Anbringen von Spritzabdeckungen.
- Leckagen umgehend beseitigen (Abdichten).
- Späne bzw. Werkstücke nur kurzfristig im Arbeitsbereich lagern (vgl. **Abb. 3**).
- Verschüttete oder verspritzte Kühlschmierstoffe sofort beseitigen (Nasssauger oder Bindemittel einsetzen.
- Alle Sammel- und Ablaufstellen möglichst geschlossen halten.
- Bereithalten verschließbarer Behältnisse, Putztücher darin sammeln und regelmäßig beseitigen.

Abb. 3: Alu-Späneauffangwagen mit KSS-Rückständen

Reichen die Basismaßnahmen nicht aus, um eine ausreichende Luftqualität am Arbeitsplatz zu erreichen, sind weitere lufttechnische Maßnahmen erforderlich (s. Abschn. 6.3.3 DGUV-R 109-003 „Tätigkeiten mit Kühlschmierstoffen".

4.1.4 Brand- und Explosionsschutz

Es ist ein Kühlschmierstoff auszuwählen, von dem eine möglichst niedrige Gefährdung ausgeht. Brennbare KSS dürfen nur in dafür geeigneten Maschinen oder Anlagen eingesetzt werden. Können Brand- und Explosionsgefahren nicht sicher ausgeschlossen werden, sind Gegenmaßnahmen erforderlich.

Dazu können gehören:

- Gestaltung der Werkzeugmaschine,
- Absauganlage,
- Druckentlastungseinrichtung,
- Löschanlage/Brandschutzmaßnahmen.

Weitere Schutzmaßnahmen gegen Brand- und Explosionsgefahren beim Betrieb von Werkzeugmaschinen mit nichtwassermischbaren KSS finden sich in DGUV-I 209-026 „Brand- und Explosionsschutz an Werkzeugmaschinen" und dem BGIA Report 9/2006 „Absaugen und Abscheiden von Kühlschmierstoffemissionen".

4.2 Organisatorische Schutzmaßnahmen

4.2.1 Beschäftigungsbeschränkungen

An Einrichtungen, bei deren Verwendung mit KSS umgegangen wird und Gefährdungen durch Haut- und Augenkontakt oder Emissionen in die Atemluft sowie Aufnahme in den Körper zu erwarten sind, dürfen nur Mitarbeiter beschäftigt werden, die

- das 18. Lebensjahr vollendet haben und
- mit den Einrichtungen und Fertigungsverfahren vertraut sind.

4.2.2 Spezielle arbeitsmedizinische Vorsorgeuntersuchungen

Der Unternehmer muss unter Berücksichtigung der → *Gefährdungsbeurteilung* dafür sorgen, dass Mitarbeiter, die Tätigkeiten mit KSS durchführen, durch einen beauftragten Arzt untersucht werden.

4.2.3 Betriebsanweisungen

Arbeitsbereichs- und stoffbezogene → *Betriebsanweisungen* in verständlicher Form und Sprache sind erforderlich für Tätigkeiten mit

- Kühlschmierstoffen und Zusatzstoffen,
- Einrichtungen, in denen KSS verwendet werden, und
- lufttechnischen Anlagen zur Erfassung und Abscheidung von KSS-Dampf und Aerosolen.

Darin sind die vom Inverkehrbringer mitgelieferten Angaben und sicherheitstechnische Hinweise zu berücksichtigen (s. → *Sicherheitsdatenblatt* des Herstellers).

4.3 Persönliche Schutzausrüstungen

4.3.1 Hautschutzmaßnahmen

Sind Hautgefährdungen durch KSS zu erwarten, sind entsprechende Hautschutzmaßnahmen erforderlich. Dazu gehört die Erstellung eines Hautschutzplans, in dem die Hautschutz-, Hautreinigungs- und Hautpflegemittel unter Berücksichtigung der verwendeten KSS und des Fertigungsablaufes festgelegt sind. Weiterführende Hinweise sind zu finden in Abschn. 6.4.4 TRGS 401 „Gefährdung durch Hautkontakt“ und Abschn. 4.3 DGUV-I 209-022 „Hautschutz an Holz- und Metallarbeitsplätzen“.

4.3.2 Hygienemaßnahmen

Im Arbeitsbereich oder in der Nähe des Arbeitsbereichs sollen Waschgelegenheiten mit fließendem warmem Wasser vorhanden sein. An den Waschgelegenheiten müssen geeignete Mittel zum Abtrocknen vorhanden sein. An Arbeitsplätzen, an denen die Gefahr einer Kontamination besteht, ist die Aufnahme von Nahrungs- und Genussmitteln verboten. Dafür müssen geeignete Bereiche eingerichtet werden (s. → *Pausenräume*). Weiterhin ist eine Unterweisung der Beschäftigten zur Hautprävention unter Einbindung des Betriebsarztes (arbeitsmedzinisch-toxikologische Beratung) erforderlich.

4.3.3 Persönliche Schutzausrüstung

Können Gesundheitsgefahren nicht ausgeschlossen werden, muss die folgende → *Persönliche Schutzausrüstung* zur Verfügung stehen, in gebrauchsfähigem und hygienisch einwandfreiem Zustand gehalten und getrennt von Straßenkleidung aufbewahrt werden:

1. kühlschmierstoffundurchlässige und -beständige Schürzen oder Schutzkleidung, wenn eine Durchnässung der Arbeitskleidung zu erwarten ist;
2. kühlschmierstoffundurchlässige und -beständige Schutzhandschuhe (mit Baumwoll-Unterziehhandschuhen) oder außen beschichtete Gewebehandschuhe zur Vermeidung eines Feuchtigkeitsstaus durch Schweißbildung, wenn Dauerkontakt mit KSS besteht;
3. → *Augenschutz*, wenn die Gefahr besteht, dass KSS-Spritzer in die Augen gelangen können;
4. Gesichtsschutz und geeignete Schutzhandschuhe beim Ansetzen wassergemischter KSS, beim Nachdosieren von → *Bioziden*;
5. kühlschmierstoffundurchlässige Sicherheitsschuhe, wenn die Gefahr der Durchnässung besteht;

6. bei der Reinigung von mikrobiell besiedelten Kühlschmierstoff-Kreisläufen mit Hochdruckreinigern, insbesondere die Entfernung von „Biofilmen", ist zusätzlich (partikelfiltrierende Halbmasken FFP2 oder Halbmasken mit Partikelfilter P2) wegen erhöhter Belastung des Arbeitsplatzes mit Bioaerosolen → *Atemschutz* zu tragen.

4.4 Maßnahmen bei Hautveränderungen

Der Unternehmer muss dafür sorgen, dass Hautveränderungen, die bei Tätigkeiten mit KSS auftreten, von den Mitarbeitern dem Vorgesetzten gemeldet werden. Sind Hautveränderungen aufgetreten, dürfen die Mitarbeiter nur weiter Arbeiten mit Kühlschmierstoffkontakt ausführen, wenn

- eine erneute ärztliche Untersuchung nach den BG-Grundsätzen für arbeitsmedizinische Vorsorgeuntersuchungen G 24 „Hauterkrankungen (mit Ausnahme von Hautkrebs)" durchgeführt wurde und
- „keine gesundheitlichen Bedenken" oder „keine gesundheitlichen Bedenken unter bestimmten Voraussetzungen" geäußert wurden und
- diese Voraussetzungen eingehalten werden.

Katja Graf

Künstliche Mineralfasern

Künstliche Mineralfasern sind aus mineralischen Rohstoffen künstlich hergestellte Fasern. Aufgrund ihrer Eigenschaften können die Faserteilchen unterschiedliche Gefährdungen mit sich bringen. Ähnlich wie bei Asbest liegt die Hauptgefahr in der Größe der Fasern. Die Skala reicht von ungefährlich bis krebserregend. Daher gelten bei der Verarbeitung, der Entsorgung oder der Sanierung strenge Vorschriften. Der größte Teil der künstlichen Mineralfasern wird zur Schall- und Wärmedämmung in sog. Mineralwolleprodukten verarbeitet.

Gesetze, Vorschriften und Rechtsprechung

Neben der Gefahrstoffverordnung ist insbesondere die TRGS 521 „Abbruch-, Sanierungs- und Instandhaltungsarbeiten mit alter Mineralwolle" grundlegend.

1 Hauptgruppen

Künstliche Mineralfasern werden in 2 Hauptgruppen eingestuft. Beide Produktgruppen aus künstlichen Mineralfasern werden vorrangig zu Isolationszwecken, für Wärme- oder Schallschutzisolierungen eingesetzt.

1.1 Glasige (amorphe) künstliche Mineralfasern

Die Endprodukte der glasigen künstlichen Mineralfasern sind:

- **Textilglasfasern**: Technische Textilerzeugnisse, faserverstärkte Werkstoffe, Glasgewebetapeten, Faserpapiere, Glasseide;
- **Mineralwolle**: Dämmstoffe (Matten, Platten, Filze, lose Wolle), Spritzputze, Akustikdeckenplatten;
- **Keramische Fasern**: Hochtemperaturisolierung (Matten, Platten, Filze, lose Wolle), Faserpapiere, Dichtungen, Filter, Elektroisolierung;
- **Fasern für Spezialanwendungen**: Batterieseparatoren, Filter, Matten (**Tab. 1**)

Textilglasfasern	Mineralwolle	Keramische Fasern	Fasern für Spezialanwendungen
• Glasfasern • Quarzfasern • Calciumsilikatfasern	• Glaswolle • Steinwolle • Schlackenwolle	• Aluminium-Silikatfasern • Keramikfasern	• Glasmikrofasern

Tab. 1: Glasige künstliche Mineralfasern

1.2 Kristalline künstliche Mineralfasern

Die Endprodukte der kristallinen künstlichen Mineralfasern sind:

- **Whisker**: Faserverstärkte Werkstoffe, Reibbeläge;
- **Polykristalline Faser**: Matten, Filze, Platten, lose Wolle und textile Erzeugnisse zur Hochtemperaturisolierung (**Tab. 2**).

Einkristalle (Whisker)	Polykristalline Fasern
• Aluminiumoxidwhisker • Whisker für Hochleistungskeramik	• Aluminiumoxidfasern • Siliciumcarbidfasern

Tab. 2: Kristalline künstliche Mineralfasern

2 Gefahren

Künstliche Mineralfasern sind seit einigen Jahren wegen ihrer möglichen krebserzeugenden Eigenschaften ins Gespräch gekommen. Heute weiß man, dass für eine krebserzeugende Wirkung, ähnlich wie bei Asbest, verschiedene Kriterien in Betracht zu ziehen sind. Ein Faktor ist die Größe und eine damit verbundene sog. lungengängige Abmessung. So spricht man von einer kritischen Größe bei:

- $> 5\ \mu m$ in der Länge
- $< 3\ \mu m$ im Durchmesser
- und einem Verhältnis von Länge: Durchmesser von $> 3 : 1$

3 Pflichten des Unternehmers

Grundsätzlich muss der Unternehmer Produkte einsetzen, bei denen keine gefährlichen Fasern freigesetzt werden können. Sollte dies in Ausnahmefällen nicht möglich sein, müssen Mineralfasern verwendet werden, die möglichst wenig Fasern freisetzen. Ähnlich wie beim Auftreten von Asbest oder asbesthaltigen Produkten, also bei einer Asbestsanierung, muss dies mind. 14 Tage vor Aufnahme der Arbeiten der zuständigen Behörde angezeigt werden. Außer den notwendigen Angaben über die Fasereigenschaften und deren Einstufung, sind die Verwendungsart und die Anzahl der damit umgehenden Mitarbeiter zu benennen.

Auch über die **Maschinen und Gerätschaften** muss nachgedacht werden, die bei der Verarbeitung der künstlichen Mineralfasern eingesetzt werden. Vorrang müssen immer Geräte erhalten, die keine Fasern mit kritischer Größe freisetzen. Diese sind u. a. Messer, Scheren, Handsägen und Kreis- oder Stichsägen mit intakter und funktionierender Absaugung. Kann dies nicht gewährleistet werden, müssen die Fasern an der Austrittstelle erfasst und beseitigt werden. Ist hierbei der Kontakt zu Faserbestandteilen nicht absolut auszuschließen, muss der Unternehmer geeignete → *Persönliche Schutzausrüstung* zur Verfügung stellen.

Die Schutzausrüstung erstreckt sich hierbei auf → *Atem*-, → *Augen*- und → *Handschutz* sowie auf zusätzliche Schutzkleidung. Praxisgerechte Hinweise finden sich in der TRGS 521 „Abbruch-, Sanierungs- und Instandhaltungsarbeiten mit alter Mineralwolle“.

Die Mitarbeiter sind darüber hinaus gemäß der Gefahrstoffverordnung per → ***Betriebsanweisung*** zu unterweisen über

- die bestehenden Gefahren,
- das Verhalten beim Umgang mit künstlichen Mineralfasern und bei evtl. Notfällen,
- die Verwendung der Schutzausrüstung,
- → *Erste-Hilfe*-Maßnahmen und Entsorgungsregeln.

Bettina Huck

Laboratorien

Ein Labor ist ein Arbeitsraum, in dem fachkundiges Personal Proben, Stoffe und Materialien auf spezifische Eigenschaften untersucht oder Stoffe in – üblicherweise – kleinen Mengen herstellt. Bau und Ausrüstung eines Labors bestimmen im Wesentlichen, welche Tätigkeiten darin ausgeübt werden können.

Man unterscheidet analytische Labore, Forschungs-Labore und Labore zur Ausbildung in Schulen und Universitäten. In diesen Laboren werden chemische, physikalische, (mikro-)biologische, medizinische, gentechnische oder technische Methoden angewendet. Es gibt in Deutschland etwa 100.000 Labore. An Laborarbeitsplätzen ereignen sich relativ wenige Unfälle – trotz des Umgangs mit einer Vielzahl von Gefahr- und Biostoffen. Unfallursachen sind zu mehr als 80 % menschliches Fehlverhalten, Unkenntnis der Gefahreigenschaften von Stoffen sowie Gewöhnungseffekte.

Gesetze, Vorschriften und Rechtsprechung

Der Betreiber eines Labors muss neben grundlegenden Gesetzen wie z.B. Arbeitsschutzgesetz oder Jugendarbeitsschutzgesetz eine Fülle von speziellen Vorschriften beachten – je nach Tätigkeiten und eingesetzten Stoffen bzw. den zu untersuchenden oder zu erwartenden Biostoffen. Dazu gehören (Auswahl):

- Arbeitsstättenverordnung (ArbStättV)
- Betriebssicherheitsverordnung (BetrSichV)
- Biostoffverordnung (BioStoffV)
- Gefahrstoffverordnung (GefStoffV)
- Gentechniksicherheitsverordnung (GenTSV)
- Infektionsschutzgesetz (IfSG)
- Mutterschutzgesetz (MuSchG)
- Landesbauordnungen (LBauO)
- TRGS 526 „Laboratorien“
- TRBA 100 „Schutzmaßnahmen für Tätigkeiten mit biologischen Arbeitsstoffen in Laboratorien“
- TRBA 250 „Biologische Arbeitsstoffe im Gesundheitswesen und in der Wohlfahrtspflege“
- DGUV-I 213-850 „Sicheres Arbeiten in Laboratorien – Grundlagen und Handlungshilfen“
- DGUV-I 213-857 „Laborabzüge – Bauarten und sicherer Betrieb“
- Merkblatt B 011 der BG RCI „Sicheres Arbeiten an mikrobiologischen Sicherheitswerkbänken“

1 Aufgabenverteilung

1.1 Arbeitgeber

Der Arbeitgeber ist verpflichtet, Sicherheit und Gesundheit der Beschäftigten zu gewährleisten und Gefährdungen zu vermeiden bzw. zu verringern (§ 4 ArbSchG). Gefährdungen müssen ermittelt und geeignete Schutzmaßnahmen angewendet werden (§ 5 ArbSchG), dies gilt insbesondere auch in Laboren. Weitere Pflichten des Arbeitgebers bzw. Betreibers eines Labors ergeben sich in folgenden Bereichen (vgl. TRGS 526 bzw. TRBA 100):

- → *Unterweisung*: bei Tätigkeiten mit Gefahrstoffen mit allgemeiner arbeitsmedizinisch-toxikologischer Beratung (Abschn. 4.2 TRGS 526) bzw. mit allgemeiner arbeitsmedizinischer Beratung (Abschn. 6.1 TRBA 100), mind. jährlich,
- Einweisung von Mitarbeitern von → *Fremdfirmen*,
- Hygiene- und Hautschutzplan,
- Notfallorganisation,
- Unterrichtung der Behörde u.a. bei Betriebsstörungen oder Unfällen.

1.2 Laborleiter

Der Arbeitgeber kann den Laborleiter beauftragen, sicheres Arbeiten im Labor zu organisieren und zu gewährleisten. Aufgaben und Zuständigkeiten sollten schriftlich festgelegt werden. Aufgaben des Laborleiters können sein:

- Arbeitssicherheit, z. B. → *Unterweisung*,
- Einhaltung der → *Prüffristen* überwachen,
- → *Baumaßnahmen* überwachen.

1.3 Laborpersonal

Das Laborpersonal muss:

- fachkundig sein;
- Mängel oder Gefährdungen beseitigen oder dem Arbeitgeber oder Laborleiter melden;
- während eines laufenden Versuchs an seinem Arbeitsplatz bleiben;
- sich gegenseitig über die Durchführung gefährlicher Tätigkeiten informieren (z. B. bei gleichzeitigem Arbeiten an einem Abzug);
- den Arbeitgeber oder seinen Beauftragten über evtl. Gesundheitsstörungen informieren;
- → *PSA* benutzen – falls dies im Rahmen der → *Gefährdungsbeurteilung* festgelegt wurde;
- eine sichere Arbeitsweise haben.

1.4 Dritte Personen

Um Sicherheit und Gesundheit aller Personen zu gewährleisten, die sich in einem Labor aufhalten, müssen auch Reinigungspersonal, Mitarbeiter der Haustechnik, Wartungspersonal oder Besucher eingewiesen werden. Ggf. müssen bestimmte Tätigkeiten im Labor sogar unterbrochen werden, solange dritte Personen anwesend sind (Abschn. 4.2.1 TRGS 526). Für Labore, in denen mit → *Biostoffen* oder gentechnisch veränderten Organismen (GVO) umgegangen wird, gelten spezielle Regelungen zum Schutz dritter Personen.

2 Gefährdungsbeurteilung

Wegen der unterschiedlichen Arten von Laboren und der Vielzahl von Tätigkeiten genügt zur → *Gefährdungsbeurteilung* oft nicht die sonst übliche Vorgehensweise, nämlich die Beurteilung der Stoffeigenschaften und der ausgeübten Tätigkeiten.

Typische Gefährdungen in Laboren sind (vgl. Abschn. 3.1 TRGS 526):

- Gefahr von Gesundheitsschäden,
- Augen- und Hautgefährdung durch Ätz- oder Reizwirkung von Stoffen,
- Brand- und Explosionsgefahr,
- Gefahr durch unbekannte, heftige oder durchgehende (d. h. unkontrolliert ablaufende) Reaktionen.

Typische Gefährdungen bedingt durch die Handhabung oder durch versehentliches Verschütten der → *Biostoffe* sowie durch Nadelstichverletzungen in Laboren sind (vgl. Abschn. 3.1 TRBA 100):

- Gefahr von Infektionen,
- Gesundheitsschäden durch die sensibilisierenden oder toxischen Wirkungen der biologischen Arbeitsstoffe.

Weitere gefährdende bzw. belastende Faktoren – wie sie auch für Arbeitsplätze außerhalb von Laboren anzutreffen sind – können u. a. sein:

- → *Beleuchtung*,
- → *Raumklima*,
- → *Lärm*,
- Feuchtarbeit bedingt durch das Tragen von Schutzhandschuhen.

Praxis-Beispiel: Reinigungs- und Wartungsarbeiten

Da bei diesen Arbeiten in Laboratorien eine erhöhte → *Exposition* (→ *Gefahr* oder → *Biostoffe*) vorliegen kann, müssen auch diese Betriebszustände in der → *Gefährdungsbeurteilung* berücksichtigt werden.

Die DGUV-I 213-850 enthält auch Hinweise zu → ***Explosionsschutzmaßnahmen*** und → *Explosionsschutzdokument* (s. Abschn. 4.12.1 TRGS 526/DGUV-I 213-850 sowie § 11 i.V.m. Anhang I Nr. 1 Gefahrstoffverordnung).

Generell muss beim Einsatz von Gefahrstoffen und biologischen Arbeitsstoffen geprüft werden, ob andere Stoffe oder Verfahren eingesetzt werden können, die nicht oder weniger gefährlich für Mensch und Umwelt sind (**Minimierungs- bzw. Substitutionsgebot** gemäß § 6 Abs. 1, § 7 Abs. 3 GefStoffV, § 8 Abs. 4 BioStoffV).

Die Gefährdungsbeurteilung muss unabhängig von der Zahl der Mitarbeiter und vor Aufnahme der Tätigkeit **dokumentiert** werden. Es gibt wenige Ausnahmen bei denen auf die Dokumentation der Gefährdungsbeurteilung verzichtet werden kann (vgl. Abschn. 3.8 TRGS 526 bzw. § 7 Abs. 4 BioStoffV).

3 Ausstattung

3.1 Abzüge und Lüftungsanlagen

Der geeignete Bau und die korrekte Ausrüstung der Labore ist die Basis, um Gefährdungen für Beschäftigte zu vermeiden. Eine ganz wesentliche Voraussetzung für das sichere Arbeiten in einem Labor ist, dass Laborabzüge bzw. Sicherheitswerkbänke und die Lüftung in den Arbeitsbereichen korrekt funktionieren.

3.2 Türen und Brandschutztüren

→ *Türen* müssen in Fluchtrichtung aufschlagen und mit einem Sichtfenster ausgerüstet sein. Die Türen müssen geschlossen gehalten werden. Für Tätigkeiten mit → *biologischen Arbeitsstoffen* der Risikogruppe 3 gelten spezielle Regelungen (**Schleusensysteme**, vgl. Abschn. 5.4.1 TRBA 100).

3.3 Oberflächen

Der Umgang mit → *Gefahrstoffen* erfordert die Ausrüstung der Tische mit flüssigkeitsdichten Oberflächen und mit einem Randwulst (Abschn. 6.4.1 TRGS 526). Fußböden sowie hindurchgehende Leitungsdurchführungen sind wasserdicht auszuführen (Abschn. 6.2.4 TRGS 526).

Beim Umgang mit → *Biostoffen* müssen die Oberflächen nicht nur dicht und beständig, sondern auch desinfizierbar sein. Relevante Oberflächen (vgl. Abschn. 5.3 Abs. 3 TRBA 100) sind

- Arbeitsflächen,
- → *Fußböden*,
- angrenzende Wandflächen,
- Decken,
- Flächen an Geräten und Apparaten, die mit biologischen Arbeitsstoffen einschließlich GVO in Kontakt kommen können.

3.4 Waschbecken

Beim Umgang mit → *Gefahrstoffen* müssen eine Waschgelegenheit mit fließendem Wasser, Einrichtungen zum hygienischen Händetrocknen (= Einmalhandtücher) sowie Mittel zur Hautreinigung vorhanden sein (vgl. Abschn. 6.4 TRGS 500).

Praxis-Beispiel: Biostoffe ab Schutzstufe 2

Für den Umgang mit → *Biostoffen* muss ab der Schutzstufe 2 für die Reinigung sowie für die Desinfektion der Hände ein Waschbecken möglichst in der Nähe der Labortür vorhanden sein. Wasserarmatur und Spender für Desinfektionsmittel sind vorrangig so einzurichten, dass sie ohne

Handberührung bedienbar sind. Desinfektionsmittel-, Handwaschmittel- und Einmalhandtuchspender sind auch vorzuhalten (Abschn. 5.3 Abs. 4 TRBA 100).

4 Umgang mit Gefahr- und Biostoffen

4.1 Sicherheitsschränke

→ *Gefahrstoffe* müssen so aufbewahrt werden, dass Mensch und Umwelt nicht gefährdet werden. Dies erfolgt in speziellen Sicherheitsschränken mit ausreichendem Luftwechsel. Wichtig ist dabei u. a., dass

- der Schrank für die aufbewahrten Stoffe geeignet ist;
- bei der → *Zusammenlagerung* von Gefahrstoffen deren chemische Eigenschaften beachtet werden;
- zulässige Gesamtlagermengen für → *entzündbare Flüssigkeiten* im gesamten Labor nicht überschritten werden.

4.2 Umfüllen

Beim Umfüllen müssen geeignete Einrichtungen gegen das Freisetzen von → *Gasen*, Dämpfen, Schwebstoffen, Spritzern verwendet werden (z. B. Arbeiten im Abzug, mit Pumpen, Trichter o. Ä.). Entzündbare Gase dürfen nur unter Überdruck mit Inertgasen abgefüllt werden. Beim Umfüllen von → *entzündbaren Flüssigkeiten* sind geeignete Erdungsmaßnahmen zu ergreifen.

4.3 Transport

Sicheres Halten und Tragen von → *Gefahrstoffen* in nicht bruchsicheren Behältern erfolgt mit geeigneten Transporthilfen, z. B. Eimer, Transportwagen o. Ä.

Praxis-Beispiel: Transport von Biostoffen und GVO

→ *Biostoffe* ab der Schutzstufe 2 bzw. GVO ab der Sicherheitsstufe 2 dürfen innerbetrieblich nur in Gefäßen mit folgenden Eigenschaften transportiert werden:

- geschlossen,
- formstabil,
- bruchsicher,
- flüssigkeitsdicht,
- von außen desinfizierbar,
- dauerhaft beschrift- bzw. etikettierbar (Abschn. 5.3 Abs. 19 TRBA 100, Anhang III Nr. II GenTSV).

Die Transportgefäße müssen so beschaffen sein, dass sie sich nicht versehentlich öffnen lassen.

4.4 Abfälle und Entsorgung

Laborabfälle müssen nach Art und Eigenschaften getrennt gesammelt werden, um gefährliche Reaktionen zu verhindern. Geeignete Behälter gewährleisten, dass keine gefährlichen Stoffe austreten und die Abfallbehälter sicher transportiert werden können. Sammelbehälter für Gefahrstoffabfälle im Labor müssen gemäß § 8 Abs. 2 GefStoffV gekennzeichnet sein.

Chemikalienabfälle werden üblicherweise über Dritte entsorgt. Ist das nicht möglich, müssen sie im Labor vernichtet bzw. in eine transportfähige Form umgewandelt werden. Eine entsprechende → *Betriebsanweisung* ist Pflicht. Arbeitsplätze müssen mind. einmal jährlich auf → *gefährliche Abfälle* überprüft und die Abfälle dann entsorgt werden (Abschn. 4.16.2 TRGS 526).

5 Einrichtungen für den Notfall

Die Gefährdung für Sicherheit und Gesundheit der Beschäftigten und die Umwelt beim Umgang mit → *Gefahr-* oder → *Biostoffen* im Labor machen es notwendig, auch für den Notfall gerüstet zu sein. Sicherheitseinrichtungen müssen stets funktionsfähig sein und dürfen nicht unwirksam gemacht werden. Einrichtungen für den Notfall sind:

- Notduschen: → *Körper-* bzw. Augennotduschen,
- → *Feuerlöscheinrichtungen,*
- → *Erste-Hilfe*-Einrichtungen,
- → *Sicherheitsbeleuchtung,*
- Not-Aus-Schalter,
- Notabsperrung für Brenngasleitungen,
- Einrichtungen zur Alarmierung bei Notfällen (Telefon im Labor),
- → *Flucht- und Rettungswege,* → *Notausgänge.*

6 Persönliche Schutzausrüstung und Hygiene

Zur Grundausstattung im Labor gehören ein langer **Labormantel** mit eng anliegenden Ärmeln sowie feste, geschlossene, trittsichere **Schuhe** (Arbeitskleidung). Als PSA werden in Abhängigkeit von der ausgeübten Tätigkeit und den verwendeten Stoffen eingesetzt:

- → *Augenschutz,*
- → *Handschutz,*
- → *Atemschutz,*
- Schutzkleidung.

Die Art der → *PSA* wird im Rahmen der → *Gefährdungsbeurteilung* und vor Aufnahme der Tätigkeit festgelegt. Vor allem beim Arbeiten mit Handschuhen bzw. Schutzhandschuhen ist der konsequente → ***Hautschutz*** eine wichtige Maßnahme gegen mögliche Reizungen bzw. Erkrankungen der Haut.

Praxis-Beispiel: Keine Nahrungsmittel und Kosmetika im Labor

Zum Schutz vor der Aufnahme von gesundheitsgefährdenden Stoffen dürfen keine Nahrungs- oder Genussmittel ins Labor mitgenommen werden. Auch Kosmetika dürfen im Labor nicht angewendet werden, d. h., Pausenbrot und Getränke sind im Labor ebenso verboten wie Lippenstift auftragen.

7 Prüfungen

Sicherheitseinrichtungen und technische Schutzmaßnahmen müssen zuverlässig funktionieren. Der Arbeitgeber ist deshalb verpflichtet, → *Prüfungen* entsprechend der Vorgaben durchzuführen und zu dokumentieren. Um die Sicherheit und Gesundheit der Beschäftigten zu gewährleisten, legt der Gesetzgeber z. T. Prüffristen fest. Wo keine Fristen vorgeschrieben sind, werden sie im Rahmen der → *Gefährdungsbeurteilung* festgelegt.

Nach § 7 Abs. 7 GefStoffV müssen Funktion und Wirksamkeit technischer Schutzmaßnahmen regelmäßig, jedoch mind. jedes 3. Jahr überprüft werden. Art und Umfang der Prüfung werden in der Gefährdungsbeurteilung festgelegt. Nur fachlich geeignete und benannte Personen dürfen die Prüfungen durchführen. Die Ergebnisse der Prüfungen müssen dokumentiert werden. Der Gesetzgeber legt u. a. folgende Fristen fest:

- **Abzüge**: mind. einmal jährlich Prüfung durch zur Prüfung befähigte Person, wenn die Abzüge nicht dauerüberwacht sind. Eine Dauerüberwachungseinrichtung muss mind. alle 3 Jahre überprüft werden;
- → ***Körper-* und Augennotduschen**: mind. einmal monatlich Funktionsfähigkeitsprüfung durch beauftragte Person;
- → ***Arbeitsmittel***: Es gelten die Bestimmungen der Betriebssicherheitsverordnung; u. a. muss der Arbeitgeber dafür sorgen, dass Arbeitsmittel vor ihrer jeweiligen Verwendung durch Inaugenscheinnahme (Ordnungsprüfung durch Sicht- und Funktionskontrolle) oder falls erforderlich durch eine technische Prüfung (zur Prüfung befähigte Person) kontrolliert werden (s. § 4 Abs. 4 BetrSichV und TRBS 1201); dies gilt z. B. für Arbeitshandschuhe, Autoklav usw.

Bettina Huck

Ladebrücken

Ladebrücken sind ortsfeste (z. B. an der Rampenkante klappbar angebrachte Ladebrücken) und ortsveränderliche (z. B. Ladebleche) Einrichtungen zum Ausgleich von Höhenunterschieden und zur Überbrückung von Abständen zwischen Laderampen oder vergleichbaren Ladeplätzen und Ladeflächen von Fahrzeugen. Ladebrücken können handbetätigt oder kraftbetrieben sein.

Gesetze, Vorschriften und Rechtsprechung

Aus folgenden Regelwerken der Berufsgenossenschaften gehen Anforderungen an Ladebrücken hervor:

- DGUV-R 108-006 „Ladebrücken und fahrbare Rampen"
- DGUV-I 208-001 „Ladebrücken"

1 Gefahrenschwerpunkte

Das Unfallgeschehen bestätigt, dass eine Reihe von Gefährdungen beim Einsatz von Ladebrücken und Ladeblechen auftreten können. Dabei stehen Absturz- und Sturzunfälle an erster Stelle. Ursachen können z. B. sein:

- nicht ausreichende Auflagefläche zum Lieferfahrzeug,
- fehlende Sicherung gegen Verrutschen.

Werden Ladebrücken bei Nichtgebrauch nicht in die Grundstellung gefahren, führen die hoch oder tief stehenden Seitenkanten zu Stolperstellen.

2 Allgemeine Sicherheitsanforderungen an Ladebrücken

Die wichtigsten allgemeinen Sicherheitsanforderungen an Ladebrücken sind in **Tab. 1** zusammengefasst.

Breite	Die nutzbare Breite darf 1,25 m nicht unterschreiten.
	Ladebrücken müssen mindestens so breit wie die Spurbreite des Transportmittels zuzüglich eines Sicherheitsabstandes von 0,35 m auf beiden Seiten haben.
Länge	Ladebrücken dürfen eine Neigung von höchstens 12,5 %, ein Verhältnis Höhe zu Länge von 1:8 bzw. 1:7 nicht überschreiten. Daraus ergibt sich, abgesehen von der zu überwindenden Lücke zwischen Rampenkante und Lieferfahrzeug, eine Mindestlänge für die Ladebrücke (**Abb. 1**).
Trittsicherheit	Die Trittsicherheit muss durch entsprechende rutschhemmende Beläge gewährleistet sein. Hier sind die u. U. einwirkenden Witterungsverhältnisse, wie Nässe oder Schmutz, nicht zu unterschätzen.
Stolperstellen	Ladebrücken dürfen beim Einsatz keine Stolperstellen aufweisen, z. B. durch unzureichende Auflage auf der Ladefläche des → *Fahrzeugs*.
Schutz vor Verschieben	Ladebrücken dürfen beim Begehen oder Befahren nicht verrückbar sein, abrutschen oder wegkippen. Empfehlenswert sind hier selbstständig wirkende Sicherungen durch eine Sicherheitsleiste und bewegliche Bolzen an der Unterseite der Ladebrücke oder des Ladeblechs (**Abb. 2**).
Ladebleche	Ladebleche müssen so beschaffen sein, dass sie ihre Lage auf dem → *Fahrzeug* während des Ladeprozesses nicht verlassen können.
Tragfähigkeit	Die vom Hersteller angegebene max. Tragkraft darf nicht überschritten werden.
Ruhestellung	Ladebrücken oder Ladebleche sind nach Einsatz unverzüglich in ihre Ruhestellung zu bringen.

Sicherung gegen Umstürzen	Unfälle treten auch auf z. B. durch das Umstürzen hochkant abgestellter Ladebleche, durch das Herabschlagen hochgeklappter Ladebrücken und durch das Abrutschen und Abstürzen von Personen an den Kanten der Ladebrücken. Ladebrücken, die nach Außerbetriebnahme hochgestellt werden, müssen gegen Umfallen oder Herabschlagen mit selbsttätig wirkenden Sicherungen (z. B. durch Halteriegel) gesichert werden. Beim Hochklappen ist darauf zu achten, dass der Riegel richtig einrastet.

Tab. 1: Allgemeine Sicherheitsanforderungen an Ladebrücken

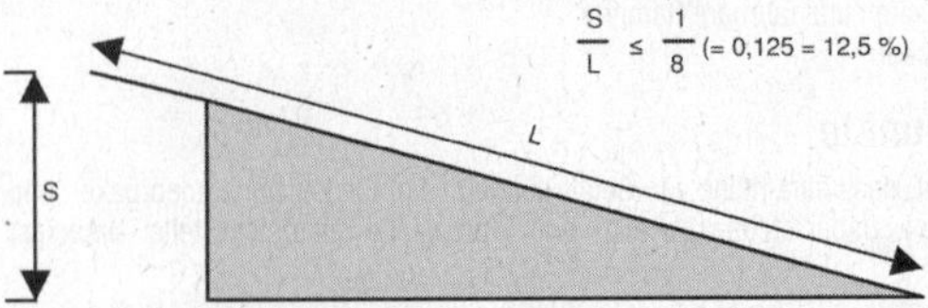

Beispiel: Wenn mit einer Schrägrampe ein Höhenunterschied von 1,2 m ausgeglichen werden soll, so muss die Rampe mindestens 9,6 m lang sein.

Abb. 1: Berechnung Mindestlänge einer Schrägrampe

Abb. 2: Selbsttätig wirkende Sicherung gegen Verschieben

3 Sicherheitsanforderungen an ortsveränderliche Ladebrücken

Die wichtigsten Sicherheitsanforderungen an ortsveränderliche Ladebrücken sind in **Tab. 2** zusammengefasst.

Anlegen von Ladebrücken	Das Anlegen von ortsbeweglichen und verfahrbaren Ladebrücken birgt sehr große Unfallgefahren und muss über die grundsätzlich zu erstellenden → *Betriebsanweisungen* hinaus in der Praxis geschult und geübt werden. Folgende Schritte sind zu beachten (vgl. **Abb. 3**): • Heranfahren an die Rampenkante im rechten Winkel. • Starren Abfahrkeil bis zum Winkelanschlag an die Fahrzeugladefläche heranbringen. • Umlegen der Ladebrücke in Querrichtung zur Rampenkante. • Bei Nichtgebrauch sofort Ladebrücke zurücksetzen und hochkant an geeigneter Stelle abstellen und z. B. mit Fallriegel an der Wand gegen Umfallen sichern.

Sichern der Ladebrücke	Die nach Gebrauch hoch gestellten Ladebrücken sind anhand der von Herstellerseite angebrachten Umsturzsicherungen zu befestigen.
Handhabung	Ortsveränderliche Ladebrücken dürfen max. 25 kg wiegen, wenn sie von einer Person bewegt werden (max. 50 kg, wenn sie von 2 Personen bewegt werden). Von Hand zu bewegende Ladebrücken müssen Handgriffe haben.

Tab. 2: Sicherheitsanforderungen an ortsveränderliche Ladebrücken

Abb. 3: Aufstellen einer verfahrbaren Ladebrücke

4 Sicherheitsanforderungen an ortsfeste Ladebrücken

Die wichtigsten Sicherheitsanforderungen an ortsfeste Ladebrücken sind in **Tab. 3** zusammengefasst.

Vermeidung von Quetsch- und Scherstellen	Die an ortsfesten Ladebrücken zwischen diesen und den Rampen auftretenden Quetsch- und Scherstellen müssen durch konstruktive Maßnahmen vermieden werden. Dies ist durch seitlich angebrachte Abdeckbleche, Gitter- oder Gummischürzen möglich (**Abb. 4**).
Warnmarkierung Seitenteile und Außenrahmen	Die in angehobener Stellung sichtbaren Seitenteile von eingebauten Ladebrücken sowie die in abgesenkter Stellung sichtbaren Seitenflächen des Rahmens und die Umrisse der über die Rampenkante hinausragenden Teile von Ladebrücken mit Ausnahme der Lippen (Lippe ist der Teil der Ladebrücke, der auf dem → *Fahrzeug* aufliegt), müssen dauerhaft mit einer gelb-schwarzen oder rot-weißen Warnmarkierung gem. Abschn. 5.2 ASR A1.3 „Sicherheits- und Gesundheitsschutzkennzeichnung" gekennzeichnet werden.
Bedieneinheit	Die Bedieneinheit/Steuerungsplätze von kraftbetriebenen ortsfesten Ladebrücken müssen so installiert sein, dass die Bedienperson den Bewegungsbereich einsehen kann. Der Hauptschalter muss in Aus-Stellung abschließbar sein (Schutz vor unbefugtem Zugriff oder zum Schutz bei Wartungs- und Reparaturarbeiten).
Schutz bei Instandhaltungsarbeiten	Ladebrücken, die für die Durchführung von Instandhaltungsarbeiten angehoben sind, müssen durch formschlüssige Einrichtungen, z. B. Wartungsstützen, gegen Absenken gesichert werden.

Notbefehlseinheit	Kraftbetriebene Ladebrücken müssen mit einer Notbefehlseinrichtung ausgerüstet sein. Beim Betätigen des Not-Halts muss die Ladebrücke zum Stillstand gebracht werden.
Ruhezustand	Bei Nichtgebrauch müssen in Rampen eingebaute ortsfeste Ladebrücken in Ruhestellung zurückgefahren werden. Hierbei muss in Querrichtung eine sichere stolperfreie Fläche vorhanden sein.
Prüfung	Ortsfest angebrachte Ladebrücken müssen vor der ersten Inbetriebnahme und mind. einmal jährlich von einer → *Befähigten Person* geprüft werden. Die Prüfungen müssen dokumentiert werden. Die Dokumentation kann formlos geschehen, es wird aber empfohlen, ein Prüfbuch anzulegen. Daraus sollten der Name des Prüfers, Art und Umfang der Prüfung, das Ergebnis und das Datum klar ersichtlich sein.

Tab. 3: Sicherheitsanforderungen an ortsfeste Ladebrücken

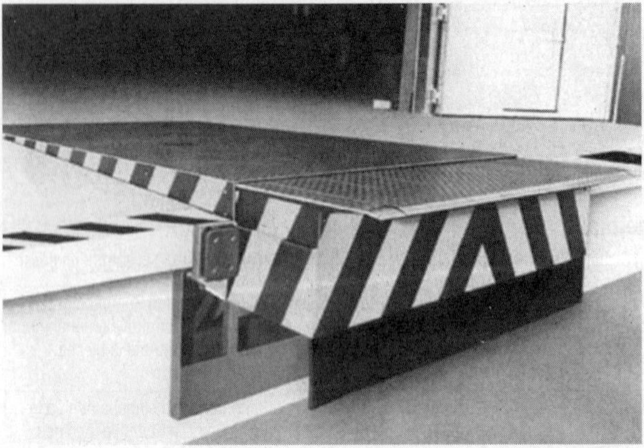

Abb. 4: Beispiel von gesicherten Quetsch- und Scherstellen an Ladebrücken[1]

5 Schulung der Mitarbeiter

Beim Umgang mit Ladebrücken – unabhängig von ihrer Bauart – müssen die Mitarbeiter entsprechend eingewiesen werden. Dies muss anhand der vom Hersteller mitzuliefernden Betriebsanleitungen durchgeführt werden. Die wichtigsten Inhalte wie Gefährdungen, Tragkraft, Handhabung, Verhalten während des Betriebs und bei Notsituationen oder Defekten können in einer → *Betriebsanweisung* (**Abb. 5**) zusammengefasst werden. Die Betriebsanweisung kann als Grundlage für die → *Unterweisung* verwendet werden, die vor Aufnahme der Tätigkeiten und danach mind. einmal jährlich stattfinden muss. Sie sollte im Rampenbereich aushängen.

1 Quelle: Merkblatt M74 „Ladebrücken" der BGHW.

Betriebsanweisung

DATUM:

Geltungsbereich und Tätigkeiten

Nr.: Betrieb von Ladebrücken beim Be- und Entladen von Fahrzeugen

Unterschrift Vorgesetzter

ANWENDUNGSBEREICH

Betriebe von fest mit dem Gebäude verbundenen Ladebrücken, die zum Ausgleich von Höhenunterschieden und zum Überbrücken von Abständen zwischen Laderampen und Ladeflächen dienen. Ladebrücken können kraftbetrieben oder handbetätigt sein.

GEFAHREN FÜR MENSCH UND UMWELT

- Abstürzen bei geöffnetem Rolltor und nicht angedocktem Fahrzeug oder Wechselbrücke.
- Abstürzen von Personen oder Flurförderzeugen durch nicht gegen Wegrollen gesichertes Fahrzeug.
- Stürzen zwischen Ladebrücken und Ladeflächen durch nicht bestimmungsgemäß aufgelegte Ladebrücke.
- Seitliches Abstürzen von der Ladebordwand, wenn diese auf die Ladebrücke aufgelegt ist.
- Stolpern und Umknicken durch Höhenunterschied zwischen angehobener oder abgesenkter Ladebrücke und den angrenzenden Verkehrsflächen.
- Umstürzen von Flurförderzeugen durch Höhenunterschied zwischen angehobener oder abgesenkter Ladebrücke und den angrenzenden Verkehrsflächen.
- Getroffen werden von herunterrutschenden und herabfallenden Ladungsteilen vom Flurförderzeug.

SCHUTZMAßNAHMEN UND VERHALTENSREGELN

- Nur regelmäßig geprüfte Ladebrücken benutzen.
- Ladebrücke nicht überlasten.
- Rolltor schließen, wenn sich kein Fahrzeug/Wechselbehälter an der Ladebrücke befi ndet.
- Ladebordwand absenken und unter der Ladebrücke positionieren.
- Fahrzeug mittels Feststellbremse gegen Wegrollen sichern.
- Vor dem Befahren mit kraftbetriebenen Flurförderzeugen das Fahrzeug mittels Feststellbremse und beidseitig angelegten Unterlegkeilen gegen Wegrollen sichern.
- Ladebrücke bestimmungsgemäß auf Ladefläche auflegen.
- Lose Ladungsteile beim Transportieren mittels Fluförderzeugen form- und kraftschlüssig gegen Herabfallen sichern.
- Steuerplatz der kraftbetriebenen Ladebrücke freihalten.
- Nach dem Be- und Entladen die Ladebrücke in Ruhestellung bringen.

VERHALTEN BEI STÖRUNGEN

Bei Mängeln, die die Sicherheit beeinträchtigen (z. B. fehlende seitliche Sicherungsbleche, unbeabsichtigtes Absenken, beschädigte Klapplippen), Ladebrücke stillsetzen und Vorgesetzten oder Aufsichtführenden informieren.

VERHALTEN BEI UNFÄLLEN : ERSTE HILFE

Notruf: 112

- Ladebrücken stillsetzen.
- Gegenbewegung nur einleiten, wenn Verletzter gefahrlos befreit werden kann.
- Lebensrettende Sofortmaßnahmen durchführen (z. B. starke Blutung stillen).
- Ersthelfer informieren bzw. Notruf absetzen.
- Erste Hilfe leisten (z. B. Blutungen stillen, ggf. Schocklage, bei Bewusstlosen Puls und Atmung kontrollieren, stabile Seitenlage auf Decke).
- Melden Sie jeden Unfall unverzüglich Ihrem Vorgesetzten oder dessen Vertreter.

INSTANDHALTUNG UND ENTSORGUNG

- Instandhaltungsarbeiten dürfen nur von fachkundigen Personen ausgeführt werden.
- Kontroll-/Reinigungsarbeiten dürfen nur bei still gesetzter sowie gegen irrtümliches bzw. unbefugtes Ingangsetzen gesicherter Ladebrücke ausgefüllt werden.

Abb. 5: Betriebsanweisung für Ladebrücken

Dirk Haffke

Laderampen

Laderampen sind bauliche Einrichtungen für das Be- und Entladen von Fahrzeugen. Es sind erhöhte ebene Flächen, die das Be- und Entladen ohne große Höhenunterschiede ermöglichen.

Gesetze, Vorschriften und Rechtsprechung

Aus folgenden Vorschriften gehen Anforderungen an Laderampen hervor:

- Anhang 1.10 Arbeitsstättenverordnung
- ASR A1.8 „Verkehrswege"

1 Gefahrenschwerpunkte

Laderampen dienen dem Be- und Entladen von → *Fahrzeugen*. Diese vielseitigen und oftmals stark frequentierten Arbeits- und Verkehrsflächen bergen viele Gefahren und Beeinträchtigungen. Um Gefährdungen der Beschäftigten zu vermeiden, sind entsprechende bauliche Voraussetzungen zu schaffen und die betrieblichen Abläufe klar zu regeln.

Das Unfallgeschehen bestätigt, dass eine Reihe von Gefährdungen auf Laderampen auftreten kann. Dabei stehen Absturz- und Sturzunfälle an erster Stelle. Die Besonderheiten der baulichen Einrichtung „Laderampe" bringen es mit sich, dass diese Unfälle häufig schwere gesundheitliche Folgen und lange Ausfallzeiten für den Betrieb nach sich ziehen.

Zu den wesentlichen Gefahrenpunkten auf Laderampen zählen:

- gefährliche Einengung der Verkehrsflächen durch Zwischenlagerung des Ladegutes auf der Rampe (z.B. zum Kontrollieren, Sortieren, Umpacken);
- Lade-, Rangier- und Transportvorgänge unmittelbar an der Rampenkante;
- rutschige Verkehrswege durch Verschmutzung oder Witterungseinflüsse;
- bauliche Mängel an den Rampenabgängen sowie Nichtbenutzung der Abgänge durch die Beschäftigten: Aus Bequemlichkeit oder vermeintlicher Zeitersparnis werden vorhandene Verkehrswege oft nicht benutzt. So ereignen sich beim Herabspringen von Laderampen und Ladebrücken viele → *Arbeitsunfälle*, die häufig eine längere → *Arbeitsunfähigkeit* zur Folge haben. Deshalb müssen Fahrer und Verlader vorhandene Verkehrswege benutzen. Das Springen von Laderampen und → *Ladebrücken* verbietet sich daher;
- fehlende Absturzsicherungen;
- zu geringe Ausleuchtung des Verkehrsweges „Laderampe";
- technische Mängel oder sicherheitswidrige Nutzung von Einrichtungen zum Be- und Entladen z.B. → *Ladebrücken*, Ladeblechen, Hebebühnen und Hubladebühnen;
- fehlende Hilfsmittel, z.B. → *Ladebrücken*, Ladebleche oder → *Hebebühnen*;
- mangelhafte Sicherung des Lieferfahrzeugs gegen Wegrollen oder -fahren;
- fehlende Einweisung des Lieferfahrzeuges beim Rückwärtsfahren.

Abb. 1: Beispiel für eine Laderampe

2 Sicherheitsanforderungen

Die wichtigsten Sicherheitsanforderungen an Laderampen sind gemäß Abschn. 4.7 ASR A1.8:

- mind. 80 cm breit,
- geeignete Auf- und Abstiege – möglichst als Treppe – möglichst nahe den Be- und Entladestellen,
- bei > 20 m Länge möglichst an beiden Seiten ein Abgang,
- Absturzsicherung an Laderampenkanten (insbesondere Bereiche, die keine ständigen Be- und Entladestellen sind), Seiten von Schrägrampen, Treppenzugänge und Laderampenkanten mit integrierten Hubtischen.

Bereiche von Laderampen, in denen Absturzgefahr besteht, dürfen nur von Personen betreten werden, die mit Tätigkeiten für die Dauer zum Be- bzw. Entladevorgang beauftragt sind und zuvor über die bestehenden Gefährdungen unterwiesen wurden.

Dirk Haffke

Ladungssicherung

Unter Ladungssicherung werden alle Maßnahmen verstanden, die unter üblichen Verkehrsbedingungen die Ladung auf einem Fahrzeug gegen Verrutschen, Verrollen, Herabfallen oder Auslaufen sichern. Ladungssicherung muss auf allen Verkehrsträgern (Straße, See, Luft, Schiene) betrieben werden, um eine Gefährdung von Personen, der Umwelt oder eine Beschädigung der Ladung selbst zu verhindern. Im Straßenverkehr ist unter normalen Verkehrsbedingungen auch eine Vollbremsung oder plötzliches Ausweichen zu verstehen, nicht jedoch ein Unfall.

Gesetze, Vorschriften und Rechtsprechung

Grundlegend sind §§ 22, 23 Straßenverkehrsordnung (StVO), im berufsgenossenschaftlichen Regelwerk die DGUV-V 70 „Fahrzeuge“. Das Gefahrgutrecht enthält in Abschnitt 7.5.7.1 ADR (Europäisches Übereinkommen über die internationale Beförderung gefährlicher Güter auf der Straße) ebenfalls konkrete Bestimmungen zur Ladungssicherung.

1 Pflicht zur Ladungssicherung

Grundsätzlich dienen die vom Gesetzgeber in der Straßenverkehrsordnung aufgestellten Forderungen dem Schutz aller Personen, die sich im öffentlichen Verkehrsbereich befinden. Nach § 22 StVO sind die Ladung einschließlich Geräte zur Ladungssicherung sowie Ladeeinrichtungen so zu verstauen und zu sichern, dass sie selbst bei Vollbremsung oder plötzlicher Ausweichbewegung nicht verrutschen, umfallen oder herabfallen können. Dabei sind die anerkannten Regeln der Technik zu beachten.

§ 22 StVO richtet sich an jeden bei der Beladung Beteiligten, v. a. aber an denjenigen, der unter eigener Verantwortung das → *Fahrzeug* beladen hat (z.B. Leiter der Ladearbeit). Die Begründung zu § 22 StVO stellt klar, was unter „anerkannten Regeln der Technik" zu verstehen ist: „Dies sind vor allem DIN- und EN-Normen sowie die VDI-Richtlinien, gegenwärtig z.B. die VDI-Richtlinie 2700 „Ladungssicherung auf Straßenfahrzeugen".

Nach § 23 Abs. 1 StVO muss der Fahrer dafür sorgen, dass das → *Fahrzeug* sowie die Ladung vorschriftsmäßig sind und die Verkehrssicherheit des Fahrzeugs durch die Ladung nicht leidet.

Der § 31 Abs. 2 Straßenverkehrs-Zulassungs-Ordnung (StVZO) bestimmt u.a. hinsichtlich der Inbetriebnahme von → *Fahrzeugen*, dass der Halter eines Fahrzeugs die Inbetriebnahme nicht anordnen oder zulassen darf, wenn ihm bekannt ist oder bekannt sein muss, dass der Führer nicht zur selbstständigen Leitung geeignet oder das Fahrzeug oder die Ladung nicht vorschriftsmäßig ist.

Die DGUV-V 70 „Fahrzeuge" stellt den Schutz von (versicherten) Personen in den Mittelpunkt und fordert, dass die Ladung so zu verstauen und bei Bedarf zu sichern ist, dass bei üblichen Verkehrsbedingungen eine Gefährdung von Personen ausgeschlossen ist.

2 Auf die Ladung wirkende Kräfte

Auf die Ladung wirkende Beschleunigungen des → *Fahrzeugs* machen die Sicherung der Ladung erforderlich. Bei gleichbleibender Geschwindigkeit in Geradeausfahrt wirken keine Kräfte auf die Ladung. Treten jedoch Beschleunigungen auf, wie z.B. bei Bremsvorgängen, Kurvenfahrten, Erhöhung der Geschwindigkeit aber auch bei Überfahren von Unebenheiten der Fahrbahndecke, wirken auf die Ladung Kräfte, die ein Verrutschen der Ladung bewirken können.

Durch die Trägheit der Masse hat jeder Körper das Bestreben, sich mit der Geschwindigkeit fortzubewegen, die er inne hat. Dies ist auch z.B. bei einem Bremsvorgang der Fall. Ob nun die auf der Ladefläche befindliche Ladung aufgrund ihrer Trägheit bei einer Bremsung nach vorn rutscht, hängt von der Größe der Beschleunigung (Bremsung: negative Beschleunigung) und damit der Kraft, die auf die Ladung wirkt, ab. Ladungssicherung soll diesen Kräften entgegenwirken und ein Rutschen der Ladung verhindern. Reibung verhindert das Rutschen der Ladung auf der Ladefläche. I.d.R. wird die Reibung als Ladungssicherung alleine nicht ausreichend sein, weshalb zusätzliche Maßnahmen zu ergreifen sind.

3 Prinzipien der Ladungssicherung

3.1 Grundregeln für den Fahrbetrieb

Es gelten für jeden Transport folgende Grundregeln:

- Je nach Ladegut ist ein geeignetes → *Fahrzeug* erforderlich, das durch Aufbau und Ausrüstung die durch die Ladung auftretenden Kräfte sicher aufzunehmen vermag.
- Der Ladungsschwerpunkt soll möglichst auf der Längsmittellinie des Fahrzeugs liegen und ist so niedrig wie möglich zu halten. Schweres Gut unten, leichtes Gut oben.
- Zulässiges Gesamtgewicht bzw. zulässige Achslasten nicht überschreiten. Mindestachslast der Lenkachse nicht unterschreiten. Bei Teilbeladung für Gewichtsverteilung sorgen, damit jede Achse anteilmäßig belastet wird. Die Lastverteilungspläne sind zu berücksichtigen, die durch die Fahrzeug- und Aufbauhersteller zur Verfügung gestellt werden.
- Fahrgeschwindigkeit je nach Ladegut auf Straßen- und Verkehrsverhältnisse sowie auf die Fahreigenschaften des Fahrzeugs abstimmen.
- Geeignete Ladungssicherungsmaßnahmen ergreifen.

3.2 Kraftschlüssige Ladungssicherung

Ein Teil der erforderlichen Sicherungskräfte kann allein durch die Reibung zwischen Ladung und Ladefläche aufgebracht werden. Je größer die Reibungskraft ist, desto geringer kann der Aufwand der sonstigen Ladungssicherung ausfallen, da die Reibungskraft bereits einen Teil der aufzubringenden

Sicherheitskräfte darstellt. Die Reibung kann erhöht werden durch Niederzurren, die Verwendung von Anti-Rutschmatten oder schlicht durch das Säubern der Ladefläche.

3.3 Formschlüssige Ladungssicherung

Wirkungsvoller als die kraftschlüssige Ladungssicherung ist das Prinzip der formschlüssigen Ladungssicherung. Die Beladung erfolgt so, dass zwischen den einzelnen Ladeteilen keine Lücken entstehen. Besonders zu beachten ist die max. Lastaufnahmefähigkeit der Stirn- und Bordwände. Formschluss kann auch durch eine direkte Verbindung eines Zurrmittels (Zurrgurt) zwischen Ladegut und Fahrzeugaufbau erreicht werden. Das bedeutet, dass sowohl am → *Fahrzeug* Zurrpunkte als auch am Ladegut entsprechende Befestigungsmöglichkeiten für die Zurrmittel vorhanden sein müssen.

Unter Blockieren der Ladung versteht man das formschlüssige Festsetzen der Ladung auf der Ladefläche entweder durch die Fahrzeugaufbauten selbst oder durch verschiedene Hilfsmittel, wie z.B. in die Ladefläche eingelassene Keile.

In der Praxis werden häufig Kombinationen aus kraftschlüssiger und formschlüssiger Ladungssicherung angewandt (z.B. Diagonalzurren).

4 Hilfsmittel zur Ladungssicherung

Hilfsmittel zur Ladungssicherung sind z.B.

- Coilmulden,
- Ankerschienen,
- Sperrstangen und Sperrbalken,
- Netze und Planen,
- Rutschhemmende Zwischenlagen,
- Zurrmittel (und Zurrpunkte),
- Holzkeile,
- Ladegestelle,
- Füllmittel zum Schließen von Ladelücken,
- Anti-Rutschmatten,
- Wandungen des → *Fahrzeugs.*

Die obige Aufzählung kann nicht vollständig sein. Neue Produkte zur Ladungssicherung werden laufend auf den Markt gebracht, welche die Sicherung des Ladeguts deutlich einfacher werden lassen. Ladungssicherung richtet sich immer nach der Transportaufgabe.

Martin Köhler

Lager, Lagereinrichtungen

Lager und Lagereinrichtungen gibt es in allen Betrieben, in denen irgendeine Form von Materialumschlag stattfindet. Am häufigsten sind Stückgutlager für alle Arten von Einzelteilen, meist aber in Form von Kartons, Paletten, Kisten, Behältern, Fässern oder Rollen. Für manuell, d.h. nicht automatisch betriebene Stückgutlager gelten eine Vielzahl von Arbeitsschutzvorgaben, v.a. im Hinblick auf die Lagereinrichtungen und -geräte. Lagereinrichtungen sind ortsfeste sowie verfahrbare Regale und Schränke. Lagergeräte sind zur Wiederverwendung bestimmter Paletten mit oder ohne Stapelhilfsmittel sowie Stapelbehälter.

Gesetze, Vorschriften und Rechtsprechung

Für manuell, d.h. nicht automatisch betriebene Stückgutlager gilt eine Vielzahl von Bestimmungen aus den Unfallverhütungsvorschriften und Richtlinien der Unfallversicherungsträger, v.a. im Hinblick auf die Lagereinrichtungen und -geräte.

Grundlegendes regelt die DGUV-R 108-007 „Lagereinrichtungen und -geräte".

Für die Lagerung von Gefahrstoffen sind die Gefahrstoffverordnung und betreffende TRGS zu berücksichtigen (z.B. TRGS 509 „Lagern von flüssigen und festen Gefahrstoffen in ortsfesten Behältern sowie Füll- und Entleerstellen für ortsbewegliche Behälter" und TRGS 510 „Lagerung von Gefahrstoffen in ortsbeweglichen Behältern"). Unter Brandschutzgesichtspunkten müssen Bestimmungen der Sachversicherer (VDW-Richtlinien) und baurechtliche Vorgaben eingehalten werden.

1 Allgemeine Anforderungen

- **Boden eben und tragfähig:** In jedem Lagerraum und Lagerbereich muss die Tragfähigkeit des Bodens ermittelt werden – unabhängig davon, ob in Stapeln am Boden oder in Schränken/Regalen gelagert wird. In Büroetagen kann z.B. schon eine Europalette mit Papier eine erhebliche Bodenlast sein. Der Boden muss ausreichend eben sein, um Bodenstapel bzw. Schränke/Regale sicher aufstellen zu können und es dürfen keine Stolperstellen die Beschäftigten gefährden. Wenn → *Flurförderzeuge* eingesetzt werden sollen (z.B. Gabelstapler), müssen Boden und Bodenbelag den auftretenden Punktlasten gewachsen sein. Das ist nicht bei allen im Gewerbe- und Industriebereich üblichen Böden der Fall und führt häufig zu Schäden an Boden oder Estrich.
- → ***Beleuchtung*:** In Lagern sind Beleuchtungsstärken zwischen 50 und 200 lx vorgesehen (je nach Sehaufgabe). Wesentlich ist, dass die erforderlichen Arbeiten (z.B. das Ablesen von Nummern) problemlos durchgeführt werden können – und zwar in allen Bereichen. Problematisch ist das oft unten am Regalfuß oder in bestimmten Regalstellungen bei verfahrbaren Regalen.
- **Kennzeichnung:** Die → *Sicherheitskennzeichnung* muss so ausgeführt sein, dass man sich von allen Arbeits- und Verkehrsbereichen aus gut und sicher orientieren kann, v.a. in weitläufigen Lagern. Wenn keine → *Notbeleuchtung* existiert, sollte man prüfen, ob das Lager bei Ausfall der Allgemeinbeleuchtung sicher verlassen werden kann. Ggf. sollte eine nachleuchtende Kennzeichnung angebracht werden.
- → ***Brandschutz*:** Brandschutzanforderungen für Lager ergeben sich oft aus den Bedingungen der Sachversicherer (Feuerversicherung). Wichtig ist, die vorliegenden Genehmigungen zu berücksichtigen bzw. bei Umnutzung von Räumen die zuständigen Baubehörden zu kontaktieren, damit ein ordnungsgemäßer baulicher Brandschutz sichergestellt ist. Vorhandene Brandschutzeinrichtungen (→ *Türen, Tore*, → *Löschgeräte* und -anlagen) müssen natürlich funktionsfähig und frei gehalten und ggf. an Veränderungen im Lagerbereich angepasst werden (z.B. Änderung der Regalaufstellung). Besondere Vorsicht gilt beim Betrieb von → *Ladestationen* für Elektro-Stapler: Im Radius von 2,5 m muss die Umgebung von Brandlasten freigehalten werden.
- → ***Verkehrswege*:** müssen in ausreichender Breite vorhanden sein und freigehalten werden:
  - allgemein im Lagerbereich 1,25 m,
  - 0,75 m für Nebengänge (reiner Personenverkehr),
  - beim Einsatz von Transportmitteln von bis zu 20 km/h: Breite des Transportmittels bzw. des Ladeguts plus Randzuschlag von jeweils 0,5 m (bei Gehverkehr 0,75 m).
- **Ordnung halten:** Die vorgesehenen Lagerflächen müssen eingehalten werden. Verkehrswege, besonders → *Rettungswege*, → *Notausgänge*, Zugänge zu Sicherheitseinrichtungen usw. dürfen nicht zugestellt werden. Oft ist eine entsprechende Bodenmarkierung sinnvoll. Die Müllentsorgung (z.B. Verpackungsreste) muss so organisiert sein, dass solche Materialien nicht herumliegen (Stolpergefahr). Regelmäßige Aufräumaktionen („Regalhüter" aussortieren) sind sinnvoll für zügiges und sicheres Arbeiten im Lager.
- **Auf Standsicherheit achten:**
  - Bei Boden- bzw. Stapellagerung (z.B. Kartons) gilt folgende Faustregel: max. Stapelhöhe nicht mehr als das 4-Fache der Stapeltiefe. Entsprechende Aufdrucke auf Kartons beachten! Bei einer Neigung von mehr als 2 % muss der Stapel abgepackt werden.
  - Beschädigte Paletten, Stapelbehälter usw. konsequent aussortieren und entsorgen bzw. vorschriftsmäßig reparieren lassen (detaillierte Ausmusterungskriterien enthält Anhang 2 DGUV-R 108-007).

- Stabile Regale verwenden und Tragfähigkeitsangaben beachten. Vorsicht: Billigregale aus gekanteten Blechen sind oft scharfkantig und leicht deformierbar und so für den betrieblichen Einsatz ungeeignet. Regale müssen gegen Umkippen gesichert sein. Beim Einsatz von → *Flurförderzeugen* müssen Regalfüße an Ecken mit einem Anfahrschutz versehen sein.
- Bei der Lagerung von Rohren, Rollen, Platten, Blechen usw. sind besondere Vorkehrungen erforderlich, um Umkippen, Wegrollen oder -rutschen zu verhindern und sicher ein- und auslagern zu können (z. B. Stapelhilfen wie Bohlen, Prismen, Keile).

- **Ergonomieregeln beachten:** Gerade in kleinen Lagern ohne Einsatz von → *Flurförderzeugen* sollte die Lagerausstattung den Bedürfnissen sorgfältig angepasst werden. Geeignete Lager- und Regalsysteme und eine sinnvolle Lagerstruktur helfen körperliche Belastungen zu verringern. Packungs- und Gebindegrößen sollten an die körperliche Leistungsfähigkeit angepasst sein – sonst ist der Einsatz von Flurförderzeugen angezeigt. Wenn dafür kein Platz ist, kommen kleinere, mobile Hebehilfen infrage, die es für nahezu alle Hebe- und Transportsituationen gibt.

2 Lagereinrichtungen und -geräte

Detaillierte Vorgaben zu Lagereinrichtungen (ortsfeste sowie verfahrbare Regale und Schränke) sowie Lagergeräten (zur Wiederverwendung bestimmte Paletten mit oder ohne Stapelhilfsmittel wie Rahmen/Rungen sowie Stapelbehälter) enthält die DGUV-R 108-007 „Lagereinrichtungen und -geräte". Sie bezieht sich damit auf professionelle Lager. Wesentliche Punkte sind:

- Regale dürfen nur unter Beachtung der vom Hersteller mitgelieferten Aufbau- und Betriebsanleitung von besonders unterwiesenen Personen aufgestellt und umgebaut werden. Es empfiehlt sich daher, Fachfirmen zu beauftragen, besonders auch bei gebrauchten Einrichtungen. Der Selbstaufbau gebrauchter Regale ohne Herstellerunterlagen ist unzulässig und sollte aus haftungsrechtlichen Gründen unterbleiben! Alle nicht durch Herstellerangaben gedeckten Veränderungen verlangen die Abnahme durch einen Sachverständigen.
- Sichtbar verformte Regalteile (Traversen, Stützen) müssen durch Originalteile ersetzt werden. Eine Reparatur würde ebenfalls eine Sachverständigenabnahme erfordern, was i. d. R. zu aufwendig sein dürfte.
- An ortsfesten Regalen mit einer Fachlast von mehr als 200 kg oder einer Feldlast von mehr als 1.000 kg, an Kragarmregalen, an verfahrbaren Regalen und Schränken sowie an Regalen und Schränken mit kraftbetriebenen Inneneinrichtungen müssen folgende Angaben deutlich erkennbar und dauerhaft angebracht sein:
  - Hersteller oder Importeur,
  - Typbezeichnung,
  - Baujahr oder Kommissionsnummer,
  - zulässige Fach- und Feldlasten bzw. Tragfähigkeit,
  - ggf. elektrische Kenndaten.
- Bauelemente von Regalen und Schränken müssen so ausgeführt oder gesichert sein, dass sie durch unbeabsichtigtes Lösen nicht herabfallen können. Insbesondere müssen Traversen gegen Ausheben auch durch Flurförderzeuge gesichert sein.
- Regalseiten, die nicht für die Ein- oder Auslagerung vorgesehen sind, müssen mit Sicherungen gegen Herabfallen von Ladegütern ausgerüstet sein. Die seitlichen Sicherungen müssen den Abmessungen der einzelnen Ladeeinheiten entsprechen, jedoch mind. 50 cm hoch sein.
- Doppelregale, die von 2 Seiten mit manuellen Fördermitteln beladen werden, müssen mind. 150 mm hohe Durchschiebesicherungen an der Rückseite haben. Darauf kann verzichtet werden, wenn die Regaleinheiten rückseitig mind. 100 mm Sicherheitsabstand zueinander aufweisen.
- Kraftbetriebene Regale und Schränke sowie Regale und Schränke mit kraftbetriebenen Inneneinrichtungen müssen nach Bedarf, mind. jedoch einmal jährlich, von einem Sachkundigen auf ihren sicheren Zustand geprüft werden (Prüfbuch erforderlich, Abschn. 6 DGUV-R 108-007). Darüber hinaus ist natürlich die Arbeitsmittelprüfung nach BetrSichV anzuwenden, die eine regelmäßige, i. d. R. jährliche → *Prüfung* aller Lagereinrichtungen erforderlich macht (TRBS 1201 „Prüfungen und

Kontrollen von Arbeitsmitteln und überwachungsbedürftigen Anlagen", Anhang 4 Tabelle Nr. 14). Fachfirmen bieten das als Dienstleistung an. Allerdings können diese Prüfungen auch von geeignetem eigenen Personal vorgenommen werden (z. B. nach Schulung durch den Hersteller).

- Es dürfen nur Lagergeräte (Paletten, Stapelbehälter) verwendet werden, für die eine Betriebsanleitung vorliegt bzw. die nach gültigen Normen gefertigt worden sind.
- Für Lagereinrichtungen und -geräte müssen anhand der Aufbau- und Betriebsanleitungen des Herstellers → *Betriebsanweisungen* erstellt und die Mitarbeiter darüber informiert werden (Abschn. 5.1.5 DGUV-R 108-007).

Praxis-Beispiel: Prüfung von Stahlregalen nach DIN 15635

Für Lagereinrichtungen gibt es eine Vielzahl von DIN-Normen, die sich meist auf Bau und Ausstattung beziehen. Für den Anwender von besonderer Bedeutung, weil für den Betrieb relevant, ist die DIN EN 15635 „Ortsfeste Regalsysteme aus Stahl – Anwendung und Wartung von Lagereinrichtungen". Die darin enthaltenen Prüfvorschriften sind allerdings extrem aufwendig. Mit der DGUV-I 208-043 „Sicherheit von Regalen" geben die Unfallversicherungsträger einen Überblick, wie diese Norm in der betrieblichen Praxis „gelebt" werden kann.

3 Spezielle Lagersituationen

In speziellen Lagersituationen gelten teilweise weitergehende Anforderungen.

Bei der Lagerung von → *Gefahrstoffen* gelten zusätzlich:

- TRGS 510: Lagern von Gefahrstoffen in ortsbeweglichen Behältern
- TRGS 509: Lagern von flüssigen und festen Gefahrstoffen in ortsfesten Behältern sowie Füll- und Entleerstellen für ortsbewegliche Behälter
- Umweltrecht (z. B. Anlagenverordnungen der Länder) zur Lagerung wassergefährdender Flüssigkeiten

Bei der Lagerung kleinerer Mengen im betrieblichen Alltag sollte man sich an den Angaben der → *Sicherheitsdatenblätter* orientieren.

Für viele **andere Lagerformen** wie Silolagerung, Schüttgut- und Flüssigkeitslager, (teil-)automatische Hochregallager usw. sind vor allem die branchenüblichen technischen Regeln (z. B. DIN-Normen) zu berücksichtigen.

Praxis-Beispiel: Informationen der Fach-BG nutzen

Die BG Handel und Warendistribution (www.bghw.de) hält auf ihrer Homepage viele Einzelfallbeispiele zu Arbeitsschutzthemen im Lagerbereich bereit (Best-practise-Lösungen, Betriebsanweisungen für Regalbediengeräte u. v. m.).

Cornelia von Quistorp

Lärm

Lärm ist jeder Schall, der zu einer Beeinträchtigung des Hörvermögens oder zu einer sonstigen mittelbaren oder unmittelbaren Gefährdung von Sicherheit und Gesundheit führen kann.

Wahrgenommen werden Schallwellen, die durch Druckschwankungen der Atmosphäre entstehen und sich wellenförmig ausbreiten. In Abhängigkeit von Lautstärke und Frequenz wird Schall als angenehm oder als Lärm empfunden. So wird z. B. bei gleicher Lautstärke Schall niedriger Frequenz als leiser empfunden als Schall hoher Frequenz. Der Schalldruck wird in Dezibel (dB) gemessen. Es gibt die Lautstärkenskalen A, B und C, i. d. R. wird die A-Skala eingesetzt (dB(A)).

Lärmbedingter Hörverlust (Lärmschwerhörigkeit) ist in der EU die am häufigsten gemeldete Berufskrankheit. Beschäftigte sind nicht nur im metallverarbeitenden Gewerbe und im Bauwesen, sondern auch in Kindergärten, Schulen, Gaststätten oder Orchestergräben Lärm ausgesetzt.

Gesetze, Vorschriften und Rechtsprechung

Grundlegend sind Lärm- und Vibrationsarbeitsschutzverordnung und die dazugehörigen TRLV Lärm, Teile 1, 2 und 3. Die ASR A3.7 „Lärm" konkretisiert die Arbeitsstättenverordnung. Im Regelwerk der DGUV beschäftigt sich eine Vielzahl von Regeln und Informationen mit dem Thema, u. a.:

- DGUV-I 209-023 „Lärm am Arbeitsplatz"
- DGUV-R 112-194 „Benutzung von Gehörschutz"
- DGUV Empfehlungen für arbeitsmedizinische Beratungen und Untersuchungen
- IFA-LSA 01-400 „Beurteilung der Lärmexposition nach der Lärm- und Vibrations-Arbeitsschutzverordnung"

Relevant sind zudem diese Normen:

- DIN EN ISO 9612:2009-09: „Akustik – Bestimmung der Lärmexposition am Arbeitsplatz – Verfahren der Genauigkeitsklasse 2"
- VDI 2058:
  - Blatt 2: „Beurteilung von Lärm hinsichtlich Gehörgefährdung"
  - Blatt 3: „Beurteilung von Lärm am Arbeitsplatz unter Berücksichtigung unterschiedlicher Tätigkeiten"

1 Gefahren

Menschen sind Lärm ausgesetzt, nicht nur am Arbeitsplatz, sondern auch in ihrer Freizeit. Lärm kann sich auf Gehör bzw. Hörvermögen (aural) auswirken sowie zu physischen und psychischen Beeinträchtigungen (→ *extra-aural*) führen, d. h., er kann

- Stress verursachen (mögliche Lärm-Stress-Reaktionen sind z. B. Verengung der Blutgefäße, Erhöhung von Blutdruck, Herzfrequenz und Muskeltonus, vermehrte Ausschüttung von Stress-Hormonen oder Verringerung der Magen-Darm-Aktivität) – mit akuter und chronischer Wirkung,
- Sinneszellen im Ohr zerstören,
- Reißen des Trommelfells verursachen,
- auf Gehörknöchelchen (Cochlea) einwirken.

Lärmschwerhörigkeit (BK 2301) ist in Deutschland die am häufigsten anerkannte Berufskrankheit. Wenn Sinneszellen oder Teile des Innen- und Mittelohrs zerstört bzw. geschädigt sind, ist dies nicht heilbar und kann durch Hilfsmittel wie Hörgeräte oder Implantate lediglich kompensiert werden. Vorbeugen ist daher der einzige Weg, um Lärmschwerhörigkeit zu verhindern.

Praxis-Beispiel: Arbeitsunfall oder Berufskrankheit?

Eine Minderung des Hörvermögens ist auch durch einmalige Ereignisse (Knall, Explosion) möglich. Dies wird von den → *Unfallversicherungsträgern* dann als → *Arbeitsunfall* eingestuft, man spricht vom sog. Knall- bzw. Explosionstrauma.

Lärmschwerhörigkeit kann in der Folge auch dazu führen, dass akustische Signale oder Zurufe von Kollegen nicht mehr wahrgenommen werden können, die Unfallgefahr steigt.

Praxis-Beispiel: Hörgeräte können Lärm am Arbeitsplatz verstärken

Trägt ein Beschäftigter wegen verminderten Hörvermögens bereits ein Hörgerät, ist zu beachten, dass eingeschaltete Hörgeräte nicht nur Sprache und akustische Signale, sondern auch den Lärm am Arbeitsplatz verstärken. Das Risiko einer Hörverschlechterung steigt, falls nicht gleichzeitig die Benutzung von → *Gehörschutz* möglich ist. Es empfiehlt sich in solchen Fällen, einen Arbeitsmediziner in Verbindung mit einem Hörgeräte-Akustiker oder einen erfahrenen HNO-Arzt zur Beratung hinzuzuziehen. Kapselgehörschützer können bei eingeschaltetem Hörgerät zu Rückkopplungseffekten führen. Evtl. kann in Einzelfällen das Hörgerät einschließlich Ohrpassstück als Gehörschutz fungieren.[1]

1 Quelle: Daten und Fakten zu Berufskrankheiten. Lärmschwerhörigkeit, www.dguv.de

Mit einer zunehmend älteren Belegschaft müssen Unternehmen deshalb auch darauf achten, dass die Arbeitsumgebung so gestaltet wird, dass trotz verminderten Hörvermögens bzw. bei eingeschalteten Hörgeräten akustische Signale und Zurufe von Kollegen wahrgenommen werden können, ohne dass das Hörvermögen gefährdet wird. Es muss auch berücksichtigt werden, dass sich mit zunehmendem Alter der hörbare Frequenzumfang verkleinert. U.a. müssen also akustische Signale in für alle Beschäftigten wahrnehmbaren Frequenzbereichen liegen.

Praxis-Beispiel: Einflussfaktoren für Lärmschwerhörigkeit

Die entscheidenden Einflussfaktoren für die Entstehung einer Lärmschwerhörigkeit sind Einwirkungsdauer und Höhe der Lärmbelastung. Dabei wird eine langjährige tägliche Lärmexposition von 85 dB(A) allgemein als Grenze für die Entstehung von Gehörschäden angenommen.[2]

Auslösewerte

In § 6 LärmVibrationsArbSchV sind obere und untere → *Auslösewerte* für Lärmbelastungen festgelegt. Die Werte beziehen sich auf eine 8-Stunden-Schicht und legen die durchschnittliche Lärmbelastung sowie einen Höchstwert fest.

Obere Auslösewerte:

- Tages-Lärmexpositionspegel L (tief) EX, 8 h = 85 dB(A) bzw.
- Spitzenschalldruckpegel L (tief) pC, peak = 137 dB(C)

Untere Auslösewerte:

- Tages-Lärmexpositionspegel L (tief) EX, 8 h = 80 dB(A) bzw.
- Spitzenschalldruckpegel L (tief) pC, peak = 135 dB(C).

Bei der Anwendung dieser Werte wird die dämmende Wirkung eines persönlichen Gehörschutzes nicht berücksichtigt (§ 6 LärmVibrationsArbSchV), d.h., diese Werte müssen unter dem Gehörschützer eingehalten werden.

Sind Beschäftigte an ihrem Arbeitsplatz nicht nur Lärm, sondern auch sog. ototoxischen (gehörschädigenden) Stoffen wie z.B. Schwefelkohlenstoff oder → *Vibrationen* ausgesetzt, sind Wechselwirkungen möglich, das Risiko für Gehörschäden steigt (s. Nr. 4.7 TRLV Lärm Teil 3).

Pegelwerte

Der Beurteilungspegel kennzeichnet die typische Schallimmission, also die Einwirkung von Schall, für eine Tätigkeit. Maximal zulässige Beurteilungspegel legt die ASR A3.7 fest (s. **Tab. 1**).

Tätigkeitskategorie	Beispiele für Tätigkeiten/Handlungen	max. zulässiger Beurteilungspegel
I – hohe Konzentration oder hohe Sprachverständlichkeit	überwiegend geistige Tätigkeiten, die eine hohe Konzentration verlangen, z.B. wissenschaftliches und kreatives Arbeiten, Entwickeln und Optimieren von Software, Treffen von Entscheidungen mit hoher Tragweite, ärztliche Untersuchungen, Behandlungen und Operationen, Entwerfen, Übersetzen, Diktieren, Aufnehmen und Korrigieren von schwierigen Texten, Optimieren von Prozessschritten komplexer Transferstraßen	55 dB(A)

2 Quelle: Schutz vor Lärm: Die Lärm- und Vibrations-Arbeitsschutzverordnung, www.dguv.de

Tätigkeitskategorie	Beispiele für Tätigkeiten/Handlungen	max. zulässiger Beurteilungspegel
II – mittlere Konzentration oder mittlere Sprachverständlichkeit	u. a. allgemeine Bürotätigkeiten und vergleichbare Tätigkeiten in der Produktion und Überwachung wie Disponieren, Daten erfassen, Texte verarbeiten, Sachbearbeitung im Büro, psychomotorisch geprägte Tätigkeiten (Auge-Hand-Koordination), Arbeiten in Betriebsbüros und Laboratorien, Bedienen von Beobachtungs-, Steuerungs- und Überwachungsanlagen in geschlossenen Messwarten und Prozessleitwarten, Verkaufen, Bedienen von Kunden	70 dB(A)
III – geringere Konzentration oder geringere Sprachverständlichkeit	z. B. einfache Montagearbeiten, handwerkliche Tätigkeiten (Fertigung, Installation), Tätigkeiten an Fertigungsmaschinen, Warten, Instandsetzen und Reinigen technischer Einrichtungen, Bedienen von Bearbeitungsmaschinen für Metall oder Holz, Reinigungsarbeiten, Lagerarbeiten, Einräumen von Ware	Beurteilungspegel soweit wie möglich reduzieren

Tab. 1: Tätigkeitskategorien, Beispiele für Tätigkeiten bzw. Handlungen und maximal zulässige Beurteilungspegel

2 Maßnahmen

Der Unternehmer ist verpflichtet, eine → *Gefährdungsbeurteilung* nach § 3 LärmVibrationsArbSchV durchzuführen. Dabei müssen u. a. Art, Dauer und Ausmaß der Exposition durch Lärm von einer fachkundigen Person ermittelt werden, z. B. von der Fachkraft für Arbeitssicherheit. Es gilt das Minimierungsgebot, d. h., Lärmbelastung am Arbeitsplatz ist zu verringern bzw. zu vermeiden. Der Stand der Technik muss berücksichtigt werden. Hinweise zum Beurteilen von Gefährdungen beim Einrichten und Betreiben von Arbeitsstätten liefern Abschn. 6 und 7 ASR A3.7.

Wird einer der oberen Auslösewerte überschritten, sind technische und organisatorische Maßnahmen zum Schutz der Beschäftigten festzulegen und durchzuführen (Lärmminderungsprogramm). Priorität haben dabei Maßnahmen, die dort ansetzen, wo der Lärm entsteht. Geeignete Maßnahmen zur Verringerung bzw. Vermeidung von Lärmexposition können – in folgender Rangfolge – sein (vgl. § 7 LärmVibrationsArbSchV):

Technisch:

- lärmarme → *Arbeitsmittel* bzw. -verfahren;
- lärmmindernde Gestaltung und Einrichtung von Arbeitsstätten und Arbeitsplätzen (u. a. raumakustische Anforderungen, s. Abschn. 5.2 ASR A3.7);
- Maßnahmen zur Lärmminderung nach dem Stand der Technik, z. B. Kapselung von → *Maschinen*, Abdichtung zur Schalldämmung, Abschirmung.

Organisatorisch:

- Lärmbereiche ermitteln und kennzeichnen (§ 7 Abs. 4 LärmVibrationsArbSchV);
- räumliche Trennung von Lärmbereichen und solchen ohne Lärmbelastung, um Beschäftigte in angrenzenden Bereichen nicht zu schädigen;
- Lärmkataster erstellen, u. a. mit Lage und Stärke der Geräuschquellen, Lärmbelastungen an den Arbeitsplätzen, ermittelte und durchgeführte Maßnahmen zur Lärmminderung;
- Zugang zu Lärmbereichen beschränken;

- Aufenthaltszeit im Lärmbereich begrenzen, Wechsel mit Arbeiten an „ruhigen" Arbeitsplätzen („Lärmpause");
- Regelungen für Jugendliche und Schwangere umsetzen (JArbSchG, MuSchG);
- ggf. einen Wechsel an einen „ruhigen" Arbeitsplatz organisieren;
- regelmäßige Wartung von Arbeitsmitteln, Arbeitsplätzen und Anlagen;
- Auswahl und Wartung von Gehörschutz;
- Gehörschutz zur Verfügung stellen und sicherstellen, dass der Beschäftigte ihn bei Erreichen oder Überschreiten eines der oberen Auslösewerte auch trägt (§ 8 LärmVibrationsArbSchV);
- → *arbeitsmedizinische Vorsorge*: z.B. Angebotsvorsorge, wenn untere Auslösewerte überschritten werden und Pflichtvorsorge, wenn obere Auslösewerte erreicht oder überschritten werden (Anhang Teil 3 ArbMedVV);
- → *Unterweisung* und Übung;
- alternde Belegschaft berücksichtigen, u.a. bei Einsatz von Hörgeräten.

Praxis-Beispiel: Lärmbereich

Arbeitsbereiche, in denen einer der oberen Auslösewerte für Lärm überschritten werden kann, müssen als Lärmbereiche gekennzeichnet und falls technisch möglich, abgegrenzt werden. In Lärmbereichen dürfen sich Beschäftigte nur aufhalten, „wenn das Arbeitsverfahren dies erfordert und die Beschäftigten eine geeignete → *Persönliche Schutzausrüstung* verwenden" (§ 7 Abs. 4 LärmVibrationsArbSchV). Das Gebotszeichen „Gehörschutz tragen" (M 003) weist Beschäftigte darauf hin, dass es sich um einen Lärmbereich handelt.

Wird einer der oberen Auslösewerte überschritten, muss ein Lärmminderungsprogramm mit technischen und organisatorischen Maßnahmen erstellt und durchgeführt werden (§ 7 Abs. 5 LärmVibrationsArbSchV). Es empfiehlt sich, dies zu dokumentieren, denn wer kein Lärmminderungsprogramm durchführt, handelt ordnungswidrig (§ 16 Abs. 1 Nr. 6 LärmVibrationsArbSchV).

Das Lärmminderungsprogramm muss regelmäßig angepasst werden, da sich der Stand der Technik laufend ändert (vgl. § 2 Abs. 8 LärmVibrationsArbSchV). Unternehmen können eine Lärmminderungsberatung durch das Institut für Arbeitsschutz der DGUV (IFA) in Anspruch nehmen.

Persönlich:

- Geeigneter Gehörschutz: Kapselgehörschützer, Gehörschutzstöpsel, Otoplastiken (in Einzelfällen übernimmt die zuständige Berufsgenossenschaft die Kosten für Gehörschutz, wenn ein erhöhtes Risiko für eine Erkrankung an Lärmschwerhörigkeit besteht).

Praxis-Beispiel: Verwenden von Gehörschutz üben

Gehörschutzstöpsel müssen richtig eingesetzt werden, um die erwünschte Schutzwirkung zu gewährleisten. Es ist deshalb sinnvoll, das sorgfältige Einsetzen zu üben und über die Gefahren zu informieren, wenn Gehörschutz nicht richtig angewendet wird.

Bettina Huck

Lastaufnahmemittel

Lastaufnahmemittel sind Einrichtungen, die zum Aufnehmen der Last mit dem Tragmittel des Hebezeugs verbunden werden, z.B. Greifer, Lasthebemagnete, Traversen oder Vakuumheber. Lastaufnahmemittel gehören nicht zum Hebezeug, zählen aber zu den Lastaufnahmeeinrichtungen. Weitere Lastaufnahmeeinrichtungen sind Anschlagmittel und Tragmittel.

Gesetze, Vorschriften und Rechtsprechung

Für Lastaufnahmemittel sind folgende Vorschriften grundlegend:

- 2006/42/EG „Maschinen"
- Kap. 2.8 DGUV-R 100-500 „Betreiben von Arbeitsmitteln"

1 Betriebsanleitung und Unterweisung

Die Betriebsanleitung zum Lastaufnahmemittel muss am Einsatzort an leicht erreichbarer Stelle jederzeit eingesehen werden können. Personen dürfen mit der selbstständigen Anwendung von Lastaufnahmeeinrichtungen nur beauftragt werden, wenn sie mit diesen Aufgaben vertraut sind. Vertraut sein schließt mit ein, dass die betreffenden Personen → *unterwiesen* worden sind, die Betriebsanleitung und die betrieblichen Anweisungen kennen, Kap. 2.8 Abschnitt 2.3 DGUV-R 100-500 enthält die Unterweisungsinhalte. Unterlagen zur Tragfähigkeit und andere Kenndaten des Lastaufnahmemittels müssen am Einsatzort bereitgehalten werden, soweit sie nicht am Lastaufnahmemittel selbst deutlich erkennbar und dauerhaft angebracht sind.

2 Mängel

Lastaufnahmeeinrichtungen dürfen nicht über die Tragfähigkeit hinaus belastet werden. Lastaufnahmeeinrichtungen müssen während des Gebrauchs auf augenfällige Mängel (z.B. Verformungen, Risse, Brüche, unvollständige Kennzeichnung) hin beobachtet werden. Mangelhafte Lastaufnahmeeinrichtungen müssen der weiteren Benutzung entzogen werden.

3 Prüfungen

Prüfungen müssen durch → *befähigte Personen* vor der ersten Inbetriebnahme und in regelmäßigen Abständen nach den Vorgaben der Betriebssicherheitsverordnung durchgeführt werden. Außerordentliche Prüfungen an Lastaufnahmeeinrichtungen sind nach Schadensfällen und besonderen Vorkommnissen, die die Tragfähigkeit beeinflussen können sowie nach Instandsetzung durch befähigte Personen erforderlich. Der Prüfumfang ist in Kap. 2.8 Abschnitt 3.15 DGUV-R 100-500 beschrieben.

4 Beispiel

Zu den Lastaufnahmemitteln gehören z.B. „Ausgleicher, Brooken, C-Haken, Container-Geschirre, Gehänge, Gießpfannen, Greifer, Klauen, Klemmen, Kübel, Lasthebemagnete, Paletten-Geschirre, Pratzen, Traversen, Vakuumheber, Zangen. Lastaufnahmemittel können auch durch Kupplungen, die für häufiges Lösen bestimmt sind, mit dem Hebezeug verbunden sein" (Abschn. 2 Nr. 3 Kap. 2.8 DGUV-R 100-500).

Josef Sauer

Last Minute Risk Analysis (LMRA)

Eine Last Minute Risk Analysis (LMRA) ist eine, die gängige Gefährdungsbeurteilung ergänzende, Gefährdungsbeurteilung vor Ort. Sie wird in knapper Form unmittelbar vor Beginn einer Tätigkeit/Arbeitsbeginn vor Ort – also am Arbeitsplatz – durchgeführt und kurz dokumentiert. Eine LMRA soll von den mit der Tätigkeit beauftragten Mitarbeitern oder der vor Ort tätigen Führungskraft (dem direkten Vorgesetzten), dann aber mit Beteiligung der Mitarbeiter vor Ort, erstellt und schriftlich festgehalten werden. Weitgehend synonym zu Last Minute Risk Analysis wird die Bezeichnung Last Minute Risk Assessment verwendet. Durch eine LMRA sollen v. a. die Sensibilität der vor Ort Tätigen für die Gefährdungen am Arbeitsplatz, die vorgesehenen Schutzmaßnahmen und das Bewusstsein zur Risikobewertung und Risikominderung der ausführenden Personen erhöht werden.

1 Kennzeichen einer LMRA

Wesentliche Kennzeichen einer LMRA sind:

- empfiehlt sich für gefährliche oder selten ausgeführte Tätigkeiten,
- Ergänzung der gängigen Gefährdungsbeurteilung,
- soll direkt vor Aufnahme der Tätigkeit durchgeführt werden,
- kurze (knappe) Form der Durchführung,

- Betrachtung der Situation am Arbeitsplatz und der Gefährdungen am Arbeitsplatz,
- Durchführung durch die mit der Tätigkeit beauftragten Mitarbeiter oder Beteiligung der Mitarbeiter vor Ort,
- sie soll von vor Ort tätigen Mitarbeitern, die für die Durchführung qualifiziert wurden, durchgeführt werden,
- sie soll die Gefährdungen und vorgesehene Schutzmaßnahmen ins Gedächtnis rufen und das Bewusstsein zur Risikobewertung und Risikominderung der ausführenden Personen verbessern.

2 Erfordernis einer LMRA

Der Gesetzgeber verlangt v. a. in § 5 Arbeitsschutzgesetz (ArbSchG) von jedem Unternehmen wirksame → *Gefährdungsbeurteilungen.*

Die Wirksamkeit einer Gefährdungsbeurteilung hängt entscheidend davon ab, ob die erkannten Gefährdungen auch vor Ort bekannt sind und die festgelegten Präventionsmaßnahmen für die handelnden Akteure (Vorgesetzte und Mitarbeiter) handlungsrelevant sind. Beides lässt sich in der betrieblichen Praxis durch einen regelmäßigen Sicherheitsdialog (Einbeziehung der Mitarbeiter bei der Erstellung und Aktualisierung der → *Gefährdungsbeurteilungen*, → *Unterweisungen* etc.) weitgehend erreichen.

Bei Tätigkeiten mit gleichbleibenden Gefährdungssituationen sind die gängigen Gefährdungsbeurteilungen ausreichend. Bei Arbeiten mit besonderen Gefährdungen oder wechselnden Gefährdungssituationen (z. B. Montage-, Instandhaltungs- und → *Bauarbeiten*) sowie bei Aufträgen, bei denen Mitarbeiter mehrerer Unternehmen in einem Arbeitsbereich tätig sind, sollte jedoch vor Ort situationsabhängig eine kurze (zusätzliche oder ergänzende) Gefährdungsbeurteilung – z. B. in Form einer Last Minute Risk Analysis – durchgeführt werden.

3 LMRA: ein Werkzeug zur Vor-Ort-Gefährdungsanalyse

3.1 Intention der LMRA

Ein kurzer Check vor Aufnahme einer Tätigkeit ist die letzte Chance, Risiken zu erkennen, geeignete Präventionsmaßnahmen zu ergreifen und sich der möglichen Restrisiken bewusst zu werden. Die LMRA ist ein Werkzeug dafür, das sich in der Praxis bewährt hat.

Ziele der Last Minute Risk Analysis sind:

- Ergänzung der gängigen (vorliegenden) Gefährdungsbeurteilung durch eine Betrachtung der Situation am Arbeitsplatz und der Gefährdungen am Arbeitsplatz.
- Eine strukturierte Auseinandersetzung mit den vor Ort vorhandenen bzw. zu erwartenden Sicherheits-, Gesundheits- und Umweltrisiken wird in die betriebliche Routine der Ausführung von Aufträgen eingebunden – Sensibilisierung der mit der Aufgabe beauftragten Mitarbeitenden für Risikoerkennung, die Risikobewertung und Risikominderung.
- Reduzierung des Gefährdungspotenzials: Die mit der Ausführung einer Aufgabe beauftragten Mitarbeiter sollen unmittelbar vor Arbeitsbeginn prüfen, ob alle Gefährdungen erkannt und geeignete Präventionsmaßnahmen festgelegt und ergriffen wurden sowie ob sie in der Lage sind, die Tätigkeit sicher auszuführen oder ob noch Handlungsbedarf besteht. Wenn noch Handlungsbedarf besteht, darf die Arbeit vor der Klärung nicht begonnen werden.
- Förderung des Bewusstseins der Mitarbeiter zur eigenen Wahrnehmung, Bewertung und Minderung von Gefährdungen (Sicherheits-, Gesundheits- und Umweltrisiken).
- Stärkung der Eigenverantwortung der Mitarbeiter: Durch die mit seiner Beteiligung erstellte LMRA hat der Beschäftigte eine "Hilfe" anhand der er entscheiden kann, ob sich die beauftragte Tätigkeit sehr wahrscheinlich sicher ausführen lässt oder ob vorab weitere Präventionsmaßnahmen ergriffen werden müssen.
- Verbesserung der Wirksamkeit der Gefährdungsbeurteilungen.

3.2 Konzept

Immer schon ist es eigentlich eine Selbstverständlichkeit, vor Aufnahme einer Tätigkeit zu prüfen, ob man diese auch sicher durchführen kann. Bei manchen z. B. seltener auszuführenden oder gefährlicheren Tätigkeiten sowie zur Verbesserung der Risikowahrnehmung und des Sicherheitsbewusstseins ist es besonders wichtig, diese Selbstverständlichkeit zu beachten. Dies heißt, von jedem eigenen Mitarbeiter und von den Mitarbeitern der Partnerbetriebe zu verlangen, einen solchen „Check" wirklich durchzuführen. Dafür sind konzeptionelle Festlegungen zu formulieren und im Arbeitsschutzmanagement zu verankern. So legen immer mehr Unternehmen im Rahmen ihres Arbeitsschutzmanagementsystems (AMS) die Notwendigkeit, die Art und Weise einer ergänzenden Gefährdungsbeurteilung, die Anlässe, die Vorgehensweise bei der Durchführung einer LMRA sowie die Dokumentationserfordernisse fest.

Die Festlegungen für Last Minute Risk Analysis umfassen:

- ein dokumentiertes Verfahren, das die systematische und konsequente Durchführung der LMRA darlegt,
  - Wann ist eine LMRA durchzuführen?
  - Wer soll die LMRA ggf. mit wem durchführen?
  - Was soll schwerpunktmäßig betrachtet werden?
  - Was ist zu tun, wenn die Arbeit aus der Sicht der Durchführenden nicht sicher ausgeführt werden kann?
  - Wie lange soll eine LMRA dauern?
  - Wie soll die Dokumentation erfolgen?
- eine Vorgehensweise zur Einweisung der Beschäftigten und von Partnerbetrieben, die die LMRA durchführen und dokumentieren sollen sowie
- Vorlagen (Checkliste, Formblatt oder Karte) zur Durchführung.

3.3 Forderungen gemäß SCC-VAZ:2021

Seit 2011 fordert das AMS-Konzept → *SCC:2011* und sein Nachfolger (SCC-VAZ) im Element 2.3 der SCC-Checkliste (Dokument 003 Version 2021) explizit eine Last Minute Risk Analysis (LMRA). Darunter wird eine Beurteilung der Sicherheits-, Gesundheits- und Umweltrisiken verstanden, die direkt vor der Aufnahme einer Arbeit (eines Auftrags) vor Ort durchgeführt und auch dokumentiert wird.

SCC-VAZ legt fest, dass eine LMRA nach einem festgelegten Verfahren systematisch und konsequent durchzuführen ist. D. h., die Festlegung soll in einem dokumentierten Verfahren beschreiben,

- dass die LMRA unmittelbar vor Arbeitsbeginn zu erstellen ist und alle erkannten Gefährdungen und die geeigneten Gegenmaßnahmen enthält,
- für welche Tätigkeiten bzw. Einsatzorte (Baustelle, Montagestelle etc.) eine LMRA zu erstellen ist,
- wer die Erstellung durchführen soll: die Beschäftigten, der Ausführungsverantwortliche oder der direkte Vorgesetzte (Führungskraft vor Ort) (Hinweis: die Erstellung der LMRA durch den Bauleiter oder den Schichtführer macht wenig Sinn, wenn es sich um eine größere Baustelle oder einen größeren Produktionsstandort handelt.).

Die Festlegung soll auch beschreiben,

- dass Arbeiten, die nicht sicher durchgeführt werden können, nicht begonnen werden dürfen und die Gefährdungsbeurteilung zuerst zu aktualisieren ist; erst nachdem alle Risiken durch geeignete Maßnahmen entsprechend der aktualisierten Gefährdungsbeurteilung beseitigt wurden, darf die Arbeit ausgeführt werden,
- dass eine LMRA bei wechselnden Tätigkeiten oder Umfeldern zu wiederholen ist; d. h., eine LMRA einmal am Tag zu erstellen kann bei gleichen Tätigkeiten und unveränderten Arbeitsbedingungen ausreichen – muss aber nicht. Die Entscheidung sollte die Führungskraft vor Ort treffen.

Praxis-Beispiel: Kleinunternehmen

Von Unternehmen mit bis zu 35 Beschäftigten wird von SCC-VAZ kein dokumentiertes Verfahren verlangt – bei diesen Betrieben reicht eine mündlich vermittelte Anweisung zum Vorgehen.

SCC-VAZ fordert auch die Bereitstellung geeigneter Vorlagen (Checkliste, Formblatt oder Karte) zur Durchführung der LMRA sowie die Einweisung der Personen, die LMRA zu erstellen haben.

3.4 Vorgehensweise

Im Rahmen des Aufbaus oder Ausbaus des Arbeitsschutzmanagements sollte jedes Unternehmen prüfen, ob eine ergänzende Last Minute Risk Analysis erforderlich ist (für Unternehmen, die den SCC-Standard anwenden, sind LMRA eine Pflicht).

Praxis-Beispiel: Realisierung der LMRA

1. Vorgaben zur LMRA
2. Verfahren für die Erstellung der LMRA erarbeiten, darlegen (z.B. in Form einer Verfahrensanweisung oder als Flussdiagramm) und in Kraft setzen.
3. Erarbeitung einer geeigneten Vorlage (Checkliste, Formblatt oder Karte) für die LMRA.
4. Einweisung der Durchführenden (Mitarbeiter oder vor Ort tätige Führungskräfte).

Zu **Schritt 1 und 2**: Neben den Zielen sind v. a. festzulegen,

- für welche Tätigkeiten sowie ggf. welche Partnerfirmen eine LMRA durchzuführen ist,
- wie die LMRA angestoßen werden (empfehlenswert ist die Integration z.B. in die Auftragsunterlagen),
- wer die LMRA durchführt und wer dabei einzubeziehen ist (die Einbeziehung der Kollegen kann auch eine Vor-Ort-Unterweisung darstellen),
- wie bei der Durchführung und Dokumentation vorzugehen ist (dies kann z.B. in einem Merkblatt erfolgen),
- wie mit den dokumentierten LMRA umzugehen ist.

Zu **Schritt 3**: Anhand einer an die betrieblichen Bedingungen angepassten Vorlage (eine Checkliste, ein Formblatt oder eine Karte) muss eine LMRA durch die Akteure vor Ort in kurzer Zeit, einfach und einheitlich durchführbar und dokumentierbar sein.

Zu **Schritt 4**: Die Einweisung der Durchführenden kann insbes. durch eine persönliche Einweisung oder ein LMRA-Einweisungs-Video erfolgen.

Praxis-Beispiel: Regelmäßige Überprüfung

Wie andere AMS-Tools ist auch die tatsächliche Anwendung des Werkzeugs „Last Minute Risk Analysis" im Rahmen des kontinuierlichen Verbesserungsprozesses regelmäßig auf die Nutzung und auf seine Praktikabilität sowie die Wirksamkeit hin zu überprüfen.

4 Bewertung des Werkzeugs LMRA

Die Last Minute Risk Analysis (LMRA) hat sich als sehr wirksames und praktikables Werkzeug einer ergänzenden „Vor-Ort-Gefährdungsanalyse" erwiesen. LMRA ersetzen die gängigen Gefährdungsbeurteilungen nicht!

Albert Ritter

Leitern

Leitern sind ortsveränderliche Aufstiege mit Sprossen oder Stufen, die mit Holmen verbunden sind. Je nach Anwendung gibt es unterschiedliche Leiterbauarten, wie z.B. Anlegeleiter, Stehleiter, Mehrzweckleiter, Podestleiter, Hängeleiter oder Mastleiter.

Leitern werden als Zugang zu hochgelegenen Arbeitsplätzen, an denen zeitweilige Arbeiten ausgeführt werden, verwendet. Oder sie stellen selbst einen hochgelegenen Arbeitsplatz dar. Im Umgang mit Leitern sind Personen v.a. durch Absturz gefährdet. Daher sind zur Unfallverhütung besondere Bestimmungen und Regeln zu beachten.

Gesetze, Vorschriften und Rechtsprechung

Aus den folgenden Vorschriften ergeben sich Forderungen zum Umgang mit Leitern:

- Anhang 1 BetrSichV Nr. 3.1 und 3.3
- TRBS 2121 Teil 2 „Gefährdung von Beschäftigten bei der Verwendung von Leitern"
- DGUV-I 208-016 „Handlungsanleitung für den Umgang mit Leitern und Tritten"
- DIN EN 131-1 „Leitern – Teil 1: Benennungen, Bauarten, Funktionsmaße"
- DIN EN 131-2 „Leitern – Teil 2: Anforderungen, Prüfung, Kennzeichnung"
- DIN EN 131-3 „Leitern – Teil 3: Kennzeichnung und Gebrauchsanleitungen"

1 Betrieb

1.1 Betriebsanleitung

Für den Benutzer muss eine Betriebsanleitung erstellt werden. Für mechanische Leitern müssen darin folgende Angaben enthalten sein:

- über die standsichere Aufstellung,
- den zulässigen Aufrichtwinkel,
- die zulässige Belastung,
- das Aufrichten und Neigen der Leiter sowie
- über das Verhalten bei Störungen.

Allen Leitern müssen Benutzerinformationen (Gebrauchs- und Betriebsanleitung) beigelegt sein, für den Gebrauch in Deutschland entsprechend in deutscher Sprache.

1.2 Begehbarkeit

Leitern müssen sicher begehbar sein. Sie müssen gegen übermäßiges Durchbiegen, starkes Schwanken und Verwinden gesichert und ausreichend tragfähig sein. Zusammengesetzte Leitern müssen mind. die gleiche Festigkeit haben wie gleich lange Leitern mit durchgehenden Holmen.

Sprossen müssen zuverlässig und dauerhaft mit den Holmen verbunden sein. Sprossen müssen gleiche Abstände voneinander haben und trittsicher sein. Dies gilt auch für zusammengesetzte Leitern.

> **Praxis-Beispiel: Stufen statt Sprossen**
>
> Gem. TRBS 2121 Teil 2 sollen Leitern grundsätzlich mit Stufen statt Sprossen verwendet werden, um mehr Sicherheit zu gewährleisten. Im Rahmen der Gefährdungsbeurteilung muss daher beurteilt werden, ob Leitern mit Sprossen weiterhin benutzt werden dürfen.

1.3 Bereitstellung und Benutzung

Der Arbeitgeber muss Leitern in der erforderlichen Art, Anzahl und Größe bereitstellen. Arbeitnehmer dürfen ungeeignete Aufstiege anstelle von Leitern nicht benutzen. Leitern dürfen nur bestimmungsgemäß nach ihrer Bauart verwendet werden. → *Mechanische Leitern* dürfen nur mit Absturzsicherung bereitgestellt werden.

Leitern müssen vor jeder Verwendung fachkundig durch Inaugenscheinnahme auf offensichtliche Mängel kontrolliert werden (§ 4 Abs. 5 Satz 3 BetrSichV).

Leitern sind gegen schädigende Einwirkungen (starke Verunreinigungen, Einfluss von Schadstoffen, mechanische Einwirkungen, wie Stöße oder Schläge) zu schützen. Das Material der Leitern ist entsprechend der Arbeitsumgebung aus widerstandsfähigen Werkstoffen auszuwählen und gegebenenfalls mit schützenden Überzügen (z.B. kälte- und wärmeisolierender Sprossenbelag) bereitzustellen.

Praxis-Beispiel: Besondere Arbeitsumgebung

- rauer Betrieb (Lager- und Maschinenhallen),
- hohe Luftfeuchte,
- niedrige Temperaturen,
- elektrostatische Aufladung.

Die Leiter muss gegen schädigende Einwirkungen geschützt aufbewahrt werden. Schadhafte Leitern dürfen nicht benutzt werden und müssen aus dem Verkehr gezogen werden. Erst nach sachgerechter Instandhaltung darf die Leiter wieder freigegeben werden, d.h., die ursprüngliche Festigkeit muss wiederhergestellt und sicheres Begehen gewährleistet sein.

Leitern müssen gegen Umstoßen gesichert (s. **Abb. 1**) und an oder auf Verkehrswegen auffällig aufgestellt sein (z.B. durch Absperrungen, Abschrankungen oder Warnposten).

Abb. 1: Beispiel für Sicherung gegen Umstoßen

1.4 Arbeiten

Aufgrund der hohen Absturzgefährdung dürfen auf der Leiter nur kurzzeitige Arbeiten geringen Umfangs und geringer Gefährdung durchgeführt werden. Die Benutzung einer Leiter als hochgelegener Arbeitsplatz ist daher zu beschränken. Neben der Dauer und dem Schwierigkeitsgrad der Arbeit sowie dem einzusetzenden körperlichen Aufwand ist auch der Umfang des auf der Leiter mitzuführenden Werkzeugs und Materials zu berücksichtigen:

- Leitern sicher transportieren.
- Leitern und Tritte auf ebenem und tragfähigem Untergrund aufstellen.
- Der Standplatz auf der Leiter liegt nicht höher als 5 m über der Aufstellfläche.
- Wenn Leitern als Aufstieg benutzt werden, müssen sie grundsätzlich mind. 1 m über die Austrittsstelle hinausragen, sofern nicht andere Vorrichtungen ein sicheres Festhalten erlauben (z.B. durch Aufsetz-, Einhak- oder Einhängevorrichtungen).
- Wenn Leitern als Verkehrsweg verwendet werden, darf der zu überbrückende Höhenunterschied grundsätzlich nicht mehr als 5 m betragen, Ausnahmen gelten nur bei sehr seltener Nutzung.
- Bei einem Standplatz von mehr als 2 m und max. 5 m Höhe dürfen die von der Leiter auszuführenden Arbeiten nicht länger als 2 Stunden je Arbeitsschicht dauern.
- Wenn auf einer Leiter eine Last getragen werden muss, darf dies ein sicheres Festhalten nicht verhindern.

- Werkzeuge und Materialien, die mit hinaufgenommen werden, dürfen nicht schwerer als 10 kg sein.
- Leitern und Tritte nicht stärker belasten als vom Hersteller angegeben (i. d. R. max. 150 kg).
- Steigschenkel von Leitern und Tritten dürfen nur von einer Person betreten werden.
- Es dürfen keine Gegenstände mitgeführt werden, die Wind eine Angriffsfläche von mehr als einem Quadratmeter bieten.
- Es dürfen keine Stoffe oder Geräte benutzt werden, von denen für den Beschäftigten zusätzliche Gefahren ausgehen (z. B. heiße oder ätzende Stoffe).
- Die Arbeiten dürfen keinen so großen Kraftaufwand erfordern, dass dadurch die Leiter ins Kippen geraten kann, wenn der Beschäftigte mit beiden Füßen auf einer Sprosse steht.
- Beim Arbeiten auf der Leiter sollen sich Benutzer nicht hinauslehnen.
- Das Verrutschen der Leiterfüße von tragbaren Leitern muss während der Benutzung entweder durch Fixierung des oberen oder unteren Teils der Holme, durch eine Gleitschutzvorrichtung oder durch eine andere, gleichwertige Lösung verhindert werden.
- Leitern so verwenden, dass die Beschäftigten jederzeit sicher stehen und sich sicher festhalten können.

Kurzzeitige Arbeiten geringen Umfangs können z. B. bei folgenden Tätigkeiten gegeben sein:

- Wartungs- und Inspektionsarbeiten,
- Mess-, Richt- und Lotarbeiten,
- Lampenwechsel in Leuchten,
- Montage- und Instandhaltungsarbeiten an Lüftungs-, Klima- und Heizungsanlagen,
- Montage von Bühnen und kleinen Regalanlagen,
- Ausrichten und Verschrauben von Montageteilen.

2 Prüfungen und Unterweisung

2.1 Prüfung von Leitern im Betrieb

Leitern müssen von einer zur Prüfung befähigten Person wiederkehrend auf ordnungsgemäßen Zustand geprüft werden. Dazu müssen die Art der Prüfung (Sicht- oder Funktionsprüfung), deren Umfang und Fristen festgelegt werden. Die Festlegung der Prüffristen sollte sich dabei richten nach:

- Nutzungshäufigkeit,
- Beanspruchung bei der Benutzung sowie
- der Häufigkeit und Schwere festgestellter Mängel bei vorangegangenen Prüfungen.

Die Prüfung muss dokumentiert werden, z. B. in Form eines Leiterprüfbuchs sowie einer Prüfplakette an der Leiter.

Betriebsfremde Leitern müssen besonders sorgfältig auf Eignung und Beschaffenheit durch den Benutzer geprüft werden. I. d. R. werden Leitern in Unternehmen einmal im Jahr geprüft.

Praxis-Beispiel: Prüfungen durch den Hersteller

Die DIN EN 131-2 teilt Leitern in 2 Klassen ein: „beruflicher (professional)" und „nicht beruflicher (non-professional)", d. h. privater Gebrauch. Ein entsprechendes Piktogramm an der Leiter ermöglicht eine Unterscheidung. Für die beiden Leiterklassen gelten unterschiedliche Prüfanforderungen bez. Festigkeit und Dauerhaltbarkeit: Anforderungen an gewerblich genutzte Leitern sind höher als an Leitern für den nicht beruflichen Gebrauch.

Zusätzliche Prüfungen sollen die Sicherheit erhöhen, dies gilt z. B. bei Anlegeleitern für Rutschhemmung am Boden und Verdrehung. Festigkeitsprüfungen müssen nun in der Gebrauchsstellung durchgeführt werden, nicht mehr flach aufgelegt auf Böcken.

2.2 Unterweisung der Beschäftigten

Durch Unterweisung soll verdeutlicht werden, dass sich Unfälle mit bleibenden Gesundheitsschäden auch schon beim Absturz aus geringen Höhen ereignen können. Die Unterweisung soll auf der Grundlage der Gefährdungsbeurteilung erfolgen und muss in angemessenen Zeitabständen wiederholt werden.

Empfehlenswert ist eine jährliche Unterweisung sowie bei besonderen Anlässen, z. B. nach einem Unfall oder dem Einsatz neuer Leiterbauarten.

I. d. R. beinhaltet eine Unterweisung:

- Hinweise zur bestimmungsgemäßen Benutzung,
- bauartspezifische Hinweise,
- Hinweise auf zusätzliche Gefährdungen.

Bettina Huck

Löschwasser-Rückhaltung

Werden im Unternehmen Gefahrstoffe gelagert, so können sie im Brandfall mit dem Löschwasser in die Umwelt (Boden, Grundwasser, Oberflächengewässer) gelangen, wenn keine geeigneten Rückhalteeinrichtungen mit ausreichendem Fassungsvermögen vorhanden sind.

Einrichtungen zur Löschwasser-Rückhaltung sind wesentlicher Teil des Brandschutzes. Ortsfeste Einrichtungen sind Becken, Gruben oder Behälter, Räume, Flächen oder Teile von Grundstücksentwässerungsanlagen. Mobile Einrichtungen sind Auslaufsperren und Barrierensysteme, sie können auch gegen das Eindringen von Hochwasser verwendet werden.

Rückhalteeinrichtungen müssen mindestens so lange dicht sein, bis das aufgefangene Löschwasser ordnungsgemäß entsorgt werden kann.

Gefahrstoffe können wassergefährdend sein und werden dann in 3 Wassergefährdungsklassen eingeteilt. Das erforderliche Fassungsvermögen von Löschwasser-Rückhalteanlagen hängt im Wesentlichen vom Gefährdungspotenzial der gelagerten Stoffe ab.

Gesetze, Vorschriften und Rechtsprechung

Folgende Vorschriften sind relevant:

- Arbeitsschutzgesetz
- Arbeitsstättenverordnung
- Gefahrstoffverordnung
- Betriebssicherheitsverordnung
- Wasserhaushaltsgesetz
- TRGS 510 „Lagerung von Gefahrstoffen in ortsbeweglichen Behältern“
- Löschwasser-Rückhalte-Richtlinien der Länder „Richtlinie zur Bemessung von Löschwasser-Rückhalteanlagen beim Lagern wassergefährdender Stoffe“ (LöRüRL)
- Verordnung über Anlagen zum Umgang mit wassergefährdenden Stoffen (AwSV)

1 Betrieblicher Brandschutz

Es liegt in der Verantwortung des Unternehmers, dass gesetzliche Vorgaben eingehalten werden. Beim Lagern von → *Gefahrstoffen* müssen wirksame → *Brandschutzmaßnahmen* ermittelt und umgesetzt werden. Auch in → *Sammelstellen* und Zwischenlagern für → *gefährliche Abfälle* sind grundsätzlich Löschwasser-Rückhalteeinrichtungen erforderlich. Bei Bränden wird in den meisten Fällen Wasser als Löschmittel eingesetzt, das Löschwasser kann Gefahrstoffe enthalten und muss bis zu seiner Entsorgung wirksam aufgefangen werden.

Technische, organisatorische und persönliche Maßnahmen gewährleisten den Schutz von Beschäftigten und Umwelt im Brandfall. Sie sind Teil des betrieblichen → *Brandschutzkonzeptes*.

Praxis-Beispiel: Brandschutzbeauftragte

→ *Brandschutzbeauftragte* können den Unternehmer beraten und unterstützen. Grundsätzlich besteht keine Pflicht zur Bestellung eines Brandschutzbeauftragten. Im Baurecht kann jedoch eine Bestellung gefordert werden, z. B. in Krankenhäusern, größeren Verkaufsstätten und größeren Industriebauten.

Informationen zum Gefährdungspotenzial der gelagerten Gefahrstoffe liefert das → *Sicherheitsdatenblatt* u. a. mit der Wassergefährdungsklasse.

Praxis-Beispiel: Länderspezifische Regelungen beachten

Die folgenden Ausführungen beziehen sich auf die Löschwasser-Rückhalte-Richtlinie (LöRüRL) des Landes Baden-Württemberg, länderspezifische Regelungen sind zu beachten.

2 Lagermengen

Die LöRüRL gilt bei Lagerung folgender Mengen wassergefährdender Stoffe:

- der Wassergefährdungsklasse (WGK) 1 „schwach wassergefährdend" mit mehr als 100 t je Lagerabschnitt,
- der WGK 2 „deutlich wassergefährdend" mit mehr als 10 t je Lagerabschnitt,
- der WGK 3 „stark wassergefährdend" mit mehr als 1 t je Lagerabschnitt.

Ein Lagerabschnitt ist der Teil eines Lagers, der

- in Gebäuden von anderen Räumen durch Wände und Decken getrennt oder
- im Freien durch Abstände oder Wände getrennt ist.

Bei geringeren Lagermengen als oben beschrieben, werden LöRü-Einrichtungen empfohlen, sind jedoch nicht Pflicht.

Praxis-Beispiel: Mengenermittlung bei Lagerung unterschiedlicher Gefährdungsklassen

Werden wassergefährdende Stoffe unterschiedlicher Gefährdungsklassen zusammengelagert, so werden

- 1 t WGK 3-Stoff als 10 t WGK-2 Stoff und
- 1 t WGK 2-Stoff als 10 t WGK 1-Stoff

bewertet. Die Mengen einer Gefährdungsklasse sind zu addieren.

3 Dimensionierung von Löschwasser-Rückhalteanlagen

Je größer das Gefährdungspotenzial der gelagerten → *Gefahrstoffe* ist, umso größer muss das Fassungsvermögen der Rückhalteeinrichtungen für Löschwasser bemessen sein.

Beim Lagern von Stoffen der

- WGK 1: muss das Löschwasser vollständig zurückgehalten werden.
- WGK 2: Sicherheitszuschlag 50 %.
- WGK 3: Sicherheitszuschlag 100 %.

Praxis-Beispiel: Dimensionierung der Löschwasser-Rückhaltung bei WGK-3-Stoffen

Bei einer Gefährdungssituation durch WGK-3-Stoffe muss ein Rückhaltebecken doppelt soviel Löschwasser fassen können, wie empirisch belegt anfällt.

Parameter zur Ermittlung des zurückzuhaltenden Löschwasser-Volumens sind nach Abschn. 1.3 LöRüRL BW:

- Art der Feuerwehr: öffentlich oder Werksfeuerwehr,
- brandschutztechnische Infrastruktur, z. B. Brandmeldeanlage, Feuerlöschanlage,
- Fläche des Lagerabschnitts,
- Lagerhöhe, -dichte und -menge,
- Art des Lagerns: im Freien, im Gebäude, in ortsbeweglichen Gefäßen, in ortsbeweglichen und ortsfesten Behältern.

Praxis-Beispiel: Ausnahmen

Löschwasser-Rückhaltung ist nicht nötig, wenn:

- die Bauteile des Lagers aus nicht brennbaren Baustoffen bestehen und
  1. im Lager nicht brennbare Stoffe unverpackt sind oder deren Verpackung nicht zur Brandausbreitung beiträgt,
  2. im Lager im Brandfall ausschließlich Sonderlöschmittel ohne Wasserzusatz eingesetzt werden (Abschn. 1.4), z. B. Löschpulver, Kohlendioxid, Schaum,
- Calciumsulfat und Natriumchlorid gelagert werden (Abschn. 1.5),
- in einem Lagerabschnitt nicht mehr als 200 t an Stoffen der WGK 1 gelagert und die übrigen Forderungen der LöRüRL eingehalten werden (Abschn. 4.1.1),
- Behälter mit → *entzündbaren Flüssigkeiten* vollständig im Erdreich eingebettet sind,
- Behälter für entzündbare Flüssigkeiten bis 100 m^3 aus Stahl, doppelwandig und mit zugelassenem Leckanzeigegerät ausgerüstet sind (Abschn. 7.2.1).

4 Allgemeine Anforderungen

Wichtige Anforderungen an Einrichtungen zur Rückhaltung von Löschwasser sind v. a.:

- ausreichendes Fassungsvermögen,
- Überfüllung muss rechtzeitig erkennbar sein,
- Böden und Wände müssen bis zur Entsorgung dicht sein. Geeignete Materialien sind z. B. Stahl oder Beton nach DIN 1045 (Dicke: 20 cm).

Die Anforderungen an Lager für Gefahrstoffe und Löschwasser-Rückhalteeinrichtungen sind abhängig von (Abschn. 5–7 LöRüRL):

- Lagermenge: bis 3.000 l oder darüber,
- Lagerort: in Gebäuden oder im Freien,
- Verpackung: in Behältern bzw. Gefäßen oder Schüttgut,
- Eigenschaften des gelagerten Stoffes: fest, flüssig, nicht entzündbar, entzündbar, Wassergefährdungsklasse.

Daraus ergeben sich u. a. folgende Forderungen:

- feuerbeständige Wände und Decken (F 90) und nicht brennbare Baustoffe (F90-A),
- zulässige Lagermengen und Lagerflächen (Ermittlung nach Tab. 1 LöRüRL),
- Volumen der Löschwasser-Rückhalteanlagen in Abhängigkeit von der Lagerguthöhe (Ermittlung nach Tab. 2 (bis 12 m) bzw. Tab. 3 (über 12 m Lagerguthöhe) LöRüRL),
- stündliche Kontrolle oder automatische Brandmeldeanlage.

Lager bzw. Lagerabschnitte werden in Sicherheitskategorien eingeteilt. Die Kategorien 1 bis 4 (4 ist höchster Sicherheitsstandard) ergeben sich aus:

- der Art der Feuerwehr,
- den Anforderungen an die Brandmeldung und
- der Ausstattung mit einer automatischen Feuerlöschanlage.

An den Zugängen zu Lagerabschnitten muss ein Schild „Löschwasser-Rückhaltung" nach DIN 4066 angebracht werden.

Praxis-Beispiel: Feuerwehrplan

Größere Unternehmen verfügen über eine Werksfeuerwehr, die mit den Gegebenheiten vor Ort vertraut ist, d. h., auch Lage und Fassungsvermögen der Löschwasser-Rückhalteanlagen kennt. Kleinere Unternehmen sind i. Allg. auf öffentliche Feuerwehren angewiesen. Damit diese im Brandfall schnell handeln können, empfiehlt es sich, ihnen → ***Feuerwehrpläne*** **mit Hinweis auf Löschwasser-Rückhalteanlagen** zur Verfügung zu stellen. Auf Verlangen müssen diese Unterlagen den zuständigen Brandschutzdienststellen ausgehändigt werden.

5 Anlagen zur Löschwasserrückhaltung

Um eine Löschwasserrückhaltung effektiv betreiben zu können, sind bauliche Maßnahmen notwendig, die rechtzeitig wirken können. Dabei handelt es sich i.d.R. um Löschwassersperren oder Abflusseinrichtungen.

5.1 Löschwassersperren

Löschwassersperren können Ausgänge und Wandöffnungen direkt abriegeln. Diese Einrichtungen lösen bei einem Austreten von Flüssigkeiten automatisch aus und halten das Löschwasser bis zu einer bestimmten Höhe zurück. Hierbei wird i.d.R. kein separates Auffangbecken für das Löschwasser vorgehalten.

Durch den schnellen und gezielten Einsatz von geeigneten Verschlüssen und Absperrungen für Gebäudeöffnungen und Wanddurchbrüche kann somit im Brand- oder Havariefall das unkontrollierte Austreten von wassergefährdenden Stoffen in die Umgebung verhindert werden. In hochwassergefährdeten Gebieten kann dadurch außerdem ein Schutz von hochwassergefährdeten Bereichen erzielt werden.

Absperrungen und Verschlüsse von Gebäudeöffnungen oder Wanddurchbrüchen können sich in einem Brand- oder Havariefall aber auch nachteilig auswirken, weil sich in diesem Fall die Flucht- und Rettungsweg-Situation im betroffenen Bereich ändert. Durch eine ausgelöste Barriere wird der Fluchtweg verstellt und ist nicht mehr passierbar! Alle Zugänge zum Lagerbereich sind daher entsprechend zu kennzeichnen und der → *Flucht- und Rettungsplan* muss hierauf abgestimmt sein.

Schon bei der Planung der Löschwassersperre muss bekannt sein, wie viel Löschwasser mindestens aufgehalten werden muss. Die Mindestforderungen sind in der LöRüRL angegeben.

Ein Löschangriff der Feuerwehr kann je nach Objekt schnell 1.000 l/min erreichen. Somit muss bei der Planung auch daran gedacht werden, wie das Löschwasser wieder abgepumpt werden kann. Hierfür sind möglichst leistungsstarke Pumpen bzw. Pumpen in ausreichender Anzahl und Beständigkeit notwendig.

Beim Einbau von Löschwassersperren müssen auch die Böden und die Wände bis zur entsprechenden Höhe versiegelt werden. Hiermit wird verhindert, dass das mit Chemikalien kontaminierte Löschwasser in das Mauerwerk eindringt und dort Schäden verursacht.

Abb. 1: Fall einer Löschwasserbarriere (Innentor)[1]

1 Mit freundlicher Genehmigung der Lufthansa Cityline GmbH.

Der in **Abb. 2** gezeigte Balken fällt nach dem Auslösen der Löschwasserrückhalteanlage herunter. Das fallende Gewicht ist so abgestimmt, dass der Balken manuell aufgehalten werden kann.
Setzt der Balken am Boden auf, wird er auf beiden Seiten pneumatisch an den Boden gepresst (vgl. **Abb. 2–5**).

Abb. 2: Pneumatisches Anpressen der Barriere[1]

Abb. 3: Barriere vor und nach dem Auslösen (Außentor)[2]

1 Mit freundlicher Genehmigung der Lufthansa Cityline GmbH.

2 Mit freundlicher Genehmigung der Lufthansa Cityline GmbH.

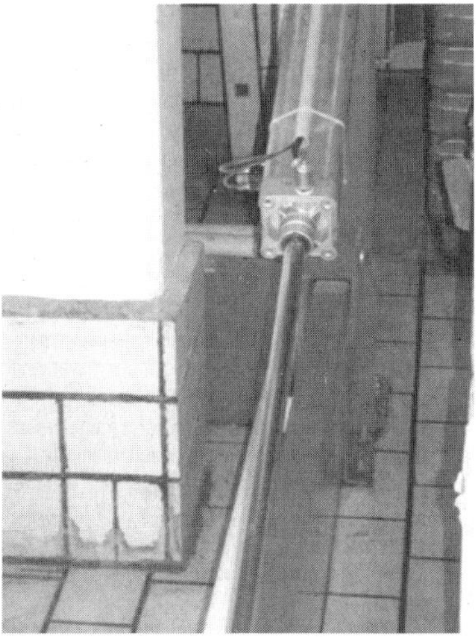

Abb. 4: Anpresspneumatik der Barriere[1]

Abb. 5: Versiegelung von Mauer und Absperrung[2]

1 Mit freundlicher Genehmigung der Lufthansa Cityline GmbH.

2 Mit freundlicher Genehmigung der Lufthansa Cityline GmbH.

Für Löschwassersperren sind 3 Hauptgruppen üblich:

1. manuelle Löschwasserrückhaltesysteme
2. automatische Löschwasserrückhaltesysteme
3. Bauteile zur Rohr- und Gulliabdichtung

5.2 Abflusseinrichtungen

Eine weitere Möglichkeit zum Auffangen von Löschwasser ist das Abführen durch Abflusseinrichtungen. Diese werden im Boden eingelassen und leiten das Löschwasser über Kanäle und Rohrleitungen in ein separates Auffangbecken.

Auch bei dieser Variante muss bekannt sein, wie viel Volumen für Löschwasser vorzuhalten ist.

5.3 Maßnahmen der Feuerwehr

Sollten keine baulichen Maßnahmen vorgeschrieben sein, so kann die Feuerwehr selbst eine behelfsmäßige Löschwasserrückhaltung einrichten, um das Löschwasser z.B. in den Schmutzwasserkanal einzuleiten oder separat aufzufangen.

Mit dem Schmutzwasserkanal kann im Gegensatz zum Regenwasserkanal das Wasser unmittelbar ins Klärwerk geleitet werden. Im Klärwerk wird dann direkt auf die Inhalte des Löschwassers reagiert.

Separat aufgefangenes Löschwasser kann einer speziellen Entsorgung zugeführt werden.

Die Löschwasserrückhaltung der Feuerwehr ist nur eine behelfsmäßige Lösung und kann die gesetzlich geforderten baulichen Maßnahmen nicht ersetzen. Je nach Stoff kann auch ein Klärwerk mit der Reinigung des kontaminierten Löschwassers überfordert sein und eine spezielle Entsorgung des Löschwassers muss durchgeführt werden.

6 Anforderungen an die Lagerung „brennbarer" Flüssigkeiten

Was versteht man unter „brennbar"?

→ *Brennbare Flüssigkeiten* wurden bisher als entzündlich, leicht- oder hochentzündlich bezeichnet. Nach CLP-Verordnung sind entzündbare Flüssigkeiten in Abhängigkeit von Flammpunkt bzw. Siedepunkt:

- entzündbar,
- leicht entzündbar,
- extrem entzündbar.

Forderungen für das Lagern entzündbarer → *Flüssigkeiten* legt Abschn. 7.2 LöRüRL fest. Sind Auffangräume erforderlich und werden diese auch als Löschwasser-Rückhalteanlagen mitbenutzt, so müssen sie u.a. ausreichend groß sein, um das Volumen der gelagerten brennbaren Flüssigkeit selbst sowie Löschwasser und Löschschaum aufzufangen. Abschn. 7.2.3 liefert dazu eine Berechnungsformel.

Bettina Huck

Managementsystem

Ein Managementsystem ist ein komplexes „Werkzeug" zum Managen (Planen, Organisieren, Führen und Kontrollieren) eines Unternehmens bzw. betrieblicher Aufgaben, wie Qualität, Sicherheit und Gesundheit bei der Arbeit (Arbeitsschutz) etc. Dieses Werkzeug stellt ein strukturiertes System dar. Es umfasst eine Beschreibung des Kontextes des Unternehmens sowie alle führungstechnischen und organisatorischen Festlegungen, Maßnahmen und Methoden zur Festlegung und Erreichung der Ziele eines Unternehmens. Orientiert sich das Managementsystem an einem anerkannten Standard (z.B. einer Norm) kann das Managementsystem auch zertifiziert werden – man spricht dann von einem zertifizierten Managementsystem.

Gesetze, Vorschriften und Rechtsprechung

Die Notwendigkeit der Anwendung eines Managementsystems resultiert v.a. aus der praktischen Erkenntnis, dass eine gute, zeitgemäße Unternehmensführung vor dem Hintergrund der hohen Dynamik der Veränderungen in fast allen Bereichen (technologischer Wandel, Globalisierung, beschleunigte Prozesse, demografischer Wandel etc.) ein geeignetes (wirksames) Managementwerkzeug benötigt.

Die Notwendigkeit resultiert entscheidend auch aus den Forderungen der Kunden sowie teilweise auch der Partner. Beispiele dafür sind das Qualitätsmanagement, das Umweltmanagement, das Arbeitsschutzmanagement sowie das Hygienemanagement.

Der Gesetzgeber fordert i.d.R. indirekt zur Umsetzung öffentlich-rechtlicher Vorgaben sowie zum Nachweis von deren Umsetzung spezielle „Managementsysteme“. Beispiele hierfür sind:

- Störfallverordnung Anhang III StörfallV – Sicherheits-Managementsystem
- Lebensmittelhygiene-Verordnung (LMHV) – Hygienemanagement
- Arbeitsschutzgesetz (ArbSchG) – Arbeitsschutzmanagement
- EMAS-Verordnung – Umweltmanagement

1 Notwendigkeit eines Managementsystems

Die Aufgabe, ein Unternehmen zu führen und dabei den Anforderungen aller Interessenspartner gerecht zu werden, wird immer komplexer. Unternehmer können sich daher bei der Bewältigung ihrer Führungsaufgaben nicht mehr alleine auf die eigene Erfahrung und Kompetenz verlassen. Sie benötigen vielmehr ein für das Unternehmen maßgeschneidertes „Werkzeug“, das sie bei der strategischen Betriebsführung und der täglichen Arbeit, der operativen Betriebsführung, unterstützt.

Gut geführte Organisationen zeichnen sich durch ein funktionierendes Ordnungssystem aus. Ein solches Managementwerkzeug besteht v.a. aus einer strategischen Ausrichtung des Unternehmens durch eine Vision, selbst formulierten Zielen und Handlungsgrundsätzen sowie daraus abgeleiteten Strukturen und verbindlichen Anweisungen, wie z.B. Prozessregelungen.

Wie eine Landkarte gibt ein solches Ordnungssystem dem Management und den Beschäftigten eine klare Orientierung bei der Gestaltung und Ausführung ihrer Aufgaben und fördert die Transparenz. Ein solches Werkzeug zum Managen des Unternehmens bzw. einer betrieblichen Aufgabe, das auf die Individualität des Unternehmens abhebt und dabei alle Forderungen an das Unternehmen berücksichtigt, bezeichnet man allgemein als Managementsystem.

Managen bedeutet dabei: Ausrichtung geben durch eine Politik (Visionen, ...), Ziele vereinbaren, Voraussetzungen schaffen, Prozesse und Tätigkeiten planen, initiieren und steuern sowie alle Elemente des Managementsystems regelmäßig bewerten und → *kontinuierlich verbessern.*

Auch kleinere und eigentümergeführte Unternehmen benötigen ein professionelles Ordnungssystem, denn die Notwendigkeit einer optimalen (reibungslosen) Zusammenarbeit und das Managen der betrieblichen Aufgaben nehmen auch hier weiter zu. In Kleinbetrieben ist die Verwendung des Begriffs Managementsystem zu überprüfen. Alternativen sind: Führungskonzept oder Betriebsführung mit System.

2 Aufbau

Ein Managementsystem umfasst alle führungstechnischen und organisatorischen Festlegungen, Maßnahmen und Methoden, die die Prozesse der Leistungserstellung einer Organisation an den Zielen ausrichten und beherrschbar machen sollen, ein systematisches Handeln der Organisation bewirken und so das Erreichen der festgelegten Ziele sicherstellen. Es vereinheitlicht bzw. standardisiert betriebliche Prozesse und Handlungen – schafft also Routinen. Für das Management ist es der Bezugsrahmen für die jeweiligen Aufgaben und ein Führungsinstrument, für die Mitarbeiter v.a. eine Handlungsorientierung und ein Nachschlagewerk. Diese Hauptprozesse oder Bausteine sowie deren Zusammenwirken (Wechselwirkungen) skizzieren den Aufbau eines Managementsystems und geben ihm eine erkennbare Architektur.

Die wesentlichen führungstechnischen und organisatorischen Festlegungen, Maßnahmen und Methoden eines Managementsystems sind:

- strategische Ausrichtung des Unternehmens durch eine Vision und Grundsätze (eine Policy),
- Zielorientierung durch kommunizierte Unternehmensziele und deren Konkretisierung beim Herunterbrechen auf die einzelnen Arbeitsbereiche/-plätze,
- Zielevereinbarung,
- Strukturen schaffen durch aufbauorganisatorische Festlegungen (z.B. Hierarchie, Verantwortung, Zuständigkeiten, Befugnisse),
- Prozesse festlegen und beschreiben (z.B. Arbeitsverfahren, Informations- und Entscheidungsprozesse),
- Ausrichten der Strukturen, Prozesse und Handlungen an den vereinbarten Zielen,
- Lenkung der Umsetzung,
- Ermittlung und Bewertung der Ergebnisse und
- kontinuierliche Verbesserung.

Ein gutes Managementsystem ist lernfähig. Es merkt sich die Wege, die schnell zum gewünschten Ergebnis führen, und weist auf mögliche Fehlerquellen hin, die den Erfolg beeinträchtigen/verhindern könnten.

3 Ausprägungsformen

Unternehmen installieren ein Managementsystem, um damit die Erfüllung/Erledigung einer bestimmten Aufgabe zu managen. Managementsysteme dienen deshalb immer einem definierten betrieblichen Zweck und sind auf diesen fokussiert. Betriebliche Managementsysteme unterscheiden sich deshalb im Hinblick auf ihre Inhalte (was wird gemanagt, z.B. die Erfüllung der Kundenforderungen, das Beherrschung von Risiken, die Sicherheit und der Gesundheitsschutz), ihre Systematik, ihren Formalisierungsgrad und ihre Dokumentation. Die bekanntesten Managementsysteme orientieren sich an anerkannten Managementsystemnormen (z.B. der DIN EN ISO 9001) oder dem Business-Excellence-Modell (z.B. TQM-Modell der EFQM).

Die Praxis zeigt, ein Unternehmen verträgt eigentlich nur ein Managementsystem. Heute werden jedoch viele betriebliche Aufgaben durch ein spezielles Managementsystem gemanagt. Beispiele dafür sind das Risikomanagement, das Personalmanagement sowie das Informations- und Wissensmanagement.

Um Blindleistungen (z.B. durch Informationsverluste) und Reibungsverluste (z.B. durch nicht abgestimmte Prozesse) zu vermeiden und Synergien zu erschließen, benötigen die in einem Unternehmen praktizierten (speziellen) Managementsysteme ein gemeinsames Fundament und eine einheitliche Architektur. Die von ISO bereitgestellte High-Level-Structure bietet eine solche einheitliche Grundstruktur. Dadurch erscheint das Netzwerk der betrieblichen Teil- oder Spezial-Managementsysteme als ein Managementsystem aus einem Guss (im Sinne eines integrierten Managementsystems). Dies ist sowohl für die Anwendung als auch die Pflege der speziellen Managementsysteme sehr wichtig.

Praxis-Beispiel: High-Level-Structure: Übergeordnete Struktur für alle normorientierten Managementsystem-Standards

A) 10 Elemente der Grundstruktur:

1. Anwendungsbereich
2. Normative Verweisungen
3. Begriffe
4. Kontext der Organisation
5. Führung
6. Planung
7. Unterstützung
8. Betrieb
9. Leistungsbewertung
10. Verbesserung

B) Einheitliche Definition wesentlicher Begriffe (z. B. Risiko)

Das gemeinsame Fundament der speziellen Managementsysteme eines Unternehmens bilden auch

- die formulierte Vision des Unternehmens,
- die Unternehmenspolitik,
- Unternehmensziele,
- die Aufbau- oder Strukturorganisation,
- die Ablauforganisation sowie
- der → *kontinuierliche Verbesserungsprozess.*

Für eine einheitliche Architektur sollten unternehmensspezifische Standards erarbeitet und unternehmensweit angewendet werden. Diese beziehen sich v. a. auf

- eine einheitliche Darlegung von Prozessen,
- eine ganzheitliche Zuweisung von Aufgaben und Zuständigkeiten,
- einen einheitlichen Informationsprozess,
- eine einheitliche Darlegung von Verfahrens-, Arbeits- und Prüfanweisungen,
- einen gemeinsamen kontinuierlichen Verbesserungsprozess sowie
- eine gemeinsame Dokumentation (z. B. ein → *Managementhandbuch* bzw. dokumentierte Informationen).

In der Praxis überwiegen derzeit noch eher separate Managementsysteme. Das ist v. a. darauf zurückzuführen, dass diese durch spezielle Normen bzw. Standards initiiert wurden bzw. sich daran orientieren.

Praxis-Beispiel: Praktische Relevanz integrierbarer Managementsysteme steigt

Die praktische Bedeutung integrierbarer Managementsysteme nimmt merklich zu, weil auch in der Praxis die Notwendigkeit einer intelligenten Zusammenführung erkannt wird:

- immer mehr Unternehmen praktizieren parallel mehrere „spezielle" Managementsysteme und erkennen zunehmend die Vorteile deren Verbindung: geringerer Aufwand, bessere Wirkungen etc.;
- die Wirksamkeit separater Managementsysteme, die i. d. R. isoliert betrieben werden, hat sich als begrenzt erwiesen;
- da die Ziele der speziellen Managementsysteme i. d. R. nur sehr grob horizontal abgestimmt sind, treten Zielkonflikte bei der Umsetzung auf und behindern diese massiv;
- der ganzheitliche Charakter von Zielen, Aufgaben- und Problemstellungen wird verdeckt;
- die verstärkte Diskussion integrierter Managementsysteme (IMS sind modern).

Dabei spielt auch eine Rolle, dass das parallele Praktizieren mehrerer separater Managementsysteme an Grenzen stößt. Zu nennen sind v. a.:

- identische Abläufe werden mehrfach geregelt; Folge: redundante oder sich widersprechende Detailregelungen;
- an den Systemschnittstellen entstehen Abstimmungsprobleme;
- die Eigenverantwortung, Prozessorientierung und Innovationsbereitschaft werden gehemmt;
- es entsteht ein Mehraufwand, beispielsweise bei der Dokumentation, deren Pflege sowie bei Audits;
- statt Synergien zu nutzen, entstehen Verluste (z. B. Informationsverluste);
- mehrere parallele Managementsysteme verwirren teilweise die Mitarbeiter;
- es kommt leicht zu suboptimalen Verhaltensweisen (z. B. Konzentration auf ein Teilgebiet vor einem Audit und Vernachlässigung dieses Gebiets nach dem Audit).

4 Integrierte Managementsysteme

Grundgedanke eines integrierten Managementsystems ist es, Anforderungen aus verschiedenen unternehmensrelevanten Managementbereichen, wie z. B. Qualität, → *Sicherheit* und → *Umwelt*, in einer einheitlichen Struktur abgestimmt zusammenzufassen. Integration bedeutet hier nicht bloßes Aneinanderfügen der Managementbereiche, sondern ein von einer ganzheitlichen und prozessorientierten Betrachtung ausgehendes Verbinden.

Dabei sollen Abgrenzungen, wie sie sich bei Einzelbetrachtungen von Qualität, Sicherheit und Umwelt innerhalb der Abläufe und Prozesse ergeben, vermieden werden und statt dessen die Prozesse ganzheitlich betrachtet, organisiert und gesteuert werden. Ziel eines integrierten Managementsystems ist es auch, dem betrieblichen Handeln eine abgestimmte Ausrichtung zu geben und die Prozesse mit angemessenem Aufwand zu optimieren sowie die Effektivität zugunsten des Unternehmensergebnisses zu verbessern.

Die Fachdiskussion und die Aktivitäten in vielen Unternehmen lassen erkennen, dass „integrierte Managementsysteme" heute als zukunftsorientierte Führungs- und Organisationskonzepte zu betrachten sind. Integrierte Managementsysteme (IMS) tragen dem Gedanken Rechnung, dass ein Unternehmen eine einheitliche Ausrichtung sowie ein themenübergreifendes und abgestimmtes Führungs- und Organisationskonzept benötigt und deshalb die vorhandenen, separaten Managementsysteme zusammengeführt werden müssen.

Von zentraler Bedeutung ist dabei, was man unter Integration versteht und wie man sie umsetzt (praktiziert). Hier existieren sehr unterschiedliche Vorstellungen. Aus der Sicht der Praktikabilität wird vorgeschlagen, unter integriert „zu etwas Ganzem zusammengeführt, ohne dass dadurch zwangsläufig die einzelnen Teile verloren gehen", zu verstehen. Ein integriertes Managementsystem stellt damit die Zusammenführung auch weiterhin in Teilen eigenständiger Managementsysteme unter einem gemeinsamen Dach (dem integrierten Managementsystem mit gemeinsamem Fundament und einer einheitlichen Architektur) dar. Vor diesem Hintergrund ist die High-Level-Structure sehr zu begrüßen.

Albert Ritter

Manuelle Lastenhandhabung

Jede Tätigkeit, die den Einsatz menschlicher Kraft zum Heben, Halten, Absetzen, Tragen, Schieben oder Ziehen erfordert, bedeutet manuelle Lastenhandhabung. Das kann direkt oder indirekt mithilfe von Werkzeugen oder Hilfsmitteln geschehen. Der Krafteinsatz kann über Hände, Arme, Schultern, Brust, Rücken, Beine oder kombiniert erfolgen. Eine Last kann ein Gegenstand in Gebinden oder unverpackt, aber auch ein Mensch oder Tier sein.

Gesetze, Vorschriften und Rechtsprechung

Für die manuelle Lastenhandhabung gelten neben den generellen Regelungen des Arbeitsschutzgesetzes (z. B. menschengerechten Gestaltung der Arbeitsplätze, § 2 Abs. 1 ArbSchG) insbesondere die Vorgaben der Lastenhandhabungsverordnung (LasthandhabV). Sie gilt für die manuelle Handhabung, die eine Gefährdung für Sicherheit und Gesundheit, insbesondere der Lendenwirbelsäule mit sich bringen kann. Weitere wichtige Regelungen enthalten die folgenden Vorschriften:

- § 9 Abs. 2, § 11 Abs. 5 Mutterschutzgesetz
- § 22 Abs. 1 Satz 1 Jugendarbeitsschutzgesetz
- DGUV-I 240-460 „Handlungsanleitung für die arbeitsmedizinische Vorsorge nach dem Berufsgenossenschaftlichen Grundsatz G 46: Belastungen des Muskel- und Skelettsystems einschließlich Vibrationen"
- DIN EN 1005-1 „Sicherheit von Maschinen – Menschliche körperliche Leistung, Teil 1: Begriffe"
- DIN EN 1005-2 „Sicherheit von Maschinen – Menschliche körperliche Leistung, Teil 2: Manuelle Handhabung von Gegenständen in Verbindung mit Maschinen und Maschinenteilen"
- DIN EN 1005-4 „Sicherheit von Maschinen – Menschliche körperliche Leistung, Teil 4: Bewertung von Körperhaltung und Bewegung bei der Arbeit an Maschinen"

1 Physische Gefährdungsfaktoren

Unter physischen Gefährdungsfaktoren werden Belastungen verstanden, die beim Einsatz der Muskulatur sowie des Stütz- und Bewegungsapparates auf den Menschen einwirken. Gefährdend wirkende Faktoren lassen sich in 3 Gruppen teilen.

1.1 Schwere dynamische Arbeit

- Halten, Heben und Transportieren von Lasten mit den Händen und/oder Körperteilen;
- Muskelgruppen über 1/7 der gesamten Skelettmuskelmasse werden eingesetzt;
- Die Gefährdung bei manueller Handhabung von Lasten ist abhängig von Größe, Gewicht, Schwerpunkt der Last, räumlichen Bedingungen, erzwungener Körperhaltung, Bewegungsformen und Arbeitstempo;
- Kennzeichen der Beanspruchung ist die Begrenzung der Leistungsfähigkeit der Sauerstoffversorgung durch Herz, Kreislauf und Atmung;
- Arbeitsbeispiele: Schaufelarbeiten, Verladen von Stückgut.

1.2 Einseitige dynamische Arbeit

- Immer wiederkehrende Bewegung kleiner Muskelgruppen bei Montagearbeiten, z. B. in ungünstiger Körperhaltung;
- Kleine Muskelgruppen mit höherer Bewegungsfrequenz;
- Kennzeichen der Beanspruchung: die maximale Arbeitsdauer ist durch die Arbeitsfähigkeit der Muskulatur begrenzt;
- Arbeitsbeispiele: Handhebelpresse, Maschinenbetätigung, Schere betätigen.

1.3 Statische Arbeit

Statische Arbeit kann als Haltearbeit auftreten beim Einsatz von Werkstücken und Geräten. Statische Haltungsarbeit entsteht z. B. bei gebeugten Körperhaltungen im Sitzen oder im Stehen.

Bei der täglichen Arbeit treten diese Faktoren häufig kombiniert auf. Einzelne kleinere Muskelgruppen an den Händen und Armen werden stark dynamisch beansprucht, gleichzeitig verrichten andere Körperteile, wie Schultern und Nacken statische Haltungsarbeit (Montagearbeitsplätzen im Stehen, Arbeitsplätze im Stehen im Labor, wo nur kleines Gewicht bewegt wird, wie z. B. Messeinheit, Lötfaden).

Die Durchblutung wird bereits bei Anspannung von 15 % der maximalen Kraft durch den Muskelinnendruck gedrosselt. Dadurch ergibt sich eine starke Beschränkung der Arbeitsdauer auf wenige Minuten.

2 Quellen für physische Gefährdung

Praxis-Beispiel: Keine isolierte Betrachtung

Die einzelnen Quellen dürfen nicht isoliert betrachtet werden. Vielmehr führt oftmals erst das Zusammentreffen verschiedener Einflussfaktoren zum Wirksamwerden der physischen Gefährdung. Deshalb sind die neuen Leitmerkmalmethoden in 6 Untergruppen eingeteilt. Gibt es pro Arbeitstag mehrere unterschiedliche Teil-Tätigkeiten, sind diese getrennt zu erfassen und zu beurteilen. Die Wahrscheinlichkeit einer körperlichen Überbeanspruchung kann nur dann beurteilt werden, wenn alle während eines Arbeitstags vorliegenden körperlichen Belastungen beurteilt werden.

2.1 Zu handhabende Last

- Gewicht
- Form und Größe
- Trageform der Last
- Lage der Zugriffsstellen
- Schwerpunktlage bestimmt den Gefährdungsgrad
- Möglichkeit einer unvorhergesehenen Bewegung

2.2 Arbeitsplatz, Arbeitsumgebung

- Technische Ausstattung, v. a. Art und Beschaffenheit von → *Maschinen*, die bestückt werden sollen, die technischen Hilfsmittel für den Materialtransport, die Einrichtung des Pflegezimmers, die Arbeitshilfsmittel können die physische Belastung erhöhen.
- Räumliche Anforderung, z. B. der Materialbereitstellung, der Bewegungsraum vor dem Förderband, die freie Bewegungsfläche am Patientenbett, der unebene → *Boden* auf dem transportiert werden soll, sind entscheidende Faktoren für die Gefährdung.
- Höhenunterschiede im Arbeitsbereich, in dem die Last bewegt, geschoben, gedreht werden soll, führen zu einer vermehrten Beanspruchung des Körpers.
- Klima, Lichtverhältnisse und Luftverunreinigungen beeinflussen die Leistungsfähigkeit des Beschäftigten.
- Bekleidung, insbesondere das Schuhwerk.

2.3 Arbeitsaufgabe, Arbeitssituation

- Entscheidung über erforderliche Arbeitsschritte bei Transportvorgängen
- Art und Weise der Arbeitsausführungen, z. B. durch vermehrte Körperbewegungen
- Arbeitsmenge
- Arbeitsschwere
- Arbeitstempo
- Wechsel der Arbeitsanforderungen
- Dauer der Tätigkeit
- Ruhepausen
- Persönliche Schutzausrüstung

3 Gesundheitsgefährdungen

Praxis-Beispiel: Einflussfaktoren für die Gesundheitsgefährdung

Zusätzlich zur Last gelten ungünstige Körperpositionen als wesentlicher Faktor für die Entstehung von Beschwerden und Erkrankungen. Die Vielzahl der Einflussfaktoren bestimmt den Schädigungsgrad. Lastgewicht, Rumpfbeugung, Armhaltung, Geschwindigkeit des Hebevorgangs, Neigung des Oberkörpers zur Seite und die Verdrehung des Rumpfes werden in der Summe zur Gefährdung.

3.1 Unfallgefährdungen

Beim Handtransport durch

- gefährliche Oberflächen wie Ecken, Kanten, Spitzen, raue Oberfläche am Transportgut,
- Einklemmen, Quetschen beim Greifen der Last,
- Ausrutschen auf fettigem Boden, Stolpern über Hindernisse oder durch unebene Flächen.

Beim Einsatz handgeführter Transportmittel durch

- Benutzen ungeeigneter, beschädigter Transportmittel,
- Ausrutschen oder → *Stolpern* von Personen.

3.2 Verletzungen, Entzündungen

Mechanische Fehlbelastung der Knochen, Gelenke, Muskeln, Sehnen und Bänder können z. B. Folgendes verursachen:

- Verletzungen von Muskeln und Sehnen durch Zerrung oder Riss,
- Entzündungen/mechanische Reizungen an Muskelansätzen und im Sehnengleitgewebe.

3.3 Akute Schädigungen

Durch kurzzeitige erhebliche mechanische Störung können akute Schädigungen entstehen, z. B.

- Muskelzerrung oder Sehnenanrisse beim schnellen Anheben oder Ziehen von Gewicht,
- Blockierung eines Wirbelbogengelenkes beim Lastanheben (Hexenschuss).

3.4 Chronische Schädigung

Durch fortgesetzte mechanische Fehlbelastung mit stetig zunehmenden Dauerbeschwerden entstehen:

- Bandscheibendegeneration bis zum Vorfall,
- Sehnenscheidenentzündung bis zur degenerativen Veränderung und Rissgefahr,
- arthrotische Veränderung der Wirbelkörper und Gelenke,
- einseitige Muskelverkürzungen und gegenseitige Muskelathropie (muskuläre Dysbalancen).

3.5 Berufskrankheiten

Im Anhang der Berufskrankheiten-Verordnung (BKV) werden 2 Berufskrankheiten definiert, die direkt im Zusammenhang mit der Handhabung von schweren Lasten stehen:

- BK Nr. 2108: Bandscheibenbedingte Erkrankungen der Lendenwirbelsäule durch langjähriges Heben und Tragen schwerer Lasten oder durch langjährige Tätigkeit in extremer Rumpfbeugehaltung, die zur Unterlassung aller Tätigkeiten gezwungen haben, die für die Entstehung oder Verschlimmerung oder das Wiederaufleben der Krankheit ursächlich waren oder sein können.
- BK Nr. 2109: Bandscheibenbedingte Erkrankungen der Halswirbelsäule durch langjähriges Tragen schwerer Lasten auf der Schulter, die zur Unterlassung aller Tätigkeiten gezwungen haben, die für die Entstehung oder Verschlimmerung oder das Wiederaufleben der Krankheit ursächlich waren oder sein können.

Praxis-Beispiel: Kombination mit anderen Berufskrankheiten

Da das Heben und Tragen von Lasten i. d. R. in Kombination mit anderen biomechanischen und motorischen Belastungen auftritt, sind außerdem die Berufskrankheiten durch physikalische Einwirkung mit zu beachten (BK Nr. 2101 bis BK Nr. 2110).

4 Grenzwerte der Belastung

Es gibt keine rechtsverbindlichen Grenzwerte für Lastgewichte für alle Beschäftigten. Die Beanspruchung des Körpers hängt von Zeitdauer, Häufigkeit, Körperhaltung, Ausführungsbedingungen und Lastgewicht ab. Diese Faktoren sind in Kombination zu betrachten.

Lasten größer als 40 kg für Männer und 25 kg für Frauen sind jedoch grundsätzlich als Risiko einzustufen. Als Faustformel für den schädigungsfreien Umgang mit Lasten gilt, dass 15 % der Maximalkräfte bei länger andauernden Belastungen nicht überschritten werden dürfen.

Praxis-Beispiel: Maximalkräfte

In DIN 33411 „Körperkräfte des Menschen" sind die Werte der Maximalkräfte zu finden. Sie werden in Abhängigkeit vom Geschlecht und der Art der Kraftaufwendung beschrieben.

Für besondere Personengruppen gelten folgende Regelungen.

- **Werdende Mütter** dürfen nicht mit Arbeiten beschäftigt werden, bei denen sie regelmäßig Lasten von mehr als 5 kg oder gelegentlich von mehr als 10 kg ohne mechanische Hilfsmittel heben, bewegen oder befördern (§ 11 Abs. 5 MuSchG).
- **Jugendliche** dürfen nicht mit Arbeiten beschäftigt werden, die ihre physische oder psychische Leistungsfähigkeit übersteigen (§ 22 Abs. 1 Satz 1 JArbSchG).

5 Gefährdungsbeurteilung physischer Gefährdungsfaktor

Die Beurteilung der Arbeitsbedingungen wird vom Arbeitsschutzgesetz (§ 5 ArbSchG) gefordert. Wie sie durchgeführt werden soll und wie detailliert, ist jedoch nicht festgeschrieben.

Systematisches Vorgehen entsprechend dem Handlungszyklus erleichtert die Nachvollziehbarkeit der Ergebnisse und die damit verbundene Lösungssuche. Die → *Gefährdungsbeurteilung* setzt sich zusammen aus der Gefährdungsanalyse und der Risikobeurteilung.

5.1 Gefährdungsanalyse

Die Ablauforientierte Gefährdungsanalyse betrachtet das Zusammenwirken der Systemelemente zur Erfüllung der Arbeitsaufgabe. Sie empfiehlt sich bei der Feststellung der Gefahr durch Manipulation von Lasten.

Praxis-Beispiel: Aufwand begrenzen

Diese Methode ist zeitaufwendig. Beginnen Sie bei der Auswahl der Teiltätigkeiten mit denen, die auffallende Gefährdungspotenziale zeigen und hohe Expositionszeiten erfordern. Eine Arbeitsplatzbegehung ermöglicht die erste Grobeinschätzung. Fotos verdeutlichen die Arbeitshaltung. Die Anwendung der Leitmerkmalmethode zeigt erste Gefährdungsschwerpunkte auf.

Praxis-Beispiel: Ablauforientierte Gefährdungsanalyse

1. Zu untersuchende Arbeitsaufgabe festlegen und abgrenzen,
2. Zugehöriges Arbeitssystem mit seinen Systemelementen ermitteln, v.a. die Tätigkeitsabfolge,
3. Teiltätigkeiten aufteilen,
4. Gefährdungsfaktor festlegen – hier physischer,
5. Gefahrenquellen beschreiben,
6. Zugehörige gefahrbringende Bedingungen ermitteln,
7. Besondere Leistungsvoraussetzungen der Beschäftigten beachten,
8. Konkrete Gefährdung feststellen und beschreiben,
9. Expositionszeit feststellen.

5.2 Risikobeurteilung

Risiko ist die Schwere eines möglichen Schadens und die Wahrscheinlichkeit, dass dieser Schaden auftritt. Die Risikobeurteilung setzt sich aus Risikoabschätzung und Risikobewertung zusammen.

Risikoabschätzung ist die Beschreibung des Risikos durch Einstufung der möglichen Schadensschwere und der Eintrittwahrscheinlichkeit. Bei der Risikobewertung wird festgestellt, ob das Risiko akzeptabel ist bzw. ob Maßnahmen zur Minderung erforderlich sind.

Die Risikomatrix nach Nohl mit Bewertungsfeldern erleichtert die Beurteilung. Die Bewertung erfolgt mit dem Ampelmodell.

6 Leitmerkmalmethode

Für die Gefährdungsanalyse empfehlen die Bundesanstalt für Arbeitsschutz und Arbeitsmedizin (BAuA) und der Länderausschuss für Arbeitsschutz und Sicherheitstechnik (LASI) die Leitmerkmalmethode (LMM). Sie dient zur praxisgerechten Analyse von objektiv vorhandenen Arbeitsbelastungen.

Praxis-Beispiel: Detailkenntnis erforderlich

Für die Anwendung ist eine gute Kenntnis der zu beurteilenden Tätigkeit unbedingte Voraussetzung. Ergonomisches und sicherheitstechnisches Expertenwissen sind nicht erforderlich. Grobe Schätzungen oder Vermutungen führen zu falschen Ergebnissen

Die Leitmerkmalmethode besteht aus 6 Teilen. Sie dient zur orientierenden Beurteilung von Belastungen bei

1. Heben, Halten und Tragen von Lasten,
2. Ziehen und Schieben von Lasten,
3. manuellen Arbeitsprozessen,
4. Ausübung von Ganzkörperkräften,
5. Körperzwangshaltungen,
6. Körperfortbewegung.

Bei allen 6 Bewertungen gibt es eine Einschränkung für vermindert belastbare Personen. Das sind Beschäftigte, die älter als 40 oder jünger als 21 sind, Neulinge im Beruf oder durch Erkrankungen leistungsgemindert.

Aus dieser Gefährdungsabschätzung sind sofort Gestaltungsnotwendigkeiten und -ansätze erkennbar. Grundsätzlich sollen Ursachen mit hoher Wichtung beseitigt werden.

Praxis-Beispiel: Formblätter

Unter der Adresse https://www.baua.de/DE/Themen/Arbeitsgestaltung-im-Betrieb/Physische-Belastung/Leitmerkmalmethode/Leitmerkmalmethode_node.html stehen Formblätter mit Rechenhilfen zu diesen 6 Themen zur Verfügung. In der Rubrik FAQ zur Gefährdungsbeurteilung finden Sie z.B. Antworten zur Ergebnisgenauigkeit und ob diese Beurteilung für Berufskrankheiten-Feststellungsverfahren genutzt werden kann.

7 Regeln zur belastungsarmen Lastenmanipulation

Grundsätzlich gelten bei der Arbeitsgestaltung die arbeitswissenschaftlichen Prinzipien der menschengerechten Gestaltung (§ 2 Abs. 1 ArbSchG). Die Arbeit soll sein:

- ausführbar,
- schädigungslos erträglich,
- zumutbar,
- zufriedenstellend.

An erster Stelle steht das Vermeiden manueller Lastenhandhabung mit einer Gefährdung der Gesundheit der Beschäftigten (§ 2 Abs. 1 LasthandhabV).

Praxis-Beispiel: Gesamtes Arbeitssystem betrachten

Die Maßnahmen zur Verbesserung sollen immer in ihrer Gesamtheit der Auswirkung betrachtet werden. Die Wechselwirkungen von Veränderungen zur Vermeidung/Verringerung von Gefährdungen machen eine systematische Betrachtungsweise des Arbeitssystems erforderlich.

Um Arbeitssysteme sicher zu gestalten, sind Ansatzpunkte im technischen Bereich, im organisatorischen Bereich und im personellen Bereich zu finden.

Die Rangfolge der Arbeitsschutzmaßnahmen ist:

1. Gefahrenquelle vermeiden, beseitigen, reduzieren, Eigenschaft der Quelle verändern,
2. Sicherheitstechnische Maßnahmen, wie räumliche Trennung an der Quelle,
3. Organisatorische Maßnahmen durch Trennung räumlich oder zeitlich vom Mensch,
4. → *Persönliche Schutzausrüstung* als räumliche Trennung am Mensch,
5. Verhaltensbezogene Maßnahmen durch arbeitsschutzgerechtes Verhalten.

Praxis-Beispiel: Besonderheiten bei Frauen

Die Körperkraft von Frauen beträgt im Durchschnitt nur 2/3 der des Mannes. Bedingt durch geringere Skelettmaße (Frontaldurchmesser des Brustkorbes ist kleiner, Wirbelkörperdeckplatten und Bandscheiben haben eine geringere Fläche) ergeben sich bei gleich hohen Arbeitsbelastungen gegenüber Männern höhere spezifische Belastungen der Wirbelsäule und Gelenke.

Ebenso ist die Knochenfestigkeit etwas geringer und nimmt mit dem Alter ab (Osteoporose).

Der offene Beckenboden ist weniger gut geeignet, die beim schweren Heben und Tragen von Lasten entstehenden Druckkräfte aufzunehmen.

Folge: Bei fortgesetztem schweren Heben kann durch Überlastung des Beckenbodens eine Schwäche des Schließmuskels des Harnleiters (Harninkontinenz), Gebärmuttersenkung und -vorfall mit Beeinträchtigung der Blasenfunktion entstehen.

8 Gesundheitsfördernde Maßnahmen

Voraussetzung für die Nachhaltigkeit ist die Bedarfsanalyse. Durch Mitarbeiterbefragung, Gesundheitsbericht der Krankenkassen oder Arbeitsplatzbegehung kann festgestellt werden, welche Maßnahme mit welchem Ziel durchgeführt werden soll. Einzelmaßnahmen, die nicht in das Gesamtkonzept des Unternehmens eingebunden sind, erreichen nur kurzfristig eine Verbesserung.

Vorbildfunktion und Unterstützung der Führungskräfte sind Voraussetzung für die Effizienz von Maßnahmen im verhaltensorientierten Bereich. Beispiele für Maßnahmen:

- arbeitsplatzbezogene Rückenschule,
- Arbeitsplatztraining (Arbeitstechniktraining und Tätigkeitsbezogene Ausgleichsbewegungen),
- Arbeitstechniktraining (arbeitsplatz- und arbeitsaufgabenbezogenes Training),
- Training on the Job,
- Ergonomieparcours,
- Ausgleichssport,
- Unterstützung zur persönlichen Fitness.

Ingrid Dries

Maschinen

Maschinen wurden von Menschen zur Verstärkung der eigenen Kräfte und Fähigkeiten entwickelt. Sie dienen hauptsächlich als Arbeitsmittel im Rahmen der industriellen Produktion und im Baubereich. Unterschieden wird dabei zwischen Kraft- und Arbeitsmaschinen.

Gesetze, Vorschriften und Rechtsprechung

Die Anforderungen an die Sicherheit von Maschinen bezüglich Bau und Ausrüstung sind in der Maschinenverordnung (9. ProdSV), als Umsetzung der EG-Maschinenrichtlinie 2006/42/EG sowie in den europaeinheitlich harmonisierten Normen zur Maschinensicherheit enthalten.

Für die sichere Verwendung von Maschinen als Arbeitsmittel sind die Festlegungen der Betriebssicherheitsverordnung (BetrSichV), insbesondere Anhang 1 „Besondere Vorschriften für bestimmte Arbeitsmittel“ zu beachten.

Berufsgenossenschaftliche Vorschriften und Regeln, insbesondere DGUV-R 100-500 „Betreiben von Arbeitsmitteln“ enthalten zahlreiche Betriebsbestimmungen für den sicheren Umgang mit Maschinen.

1 Begriffsbestimmung

Eine der wichtigsten Definitionen des Begriffs „Maschine“ enthält die Neunte Verordnung zum Geräte- und Produktsicherheitsgesetz (9. ProdSV), die auf der EG-Maschinenrichtlinie 2006/42/EG basiert.

Danach ist eine **Maschine**

a) eine mit einem anderen Antriebssystem als der unmittelbar eingesetzten menschlichen oder tierischen Kraft ausgestattete oder dafür vorgesehene Gesamtheit miteinander verbundener Teile oder Vorrichtungen, von denen mindestens eines bzw. eine beweglich ist und die für eine bestimmte Anwendung zusammengefügt sind;

b) eine Gesamtheit im Sinne des Buchstaben a), der lediglich die Teile fehlen, die sie mit ihrem Einsatzort oder mit ihren Energie- und Antriebsquellen verbinden;

c) eine einbaufertige Gesamtheit im Sinne der Buchstaben a) und b), die erst nach Anbringung auf einem Beförderungsmittel oder Installation in einem Gebäude oder Bauwerk funktionsfähig ist;
d) eine Gesamtheit von Maschinen im Sinne der Buchstaben a) bis c) oder von unvollständigen Maschinen die, damit sie zusammenwirken, so angeordnet sind und betätigt werden, dass sie als Gesamtheit funktionieren;
e) eine Gesamtheit miteinander verbundener Teile oder Vorrichtungen, von denen mindestens eines bzw. eine beweglich ist und die für Hebevorgänge zusammengefügt sind und deren einzige Antriebsquelle die unmittelbar eingesetzte menschliche Kraft ist.

Als Maschine wird auch eine → *Gesamtheit von Maschinen* betrachtet, die so angeordnet sind und betätigt werden, dass sie zusammenwirken und als Gesamtheit funktionieren. Eine Gesamtheit von Maschinen kann auch als **Maschinenanlage** bezeichnet werden.

2 Beschaffenheitsanforderungen an Maschinen

Die Anforderungen an die Sicherheit von Maschinen bezüglich Bau und Ausrüstung sind in der Maschinenverordnung (9. ProdSV), als Umsetzung der EG-Maschinenrichtlinie 2006/42/EG sowie in den europaeinheitlich harmonisierten Normen zur Maschinensicherheit enthalten.

Für Maschinen, die nach dem 31.12.1992 erstmals in Betrieb genommen wurden, gelten die Beschaffenheitsanforderungen des Anhangs I der EG-Maschinenrichtlinie. Die EG-Maschinenrichtlinie 2006/42/EG legt fest, unter welchen Bedingungen Maschinen im europäischen Wirtschaftsraum in Verkehr gebracht bzw. in Betrieb genommen werden dürfen.

Danach muss der Hersteller vor dem Inverkehrbringen von Maschinen

- sicherstellen, dass die grundlegenden Sicherheits- und Gesundheitsschutzanforderungen (Anhang I) erfüllt sind,
- technische Unterlagen (Anhang VII Teil A) verfügbar machen,
- erforderliche Informationen, insbesondere Betriebsanleitung, zur Verfügung stellen,
- eine Konformitätsverfahren (Artikel 12) durchführen,
- eine Konformitätserklärung (Anhang II, Teil 1, Abschnitt A) ausstellen und der Maschine beilegen,
- die → *CE-Kennzeichnung* (Artikel 16 und Anhang III) anbringen.

Alle Maschinen, die ab dem 29.12.2009 in Verkehr gebracht werden, müssen die Anforderungen der neuen EG-Maschinenrichtlinie 2006/42/EG erfüllen.

Die neue Richtlinie enthält keine Übergangsfrist, in der die neue und die alte Richtlinie gleichzeitig gelten.

3 Sichere Verwendung von Maschinen

Für die sichere Verwendung von Maschinen als → *Arbeitsmittel* sind die Festlegungen der BetrSichV, insbesondere Anhang 1 „Besondere Vorschriften für bestimmte Arbeitsmittel" (Verwendung von mobilen Arbeitsmitteln, Arbeitsmitteln zum Heben von Lasten, Arbeitsmitteln bei zeitweiligem Arbeiten auf hochgelegenen Arbeitsplätzen, für Aufzugsanlagen, für Druckanlagen) zu beachten.

Der Arbeitgeber hat im Rahmen der → *Gefährdungsbeurteilung* nach § 5 des Arbeitsschutzgesetzes und § 3 BetrSichV die notwendigen Maßnahmen für die sichere Bereitstellung und Verwendung von Maschinen zu ermitteln. Dabei hat er insbesondere die Gefährdungen zu berücksichtigen, die mit der Verwendung der Maschine selbst verbunden sind und die am Arbeitsplatz durch Wechselwirkungen der Arbeitsmittel untereinander oder mit Arbeitsstoffen, Arbeitsgegenständen bzw. der Arbeitsumgebung hervorgerufen werden.

Bei der Gefährdungsbeurteilung ist insbesondere Folgendes zu berücksichtigen:

1. die Gebrauchstauglichkeit von Arbeitsmitteln einschließlich der ergonomischen, alters- und alternsgerechten Gestaltung,
2. die sicherheitsrelevanten einschließlich der ergonomischen Zusammenhänge zwischen Arbeitsplatz, Arbeitsmittel, Arbeitsverfahren, Arbeitsorganisation, Arbeitsablauf, Arbeitszeit und Arbeitsaufgabe,

3. die physischen und psychischen Belastungen der Beschäftigten, die bei der Verwendung von Arbeitsmitteln auftreten,
4. vorhersehbare Betriebsstörungen und die Gefährdung bei Maßnahmen zu deren Beseitigung.

Berufsgenossenschaftlichen Vorschriften und Regeln, insbesondere DGUV-R 100-500 „Betreiben von Arbeitsmitteln" enthalten zahlreiche Betriebsbestimmungen für den sicheren Umgang mit Maschinen.

4 Prüfung der Sicherheit von Maschinen

Durch den Arbeitgeber sind nach BetrSichV Art, Umfang und Fristen erforderlicher → *Prüfungen* an Maschinen und die notwendigen Voraussetzungen zu ermitteln und festzulegen, welche die Personen erfüllen müssen, die von ihm mit der Prüfung oder Erprobung von Maschinen zu beauftragen sind (→ *zur Prüfung befähigte Person*).

Die Prüfergebnisse sind zu dokumentieren und bis zur nächsten Prüfung aufzubewahren.

Rainer von Kiparski

Mechanische Leitern

Mechanische Leitern sind fahrbare Leitern. Sie bestehen aus dem Fahrgestell mit Luftreifen, Abstützvorrichtungen (verstellbare Stützspindeln), Bremseinrichtungen und einer Schiebeleiter mit oder ohne Arbeitskorb am oberen Ende. Die Schiebeleiter wird mit einer Winde oder hydraulisch (hand- oder kraftbetrieben) ausgeschoben und aufgerichtet. Mechanische Leitern werden als Anhängeleiter oder Drehleiter hergestellt. Dazu zählen z. B. die Anhängeleiter nach der zurückgezogenen Norm DIN 14703 sowie die Drehleiter mit Handantrieb nach der ebenfalls zurückgezogenen Norm DIN 14702. Für den Einsatz im gewerblichen Bereich ist vorwiegend die Anhängeleiter von Bedeutung.

Gesetze, Vorschriften und Rechtsprechung

- Betriebssicherheitsverordnung (BetrSichV)
- TRBS 1203 „Zur Prüfung befähigte Personen"
- DGUV-G 305-002 „Prüfgrundsätze für Ausrüstung und Geräte der Feuerwehr"
- EN 358 „Persönliche Schutzausrüstung für Haltefunktionen und zur Verhinderung von Abstürzen – Haltegurte und Verbindungsmittel für Haltegurte"
- EN 363 „Persönliche Absturzausrüstung – Persönliche Absturzschutzsysteme"

1 Einsatzbereiche

Mechanische Leitern werden im gewerblichen Bereich zur Durchführung von Arbeiten geringen Umfangs in großen Höhen verwendet. Der Umfang der begrenzten Arbeit umfasst z. B. Ausbesserungs- und Reinigungsarbeiten, Arbeiten an Bäumen, Masten, Gebäudefassaden, elektrischen Leitungen. Darüber hinaus werden mechanische Leitern für Sicherungsarbeiten, z. B. für die Rettung von Personen aus Notlagen und für die Brandbekämpfung bei Feuerwehren, eingesetzt.

Insofern zählen mechanische Leitern auch zu den Leitern für den besonderen beruflichen Gebrauch.

Drehleitern mit maschinellem Antrieb werden mit Nennrettungshöhen von mind. 12, 18 und 23 m hergestellt. Die Nennrettungshöhen von Drehleitern mit Handantrieb und von Anhängeleitern betragen max. 16 m. Angeboten werden z. B. Anhängeleitern mit 10 und 12 m Arbeitshöhe.

2 Benutzung

Für die Benutzung von mechanischen Leitern sind in § 26 der mittlerweile von allen Unfallversicherungsträgern zurückgezogenen BGV D36 umfangreiche sicherheitstechnische Forderungen und Hinweise festgelegt, die Gegenstand einer Betriebsanweisung sein müssen und im Folgenden erläutert werden. Inhaltlich haben diese Festlegungen weiterhin ihre Begründung.

2.1 Aufstellung

Alle Teile der mechanischen Leiter, wie z. B. Abstützungen, Aufrichtantriebe, Abspannseile, sind vor der Benutzung der mechanischen Leiter auf ihren ordnungsgemäßen Zustand zu kontrollieren.

Vor dem Aufstellen der mechanischen Leiter ist zu prüfen, ob sich elektrische Freileitungen in der Nähe des Aufstellortes befinden. Ist dies der Fall, sind nach Rücksprache mit dem Energieversorgungsunternehmen ausreichende Sicherheitsabstände zu den Freileitungen einzuhalten.

Mechanische Leitern dürfen nur auf tragfähigem Untergrund aufgestellt werden. Bei weichen Böden kann die zur Aufstellung der mechanischen Leiter erforderliche Tragfähigkeit des Untergrundes durch entsprechend große biegesteife und feste Unterlagen unter den Stützeinrichtungen (Stützspindeln) erreicht werden. Grubenabdeckungen sind i. d. R. kein tragfähiger Untergrund für Räder und Stützspindeln.

Mechanische Leitern, die im Verkehrsraum eingesetzt werden oder in diesen hineinragen, sind gegen Verkehrsgefahren, z. B. gegen Anfahren, besonders zu sichern.

Beim Einsatz der mechanischen Leiter im Bereich öffentlicher Straßen müssen gemäß §§ 49 a ff. StVZO Beleuchtungseinrichtungen vorhanden sein. Im Einzelfall kann auch der Einsatz eines Warnpostens erforderlich sein.

2.2 Besteigen der mechanischen Leiter

Vor dem Besteigen der mechanischen Leiter muss der Benutzer darauf achten, dass die für die eingestellte Leiterneigung zulässige Leiterbelastung und Leiterlänge nicht überschritten werden (Neigungswinkelanzeige).

Nach dem Erreichen des Standplatzes (Arbeitsplatz) auf der mechanischen Leiter muss sich der Benutzer durch die Verwendung einer → *Persönlichen Schutzausrüstung* gegen Absturz sichern. Dazu eignen sich Sicherheitsgeschirre nach EN 358 und EN 363.

Wenn an der mechanischen Leiter ein Rückenschutzbügel vorhanden ist, gilt dieser als geeignete Absturzsicherung.

Mechanische Leitern dürfen nicht geschwenkt, aus- oder eingefahren werden, solange sich jemand auf ihnen befindet. Dies gilt nicht, wenn sich Personen in Arbeitskörben an mechanischen Leitern aufhalten, die die Anforderungen an Hubrettungsfahrzeuge erfüllen.

Die Schiebeleiter der mechanischen Leiter darf erst dann eingefahren werden, wenn sich niemand mehr auf ihr befindet.

2.3 Transport von Anhängeleitern

Das Gesamtgewicht der Normalausführung von Anhängeleitern beträgt etwa 750 kg. Ein Zugtransport mit einem LKW oder einem mittelgroßen PKW ist i. d. R. problemlos möglich. Dieser Transport setzt jedoch voraus, dass die mechanische Leiter mit einer Kugelkupplung ausgerüstet ist. Zudem müssen Kotflügel über den Rädern angeordnet sein. Weiter ist bei der Verwendung von Anhängeleitern (Zweiradleitern) als Anhänger hinter Kraftfahrzeugen die Straßenverkehrszulassungsordnung (StVZO) zu beachten.

3 Prüfung und Instandhaltung

Der Unternehmer (Betreiber der mechanischen Leiter) muss gemäß BetrSichV dafür sorgen, dass mechanische Leitern in geeigneten Abständen, z. B. einmal jährlich, von einer zur Prüfung befähigten Person auf ihren ordnungsgemäßen Zustand überprüft werden. Grundlage für die Überprüfung ist der **Prüfgrundsatz DGUV-G 305-002**. Dies gilt auch, wenn die mechanische Leiter geändert oder instandgesetzt wurde. Die Ergebnisse der Prüfung sind zu dokumentieren.

→ ***Zur Prüfung befähigte Person*** ist, wer aufgrund seiner fachlichen Ausbildung, Berufserfahrung und zeitnahen beruflichen Tätigkeit (s. TRBS 1203) ausreichende Kenntnis über mechanische Leitern und die einschlägigen staatlichen Arbeitsschutzvorschriften, Unfallverhütungsvorschriften und Normen besitzt.

Hierzu zählen Fachkräfte der Hersteller von mechanischen Leitern sowie einschlägig erfahrene Fachkräfte der Betreiber.

Die regelmäßige Pflege der mechanischen Leiter kann vom eigenen Personal des Betreibers durchgeführt werden. Instandsetzungsarbeiten größeren Umfanges sollten nur solchen Personen übertragen werden, die aufgrund ihrer fachlichen Ausbildung und Erfahrung ausreichende Kenntnisse besitzen. Dies sind i. d. R. Mitarbeiter der Herstellerfirma von mechanischen Leitern.

4 Kennzeichnung

Der Hersteller oder Lieferer einer mechanischen Leiter muss der gelieferten mechanischen Leiter eine Gebrauchsanleitung beifügen. Auf der Basis der Gebrauchsanleitung hat der Betreiber der mechanischen Leiter eine → *Betriebsanweisung* aufzustellen und diese an der Verwendungsstelle bereitzuhalten. Die Betriebsanweisung muss mindestens Angaben enthalten über:

- Sicherung gegenüber dem Verkehr,
- standsichere Aufstellung,
- Aufrichten,
- Neigen,
- zulässige Aufrichtwinkel, Leiterlänge, Belastung,
- Verwendung der Leiter bei Wind,
- Verhalten bei Störungen,
- Beleuchtung,
- Pflege,
- Prüfung.

Ist die mechanische Leiter kraftangetrieben, z. B. hydraulisch oder mit elektrischem Antrieb, muss der Hersteller durch eine Konformitätserklärung bestätigen, dass die Leiter den europäischen Regelwerken und deren Sicherheitsstandards (z. B. der Maschinenrichtlinie) entspricht. Dazu kann er eine Baumusterprüfung von einer dazu zugelassenen unabhängigen Prüfstelle durchführen lassen. An der mechanischen Leiter selbst ist dieser Nachweis durch die Kennzeichnung mit dem → *CE-Zeichen* zu bestätigen. Durch das CE-Zeichen erklärt der Hersteller auch, dass die mechanische Leiter auf dem europäischen Markt frei handelbar ist.

Bettina Huck

Medikamente

Viele Beschäftigte nehmen regelmäßig oder gelegentlich Medikamente und stehen demnach, soweit sie nicht arbeitsunfähig krank sind, während der Arbeit unter deren Einfluss. Durch die Wirkungen oder auch unerwünschte Nebenwirkungen von Medikamenten können bestimmte Risiken am Arbeitsplatz entstehen oder erhöht werden. Besonders kritisch ist eine Medikamentenabhängigkeit, die Gesundheit, Leistungsfähigkeit und Sicherheit erheblich gefährden kann.

Betriebsärzte verordnen keine Medikamente. Ausnahme sind ärztliche Ambulanzen in größeren Betrieben, die u. U. in akuten Fällen Medikamente für den Sofortgebrauch abgeben. Für besondere Gefährdungen, z. B. durch Gefahrstoffeinwirkung, kann es erforderlich sein, Notfallmedikamente bereit zu halten.

Gesetze, Vorschriften und Rechtsprechung

Zum missbräuchlichen Umgang mit Medikamenten gilt § 15 DGUV-V1. Demnach dürfen sich die Mitarbeiter durch die Einnahme von Medikamenten nicht in einen Zustand versetzen, durch den sie sich selbst oder andere gefährden können. In Bezug auf andere Risiken, die sich durch Medikamentenwirkungen oder Nebenwirkungen ergeben können, gelten die allgemeine Fürsorgepflicht des Arbeitgebers, z. B. im Hinblick auf individuelle Gefährdungsbeurteilungen für Menschen, die wegen chronischer Erkrankungen dauerhaft Medikamente mit kritischen Wirkungen oder Nebenwirkungen einnehmen müssen.

Die Abgabe von Medikamenten unterliegt dem Arzneimittelrecht.

1 Medikamente und Arbeitsfähigkeit

Durch die Einnahme von Medikamenten kann sich die körperliche, psychische und seelische Belastbarkeit des Menschen erheblich verändern. Ob und wie stark derartige Veränderungen auftreten, ist kaum präzise vorherzusagen. Gründe dafür sind:

- die große Zahl pharmazeutisch eingesetzter Wirkstoffe und Kombinationen,
- die unterschiedlichen Wirkungsweisen und Darreichungsformen von Medikamenten,
- die persönliche Disposition des Betroffenen (genetische Disposition, Gesundheitszustand, → *Ernährung* usw.),
- Wechselwirkungen mit anderen Medikamenten oder Substanzen, z. B. → *Alkohol*.

Die gängigen Warnhinweise, die Medikamenten beigegeben werden müssen, sind daher als nach bestimmten Kriterien abgestufte Erfahrungswerte aus Test und Anwendung der Präparate zu verstehen. Ob und inwieweit sie auf den Einzelfall zutreffen, ist nicht einmal für einen Mediziner, viel weniger noch für medizinische Laien konkret vorherzusagen.

Hinzu kommt, dass die Hersteller aus nachvollziehbaren Gründen ihren Produkten nicht selten vorsorglich sehr umfassende Warnungen mitgeben („Fähigkeit zur Teilnahme am Straßenverkehr bzw. zum Führen von Maschinen kann eingeschränkt sein"). Sie sichern sich damit im Hinblick auf seltene Komplikationen ab, ohne dass das Risiko näher eingegrenzt werden könnte.

In der betrieblichen Praxis wirft das dann Probleme auf, wenn Medikamente mit potenziell kritischen Wirkungen oder Nebenwirkungen über längere Zeiträume einzunehmen sind, der Betroffene aber grundsätzlich nicht arbeitsunfähig krank ist. Das kann z. B. der Fall sein bei:

- Anfallkrankheiten
- Hirnverletzungen oder -operationen
- psychischen Erkrankungen
- chronischen starken Schmerzen

Um in solchen Fällen die Frage zu entscheiden, ob und unter welchen Bedingungen Betroffene unter Medikamenteneinfluss beschäftigt werden können, sind unterschiedliche Kompetenzen erforderlich. Außer dem Betroffenen und der zuständigen Führungskraft sollten beteiligt sein:

- Betriebsarzt
- Sicherheitsfachkraft
- ggf. Betriebsrat
- behandelnder Arzt, falls möglich und erforderlich

Folgende Fragen sind zu klären:

- Wie groß ist das medizinische Risiko, dass es durch die Medikamente zu gefährlichen Situationen kommen kann?
- Wie groß ist das technische Risiko, dass es durch einen medikamentenbedingten Ausfall zu einer Gefährdung kommt? Lässt sich dieses Risiko ggf. durch zusätzliche Sicherheitsmaßnahmen (Vermeidung von Alleinarbeit, Änderung der Tätigkeit, Auslagerung kritischer Tätigkeiten, technische Überwachung) verringern?

Hilfreich in schwierigen Entscheidungsprozessen können sein:

- Informationen von Berufsgenossenschaften oder Integrationsämtern, bei denen u. U. Erfahrungen mit ähnlich gelagerten Fällen bestehen;
- Kriterien und/oder Fristen festlegen, nach denen getroffene Entscheidungen wieder überprüft werden sollen;
- ggf. auch konkrete Tests (falls der Betroffene zustimmt), die zwar aufwendig sind, aber bei lang andauernden oder chronischen Krankheitsverläufen sinnvoll sein können.

Der gesamte Entscheidungsprozess sollte in Form einer Gefährdungsbeurteilung dokumentiert werden.

Praxis-Beispiel: Pauschale Risikoeinschätzungen führen nicht weiter

In Fallen von krankheits- bzw. medikamentenbezogenen Tauglichkeitsbeurteilungen (z.B. bei Anfallskranken) tun sich häufig sowohl behandelnde Ärzte als auch Betriebsärzte schwer, eine Unbedenklichkeitserklärung abzugeben, wenn nach fachärztlicher Einschätzung bzw. Angaben der Medikamentenhersteller eine kritische Situation am Arbeitsplatz des Betroffenen nicht völlig auszuschließen ist.

In vielen Fällen ist es sicher nicht angebracht, den Betroffenen aufgrund oft eher theoretischer Risiken auf lange oder unbestimmbare Zeit krank zu schreiben. Das entspricht weder den unmittelbaren Interessen des Betroffenen und seines Betriebs noch dem Integrationsgedanken, nach dem Menschen mit Einschränkungen nicht pauschal aus dem Arbeitsleben ausgegrenzt werden dürfen. Alle an einem solchen Entscheidungsprozess Beteiligten müssen verstehen, dass ein 0 %-Risiko hier nicht das alleinige Ziel einer Sicherheitsüberlegung sein kann, sondern dass es vielmehr darum geht, ob z.B. durch eine medikamentöse Behandlung ein **wesentlich erhöhtes** Risikopotenzial besteht.

2 Medikamentenmissbrauch

Unter Medikamentenmissbrauch werden sowohl die Einnahme von Medikamenten aufgrund einer bestehenden Abhängigkeit verstanden als auch die missbräuchliche Einnahme nicht abhängigkeitserzeugender Substanzen, um andere oder stärkere Wirkungen als die vorgesehenen zu erzielen.

2.1 Medikamentenabhängigkeit

Medikamentenabhängigkeit tritt häufig bei folgenden Medikamentengruppen auf:

- Schlaf- und Beruhigungsmittel
- Schmerzmittel
- Stimulantien (Aufputschmittel)

Wie bei anderen Suchtmitteln kann es hier zur körperlichen und psychischen Abhängigkeit kommen, die eine ständige, immer höher dosierte Einnahme erfordert. Das geschieht z.T. schon nach kurzer Einnahmedauer, z.B. wenn es nach einer Phase, in der solche Mittel vom Arzt verordnet oder auf eigene Initiative eingenommen wurden, nicht gelingt, diese zügig abzusetzen.

Ähnlich wie bei der Alkoholabhängigkeit kann eine Medikamentenabhängigkeit letztlich in den psychischen und körperlichen Verfall bis hin zum Zusammenbruch führen, auch wenn die sozialen Folgen eher geringer sind. In jedem Fall sinkt die Leistungsfähigkeit mittel- bis langfristig. Kritisch können auch unvermittelt eintretende Schlaf- und Erschöpfungsphasen sein, die bei der unkontrollierten Einnahme von psychoaktiven Substanzen auftreten können.

Praxis-Beispiel: Medikamentenmissbrauch schwer zu erkennen

Medikamentenmissbrauch ist schwieriger zu erkennen als Alkoholmissbrauch. Hinweise auf Medikamentenmissbrauch sind sehr unspezifisch und können immer auch andere Ursachen haben. Außerdem lässt sich die Einnahme von Medikamenten sehr gut tarnen bzw. unbemerkt vollziehen. Es kommt kaum zu spektakulären „Abstürzen" oder gesellschaftlichen Konsequenzen. Insgesamt sind die Folgen des Medikamentenmissbrauchs eher schleichend und unspektakulär und münden oft in die Diagnose einer chronischen Erkrankung.

Nach Schätzungen gelten 1,5 bis 2 Mio. Menschen in Deutschland als betroffen, wobei Menschen nach dem Erwerbsleben überproportional vertreten sind.

Der Verantwortliche im Betrieb, der einen entsprechenden Verdacht hat, hat grundsätzlich dieselben Interventionsmöglichkeiten zur Verfügung wie bei anderen Suchterkrankungen:

- Den Betroffenen auf wahrgenommene Ausfälle, Probleme u.Ä. ansprechen, alle Vermutungen und Unterstellungen dabei aber unterlassen.

- Auf Hilfsangebote verweisen. Neben außerbetrieblichen Beratungsstellen ist v. a. der eigene Betriebsarzt ein wichtiger Ansprechpartner, ggf. auch betriebliche Suchtbeauftragte.
- Auf medizinische Klärung wahrgenommener oder vom Betroffenen vorgegebener Gesundheitsprobleme dringen.

Konsequente betriebliche Intervention kann dazu beitragen, dass der Betroffene sein Problem ernst nimmt, was der wesentliche erste Schritt einer therapeutischen Behandlung ist.

Praxis-Beispiel: Ärztliche Beratung unverzichtbar

Da Betroffene, wenn sie auf den Medikamenteneinsatz angesprochen werden, häufig auf bestehenden Behandlungsbedarf verweisen, geht kein Weg an medizinischer Beratung vorbei. Wenn durch den (vermuteten) Medikamentenmissbrauch ernste Sicherheitsbedenken beim Einsatz eines Beschäftigten bestehen, muss diese Frage in Zusammenarbeit mit dem Betriebsarzt und ggf. einem behandelnden Arzt geklärt werden.

Dazu ist die Mitwirkung des Betroffenen erforderlich, der u. a. den behandelnden Arzt dazu von der Schweigepflicht entbinden muss. Ist diese Mitwirkung nicht erkennbar und kann deshalb keine Aussage zu einer Eignung des Betroffenen getroffen werden, kann das in letzter Konsequenz (wenn z. B. eine andere, weniger risikoreiche Tätigkeit nicht zur Verfügung steht) eine Weiterführung des Arbeitsverhältnisses unmöglich machen.

Praxis-Beispiel: Nicht jedem Medikamentenmissbrauch liegt eine Sucht zugrunde

Wer Abführmittel, Appetitzügler oder Hormone schluckt, um schlank zu bleiben oder Blutdruckmittel, um leistungsfähiger zu sein, gerät nicht in eine körperliche Abhängigkeit. Solche Formen des Medikamentenmissbrauchs führen nicht zu einem unmittelbaren Sicherheitsrisiko, wohl aber für die Betroffenen zu einem erheblichen Gesundheitsrisiko.

3 Einsatz von Medikamenten im Betrieb

3.1 Bei individuellen Erkrankungen

Bei bestimmten chronischen Erkrankungen kann es zu kritischen Zuständen kommen, in denen sofort ein Notfallmedikament einzunehmen ist, der Betroffene aber u. U. nicht in der Lage ist, das selber zu tun. Das kann z. B. der Fall sein bei

- schwerer Diabetes,
- Anfallskrankheiten,
- schwerem Asthma.

Betroffene führen diese Medikamente meist mit sich. Geeignete Kollegen sollten dann unterwiesen sein, wo sie zu finden und wie sie einzusetzen sind und was außerdem in solchen Notfällen zu unternehmen ist.

3.2 Bei arbeitsplatzbezogenen Gefährdungen

3.2.1 Notfallmedikamente

Bei bestimmten Tätigkeiten ist es sinnvoll Medikamente für den Notfalleinsatz vorzuhalten. Das gilt z. B. für Inhalationsmittel, die stark abschwellend auf die Schleimhäute der Atemwege wirken und geeignet sind, akute Atemnot zu lindern, bis der Rettungsdienst eintrifft, z. B. nach Gefahrstoffexposition (Chlorungsanlagen!) oder Insektenstichen (Gastronomie, Gartenbau). Ebenso werden für einzelne Gefahrstoffe Antidote (Medikamente für den Vergiftungsfall) im Sicherheitsdatenblatt empfohlen. In allen solchen Fällen sollte der Betriebsarzt beraten.

3.2.2 Reisemedizin

In Betrieben, in denen häufig Auslandsreisen anstehen, werden durch den Betriebsarzt u. U. die reisemedizinisch notwendigen Medikamente vorgehalten und ausgegeben, z. B. zur Malariaprophylaxe oder gegen Durchfallerkrankungen.

3.2.3 Impfstoffe

Für die arbeitsmedizinische Vorsorge werden gefährdungsabhängig die Impfstoffe für anzubietende Schutzimpfungen benötigt, z.B. gegen Hepatitis A und B oder Kinderkrankheiten. Das Gleiche gilt für Grippeschutzimpfungen im Rahmen der betrieblichen Gesundheitsvorsorge.

3.3 Zur Allgemeinversorgung

Generell sollten im Betrieb keine Medikamente frei verfügbar sein. Auch mit der Anwendung von „Allerweltsmedikamenten" wie Schmerztabletten und entzündungshemmenden Salben können im Einzelfall Risiken verbunden sein, z.B. Unverträglichkeiten, falsche Einschätzung bei der Selbstmedikation oder hygienische Probleme durch unsachgemäße Lagerung. Daher darf ein frei zugänglicher → *Verbandkasten* keine Medikamente enthalten.

Wenn es betrieblich gewünscht ist, können Medikamente für die Akutbehandlung z.B. von Erkältungssymptomen, Kopfschmerzen oder kleinen Verletzungen durch medizinisches Personal (Betriebsarzt, → *Betriebssanitäter*, -krankenschwester ...) ausgegeben werden. Dabei sollte man sich auf rezeptfreie Medikamente und die einmalige Akutbehandlung beschränken, um nicht in Konflikt mit den normierten Strukturen des Gesundheitswesens zu geraten.

Ständig besetzte Werks- oder betriebsärztliche Ambulanzen verfügen darüber hinaus oft über Medikamente für die Notfallbehandlung von Unfallverletzten oder akut Erkrankten, die ausschließlich in die Hand von Ärzten oder dafür ausgebildeten Sanitätern gehören.

Praxis-Beispiel: Beschaffung verschreibungspflichtiger Medikamente

Betriebsärzte sind berechtigt, sog. Privatrezepte auszustellen, mit denen verschreibungspflichtige Medikamente bezogen werden können, die jedoch grundsätzlich nicht mit den Krankenkassen abgerechnet werden können. Damit kann der Betrieb verschreibungspflichtige Medikamente wie Impfstoffe oder Notfallmedikamente beschaffen.

Cornelia von Quistorp

Mehrzweckleitern

Die Mehrzweckleiter kann als ein- und mehrteilige Anlegeleiter, als Stehleiter mit oder ohne aufgesetztem Schiebteil, mit Verlängerungsschenkeln sowie – je nach Ausführung – auch als Kleingerüst eingesetzt werden. Konstruktionsbedingt haben Mehrzweckleitern stets Steigschenkel, i.d.R. aus Aluminium, mit Sprossen. Diese sind durch Bördelung, Verschraubung oder Verschweißung fest mit 2 Holmen verbunden. Damit Mehrzweckleitern in Stehleiterposition aufgestellt werden können, weisen sie spezielle Beschläge oder Gelenke zwischen den einzelnen Steigschenkeln auf.

Die Mehrzweckleiter ist sowohl von der Bauart her als auch von der Aufstellung und Benutzung her aufwendiger als die Anlegeleiter und die Stehleiter. Entsprechend ihren Verwendungsmöglichkeiten muss sie bei Bedarf umgebaut werden.

Ihre Gesamtlänge beträgt in Anlegeposition (als 3-teilige Schiebeleiter) bis zu 12 m; ihre Plattformhöhe in Gerüstposition max. 1 m.

Gesetze, Vorschriften und Rechtsprechung

- Produktsicherheitsgesetz (ProdSG)
- Anhang 1 BetrSichV Nr. 3.1 und 3.3
- TRBS 2121 Teil 2 „Gefährdung von Beschäftigten bei der Verwendung von Leitern"
- DIN EN 131 Teil 1 „Leitern; Benennungen, Bauarten, Funktionsmaße"
- DIN EN 131 Teil 2 „Leitern; Anforderungen, Prüfung, Kennzeichnung"
- DIN EN 131 Teil 3 „Leitern; Kennzeichnung und Gebrauchsanleitungen"
- DIN EN 131 Teil 4 „Leitern; Ein- oder Mehrgelenkleitern"

1 2-teilige Mehrzweckleitern

2-teilige Mehrzweckleitern lassen sich durch spezielle Beschläge sowohl als Schiebeleiter, als auch Stehleiter einsetzen. Beide Leiterschenkel (Unterleiter und Oberleiter) sind unterschiedlich breit, sodass sie sich bei der Anwendung als Schiebeleiter voreinander führen lassen. In dieser Position ermöglichen Hakenbeschläge eine in Sprossenabständen einstellbare Gesamtleiterlänge.

Zur ausreichenden Standsicherheit besitzen zweiteilige Mehrzweckleitern **eine** Traverse, die gegenüber den bei Stehleitern verwendeten 2 Traversen (bzw. entsprechender Ausschweifung der Leiterholme; Maß b_2 in EN 131-1) länger ist. Damit weisen zweiteilige Mehrzweckleitern in der Position „Stehleiter" eine vergleichbare Standsicherheit wie konventionelle → *Stehleitern* auf. In der Position „Anlegeleiter", d. h. wenn sie als Schiebeleiter eingesetzt werden, ist deren Standsicherheit durch die Traverse jedoch erheblich größer, als bei konventionellen Schiebeleitern, die stets ohne Traverse ausgeführt sind.

Unter- und Oberleiter (bzw. Steig- und Stützschenkel) werden über Leiterbeschläge unlösbar miteinander verbunden. Die Form der Leiterbeschläge gibt den Spreizwinkel beider Leiterschenkel meist mit etwa 20° vor, sodass der Aufstellwinkel der Leiter etwa 70° beträgt. Je nach Leitergröße sind zusätzliche Spreizsicherungen (z. B. Gurte) dauerhaft angebracht. Diese dienen gleichzeitig in der Position „Schiebeleiter" als Ausschubbegrenzung. Sind keine Spreizsicherungen angebracht, müssen andere Bauteile (z. B. Bolzen) den Ausschub begrenzen.

Gegenüber Schiebeleitern weisen 2-teilige Mehrzweckleitern gleicher Baugröße damit die zusätzliche Funktion „Stehleiter" auf.

2 3-teilige Mehrzweckleitern

3-teilige Mehrzweckleitern sind prinzipiell wie zweiteilige Mehrzweckleitern aufgebaut, weisen jedoch ein zusätzliches, ebenfalls in Sprossenabständen verschiebbares Leiterteil (Oberleiter) auf (s. **Abb. 1**).

Dieses darf abnehmbar sein, sodass für den Einsatz in geringen Höhen zusätzlich eine leicht zu handhabende Anlegeleiter zur Verfügung steht.

Bei vergleichsweise geringer Lager- und Transportlänge lassen sich mit dieser weitverbreiteten Leiterbauart die größten Leiterlängen bzw. -höhen abdecken.

Praxis-Beispiel: Prüfung und Kennzeichnung aller Teile

Beim Einsatz mehrteiliger Mehrzweckleitern müssen alle Komponenten der Leiter geprüft werden. Alle Komponenten sollten eindeutig gekennzeichnet sein, um zu erkennen, zu welcher mehrteiligen Mehrzweckleiter sie gehören.

Abb. 1: Mehrzweckleiter, dreiteilig[1]

1 Quelle: Günzburger Steigtechnik.

3 Einteilige Mehrzweckleitern mit Gelenken

Diese Leitern lassen sich als Anlegeleiter, Stehleiter und unter Verwendung eines geeigneten Belages als gerüstähnlicher Aufstieg (Kleingerüst) verwenden. Die Gelenke verbinden die Leiterteile untereinander (s. **Abb. 2**).

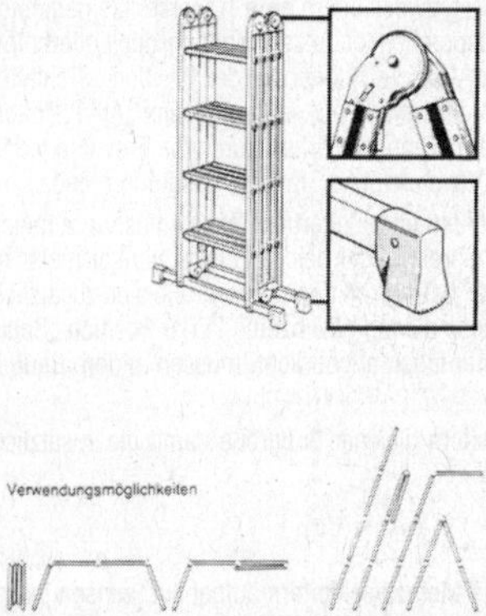

Abb. 2: Mehrzweckleiter mit selbsttätig einrastenden Gelenken

Nach dem Entriegeln der Gelenke können die Leiterteile in die gewünschten Positionen geschwenkt und arretiert werden. Die Gelenke rasten selbsttätig ein und sind gegen selbsttätiges Öffnen gesichert. Zur Sicherstellung, dass Gelenke dauerhaft funktionsfähig sind, werden sie nach EN 131-4 einer Dauerprüfung mit 4.000 Zyklen (Leiter aufklappen – Gelenk arretieren – Gelenk lösen – Leiter zuklappen) unterzogen.

Mehrzweckleitern mit selbsttätig einrastenden Gelenken dürfen bis zu einer Plattformhöhe von 1 m (Größe 4 × 3) auch als Kleingerüst verwendet werden. Bei größeren Leitern muss die dafür erforderliche Gelenkstellung konstruktiv vermieden sein. Auf einen Seitenschutz (Absturzsicherung) wird verzichtet. Die Tragfähigkeit und Standsicherheit sind für die Gebrauchsstellung „Kleingerüst" nach der Norm EN 131-4 bemessen. Bei Mehrzweckleitern mit selbsttätig einrastenden Gelenken, die auch als Kleingerüste verwendet werden sollen, muss der Gerüstbelag mitgeliefert werden. Dieser wird (z. B. mit Anschlägen) gegen Verschieben gesichert auf das horizontale Leiterteil aufgelegt.

Im praktischen Einsatz dieser Leitern ist darauf zu achten, dass die Gelenke nicht verschmutzen oder korrodieren. Verschmutzte oder korrodierte Gelenke neigen durch Funktionsausfall zum Versagen, z. B. weil die Gelenkstellungen nicht verriegeln. Nicht verriegelte Gelenke führen zum Zusammenklappen der belasteten Leiter.

Mehrzweckleitern mit Gelenken eignen sich für den Einsatz im handwerklichen Bereich, z. B. in den Bau-Nebengewerben wie Malerarbeiten, Installationsarbeiten usw., wenn der Einsatz eines Fahrgerüstes einen unverhältnismäßig hohen Aufwand bei nur geringfügiger Tätigkeit darstellt.

4 Mehrzweckleitern mit Verlängerungsschenkeln

Mehrzweckleitern mit Verlängerungsschenkeln, fälschlicherweise gern auch als „Teleskopleiter" bezeichnet, vereinigen die Vorteile der höhenverstellbaren → *Stehleiter* mit der Möglichkeit, auch in der Anlegeposition einsetzbar zu sein. Die Leiter besteht aus 2 Leiterschenkeln, die mit 2 selbsttätig einrastenden Gelenken verbunden sind (Oberleiter). Über jedem Leiterschenkel ist durch Verwendung offener Profile ein Verlängerungsschenkel (Unterleiter) geführt, der sich über spezielle Sperrvorrichtungen (Zugzapfen) in Sprossenabständen verschieben lässt (s. **Abb. 3**). Im Gegensatz zur Oberleiter, die aus parallelen Holmen gebildet wird, sind die Unterleitern konisch ausgeführt und damit am unteren Ende deutlich breiter, als die Oberleiter. Im Unterschied zu Schiebeleitern umfasst der Verlängerungsschenkelholm den Holm der Oberleiter.

Abb. 3: Höhenverstellbare Mehrzweckleiter mit Gelenken

Beide Verlängerungsschenkel sind abnehmbar, damit die Holme zur Sicherstellung des einwandfreien Verschiebens gereinigt werden können. In der Stehleiterposition darf die Leiter jedoch nicht ohne Verlängerungsschenkel verwendet werden, da die erforderliche Standsicherheit nur über diese gebildet wird.

Liegen beim Einsatz als → *Anlegeleiter* begrenzte Platzverhältnisse an der Anlegestelle vor, darf der obere Verlängerungsschenkel auch abgenommen werden. Gegenüber konventionellen Anlegeleitern weist die nur mit dem unteren Verlängerungsschenkel benutzte Leiter eine deutlich größere seitliche Standsicherheit auf.

Entsprechend seines Einsatzes in rauen handwerklichen Bereichen ist dieser Leitertyp sehr robust ausgeführt („Industriequalität") und aufgrund der vielfältigen Verwendungsmöglichkeiten – trotz des vergleichbar hohen Gewichts – sehr empfehlenswert.

Praxis-Beispiel: Mindeststandbreite beachten

Bei Mehrzweckleitern mit einem aufgesetzten Schiebeleiterteil, das länger als 3 Meter ist, darf das Schiebeleiterteil nur von der Leiter trennbar sein, wenn es mit einer Traverse ausgestattet ist, die die neue Anforderung an die Mindeststandbreite erfüllt.

In der Praxis besteht die Gefahr, dass die Extra-Traverse als zusätzliche Standfläche benutzt wird, dies kann Unfälle begünstigen. Die überarbeitete Norm weist auf derartige Gebrauchsrisiken hin und empfiehlt, dass das aufsetzbare Teil der Leiter dann nicht trennbar sein sollte (EN 131-1).

Bettina Huck

Meldeblock

Jede Erste-Hilfe-Leistung muss aufgezeichnet und diese Dokumentation 5 Jahre aufbewahrt werden. Der Meldeblock ist das Dokumentationsmedium, welches datenschutzrechtlich unbedenklich ist.

Gesetze, Vorschriften und Rechtsprechung

- § 24 DGUV-V 1 „Grundsätze der Prävention“
- DGUV-I 204-021 „Meldeblock“

1 Dokumentationspflichten

Kommt es zu einem Arbeitsunfall, ist der Arbeitgeber nach § 24 Abs. 6 DGUV-V 1 „Grundsätze der Prävention“ verpflichtet, die Erste-Hilfe-Leistung in Form der Erhebung der folgenden Daten zu dokumentieren und die Dokumentation 5 Jahre aufzubewahren:

- Name des/der Verletzten oder Erkrankten,
- Zeit, Ort des Unfalls (der Verletzung, des Gesundheitsschadens),
- Unfallhergang,
- Art und Umfang der Verletzung bzw. Erkrankung,
- Namen von Zeuginnen bzw. Zeugen,
- Erste-Hilfe-Maßnahmen,
- Name des Ersthelfers/Namen der Ersthelfer.

Die Dokumentationspflicht gilt nicht nur bei (lebens-)bedrohlichen Notfällen, wie schweren Blutungen oder einer Wiederbelebung, sondern bereits bei vermeintlich kleineren Verletzungen, die mit dem Aufkleben eines Pflasters versorgt werden können und nicht meldepflichtig sind. Eine Erfassung der geleisteten Erste-Hilfe-Maßnahmen bildet die Basis für die Analyse bzw. Auswertung der Unfälle und Beinahe-Unfälle. Gleichzeitig dient sie aber ebenso als Nachweis der Anerkennung eines Arbeitsunfalls und der damit verbundenen Geltendmachung von Leistungsansprüchen gegenüber den Unfallversicherungsträgern.

Es ist nicht rechtlich vorgeschrieben, wer die Dokumentation erstellen muss. Denkbar sind folgende Personen:

- Ersthelfer, der die Versorgung vorgenommen hat,
- verletzte/erkrankte Person,
- zuständige Person im Unternehmen (z. B. Fachkraft für Arbeitssicherheit, Personalsachbearbeitung).

Die Dokumentation ist dabei in jedem Fall vertraulich zu behandeln. Schnell stellt sich deshalb auch hier die Frage nach einer datenschutzkonformen Lösung der Dokumentation von Erste-Hilfe-Leistungen.

2 Datenschutz-Grundverordnung (DSGVO)

Am 24.5.2016 ist die Datenschutz-Grundverordnung (DSGVO) in Kraft getreten. Seit dem 25.5.2018 ist diese verbindlich in allen EU-Mitgliedsstaaten gültig. Die DSGVO zielt darauf ab, personenbezogene Datenschutzregelungen innerhalb der EU zu treffen. Bereits die Erfassung des Namens stellt aus datenschutzrechtlicher Perspektive ein personenbezogenes Datum dar. Bei der Angabe von Verletzungen oder Erkrankungen handelt es sich zusätzlich noch um sog. Gesundheitsdaten nach Art 9 DSGVO, die streng vertraulich behandelt werden müssen.

Im Rahmen des Beschäftigungsverhältnisses erlaubt das Datenschutzrecht die Verarbeitung personenbezogener Daten bzw. Gesundheitsdaten, wenn der Arbeitgeber dadurch rechtlich auferlegte Pflichten erfüllen muss. Grundsätzlich sind diese Daten vertraulich zu behandeln.

3 Meldeblock

Für die Dokumentation der Erste-Hilfe-Leistungen stehen dem Unternehmer unterschiedliche Instrumente zur Verfügung. In der Vergangenheit wurde v. a. gern das Verbandbuch genutzt, wobei die

Angaben zu den jeweiligen Erste-Hilfe-Maßnahmen zeilenweise untereinandergeschrieben werden. Die vorausgegangenen Eintragungen sind – auch bei einer anlasslosen Einsichtnahme – deutlich und unberechtigterweise sichtbar. In vielen Fällen liegt das Verbandbuch zudem auch heute noch an einem öffentlich zugänglichen Ort wie dem Verbandkasten aus. Eine Vertraulichkeit ist nicht gegeben.

Um eine datenschutzkonforme Erfassung der Erste-Hilfe-Maßnahmen nach DSGVO zu gewährleisten, ist die Nutzung eines Meldeblocks dringend zu empfehlen. Der Vorteil liegt im Vergleich zum Verbandbuch i. W. darin, dass die Seiten einzeln abgetrennt werden können und somit stets ein unausgefüllter Blanko-Block ausliegt. Der ausgefüllte Zettel des Meldeblocks kann anschließend direkt dem Arbeitgeber übergeben oder in einen speziellen verschlossenen Briefkasten – zu dem nur bestimmte Personen Zugang haben – geworfen werden. Die Nutzung eines Meldeblocks erlaubt es auch, dass dieser praktischerweise im Verbandkasten aufbewahrt werden kann.

Abseits der Nutzung eines Meldeblocks ist es auch möglich, die Dokumentation unter geeigneten Bedingungen elektronisch vorzunehmen. Auch hier gelten die strengen Vorschriften des Datenschutzes.

Unabhängig von der Form der Dokumentation ist diese nach 5 Jahren zu vernichten.

Steffen Pluntke

Menschen mit Behinderung

Menschen gelten als behindert, wenn ihre körperliche Funktion, geistige Fähigkeit oder seelische Gesundheit von dem für das Lebensalter typischen Zustand abweicht. Wenn der Grad der Behinderung 50 % überschreitet, wird von einer Schwerbehinderung besprochen. Etwa jeder zwölfte Bundesbürger ist als schwerbehindert eingestuft. Viele davon sind im erwerbsfähigen Alter. Ihre Teilhabe am Arbeitsleben entsprechend ihren Neigungen und Fähigkeiten ist gleichermaßen dringendes Anliegen der Betroffenen und anerkanntes gesellschaftspolitisches Ziel.

Gesetze, Vorschriften und Rechtsprechung

Die Rechte behinderter Menschen sind im SGB IX geregelt. Grundlegende Aufgabe ist, dass behinderte oder von Behinderung bedrohte Menschen Leistungen erhalten, „um ihre Selbstbestimmung und ihre volle, wirksame und gleichberechtigte Teilhabe am Leben in der Gesellschaft zu fördern, Benachteiligungen zu vermeiden oder ihnen entgegenzuwirken" (§ 1 SGB IX).

Das SGB IX umfasst sämtliche Lebensbereiche behinderter und von Behinderung bedrohter Menschen und regelt u. a.:

- Definitionen und Ziele bei der Integration behinderter Menschen,
- Prävention und Rehabilitation,
- Organisation und Umfang von Leistungen für Prävention, Rehabilitation und Teilhabe.

Für die Beschäftigung behinderter Menschen in der Arbeitswelt ist v. a. Teil 3 des SGB IX relevant.

1 Definition Schwerbehinderung

Praktisch greifen die besonderen Regelungen für die Teilhabe am Arbeitsleben ab einem Grad der Behinderung von 50 %. Dann liegt eine Schwerbehinderung vor. Auch Menschen mit einem Behinderungsgrad von 30–50 % können Schwerbehinderten gleichgestellt werden, u. a. dann, wenn ihre Behinderung gerade im Arbeitsleben besondere Einschränkungen mit sich bringt. Das Feststellungsverfahren führen die für die Durchführung des Bundesversorgungsgesetz zuständigen Behörden durch (länderspezifisch Behörden wie Landesämter für Soziales, Landesämter für Gesundheit und Soziales, Zentren Familie und Soziales, z. T. auch ausgelagert zu kommunalen Behörden) (§ 152 SGB IX). Sie sind die erste Anlaufstelle für Betroffene.

2 Beschäftigungspflicht

Betriebe mit mehr als 20 Beschäftigten sind verpflichtet, 5 % der Arbeitsplätze mit schwerbehinderten Menschen zu besetzen (§§ 154 ff. SGB IX). Erfüllen sie diese Quote nicht, müssen sie entsprechende Ausgleichsabgaben an die Integrationsämter (s. u.) leisten. Dafür sind die Arbeitsagenturen zuständig.

3 Besondere Pflichten des Arbeitgebers

Für die Beschäftigung schwerbehinderter Menschen gelten besondere Regelungen. Sie betreffen z. B. die folgenden Bereiche:

- besondere Berücksichtigung Schwerbehinderter bei Einstellungsverfahren;
- Benachteiligungsverbot, z. B. bei der Zuweisung von Tätigkeiten oder dem beruflichen Aufstieg;
- Berücksichtigung Schwerbehinderter bei inner- und außerbetrieblichen Bildungsmaßnahmen;
- behinderungsgerechte Ausstattung des Arbeitsumfelds und Arbeitsplatzes (§ 164 SGB IX);
- Freistellung von Mehrarbeit bei Bedarf, fünf Tage Mehrurlaub pro Jahr (§§ 207 ff. SGB IX);
- festgelegte Integrationsstrukturen (i. d. R. ab 5 schwerbehinderten Beschäftigten: Schwerbehindertenvertretung, Beauftragter des Arbeitgebers, Inklusionsvereinbarung, §§ 176 ff. SGB IX).

Neben anderen Vorbehalten sind diese besonderen Pflichten der Arbeitgeber oft Grund dafür, dass die Mehrzahl der Betriebe der Beschäftigungspflicht nicht voll nachkommt. Dabei wird zu wenig berücksichtigt, dass

- der Arbeitgeber für alle praktischen, technischen, organisatorischen und finanziellen Fragen rund um die Beschäftigung schwerbehinderter Menschen ausdrücklich Anspruch auf Beratung und Unterstützung hat, sodass unzumutbare Nachteile aus dem Beschäftigungsverhältnis vermieden werden;
- behinderte Menschen bei entsprechender Anpassung ihres Arbeitsplatzes leistungsfähig und nicht selten besonders leistungswillig sind;
- die auftretenden Behinderungen so verschiedenartig sind, dass nahezu jeder Betrieb Menschen mit Behinderung beschäftigen kann – auch ohne z. B. rollstuhlgerecht ausgebaut zu sein.

4 Wo ist die Sicherheitsfachkraft gefragt?

Maßnahmen der Sicherheits- und Arbeitsschutzorganisation müssen auch für behinderte Beschäftigte wirksam sein, z. B.:

- Wie können Alarmsignale wahrgenommen werden? Können im Notfall Treppen oder Notausstiege benutzt werden? Diese Fragen müssen je nach Betrieb möglicherweise auch im Hinblick auf Besucher mit Behinderung berücksichtigt werden.
- Wie können Betroffene an betrieblichen → *Unterweisungen* teilnehmen?

Bei der Gestaltung von Arbeitsplätzen für Menschen mit Behinderung sind gerade in kleineren Unternehmen, die nicht über eigene Fachkräfte für Integrationsfragen verfügen, → *Sicherheitsfachkräfte* und → *Betriebsärzte* gefragt. Oft sind wegen der Vielfalt der Einschränkungen Einzelfalllösungen gefragt, wobei Kreativität und Einfühlungsvermögen nicht selten eine größere Rolle spielen als die Kostenfrage.

5 Beratung und Unterstützung bei der Beschäftigung Schwerbehinderter

- Die sog. Rehabilitationsträger sind für die „Leistungen zur Teilhabe am Arbeitsleben“ zuständig: Je nach Lebenssituation und Ursache der Behinderung sind das die Träger der gesetzlichen Renten- oder Unfallversicherung, die Arbeitsagenturen, Sozialämter und andere (§ 6 SGB IX).
- Die Integrationsämter (§§ 184 ff. SGB IX) verfügen über die von Arbeitgebern geleisteten Ausgleichsabgaben. Daraus finanzieren sie „begleitende Hilfen im Arbeitsleben“. Außerdem sind sie Ansprechpartner beim Kündigungsschutz.

- Die Agenturen für Arbeit sind mit der Beratung, Vermittlung und Förderung von Schwerbehinderten besonders befasst.

Welche dieser Stellen für welche Leistungen genau zuständig sind, muss im Einzelfall geklärt werden. Den behinderten Beschäftigten stehen dazu Servicestellen auf Kreisebene zur Verfügung. Für den Arbeitgeber ist i. d. R. das Integrationsamt der geeignete Ansprechpartner. Die Integrationsämter sind in den einzelnen Bundesländern unterschiedlich angebunden, z. B. bei Landschafts-, Landeswohlfahrts- oder Kommunalverbänden, Landesanstalten für Soziales usw. Im Internet sind sie aber schnell zu finden (s. u.). Hier wird nicht nur über Leistungen entschieden, die Mitarbeiter beraten auch organisatorisch und technisch vor Ort.

Grundsätzlich kann alles gefördert werden, was nötig ist, um einen behinderten Menschen in Arbeit zu bringen und dauerhaft zu halten. Leistungen können sowohl an Arbeitnehmer als auch an Arbeitgeber gehen. Das beginnt bei einfachsten technischen Hilfsmitteln und geht bis zu aufwendigen Umgestaltungen von ganzen Arbeitsbereichen. Auch Arbeitsassistenzen (Hilfskräfte für behinderte Arbeitnehmer), Gebärdendolmetscher, psychologische Beratung und Betreuung, Hilfen für die Fahrt zur Arbeit, für eine Wohnung am Arbeitsort, Aus- und Fortbildungen sowie Prämien und Ausgleichszahlungen an Arbeitgeber gehören zum Leistungskatalog.

Natürlich werden alle diese Leistungen nicht unbegrenzt, sondern nur nach genauer Abstimmung gewährt. Trotzdem ist es aus Sicht des Arbeitgebers (und damit auch der Sicherheitsfachkraft, die in die Arbeitsplatzgestaltung eng eingebunden ist) wichtig, „groß" genug zu denken. Das Integrationsamt vergleicht die Kosten für einen Schwerbehindertenarbeitsplatz nicht mit denen für einen konventionellen, sondern hat den gesetzlichen Anspruch zur „Teilhabe" am Arbeitsleben als Hintergrund und die sonst anfallenden Kosten, z. B. für Rentenzahlungen. Deshalb werden nicht selten auch große Investitionen mit hohen Summen gefördert. Die Kostenbeteiligung für den Arbeitgeber richtet sich dabei danach, in welchem Umfang er eine ähnliche Investition auch für einen nicht behinderten Arbeitnehmer hätte vornehmen müssen. Rein behinderungsspezifische Anlagen, wie Treppenlifter, Lichtzeichenanlagen für Hörbehinderte usw., werden daher i. d. R. voll von Integrationsämtern/Rehaträgern übernommen. Bei teuren Spezialschutzschuhen müsste der Arbeitgeber nur die Durchschnittskosten für herkömmliche Schutzschuhe beisteuern.

Praxis-Beispiel: Die wichtigsten Punkte

- Rehabilitationsträger und Integrationsämter sind dazu da, die Beschäftigung behinderter Menschen zu unterstützen, wo die betrieblichen Möglichkeiten nicht ausreichen. Die Tatsache, dass ein Beschäftigter die Tätigkeit an seinem bisherigen Arbeitsplatz nicht mehr ausüben kann, heißt noch lange nicht, dass eine Weiterbeschäftigung nicht möglich wäre.
- Unter bestimmten Umständen greifen die beschriebenen Maßnahmen auch bei „drohender Behinderung". Wenn z. B. Sicherheitsfachkraft oder Betriebsarzt feststellen, dass mit den bestehenden Möglichkeiten ein Arbeitsplatz nicht so gestaltet werden kann, dass ein gesundheitlich beeinträchtigter Mitarbeiter problemlos arbeiten kann, ist auch ohne bestätigte Schwerbehinderung des Betroffenen eine Kontaktaufnahme beim Integrationsamt sinnvoll.

Cornelia von Quistorp

Mobbing

Mobbing meint nicht ein schlechtes Betriebsklima, einen gelegentlich ungerechten Vorgesetzten oder den üblichen Büroklatsch. Bei Mobbing wird eine Person systematisch oft und während einer längeren Zeit mit dem Ziel der Ausgrenzung direkt oder indirekt angegriffen. Mobbing kann jeden treffen. Häufig findet es auf der gleichen Hierarchieebene statt, oft von oben nach unten („Bossing"), gelegentlich aber auch von unten nach oben („Staffing").

Mobbinghandlungen können Angriffe, Ausgrenzungen oder Verletzungen sein: Da wird z.B. ein Kollege mundtot gemacht oder alle verlassen den Raum, wenn die Kollegin ihn betritt, oder jemand wird ständig als Versager bezeichnet. Auch Attacken gegen die Lebenssituation – hier spielen z.B. Homosexualität oder gesundheitliche Einschränkungen immer wieder eine Rolle – gehören dazu. Doch Mobbing lässt sich nicht auf ein simples Täter-Opfer-Schema reduzieren. Es gibt fast nie den aggressiven Täter, der sich in seinem Arbeitsumfeld ein hilfloses Opfer zum Quälen sucht. In den meisten Fällen entwickelt sich Mobbing aus einem Konflikt heraus. Wer „Täter" und wer „Opfer" ist, bleibt lange unklar. Zu Beginn der Auseinandersetzungen geht es nicht darum, jemanden absichtlich zu mobben. Und oft ist den Gegnern Wirkung ihres Handelns in letzter Konsequenz gar nicht bewusst. Erst mit der Zeit kristallisiert sich heraus, wer sich durch die Belastungssituation verändert und zum Unterlegenen wird.

Gelegentlich wird Mobbing auch von Unternehmensleitungen als "Strategie" eingesetzt, um die Zahl der Arbeitskräfte zu reduzieren.

Gesetze, Vorschriften und Rechtsprechung

Bereits 1997 hat das Bundesarbeitsgericht Mobbing als das systematische Anfeinden, Schikanieren oder Diskriminieren von Arbeitnehmern untereinander oder durch Vorgesetzte definiert. Schutz- und Handlungsmöglichkeiten gegen Mobbing ergeben sich aus ...

- dem **Grundgesetz**: Laut Art. 1 ist die Würde des Menschen unantastbar. Art. 2 beinhaltet die freie Entfaltung der Persönlichkeit sowie das Recht auf Leben und körperliche Unversehrtheit.
- § 2 Abs. 1 **Arbeitsschutzgesetz** (ArbSchG): Danach stehen Arbeitgeber in der Pflicht, ihre Arbeitnehmer vor arbeitsbedingten Gesundheitsgefahren zu schützen und auf eine menschengerechte Gestaltung der Arbeit zu achten. Das beinhaltet auch den Schutz vor psychischen Belastungen.
- dem **Allgemeinen Gleichbehandlungsgesetz** (AGG): Auch hier findet sich der Begriff Mobbing nicht wörtlich. Allerdings definiert § 3 Abs. 3, dass eine Belästigung dann eine Benachteiligung ist, „wenn die Würde der betreffenden Person verletzt und ein von Einschüchterungen, Anfeindungen, Erniedrigungen, Entwürdigungen oder Beleidigungen gekennzeichnetes Umfeld geschaffen wird". Der Arbeitgeber ist verpflichtet, Maßnahmen zu treffen, um vor Benachteiligungen zu schützen.
- dem **Betriebsverfassungsgesetz** (BetrVG): In § 75 BetrVG sind die Grundsätze festgelegt, wie Betriebsangehörige zu behandeln sind. So ist der Arbeitgeber verpflichtet, die Persönlichkeitsrechte seiner Mitarbeiter zu schützen. Er hat folglich dafür zu sorgen, dass in seinem Betrieb nicht gemobbt wird.

Bei der Arbeit obliegt dem Arbeitgeber nach § 241 BGB die Fürsorgepflicht. Unternimmt er nichts gegen Mobbing im Unternehmen, kann er deshalb haftbar gemacht werden. Allerdings gibt es im Gegensatz zu anderen Ländern, wie z.B. Frankreich oder Schweden, in Deutschland kein „Anti-Mobbing-Gesetz" und keine speziellen gesetzlichen Regelungen. Es gibt also keinen eigenen Paragrafen im Strafrecht, der Mobbing-Handlungen sanktioniert. Bei einer gerichtlichen Auseinandersetzung wird deshalb auf die allgemeingültigen Rechtsnormen zurückgegriffen. Folgende Paragrafen können dabei angewandt werden:

- Beleidigung: § 185 StGB,
- Üble Nachrede: § 186 StGB,
- Verleumdung: § 187 StGB,
- Körperverletzung: § 223 StGB
- Sexuelle Belästigung: § 184 i StGB,
- Fortdauernde Belästigung im Wege einer Telekommunikation oder eines Computersystems (Cyber-Mobbing): § 107 c StGB.

Zwei Beispiele sollen zeigen, in welchen Fällen Betroffene vor Gericht Recht bekommen haben:

2013 erhielt ein Oberarzt 53.000 EUR Schadensersatz wegen Mobbing durch nicht gerechtfertigte Aufgabenentziehung vom Arbeitgeber bzw. Schikanierung und Degradierung. Das Urteil sprach das Arbeitsgericht Leipzig gegen den Chefarzt der Klinik aus (ArbG Leipzig, Az 9 Ca 2854/11).

Das Verwaltungsgericht Halle entschied 2019 auf Verletzung der Fürsorgepflicht im Falle einer städtischen Beamtin. Ihr wurden 23.000 EUR als Schmerzensgeld wegen Persönlichkeitsverletzung sowie zum Ersatz materieller Schäden zugesprochen (VG Halle, 5 A 519/16 HAL).

1 Ursachen von Mobbing

Warum schikanieren Kollegen andere Kollegen, bis diese krank werden? Was treibt einen Chef dazu, einen Mitarbeitenden zu drangsalieren, bis er kündigt? Die Ursachen dafür sind vielfältig. Oft kommen mehrere zusammen. Zu den wichtigsten Auslösern zählen:

- **Mängel in der Arbeitsorganisation**, z.B. durch unbesetzte Stellen oder mangelhaftes Zeitmanagement;
- **Schwächen im Führungsverhalten**, z.B. durch mangelnde Vorbildfunktion der Vorgesetzten oder Vernachlässigung der Fürsorgepflicht;
- eine **besondere soziale Stellung der Betroffenen**, wie z.B. Geschlecht, Nationalität oder Behinderung;
- **Schwächen in der betrieblichen Moral**, etwa durch Wegschauen bei nicht korrektem Verhalten oder Ignorieren bzw. Duldung von Fehlverhalten.

2 Mobbinghandlungen

2.1 Angriffe am Arbeitsplatz

Mobbing beginnt schleichend und ist ein langwieriger Prozess. Durchschnittlich 15 Monate sind Mobbing-Opfer dem Psycho-Terror am Arbeitsplatz ausgesetzt. Häufig werden die Attacken hinter „Scherzen“ versteckt, anonym durchgeführt oder mit „objektiven Daten“ unterfüttert. So ist Böswilligkeit nur schwer zu beweisen.

2021 gaben bei einer telefonischen Umfrage 7 % der Befragten an, dass sie in den letzten 12 Monaten Mobbing, Schikane oder Gewalt ausgesetzt waren, so das statistische Bundesamt. Besonders häufig kam es zu Beleidigungen und Drohungen. Im gleichen Jahr sagten bei einer Umfrage von YouGov zusammen mit Statista 29 %, dass sie während ihres Arbeitslebens schon einmal am Arbeitsplatz gemobbt worden seien.

Für Mobbing gibt es bisher weder eine einheitliche theoretische Grundlage noch eine zuverlässige Messung. Deshalb greift man auch heute noch auf die Definition des Psychologen Heinz Leymann aus dem Jahr 1995 zurück: *"Unter Mobbing wird eine konfliktbelastete Kommunikation am Arbeitsplatz unter Kollegen oder zwischen Vorgesetzten und Untergebenen verstanden, bei der die angegriffene Person unterlegen ist und von einer oder einigen Personen systematisch, oft und während einer längeren Zeit mit dem Ziel und/oder dem Effekt des Ausstoßes aus dem Arbeitsverhältnis direkt oder indirekt angegriffen wird und dies als Diskriminierung empfindet."* Leymann klassifizierte zudem 45 verschiedene Mobbinghandlungen in 5 Gruppen:

1. Angriffe auf die Möglichkeiten, sich mitzuteilen,
2. Angriffe auf die sozialen Beziehungen,
3. Auswirkungen auf das soziale Ansehen,
4. Angriffe auf die Berufs- und Lebenssituation,
5. Angriffe auf die Gesundheit.

Der Psychologe Axel Esser, der Arbeitsrechtler Martin Wolmerath und der Personalentwickler Klaus Niedl unterteilten die Handlungen im Jahr 2000 in nur 2 Kategorien:

1. Mobbing auf der Arbeitsebene und
2. Mobbing auf der sozialen Ebene.

Leidensstatistik

Untersuchungen zeigen, worunter Mobbingopfer vor allem leiden:[1]

- Verbreiten von Gerüchten und Unwahrheiten,
- bewusstes Vorenthalten von Informationen/Weiterleiten von Fehlinformationen,
- Schlechtmachen vor anderen Personen,
- falsche Bewertung der Arbeitsleistung/ungerechte Kritik an der Arbeit,
- ständige Sticheleien/Hänseleien,
- Ausgrenzung/Isolierung/Nichtbeachtetwerden,
- Beleidigungen,
- Arbeitsbehinderung oder -entzug.

2.2 Cyber-Mobbing

Mobbingopfer leiden besonders unter Gerüchten und Unwahrheiten. Eine ideale Plattform dafür ist das Internet bzw. die Sozialen Medien. Findet Mobbing beispielsweise per E-Mail, auf Facebook, Instagram oder auf Videoplattformen wie YouTube statt, spricht man von Cyber-Mobbing. Während Mobbing am Arbeitsplatz meist nur Täter und Opfer sowie das nähere Umfeld betrifft und zeitlich auf den Arbeitsalltag begrenzt ist, sind Beleidigungen, verletzende Fotos oder Filme im Internet einer breiten Öffentlichkeit zugänglich. Sie können von Fremden eingesehen und jederzeit abgerufen werden. Die Opfer wissen oft lange nicht, was im Netz über sie verbreitet wird. Hinzu kommt: Was einmal im Internet steht, lässt sich nur schwer wieder entfernen. Selbst wenn es gelingt, Fotos und Beleidigungen entfernen zu lassen, sind die Opfer nicht davor geschützt, dass andere die Inhalte bereits gespeichert haben und wieder einstellen.

Praxis-Beispiel: Phasenmodell

Mobbing läuft fast immer in Phasen ab. Nicht immer werden alle Phasen durchlaufen. Manchmal gelingt es, den Prozess durch ein klärendes Gespräch zu stoppen.

- **1. Phase:** Ein Konflikt wird nicht geklärt. Erste Schuldzuweisungen oder einzelne persönliche Angriffe finden statt.
- **2. Phase:** Der Psychoterror beginnt: Der eigentliche Konflikt tritt in den Hintergrund. Eine bestimmte Person wird immer häufiger zur Zielscheibe systematischer Schikanen. Sie verliert nach und nach ihr Selbstwertgefühl. Von den Kollegen wird sie mehr und mehr ausgegrenzt.
- **3. Phase:** Arbeitsrechtliche Sanktionen treffen den Falschen. Die Angelegenheit eskaliert. Die gemobbte Person verändert sich, kann sich nicht mehr konzentrieren und macht Fehler. Sie fällt auf und wird deshalb abgemahnt, versetzt oder mit Kündigung bedroht.
- **4. Phase:** Der Gemobbte geht oder ihm wird gekündigt. Das Ziel des Mobbers oder der Mobber ist erreicht.

3 Auswirkungen von Mobbing

Mobbing verursacht einen hohen Leidensdruck. Die Betroffenen können an körperlichen Beschwerden leiden, wie u. a. Kopf- oder Magenschmerzen oder sich psychisch belastet fühlen, Angst- und Schlafstörungen sowie Niedergeschlagenheit oder Depressionen entwickeln. Am Ende bleibt ihnen meist nur die Kündigung. Manche kehren nicht mehr ins Arbeitsleben zurück, werden arbeitsunfähig.

Sowohl die betriebswirtschaftlichen als auch die gesellschaftlichen Auswirkungen durch Mobbing sind immens. Für das Unternehmen verursacht jeder Mobbingfall hohe Kosten durch verminderte Leistung und Fehlzeiten. Auch die Gesellschaft wird durch Folgeerkrankungen oder dauerhaften Arbeitsunfähigkeiten belastet.

1 BAuA, Mobbing-Report, 2003 sowie Befragung des Markt- und Sozialforschungsinstituts IFAK, 2008.

3.1 Folgen für Betroffene

Fast 90 % der Mobbingopfer klagen während des Mobbingprozesses und danach über psychische und physische Probleme. Zu den typischen Symptomen, die z. T. auch von Außenstehenden wahrgenommen werden können, zählen:

- Schlafstörungen,
- Kopfschmerzen und
- Niedergeschlagenheit.

Durch den Verlust des Selbstwertgefühls verändert sich die Person immer mehr. Stellt man bei Mitarbeitenden oder Kollegen Veränderungen fest, sollte man dies zum Anlass für ein Gespräch nehmen. Je länger gemobbt wird, desto höher ist das Risiko, chronisch krank zu werden, etwa

- im Magen-/Darmbereich,
- im Herz-/Kreislaufsystem oder
- durch Depressionen.

Angehörige und Freunde können bei Mobbing nur bedingt helfen. Oft ist es ratsam, wenn sie selbst kompetente Unterstützung heranziehen.

30 % der Personen, die gemobbt werden, erkranken kurzfristig, weitere 30 % sind länger, teilweise über ein Jahr, krankgeschrieben.

Selbst nachdem der Mobbingprozess an sich beendet ist, sind die Betroffenen nachhaltig belastet, sodass

- 20 % von ihnen eine Kur antreten,
- 15 % sich stationär behandeln lassen und
- rund 30 % therapeutische Hilfe suchen.[1]

Psychischer → *Stress* und gesundheitliche Belastungen können letztlich dazu führen, dass die betroffene Person arbeitsunfähig erkrankt. Allerdings sind Mobbing und seine Folgen nicht als Berufskrankheit anerkannt.

3.2 Betriebswirtschaftliche und gesellschaftliche Kosten

Eine Untersuchung in Deutschland fand heraus, dass Mobbingbetroffene zunächst mit erhöhter Leistung reagieren. Bei weiteren Schikanen lässt diese allerdings immer mehr nach. Irgendwann ist der Punkt erreicht, dass nur noch nach Anweisung gearbeitet wird: die „innere Kündigung" ist eingetreten und der „freiwillige" Austritt aus dem Unternehmen nur noch eine Frage der Zeit. Im Rahmen einer Studie in Schweden begründeten 60 % der Befragten ihre Kündigung mit Unbehagen oder Schikane am Arbeitsplatz.[2]

Mobbing verursacht **Kosten im Unternehmen** u. a. durch

- Störungen in der Produktion,
- Fehler und Mängel in der Qualität,
- zusätzliche Löhne für Aushilfskräfte,
- Versetzungen, Kündigungen und Einarbeitungen,
- Verlust von qualifizierten Mitarbeiterinnen und Mitarbeitern sowie
- Imageschäden bei Kunden und in der Öffentlichkeit.

Neben dem menschlichen Leid entstehen für das Unternehmen hohe Kosten z. B. durch Minderleistung, Fehlzeiten und Fluktuation. Mobbingbetroffene fehlen häufig wegen psychosomatischer Beschwerden oder um vor der belastenden Situation zu fliehen. Laut der Gewerkschaft Verdi sind in Deutschland rund 1,8 Mio. Erwerbstätige von Mobbing betroffen. Ein Fehltag kostet ein Unternehmen rund 400 EUR.

---

1 BAuA, Mobbing-Report, 2003.

2 Dr. Martin Resch vom Institut für Arbeitspsychologie und Arbeitspädagogik (IAP) in einer DGB-Information.

Schätzungen gehen davon aus, dass der Produktionsausfall wegen Mobbing rund 12,5 Mrd. EUR beträgt (Mobbing-Report). Der Deutsche Gewerkschaftsbund beziffert den mobbingbedingten wirtschaftlichen Schaden auf jährlich 15 bis 25 Mrd. EUR.

Mobbing belastet aber auch die Gesellschaft finanziell. So müssen Kranken- und Rentenversicherungsträger für medizinische Heilverfahren, Medikamente, Psychotherapien, Kuren und Rehabilitationsmaßnahmen aufkommen. Hohe Ausgaben entstehen außerdem durch Arbeitslosigkeit, Erwerbsunfähigkeit und Frühverrentung. Nach Schätzung des Instituts der deutschen Wirtschaft beträgt der volkswirtschaftliche Schaden jährlich mindestens 50 Mrd. EUR.

4 ESENER-Erhebungen zum Thema Mobbing

2010 veröffentlichte die Europäische Agentur für Sicherheit und Gesundheitsschutz am Arbeitsplatz (EU-OSHA) die ESENER-Erhebung. Rund 36.000 Manager und Arbeitsschutzbeauftragte aus 31 Ländern wurden für diese Europäische Unternehmensbefragung zu neuen und neu aufkommenden Risiken (European Survey of Enterprises on New and Emerging Risks, ESENER) interviewt. Dabei kam u. a. heraus, dass Gewalt und besonders Mobbing und Belästigungen in vielen Betrieben von Belang sind. Für fast 40 % der Befragten stellen Gewalt, die Androhung von Gewalt sowie Mobbing und Belästigung ein zum Teil wichtiges Thema dar, am häufigsten im Gesundheits-, Sozial- und Bildungswesen. Allerdings waren laut Angaben der Studienteilnehmer in nur etwa 30 % der Betriebe Verfahren zum Umgang mit Mobbing und Belästigungen vorhanden.

2019 wurde eine weitere Befragung in 33 Ländern und insgesamt 45.420 Betrieben mit mind. 5 Beschäftigten über alle Wirtschaftszweige hinweg durchgeführt. Dabei ging es u.a. darum, ob die Betriebe über ein Verfahren verfügen, um mit Fällen von Bedrohung, Missbrauch oder Übergriffen umzugehen. 58 % der Betriebe mit 20 oder mehr Beschäftigten, die mit schwierigen Kunden, Patienten oder Schülern umgehen müssen, bejahten die Frage. Bei Einrichtungen, die im Gesundheits- und Sozialwesen tätig sind, lag der Anteil bei 80 % .

2022-2025 geht es in einem Forschungsprojekt der EU-OSHA darum, Informationen über arbeitsbedingte psychosoziale Risiken und psychische Gesundheit am Arbeitsplatz bereitzustellen. Dabei geht es im Themenbereich Gewalt und Belästigung u.a. um Mobbing am Arbeitsplatz.

> **Praxis-Beispiel: Mobbing als Risikofaktor und der Mobbing-Risiko-Faktor**
> Mobbing gilt als Risikofaktor für Leistung, Engagement, Arbeitszufriedenheit und die psychische Gesundheit.
> Der Mobbing-Risiko-Faktor ist in den verschiedenen Berufsgruppen unterschiedlich hoch. Zu den besonders gefährdeten Berufsfeldern zählen soziale Berufe, also z. B. Erzieher, Sozialpädagogen oder Altenpfleger, sowie die Bank- und Versicherungsbranche, aber auch Verkaufspersonal. Auch bei Technikern, in Gesundheitsberufen, im IT-Sektor sowie bei klassischen Büroberufen ist die Quote deutlich erhöht. Am wenigsten gemobbt wird in der Landwirtschaft.[1]

5 Rechtliche Schritte

Mobbingopfer können sich juristisch wehren. Schwere Mobbinghandlungen, wie Beleidigung, Verleumdung, Nötigung oder Körperverletzung, können strafbar sein. Von Körperverletzung spricht man dann, wenn jemand durch Mobbing krank wird. Dies muss aber von einem Arzt attestiert werden. Welche Gesetze und Paragrafen in Frage kommen, kann oben im Vorspann unter *Gesetze, Vorschriften und Rechtsprechung* nachgelesen werden.

1 Psychische Gesundheit in der Arbeitswelt – Soziale Beziehungen, BAuA-Projektbericht, 2016.

6 Präventive Maßnahmen

Mobbingexperten empfehlen, Strategien gegen Mobbing auf unterschiedlichen Ebenen im Unternehmen umzusetzen. Dabei sollten allgemeine Maßnahmen mit spezifischen Elementen kombiniert werden.

- Auf der organisatorischen Ebene kann z. B. ein Führungstraining zum Umgang mit Mobbing angeboten werden.
- Auf der Teamebene haben sich u. a. Angebote zur Förderung von Problem- und Konfliktlösestrategien bewährt.
- Zu Stärkung des Individuums empfehlen sich Entspannungs- und Stressbewältigungstraining sowie kompetente Ansprechpartner, die schnell und einfach erreicht werden können.

Im Unternehmen sollte vor allem klar vereinbart sein, wie miteinander umgegangen wird. Das kann z. B. in Form einer Mobbingvereinbarung geschehen. Informationsveranstaltungen, ausgebildete Mobbingbeauftragte im Betrieb sowie ein vorbildhafter Führungsstil tragen außerdem dazu bei, das Thema Mobbing aus der dunklen Welt des „Psychoterrors" herauszuholen und ohne Tabu präventiv dagegen anzugehen.

Bettina Brucker

Mobile Arbeit

Elektronische Kommunikationssysteme ermöglichen es vielen Beschäftigten, von vielen verschiedenen Orten aus mit Kunden, Geschäftspartnern und dem eigenen Unternehmen in Kontakt und im Datenaustausch zu sein. Damit können in vielen Berufsfeldern und Branchen wesentliche Arbeitsaufgaben auch außerhalb der Unternehmensräume erbracht werden. Dafür hat sich der Begriff Mobile Arbeit etabliert. Er umfasst sowohl die Arbeit von zu Hause aus (soweit sie nicht unter den in der aktuellen Arbeitsstättenverordnung definierten Begriff → *Telearbeit* fällt), als auch die Arbeit beim Kunden oder unterwegs (z. B. in Bahn, Flugzeug oder Hotelzimmer). Bei Beschäftigten im Angestelltenverhältnis oder anderweitig abhängig Beschäftigten stellt sich so die Frage, wie weit die Fürsorgepflicht des Arbeitgebers bei mobiler Arbeit geht und welche Arbeitsschutzmaßnahmen konkret erforderlich werden.

Gesetze, Vorschriften und Rechtsprechung

Mobile Arbeit ist Bestandteil der Arbeitsleistung, die ein Arbeitnehmer im Rahmen seines Arbeitsvertrags erbringt. Das gilt solange, wie der Arbeitgeber mobile Arbeit nicht ausdrücklich ausschließt bzw. schon dadurch, dass er die auf diese Weise erbrachte Arbeitsleistung annimmt. Entsprechend gelten damit grundsätzlich auch alle Arbeitsschutzgesetze, z. B. das Arbeitsschutzgesetz mit der allgemeinen Fürsorgepflicht des Arbeitgebers und der Gefährdungsbeurteilung sowie das Arbeitszeitgesetz. Da diese den Begriff Mobile Arbeit allerdings nicht kennen bzw. z. T. deutlich älter sind als das gesamte Phänomen mobilen Arbeitens im jetzigen Sinne, besteht hier ein gewisser Auslegungsbedarf, der noch kaum rechtsverbindlich ausgefüllt ist. Eine hochrangige konkrete Rechtsgrundlage für Arbeitsschutzanforderungen bei mobiler Arbeit gibt es bisher nicht.

Die Unfallversicherungsträger definieren in der DGUV-I 215-441 „Büroraumplanung – Hilfen für das systematische Planen und Gestalten von Büros" mobiles Arbeiten als eine Form betriebsstättenfernen Arbeitens (zu dem auch → *Telearbeit* gehört) und geben Erläuterungen und konkrete Gestaltungshinweise.

Die Bundesanstalt für Arbeitsschutz und Arbeitsmedizin hat in ihrem Bericht „Orts- und zeitflexibles Arbeiten: Gesundheitliche Chancen und Risiken" (2017) Fachinformationen und Einschätzungen zusammengestellt.

1 Abgrenzung zu anderen Formen der Arbeitsorganisation

Dass im Rahmen eines Arbeitsverhältnisses Tätigkeiten außerhalb der Betriebsräume und an wechselnden Orten erbracht werden, kommt (immer schon) in unterschiedlichen Zusammenhängen vor, z. B. bei:

- Arbeiten auf Bau- und Montagestellen;
- Arbeiten im Freien, z. B. in der Land- und Forstwirtschaft, oder bei Veranstaltungen wie Märkten und Festivals;
- Dienstleistungs-, Service- oder Verkaufstätigkeiten im Außendienst, die vor Ort bei Kunden erbracht werden;
- → *Telearbeit*, bei der ein Mitarbeiter nach einer bestimmten vertraglichen Regelung an einem vom Arbeitgeber eingerichteten Arbeitsplatz im häuslichen Umfeld seine Arbeitsleistung erbringt, häufig abwechselnd mit Präsenzphasen an einem Standort des Arbeitgebers.

Alle diese Arbeitsformen haben gemeinsam, dass die Arbeit zwar außerhalb der Betriebsräume des Arbeitgebers und häufig an wechselnden Orten erbracht wird, aber doch immer an Orten, die speziell zum Verrichten der Arbeit aufgesucht werden bzw. aufgesucht werden müssen.

Der Begriff Mobile Arbeit bezeichnet demgegenüber das Arbeiten an beliebigen Orten unabhängig davon, ob sich ein Mitarbeiter dort aus tätigkeitsbezogenen oder im weitesten Sinne privaten Gründen aufhält. Mobiles Arbeiten kann danach sowohl in Räumen des Arbeitgebers stattfinden (aber außerhalb eines persönlich zugewiesenen Arbeitsplatzes), wie auch zu Hause (aber ohne die Kennzeichen der Telearbeit: den vom Arbeitgeber eingerichteten Arbeitsplatz und eine entsprechende vertragliche Regelung) oder unterwegs, z. B. während der Fahrt in öffentlichen Verkehrsmitteln, im Hotel, beim Kunden oder einfach an einem Ort der Wahl, z. B. in der Gartenlaube, im Café oder auf dem Kinderspielplatz.

Natürlich ist das Arbeiten unterwegs gerade auf Dienstreisen gewohnte Praxis, und auch Arbeit im privaten Bereich kein neues Phänomen. Allerdings ermöglichen es die digitalen Strukturen in der Arbeitswelt, dass ein extrem viel breiteres Spektrum an Tätigkeiten grundsätzlich ortsungebunden ausgeführt werden kann. Während früher lediglich Unterlagenstudium, Handschriftliches und einige Telefongespräche „zwischendrin" unterwegs oder zu Hause erledigt wurden, ist es jetzt möglich und in bestimmten Branchen erwünscht und üblich, dass in großem Umfang ortsunabhängig kommuniziert und gearbeitet wird – mithilfe entsprechender digitaler Möglichkeiten. Mobile Arbeit bezeichnet im aktuellen Sinne daher vor allem mobile IT-gestützte Arbeit und eben nicht bzw. nur mittelbar die klassischen Montagen oder Dienstreisen.

Mobiles Arbeiten tritt in der Arbeitswelt mit besserer Verfügbarkeit von elektronischen Medien immer öfter auf, nicht nur in den Medien-, Kommunikations- und Kreativbranchen, die lange als „Pioniere" galten. Daher kommt es verstärkt darauf an, tragfähige Arbeitsschutzkonzepte für mobile Arbeit zu entwickeln und umzusetzen.

Praxis-Beispiel: Homeoffice – ein Schlüsselbegriff während der SARS-CoV-2-Epidemie

In der SARS-CoV-2-Epidemie in den Jahren 2020 bis 2023 traf eine sich schnell ausbreitende, kritische Infektionsgefahr auf eine Arbeitswelt, die bereits weitgehend über Möglichkeiten für mobiles Arbeiten verfügte. In der Folge wurde innerhalb kürzester Zeit mobiles Arbeiten von zu Hause aus unter dem Begriff Homeoffice zum Massenphänomen. Vielfach haben darauf auch Betriebe bzw. Beschäftigte zurückgegriffen, die bis dahin keinerlei Regelungen und praktische Erfahrungen mit mobiler Arbeit hatten. Entsprechend überstürzt und oft ohne Wahlmöglichkeit fanden sich viele Beschäftigte als „Arbeitnehmer in den eigenen vier Wänden" wieder, mit hastig zusammengestellten Arbeitsmitteln (oft Notebooks) an oft improvisierten Arbeitsplätzen und zum Teil zusätzlich gefordert durch z. B. Kinderbetreuung oder Unterstützung beim schulischen Lernen.

Auf diese Weise wurden schlagartig die Vor- und Nachteile mobilen Arbeitens einer größeren Öffentlichkeit bewusst vor Augen geführt. Einerseits war die technische Realisation und die Einbindung mobiler Arbeit in den Wertschöpfungsprozess von Unternehmen, die oft aus dem Stand heraus umgesetzt werden musste, ein großer Erfolg, was die Stabilität unseres Wirtschafts- und Gesellschaftssystems wirkungsvoll gestärkt und die wirtschaftlichen Verluste durch die Corona-Pandemie verringert hat. Viele Experten gehen davon aus, dass diese positiven Erfahrungen dazu beitragen werden, dass Hemmungen gegenüber dieser Arbeitsform abgebaut und mobile Arbeit für mehr Beschäftigte ein fester Bestandteil der Arbeitsgestaltung werden wird.

Andererseits wurde erkennbar, dass mobile Arbeit nicht ganz strukturlos erfolgen kann und der Arbeitgeber Wege finden muss, wie er seine Fürsorgepflicht gegenüber seinen Beschäftigten wirkungsvoll umsetzen kann, auch wenn diese ihre Arbeitsleistung im häuslichen Umfeld erbringen. Die DGUV-I 215-441 „Büroraumplanung – Hilfen für das systematische Planen und Gestalten von Büros" fasst hier erste grundlegende Anforderungen aus Sicht der gesetzlichen Unfallversicherung zusammen.

2 Gefährdungsbeurteilung

Die Fürsorgepflicht des Arbeitgebers, wie sie in der Arbeitsschutzgesetzgebung vielfältig verankert ist, gilt für alle angestellt Beschäftigten – auch, wenn sie mobil arbeiten. Allerdings muss diese Fürsorgepflicht konkret anders ausgestaltet werden, wenn die Arbeit weitgehend außerhalb des Einflussbereiches des Arbeitgebers geleistet wird.

Mobile Arbeit muss also in der Gefährdungsbeurteilung berücksichtigt werden. Allerdings ist es nur eine überschaubare Anzahl von Faktoren, auf die der Arbeitgeber bei mobiler Arbeit überhaupt Einfluss hat und zu denen demnach in der Gefährdungsbeurteilung Stellung zu beziehen ist. Dazu gehören:

- **Technische Fragen**, z.B.: Ist die verwendete Hard- und Software geeignet, um ohne unzuträgliche Belastungen mobil arbeiten zu können? Gibt es ein Eingabegerät mit ausreichend großem Bildschirm und Tastatur, das gut handhabbar ist? Sind die Datenverbindungen ausreichend gut verfügbar? Gibt es im Betrieb, ggf. in verschiedenen Niederlassungen, geeignete Arbeitsplätze, an denen vorübergehend dort tätige „Mobilarbeiter" andocken können und die zur Arbeit erforderlichen Daten verfügbar haben usw.

Praxis-Beispiel: Gute technische Möglichkeiten

Technische Probleme sind es meistens nicht, die mobile Arbeit in der Gefährdungsbeurteilung schwierig erscheinen lassen. Unternehmen sowie Beschäftigte, die auf mobile Arbeit setzen, haben i.d.R. ein konkretes Interesse daran und sorgen schon deshalb dafür, dass entsprechende Ausstattung zur Verfügung steht. Der Markt bietet leistungsfähige technische Lösungen für mobiles Arbeiten in vielfältigen Ausführungen an.

Praxis-Beispiel: Mobile Arbeit – kein Selbstläufer

Mobile Arbeit verlangt im Gegensatz zu Telearbeit nicht, dass der Arbeitgeber für die Ausstattung des Arbeitnehmers aufkommt. Trotzdem ist der Arbeitgeber, wenn er mobiles Arbeiten zulässt, dafür verantwortlich, dass der Arbeitnehmer seine Arbeitsleistung unter angemessenen Bedingungen erbringen kann, entweder, indem er ihn mit geeigneten Endgeräten ausstattet, Schnittstellen für den Einsatz privater Arbeitsmittel für berufliche Zwecke schafft oder ermöglicht, dass betriebliche Arbeitsmittel zeitweise mit nach Hause genommen werden. Grundsätzlich kann der Arbeitgeber mobiles Arbeiten (soweit es keine vertraglichen Vereinbarungen dazu gibt) auch nicht einfach einseitig anordnen.

Wenn erkennbar wird, dass Arbeiten von zu Hause regelmäßiger Bestandteil des Arbeitsverhältnisses ist, sollte im Betrieb geklärt werden, ob damit nicht eine Vereinbarung über Telearbeit sinnvoll und erforderlich wird.

- **Arbeitsorganisatorische Fragen**, z.B.: Gibt es im Tagesplan geeignete Zeitfenster, in denen ein Beschäftigter unter geeigneten Bedingungen erforderliche Arbeiten mobil erledigen kann, ohne dass das zu Stress und Konflikten mit anderen (privaten oder dienstlichen) Aufgaben führt? Gibt es geeignete Möglichkeiten bzw. Orte, an denen erforderliche Arbeiten mobil erledigt werden können?
- **Arbeitszeit**: Nicht zuletzt müssen in der Gefährdungsbeurteilung die Fragen rund um das Arbeitszeitgesetz berücksichtigt werden, die bei mobiler Arbeit häufig nicht leicht zu beantworten sind (s. u.).

Offenkundig spielen bei der Beurteilung der Bedingungen mobiler Arbeit psychische Faktoren eine größere Rolle als technische Risiken. Die Möglichkeit weitgehend unabhängig von Ort und Zeit arbeiten zu können, birgt für manche Beschäftigte das Risiko, sich zwanghaft immer zur Verfügung zu halten, zu viel an Aufgaben auf einmal bzw. nebeneinander erledigen zu wollen, Beruf und Privatleben nicht hinreichend zu trennen und Erholungszeiten zu vernachlässigen. Hier sind geeignete Formen der Selbstorganisation und eine ausgewogene Arbeitskultur gefragt, die in Unterweisungen und Trainings gefördert werden können.

Praxis-Beispiel: Mobile Arbeit – immer und überall?

Natürlich zeichnet gerade das „immer und überall" mobile Arbeit aus. Trotzdem muss auch in diesem Fall für jede auszuführende Tätigkeit ein ausreichender Zeitraum und ein geeigneter Ort gegeben sein. Nur weil die technischen Möglichkeiten es hergeben, kann der Arbeitgeber nicht erwarten, dass ein Beschäftigter alle Vor- und Nacharbeiten zu angefallenen Kundenterminen während seiner Dienstreisetage erledigt, wenn dazu zwischen den einzelnen Terminen nicht ausreichend Zeit ist oder längere Arbeiten im Auto auf dem Parkplatz eine unzuträgliche Belastung darstellen. Solche möglichen Belastungen werden von Beschäftigten durchaus unterschiedlich empfunden und der Arbeitgeber hat kaum die Möglichkeit, sie anhand konkreter Vorgaben zu erfassen und zu bewerten. Eine Gefährdungsbeurteilung wird hier nur dann zu brauchbaren Ergebnissen führen, wenn alle Seiten aufgeschlossen daran mitwirken. Die Beschäftigten trifft in jedem Fall eine höhere Selbstverantwortung, die eigenen Belastungen realistisch einzuschätzen und mobile Arbeit so zu organisieren, dass solche Belastungen möglichst vermieden werden.

Praxis-Beispiel: Mobile Arbeit verbieten?

Insbesondere wenn mobile Arbeit unternehmensintern zwischen Arbeitgeber- und Arbeitnehmerseite umstritten ist, wird manchmal erwogen, mobile Arbeit schlicht zu verbieten, um den damit verbundenen arbeitsrechtlichen Problemen aus dem Weg zu gehen. Weil aber davon auszugehen ist, dass bereits die Annahme einer von einem Mitarbeiter außerhalb festgelegter Arbeitszeiten und -räume erstellten E-Mail die Akzeptanz mobiler Arbeit bedeutet, müsste schon das unterbunden werden.

In diese Richtung gehen Vorstöße, nach denen Mitarbeiter angehalten werden, beim Verlassen des Betriebsgeländes die dienstlichen Mobiltelefone und Laptops auszuschalten (bzw. gar nicht erst mitzunehmen). In vielen Betrieben und Branchen kommt das aber nicht infrage, weil damit ein sehr großer Teil der Flexibilität und Reaktionsschnelligkeit abhandenkommt, den der Einsatz moderner Kommunikationsmedien erlaubt. Darauf können viele Betriebe nicht verzichten und in vielen Fällen bringt mobile Arbeit auch für Beschäftigte deutliche Vorteile mit sich. Daher wird es vielmehr darauf ankommen, dass bei der Nutzung der Möglichkeiten mobiler Arbeit ein vernünftiges Maß eingehalten wird und Arbeits- und Gesundheitsschutz außerhalb des Betriebsgeländes nicht einfach ausgesetzt werden. Dazu dient die Gefährdungsbeurteilung, die unter Mitwirkung der Arbeitnehmervertretung zu erfolgen hat.

3 Unfallversicherung

§ 8 Abs. 1 SGB VII definiert die versicherte Tätigkeit als „die den Versicherungsschutz … begründende Tätigkeit". Was eine solche Tätigkeit ist, wird durch das jeweilige Arbeitsverhältnis bzw. den Arbeitsvertrag, auf dem es beruht, vorgegeben. Dabei ist nicht nur der schriftliche Arbeitsvertrag relevant, sondern auch mündliche Absprachen und praktizierte Arbeitsabläufe prägen das Arbeitsverhältnis. Bezogen auf mobile Arbeit begründet das die Rechtsauffassung, dass grundsätzlich alles, was ein Beschäftigter im Interesse seines Arbeitgebers tut und was dieser akzeptiert bzw. nicht ausdrücklich untersagt hat, versicherte Tätigkeit ist. Wo und wann diese Tätigkeit verrichtet wird, ist dabei nachrangig. Damit steht mobile Arbeit unter dem Schutz der gesetzlichen Unfallversicherung. Zunächst beschränkte sich dieser Versicherungsschutz nur sehr eng auf die Tätigkeit selbst (z.B. auf den Sturz über die Schreibtischschublade), nicht aber auf das Umfeld, in dem sie verrichtet wird (z.B. den Sturz im Wohnungsflur). Während also ein Sturz in der Küche beim Kaffee holen in den Betriebsräumen des Arbeitgebers versichert war, war es derselbe Unfall Zuhause regelhaft nicht. Während der Corona-Pandemie 2020 bis 2023 hat der Gesetzgeber festgestellt, dass diese Rechtspraxis der aktuellen Situation der Arbeitswelt nicht mehr entspricht. Tätigkeiten „im Haushalt der Versicherten oder an einem anderen Ort" sind jetzt „in gleichem Umfang wie bei Ausübung der Tätigkeit auf der Unternehmensstätte" versichert (§ 8 SGB VII). Es ist aber davon auszugehen, dass in solchen Fällen eine Einzelfallprüfung erfolgt, die berücksichtigt, in wie weit Umstände, die vom Beschäftigten selbst zu vertreten sind (z.B. der Sturz über den eigenen Hund oder Zusammenbruch einer stark schadhaften Gartenbank) zu dem Unfall beigetragen haben. Einschlägige Urteile zu solchen Fällen werden das zeigen.

Praxis-Beispiel: Schnittstelle eigenwirtschaftlicher Bereich

Ein Beschäftigter entscheidet sich dafür, an einem Tag, an dem für ihn keine Präsenzpflicht im Unternehmen besteht, anstehende Arbeiten am Notebook in einem Café auszuführen. Stürzt er dabei mit dem Stuhl um, ist eher nicht von einem Arbeitsunfall auszugehen. Wenn aber das Café für ihn die einzige Möglichkeit war, unverzichtbare Recherchen zwischen 2 dienstlichen Terminen in einem beheizten Raum auszuführen, kann doch Unfallversicherungsschutz bestehen, weil in dem Fall der Aufenthalt im Café durch einen dienstlichen Zusammenhang begründet war.

Da bei mobiler Arbeit betriebliche und eigenwirtschaftliche Interessen und Tätigkeiten zeitlich und räumlich besonders eng miteinander verwoben sind, kann es insbesondere bei Fahrten schwierig nachzuvollziehen sein, ob es sich tatsächlich um eine Dienstfahrt oder den Arbeitsweg handelt oder ob eigenwirtschaftliche Interessen überwogen haben. Im Falle eines Wegeunfalls wird diese Frage im Zweifel gerichtlich zu klären sein.

Praxis-Beispiel: Unfälle im Zusammenhang mit mobiler Arbeit melden!

Da es zurzeit nur wenige konkreten Arbeitsschutzregeln für mobile Arbeit gibt und noch wenig Rechtsurteile vorliegen, ist es im Interesse der Beschäftigten, Unfälle im Zusammenhang mit mobiler Arbeit umfassend zu melden, um der Entscheidung des zuständigen Unfallversicherungsträgers zum Versicherungsschutz (und möglicher zukünftiger Rechtsprechung) nicht vorzugreifen. Damit besteht dann auch die Möglichkeit, gegen eine solche Entscheidung Widerspruch einzulegen und eine sozialgerichtliche Klärung anzustreben.

4 Arbeitszeit

Wenn mobile Arbeit im Rahmen eines bestehenden Arbeitsverhältnisses stattfindet, besteht kein Zweifel daran, dass die damit verbrachte Zeit Arbeitszeit ist. Das macht auch die EU-Arbeitszeitrichtlinie 2003/88/EG deutlich, wonach Arbeitszeit *„jede Zeitspanne [ist], während der ein Arbeitnehmer gemäß den einzelstaatlichen Rechtsvorschriften und/oder Gepflogenheiten arbeitet, dem Arbeitgeber zur Verfügung steht und seine Tätigkeit ausübt oder Aufgaben wahrnimmt"*.

Die Umsetzung dieser Richtlinie in nationales Recht erfolgt durch das Arbeitszeitgesetz, das seine Vorgaben u.a. an folgenden Grundbegriffen festmacht:

- Arbeitszeit als die Zeit vom Beginn bis zum Ende der Arbeit ohne die Ruhepausen, die 8, ausnahmsweise 10 Stunden nicht überschreiten darf.
- Ruhepausen, die im Voraus feststehen müssen und minutengenau festgelegt sind.
- Ruhezeit, die nach Beendigung der täglichen Arbeitszeit ununterbrochen mindestens 11 Stunden dauern muss.

Zwar wurde das Arbeitszeitgesetz in der Vergangenheit immer wieder angepasst, es ist aber unübersehbar, dass es von seiner viele Jahrzehnte alten Grundstruktur kaum geeignet ist, eine sehr weit aufgelöste, flexible Arbeitsform wie mobile Arbeit abzubilden. Die Arbeitszeit, die ein mobil arbeitender Beschäftigter aufbringt, ist in der Praxis oft nicht durch vorher festgelegte Pausen strukturiert und kann in relativ kurzen Abschnitten über den Tag verteilt liegen, sodass eine ununterbrochene Ruhezeit von 11 Stunden unter Umständen nicht gegeben ist, aber für den Betroffenen auch kein wesentliches Schutzziel darstellt.

Praxis-Beispiel: Arbeitszeitgesetz contra mobile Arbeit?

Ein alleinerziehender Arbeitnehmer arbeitet in Vollzeit und erbringt seine Arbeitszeit in Präsenzphasen von werktäglich 6 Stunden sowie mobil arbeitend. Das erlaubt ihm, seine Kinder umfassend selbst zu betreuen. Die übrige Arbeitszeit erbringt er dann, wenn es die Familienabläufe ermöglichen, oft abends und an den Wochenenden oder spontan immer dann, wenn die Kinder gerade gut versorgt sind. Für den Betroffenen kann eine solche Arbeitsorganisation sehr entlastend und unverzichtbar sein, um Familie und Beruf zu vereinbaren. Wenn die dafür erforderlichen Schlüsselqualifikationen, Selbstorganisation und -verantwortung gegeben sind, kann so ein hohes Maß an Lebensqualität und damit auch Gesundheitsschutz erzielt werden.

Schon immer gab es eine Fülle von Situationen (z. B. im klassischen Außendienst und auf Dienstreisen), in denen das Arbeitszeitgesetz nicht vollumfänglich eingehalten wurde und wird, ohne dass es deshalb zu schwerwiegenden Sicherheits- und Gesundheitsrisiken kommt. Die Herausforderung für den Arbeitsschutz liegt darin, tragfähige Strukturen zum Schutz der Beschäftigten aufzubauen bzw. zu halten, wo es nötig ist, ohne dass es zu sinnlosen Einschränkungen der Organisations- und Entscheidungsfreiheit kommt. So darf kein Arbeitgeber erwarten, dass die erlaubte tägliche Arbeitszeit überschritten wird. Das zu kontrollieren, führt aber gerade bei mobiler Arbeit zu einem erheblichen Maß an Überwachung, das datenschutzrechtlich mindestens problematisch ist und dem Zweck, nämlich der Ausübung der gesetzlichen Fürsorgepflicht, unangemessen ist.

Praxis-Beispiel: Mobile Arbeit – Segen oder Fluch?

Wenn ein Beschäftigter spätabends gegen 23.00 Uhr noch E-Mails verschickt und am nächsten Morgen um 8.30 Uhr den nächsten Diensttermin wahrnimmt, ist das formal betrachtet ein Verstoß gegen das Arbeitszeitgesetz, weil keine ununterbrochene Ruhezeit von 11 Stunden gegeben ist. Einzelne Vorstöße von Firmen gehen dahin, solche Verhaltensweisen zu unterbinden, indem die Nutzungszeiten der Kommunikationssysteme entsprechend eingeschränkt werden. Wer weiß aber, was wirklich dahinter steht? Beutet sich da tatsächlich einer in gesundheitsgefährdender Weise aus und muss vor sich selber geschützt werden? Oder konnte im Gegenteil der Mitarbeiter gerade deshalb an diesem Tag einen entspannten Feierabend beim Sport oder mit der Familie verbringen, weil er zeitig seine Arbeit im Betrieb beendet hat und die wenigen noch ausstehenden Aufgaben kurz vor dem Schlafengehen eben auf den Weg bringen konnte? Oder war er einfach froh, die vergessene Kleinigkeit zwischendrin erledigen zu können, die am kommenden Arbeitstag zu lästigen Problemen geführt hätte? Oder ist es jemand, der längst auch privat ständig online ist und Kommunikation nach Bedarf zu jeder Tages- und Nachtzeit für völlig selbstverständlich hält?

Mit den sich gesamtgesellschaftlich entwickelnden Kommunikationsstrukturen wird es immer weniger sinnvoll und möglich sein, betriebsseitig bestimmte starre Verhaltensweisen aufzuzwingen – wer auch privat mobil und rund um die Uhr mit der ganzen Welt in Kontakt steht, wird sich das vom Arbeitgeber kaum verbieten lassen wollen. Flexibilität und mobile Verfügbarkeit sollten aber betrieblich immer weitestgehend als Möglichkeit und nicht als Zwang gesehen werden. Nicht zuletzt hängt es von persönlichen Begabungen und Qualifikationen ab, wie jemand mit flexiblen Arbeitsformen umgeht. Beschäftigte können einerseits mit der hohen Selbstbestimmtheit mobiler Arbeit zu Höchstform auflaufen oder aber beruflich und gesundheitlich in Schwierigkeiten geraten, weil sie ohne die Leitplanken betrieblicher Strukturen nicht zurechtkommen. In diesem Umfeld müssen Arbeitgeber und Arbeitnehmer die Strukturen entwickeln, mit denen mobile Arbeit sinnvoll und gesundheitsförderlich gelebt werden kann.

Praxis-Beispiel: Psychische Belastungen im Homeoffice

Viele Menschen erleben mobiles Arbeiten von zu Hause als große Entlastung von Fahrzeiten, Stress und Ablenkung im Büro und als wichtigen Baustein zu mehr Lebensqualität – und machen dazu oft die Erfahrung, beim ungestörten Arbeiten zu Hause produktiver zu sein.

Andere tun sich im Homeoffice schwer mit der Trennung von Beruf und Privatleben, haben wegen konkurrierender häuslicher und familiärer Aufgaben Schwierigkeiten, die erforderlichen Arbeitszeiten zusammenzubringen oder leiden unter fehlendem kollegialen Austausch und sozialer Isolation.

Solche psychischen Belastungen müssen vom Arbeitgeber ermittelt und berücksichtigt werden. Dabei ist v.a. ein möglichst offener Austausch zwischen Mitarbeitern bzw. ihrer Vertretung und dem Arbeitgeber gefragt, wobei Betriebsarzt und Fachkraft für Arbeitssicherheit beratend einbezogen werden sollten.

Cornelia von Quistorp

Mutterschutz

Mutterschutz sind die von der Internationalen Arbeitsorganisation (IAO) festgelegten Normen zum Schutz von Wöchnerinnen vor und nach der Geburt eines Kindes. Im Zusammenhang mit dem betrieblichen Arbeits- und Gesundheitsschutz sind einige Besonderheiten zu beachten.

Gesetze, Vorschriften und Rechtsprechung

Durch das Mutterschutzgesetz (MuSchG) sind schwangere und stillende Frauen am Arbeitsplatz weitgehend geschützt. Daneben gelten selbstverständlich alle anderen arbeitsschutzrechtlichen Vorschriften, wie etwa

- das Arbeitsschutzgesetz
- das Chemikaliengesetz und
- das Arbeitszeitgesetz.

Abschn. 6 ASR A4.2 sieht eine Sonderreglung hinsichtlich der Einrichtung von Liege- und Ruheräumen für schwangere und stillende Frauen vor.

1 Pflichten der schwangeren Frau

Die schwangere Frau soll im Interesse ihrer eigenen Gesundheit und der ihres Kinds sofort nach Bekanntwerden ihrer Schwangerschaft den zuständigen Vorgesetzten unterrichten (Mitteilungspflicht, § 15 MuSchG). Ausreichend ist eine mündliche Mitteilung. Der Vorgesetzte kann die Vorlage einer – meistens – kostenpflichtigen ärztlichen Bescheinigung verlangen. Dann hat der Arbeitgeber diese Kosten zu erstatten.

Wer ist geschützt?

Der persönliche Geltungsbereich des MuSchG ist deutlich weiter als früher. Angeknüpft wird an den Begriff des bestehenden Beschäftigungsverhältnisses i. S. d. § 7 SGB IV. Darüber hinaus gilt das MuSchG auch unabhängig vom Bestehen eines Beschäftigungsverhältnisses für

1. Frauen in betrieblicher Berufsausbildung und Praktikantinnen i. S. d. § 26 BBiG,
2. Frauen mit Behinderung, die in einer Werkstatt für Behinderte beschäftigt sind,
3. Frauen, die als Entwicklungshelferinnen tätig sind,
4. Frauen die als Freiwillige i. S. des Jugend- oder Bundesfreiwilligendienstgesetzes tätig sind,
5. Frauen, die als Mitglieder einer geistlichen Genossenschaft, Diakonissen oder Angehörige einer ähnlichen Gemeinschaft auf einer Planstelle oder aufgrund eines Gestaltungsvertrags für diese tätig werden,
6. Frauen in einer arbeitnehmerähnlichen Stellung und
7. Studentinnen und Schülerinnen, soweit die Ausbildungsstelle Ort, Zeit und Ablauf der Ausbildungsveranstaltung verpflichtend vorgibt.

2 Pflichten des Arbeitgebers

Sofort nach Kenntnisnahme muss der Arbeitgeber die zuständige Aufsichtsbehörde (staatliche Ämter für Arbeitsschutz, Gewerbeaufsichtsämter) informieren.

Der Arbeitgeber muss sicherstellen, dass Leben und Gesundheit von Mutter und Kind durch die Tätigkeit der Arbeitnehmerin nicht gefährdet werden.

Nach § 10 MuSchG i.V. mit § 5 ArbSchG muss jeder Arbeitsplatz bei der Gefährdungsbeurteilung auch daraufhin untersucht werden, ob er ggf. besondere Anforderungen an den Schutz schwangerer oder stillender Frauen stellt, unabhängig davon, ob eine konkrete Mutterschutzsituation absehbar ist, d.h. unabhängig davon, ob an dem Arbeitsplatz überhaupt Frauen beschäftigt werden.

Der Ausschuss für Mutterschutz (AfMu) hat hierzu seine erste Regel im Gemeinsamen Ministerialblatt (GMBl.) veröffentlicht (AfMu-Regel (MuSchR) 10.1.23: Gefährdungsbeurteilung). Sie unterstützt bei der Durchführung der mutterschutzrechtlichen Gefährdungsbeurteilung. Diese Regeln haben den Status einer Vermutungswirkung, d.h., Arbeitgebende können davon ausgehen, dass bei Einhaltung dieser Regeln die im Gesetz gestellten Anforderungen auch erfüllt sind.

Wichtig ist der Begriff der „unverantwortbaren Gefährdung". Nach dem im ArbSchG geltenden Grundsatz der Risikominimierung liegt dem MuSchG die Annahme zugrunde, dass allein durch die Schwangerschaft oder das Stillen weitere zusätzliche Gesundheitsgefährdungen für die schwangere oder stillende Frau und ihr Kind hinzutreten können. Derartige Gefahren gilt es möglichst auszuschließen. Mit dem Begriff der unverantwortbaren Gefährdung wird eine abstrakte Gefährdungsschwelle definiert, ab der der Arbeitgeber durch (Um-)Gestaltung der Arbeitsbedingungen handeln muss. Eine Gefährdung soll immer dann vorliegen, wenn die Möglichkeit besteht, dass die schwangere oder stillende Frau oder ihr Kind durch eine bestimmte Tätigkeit oder Arbeitsbedingung gesundheitlich beeinträchtigt wird.

Da die Verhinderung jeglicher Gefährdung praktisch nicht möglich ist bzw. zwangsläufig immer zu einem Beschäftigungsverbot führen würde, sind nur unverantwortbare Gefährdungen auszuschließen. Eine Gefährdung ist nach § 9 Abs. 2 MuSchG dann unverantwortbar, wenn die Eintrittswahrscheinlichkeit einer Gesundheitsbeeinträchtigung angesichts der zu erwartenden Schwere des möglichen Gesundheitsschadens nicht mehr hinnehmbar ist.

Je nach Ergebnis dieser Beurteilung sind erforderlichenfalls Schutzmaßnahmen festzulegen und umzusetzen. Das kann sein:

1. Umgestaltung des Arbeitsplatzes – ggf. teilweise,
2. zeitweiliger Arbeitsplatzwechsel,
3. Freistellung.

Diese Reihenfolge ist bindend! Der Arbeitgeber kann zuverlässige und fachkundige Personen beauftragen, ihm obliegende Aufgaben nach dem Mutterschutzgesetz in eigener Verantwortung wahrzunehmen. Der Arbeitgeber ist verpflichtet, die schwangeren oder stillenden Frauen, andere beschäftigte Arbeitnehmerinnen sowie den → *Betriebs-* oder Personalrat über die Ergebnisse der → *Beurteilung der Arbeitsbedingungen* und der daraus abgeleiteten Maßnahmen zu unterrichten.

3 Allgemeine Beschäftigungsbeschränkungen bzw. -verbote

Im Rahmen des Mutterschutzes gelten erhebliche Beschäftigungsbeschränkungen und -verbote. Die Schutzfristen betragen insoweit 6 Wochen vor der Entbindung bzw. 8 Wochen nach der Entbindung. Hierbei handelt es sich u.a. um:

- Verbot der Nacht- (20.00 Uhr – 6.00 Uhr), Mehr- (über 8,5 Stunden/Tag) sowie Sonn- und Feiertagsarbeit;
- Verbot schwerer körperlicher Arbeiten und Arbeiten in Zwangshaltung, z.B. → *Heben und Tragen* von Lasten (regelmäßig über 5 kg, gelegentlich über 10 kg), kein häufiges erhebliches Strecken oder Beugen, dauerndes Hocken oder Bücken;
- Verbot von Tätigkeiten mit erhöhten Unfallgefahren, insbes. Ausgleiten, Fallen und Abstürzen;

- Verbot von Tätigkeiten in Kontrollbereichen nach Strahlenschutzverordnung, Umgang mit offenen radioaktiven Stoffen;
- Vermeidung der Einwirkung weiterer physikalischer Schadfaktoren (Stöße, Erschütterungen, → *Lärm*, extreme Hitze und/oder Kälte, Überdruck);
- kein Umgang mit → *krebserzeugenden, fruchtschädigenden oder erbgutverändernden Stoffen*;
- kein Umgang mit sehr giftigen, giftigen, gesundheitsschädlichen oder in sonstiger Weise chronisch schädigenden Stoffen;
- kein Kontakt mit Materialien, die Krankheitserreger übertragen können.

Darüber hinaus sind individuelle Beschäftigungsverbote, die ein Arzt festzulegen hat, möglich. Diesbezüglich ist seitens der Arbeitnehmerin ein ärztliches Zeugnis vorzulegen. Diese Beschäftigungsverbote müssen vom Arbeitgeber eingehalten werden. Die Nichtbeachtung ist eine Ordnungswidrigkeit. Arbeitgeber, die insbes. gegen Bestimmungen aus der Mutterschutzrichtlinienverordnung, dem Mutterschutzgesetz und dem Chemikaliengesetz verstoßen, können empfindlich bestraft werden.

Praxis-Beispiel: Keine Freistellung von der Verantwortung

Selbst wenn die schwangere oder stillende Frau Tätigkeiten, für die es ein Beschäftigungsverbot gibt, auf eigene Verantwortung weiter ausführen möchte, darf dem der Arbeitgeber nicht nachgeben! Er wird von seiner Verantwortlichkeit dadurch nicht freigestellt.

4 Schutz durch die ArbStättV

Schwangeren oder stillenden Frauen muss es nach Abschn. 6 ASR A4.2 ermöglicht werden, während der Pausen und, wenn das aus gesundheitlichen Gründen erforderlich ist, auch während der Arbeitszeit, sich in einem geeigneten Raum auf einer Liege auszuruhen.

Joachim Schwede

Nachgeschaltete Anwender

Nachgeschalteter Anwender ist jede natürliche oder juristische Person mit Sitz in der EU, die im Rahmen ihrer industriellen oder gewerblichen Tätigkeit einen Stoff als solchen oder in einem Gemisch verwendet. Hersteller, Importeure, Händler oder Verbraucher sind definitionsgemäß keine nachgeschalteten Anwender. Ein sog. „Reimporteur" gilt ebenfalls als nachgeschalteter Anwender. Darunter ist ein Akteur zu verstehen, der einen bereits nachweislich registrierten Stoff, der aus der EU ausgeführt wurde, wieder einführt. Typische nachgeschaltete Anwender sind damit alle Unternehmen, die Chemikalien einsetzen oder unter Verwendung von Chemikalien Produkte herstellen. Dazu können z. B. Formulierer, Produktionsbetriebe oder Handwerker gehören. Wichtig ist, dass Unternehmen verschiedene Rollen einnehmen können. So kann ein nachgeschalteter Anwender gleichzeitig auch ein Importeur bzw. Hersteller eines Stoffes sein. In diesen Fällen gelten neben den Bestimmungen für nachgeschaltete Anwender zusätzlich die Pflichten für Hersteller bzw. Importeure.

Gesetze, Vorschriften und Rechtsprechung

Der Begriff des nachgeschalteten Anwenders wird in Art. 3 Abs. 13 Verordnung (EG) Nr. 1907/2006 (REACH-Verordnung) und Art. 2 Abs. 19 Verordnung (EG) Nr. 1272/2008 (CLP-Verordnung) definiert. In den ECHA-Leitlinien zu den Anforderungen an nachgeschaltete Anwender werden die Pflichten für nachgeschaltete Anwender ausführlich dargestellt.

Benedikt Vogt

Nachhaltigkeitsmanagement

Nachhaltigkeit

Der Begriff tritt 1713 in der Sylvicultura Oeconomica von Carl von Carlowitz zum ersten Mal in deutscher Sprache im Zusammenhang mit der Forstwirtschaft auf: *„daß es eine continuierliche beständige und nachhaltende Nutzung gebe“*.

CR

Corporate Responsibility bzw. Unternehmensverantwortung beschreibt die generelle Verantwortung eines Unternehmens gegenüber ihrer Stakeholder (Anspruchsgruppen), der Umwelt und sozialen Belangen. Der Begriff ist als Oberbegriff für die anderen Begriffe zu verstehen.

CSR

Corporate Social Responsibility bzw. Unternehmenssozialverantwortung beschreibt die Verantwortung eines Unternehmens gegenüber der Gesellschaft, die über rechtliche Anforderungen hinausgeht und für eine nachhaltige Unternehmensentwicklung steht. Sie schließt Mitarbeiter, Umwelt und alle Anspruchsgruppen in die Betrachtung mit ein.

CG

Unter Corporate Governance wird eine „gute Unternehmensführung“ verstanden. Dabei orientiert sich das Unternehmen an rechtlichen Vorgaben, Leitlinien und eigenen oder gewählten Standards.

Gesetze, Vorschriften und Rechtsprechung

Seit 2017 müssen größere Unternehmen in der EU neben ihren wirtschaftlichen auch nichtfinanzielle Informationen veröffentlichen. Das fordert die Bilanzierungsrichtlinie (RL 2014/95/EU (NFRD)), die bis Dezember 2016 in nationales Recht umgesetzt sein musste. Im März 2017 wurde das sog. "Gesetz zur Stärkung der nichtfinanziellen Berichterstattung der Unternehmen in ihren Lage- und Konzernlageberichten (CSR-RUG)" verabschiedet.

Davon betroffen sind kapitalmarktorientierte Unternehmen und Gesellschaften mit mehr als 500 Mitarbeitern und einer Bilanzsumme von mehr als 20 Mio. EUR bzw. einem Nettoumsatz von mehr als 40 Mio. EUR (s. **Abb. 1**).

Agenda 2030 der UN mit 17 Nachhaltigkeitszielen

Die Agenda 2030 der Vereinten Nationen ist mit ihren 17 Nachhaltigkeitszielen (Sustainable Development Goals (SDG)) und den 169 Unterzielen ein umfassender Rahmen, um weltweit eine nachhaltige Gesellschaft zu schaffen.

Green Deal

Der europäische Green Deal umfasst v.a. Klimaschutzziele, saubere Energie und Kreislaufwirtschaft sowie nachhaltige Finanzen (Sustainable Finance). Er zielt auch ab auf die Erhaltung der Artenvielfalt und will gesündere Lebensmittel „vom Hof auf den Tisch“ bringen. Die Umsetzung der 17 SDG wurde integriert. Die Ziele sollen durch ein neues Regelwerk erreicht werden, im Rahmen verschiedener EU-Aktionspläne sind dies u.a. Taxonomie-Verordnung, Lieferkettensorgfaltspflichtengesetz, CSRD sowie CSDDD.

Taxonomie-Verordnung

Die Sustainable Finance-Taxonomie (kurz: Taxonomie) legt fest, was nachhaltiges Wirtschaften konkret bedeutet: Festgelegte Kriterien sollen eine eindeutige und nachvollziehbare Bewertung ermöglichen. Greenwashing – also der Versuch, durch Kommunikation, Marketing oder einzelne Aktionen ein „grünes Image“ zu erhalten, ohne entsprechende Maßnahmen umzusetzen – soll dadurch vermieden werden. Die Taxonomie gilt für nachhaltige Investitionen, Produkte und wirtschaftliche Aktivitäten.

Die 6 Umweltziele der Taxonomie sind:

1. Klimaschutz, z. B. ortsunabhängig Emission reduzieren
2. Anpassung an den Klimawandel, z. B. an der Küste gelegene Produktionsstätte vor Überschwemmung schützen, ein Regenauffangbecken in einer dürreanfälligen Region errichten oder Erforschung, Vermarktung und Verwendung von hitzeresistentem Saatgut
3. Nachhaltige Nutzung von Wasserressourcen
4. Wandel zu einer Kreislaufwirtschaft
5. Vermeidung von Verschmutzung
6. Schutz von Ökosystemen und Biodiversität

Wirtschaftsaktivitäten sind dann taxonomiekonform, wenn

- sie einen wesentlichen Beitrag zu mind. einem der 6 Umweltziele leisten,
- den übrigen Umweltzielen nicht zuwiderlaufen („do no significant harm"),
- Mindestanforderungen bez. Menschenrechten erfüllt werden und
- festgelegte technische Bewertungskriterien erfüllt werden.

Berichtspflicht besteht seit 1.1.2022 für Unternehmen, die nach CSR-RUG berichten müssen sowie ab 1.1.2024 für Unternehmen, die unter die Berichtspflicht nach CSRD fallen (s. **Tab. 1**).

Von der NFRD zur Corporate Sustainability Reporting Directive (CSRD)

Als Teil des europäischen Green Deals und der Agenda für ein nachhaltiges Finanzwesen hat die Europäische Kommission einen Vorschlag für eine neue Richtlinie über die Nachhaltigkeitsberichterstattung vorgelegt: Die Richtlinie des Europäischen Parlaments und des Rates über die Nachhaltigkeitsberichterstattung von Unternehmen (Corporate Sustainability Reporting Directive (CSRD)) wurde im November 2022 verabschiedet und ist seit Januar 2023 in Kraft. Alle Mitgliedstaaten müssen die Richtlinie spätestens 18 Monate später umsetzen, also bis 6.7.2024.

Die neuen Vorschriften gelten dann zusätzlich für Unternehmen, die bereits nach CSR-RUG berichten müssen, u. a. für alle „großen" Unternehmen sowie für alle an der Börse gelisteten Unternehmen (mit Ausnahme von Kleinstunternehmen). Diese Unternehmen sind auch für die Bewertung der Informationen bezüglich ihrer Tochtergesellschaften verantwortlich.

Den voraussichtlichen zeitlichen Fahrplan zur Berichtspflicht nach CSRD zeigt **Tab. 1** (es müssen jeweils 2 der 3 Merkmale „Anzahl Beschäftigte, Bilanzsumme, Nettoumsatzerlöse" erfüllt sein):

Berichtspflicht für das Vorjahr ab 1.1.	**2025**	**2026**	**2027**	**2029**
Art des Unternehmens	Unternehmen, die nach CSR-RUG bereits berichtspflichtig sind	„große" Unternehmen	börsennotierte KMU, kleine und nicht komplexe Kreditinstitute, firmeneigene (Rück-)Versicherungen	Nicht-EU-Unternehmen mit EU-Niederlassungen oder EU-Tochterunternehmen (jeweils mind. 1)
Anzahl Beschäftigte	> 500	mind. 250	mehr als 10	-
Bilanzsumme	mind. 20 Mio. EUR	mind. 20 Mio. EUR	> 350.000 EUR	-
Nettoumsatzerlöse	mind. 40 Mio. EUR	mind. 40 Mio. EUR	> 700.000 EUR	> 150 Mio. EUR innerhalb der EU

Tab. 1: Berichtspflicht nach CSRD: Betroffene Unternehmen und voraussichtlicher Zeitplan (Quelle: DNK)

Mit der neuen Richtlinie werden detailliertere Berichtspflichten eingeführt und es wird sichergestellt, dass betroffene Unternehmen über Nachhaltigkeitsaspekte, wie Umweltrechte, soziale Rechte, Menschenrechte und Governance-Faktoren, Bericht erstallen müssen.

Die EU-Standards zur Nachhaltigkeitsberichterstattung (ESRS), die von der EFRAG (European Financial Reporting Advisory Group) erarbeitet werden, schaffen einen einheitlichen Berichtsstandard. Der erste Satz ESRS umfasst die 6 Umweltziele der EU (s. Taxonomie-Verordnung) und soll bis 30.6.2023, der zweite Satz „Gesellschaftliche und soziale Aspekte" soll bis 30.6.2024 verabschiedet werden. Es folgt ein dritter Satz zu „Governance".

CSDDD

Die Corporate Sustainability Due Dilligence Directive (CSDDD, CS3D) liegt als Vorschlag der Europäischen Kommission vor. Sie soll Unternehmen, die in der EU tätig sind, zur Achtung von Menschenrechten und Umwelt in globalen Wertschöpfungsketten verpflichten. Und sie soll einen einheitlichen europäischen Rechtsrahmen liefern, um Rechtssicherheit und Transparenz zu erhöhen und nachhaltiges Wirtschaften zu fördern. Kernaspekte sind:

- Kopplung an das Pariser Klimaabkommen („1,5-Grad-Ziel"),
- zivilrechtliche Haftung (Anspruch auf Entschädigung),
- umfassende Sorgfaltspflichten für Umwelt und Menschenrechte,
- nationale Aufsichtsbehörden im europäischen Netzwerk.

Großunternehmen mit mind. 500 Beschäftigten und mind. 150 Mio. EUR Umsatz sowie Unternehmen aus Risikobranchen mit mind. 250 Beschäftigten und mind. 40 Mio. EUR Umsatz bei hohem Schadenpotenzial, z.B. Textilindustrie, Landwirtschaft, Rohstoffförderung, müssen zukünftig die Richtlinie erfüllen. KMU sind dagegen nicht direkt betroffen.

Hinweis: Schon jetzt gilt in Deutschland das „Lieferkettensorgfaltspflichtengesetz" vom 16.7.2021. Es richtet sich bisher nur an Unternehmen mit mehr als 3.000 Beschäftigte und ab 1.1.2024 an Unternehmen mit 1.000 Beschäftigten.

DIN EN ISO 26000: Leitfaden zur gesellschaftlichen Verantwortung

Diese Norm richtet sich an alle Organisationen, die sich mit dem Thema „gesellschaftliche Verantwortung" beschäftigen wollen. Das Unternehmen legt im Rahmen seines Managementsystems die Art und Weise fest, wie es sich gesellschaftlich verantwortlich und damit nachhaltig verhält. Bei dem Leitfaden handelt es sich um keine zertifizierbare Managementsystemnorm.

Deutscher Nachhaltigkeitskodex – DNK

Der Rat für Nachhaltige Entwicklung (RNE) hat nach Gesprächen mit der Politik, Investoren und Analysten aus der Finanzwelt, Unternehmen und zivilgesellschaftlichen Organisationen den Deutschen Nachhaltigkeitskodex initiiert. Der DNK bietet einen Rahmen für die Berichterstattung zu nichtfinanziellen Leistungen, der von Organisationen und Unternehmen jeder Größe und Rechtsform genutzt werden kann. Der DNK kann weltweit angewendet werden, der Unternehmenssitz ist nicht relevant. DNK-Erklärungen (s. Beispiel in Abschn. 2.2) werden in der DNK-Datenbank erstellt und sind öffentlich zugänglich. Damit sind Transparenz und Vergleichbarkeit der teilnehmenden Organisationen zu nachhaltigem Handeln gewährleistet.

Global Reporting Initiative – GRI

Vorgaben für das Erstellen eines Nachhaltigkeitsberichtes (Sustainability Reporting Standards (SRS) der GRI) und Informationen über das Nachhaltigkeitsmanagement. GRI ist das weltweit größte Netzwerk für Nachhaltigkeitsberichte. Unternehmen können hier ihre Berichte auch veröffentlichen.

In der Studie „EMAS und DNK – eine Formel für nachhaltigen Erfolg?" fließen in den Vergleich von EMAS und DNK u.a. auch CSR-RUG und GRI ein.[1]

---

1 Einer der Autoren ist Dr. Thomas Wacker, QUMsult GmbH & Co. KG.

Global Compact der Vereinten Nationen

Die Vereinten Nationen verfolgen mit ihrer Initiative das Ziel, Unternehmen zu grundlegenden Prinzipien zu verpflichten, die in deren operativem Handeln und Strategien umgesetzt werden sollen. Dazu gehören Menschenrechte, Arbeitsbedingungen, Umwelt und Anti-Korruption, die in 10 Prinzipien zusammengefasst werden. Die Teilnahme erfordert eine jährliche, öffentlich zugängliche Fortschrittsmitteilung.

SA8000 – Standard Social Accountability

Die internationale Organisation SAI hat mit dem SA8000 einen Standard festgelegt, der für Unternehmen als Grundlage einer Zertifizierung dienen kann. Er orientiert sich an Menschenrechten, den Normen der internationalen Arbeitsorganisation (ILO) und Kinderrechten. Schwerpunkt sind die Arbeitsbedingungen von Herstellern und Zulieferern. Eine Zertifizierung ist durch akkreditierte Zertifizierungsgesellschaften möglich und die Einhaltung der Vorgaben muss durch Überwachungsaudits immer wieder nachgewiesen und alle 3 Jahre erneuert werden.

Weitere Standards und Modelle sind z. B.:

- **B CORP:** Grundlage ist die „Declaration of interdependence impact assessment and legal requirements“ (Erklärung zu Folgenabschätzung von Wechselwirkungen und rechtlichen Anforderungen). Ziel ist die Vereinbarkeit von Gemeinwohl und privatwirtschaftlichen Interessen.
- **Cradle to Cradle:** Der Standard für Produkte fordert einen kontinuierlichen Verbesserungsprozess bei Design und Herstellung. Dabei werden folgende Aspekte betrachtet: gesundheits- und umweltverträgliche Materialien, Materialwiederverwendung, erneuerbare Energien und CO_2-Bilanz, Wasserverbrauch und soziale Fairness.
- **Gemeinwohlökonomie:** Ein Wirtschaftssystem, das auf Gemeinwohl-fördernden Werten aufgebaut ist. Der individuelle Beitrag eines Unternehmens zum Gemeinwohl wird auf Basis der Gemeinwohl-Matrix definiert und bewertbar gemacht. Aspekte sind Menschenwürde, Solidarität und Gerechtigkeit, ökologische Nachhaltigkeit sowie Transparenz und Mitentscheidung.
- **OECD-Leitsätze:** Teil der „Erklärung über internationale Investitionen und multinationale Unternehmen“. Unterstützt Regierungen dabei, Wohlstand zu fördern und Armut durch Wirtschaftswachstum und finanzielle Stabilität zu bekämpfen. Auswirkungen der wirtschaftlichen und sozialen Entwicklung auf die Umwelt sollen dabei berücksichtigt werden.

1 Hintergrund

Als Oberberghauptmann Carl von Carlowitz 1713 den Begriff Nachhaltigkeit für sein Konzept der Forstbewirtschaftung prägte, hätte er sicherlich nicht gedacht, wie universell dieser Begriff mittlerweile verwendet wird. Die Ursprünge für das heutige Verständnis liegen in den Überlegungen des Club of Rome (1972) und der Weltkommission für Umwelt und Entwicklung (Brundtland-Bericht 1987).

1998 stand der Begriff Nachhaltigkeit in der Liste „Wort des Jahres“ und er wird zum Teil inflationär benutzt. Generell handelt es sich bei diesem Begriff um eine Beschreibung mit qualitativem Inhalt, ähnlich wie Glück, Gerechtigkeit oder Freiheit. In diesem Sinne kann mit Nachhaltigkeit jede Form des durchdachten und langfristig angelegten Handelns und Wirtschaftens verbunden werden. Gerade deshalb ist es für Unternehmen wichtig, sich mit diesem Thema zu beschäftigen und dies offensiv anzugehen.

Praxis-Beispiel: Der Begriff nachhaltige Entwicklung

Brundtland-Bericht, 1987 – Bericht der Weltkommission für Umwelt und Entwicklung

„Nachhaltige oder dauerhafte Entwicklung strebt an, die Bedürfnisse der Gegenwart zu befriedigen, ohne zu riskieren, dass künftige Generationen ihre eigenen Bedürfnisse nicht befriedigen können.“

Definition nach dem Rat für Nachhaltige Entwicklung der Bundesrepublik (September 2006)

„Nachhaltige Entwicklung heißt, Umweltgesichtspunkte gleichberechtigt mit sozialen und wirtschaftlichen Gesichtspunkten zu berücksichtigen. Zukunftsfähig wirtschaften bedeutet also: Wir müssen unseren Kindern und Enkelkindern ein intaktes ökologisches, soziales und ökonomisches Gefüge hinterlassen. Das eine ist ohne das andere nicht zu haben.“

Konzept Nachhaltigkeit

Im Abschlussbericht der Enquete-Kommission „Schutz des Menschen und der Umwelt – Ziele und Rahmenbedingungen einer nachhaltig zukunftsverträglichen Entwicklung (Deutscher Bundestag 1998)" wird zusammengefasst, was seit der Rio-Konferenz (1992) unter Nachhaltigkeit verstanden wird:

„In Deutschland reift allmählich die Erkenntnis, dass mit dem Leitbild der nachhaltig zukunftsverträglichen Entwicklung wichtige Entwicklungslinien auch jenseits der ökologischen Dimension angesprochen werden. Aufgrund der komplexen Zusammenhänge zwischen den 3 Dimensionen bzw. Sichtweisen von Ökologie, Ökonomie und Sozialem müssen sie integrativ behandelt werden. Dabei geht es – bildhaft gesprochen – nicht um die Zusammenführung dreier nebeneinander stehender Säulen, sondern um die Entwicklung einer dreidimensionalen Perspektive aus der Erfahrungswirklichkeit".

Die „Deutsche Nachhaltigkeitsstrategie" berücksichtigt die „Agenda 2030" für nachhaltige Entwicklung und orientiert sich seit 2016 an den 17 UN-Nachhaltigkeitszielen (Sustainable Development Goals (SDGs)).

2 Nachhaltigkeitsmanagement im Unternehmen

Für Unternehmen lassen sich die Anforderungen an eine nachhaltige Unternehmensentwicklung nur im Rahmen eines → *Managementsystems* umsetzen und verwirklichen. Dabei gibt es verschiedene Möglichkeiten:

1. **Konkrete Anforderungen** aus Normen, Verhaltenskodizes oder Ähnlichem umsetzen (vgl. Abschn. 2.1),
2. Einen **Nachhaltigkeitsbericht** erstellen und die Ziele, die darin formuliert werden, implementieren (vgl. Abschn. 2.2),
3. Entwicklung eines eigenen Systems, orientiert an einem oder verschiedenen **Leitfäden** (vgl. Abschn. 2.3?).

Praxis-Beispiel: Nachhaltigkeitsmanagement

→ *Nachhaltigkeitsmanagement* ist, in Analogie zur Definition in der DIN EN ISO 14001:2015, der Teil des → *Managementsystems* einer Organisation, der dazu dient, Nachhaltigkeitsaspekte zu handhaben, bindende Verpflichtungen zu erfüllen und mit Risiken und Chancen umzugehen.

2.1 Konkrete Anforderungen mit Ergebnisbericht oder Zertifikat

Konkrete Anforderungen sind z. B. beschrieben in:

- Global Compact der Vereinten Nationen,
- SA8000:2014 – Standard Social Accountability.

Sie können im Unternehmen umgesetzt und das Ergebnis veröffentlicht bzw. zertifiziert werden. Ziele, Ergebnisse und deren Fortschritt müssen kontinuierlich aktualisiert werden. Da die Grundlage beider Vorgaben grundsätzliche Themen wie Menschenrechte, Kinderarbeit oder die ILO Übereinkommen sind, richten sie sich vor allem an größere, international tätige Unternehmen.

2.2 Erstellung eines Nachhaltigkeitsberichts

Die Entscheidung im Unternehmen einen Nachhaltigkeitsbericht zu erstellen, führt zwangsläufig dazu, die darin beschriebenen Ziele zu implementieren. Nur glaubwürdige Berichte, die sich auf Daten und Fakten beziehen, eignen sich zur Veröffentlichung. Das Unternehmen kann sich dann an verschiedenen Rankings beteiligen und so seine Bemühungen mit denen anderer Unternehmen vergleichen.

Nachhaltigkeitsberichte können über verschiedene Plattformen kommuniziert bzw. erstellt werden.

Praxis-Beispiel: DNK-Erklärung

Unternehmen können mit dem Deutschen Nachhaltigkeitskodex (DNK) eine nichtfinanzielle Erklärung bzw. einen Bericht erstellen, der auch die Forderungen des CSR-Richtlinie-Umsetzungsgesetzes erfüllt. Danach müssen insbesondere große börsennotierte Unternehmen mit mehr als 500 Beschäftigen in ihren Lageberichten auf wesentliche nichtfinanzielle Aspekte der Unternehmenstätigkeit eingehen, z.B. Umwelt- und Arbeitnehmerbelange, Menschenrechte, Diversität und Bekämpfung von Korruption. Diese Berichtspflicht gilt seit dem Geschäftsjahr 2017 und ist i.W. abhängig von Mitarbeiterzahl, Branche, Rechtsform, Bilanzsumme bzw. Umsatzerlösen. Wer genau betroffen ist, regeln §§ 264d, 289b, 341a HGB. **Abb. 1** liefert eine Entscheidungshilfe, mit der Unternehmen ermitteln können, ob sie eine nichtfinanzielle Erklärung abgeben müssen.

Die Berichterstattung i.S. der Taxonomie-Verordnung ist im DNK als Berichtsoption bereits integriert.

Laut Gutachten der Universität Hamburg kann der DNK auch gut mit der CSRD in Einklang gebracht werden, Inhalte des CSRD werden integriert.

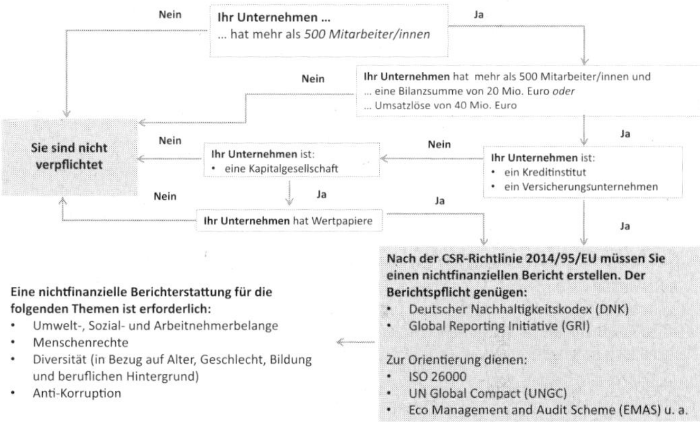

Abb. 1: Berichtspflicht nach CSR-RUG: Wer ist zur nichtfinanziellen Berichterstattung verpflichtet?[1]

Die sog. DNK-Erklärung kann in der DNK-Datenbank erstellt werden. Dazu müssen 20 DNK-Kriterien und ergänzende nichtfinanzielle Leistungsindikatoren, die das Unternehmen aus GRI SRS bzw. EFFAS auswählt, bearbeitet werden.

Die European Federation of Financial Analysts Societies (EFFAS) ist ein Netzwerk von europäischen Finanzanalysten, das eine Richtlinie zur Integration von Umwelt- und Sozialaspekten in die Finanzberichterstattung herausgegeben hat.

Als Arbeitshilfen stehen Leitfäden zur Verfügung, u.a. für KMU, Energie- und Wohnwirtschaft, Banken, Sparkassen und Hochschulen.

Die Prüfung der Entsprechenserklärung erfolgt durch das DNK-Team anhand einer Checkliste auf Vollständigkeit (inkl. Quellenangaben und Links) und hinsichtlich des „comply or explain"-Ansatzes. Es wird **kein** Zertifikat ausgestellt. Nach erfolgreicher formeller Prüfung und nach Absprache mit dem Unternehmen erfolgt die Veröffentlichung der Entsprechenserklärung in der DNK-Datenbank. Unter-

1 Quelle: QUMsult GmbH & Co. KG.

nehmen erhalten das DNK-Anwender-Signet für das jeweilige Berichtsjahr. Es wird empfohlen, die Erklärung alle 2 Jahre zu aktualisieren.

2.3 CSRD

Unternehmen müssen zunächst ermitteln, ob und ab wann sie von der Berichtspflicht betroffen sind (s. **Abb. 1** und **Tab. 1**). Folgende Aspekte sind beim Erstellen des Berichts nach CSRD dann zu beachten:[1]

- Wesentliche Themen sollen sowohl über die Bedeutung für das Unternehmen (Outside-In) als auch über die Auswirkungen der eigenen Geschäftstätigkeit (Inside-Out) bestimmt werden („doppelte Wesentlichkeit").
- Berichtet werden soll in einem separaten Abschnitt des Lageberichts anhand eines einheitlichen EU-Berichtsstandards. Die sog. European Sustainability Reporting Standards (ESRS) müssen von der Europäischen Kommission angenommen, überarbeitet und als delegierter Rechtsakt erlassen werden.
- Die geforderten Inhalte sollen ausgeweitet und präzisiert werden. Sie sollen neben retrospektiven auch zukunftsgerichtete sowie quantitative und qualitative Informationen enthalten.

Neu ist, dass der Nachhaltigkeitsbericht, als Teil des Geschäftsberichts, prüfpflichtig wird. Die **Prüfung** kann durch den Abschlussprüfer, einen anderen Wirtschaftsprüfer oder einen unabhängigen Dienstleister erfolgen. Der Prüfstandard soll dabei sukzessiv von begrenzter Sicherheit (limited assurance) auf hinreichende Sicherheit (reasonable assurance) erhöht werden.

2.4 Leitfaden „orientiertes Systems" – DIN EN ISO 26000

Die DIN EN ISO 26001 wurde in der Arbeitsgruppe ISO/TMB WG „Social Responsibility" erarbeitet und in deutscher Form als „Leitfaden zur gesellschaftlichen Verantwortung" veröffentlicht.

Grundlage für den Leitfaden war ein Multi-Stakeholder-Ansatz aus 90 Ländern und 40 internationalen oder regionalen Organisationen. Ziel war es, ein ausgewogenes Verhältnis zwischen sich entwickelnden und entwickelten Ländern sowie zwischen den Geschlechtern zu erzielen.

Explizit wird an vielen Stellen darauf hingewiesen, dass **keine Zertifizierung** nach dieser Norm möglich ist. Sie richtet sich bewusst nicht nur an Unternehmen, sondern an alle, die gesellschaftliche Verantwortung übernehmen oder übernehmen wollen. Sie dient als Orientierungshilfe, um Nachhaltigkeit systematisch zu bearbeiten und – an die eigenen Verhältnisse angepasst – umzusetzen.

Im Leitfaden wird dargelegt:

- Gesellschaftliche Verantwortung verstehen (Kapitel 3),
- Grundsätze gesellschaftlicher Verantwortung (Kapitel 4),
- Anerkennung gesellschaftlicher Verantwortung und Einbindung von Anspruchsgruppen (Kapitel 5),
- Handlungsempfehlungen zu den Kernthemen gesellschaftlicher Verantwortung (Kapitel 6),
- Handlungsempfehlungen zur organisationsweiten Integration gesellschaftlicher Verantwortung (Kapitel 7).

In der **Einleitung** der Norm wird darauf hingewiesen, dass die Leistung einer Organisation hinsichtlich ihrer gesellschaftlichen Verantwortung vielseitig wahrgenommen wird und verschiedene Bereiche beeinflussen kann, u.a. durch:

- ihre Wettbewerbsfähigkeit,
- ihr Ansehen,
- ihre Fähigkeit, männliche und weibliche Arbeiter oder Mitglieder, Kunden, Klienten oder Nutzer zu gewinnen und zu binden,
- den Erhalt von Arbeitsmoral,
- Einsatz und Produktivität der Arbeitnehmer,
- Einschätzung von Investoren, Stiftern, Sponsoren und der Finanzwelt,

1 Quelle: DNK.

- ihre Beziehung zu Unternehmen, Regierungen, den Medien, Lieferanten, Partnern, Kunden und zum Umfeld, in der sie tätig ist.

Die gesellschaftliche Verantwortung orientiert sich an **7 Prinzipien** (Kapitel 4):

- Prinzip Rechenschaftspflicht
  Eine Organisation sollte für ihre Auswirkungen auf die Gesellschaft und die Umwelt Rechenschaft ablegen.
- Prinzip Transparenz
  Eine Organisation sollte in ihren Entscheidungen und Tätigkeiten, die die Gesellschaft und die Umwelt beeinflussen, transparent sein.
- Prinzip Ethisches Verhalten
  Eine Organisation sollte sich jederzeit ethisch verhalten.
- Prinzip Achtung der Interessen von Anspruchsgruppen
  Eine Organisation sollte die Interessen ihrer Anspruchsgruppen achten, berücksichtigen und auf sie eingehen.
- Prinzip Achtung der Rechtsstaatlichkeit
  Eine Organisation sollte anerkennen, dass Recht und Gesetz unbedingt zu achten sind.
- Prinzip Achtung internationaler Verhaltensstandards
  Eine Organisation sollte bei gleichzeitiger Orientierung am Prinzip der Rechtsstaatlichkeit internationale Verhaltensstandards achten.
- Prinzip Achtung der Menschenrechte
  Eine Organisation sollte die Menschenrechte achten und sowohl deren Bedeutung als auch deren Allgemeingültigkeit anerkennen.

2.4.1 Grundsätzliche Anwendungsweise des Leitfadens

Die in **Kapitel 6** formulierten **Kernbereiche** sind für alle Organisationen relevant und können in den vorgegebenen **Handlungsfeldern** eines Kernbereiches bearbeitet werden. Ob alle oder nur ein Teil der Handlungsfelder zu berücksichtigen sind, kann und soll jedes Unternehmen selbst entscheiden.

Praxis-Beispiel: Vorgehensweise zur Anwendung des Leitfadens

Ein User Guide aus dem Internet zeigt Schritt für Schritt die richtige Anwendung des Leitfadens.

Die Vorgehensweise zur Anwendung des Leitfadens wird in 5 Schritten empfohlen:

- Schritt 1: Das ISO 26000 Dokument kaufen
- Schritt 2: Besonderheit der Norm beachten: ISO 26000 ist nicht anwendbar zur Zertifizierung oder in Verträgen
- Schritt 3: Das Dokument ISO 26000 sorgfältig studieren
- Schritt 4: Entscheiden, ob ISO 26000 Ihrem Bedarf und Ihren Erwartungen entspricht
- Schritt 5: Die Relevanz der Themen, Ihre möglichen Aktionen und deren Wirkung feststellen

Thomas Wacker

Notausgänge, Notausstiege

Notausgänge sind die baulichen Öffnungen (z. B. Türen), durch die Flucht- und Rettungswege in gesicherte Bereiche (Treppenräume, benachbarte Brandabschnitte) oder ins Freie münden.

Gesetze, Vorschriften und Rechtsprechung

Für Gebäude aller Art, die dem nicht nur gelegentlichen Aufenthalt von Menschen dienen, gelten nach den Bauordnungen der Länder grundsätzliche Anforderungen an Rettungswege. Länderspezifisch gibt es hier auch Bestimmungen zu Details der Bauausführung wie z. B. zur Größe von Notausstiegen (z. T. auch in nachgeordneten Ausführungsbestimmungen). Soweit Fluchtwege innerhalb von Arbeitsstätten betroffen sind, sind darüber hinaus die konkreteren Bestimmungen der Arbeitsstättenverordnung und ihrer Regeln (v. a. ASR A2.3 „Fluchtwege und Notausgänge") maßgeblich.

1 Ausgestaltung von Türen

→ *Türen* in → *Fluchtwegen* und Notausstiege müssen ständig freigehalten werden und sich leicht und ohne Hilfsmittel öffnen lassen. Das bedeutet, dass sie zu jeder möglichen Nutzungszeit eines Gebäudes passierbar sein müssen, ohne Einsatz von Schlüsseln, Transpondern, Codes oder anderen elektronischen Systemen. Die früher verbreiteten Schlüsselkästen an Notausgangstüren, die aus betrieblichen Gründen verschlossen sein sollten, sind heute ausdrücklich nicht mehr zulässig. Wenn Türen in Notausgängen gegen unbefugte Benutzung kontrolliert werden müssen, sind Lösungen möglich durch akustische oder elektronische Signalgeber in Verbindung mit sog. Panikschlössern (Panikstange, Paniktreibriegel, Stoßplatte usw.). Diese machen deutlich erkennbar, dass unter normalen Umständen die Tür nicht benutzt werden darf, können aber leicht geöffnet werden, wobei die Warneinrichtungen, natürlich auch koppelbar mit Brandmelde- oder Alarmanlagen, die Benutzung anzeigen.

Manuell betätigte Türen in Notausgängen müssen immer in Fluchtrichtung aufschlagen. Für die Aufschlagrichtung bei „sonstigen" Türen im Verlauf von Fluchtwegen verweist die ASR A2.3 auf die durchzuführende → *Gefährdungsbeurteilung* unter Berücksichtigung der örtlichen und betrieblichen Verhältnisse.

Manuell betätigte Dreh- und Schiebetüren sind in Fluchtwegen generell unzulässig. Allerdings können nach ASR A2.3 „Fluchtwege und Notausgänge" entgegen früherer Praxis automatische Türen und Tore dieser Art verwendet werden, wenn sie einschlägigen bauordnungsrechtlichen Anforderungen entsprechen (z. B. bei Stromausfall sicher entriegeln) und es sich nicht um Räume mit besonderer Gefährdung bzw. um reine Notausgänge handelt.

Alle Türen in Fluchtwegen müssen sich von innen ohne weitere Hilfsmittel jederzeit leicht öffnen lassen, solange sich Beschäftigte im Gebäude befinden. Das gilt auch für den Handbetrieb von automatischen Türen und Toren (im Normalzustand und bei Stromausfall). Wo das nicht gegeben ist, ist eine gewöhnliche Flügeltür daneben vorzusehen.

Sperr- und Vereinzelungseinrichtungen an Kassen, Ausgängen von Verkaufsräumen usw. müssen sich in Fluchtrichtung mit einem Kraftaufwand von max. 150 N wegschieben lassen.

Alle Entriegelungs- und Notbedieneinrichtungen an Türen, Toren, Schranken usw. müssen leicht bedienbar und verständlich gekennzeichnet sein. Auch die Öffnungsrichtung muss angezeigt sein.

2 Weitere bauliche Voraussetzungen

Notausstiege müssen so gestaltet sein, dass sie rasch und sicher begangen werden können (z. B. Aufstiegshilfen wie feste Stufen, Tritte, Haltestangen). Sie müssen eine lichte Öffnung von 0,90 m Breite und 1,20 m Höhe haben.

Notausstiege in Boden- oder Deckenöffnungen sollen im Lichten mindestens 0,70 m × 0,70 m oder einen lichten Durchmesser von 0,70 m aufweisen (deckt sich weitgehend mit den Vorgaben der Landesbauordnungen).

Am Ende eines → *Fluchtwegs* muss der Bereich im Freien bzw. der gesicherte Bereich so gestaltet und bemessen sein, dass sich kein Rückstau bilden kann und alle über den Fluchtweg flüchtenden Personen ohne Gefahren (z. B. durch Verkehrswege oder öffentlichen Straßenverkehr) gefahrlos Aufenthalt finden können.

Praxis-Beispiel: Selten begangene Notausstiege freihalten

Besonders bei reinen Notausgängen und -ausstiegen ist darauf zu achten, dass sie auch an der Außenseite stets frei bleiben. Gegebenenfalls sind technische Maßnahmen wie Abstandbügel erforderlich, um ein Zustellen oder Zuparken sicher zu verhindern.

3 Kennzeichnung

Alle Notausgänge und Ausstiege müssen entsprechend ASR A1.3 „Sicherheits- und Gesundheitsschutzkennzeichnung" bzw. Abschn. 8 ASR A2.3 gekennzeichnet werden. Dabei ist ggf. auch an die Außenseite des Gebäudes zu denken (z. B. Kennzeichnung „Nichts abstellen/lagern").

Cornelia von Quistorp

Notfall

Ein Notfall ist ein Zustand, der für den Betroffenen eine akut lebensbedrohliche oder akut gesundheitsgefährdende Situation darstellt, die im Zusammenhang mit einem Unfall, einer Erkrankung oder Vergiftung steht, gleichzeitig eine Auswirkung auf die lebenswichtigen Funktionen zu erwarten ist und Notfallmaßnahmen unabdingbar sind sowie das sofortige Eingreifen durch den Ersthelfer, Rettungsdienst bzw. Arzt erforderlich erscheint.

1 Lebenswichtige Funktionen

Zu den lebenswichtigen Funktionen gehören

- Bewusstsein,
- Atmung,
- Kreislauf.

Die lebenswichtigen Funktionen spielen in der → *Ersten Hilfe*, aber auch in der Notfallmedizin eine besondere Rolle. Dazu muss man wissen, dass eine Störung der lebenswichtigen Funktionen in den meisten Fällen mit einer Sauerstoffunterversorgung des Gesamtorganismus verbunden ist:

- ist die Atmung gestört, kann nicht mehr ausreichend Sauerstoff über die Lunge in den Körper gelangen;
- kommt der Kreislauf zum Erliegen, kann der Sauerstoff, der über die Atmung aufgenommen wird, nicht mehr über das Blut in die einzelnen Zellen des Körpers gelangen.
- auch bei Bewusstlosigkeit kommt es zur Sauerstoffunterversorgung. Dies führt zu einem Ausfall der Schutzreflexe und – damit verbunden – zum Verlegen der Atemwege.

Praxis-Beispiel: Lebensgefahr

Eine Unterversorgung mit Sauerstoff bedeutet in diesem Fall auch immer eine akute Lebensgefahr für den Betroffenen.

2 Notfallmaßnahmen

Notfallmaßnahmen sind all die Maßnahmen, die bei einer Vergiftung, bei einem Unfall oder einer akuten Erkrankung durch den → *Ersthelfer* durchgeführt werden, um einen lebensbedrohlichen oder gesundheitsgefährdenden Zustand vom Betroffenen abzuwenden.

Eine direkte Vorbereitung auf die verschiedenen Notfälle kann kaum gewährleistet werden. Dennoch kann man in einem Lehrgang Erste Hilfe die verschiedenen Maßnahmen üben und trainieren, die im Zusammenhang mit einer Störung der lebenswichtigen Funktionen (z. B. Wiederbelebung bei Herz-Kreislaufstillstand, stabile Seitenlage bei Bewusstlosigkeit) stehen.

Wichtig ist nur, die entsprechenden Symptome zu versorgen, da die Ursache für den Notfall meist eine nachgeordnete Rolle spielt.

3 Rettungsdienst oder ärztlicher Bereitschaftsdienst?

Häufig stellt sich die Frage, wann der Rettungsdienst und wann der ärztliche Bereitschaftsdienst zuständig ist.

Die Zuständigkeit des ärztlichen Bereitschaftsdienstes ist immer dann gegeben, wenn man normalerweise zum Hausarzt gehen würde, also bei einer fiebrigen Erkältung, Durchfall, Erbrechen und ähnlichen Beschwerden.

Bei lebensbedrohlich erscheinenden Krankheitszuständen, wie z.B. einem schweren Unfall, plötzlich starken Brustschmerzen mit Verdacht auf Herzinfarkt, akuter Atemnot, einem Beinbruch, stark blutenden Verletzungen, Krämpfen, bewusstlosen oder nicht ansprechbaren Personen sollte man den Rettungsdienst alarmieren.

Christian Piehl

Notfallpläne

Arbeitgeber bzw. Betreiber von Gebäuden sind aufgrund unterschiedlicher Rechtsnormen verpflichtet, objektbezogen unterschiedliche Pläne und Dokumente vorzuhalten, um in Notfällen den Ablauf von Sicherheitsmaßnahmen, Hilfeleistung, Räumung und den Einsatz der Rettungskräfte zu regeln und zu erleichtern. Die einzelnen Dokumente folgen dabei unterschiedlichen spezifischen Zwecken und sind daher grundsätzlich separat zu erstellen. Welche Pläne im Einzelfall erforderlich sind, hängt von Größe und Art der Nutzung eines Gebäudes ab sowie auch von der Einschätzung der zuständigen Behörden.

Gesetze, Vorschriften und Rechtsprechung

Grundsätzlich ist der Arbeitgeber aufgrund seiner allgemeinen Fürsorgepflichten verpflichtet, Notfallmaßnahmen in erforderlichem Umfang zu organisieren und den Beschäftigten die nötigen Informationen zugänglich zu machen: „Der Arbeitgeber hat entsprechend der Art der Arbeitsstätte und der Tätigkeiten sowie der Zahl der Beschäftigten die Maßnahmen zu treffen, die zur Ersten Hilfe, Brandbekämpfung und Evakuierung der Beschäftigten erforderlich sind. Dabei hat er der Anwesenheit anderer Personen Rechnung zu tragen. Er hat auch dafür zu sorgen, dass im Notfall die erforderlichen Verbindungen zu außerbetrieblichen Stellen, insbesondere in den Bereichen der Ersten Hilfe, der medizinischen Notversorgung, der Bergung und der Brandbekämpfung eingerichtet sind." (§ 10 Arbeitsschutzgesetz).

Darauf wird in §§ 21, 22 DGUV-V 1 Bezug genommen, wo es u.a. heißt: *„Der Unternehmer hat entsprechend § 10 Arbeitsschutzgesetz die Maßnahmen zu planen, zu treffen und zu überwachen, die insbesondere für den Fall des Entstehens von Bränden, von Explosionen, des unkontrollierten Austretens von Stoffen und von sonstigen gefährlichen Störungen des Betriebsablaufs geboten sind."*

Die einzelnen Arten von Plänen und Dokumenten folgen jeweils eigenen Rechtsnormen, die die Details regeln.

1 Innerbetriebliche Notfallpläne

1.1 Alarmplan

Der Begriff Alarmplan wird in unterschiedlichen arbeits- bzw. brandschutzrechtlichen Zusammenhängen für Dokumente mit verschiedenen Detailanforderungen verwendet:

Im Rahmen seiner Fürsorgepflicht nach ArbSchG bzw. DGUV-V 1 muss der Arbeitgeber die im Notfall (z.B. Brand, Unfall, medizinischer Notfall, Bedrohung) wichtigen Informationen bereit und bekannt halten. Wie er das tut, steht ihm grundsätzlich frei. Das entsprechende Dokument wird üblicherweise als Alarmplan bezeichnet, wobei Gestaltung und Umfang eines solchen Plans sich nach den jeweiligen Gegebenheiten richten können, also nach der Betriebsgröße und den spezifischen betrieblichen Risiken – vom einfachen Zettel am Telefon bis hin zur umfangreichen Dokumentation, die mehrere Ordner umfasst (vgl. **Abb. 1**).

Verhalten im Brandfall	
1. Brand melden ☎ *1. Feuerwehr:* ***112*** **2.** Zentrale: **0**	**Wer** meldet? **Was** ist passiert? **Wo** ist es passiert? **Wieviele** Menschen sind verletzt oder in Gefahr?
2. In Sicherheit bringen	• Gefährdete Personen warnen bzw. mitnehmen • Fensterund Türen schlie en • Gekennzeichneten Fluchtwegen folgen • Auf Anweisungen achten
3. Löschversuch unternehmen	• Feuerlöscher benutzen
4. Sammelplatz aufsuchen	Ort: Straße vor Verwaltungsgebäude

Verhalten bei einem Unfall	
1. Unfall melden ☎ *1. Notarzt:* ***112*** **2.** Zentrale: **0**	**Wer** meldet? **Was** ist passiert? **Wo** ist es passiert? **Wieviele** Menschen sind verletzt?
2. Sofortmaßnahmen	• Erste-Hilfe durch Ersthelfer einleiten • Gefahrenbereich sichern • Verletzten aus Gefahrenzone bringen • Rettungswege freihalten • Rettungskräfte einweisen • Anordnungen des Ersthelfers / Notarztes befolgen
3. In Sicherheit bringen	• Gefährdete Personen mitnehmen • Gekennzeichneten Fluchtwegen folgen
4. Sonstiges	• Verletzungen im Verbandbuch eintragen • Jeden Unfall dem Vorgesetzten melden

Wichtige Betriebsinformationen			
		Ansprechpartner	
1. Feuerwehr / Notarzt	☎	112 od. / Festnetzanschluss	
2. Polizei	☎	110 od. / Festnetzanschluss	
3. Zentrale	☎	Hr. Max	Tel.: ***0 / Eingang Verwaltung***
4. Ersthelfer	Fr. Meier	Raum 0320	Tel.: 320
5. Leitende /	Hr. Muster	Int.: 300	0100 – 00001 Hr.
☎	Hr. Meyer	Int.: 310	0100– 00002 Hr.
Mitarbeiter	Fr. Meier	Int.: 320	0100– 00003 Hr.
mit besond.	Hr. Müller	Int.: 330	0100– 00004 Hr.
Aufgaben	Hr. Max	Int.: 340	0100– 00005 Hr.
		Standorte	
6. Sammelstelle		*Ort: vor Verwaltungsgebäude*	
7. Erste - Hilfe - Kästen		***Ort/Raum: Treppenflur*** *Ort/Raum: Empfang*	

Abb. 1: Alarmplan/Betriebliche Notfallorganisation

Praxis-Beispiel: Aushang nach DIN 14096

Die wesentlichen Informationen **für den Brandfall** sind in dem genormten Teil A der → *Brandschutzordnung* nach DIN 14096 aufgeführt. Soweit ein Alarmplan nur diese brandschutzspezifischen Hinweise enthalten muss, ist ein Aushang nach DIN 14096 Teil A eine Möglichkeit. Vorteilhaft ist, dass das Erscheinungsbild einheitlich ist und dem Betrachter eine schnelle Zuordnung ermöglicht. Von Nachteil kann die sehr unspezifische und unflexible Gestaltung sein, die es kaum ermöglicht, individuelle betriebliche Umstände zu berücksichtigen und die wenig Interesse der Adressaten auslösen wird. Ein Aushang nach DIN 14096 ist also **eine** Möglichkeit den betrieblichen Informationsbedarf im Notfall abzudecken, aber nicht immer angezeigt (es sei denn, ein solcher normgerechter Aushang nach DIN 14096 ist behördlich gefordert).

In vielen branchen- oder bereichsspezifischen Vorschriften werden Alarmpläne direkt angesprochen und gefordert, z. B.

- Abschn. 2.7 DGUV-I 205-033 "Alarmierung und Evakuierung"
- Abschn. 3.6.13 DGUV-R 110-001 „Arbeiten in Gaststätten“,

- Abschn. 9.3 DGUV-R 114-004 „Deponien“,
- Abschn. 5.4 TRGS 510 „Lagern von Gefahrstoffen in ortsbeweglichen Behältern“,
- Abschn. 9.4 VdS 2038 „Allgemeine Sicherheitsvorschriften der Feuerversicherer für Fabriken und gewerbliche Anlagen“.

Praxis-Beispiel: Alarmpläne für besondere Arten von Betrieben

Im Bereich der Störfallverordnung (12. BImSchV) die i.W. für Betriebe gilt, die mit gefährlichen Stoffen in sehr großen Mengen umgehen, erscheint der Begriff Alarmplan, nämlich in Zusammenhang mit „internen Alarm- und Gefahrenabwehrplänen“, die zu erstellen und den zuständigen Behörden zur Verfügung zu stellen und entsprechend abzustimmen sind (§ 10 Abs. 1 Nr. 1 12. BImSchV). Es handelt sich hier also um sehr spezielle Anforderungen an Betriebe, die mit besonders hohen Risiken sowohl intern als auch in Bezug auf die Umgebung umgehen.

Auch im Bereich des Katastrophenschutzes ist der Begriff Alarmplan üblich, z.B. als Krankenhausalarmplan. Dieser wiederum ist ein Oberbegriff für eine Vielzahl von Dokumenten, die die Abläufe in und um ein Krankenhaus in verschiedenen Notlagen beschreiben.

1.2 Flucht- und Rettungsplan

Gemäß § 4 Abs. 4 Arbeitsstättenverordnung ist der Arbeitgeber zur Aufstellung eines Flucht- und Rettungsplans verpflichtet, falls dies die Lage, Ausdehnung und Nutzung der → *Arbeitsstätte* erfordern. Nach ASR A2.3 „Fluchtwege und Notausgänge“ kann das z.B. der Fall sein

- bei unübersichtlicher Flucht- und Rettungswegführung (z.B. über Zwischengeschosse, durch größere Räume, gewinkelte oder von den normalen → *Verkehrswegen* abweichende Wegführung),
- bei einem hohen Anteil an ortsunkundigen Personen (z.B. Arbeitsstätten mit Publikumsverkehr),
- in Bereichen mit einer erhöhten Gefährdung (z.B. brand- oder explosionsgefährdete Räume bzw. deren benachbarte Bereiche).

Häufig werden Flucht- und Rettungspläne auch baurechtlich gefordert, z.B. für diverse → *Sonderbauten* (Schulen, Versammlungs-, Verkaufsstätten, Pflegeeinrichtungen u.a.) und auch, wenn Gebäude eine gewisse Größe haben.

Diese Pläne dienen hauptsächlich der sicheren Rettung der im Betrieb befindlichen Personen, indem sie die Nutzer eines Gebäudes über den Verlauf der → *Fluchtwege* informieren. Diese Informationen können natürlich auch Einsatzkräften die Orientierung im Rettungseinsatz erleichtern.

Nach ASR A1.3 „Sicherheits- und Gesundheitsschutzkennzeichnung“ muss ein Flucht- und Rettungsplan Folgendes abbilden:

- den Gebäudegrundriss oder Teile davon,
- den Verlauf der → *Fluchtwege*,
- die Lage der → *Erste-Hilfe*-Einrichtungen,
- die Lage der Brandschutzeinrichtungen,
- die Lage der → *Sammelstellen*,
- den Standort des Betrachters.

Der Grundriss in Flucht- und Rettungsplänen ist nach ASR A1.3 „Sicherheitskennzeichnung“ vorzugsweise im Maßstab 1:100 darzustellen. Die Plangröße muss an die Grundrissgröße angepasst werden und sollte das Format DIN A3 nicht unterschreiten. Für besondere Anwendungsfälle, z.B. Hotel- oder Klassenzimmer, kann auch das Format DIN A4 verwendet werden. Der Flucht- und Rettungsplan muss farbig angelegt sein.

Außerdem sind Regeln für das Verhalten im Brandfall und das Verhalten bei Unfällen eindeutig und in kurzer, prägnanter Form und in hinreichender Schriftgröße in jeden Flucht- und Rettungsplan zu integrieren. Die Inhalte dieser Verhaltensregeln sollen dabei ausdrücklich den örtlichen Gegebenheiten angepasst werden (also keine Pauschalangaben).

Die Flucht- und Rettungspläne sind nach ASR A2.3 an geeigneten Stellen auszuhängen, z.B. in zentralen Bereichen in Fluchtwegen, an denen sich häufiger Personen aufhalten (z.B. vor Aufzugsanlagen), in Eingangsbereichen, vor Zugängen zu Treppen, an Kreuzungspunkten von Verkehrswegen.

Sie müssen auf den jeweiligen Standort des Betrachters bezogen lagerichtig dargestellt werden.

Praxis-Beispiel: Flucht- und Rettungsplan nach DIN ISO 23601

Die aktuelle Norm zur Gestaltung von Flucht- und Rettungsplänen ist die DIN ISO 23601. Sie deckt die Forderungen nach Arbeitsstättenrecht ab und regelt die Details wie z.B. die zu verwendenden Farben, Symbole, Schriftarten usw. Sie ist damit auch die Grundlage für die Gestaltung von Flucht- und Rettungsplänen in Objekten, die keine → *Arbeitsstätten* sind.

Praxis-Beispiel: Kosten und Nutzen abwägen

Wenn Flucht- und Rettungspläne für ein Objekt baurechtlich vorgegeben sind oder aufgrund einer → *Gefährdungsbeurteilung* nach ASR A2.3 erforderlich sind, müssen sie erstellt und aktuell gehalten werden. Flucht- und Rettungspläne darüber hinaus zu erstellen, ist jedoch nicht unbedingt sinnvoll. Die Kosten für Erstellung und Pflege solcher Pläne sind vergleichsweise hoch (gleich, ob selbst erstellt oder über einen externen Anbieter) und der praktische Sicherheitszugewinn eher gering.

Praxis-Beispiel: Notfallpläne präsent und aktuell halten

Gleich, ob Alarmplan oder Flucht- und Rettungsplan – Notfallpläne gehören nicht (nur) an die Wand oder in den Ordner, sondern auch in die Köpfe der Beschäftigten. Regelmäßige → *Unterweisung* und Übung (Begehung der Fluchtwege oder → *Räumungsübung*) ist also ebenso erforderlich wie die regelmäßige Aktualisierung.

Praxis-Beispiel: Sichere Aushänge

Aushänge von Flucht- und Rettungsplänen sollen das Gebäude sicherer machen – und keine zusätzliche Gefährdung sein. Wie genau solche Aushänge beschaffen sein sollen, ist nicht verbindlich geregelt. Man kann aber im Sinne einer Gefährdungsbeurteilung folgende Aussagen treffen:

Unfallgefahr: Wenn gerahmte Aushänge oder Bilder nicht splittersicher verglast sind, besteht in Fluren grundsätzlich Verletzungsgefahr, wenn sie z.B. durch Unachtsamkeit, Gedränge oder beim Transport von Gegenständen heruntergerissen werden. Wie hoch das Risiko ist, muss im Einzelfall eingeschätzt werden. Wenn viele, unruhige oder besonders schutzwürdige Personen einen Flur benützen (z.B. in Einrichtungen für Kinder) oder wenn viel transportiert wird, ist die Gefahr größer, in anderen Fällen (z.B. in einer kleinen Anwaltskanzlei) kann sie auch sehr gering sein.

Es ist grundsätzlich empfehlenswert, in Fluren von randlosen Glasrahmen Abstand zu nehmen, weil hier die Gefahr des Splitterns besonders hoch ist, schon ohne dass das Bild herunterfällt. Ganz besonders sicher ist es, auf splittersichere Kunststoff„verglasungen" zurückzugreifen und/oder Bilder/Aushänge an der Wand zu verschrauben, sodass sie nicht herunterfallen können.

Brandgefahr: Nach Anhang 1.8 Arbeitsstättenverordnung müssen Fluchtwege so beschaffen sein, dass sie sicher benutzt werden können. Dazu gehört, dass sie nicht eingeengt sein und sich keine leicht entflammbaren Materialien darin befinden dürfen. Weil in vielen Gebäuden an Flure und Treppenräume bestimmte, wichtige Gestaltungsanforderungen bestehen, wird diese Grundregel aber eigentlich nie starr angewandt. Bilder, Aushänge und ähnliche, nicht leicht entflammbare Wandgestaltungen werden von den zuständigen Aufsichtsbehörden in aller Regel toleriert, weil davon bei sachgemäßer Ausführung (s.o.) keine nennenswerte Brand- oder Unfallgefahr im Notfall ausgeht.

2 Feuerwehrpläne

Feuerwehrpläne für bauliche Anlagen sind in der DIN 14095 „Feuerwehrpläne für bauliche Anlagen“ beschrieben. Diese Art von Plänen werden i.d.R. im Rahmen des baurechtlichen Genehmigungsverfahrens gefordert, wenn Art und Größe des Betriebes es aus Sicht des abwehrenden Brandschutzes erforderlich erscheinen lassen, z.B. für

- größere gewerbliche Anlagen,
- Großgaragen,
- Hochhäuser,
- Krankenhäuser,
- Beherbergungsstätten,
- Versammlungsstätten,
- Verkaufsstätten.

Dargestellt werden Gefahrenschwerpunkte und die für den vorbeugenden und abwehrenden Brandschutz vorhandenen Sicherheitseinrichtungen. Somit können diese Pläne der Feuerwehr zur schnellen Orientierung in Objekten oder baulichen Anlagen dienen, sowie den Einsatzkräften ein schnelles und gezieltes Eingreifen im Gefahrenfall erleichtern.

Entsprechend der örtlichen Besonderheiten geben Feuerwehren ergänzend zu den Vorgaben der DIN 14095 auch eigene Richtlinien heraus, die bei der Gestaltung von Feuerwehreinsatzplänen örtlich zu berücksichtigen sind. Ergänzt werden diese Pläne durch den Textteil des Feuerwehr-Einsatzplanes, der i.d.R. von der Feuerwehr erstellt wird und u.a. auch die Alarm- und Ausrückordnung (AAO) enthält.

Inhaltlich enthalten Feuerwehrpläne u.a. folgende Angaben:

- Erreichbarkeit auf dem Gelände, z.B. freizuhaltende Bewegungsflächen für die Feuerwehr, Befahrbarkeit von Flächen und angrenzende Straßen und Gelände;
- → *Feuerlösch*- und Feuermeldeeinrichtungen (Bedienstellen von brandschutztechnischen Anlagen, die von der Feuerwehr bedient werden dürfen, wie Rauch- und Wärmeabzugsanlagen oder Brandmeldezentrale, Löschanlagen, Löschwasserbereitstellung, Hydrantenanlagen usw.);
- bauliche Strukturen von Gebäuden (Lage auf dem Gelände, Geschosspläne, Brand- und Rauchabschnitte, sonstige raumabschließende Wände, Öffnungen in Decken und Wänden, Zugänge und Notausgänge, Treppenräume, Treppen und deren Laufrichtung sowie die dadurch erreichbaren Geschosse, nicht begehbare Flächen, besondere Angriffswege und Rettungswege (z.B. Rettungstunnel), Feuerwehr- und sonstige Aufzüge;
- Abwasserpläne;
- spezielle Angaben, z.B. zu besonders risikoreichen Bereichen (z.B. Lagern gefährlicher Stoffe, haustechnische Anschlussräume, Hochspannungsversorgungen oder -leitungen, Bereiche, in denen mit ionisierender Strahlung oder kritischen biologischen Arbeitsstoffen umgegangen wird oder in denen sich besonders schutzwürdige Personengruppen aufhalten) oder Verfahrenshinweise (z.B. auf Löschmittel, die nicht verwendet werden dürfen oder Löschwasserrückhalteeinrichtungen).

Wenn für ein Gebäude Brandschauen bzw. Brandschutzbegehungen durch die Feuerwehr durchgeführt werden (abhängig von den örtlichen Bau- und Betriebsvorschriften), dienen Feuerwehrpläne als Grundlage der Bewertung.

Feuerwehrpläne sind vom Betreiber stets auf aktuellem Stand zu halten.

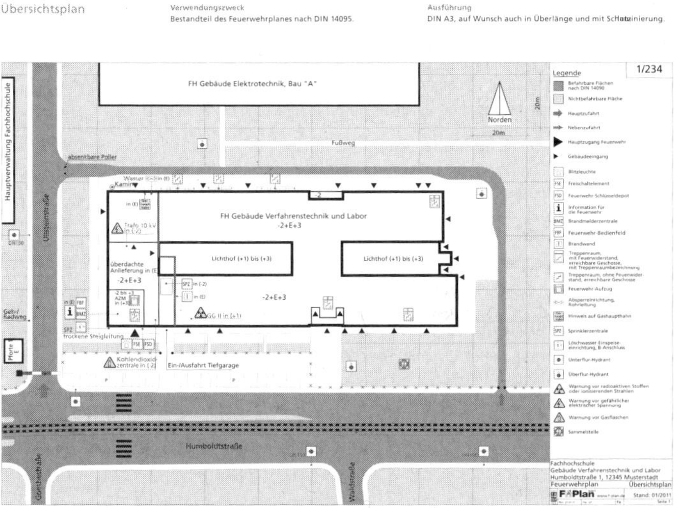

Abb. 2: Muster eines Übersichtsplans, Bestandteil des Feuerwehrplans nach DIN 14095[1]

Praxis-Beispiel: Örtliche Feuerwehr einbeziehen

Weil die örtlichen Feuerwehren über die Vorgaben der DIN 14095 hinaus gewisse Gestaltungsspielräume nutzen, sollte vor Erstellung eines Feuerwehrplans (i. d. R. durch einen externen Anbieter) unbedingt Kontakt zur zuständigen Feuerwehr hergestellt werden, damit spätere aufwendige Änderungen vermieden werden.

Praxis-Beispiel: Brandschutzplan nach VdS

Gelegentlich taucht der Begriff „Brandschutzplan" auf, der aus einer nicht mehr existenten Richtlinie 2030 des VdS stammt. Der Brandschutzplan hatte eigene Gestaltungsvorgaben, in denen bis zu einem gewissen Grad Kriterien von Flucht- und Rettungsplänen und Feuerwehrplänen zusammengeführt wurden. Das Konzept ist aber nicht mehr aktuell.

Praxis-Beispiel: Weitere brandschutztechnische Dokumente

Für weitere spezielle brandschutztechnische Einrichtungen sind besondere Dokumentationen erforderlich, z. B. Brandmelderlinienpläne (für den Betrieb einer Brandmeldeanlage), Sprinklerpläne, Pläne über Löschwasserrückhalteeinrichtungen.

Cornelia von Quistorp

1 Quelle: f-plan, Wiehl.

Notruf (Erste Hilfe)

Mithilfe des Notrufes werden bei einem Unfall, bei einer akuten Erkrankung sowie bei Vergiftungen schnellstmöglich der Rettungsdienst, ggf. mit Notarzt zur Unterstützung an den Notfallort gerufen, um dort den Betroffenen adäquat versorgen zu können und ihn ggf. in ein Krankenhaus zu bringen.

Davon abzugrenzen ist der Notruf bei einem Brand zur Anforderung der Feuerwehr.

Gesetze, Vorschriften und Rechtsprechung

Regelungen zum Thema Notruf sind enthalten in der Verordnung über Notrufverbindungen (NotrufV) und im Telekommunikationsgesetz.

1 Notrufnummer

In Deutschland gilt die bundesweit einheitliche Notrufnummer 112. Sie ist mittlerweile auch europaweit einheitlich.

2 Notrufbestandteile

Zu einem vollständigen Notruf gehören verschiedene Fragestellungen, die unter den sog. 5 W zusammengefasst werden.

2.1 Wo?

Unter der Fragestellung: „Wo ist es passiert?" versteht man eine genaue Beschreibung der Örtlichkeit, an der der Notfall eingetreten ist. Dazu gehören u. a. folgende Angaben:

- Ort, Straße, Hausnummer,
- Etage, Raum-/Zimmernummer,
- Autobahnauffahrt/-abfahrt, Kilometerstein.

„Wo ist es passiert?" ist auch immer die wichtigste Angabe des Notrufs.

2.2 Was ist passiert?

Unter der Fragestellung: „Was ist passiert?" fasst man kurz und knapp zusammen, um welche Art Notfall es sich handelt, z. B. „ein Auto ist in den Graben gefahren".

2.3 Wie viele Verletzte?

Hier gibt man möglichst die genaue Anzahl der verletzten Personen an. Dies ist allerdings nur möglich, wenn man die genaue Anzahl der Verletzten und Betroffenen auch überschauen kann. Schwierig gestaltet sich die Angabe der genauen Anzahl z. B. bei Bus- und Zugunglücken.

2.4 Welche Art der Verletzungen?

Hier beschreibt man kurz, welche Verletzungen am Betroffenen sichtbar sind, bzw. welche Beschwerden der Verletzte selbst angibt.

2.5 Warten auf Rückfragen

Hier werden durch die Rettungsleitstelle entsprechend Nachfragen gestellt, falls irgendetwas nicht verständlich gewesen sein sollte.

> **Praxis-Beispiel: Ende des Gesprächs**
>
> Das Gespräch wird immer durch die Rettungsleitstelle beendet!

3 Kostenfreiheit der 112

Der Notruf muss innerhalb Deutschlands, aber auch mit der europaweiten Notrufnummer kostenfrei erreicht werden können. Dies ist bei Anrufen mit dem Mobiltelefon sowie dem Festnetzanschluss gegeben. Auch aus einem Münz- oder Kartenfernsprecher kann ein Notruf abgesetzt werden, ohne Bargeld oder eine Telefonkarte einstecken zu müssen.

4 Übertragung der Anruferdaten

Alle Telekommunikationsdienstleister sind verpflichtet, nach Eingang des Notrufes auch die Informationen zum Anruferstandort zu übermitteln.

5 Identifizierung/Ortung

Um eine ordnungsgemäße Notrufabwicklung gewährleisten zu können, müssen die Anruferdaten und der Anruferstandort übertragen werden.

Dies stellt sich beim Anruf über das Festnetz nicht als problematisch dar. Anders war dies bei Notrufen, die über das Mobiltelefon getätigt wurden. Seit dem 1.9.2009 ist es daher nicht mehr möglich, einen Notruf über ein Mobiltelefon abzusetzen, in dem sich keine betriebsbereite SIM-Karte befindet.

Betriebsbereit bedeutet in diesem Zusammenhang, dass die Karte noch als gültig bei dem jeweiligen Anbieter registriert sein muss. Ob sich jedoch noch Guthaben auf der Karte befindet, spielt in diesem Zusammenhang keine Rolle.

Christian Piehl

Offene Bürokonzepte

Unter offenen Bürokonzepten, auch Bürolandschaften oder Open-Space-Offices, werden moderne Gestaltungsformen von Mehrpersonenbüros verstanden. Ziel ist, für alle im Büroalltag anfallenden Tätigkeiten und Aufgaben – Bildschirmarbeit, Kommunikation, Besprechungen, Pausen – in räumlicher Nähe und in Kontakt zueinander geeignete Arbeitsbereiche zu schaffen. Dadurch sollen die Vorzüge gemeinsamen Arbeitens, wie Teamentwicklung und reger kollegialer Austausch, genutzt und gleichzeitig die möglichen Nachteile, wie hohe Lautstärkepegel, Störung und Ablenkung, durch geschickte Gestaltung vermieden werden. Durch attraktive und anregende Arbeitsbedingungen sollen so die Produktivität von Arbeitsgruppen und die Personalentwicklung gefördert werden.

Gesetze, Vorschriften und Rechtsprechung

Grundsätzlich ist die Art der Büro- bzw. Arbeitsplatzstruktur dem Arbeitgeber freigestellt. Er hat aber sicherzustellen, dass dabei die Mindestanforderungen an Arbeitsplätze eingehalten werden, die z. B. die Arbeits-, Bewegungs- und Verkehrsflächen sowie Lüftungs-, Klima- und Beleuchtungsbedingungen betreffen. Diese finden sich in

Arbeitsstättenverordnung (ArbStättV):

- § 3a Abs. 1
- Anhang 1.2 „Abmessung von Räumen, Luftraum“
- Anhang 3.1 „Bewegungsfläche“
- Anhang 3.2 „Anordnung der Arbeitsplätze“
- Anhang 3.6 „Lüftung“
- Anhang 3.7 „Lärm“ u. a.

Arbeitsstätten-Regeln:

- ASR A1.2 „Raumabmessungen und Bewegungsflächen“
- ASR A3.6 „Lüftung“
- ASR A3.7 „Lärm“

Konkrete Gestaltungshinweise zu verschiedenen Bürokonzepten finden sich in den berufsgenossenschaftlichen Informationen

- DGUV-R 115-401 „Branche Bürobetriebe“
- DGUV-I 215-410 „Bildschirm- und Büroarbeitsplätze – Leitfaden für die Gestaltung“
- DGUV-I 215-441 „Büroraumplanung“
- DGUV-I 215-442 „Beleuchtung im Büro“
- DGUV-I 215-443 „Akustik im Büro“
- VBG Fachwissen „Gesundheit im Büro“

1 Was kennzeichnet ein offenes Bürokonzept?

Offene Bürokonzepte verstehen sich in Abgrenzung zu herkömmlichen Büroformen, wie Zellenbüros einerseits und Gruppen- bzw. Großraumbüros andererseits:[1]

Zellenbüros (z.B. Sachbearbeitung, Rechnungswesen)

Herkömmliche Büros in an Verkehrsfluren gelegenen Einzelräumen, für 1 bis 6 Nutzer. Sie zeichnen sich durch geringe Störeinflüsse (zumindest bei geringer Belegungszahl) und hohe Individualisierbarkeit aus, haben aber nur beschränkte direkte Kommunikationsmöglichkeiten.

Gruppen- und Großraumbüros

Räume mit Arbeitsplätzen für größere Beschäftigtenzahlen (ab 400 m^2 als Großraumbüro bezeichnet). Klassische Großraumbüros verlieren an Bedeutung wegen ihres starren Nutzungskonzeptes, oft hoher Störfaktoren (Lärm, Ablenkung) und nicht zuletzt ihrer geringen Akzeptanz durch die Nutzer. In der Sonderform Call-Center sind sie allerdings immer noch aktuell.

Offene Bürokonzepte

Offene Bürokonzepte verbinden Anteile beider Formen. Häufig wird dabei unterschieden zwischen Kombibüros und offenen Bürolandschaften.

Kombibüros (z.B. Kundenberatung im Banken- und Versicherungsbereich)

Sie verknüpfen an der Fensterfront eines Gebäudes entlang angesiedelte Bürozellen für 1 bis 2 Nutzer mit einem innenliegenden Multifunktionsbereich, der z.B. als Besprechungszone, Pausenbereich, Technik- und Kopierbereich oder Archiv/Aktenablage genutzt werden kann. Dabei sind die Bürozellen i.d.R. weitgehend abgetrennt, aber statt über die nur zu Verkehrszwecken genutzten Büroflure über den Multifunktionsbereich erschlossen, der Begegnung und Austausch zwischen den Beschäftigten fördern soll.

Offene Bürolandschaften

Hier wird auf herkömmliche Bürozellen grundsätzlich verzichtet. Die Bürolandschaft setzt sich aus verschiedenen Formen von Arbeitsplätzen zusammen, die jeweils für bestimmte anfallende Tätigkeiten ausgelegt sind und wechselnd genutzt werden sollen. Dazu gehören:

- offene Bereiche mit mehreren Arbeitsplätzen,
- Büro- oder Besprechungszellen, z.B. für Führungskräfte,
- sog. Thinktanks, kleine Bürozellen zum konzentrierten Arbeiten oder Telefonieren,
- offene Besprechungsbereiche,
- geschlossene Besprechungsräume,
- offene Pausenbereiche (Lounges),
- geschlossene Technikbereiche.

1 Nach DGUV-I 215-441.

2 Wofür eignen sich offene Bürokonzepte?

Offene Bürokonzepte entstehen aus der Überzeugung heraus, dass produktive (Büro-)Arbeit heute in vielen Bereichen nicht mehr durch die Kompetenzen einer einzelnen Person erzielt wird, die dazu möglichst ungestört in einem Einzelbüro „vor sich hin arbeitet". Diese Art von linearem Workflow gerät schon deshalb in den Hintergrund, weil solche Tätigkeiten in vielen Branchen automatisiert werden. Wo Teamarbeit und Vernetzung von verschiedenen qualifizierten Personen gefragt sind, erscheinen offene Büroformen mit ihren vielen direkten Kommunikations- und Kooperationsmöglichkeiten als die geeignetere Lösung. Durch die Rückzugsmöglichkeiten ist dabei auch konzentriertes ungestörtes Arbeiten möglich.

Im Gegensatz zu herkömmlichen Büroformen sollen aber alle unterschiedlichen Arbeitsbereiche einer Bürolandschaft allen Nutzern offenstehen und tätigkeitsbezogen wechselnd genutzt werden. Dadurch ergibt sich als logische Folge, dass offene Büroformen vor allem für sehr flexible, teamorientierte Nutzergruppen mit wechselnden Arbeitsaufgaben (z. B. Projektarbeit) sinnvoll sind. Ungeeignet sind sie für Bereiche, in denen regelmäßig vertrauliche Kommunikation geführt wird (z. B. Personalabteilungen, sensible Kundenkontakte, etwa im juristischen Bereich).

Praxis-Beispiel: Desk-Sharing

Desk-Sharing ist eine Organisationsform in Bürobereichen, die grundsätzlich in allen Bürokonzepten praktizierbar ist. Beschäftigte verfügen dabei nicht über einen persönlich zugewiesenen Arbeitsplatz, sondern nutzen während ihrer Anwesenheit im Betrieb nach Bedarf einen der zur Verfügung stehenden personenunabhängigen Arbeitsplätze.

Damit ist Desk-Sharing ein sinnvolles Konzept, in dem Beschäftigte, die nicht regelmäßig in einem Betrieb arbeiten, bei Bedarf gute Arbeitsbedingungen vorfinden. In der Praxis schätzen Menschen aber Gewohnheiten, so dass Desk-Sharing sich nur zögernd durchsetzt und personenbezogene Arbeitsplätze nach wie vor der Standard sind. Wenn aber ohnehin ein offenes Bürokonzept umgesetzt wird, in dem Beschäftige die unterschiedlichen Arbeitsbereiche wechselnd nach Bedarf und tätigkeitsbezogen nutzen, sollte darin auch Desk-Sharing keine Hürde mehr sein.

Praxis-Beispiel: Bürolandschaft braucht Gestaltung

Viele Schreibtische, Schränke und Besprechungstische in einem Großraum ergeben vielleicht ein Großraumbüro, aber noch keine funktionierende offene Bürolandschaft. Dafür ist eine sehr detaillierte Planung erforderlich, von Tätigkeitsprofilen über Lüftung, Beleuchtungs- und Akustikgestaltung bis hin zu angepasstem Mobiliar. Ansonsten wird aus der erhofften anregenden Arbeitsatmosphäre schnell ein Stressfaktor.

Zwar ermöglicht eine offene Bürogestaltung eine effektive Raumausnutzung, also relativ geringe Flächenmaße pro Beschäftigtem. Die Ausstattungsqualität muss aber höher sein als in Zellenbüros, damit das offene Bürokonzept funktioniert.

3 Vorteile eines offenen Bürokonzeptes

3.1 Verbesserte Kontakt- und Kommunikationsmöglichkeiten

Verbesserte Kontakt- und Kommunikationsmöglichkeiten sind die Hauptmotivation zur Umsetzung von offenen Bürokonzepten, ausgehend davon, dass es um Arbeiten geht, die vor allem durch die Zusammenarbeit von mehreren Personen gelingen, die sich in ihren Kompetenzen und Stärken anregen und ergänzen sollen – und das nicht nur im Rahmen von extra anberaumten Meetings und Besprechungen.

3.2 Gute Arbeitsbedingungen für verschiedene Bürotätigkeiten

In einem klassischen Zellenbüro muss der Arbeitsplatz am Schreibtisch für alle anfallenden Tätigkeiten herhalten. Für ein Teamprojekt sitzen dann ggf. Kollegen stundenlang auf Besucherstühlen an einem Schreibtisch zusammengedrängt, weil die Besprechungsräume nicht tagelang belegt werden können oder die nötigen Arbeitsmittel dort nicht zur Verfügung stehen. Und wer im Doppelbüro arbeitet und eine intensive Telefonkonferenz hat, stört entweder seinen Büronachbarn nachhaltig oder muss sich irgendwo um einen Ausweichraum bemühen. Wenn allen sehr flexibel und nach Bedarf zielgerichtet angepasste Arbeitsplätze für die gerade aktuellen Arbeitsaufgaben zur Verfügung stehen, verbessern sich unter dem Strich die Arbeitsbedingungen erheblich.

3.3 Hohe Flächeneffizienz bei gutem Raumeindruck

Wenn wie oben beschrieben ein klassisches Zellenbüro für unterschiedliche Bürotätigkeiten geeignet sein muss und außerdem einen halbwegs befriedigenden Raumeindruck behalten soll, ist eine gewisse Mindestgröße erforderlich, die i. d. R. über der liegt, die sich aus den Vorgaben der Arbeitsstätten-Regeln ergibt. Dazu kommt, dass große Büroräume von vielen Beschäftigten als statusrelevant angesehen werden, und dass die unvermeidlichen Erschließungsflure und ergänzenden Räume (z. B. Kopier- und Lager-/Abstellräume, Sozialräume usw.) weitere Flächen benötigen, die über den gesamten Bürotag betrachtet oft nur wenig frequentiert werden.

In offenen Bürokonzepten fallen Zwischenwände weg und Verkehrsflächen zusammen, und die einzelnen Arbeitsplätze sind mit geringeren Flächen kalkuliert, weil nicht alle Tätigkeiten dort ausführbar sein müssen. Insgesamt lassen sich so mehr Beschäftigte pro Raumgrundfläche unterbringen – im Idealfall bei verbesserten, weil angepassten Arbeitsbedingungen und mit einem angenehmen, weil „offenen" Raumeindruck. Vor dem Hintergrund, dass die Anzahl der Büroarbeitsplätze und die durchschnittlichen Betriebsgrößen in Deutschland steigen, ist diese Frage der Flächeneffektivität in Bürogebäuden nicht unwesentlich.

Praxis-Beispiel: Zellenbüros in Deutschland hoch bewertet

Das Einzel- oder Doppelbüro ist in deutschen Bürogebäuden sehr weit verbreitet und gilt vielen Nutzern als eine Art heimlicher Standard ergonomischer Büronutzung. Entsprechend groß sind die Vorbehalte gegenüber Mehrpersonen- oder Großraumbüros, erst recht, nachdem die Erfahrungen mit Großraumbüros in der Vergangenheit nicht selten problematisch waren. Diese Vorbehalte schwingen auch mit, wenn es um die Einführung von offenen Bürokonzepten geht, die erst noch beweisen müssen, dass sie tatsächlich zu besser angepassten Arbeitsbedingungen führen.

Im internationalen Vergleich zeigt sich, dass die Ansätze von Büroflächen pro Mitarbeiter in Deutschland meist deutlich höher sind als in vergleichbaren anderen Industrieländern, was in internationalen Konzernen die Büroraumplanung gelegentlich erheblich mitbestimmt.

4 Nachteile eines offenen Bürokonzeptes

4.1 Erhöhtes Störpotenzial, geringe Individualisierbarkeit

Auch wenn eine gut gestaltete Bürolandschaft so ausgelegt sein sollte, dass es ausreichend ruhige Arbeitszonen gibt – wo mehr Kommunikation und Begegnung entsteht, entstehen auch mehr Geräusche, Störungen, Unterbrechungen und Ablenkungen. Wenn der Nutzen einer intensiveren Zusammenarbeit im Team das ausgleicht, wird die Bilanz einer Arbeitsgruppe in einer offenen Büroatmosphäre positiv bleiben. Sollte sich aber herausstellen, dass der Anteil von konzentrierter Einzelarbeit doch gewichtiger ist als angenommen, ist eine Bürolandschaft mit vorwiegend offenen Arbeitsplätzen eben nicht die beste der möglichen Lösungen. Das gilt besonders auch für Menschen, die besondere individuelle Bedürfnisse haben, z. B. Hör-, Seh- oder Wahrnehmungseinschränkungen, und sich deshalb mit wechselnden Arbeitsbedingungen schwer tun.

4.2 Hohe Anforderungen an die Akzeptanz der Beschäftigten

Nicht alle Menschen arbeiten gerne so flexibel, wie es für offene Bürokonzepte wünschenswert wäre. Regelmäßige Gewohnheiten, wie z. B. immer denselben Arbeitsplatz aufzusuchen, können Beschäftigten helfen, sich auf die Arbeitssituation einzustimmen und zu konzentrieren. Menschen, in denen dieses Bedürfnis fest verwurzelt ist, werden nur schwer dazu zu bewegen sein, tätigkeitsabhängig den einen oder anderen Platz aufzusuchen, sondern tendieren dazu, sich auch in einer Bürolandschaft feste Plätze einzurichten. Wenn aber die Nutzung einer offenen Bürolandschaft nicht hinreichend flexibel bleibt, droht das ganze Konzept zum Erliegen zu kommen, besonders, wenn in der Folge nicht länger davon ausgegangen werden kann, dass bei Bedarf auch tatsächlich ein freier Platz in einem bestimmten Arbeitsbereich vorhanden ist. Für die „vollstationäre" Nutzung sind aber viele der Arbeitsplätze in den verschiedenen Bereichen nicht geeignet, sodass es dann zu unzuträglichen Arbeitsbedingungen (z. B. zu hohe Störeinflüsse, zu wenig Platz) kommt.

Praxis-Beispiel: Büroregeln

Damit eine Bürolandschaft so genutzt wird, wie sie gedacht ist, können feste „Büroregeln" nützlich sein, die Klarheit darüber schaffen, welche Verhaltensweisen im Interesse der erfolgreichen und nervenschonenden Zusammenarbeit in der offenen Bürolandschaft wichtig sind. Sie konsequent umzusetzen ist im kollegialen Umgang einer Arbeitsgruppe untereinander aber nicht leicht.

4.3 Hohe Anforderungen an die Raumplanung und Ausstattungsqualität

Eigentlich stehen offene Bürokonzepte für ein hohes Maß an Flexibilität, weil man nach Bedarf für verschiedene Arbeitstätigkeiten geeignete Bedingungen aufsuchen kann. Damit das funktioniert, sind aber detailliert ausgearbeitete Strukturen erforderlich, z. B. Anzahl der Arbeitsplätze in den einzelnen Bereichen, Anzahl und Größe von abgetrennten Räumen, Größe von Besprechungsbereichen, Bedarf an Stauraum u. v. m. Im Idealfall spielt sich das alles in einem flexibel konstruierten Baukörper ab, in dem Grundrisse und Raumausstattungen, Versorgungsleitungen usw. schnell nach Bedarf angepasst werden können („reversibles Büro").

Praktisch sind aber die Anforderungen an Mobiliar, Zwischenwände, Beleuchtung, Lüftung, akustische Gestaltung usw. in offenen Büros groß. Betriebliche Verhältnisse entwickeln sich jedoch manchmal schneller und anders als erwartet. Wenn mehr Einzelarbeitsplätze benötigt werden, Stauraum fehlt, der neue Abteilungsleiter dringend einen größeren Besprechungsbereich wünscht oder ganze Abteilungen umziehen, ist u. U. ein lange durchdachtes und aufwendig gestaltetes Raumkonzept hinfällig. Auf jeden Fall ist es mit dem Umstellen von einigen Schreibtischen und einem schnellen Anstrich in einer durchorganisierten Büroumgebung nicht mehr getan.

Cornelia von Quistorp

Optische Strahlung

Optische Strahlung ist jede elektromagnetische Strahlung im Bereich von 100 nm bis 1 mm Wellenlänge und umfasst ultraviolette Strahlung (UV), sichtbares Licht und Infrarotstrahlung (IR).

Im Gegensatz zur natürlichen Strahlung geht künstliche optische Strahlung von künstlichen Strahlenquellen aus.

Man unterscheidet Laserstrahlung und inkohärente optische Strahlung, die anders als Laserstrahlung ohne feste Phasenbeziehung der elektromagnetischen Wellen ist. Sie wird z. B. von Glühlampen, Leuchtstofflampen, LED, Gasstrahlern, Metall- und Glasschmelzen sowie Schweißlichtbögen emittiert.

Der Einsatz von Lasern birgt wegen erhöhter Intensität und großer Reichweite des Strahls besondere Gefahren. Es bestehen v. a. Gefährdungen der Augen und der Haut. Maßnahmen zum Schutz von Sicherheit und Gesundheit der Beschäftigten müssen im Rahmen der Gefährdungsbeurteilung festgelegt werden.

Gesetze, Vorschriften und Rechtsprechung

Es gelten i. W. folgende Regelungen:

- Betriebssicherheitsverordnung (BetrSichV)
- Verordnung zum Schutz der Beschäftigten vor Gefährdungen durch künstliche optische Strahlung (OStrV)

- Verordnung zur arbeitsmedizinischen Vorsorge (ArbMedVV)
- DIN EN 60825 Teile 1, 2, 4 „Sicherheit von Lasereinrichtungen“
- DGUV-V 11 „Laserstrahlung“
- Empfehlung des IFA „Expositionsgrenzwerte zum Schutz der Haut vor Verbrennungen durch Wärmestrahlung“
- TROS IOS (Inkohärente Optische Strahlung) Teile 1–3
- TROS Laserstrahlung Teile 1–3

1 Arten

1.1 Natürliche optische Strahlung

Auch durch Sonneneinstrahlung (natürliche optische Strahlung) können Gefährdungen für Augen und Haut bestehen, z. B. Blendung, Sonnenbrand, Verbrennungen, Hautkrebs.

Optische Strahlung umfasst

- ultraviolette Strahlung (UV): 100 bis 400 nm,
- sichtbares Licht: 380 bis 780 nm,
- Infrarotstrahlung (IR): 780 nm bis 1 mm.

1.2 Künstliche optische Strahlung

Die OStrV bezieht sich ausschließlich auf künstliche optische Strahlung, die von künstlichen Strahlenquellen ausgeht. Das können z. B. sein:

- UV-Strahlung beim Schweißen, beim Härten von Kunststoffen, beim Trocknen von Lacken und im medizinischen Bereich;
- IR-Strahlung beim Schweißen, durch feuerflüssige Massen (Abschn. 3.2.1.2.3 DGUV-R 112-192) in der Metall- und Glasindustrie.

Praxis-Beispiel: Einsatz von Lasern

Bei Lasern wird die Strahlung verstärkt, Intensität und Reichweite des Strahls werden dadurch erhöht. Laser werden eingesetzt (s. Tab. A2.3 TROS Laserstrahlung Allgemeines), z. B.:

- zum Biegen, Schneiden, Bohren, Schweißen oder zur Oberflächenbehandlung,
- zum Messen von Entfernungen,
- zum Messen in Forschungseinrichtungen,
- im medizinischen Bereich zur Diagnose, zum Abtragen von Hornhautoberfläche oder zum Verschweißen von Netzhaut am Augenhintergrund, zum Schneiden,
- bei Shows und sonstigen Vorführungen.

Verschiedene Materialien, wie z. B. Holz, Papier, Kunststoff, Metalle, können mit Lasern bearbeitet werden.

Laser werden in 8 Klassen eingeteilt, die Gefährlichkeit nimmt von 1 nach 4 zu (Definition der Laserklassen nach DIN EN 60825-1):

Klasse	Gefährdung
1	unter vernünftigerweise vorhersehbaren Bedingungen ungefährlich (bestimmungsgemäßer Betrieb)
1C	*ausschließlich für die Anwendung an der Haut oder dem Gewebe (mit Ausnahme der Augen) in direktem Kontakt:* Der Strahlausgang kann gefährlich für das Zielgewebe sein. Während des Betriebs wird eine Augengefährdung durch konstruktive Maßnahmen verhindert.
1M	für das Auge ungefährlich, solange der Strahlquerschnitt nicht verkleinert wird
2	bis 0,25 s Einwirkdauer auch für das Auge ungefährlich

Klasse	Gefährdung
2M	bis 0,25 s Einwirkdauer für das Auge ungefährlich, solange der Strahlquerschnitt nicht verkleinert wird
3R	gefährlich für das Auge
3B	gefährlich für das Auge, häufig auch für die Haut
4	sehr gefährlich für das Auge und gefährlich für die Haut, auch diffus gestreute Strahlung kann gefährlich sein, kann Brand- und Explosionsgefahr verursachen

2 Gefahren

Es bestehen v.a. Gefährdungen des Auges und der Haut. Möglich sind:

- Verbrennungen im Auge, die von der Person selbst evtl. nicht bemerkt werden, sondern nur vom Augenarzt (z.B. „Feuerstar" durch IR-Strahlung);
- Star, Hornhaut- oder Bindehautentzündung („Verblitzen") durch UV-Strahlung;
- Trübungen von Hornhaut, Linse und Glaskörper bei Lasern im UV-Bereich;
- Verbrennungen der Haut;
- Verbrennungen im Unterhautgewebe;
- vorzeitige Hautalterung, Hautkrebs;
- fototoxische bzw. fotoallergische Hautreaktionen (s. Tab. 1: Liste ausgewählter fotosensibilisierender Stoffe, Abschn. 6.6 TROS Laserstrahlung Teil 1);
- Entzündung vorhandener oder gebildeter Gase im medizinischen Bereich;
- durch Pyrolyse und Verdampfung entstehende toxische (bisher: giftige) Gase, Stäube oder Aerosole;
- Entstehung ionisierender Strahlung beim Einsatz von Ultrakurzpuls-Lasern zum Bearbeiten von Werkstoffen;
- Brände, Explosionen.

3 Schutzmaßnahmen

Gefährdungen müssen vermieden bzw. verringert werden (§ 4 ArbSchG, § 7 OStrV). Expositionsgrenzwerte (EGW) nach Anhang I bzw. Anhang II der Richtlinie 2006/25/EG müssen eingehalten werden (§ 6 OStrV); für inkohärente optische Strahlung können die EGW nach TROS IOS Teil 2 Anlage 2 bzw. für Laserstrahlung nach TROS Laserstrahlung Teil 2 Anhang 4 A4.1 bestimmt werden. Maßnahmen zum Schutz vor Gefährdungen liefern TROS IOS Teil 3 bzw. TROS Laserstrahlung Teil 3.

3.1 Technisch

Technische Schutzmaßnahmen sind z.B.:

- alternative Arbeitsverfahren, die die Exposition verringern;
- Auswahl und Einsatz von Arbeitsmitteln mit geringerer Emission;
- Sicherheitseinrichtungen, z.B. Verriegelungseinrichtungen oder Abschirmungen, optische Filter, Schutzvorhänge oder -wände;
- Vorrichtungen zur automatischen Abschaltung;
- Gestaltung und Einrichtung von Arbeitsplätzen;
- ggf. Absaugung von entstehenden Gasen, Stäuben oder Aerosolen.

3.2 Organisatorisch

Auch die Gefährdungsbeurteilung nach § 3 OStrV muss vor Aufnahme der Tätigkeit durchgeführt und dokumentiert werden. Für Expositionen durch künstliche UV-Strahlung müssen Unterlagen mind. 30 Jahre aufbewahrt werden. Die Gefährdungsbeurteilung muss alle Betriebszustände berücksichtigen, also Normalbetrieb (bestimmungsgemäßer Betrieb, Gebrauch) sowie Wartung und Service.

Die Gefährdungsbeurteilung muss gemäß BetrSichV neben Ergonomie und psychischen Belastungen zahlreiche weitere Faktoren berücksichtigen wie Gebrauchstauglichkeit, Einflüsse der Arbeitsumgebung, Arbeitsverfahren und -organisation, Ablauf, Aufgabe und Arbeitszeit. In der Praxis muss also nicht nur der Umgang, z. B. mit dem Laser beurteilt werden, sondern auch welche Arbeiten durchgeführt werden, zu welcher Zeit einer Schicht dies erfolgt und ob die Tätigkeit gelegentlich oder dauernd ausgeübt wird. Dabei beeinflussen sich die genannten Faktoren gegenseitig, auch dies muss im Rahmen der Gefährdungsbeurteilung berücksichtigt werden.

Messungen und Berechnungen nach dem Stand der Technik müssen fachkundig geplant und durchgeführt werden (§ 4 OStrV i. V. mit TROS IOS Teil 2 bzw. TROS Laserstrahlung Teil 2).

Gefährdungsbeurteilung, Messungen und Berechnungen müssen von fachkundigen Personen durchgeführt werden (§ 5 OStrV).

Organisatorische Schutzmaßnahmen sind z. B.:

- Unterweisungen vor Aufnahme der Tätigkeit und danach regelmäßig, mind. jährlich in verständlicher Form und Sprache durchführen (§ 8 OStrV).
- Wartungsprogramme.
- Überwachung des sicheren Betriebs, u. a. durch regelmäßige Begehungen, Anweisungen, Kontrollen, Instandhaltung, Freigabeverfahren, Kommunikation zwischen Mitarbeitern und externen Firmen (Abschn. 4.4.7 TROS Laserstrahlung Allgemeines).
- Ausmaß und Dauer der Exposition begrenzen, z. B. Abstand von Strahlungsquelle und Beschäftigten erhöhen, Aufenthaltsdauer begrenzen, Tätigkeitswechsel.
- Arbeitsbereiche, in denen die Expositionsgrenzwerte überschritten werden können, deutlich erkennbar und dauerhaft kennzeichnen sowie abgrenzen und Zugang für Unbefugte einschränken, wenn technisch möglich (§ 7 Abs. 3 OStrV). Der Zugang zum Laserbereich muss mit dem Warnzeichen W004 „Warnung vor Laserstrahl" gekennzeichnet sein (Abschn. 4.5.1 TROS Laserstrahlung Teil 3)
- Laser-Einrichtungen der Klassen 2 bis 4 müssen auf einem Hinweisschild beschrieben werden (TROS Laserstrahlung Allgemeines Anhang 5).
- Können Grenzwerte nach § 6 OStrV überschritten werden, muss der Arbeitgeber dafür sorgen, dass Beschäftigte arbeitsmedizinisch beraten werden (§ 8 Abs. 2 OStrV).

Praxis-Beispiel: Wann muss ein Laserschutzbeauftragter bestellt werden?

Bevor der Betrieb von Lasern der Klasse 3R, 3B und 4 aufgenommen werden darf, muss ein sachkundiger Laserschutzbeauftragter schriftlich bestellt werden, wenn der Unternehmer nicht selbst über die Sachkunde verfügt (§ 5 Abs. 2 OStrV). Sind mehrere Laserschutzbeauftragte bestellt, muss der Arbeitgeber die Zuständigkeitsbereiche (z. B. zeitlich, räumlich) der einzelnen Beauftragten klar abgrenzen. Der Laserschutzbeauftragte unterstützt bei der Durchführung der Gefährdungsbeurteilung, beim Festlegen und Durchführen von Schutzmaßnahmen sowie beim Überwachen des sicheren Betriebs.

Der Laserschutzbeauftragte muss über eine abgeschlossene technische, naturwissenschaftliche, medizinische oder kosmetische Berufsausbildung oder eine vergleichbare, mindestens 2-jährige Berufserfahrung verfügen, „jeweils in Verbindung mit einer zeitnah ausgeübten beruflichen Tätigkeit" an Lasereinrichtungen der Klassen 3R, 3B bzw. 4. Er hat an einem entsprechenden Lehrgang teilgenommen, die Abschlussprüfung bestanden und einen Nachweis über die erfolgreiche Teilnahme (Abschn. 5 TROS Laserstrahlung Allgemeines) und muss seine fachliche Qualifikation durch Fortbildungen auf dem aktuellem Stand halten (§ 5 Abs. 2 OStrV). Grundsätzlich gilt eine eintägige Fortbildung innerhalb von 5 Jahren als angemessen (Abschn. 5 TROS Laserstrahlung Allgemeines).

Der Laserschutzbeauftragte arbeitet mit der Fachkraft für Arbeitssicherheit und dem Betriebsarzt zusammen (§ 5 Abs. 2 OStrV).

Bei Abweichungen vom sicheren Betrieb muss der Laserschutzbeauftragte den Arbeitgeber informieren und darauf hinwirken, dass die erforderlichen Maßnahmen ergriffen werden.

3.3 Persönlich

Im Rahmen der → *Gefährdungsbeurteilung* wird u. a. festgelegt, ob und welche → *PSA* benutzt werden muss. PSA können in Abhängigkeit von Art und Intensität der optischen Strahlung sein:

- → *Augen- und Gesichtsschutz* mit Schutzfilter (s. Abschn. 3.2.3.2 und Anhang 2 DGUV-R 112-192); Schweißerschutz-, Sonnenschutzfilter, Schutzfilter gegen UV-, IR- oder Laserstrahlung sowie Kombinationen daraus;
- → *Schutzhandschuhe* (DGUV-R 112-195);
- Schutzkleidung (DGUV-R 112-189).

Praxis-Beispiel: Ausnahmen

Unternehmen können bei der zuständigen Behörde schriftlich Ausnahmen von den Vorschriften nach § 7 OStrV beantragen, wenn eine unverhältnismäßige Härte entstünde und der Schutz der Beschäftigten gewährleistet ist. Der Unternehmer muss dazu mind. folgende Angaben machen (§ 10 OStrV):

- Gefährdungsbeurteilung mit Dokumentation,
- Art, Ausmaß und Dauer der Exposition,
- Wellenlängenbereich,
- Stand der Technik und Schutzmaßnahmen,
- Lösungsvorschläge zum Verringern der Exposition mit Zeitplan.

Die Ausnahmen werden spätestens nach 4 Jahren überprüft.

Bettina Huck

Ortsbewegliche Behälter

In Behältern werden Stoffe aufbewahrt. Ein Behälter ist ein Gegenstand mit einem Hohlraum, der seinen Inhalt von seiner Umwelt trennt. Das Behältnis ist dicht gegenüber dem Medium, für das es konstruiert ist. Ortsbewegliche Behälter sind solche, die bewegt werden bzw. die von einem Platz zum anderen gebracht werden können. Zu den ortsbeweglichen Behältern gehören u. a.

- Verpackungen (z. B. Fässer, Kanister, Flaschen, Säcke),
- Aerosolpackungen und Druckgaskartuschen,
- Großpackmittel (z. B. IBC, Big Bags, FIBC),
- Druckgasbehälter
- Druckgefäße im Sinne des Gefahrgutrechts (wie Flaschen, Großflaschen),
- Eisenbahnkesselwagen,
- Tankfahrzeuge.

Werden bestimmte Stoffmengen in Behältern, zum dauernden oder vorübergehenden Verbleib, die den Bedarf für den ungehinderten Arbeitsablauf übersteigen, angesammelt, so spricht man von einem Lager.

Gesetze, Vorschriften und Rechtsprechung

- Betriebssicherheitsverordnung (BetrSichV)
- Wasserhaushaltsgesetz (WHG)
- Verordnung über Anlagen zum Umgang mit wassergefährdenden Stoffen (AwSV)
- TRGS 510 „Lagerung von Gefahrstoffen in ortsbeweglichen Behältern“
- TRBS 3145/TRGS 745 „Ortsbewegliche Druckgasbehälter – Füllen, Bereithalten, innerbetriebliche Beförderung, Entleeren“

1 Allgemein

Ortsbewegliche Behälter fallen unter spezielle Vorschriften, sofern sich in ihnen gefährliche Stoffe befinden. Hauptsächlich sind dies:

- → *Gefahrstoffe*
- wassergefährdende Stoffe,
- Stoffe unter extrem hohem Druck.

Durch die Ortsbeweglichkeit unterliegen diese Behälter dem Verschleiß.

2 Gefahrstoffe in ortsbeweglichen Behältern

In ortsbeweglichen Behältern für → *Gefahrstoffe* werden Gefahrstoffe transportiert und gelagert. Die Verpackung, in diesem Fall der ortsbewegliche Behälter, ist die primäre Schutzmaßnahme bei der Lagerung von Gefahrstoffen. Der Behälter muss so beschaffen sein, dass vom Inhalt nichts ungewollt nach außen gelangen kann.

Daher sind bei der Lagerung von Gefahrstoffen in ortsbeweglichen Behältern sicherheitstechnische Maßnahmen einzuhalten, u.a.:

- Lagerbehälter müssen korrekt gekennzeichnet sein, d.h. genaue Angabe des Herstellernamens, Mengenangabe etc.
- Gefahrstoffe sollen möglichst in Originalbehältern gelagert werden.
- Die Behälter müssen widerstandsfähig gegen mechanische Einflüsse sein (Stöße, Handhabungs- oder Stapelbelastungen, Vibration).
- Die Behälter müssen widerstandsfähig gegen thermische- und Witterungseinflüsse sein (Temperaturwechsel, Feuchtigkeits- oder Druckänderung, Lichteinwirkung).
- Die Lagertemperatur in Lagerräumlichkeiten muss jederzeit so tief sein, dass es nicht zur Gefährdung durch Druckaufbau in Lagerbehältern kommen kann.
- Schutzeinrichtungen gegen thermische Einwirkungen sind, wo nötig, vorzusehen.
- Die Behälter müssen widerstandsfähig gegen chemische Einflüsse sein, d.h. die Behälter (einschließlich Verschlüsse und Dichtungen) dürfen bei der Berührung mit dem Produkt nicht angegriffen oder erheblich geschwächt werden.
- Die Behälter müssen geeignet (Materialeignung) bzw. zugelassen sein.
- Hervorragende Anbauteile sind zu vermeiden bzw. gegen Abreißen zu schützen.
- Es ist sicherzustellen, dass bei Ausdehnung von Flüssigkeiten in Behältern (z.B. aufgrund von Temperaturveränderungen) ein ausreichend füllungsfreier Raum vorhanden ist, sodass das Produkt weder austreten kann, noch der Behälter sich dauerhaft verformt.
- Bei festen Stoffen ist der füllungsfreie Raum in Behältern hingegen so gering wie möglich zu halten, um ein Einknicken bei Belastung zu vermeiden.
- Zerbrechliche Gefäße dürfen in Regalen, Schränken und anderen Einrichtungen nur bis zu einer solchen Höhe aufbewahrt werden, dass sie noch sicher entnommen und abgestellt werden können.
- Die Behälter müssen so beschaffen sein, dass eine sichere Aufbewahrung und ein sicherer Transport gewährleistet sind.
- Beim Um-/Abfüllen von Lösungsmitteln sind elektrisch leitende Behälter zu verwenden **und** zu erden. (Beim Entladen kann es zur Funkenbildung kommen, die dann explosionsfähige Atmosphären, wie z.B. Lösungsmittel/Luftgemische, zur Explosion bringen. Selbst leitfähige Gegenstände laden sich auf, wenn sie nicht geerdet werden.)
- Ortsbewegliche Behälter mit flüssigen Gefahrstoffen müssen in eine Auffangeinrichtung gestellt werden. Dies kann u.U. auch ein Auffangraum sein.
- Die Behälter müssen dicht sein.
- Gefahrstoffe dürfen nur in geschlossenen Behältern gelagert werden (**Abb. 1**).

Abb. 1: Behälter: Kanister in einem Regallager

- Ortsbewegliche Gefahrstoffbehälter dürfen nicht durch deren Form oder Bezeichnung mit Lebensmitteln verwechselt werden.
- Anfällige Behälter wie z. B. zerbrechliche Glasflaschen, -ampullen oder Kunststoffdosen, müssen so geschützt sein, dass sie unter normalen Lager- und Transportbedingungen nicht zerbrechen, durchlöchert oder undicht werden können und deren Inhalt nicht aus der Außenverpackung austreten kann.
- Die Schutzfunktion und Stabilität der Behälter ist grundsätzlich aufrechtzuerhalten (z. B. Vermeidung von Kontamination, Korrosion etc.).
- Die Lagerdauer ist zu begrenzen, da schützende Eigenschaften der Behältermaterialien im Laufe der Zeit beeinträchtigt werden können. Die Lagerfristen sind zu dokumentieren. Bei vielen Behältern sind die Verwendungsdauern herstellerseitig bereits vorgegeben.

2.1 Entzündbare Flüssigkeiten in ortsbeweglichen Behältern

Für die Lagerung von entzündbaren Flüssigkeiten[1] in ortsbeweglichen Behältern gelten weiterführende Maßnahmen, vor allem aber Lagermengengrenzen.

In der TRGS 510 sind Lagermengen für Behälter außerhalb von Lagern geregelt, unterschieden zwischen zerbrechlichen und nicht zerbrechlichen Behältern. Lager werden hier definiert als Räume oder Bereiche in Gebäuden oder Bereiche im Freien, die dazu bestimmt sind, dass in ihnen Gefahrstoffe, also z. B. entzündbare, leicht entzündbare oder extrem entzündbare Flüssigkeiten in ortsfesten oder ortsbeweglichen Behältern gelagert werden.

Es ist zu beachten, dass leere ortsbewegliche Behälter (Fässer, Kanister) aufgrund der darin enthaltenen Restmengen, ebenfalls Gefahren bergen können. Auch mit Restmengen können sich explosionsfähige Luft-Gasgemische bilden. Daher sind Leergebinde wie volle Gebinde zu behandeln.

2.2 Druckgasbehälter

Zu besonderen ortsbeweglichen Behältern zählen Behälter und Gefäße unter Druck (→ *Gasflaschen*, Flaschenbündel etc.). Von → *Druckgasbehältern* gehen große Gefahren aus, wenn der Behälter oder Behälteranbauten (Ventile) beschädigt werden. Durch mechanische Beschädigungen (wie z. B. Umfallen) oder übermäßige Erhitzung des Behälters, können die im Behälter gespeicherten Energien plötzlich freigesetzt werden. Unkontrollierte bewegte Druckgasbehälter bzw. Explosion der Behälter können Schäden mit schweren bis tödlichen Folgen anrichten.

Daher gelten für ortsbewegliche Druckgasbehälter u. a. die folgenden zusätzlichen sicherheitstechnischen Maßnahmen:

- Druckgasbehälter müssen gegen Umfallen oder Herabfallen gesichert werden.
- Die Ventile sind mit einer geeigneten Schutzeinrichtung zu schützen, z. B. mit einer Schutzkappe.

1 Gekennzeichnet mit H224, H225, H226.

- → *Instandsetzungsarbeiten* an den Druckgasbehältern dürfen nicht in Lagern durchgeführt werden.
- Räume, in denen Druckgasbehälter gelagert werden, müssen ausreichend be- und entlüftet werden.

Für die Lagerung (in Lagerräumen wie auch im Freien) gelten zudem bauliche Anforderungen an den → *Brandschutz*. Besondere Druckbehälter (z.B. Druckgeräte für Feuerlöschgeräte und Löschmittelbehälter, Lagerbehälter für Getränke) unterliegen besonderen Prüfvorschriften, siehe BetrSichV. Kleinere Gebinde wie Druckgaskartuschen unterliegen großzügigeren Mengenbestimmungen.

3 Wassergefährdende Stoffe in ortsbeweglichen Behältern

Nach dem WHG sind ortsbewegliche Behälter, in denen sich wassergefährdende Stoffe befinden, Anlagen, die bestimmten Anforderungen entsprechen müssen. Hier liegt der Schwerpunkt darauf, dass eine nachteilige Veränderung der Eigenschaften von Gewässern (auch Grundwässern) vermieden wird. Konkretisiert werden die Anforderungen in der AwSV.

Praxis-Beispiel: Einstufung

Stoffe können wassergefährdend und dennoch nicht als Gefahrstoff eingestuft sein!

Wassergefährdende Stoffe in normalen ortsbeweglichen Behältern, die nicht doppelwandig ausgeführt sind, sind z.B. in einen flüssigkeitsdichten Auffangraum oder Auffangbehälter (sog. Rückhalteeinrichtungen) zu stellen. Dabei muss bei Anlagen zum Lagern, Herstellen, Behandeln oder Verwenden wassergefährdender Stoffe das Rückhaltevolumen dem Volumen an wassergefährdenden Stoffen entsprechen (§ 18 AwSV),

- „das bei Betriebsstörungen bis zum Wirksamwerden geeigneter Sicherheitsvorkehrungen freigesetzt werden kann" (für Anlagen der Gefährdungsstufe A bis C) bzw.
- „das aus der größten abgesperrten Betriebseinheit bei Betriebsstörungen freigesetzt werden kann, ohne dass Gegenmaßnahmen getroffen werden, vollständig zurückgehalten werden kann" (für Anlagen der Gefährdungsstufe D).

4 Auffangbehälter

Wassergefährdende Flüssigkeiten sowie Löschwasser dürfen nicht in die Kanalisation oder ins Erdreich gelangen. Sie müssen zurückgehalten werden. Dafür eignen sich auch Auffangbehälter, wie z.B. Auffangwannen und Rückhaltebecken. Auffangwannen können ortsbeweglich sein (**Abb. 2**) und sind somit ortsbeweglichen Behältern zuzuordnen.

Behälter mit flüssigen Gefahrstoffen müssen in eine Auffangeinrichtung eingestellt werden, die mindestens den Rauminhalt des größten Gebindes aufnehmen kann. Kann eine gefährliche explosionsfähige Atmosphäre nicht ausgeschlossen werden, müssen die Auffangeinrichtungen elektrostatisch ableitfähig sein.

Abb. 2: Ortsbeweglicher Auffangbehälter

Bettina Huck

Ortsfeste Druckanlagen für Gase

Neben ortsbeweglichen Druckgasbehältern (z. B. Gasflaschen, Aerosol- und Druckgaspackungen) gibt es auch **ortsfeste** Druckgasbehälter, die selbst ortsfeste Druckanlagen für Gase oder Teil derartiger Druckanlagen sein können.

Ortsfeste Druckanlagen für Gase schließen alle druckbeaufschlagten Anlagenteile ein, der Mindestumfang besteht aus einem überwachungsbedürftigen Anlagenteil. Sie können auch nicht überwachungsbedürftige druckbeaufschlagte Arbeitsmittel beinhalten (s. Abschn. 2.1 TRBS 1201 Teil 2). Neben ortsfesten Druckgasbehältern, Füllanlagen, verbindenden Rohrleitungen und Ausrüstungsteilen können sie auch ortsbewegliche Druckgasbehälter beinhalten, wie dies z. B. bei Füllanlagen zum Füllen von Gasflaschen der Fall ist (Abschn. 2 TRBS 3146/TRGS 746). Ortsfeste Druckanlagen für Gase sind z. B.:

- Druckbehälteranlagen, z. B. ortsfeste Feuerlöschanlagen,
- Dampfkesselanlagen,
- ortsfeste Druckgasbehälter, z. B. Gastanks.

Gesetze, Vorschriften und Rechtsprechung

Es gelten v. a. folgende Regelungen:

- Betriebssicherheitsverordnung (BetrSichV)
- Gefahrstoffverordnung (GefStoffV)
- Druckgeräteverordnung (14. ProdSV)
- TRGS 407 „Tätigkeiten mit Gasen – Gefährdungsbeurteilung"
- DGUV-V 79 „Verwendung von Flüssiggas"
- TRBS 2141 „Gefährdungen durch Dampf und Druck"
- TRBS 3146/TRGS 746 „Ortsfeste Druckanlagen für Gase"

Für Druckgasbehälter mit entzündbaren Gasen gelten zusätzlich:

- TRGS 720 „Gefährliche explosionsfähige Gemische – Allgemeines"
- TRGS 721 „Gefährliche explosionsfähige Gemische – Beurteilung der Explosionsgefährdung"
- TRGS 722 „Vermeidung oder Einschränkung gefährlicher explosionsfähiger Gemische"
- TRGS 723 „Gefährliche explosionsfähige Gemische – Vermeidung der Entzündung gefährlicher explosionsfähiger Gemische"
- TRGS 724 „Gefährliche explosionsfähige Gemische – Maßnahmen des konstruktiven Explosionsschutzes, welche die Auswirkung einer Explosion auf ein unbedenkliches Maß beschränken"
- TRGS 727 „Vermeidung von Zündgefahren infolge elektrostatischer Aufladungen"

Für ortsfeste Druckanlagen, z. B. an Tankstellen oder Gasfüllanlagen zur Befüllung von Landfahrzeugen, gilt die TRBS 3151/TRGS 751 „Vermeidung von Brand-, Explosions- und Druckgefährdungen an Tankstellen und Gasfüllanlagen zur Befüllung von Landfahrzeugen".

1 Gefahren

Welche Gefährdungen sich ergeben, hängt i. W. von der Art der Druckanlage, den Eigenschaften des verwendeten Gases und dem Aufstellort ab. Mögliche Gefahren sind u. a.

- Überfüllung,
- unkontrollierter Gasaustritt,
- Beschädigung der Anlage durch mechanische Einwirkung von außen,
- Betriebsstörung,
- Brand,
- Explosion.

Im Rahmen der Gefährdungsbeurteilung müssen Gefährdungen beim Errichten, Aufstellen, Befüllen, Lagern, Entleeren, Instandhalten, Stillsetzen und Demontieren ortsfester Druckanlagen für Gase beurteilt und wirksame Maßnahmen festgelegt werden.[1]

2 Schutzmaßnahmen

2.1 Ausrüstung

Anforderungen an die Ausrüstung ortsfester Druckanlagen für Gase bzw. → *Druckgasbehälter* sind v.a.[2]:

- Korrosionsschutz an gefährdeten Stellen (z.B. Wandungen) durch Beschichtung oder Isolierung;
- Entwässerungsanschlüsse ggf. gegen Einfrieren schützen;
- ggf. mit Sicherheitsventilen oder automatisch gesteuerten Sicherheitseinrichtungen ausrüsten, z.B. wenn Druckanstieg über max. zulässigen Betriebsdruck oder Erwärmung verflüssigter Gase durch Wärmestrahlung nicht auszuschließen ist;
- unzulässigen Druckanstieg durch Überfüllung (MSR-Sicherheitseinrichtungen, z.B. nach AD 2000-Merkblatt A 6) oder durch andere Druckerzeuger wie Pumpen oder Heizung (Sicherheitsdruckbegrenzer und MSR-Sicherheitseinrichtungen) vermeiden.

2.2 Aufstellen

Um Sicherheit und Gesundheit der Beschäftigten sowie den Schutz der Umwelt zu gewährleisten, gelten für das Aufstellen v.a. folgende allgemeinen Forderungen[3]:

- Behälter selbst sowie Räume und Bereiche im Freien mit ortsfesten Druckanlagen deutlich erkennbar und dauerhaft kennzeichnen;[4]
- zum Schutz vor dem Eingriff Unbefugter: Anlagen umfrieden oder Armaturen einschließen, ggf. organisatorische Maßnahmen ergreifen;
- gegen mechanische Einwirkungen, z.B. durch Fahrzeuge von außen schützen: Rammschutzvorrichtungen, Rammschutzbügel;
- austretende → *Gase* müssen gefahrlos abgeleitet werden;[5]
- max. zu erwartende Betriebstemperatur berücksichtigen (s. **Tab. 1**);
- nicht in Durchgängen, Durchfahrten, allgemein zugänglichen Fluren, Treppenräumen oder an Treppen von Freianlagen aufstellen;
- → *Verkehrswege*, → *Fluchtwege* oder Zugänglichkeit dürfen nicht eingeschränkt werden;
- ausreichende Abstände einhalten für z.B. Reinigung, Prüfung und Instandhaltung sowie Maßnahmen zur Kühlung. Für Reinigung und Instandhaltung gilt: grundsätzlich mind. 1 m Abstand zum nächsten Behälter oder zu einer Wand;
- für Prüfungen und Kontrollen zugänglich und Typenschild gut erkennbar;
- allseitig zu besichtigen und von einem sicheren Stand aus bedienbar;
- Verlagerung oder Neigung verhindern;
- ggf. gegen Aufschwimmen sichern, z.B. durch Verankerung im Boden oder in den Seitenwänden, Abstützung gegen die Raumdecke oder Überdeckung (mind. 1,3-fache Sicherheit gegen Auftrieb des leeren Behälters);
- ausreichend umlüftet;
- ggf. Boden aus nicht brennbaren Stoffen und frei von Öl und Fett.

---

1 Abschn. 4 TRBS 3146/TRGS 746.

2 Abschn. 4.4.1 TRBS 3146/TRGS 746.

3 Abschn. 4.5.1 TRBS 3146/TRGS 746.

4 Gem. ASR A1.3, BetrSichV, GefStoffV bzw. TRGS 201.

5 Vgl. TRBS 2141.

Lage	Bedingungen	i.d.R. mind. zu erwartende Temperatur in °C
oberirdisch	ohne besonderen Schutz gegen Erwärmung	50
oberirdisch	in Räumen oder mit besonderem Schutz gegen Erwärmung	40
erdgedeckt	mind. 0,5 m Deckung	30

Tab. 1: Übersicht über mind. zu erwartende Temperaturen in Abhängigkeit von der Lage der ortsfesten Druckanlagen (bei unter Druck verflüssigten Gasen)

Für **Räume**, in denen ortsfeste Druckanlagen für Gase aufgestellt sind, gelten u.a. folgende Forderungen:

- grundsätzlich mit selbst schließenden Türen;
- aus schwer entflammbaren oder nicht brennbaren Bauteilen (gilt nicht für Fenster und sonstige Verschlüsse von Öffnungen in Außenwänden);
- von anderen Räumen mit Feuerwiderstandsdauer von mind. 30 min abgetrennt (von angrenzenden Räumen mit erhöhter Brandgefährdung grundsätzlich mind. 90 min);
- keine anderweitige Nutzung, wenn Gefährdungen für → *Druckgasbehälter* entstehen können;
- ausreichend be- und entlüftet, i.d.R. erfüllt bei natürlicher Lüftung (Lüftungsöffnungen ins Freie und Gesamtquerschnitt mind. 1/100 der Bodenfläche) oder technischer Lüftung (mind. 2-facher Luftwechsel pro Stunde).

Für das Aufstellen **im Freien** legt Abschn. 4.5.3, für **erdgedeckte** ortsfeste Druckgasbehälter Abschn. 4.6 TRBS 3146/TRGS 746 zusätzliche Forderungen fest.

Praxis-Beispiel: Eigenschaften des Gases beachten

Entzündbare Gase (Abschn. 4.4.3 TRBS 3146/TRGS 746)

Wegen Brand- und Explosionsgefahr müssen zusätzliche Maßnahmen festgelegt und umgesetzt werden, wenn ortsfeste Druckgasanlagen entzündbare Gase enthalten.

Maßnahmen sind v.a.

- explosionsgefährdete Bereiche festlegen,
- Explosionsschutz nach TRBS 2152/TRGS 720,
- elektrostatische Aufladungen vermeiden (TRGS 727).

Es gelten u.a. besondere Anforderungen an Räume und Trennwände sowie Rohrleitungsanschlüsse. Gefordert werden u.a. Überfüllsicherung oder gleichwertiges System, Meldeeinrichtungen für Brand- und Explosionsgefährdungen, Gaswarneinrichtungen sowie ein Not-Aus-System und Meldung an eine ständig besetzte Stelle.

Akut toxische Gase (Abschn. 4.4.4 TRBS 3146/TRGS 746)

Für Gase der Kategorie 1 bis 3 wie z.B. Phosphorwasserstoff, Schwefelwasserstoff, Carbonylchlorid, Fluor oder Cyanwasserstoff sind besondere Schutzmaßnahmen erforderlich, u.a.:

- Lagermengen möglichst klein halten und Druckanlagen bevorzugt in besonderen Räumen aufstellen;
- Bereiche mit möglicher Gefährdung nach Anhang 1 TRBS 3146/TRGS 746 festlegen;
- Zugang nur für fachkundige und besonders unterwiesene Personen erlauben (Hinweis und Warnung anbringen);
- Freisetzung von Gasen verhindern: Absperrungen und Rohrleitungsanschlüsse vorsehen;
- Überfüllsicherung oder gleichwertiges System;
- ausgetretenes Gas muss gefahrlos abgeleitet oder aufgefangen und beseitigt werden;
- Not-Aus-System und Meldung an eine ständig besetzte Stelle;

- Meldeeinrichtungen bei Gefährdung (Telefon, Funkgerät, Gefahrenmelder);
- geeignete Atemschutzgeräte und ggf. Körperschutzmittel bereithalten;
- ggf. Schutzraum einrichten.

Gase schwerer als Luft oder tiefgekühlt verflüssigte Gase (Abschn. 4.5.2 TRBS 3146/TRGS 746)

Anforderungen an Räume zum Aufstellen von ortsfesten Druckanlagen sind dann:

- keine offenen Kanäle,
- keine gegen Gaseintritt ungeschützten Kanaleinläufe,
- keine offenen Schächte,
- keine Öffnungen zu tiefer liegenden Räumen.

2.3 Betrieb

Praxis-Beispiel: Anforderungen an Beschäftigte

Um Fehlbedienungen auszuschließen, dürfen ortsfeste Druckanlagen für Gase nur durch dafür unterwiesene, zuverlässige Beschäftigte bedient werden; die Instandhaltung darf nur durch zuverlässige Personen mit erforderlicher Fachkunde und Erfahrung erfolgen.

Der Betrieb von ortsfesten Druckanlagen für Gase umfasst v.a. folgende Aspekte (Abschn. 4.8 TRBS 3146/TRGS 746):

- **Inbetriebsetzen:** ggf. Dichtheitskontrolle durchführen, ggf. enthaltene Luft sowie Feuchtigkeit aus der Druckanlage entfernen, unzulässig hohe Spannungen während Erwärmung oder Abkühlung vermeiden; Betriebsparameter sind in der → *Betriebsanweisung* dokumentiert.
- **Füllgrade:** Der Füllgrad bei max. Betriebstemperatur hängt von der Eigenschaft des Gases ab und gibt an, bis zu welchem Volumenanteil maximal befüllt werden darf.
- **Bedienung:** zulässigen Betriebsüberdruck und Betriebstemperatur einhalten; Notversorgung bei Energieausfall gewährleisten.
- **Schließen und Öffnen:** Verschlusselemente bestimmungsgemäß verwenden; Dichtflächen sauber und unbeschädigt halten; Verschlussschrauben nur von dazu unterwiesenen Personen nachziehen lassen, Verschlüsse erst nach Druckausgleich öffnen; PSA verwenden, wenn Beschickungsgut austreten kann.
- → ***Instandhaltung*** (TRBS 1112): insbesondere lösbare Verbindungen, dynamisch sowie thermisch beanspruchte Dichtungen, Wellendurchführungen kontrollieren.
- **Maßnahmen bei Betriebsstörungen**: Alarmierung und Gefahrenabwehr (AGAP), Druckanlage in sicheren Betriebszustand bringen oder ggf. außer Betrieb nehmen, ggf. Prüfung durch → *ZÜS* oder zur Prüfung → *befähigte Person.*
- **Stilllegung und Demontage:** Restmenge Gas ableiten, ggf. Inertisierung, bei Abtransport ggf. Gefahrgutvorschriften beachten.

2.4 Schutzmaßnahmen für den Brandfall

Besondere Maßnahmen zu Brandverhütung, → *Brandschutz* und Brandbekämpfung müssen festgelegt und umgesetzt und im Brandfall ergriffen werden. Maßnahmen sind u.a. Feuerlöscheinrichtungen, Vorrichtungen zur Unterbrechung der Gaszufuhr, Kühlung.

Praxis-Beispiel: Brennendes Gas nicht löschen

Für entzündbare Gase gilt i.d.R.: Wenn ausströmendes Gas brennt und die Gaszufuhr nicht unterbrochen werden kann, soll das brennende Gas nicht gelöscht werden. Es besteht sonst die Gefahr, dass austretendes, unverbranntes Gas eine → *explosionsfähige Atmosphäre* bildet.

Vorrangige Maßnahmen sind: Gaszufuhr unterbrechen und Umgebung kühlen.

2.5 Prüfungen und Kontrollen

Grundlage für Prüfungen und Kontrollen sind i.W. BetrSichV (insbesondere Anhang 2 Abschn. 4) und GefStoffV sowie TRBS 1201.

Prüfungen müssen vor der erstmaligen Inbetriebnahme, nach prüfpflichtigen Änderungen und danach wiederkehrend durchgeführt werden, ergänzend können **Kontrollen** erforderlich werden. Prüfungen müssen von zugelassenen Überwachungsstellen bzw. zur Prüfung befähigten Personen durchgeführt werden. Erforderliche Qualifikationen sind einschlägige technische Berufsausbildung, mind. einjährige Erfahrung und Kenntnisse über Druckgefährdungen, die auf dem aktuellen Stand sind. Die Zeitabstände für Kontrollen werden im Rahmen der → *Gefährdungsbeurteilung* festgelegt. Anhang 2 Abschn. 4 BetrSichV legt u.a. Höchstfristen für bestimmte Anlagenteile fest. Dort ist auch geregelt, welche Prüfungen durch zugelassene Überwachungsstellen bzw. zur Prüfung befähigte Personen erfolgen müssen. Ortsfeste Füllanlagen für Gase (für Land-, Wasser- oder Luftfahrzeuge, die Gase als Trieb- oder Brennstoff verwenden) müssen alle 5 Jahre von einer zugelassenen Überwachungsstelle geprüft werden.

Tab. 2 gibt eine Übersicht über erforderliche Kontrollen ortsfester Druckanlagen für Gase (Abschn. 4.7 TRBS 3146/TRGS 746).

Thema	Ergänzende Teile	Zeitpunkt/Zeitabstände
Technische Dichtheit	inkl. Anlagen-, Ausrüstungsteile und Rohrleitungsverbindungen	vor erstmaliger Inbetriebnahme, nach Instandsetzung, in angemessenen Zeitabständen
Außenkorrosion	inkl. Auflagerungen, Aufhängungen und Verankerungen	in angemessenen Zeitabständen; ggf. stichprobenweise
Sicherheitseinrichtungen, z.B. Gaswarneinrichtungen		bei äußerlicher Beschädigung oder Verstopfungen von Abblaseleitungen von Sicherheitsventilen

Tab. 2: Übersicht erforderlicher Kontrollen ortsfester Druckanlagen für Gase

Bettina Huck

Ortsgebundene Leitern

Ortsgebundene Leitern werden im Gegensatz zu tragbaren Leitern entweder vor ihrer Benutzung am Ort der Verwendung angebracht, benutzt und anschließend wieder abmontiert oder einmalig zum dauerhaften Verbleib montiert. Sie werden nur im gewerblichen Bereich eingesetzt.

Zu den ortsgebundenen Leitern gehören Mastleitern, Hängeleitern, Regalleitern und Seilleitern. Ortsgebundene Leitern haben nur einen Leiterschenkel mit Stufen bzw. Sprossen, die – außer bei Seilleitern – durch Bördelung, Nietung, Verschraubung oder Verschweißung fest mit 2 Holmen verbunden sind (Steigschenkel). Bei Seilleitern sind anstelle fester Holme flexible Tragmittel wie Seile oder Ketten verbaut.

Gesetze, Vorschriften und Rechtsprechung

- Produktsicherheitsgesetz (ProdSG)
- Betriebssicherheitsverordnung (BetrSichV)
- TRBS 2121 Teil 2 „Gefährdung von Beschäftigten bei der Verwendung von Leitern“
- TRBS 1203 „Zur Prüfung befähigte Personen“
- DGUV-I 208-016 „Handlungsanleitung für den Umgang mit Leitern und Tritten“

DIN-Normen:

- DIN EN 131 Teil 1 „Leitern; Benennungen, Bauarten, Funktionsmaße“
- DIN EN 131 Teil 2 „Leitern; Anforderungen, Prüfung, Kennzeichnung“
- DIN EN 131 Teil 3 „Leitern: Kennzeichnung und Gebrauchsanleitungen“
- DIN EN 353 Teil 1 „Persönliche Schutzausrüstung gegen Absturz; Mitlaufende Auffanggeräte einschließlich fester Führung“

1 Mastleitern

Mastleitern (s. **Abb. 1**) sind Leitern, die zum Besteigen von Masten für Freileitungen, Antennen, Leuchten und ähnlichen Einrichtungen für die Dauer von Bau- oder Installationsarbeiten am Mast befestigt sind. Sie werden i. d. R. aus mehreren Leiterteilen zusammengesetzt. Dabei wird zunächst das untere Leiterteil, das ggf. mit einem die Bodenneigungen ausgleichenden Fußteil ausgestattet ist, mittels Spanngurten senkrecht am Mast montiert. Die folgenden Leiterteile montiert der – gegen Absturz gesicherte – Benutzer beim Besteigen.

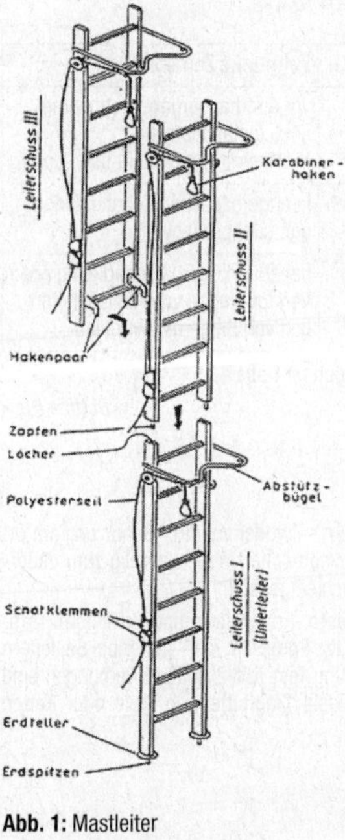

Abb. 1: Mastleiter

Konkrete Anforderungen an Mastleitern enthalten z. B. die „Prüfgrundsätze für Mastleitern“ (GS-HL-06) der DGUV Test Prüf- und Zertifizierungsstelle „Handel und Logistik“ (HL).

Danach werden an Mastleitern folgende Anforderungen gestellt:

- Den Standsicherheits- und Festigkeitsnachweisen ist neben dem Eigengewicht der Mastleiter eine Last von 3.000 N zugrunde zu legen.

- Der Abstand der Sprossen – in Holmrichtung gemessen – darf das Maß von 280 mm nicht überschreiten. Die Sprossenabstände müssen auch an den Übergangsstellen der Leiterteile gleich sein.
- Freie Enden von Sprossen müssen als Sicherungen gegen Abrutschen des Fußes Seitenbegrenzungen (z.B. Aufkröpfungen) haben, deren Höhe – gemessen von der Sprossentrittfläche – mind. 20 mm beträgt.
- Der lichte Abstand zwischen den Holmen muss mind. 300 mm, zwischen Mittelholm und Abrutschsicherungen mind. 150 mm betragen.
- Abstandshalter müssen so beschaffen sein, dass ein Abstand von mind. 150 mm (gemessen bei L/4) zwischen Sprossenmitte und Mast eingehalten ist, wobei L der lichte Abstand zwischen den Holmen bzw. zwischen den Absturzsicherungen ist.
- Ab einer Gesamtabsturzhöhe von 5 m muss Persönliche Schutzausrüstung gegen Absturz (Steigschutzeinrichtungen nach EN 353) vorhanden sein und genutzt werden.

2 Hängeleitern

Die Hängeleiter (s. **Abb. 2**) ist eine Weiterentwicklung der Anlegeleiter zum Einhängen an ihrer Verwendungsstelle. Hängeleitern werden häufig bei Wartungs- und Montagearbeiten an Freileitungsmasten in Verbindung mit Mastleitern eingesetzt. Aufgrund der enormen Höhe, in der Hängeleitern verwendet werden, sind – auf dem Weg dorthin über Mastleitern sowie auf der Hängeleiter selbst – stets Persönliche Schutzausrüstungen gegen Absturz (Steigschutzeinrichtungen nach EN 353) zu benutzen.

Abb. 2: Hängeleiter beim Einsatz in einem Freileitungsmast[1]

An den oberen Holmenden des Leiterteiles sind große Haken mit Sicherungsketten angebracht. Damit kann die Hängeleiter an Quertraversen von Freileitungsmasten eingehängt und gegen unbeabsichtigtes Ausheben gesichert werden. Nach § 27 der mittlerweile von allen Unfallversicherungsträgern zurückgezogenen UVV „Leitern und Tritte" (BGV D36) muss die Hängeleiter auch gegen Pendeln gesichert sein. Dies wird in der Praxis durch 2 an den unteren Holmenden befestigten und mit festen Bauteilen verspannten Seilen oder Ketten erreicht. Eine Norm für Hängeleitern existiert nicht, sodass die in der zurückgezogenen Unfallverhütungsvorschrift BGV D36 genannten Vorschriften sowie die in der Norm EN 131 Teil 2 für den Leiterteil enthaltenen Anforderungen die Basis für Beurteilungsgrundsätze darstellen, z.B. der „Prüfgrundsätze von Hängeleitern" (GS-HL-24) der DGUV Test Prüf- und Zertifizierungsstelle „HL".

1 Quelle: Günzburger Steigtechnik.

3 Regalleitern

Regalleitern sind Anlegeleitern zur Beschickung/Entnahme von Ware (Kleinteilen etc.) aus Regalen. Man unterscheidet in Regalleitern zum Einhängen (s. **Abb. 3**) und Regalleitern zum Verfahren.

Regalleitern zum Einhängen sind an beiden oberen Holmenden mit Haken ausgestattet, die i.d.R. in einem vor dem obersten Regalträger angebrachten Rohr eingehängt werden. Die Leiterlänge und die Position der Haken müssen auf die Regalhöhe abgestimmt sein, damit der Anstellwinkel in den zulässigen Bereichen zwischen 60° und 70° (Stufenleiter) bzw. 65° und 75° (Sprossenleiter) liegt.

Regalleiter zum Verfahren ("verfahrbare Regalleitern", auch "Rollleitern" genannt) sind am oberen Ende mit Fahrwerken (Rollen) ausgerüstet, welche auf am Regal angebrachten Führungsschienen laufen. Dabei unterscheidet man zwischen den an nur einem Regal verfahrbaren Regalleitern und den zwischen benachbarten Regalen über eine Führungskonstruktion laufenden Regalleitern (im Folgenden "Rollleiter" genannt, s. **Abb. 4**). Die Führungskonstruktion gestattet die Verschiebung der Regalleitern quer zur Fahrrichtung. In beiden Fällen ist auch an den unteren Holmenden je ein Fahrwerk angebracht.

Gegenüber konventionellen Anlegeleitern sind alle Regalleitern durch die Haken oder das Fahrwerk kopfseitig gegen Umkippen gesichert und somit sehr sicherere Aufstiegsmittel. Aus ergonomischen Gründen und der Tatsache, dass Regalleitern nicht transportiert werden müssen (Gewicht!), sollten möglichst Regalleitern/Rollleitern mit Stufen verwendet werden.

Abb. 3: Regalleiter zum Einhängen[1]

Abb. 4: Regalleiter zum Verfahren[2]

1 Quelle: KRAUSE.

2 Quelle: KRAUSE.

Konkrete Anforderungen an das Fahrwerk von Rollleitern enthält § 8 der zurückgezogenen BGV D36. Danach müssen Rollleitern so beschaffen sein, dass das unbeabsichtigte Verfahren (Wegrollen) belasteter Leitern selbsttätig verhindert wird. Dieses Schutzziel wird i. d. R. durch Bremsvorrichtungen erreicht, die beim Betreten der Leiter auf die Rollen einwirken und diese blockieren. Gebräuchlich für das untere Fahrwerk ist auch das von den Podestleitern her bekannte Feder-Rolle-System, nach dem die Leiterfüße beim Betreten der über Federn angehobenen und deshalb noch durch Rollen verfahrbaren Leiter nun auf dem Boden aufsetzen. Darüber hinaus dürfen die Rollen des oberen Fahrwerks nicht aus den Führungsschienen springen können, weswegen die Führungen an ihren Enden gegen Verlassen der Rollen gesichert sein müssen.

Eine Norm zu Regalleitern existiert nicht, sodass die in der zurückgezogenen Unfallverhütungsvorschrift BGV D36 genannten Vorschriften sowie die in der Norm EN 131 Teil 2 für den Leiterteil enthaltenen Anforderungen die Basis für Beurteilungsgrundsätze darstellen, z. B. der „Prüfgrundsätze von Regalleitern" (GS-HL-23) der DGUV Test Prüf- und Zertifizierungsstelle „HL". Danach wird neben der Prüfung des Leiterteiles und der Funktionen des/der Fahrwerke auch deren Festigkeit sowie Verbindungen mit der Anlegeleiter durch Aufbringung einer Einzellast von 2,6 kN an jeweils ungünstigster Stelle überprüft.

Da Fahrwerke einem Verschleiß unterliegen und regelmäßig gewartet (gesäubert und geölt) werden müssen, sind sie bei der wiederkehrenden Prüfung stets mit einzubeziehen.

4 Seilleitern

Seilleitern sind Leitern, deren Sprossen mit Tragmitteln, z. B. Seilen oder Ketten verbunden sind. Gegenüber allen anderen Leitern lassen sie sich platzsparend zusammenlegen. Für Seilleitern ist auch die Bezeichnung **Strickleiter** gebräuchlich.

Aufgehängt werden Seilleitern zu ihrer Benutzung

- frei und gegen Pendeln gesichert oder
- an Wänden von Gebäuden anliegend.

Seilleitern werden verwendet, wenn der Einbau von Steigleitern oder Steigeisengängen sowie der Einsatz von Leitern, Gerüsten oder Hubarbeitsbühnen aus betriebstechnischen Gründen nicht möglich ist. Die Absturzhöhe/Steighöhe bei Seilleitern darf **höchstens 5 m** betragen.

Seilleitern müssen gegen unbeabsichtigtes Aushängen gesichert und sicher befestigt sein. Bei der Bereitstellung von Seilleitern zur Benutzung an Gebäudewänden, z. B. zur Flucht und Selbstrettung, sind nur Leiterausführungen mit Abstandhaltern geeignet.

Konkrete Anforderungen an Seilleitern waren in der zurückgezogenen DGUV-I 208-013 „Seilleitern" enthalten. Anforderungen an Hersteller waren:

- den Tragfähigkeitsnachweisen ist neben dem Eigengewicht der Seilleitern eine Last von 1.500 N zugrunde zu legen;
- der Abstand der Sprossen darf das Maß von 333 mm nicht überschreiten. Sprossen müssen gleiche Abstände voneinander haben;
- Sprossen dürfen sich nicht in ihrer Befestigung drehen können;
- Sprossen müssen trittsicher sein. Sprossen aus Metall sind trittsicher, wenn ihre Auftrittsfläche mind. 20 mm beträgt und wenn ihre Trittfläche profiliert oder mit einem geeigneten Überzug versehen ist. Rundsprossen aus Holz sind trittsicher, wenn sie in Sprossenmitte einen Durchmesser von mind. 35 mm und an den Befestigungsteilen von mindestens 24 mm haben;
- der lichte Abstand zwischen den beiden Tragseilen muss mind. 300 mm betragen,
- bei Seilleitern, die für den Einsatz an Wänden von Gebäuden und sonstigen Einrichtungen bestimmt sind, müssen Abstandshalter angebracht werden. Die Tiefe der Abstandshalter muss mind. 150 mm betragen.

Die Benutzung von Seilleitern, v. a. der frei aufgehängten und abgespannten Ausführung, erfordert einige Übung, da sich die Leiter um ihre eigene Achse bewegen – je nach Verspannung – mehr oder weniger.

Sie sollten im Rahmen der Gefährdungsbeurteilung gemäß Betriebssicherheitsverordnung (BetrSichV) stets die letzte Wahl sein. Für das Einsteigen in Silos dürfen keine Seilleitern eingesetzt werden.

Seilleitern, speziell Seilleitern mit Seilen als Tragmittel, sollten zum Schutz gegen Witterungseinflüsse (Feuchtigkeit, UV-Strahlung) in einer geschlossenen Box aufbewahrt werden.

5 Kennzeichnung

Der Hersteller oder Lieferant ortsgebundener Leitern muss gemäß Produktsicherheitsgesetz (ProdSG) nicht nur jede ortsgebundene Leiter mit dem Herstellerzeichen, der Typbezeichnung und dem Baujahr kennzeichnen, sondern auch jeder gelieferten Leiter eine Gebrauchs- und Bedienungsanleitung beifügen, die mind. folgende Angaben enthalten muss:

- Hinweis auf die standsichere Aufstellung (Mastleiter) bzw. Befestigung,
- Leiterlänge (Mastleiter), max. Belastung,
- Verwendung der Leiter bei Wind (Mastleiter, Hängeleiter, Seilleiter),
- Aufbewahrung und Pflege (insbesondere Seilleiter),
- nächste Prüfung.

Bettina Huck

Pausenräume, Bereitschaftsräume, Liegeräume

Pausenräume gehören zum betrieblichen Alltag der meisten Betriebe. Sie sind in vielen Fällen unverzichtbar, aber rechtlich nicht immer ein Muss. Unter Bereitschaftsräumen werden Räume verstanden, in denen Beschäftigte Zeiten vor und nach Arbeitseinsätzen verbringen, z.B. bei Wachdiensten. Liegemöglichkeiten sind eigentlich für schwangere und stillende Mütter vorgesehen, spielen in der Praxis allerdings eher eine Rolle für die Versorgung oder Wiedereingliederung kranker und behinderter Beschäftigter.

Gesetze, Vorschriften und Rechtsprechung

Rechtliche Grundlagen für Pausen- und Bereitschaftsräume sowie Liegemöglichkeiten sind die Arbeitsstättenverordnung sowie die Arbeitsstättenregel ASR A4.2 „Pausen- und Bereitschaftsräume".

1 Bereitstellung

1.1 Pausenräume

Pausenräume bzw. Pausenbereiche sind nach ASR A4.2 *„allseits umschlossene Räume [bzw. abgetrennte Bereiche innerhalb von Räumen], die der Erholung oder dem Aufenthalt der Beschäftigten während der Pause oder bei Arbeitsunterbrechung dienen"*.

In ASR A4.2 werden die Bedingungen aufgelistet, unter denen ein Pausenraum bzw. -bereich erforderlich ist:

- Pausenräume/-bereiche müssen unabhängig von der Zahl der Mitarbeiter eingerichtet werden, wenn es aus Gründen der Sicherheit und Gesundheit zwingend erforderlich ist, z.B. in allen Betrieben, in denen es sehr kalt, heiß, staubig, feucht oder schmutzig ist oder keine Sitzmöglichkeiten vorhanden sind oder wo ständig Kunden oder Besucher Zutritt haben (vgl. Abschn. 4.1 Abs. 3 ASR A 4.2).
- Pausenräume/-bereiche müssen nicht eingerichtet werden, wenn die Mitarbeiter in Büroräumen oder vergleichbaren Arbeitsräumen beschäftigt sind, wo es während der Pausen keine arbeitsbedingten Störungen gibt.
- Bei allen dazwischen einzustufenden Betrieben (das dürfte die Mehrzahl der produzierenden Betriebe sein) sind Pausenräume/-bereiche ab einer Belegschaftsstärke von 10 gleichzeitig anwesenden Personen vorgesehen. Dabei müssen Zeitarbeitnehmer berücksichtigt werden, aber keine Mitarbeiter, die max. 6 Stunden am Tag arbeiten oder die überwiegend im Außendienst tätig sind.

Praxis-Beispiel: Treffpunkt Pausenraum

Auch unabhängig vom Arbeitsstättenrecht bringt ein gut gestalteter Pausenraum viele Vorzüge: Es unterstützt das → *Betriebsklima*, wenn Pausen gemeinsam verbracht werden können und signalisiert den Mitarbeitern → *Wertschätzung*. Zudem werden in den Arbeitsräumen unstrukturierte „Kaffeeecken" überflüssig.

Auch Kantinen gelten grundsätzlich als geeignet zum Pausenaufenthalt, vorausgesetzt, dass sie ordnungsgemäß eingerichtet und betrieben werden. Dazu gehören neben den Anforderungen an die Räume (vgl. Abschn. 2) insbesondere geeignete Öffnungszeiten, effektiver Nichtraucherschutz und die Möglichkeit, Mitgebrachtes zu verzehren. In jedem Fall müssen Pausenräume so gelegen sein, dass sie innerhalb von 5 Minuten zu erreichen sind. Zum nächstgelegenen Pausenbereich darf es nicht weiter als 100 m Wegstrecke sein.

Praxis-Beispiel: Warum bleibt die Kantine leer?

Pausenräume werden erfahrungsgemäß nur dann gut angenommen, wenn der Aufwand für den Weg dorthin und der subjektiv empfundene Komfort, den die Räume bieten, für die Beschäftigten in einem guten Verhältnis stehen. Unter diesem Aspekt sind 5 Minuten Wegzeit sicher schon eine absolute Obergrenze und werden nur bei einem attraktiven Pausenraum mit gutem Serviceangebot akzeptiert werden.

Außerhalb der Pausenzeiten können Pausenräume auch zu anderen Zwecken genutzt werden, z. B. als Schulungsraum. Die Pausennutzung darf darunter aber nicht leiden – der Raum muss z. B. entsprechend gelüftet und gereinigt sein.

1.2 Bereitschaftsräume

Nach Abschn. 5 Abs. 1 ASR A4.2 muss ein Bereitschaftsraum *„immer dann zur Verfügung stehen, wenn während der Arbeitszeit regelmäßig und in erheblichem Umfang (in der Regel mehr als 25 Prozent der Arbeitszeit) Arbeitsbereitschaft oder Arbeitsunterbrechungen auftreten. Das ist u. a. der Fall, wenn nicht vorhergesehen werden kann, wann eine Arbeitsaufnahme erfolgt, z. B. in Krankenhäusern, bei Berufsfeuerwehren, Rettungsdiensten oder Fahrbereitschaften"*. Als Bereitschaftsraum kann auch ein Pausenraum genutzt werden, wobei zu berücksichtigen ist, dass ein Bereitschaftsraum oft auch Liegen enthalten muss (vgl. Abschn. 2.2).

1.3 Liegeräume

Liegemöglichkeiten sind nach Anhang 4.2 ArbStättV und ASR A 4.2 ausdrücklich und verpflichtend vorgesehen, spielen allerdings im betrieblichen Alltag kaum eine Rolle. Das Arbeitsstättenrecht zielt dabei auf Schwangere und stillende Mütter ab. Allerdings gehört diese Zielgruppe kaum zu den Nutzern, weil gerade Schwangere bei nennenswerten gesundheitlichen Belastungen in aller Regel krankgeschrieben werden und berufstätige Mütter ihre Kinder nur äußerst selten im Betrieb stillen.

Wichtig können Liegemöglichkeiten sein bei der Versorgung und Wiedereingliederung schwer und chronisch kranker oder → *behinderter Beschäftigter*, z. B. bei Rücken-, Gefäß-, Kreislauf- und Stoffwechselproblemen. Die Möglichkeit, sich zurückzuziehen und hinzulegen kann mit dazu beitragen, dass solche Beschäftigte früher an den Arbeitsplatz zurückkehren, die Belastungen eines Arbeitstags besser verkraften oder notwendige Therapiemaßnahmen (Infusionen, Injektionen, Inhalationen usw.) in Ruhe vornehmen können.

Liegemöglichkeiten müssen am oder in der Nähe des Arbeitsplatzes in einer Anzahl vorgehalten werden, die eine jederzeitige Nutzung ermöglichen. Es muss sich dabei nicht zwingend um einen separaten Raum handeln, aber die Privatsphäre muss geschützt sein. Generell sind Liegemöglichkeiten nicht mit Notfallliegen, z. B. in → *Sanitätsräumen*, gleichzusetzen, die ausschließlich der betrieblichen Ersten Hilfe dienen.

2 Ausstattung und Pflege

Die grundlegenden Anforderungen an Pausen- und Bereitschaftsräume und Räume mit Liegemöglichkeiten sind dem Charakter der Arbeitsstättenverordnung entsprechend sehr allgemein gehalten. Die Räume müssen – wie auch die Arbeitsräume – eine ausreichende Grundfläche und Höhe, einen ausreichenden Luftraum, möglichst ausreichend Tageslicht, eine dem Nutzungszweck angepasste Raumtemperatur usw. haben und sicher erreichbar sein.

Es muss sich also um „normale" Aufenthaltsräume i. S. des Baurechts handeln: Nicht ausgebaute Keller- und Dachräume, Abstellräume ohne Außenlicht usw. kommen grundsätzlich nicht infrage.

2.1 Pausenräume

Die ASR A4.2 regelt detailliert die folgenden Punkte:

- Pausenräume und -bereiche müssen frei von arbeitsbedingten Störungen (z. B. Produktionsabläufe, Publikumsverkehr, Telefonate) und so weit wie möglich von Beeinträchtigungen wie → *Vibrationen*, → *Stäuben* und Gerüchen sein. Der Schalldruckpegel „aus den Betriebseinrichtungen und dem von außen einwirkenden Umgebungslärm" darf in Pausenräumen nicht über 55 db(A) liegen. In Pausenbereichen sollte dieser Wert ebenfalls eingehalten werden.
- Für jeden (gleichzeitigen) Nutzer ist eine Fläche von 1 m^2 vorgesehen (inkl. Tisch und Sitzgelegenheit, zzgl. Verkehrs- und Bewegungsflächen und sonstiger Einrichtung). Pausenräume dürfen insgesamt nicht kleiner als 6 m^2 sein.
- Pro Person müssen eine Sitzgelegenheit mit Rückenlehne und ein Platz am Tisch vorhanden sein.
- Es muss ein Abfalleimer mit Deckel vorhanden sein.
- Einrichtungen zum Kühlen und Wärmen von Speisen und Getränken müssen vorhanden sein, wenn es keine Kantine für die Beschäftigten gibt oder wenn ein Mitarbeiter aus gesundheitlichen Gründen darauf angewiesen ist, sich selbst mit Mahlzeiten zu versorgen.
- Kleiderablagen und Trinkwasser müssen „bei Bedarf" vorhanden sein, eine Waschgelegenheit „kann zweckmäßig sein".
- Wenn die Tür eines Pausenraumes unmittelbar ins Freie führt, muss durch einen geeigneten Windfang Zugluft im Pausenraum vermieden werden.
- Pausenbereiche müssen optisch abgetrennt vom Arbeitsbereich sein, z. B. durch Möbel oder Pflanzen.

Praxis-Beispiel: Küchenausstattung sinnvoll

Wo in irgendeiner Form mit Lebensmitteln umgegangen wird, ist ein Wasseranschluss mit einer Spüle praktisch unverzichtbar, auch wenn das in der ASR A4.2 so nicht deutlich wird. Tische und andere Flächen müssen gereinigt werden, es gibt Geschirr zu spülen und nicht zuletzt sollte man sich vor und beim Umgang mit Lebensmitteln vor Ort die Hände waschen können.

Selbstverständlich gilt auch im Pausenraum, dass der Nichtraucherschutz eingehalten werden muss, d. h., dass Beschäftigte auch im Pausenraum stets sicher vor Gesundheitsgefahren durch Zigarettenrauch geschützt werden müssen. Faktisch darf also im Pausenraum nicht geraucht werden. Wie alle → *Arbeitsstätten* müssen auch Pausenräume den hygienischen Erfordernissen entsprechend gereinigt werden. Reinigungspläne müssen also bedarfsgerecht erstellt werden. Dabei ist besonders auf die Lebensmittelhygiene zu achten.

Praxis-Beispiel: Pausenraum nicht sich selber überlassen

Wenn ein Arbeitgeber einen Kühlschrank zur Verfügung stellt oder nur das Aufstellen eines privaten Kühlschranks im Pausenraum duldet, muss er im Zweifel eine Regelung darüber treffen, wie die Reinigung zu erfolgen hat!

Für Pausenräume und -bereiche auf Baustellen sind bestimmte Ausnahmen und Ergänzungen vorgesehen. Die Notwendigkeit von Pausenräumen und Bereichen gilt hier aus Gründen der Sicherheit und des Gesundheitsschutzes grundsätzlich als gegeben. Bei kleinen, zeitlich beschränkten Baumaßnahmen (nicht mehr als 4 Beschäftigte eines Arbeitgebers längstens eine Woche oder 20 Manntage) kann aber darauf verzichtet werden, wenn auf andere Weise ein angemessener Pausenaufenthalt gewährleistet ist (Abschn. 7 Abs. 2 ASR A4.2). Auch Unterkünfte i. S. der ASR A4.4 können als Pausenräume dienen, wenn sie zum Pausenaufenthalt erreichbar sind. Ergänzend ist unter anderem eine getrennte Aufbewahrung von Arbeits- und Privatkleidung vorzusehen, wenn Beschäftigte sich dort umziehen.

2.2 Bereitschaftsräume

Ein Bereitschaftsraum muss in der Ausstattung einem Pausenraum entsprechen. Ergänzend kommt hinzu, dass Liegemöglichkeiten vorhanden sein müssen, wenn Beschäftigte in den Nachtstunden oder mehr als 12 Stunden lang Bereitschaftsdienst haben. In diesen Fällen sind nach ASR A4.2 „zusätzliche Anforderungen an die zweckentsprechende Ausstattung von Bereitschaftsräumen im Rahmen der vorgesehenen Nutzung zu ermitteln". Da die in solchen Räumen verbrachten Zeiten i. d. R. der Erholung und → *Entspannung* dienen sollen, um bei Bedarf voll einsatzfähig zu sein, ist eine ruhige, wohnliche Atmosphäre wichtig, in der die Nutzer auch die Möglichkeit haben, sich angemessen zu beschäftigen. Daher können hier über die pausenraumtypische Ausstattung hinaus z. B. auch Sessel sowie TV-, Video- und Audiogeräte angebracht sein. Werden Liegen zur Verfügung gestellt, ergeben sich gemäß Abschn. 5 Abs. 5 ASR A4.2 folgende Anforderungen:

- Der Bereitschaftsraum muss ausreichend groß sein, um neben den erforderlichen Liegen und anderer Ausstattung angemessene Verkehrs- und Bewegungsflächen zu bieten.
- Die Nutzung der Bereitschaftsräume getrennt nach Frauen und Männern ist räumlich oder organisatorisch sicherzustellen.
- In Ruhephasen darf der Raum nicht gleichzeitig anderweitig genutzt werden (z. B. durch Pausenaufenthalt oder Schreibtischarbeit).
- Der Raum muss verschließbar, nicht einsehbar und verdunkelbar sein.
- Es soll eine Waschgelegenheit zur Verfügung stehen.
- Liegen müssen gepolstert und mit einem wasch- oder wegwerfbaren Belag ausgestattet sein.
- Die Erreichbarkeit der Beschäftigten ist unter Wahrung ihrer Privatsphäre zu gewährleisten (z. B. durch Rufeinrichtung).
- Es ist darauf zu achten, dass in Bereitschaftsräumen die Alarmierung im Brandfall wahrgenommen wird und die Räume sicher verlassen werden können.

Praxis-Beispiel: Schallschutz beachten

Bereitschaftsräume, in denen geschlafen werden soll, sollten zu allen Zeiten, in denen sie genutzt werden, möglichst ruhig gehalten werden können. Weil das in vielen Betrieben schwierig ist, sind hier ggf. nachträgliche Schallschutzmaßnahmen erforderlich.

2.3 Liegemöglichkeiten

Einrichtungen zum Hinlegen, Ausruhen und Stillen müssen nach Abschn. 6 ASR A4.2 gepolstert und mit einem wasch- oder wegwerfbaren Belag ausgestattet sind.

Praxis-Beispiel: Liegeräume nicht nur „pro forma" einrichten

Liegeräume werden praktisch nur dann akzeptiert, wenn sie Teil eines Gesamtkonzeptes zum Gesundheitsschutz bzw. zur betrieblichen Wiedereingliederung sind und die Nutzung eines solchen Raums für alle nachvollziehbar geregelt und frei von Stigmatisierung ist.

Ein Liegeraum sollte demnach einladend gestaltet sein und eine angenehme, wohnliche Atmosphäre haben. Eine Liege in einem Nebenraum der Pforte oder neben Kartons in einem Lagerraum wird auch bei korrekten Abmessungen diese Anforderungen nicht erfüllen und keine Nutzer finden. Sie ist deshalb von vornherein entbehrlich.

Zugangsregelungen, Ausstattungs- und Reinigungsfragen (wie z. B. Sichtschutz, ggf. Bettwäschewechsel) müssen bei Liegeräumen im Einzelfall entschieden und zweckentsprechend geregelt werden. Das kann so weit gehen, dass besondere Vorkehrungen für den Notfall getroffen werden müssen, wenn Liegeräume nicht einsehbar sind und von den Nutzern von innen verriegelt werden können.

Cornelia von Quistorp

Pausenregelungen

Obwohl allgemein die Arbeitswelt zunehmend flexibler wird und in vielen Betrieben durch gleitende Arbeitszeitregelungen und unterschiedliche Beschäftigungsmodelle feste Pausenzeiten der Vergangenheit angehören, gibt es verbindliche gesetzliche Regelungen, die einzuhalten sind. Diese betreffen nach dem Arbeitszeitgesetz alle Beschäftigten und darüber hinaus einzelne Beschäftigtengruppen nach gesonderten Rechtsnomen.

Pausenregelungen können auch tarifrechtlich bestimmt werden, müssen dann aber den Arbeitsschutzbestimmungen entsprechen.

Gesetze, Vorschriften und Rechtsprechung

Allgemeingültige Pausenregelungen sind für Arbeiter und Angestellte im Arbeitszeitgesetz und für Beamte weitgehend analog in den Arbeitszeitverordnungen des Bundes und der Länder geregelt.

Darüber hinaus gibt es besondere Vorschriften für spezielle Beschäftigtengruppen (z. B. im Jugendarbeitsschutzgesetz und im Mutterschutzgesetz) oder Berufsgruppen (z. B. Kraftfahrer) und für einzelne Arbeitstätigkeiten (z. B. Hitzearbeit).

1 Pausenregelungen nach Arbeitszeitgesetz

Nach § 4 Arbeitszeitgesetz gilt: *„Die Arbeit ist durch im voraus feststehende Ruhepausen von mind. 30 Minuten bei einer Arbeitszeit von mehr als 6 bis zu 9 Stunden und 45 Minuten bei einer Arbeitszeit von mehr als neun Stunden insgesamt zu unterbrechen. Die Ruhepausen nach Satz 1 können in Zeitabschnitte von jeweils mind. 15 Minuten aufgeteilt werden. Länger als 6 Stunden hintereinander dürfen Arbeitnehmer nicht ohne Ruhepause beschäftigt werden.“*

Praxis-Beispiel: Begriffe im Arbeitszeitgesetz

Die **Arbeitszeit** ist nach § 2 Arbeitszeitgesetz *„die Zeit vom Beginn bis zum Ende der Arbeit ohne die Ruhepausen“*. Wenn ein Beschäftigter bei mehreren Arbeitgebern tätig ist, werden die Zeiten zusammengezählt.

Ruhepause ist eine Pause während einer zusammenhängenden Arbeitsschicht. Die Freizeit zwischen 2 Arbeitsschichten wird als **Ruhezeit** bezeichnet und muss i. d. R. mindestens 11 Stunden betragen.

Praxis-Beispiel: Lieber ohne Pause?

Während Pausenregelungen im Arbeitszeitgesetz ursprünglich festgeschrieben wurden, um die Interessen der Beschäftigten (nämlich angemessene Arbeitsbedingungen) zu wahren, geht in der betrieblichen Praxis die Motivation, regelmäßig ohne Pause durchzuarbeiten, manchmal auch von den Beschäftigten aus. Meist sind zeitliche Gründe die Ursache:

- nach der Arbeitsschicht wird eine weitere bzw. nebenberufliche Tätigkeit ausgeübt;
- es soll eine günstigere Verkehrsverbindung oder -situation für den Arbeitsweg erreicht werden;
- es erscheint aus organisatorischen Gründen (z. B. Kinderbetreuung) erforderlich.

Auch wenn die daraus resultierenden Arbeitszeitmodelle von den Betroffenen meist als unproblematisch wahrgenommen werden, muss der Betrieb darauf achten, dass die Arbeitszeitbestimmungen eingehalten werden (s. u.).

2 Zugelassene Ausnahmen vom Arbeitszeitgesetz

Da gewisse Abweichungen bei Arbeits- und Pausenzeiten i. d. R. nicht unmittelbar zu gravierenden Belastungen für die Beschäftigen führen, sieht das Arbeitszeitgesetz bei Pausenregelungen diverse Ausnahmen vor.

2.1 Tätigkeitsbedingte Ausnahmen

Nach § 7 Arbeitszeitgesetz sind in vielen Fällen Abweichungen möglich, z. B.

- in Schicht- und Verkehrsbetrieben (mehr Kurzpausen zulässig),
- in der Landwirtschaft bei witterungsabhängigen Arbeiten,
- bei Behandlungs-, Pflege- und Betreuungsaufgaben, wenn die Eigenart dieser Tätigkeit und das Wohl der versorgten Personen es nötig macht,
- im öffentlichen Dienst und vergleichbaren Bereichen, wenn die „Eigenart der Tätigkeit" es erfordert.

Außerdem ist der Gesetzgeber befugt, auf Verordnungsebene erweiterte Pausenregelungen festzulegen, um bei kritischen Tätigkeiten oder besonderen Arbeitnehmergruppen Gesundheitsrisiken abzuwenden. Davon wird aber kein breiter Gebrauch gemacht.

Praxis-Beispiel: Regelmäßige Abweichungen von Pausenregelungen festschreiben

Abweichende Regelungen müssen nach Arbeitszeitgesetz immer in einem Tarifvertrag bzw. in einer einem Tarifvertrag folgenden Betriebs- oder Dienstvereinbarung fixiert sein. Außerdem muss gewährleistet sein, dass „der Gesundheitsschutz der Arbeitnehmer durch einen entsprechenden Zeitausgleich" erfolgt.

Auch Betriebe, die nicht dem Tarifrecht unterliegen, müssen vom Arbeitszeitgesetz abweichende Pausenregelungen in Dienst- oder Betriebsvereinbarungen festschreiben, dürfen diese also nicht einem wie auch immer gearteten betrieblichen Brauch überlassen.

2.2 Situationsbedingte Abweichungen

Ungeplante Abweichungen von Arbeitszeit- und Pausenregelungen sind nach § 14 in Not- und außergewöhnlichen Fällen vorübergehend zulässig, wenn diese *„unabhängig vom Willen der Betroffenen eintreten und deren Folgen nicht auf andere Weise zu beseitigen sind"*, z. B.

- wenn Rohstoffe oder Lebensmittel zu verderben oder Arbeitsergebnisse zu misslingen drohen, z. B. weil Arbeitskräfte ausgefallen sind;
- in Forschung und Lehre, bei unaufschiebbaren Vor- und Abschlussarbeiten oder unaufschiebbaren Tätigkeiten in Gesundheitsdienst und Wohlfahrtspflege sowie Tierpflege, „wenn dem Arbeitgeber andere Vorkehrungen nicht zugemutet werden können."

2.3 Funktionsbedingte Ausnahmen

Bestimmte Berufsgruppen und Funktionsträger sind nach § 18 generell vom Arbeitszeitgesetz ausgenommen:

- leitende Angestellte i. S. von § 5 Abs. 3 Betriebsverfassungsgesetz sowie Chefärzte,
- Leiter von öffentlichen Dienststellen und deren Vertreter sowie Arbeitnehmer im öffentlichen Dienst, die zu selbstständigen Entscheidungen in Personalangelegenheiten befugt sind,
- Arbeitnehmer, die in häuslicher Gemeinschaft mit den ihnen anvertrauten Personen zusammenleben und sie eigenverantwortlich erziehen, pflegen oder betreuen,
- der liturgische Bereich der Kirchen und der Religionsgemeinschaften.

Außerdem gilt das Arbeitszeitgesetz nur teilweise bzw. wird durch branchenspezifische Regelungen abgelöst für Beschäftigtengruppen

- im öffentlichen Dienst, die hoheitliche Aufgaben wahrnehmen,
- in der Luft- und Schifffahrt,
- im Transportgewerbe.

Das betrifft z.B. Pausenregelungen für Kraftfahrer oder Angestellte des öffentlichen Dienstes, die in bestimmten Funktionen den Arbeitszeitregelungen für Beamte unterstellt werden können, die z.B. bei der Ausübungen hoheitlicher Aufgaben greifen.

> **Praxis-Beispiel: Nichteinhaltung von Pausenregelungen**
>
> Verstöße gegen die Bestimmungen des Arbeitszeitgesetzes zu Pausenregelungen werden grundsätzlich als Ordnungswidrigkeit geahndet. Zuständige Aufsichtsbehörde ist die staatliche Arbeitsschutzaufsicht (länderspezifisch). Allerdings kommt es eher selten zu Beschwerden und Verfahren, weil nicht eingehaltene Pausenregelungen in vielen Beschäftigungsverhältnissen kaum auffallen und i.d.R. nicht unmittelbar zu einer Gefährdung führen.
>
> Allerdings könnte, wenn anhand der betrieblichen Organisation erkennbar ist, dass Pausenregelungen regelhaft nicht eingehalten wurden, das als Beleg für ein Organisationsverschulden des Arbeitgebers gewertet werden, wenn es z.B. zu einem Unfall kommt, bei dem Übermüdung eine Rolle gespielt hat.

3 Pausenregelungen für besondere Personengruppen

3.1 Jugendliche

Nach § 11 Jugendarbeitsschutzgesetz gilt: Jugendlichen müssen im Voraus feststehende Ruhepausen von angemessener Dauer gewährt werden. Die Ruhepausen müssen mindestens betragen:

- 30 Minuten bei einer Arbeitszeit von mehr als 4,5 bis zu 6 Stunden,
- 60 Minuten bei einer Arbeitszeit von mehr als 6 Stunden.

Wie nach dem Arbeitszeitgesetz auch müssen Ruhepausen für Jugendliche mind. 15 Minuten lang sein. Jugendliche dürfen nicht länger als 4,5 Stunden hintereinander ohne Ruhepause beschäftigt werden, wobei Ruhepausen frühestens eine Stunde nach Beginn und spätestens eine Stunde vor Ende der Arbeitszeit eingelegt werden dürfen.

Besonders wird darauf hingewiesen, dass Jugendliche die Pausen nur dann in den Arbeitsräumen verbringen dürfen, wenn dort in der Zeit nicht gearbeitet wird und *„auch sonst die notwendige Erholung nicht beeinträchtigt wird"*.

3.2 Schwangere und Stillende

Nach Mutterschutzgesetz gibt es zwar für Schwangere und Stillende keine abweichenden Regelungen für Ruhepausen i.S. des Arbeitszeitgesetzes. Allerdings muss für eine Schwangere, die ständig im Stehen bzw. Gehen arbeitet, eine Möglichkeit zum kurzen Ausruhen im Sitzen bereitgestellt werden. Ebenso muss eine Schwangere, die ständig im Sitzen arbeitet, die Möglichkeit haben, ihre Arbeit kurz zu unterbrechen.

Stillenden Müttern muss bei Bedarf die Zeit zum Stillen eingeräumt werden (bei einer zusammenhängenden Arbeitszeit von bis zu 8 Stunden mind. 2-mal täglich eine halbe Stunde oder einmal täglich eine Stunde) unabhängig von den Ruhepausen.

3.3 Beschäftigte mit Behinderung

Für → *Beschäftigte mit Behinderung* gibt es pauschal keine vom Arbeitszeitgesetz abweichenden Pausenregelungen, etwa abhängig vom Grad der Erwerbsminderung. Allerdings ist der Arbeitgeber gemäß § 164 Abs. 4 SGB IX verpflichtet, für eine *„behinderungsgerechte Einrichtung und Unterhaltung der Arbeitsstätten einschließlich der Betriebsanlagen, Maschinen und Geräte sowie der Gestaltung der Arbeitsplätze, des Arbeitsumfeldes, der Arbeitsorganisation und der* ***Arbeitszeit****, unter besonderer Berücksichtigung der Unfallgefahr, ... unter Berücksichtigung der Behinderung und ihrer Auswirkungen auf die Beschäftigung"* zu sorgen.

Das bedeutet praktisch, dass spezielle Pausenregelungen erforderlich sein können, wenn das behinderungsbedingt geboten ist. Dazu berät neben dem → *Betriebsarzt* auch der behandelnde Arzt. Wenn eine entsprechende Notwendigkeit gegeben ist, kann der Arbeitgeber unter Umständen über die

Integrationsämter einen Lohnkostenzuschuss zum Ausgleich der behinderungsbedingten Minderleistung erhalten.

Entsprechend gilt auch, wenn ein erkrankter Mitarbeiter eingeschränkt arbeitsfähig ist und z. B. Pausen benötigt, in denen ein Medikament zugeführt oder im Liegen der Rücken entlastet werden muss.

4 Pausenregelungen bei besonderen Arbeitstätigkeiten oder -bedingungen

4.1 Bildschirmarbeit

Die Regelungen zu Arbeitsunterbrechungen nach Anhang 6 ArbStättV beziehen sich ausdrücklich nicht primär auf Ruhepausen. Vielmehr geht es darum, dass andauernde intensive Bildschirmarbeit, wie sie z. B. bei Belegeingabe vorkommt, regelmäßig kurz durch andere Tätigkeiten (Mischarbeit) **oder** „Erholungszeiten" so unterbrochen wird, dass Gesundheitsbelastungen durch die einseitige Körperhaltung bzw. Arbeitsbeanspruchung vermieden werden (Anhang 6.1 Abs. 2 ArbStättV).

Für die übergroße Mehrzahl der → *Bildschirmarbeitsplätze* kann das als gegeben angenommen werden, da dort keinesfalls andauernd ausschließlich an Bildschirm und Tastatur gearbeitet wird, sondern ausreichend andere Tätigkeiten anfallen wie Unterlagenstudium und -ablage, Kommunikation per Telefon oder persönlich, Gang zum Drucker usw. Selbst für reine Eingabeplätze (z. B. Datenerfassung) ist davon auszugehen, dass die angestrebten bildschirmarbeitsfreien Phasen von 5 Minuten pro Arbeitsstunde durch die üblichen Alltagsverrichtungen im Büro weitgehend abgedeckt bzw. ohne besondere Regelungen vom Beschäftigten umzusetzen sind.

4.2 Hitzearbeit

Für technologisch hitzebelastete Arbeitsplätze gilt die DGUV-I 213-002. Danach müssen zur Vermeidung von hitzebedingten Gesundheitsschäden an → *Hitzearbeitsplätzen* (ab ca. 37 °C Lufttemperatur), wenn es keine geeigneten technischen Möglichkeiten zur Reduktion der Hitzeeinwirkungen gibt, regelmäßig Entwärmungsphasen sichergestellt werden. Je nach körperlicher Beanspruchung können dabei Arbeitstätigkeiten in weniger heißen Bereichen verrichtet werden, es können aber auch „Hitzepausen" ohne körperliche Arbeit erforderlich sein. Die Entwärmungsphasen sind sehr umfangreich (temperaturabhängig zwischen 15 bis zu 45 Minuten pro Stunde) und prägen den Arbeitsablauf in einer Weise, die sie mit herkömmlichen Ruhepausen nicht vergleichbar macht.

Praxis-Beispiel: Hitzefrei im Büro?

Auch wenn es (witterungsbedingt) richtig heiß ist: An „nomalen" Arbeitsplätzen sind erweiterte Pausenregelungen wegen Hitze nicht vorgesehen. Der Arbeitgeber ist allerdings verpflichtet, die erforderlichen Maßnahmen zu ergreifen, damit Arbeitsräume nicht zu sehr aufheizen (ASR A3.5 „Raumtemperaturen"). Ab 35 °C Lufttemperatur gelten Arbeitsräume als definitiv nicht mehr zumutbar. Dann wären nämlich Vorkehrungen entsprechend den Vorschriften für Hitzearbeit erforderlich – z. B. Entwärmungsphasen.

Praxis-Beispiel: Unterbrechungen reduzieren die Belastung

Auch in anderen Arbeitsschutzzusammenhängen gilt, dass schwierige Arbeitsbedingungen durch Unterbrechungen weniger belastend gestaltet werden können. Darauf wird z. B. in der Lärm- und Vibrations-Arbeitsschutzverordnung hingewiesen, wo durch Arbeitszeitpläne mit ausreichenden Zeiten ohne belastende Exposition die Risiken von Gesundheitsbelastungen durch Vibrationen gesenkt werden können. Ähnliches gilt auch für viele andere körperliche Belastungen.

Dabei geht es aber immer um Abwechslung in den Arbeitstätigkeiten, nicht um Ruhepausen i. S. des Arbeitszeitgesetzes.

Cornelia von Quistorp

PDCA-Prinzip/-Zyklus

Das PDCA-Prinzip (plan-do-check-act) geht auf den bedeutenden amerikanischen Qualitätsmanagement-Experten William E. Deming zurück. Er postulierte ein Grundverständnis hinsichtlich Vorgängen, Arbeitsweisen sowie allgemein Prozessen, das besagt, dass diese nach dem PDCA-Prinzip einfach gemanagt und immer wieder verbessert werden können.

PDCA: Der PDCA-Zyklus (auch Deming-Kreis genannt) besteht aus den Schritten: **plan** (planen), **do** (umsetzen), **check** (überprüfen/bewerten) und **act** (handeln/anwenden/verbessern).

Prinzip: Bedeutet Anerkennung der Möglichkeit und Notwendigkeit einer kontinuierlichen Verbesserung von Strukturen, Prozessen, Leistungen, Produkten etc. sowie der Installierung eines Prozesses dafür (kontinuierlicher Verbesserungsprozess (KVP).

Der Kreislauf beginnt mit der Untersuchung der jeweiligen Ausgangssituation, um Verbesserungspotenziale zu erkennen und Maßnahmen zur Verbesserung zu erarbeiten. Im zweiten Schritt „do" erfolgt die (ggf. pilotartige) Umsetzung der Maßnahmen. Ob die gewünschte Verbesserung erzielt wurde bzw. die Maßnahmen wirksam sind, wird im dritten Schritt überprüft bzw. bewertet. Im positiven Fall werden im vierten Schritt die Maßnahmen als Standard definiert und regelmäßig auf Einhaltung/Wirksamkeit überprüft. Sind die erzielten Verbesserungen nicht ausreichend, wird direkt ein weiterer Verbesserungszyklus eingeleitet.

PDCA im Arbeitsschutzmanagement entsprechend der DIN ISO 45.001:

Der iterative Prozess des PDCA-Prinzips wird im AMS zur fortlaufenden Verbesserung des Managementsystems und jedes seiner einzelnen Elemente verwendet. PDCA steht im AMS (im Managementsystem für Sicherheit und Gesundheit bei der Arbeit = SGA) für:

- Planen: SGA-Risiken und SGA-Chancen und andere Risiken und Chancen bestimmen und bewerten, erforderliche SGA-Ziele und Prozesse festlegen, um Ergebnisse in Übereinstimmung mit der SGA-Politik der Organisation zu erhalten.
- Durchführen: Prozesse wie geplant umsetzen.
- Prüfen: Tätigkeiten und Prozesse im Hinblick auf die SGA-Politik sowie SGA-Ziele überwachen und messen und über die Ergebnisse berichten.
- Handeln/Verbessern: Prozesse, Strukturen und Ergebnisse reflektieren. Maßnahmen für die fortlaufende Verbesserung der SGA-Leistung ergreifen, um die beabsichtigten Ergebnisse besser zu erreichen.

Albert Ritter

Personen-Notsignalanlagen

Werden Alleinarbeiten mit erhöhter oder besonderer Gefährdung ausgeführt, dann wird durch den Einsatz von Personen-Notsignalanlagen erreicht, dass erforderliche Rettungsmaßnahmen zeitnah eingeleitet werden können. Der Einsatz von Personen-Notsignalanlagen ist nur unter besonderen Voraussetzungen erlaubt und muss der Berufsgenossenschaft schriftlich angezeigt werden.

Gesetze, Vorschriften und Rechtsprechung

Regelungen zum Betrieb von Personen-Notsignalanlagen enthält DGUV-R 112-139 „Einsatz von Personen-Notsignalanlagen".

1 Schutz bei Alleinarbeiten

Sofern → *Alleinarbeiten* verrichtet werden, ergibt die → *Gefährdungsbeurteilung*, ob bei diesen Tätigkeiten mit einer geringen, erhöhten oder besonderen Gefährdung gerechnet werden muss. Abschn. 3.3.1 DGUV-R 112-139 „Einsatz von Personen-Notsignalanlagen" beschreibt, wie eine Gefährdungsbeurteilung vorzunehmen ist, die zum Ergebnis kommen kann, dass Personen-Notsignalanlagen als Schutzmaßnahme eingesetzt werden können. Anhang 1 DGUV-R 112-139 enthält ein Ablaufschema, anhand dessen eine Entscheidung über den Einsatz von Personen-Notsignalanlagen bei Einzelarbeitsplätzen getroffen werden kann.

2 Definition

Personen-Notsignalanlagen sind Personen-Notsignalgeräte in Verbindung mit einer Empfangszentrale. Mit **Personen-Notsignalgeräten** können im Gefahrfall willensabhängige oder willensunabhängige Signale an die Empfangszentrale gesendet werden. Nach Empfang des Notsignals werden vorher festgelegte Rettungsmaßnahmen eingeleitet. Die Rettungsmaßnahmen sind an die möglichen Gefährdungen und Arbeitsplatzsituationen anzupassen.

Hinweis: Anhang 2 DGUV-R 112-139 beschreibt in einem Ablaufschema die Maßnahmen, die im Alarmfall beim Einsatz von Personen-Notsignalanlagen bis zum Beginn von Hilfemaßnahmen zu erfolgen haben.

3 Regeln für den Einsatz

- **Personen-Notsignalanlagen** zur Überwachung gefährlicher Alleinarbeiten **dürfen nicht eingesetzt werden**, wenn
  - gefährliche Arbeiten **durch eine Person allein** nach staatlichen Arbeitsschutzvorschriften und Unfallverhütungsvorschriften **untersagt** sind,
  - **andere Forderungen zur Überwachung** in staatlichen Arbeitsschutzvorschriften und Unfallverhütungsvorschriften bestehen oder
  - die Gefährdungsanalyse ergibt, dass der Einsatz von Personen-Notsignalanlagen **ungeeignet** ist.
- Personen-Notsignalanlagen sind **ungeeignet**, wenn z.B. Funkschatten bestehen, der Träger im Notfall nicht gefunden werden kann oder Rettungsmaßnahmen nicht rechtzeitig erfolgen könnten.
- Die **Einleitung von Rettungsmaßnahmen** muss nach Aussenden des Notsignals **unverzüglich** erfolgen. Das setzt eine ständig besetzte Empfangszentrale voraus. Für Mitarbeiter in einer Empfangszentrale bestehen Beschäftigungsbeschränkungen (18. Lebensjahr vollendet, mit den Einrichtungen vertraut, unter Berücksichtigung der Arbeitsanweisung unterwiesen; Jugendliche über 16 Jahre nur mit Sonderbedingungen).
- Für den sicheren Betrieb der Empfangszentrale ist eine **Arbeitsanweisung** aufzustellen, die Angaben über erforderliche Maßnahmen, insbesondere bei Personenalarm und bei Ausfall der Personen-Notsignalanlage, enthält.
- Träger von Personen-Notsignalgeräten müssen im Notfall lokalisiert werden können.
- Eine jährliche Schulung (→ *Unterweisung*) der Träger von Personen-Notsignalgeräten erfolgt unter Berücksichtigung der → *Betriebsanweisung*.
- Der Berufsgenossenschaft ist die **Inbetriebnahme** von Personen-Notsignalanlagen zur Überwachung gefährlicher → *Alleinarbeiten* **schriftlich anzuzeigen**.
- Vor der ersten Inbetriebnahme und danach mindestens einmal jährlich muss bei einer **Alarmübung** die Wirksamkeit der geplanten betrieblichen Rettungsmaßnahmen geprüft werden.
- Personen-Notsignalanlagen sind vor der ersten Inbetriebnahme, nach Instandsetzungsarbeiten und mindestens einmal jährlich **von einem Sachkundigen zu prüfen**.

Dirk Rittershaus

Persönliche Absturzschutzausrüstungen zum Retten aus Höhen und Tiefen

Persönliche Absturzschutzausrüstungen zum Retten aus Höhen und Tiefen (Rettungsausrüstungen) sind Rettungssysteme, die den Benutzer bzw. den zu Rettenden während des Rettungsvorgangs gegen Absturz schützen. Sie bestehen mind. aus einer Körperhaltevorrichtung (z. B. einem Rettungsgurt) und einem Befestigungssystem, die mit einer zuverlässigen Verankerung verbunden werden können.

Persönliche Absturzschutzausrüstungen zum Retten aus Höhen und Tiefen sind Teil eines Rettungskonzepts. Ihr Einsatz kann z. B. erforderlich werden an Arbeitsplätzen mit Absturzgefahr, an schwer zugänglichen Arbeitsplätzen und bei Arbeiten in Behältern und engen Räumen. Der zu Rettende kann damit im Notfall z. B. aus einem Behälter herausgezogen oder auf- bzw. abgeseilt werden.

Gesetze, Vorschriften und Rechtsprechung

Es gelten i. W. folgende Regelungen:

- Verordnung (EU) 2016/425 über persönliche Schutzausrüstungen und zur Aufhebung der Richtlinie 89/686/EWG (PSA-Verordnung)
- PSA-Durchführungsgesetz
- Betriebssicherheitsverordnung (BetrSichV)
- PSA-Benutzungsverordnung (PSA-BV)
- TRBS 2121 „Gefährdung von Beschäftigten durch Absturz"
- DGUV-R 112-198 „Benutzung von Persönlichen Schutzausrüstungen gegen Absturz"
- DGUV-R 112-199 „Retten aus Höhen und Tiefen mit persönlichen Absturzschutzausrüstungen"
- DGUV-I 204-011 „Erste Hilfe – Notfallsituation: Hängetrauma"
- DIN EN 363 „Persönliche Absturzschutzausrüstung – Persönliche Absturzschutzsysteme"

1 Typen und Einsatz

1.1 Bestandteile

Bestandteile von Rettungssystemen können – je nach Einsatzzweck – sein:

- Anschlagpunkte, z. B. bauliche Anlagen, Einrichtungen, Maschinen;
- Anschlageinrichtungen, z. B. Ringöse, Bandschlinge, Trägerklemme;
- Verbindungselement, z. B. Karabinerhaken: Für das Retten sind selbstverriegelnde Karabinerhaken zu bevorzugen;
- Verbindungsmittel, z. B. Seil, Gurtband, Kette;
- Rettungsgurte: in verschiedenen Größenbereichen erhältlich, können in Arbeitskleidung eingearbeitet sein, möglichst mit Polsterung der Gurtbänder;
- Rettungsschlaufen: wenn Anlegen eines Rettungsgurtes nicht möglich oder Eile geboten ist; Klassen A, B, C unterscheiden sich in der Körperhaltung des zu Rettenden (aufrecht, sitzend oder kopfüber);
- Rettungshubgeräte: Klasse A: ausschließlich zum Heraufziehen, Klasse B: zusätzlich Absenken über eine begrenzte Strecke möglich;
- Abseilgeräte: Klassen A-D unterscheiden sich in der Abseilarbeit W (J).

> **Praxis-Beispiel: Besonderheit**
> Abseilgeräte der Klasse D dürfen nur für einen einzigen Abseilvorgang verwendet werden.

1.2 Kennzeichnung

Rettungsausrüstungen müssen das → *CE-Kennzeichen* tragen (Abschn. 5.1.1 DGUV-R 112-199). Jedes lösbare Bestandteil von Rettungsausrüstungen trägt – gut sichtbar, lesbar und dauerhaft gekennzeichnet mind. folgende Angaben (Abschn. 5.1.2 DGUV-R 112-199):

- Typ- und Modell-Bezeichnung,
- Angaben zum Hersteller oder Lieferanten bzw. den Handelsnamen,
- Chargen- oder Seriennummer oder anderes Zeichen z. B. Herstellungsjahr,
- Nummer und Jahr der EN-Norm,
- Piktogramm, dass die Benutzer die gelieferten Herstellerinformationen (u. a. schriftliche Gebrauchsanleitung) lesen müssen.

1.3 Einsatzgebiete

Der Einsatz von Rettungssystemen kann erforderlich werden (s. Abschn. 3 DGUV-R 112-199):

- an Arbeitsplätzen mit Absturzgefahr, bei denen die Beschäftigten → *PSA gegen Absturz* tragen;
- an schwer zugänglichen Arbeitsplätzen, z. B. Krane;
- in Behältern und → *engen Räumen*, z. B. Schächte.

Typische Rettungsverfahren sind:

- Rettung aus einem Schacht,
- Rettung aus einer Steigschutzeinrichtung,
- Rettung einer frei hängenden Person,
- Bergung aus einer Seilschwebebahn.

Sie werden in Abschn. 5.3.9 DGUV-R 112-199 vorgestellt, zusammen mit konkreten Hinweisen zu geeigneten Rettungssystemen und Vorgehensweise, abgestimmt auf den jeweiligen Einsatzzweck. Der Retter muss dabei gegen Absturz gesichert sein.

2 Gefährdungen

Der Arbeitgeber muss nach §§ 4 und 5 ArbSchG Gefährdungen ermitteln und Schutzmaßnahmen festlegen. Berücksichtigt werden müssen u. a. (Abschn. 4.2 DGUV-R 112-199):

- Arbeitsbedingungen,
- persönliche Konstitution der Beschäftigten,
- Gefährdungen, die bei der Benutzung der Rettungsausrüstungen entstehen bzw. von ihnen ausgehen können.

Vorrangig sind technische und/oder organisatorische Maßnahmen zu ergreifen. Ist dies nicht möglich oder sind sie nicht ausreichend, um die Gefährdung zu vermeiden bzw. zu verringern, müssen die Beschäftigten → *PSA* benutzen (TOP-Prinzip).

Gefährdungen durch organisatorische Mängel können sein (Abschn. 6.10 DGUV-R 112-199):

- ungeeignetes Rettungssystem ausgewählt;
- → *Betriebsanweisung* unzureichend oder nicht vorhanden;
- → *Unterweisung* mangelhaft durchgeführt;
- → *Prüfungen* der Ausrüstung nicht durchgeführt;
- Benutzungsdauer überschritten;
- mangelnde Koordination;
- Aufbewahrung und Pflege unsachgemäß;
- Zweite Person zum Einleiten der Rettungsmaßnahmen nicht vor Ort;
- Ausrüstung am Einsatzort unzureichend verfügbar.

Weitere Gefährdungen beim Retten sind:

- Absturz,
- Versagen des Anschlagpunkts,
- Versinken in festen oder flüssigen Stoffen,
- Hindernisse während des Abseilens,
- zu hartes Auftreffen auf dem Boden;
- Versagen des Abseilgerätes wegen Überlastung,
- Verfangen des Seils oder der zu rettenden Person,

- → *Gefahrstoffe* oder Sauerstoffmangel,
- aggressive Stoffe.

Praxis-Beispiel: Hinweise zur Ersten Hilfe

- Bewegungsloses Hängen im Auffanggurt darf nicht länger als ca. 20 Minuten dauern.
- Es besteht akute Lebensgefahr bei plötzlicher Flachlagerung, da das Herz durch plötzlichen Blutrückfluss aus der unteren Körperhälfte überlastet werden kann (Hängetrauma).
- Gerettete Person in Kauerstellung bringen, wenn nicht verletzt, nicht bewusstlos und kein Atemstillstand.
- Langsam in eine liegende Stellung bringen.
- Ärztliche Untersuchung ist unbedingt erforderlich (Abschn. 6.2 DGUV-R 112-199).

3 Maßnahmen

Damit persönliche Absturzschutzausrüstungen zum Retten aus Höhen und Tiefen geeignet und funktionsfähig sind, muss der Arbeitgeber u. a. Folgendes organisieren:

- geeignetes Rettungssystem auswählen;
- → *Betriebsanweisung* erstellen;
- mind. jährliche → *Unterweisung* mit praktischen Übungen unter vergleichbaren Arbeits- und Einsatzbedingungen mit zweiter Sicherung (z.B. Schutznetze, Fanggerüste, → *PSA gegen Absturz*) durchführen und dokumentieren;
- nur die geübte Rettungstechnik anwenden;
- Instandsetzung, Reinigung, Aufbewahrung gem. den Informationen des Herstellers (s. Abschn. 7.1 DGUV-R 112-199).

4 Prüfungen

Die Gebrauchsdauer hängt von der Art des Rettungssystems und den Einsatzbedingungen ab. Angaben dazu enthält die Gebrauchsanleitung. Unter normalen Einsatzbedingungen geht man von einer Gebrauchsdauer für Gurte von 6 bis 8 Jahren und für Verbindungsmittel von 4 bis 6 Jahren aus (Abschn. 6.6 DGUV-R 112-199).

→ *Prüfungen* sind erforderlich:

- vor jeder Benutzung: Sicht- und Funktionsprüfung des einsatzfähigen Zustands durch die Beschäftigten;
- nach Bedarf, jedoch mind. einmal jährlich: auf einwandfreien Zustand durch einen Sachkundigen gem. Herstellerangaben prüfen; es empfiehlt sich, die Prüfung zu dokumentieren.

Bettina Huck

Persönliche Schutzausrüstung (PSA)

Persönliche Schutzausrüstung, umgangssprachlich kurz „PSA“ genannt, ist jede Ausrüstung, die dazu bestimmt ist, von den Beschäftigten benutzt oder getragen zu werden, um sich gegen eine Gefährdung für ihre Sicherheit und Gesundheit zu schützen. Dazu gehört auch jede mit demselben Ziel verwendete und mit der Persönlichen Schutzausrüstung verbundene Zusatzausrüstung. Folgende Arten von PSA werden unterschieden:

- Atemschutz
- Augen- und Gesichtsschutz
- Fußschutz
- Gehörschutz
- Handschutz
- Hautschutz
- Kopfschutz

- PSA gegen Absturz
- PSA gegen Ertrinken
- PSA zum Retten aus Höhen und Tiefen
- Schutzkleidung
- Stechschutz

Gesetze, Vorschriften und Rechtsprechung

Rechtliche Vorgaben gibt es für die Herstellung von PSA und für deren Bereitstellung bzw. Anwendung.

Für die **Herstellung** von PSA ist v.a. die PSA-Verordnung (EU) 2016/425 zu beachten. Die Verordnung regelt die Bedingungen für Entwurf und Herstellung sowie das Inverkehrbringen und die grundlegenden Sicherheitsanforderungen an PSA. Die Konkretisierung der Anforderungen erfolgt in harmonisierten Normen, in denen die allgemeinen Anforderungen an PSA definiert sind, z.B. DIN EN 397 „Industrieschutzhelme", DIN EN 166 „Persönlicher Augenschutz" oder DIN EN 352-1 „Gehörschützer".

Für die Bereitstellung/Anwendung von PSA sind zentral:

- PSA-Benutzungsverordnung (PSA-BV): Regelt die Bereitstellung von PSA durch den Arbeitgeber und die Benutzung von PSA durch Beschäftigte bei der Arbeit.
- § 29 ff. DGUV-V 1 „Grundsätze der Prävention": Enthält Anforderungen an Bereitstellung und Benutzung von PSA sowie an Unterweisungen.
- DGUV-R 112-189 ff. regeln den Einsatz/die Benutzung einzelner Arten von PSA.

1 Gefährdungsbeurteilung

Das Arbeitsschutzgesetz verpflichtet den Arbeitgeber, dass er die erforderlichen Maßnahmen des Arbeitsschutzes ergreift und Gefährdungen für die Sicherheit oder für die Gesundheit von Beschäftigten beseitigt oder auf ein Mindestmaß verringert. Der Einsatz von PSA darf nur nachrangig zu anderen Schutzmaßnahmen erfolgen.

Zunächst gilt es, Gefährdungen, die im Rahmen der → *Gefährdungsbeurteilung* ermittelt wurden, mithilfe von technischen und/oder organisatorischen Schutzmaßnahmen zu unterbinden. Erst wenn diese Schutzmaßnahmen nicht möglich sind oder noch Restgefährdungen bestehen, darf PSA als individuelle Schutzmaßnahme eingesetzt werden.

Praxis-Beispiel: Bei der Auswahl von Schutzmaßnahmen gilt die sog. T-O-P-Rangfolge:

1. **T**echnische Schutzmaßnahmen – z.B. Absaugung
2. **O**rganisatorische Schutzmaßnahmen – z.B. Unterweisung
3. **P**ersönliche Schutzmaßnahmen – z.B. PSA

2 Auswahl

Ergibt die → *Gefährdungsbeurteilung*, dass PSA eingesetzt werden muss, müssen die Anforderungen an die PSA festgelegt werden. Nur so kann die später eingesetzte PSA auch ausreichend Schutz gegen die Gefährdung bieten. Der PSA-Einsatz darf nicht zu einer größeren Gefahr führen: Deshalb ist z.B. das Tragen von Schutzhandschuhen an Bohr- oder Drehmaschinen wegen der Gefahr des Einzugs verboten.

An der Auswahl sollten folgende Personen beteiligt werden:

- Vorgesetzte,
- Fachkraft für Arbeitssicherheit,
- Betriebsarzt,
- Betriebs- oder Personalrat,
- Sicherheitsbeauftragte,
- betroffene Beschäftigte (im Rahmen von Trageversuchen).

Praxis-Beispiel: Qualitätskriterien

PSA muss eine → ***CE-Kennzeichnung*** aufweisen. Der Hersteller zeigt dadurch, dass die PSA den Vorschriften entspricht. Dazu zählen neben grundsätzlichen Anforderungen auch einschlägige Normen für PSA. Bei den meisten PSA ist eine **Baumusterprüfung** erforderlich. Darauf sollte besonders bei Importen aus Asien geachtet werden, wenn die PSA nicht von namhaften Herstellern angeboten wird.

PSA muss den ergonomischen Anforderungen und gesundheitlichen Erfordernissen der Beschäftigten genügen. Sie muss an den Träger anpassbar sein. **PSA ist grundsätzlich für den Gebrauch durch eine Person bestimmt.** Erfordern die Umstände eine Benutzung durch verschiedene Mitarbeiter (z.B. Auffanggurte), muss der Arbeitgeber dafür sorgen, dass Gesundheitsgefahren oder hygienische Probleme nicht auftreten.

Vor dem eigentlichen Einsatz sollten **Trageversuche** durchgeführt werden. Die Trageversuche zeigen auch, ob die PSA für den betrieblichen Einsatz geeignet ist:

- Umgebungsbedingungen (z.B. für heiße Bereiche),
- Arbeitsbedingungen (z.B. für kniende Tätigkeit),
- Arbeitsschwere (z.B. Kleidung speichert Schweiß nicht),
- Kontrolle der Wirksamkeit (z.B. ausreichende Schnittbeständigkeit).

Dies ermöglicht eine geeignete Auswahl und erhöht gleichzeitig die Akzeptanz bei den Beschäftigten.

Beim gleichzeitigen Einsatz mehrerer PSA durch einen Beschäftigten muss der Arbeitgeber diese Schutzausrüstungen so aufeinander abstimmen, dass die Schutzwirkung der einzelnen Ausrüstungen nicht beeinträchtigt wird. Die **Kosten** für die PSA muss der Arbeitgeber tragen (§ 3 Abs. 3 ArbSchG, § 2 Abs. 5 DGUV-V 1).

Praxis-Beispiel: Unterstützung bei der Auswahl

Die meisten PSA-Hersteller helfen bei der Auswahl der richtigen PSA. Zudem unterstützen sie bei Trageversuchen, in dem sie kostenlose Muster und Test-Fragebögen für Rückmeldung der Mitarbeiter zur Verfügung stellen.

Die Berufsgenossenschaften und deren angeschlossene Institutionen (z.B. BGIA) bieten ebenfalls zahlreiche Schriften und Informationen sowie Positivlisten etc. an. Auch die Aufsichtspersonen der Berufsgenossenschaften sind kompetente Ansprechpartner.

3 Einsatz

Vor der Benutzung von PSA sind in einzelnen Fällen (z.B. bei → *Atemschutzgeräten* oder → *Gehörschutz*) → ***arbeitsmedizinische Vorsorgeuntersuchungen*** erforderlich. Diese sind dann vor dem ersten Einsatz und anschließend in entsprechen Zyklen durchzuführen.

Beschäftigte müssen beim Einsatz von PSA → ***unterwiesen*** werden, wie die PSA sicherheitsgerecht benutzt wird (§ 3 PSA-BV). Bei PSA, die gegen tödliche Gefahren oder bleibende Gesundheitsschäden schützen soll (z.B. → *Atemschutzgeräte*, → *PSA gegen Absturz*), müssen die Beschäftigten im Rahmen von → *Unterweisungen* und Übungen mit der Anwendung und den Benutzungsinformationen des Herstellers vertraut gemacht werden. Mögliche Tragezeitbegrenzungen und Gebrauchsdauer sind zu beachten.

Entsprechende Informationen können in → *Betriebsanweisungen* zusammengefasst und im Rahmen der Unterweisung geschult werden. Einzelne berufsgenossenschaftliche Regeln (BGR) fordern sogar eine Betriebsanweisung. Die Unterweisung muss in den bekannten Zyklen (vor Arbeitsaufnahme, bei Bedarf, mind. jedoch jährlich) erfolgen.

Praxis-Beispiel: Unterstützung der PSA-Hersteller

Hersteller von PSA bieten i.d.R. kostenlose Plakate oder Schulungsvideos an, die die Unterweisung der Beschäftigten vereinfachen. Auch Vor-Ort-Einweisungen in die Anwendung der PSA gehören bei den meisten Herstellern zum Service.

Beschäftigte müssen PSA bestimmungsgemäß verwenden (§ 30 Abs. 2 DGUV-V 1). Die Verpflichtung zum Tragen von PSA wird in den jeweiligen Bereichen auch durch Gebotszeichen kenntlich gemacht (**Abb. 1**).

Die Mitarbeiter müssen die PSA regelmäßig auf den ordnungsgemäßen Zustand überprüfen (gilt z. B. nicht bei → *Hautschutz*). Sollten sie Mängel feststellen, müssen sie dies dem Arbeitgeber bzw. ihrem Vorgesetzten mitteilen. Einige PSA müssen regelmäßig durch → *befähigte Personen* **geprüft** werden. Das Ergebnis der → *Prüfung* ist schriftlich zu dokumentieren. Dazu zählen z. B. → *PSA gegen Absturz* oder → *Atemschutzgeräte*.

Wird PSA wiederholt verwendet, muss sie bei Bedarf regelmäßig gereinigt werden. Bei Benutzung der PSA durch mehrere Personen ist ggf. zusätzliche Desinfektion erforderlich. Durch Wartungs-, Reparatur- und Ersatzmaßnahmen sowie durch ordnungsgemäße Lagerung trägt der Arbeitgeber dafür Sorge, dass die PSA während der gesamten Benutzungsdauer gut funktionieren und sich in einem hygienisch einwandfreien Zustand befinden.

Abb. 1: Gebotszeichen zum Tragen von PSA

4 Arten von PSA

PSA lässt sich in unterschiedliche Arten unterteilen. **Tab. 1** zeigt die einzelnen Arten und führt weiterführende Informationsquellen an.

PSA-Art	Beispiele	DGUV-R	Normen
→ *Atemschutz*	Atemschutzgeräte, Staubmaske	DGUV-R 112-190	DIN EN 136, 140, 149
→ *Augen- und Gesichtsschutz*	Schutzbrille, Schutzschild, Visier	DGUV-R 112-192	DIN EN 166
→ *Fußschutz*	Sicherheitsschuhe	DGUV-R 112-191	DIN EN 20345
→ *Gehörschutz*	Gehörschutzstöpsel, Kapselgehörschutz, Otoplastiken	DGUV-R 112-194	DIN EN 352
→ *Handschutz*	Schutzhandschuhe	DGUV-R 112-195	DIN EN 374, 388
→ *Hautschutz*	Hautschutz-, Hautreinigungs-, Hautpflegemittel		

PSA-Art	Beispiele	DGUV-R	Normen
→ *Kopfschutz*	Schutzhelm, Anstoßkappe	DGUV-R 112-193	DIN EN 397, 812
→ *PSA gegen Absturz*	Auffanggurt, Falldämpfer, Höhensicherungsgerät	DGUV-R 112-198	DIN EN 353, 354, 355, 358, 360, 361
→ *PSA gegen Ertrinken*	Rettungsweste	DGUV-R 112-201	DIN EN ISO 12402
→ *PSA zum Retten aus Höhen und Tiefen*	Rettungsgurt, Rettungsschleifen, Rettungshubgerät	DGUV-R 112-199	
Schutzkleidung	Schutzanzüge, Schürze	DGUV-R 112-189	DIN EN 340, 343
→ *Stechschutz*	Stechschutz für Hände, Unterarme, Rumpf, etc.	DGUV-R 112-202,	

Tab. 1: Übersicht zu weiteren Informationsquellen einzelner PSA-Kategorien

Dirk Haffke

Pflichtenübertragung

Pflichtenübertragung bedeutet, dass der Unternehmer seine Pflichten im Arbeitsschutz auf Führungskräfte oder andere Beauftragte übertragen kann. Die Übertragung sollte schriftlich erfolgen, mit Nennung der konkreten Aufgaben und Pflichten sowie der Abgrenzungen zu anderen Beauftragten. Dadurch erhalten die Beauftragten neben dem Arbeitgeber einen eigenen Verantwortungs- und Zuständigkeitsbereich mit allen haftungsrechtlichen Konsequenzen. Die Pflichtenübertragung entbindet den Unternehmer nicht von seiner Gesamtverantwortung im Arbeitsschutz.

Gesetze, Vorschriften und Rechtsprechung

Der Begriff der Pflichtenübertragung im Arbeitsschutz basiert v. a. auf § 13 Abs. 2 Arbeitsschutzgesetz: *„Der Arbeitgeber kann zuverlässige und fachkundige Personen schriftlich damit beauftragen, ihm obliegende Aufgaben nach diesem Gesetz in eigener Verantwortung wahrzunehmen."* Dem Sinne nach identisch ist eine Pflichtenübertragung in § 13 DGUV-V 1 bezogen auf das Regelwerk der Unfallversicherungsträger vorgesehen. Genauere Informationen dazu enthält Abschn. 2.12 DGUV-R 100-001 „Grundsätze der Prävention".

1 Warum Pflichten übertragen?

Das gesamte deutsche Arbeitsschutzrecht fußt darauf, dass zunächst stets der Arbeitgeber die Verantwortung für den Arbeitsschutz trägt. Seine Haftbarkeit reicht sehr weit und ist vielen Betroffenen in Arbeitgeberfunktionen nicht bewusst. So spielt z. B. bei einem Unfall infolge des Fehlverhaltens eines Beschäftigten oft die Frage eine unerwartet große Rolle, ob dem Arbeitgeber möglicherweise ein Organisationsverschulden wie unterlassene → *Unterweisung* oder Aufsicht vorgeworfen werden muss. Entsprechend wichtig ist es für jeden Arbeitgeber, auch aus Gründen der persönlichen Haftbarkeit mit Arbeitsschutzfragen sorgfältig umzugehen.

Natürlich kann kein Arbeitgeber die Augen überall im Betrieb haben und so seine vielfältigen Aufsichts- und Informationspflichten wahrnehmen. Das können faktisch nur die auf der jeweiligen Ebene eingesetzten → *Führungskräfte*. Diese haben grundsätzlich ab dem Zeitpunkt ganz automatisch Pflichten im Arbeitsschutz, ab dem es in ihre Verantwortung fällt, die gesamten Abläufe in einem Betriebsteil, einer

Abteilung, Werkstatt usw. zu organisieren und abzuwickeln. § 13 Abs. 1 Arbeitsschutzgesetz bzw. § 13 DGUV-V 1 verweisen daher ausdrücklich auf weitere verantwortliche Personen im Arbeitsschutz, z. B. Unternehmens- und Betriebsleiter und „sonstige verpflichtete Personen".

Allerdings ist die Abgrenzung der Zuständigkeiten und damit auch der Haftbarkeit sehr schwierig, wenn dazu keine ausdrücklichen Festlegungen getroffen werden. So lässt sich zwar grundsätzlich jede Führungstätigkeit (z. B. auch die eines Werkstattmeisters oder Vorarbeiters auf Montage) mit den dazugehörigen Arbeitsschutzpflichten verknüpfen. Wenn der Betroffene darüber aber nicht aufgeklärt wurde, wird er zu Recht geltend machen können, dass er keine Pflichten wahrnehmen konnte, die für ihn nicht erkennbar waren. Das Organisationsverschulden bleibt so u. U. wieder beim Arbeitgeber hängen.

Wenn der Arbeitgeber also seinen Organisationsverpflichtungen zuverlässig nachkommen will, muss er die Pflichtenübertragung sorgfältig und nachvollziehbar für alle Beteiligten und die Aufsichtsbehörden vornehmen. Er muss dabei damit rechnen, bei den betroffenen → *Führungskräften* zunächst auf eine gewisse Zurückhaltung zu treffen (siehe Abschn. 3). Bei entsprechender Vermittlung, Schulung und Unterstützung der → *Führungskräfte* bringt eine ausdrückliche Pflichtenübertragung allerdings den betrieblichen Arbeitsschutz einen erheblichen Schritt nach vorne: → *Führungskräfte* sorgen dann in ihrem eigenen Interesse dafür, dass Arbeitsschutz in ihrer Abteilung wirklich umgesetzt und gelebt und nicht länger als Spielfeld von einigen wenigen im Betrieb betrachtet wird. Auch für eine erfolgreiche Zertifizierung ist eine geordnete Pflichtenübertragung unverzichtbar.

Klar sollte sein, dass Pflichtenübertragung nicht die bekannten Funktionsträger im Arbeitsschutz wie → *Sicherheitsfachkräfte*, → *Betriebsärzte* oder → *Sicherheitsbeauftragte* betrifft. Diese erfüllen in aller Regel Beratungs- und Unterstützungsaufgaben und haben keine Weisungsbefugnis.

2 Wie Pflichten übertragen?

§ 13 Abs. 2 ArbSchG/DGUV-V 1 fordern ausdrücklich die Schriftform. Zumindest sollte bei allen Stellenbeschreibungen, Arbeitsverträgen oder sonstigen Vereinbarungen zwischen Arbeitgeber und → *Führungskräften* darauf geachtet werden, dass die Wahrnehmung von Aufgaben zur Erfüllung des Arbeitsschutzes ausdrücklich mit zu den Leistungen der → *Führungskraft* gehört. Ist das nicht der Fall oder wird ein Mitarbeiter beauftragt, der nicht → *Führungskraft* in den betroffenen Bereichen ist, aber trotzdem die Arbeitgeberpflichten wahrnehmen soll, muss in einer gesonderten Beauftragung festgehalten werden, welche Pflichten genau und in welcher Weise von dem Beauftragten wahrgenommen werden sollen.

Dabei ist auch bei kleinen und mittleren Betrieben ein gewisses juristisches Fingerspitzengefühl unerlässlich (bei größeren Betrieben ist das ohnehin Bestandteil größerer Organisationsprozesse). Schließlich kann und sollte kein Mitarbeiter eine Pflichtenübertragung hinnehmen, die zwar viele Pflichten umfasst, aber wenig oder keine Handlungskompetenz. So wird jeder Beauftragte des Arbeitgebers, der keine Führungskraft ist und damit auch keine entsprechende Weisungsbefugnis hat, in dieser Einheit immer nur eine Art Beratungsfunktion wahrnehmen können. Dementsprechend bleibt in diesem Fall ein erheblicher Teil der Verantwortung, nämlich für Umsetzung und Kontrolle, bei dem, der die Weisungsbefugnis hat.

Ein weiterer begrenzender Faktor für die Pflichtenübertragung ist die organisatorische und letztlich finanzielle Seite. Ein Beauftragter kann nur soweit Verantwortung für den Arbeitsschutz übernehmen, wie er auch über die nötigen Mittel verfügt, um z. B. Mängel abzustellen. Es ist also darauf zu achten, dass in solchen Beauftragungen Formulierungen gefunden werden, die den Realitäten entsprechen und keine Rechtskonstrukte aufbauen, die der Wirklichkeit nicht standhalten.

3 Worauf muss bei der Pflichtenübertragung geachtet werden?

Die Umsetzung einer Pflichtenübertragung ist in einem Betrieb, der damit bisher nicht gearbeitet hat, mit erheblicher Unruhe verbunden. Bei den betroffenen Führungskräften entsteht nahezu unvermeidlich der Eindruck, dass ihnen eine erhöhte Verantwortungslast auferlegt werden soll, zumal die Schriftform den sensiblen Bereich des eigenen Arbeitsvertrags berührt und so leicht als Vertragsänderung zum möglichen Nachteil des Mitarbeiters empfunden wird. Es bedarf einiger Aufklärungsarbeit und behutsamer Kommunikation, um klar zu machen, dass es eigentlich nicht darum geht, → *Führungskräften* zusätzliche Verantwortung aufzudrücken, sondern sie vielmehr darin zu unterstützen, ohnehin bestehende Verantwortungsbereiche qualifiziert und einigermaßen gesichert abzudecken.

Dabei muss immer wieder auf den Grundsatz hingewiesen werden, dass niemand Verantwortung für Dinge übernehmen muss, die erkennbar außerhalb seiner Handlungskompetenz liegen. Andersherum wird es wichtig sein klarzumachen, wie in solchen Fällen zu reagieren ist, z. B. indem eine → *Führungskraft* dokumentiert auf einen Mangel hinweist, den sie nicht in eigener Verantwortung abstellen kann. Ein Instrument dazu ist z. B. die → *Gefährdungsbeurteilung*.

Praxis-Beispiel: Pflichtenübertragung ist kein reiner Verwaltungsakt

Gelingt der „Bewusstseinswandel Pflichtenübertragung" steigt das Interesse an Fragen des Arbeitsschutzes im Betrieb sofort erheblich. Der Arbeitgeber muss also darauf achten, dass er den Beratungs- und Informationsbedarf abdecken kann, der bei den Führungskräften aus einer Pflichtenübertragung entsteht. Eine solche Pflichtenübertragung wird daher kaum am Schreibtisch der Personalstelle ablaufen können. Vielmehr muss sich der Arbeitgeber möglicherweise auf eine ganze Reihe von Informations- und Schulungsveranstaltungen einrichten, bis die beauftragten Personen bereit und in der Lage sind, ihre Pflichten umfassend wahrzunehmen.

Cornelia von Quistorp

Präsentismus

Der Begriff Präsentismus lehnt sich an den gängigen Begriff Absentismus an. Bewährt hat sich eine breite Definition: Mitarbeiter sind anwesend (präsent), aber aufgrund verschiedener Probleme nicht voll leistungsfähig. Von gesundheitsbedingtem Präsentismus spricht man, wenn Mitarbeiter anwesend, aber aufgrund tatsächlicher Gesundheitsprobleme nicht voll leistungsfähig sind.

In Unternehmen wird häufig eine dritte Definition von Präsentismus benutzt, die den Produktivitätsverlust mit einbezieht: Präsentismus wird hier gleichgesetzt mit Produktivitätsverlusten bei anwesenden Mitarbeitern durch tatsächliche Gesundheitsprobleme.

Thomas Pfeiffer

Prävention

Unter Prävention versteht man im Arbeits- und Gesundheitsschutz die Verhütung von Gesundheitsbeeinträchtigungen, Krankheiten, deren Verschlimmerung und die Verhütung von Folgeerscheinungen von Krankheit und Behinderung sowie deren Fortschreiten. Prävention zielt darauf ab, Menschen zur Stärkung ihrer Gesundheit zu befähigen und zugleich ihre gesundheitsrelevanten Lebens- und Arbeitsbedingungen zu verbessern.

Gesetze, Vorschriften und Rechtsprechung

Mit dem Arbeitsschutzgesetz hat durch ein erweitertes Verständnis von Arbeits- und Gesundheitsschutz ein Paradigmenwechsel zu einem präventiven Arbeitsschutz stattgefunden:

„*Maßnahmen des Arbeitsschutzes … sind Maßnahmen zur Verhütung von Unfällen bei der Arbeit und arbeitsbedingten Gesundheitsgefahren einschließlich der menschengerechten Gestaltung der Arbeit*" (§ 2 Abs. 1 ArbSchG). Außerdem schreibt das ArbSchG vor, dass der Arbeits- und Gesundheitsschutz als kontinuierlicher Verbesserungsprozess zu organisieren ist.

Im § 20 SGB V ist der gesetzliche Auftrag der Krankenkassen zur primären Prävention und Gesundheitsförderung verankert. Der Leitfaden Prävention formuliert die Handlungsfelder und Kriterien des GKV-Spitzenverbandes zur Umsetzung der §§ 20, 20a und 20b SGB V.

1 Arten der Prävention

In der Prävention werden verschiedene zeitliche Stufen unterschieden:

- **Primärprävention:** Primärprävention beseitigt oder verringert Risiken/Gefahren am Arbeitsplatz, bevor die Gefährdungen bzw. Belastungen wirksam werden und soll eine Erkrankung des Mitarbeiters verhindern. Sie sorgt für sichere und gesundheitsgerechte Verhältnisse am Arbeitsplatz. Dies gilt für die Verhältnisse am Arbeitsplatz, aber auch für das Verhalten der Mitarbeiter.
- **Sekundärprävention:** Sekundärprävention versucht bestehende Gefährdungen/Belastungen durch ausgleichende/unterstützende Maßnahmen für den Mitarbeiter zu verringern und damit einer bestehenden gesundheitlichen Beeinträchtigung entgegenzuwirken. Sei dies durch eine Verbesserung der Leistungsfähigkeit oder durch Schaffung eines Ausgleiches zur Minderung der Belastung für den Mitarbeiter.
- **Tertiärprävention:** Ist eine Erkrankung bereits eingetreten, dann wird geklärt, ob der Mitarbeiter durch Maßnahmen zur beruflichen Rehabilitation seine Arbeitskraft erhalten und ein möglicher Rückfall durch technische Maßnahmen verhindert werden kann. Die Maßnahmen haben das Ziel, die Verschlimmerung eines Gesundheitsproblems zu vermeiden und gleichzeitig die Fortführung beruflicher Tätigkeit zu ermöglichen. Im Rahmen des → *Betrieblichen Wiedereingliederungsmanagements (BEM)* (§ 167 SGB IX) ist der Betrieb seit Mai 2004 zur Mitarbeit verpflichtet.

Eine eindeutige Trennung zwischen diesen 3 Präventionsbereichen ist nicht immer möglich. Der Begriff Prävention wird zunehmend in zusammengesetzten Begriffen verwendet. Das Fachwort steht am Anfang und bezeichnet das Fachthema oder den Problembereich: Rücken, → *Burnout*, → *Stress*, oder Verhaltensprävention, Verhältnisprävention und Systemprävention. Diese unterscheiden sich wie folgt:

Verhältnisprävention bezieht sich auf die Verhältnisse, mit und in denen der Mensch arbeitet. Das sind die Arbeitsplatzgestaltung, die Arbeitsstätte, die Arbeitsmittel und die sonstige Arbeitsumwelt.

Die Verhältnisprävention zielt nicht primär auf das Verhalten des Einzelnen ab, sondern auf die Interaktion des Menschen mit dem Verhältnis bezüglich der ergonomischen Anpassung an seine physiologischen Gegebenheiten (z.B. Körpermaße) und die richtige Nutzung und Umgang mit den gegebenen Verhältnissen (Verhaltensdimension). Grundsätzlich ist bei der Entwicklung von Verhältnissen auf die individuelle Anpassung an den Menschen und seine physiologischen und psychologischen Gesetzmäßigkeiten zu achten.

Verhaltensprävention bezieht sich auf den einzelnen Mitarbeiter im Hinblick auf das Verhalten des Einzelnen bei und im Zusammenhang mit der Arbeit. Ziel ist die Minimierung von gesundheitsriskantem Verhalten und die Förderung gesundheitsgerechter Verhaltensweisen, z.B. durch Informations- und Aufklärungsmaßnahmen und die gezielte Entwicklung von Mitarbeiterkompetenzen. Es sind die klassischen Themen, die zu einer umfassenden Gesundheitskompetenz beitragen:

- Bewegungsprogramme,
- Entspannungstechniken,
- Ernährungskurse,
- Nichtraucherseminare,
- Anti-Stress-Programme.

Systemprävention zielt auf das Gesamtsystem Betrieb/Unternehmen ab. Sie umfasst das Miteinander in der Zusammenarbeit, in der Hierarchie und im Gesamtunternehmen. Es geht um Themen wie

- Team- und Unternehmensentwicklung (Leitbild, Betriebsvereinbarungen, Ziele),
- Kommunikation, Führungsstil und Kooperation, Arbeitsklima,
- soziale Bedingungen fördern.

2 Prävention im Arbeits- und Gesundheitsschutz

Prävention spielt im Arbeitsschutz eine zentrale Rolle. Der moderne Arbeits- und Gesundheitsschutz setzt bereits vor dem Auftreten von → *Arbeitsunfällen* und Berufskrankheiten ein. Durch gezielte → *Unterweisungen* lernen die Beschäftigten Gesundheitsgefahren zu erkennen und ihnen durch ihr

Verhalten zu begegnen. Es geht nicht nur um → *Lärm*, dicke Luft, schlechtes Licht u. Ä., sondern um die gesamte Bandbreite der Belastungen in der Arbeitswelt. Dazu zählen auch psychische und psychosoziale Belastungsfaktoren wie → *Mobbing*.

Leistungsfähigkeit und -bereitschaft sowie die Entfaltung von Kreativität und intellektuellen Potenzialen sind eng an die Bedingungen von Gesundheit und Wohlbefinden gekoppelt. Ein gesunder und motivierter Mitarbeiter kann seine Humanressourcen optimal im Unternehmen einsetzen.

2.1 Kooperationen in der betrieblichen Prävention

Im betrieblichen Arbeitsschutz und → *Gesundheitsmanagement* sind folgende verschiedenen Akteure tätig:

- staatliche Arbeitsschutzbehörden (z. B. Gewerbeaufsichtsamt),
- Unfallversicherungsträger und Berufsgenossenschaften,
- Träger der gesetzlichen Rentenversicherung,
- Verbände der Sozialpartner wie Gewerkschaften und Arbeitgeberverbände,
- Handwerkskammer, Industrie- und Handelskammern, Innungen, Fachverbände,
- Krankenkassen,
- Arbeitsverwaltung mit Bundesagentur für Arbeit, Arbeitsämter,
- externe Dienstleister mit Beratungskompetenzen in verschiedenen Gebieten.

Die strukturellen Grundlagen für eine dauerhafte, verbindliche und zielorientierte Kooperation der Sozialversicherungsträger unter Einbezug weiterer verantwortlicher Akteure auf Bundes-, Landes- und kommunaler Ebene sind das Ziel des Präventionsgesetzes von 2015.

2.2 Leitfaden Prävention: Ziele und Handlungsfelder

Der GKV Spitzenverband, die zentrale Interessenvertretung der gesetzlichen Kranken- und Pflegekassen, hat im Jahr 2000 den Leitfaden Prävention formuliert, der aktuell in der Fassung vom 1.10.2018 vorliegt. Die Zielvorgaben zeigt **Tab. 1**:

<table>
<tr><th colspan="3">Rechtsnatur, Ziele und Gliederung der Leistungen der Krankenkassen nach § 20 SGB V</th></tr>
<tr><td colspan="3">Verpflichtende Satzungsleistungen zur
• Verhinderung und Verminderung von Krankheitsrisiken (Primärprävention),
• Förderung des selbstbestimmten gesundheitsorientierten Handelns der Versicherten (Gesundheitsförderung),
• Beitrag zur Verminderung der sozial bedingten und geschlechtsbezogenen Ungleichheit von Gesundheitschancen.</td></tr>
<tr><td colspan="3">3 Leistungsarten:</td></tr>
<tr><td>Leistungen zur individuellen verhaltensbezogenen Prävention (§ 20 SGB V)</td><td>Leistungen zur Gesundheitsförderung und Prävention in Lebenswelten (§ 20 a SGB V)</td><td>Leistungen zur betrieblichen Gesundheitsförderung (§§ 20 b und 20c SGB V)</td></tr>
<tr><td colspan="3">Tab. 1: Gliederung der Leistungen der Krankenkasse nach § 20 SGB V[1]</td></tr>
</table>

Tab. 2 bis 4 zeigen die arbeitsweltbezogenen Präventionsziele.

1 Quelle: GKV-Spitzenverband Leitfaden Prävention, Fassung vom 9.1.2017, S. 12.

Oberziel	Arbeitsweltbezogene Prävention 1: Verhütung von Muskel-Skelett-Erkrankungen
Teilziel	Zahl und Anteil der durch Maßnahmen zur Vorbeugung und Reduzierung arbeitsbedingter Belastungen des Bewegungsapparates mit verhaltens- und verhältnispräventiver Ausrichtung erreichten Betriebe sind erhöht.

Tab. 2: Arbeitsweltbezogene Prävention – Verhütung von Muskel-Skelett-Erkrankungen[1]

Oberziel	Arbeitsweltbezogene Prävention 2: Verhütung von psychischen und Verhaltensstörungen
Teilziele	1. Zahl und Anteil der Betriebe mit verhältnispräventiven Aktivitäten zur Verringerung psychischer Fehlbelastungen sind erhöht. 2. Zahl und Anteil der Betriebe mit Aktivitäten zur Förderung einer „gesundheitsgerechten Mitarbeiterführung“ sind erhöht. 3. Zahl und Anteil der Betriebe mit verhaltensbezogenen Aktivitäten zur „Stressbewältigung am Arbeitsplatz“ sind erhöht.

Tab. 3: Arbeitsweltbezogene Prävention – Verhütung von psychischen und Verhaltensstörungen[2]

Oberziel	arbeitsweltbezogene Gesundheitsförderung Stärkung der gesundheitsfördernden Potenziale der Arbeitswelt mit bedarfsgerechter, nachhaltiger und partizipativer betrieblicher Gesundheitsförderung
Teilziele	**1:** Zahl und Anteil der mit Aktivitäten der betrieblichen Gesundheitsförderung erreichten Betriebe mit bis zu 99 Beschäftigten sind erhöht. **2*:** Zahl und Anteil der Betriebe mit einem Steuerungsgremium für die betriebliche Gesundheitsförderung unter Einbeziehung der für den Arbeitsschutz zuständigen Akteure sind erhöht. **3*:** Zahl und Anteil der Betriebe, in denen Gesundheitszirkel durchgeführt werden, sind erhöht. **4:** Zahl und Anteil der Betriebe mit speziellen Angeboten für die Beschäftigten zur besseren Vereinbarkeit von Familien- und Erwerbsleben sind erhöht.
*Es wird empfohlen, die Teilziele 2 und 3 kombiniert zu verfolgen.	

Tab. 4: Arbeitsbezogene Gesundheitsförderung[3]

3 Prävention: Eine lohnende Investition

Sinnvolle einzelne Präventionsmaßnahmen im Hinblick auf

- die Arbeitsbedingungen (Verhältnisprävention durch Verhältnisergonomie),
- das Verhalten der Beschäftigten (Verhaltensprävention durch Verhaltensergonomie),
- das organisatorische Zusammenspiel (Systemprävention durch Systemergonomie)

addieren sich, gemeinsam angewandte Maßnahmen multiplizieren sich.

Nachhaltige Erfolge in der → *betrieblichen Gesundheitsförderung* können nur durch eine Verknüpfung von Verhältnis- und Verhaltensprävention erreicht werden. Dazu gehört, die Gesundheitskompetenz der Beschäftigten zu stärken. Mit speziellen Programmen können die Körperwahrnehmung geschult, die

1 Quelle: GKV Spitzenverband Leitfaden Prävention, Fassung vom 10.2.2014, S. 19.

2 Quelle: GKV Spitzenverband Leitfaden Prävention, Fassung vom 10.2.2014, S. 20.

3 Quelle: GKV Spitzenverband Leitfaden Prävention, Fassung vom 10.2.2014, S. 20.

Folgen der Bewegungsarmut thematisiert und die Beschäftigten für Ausgleichs- und gymnastische Übungen motiviert werden. Dies erhöht z.B. auch die Bereitschaft, ein Stehpult oder eine Stehhilfe zu nutzen und für mehr Abwechslung zwischen Sitzen, Stehen und Bewegung im Arbeitsalltag zu sorgen.

Prävention hilft dabei, in hohem Umfang Kosten zu sparen. Wirtschaftlich gesehen ist Prävention effizienter als die nachträgliche Korrektur von Mängeln (Rehabilitation).

3.1 Beispiel aus der präventiven Praxis zur Sitz-Steh-Dynamik

Eine Investition in die → *Sitz-Steh-Dynamik* lohnt sich zweifellos, denn: Leistungsverluste bei der Arbeit, aber auch krankheitsbedingte Ausfälle nehmen deutlich ab. Dies belegt auch eine wissenschaftliche Langzeitstudie bei der Drägerwerk AG[1]:

- In dem Zeitraum von 5 Jahren reduzierten sich die Arbeitsausfalltage nach Einführung der → *Sitz-Steh-Dynamik* durch integrierte Stehpulte von Jahr zu Jahr. Umgerechnet auf alle, die an der Studie teilnahmen, ging der Arbeitsausfall durch Krankheit jährlich um fast einen halben Tag pro Teilnehmer zurück. Geht man davon aus, dass ein Krankheitstag pro Person und Tag 400 EUR kostet, ergibt sich für ein Unternehmen mit 100 Beschäftigten hochgerechnet eine Kosteneinsparung von 20.000 EUR pro Jahr – allein durch die Vermeidung von Arbeitsausfällen.
- Der betriebswirtschaftliche Nutzen von Maßnahmen zur Prävention und → *Gesundheitsförderung* besteht allerdings nur zu 5 bis 10 % aus der Vermeidung von Arbeitsausfällen, wie Kosten-Nutzen-Analysen für Maßnahmen betrieblicher Gesundheitsförderung aus den USA zeigen. Der viel größere wirtschaftliche Ertrag – nämlich 50 bis 75 % – liegt in der Produktivitätssteigerung, die erreicht werden kann, wenn sich die Beschäftigten wohl fühlen, gesund und motiviert sind.

Ein einfaches Rechenbeispiel macht die Dimension des wirtschaftlichen Potenzials deutlich:

Praxis-Beispiel: → *Sitz-Steh-Dynamik* lohnt sich

Ergreift ein Unternehmen keine Maßnahmen der Sitz-Steh-Dynamik, „verschenkt" es pro Mitarbeiter jährlich:

- 200 EUR wegen Krankheitsausfall,
- 1.500 EUR wegen Produktivitätseinbußen,

insgesamt also 1.700 EUR. Hat ein Unternehmen z.B. 200 Beschäftigte im Büro, sind das jährlich über 340.000 EUR.

Die nachhaltige Verbesserung der Bewegungsergonomie durch gesundheitsfördernde → *Sitz-Steh-Dynamik* nützt also beiden Seiten:

- den Mitarbeitern: ihr Wohlbefinden und ihre Arbeitszufriedenheit am Arbeitsplatz steigen,
- dem Unternehmen: die Produktivität und die Qualität der Aufgabenerledigung nehmen zu.

Das Kosten-Nutzen-Verhältnis (Benefit-Cost-Ratio) kann dabei laut der Studie bei der Drägerwerk AG 1:12 erreichen. Das bedeutet, dass sich für jeden investierten Euro in → *Sitz-Steh-Dynamik* eine Investitionsrendite (Return-on-Investment) von 12 EUR ergibt.

3.2 Wissenschaftliche Evidenz

Der IGA Report 28 „Wirksamkeit und Nutzen betrieblicher Prävention" stellt Wirksamkeit und Nutzen betrieblicher Gesundheitsförderung und Prävention sowie Wirtschaftlichkeit und Wirksamkeit des betrieblichen Arbeitsschutzes von 2006 bis 2012 dar.

Die gute Nachricht gleich vorweg, auch wenn sie nicht gänzlich neu ist (vgl. iga.Reporte 3 und 13): Sowohl für die betriebliche Gesundheitsförderung und Prävention als auch für den betrieblichen Arbeitsschutz existiert trotz komplexer Wirkungsweisen wissenschaftliche Evidenz für die Wirksamkeit von bestimmten Maßnahmen.

Michael Schurr

---

1 officeplus, Evaluation des Einsatzes von officeplus-Stehpulten bei der Drägerwerk AG (1997 bis 2003), 2005.

Prüfungen

Eine Prüfung ist eine einmalige, in regelmäßigen Abständen oder aufgrund eines Anlasses durchgeführte vergleichende Betrachtung eines Arbeitsmittels. Verglichen wird der Ist- mit dem Sollzustand. Hierbei wird auch die Abweichung des Ist- vom Sollzustand bewertet.

Gesetze, Vorschriften und Rechtsprechung

Grundlage für die Prüfung von Arbeitsmitteln sind v.a. die §§ 3, 14, 15 und 16 Betriebssicherheitsverordnung (BetrSichV). Weitere Informationen zu den Prüfpflichten finden sich in TRBS 1201 „Prüfungen und Kontrollen von Arbeitsmitteln und überwachungsbedürftigen Anlagen" sowie TRBS 1201 Teil 1 bis Teil 4.

Grundlegende Anforderungen an die befähigte Person (bzw. zur Prüfung befähigte Person) finden sich in der TRBS 1203 sowie besondere Anforderungen für die Prüfung bestimmter Arbeitsmittel an diversen Stellen der BetrSichV.

1 Arbeitsmittel und Prüfungen auf Grundlage staatlicher Vorschriften

Der Begriff Arbeitsmittel ist in § 2 BetrSichV bestimmt. Demnach ist die Bandbreite der → *Arbeitsmittel* z.B. vom Schraubendreher bis zur Chemieanlage sehr weit gefasst. Arbeitsmittel sind Werkzeuge, Geräte, Maschinen oder Anlagen, die für die Arbeit verwendet werden, sowie überwachungsbedürftige Anlagen.

Prüfintervalle können für derartig viele Arten von Arbeitsmitteln nicht konkret vom Gesetzgeber vorgegeben werden. Daher gibt es in § 3 Abs. 6 BetrSichV eine pauschale Festlegung: „Der Arbeitgeber hat Art und Umfang erforderlicher Prüfungen von Arbeitsmitteln sowie die Fristen von wiederkehrenden Prüfungen zu ermitteln und festzulegen".

Die Betriebssicherheitsverordnung trägt in ihrer allgemeinen Formulierung dazu bei, dass die Eigenverantwortung des Arbeitgebers gefragt ist, dem nun die Festlegung von Prüffristen für alle Arbeitsmittel obliegt. Dabei gibt es wahrscheinlich für eine Vielzahl von Arbeitsmitteln gar keine Prüffrist, doch muss das im Einzelfall festgelegt werden. Zusätzlich zur Prüffrist ist vom Arbeitgeber auch zu ermitteln, welche Voraussetzungen die Person erfüllen muss, die eine Prüfung in seinem Auftrag durchführt (vgl. § 2 Abs. 6 BetrSichV zur Definition der „Befähigten Person").

§ 14 BetrSichV beschäftigt sich nun konkret mit der Prüfung von Arbeitsmitteln. Dort werden folgende Unterscheidungen gemacht:

- Prüfung von → *Arbeitsmitteln*, **deren Sicherheit von den Montagebedingungen abhängt:** Diese sind vor der erstmaligen Verwendung und der ersten Inbetriebnahme nach jeder Montage (z.B. auf einer neuen Baustelle oder an einem neuen Standort) von einer hierzu → *befähigten Person* zu prüfen.
- Prüfung von → *Arbeitsmitteln*, **die Schäden verursachenden Einflüssen unterliegen:** Hier ist die Prüfung und ggf. die Erprobung durch befähigte Personen entsprechend den ermittelten Fristen gem. § 3 Abs. 3 BetrSichV durchzuführen. Die → *Arbeitsmittel* sind auch dann zu prüfen, wenn außergewöhnliche Ereignisse stattgefunden haben (Unfälle, längere Zeit der Nichtbenutzung etc.).
- Prüfung von → *Arbeitsmitteln*, **die von Änderungen oder außergewöhnlichen Ereignissen betroffen sind, die schädigende Auswirkungen auf ihre Sicherheit haben können, durch die Beschäftigte gefährdet werden können:** Diese Arbeitsmittel hat der Arbeitgeber unverzüglich einer außerordentlichen Prüfung durch eine zur Prüfung befähigte Person unterziehen zu lassen.

Die §§ 3 und 14 BetrSichV gelten allgemein für alle Arbeitsmittel (gemeinsame Vorschriften). In den §§ 15 bis 17 BetrSichV werden in Bezug auf → *überwachungsbedürftige Anlagen* Prüfzyklen genannt, die nicht überschritten werden dürfen. Der Arbeitgeber kann somit bei überwachungsbedürftigen Anlagen kein Intervall bestimmen, das größer ist, als das dafür in der BetrSichV festgelegte Intervall. Prüfintervall bedeutet hier, dass spätestens nach einem definierten Zeitraum eine Prüfung erfolgt sein muss.

Die BetrSichV Anhang 2 und 3, die TRBS 1201 Teil 1 bis Teil 4 konkretisieren die Anforderungen der BetrSichV an die Prüfungen von Arbeitsmitteln und überwachungsbedürftigen Anlagen. Sie beschreiben ausführlich, wie erforderliche Prüfungen zu ermitteln, festzulegen und durchzuführen sind. In den Anhängen 2 und 3 der BetrSichV und in der TRBS 1201 sind für gängige Arbeitsmittel Prüfanforderungen inkl. Prüffristen aufgeführt.

Die TRBS 1203 konkretisiert die Anforderungen an zur Prüfung befähigte Personen und legt spezielle Anforderungen an deren Berufsausbildung, Berufserfahrung und die zeitnahe berufliche Tätigkeit fest.

Sofern in anderen staatlichen oder berufsgenossenschaftlichen Rechtsquellen für einzelne → *Arbeitsmittel* konkrete Prüfintervalle vorgeschrieben sind, dann sind diese anzuwenden.

2 Prüfungen auf Grundlage berufsgenossenschaftlicher Vorschriften

Das berufsgenossenschaftliche Vorschriften- und Regelwerk enthält eine Vielzahl von Vorschriften zur Durchführung von Prüfungen und zu Prüffristen. In der Regel ist im Einzelfall zu untersuchen, ob im Abschnitt Prüfungen in zutreffenden berufsgenossenschaftlichen Vorschriften konkrete Hinweise zu Prüffristen gemacht sind.

3 Durchführung von Prüfungen

Prüfungen erfolgen als Vergleich eines vom Arbeitgeber bzw. vom Betreiber zu definierenden Sollzustands mit dem zum Prüfzeitpunkt vorliegenden Ist-Zustand. Der Sollzustand ist der festgelegte sichere Zustand des Arbeitsmittels, der sich aus dem Ergebnis der Gefährdungsbeurteilung ergibt. Die Prüfung kann erfolgen durch

- Kontrolle (z.B. Sichtprüfung vor Arbeitsbeginn als Benutzerprüfung),
- Prüfung durch eine befähigte Person (zur Prüfung befähigte Person),
- Prüfung durch einen Prüfsachverständigen oder
- Prüfung durch eine zugelassene Überwachungsstelle (ZÜS).

Weicht der Ist-Zustand vom Soll-Zustand ab, dann ist das Arbeitsmittel – sofern möglich – durch z.B. Instandhaltung zu reparieren. Die Prüffrist (der Zeitraum zwischen zwei Prüfungen) muss so festgelegt werden, dass der Prüfgegenstand nach den allgemeinen Erkenntnissen und betrieblichen Erfahrungen im Zeitraum zwischen zwei Prüfungen sicher betrieben werden kann. Ergibt die Prüfung, dass die Anlage nicht bis zur nächsten Prüfung sicher betrieben werden kann, ist die Prüffrist neu festzulegen.

4 Dokumentation durchgeführter Prüfungen

Viele Vorschriften oder Regeln fordern, dass das Ergebnis der Prüfung schriftlich dokumentiert werden muss (Prüfbuch). Festgestellte Mängel sind dabei in das Prüfbuch einzutragen. Beim Vorliegen gravierender sicherheitstechnischer Mängel ist die Einrichtung bis zur Wiederherstellung des ordnungsgemäßen Zustandes außer Betrieb zu nehmen.

Teilweise wird gefordert, dass die geprüften Einrichtungen hinsichtlich der durchgeführten Prüfung gekennzeichnet werden müssen (Prüfplakette, Prüfsiegel, Farbring, Prüfpunkt usw.). Dadurch soll der Benutzer erkennen, dass die Einrichtung geprüft wurde und wann die nächste Prüfung durchzuführen ist.

Dirk Rittershaus

PSA gegen Absturz

Persönliche Schutzausrüstungen (PSA) gegen Absturz sind Auffangsysteme zur Sicherung von Personen an einem Anschlagpunkt, und zwar in der Weise, dass ein Absturz entweder ganz verhindert oder die Person sicher aufgefangen wird. Dabei wird der Fallweg begrenzt und die auf den Körper wirkenden Stoßkräfte auf ein erträgliches Maß reduziert. Insgesamt spricht man vom Auffangsystem.

Das Auffangsystem setzt sich grundsätzlich aus 2 Teilen zusammen: dem Auffanggurt und Elementen, die zwischen Auffanggurt und Anschlagpunkt angebracht sind. Bestandteile des Auffangsystems sind Auffanggurt, Verbindungsmittel, Verbindungselemente, Falldämpfer, Höhensicherungsgeräte und Anschlageinrichtungen.

Haltegurte sind keine PSA gegen Absturz, sondern Systeme zur Arbeitsplatzpositionierung zum Verhindern des Erreichens einer Absturzstelle.

Gesetze, Vorschriften und Rechtsprechung

Ergibt die Gefährdungsbeurteilung, dass trotz technischer und organisatorischer Schutzmaßnahmen mit Absturzgefährdungen zu rechnen ist, muss den Mitarbeitern PSA gegen Absturz zur Verfügung gestellt werden. Neben der PSA-Richtlinie 89/686/EWG und der PSA-Verordnung (EU) 2016/425 ist auch die PSA-Benutzungsverordnung (PSA-BV) zu berücksichtigen.

Weitere Vorgaben ergeben sich aus:

- DGUV-R 112-198 „Einsatz von persönlichen Schutzausrüstungen gegen Absturz"
- DGUV-R 112-199 „Retten aus Höhen und Tiefen mit persönlichen Absturzschutzausrüstungen"
- „DGUV Empfehlungen für arbeitsmedizinische Beratungen und Untersuchungen" enthalten Informationen u. a. zum Thema „Arbeiten mit Absturzgefahr"
- DGUV-G 312-906 „Grundlagen zur Qualifizierung von Personen für die sachkundige Überprüfung und Beurteilung von persönlichen Absturzschutzausrüstungen"

Die Beschaffenheitsanforderungen ergeben sich darüber hinaus aus zahlreichen Normen wie z. B. der DIN EN 353-1 „Persönliche Schutzausrüstung gegen Absturz – Teil 1: Steigschutzeinrichtungen einschließlich fester Führung" und der DIN EN 353-2 „Persönliche Schutzausrüstung gegen Absturz – Teil 2: Mitlaufende Auffanggeräte einschließlich beweglicher Führung".

1 Schwere Verletzungen bei Absturz

Ein Unfall aufgrund eines Absturzes führt meist zu schweren Verletzungen. Nicht alle Absturzgefahren lassen sich durch technische oder organisatorische Schutzmaßnahmen beseitigen. Dann wird PSA gegen Absturz benötigt. In der Praxis nutzen die Beschäftigten die zur Verfügung stehende PSA gegen Absturz aber aus Bequemlichkeit häufig nicht:

- „Nur mal eben, gleich wird ja ein → *Gerüst* errichtet",
- „Ich arbeite doch nicht, ich kontrollier nur mal",
- „Den Gurt zu holen dauert länger als die Arbeit",
- „Das mach ich schon über 20 Jahre so und bislang ist nix passiert"

sind Standardausreden, wenn leichtsinnige Beschäftigte auf ihre Tätigkeiten mit Absturzgefahr angesprochen werden.

2 Bestandteile

Auffangsysteme Auffanggurt und weitere verbindende Teilsysteme zu Auffangzwecken	Schematische Darstellung des Auffangsystems (DGUV-R 112-198): Mitlaufendes Auffanggerät einschließlich beweglicher Führung; in diesem Beispiel wird als energieabsorbierendes Einzelteil ein Falldämpfer verwendet.	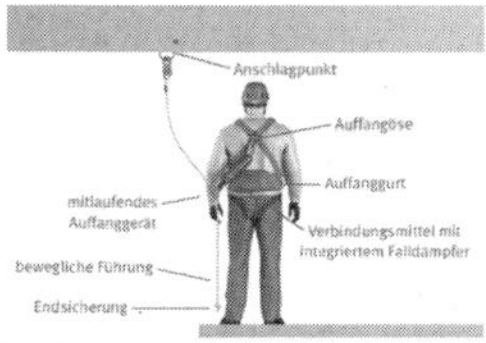

Auffanggurt Ein Auffanggurt besteht aus Gurtbändern, die den Körper umschließen. Ein Auffanggurt fängt bei bestimmungsgemäßer Benutzung die abstürzende Person auf, überträgt die auftretenden Kräfte auf geeignete Körperteile und hält den Körper in einer aufrechten Lage.	Schematische Darstellung eines Auffanggurtes mit vorderer und rückseitiger Auffangöse, seitlichen Halteösen und einer Steigschutzöse. Der Gurt ist zusätzlich mit Schulter-, Beingurt- und Rückenpolstern ausgestattet (DGUV-R 112-198).	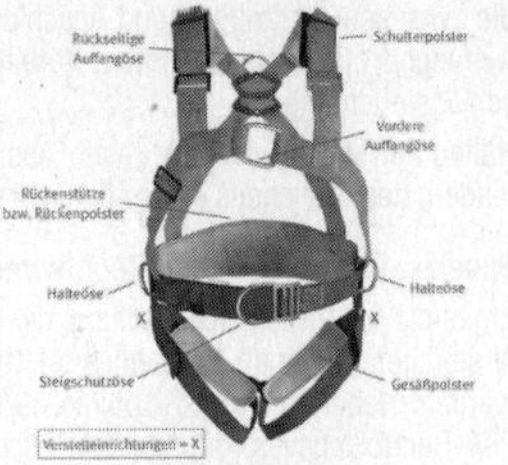
	Warnschutz Auffangweste mit integriertem 2-Punkt-Auffanggurt mit hinterer und vorderer Auffangöse. (Quelle: SPERIAN)	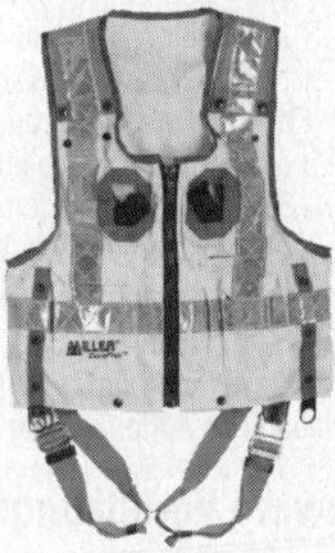
Falldämpfer Ein Falldämpfer verringert die beim Abstürzen auftretenden Stoßkräfte, die auf die Person, den Auffanggurt und die Anschlageinrichtung einwirken, „auf ein erträgliches Maß“. Dabei hat der Falldämpfer, der zwischen Anschlagpunkt und Auffangöse angebracht wird, max. 2 m Länge.	Bandfalldämpfer (Quelle: M-A-S)	
	Bandfalldämpfer als Bestandteil eines Verbindungsmittels. (Quelle: SPERIAN)	

Höhensicherungsgerät Höhensicherungsgeräte sind Bestandteile eines Auffangsystems oder Teilsystems, die Personen mit angelegtem Auffanggurt bei einem Absturz selbsttätig bremsend auffangen. Die Fallstrecke ist begrenzt. Die auf den Körper wirkenden Stoßkräfte werden gemindert. Die Geräte gestatten ein freies Bewegen innerhalb des Auszugsbereichs des Seiles/Bandes. Höhensicherungsgeräte halten stets eine straffe Verbindung zum Auffanggurt (ähnlich einem Automatik-Sicherheitsgurt im Pkw). Daher sind sie für wechselnde Arbeitsorte (horizontal bzw. vertikal) gut geeignet. Es gibt Höhensicherungsgeräte mit bis zu 30 m Auszugslänge.	Schematische Darstellung eines Auffangsystems mit Höhensicherungssystem (DGUV-R 112-198).	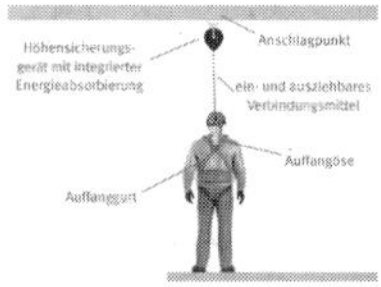
	Kleines 2,7 m Seil-Höhensicherungsgerät (Quelle: SPERIAN)	
	Höhensicherungsgerät bis 20 m. (Quelle: SPERIAN)	

Anschlagpunkt Der Anschlagpunkt befindet sich i. d. R. oberhalb der zu sichernden Person. Er muss in der Lage sein, die auftretenden Kräfte aufzunehmen. Abschn. 7.14 DGUV-R 112-198 enthält Beispiele für Anschlageinrichtungen.	Schematische Darstellung von Anschlagpunkten (DGUV-R 112 198).	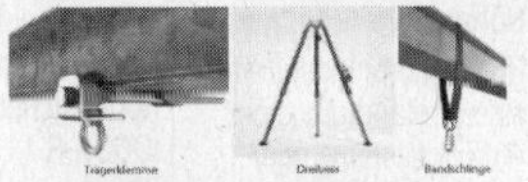
	Anschlagpunkt in einem Bedienstand in einer Hebebühne.	
	„Kralle“, die als Anschlagpunkt an z. B. Stahlträgern mit ausreichender Tragkraft befestigt werden kann. Besonders für flexiblen Einsatz geeignet. (Hersteller: SPERIAN)	 
	Beispiel für eine durch Eigengewicht gehaltene Anschlageinrichtung gemäß Typ E DIN EN 795 (DGUV-R 112-198).	
	Beispiel für eine permanente Anschlageinrichtung mit einem Einzelanschlagpunkt an einer Lichtkuppel (DGUV-R 112-198).	

Verbindungsmittel und Verbindungselemente Verbindungsmittel (Seil, Gurtband oder Kette mit Endverbindungen) und Verbindungselemente (z. B. Karabinerhaken) sind ebenfalls so gefertigt, dass sie die auftretenden Kräfte aufnehmen können. Hinweis: Die Länge des Verbindungsmittels (einschließlich Falldämpfer) darf zwischen der Auffangöse des Auffanggurtes und dem Anschlagpunkt je nach Hersteller und Ausführung max. 2 m betragen.	Schematische Darstellung eines Auffangsystems mit Verbindungsmittel (DGUV-R 112-198).	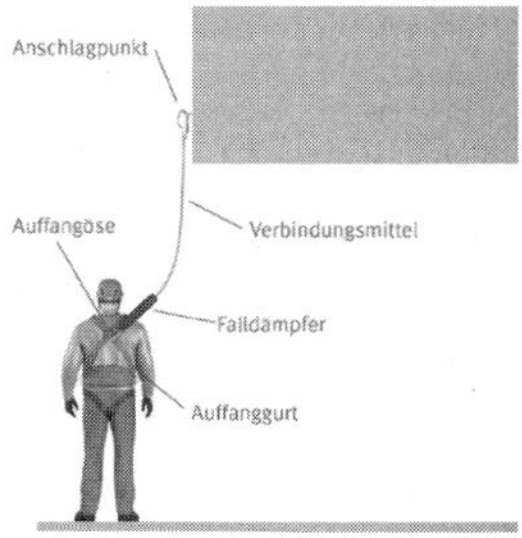
	Verbindungsmittel Gurtband mit Falldämpfer (Quelle: SPERIAN)	
	Verbindungsmittel mit Bandfalldämpfer (Quelle: M-A-S)	
	Karabiner als Verbindungsmittel (Quelle: SPERIAN)	

Steigschutzeinrichtung An senkrechten Aufstiegen mit mehr als 10 m Absturzhöhe muss eine Steigschutzeinrichtung angebracht sein (Abschn. 2.2 DGUV-I 208-032). Ein in einer Führung mitlaufendes Auffanggerät ist über ein kurzes Verbindungsmittel mit der vorderen Steigschutzöse des Auffanggurts verbunden. Da es bei einem Absturz nur zu einem Sturz von ca. 30 cm kommen kann, ist hier der Einsatz eines Falldämpfers nicht erforderlich.	Schematische Darstellung eines Auffangsystems mit mitlaufendem Auffanggerät einschließlich fester Führung (Steigschutzeinrichtung, DGUV-R 112-198).	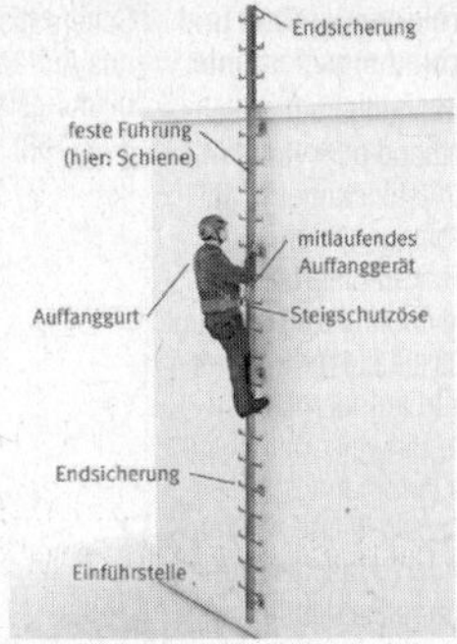
	Steigschutzsystem mit vertikaler Bremskraft, welches in einer Steigschutzschiene eingesetzt wird. Einsatz z.B. zum Besteigen von Silotürmen. (Quelle: Haca)	 
		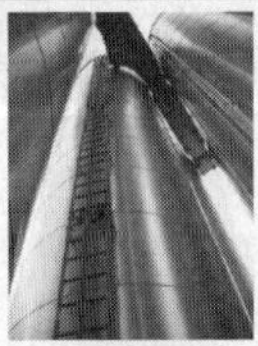
	Steigschutzeinrichtung mit Führung aus Stahldrahtseil (DGUV-R 112-198)	
Arbeitsplatzpositionierungssystem Anschlageinrichtung, Verbindungsmittel mit Längeneinstellvorrichtung und einem Haltegurt bzw. Auffanggurt.	Arbeitsplatzpositionierungssystem an einem Holzmast (Auffanggurt mit Halteösen und Halteseil) Halteseil mit integriertem Bypass verhindert das Abrutschen (Anschlageinrichtung DGUV-R 112-198)	 

Rückhaltesystem Anschlageinrichtung mit einem Verbindungsmittel und einem Haltegurt bzw. Auffanggurt. Ein Absturz wird verhindert, indem ein Verbindungsmittel verwendet wird, dessen Länge kürzer als der Abstand von der Anschlageinrichtung zur Absturzkante ist.	Rückhaltesystem mit einstellbarer Länge, befestigt an einem Einzelanschlagpunkt bzw. an einer Anschlageinrichtung mit einem beweglichen Anschlagpunkt	 

Tab. 1: Übersicht Bestandteile Persönliche Schutzausrüstung gegen Absturz

3 Gefährdungsbeurteilung und Auswahl

Das Arbeitsschutzgesetz und die PSA-Benutzungsverordnung schreiben eine → *Gefährdungsbeurteilung* vor (vgl. → *Persönliche Schutzausrüstung*). Ergibt sich aus der Gefährdungsbeurteilung, dass trotz technischer und organisatorischer Maßnahmen die Gefahr eines Absturzes besteht, muss geeignete PSA gegen Absturz zur Verfügung gestellt werden.

Bei einem Sprung aus 40 cm Höhe wirkt das Zwei- bis Dreifache des Körpergewichts auf die Gelenke ein. Bei einem Meter ist es bereits das Siebenfache. Stürzt man aus dieser Höhe auf harten, kantigen Untergrund, dann können diese Kräfte zu schweren Verletzungen führen. Bei Stürzen aus größeren Höhen steigt die Wahrscheinlichkeit einer tödlichen Verletzung deutlich.

Die Möglichkeit des Eintritts schwerer und schwerster Verletzungen hat dazu geführt, Maßnahmen gesetzlich vorzuschreiben. Bei Absturzhöhen ab 1 m (in Ausnahmefällen ab 2 m) muss der Unternehmer eine technische Schutzmaßnahme in Form einer → *Absturzsicherung* einsetzen.

Die → *Absturzsicherung* ist normalerweise ein dreiteiliges Geländer mit Handlauf, Knieleiste und Fußleiste, das für → *Arbeitsstätten* folgende Höhen aufweisen muss:

- 100 cm bei Absturzhöhen bis 12 m,
- 110 cm bei Absturzhöhen größer als 12 m.

Ergibt die Gefährdungsbeurteilung eine Absturzgefährdung, besteht eine Tragepflicht für PSA gegen Absturz. Das Gebotszeichen M018 „Auffanggurt benutzen“ (**Abb. 1**) weist entweder in Form von Schildern, Aufklebern oder als Bestandteil von → *Betriebsanweisungen* auf die Tragepflicht hin.

Abb. 1: Gebotszeichen M018 Auffanggurt benutzen

4 Kennzeichnung

Für PSA gegen Absturz muss eine Baumusterprüfung und eine Konformitätserklärung vorliegen. Es muss neben der → *CE-Kennzeichnung* eine 4-stellige Kenn-Nummer der überwachenden Stelle angebracht sein. Die Kennzeichnung muss darüber hinaus enthalten:

- Typbezeichnung,
- Herstellungsjahr,
- Name, Zeichen oder andere Kennzeichen des Herstellers oder Lieferanten,
- Serien- oder Herstellungsnummer der Bestandteile,
- Nummer der entsprechenden EN-Norm,
- Piktogramm, das anzeigt, dass die Benutzer die vom Hersteller gelieferten Informationen lesen müssen.

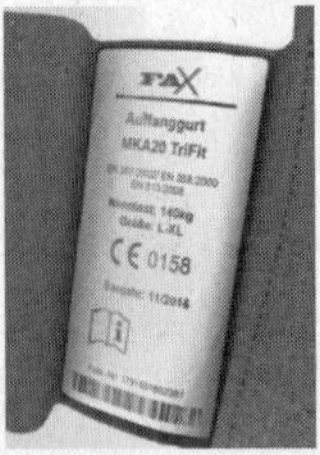

Abb. 2: Beispiele einer Produktkennzeichnung (DGUV-R 112-198)

5 Auswahl

Es müssen Auffanggurte ausgewählt werden, die über die für den Einsatzfall geeigneten Fangösen, Halteösen und Taschenringe verfügen (z.B. vordere Steigschutzöse bei Verwendung in einem Steigschutzsystem). Bei der Bestellung muss darauf geachtet werden, dass der Auffanggurt auf die Größe und das Gewicht der Mitarbeiter abgestimmt ist. Trageversuche erhöhen die spätere Trageakzeptanz der Mitarbeiter.

Praxis-Beispiel: Kombinationen verboten

Auffangsysteme dürfen nicht kombiniert werden (z.B. nicht Höhensicherungsgerät mit zusätzlichem Falldämpfer ausstatten).

Praxis-Beispiel: Höhensicherungsgeräte nicht immer geeignet

Höhensicherungsgeräte sind nicht für Arbeiten über Stoffen, in die man einsinken kann, geeignet! Ein Höhensicherungsgerät sichert nur bei einem ruckartigen Auszug. Das Einsinken z.B. in Schüttgut erfolgt mit zu geringer Geschwindigkeit, sodass das Höhensicherungsgerät hier unwirksam ist.

6 Einsatz

Folgende Grundsätze müssen bei der Benutzung von PSA gegen Absturz berücksichtigt werden:

- PSA bestimmungsgemäß benutzen;
- Bedienungsanleitung des Herstellers berücksichtigen;
- Auffanggurte müssen individuell angepasst werden; dabei die Gurte und Beinschlaufen so verstellen, dass der Auffanggurt nicht zu eng sitzt und beim Tragen den Blutkreislauf stört; sitzt der Gurt zu locker (besonders die Beinschlaufen werden leider oft sehr weit eingestellt), dann kann ein Sturz trotz Falldämpfer zu Verletzungen führen;
- Anschlagpunkte und Verbindungsmittel so wählen, dass ein Aufprall auf dem Boden oder anderen Hindernissen ausgeschlossen ist; Anprallen an feste Gegenstände ausschließen (Pendeln); dabei berücksichtigen, dass sich ein Bandfalldämpfer bei einem Absturz auf ca. die zweifache Länge verlängert;
- PSA darf nicht verändert werden; das ist Sache des Herstellers;

- wenn Verbindungsmittel über Kanten geführt werden müssen, geeignete Hilfsmittel verwenden, die eine Beschädigung des Verbindungsmittels verhindern;
- Beschädigungen sind Anlass für eine Prüfung durch → *befähigte Personen*; das gilt auch für durch Sturz beanspruchte Auffangsysteme;
- Halteösen dürfen nicht für die Auffangfunktion verwendet werden;
- Verbindungsmittel nicht durch Knoten befestigen, kürzen oder verlängern;
- Verbindungsmittel straff halten (ggf. Einsatz von Seilkürzern);
- das Verbindungsmittel an einer Steigschutzeinrichtung darf max. 300 mm Länge aufweisen;
- eine Steigschutzeinrichtung darf nicht als Anschlagpunkt genutzt werden;
- beim Einsatz von Karabinerhaken selbstverriegelnde Karabinerhaken bevorzugen, da diese Sicherung im Gegensatz zum Anziehen einer Überwurfmutter nicht vergessen werden kann;
- der Hersteller gibt eine max. Benutzungsdauer an; generell ist bei Gurten von einer Benutzungsdauer von 6 bis 8 Jahren und bei Verbindungsmitteln (Seile, Bänder) von 4 bis 6 Jahren auszugehen; die Benutzungsdauer darf nicht überschritten werden; nur der Hersteller darf eine weitergehende Benutzungsdauer erlauben.

Mitarbeiter müssen vor Arbeitsaufnahme, danach mind. jährlich → *unterwiesen* werden. Dies beinhaltet neben der bestimmungsgemäßen Benutzung auch die Inhalte der entsprechenden → *Betriebsanweisung* (Muster s. Anhang 2 DGUV-R 112-198). Der Benutzer muss die PSA gegen Absturz vor jeder Benutzung prüfen. Zusätzlich muss sie durch eine befähigte Person jährlich geprüft werden.

Praxis-Beispiel: Hängetrauma

Längeres Hängen im Auffanggurt führt zu Gesundheitsgefahren. Es kann ein sog. „Hängetrauma" auftreten. Wer länger als 15 bis 20 Minuten im Auffanggurt hängt, kann beim Retten einer Lebensgefahr ausgesetzt werden. Durch eine Einschränkung des Blutkreislaufes führt die plötzliche Lösung des Gurtes und anschließende Flachlagerung zu einer Herzüberlastung bzw. zu Nierenversagen. Daher ist zu berücksichtigen, dass Gerettete zunächst in eine Kauerstellung gebracht werden. Nur allmählich flach lagern. Auf jeden Fall ist die ärztliche Beurteilung des Gesundheitszustands erforderlich (Notarzt) (s. a. Abschn. 3.2.2 DGUV-R 112-199).

7 Internetlinks

- DGUV: Fachbereich „Persönliche Schutzausrüstung", https://www.dguv.de/fb-psa/index.jsp.
- DGUV: Leitlinie Risikobeurteilung von Arbeiten mit Absturzgefahr bei Verwendung von PSA gegen Absturz bzw. PSA zum Retten aus Höhen und Tiefen, https://www.dguv.de/medien/fb-psa/de/regelwerk/leitlinien/praevleit_risiko.pdf.
- DGUV: Videos zum Thema „PSA gegen Absturz in Arbeitskörben von fahrbaren Hubarbeitsbühnen", https://www.dguv.de/fb-psa/sachgebiete/sachgebiet-psa-gegen-absturz/videos-zum-thema-psa-gegen-absturz-in-arbeitskoerben/index.jsp.

Dirk Haffke

PSA gegen Ertrinken

Persönliche Schutzausrüstungen (PSA) gegen Ertrinken sind Rettungswesten oder Schwimmhilfen. Sie sollen Beschäftigte, die am oder auf Wasser bzw. an oder auf Flüssigkeiten arbeiten, vor dem Ertrinken schützen. Für unterschiedliche Einsatzarten werden PSA verschiedener Leistungsklassen eingesetzt, sie unterscheiden sich v. a. im Auftrieb.

Rettungswesten gewährleisten, dass der Beschäftigte auch bei Bewusstlosigkeit atmen kann. Schwimmhilfen sollen dagegen nicht bewusstlose Personen beim Schwimmen unterstützen. Bei Bewusstlosigkeit können Schwimmhilfen nicht gewährleisten, dass die Atemwege über der Wasseroberfläche liegen.

PSA gegen Ertrinken werden in vielen Bereichen eingesetzt. Eine Gefährdungsbeurteilung muss auch die Kombination von Rettungswesten oder Schwimmhilfen mit weiteren PSA berücksichtigen.

Gesetze, Vorschriften und Rechtsprechung

Es gelten i. W. folgende Regelungen:

- Verordnung (EU) 2016/425 über persönliche Schutzausrüstungen und zur Aufhebung der Richtlinie 89/686/EWG (PSA-Verordnung)
- PSA-Durchführungsgesetz
- Betriebssicherheitsverordnung (BetrSichV)
- PSA-Benutzungsverordnung (PSA-BV)
- § 29 ff. DGUV-V 1 „Grundsätze der Prävention“
- DGUV-R 112-201 „Benutzung von Persönlichen Schutzausrüstungen gegen Ertrinken“
- DGUV-I 203-007 „Windenergieanlagen“
- DIN EN ISO 12402 „Persönliche Auftriebsmittel“, Teil 2–10

1 Typen und Einsatz

PSA gegen Ertrinken gehören zur Kategorie III; diese „umfasst ausschließlich die Risiken, die zu sehr schwerwiegenden Folgen wie Tod oder irreversiblen Gesundheitsschäden ... führen können“ (Anhang I Verordnung (EU) 2016/425). Das bedeutet, dass sie das strengste Konformitätsbewertungsverfahren durchlaufen müssen. PSA gegen Ertrinken können sein:

- **Rettungswesten** als Westen- oder Kragen-Typ. Sie sind automatisch wirkend (durch Feststoff-Auftriebswerkstoff oder vollautomatisches Aufblassystem) oder manuell betätigt.
- **Schwimmhilfen**

Sie sind:

- mit dem Mund aufblasbar oder
- mit Druckgas aufblasbar: handbetätigt oder automatisch.

PSA gegen Ertrinken, die mit Druckgas aufblasbar sind, können zusätzlich mit dem Mund aufgeblasen werden. Rettungswesten bzw. Schwimmhilfen unterscheiden sich v. a. im Auftrieb (**Tab. 1**).

Art	Auftrieb (N=Newton)	Norm	Anwendung
Rettungswesten	100 N	DIN EN ISO 12402-4	für Erwachsene, nur in geschützten Gewässern
	150 N	DIN EN ISO 12402-3	für Erwachsene und allgemeinen Einsatz
	275 N	DIN EN ISO 12402-2	für Erwachsene, unter extremen Bedingungen oder wenn zusätzlich PSA getragen wird
Schwimmhilfen	50 N	DIN EN ISO 12402-5	für Erwachsene, nicht zur Eigenrettung, nur für Schwimmer und nur in geschützten Gewässern

Tab. 1: Typen von PSA gegen Ertrinken

In der gewerblichen Wirtschaft müssen grundsätzlich automatisch aufblasbare Rettungswesten mit mind. 150 N Auftrieb bereitgestellt werden. Werden PSA gegen Ertrinken mit anderen PSA kombiniert, z. B. Atemschutzgerät oder Schutzkleidung, können Rettungswesten mit einem Auftrieb von mind. 275 N erforderlich werden (Abschn. 3.3 DGUV-R 112-201).

Praxis-Beispiel: Tragekomfort erhöht die Akzeptanz

Feststoffwesten und Schrittgurte sollen im gewerblichen Bereich nicht verwendet werden, da sie sperrig sind, die Beweglichkeit behindern und Beschäftigte an den Schrittgurten hängen bleiben können, es sei denn, die Gefährdungslage erfordert dies.

1.1 Kennzeichnung

PSA gegen Ertrinken müssen deutlich sichtbar und dauerhaft das → *CE-Kennzeichen* tragen. Weitere erforderliche Kennzeichnungen sind u. a. (s. Abschn. 3.4 DGUV-R 112-201):

- Bezeichnung,
- Größenbereich,
- Mindestauftrieb,
- Hinweise auf Lagerung, Handhabung, Reinigung und Wartung,
- Piktogramme, die auf weitere Gefahren hinweisen,
- Modellbezeichnung, Seriennummer, Quartal oder Monat und Jahr der Herstellung,
- Wartungsintervall, Wartungsdatum.

1.2 Einsatzgebiete

Typische Einsatzgebiete für PSA gegen Ertrinken sind z. B. (s. Anhang 2 DGUV-R 112-201):

- Binnenschifffahrt: Außenbordarbeiten;
- Schiffsbau: Übernahme oder Abgabe von Festmacherleinen;
- Baugewerbe: schwimmende Anlagen;
- Hafen: Be- und Entladen;
- öffentlicher Dienst: Arbeiten in Abwasserbehandlungsanlagen;
- Hütten- und Walzwerke: Beizbecken;
- Maschinen- und Stahlbau: Stahlbrücken über Gewässern;
- Tiefbau: Brückenbauten an Flüssen oder Kanälen.

2 Gefährdungen

Der Arbeitgeber muss nach §§ 4 und 5 ArbSchG Gefährdungen ermitteln und Schutzmaßnahmen festlegen. Vorrangig sind technische und/oder organisatorische Maßnahmen zu ergreifen. Ist dies nicht möglich oder sind sie nicht ausreichend, um die Gefährdung zu vermeiden bzw. zu verringern, müssen die Beschäftigten PSA benutzen (TOP-Prinzip). Bei PSA gegen Ertrinken ist zu beachten, dass der Beschäftigte

- unerwartet und
- ggf. bewegungsunfähig stürzen und
- dabei bewusstlos werden kann.

Die → *Gefährdungsbeurteilung* muss berücksichtigen, dass sich der Abgestürzte i. Allg. nicht aktiv an seiner Rettung beteiligen kann.

Praxis-Beispiel: Beschäftigte einbeziehen

Es empfiehlt sich, den Beschäftigten in die Gefährdungsbeurteilung einzubeziehen, da er Arbeitsplatz und Tätigkeit am besten kennt. Das erhöht auch die Akzeptanz für Schutzmaßnahmen und fördert sicheres Verhalten am Arbeitsplatz.

2.1 Unmittelbare Gefährdung

Der Sturz in eine Flüssigkeit (z.B. Fluss, Kanal, Becken) stellt eine unmittelbare Gefährdung dar (Abschn. 3.1.2.1 DGUV-R 112-201). Dabei sind verschiedene Situationen oder Kombinationen davon möglich:

- Sturz in bewegungsunfähigem Zustand oder Ohnmacht, z.B. durch einen Unfall;
- Bewegungsunfähigkeit nach dem Sturz, durch Schock, Kreislaufversagen oder Ohnmacht;
- Bewegungsunfähigkeit oder Ohnmacht durch Erschöpfung oder Unterkühlung.

2.2 Mittelbare Gefährdungen

Weitere Gefährdungen können zum Sturz beitragen (Abschn. 3.1.2.2 DGUV-R 112-201):

- unzureichende oder fehlende Absturzsicherungen;
- → *Stürzen oder Stolpern*;
- Ausrutschen auf Verunreinigungen, z.B. Ölfleck;
- austretende Flüssigkeiten oder → *Gase*;
- mechanische Einwirkungen, z.B. Stoß oder Schlag;
- optische Einwirkungen, z.B. Blendung, Spiegelung, unzureichende Beleuchtung;
- chemische Einwirkungen, z.B. Stoffe mit narkotisierender Wirkung;
- thermische Einwirkungen.

2.3 Gefährdungen durch besondere Arbeitsplatzbedingungen

Besondere Bedingungen am Arbeitsplatz können die Schutzwirkung der PSA beeinträchtigen und stellen damit zusätzliche Gefährdungen dar (Abschn. 3.1.2.3 DGUV-R 112-201), z.B.:

- Hitze, heiße Flüssigkeiten,
- Kälte,
- Stich, Stoß,
- Staub, Schmutz,
- chemische Einflüsse.

Der Arbeitgeber muss auch das Risiko beurteilen, also Ausmaß des Schadens und Wahrscheinlichkeit für den Schadenseintritt.

3 Maßnahmen

Damit PSA gegen Ertrinken geeignet und funktionsfähig sind, muss der Arbeitgeber u.a. Folgendes organisieren:

- Erproben der PSA, und zwar im erwarteten Einsatzbereich, z.B. bei → *Schweißarbeiten* nur Westen mit alubedampfter Oberfläche verwenden;
- → *Betriebsanweisung* erstellen, ggf. mit weiteren erforderlichen → *PSA* und deren sachgerechter Kombination;
- → *Unterweisungen* und praktische Übungen durchführen: für handausgelöste Rettungswesten sind zusätzlich spezielle Trainingseinheiten erforderlich;
- Reinigung: Reinigungsmethode und geeignete Reinigungsmittel gem. Benutzerinformation;
- Instandsetzen gem. den Informationen des Herstellers;
- Wartung durch befähigte Person, Hersteller oder autorisierte Fachfirma: Das Wartungsintervall beträgt i.d.R. 2 Jahre bei einer Lebensdauer von 10 Jahren bzw. i.d.R. 1 Jahr bei längerer Lebensdauer (Abschn. 3.6.3 DGUV-R 112-201). Die Wartungsarbeiten müssen dokumentiert werden;
- Austausch von PSA.

Praxis-Beispiel: Den richtigen Umgang üben

Wichtige Hinweise für den Beschäftigten sind dabei u.a.:[1]

- vor dem Anlegen auf Körpermaß einstellen,
- immer über der Kleidung tragen,
- gemäß Herstellerangaben säubern, pflegen, lagern.

1 BG Bau, C 480 „Arbeiten am Wasser“.

4 Prüfungen

Die Lebensdauer von aufblasbaren sowie Feststoff-Rettungswesten ist i. d. R. auf 10 Jahre begrenzt.

Die Gebrauchsdauer von Rettungswesten und Schwimmhilfen hängt von den Einsatzbedingungen ab. Dazu sind die Angaben des Herstellers zu beachten (Abschn. 3.5.2 DGUV-R 112-201).

Prüfintervalle (Abschn. 3.6.1 DGUV-R 112-201):

- vor jeder Benutzung: Sichtprüfung auf Einsatzbereitschaft und äußerlich erkennbare Mängel durch die Beschäftigten;
- bei Bedarf, jedoch mind. einmal jährlich: Prüfung auf einwandfreien Zustand durch eine sachkundige Person und Dokumentation der Prüfung.

Praxis-Beispiel: Kurz-Check für aufblasbare Rettungswesten (mit Druckgas und Mundventil)
- Patrone unversehrt?
- Patrone gefüllt und handfest eingeschraubt?
- Automatik gespannt?
- Mundventil gesichert?

Bettina Huck

Psychische Belastung

Psychische Belastungen werden verstanden als Gesamtheit aller erfassbaren Einflüsse, die von außen auf den Menschen zukommen und psychisch auf ihn einwirken (s. DIN EN ISO 10075-1). Diese Belastungen können auf den Menschen einwirken und bei ihm zu einer psychischen Beanspruchung führen. Eine psychische Beanspruchung ist die unmittelbare (nicht langfristige) Auswirkung der psychischen Belastung im Individuum in Abhängigkeit von seinen jeweiligen überdauernden oder augenblicklichen Voraussetzungen, einschließlich der individuellen Bewältigungsstrategien.

Gesetze, Vorschriften und Rechtsprechung

Das Arbeitsschutzgesetz enthält Bestimmungen, die auf eine Verbesserung der Arbeitsumwelt, der Sicherheit und der Gesundheit der Arbeitnehmer zielen. Hier sind auch die Pflichten der Arbeitgeber und Arbeitnehmer aufgeführt, die den Gesundheitsschutz betreffen. Der Arbeitgeber muss demnach „eine Beurteilung der für die Beschäftigten mit ihrer Arbeit verbundenen Gefährdung" erstellen und dann bei Bedarf Maßnahmen des Arbeitsschutzes daraus ableiten und umsetzen (§ 5 Abs. 1 ArbSchG). Dazu gehören gemäß § 5 Abs. 3 Nr. 6 ausdrücklich auch die „psychischen Belastungen bei der Arbeit". Darüber hinaus verlangt § 3 Abs. 1 Satz 3 Arbeitsstättenverordnung die Berücksichtigung der psychischen Belastungen bei der Gefährdungsbeurteilung.

1 Was sind psychische Belastungen?

Umgangssprachlich wird im Allgemeinen der Begriff „psychische Belastung" verwendet, wenn jemand Stress erlebt. Was unter einer psychischen Belastung verstanden wird, wird sich je nach Sichtweise sehr unterscheiden. Eine → *Führungskraft* und ein Mitarbeiter können durchaus verschiedene Vorstellungen davon haben.

Neben diesen subjektiven Einschätzungen gibt es auch fachliche Konzepte, die versuchen, das Wesen psychischer Belastungen zu beschreiben. In den Arbeitswissenschaften allgemein anerkannt ist die DIN-Norm DIN EN ISO 10075-1. Die Norm unterscheidet zwischen den Begriffen der „Belastung" und der „Beanspruchung".[2]

---

2 DIN EN ISO 10075-1 „Ergonomische Grundlagen bezüglich psychischer Arbeitsbelastung – Teil 1: Allgemeines und Begriffe".

Der Begriff **psychische Belastungen** wird allgemein nach der DIN EN ISO 10075-1 definiert. Psychische Belastungen werden verstanden als „die Gesamtheit aller erfassbaren Einflüsse, die von außen auf den Menschen zukommen und psychisch auf ihn einwirken." Nach dieser Definition entstehen psychische Belastungen durch objektiv erfassbare Belastungsfaktoren. 4 Gruppen von Anforderungen können zu Belastungen führen:

1. **Arbeitsaufgabe**, z.B. deren Dauer und zeitlicher Verlauf;
2. **physikalische Arbeitsbedingungen**, z.B. Beleuchtung, Klima, Lärm;
3. **sozialer Kontext** und **Organisationsbedingungen**, z.B. Betriebsklima, Zusammenarbeit, Konflikte;
4. **gesellschaftliche Belastungen**, z.B. die wirtschaftliche Lage.

Diese Belastungen können auf den Menschen einwirken und bei ihm zu einer **psychischen Beanspruchung** führen. Eine psychische Beanspruchung ist „die unmittelbare (nicht langfristige) Auswirkung der psychischen Belastung im Individuum in Abhängigkeit von seinen jeweiligen überdauernden oder augenblicklichen Voraussetzungen, einschließlich der individuellen Bewältigungsstrategien" (DIN EN ISO 10075-1).

Praxis-Beispiel: Belastung – Beanspruchung

Das Belastungs-Beanspruchungs-Konzept ist etwas einfacher zu verstehen, wenn man es auf den körperlichen Bereich überträgt. Hier könnte die Belastung z.B. aus einem Gewicht von 15 kg bestehen, das gehoben werden soll. Einen trainierten Body-Builder wird das sicherlich überhaupt nicht beanspruchen. Ein achtjähriges Kind wäre dagegen sehr stark beansprucht.

Entgegen dem umgangssprachlichen Verständnis ist die psychische Belastung laut DIN EN ISO 10075-1 erst einmal neutral zu verstehen. Erst die entstehende Beanspruchung bei einer Person macht dann aus, ob diese Belastung sich positiv oder negativ auswirkt.

Die Beanspruchung ist also erst die Folge einer Belastung und deren mehr oder minder gelungener Verarbeitung. So kann die gleiche Belastung bei verschiedenen Personen zu einer unterschiedlichen Beanspruchung führen. Je nachdem, um welche Belastung es sich handelt und wie gut diese subjektiv bewältigt wird, kann es zu kurz- oder langfristigen und negativen, aber auch positiven Beanspruchungsfolgen kommen.

Praxis-Beispiel: Pflichten des Arbeitgebers nach Arbeitsschutzgesetz

Laut § 5 Arbeitsschutzgesetz sind Arbeitgeber verpflichtet, nach möglichen psychischen und physischen Belastungen bei der Arbeitstätigkeit zu suchen. Sie dürfen dabei **nicht** abwarten, ob sich negative Beanspruchungen einstellen. Mögliche Gefährdungen für die psychische Gesundheit sollen vermieden oder ausgeglichen werden, bevor gesundheitliche Schäden bei Beschäftigten entstehen.

Demnach kann psychische Belastung sowohl positive, als auch negative Folgen für den Menschen haben. Positiv wirkt sie dann, wenn der Mensch die Belastungen von außen mit seinen individuellen Möglichkeiten zur Bewältigung ins Gleichgewicht bringen kann. So könnte eine Mitarbeiterin Stolz und Freude verspüren, nachdem sie eine schwierige Aufgabe erfolgreich gelöst hat. Eine negative Wirkung ergibt sich, wenn das Gleichgewicht nicht besteht, z.B. bei einer Über- oder auch Unterforderung. Das Zusammenwirken von Belastung und Beanspruchung beeinflusst die Gesundheit und das Wohlbefinden des Mitarbeiters sowie seine Arbeitsleistung (**Abb. 1**).

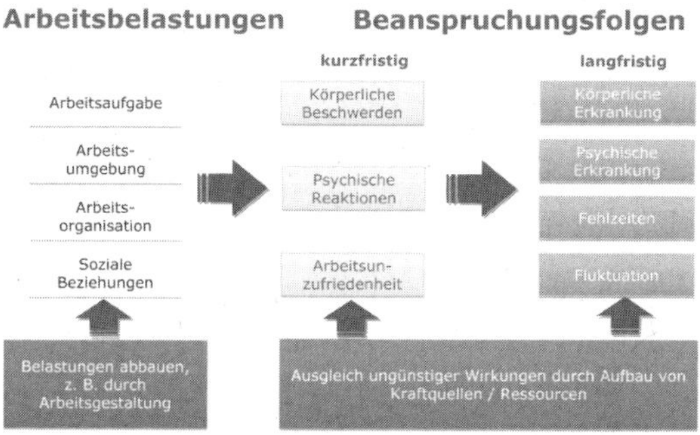

Abb. 1: Arbeitsbelastungen und Beanspruchungsfolgen

2 Stresskonzepte

Häufig wird zur Beschreibung psychischer Belastungen auch der Begriff „→ *Stress*" gebraucht. Der Begriff Stress wird unterschiedlich verwendet. Im Alltagssprachgebrauch meint jemand, der „im Stress ist", dass er viel zu tun und wenig Zeit hat. Häufig verstehen wir dann auch, dass sich jemand erschöpft oder gereizt fühlt. Manchmal wird von Stress auch gesprochen, wenn Eile gemeint ist: „Mach dir keinen Stress, wir haben Zeit." Wer „Stress mit seinem Kollegen" hat, befindet sich in einer Konfliktsituation. Der Begriff umschreibt in der Umgangssprache also sowohl mögliche Auslöser, als auch deren negative Folgen auf die betroffene Person. Wir verwenden den Begriff ziemlich inflationär, häufig lässt sich nur aus dem Zusammenhang erkennen, was genau gemeint ist.

Von der Wissenschaft erwarten wir genauere Definitionen. Hier wird unterschieden zwischen dem **Stressor** als dem auslösenden Belastungsfaktor und dem **Stress**, mit dem der Zustand gemeint ist, in den jemand in der Folge geraten kann. Es gibt mehrere wissenschaftliche Stressmodelle. In der Werkstoffkunde beschreibt der Begriff den Zug oder Druck auf ein Material. In der Psychologie sind vor allem zwei Stresskonzepte aktuell: das **Belastungs-Beanspruchungs-Konzept** und das **transaktionale Stressmodell**. Je nachdem, welches Modell man zugrunde legt, ergeben sich daraus unterschiedliche Ansätze für Maßnahmen zur Stressvermeidung oder zum Stressabbau in der Arbeitswelt.

2.1 Belastungs-Beanspruchungs-Konzept

Psychische **Belastungen** beschreiben in diesem Konzept alle äußeren Einflüsse, die auf den Menschen zukommen und auf ihn psychisch einwirken. Die psychische **Beanspruchung** ist die individuelle Auswirkung der Belastungen im Menschen (s. Norm DIN EN ISO 10075-1). Die Beanspruchung hängt von seinen individuellen Voraussetzungen und seinem Zustand ab. Da Belastungen von Menschen unterschiedlich verarbeitet werden, können gleiche Belastungen zu unterschiedlicher Beanspruchung bei verschiedenen Personen führen. Das Belastungs-Beanspruchungs-Modell bietet damit grundsätzlich 2 Möglichkeiten, die psychische Beanspruchung zu reduzieren: Man kann

1. die äußeren Belastungen verringern;
2. die Fähigkeit der Menschen steigern, diesen Belastungen zu widerstehen und damit eine geringere Beanspruchung zu empfinden.

Die Kritik an diesem Modell besagt, dass Belastung und Beanspruchung nicht so eindeutig unterschieden werden können.

Praxis-Beispiel: Zeitdruck

Nach der Definition wäre Zeitdruck eine Belastung, weil der Chef für eine Aufgabe einen engen Zeitrahmen steckt. Es wirken also äußere Bedingungen auf den Mitarbeiter ein (der drängende Chef). Andererseits nimmt die Person den Zeitdruck in sich wahr, wird vielleicht unsicher und hektisch. Damit wäre Zeitdruck auch eine Beanspruchung, da der Mitarbeiter ihn in sich spürt.

Außerdem gibt das Modell keine Erklärungen dafür, wie Belastungen verarbeitet werden und liefert wenig Ansatzpunkte für ein Stressmanagement. Im Alltagsverständnis wird man das neutral gemeinte Wort „Belastung" auch nicht als angemessen empfinden, da Stress meist als negativ gewertet wird. Der fachliche Sprachgebrauch unterscheidet sich von der Umgangssprache, was häufig zu Missverständnissen führt.

2.2 Transaktionales Stressmodell

Das transaktionale Stressmodell ist in der Psychologie seit langem akzeptiert. Es konzentriert sich auf die Entstehung von Stress und auf die psychischen Bewertungs- und Bewältigungsprozesse. Sie erklären, warum sich gleiche psychische Belastungen nicht auf alle Menschen gleich auswirken. Damit ist dieses Modell durchaus kompatibel mit dem Belastungs-Beanspruchungs-Konzept.

Der Begriff „transaktional" bezieht sich in diesem Modell auf die Beziehung zwischen der Person und ihrer Umwelt. Im Mittelpunkt des Modells steht die individuelle Bewertung von Ereignissen und Situationen (**Abb. 2**). Erst durch die kognitiven Bewertungen einer Person wird eine Situation stressrelevant. Durch diese Bewertungen und Einschätzungen wird bestimmt, ob die momentane Beziehung zwischen der Person und ihrer Umwelt als stressend wahrgenommen wird.

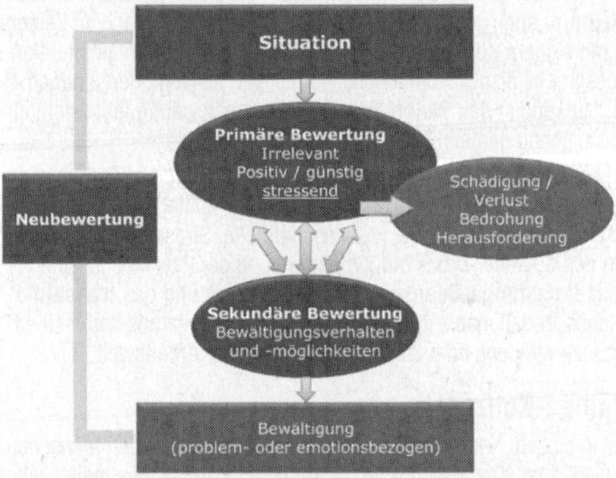

Abb. 2: Transaktionales Stressmodell (nach Lazarus)

Im transaktionalen Stressmodell wird zwischen der **primären** und der **sekundären Bewertung** der Situation durch die betroffene Person unterschieden (**Abb. 2**). In der primären Bewertung geht es um die Einschätzung der Situation hinsichtlich des eigenen Wohlbefindens. Die (unbewusste) Fragestellung wäre hier: „Was kann mir passieren? Wie wird es mir gehen?".

Die Einschätzung der **primären Bewertung** könnte als Ergebnis haben:

- **Bedrohung** – es könnte eine unangenehme Situation oder eine Schädigung eintreten;
- **Schädigung oder Verlust** – es ist bereits eine unangehme Situation oder Schädigung eingetreten;
- **Herausforderung** – es könnte eine Schädigung eintreten, aber die positiven Folgen stehen stärker im Vordergrund.

Die **sekundäre Bewertung** bezieht sich darauf, welche Bewältigungsmöglichkeiten für diese möglicherweise stressauslösende Situation vorhanden sind. Jetzt werden die Möglichkeiten und Fähigkeiten zur Bewältigung der Situation eingeschätzt. Die Fragestellung wäre hier: „Schaffe ich das?". Auch diese Bewertung findet nicht immer bewusst statt. Beide Bewertungsprozesse beeinflussen sich gegenseitig: Wenn die sekundäre Bewertung ergibt, dass sich das Ereignis gut bewältigen lässt, wird es in der primären Bewertung auch nicht als Bedrohung eingeschätzt werden. Die primäre und sekundäre Bewertung folgen also nicht zeitlich aufeinander, sondern hängen miteinander zusammen.

Nach dem transaktionalen Stressmodell ergeben sich verschiedene Ansätze zur Verminderung der individuellen Beanspruchung:

- Die **Arbeitssituation** kann so gestaltet werden, dass eine individuelle Belastung möglichst vermieden wird (z. B. Über- und Unterforderung).
- Die **primäre Bewertung** kann verändert werden, so dass eher eine Herausforderung als eine negative Situation oder eine Schädigung wahrgenommen wird. Das könnte z. B. durch eine genaue Erklärung der neuen Aufgabe und der Rahmenbedingungen zu deren Bearbeitung erfolgen. Auch der mögliche Lerngewinn sollte erklärt werden.
- Die **sekundäre Bewertung** könnte durch die Vermittlung der nötigen Fähigkeiten und Kompetenzen positiv gestaltet werden. Auch der Verweis auf bereits erfolgreich bewältigte ähnliche Aufgaben kann das Selbstvertrauen und die Erfolgserwartung stärken.

Die Veränderung der Arbeitssituation wird im Allgemeinen vorwiegend durch den Arbeitgeber vorgenommen werden müssen. An der Bewertung der konkreten Stress-Situation können sowohl die Führungskraft, als auch jeweils betroffene Beschäftigte mitwirken.

3 Stressfolgen

Stressfolgen können kurz- und langfristig entstehen. Die kurzfristige Stressreaktion besteht u. a. in der Ausschüttung von Stresshormonen, der Erhöhung des Blutdrucks und der Atem- und Pulsfrequenz. Die kurzfristige Reaktion dient dazu, den Körper in erhöhte Leistungsbereitschaft zu bringen, um Gefahren und Krisen zu bewältigen. Der Organismus wird auf eine schnelle und intensive körperliche Anstrengung vorbereitet.

Dies ist ein genetisch festgelegtes Programm, das unabhängig von der Art des auslösenden Stressors abläuft. In früheren Zeiten der Menschheitsgeschichte waren Krisensituationen vorwiegend durch Kampf oder Flucht zu bewältigen, für die es diese körperliche Aktivierung brauchte. In unserer Zeit sind die Stressoren (bis auf Notfälle) meist eher mit kognitiven Methoden zu bewältigen, weswegen die körperliche Stressreaktion nicht in physische Aktivität umgesetzt werden kann.

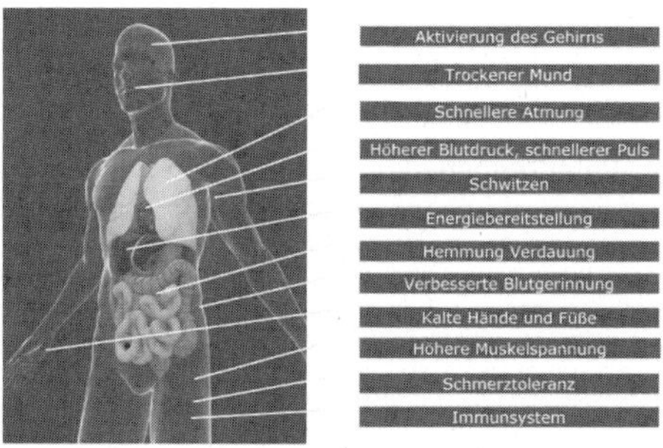

Abb. 3: Akute körperliche Stressreaktion

Bei andauernder Stressreaktion kann es zu langfristigen Folgen kommen. Entweder, weil die körperliche Anspannung nicht in Bewegung umgesetzt werden kann, oder weil im Alltag immer neue Stressoren die Stressreaktion befeuern. Die langfristigen Folgen können sich körperlich und/oder psychisch niederschlagen. Psychosomatische Erkrankungen können auftreten oder psychische Störungen, wie z.B. Depressionen oder Ängste. Auch das Verhalten kann sich ändern, z.B. erhöhter Alkoholkonsum oder Leistungsverweigerung bei der Arbeit.

Maßnahmen zur Stressverminderung können also auch in einem **Abbau der Stressreaktion** bestehen. Da der Körper ja automatisch für eine starke körperliche Anstrengung bereit gemacht wird, ist **Bewegung** das beste Gegenmittel. So könnten Arbeitgeber z.B. Fitnessgeräte, Gymnastikmatten, Tischkicker, Boxsäcke oder ähnliches bereitstellen. Gestresste Mitarbeiter könnten sich dann unmittelbar nach Stress-Situationen körperlich abreagieren und damit Stresshormone und die Anspannung wieder abbauen. Voraussetzung dafür ist allerdings, dass auch die nötige Zeit hierfür zur Verfügung gestellt wird.

Ein weiterer Ansatzpunkt zur Verringerung der Stressfolgen ist das **mentale Abschalten**. Die körperliche Stressreaktion wird häufig schon durch die Gedanken an zukünftige oder vergangene Stress-Situationen hervorgerufen. Entspannung und gedankliches Abschalten können die körperliche Aktivierung vermeiden oder verringern. Arbeitgeber könnten also z.B. Pausenräume oder Kurse für Entspannungsverfahren anbieten.

Julia Scharnhorst

Radon

Radon ist ein natürlich vorkommendes radioaktives Edelgas, das farblos, geruchlos und geschmacklos ist. Es gehört zu den inerten Gasen, da es reaktionsträge ist. Radon entsteht beim Zerfall von Uran, das in allen Böden und Gesteinen sowie in Baumaterialien aus natürlichem Gestein vorkommt. Über Poren, Spalten und Risse entweicht Radon aus dem Boden oder gast aus Baumaterialien aus. Im Freien vermischt sich das freigesetzte Gas mit der Umgebungsluft, die Radon-Konzentration (Radon-Aktivitätskonzentration) ist daher gering. In Innenräumen kann sich Radon dagegen anreichern; auch Arbeitsplätze können betroffen sein.

Radon existiert nur als radioaktive Isotope: Radon-222 (Radon) ist das Isotop mit der längsten Halbwertszeit (ca. 4 Tage), das kurzlebige Radon-220 (Thoron) kann wegen der kurzen Halbwertszeit von 55 Sekunden dagegen nicht weit wandern. Ob Arbeitgeber Messungen durchführen und geeignete Schutzmaßnahmen umsetzen müssen, hängt von der natürlichen Radon-Belastung am Arbeitsplatz ab.

Gesetze, Vorschriften und Rechtsprechung

Grundlegende Vorschriften sind das Strahlenschutzgesetz (StrlSchG) und die Strahlenschutzverordnung (StrlSchV). Weitere Regelungen finden sich in der Trinkwasserverordnung (TrinkwV), DGUV-R 109-002 „Arbeitsplatzlüftung – Lufttechnische Maßnahmen" sowie ASR A3.6 „Lüftung".

1 Vorkommen und Radon-Vorsorgegebiete

Radon kommt überall vor. Die Konzentration im Boden, in der Luft und in Innenräumen ist lokal und regional unterschiedlich. Im Norden Deutschlands findet man weniger Radon in der Bodenluft und der bodennahen Atmosphäre als im Süden. Das radioaktive Gas dringt v.a. durch Undichtigkeiten im Fundament in Gebäude ein und gelangt über undichte Kellertüren weiter in obere Geschosse. Bereits bei geringem Unterdruck im Gebäude kann radonhaltige Bodenluft aus einem Umkreis von 20 m „angesaugt" werden. Da Radon leicht in Wasser löslich ist, kann es auch über Wasserleitungen in Gebäude gelangen. Beim Duschen, aus Waschmaschinen oder Geschirrspülern kann es zwar in die Raumluft freigesetzt werden, i.d.R. trägt dies jedoch nur in geringem Maß zur Radon-Konzentration in Räumen bei.

Gebiete, in denen besonders häufig hohe Radon-Konzentrationen in Gebäuden erwartet werden, werden als Radon-Vorsorgegebiete bezeichnet. Die Bundesländer waren verpflichtet, bis Ende 2020 diese Gebiete zu ermitteln und festzulegen (§ 121 StrlSchG). Die Festlegung der Gebiete muss alle 10 Jahre überprüft werden. Für Baden-Württemberg wird z. B. geschätzt, dass ca. 10 % der Gemeinden betroffen sein könnten. Wenige Bundesländer haben bisher dazu Informationen vorgelegt; Hessen, Saarland und Schleswig-Holstein halten eine Ausweisung derzeit nicht für notwendig.

2 Gefahren

Der Zerfall von Radon löst eine Kettenreaktion aus: Die ebenfalls radioaktiven Zerfallsprodukte lagern sich an Aerosole an und können so mit der Atemluft in die Lunge gelangen. Bei weiterem Zerfall senden diese radioaktive Strahlung (Alphastrahlung) aus, die die Zellen der Lunge schädigen und so die Entstehung von Lungenkrebs begünstigen können. Atmet man also Radon und seine radioaktiven Folgeprodukte über einen längeren Zeitraum in höheren Konzentrationen ein, steigt das Risiko, an Lungenkrebs zu erkranken. Radon ist nach dem Rauchen eine der wichtigsten Ursachen für Lungenkrebs: Etwa 5 % der Todesfälle durch Lungenkrebs sind nach derzeitigen Erkenntnissen auf Radon und seine Zerfallsprodukte in Gebäuden zurückzuführen.[1]

3 Referenzwert

Das Strahlenschutzgesetz (StrlSchG) und die Strahlenschutzverordnung (StrlSchV) enthalten Regelungen zum Schutz vor Radon an Arbeitsplätzen. Es gilt ein Referenzwert von 300 Becquerel Radon-222 pro m^3 Luft (bezogen auf ein Jahr, d.h. durchschnittlicher Wert über einen Zeitraum von 12 Monaten). Die Weltgesundheitsorganisation (WHO) empfiehlt sogar einen Referenzwert von 100 Bq.

Der Jahresmittelwert der Radon-Konzentration in Wohnräumen liegt in Deutschland bei durchschnittlich 50 Bq/m^3.

Für Trinkwasser empfiehlt die Strahlenschutzkommission eine Radon-Konzentration von nicht mehr als 100 Bq/l.

Praxis-Beispiel: Definitionen Referenzwert und Becquerel

Mit einem **Referenzwert** kann man bewerten, ob und welche Schutzmaßnahmen angemessen sind; er ist kein Grenzwert. Schutzmaßnahmen sind meist bereits sinnvoll, bevor der Referenzwert überschritten ist.

Becquerel (Bq) ist die Maßeinheit für die Aktivität eines radioaktiven Stoffes: Ein Becquerel bedeutet einen Zerfall eines Atomkerns pro Sekunde.

4 Messung und anerkannte Stellen

Die Radon-Konzentration in der Luft muss an folgenden Arbeitsplätzen gemessen werden (§ 127 i. V. mit Anlage 8 StrlSchG):

- im Erd- oder Kellergeschoss von Gebäuden, die in sog. Radon-Vorsorgegebieten liegen,
- in Anlagen der Wassergewinnung, Wasseraufbereitung und Wasserverteilung,
- in untertägigen Bergwerken, Schächten und Höhlen, einschließlich Besucherbergwerken sowie
- in Radon-Heilbädern und Radon-Heilstollen.

Dabei definiert § 5 Abs. 4 StrlSchG den Arbeitsplatz als jeden *„Ort, an dem sich eine Arbeitskraft während ihrer Berufsausübung regelmäßig oder wiederholt aufhält"*. Für Aufenthaltsräume werden Radon-Messungen dagegen lediglich empfohlen.

Darüber hinaus kann die zuständige Landesbehörde eine Messung anordnen, wenn Anhaltspunkte dafür vorliegen, dass an dem Arbeitsplatz erhöhte Radon-Konzentrationen vorliegen.

1 Quelle: Bundesamt für Strahlenschutz (BfS).

Spätestens 6 Monate, nachdem das Radon-Vorsorgegebiet ausgewiesen oder der Arbeitsplatz im Keller-, Erdgeschoss oder in einem Radon-Arbeitsfeld (s.o.) eingerichtet wurde, muss mit dem Messen begonnen werden. Denn nach einer Frist von 18 Monaten müssen die Messergebnisse vorliegen (§ 127 StrlSchG).

Messungen dürfen nur mit Messgeräten einer anerkannten Stelle durchgeführt werden (z.B. elektronische Messgeräte, passive Detektoren); i.d.R. beauftragen Unternehmen die Messung (Liste der anerkannten Stellen nach § 155 StrlSchV). Messgeräte müssen an einer geeigneten und für den Arbeitsplatz repräsentativen Stelle positioniert werden. Bei großen Räumen mit mehreren Arbeitsplätzen können mehrere Messpunkte nötig sein. Die beauftragten, anerkannten Stellen werten die Messergebnisse aus. In einem Ergebnisbericht wird für jeden Arbeitsplatz ein Jahresmittelwert angegeben. Die Kosten für die Messung trägt der Arbeitgeber.

Praxis-Beispiel: BfS empfiehlt freiwillige Messungen

Auch außerhalb von Radon-Vorsorgegebieten ist es sinnvoll, freiwillig die Radon-Konzentration in Gebäuden zu messen. Denn besonders in Gebieten in der Nachbarschaft von Vorsorgegebieten können erhöhte Radon-Werte in Gebäuden verhältnismäßig oft vorkommen.

5 Stufenkonzept

Strahlenschutzgesetz und Strahlenschutzverordnung legen ein Vorgehen für Messungen und daraus resultierende Maßnahmen in 4 Stufen fest.[1] Für Arbeitgeber, die von der Messpflicht betroffen sind, gilt:

Stufe	Wert	Erforderliche Maßnahmen
1	≤ 300 Bq/m³	• Erstmessung (über einen Zeitraum von 12 Monaten, da Radon-Konzentrationen im Tages- und Jahresverlauf stark schwanken)
2	> 300 Bq/m³	• Unverzüglich Maßnahmen zur Reduzierung der Radon-Konzentration ergreifen • Kontrollmessung durchführen (innerhalb von 24 Monaten 12 Monate lang messen)
3	> 300 Bq/m³	Wenn trotz Maßnahmen der Stufe 2 der Referenzwert überschritten wird oder Maßnahmen der Stufe 2 nicht umsetzbar sind: • Unverzügliche Anmeldung des Arbeitsplatzes bei der zuständigen Behörde. • Abschätzung der Exposition (innerhalb von 6 Monaten): Um Aussagen über die mögliche gesundheitliche Gefährdung treffen zu können, wird die ermittelte Exposition in eine Strahlendosis (Sievert bzw. Millisievert (mSv)) umgerechnet. • Das Ergebnis der Abschätzung muss der zuständigen Behörde mitgeteilt werden. • Weitere Maßnahmen müssen festgelegt werden.

1 Bundesamt für Strahlenschutz: Radon-Schutz an Arbeitsplätzen. Stufenkonzept geeigneter Maßnahmen für Arbeitgeber*innen, https://www.bfs.de/SharedDocs/Downloads/BfS/DE/broschueren/ion/radon-schutz-arbeitsplaetze.pdf?__blob=publicationFile&v=4.

Stufe	Wert	Erforderliche Maßnahmen
4	> 6 mSv	Maßnahmen zum Strahlenschutz umsetzen, d. h., • Maßnahmen ergreifen, um die Exposition durch Radon so gering wie möglich zu halten, • Bestimmung der individuellen Dosis, Meldung an das Strahlenschutz-register und Einhaltung der Dosisgrenzwerte, • Strahlenpass und ärztliche Untersuchung sowie • weitere behördliche Maßnahmen auf Anordnung (z. B. Einrichtung von Strahlenschutzbereichen oder Strahlenschutzanweisung).

Tab. 1: Vorgehen für Messungen und daraus resultierende Maßnahmen[1]

Stufe 4 wird sehr selten erreicht. Das BfS empfiehlt, die Radon-Konzentration am Arbeitsplatz auf freiwilliger Basis zu senken, auch wenn sie im Jahresmittel unterhalb des Referenzwertes liegt.

Praxis-Beispiel: Ausnahmen für Stufe 2

Wenn Maßnahmen der Stufe 2 nicht umgesetzt werden können, folgt Stufe 3. Dies kann z. B. der Fall sein, wenn ein Lüftungsplan für einen Operationssaal den dafür geltenden Hygienevorschriften und dem Infektionsschutzgesetz widerspricht. Oder wenn bauliche Gegebenheiten die Maßnahmen sehr stark erschweren.

Praxis-Beispiel: Homeoffice in Kellerräumen

Bei dauerhaft eingerichteten Arbeitsplätzen (Telearbeit in Keller- oder vergleichbaren Räumen) ist die Prüfung der Radon-Belastung als Teil der Gefährdungsbeurteilung des Arbeitgebers zu sehen. Dabei ist zu beachten, dass die Konzentration in Gebäuden u. a. auch jahreszeitlichen Schwankungen unterliegt.

Gegen eine vorübergehende Nutzung der Räume als Homeoffice während der Pandemie für einen begrenzten Zeitraum gibt es keine Bedenken.[2]

6 Schutzmaßnahmen

Das Strahlenschutzgesetz verpflichtet sowohl Arbeitgeber als auch Bauherren zu Maßnahmen zum Schutz vor Radon. Dies beginnt bereits bei der Planung von Neubauten. Das Ziel ist, den Radon-Gehalt in Innenräumen und damit das Erkrankungsrisiko deutlich zu senken.

6.1 Technisch

Bei der Planung von Neubauten in Radon-Vorsorgegebieten muss ein Zutritt von Radon aus dem Baugrund ins Gebäude verhindert oder erheblich erschwert werden, z. B. durch Absaugung oder Bodenlüftung unter dem Gebäude oder geeignete Dichtungsbahnen („radondicht“) im Fundament (§ 123 StrlSchG, § 154 StrlSchV). Für bestehende Gebäude muss das Stufenkonzept angewendet werden. Praktische Hinweise zu Planung von Neubauten und Maßnahmen in bestehenden Gebäuden liefert das Radon-Handbuch Deutschland.

Mögliche Maßnahmen für bestehende Gebäude sind u. a.:

- Eintrittsstellen (Fugen, Risse, Löcher, Durchbrüche) abdichten,
- Radon-Wege im Gebäude versperren,
- Türen zu Räumen mit hoher Radon-Konzentration abdichten,
- Lüftungsanlagen mit Wärmerückgewinnung einbauen.

1 Aus der durchschnittlichen Radon-Konzentration in Wohnräumen von 50 Bq/m^3 ergibt sich eine jährliche effektive Dosis von 0,85 mSv und im Freien von etwa 0,2 mSv.

2 Quelle: Stellungnahme zur Radongefahr bei Homeoffice in Kellerräumen, Verband für Sicherheit, Gesundheit und Umweltschutz bei der Arbeit e. V. (VDSI).

6.2 Organisatorisch

- Messungen organisieren: In jedem Innenraum, in dem sich ein Arbeitsplatz befindet, muss gemessen werden.
- Bericht sowie eigene Aufzeichnungen zu Messungen mind. 5 Jahre lang aufbewahren.
- Betroffene Beschäftigte, Fremdfirmen sowie Betriebs- oder Personalrat unverzüglich über das Messergebnis informieren.
- Bezüglich Maßnahmen mit dem Betriebs- bzw. Personalrat zusammenarbeiten.
- Lüftungsplan erstellen, denn regelmäßiges Lüften verringert die Radon-Konzentration.
- Zutritt zu Räumen mit erhöhter Radon-Konzentration beschränken.

Bettina Huck

Raumabmessungen

Der Begriff Raumabmessungen fasst im Arbeitsstättenrecht die Dimensionen Luftraum, Grundfläche und Höhe zusammen. Sie müssen „ausreichend" sein, wobei die konkreten Vorgaben dazu allerdings lediglich Mindestanforderungen sind. Sie können nicht berücksichtigen, ob und in welchem Umfang an einem bestimmten Arbeitsplatz Tätigkeiten, Arbeitsmittel und -gegenstände relevant sind oder andere Umstände vorliegen, die einen weitergehenden Platzbedarf begründen. Daher muss der Arbeitgeber in einer Gefährdungsbeurteilung nachweisen, dass die zur Verfügung gestellten Raumgrößen ausreichend sind und nicht zu unzulässigen Beeinträchtigungen der Beschäftigten führen.

Gesetze, Vorschriften und Rechtsprechung

Nach Anhang 1.2 Arbeitsstättenverordnung (ArbStättV) müssen Arbeitsräume, Sanitär-, Pausen- und Bereitschaftsräume, Kantinen, Erste-Hilfe-Räume und Unterkünfte eine ausreichende Grundfläche aufweisen, sodass die Beschäftigten ohne Beeinträchtigung ihrer Sicherheit, ihrer Gesundheit oder ihres Wohlbefindens die Räume nutzen oder ihre Arbeit verrichten können.

Konkrete Anforderungen mit Beispielen für typische Arbeitsplatzsituationen enthält die ASR A1.2 „Raumabmessungen". Die ASR A1.2 gilt allerdings nur für Arbeitsräume, also für Räume, in denen sich Beschäftigte bei der von ihnen auszuübenden Tätigkeit regelmäßig über einen längeren Zeitraum oder im Verlauf der täglichen Arbeitszeit nicht nur kurzfristig aufhalten müssen. Aber auch andere Bereiche in → *Arbeitsstätten*, wie → *Verkehrswege*, Sanitär-, → *Pausen- und Bereitschafts-* sowie Erste-Hilfe-Räume und → *Unterkünfte* müssen ausreichend groß sein. Die Abmessungen solcher Räume richten sich nach der Art der Nutzung und sind entsprechend der jeweiligen Arbeitsstättenregeln festzulegen.

1 Flächenbedarf

Der Flächenbedarf eines Arbeitsraumes muss unter Berücksichtigung folgender unterschiedlicher Teilflächen ermittelt werden:

> **Praxis-Beispiel: 8 m² Mindestfläche**
>
> Grundsätzlich dürfen unabhängig vom Ergebnis der Flächenberechnung nach hier angeführten Kriterien und auch unabhängig von der auszuübenden Tätigkeit als Arbeitsräume nur Räume genutzt werden, deren Grundflächen mindestens 8 m² für **einen** Arbeitsplatz zuzüglich mindestens 6 m² für jeden weiteren Arbeitsplatz betragen.

1.1 Bewegungsflächen

Die Bewegungsfläche der Beschäftigten am Arbeitsplatz muss mindestens 1,5 m² betragen und mindestens 1 m tief und breit sein. Wenn aus betriebstechnischen Gründen eine derartige Bewegungsfläche nicht möglich ist, muss den Beschäftigten eine entsprechend große Fläche in der Nähe des Arbeitsplatzes zur Verfügung stehen.

Wenn regelmäßig in gebückter Haltung gearbeitet werden muss, muss die Bewegungsfläche mindestens 1,20 m tief sein. Bei unmittelbar in Reihe nebeneinander angeordneten Arbeitsplätzen ist eine Breite von mindestens 1,20 m erforderlich. Wenn am Arbeitsplatz regelmäßig bestimmte Körperhaltungen erforderlich sind, die größere Bewegungsflächen oder Abstände nötig machen, müssen diese in einer Gefährdungsbeurteilung ermittelt werden.

1.2 Flächen für Verkehrswege

Maße von → *Verkehrswegen* einschließlich Gängen zu den Arbeitsplätzen und gelegentlich benutzten Betriebseinrichtungen sind in der ASR A1.8 „Verkehrswege" geregelt. Wenn die Verkehrswege auch als → *Fluchtwege* einzustufen sind, gelten darüber hinaus die Vorgaben nach ASR A2.3 „Fluchtwege und Notausgänge".

1.3 Stellflächen

Stellflächen für → *Arbeitsmittel*, Einbauten und Einrichtungen ergeben sich aus deren äußeren Abmessungen.

1.4 Funktionsflächen

Unter Funktionsflächen versteht man die Fläche, die erforderlich ist, um z. B. eine Schranktür oder eine Schublade öffnen zu können oder Material in eine Maschine einbringen zu können. Für die Ermittlung der Funktionsflächen müssen alle Betriebszustände, z. B. bei Maschinen und Anlagen auch Instandhaltung und Werkzeugwechsel, berücksichtigt werden.

1.5 Flächen für Sicherheitsabstände

Sicherheitsabstände müssen berücksichtigt werden, soweit sie nicht bereits in den Stell- oder Funktionsflächen enthalten sind. Allgemein wird davon ausgegangen, dass ein Sicherheitsabstand von 50 cm erforderlich ist, um zu verhindern, dass ein Mensch durch eine Quetschung seines Körpers gefährdet wird (z. B. zwischen einem Schrankauszug und einer sich öffnenden Tür). Dessen ungeachtet muss aber in einer Gefährdungsbeurteilung festgelegt werden, wie groß ein Sicherheitsabstand im Einzelfall tatsächlich sein muss. Dazu müssen die besonderen Umstände des Einzelfalls (Betriebsbedingungen, Beleuchtungsverhältnisse, Verletzungsrisiko, Nutzerkreis usw.) und ggf. die Herstellerangaben eines Arbeitsmittels berücksichtigt werden.

Praxis-Beispiel: Überlagerung von Flächen vermeiden

Grundsätzlich dürfen sich Bewegungsflächen nicht mit anderen Flächen (Bewegungsflächen anderer Arbeitsplätze, → *Verkehrswege*, Funktionsflächen oder Sicherheitsbereichen) überlagern. Wenn es sich um den Einflussbereich von nur einem einzigen Nutzer handelt, sind Ausnahmen möglich. Z. B. darf dann die Funktionsfläche eines Schrankauszuges in die Bewegungsfläche hineinragen, weil ja der Nutzer, wenn er vor dem Schrankauszug steht, nicht gleichzeitig die volle Bewegungsfläche am Arbeitsplatz benötigt. Auch kann er ein mobiles Arbeitsmittel (z. B. einen Tischwagen) innerhalb seiner Bewegungsfläche benutzen.

Praxis-Beispiel: Büro- und Bildschirmarbeitsplätze

Die ASR A1.2 geht davon aus, dass sich für Büro- und → *Bildschirmarbeitsplätze* bei Einrichtung von Zellenbüros (d. h. separaten Büroräumen für i. d. R. 1 bis 6 Personen) als Richtwert ein Flächenbedarf von 8 bis 10 m^2 je Arbeitsplatz einschließlich Möblierung und anteiliger Verkehrsflächen im Raum ergibt. Für Großraumbüros wird wegen des durch die höhere Personenzahl größeren Verkehrsflächenbedarfs und ggf. größerer akustischer und visueller Störwirkungen von 12 bis 15 m^2 je Arbeitsplatz ausgegangen. Im Anhang 2 ASR A1.2 finden sich beispielhafte Gestaltungslösungen zu den einzelnen Bürotypen.

Praxis-Beispiel: Abweichende Raummaße

Wenn spezifische betriebstechnische Anforderungen es erforderlich machen, kann von den Vorgaben der ASR abgewichen werden. Das ist z. B. an vielen Kassen- und Thekenarbeitsplätzen der Fall, aber auch in medizinischen oder anlagentechnischen Bereichen. Auch in Schulungsräumen mit Reihen von Arbeitstischen würden die vorgegebenen Raummaße zu riesigen Raumausdehnungen führen, die die Gestaltung von Schulungen sehr erschweren würden. In solchen Fällen muss in einer → *Gefährdungsbeurteilung* festgelegt werden, wie die Arbeitsplätze zweckmäßig zu gestalten sind, sodass es nicht zu unzuträglichen Arbeitsbedingungen kommt. In vielen Fällen gibt es dazu entsprechende branchenspezifische Gestaltungsregeln (z. B. DGUV-Informationen).

Praxis-Beispiel: Erweiterter Flächenbedarf für Menschen mit Behinderung

Wenn Menschen mit Behinderung beschäftigt werden, sind u. U. größere Arbeits-, Bewegungs- und Verkehrsflächen erforderlich. Die ASR V3a.2 "Barrierefreie Gestaltung" weist in Anhang A1.2 darauf hin, dass im Bedarfsfall auch Flächen für persönliche Assistenz, Assistenzhund (z. B. Blindenführhund), medizinische Hilfsmittel (z. B. Sauerstoffgeräte), (Elektro-)Rollstuhl, Rollator, Gehstützen, Prothesen bzw. den Umgang damit gegeben sein müssen. Für die Nutzung von Rollstühlen finden sich dazu konkrete Flächenvorgaben.

2 Raumhöhen

Die erforderlichen Raumhöhen sollen grundsätzlich so festgelegt werden, wie es die Nutzung der Räume (z. B. Personenzahl, innenarchitektonische, akustische oder klimatische Anforderungen), technische Erfordernisse (z. B. Platzbedarf für Lüftungs- und Beleuchtungseinrichtungen) und das Wohlbefinden der Beschäftigten (z. B. → *Raumklima* und Raumeindruck) nötig erscheinen lässt.

In der ASR A1.2 werden aber Mindesthöhen in Abhängigkeit von der Raumgröße festgelegt:

- bei bis zu 50 m^2 mindestens 2,50 m,
- bei mehr als 50 m^2 mindestens 2,7 m,
- bei mehr als 100 m^2 mindestens 3,00 m,
- bei mehr als 2.000 m^2 mindestens 3,25 m.

Wenn in einer → *Gefährdungsbeurteilung* nachgewiesen wird, dass keine Probleme davon ausgehen, dürfen die Raumhöhen um bis zu 0,25 m herabgesetzt werden, aber nicht unter 2,50 m. Für kleinere Räume unter 50 m^2, in denen überwiegend leichte oder sitzende Tätigkeiten ausgeübt werden, gilt dabei, dass die Raumhöhe bis auf das in der jeweils geltenden Landesbauordnung geltende Maß reduziert werden darf, wenn die Art der Nutzung nicht dagegen spricht.

Schrägdecken in Arbeitsräumen müssen so ausgeführt sein, dass die länderspezifischen baurechtlichen Bestimmungen eingehalten werden (u. a. Brandschutzbestimmungen) und dass über Arbeitsplätzen und Bewegungsflächen die o. g. Mindesthöhen eingehalten werden.

3 Luftraum

In Arbeitsräumen muss für jeden ständig anwesenden Arbeitnehmer folgender Mindestluftraum vorhanden sein:

- 12 m^3 bei überwiegend sitzender Tätigkeit,
- 15 m^3 bei überwiegend nichtsitzender Tätigkeit,
- 18 m^3 bei schwerer körperlicher Arbeit.

Der Mindestluftraum darf nicht durch das Volumen von Betriebseinrichtungen (z. B. Schränke, Lagergut, → *Maschinen*) reduziert werden.

Wenn sich in Arbeitsräumen neben den ständig anwesenden Arbeitnehmern auch andere Personen nicht nur vorübergehend aufhalten, ist für jede zusätzliche Person ein Mindestluftraum von 10 m^3 vorzusehen.

Praxis-Beispiel: Ausnahmen für Räume, die nicht ausschließlich von Arbeitnehmern genutzt werden

Der zusätzliche Mindestluftraum von 10 m^3 für nicht nur vorübergehend anwesende Personen muss nicht eingehalten werden für Verkaufsräume, Schank- und Speiseräume in Gaststätten, Schulungs- und Besprechungsräume sowie für Unterrichtsräume in Schulen.

Praxis-Beispiel: Bei Platzproblemen nicht „von außen" entscheiden

Häufig werden Arbeitsschutzverantwortliche sehr nachdrücklich mit Platzproblemen konfrontiert und sollen bestätigen, dass das Arbeiten in der Enge eines zugestellten Raumes unzumutbar sei. Oft ist es in solchen Fällen aber so, dass nicht der Raum als solcher zu klein ist, sondern dass deutlich zu viel an → *Arbeitsmitteln* und Material wie z. B. Tische, Schränke, Beistellmöbel, Akten, Arbeitsmaterial, Lagergut als unverzichtbar am Arbeitsplatz eingestuft wird. Ob, was und wie viel ein Beschäftigter für seine Arbeit tatsächlich benötigt und wo evtl. auch die persönliche Arbeitsorganisation oder Platzprobleme an anderen Stellen im Betrieb das Problem darstellen, kann aber kaum die Sicherheitsfachkraft entscheiden. Das sollte die Aufgabe der zuständigen Führungskraft sein, am besten in Abstimmung mit den Betroffenen.

Cornelia von Quistorp

Raumakustik

Die Raumakustik ist ein Gebiet der Akustik, das sich mit der Auswirkung der baulichen Gegebenheiten eines Raumes auf die in ihm stattfindenden Schallereignisse beschäftigt. Ziel der Raumakustik ist es, einen Raum optimal auf seinen Bestimmungszweck abzustimmen. So benötigen Räume, in denen vor allem Sprache übertragen werden soll, z. B. Vortragsräume oder Klassenzimmer, aber auch Büroräume eine eher kurze Nachhallzeit von 0,5–1 Sekunde. Im Büro kommt der Raumakustik eine besondere Bedeutung zu, da die Leistungsfähigkeit und das Wohlbefinden der Mitarbeiter im Spannungsfeld Kommunikation/Konzentration direkt vom akustischen Komfort, also der Eignung für die spezifischen Büroaufgaben abhängt. Die bekannteste Kenngröße der Raumakustik ist die Nachhallzeit als die Zeitspanne, in der der Schalldruckpegel eines Schallereignisses in einem Raum um 60 dB, also auf den tausendsten Teil des Anfangsschalldrucks abgenommen hat.

Gesetze, Vorschriften und Rechtsprechung

Grundlegende Vorschriften sind Anhang 3.7 Arbeitsstättenverordnung (ArbStättV), die ASR A3.7 „Lärm" und die Lärm- und Vibrations-Arbeitsschutzverordnung (LärmVibrationsArbSchV). Darüber hinaus sind folgende Normen relevant:

- DIN EN ISO 9921:2004–02 „Ergonomie; Beurteilung der Sprachkommunikation Teil 6 Leitsätze an die Arbeitsumgebung"
- DIN 18041 „Hörsamkeit in Räumen – Anforderungen, Empfehlungen und Hinweise für die Planung"
- VDI 2569 „Schallschutz und akustische Gestaltung in Büros"

1 Wann wird Schall zu Lärm?

Bevor diese Frage beantwortet werden kann, ist zu klären, was Schall ist. **Schall** bezeichnet allgemein das Geräusch, den Klang, den Ton, den Knall (Schallarten), wie er von Menschen mit dem Gehör, also dem Ohr-Gehirn-System, aber auch von Tieren auditiv wahrgenommen werden kann. Schall stellt die Ausbreitung von kleinsten Druck- und Dichteschwankungen in einem elastischen Medium (Gase, Flüssigkeiten, Festkörper) dar. Man unterscheidet:

- den **Nutzschall**, wie Musik oder die Stimme beim Gespräch,
- den **Störschall**, wie Baustellen- oder Verkehrslärm.

Wann wird aus dem Schall → *Lärm*?

- je höher die Frequenz, desto störender ist der Schall; dies gilt bis ca. 6.000 Hertz (Hz);
- je stärker der Schall, desto störender wirkt er;
- je länger die Einwirkungsdauer, desto störender;
- an- und abschwellende (dynamische) Schall-Ereignisse stören mehr als gleichmäßige (konstante);
- bei vorwiegend geistiger Arbeit ist der Mensch störanfälliger als bei überwiegend körperlicher Arbeit;
- Menschen, die unfreiwillig Schall ausgesetzt sind, fühlen sich stärker gestört als Lärm-Verursacher;
- ermüdete und kranke Menschen fühlen sich stärker gestört als ausgeruhte und gesunde.

2 Wichtige Begriffe zur Akustik/Raumakustik

Akustik

Die Lehre vom Schall und dessen Ausbreitung.

Grenzwerte

In der ArbStättV sind die Maximalwerte für alle Arbeitsplätze in Deutschland auf den Grenzwert von 85 dB(A) festgeschrieben.

In der LärmVibrationsArbSchV werden ein unterer und oberer Auslösewert für den Tages-Lärmexpositionspegel und für die Spitzenwerte festgelegt. Das bedeutet, dass ab einem Tages-Lärmexpositionswert von 80 dB(A) vorbeugende Maßnahmen zur Minderung des Lärmpegels zu ergreifen sind.

> **Praxis-Beispiel: Optimale Grenzwerte am Büroarbeitsplatz**
>
> Diese Grenzwerte sind für die Büroarbeit viel zu hoch, hier sind die Angaben aus Abschn. 5.1 ASR A3.7, Abschn. 8.4.3 DGUV-I 215-410 und Abschn. 2.2.6 der VBG-Schrift „Büroarbeit – sicher, gesund und erfolgreich" zu beachten:
>
> - **Tätigkeitskategorie I – hohe Konzentration oder hohe Sprachverständlichkeit: max. 55 dB(A)** für überwiegend geistige Tätigkeiten, wie dispositive Büroarbeiten, Bildschirmarbeiten etc.;
> - **Tätigkeitskategorie II – mittlere Konzentration oder mittlere Sprachverständlichkeit: max. 70 dB(A)** für einfache oder überwiegend mechanisierte Bürotätigkeiten.
> - **Tätigkeitskategorie III – geringe Konzentration oder geringe Sprachverständlichkeit:** soweit wie möglich reduzieren

Grundgeräuschpegel

Der Grundgeräuschpegel ist die Summe aller Geräusche in einem Raum. Dazu zählen Arbeitsgeräusche, Büromaschinen, Telefonklingeln, Telefongespräche, laute Rufe quer durch den Raum und die von außen eindringenden Geräuschkulisse. Dieser Grundgeräuschpegel sollte etwa 40–45 dB betragen – dann wird er nicht als störend empfunden und verhindert zumeist ungewolltes Mithören der Gespräche.

> **Praxis-Beispiel: Nicht störender Grundgeräuschpegel**
>
> Dieser Grundgeräuschpegel wird i.d.R. erreicht, wenn das Verhältnis zwischen der **äquivalenten Schallabsorptionsfläche** im Büro (m^2)/**Raumvolumen** (m^3) einen Faktor von 0,33 bis 0,35 ergibt.

Daraus abgeleitet ergibt sich, dass sich eine gute akustisch wirksame Decke, ein absorbierender Teppichboden und Stellwände ergänzen müssen.

Ein als angenehm empfundener Grundgeräuschpegel, ermöglicht die Erledigung der Arbeitsaufgaben ohne große Störungen, bei bestmöglicher Zufriedenheit der Mitarbeiter.

> **Praxis-Beispiel: Voraussetzung für eigenverantwortliche Kommunikation und Konzentration**
>
> Mitarbeiter sollten das erforderliche Maß bei Kommunikation und Konzentration weitgehend selbst steuern können. Ein ausgewogenes Verhältnis von absorbierenden und reflektierenden Materialien ermöglicht dies.

Hörbare Frequenzen

Frequenzen werden in Hertz (Hz) gemessen und ausgedrückt. Nicht alle Frequenzen sind vom menschlichen Gehör erfassbar:

- Infraschall (0 Hz bis 16 Hz), nicht hörbar für den Menschen;
- Normalschall (16 Hz bis 16.000 Hz), dieser Bereich ist für den Menschen hörbar;
- Ultraschall (16.000 Hz bis 10 Mrd. Hz), nicht hörbar für den Menschen.

Bei Schallpegelmessungen werden die hörbaren Frequenzen im Messgerät über den Filter A „nachgestellt" (Bewertungsfilter haben für eine ganz bestimmte Lautstärke ein ähnliches Frequenzverhalten wie das menschliche Ohr). Entsprechend diesem Zusammenhang sind auch alle Grenzwerte für Schallpegel in dB(A) angegeben. Der Mensch ist für Schall im Bereich von 500 und 2.000 Hz am sensibelsten; niedrigere und höhere Frequenzen werden weniger laut oder gar nicht empfunden bzw. gehört.

> **Praxis-Beispiel: Bandbreite der Sprachfrequenz**
>
> Frequenz der menschlichen Stimme – 125 bis 2.000 Hz
>
> Frequenz allgemeiner Bürogeräusche – 100 bis 4.000 Hz

Lärm

Als → *Lärm* werden Geräusche (Schalle) bezeichnet, die durch ihre Lautstärke und Struktur für den Menschen und die Umwelt gesundheitsschädigend oder störend bzw. belastend wirken. Dabei hängt es von der Verfassung, den Vorlieben und der Stimmung eines Menschen ab, ob Geräusche als Lärm wahrgenommen werden.

Nachhallzeit

Zeitfenster in geschlossenen Räumen, in welchem sich der Schalldruckpegel um 60 dB(A) verringert, nachdem die Schallquelle abgeschaltet wurde.

Raumakustik

Auswirkung der baulichen Gegebenheiten auf die im Raum entstehenden Schallereignisse unter Berücksichtigung des menschlichen Gehörs, Wahrnehmung der Spracheigenschaften und der subjektiven Hörgewohnheiten.

Satz- und Wortverständlichkeit

Wichtig ist, dass die „richtigen" Frequenzen absorbiert werden. Studien zeigen, dass sich Menschen während der Büroarbeit von Geräuschen zwischen 1.000 und 2.000 Hz am stärksten gestört fühlen. In diesem Bereich liegt genau die Hauptverständlichkeit von Sätzen und Worten, deshalb sollten gerade hier die Werte der Decke besonders gut sein.

Schall

Schall bezeichnet allgemein das Geräusch, den Klang, den Ton, den Knall (Schallarten), wie er von Menschen mit dem Gehör (Ohr-Gehirn-System) aber auch von Tieren auditiv wahrgenommen werden kann. Schall stellt die Ausbreitung von kleinsten Druck- und Dichteschwankungen in einem elastischen Medium (Gase, Flüssigkeiten, Festkörper) dar. Man unterscheidet den **Nutzschall**, wie Musik oder die Stimme beim Gespräch, und den **Störschall**, wie Baustellen- oder Verkehrslärm.

Schallabsorption

Schallabsorption entsteht, wenn Schallwellen auf biegeweiche, poröse bzw. deformierbare Materialien treffen und die Schallwellenenergie hierbei in Wärme umgewandelt wird.

Schallausbreitung im Raum

Schall breitet sich strahlen- und kugelförmig aus. Das bedeutet, dass sich mit zunehmender Entfernung zur Schallquelle die Schallverbreitung im Raum extrem vergrößert. Durch Reflexionen auf schallharten Flächen wird zudem die Schallgeschwindigkeit erhöht, was zu immer kürzeren Wahrnehmungsintervallen führt. Das macht es umso wichtiger, hier mit entsprechenden schallabsorbierenden Maßnahmen so nah wie möglich an die Schallquelle zu gehen und dort einen Großteil der entstehenden Schallenergie zu reduzieren. Dafür eignen sich besonders hochwertig absorbierende Stellwände.

Schalldämmung = Schallisolation

Darunter versteht man die Verhinderung des Schalldurchtritts durch eine Trennfläche, der Schall wird folglich reflektiert. Damit der Körperschall vermieden wird, ist sicherzustellen, dass die Trennfläche selbst nicht mehr in Schwingungen versetzt wird. Um dies zu erreichen, müssten meterdicke, teure Betonwände Verwendung finden. Optimaler ist es den Körperschall so zu konditionieren, dass er im ankommenden Raum den Umgebungsgeräuschpegel nicht bzw. nur geringfügig überschreitet.

Schalldämpfung = Schallabsorption

Bei der Schallabsorption reiben sich die durch Schallwellen in Bewegung versetzten Luftteilchen an einem porigen Absorber. Dabei wird ein Teil der Schallenergie in Wärmeenergie verwandelt. Daraus folgt, dass der bekannte Echoeffekt, wie man ihn aus leeren Räumen kennt, verringert wird. In einem leeren Raum fühlt man sich, bedingt durch diesen Echohalleffekt, unwohl. Stellt man Möbel und andere Einrichtungsgegenstände in diesen Raum, verändert sich das Empfinden positiv. Durch Vorhänge, Lamellen-Stores und weitere Absorptionsmaterialien, wird eine weitere Verbesserung und angenehmere Raumempfindlichkeit erzielt.

Praxis-Beispiel: Wer stört, ist der Mensch mit seiner Stimme

In einem Call-Center entstehen die meisten Störgeräusche durch die menschliche Stimme, deren Frequenzbereich bei 125 bis 2.000 Hz liegt. Sinnvoll ist es folglich, für die schalldämpfenden Elemente in Call-Centern solche auszuwählen, die im Bereich von 125 bis 2.000 Hz die besten Schalldämmwerte aufweisen.

Schalldruckpegel

Verhältnis des Schalldrucks zu einem Referenzwert, der ähnlich zur menschlichen Hörschwelle ist. Während im freien Umfeld der Schallpegel mit zunehmender Entfernung von der Schallquelle abnimmt, ist in einem geschlossenen Raum, bedingt durch die Reflexionen der eingesetzten Materialien und dem Abstand zur Schallquelle, nicht mehr genau zuordenbar.

Schallreflexion

Darunter versteht man die Reflexion von Schallwellen, die auf schallharte Oberflächen treffen.

3 Lärmschutz am Arbeitsplatz

Lärmschutz sollte zu allererst bei der Lärmquelle ansetzen. Bei Maschinen oder Produktionsanlagen kann dies durch leisere Maschinen, Einsatz neuer Technologien wie Verfahren, Dämmen und Dämpfen des Schalls (Isolierung, Kapselung) gelingen.

Der stärkste Lärmverursacher im Büro, das Gespräch, lässt sich dagegen kaum vermeiden, geschweige denn verbieten. Schließlich ist es ja auch das effektivste Kommunikationsmittel. Im Büro wollen Menschen störungsfrei und uneingeschränkt kommunizieren und zugleich durch die Gespräche anderer in ihrer Konzentration nicht beeinträchtigt werden. Dieses Dilemma kann nur ein Kompromiss lösen: die Arbeitsplätze so weit wie möglich akustisch gegeneinander abschirmen, gleichzeitig so wenig wie möglich die Kommunikation einschränken.

Der Stellenwert der Lärm-Belästigung durch Gespräche im Büro ist heute wesentlich größer als früher. Dafür sind v. a. 2 Faktoren ausschlaggebend:

- verbesserte Raumakustik,
- leisere Geräte.

Die Akustik ist in vielen Büros erheblich verbessert worden, Gründe sind:

- Akustik-Decken,
- schallschluckende Bodenbeläge,
- schalldämmende Fenster und Türen.

Praxis-Beispiel: Paradoxon der modernen Büroakustik

Paradox aber wahr: In vielen Büros ist es heutzutage einfach zu still. Der Grundgeräusch-Pegel ist zu niedrig. Folge: Der Pegel-Abstand zwischen der Geräusch-Kulisse im Hintergrund und der menschlichen Kommunikation ist zu groß. Jedes Gespräch übertönt das Grundgeräusch um ein Vielfaches und stört deswegen besonders stark.

Daran wird deutlich, wie wichtig eine notwendige professionelle Schallabsorption ist. Bei den in modernen Büroräumen und Gebäuden immer mehr eingesetzten Materialien und Werkstoffen, wie Glas, harte Bodenbeläge (Fliesen, Parkett, Laminat), Sichtbeton ist eine professionelle Schallabsorption dringend notwendig! Da es sich dabei um schallharte Flächen (schallreflektierende Oberflächen) handelt, die sich negativ auf die akustischen Raum- und Arbeitsbedingungen auswirken, ist ein effizientes Arbeiten nicht gewährleistet.

Es geht folglich um akustischen Komfort, also eine akustische Umgebung, die es erlaubt, die gestellten Arbeitsaufgaben ohne Beeinträchtigung durch Lärm zu erfüllen. Solchen Komfort erreicht man nicht durch Einzelmaßnahmen, vielmehr sind akustische Konzepte gefragt. Solche Konzepte sind für Laien nicht beherrschbar, was den Einsatz von Fachleuten nahezu unverzichtbar macht.

Peter Klatte

Raumklima

Das empfundene Raumklima setzt sich aus den Komponenten Lufttemperatur, Luftfeuchte, Oberflächentemperatur umgebender Körper und Flächen sowie Luftbewegungen zusammen, die einander bedingen und beeinflussen. Außerdem empfinden Menschen raumklimatische Gegebenheiten individuell höchst unterschiedlich. Auch die jeweilige Arbeitssituation und die Frage, ob bestimmte klimatische Bedingungen tätigkeitsspezifisch oder betriebstechnisch vorgegeben sind, spielt bei deren Beurteilung eine wesentliche Rolle. Das macht es im betrieblichen Alltag oft sehr schwer, für ein soweit wie möglich allgemein zufriedenstellendes Raumklima zu sorgen bzw. Klimaprobleme zu analysieren und zu beheben. Das allerdings ist durchaus wichtig, weil ein als unangenehm empfundenes Raumklima die Arbeitszufriedenheit erheblich senkt und gesundheitliche Belastungen auslösen kann.

Gesetze, Vorschriften und Rechtsprechung

Grundlegend ist die Arbeitsstättenverordnung. Sie enthält allgemeine Hinweise auf die Schutzpflicht des Arbeitgebers (§ 3a), zur gesundheitlich zuträglichen Raumtemperatur in Arbeitsräumen und Aufenthalts- und Sanitärbereichen (Anhang 3.5) und zu natürlicher und künstlicher Lüftung (Anhang 3.6).

Die Angaben zu Raumtemperaturen werden in den zugehörigen Arbeitsstättenregeln ASR A3.5 „Raumtemperaturen" und ASR A3.6 „Lüftung" konkretisiert.

Damit ist allerdings nur ein grober Rahmen vorgegeben, in dem viele der in der Praxis auftretenden Probleme nicht völlig geklärt werden können. Branchenspezifisch sind dazu div. berufsgenossenschaftliche Dokumente hilfreich (z. B. DGUV-I 215-510 „Beurteilung des Raumklimas"). Für Detailfragen muss auf das umfangreiche Normenwerk zurückgegriffen werden, das z. B. bei der Auslegung und Steuerung von Raumlufttechnischen Anlagen (RLT) zugrunde gelegt wird.

1 Lufttemperatur

Nach ASR A3.5 ist Lufttemperatur die Temperatur der den Menschen umgebenden Luft ohne die Einwirkung von Wärmestrahlung und Luftfeuchte. Die Raumtemperatur umfasst demgegenüber auch die Wärmestrahlung umgebender Flächen. Werden weitere Größen wie die Luftfeuchte einbezogen, spricht man von Klimasummenmaßen, die zwar u.U. besonders aussagefähig sind, aber größeren messtechnischen Aufwand bedeuten.

Die ASR A3.5 bezieht ihre Aussagen im Wesentlichen auf die Lufttemperatur – ein sehr praxisnaher Ansatz, weil

- im Alltag gängige Temperaturangaben sich auch darauf beziehen,
- sie sich einfach bestimmen lässt und
- sie für die Vielzahl klimatisch „normaler" Arbeitsplätze ausreichend zur Beurteilung der Arbeitsbedingungen ist.

Allerdings wird ausdrücklich darauf verwiesen, dass unter klimatisch besonderen Bedingungen (hohe Luftfeuchte, Wärmestrahlung, Luftgeschwindigkeit) gesonderte Analysen stattfinden müssen (Abschn. 4.1 Abs. 4 ASR A3.5).

Das gilt auch für Arbeitsräume bzw. Tätigkeiten mit erheblichen betrieblich bedingten Belastungen, z.B. durch Wärmlasten (Maschinen, heiße Materialien), aber auch andere belastende Einflüsse (Geruch, besondere Bekleidung usw.).

Die ASR A3.5 enthält Temperaturangaben und Maßnahmenvorschläge für die in **Tab. 1** aufgeführten Fälle.

Überwiegende Körperhaltung	**Arbeitsschwere**		
	leicht	**mittel**	**schwer**
Sitzen	+20 °C	+19 °C	–
Stehen, Gehen	+19 °C	+17 °C	+12 °C

Tab. 1: Mindestlufttemperaturen in Arbeitsräumen in Abhängigkeit von der ausgeübten Tätigkeit

Bei Abweichungen sind zunächst ergänzende technische Maßnahmen (z.B. Zusatzheizungen, Heizmatten) vor organisatorischen (z.B. Vorwärmphasen) und persönlichen Maßnahmen (Bekleidung) zu ergreifen. In anderen Aufenthalts- und Sanitärbereichen muss eine Temperatur von 21 °C während der Nutzungsdauer gegeben sein (in Duschen 24 °C).

1.1 Maximallufttemperaturen in Arbeitsräumen bei Außentemperaturen von unter 26 °C

Die Maximallufttemperaturen in Arbeitsräumen bei Außentemperaturen von unter 26 °C sollen 26 °C nicht überschreiten. Wenn eine solche Überschreitung durch Sonneneinstrahlung ausgelöst wird, sind an den entsprechenden Bauteilen (Fenstern, Fassaden, Oberlichtern) geeignete, effektive Sonnenschutzeinrichtungen erforderlich (z.B. Verschattung außen, in der Verglasung angeordnete oder innenliegende reflektierende Rollos o.Ä., Sonnenschutzverglasungen).

1.2 Lufttemperaturen in Arbeitsräumen bei Außentemperaturen von über 26 °C

Lufttemperaturen innen über 26 °C

Nach ASR A3.5 wird das als eine Belastung eingestuft, die in Einzelfällen zu einer Gesundheitsgefährdung führen könnte, z.B. bei schwerer körperlicher Arbeit, besonderer Arbeits- oder Schutzbekleidung oder bei besonders Schutzbedürftigen (Jungendliche, Ältere, Schwangere, Menschen mit Vorerkrankungen). Daher **sollte** der Arbeitgeber (über den bereits erwähnten effektiven Sonnenschutz hinaus) geeignete Maßnahmen ergreifen. Vorgeschlagen werden (Tabelle 4 in Abschn. 4.4 ASR A3.5):

- effektive Steuerung des Sonnenschutzes (z.B. Jalousien auch nach der Arbeitszeit geschlossen halten),
- effektive Steuerung der Lüftungseinrichtungen (z.B. Nachtauskühlung),
- Reduzierung der inneren thermischen Lasten (z.B. elektrische Geräte nur bei Bedarf betreiben),

- Lüftung in den frühen Morgenstunden,
- Nutzung von Gleitzeitregelungen zur Arbeitszeitverlagerung,
- Lockerung der Bekleidungsregelungen,
- Festlegung zusätzlicher Entwärmungsphasen,
- Nutzung von Ventilatoren.

Zudem sollen bei Lufttemperaturen von mehr als +26 °C geeignete Getränke (z. B. Trinkwasser im Sinne der Trinkwasserverordnung) bereitgestellt werden. Bei mehr als +30 °C ist dies verpflichtend.

Lufttemperatur innen über 30 °C

In diesen Fällen muss der Arbeitgeber wirksame Maßnahmen gemäß → *Gefährdungsbeurteilung* ergreifen, um die Beanspruchung der Beschäftigten zu reduzieren. Dabei gehen technische und organisatorische gegenüber personenbezogenen Maßnahmen vor.

Lufttemperatur innen über 35 °C

Für die Zeit einer solchen Überschreitung ist ein Raum nicht als Arbeitsraum geeignet, wenn nicht weitergehende Maßnahmen ergriffen werden, wie sie bei Hitzearbeit zwar üblich, im betrieblichen Alltag aber kaum durchführbar sind (Luftduschen, Entwärmungsphasen, Hitzeschutzbekleidung).

Praxis-Beispiel: Strahlungsgeschütztes Thermometer verwenden

Lufttemperaturmessungen müssen nach ASR A3.5 strahlungsgeschützt erfolgen. Das ist wichtig, um „Phantasiewerte" zu vermeiden, die z. B. ein Thermometer in der prallen Sonne misst und die oft Ausgangspunkt erregter Debatten sind. Speziell strahlungsgeschützte Thermometer sind zu kaufen, aber teure Profigeräte. Alternativ sollte man bei Messungen darauf achten, Wärmestrahlung von Sonne, Heizkörpern usw. entsprechend abzuschirmen.

Praxis-Beispiel: Was ist warm, was kalt?

Klimaparameter – egal ob Temperatur, Feuchtigkeit oder Luftbewegung – können vom Menschen nicht absolut wahrgenommen werden. Das ist auch nicht nötig, weil der menschliche Organismus in einer vergleichsweise sehr großen Spannbreite in der Lage ist, sich in seinen lebenserhaltenden Funktionen den Umgebungsbedingungen anzupassen. Deshalb sind alle normierten raumklimatischen Vorgaben in gewisser Weise nur Annäherungen, die sich empirisch bewährt haben, deren Einhaltung eigentlich aber keinen Selbstzweck bedeutet.

2 Luftfeuchtigkeit

Die Luftfeuchtigkeit in Innenräumen schwankt in einem großen Bereich. Sie ist unmittelbar an die Lufttemperatur gekoppelt (warme Luft kann mehr Feuchtigkeit halten als kalte) und hängt außerdem ab vom Außenwetter, von der Beschaffenheit des Raums (z. B. Oberflächenmaterialien und -temperaturen) und der Nutzung z. B. Zahl der anwesenden Personen, ausgeübte Tätigkeiten). Relative Luftfeuchtigkeiten von 30 bis 60 % werden i. Allg. als zuträglich angesehen. Eine sehr geringe Luftfeuchtigkeit wird mit gesundheitlichen Belastungen wie Augenbrennen, Austrocknen der Atemwege, Kopfschmerzen in Verbindung gebracht und verstärkt Probleme mit elektrostatischer Aufladung. Eine sehr hohe Luftfeuchtigkeit erschwert die körpereigene Wärmeregulation und wird als drückend empfunden. Außerdem kann sie auf dem Baukörper übergehen und an kalten Stellen zu Schimmelbildung führen.

Auffällig ist, dass der Einfluss der Luftfeuchtigkeit auf das Wohlbefinden oft als sehr hoch eingeschätzt und eine zu geringe Luftfeuchtigkeit als Ursache vieler Übel angesehen wird. Studien zeigen jedoch, dass gerade die relative Luftfeuchtigkeit von Gebäudenutzern kaum realistisch eingeschätzt werden kann und Messwerte weit von dem abweichen, was als aktuelle Empfindung geäußert wird.

Am zuträglichsten scheint es zu sein, die Luftfeuchtigkeit im natürlichen Gleichgewicht der oben beschriebenen Faktoren zu belassen und gewisse Ausreißer nach oben oder unten in Kauf zu nehmen. Insbesondere die künstliche Luftbefeuchtung wirkt sich nicht unbedingt wie erwartet auf das Wohlbefinden aus und bringt erhebliche Nachteile mit sich, v. a. durch die mögliche Keim- und tatsächliche

Geräuschbelastung durch Befeuchtungsgeräte und durch Kondensatbildung an unerwünschten Stellen. Sie empfiehlt sich nur im Rahmen von komplexen raumlufttechnischen Anlagen (s. u.) oder wenn betrieblich unvermeidlich (z. B. in der Papierverarbeitung).

3 Weitere raumklimatisch relevante Größen

Praxis-Beispiel: Unterschiedliche Arten des Wärmetransports

Um Klimaprobleme in Räumen verstehen zu können, z. B. anhaltende Unbehaglichkeit trotz ausreichender Lufttemperatur oder Zugeffekte ohne erkennbare Luftbewegungen, ist es wichtig zu wissen, dass Wärme auf 3 ganz unterschiedlichen Wegen transportiert werden kann:

- Wärmeleitung durch einen Körper (gut leitende Körper wie Metall fühlen sich daher kalt an, schlechte Leiter wie Styropor warm);
- Wärmestrahlung – erfolgt ohne ein Übertragungsmedium, auch im luftleeren Raum (Heizkörper oder Sonne strahlt warm, Fensterflächen oft kalt);
- Konvektion – Transport von Wärme über ein Medium wie Luft oder Flüssigkeit („echter" Zug unter einer undichten Tür, Warmluftgebläseheizung).

3.1 Oberflächentemperaturen

Die gefühlte Temperatur an einem Punkt im Raum wird neben der vorhandenen Lufttemperatur auch von der von umgebenen Körpern abgegebenen Wärmestrahlung bestimmt. Bei Raumklimaproblemen wirken sich häufig kalte Oberflächen nachteilig aus. Typisch sind schlecht isolierte Wände oder Fußböden und große Fensterflächen.

Um die Auswirkung der Kältestrahlung auszugleichen wird meist versucht, eine höhere Lufttemperatur einzustellen. Allerdings können lokale Strahlungskälteeffekte dadurch nicht überlagert werden. Im Ergebnis stellt sich eine extrem ungünstige und belastende Wärmeverteilung ein („kalte Füße – heißer Kopf"). Am sinnvollsten ist es in solchen Situationen, an den Ursachen zu arbeiten (z. B. Fenster oder Wände besser isolieren). Wo das nicht möglich ist, können Abschirmungen helfen (z. B. Bodenmatte oder Teppich am Arbeitsplatz, Raumteiler zwischen Arbeitsplatz und Fenster).

3.2 Wärmeverteilung

Ungünstige Wärmeverteilung kann eine Folge von kalt strahlenden Flächen sein (s. o.), aber auch von Konvektion. Das kann z. B. bei Warmluftheizungen auftreten, wo sich u. U. die warme Luft oben staut, während unten (z. B. durch Zustrom von außen, aus wenig geheizten Treppenräumen o. Ä.) kalte Luftschichten stehen.

Unterstützt wird dieser Effekt, wenn Raumoberflächen und Material (z. B. in wenig genutzten/geheizten Räumen) nicht gleichmäßig mit der Lufttemperatur mit erwärmt werden. Wichtig ist, möglichst schon in der Planung Raumgröße und -nutzung mit Heiz- und Lüftungsmöglichkeit abzustimmen und Strukturen zu schaffen, deren Raumklima in den nötigen Grenzen beherrschbar ist.

3.3 Luftbewegung

Besonders der Strom kälterer Luftmengen, der von außen in einen wärmeren Raum eintritt, wird als äußerst unangenehm empfunden. Dadurch wird die Lufttemperatur vermindert bzw. wärmere Luft verdrängt. Außerdem wird u. U. dem menschlichen Körper ständig Wärme entzogen, was zu Gesundheitsbelastungen (z. B. Muskelverspannungen) führen kann. Zugluft entsteht z. B. durch Undichtigkeiten in der Raumaußenhülle oder durch Druckausgleichsströmungen in der Nähe von Aus- und Eingängen.

Zugeffekte können aber auch innerhalb eines Raums auftreten (z. B. durch Fallwinde an hohen Glasfassaden) oder sie beruhen nicht auf tatsächlichen Luftbewegungen, sondern kalter Strahlung (s. o.). Zugeffekte sind oft kaum messtechnisch zu erfassen, weil schon sehr geringe Luftbewegungen bei entsprechenden Temperaturdifferenzen die beschriebenen Effekte auslösen können. Ursachenforschung geht hier vor Messungen.

Praxis-Beispiel: Wohlfühlklima ist mehr als nur Physik

Auch wenn sich Klimaparameter mit entsprechender Sorgfalt detailgenau bestimmen lassen – Behaglichkeit am Arbeitsplatz ist leider keine exakte Messgröße. Beleuchtung und Farbgestaltung wirken sich z.B. unmittelbar auf das Klimaempfinden aus: Mit Leuchtstofflampen erleuchtete, aber auch dunkle Räume werden z.B. als kühler wahrgenommen, während bestimmte Farbtöne einen Raum wärmer erscheinen lassen.

Auch die psychische Situation, in der ein Raumnutzer sich sieht und die die ganze Bandbreite positiver und negativer Gefühle und Stimmungen mit sich bringen kann, wirkt sich auf die Klimawahrnehmung aus und kann nicht zuletzt auch eine wesentliche Ursache der mit Raumklimaproblemen in Zusammenhang gebrachten Gesundheitsbelastungen sein. Das Wissen um diese Zusammenhänge entbindet nicht davon, vermuteten Klimaproblemen auf den Grund zu gehen und wo möglich Abhilfe zu schaffen. Es hilft aber, manche unerwartete Reaktion oder Einschätzung in solchen Situationen zu verstehen.

4 Lüftung

Durch Lüftung wird dafür gesorgt, dass in ihrer Qualität beeinträchtigte Luft am Arbeitsplatz durch frische Außenluft ausgetauscht wird. Unter Beeinträchtigungen der Luft am Arbeitsplatz werden dabei verstanden:

- Feuchtelasten, z.B. durch Wasserdampfabgabe der im Raum befindlichen Personen oder durch ablaufende Arbeitsprozesse;
- Wärmelasten, z.B. durch Geräte und Anlagen, Sonneneinstrahlung, Beleuchtungsanlagen oder Personen;
- Stofflasten.

Unter Stofflasten werden nach ASR A3.6 Stoffe verstanden, die in der Raumluft auftreten können und deren Zusammensetzung verändern, z.B.

- CO_2 und Geruchsstoffe, die durch anwesende Personen eingebracht werden,
- Emissionen aus Bauprodukten oder Einrichtungsgegenständen (flüchtige organische Stoffe, Fasern, Geruchsstoffe),
- Schimmelsporen bei Schimmelbefall,
- Radon, das in einigen Gebieten Deutschlands natürlicherweise aus dem Untergrund in Gebäude eindringen kann.

Grundsätzlich sollen diese Lasten unter Arbeitsschutzgesichtspunkten möglichst gering gehalten werden oder quellennah abgeführt werden. Die Raumlüftung sorgt dafür, dass verbliebene Lasten Wohlbefinden und Gesundheit der Beschäftigten nicht dauerhaft beeinträchtigen. Für CO_2 (als Stofflast in Räumen mit hoher Personendichte) und Feuchtelasten weist die ASR A3.6 Grenzwerte aus. In der Regel wird dabei davon ausgegangen, dass die außerhalb eines Gebäudes zur Verfügung stehende Außenluft gesundheitlich zuträgliche Atemluft ist und zur Luftverbesserung im Innenraum geeignet ist. Sollte es im Einzelfall vorkommen, dass die Außenluft die entsprechende Qualität nicht hat, weil sie z.B. durch starke Verkehrsimmissionen oder Fortluft aus Absaug- oder Lüftungseinrichtungen benachbarter Gebäude oder Bereiche belastet ist, muss durch entsprechende Maßnahmen für eine einwandfreie Frischluftzufuhr gesorgt werden, z.B. durch Änderung in der Luftführung oder Beseitigung von Emissionsquellen. Die meisten Arbeitsstätten werden nach wie vor frei belüftet, d.h. der Austausch von Innen- und Außenluft vollzieht sich ohne anlagentechnische Unterstützung über Fenster, → *Türen*, Lüftungsöffnungen, -schächte u.Ä. Die ASR A3.6 gibt dazu Mindestöffnungsflächen für unterschiedliche Raumanordnungen und kontinuierliche bzw, Stoßlüftung vor, wobei bei hohen Lasten (s.o.) unter Umständen mehr Lüftungsmöglichkeiten erforderlich sind.

5 Raumlufttechnische Anlagen

Abhängig von Gebäudestruktur und -nutzung kann auf raumlufttechnische Anlagen oft nicht verzichtet werden. Sie können einzelne oder alle klimatischen Parameter umfassen. Bei optimaler Auslegung, Ausführung, Steuerung und Wartung können damit zuträgliche Klimabedingungen erzielt werden, die (besonders bezogen auf mögliche Kühlung im Sommer) als sehr komfortabel empfunden werden.

Allerdings sind RLT-Anlagen nie Selbstläufer. Der Aufwand für Planung, Bau und Betrieb ist hoch (ca. 20 % der Bausumme bei Vollklimatisierung), Veränderungen an der Gebäudestruktur und -nutzung sind nicht ohne Anpassungen möglich. RLT-Anlagen sind damit sicher kein Allheilmittel gegen Raumklimaprobleme – im Bestand sind sie eher eine Notlösung, wenn andere Maßnahmen nicht greifen.

Cornelia von Quistorp

REACH

REACH steht für eine europäische Verordnung, mit der das Chemikalienrecht in der EU umfassend neu strukturiert wurde. Das Regelwerk besteht aus mehreren Bausteinen, die in der Abkürzung REACH (Registrierung = „Registration", Bewertung = „Evaluation", Zulassung = „Authorisation" und Beschränkung chemischer Stoffe = „Chemicals") zusammengefasst werden.

Gesetze, Vorschriften und Rechtsprechung

Die REACH-Verordnung (1907/2006/EG) ist am 1.6.2007 in Kraft getreten und regelt die Registrierung, Bewertung, Zulassung und Beschränkung chemischer Stoffe im europäischen Binnenmarkt. Alle Bestimmungen sind in den jeweiligen Mitgliedsstaaten direkt wirksam und müssen anders als beispielsweise Arbeitsschutzrichtlinien nicht in nationales Recht umgesetzt werden. Das Hauptziel von REACH ist der Schutz der menschlichen Gesundheit und der Umwelt und dafür werden marktrechtlich verbindlich die Herstellung, das Inverkehrbringen und die Verwendung chemischer Stoffe (als solche oder auch in Gemischen bzw. Erzeugnissen) geregelt.

1 Registrierung

Jeder Stoff, der in einer Menge von mindestens einer Jahrestonne von einem Hersteller oder Importeur produziert bzw. in die EU eingeführt wird, unterliegt der Registrierungspflicht.

Dabei ist jeder Hersteller bzw. Importeur grundsätzlich selbst für die Registrierung des von ihm in Verkehr gebrachten Stoffs verantwortlich. Die betroffenen Unternehmen sind jedoch gehalten, sich zu Konsortien zusammenzuschließen und die Registrierung für jeweils gleiche Stoffe gemeinsam durchzuführen.

Für die Registrierung reicht der Hersteller oder Importeur bei der zentralen europäischen Behörde – der Europäischen Chemikalienagentur (ECHA) – ein Registrierungsdossier ein. Das Registrierungsdossier umfasst ein technisches Dossier und bei Stoffen, die in einem Umfang von 10 Jahrestonnen oder mehr hergestellt oder eingeführt werden, zusätzlich einen → *Stoffsicherheitsbericht* (CSR). Sobald das Registrierungsdossier vollständig ist, weist die ECHA dem betreffenden Stoff eine Registrierungsnummer zu.

> **Praxis-Beispiel: Stoffe in Gemischen und Erzeugnissen**
>
> Auch Stoffe in Gemischen oder Erzeugnissen können von der Registrierungspflicht betroffen sein. So muss beim Import von Gemischen in die EU jeder enthaltene Inhaltsstoff, der die Mengenschwelle von einer Jahrestonne erreicht oder überschreitet, vom Importeur registriert werden, es sei denn es gelten spezielle Ausnahmen von der Registrierungspflicht. Ein Produzent bzw. Importeur von Erzeugnissen muss einen darin enthaltenen Stoff dann registrieren, wenn der Stoff unter üblichen Verwendungsbedingungen freigesetzt werden soll und in einer Menge von insgesamt mehr als einer Tonne pro Jahr in diesen Erzeugnissen enthalten ist.

Registrierungspflichtige Stoffe, die nicht registriert worden sind, dürfen weder hergestellt noch vermarktet werden. Dieser Grundsatz spiegelt sich auch in den Erwägungsgründen der REACH-Verordnung wider und folgt einer einfachen Philosophie: keine Daten, kein Markt! Für Phase-in-Stoffe (im Wesentlichen Altstoffe, die bereits vor 1981 auf dem Markt waren) galten Übergangsbestimmungen, aber seit dem 1.6.2018 müssen Alt- und Neustoffe, die über einer Jahrestonne in der EU in Verkehr gebracht werden, bei der ECHA registriert werden. Wesentliche Grundinformationen sind damit zu allen Stoffen bekannt und können über die ECHA-Webseite abgefragt werden. Unternehmen, die erstmals registrierungspflichtige Stoffe mit mehr als einer Tonne pro Jahr in der EU herstellen oder in Verkehr bringen möchten, müssen diese vorher registrieren. Relevant kann das auch werden, wenn ein Exportland aus der EU austritt (z. B. Brexit).

Wirkstoffe zur Verwendung in Pflanzenschutzmitteln oder Biozid-Produkten gelten als registriert, soweit sie den einschlägigen Richtlinien entsprechen. Außerdem galt eine Anmeldung von Stoffen, die bereits nach der EG-Richtlinie 67/548/EWG durchgeführt wurde, als Registrierung. Hier musste lediglich eine Registrierungsnummer für diese „Neustoffe" beantragt werden.

Allerdings sieht die REACH-Verordnung einige Ausnahmen von der Registrierungspflicht vor, z. B. für Abfälle, Stoffe in Arzneimitteln, Stoffe in Lebensmitteln, bestimmte Naturstoffe oder nicht-isolierte Zwischenprodukte (weitere Ausnahmen: s. Art. 2 sowie Anhang IV und Anhang V REACH-VO). Sonderregelungen gibt es darüber hinaus für Polymere: Während es für das Polymer an sich grundsätzlich keine Registrierungspflicht gibt, müssen die im Polymer enthaltenen Monomere ggf. registriert werden (s. Art. 6 REACH-VO). Erleichterungen können unter gewissen Rahmenbedingungen für isolierte Zwischenprodukte in Anspruch genommen werden (s. Art. 17 und 18 REACH-VO); außerdem können Stoffe für die produkt- und verfahrensorientierte Forschung für einen bestimmten Zeitraum von der Registrierungspflicht ausgenommen werden (s. Art. 9 REACH-VO).

Wichtig ist außerdem, dass mit steigendem Volumen die Anforderungen an die Informationen zu den registrierten Stoffen steigen. Während bei einer Jahresmenge von 1 bis 10 Tonnen die toxikologischen Daten zu Augen- und Hautreizung (weitere s. Anhang VII REACH-VO) im Registrierungsdossier eingereicht werden müssen, sind bei einem vermarkteten Volumen von 100 bis 1.000 Tonnen pro Jahr auch Informationen zu chronischer Toxizität und Reproduktionstoxizität (weitere siehe Anhang IX REACH-VO) vorzulegen.

2 Bewertung

Die Bewertung steht für eine Überprüfung des Registrierungsdossiers durch die Behörden. Man unterscheidet zwischen der sog. „Dossierbewertung" und „Stoffbewertung".

Die Dossierbewertung wird von der ECHA durchgeführt und dient vorwiegend der Qualitätssicherung der Daten und der Vermeidung unnötiger Tierversuche. Die ECHA prüft zum einen sämtliche eingereichten Versuchsvorschläge, zum anderen werden die eingereichten Registrierungsdossiers auf Vollständigkeit und Plausibilität überprüft. Ursprünglich waren dafür mindestens 5 % der in einem Tonnageband registrierten Stoffe vorgesehen (s. Art. 41 Abs. 5 REACH-VO), aber dieser Prüfauftrag wird sich in absehbarer Zeit ändern und über sog. Ermächtigungsverordnungen der EU-Kommission wird die ECHA vermutlich alle Registrierungen prüfen.

Bei Verdacht auf ein entsprechendes Risiko für die menschliche Gesundheit oder Umwelt kann ein Stoff außerdem einer Stoffbewertung unterzogen werden. Die Stoffbewertung wird von den nationalen Behörden der Mitgliedsstaaten durchgeführt. Die für die Stoffbewertung vorgesehenen Stoffe werden jährlich über einen rollierenden Arbeitsplan (CoRAP) veröffentlicht. Als Folge der Stoffbewertung können ggf. weitere Untersuchungsdaten nachgefordert werden, die auch von Standardforderungen nach REACH abweichen können. Liegen zu einem Stoff dann alle zur Bewertung notwendigen Informationen vor, können unter Umständen auch Folgemaßnahmen – wie eine Zulassung oder eine Beschränkung – initiiert werden.

3 Zulassung

Stoffe, die als besonders besorgniserregend (s. Art. 57 REACH-VO) identifiziert wurden, unterliegen nach Aufnahme in den Anhang XIV der REACH-Verordnung einer Zulassungspflicht . Für dieses besondere Verbot mit Erlaubnisvorbehalt kommen z.B. krebserzeugende, erbgutverändernde, fortpflanzungsgefährdende (der Kat. 1A/1B) oder persistente Stoffe infrage.

Die in Anhang XIV der REACH-Verordnung gelisteten Stoffe werden mit einem „Ablauftermin" versehen. Nach dem „Ablauftermin" darf der betreffende Stoff ohne eine genehmigte Zulassung weder in Verkehr gebracht noch verwendet werden. Es besteht die Möglichkeit, dass bestimmte Anwendungen des betreffenden Stoffs von der Zulassungspflicht ausgeklammert werden.

Praxis-Beispiel: Zulassungsantrag

Ein Antrag auf Zulassung muss spätestens 18 Monate vor Ablauf des „Ablauftermin" bei der ECHA eingereicht werden (sog. „Antragsschluss"). Sowohl Hersteller, Importeure als auch nachgeschaltete Anwender können den Antrag stellen. Die Entscheidung über die Zulassungsanträge trifft die EU-Kommission. Um eine Zulassung zu erhalten, muss der Antragsteller nachweisen, dass die Risiken des Stoffs bei seinem Einsatz angemessen beherrscht sind. Ggf. muss der Antragsteller außerdem einen Nachweis erbringen, dass der sozioökonomische Nutzen die Risiken überwiegt und es keine geeigneten Alternativstoffe bzw. -technologien gibt. Sind geeignete Alternativen verfügbar, muss der Antrag auf Zulassung darüber hinaus einen Substitutionsplan umfassen, mit dem dargelegt wird, durch welche Maßnahmen der zulassungspflichtige Stoff langfristig ersetzt werden soll.

Wird eine Zulassung erteilt, so bezieht sich diese ausschließlich auf einen oder mehrere Verwendungszwecke. Gegebenenfalls sind mit der Zulassung weitere Auflagen hinsichtlich der Überwachung des betreffenden Stoffs verbunden. Für jede Zulassung wird außerdem eine einzelfallbezogene Überprüfungsfrist (i.d.R. liegen diese bei 4, 7 oder 12 Jahren) festgelegt. Für den Erhalt der Zulassung muss spätestens 18 Monate vor Ablauf dieser Frist erneut ein Überprüfungsbericht vorgelegt werden. Unabhängig davon kann die EU-Kommission – z.B. bei neuen Informationen über Ersatzstoffe – eine Überprüfung der Zulassung einfordern, die unter den entsprechenden Rahmenbedingungen eine Widerrufung der Zulassung nach sich ziehen kann.

Die Zulassung eines Stoffs mit seinen erlaubten Anwendungen wird mit einer Zulassungsnummer versehen und in einer Datenbank öffentlich publiziert. Werden zulassungspflichtige Stoffe in einem Gemisch in Verkehr gebracht, muss der Zulassungsinhaber die Zulassungsnummer auf das Etikett aufbringen, bevor das Gemisch in Verkehr gebracht wird. Nachgeschaltete Anwender, die Stoffe im Rahmen einer bereits zugelassenen Anwendung einsetzen, unterliegen außerdem einer Meldepflicht an die ECHA.

Ausnahmen von der Zulassungspflicht gelten z.B. für Zwischenprodukte, für die Verwendung von Stoffen im Rahmen der wissenschaftlichen Forschung und Entwicklung und der Verwendung in Pflanzenschutzmitteln und Biozid-Produkten.

4 Beschränkung

Regelungen für die Beschränkung der Herstellung, das Inverkehrbringen und die Verwendung bestimmter gefährlicher Stoffe, Gemische und Erzeugnisse (sog. „Stoffverbote") sind über Art. 67 ff. in Verbindung mit Anhang XVII der REACH-Verordnung festgelegt.

5 Das Sicherheitsdatenblatt

Die REACH-Verordnung definiert ebenfalls die für das Sicherheitsdatenblatt maßgeblichen Anforderungen (s. Art. 31 und Anhang II REACH-VO). Nach erfolgter Registrierung von chemischen Stoffen wird das Sicherheitsdatenblatt ggf. um einen Anhang ergänzt (sog. „erweitertes Sicherheitsdatenblatt"). In diesem Anhang zum → *Sicherheitsdatenblatt* werden – als Ergebnis des Stoffsicherheitsberichtes – Risikomanagementmaßnahmen für bestimmte Verwendungen in Form von sog. „Expositionsszenarien" bzw. „Verwendungs- und Expositionskategorien" aufgeführt.

Romy Marx

Resilienz

Mit dem Begriff Resilienz wird im psychologischen Sinne die Widerstandsfähigkeit von Menschen gegenüber Belastungen, andauerndem Stress und Veränderungen oder Traumata bezeichnet. Resilienz ist die Fähigkeit, sich von Krisensituationen ohne anhaltende Beeinträchtigungen zu erholen. Bislang gibt es kein einheitliches Verständnis davon, welche Eigenschaften oder Verhaltensweisen genau mit dem Begriff Resilienz gemeint sind, es gibt unterschiedliche Konzepte. Einige dieser Konzepte beinhalten auch einen Wachstumsgedanken: Demnach sind Menschen besonders resilient, die an Krisen wachsen und Veränderungen als Chance begreifen.

Der Begriff Resilienz kann nicht nur auf einzelne Menschen (individuelle Resilienz), sondern auch auf Gruppen oder Organisationen und Unternehmen (organisationale Resilienz) angewandt werden. Er wird auch auf natürliche oder technische Systeme bezogen (Öko- oder Wirtschaftssysteme). Ein System ist resilient, wenn es seine Funktionen angesichts äußeren oder inneren Wandels aufrechterhält oder wenn es sie im Notfall auf erträgliche und allmähliche Weise einschränkt.

1 Erläuterungen zum Begriff der Resilienz

1.1 Herkunft des Begriffs

Der Begriff Resilienz leitet sich vom lateinischen Verb resilire ab, das so viel wie zurückspringen oder abprallen bedeutet.

Ursprünglich wurde der Begriff Resilienz in der Physik, insbesondere in der Werkstoffkunde, verwendet. Hier ist damit die Eigenschaft eines Werkstoffs gemeint, nach einer Verformung durch Druck und Belastung von außen wieder in die ursprüngliche Form zurückzufinden. Z. B. ist ein Klumpen Lehm wenig resilient, er verbleibt in seiner neuen Form, wenn er zusammengedrückt wird. Ein Schwamm dagegen ist als Stoff deutlich resilienter, da er in seine alte Form zurückspringt, nachdem der Druck nachgelassen hat.

1.2 Bedeutung in der Psychologie

Seit einigen Jahrzehnten wird der Begriff auch in der Psychologie (und anderen Disziplinen) verwendet. Zuerst wurde der Begriff vorwiegend auf die Entwicklung von Kindern und Jugendlichen bezogen. So führte die Psychologin Emmy Werner Anfang der 1950er-Jahre Forschungen auf Hawaii zur Entwicklung von Kindern aus schwierigen Familienverhältnissen durch. Sie versuchte, diejenigen Schutzfaktoren zu finden, die bei einem Teil der Kinder zu einer positiven Entwicklung zu stabilen und gut integrierten Erwachsenen führten. Inzwischen wurden in zahlreichen Studien wichtige Resilienzfaktoren für Kinder und Jugendliche gefunden (s. Abschn. 2.1).

Daher gehört Resilienz inzwischen in den Ausbildungsstoff von Erzieherinnen und Erziehern sowie von Lehrern. Es gibt verschiedene Programme zur Entwicklung von Resilienz in verschiedenen Institutionen der Erziehung und Sozialarbeit.

Da psychische Belastungen auch bei Erwachsenen zunehmend die öffentliche Aufmerksamkeit finden, wurde der Resilienzgedanke inzwischen auch auf Erwachsene übertragen. Allerdings gibt es nach wie vor kein einheitliches Konzept der Resilienz. Einige Forscher bezweifeln, dass Resilienz überhaupt ein neuer Ansatz gegenüber bereits existierenden psychologischen Konzepten ist (z. B. Coping, Hardiness, Salutogenese). Andere Wissenschaftler sehen in der Resilienz durchaus ein eigenes Konstrukt, fassen dennoch unterschiedliche Fähigkeiten oder Verhaltensweisen darunter.

Praxis-Beispiel: Resilienz lässt sich trainieren

Es wird davon ausgegangen, dass Resilienz zu einem gewissen Teil genetisch bestimmt ist, dass zur Resilienz aber auch Einstellungen, Verhaltensweisen und Fähigkeiten gehören, die sich fördern und trainieren lassen.

Gerade in der betrieblichen Gesundheitsförderung gewinnt das Resilienzkonzept immer mehr an Bedeutung. Es wird als eine vielversprechende Möglichkeit zur Prävention von psychischer Beanspruchung, negativen Stressfolgen und → *Burnout* angesehen. Da auch in den nächsten Jahrzehnten mit einer zunehmenden → *Stress*belastung in Unternehmen gerechnet werden muss, wird die Förderung der Resilienz zu einem zusätzlichen Interventionsansatz der Gesundheitsförderung, neben der Verringerung der eigentlichen Stressbelastung.

Es wird allerdings auch Kritik am Resilienzkonzept und seiner Anwendung in der betrieblichen Gesundheitsförderung geäußert. Kritiker meinen, dass durch die Resilienzförderung Arbeitnehmer möglicherweise nur fit gemacht werden sollen für eine psychisch immer belastendere Arbeitswelt. Der Fokus solle stattdessen auf die Verbesserung der Arbeitsbedingungen, also z.B. die Reduzierung der Stressbelastung, gelegt werden.

1.3 Wirkungen der Resilienz

Verschiedene Forschungsprojekte haben gezeigt, dass sich eine gute Resilienz nicht nur in einem günstigen Umgang mit Krisen und deren Bewältigung zeigt, sondern auch noch umfassendere Auswirkungen hat. So konnten als Folgen einer ausgeprägten Resilienz folgende Effekte gezeigt werden:

- weniger körperliche Beschwerden,
- schnellere Erholung,
- weniger Ängste,
- weniger Depressionen,
- mehr Lebenszufriedenheit.

Es scheint also, dass Resilienz sich deutlich positiv auf das gesamte (körperliche, psychische und soziale) Wohlbefinden der Menschen auswirkt.

2 Resilienzkonzepte

Dem Begriff Resilienz liegt kein einheitliches psychologisches Konzept zugrunde. Verschiedene Forscher und Experten arbeiten mit unterschiedlichen Konzepten, die sich zwar teilweise überschneiden, aber jeweils andere Faktoren umfassen oder die Wichtigkeit der einzelnen Faktoren anders gewichten. Wichtig für die praktische Arbeit in der Resilienzförderung ist aber, ein Konzept zugrunde zu legen, damit Maßnahmen nicht beliebig, sondern nachvollziehbar durchgeführt werden.

2.1 Faktoren der Resilienz

In verschiedenen Studien an Kindern und Jugendlichen wurden wichtige Resilienzfaktoren gefunden. Dazu gehören u.a.

- Halt in festen emotionalen Beziehungen,
- Übernahme von Verantwortung,
- die Fähigkeit, offen auf andere zuzugehen.

In allen psychologischen Resilienzmodellen werden sowohl äußere Kraftquellen und Schutzfaktoren, als auch innere genannt. Bei den äußeren Schutzfaktoren wird immer ein stabiles soziales Netzwerk genannt. Zu den inneren Resilienzfaktoren eines Menschen können bestimmte Verhaltensweisen gehören, z.B. Probleme aktiv anzupacken. Es gehören aber auch Einstellungen und Moralvorstellungen dazu, die in schwierigen Situationen Halt geben können.

Das Interesse an Resilienz ist im Moment auch deswegen so groß, weil davon ausgegangen wird, dass sich viele der Resilienzfaktoren sowohl im Kindes-, als auch im Erwachsenenalter gezielt einüben und trainieren lassen. Es lassen sich Maßnahmen ableiten, die Menschen dazu verhelfen können, mit unvermeidlichen → *Stress*situationen und Belastungen im Leben besser umzugehen.

2.2 Die 7 Säulen der Resilienz

2.2.1 Modell nach Ursula Nuber

Das Resilienzmodell, das in Deutschland eine recht weite Verbreitung gefunden hat und manchmal als das einzige existierende Modell dargestellt wird, sind die „7 Säulen der Resilienz", die Ursula Nuber zusammengestellt hat[1]:

1. **Optimismus**: Grundlage jeder Krisen- und Konfliktbewältigung ist der Glaube daran, dass Krisen zeitlich begrenzt und überwindbar sind. Optimismus beinhaltet auch die Überzeugung, auf die Ereignisse im Leben Einfluss ausüben zu können.
2. **Akzeptanz**: Krisen werden akzeptiert, den Tatsachen wird ins Auge geblickt, sodass Schritte zur Bewältigung unternommen werden können.
3. **Lösungsorientierung**: Es werden Lösungen für die Krise gesucht und der Versuch unternommen, die Kontrolle über das Leben zurückzugewinnen.
4. **Opferrolle verlassen**: Sich wieder auf die eigenen Stärken besinnen und die Realität angemessen interpretieren. Sich wie ein „Stehaufmännchen" verhalten.
5. **Verantwortung übernehmen**: Weder die Schuld auf andere schieben, noch sich selbst zum Sündenbock machen, sondern in angemessener Weise Verantwortung für das eigene Handeln übernehmen.
6. **Netzwerkorientierung**: Ein stabiles Netzwerk aufbauen und pflegen.
7. **Zukunftsplanung**: Durch gute Vorbereitung sollen zukünftige Krisen möglichst vermieden, zumindest aber möglichst gut bewältigt werden.

2.2.2 Modell nach „Project Resilience"

Ein Forschungsprojekt aus Washington, USA, identifizierte ebenfalls 7 grundlegende Säulen der Resilienz, die sich von den deutschen 7 Säulen unterscheiden:

1. **Einsicht suchen**: Suchfragen stellen und ehrliche Antworten geben.
2. **Unabhängigkeit**: das Recht auf sichere Grenzen zwischen sich und anderen.
3. **Beziehungen**: enge und erfüllende Beziehungen suchen und aufrechterhalten.
4. **Initiative**: Probleme aktiv anpacken.
5. **Kreativität**: Frustration und Schmerz künstlerisch ausdrücken.
6. **Humor**: das Komische im Tragischen finden, über sich selbst lachen.
7. **Moral**: Wissen, was gut und schlecht ist, für diesen Glauben auch gewillt sein, Risiken einzugehen.

2.3 Die 10 Schritte der American Psychological Association

Nach den Terroranschlägen des 9.11.2001 hat der amerikanische Berufsverband der Psychologinnen und Psychologen APA unter dem Titel „The Road to Resilience" einen Handlungsleitfaden herausgebracht. Mit dessen Hilfe sollte es u.a. den traumatisierten Menschen ermöglicht werden, dieses Ereignis und zukünftige Krisen besser zu bewältigen.

Diese 10 Schritte werden zum Resilienz-Aufbau empfohlen:

1. Soziale Kontakte schließen.
2. Probleme nicht als unüberwindlich ansehen.
3. Veränderungen als Teil des Lebens sehen.
4. Ziele anstreben.
5. Zum Handeln entschließen.
6. Auf Wachstumschancen achten.
7. Positives Selbstbild aufbauen.
8. Perspektive bewahren.
9. Optimistisch bleiben.
10. Für sich selbst sorgen.

---

1 Psychologie heute, 5/1999.

2.4 Das Resilienzmodell von Al Siebert

Der amerikanische Psychologe Al Siebert hat ebenfalls ein Resilienzmodell entwickelt, dessen Besonderheit ein stufenweiser Aufbau ist. Er stellt nicht alle Faktoren nebeneinander, sondern unterscheidet eine Grundstufe mit Basisfertigkeiten und -verhaltensweisen, die sich erlernen lassen. Darüber stellt er eine Aufbaustufe, die fortgeschrittenere Fähigkeiten und Einstellungen umfasst (**Abb. 1**).

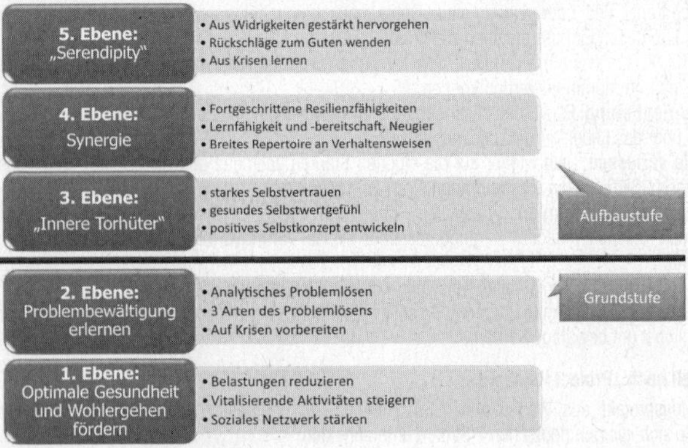

Abb. 1: Resilienzmodell nach Al Siebert

Für die einzelnen Stufen empfiehlt Siebert jeweils Übungen zur Förderung resilienter Verhaltensweisen oder Einstellungen. Dieses Modell eignet sich auch gut als Grundlage für die Resilienzförderung im Betrieb, da es explizit die Punkte Gesundheit fördern und Belastungen reduzieren enthält. Auch das Erlernen von Techniken zur Problemlösung ist im betrieblichen Kontext gut anwendbar.

3 Förderung der individuellen Resilienz

Je nachdem, welches Resilienzmodell zugrunde gelegt wird, ergeben sich unterschiedliche Möglichkeiten zur Förderung der Resilienz. Sinnvoll scheint auf jeden Fall ein möglichst frühzeitiges und präventives Vorgehen zu sein. So gibt es in den USA seit Langem Resilienzförderungsprogramme für Schüler, auch in Deutschland wird die Resilienzentwicklung bei Kindern für sehr wichtig gehalten.

Eine gezielte Förderung der Resilienz ist ebenfalls angezeigt bei Risikogruppen, die z.B. durch ihren Beruf großen Belastungen ausgesetzt sind. In den USA wird ein Programm zur Förderung der Resilienz von Soldaten in der Armee eingesetzt. Aber auch andere Zielgruppen, z.B. Mitarbeiter auf Intensivstationen in Krankenhäusern oder in Beschwerdeabteilungen, können sicherlich von einer Resilienzförderung profitieren.

Es kann davon ausgegangen werden, dass jeder Mensch eine eigene Mischung aus Fähigkeiten und Einstellungen hat, die die persönliche Resilienz ausmachen. So können ausgeprägte Stärken in einem Bereich wahrscheinlich Schwächen in einem anderen ausgleichen. Es gibt also keinen Fähigkeitskanon, über den jeder verfügen muss, sondern eher eine Art Werkzeugkoffer, aus dem sich jeder Mensch die für ihn passenden Methoden in geeigneter Ausprägung zusammenstellt.

Da Resilienz viel mit den persönlichen Einstellungen zu tun hat, lässt sich Resilienz auch durchaus im Eigenstudium weiterentwickeln, z.B. mithilfe von Büchern. Sinnvoller erscheint jedoch die Vermittlung in Gruppen, z.B. durch Resilienztrainings, wegen der verbesserten Lerneffekte durch Lernen am Modell oder Hinterfragen eigener Einstellungen.

Resilienztrainings sollten, je nach verwendetem Resilienzkonzept, einige oder alle der folgenden Faktoren thematisieren:

- **Begriffsklärung**: Was ist Resilienz? Eigenschaften resilienter Menschen.
- **Einschätzung der eigenen Resilienz**
- **Gesundheit und Wohlbefinden optimieren**: Kraftquellen erschließen, Belastungen reduzieren.
- **Soziales Netz stärken**: Einschätzung des vorhandenen sozialen Netzes und Möglichkeiten zum Ausbau oder zur Stärkung finden.
- **Probleme lösen**: Verschiedene Techniken zur Lösung von Problemen erlernen.
- **Selbstvertrauen stärken**: Nur das Bewusstsein, mit Krisen umgehen zu können, ermöglicht es, Probleme überhaupt aktiv anzupacken.
- **Optimismus üben**: Eigene Einstellungen und Gedankenmuster erkennen, kritisch hinterfragen und ggf. zum Positiven verändern.
- **Akzeptanz von Krisen**: Krisen und Veränderungen als Teil des Lebens begreifen. Krisen auch als Wachstumschancen und Möglichkeit für Lernerfahrungen erkennen lernen.
- **Resilienzentwicklungsplan**: Jeder Teilnehmer an einem Resilienztraining sollte planen, welche resilienzfördernden Aktivitäten nach dem Training ausgeführt werden.

Resilienztrainings können in verschiedenen Settings angeboten werden, z.B. als offene Seminare für Teilnehmer, die aus unterschiedlichen Bereichen kommen und sich im Allgemeinen nicht kennen. Auch viele Unternehmen bieten inzwischen Resilienztrainings für ihre Mitarbeiter an, teilweise auch spezielle Trainings für Führungskräfte.

4 Organisationale Resilienz

Der Begriff Resilienz kann auch auf ganze Systeme, z.B. Organisationen und Unternehmen, angewendet werden. Hier ist die Begrifflichkeit allerdings noch weniger geklärt und vereinheitlicht, als bei der Resilienz von Personen.

Es stellt sich die Frage nach geeigneten Messgrößen von Resilienz in Organisationen. Soll z.B. eine besonders langlebige Organisation als resilient bezeichnet werden? Unter diese Kategorie würden dann auch Kirchen oder Behörden fallen. Oder sollen Organisationen als resilient gelten, die besonders produktiv und erfolgreich sind? Auch ein gelungener Umgang mit Veränderungen oder eine geringe Fluktuation könnten Messgrößen der Resilienz sein.

Es gibt auch noch kein einheitliches Verständnis von den Resilienzfaktoren für Organisationen. Auch hier ist davon auszugehen, dass es keinen einheitlichen Satz von Resilienzfaktoren geben kann, der auf jedwede Organisation anwendbar ist. So verdanken z.B. Behörden ihre Widerstandsfähigkeit gegenüber Veränderungen eher äußeren Stützfaktoren wie einer sehr starren Hierarchie und ausgefeilten Regelsystemen. Start-up-Unternehmen müssten sicherlich ganz andere Eigenschaften aufweisen, um als resilient zu gelten.

Hilfreiche Strategien zu Stärkung der organisationalen Resilienz könnten z.B. sein:

- Analyse von eigenen Stärken und Schwächen;
- Reduktion von Risiken, Aufbau von Kraftquellen und Reservesystemen;
- Krisenszenarien und Frühwarnsysteme aufbauen und für die gravierendsten Risiken Aktionspläne erstellen;
- Problemlösefähigkeiten von Mitarbeitern, Führungskräften und Teams stärken;
- soziale Kontakte und den Zusammenhalt innerhalb der Organisation stärken;
- Resilienz der Führungskräfte fördern;
- Resilienz in die Personalauswahl und -entwicklung integrieren;
- gemeinsame Werte entwickeln und eine Kultur der gegenseitigen Unterstützung leben.

Julia Scharnhorst

Rettungskette

Die Rettungskette ist eine schematische Darstellung der Hilfeleistung nach einer Vergiftung, Erkrankung oder einem Unfall, die mit den einfachen Sofortmaßnahmen beginnt und bei der Versorgung im Krankenhaus endet.

1 Glieder der Rettungskette

Die Rettungskette besteht aus den einzelnen Gliedern

- Sofortmaßnahmen,
- weitere Maßnahmen,
- Rettungsdienst,
- Krankenhaus.

Es gibt auch Darstellungen, die den → *Notruf* als gesondertes Glied der Rettungskette darstellen.

1.1 Sofortmaßnahmen

Die Sofortmaßnahmen sind das erste und mitunter auch wichtigste Glied der Rettungskette.

Dazu gehören Maßnahmen wie

- Absichern einer Unfall- oder Gefahrenstelle,
- Herz-Lungen-Wiederbelebung,
- stabile Seitenlage,
- Stillen starker und bedrohlicher Blutungen.

Die Sofortmaßnahmen dienen dazu, die lebenswichtigen Funktionen aufrecht zu erhalten oder wiederherzustellen und den Verletzten vor weiteren akuten Gefährdungen zu bewahren.

1.2 Weitere Maßnahmen

Das zweite Glied der Rettungskette sind die sog. „weiteren Maßnahmen". Dazu gehören Maßnahmen wie

- Verbinden kleinerer, nicht lebensbedrohlicher Wunden,
- Versorgen von Brüchen,
- Betreuung der Verletzten.

Die weiteren Maßnahmen dienen dazu, den Betroffenen bis zur weiteren Behandlung durch den Rettungsdienst adäquat weiterversorgen zu können.

Die Glieder Sofortmaßnahmen und weitere Maßnahmen bilden gemeinsam die → *Erste Hilfe* und stellen damit die Maßnahmen dar, die i. d. R. durch Laienhelfer durchgeführt werden, bevor der Betroffene fachgerecht weiterversorgt werden kann.

1.3 Rettungsdienst

Das dritte Glied der Rettungskette ist die rettungsdienstliche Versorgung des Betroffenen. Der Rettungsdienst versorgt den Betroffenen weiter und führt evtl. die Maßnahmen der → *Ersthelfer* fort. Anschließend wird der Betroffene durch den Rettungsdienst in ein entsprechendes Krankenhaus transportiert.

1.4 Krankenhaus

Das Krankenhaus ist das letzte Glied der Rettungskette.

Hier wird der Betroffene ärztlich weiterversorgt und evtl. bis zur vollständigen Heilung der Verletzungen aufgenommen.

2 Aufbau der Rettungskette

Häufig wird die Rettungskette als eine Art Treppe dargestellt, bei der ganz unten die Sofortmaßnahmen und ganz oben das Krankenhaus dargestellt sind. Diese Darstellung der Rettungskette verdeutlicht die Qualifikationen des Personals, das Hilfe leistet.

Die beiden ersten Glieder, die die → *Erste Hilfe* bilden, sollten allerdings nicht außer Betracht gelassen werden.

Zum einen ist es der → *Ersthelfer*, der die Rettungskette erst in Gang setzt und damit die qualifizierte Versorgung durch Rettungsdienst und Krankenhaus gewährleistet. Zum anderen können in bestimmten Notfällen die Überlebenschancen des Betroffenen, der nicht die entsprechenden Maßnahmen der Ersten Hilfe erfährt, sehr stark sinken.

Entsprechend dieser Tatsache und der besonderen Bedeutung des Ersthelfers lässt sich die Grundregel: „Jede Kette ist nur so stark, wie ihr schwächstes Glied" auch für den Bereich der Notfallmedizin aufstellen.

Steffen Pluntke

Risikowerte

Risikowerte gelten für krebserzeugende Stoffe, für die derzeit kein → *Arbeitsplatzgrenzwert* (AGW) festgelegt werden kann. Der Ausschuss für Gefahrstoffe (AGS) legt diese stoffspezifischen Konzentrationen fest auf der Grundlage des Risikos, an Krebs zu erkranken. Die Risiken beziehen sich auf „eine Arbeitslebenszeit von 40 Jahren bei einer kontinuierlichen arbeitstäglichen Exposition":

- Das **Akzeptanzrisiko** liegt übergangsweise bei 4:10.000, spätestens ab 2018 bei 4:100.000. Schadenseintritt ist möglich..
- Das **Toleranzrisiko** beträgt 4:1.000. Hier ist ein Schadenseintritt wahrscheinlich, Beschäftigte dürfen höheren Konzentrationen nicht ausgesetzt werden.

Aus den festgelegten Akzeptanz- bzw. Toleranzrisiken ergeben sich 3 Risikobereiche:

- Unterhalb des Akzeptanzrisikos: Bereich der Grundmaßnahmen;
- Zwischen Akzeptanz- und Toleranzrisiko: Maßnahmen sind erforderlich;
- Oberhalb des Toleranzrisikos: Gefahrenbereich.

Gesetze, Vorschriften und Rechtsprechung

Bekanntmachung zu Gefahrstoffen 910 „Risikowerte und Exposition-Risiko-Beziehungen für Tätigkeiten mit krebserzeugenden Stoffen". Es gilt:

- die festgelegten Risikogrenzen beziehen sich auf das Einzelstoffrisiko;
- enthält Maßnahmenkonzept zur Risikominderung.

Bettina Huck

Rohrleitungen

Rohrleitungen sind feste oder flexible Leitungen, die zum Durchleiten von Fluiden (Flüssigkeiten, Gase, Dämpfe) oder Feststoffen (Partikel, Stäube etc.) dienen. Rohrleitungen sind wesentliche Bestandteile von technischen Anlagen, die aus Rohren oder Rohrsystemen bestehen. Die Verbindung der Rohre untereinander erfolgt über lösbare oder nichtlösbare Verbindungselemente (Schweißnaht, Schraubverbindung, Flansch etc.). Rohrleitungen enthalten Absperreinrichtungen wie Ventile oder Schieber sowie Armaturen. Besondere Anforderungen gelten für druckbeaufschlagte Rohrleitungen.

Gesetze, Vorschriften und Rechtsprechung

- Betriebssicherheitsverordnung
- Verordnung über Anlagen zum Umgang mit wassergefährdenden Stoffen (AwSV)
- Druckgeräterichtlinie 97/23/EG
- Druckgeräteverordnung (14. ProdSV)
- TRBS 1201 Teil 2 „Prüfungen und Kontrollen bei Gefährdungen durch Dampf und Druck"
- TRBS 1203 „Zur Prüfung befähigte Personen"
- TRBS 2141 „Gefährdungen durch Dampf und Druck"
- TRBS 3146/TRGS 746 „Ortsfeste Druckanlagen für Gase"

Die Technischen Regeln Rohrleitungen (TRR) sind zum 1.1.2013 außer Kraft getreten. Sie können aber als Erkenntnisquelle dienen, sofern sie nicht den Inhalten der Betriebssicherheitsverordnung bzw. bereits bestehender TRBS widersprechen.

1 Grundlegende Anforderungen

An Rohrleitungen werden unterschiedliche Anforderungen gestellt. Bedingungen für Ausführung und Betrieb einer Rohrleitung hängen von folgenden Parametern ab:

- Art und Menge des Mediums, das durch die Rohrleitungen transportiert wird,
- Verlauf der Rohrleitungen (ober- oder unterirdisch),
- Lage der Rohrleitungen (auf dem Betriebsgelände oder zum Ferntransport von Stoffen),
- Druck,
- Temperatur.

Zu den grundlegenden Anforderungen an Rohrleitungen bzw. Rohrleitungsanlagen gehört, dass sie so beschaffen und errichtet sein und so unterhalten, betrieben und stillgelegt werden müssen, dass die in den Leitungen transportierten Fluide nicht austreten oder dass Undichtigkeiten schnell erkannt werden können (vgl. § 62 Abs. 1 Satz 2 WHG). Rohrleitungen müssen

- so angeordnet werden, dass sie nicht unbeabsichtigt beschädigt werden können,
- den zu erwartenden mechanischen, chemischen, thermischen und biologischen Beanspruchungen standhalten,
- gegen Alterung beständig sein.

Zudem muss eine Absperrmöglichkeit der Rohrleitung in einem sicheren Bereich gegeben sein. Gem. DIN 2403 müssen Rohrleitungen bezüglich des Durchflussmediums gekennzeichnet werden (**Tab. 1**).

Durchflussstoff	**Kennfarbe der Rohrleitung**
Wasser	grün
Wasserdampf	rot
Luft	grau
entzündbare → *Gase*	gelb/rot*
nicht entzündbare → *Gase*	gelb/schwarz*
Säuren	orange
Laugen	violett
entzündbare Flüssigkeiten	braun/rot*
nicht entzündbare Flüssigkeiten	braun/schwarz*
Sauerstoff	blau

Tab. 1: Kennzeichnung von Rohrleitungen (* Gruppenfarbe/Zusatzfarbe)

2 Spezielle Anforderungen

2.1 Eingesetzte Stoffe

Werden → *Gefahrstoffe* in Rohrleitungen transportiert, fordert die Gefahrstoffverordnung, dass die Rohrleitungen so gekennzeichnet sind, dass mindestens die enthaltenen Gefahrstoffe sowie die davon ausgehenden Gefahren eindeutig identifizierbar sind (§ 8 Abs. 2 Nr. 3 GefStoffV).

Praxis-Beispiel: Wassergefährdende Stoffe

Dienen Rohrleitungen zum Befördern wassergefährdender Stoffe, gelten die Forderungen der Verordnung über Anlagen zum Umgang mit wassergefährdenden Stoffen (AwSV). U.a. muss grundsätzlich eine Anlagendokumentation erstellt werden, mit Angaben zu Aufbau und Abgrenzung der Anlage, den eingesetzten Stoffen, Bauart und Werkstoffen der einzelnen Anlagenteile, Sicherheitseinrichtungen, Schutzvorkehrungen, Löschwasserrückhaltung und Standsicherheit. Es gelten besondere Anforderungen an die Rückhaltung (§ 21 AwSV):

Oberirdische Rohrleitungen für flüssige wassergefährdende Stoffe müssen grundsätzlich mit Rückhalteeinrichtungen ausgerüstet sein; dabei muss das Rückhaltevolumen dem Volumen wassergefährdender Stoffe entsprechen, das bei Betriebsstörungen bis zum Wirksamwerden geeigneter Sicherheitsvorkehrungen (z.B. Abpumpen oder Ableiten) freigesetzt werden kann.

Unterirdische Rohrleitungen für flüssige und gasförmige wassergefährdende Stoffe müssen grundsätzlich

- doppelwandig sein und ein Leckanzeigesystem haben,
- als Saugleitung ausgeführt sein oder
- mit einem Schutzrohr versehen oder in einem Kanal verlegt sein.

2.2 Leitungen unter Überdruck

Werden Rohrleitungen mit einem zulässigen inneren Betriebsdruck von über 0,5 bar beaufschlagt, dann müssen sie bei der Beschaffung den Anforderungen der Richtlinie 97/23/EG (DGRL; Anhang I enthält die grundlegenden Sicherheitsanforderungen) entsprechen. Der Betreiber hat die Pflichten aus der Betriebssicherheitsverordnung zu erfüllen. Rohrleitungsanlagen mit bestimmten entzündbaren Gasen und Flüssigkeiten, pyrophoren Flüssigkeiten sowie ätzenden oder akut toxischen Gasen, Dämpfen oder Flüssigkeiten unter innerem Überdruck zählen zu den → *überwachungsbedürftigen Anlagen*. Die Betriebssicherheitsverordnung fordert für diese überwachungsbedürftigen Anlagen die Prüfung vor erstmaliger Inbetriebnahme und nach prüfpflichtigen Änderungen sowie wiederkehrende → *Prüfungen*. Für Rohrleitungen für sonstige → *Gase* und Dämpfe (z.B. Wasserdampf) gelten andere Prüfanforderungen. Rohrleitungen müssen im Zuge der Anlagensicherheit gewartet werden. Die Wartung der Rohrleitungen umfasst Reinigung, Korrosionsschutzmaßnahmen sowie Prüfungen (z.B. Sichtprüfung, Druckprüfung).

Josef Sauer

Safety Culture Ladder

Die Safety Culture Ladder (SCL) baut auf Überlegungen und Erkenntnissen des verhaltensorientierten Arbeitsschutzes auf. Mit der Anwendung dieses Werkzeugs kann das Sicherheitsbewusstsein der Beschäftigten (Führungskräfte und Mitarbeiter), deren Sicherheitsleistungen und die Sicherheitskultur eines Unternehmens step by step gefördert werden. Eingeschlossen werden dabei auch die sicherheitsbezogene Zusammenarbeit mit den Partnerunternehmen sowie deren Sicherheitsbewusstsein und deren bewusstes sicheres Handeln. Die angebotene Zertifizierung ist v.a. für diese Unternehmen von Interesse.

Gesetze, Vorschriften und Rechtsprechung

Das Arbeitsschutzgesetz verpflichtet **alle** Arbeitgeber zur Gewährleistung der Sicherheit und Gesundheit der Beschäftigten bei der Arbeit. Hierzu zählen **auch** Maßnahmen zur Förderung des Sicherheitsbewusstseins. Es legt auch die Verantwortung im Hinblick auf die Sicherheit fest. Deren Wahrnehmung wird zwar gefordert, aber nur bedingt geprüft. Die einschlägigen Arbeitsschutz-Managementsysteme, deren Anwendung zwar nicht verpflichtend, aber begrüßt und teilweise auch honoriert werden, gehen von einem umfassenden Präventionsansatz aus. Dieser beinhaltet auch geeignete Maßnahmen eines verhaltensorientierten Arbeitsschutzes sowie eine wirksame Zusammenarbeit mit Partnerunternehmen (Fremdfirmen/Kontraktoren).

1 Safety Culture Ladder – Warum?

Für sichere und gesunde Arbeitsbedingungen sind geeignete technische Einrichtungen, organisatorische Maßnahmen, Schutzausrüstung sowie Aufklärung und Schulung sehr wichtig. Genauso wichtig sind aber auch eine klare Ausrichtung (Ziele, Vorgaben, Strukturen und Regelungen), das Managen der systematischen Umsetzung (ein Arbeitsschutzmanagement) sowie parallele bzw. ergänzend verhaltensorientierte Maßnahmen, die eine sicherheitsbewusste Haltung, ein sicherheitsgerechtes Verhalten und die Sicherheitskultur nachhaltig fördern. Solche Fragestellungen, Strategien und Maßnahmen sind Inhalte des verhaltensorientierten Arbeitsschutzes.

Will ein Unternehmen verhaltensorientierte Maßnahmen im Arbeitsschutz systematisch anwenden, sollte es zuerst eine Bestandsaufnahme durchführen. Hierfür sowie für die regelmäßige Ermittlung der Wirksamkeit der realisierten verhaltensorientierten Maßnahmen für sichere und gesunde Arbeitsbedingungen bietet sich v.a. das Tool „Safety Culture Ladder (SCL)“ an. Den Kern dieses Werkzeugs bildet eine Methode zur „Messung“ (Bewertung) des Sicherheitsbewusstseins, des bewussten sicheren Handelns/Verhaltens und der Sicherheitskultur in einem Unternehmen. Über diese „Messungen“ hinaus, leitet die SCL interessierte Unternehmen an, bewusster und sicherer zu arbeiten, seine Sicherheitsleistungen zu verbessern sowie die eigene Sicherheitskultur von Stufe zu Stufe zu verbessern.

SCL kann auch für eine Zertifizierung genutzt werden. Interessant ist dies insbesondere für Unternehmen, die als Partner für andere Unternehmen tätig sind. Im Rahmen des Fremdfirmenmanagements stellen immer mehr Unternehmen bei der Auswahl ihrer Dienstleister dezidierte Anforderungen an deren Sicherheitsmanagement. Wie bei SCC versuchen Auftraggeber auch bei SCL auf das Sicherheitsniveau ihrer Partner (z.B. Kontraktoren) Einfluss (durch bevorzugte Berücksichtigung) zu nehmen. Während SCC den Fokus auf die Organisation, Regelungen und die Erfüllung externer Forderungen legt, betrachtet SCL die erkennbare Wahrnehmung der Verantwortung im Hinblick auf die Sicherheit, die Haltung und das Verhalten sowie das Sicherheitsbewusstsein der Führung und der Beschäftigten der Partnerbetriebe. SCL ergänzt also SCC sowie andere Arbeitsschutzmanagementsysteme, wie insbesondere DIN ISO 45.001.

2 Verhaltensorientierter Arbeitsschutz

Praxis-Beispiel: Umfassender Ansatz im Arbeitsschutz erforderlich

Dies zeigen Beobachtungen:

- Trotz hoch entwickelter Sicherheitstechnik, einer Vielzahl von Vorschriften, besserer Strukturen bei der Anwendung des Arbeitsschutzes, hochwertiger PSA und immer neuer Aufklärungs- und Sicherheitskampagnen scheinen die (gängigen) Arbeitsschutzbemühungen an Grenzen zu stoßen.
- Analysen von Arbeits- und Wegeunfällen sowie von Beinaheunfällen zeigen, dass deren Ursachen in starkem Maße verhaltens- und/oder organisationsbedingt sind – je nach Studie bzw. Quelle sind dies zwischen 80 und 95 %.
- Die gängigen Maßnahmen zur Beeinflussung des Verhaltens (Förderung sicherer Verhaltensweisen), wie Einweisung, regelmäßige Unterweisungen, Hinweise auf unsichere Verhaltensweisen sind nur bedingt wirkungsvoll.

Handlungsbedarf und Chancen für Verbesserungen bestehen v. a. im verhaltensorientierten Bereich. D. h., für einen wirksamen Arbeitsschutz ist es essenziell, dass sich alle Führungskräfte und Mitarbeiter ihres Beitrags und ihrer Verantwortung im Hinblick auf die Sicherheit bewusst sind und auch erkennbar entsprechend handeln.

Für einen umfassenden Ansatz im Arbeitsschutz reicht es nicht aus, traditionelle Sichtweisen, Methoden und Präventionsmaßnahmen durch ein paar verhaltensorientierte Maßnahmen zu ergänzen. Vielmehr ist eine Neuausrichtung erforderlich, die unterschiedliche Ansätze integriert. Insofern steht ein verhaltensorientierter Arbeitsschutz (Behaviour Based Safety) nicht für sich allein.[1]

Im Mittelpunkt eines verhaltensorientierten Arbeitsschutzes stehen die Fragen, wie ein Unternehmen seine Beschäftigten und Partnerunternehmen zu sicherem Handeln (Arbeiten) motivieren und wie es eine Sicherheitskultur aufbauen und leben (dauerhaft anwenden) kann.

Praxis-Beispiel: Beschäftigte zu sicherem Handeln (Verhalten) motivieren

Motivation ist vereinfacht der innere Antrieb, der uns veranlasst, selbst gesteckte bzw. als wichtig erachtete Ziele durch eigenes Handeln wirklich (unbedingt) erreichen zu wollen.

Verhalten beschreibt vereinfacht das bewusste oder unbewusste „Tun“ oder „Nicht-Tun“ (also Unterlassen). Beides ist beobachtbar.

Sicherheitskultur beschreibt die Gesamtheit der gemeinsamen Werte, Standards, Kompetenzen und des entsprechenden Verhaltens im Bereich des Arbeitsschutzes.

Sicheres Verhalten ist dadurch gekennzeichnet, dass das Handeln einer Person weder die eigene Sicherheit und Gesundheit gefährdet, noch die anderer Personen und keine Schäden für Sachen oder Umwelt zu Folge hat.

Sicherheitswidriges Verhalten ist ein Fehlverhalten, das Erfordernisse des Arbeitsschutzes, Vorgaben oder Vereinbarungen ignoriert und möglicherweise die eigene Sicherheit und Gesundheit und/oder die anderer Personen gefährdet und ggf. Schäden für Sachen oder die Umwelt zur Folge hat.

2 Ansätze der Motivierung

1. **Motivierung von „innen“** (Innensteuerung):
   Erkennen der eigenen „**Betroffenheit**“, der eigenen **Einflussmöglichkeit** und der **Eigenverantwortung**:
   - sicheres Verhalten (Arbeiten) durch Erkennen der Gründe, Zusammenhänge sowie der Notwendigkeit als Selbstverständlichkeit begreifen,
   - sicheres Verhalten (Arbeiten) durch die Aussicht auf Nutzen, ... realisieren,
   - sicherheitswidriges Verhalten durch Erkennen möglicher negativer Folgen, Nachteile etc. unterlassen.
2. **Motivierung von „außen“** (Außensteuerung)
   - Sicheres Verhalten durch externe Anreize, Aussicht auf Belohnung, Rückmeldung, positive Verstärkung etc. erstrebenswert machen und festigen:
     - eigenen Einfluss auf die Erhaltung und Förderung der Gesundheit aufzeigen,
     - Vorteile für sicheres Verhalten schaffen (z. B. Anerkennung),
     - Nachteile, die mit sicherem Verhalten verbunden sind, minimieren (z. B. Tragekomfort der PSA) oder abbauen.
   - Mitarbeiter aktiv einbeziehen (Betroffene zu Beteiligten zu machen).
   - Sicherheitswidriges Verhalten erschweren, unterbinden, durch gezielte Kritik von Vorgesetzten und Kollegen „maßregeln“:
     - mögliche Folgen sicherheitswidrigen Verhaltens für den Mitarbeiter selbst, für Kollegen sowie für Sachen aufzeigen,

1 Zu den Ursprüngen und Grundlagen s. Bördlein: Faktor Mensch in der Arbeitssicherheit – BBS, Erich Schmidt Verlag, Berlin 2009.

  - sicherheitswidriges Verhalten nicht übersehen (tolerieren), sondern ansprechen und Konsequenzen folgen lassen.
- Vermeiden, dass sicherheitswidriges Verhalten mit persönlichem Nutzen verbunden ist:
  - alle Erleichterungen, die zu sicherheitswidrigem Verhalten anregen, konsequent abbauen,
  - sicherheitswidriges Verhalten, auch wenn es gut gegangen ist, kritisieren.

Die Vorstellung, sicheres Verhalten durch „einfache“ Maßnahmen zu einem Automatismus oder zur „Sache“ jedes Einzelnen zu machen, wird durch die Praxis widerlegt. Die Bedenken und Widerstände, die sich beispielsweise in der Illusion der eigenen Unverletzbarkeit artikulieren oder mit der Fehlbarkeit des Menschen begründet werden oder sich in der erlernten Sorglosigkeit zeigen, sind groß und verlangen einen dauerhaften Prozess der Unterstützung für einen verhaltensorientierten Arbeitsschutz.

Wesentliche Prinzipien der Anwendung sind:

1. Hintergründe und Ziele der verhaltensbeeinflussenden Maßnahmen aufzeigen und vereinbaren: Sicheres Verhalten soll konsequent umgesetzt und sicherheitswidriges Verhalten (Arbeiten) soll vermieden und erschwert werden.
2. Anwendung (Aufgaben, Spielregeln und Unterstützung) aufzeigen und abstimmen – und eine offene Fehlerkultur einfordern.
3. Sollzustand („Was verstehen wir unter sicherem Verhalten (Arbeiten)?“) und fehlerhaftes Verhalten („sicherheitswidriges Verhalten, das wir nicht akzeptieren“) beschreiben und kommunizieren.
4. Beobachtung des Arbeitsverhaltens:
   Die Mitarbeiter werden aufgefordert, ihr Sicherheitsverhalten selbst sowie gegenseitig zu beobachten und die Vorgesetzten werden verpflichtet, das Sicherheitsverhalten ihrer Mitarbeiter zu beobachten. Wichtig: Es geht in diesem Schritt **nicht** um eine Bespitzelung. Dies ist klarzustellen!
5. Konstruktives Feedback zum Verhalten geben: Wertschätzung und konstruktive Kritik:
   Die ehrlichen Rückmeldungen von Kollegen und Führungskräften sind der entscheidende Schritt. Sie sollten immer konkrete Verhaltensweisen ansprechen und sowohl auf positive Punkte (das hat mir gefallen), als auch auf Verbesserungsbedürftiges hinweisen (ich fände es besser, wenn ...). Die Rückmeldung darf kein „Lobhudeln“ sein und darf auch nicht für disziplinarische Maßnahmen herangezogen werden.
6. Unternehmensführung und Führungskräfte müssen sich beteiligen:
   Auch das Verhalten der Unternehmensführung und von Führungskräften ist Bestandteil des Beobachtungs- und Feedbackprozesses.
7. Positive Verstärkung von sicherem Verhalten:
   Gewünschtes Verhalten positiv zu verstärken gelingt über die sog. Konsequenzgestaltung. Die Idee ist, dass die Mitarbeiter sicheres Verhalten als positiv erleben. Hierfür muss das Unternehmen geeignete Möglichkeiten entwickeln und anwenden. Bekanntlich wird ein Verhalten durch die zu erwartenden (wahrscheinlichen) Konsequenzen mitbestimmt und auch deren Aufrechterhaltung. So darf beispielsweise riskantes Verhalten nicht durch Aufmerksamkeit oder Vorteile welcher Art auch immer belohnt werden und sicheres Verhalten darf nicht übersehen oder mit negativen Begleitumständen verbunden sein.

Diese Prinzipien sind glaubhaft in das betriebliche Arbeitsschutzkonzept zu integrieren, deren Umsetzung zu verfolgen (z.B. mithilfe des Safety Culture Ladder) und im Sinne eines Verbesserungsprozesses zu stärken.

Eine solche „Prozedur“ der Verhaltensbeeinflussung muss durch die Einbeziehung der Beschäftigten, Vereinbarungen und Transparenz legitimiert sein. Nachhaltig ist dieses Vorgehen nur, wenn damit eine Sicherheitskultur schrittweise aufgebaut und verstetigt wird.

3 Safety Culture Ladder (SCL)

Die Safety Culture Ladder baut auf verhaltenswissenschaftlichen Erkenntnissen und Konzepten des verhaltensorientierten Arbeitsschutzes (Behaviour Based Safety) auf. Ziel ist das bewusst sichere Verhalten an jedem Arbeitsplatz.

Praxis-Beispiel: Was ist SCL?

Die Safety Culture Ladder (SCL) ist eine Inspektion, die den Ist-Zustand der Arbeitssicherheitskultur (das Sicherheitsbewusstsein und das bewusste sichere Handeln, also Kultur **und** Verhalten) innerhalb eines Unternehmens misst. Der Fokus liegt dabei auf den Einstellungen und Verhaltensweisen der Beschäftigten (Führungskräften und Mitarbeitern), die sie erkennbar zeigen, sowie dem „WARUM", also weshalb sie dieses Verhalten bzw. diese Verhaltensweisen zeigen.

Die SCL will Unternehmen und deren Partner (insbesondere die Dienstleister) dabei unterstützen, dass im Unternehmen bewusst und sicher gearbeitet und zusammengearbeitet wird. Hierfür sollen sich die Beschäftigten auf allen Ebenen der eigenen Verantwortung für die eigene Sicherheit, die der Kollegen sowie die der Partner bewusst werden, entsprechend handeln, Rückmeldung und positive Verstärkung (Fokussierung auf bewusstes sicheres Arbeiten) erhalten. Gefragt wird beispielsweise,

- ob die Mitarbeiter unsichere Situationen oder Verhaltensweise erkennen, ansprechen, wie darauf reagiert wird, ob der Mitarbeiter die Reaktion wertschätzend empfindet und was passiert;
- ob die Führung mit den eigenen Mitarbeitern und denen der Partnerbetriebe über das Thema „sicher und gesund arbeiten" spricht und regelmäßig Rückmeldung gibt.

Die SCL ist ein Produkt der NEN (dem Niederländischen Normungsinstitut). Entwickelt wurde es in den 2000er-Jahren in den Niederlanden für Unternehmen unterschiedlicher Branchen, deren Arbeitsplätze überdurchschnittliche Risiken (Gefährdungen und Belastungen) aufweisen. SCL postuliert, dass überdurchschnittliche Risiken nicht zulasten der Sicherheit und der Gesundheit der Mitarbeiter gehen dürfen und Sicherheit nur gemeinsam durch die Beteiligten erreicht werden kann.

Das Konzept der Safety Culture Ladder basiert i. W. auf dem Modell der „Sicherheitskulturleiter" von Parker, Lawrie und Hudson.[1]

3.1 SCL: Betrachtete Perspektiven (Unternehmensaspekte)

Ein Unternehmen, das eine Sicherheitskultur leben möchte, soll gemäß SCL Anforderungen und Kriterien anwenden, die sich aus **6 Perspektiven** bzw. Unternehmensaspekten ergeben. Dies sind:

1. **Führung und Beteiligung**
   Mit den Charakteristika: **Interesse des Managements**, **Mitarbeiterbeteiligung**, **Belohnung für gute Leistungen**
   Zentrale Fragen: Wie wichtig sind Sicherheit und Gesundheit? Wer bzw. welche Stelle ist für (un)sicheres Arbeiten zuständig? Gibt es klare Vorschriften und werden diese eingehalten? Geht das Management mit gutem Vorbild voran? Wird richtiges Verhalten vom Management angeregt, beobachtet und belohnt? Wie sieht die Kommunikation zu Vorfällen aus? Sprechen Manager und Mitarbeiter einander in positiver Art und Weise auf unerwünschtes Verhalten an?
2. **Unternehmenspolitik und Strategie**
   Mit den Charakteristika: **Unfallursachen**, **Profitabilität** und **Kontinuität**
   Zentrale Fragen: Stehen Sicherheit und Gesundheit oben bei den Unternehmenszielen bzw. der Strategieagenda des Unternehmens? Beinhaltet das Leitbild erkennbar eine Beschreibung des erwünschten Verhaltens hinsichtlich der Sicherheit und der Gesundheit? Sind Sicherheit und Gesundheit fester Bestandteil des Managementzyklus? Werden regelmäßig Maßnahmen zur Förderung des Sicherheitsbewusstseins geplant? Inwiefern werden Investitionen in bewusstes sicheres Verhalten als gewinnbringender Faktor angesehen?

1 Parker/Lawrie/Hudson: A framework for understanding the devolopment of organisational safety culture, Safety Science, Vol. 44, No. 6, 2006, p. 551–562.

3. **Organisation und Vertragspartner**
   Mit den Charakteristika: **Vertragspartner**, **Kompetenz und Fortbildung**, **Organisation des betrieblichen Arbeitsschutzes**
   Zentrale Fragen: Werden Vertragspartner (insbesondere Dienstleister) auf der Grundlage ihres Verhaltens und ihrer Leistung im Arbeitsschutz ausgewählt? Wird das Thema Sicherheit und Gesundheit bei der Beauftragung von Subunternehmern berücksichtigt? Wie werden neue Mitarbeiter ausgewählt und eingewiesen? Ist das Sicherheitswissen und Sicherheitsbewusstsein Teil der Kompetenzprofile? Werden die Mitarbeiter zur Teilnahme an arbeitsschutzbezogenen Fortbildungsmaßnahmen angeregt? Verfügen die Akteure im Arbeitsschutz über ausreichende Kompetenz und Erfahrungen? Können sich die Akteure im Arbeitsschutz und insbesondere die Sicherheitsbeauftragten unmittelbar an den Geschäftsführer des Unternehmens wenden?
4. **Arbeitsplatz und Verfahren**
   Mit den Charakteristika: **Arbeitsplanung**, **Sicherheit am Arbeitsplatz**, **Verfahren**
   Zentrale Fragen: Wie groß ist die praktische Relevanz des Arbeitsschutzes bei der Planung und Gestaltung von Arbeitsbereichen sowie der operativen Planung der Arbeit? Was wird zur Optimierung des Sicherheitsbewusstseins am Arbeitsplatz unternommen? Werden Vorschriften und Protokolle angewandt? Sind diese auf die Nutzer zugeschnitten? Werden Verbesserungsprozesse auch im Arbeitsschutz angewendet? Werden die aus der Gefährdungsbeurteilung und anderen Untersuchungen hervorgehenden Maßnahmen und Verbesserungen umgesetzt?
5. **Abweichungen und Kommunikation**
   Mit den Charakteristika: **Meldungen**, **Untersuchung und Nachbereitung von Vorfällen**, **tägliche Kontrolle**, **Besprechungen**
   Zentrale Fragen: Wie steht es um die Meldekultur und wie wird mit Meldungen umgegangen? Werden die Arbeitsplätze regelmäßig inspiziert (begangen)? Werden aus Vorfällen Lehren gezogen? Werden Änderungen aufgrund von Praxisvorfällen umgesetzt und evaluiert? Findet ausreichend Kommunikation und Evaluation statt?
6. **Audits und Statistiken**
   Mit den Charakteristika: (interne) **Audits und Überprüfungen** (Kontrollen), **Trends**, **Auswertungen**
   Zentrale Fragen: Werden spezielle (interne) Audits zum Arbeitsschutzverhalten und Sicherheitsbewusstsein durchgeführt? Verwendet das Unternehmen systematische Auswertungen (Statistiken) zur Verbesserung?

Diese 6 Perspektiven (Unternehmensaspekte) werden für die Einstufung des Niveaus des Sicherheitsbewusstseins in einem Unternehmen und damit seinen "Reifegrad" herangezogen.

3.2 SCL: Stufen (Reifegrade)

Das Konzept der SCL sieht **5 Stufen** vor (s. **Abb. 1**), die das Bewusstsein für den Arbeitsschutz, das Sicherheitsbewusstsein und das bewusste sichere Handeln innerhalb eines Unternehmens einstufen. Jede Stufe beschreibt das Niveau bzw. die Entwicklungsphase, in der sich das Unternehmen in Bezug auf seine Sicherheitskultur befindet.

Bei der Beurteilung (Einstufung) fließen Kriterien ein, wie die Wahrnehmung der Verantwortung, das erkennbare Sicherheitsbewusstsein, die kritische und konstruktive Auseinandersetzung mit der Sicherheit und dem sicheren Verhalten am Arbeitsplatz sowie das Bemühen, die Sicherheit weiter zu verbessern. Je besser diese Kriterien erfüllt sind, desto höher ist die zugewiesene Stufe auf der „Sicherheitsleiter".

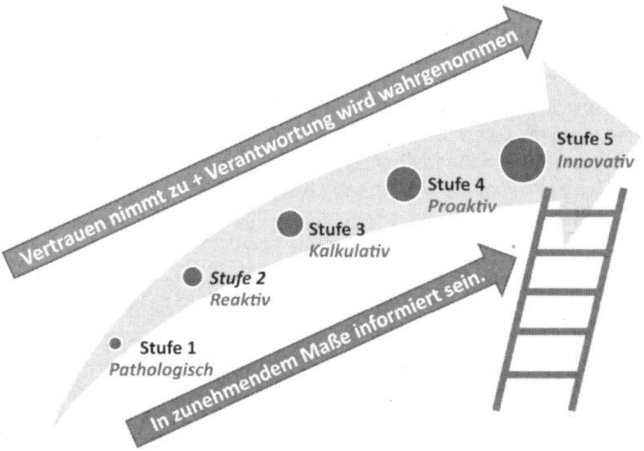

Abb. 1: Stufen der Safety Culture Ladder[1]

Praxis-Beispiel: 5 Stufen der Safety Culture Ladder

Stufe 1 = Pathologisch: Wen stört's, solange wir nicht erwischt und gezwungen werden. Solange haben andere Dinge Priorität!

- Kennzeichen: *Einstellung des Unternehmens: „Bei uns gibt es keine wirklichen Defizite; wir liefern gute Qualität; Unfälle sind bei uns kein Thema und nicht vermeidbar. Weshalb sollten wir also Zeit für Präventionsmaßnahmen verschwenden?“*
- *Das Unternehmen investiert nicht bis kaum in die Förderung des Bewusstseins für den Arbeitsschutz und das sichere Verhalten. Jeder Mitarbeiter kann sich sicher verhalten; dies ist seine Sache; dafür brauchen wir ihn nicht auch noch zu belohnen.*

Stufe 2 = Reaktiv: Arbeitsschutz ist schon wichtig. Sobald etwas passiert, kümmern wir uns darum!

- Kennzeichen: *Einstellung des Unternehmens: „Mitarbeiter neigen dazu, sich als Opfer einer Situation und nicht persönlich verantwortlich zu fühlen. Ihr Änderungsverhalten ist oftmals spontan und kurzfristig.“*
- *Das Unternehmen reagiert, wenn Fehler bzw. ein Handlungsbedarf erkannt wird. Das Unternehmen ist der Auffassung, dass es insgesamt damit ausreichend/mittelmäßig gut fährt.*

Stufe 3 = Kalkulativ: Wir haben die erforderlichen Systeme, um den Arbeitsschutz zu managen, wenn dies erforderlich ist!

- Kennzeichen: *Einstellung des Unternehmens: „Wir sind auch im Arbeitsschutz gut aufgestellt und haben die für uns relevanten Vorgaben geregelt. Dies ist wichtig. Bei der Umsetzung darf man nicht übertreiben.“*
- *Das Unternehmen verfolgt die Regelungen noch nicht konsequent. Wird Verantwortung übernommen, ist diese oft von Eigeninteresse motiviert. Das Engagement für Sicherheit und das Einhalten der Gesetze und Vorschriften wird vorwiegend als Aufgabe des Managements gesehen. Es gibt ein Bewusstsein für den Arbeitsschutz und dies wird auch positiv bewertet. Bei der Sicherheitskultur hapert es.*

Stufe 4 = Proaktiv: Wir halten Ausschau nach immer wieder auftretenden Risiken und Schwierigkeiten und lösen diese dann.

1 Quelle: NEN: Safety Culture Ladder, Version 3.3., Delft 2020.

- Kennzeichen: *Einstellung des Unternehmens: „Sicherheit und Gesundheit haben für uns einen hohen Stellenwert und sind in unseren Prozessen verankert.“*
- *Das Unternehmen investiert kontinuierlich in die Förderung der Bedeutung des Arbeitsschutzes, in Präventionsmaßnahmen sowie das Sicherheitsbewusstsein der Mitarbeiter. So werden die Mitarbeiter dazu ermutigt, einander auf gefährliches Verhalten anzusprechen. Verbesserungen werden strukturell umgesetzt und evaluiert. Dieser Ansatz ist durch Vorbeugung und Initiative geprägt. Sicherheitsbewusstsein wird als die Verantwortung jedes einzelnen angesehen: „Welchen Beitrag kann ich leisten?“ Diese Form des Verhaltens wird als sehr positiv bewertet.*

Sufe 5 = Innovativ: Sicheres und gesundes Arbeiten steht bei uns mit an erster Stelle und ist in unsere Arbeit integriert!

- Kennzeichen: *Einstellung des Unternehmens: „Sicherheit und Gesundheit haben für uns einen hohen Stellenwert, sind in unseren Prozessen verankert und ein fester Bestandteil unserer Reflexionen und Evaluationen. Wir kümmern uns darum, dass sicheres und gesundes Arbeiten (Verhalten) im Denken und Verhalten aller Mitarbeiter fest verankert ist.“*
- *Das Unternehmen investiert in den Arbeitsschutz, die Sicherheitskompetenzen und das Sicherheitsbewusstsein seiner Mitarbeiter sowie das seiner Partner. Dieses Verhalten wird als sehr positiv bewertet.*

3.3 Self Assessment Questionnaire (SAQ)

Der SAQ ist ein Hilfsmittel (Selbsteinschätzungsinstrument) des Safety Culture Ladder. Diese Frageliste, die in 2 unterschiedlich umfangreichen Varianten (SAQ Compact und SAQ Extended) vorliegen, ermöglicht einem Unternehmen einen Einblick in seine Sicherheitskultur.

Ein Unternehmen kann einen SAQ nutzen,

- um eine Bestandsaufnahme (Nullmessung) durchzuführen,
- um eine Selbsteinschätzung, beispielsweise zur Fortschrittsermittlung durchzuführen,
- als Bestandteil eines internen Audits.

4 Bewertung

Das neue Tool „Safety Culture Ladder“ will Unternehmen unterschiedlicher Größe und Branche dazu bewegen und anleiten, eine Sicherheitskultur aufzubauen und zu leben. Besonderes Augenmerk legt SCL auf „weiche“ Faktoren, wie die betriebliche Kultur und das Verhalten aller Beschäftigten (Führungskräfte, Mitarbeiter und Partner). Die SCL ist keine (neue) Norm zur Bewertung des Arbeitsschutzes oder von Arbeitsschutz-Managementsystemen (AMS). Sie ergänzt aber Standards für AMS, wie die DIN ISO 45.001 oder SCC um Empfehlungen für verhaltensorientierte Maßnahmen.

SCL trägt der Erkenntnis Rechnung, dass die Arbeitsschutzleistung in manchen Unternehmen trotz erheblicher Anstrengungen sowie teilweise der Anwendung eines Arbeitsschutzmanagements, gemessen an der Unfallhäufigkeit und weiteren Indikatoren, auf einem guten Niveau stagniert. Für weitere Verbesserungen bzw. mehr Effizienz sollten spätestes dann mehr verhaltensorientierte Maßnahmen in Erwägung gezogen werden.

Eine Kombination AMS plus SCL trägt zu einem breiteren betrieblichen Ansatz bei und fördert die Wahrnehmung der Verantwortung für sicheres und gesundes Arbeiten sowie das Bewusstsein für sichere und gesunde Arbeitsbedingungen und Arbeitsweisen. Von großer Bedeutung ist auch, dass die Sicherheitsleistungen umfassender bewertet werden können.

Bei der Anwendung des SCL-Tools sind die in der Praxis vorhandenen Bedenken gegenüber des verhaltensorientierten Arbeitsschutzes zu beachten. Vorgebracht werden insbesondere die angebliche Gefahr, dass die Verantwortung „nur“ auf die Mitarbeiter (sie sollen sich richtig verhalten) abgeladen und diese dann kontrolliert werden, statt die Ursachen für Gefährdungen und Risiken zu beseitigen, sowie die Überbewertung weicher Sicherheitsfaktoren.

Eine besondere Relevanz des SCL-Ansatzes resultiert aus der Forderung eines erkennbaren bzw. nachweisbaren hohen Arbeitsschutzniveaus an Partnerfirmen. SCL ersetzt nicht SCC, sondern ergänzt es. Eine gelebte Sicherheitskultur kann nach dem SCL-Standard durch ein externes Audit zertifiziert werden.

Albert Ritter

Sammelstellen

Die Menge der in Handwerk und Industrie anfallenden gefährlichen Abfälle liegt auf einem hohen Niveau (ca. 9 Mio. Tonnen 2018). Da gefährliche Abfälle überwiegend nicht im Unternehmen selbst verwertet oder beseitigt werden können, müssen sie zu Entsorgungsanlagen transportiert werden. Der Transport erfolgt direkt oder über Sammelstellen bzw. Zwischenlager; diese nehmen gefährliche Abfälle in begrenzten oder haushaltsüblichen Mengen an. Es werden nur solche Abfälle angenommen, die nachfolgende Entsorgungsanlagen übernehmen.

In Sammelstellen werden gefährliche Abfälle beurteilt, sortiert und ggf. gekennzeichnet und verpackt, bevor sie zur Abholung bereitgestellt werden. Zwischenlager dienen dagegen ausschließlich zur Lagerung. Die gesammelten bzw. zwischengelagerten gefährlichen Abfälle werden regelmäßig abgeholt und zu Anlagen zur Verwertung oder Beseitigung transportiert. Im Gegensatz zu Entsorgungsanlagen findet in Sammelstellen und Zwischenlagern keine Verwertung von Abfällen statt. Der Betrieb von Sammelstellen und Zwischenlagern ist der zuständigen Behörde anzuzeigen.

Gesetze, Vorschriften und Rechtsprechung

Es gelten folgende Vorschriften:

- Kreislaufwirtschaftsgesetz
- Bundes-Immissionsschutzgesetz
- Arbeitsstättenverordnung
- Gefahrstoffverordnung
- Betriebssicherheitsverordnung
- Verordnung über Anlagen zum Umgang mit wassergefährdenden Stoffen (AwSV)
- TRGS 520 „Errichtung und Betrieb von Sammelstellen und Zwischenlagern für Kleinmengen gefährlicher Abfälle“

1 Bedeutung für den Arbeitsschutz

Fallen größere Mengen → *gefährlicher Abfälle* im Unternehmen an, lohnt sich eine regelmäßige Abholung. Gefährliche Abfälle werden dann direkt zur Verwertung oder Beseitigung transportiert. Für kleine Mengen eignet sich eher eine Anlieferung in Sammelstellen oder Zwischenlagern in der Nähe. Das Unternehmen muss dann nicht selbst Lagerplatz vorhalten bzw. spezielle Schutzmaßnahmen umsetzen. Vorab ist zu klären, welche Arten von gefährlichen Abfällen angenommen werden.

Praxis-Beispiel: Aufbewahrung in Behältern

Gefährliche Abfälle müssen gekennzeichnet sein und in geeigneten Behältern aufbewahrt werden. Besonders wichtig ist, dass Behälter dicht und nicht zu voll sind und außen keine Verschmutzungen anhaften. Dies gewährleistet einen sicheren Umgang, es schützt die Beschäftigten im Unternehmen, der Sammelstellen und Zwischenlager sowie des nachfolgenden Entsorgers vor Gesundheitsschäden.

2 Anlagen

2.1 Sammelstellen

In Sammelstellen für → *gefährliche Abfälle* erfolgen:

- Annahme,
- Beurteilung,

- ggf. Kennzeichnung,
- Sortierung,
- Verpackung: Gefährliche Abfälle müssen in geeignete Verpackungen eingebracht werden. Umfüllen ist ausschließlich zur Gefahrenabwehr und zur Sicherstellung zulässig, z.B. bei schadhaften Verpackungen,
- Bereitstellung zum Abtransport.

Sammelstellen können stationäre oder mobile Anlagen sein:

- stationär, d.h. ortsfest: bestehen aus Verkehrsbereich, Annahme- und Arbeitsbereich sowie Sozial-, Hygiene- und Aufenthaltsbereich,
- mobil: Lkw mit geschlossenem festen Aufbau oder Absetzcontainer.

2.2 Zwischenlager

Zwischenlager sind ortsfeste Anlagen. Sie dienen zum Lagern gefährlicher Abfälle vor der endgültigen Entsorgung, d.h. Verwertung oder Beseitigung. Sie gliedern sich i.Allg. in folgende Bereiche:

- Verkehr,
- Umschlag,
- Lagerung,
- Hygiene-, Sozial- und Aufenthaltsräume.

3 Standorte

Ortsfeste Sammelstellen und Zwischenlager dürfen nicht eingerichtet werden in

- Wasserschutzgebieten (Zone I-III),
- Heilquellenschutzgebieten (Zone I-III),
- Überschwemmungsgebieten,
- Katastrophenabflussbereichen von Staudämmen und Speicheranlagen.

Bei der Standortwahl ist zu berücksichtigen, dass er für Schwerlastverkehr, Feuerwehr und Rettungsdienste gut zugänglich sein muss. Sammelstellen und Zwischenlager liegen häufig in räumlicher Nähe.

Mobile Sammelstellen können auf geeigneten Plätzen stehen. Grundsätzlich ausgenommen sind Flächen in unmittelbarer Nähe von Kindergärten sowie auf Schul- und Krankenhausgelände.

4 Gefahren

Gefährliche Gase, Dämpfe oder Schwebstoffe können entweichen und die Gesundheit der Beschäftigten schädigen. Beim Umfüllen können Dämpfe oder Spritzer freigesetzt werden und die Gesundheit schädigen.

Flüssige gefährliche Abfälle aus undichten, beschädigten, überfüllten oder ungeeigneten Behältern können in Erdreich und Grundwasser gelangen und so Mensch und Umwelt schädigen. Nicht oder falsch gekennzeichnete Abfälle bergen unbekannte Gefahren.

5 Maßnahmen

Eine Übersicht über die unterschiedlichen Anforderungen an mobile Sammelstellen sowie stationäre Sammelstellen und Zwischenlager liefert Anlage 4 TRGS 520. Daraus ergeben sich u.a. folgende Maßnahmen:

Technisch:

- Bauliche Ausführung: u.a. fugenfrei befestigte Wege, ausreichend breite → *Flucht- und Rettungswege* (mind. 1 m), flüssigkeitsdichte, säure- und chemikalienfeste, elektrisch ableitende Böden, die gut zu reinigen und auch in feuchtem Zustand trittsicher sind, Bodenwanne (s. Abschn. 4.2 TRGS 520);
- Betriebliche Ausstattung: z.B. Abzug, Anlage zur Be- und Entlüftung (s. Abschn. 4.3 TRGS 520);

- Baulicher → *Brandschutz*: z. B. Brandmeldeanlage, Blitzschutzanlage, feuerbeständige Bauteile, → *Löschwasser-Rückhalteanlagen* (s. Abschn. 4.4.1 TRGS 520).

Organisatorisch:

- Einsatz von Fachkräften: Fachkräfte müssen eine chemiespezifische Fachausbildung haben, z. B. als Chemielaborant, chemisch-technischer Assistent, Chemiemeister oder Fachkraft für Kreislauf- und Abfallwirtschaft, und sich regelmäßig fortbilden (Abschn. 5.2 TRGS 520). Sie müssen zusätzlich ausgebildete Ersthelfer und nach Kapitel 1.3 ADR geschult sein. Es muss kein Betriebsbeauftragter für Abfall (Abfallbeauftragter) bestellt werden.
- Funktion und Wirksamkeit technischer Schutzmaßnahmen regelmäßig, jedoch spätestens nach 3 Jahren durch fachkundige Person überprüfen und Prüfung dokumentieren
- Verzeichnis der gefährlichen Abfälle
- Betriebstagebuch
- Zusammenlagerungsverbot beachten
- Zugangsverbot für Unbefugte (D-P006)
- → *Betriebsanweisung* und → *Unterweisung*
- Alarmplan
- Im Annahme- und Arbeitsbereich von Sammelstellen sowie im Umschlag- und Lagerbereich von Zwischenlagern darf nicht geraucht werden („keine offene Flamme; Feuer, offene Zündquelle und Rauchen verboten" P003), ein Mobiltelefon darf nur dann benutzt werden („Eingeschaltete Mobiltelefone verboten" P013), wenn es explosionsgeschützt ausgeführt ist. Dies gilt auch für ortsveränderliche Geräte wie Radiogeräte, Funkgeräte oder Rufmelder.

Persönlich:

- Schutzkleidung,
- Schutzhandschuhe,
- → *Augenschutz*,
- Sicherheitsschuhe,
- → *Atemschutz* für Notfälle.

Bettina Huck

Schichtarbeit

Schichtarbeit ist ein häufig praktiziertes Arbeitszeitmodell. Schichtarbeit oder Schichtdienst bedeutet Arbeiten zu wechselnden oder konstant ungewöhnlichen Zeiten (z. B. Dauernachtschicht), wobei sich mehrere Arbeitnehmer einen Arbeitsplatz teilen. Ziel von Schichtsystemen ist, über die individuelle Arbeitszeit hinaus Produktions-, Service- bzw. Öffnungszeiten zu verlängern. Im Produktionsbereich sollen dadurch Maschinenlaufzeiten verlängert und Produktionsanlagen effektiv genutzt werden sowie Prozesse ununterbrochen laufen. Im Dienstleistungsbereich soll ein Rund-um-die-Uhr-Service ermöglicht werden.

Etwa jeder 4. Beschäftigte in Deutschland arbeitet gelegentlich in Schichtarbeit, mit steigender Tendenz. Ca. 8 % der Beschäftigten arbeiten nachts. Schichtarbeit gibt es in nahezu allen Branchen.

Gesetze, Vorschriften und Rechtsprechung

Grundlegende Vorschriften sind das Arbeitszeitgesetz, das Jugendarbeitsschutzgesetz, das Mutterschutzgesetz und das Ladenschlussgesetz.

1 Modelle

Der Mensch und seine Arbeitszeit werden zunehmend den Prozessen angepasst. In Produktionsbetrieben (z. B. Stahlindustrie, Chemische Industrie) sowie im Dienstleistungsbereich (u. a. Polizei, Feuerwehr, Krankenhaus, Gaststätten) werden Produktions- bzw. Servicezeiten ausgedehnt. Dies ist nur möglich, wenn Beschäftigte in Schichtsystemen arbeiten.

Es werden viele, unterschiedliche Systeme angewendet, in Abhängigkeit von Branche, Prozess und Bedürfnissen der Kunden.

Abhängig vom Zeitpunkt des Arbeitsbeginns spricht man von:

- Frühschicht (F), häufig von 6–14 Uhr,
- Spätschicht (S), häufig von 14–22 Uhr,
- Nachtschicht (N), häufig von 22–6 Uhr.

Praxis-Beispiel: Definition Nachtzeit

Nachtzeit ist von 23 bis 6 Uhr, in Bäckereien und Konditoreien von 22 bis 5 Uhr. Nachtarbeit ist jede Arbeit, die mehr als 2 Stunden der Nachtzeit umfasst (§ 2 ArbZG).

Je nach betrieblichen Erfordernissen wird im 2-, 3-, 4- oder gar 5-Schichtbetrieb gearbeitet. Mit zunehmender Anzahl der Schichten nimmt die Möglichkeit zu, Schichtpläne zu optimieren (s. Abschn. 3).

Der **dis- oder teilkontinuierliche** Betrieb erfolgt i. Allg. von Montag bis Freitag mit Unterbrechung am Wochenende und an Feiertagen, beim **vollkontinuierlichen** Betrieb wird auch an Wochenenden und Feiertagen gearbeitet, die Arbeitsplätze sind dann jeden Tag 24 Stunden lang besetzt.

Schichten können u. a.

- festgelegt sein, d. h. jeder Beschäftigte hat immer die gleiche Schicht (permanente – oder Dauerschicht),
- täglich wechseln oder rollierend sein, d. h., die Lage der Schichten wiederholt sich in wöchentlichem oder über einen längeren Zeitraum reichenden Rhythmus (Wechselschicht).

Folgende Schichtfolgen sind verboten: SF, NF, NS (s. Ruhezeiten § 5 ArbZG)

Dauernachtschicht kommt seltener und nur in speziellen Branchen vor (Nachtwächter, Sicherheitsdienste).

Praxis-Beispiel: Tagesarbeit statt Nachtarbeit

Beschäftigte müssen auf Verlangen grundsätzlich auf einen geeigneten Tagesarbeitsplatz umgesetzt werden, wenn

- weitere Nachtarbeit die Gesundheit gefährdet (arbeitsmedizinische Feststellung erforderlich),
- ein Kind unter 12 Jahren betreut werden muss oder
- schwerpflegebedürftige Angehörige zu versorgen sind.

Wenn **„betriebliche Erfordernisse"** dem entgegenstehen, muss der Betriebs- oder Personalrat dazu gehört werden. Dieser kann dem Arbeitgeber Vorschläge für eine Lösung unterbreiten (§ 6 Abs. 4 ArbZG).

§ 6 ArbZG regelt Nacht- bzw. Schichtarbeit. Nachtarbeiter

- dürfen werktags grundsätzlich 8 bis max.10 Stunden arbeiten. § 7 formuliert Ausnahmeregelungen, z. B. wenn in die Arbeitszeit regelmäßig Arbeitsbereitschaft oder Bereitschaftsdienst fällt;
- sind berechtigt, sich arbeitsmedizinisch untersuchen zu lassen, und zwar vor Beginn der Beschäftigung und danach in regelmäßigen Abständen von nicht weniger als 3 Jahren, nach Vollendung des 50. Lebensjahrs jedes Jahr;
- erhalten für die geleisteten Arbeitsstunden während der Nachtzeit eine angemessene Zahl bezahlter freier Tage oder einen angemessenen Zuschlag auf das Bruttoarbeitsentgelt.
- müssen den gleichen Zugang zu betrieblicher Weiterbildung und „aufstiegsfördernden Maßnahmen" erhalten wie die übrigen Beschäftigten.

Der Arbeitgeber kann Schichtarbeit anordnen, der Betriebsrat hat Mitbestimmungsrecht. Genaue Regelungen u. a. zu Arbeitszeiten und Zuschlägen werden in Tarifverträgen und Betriebsvereinbarungen festgelegt.

Praxis-Beispiel: Regelungen für Jugendliche sowie werdende und stillende Mütter beachten

Bei der Beschäftigung **Jugendlicher** darf die Schichtzeit „10 Stunden, im Bergbau unter Tage 8 Stunden, im Gaststättengewerbe, in der Landwirtschaft, in der Tierhaltung, auf Bau- und Montagestellen 11 Stunden nicht überschreiten" (§ 12 JArbSchG). Schichtzeit ist die tägliche Arbeitszeit mit Ruhepausen (§ 4 Abs. 2 JArbSchG).

Jugendliche sowie **werdende und stillende Mütter** dürfen zwischen 20 und 6 Uhr grundsätzlich nicht beschäftigt werden (§ 14 Abs. 1 JArbSchG bzw. § 8 Abs. 1 MSchG).

2 Gefahren

Obwohl Schichtarbeit nachts, an den Wochenenden und Feiertagen dem Beschäftigten mehr Geld einbringt und derartige Schichten deshalb beliebt sind, stehen dem hohe physische und psychische Belastungen gegenüber.

Vor allem Nacht- oder Schichtarbeiter mit ungünstigen Schichtplänen tragen ein erhöhtes **gesundheitliches Risiko**. Häufig auftretende gesundheitliche Beeinträchtigungen sind u.a.

- Appetit- und Schlafstörungen,
- Kopfschmerzen,
- Depressionen,
- Bluthochdruck,
- Magen-Darm-Beschwerden,
- Nervosität.

Studien belegen, dass durch ungünstige Schichtpläne die sog. Circadianrhythmik des Menschen gestört wird, denn Körpertemperatur, Herztätigkeit, Atmung, Verdauung und Muskulatur unterliegen einem 24-stündigen Rhythmus. Das bedeutet für Nachtarbeit z.B., dass der Körper nachts Leistung erbringen muss, obwohl seine „innere Uhr" auf Ruhe und Erholung programmiert ist, was u.a. mit verminderter Atmung, Herztätigkeit und Verdauung verbunden ist.

Schichtarbeit **behindert soziale Aktivitäten** mit Familie, Freunden oder im Verein.

Und schließlich häufen sich nachts Fehler, die **Unfallgefahr** steigt. Das Leistungstief liegt zwischen 0 und 6 Uhr.[1] Der sog. Sekundenschlaf ist Ursache für jeden vierten Verkehrsunfall (gilt z.B. auch für die Wege von und zur Arbeit) sowie zahlreiche → *Arbeitsunfälle*.[2]

3 Maßnahmen

Die Arbeitszeit der Nacht- und Schichtarbeiter muss nach den „gesicherten arbeitswissenschaftlichen Erkenntnissen über die menschengerechte Gestaltung der Arbeit" festgelegt werden (§ 6 Abs. 1 ArbZG).

Schichtarbeit kann verträglicher gestaltet werden, wenn Schichtpläne optimiert werden. Dafür stehen Softwarelösungen zur Verfügung (z.B. BASS (www.baua.de), OPTI*SCHICHT*®). Wichtige Kriterien für optimale Schichtpläne sind laut BKK[3] v. a.:

- max. 3 Nacht- bzw. Frühschichten in Folge,
- schneller Wechsel von Schichten,
- möglichst frühes Ende der Nachtschichten,
- möglichst lange Ruhepause nach einer Nachtschichtphase (vgl. Ruhezeiten),
- Vorwärtswechsel von der Früh- zur Spät- und dann zur Nachtschicht bevorzugen,
- ungünstige Schichtfolgen vermeiden,
- Frühschichtbeginn gegen 8 Uhr,
- möglichst lange freie Wochenenden,
- mind. ein freier Abend innerhalb der Woche,
- kurzfristige Schichtplanänderungen vermeiden.

---

1 Deutsche Gesellschaft für Arbeitsmedizin und Umweltmedizin e.V., Arbeitsmedizinische Leitlinie „Nacht- und Schichtarbeit", 2009.

2 BKK, Besser leben mit Schichtarbeit – Hilfe für Schichtarbeiterinnen und Schichtarbeiter, 6. Aufl. 2005.

3 BKK, Besser leben mit Schichtarbeit – Hilfe für Schichtarbeiterinnen und Schichtarbeiter, 6. Aufl. 2005.

Grundsätzlich muss die Ruhezeit nach der letzten Schicht 11 Stunden, in bestimmten Branchen mind. 10 Stunden betragen (§ 5 ArbZG).

Ob Schichtarbeit v. a. nachts als belastend empfunden wird, ist individuell sehr unterschiedlich. Für Menschen, die eher am Abend aktiv sind, kann es z. B. leichter sein als für „Morgenmenschen".

Weniger gut für Schichtarbeit geeignet sind deshalb i. d. R.

- Menschen, die früh aufstehen und tagsüber aktiv sind und abends früh ins Bett gehen („Morgenmenschen"),
- Personen mit Erkrankungen des Verdauungs- oder Herz-Kreislauf-Systems, der Leber oder der Schilddrüse,
- über 50-Jährige.

Bei Einführung neuer Schichtsysteme empfiehlt es sich, die Mitarbeiter daran zu beteiligen und Fachkraft für Arbeitssicherheit und Betriebsarzt – und ggf. auch weitere Berater – zur Unterstützung hinzuziehen. Weitere wichtige Aspekte für ein besseres Leben mit Schichtarbeit sind auch

- gesunde → *Ernährung* sowie
- Pflege sozialer Kontakte.

Bettina Huck

Schutzeinrichtungen

Viele Risiken beim Betrieb von Maschinen lassen sich nur durch den Einsatz von Schutzeinrichtungen reduzieren. Dabei wird zwischen trennenden, nicht trennenden und abweisenden Schutzeinrichtungen unterschieden. Eine trennende Schutzeinrichtung ist ein Maschinenteil, das Schutz vor einem Gefahrenbereich mittels einer physischen Barriere bietet. Eine nicht trennende Schutzeinrichtung ist eine Einrichtung ohne trennende Funktion, die alleine oder in Verbindung mit einer trennenden Schutzeinrichtung das Risiko vermindert, einen Gefahrenbereich zu erreichen. Abweisende Schutzeinrichtungen ergeben keinen vollständigen Schutz, sondern reduzieren lediglich die Möglichkeit des Eingreifens in Gefahrbereiche durch Begrenzung des freien Zugangs.

Gesetze, Vorschriften und Rechtsprechung

Grundsätzliche Anforderungen an Schutzeinrichtungen für Maschinen enthält Anhang I Nr. 1.4 2006/42/EG (EG-Maschinen-Richtlinie). Daneben sind einige Schutzeinrichtungen (z. B. Einrichtungen zur Personendetektion), als „Sicherheitsbauteile" klassifiziert. Für diese sind vom jeweiligen Hersteller spezielle Zulassungskriterien nach Art. 12 2006/42/EG zu beachten. Die Beschaffenheit und Anwendung der verschiedenen Schutzeinrichtungen an kraftbetätigten Arbeitsmitteln wird in zahlreichen, europäisch harmonisierten Normen zur Maschinensicherheit genau geregelt (z. B. EN 574 „Zweihandschaltungen", EN 953 „Trennende Schutzeinrichtungen".

Anhang I Betriebssicherheitsverordnung (BetrSichV) und die TRBS 2111 „Mechanische Gefährdungen – Maßnahmen zum Schutz vor kontrolliert bewegten ungeschützten Teilen" enthalten Anforderungen an die Notwendigkeit und Nutzung von Schutzeinrichtungen an Arbeitsmitteln.

Berufsgenossenschaftliche Informationen geben dem Praktiker einen guten Überblick über Art und Auswahl von Schutzeinrichtungen an Maschinen, z. B. DGUV-I 203-079 „Auswahl und Anbringung von Verriegelungseinrichtungen".

1 Trennende Schutzeinrichtungen

1.1 Feststehende trennende Schutzeinrichtungen

Feststehende trennende Schutzeinrichtungen sind Verkleidungen und trennende Distanzschutzeinrichtungen, wie Umzäunungen, Umwehrungen und tunnelförmige Schutzeinrichtungen. Durch solche Schutzeinrichtungen werden v. a. mechanische Gefährdungen an kraftbetätigten → *Arbeitsmitteln* minimiert, indem eine direkte Erreichbarkeit von Gefahrenstellen für die unteren und oberen Extremitäten verhindert wird.

Zäune oder Umwehrungen müssen so ausgeführt sein, dass – in Abhängigkeit vom gewählten Abstand zwischen Gefahrenstelle und Schutzeinrichtung – ein Hindurchgreifen durch und ein Hinübergreifen über die Schutzeinrichtung nicht möglich sind.

Feststehende Schutzeinrichtungen sind entweder nicht lösbar (z. B. durch Schweißverbindungen oder Vernietung) oder dürfen sich nur mit einem Werkzeug entfernen lassen (Verschraubung). Nach 2006/42/EG müssen Befestigungsmittel von feststehenden Schutzeinrichtungen auch nach dem Lösen an der Schutzeinrichtung oder aber an der Maschine/Anlage verbleiben, damit sie nicht verloren gehen (s. dazu auch Tabellen 1 und 2 der DIN EN ISO 13857 „Sicherheitsabstände gegen das Erreichen von Gefahrstellen mit den oberen und unteren Gliedmaßen").

1.2 Bewegliche trennende Schutzeinrichtungen

Bewegliche trennende Schutzeinrichtungen sind i. d. R. mechanisch mit dem Maschinengestell oder angrenzenden festen Bauteilen verbunden und können ohne Verwendung von Werkzeugen geöffnet werden. Zu diesen Einrichtungen gehören kraftbetriebene Schutzeinrichtungen und selbsttätig schließende Schutzeinrichtungen, wie z. B. die bewegliche Schutzhaube einer Kreissäge, die selbsttätig in ihre geschlossene Stellung zurückkehrt, sobald das Werkstück das Werkzeug verlassen hat.

1.3 Einstellbare trennende Schutzeinrichtungen

Einstellbare trennende Schutzeinrichtungen haben mind. 2 Einstellpositionen, die bei bestimmten Betriebsphasen eingenommen werden können. Derartige Einrichtungen befinden sich z. B. höhenverstellbar an Bohrmaschinen und Sägen zur Abdeckung der Werkzeuge.

1.4 Verriegelte trennende Schutzeinrichtungen

Verriegelte trennende Schutzeinrichtungen haben zusätzlich eine Verriegelungseinrichtung (z. B. elektrischer Art). Bei geöffneter Schutzeinrichtung kann die Maschinenfunktion nicht ausgeführt werden. Ist die Schutzeinrichtung geschlossen und wird anschließend geöffnet, muss für die Maschinenfunktion ein Not-Halt-Befehl ausgelöst werden. Durch das Schließen der Schutzeinrichtung alleine dürfen keine weitere Maschinenfunktionen erfolgen, es ist dann stets eine bewusste Handlung des Bedieners erforderlich, in der er die Maschinenfunktion wieder in Gang setzt, z. B. durch Betätigen eines Resetknopfs (Quittierung).

1.5 Verriegelte trennende Schutzeinrichtungen mit Zuhaltung

Verriegelte trennende Schutzeinrichtungen mit Zuhaltung haben neben der Verriegelung noch eine Zuhaltung, die gewährleistet, dass Gefahrbereiche erst erreicht werden können, wenn gefährdende Maschinenfunktionen zum Stillstand gekommen sind. Läuft z. B. ein Antriebsritzel hinter einer trennenden Schutzeinrichtung nach Auslösung eines Not-Halt-Befehls oder eines normalen Haltebefehls noch eine Weile weiter (Nachlauf), kann die Schutzeinrichtung erst geöffnet werden, wenn der Nachlauf beendet ist.

2 Nicht trennende Schutzeinrichtungen

2.1 Verriegelungseinrichtungen

Verriegelungseinrichtungen sollen sicherstellen, dass beim Öffnen von Schutzeinrichtungen die Maschinenbewegungen stillgesetzt werden bzw. im geöffneten Zustand nicht anlaufen können. Häufig werden dafür Positionsschalter (elektromechanische) oder Näherungsschalter (elektronische) verwendet.

2.2 Zustimmungseinrichtungen

Zustimmungseinrichtungen sind zusätzliche, handbetätigte Steuereinrichtungen, die in Verbindung mit einer Starteinrichtung benutzt werden und nur bei ständiger Betätigung eine Maschinenfunktion zulassen (z.B. Totmannschalter an Handbediengeräten).

Handbediengeräte gestatten dem Bediener mehr Bewegungsfreiheit bei Einricht- oder Rüstarbeiten. Sie dürfen nur eingesetzt werden, wenn der Handbetrieb ausdrücklich über einen Betriebsartenwahlschalter angewählt werden kann und die gefahrbringenden Bewegungen der Maschine steuerungstechnisch so eingeschränkt werden (z.B. durch reduzierte Geschwindigkeiten), dass ein sicheres Arbeiten im Gefahrenbereich möglich ist.

2.3 Steuerung mit selbstständiger Rückstellung

Das sind Einrichtungen, bei denen das Stellteil durch ständiges Betätigen eine Maschinenfunktion aufrecht erhält. Nach Loslassen des Stellglieds geht dieses selbsttätig in die Ausgangsposition zurück und die Maschine wird stillgesetzt (z.B. an Handsteuerungen „Tippbetrieb").

2.4 Zweihandschaltungen

Zweihandschaltungen sind ortsbindende Steuereinrichtungen mit selbsttätiger Rückstellung, die Maschinenbewegungen nur bei gleichzeitiger Betätigung von 2 Stellteilen ermöglichen.

Diese Art von Schutzeinrichtung ist z.B. im Bereich von Pressen weit verbreitet. Diese Schutzeinrichtung muss stets in Abhängigkeit vom Nachlauf der Maschinen in einem ausreichenden Sicherheitsabstand von der Gefahrenstelle angeordnet sein.

2.5 Schutzeinrichtungen mit Annäherungsreaktion

Durch diese Schutzeinrichtungen werden → *Maschine* oder Maschinenfunktion stillgesetzt bzw. die Maschine in einen sicheren Betriebszustand versetzt, wenn eine Person oder ein Körperteil sich dem Gefahrenbereich nähert. Schutzeinrichtungen mit Annäherungsreaktion können mechanisch betätigt oder berührungslos wirksam werden.

Mechanisch betätigte Einrichtungen sind z.B. Schaltmatten und Schaltleisten. Dazu gehören auch sog. „Bumper", die z.B. fahrerlose → *Flurförderzeuge* in allen Bewegungsrichtungen absichern.

Dagegen benötigen berührungslos wirkende Schutzeinrichtungen (BWS) keinen körperlichen Kontakt mit der zu schützenden Person. Sie lösen einen Schaltvorgang aufgrund ihrer Eigenschaft als Laserscanner, Lichtpunkt oder Lichtvorhang berührungslos aus. Auch hier muss im Rahmen der Risikobeurteilung nach 2006/42/EG festgestellt werden, in welchem Sicherheitsabstand zum Gefahrenbereich die Personenerkennung („Detektion") erfolgen muss, damit die gefahrbringende Bewegung noch mit einer ausreichenden Zeitreserve zum Stillstand gebracht werden kann. Zur korrekten Beurteilung, wann und wie berührungslos wirkende Schutzeinrichtungen eingesetzt werden können, sind Kenntnisse über die Ansprechzeit der BWS, der gesamten Steuerung der betreffenden Maschine und der Nachlaufzeit notwendig.

In vielen Fällen muss eine Wiederanlaufsperre vorhanden sein, mit der gefahrbringende Bewegungen erst nach Verlassen des Gefahrenbereichs wieder bewusst in Gang gesetzt werden dürfen.

Zur Berechnung des Sicherheitsabstands S siehe auch DIN EN ISO 13855 „Anordnung von Schutzeinrichtungen im Hinblick auf Annäherungsgeschwindigkeiten von Körperteilen".

2.6 Durch Formschluss wirkende Schutzeinrichtungen

Dies sind einfache mechanische Schutzeinrichtungen, die durch Formschluss gefährliche Bewegungen von Maschinenelementen verhindern, z.B. das Herabfallen von Teilen. Ein klassischer Vertreter dieser Schutzeinrichtung wäre eine Fangvorrichtung. Diese Einrichtung stellt ein mechanisches Hindernis (Keil, Spindel, Strebe, Anschlag, Bolzen etc.) dar, das selbsttätig und zuverlässig durch Formschluss wirkt.

2.7 Begrenzungseinrichtungen

Begrenzungseinrichtungen verhindern, dass eine Maschine oder eines ihrer Elemente eine vorgegebene Grenze überschreitet (z. B. durch Druckbegrenzung oder Wegbegrenzung).

2.8 Schrittschaltungen

Sie lassen nur eine begrenzte Wegstrecke bei Betätigung von Steuereinrichtungen zu. Jede weitere Bewegung ist so lange verhindert, bis das Stellteil komplett freigegeben und daraufhin erneut betätigt worden ist.

Detlef Burghammer

Schweißen und Schneiden

Schweißen und Schneiden sind schweißtechnische Arbeiten. Schweißen ist ein Verfahren zum Vereinigen metallischer Werkstoffe unter Anwendung von Wärme oder Kraft oder von beiden mit oder ohne Schweißzusatz. In der Praxis werden zunehmend Kombinationen mehrerer Schweißverfahren angewendet. Schneiden hingegen ist ein thermisches Trennen metallischer Werkstoffe.

Die benötigte Wärme zum Schweißen oder Schneiden wird v. a. durch Verbrennen von Gasen (z. B. Acetylen, Wasserstoff, Flüssiggas oder Erdgas) oder durch elektrischen Strom erzeugt. Die Verfahren Schweißen und Schneiden besitzen ein hohes Gefährdungspotenzial durch entstehende Rauche und Gase, Strahlung und elektrischen Strom.

Gesetze, Vorschriften und Rechtsprechung

Die folgenden Regelungen sind für das Thema Schweißen und Schneiden grundlegend:

- Gefahrstoffverordnung
- Betriebssicherheitsverordnung
- TRGS 528 „Schweißtechnische Arbeiten"
- TRGS 900 „Arbeitsplatzgrenzwerte"
- TRBS 1112 Teil 1 „Explosionsgefährdungen bei und durch Instandhaltungsarbeiten – Beurteilung und Schutzmaßnahmen"
- TRBS 1201 Teil 1 „Prüfung von Anlagen in explosionsgefährdeten Bereichen"
- TRBS 2141 „Gefährdungen durch Dampf und Druck"
- TRGS 720 „Gefährliche explosionsfähige Gemische – Allgemeines"
- TRGS 721 „Gefährliche explosionsfähige Gemische – Beurteilung der Explosionsgefährdung"
- TRGS 722 „Vermeidung oder Einschränkung gefährlicher explosionsfähiger Gemische"
- TRGS 723 „Gefährliche explosionsfähige Gemische – Vermeidung der Entzündung gefährlicher explosionsfähiger Gemische" Hinweis: Die TRGS 723 gilt u. a. nicht für chemisch instabile Gase wie z. B. Acetylen (Abschn. 1 Nr. 4)
- TRGS 724 „Gefährliche explosionsfähige Gemische – Maßnahmen des konstruktiven Explosionsschutzes, welche die Auswirkung einer Explosion auf ein unbedenkliches Maß beschränken"
- TRGS 727 „Vermeidung von Zündgefahren infolge elektrostatischer Aufladungen"
- DGUV-R 100-500 „Betreiben von Arbeitsmitteln", Kap. 2.26 „Schweißen, Schneiden und verwandte Verfahren"
- DGUV-I 209-010 „Lichtbogenschweißen"
- DGUV-I 209-011 „Gasschweißen"
- DGUV-I 209-047 „Nitrose Gase beim Schweißen und verwandten Verfahren"
- DGUV-I 209-049 „Umgang mit thoriumoxidhaltigen Wolframelektroden beim Wolfram-Inertgasschweißen (WIG)"
- DGUV-I 209-077 „Schweißrauche – geeignete Lüftungsmaßnahmen"
- FBHM-066 „Rauche und Gase bei schweißtechnischen Arbeiten – Gesundheitsgefahren"

- DIN EN 14513 „Ortsbewegliche Gasflaschen – Berstscheibeneinrichtungen zur Druckentlastung (ausgenommen für Acetylenflaschen)"

1 Schweißverfahren

Verfahren zum Schweißen und Schneiden sind z. B.:

Gasschweißen und verwandte Verfahren:

- Flammlöten
- Flammspritzen
- Brennschneiden
- Flammstrahlen
- Flammrichten
- Flammwärmen
- Flammhärten

Lichtbogenschweißen:

- Lichtbogenhandschweißen
- Schutzgasschweißen (MAG, MIG, WIG)

Sonstige Verfahren:

- Widerstandsschweißen
- Plasmaschweißen, -schneiden und -spritzen
- Laserstrahlschweißen und -schneiden
- Thermisches Spritzen
- Gießschmelzschweißen

2 Gefahren

Gefährdungen beim Schweißen und Schneiden entstehen in Abhängigkeit vom angewendeten Verfahren, den eingesetzten Werkstoffen sowie den spezifischen Bedingungen am Arbeitsplatz. Es müssen Schweiß- und Schneideverfahren ausgewählt werden, bei denen die Gefährdung insgesamt am geringsten ist.

Nach § 5 Arbeitsschutzgesetz muss eine → *Gefährdungsbeurteilung* durchgeführt und Maßnahmen für Sicherheit und Gesundheit der Beschäftigten festgelegt und anschließend umgesetzt werden. Gefährdungen beim Schweißen und Schneiden sind v. a.:

- **Rauche** (partikelförmige Stoffe, v. a. Metalloxide und Chrom(VI)-Verbindungen) können eingeatmet werden und Gesundheitsschäden verursachen, Chrom(VI)-Verbindungen und Nickeloxid sind krebserzeugend.
- → ***Gase***: entstehende nitrose Gase (Stickstoffmonoxide und -dioxide) bzw. Ozon sind toxisch.
- **Strahlung**: Strahlen sichtbaren Lichts, Infrarot- und UV-Strahlen können das Sehen beeinträchtigen bzw. die Augen schädigen (z. B. Wärme- bzw. Feuerstar durch infrarote Strahlung); Röntgenstrahlen können Veränderungen im menschlichen Körper bis hin zu Krebs auslösen; Laserstrahlen können menschliches Gewebe zerstören.
- **Verbrennungen** durch UV-Licht, Flamme, glühende oder flüssige Metalle oder Schlacketeilchen sind möglich.
- → ***Lärm*** kann beim Zünden der Flamme oder beim Arbeiten mit großen Düsen entstehen und das Gehör schädigen (Lärmschwerhörigkeit).
- **Elektrischer Strom** kann – bei Durchströmung des Körpers – Herzrhythmusstörungen bis hin zum Tod verursachen.
- **Brand- und Explosionsgefahr** besteht v. a. durch Spritzer, Schlacke, glühende oder flüssige Metallteilchen, durch Acetylen, das explosionsartig zerfallen kann oder durch undichte Gasbehälter.

Für Arbeiten in → *engen Räumen* oder in Bereichen mit Brand- und Explosionsgefahr sind besondere Schutzmaßnahmen erforderlich.

Praxis-Beispiel: Besondere Gefahren in engen Räumen

Schweiß- oder Schneidarbeiten in engen Räumen bedeuten eine sehr hohe Gefährdung durch:

- Anreicherung mit Gasen, die gesundheitsschädlich, entzündbar bzw. oxidierend sind;
- Verarmung an Sauerstoff (Erstickungsgefahr);
- Verdrängung der Luft durch Schutz- oder Formiergase;
- erhöhte Gefährdung durch elektrischen Strom bei Kontakt mit elektrisch leitfähigen Teilen (Wand, Rohre, Böden);
- erhöhte Menge an Rauchen.

→ *Druckgasbehälter* bzw. spezielle Schweißstromquellen müssen außerhalb des Arbeitsraumes aufgestellt werden, isolierende Unterlage und schwer entflammbare Schutzanzüge sind Pflicht. Je nach Gefährdungspotenzial muss eine Überwachung erfolgen, z. B. durch einen Sicherheitsposten außerhalb des engen Raums; eine umgebungsluftunabhängige Atemluftversorgung sowie das Tragen von Sicherheitsgeschirr, mit dem eine evtl. erforderliche Bergung des Beschäftigten möglich ist, können erforderlich sein.

3 Maßnahmen

Der Unternehmer hat vor Beginn der Schweißarbeiten sicherzustellen, ob es sich in dem jeweiligen Arbeitsbereich um einen Bereich mit besonderen Gefahren gemäß Abschn. 2 Nr. 5 Kap. 2.26 DGUV-R 100-500 handelt. Schutzmaßnahmen müssen nach dem TOP-Prinzip ausgewählt und umgesetzt werden.

3.1 Technische Maßnahmen

- Auswahl schadstoffarmer Verfahren;
- Wahl günstiger Parameter bei verschiedenen Verfahren zum Schweißen und Schneiden;
- Absaugung an der Entstehungsstelle (mobil oder in Kabinen) oder Raumlüftung;
- Sauerstoffversorgung;
- Arbeiten in geschlossenen Kabinen bzw. Kammern;
- Schutz der in der Nähe arbeitenden Beschäftigten durch Abschirmung (z. B. Stellwände oder Schutzvorhänge gegen optische Strahlung);
- Werkstücke vor Schweißen oder Schneiden reinigen, da Beschichtungen bzw. Verunreinigungen erhöhte Konzentrationen an Rauchen verursachen.

Praxis-Beispiel: Rückführung gefilterter Luft in den Arbeitsraum

Grundsätzlich darf die gefilterte Luft wieder in den Arbeitsraum zurückgeführt werden. Werden jedoch beim Schweißen krebserzeugende Stoffe freigesetzt, darf die gefilterte Luft nur zurückgeführt werden, wenn entweder ein geprüftes Gerät der Schweißrauchabscheideklasse W2 oder W3 verwendet wird oder eine Genehmigung der staatlichen Arbeitsschutzbehörde vorliegt (s. DGUV-I 209-077).

3.2 Organisatorische Maßnahmen

- → *Betriebsanweisungen* erstellen und regelmäßige → *Unterweisungen* durchführen;
- Schweißarbeiten dürfen nur von Personen ausgeführt werden, die das 18. Lebensjahr vollendet haben. Ausgenommen sind Jugendliche, für die es erforderlich ist, Schweißarbeiten im Rahmen ihrer Ausbildung durchzuführen. Der Schutz der Jugendlichen muss durch die Aufsicht eines Fachkundigen gewährleistet sein und die Luftgrenzwerte gefährlicher Stoffe dürfen nicht überschritten werden (s. § 22 JArbSchG);
- Wirksamkeitsüberprüfung: mind. jährliche Überprüfung der technischen Schutzmaßnahmen auf Funktion und Wirksamkeit;
- Kontrollen der Sauerstoffkonzentration;

- Messungen, um Einhaltung der → *Arbeitsplatzgrenzwerte (AGW)* zu überwachen;
- Schweißerlaubnis (Beispiel s. Anhang 1 Kap. 2.26 DGUV-R 100-500), falls die Brandgefahr nicht restlos beseitigt werden kann; Befahrerlaubnis für spezielle Arbeiten an Behältern oder Anlagen;
- Begrenzung der Anzahl der Beschäftigten im Arbeitsbereich;
- Arbeitsmedizinische Vorsorge gem. ArbMedVV.

3.3 Persönliche Maßnahmen

Der Arbeitgeber muss geeignete Arbeitskleidung zur Verfügung stellen. Sie sollte freiliegende Hautflächen bedecken, sowie die Eigenschaften des „Schwerentflammens" nach DGUV-R 112-189 erfüllen. Zum Einsatz kommen in Abhängigkeit vom angewendeten Verfahren:

- Schweißerschutzanzug: beim Umgang mit Sauerstoff muss Schutzkleidung öl- und fettfrei sein (Brandgefahr),
- Lederschürze,
- → *Atemschutzgerät* (DGUV-R 112-190),
- → *Gesichtsschutz*: Schutzbrille, Schweißerschutzhaube aus Leder,
- ggf. → *Gehörschutz*,
- Stulpenhandschuhe (meist aus Leder), ohne elektrisch leitfähige Teile,
- Schweißerschutzschuhe, ggf. Gamaschen.

Bettina Huck

Selbstentzündliche Stoffe

Pyrophore (bisher: selbstentzündliche) Stoffe sind Stoffe, die sich ohne äußere Flammeneinwirkung bzw. Wärmezufuhr erhitzen und schließlich selbst entzünden. Die Gefahr der Selbstentzündung entsteht unter bestimmten Umgebungsbedingungen durch eine

- physikalische (Anlagerung von Sauerstoff an der Oberfläche, z.B. von Metallpulver),
- chemische (stoffliche Veränderung bzw. Bildung neuer Stoffe),
- biologische (Einwirken von Bakterien oder Pilzen z.B. Gärung)

Reaktion mit Luft und/oder Wasser, die innerhalb von Sekunden erfolgen kann oder erst nach einigen Monaten.

Pyrophore Flüssigkeiten oder Feststoffe entzünden sich schon in kleinen Mengen innerhalb von 5 Minuten selbst. Als selbsterhitzungsfähig bezeichnet man Stoffe bzw. Gemische, die sich nur in großen Mengen und nach längerer Zeit (Stunden oder Tage) entzünden.

Gesetze, Vorschriften und Rechtsprechung

Es gelten folgende Regelungen:

- Gefahrstoffverordnung
- Betriebssicherheitsverordnung
- TRGS 800 „Brandschutzmaßnahmen"
- DGUV-R 113-001 „Explosionsschutz-Regeln"

1 Gefahren

1.1 Reaktion mit Luft bzw. Sauerstoff

Stoffe, die sich unter bestimmten Bedingungen unter Einwirkung von Luft selbst entzünden sind z.B.:

- weißer Phosphor
- → *Aerosole* von Metallpulver z.B. Eisen, Aluminium
- Magnesiumstäube bzw. -späne
- Lithium
- Kohle in Kohlehalden, Kohlelagern

- Rückstände von flüssigen Beschichtungsstoffen z. B. Naturharze
- fett- oder ölgetränkte Lappen oder Putzwolle

Praxis-Beispiel: Gefahren beim Umgang mit reinem Sauerstoff

Bei Anwesenheit von reinem Sauerstoff – besonders auch in flüssigem Zustand – entzünden sich viele Stoffe besonders leicht. Dies gilt v. a. für Kohlenwasserstoffe. Armaturen von Sauerstoffflaschen müssen deshalb frei von Ölen und Fetten sein, um Selbstentzündung zu verhindern.

1.2 Reaktion mit Wasser

Unter Einwirkung von Wasser (Luftfeuchtigkeit kann ausreichen) sind folgende Stoffe unter bestimmten Bedingungen selbstentzündlich:

- Natrium bzw. Kalium (Lagerung unter Paraffinöl)
- organische Stoffe wie Papier, Heu, Kompost, Abfälle auf Deponien

Praxis-Beispiel: Brandgefahr in Lagern für Recyclingstoffe

In Zwischenlagern für Recyclingstoffe kommt es häufig zu Bränden. Ein Viertel der Brände wird laut Bundesanstalt für Materialforschung und -prüfung (BAM) durch Selbstentzündung ausgelöst. Durch geeignete Form (Haldengeometrie) und Dauer der Lagerung kann Selbstentzündung vermieden werden.

2 Maßnahmen

Von besonderer Bedeutung sind Maßnahmen zum → *Brand-* und → *Explosionsschutz*, v. a.:

- Zutritt von Luft bzw. Sauerstoff oder Wasser verhindern
- Überwachung der Temperatur
- gute Be- und Entlüftung bei Lagerung, damit ggf. entstehende Wärme abgeleitet werden kann
- ggf. Kühlung
- ölgetränkte Putzlappen nicht zusammen mit anderen Abfällen lagern oder entsorgen, Entsorgung in Metallgefäßen.

Bettina Huck

Sensibilisierende Stoffe

Sensibilisierende Stoffe (Gefahrenklasse nach § 3 GefStoffV: Sensibilisierung der Atemwege oder der Haut) sind Stoffe, die bei der Aufnahme über die Haut oder die Atemwege eine spezifische Überempfindlichkeit hervorrufen können. Diese Überempfindlichkeit ist abhängig von der Intensität des Kontaktes mit der Haut oder den Atemwegen. Nachdem eine Sensibilisierung gegenüber einem bestimmten Stoff festgestellt wurde, reichen oft schon kleine Mengen aus, um eine Reaktion hervorzurufen. Charakteristische Störungen sind dann z. B. Bindehautentzündung, Heuschnupfen, Asthma bronchiale oder allergische Kontaktekzeme. Um festzustellen, gegen welche/n Stoff/e eine Sensibilisierung besteht, ist der zuständige Facharzt bzw. Betriebsarzt hinzuzuziehen.

Gesetze, Vorschriften und Rechtsprechung

Neben der Gefahrstoffverordnung sind insbesondere die folgenden Technischen Regeln für Gefahrstoffe grundlegend

- TRGS 401 „Gefährdung durch Hautkontakt – Ermittlung, Beurteilung, Maßnahmen“
- TRGS 402 „Ermitteln und Beurteilen der Gefährdungen bei Tätigkeiten mit Gefahrstoffen: Inhalative Exposition“
- TRGS 406 „Sensibilisierende Stoffe für die Atemwege“
- TRGS 907 „Verzeichnis sensibilisierender Stoffe und von Tätigkeiten mit sensibilisierenden Stoffen“

1 Grundlagen

Im Rahmen der → *Gefährdungsbeurteilung* nach § 5 Arbeitsschutzgesetz hat der Unternehmer die Pflicht, im Hinblick auf die eingesetzten Stoffe Art, Ausmaß und Dauer der Exposition der Mitarbeiter zu ermitteln und zu beurteilen. Stellt sich im Rahmen der Gefährdungsbeurteilung heraus, dass die eingesetzten Stoffe eine sensibilisierende Wirkung haben, müssen die Mitarbeiter darüber informiert werden.

Sowohl Gefahrstoffe als auch biologische Arbeitsstoffe können sensibilisierend an den Atemwegen sein. Atemwegsensibilisierende Gefahrstoffe müssen ins Gefahrstoffverzeichnis, derart wirkende biologische Arbeitsstoffe (i. d. R. Schimmelpilze und einige Bakterien) ins Biostoffverzeichnis aufgenommen werden.

Der Arbeitgeber muss nach § 6 und § 7 Abs. 3 Gefahrstoffverordnung (GefStoffV) prüfen, ob für den verwendeten Stoff ein → *Ersatzstoff* verfügbar ist, der weniger gesundheitsgefährlich ist.

Substitution kann erfolgen durch:

- Ersatzstoffe, z. B. puderfreie und allergenarme Latexhandschuhe, weniger sensibilisierende Desinfektionsmittel mit vergleichbar guter Wirksamkeit, Hölzer mit geringerem Sensibilisierungspotenzial oder Harzsysteme, die weniger sensibilisierend sind
- Emissionsarme (Ersatz-)Verfahren
- Expositionsarme Verwendungsformen, wie z. B. Pellets, Granulate, Pasten

Praxis-Beispiel: Sensibilisierung trotz Einhalten der Grenzwerte

Auch wenn Arbeitsplatzgrenzwerte für Gefahrstoffe eingehalten werden, ist eine sensibilisierende Wirkung möglich.

2 Schutzmaßnahmen

Nach § 7 Abs. 4 GefStoffV ist die Gefährdung von Sicherheit und Gesundheit der Beschäftigten durch die eingesetzten Stoffe zu minimieren. Bei Stoffen, die sensibilisierend über die Atemwege wirken, ist dies besonders wichtig. Kontakt mit der Haut ist möglichst zu vermeiden. Entsprechende Schutzkleidung, → *Handschuhe* und → *Arbeitsmittel* sind vom Arbeitgeber bereitzustellen.

2.1 Maßnahmen für den Umgang mit atemwegsensibilisierenden Stoffen (vgl. TRGS 406)

2.1.1 Technisch

- ggf. geschlossene Anlagen mit örtlicher Absaugung
- geeignete Be- und Entlüftungsmaßnahmen
- Luftbewegungen verhindern
- Arbeitsräume und Arbeitsmittel mit leicht zu reinigenden Oberflächen
- räumliche Trennung von anderen Betriebsteilen, z. B. Einkapselung in Kabinen, mit leichtem Unterdruck gegenüber den übrigen Arbeitsbereichen
- geeignete Arbeitsmittel wählen
- keine Rückführung abgesaugter Luft bei Tätigkeiten mit atemwegsensibilisierenden Arbeitsstoffen
- ggf. Dusch- und Umkleidegelegenheiten zur Verfügung stellen

2.1.2 Organisatorisch

- Unterweisungen regelmäßig durchführen, u. a. anhand von Betriebsanweisungen
- Beschränkung der Anzahl anwesender Personen
- nur benötigte Arbeitsstoffe und Arbeitsmittel in Arbeitsbereichen aufbewahren und verwenden
- möglichst Einwegausrüstungen benutzen
- nach unbeabsichtigter Freisetzung reinigen, lüften oder sonstige geeignete Maßnahme durchführen
- verschmutzte Geräte erst nach dem Reinigen in andere Arbeitsbereiche bringen

- zum Reinigen keine Aerosol erzeugenden Verfahren anwenden, wie Abblasen mit Druckluft, Hochdruckreinigen oder Fegen, sondern feucht reinigen, Adsorptionsmittel oder Entstauber (möglichst Klasse M) verwenden, dazu Betriebsanweisung erstellen
- verunreinigte Arbeitsbereiche und Arbeitsmittel arbeitstäglich reinigen
- verunreinigte Putz-, Adsorptions- und Reinigungsmittel in geschlossenen Behältern aufbewahren und sachgerecht entsorgen
- Produkte möglichst erst nach Ablauf der chemischen Reaktion weiterverarbeiten, z.B. nach der Aushärtung von Kunststoffen
- Sensibilisierende Stoffe müssen in gekennzeichneten, möglichst bruchsicheren und wiederverschließbaren Behältern aufbewahrt werden
- Herstellervorgaben und Sicherheitsdatenblatt beachten
- Bedingungen, wie Feuchtigkeit, Temperaturen und Nährstoffe, so gestalten, dass biologische Arbeitsstoffe nicht unbeabsichtigt wachsen bzw. sich vermehren
- ggf. verschimmelte Arbeitsmittel und Arbeitsstoffe reinigen bzw. entsorgen
- bei gezielten Arbeiten eine Exposition während sporenbildender Entwicklungsphasen bei Pilzen oder Actinomyceten vermeiden
- arbeitsmedizinische Vorsorge organisieren

2.1.3 Persönlich

- keine Straßenkleidung tragen
- Persönliche Schutzausrüstung tragen, z.B. Schutzkleidung, Schutzhandschuhe, Schutzbrille, Atemschutz, und diese außerhalb des Arbeitsbereichs lagern
- bei staubförmigen Arbeitsstoffen: Atemschutz mit mind. Partikelfilter der Filterklasse P2 bzw. FFP2 verwenden
- Arbeitskleidung sowie Schutzausrüstungen und Straßenkleidung getrennt aufbewahren

2.2 Maßnahmen für den Umgang mit hautsensibilisierenden Stoffen (vgl. TRGS 401)

2.2.1 Technisch

- Verwendung von Arbeitsgeräten, die Hautkontakt vermeiden (vgl. Anlage 6)
- Kapselungen, Absaugungen oder Lüftungen
- ggf. Dusch- und Umkleidegelegenheiten zur Verfügung stellen

2.2.2 Organisatorisch

- Unterweisungen regelmäßig durchführen, u.a. anhand von Betriebsanweisungen
- verschmutzte und durchtränkte Arbeitskleidung sofort wechseln
- kontaminierte Arbeitsgeräte und Arbeitsflächen regelmäßig reinigen
- Reinigungstücher für Maschinen dürfen nicht für die Handreinigung verwendet werden
- Werkzeuge und Geräte in den Arbeitsbereichen aufbewahren, in denen damit umgegangen wird
- verschmutzte Geräte dürfen nur nach vorheriger Reinigung in anderen Arbeitsbereichen genutzt werden
- möglichst Einwegausrüstungen verwenden
- Produkte möglichst erst nach Ablauf der chemischen Reaktion weiterverarbeiten
- Arbeitsplätze und Arbeitsbereiche möglichst von anderen Arbeitsbereichen räumlich trennen und kennzeichnen
- arbeitsmedizinische Vorsorge organisieren

2.2.3 Persönlich

- Schutzhandschuhe (Ablaufdiagramm zur Auswahl s. Anlage 8)
- Waschgelegenheiten, Hautreinigungsmittel und Mittel zum Abtrocknen nutzen
- kontaminierte Haut sofort reinigen

- Hautreinigung auf das erforderliche Maß reduzieren, Intensität der Reinigung an den Grad der Verschmutzung anpassen
- Bei der Arbeit weder Hand- noch Armschmuck tragen
- Für Hautkontakt mit anderen Körperteilen als Händen und Unterarmen (z.B. Füßen oder Beinen) sind spezifische Schutzmaßnahmen erforderlich, z.B. Arbeitsschürzen, Schutzschuhe, Chemikalienschutzanzug

Praxis-Beispiel: Hautschutzmittel

Hautschutzmittel schützen nicht vor Einwirkung sensibilisierender Gefahrstoffe!

3 Kennzeichnung

Sensibilisierung der Haut Kat. 1 H317

Sensibilisierung der Atemwege Kat. 1 H334

Bettina Huck

Sicherheitsbeauftragter

Der Sicherheitsbeauftragte unterstützt den Unternehmer bei der Durchführung der Maßnahmen zur Verhütung von Arbeitsunfällen und Berufskrankheiten. Seine Arbeit ist ehrenamtlich, freiwillig und ohne Weisungsbefugnis. Unternehmen mit regelmäßig mehr als 20 Beschäftigten müssen Sicherheitsbeauftragte bestellen. Bei besonderen Gefahren für Leben und Gesundheit kann der Unfallversicherungsträger anordnen, dass Sicherheitsbeauftragte auch dann zu bestellen sind, wenn die Mindestbeschäftigtenzahl nicht erreicht wird. Die erforderliche Anzahl an Sicherheitsbeauftragten legt der Unternehmer fest.

Die Sicherheitsfachkraft bzw. Fachkraft für Arbeitssicherheit hat dagegen weitreichendere Aufgaben im Arbeits- und Gesundheitsschutz und arbeitet haupt- oder nebenamtlich oder wird als externe Fachkraft für Arbeitssicherheit vertraglich verpflichtet.

Gesetze, Vorschriften und Rechtsprechung

Es gelten i.W. folgende Regelungen:

- § 22 SGB VII
- DGUV-V 1 „Grundsätze der Prävention“
- DGUV-R 100-001 „Grundsätze der Prävention“
- DGUV-I 211-042 „Sicherheitsbeauftragte“

1 Aufgaben und Tätigkeiten

Der Unternehmer trägt die Verantwortung für den Arbeits- und Gesundheitsschutz. Da er die Aufgaben, die sich daraus ergeben, i.Allg. nicht alleine bewältigen kann, wird er u.a. vom → *Betriebsarzt* und der → *Fachkraft für Arbeitssicherheit* unterstützt, in Unternehmen mit regelmäßig mehr als 20 Beschäftigten auch von Sicherheitsbeauftragten.

Der Sicherheitsbeauftragte unterstützt den Unternehmer bei der Durchführung von Maßnahmen zur Verhütung von → *Arbeitsunfällen* und → *Berufskrankheiten*, v.a.

- kontrolliert er fortlaufend, ob vorgeschriebene → *Schutzeinrichtungen* und → *Persönliche Schutzausrüstungen* vorhanden sind und ordnungsgemäß benutzt werden und
- macht auf Unfall- und Gesundheitsgefahren aufmerksam.[1]

Sicherheitsbeauftragte sollen Unternehmer bzw. Führungskräfte v.a. bei folgenden Aufgaben unterstützen:

- Organisation der Ersten Hilfe,
- vorausschauende Planungen für besondere Gefahren und Notfallmaßnahmen,
- regelmäßige Unterweisung der Beschäftigten,
- Bereitstellung der Persönlichen Schutzausrüstungen.

Darüber hinaus sollten Sicherheitsbeauftragte z.B. auch beim Einsatz von Leiharbeitern besonders aufmerksam sein, übermüdete Kollegen auf das Thema „sichere Wege von und zur Arbeit" ansprechen und Kollegen bei gesundheitlichen Problemen auf den Betriebsarzt oder betriebliche Regelungen hinweisen.

Damit Sicherheitsbeauftragte ihre Aufgabe erfüllen können, müssen sie Zugriff auf die Gefährdungsbeurteilung haben und bei deren Erstellung eingebunden werden. Ergeben sich aktuelle Hinweise, veranlassen sie eine Aktualisierung oder Ergänzung und werden über Änderungen informiert.

I.d.R. sind Sicherheitsbeauftragte innerhalb ihres eigenen Arbeitsbereichs zuständig, so ist gewährleistet, dass sie ihre Aufgaben erfüllen können. Bestimmte Einsatzzeiten sind nicht vorgeschrieben.

Praxis-Beispiel: Zuständigkeitsbereich begrenzen

Bei zu großen Zuständigkeitsbereichen werden Gefahren evtl. zu spät erkannt oder anstehende Aufgaben erfordern zu viel Zeit und können deshalb nicht zuverlässig erledigt werden. Im Allgemeinen sollte der Bereich nicht größer sein als der des unmittelbaren Vorgesetzten.

Tätigkeiten des Sicherheitsbeauftragten sind je nach Anlass z.B.:

Anlass	Tätigkeiten
Unfall oder → *Beinaheunfall* im Zuständigkeitsbereich	• Evtl. Mitwirkung bei der Ersten Hilfe • Information an die Verletzten zur Inanspruchnahme Erster-Hilfe-Leistungen und/oder Hinweise zum Aufsuchen des Durchgangsarztes • Mitwirken bei der innerbetrieblichen Unfalluntersuchung zur Feststellung der Unfallursachen • Mitwirken bei der Erarbeitung der Vorschläge für technische oder organisatorische Maßnahmen, die erforderlich sind, um ähnliche Unfälle in Zukunft zu verhindern • Bei meldepflichtigen Unfällen: Kenntnisnahme des entsprechenden Vordrucks des innerbetrieblichen Unfallmeldesystems und evtl. betriebliche Sonderregelungen zur Meldepflicht
Gesamtes Unfallgeschehen im Zuständigkeitsbereich	Beobachtung des Unfallgeschehens im Zuständigkeitsbereich: • Kenntnisnahme durch persönliche Beobachtung • Informationen der Beschäftigten/Vorgesetzten • Information durch Unfallanzeigen oder innerbetriebliche Meldevordrucke • Einsichtnahme in das Verbandbuch/die Kartei über Erste-Hilfe-Leistungen • Aufgrund dieser Informationen Hinweise/Vorschläge für Vorgesetzte erstellen und Mitarbeiterinnen/Mitarbeiter motivieren, sich sicherheitsbewusst zu verhalten und zu handeln

1 § 22 SGB VII.

Anlass	Tätigkeiten
Hinweise von Mitarbeitern auf Mängel an → *Maschinen* oder auf arbeitsbedingte Gesundheitsgefahren	• Überprüfen, ob Angaben sachlich richtig sind (Inaugenscheinnahme). • Falls nicht sofort abstellbar, am besten schriftliche Meldung an den Vorgesetzten/die Betriebsleitung (s. Muster gem. Abb. 20 in Abschn. 5.4.2 DGUV-I 211-042) • Mängel bis zu ihrer Beseitigung verfolgen
Persönliche Feststellung von Mängeln, Verhaltensfehlern oder arbeitsbedingten Gesundheitsgefahren	• Einwirkung auf umgehende Abstellung der Mängel, soweit dies im Zuständigkeitsbereich der Beteiligten liegt; Gespräche mit dem Ziel, sicherheits- und gesundheitsbewusstes Verhalten und Handeln zu erreichen • Falls nicht unmittelbar durch die Beteiligten abstellbar, zuständigen Vorgesetzten über die festgestellten Mängel informieren (s. o.) • Mängel bis zu ihrer Beseitigung verfolgen
Täglicher/wöchentlicher Rundgang im Zuständigkeitsbereich	Maschinen, Anlagen, Einrichtungen, Verkehrswege überprüfen (Inaugenscheinnahme): • Sind Schutzvorrichtungen vorhanden und ordnungsgemäß angebracht? • Wird vorgeschriebene Persönliche Schutzausrüstung ordnungsgemäß benutzt? • Werden Vorgaben der → *Betriebsanweisungen* eingehalten?
Durchführen von Messungen und Ermittlungen (z. B. Lärmkataster)	Ergebnisse bei der Tätigkeit berücksichtigen
Einstellung neuer Mitarbeiter oder Umsetzung von Mitarbeitern im Zuständigkeitsbereich	• Hinweis auf eigene Funktion und Aufgabe • Unterstützung bei der Einweisung am Arbeitsplatz • evtl. als Pate tätig werden
Auswahl geeigneter Persönlicher Schutzausrüstung	Mitwirkung, z. B. durch Testen auf Tauglichkeit und Handhabbarkeit
Systematische und häufige Mängel oder grundsätzliches Fehlverhalten	• Soweit Beseitigung der Mängel durch Beteiligte nicht unmittelbar möglich, Meldung an zuständige Vorgesetzte; Mängelbeseitigung verfolgen • Zusätzlich Rücksprache mit Vorgesetzten und/oder Fachkraft für Arbeitssicherheit, z. B. zum Thema Überarbeitung der Gefährdungsbeurteilung

Tab. 1: Beispiele für Anlässe und mögliche Tätigkeiten des Sicherheitsbeauftragten[1]

Der Sicherheitsbeauftragte arbeitet ehrenamtlich, freiwillig, hat keine Weisungsbefugnis, kann keine Aufsicht führen und bleibt dem unmittelbaren Vorgesetzten (z. B. Abteilungsleiter, Meister) unterstellt; er trägt keine rechtliche Verantwortung für den Arbeitsschutz.

Um Zusammenarbeit und Informationsaustausch unter den Akteuren im Arbeits- und Gesundheitsschutz zu gewährleisten, nimmt der Sicherheitsbeauftragte an → *Arbeitsschutzausschusssitzungen* (ASA) teil.

1 Vgl. Tab. 2 in Abschn. 2.3 DGUV-I 211-042.

In Unternehmen mit alternativem Betreuungsmodell ist der Sicherheitsbeauftragte häufig Ansprechpartner für den externen Betriebsarzt, die Unfallkasse oder Berufsgenossenschaft sowie zuständige Behörden.

In großen Unternehmen ist die Zahl der Sicherheitsbeauftragten häufig so groß, dass nicht alle an den ASA teilnehmen können. Mögliche Lösungen sind dann, dass

- 2 bis 4 Delegierte gewählt werden,
- im rollierenden Verfahren jeweils andere Personen oder
- die Sicherheitsbeauftragten des jeweils betroffenen Themen- bzw. Arbeitsbereichs teilnehmen.

Praxis-Beispiel: To-do-Listen

Protokolle von ASA-Sitzungen sollten so formuliert werden, dass der Transfer in den betrieblichen Alltag gelingt. To-do-Listen (wer, was, bis wann) erleichtern die Arbeit, auch für den Sicherheitsbeauftragten. In der nächsten ASA-Sitzung kann dann geprüft werden, ob die besprochenen Maßnahmen umgesetzt wurden.

2 Qualifikation

Als Sicherheitsbeauftragte eignen sich Beschäftigte, die die fachlichen Kenntnisse mitbringen und von den Kollegen und dem Vorgesetzten als sachkundig und erfahren akzeptiert sind. Weitere Auswahlkriterien bzw. Qualifikationen sind:

- Sozialkompetenz,
- gute Beobachtungsgabe,
- Fingerspitzengefühl und Überzeugungsvermögen,
- engagiert, teamfähig und kontaktfreudig.

Sie können als Vorbild den Arbeits- und Gesundheitsschutz im Unternehmen voranbringen. Eine Ausbildung qualifiziert für die Aufgabe, mit Fortbildungsveranstaltungen bleiben Sicherheitsbeauftragte auf dem aktuellen Stand. Damit ist gewährleistet, dass sie ihre Aufgabe sachgerecht und vollständig erfüllen können. Aus- und Fortbildung erfolgen meist branchenorientiert durch Unfallkassen oder Berufsgenossenschaften. Neben Fachwissen sind auch Sozial- und Methodenkompetenz wichtig. Die Fachkraft für Arbeitssicherheit wirkt bei der Schulung der Sicherheitsbeauftragten mit.

3 Pflichten des Unternehmers

Der Unternehmer muss dafür sorgen, dass Sicherheitsbeauftragte ihre Aufgaben während der Arbeitszeit erfüllen können. Er muss u. a.:

- die Teilnahme an Betriebsbegehungen sowie -besichtigungen im Zuständigkeitsbereich sowie an Untersuchungen zu Unfällen und Berufskrankheiten durch den Unfallversicherungsträger ermöglichen und über die Ergebnisse informieren,
- dafür sorgen, dass → *Fachkraft für Arbeitssicherheit* und → *Betriebsarzt* eng mit dem Sicherheitsbeauftragten zusammen„wirken".
- Gelegenheit zu Aus- und Fortbildungsmaßnahmen der Unfallversicherungsträger geben.[1]

Sicherheitsbeauftragte dürfen wegen der Erfüllung ihrer Aufgaben nicht benachteiligt werden.

4 Anzahl der Sicherheitsbeauftragten

Die Mindestanzahl an Sicherheitsbeauftragten legt der Unternehmer anhand der folgenden 5 Kriterien selbst fest:

1 § 20 DGUV-V 1.

1. Bestehende **Unfall- und Gesundheitsgefahren**: Ergebnisse aus der Gefährdungsbeurteilung.
2. **Räumliche Nähe** der Sicherheitsbeauftragten zu den Beschäftigten, d.h. am gleichen Standort im gleichen Arbeitsbereich. Bei Tätigkeiten in unterschiedlichen Gebäuden fehlt das Kriterium „räumliche Nähe".
3. **Zeitliche Nähe**, d.h. gleiche Arbeitszeit bzw. gleiche Schicht.
4. **Fachliche Nähe**, wenn gleiche oder ähnliche Tätigkeiten ausgeführt werden und Qualifizierung und Sprachkenntnisse der Mitarbeiter bekannt sind.
5. **Anzahl der Beschäftigten.**[1]

Praxis-Beispiel: Rechtssicher arbeiten

Die zuständigen Unfallversicherungsträger liefern Empfehlungen für die Staffelungen der Anzahl der Sicherheitsbeauftragten,[2] und zwar in Form einer Hilfestellung der Unfallkassen sowie von Tabellen, Handlungshilfen, Leitfäden und FAQs der Berufsgenossenschaften.
Auf der Grundlage der DGUV-R 100-001 wurden auch Empfehlungen für den öffentlichen Dienst abgeleitet und in der DGUV-I 211-039 „Leitfaden zur Ermittlung der Anzahl der Sicherheitsbeauftragten im öffentlichen Dienst" veröffentlicht. Der Leitfaden liefert ein Praxisbeispiel für eine Gemeinde mit 30.000 Einwohnern und 522 Beschäftigten: Anhand einer Tabelle wird die erforderliche Anzahl an Sicherheitsbeauftragten erläutert.

5 Bestellung

Der Unternehmer muss bei der Bestellung von Sicherheitsbeauftragten den → *Betriebs-* bzw. Personalrat beteiligen; unmittelbare Vorgesetzte und die → *Fachkraft für Arbeitssicherheit* wirken mit.

Die Bestellung kann formlos erfolgen. I.d.R. werden Sicherheitsbeauftragte schriftlich bestellt und Aufgaben sowie Zuständigkeitsbereich festgelegt. Ein Muster für die Bestellung eines Sicherheitsbeauftragten liefert z.B. die Abb. 18 in DGUV-I 211-042.

I.d.R. informiert der Arbeitgeber über Bestellung und Zuständigkeitsbereich mit einem Aushang oder im Rahmen einer Betriebsversammlung.

Praxis-Beispiel: Personen mit Führungsverantwortung sollten nicht bestellt werden

Da Sicherheitsbeauftragte ihre Aufgabe ehrenamtlich ausüben und nicht weisungsbefugt sind, sollten Personen mit Führungsverantwortung nicht als Sicherheitsbeauftragte bestellt werden.

Bettina Huck

Sicherheitsbeleuchtung

Die Sicherheitsbeleuchtung soll bei Ausfall der Allgemeinbeleuchtung das gefahrlose Verlassen der Arbeitsstätte und die Verhütung von Unfällen ermöglichen. Kritische Arbeiten und Prozesse können beendet und/oder die Arbeitsräume und -bereiche sicher verlassen werden, wenn eine entsprechende Ausleuchtung und ggf. eine integrierte Rettungswegekennzeichnung mit Richtungsangabe vorhanden ist. Sicherheitsbeleuchtungen können mit Leuchten (mit oder ohne Rettungszeichen) und/oder als bodennahe optische Sicherheitsleitsysteme ausgeführt werden.

Gesetze, Vorschriften und Rechtsprechung

Für die Seite des Baurechts sind die Landesbauordnungen der Bundesländer grundlegend, für den Arbeitsschutz Anhang 2.3 und Anhang 3.4 ArbStättV sowie ASR A2.3 „Fluchtwege und Notausgänge" sowie ASR A3.4 „Beleuchtung und Sichtverbindung".

---

1 § 20 DGUV-V 1.

2 www.dguv.de

1 Wo wird eine Sicherheitsbeleuchtung benötigt?

Die Notwendigkeit von Sicherheitsbeleuchtungen ist i.d.R. durch Bau- oder Betriebsvorschriften vorgegeben und betrifft v. a. bestimmte Branchen, größere Gebäude oder Sonderbauten. Dennoch muss jeder Arbeitgeber in einer Gefährdungsbeurteilung klären, ob eine Sicherheitsbeleuchtung erforderlich ist. Durch das **Baurecht** sind Sicherheitsbeleuchtungen z.B. erforderlich in

- Krankenhäusern,
- Gaststätten und Beherbergungsbetrieben,
- Hochhäusern,
- Garagen,
- Versammlungsstätten,
- Personenaufzügen usw.

Grundlage sind die jeweiligen landesrechtlichen Bestimmungen, Sonderbauverordnungen bzw. branchenspezifischen Normen.

Nach **Arbeitsschutzrecht** sind Sicherheitsbeleuchtungen erforderlich in Arbeitsstätten

- mit großer Personenbelegung,
- mit Bereichen erhöhter Gefährdung oder unübersichtlicher Fluchtwegführung,
- die durch ortsunkundige Personen genutzt werden,
- in denen große Räume durchquert werden müssen (z.B. Hallen, Großraumbüros oder Verkaufsgeschäfte),
- ohne Tageslichtbeleuchtung, wie z.B. bei Räumen unter Erdgleiche.

(Anhang 2.3 und Anhang 3.4 ArbStättV, ASR A2.3 „Fluchtwege und Notausgänge")

2 Gestaltung von Sicherheitsbeleuchtungen

Sicherheitsbeleuchtungsanlagen werden meist durch Batterien gespeist (Zentral- oder Gruppenbatterieanlagen, bei kleinen Anlagen oder Nachrüstungen auch Einzelbatterieversorgung). Ersatzstromanlagen (mit Stromerzeugungsaggregat) kommen dort infrage, wo eine netzunabhängige Stromversorgung für weitere Bereiche benötigt wird (wichtige Betriebsmittel wie Aufzüge, OP-Bereiche, sensible DV-Systeme usw.). Typischerweise ist das in Krankenhäusern, öffentlichen Gebäuden, großen Verwaltungen etc. der Fall.

Sicherheitsbeleuchtungen können mit einfachen Notleuchten oder Rettungszeichenleuchten (gem. ASR A1.3 „Sicherheits- und Gesundheitsschutzkennzeichnung") ausgestattet sein. In jedem Fall sind vielfältige Anforderungen zu beachten, z.B.:

- Beleuchtungsstärke (u.a. abhängig davon, ob es um Arbeitsplätze oder Fluchtwege geht und ob das Risiko „nur" im Stromausfall oder im Brandfall (Verrauchung) gesehen wird)
- Einschaltverzögerung
- Betriebsdauer
- ggf. Feuerwiderstandsdauer (der Installation)
- Prüfvorschriften

Projektierung, Bau und Prüfung größerer Anlagen verlangen daher entsprechende Fachkenntnis.

3 Optische Sicherheitsleitsysteme

Bodennahe optische Sicherheitsleitsysteme mit lang nachleuchtenden Elementen oder elektrisch betriebenen Leuchtmitteln finden zunehmend Würdigung in den staatlichen Arbeitsschutzvorschriften (ASR A2.3). Grund: Optische Sicherheitsleitsysteme ermöglichen gerade in sensiblen Bereichen (z.B. Schiffbau, Tunnelanlagen, große Veranstaltungs- und Beherbergungsbetriebe) mehr als alle anderen Sicherheitsbeleuchtungen oder -kennzeichnungen eine schnelle und sichere Orientierung – auch und gerade bei drohender Verrauchung.

Abschn. 8.4 ASR A2.3 beschreibt die konkreten Bau- und Betriebsvorschriften für diese Systeme. Eine gute Beratung ist auch hier wesentlich, weil es z.B. bei lang nachleuchtenden Produkten eine Vielzahl von technischen Spezifikationen gibt (verschiedene Auflade- und Abstrahlzeiten, Beständigkeit der Materialien usw.). Außerdem muss hier technisch und/oder organisatorisch sichergestellt werden, dass die erforderliche Belichtung erzielt wird und die Materialien unbeschädigt und sauber bleiben. Bei entsprechender Auslegung kann ein mit nachleuchtenden Produkten gestaltetes optisches Leitsystem eine herkömmliche elektrische Sicherheitsbeleuchtung entbehrlich machen.

Praxis-Beispiel: Nachleuchtende Kennzeichnung – vielfältig und preiswert

In jedem Fall bietet die Verwendung lang nachleuchtender Produkte (als Klebefolien, Profile, Farben usw.) jederzeit die Möglichkeit, mit verhältnismäßig geringem Aufwand Bereiche aufzuwerten, die mit oder ohne Sicherheitsbeleuchtung im Rahmen der → *Gefährdungsbeurteilung* als unzureichend im Dunkeln begehbar erachtet werden.

Cornelia von Quistorp

Sicherheits Certifikat Contraktoren (SCC-VAZ)

SCC (Sicherheits Certifikat Contraktoren) stellt ein anerkanntes und europaweit bekanntes AMS-Standard dar. Das Konzept für ein systematisches Organisieren und Anwenden des Arbeits- und Gesundheitsschutzes bezieht auch die Gesundheitsförderung mit ein.

Das SCC-System wurde speziell für Kontraktoren und Personaldienstleister (Fremd-/Partnerfirmen, die auf dem Gelände ihrer Kunden arbeiten) entwickelt. SCC zielt darauf ab, dass diese Dienstleister ein Managementsystem für Sicherheit, Gesundheit und den Umweltschutz (SGU) installieren und nachweislich auch anwenden. Das SCC-System oder SCC-Verfahren wurde in den 1980er-Jahren für Kontraktoren der petrochemischen Industrie in den Niederlanden entwickelt. Da Kontraktoren (Subunternehmen) ihre Leistungen vor allem bei Auftraggeber erbringen, greifen sie in das Sicherheitsgeschehen dieser Kunden oder einer gemeinsamen betriebenen Arbeits-/Baustelle ein. Es ist deshalb nachvollziehbar, dass sich Auftraggeber auch um die Sicherheitspraxis ihrer Kontraktoren und anderer Partnerfirmen interessieren. Hier setzt das SCC-System an: Im Vorfeld wird betrachtet, wie systematisch mögliche Kontraktoren die Unternehmensaufgaben Sicherheit, Gesundheit und Umweltschutz bei sich organisiert haben bzw. wie sie die Umsetzung und Wirksamkeit ihres SGU-Managementsystems nachweisen können.

Das SCC-System stellt nicht nur ein Bewertungsverfahren für die Sicherheitspraxis der Kontraktoren, Partnerfirmen und anderer Fremdfirmen dar, sondern beschreibt auch Hilfen zum Aufbau eines SGU-Managementsystems und zu deren Anwendung. SCC ist keine Norm, sondern ein branchenspezifischer Standard, also eine „Anleitung" zum Implementieren eines betriebsspezifischen SGU-Managementsystems, gemäß dem SCC-System. Die definierten Anforderungen (insbes. die SCC-Checklisten) sind so gestaltet, dass sie nicht nur eine externe Bewertung im Sinne einer Lieferantenbewertung ermöglichen, sondern auch für eine Zertifizierung genutzt werden können.

SCC hat sich in Deutschland und vielen Nachbarländern zu einem bewährten Zertifizierungssystem etabliert. Es ermöglicht Auftraggebern zuverlässige und sicher arbeitende Kontraktoren und Personaldienstleister auszuwählen, ohne auf die Kontrolle der sicheren Ausführung der Arbeitsausführung der Kontraktoren zu verzichten.

1 SCC-VAZ

Bis November 2021 wurde das SCC-System von der DGMK (Deutsche Wissenschaftliche Gesellschaft für Erdöl, Erdgas und Kohle e. V.) verantwortet und herausgegeben. Die DGMK war nicht nur der Ansprechpartner, Pusher und „Normensetzer" (Eigentümer), sondern auch verantwortlich für das Regelwerk, insbes. die normativen Dokumente und deren regelmäßigen Aktualisierung. Nach eingehenden Diskussionen mit den beteiligten Parteien übernahm Ende 2021 der Verband akkreditierter Zertifizierungsgesellschaften e.V. (VAZ) die Programmeigentümerschaft für SCC und SCP (SGU-Personal). Formal wurde diese Änderung am 17.9.2021 mit der Bestätigung der Akkreditierungsfähigkeit für die beiden

Programme durch die DAkkS (Deutsche Akkreditierungsstelle) vollzogen. Durch den neuen Programmeigentümer haben sich die Bezeichnungen SCC in SCC-VAZ und SCP in SGU-Personal VAZ geändert (parallel wird weiterhin die Bezeichnung SCP verwendet).

VAZ ist damit auch für die Pflege und Weiterentwicklung des SCC-VAZ-Systems zuständig. In enger Verbindung mit dem holländischen Urheber des SCC-Zertifizierungssystems SSVV (Stichting Samenwerken voor Veiligheid) soll in die anstehende Revision des normativen SCC-Regelwerks sowie der Konformitätsbewertungsprogramme für SGU-Managementsysteme für SCC-VAZ und SGU-Personal erfolgen.

SCC bzw. SCC-VAZ war lange Zeit vor allem eine Forderung der petrochemischen Industrie. Heute wird SCC auch von anderen Unternehmen und vor allem Unternehmen, die selbst ein AMS praktizieren, gefordert. Darüber hinaus interessieren sich auch andere Industrieunternehmen sowie Organisationen, die ihre Verantwortung für die Sicherheit ihrer Fremdfirmen betonen wollen, für einen Nachweis eines funktionierenden Managementsystems für die Sicherheit, Gesundheit und den Umweltschutz (z. B. in Form eines SCC-Zertifikates). Die Relevanz zertifizierter AMS, wie SCC-VAZ und SCP bzw. SGU-Personal VAZ ist erkennbar gestiegen.

Zertifizierungsstellen, die in diesem Umfeld tätig sind oder werden wollen, müssen über eine Akkreditierung auf der Grundlage der ISO/IEC 17021 für Systemzertifizierungen und/oder der ISO/IEC 17024 für Personenzertifizierungen verfügen.

Das „Sicherheits Certifikat Contraktoren" ist aus einer Eigeninitiative der Industrie entstanden und hat keinerlei gesetzlichen Charakter. Einen gesetzlichen Charakter haben natürlich die anzuwendenden Vorgaben.

Die aktuelle Fassung des SCC-Regelwerks stammt aus dem Jahr 2021. Die Programmunterlagen zu SCC-VAZ frei zugänglich und über die Homepage der VAZ (www.vaz-ev.de) erhältlich.

2 Betriebskategorien (Scopes) des SCC-VAZ Systems

Bei den möglichen Anwendern differenziert das SCC-VAZ System:

i) Scope I – **Kontraktoren/produzierendes Gewerbe (SCC)** – hierfür gilt SCC-VAZ 2021
ii) Scope II – **Personaldienstleister (SCP)** – hierfür gilt SGU-Personal VAZ 2021

Bei beiden Betriebskategorien sieht SCC-VAZ eine Zertifizierung vor: SCC-VAZ und SGU-Personal VAZ (bzw. SCP). Bei Scope II (den Personaldienstleistern) ist nur eine Zertifizierung nach SGU-Personal VAZ (SCP) möglich.

Praxis-Beispiel: Bei Scope I (Kontraktoren/produzierendes Gewerbe) wird bei der Zertifizierung unterschieden zwischen drei Zertifikaten:

1. **SCC* = eingeschränktes Zertifikat:** Hier erfolgt die Zertifizierung, indem die Realisierung des SGU-Managementsystems direkt am Arbeitsplatz beurteilt wird. Dies ist nur zulässig bei kleineren Unternehmen mit durchschnittlich max. 35 Beschäftigten pro Kalenderjahr (einschließlich Auszubildende, Zeitarbeitskräfte und Praktikanten im gesamten Unternehmen), wenn keine Subunternehmen (Werkverträge) für technische Dienstleistungen eingesetzt werden.
2. **SCC** = uneingeschränktes Zertifikat:** Hier erfolgt die Zertifizierung, indem sowohl die SGU-Managementaktivitäten direkt am Arbeitsplatz, als auch das SGU-Managementsystem des Unternehmens beurteilt wird. Diese Vorgehensweise ist für Unternehmen mit durchschnittlich mehr als 35 Beschäftigten pro Kalenderjahr (einschließlich Auszubildende, Zeitarbeitskräften und Praktikanten im gesamten Unternehmen) bestimmt.
3. **SCC^{P} = uneingeschränktes Zertifikat für die Petrochemie:** Neben den unter SCC** genannten Beurteilungskriterien wird hier zusätzlich die Erfüllung spezifischer Anforderungen in der petrochemischen Industrie und in Raffinerien erwartet.

3 Bewertung des Standards SCC-VAZ

Der Standard „Sicherheits Certifikat Contraktoren (SCC-VAZ)“ ist ein speziell für Kontraktoren und Personaldienstleister entwickeltes Managementsystem für Sicherheit, Gesundheit und den Umweltschutz (SGU). Es zeichnet sich im Wesentlichen durch folgende Eigenschaften/Besonderheiten aus:

- Besonders geeignet für
  - eher rustikale Unternehmen (Kontraktoren: Fremd-/Partnerfirmen),
  - Unternehmen, die ein besonderes Interesse bzw. die Notwendigkeit eines Zertifikates ihres SGU-Managementsystems haben,
  - kleinere Unternehmen (reduzierte Anforderungen bei Betrieben mit weniger als 35 bzw. bis 35 Beschäftigten – gilt nur für SCC).
- Die Implementierung ist vergleichsweise unkompliziert (die bereitgestellte Checkliste beschreibt einzelne Punkte und gibt Hilfestellungen).
- Vorteile für die anwendenden Unternehmen:
  - Erfüllung einer Forderung wichtiger Kunden/Aufzeigen der eigenen Kompetenzen die SCC-Anforderungen zu erfüllen,
  - regelmäßige Überprüfung und kontinuierliche Verbesserung ihres Managements in Sachen Sicherheit, Gesundheits- und Umweltschutz (SGU),
  - Steigerung der Sicherheitskompetenzen und des Sicherheitsbewusstseins der Beschäftigten,
  - Verbesserung der Rechtssicherheit.
- Anspruchsvolle Anwendung: Die einfach erscheinende Anwendung ist gepaart mit anspruchsvollen Forderungen, insbes. die Verhaltensweisen der Beschäftigten betreffend; für Unternehmen mit rustikalen Arbeitsbedingungen ist dies in Kombination mit dem Schwellenwert zur Unfallhäufigkeit teilweise ein Problem bzw. bedarf besonderer „verhaltensorientierter“ Maßnahmen.
- Die Bewertung der „strengen“ Forderungen bedarf qualifizierter Zertifizierer.
- SCC ist das einzige AMS, das bei einer Begutachtung nicht nur die Anwendung prüft, sondern **auch die Wirkung** der Anwendung bewertet und hierfür auch eine Kennzahl (Unfallhäufigkeit) verwendet.
- Umweltschutz wird bei SCC nur „am Rande“ betrachtet.
- SCC-VAZ gehört in Deutschland zu den am meisten angewendeten AMS.
- Die europäische SCC-Plattform bietet den Vorteil der gegenseitigen Anerkennung der Zertifikate – was für international tätige Kontraktoren sehr wichtig ist.

Alternativ zum SCC-Zertifikat steht Kontraktoren und anderen Fremdfirmen das moderne und zertifizierbare AMS-Konzept, die Norm DIN ISO 45001 „Managementsysteme für Sicherheit und Gesundheit bei der Arbeit“, zur Verfügung. Bei der Wahl dieses AMS-Standards ergibt sich die Möglichkeit, ein integriertes Managementsystem zu realisieren – also das SGU-Managementsystem z. B. in ein Qualitätsmanagementsystem nach der DIN ISO 9001 zu integrieren. Da beide Managementsysteme auf der High Level Structure basieren, sind sie sehr ähnlich strukturiert. D. h., sowohl beim Aufbau, als auch bei der Anwendung ergeben sich Synergien. Aktuell sind keine Bestrebungen erkennbar, dass das SCC-VAZ System an die High Level Structure angepasst wird.

Albert Ritter

Sicherheitsdatenblatt

Das Sicherheitsdatenblatt ist die zentrale Informationsquelle für den gewerblichen Anwender gefährlicher Stoffe und Gemische. Es muss v. a. Angaben darüber enthalten, um welchen Gefahrstoff es sich handelt, welche Gefährdungen bestehen und welche Maßnahmen geeignet sind, um Gesundheit und Sicherheit der Beschäftigten zu gewährleisten. Inhalt und Struktur legt die REACH-Verordnung fest. Das Sicherheitsdatenblatt ist das einzige, rechtlich verbindliche Informationssystem, das der Lieferant gefährlicher Stoffe oder Gemische dem gewerblichen Anwender zur Verfügung stellen muss.

Informationen aus dem Sicherheitsdatenblatt sind die Grundlage für die Durchführung der Gefährdungsbeurteilung und die Erstellung von Betriebsanweisungen. Beschäftigte müssen Zugang zu den für sie relevanten Sicherheitsdatenblättern haben. Das Vorliegen eines vollständigen und fehlerfreien Sicherheitsdatenblattes ist daher für Arbeits- und Umweltschutz im Unternehmen wesentlich.

Gesetze, Vorschriften und Rechtsprechung

- § 6 Gefahrstoffverordnung (GefStoffV)
- Die REACH-Verordnung 1907/2006/EG legt Inhalt und Struktur des Sicherheitsdatenblatts fest, insbesondere ist Art. 31 i.V. mit Anhang II „Leitfaden für die Erstellung des Sicherheitsdatenblatts" zu beachten.
- Die „Leitlinien zur Erstellung von Sicherheitsdatenblättern" der ECHA erläutern, welche Verpflichtungen sich aus der REACH-Verordnung ergeben und wie sie zu erfüllen sind.
- Die CLP-Verordnung 1272/2008/EG macht u.a. Vorgaben zur Einstufung gefährlicher Stoffe und Gemische in Punkt 2 „Mögliche Gefahren" des Sicherheitsdatenblattes.
- Die BekGS 409 „Nutzung der REACH-Informationen für den Arbeitsschutz" liefert einen Fragen-Antworten-Katalog und zielt v.a. auf die effiziente Nutzung der Inhalte des Sicherheitsdatenblattes für die Zwecke des Arbeitsschutzes ab.
- Die TRGS 220 „Nationale Aspekte beim Erstellen von Sicherheitsdatenblättern" ist eine Hilfe für den Ersteller und Anwender, um auch die nationalen Vorgaben berücksichtigen zu können.

1 Bedeutung für den Arbeits- und Umweltschutz

Das Sicherheitsdatenblatt ist die zentrale Informationsquelle für einen sicheren Umgang mit Gefahrstoffen im Unternehmen. Erschreckend hoch ist die Zahl fehlerhafter Sicherheitsdatenblätter: Im Rahmen des Projektes REACH-EN-FORCE wird die Umsetzung von REACH regelmäßig überwacht, u.a. auch die Qualität von Sicherheitsdatenblättern. Laut Projekt 6 war jedes dritte Sicherheitsdatenblatt fehlerhaft und eines von drei Gemischen falsch gekennzeichnet.[1]

Fehleinschätzungen aufgrund fehlerhafter Angaben können zu Schäden für Mensch und Umwelt führen. Liegen dem Anwender keine Sicherheitsdatenblätter vor, muss er sie anfordern. Nur so können Gefährdungen für Sicherheit und Gesundheit beurteilt und geeignete Maßnahmen festgelegt werden, und zwar vor Aufnahme der Tätigkeit mit → *Gefahrstoffen* (§ 7 Abs. 1 GefStoffV). Im Gefahrstoffverzeichnis muss auf die Sicherheitsdatenblätter verwiesen werden (§ 6 Abs. 12 GefStoffV).

2 Inhalt

Folgende Angaben müssen im Sicherheitsdatenblatt enthalten sein (Art. 31 Abs. 6 1907/2006/EG):

1. Bezeichnung des Stoffs bzw. des Gemisches und des Unternehmens
2. Mögliche Gefahren
3. Zusammensetzung/Angaben zu Bestandteilen
4. → *Erste-Hilfe*-Maßnahmen
5. Maßnahmen zur Brandbekämpfung
6. Maßnahmen bei unbeabsichtigter Freisetzung
7. Handhabung und Lagerung
8. Begrenzung und Überwachung der Exposition/Persönliche Schutzausrüstungen
9. Physikalische und chemische Eigenschaften
10. Stabilität und Reaktivität
11. Toxikologische Angaben
12. Umweltspezifische Angaben
13. Hinweise zur Entsorgung
14. Angaben zum Transport

---

1 Quelle: ECHA, Stand: 2019.

15. Rechtsvorschriften
16. sonstige Angaben

Die Anforderungen an Sicherheitsdatenblätter gelten in allen europäischen Staaten gleichermaßen.

> **Praxis-Beispiel: Aktualität von Sicherheitsdatenblättern**
>
> Die Anhänge der REACH-Verordnung werden regelmäßig geändert. Die letzte Änderung des Anhang II gilt seit 1.1.2021, u. a. bez. Informationen zu spezifischen Konzentrationsgrenzwerten, zu M-Faktoren und zu Schätzwerten für die akute Toxizität sowie möglicher Nanoformen. Sicherheitsdatenblätter, die dem geänderten Anhang II nicht entsprechen, dürfen bis zum 31.12.2022 zur Verfügung gestellt werden. (Zukünftige) Änderungen des Anhang II sollten also Anlass für Aktualisieren und Anfordern aktueller SDB sein.

3 Bedeutung für den Hersteller, Inverkehrbringer bzw. Importeur

Sicherheitsdatenblätter müssen von einer fach- bzw. sachkundigen Person erstellt und regelmäßig aktualisiert werden. Dies soll gewährleisten, dass sie fachlich richtig und vollständig sind (vgl. § 5 Abs. 1 GefStoffV). Anforderungen an die Sachkunde regelt Anhang II 1907/2006/EG: Die sachkundige Person muss „die besonderen Erfordernisse und Kenntnisse des Verwenderkreises" berücksichtigen und „entsprechende Schulungen und Auffrischungslehrgänge" erhalten. Die Gefahrstoffverordnung verwendet anstelle von „sachkundig" den Begriff „fachkundig" (§ 2 Abs. 16 GefStoffV).

Lieferanten müssen Sicherheitsdatenblätter kostenlos in der Landessprache zur Verfügung stellen (Art. 31 Abs. 8 1907/2006/EG). Dies kann in Papierform oder elektronisch erfolgen. Eine Aktualisierung ist erforderlich, *„sobald neue Informationen, die Auswirkungen auf die Risikomanagementmaßnahmen haben können, oder neue Informationen über Gefährdungen verfügbar werden, eine Zulassung erteilt oder versagt oder eine Beschränkung erlassen wurde*" (Art. 31 Abs. 9 1907/2006/EG). Die aktualisierte Fassung muss dann an alle Abnehmer, denen der Stoff oder das Gemisch innerhalb der vorausgegangenen 12 Monate geliefert wurde, ausgegeben werden.

Registrierungsnummer im Sicherheitsdatenblatt

Für Stoffe und Gemische, für die ein Sicherheitsdatenblatt erforderlich ist, muss die Registrierungsnummer angegeben werden, sobald sie verfügbar ist.

> **Praxis-Beispiel: Pflichten des Herstellers**
>
> Laut Artikel 31 Abschn. 8 und 9 1907/2006/EG muss der Hersteller Sicherheitsdatenblätter kostenlos übermitteln, und zwar „spätestens bei der ersten Lieferung" und „nach jeder Aktualisierung". Das Bereitstellen im Internet genügt dann, wenn der Kunde hierüber bei Erstlieferung informiert wird und bei Änderungen des Sicherheitsdatenblatts per E-Mail benachrichtigt wird. Diese Vorgehensweise setzt jedoch voraus, dass der Kunde über einen Internetzugang und eine E-Mail-Adresse verfügt und diesem Lieferweg zugestimmt hat.

4 Bedeutung für den Anwender

Gewerbliche Anwender bzw. „→ *nachgeschaltete Anwender*" (nach REACH) müssen Sicherheitsdatenblätter und sonstige Informationen für die Gefährdungsbeurteilung beschaffen (§ 6 Abs. 2 GefStoffV). Es empfiehlt sich, dass Anwender in einem festgelegten Turnus beim Hersteller die aktuelle Version anfordern. Anwender müssen die Sicherheitsdatenblätter auf Fehler, Mängel oder fehlende Angaben hin überprüfen und ggf. ein neues, fehlerfreies und vollständiges Exemplar anfordern. Für die Plausibilitätsprüfung können Gefahrstoffportale und -datenbanken genutzt werden. Aus dem Sicherheitsdatenblatt können dann bestimmungsgemäßer Gebrauch abgeleitet und ggf. geeignete Schutzmaßnahmen festgelegt werden. Das Sicherheitsdatenblatt ist die Grundlage für die Durchführung der

→ *Gefährdungsbeurteilung* (§ 6 GefStoffV) sowie die Erstellung von → *Betriebsanweisungen*. Mündliche → *Unterweisungen* müssen durchgeführt werden, Inhalte sind u.a. Betriebsanweisungen (§ 14 GefStoffV). Die Beschäftigten müssen nach § 14 Abs. 1 GefStoffV Zugang zu allen Sicherheitsdatenblättern für Stoffe und Gemische erhalten, mit denen sie Tätigkeiten ausüben.

Erweitertes Sicherheitsdatenblatt

Für Stoffe, die in großen Mengen (ab 10 t/Jahr und Hersteller bzw. Importeur) hergestellt bzw. importiert werden, muss nach Art. 14 REACH-Verordnung eine Stoffsicherheitsbeurteilung durchgeführt werden. Expositionsszenarien müssen erstellt werden, wenn der zu beurteilende Stoff

- als gefährlich gemäß CLP-Verordnung eingestuft und/oder
- ein PBT- oder vPvB-Stoff (s. Anhang XIII REACH-Verordnung) ist.

Die Expositionsszenarien müssen für jede Verwendung und jede Lebensphase erstellt und in das Sicherheitsdatenblatt eingebunden oder als Anhang des SDB geliefert werden (erweitertes Sicherheitsdatenblatt (eSDB)). Anhand der Informationen muss der „nachgeschaltete Anwender" prüfen, ob die eigene Verwendung abgedeckt ist. Ist dies nicht der Fall, muss er beim Lieferanten anfragen, ggf. den Lieferanten wechseln oder selbst eine Stoffsicherheitsbeurteilung für die eigene Verwendung durchführen Bei Gemischen enthält das erweiterte Sicherheitsdatenblatt die Expositionsszenarien der enthaltenen Stoffe oder das Szenario des Gemisches als Anhang.

5 Umsetzung der CLP-Verordnung

Die CLP-Verordnung 1272/2008/EG setzt das Global Harmonisierte System (GHS) um und trat am 20.1.2009 in Kraft. Sie hat auch Auswirkungen auf Inhalte des Sicherheitsdatenblattes. Ziel des GHS ist, ein hohes Schutzniveau für die menschliche Gesundheit und die Umwelt zu erreichen und den weltweiten Warenverkehr zu erleichtern. Wichtige Elemente der CLP-Verordnung sind:

- Gefahrenpiktogramme (rot umrandete Raute mit schwarzem Symbol auf weißem Grund), Signalwort Gefahr oder Achtung;
- Gefahrenklassen und Gefahrenkategorien;
- veränderte Einstufungskriterien, z.B. Grenzwerte;
- → *H-Sätze* (hazard statements);
- → *P-Sätze* (precautionary statements).

Bettina Huck

Sicherheitshinweise

Mit der Einführung des Global Harmonisierten Systems zur Einstufung und Kennzeichnung von Chemikalien (GHS) müssen gefährliche Stoffe bzw. Gemische u.a. mit sog. Sicherheitshinweisen (Precautionary Statements) gekennzeichnet werden. Sicherheitshinweise beschreiben empfohlene Maßnahmen, um schädliche Wirkungen zu vermeiden bzw. zu begrenzen. Sicherheitshinweise bestehen aus dem Kürzel P (Precautionary Statements) mit einer dreistelligen Zahl. Die erste Ziffer gibt Auskunft, welche der 5 Arten (P1** – Allgemeines, P2** – Prävention, P3** – Reaktion, P4** – Aufbewahrung, P5** – Entsorgung) von Sicherheitshinweisen bei dem derart gekennzeichneten Stoff bzw. Gemisch zu beachten ist.

Gesetze, Vorschriften und Rechtsprechung

Die Verwendung von Sicherheitshinweisen ist in Art. 22 1272/2008/EG „Einstufung, Kennzeichnung und Verpackung von Stoffen und Gemischen" geregelt.

1 Allgemeines

P101	Ist ärztlicher Rat erforderlich, Verpackung oder Kennzeichnungsetikett bereithalten.
P102	Darf nicht in die Hände von Kindern gelangen.
P103	Lesen Sie sämtliche Anweisungen aufmerksam und befolgen Sie diese.

2 Prävention

P201	Vor Gebrauch besondere Anweisungen einholen.
P202	Vor Gebrauch alle Sicherheitshinweise lesen und verstehen.
P210	Von Hitze, heißen Oberflächen, Funken, offenen Flammen sowie anderen Zündquellenarten fernhalten. Nicht rauchen.
P211	Nicht gegen offene Flamme oder andere Zündquelle sprühen.
P212	Erhitzen unter Einschluss und Reduzierung des Desensibilisierungsmittels vermeiden.
P220	Von Kleidung und anderen brennbaren Materialien fernhalten.
P222	Keinen Kontakt mit Luft zulassen.
P223	Keinen Kontakt mit Wasser zulassen.
P230	Feucht halten mit …
P231	Inhalt unter inertem Gas/… handhaben und aufbewahren.
P232	Vor Feuchtigkeit schützen.
P233	Behälter dicht verschlossen halten.
P234	Nur im Originalverpackung aufbewahren.
P235	Kühl halten.
P240	Behälter und zu befüllende Anlage erden.
P241	Explosionsgeschützte [elektrische/Lüftungs-/Beleuchtungs-/…] Geräte verwenden.
P242	Funkenarmes Werkzeug verwenden.
P243	Maßnahmen gegen elektrostatische Entladungen treffen.
P244	Ventile und Ausrüstungsteile öl- und fettfrei halten.
P250	Nicht schleifen/stoßen/reiben/ ...
P251	Nicht durchstechen oder verbrennen, auch nicht nach Gebrauch.
P260	Staub/Rauch/Gas/Nebel/Dampf/Aerosol nicht einatmen.
P261	Einatmen von Staub/Rauch/Gas/Nebel/Dampf/Aerosol vermeiden.
P262	Nicht in die Augen, auf die Haut oder auf die Kleidung gelangen lassen.
P263	Berührung während Schwangerschaft und Stillzeit vermeiden.
P264	Nach Gebrauch … gründlich waschen.
P270	Bei Gebrauch nicht essen, trinken oder rauchen.

P271	Nur im Freien oder in gut belüfteten Räumen verwenden.
P272	Kontaminierte Arbeitskleidung nicht außerhalb des Arbeitsplatzes tragen.
P273	Freisetzung in die Umwelt vermeiden.
P280	Schutzhandschuhe/Schutzkleidung/Augenschutz/Gesichtsschutz/Gehörschutz/... tragen.
P282	Schutzhandschuhe mit Kälteisolierung und zusätzlich Gesichtsschild oder Augenschutz tragen.
P283	Schwer entflammbare oder flammhemmende Kleidung tragen.
P284	[Bei unzureichender Belüftung] Atemschutz tragen.
P231+ P232	Inhalt unter inertem Gas/… handhaben und aufbewahren. Vor Feuchtigkeit schützen.

3 Reaktion

P301	BEI VERSCHLUCKEN:
P302	BEI BERÜHRUNG MIT DER HAUT:
P303	BEI BERÜHRUNG MIT DER HAUT (oder dem Haar):
P304	BEI EINATMEN:
P305	BEI KONTAKT MIT DEN AUGEN:
P306	BEI KONTAKT MIT DER KLEIDUNG:
P308	BEI Exposition oder falls betroffen:
P310	Sofort GIFTINFORMATIONSZENTRUM/ Arzt/… anrufen.
P311	GIFTINFORMATIONSZENTRUM/Arzt/… anrufen.
P312	Bei Unwohlsein GIFTINFORMATIONSZENTRUM/ Arzt /… anrufen.
P313	Ärztlichen Rat einholen/ärztliche Hilfe hinzuziehen.
P314	Bei Unwohlsein ärztlichen Rat einholen/ärztliche Hilfe hinzuziehen.
P315	Sofort ärztlichen Rat einholen/ärztliche Hilfe hinzuziehen.
P320	Besondere Behandlung dringend erforderlich (siehe … auf diesem Kennzeichnungsetikett).
P321	Besondere Behandlung (siehe … auf diesem Kennzeichnungsetikett).
P330	Mund ausspülen.
P331	KEIN Erbrechen herbeiführen.
P332	Bei Hautreizung:
P333	Bei Hautreizung oder -ausschlag:
P334	In kaltes Wasser tauchen [oder nassen Verband anlegen].
P335	Lose Partikel von der Haut abbürsten.
P336	Vereiste Bereiche mit lauwarmem Wasser auftauen. Betroffenen Bereich nicht reiben.

P337	Bei anhaltender Augenreizung:
P338	Eventuell vorhandene Kontaktlinsen nach Möglichkeit entfernen. Weiter ausspülen.
P340	Die Person an die frische Luft bringen und für ungehinderte Atmung sorgen.
P342	Bei Symptomen der Atemwege:
P351	Einige Minuten lang behutsam mit Wasser ausspülen.
P352	Mit viel Wasser/… waschen.
P353	Haut mit Wasser abwaschen [oder duschen].
P360	Kontaminierte Kleidung und Haut sofort mit viel Wasser abwaschen und danach Kleidung ausziehen.
P361	Alle kontaminierten Kleidungsstücke sofort ausziehen.
P362	Kontaminierte Kleidung ausziehen.
P363	Kontaminierte Kleidung vor erneutem Tragen waschen.
P364	Und vor erneutem Tragen waschen.
P370	Bei Brand:
P371	Bei Großbrand und großen Mengen:
P372	Explosionsgefahr.
P373	KEINE Brandbekämpfung, wenn das Feuer explosive Stoffe/Gemische/Erzeugnisse erreicht.
P375	Wegen Explosionsgefahr Brand aus der Entfernung bekämpfen.
P376	Undichtigkeit beseitigen, wenn gefahrlos möglich.
P377	Brand von ausströmendem Gas: Nicht löschen, bis Undichtigkeit gefahrlos beseitigt werden kann.
P378	… zum Löschen verwenden.
P380	Umgebung räumen.
P381	Bei Undichtigkeit alle Zündquellen entfernen.
P390	Verschüttete Mengen aufnehmen, um Materialschäden zu vermeiden.
P391	Verschüttete Mengen aufnehmen.
P301+ P310	BEI VERSCHLUCKEN: Sofort GIFTINFORMATIONSZENTRUM/Arzt/… anrufen.
P301+ P312	BEI VERSCHLUCKEN: Bei Unwohlsein GIFTINFORMATIONSZENTRUM/Arzt /… anrufen.
P302+ P334	BEI BERÜHRUNG MIT DER HAUT: In kaltes Wasser tauchen [oder nassen Verband anlegen].
P302+ P352	BEI BERÜHRUNG MIT DER HAUT: Mit viel Wasser/… waschen.
P304+ P340	BEI EINATMEN: Die Person an die frische Luft bringen und für ungehinderte Atmung sorgen.

P306+ P360	BEI KONTAKT MIT DER KLEIDUNG: Kontaminierte Kleidung und Haut sofort mit viel Wasser abwaschen und danach Kleidung ausziehen.
P308+ P311	BEI Exposition oder falls betroffen: GIFTINFORMATIONSZENTRUM/Arzt/... anrufen.
P308+ P313	BEI Exposition oder falls betroffen: Ärztlichen Rat einholen/ärztliche Hilfe hinzuziehen.
P332+ P313	Bei Hautreizung: Ärztlichen Rat einholen/ärztliche Hilfe hinzuziehen.
P333+ P313	Bei Hautreizung oder -ausschlag: Ärztlichen Rat einholen/ärztliche Hilfe hinzuziehen.
P336+ P315	Vereiste Bereiche mit lauwarmem Wasser auftauen. Betroffenen Bereich nicht reiben. Sofort ärztlichen Rat einholen/ärztliche Hilfe hinzuziehen.
P337+ P313	Bei anhaltender Augenreizung: Ärztlichen Rat einholen/ärztliche Hilfe hinzuziehen.
P342+ P311	Bei Symptomen der Atemwege: GIFTINFORMATIONSZENTRUM/Arzt/... anrufen.
P361+ P364	Alle kontaminierten Kleidungsstücke sofort ausziehen und vor erneutem Tragen waschen.
P362+ P364	Kontaminierte Kleidung ausziehen und vor erneutem Tragen waschen.
P370+ P376	Bei Brand: Undichtigkeit beseitigen, wenn gefahrlos möglich.
P370+ P378	Bei Brand: ... zum Löschen verwenden.
P301+ P330+ P331	BEI VERSCHLUCKEN: Mund ausspülen. KEIN Erbrechen herbeiführen.
P302+ P335+ P334	BEI BERÜHRUNG MIT DER HAUT: Lose Partikel von der Haut abbürsten. In kaltes Wasser tauchen [oder nassen Verband anlegen].
P303+ P361+ P353	BEI BERÜHRUNG MIT DER HAUT (oder dem Haar): Alle kontaminierten Kleidungsstücke sofort ausziehen. Haut mit Wasser abwaschen [oder duschen].
P305+ P351+ P338	BEI KONTAKT MIT DEN AUGEN: Einige Minuten lang behutsam mit Wasser spülen. Eventuell vorhandene Kontaktlinsen nach Möglichkeit entfernen. Weiter spülen.
P370+ P380+ P375	Bei Brand: Umgebung räumen. Wegen Explosionsgefahr Brand aus der Entfernung bekämpfen.
P371+ P380+ P375	Bei Großbrand und großen Mengen: Umgebung räumen. Wegen Explosionsgefahr Brand aus der Entfernung bekämpfen.

P370+ P372+ P380+ P373	Bei Brand: Explosionsgefahr. Umgebung räumen. KEINE Brandbekämpfung, wenn das Feuer explosive Stoffe/Gemische/Erzeugnisse erreicht.
P370+ P380+ P375 [+P378]	Bei Brand: Umgebung räumen. Wegen Explosionsgefahr Brand aus der Entfernung bekämpfen. [… zum Löschen verwenden.]

4 Aufbewahrung

P401	Aufbewahren gemäß ...
P402	An einem trockenen Ort aufbewahren.
P403	An einem gut belüfteten Ort aufbewahren.
P404	In einem geschlossenen Behälter aufbewahren.
P405	Unter Verschluss aufbewahren.
P406	In korrosionsbeständigem/... Behälter mit korrosionsbeständiger Innenauskleidung aufbewahren.
P407	Luftspalt zwischen Stapeln/Paletten lassen.
P410	Vor Sonnenbestrahlung schützen.
P411	Bei Temperaturen nicht über ... °C/...°F aufbewahren.
P412	Nicht Temperaturen über 50 °C/122 °F aussetzen.
P413	Schüttgut in Mengen von mehr als ... kg/... lbs bei Temperaturen nicht über ... °C/... °F aufbewahren.
P420	Getrennt aufbewahren.
P402+ P404	An einem trockenen Ort aufbewahren. In einem geschlossenen Behälter aufbewahren.
P403+ P233	An einem gut belüfteten Ort aufbewahren. Behälter dicht verschlossen halten.
P403+ P235	An einem gut belüfteten Ort aufbewahren. Kühl halten.
P410+ P403	Vor Sonnenbestrahlung schützen. An einem gut belüfteten Ort aufbewahren.
P410+ P412	Vor Sonnenbestrahlung schützen und nicht Temperaturen über 50 °C/122 °F aussetzen.

5 Entsorgung

P501	Inhalt/Behälter ... zuführen.
P502	Informationen zur Wiederverwendung oder Wiederverwertung beim Hersteller oder Lieferanten erfragen.
P503	Informationen zur Entsorgung/Wiederverwertung/Wiederverwendung beim Hersteller/ Lieferanten/... erfragen.

Bettina Huck

Sicherheitskurzgespräch

Das Sicherheitskurzgespräch (SKG) dient zur Vermeidung von Unfällen, Verletzungen bzw. berufsbedingten Erkrankungen sowie Sach- und Umweltschäden. Das Gespräch bezieht sich auf eine konkrete Situation oder Tätigkeit, findet i. d. R. in einer kleinen Gruppe statt und dauert ca. 10 bis 20 Minuten. Themen sind Gefährdungen am Arbeitsplatz, bei selten ausgeführten Tätigkeiten oder auf dem Weg von und zur Arbeit. Das Sicherheitskurzgespräch ist eine Alternative bzw. Ergänzung zur Unterweisung nach § 12 ArbschG, unterscheidet sich von ihr jedoch i. Allg. im Hinblick auf Häufigkeit, Dauer und Methode. Sicherheitskurzgespräche sollten mehrmals im Jahr durchgeführt und dokumentiert werden. Erfolgreich sind sie, wenn die Fachkraft für Arbeitssicherheit sie unterstützt und begleitet und sie in ein Arbeitsschutzmanagementsystem eingebunden sind. Ziel ist der ständige Sicherheitsdialog.

Gesetze, Vorschriften und Rechtsprechung

Rechtsgrundlage ist i. W. das Arbeitsschutzgesetz.

1 Ziele

Sicherheitskurzgespräche dienen v. a. dazu, die Wirksamkeit der Maßnahmen für Sicherheit und Gesundheitsschutz der Beschäftigten zu erhöhen. Nach § 3 ArbSchG ist der Arbeitgeber nicht nur dazu verpflichtet, erforderliche Maßnahmen des Arbeitsschutzes zu ergreifen, sondern auch deren Wirksamkeit zu überprüfen. Sicherheitskurzgespräche sollen v. a.

- Mitarbeiter für fortlaufende Verbesserung sensibilisieren, und zwar nicht nur in Bezug auf Sicherheit und Gesundheitsschutz, sondern auch auf sonstige betriebliche Gegebenheiten und Abläufe (betriebliches Vorschlagswesen) und wirkungsvolle Verbesserungsmaßnahmen ermöglichen;
- Aspekte der Sicherheit und Gesundheit am konkreten Beispiel zeigen;
- die Eigenverantwortung der Mitarbeiter stärken: Was kann ich dazu beitragen?;
- die Einsicht fördern, dass Unfälle jedem, jederzeit und an jedem Arbeitsplatz passieren können.

2 Wesentliche Merkmale

Sicherheitskurzgespräche sind v. a. durch folgende Merkmale gekennzeichnet:

- sie finden in kleiner Gruppe (max. 10 Personen) statt, die Teilnehmer arbeiten im selben Bereich oder führen gleiche bzw. vergleichbare Tätigkeiten aus;
- i. Allg. moderiert der Vorgesetzte das Gespräch, es finden Austausch und Dialog statt;
- sie werden mehrmals im Jahr durchgeführt, z. B. monatlich;
- sie dauern i. d. R. 10 bis 20 Minuten;
- sie sollten möglichst „vor Ort“ durchgeführt werden, d. h. am Arbeitsplatz bzw. im betreffenden Arbeitsbereich;
- sie bearbeiten ein konkretes Thema, z. B. Verwendung von Sauerstoff und vertiefen dabei ggf. Aspekte, die im Rahmen einer Unterweisung vermittelt werden;
- zum Abschluss werden Vereinbarungen getroffen und ggf. Aufträge vergeben;

- Themen für zukünftige Gespräche werden gesammelt (Themenspeicher);
- das Gespräch wird dokumentiert.

3 Durchführung

Themen für Sicherheitskurzgespräche ergeben sich aus Tätigkeiten und betrieblichen Gegebenheiten. Die Beschäftigten sind Experten für mögliche Gefährdungen an ihrem Arbeitsplatz bzw. bei der ausgeführten Tätigkeit und können Vorschläge für Themen liefern, die aus ihrer Sicht wichtig sind.

Aus der Liste der so gesammelten Themen kann nach Dringlichkeit (z. B. Beinahe-Unfall, geänderte Gesetzeslage) oder Bedürfnissen der Beschäftigten das Thema des aktuellen Sicherheitskurzgesprächs ausgewählt werden.

Praxis-Beispiel: Möglicher Ablauf des Sicherheitskurzgesprächs

1. Ziel gemeinsam festlegen: Was wollen wir erreichen?
2. Mögliche Gefährdungen sammeln: Was kann im schlimmsten Fall passieren (z. B. Schäden für Personen, Material, Umwelt)?
3. Lösungen finden: Wie können wir das verhindern (technische, organisatorische und persönliche Maßnahmen)?
4. Vereinbarungen darüber treffen, dass die ermittelten Schutzmaßnahmen zukünftig angewendet werden;
5. Thema des nächsten Gesprächs vereinbaren.

Praxis-Beispiel: Vorgehensweise Sicherheitskurzgespräch: Verwendung von Sauerstoff[1]

1. Ziel formulieren

Beschäftigte sollen Gefahren beim Verwenden von Sauerstoff und geeignete Maßnahmen kennen, um sich und Dritte zu schützen sowie Brände und Explosionen wirksam zu verhindern.

Aspekt: Auswirkung erhöhter Sauerstoffkonzentration

2. Was kann im schlimmsten Fall passieren?

(z. B. Bilder mit Beispielen zeigen, „wie man es nicht macht")

- geändertes Brennverhalten von Stoffen: schnellere und heißere Verbrennung, Selbstentzündung von Ölen und Fetten, Metalle können brennen;
- verunreinigte Schutzanzüge (Öle, Fette, Metallspäne) können brennen bzw. sich selbst entzünden, auch wenn sie als schwer entflammbar gelten;
- Kleidung, in der Sauerstoff angereichert ist, geht bei Kontakt mit einer Zündquelle schlagartig in Flammen auf, statische Aufladung als Zündquelle kann genügen.

3. Wie können wir das verhindern?

- Sauerstoff nicht als Druckluft verwenden;
- Kleidung und Schutzanzüge regelmäßig reinigen;
- Kleidung, in der Sauerstoff angereichert ist, vor dem Ausziehen lüften; dazu mind. 15 Minuten an der frischen Luft spazieren gehen und Kleidung möglichst öffnen, wenn dies funkenfrei möglich ist;
- Feuerarbeiten wie Schweißen, Schneiden, Löten, Schleifen außerhalb eingerichteter Werkstätten nur nach schriftlicher Freigabe durchführen (Erlaubnisschein) und Sauerstoffgehalt messen;
- Rauchverbot im Bereich von sauerstoffführenden Anlagenteilen und Druckgasflaschen.

Weitere Aspekte des Themas „Verwendung von Sauerstoff" werden in gleicher Weise bearbeitet.

4. Vereinbarungen treffen

Ermittelte Maßnahmen werden umgesetzt.

1 Vgl. SKG 007 Verwendung von Sauerstoff, www.bgrci.de.

5. Thema fürs nächste Gespräch festlegen

z. B. Erstickungsgefahr durch Gase

6. Dokumentation

Protokoll erstellen

7. Wirksamkeit prüfen

Der Vorgesetzte überprüft nach ca. 4 Wochen die Wirksamkeit der vereinbarten Maßnahmen und dokumentiert dies im Protokoll.

4 Dokumentation

Sicherheitskurzgespräche sollten dokumentiert werden. Unternehmen können selbst ein Formular erstellen oder Vorlagen nutzen. Folgende Angaben sollten enthalten sein:

- Thema und Ziel,
- mögliche Gefährdungen,
- ermittelte Maßnahmen und getroffene Vereinbarungen,
- ggf. Aufträge,
- Datum und Dauer,
- Ort/Arbeitsbereich,
- Namen und Unterschriften der Teilnehmer und des Vorgesetzten, der das Gespräch durchführt,
- Überprüfung der Wirksamkeit.

Der direkte Vorgesetzte erhält als Nachweis über die Durchführung eine Kopie des ausgefüllten Formulars.

Bettina Huck

Sicherheitsmanagementsystem

Betreiber von Betriebsbereichen, die der Störfall-Verordnung unterliegen, müssen ein Sicherheitsmanagementsystem betreiben. Es enthält managementspezifische Verfahren und Prozesse zur Verhinderung von Störfällen und zur Begrenzung ihrer Auswirkungen. Ein Sicherheitsmanagementsystem regelt die Themen Organisation und Personal, Ermittlung und Bewertung der Gefahren von Störfällen, Überwachung des Betriebs, sichere Durchführung von Änderungen, Planung für Notfälle, Überwachung der Leistungsfähigkeit des Sicherheitsmanagementsystems, systematische Überprüfung und Bewertung.

Ein Sicherheitsmanagementsystem stellt ein spezielles Arbeitsschutz-Managementsystem zur Verhinderung von Störfällen dar. Der Begriff Sicherheitsmanagementsystem wird z. T. auch für Managementsysteme verwendet, deren Schwerpunkt die Sicherheit in einem Unternehmen (oder allgemeiner in einer Organisation) ist.

Gesetze, Vorschriften und Rechtsprechung

Die Störfall-Verordnung (12. BImSchV) fordert von allen unter ihren Geltungsbereich fallenden Betrieben bzw. Betriebsbereichen ein Konzept zur Verhinderung von Störfällen (Sicherheitsmanagementsystem). Dabei ist es dem Unternehmen überlassen, ob es ein separates Sicherheitsmanagementsystem aufbaut (unter Eingliederung der relevanten Elemente des allgemeinen oder anderer Managementsysteme) oder ob es einen integrierten Ansatz wählt (Einbindung des SMS in ein bereits vorhandenes Managementsystem). Betriebe, die wegen großer Mengen gefährlicher Stoffe den erweiterten Pflichten der Verordnung unterliegen (Betriebsbereich der oberen Klasse), müssen zusätzlich einen Sicherheitsbericht nachweisen können.

Unternehmen, die auf freiwilliger Basis bereits ein Arbeitsschutz-Managementsystem (z. B. gem. dem nationalen Leitfaden für AMS) praktizieren, decken die Forderung nach einem Sicherheitsmanagementsystem gem. Störfall-Verordnung bereits weitgehend ab, sofern das unternehmensspezifische AMS explizit auch die Verhinderung von Störfällen zum Inhalt hat und dies auch nachweisbar managt.

Ein Sicherheitsmanagementsystem ist auch für Unternehmen interessant, die nicht unter die Störfall-Verordnung fallen, aber mit gefährlichen Anlagen oder Stoffen umgehen und den sicheren Umgang mit diesen organisieren wollen.

1 Managen – Was ist das?

Bei einer zeitgemäßen Unternehmensführung werden heute alle wesentlichen betrieblichen Aufgaben „gemanagt". Damit kommt zum Ausdruck, dass sie Teil der Führungsaufgaben in einem Unternehmen sind und Managementmethoden zur Bewältigung dieser Aufgabe eingesetzt werden. Dies trifft auch für die Aufgabe „Verhindern von Störfällen" zu.

Managen umfasst dabei ganz allgemein das Ausrichten, Planen, Steuern, Initiieren, Kontrollieren und → *kontinuierliches Verbessern* von Strukturen, Prozessen und Tätigkeiten. Ihm liegt ein Regelkreis, der bekannte → *PDCA-Zyklus* zugrunde. Ein Kernpunkt des Managens ist die Abfolge

- **Planen (plan):** Wesentliche Aufgaben dabei sind Analyse der Ausgangssituation, Formulierung von Zielen und Erarbeitung eines Maßnahmenplanes.
- **Umsetzen (do):** Hier erfolgt die (ggf. pilotartige) Umsetzung der Maßnahmen – also die Realisierung entsprechend der Planung.
- **Überprüfen/Bewerten (check):** Bereits bei der Umsetzung beginnt die Überprüfung, ob die Maßnahmen geeignet und zielführend sind. Die Ergebnisse fließen in die Steuerung oder Lenkung der Umsetzung ein. Der Arbeitsschritt umfasst darüber hinaus die Ermittlung der Wirksamkeit der Maßnahmen sowie der Zielerreichung sowie die Bewertung des Ergebnisses.
- **Handeln/Anwenden (act):** Ausgehend von den Ergebnissen des dritten Schrittes werden bei einem positiven Ergebnis die Maßnahmen als Standard definiert. Bei Soll-Ist-Abweichungen werden dagegen Korrekturen und ein Verbesserungsprozess eingeleitet.

Vor diesem Hintergrund verwundert es nicht, dass gemanagte Aufgaben eine hohe Effektivität und Effizienz besitzen. Deshalb fordert die Störfall-Verordnung zur Verhinderung von Störfällen ein entsprechendes → *Managementsystem.*

2 Störfälle

Ein Störfall i.S. der Störfall-Verordnung ist ein Ereignis, wie z.B. eine Emission, ein Brand oder eine Explosion größeren Ausmaßes, das unmittelbar oder später innerhalb oder außerhalb des Betriebsbereichs zu einer ernsten Gefahr oder zu (erheblichen) Sachschäden führt (§ 2 Nr. 7 12. BImSchV).

Unter einer ernsten Gefahr wird in der Störfall-Verordnung (§ 2 Nr. 4 12. BImSchV) eine Gefahr verstanden, bei der schwerwiegende oder lebensbedrohende Gesundheitsbeeinträchtigungen von Menschen zu befürchten sind, die Gesundheit einer großen Zahl von Menschen beeinträchtigt werden kann oder erhebliche und nachhaltige Umweltbeeinträchtigungen verursacht werden.

3 Wie ein Sicherheitsmanagementsystem funktioniert

Ein Sicherheitsmanagementsystem steht für ein systematisches, zielorientiertes Organisieren der Verhinderung von Störfällen und die gemeinsame, professionelle, von den Führungskräften gemanagte Umsetzung der damit verbundenen Aufgaben. Damit ist das Sicherheitsmanagement Teil der Führung eines Unternehmens bzw. das Subsystem, das die konsequente, effektive und effiziente Erfüllung der Verpflichtungen aus der Störfall-Verordnung managt.

Die Anforderungen an das Managementsystem sind in Anhang III 12. BImSchV aufgeführt. Detailliertere Ausführungen veröffentlichte die Kommission für Anlagensicherheit in ihrem Leitfaden zum Konzept zur Verhinderung von Störfällen und zum Sicherheitsmanagementsystem (KAS-19).

Ein Sicherheitsmanagementsystem umfasst nach der Störfall-Verordnung Regelungen zu folgenden Punkten (Anhang III 12. BImSchV):

3.1 Organisation und Personal

Es ist eine geeignete Organisation mit definierten Aufgaben und Zuständigkeiten zu schaffen und sicherzustellen, dass die relevanten Beschäftigten ausreichend qualifiziert sind, angewiesen werden und einbezogen werden.

Dafür sieht das Sicherheitsmanagementsystem vor:

- die Feststellung der Hauptverantwortung des Betreibers;
- eindeutige Zuordnung von Aufgaben, Funktionen und Zuständigkeiten (Aufbauorganisation);
- Regelung der für die Erfüllung der Störfall-Verordnung relevanten Abläufe (Ablauforganisation), soweit sie nicht in anderen Abschnitten des Sicherheitsmanagementsystems geregelt sind;
- Maßnahmen, die zur Sensibilisierung für die Notwendigkeit ständiger Verbesserungen ergriffen werden;
- Einrichtung bzw. Festlegung von Ausschüssen und Gremien;
- Vorgaben zur Qualifikation und Schulung, ggf. auch der von Fremdfirmen;
- Vorgaben für die Einbeziehung der Beschäftigten, ggf. auch der von Fremdfirmen.

3.2 Ermittlung und Bewertung der Gefahren von Störfällen

Dafür werden festgelegte und angewendete Verfahren und Anweisungen zur systematischen Ermittlung der Gefahren von Störfällen bei bestimmungsgemäßem und nicht bestimmungsgemäßem Betrieb sowie Abschätzung der Wahrscheinlichkeit und der Schwere solcher Störfälle gefordert.

Das Sicherheitsmanagementsystem sieht dafür vor:

- Vorgaben zur systematischen Identifizierung von Gefahrenquellen sowie zur Ermittlung der Eintrittswahrscheinlichkeiten und der Auswirkungen;
- Festlegung, wann und durch wen entsprechende Überprüfungen durchgeführt werden müssen;
- Festlegung der anzuwendenden Methoden und wie deren Aktualisierung sichergestellt wird;
- Regelung zur Einbeziehung der Erkenntnisse des Bedienungspersonals sowie der Erkenntnisse aus → *Audits* und aus (→ *Beinahe*-)Unfällen.

3.3 Überwachung des Betriebs

Dafür werden festgelegte und angewendete Verfahren und Anweisungen für den sicheren Betrieb, einschließlich der → *Wartung* der Anlagen, für Verfahren, Einrichtung sowie für Alarmmanagement und zeitlich begrenzte Unterbrechungen gefordert.

Durch das Sicherheitsmanagementsystem ist u.a. sicherzustellen, dass für alle sicherheitsrelevanten Vorgänge

- schriftliche Arbeits- und Betriebsanweisungen vorhanden sind,
- die Beschäftigten unterwiesen werden (ggf. einschließlich praktischer Übungen) sowie
- die Wirksamkeit und Einhaltung dieser Anweisungen angemessen kontrolliert werden.

3.4 Sichere Durchführung von Änderungen

Dafür werden festgelegte und angewendete Verfahren und Anweisungen zur Planung von Änderungen bestehender Anlagen oder Verfahren zur Auslegung einer neuen Anlage oder eines neuen Verfahrens gefordert.

Fehler bei oder nach Änderungen von Verfahren und Anlagen gehören zu den häufigsten Ursachen von Störfällen. Daher muss diesem Punkt besondere Aufmerksamkeit gewidmet werden. Der Arbeitsschutz im engeren Sinne wird zwar bei Anlagenänderungen durch bewährte Instrumente wie die Erlaubnisscheine gewährleistet. Auch unterliegen Anlagenänderungen prinzipiell einer Anzeige- oder sogar Genehmigungspflicht nach dem Bundesimmissionsschutzgesetz. Diese Vorschrift greift jedoch erst ab einer gewissen Relevanz der Änderungen. Wie diese Schwelle im konkreten Fall zu bestimmen ist und welche Sicherheitsmaßnahmen unterhalb dieser Schwelle zu ergreifen sind, bedarf dringend einer systematischen Regelung durch das Sicherheitsmanagementsystem.

3.5 Planung für Notfälle

Dafür werden festgelegte und angewendete Verfahren und Anweisungen zur Ermittlung vorhersehbarer Notfälle aufgrund einer systematischen Analyse und zur Erstellung, Erprobung und Überprüfung der Alarm- und Gefahrenabwehrpläne, um in Notfällen angemessen reagieren zu können, gefordert.

Die Erstellung von Alarm- und Gefahrenabwehrplänen wird in § 10 12. BImSchV gefordert. Sie stellen eines der wichtigsten Instrumente zur Begrenzung von Störfallauswirkungen dar. Dieser Punkt des Anhang III 12. BImSchV fordert nun, dass die Erstellung dieser Pläne einen Teil des Sicherheitsmanagementsystems bildet. Es muss sichergestellt werden, dass die den Plänen zugrunde liegenden Notfallszenarien aufgrund einer systematischen Analyse ermittelt werden. Außerdem ist festzulegen, wie und durch wen die Pläne erstellt, erprobt und überprüft werden. Zur Schnittstelle der internen und externen Notfallplanung hat die Störfallkommission den Leitfaden SFK-GS-45 erarbeitet.

3.6 Überwachung der Leistungsfähigkeit des Sicherheitsmanagementsystems

Dafür werden festgelegte und angewendete Verfahren und Anweisungen gefordert. Und zwar zur ständigen Bewertung der Erreichung der Ziele, die der Betreiber im Rahmen des Konzepts zur Verhinderung von Störfällen und des Sicherheitsmanagementsystems festgelegt hat, sowie zur Einrichtung von Mechanismen zur Untersuchung und Korrektur bei Nichterreichung dieser Ziele. Die Verfahren müssen ein System umfassen

- für die Meldung von Ereignissen, insbesondere von solchen, bei denen Schutzmaßnahmen versagt haben, sowie
- die entsprechenden Untersuchungen und Folgemaßnahmen, bei denen einschlägige Erfahrungen und Erkenntnisse aus innerbetrieblichen und außerbetrieblichen Ereignissen zugrunde zu legen sind.

Das Sicherheitsmanagementsystem bedarf wie jedes Managementsystem einer ständigen Überwachung sowohl des zugrunde liegenden Konzepts als auch der Wirksamkeit der einzelnen Elemente. Das Ergebnis dieser Überwachung muss mit den vorgegebenen Sicherheitszielen verglichen werden. Diese Überwachung muss sowohl aktiv als auch reaktiv erfolgen.

Die Meldung von Störfällen und anderen sicherheitsrelevanten Ereignissen ist gem. § 19 12. BImSchV vorgeschrieben. Darüber hinaus ist v. a. auch die Auswertung von kleineren Störungen und Beinaheunfällen von großem Wert für die Unternehmen. Das Sicherheitsmanagementsystem sollte daher Vorgaben dafür machen, wie Störfälle und andere sicherheitsbedeutsame Ereignisse systematisch erfasst und ausgewertet sowie verfügbar gehalten werden.

Das Unternehmen hat die Zuständigkeiten für die Einleitung von Untersuchungen und von Abhilfemaßnahmen festzulegen. Dabei ist insbesondere darauf zu achten, inwieweit Vorgaben des Sicherheitsmanagementsystems nicht eingehalten wurden oder unzureichend waren, um daraus entsprechende Konsequenzen zu ziehen.

3.7 Systematische Überprüfung und Bewertung

Dafür werden festgelegte und angewendete Verfahren und Anweisungen eingesetzt. Von der Leitung des Betriebsbereichs werden gefordert:

- eine dokumentierte Überprüfung der Leistungsfähigkeit des bestehenden Konzeptes und des Sicherheitsmanagementsystems sowie
- seine Aktualisierung; einschließlich der Erwägung und Einarbeitung notwendiger Änderungen gemäß der systematischen Überprüfung und Bewertung.

Zusätzlich zur Überwachung sind durch das Sicherheitsmanagementsystem regelmäßige interne → *Audits* vorzuschreiben. Diese sind durch das Sicherheitsmanagementsystem zu regeln. Die Ergebnisse dieser Audits, aber auch der Überwachung sind durch die Unternehmensleitung zu bewerten, um festzustellen, ob das Konzept zur Verhütung von Störfällen und das Sicherheitsmanagementsystem in sich schlüssig und wirksam sind.

Um diesen wichtigen Punkt des → *PDCA-Zyklus* zu gewährleisten, muss im Sicherheitsmanagementsystem v. a. festgelegt werden, wer hierfür innerhalb der Unternehmensleitung zuständig ist, in welchen Abständen dieses Review durchgeführt werden muss, wie es dokumentiert und seine Ergebnisse kommuniziert werden und wer für die Festlegung und Verfolgung der aus dem Review abgeleiteten Maßnahmen zuständig ist.

Albert Ritter

Sicherheitsnotduschen

Sicherheitsnotduschen sind Geräte, die speziell zu dem Zweck konstruiert wurden, Flüssigkeiten zum Löschen von Flammen zu liefern oder um Kontaminationen ausreichend abzuwaschen bzw. sie zu verdünnen, um ihre Schädlichkeit zu verringern.

Gesetze, Vorschriften und Rechtsprechung

In folgenden Vorschriften bzw. Regeln werden Anforderungen an Sicherheitsnotduschen gestellt:

- TRGS 526 „Laboratorien"
- ASR A1.3 „Sicherheits- und Gesundheitsschutzkennzeichnung"
- DGUV-I 213-850 „Sicheres Arbeiten in Laboratorien"
- DIN EN 15154-1 „Sicherheitsnotduschen" (Teile 1 bis 6)

1 Arten von Sicherheitsnotduschen

Hinsichtlich der Wasserversorgung können 2 Arten von Sicherheitsnotduschen unterschieden werden:

- Sicherheitsnotduschen, die an die Wasserversorgung angeschlossen sind,
- Sicherheitsnotduschen, die über einen Speichertank verfügen und wahlweise an eine kontinuierliche oder temporäre Wasserversorgung angeschlossen sein können.

Hinsichtlich der abzuduschenden Körperteile werden Sicherheitsnotduschen unterschieden in:

- Körperduschen (**Abb. 1**),
- Augenduschen (**Abb. 2**).

Abb. 1: Körperdusche

Abb. 2: Augendusche

2 Anforderungen an Sicherheitsnotduschen

Anforderungen an Sicherheitsnotduschen mit Wasseranschluss bestehen hinsichtlich des Wasservolumens, der Wasserverteilung, der Wasserqualität und der Wassertemperatur. Zusätzlich werden Anforderungen an die Installation und die Armaturen gestellt.

Bei Sicherheitsduschen ohne Wasseranschluss richten sich die Anforderungen im Wesentlichen an Qualität und die Behälter der Spülflüssigkeit und an die Funktion der Sicherheitsnotduschen.

2.1 Körperduschen mit Wasseranschluss

Körperduschen mit Wasseranschluss müssen eine konstante Wasserabgabe von mind. 15 Minuten gewährleisten. Der Fließdruck muss angegeben und gemessen werden.

Für die Wasserverteilung wird in Abschn. 4.2 DIN EN 15154-1 ein bestimmtes Baumusterverfahren vorgeschrieben. Dabei muss bei einer feststehenden Messhöhe eine bestimmte Wassermasse auf eine festgeschriebene Fläche fallen.

Die Wasserqualität muss Trinkwasser oder Wasser ähnlicher Qualität sein. Diese Qualität darf von den Werkstoffen der Dusche nicht beeinflusst werden.

Als Wassertemperatur wird lauwarmes Wasser empfohlen. Die Mindesttemperatur ist dabei 15 °C.

Zusätzliche Anforderungen werden in DIN EN 15154-1 hinsichtlich der Installationshöhe der Dusche (2.200 mm +/- 100 mm) bzw. der Armatur (max. 1.750 mm über Niveau) und des Platzbedarfs vorgegeben.

Die Absperrarmatur muss nach 90° Drehung oder 200 mm Zug vollständig offen sein. Die zur Bedienung notwendige Kraft darf nicht mehr als 100 N bzw. 7 Nm Drehmoment betragen. Körperduschen müssen nach 1 s ganz geöffnet sein. Die Absperrarmatur darf nach dem Öffnen nicht selbstständig schließen. Der Duschkopf muss sich zwischen Absperrarmatur und Ausfluss selbstständig entleeren.

2.2 Augenduschen mit Wasseranschluss

Augenduschen mit Wasseranschluss müssen eine konstante Wasserabgabe von 6 l/min für mind. 15 Minuten gewährleisten. Die Wassergeschwindigkeit muss niedrig sein, damit der Benutzer nicht verletzt wird. Die Austrittsöffnungen müssen vor Luftverunreinigungen geschützt sein, dieser Schutz muss aber im Bedarfsfall schnell zu entfernen sein.

Der erzeugte Strahl muss zwischen 100 und 300 mm hoch sein, bevor er umkippt oder in sich zusammenfällt.

Analog der Körperduschen muss die Wasserqualität Trinkwasser oder Wasser ähnlicher Qualität sein. Diese Qualität darf von den Werkstoffen der Dusche nicht beeinflusst werden.

Als Wassertemperatur wird lauwarmes Wasser empfohlen. Die Mindesttemperatur ist dabei 15 °C. Temperaturen über 37 °C haben sich als schädlich für die Augen erwiesen.

Zusätzliche Anforderungen enthält DIN EN 15154-2 hinsichtlich der Installationshöhe der Augendusche (1.000 mm +/- 200 mm).

Analog der Körperduschen muss die Absperrarmatur nach 90° Drehung oder 200 mm Zug vollständig offen sein. Die zur Bedienung notwendige Kraft darf nicht mehr als 100 N bzw. 7 Nm Drehmoment betragen. Körperduschen müssen nach 1 s ganz geöffnet sein. Die Absperrarmatur darf nach dem Öffnen nicht selbstständig schließen.

Die Augendusche muss es ermöglichen, beide Augenlieder offenzuhalten, während sich die Augen im Wasserstrahl befinden.

2.3 Körperduschen ohne Wasseranschluss

Körperduschen ohne Wasseranschluss werden unterschieden in:

- fest installierte Körperduschen
- transportable Körperduschen
- tragbare Körperduschen

Fest installierte Körperduschen müssen ein Nutzvolumen von mindestens 100 l besitzen (oder bei anderen Spülflüssigkeiten Volumen mit gleichwertiger Wirksamkeit).

Transportable Körperduschen müssen ein Nutzvolumen von mindestens 15 l besitzen (oder bei anderen Spülflüssigkeiten Volumen mit gleichwertiger Wirksamkeit). Sie müssen Rollen oder Räder für einen einfachen Transport haben.

Das Gewicht tragbarer Körperduschen muss kleiner als 15 kg sein. Tragbare Körperduschen müssen ein Nutzvolumen von mind. 10 l besitzen (oder bei anderen Spülflüssigkeiten Volumen mit gleichwertiger Wirksamkeit).

Die Spülflüssigkeit muss aus Wasser oder Lösungen bestehen und darf nicht toxisch oder anderweitig gefährlich für den Benutzer sein. Bei Wasser muss die Wasserqualität Trinkwasser oder Wasser ähnlicher Qualität sein. Lösungen müssen den jeweiligen normativen Vorgaben entsprechen.

Bei Benutzung muss auf jedes Körperteil ein geregelter Strom von Flüssigkeit treffen, und zwar so, dass der Benutzer nicht verletzt wird.

Die Qualität der Flüssigkeit darf von den Werkstoffen der Dusche nicht beeinflusst werden.

Das Nutzvolumen der Spülflüssigkeitsbehälter muss ausreichen, um eine sofortige Spülung zu liefern.

2.4 Augenduschen ohne Wasseranschluss

Augenduschen ohne Wasseranschluss werden unterschieden in:

- transportable Körperduschen
- tragbare Körperduschen
- persönliche Augenduschen

Sie können Einmalaugenduschen oder Mehrfachaugenduschen (als Einwegprodukt bzw. zur Wiederbefüllung) sein.

Transportable Augenduschen von 2 kg bis 15 kg benötigen Handgriffe oder müssen mit Transportmitteln bewegbar sein. Über 15 kg müssen Augenduschen mit Rollen ausgestattet sein.

Das Gewicht tragbarer Augenduschen muss kleiner als 2 kg sein. Das Nutzvolumen muss mind. 400 ml betragen (oder bei anderen Spülflüssigkeiten Volumen mit gleichwertiger Wirksamkeit).

Persönliche Augenduschen müssen mindestens 150 ml (oder bei anderen Spülflüssigkeiten Volumen mit gleichwertiger Wirksamkeit) aufweisen und für eine Sofortspülung ausreichen.

Die Spülflüssigkeit muss aus Wasser oder Lösungen bestehen und darf nicht toxisch oder anderweitig gefährlich für den Benutzer sein. Bei Wasser muss die Wasserqualität Trinkwasser oder Wasser ähnlicher Qualität sein. Lösungen müssen den jeweiligen normativen Vorgaben entsprechen.

Bei Benutzung muss auf den ganzen Bereich des Auges einschließlich der Augenlider ein geregelter Strom von Flüssigkeit treffen, und zwar so, dass das Auge des Benutzers nicht verletzt wird.

Die Qualität der Flüssigkeit darf von den Werkstoffen der Dusche nicht beeinflusst werden.

Einmalaugenduschen und Mehrwegaugenduschen benötigen einen manipulationssicheren Verschluss.

Bei Mehrwegaugenduschen muss eine Kontamination und Infektion ausgeschlossen werden.

Bei wiederbefüllbaren Augenduschen muss ein Kennzeichnen und Wiederkennzeichnen mit Fülldatum und Verfallsdatum möglich sein.

Die Aktivierungszeit von Augenduschen (auch mit geschlossenen Augen) darf max. 5 s sein.

3 Kennzeichnung und Prüfung

Eine gute Erreichbarkeit der Sicherheitsnotduschen ist zu gewährleisten. Der Zugang muss ständig freigehalten werden.

Der Standort von Körperduschen muss mit dem Rettungszeichen E012 „Notdusche" nach ASR A1.3 gekennzeichnet sein.

Der Standort von Augenduschen muss mit dem Rettungszeichen E011 „Augenspüleinrichtungen" nach ASR A1.3 gekennzeichnet sein.

Nach Abschn. 7.2 DGUV-I 213-850 müssen Körper- und Augennotduschen mind. einmal monatlich durch eine vom Unternehmer beauftragte Person auf Funktionsfähigkeit geprüft werden.

Bei der Prüfung sind neben dem Volumenstrom das Bild der Wasserverteilung des Kopfes und die Qualität des Wassers durch Inaugenscheinnahme zu beurteilen. So bleiben die Betätigungsventile leichtgängig und der Duschkopf durchgängig. Durch häufigen Wasserwechsel lassen sich zudem Verunreinigungen und Verkeimungen der Wasserleitung vermeiden.

Es ist zu empfehlen, Augennotduschen häufiger zu betätigen.

Katrin Höhn

Sicherheitsregeln für Arbeiten an elektrischen Anlagen

Zur Verhinderung von Unfällen durch elektrischen Schlag und als Voraussetzung für ein sicheres Arbeiten an elektrischen Anlagen, müssen Grundregeln der Elektrotechnik eingehalten werden. Dabei wird grundsätzlich unterschieden zwischen Arbeiten im spannungsfreien Zustand, Arbeiten in der Nähe unter Spannung stehender Teile und Arbeiten unter Spannung. Da an unter Spannung stehenden aktiven Teilen und Betriebsmitteln nur in engen Grenzen bzw. in Ausnahmen gearbeitet werden darf, sollen die „Arbeiten im spannungsfreien Zustand" unter Einhaltung der 5 Sicherheitsregeln ausgeführt werden. Diese „5 Sicherheitsregeln" lauten:

1. Freischalten,
2. gegen Wiedereinschalten sichern,
3. Spannungsfreiheit allpolig feststellen,
4. Erden und Kurzschließen,
5. benachbarte, unter Spannung stehende Teile abdecken oder abschranken.

Diese 5 Regeln sollen vor den Arbeiten an elektrischen Anlagen in der genannten Reihenfolge angewendet und nach Beendigung der Arbeiten in umgekehrter Reihenfolge aufgehoben werden.

Gesetze, Vorschriften und Rechtsprechung

- DGUV-R 103-011 „Arbeiten unter Spannung"
- DGUV- I 203-001 „Sicherheit bei Arbeiten an elektrischen Anlagen"
- DGUV-I 203-002 „Elektrofachkräfte"
- DIN VDE 0105-100 (VDE 0105-100:2015-10) „Betrieb von elektrischen Anlagen Teil 100: Allgemeine Festlegungen"

- DIN EN 61243-1 (VDE 0682-411:2010-09) „Arbeiten unter Spannung – Spannungsprüfer – Teil 1: Kapazitive Ausführung für Wechselspannungen über 1 kV“
- DIN EN 61243-2 (VDE 0682-412:2001-12) „Arbeiten unter Spannung – Spannungsprüfer – Teil 2: Resistive (ohmsche) Ausführungen für Wechselspannungen von 1 kV bis 36 kV“
- DIN EN 61243-3 (VDE 0682-401:2015-08) „Arbeiten unter Spannung – Spannungsprüfer – Teil 3: Zweipoliger Spannungsprüfer für Niederspannungsnetze (IEC 61243-3:2014)“;
- DIN EN 61243-5 (VDE 0682-415:2002-01) „Arbeiten unter Spannung – Spannungsprüfer – Teil 5: Spannungsprüfsysteme“

1 Freischalten

Das Freischalten ist in der Elektrotechnik das allseitige Ausschalten oder Abtrennen einer elektrischen Anlage oder eines Teils der → *elektrischen Anlage* von allen nicht geerdeten Leitern. Das Trennen der jeweiligen Leitung erfolgt allpolig und allseitig.

Das Freischalten elektrischer Anlagen und Betriebsmittel kann z. B. erfolgen durch:

- Betätigen von Hauptschaltern,
- fachgerechtes Entfernen von Sicherungen,
- Ziehen von Steckverbindungen.

Praxis-Beispiel: Der Zustand der Spannungsfreiheit ist keine Bestätigung der vollzogenen Freischaltung

Eine festgestellte Spannungsfreiheit bietet nicht die Gewähr dafür, dass die elektrische Anlage für die Dauer der auszuführenden Arbeiten wirksam allseitig und allpolig ausgeschaltet oder abgetrennt wurde.

In den Fällen, in denen die aufsichtführende oder die allein arbeitende Person nicht selbst freischaltet, sondern eine Freischaltung z. B. über eine Leitwarte erfolgt, müssen organisatorische Regelungen zur Gewährleistung der Sicherheit getroffen werden.

Unter der Angabe von Name, Dienststelle bzw. Betrieb ist der Vollzug der Freischaltung dem Aufsichtsführenden bzw. Arbeitenden schriftlich, fernschriftlich (elektronisch), telefonisch oder mündlich zu melden. Von ihnen werden mündliche oder telefonische Meldungen gegenüber der freischaltenden Stelle wiederholt. Anschließend muss die Gegenbestätigung der Freischaltung abgewartet werden. Unzulässig ist das Arbeiten an elektrischen Anlagen auf Grundlage einer gegenseitigen Verabredung auf einen Freischaltzeitpunkt bei gleichzeitigem Verzicht auf die erforderlichen Meldungen.

Praxis-Beispiel: Freischaltung von Beleuchtungsanlagen

Bei elektrischen Beleuchtungsanlagen unterbricht der Installationsschalter nur einen Leiter. Bei Arbeiten an diesen elektrischen Anlagen ist der Leitungsschutzschalter auszuschalten, die Sicherungseinsätze oder die einschraubbaren Leitungsschutzschalter herauszunehmen, denn bei fehlerhafter Installation kann sogar bei ausgeschalteter Beleuchtung an beiden Zuleitungen zur Leuchte die volle Netzspannung anliegen.

2 Gegen Wiedereinschalten sichern

Unter dem Sichern gegen Wiedereinschalten versteht man Handlungen zum wirksamen Verhindern eines irrtümlichen Einschaltens einer → *elektrischen Anlage* an der im spannungsfreien Zustand gearbeitet wird oder gearbeitet werden soll. Mit dieser Maßnahme sollen Unfälle verhütet werden, die dadurch entstehen, dass eine Anlage bzw. ein Betriebsmittel, an der/dem gearbeitet wird, durch irrtümliches Wiedereinschalten plötzlich unter Spannung steht. Grundsätzlich müssen alle Betätigungs- und Trennvorrichtungen, z. B. Leitungsschutzschalter, Steuerorgane, Schaltknöpfe, Schalter, Trennstücke, Sicherungen, mit denen die Spannungsfreiheit hergestellt wurde, gegen Wiedereinschalten gesichert werden.

Die Art der Sicherung hängt u.a. von der jeweiligen Anlage und den Zutritts- bzw. Zugriffsmöglichkeiten für Laien oder Unbefugte ab. Möglichkeiten zur Sicherung gegen Wiedereinschalten sind:

- Abschließen der Betätigungs- und Trennvorrichtungen mit einem Vorhängeschloss (Sperrschloss);
- Einsatz abschließbarer Sperrelemente;
- Abschließen des Schaltschranks oder des Sicherungskastens;
- Aufsetzen einer Schutzabdeckung für Leitungsschutzschalter;
- Einsetzen von Einsätzen mit Warnaufdruck z.B. für Diazed- und Neozedsicherungen;
- Einschrauben bzw. Einsetzen von Sperrstöpseln oder NH-Blindelementen, die isoliert und nur mit einem Spezialsteckschlüssel zu entfernen sind;
- Anbringen eines Schaltverbotsschildes (z.B. mit Angabe des Ortes der Arbeiten, des Datums und der befugten Person zur Aufhebung der Sicherung) (s. **Abb. 1**);
- Setzen einer virtuellen Schaltsperre (durch Softwarekonfiguration) in ferngesteuerten Hochspannungsanlagen;
- Zuverlässiges Übertragen der Stellungsanzeige zur Fernsteuerstelle (Leitwarte) durch sichere Übertragungswege.

Abb. 1: Schaltverbotsschild

Herausgenommene Leitungsschutzschalter oder Sicherungseinsätze zum Abtrennen der Leitungen sind sicher zu verwahren. Für Betätigungsvorrichtungen (z.B. Schalter), die mit einem hydraulischen, pneumatischen, elektrischen oder mechanischen Kraftantrieb funktionieren, sind vorhandene Einrichtungen zur Unterbrechung der Antriebskraft (Absperren der Druckluft, Entlüften bzw. Ablassen der Rohrleitungen, Entkuppeln, Unterbrechen des Steuerstromes usw.) zu benutzen.

Praxis-Beispiel: Anbringen von Verbotsschildern
Verbotsschilder dürfen nicht an aktive Teile der elektrischen Anlage gehängt werden. Sie müssen außerdem so befestigt werden, dass sie sich nicht lockern und herunterfallen können. Ist eine Gefahr durch eine Berührung von Teilen, die unter Spannung stehen, gegeben, müssen Schild und Aufhängevorrichtung aus Isolierstoff bestehen.

Für das Sichern gegen Wiedereinschalten gibt es viele ausgereifte und erprobte technische Lösungen. Im Rahmen der → *Gefährdungsbeurteilung* und dem damit verbundenen Festlegen der Schutzmaßnahmen sind die geeigneten Lösungen zu planen und vor Beginn der Arbeiten bereit zu stellen. Insbesondere bei ferngesteuerten, elektrischen Anlagen, bei denen die Sicherung gegen Wiedereinschalten durch programmierte (virtuelle) Sperren erfolgt, muss an auffälliger Stelle eine Anweisung ausgehängt werden, auf der benannt ist, auf wessen Anweisung bzw. mit wessen Zustimmung Schalthandlungen durchgeführt werden dürfen. Diese eingeschränkten Befugnisse für Schalthandlungen können dem Personal z.B. in Form einer → *Betriebsanweisung* bekannt gegeben werden.

3 Spannungsfreiheit allpolig feststellen

Unter dem Feststellen der Spanungsfreiheit werden die Tätigkeiten an einer Arbeitsstelle bezeichnet, bei denen mit einem geeigneten Prüfgerät der spannungsfreie Zustand der → *elektrischen Anlage* zuverlässig festgestellt wird. Elektrische Anlagen sind unabhängig von ihrem Schalt- oder Betriebszustand grundsätzlich als spannungsführend anzusehen, bis das Gegenteil (Spannungsfreiheit) festgestellt wurde. Auch nach dem Freischalten kann aus verschiedenen Gründen (Ersatzstromversorgung, Rücktransformation, Hilfseinspeisung, Induktion (parallele Leiter), Kapazitäten in der Anlage, falsche freigeschaltete Leitung, unbekannte Querverbindungen) an einer Anlage eine elektrische Spannung anliegen. Die Spannungsfreiheit muss allpolig an der Arbeitsstelle oder so nahe wie möglich an ihr festgestellt werden. Diese Arbeiten dürfen nur durch eine → *Elektrofachkraft* oder durch eine → *elektrotechnisch unterwiesene Person* durchgeführt werden.

Praxis-Beispiel: Arbeiten unter Spannung

Das Feststellen der Spannungsfreiheit an elektrischen Anlagen gilt als → *Arbeiten unter Spannung.* Eine Gefahr für den Prüfer besteht sowohl bei höheren als auch bei niedrigeren Anlagenspannungen (elektrischer Schlag, Lichtbogenbildung). Daher dürfen diese Tätigkeiten nur von hierzu → *befähigten Personen* mit den geeigneten Prüfmitteln ausgeführt werden.

Spannungsprüfer dürfen nur bei der Nennspannung/dem Nennspannungsbereich eingesetzt werden, die am Typenschild angegeben ist. Diese Angabe befindet sich auch in der Bedienanleitung des Prüfmittelherstellers. Spannungsprüfer für Anlagen mit Nennspannungen über 1 kV (gemäß DIN EN 61243-1/VDE 0682-411) ist ein einpolig an das zu prüfende Anlageteil anzulegendes Gerät. Es gibt 2 mechanisch unterschiedliche Bauarten, Spannungsprüfer als zusammengehörige Bauart und Spannungsprüfer als getrennte Bauart.

Praxis-Beispiel: Spannungsprüfer auf Funktion testen

Spannungsprüfer sind unmittelbar vor und nach ihrem Einsatz auf ihre Funktion zu überprüfen. Der Vorab-Test dient der Feststellung von Defekten oder Mängeln. Der Test nach der Spannungsprüfung soll zeigen, ob das Prüfmittel während der Messung einen Defekt davongetragen hat. Bei Spannungsprüfern, die keine Eigenprüfvorrichtung haben, erfolgt die Prüfung auf einwandfreie Funktion stets durch Anlegen an ein unter Betriebsspannung stehendes Anlagenteil.

4 Erden und Kurzschließen

Unter den Begriffen Erden und Kurzschließen werden die Handlungen zusammengefasst, bei denen die Leiter und die Erdungsanlage mit kurzschlussfesten Erdungs- und Kurzschließvorrichtungen miteinander verbunden werden. Das Erden und Kurzschließen bezieht sich grundsätzlich auf die Anlagenteile, an denen im spannungsfreien Zustand gearbeitet werden soll. Die Maßnahme dient dem unmittelbaren Schutz aller dort Beschäftigten gegen die Gefahren eines elektrischen Schlags. Mit dem Erden und Kurzschließen soll erreicht werden, dass bei irrtümlichem Einschalten die vorgeschalteten Überstromschutzeinrichtungen auslösen und dass sich parallel liegende Leitungen (z. B. bei Freileitungen) nicht aufladen.

Praxis-Beispiel: Erst erden, dann kurzschließen

Die verwendete Erdungs- und Kurzschließvorrichtung ist stets zuerst mit der Erdungsanlage oder einem Erder und dann erst mit dem zu erdenden Anlagenteil zu verbinden, falls Erdung und Kurzschließung nicht gleichzeitig, z. B. mit einem Erdungsschalter, durchgeführt werden.

Einrichtungen zum Erden und Kurzschließen (Erdungs- und Kurzschließvorrichtungen) sind z. B.:

- Erdungsschalter,
- Erdungswagen,
- Anschließstellen,
- Seile oder Schienen mit ausreichendem Querschnitt.

An der Arbeitsseite dürfen Erdungs- und Kurzschließseile aus Kupfer mit einer Querschnittsfläche von 25 mm^2 verwendet werden, wenn an allen Ausschaltstellen kurzschlussfest geerdet und kurzgeschlossen wurde. Dies gilt für Ausschaltstellen von → *elektrischen Anlagen* und Freileitungen mit Nennspannung über 1 kV.

Ist Erdung und Kurzschließung nicht sichtbar, dann muss zusätzlich eine Erdung oder eine Anzeigevorrichtung oder eine eindeutige Kennzeichnung an der Arbeitsstelle angebracht werden (**Abb. 2** bzw. **3**).

Abb. 2: Symbol für Schutzerde

Abb. 3: Symbol für Erde (allg.)

Praxis-Beispiel: Sichtbarkeit

Erdung und Kurzschließung müssen von der Arbeitsstelle aus sichtbar sein.

Auf gute Kontaktgabe an den Erdungs- und Kurzschlussstellen muss geachtet werden. Nicht isolierte Freileitungen und blanke elektrische Leiter, die in den jeweiligen Arbeitsbereich hineinführen, sind ebenfalls allseitig und allpolig zu erden und kurzzuschließen.

5 Abdecken oder Abschranken benachbarter, unter Spannung stehender Teile

Zum Abdecken oder Abschranken benachbarter, unter Spannung stehender Teile → *elektrischer Anlagen* gehören alle Tätigkeiten bei denen aktive Teile, deren spannungsfreier Zustand nicht hergestellt werden kann und die eine Gefahr für das Arbeiten an der elektrischen Anlage bedeuten, ausreichend mechanisch geschützt werden.

Da das Arbeiten in der Nähe unter Spannung stehender Teile möglichst zu vermeiden ist (Gefährdungsvermeidung), ist immer zu prüfen, ob der spannungsfreie Zustand der benachbarten aktiven Teile hergestellt werden kann. Ergibt diese Prüfung, dass ein Arbeiten im spannungsfreien Zustand der benachbarten Anlagenteile nicht realisiert werden kann, müssen diese aktiven Teile für die Dauer der Arbeiten durch Abdeckungen oder Abschrankungen geschützt werden. Dabei sind insbesondere die Höhe der Spannung, der Arbeitsort, die Art der Arbeit und die dafür eingesetzten → *Arbeitsmittel* zu berücksichtigen.

Bei der Aufstellung von Abschrankungen ist darauf zu achten, dass der Mindestabstand zwischen Mensch und Gefahrstelle, bei dem die Gefahrstelle nicht mehr erreichbar ist, eingehalten wird. Hierfür sind Annäherungszonen definiert, die als begrenzte Bereiche sich an die Gefahrenzonen anschließen und außen durch den Schutzabstand D_V begrenzt werden.

Praxis-Beispiel: Umfang der Sicherung

Es ist immer darauf zu achten, dass alle unter Spannung stehenden Anlagenteile, die die tätigen Personen unmittelbar oder auch mittelbar z. B. durch Arbeitsmittel, Werkstücke, Leitungsschienen, → *Leitern* oder Gerüstteile gefährden, abgedeckt sind. Sind Abdeckungen nicht zu realisieren, können auch Absperrungen, die ein gefährliches Annähern verhindern sollen, eingesetzt werden.

Die eingesetzten Abdeckungen müssen ausreichend isolierend und allen zu erwartenden mechanischen Beanspruchungen gewachsen sein. In Hochspannungsanlagen müssen die angegebenen Mindestabstände zwischen Abdeckungen und unter Spannung stehenden Teilen eingehalten werden.

Praxis-Beispiel: Isolierende Formstücke oder Gummimatten sind nur in Anlagen bis 1.000 V einsetzbar!

Diese Abdeckungen müssen so befestigt sein, dass sie nicht verrutschen können. In Anlagen über 1.000 V isolierende Schutzplatten verwenden. Isolierende Schutzplatten sollten in einen geöffneten Trenner eingeschoben werden, da Trennschalter, die zum Freischalten von Anlageteilen bzw. zum Herstellen der erforderlichen Trennstrecke benutzt werden, mit ihrer Zuleitungsseite unter Spannung stehen.

Möglichkeiten des Abdecken oder Abschrankens sind:

- isolierende Tücher/Abdecktücher,
- Schläuche,
- Isolierende Schutzplatten/Kunststoffabdeckungen,
- Absperrgitter,
- Einschiebwände oder -gitter, z.B. für offene Innenraumschaltanlagen ohne Zwischenwände,
- Absperrschranken,
- Seile.

Zur Kennzeichnung der Gefahrenbereich können zum Einsatz kommen:

- Warntafeln,
- Warnbänder.

Praxis-Beispiel: Kennzeichnung ist nicht gleich Absperrung

Die Kennzeichnung der Gefahrenbereiche mit Flaggen oder Flatterleinen ersetzt nicht die geforderte Abschrankung. Insbesondere das rot-weiße Flatterband, häufig auch als Absperrband bezeichnet, ist nur eine Form der Kennzeichnung und keine wirksame Absperrung eines Gefahrenbereiches.

Das Anbringen von Abdeckungen auf unter Spannung stehenden Teilen gilt als Arbeiten an unter Spannung stehenden Teilen. Ist ein gefahrloses Anbringen nicht möglich, muss die ausführende Person eine geeignete → *Persönliche Schutzausrüstung* tragen.

Matthias Glawe

Sicherheitsschränke

Sicherheitsschränke dienen zur Lagerung von Gefahrstoffen in Arbeitsräumen. Es sind ortsfeste Schränke mit begrenztem Inhalt, die aus einem Korpus mit Brandschutzisolierung, Zu- und Abluftventilen und Erdungsanschluss bestehen. Sicherheitsschränke sollen vor allem Brand- und Explosionsgefahren ausschalten und im Brandfall verhindern, dass die darin gelagerten Stoffe den Brand fördern oder zu Explosionen führen. Im Notfall sollen Beschäftigte und Dritte ausreichend Zeit haben, den betroffenen Bereich gefahrlos zu verlassen und Notfall- und Rettungspersonal und Feuerwehrleute gefahrlosen Zugang haben. Auch toxische und ätzende Stoffe müssen in Sicherheitsschränken gelagert werden, u.a. um unbefugten Zugriff zu verhindern.

Gesetze, Vorschriften und Rechtsprechung

Für Sicherheitsschränke und die sichere Aufbewahrung von entzündbaren Flüssigkeiten bzw. von Gasen sind grundlegend § 8 Abs. 6 Gefahrstoffverordnung (GefStoffV) und die Betriebssicherheitsverordnung (BetrSichV). Es gelten auch:

- TRBS 1201 Teil 1 „Prüfung von Anlagen in explosionsgefährdeten Bereichen“
- TRBS 1201 Teil 2 „Prüfungen und Kontrollen bei Gefährdungen durch Dampf und Druck“
- TRBS 2141 „Gefährdungen durch Dampf und Druck“
- TRGS 720 „Gefährliche explosionsfähige Gemische – Allgemeines“
- TRGS 721 „Gefährliche explosionsfähige Gemische – Beurteilung der Explosionsgefährdung“
- TRGS 722 „Vermeidung oder Einschränkung gefährlicher explosionsfähiger Gemische“

- TRGS 723 „Gefährliche explosionsfähige Gemische – Vermeidung der Entzündung gefährlicher explosionsfähiger Gemische"
- TRGS 724 „Gefährliche explosionsfähige Gemische – Maßnahmen des konstruktiven Explosionsschutzes, welche die Auswirkung einer Explosion auf ein unbedenkliches Maß beschränken"
- TRGS 727 „Vermeidung von Zündgefahren infolge elektrostatischer Aufladungen"
- TRGS 510 „Lagerung von Gefahrstoffen in ortsbeweglichen Behältern"
- DIN EN 14470 Teile 1 und 2 „Feuerwiderstandsfähige Lagerschränke"

1 Ausführungen von Sicherheitsschränken

Wichtiges Kriterium für Sicherheitsschränke ist die **Feuerwiderstandsfähigkeit (FWF)** im Brandfall. Sicherheitsschränke werden je nach Ausführung in verschiedene Feuerwiderstandsklassen eingeteilt. Gegen eine mögliche elektrostatische Aufladung und damit verbundene Explosionsgefahr müssen Sicherheitsschränke mit einem Erdungsanschluss ausgestattet sein. Ein Abluftanschluss gewährleistet, dass eine technische Lüftung installiert werden kann. Sicherheitsschränke müssen grundsätzlich geschlossen gehalten werden, mit entsprechenden Warnzeichen gekennzeichnet und für Unbefugte unzugänglich sein. Die Eigenschaften der gelagerten Stoffe bestimmen die Ausführung des Sicherheitsschrankes.

1.1 Sicherheitsschränke für entzündbare Flüssigkeiten

Entzündbare Flüssigkeiten werden nach CLP-Verordnung als extrem bzw. leicht entzündbar und entzündbar bezeichnet, abhängig von Flamm- bzw. Siedepunkt. Sie dürfen am Arbeitsplatz nur in den Mengen bereitgehalten werden, die zum Fortgang der Arbeit notwendig sind. Es darf nur der Tagesbedarf bzw. der Bedarf für eine Schicht am Arbeitsplatz vorhanden sein. Darüber hinausgehende Mengen müssen in Arbeitsräumen sicher gelagert werden – und das ist nur in Sicherheitsschränken gewährleistet (vgl. Abschn. 4.15.1 TRGS 526).

Für die Lagerung entzündbarer Flüssigkeiten in Sicherheitsschränken gilt (s. Anhang 1 TRGS 510):

- Die sicherheitstechnischen Anforderungen gelten als erfüllt, wenn Sicherheitsschränke mind. die Anforderungen der DIN EN 14470-1 erfüllen und eine Feuerwiderstandsfähigkeit (FWF) von mind. 90 Minuten aufweisen: Typ 90 hält unter definierten Bedingungen einem Feuer von innen und außen 90 Minuten lang stand.
- Unter bestimmten Bedingungen kann eine FWF von mind. 30 Minuten ausreichend sein.
- Es muss eine Betriebsanweisung erstellt, die Mitarbeiter müssen unterwiesen werden.

Praxis-Beispiel: Wichtige Inhalte der Betriebsanweisung

- Im Sicherheitsschrank darf ausschließlich gelagert und z. B. nicht umgefüllt werden.
- Verpackungen dürfen an der Außenseite keine Kontaminationen aufweisen.
- Schutzmaßnahmen, falls eine gesundheitsgefährdende Freisetzung von Gefahrstoffen oder eine explosionsfähige Atmosphäre entstehen kann.
- Maßnahmen nach einem Brandfall, z. B. bzgl. gefahrlosem Öffnen des Sicherheitsschranks.

Werden entzündbare Flüssigkeiten in Sicherheitsschränken gemäß Anhang 1 TRGS 510 gelagert, gelten auch die zusätzlichen Anforderungen von Abschn. 12 TRGS 510 als erfüllt.

Praxis-Beispiel: Regelungen für bestimmte Gefahrstoffe

Für die Lagerung von entzündbaren Flüssigkeiten in Sicherheitsschränken gilt u. a. (s. Anhang 1 TRGS 510):

- Entzündbare Flüssigkeiten dürfen nicht zusammen mit Stoffen, die zur Entstehung von Bränden führen können, z. B. selbstzersetzliche oder pyrophore Stoffe gelagert werden.
- Stoffe mit einer Zündtemperatur unter 200 °C sowie entzündbare Flüssigkeiten, die mit H224 eingestuft sind, dürfen nur in technisch belüfteten Schränken mit mind. FWF 90 gelagert werden, dabei muss eine frühzeitige Branderkennung und -bekämpfung sichergestellt sein.

Anlagen zur Lagerung von entzündbaren, leicht oder extrem entzündbaren Flüssigkeiten sind überwachungsbedürftige Anlagen i. S. des § 2 Abs. 30 ProdSG. Sicherheitsschränke für entzündbare Flüssigkeiten sind – je nach Eigenschaften der gelagerten Stoffe – mit oder ohne technische Lüftung ausgestattet.

1.1.1 Sicherheitsschrank mit technischer Lüftung

Die technische Lüftung verhindert im Normalbetrieb, dass im Innern des Sicherheitsschranks eine explosionsfähige Atmosphäre entsteht. Die Abluft muss an eine ungefährdete Stelle geführt werden, i. d. R. durch den Anschluss an eine Abluftanlage, die ins Freie führt (s. Anhang 1 A.1.3.1 TRGS 510).

1.1.2 Sicherheitsschrank ohne technische Lüftung

Sicherheitsschränke ohne technische Lüftung müssen über einen Potenzialausgleich geerdet werden. Sie sollen das Lagergut im Brandfall davor schützen, dass es sich erwärmt oder sich entstehende explosionsfähige Gemische entzünden.

Im Schrankinneren dürfen sich keine Zündquellen befinden. Kann dies nicht ausgeschlossen werden, müssen im Rahmen der Gefährdungsbeurteilung geeignete Maßnahmen festgelegt und umgesetzt werden, mind. entsprechend der Zone 2 nach TRGS 723 (Anhang 1 A.1.3.2 TRGS 510).

1.2 Sicherheitsschränke für Druckgasflaschen (Sicherheitszelle)

Druckgasflaschen sollten bevorzugt außerhalb von Arbeitsräumen aufgestellt bzw. gelagert werden. Ist eine Lagerung in Arbeitsräumen dennoch notwendig, weil keine Lagerung im Freien möglich ist bzw. keine zentrale Gasversorgung existiert, müssen Druckgasflaschen in Sicherheitsschränken gelagert werden (für Labore s. TRGS 526 und DGUV-I 213-850). In Arbeitsräumen dürfen → *Druckgasbehälter* nur in Sicherheitsschränken mit einer FWF von mind. 30 Minuten gem. der DIN EN 14470-2 gelagert werden (Abschn. 4.2 Abs. 6 TRGS 510).

Die DIN EN 14470-2 gilt für Sicherheitsschränke für Druckgasflaschen mit einem Gesamtvolumen von max. 220 l und legt u. a. Folgendes fest:

Sicherheitsschränke für Druckgasflaschen sind in Abhängigkeit von der Feuerwiderstandsfähigkeit in 4 Klassen eingeteilt: G 15, 30, 60, 90. Ein Sicherheitsschrank der Klasse G 90 hält einem Brand 90 Minuten lang stand. Wegen der erhöhten Gefahr müssen Sicherheitsschränke für Druckgasflaschen an ein technisches Lüftungssystem angeschlossen werden und einen ausreichenden Luftwechsel gewährleisten.

Der Sicherheitsschrank ist mit dem Warnzeichen W029 „Warnung vor Gasflaschen" sowie weiteren Warnzeichen – entsprechend der Eigenschaften der gelagerten Gase – zu kennzeichnen.

1.3 Sonstige Sicherheitsschränke

Da → *Gefahrstoffe* Gesundheit und Umwelt schaden können, werden auch Sicherheitsschränke verwendet für:

- Gefahrstoffe, die gekühlt gelagert werden müssen;
- nicht brennbare Flüssigkeiten: Säuren, Laugen, Gifte, Wasser gefährdende Stoffe;
- Gefahrstoffe, die kombiniert gelagert werden.

2 Zusammenlagerung von Chemikalien

Die TRGS 510 gibt Informationen darüber, was zusammen, getrennt oder separat gelagert werden soll (s. Abschn. 13 TRGS 510). Grundsätzlich ist eine → *Zusammenlagerung* – auch in Sicherheitsschränken – nur dann zulässig, wenn dadurch keine Gefährdungserhöhung entsteht. Zusammenlagerung ist z. B. dann möglich, wenn gleiche Temperaturbedingungen erforderlich oder gleiche Löschmittel geeignet sind oder ähnliche Zusammenlagerungsverbote gelten z. B. für:

- Stoffe, die miteinander unter Bildung entzündbarer oder toxischer Gase reagieren oder
- Stoffe, die miteinander unter Entstehung eines Brandes reagieren (Abschn. 13 TRGS 510); Stoffe, die selbst korrosiv sind oder korrosive Gase oder Dämpfe abgeben wie z.B. hochkonzentrierte anorganische Säuren und Laugen dürfen nicht in Sicherheitsschränken zur Lagerung entzündbarer Stoffe gelagert werden, da die Funktionsfähigkeit der Absperreinrichtungen für Zu- und Abluft durch Korrosion gefährdet sein kann.

3 Betriebsanweisung und Prüffristen

Für Sicherheitsschränke ist eine → *Betriebsanweisung* zu erstellen, die z.B. für die Lagerung entzündbarer Flüssigkeiten u.a. auch Angaben darüber enthält, nach welcher Zeit ein Sicherheitsschrank nach einem Brand geöffnet werden darf (s. Anhang 1 TRGS 510).
Sicherheitsschränke müssen regelmäßig durch → *zur Prüfung befähigte Personen* geprüft werden (§§ 3, 14 BetrSichV, DIN EN 14470). Die Prüffristen werden im Rahmen der → *Gefährdungsbeurteilung* festgelegt.

Bettina Huck

Sicherheits- und Gesundheitsschutzkennzeichnung

Sicherheits- und Gesundheitsschutzkennzeichnungen müssen eingesetzt werden, wenn Risiken für Sicherheit und Gesundheit der Beschäftigten nicht anders zu vermeiden sind oder nicht ausreichend verringert werden können. Im Rahmen der Gefährdungsbeurteilung muss ermittelt werden, ob und welche Zeichen notwendig sind. Die Kennzeichnung bezieht sich auf einen bestimmten Gegenstand, eine bestimmte Tätigkeit oder eine bestimmte Situation.

Gesetze, Vorschriften und Rechtsprechung

Zu beachten sind v.a.:

- Arbeitsstättenverordnung (ArbStättV)
- ASR A1.3 „Sicherheits- und Gesundheitsschutzkennzeichnung"
- ASR V3a.2 „Barrierefreie Gestaltung von Arbeitsplätzen", v.a. Anhang A1.3
- DIN EN ISO 7010 „Graphische Symbole – Sicherheitsfarben und Sicherheitszeichen – Registrierte Sicherheitszeichen"
- DIN 4844-2 „Graphische Symbole – Sicherheitsfarben und Sicherheitszeichen – Teil 2: Registrierte Sicherheitszeichen"
- DIN ISO 23601 „Sicherheitskennzeichnung – Flucht- und Rettungspläne"

1 Arten

1.1 Sicherheitszeichen

Sicherheitszeichen sind Zeichen mit Sicherheits- und Gesundheitsschutzaussage und können sein:

- Verbotszeichen,
- Gebotszeichen,
- Warnzeichen,
- Rettungszeichen,
- Brandschutzzeichen.

Geometrische Form	Bedeutung	Sicherheitsfarbe	Kontrastfarbe zur Sicherheitsfarbe	Farbe des grafischen Symbols	Anwendungsbeispiele
 Kreis mit Diagonalbalken	Verbot	Rot	Weiß[a1]	Schwarz	– Rauchen verboten – Kein Trinkwasser – Berühren verboten
 Kreis	Gebot	Blau	Weiß[a2]	Weiß[a3]	– Augenschutz benutzen – Schutzkleidung benutzen – Hände waschen
 gleichseitiges Dreieck	Warnung	Gelb	Schwarz	Schwarz	– Warnung vor heißer Oberfläche – Warnung vor Biogefährdung – Warnung vor elektrischer Spannung
 Quadrat	Gefahrlosigkeit	Grün	Weiß[a4]	Weiß[a5]	– Erste Hilfe – Notausgang – Sammelstelle
 Quadrat	Brandschutz	Rot	Weiß[a6]	Weiß[a7]	– Brandmeldetelefon – Mittel und Geräte zur Brandbekämpfung – Feuerlöscher

Tab. 1: Kombination von geometrischer Form und Sicherheitsfarbe und ihre Bedeutung für Sicherheitszeichen (s. Tab. 1 ASR A1.3)

1 a: Die Farbe Weiß schließt die Farbe für langnachleuchtende Materialien unter Tageslichtbedingungen ein.

2 a: Die Farbe Weiß schließt die Farbe für langnachleuchtende Materialien unter Tageslichtbedingungen ein.

3 a: Die Farbe Weiß schließt die Farbe für langnachleuchtende Materialien unter Tageslichtbedingungen ein.

4 a: Die Farbe Weiß schließt die Farbe für langnachleuchtende Materialien unter Tageslichtbedingungen ein.

5 a: Die Farbe Weiß schließt die Farbe für langnachleuchtende Materialien unter Tageslichtbedingungen ein.

6 a: Die Farbe Weiß schließt die Farbe für langnachleuchtende Materialien unter Tageslichtbedingungen ein.

7 a: Die Farbe Weiß schließt die Farbe für langnachleuchtende Materialien unter Tageslichtbedingungen ein.

Praxis-Beispiel: Alte Kennzeichnung in bestehenden Arbeitsstätten

Folgende Zeichen wurden in der Fassung der ASR A1.3 von 2013 erheblich verändert:

- Feuerlöscher (F001),
- Löschschlauch (F002),
- Feuerleiter (F003),
- Mittel und Geräte zur Brandbekämpfung (F003),
- Brandmelder (F004),
- Brandtelefon (F005),
- Arzt (E009),
- Warnung vor Gasflaschen (W029).

Die alte Kennzeichnung beim Betreiben von bestehenden Arbeitsstätten kann weiterhin angewendet werden, wenn im Rahmen der → *Gefährdungsbeurteilung* ermittelt wurde, dass die verwendeten Sicherheitszeichen ausreichenden Schutz für Sicherheit und Gesundheit der Beschäftigten gewährleisten. Es empfiehlt sich jedoch, die neue Kennzeichnung zu verwenden, da sie bereits seit 2013 gilt.

Sicherheitszeichen müssen deutlich erkennbar und dauerhaft angebracht sein, d.h. (Abschn. 5.1 Abs. 6–9 ASR A1.3):

- in geeigneter Höhe (fest oder beweglich);
- bei ausreichender Beleuchtung;
- ggf. außen-, innenbeleuchtet oder langnachleuchtend (ASR A2.3):
- Verbots-, Warn- und Gebotszeichen am Zugang zum Gefahrenbereich;
- Rettungs- bzw. Brandschutzzeichen in lang gestreckten Räumen (z.B. Fluren) in Laufrichtung jederzeit erkennbar (z.B. durch Winkelschilder), falls keine Sicherheitsbeleuchtung: langnachleuchtende Materialien erforderlich;
- aus Werkstoffen, die gegen Umgebungseinflüsse widerstandsfähig sind, d.h., folgende Faktoren müssen berücksichtigt werden: mechanische oder chemische Einflüsse, feuchte Umgebung, Lichtbeständigkeit, Versprödung von Kunststoffen, Feuerbeständigkeit;
- Erkennungsweite und Größe der Zeichen aufeinander abgestimmt (vgl. Tab. 3 ASR A1.3).

1.2 Zusatzzeichen

Zusatzzeichen können Sicherheitszeichen ergänzen. Werden sie zusammen verwendet, spricht man von Kombinationszeichen, z.B. Brandschutzzeichen mit Richtungspfeil:

Abb. 1: Richtungspfeile für Brandschutzzeichen

1.3 Weitere Kennzeichnungsarten

Folgende weitere Kennzeichnungsarten werden eingesetzt:

- Sicherheitsmarkierungen für Hindernisse und Gefahrstellen,
- Markierungen für Fahrwege,
- Leuchtzeichen,

- Schallzeichen,
- verbale Kommunikation,
- Handzeichen.

1.3.1 Sicherheitsmarkierungen für Hindernisse und Gefahrstellen

Für Sicherheitsmarkierungen gilt (Abschn. 5.2 ASR A1.3):

- müssen dauerhaft ausgeführt sein;
- die Streifen müssen in einem Neigungswinkel von etwa 45° angeordnet sein und ein Breitenverhältnis von 1:1 haben;
- an Scher- und Quetschkanten mit Relativbewegung zueinander müssen Streifen gegensinnig geneigt zueinander angebracht sein;
- die Kennzeichnung soll den Ausmaßen der Hindernisse oder Gefahrstellen entsprechen.

Abb. 2: Sicherheitsmarkierungen

Farbe	Anwendung	Beispiele
gelb-schwarz	vorzugsweise für ständige Hindernisse und Gefahrstellen, ggf. langnachleuchtend	Stellen, an denen besondere Gefahren des Anstoßens, Quetschens, Stürzens bestehen
rotweiß	vorzugsweise für zeitlich begrenzte Hindernisse und Gefahrstellen zu verwenden	Baugruben

Tab. 2: Einsatz gelbschwarzer bzw. rotweißer Sicherheitsmarkierungen (vgl. Abschn. 5.2 ASR A1.3)

1.3.2 Markierungen von Fahrwegen

Fahrwegsbegrenzungen müssen wie folgt ausgeführt sein (Abschn. 5.3 ASR A1.3):

- farbig: vorzugsweise weiß oder gelb (ausreichenden Kontrast zur Farbe der Bodenfläche beachten);
- durchgehend;
- falls auf dem Boden, dann z.B. mind. 5 cm breite Streifen oder Nagelreihe aus mind. 3 Nägeln pro Meter.

Lang nachleuchtende Produkte für die Markierung gewährleisten, dass sich die Beschäftigten bei Ausfall der Allgemeinbeleuchtung besser orientieren können.

1.3.3 Leuchtzeichen

Anforderungen an Leuchtzeichen sind (Abschn. 5.4 ASR A1.3):

- Helligkeit unterscheidet sich deutlich von der Helligkeit der umgebenden Fläche;
- blendfrei;
- nur in Betrieb, um Gefahr zu kennzeichnen oder für Hinweise;
- blinkend betrieben, nur wenn eine unmittelbare Gefahr droht (Warnung). Hinweisende Leuchtzeichen dürfen dagegen nur kontinuierlich betrieben werden.

1.3.4 Schallzeichen

Schallzeichen (z. B. Notsignal) müssen sein (Abschn. 5.5 ASR A1.3):

- deutlich wahrnehmbar,
- ihre Bedeutung betrieblich festgelegt,
- eindeutig.

Sie müssen so lange wie erforderlich eingesetzt werden.

1.3.5 Verbale Kommunikation

Verbale Kommunikation am Arbeitsplatz muss sein (Abschn. 5.6 ASR A1.3):

- kurz,
- eindeutig,
- verständlich formuliert.

Ob der Einsatz von z. B. Lautsprecher oder Megaphon erforderlich ist, muss im Rahmen der → *Gefährdungsbeurteilung* festgelegt werden.

1.3.6 Handzeichen

Handzeichen müssen sein (Abschn. 5.7 und Anhang 2 ASR A1.3):

- eindeutig eingesetzt,
- leicht durchführbar,
- erkennbar,
- sich deutlich von anderen Handzeichen unterscheiden,
- symmetrisch gegeben werden, wenn sie mit beiden Armen gleichzeitig erfolgen.

Einweiser müssen geeignete Erkennungszeichen tragen, z. B. Westen, Kellen, Manschetten, Armbinden, Schutzhelme, vorzugsweise in gelber Farbe (ggf. langnachleuchtend, retroreflektierend).

Anlass	Beispiel	Art der Kennzeichnung
Für ständige Verbote, Gebote, Warnungen und sonstige sicherheitsrelevante Hinweise	Standorte von Feuerlöschern	Schilder, Aufkleber oder aufgemalte Kennzeichnung (dauerhaft ausgeführt)
Für Hinweise auf zeitlich begrenzte Risiken oder Gefahren sowie Notrufe zur Ausführung bestimmter Handlungen	Brandalarm	Übermittlung durch Leucht-, Schallzeichen oder verbale Kommunikation
Für zeitlich begrenzte risikoreiche Tätigkeiten	Anschlagen von Lasten im Kranbetrieb, Rückwärtsfahren von Fahrzeugen mit Personengefährdung	Anweisungen mittels Handzeichen nach Anhang 2 ASR 1.3 oder verbale Kommunikation

Tab. 3: Übersicht über Anlass und Art der Kennzeichnung mit Beispielen

2 Allgemeine Anforderungen

Um Sicherheit und Gesundheit der Beschäftigten zu gewährleisten, gelten folgende Anforderungen an die Sicherheits- und Gesundheitsschutzkennzeichnung (vgl. Abschn. 4 und 5 ASR A1.3):

- sie sollte bereits bei der Planung von → *Arbeitsstätten* berücksichtigt werden;
- sie muss deutlich erkennbar sein;
- sie darf nur für Hinweise zu Sicherheit und Gesundheitsschutz verwendet werden;
- die Art der Kennzeichnung muss entsprechend der → *Gefährdungsbeurteilung* ausgewählt werden;

- verschiedene Kennzeichnungsarten dürfen gemeinsam verwendet werden, wenn eine Kennzeichnungsart allein nicht ausreicht;
- die Wirksamkeit einer Kennzeichnung darf nicht durch eine andere Kennzeichnung oder sonstige betriebliche Gegebenheiten beeinträchtigt werden, z.B. Schallzeichen darf bei starkem Umgebungslärm nicht verwendet werden;
- Kennzeichnungen, die eine Energiequelle benötigen (z.B. Warnleuchte, Hupe), müssen bei Stromausfall grundsätzlich eine „selbsttätig einsetzende Notversorgung" haben;
- bei eingeschränktem Hör- oder Sehvermögen, z.B. durch Tragen von → *Persönlicher Schutzausrüstung*, muss eine geeignete ergänzende oder alternative Kennzeichnungsart eingesetzt werden;
- Brandschutzzeichen müssen sowohl zur Kennzeichnung von Material und Ausrüstung zur Brandbekämpfung als auch von deren Standorten verwendet werden.

Praxis-Beispiel: Barrierefreie Kennzeichnung

Werden im Unternehmen Menschen mit Behinderung beschäftigt, kann dies Auswirkungen auf die Sicherheits- und Gesundheitsschutzkennzeichnung haben:

Art der Behinderung	taktil	akustisch	visuell
Blinde oder sehbehinderte Personen	Braille'sche Blindenschrift oder Profilschrift, erhabene Markierungsstreifen, in ausreichendem Abstand von Hindernissen und Gefahrenstellen	funkgestütztes Informations- oder Leitsystem	ggf. Zeichen vergrößern
Gehörlose oder hörgeschädigte Personen	Vibrationsalarm	–	–
Rollstuhlbenutzer oder Kleinwüchsige	–	–	Zeichen in ihrer Augenhöhe erkennbar

Tab. 4: Beispiele für alternative Sicherheits- und Gesundheitsschutzkennzeichnung bei Beschäftigten mit Behinderung

3 Unterweisung

Die Beschäftigten müssen vor Aufnahme der Tätigkeit und danach mind. jährlich (§ 6 ArbStättV) unterwiesen und nach ASR A1.3 vor Arbeitsaufnahme und danach in regelmäßigen Abständen (i.d.R. jährlich) sowie bei Änderungen über die Bedeutung der im Unternehmen eingesetzten Sicherheits- und Gesundheitsschutzkennzeichnung → *unterwiesen* werden. Besonders wichtig ist dabei auch, über die Bedeutung selten eingesetzter Zeichen zu informieren.

Für Einweiser, die Handzeichen anwenden, muss eine spezifische Unterweisung erfolgen (Abschn. 4 Abs. 12 ASR A1.3).

4 Kontrolle und Instandhaltung

Einrichtungen für die Sicherheits- und Gesundheitsschutzkennzeichnung müssen wirksam sein, sie müssen daher regelmäßig kontrolliert und ggf. instand gehalten werden. Dies gilt v.a. für

- Leucht- und Schallzeichen,
- lang-nachleuchtende Materialien sowie
- Lautsprecher und Telefone.

In welchen Intervallen die Kontrolle erfolgen soll, wird im Rahmen der → *Gefährdungsbeurteilung* festgelegt (Abschn. 4 Abs. 13 ASR A1.3).

Praxis-Beispiel: Kontrollplan erstellen

Der Arbeitgeber muss dafür sorgen, dass Kontrolle und Instandhaltung durchgeführt werden. Es empfiehlt sich, einen Plan mit Terminen, Aufgaben und Zuständigkeiten zu erstellen.

Bettina Huck

Sicherheits- und Gesundheitsschutzplan

Der Sicherheits- und Gesundheitsschutzplan (SiGePlan) dient dem koordinierten Zusammenwirken mehrerer Arbeitgeber, die bei der Realisierung eines Bauvorhabens gleichzeitig oder nacheinander tätig werden. Dieses Dokument enthält grundsätzlich die Einteilung der notwendigen Arbeiten, die jeweiligen koordinationsrelevanten Gefährdungen, die notwendigen Schutzmaßnahmen und die anzuwendenden Arbeitsschutzbestimmungen. Außerdem berücksichtigt er ggf. betriebliche Tätigkeiten auf dem Baugelände oder in dessen unmittelbarer Nähe. Die Erstellung des SiGePlans ist Aufgabe des Koordinators nach Baustellenverordnung und hat während der Planung der Ausführung zu erfolgen. Der Plan muss vor der Eröffnung der Baustelle vorliegen.

Gesetze, Vorschriften und Rechtsprechung

Die Pflicht zur Erstellung eines SiGePlans beruht auf § 2 Abs. 3 Baustellenverordnung (BaustellV).

Die Regel zum Arbeitsschutz auf Baustellen 31 (RAB 31) gibt den Stand der Technik bezüglich des Sicherheits- und Gesundheitsschutzplans wieder. Die RAB 31 enthält inhaltliche Mindestanforderungen und Empfehlungen für einen SiGePlan.

1 Auslösekriterien

§ 2 Abs. 3 BaustellV fordert, dass ein SiGePlan immer dann zu erstellen ist, wenn auf einer → *Baustelle*

- Beschäftigte mehrerer Arbeitgeber tätig werden und eine → *Vorankündigung* zu übermitteln ist oder
- Beschäftigte mehrerer Arbeitgeber tätig werden und besonders gefährliche Arbeiten nach Anhang II BaustellV ausgeführt werden.

Diese Auslösekriterien wurden durch ein Urteil des Europäischen Gerichtshofes vom 7.10.2010 (Rs. C-224/09) noch strenger formuliert. Demnach gilt nach der europäischen Baustellenrichtlinie 92/57/EWG, die auch der BaustellV zugrunde liegt, die Pflicht, vor Eröffnung der Baustelle einen SiGePlan zu erstellen, für alle Baustellen, auf denen Arbeiten verrichtet werden, die mit besonderen Gefahren verbunden sind oder für die eine Vorankündigung erforderlich ist. **Auf die Zahl der auf der Baustelle anwesenden Unternehmen kommt es nicht an.**

U. a. als Reaktion auf diese richterliche Auslegung wurde die Baustellenverordnung durch Einführung einer besonderen Unterrichtungspflicht angepasst. Demnach ist für eine Baustelle, auf der jeder Beschäftigte für denselben Arbeitgeber tätig wird, eine Vorankündigung zu übermitteln; werden dort besonders gefährliche Arbeiten nach Anhang II ausgeführt, so muss dieser Arbeitgeber vor Einrichtung der Baustelle über diejenigen Umstände auf dem Gelände unterrichtet werden, die in einen Sicherheits- und Gesundheitsschutzplan einzubeziehen wären. In der Begründung des Gesetzgebers zur BaustellV heißt es, dass von der Einführung einer Pflicht zur Erstellung eines Sicherheits- und Gesundheitsschutzplans auf Baustellen, auf denen nur ein bauausführendes Unternehmen tätig wird und für die eine Vorankündigung zu übermitteln ist oder auf denen besonders gefährliche Arbeiten nach Anhang II ausgeführt werden, dann abgesehen werden kann.

2 Anforderungen

Der SiGePlan ist das zentrale Werkzeug des → *Koordinators*, in dem er die Maßnahmen zum arbeitsschutzbezogenen Zusammenwirken der beteiligten Arbeitgeber dokumentiert, die er geplant und ergriffen hat. Gleichzeitig schafft der Koordinator damit auch einen schriftlichen Nachweis seiner Tätigkeit gegenüber seinem Bauherrn bzw. Auftraggeber.

Um den Plan erstellen zu können, muss eine Analyse des jeweiligen Planungsstands vorgenommen werden. Dafür müssen dem Koordinator die notwendigen Planungsunterlagen zur Verfügung gestellt werden. Auf dieser Basis werden auftretende Gefährdungen ermittelt und die notwendigen Maßnahmen abgeleitet. Durch eine rechtzeitige SiGe-Planung ist zu gewährleisten, dass bereits bei der Angebotsbearbeitung den später auf der → *Baustelle* tätigen Arbeitgebern und Selbstständigen die relevanten Inhalte des SiGePlans zur Verfügung stehen. Dafür reicht es aus, wenn die geplanten Anforderungen und Maßnahmen in den Leistungsverzeichnissen in Form von Vorbemerkungen oder LV-Positionen wiedergegeben werden.

Während der Ausführung des Bauvorhabens soll der Plan auf der Baustelle einsehbar sein. Damit zeigt der Plan den beteiligten Unternehmen während der gesamten Bauzeit die koordinationsrelevanten Schutzmaßnahmen. In diesem Zusammenhang empfiehlt es sich, den SiGePlan an einer Tafel („Schwarzes Brett") oder im Büro der Bauleitung auszuhängen oder zu hinterlegen. Auch die Verteilung von SiGe-Plandokumenten per E-Mail oder das Einstellen in virtuelle Projekträume sind mögliche Varianten der Bekanntmachung. Der SiGePlan ist als ein dynamisches Dokument zu verstehen. Er ist bei Bedarf der Entwicklung des Bauvorhabens in der weiteren Planung und der Ausführung laufend anzupassen.

Praxis-Beispiel: Arbeitsschutzpflichten bleiben erhalten

Die beauftragten Arbeitgeber und sonstigen Personen werden durch die Festlegungen im SiGePlan in keiner Weise von ihren Pflichten gem. Arbeitsschutzgesetz und anderen für sie zutreffenden Arbeitsschutzbestimmungen entbunden. Die Pflicht zur → *Gefährdungsbeurteilung*, zur → *Unterweisung*, zur Organisation der → *arbeitsmedizinischen Vorsorge* u.v.a. bleiben von der SiGe-Planung des Koordinators unberührt.

Eine große Bedeutung kommt dem SiGePlan für den Fall eines schweren oder tödlichen → *Arbeitsunfalls* auf der Baustelle zu, denn die ermittelnden Behörden beziehen bei Verdacht auf mangelnde Koordination den Plan in ihre Ermittlungen ein. Schriftliche Festlegungen im SiGePlan bieten in diesem Zusammenhang eine höhere Rechtssicherheit als mündliche Absprachen auf der Baustelle.

Der Sicherheits- und Gesundheitsschutzplan ist bei den Arbeitsschutzbehörden nicht vorlagepflichtig und wird grundsätzlich von diesen auch nicht bewertet oder für „Gültig" erklärt.

3 Mindestinhalte

Die in der Baustellenverordnung sehr knapp beschriebenen Inhalte eines SiGePlans reichen in der Praxis nicht aus, um die Maßnahmen zu dokumentieren, die für mehrere Unternehmer relevant sind oder die der einzelne Unternehmer alleine nicht ergreifen kann. Daher ist es geboten, die RAB 31 als Stand der Technik für die notwendigen Inhalte heranzuziehen.

Praxis-Beispiel: Umfang der Dokumentation

Ein SiGePlan sollte nicht nur aus einem ggf. großformatigen Plan bestehen, in dem alle Maßnahmen und Randbedingungen aufgelistet werden. In der Praxis hat es sich bewährt, den eigentlichen SiGePlan auf das notwendige Maß zu beschränken und dann mitgeltende Unterlagen zu definieren. Dazu gehört z.B. die Baustellenordnung, in der alle allgemein geltenden Arbeitsschutzanforderungen für die Baustelle formuliert werden können.

3.1 Rahmenbedingungen für den sicheren Baustellenbetrieb/Baustelleneinrichtung

Im Vorfeld der Ermittlung gewerkübergreifender Gefährdungen, der räumlichen und zeitlichen Zuordnung der Arbeiten und der Dokumentation der festgelegten Schutzmaßnahmen sollte der Koordinator auch bei der Planung der Baustelleneinrichtung mitwirken.

Eine gute „Planung der Baustelleneinrichtung (BE-Planung) umfasst die Auswahl und technische Auslegung sowie die räumliche und zeitliche Anordnung der Elemente. Ziel ist die Bereitstellung der erforderlichen Arbeitskräfte, Geräte, Maschinen, Lagerflächen, Verkehrsflächen und des Materials am richtigen Ort, zur richtigen Zeit sowie in der richtigen Menge und Qualität. Dabei sind auch Kriterien von Wirtschaftlichkeit, Machbarkeit, Arbeitsschutz, Umweltschutz und Wetterunabhängigkeit zu beachten."[1]

Der SiGePlan enthält dementsprechend Angaben zur Baustellenorganisation und für die gemeinsame Nutzung von Elementen der Baustelleneinrichtung. Diese können sich insbesondere beziehen auf:

- Vorgaben des Bauherren zur sicheren Baustelleneinrichtung (einschließlich Gebäude, Container, Bauwagen und Magazine),
- Notfallorganisation (Brandschutz, Erste Hilfe),
- Verkehrswege auf der Baustelle (Baustellenlogistik, Fahrzeug- und Personenverkehr),
- Anschlüsse und Verteilungen (z.B. Strom, Wasser, Gas),
- Arbeitsmittel, durch deren Einsatz Beschäftigte mehrerer Unternehmen gefährdet werden können (z.B. Krane).

Hinweise zum jeweiligen Stand der Technik bzw. zu den Rechtsgrundlagen liefern hierzu u.a. auch die Arbeitsstättenregeln (z.B. ASR A1.8 „Verkehrswege", ASR A2.1 „Schutz vor Absturz und herabfallenden Gegenständen, Betreten von Gefahrenbereichen", ASR A2.2 „Maßnahmen gegen Brände", ASR A2.3 „Fluchtwege und Notausgänge", ASR A3.4 „Beleuchtung und Sichtverbindung", ASR A3.5 „Raumtemperatur", ASR A3.6 „Lüftung", ASR A4.1 „Sanitärräume", ASR A4.2 „Pausen- und Bereitschaftsräume", ASR A4.3 „Erste-Hilfe-Räume, Mittel und Einrichtungen zur Ersten Hilfe", ASR A4.4 „Unterkünfte"). Diese enthalten jeweils ein Kapitel mit abweichenden/ergänzenden Anforderungen für Baustellen.

Ein besonderer Fall sind Straßenbaustellen, bei denen auch ein SiGePlan erforderlich ist. Hier bildet die ASR A5.2 „Anforderungen an Arbeitsplätze und Verkehrswege auf Baustellen im Grenzbereich zum Straßenverkehr – Straßenbaustellen" eine wesentliche Rechtsgrundlage.

3.2 Arbeitsabläufe/Gewerkeinteilungen

Auf Basis des geplanten Bauablaufs und der vorgesehenen Vergabe von Leistungen (z.B. in Form eines Losverzeichnisses) sind die Arbeitsabläufe in geeigneter Weise zu unterteilen. Bewährt haben sich dabei Gewerkbezeichnungen nach VOB Teil C ATV DIN 18300ff. Bezogen auf das konkrete Bauvorhaben können diese Abläufe noch feiner untergliedert (z.B. nach Bauteilen oder Ebenen) oder aber auch zusammengefasst werden (z.B. für bestimmte Ausbaugewerke).

Die möglichen Wechselwirkungen zwischen den Arbeitsabläufen sollten durch eine geeignete zeitliche und/oder räumliche Zuordnung dargestellt werden. Hierzu wird häufig der Bauzeitenplan integriert, obwohl dafür keine Verpflichtung besteht. Alternative Darstellungsformen nutzen Gefährdungsmatrizen oder eingebettete Bauzeichnungen.

3.3 Gefährdungen

Auf Basis der Baubeschreibung, der Planungszeichnungen und der Ablaufplanung werden die gewerkbezogenen und gewerkübergreifenden Gefährdungen ermittelt. Der Schwerpunkt liegt dabei auf Gefährdungsfaktoren, die übergreifende Auswirkungen auf andere Gewerke haben können (z.B. Absturz oder herabfallende Gegenstände). Mit in die Ermittlung einzubeziehen sind die möglichen Einflüsse von Tätigkeiten auf dem Baugelände oder in dessen Nähe. Anhand des geplanten Bauablaufs ist zu prüfen, ob gegenseitige Gefährdungen zwischen den Gewerken aus zeitlichen oder örtlichen Abhängigkeiten vermieden werden können.

Praxis-Beispiel: Gefährdungsbeurteilung vs. SiGePlan

Die Ermittlung der Gefährdungen im Rahmen der SiGe-Planung ersetzt in keinem Fall die → *Gefährdungsbeurteilung* des Arbeitgebers nach Arbeitsschutzgesetz. Auch wenn es hierbei fachliche

1 Bundesanstalt für Arbeitsschutz und Arbeitsmedizin (BAuA): Die Baustelleneinrichtung sicher und wirtschaftlich planen, August 2020.

Parallelen gibt, beruhen die Ermittlungen auf 2 unterschiedlichen Ansätzen. Der → *Koordinator* betrachtet das gesamte Bauvorhaben, in der Planungsphase sogar unabhängig von den später beauftragten Firmen. Ein Arbeitgeber führt die Gefährdungsbeurteilung für seine Leistungen unter Einbeziehung der innerbetrieblichen → *Arbeitsschutzorganisation*, im Idealfall auch baustellenbezogen durch.

3.4 Schutzmaßnahmen

Können gegenseitige Gefährdungen zwischen den Gewerken aus zeitlichen oder örtlichen Abhängigkeiten nicht vermieden oder die damit verbundenen Risiken auf ein akzeptables Maß begrenzt werden, müssen geeignete Schutzmaßnahmen getroffen werden. Zu den ermittelten Gefährdungen werden also mögliche Schutzmaßnahmen festgelegt.

Aus diesen vorgeschlagenen Lösungen sind in Abstimmung mit den in der Planung Verantwortlichen unter Berücksichtigung der geltenden staatlichen und berufsgenossenschaftlichen Vorschriften die jeweiligen Maßnahmen festzulegen. Des Weiteren sind für bestehende Wechselwirkungen zwischen den betrieblichen Tätigkeiten und den Bauarbeiten geeignete Schutzmaßnahmen festzulegen. Dabei spielt die Rangfolge der Schutzmaßnahmen eine Rolle. Technische Schutzmaßnahmen, die auch noch von mehreren Gewerken genutzt werden können, haben Vorrang vor individuellen Lösungen.

Die Leistungen, die sich für einen Arbeitgeber ergeben, sind aus dem SiGePlan in die Leistungsverzeichnisse zu übernehmen. Sind die Leistungen in der VOB Teil C schon als Nebenleistung erfasst, sollte ein Hinweis in den Vorbemerkungen dazu erfolgen. Die VOB/C – DIN 18299 schreibt dies sogar vor: „0.1.16. Gegebenenfalls gem. der Baustellenverordnung getroffene Maßnahmen".

Eine ausdrückliche Erwähnung mit selbstständiger Vergütung hat zu erfolgen, wenn die Kosten der Nebenleistung, z.B. eine Schutzmaßnahme, von erheblicher Bedeutung sind. Das kann u.U. das Anbringen von Auffangnetzen für die Montage von Profiltafeln sein.

Besondere Leistungen sind „Sicherungsmaßnahmen zur Unfallverhütung für Leistungen anderer Unternehmer" (VOB/C – DIN 18299 Punkt 4.2.4). Das heißt, dass eine gemeinsam genutzte Schutzmaßnahme für den jeweils verantwortlichen Arbeitgeber eine besondere Leistung ist, dementsprechend eine Ordnungsnummer bekommt und im Leistungsverzeichnis aufgenommen wird. Allen nutzenden Gewerken ist in den Vorbemerkungen mitzuteilen, dass die Maßnahme „bauseits" gestellt wird und nicht in Kalkulation der Nebenleistungen einfließen muss.

Vom SiGePlan können die Maßnahmen ausgenommen werden, zu denen der Arbeitgeber nach den Arbeitsschutzbestimmungen verpflichtet ist und die seiner Direktions- und Entscheidungspflicht gegenüber den Beschäftigten unterliegen, z.B. → *Unterweisungen*, Bereitstellung geeigneter und sicherer → *Arbeitsmittel*, → *Persönliche Schutzausrüstung*.

3.5 Arbeitsschutzbestimmungen

Sowohl die EG-Baustellenrichtlinie 92/57/EWG, als auch die darauf beruhende BaustellV fordern, dass der SiGePlan für die betreffende → *Baustelle* die anzuwendenden Arbeitsschutzbestimmungen erkennen lassen muss. Diese Anforderung wird i.Allg. erfüllt, wenn den Schutzmaßnahmen die staatlichen oder berufsgenossenschaftlichen Arbeitsschutzbestimmungen, ggf. auch Normen zugeordnet werden.

4 Besondere Regelungen zum Gesundheitsschutz

Infektionsrisiken durch biologische Arbeitsstoffe (insbesondere durch Viren), die z.B. zu pandemischen Lagen führen können, haben auch Auswirkungen auf die Arbeiten auf Baustellen, denen mit geeigneten, gewerkübergreifenden Schutzmaßnahmen begegnet werden muss. Insofern sind solche Risiken auch im Rahmen eines Sicherheits- und Gesundheitsschutzplans zu berücksichtigen.

Zu den koordinierten baustellenbezogenen Hygienemaßnahmen können gehören:

- Festlegungen für die Möglichkeiten zur Handhygiene (Handwaschgelegenheiten), Waschgelegenheiten mit fließendem Wasser, Flüssigseife und Einmalhandtüchern,

- Regelungen für Sanitärräume und -einrichtungen sowie mobile, anschlussfreie Toilettenkabinen (Anzahl, Ausstattung, Leerungsrhythmus).

Darüber hinaus sind die bauausführenden Betriebe verpflichtet, im Rahmen ihrer Gefährdungsbeurteilung nach §§ 5, 6 ArbSchG ein betriebliches Hygienekonzept zu erstellen, das sowohl das örtliche Infektionsgeschehen, als auch die tätigkeitsspezifische Infektionsgefahr berücksichtigt.

5 Empfehlungen

Neben den inhaltlichen Mindestanforderungen ist zu empfehlen, dass der SiGePlan weitere Elemente enthält. Dazu gehören:

- **Auftragnehmer:** Um die Schutzmaßnahmen im SiGePlan eindeutig mit Verantwortlichkeiten zu versehen, sollte die beauftragten Formen und der/die jeweils Verantwortliche/n benannt werden.
- **LV-Positionen:** Die in die Ausschreibung eingeflossenen Informationen des Koordinators sind im SiGePlan wieder aufzunehmen. Dazu gehört die Ordnungsnummer für die Schutzeinrichtungen.
- **Informations- und Arbeitsmaterialien:** Über die Arbeitsschutzbestimmungen hinausgehende Informationen zu ausgewählten Maßnahmen können den Beteiligten als Verweis, ggf. auch in kompletter Form bereitgestellt werden. Hier hat sich in der Praxis die „Gelbe Mappe" der BG Bau bewährt.
- **Mitgeltende Unterlagen:** Zu den jeweiligen Maßnahmen kann auch auf Dokumente verwiesen werden, die arbeitsschutzrechtlich von den jeweiligen Auftragnehmern verlangt werden. Dazu gehören z. B. die Abbruchanweisung, der Plan für den Gerüstauf- und -abbau, die Montageanweisung oder der Schweißerlaubnisschein.

6 Anpassung des SiGePlans

Der Sicherheits- und Gesundheitsschutzplan ist bei Änderungen in der Ausführung des Bauvorhabens, die sich auf die weitere Koordination auswirken, anzupassen.

7 Software

Da die BaustellV keine Vorgaben für das Aussehen des Plans macht, ist es grundsätzlich die Entscheidung des Koordinators, in welcher Form die geforderten Mindestinhalte dargestellt werden sollen. Inhaltliche Richtschnur ist die RAB 31.

Praxis-Beispiel: Keine Vorgaben für das Aussehen eines SiGePlans

Die Baustellenverordnung stellt keine Anforderungen an das Aussehen eines Sicherheits- und Gesundheitsschutzplanes. Er muss die Mindestanforderungen gem.§ 2 Abs. 3 enthalten und sollte sich an der RAB 31 orientieren.

SiGePläne findet man in der Praxis in unterschiedlichsten Formen – von einer handschriftlich verfassten A4-Seite über das Arbeiten mit Gewerklisten für Standard-Office-Anwendungen bis hin zu speziellen Computerprogrammen, die sich dieser Problematik angenommen haben. Bei der Suche nach der passenden Softwarelösung sollte man sich genügend Zeit lassen und die Angebote mit den individuellen Bedürfnissen abgleichen.

Praxis-Beispiel: Softwareübersicht

Die Bundesanstalt für Arbeitsschutz und Arbeitsmedizin (BAuA) führt auf Ihren Internetseiten zum Branchenschwerpunkt Bauarbeiten und Baustellen eine Liste der Softwareanbieter für die SiGe-Planung (www.baua.de).

Matthias Glawe

Signalwörter

Mit der Einführung des Global Harmonisierten Systems zur Einstufung und Kennzeichnung von Chemikalien (GHS) werden gefährliche Stoffe u. a. mit sog. Signalwörtern gekennzeichnet. Die Signalwörter beschreiben den relativen Gefährdungsgrad und weisen auf die potenzielle Gefahr beim Umgang mit Stoffen bzw. Gemischen hin. Das Signalwort „Gefahr" ist für „schwerwiegende Gefahrenkategorien" zu verwenden, das Signalwort „Achtung" tragen Stoffe bzw. Gemische der weniger „schwerwiegenden Gefahrenkategorien" als Kennzeichnung. Bei Einstufung eines Stoffs oder Gemischs in mehrere Gefahrenklassen und der Zuordnung beider Signalwörter, ist das Signalwort mit dem höheren Stellenwert nämlich „Gefahr" zu verwenden.

Gesetze, Vorschriften und Rechtsprechung

Die Verwendung von Signalwörtern ist in Art. 20 1272/2008/EG „Einstufung, Kennzeichnung und Verpackung von Stoffen und Gemischen" geregelt.

Bettina Huck

Sitz-Steh-Dynamik

Sitz-Steh-Dynamik ist der häufige Wechsel zwischen Sitzen, Stehen und Bewegen bei der Displayarbeit mit dem Ziel, die einseitige Belastung durch langes Sitzen zu vermeiden. Die Sitz-Steh-Dynamik will einen durch Dauersitzen geprägten Arbeitsstil durch den Wechsel zwischen Sitzen und Stehen zugunsten von mehr Bewegung verändern, um Gesundheit, Wohlbefinden und Leistung zu verbessern. Sitz-Steh-Dynamik ist der zentrale Baustein für mehr Bewegung im Büro (Bürodynamik), denn wer nicht aufsteht, kann sich nicht bewegen. „Aufstehen, um sich zu bewegen" – so muss der Paradigmenwechsel überschrieben werden – statt „aufstehen, um sich zu setzen".

Davon zu unterscheiden ist die Steh-Sitz-Dynamik. Hier geht es um den Wechsel vom Stehen zum Sitzen mit dem Ziel, die einseitige Belastung durch langes Stehen zu vermeiden.

Gesetze, Vorschriften und Rechtsprechung

Nach Anhang 6.1 Abs. 1 ArbStättV sind die Grundsätze der Ergonomie auf Bildschirmarbeitsplätze anzuwenden. Die Grundsätze der Ergonomie sind in DIN EN ISO 6385:2016-12 „Grundsätze der Ergonomie für die Gestaltung von Arbeitssystemen" niedergelegt, die die Sitz-Steh-Dynamik fordert. Gemäß Anhang 6.1 Abs. 2 ArbStättV muss der Arbeitgeber dafür sorgen, dass die Tätigkeiten der Beschäftigten an Bildschirmgeräten durch andere Tätigkeiten oder regelmäßige Erholungszeiten unterbrochen werden. Zudem müssen die Beschäftigten ausreichend Raum für wechselnde Arbeitshaltungen und -bewegungen haben (Anhang 6.1 Abs. 3 ArbStättV).

Die DGUV-I 215-410 „Bildschirm- und Büroarbeitsplätze" spiegelt den Stand der wissenschaftlichen Erkenntnis wider. Der Wechsel zwischen Sitz- und Stehhaltung (Sitz-Steh-Dynamik) wird in Abschn. 8.3.1 unter den wichtigen Kriterien zur Auswahl von Tischen explizit genannt: *„Unter Berücksichtigung der Verstellmöglichkeiten des Arbeitstisches/der -fläche sollte die Arbeitshöhe an die unterschiedlichen Körpermaße des Menschen und die Arbeitsaufgabe sowohl im Sitzen als auch im Stehen angepasst werden können."*

1 Lebensprinzip Bewegung

Bewegung ist ein notwendiges Lebensprinzip und ein unverzichtbarer Entwicklungsimpuls. Egal, ob wir auf der Couch oder nur im Bett liegen oder als Astronaut im All der Schwerelosigkeit ausgesetzt sind: ohne Bewegung

- keine Atmung,
- kein Herzschlag,
- kein venöser Rückfluss,
- keine Bandscheibenernährung.

Wir stehen auf, um uns zu setzen. Folglich sind Rückenprobleme durch den Sitzmarathon bereits seit vielen Jahrzehnten die Volkskrankheit Nr. 1.

1.1 Dauersitzen ist teuer

Die Missachtung des Lebensprinzips Bewegung kostet die Gesellschaft Milliarden. Wissenschaftliche Studien der letzten Jahre haben eindeutig gezeigt, dass keine Lösungen zu erwarten sind, wenn wir das Sitzen noch bequemer machen. Es gilt, das „dynamische System" unseres Körpers anzusprechen, ohne dabei Einbußen in den notwendigen Arbeitsprozessen hinnehmen zu müssen.

Sitzen ist immer eine rückenfeindliche Körperhaltung. Insbesondere das Arbeiten am PC bringt unseren Organismus – ein dynamisches System aus 632 Muskeln, die normalerweise über 50 % unserer Körpermasse ausmachen – in eine Zwangshaltung, die „zwangsläufig" zu Schäden führen muss. Der Mensch ist das einzige Wesen auf der Erde, das mit einer senkrechten Körperachse ausgestattet ist. Verändert er diese auf Dauer (8 Stunden Schreibtisch), müssen an der Architektur der Wirbelsäule Schäden entstehen, wie es millionenfach nachgewiesen ist.

Rückenschmerzen sind und bleiben eine Volkskrankheit:

- Jeder fünfte gesetzlich Versicherte geht mindestens einmal im Jahr wegen Rückenschmerzen zum Arzt;
- 27 % davon suchen sogar 4-mal oder öfter einen Arzt auf;
- von den jährlich mehr als 38 Mio. rückenschmerzbedingten Besuchen bei Haus- oder Fachärzten und den dabei veranlassten 6 Mio. Bildaufnahmen wären viele vermeidbar.

Rückenschmerzen haben laut DAK-Gesundheitsbericht 2016 die höchste Behandlungsquote. Die Zahlen:

- **4,1 %** der deutschen Erwerbstätigen waren durchschnittlich an jedem Arbeitstag arbeitsunfähig erkrankt (das entspricht durchschnittlich 15 Krankenstandstagen pro Erwerbstätigen im Jahr);
- **50,4 %** der Mitglieder der DAK-Gesundheit hatten zumindest eine Arbeitsunfähigkeit (Kurzzeiterkrankungen von ein bis drei Tagen werden i. d. R. nicht erfasst);
- **21,7 %** der Krankheitstage entfielen auf Erkrankungen des Muskel-Skelett-Systems. Es ist somit die häufigste Ursache für einen Krankenstand. In dieser Gruppe bilden die Rückenerkrankungen wiederum die größte Untergruppe;
- **18,3 Tage** dauert ein durchschnittlicher Krankenstand aufgrund einer Erkrankung des Muskel-Skelett-Systems;
- das Risiko einer Erkrankung des Muskel-Skelett-Systems steigt im Alter um **325 %**. Die Krankenstände in der Altersgruppe 15–19 sind zu 8,2 % auf diese Erkrankung zurückzuführen. In der Altersgruppe 60+ jedoch schon auf 26,7 %;
- "Rückenschmerzen" ist die **zweithäufigste** Einzeldiagnose bei Krankenständen (der Anteil sank um 0,3 % in 2014 auf 5,6 % in 2015);
- pro 100 Versicherte gab es bei Männern **91,3 Arbeitsunfähigkeitstage** aufgrund von Rückenschmerzen. Bei Frauen gab es nur 75,2 AU-Tage.[1]

Betrachten wir die Kosten, wenn der Mitarbeiter anwesend, aber nicht leistungsfähig ist (Präsentismus), dann zeigt das Eisbergmodell (**Abb. 1**) eindrucksvoll das Verhältnis zu Absentismus.

1 http://www.corpusmotum.com/rueckenschmerzen-statistik/

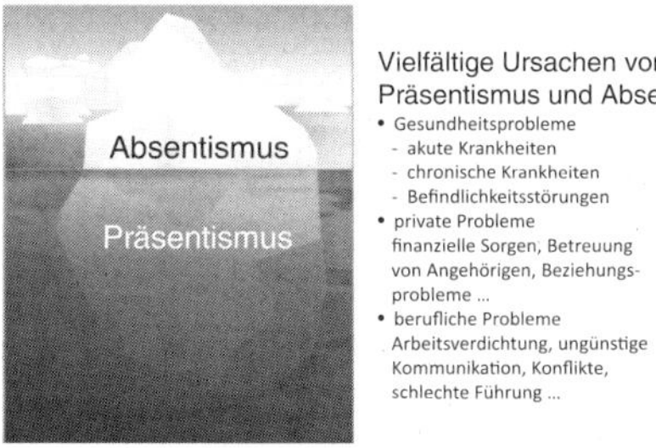

Abb. 1: Abwesenheit ist nur die Spitze des Eisbergs

Abb. 2 verdeutlicht, dass das Verhältnis von Präsentismus und Absentismus bei einzelnen Gesundheitsproblemen sehr unterschiedlich ist, aber bei Rückenproblemen mehr als 3 zu 1 beträgt.

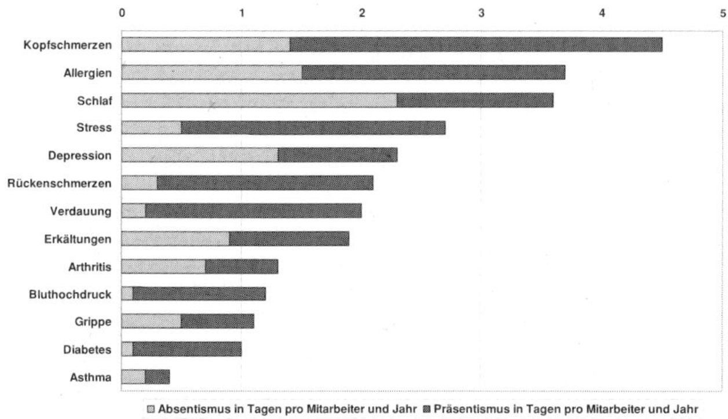

Abb. 2: Durchschnittlicher Produktivitätsverlust (Meta-Analyse) durch Absentismus und Präsentismus pro Mitarbeiter und Jahr

Es lohnt sich für Unternehmer und Mitarbeiter (Win-win-Situation), Präsentismus in Angriff zu nehmen, denn Präsentismus

- verursacht erhebliche Produktivitätsverluste,
- ist häufig Vorläufer für Absentismus.

Der Produktivitätsverlust durch Gesundheitsprobleme ist bedeutsam: Er beträgt ca. 10–15 % der Gesamtproduktivität.[1]

1 Vgl. Präsentismus und Präsentismus-Management.

1.2 Die Lösung: Aufstehen, um sich zu bewegen

Die einzige Möglichkeit, diesem Teufelskreis zu entkommen, ist der Wechsel zwischen Sitzen, Stehen und Bewegen – nur das bringt den gesundheitlichen Gewinn. Sitz-Steh-Dynamik und Steh-Sitz-Dynamik beugen durch gezielte Bewegungsförderung bei der Arbeit vor (**Abb. 3**).

Abb. 3: Stehpult – eine Möglichkeit zur Bewegungsförderung

2 Voraussetzungen einer erfolgreichen Sitz-Steh-Dynamik

Eine erfolgreiche Sitz-Steh-Dynamik braucht die technischen Voraussetzungen für den Wechsel zwischen Sitzen, Stehen und Bewegen (sog. Verhältnisprävention).

- Die Arbeitsaufgabe und -organisation bestimmen die Auswahl der Sitz-Steh-Lösung und nicht die potenziell bequemste Lösung, die der Bürofachhändler empfiehlt (z.B. elektronischer Sitz-Steh-Tisch). Der Wechsel bringt den Gewinn und ein elektronisch verstellbarer, aber nicht genutzter Tisch ist und bleibt eine Fehlinvestition.
- Aus diesem Grund ist neben der richtigen Auswahl der Sitz-Steh-Lösung für die gestellte Arbeitsaufgabe die Einweisung und Aufklärung des Mitarbeiters zentral (§ 12 ArbSchG). Die Mitarbeiter müssen gleichzeitig über den Sinn der Verhältnisse informiert werden (Verhaltensprävention).
- Ein Sitz-Steh-Kompetenztraining ist wichtig, denn was nützt gerade der häufige Wechsel, wenn der Mitarbeiter falsch aufsteht oder sich falsch hinsetzt.

Praxis-Beispiel: Was nützt, wird auch benutzt

Die Integration des Mitarbeiters in den Beschaffungsprozess ist entscheidend. Der Mitarbeiter ist der Fachspezialist und die persönliche Entscheidungsmöglichkeit eine Wertschätzung, die auch die Akzeptanz und in der Folge die Nutzungshäufigkeit steigert.

Die Optimierung des Arbeitsplatzes (Verhältnisprävention) ist nur die notwendige, aber nicht ausreichende Bedingung für Sitz-Steh-Dynamik. Erfolgreich ist nur die Umsetzung des dynamischen Arbeitsstils durch dauerhafte Verhaltensänderung – hier ist ein nachhaltiges Sitz-Steh-Kompetenztraining am sinnvollsten, d.h., der Mitarbeiter wird über eine gewisse Zeit gezielt begleitet. Der Wechsel zwischen Sitzen, Stehen und Bewegen bestimmt den Nutzwert – was nützt, wird auch benutzt.

Werden diese Voraussetzungen erfüllt, ist es möglich, die folgenden Anforderungen an Sitz-Steh-Dynamik zu erreichen:

- Häufiger Wechsel der Körperhaltung und 2- bis 4-mal pro Stunde kurz aufstehen ist günstiger als lange Stehphasen.
- Eine Stehphase sollte nicht länger als 20 Minuten dauern.
- Dynamisches Stehen mit Abstützen der Oberarme entlastet beim Stehen. Ebenso die Verwendung einer Fußstütze, die wir alle aus der Bar kennen (**Abb. 4**).

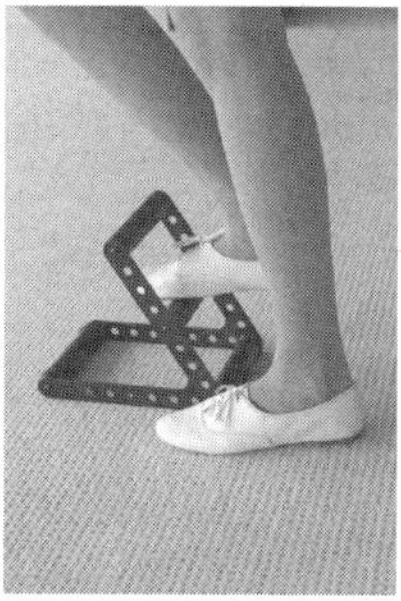

Abb. 4: Die Fußstütze – auch bei Sitz-Steh-Arbeitsplätzen eine Hilfe für entspannteres Stehen

Die folgenden Punkte sind bei der Beschaffung von Sitz-Steh-Lösungen zu beachten:

Praxis-Beispiel: Kernpunkte

1. Der Beschaffungsprozess:
   - Die Arbeitsaufgabe bestimmt das passende Sitz-Steh-Konzept und die dazugehörige Sitz-Steh-Lösung.
   - Mitarbeiter ist der Spezialist an seinem Arbeitsplatz, sein Wissen muss in die Auswahl des Sitz-Steh-Konzeptes und dessen Form einfließen.
   - Die Wahlfreiheit zwischen Flächen, Zonen und mobilen Konzepten und den verschiedenen Formen erhöht die Nutzungshäufigkeit durch die Akzeptanz für die selbstbestimmt ausgewählte Lösung.
   - Sitz-Steh-Dynamik ist nicht mehr auf den Arbeitsplatz fixiert, sondern alle wiederkehrenden Orte können Impulse zum Stehen geben, wie Stehtheken im Pausen- und Meetingbereich.
2. Nur Benutzen bringt den Nutzen – der Mitarbeiter braucht Sitz-Steh-Kompetenz:
   - Der Nutzwert entsteht durch den häufigen Wechsel durch den Benutzer (Mitarbeiter).
   - Der Wechsel macht's (Nutzungshäufigkeit), d. h., häufigerer Wechsel (2- bis 4-mal pro Stunde) ist besser als lange Stehphasen.
   - Bei der Nutzungshäufigkeit (Nutzwert) bei Sitz-Steh-Tischen (Flächenkonzept) ist die Gasfeder-Lift-Technik der elektromotorischen Verstellung weit überlegen.
   - Präventive Belege für eine Sitz-Steh-Dynamik weist nur das zum Zonen-Konzept gehörige integrierbare nachrüstbare Stehpult desk von officeplus in einer Langzeitstudie nach.

3 Sitz-Steh-Konzepte und ihre Formen

Der Markt ist unübersichtlich, deshalb lohnt es sich, zur besseren Übersicht die Sitz-Steh-Lösungen nach ihrem Grundkonzept und den technischen Formen einzuteilen.

Zu unterscheiden sind bei Sitz-Steh-Arbeitsplätzen 2 grundlegende Konzepte:

1. dynamisches Sitz-Steh-Zonenkonzept, d. h., Sitz-Steh-Dynamik findet in einer bestimmten Zone auf der Arbeitsfläche oder in deren Nähe statt;
2. statisches Flächenkonzept, d. h., die gesamte Arbeitsfläche mit allen Arbeitsmitteln wird vom Sitzen zum Stehen gebracht.

Abb. 5 und **6** geben einen Überblick über die wichtigsten Punkte der beiden Konzepte.

- **Definition:** Bestimmte Zonen der Arbeitsfläche werden als feste oder variable Sitz-Stehzone eingerichtet.
- **Begründung:** Die Arbeitsfläche weist Arbeitszonen auf:
  - Schreiben und Lesen,
  - PC-Arbeit und Besprechung,
  - Ablage und Hilfsmittel.
- **Ziel**: Die Arbeitsaufgaben im Stehen werden als Impulsgeber für einen wiederkehrenden Wechsel genutzt.

Abb. 5: Zonenkonzept – Wiederkehrende Arbeitsaufgaben im Stehen sorgen für Wechsel

Die Arbeitsaufgabe und die Nutzung durch den Mitarbeiter entscheiden über das richtige Sitz-Steh-Konzept und die dafür optimal geeignete technische Lösung (Form). Der Nutzwert definiert sich aus dem dauerhaft in den Büroalltag integrierten Haltungswechsel.

Abb. 6: Flächenkonzept – In der Theorie ein schlüssiges Konzept, in der Praxis mit Nutzungsbarrieren versehen

Tab. 1 weist den beiden Konzepten die jeweils verfügbaren Formen (technischen Varianten) zu.

Konzept	**Formen**	**Technikvarianten**
Fläche	**Sitz-Steh-Tisch** mit gewichtsabhängiger Gasfederlifttechnik	• fixes Gewicht • anpassbares Gewicht durch Gewichtsausgleich bis 30 kg • Fußauslösung • Handauslösung • In der Breite stufenweise 120, 140, 160, 180 cm verstellbar
	Scherenverstelltechnik	anpassbar von 0–120 kg
	Sitz-Steh-Tisch mit motorischer Verstellung (besonders auch für Produktionsarbeitsplätze geeignet)	Gestellvarianten • 2 bzw. 4 oder mehrere synchronisierte Füße • in der Breite von 117–170 cm stufenlos verstellbar • Monosäule • Innläufer (gute Nachrüstung an Produktionsarbeitsplätze)
		Steuerungsvarianten • Up-down-Schalter • Memotaste mit Sitz- und Stehposition • Speicherfunktion für 2 Nutzer
Zone	**Stehpulte**	Freistehende • mobile freistehende Stehpulte • stationäre freistehende Stehpulte
		Möbelvarianten • Stehcontainer • 3 Ordner hoher Schrank
	Integrierte Stehpulte	Möbelgebundene, herstellerspezifische Stehpulte (haben sich nicht durchgesetzt)
		Möbelunabhängige, nachrüstbare Stehpulte • Systeme mit Klemm- Schraubbefestigung • Systeme mit universeller Haftbefestigung • Pultaufsätze für Schreibtische
	Zonen-Arbeitsplätze	• Gasfederlifttechnik • motorische Verstellung
	Tischaufsätze für schnelle Nachrüstung	• Gasfederlifttechnik

Konzept	Formen	Technikvarianten
	Lösungen im räumlichen Umfeld des Arbeitsplatzes unterscheiden sich in: • fixe Höhe oder per Werkzeug bzw. Kurbel einstellbar, • Stehtische in Sozialräumen bzw. offenen Inseln, • Meeting und Besprechung – Videokonferenzpoints, • von Sitz- bis Stehhöhe in allen Technikvarianten verstellbar.	
Zone	**Mobile Lösungen** finden sich, wo Technik flexibel im Raum benötigt wird. Erste kabellose mit Batteriepack versehene Lösungen sind auf dem Markt. Kabellosen Datenanbindung und die NFC-Steuerungsmöglichkeiten über das Handy bzw. über Touchdisplay bzw. mobile All-in-One-Rechner machen das möglich. So ist der Einsatz von Tablets in den Schulen auf dem Vormarsch.	Alle Verstellmechanismen sind zu finden.

Tab. 1: Sitz-Steh-Konzepte – Formen und technische Varianten im Überblick

Arbeiten, wann und wo immer man will – kann heute auch auf Sitz-Steh-Dynamik angewendet werden. Stehen, wann und wo immer man will, Stehen um sich zu bewegen. Das mobile Büro macht es möglich.

4 Nutzen von Sitz-Steh-Dynamik

Durch die nachhaltige Verbesserung der Bewegungsergonomie durch gesundheitsfördernde Sitz-Steh-Dynamik gewinnen beide Seiten:

- die **Mitarbeiter**, weil ihr Wohlbefinden und ihre Arbeitszufriedenheit am Arbeitsplatz steigen;
- das **Unternehmen**, weil die Produktivität steigt und sich die Qualität der Aufgabenerledigung verbessert – eine klassische Win-win-Situation.

Das Nutzen-Kosten-Verhältnis (Benefit-Cost-Ratio) kann dabei 1:12 erreichen.[1] Das bedeutet, dass sich für jeden investierten Euro in Sitz-Steh-Dynamik mit integrierten Stehpulten eine Investitionsrendite (Return-on-Investment) von 12 EUR ergibt.

Ein einfaches Rechenbeispiel macht die Dimension des wirtschaftlichen Potenzials deutlich: Ergreift ein Unternehmen keine sitz-steh-dynamischen Maßnahmen, „verschenkt" es pro Mitarbeiterin bzw. Mitarbeiter jährlich

- 200 EUR wegen Krankheitsausfall,
- 1.500 EUR wegen Produktivitätseinbußen,

also insgesamt 1.700 EUR.

Bei 18 Mio. Beschäftigten in Verwaltung und Büro sind das jährlich über 30 Mrd. (!) EUR.

Praxis-Beispiel: Ergonomie ist kein Kostenfaktor, sondern eine Investition

Ergonomie ist ein Wirtschafts-, kein Kostenfaktor. Wer nichts tut, spart am falschen Ende und zahlt drauf.

Nur einfach Ergonomie beschaffen, weil Ergonomie draufsteht, das reicht heute nicht mehr aus. Ergonomie muss mit den anderen Bereichen abgestimmt sein und im Gesamtprozess stimmig eingebunden und kommuniziert werden.

Michael Schurr

Software-Ergonomie

Software-Ergonomie (von griech. ergon = Arbeit und nomos = Gesetzmäßigkeit) ist die Wissenschaft, die sich mit der Anpassung von Software an die Erfordernisse des Benutzers befasst, der mit der Software eine Aufgabe erledigt (z.B. „eine Rechnung schreiben") oder einfach nur ein Ziel erreichen will (z.B. „feststellen, wann die nächste U-Bahn fährt"). Dabei wird sowohl die Dialoggestaltung („Wie verhält sich die Software?") als auch die Informationsdarstellung („Wie wird die Information dem Nutzer präsentiert?") einbezogen. Ziel software-ergonomischer Gestaltung ist im Ergebnis die Gebrauchstauglichkeit („Usability") der Software. Software, die im Rahmen der Aufgabenerledigung alle Anforderungen an die Dialoggestaltung und die Informationsdarstellung erfüllt, wird als „gebrauchstauglich" bezeichnet.

Gesetze, Vorschriften und Rechtsprechung

Die Forderung nach Software-Ergonomie begründet sich aus Anhang 6.5 Arbeitsstättenverordnung. Detailliertere Hinweise für die Praxis enthält Abschn. 8.2 DGUV-I 215-410 „Bildschirm- und Büroarbeitsplätze. Leitfaden für die Gestaltung".

Für Software, die zu den Arbeitsmitteln zählt, die an Bildschirmarbeitsplätzen und Displays genutzt wird, fordert der Gesetzgeber ausdrücklich, dass die ergonomischen Anforderungen („Grundsätze der Ergonomie") vom Arbeitgeber zu berücksichtigen sind (§ 3a Arbeitsstättenverordnung). Diese Grundsätze sind in internationalen Normen beschrieben, der DIN EN ISO 9241-110 „Grundsätze der Dialoggestaltung" und der DIN EN ISO 9241-210 „Prozess zur Gestaltung gebrauchstauglicher interaktiver Systeme". Zum Nachweis dieser Grundsätze (und zur Klärung von Streitfällen) gibt es seit 1999 ein offizielles deutsches Prüfverfahren: den Leitfaden Usability der Deutschen Akkreditierungsstelle (DAkkS).[2]

1 Das Konzept Usability und die Grundsätze der Dialoggestaltung

Usability, zu Deutsch „Gebrauchstauglichkeit", ist keine Frage des persönlichen Geschmacks. Die DIN EN ISO 9241-110 definiert Gebrauchstauglichkeit als das „Ausmaß, in dem ein Produkt durch bestimmte

1 officeplus, Evaluation des Einsatzes von office-Stehpulten bei der Drägerwerk AG, 2005.

2 Deutsche Akkreditierungsstelle (DAkkS), Leitfaden Usability, 2010.

Nutzer in einem bestimmten Nutzungskontext genutzt werden kann, um bestimmte Ziele effektiv, effizient und zufriedenstellend zu erreichen".

- **Effektiv** heißt dabei „die Genauigkeit und Vollständigkeit, mit der Benutzer ein bestimmtes Ziel erreichen".
- **Effizient** heißt „der im Verhältnis zu Genauigkeit und Vollständigkeit eingesetzte Aufwand, mit dem Benutzer ein bestimmtes Ziel erreichen".
- **Zufriedenstellend** bedeutet „Freiheit von Beeinträchtigungen und positive Einstellung gegenüber der Nutzung des Produkts".

Im Allgemeinen genommen können Benutzer mit den meisten Produkten das gewünschte Ziel genau und vollständig erreichen. Die eigentliche – nach wie vor bestehende – Herausforderung bei der Benutzung von Produkten ist der Aufwand, den der Benutzer treiben muss. D. h., die mangelnde Effizienz macht dem Benutzer i. d. R. zu schaffen. Die Konsequenz: Unzufriedenheit, vermeidbare psychische Belastung bei der Benutzung des Produktes und hohe Kosten für ineffizientes Arbeiten.

Aber welche Faktoren sind es, die die Benutzung eines Produktes entweder gezielt effizient machen und aus Nutzersicht „intuitiv"?

Auch hier gibt es eine Norm, die DIN EN ISO 9241-110, die die sog. „Grundsätze der Dialoggestaltung" beinhaltet sowie über 50 Empfehlungen für deren Umsetzung.

Effizienz aus Benutzersicht wird primär erreicht durch:

- **Aufgabenangemessenheit:** Keine überflüssigen Schritte, keine irreführende Information.
- **Selbstbeschreibungsfähigkeit:** Genau die Information, die für einen bestimmten Schritt erforderlich ist, ist auch vorhanden.
- **Erwartungskonformität:** Das System reagiert immer mit genau der Information, die aus Sicht der Aufgabe auch tatsächlich „zu erwarten" ist.
- **Lernförderlichkeit:** Das Produkt ist auf der Basis des Wissens über die Aufgabe unmittelbar benutzbar, es ist keine Schulung erforderlich.
- **Steuerbarkeit:** Der Benutzer kann bei der Erledigung seiner Aufgabe konsequent in die Richtungen gehen, die aus Sicht der Aufgabe erforderlich sind (ohne Umwege und „Neueinstieg an anderer Stelle").
- **Fehlertoleranz:** Der Benutzer wird vom System vor Fehlern geschützt bzw. wenn der Benutzer Fehler gemacht hat, kann er diese mit minimalem Aufwand beheben.
- **Individualisierbarkeit:** Der Benutzer kann das User Interface selbst anpassen und individuelle Voreinstellungen treffen, die seinen physischen Gegebenheiten gerecht werden (z. B. Schriftgröße) oder Spezifika seines Kontextes berücksichtigen (z. B. bestimmte Defaulteinstellungen).

Der Zusammenhang zwischen dem Konzept Usability einerseits und den Grundsätzen der Dialoggestaltung andererseits wird in **Abb. 1** illustriert.

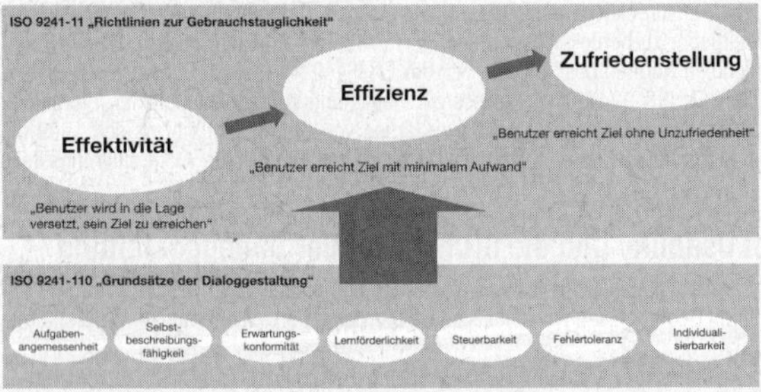

Abb. 1: Das Konzept Usability und die Grundsätze der Dialoggestaltung im Zusammenhang

2 Betriebswirtschaftliche Bedeutung der Software-Ergonomie

Software-ergonomisch richtig gestaltete Software trägt dazu bei, dass der Benutzer seinen mentalen Aufwand voll seinen Arbeitsaufgaben widmen kann, statt sich mit der Logik seiner Software-Werkzeuge auseinandersetzen zu müssen.

Zwangsläufig führt software-ergonomisch richtig gestaltete Software aber auch dazu, dass Benutzer effizient und somit produktiv tätig werden können, da systematisch (nur) die Arbeitsschritte am System ermöglicht werden, die aus der Aufgabe heraus erforderlich sind.

Jüngste Veröffentlichungen der Standish Group[1] bestätigen das, was bereits seit 1995 in der Software-Ergonomie bekannt ist: Im Durchschnitt entstehen in Entwicklungsprojekten 50 % Funktionen, die faktisch nie genutzt werden, jedoch mit viel (finanziellem) Aufwand entwickelt werden (**Abb. 2**). Dies ist für die Planung von Folge-Releases einer Software tragisch, da Budgets für das „Nachliefern" von wirklich benötigten Funktionen aus Nutzersicht bereits verloren sind.

Ein konsequentes Usability-Engineering im Entwicklungs- oder Beschaffungsprojekt vermeidet dies konsequent, da nur die „richtigen" Funktionen aus der sog. Nutzungskontextanalyse heraus hergeleitet und legitimiert werden. Auch lässt sich das Scheitern von Entwicklungsprojekten, sprich das Nicht-Liefern des erwarteten Ergebnisses, durch mangelndes Usability-Engineering in frühen Projektphasen begründen.

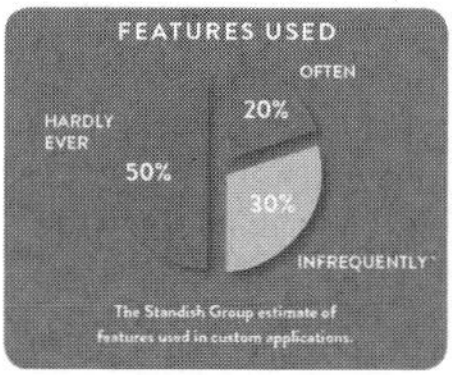

Abb. 2: Das Durchschnittsrisiko eines Entwicklungsprojektes im Hinblick auf unnötige bzw. unpassende Funktionen[2]

Praxis-Beispiel: Erfolgsfaktoren von Softwareentwicklungsprojekten

Gem. der Standish Group sind 3 Faktoren entscheidend für den Erfolg oder Misserfolg von Softwareentwicklungsprojekten:

- konsequente Unterstützung der Unternehmensleitung,
- klare Spezifikation der Anforderungen aus Sicht der Nutzer,
- systematische Einbindung der Nutzer in das Entwicklungsprojekt.

3 Usability-Engineering im Entwicklungs- oder Beschaffungsprojekt integrieren

Im März 2010 hat die ISO die DIN EN ISO 9241-210 „Prozess zur Gestaltung gebrauchstauglicher interaktiver Systeme" publiziert. ISO 9241-210 ist die Norm für benutzerorientiertes Vorgehen („menschzentrierter Gestaltungsprozess") in Entwicklungsprojekten. Die Norm richtet sich vorrangig an Projektleiter, die systematisch Usability-Engineering-Aktivitäten im Entwicklungsprojekt planen und verankern wollen.

---

1 Standish Group, Modernization – Clearing a pathway to success, 2010.

2 Quelle: Standish Group, Modernization – Clearing a pathway to success, 2010, S. 15.

Im Grunde genommen ist der zu treibende Aufwand für die Sicherstellung der Gebrauchstauglichkeit unabhängig davon, ob Software für das eigene Unternehmen entwickelt wird („Individualsoftware") oder ob Software für das eigene Unternehmen gekauft wird („Standardsoftware"). Das Risiko, „unpassende" und damit mental belastende und ineffiziente Software einzuführen, ist sowohl bei Eigenentwicklung als auch bei Kauf gleichermaßen vorhanden. **Abb. 3** zeigt, welche qualitätssichernden Maßnahmen im Prozess der Entwicklung oder Beschaffung durchzuführen sind, um das Risiko von Fehlentwicklung/ Fehlkauf systematisch zu minimieren.

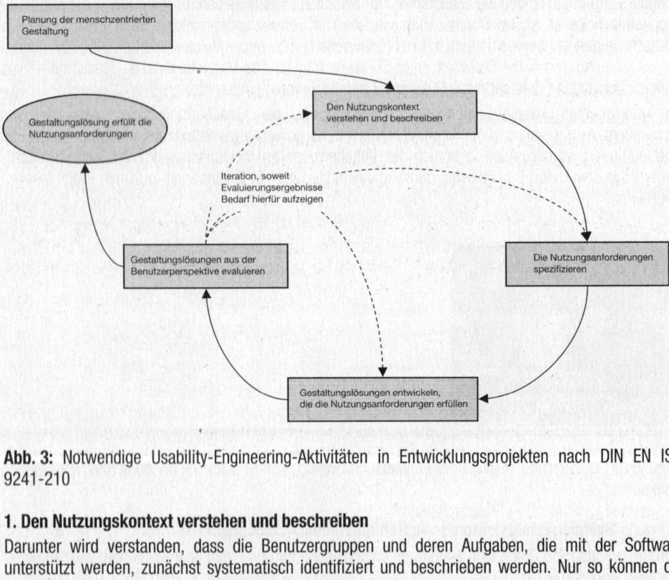

Abb. 3: Notwendige Usability-Engineering-Aktivitäten in Entwicklungsprojekten nach DIN EN ISO 9241-210

1. Den Nutzungskontext verstehen und beschreiben

Darunter wird verstanden, dass die Benutzergruppen und deren Aufgaben, die mit der Software unterstützt werden, zunächst systematisch identifiziert und beschrieben werden. Nur so können die Erfordernisse („user needs") und die Nutzungsanforderungen („usability requirements") in einem weiteren Schritt identifiziert und spezifiziert werden.

2. Die Nutzungsanforderungen spezifizieren

Nutzungsanforderungen beschreiben, welche

- Eingaben ein Benutzer bei der Aufgabenerledigung an der Software machen können muss,
- Auswahlmöglichkeiten dem Benutzer bei der Aufgabenerledigung an der Software angeboten werden müssen,
- Informationen der Benutzer bei der Aufgabenerledigung an der Software verfügbar haben muss.

Diese Nutzungsanforderungen lassen sich umfassend aus dem Nutzungskontext (primär den Arbeitsaufgaben der Benutzer) herleiten.

3. Gestaltungslösungen entwickeln, die die Nutzungsanforderungen erfüllen

Gestaltungslösungen zu entwickeln, die die Nutzungsanforderungen erfüllen, bedeutet, dass

- die Interaktion mit der Software modelliert wird und
- die Information visualisiert wird, die die Software bei der Interaktion anbieten muss.

Für die Modellierung der Interaktion eignen sich „Nutzungsszenarien", eine Notationsform, die im Leitfaden Usability der Deutschen Akkreditierungsgesellschaft (DAkkS) veröffentlicht wurde. Auf dieser Basis sollten „User Interface Prototypen" entwickelt werden, die einen Test mit Nutzern erlauben und so frühzeitig Nutzungsprobleme erkennbar und abstellbar machen. User Interface Prototypen lassen sich mit sog. „Prototyping-Tools" entwickeln, ohne dass dabei wirklich programmiert werden muss.

4. Gestaltungslösungen aus der Benutzerperspektive evaluieren

Gestaltungslösungen aus der Benutzerperspektive evaluieren bedeutet, dass man mithilfe von Benutzern überprüft, ob ein effizientes Arbeiten mit der vorgedachten Lösung auch wirklich ermöglicht wird. Soweit man dieses Evaluieren mit interaktiven Prototypen durchführt, kann für die eigentliche technische Entwicklung der Software eine solide „Entwicklungsvorlage" geschaffen werden.

4 Kompetenz für Software-Ergonomie im Entwicklungsprojekt

Die in **Abb. 3** beschriebenen Usability-Engineering-Aktivitäten bedürfen einer kompetenten Durchführung, damit Ergebnisse in der erforderlichen Qualität bereitgestellt werden. Es sollten mind. 10 % des Projektvolumens für software-ergonomische Qualitätssicherung vorgesehen werden. Entweder müssen Projektmitglieder im Usability-Engineering geschult oder externe Kompetenz für das Entwicklungsprojekt „eingekauft" werden. Der Verband der Usability Professionals „German UPA" hat bereits ein Regelwerk erarbeitet, das die Kompetenzen zur Durchführung von Usability-Engineering-Aktivitäten beschreibt.[1] Das Einbinden eines erfahrenen „Usability Engineer" im Entwicklungsprojekt ist zielführend in Verbindung mit einer Qualifizierungsmaßnahme für einzelne Projektmitglieder oder das gesamte Projekt.

Thomas Geis

Sonderbauten

Sonderbauten sind Anlagen, Gebäude oder Räume, die besondere Eigenschaften im Hinblick auf ihre Art, Größe oder Höhe aufweisen bzw. für eine besondere Nutzung vorgesehen sind. Dazu gehören z. B. Hochhäuser, Versammlungsstätten, Krankenhäuser oder Schulen. Sonderbauten werden auch als „Gebäude und Anlagen besonderer Art und Nutzung" bezeichnet.

Gesetze, Vorschriften und Rechtsprechung

Sonderbauten werden in den §§ 2 Abs. 4 und 51 Musterbauordnung geregelt. Da das Baurecht Ländersache ist, werden die Regelungen zu Sonderbauten in die jeweiligen Landesbauordnungen übernommen und in einzelnen Bundesländern durch spezielle Sonderbauverordnungen weiter konkretisiert.

1 Definition von Sonderbauten im Landesrecht

Zunächst definieren die Bauordnungen der Länder Gebäude als selbstständig benutzbare, überdeckte bauliche Anlagen, die von Menschen betreten werden können, die geeignet sind, dem Schutz von Menschen, Tieren oder Sachen zu dienen (z. B. Begriffsbestimmungen aus § 2 Abs. 2 Brandenburgische Landesbauordnung). Weiter werden Gebäude in unterschiedliche Gebäudeklassen (gemäß der Musterbauordnung) oder nach der Höhe differenziert.

Die Definition von Sonderbauten erfolgt in den Bundesländern

- entsprechend der Begriffsdefinition in § 2 Musterbauordnung als Anlagen und Räume besonderer Art und Nutzung, *die einen vordefinierten Tatbestand erfüllen*;

---

1 German UPA, Beschreibung des Berufsfelds Usability/User Experience – Rollen und Aufgaben von Usability Professionals im benutzerorientierten Entwicklungsprozess, 2010.

- oder nach den Bauordnungen einiger Bundesländer als Anlagen und Räume besonderer Art und Nutzung *an die besondere Anforderungen gestellt und denen Erleichterungen gestattet werden können.*

Praxis-Beispiel: Unterschiedliches Verständnis von Sonderbauten

Auch die Festlegung welche Bauten konkret als Sonderbauten gelten, unterscheidet sich von Bundesland zu Bundesland. Dem Anwender bleibt also nichts anderes übrig, als sich durch die einzelnen Landesbauordnungen durchzuarbeiten. Dies ist, v. a. für bundesweit tätige Unternehmen, ein Nachteil, da ein wesentlich größerer Aufwand für betriebsinterne Festlegungen erforderlich ist.

Bundesland	**Definition von Sonderbauten in § 2**	**Eigener Paragraf zu Sonderbauten**
Baden-Württemberg		§ 38
Bayern	Art. 2 Abs. 4	
Berlin	§ 2 Abs. 4	§ 51
Brandenburg	§ 2 Abs. 4	§ 51
Bremen	§ 2 Abs. 4	§ 51
Hamburg	§ 2 Abs. 4	§ 51
Hessen	§ 2 Abs. 9	§ 53
Mecklenburg-Vorpommern	§ 2 Abs. 4	
Musterbauordnung	*§ 2 Abs. 4*	*§ 51*
Nordrhein-Westfalen		§ 50
Niedersachsen	§ 2 Abs. 5	§ 51
Rheinland-Pfalz		§ 50
Saarland	§ 2 Abs. 4	§ 51
Sachsen	§ 2 Abs. 4	§ 51
Sachen-Anhalt	§ 2 Abs. 4	§ 50
Schleswig-Holstein	§ 2 Abs. 5	§ 51
Thüringen	§ 2 Abs. 4	§ 51

Tab. 1: Definition von Sonderbauten im Landesrecht im Überblick

2 Regelungsumfang der Sonderbauvorschriften

Die Musterbauordnung unterteilt Sonderbauten nach der Nutzung und/oder Ausdehnung der baulichen Anlagen. Nach § 2 MBO sind Sonderbauten Anlagen und Räume besonderer Art oder Nutzung, die einen der nachfolgenden Tatbestände erfüllen:

- **Hochhäuser** (Gebäude mit einer Höhe von mehr als 22 m);
- **bauliche Anlagen mit einer Höhe von mehr als 30 m**;
- **Gebäude mit mehr als 1.600 m² Grundfläche** des Geschosses mit der größten Ausdehnung, ausgenommen Wohngebäude und Garagen sowie Räume und Gebäude für Abstellplätze für Fahrräder;
- **Verkaufsstätten**, deren Verkaufsräume und Ladenstraßen eine Grundfläche von insgesamt mehr als 800 m² haben;

- Gebäude mit Räumen, die einer Büro- oder Verwaltungsnutzung dienen und einzeln eine Grundfläche von mehr als 400 m^2 haben;
- Gebäude mit Räumen, die einzeln für die Nutzung durch mehr als 100 Personen bestimmt sind;
- **Versammlungsstätten mit Versammlungsräumen**, die insgesamt mehr als 200 Besucher fassen, wenn diese Versammlungsräume gemeinsame Rettungswege haben;
- **Versammlungsstätten im Freien** mit Szenenflächen sowie Freisportanlagen jeweils mit Tribünen, die keine Fliegenden Bauten sind und insgesamt mehr als 1.000 Besucher fassen;
- **Schank- und Speisegaststätten** mit mehr als 40 Gastplätzen in Gebäuden oder mehr als 1.000 Gastplätzen im Freien;
- **Beherbergungsstätten** mit mehr als 12 Betten;
- **Spielhallen** mit mehr als 150 m^2 Grundfläche;
- **Gebäude mit Nutzungseinheiten zum Zwecke der Pflege oder Betreuung von Personen mit Pflegebedürftigkeit oder Behinderung**, deren Selbstrettungsfähigkeit eingeschränkt ist, wenn die Nutzungseinheiten einzeln für mehr als 6 Personen, oder für Personen mit Intensivpflegebedarf bestimmt sind, oder einen gemeinsamen Rettungsweg haben und für insgesamt mehr als 12 Personen bestimmt sind;
- **Krankenhäuser**, Wohnheime und sonstige Einrichtungen zur Unterbringung oder Pflege von Personen;
- **Tageseinrichtungen** für Kinder, behinderte und alte Menschen, ausgenommen Tageseinrichtungen einschließlich Tagespflege für nicht mehr als zehn Kinder;
- **Schulen, Hochschulen** und ähnliche Einrichtungen;
- **Justizvollzugsanstalten** und bauliche Anlagen für den Maßregelvollzug;
- Camping- und Wochenendplätze;
- Freizeit- und Vergnügungsparks;
- **Fliegende Bauten**, soweit sie einer Ausführungsgenehmigung bedürfen;
- **Regallager** mit einer Oberkante Lagerguthöhe von mehr als 7,50 m;
- bauliche Anlagen, deren Nutzung durch **Umgang oder Lagerung von Stoffen mit Explosions- oder erhöhter Brandgefahr** verbunden ist;
- weitere Anlagen und Räume, deren Art oder Nutzung mit vergleichbaren Gefahren verbunden ist wie bei den oben aufgeführten Sonderbauten.

3 Besondere Anforderungen an Sonderbauten

Eine weitere Differenzierung von Sonderbauten und die damit verbundenen besonderen Anforderungen und Erleichterung ergibt sich aus § 51 MBO. Die unten aufgeführten einzelnen Punkte wurden in einigen Bundesländern in unterschiedlicher Weise übernommen, sodass auch hier keine Verallgemeinerung stattfinden kann.

An Sonderbauten können zur Verwirklichung der allgemeinen Anforderungen an bauliche Anlagen **besondere Anforderungen** gestellt werden. Umgekehrt sind auch **Erleichterungen** möglich, wenn die Einhaltung bestimmter Vorschriften wegen der besonderen Art oder Nutzung baulicher Anlagen oder Räume oder wegen besonderer Anforderungen nicht erforderlich ist (§ 51 MBO).

Die besonderen Anforderungen und Erleichterungen können sich insbesondere erstrecken auf:

- Anordnung der baulichen Anlagen auf dem Grundstück;
- Abstände von Nachbargrenzen, von anderen baulichen Anlagen auf dem Grundstück und von öffentlichen Verkehrsflächen sowie auf die Größe der freizuhaltenden Flächen der Grundstücke;
- Öffnungen nach öffentlichen Verkehrsflächen und nach angrenzenden Grundstücken;
- Anlage von Zu- und Abfahrten;
- Anlage von Grünstreifen, Baumpflanzungen und anderen Pflanzungen sowie die Begrünung oder Beseitigung von Halden und Gruben;
- Bauart und Anordnung aller für die Stand- und Verkehrssicherheit, den Brand-, Wärme-, Schall- oder Gesundheitsschutz wesentlichen Bauteile und die Verwendung von Baustoffen;
- Brandschutzanlagen, -einrichtungen und -vorkehrungen;

- → *Löschwasserrückhaltung*;
- Anordnung und Herstellung von Aufzügen, Treppen, Treppenräumen, Fluren, Ausgängen und sonstigen Rettungswegen;
- Beleuchtung und Energieversorgung;
- Lüftung und Rauchableitung;
- Feuerungsanlagen und Heizräume;
- Wasserversorgung;
- Aufbewahrung und Entsorgung von Abwasser und festen Abfallstoffen;
- Stellplätze und Garagen;
- → *barrierefreie Nutzbarkeit*;
- zulässige Zahl der Benutzer, Anordnung und Zahl der zulässigen Sitz- und Stehplätze bei Versammlungsstätten, Tribünen und Fliegenden Bauten;
- Zahl der → *Toiletten* für Besucher;
- Umfang, Inhalt und Zahl besonderer Bauvorlagen, insbesondere eines → *Brandschutzkonzepts*;
- weitere zu erbringende Bescheinigungen;
- Bestellung und Qualifikation des Bauleiters und der Fachbauleiter;
- Betrieb und Nutzung einschließlich der Bestellung und der Qualifikation eines Brandschutzbeauftragten;
- Erst-, Wiederholungs- und Nachprüfungen und die Bescheinigungen, die darüber zu erbringen sind.

Praxis-Beispiel: Schutzziele der Regelungen für Sonderbauten

Die Erleichterungen oder besonderen Anforderungen spiegeln sich letztendlich in den für Sonderbauten zu erstellenden → *Brandschutzkonzepten* wider. Das Schutzziel ist primär die Rettung von Menschen. Das gefahrlose Verlassen der Nutzer und die Rettungsmöglichkeiten durch die Einsatzkräfte stehen hier an erster Stelle. Die entstehende Gefährdung aus z. B. Ortsunkenntnis hat hierbei einen sehr großen Stellenwert. Auch Ansammlungen von größeren Personengruppen muss Rechnung getragen werden. Weitere Schutzziele sind der Sachwerteschutz und der Umweltschutz.

Andreas Terboven

Stand der Technik

Der Begriff „Stand der Technik" wird in Vorschriften des Arbeitsschutzes genutzt. Der Stand der Technik ist dabei zunächst ein unbestimmter Rechtsbegriff, eine sog. Technikklausel, wird aber entsprechend definiert: *„Stand der Technik ist der Entwicklungsstand fortschrittlicher Verfahren, Einrichtungen oder Betriebsweisen, der die praktische Eignung einer Maßnahme oder Vorgehensweise zum Schutz der Gesundheit und zur Sicherheit der Beschäftigten oder anderer Personen gesichert erscheinen lässt. Bei der Bestimmung des Stands der Technik sind insbesondere vergleichbare Verfahren, Einrichtungen oder Betriebsweisen heranzuziehen, die mit Erfolg in der Praxis erprobt worden sind."* (§ 2 Abs. 10 BetrSichV)

Gesetze, Vorschriften und Rechtsprechung

Arbeitsschutzgesetz (ArbSchG)

Bundesministerium der Justiz (2008): Bekanntmachung des Handbuchs der Rechtsförmlichkeit, in: Bundesanzeiger 160a, Jahrgang 60 vom 22.10.2008

Betriebssicherheitsverordnung (BetrSichV)

EmpfBS 1114 „Anpassung an den Stand der Technik bei der Verwendung von Arbeitsmitteln"

TRBS 2121 Teil 2 „Gefährdung von Beschäftigten bei der Verwendung von Leitern"

1 Einordnung

Der Begriff „Stand der Technik" ist eine von 3 Generalklauseln, die in der Rechtsprechung verwendet werden. Weitere sind:

Allgemein anerkannte Regeln der Technik finden Anwendung bei weniger hohem Gefährdungspotenzial. Sie sind technische Festlegungen für Verfahren, Einrichtungen und Betriebsweisen, die nach herrschender Auffassung von beispielsweise Fachleuten, Anwendern und Verbrauchern geeignet sind, das vorgegebene Ziel zu erreichen. Sie haben sich in der Praxis allgemein bewährt oder deren Bewährung steht in überschaubarer Zeit bevor.

Stand von Wissenschaft und Technik ist der Entwicklungsstand fortschrittlichster Verfahren, Einrichtungen und Betriebsweisen, die nach Auffassung führender Fachleute aus Wissenschaft und Technik auf der Grundlage neuester wissenschaftlich vertretbarer Erkenntnisse im Hinblick auf das (gesetzlich) vorgegebene Ziel für erforderlich gehalten werden und das Erreichen dieses Ziels gesichert erscheinen lassen. Dies ist das höchste Anforderungsniveau und wird daher für ein sehr hohes Gefährdungspotenzial angewandt.

Die Berücksichtigung des Standes der Technik wird oft ergänzt mit Stand der Arbeitsmedizin und Hygiene. Sie ist eine Anforderung aus dem Arbeitsschutzgesetz (ArbSchG), die sich an den Arbeitgeber richtet. Hier heißt es in § 4 ArbSchG: *„Der Arbeitgeber hat bei Maßnahmen des Arbeitsschutzes von folgenden allgemeinen Grundsätzen auszugehen: [...] bei den Maßnahmen sind der Stand von Technik, Arbeitsmedizin und Hygiene sowie sonstige gesicherte arbeitswissenschaftliche Erkenntnisse zu berücksichtigen."*

Praxis-Beispiel: Die Rolle der Normen

Normen und Richtlinien, wie z. B. DIN-Normen und VDI-Richtlinien, entsprechen nicht immer dem Stand der Technik, sondern allgemein anerkannten Regeln der Technik. Der Bundesgerichtshof hat entschieden, dass solche privaten technischen Regelungen Regeln mit Empfehlungscharakter sind. Ein Grund liegt darin begründet, dass diese Normen und Richtlinien vielfach überaltert sind.

2 Das Beispiel Betriebssicherheitsverordnung

§ 3 BetrSichV fordert, dass bei der Prüfung der Gefährdungsbeurteilung der Stand der Technik berücksichtigt werden muss. Der Arbeitgeber muss Schutzmaßnahmen nach dem Stand der Technik treffen (§ 4 BetrSichV). Auch bei allen Tätigkeiten mit Arbeitsmitteln muss der Stand der Technik berücksichtigt werden (§ 6 BetrSichV).

Institutionen, die befugt sind, den Stand der Technik, z. B. in Technischen Regeln, zu ermitteln und zu benennen, werden in den jeweiligen Vorschriften benannt. Beispielsweise hat der Ausschuss für Betriebssicherheit die Aufgabe, die dem jeweiligen Stand der Technik und der Arbeitsmedizin entsprechenden Regeln und Erkenntnisse in Bezug auf die Betriebssicherheitsverordnung zu erarbeiten und in Technischen Regeln zu veröffentlichen. Damit geben diese den zum Zeitpunkt der Bekanntgabe aktuellen Stand der Technik, Arbeitsmedizin und Arbeitshygiene wieder. Technische Regeln sind nicht rechtsverbindlich. Sie haben i. d. R. eine sog. Vermutungswirkung. Wenn Technische Regeln umgesetzt werden, gilt die entsprechende Verordnung in Bezug auf das behandelte Thema in der Technischen Regel als umgesetzt. Wählt der Arbeitgeber eine andere Lösung, muss er beweisen, dass er mit dieser Lösung mindestens die gleiche Sicherheit und den gleichen Gesundheitsschutz für die Beschäftigten erreicht.

Mit der Anwendung Technischer Regeln war bisher die Berücksichtigung des Standes der Technik gewährleistet. Dies ändert sich, da Technische Regeln häufig weniger technische Details enthalten. Daher sind weitere Erkenntnisse, z. B. Informationen von Unfallversicherungsträgern oder Empfehlungen von Branchenverbänden zu berücksichtigen.

Praxis-Beispiel: Technische Regeln für Betriebssicherheit

Zur Betriebssicherheitsverordnung werden vom Ausschuss für Betriebssicherheit Technische Regeln (TRBS) erarbeitet, die den Stand der Technik konkretisieren. So benennt z. B. die TRBS 2121 Teil 2 „Gefährdung von Beschäftigten bei der Verwendung von Leitern", welchen Anforderungen Leitern genügen müssen und wie sie verwendet werden sollen. Die TRBS verweist dabei auf DIN-Normen, die bei Veröffentlichung der TRBS Sicherheitsanforderungen an Leitern enthielten. Da die TRBS 2018 veröffentlicht bzw. aktualisiert wurde, müssen etwaige Veränderungen im Stand der Technik der letzten Jahre berücksichtigt werden. Die DIN-Normen für Leitern wurden beispielsweise seitdem aktualisiert (vgl. DIN EN 131-x).

3 Umsetzung im Betrieb

Der Arbeitgeber ist verpflichtet, den Stand der Technik bei der Umsetzung von Schutzmaßnahmen zu berücksichtigen. Dies betrifft das Bereitstellen von Arbeitsmitteln sowie die Verwendung vorhandener Arbeitsmittel. Für neue Arbeitsmittel legen die Rechtsverordnungen zum Produktsicherheitsgesetz (ProdSG) den Stand der Technik hinsichtlich der Beschaffenheit fest. Gebrauchte bzw. ältere Arbeitsmittel müssen ebenfalls sicher sein. Sie müssen jedoch nicht dem aktuellen Stand der Technik für das erstmalige Bereitstellen solcher Arbeitsmittel entsprechen, sondern sicher verwendet werden können. Zwingend ist dann die Gefährdungsbeurteilung unter Berücksichtigung der Schutzzielanforderungen aus der Betriebssicherheitsverordnung. Die ermittelten Schutzmaßnahmen müssen dann umgesetzt werden. Diese bedeuten jedoch nicht grundsätzlich eine Nachrüstpflicht, um aktuelleren Normen zu entsprechen. Vielmehr sind ergänzende Schutzmaßnahmen nach dem TOP-Prinzip zu treffen, die den Vorschriften zur Verwendung und damit dem Stand der Technik entsprechen (z. B. BetrSichV).

Zusätzliche Schutzmaßnahmen sind erforderlich, wenn für ein Arbeitsmittel im Rahmen der Gefährdungsbeurteilung ermittelt wird, dass dieses nicht sicher verwendet werden kann.

Um Schutzmaßnahmen zur sicheren Verwendung von Arbeitsmitteln nach dem Stand der Technik zu ermitteln, müssen zunächst die Gefährdungen festgestellt werden. Dann erfolgt die weitere Vorgehensweise nach folgenden Fragestellungen (in Anlehnung an EmpfBS 1114):

- Sind die Gefährdungen in entsprechenden Vorschriften (z. B. BetrSichV), technischen Regeln (z. B. TRBS) oder anderen Erkenntnissen und Empfehlungen konkretisiert?
- Entsprechen die festgelegten Maßnahmen den Anforderungen der entsprechenden Vorschriften oder technischen Regeln?

Wenn beide Fragen mit „ja" beantwortet werden können, können die Arbeitsmittel zur Verfügung gestellt werden. Andernfalls ist eine andere fachkundige Beratung erforderlich, z. B. Fachleute oder Heranziehung von Branchenstandards, die beispielsweise von Unfallversicherungsträgern veröffentlicht werden.

Die bestehenden Maßnahmen zur sicheren Verwendung eines Arbeitsmittels müssen regelmäßig im Rahmen der Gefährdungsbeurteilung überprüft und mit einem etwaigen aktuelleren Stand der Technik für die sichere Verwendung von Arbeitsmitteln abgeglichen werden.

Katrin Zittlau

Ständige Erreichbarkeit

Viele Beschäftigte sind auch außerhalb festgelegter Arbeitszeiten für dienstliche Belange erreichbar. Die massenhafte Verfügbarkeit von mobilen Kommunikationsmedien (Smartphones, Notebooks usw.) hat es möglich gemacht, dass praktisch jederzeit Kontakt mit Arbeitgeber, Kollegen und Kunden aufgenommen werden kann, sei es im Gespräch, durch Mailverkehr oder Austausch und Bearbeitung von Unterlagen. Wie stark von diesen Möglichkeiten Gebrauch gemacht wird und wie stark sich Beschäftigte dadurch belastet sehen, ist branchen- und betriebsabhängig. Insgesamt betrachtet ist das Phänomen „Ständige Erreichbarkeit" aber längst so verbreitet, dass es für eine gute und gesunde Unternehmenskultur wichtig ist, im Rahmen der Gefährdungsbeurteilung Organisations- und Kommunikationsstrukturen unter diesem Aspekt zu betrachten und verträglich zu gestalten.

Gesetze, Vorschriften und Rechtsprechung

Arbeitszeitgesetz (ArbZG)

Für angestellte Beschäftigte darf die tägliche Arbeitszeit von i.d.R. 8 bis max. 10 Stunden nicht überschritten werden und Arbeitnehmer müssen nach Beendigung der täglichen Arbeitszeit eine ununterbrochene Ruhezeit von mindestens 11 Stunden haben. Auch die Arbeit an Sonn- und Feiertagen unterliegt nach ArbZG konkreten Begrenzungen. Arbeitsbezogene Kontakte und Tätigkeiten außerhalb festgelegter Arbeitszeiten sind grundsätzlich als Arbeitzeit im Sinne des ArbZG zu werten und daher dazu angetan, die im ArbZG festgelegten verbindlichen gesetzlichen Regelungen zur Arbeitzeit zu unterlaufen. Während Rufbereitschaft als klar definierte Form ständiger Erreichbarkeit schon seit langem praktiziert und in den Schichtplanungen betroffener Branchen und Betriebe berücksichtigt wird, werden Verstöße gegen das Arbeitszeitgesetz, die sich aktuell vermehrt aus mobilen Kommunikationsformen ergeben, häufig nicht als solche wahrgenommen und damit ggf. unterschätzt.

Arbeitsschutzgesetz (ArbSchG)

Häufige und intensive arbeitsbezogene Kontakte außerhalb der vorgesehenen Arbeitszeiten und im Urlaub können erhebliche psychische Belastungen, wie Anspannung, Leistungsdruck, Überforderung, mangelnde Erholung usw., mit sich bringen. Im Rahmen der Gefährdungsbeurteilung psychischer Belastungen nach § 5 ArbSchG muss die betriebliche Praxis in diesem Zusammenhang untersucht und bewertet werden und ggf. Maßnahmen für einen effektiven Gesundheitsschutz in Kommunikations- und Organisationsstrukturen getroffen werden.

1 Definition

Es gibt keine allgemein verbindliche Definition des Phänomens „Ständige Erreichbarkeit" etwa im Sinn einer bestimmten Rechtsgrundlage. Im aktuellen Sprachgebrauch wird darunter in aller Regel verstanden, dass Beschäftigte in ihrer Freizeit mit dem Arbeitgeber, mit Kollegen oder Kunden über Mobiltelefon oder per E-Mail in Kontakt treten, ohne dass darüber konkrete arbeitsorganisatorische Absprachen getroffen werden, wie es bei klassischen Rufbereitschaften der Fall ist. Daher erscheint folgende Definition treffend:

„Ständige Erreichbarkeit ist eine weitestgehend unregulierte Form einer erweiterten Verfügbarkeit für dienstliche Belange außerhalb der regulären Arbeitszeiten."[1]

2 Verbreitung

Nach unterschiedlichen übereinstimmenden Studien geben ca. 80 % der Beschäftigten an, dass sie außerhalb geregelter Arbeitszeiten für dienstliche Belange erreichbar sind. Diese relativ hohe Zahl erklärt sich dadurch, dass in den meisten Arbeitsverhältnissen Kollegen und Vorgesetzte die privaten Kontaktdaten eines Beschäftigten kennen und damit die Möglichkeit haben, außerhalb der Arbeitszeiten Kontakt aufzunehmen. Dieser Sachverhalt allein hat in den allermeisten Fällen aber keine besonderen Folgen, weil die Mehrzahl der Beschäftigten

- nicht oder nur in sehr seltenen Ausnahmefällen tatsächlich außerhalb der regulären Arbeitszeiten kontaktiert wird und
- dementsprechend der ständigen Erreichbarkeit keine besondere Aufmerksamkeit widmet, z.B. das mobile Telefon nicht immer bei sich trägt und schon gar nicht in die Lage gerät, private Planungen am Bedarf nach Erreichbarkeit ausrichten zu müssen.

Der Anteil Beschäftigter, die tatsächlich nach Feierabend, an Wochenenden und im Urlaub in erheblichem Umfang dienstlich gefordert sind, ist demgegenüber deutlich geringer. Etwa 20 % der Beschäftigten geben an, mehr als einmal in der Woche außerhalb der Arbeitszeiten Mails zu lesen, und nur etwa 8 % haben nach dem DAK-Gesundheitsreport von 2013 ein hohes oder sehr hohes „Maß an Erreichbarkeit".

---

1 Nach iga-Report 23 Teil 1.

Insgesamt kommen berufliche Anforderungen an Feierabenden von Werktagen am häufigsten vor, weniger intensiv an Wochenenden und im Urlaub der Beschäftigten. Meistens sind es Vorgesetzte oder Kollegen, die außerhalb der Arbeitszeiten Kontakt aufnehmen, weniger häufig Kunden.

Besonders von Erreichbarkeitsanforderungen betroffen sind:

- Führungskräfte,
- "Spezialisten", wie Technik- und IT-Mitarbeiter,
- Dienstleistungsbranchen mehr als Produktionsbranchen,
- Branchen, in denen viel mobil gearbeitet wird und die Grenzen zwischen Berufs- und Privatleben immer schon durchlässiger waren, z. B. im Wissenschaftsbetrieb, in Medienunternehmen und im Außendienst.

In Produktionsunternehmen scheint die Verbreitung des Phänomens hoher Erreichbarkeitsanforderungen sehr uneinheitlich zu sein und von vielfältigen Faktoren beeinflusst, unter denen Unternehmensorganisation und -kultur sicher besonders wichtige Rollen spielen.

Kommunikationswege

Auf dem aktuellen kommunikationstechnischen Stand erfolgt der Kontakt zu Arbeitgeber und Kollegen/Kunden außerhalb der regulären Arbeitszeiten vor allem mobil, per Telefon oder per E-Mail auf diversen mobilen Endgeräten (Smartphone, Tablet, Notebook o. Ä.) deutlich seltener über SMS, Messenger-Dienste, Chats oder Soziale Netzwerke.

Gründe für gestiegene Erreichbarkeitsanforderungen:

- **Technische Entwicklung**
  Offensichtlich hat die immer weiter verbesserte IT-Infrastruktur wesentlich dazu beigetragen, dass Beschäftigte unfassend außerhalb der regulären Arbeitszeiten für dienstliche Belange erreichbar sind. Darüber sollte aber nicht übersehen werden, dass sich die Art der Arbeitsabwicklung und die Unternehmenskultur als solches in vielen Branchen und Betrieben verändert haben und es nicht nur technische Gründe sind, die dazu führen, dass Beschäftigte bestrebt sind, weitestgehend erreichbar zu sein.
- **Mobile Arbeit**
  Arbeitsverhältnisse, in denen Beschäftigte nicht nur an einem Standort des Arbeitgebers tätig sind, sondern abwechselnd an verschiedenen Standorten, bei Kundenbetrieben, von unterwegs oder zuhause aus, nehmen zu. Während vor einigen Jahrzehnten nur bestimmte Tätigkeiten außerhalb der Unternehmensräume verrichtet werden konnten, sind heute Beschäftigte in bestimmten Branchen und Betrieben in der Lage und daran gewöhnt, nahezu überall zu arbeiten. Damit ist die Abgrenzung zwischen Arbeit und Privatleben weniger deutlich und die Bereitschaft höher, auch „zwischendrin" arbeitsbezogene Kontakte wahrzunehmen und Aufgaben zu erledigen.
- **Vielfältige Arbeitsverhältnisse, flexible Arbeitszeiten**
  Die Arbeitswelt ist vielfältiger und flexibler geworden. Wer bei ein- und demselben Arbeitgeber vollzeitbeschäftigt ist, hat grundsätzlich bessere Möglichkeiten, Arbeitstätigkeiten und Kommunikation innerhalb der regulären Arbeitszeiten abzuwickeln. Wer aber stunden- oder tageweise arbeitet und ggf. verschiedene Arbeitsverhältnisse (ggf. auch in Selbstständigkeit) nebeneinander führt, steht vor der Aufgabe, viele Prozesse nebeneinander am Laufen zu halten, auch wenn er oder sie gerade nicht vor Ort verfügbar ist. Dabei werden auch Randzeiten, die eigentlich der Freizeit zuzurechnen wären, mit einbezogen.
  Arbeitszeiten werden auch dadurch weiter aufgefächert, dass sich das öffentliche Leben und damit zum Teil die Geschäftszeiten von Betrieben, Einrichtungen und Geschäften verändern. Das führt nicht nur bei den direkt betroffenen Beschäftigten, sondern auch bei verantwortlichen Vorgesetzten zu erweiterten „Zuständigkeitszeiten".
- **Hohe Leistungsanforderungen**
  Kommunikationsabläufe sind in den letzten Jahrzehnten schneller und Betriebsstrukturen komplexer geworden. In der Folge sehen sich diversen Untersuchungen zufolge Beschäftigte deutlich mehr gefordert, schnell und effizient auf berufliche Anforderungen zu reagieren, soweit die technischen

Möglichkeiten dazu bestehen. Dringende Mails bis zum nächsten Morgen liegen zu lassen oder Telefonanrufe nach Feierabend nicht entgegenzunehmen erscheint dann schon als Minderleistung – manchmal eher noch in der Selbstwahrnehmung als in der von Kollegen und Vorgesetzten.
Wenn umfangreiche Anforderungen außerhalb der regulären Arbeitszeiten bearbeitet werden, kann auch effektiv zu viel Arbeit ein Grund sein. Betroffene wissen dann genau, dass sie am nächsten Morgen oder in der Woche dafür keine Zeit finden werden und leisten so versteckte Mehrarbeit.

- **Internationalität Unternehmensverbindungen**
  In internationalen Unternehmen bzw. solchen mit intensiven internationalen Geschäftsbeziehungen kommt es dazu, dass wegen Zeitverschiebungen außerhalb der regulären hiesigen Arbeits- bzw. Geschäftszeiten Mails bearbeitet oder Gespräche bzw. Telefon- und Videokonferenzen geführt werden müssen. Manchmal wird das durch offiziell vereinbarte, angepasste Arbeitszeiten abgedeckt, häufiger aber auch als unabänderliche Notwendigkeit einfach hingenommen. Besonders kritisch ist es, wenn zusätzlich kulturell bedingt unterschiedliche Unternehmenskulturen aufeinandertreffen. Im Extremfall kann das dazu führen, dass Beschäftigte durch Vorgesetzte oder Kollegen auf anderen Kontinenten in nicht akzeptabler Weise Tag und Nacht gefordert sind.

Praxis-Beispiel: Erreichbarkeit – freiwillig oder unfreiwillig?

In Auswertungen von Umfragen zum Thema wird hier oft nicht ausreichend unterschieden. Die Mehrzahl der Beschäftigten, die angibt, überhaupt außerhalb der Arbeitszeiten erreichbar zu sein, tut das freiwillig und nicht, weil Vorgesetzte oder das Unternehmen dies ausdrücklich anfordern. In beiden Fällen kann es durch die Erreichbarkeitsanforderungen zu Belastungen kommen, die Belastungssituation und die daraus abzuleitenden Maßnahmen sind aber sehr unterschiedlich.

3 Folgen von Erreichbarkeitsanforderungen

3.1 Negative Folgen

Dass ständige Erreichbarkeit in der Freizeit und häufige berufsbedingte Unterbrechungen von Erholungsphasen Anspannung und Stress auslösen können, die Erholung vom Berufsalltag einschränken und damit eine erhebliche psychische und allgemein gesundheitliche Belastung darstellen können, ist grundsätzlich sehr gut nachvollziehbar und erwartbar. Allerdings sind die gesundheitlichen Auswirkungen einer solchen Arbeits- und Lebensorganisation sehr unspezifisch und kaum konkret mess- und bewertbar. Sie sind abhängig von

- den Betroffenen selber, ihrer Wahrnehmung und ihrer psychischen Gesamtverfassung,
- den jeweiligen Lebensumständen, v. a. von der Frage, wie stark Betroffene im Privatleben gefordert sind und welche weiteren Faktoren ggf. das psychische Wohlbefinden sonst noch beeinträchtigen,
- den betrieblichen Umständen, z. B. vom allgemeinen Betriebsklima und dem Verhältnis zu Kollegen und Vorgesetzten,
- der Intensität, mit der sich Beschäftigte in ihrer Freizeit mit arbeitsbezogenen Belangen beschäftigen.

3.1.1 Belastungen aus Beschäftigtensicht

- **Überbeanspruchung durch ständige Erreichbarkeit**
  Wer ständig erreichbar ist und auch tatsächlich angefordert wird, wird dadurch immer wieder aus begonnener Arbeit gerissen und kann seinen Zeiteinsatz und den Arbeitsablauf nicht planen. Dieser Verlust an Struktur im Arbeitsleben strengt an und macht Arbeitszufriedenheit schwierig. Diese ist aber für gesundes Arbeiten unerlässlich. Deswegen empfinden Beschäftigte ständige Erreichbarkeit als Problem – nicht nur nach Feierabend, sondern auch während der Arbeitszeit.
- **Belastung durch die Bewältigung schwieriger Arbeitssituationen**
  Wer nach Feierabend oder am Wochenende angerufen wird, bekommt es oft mit schwierigen Arbeitssituationen zu tun: etwas ist schief gegangen, jemand kommt mit einem Problem nicht weiter, es droht Ärger – ganz egal, ob es um eine Fehllieferung beim Kunden oder eine Serverstörung geht. Solche Arbeitsaufgaben belasten auch tagsüber – in der Freizeit aber noch mehr.

- **Überbeanspruchung durch die Menge an Arbeit und Informationen**
  Wer abends am Restauranttisch mit Freunden oder auf dem heimischen Sofa die Finger nicht von den Dienstmails lassen kann, lebt und arbeitet vielleicht in der ständigen Bedrohung, in der Arbeitsflut unterzugehen. Wenn die Fülle von Mails so groß und die To-do-Liste so lang ist, dass die reguläre Arbeitszeit nie ausreicht, erscheint das Vor- und Nacharbeiten zwischen 2 Arbeitstagen als überlebensnotwendig – und geht auf Dauer an die psychischen und physischen Reserven.
- **Reduzierte Freizeitqualität**
  Warum auch immer Beschäftigte in der Freizeit erreichbar sind und Arbeitstätigkeiten erfüllen – sie bedauern i. d. R. den dadurch bedingten Verlust an Lebensqualität – besonders, wenn der Urlaub unter Arbeitsanforderungen leidet.

3.1.2 Risiken und Belastungen aus Expertensicht

- **Verlust an Selbstbestimmung**
  Die eigene Zeit nicht steuern und (Arbeits-)Aufgaben nicht einplanen zu können, aber doch für alles verantwortlich zu sein, baut erheblichen psychischen Druck auf.
- **Verkürzte/unterbrochene Ruhezeiten**
  Auch wenn viele es selbst nicht sofort so empfinden: Die im Arbeitszeitgesetz festgehaltene Ruhezeit von 11 Stunden zwischen 2 Arbeitsschichten ist physiologisch gut begründet. Wer zwischendrin immer wieder an unerledigte Themen aus dem Arbeitsleben anknüpft, erreicht nicht die erforderliche Regeneration und findet schwerer in den Schlaf.
- **Gestörte Erholungszeiten**
  Urlaub (auch wenn er aktiv verbracht wird) ist die Zeit zum Ausspannen von den Belastungen des Arbeitslebens und beugt so chronischer Erschöpfung vor. Das gelingt aber nur dann gut, wenn tatsächlich abgeschaltet werden kann.

Aus diesen und ähnlichen Belastungen können typische Gesundheitsrisiken abgeleitet werden:

- Erschöpfungszustände, Überlastungssymptome ("Burn-out");
- Schlafstörungen;
- anspannungsbedingte physische Probleme, wie Bluthochdruck, Magen-Darm-Symptome, Tinitusstörungen, Rückenprobleme;
- Depressionen.

Allerdings ist die Abgrenzung von Ursachen allgemein und unter Berufstätigen weit verbreiteter Gesundheitsstörungen schwierig. Die durch die iga zum Thema „Ständige Erreichbarkeit" durchgeführte Studie konnte 2016 keinen Zusammenhang zwischen Bluthochdruck und Erreichbarkeitsanforderungen beweisen. Der DAK-Gesundheitsbericht 2013 zeigt aber, dass z. B. die geringe Gruppe der Beschäftigten, die angeben, ein sehr hohes Maß an Erreichbarkeit abbilden zu müssen, signifikant mehr an Depressionen leidet, nämlich zu etwa 25 %.

3.2 Positive Folgen

Mehr oder weniger ausgedehnte Erreichbarkeit würde nicht praktiziert werden, wenn damit nicht auch positive Aspekte für die Gestaltung des Arbeitslebens verbunden wären:

- **Flexibilität, Mobilität, Autonomie**
  Die Möglichkeit, von überall und jederzeit auf Arbeitsinformationen zuzugreifen, ermöglicht kreative Beschäftigungskonzepte, die Beschäftigten in bestimmten Lebenssituationen oder auch ganz allgemein gut tun. Wenn die Einhaltung einer bestimmten Erreichbarkeit der Preis für eine praktikable Homeoffice- oder Teilzeitlösung ist, kann das für Beschäftigte ein echter Gewinn sein.
- **Schnelle Unterstützung im Bedarfsfall**
  Beschäftigte empfinden es als sehr hilfreich und in kritischen Situationen entlastend, wenn Kollegen oder Vorgesetzte für Rückfragen und Entscheidungen kurzfristig kontaktiert werden können. Bei gut abgestimmten Erreichbarkeitsregelungen (s. u.) ist das eine für alle Seiten gute Lösung und ein wesentlicher Grund dafür, warum auf Erreichbarkeit nicht völlig verzichtet werden kann.

- **Bestätigung, Indentifikation**
  Wer das Gefühl hat, seine Arbeit gut und umfassend zu erledigen und dafür gelegentlich auch „zwischendrin“ gebraucht wird, profitiert von dieser positiven Rückmeldung.

Praxis-Beispiel: Keine Folgen sind positive Folgen

In den meisten Fällen, in denen Beschäftigte angeben, außerhalb der Arbeitszeiten erreichbar zu sein, kommt es tatsächlich nur so selten und in echten Ausnahmefällen zur Kontaktaufnahme, dass keine konkreten Folgen damit verbunden sein werden. Damit spricht wirklich nichts gegen solche sparsam gelebten Erreichbarkeitsregelungen.

4 Gestaltungsmöglichkeiten

Für den Umgang mit Erreichbarkeitsanforderungen scheint es keinen „Königsweg“ zu geben. Zu vielfältig ist die Arbeitswelt, zu unterschiedlich sind die Anforderungen an bestimmte Branchen und Betriebe sowie die Betriebe selbst, nach ihrer Größe, Unternehmensstruktur und Arbeitsorganisation.

Allerdings zeigen Befragungen sowohl auf Betriebs- wie auf Beschäftigtenseite, dass ab einer gewissen Intensität das Thema zu relevant ist, um unbearbeitet zu bleiben. Wenn auch die eindeutig mess- und ableitbaren negativen Folgen von hohen Erreichbarkeitsanforderungen eher gering sind, so ist doch damit zu rechnen, dass „Wildwuchs“ in diesem Bereich zu erheblichen Problemen führt, z.B. durch

- Auseinandersetzungen innerhalb der Arbeitsgruppen/Abteilungen und/oder mit Kunden/Dritten durch angestauten Missmut;
- Fehler und Schlechtleistung durch „zwischendrin“ ohne belastbare Strukturvorgaben abgewickelte Aufgaben;
- Produktivitätsverluste durch Ausfälle;
- Rechtsverletzungen mit den damit verbundenen Auseinandersetzungen mit Aufsichtsbehörden (Verstöße gegen Bestimmungen des Arbeitszeitgesetzes);
- Fluktuation bei Leistungsträgern, die sich langfristig überfordert oder benachteiligt sehen.

Praxis-Beispiel: Erreichbarkeitsregelungen in der Gefährdungsbeurteilung psychischer Belastungen

Erreichbarkeitsanforderungen sind in betroffenen Branchen/Betrieben ein wichtiger Bestandteil der Gefährdungsbeurteilung psychischer Belastungen.

In der Praxis reagieren Unternehmen hier sehr unterschiedlich, von bewusster Inaktivität („Wir machen da keine Vorgaben, das regelt sich schon …“) bis hin zu rigorosen Kommunikationsbeschränkungen, bei denen etwa Mail-Server zu bestimmten Zeiten heruntergefahren werden. Beide Extreme bergen Risiken, weil einerseits die Gefahr besteht, dass sich stillschweigend überzogene Erreichbarkeitsvorstellungen etablieren und andererseits zu rigide Gegenmaßnahmen umgangen werden, u.a. durch das Ausweichen auf andere (z.B. private statt dienstliche) Kommunikationsmöglichkeiten.

Wichtig ist aber, hier keine doppelbödige Kommunikation zu dulden. Wenn einerseits Regelungen getroffen werden, um Erreichbarkeitsanforderungen zu reduzieren und in der Praxis aber doch häufig arbeitsbezogene Kontakte außerhalb der regulären Zeiten abgewickelt werden, verunsichert und belastet das Beschäftigte besonders.

Eine gelebte Praxis, z.B. in der Berücksichtigung von Nichterreichbarkeitszeiten, ist hier deutlich überzeugender als festgelegte Bestimmungen, die im Alltag nicht umgesetzt werden.

4.1 Gestaltungsansätze aus Sicht der Beschäftigten

- **Keine umfassende „Selbstverpflichtung“ ohne Rücksprache mit dem Arbeitgeber**
  Wer sich mit der Zeit – aus welchen Gründen auch immer – daran gewöhnt hat, regelmäßig auch abends und am Wochenende dienstlich aktiv zu sein, leidet mit der Zeit u.U. unter den negativen Folgen, ohne dass er oder sie eine ausreichende Wertschätzung dafür wahrnimmt – weil der Arbeitgeber eine solche Arbeitorganisation gar nicht fordern oder fördern möchte.

- **Selbstwahrnehmung**
  Wer außerhalb seiner regulären Arbeitszeit Mails checkt und abarbeitet, sollte sich immer wieder kritisch fragen, warum er oder sie das tut, erst recht, wenn keine konkrete Erreichbarkeitsregelung mit dem Arbeitgeber dahinter steht. Nicht alles, was man scheinbar freiwillig leistet, will man auch wirklich. Wer merkt, dass er oder sie mit den Erreichbarkeitsanforderungen, so wie sie aktuell gelebt werden, nicht zurecht kommt, sollte mit dem Arbeitgeber in Kontakt treten und von sich aus auf strukturierte Abstimmung hinwirken.
- **Selbstkontrolle**
  Definierte Erreichbarkeitsregeln sollen eingehalten werden. Der Arbeitgeber ist weisungsbefugt, was die Arbeit – und grundsätzlich auch die Nichtarbeit – angeht.

4.2 Gestaltungsansätze aus Sicht des Betriebs

In vielen Betrieben bzw. Abteilungen kann auf Erreichbarkeitsanforderungen nicht verzichtet werden. Dann muss durch transparente und umsetzbare Organisationsstrukturen dafür gesorgt werden, dass es nicht zu unzuträglichen Belastungen der Beschäftigten kommt. Es macht keinen Sinn, den Kommunikationsbedarf außerhalb der regulären Arbeitszeiten vollkommen freizugeben. Arbeitsfreie Zeit muss grundsätzlich arbeitsfrei bleiben, sonst ist es Arbeits- oder mindestens Bereitschaftszeit und muss entsprechend arbeits- und tarifrechtlich behandelt werden.

Daher sollten folgende Punkte geklärt werden:

Was muss zwingend außerhalb der üblichen Arbeitszeiten geregelt werden?

Aufschiebbare Aufgaben sollten grundsätzlich nicht im Rahmen einer Erreichbarkeitsregelung als „versteckte Mehrarbeit" angefordert oder geleistet werden. Stattdessen sollte definiert und kommuniziert werden, was als nicht aufschiebbare Kontakte anzusehen ist.

Bei sehr hohem Bedarf können Rufbereitschaften oder vergleichbare Regelungen erforderlich sein, die dann ebenfalls den dafür üblichen arbeits- und tarifrechtlichen Regelungen entsprechen müssen.

Wann und wie können Beschäftigte bzw. Vorgesetzte bei Bedarf kontaktiert werden?

Mögliche hilfreiche Regeln können sein:

- Kein Mailkontakt abends/am Wochenende. Nicht aufschiebbare Kontakte sind dann ausschließlich telefonisch zu regeln.
- Kontaktzeiten festlegen (z. B. nicht vor/nach einer bestimmten Uhrzeit, nur in einem bestimmten Zeitraum).
- Reaktionszeiten festlegen (Mails müssen nur einmal am Tag abgerufen werden, Telefonanrufe müssen nicht sofort, sondern innerhalb von 2 Stunden beantwortet werden u. Ä).
- Im Rahmen einer Erreichbarkeitsregelung nur kurze Anfragen und Nachrichten vorsehen, keine Rechercheaufträge, Bearbeitung von Unterlagen usw.

Wer wird kontaktiert?

- Bei regelmäßigem Kontaktbedarf außerhalb der regulären Arbeitszeiten ist zu klären, ob die Anforderungen auf mehrere Personen verteilt werden können, damit für jeden bestimmte Zeiten/Tage zuverlässig frei von arbeitsbedingten Kontakten bleiben.
- Bei längerer Abwesenheit (Urlaub) sollten reguläre Vertretungs- den Erreichbarkeitsregelungen vorgezogen werden. Schließlich sind diese auch bei einem krankheitsbedingten Ausfall unvermeidlich.

Praxis-Beispiel: E-Mails checken im Urlaub

Wer damit rechnen muss, nach einem 2-wöchigen Urlaub mehr als 1.000 Mails vorzufinden, wird der Rückkehr an den Arbeitsplatz mit unguten Gefühlen entgegensehen und u.U. schon im Urlaub versuchen, der Flut Herr zu werden. Das ist nicht Sinn des Erholungsurlaubs. Hier sind effektive Vertretungsregelungen und eine generelle Reduktion des Mailaufkommens erforderlich, damit ein sinnvoller Umgang mit dem Mailpostfach möglich bleibt.

Praxis-Beispiel: Weitere Bausteine von Erreichbarkeitsregelungen

Finanzieller Ausgleich:

Dies kann ein Anreiz sein, Erreichbarkeit bei Beschäftigten sicherzustellen und deren Einsatz zu honorieren. Allerdings ersetzt das nicht die Notwendigkeit, Erreichbarkeitsregelungen organisatorisch zu strukturieren, damit Belastungen für die Beschäftigten vermieden werden. Ggf. haben solche Zahlungen außerdem bestimmte arbeitsrechtliche Auswirkungen, die zu bedenken sind.

Technische Lösungen:

Lösungen, wie das Herunterfahren von Mailservern oder das automatische Löschen von Mails während Abwesenheitszeiten, sind oft nicht durchgängig durchzuhalten. Da es nahezu immer irgendwo Kontaktmöglichkeiten geben muss, stören solche Automatismen dann mehr, als sie nützen, bzw. werden durch Ausnahmen unterhöhlt oder umgangen.

Es scheint sich abzuzeichnen, dass solche Regelungen am sinnvollsten auf mittleren Ebenen (Teams, Abteilungen) zu klären sind. Unternehmensweit einheitliche Regelungen bieten sich mindestens bei größeren Unternehmen eher nicht an, weil die Organisations- und Tätigkeitsanforderungen in unterschiedlichen Bereichen zu weit voneinander abweichen.

Cornelia von Quistorp

Stäube

Stäube sind disperse Verteilungen fester Stoffe in Gasen, die durch mechanische Prozesse oder durch Aufwirbelung entstanden sind. Stäube sind überall anzutreffen und deshalb Bestandteil unseres Lebens. Für arbeitsmedizinische Belange ist der im Trägergas Luft dispergierte Staub von Bedeutung. Stäube gehören zusammen mit Rauchen und Nebeln zu den Aerosolen. Sie können aus organischen Bestandteilen (z. B. Kohlenstaub, Holzstaub, Mehlstaub) oder anorganischen (z. B. Metallstaub, Zementstaub, Mineralfasern) bestehen. Ein charakteristisches Merkmal der Stäube ist die Partikelgröße. Dies unterscheidet Stäube von Gasen und Dämpfen. Hinsichtlich der Partikelgröße und Geometrie können einatembarer Staub (Gesamtstaub), alveolengängiger Staub, nanoskaliger Staub sowie Faserstaub unterschieden werden. Eine Definition, bis zu welcher maximalen Partikelgröße von einem Staub gesprochen werden kann, gibt es nicht. Üblicherweise enden die arbeitsschutzrelevanten Betrachtungen bei Partikelgrößen von max. 100 Mikrometern (einatembarer Staub).

Achtung: Im Umweltschutz liegen den Definitionen andere Konventionen zugrunde. Teilweise werden auch Begrifflichkeiten aus beiden Rechtsbereichen vermischt oder Fachbegriffe durch umgangssprachliche Formulierungen ersetzt („Feinstaub"), sodass es zu Missverständnissen kommen kann.

Gesetze, Vorschriften und Rechtsprechung

Aus sicherheitstechnischer Sicht sind explosive und gesundheitsgefährdende Eigenschaften von Stäuben zu betrachten. Entsprechend gibt es zu beiden Risiken eine Reihe von Vorschriften und Regeln:

- Gefahrstoffverordnung (GefStoffV): Gesundheitsschutz, Brand- und Explosionsgefahren einschließlich der Festlegung explosionsgefährdeter Bereiche

Vertiefende Inhalte in:

- Explosionsschutzprodukteverordnung (11. ProdSV)
- TRGS 402 „Ermitteln und Beurteilen der Gefährdungen bei Tätigkeiten mit Gefahrstoffen: Inhalative Exposition"
- TRGS 559 „Quarzhaltiger Staub"
- TRGS 519 „Asbest: Abbruch-, Sanierungs- oder Instandhaltungsarbeiten"
- TRGS 553 „Holzstaub"
- TRGS 521 „Abbruch-, Sanierungs- und Instandhaltungsarbeiten mit alter Mineralwolle"
- TRGS 527 „Tätigkeiten mit Nanomaterialien"
- TRGS 900 „Arbeitsplatzgrenzwerte"

- TRGS 905 „Verzeichnis krebserzeugender, erbgutverändernder oder fortpflanzungsgefährdender Stoffe“
- TRGS 720 „Gefährliche explosionsfähige Gemische – Allgemeines“
- TRGS 723 „Gefährliche explosionsfähige Gemische – Vermeidung der Entzündung gefährlicher explosionsfähiger Gemische“
- DGUV-R 113-001 „Explosionsschutz-Regeln“.

1 Gesundheitsgefahren

Staub wird über die Atmungsorgane Mund und Nase aufgenommen. Dabei können gröbere Stäube bis in die Lunge und feinere Stäube bis in die Lungenbläschen (Alveolen) gelangen. Grundsätzlich kann es die Lunge durch einen natürlichen Reinigungsmechanismus mit kleinen Staubmengen aufnehmen und so einer Erkrankung der Atemwege entgegenwirken. Dies geschieht durch Verschlucken oder Ausniesen des Staubs. Feiner Staub in den Alveolen wird über Fresszellen aufgenommen. Bei zu hohen eingeatmeten Staubkonzentrationen wird der natürliche Reinigungsmechanismus überfordert und es kann zu Entzündungsreaktionen kommen. Bei der Beurteilung der Gesundheitsgefahren von Stäuben sind die Größenverteilung der Partikel sowie deren spezifische, toxikologische Eigenschaften zu berücksichtigen. Je kleiner der Partikeldurchmesser bzw. der aerodynamische Durchmesser, desto tiefer können die Partikel in die Lunge eindringen.

Hinsichtlich der Partikelform und -größe lassen sich folgende Stäube unterscheiden:

- **Einatembarer Staub (E-Staub):** Massenanteil aller Schwebstoffe, der durch Mund und Nase eingeatmet wird. Er ist definiert bis zu einem aerodynamischen Durchmesser von 100 µm.
- **Alveolengängiger Staub (A-Staub):** Massenanteil der eingeatmeten Partikel, der bis in die Lungenbläschen vordringt. DIN EN 481 definiert A-Staub als mathematische Abscheidefunktion (Abscheidegrad je nach aerodynamischem Durchmesser: 7 µm: 9 %, 4 µm: 50 %, 16 µm: 0 %). D.h., es lässt sich für A-Staubteilchen keine genaue Größe angeben, sondern lediglich eine Größenverteilung.
- **Faserstäube:** Luftgetragene organische oder anorganische Partikel, die eine längliche Geometrie besitzen. Zu den Faserstäuben gehören z.B. Asbest-, Glas- und Mineralfasern. Eine besondere Rolle spielen dabei Fasern, die eine Länge von > 5 µm, einen Durchmesser < 3 µm und ein Längen-Durchmesser Verhältnis von 3:1 überschreiten, da nur sie in die tieferen Atemwege vordringen können (WHO-Fasern).
- **Nanoskalige Stäube (ultrafeine Stäube):** Stäube, die aus Objekten mit einem oder mehreren Außenmaßen von < 100 nm bestehen. Einheitliche Konventionen zur Messung dieser Stäube existieren noch nicht. Anders als beim A- und E-Staub wird die Ablagerung der Partikel im Atemtrakt nicht durch Sedimentation, sondern durch Diffusionsbewegung bestimmt.

Praxis-Beispiel: Gefährliche Eigenschaften von Stäuben

Stäube können folgende physikalische und biologisch-toxische Eigenschaften besitzen:

- kanzerogen (krebserzeugend): z.B. Asbest, Arsen, Chromate, Azofarben,
- fibrogen/irritativ: z.B. Asbest, Quarz, künstliche Mineralfasern, Kalk oder auch unlösliche Stäube, die nicht anderweitig reguliert sind. Fibrogene Stäube bewirken vorwiegend Gewebeveränderungen in der Lunge.
- toxisch: z.B. Cadmium, Farbstäube, Blei, Antimon,
- sensibilisierend: z.B. Nickel, Kobalt, Mehlstaub, Chromate (Zementstaub),
- ionisierend: Uran, Thorium.

Das Spektrum möglicher Erkrankungen durch Staubexposition reicht von akuter, irritativer oder ätzender Wirkung auf die Atemwege bis zur Verursachung chronisch, entzündlicher Prozesse und der Bildung von Tumoren. Betroffen davon sind meist die Bronchien, z.B. allergisches Bronchialasthma und die Lunge, aber auch die Schleimhäute der Nase und der Augen, die Haut und, bei sog. systemisch wirkenden Gefahrstoffen, weitere Zielorgane im ganzen Körper. Typische Erkrankungen, die von Staub verursacht und als Berufskrankheit anerkannt werden können, sind z.B. Silikose, obstruktive Bronchitis oder

Siliko-Tuberkulose. Informationen über gefährliche Eigenschaften von Stäuben sind den Sicherheitsdatenblättern zu entnehmen. Informationen liefern auch die Technischen Regeln für Gefahrstoffe oder die GESTIS-Gefahrstoffdatenbank.

Praxis-Beispiel: Grenzwerte für A- und E-Staub

Für granuläre unlösliche bzw. schwerlösliche Stäube ohne spezielle toxische Wirkung, die nicht anderweitig geregelt sind, ist ein allgemeiner Staubgrenzwert in der TRGS 900 festgelegt. Dieser beträgt für den alveolengängigen Teil des Staubs (A-Staubfraktion) 1,25 mg/m^3 bezogen auf eine Dichte von 2,5 g/cm^3. Wenn an einem Arbeitsplatz Materialien besonders niedriger Dichte (z.B. Kunststoffe, Papier) oder besonders hoher Dichte (z.B. Metalle) verwendet werden, kann mit der Materialdichte umgerechnet werden. Für Arbeitsplätze mit gleichbleibenden Bedingungen bzw. Arbeitsplätze mit gelegentlicher Exposition kann für die A-Staubfraktion in der Gefährdungsbeurteilung auch ein dosisbasiertes Überwachungskonzept über einen repräsentativen Ermittlungszeitraum von längstens einem Monat festgelegt werden. In diesen Fällen werden über den gewählten Ermittlungszeitraum die einzelnen Schichtmittelwerte messtechnisch ermittelt und dokumentiert. Der Durchschnitt der gemessenen Schichtmittelwerte darf dabei über den Ermittlungszeitraum den AGW für die A-Staubfraktion nicht überschreiten. Ein einzelner Schichtmittelwert darf in diesem Fall den Wert von 3 mg/m^3 für die A-Staubfraktion nicht überschreiten. Der Grenzwert für den Gesamtstaub (E-Staub) beträgt 10 mg/m^3. Die Gesamtheit der Grenzwerte für A- und E-Staub wird als „Allgemeiner Staubgrenzwert" bezeichnet. Zum allgemeinen Staubgrenzwert gehören auch sog. Kurzzeitwerte. Unter bestimmten Rahmenbedingungen darf die Staubkonzentration für den E-Staub 20 mg/m^3 und für den A-Staub das 8-fache des Grenzwertes betragen. In der TRGS 527 ist für nanoskalige, biobeständige, granuläre Stäube ein Beurteilungsmaßstab von 500 µg/m^3 festgelegt, sofern keine anderen anwendbaren Grenzwerte vorliegen. Dieser Wert wird messtechnisch als alveolengängige Staubfraktion ermittelt.

2 Brand- und Explosionsgefahren

Brennbare Stäube können in aufgewirbeltem Zustand im Gemisch mit Luft explosionsfähig sein. Durch eine Zündquelle mit ausreichender Zündenergie kann es zu einer Staubexplosion kommen. Brennbare Stäube sind organische Materialien wie Holz, Mehl, Cellulose und Metallpulver wie Aluminium- oder Magnesiumpulver. Eine zündfähige Partikelgröße ist eine Korngröße von ca. < 500 µm. Wichtige Kennwerte zur Beurteilung der Explosionsgefährlichkeit eines Staubs sind die Staubexplosionsgrenzen.

Die **Staubexplosionsgrenzen** werden in einem geschlossenen → *Druckbehälter* untersucht, in dem der Staub in unterschiedlichen Konzentrationen gleichmäßig durch einen Luftstoß verwirbelt und mit einer elektrischen Zündquelle gezündet wird. Die untere Staubexplosionsgrenze ist die niedrigste Staubkonzentration, bei der eine Staubexplosion bei Zündung auftritt. Die obere Staubexplosionsgrenze wird i.d.R. nicht bestimmt. Weitere sicherheitstechnische Kenngrößen, die für die Ermittlung der Staubexplosionsfähigkeit wichtig sind:

- maximaler Explosionsdruck,
- Druckanstiegsgeschwindigkeit,
- Mindestzündtemperatur einer Staubwolke,
- elektrische/elektrostatische Kenngrößen,
- Glimmtemperatur abgelagerter Stäube.

Stäube werden nach ihrer Druckanstiegsgeschwindigkeit (K_{st}-Wert) in Staubexplosionsklassen eingeteilt. Der K_{st}-Wert ist abhängig von:

- Korngrößenverteilung,
- Oberflächenstruktur des Staubs,
- Turbulenz des Staub-Luft-Gemischs,
- → *Zündquelle*,
- weiteren Einflussgrößen.

Praxis-Beispiel: Staub kann aufgewirbelt werden

Im Unterschied zu Gasen kann Staub sedimentieren, sodass die Staubkonzentration in der Luft inhomogen ist und sich ändern kann. Abgelagerter Staub kann aufgewirbelt werden. Grob kann davon ausgegangen werden, dass eine abgelagerte, 1 cm dicke Schicht brennbaren Staubs bei Aufwirbelung einen normal hohen Raum komplett mit einem explosionsfähigen Staub-Luft-Gemisch ausfüllen kann.

3 Schutzmaßnahmen

Nach GefStoffV muss grundsätzlich geprüft werden, ob Stoffe mit einem geringeren gesundheitlichen Risiko verwendet werden können. Im Falle von Stäuben ist auch zu prüfen, ob staubärmere Varianten des Stoffs verwendet werden können, wie z.B. Pellets, Wachse oder Granulate. Können → *Gefahrstoffe* nicht substituiert werden, sind Schutzmaßnahmen erforderlich.

Arbeitsverfahren sind so zu gestalten, dass gefährliche Dämpfe und Schwebstoffe nicht frei werden. Ein Entweichen von Stäuben kann z.B. durch staubdichte Anlagen oder durch Vakuumbetrieb vermieden werden. Das Freiwerden von Staub ist in vielen Bereichen jedoch nicht zu verhindern. Dann muss eine möglichst vollständige Erfassung bereits an der Austritts- oder Entstehungsstelle erfolgen. Werden die → *Grenzwerte* trotz Ausschöpfung aller technischen Maßnahmen nicht eingehalten, muss persönliche Schutzausrüstung getragen werden (z.B. Staubmasken).

Im Anhang I Nr. 2 GefStoffV werden speziell auf die Exposition gegenüber einatembaren Stäuben zugeschnittene, ergänzende Schutzmaßnahmen beschrieben. Im Anhang I Nr. 1 wird speziell auf die Explosionsgefahren eingegangen. Auch die TRGS 500 „Schutzmaßnahmen“ geht auf die Besonderheiten von Feststoffen, Stäuben und Rauchen ein. Neben o.g. technischen Maßnahmen wie Absauganlagen oder kompletten Entstaubungsanlagen, führt die Beachtung der Grundsätze zur Staubminderung in vielen Fällen zu einer erheblichen Verbesserung der Staubbelastung:

- Verwendung möglichst geschlossener Systeme,
- Anwendung von staubarmen Verfahren und Geräten, z.B. Granulate statt Pulver,
- Vermeiden und regelmäßige Beseitigung von Staubablagerungen,
- Minimieren von Abwurfhöhen,
- ausreichende und geeignete Lüftung,
- sachgemäße und regelmäßige Reinigung.

Nicht zuletzt ist die regelmäßige und vor allem sachgemäße Reinigung der Betriebseinrichtungen ganz wesentlich bei der Staubbekämpfung. Statt der Verwendung von geeigneten Staubsaugern oder der Nassreinigung wird immer noch das verbotene Trockenkehren mit dem Besen angewandt. Wichtig zur Umsetzung der zum Teil auch verhaltensabhängigen Maßnahmen ist daher vor allem auch die regelmäßige → *Unterweisung* der Mitarbeiter mithilfe geeigneter → *Betriebsanweisungen*. Das „Einfache Maßnahmenkonzept Gefahrstoffe“ (EMKG) der Bundesanstalt für Arbeitsschutz und Arbeitsmedizin kann bei der Ermittlung nötiger Schutzmaßnahmen helfen. Das Maßnahmenkonzept ist mit Schutzleitfäden unterlegt. Der Schutzleitfaden 240 „Staubarbeitsplätze (Grundsätze)“ beschäftigt sich mit emissionsmindernden Maßnahmen an potenziell staubigen Arbeitsplätzen.

Lässt sich die Bildung explosionsfähiger Atmosphäre durch Stäube nicht sicher verhindern, soll der gefährdete Bereich nach GefStoffV in Explosionszonen eingeteilt werden. Je nach Zone müssen nun Maßnahmen ergriffen werden, um wirksame Zündquellen zu vermeiden.

Lassen sich auch wirksame → *Zündquellen* nicht sicher vermeiden, sind weitere Maßnahmen zum → *Explosionsschutz* erforderlich, z.B. nach TRGS 724. Hier kommen z.B. in Betracht:

- Explosionsunterdrückung, etwa durch eine Funkenlöschanlage oder
- Einrichtungen zur Begrenzung des Ausmaßes einer Explosion (Explosionsdruckentlastung).
  Die DGUV-R 113-001 „Explosionsschutz-Regeln“ enthält Maßnahmen und Beispiele zur Vermeidung von → *Staubexplosionen*.

Martin Köhler

Staubexplosion

Unter geeigneten Bedingungen kann nicht nur Gas, sondern auch Staub explodieren. Sowohl organische als auch anorganische Stoffe können explosionsfähige Staub-Luft-Gemische bilden. Durch Einsatz von Schutzmaßnahmen wird dies verhindert.

Gesetze, Vorschriften und Rechtsprechung

Die TRBS 2152 „Gefährliche explosionsfähige Atmosphäre – Allgemeines" beschreibt sowohl für Gase als auch für Stäube grundlegende Maßnahmen zum Erkennen und Vermeiden von Explosionsgefährdungen. Die allgemeinen Maßnahmen werden in der TRBS 2152 Teil 2 „Vermeidung oder Einschränkung gefährlicher explosionsfähiger Atmosphäre" konkretisiert. Vorschriften zu Gefahrstoffen, die zu Explosionsgefährdungen führen können, finden sich in der Gefahrstoffverordnung (GefStoffV).

1 Voraussetzung für Staubexplosion

Neben → *Gasen* und Dämpfen können auch Stäube zur Explosion führen. Bedingungen für eine Staubexplosion sind:

- Vorhandensein von Sauerstoff,
- geeignete → *Zündquelle*,
- ausreichendes Mischungsverhältnis und
- Vorliegen fein zermahlener und gleichzeitig brennbarer Substanzen.

2 Welche Stäube können zur Explosion gebracht werden?

Staubexplosionen sind bei organischen und anorganischen Staub-Luft-Gemischen möglich. Beispiele für Stäube, die unter geeigneten Bedingungen explosionsfähig sind:

- Kohle,
- Mehl,
- Stärke,
- Zellulose,
- Kakao,
- Kaffee oder
- Aluminium.

3 Schutzmaßnahmen und Zoneneinteilung

Gemäß Anhang I Nr. 1.7 GefStoffV muss der Arbeitgeber explosionsgefährdete Bereiche unter Berücksichtigung der → *Gefährdungsbeurteilung* in → *Zonen einteilen.* Ein explosionsgefährdeter Bereich ist dabei ein Bereich, in dem gefährliche → *explosionsfähige Atmosphäre* auftreten kann.

Die TRBS 2152 „Gefährliche explosionsfähige Atmosphäre – Allgemeines" beschreibt sowohl für Gase als auch für Stäube grundlegende Maßnahmen zum Erkennen und Vermeiden von Explosionsgefährdungen. Die Schutzmaßnahmen im Umgang mit Stäuben werden hier in Abhängigkeit von der jeweils vorliegenden Zone (20, 21 oder 22) folgendermaßen festgelegt.

- **Zone 20** ist ein Bereich, in dem gefährliche explosionsfähige Atmosphäre in Form einer Wolke aus in der Luft enthaltenem brennbaren Staub **ständig, über lange Zeiträume oder häufig** vorhanden ist (der Begriff „häufig" ist im Sinne von „zeitlich überwiegend" zu verstehen).

Dirk Rittershaus

Stech- und Schnittschutz

Stech- und Schnittverletzungen entstehen v.a. beim Umgang mit scharfen Arbeitsmitteln wie z.B. Handmessern oder Kettensägen. Stech- und Schnittschutz als Persönliche Schutzausrüstung hilft dann gegen diese Gefahren, wenn technische und organisatorische Schutzmaßnahmen nicht greifen.

Beim Umgang mit Handmessern oder scharfen Gegenständen besteht v.a. Verletzungsgefahr für Hände und Oberkörper; bei handgeführten Kettensägen besteht v.a. die Gefahr, dass Beine oder Füße verletzt werden. Stech- und Schnittschutzbekleidung soll vor diesen Gefahren schützen. Je nach Tätigkeit kommen dafür verschiedene Ausführungen und Materialien zum Einsatz. Einen hundertprozentigen Schutz gibt es nicht.

Gesetze, Vorschriften und Rechtsprechung

Grundlegend für die Benutzung von Stech- und Schnittschutz sind DGUV-R 112-189 „Benutzung von Schutzkleidung“ und DGUV-R 112-202 „Benutzung von Stechschutzkleidung, Stechschutzhandschuhen und Armschützern“.

1 Grundlage Gefährdungsbeurteilung

Gefährdungen beim Umgang mit handgeführten Kettensägen, Handmessern oder scharfen Gegenständen können nur teilweise durch technische oder organisatorische Schutzmaßnahmen vermieden werden, z.B. durch

- Gestaltung von Messergriffen gegen Abrutschen oder versenkbare Klingen,
- räumliche und/oder zeitliche Trennung der Beschäftigten von der Gefahrenquelle.

Sind technische und organisatorische Maßnahmen ausgeschöpft und können Sicherheit und Gesundheit der Beschäftigten dennoch nicht ausreichend gewährleistet werden, muss der Arbeitgeber Stech- bzw. Schnittschutz als → *Persönliche Schutzausrüstung (PSA)* zur Verfügung stellen (§ 3 ArbSchG). Die Art der PSA wird im Rahmen der → *Gefährdungsbeurteilung* festgelegt (§ 5 ArbSchG).

Praxis-Beispiel: Anforderungen an Persönliche Schutzausrüstung (PSA)

Für alle Arten von PSA gilt grundsätzlich: Sie muss bei der ausgeübten Tätigkeit ausreichenden Schutz vor Verletzung bieten und dem Beschäftigten passen. Außerdem darf sie ihn bei seiner Tätigkeit nicht behindern und keine zusätzlichen Gefahren verursachen.

DGUV-Regeln (DGUV-R) und Normen konkretisieren die spezifischen Anforderungen an die PSA. Eine spezielle Kennzeichnung von Schutzkleidung ist Pflicht und dient als Entscheidungshilfe bei der Auswahl.

Die Tragepflicht für Stech- bzw. Schnittschutz sollte möglichst im Arbeitsvertrag vereinbart und in der → *Betriebsanweisung* festgelegt werden. Eine → *Unterweisung* muss vor der ersten Benutzung und danach mind. einmal jährlich erfolgen, sie muss u.a. praktische Übungen enthalten. Mindestanforderungen für die Unterweisung sind in den o.g. entsprechenden DGUV-R enthalten.

2 Ausführungen

2.1 Stech- und Schnittschutz

Stech- und Schnittschutz ist vor allem in folgenden Bereichen erforderlich:

- Küchenbetriebe,
- Schlachthäuser,
- Holzschnitzereien,
- beim Umgang mit Glas, Blech, Kunststoff, Werkstücken aus Metall.

Je nach Tätigkeit werden verschiedene Ausführungen als Stech- bzw. Schnittschutz eingesetzt. Stechschutzbekleidung besteht i.d.R. aus Metall:

- Verwendet werden Metallringe aus Stahl oder Titan. Schutzkleidung aus Titan bietet höheren Tragekomfort als Stahl, da sie leichter ist und sich aufgrund der geringeren Leitfähigkeit wärmer anfühlt.
- Auch Schutzausrüstungen aus – mit Metallringen verknüpften – Aluminiumplättchen kommen zum Einsatz. Sie sind weniger beweglich als solche aus Metallringen, bieten jedoch besseren Schutz vor Verletzungen.

Stechschutzbekleidung kann einseitig oder beidseitig verwendbar sein. Im Einzelfall ist abzuwägen, welche Schutzausrüstung für die ausgeübte Tätigkeit am besten geeignet ist, d. h. den größtmöglichen Schutz für den Beschäftigten gewährleistet und die sonstigen Anforderungen an Schutzkleidung erfüllt.

2.2 Schnittschutz

Für den Umgang mit Handmessern und scharfen Gegenständen sind auch Schnittschutzhandschuhe geeignet.

> **Praxis-Beispiel: Kein ausreichender Stechschutz**
>
> Schnittschutzhandschuhe bieten nur Schutz gegen Schnitte, aber keinen oder nur geringen Stechschutz!

Schnittschutzhandschuhe bestehen z. B. aus Spectra- oder Kevlargewebe.

Je nach Verwendungszweck können Schnittschutzhandschuhe mit zusätzlichen Stoffen beschichtet bzw. ausgerüstet sein oder aus einer Kombination verschiedener Materialien bestehen. Schnitthemmendes Gewebe kann auch als Futter dienen, z. B. bei Lederhandschuhen mit Futter aus Kevlar. Materialkombinationen werden dann verwendet, wenn zusätzlich zum Schnittschutz auch andere Schutzfunktionen erfüllt werden sollen. Im Fall der Lederhandschuhe ist dies z. B. der zusätzliche Schutz vor hohen Temperaturen.

Sollen bestimmte Bereiche der Hand gegen Schnitte geschützt werden, bestehen nur definierte Bereiche des Schutzhandschuhs aus schnitthemmendem Gewebe, z. B. nur Daumen, Zeigefinger bzw. Handfläche. Schnittschutzhandschuhe sind eher schnitthemmend als schnittfest.

Auch beim Umgang mit handgeführten Kettensägen – v. a. bei Wald- und Forstarbeiten – ist Schnittschutz erforderlich (vgl. Kettensäger-Schutzkleidung).

3 Kennzeichnung

Das Inverkehrbringen von → *Persönlichen Schutzausrüstungen* regelt die PSA-Verordnung. Die Vorgaben für die Kennzeichnung von Stech- und Schnittschutz sind i. W. in Abschn. 3.1.5 DGUV-R 112-202 enthalten. Präzisiert werden hier folgende Angaben:

- dauerhaft angebrachte CE-Kennzeichnung;
- Kennzeichnung der Außenseite des Kleidungsstücks, da evtl. sonst ausreichender Schutz nicht gewährleistet ist;
- Zertifizierungsklasse: Stechschutzbekleidung der Leistungsklasse 1 schützt nur vor Schnitten (Kategorie 2), Stechschutzbekleidung der Leistungsklasse 2 und Metallringgeflechthandschuhe vor Stichen (voraussichtlich Kategorie 3, endgültige Entscheidung steht noch aus).
- Weitere Angaben auf dem Produkt bzw. der Verpackung sind u. a. Name oder Zeichen der Herstellerfirma, Typ, Größe, Stech- bzw. Schnittschutzpiktogramm.
- Dem Produkt müssen beim Kauf weitere Informationen, wie z. B. Pflege, Aufbewahrung, Hinweis auf Einsatzbedingungen, besondere Risiken oder Einsatzverbote, beiliegen.

Schnittschutzhandschuhe gehören zu den Schutzhandschuhen gegen mechanische Risiken und werden gem. DIN EN 388 mit Piktogramm und i. d. R. 4 Ziffern (als Leistungs- oder Schutzstufen, Level, Klasse oder Index bezeichnet) gekennzeichnet. Die Ziffern unter dem Piktogramm geben die Leistungsstufen an. Kriterien für Schutzhandschuhe sind v. a. Abriebfestigkeit, Schnittfestigkeit, Weiterreißkraft und Durchstichkraft. Sie werden in Leistungsstufen von 1 bis 5 klassifiziert. Je höher die Leistungsstufe, desto besser sind die Eigenschaften des Schutzhandschuhs. Die Ziffer an zweiter Stelle bezeichnet die

Leistungsstufe für den Schnittschutz. Bei Schnittschutzprüfungen nach ISO 13997 werden bei sog. Hochleistungstextilien zusätzlich oder alternativ die Schnittschutz-Klassen A bis F und ggf. noch P für den „Stoßtest" nach EN 13594 angegeben. Für **Stechschutzhandschuhe** ist das Kriterium Durchstichkraft (Ziffer an vierter Stelle) entscheidend.

Prüfungen von und Anforderungen an **Schnittschutzkleidung beim Umgang mit handgeführten Kettensägen** regelt die DIN EN ISO 11393 Teile 1 bis 6.

Bettina Huck

Steharbeitsplätze

Tätigkeiten, die über einen längeren Zeitraum im Stehen ausgeübt werden, stellen eine große körperliche Belastung dar. Typische Steharbeitsplätze sind Arbeitsplätze mit Verkaufstätigkeiten, beispielsweise im Lebensmitteleinzelhandel oder in Kaufhäusern. Bei verschiedenen Tätigkeiten in der Industrie ist es ebenfalls nicht möglich, im Sitzen bzw. im Wechsel zwischen Stehen und Sitzen zu arbeiten. Mit verschiedenen Maßnahmen, wie Unterbrechung des Stehens, geeignetes Schuhwerk, Stehhilfen oder dämpfende Matten, können die Probleme vermindert werden.

Gesetze, Vorschriften und Rechtsprechung

BGHM-I 101 „Mensch und Arbeitsplatz"

1 Typische Beschwerden durch langes Stehen

Klagen von Personen an Steharbeitsplätzen über körperliche Beschwerden sind überdurchschnittlich häufig. Schmerzen und Kreislaufbeschwerden werden hier an erster Stelle genannt. Dementsprechend verursachen Erkrankungen des Halteapparates und des Gefäßsystems überdurchschnittlich viele Ausfalltage.

Bei langem Stehen ermüdet die Muskulatur: Die Wirbelsäule kann nicht mehr ausreichend unterstützt werden und wird aus der natürlichen Form gebracht. Dadurch nimmt die Belastung der Bandscheiben zu – Verkrampfungen sind die Folge, die schmerzhafte Verhärtungen und Muskelkater verursachen. Durch die dann auftretende einseitige Körperhaltung (Zwangshaltung) treten ähnliche Folgen auch in anderen Muskelpartien auf, z. B. im Nacken.

Langes Stehen und mangelnde Bewegung können Kreislaufbeschwerden auslösen. Die „Muskelpumpe", bei der durch die Muskelbewegung die Blutgefäße zusammengedrückt und wieder entspannt werden und damit die Blutzirkulation unterstützt wird, funktioniert bei langem Stehen nicht mehr. „Schwere Beine" und schmerzhafte Blutstauungen sind die Folge. Längerfristig wird die Bildung von Krampfadern gefördert.

2 So werden Beschwerden vermieden

- Das **Stehen zu unterbrechen** ist die wichtigste Maßnahme gegen diese Beschwerden, da der menschliche Körper auf diese einseitige Belastung nicht eingestellt ist. Dabei muss man nicht zwingend sitzen. Auch Gehen bedeutet eine Entlastung für den Körper.
- Bedarfssitze oder Stehhilfen:
  - **Bedarfssitze** sind Sitzgelegenheiten, die in der Nähe des Steharbeitplatzes liegen und zum kurzzeitigen Ausruhen genutzt werden können (z. B. während Wartezeiten). Dabei sollte die Regel gelten, dass die Nutzung dieser Sitzgelegenheiten von den Vorgesetzten durchaus erwünscht ist und die Mitarbeiter kein „schlechtes Gewissen" haben müssen.
  - Eine Vielzahl unterschiedlicher **Stehhilfen** ermöglicht eine kurzzeitige Entlastung der Beschäftigten, wenn die Arbeitsverhältnisse die Einrichtung einer Sitzgelegenheit nicht erlauben.

- **Richtige ergonomische Gestaltung von Steharbeitsplätzen**. Die folgenden Grundsätze sollten dabei beachtet werden:
  - ausreichend freie Bewegungsfläche am Arbeitsplatz;
  - an der (den) Körpergröße(n) und der Art der Tätigkeit ausgerichtete Arbeitshöhe. Höhenverstellbare Arbeitstische sind hier am besten geeignet.
- **Jede Gelegenheit nutzen, sich zu bewegen**. Beispiele: Leichtes Wippen (abwechselndes Stehen auf Fußballen und Ferse), die Bewältigung kürzerer Wegstrecken zu Fuß (und nicht mit dem Aufzug), gezielte Gymnastik, Fußbäder und Fußmassagen in der Freizeit. Schwimmen, Wandern oder Radfahren stärken die Muskulatur und fördern die Durchblutung. Solche Aktivitäten werden auch von den meisten Krankenkassen unterstützt.
- **Geeignete Schuhe tragen**. Hohe Absätze behindern die Blutzirkulation in der Wade und bedeuten eine hohe Belastung für den Vorderfuß. Die Absatzhöhe sollte 2–4 cm betragen. Außerdem sollte die Sohle des Schuhs in der Lage sein, beim Gehen auftretende Stoßkräfte abzufedern. Eine gute Passform und ein der Form des Fußes angepasstes Fußbett sollten selbstverständlich sein.
  Auf dem Markt sind auch eigens entwickelte „Serviceschuhe" erhältlich. Informationen darüber erhalten Sie bei den Berufsgenossenschaften oder ggf. bei den beratenden Betriebsärzten der Unternehmen.
- **Informieren Sie die betroffenen Personen über gesundheitsfördernde Maßnahmen** – das ist nach Arbeitsschutzgesetz ohnehin Verpflichtung. Dabei kann der Betriebsarzt mitwirken und den Mitarbeitern z. B. Gymnastik als Ausgleichsprogramm für stehende Tätigkeiten nahe bringen.
- Insbesondere für Steharbeitsplätze in der Industrie, beispielsweise an Bedienplätzen von Maschinen, werden häufig **begehbare Matten** eingesetzt. Diese Matten federn Stoßkräfte ab, können Belastungen durch langes Stehen mindern und werden von den Mitarbeitern erfahrungsgemäß als angenehm empfunden.

Martin Köhler

Stehleitern

Die Stehleiter besteht aus 2 Schenkeln, die mit Gelenken klappbar miteinander verbunden sind. Dadurch ist sie frei im Raum aufstellbar. Schenkel, die über Stufen bzw. Sprossen betreten werden können, werden „Steigschenkel" genannt. Die Stufen bzw. Sprossen sind durch Bördelung, Nietung, Verschraubung oder Verschweißung fest mit 2 Holmen verbunden. Der Schenkel, der lediglich dem Abstützen des Steigschenkels dient, ist der „Stützschenkel". Auch dieser besteht aus zwei Holmen, die mit Profilen fachwerkartig miteinander verbunden sind.

Es gibt verschiedene Stehleiterbauarten, die auch höhenverstellbar und fahrbar ausgeführt sein können. Stehleitern werden bis zu einer Höhe von etwa 5 m hergestellt.

Gesetze, Vorschriften und Rechtsprechung

- Produktsicherheitsgesetz (ProdSG)
- Anhang 1 BetrSichV Nr. 3.1 und 3.3
- TRBS 2121 Teil 2 „Gefährdung von Beschäftigten bei der Verwendung von Leitern"
- DIN EN 131 Teil 1 „Leitern; Benennungen, Bauarten, Funktionsmaße"
- DIN EN 131 Teil 2 „Leitern; Anforderungen, Prüfung, Kennzeichnung"
- DIN EN 131 Teil 3 „Leitern; Kennzeichnung und Gebrauchsanleitungen"
- DIN EN 131 6 „Leitern: Teleskopleitern"
  DIN EN 131 Teil 7 „Leitern: Mobile Podestleitern"
- ÖNORM Z1501 „Leitern; Beidseitig besteigbare Sprossenleitern für den besonderen beruflichen Gebrauch; Abmessungen, Anforderungen, Kennzeichnung"

1 Stehleitern mit Plattform und Haltevorrichtung

Stehleitern mit Plattform und Haltevorrichtung (s. **Abb. 1**) besitzen Stufen und werden bevorzugt dann eingesetzt, wenn eine gleichbleibende Arbeitshöhe vorhanden ist, z. B. an Regalen in Lagerbereichen.

Die Haltevorrichtung ist mind. 600 mm hoch; die Plattformgröße beträgt mind. 250 mm × 250 mm. Die Plattform dient bevorzugt als Standfläche oder der Zwischenablage mitgenommener kleinerer Gegenstände.

Abb. 1: Stehleiter mit Stufen, Plattform und Haltebügel[1]

Beim Aufstellen der Leiter senkt sich die Plattform über einen Hebemechanismus (Brückenheber) ab und liegt auf ihrem Auflagerohr am Stützschenkel auf. Manche Plattformen haben in diesem Bereich Aussparungen für den formschlüssigen Sitz der Plattform. In diesem Fall wirkt die Plattform gleichzeitig als Spreizsicherung. Deshalb ist es wichtig, auf das vollständige „Einrasten" der Plattform zu achten. Zur Sicherstellung einer guten Gebrauchstauglichkeit darf die Plattform beim Betreten nicht zu stark aufwippen (max. 6°). Darauf wird bei der Herstellung der Leiter bereits geachtet (EN 131-2; Prüfschritt „Aufwippprüfung der Plattform").

Zur Sicherheit bzw. ab einer bestimmten Leitergröße sind zusätzliche Spreizsicherungen in Form von z. B. Gurten oder Seilen angebracht.

2 Podestleitern

Podestleitern unterscheiden sich von herkömmlichen einseitig besteigbaren Stufenstehleitern mit Plattform und Haltevorrichtung durch eine deutlich größere Plattform, die – mit Ausnahme des Zugangs – durch ein Geländer mit einer 3-teiligen Absturzsicherung (Handlauf, Knie- und Fußleiste) umwehrt sein muss (s. **Abb. 2**).

---

1 Quelle: KRAUSE.

Abb. 2: Podestleiter[1]

Die Plattform ist wie bei der Stehleiter der bevorzugte Arbeitsplatz, kann – je nach Größe – aber gleichzeitig auch Platz zum Ablegen von Werkzeugen und Materialien bieten. Die Plattformgröße einer Podestleiter beträgt nach der Norm DIN EN 131-7 1 m^2. Der Handlauf am Geländer liegt mit 1.000 mm im Gegensatz zu einer Haltevorrichtung an einer Stehleiter deutlich höher, da er nicht nur als Halt, sondern auch als Absturzsicherung bei den auf der Podestleiter umfangreicheren Tätigkeiten dient. Zum Schutz gegen Durchfallen unter dem Handlauf sowie Herabfallen kleinerer Gegenstände sind noch eine Knieleiste sowie eine mind. 50 mm hohe Fußleiste angebracht.

Gegenüber der Stehleiter herkömmlicher Bauart weist die Podestleiter eine deutlich höhere Standsicherheit auf. Sie ist schwerer als andere Stehleitern und deshalb am Fußende mit 2 oder 4 Rollen zum leichten Transport ausgerüstet.

Podestleitern werden bevorzugt dort eingesetzt, wo Arbeiten größeren Umfangs in einer bestimmten Höhe über einen längeren Zeitraum durchzuführen sind, z. B. bei Arbeiten an Maschinen, Regalen (Einlagern sperriger Ware in Baumärkten) oder an Flugzeugen, und sicherere Arbeitsmittel (z. B. Gerüste) nicht verwendet werden können.

3 Beidseitig besteigbare Stehleitern

Beidseitig besteigbare Stehleitern werden mit Stufen (**Stufenstehleitern**) oder Sprossen (**Sprossenstehleiter**) hergestellt (s. **Abb. 3)** und gern auch als „Bockleiter“ bezeichnet.

1 Quelle: KRAUSE.

Abb. 3: Stehleiter, beidseitig besteigbar, mit Stufen[1]

Diese Leiterbauart wird überwiegend dann verwendet, wenn Arbeitshöhe und Arbeitsplatz häufig variieren, z.B. auf Baustellen bei der Ausführung handwerklicher Tätigkeiten. Bei Sprossenstehleitern für den Industriebereich sind die am häufigsten benutzen (drittobersten) Sprossen oft als Breitsprossen mit ca. 50 mm Tiefe ausgeführt.

Die Malerleiter ist eine beidseitig besteigbare Sprossenstehleiter besonderer Art. Sie wird vorwiegend aus Holz hergestellt. Die Malerleiter unterscheidet sich von einer Sprossenstehleiter nur durch die Abstände der jeweils oberen 3 Sprossen untereinander. Diese Sprossenabstände dürfen statt 250 bis 300 mm gleichbleibend 320 bis 350 mm betragen.

Die Verwendung der Malerleiter hat sich ausschließlich im Malerhandwerk durchgesetzt. Die über viele Jahre gesammelten Erfahrungen mit den großen Sprossenabständen zeigen, dass die Malerleiter dem Maler aufgrund der Entlastung der Knieschleimbeutel einen ergonomisch günstigeren Arbeitsplatz im oberen Bereich bietet:

- wenn der Maler die Leiter spreizbeinig benutzt (Grätschstellung),
- wenn der Maler die beiden oberen Sprossen als Sitzfläche benutzt.

Konkrete Anforderungen an Malerleitern sind weder in Vorschriften noch Normen festgelegt. Hingewiesen sei auf die österreichische Norm ÖNORM Z1501, die als einzige nationale Norm Malerleitern regelt.

4 Höhenverstellbare Stehleitern

Die höhenverstellbare Stehleiter ist eine beidseitig besteigbare Sprossenstehleiter (Oberteil) mit 2 zusätzlichen Verlängerungsschenkeln (Unterteilen).

Zur Höhenverstellung werden die Unterteile von Hand aus dem Oberteil ausgezogen und in der gewünschten Höhe arretiert. Dazu dienen die auch bei Schiebeleitern eingesetzten Hakenbeschläge mit Abhebesicherungen. Durch die Möglichkeit, die Unterteile unterschiedlich weit auszuziehen, ist diese Leiter auch in Treppenbereichen einsetzbar.

---

1 Quelle: KRAUSE.

Höhenverstellbare Stehleitern sind konstruktiv bedingt schwerer gebaut als andere Stehleitern. Weil ihrer Standsicherheit die max. einstellbare Höhe zugrunde liegt, sind sie in nicht voll ausgefahrenen Positionen standsicherer als vergleichbar hohe Stehleitern. Sie bieten somit einen wesentlichen Vorteil gegenüber konventionellen Stehleitern.

5 Fahrbare Stehleitern

Fahrbare Stehleitern sind beidseitig besteigbare Stehleitern, die an allen 4 Holmenden mit Fahrwerken (z.B. federgelagerten Rollen) ausgestattet sind. Die sonst flexiblen Spreizsicherungen müssen dann druckfest ausgeführt sein.

Saalleitern (werden auch als Montageleitern bezeichnet) sind einseitig besteigbare, fahrbare Stehleitern mit einem über Seilzug ausfahrbaren aufgesetzten Schiebteil (Oberleiter). Sie sind mit Stützeinrichtungen auf je 2 fahrbaren Quertraversen montiert (s. **Abb. 4**).

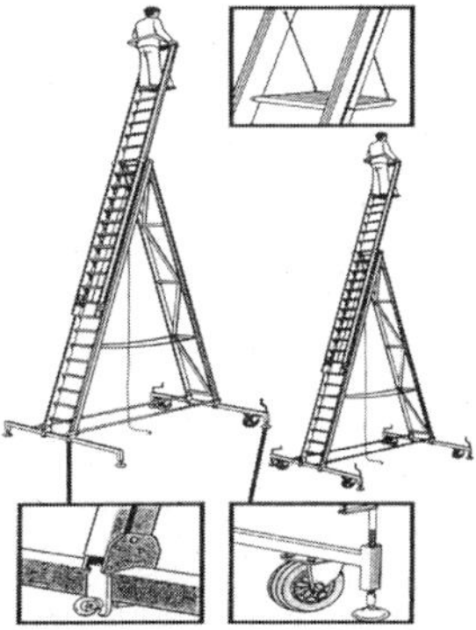

Abb. 4: Saalleiter

Bei Benutzung wird die Saalleiter durch Stützspindeln auf dem Untergrund fest aufgesetzt. Dabei können auch Bodenunebenheiten ausgeglichen werden. Mit dem Seilzug wird die Oberleiter ausgeschoben, abgesenkt und über die Hakenbeschläge, die auch bei Seilzugleitern eingesetzt werden, arretiert. Am oberen Leiterende ist eine Plattform mit Haltebügel vorhanden, die dem Leiterbenutzer eine verbesserte Standmöglichkeit bietet.

Die Saalleiter wird dort eingesetzt, wo Arbeiten geringen Umfangs, jedoch in großer Höhe ausgeführt werden müssen, z.B. bei Wartungsarbeiten an Deckenleuchten. Bevorzugte Einsatzorte sind z.B. großräumige Hallen wie Sporthallen, Mehrzweckhallen sowie Säle.

6 Teleskopstehleitern

Die Teleskopstehleiter ist eine aus 2 Teleskopanlegeleitern und 2 selbsttätig einrastenden Gelenken zusammengesetzte Leiter. Durch die individuell ausziehbaren Leiterschenkel kann sie auch auf Absätzen, z.B. in Treppenbereichen, eingesetzt werden. Wie bei Teleskopanlegeleitern ist es bei der Stehleiterausführung besonders wichtig, auf die Verriegelung aller Holmsegmente zu achten, bevor die Leiter bestiegen wird. Bei z.B. einer 2×11-sprossigen Leiter sind dies immerhin 44 Verriegelungen. Mit Blick auf die bei der Teleskopanlegeleiter leichter Bauart („Haushaltsqualität") genannten Schwachstellen kann auch der Einsatz von Teleskopstehleitern im rauen gewerblichen Bereich nicht empfohlen werden.

Praxis-Beispiel: Prüfung für mehr Sicherheit

Leitern sollen langlebige Gebrauchsprodukte sein. Dazu wurde ein neuer Dauerversuch für Stehleitern eingeführt, der die Verbindungen zwischen den Auftritten und den Holmen auf Dauerhaftigkeit prüft (EN 131-2).

Bettina Huck

Stoffsicherheitsbericht

Der Stoffsicherheitsbericht (Chemical Safety Report – CSR) ist ein unter REACH anzufertigendes stoffspezifisches Dokument, das die Dokumentation der sog. Stoffsicherheitsbeurteilung darstellt. Bei der Stoffsicherheitsbeurteilung werden die schädlichen Wirkungen eines Stoffes ermittelt und ggf. eine Expositionsabschätzung und eine Risikobeschreibung ausgearbeitet. Einen Stoffsicherheitsbericht müssen Registrierungspflichtige anfertigen, die einen Stoff in einem Umfang von 10 Tonnen oder mehr pro Jahr herstellen oder importieren. Der Stoffsicherheitsbericht ist Teil des Registrierungsdossiers, das der Registrierungspflichtige im Rahmen seiner Registrierung bei der ECHA einreichen muss. Jeder Registrant, der eine Stoffsicherheitsbeurteilung durchführen muss, ist dazu verpflichtet, seinen Stoffsicherheitsbericht auf dem neuesten Stand zu halten.

Gesetze, Vorschriften und Rechtsprechung

Rechtsgrundlage für den Stoffsicherheitsbericht ist Art. 14 Verordnung (EG) Nr. 1907/2006 (REACH-Verordnung). Das Format für den Stoffsicherheitsbericht wird in Anhang I REACH-Verordnung festgelegt. Für Stoffe, die nur in geringen Konzentrationen in Gemischen eingeführt oder hergestellt werden, ist gemäß Art. 14 Abs. 2 REACH-Verordnung kein Stoffsicherheitsbericht erforderlich. Auch nachgeschaltete Anwender sind unter bestimmten Rahmenbedingungen dazu verpflichtet, einen Stoffsicherheitsbericht zu erstellen. Dies ist nach Art. 37 Abs. 4 REACH-Verordnung dann der Fall, wenn die Verwendung des nachgeschalteten Anwenders von den Bedingungen der im Anhang zum Sicherheitsdatenblatt aufgeführten Expositionsszenarien abweicht oder der Lieferant explizit von der entsprechenden Verwendung abrät. Spezifische Ausnahmetatbestände für die Erstellung eines Stoffsicherheitsberichts durch den nachgeschalteten Anwender sind ebenfalls in Art. 37 Abs. 4 REACH-Verordnung festgelegt. In Teil F der umfangreichen ECHA-Leitlinien zu Informationsanforderungen und Stoffsicherheitsbeurteilung werden das Format und die Anforderungen für die Erstellung des Stoffsicherheitsberichts beschrieben.

Benedikt Vogt

Stolpern und Stürzen

Das Gehen ist unbewusst und läuft automatisch ab. Daher sind während des Gehens andere Aktivitäten möglich, die die Aufmerksamkeit für Bodenunebenheiten, Hindernisse oder Stufen einschränken, z.B. wenn man gleichzeitig ein Gespräch führt oder mit dem Handy telefoniert. Stolpern kann die Folge sein. Bei der Benutzung von Treppen (v.a. beim Abwärtsgehen) oder Arbeiten auf Podesten, Leitern oder anderen hochgelegenen Arbeitsplätzen sowie Laderampen oder Ladeflächen besteht die Gefahr, zu stürzen. Sturzunfälle ereignen sich auch als Folge von Ausrutschen, Stolpern oder Fehltreten. Stolpern und Stürzen gehören – zusammen mit Rutschen – zu den häufigsten Unfallarten mit oft schweren Verletzungen, wie Gehirnerschütterungen oder Knochenbrüchen. Stürze aus großer Höhe oder gefährliche Verletzungen enden oft tödlich. Täglich ereignen sich am Arbeitsplatz mehr als 1.000 Unfälle durch Stolpern, Rutschen oder Stürzen.

Gesetze, Vorschriften und Rechtsprechung

Konkrete Vorgaben und Handlungsanweisungen für stolper- und sturzsicheres Arbeiten enthalten v.a. Anhang 1.5 Arbeitsstättenverordnung (ArbStättV) und die ASR A1.5 „Fußböden". Im berufsgenossenschaftlichen Vorschriften- und Regelwerk sind bedeutsam: DGUV-I 208-005 „Merkblatt für Treppen" und DGUV-I 208-007 „Roste – Auswahl und Betrieb".

1 Pflichten des Arbeitgebers und der Beschäftigten

Im Rahmen der → *Gefährdungsbeurteilung* (§ 5 ArbSchG) muss der Arbeitgeber ermitteln, ob z.B.

- Oberflächen bzw. Bodenbeläge geeignet und unbeschädigt sind;
- → *Treppen*, → *Leitern* oder → *Gerüste* sicher sind;
- Gefahren ausreichend gekennzeichnet sind;
- geeignete Schuhe – evtl. als Teil der → *persönlichen Schutzausrüstung* – getragen werden.

Der Arbeitgeber kann die → *Fachkraft für Arbeitssicherheit* beauftragen, eine Gefährdungsbeurteilung durchzuführen (s. § 7 ArbSchG). Die Fachkraft für Arbeitssicherheit kann bei Neu- und Umbauten auch den ausführenden Architekten bzw. Bauunternehmer beraten.

Der Arbeitgeber ist auf die Mitarbeit seiner Beschäftigten angewiesen. Ihre Aufgabe ist es, erkannte Mängel entweder selbst zu beheben oder falls dies nicht möglich ist, ihrem Vorgesetzten zu melden (§ 16 ArbSchG). Ziel ist immer, Gefahren an ihrer Quelle zu bekämpfen (§ 4 ArbSchG). Die nachfolgend aufgeführten Ursachen und Maßnahmen zu Stolpern und Stürzen gelten auch für Rutschunfälle, da Stolpern, Rutschen und Stürzen (SRS) im Bereich der Arbeitssicherheit gemeinsam betrachtet wird.

2 Ursachen für Stolpern und Stürzen

2.1 Persönliches Verhalten

Das eigene Verhalten gilt als Hauptursache für Stolpern und Stürzen:

- Oft wird ein Risiko falsch eingeschätzt. So erwartet man in einem sonst aufgeräumten Raum keine herumliegenden Gegenstände auf dem Boden.
- Bequemlichkeit verleitet dazu, einen großen Aktenstapel zu tragen, der die Sicht einschränkt. Besser wäre in diesem Fall, zweimal mit halber Last und freier Sicht zu gehen.
- Gewohnheiten führen zu nachlassender Achtsamkeit: „Hier steht nie etwas".
- Ablenkung, z.B. durch ein Gespräch, bindet die Aufmerksamkeit, die Umgebung wird dann kaum wahrgenommen.
- Unaufmerksamkeit bedeutet Gefahr.
- Verantwortungslosigkeit gefährdet auch die anderen: Das Hindernis, das erkannt aber nicht beseitigt wird, bringt möglicherweise den Kollegen zu Fall.

2.2 Technische Faktoren

Gefährdungen können entstehen durch:

- ungeeignete oder beschädigte Oberflächen,
- unzureichende Beleuchtung,
- schlechtes oder ungeeignetes Schuhwerk,
- Störungen an → *Maschinen* und Anlagen,
- schlechter Zustand der → *Verkehrswege*.

> **Praxis-Beispiel: Stolperstellen**
>
> Unter ebenen Bedingungen in Räumen gelten bereits Höhenunterschiede von mehr als 4 mm, Spaltenbreiten von mehr als 20 mm sowie eine Maschenteilung von Rosten von mehr als 35 × 51 mm als Stolperstelle.
>
> Technisch und baulich nicht vermeidbare Stolperstellen müssen gekennzeichnet und ggf. durch weitere Schutzmaßnahmen, z.B. durch Absperrungen oder Handläufe, gesichert werden (ASR A1.5).

2.3 Organisatorische Ursachen

Finden Planung und Kommunikation nicht ausreichend statt, so können folgende organisatorische Ursachen für Stolpern und Stürzen identifiziert werden:

- Planungsfehler,
- mangelnde Absprachen,
- blockierte → *Verkehrswege*,
- schlecht gekennzeichnete Verkehrswege,
- keine getrennten Wege für Fußgänger und → *Fahrzeuge*,
- fehlende Ordnung und Sauberkeit,
- nicht beseitigte Gefahrenquellen,
- fehlende Hinweise auf Gefahren,
- mangelhafte → *Unterweisung*.

2.4 Umwelteinflüsse

Auch Witterungseinflüsse müssen berücksichtigt werden:

- Regen,
- Schnee,
- Glatteis.

Bei ungünstiger Witterung müssen deshalb Wege und Zufahrten geräumt bzw. sicher gemacht werden. Auch im Eingangsbereich sollten unter derartigen Witterungsbedingungen Maßnahmen ergriffen werden, um Nässe und Schmutz nicht ins Gebäude einzutragen.

3 Maßnahmen

3.1 Verhalten

Eine wirkungsvolle Prävention besteht darin, über mögliche Gefahren und geeignete Maßnahmen zu informieren und für stolper- und sturzfreies Arbeiten zu sensibilisieren. Die Berufsgenossenschaften haben hier ein großes Potenzial zur Prävention erkannt und führen laufend Aktionen durch. Verhaltensänderungen werden u. a. erreicht durch:

- Kampagnen,
- Informationsmaterial, z. B. Plakate und Quiz,
- Schulung und Unterweisung,
- Parcours mit eingebauten Stürz- und Stolperstellen.

3.2 Technik

Aufwendiges Nachbessern kann vermieden werden, wenn bereits bei der Planung berücksichtigt wird, Stolpern und Stürzen zu vermeiden. Dies betrifft die Bereiche:

- Bodenbeläge,
- → *Verkehrswege*,
- → *Beleuchtung*,
- Transport- und Fördereinrichtungen.

Das Institut für Arbeitsschutz der DGUV liefert u. a. Positivlisten für geeignete Bodenbeläge, → *Leitern* und → *Tritte* usw. Gegen Witterungseinflüsse müssen ebenfalls geeignete Maßnahmen ergriffen werden. Hier können z. B. überdachte Verkehrswege im Außenbereich sowie stolpersichere Fußmatten an den Zugängen wirksame Maßnahmen sein.

3.3 Organisation

Der Arbeitgeber muss gewährleisten, dass gesetzliche Vorgaben eingehalten und festgelegte Maßnahmen umgesetzt werden. Dies sind u. a.:

- Tragen der → *persönlichen Schutzausrüstung*, z. B. Arbeitsschuhe, die festen Halt geben, mit flachem Absatz und rutschfester, griffiger Sohle.
- Beim Gehen auf Treppen und Stufen sollte der Handlauf benutzt werden. Beläge auf Treppen und Stufen müssen rutschfest und mit gut sichtbarer und rutschfester Markierung der Vorderkanten ausgestattet sein, auch Rampen sind zu markieren.
- Fußmatten und Teppiche dürfen nicht verrutschen, die Kanten müssen sicher gemacht werden.
- Ordnung am Arbeitsplatz ist wichtig, das gilt auch für den Boden.
- Reinigung und Wartung verhindern Verunreinigungen, z. B. Öl auf dem Boden.
- Der Bodenbelag sollte laufend auf Schäden überprüft werden.
- → *Verkehrs-* und → *Fluchtwege* müssen von Hindernissen freigehalten werden.
- Anschluss- und Versorgungsleitungen müssen so verlegt sein, dass sie keine Stolperstellen bilden.
- Regelmäßige Prüfung des ordnungsgemäßen Zustands von → *Leitern* und → *Tritten* sowie von Arbeitsbühnen und Gerüsten ist Pflicht.

Bettina Huck

Strahlenschutz

In Forschung, Technik und Medizin werden strahlenaussendende radioaktive Stoffe und ionisierende Strahlung aus anderen Quellen, wie beispielsweise die Röntgenstrahlung, in vielfältiger Weise nutzbringend eingesetzt. Diese Strahlung kann aber auch schädliche Wirkungen in Mensch und Umwelt hervorrufen, vor denen möglicherweise Betroffene geschützt werden müssen. Der diesem Zweck dienende Strahlenschutz erarbeitet als interdisziplinäre Wissenschaft aus Biologie, Medizin und Physik die Grundlagen unseres Wissens über die Auswirkungen und Risiken der ionisierenden Strahlung. Der operative Strahlenschutz setzt dieses Wissen in praktische Schutzvorschriften und -maßnahmen vor Ort um. Das Gleiche gilt für den Strahlenschutz bei der Anwendung nicht ionisierender Strahlung (NIR, Non-ionizing Radiation), wie Laser oder Mobilfunk. Der operative Strahlenschutz wird heute zunehmend als Bestandteil des betrieblichen Arbeitsschutzes angesehen und in diesen integriert.

Gesetze, Vorschriften und Rechtsprechung

Der Strahlenschutz für ionisierende Strahlen wird im Wesentlichen durch das Strahlenschutzgesetz und die Strahlenschutzverordnung (StrlSchV) geregelt. Weiterhin gibt es zahlreiche, die praktische Umsetzung einzelner Vorschriften im Detail regelnde Richtlinien. Dazu kam in der Folge des Tschernobyl-Unfalls noch das Strahlenschutzvorsorgegesetz (StrVG).

1 Die Grundsätze des Strahlenschutzes

Die **Internationale Strahlenschutzkommission (ICRP)** baut ihre Schutzempfehlungen auf 3 Grundsätze auf, die u. a. in Teil 2 Kapitel 1 der Strahlenschutzverordnung verankert sind.

(1) Der allgemeine Grundsatz der **Rechtfertigung** (§§ 2–4 StrlSchV): Demzufolge müssen alle Tätigkeiten, die mit einer Strahlenexposition verbunden sein können, unter Abwägung ihres *„wirtschaftlichen, sozialen oder sonstigen Nutzens gegenüber möglichen gesundheitlichen Beeinträchtigungen"* gerechtfertigt sein.

(2) Die konkreten Anweisungen zur **Dosisbegrenzung** (z. B. § 73 StrlSchV): Die vorgeschriebenen Dosisgrenzwerte dürfen nicht überschritten werden.

(3) Schließlich, noch über die Dosisbegrenzung hinausgehend, die Forderungen nach **Dosisreduzierung und Vermeidung unnötiger Strahlenexposition** (z. B. gem. § 75 StrlSchV). Die für den Strahlenschutz Verantwortlichen sind demgemäß dazu verpflichtet, bei allen Tätigkeiten „jede Strahlenexposition oder Kontamination von Mensch und Umwelt unter Berücksichtigung des Stands von Wissenschaft und Technik und unter Berücksichtigung aller Umstände des Einzelfalls auch unterhalb der Grenzwerte **so gering** wie möglich zu halten". International ist diese Forderung schon seit den 70er Jahren als ALARA-Prinzip bekannt. ALARA steht für As Low As Reasonably Achievable, so niedrig wie vernünftigerweise erreichbar.

2 Schwerpunkte des praktischen Strahlenschutzes

Zentraler Punkt des praktischen Strahlenschutzes ist die **Überwachung der Strahlenexposition** der Beschäftigten. Zurzeit werden in der Bundesrepublik etwa 440.000 Personen als beruflich strahlenexponiert eingestuft. 43.000 davon sind als fliegendes Personal tätig. Zur **Reduzierung der Exposition** gibt es zahlreiche konkrete Maßnahmen, wie Abschirmungen, Zugangsbeschränkungen, Beschränkungen der Arbeits- und Aufenthaltsdauer, Gestaltung der Arbeitsabläufe und nicht zuletzt die gute Ausbildung und die ständige Unterweisung der Mitarbeiter.

Praxis-Beispiel: Schutzmaßnahmen

Beim Umgang mit radioaktiven Stoffen ist die wichtigste Schutzmaßnahme für die Beschäftigten die **Vermeidung von Kontamination**, also der Schutz vor der unkontrollierten Verbreitung dieser Stoffe. Radioaktive Substanzen dürfen weder in den menschlichen Organismus aufgenommen werden, etwa durch Einatmen oder Verschlucken, noch aus Kontrollbereichen (→ *Strahlenschutzbereiche*) in unzulässiger Weise in die Umwelt gelangen.

Praxis-Beispiel: Regelmäßige Messungen erforderlich

Alle Schutzmaßnahmen müssen ständig messtechnisch überprüft werden. Dazu **geeignete Messgeräte** und eine richtig eingesetzte **Messtechnik** sind deshalb unverzichtbarer Bestandteil eines effektiven Strahlenschutzes.

3 Was wissen wir über das Strahlenrisiko?

Ionisierende Strahlung ist ein Energieträger. Wird diese Energie in Materie absorbiert, so bewirkt sie dort Strukturänderungen der unterschiedlichsten Art. In lebendem Gewebe bedeutet das von der Höhe der Dosis abhängige Zellschäden mit negativen Auswirkungen auf den Gesamtorganismus. Allerdings sind die Reaktionen der einzelnen Zelle und des Zellverbands außerordentlich komplex und noch nicht abschließend erforscht. Unstrittig ist jedenfalls, dass das Ausmaß der Schädigung von der Höhe und von der zeitlichen Verteilung der Dosis abhängt.

Bei kurzzeitigen hohen Ganzkörperdosen ab einigen Sievert entstehen **akute Strahlenschäden**, die durch das Versagen einzelner Organe in meist kurzer Zeit zum Tod führen. In der Krebstherapie werden hohe Dosen punktuell und gezielt eingesetzt, um die kranken Zellen der Geschwulst abzutöten. Niedrigere Dosen führen zu Zellmutationen, die nach einer gewissen **Latenzzeit** (Zeit zwischen Exposition und Ausbruch der Krankheit) von bis zu 30 Jahren zur Krebsentstehung führen können, aber nicht zwangsweise müssen.

Diese verzögert und statistisch bedingt auftretende Schädigung nennt man im Jargon der Wissenschaftler **stochastische Strahlenschäden**. Die Wahrscheinlichkeit, dass es nach einer bestimmten Dosis zum Schadenseintritt kommt, ist das **Strahlenrisiko**.

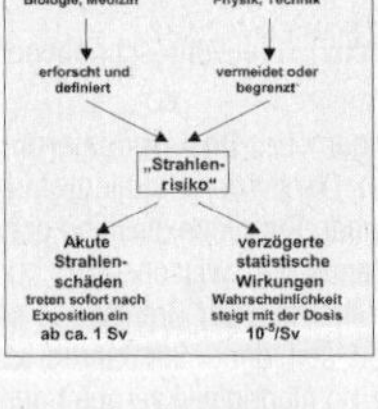

Abb. 1: Wie funktioniert der Strahlenschutz?

Die Ansichten über das Ausmaß des Risikos und über die Notwendigkeit seiner Minimierung haben sich im Laufe der Zeit ständig zur größeren Vorsicht hin geändert. Die Internationale Strahlenschutzkommission ICRP geht heute von der Annahme aus, dass das Strahlenrisiko von Null aus ab der kleinsten Dosis proportional zur Dosis zunimmt. Die ICRP nennt dafür in ihrem Report Nr. 60 einen Faktor von 5×105/mSv, d.h. von 100.000 kurzzeitig mit 1 mSv exponierten Personen bekommen wahrscheinlich fünf im Laufe der Zeit ein strahlenbedingtes Karzinom (das entspräche einer Erhöhung der „natürlichen" Krebsrate um etwa 0,5 %). Diese so genannte **LNT-Hypothese** (Linear, No Threshold, der Schaden tritt von Null aus linear und nicht erst ab einer Schwelle ein) wird aufgrund der neueren biologischen Zellforschung allerdings zunehmend kontrovers diskutiert. Es gibt Anzeichen dafür, dass kleine Strahlendosen den Reparaturmechanismus der Zelle stimulieren und dadurch sogar zu einem negativen Risiko führen können. Bis zur endgültigen wissenschaftlichen Klärung dieses Sachverhalts wird die LNT-Hypothese jedoch weiterhin Richtlinie des Strahlenschutzes bleiben.

4 Wer ist für den Strahlenschutz zuständig?

Die für den Strahlenschutz zuständige Bundesbehörde ist das **Bundesamt für Strahlenschutz** (BfS). Das Amt ist dem Bundesministerium für Umwelt, Naturschutz und Reaktorsicherheit (BMU) unterstellt (www.bfs.de). Die **Strahlenschutzkommission** (SSK) berät das Bundesministerium für Umwelt, Naturschutz und Reaktorsicherheit (BMU) in allen Angelegenheiten des Schutzes vor ionisierenden und nicht-ionisierenden Strahlen (www.ssk.de). Auf beruflicher Ebene haben sich schon 1966 die Strahlenschutzfachleute aus Deutschland und der Schweiz im **Fachverband für Strahlenschutz** (FS) zusammengeschlossen. Der Fachverband hat heute rund 1.500 Mitglieder, die in allen Sparten des wissenschaftlichen und praktischen Strahlenschutzes einschließlich der nicht ionisierenden Strahlung tätig sind. Der FS ist Mitgliedsgesellschaft der Internationalen Strahlenschutz-Gesellschaft IRPA. Er gibt die Vierteljahres-Fachzeitschrift „StrahlenschutzPRAXIS" heraus. Weitere Informationen im Internet unter www.fs-ev.de.

Tomy Sobetzko

Strahlenschutzbeauftragter

Ein Strahlenschutzbeauftragter (SSB) leitet und beaufsichtigt Tätigkeiten zur Gewährleistung des Strahlenschutzes beim Umgang mit radioaktiven Stoffen und ionisierender Strahlung. Dem oder den Strahlenschutzbeauftragten werden vom → *Strahlenschutzverantwortlichen* definierte Aufgaben und Pflichten zur Wahrnehmung der betrieblichen Erfordernisse des Strahlenschutzes übertragen. Strahlenschutzbeauftragte müssen die erforderliche Fachkunde im Strahlenschutz besitzen. Die Bestellung von Strahlenschutzbeauftragten muss der zuständigen Behörde mitgeteilt werden.

Gesetze, Vorschriften und Rechtsprechung

§ 70 Strahlenschutzgesetz (StrlSchG) und § 43 Strahlenschutzverordnung (StrlSchV)

1 Wie wird man Strahlenschutzbeauftragter?

Strahlenschutzbeauftragte werden vom → *Strahlenschutzverantwortlichen* schriftlich bestellt.

> **Praxis-Beispiel: Persönliche und fachliche Voraussetzungen**
>
> Es dürfen nur Personen zu Strahlenschutzbeauftragten bestellt werden, bei denen keine Tatsachen vorliegen, aus denen sich gegen ihre Zuverlässigkeit Bedenken ergeben, und die die erforderliche Fachkunde im Strahlenschutz besitzen. Die Bescheinigung des Erwerbs der Fachkunde muss bei der Bestellung bereits vorliegen.

Praxis-Beispiel: Definition von Aufgaben und Befugnissen

Der künftige Strahlenschutzbeauftragte sollte bei seiner Ernennung darauf achten, dass seine genau definierten Aufgaben, sein innerbetrieblicher Entscheidungsbereich und die zur Wahrnehmung seiner Aufgaben erforderlichen Befugnisse schriftlich festgelegt sind. Das wird besonders wichtig, wenn im gleichen Betrieb mehrere Strahlenschutzbeauftragte tätig sind.

2 Was tut der Strahlenschutzbeauftragte?

Das StrlSchG definiert im § 70 ausführlich und detailliert die Stellung und die Pflichten des Strahlenschutzbeauftragten. Zusammenfassend lässt sich sagen, dass der Strahlenschutzbeauftragte – natürlich nur im Rahmen seiner Befugnisse – für Durchführung, Leitung und Beaufsichtigung aller Tätigkeiten und Maßnahmen zuständig ist, die für den → *Strahlenschutz* erforderlich sind.

Ungeachtet dessen trägt die Verantwortung für die Einhaltung der Anforderungen weiterhin der Strahlenschutzverantwortliche. Um dem gerecht werden zu können, muss er allerdings rechtzeitig und zutreffend über Schwierigkeiten oder Probleme informiert sein. Demzufolge muss der Strahlenschutzbeauftragte dem → *Strahlenschutzverantwortlichen* unverzüglich alle Mängel mitteilen, die den Strahlenschutz beeinträchtigen. Das gilt beispielsweise für unzureichende Schutzeinrichtungen oder Messgeräte ebenso wie für renitente Kollegen.

Kann sich der Strahlenschutzbeauftragte über eine von ihm vorgeschlagene Behebung von aufgetretenen Mängeln mit dem Strahlenschutzverantwortlichen nicht einigen, so hat dieser dem Strahlenschutzbeauftragten die Ablehnung des Vorschlages schriftlich mitzuteilen und zu begründen und dem → *Betriebsrat* oder dem Personalrat und der zuständigen Behörde je eine Abschrift zu übersenden.

3 Was geschieht, wenn der Strahlenschutzbeauftragte seinen Pflichten nicht nachkommen kann?

In § 70 Abs. 5 StrlSchG ist auch der Fall geregelt, dass der Strahlenschutzbeauftragte infolge unzureichender Befugnisse, unzureichender Fachkunde im Strahlenschutz oder fehlender Zuverlässigkeit oder aus anderen Gründen seine Pflichten nur unzureichend erfüllen kann. Wenn die zuständige Behörde davon Kenntnis erhält, kann sie gegenüber dem → *Strahlenschutzverantwortlichen* die Feststellung treffen, dass dieser Strahlenschutzbeauftragte nicht als Strahlenschutzbeauftragter im Sinne dieser Verordnung anzusehen ist.

Tomy Sobetzko

Strahlenschutzbereiche

Ein Strahlenschutzbereich ist ein räumlich abgetrennter Bereich, in dem Personen einer Exposition durch ionisierende Strahlung oder radioaktive Stoffe ausgesetzt sein können, die oberhalb des Grenzwerts für das allgemeine Staatsgebiet liegt. Insbesondere in betrieblichen Strahlenschutzbereichen unterliegen beim Umgang mit ionisierender Strahlung oder radioaktiven Stoffen Beschäftigte oder auszubildende Personen besonderen Schutzmaßnahmen. Die Bereiche müssen gekennzeichnet sein, der Zutritt ist eingeschränkt.

Gesetze, Vorschriften und Rechtsprechung

Grundlegend ist Strahlenschutzverordnung (StrlSchV) Kapitel 6 Abschnitt 1 „Physikalische Strahlenschutzkontrolle; Strahlenschutzbereiche“

1 Was für Strahlenschutzbereiche gibt es?

Das Einrichten von Strahlenschutzbereichen wird in § 52 StrlSchV festgelegt. Mit wachsender Höhe einer zu erwartenden Strahlenexposition wird unterschieden zwischen **Überwachungsbereichen** und

Kontrollbereichen. Innerhalb des Kontrollbereichs gibt es noch **Sperrbereiche**. Bei der Strahlenexposition sind äußere und innere Komponenten zu berücksichtigen. In den Strahlenschutzbereichen muss, je nach der Art des Umgangs, einzeln oder in Kombination die Ortsdosis oder Ortsdosisleistung, die Kontamination des Arbeitsplatzes oder die Konzentration radioaktiver Stoffe in der Luft gemessen werden. An Personen, die sich im Kontroll- oder Sperrbereich aufhalten, ist die Körperdosis zu ermitteln (Dosis).

Die niederste Stufe des Strahlenschutzbereichs ist der **Überwachungsbereich**. Überwachungsbereiche sind definiert als nicht zum Kontrollbereich gehörende betriebliche Bereiche, in denen Personen unter Berücksichtigung der Aufenthaltsdauer im Kalenderjahr eine effektive Dosis von mehr als 1 mSv – man könnte auch sagen, überhaupt eine zusätzliche Dosis – erhalten können. Für bestimmte Organe sind höhere Äquivalent-Dosen zugelassen, wie etwa 50 mSv für Haut, Hände oder Knöchel.

Der nächst höhere und meistgebrauchte Bereich ist der **Kontrollbereich**. In Kontrollbereichen wird damit gerechnet, dass Personen im Kalenderjahr eine effektive Dosis von mehr als 6 mSv oder höhere Organdosen als 15 mSv für die Augenlinse oder 150 mSv für Haut, Hände oder Knöchel erhalten können.

Die höchste Kategorie sind **Sperrbereiche**. In Sperrbereichen sind höhere Ortsdosisleistungen als 3 mSv/h zu erwarten. Meist handelt es sich dabei um die unmittelbare Nähe von starken Strahlenquellen oder Strahlengeneratoren. Ein Sperrbereich ist Teil des Kontrollbereichs.

Bei der Festlegung der Grenzen von Strahlenschutzbereichen ist eine **Aufenthaltsdauer** von 40 Stunden pro Woche und 50 Wochen im Kalenderjahr anzunehmen, wenn keine anderen begründeten Angaben über die Aufenthaltszeit vorliegen.

2 Wie ist der Zutritt zu Strahlenschutzbereichen geregelt?

Der Zutritt zu Strahlenschutzbereichen ist in § 55 StrlSchV sehr detailliert geregelt. Voraussetzung für die Zutrittserlaubnis ist, dass die betreffende Person eine **dem Betrieb dienende Tätigkeit** ausübt und dass diese Tätigkeit zur Durchführung oder Aufrechterhaltung der darin vorgesehenen Betriebsvorgänge erforderlich ist. In Überwachungsbereichen dürfen sich außerdem auch Besucher, Patienten oder helfende Personen aufhalten, in Kontrollbereichen muss deren Aufenthalt von einer fachkundigen Person überwacht werden. Auszubildende oder Studierende dürfen Kontroll- und Überwachungsbereiche betreten, wenn dies zur Erreichung ihres Ausbildungsziels erforderlich ist. Darüber hinaus kann die zuständige Behörde zulassen, dass der → *Strahlenschutzbeauftragte* auch anderen Personen den Zutritt zu Strahlenschutzbereichen gestattet. In Sperrbereichen dürfen sich Personen nur unter ständiger Überwachung durch eine vom → *Strahlenschutzverantwortlichen* beauftragte fachkundige Person aufhalten.

3 Wie sind Strahlenschutzbereiche zu kennzeichnen?

Kontroll- und Sperrbereiche sind gem. §§ 52, 53, 91, 92 StrlSchV so abzugrenzen und zu kennzeichnen, dass die Zugangskontrolle gewährleistet werden kann, und „deutlich sichtbar und dauerhaft" mit dem in Anlage 10 StrlSchV vorgegebenen Strahlenzeichen und z.B dem Zusatz „Kontrollbereich – kein Zutritt" oder „Sperrbereich – kein Zutritt" zu kennzeichnen.

Unterschiede der Anwendung von Kennzeichnungen sind in der Art der Anwendung zu suchen und anzupassen (Räume, Geräte, Behälter oder kontaminierte Bereiche).

Praxis-Beispiel: Sperrung des Kontrollbereichs

Bei ortsveränderlichen Bestrahlungseinrichtungen, etwa in der Radiografie oder auch beim Umgang mit beweglichen Strahlenquellen muss der Kontrollbereich nicht nur gekennzeichnet, sondern auch **in geeigneter Weise** abgesperrt sein.

Tomy Sobetzko

Strahlenschutzverantwortlicher

Strahlenschutzverantwortlicher ist, wer Tätigkeiten ausführt, die nach Strahlenschutzgesetz einer Genehmigung oder Anzeige bedürfen, oder wer radioaktive Mineralien aufsucht, gewinnt oder aufbereitet oder auch ein anzeigebedürftiges Luftfahrzeug betreibt. Der Strahlenschutzverantwortliche hat eine entscheidende Rolle bei Organisation und Durchführung des betrieblichen Strahlenschutzes. Er hat dafür zu sorgen, dass alle relevanten Vorschriften eingehalten werden. In der Regel wird er jedoch die Überwachungsaufgaben im Betrieb selbst nicht persönlich ausüben, sondern dazu einen oder mehrere → *Strahlenschutzbeauftragte* einsetzen.

Gesetze, Vorschriften und Rechtsprechung

Grundlegend ist § 69 Strahlenschutzgesetz (StrlSchG)

1 Wer ist Strahlenschutzverantwortlicher?

Der Strahlenschutzverantwortliche ist grundsätzlich derjenige, der eine **Umgangsgenehmigung** besitzt oder eine den Behörden anzuzeigende Tätigkeit im Sinn der StrlSchV ausübt.

Juristisch gesehen gibt es allerdings mehrere Möglichkeiten zur Person. Bei dem Strahlenschutzverantwortlichen kann es sich auch um eine **juristische Person** oder um eine **teilrechtsfähige Personengesellschaft** handeln. Dann werden die Aufgaben des Strahlenschutzverantwortlichen von der durch Gesetz, Satzung oder Vertrag zur Vertretung berechtigten Person wahrgenommen. Besteht das vertretungsberechtigte Organ aus mehreren Mitgliedern oder sind bei nicht rechtsfähigen Personenvereinigungen mehrere vertretungsberechtigte Personen vorhanden, so ist der zuständigen Behörde mitzuteilen, welche dieser Personen die Aufgaben des Strahlenschutzverantwortlichen wahrnimmt. Die Gesamtverantwortung aller Organmitglieder oder Mitglieder der Personenvereinigung bleibt hiervon unberührt.

2 Welches sind die Pflichten des Strahlenschutzverantwortlichen?

Die Pflichten des Strahlenschutzverantwortlichen sind an mehreren Stellen im Strahlenschutzgesetz und auch in der Strahlenschutzverordnung geregelt.

Er ist schlicht dafür zuständig, dass alle einschlägigen formalen und konkreten **Vorschriften des StrlSchG und der StrlSchV** eingehalten werden. Dafür hat er insbesondere zu sorgen *„durch Bereitstellung geeigneter Räume, Ausrüstungen und Geräte, durch geeignete Regelung des Betriebsablaufs und durch Bereitstellung ausreichenden und geeigneten Personals“*, und zwar *„unter Beachtung des Stands von Wissenschaft und Technik“*, also mit modernen Ausrüstungen und Geräten.

Er hat weiterhin eine **Strahlenschutzanweisung** zu erlassen, in der die zu beachtenden Strahlenschutzmaßnahmen aufgeführt werden. Das betrifft z. B. die Aufstellung eines Plans für die Organisation des → *Strahlenschutzes*, von Festlegungen zu Funktionsprüfung und Wartung von Bestrahlungsvorrichtungen, Anlagen, Ausrüstungen und Geräten und die Regelung der für den Strahlenschutz wesentlichen Betriebsabläufe. § 45 StrlSchV enthält eine ausführliche Aufzählung von Sachverhalten, zu denen in der Strahlenschutzanweisung Aussagen enthalten sein müssen.

> **Praxis-Beispiel: Verantwortung bei Unfällen**
>
> Der Strahlenschutzverantwortliche muss dafür sorgen, dass bei Gefahr für Mensch und Umwelt, also bei einem Zwischenfall oder Unfall, unverzüglich geeignete Maßnahmen getroffen werden. Dazu gehören auch **Alarmübungen** und **Einsatzpläne** für Störungen oder Notfälle, wie in Kapitel 6 Abschnitt 7 der StrlSchV genannt.

3 Enge Zusammenarbeit zwischen Strahlenschutz und Arbeitssicherheit

Große Bedeutung misst die StrlSchV auch der guten Zusammenarbeit von Strahlenschutz- und → *Arbeitssicherheitsfachkräften* sowie den Kontakten mit dem → *Betriebsrat* zu. § 74 StrlSchV verlangt explizit, dass der Strahlenschutzverantwortliche und der Strahlenschutzbeauftragte bei der Wahrnehmung ihrer Aufgaben mit dem Betriebsrat oder dem Personalrat und den Fachkräften für Arbeitssicherheit zusammenarbeiten und sie über wichtige Angelegenheiten des Strahlenschutzes unterrichten müssen. Der Strahlenschutzbeauftragte hat den Betriebsrat oder Personalrat auf dessen Verlangen in Angelegenheiten des Strahlenschutzes zu beraten.

4 Verstöße gegen die Pflichten des Strahlenschutzverantwortlichen

Fahrlässige oder vorsätzliche Verstöße gegen die Pflichten des Strahlenschutzverantwortlichen werden gem. § 184 StrlSchV als **Ordnungswidrigkeiten** geahndet.

Tomy Sobetzko

Stress

Zur Beschreibung psychischer Belastungen wird häufig der Begriff „Stress" gebraucht. Er wird unterschiedlich verwendet: Im Alltagssprachgebrauch meint jemand, der „im Stress ist", dass er viel zu tun und wenig Zeit hat. Wer „Stress mit seinem Kollegen" hat, befindet sich in einer Konfliktsituation. Auch in der Wissenschaft gibt es unterschiedliche Stressmodelle. In der Werkstoffkunde beschreibt der Begriff den Zug oder Druck auf ein Material. Je nachdem, welches Modell man zugrunde legt, ergeben sich daraus unterschiedliche Ansätze für Maßnahmen zur Stressvermeidung oder zum Stressabbau.

Gesetze, Vorschriften und Rechtsprechung

Das Arbeitsschutzgesetz enthält Bestimmungen, die auf eine Verbesserung der Arbeitsumwelt, der Sicherheit und der Gesundheit der Arbeitnehmer zielen. Hier sind auch die Pflichten der Arbeitgeber und Arbeitnehmer aufgeführt, die den Gesundheitsschutz betreffen. Der Arbeitgeber muss demnach „eine Beurteilung der für die Beschäftigten mit ihrer Arbeit verbundenen Gefährdung" erstellen und dann bei Bedarf Maßnahmen des Arbeitsschutzes daraus ableiten und umsetzen (§ 5 Abs. 1 ArbSchG). Dazu gehören gemäß § 5 Abs. 3 Nr. 6 ausdrücklich auch die „psychischen Belastungen bei der Arbeit". Darüber hinaus verlangt § 3 Abs. 1 Satz 3 Arbeitsstättenverordnung die Berücksichtigung der psychischen Belastungen bei der Gefährdungsbeurteilung.

1 Stressauslöser und Stressfolgen

Im umgangssprachlichen Gebrauch werden Stressauslöser und Stressreaktionen häufig synonym verwendet: „Ich hatte heute furchtbar viel Stress auf der Arbeit." wird i. Allg. verstanden als ein Leiden unter sehr hohem Arbeitsaufkommen. Sinnvoll ist es jedoch, die Stressauslöser, auch Stressoren genannt, und die Stressreaktion zu trennen. Das Wahrnehmen von Stressoren und die gefühlte Reaktion darauf können von Person zu Person sehr unterschiedlich sein.

Wenn man Stressoren und Stressreaktionen gleichsetzt, ergibt sich daraus eine Erwartungshaltung, sich bei möglicherweise Stress auslösenden Ereignissen auch persönlich gestresst zu fühlen. Es muss aber nicht jeder bei Zeitdruck mit einem Gefühl von Hektik und Getriebensein reagieren, einige Menschen werden dann auch einfach ihren Zeitplan neu ordnen oder Aufgaben delegieren. Es gibt auch unterschiedliche Interventionsansätze, die entweder eher bei den auslösenden Stressoren oder aber bei den individuellen Stressfolgen eines Menschen ansetzen.

Die psychische Leistungsfähigkeit bzw. Belastung der Mitarbeiter wird von verschiedenen Faktoren beeinflusst. Die wichtigsten Einflüsse sind:

- Arbeitsaufgabe und -inhalt, z. B. geringer Handlungsspielraum;
- physikalische Arbeitsbedingungen, z. B. → *Beleuchtung*, → *Klima*, → *Lärm*;
- sozialer Kontext und Organisationsbedingungen, z. B. schlechtes Führungsverhalten;
- gesellschaftliche Belastungen, z. B. Arbeitsplatzunsicherheit.

Bei lang andauerndem Stress verändern und verschärfen sich die Stressreaktionen. Es kommt immer wieder vor, dass engagierte Menschen, die immer wieder ihre eigenen Leistungsgrenzen überschreiten, auf diese Weise völlig erschöpfen und „ausbrennen" (→ *Burnout-Syndrom*). Häufig bedeutet dies eine massive körperliche, psychische und soziale Erschöpfung. Die Betroffenen brauchen oft sehr lange, bis sie sich von diesem tiefgreifenden Erschöpfungszustand und der oft damit verbundenen Depression erholt haben. Viele Menschen können auch gar nicht mehr an ihren Arbeitsplatz zurückkehren.

2 Stresskonzepte

Die aktuelle Forschung verfolgt ein arbeitspsychologisches Stressmodell, damit sind Vorstellungen vom „positiven" und „negativen" Stress überholt.

Die wichtigsten Stresskonzepte (vgl. → *Psychische Belastungen*) sind:

- Belastungs-Beanspruchungs-Konzept,
- transaktionales Stressmodell,
- arbeitspsychologisches Stressmodell.

2.1 Belastungs-Beanspruchungs-Konzept

Der Begriff der → *psychischen Belastungen* wird allgemein nach der DIN EN ISO 10075-1 definiert. Psychische Belastungen werden verstanden als „die Gesamtheit aller erfassbaren Einflüsse, die von außen auf den Menschen zukommen und psychisch auf ihn einwirken." Nach dieser Definition entstehen psychische Belastungen durch objektiv erfassbare Belastungsfaktoren. Die DIN-Norm unterscheidet 4 Gruppen von Anforderungen, die zu Belastungen führen können:

- **Arbeitsaufgabe**, z. B. deren Dauer und zeitlicher Verlauf;
- **physikalische Arbeitsbedingungen**, z. B. Beleuchtung, Klima, Lärm;
- **sozialer Kontext** und **Organisationsbedingungen**, z. B. Betriebsklima, Zusammenarbeit, Konflikte;
- **gesellschaftliche Belastungen**, z. B. die wirtschaftliche Lage.

Diese Belastungen können auf den Menschen einwirken und bei ihm zu einer psychischen Beanspruchung führen. Eine psychische Beanspruchung ist nach der DIN-Norm „die unmittelbare (nicht langfristige) Auswirkung der psychischen Belastung im Individuum in Abhängigkeit von seinen jeweiligen überdauernden oder augenblicklichen Voraussetzungen, einschließlich der individuellen Bewältigungsstrategien".

Psychische Belastungen sind dabei alle äußeren Einflüsse, die auf den Menschen zukommen und auf ihn psychisch einwirken. Die **psychische Beanspruchung** ist die individuelle Auswirkung der Belastungen im Menschen. Die Beanspruchung hängt von seinen individuellen Voraussetzungen und seinem Zustand ab. Da Belastungen durch die Menschen unterschiedlich verarbeitet werden, können gleiche Belastungen zu unterschiedlicher Beanspruchung bei verschiedenen Personen führen.

Praxis-Beispiel: Möglichkeiten zur Reduktion der Beanspruchung

Das Belastungs-Beanspruchungs-Modell bietet damit grundsätzlich 2 Möglichkeiten, die psychische Beanspruchung zu reduzieren: Man kann

- die äußeren Belastungen verringern oder
- die Fähigkeit der Menschen steigern, diesen Belastungen zu widerstehen und damit eine geringere Beanspruchung zu empfinden.

Die Kritik an diesem Modell besagt, dass Belastung und Beanspruchung nicht so eindeutig unterschieden werden können. Außerdem gibt das Modell keine Erklärungen dafür, wie Belastungen verarbeitet werden. So liefert dieses Modell wenig Ansatzpunkte für ein Stressmanagement. Im Alltagsverständnis wird man auch nicht das neutrale Wort „Belastung“ als angemessen empfinden, da Stress meist als negativ empfunden wird.

2.2 Transaktionales Stressmodell (nach Richard Lazarus)

Das transaktionale Stressmodell ist in der Psychologie seit langem akzeptiert. Es konzentriert sich auf die Entstehung von Stress und dabei besonders auf die psychischen Bewertungs- und Bewältigungsprozesse. Sie erklären, warum sich gleiche psychische Belastungen nicht auf alle Menschen gleich auswirken.

Der Begriff „transaktional“ bezieht sich in diesem Modell auf die Beziehung zwischen der Person und ihrer Umwelt. Im Mittelpunkt des Modells steht die individuelle Bewertung von Ereignissen und Situationen. Erst durch die kognitiven Bewertungen einer Person wird eine Situation stressrelevant. Durch diese Bewertungen und Einschätzungen wird bestimmt, ob die momentane Beziehung zwischen der Person und ihrer Umwelt als stressend wahrgenommen wird.

Im transaktionalen Stressmodell wird zwischen der primären und der sekundären Bewertung unterschieden. In der **primären Bewertung** geht es um die Einschätzung der Situation hinsichtlich des eigenen Wohlbefindens. Die (unbewusste) Fragestellung wäre hier: „Was kann mir passieren? Wie wird es mir gehen?“.

Die Einschätzung der primären Bewertung könnte als Ergebnis haben:

- Bedrohung – es könnte eine Schädigung eintreten;
- Schädigung oder Verlust – es ist bereits eine Schädigung eingetreten;
- Herausforderung – es könnte eine Schädigung eintreten, aber die positiven Folgen stehen stärker im Vordergrund.

Die **sekundäre Bewertung** bezieht sich darauf, welche Bewältigungsmöglichkeiten für diese möglicherweise Stress auslösende Situation vorhanden sind. Jetzt werden die Möglichkeiten und Fähigkeiten zur Bewältigung der Situation eingeschätzt. Die Fragestellung wäre hier: „Schaffe ich das?“. Auch diese Bewertung findet nicht immer bewusst statt. Beide Bewertungsprozesse beeinflussen sich gegenseitig: Wenn die sekundäre Bewertung ergibt, dass sich das Ereignis gut bewältigen lässt, wird es in der primären Bewertung auch nicht als Bedrohung eingeschätzt werden. Die primäre und sekundäre Bewertung folgen also nicht zeitlich aufeinander, sondern hängen miteinander zusammen.

2.3 Arbeitspsychologisches Stressmodell (nach Eva Bamberg)

Das arbeitspsychologische Stressmodell („BGW-Stresskonzept“) baut auf den o.g. Stressmodellen auf und erweitert sie. In diesem Modell werden Stressoren/Risikofaktoren, Ressourcen/Kraftquellen, Bewertung, Bewältigung und Stressfolgen als wichtigste Faktoren angesehen, die miteinander in Wechselwirkung stehen. Stress ist nach diesem Modell ein eindeutig **negativer** Zustand.

Stressoren und Risikofaktoren können aus den Eigenschaften und Kompetenzen der einzelnen Person oder aus der Umwelt stammen, z. B. Arbeitsaufgabe oder -organisation. Stressoren sind nach diesem Modell Merkmale, die mit erhöhter Wahrscheinlichkeit zu Stressfolgen führen können. Auch Ressourcen können sowohl in der Person, als auch in den äußeren Bedingungen liegen. Personenbezogene Ressourcen können z. B. soziale Kompetenzen oder Problemlösestrategien sein. Die wichtigsten bedingungsbezogenen Ressourcen sind Kontrolle, Handlungsspielraum, Autonomie sowie soziale Unterstützung. Das arbeitspsychologische Stressmodell sieht wie das transaktionale Stressmodell auch die primäre („Ist dieses Ereignis für mich ein Stressfaktor?“) und sekundäre Bewertung („Kann ich dieses Stress auslösende Ereignis bewältigen?“) der Ereignisse als zentrale Elemente an.

Es können kurz- oder langfristige Stressfolgen entstehen. Diese Stressfolgen können sich auf 4 Ebenen zeigen (vgl. **Tab. 1**):

1. somatische Ebene,
2. kognitive Ebene,
3. emotionale Ebene,
4. Verhaltensebene.

	kurzfristige Reaktion	langfristige Reaktion
Somatische Ebene	Ausschüttung von Stresshormonen, Erhöhung von Blutdruck und Herzfrequenz	psychosomatische Erkrankungen, organische Krankheiten
Kognitive Ebene	Konzentrationsstörungen, psychische Ermüdung	Fehlerhäufigkeit, unüberlegte Entscheidungen
Emotionale Ebene	Gereiztheit, Ärger, Frustration	Depressivität, Arbeitsunzufriedenheit, → *Burnout*
Verhaltensebene	ungünstiges Gesundheitsverhalten, mehr Konflikte, weniger Team-Verhalten	Absentismus, Kündigung, Leistungsverweigerung, Einschränkung des Freizeitverhaltens und der sozialen Kontakte, ungünstiges Gesundheitsverhalten

Tab. 1: Beispiele für kurz- und langfristige Stressfolgen auf verschiedenen Ebenen

Stressfolgen betreffen also nicht nur die die gestresste Person selber, sondern auch die Organisation oder den Betrieb und das soziale Umfeld, wie Team, Familie, Partner, Freunde.[1]

2.4 Die biologische Funktion von Stress

Eigentlich bedeutet die Stressreaktion eine Vorbereitung des Organismus auf lebensbedrohliche Notfallsituationen. Die körperliche Reaktion bei Stress läuft zunächst immer gleich ab: durch die Ausschüttung von Stresshormonen (u.a. Adrenalin) und die Aktivierung des sympathischen Nervensystems werden alle Körpersysteme auf erhöhte körperliche Leistungsbereitschaft eingestellt. So steigt der Blutdruck, die Herz- und Atemfrequenz steigen an, die Muskeln spannen sich. Innerhalb kürzester Zeit ist der Mensch zum Kampf oder zur Flucht bereit. Man spricht von der Alarmreaktion des Körpers, die bei einer Gefährdung automatisch erfolgt.

Der heutige Mensch kann i.d.R. – im Gegensatz zum Tier und zum Urmenschen – weder fliehen noch kämpfen. Die entstandene Anspannung und die starke Reaktion der inneren Organsysteme werden deshalb nicht mehr abgebaut. Eine gelegentliche körperliche Stressreaktion kann der Mensch noch gut kompensieren. Bei Dauerstress entsteht jedoch eine ständige Alarmbereitschaft des Körpers, die zu verschiedenen psychosomatischen und organischen Erkrankungen führen kann. Stress ist für die schnelle Bewältigung von Notsituationen lebensnotwendig.

3 Interventionsansätze zur Stressreduktion

Aus dem arbeitspsychologischen Stressmodell ergeben sich verschiedene Ansätze für Interventionen. Auf jeden Fall sollten die spezifischen Stressoren und Ressourcen analysiert werden, bevor präventive Maßnahmen geplant und ergriffen werden.

3.1 Verringerung von bedingungs- und personenbezogenen Stressoren

Im ersten Schritt zur Verringerung der Stressbelastung wird analysiert, welche Arbeitsbedingungen zu Stress und gesundheitlichen Beeinträchtigungen führen. Diese Analyse kann z.B. über Mitarbeiterbefragungen oder einen Gesundheitszirkel durchgeführt werden. Aus den ermittelten Belastungsschwerpunkten ergeben sich verschiedene grundsätzliche Ansatzpunkte zu deren Verringerung:

- Veränderungen bei Arbeitsaufgaben und -organisation: Maßnahmen zur Umorganisation von Arbeits- und Informationsabläufen, realistische Zeitplanung, Verringerung von Störungen usw.;

1 Vgl. Bamberg et al., BGW-Stresskonzept – Das arbeitspsychologische Stressmodell, 2006.

- Beseitigung negativer Einflüsse der Arbeitsumgebung. Dies geschieht meist durch technische Lösungen, z. B. Lärmschutz.

Außerdem kann bei den Risikofaktoren der einzelnen Mitarbeiter angesetzt werden, z. B. in Form von Stressmanagement-Seminaren. Personenbezogene Risikofaktoren, die sich verändern lassen, sind z. B. negative Verhaltensmuster oder pessimistische und hilflose Einstellungen und Überzeugungen.

3.2 Aufbau von bedingungs- und personenbezogenen Ressourcen

Auch der Aufbau von Ressourcen, also Kraftquellen und Hilfsmöglichkeiten, kann ein hilfreicher Ansatz sein, um Stressbelastungen zu verringern. In der Arbeitsumgebung können z. B. folgende Ressourcen helfen:

- Erweiterung des Handlungsspielraums;
- Verbesserung der Zusammenarbeit im Team;
- gesundheitsgerechter Führungsstil.

Jeder Einzelne kann ebenfalls seine Kraftquellen erweitern, z. B. durch den Ausbau des sozialen Netzwerks oder durch die Aneignung von Fachkenntnissen oder Fähigkeiten, z. B. durch ein Zeitmanagement-Seminar.

3.3 Veränderung von Bewertung, Bewältigung und Stressfolgen

Da das Gefühl einer Stressbelastung häufig durch die Bewertung der Situation entsteht, kann es sinnvoll sein, sich diese Bewertungsmuster zu verdeutlichen und durch besser geeignete zu ersetzen. Dazu gehört auch, sich Hilfsmöglichkeiten bewusst zu machen und sie bei Bedarf auch zu nützen, z. B. Zeitpläne neu zu priorisieren oder Aufgaben auch wieder abgeben zu können. Im Sinne der Förderung der Resilienz – also der Widerstandsfähigkeit gegenüber Krisen oder Dauerstress – kann es auch nützlich sein, sich klarzumachen, dass wir aus Krisen oft auch Neues lernen und neue Fähigkeiten entwickeln.

Nach dem transaktionalen Stressmodell können einerseits das problem- und andererseits das emotionsorientierte Coping gefördert und trainiert werden.

Zum Aufbau neuer Bewältigungsstrategien können z. B. Techniken der Problemlösung erlernt werden. Wichtig ist auch eine Unternehmenskultur, in der das „Nein-Sagen" bei Überforderung erlaubt ist.

Stressfolgen lassen sich auch durch Entspannungsübungen, z. B. Autogenes Training oder Yoga, sowie durch körperliche Bewegung abbauen und verringern. Entsprechende Angebote können z. B. über die → *Betriebliche Gesundheitsförderung* vorgehalten werden.

Julia Scharnhorst

Tageslicht

Tageslicht gilt als ein wesentlicher Faktor für Gesundheit und Wohlbefinden am Arbeitsplatz. Deshalb sieht die Arbeitsstättenverordnung verbindlich vor, dass die Räume, in denen sich Menschen im Wesentlichen während der Anwesenheit im Betrieb aufhalten, ausreichend Tageslichteinfall und eine Sichtverbindung nach außen haben. Diese Kriterien wirken sich erheblich auf die Raumnutzung in einem Gebäude aus. Zentrale Bedeutung hat daher, dass alle, die in einem Betrieb mit Raumplanung und der Einrichtung von Arbeitsplätzen befasst sind, sich über diese Grundsatzforderungen im Klaren sind. Das ist umso wichtiger, weil Räume nachträglich meist nur sehr aufwändig mit Tageslicht bzw. einer Sichtverbindung nach außen versorgt werden können.

Gesetze, Vorschriften und Rechtsprechung

Nach Anhang 3.4 Arbeitsstättenverordnung und ASR A3.4 darf der Arbeitgeber *„als Arbeitsräume nur solche Räume betreiben, die möglichst ausreichend Tageslicht erhalten und die eine Sichtverbindung nach außen haben"*. Arbeitsräume sind dabei Räume, in denen Arbeitsplätze innerhalb von Gebäuden dauerhaft eingerichtet sind. Dieselbe Forderung gilt für Pausen- und Bereitschaftsräume sowie

Unterkünfte. Kantinen **sollen** möglichst ausreichend Tageslicht erhalten und eine Sichtverbindung nach außen haben.

Ausnahmen sind aus betriebs-, produktions- und bautechnischen Gründen vorgesehen, außerdem für Nebenräume, in denen sich Beschäftigte i. d. R. nur kurzzeitig aufhalten (z. B. Archive, Lager, Maschinen- und andere technische Nebenräume, Teeküchen), Tiefgaragen, Kellerlokale und Verkaufräume unter Erdgleiche sowie Räume in Einkaufzentren, Bahnhofs- oder Flughafenhallen und Passagen. In sehr großen Räumen (> 2.000 m^2) kann auf den Sichtkontakt nach außen verzichtet werden, wenn ausreichend Tageslicht (z. B. über Oberlichter) gegeben ist.

Räume, die bei Inkrafttreten der aktuellen Arbeitsstättenverordnung 2016 bereits eingerichtet waren oder mit deren Einrichtung bereits begonnen worden war und die keinen Sichtkontakt nach außen haben, dürfen bis zu einer wesentlichen Veränderung weiter betrieben werden.

Die DGUV-I 215-211 „Tageslicht am Arbeitsplatz – leistungsfördernd und gesund" enthält viele ergänzende und vertiefende Informationen und Praxisbeispiele.

1 Beleuchtungseigenschaften

Das menschliche Auge ist naturgemäß an die Eigenschaften natürlichen Lichts (Lichtstreuung und Farbspektrum) besonders gut angepasst. Dadurch wird Tageslicht z. B. auch in vergleichsweise hohen Beleuchtungsstärken viel weniger blendend empfunden als Kunstlicht. Auch die Farbwahrnehmung ist unter Tageslicht problemlos, was an Arbeitsplätzen mit besonderen Sehaufgaben wichtig sein kann.

Daher lassen sich mit natürlicher Beleuchtung i. d. R. einfacher und erfolgreicher zuträgliche Beleuchtungsbedingungen schaffen, als wenn das ausschließlich über künstliche Beleuchtung geschieht. Letztere ist allerdings bei guter Auslegung sicher auch nicht grundsätzlich schädlich. Die Imitation natürlichen Lichts durch Lampen mit entsprechend ausgelegtem Farbspektrum gelingt i. d. R. nur unvollständig und kann keineswegs als vollwertiger Ersatz gewertet werden. Im Gegenteil werden solche Leuchten oft als fremdartig und grell empfunden.

2 Einfluss von Tageslicht auf die Vitalfunktionen des Menschen

Tageslichteinfluss und erst recht Sichtverbindung nach außen ist mehr als nur eine Frage der Beleuchtung, denn Tageslicht unterstützt die Lebenskraft eines Menschen auf unterschiedliche Weise. Dabei ist es kaum möglich und für die betriebliche Praxis auch nicht nötig, physiologische Faktoren (z. B. Einwirkungen von Sonnenlicht auf bestimmte Stoffwechselprozesse) und psychische Faktoren (Gefühl des Eingeschlossenseins) zu trennen. Tatsache ist aber, dass manche Menschen extrem empfindlich auf den Entzug von Tageslicht reagieren (Beispiel Winterdepression) und dann unter Beschwerden, wie Abgeschlagenheit, Müdigkeit, Abwehrschwäche usw., leiden.

Praxis-Beispiel: Kritische Arbeitsplätze in der Gefährdungsbeurteilung regelmäßig überprüfen

Wenn in den o. g. Ausnahmefällen Arbeitsräume ohne Tageslicht betrieben werden müssen, sollte das in der Gefährdungsbeurteilung berücksichtigt werden. Gesundheitliche Probleme, die mit fehlendem Tageslichteinfluss zusammenhängen und für die Betroffenen zu einem ernsten Problem werden können, treten manchmal auch erst nach längerer Zeit auf, nachdem der tageslichtlose Arbeitsplatz zunächst gut akzeptiert wurde.

Tageslicht wird (gerade in jüngeren architektonischen Konzepten) den Arbeitsräumen nicht nur durch Fenster und (Glas-)Türen, sondern auch durch Dachoberlichter und weitere lichtdurchlässige Bauteile zugeführt. Als ausreichend gilt der Tageslichteinfall nach Abschn. 4.1 ASR A3.4, wenn

- am Arbeitplatz ein Tageslichtquotient größer als 2 %, bei Dachoberlichtern größer als 4 % erreicht wird oder
- mindestens ein Verhältnis von lichtdurchlässiger Fenster-, Tür- oder Wandfläche bzw. Oberlichtfläche zur Raumgrundfläche von mindestens 1:10 (entspricht ca. 1:8 Rohbaumaße), eingehalten ist.

Der Tageslichtquotient D ist dabei das Verhältnis der Beleuchtungsstärke an einem Punkt im Innenraum Ep zur Beleuchtungsstärke im Freien ohne Verbauung Ea bei bedecktem Himmel. $D = Ep/Ea \times 100\ \%$.

Wenn ein ausreichender Tageslichteinfall nicht gewährleistet werden kann, weil zwingende betriebliche Gründe dagegen sprechen, sollen im Interesse des Gesundheitsschutzes geeignete Ausgleichsmaßnahmen ergriffen werden, z.B. wechselnde Arbeitsbereiche, Pausenaufenthalt in Räumen mit Tageslichteinfall usw.

Praxis-Beispiel: Tageslichtlenkung

Systeme zur optischen Weiterleitung von Tageslicht in Bereiche, die sonst keinen Lichteinfall haben, sind zwar noch selten, aber durchaus erprobt und stehen baureif zur Verfügung. Damit können mind. punktuell kritische Arbeitsbedingungen entschärft werden. Das künstlich geleitete Tageslicht ist nicht nur eine angenehme und energiesparende Beleuchtung, sondern beugt durch den erkennbaren Wechsel der Tageszeiten auch etwas dem Effekt des „Eingesperrtseins“ vor, der durch fehlenden Sichtkontakt entsteht (s. u.).

3 Sichtverbindung nach außen

Unabhängig vom Tageslichteinfall (der ja auch über Oberlichter, Milchglasscheiben oder Lichtlenkung erzielbar ist) zielt die Forderung nach Sichtverbindung nach außen darauf ab, dass Beschäftigte sich in Arbeitsräumen nicht eingesperrt oder abgekapselt vorkommen. Ob das der Fall ist, hängt wesentlich von der Raumgröße und der Raumgestaltung ab, nicht nur von der schlichten Tatsache, ob ein Fenster im Raum ist. Sichtkontakt nach außen muss auch nicht zwingend von jedem Punkt des Raums aus gegeben sein. Was die Ausnahmen angeht, lässt sich grob sagen, dass auf Sichtkontakt je eher verzichtet werden kann, desto größer der Raum ist und desto mehr seine Nutzung durch betriebliche Gegebenheiten bestimmt wird. Das ist z.B. in großen Produktionshallen, bestimmten Labor- und medizinischen Bereichen oder im Bereich von Handel, Unterhaltungsbranche und Gastronomie der Fall. Im Zweifel muss eine ggf. auch individuelle Gefährdungsbeurteilung durchgeführt werden, die neben den räumlichen Gegebenheiten auch Kriterien, wie die Dauer des Aufenthaltes, die Art der Arbeit und die persönliche Disposition, berücksichtigen muss.

4 Anwendung von Ausnahmen

Weil Arbeiten bei Tageslicht eigentlich ein Grundbedürfnis und in vielen Branchen selbstverständlich ist, gibt es viele Betriebe, die mit der Forderung nach Tageslichteinfall und Sichtkontakt nach außen gar kein Problem haben. Andererseits sind bauliche Maßnahmen am und Investitionen in Gebäude nicht billig. Wenn ein Betrieb vor der Notwendigkeit steht, in schwieriger räumlicher Situation weitere Arbeitsplätze einrichten zu müssen, kann es daher schnell eine wesentliche Frage sein, wo oder ob überhaupt ein Fenster vorhanden sein muss bzw. ob die in der ArbStättV angegebenen Ausnahmen geltend gemacht werden können.

Die jetzt gültige Formulierung:

„Der Arbeitgeber darf als Arbeitsräume nur solche Räume betreiben, die möglichst ausreichend Tageslicht erhalten und die eine Sichtverbindung nach außen haben.“ (mit nachfolgender Ausnahmenliste)

ist tatsächlich als verschärfende Klarstellung gedacht gegenüber der vorherigen:

„Die Arbeitsstätten müssen möglichst ausreichend Tageslicht erhalten …“.

Das machen auch die offiziellen Erläuterungen zur aktuellen ArbStättV deutlich sowie die Tatsache, dass in Abs. 3 ein gewisser Bestandsschutz nach Inkrafttreten der aktuellen ArbStättV ausdrücklich geregelt ist. Die betrieblichen Verantwortlichen sollten also in jedem Fall davon ausgehen, dass Arbeitsräume grundsätzlich Tageslichteinfluss **und** Sichtkontakt nach außen haben **müssen** und tatsächlich nur dann darauf verzichtet werden kann, wenn eine der in Anhang 3.4 Abs. 1 ArbStättV aufgelisteten Ausnahmen konkret greift. Im Zweifel macht es Sinn, die zuständige staatliche Arbeitsschutzbehörde dazu anzufragen.

Wie genau die behördliche Auslegungspraxis sich dabei entwickeln wird, bleibt abzuwarten.

Praxis-Beispiel: Büros in fensterlosen Innenräumen

Allein die Tatsache, dass ein im Kern eines Gebäudes liegender Raum nun mal kein Fenster haben kann, ist sicher nicht als „bautechnischer Grund" nach Anhang 3.4 Abs. 1 ArbStättV und damit als tolerable Ausnahme zu werten. Eine Nutzung als Arbeitsraum ist damit nicht dauerhaft möglich, wohl aber als „Rückzugsraum" für Beschäftigte, die in einem Mehrpersonenbüro arbeiten und nach einem fexiblen Arbeitsplatzkonzept für gelegentliche Arbeiten mit hohem Konzentrationsbedarf einen besonders ruhigen Raum aufsuchen. Der Beschäftigte hält sich dann dort *„regelmäßig nicht über einen längeren Zeitraum*" auf und es gibt betriebliche Gründe (nämlich den gezielten Bedarf für einen Raum mit wenig Ablenkung), die die Nutzung rechtfertigen – selbstverständlich nur, wenn der Raum ansonsten anforderungsgerecht gestaltet ist.

Praxis-Beispiel: Medizinische Behandlungsräume

Diese Räume haben in aller Regel keinen Sichtkontakt nach außen, weil der Einblick von außen aus Gründen des Persönlichkeitsschutzes für die Patienten und der möglichst geringen Ablenkung für die Beschäftigten unbedingt vermieden werden soll. Wird der Sichtschutz z.B. über Strukturglas oder Beschichtungen an den Fenstern erzielt, ist das konform zur ArbStättV, weil konkrete betriebliche Gründe gegen den Sichtkontakt vorliegen und der Tageslichteinfall gegeben bleibt. Schwierig wird es mit innenliegenden Behandlungsräumen, die keine Fenster haben. Soweit es nicht, wie etwa bei Röntgenräumen, konkrete betriebstechnische Gründe gibt, die gegen Fenster sprechen, muss Tageslichteinfall gegeben sein.

5 Belüftung und Wärmeverteilung

Häufig geht es bei tageslichtarmen Räumen um Kellerräume, deren Nutzung als Arbeitsräume zu beurteilen ist. Diese können zwar mit entsprechend großen Fenstern und Fensterböschungen mit ausreichend Tageslicht und Sichtkontakt versorgt werden, aber dabei ist neben den Licht- und Sichtverhältnissen auch die Frage der Wärme- und Luftverteilung zu berücksichtigen. Kellerräume sind auch im ausgebauten Zustand oft bodenkalt, sodass sich bei üblicher Ausstattung mit Heizkörpern unter den Fenstern manchmal keine gute Wärmeverteilung und in der Folge auch keine ausreichende Luftzirkulation im Raum ergibt. Solche Bedingungen können, wenn sie nicht abzustellen sind, dagegen sprechen, dass Kellerräume als Arbeitsräume nutzbar sind.

Praxis-Beispiel: Rettungswege berücksichtigen

In Räumen, in denen Tageslicht und Sichtkontakt nach außen über Dachoberlichter oder feste lichtdurchlässige Bauelemente realisiert werden, kann es Probleme mit dem zweiten Rettungsweg geben. Besonders bei Umbauten und Umnutzungen, wenn vom bestehenden Genehmigungsstand abgewichen wird, sollte diese Frage unbedingt bauaufsichtlich geprüft werden.

Cornelia von Quistorp

Tankstellen

Tankstellen sind ortsfeste Anlagen, die der Versorgung von Land-, Wasser- und Luftfahrzeugen mit brennbaren Flüssigkeiten dienen. Dazu gehören auch Lager- und Vorratsbehälter. Anlagen, die zur Abfüllung entzündbarer Flüssigkeiten mit einem Flammpunkt < 23 °C dienen, sind erlaubnisbedürftig. Füll- und Entleerstellen brennbarer Flüssigkeiten, Gasfüllanlagen (z. B. für Autogas oder Wasserstoff), Flugfeldbetankungsanlagen sowie Umfüllstellen sind hingegen keine Tankstellen.

Gesetze, Vorschriften und Rechtsprechung

Tankstellen sind nach § 2 Gesetz über überwachungsbedürftige Anlagen (ÜAnlG) i.V. mit § 2 Abs. 13 Betriebssicherheitsverordnung (BetrSichV) überwachungsbedürftige Anlagen und nach § 18 BetrSichV erlaubnispflichtig. Die Erlaubnispflicht gilt nicht für reine Dieseltankstellen, da Dieselkraftstoff im Sinne der Betriebssicherheitsverordnung nicht als entzündbar gilt, da der Flammpunkt größer als 23 °C ist. Die

Erlaubnis muss schriftlich beantragt werden. Informationen zum Erlaubnisverfahren erteilen die zuständigen Behörden der Bundesländer. Auch Änderungen der Bauart oder Betriebsweise können erlaubnisbedürftig sein. Sofern Tankstellen von Arbeitnehmern genutzt werden, sind die Vorschriften über die Verwendung von Arbeitsmitteln der BetrSichV zu beachten.

Werden an Tankstellen wassergefährdende Stoffe abgefüllt bzw. gelagert (z. B. Benzin oder Dieselkraftstoff), müssen Kapitel 3 Abschnitt 3 des Wasserhaushaltsgesetzes (WHG) und die Verordnung über Anlagen zum Umgang mit wassergefährdenden Stoffen (AwSV) beachtet werden.

Als allgemein anerkannte technische Regel ist die TRBS 3151/TRGS 751 „Vermeidung von Brand-, Explosions- und Druckgefährdungen an Tankstellen und Gasfüllanlagen zur Befüllung von Landfahrzeugen" zu beachten. Sie enthält Anforderungen an Montage, Installation und Betrieb von Tankstellen für Landfahrzeuge und dient dem Schutz Beschäftigter und Dritter vor Druck-, Brand und Explosionsgefährdungen. Vorgaben für die Prüfungen von Tankstellen und anderen Anlagen in explosionsgefährdeten Bereichen enthält TRBS 1201 Teil 1.

Nach 21. BImSchV (Verordnung zur Begrenzung der Kohlenwasserstoffemissionen bei der Betankung von Kraftfahrzeugen) sind Tankstellen so zu betreiben, dass die bei der Betankung mit Ottokraftstoff oder einem Kraftstoffgemisch im Fahrzeugtank verdrängten Dämpfe nach dem Stand der Technik mittels eines Rückführungssystems erfasst und dem Lagertank der Tankstelle zugeführt werden.

1 Sicherheitsvorkehrungen an Tankstellen

Tankstellen müssen so installiert, montiert und ausgerüstet sein und so unterhalten und betrieben werden, dass bei ihrem Betrieb die Sicherheit von Beschäftigten, Benutzern und Dritten gewährleistet ist, v. a. vor Brand- und Explosionsgefahren. Dabei ist der Stand der Technik zu berücksichtigen.

Die erforderlichen Sicherheitsmaßnahmen sind abhängig von der Menge der gelagerten → *brennbaren Flüssigkeit*, dem Ort und der Art der Lagerung, der Menge der abgefüllten brennbaren Flüssigkeit, dem Ort und der Art der Abfüllung sowie den Eigenschaften der gelagerten brennbaren Flüssigkeit.

2 Ermittlung von Gefährdungen

Zunächst müssen die Maßnahmen zur Bereitstellung, Montage, Installation, Benutzung und zum Betrieb einer Tankstelle im Rahmen der Gefährdungsbeurteilung gemäß TRBS 1111 „Gefährdungsbeurteilung" und TRGS 400 „Gefährdungsbeurteilung für Tätigkeiten mit Gefahrstoffen" zum Schutz von Beschäftigten und anderen Personen ermittelt werden. Insbesondere folgende Anlagenteile sind dabei zu berücksichtigen:

- Austrittsmündungen der Entlüftungs- und Entspannungsleitungen der Behälter für Kraftstoffe,
- Abgabeeinrichtungen für Kraftstoffe,
- Domschächte der Lagerbehälter für Kraftstoffe,
- Fernbefüllschächte der Lagerbehälter für Kraftstoffe,
- Lagerbehälter für Kraftstoffe,
- Füllleitungen für Kraftstoffe,
- Entlüftungsleitungen, Gaspendel- und Gasrückführungsleitungen,
- Entnahmeleitungen für Kraftstoffe,
- Leichtflüssigkeitsabscheider einschl. Schlammfang,
- Blitzschutzanlagen,
- Verkehrsflächen.

Neben dem Normalbetrieb als bestimmungsgemäßer Betriebsweise der Tankstelle und deren Anlagenteilen sind auch Betriebsstörungen sowie vorhersehbare Abweichungen vom Normalbetrieb (z. B. An- und Abfahrvorgänge, vorübergehende Stilllegung) zu berücksichtigen. Zum Normalbetrieb gehören v. a.

- Füll- und Entleervorgänge,
- Reinigungsarbeiten,

- Probenahmen,
- Inspektions- und Wartungsarbeiten,
- Betankungsvorgang,
- Prüfungen.

Die aus der Gefährdungsbeurteilung abgeleiteten Maßnahmen hinsichtlich Prüfungen im Rahmen der Bereitstellung und Benutzung von Tankstellen und deren Anlagenteilen werden in der TRBS 1201 konkretisiert. Um Gefährdungen bereits bei der Bereitstellung der Tankstelle zu minimieren, sind die Anforderungen an Planung und Konzeption, Anlagenteile und Montage der TRBS 3151 zu beachten.

3 Betrieb der Tankstelle

Anforderungen an den Betrieb beziehen sich auf

- → *Betriebsanweisungen* und besondere Weisungen,
- Alarm- und Einsatzpläne,
- Ausrüstung mit Feuerlöschern,
- Sicherheitsmaßnahmen bei Betriebsstörungen,
- das Ergreifen von erforderlichen Schutzmaßnahmen bei Arbeiten zum Reinigen, → *Instandhalten* oder Instandsetzen,
- den Umbau von Tankstellen (TRBS 1122),
- die Festlegung von Explosionsbereichen und entsprechender Vermeidung von → *Zündquellen*
- geeignete Gefäße bei der Abgabe von Kraftstoffen,
- die jährliche → *Unterweisung* der Beschäftigten,
- die Aufstellung und Vorhaltung einer Anlagenbeschreibung mit Überwachungs-, Instandhaltungs- und Alarmplan nach AwSV,
- die Sicherung der Anlage bei Stillsetzung und Außerbetriebnahme sowie auf
- die Überwachung durch den Betreiber.

Der Betreiber muss dafür sorgen, dass innerhalb des Abfüllplatzes der Boden so beschaffen bleibt, dass auslaufende Kraftstoffe erkannt und beseitigt werden können und nicht in ein oberirdisches Gewässer, eine hierfür nicht geeignete Abwasseranlage oder in das Erdreich gelangen können.

Die TRBS 3151 enthält auch Anforderungen an den Betrieb und die Einrichtung von Anlagen der Elektromobilität, die sich in einem räumlichen oder betriebstechnischen Zusammenhang mit der Tankstelle befinden. Auch sind nun Anforderungen an Gasfüllanlagen enthalten, die im Sinne dieses Stichwortes jedoch nicht als Tankstellen verstanden werden.

4 Prüfungen

Prüfpflichten ergeben sich aus der BetrSichV sowie aus dem Wasserhaushaltsgesetz. Eine → *überwachungsbedürftige Anlage* darf **erstmalig** und nach einer prüfpflichtigen Änderung nur in Betrieb genommen werden, wenn die Anlage unter Berücksichtigung der vorgesehenen Betriebsweise durch eine → *zugelassene Überwachungsstelle* auf ihren ordnungsgemäßen Zustand hinsichtlich der Montage, der Installation, den Aufstellungsbedingungen und der sicheren Funktion geprüft worden ist. Hinweise, ob eine Änderung einer Tankstelle als erlaubnispflichtig und/oder prüfpflichtig gilt, enthält die TRBS 1122.

Eine Tankstelle bzw. deren Anlagenteile in explosionsgefährdeten Bereichen müssen in bestimmten Fristen **wiederkehrend** auf ihren ordnungsgemäßen Zustand hinsichtlich des Betriebs durch eine zugelassene Überwachungsstelle geprüft werden. Der Betreiber hat auf der Grundlage der Gefährdungsbeurteilung die Prüffristen so festzulegen, dass ein ordnungsgemäßer Betrieb bis zur nächsten wiederkehrenden Prüfung erwartet werden kann und dass die in Anhang 2 Abschnitt 3 Betriebssicherheitsverordnung genannten Höchstfristen nicht überschritten werden. Die Auflagen des Erlaubnisbescheides sind zu beachten. Hinweise zur Prüfung sind der TRBS 1201 Teil 1 zu entnehmen.

Der Betreiber von Anlagen zum Umgang mit wassergefährdenden Stoffen hat die Anlagen nach AwSV durch zugelassene Sachverständige auf den ordnungsgemäßen Zustand überprüfen zu lassen. Das gilt bei Inbetriebnahme oder Wiederinbetriebnahme sowie für den laufenden Betrieb von Tankstellen. Erdtanks außerhalb von Wasserschutzgebieten müssen nach Anlage 5 AwSV i. d. R. alle 5 Jahre wiederkehrend geprüft werden.

Martin Köhler

Telearbeitsplatz

Nach § 2 Abs. 7 ArbStättV sind Telearbeitsplätze vom Arbeitgeber fest eingerichtete Bildschirmarbeitsplätze im Privatbereich der Beschäftigten, für die der Arbeitgeber eine mit den Beschäftigten vereinbarte wöchentliche Arbeitszeit und die Dauer der Einrichtung festgelegt hat. Ein Telearbeitsplatz ist vom Arbeitgeber erst dann eingerichtet, wenn Arbeitgeber und Beschäftigte die Bedingungen der Telearbeit vereinbart haben und die benötigte Ausstattung mit Möbeln, Arbeitsmitteln und Kommunikationseinrichtungen durch den Arbeitgeber im Privatbereich des Beschäftigten bereitgestellt und installiert ist. Für den Mitarbeiter in der Privatwohnung gilt unter bestimmten Bedingungen der gleiche Arbeits- und Gesundheitsschutz wie für den Kollegen im Betrieb. Der Arbeitgeber ist verantwortlich und muss dafür sorgen, dass die Räume angemessen professionell und ergonomisch ausgestattet sind. Der Erwerbstätige – Telearbeiter genannt – ist zu Beginn einer Unterweisung unterworfen. Der Begriff ist abzugrenzen zu mobiler Bildschirmarbeit, „Homeoffice“ und Heimarbeit.

Gesetze, Vorschriften und Rechtsprechung

Anzuwenden sind das

- Arbeitsschutzgesetz (ArbSchG), Arbeitszeitgesetz (ArbZG) als grundlegende Arbeitschutzgesetze
- §§ 1, 2 und Anhang 6 Arbeitsstättenverordnung (ArbStättV)
- DGUV-I 215-410 „Bildschirm- und Büroarbeitsplätze – Leitfaden für die Gestaltung“
- DGUV-I 215-441 „Büroraumplanung – Hilfen für das systematische Planen und Gestalten von Büros“

1 Grundlegende Begriffe

1.1 Telearbeit

Man spricht von Telearbeitsplatz, wenn

- ein Unternehmen den Büroarbeitsplatz ganz oder teilweise in das Haus oder die Wohnung eines Mitarbeiters verlagert,
- diesen über Telekommunikationsmittel anbindet **und**
- der Bildschirmarbeitsplatz vom Unternehmen eingerichtet und installiert ist **und**
- die Bedingungen in einer Vereinbarung geregelt sind.

Wenn die Arbeit nur an einem Telearbeitsplatz verrichtet wird, bezeichnet man das in der Wissenschaft auch als isolierte Telearbeit. Viel häufiger ist aber die sog. alternierende Telearbeit, wenn wechselnd am Telearbeitsplatz in den Privaträumen des Arbeitnehmers und in den Betriebsräumen des Arbeitgebers gearbeitet wird.

Praxis-Beispiel: Arbeitsrechtliche Rahmenbedingungen beachten

Für eine eindeutige rechtliche Verantwortung muss u. a. geregelt sein, ob die Arbeit im Homeoffice im Arbeitnehmerstatus oder freiberuflich ausgeführt wird. Selbstständigkeit oder Arbeitnehmerschaft hängen vom Grad der persönlichen Abhängigkeit ab (BAG, Urteil v. 16.7.1997, 5 AZR 312/96).

1.2 Andere Begriffe für abhängige Erwerbstätigkeit außerhalb der Betriebsräume des Arbeitgebers

1.2.1 Mobile Arbeit

Mobile Arbeit bezeichnet das Arbeiten an beliebigen Orten, unabhängig davon, ob sich ein Mitarbeiter dort aus tätigkeitsbezogenen oder im weitesten Sinne privaten Gründen aufhält. Mobiles Arbeiten kann danach sowohl in Räumen des Arbeitgebers stattfinden (aber außerhalb eines persönlich zugewiesenen Arbeitsplatzes) als auch zu Hause (aber ohne die Kennzeichen der Telearbeit: dem vom Arbeitgeber eingerichteten Arbeitsplatz und eine entsprechende vertragliche Regelung), v. a. aber auch unterwegs, z. B. während der Fahrt in öffentlichen Verkehrsmitteln, im Hotel, beim Kunden oder einfach an einem Ort der Wahl.

Weil es erst durch die digitale Vernetzung umfassend möglich geworden ist, von zu Hause oder unterwegs für den Arbeitgeber tätig zu sein, wird unter mobiler Arbeit i. d. R. die Arbeit mit (meist mobilen) Bildschirmgeräten (Notebook, Smartphone usw.) verstanden.

1.2.2 Homeoffice

Homeoffice bezeichnet formal mobiles Arbeiten im privaten Umfeld des Arbeitnehmers, wird aber umgangssprachlich als eine Art Oberbegriff für alle Formen von bürobezogener Erwerbsarbeit von zu Hause aus benutzt, manchmal auch unkorrekt als ein synonymer Begriff für Telearbeit. Die Arbeitsstättenverordnung von 2016 hat den Begriff Homeoffice allerdings nicht aufgenommen und spricht von Telearbeit.

In der Corona-Pandemie von 2020 bis 2023 erfuhr der Begriff Homeoffice spontan eine sehr große Verbreitung und wurde aus Infektionsschutzgründen plötzlich für eine große Zahl von Beschäftigten Teil der Arbeitswirklichkeit. Echte Telearbeitsvereinbarungen konnten, wo nicht bereits zuvor vorhanden, wegen der fehlenden Vorlaufzeit beim Ausbruch der Pandemie kaum getroffen werden, sodass für dieses Phänomen der Begriff Telearbeit richtigerweise nicht zu verwenden war.

> **Praxis-Beispiel: Überblick über Formen betriebsstättenfernen Arbeitens**
>
> Seit 2023 definiert die DGUV-I 215-441 „Büroraumplanung – Hilfen für das systematische Planen und Gestalten von Büros" die unterschiedlichen Formen betriebsstättenfernen Arbeitens und gibt dazu entsprechende Gestaltungshinweise.

1.2.3 Heimarbeit

Der Begriff Heimarbeit taucht – dann wohl als unzutreffender Versuch einer Übertragung von Homeoffice ins Deutsche – gelegentlich im Zusammenhang mit Telearbeit oder mobiler Arbeit auf. Tatsächlich ist im Arbeitsrecht der Begriff aber festgelegt auf Tätigkeiten im Sinne des Heimarbeitsgesetzes (HAG), also wenn Erwerbstätige bei freier Zeiteinteilung und Ortswahl eine Tätigkeit „im Auftrag von Gewerbetreibenden oder Zwischenmeistern" erbringen, d. h., abhängig beschäftigt sind und die Verwertung der Arbeitsergebnisse dem unmittelbar oder mittelbar auftraggebenden Gewerbetreibenden überlassen, aber nicht in die Betriebsstrukturen unmittelbar eingebunden sind. Die Bezahlung erfolgt i. d. R. im Stücklohn.

Danach kann zwar auch Bildschirmarbeit in Heimarbeit geleistet werden (z. B. wenn es um die Erstellung oder Pflege von einzelnen Datensätzen geht). Das trifft aber nur sehr selten zu. Telearbeit und mobile Arbeit sind schon u. a. deswegen keine klassische Heimarbeit, weil die Beschäftigten Angestellte eines Arbeitgebers sind, den Weisungen eines Vorgesetzten unterstehen und i. d. R. ein Festgehalt beziehen.

1.3 Die Elemente eines Telearbeitsplatzes

Zu den gängigen Kommunikationsmitteln am Telearbeitsplatz zählen:

- PC,
- Notebook,

- die mobilen Medien, wie
  - Telefonieren über Internet,
  - Smartphone und
  - Tablet-PCs, wie etwa das iPad.

Der Telearbeitsplatz ist mit dem Rechner bzw. Server der Betriebsstätte vernetzt. Der Austausch von Informationen, Daten, Dokumenten und Terminen erfolgt über

- E-Mail,
- Internet oder
- Intranet sowie
- mithilfe eines virtuellen privaten Netzes (VPN).

2 Vorteile der Telearbeit

Von Telearbeit haben sowohl Chefs als auch Mitarbeiter oft falsche Vorstellungen: eine Mutter, die während der E-Mail-Abfrage ihr Kind stillt, der Mitarbeiter, der mit dem Notebook auf dem Schoß vom Sofa aus Angebote schreibt, ein Arbeitsplatz, an dem nach Lust und Laune gearbeitet wird, auch nachts und an Sonn- und Feiertagen. Die Vorteile eines Telearbeitsplatzes sind jedoch weitaus realer.

Durch einen Telearbeitsplatz ergeben sich u. a. folgende Vorteile:

Für den Arbeitgeber

- Der Arbeit- oder Auftraggeber muss z. B. keinen festen Arbeitsplatz in der Betriebsstätte zur Verfügung stellen, sondern bietet stattdessen Desk-Sharing an.
- Die Bereitschaft des Mitarbeiters, auch einmal schnell einen kleineren Auftrag zu erledigen steigt, wenn keine Fahrten dafür notwendig sind.
- Die Fehlzeiten nehmen ab.

Für den Arbeitnehmer

- An- und Abfahrtszeiten entfallen, dadurch ergibt sich mehr Freizeit.
- Berufstätigkeit und Familie lassen sich besser vereinbaren.
- Die Betreuung von Kindern und pflegebedürftigen Angehörigen kann einfacher übernommen werden.
- Zu Hause lassen sich individuelle Bedürfnisse verwirklichen.
- Die Zeiteinteilung erfolgt selbstständig.
- In der eigenen Umgebung fühlen sich viele wohler.
- Es besteht die Möglichkeit, trotz eingeschränkter Mobilität berufstätig zu sein.
- Die Beschäftigungschancen für Behinderte sind höher.
- Bessere Konzentration, da es zu keinen Störungen durch Kollegen oder Betriebsabläufe kommt.

Für Arbeitgeber und Arbeitnehmer

- Selbstständigkeit und Selbstverantwortung des Mitarbeiters steigen.
- Durch den Aufbau einer virtuellen Vernetzung kann auf Daten immer und von überall zugegriffen werden.
- Die zeitliche Gestaltung der Arbeit ist flexibler.

3 Mögliche Risiken

Heute ist das eigene Heim ein Synonym für Ruhe und → *Entspannung*. Das Büro steht dagegen für Konzentration und Leistung. Suchen also die, die am Telearbeitsplatz arbeiten (wollen), v. a. die Ruhe? Und ist die Arbeit zu Hause wirklich besser und gesünder? Damit das Konzept Telearbeit funktioniert, sind viele Risikofaktoren zu berücksichtigen.

Zu den häufigsten Risikofaktoren zählen:

1. Verhältnisse

- mangelhaft oder unergonomisch eingerichteter Arbeitsplatz,
- falsch berechneter Flächen- und Stauraumbedarf,
- Vernachlässigung von sicherheitstechnischen und arbeitsmedizinischen Regeln.

2. Verhalten

- mangelnde Eigendisziplin,
- mangelnde räumliche und zeitliche Trennung zwischen Arbeit und Freizeit, häufige Störungen,
- Gefahr des Interessenkonfliktes zwischen beruflichen und privaten Aufgaben.

3. Organisation und Führung

- fehlende Ziel- und Zeitvorgaben,
- zu wenig Kommunikation,
- fehlender Austausch von Informationen und Emotionen,
- mangelnde soziale Unterstützung durch Vorgesetzte und Kollegen,
- Gefahr der Isolation,
- schlechtere Karrierechancen, wenn die betriebsinterne Anbindung nur virtuell stattfindet,
- geringe Identifikation mit dem Betrieb,
- fehlender oder nur teilweiser Versicherungsschutz, z. B. bei Diebstahl oder Wegeunfällen.

4 Arbeitsschutz

Der Arbeitgeber ist für die Arbeitsbedingungen in seinem Unternehmen verantwortlich, auch für die Telearbeitsplätze gem. §§ 1 und § 2 ArbStättV, die nicht in der Betriebsstätte untergebracht sind.

4.1 Sicherheit und Gesundheit

Der Arbeitgeber muss einen Telearbeitsplatz wie jeden Büroarbeitsplatz → *ergonomisch* und nach den gesetzlichen Bestimmungen im häuslichen Umfeld seines Mitarbeiters einrichten (Anhang 6 ArbStättV). Neben der Finanzierung des Büros muss er auch für die Sicherheit und Gesundheit sorgen. Die Telearbeit ist erst dann eingerichtet, wenn sie „arbeitsvertraglich oder im Rahmen einer Vereinbarung" festgelegt und die Ausstattung mit Mobiliar und Arbeitsmitteln bereitgestellt und installiert ist.

4.2 Gefährdungsbeurteilung

Bei der Einrichtung und Gestaltung der Telearbeitsplätze muss der Arbeitgeber eine fachliche Unterstützung durch ergonomisch und arbeitsmedizinisch qualifizierte Experten sicherstellen. Dazu ist es möglich, dass Vertreter des Arbeitgebers die Privaträume des Arbeitnehmers aufsuchen. Allerdings ist das keineswegs dringend erforderlich. Zwar muss der Arbeitnehmer, wenn er einen Telearbeitsplatz nutzen möchte, zusichern, dass eine geeignet beschaffene Aufstellfläche zur Verfügung steht, wovon sich der Arbeitgeber im Rahmen der Gefährdungsbeurteilung überzeugen kann. In § 1 Abs. 4 ArbStättV wird jedoch ausdrücklich darauf hingewiesen, dass die Pflicht zur Gefährdungsbeurteilung nach § 3 ArbStättV nur einmalig bei Einrichtung der Arbeitsplätze besteht, keineswegs regelmäßig. Wo und wie die für den Telearbeitsplatz bereitgestellten Arbeitsmittel nach der Ersteinrichtung weiter benutzt werden, entzieht sich also ohnehin der Kontrolle des Arbeitgebers. Daher ist es fraglich, wie viel Sinn einer Begehung von Telearbeitsplätzen durch Vertreter des Arbeitgebers überhaupt zuzumessen ist.

Gegenstand der Gefährdungsbeurteilung sollte vielmehr sein,

- dass die technischen und organisatorischen Schnittstellen zwischen Telearbeitern und Unternehmen ausreichend gut abgestimmt sind und geklärt ist, wie bei auftretenden Problemen zu verfahren ist.
- dass Beschäftigte über die nötigen Informationen und das Hintergrundwissen verfügen, um eigenverantwortlich sicher und gesund am Telearbeitsplatz arbeiten zu können. Dafür sind regelmäßig entsprechende Unterweisungen erforderlich.

4.3 Ergonomische Grundvoraussetzungen

Am Telearbeitsplatz gelten alle rechtlichen Bestimmungen für einen → *Bildschirmarbeitsplatz*.

Die Wichtigsten sind:

- Der Arbeitsplatz muss frei zugänglich sein, d.h. mind. 60 cm Durchgang zum persönlichen Arbeitsplatz.
- Tische und Stühle sollten so angeordnet sein, dass die Sitzhaltung regelmäßig veränderbar ist und man sich im Raum bewegen kann. Dafür muss hinter dem Stuhl mind. 1 m Platz sein.
- Der Arbeitstisch muss knapp 1,3 m^2 Fläche haben, was 160 x 80 cm entspricht, damit ausreichend Ablageflächen vorhanden sind. Wenn kaum oder gar nicht mit Papiervorlagen und nicht mit anderen Arbeitsmitteln neben Tastatur und Bildschirm gearbeitet wird, kann auch ein Tisch von 120 × 80 cm ausreichend sein.
- Die Beinfreiheit sollte mind. 80 cm im Fußbereich betragen, um u.a. Durchblutungsstörungen vorzubeugen.
- Für gute Lichtverhältnisse sorgen → *Tageslicht* und künstliche → *Beleuchtung*.
- Der Monitor ist so aufzustellen, dass es keine störenden Blendungen, Reflexe oder Spiegelungen darauf gibt.
- Die → *Raumtemperatur* sollte regelbar und die Lüftung ausreichend sein.

Konkrete Gestaltungsbeispiele für Bildschirmarbeitsplätze im Privatbereich finden sich in der DGUV-I 215-441 „Büroraumplanung – Hilfen für das systematische Planen und Gestalten von Büros" und DGUV-I 215-442 „Beleuchtung im Büro".

Praxis-Beispiel: Vollwertige Ausstattung am Telearbeitsplatz

Weil am Telearbeitsplatz die Anforderungen der ArbStättV erfüllt sein müssen, müssen bei Verwendung eines Notebooks am Telearbeitsplatz eine Dockingstation mit externem Bildschirm und Tastatur vorhanden sein. Datenübertragungsmöglichkeiten und Schnittstellen müssen so ausgelegt sein, dass die Arbeit möglichst störungsarm und sicher ausgeführt werden kann.

5 Datenschutz

Datenschutzvorschriften sind immer dann zu beachten, wenn personenbezogene Daten in Dateien verarbeitet werden. Die Arbeiten am Telearbeitsplatz stellen innerbetriebliche Prozesse dar, die außerhalb des direkten Einflussbereiches der IT-Sicherheitsabteilung liegen. Verantwortlich sowohl für den Datenschutz als auch für die Datensicherheit ist aber weiterhin der Arbeit- bzw. Auftraggeber.

Um Datensicherheit zu gewährleisten, müssen verschiedene Faktoren berücksichtigt werden.

Sicherheitsvorkehrungen auf dem PC:

- Antivirenprogramm installieren und nutzen,
- standardmäßige Sicherheitsoptionen aktivieren,
- Betriebssystem und Programme regelmäßig aktualisieren,
- Firewall einschalten,
- WLAN-Verbindung zum Router verschlüsseln,
- Benutzername und Passwort für den Zugang anlegen,
- sensible Daten auf dem PC nur in verschlüsselter Form speichern.

Datenübertragung zwischen Telearbeitsplatz und Firmennetz:

- Authentifizierung z.B. mit Einmalpasswörtern einrichten.

Umgang mit Daten allgemein:

- sensible Informationen per E-Mail erst nach Verschlüsselung mit einer geeigneten Kryptographie-Anwendung austauschen.

6 Wirtschaftliche Aspekte

6.1 Fahrtkosten

Wenn Mitarbeiter die eigene Wohnung oder das eigene Haus für die Arbeit nicht verlassen müssen, fallen keine Fahrtzeiten und -kosten an. Das spart Ressourcen und Nerven, denn während der Stoßzeiten sind Straßen und Bahnen überfüllt, langfristig können ggf. auch Ressourcen in der Verkehrsinfrastruktur eingespart werden.

6.2 Raumkosten

Während tagsüber die Wohnung leer steht, verwaisen nachts die Bürokomplexe. Über 24 Stunden gesehen heißt das sozusagen „doppelte" Miete. Mit einem Telearbeitsplatz und Desk-Sharing lassen sich die Bürofläche und -miete sparen. Dadurch entfallen im Betrieb auch weitere regelmäßige Kosten wie Strom, Heizung, Wasser oder Instandhaltung.

Praxis-Beispiel: Kostenfrage klären

Wer von zu Hause aus arbeiten will, sollte klären, wer für die Kosten aufkommt. Es fallen Miete bzw. Raumkosten für das Arbeitszimmer an, zudem Kosten für Büromöbel, Hard- und Software, für die PC-Betreuung sowie für die monatlichen Grundgebühren und laufende Gebühren für die Nutzung von Informations- und Kommunikationsdiensten. Handelt es sich um einen Telearbeitsplatz i.S. von § 2 Abs. 7 ArbStättV, beinhaltet dies, dass der Arbeitgeber die „benötigte Ausstattung" zur Verfügung stellt und dies – ebenso wie die wöchentliche Arbeitszeit und die Dauer der Einrichtung – arbeitsvertraglich oder im Rahmen einer Vereinbarung geregelt wird.

6.3 Produktivität beim Arbeiten zu Hause

Viele Studien, die sich mit der Produktivität im Homeoffice beschäftigten, gründen auf der Selbsteinschätzung der Beschäftigten und kommen mehrheitlich zu dem Schluss, dass Beschäftigte ihre Produktivität zu Hause hoch bzw. höher als in den Unternehmensräumen einschätzen. Ein nachvollziehbarer und wesentlicher Grund ist sicherlich, dass in vielen Fällen (bei guten räumlichen und organisatorischen Strukturen) zu Hause ungestörter gearbeitet werden kann als in Betriebsräumen, in denen viele Menschen an vielen Prozessen unter einem Dach arbeiten. Allerdings ist zu berücksichtigen, dass eine Selbsteinschätzung immer subjektiv ist und es sein kann, dass Beschäftigte aus anderen als Produktivitätsgesichtspunkten die betriebsstättenferne Arbeit bevorzugen. Dementsprechend gibt es auch Studien, die von einer sinkenden Arbeitsproduktivität ausgehen. Grundsätzlich ist Arbeitsproduktivität in vielen Fällen nicht mit einfachen Kriterien quantifizierbar, erst recht nicht, wenn nicht nur die Arbeitsleistung in einer bestimmten Zeitspanne berücksichtigt wird, sondern auch unterschwellige Vorgänge wie Kreativität, Förderung von selbstständigem Arbeiten, kollegiale Unterstützung, Erfahrungszuwachs usw. mit berücksichtigt werden sollen. Vor diesem Hintergrund ist einstweilen keine pauschale Aussage über die Produktivität bei betriebsstättenfernem Arbeiten zu treffen.

Cornelia von Quistorp

Toilettenräume

Toilettenräume sind Räume, die mindestens eine Toilette und eine Handwaschgelegenheit sowie ggf. Urinale enthalten. Sie können mit Toilettenzellen (von innen absperrbare, durch Trennwände vom Toilettenraum getrennte Bereiche mit einer Toilette) oder einem vollständig von den Toiletten oder Toilettenzellen abgetrennten Vorraum versehen sein, müssen es aber nicht.

Gesetze, Vorschriften und Rechtsprechung

Nach Anhang 4.1 Abs. 1 Arbeitsstättenverordnung muss der Arbeitgeber Toilettenräume bereitstellen. ASR A4.1 „Sanitärräume" präzisiert diese Anforderung.

1 Bereitstellung von Toilettenräumen

Der Arbeitgeber muss in der Nähe der Arbeitsplätze, der → *Pausen-, Bereitschafts-*, → *Wasch-* oder → *Umkleideräume* Toiletten zur Verfügung stellen. Wie alle Sanitärräume müssen Toilettenräume geschlechtergetrennt vorgesehen werden. In Betrieben mit bis zu 9 Beschäftigten kann darauf verzichtet werden, wenn eine zeitlich getrennte Nutzung sichergestellt ist.[1]

In Betrieben mit bis zu 5 Beschäftigten ist darüber hinaus eine räumliche Kombination von Toiletten-, Wasch- und Umkleideräumen möglich,[2] wobei die Lüftungsmöglichkeiten, falls Waschräume vorgesehen sind, mindestens den für Waschräume angegebenen Wert erreichen müssen (0,04 m^2 Öffnungsfläche je m^2 Grundfläche bei einseitiger Lüftung und 0,024 m^2 je m^2 bei Querlüftung als Summe von Zu- und Abluftfläche). Bei stark und sehr stark schmutzenden Tätigkeiten, beim Umgang mit → *Gefahrstoffen*, Infektionsgefahren usw., bei Tätigkeiten mit stark geruchsbelästigenden Stoffen, beim Tragen von körpergroßflächiger → *PSA*, bei Tätigkeiten unter besonderen klimatischen Bedingungen (Hitze, Kälte) oder bei Nässe sowie bei schwerer körperlicher Arbeit muss in einer → *Gefährdungsbeurteilung* entschieden werden, ob eine räumliche Kombination möglich ist.[3]

Bei Arbeiten → ***im Freien* und auf** → ***Baustellen*** mit wenigen Beschäftigten sind nach § 6 Abs. 2 ArbStättV allgemein „Waschgelegenheiten und abschließbare Toiletten ausreichend".

Dazu gibt es allerdings in Abschn. 8 ASR A4.1 einige weiterreichende Vorgaben:

- Toilettenräume müssen zur Verfügung stehen, wenn von einem Arbeitgeber auf einer Baustelle mehr als 10 Beschäftigte länger als 2 zusammenhängende Wochen gleichzeitig beschäftigt sind. Solche Toilettenräume können ggf. in Baustellenwagen, Containern oder anderen Raumzellen eingerichtet werden.
- Getrennte Toilettenräume sind erst ab 22 Beschäftigten erforderlich bzw. wenn mehr als 6 männliche und mehr als 6 weibliche Personen beschäftigt werden.
- Für bis zu 10 Beschäftigte können auch mobile anschlussfreie Toilettenkabinen, vorzugsweise mit integrierter Handwaschgelegenheit, genutzt werden. Sie müssen vom 15.10. bis 30.4. beheizbar sein.
- Toiletten sollen möglichst nicht weiter als 100 m von den Arbeitsplätzen entfernt sein. Wo das nicht möglich ist (z.B. wegen der Lage der Baustelle, Arbeiten in der Höhe, in Tunneln usw.), darf die Wegstrecke nicht mehr als 5 min zu Fuß oder mit betrieblich zur Verfügung gestellten Verkehrsmitteln in Anspruch nehmen. Um das zu erreichen, müssen ggf. entsprechend mobile anschlussfreie Toilettenkabinen eingesetzt werden.
- Es wird als ausreichend erachtet, wenn Toilettenräume nur 2-mal in der Woche gereinigt werden (die Toiletten selbst bei täglicher Nutzung aber täglich).
- Es können Toilettenräume von Dritten genutzt werden, wenn diese den Anforderungen entsprechen.

2 Räumliche Anforderungen

2.1 Lage

Die Weglänge zwischen Arbeitsplätzen, Pausen-, Bereitschafts-, Wasch- oder Umkleideräume und Toilettenräumen sollte nicht länger als 50 m sein und darf 100 m nicht überschreiten. Die Toilettenräume müssen sich im gleichen Gebäude befinden und dürfen nicht weiter als eine Etage von ständigen Arbeitsplätzen entfernt sein. Der Weg von ständigen Arbeitsplätzen in Gebäuden zu Toiletten soll nicht durchs Freie führen.[4]

---

1 Abschn. 4 Abs. 6 ASR A4.1.

2 Abschn. 4 Abs. 7 ASR A4.1.

3 Abschn. 4 Abs. 7 ASR A4.1.

4 Abschn. 5.2 Abs. 1 ASR A4.1.

Toilettenräume müssen (wie alle Sanitärräume) durch Beschriftung und/oder Kennzeichnung deutlich erkennbar sein.

2.2 Raumhöhe

In Toilettenräumen darf eine lichte Höhe von 2,50 m nicht unterschritten werden. In bestehenden Arbeitsstätten ist bis zu einem wesentlichen Umbau eine geringere lichte Höhe zulässig, soweit sie dem Bauordnungsrecht der jeweiligen Länder entspricht.[1]

2.3 Raumgröße und -zuschnitt

Toilettenräume müssen in Abhängigkeit von der darin vorgesehen Anzahl von Toiletten, ggf. Urinalen und Waschgelegenheiten sowie ggf. von sonstigen Einrichtungen ausreichend groß sein, dass die erforderlichen Bewegungsflächen eingehalten werden können. Für Toilettenzellen mit nach außen öffnender Tür ist das eine Fläche von mind. 60 × 80 cm (T × B) gemessen ab Vorderkante Toilettenbecken, wobei zu beiden Seiten des Toilettenbeckens mind. 20 cm Platz sein muss. Bei nach innen öffnender Tür wird ein Abstand von 30 cm zwischen Vorderkante Toilettenbecken und Schwenkradius der Tür angegeben. In Abschn. 5.3 ASR A4.1 werden diese Angaben durch bemaßte Skizzen für unterschiedliche Anordnungen von Toilettenzellen und Urinalen in Toilettenräumen verdeutlicht.

In bestehenden Toilettenzellen mit Türanschlag nach außen ist bis zu einem wesentlichen Umbau eine Reduzierung der Tiefe der Bewegungsfläche (60 cm) um 5 cm zulässig, entsprechend in Toilettenzellen mit Türanschlag nach innen eine Reduzierung des Abstandes Vorderkante Toilette bis Schwenkradius der Toilettentür um 10 cm.[2]

Praxis-Beispiel: Türanschlag nach außen in Toilettenräumen

In Abschn. 5.3 Abs. 1 ASR A4.1 wird empfohlen, dass der Türanschlag von Toilettenzellen möglichst nach außen erfolgen sollte, um z. B. kollabierte Personen im Notfall leichter erreichen und ihnen Hilfe leisten zu können.

Hat der Toilettenraum mehr als eine Toilettenzelle oder ist ein unmittelbarer Zugang zum Toilettenraum aus einem Arbeits-, → *Pausen-, Bereitschafts-*, → *Wasch-*, → *Umkleide-* oder Erste-Hilfe-Raum möglich, so ist ein vollständig von der/den Toilettenzellen abgetrennter Vorraum erforderlich. Im Vorraum darf sich auch kein Urinal befinden.[3]

Wenn Trennwände und Türen von Toilettenzellen nicht raumhoch ausgeführt sind, müssen sie mindestens 1,90 m hoch sein. Der Abstand zwischen Fußboden und Unterkante von Trennwänden oder Zellentüren muss, wenn diese nicht mit dem Fußboden abschließen, zwischen 0,10 bis 0,15 m betragen.[4]

2.4 Anzahl von Toiletten und Urinalen

Die erforderliche Anzahl von Toiletten/Urinalen im Betrieb bzw. Bereich ist nach den Angaben in der Abschn. 5.2 Abs. 2 ASR A4.1 zu bestimmen. Dabei spielt neben der Anzahl der männlichen und weiblichen Beschäftigten, die die Toilettenräume aufsuchen die Gleichzeitigkeit der Nutzung eine Rolle.

Bei niedriger Gleichzeitigkeit nutzen die Beschäftigten die Toilettenräume zu unterschiedlichen Zeiten (z. B. im Bürobereich). Bei hoher Gleichzeitigkeit (z. B. Bandarbeit, Lehrer im Unterrichtsdienst) suchen die Beschäftigten die Toilettenräume v. a. in zeitlich beschränkten Arbeitspausen auf. Für Mischformen zwischen den Kategorien niedrige und hohe Gleichzeitigkeit besteht ein Handlungsspielraum. Abb. 1 in Abschn. 5.2 ASR A4.1 enthält eine Grafik, aus der die Anzahl erforderlicher Toiletten bei hoher bzw. niedriger Gleichzeitigkeit abgelesen werden kann. Die zu ermittelnden Werte (pro Geschlecht) reichen

1 Abschn. 4 Abs. 2 ASR A4.1.

2 Abschn. 5.3 Abs. 1 ASR A4.1.

3 Abschn. 5.2 Abs. 2 ASR A4.1.

4 Abschn. 5.3 Abs. 2 ASR A4.1.

dabei von einer Toilette und einer Handwaschgelegenheit für bis zu 5 Personen bei geringer Gleichzeitigkeit (wobei für Herrentoiletten ein zusätzliches Urinal im Toilettenraum „aus hygienischen Gründen" (verringerter Reinigungsaufwand) empfohlen wird) bis hin zu 19 Toiletten/Urinale und 7 Handwaschgelegenheiten für 100 Beschäftigte bei hoher Gleichzeitigkeit.

Praxis-Beispiel: Übergangsregelung

Weil die Anzahl von Toiletten und Urinalen gegenüber den Angaben aus der alten ASR 37/1 „Toilettenräume" für Beschäftigtenzahlen ab 50 jeweils um 1 erhöht ist, sieht Abschn. 5.2 Abs. 3 ASR A4.1 vor, dass bis zu einem „wesentlichen Umbau" der Arbeitsstätte auch die niedrigere Zahl als tolerabel gilt, wenn ein geeigneter Ausgleich getroffen wird, z.B. „durch organisatorische Maßnahmen" (infrage kommen u.U. erhöhte Reinigungshäufigkeit oder verringerte Gleichzeitigkeit). Ähnliches gilt auch für Handwaschgelegenheiten in Toilettenräumen.[1]

Für männliche Beschäftigte ist mindestens ein Drittel der ermittelten Anzahl als Toiletten, der Rest als Urinale auszuführen.

Ein Toilettenraum soll nicht mit mehr als 10 Toilettenzellen und 10 Urinalen ausgestattet sein.

Praxis-Beispiel: Hocktoiletten

Hocktoiletten, die kein Toilettenbecken haben, sondern eine Standmöglichkeit und einen wassergespülten Bodenablauf, sind in Deutschland so gut wie nicht verbreitet, werden aber in anderen Ländern wegen ihrer Pflegeleichtigkeit und des geringeren Körperkontakts bevorzugt (z.B. in manchen Ländern Süd- und Osteuropas und in Asien). Beide Versionen haben in der Nutzung und im Unterhalt Vor- und Nachteile und eine Verwendung von Hocktoiletten ist nicht grundsätzlich abzulehnen. Sie sind daher ausdrücklich auch als Toiletten im Sinne von ASR A4.1 definiert,[2] was Betrieben mit hohen Anteilen von Mitarbeitern ausländischer Herkunft ermöglicht, bei Bedarf auch solche Toiletten einzurichten.

2.5 Ausführung

Trennwände, Türen und Fenster von Toilettenräumen müssen so angeordnet oder beschaffen sein, dass eine Einsicht von außen nicht möglich ist.

Die Urinale müssen so angeordnet oder gestaltet sein, dass eine Einsicht von außen nicht möglich ist. Es wird empfohlen, zwischen Urinalen eine „Schamwand" (eine halb hohe Blende) anzubringen.[3]

Bauliche Einrichtungen (wie auch Ausstattungen) in Toilettenräumen müssen so gestaltet und ausgeführt sein, dass Sicherheit und Gesundheit der Beschäftigten (z.B. durch Schnitt- oder Stoßkanten oder durch die Möglichkeit zur Ansammlung von Krankheitserregern) nicht gefährdet werden.

Fußböden und Wände müssen leicht zu reinigen sein.[4]

Vorhandene Bodeneinläufe müssen mit einem Geruchsverschluss ausgestattet sein, der entweder so angeschlossen sein sollte, dass das Sperrwasser fortlaufend ausgetauscht wird. Falls das nicht der Fall ist, muss zusätzlich in der Nähe ein Auslaufventil (Wasserzapfstelle) vorhanden sein, um das Sperrwasser regelmäßig umspülen bzw. nachfüllen zu können.[5]

1 Abschn. 5.4 Abs. 2 ASR A4.1.

2 Nr. 3.7 in Abschn. 3 ASR A4.1.

3 Abschn. 5.2 Abs. 4 ASR A4.1.

4 Siehe ASR A1.5/1,2 „Fußböden".

5 Abschn. 4 Abs. 9 ASR A4.1.

2.6 Beleuchtung

Die Beleuchtung in Toilettenräumen richtet sich nach den Anforderungen der ASR A3.4 „Beleuchtung und Sichtverbindung" und sieht als Mindestwert für die Beleuchtungsstärke 200 lx und für die Farbwiedergabe den Index Ra = 80 vor. Wird eine Spiegelbeleuchtung eingesetzt, soll die vertikale Mindestbeleuchtungsstärke 500 lx betragen.

2.7 Raumklima

Die Lufttemperatur in Sanitärräumen ist in der ASR A3.5 „Raumtemperatur" geregelt (i.d.R. 21 °C, die aber durch vom Benutzer ausgelöste Lüftungsvorgänge kurzzeitig unterschritten werden darf).

Vorhandene Heizeinrichtungen müssen so angeordnet, beschaffen oder abgeschirmt sein, dass die Beschäftigten vor der Berührung von zu heißen Oberflächen geschützt sind.

Die Lüftung ist in Abhängigkeit von der Nutzungsintensität so zu gestalten, dass sie hinreichend wirksam ist. Bei freier Lüftung (Fensterlüftung) sind die in **Tab. 1** dargestellten Mindestquerschnitte entsprechend der ASR A3.6 „Lüftung" einzuhalten.

Lüftungssystem	**Freier Querschnitt der Lüftungsöffnung/en je Sanitäreinrichtung**	
	[m²/Toilette]	**[m²/Urinal]**
einseitige Lüftung	0,17	0,10
Querlüftung, d.h. Lüftungsöffnungen in gegenüberliegenden Außenwänden oder in einer Außenwand und der Deckenfläche	0,10	0,06
	Die angegebenen Flächen sind die Summe aus Zuluft- und Abluftfläche.	

Tab. 1: Mindestquerschnitte für Lüftungsöffnungen

Lüftungstechnische Anlagen (für maschinelle Lüftung) sind so auszulegen, dass ein Abluftvolumenstrom von 11 m^3/hm^2 erreicht wird.

Es ist darauf zu achten, dass während der Nutzung keine Zugluft auftritt.[1]

> **Praxis-Beispiel: Wirksame Lüftung**
>
> Die Abluft von Toilettenräumen darf nicht in andere Räume gelangen. So muss z.B. lüftungstechnisch dafür gesorgt werden, dass bei allen Betriebszuständen einer Lüftungsanlage es nicht zum Rückstrom von geruchsbelasteter Luft in andere Bereiche kommt, und freie Lüftung kommt dann nicht infrage, wenn bei vorherrschenden Wetterlagen durch den Winddruck auf dem Gebäude Luft aus Toilettenräumen sehr häufig in Vorräume oder Flure gedrückt wird.

3 Ausstattung

Vor Toilettenräumen muss, wenn nötig (z.B. bei stark schmutzender Tätigkeit), eine geeignete Einrichtung zur **Reinigung des Schuhwerks** (z.B. Gitterroste, Fußmatten, Schuhreinigungsanlagen) vorhanden sein.[2]

Jede Toilettenzelle und jeder Toilettenraum mit nur einer Toilette muss von innen abschließbar sein. Zusätzlich müssen sich darin **Kleiderhaken, Papierhalter und Toilettenbürste** befinden. In jeder von Frauen genutzten Toilette ist ein **Hygienebehälter mit Deckel** zur Verfügung zu stellen. In von Männern

1 Siehe dazu ASR A3.6 „Lüftung".

2 Abschn. 4 Abs. 12 ASR A4.1.

genutzten Toilettenräumen ist mindestens ein Hygienebehälter mit Deckel in einer gekennzeichneten Toilettenzelle bereitzustellen. Toilettenpapier muss stets bereitgehalten werden.[1]

Die **Handwaschgelegenheiten** in Toilettenräumen müssen ein Handwaschbecken mit fließendem Wasser und geschlossenem Wasserabflusssystem umfassen und mit Abfallbehältern ausgestattet sein. In Toilettenräumen müssen Mittel zum Reinigen (z. B. Seife in Seifenspendern) und Trocknen der Hände (z. B. Einmalhandtücher, Textilhandtuchautomaten oder Warmlufttrockner) bereitgestellt werden.[2]

Praxis-Beispiel: Hautschutzplan

Wenn die Art der Tätigkeit es erfordert, müssen die nach Hautschutzplan abgestimmten Produkte zum Hautschutz, zum Reinigen/Desinfizieren sowie zur Hautpflege im Toilettenraum vorhanden sein.

Praxis-Beispiel: Keine andere Nutzung

In Waschräumen dürfen keine Gegenstände oder Arbeitsstoffe (insbesondere keine → *Gefahrstoffe*) aufbewahrt werden, die nicht zur zweckentsprechenden Einrichtung dieser Räume gehören.

4 Reinigung

Toilettenräume müssen entsprechend der Häufigkeit der Nutzung gereinigt und bei Bedarf desinfiziert werden. Bei täglicher Nutzung muss täglich gereinigt werden. Dazu wird in der ASR A4.1 ausdrücklich ein *„Reinigungsplan im Toilettenraum mit kontinuierlicher Abzeichnungspflicht durch das verantwortliche Reinigungspersonal*" empfohlen.[3]

Praxis-Beispiel: Desinfektionsmaßnahmen nur gezielt

Der Hinweis auf Desinfektionsmaßnahmen in Toilettenräumen bezieht sich auf Arbeitsbereiche mit besonderen Gefährdungen (z. B. Umgang mit → *biologischen Arbeitsstoffen*, Lebensmittelverarbeitung, Gesundheitswesen). Desinfektionsmaßnahmen sind dann im Einzelfall in Übereinstimmung mit den geltenden TRBA und TRGS in einem Hygieneplan festzulegen und sachgerecht umzusetzen. In „normalen" Toilettenräumen sollte eine übliche Raumpflege für hygienisch einwandfreie Verhältnisse völlig ausreichend und pauschale Desinfektionsmaßnahmen überflüssig und ggf. unnötig gesundheitsbelastend sein. Besonders bei der Flächendesinfektion von Toilettenbrillen durch die Benutzer stehen der Aufwand (durch Bereitstellen von Desinfektionsmitteln in allen Toilettenzellen) und das Risiko (Hautgefährdung, vor allem aber Augenverletzungen durch Spritzer bei der Anwendung) in keinem sinnvollen Verhältnis zum Nutzen, da die entsprechenden Infektionen so gut wie nicht über Toilettenbrillen, sondern über mangelnde Händehygiene und damit über alle Kontaktflächen im Betrieb laufen.

Praxis-Beispiel: Infektionsschutzmaßnahmen während der SARS-CoV-2-Epidemie

Die Nutzung von Toilettenanlagen ist aus Infektionsschutzgründen so zu organisieren, dass die Abstandsregel eingehalten werden kann. Ggf. helfen dabei Bodenmarkierungen, Vorgaben, wie viele Personen sich maximal gleichzeitig im Toilettenvorraum aufhalten dürfen, oder zeitversetzte Pausenregelungen (Abschn. 4.2.2 Abs. 4 SARS-CoV-2-Arbeitsschutzregel). Weil in Toilettenräumen oft nicht absehbar ist, wer wann den Raum betritt oder durchquert, geben viele Betriebe vor, dass in Toilettenräumen Mund-Nase-Bedeckung getragen werden muss.

Für die Handhygiene dürfen aktuell nur Einmalhandtücher aus Papier oder Textil eingesetzt werden. Warmlufttrockner sollten vermieden werden, weil sie Flüssigkeitströpfchen durch die Raumluft bewegen können (Abschn. 4.2.2 Abs. 2 SARS-CoV-2-Arbeitsschutzregel).

1 Abschn. 5.4 Abs. 1 ASR A4.1.

2 Abschn. 5.4 Abs. 2 ASR A4.1.

3 Abschn. 5.1 Abs. 3 ASR A4.1.

Besondere Reinigungsvorgaben für Toilettenräume gibt es nicht. Toilettenräume sind arbeitstäglich mindestens einmal in üblicher Weise zu reinigen (Abschn. 4.2.2 Abs. 5 SARS-CoV-2-Arbeitsschutzregel). Allerdings sollte geprüft werden, ob ggf. durch die häufigere Nutzung von Waschgelegenheiten eine Zwischenreinigung bzw. Kontrolle und Ergänzung des Verbrauchsmaterials (Seife, Handtücher) erfolgen muss.

Cornelia von Quistorp

Toner

Toner bezeichnet den Farbstoff, mit dem beim Druck- oder Kopiervorgang die Buchstaben und Bilder aufs Papier gebracht werden. Hauptbestandteile des Toners sind Pigmente, polymere Bindemittel, zusätzliche Ladungsträger oder Hilfsmittel. Die Tonermaterialien bestehen aus synthetischen Kohlestoff- (Carbon Black) oder Eisenoxidpartikeln. Tonerpartikel sind im Durchmesser kleiner als 1/10.000 mm und werden deshalb den Nanopartikeln zugerechnet. Wegen dieser geringen Größe bergen sie gesundheitliche Risiken. Allerdings sind moderne Tonerkartuschen und Laserdrucker so konzipiert, dass während des Druckvorgangs nur geringe Mengen an Tonerstaub austreten.

Gesetze, Vorschriften und Rechtsprechung

In der DGUV-I 215-410 „Bildschirm- und Büroarbeitsplätze – Leitfaden für die Gestaltung" sind sicherheitstechnische und arbeitsorganisatorische Aspekte zum Umgang mit Drucker und Toner zu finden.

1 Inhaltsstoffe

Tonermaterialien sind synthetische Kohlestoff- (Carbon Black) oder Eisenoxidpartikel, die durch Kunstharz beim Druckvorgang fixiert werden. Je nach Hersteller sind die Inhaltsstoffe sehr unterschiedlich. So kann Silicium, Mangan, Nickel, Aluminium, Cadium oder Blei enthalten sein.

2 Grenzwerte

Der Grenzwert für Feinstaub liegt bei Geräten mit dem Umweltzeichen Blauer Engel bei 350 Mrd. Partikel je 10 Minuten Druckzeit. Die Inhaltsstoffe werden dabei nicht bewertet. Laut Umweltministerium und Umweltbundesamt liegt die Gesamtemission der Metalle in einem Bereich, der als Hintergrundbelastung generell vielfach in Innenräumen anzutreffen ist.

3 Gefahrstoff

Die meisten Inhaltsstoffe des Toners zählen zu den → *Gefahrstoffen*. Toner ist gefährlich für Augen, Haut und Atemwege. Im direkten Umgang mit Toner – etwa beim Nachfüllen oder Kartuschenwechsel – muss man deshalb vorsichtig sein und entsprechende Schutzmaßnahmen einhalten.

Immer wieder werden die Emissionen von Laser-Druckern mit gesundheitlichen Beschwerden und chronischen Erkrankungen in Verbindung gebracht. Doch bisher ist umstritten, wann und in welchen Mengen Tonerstaub beim Drucken freigesetzt wird. Ein Grund für den Kenntnismangel liegt darin, dass Toner aus ultrafeinen Teilchen besteht. Ein Tonerstaubpartikel misst ein 10.000stel Millimeter. Das ist so klein, dass man es nicht sehen kann.

Dass Laserdrucker und -kopierer die Raumluft mit Feinstaub belasten, ist unumstritten. Das ergab 2008 eine Untersuchung des Bundesinstituts für Risikobewertung (BfR). Doch aus der Studie geht der Anteil an Toner nicht hervor. Kritiker weisen immer wieder darauf hin, dass es dafür bisher kaum geeignete Messverfahren gibt. Bei der Gefährdungsanalyse von Nanopartikeln hinkt die Forschung allgemein hinterher. Beim Tonerstaub ein Risiko, da er krebserregend sein kann.

2010 äußert sich das Institut für Arbeitsschutz der DGUV (IFA) zur Gefahreneinstufung aufgrund des Forschungsstands dahingehend, dass Emissionen aus Druckern und Kopierern bei sachgemäßem Umgang keine besondere Gesundheitsgefahr darstellen.

4 Umgang mit Toner

Die größten Gefahren bei der Nutzung von Tonern liegen im falschen oder unvorsichtigen Verhalten. Deshalb ist es wichtig, dass alle im Unternehmen über den richtigen Umgang mit Geräten, bei denen Toner zum Einsatz kommt, informiert werden. Das sind vor allem die Nutzer, aber auch das Reinigungspersonal.

4.1 Hinweise für Nutzer von Drucker und Kopierer

- Jeder darf Papier im Gerät nachlegen.
- Beim Kopiervorgang sollte der Deckel stets geschlossen werden. „Trauerränder" erhöhen die Schadstoffabgabe und verschmutzen die Walze.
- Nach längeren Kopier- oder Ablagearbeiten empfiehlt es sich, die Hände zu waschen.

Praxis-Beispiel: Hände waschen – aber richtig

Waschen Sie sich nach dem Kontakt mit Toner immer gründlich die Hände mit kaltem Wasser und Seife. Warmes Wasser verklebt den Tonerstaub auf der Haut!

4.2 Aufgaben von Gerätekundigen

Aus Gründen der Sicherheit und Gesundheit sollte für jeden Drucker und Kopierer eine Person im Betrieb verantwortlich sein. Um sich mit dem Gerät vertraut zu machen, empfiehlt sich eine Einweisung durch den Servicetechniker. Der Name der gerätekundigen Person sollte auf einem Aufkleber am Gerät vermerkt sein. Die Aufgaben des Gerätekundigen sind:

- Die Vorratsbehälter für Toner in einem abschließbaren Schrank zu lagern.
- Den Toner mit Einweg- oder Haushaltshandschuhen nachzufüllen, Tonerkartuschen oder verschmutzte Filter zu wechseln.
- Kleinere Betriebsstörungen, wie etwa einen Papierstau, zu beheben.
- Verschütteten Toner laut Sicherheitsdatenblatt aufzuwischen.
- Leere Tonerkartuschen, Tonerabfälle und -reste ordnungsgemäß zu entsorgen.
- Die Walze mit Reinigungsmittel ohne Chlorwasserstoff zu reinigen.
- Regelmäßig einen Servicetechniker für die Wartung zu beauftragen.
- Nach Wartungs- und Reinigungsarbeiten den Raum zu lüften.
- Das Umweltdatenblatt sowie mitgelieferte → *Sicherheitsdatenblätter* zum Toner zu verwahren.

Praxis-Beispiel: Papierstau sicher entfernen

Papier sollte niemals gewaltsam entfernt werden, denn dadurch kann unfixierter Tonerstaub freigesetzt werden.

Ein Servicetechniker sollte bei der Einweisung erklären,

- wie Papierreste zwischen den Walzen entfernt werden können und
- wie die Staubbildung dabei gering gehalten werden kann.

Wenn ein Papierstau entfernt wurde, sollten das Gerät und die Geräteumgebung mit einem feuchten Tuch abgewischt und anschließend die Hände mit kaltem Wasser und Seife gewaschen werden.

4.3 Wichtige Hinweise für Reinigungskräfte

- Laserdrucker und Kopierer dürfen niemals ausgeblasen oder gefegt werden.
- Die Geräteumgebung ist regelmäßig feucht zu wischen. Danach sollten die Hände mit kaltem Wasser gewaschen werden.

5 Mögliche gesundheitliche Beschwerden

Die Bundesanstalt für Arbeitsschutz und Arbeitsmedizin (BAuA) aktualisiert 2015 die Bewertung möglicher Gesundheitsgefährdungen durch Toner: Für die Beschäftigten im Büro besteht demnach kein Anlass zur Besorgnis. Bei der Gefährdungsbeurteilung am Arbeitsplatz für Emissionen aus Laserdruckern und Kopiergeräten ist der Allgemeine Staubgrenzwert von Relevanz. Und dieser wird an Büroarbeitsplätzen um etwa den Faktor 100 unterschritten. Trotzdem wird darauf hingewiesen, dass die Räume, in denen Drucker oder Kopierer stehen „hinreichend groß und gut belüftet sein sollten".

Entwarnung gibt die Bundesanstalt auch für Servicetechniker, „wenn die Staubbelastung durch geeignete Maßnahmen gering gehalten wird". Dazu zählt z.B. die Reinigung mit geeigneten Staubsaugern oder feuchten Tüchern.

Ebenfalls 2015 veröffentlicht das Institut für Umweltmedizin und Krankenhaushygiene des Universitätsklinikums Freiburg (IUK) allerdings Ergebnisse zu einer Pilotstudie. Sie belegt, dass feine und nanoskalige Partikel aus Emissionen aus Laserdruckern zur gesundheitlichen Beeinträchtigung z.B. der Lungenfunktion beim Menschen führen können.

6 Präventive Maßnahmen

Weiterhin gilt, dass Gefahren durch Tonerpartikel wissenschaftlich nicht ausschlossen werden können. Deshalb sollten am Arbeitsplatz Vorsorgemaßnahmen getroffen werden.

6.1 Separater Druckerraum

Am besten schützt man sich vor gesundheitlichen Belastungen durch Toner bzw. Tonerstaub aus Bürogeräten, indem man sie in einem extra Raum aufstellt. Damit bleiben übrigens auch alle anderen Emissionen wie Lärm oder Wärme außen vor.

6.2 Nachrüstfilter

Ob und wie Nachrüstfilter vor Tonerstaub schützen, wird immer wieder diskutiert. Einige Hersteller behaupten, dass mit ihrem Produkt über 90 % der Feinstaubpartikel aus der Abluft herausgefiltert würden.

Allerdings gibt es Drucker, die bis zu 8 Öffnungen haben – plus Papierausgabefach. Auch technisch unterscheiden sich die einzelnen Modelle: die einen sind mit einem blasenden, andere dagegen mit einen saugenden Ventilator ausgerüstet und wieder andere haben gar keinen. So muss für jedes Gerät geprüft werden, ob es für die Nachrüstung mit einem Filter geeignet ist.

6.3 Gerätetausch

Bei der Anschaffung von neuen Geräten sollte überlegt werden, ob der Einsatz von Tintenstrahldruckern möglich ist. Diese gelten als gesundheitlich unbedenklich.

7 Prüfsiegel und Zertifikate

7.1 Blauer Engel

Zu den Anforderungen an Toner für die Vergabe des „Blauen Engels", Umweltzeichen RAL-UZ 55, gehören u.a. folgende Kriterien:

- Tonermodule und -behälter müssen so verschlossen sein, dass bei Lagerung und Transport kein Tonerstaub austreten kann.
- Der Toner darf keine Stoffe enthalten, die gemäß Gefahrstoffverordnung zu den gefährlichen Stoffen und Zubereitungen zählen.
- Stoffe mit der Kennzeichnung „Sensibilisierung durch Hautkontakt möglich" dürfen nicht enthalten sein.

- Tonern dürfen keine Stoffe zugesetzt sein, die Quecksilber-, Cadmium-, Blei-, Nickel- oder Chrom-VI-Verbindungen als konstitutionelle Bestandteile enthalten. Hier gibt es allerdings Ausnahmen beim Farbmittel und bei herstellungsbedingten Verunreinigungen.
- Emissionshöchstwerte: Für den Blauen Engel werden die flüchtigen organischen Verbindungen als Summenparameter TVOC (Total Volatile Organic Compounds) und darüber hinaus Benzol, Styrol, Ozon und Staub bestimmt. Der Grenzwert liegt seit 2014 bei 350 Mrd. Partikel je 10 Minuten Druckzeit. Dieser Prüfwert macht jedoch keine Aussage über gesundheitliche Bedenklichkeit oder Unbedenklichkeit, sondern dient dazu, emissionsarme Geräte identifizieren zu können.
- Es gibt aber auch Geräte, die nur rund 500 Mio. Partikel in der gleichen Zeit ausstoßen.
- Seit Anfang 2018 gilt für Drucker die neue Vergabegrundlage RAL-UZ 205. Bei der Emissionsprüfung auf die besonders kritischen Ultrafein-Partikel ändert sich dadurch jedoch kaum etwas.
- Geräte über 250 Liter erhalten den „Blauen Engel" ohne Messung der Emissionen. Sie sind bis 2019 von der Prüfung ausgenommen.

7.2 Siegel der LGA Bayern

Auch die Landesgewerbeanstalt in Bayern kennzeichnet schadstoffarmen Toner mit seinem **Siegel der LGA Bayern**.

Praxis-Beispiel: Ultrafeiner Emissionsstaub und Inhaltsstoffe werden nicht berücksichtigt

Tonerstaub ist heute ultrafein. Die Anforderungen der Prüfsiegel berücksichtigen allerdings keine Emissionen mit dieser geringen Größe. Da zudem die Inhaltsstoffe des Toners nicht bewertet werden, können Schwermetalle, wie Aluminium, Nickel, Kobalt, Cadmium, Blei, Antimon usw., ungeprüft – so die Kritik an die Vergabeanforderungen für den Blauen Engel – in die Raumluft gelangen und zum Risiko für die Gesundheit werden.

Bettina Brucker

Treppen

Ortsfeste Treppen – kurz Treppen – sind im Gegensatz zu beweglichen Treppen fest im Gebäude oder an Maschinen vorgebaute Aufstiege mit Stufen und Geländer sowie ggf. Plattform.

Ein wesentliches Unterscheidungsmerkmal bei festen Treppen ist die Ausbildung bzw. die Führung der Lauflinie im Treppengrundriss, die als gedachte Linie den üblichen Weg eines Treppenbenutzers vorsieht. Die Steigung von Treppen liegt zwischen 20° und 45°, wobei der Bereich zwischen 30° und 38° bevorzugt werden sollte.

Gesetze, Vorschriften und Rechtsprechung

- Musterbauordnung (MBauO)
- Bauordnungen der Länder
- Arbeitsstättenverordnung (ArbStättV)
- ASR A1.8 „Verkehrswege"
- DGUV-R 208-005 „Treppen"
- EN ISO 14122-1 „Ortsfeste Zugänge zu maschinellen Anlagen; Teil 1: Wahl eines ortsfesten Zuganges zwischen zwei Ebenen"
- EN ISO 14122-3 „Ortsfeste Zugänge zu maschinellen Anlagen; Teil 3: Treppen, Treppenleitern und Geländer"
- DIN 18065 „Gebäudetreppen"

1 Treppenbauformen

1.1 Gerade Treppe

Die gerade Treppe hat einen oder mehrere Treppenläufe mit jeweils gerader Lauflinie, die durch Zwischenpodeste miteinander verbunden sind. Die Steigungen liegen vorzugsweise zwischen 30° und 38°. Übliche Bauformen sind einläufige und mehrläufige Treppen. Mehrläufige Treppen können gewinkelt oder gegenläufig sein (vgl. **Abb. 1**).

Treppen mit geraden Läufen

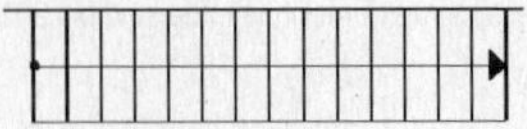

Einläufige gerade Treppe

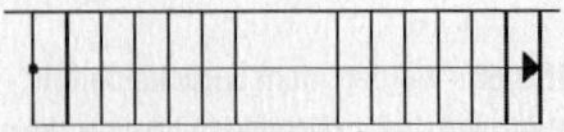

Zweiläufige gerade Treppe mit Zwischenpodest

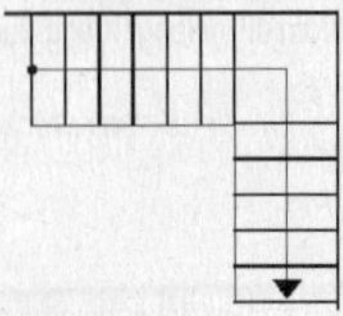

Zweiläufige gewinkelte Treppe mit Zwischenpodest

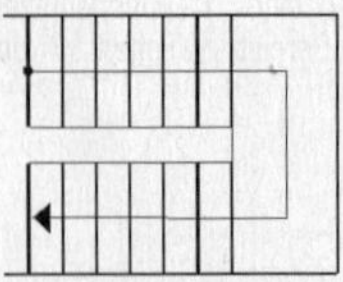

Zweiläufige gegenläufige Treppe mit Zwischenpodest

Abb. 1: Zweiläufige gegenläufige Treppe mit Zwischenpodest

1.2 Gewendelte Treppe

Die gewendelte Treppe ist eine Treppe, deren Lauflinie eine nicht geschlossene Kurve (z.B. Kreissegment, Ellipsensegment) ist oder deren Lauflinie aus solchen Teilstücken zusammengesetzt ist. Eine Treppe mit geraden Läufen, die am Antritt oder Austritt gewendelt ist, wird als teilgewendelte, z.B. „viertelgewendelt" bezeichnet (vgl. **Abb. 2**).

Treppen mit gewendelten Läufen

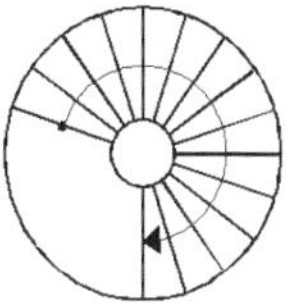

Wendeltreppe
Treppe mit Treppenauge

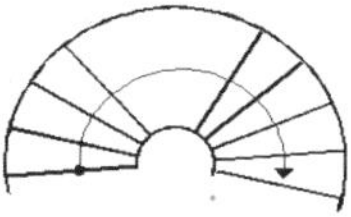

Zweiläufige gewendelte Treppe
mit Zwischenpodest

Treppen mit geraden und gewendelten Laufteilen

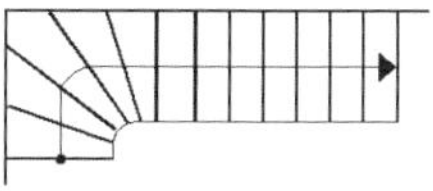

Einläufige, im Antritt viertelgewendelte Treppe

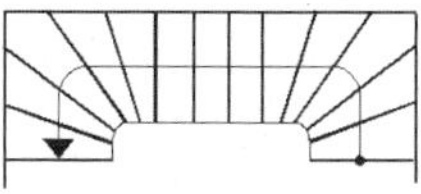

Einläufige, zweimal viertelgewendelte Treppe

Abb. 2: Schematische Darstellung gewendelter Treppenläufe

1.3 Wendeltreppe

Die Wendeltreppe ist eine Treppe, deren Lauflinie eine geschlossene Kurve (z. B. Kreis, Ellipse) ist, mit einer ebenso ausgebildeten Öffnung im Treppenzentrum; man spricht hier vom *offenen Treppenauge*. In der Lauflinie soll das Steigungsverhältnis dem einer geradläufigen Treppe mit Stufenabmessungen nach der Schrittmaßformel entsprechen.

1.4 Spindeltreppe

Die Spindeltreppe ist eine Sonderausführung der Wendeltreppe, deren Lauflinie ein Kreis ist. Die Stufen sind an einer Säule (Spindel) im Treppenzentrum angebracht; man spricht in diesem Fall vom *geschlossenen Treppenauge* (vgl. **Abb. 3**).

Abb. 3: Spindeltreppe

1.5 Steiltreppe

Die Steiltreppe ist eine Sonderform der geraden Treppe (Normaltreppe) mit wesentlich größerem Steigungswinkel bis 45°. Als Treppe zu maschinellen Einrichtungen wird sie auch **Hilfstreppe** genannt.

2 Unfallgeschehen und Unfallvermeidung

2.1 Unfallgeschehen

Nach der Unfallstatistik der gewerblichen Berufsgenossenschaften ereignen sich jährlich etwa 50.000 meldepflichtige Unfälle auf Treppen in gewerblichen Unternehmen. Etwa 2.000 der Unfälle sind so schwerwiegend, dass bleibende Körperschäden eintreten; etwa 40 Unfälle verlaufen tödlich.

Praxis-Beispiel: Die wichtigsten Erkenntnisse

- Generell waren überproportional zur Anzahl verbauter Treppen gewinkelte Treppen betroffen.
- Die meisten der untersuchten Unfälle ereigneten sich auf Treppen ohne gravierende (unfallauslösende) bauliche Mängel und zwar beim Abwärtsgehen, v. a. am Treppenanfang und -ende. Hierbei waren v. a. übermäßige Eile, Nichtbenutzen des Handlaufes und Tragen von ungeeignetem Schuhwerk zu verzeichnen.
- Wenn Treppen bauliche Mängel aufwiesen, dann meistens durch zu geringe Stufentiefen, durch ausgearbeitete/ausgebrochene Stufenkanten und ungleiche Stufenabstände und zu hoch stehende Stufenkantenprofile.
- Abgestellte Gegenstände auf der Treppe, aber auch unzureichende Beleuchtung haben das Unfallgeschehen gefördert.

2.2 Unfallvermeidung

Unfälle lassen sich vermeiden, wenn die folgenden Punkte beachtet werden:

Praxis-Beispiel: Planung und Benutzung von Treppen

- möglichst gerade Treppen ohne gewinkelte Läufe einplanen,
- auf Treppen konzentriert und ohne Hast gehen,
- immer den Handlauf benutzen,
- Treppen von Gegenständen frei halten,
- beim Transport von Gegenständen auf freie Sicht achten,
- Treppen nicht in Hauptnutzungszeiten reinigen,

- für ausreichende Beleuchtung sorgen,
- Außentreppen vor Witterungseinflüssen schützen,
- Schäden an Treppen sofort beheben.

Tritte

Tritte sind Aufstiege mit einer Standhöhe von max. 1 m. Wie Leitern sind sie zur Verrichtung von Arbeiten geringen Umfangs vorgesehen. In Abhängigkeit vom Einsatzort und den von einem Tritt aus durchzuführenden Arbeiten werden 4 klassische Trittbauarten unterschieden: Leitertritt, Treppentritt, Tritthocker und tonnenförmiger Tritt (Rolltritt). Tritte sind häufig hohen Beanspruchungen ausgesetzt, was – je nach Qualitätsniveau – zu frühzeitigem Versagen des Trittes führen kann. Deshalb müssen Tritte genauso wie Leitern regelmäßig geprüft werden.

Türen und Tore

Türen und Tore in Arbeitsstätten dienen dazu, Arbeitsräume von anderen Arbeitsräumen oder gegen den Außenbereich abzugrenzen. Darüber hinaus haben sie Wärme- und Schallschutzfunktionen und dienen dem Rauch- und Brandschutz. Je nach Bauweise wird unterschieden zwischen Drehflügel-, Schiebe- und Faltflügeltüren und -toren, Karusselltüren sowie Roll-, Sektional- und Kipptoren. Zugänge zu Maschinen und Anlagen (z.B. Aufzugsanlagen, Produktionsstraßen usw.) werden hingegen nicht als Türen und Tore angesehen. Alle Türen und Tore können manuell oder kraftbetrieben bewegt werden. Gefährdungen können z.B. durch Einzugs-, Quetsch- und Scherstellen an beweglichen Teilen von Türen und Toren, durch unbeabsichtigte Bewegungen (z.B. das Abstürzen oder Umstürzen von Torflügeln) oder fehlende Umsetzung von Brandschutzanforderungen entstehen. Daher machen das Arbeitsstätten- und das Baurecht detaillierte Vorgaben für deren Gestaltung und Betrieb.

Gesetze, Vorschriften und Rechtsprechung

Allgemeine arbeitsschutzrechtliche Anforderungen an Türen und Tore sind vor allem in Anhang 1.7 Arbeitsstättenverordnung verankert. Sie werden in der ASR A1.7 „Türen und Tore" konkretisiert. Die ASR A1.7 bezieht sich auf alle Türen und Tore (manuell und kraftbetrieben) in Gebäuden und vergleichbaren Einrichtungen und auf dem Betriebsgelände, zu denen Beschäftigte im Rahmen ihrer Arbeit Zugang haben (mit Ausnahme der Zugänge zu Maschinen und Anlagen). Im berufsgenossenschaftlichen Regelwerk greift die DGUV Information DGUV-I 208-022 „Türen und Tore" die ASR A1.7 auf und gibt dazu jeweils erläuternde Hilfestellungen. Darüber hinaus gibt es an Türen und Tore häufig Anforderungen aus dem Baurecht, wobei es besonders darum geht, die Ausbreitung von Rauch und Feuer wirksam zu unterbinden. Vorgaben dazu finden sich vor allem in den Landesbauordnungen, den Industriebaurichtlinien und diversen Sonderbauvorschriften.

1 Bauformen

Türen und Tore werden nach der Bauweise unterschieden in (Abschn. 3 ASR A1.7, **Tab. 1**):

- Drehflügeltüren/-tore,
- Schiebetüren/-tore,
- Faltflügeltüren/-tore,
- Karusselltüren,
- Rolltore,
- Sektionaltore,
- Kipptore.

Innerhalb von Toren können außerdem Schlupftüren vorhanden sein (Türen, die den Personenverkehr bei geschlossenem Tor ermöglichen). Alle Türen und Tore können manuell oder kraftbetrieben bewegt werden.

Drehflügeltüren/-tore	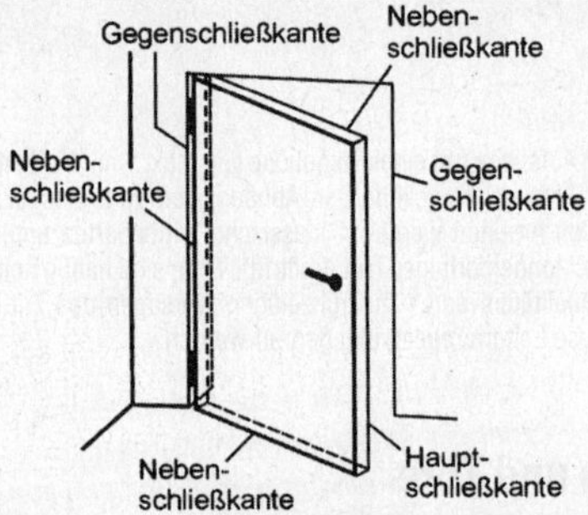
Schiebetüren/-tore	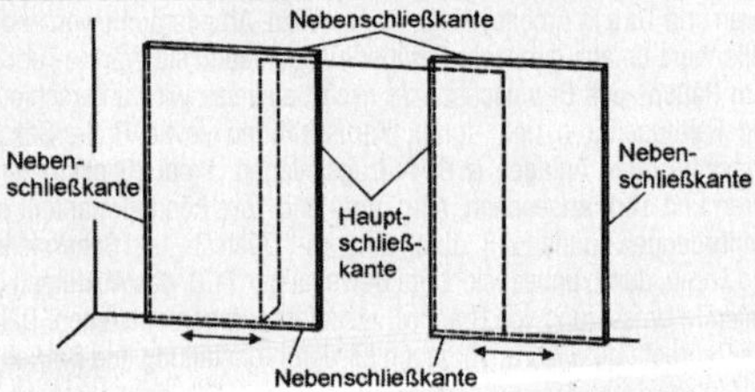
Faltflügeltüren/-tore	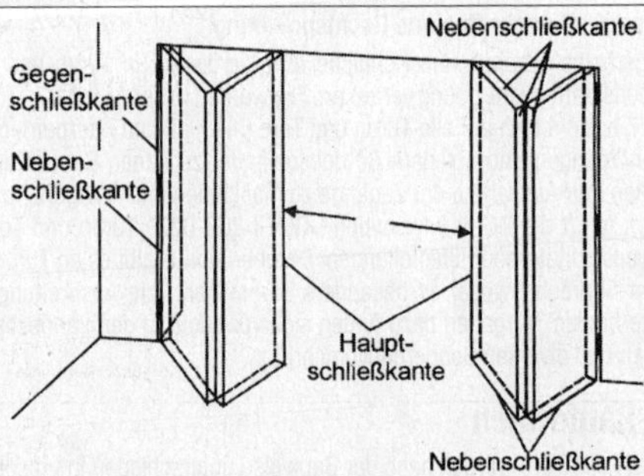

Karusselltüren	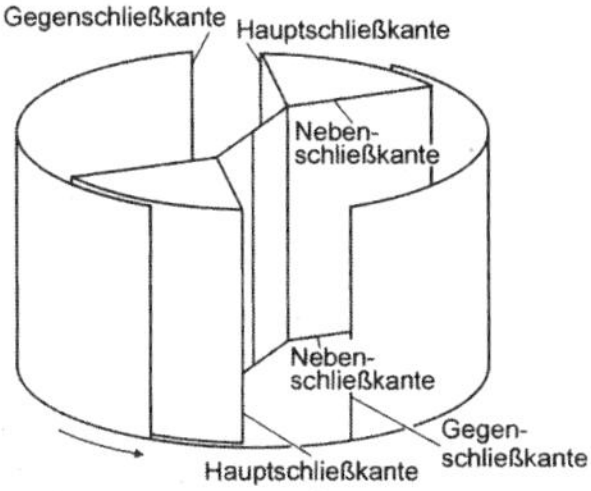
Rolltore	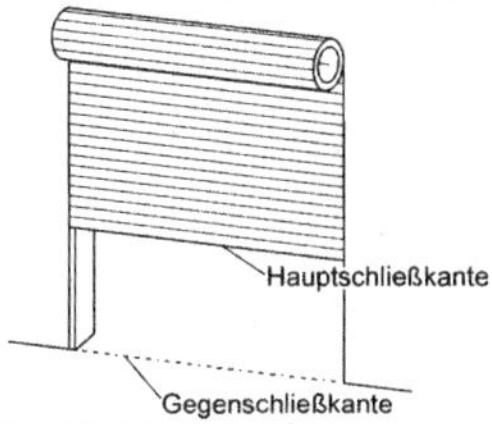
Sektionaltore	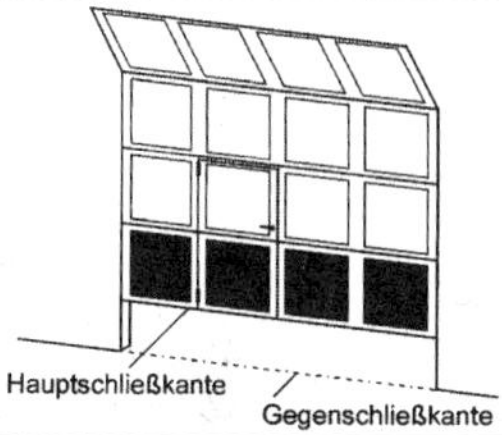
Kipptore	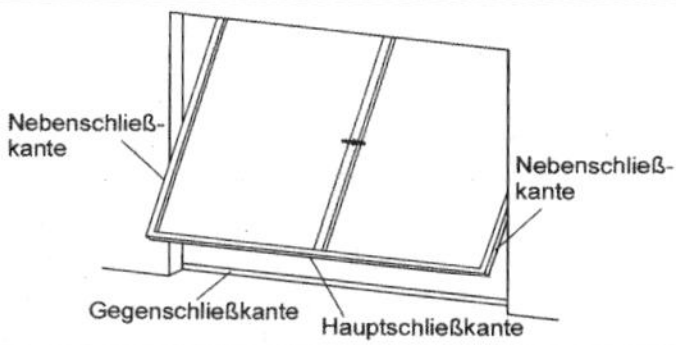
Schiebetore	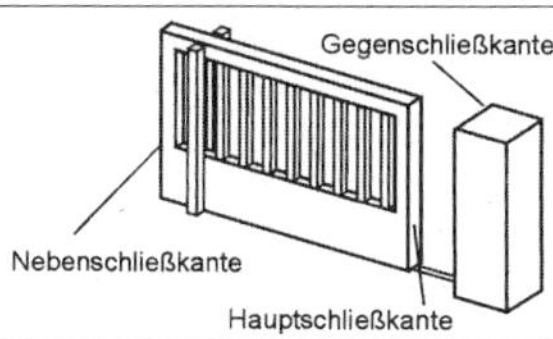

Tab. 1: Tür-/Tortypen nach Abschn. 3 ASR A1.7

2 Sichere Gestaltung von Türen und Toren

- Türen und Tore sollten so angeordnet werden, dass Gefährdungen möglichst vermieden werden. Schon bei der Planung sollen die örtlichen Gegebenheiten berücksichtigt werden, z. B.:
  - nötige Anzahl von Türen,
  - Winddruck auf dem Gebäude, mögliche Zugluft,
  - Höhenunterschiede im und am Gebäude,
  - Tageslicht und Sichtbedarf usw.
- Die Mindestbreite und -höhe von Türen und Toren müssen den Mindestmaßen von → *Hauptfluchtwegen* nach Abschn. 5 ASR A2.3 entsprechen (**Tab. 2**) bei einer Mindesthöhe von möglichst 2,10 m, jedoch nicht unter 1,95 m. Türen in selten benutzten Zugängen, die nur der Bedienung, Überwachung und Wartung dienen, dürfen minimal 0,60 m breit und 1,80 m hoch sein (wobei die verringerte Durchgangshöhe entsprechend zu kennzeichnen ist).

Praxis-Beispiel: Bestandsschutzregel für schmale Türen

In Gebäuden, die bis zum 30.9.2022 bereits errichtet waren oder deren Bauantragstellung bis zu diesem Termin erfolgt ist, dürfen Türen und Tore mit einer lichten Mindestbreite von 0,50 m eingerichtet oder solange betrieben werden, bis die jeweiligen Bereiche dieser Arbeitsstätten wesentlich erweitert oder umgebaut werden.

Personenzahl	
bis 5	0,80 m
bis 50	0,90 m
bis 100	1.00 m
bis 200	1,05 m
bis 300	1,65 m
bis 400	2,24 m

Tab. 2: Mindestmaße von Durchgängen und Türen im Verlauf von Hauptfluchtwegen gemäß Abschn. 5 ASR A2.3 „Fluchtwege und Notausgänge“

- Türen und Tore müssen so angebracht sein, dass sie in geöffnetem Zustand die erforderliche Mindestbreite nicht einengen.
- Unmittelbar vor und hinter Türen dürfen keine Stufen oder Treppen angeordnet sein. Der Abstand muss mindestens 1 m betragen und auch bei aufgeschlagener Tür müssen zwischen der Außenkante des Türblattes und (erster) Stufe wenigstens 0,5 m Raum bleiben (s. a. DGUV-I 208-022).
- Rahmen von Türen und Toren dürfen keine Stolperstellen bilden. Ggf. müssen Höhenunterschiede durch Schrägen angeglichen werden.
- Griffe und andere Einrichtungen für die Betätigung von Türen und Toren dürfen mit festen und beweglichen Teilen der Tür oder des Tores oder deren Umgebung keine Quetsch- oder Scherstellen bilden.
- In Arbeitsstätten verwendete Türen müssen den jeweiligen Normen entsprechen. I. d. R. wird das dadurch erreicht, dass als Bauprodukte genormte Türen verwendet werden. Bei Einzelanfertigungen muss der Hersteller dafür garantieren.
- Besondere Anforderungen an die Beschaffenheit von Türen und Toren, die sich aus dem Betrieb in den Arbeitsräumen ergeben, müssen berücksichtigt werden (z. B. selbstständiges und dichtes Schließen von Türen, wenn mit der Entstehung von gesundheitsgefährdenden Raumluftschadstoffen zu rechnen ist, oder wenn besondere Temperaturunterschiede zwischen Räumen bestehen). Ebenso müssen die Brandschutzanforderungen nach Baugenehmigung bzw. → *Brandschutzkonzept* realisiert werden (dicht schließende Türen, Rauch- oder → *Brandschutztüren*).

Praxis-Beispiel: Türen mit Brandschutzanforderungen

Türen mit Brandschutzanforderungen sind nicht immer ohne weiteres als solche zu erkennen. Besonders im Altbestand, nach Umbau oder Umnutzung ist oft nicht mehr offensichtlich, welche Kriterien wo zu greifen haben. Allerdings ist die ordnungsgemäße Funktion dieser Türen aus Brandschutz- und versicherungstechnischen Gründen sehr wichtig. Der Betreiber eines Gebäudes sollte sich daher an Hand der Genehmigungsunterlagen oder in Zusammenarbeit mit den zuständigen Behörden bzw. dem Sachversicherer einen Überblick über alle Türen mit Brandschutzanforderung verschaffen und auf den ordnungsgemäßen Zustand achten. Als Faustregel kann gelten: Rauch- und Brandschutztüren moderner Bauweise tragen ein Baumuster-Prüfsiegel in der Zarge (**Abb. 1**). An solchen Türen dürfen keinerlei Veränderungen (Aufnieten oder Anschrauben von Schildern o.Ä.) vorgenommen werden.

Abb. 1: Baumuster-Prüfzeichen einer Brandschutztür

- Türen und Tore müssen bruchsicher ausgeführt werden. Für durchsichtige Flächen muss Sicherheitsglas oder gleichwertiger Kunststoff verwendet werden, oder es müssen feste Abschirmungen (z.B. Gitter) vorhanden sein, die verhindern, dass Füllungen beim Öffnen oder schließen zerstört oder Personen durch sie hindurch gedrückt werden können. Ganzglastüren aus bruchsicheren Gläsern sind in Arbeitsstätten mittlerweile aber zulässig. Allerdings müssen Türen und Tore, die zu mehr als drei Vierteln ihrer Fläche aus einem durchsichtigen Werkstoff bestehen, in Augenhöhe deutlich erkennbar gekennzeichnet werden (z.B. durch Tönungen oder Satinierungen, Bildzeichen o.Ä.). Nachträglich aufgebrachte Folien sollten möglichst nicht durchgehend, sondern aus einzelnen Abschnitten gestaltet sein. Sonst kann es im Schadenfall dazu kommen, dass die durch eine durchgehende Folienbeschichtung fixierten Scherben kaum sicher zu entfernen sind (DGUV-I 208-022).
- Türen und Tore sollten so gestaltet sein, dass Quetsch- und Einzugsstellen an den Oberflächen vermieden werden (z. B an Türgriffen, den Oberflächen von Schiebetüren oder Rollgittern).
- Tore müssen in geöffnetem Zustand gesichert werden können, damit sie nicht (z.B. durch Windeinwirkung) unbeabsichtigt zuschlagen können.
- Schiebetüren und -tore müssen z.B. durch eine Führung in einer Bodenschiene gegen Querpendeln geschützt sein.
- Senkrecht bewegte Torflügel müssen durch Gegengewichte, Federn oder Antriebe so geführt sein, dass sie nicht unbeabsichtigt absinken können. Dabei müssen Federn und Gegengewichte ihrerseits so geschützt sein (z.B. durch Abdeckungen), dass durch ihre Bewegung z.B. keine Quetschgefahr entsteht.
- Senkrecht oder waagerecht in Führungen laufende Tür- oder Torflügel müssen gegen Aushaken und Absturz durch Versagen der Tragmittel geschützt sein. Dazu kommen unterschiedliche Maßnahmen wie Stopper, mechanische Aushaksicherungen, redundante Aufhängungen oder Fangvorrichtungen infrage (siehe auch DGUV-I 208-022).

Praxis-Beispiel: Barrierefreiheit an Türen und Toren

Im Anhang A 1.7 ASR V3a.2 „Barrierefreie Gestaltung von Arbeitsstätten" werden detaillierte Anforderungen an die Barrierefreiheit von Türen und Toren aufgeführt. Der Betreiber einer Arbeitsstätte muss diese Vorgaben nicht pauschal, sondern jeweils entsprechend den Bedürfnissen der bei ihm Beschäftigten sicherstellen, aber ausdrücklich unabhängig vom festgestellten Grad der Behinderung, also nicht etwa nur für sog. Schwerbehinderte mit einer Minderung der Erwerbsfähigkeit von mehr als 50 %. Die Anforderungen beziehen sich auf

- Erkennbarkeit, z.B. taktil erkennbare bzw. kontrastreich gestaltete Türen und Türrahmen für Blinde und Sehbehinderte,
- Erreichbarkeit, z.B. erweiterte freie Bewegungsfläche und seitliche Anfahrbarkeit an Türen für Menschen mit Gehhilfen oder im Rollstuhl,
- Bedienbarkeit, z.B. taktile Erfassbarkeit von Bedienelementen für Blinde/Sehbehinderte, geeignete Gestaltung von Türgriffen für Menschen mit eingeschränkter Hand-/Arm-Motorik,
- Passierbarkeit, z.B. Drehflügel- oder Schiebetüren neben manuell betriebenen Karusselltüren bzw. besondere Anforderungen an Größe und Antriebssteuerung von kraftbetriebenen Karusselltüren für Blinde, Menschen mit Gehhilfen oder im Rollstuhl; flache Türschwellen sowie Vermeidung von Quetschgefahren an kraftbetriebenen Türen/Toren, Maßnahmen an schwer zu öffnenden Türen für Menschen mit eingeschränkter Hand-/Arm-Motorik usw.

3 Kraftbetriebene Türen und Tore

3.1 Sicherer Betrieb

Für kraftbetriebene Türen und Tore gibt es zahlreiche spezielle Anforderungen. Sie sollen sicherstellen, dass insbesondere mechanische Gefährdungen für Personen durch die Bewegung von solchen Türen/Toren vermieden werden. Bis zu einer Höhe von 2,5 m über dem Fußboden oder einer anderen dauerhaften Zugangsebene sind daher folgende Schutzmaßnahmen einzeln oder in Kombination vorzusehen:

- Einhalten von für verschiedene Einbausituationen vorgegebenen Sicherheitsabständen zwischen Tür/Tor und festen Bauteilen,
- trennende Schutzeinrichtungen wie Verkleidungen, Abdeckungen, Abweisern,
- Torbetätigung mit einer manuellen Steuerung ohne Selbsthaltung (Totmannsteuerung),
- Begrenzungen in der Antriebskraft,
- Einbau von schaltenden Schutzeinrichtungen (auf Druck oder berührungslos wirkend).

Praxis-Beispiel: Abstand halten von automatischen Türen und Toren

Auch wenn beim Einbau alles seine Richtigkeit hatte: Wenn später ein Blumenkübel, ein Schriftenständer oder ein Stapel schwerer Kartons zu dicht an einer automatischen Tür steht, kann das eine gefährliche Quetschstelle ergeben.

Bei der Auswahl und Abstimmung der Schutzmaßnahmen hat die Tür-/Torsteuerung besonderen Einfluss. Kraftbetriebene Türen und Tore können grundsätzlich mit Selbsthaltung (Impulssteuerung, einmalige Schalterbedienung) oder ohne Selbsthaltung (Totmannsteuerung, Schalter muss gedrückt gehalten werden) gesteuert werden. In Abhängigkeit von der Einbausituation (Schließkraft und -geschwindigkeit, Einsehbarkeit, Nachlaufzeit usw.) sind dementsprechend die weiteren Schutzmaßnahmen abzustimmen. Details dazu finden sich in Abschn. 8 DGUV-I 208-022.

Kraftbetätigte Tore mit Schlupftür dürfen nur dann in Bewegung gesetzt werden können, wenn die Schlupftür geschlossen ist. Die Bewegung muss sofort unterbrochen werden, wenn die Schlupftür geöffnet wird.

3.2 Not-Halt-Einrichtung

Kraftbetriebene Türen und Tore müssen mit einer Not-Halt-Einrichtung versehen sein, wenn eine Gefährdungsbeurteilung das nötig erscheinen lässt. Zwingend ist dies für Karusselltüren erforderlich.

3.3 Abschaltung, Ausfall der Antriebsenergie

Der Antrieb von kraftbetriebenen Türen und Toren muss (bei elektrischen Antrieben) allpolig vom Netz durch einen Stecker oder Schalter zu trennen und gegen Wiedereinschalten zu sichern sein. Auch bei anderen Antriebsformen muss die Antriebsenergie selbsttätig öffnen (z. B. über gespeicherte Energie) oder abschaltbar sein. Kraftbetriebene Türen und Tore müssen sich bei Ausfall der Antriebsenergie ohne besonderen Kraftaufwand von Hand öffnen lassen. Dafür müssen geeignete Bedieneinrichtungen (Kurbeln, Haspeln, Klinken, Griffe) vorhanden sein. Wenn sich Türen oder Tore nicht von Hand bewegen lassen, müssen geeignete Hilfsmittel (hydraulische oder pneumatische Zug- oder Hebegeräte) oder Ersatzenergiequellen für den Notfall vorhanden sein.

4 Türen und Tore in Fluchtwegen

Türen und Tore in → *Fluchtwegen* müssen so ausgeführt sein, dass sie die erforderliche Fluchtwegsbreite nicht einengen und jederzeit leicht und ohne Hilfsmittel bedient und passiert werden können. Manuell bediente Türen in Notausgängen müssen in Fluchtrichtung aufschlagen.

Sonstige manuell betätigte Türen und Tore müssen in Fluchtrichtung aufschlagen, wenn eine erhöhte Gefährdung vorliegt (z. B. Einsatz von besonders gefährlichen Stoffen, hohe Personenzahl, Risiko von Übergriffen).

Manuell bediente Dreh- und Schiebetüren sind in Fluchtwegen verboten (ASR A2.3 Fluchtwege). Automatische Türen sind in Fluchtwegen nur bei Räumen mit geringen Risiken bzw. mit selbsttätigen Feuerlöscheinrichtungen zulässig. Sie müssen sich bei Ausfall der Antriebsenergie leicht manuell betätigen lassen.

An automatischen Karusselltüren müssen sich Teile der Innentüren leicht und ohne Kraftaufwand so entriegeln und öffnen lassen, dass sie in jeder Stellung der Karusselltür die erforderliche Fluchtwegsbreite freigeben. Alternativ muss daneben eine entsprechend breite Flügeltür als Notausgangstür vorhanden sein.

Türen in Fluchtwegen dürfen nie verschlossen werden und müssen sich jederzeit, soweit sich überhaupt Menschen im Gebäude aufhalten, leicht und ohne Hilfsmittel öffnen lassen. Schlüssel aller Art sind nicht zulässig, lediglich zugelassene mechanische oder elektrische Entriegelungseinrichtungen („Panikschlösser") (Abschn. 7 ASR A2.3).

Praxis-Beispiel: Über Notfallfunktionen an Türen informieren

Notfallfunktionen an Türen werden in vielen Fällen so gut wie nie benutzt. Weil es im Notfall aber meist sehr schnell gehen muss, sollten solche Funktionen allen Beschäftigten regelmäßig vorgeführt und im Rahmen einer → *Unterweisung* ausprobiert werden (Funktion von Schlupftüren, Entriegelungen, mechanisches Bewegen von kraftbetriebenen Türen und Toren usw.).

5 Instandhaltung/Prüfung

Generell müssen Türen und Tore nach den Angaben der Hersteller durch Personen → *instand gehalten* werden, die mit solchen Arbeiten vertraut sind. Die erforderlichen Unterlagen dafür sind in der → *Arbeitsstätte* aufzubewahren. Als Hinweis zur Instandhaltung gibt Abschn. 10.1 ASR A1.7 vor, dass der Kraftaufwand für das Öffnen und Schließen von Hand nicht mehr als 220 N für Türen und 260 N für Tore betragen darf und dass Ganzglastüren und -elemente regelmäßig auf Kantenverletzungen und festen Sitz der Beschläge überprüft werden sollten.

Kraftbetriebene Türen und Tore sind i. d. R. vor Inbetriebnahme, nach wesentlichen Änderungen sowie wiederkehrend min. jährlich auf ihren sicheren Zustand durch geeignete Sachkundige zu überprüfen. In der DGUV-I 208-022 wird eine solche jährliche Prüfung auch für nicht kraftbetriebene Türen und Tore empfohlen (z. B. im Rahmen der Gefährdungsbeurteilung möglich).

→ ***Brandschutztüren* mit zugelassenen Feststelleinrichtungen sowie Brandschutztore** sind ebenfalls nach der Abnahme min. jährlich durch Sachkundige zu überprüfen und häufiger durch den Betreiber auf Funktion (alle 1–3 Monate) (nach baurechtlichen Bestimmungen sowie DGUV-I 208-022).

Praxis-Beispiel: Sachkundigenprüfung

Die sicherheitstechnische Prüfung kraftbetriebener Türen und Tore muss nach DGUV-I 208-022 durch eine sachkundige Person mit geeigneter Messtechnik (zur Bestimmung der Schließkräfte) durchgeführt werden. Sachkundig ist „wer aufgrund seiner fachlichen Ausbildung, Tätigkeit und Erfahrung sowie seiner Kenntnisse der für den Betrieb kraftbetätigter Türen und Tore einschlägigen Arbeitsschutzvorschriften, Arbeitsstättenregeln und allgemein anerkannter Regeln der Technik in der Lage ist, den arbeitssicheren Zustand von Türen und Toren zu beurteilen". In der Praxis ist davon auszugehen, dass solche Prüfungen nicht durch den Betriebsschlosser oder Hausmeister vorgenommen werden können, sondern dass dazu Fachfirmen zu beauftragen sind. In großen Einheiten kann es sinnvoll sein, einen eigenen Mitarbeiter dafür schulen zu lassen, z.B. über die Herstellerfirmen. Ansonsten liegt die Arbeitsschutzverantwortung darin, für die jährliche Prüfung – auch selten oder nicht genutzter kraftbetriebener Türen oder Tore – zu sorgen.

Dasselbe gilt auch für die Prüfung von Brandschutztüren mit Feststelleinrichtung und Brandschutztore.

Zum Teil enthalten auch die länderspezifischen baurechtlichen Bestimmungen (Sonderbauverordnungen, Technische Prüfverordnungen) Prüffristen für kraftbetriebene Türen und Tore und Brandschutztüren und -tore, die i. d. R. ebenfalls jährliche Prüfintervalle, manchmal aber noch besondere Anforderungen an die Fachkunde der Prüfer vorsehen.

Bestandteil der Prüfung ist auch die Vollständigkeit der technischen Dokumentation.

Cornelia von Quistorp

Überwachungsbedürftige Anlagen

Überwachungsbedürftige Anlagen sind Arbeitsmittel und stellen v. a. im Hinblick auf Brand-, Explosions- sowie Gesundheitsgefährdung ein erhöhtes Risiko dar. Ergänzend zu den allgemeinen Forderungen für die sichere Verwendung müssen daher zusätzlich spezielle Prüfvorschriften eingehalten werden.

Besonders prüfpflichtige Arbeitsmittel (jedoch nicht überwachungsbedürftig) sind dagegen bestimmte Krane, Flüssiggasanlagen mit entzündbaren Gasen sowie maschinentechnische Arbeitsmittel der Veranstaltungstechnik wie Beleuchtungs- und Portalbrücken, Bildwände oder Drehbühnen. Auch hier gelten besondere Prüfvorschriften, um Sicherheit und Gesundheit der Beschäftigten sowie anderer Personen zu gewährleisten.

Gesetze, Vorschriften und Rechtsprechung

Welche Anlagen überwachungsbedürftig sind, regelt das Gesetz über überwachungsbedürftige Anlagen (ÜAnlG). Derzeit sind überwachungsbedürftige Anlagen in § 2 Abs. 13 BetrSichV definiert als *„Anlagen, die in Anhang 2 genannt oder nach § 18 Absatz 1 BetrSichV erlaubnispflichtig sind*".

Pflichten der Betreiber sowie Aufgaben und Pflichten der zugelassenen Überwachungsstellen legt das Gesetz über überwachungsbedürftige Anlagen fest.

1 Art der Anlagen

Überwachungsbedürftige Anlagen sind u. a.:

- Dampfkesselanlagen (mit Ausnahme derartiger Anlagen auf Seeschiffen),
- Druckbehälteranlagen (außer Dampfkessel),
- Anlagen zur Abfüllung von verdichteten, verflüssigten oder unter Druck gelösten Gasen,
- Leitungen unter innerem Überdruck für entzündbare, pyrophore, akut toxische oder ätzende Gase, Dämpfe oder Flüssigkeiten,

- Aufzugsanlagen,
- Anlagen in explosionsgefährdeten Bereichen.

Zu den überwachungsbedürftigen Anlagen gehören auch die Mess-, Steuer- und Regeleinrichtungen für den sicheren Betrieb.

2 Verwendung

Für überwachungsbedürftige Anlagen gelten grundsätzlich die Forderungen an Arbeitsmittel, ergänzt durch spezielle Vorschriften bez. Prüfung und Erlaubnis (§§ 15–18 BetrSichV in Verbindung mit Anhang 2).

3 Prüfungen

Prüfungen erfolgen – in Abhängigkeit von Art der Anlage und Prüfung – durch zugelassene Überwachungsstellen (ZÜS) bzw. durch zur Prüfung befähigte Personen.

3.1 Prüfung vor Inbetriebnahme und vor Wiederinbetriebnahme nach prüfpflichtigen Änderungen

Vor der erstmaligen Inbetriebnahme und der Wiederinbetriebnahme nach prüfpflichtigen Änderungen, d.h. jeder *„Maßnahme, durch welche die Sicherheit eines Arbeitsmittels beeinflusst wird"* (§ 2 Abs. 9 BetrSichV), muss im Rahmen der Prüfung u.a. festgestellt werden, ob

- benötigte technische Unterlagen (z.B. EG-Konformitätserklärung) vorhanden und deren Inhalte plausibel sind,
- die Anlage entsprechend der BetrSichV errichtet und in einem sicheren Zustand ist.

Grundsätzlich muss zusätzlich festgestellt werden, ob

- die getroffenen sicherheitstechnischen Maßnahmen geeignet und funktionsfähig sind und
- die Frist für die nächste wiederkehrende Prüfung zutreffend festgelegt wurde.

Praxis-Beispiel: Konformitätserklärung

Inhalte, die bereits im Konformitäts-Bewertungsverfahren geprüft und dokumentiert wurden, müssen nicht erneut geprüft werden. Die Konformitätserklärung gibt Auskunft über die Prüfinhalte, sie wird vom Hersteller zur Verfügung gestellt.

3.2 Wiederkehrende Prüfung

Um den sicheren Betrieb zu gewährleisten, müssen überwachungsbedürftige Anlagen regelmäßig nach den Vorgaben des Anhang 2 BetrSichV geprüft werden, hier sind u.a. Höchstfristen festgelegt. Die Frist für die nächste wiederkehrende Prüfung muss vom Unternehmer entsprechend ermittelt und festgelegt werden.

Praxis-Beispiel: Anlagen in explosionsgefährdeten Bereichen

Wiederkehrende Prüfungen von Anlagen in explosionsgefährdeten Bereichen dürfen – mit Ausnahme bestimmter erlaubnispflichtiger Anlagen nach § 18 Abs. 1 Satz 1 Nr. 3–7 BetrSichV – neben ZÜS auch von zur Prüfung befähigten Personen durchgeführt werden (Anhang 2 Abschn. 3 Nr. 5 BetrSichV).

Anlagenart	Spezifikation	Höchstfrist für wiederkehrende Prüfung	Prüfung durch
Kälte- und Wärmepumpenanlagen	mit Kältemitteln in geschlossenem Kreislauf betrieben und wiederkehrend von einer ZÜS geprüft	5 Jahre	ZÜS
Druckbehälter und daran angeschlossene Rohrleitungen für entzündbare Gase und Gasgemische in flüssigem Zustand	bei korrodierender Wirkung	2 Jahre	ZÜS
	keine korrodierende Wirkung	2 Jahre	zur Prüfung befähigte Person
Aufzugsanlagen	Hauptprüfung	2 Jahre	ZÜS
Anlagen in explosionsgefährdeten Bereichen	außer Anlagen nach § 18 Abs. 1 Satz 1 Nr. 3–7 BetrSichV	6 Jahre	zur Prüfung befähigte Person oder ZÜS
	Anlagen nach § 18 Abs. 1 Satz 1 Nr. 3–7 BetrSichV	6 Jahre	ZÜS

Tab. 1: Beispiele für **Höchstfristen** und **Prüfer** für wiederkehrende Prüfungen in Abhängigkeit von der Art der überwachungsbedürftigen Anlage

3.3 Prüfaufzeichnungen und -bescheinigungen

Das Ergebnis der Prüfung muss dokumentiert werden, dabei müssen mindestens folgende Informationen enthalten sein:

- Anlagenidentifikation,
- Prüfdatum,
- Art der Prüfung,
- Prüfungsgrundlagen,
- Prüfumfang,
- Wirksamkeit und Funktion der getroffenen Schutzmaßnahmen,
- Ergebnis der Prüfung,
- Frist bis zur nächsten wiederkehrenden Prüfung sowie
- Name und Unterschrift des Prüfers und bei Prüfung durch zugelassene Überwachungsstellen zusätzlich Name der zugelassenen Überwachungsstelle (Bei ausschließlich elektronisch übermittelten Dokumenten: elektronische Signatur).

Zugelassene Überwachungsstellen erstellen eine Prüfbescheinigung über das Ergebnis der Prüfung.

Aufzeichnungen und Prüfbescheinigungen müssen während der gesamten Verwendungsdauer am Betriebsort aufbewahrt werden, dies kann auch in elektronischer Form erfolgen.

Praxis-Beispiel: Prüfplakette für Aufzugsanlagen

Zusätzlich zu Aufzeichnungen und Prüfbescheinigungen muss in der Kabine von Aufzugsanlagen eine Kennzeichnung (z. B. Prüfplakette) mit folgenden Angaben deutlich sichtbar und dauerhaft angebracht sein:

- Monat und Jahr der nächsten wiederkehrenden Prüfung,
- festlegende Stelle.

3.4 Anforderungen an Prüfer

Zugelassene Überwachungsstellen (ZÜS) sind Prüfstellen nach § 2 Nr. 4 ÜAnlG, sie müssen sowohl die Anforderungen nach §§ 15–17 ÜAnlG als auch die Voraussetzungen des Anhang 2 Abschn. 1 BetrSichV erfüllen.

Zur Prüfung befähigte Personen müssen durch ihre Berufsausbildung und -erfahrung und ihre zeitnah ausgeübte berufliche Tätigkeit über die erforderlichen Kenntnisse zur Prüfung verfügen.

3.5 Erlaubnispflicht

Für die Errichtung, den Betrieb sowie Änderungen der Bauart oder Betriebsweise bestimmter überwachungsbedürftiger Anlagen, die die Sicherheit der Anlage beeinflussen, muss eine Erlaubnis bei der zuständigen Behörde schriftlich beantragt werden. Dies gilt u. a. für bestimmte (s. § 18 BetrSichV)

- Dampfkesselanlagen und Anlagen mit Druckgeräten,
- Anlagen zum Befüllen von Land,- Wasser- und Luftfahrzeugen mit entzündbaren Gasen,
- Räume oder Bereiche zur Lagerung entzündbarer Flüssigkeiten von mehr als 10.000 l,
- ortsfest errichtete Anlagen mit einer Umschlagkapazität von mehr als 1.000 l entzündbarer Flüssigkeit pro Stunde,

sowie Tankstellen und Flugfeldbetankungsanlagen.

Zusammen mit dem Antrag müssen Unterlagen sowie ein Prüfbericht einer ZÜS über den sicheren Betrieb vorgelegt werden. Aus den Unterlagen muss Folgendes erkennbar sein:

- Aufstellung, Bauart und Betriebsweise müssen die Forderungen der BetrSichV und – hinsichtlich Brand- und Explosionsschutz – der GefStoffV erfüllen.
- Vorgesehene sicherheitstechnische Maßnahmen müssen geeignet sein.
- Mögliche Gefährdungen, die sich aus der Arbeitsumgebung und durch Wechselwirkungen mit anderen Arbeitsmitteln ergeben können, werden betrachtet. Anforderungen und vorgesehene Schutzmaßnahmen sind geeignet.
- Maßnahmen nach § 13 BetrSichV, die sich aus der Zusammenarbeit verschiedener Arbeitgeber ergeben, werden berücksichtigt.

Die zuständige Behörde muss über den Antrag grundsätzlich innerhalb von 3 Monaten entscheiden.

Bettina Huck

Umkleideräume

In Umkleideräumen haben die Beschäftigten die Möglichkeit, ihre persönliche Kleidung (Straßenkleidung) gegen die Arbeits- bzw. Schutzkleidung zu wechseln. Sie sind dann einzurichten, wenn das Tragen besonderer Arbeitskleidung erforderlich ist und es den Beschäftigten nicht zuzumuten ist, sich in einem anderen Raum umzukleiden. Entsprechend muss eine Umkleide geeignete Möglichkeiten der Kleideraufbewahrung haben, bei stark schmutzenden oder geruchsintensiven Tätigkeiten ggf. auch so, dass Arbeits- bzw. Schutzkleidung und Straßenkleidung nicht in Kontakt kommen.

Gesetze, Vorschriften und Rechtsprechung

Nach Anhang 4.1 Abs. 3 Arbeitsstättenverordnung sind *„geeignete Umkleideräume ... zur Verfügung zu stellen, wenn die Beschäftigten bei ihrer Tätigkeit besondere Arbeitskleidung tragen müssen und es ihnen nicht zuzumuten ist, sich in einem anderen Raum umzukleiden“*. In Anhang 4.1 Abs. 3 ArbStättV und ASR A4.1 „Sanitärräume“ wird das präzisiert.

1 Bereitstellung von Umkleideräumen

In Abschn. 7.2 Abs. 2 ASR A4.1 wird genauer beschrieben, wann Umkleideräume erforderlich sind. Danach gilt als „besondere Arbeitskleidung“ i. S. von § 6 Abs. 2 Satz 3 ArbStättV solche, die „betriebsbedingt“ getragen werden muss, sei es aus Gründen des Gesundheitsschutzes (Sicherheit, Hygiene), wegen der Art der Tätigkeit (Schmutz, Gerüche, besondere Reinheitsanforderungen) oder auch auf Weisung des Arbeitgebers (z.B. zur einheitlichen Darstellung des Betriebes). Das Umkleiden ohne separaten Umkleideraum wäre u.a. dann unzumutbar i.S. von § 6 Abs. 2 Satz 3 ArbStättV, wenn „der Raum nicht gegen Einsichtnahme von außen geschützt, gleichzeitig von weiteren Personen anderweitig genutzt oder nicht abgeschlossen werden kann."

Wie alle Sanitärräume müssen Umkleideräume geschlechtergetrennt vorgesehen werden. In Betrieben mit bis zu 9 Beschäftigten kann darauf verzichtet werden, wenn eine zeitlich getrennte Nutzung sichergestellt ist.

Praxis-Beispiel: Zeitlich getrennte Nutzung eines Umkleideraumes

Wenn nur ein Umkleideraum für beide Geschlechter genutzt wird, ist es aus praktischen Erwägungen erforderlich, dass es einen unmittelbaren Zugang zum → *Waschraum* gibt, damit niemand nur teilweise bekleidet durch allgemein zugängliche Bereiche gehen muss.

In Betrieben mit bis zu 5 Beschäftigten ist eine räumliche Kombination von → *Toiletten*-, → *Wasch*- und Umkleideräumen möglich, wobei eine wirksame Lüftung gegeben sein muss. Die Mindestquerschnitte für natürliche Lüftung müssen sich dann aber an dem höheren Wert für Waschräume orientieren:

- 0,04 m^2 Öffnungsfläche je m^2 Grundfläche bei einseitiger Lüftung,
- 0,024 m^2 je m^2 bei Querlüftung als Summe von Zu- und Abluftfläche (gegenüber 0,02 bzw. 0,012 m^2/m^2 bei separaten Umkleideräumen, s.u.).

Bei stark und sehr stark schmutzenden Tätigkeiten, beim Umgang mit → *Gefahrstoffen*, Infektionsgefahren usw., bei Tätigkeiten mit stark geruchsbelästigenden Stoffen, beim Tragen von körpergroßflächiger → *PSA*, bei Tätigkeiten unter besonderen klimatischen Bedingungen (Hitze, Kälte) oder bei Nässe sowie bei schwerer körperlicher Arbeit muss in einer → *Gefährdungsbeurteilung* entschieden werden, ob eine räumliche Kombination möglich ist.[1]

Auf → *Baustellen* sind keine gesonderten Umkleideräume erforderlich, wenn in den Pausenräumen Möglichkeiten zum Wechseln der Kleidung und der getrennten Aufbewahrung von Arbeitskleidung und persönlicher Kleidung in geeigneten Schränken bestehen.[2] Wenn auf Baustellen tätigkeitsbedingt nach den o.g. Kriterien generell keine Umkleideräume vorzusehen sind, muss es aber nach Anhang 5.2 Abs. 1 Buchstabe d ArbStättV für jeden regelmäßig auf der Baustelle anwesenden Beschäftigten eine Kleiderablage und ein abschließbares Fach geben, in dem persönliche Gegenstände unter Verschluss aufbewahrt werden können.

Praxis-Beispiel: Umkleideraum – ja oder nein?

Wenn die Arbeitskleidung wie etwa beim Personal einer Arztpraxis oder Verkaufspersonal im Einzelhandel nur aus einem Kittel oder einer Schürze besteht, die über der privaten Oberbekleidung getragen wird, ist es sicher zumutbar, dass das Ankleiden in einem geeigneten (Neben-)Raum, im Personaleingangsbereich oder in einem → *Pausenraum* geschieht. Wenn dafür aber die private Oberbekleidung abgelegt werden muss, ist grundsätzlich ein Umkleideraum erforderlich. Allerdings könnte in einem kleineren Betrieb, in dem es keine besonderen Belastungen durch → *Gefahrstoffe*, Schmutz, Nässe oder Gerüche gibt, das Umkleiden im Pausenraum ggf. zumutbar sein, wenn sichergestellt ist, dass zu Arbeitsbeginn und -ende dieser Raum nicht anderweitig benutzt wird und es sich nur um sehr wenige Personen desselben Geschlechtes handelt, die sich dort umkleiden.

---

1 Abschn. 4 Abs. 7 ASR A4.1.

2 Abschn. 8.5 ASR A4.1.

2 Räumliche Anforderungen

2.1 Lage

Nach Abschn. 6.1 Abs. 5 ASR A4.1 sollten → *Wasch-* und Umkleideräume einen unmittelbaren Zugang zueinander haben. Ist das nicht der Fall, darf der Weg zwischen diesen Sanitärräumen nicht durchs Freie oder durch Arbeitsräume führen. Als „untereinander leicht erreichbar"[1] gelten Wasch- und Umkleideräume nach ASR A4.1 bei einer Entfernung von maximal 10 m auf gleicher Etage.[2] Die Lufttemperatur in dem Raum, durch den dieser Weg führt, muss mindestens der des Umkleideraumes entsprechen (mind. 21 °C, s. u.).

Praxis-Beispiel: Sanitärbereiche vorsehen

Wenn Wasch- und Umkleideräume keinen unmittelbaren Zugang zueinander haben, sollte der Bereich/Flur dazwischen ebenfalls zum geschlechtergetrennten Sanitärbereich gehören und entsprechend gestaltet sein (z. B. nicht einsehbar).

Praxis-Beispiel: Hitzearbeitsplätze

Umkleideräume für Beschäftigte, die an → *Hitzearbeitsplätzen* beschäftigt sind, müssen an die Arbeitsräume angrenzen, soweit nicht auf andere Weise (z. B. beheizte → *Verkehrswege*) sichergestellt ist, dass die Beschäftigten keiner Erkältungsgefahr ausgesetzt sind. Die Entfernung zwischen einem Umkleideraum und den Hitzearbeitsplätzen soll nach Möglichkeit 100 m nicht überschreiten. Der Umkleideraum darf dabei nicht weiter als eine Etage entfernt sein.[3]

2.2 Räumliche Trennung/Schwarz-Weiß-Anlagen

Wenn Beschäftigte bei ihrer Tätigkeit stark geruchsbelästigenden Stoffen oder einer sehr starken Verschmutzung ausgesetzt sind, muss eine räumliche Trennung der Arbeits-, Schutzkleidung und persönlichen Kleidung vorhanden sein (Schwarz-Weiß-Trennung).[4] Eine räumliche Schwarz-Weiß-Trennung kann in Abhängigkeit von der Gefährdung durch 2 mit einem → *Waschraum* verbundene Umkleideräume oder durch ein mit dem Arbeitsbereich verbundenes Schleusensystem zum An- und Ablegen der Arbeits- und Schutzkleidung erfolgen. Ggf. sind hier Sonderregelungen nach GefStoffV oder BioStoffV zu berücksichtigen.

2.3 Zugänge

Bei sehr großen Umkleideräumen mit mehreren Zugängen sollen Ein- und Ausgänge getrennt sein. Wenn die Umkleideräume für eine gleichzeitige Benutzung durch mehr als 100 Beschäftigte bestimmt sind, müssen die Ein- und Ausgänge getrennt sein.[5]

Auf Umkleiden (wie auf alle Sanitärräume) ist durch Beschriftung und/oder Kennzeichnung deutlich erkennbar hinzuweisen.

2.4 Raumhöhe

In Umkleideräumen darf eine lichte Höhe von 2,50 m nicht unterschritten werden. In bestehenden → *Arbeitsstätten* ist bis zu einem wesentlichen Umbau eine geringere lichte Höhe zulässig, soweit sie dem Bauordnungsrecht der jeweiligen Länder entspricht.[6]

1 Anhang 4.1 Abs. 4 ArbStättV.
2 Abschn. 6.1 Abs. 5 ASR A4.1.
3 Abschn. 7.2 Abs. 5 ASR A4.1.
4 Abschn. 7.4 Abs. 3 ASR A4.1.
5 Abschn. 7.4 Abs. 4 ASR A4.1.
6 Abschn. 4 Abs. 2 ASR A4.1.

2.5 Raumgröße

Nutzen mehrere Beschäftigte die Umkleideräume gleichzeitig, muss für jeden Beschäftigten eine Bewegungsfläche von 0,5 m^2 im Raum vorhanden sein.[1] Zusätzlich sind → *Verkehrswege* (nach ASR A1.8) und die Bewegungs-, Stell- und Funktionsflächen für die vorhandenen Einrichtungen und Ausstattungsgegenstände zu berücksichtigen, z.B. für Durchgänge und Türen zu benachbarten Bereichen, → *Toilettenanlagen*, → *Waschgelegenheiten* (bei räumlicher Kombination), Schränke, Trockeneinrichtungen usw.

2.6 Ausführung

Trennwände, → *Türen* und Fenster von Umkleideräumen müssen so angeordnet oder beschaffen sein, dass eine Einsicht von außen nicht möglich ist.[2]

Bauliche Einrichtungen (wie auch Ausstattungen) in Umkleideräumen müssen so gestaltet und ausgeführt sein, dass Sicherheit und Gesundheit der Beschäftigten (z.B. durch Schnitt- oder Stoßkanten oder durch die Möglichkeit zur Ansammlung von Krankheitserregern) nicht gefährdet werden.[3]

Praxis-Beispiel: Pflegeleichte Räume

Böden, Decken und Wände inklusive ihrer Anschlüsse aneinander oder an Türen und Fenster sollten in Sanitärräumen besonders sorgfältig und überlegt ausgeführt werden. Kehlsockel zwischen Boden und Wänden, fugenlose oder möglichst eben und schmal verfugte Böden, versiegelte Wandanschlüsse usw. stellen zwar einen gewissen baulichen Aufwand dar, tragen aber dazu bei, dass solche Räume über lange Zeiträume in hygienisch einwandfreiem Zustand bleiben.

Vorhandene Bodeneinläufe müssen mit einem Geruchsverschluss ausgestattet sein, der entweder so angeschlossen sein sollte, dass das Sperrwasser fortlaufend ausgetauscht wird. Falls das nicht der Fall ist, muss zusätzlich in der Nähe ein Auslaufventil (Wasserzapfstelle) vorhanden sein, um regelmäßig Sperrwasser ergänzen oder umspülen zu können.[4]

2.7 Beleuchtung

Die → *Beleuchtung* der Umkleideräume richtet sich nach den Anforderungen der ASR A3.4 „Beleuchtung und Sichtverbindung“ und sieht als Mindestwert für die Beleuchtungsstärke 200 lx und für die Farbwiedergabe den Index Ra = 80 vor. Wird eine Spiegelbeleuchtung eingesetzt, soll die vertikale Mindestbeleuchtungsstärke 500 lx betragen.

2.8 Raumklima

Die Lufttemperatur in Sanitärräumen ist in Abschn. 4.2 ASR A3.5 „Raumtemperatur“ geregelt (i.d.R. 21 °C). Vorhandene Heizeinrichtungen müssen dabei so angeordnet, beschaffen oder abgeschirmt sein, dass die Beschäftigten vor der Berührung von zu heißen Oberflächen geschützt sind.

Die Lüftung ist in Abhängigkeit von der Nutzungsintensität so zu gestalten, dass sie hinreichend wirksam ist. Bei freier Lüftung (Fensterlüftung) sind die in **Tab. 1** dargestellten Mindestquerschnitte entsprechend der ASR A3.6 „Lüftung“ einzuhalten.

---

1 Abschn. 7.3 ASR A4.1.

2 Abschn. 4 Abs. 3 ASR A4.1.

3 Abschn. 4 Abs. 10 ASR A4.1.

4 Abschn. 4 Abs. 9 ASR A4.1.

Lüftungssystem	Freier Querschnitt der Lüftungsöffnung/en [m^2/m^2 Grundfläche]
einseitige Lüftung	0,02
Querlüftung, d. h. Lüftungsöffnungen in gegenüberliegenden Außenwänden oder in einer Außenwand und der Deckenfläche	0,012
	Die angegebenen Flächen sind die Summe aus Zuluft- und Abluftfläche und gelten nicht für kombinierte Sanitärräume (s. o.)

Tab. 1: Mindestquerschnitte von Lüftungsöffnungen

Lüftungstechnische Anlagen (für maschinelle Lüftung) sind so auszulegen, dass ein Abluftvolumenstrom von 11 m^3/hm^2) erreicht wird.

Die Be- und Entlüftung der Sanitärräume ist so einzurichten, dass während ihrer Nutzung keine Zugluft auftritt.[1]

3 Ausstattung

Vor Umkleideräumen muss, wenn nötig (z. B. bei stark schmutzender Tätigkeit), eine geeignete Einrichtung zur **Reinigung des Schuhwerks** (z. B. Gitterroste, Fußmatten, Schuhreinigungsanlagen) vorhanden sein.[2]

Für je 4 Beschäftigte, die den Umkleideraum gleichzeitig nutzen, muss mindestens eine **Sitzgelegenheit** zur Verfügung stehen.[3]

Zur Aufbewahrung der Kleidung muss für jeden Beschäftigten eine ausreichend große, belüftete und abschließbare **Einrichtung mit Ablagefach** vorhanden sein. Werden Schränke bereitgestellt, ist ein Mindestmaß von 0,30 m x 0,50 m x 1,80 m (B x T x H) einzuhalten. Ist für persönliche Kleidung sowie für Arbeits- und Schutzkleidung eine getrennte Aufbewahrung erforderlich (z. B. aus hygienischen oder Sauberkeitsgründen) sind 2 derartige Schrankteile oder ein geteilter Schrank in doppelter Breite notwendig.[4]

Praxis-Beispiel: Getrennte Kleideraufbewahrung

Separate Aufbewahrung von Arbeits- und privater Straßenkleidung wird in einigen branchen- bzw. tätigkeitsspezifischen Vorschriften gefordert, z. B. in der Abfallwirtschaft und im Gesundheitswesen (siehe dazu u. a. branchenspezifische TRBA).

Für Arbeits- und Schutzkleidung, die bei der Tätigkeit feucht geworden ist, muss eine **Trocknung** bis zur nächsten Verwendung möglich sein, ggf. auch außerhalb des Umkleideraumes, z. B. in einem ausreichend belüfteten Trockenraum oder mit elektrisch betriebenen Trockenschränken.[5]

1 Siehe dazu ASR A3.6 „Lüftung".

2 Abschn. 4 Abs. 12 ASR A4.1.

3 Abschn. 7.4 Abs. 1 ASR A4.1.

4 Abschn. 7.4 Abs. 2 ASR A4.1.

5 Abschn. 7.4 Abs. 5 ASR A4.1.

Praxis-Beispiel: Schuhtrocknung

Obwohl in der DGUV-R 112-191 „Benutzung von Fuß- und Knieschutz" ausdrücklich darauf hingewiesen wird, dass Schutzschuhe nach Gebrauch bzw. vor dem nächsten Gebrauch zu trocknen sind, sind Einrichtungen zum Trocknen von Arbeitsschuhen, die der Fachhandel anbietet, sehr wenig verbreitet. Ein solches Gerät oder mindestens ein geeigneter, gut temperierter und durchlüfteter Trockenplatz ist aber eigentlich unverzichtbar, damit im Gebrauch feucht gewordene Schuhe zwischen 2 Schichten trocknen. Bei entsprechend rauen Arbeitsbedingungen rechtfertigt sich der Aufwand dafür u.U. nicht nur durch verbesserten Tragekomfort und Hygiene, sondern auch dadurch, dass nicht noch weitere Schuhausstattungen zum Wechseln vorgehalten werden müssen und die Standzeit der Schuhe verlängert wird.

In Umkleideräumen sind **Abfallbehälter, Spiegel und Kleiderablagen** bereitzustellen.[1]

Praxis-Beispiel: Keine andere Nutzung

In Umkleideräumen dürfen keine Gegenstände oder Arbeitsstoffe (insbesondere keine → *Gefahrstoffe*) aufbewahrt werden, die nicht zur zweckentsprechenden Einrichtung dieser Räume gehören.

4 Reinigung

Umkleideräume müssen entsprechend der Häufigkeit der Nutzung gereinigt und bei Bedarf desinfiziert werden. Dazu wird in der ASR A4.1 ausdrücklich ein *„Reinigungsplan im Umkleideraum mit kontinuierlicher Abzeichnungspflicht durch das verantwortliche Reinigungspersonal"* empfohlen.[2]

Praxis-Beispiel: Desinfektionsmaßnahmen nur gezielt

Der Hinweis auf Desinfektionsmaßnahmen in Umkleideräumen bezieht sich zunächst auf Arbeitsbereiche mit besonderen Gefährdungen (Umgang mit → *biologischen Arbeitsstoffen*). Desinfektionsmaßnahmen sind dann im Einzelfall in Übereinstimmung mit den geltenden TRBA in einem Hygieneplan festzulegen. In „normalen" Umkleideräumen sollte eine übliche Raumpflege für hygienisch einwandfreie Verhältnisse völlig ausreichend und pauschale Desinfektionsmaßnahmen dürften überflüssig und ggf. unnötig gesundheitsbelastend sein.

Cornelia von Quistorp

Umweltmanagement

In Artikel 20a des Grundgesetzes der Bundesrepublik Deutschland ist der Umweltschutz (= Schutz der natürlichen Umwelt) als Staatsziel verankert. Umweltmanagement bedeutet, den betrieblichen Umweltschutz mittels eines Managementsystems systematisch zu praktizieren. D.h., Umweltschutz in die Ziele des Unternehmens zu integrieren, Maßnahmen zum Schutz der natürlichen Umwelt zu planen, umzusetzen und deren Wirksamkeit sicherzustellen.

1 Umweltmanagement – warum?

Angesichts der Umweltproblematik und der Relevanz dieses Themas in der Öffentlichkeit ist ein vorsorgliches und offensives Umweltengagement für alle Unternehmen heute sowohl ökologisch als auch ökonomisch sinnvoll. Neben der Sinnhaftigkeit eines unternehmensspezifisch gestalteten Umweltmanagements bestehen auch Notwendigkeiten für einen Umweltschutz mit System – aber keine Verpflichtungen des Gesetzgebers für die Anwendung eines Umweltmanagementsystems (UMS), wohl aber geeigneter Maßnahmen zum Schutz der natürlichen Umwelt.

---

1 Abschn. 7.4 Abs. 6 ASR A4.1.

2 Abschn. 7.1 ASR A4.1.

Die Notwendigkeiten resultieren einerseits aus der praktischen Erkenntnis, dass die umfangreichen Verpflichtungen, die sich aus dem Umweltrecht für ein Unternehmen ergeben, effektiv und effizient sowie sehr gut nachweisbar durch ein → *Managementsystem* umgesetzt werden können. Da sich ein Umweltmanagement hervorragend in andere Managementsysteme (z. B. ein Qualitäts- oder → *Arbeitsschutz-Managementsystem*) einbinden lässt, ist der Zusatzaufwand für das Anwenden und Aufrechterhalten eines Umweltschutzes mit System erfahrungsgemäß vertretbar. Die einschlägigen umweltschutzorientierten Gesetze und Verordnungen müssen in jedem Fall umgesetzt werden.

Andererseits erwarten und fordern immer mehr Kunden von ihren Auftragnehmern ein besonderes Engagement im Umweltschutz sowie teilweise auch den Nachweis eines wirksamen Umweltschutzes. Ein Beispiel dafür ist die petro-chemische Industrie. Hier fordern die Unternehmen von ihren Kontraktoren den Nachweis eines wirksamen Sicherheits-, Gesundheits- und Umweltschutz-Managementsystems (SGU) i. d. R. entsprechend dem Standard → *Sicherheits-Certifikat-Contraktoren (SCC)* bzw. Sicherheits-Certifikat-Personaldienstleister (SCP).

Für einen wirksamen Umweltschutz sind aufeinander abgestimmte Tätigkeiten zum Leiten und Lenken eines Unternehmens bzw. allgemein einer Organisationseinheit hinsichtlich der Querschnittsaufgabe, des Schutzes der natürlichen Umwelt, erforderlich. Sinnvollerweise geschieht dies in Form eines Umweltschutzmanagements. D. h., wesentliche Umweltaspekte werden in die Unternehmenspolitik integriert, messbare Umweltziele erarbeitet, deren systematische Umsetzung geplant, die Umsetzung entsprechend den Vorgaben durch die verantwortlichen Führungskräfte und Mitarbeiter betrieben und gelenkt, die Wirksamkeit der Umweltschutzaktivitäten und die Erreichung der Umweltziele ermittelt, bei Soll-Ist-Abweichungen Korrekturen und Verbesserungen vorgenommen und kontinuierlich nach Verbesserungsmöglichkeiten Ausschau gehalten.

2 Managen – Was ist das?

Bei einer zeitgemäßen Unternehmensführung werden heute alle wesentlichen betrieblichen Aufgaben „gemanagt". Damit kommt zum Ausdruck, dass sie Teil des Managementsystems oder der Managementsysteme des Unternehmens und damit Teil der Aufgaben der Führungskräfte sind. Managen bedeutet darüber hinaus, dass Managementmethoden zur Bewältigung dieser Aufgaben eingesetzt werden. Dies gilt selbstverständlich auch für den betrieblichen Umweltschutz.

Praxis-Beispiel: Managen

Managen umfasst ganz allgemein das Ausrichten, Planen, Steuern, Initiieren, Kontrollieren und → *fortlaufendes Verbessern* von Strukturen, Prozessen und Tätigkeiten.

Ihm liegt ein Regelkreis, der bekannte → *PDCA-Zyklus*, zugrunde. Ein Kernpunkt des Managens ist somit die Abfolge

- **Planen (plan):** Wesentliche Aufgaben dabei sind Analyse der Ausgangssituation, Formulierung von Zielen und Erarbeitung eines Maßnahmenplanes.
- **Umsetzen (do):** Hier erfolgt die (ggf. pilotartige) Umsetzung der Maßnahmen – also die Realisierung entsprechend der Planung.
- **Überprüfen/Bewerten (check):** Bereits bei der Umsetzung beginnt die Überprüfung, ob die Maßnahmen geeignet und zielführend sind. Die Ergebnisse fließen in die Steuerung oder Lenkung der Umsetzung ein. Der Arbeitsschritt umfasst darüber hinaus die Ermittlung der Wirksamkeit der Maßnahmen sowie der Zielerreichung sowie die Bewertung des Ergebnisses.
- **Handeln/Anwenden (act):** Ausgehend von den Ergebnissen des dritten Schrittes werden bei einem positiven Ergebnis die Maßnahmen als Standard definiert. Bei Soll-Ist-Abweichungen werden dagegen Korrekturen und ein Verbesserungsprozess eingeleitet.

Vor diesem Hintergrund verwundert es nicht, dass gemanagte Aufgaben eine hohe Effektivität und Effizienz besitzen.

Praxis-Beispiel: Auch der Umweltschutz sollte gemanagt werden

Um ein Gleichgewicht mit der natürlichen Umwelt zu erreichen, ein systematisches, umweltgerechtes Handeln aller Beschäftigten sicherzustellen und den betrieblichen Umweltstandard mit einem akzeptablen Aufwand weiter zu verbessern, sollte auch der Umweltschutz gemanagt werden.

3 Umweltschutz

Umweltschutz zielt auf die Erhaltung der natürlichen Systemabläufe, die insbesondere durch die Einwirkungen der Industriegesellschaft auf die Natur beeinträchtigt werden. Die Umweltleistungen (auch Umweltaspekte genannt) eines Unternehmens sind: die Ressourceninanspruchnahme (z.B. Rohstoff-, Energie- und Wasserverbrauch), Emissionen (z.B. in Luft, Wasser oder Boden und Lärm), die Abfallentsorgung, die zu Umweltauswirkungen oder -belastungen führen können. Sie haben in den letzten Jahren ein teilweise kritisches Niveau erreicht, sodass die Notwendigkeit, die Umwelt (Menschen, Tiere, Pflanzen, die Atmosphäre, das Wasser, den Boden bis hin zu Kultur- und sonstigen Sachgütern) wirksam zu schützen, mittlerweile durchweg anerkannt ist und von Unternehmen erwartet wird.

Ziel ist die Minimierung der Umweltbelastung unter Beachtung der Nachhaltigkeit sowie Sicherstellung der Einhaltung der einschlägigen Gesetze sowie normativer Rahmenbedingungen. Zu diesem Zweck wurden Systeme entwickelt, die dabei helfen sollen, ein Unternehmen so zu managen, dass es in einem Gleichgewicht mit der natürlichen Umwelt existieren kann. Der **betriebliche Umweltschutz** umfasst den vorbeugenden Umweltschutz als Mittel der Gefahrenabwehr und Risikominimierung, den → *Emissionsschutz* und den Schutz der Böden und Gewässer. Wichtige Teilbereiche, in dem auch die Mitarbeiter aktiv mitwirken können, sind der Lärmschutz sowie die Abfallwirtschaft. Bei beiden geht es primär um die Vermeidung bzw. Verminderung (des Lärms bzw. des Abfalls). In der Abfallwirtschaft kommen noch die Abfallverwertung und die Abfallentsorgung dazu.

Der Umweltschutz überschneidet sich thematisch zum Teil mit dem Arbeitsschutz, insbesondere in den Bereichen Anlagensicherheit, → *Gefahrstoffe* und → *Lärm*.

4 Umweltschutz mit System managen

4.1 Warum?

Umweltschutz hat insbesondere durch die Umweltproblematik sowie die Präsenz des Themas in der Öffentlichkeit inzwischen eine hohe praktische Relevanz erlangt. Gute Unternehmen können es sich deshalb heute nicht mehr leisten, dieses Thema nicht engagiert anzugehen.

Praxis-Beispiel: Umweltrisiken sind Unternehmensrisiken

Was liegt näher, als den Umweltschutz auch durch ein → *Managementsystem* zu praktizieren? Helfen Sie dem Management durch Beispiele, Szenarien etc., dass es erkennt, Umweltrisiken sind immer auch Unternehmensrisiken. Dadurch steigt die Bereitschaft, sich ernsthaft mit dem Thema Umweltmanagement auseinanderzusetzen.

Wesentliche **Beweggründe** für die Anwendung eines Managementsystems für den betrieblichen Umweltschutz sind:

- Nutzung eines erprobten Managementwerkzeuges zur erfolgversprechenden Vermeidung von Umweltrisiken;
- Reduzierung bzw. Verminderung von Haftungsrisiken;
- Senkung der Kosten durch Nutzung von Synergien sowie einen präventiven, produktionsintegrierten Umweltschutz;
- Vermeidung unnötiger Kosten durch Abfallvermeidung sowie die Einsparung von Material-, Entsorgungs- und Energiekosten;
- Erhöhung der Rechtssicherheit (das Risiko, rechtliche Anforderungen nicht zu kennen wird reduziert, die Verantwortlichkeiten für die Umsetzung geklärt und die Umsetzung verfolgt, bewertet und kontinuierlich verbessert);

- Anregungen für ökologische Produkt- und Verfahrensinnovationen;
- Verbesserung der Wettbewerbs- und Zukunftsfähigkeit des Unternehmens;
- Aussicht auf einen betrieblichen Nutzen.

Praxis-Beispiel: Betrieblicher Nutzen

Ein betrieblicher Nutzen des Umweltschutzes entsteht v. a. durch:

- eine Risikominimierung infolge geregelter Abläufe bei Notfällen und umweltrelevanten Unfällen;
- ein verbessertes Unternehmensimage (Schaffung von Vertrauen und wichtiges Argument bei der Fachkräftebindung und -gewinnung);
- eine höhere Identifikation der Mitarbeiter mit dem Unternehmen und damit eine Steigerung der Motivation;
- Erfüllung von Kundenerwartungen bzw. -forderungen;
- Marktvorteile durch umweltverträglichere Produkte.

4.2 Was ist ein Umwelt-Managementsystem?

Die Einführung eines betrieblichen Umwelt-Managementsystems (UMS) ist freiwillig. Ein UMS umfasst die systematische Planung, Steuerung, Überwachung und Verbesserung aller Maßnahmen des betrieblichen Umweltschutzes sowie eine umweltorientierte Betriebs- und Mitarbeiterführung. Die Einführung eines UMS basiert auf der freiwilligen Entscheidung eines Unternehmens. Es existiert hierfür derzeit keine gesetzliche Verpflichtung und es ist auch keine zu erwarten.

Für den Aufbau eines zertifizierbaren/validierbaren UMS kann man 2 verschiedene Wege gehen:

1. Orientierung an der DIN ISO 14001 oder
2. der EMAS-Verordnung (Environmental Management and Audit Scheme).

Beide Systeme gewährleisten eine kontinuierliche Verbesserung des betrieblichen Umweltschutzes, wobei EMAS über die Einhaltung der gesetzlichen Anforderungen als Mindeststandard hinausgeht.

Praxis-Beispiel: Parallelen zum → *Arbeitsschutzmanagement*

Ein UMS dient primär dem betrieblichen Umweltschutz. Infolge seiner Parallelen zum Arbeitsschutz (z. B. Berücksichtigung von Arbeits- und Umweltschutzbelangen bei Beschaffungen, sicherer und umweltverträglicher Umgang mit Gefahrstoffen, ganzheitliche Ein- und Unterweisungen, integrierte Sicherheits- und Öko-Audits) trägt es auch zur Reduzierung von Gefährdungen, z. B. durch → *Gefahrstoffe*, bei. Verknüpft ein Unternehmen beides, verschafft es sich wirkungsvolle Strukturen und Verantwortlichkeiten, mit denen sich der Arbeits- und Umweltschutz in die betrieblichen Prozesse integrieren und kontinuierlich verbessern lässt. Ein Beispiel hierfür ist → *SCC*.

Bei einem Arbeitsschutzmanagement, das sich an der DIN ISO 45001 orientiert, existiert durch die sog. High-Level-Structure eine einheitliche Grundstruktur der normorientierten Managementsysteme für die Qualität (QMS), die Sicherheit und Gesundheit bei der Arbeit (AMS) und den betrieblichen Umweltschutz. Daraus resultieren viele Synergien.

4.3 Wie funktioniert ein Umwelt-Managementsystem?

Umweltschutz mit System managen steht für ein systematisches, zielorientiertes Organisieren des betrieblichen Umweltschutzes und die gemeinsame, professionelle, von den Führungskräften gemanagte Umsetzung. Damit ist das Umweltmanagement Teil der Führung eines Unternehmens bzw. das Subsystem, das die konsequente, effektive und effiziente Erfüllung der öffentlich-rechtlichen Verpflichtungen und sonstiger Vorgaben bezüglich des Umweltschutzes managt.

Ein Kernstück eines Umwelt-Managementsystems ist die Festlegung der innerbetrieblichen Abläufe, der Zuständigkeiten und Verantwortungen zur Verbesserung der betrieblichen Umweltsituation. Durch die Erkenntnis, dass auch unsere Umwelt als ein begrenzter Produktionsfaktor gleichbedeutend neben den Faktoren Arbeit und Kapital nicht frei verfügbar ist, sind umweltbewusst geführte Unternehmen gerne bereit, zukunftssichere, umweltverträgliche und kostensparende Lösungen für ihren Betrieb einzusetzen.

Ein Umwelt-Managementsystem setzt sich aus den folgenden Phasen zusammen:

Phase 1: Umweltprüfung

Sie stellt eine erstmalige Bestandsaufnahme dar. Diese erfasst zunächst alle relevanten Umweltvorschriften. Vor dem Hintergrund der deutschen Regelungsdichte ist dieser Schritt mühsam, doch Checklisten, die beispielsweise bei Verbänden erhältlich sind, können helfen.

Ferner sind alle wichtigen Umweltauswirkungen der Tätigkeiten, Produkte und Dienstleistungen (z.B. Schadstoffemissionen, Energieverbrauch) zu erfassen und zu dokumentieren. Auf Grundlage dieser Informationen werden die Schwachstellen im betrieblichen Umweltschutz bestimmt, die später auch im Mittelpunkt der Verbesserungsbemühungen des Umweltprogramms stehen sollen.

Phase 2: Dem betrieblichen Umweltschutz eine klare Ausrichtung geben

Durch eine formulierte und kommunizierte Umweltpolitik sowie regelmäßig neu festzulegende und zu vereinbarende Umweltziele (inkl. Kennzahlen);

Phase 3: Planung

Alle relevanten Umweltaspekte werden erfasst und beim Aufbau der Umweltorganisation berücksichtigt. Die Organisation des betrieblichen Umweltschutzes schafft eine Struktur, regelt Zuständigkeiten, beschreibt Prozesse und stellt Hilfsmittel, wie Formulare, Checklisten etc. zur Verfügung. Dadurch wird ein systematisches Vorgehen sichergestellt. Ein Umweltprogramm wird aufgestellt.

Phase 4: Verwirklichung und Betrieb

Die in der Planung festgelegten Verfahren (z.B. die Übertragung von Aufgaben und Verantwortung) nehmen das Management und die Beschäftigten in die Verantwortung. Durch Sensibilisierungs- und Qualifizierungsmaßnahmen sowie konkrete Mitwirkungsmöglichkeiten werden die Beteiligten in die Lage versetzt, umweltbewusst und umweltgerecht zu arbeiten und motiviert Eigeninitiative und Eigenverantwortung zu übernehmen. Die Umsetzung wird durch Beratung, Coaching und Rückmeldung unterstützt und gelenkt.

Phase 5: Überprüfung

Es werden Verfahren eingeführt, die sowohl die alltägliche Arbeit hinsichtlich ihrer Umweltauswirkungen kontrollieren und die Erfüllung der Vorschriften überwachen, als auch die Eignung, Funktionsfähigkeit und Wirksamkeit des gesamten UMS ermitteln, bewerten (Durchführung eines → *Audits*) und lenken (Einleitung von Korrekturen und Verbesserungen).

Phase 6: Managementbewertung (Management-Review)

Die Eignung, Funktionsfähigkeit und Wirksamkeit des gesamten UMS wird regelmäßig aufgrund der Ergebnisse des internen sowie ggf. eines externen Audits durch die Geschäftsführung bewertet und bei Bedarf eine Verbesserung des UMS eingeleitet.

Parallel dazu erfolgt die Dokumentation, die auch die Nachweisbarkeit sicherstellt.

5 Umweltmanagement: Integraler Bestandteil der Unternehmensführung

Ein Umweltmanagement sollte immer integraler Bestandteil aller organisatorischen und führungstechnischen Methoden (z.B. Prozessmanagement, Zielvereinbarung) eines Unternehmens sein. Dadurch steht Umweltschutz nicht außerhalb der „normalen" Führungs- und Geschäftsprozesse und ganzheitliche, prozessorientierte Maßnahmen sind erfahrungsgemäß wirkungsvoller. Empfehlenswert ist deshalb die Einbindung des UMS in ein umfassendes prozessorientiertes Managementsystem (integriertes Managementsystem). Dadurch lassen sich Synergien nutzen und die Aufrechterhaltung wird erleichtert.

Albert Ritter

Unfallanalyse

Ereignen sich trotz Prävention Arbeits- oder Wegeunfälle, sollten sie genutzt werden, um daraus zu lernen. Die Unfallanalyse erfolgt i. Allg. in 6 Schritten und ermöglicht, die Ursachen zu erkennen, Lösungen zu finden und einen Maßnahmenplan zu erstellen. Aus Beinaheunfällen können Unternehmen und Beschäftigte gefahrlos lernen.

1 Unfallarten

1.1 Beinaheunfall

Beim → *Beinaheunfall* (near miss) entstehen keine schwerwiegenden Personen- oder Sachschäden, sie hätten jedoch passieren können. Aus Beinaheunfällen können Unternehmen und Beschäftigte gefahrlos lernen.

Praxis-Beispiel: Gefahrlos lernen aus Beinaheunfällen

Es empfiehlt sich, Beinaheunfälle zu sammeln (z. B. in Form einer Excel-Liste) und in der → *Arbeitsschutzausschuss*-Sitzung zu besprechen. Unter der Fragestellung: „Was können wir daraus lernen?" liefern Beinaheunfälle wichtige Hinweise auf Gefährdungen und ermöglichen Verbesserungsmaßnahmen für Sicherheit und Gesundheit der Beschäftigten. Wichtig ist dafür eine Unternehmenskultur, die Fehler nicht verurteilt, sondern als Chance zur fortlaufenden Verbesserung betrachtet.

Praxis-Beispiel: Unsichere Zustände und Handlungen

Unsichere Zustände und Handlungen gehören dagegen nicht zu den Beinaheunfällen. Unsichere Zustände sind z. B. technische Mängel im System oder unzureichendes oder fehlerhaftes Werkzeug. Unsichere Handlungen erfolgen, wenn Beschäftigten die entsprechenden Kenntnisse fehlen oder sie sich widersprechende Ziele erfüllen sollen. Aus unsicheren Zuständen und Handlungen könnte ein Schaden entstehen, wenn keine Abhilfe geschaffen wird.

1.2 Arbeitsunfall

Wenn eine versicherte Person bei einer versicherten Tätigkeit einen Unfall erleidet, ist dies ein → *Arbeitsunfall*. Die gesetzliche Unfallversicherung definiert Unfall als zeitlich begrenztes, von außen auf den Körper einwirkendes Ereignis, das zu einem Gesundheitsschaden oder zum Tod führen kann.

Arbeitsunfälle werden nach ihrer Schwere eingeteilt in:

- leicht: Erste-Hilfe ist erforderlich, jedoch keine medizinische Betreuung. Die Arbeit kann wieder aufgenommen werden; es erfolgt ein Eintrag ins → *Verbandbuch*;
- schwer: Mit Ausfallzeiten und/oder Krankenhausaufenthalt verbunden;
- tödlich.

Die Unfallpyramide setzt Schwere und Häufigkeit von Arbeitsunfällen ins Verhältnis (**Abb. 1**).

Auf jeden schweren Unfall kommen 29 leichtere Unfälle, 300 Unfälle ohne Verletzungsfolgen und eine hohe, aber ungeklärte Anzahl von Fällen riskanten Verhaltens.

Abb. 1: Unfallpyramide: Verhältnis von Schwere und Häufigkeit von Arbeitsunfällen

1.3 Wegeunfall

Die Unfallgefahren auf dem Weg von und zur Arbeit sind nicht zu unterschätzen. Die Zahl tödlicher Wegeunfälle hat von 2013 bis 2014 um ca. 1,6 % zugenommen (Quelle: DGUV). Zeit- und Kostendruck, erhöhtes Verkehrsaufkommen und Beschleunigung in der Arbeitswelt erhöhen die Wahrscheinlichkeit für Unfälle.

2 Unfallanzeige, Unfallmeldung

Die Unfallanzeige ist nach § 193 SGB VII Pflicht, wenn sich Unfälle mit einer Ausfallzeit von mehr als 3 Tagen (Unfalltag zählt nicht) oder tödliche Unfälle ereignen. Die Unfallmeldung dient dagegen grundsätzlich zum internen Gebrauch. Relevante Informationen werden in der Abteilung erhoben und dokumentiert, in der der Unfall passiert ist und dann an die Personalabteilung weitergeleitet. Die Form der Unfallmeldung ist nicht vorgeschrieben. Unternehmen können eigene Vorlagen erstellen oder bestehende Formulare nutzen (nicht meldepflichtige Unfälle). Der Eintrag ins → *Verbandbuch* reicht hier aus.

3 Vorgehen bei der Unfallanalyse

Unfall ist ein Ereignis mit Personen- und/oder Sachschaden. Häufig werden Unfälle, die nur einen Sachschaden verursachen, nicht als Unfall betrachtet. Es besteht dabei die Gefahr, dass mögliche Gefährdungen für Personen nicht erkannt werden und dann, wenn sich das Ereignis wiederholt, Beschäftigte verletzt werden.

Unfälle können nicht nur persönliches Leid bedeuten, sondern sind auch von großer wirtschaftlicher Bedeutung: Ausfallzeiten, Maßnahmen zur betrieblichen Wiedereingliederung, Ersatzpersonal, Reparaturen, Produktionsausfall oder Verlust von Aufträgen und Kunden verursachen hohe Kosten bzw. Gewinneinbußen, die nur durch gesteigerte Produktion kompensiert werden können.

Deshalb sollten Verantwortliche die Ursachen für → *Beinaheunfälle* ebenso untersuchen wie Unfälle mit Personen- und/oder Sachschaden. Nur so können sie das gesamte Potenzial an Verbesserungsmöglichkeiten erkennen und Unfälle wirksam verhindern. Dabei geht es nicht um die Suche nach Schuldigen. Ziel ist v. a.

- Wiederholungen zu vermeiden,
- die Sicherheit zu verbessern und
- den Beschäftigten zu zeigen, dass dem Unternehmen ihre Sicherheit und Gesundheit wichtig ist.

Praxis-Beispiel: Unfallanalyse

Die Unfallanalyse erfolgt idealerweise in 6 Schritten:

1. Unfalluntersuchung
2. Fakten zusammenstellen
3. Ursachen ermitteln
4. Lösungen erarbeiten
5. Maßnahmenplan
6. Wirksamkeitskontrolle

Unfalluntersuchung

Die Unfalluntersuchung sollte so schnell wie möglich und möglichst vor Ort durchgeführt werden,

- damit andere geschützt werden können,
- solange das Geschehen noch gut erinnert wird und
- ggf. Beweismittel noch vorhanden sind.

An der Untersuchung beteiligte Personen sind i. Allg.:

- verunfallte Person (wenn möglich),
- direkter Vorgesetzter,
- Unfallzeugen,

- → *Sicherheitsbeauftragter,*
- → *Fachkraft für Arbeitssicherheit,*
- evtl. Experten,
- Ersteller der Fehlerbaum-Analyse (Teambildung).

Informationen sammeln: Fotos, Unfallskizzen, Messungen, Beschreibungen des Unfallverlaufs, Auswertungen, Nachweise.

Fakten zusammenstellen

Liste aller bekannten Fakten erstellen: objektiv und genau (Vermutungen oder Punkte, die noch unklar sind, müssen als solche gekennzeichnet werden.)

Ursachen ermitteln

Ursachen ermitteln, z. B. Fehler(ursachen)baum-Analyse oder Fehler-Möglichkeits- und Einfluss-Analyse (FMEA) durchführen:

- Ausgangspunkt ermitteln,
- Verbindung zwischen den Fakten prüfen,
- dabei das Gesamtsystem betrachten und systematische Fehler berücksichtigen.

Praxis-Beispiel: Fehler(ursachen)baum-Analyse für Unfall beim manuellen Entladen

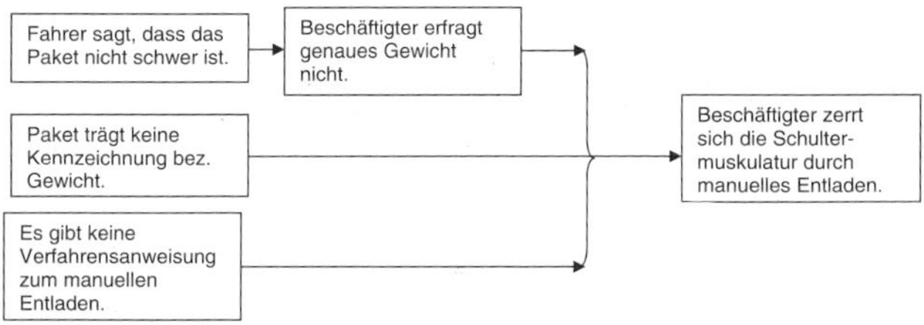

Lösung erarbeiten

Lösung suchen, damit die Gefährdung zukünftig verhindert wird:

- dauerhaft,
- Lösung darf keine anderen Gefährdungen verursachen,
- Lösung soll möglichst Ursache der Gefahr beseitigen,
- dabei TOP-Prinzip beachten.

Maßnahmenplan

Maßnahmenplan erstellen und Prioritäten festlegen: wer, was, bis wann, womit. Betroffene sollten über Ereignis und Maßnahmen informiert werden (Aushang, Unterweisung, Einarbeiten neuer Mitarbeiter).

Wirksamkeitskontrolle

Kontrollieren, ob die Maßnahmen umgesetzt und wirksam sind.

Eine Dokumentation der Unfallanalyse ist sinnvoll, sie ermöglicht u. a. die Wirksamkeitskontrolle und kann als Grundlage für Unterweisungen dienen. Es können dazu selbst erstellte Formulare oder Vorlagen der zuständigen Berufsgenossenschaft verwendet werden.

Praxis-Beispiel: Aus Fehlern lernen

Damit Beschäftigte aus Unfällen lernen können, kann es sinnvoll sein, Unfallgeschehen und Maßnahmen als Aushang für alle Mitarbeiter zugänglich zu machen. Die Angaben sind anonymisiert und enthalten z.B. folgende Informationen:

- Was ist passiert?
  Beim Entladen eines Paketes hat sich ein Beschäftigter die Schultermuskulatur gezerrt, weil das Gewicht des Pakets unbekannt war.
- Wo ist es passiert (Anlage, Arbeitsbereich, Tätigkeit, ggf. mit Foto der gefährlichen Stelle bzw. Situation)?
  Wareneingang
- Welche Maßnahmen wurden festgelegt, um Unfälle zukünftig zu vermeiden?
  Vor manuellem Entladen muss zukünftig das Gewicht von Paketen erfragt werden.
- Wo finde ich weitere Informationen?
  Leiter Wareneingang

Bettina Huck

Unfallanzeige

Erleidet ein Arbeitnehmer einen Arbeitsunfall oder erkrankt er an einer Berufskrankheit, muss der Arbeitgeber eine Unfallanzeige an den zuständigen Unfallversicherungsträger erstatten.

Gesetze, Vorschriften und Rechtsprechung

Sozialversicherung: Die Unfallanzeige für die Arbeitgeber ist in § 193 SGB VII geregelt. Einzelheiten der Unfallanzeige sind in der Unfallversicherungs-Anzeigeverordnung (UVAV) normiert.

Zum 1.1.2024 ist die „Verordnung zur Neuregelung der Anzeige von Versicherungsfällen in der gesetzlichen Unfallversicherung" (UVAV 2024) vom 17.7.2023 (BGBl. 2023 I Nr. 192) in Kraft getreten. Darin wird das Verfahren über die Anzeige von Versicherungsfällen in der gesetzlichen Unfallversicherung neu geregelt (insbesondere Digitalisierung des Verfahrens: elektronische Anzeige als ausschließlicher Meldeweg, Wegfall der bisherigen Anzeigeformulare; Festlegung der jeweiligen Anzeigeinhalte durch Beschreibung der Meldedaten). Bis zum 31.12.2027 bestimmt § 7 UVAV 2024, dass abweichend von § 2 UVAV 2024 die Anzeigen nach den §§ 193 und 202 SGB VII auf den bisherigen Vordrucken erstattet werden können.

1 Verpflichtung des Unternehmens

Die Unternehmer sind verpflichtet, dem zuständigen → *Unfallversicherungsträger* Unfälle, die sich in ihrem Betrieb ereignet haben, zu melden.

Bei Unfällen von

- Schülern[1] ist der Schulhoheitsträger (unabhängig davon, ob er auch Unternehmer ist),
- Versicherten, die in medizinischen Einrichtungen stationär, teilstationär oder ambulant behandelt werden oder[2]
- Personen, die an Präventionsmaßnahmen teilnehmen[3],
- der Träger der Einrichtung

für die Unfallanzeige zuständig.

1 § 2 Abs. 1 Nr. 8 Buchst. b SGB VII.

2 § 2 Abs. 1 Nr. 15 Buchst. a SGB VII.

3 § 2 Abs. 1 Nr. 15 Buchst. d SGB VII.

Auf die Art der Versicherung (freiwillige oder Pflichtversicherung) desjenigen, der den Unfall erlitten hat, kommt es nicht an.

Die Anzeigepflicht bezieht sich auf

- Unfälle im Betrieb (einschließlich Betriebswege, Reisen zu beruflich veranlassten Auswärtstätigkeiten), durch die Versicherte getötet oder so verletzt worden sind, dass sie für mehr als 3 Tage arbeitsunfähig werden.

Praxis-Beispiel: Arbeitsunfall und Homeoffice

Das BSG hat mit Urteil vom 8.12.2021[1] entschieden, dass bei einem Sturz auf dem morgendlichen Weg zwischen privaten Wohnräumen und häuslichem Büro im Rahmen des Homeoffice ein Arbeitsunfall vorliegt. Mithin ist der Weg zur erstmaligen Arbeitsaufnahme als Betriebsweg versichert.

Erleichterungen für die Feststellung des Vorliegens eines Arbeitsunfalls ergeben sich auch durch die Änderungen des SGB VII gemäß „Gesetz zur Förderung der Betriebsratswahlen und Betriebsratsarbeit in einer digitalen Arbeitswelt (Betriebsrätemodernisierungsgesetz)“ vom 14.6.2021 (BGBl. I S. 1762). § 8 Abs. 1 Satz 3 SGB VII regelt, das Versicherungsschutz in gleichem Umfang wie bei der Ausübung der Tätigkeit auf der Unternehmensstätte besteht, wenn die versicherte Tätigkeit im Haushalt der Versicherten oder an einem anderen Ort ausgeübt wird.

Mit § 8 Abs. 2 Nr. 2 Buchst. a SGB VII wird nun geregelt, dass das Zurücklegen des unmittelbaren Wegs nach und von dem Ort, an dem Kinder von Versicherten[2] fremder Obhut anvertraut werden, wenn die versicherte Tätigkeit an dem Ort des gemeinsamen Haushalts ausgeübt wird, versicherte Tätigkeiten sind.

Praxis-Beispiel: Wegeunfall bei Nutzung öffentlicher Verkehrsmittel

Das BSG hat sich in dem Urteil vom 28.6.2022[3] mit der Frage der Unterbrechung und Wiederbegründung des Versicherungsschutzes bei Nutzung öffentlicher Verkehrsmittel und privat erfolgtem Arztbesuch auseinandergesetzt. Das Aussteigen aus der Straßenbahn und das Aufsuchen einer Arztpraxis zu Fuß auf dem Heimweg als Zwischenziel habe den Schutz lediglich unterbrochen. Relevant für das Bestehen des Versicherungsschutzes sei, dass im Unfallzeitpunkt diese Unterbrechung des versicherten Wegs beendet und der Schutz bereits wiederaufgelebt war.

- Berufskrankheiten, sofern dem Unternehmer hierfür im Einzelfall Anhaltspunkte vorliegen.
  Bei einem begründeten Verdacht auf eine Berufskrankheit besteht die Anzeigenverpflichtung auch für Ärzte bzw. Zahnärzte. Dem Unfallversicherungsträger oder der für den medizinischen Arbeitsschutz zuständigen Stelle ist der Verdacht unverzüglich anzuzeigen.[4] Für die Anzeige steht der Vordruck zur Verfügung.[5]

Praxis-Beispiel: Abgrenzung COVID-19-Erkrankung als Arbeitsunfall oder Berufskrankheit

Die Infektion mit dem Coronavirus-SARS-CoV-2 und anschließender Erkrankung kann – je nach Vorliegen der weiteren Voraussetzungen – eine Berufskrankheit oder ein Arbeitsunfall sein. Die Anforderungen sind für die Annahme einer Berufskrankheit höher gefasst. So muss die Infektion und anschließende Erkrankung beispielsweise Folge einer Tätigkeit im Gesundheitsdienst, in der Wohlfahrtspflege oder in einem Laboratorium sein, mithin ein Zusammenhang zwischen der Tätigkeit und besonderen Infektionsgefahr bestehen. Der Spitzenverband DGUV informiert umfassend über die einzelnen Abgrenzungskriterien und Voraussetzungen.

---

1 BSG, Urteil v. 8.12.2021, B 2 U 4/21 R.

2 § 56 SGB I.

3 BSG, Urteil v. 28.6.2022, B 2 U 16/20 R; vgl. auch § 8 Abs. 2 Nr. 1 SGB VII.

4 § 202 SGB VII.

5 § 193 Abs. 8 SGB VII, Anlagen UVAV.

Praxis-Beispiel: Problem des Kausalitätsnachweises

Der Nachweis, dass sich die Infektion nicht im privaten Bereich ereignet hat (z.B. beim Einkaufen), kann im Einzelfall schwer zu führen sein.

Bei Arbeitnehmerüberlassung ist jeder Unternehmer (Verleihunternehmen, Entleiher) anzeigepflichtig.

Bei Unfällen auf Reisen zu beruflich veranlassten Auswärtstätigkeiten kann die Meldung auch gegenüber der inländischen Ortspolizeibehörde des Bezirks erfolgen, in dem sich der Verletzte zuerst nach dem Unfall aufhält.

Bei Unfällen im Ausland kommt ggf. die Ortspolizeibehörde des inländischen Betriebssitzes infrage.[6]

Sonderregelungen gelten für Arbeitsunfälle auf Schiffen.

2 Abgabefrist

Für die Unfallanzeige ist eine Frist von 3 Tagen gesetzt, gerechnet ab Kenntnis von dem Unfall oder Anhaltspunkte für eine Berufskrankheit. Die Frist beginnt frühestens mit dem auf den Unfall folgenden Tag; am Ende liegende Samstage, Sonn- und Feiertage zählen dabei mit.

Die Unfallanzeige ist vom Betriebs- oder Personalrat mit zu unterzeichnen; bei Erstattung der Anzeige durch Datenübertragung ist anzugeben, welches Mitglied des Betriebs- oder Personalrats vor der Absendung von ihr Kenntnis genommen hat. Der Unternehmer hat die Sicherheitsfachkraft und den Betriebsarzt über jede Unfall- oder Berufskrankheitenanzeige in Kenntnis zu setzen.

Unter anderem bei Unfällen in Unternehmen, die der allgemeinen Arbeitsschutzaufsicht unterliegen (Fälle des § 193 Abs. 7 SGB VII), ist der zuständigen Arbeitsschutzbehörde eine Durchschrift der Unfallanzeige zu übersenden. Der Versicherte kann eine Kopie der Unfallanzeige verlangen.

3 Folgen unterlassener Unfallanzeigen

Wird die Unfallanzeige unterlassen, sind Geldbußen und im Übrigen Schadenersatzansprüche möglich. Rechtsgrundlage für die Geldbußen ist § 209 Abs. 1 Satz 1 Nr. 9 und Nr. 10 SGB VII. Wer danach eine Unfallanzeige nicht, nicht richtig oder nicht rechtzeitig erstattet, kann mit einer Geldbuße bis zu 2.500 EUR belegt werden.[7] Der Unfallversicherungsträger ist für den Einzug der Geldbußen zuständig.[8]

4 Inhalt der Unfallanzeige

In der Unfallanzeige geht es insbesondere um den Unfallhergang. Der Arbeitgeber muss den Versicherten zum Unfallhergang befragen. Insbesondere bei Wegeunfällen ist der Unfallhergang besonders wichtig. Hier geht es um die genaue Unfallstelle.

Das Formular „Unfallanzeige" ist beim zuständigen Unfallversicherungsträger erhältlich.

Praxis-Beispiel: Unfallanzeige ab 1.1.2024

Ab dem 1.1.2024 ist die Anzeige digital (durch elektronische Datenübertragung) anzuzeigen.[9] Bis zum 31.12.2027 können die Anzeigen aber auch noch übergangsweise auf den bisherigen Vordrucken erstattet werden.[10]

Todesfälle, besondere schwere Unfälle und Massenunfälle, sind sofort fernmündlich, per E-Mail oder Fax

- dem zuständigen Versicherungsträger oder dessen zuständiger Bezirksverwaltung und
- bei gewerblichen Betrieben dem Gewerbeaufsichtsamt/untere Bergbehörde

zu melden.

---

6 S. Gesetzliche Unfallversicherung bei Entsendung ins Ausland, www.dguv.de

7 § 209 Abs. 3 SGB VII.

8 § 210 SGB VII.

9 § 2 UVAV 2024.

10 § 7 UVAV 2024.

5 Unfallversicherungs-Anzeigeverordnung

Das Bundesministerium für Arbeit und Soziales ist ermächtigt, Einzelheiten der Unfallanzeige durch Rechtsverordnung zu regeln.[1] Es hat deshalb die geltende Unfallversicherungs-Anzeigeverordnung (UVAV) erlassen.

Praxis-Beispiel: Neuregelung zur Unfallanzeige ab 1.1.2024

Zum 1.1.2024 ist die „Verordnung zur Neuregelung der Anzeige von Versicherungsfällen" (UVAV 2024) in der gesetzlichen Unfallversicherung in Kraft getreten. Bis zum 31.12.2027 können die Anzeigen auf den bisherigen Vordrucken erstattet werden. Die nachfolgenden Ausführungen beziehen sich auf das bis zum 31.12.2023 geltende Recht bzw. das Übergangsrecht.

Neben den Regelungen zur Abgabe der Unfallanzeige enthält sie die nachstehenden Vordrucke:

- Unfallanzeige[2]
- Unfallanzeige für Kinder in Tagesbetreuung oder vorschulischer Sprachförderung, Schüler, Studierende[3]
- Ärztliche Anzeige bei Verdacht auf eine Berufskrankheit[4]
- Anzeige des Unternehmers bei Anhaltspunkten für eine Berufskrankheit.[5]

Die Unfallanzeigen (einschl. der Kopien) können im Einvernehmen mit den Anzeigeempfängern auch im Wege der Datenübertragung übermittelt werden.[6] Dies ist aber nur möglich, sofern die Darstellung der Anzeige nach Form und Inhalt dieselben Felder und Texte wie das für die Anzeige vorgesehene Formular enthält. Wird die Anzeige durch Datenübertragungen erstattet, ist in ihr anzugeben, welches Mitglied des Betriebs- oder Personalrats vor der Absendung von ihr Kenntnis genommen hat.

Wichtig für die Anzeigepflichtigen ist hier, dass bei der Datenübertragung geeignete Maßnahmen zur Sicherung von Datenschutz und Datensicherheit nach dem jeweiligen Stand der Technik vorzunehmen sind. Bei der Nutzung allgemein zugänglicher Netze müssen Verschlüsselungsverfahren angewandt werden.

Britta Berg

Unfallstatistik

Das gesamte Arbeitsschutzsystem beruht auf dem Prinzip der Gefährdungsanalyse. Um dabei Risiken richtig einordnen zu können, ist es u.a. notwendig, das Unfallgeschehen und ggf. auftretende Berufskrankheiten zu untersuchen und auszuwerten. Eine sinnvoll strukturierte Unfallstatistik bietet dazu eine Datenbasis. Sie erlaubt zum Beispiel Unfallschwerpunkte aufzudecken und Schutzmaßnahmen zu entwickeln bzw. auf ihre Effektivität zu prüfen.

Gesetze, Vorschriften und Rechtsprechung

Eine Unfallstatistik ist eine strukturierte Form der Dokumentation des Unfallgeschehens. Diese wiederum ist Bestandteil wesentlicher Rechtsnormen im Arbeitsschutz. So fordert § 6 Arbeitsschutzgesetz, dass Unfälle mit Todesfolge oder mehr als 3 Tagen Arbeitsunfähigkeit vom Arbeitgeber erfasst werden. §§ 3, 6 Arbeitssicherheitsgesetz weisen dem Betriebsarzt und der Fachkraft für Arbeitssicherheit zudem die Aufgabe zu, die Durchführung des Arbeitsschutzes und der Unfallverhütung zu beobachten und im

1 § 193 Abs. 8 und § 202 Satz 1 SGB VII.

2 Anlage A1.

3 Anlage A2.

4 Anlage A3.

5 Anlage A4.

6 § 5 UVAV.

Zusammenhang damit Ursachen von → *Arbeitsunfällen* zu untersuchen, die Untersuchungsergebnisse zu erfassen und auszuwerten und dem Arbeitgeber Maßnahmen zur Verhütung dieser Arbeitsunfälle vorzuschlagen.

1 Wann ist eine Unfallstatistik sinnvoll?

Der Begriff „Statistik“ bezeichnet genau genommen nicht nur irgendeine Art von Datenerhebung, sondern auch bestimmte mathematische Verfahren, die geeignet sind, empirische Daten sinnvoll und nachvollziehbar zu analysieren. Für eine regelgerechte Statistik müssen bestimmte mathematische Rahmenbedingungen eingehalten werden, die erst ab einer relativ hohen Ereigniszahl überhaupt Sinn machen. In kleineren und mittleren Unternehmen werden solche Unfallzahlen üblicherweise nicht erreicht.

Ab welcher Ereignisanzahl eine Unfallstatistik sinnvoll ist, kann nicht an einem bestimmten Grenzwert festgemacht werden. Es ist aber wichtig, bei kleinen Ausgangsmengen die erhobenen Zahlen nicht überzubewerten.

Praxis-Beispiel: Statistische Schwankungen

Je kleiner die Datenbasis, desto zurückhaltender muss mit den Schlüssen umgegangen werden, die daraus gegebenenfalls gezogen werden.

In einem Kleinstbetrieb mit sehr geringen jährlichen Unfallzahlen ist eine Tabelle, in der alle Einzelereignisse erfasst sind, eine ausreichende und sinnvolle Dokumentationsform.

Auch in vielen Klein- und Mittelbetrieben werden die jährlichen Unfallzahlen nicht ausreichend sein, um eine regelgerechte statistische Auswertung zu ermöglichen. Trotzdem kann eine Auswertung des Unfallgeschehens nach einzelnen, auszuwählenden Kriterien hilfreiche Anregungen für die Sicherheitsarbeit bringen.

Praxis-Beispiel: Aufklärung und Unterweisung

Auch wenn die Datenbasis für eine „echte“ statistische Auswertung nicht ausreicht, veranschaulicht eine nach einfachen Kriterien zu erstellende betriebsinterne Unfallstatistik das Unfallgeschehen wirkungsvoll. Sie macht z.B. das Thema Arbeitsschutz für Unternehmer, Führungskräfte und Mitarbeiter fassbar und ist hilfreich für Risikobetrachtungen im Rahmen der Gefährdungsbeurteilung.

2 Datenerhebung

Die Datenerhebung erfolgt i.d.R.:

- anhand der standardisierten Unfallmeldungen bzw. Berufskrankheitsanzeigen;
- ggf. durch eigene, betriebsinterne → *Unfallanalysen*;
- aus Verbandbucheintragungen;
- ggf. unter Berücksichtigung der unfallbedingten Fehlzeiten.

Praxis-Beispiel: Datenschutz

Unfalldaten sind schützenswerte, persönliche Daten. Die Auswertung, z.B. die Aufnahme der Daten aus den Unfallanzeigen, muss unter Datenschutzgesichtspunkten sicher erfolgen. Anonymisierte Auswertungen sind nicht personenbezogen und können betriebsintern kommuniziert werden.

3 Mögliche Kriterien

Sinnvolle Kriterien für eine Auswertung des Unfallgeschehens können u.a. sein:

- Unfall auslösender Umstand/Gegenstand
- Unfälle bezogen auf Abteilungen des Betriebes
- Unfälle bezogen auf Berufsgruppen
- betroffene Körperteile, Verletzungsarten, Berufskrankheiten
- Unfallort

- Unfallkosten (dafür werden neben den Unfallanzeigen ergänzende Daten benötigt, mind. die AU-Zeiten)

Dabei können ggf. mehrere Kriterien kombiniert werden.

Praxis-Beispiel: Auswahl von Kriterien

In einem Krankenhaus kann es sinnvoll sein zu untersuchen, welche Berufsgruppen in welchem Maße von Stich- und Schnittverletzungen mit Infektionsgefahr betroffen sind (Pflegekräfte, Ärzte, Entsorgungsdienst …). Daraus sind Schlüsse für Gefährdungsbeurteilung, Unterweisung und Vorsorgeuntersuchungen abzuleiten.

Praxis-Beispiel: Keine absoluten Unfallzahlen vergleichen

Bei einer Unfallauswertung nach Berufsgruppen oder Abteilungen ist zu berücksichtigen, wie viele Mitarbeiter in diesen Bereichen beschäftigt sind, z. B. in dem eine Unfallquote pro Vollzeitkraft ermittelt wird.

Die Kriterien, nach denen später eine Auswertung erfolgen soll, sind sorgfältig auszuwählen. Nicht jedes denkbare Kriterium ist wirklich sinnvoll und aussagefähig. Kriterien, die man allerdings bei der Aufnahme der Einzelereignisse nicht mit berücksichtigt, können später auch nicht ausgewertet werden. Das gilt erst recht, wenn eine interne Vergleichbarkeit dadurch erreicht werden soll, dass die Unfallstatistik über mehrere Jahre geführt werden soll.

4 Betriebs- und branchenübergreifende Unfallstatistiken

Vergleichbarkeit von Unfallstatistiken ist sehr schwer zu erzielen. Schon betriebsintern unterscheiden sich gleich bezeichnete Abteilungen oft in der Art des Betriebes, sodass sich unterschiedliche Unfallrisiken ergeben. Am ehesten können Unfallstatistiken aus möglichst identisch aufgebauten Standorten innerhalb einer Betriebs- oder Unternehmensstruktur verglichen werden, wenn sichergestellt ist, dass die Erhebung nach den gleichen Kriterien erfolgt.

Branchenspezifische Daten verschiedener Betriebe stehen zum Vergleich i. d. R. nicht öffentlich zur Verfügung und werden aus datenrechtlichen Gründen auch auf Anfrage nicht herausgegeben. Lediglich in Einzelfällen veröffentlichen z. B. → *Unfallversicherungsträger* oder Aufsichtsbehörden Unfallzahlen bezogen auf einzelne Unfallursachen, Branchen oder Berufsgruppen (z. B. Unfallquoten für bestimmte Berufsgruppen, aufgetretene → *Berufskrankheiten* in bestimmten Branchen).

Eine Vielzahl interessanter und gut aufbereiteter Daten stellt die Deutsche gesetzliche Unfallversicherung branchenübergreifend für ganz Deutschland regelmäßig als „DGUV-Statistiken für die Praxis" zur Verfügung. Allerdings ist hier die Rasterung relativ grob (unterschieden werden öffentliche und gewerbliche Arbeitgeber und bei den letztgenannten die BG-Zugehörigkeit).

Praxis-Beispiel: Rechengröße Vollarbeiter

Um angesichts unterschiedlichster Beschäftigungsverhältnisse und Arbeitszeiten Vergleichbarkeit zu schaffen, wird in den DGUV-Statistiken als Rechengröße der „Vollarbeiter" verwendet. Dabei entspricht ein Vollarbeiter der durchschnittlich von einer vollbeschäftigten Person im produzierenden Gewerbe und Dienstleistungsbereich tatsächlich geleisteten Arbeitsstundenzahl pro Jahr (zurzeit ca. 1.600 Stunden). Unfallquoten werden demnach z. B. bezogen auf 1.000 Vollarbeiter ermittelt.

Einige ergänzende Statistiken finden sich auf der Internetseite der Bundesanstalt für Arbeitsschutz und Arbeitsmedizin, z. B. zum Gesamtunfallgeschehen in der Gesellschaft, zu tödlichen Arbeitsunfällen und Haus- und Freizeitunfällen.

Cornelia von Quistorp

Unfallversicherung

Die gesetzliche Unfallversicherung ist ein Versicherungszweig der Sozialversicherung. Die Träger der gesetzlichen Unfallversicherung sind nach Wirtschaftszweigen gegliedert. Grundsätzlich ist jeder Arbeitnehmer in Deutschland gesetzlich unfallversichert. Die Beitragszahlung erfolgt ausschließlich durch den Arbeitgeber, der hierdurch Versicherungsschutz seiner Beschäftigten bei Arbeitsunfällen und Berufskrankheiten erhält. Außerdem übernimmt die gesetzliche Unfallversicherung die Haftung der Arbeitgeber. Sie müssen also grundsätzlich keine Schadensersatzansprüche fürchten, wenn ihre Beschäftigten einen Arbeits- oder Wegeunfall erleiden oder an einer Berufskrankheit erkranken. Das Leistungsspektrum besteht aus der Vorbeugung (Prävention) von Arbeitsunfällen, Berufskrankheiten und arbeitsbedingten Gesundheitsgefahren, der Wiederherstellung der Gesundheit (Rehabilitation) nach einem Unfall sowie ggf. der Entschädigung des Verletzten und seiner Hinterbliebenen durch Geldleistungen.

Gesetze, Vorschriften und Rechtsprechung

Arbeitsrecht: Wichtige Gesetze und Vorschriften sind das Arbeitsschutzgesetz, das Arbeitssicherheitsgesetz sowie die Vorschriften und Regelwerke der Berufsgenossenschaften (Satzungen, Berufsgenossenschaftliche bzw. DGUV-Vorschriften).

Lohnsteuer: Die Steuerfreiheit der Beiträge des Arbeitgebers beruht auf § 3 Nr. 62 EStG. Die lohnsteuerrechtliche Behandlung freiwilliger Unfallversicherungen von Arbeitnehmern ist im BMF-Schreiben v. 28.10.2009, IV C 5 – S 2332/09/10004, BStBl 2009 I S. 1275 geregelt. Für Leistungen aus der gesetzlichen Unfallversicherung gilt die Steuerbefreiung nach § 3 Nr. 1a EStG.

Sozialversicherung: Die gesetzlichen Grundlagen für die gesetzliche Unfallversicherung sind im SGB VII geregelt.

1 Rechtsgrundlagen

Grundsätzlich richten sich Ansprüche der Arbeitnehmer auf Leistungen der Unfallversicherung nach dem Sozialversicherungsrecht gegen die gesetzliche Unfallversicherung.

Allerdings verpflichten sich Arbeitgeber insbesondere in **Arbeitsverträgen** leitender Angestellter häufig, zugunsten des Arbeitnehmers eine **private Unfallversicherung** abzuschließen. In solchen Fällen ist der Arbeitgeber dann arbeitsvertraglich verpflichtet, die zur Erhaltung des Versicherungsschutzes erforderlichen **Versicherungsprämien** zu entrichten.

2 Verantwortlichkeit des Unternehmers

Träger der Unfallversicherung sind gem. § 114 Abs. 1 Satz 1 SGB VII u.a. die gewerblichen → *Berufsgenossenschaften*, die landwirtschaftliche Berufsgenossenschaft und die gemeinsamen Unfallkassen für den Landes- und den kommunalen Bereich. Außer der Unfallversicherung haben die Berufsgenossenschaften Unfallverhütung zu betreiben.

Die in der Berufsgenossenschaft zusammengeschlossenen **Unternehmer** haben in ihrer **Gesamtheit** für die Folgen eines → *Arbeitsunfalls* aufzukommen, weil sie und nicht die Arbeitnehmer die Beiträge zur Unfallversicherung leisten.

Das ist der gesetzgeberische Grund, warum die **Schadensersatzpflicht** des Unternehmers bei Arbeitsunfällen wegen Personenschadens auf **Vorsatz** beschränkt ist.

3 Beiträge zur gesetzlichen Unfallversicherung

Beiträge an die → *Berufsgenossenschaften* als Träger der gesetzlichen Unfallversicherung gehören zu den Aufwendungen des Arbeitgebers für die Zukunftssicherung der Arbeitnehmer.[1] Sie sind **steuerfrei**,

1 § 2 Abs. 2 Nr. 3 LStDV.

da der Arbeitgeber die Berufsgenossenschaftsbeiträge aufgrund einer eigenen gesetzlichen Verpflichtung entrichtet.[1]

Freiwillig versicherte Gesellschafter-Geschäftsführer

Gesellschafter-Geschäftsführer einer GmbH sind meist freiwillig in der gesetzlichen Unfallversicherung versichert. Bei freiwilliger Versicherung sind die Beitragszahlungen **nicht steuerfrei,** weil der Arbeitgeber keine gesetzlich geschuldete Zukunftssicherungsleistung erbringt. Die Beiträge des Arbeitgebers unterliegen daher dem Lohnsteuerabzug.[2]

4 Beiträge zu Gesamtunfallversicherungen

Der Teilbetrag, der auf das Unfallrisiko bei beruflichen Auswärtstätigkeiten entfällt, bleibt als Reisenebenkostenvergütung steuerfrei.[3] Für das berufliche Risiko können **40 % des Gesamtbeitrags steuerfrei** belassen werden. Dem Lohnsteuerabzug unterliegen die verbleibenden 60 % des Gesamtbeitrags, der vom Arbeitnehmer in gleicher Höhe im Rahmen der Einkommensteuerveranlagung als Werbungskosten abgezogen werden kann.[4] Eine Saldierung der steuerpflichtigen Beiträge mit den abzugsfähigen Werbungskosten durch den Arbeitgeber im Lohnsteuerabzugsverfahren ist nicht zulässig.

5 Leistungen aus gesetzlichen Unfallversicherungen

Leistungen aus der gesetzlichen Unfallversicherung sind für Pflichtversicherte und freiwillig Versicherte i. d. R. **steuerfrei.** Dies gilt unabhängig davon, ob es sich um Bar- oder Sachleistungen handelt und ob sie dem ursprünglich Berechtigten oder seinen Hinterbliebenen zufließen.[5]

Die Steuerfreiheit kann auch für Leistungen aus einer **ausländischen** gesetzlichen Unfallversicherung in Betracht kommen.[6]

6 Ersatz für entgangene Einnahmen

Versicherungsleistungen, die als Ersatz für entgangene oder entgehende Einnahmen[7] gezahlt werden, z. B. Leistungen wegen einer Körperverletzung, soweit sie den Verdienstausfall ersetzen, sind als **steuerpflichtiger** Arbeitslohn zu erfassen. Sie unterliegen dem Lohnsteuerabzug.

Lohnzahlung durch Dritte

Wickelt das Versicherungsunternehmen die Auszahlung der Versicherungsleistung unmittelbar mit dem Arbeitnehmer ab, hat der Arbeitgeber den Lohnsteuerabzug vorzunehmen, wenn er weiß oder erkennen kann, dass derartige Zahlungen erbracht wurden (sog. Arbeitslohn von dritter Seite).[8] Andernfalls ist der steuerpflichtige Arbeitslohn im Rahmen der Einkommensteuerveranlagung des Arbeitnehmers zu erfassen.

7 Unfallversicherungsträger

Träger der gesetzlichen Unfallversicherung sind die gewerblichen → *Berufsgenossenschaften*, die landwirtschaftliche Berufsgenossenschaft (als Träger der Unfallversicherung innerhalb der Sozialversicherung für Landwirtschaft, Forsten und Gartenbau), die Unfallversicherung Bund und Bahn, die

---

1 § 3 Nr. 62 Satz 1 EStG.

2 § 3 Nr. 62 Satz 1 EStG.

3 § 3 Nr. 13 oder 16 EStG.

4 BMF, Schreiben v. 17.7.2000, IV C 5 – S 2332 – 67/00, BStBl 2000 I S. 1204.

5 § 3 Nr. 1a EStG.

6 BFH, Urteil v. 7.8.1959, VI 299/57 U, BStBl 1959 III S. 463.

7 § 24 Nr. 1a EStG.

8 § 38 Abs. 1 Satz 3 EStG.

Unfallkassen der Länder, die Gemeindeunfallversicherungsverbände und die Unfallkassen der Gemeinden, die Feuerwehr-Unfallkassen sowie die gemeinsamen Unfallkassen für den Landes- und den kommunalen Bereich.[1]

Die gewerblichen Berufsgenossenschaften sind für alle Unternehmen der gewerblichen Wirtschaft zuständig, soweit sich nicht eine Zuständigkeit der landwirtschaftlichen Berufsgenossenschaft oder der Unfallversicherungsträger der öffentlichen Hand ergibt. Im Einzelnen ist die Zuständigkeit in den §§ 121 ff. SGB VII geregelt. Unternehmer können sich ihre Berufsgenossenschaft nicht frei aussuchen. Die Zuständigkeit einer bestimmten Berufsgenossenschaft ergibt sich aus der Branche.

8 Versicherter Personenkreis

8.1 Versicherte kraft Gesetzes

In der Unfallversicherung sind alle Beschäftigten[2] kraft Gesetzes versichert,[3] darüber hinaus noch zahlreiche andere Personengruppen wie z. B.

- Lernende bei der beruflichen Aus- und Fortbildung,
- Unternehmer in der Landwirtschaft und deren Ehegatten/Lebenspartner,
- ehrenamtlich Tätige, die für Körperschaften, Anstalten, Stiftungen des öffentlichen Rechts, deren Verbände und Arbeitsgemeinschaften oder für öffentlich-rechtliche Religionsgemeinschaften und deren Einrichtungen oder für privatrechtliche Einrichtungen unter bestimmten Voraussetzungen tätig sind,
- Schüler, Studenten, Kinder in Kindergärten und beim Besuch aller Tageseinrichtungen für Kinder (Kinderkrippen, -horte, Tagesmütter),
- Kinder während der Teilnahme an Sprachförderkursen,
- Helfer in Unglücksfällen, Blut- und Organspender,
- Teilnehmer an satzungsgemäßen Veranstaltungen der Nachwuchsförderung in Unternehmen zur Hilfeleistung und im Zivilschutz,
- Personen, die eine einer Straftat verdächtige Person verfolgen oder festnehmen bzw. sich zum Schutz eines widerrechtlich Angegriffenen einsetzen,
- Pflegepersonen – auch bei nicht erwerbsmäßiger Pflege – sofern die Pflegebedürftigen bestimmte Voraussetzungen erfüllen,
- Personen, bei denen der Gesetzgeber im Rahmen des § 2 Abs. 2 SGB VII die Wertung getroffen hat, dass auch sie – obwohl nicht Beschäftigte – unter dem Schutz der gesetzlichen Unfallversicherung stehen sollen, sowie
- Personen in sog. „Ein-Euro-Jobs“, obwohl es sich hier weder arbeitsrechtlich noch sozialversicherungsrechtlich um echte Beschäftigungsverhältnisse handelt.

Auch geringfügig Beschäftigte (Minijobber) sind gesetzlich unfallversichert.

8.2 Geringfügig Beschäftigte in Privathaushalten

Geringfügig Beschäftigte in Privathaushalten sind ebenfalls kraft Gesetzes unfallversichert. Unter den Begriff der sog. „Haushaltshilfen“ fallen u. a. Reinigungskräfte, Babysitter, Küchen- und Gartenhilfen sowie Kinder- und Erwachsenenbetreuer. Auch Pflegepersonen bei häuslicher Pflege sind unfallversichert. Für diese Versicherung muss der Beschäftigte selbst keine Beiträge entrichten; hierfür ist ausschließlich der haushaltsführende Arbeitgeber zuständig.

Träger der gesetzlichen Unfallversicherung für Haushaltshilfen ist jeweils die Unfallkasse oder der Gemeindeversicherungsverband des Wohngebiets. Die Deutsche Gesetzliche Unfallversicherung hilft bei

1 § 114 Abs. 1 SGB VII.

2 § 7 Abs. 1 SGB IV.

3 § 2 Abs. 1 Nr. 1 SGB VII.

der Suche nach dem richtigen Träger. Die Anmeldung der geringfügig beschäftigten Haushaltshilfen erfolgt über die Minijob-Zentrale.

Der Beitrag zur gesetzlichen Unfallversicherung für Haushaltshilfen im Rahmen von Minijobs beträgt bundeseinheitlich 1,6 % des Arbeitsentgelts. Für alle anderen Haushaltshilfen variieren die Beiträge je nach zuständiger Unfallkasse und Zahl der Beschäftigungsmonate oder -tage pro Jahr zwischen 20 EUR und rund 85 EUR. Die Anmeldung der Haushaltshilfen kann auch online beim örtlich zuständigen Träger erfolgen. Sofern Haushaltshilfen sowohl im privaten Haushalt eines Unternehmers als auch in dessen Gewerbebetrieb tätig sind, sind sie nur dann bei der Unfallkasse versichert, wenn die Tätigkeit im Privathaushalt überwiegt.

8.3 Freiwillig Versicherte

Freiwillig versichern können sich Unternehmer, die weder kraft Gesetzes noch kraft Satzung versichert sind. Zu diesen Unternehmern gehören nach § 6 SGB VII:

- Unternehmer und ihre im Unternehmen mitarbeitenden Ehegatten/Lebenspartner; ausgenommen sind Haushaltsführende, Unternehmer von nicht gewerbsmäßig betriebenen Binnenfischereien oder Imkereien, von nicht gewerbsmäßig betriebenen landwirtschaftlichen Unternehmen und ihre Ehegatten/Lebenspartner sowie Fischerei- und Jagdgäste.
- Personen, die in Kapital- oder Personenhandelsgesellschaften regelmäßig wie Unternehmer selbstständig tätig sind.

Daneben können sich gewählte oder besonders beauftragte Ehrenamtsträger in gemeinnützigen Vereinen, Personen, die ehrenamtlich für Parteien tätig sind, sowie Vertreter von Arbeitgeber- oder Arbeitnehmerorganisationen freiwillig versichern.

Anders als die Pflichtversicherung ist die freiwillige Versicherung nur auf Antrag möglich. Sie beginnt frühestens am Tag nach dem Eingang des Antrags bei der Berufsgenossenschaft. Die freiwillige Unfallversicherung erlischt bei Zahlungsrückstand.[1]

9 Aufgaben/Leistungen

9.1 Prävention

Die Unfallversicherungsträger haben mit allen geeigneten Mitteln für die Verhütung von → *Arbeitsunfällen*, → *Berufskrankheiten* und arbeitsbedingten Gesundheitsgefahren und für eine wirksame erste Hilfe zu sorgen.[2] Dabei sollen sie den Ursachen von arbeitsbedingten Gefahren für Leben und Gesundheit nachgehen. Bei der Beratung und Überwachung der Unternehmen arbeiten sie im Rahmen der Gemeinsamen Deutschen Arbeitsschutzstrategie (GDA) mit allen Stellen zusammen, die ebenfalls Unfallverhütung betreiben. Diese Zusammenarbeit hat das Ziel, Sicherheit und Gesundheit der Beschäftigten durch einen abgestimmten und systematisch wahrgenommenen Arbeitsschutz – ergänzt durch Maßnahmen der betrieblichen Gesundheitsförderung und Präventionsmaßnahmen der gesetzlichen Rentenversicherung – zu erhalten, zu verbessern und zu fördern.

9.1.1 Arbeitsbedingte Gesundheitsgefahren

Bei der Verhütung arbeitsbedingter Gesundheitsgefahren arbeiten die Unfallversicherungsträger mit den Krankenkassen zusammen.[3] Dabei gewinnen Fragen rund um die psychische Gesundheit der Arbeitnehmer zunehmend an Bedeutung. Die Berufsgenossenschaften beraten heute nicht mehr nur zu Fragen des Arbeitsschutzes im engeren Sinne, sondern zu allen Themen der Gesundheit im Zusammenhang mit der Arbeit und helfen mit Konzepten zur Reduzierung psychischer Belastungen bei der Arbeit.

---

1 § 6 Abs. 2 Satz 2 SGB VII.

2 § 1 Ziff. 1 SGB VII.

3 § 14 Abs. 2 SGB VII.

Die gesetzliche Kranken-, Unfall-, Renten- und Pflegeversicherung arbeiten an einem gemeinsamen Konzept zur Prävention und Gesundheitsförderung. Rahmenempfehlungen sollen dabei die Qualität von Gesundheitsförderung und Prävention sichern.

9.1.2 Unfallverhütungsvorschriften

Die Berufsgenossenschaften haben das (autonome) Recht, eigene Vorschriften zur Unfallverhütung – sog. DGUV-Vorschriften – zu erlassen.[1] Nach dem Erlass der Rahmenvorschrift „Grundsätze der Prävention" (DGUV-Vorschrift 1) machen die Berufsgenossenschaften kaum noch von diesem Recht Gebrauch.

Praxis-Beispiel: Prüfung ausländischer Unternehmen

Im Rahmen der Unfallverhütung dürfen die Unfallversicherungsträger auch ausländische Unternehmen, die eine Tätigkeit im Inland ausüben, überwachen. Die ausländischen Unternehmen dürfen auch dann überwacht werden, wenn diese keinem Unfallversicherungsträger angehören.

9.1.3 Aufsichtspersonen der Unfallversicherungsträger

Zur Überwachung setzen die Unfallversicherungsträger Aufsichtspersonen (früher: Technische Aufsichtsbeamte) ein. Sie sind befugt, die Geschäfts- und Wohnräume zu jeder Tages- und Nachtzeit zu betreten, wenn dies zur Gefahrenabwehr erforderlich ist.[2]

Das Grundrecht der Unverletzlichkeit der Wohnung ist insoweit eingeschränkt. Die Unfallversicherungsträger beschränken sich aber nicht nur auf Überwachung, sondern bieten viele Leistungen an, mit denen sich Fragen der Prävention im Vorfeld klären lassen. Hierzu gehören die Beratung z. B. beim Bau von Produktionsstätten, bei der Büroeinrichtung und die Schulung.

9.2 Rehabilitation

Die Unfallversicherungsträger haben mit allen geeigneten Mitteln möglichst frühzeitig darauf hinzuwirken, dass Personen, die einen → *Arbeitsunfall*, → *Wegeunfall* oder eine → *Berufskrankheit* erlitten haben, wieder gesund werden. Damit unterscheidet sich die Unfallversicherung im Leistungsspektrum von der Krankenversicherung. Der Gesundheitsschaden soll beseitigt oder gebessert, seine Verschlimmerung verhütet und seine Folgen gemildert werden.[3] Es gilt der Grundsatz: Rehabilitation vor Rente.

Die Heilbehandlung umfasst ambulante, teilstationäre und stationäre Behandlung – ggf. bei dazu besonders ermächtigten Ärzten (den sog. Durchgangsärzten) und in den berufsgenossenschaftlichen Kliniken – sowie die Versorgung mit Arzneien, Heil- und Hilfsmitteln.

Praxis-Beispiel: Keine Zuzahlungen nach einem Arbeitsunfall

Eigenanteile – wie in der gesetzlichen Krankenversicherung – sind bei den Leistungen der Unfallversicherung vom Versicherten nicht zu tragen. Soweit für Arznei- und Verbandmittel in der Krankenversicherung Festbeträge bestimmt sind, übernimmt der Unfallversicherungsträger die Kosten nur bis zur Höhe des Festbetrags. Benötigt der Verletzte Zahnersatz, so übernimmt die Unfallversicherung die vollen Kosten.

Die weiteren Aufgaben der Unfallversicherung neben der Heilbehandlung sind unter Beachtung des SGB IX

- Leistungen zur Teilhabe am Arbeitsleben,
- Leistungen zur Teilhabe in der Gemeinschaft,
- ergänzende Leistungen,
- Leistungen bei Pflegebedürftigkeit.

---

1 § 15 SGB VII.

2 § 19 Abs. 2 Satz 3 SGB VII.

3 § 26 SGB VII.

9.3 Verletztengeld

Ist der Verletzte arbeitsunfähig, gewährt der Unfallversicherungsträger Verletztengeld. Es beträgt 80 % des Brutto-Arbeitsentgelts, darf jedoch das Nettoarbeitsentgelt nicht übersteigen. Steuerfreie Nacht-, Sonntags- und Feiertagszuschläge sowie Einmalzahlungen werden bei der Berechnung berücksichtigt.

Kann der Arbeitnehmer keine Entgeltfortzahlung beanspruchen, weil die Arbeitsunfähigkeit aufgrund eines Arbeitsunfalles in den ersten 4 Wochen des Arbeitsverhältnisses eingetreten ist oder der Arbeitsunfall durch grob fahrlässiges Verschulden des Arbeitnehmers verursacht wurde, wird dem Arbeitnehmer Verletztengeld in voller Höhe gezahlt.

Leistet der Arbeitgeber Entgeltfortzahlung nur in Höhe von 80 %, weil der Arbeitsunfall in einem anderen Arbeitsverhältnis oder bei Ausübung einer unfallversicherten gemeinnützigen Tätigkeit (z.B. als Blutspender) eingetreten ist, erhält der Arbeitnehmer die Differenz zum vollen Arbeitsentgelt als Verletztengeld-Spitzbetrag. Verletztengeld wird für die Dauer von höchstens 78 Wochen gezahlt, es sei denn, der Verletzte befindet sich zu diesem Zeitpunkt in stationärer Behandlung.

9.4 Übergangsgeld bei Umschulung

Sofern die Schwere der Verletzung zur weiteren Teilhabe am Arbeitsleben eine Umschulung erfordert, trägt der Unfallversicherungsträger alle hiermit in Zusammenhang stehenden Aufwendungen und zahlt für die Dauer der Umschulung Übergangsgeld.[1]

9.5 Unfallrenten

Ist die Erwerbsfähigkeit des Versicherten infolge eines Arbeitsunfalls gemindert, wird Verletztenrente gezahlt. Sie wird gewährt, wenn die Minderung der Erwerbsfähigkeit um mindestens 20 % über die 26. Woche hinaus nach dem Unfall andauert. Die Minderung wird nicht individuell festgestellt, sondern richtet sich nach den Arbeitsmöglichkeiten auf dem gesamten Gebiet des Erwerbslebens (abstrakte Schadensbemessung). Bemessungsgrundlage ist der Jahresarbeitsverdienst des Verletzten in den 12 Monaten vor dem Unfall. Bei einer Minderung der Erwerbsfähigkeit um 100 % beträgt die Rente $^2/_3$ des vor dem Arbeitsunfall oder der Berufskrankheit erzielten Jahresarbeitsverdienstes (Vollrente), bei teilweiser Minderung der Erwerbsfähigkeit den Teil der Vollrente, der dem Grad der Minderung der Erwerbsfähigkeit entspricht (Teilrente).

Schwerverletzte – das sind Unfallrentenbezieher, deren Erwerbsfähigkeit um 50 % oder mehr gemindert ist – erhalten eine Erhöhung um 10 %, wenn keine Erwerbstätigkeit mehr ausgeübt werden kann und keine Rente aus der gesetzlichen Rentenversicherung bezogen wird. Werden mehrere Renten bezogen, so dürfen sie zusammen $^2/_3$ des höchsten der den Renten zugrunde liegenden Jahresarbeitsverdienstes ohne Schwerbeschädigtenzulage nicht übersteigen.

Die Unfallversicherung gewährt auf Antrag beim Bezug von Verletztenrente Abfindungen in Höhe des voraussichtlichen Rentenaufwands.

Vom 1.7. jeden Jahres an werden die Unfallrenten und das Pflegegeld angepasst.

9.6 Hinterbliebenenrenten

Vom Todestag an besteht Anspruch auf Hinterbliebenenrente für den hinterbliebenen Ehegatten/überlebenden Lebenspartner und die Waisen. Für die ersten 3 Monate nach dem Tod erhält der hinterbliebene Ehegatte/überlebende Lebenspartner $^2/_3$ des Jahresarbeitsverdienstes. Danach beträgt die Witwenrente regelmäßig $^3/_{10}$ des Jahresarbeitsverdienstes. Sie wird auf 40 % erhöht, wenn der hinterbliebene Ehegatte/überlebende Lebenspartner das 45. Lebensjahr vollendet hat oder solange er mindestens ein waisenrentenberechtigtes Kind erzieht oder teilweise erwerbsunfähig oder (vollständig) erwerbsunfähig ist. Bei Wiederverheiratung erhält der Ehegatte/Lebenspartner eine Abfindung.

1 § 49 SGB VII.

9.6.1 Halbwaisenrente

Die Rente für Halbwaisen beträgt $^{1}/_{5}$ des Jahresarbeitsverdienstes. Vollwaisen erhalten eine Rente in Höhe von $^{3}/_{10}$ des Jahresarbeitsverdienstes.

Alle Hinterbliebenenrenten dürfen zusammen höchstens 80 % des Jahresarbeitsverdienstes des Verstorbenen betragen.

9.6.2 Einkommensanrechnung

Auch wenn ein waisenrentenberechtigtes Kind eigenes Einkommen bezieht, erhält die Waise die Hinterbliebenenrente in voller Höhe. Das gilt auch für Rentenbescheide, die vor dem 1.7.2015 ergangen sind. Zudem besteht ein Anspruch auf Waisenrente über das 18. Lebensjahr hinaus bis zur Vollendung des 27. Lebensjahres, wenn die Waise einen freiwilligen Dienst im Sinne des § 32 Abs. 4 Satz 1 Nr. 2 EStG leistet.

9.7 Sterbegeld

Bei Tod durch Arbeitsunfall haben die Hinterbliebenen Anspruch auf

- Sterbegeld,
- Erstattung der Kosten der Überführung an den Ort der Bestattung,[1]
- Hinterbliebenenrenten und
- Beihilfe.

Das Sterbegeld beträgt $^{1}/_{7}$ der im Zeitpunkt des Todes geltenden jährlichen Bezugsgröße.

10 Finanzierung

Die Mittel für die Unfallversicherung werden bei den Berufsgenossenschaften durch Beiträge der Unternehmer aufgebracht.[2] Die Versicherten, mit Ausnahme der freiwillig Versicherten, sind an der Finanzierung nicht beteiligt. Die Höhe der Beiträge richtet sich nach dem Arbeitsentgelt der im Betrieb beschäftigten Arbeitnehmer bis zu einer Beitragsbemessungsgrenze und nach dem Grad der Unfallgefahr in dem Unternehmen. Der Beitrag kann – individuell bei besonders vielen oder schweren Unfällen oder bei einer besonders geringen Unfallbelastung – durch Zuschläge bzw. Nachlässe erhöht oder reduziert werden.

Für die Beitragsberechnung müssen die Unternehmen der Berufsgenossenschaft nach Ablauf des Geschäftsjahres die UV-Jahresmeldung abgeben. Spätestens bis zum 16.2. des Folgejahres ist mittels eines elektronischen Meldeverfahrens (Lohnnachweis Digital) diese Meldung einzureichen.

Constanze Oberkirch/Daniel Faltermann

Unterkünfte

Nach Arbeitsstättenrecht sind Unterkünfte Räume im Bereich von Arbeitsstätten, die den Beschäftigten zu Wohnzwecken in der Freizeit dienen. Dazu zählen neben Betriebswohnungen, Wohnheimen usw. auch Baracken, Wohncontainer, Wohnwagen und andere Raumzellen. Bereitschafts- und Pausenräume sind in diesem Sinne keine Unterkünfte. Seit einer Änderung der Arbeitsstättenverordnung Ende 2020 ist der Arbeitgeber auch dafür verantwortlich, dass sog. Gemeinschaftsunterkünfte, in der Beschäftigte untergebracht werden, sicher und angemessen gestaltet sind. Das gilt für Wohnungen außerhalb der Betriebsstätte, in denen mehrere Beschäftigte und insgesamt mindestens 4 Personen untergebracht werden, gleichgültig, ob Beschäftigte dafür Miete zahlen oder nicht, und auch dann, wenn Dritte in Abstimmung mit dem Arbeitgeber diese Unterbringungen zur Verfügung stellen.

---

1 § 64 Abs. 2 SGB VII.

2 S. Grundsätze der Beitragsberechnung in der gesetzlichen Unfallversicherung.

Gesetze, Vorschriften und Rechtsprechung

Unterkünfte sind gem. § 2 Abs. 2 Nr. 2 ArbStättV Arbeitsstätten und fallen damit unter den Geltungsbereich der Arbeitsstättenverordnung. Bereitstellen muss der Arbeitgeber Unterkünfte insbesondere auf Baustellen (Anhang 4.4 ArbStättV). Detaillierte Anforderungen enthält ASR A4.4 „Unterkünfte".

1 Wann müssen Unterkünfte bereitgestellt werden?

1.1 Unterkünfte auf Baustellen

Unterkünfte sind nur auf → *Baustellen* zwingend erforderlich, wenn Sicherheits- und Gesundheitsschutzgründe es nötig machen (Anhang 4.4 Abs. 1 ArbStättV). Dafür werden in Abschn. 6 ASR A4.4 sehr spezielle Beispiele aufgeführt:

- Arbeiten unter erschwerten Bedingungen, wie Druckluft- und Taucherarbeiten;
- Sicherstellung des Betriebes von Versorgungseinrichtungen, unvorhersehbare Kontroll- und Notdienste, z. B. auf Druckluftbaustellen, Spülfeldern, bei Grundwasserabsenkung;
- technologisch bedingte verkürzte oder lange Arbeitszeiten oder kurze Schichtwechsel, z. B. bei gezeitenabhängigen Arbeiten auf oder an der See oder wegen Zwangspausen infolge von Arbeitszeitbegrenzungen (z. B. → *Hitzearbeiten* oder Arbeiten unter → *Atemschutz*);
- unzumutbarer Zeitbedarf für eine tägliche Heimfahrt und/oder eine nicht mehr ausreichende Ruhezeit;
- häufig wechselnde → *Arbeitsstätten* infolge kurzer Bauzeiten, z. B. für Spezialisten bestimmter Bauverfahren;
- Baustelle nicht mit üblichen Verkehrsmitteln erreichbar (z. B. ohne Anschluss an das öffentliche Straßennetz, im Hochgebirge, auf Inseln oder schwimmenden Geräten).

Aber selbst in diesen Fällen kann der Arbeitgeber auf die Einrichtung von Unterkünften verzichten, wenn

- den Beschäftigten seitens des Arbeitgebers der mit der Beschaffung der Unterkunft verbundene Mehraufwand (z. B. besondere Personentransportdienstleistungen) ausgeglichen wird und die Beschäftigten ihre Unterkunft selbst beschaffen (soweit die Umstände es überhaupt ermöglichen und dadurch keine Schutzbestimmungen wie Arbeitszeitregelungen verletzt werden);
- örtliche Unterbringungsmöglichkeiten (z. B. Hotels, Pensionen) oder andere geeignete Räume in vorhandenen Gebäuden für die Unterbringung zur Verfügung gestellt werden.

1.2 Unterkünfte außerhalb von Baustellen

Außerhalb von → *Baustellen* erfolgt die Einrichtung von Unterkünften nicht aus arbeitsschutzrechtlichen, sondern aus betrieblichen Gründen, z. B. häufig in Landwirtschaft und Gartenbau, in der Fleischwirtschaft, der Gastronomie, im Tourismusgewerbe und bei Gesundheitsdienstleistern. Typische betriebliche Gründe für die Einrichtung von Unterkünften sind:

- Arbeitsverhältnisse oder Einsätze von beschränkter Dauer (Saisonbetrieb, Service- und Reparatureinsätze),
- ausgefallene Arbeitszeiten,
- Ausbildungs- und Schulungsbetrieb, z. B. Schulungsstätten,
- Kasernen u. Ä.

Grundsätzlich können natürlich auch Gründe, wie sie für Baustellen gelten, in besonderen Fällen dazu führen, dass für Arbeitnehmer Unterkünfte zu schaffen sind. Diese Unterkünfte können sich grundsätzlich innerhalb oder außerhalb des Betriebsgeländes befinden.

1.3 Gemeinschaftsunterkünfte

Bis 2020 wurde davon ausgegangen, dass, wenn es zu einem Mietvertrag zwischen Arbeitgeber und Arbeitnehmer kommt, die Unterbringung keine Unterkunft im Sinne des Arbeitsstättenrechts ist, sondern dass es sich dann um Personalwohnungen oder -zimmer handelt. Dafür gelten die üblichen baurechtlichen Bestimmungen für Wohnräume, bei der Unterbringung von ausländischen Saisonkräften außerdem die „Richtlinien für die Unterkunft ausländischer Arbeitnehmer in der Bundesrepublik Deutschland“ des Bundesministeriums für Arbeit und Sozialordnung.

Diverse Masseninfektionen in solchen Unterbringungen während der SARS-CoV-2-Epidemie haben gezeigt, dass diese Regelung dazu geführt hat, dass viele ausländische Arbeitskräfte in absolut desolaten Wohnverhältnissen unterkommen mussten. Oft wurden von Dritten im Auftrag der Vermittlungsfirmen für solche Personalunterbringungszwecke regelrechte Schrottimmobilien aufgekauft und vermietet, die so schlecht hergerichtet und unterhalten waren, dass es vielfach zu unzumutbaren gesundheitsgefährdenden Zuständen kam.

Daher wurde in der Arbeitsstättenverordnung der Begriff der Gemeinschaftsunterkunft definiert. Nach § 2 Abs. 8 ArbStättV sind Gemeinschaftsunterkünfte:

„Unterkünfte innerhalb oder außerhalb des Geländes eines Betriebes oder einer Baustelle, die

1. den Beschäftigten durch den Arbeitgeber oder auf dessen Veranlassung durch Dritte entgeltlich oder unentgeltlich zur Verfügung gestellt werden und
2. von mehreren Beschäftigten und insgesamt von mindestens vier Personen gemeinschaftlich genutzt werden.“

Der Arbeitgeber muss jetzt auch für diese Unterbringungen Verantwortung für die Angemessenheit übernehmen, insbesondere

- eine Gefährdungsbeurteilung erstellen,
- dafür sorgen, dass die Gemeinschaftsunterkünfte dem Stand der Technik, Arbeitsmedizin und Hygiene entsprechend ausgestattet sind; dazu gelten dieselben Vorgaben wie für betrieblich geführte Unterkünfte,
- eine Dokumentation über die aktuell genutzten Gemeinschaftsunterkünfte führen und den Aufsichtsbehörden jederzeit vorlegen können.

2 Ausführung von Unterkünften

Bei den Anforderungen an Unterkünfte handelt es sich dem Sinn nach um Mindestanforderungen, die relativ detailliert ausgeführt sind, um zu verhindern, dass Arbeitnehmer in unzumutbaren Verhältnissen untergebracht werden. Für viele Arten von Betriebsunterkünften (z.B. Schulungsstätten) sind sie daher kaum von Belang, weil dafür ohnehin weitergehende Komfort- und Attraktivitätsstandards maßgeblich sind.

> **Praxis-Beispiel: Baurecht berücksichtigen**
> Für Unterkünfte gelten grundsätzlich auch die bauordnungsrechtlichen Bestimmungen der Länder und Kommunen, z.B. die jeweilige Landesbauordnung (für Gebäude und Containeranlagen) oder Beherbergungsstättenverordnungen (z.T. für Schulungsstätten).

2.1 Planung und Organisation

Unterkünfte müssen an ungefährdeter Stelle eingerichtet werden (z.B. keine Gefahren durch Verkehr, Kran- oder → *Gerüstbetrieb*, → *Gefahrstoffe* oder → *elektrische Anlagen*). Sie dürfen nicht gleichzeitig zur Aufbewahrung von Geräten und Arbeitsstoffen dienen, die nichts mit dem Betrieb der Unterkunft zu tun haben.

Unterkünfte sollen nach Möglichkeit direkten Zugang zum öffentlichen Verkehrsraum haben und müssen für Rettungsdienste leicht erreichbar sein.

Für Frauen und Männer muss innerhalb der Unterkunft eine getrennte Unterbringung möglich sein.

Bei Schichtbetrieb muss die Unterbringung so organisiert sein, dass die einzelnen Schichten über getrennte Schlafbereiche verfügen.

Ab einer Bettenzahl von 50 muss ein separater Raum für erkrankte Personen zur Verfügung stehen, in dem Trinkwasser oder ein anderes alkoholfreies Getränk verfügbar sein muss.

Der Arbeitgeber muss sich um die Organisation der Unterkunft kümmern und folgende Unterlagen in den Sprachen der Beschäftigten bereitstellen:

- Hausordnung, die Betrieb, Reinigung und Verhalten regelt;
- → *Brandschutzordnung* und → *Alarmplan*;
- Hinweise zur → *Ersten Hilfe* bei medizinischen Notfällen.

Die Beschäftigten sind entsprechend zu unterweisen.

2.2 Größe

Die Mindestgröße von Unterkünften richtet sich nach **Tab. 1:**

Anzahl der Bewohner pro Schlafbereich	Nutzfläche der Unterkunft pro Bewohner	Davon für den Schlafbereich bzw. Schlafbereich mit Vorflur zur Verfügung stehende Fläche pro Bewohner
bis 6	mind. 8 m^2	mind. 6 m^2
mehr als 6 bis max. 8	mind. 8,75 m^2	mind. 6,75 m^2

Tab. 1: Mindestgröße von Unterkünften

Diese Minimalgrößen dürften allerdings nur dann realisierbar sein, wenn Küchen- und Sanitärbereiche zusätzlich gestellt oder in anderen Bereichen mit genutzt werden können (s. u.).

Die lichte Raumhöhe muss mind. 2,50 m betragen (Ausnahmen nach Baurecht der Länder möglich).

2.3 Ausstattung

- → *Fußböden*, Wände und Decken müssen gegen Feuchtigkeit geschützt und gegen Wärme und Kälte gedämmt ausgeführt werden.
- Außentüren müssen dicht und verschließbar und möglichst mit einem Windfang ausgerüstet sein. Durchsichtige Trennwände, Türen und Fenster müssen mit ausreichendem Sichtschutz versehen sein.
- Unterkünfte müssen während der Nutzungsdauer auf mind. 21 °C geheizt werden können.
- Unterkünfte müssen frei belüftet werden können (z. B. Fenster, Oberlichter). Sie müssen ausreichend → *Tageslicht* erhalten und mit einer angemessenen künstlichen → *Beleuchtung* ausgestattet sein (auch Tisch-, Lese- und Orientierungslampen). Bezüglich der → *Sicherheitsbeleuchtung* gelten die allgemeinen Vorschriften für Arbeitsstätten (Abschn. 7 ASR A3.4, Abschn. 9 ASR A2.3).
- Unterkünfte müssen über ausreichende Sanitäreinrichtungen verfügen.
- In Containern und ähnlichen Raumzellen dürfen nicht mehr als 4 Betten pro Einheit aufgestellt sein, in Gebäuden 8 Betten pro Raum. Bei Etagenbetten dürfen nicht mehr als 2 Betten übereinander stehen. Für jeden Bewohner müssen vorhanden sein: eigenes Bett mit Matratze und Kopfkissen, Sitzgelegenheit und Tischfläche in angemessener Größe, verschließbarer Schrank für Wäsche, Bekleidung oder persönliche Gegenstände.
- Türen zu Schlafbereichen müssen von innen verschließbar sein.
- Wenn keine anderweitige Verpflegungsmöglichkeit vorhanden ist (z. B. Kantine oder Lieferung von Fertigessen), muss es eine separate Küche mit Trinkwasseranschluss, ausreichenden und hygienisch einwandfreien Zubereitungs-, Aufbewahrungs-, Kühl- und Spülgelegenheiten geben, sowie verschließbaren Fächern für jeden Beschäftigten.
- Sofern mehr als 4 Bewohner länger als eine Woche gemeinsam untergebracht werden, soll ein separater Wohnraum oder -bereich zur Verfügung stehen (mind. mit angemessen großem Tisch und einer Sitzgelegenheit je Bewohner). Er muss so groß sein, dass für jeden Nutzer 1 m^2 Freifläche zur Verfügung steht.
- Wenn Beschäftigte länger als eine Woche untergebracht werden und keine Wäscherei zur Verfügung steht, müssen in ausreichendem Maß Waschmaschinen, Trockner und Bügeleisen vorhanden sein.

Praxis-Beispiel: Unterkünfte nur zum Schlafen

Wenn in zumutbarer Erreichbarkeit bestehende Einrichtungen, wie Küchen, Vorratsräume, sanitäre Einrichtungen und Mittel zur Ersten Hilfe vorhanden sind, kann in der Unterkunft darauf verzichtet werden. Die Wege speziell zu Sanitärräumen müssen aber witterungsgeschützt begehbar sein.

- Es muss ausreichend viele Steckdosen in Wohn- und Schlafbereichen geben.
- Jeder Raum muss mit Mülleimern aus schwer entflammbarem Material ausgestattet sein.

Praxis-Beispiel: Rauchverbot

Das allgemeine Rauchverbot nach § 5 ArbStättV gilt auch für Unterkünfte. I.d.R. darf darin nicht geraucht werden (es sei denn, es kann ein separater Raucherraum ausgewiesen werden, durch den die anderen Räume nicht beeinträchtigt werden).

- Unterkünfte müssen mit → *Erste-Hilfe-* sowie → *Feuerlöscheinrichtungen* (ggf. auch Brandmeldern) ausgestattet sein, die entsprechend gekennzeichnet sein müssen. Außerdem muss es mind. ein Telefon für Notfälle geben.

Praxis-Beispiel: Wohnfahrzeuge als Unterkünfte

Wohnmobile und Wohnanhänger sind nach ASR A4.4 als Unterkünfte mit aufgeführt, allerdings treffen die bestehenden Anforderungen darauf i.d.R. nicht voll zu. Weil moderne, gut ausgestattete Wohnfahrzeuge 1 bis 2 Personen guten Komfort bieten, spricht grundsätzlich wohl nichts gegen eine solche Lösung. Nach den (älteren) „Richtlinien für die Unterkunft ausländischer Arbeitnehmer ..." sind Wohnfahrzeuge allerdings ausgeschlossen.

Praxis-Beispiel: Barrierefreiheit

Dass Beschäftigte mit erheblichen Behinderungen in Unterkünften unterzubringen sind, ist sicher kein typischer Fall. Sollte es aber dazu kommen, wird in ASR V3a.2 „Barrierefreie Gestaltung von Arbeitsstätten" ausdrücklich festgestellt, dass entsprechend deren individuellen Erfordernissen Maßnahmen zu barrierefreien Gestaltung ergriffen werden müssen. Als Beispiele werden angeführt:

- Ausreichende Flächen für Menschen, die einen Rollstuhl oder Rollator benutzen,
- wichtige Informationen, wie Brandschutzordnung, Fluchtwegekennzeichnung oder Alarmsignalisierung, im 2-Sinne-Prinzip (also z.B. außer sichtbar auch tast- bzw. hörbar für Menschen mit Sehbehinderung),
- Nutzbarkeit von Küchen und Waschküchen auch für blinde oder kleinwüchsige Menschen oder solche im Rollstuhl.

Wenn Beschäftigte mit Behinderung in bestehenden Beherbergungsbetrieben untergebracht werden, müssen auch diese den individuellen Bedürfnissen entsprechen.

Cornelia von Quistorp

Unterweisung

Jeder Arbeitnehmer hat das Recht auf einen sicherheitsgerechten Arbeitsplatz. Das Unternehmen muss daher dafür sorgen, dass Sicherheit und Gesundheitsschutz am Arbeitsplatz gewährleistet sind. Eine sichere Technik und eine gute Organisation reichen jedoch erfahrungsgemäß nicht aus. Um hier die optimalen Voraussetzungen dafür zu schaffen, dass keine oder möglichst wenige Unfälle passieren, muss auch das Sicherheitsbewusstsein der Mitarbeiter geweckt und gefördert werden. Dies soll mit der regelmäßigen Unterweisung der Beschäftigten erreicht werden.

Gesetze, Vorschriften und Rechtsprechung

Grundlegend im staatlichen Arbeitsschutzrecht ist § 12 Arbeitsschutzgesetz, im berufsgenossenschaftlichen Recht § 4 Abs. 1 DGUV-V 1. Forderungen nach Unterweisung der Mitarbeiter finden sich aber auch in zahlreichen weiteren Vorschriften wie z.B. Arbeitsstättenverordnung (ArbStättV), Betriebssicherheitsverordnung (BetrSichV), Gefahrstoffverordnung (GefStoffV), Jugendarbeitsschutzgesetz (JArbSchG), Lärm- und Vibrations-Arbeitsschutzverordnung (LärmVibrationsArbSchV) und PSA-Benutzungsverordnung (PSA-BV).

Mangelnde Unterweisung kann zu Schadensersatzansprüchen evtl. geschädigter Mitarbeiter führen (BAG, Urteil vom 14.12.2006 – 8 AZR 628/05). Bußgeld droht, wenn Beschäftigte vor Aufnahme der Tätigkeit nicht unterwiesen werden (§ 9 ArbStättV).

1 Unterweisungspflicht

Die Forderung an den Unternehmer, Mitarbeiter zu unterweisen, ist in vielen staatlichen und berufsgenossenschaftlichen Vorschriften festgeschrieben: z. B. in § 12 Arbeitsschutzgesetz, § 29 Jugendarbeitsschutzgesetz oder § 14 Gefahrstoffverordnung. § 4 Abs. 1 DGUV-V 1 „Grundsätze der Prävention" verlangt:

„Der Unternehmer hat die Versicherten über die bei ihren Tätigkeiten auftretenden Gefahren sowie über die Maßnahmen zu ihrer Abwendung vor der Beschäftigung und danach in angemessenen Abständen, mindestens jedoch jährlich, zu unterweisen."

Wann und wie oft diese Unterweisungen zu erfolgen haben ist in § 12 Abs. 1 ArbSchG wie folgt geregelt:

„Die Unterweisung muss bei der Einstellung, bei Veränderungen im Aufgabenbereich, der Einführung neuer Arbeitsmittel oder einer neuen Technologie vor Aufnahme der Tätigkeit der Beschäftigten erfolgen. Die Unterweisung muss an die Gefährdungsentwicklung angepasst sein und erforderlichenfalls regelmäßig wiederholt werden."

Welche Zeitabstände unter regelmäßiger Wiederholung zu verstehen sind, legt § 4 DGUV-V 1 mit mindestens „jährlich" fest.

Eine Ausnahme enthält § 29 Abs. 2 JArbSchG. Dort versteht man unter dem Begriff „angemessene Zeitabstände" eine mindestens halbjährliche Wiederholung der Unterweisungen.

Praxis-Beispiel: Unterweisungsinhalte

Die Arbeitsstättenverordnung legt konkrete Inhalte für die Unterweisung der Beschäftigten fest. Gemäß § 6 müssen – neben Informationen über bestimmungsgemäßes Betreiben der Arbeitsstätte, alle gesundheits- und sicherheitsrelevanten Fragen, Maßnahmen zum Gewährleisten von Sicherheit und Gesundheit sowie arbeitsplatzspezifische Maßnahmen (z. B. Tätigkeiten auf Baustellen, am Bildschirmarbeitsplatz) – auch folgende Inhalte vermittelt werden:

- Maßnahmen im Gefahrenfall:
  - Bedienung von Sicherheits- und Warneinrichtungen;
  - Erste Hilfe und die dazu vorgehaltenen Mittel und Einrichtungen;
  - innerbetrieblicher Verkehr.
- Maßnahmen der Brandverhütung und Verhaltensmaßnahmen im Brandfall, insbesondere die Nutzung der Fluchtwege und Notausgänge. Brandschutzhelfer müssen in der Bedienung der Feuerlöscheinrichtungen unterwiesen werden.

Nach Abschn. 3 AMR 3.2 kann auch die geforderte allgemeine arbeitsmedizinische bzw. die allgemeine arbeitsmedizinisch-toxikologische Beratung im Rahmen der Unterweisung erfolgen. Beratungsinhalte richten sich nach der Gefährdungsbeurteilung:

- Erläuterung der möglichen gesundheitlichen Folgen der Gefährdung und deren Vermeidung;
- Sofortmaßnahmen mit Darstellung der besonderen Maßnahmen der Ersten Hilfe;
- Informationen, damit Gesundheitsschäden nicht entstehen bzw. sich nicht verschlimmern;
- Information über die Ansprüche der Beschäftigten auf arbeitsmedizinische Vorsorge.

Mögliche Themen der Beratung listet Abschn. 3 Abs. 5 AMR 3.2 auf: Sie umfassen u. a. Aufnahmewege, Infektions- und Übertragungswege, Krankheitsbild und Symptome, mögliche Wechselwirkungen mit Medikamenten, Möglichkeiten der Prophylaxe, Hautschutz- und Hautpflegemaßnahmen sowie Information über das Recht auf Wunschvorsorge.

2 Wer sollte unterweisen?

Der Unternehmer trägt die Gesamtverantwortung und damit auch die Verantwortung dafür, dass die Forderungen der Unfallverhütungsvorschriften eingehalten und umgesetzt werden. Dazu zählt auch die Unterweisungspflicht. In der Praxis führt der Unternehmer Unterweisungen i. Allg. nicht selbst durch, da er u. U. über die speziellen Gefahren am jeweiligen Arbeitsplatz gar nicht genau informiert ist. Daher werden Unterweisungen i. d. R. vom nächsten Vorgesetzten durchgeführt, also dem Abteilungs-, Team- oder Gruppenleiter.

Der Inhalt und die Form der Unterweisung sind wichtig für das Ergebnis, das man erzielen will. Daher ist es notwendig, betriebliche „Spezialisten" in die Vorbereitungen miteinzubeziehen. Dies sind die → *Fachkräfte für Arbeitssicherheit* und die → *Betriebsärzte*. Da dieser Personenkreis i. d. R. beratend tätig ist, fehlen ihm disziplinarische Vollmachten und meist auch Weisungsrechte. Daher → sollten Personen mit Stabsfunktion Unterweisungen nicht selbst durchführen, sondern Führungsverantwortliche dabei unterstützen.

3 Wie sollte eine Unterweisung vorbereitet und durchgeführt werden?

Das Ziel einer Unterweisung muss es sein, möglichst sicherheitsgerechtes Verhalten aller Mitarbeiter und damit sicherheitsgerechte Zustände im Betrieb zu schaffen. Den Mitarbeitern muss im Rahmen der Unterweisungen Wissen – also Informationen – vermittelt werden. Nur derjenige, der ausreichend über die Entstehung und Vermeidung von Gefahren informiert wurde, kann Gefahrenquellen minimieren oder sie umgehen.

> **Praxis-Beispiel: Sind Muster eine Lösung?**
>
> Verantwortliche im Unternehmen wünschen sich Arbeitshilfen wie Musterpräsentationen und Musterbetriebsanweisungen für die Unterweisung der Beschäftigten.
>
> Die Wirksamkeit von Unterweisungen und damit Sicherheit und Gesundheitsschutz nehmen zu, je stärker sich Inhalte auf den konkreten Arbeitsplatz bzw. die ausgeführte Tätigkeit beziehen. Vorlagen erfüllen ihren Zweck, wenn grundlegende Informationen vermittelt werden sollen. Für betriebliche Besonderheiten sollten sich Unterweisungsinhalte auf die Situation vor Ort beziehen, z. B. mit Fotos und Videos aus dem eigenen Unternehmen oder der Durchführung der Unterweisung am Arbeitsplatz bzw. an der Gefahrenstelle.

Die Mitarbeiter müssen zu sicherheitsgerechtem Arbeiten angeleitet und motiviert werden. Dazu gehört eine enge Einbindung der Teilnehmer durch Fragen, Dialoge und Diskussionen. Die Zuhörer sollten selbst aktiv werden und dadurch erfahren, dass ihnen die angestrebte Verhaltensweise von Nutzen ist und die Unterweisung eine Verbesserung des Arbeits- und Gesundheitsschutzes bewirkt. **Sind die Teilnehmer am Ende davon überzeugt, werden sie sich auch danach richten.** Sicherheitsgerechtes Verhalten kann nur so erreicht werden. Eine ständige Kontrolle ist nicht sinnvoll und in der Praxis nicht durchzuführen.

Eine weitere Grundvoraussetzung ist, die ausreichende **Fertigkeit** und das Können erlangt zu haben, z. B. eine Maschine richtig bedienen zu können.

Unterweisungen müssen für jeden **verständlich sein**. Das bedeutet, dass die Unterweisungen in der **geeigneten Sprache** stattfinden sollen. Beschäftigte, die die deutsche Sprache nicht beherrschen, müssen in ihrer Landessprache unterwiesen werden.

Unterweisungen sollten die Mitarbeiter nicht überfordern und nicht zu lange dauern. Welche **Kenntnisse und Fähigkeiten** können vorausgesetzt werden? Unterteilen Sie bei mehreren Themen die Unterweisungen, d. h., informieren Sie immer nur über **ein Thema**. Auch der Personenkreis sollte nicht zu groß sein. Mitarbeiterveranstaltungen größeren Ausmaßes oder Betriebsversammlungen sind für eine Arbeitsschutzunterweisung völlig ungeeignet und wenig Erfolg versprechend. In **kleineren Kreisen**, von ca. fünf bis acht Personen entwickeln sich schneller Gespräche und Diskussionen und haben die Unterwiesenen eher die Möglichkeit, die Themen auch praktisch zu üben. 5 bis 10 Minuten regelmäßig über ausgewählte Themen zu informieren ist effektiver als eine Großveranstaltung einmal im Jahr.

Praxis-Beispiel: Unterweisungsmethoden

In Abhängigkeit von Zielgruppe, Thema und Ziel sind folgende Methoden sinnvoll:

- **Vortrag:** Vermittlung neuer Information in kurzer Zeit (max. 15 min.)
- **Lehrgespräch:** Aktivierung der Mitarbeiter durch Fragen stellen. Da hier Vorkenntnisse erforderlich sind, eignen sich Lehrgespräche besonders für Wiederholungsunterweisungen. Der Zeitaufwand ist größer als beim Vortrag.
- **Gruppenarbeit:** Durch das selbständige Erarbeiten des erforderlichen Wissens ist der Lernerfolg für die Mitarbeiter besonders hoch. Ergebnisse der Arbeitsgruppen werden vorgetragen und bewertet. Der Zeitaufwand ist größer als beim Lehrgespräch.
- **Kurzgespräche (Sicherheitskurzgespräch):** Das Gespräch zwischen Vorgesetztem und einigen Mitarbeitern steht im Vordergrund. Ergebnisse werden auf einem Flipchart dokumentiert und bleiben für einige Tage als Aushang am Arbeitsplatz.

Zu Unterweisungen sollten zusätzlich schriftliche Unterlagen gehören. Anlehnend an die in § 14 Abs. 1 GefStoffV und § 12 Abs. 2 BetrSichV geforderten schriftlichen → *Betriebsanweisungen* bietet sich diese Form zu allen Themen an. Grundsätzlich sollte sich der Unterweisende die Teilnahme schriftlich bestätigen lassen. Dies dient auch als Nachweis, dass gesetzliche Vorgaben eingehalten werden. Unterweisungen oder Betriebsanweisungen sollten zusätzlich an den betreffenden Arbeitsplätzen ausgehängt und bekannt gemacht werden.

4 Anlässe für Unterweisungen

Der Gesetzgeber und die Berufsgenossenschaften unterscheiden zwischen sog. **Erstunterweisungen** und **Wiederholungsunterweisungen**. Unbedingt berücksichtigt werden müssen auch Anlässe aus **besonderem Grund**. Darunter fallen Veränderungen im Aufgabenbereich (z. B. ein Arbeitsplatzwechsel, die Einführung eines neuen Arbeitsmittels oder einer neuen Technologie) aber auch, obwohl nicht zwingend geregelt, → *Arbeitsunfälle* oder sog. Beinaheunfälle.

5 Was ist bei Erstunterweisungen zu berücksichtigen?

Alle neuen Mitarbeiter müssen vor Arbeitsaufnahme über allgemeine Gepflogenheiten und betriebsinterne Vorgaben und Verhaltensrichtlinien informiert werden, und zwar unabhängig von der Hierarchiestufe. Themenbeispiele sind (vgl. § 6 ArbStättV):

- Verhalten im Brand- und Alarmfall (Alarmeinrichtungen, Feuerlöscherbedienung und Standorte von Löschgeräten, Evakuierungsmaßnahmen),
- allgemeine Verhaltensvorschriften,
- vorbeugende → *Brandschutzmaßnahmen* und damit verbundene Gebote und Verbote (z. B. Rauchverbot),
- → *Flucht- und Rettungswege* sowie → *Notausgänge*,
- Verhalten bei Arbeits- und Wegeunfällen,

Um das Ziel einer erhöhten Sicherheit im Unternehmen zu erreichen, reicht eine Unterweisung allein erfahrungsgemäß nicht aus. Es müssen nach Einweisungen regelmäßige, konsequente Kontrollen der Fachvorgesetzten stattfinden und die Mitarbeiter immer wieder auf das richtige Verhalten hingewiesen werden. Uneinsichtige Mitarbeiter, die sich ständig sicherheitswidrig verhalten, müssen deutlich auf die Konsequenzen und ihre Pflichten hingewiesen werden. So regeln § 15 Abs. 1 ArbSchG und § 15 Abs. 1 DGUV-V 1 die Pflichten der Versicherten in nahezu identischem Wortlaut wie folgt:

„Die Versicherten haben die Maßnahmen zur Verhütung von Arbeitsunfällen, Berufskrankheiten und arbeitsbedingten Gesundheitsgefahren sowie für eine wirksame Erste Hilfe zu unterstützen. Versicherte haben die entsprechenden Anweisungen des Unternehmers zu befolgen." Es versteht sich von selbst, dass zu einem sicherheitsbewussten Verhalten der Mitarbeiter i. S. der Unfallverhütung auch das entsprechende „Vorleben", d. h. das vorbildliche Verhalten des Vorgesetzten, dazugehört.

6 Organisation von Unterweisungen und Schulungen

Sowohl in kleinen als auch in großen Unternehmen müssen Unterweisungen geplant, organisiert, durchgeführt und deren Wirksamkeit geprüft werden. Besser als verschiedene Listen in unterschiedlichen Abteilungen ist dazu eine zentrale Qualifikationsmatrix: Sie sollte für alle Beschäftigten im Unternehmen den aktuellen Qualifikationsstatus sowie Inhalte und Termine für fällige Unterweisungen enthalten.

In Abhängigkeit von der Anzahl der Beschäftigten eignen sich Word- bzw. Excel-Listen oder Softwareanwendungen verschiedener Anbieter, um Unterweisungen und Schulungen zu managen.

Josef Sauer

Verantwortung

Verantwortung ist die Zuständigkeit und Verpflichtung, bestimmte Aufgaben zur Förderung und Bewahrung der Sicherheit und Gesundheit bei der Arbeit zu erfüllen.

Gesetze, Vorschriften und Rechtsprechung

Aufgaben und Pflichten im Arbeitsschutz, die den Rahmen der Verantwortung regeln, ergeben sich aus dem Arbeitsschutzgesetz und der DGUV-V 1. Wer verantwortlich ist, regelt insbesondere § 13 ArbSchG.

1 Was ist Verantwortung?

Verantwortung ist die Zuschreibung einer Pflicht zu einer handelnden Person oder Personengruppe gegenüber einer anderen Person oder Personengruppe. Grundlage dafür ist eine Vorschrift, die durch eine – meist vorgesetzte – Instanz eingefordert werden kann und vor dieser zu rechtfertigen ist.

Im Rechtsbereich wird Verantwortung als die Pflicht einer Person verstanden, für ihre Entscheidungen und Handlungen im Hinblick auf die Einhaltung dokumentierter Vorschriften Rechenschaft abzulegen. Wird z. B. einer Person eine Aufgabe und die zugehörige Kompetenz zugewiesen, muss sie diese ausführen und bei Fehlern für die Folgen einstehen. Man unterscheidet:

- Handlungsverantwortung: Art der Aufgabendurchführung,
- Ergebnisverantwortung: Zielerreichung,
- Führungsverantwortung: wahrzunehmende Führungsaufgaben.

Handlungsverantwortung ist die Pflicht, eine übertragene Aufgabe regelkonform auszuführen, d. h. nach den Vorgaben (z. B. Gesetze, Verordnungen und dienstliche Anweisungen) vorzugehen.

Ergebnisverantwortung ist die Pflicht, vorgegebene oder vereinbarte Ziele zu erreichen. Auch diese ist häufig im Arbeits- und Gesundheitsschutz anzutreffen, z. B. bei der Vorgabe, unnötige gesundheitliche Belastungen zu vermeiden, und so Unfällen und Erkrankungen vorzubeugen.

Führungsverantwortung ist die Pflicht, sach- und personenbezogene Führungsaufgaben zu erfüllen. Diese wahrnehmen zu müssen, setzt eine entsprechende Position im Unternehmen voraus und natürlich, dass der Führungskraft entsprechende Kompetenzen von einer weiteren Leitungsebene zugestanden werden.

> **Praxis-Beispiel: Mangelndes Bewusstsein**
>
> Dass Führungskräfte mittlerer Hierarchieebenen arbeitsschutzrechtliche Verantwortung für sich nicht erkennen wollen oder können, liegt auch daran, dass ihnen zu wenig entsprechendes Bewusstsein vermittelt wird!

Im betrieblichen Arbeits- und Gesundheitsschutz ist Verantwortung v. a. die Zuständigkeit und Verpflichtung, bestimmte Aufgaben zur Förderung und Bewahrung der Sicherheit und Gesundheit bei der Arbeit zu erfüllen.

2 Wer ist verantwortlich im betrieblichen Arbeits- und Gesundheitsschutz?

2.1 Grundsätzliches – die Regelung des § 13 ArbSchG

§ 13 ArbSchG regelt grundsätzlich, wer die für den Arbeitsschutz verantwortlichen Personen sind. Dabei handelt es sich um

- den Arbeitgeber,
- seine gesetzlichen Vertreter,
- das vertretungsberechtigte Organ einer juristischen Person,
- den vertretungsberechtigten Gesellschafter einer Personenhandelsgesellschaft,
- Personen, die mit der Leitung eines Unternehmens oder eines Betriebs beauftragt sind, im Rahmen der ihnen übertragenen Aufgaben und Befugnisse,
- sonstige nach § 13 Abs. 2 ArbSchG oder nach einer aufgrund dieses Gesetzes erlassenen Rechtsverordnung oder nach einer Unfallverhütungsvorschrift beauftragte Personen im Rahmen ihrer Aufgaben und Befugnisse und
- zuverlässige und fachkundige Personen, die schriftlich damit beauftragt wurden, dem Arbeitgeber obliegende Aufgaben in eigener Verantwortung wahrzunehmen.

Praxis-Beispiel: Abschließende Aufzählung

Diese Aufzählung ist abgeschlossen. Alle in § 13 ArbSchG außer dem Arbeitgeber genannten Verantwortlichen sind neben dem Arbeitgeber verantwortlich, d.h., dieser entzieht sich seiner Verantwortung nicht durch die Beauftragung Dritter!

Die Verantwortung kann sich hierbei

- aus der Position selbst oder
- durch ein aktives Handeln des Arbeitgebers oder eines seiner Vertreter

ergeben. Grundsätzlich ist dabei davon auszugehen, dass ggf. Klarheit geschaffen werden muss, welchen Rahmen die übertragene Verantwortung hat, wenn sich dieses nicht aus sich selbst ergibt (z.B. aufgrund einer Aufgabenbeschreibung in einem Arbeits- oder Tarifvertrag bzw. einer Auftragsbeschreibung eines Externen in dessen Vertrag). Unklarheiten hierbei gehen zulasten des Arbeitgebers.

2.2 Wahrnehmung der Verantwortung durch Führungskräfte

Die arbeitsschutzrechtliche Verantwortlichkeit von Führungskräften umfasst v.a. folgende Aspekte:

- Regelmäßige Kontrolle des ordnungsgemäßen Zustands der Arbeitsplätze, von Arbeitsmitteln, Maschinen und Einrichtungen;
- Überwachung der Einhaltung von Sicherheitsbestimmungen durch die Beschäftigten, wie z.B. das Tragen der persönlichen Schutzausrüstung, die Einhaltung von Pausenzeiten, die korrekte Zeiterfassung usw.;
- Unterweisung der Beschäftigten in allen relevanten Bereichen des Arbeitsschutzes, ggf. unterstützt durch Beauftragte.

Auch wenn sich diese Pflichten i.d.R. ohne ausdrücklichen Auftrag aus den allgemeinen Vorgesetztenpflichten ableiten lassen, empfiehlt es sich, in Unternehmen mit mehreren Hierarchieebenen Pflichten im betrieblichen Arbeitsschutz ausdrücklich auf die Vorgesetzten der einzelnen Ebenen zu übertragen. So werden Zuständigkeiten und damit die Verantwortungsübernahme verbindlich geklärt.

Hinzu kommt die **Vorbildfunktion von Vorgesetzten**: Der gelebte Arbeitsschutzstandard im Unternehmen steht und fällt mit dem persönlichen Verhalten des Vorgesetzten. Dabei kommt es nicht nur darauf an, wie der Vorgesetzte seine Aufgaben und Pflichten organisatorisch wahrnimmt. Wichtig ist es auch, wie er die Sicherheitsinteressen im betrieblichen Alltag umsetzt. Arbeitsschutzbelange sollten deswegen bei der Beurteilung von Führungsverhalten berücksichtigt werden!

Praxis-Beispiel: Vorbildfunktion

Vorgesetzte, die – obwohl dies ausdrücklich allen Mitarbeitern verboten ist – im Unternehmen private Handy-Gespräche führen, handeln hochgradig kontraproduktiv.

2.3 Verantwortlichkeit der Arbeitnehmer

Neben allen in- und externen Verantwortlichen sind natürlich auch diejenigen für ihren Arbeitsschutz verantwortlich, die geschützt werden sollen – die Arbeitnehmer selbst. Arbeitsschutz „fällt nicht vom Himmel", sondern ist gelebte Praxis am Arbeitsplatz. Insofern ist auch unumstritten, dass es eine arbeitsvertragliche Nebenpflicht des Arbeitnehmers ist, sich an Vorgaben des Arbeits- und Gesundheitsschutzes zu halten bzw. selbst dafür zu sorgen, diesen zu verbessern.

Praxis-Beispiel: Interne Anreizsysteme

In Unternehmen, die ein ausgeprägtes System der Förderung und Belohnung interner Verbesserungsvorschläge haben, empfiehlt es sich, auch das Thema „Arbeits- und Gesundheitsschutz" auf die Agenda zu setzen.

2.4 Verantwortlichkeit von Betriebs- und Personalrat

Obwohl die Mitbestimmungsgremien im Arbeits- und Gesundheitsschutz weitgehende Mitbestimmungsrechte haben (z.B. § 87 Abs. 1 Nr. 7 BetrVG, § 75 Abs. 3 BPersVG), haben sie keine Überwachungsverantwortung. Sie sind jedoch im Rahmen ihrer Rechte verpflichtet, diese wahrzunehmen und somit gegenüber dem Arbeitgeber dafür verantwortlich, die ihnen zugestandenen Rechte wahrzunehmen und im Interesse der Arbeitnehmer auszuüben.

3 Die Folgen der Nichtwahrnehmung der Verantwortung

Der Umstand, dass der Arbeitgeber bzw. seine Führungskräfte und die beauftragen Externen Verantwortung tragen, bedeutet zugleich, dass sie bei der Nichtwahrnehmung dieser Verantwortung zur Rechenschaft zu ziehen sind. Das ist wohlgemerkt auch dann der Fall, wenn die Nichtwahrnehmung der Verantwortung (noch) zu keinen Folgen geführt hat.

3.1 Nichtwahrnehmung der Verantwortung als Vertragsverletzung

Verstößt eine Vertragspartei gegen ihre Verpflichtungen, so sieht das Recht dafür Sanktionen vor. Im Arbeitsrecht wird i.d.R. auf einen solchen Verstoß, ist er nicht außerordentlich erheblich, erst einmal mit einer Er- oder Abmahnung oder nur einem Kritikgespräch reagiert. Bei externen Beauftragen wird man bei Vertragsverletzungen durch mangelnde Leistungserbringung i.d.R. auch erst einmal eine Konfliktlösung im Gespräch suchen. Erst bei schwerwiegenden Verstößen oder wiederholten Verletzungen vertraglicher Vorgaben wird man Vertragsbeendigungen ins Auge fassen.

Im Arbeitsrecht ist anerkannt, dass wiederholte Verstöße gegen Arbeitsschutzvorgaben einen Grund für eine verhaltensbedingte (bei sehr schwerwiegenden Verstößen auch als fristlose) Kündigung auslösen können.

Praxis-Beispiel: Führungskräfte

Das trifft auch Führungskräfte. Wenn diese „konsequent" ihrer arbeitsschutzrechtlichen Verantwortung nicht gerecht werden wollen, insbesondere auch durch eine mangelnde Vorbildfunktion, kann das ebenfalls ein Anlass für eine Vertragsbeendigung sein.

Bei Verträgen mit Externen sieht der Vertrag normalerweise eine Regelung vor, die eingreifen soll, wenn es zu einer Schlechterfüllung kommt. Auch hier ist natürlich ggf. eine Kündigung möglich.

3.2 Nichtwahrnehmung der Verantwortung als Haftungsgrund

Haftung ist die Verantwortlichkeit für Forderungen, die sich aus der Schädigung anderer ergeben. Im betrieblichen Arbeits- und Gesundheitsschutz ergibt sich die Verantwortlichkeit aus verschiedensten Vorschriften und trifft Mitarbeiter und Beauftragte aller Unternehmensebenen sowie Dritte, die als Sicherheitsfachkraft oder Betriebsarzt bestellt sind.

In der Mehrzahl der Fälle haften die Unfallversicherungsträger gegenüber dem Erkrankten bzw. Verletzten. Damit scheidet dann i. d. R. eine Haftung des Arbeitgebers, seiner Führungskräfte oder der Beauftragten selbst aus. Nur in dem Ausnahmefall, in dem der Schaden dem Arbeitnehmer vorsätzlich zugefügt worden ist, steht dem Geschädigten ein Haftungsanspruch nach § 104 Abs. 1 SGB VII gegen den Arbeitgeber zu.

> **Praxis-Beispiel: Doppelter Vorsatz**
>
> Nach der Rechtsprechung (z. B. BAG, Urteil v. 28.11.2019, 8 AZR 35/19), muss sich der Vorsatz im Rahmen des § 104 Abs. 1 SGB VII auf die Schädigung als solche und auf den zugefügten Schaden beziehen (sog. „doppelter Vorsatz“)!

3.3 Nichtwahrnehmung der Verantwortung als Straftat bzw. Ordnungswidrigkeit

Die Nichtbefolgung arbeitsschutzrechtlicher Vorgaben kann erhebliche Bußgelder und in Extremfällen auch Haftstrafen nach sich ziehen.

Joachim Schwede

Verbandkasten

In einem Verbandkasten befindet sich das notwendige Material, das bei einer Hilfeleistung bei Unfall, Vergiftung oder Erkrankung im Betrieb benötigt wird.

Gesetze, Vorschriften und Rechtsprechung

Regelungen zum Verbandkasten sind enthalten im Medizinproduktegesetz (MPG), § 4 ASR A4.3 „Erste-Hilfe-Räume, Mittel und Einrichtungen zur Ersten Hilfe“, DIN 13157 „Erste-Hilfe-Material – Verbandkasten C“ und DIN 13169 „Erste-Hilfe-Material – Verbandkasten E“.

1 Begriff des Verbandmittels

Unter dem Oberbegriff Verbandstoffe werden Erzeugnisse auf Fasergrundlage zusammengefasst, die dazu dienen, Wunden zu versorgen bzw. Blutungen zu stillen.

> **Praxis-Beispiel: Verbandstoffe mit Beschichtung**
>
> Sind auf dem Verbandstoff auch Wirkstoffe aufgetragen, handelt es sich um ein Arzneimittel. Deswegen sind derartige Stoffe kein Bestandteil der Verbandkästen.

2 Größe

Für den Bereich der Betriebe haben sich 2 verschiedene Verbandkästen herausgebildet, der kleine und der große Verbandkasten. Der Unterschied zwischen beiden Verbandkästen besteht lediglich in der Menge der enthaltenen Erste-Hilfe-Materialien. Grundsätzlich entspricht der Inhalt eines großen Verbandkastens genau dem Inhalt von 2 kleinen Verbandkästen.

Welcher Verbandkasten im Betrieb benötigt wird, richtet sich i. Allg. danach, wie viele Beschäftigte sich im Betrieb aufhalten und wie hoch das Gefahrenpotenzial der ausgeführten Tätigkeit ist (**Tab. 1**).

Betriebsart	Zahl der Versicherten	Kleiner	Großer
		Verbandkasten	
Verwaltungs- und Handelsbetriebe	1–50	1	
	51–300		1
	301–600		2
	für je 300 weitere Beschäftigte		+ 1
Herstellungs-, Verarbeitungs- und vergleichbare Betriebe	1–20	1	
	21–100		1
	101–200		2
	für je 100 weitere Beschäftigte		+ 1
Baustellen und baustellenähnliche Einrichtungen	1–10	1	
	11–50		1
	51–100		2
	für je 50 weitere Beschäftigte		+ 1

Tab. 1: Zahl der Verbandkästen gemäß ASR A4.3 „Erste-Hilfe-Räume, Mittel und Einrichtungen zur Ersten Hilfe“

3 Inhalt

3.1 Kleiner Verbandkasten

Folgendes Material gehört zur Grundausstattung des kleinen Betriebsverbandkastens (DIN 13157):

- 1 Heftpflaster DIN 13019 – A 5 × 2,5
- 12 Wundschnellverbände DIN 13019 – E 10 × 6
- 6 Fingerkuppenverbände
- 6 Fingerverbände 120 mm × 20 mm
- 6 Pflasterstrips 19 mm × 72 mm
- 12 Pflasterstrips 25 mm × 72 mm
- 1 Verbandpäckchen DIN 13151 – K
- 3 Verbandpäckchen DIN 13151 – M
- 1 Verbandpäckchen DIN 13151 – G
- 1 Verbandtuch DIN 13152 – A
- 6 Kompressen ca. 100 mm × 100 mm
- 2 Augenkompressen
- 1 Kältesofortkompresse Fläche mind. 200 ccm
- 1 Rettungsdecke 2.100 mm × 1.600 mm
- 2 Fixierbinden DIN 61634 – FB 6
- 2 Fixierbinden DIN 61634 – FB 8
- 2 Dreiecktücher DIN 13168 – D
- 1 Schere DIN 58279 – B 190
- 2 Folienbeutel
- 5 Vliesstofftücher
- 4 Medizinische Handschuhe zum einmaligen Gebrauch nach DIN EN 455
- 1 Erste-Hilfe-Broschüre

- 1 Inhaltsverzeichnis
- 4 Feuchttücher
- 2 Gesichtsmasken, mind. Typ I, nach DIN EN 14683, staubgeschützt verpackt

3.2 Großer Verbandkasten

Folgendes Material gehört zur Grundausstattung des großen Betriebsverbandkastens (DIN 13169):

- 2 Heftpflaster DIN 13019 – A 5 × 2,5
- 24 Wundschnellverbände DIN 13019 – E 10 × 6
- 12 Fingerkuppenverbände
- 12 Fingerverbände 120 mm × 20 mm
- 6 Pflasterstrips 19 mm × 72 mm
- 12 Pflasterstrips 25 mm × 72 mm
- 2 Verbandpäckchen DIN 13151 – K
- 6 Verbandpäckchen DIN 13151 – M
- 2 Verbandpäckchen DIN 13151 – G
- 2 Verbandtücher DIN 13152 – A
- 12 Kompressen ca. 100 mm × 100 mm
- 4 Augenkompressen
- 2 Kältesofortkompressen Fläche mind. 200 ccm
- 2 Rettungsdecken 2100 mm × 1600 mm
- 4 Fixierbinden DIN 61634 – FB 6
- 4 Fixierbinden DIN 61634 – FB 8
- 4 Dreiecktücher DIN 13168 – D
- 1 Schere DIN 58279 – B 190
- 4 Folienbeutel
- 10 Vliesstofftücher
- 8 medizinische Handschuhe zum einmaligen Gebrauch nach DIN EN 455
- 1 Erste-Hilfe-Broschüre
- 1 Inhaltsverzeichnis
- 8 Feuchttücher
- 4 Gesichtsmasken, mind. Typ I, nach DIN EN 14683, staubgeschützt verpackt

3.3 Kfz-Verbandkasten

Für Tätigkeiten im Außendienst, insbesondere für die Mitführung von Erste-Hilfe-Material in Werkstattwagen und Einsatzfahrzeugen, kann zur Wahrnehmung der Ersten Hilfe auch der Kraftwagen-Verbandkasten nach DIN 13164 verwendet werden.[1] Die Verpflichtung zum Mitführen von Erste-Hilfe-Materialien in einem Kraftfahrzeug ergibt sich aus § 35h Straßenverkehrs-Zulassungs-Ordnung (StVZO). Wer keinen Verbandkasten mitführt, riskiert bei einer Verkehrskontrolle ein Verwarnungsgeld von 5 EUR und bei der Hauptuntersuchung einen geringen Mangel. Mit Wirkung zum 1.2.2022 wurde die DIN 13164 „Erste-Hilfe-Material – Verbandkasten B“ (sog. Kraftwagenverbandkasten) geändert. Der Arbeitsausschuss Verbandmittel und Behältnisse im Normungsausschuss Medizin im DIN e. V. hat die Verbandkastennorm DIN 13164 überarbeitet und an die Anforderungen der Ersten Hilfe nach den neuesten medizinisch-wissenschaftlichen Erkenntnissen angepasst.

Inhalt Kfz-Verbandkasten nach DIN 13164: 2022:

- 1 Heftpflaster DIN 13019, 5 m × 2,5 cm
- 14-teiliges Pflasterset, bestehend aus:
  - Wundschnellverbände DIN 13019, 10 cm × 6 cm
  - 2 Fingerkuppenverbände

1 Abschn. 4 Abs. 2 ASR A4.3.

  - 2 Fingerverbände, 12 cm × 2 cm
  - 2 Pflasterstrips, 1,9 cm × 7,2 cm
  - Pflasterstrips, 2,5 cm × 7,2 cm
- 2 Hautreinigungstücher (nicht für offene Wunden)
- 1 Verbandpäckchen DIN 13151, 6 cm × 8 cm
- 2 Verbandpäckchen DIN 13151, 8 cm × 10 cm
- 1 Verbandpäckchen DIN 13151, 10 cm × 12 cm
- 1 Verbandtuch DIN 13152, 60 cm × 80 cm
- 6 Wundkompressen, 10 cm × 10 cm
- 2 Fixierbinden DIN 61634, 6 cm × 4 m
- 3 Fixierbinden DIN 61634, 8 cm × 4 m
- 1 Dreiecktuch DIN 13168
- 1 Rettungsdecke, Mindestmaße 210 cm × 160 cm
- 1 Schere DIN 58279
- 4 Einmalhandschuhe DIN EN 455
- 1 Erste-Hilfe-Broschüre
- 1 Inhaltsverzeichnis
- 2 Gesichtsmasken, mind. Typ I, nach DIN EN 14683, staubgeschützt verpackt

4 Verfallsdaten

Seit Inkrafttreten des Medizinproduktegesetzes (MPG) sind Verbandstoffe keine Arzneimittel mehr, sondern Medizinprodukte, für die die Anforderungen des MPG volle Gültigkeit haben. Nach dem MPG ist die Angabe eines Verfallsdatums auf dem Verbandmittel nicht vorgeschrieben, da sterile Verbandstoffe bei sachgerechter Lagerung und unbeschädigter Verpackung ihre Sterilität nicht verlieren. Nach dem MPG muss Verbandmaterial eine → *BCE-Kennzeichnung* sowie das Herstellungsdatum tragen.

Praxis-Beispiel: Verfallsdatum beachten

Es ist den Herstellern frei gestellt, ob sie dem Verbandmaterial ein Verfallsdatum aufdrucken. Trägt Verbandmaterial ein Verfallsdatum, so ist dies verbindlich. Das MPG verbietet dementsprechend, dass ein Verbandstoff mit aufgedrucktem Verfallsdatum verwendet wird. Bei Missachtung des MPG droht eine Ordnungsstrafe.

Kommt es nachweislich zu Infektionen aufgrund nicht mehr sterilen Materials, ist der Hersteller nur innerhalb der angegebenen Frist regresspflichtig. Um Kosten zu sparen, empfiehlt es sich, nur solche Verbandstoffe zu kaufen, die zwar eine CE-Kennzeichnung, aber kein Verfallsdatum besitzen.

Verbrauchtes, beschädigtes oder verschmutztes Verbandmaterial muss aber auf jeden Fall entsorgt und ersetzt werden. Ebenso muss auch unverbrauchtes Material regelmäßig überprüft werden. Einige Materialien werden mit der Zeit unbrauchbar, da z.B. der Klebstoff durch Alterung, begünstigt durch hohe Temperaturen, seine Klebekraft verliert. Darüber hinaus können die Einmalhandschuhe unter Umständen mit der Zeit porös werden.

5 Verbrauchsmaterial

Das Material, das im Zuge der Versorgung von Verletzungen verbraucht worden ist, muss unverzüglich wieder in den Verbandkasten neu eingelegt werden, um auch weiterhin eine effektive Erste Hilfe sicherstellen zu können.

6 Kennzeichnung und Aufbewahrung

Der Aufbewahrungsort von Erste-Hilfe-Material wie dem Verbandkasten, muss nach ASR A1.3 „Sicherheits- und Gesundheitsschutzkennzeichnung" durch ein weißes Kreuz auf quadratischem grünem Feld mit weißer Umrandung (Rettungszeichen E003 „Erste Hilfe") gekennzeichnet werden. Besonders in Fluren empfiehlt es sich, in den Raum hineinragende Rettungszeichen zu verwenden, die auf Erste-

Hilfe-Einrichtungen hinweisen. Die Beschäftigten sind über die Bedeutung dieser Kennzeichnung zu unterrichten. Auf den nächstgelegenen Aufbewahrungsort ist durch einen weißen Pfeil auf rechteckigem grünem Feld mit weißer Umrandung zusammen mit dem Rettungszeichen „Erste Hilfe" hinzuweisen.

Nach § 25 Abs. 2 DGUV-V 1 muss der Unternehmer für folgende Voraussetzungen sorgen:

- Die Verbandkästen müssen jederzeit schnell erreichbar sein.

Sie müssen leicht zugänglich in geeigneten Behältnissen (Verbandkästen oder Verbandschränken) geschützt gegen schädigende Einflüsse wie Temperatur, Feuchtigkeit und Schmutz aufbewahrt werden. Wo die Verbandkästen aufbewahrt werden, richtet sich insbesondere nach dem Unfallschwerpunkt und der Struktur (Ausdehnung, Mitarbeiterverteilung, Betriebsart) des Unternehmens. Beide Kriterien müssen im Rahmen der → *Gefährdungsbeurteilung* ermittelt werden.

- Die Verbandkästen sollten so verteilt sein, dass sie von ständigen Arbeitsplätzen höchstens 100 m Wegstrecke oder höchstens eine Geschosshöhe entfernt sind.
- Das Verbandmaterial ist in ausreichender Menge bereitzuhalten.

7 Überprüfung

Wer für die regelmäßige Überprüfung des Verbandkastens zuständig ist, regelt das Unternehmen eigenständig. Sinnvollerweise sollte diese Aufgabe dennoch von einem → *Ersthelfer*, dem → *Betriebsarzt* oder dem → *Sicherheitsbeauftragten* übernommen werden. Entnimmt jemand Verbandmaterial, sollte er dies dem Verantwortlichen mitteilen, damit die verbrauchten Verbandstoffe zeitnah ersetzt werden können. Nur so wird gewährleistet, dass beim nächsten Notfall genügend Verbandmittel bereitstehen. Jedem Verbandkasten liegt ein Inhaltsverzeichnis bei, anhand dessen man die fehlenden Materialien leicht auffüllen kann.

Steffen Pluntke

Verfahrens- und stoffspezifische Kriterien (VSK)

Verfahrens- und stoffspezifische Kriterien (VSK) beschreiben für bestimmte Tätigkeiten mit Gefahrstoffen den Stand der Technik, der Arbeitshygiene und der Schutzmaßnahmen. Sie berücksichtigen dabei auch Art, Ausmaß und Dauer der inhalativen Exposition. Zusätzlich können Maßnahmen bez. oraler Aufnahme und dermaler Gefährdung sowie möglicher Brand- und Explosionsgefährdungen beschrieben werden. Durch die Verwendung von VSK wird die Erstellung einer Gefährdungsbeurteilung wesentlich erleichtert. VSK können für mehrere vergleichbare Arbeitsbereiche eines Unternehmens genutzt werden.

Gesetze, Vorschriften und Rechtsprechung

Grundlegend sind die Gefahrstoffverordnung und insbesondere die TRGS 420 „Verfahrens- und stoffspezifische Kriterien (VSK) für die Gefährdungsbeurteilung".

1 Gefahrstoffe mit und ohne Arbeitsplatzgrenzwerte

Werden VSK für → *Gefahrstoffe* **mit** einem → *Arbeitsplatzgrenzwert (AGW)* angewendet, kann der Arbeitgeber davon ausgehen, dass Grenzwerte eingehalten werden. Nach § 7 Abs. 8 bzw. § 10 Abs. 2 GefStoffV sind Arbeitsplatzmessungen oder andere Beurteilungsmethoden i. d. R. nicht erforderlich.

Wenn VSK für Gefahrstoffe **ohne** AGW nach § 7 Abs. 9 GefStoffV angewendet werden, kann davon ausgegangen werden, dass die Anforderungen zur inhalativen Exposition bez. der zu treffenden Maßnahmen und der Wirksamkeitskontrolle erfüllt sind.

2 Krebserzeugende Stoffe

Der Arbeitgeber kann davon ausgehen, dass bei Anwendung von VSK für → *krebserzeugende Stoffe* der Kategorien 1A und 1B ohne einen AGW, die Anforderungen zur inhalativen Exposition bez. der zu treffenden Maßnahmen und der Wirksamkeitskontrolle erfüllt sind, wenn die Akzeptanzkonzentrationen gem. TRGS 910 eingehalten werden. Dies betrifft insbesondere regelmäßige Arbeitsplatzmessungen und weitere Maßnahmen nach § 10 Abs. 2 bis 4 GefStoffV. Das erreichte Expositionsniveau muss in der VSK beschrieben werden.

VSK können zur Expositionsermittlung angewendet werden, wenn sie die Einhaltung der Toleranzkonzentration gem. TRGS 910 sicherstellen. Der Arbeitgeber muss dann zusätzlich die Maßnahmen nach § 10 Absätze 3 bis 5 GefStoffV umsetzen, weitere Maßnahmen zum Verringern der Exposition prüfen und einen Maßnahmenplan zur Unterschreitung der Akzeptanzkonzentration aufstellen.

3 Stoffgemische

Werden mehrere → *Gefahrstoffe* an Arbeitsplätzen verwendet bzw. eingesetzt, ist darauf zu achten, ob in den VSK Stoffgemische berücksichtigt wurden. Ist dies der Fall, kann der Arbeitgeber davon ausgehen, dass die Anforderungen zur inhalativen Exposition bez. der zu treffenden Maßnahmen und der Wirksamkeitskontrolle erfüllt sind.

4 Anwendung

Im Rahmen der Gefährdungsbeurteilung ist zu prüfen,

- ob im Unternehmen Tätigkeiten durchgeführt werden, die in den entsprechenden VSK beschrieben sind und
- ob die darin festgelegten Bedingungen beachtet und eingehalten werden.

Werden Tätigkeiten mit anderen, nicht in den VSK angegebenen, Stoffen ausgeführt, sind die VSK nicht anwendbar.

Die Anwendung der VSK muss im Rahmen der Gefährdungsbeurteilung dokumentiert werden. Folgende Angaben sind erforderlich:

- angewandte VSK
- Beschreibung der Gefahrstoffe, der Tätigkeiten und der Verfahren (z. B. Art der Exposition, räumliche Gegebenheiten, Informationen zu Arbeitsplatz, technischer Lüftung, persönlicher Schutzausrüstung und Expositionsdauer, Anzahl der Beschäftigten)
- Zeitpunkt und Art der erforderlichen Wirksamkeitsprüfungen

Mind. jährlich muss überprüft werden, ob die Voraussetzungen für den Arbeitsbereich unverändert gültig sind, das Ergebnis dieser Prüfung muss ebenfalls dokumentiert werden. Die einwandfreie Funktion der technischen Schutzmaßnahmen ist Voraussetzung für die Anwendung der VSK. Bei Verfahrensänderungen muss geprüft werden, ob die VSK noch anwendbar sind.

Bettina Huck

Verkehrssicherheit

Etwa die Hälfte der tödlichen Arbeits- und Wegeunfälle sind Verkehrsunfälle. Daher stellen Verkehrsunfälle aus Sicht der Unfallversicherungsträger ein hohes Risiko dar, das in vielen Branchen die übrigen Arbeitsplatzrisiken bei Weitem übersteigt. Daher unterstützen sie in vielfältiger Weise Programme und Maßnahmen für eine höhere Sicherheit im Straßenverkehr, auch wenn dieser Bereich rechtlich gesehen weitgehend durch öffentliches Recht geregelt wird.

Gesetze, Vorschriften und Rechtsprechung

Der Bereich Ordnung und Sicherheit im Straßenverkehr stellt einen großen und differenzierten Bereich des öffentlichen Rechtes dar und ist Bundesrecht. Wesentlich sind v. a.:

- Straßenverkehrsgesetz (StVG): regelt die Grundlagen des Verkehrsrechtes, die in den nachgehenden Verordnungen ausgeführt werden;
- Straßenverkehrs-Ordnung (StVO): regelt Verhalten im Verkehr, Verkehrsregeln, Verkehrszeichen, Bußgeldvorschriften;

- Straßenverkehrs-Zulassungs-Ordnung (StVZO): wird abgelöst, weil in diesem Teil das Verkehrsrecht konform mit entsprechenden EU-Regelungen neu strukturiert wird. Sie regelt zurzeit noch bestimmte Bereiche der Fahrzeugzulassung, z. B. die Hauptuntersuchung von PKW und soll in Zukunft in neue Teilverordnungen überführt werden;
- Fahrzeug-Zulassungsverordnung (FZV) und Fahrerlaubnis-Verordnung (FeV) sind bereits neue Abkömmlinge der StVZO. Die FeV regelt die Zulassung von Personen zum Straßenverkehr, Führerscheinfragen, das Zentrale Fahrerlaubnisregister (Flensburg) sowie die Fahreignungsbegutachtung (Medizinisch-psychologische Untersuchung MPU). Die FZV regelt grundlegende Fragen der Zulassung von Fahrzeugen zum Straßenverkehr, An- und Abmeldungen, Kennzeichen, Sonderzulassungen usw.

Zusätzlich gibt es viele Schnittstellen mit anderen Rechtsbereichen, z. B. dem Straßenbau- und Planungsrecht, dem Gefahrgutrecht usw.

Innerhalb des Satzungsrechtes der Unfallversicherungsträger ist v. a. die DGUV-V 70 „Fahrzeuge" relevant, die den betrieblichen Einsatz von allen Arten von (nicht schienengebunden Land-)Fahrzeugen im Betrieb und im öffentlichen Verkehrsraum regelt. Sie enthält neben Bauvorgaben (z. B. für Spezialfahrzeuge) v. a. Betriebsvorschriften, z. B. die Eignung von Arbeitnehmern zum Führen von Fahrzeugen, nötige Einweisungen und Zustandskontrollen, Warnkleidung usw.

1 Daten zum Risiko Straßenverkehr

Folgende Daten zum Unfallrisiko im Straßenverkehr lassen sich aus der "Statistik Arbeitsunfallgeschehen 2019" der DGUV und den Angaben des Statistischen Bundesamtes entnehmen:

- ca. 60 % der tödlichen Arbeits- und Wegeunfälle (zusammen ca. 750) sind Verkehrsunfälle;
- ca. 13 % der angezeigten Arbeits- und Wegeunfälle (zusammen etwa 120.000) sind Verkehrsunfälle.

Zum Vergleich: Insgesamt verunglückten in Deutschland in 2019 ca. 28.000 Personen tödlich, davon

- 250 Personen bei der Arbeit (ohne Verkehrsunfälle),
- 3.161 Personen im Verkehr (davon 47 Kinder unter 16 Jahren),
- 12.436 im Haus (einbezogen sind Sturzunfälle alter Menschen),
- mehr als 11.000 Personen bei anderen Aktivitäten (v. a. in der Freizeit).

Insgesamt gesehen ist das Risiko eines tödlichen Verkehrsunfalls also deutlich höher als das eines tödlichen → *Arbeitsunfalls.*

2 Technische Sicherheit

Für den sicheren Zustand eines → *Fahrzeuges* sind sowohl Halter als auch Fahrer zuständig (ergibt sich aus öffentlichem wie BG-Recht).

2.1 Halter

Ist der Betrieb Halter von → *Fahrzeugen*, muss er z. B. für folgende Punkte sorgen:

- ordnungsgemäße Instandhaltung (z. B. Reifenkontrolle, Beleuchtungsanlage);
- regelmäßige Prüfungen (nach § 57 DGUV-V 70 einmal jährlich, wobei die Hauptuntersuchung nach StVZO mitzählt);
- Reparaturen nur von fachkundigem Personal;
- geeignete Einrichtungen zur → *Ladungssicherung*;
- ordnungsgemäße Zulassung des → *Fahrzeuges.*

Praxis-Beispiel: Zulassungsfragen bei Betriebsfahrzeugen, fahrenden Arbeitsmaschinen u. Ä.

Während bei Pkw die Zulassung meist keine besonderen Fragen aufwirft, müssen bei allen Arten von Sonderfahrzeugen oft Einzelfragen geklärt werden, wenn sie eine Straßenzulassung haben oder bekommen sollen, z. B. bezüglich Zuladungsgrenzen und Anhängerbetrieb, Anbaugeräten, Höchstgeschwindigkeit usw.

Auf keinen Fall sollten Arbeitsmaschinen oder Betriebsfahrzeuge ohne Straßenzulassung über öffentliche Verkehrsflächen bewegt werden, auch wenn es nur kurze Strecken sind. Im Falle eines Unfallschadens kann es zu unübersehbaren Kosten kommen, weil kein Versicherungsschutz besteht.

Ob Sonderausstattungen wie Navigationssysteme, Klimaanlagen oder besondere Sitze für betrieblich genutzte → *Fahrzeuge* nötig sind, ist nicht pauschal geregelt und sollte über eine Gefährdungsbeurteilung entschieden werden. Ggf. ist eine erweiterte Sicherheitsausstattung sinnvoll, z.B.

- „Winterwerkzeug" wie Eiskratzer, Handfeger,
- Antirutschmatten,
- Taschenlampe,
- Warnleuchte,
- → *Feuerlöscher*,
- Gurttrenner,
- Decke,
- „Notfallhandy", mit dem ein → *Notruf* abgesetzt werden kann.

Praxis-Beispiel: M&S-Reifenpflicht berücksichtigen

Seit 2010 ist auch in der StVO verankert, was vorher bereits in der Rechtsprechung gelebt wurde: Bei winterlichen Straßenverhältnissen darf ein → *Fahrzeug* nur unterwegs sein, wenn die Reifen mit dem M&S-Symbol für „Matsch und Schnee" gekennzeichnet sind (Winterreifen oder entsprechende Ganzjahresreifen).

2.2 Fahrer

Der Fahrer ist zuständig für

- die Kontrolle auf verkehrssicheren Zustand vor Fahrtantritt;
- das Abstellen von Mängeln bzw. das Stillsetzen des → *Fahrzeuges* bei sicherheitsrelevanten Mängeln;
- den verkehrssicheren Zustand des Fahrzeuges während der Fahrt (z.B. Gurtpflicht, Ladungssicherung).

Ist der Fahrer auch Halter des Fahrzeuges, wie es bei dienstlich genutzten Privatfahrzeugen der Fall ist, ist er selbst dafür verantwortlich, ein verkehrssicheres Fahrzeug einzusetzen. Der damit verbundene Aufwand gilt i.d.R. mit der vom Arbeitgeber ausgezahlten Fahrtkostenerstattung als abgegolten.

Praxis-Beispiel: Betriebliche Regelung sinnvoll

Für die dienstliche Nutzung privater → *Fahrzeuge* empfiehlt sich ebenso wie für die Nutzung von Dienstfahrzeugen eine schriftliche Vereinbarung oder Firmenrichtlinie, die nicht nur die organisatorischen, finanziellen und versicherungsrechtlichen Fragen, sondern auch die Fahrzeugsicherheit und Haftung klärt.

Praxis-Beispiel: Warnwesten verpflichtend

In Deutschland ist das Mitführen einer Warnweste seit 1.7.2014 sowohl in gewerblich als auch in privat genutzten Fahrzeugen Pflicht.[1]

3 Fahreignung

Der Arbeitgeber darf nach § 35 DGUV-V 70 einen Beschäftigten zum Führen eines → *Fahrzeuges* nur beauftragen, wenn dieser mindestens 18 Jahre alt ist, über ausreichende geistige und körperliche Eignung verfügt, seine Befähigung gegenüber dem Unternehmer nachgewiesen hat und hinlänglich zuverlässig ist.

1 § 53a Abs. 2 StVZO.

Das bedeutet, dass der Arbeitgeber sich auf jeden Fall den Führerschein eines Beschäftigten vorlegen lassen sollte, darüber hinaus aber auch verpflichtet ist zu reagieren, wenn begründete Zweifel an der Fahrtüchtigkeit bestehen (z. B. durch Sucht- oder andere schwerwiegende Erkrankungen).

Z. B. kann er in einem solchen Fall eine betriebsärztliche Untersuchung nach dem berufsgenossenschaftlichen Grundsatz G 25 Fahr-, Steuer- und Überwachungstätigkeit veranlassen, bei der die gesundheitliche Eignung untersucht wird.

Praxis-Beispiel: Keine pauschalen Eignungsuntersuchungen für Pkw-Fahrer

Ohne eine gesetzliche Grundlage kann ein Betrieb keine Eignungsuntersuchungen nach G 25 „Fahr-, Steuer- und Überwachungstätigkeiten“ durchführen. Das gilt auch für Beschäftigte, die viel beruflich Auto fahren. Auch eine Betriebsvereinbarung oder eine arbeitsvertragliche Regelung stellen keine rechtskonforme Grundlage für pauschale, wiederkehrende Fahreignungsuntersuchungen dar (die früher durchaus üblich waren).

Diese sind arbeitsrechtlich einwandfrei nur möglich:

- vor Beginn des Arbeitsverhältnisses,
- bei Berufskraftfahrern (nach den dafür gültigen gesetzlichen Vorgaben),
- bei konkret begründeten Zweifeln an der Fahreignung.

Alternativ kann der Betrieb seinen Beschäftigten freiwillige Wunschvorsorgen anbieten, in denen sie durch den Betriebsarzt zu Gesundheitsfragen, bezogen auf die Teilnahme am Straßenverkehr, beraten werden.

Außerdem gehört lt. Rechtsprechung zur Sorgfaltspflicht des Arbeitgebers, dass er sich die Fahrerlaubnis von Beschäftigten, die betrieblich unterwegs sind, regelmäßig (mind. halbjährlich) vorlegen lässt.

Praxis-Beispiel: Betriebliche Fahrerlaubnis

Nach § 35 DGUV-V 70 muss der Unternehmer Beschäftigte zum Führen eines → *Fahrzeuges* ausdrücklich bestimmen, wozu die Schriftform empfohlen wird. Wo das nicht schon über den Arbeitsvertrag abgedeckt ist (z. B. bei Außendienstmitarbeitern), sind innerbetriebliche Fahrerlaubnisse sinnvoll.

Auf keinen Fall sollten Neulinge im Betrieb, Auszubildende, Aushilfen oder Praktikanten ohne Weiteres zu Fahrten im Straßenverkehr losgeschickt werden, wenn über deren Fahreignung und Erfahrung nichts bekannt ist.

Außerdem ist zu bedenken, dass wegen der geänderten Führerscheinklassen nicht jeder Führerscheininhaber Anhänger und große Transporter fahren darf.

4 Verkehrssicherheit in der betrieblichen Prävention

Wegen des relativ hohen Unfallrisikos sind Maßnahmen für mehr Sicherheit im Straßenverkehr auch für den betrieblichen Arbeitsschutz ein sinnvolles Thema.

Schulung und → *Unterweisung*

Die DGUV betreibt häufig in Zusammenarbeit mit dem Deutschen Verkehrsrat (DVR) entsprechende Kampagnen und Programme. Umfangreiche Materialien für die betriebliche Präventionsarbeit stehen dazu online zur Verfügung.

Verkehrssicherheitstraining

Wird von vielen Berufsgenossenschaften gefördert, in dem die Teilnahmegebühren für versicherte Beschäftigte, die beruflich ein → *Fahrzeug* führen, ganz oder teilweise übernommen werden. Ob und unter welchen Bedingungen und Kontingenten der jeweils zuständige Unfallversicherungsträger Verkehrssicherheitstrainings fördert, muss erfragt werden.

Praxis-Beispiel: Rettungskarte zur schnelleren Bergung nach schweren Unfällen

Wegen der verbesserten Aufprallsicherheit der Fahrzeuginnenräume und der Vielfalt neuer Materialien im Fahrzeugbau haben sich die Zeitspannen deutlich verlängert, die nötig sind, um ein schwer verletztes Unfallopfer aus einem stark deformierten Auto zu befreien. Etablierte Bergungswerkzeuge reichen nicht aus, wenn nicht genau bekannt ist, wo sie an welchem Fahrzeugtyp anzusetzen sind, um den Innenraum entsprechend öffnen zu können.

Damit wird die für eine medizinisch erfolgreiche Versorgung des Verletzten zur Verfügung stehende Frist immer häufiger überschritten. Ein internationales System zur Bereitstellung notwendiger Informationen online ist in Vorbereitung, aber noch auf Jahre nicht betriebsbereit. Übergangsweise kann man über den ADAC ein Vordruck und typspezifische Informationen herunterladen, die jeder Halter in seinem → *Fahrzeug* in bestimmter Weise deponieren kann, damit sie von den Einsatzkräften leicht eingesehen werden können.

Cornelia von Quistorp

Verkehrswege

Verkehrswege sind Wege, Flure, Treppen, Gänge, Rampen, Fahrstraßen und Gleisanlagen, die in Gebäuden oder im Freien innerbetrieblich durch Fußgänger oder Fahrzeuge genutzt werden. Sie stellen die vertikale oder horizontale Verbindung von einzelnen Betriebsteilen dar. Verkehrswege sind keine Arbeitsplätze, auf Verkehrswegen können jedoch temporär Arbeitsplätze eingerichtet werden.

Gesetze, Vorschriften und Rechtsprechung

- § 4 Abs. 4 Arbeitsstättenverordnung
- Anhang 1.8 Arbeitsstättenverordnung
- ASR A1.8 „Verkehrswege"
- SARS-CoV-2-Arbeitsschutzregel (C-ASR)

1 Auslegung von Verkehrswegen

Sämtliche Verkehrswege müssen so angelegt sein, dass sie je nach Bestimmung sicher begangen und befahren werden können und Beschäftigte nicht gefährdet werden.

Verkehrswege müssen immer nach der Anzahl der Nutzer und der Art der Nutzung ausgelegt sein. Das bedeutet, dass bei der Tragfähigkeit eines Weges das zulässige Gesamtgewicht des schwersten → *Fahrzeuges* beachtet werden muss. Ist dies nicht grundsätzlich gegeben, müssen diese Verkehrswege für schwere → *Fahrzeuge* gesperrt werden.

Bei der Planung der Verkehrswegbreite ist die zu erwartende Fahrzeug- oder Personenanzahl zu beachten.

Entsprechende Werte bezüglich der Maße von Verkehrswegen können Sie der ASR A1.8 (Verkehrswege) entnehmen. Zu beachten ist hierbei, dass im März 2022 teilweise die Mindestbreiten von Verkehrswegen vergrößert wurden. In Gebäuden, die bis zum 30.9.2022 errichtet wurden bzw. deren Bauantragstellung bis zu diesem Termin erfolgte, sind noch die früheren Werte zulässig. Stellen die Verkehrswege jedoch auch Fluchtwege dar, sind die Werte in Abschnitt 5 ASR A2.3 „Fluchtwege und Notausgänge" zu berücksichtigen.

2 Wahrung der Verkehrssicherung

Da der Betreiber von Verkehrswegen (i. d. R. der Unternehmer) die Verkehrssicherungspflicht hat, muss er stets für eine gefahrlose Nutzung sorgen. Dies bedeutet z. B., dass in angemessener Zeit Schadstellen (Schlaglöcher, Stolperstellen) beseitigt werden sollten. Auch sollte auf die Beleuchtung eines Verkehrsweges geachtet werden.

Im Winter sind Verkehrswege der Nutzung entsprechend von Schnee und Eis zu räumen (im Herbst ggf. von feuchtem Laub), sodass eine gefahrlose Nutzung möglich ist.

3 Verkehrswegtrennung

Wann immer es möglich ist, sollten Verkehrswege für → *Fahrzeuge* (z. B. Lkw oder Flurförderzeuge) und Fußgänger voneinander getrennt werden, um einen Unfallschwerpunkt zu beseitigen. Hier können farbige Bodenmarkierungen, Nagelreihen oder Geländer und Leitplanken als Abgrenzung dienen. Die geeigneten Maßnahmen sind im Rahmen der Gefährdungsbeurteilung zu ermitteln.

Für bestimmte Betriebsbereiche gibt es besondere Vorgaben. So dürfen beispielsweise Schmalgänge in → *Lägern* nur dann von Personen begangen werden, wenn sich im betreffenden Gang kein Flurförderzeug befindet. Technische Lösungen (bauliche Abtrennung oder Lichtschrankenanlage) schließen hier einen Missbrauch aus. Ausnahmen können durch ein Personenschutzsystem erwirkt werden, das die Sicherheit von Personen ebenfalls gewährleistet, indem es bei Unterschreitung des Sicherheitsabstands das Flurförderzeug stillsetzt.

Kreuzungen einzelner Verkehrswege sollten möglichst vermieden werden. Teilweise ist dies durch grundsätzliche Betrachtungen und Planungen der Hauptverkehrswege zu lösen. In einem → *Lager* müssen z. B. Wareneingang und -ausgang räumlich voneinander getrennt werden, sodass es hier nicht zu Überschneidungen kommt.

Eine Trennung von Verkehrswegen ist auch beim Übergang von einer zur nächsten Halle möglich, indem → *Flurförderzeuge* das Hallentor durchfahren, Personen hingegen grundsätzlich die daneben befindliche Tür nutzen.

Selbstverständlich ist eine Trennung der Verkehrswege nicht in jedem Fall möglich. Wo dies nicht möglich ist, sollte eine intensive Betrachtung dieser Stellen – wie im folgenden Beispiel erläutert – erfolgen.

> **Praxis-Beispiel: Fußweg vor Hallenausfahrt**
>
> In einem Betrieb führt ein häufig benutzter Fußweg unmittelbar vor einer mäßig beleuchteten Hallenausfahrt vorbei. Dieses Hallentor wird oft durch Gabelstapler passiert. Aufgrund der Betriebsgröße fahren die Stapler auch hier mit erhöhter Geschwindigkeit. Unfälle mit fatalen Folgen sind vorprogrammiert. Neben der Anweisung, im Bereich der Torausfahrt die Geschwindigkeit zu reduzieren, bietet sich in diesem Fall auch eine technische Lösung an. Beim Verlassen der Halle wird durch eine Lichtschranke rechtzeitig an der Außenseite eine auffällige Blitzleuchte aktiviert, die Personen vor dem nahenden Stapler warnt.

4 Beschäftigung von Behinderten

Sofern in einem Betrieb → *Menschen mit Behinderung* beschäftigt werden, muss der Arbeitgeber die Arbeitsstätte so einrichten und betreiben, dass den besonderen Belangen dieser Beschäftigten im Hinblick auf Sicherheit und Gesundheitsschutz Rechnung getragen wird. Dies gilt insbesondere für die barrierefreie Gestaltung von Verkehrswegen (z. B. für Rollstuhlfahrer), wie auch Türen, → *Notausgängen*, → *Treppen*, → *Fluchtwegen* oder Orientierungssystemen.

5 Fluchtwege

Sofern ein Verkehrsweg auch als Fluchtweg deklariert ist, muss er gemäß der Unfallverhütungsvorschrift ASR A1.3 „Sicherheits- und Gesundheitsschutzkennzeichnung" mit Hinweisschildern gekennzeichnet werden. Fluchttüren müssen sich jederzeit von innen ohne besondere Hilfsmittel öffnen lassen, solange sich Beschäftigte in der → *Arbeitsstätte* befinden. Damit ist auch ein Öffnen einer Fluchttür mittels eines Schlüssels – er stellt in diesem Zusammenhang ein besonderes Hilfsmittel dar – nicht zulässig.

Andreas Terboven

Verkettete Anlagen

Als verkettete Anlage (Maschinenanlage, komplexe Anlage) wird im allgemeinen Sprachgebrauch eine Anlage aus mehreren Maschinen bezeichnet, die zusammenwirken sollen und dazu so angeordnet und betätigt werden, dass sie als Gesamtheit funktionieren.

Gesetze, Vorschriften und Rechtsprechung

In der EG-Maschinenrichtlinie 2006/42/EG werden neben den Einzelmaschinen auch Regelungen für die sog. „Gesamtheit von Maschinen" getroffen. Da die Regelungen der Maschinenrichtlinie hier nicht eindeutig sind, hat das BMAS am 5.5.2011 in Abstimmung mit den Ländern und den Unfallversicherungsträgern das Interpretationspapier „Gesamtheit von Maschinen" veröffentlicht, das die Voraussetzungen für verkettete Anlagen definiert und diesen Sachverhalt eindeutig regelt.

1 Was sind verkettete Anlagen?

Die Maschinenrichtlinie (2006/42/EG) regelt das In-Verkehr-Bringen und somit den freien Warenverkehr von → *Maschinen* im Europäischen Wirtschaftsraum (EWR). In der EG-Maschinenrichtlinie wird der Begriff „Maschine" sehr weit gefasst.

Eine Maschine ist eine „Gesamtheit von Maschinen...die, damit sie zusammenwirken, so angeordnet und betätigt werden, dass sie als Gesamtheit funktionieren" (Art. 2a 2006/42/EG), die im allgemeinen Sprachgebrauch als Maschinenanlage, verkettete Anlage oder komplexe Anlage bezeichnet wird.

Verkettete Anlagen in diesem Sinne können z. B. Maschinenanlagen in der Metallverarbeitung, Papiermaschinen, Fertigungsstraßen in der Automobilindustrie, aber auch Anlagen in der Nahrungsmittelproduktion wie z. B. Getränkeabfüllanlagen sein.

2 Anforderungen

Wenn der Betreiber einzelne Maschinen zukauft und zu einer Gesamtanlage zusammenbaut, ist er verpflichtet, diesen Zusammenbau ebenfalls nach den Anforderungen der Maschinenrichtlinie zu betrachten.

Besteht ein sicherheitstechnischer Zusammenhang der einzelnen Maschinen, so ist eine EG-Konformitätserklärung und CE-Kennzeichnung der Gesamtheit von Maschinen erforderlich.

Der Hersteller muss bei Maschinen oder Maschinenteilen, die für ein Zusammenwirken konzipiert sind, die Maschine so konzipieren und bauen, dass die Befehlseinrichtungen zum Stillsetzen, einschließlich der Notbefehlseinrichtung, nicht nur die Maschine stillsetzen können, sondern auch alle vor- und/oder nachgeschalteten Einrichtungen, falls deren weiterer Betrieb eine Gefahr darstellen kann (Anhang I Nr. 1.2.4.4 2006/42/EG).

Dies gilt jedoch nur dann, wenn die Verkettung der Anlagenkomponenten so tief greifend ist, dass beim Abschalten einer einzelnen Maschine der Anlage der weitere Betrieb der vor- oder nachgeschalteten Maschinen zu einer Gefährdung führen kann. In einem solchen Fall, wenn verknüpfungsbedingte Gefahren bestehen, die eine sicherheitstechnische Verknüpfung erfordern, unterliegt eine „Maschinenanlage" als „Gesamtheit von Maschinen" insgesamt den Anforderungen der Maschinenrichtlinie.

Aus dieser Definition ergibt sich, dass ein Zusammenbau von Maschinen dann relevant ist, wenn eine sicherheitstechnische Verknüpfung besteht und diese sog. verkettete Anlage sicherheitstechnisch als Gesamtheit funktioniert.

Eine verkettete Anlage, deren Komponenten z. B. durch einen Materialpuffer entkoppelt sind, ist keine Gesamtanlage i. S. der Maschinenrichtlinie.

Zur Klärung der Frage, welche Voraussetzungen solche Anlagen erfüllen müssen, um als „Gesamtheit von Maschinen" i. S. der Maschinenrichtlinie zu gelten, hat das Bundesministerium für Arbeit und Sozialordnung in Abstimmung mit den Ländern und den Unfallversicherungsträgern im Mai 2011 ein Interpretationspapier veröffentlicht, um dieses Thema (zumindest für Deutschland) eindeutig zu regeln.

Andreas Lott

Vibrationen

Unter Vibrationen werden alle mechanischen Schwingungen verstanden, die durch Gegenstände auf den menschlichen Körper übertragen werden und zu einer mittelbaren oder unmittelbaren Gefährdung von Sicherheit und Gesundheit der Beschäftigten führen können. Vibrationen treten bei der Benutzung von Arbeitsmitteln auf. Es werden 2 Arten von Vibrationen unterschieden:

- Hand-Arm-Vibrationen (HAV) sind definiert als mechanische Schwingungen im Frequenzbereich zwischen 8 und 1.000 Hz, die bei Übertragung auf das Hand-Arm-System des Menschen Gefährdungen verursachen können.
- Ganzkörper-Vibrationen (GV) sind mechanische Schwingungen im Frequenzbereich zwischen 0,1 und 80 Hz, die bei Übertragung auf den gesamten Körper Gefährdungen verursachen können.

Aufgabe des Arbeitsschutzes ist es, derartige physikalische Einwirkungen am Arbeitsplatz zu vermeiden oder zu verringern.

Gesetze, Vorschriften und Rechtsprechung

Es gelten:

- Arbeitsschutzgesetz
- LärmVibrationsArbSchV: Sie setzt die beiden EU-Richtlinien für Lärm- und Vibrationsexposition (20031/10/EG, 2002/44/EG) um.
- TRLV Vibrationen: Teil: Allgemeines, Teil 1: Beurteilung der Gefährdung, Teil 2: Messung, Teil 3: Vibrationsschutzmaßnahmen

1 Gesundheitsgefahren durch Vibrationen

Vibrationen können die Gesundheit der Beschäftigten akut oder chronisch gefährden. Leistungsminderung bis hin zu Gesundheitsschäden sind mögliche Folgen.

Hand-Arm-Vibrationen können Schmerzen, feinmotorische Leistungsbeeinträchtigung, degenerative Erkrankungen der Knochen und Gelenke des Hand-Arm-Systems, Verdickungen der Sehnenscheiden im Karpaltunnel (Karpaltunnelsyndrom, BK 2113), Störungen des peripheren Blutkreislaufs sowie eine Beeinträchtigung peripherer Nervenfunktionen zur Folge haben.

„Längere Einwirkungen im Frequenzbereich unterhalb von 30 ... 50 Hz können krankhafte Veränderungen an den Gelenken und Knochen sowie den Sehnenscheiden des Hand-Arm-Schulter-Systems verursachen. Bei höherfrequenten Vibrationsbelastungen treten verstärkt Durchblutungsstörungen der Finger sowie neurologische und motorische Erkrankungen auf“ (Kap. 4.9.2 Allgemeines TRLV Vibrationen).

Ganzkörper-Vibrationen können die Bandscheiben und damit die Wirbelsäule schädigen und Rückenschmerzen verursachen. Auch *„schmerzhafte Muskelverspannungen, Verdauungsstörungen, Störungen der peripheren Durchblutung oder Funktionsstörungen der weiblichen Fortpflanzungsorgane“* sind möglich. Pulsfrequenz, Blutdruck oder die Ausschüttung von Hormonen können beeinflusst, die Funktion des Gleichgewichtsorgans gestört werden. Dies kann zu Unbehagen oder Schmerzen führen, die die Leistungsfähigkeit beeinträchtigen können. Durch langjährige Einwirkung von GV sind neurologische Ausfälle in den unteren Gliedmaßen (Kauda-Syndrom) ebenso möglich wie chronische Störungen der Durchblutung der Füße (Kap. 4.9.1 Allgemeines TRLV Vibrationen).

Praxis-Beispiel: Unmittelbare und mittelbare Auswirkungen auf Sicherheit und Gesundheit

Neben den zuvor beschriebenen unmittelbaren sind auch die mittelbaren (indirekten) Auswirkungen von Vibrationen zu berücksichtigen, z.B. *„wenn durch Vibrationen die Erfassung von Warnsignalen (z.B. von Anzeigeinstrumenten) gestört wird, mobile Maschinen nicht sicher bedient werden können oder wenn Vibrationen die Stabilität der Strukturen oder die Festigkeit von Verbindungen (z.B. von Gebäuden, Maschinen oder Anlagen) beeinträchtigen“* (Kap. 4.7 Allgemeines TRLV Vibrationen). Wechsel- und Kombinationswirkungen können die unmittelbaren und mittelbaren Auswirkungen auf

Gesundheit und Sicherheit verstärken: Kälte kann Durchblutungsstörungen verstärken, eine verdrehte Haltung kann Wirbelsäulenschäden begünstigen.

In Europa sind *„etwa 1–2 Mio. Beschäftigte Gefährdungen ihrer Sicherheit und Gesundheit durch Hand-Arm-Vibrationen und etwa 600.000 Beschäftigte durch Ganzkörper-Vibrationen ausgesetzt"* (www.osha.europa.eu). Krankheiten des Muskel-Skelett-Systems gehören zu den häufigsten Leiden in Deutschland: Ca. 25 % aller betrieblichen Fehlzeiten sind auf Muskel-Skelett-Erkrankungen zurückzuführen und sie verursachen insgesamt die meisten Arbeitsunfähigkeitstage. Die Kosten für Unternehmen und Allgemeinheit sind enorm.

Das Berufskrankheitenrecht in Deutschland nennt 3 Berufskrankheiten, die durch mechanische Einwirkungen durch Vibrationen ausgelöst werden:

1. BK 2103 „Erkrankungen durch Erschütterung bei Arbeit mit Druckluftwerkzeugen oder gleichartig wirkenden Werkzeugen oder Maschinen";
2. BK 2104 „Vibrationsbedingte Durchblutungsstörungen an den Händen ...";
3. BK 2110 „Bandscheibenbedingte Erkrankungen der Lendenwirbelsäule durch langjährige, vorwiegend vertikale Einwirkung von Ganzkörperschwingungen im Sitzen ...".

Prävention ist deshalb sehr wichtig und in der LärmVibrationsArbSchV entsprechend festgelegt. Ab dem Überschreiten der Auslösewerte müssen betroffene Beschäftigte eine allgemeine arbeitsmedizinische Beratung erhalten; diese kann im Rahmen der Unterweisung erfolgen (§ 11 Abs. 3 LärmVibrationsArbSchV). Arbeitsmedizinische Vorsorge ist vom Arbeitgeber regelmäßig zu veranlassen: Pflichtvorsorge muss bei Erreichen oder Überschreiten der Expositionsgrenzwerte bzw. Angebotsvorsorge bei Überschreiten der Auslösewerte angeboten werden (Anhang Teil 3 ArbMedVV).

2 Vorkommen

Hand-Arm-Vibrationen treten z.B. auf *„beim Arbeiten mit handgehaltenen oder handgeführten Arbeitsgeräten mit rotierenden oder oszillierenden Teilen, aber auch durch handgehaltene Werkstücke, durch handgehaltene schwingende Bedienelemente oder bei Geräten mit Einzelauslösung (z.B. Nagler, Bolzensetzer)"* (Kap. 4.1 Allgemeines TRLV Vibrationen). Kap. 4.1.2 Teil 1 TRLV Vibrationen listet Geräte, Maschinen und Werkzeuge auf, die zu HAV führen können.

Ganzkörper-Vibrationen treten z.B. *„auf Fahrzeugen und selbstfahrenden Maschinen und in der Nähe von Maschinen mit großer Unwucht oder Schlagenergie (z.B. Schmiedehämmern) auf"* (Kap. 4.2 Allgemeines TRLV Vibrationen). Betroffen sind hier häufig Beschäftigte in Land- und Forstwirtschaft oder Bauindustrie (z.B. Land- und Forstmaschinen, Bagger, Presslufthammer) sowie Gabelstaplerfahrer auf holprigen Fahrbahnen. Kap. 4.1.1 Teil 1 TRLV Vibrationen listet Fahrzeuge und fahrbare Arbeitsmaschinen auf, deren Fahrer GV ausgesetzt sein können.

3 Auslösewerte und Expositionsgrenzwerte

§ 3 LärmVibrationsArbSchV konkretisiert § 5 ArbSchG und verpflichtet den Arbeitgeber, Gefährdungen am Arbeitsplatz zu ermitteln und zu beurteilen. Als erster Schritt muss festgestellt werden, ob die Beschäftigten Vibrationen ausgesetzt sind oder sein könnten. Eine derartige Gefährdungsbeurteilung kann auf der Basis von Messungen oder durch Schätzungen auf der Grundlage von Herstellerangaben durchgeführt werden. Um unnötigen Aufwand zu vermeiden, liefert Abb. 1 Teil 1 TRLV Vibrationen die Rangfolge bei der Auswahl geeigneter Informationsquellen. Die Gefährdungsbeurteilung erfolgt grundsätzlich personenbezogen.

Zum Schutz vor Vibrationen sind für Hand-Arm- und Ganzkörpervibrationen sog. → *Auslösewerte* und Expositionsgrenzwerte festgelegt (§ 9 LärmVibrationsArbSchV). Bei Überschreiten der Auslösewerte müssen bestimmte Schutzmaßnahmen festgelegt werden. Der Expositionsgrenzwert ist festgelegt als der Wert, dem der Beschäftigte max. ausgesetzt sein darf.

Zu den Pflichten des Arbeitgebers gehören deshalb Messung und Bewertung der Vibrationen sowie die Information und Unterweisung der Beschäftigten: Die Messungen müssen vom Arbeitgeber beauftragte

Personen oder Stellen mit der dafür notwendigen Fachkunde und den erforderlichen Einrichtungen durchführen (s. TRLV Vibrationen Teil 2).

Die Unterweisung muss „*vor Aufnahme der Beschäftigung und danach in regelmäßigen Abständen, jedoch immer bei wesentlichen Änderungen der belastenden Tätigkeit erfolgen*“ (§ 11 LärmVibrations-ArbSchV).

4 Vermeiden bzw. Verringern von Vibrationsexposition

Der Arbeitgeber ist verpflichtet, Maßnahmen zur Vermeidung oder Verringerung der Exposition zu veranlassen (Minimierungsgebot). Sind Maßnahmen zur Minderung der Vibration erforderlich, so muss zunächst eine Substitutionsprüfung durchgeführt werden. Die Schutzmaßnahmen (Vorgehen bei der Festlegung: s. TRLV Vibrationen Teil 3) sind nach dem Stand der Technik durchzuführen (§ 10 Lärm-VibrationsArbSchV). Durch das Vibrationsminderungsprogramm soll die Exposition der Beschäftigten soweit reduziert werden, „*dass der Stand der Technik erreicht ist oder die Tages-Vibrationsexpositionswerte unterhalb der Auslösewerte liegen*“ (Kap. 3.5 Teil 3 TRLV Vibrationen). Maßnahmen zum Schutz der Beschäftigten können sein (in der Reihenfolge ihrer Priorität):

- technisch: z. B. vibrationsarme Maschinen, Werkzeuge, → *Fahrzeuge*, spezielle vibrationsmindernde Sitze;
- organisatorisch: z. B. Beschränken der vibrationsintensiven Arbeitszeiten, alternative Arbeitsverfahren, z. B. Kleben statt Schweißen, Kernbohren statt Arbeiten mit dem Aufbruchhammer;
- persönlich: z. B. Antivibrations-Schutzhandschuhe (HAV).

5 Weiterführende Informationen

- Deutsche gesetzliche Unfallversicherung (www.dguv.de): Kennwertrechner für Hand-Arm-Vibrationsbelastungen, Broschüre „Schutz vor Vibration“, weitere Arbeits- und Handlungshilfen
- Katalog repräsentativer Lärm- und Vibrationsdaten am Arbeitsplatz KarLA
- Bundesanstalt für Arbeitsschutz und Arbeitsmedizin, www.baua.de: u. a. Merkblatt zu BK 2110

Bettina Huck

Vision Zero

Die Vision Zero ist eine weltweite Strategie für Sicherheit bei der Arbeit und im Straßenverkehr. International und bezogen auf ganze Staaten wird sie üblicherweise so definiert: Keine Todesfälle und keine Schwerverletzten bei der Arbeit oder im Straßenverkehr. Bezogen auf einzelne Betriebe wurde die Definition inzwischen auf die Vermeidung aller Unfälle und Berufskrankheiten erweitert. So gibt es in jüngster Zeit Präventionskampagnen mit dem Titel „VISION ZERO. Null Unfälle – gesund arbeiten“.

1 Eine Vision entsteht – ein historisches und ein aktuelles Beispiel

Gelegentlich auch als Philosophie oder als Vision bezeichnet, ist die „Vision Zero“ tatsächlich eine Strategie. Diese Strategie, die wir seit einigen Jahren mit dem Begriff „Vision Zero“ bezeichnen, hat ihren Ursprung in verschiedenen Kontinenten und unterschiedlichen Epochen, aber sie geht letztlich auf die chemische Industrie zurück.

Ein historisches Beispiel aus dem Jahr 1811 markiert den Ursprung der Vision Zero, ein aktuelles aus dem Jahr 2014 verdeutlicht die Universalität der Strategie. Der älteste bekannte Ursprung geht tatsächlich bis zum Beginn des 19. Jahrhunderts auf Éleuthère Irénée du Pont de Nemours zurück. E. I. du Pont erwarb 1802 das seitdem als Ursprung des DuPont Konzerns bekannte Grundstück am Brandywine River nahe Wilmington (Delaware, USA) und gründete einen Schwarzpulverhersteller. Schon in den ersten Betriebsjahren gab es mehrere schwere Arbeitsunfälle durch heftige Explosionen, später explodierten sogar 3 Waggonladungen von Schwarzpulver während der Fahrt mitten in Wilmington. Tote waren zu beklagen, Gebäude wurden zerstört.

Als Konsequenz der schweren Arbeitsunfälle stellte du Pont bereits 1811 die ersten Sicherheitsregeln auf, in denen insbesondere dem Management die Verantwortung für die Sicherheit im Unternehmen übertragen wurde. Dies ging so weit, dass er allen Vorgesetzten auferlegte, mit ihren Familien mitten im Betriebsgelände zu wohnen. Damit demonstrierte die Betriebsleitung die Verantwortung für Leben und Gesundheit der Mitarbeiter ebenso wie das Vertrauen in das inzwischen erreichte Niveau der Arbeitssicherheit.

Wie bei E. I. du Pont zeigt auch ein aktuelles Beispiel aus einer der größten Werften weltweit in Singapur, wie einfach in der Umsetzung die Vision Zero sein kann – wenn man den richtigen Ansatzpunkt findet und kreativ denkt. Die Arbeit auf Werften ist generell gefährlich. In Singapur kommt das Klima mit täglichen Temperaturen von mehr als 30 °C und stets mehr als 90 % Luftfeuchtigkeit sowie kurzen, aber heftigen Schauern an den meisten Tagen des Jahres hinzu.

Der Ansatz der Leitung der Werft bei der Umsetzung der Vision Zero war in der Theorie einfach: Alle Beschäftigten sollten Verantwortung für die Sicherheit und Gesundheit aller anderen Beschäftigten übernehmen. Bei einem Anteil von über 90 % Wanderarbeitnehmern aus vielen asiatischen Ländern mit oft nur geringen Sprachkenntnissen eine auf den ersten Blick schwierige Aufgabe. Bei du Pont war die Residenzpflicht aller Vorgesetzten mit ihren Familien auf dem Werksgelände der Schlüssel zum Erfolg. In Singapur waren es viele, in kurzen Abständen installierte Telefone mit nur 2 Tasten: Eine verbindet mit dem Arbeitsschutz der Werft, die andere direkt mit dem Arbeitsministerium. Vom CEO der Werft über alle Hierarchieebenen wurde dann täglich kommuniziert, dass jede auch scheinbar nur so geringfügige Gefährdung von Personen sofort völlig formlos über die Telefone mitgeteilt werden solle. Und wer dem internen Arbeitsschutz nicht traut, könne jederzeit den Knopf für das Arbeitsministerium drücken. Tatsächlich gelang es mit diesem einfachen Instrument, die Verantwortung für die Sicherheit und Gesundheit aller anderen Arbeiten in den Köpfen der Menschen zu installieren und die regelmäßige Benutzung der Telefone zu einem ganz wesentlichen Bestandteil der Unternehmenskultur zu machen. Die Unfallquote sank in weniger als 2 Jahren um knapp 80 %.

Praxis-Beispiel: Starke Symbolik

Beide Beispiele haben eine starke Symbolik: Ich muss zuerst sauber analysieren, welche Unfälle mit welchen Ursachen in meinem Betrieb typisch sind. Und dann muss ich überlegen, mit welcher einfachen Maßnahme ich den Schalter in den Köpfen der Menschen umlegen kann.

Die konsequente Analyse der Unfallursachen führt übrigens in den meisten Betrieben und öffentlichen Einrichtungen in Deutschland zu dem Ergebnis, dass die dominierende Ursache der Straßenverkehr ist. Damit sind gar nicht unbedingt Lkw-, Bus- oder Taxifahrer gemeint, sondern schlicht die täglichen Wegstrecken von und zur Arbeit. Wir nennen sie Wegeunfälle und sie erzeugen mehr Ausfallzeiten als die klassischen Arbeitsunfälle im Betrieb.

2 Die Übertragung in den Straßenverkehr

In Europa bekam die Vorstellung von „Null Unfällen" Gewicht in den 1990er-Jahren bei der Entwicklung politischer Strategien zur Verkehrssicherheit. In Schweden, wo man die Risiken der chemischen Industrie nach den Katastrophen von Seveso und Bhopal sehr intensiv diskutiert und kurzzeitig sogar ein vollständiges Verbot der chemischen Industrie erwogen hatte, übertrug das Verkehrsministerium die Grundzüge der Null-Unfälle-Philosophie offiziell auf den Bereich der Verkehrssicherheit und bezeichnete diese erstmals als „Vision Zero".

„Die Nullvision", heißt es in einer Veröffentlichung von „Vägverket", des Schwedischen Zentralamts für Straßenwesen, „ist das Bild einer Zukunft, in der niemand im Straßenverkehr getötet oder so schwer verletzt wird, dass er lebenslange Schäden davonträgt." Das ist die bis heute gültige Definition der Strategie Vision Zero. Die gemeinsame Verantwortung von Verkehrsraum, Fahrzeug und Verkehrsteilnehmern wird dabei erstmals klar beschrieben: „Verkehrssicherheitsarbeit im Sinne der Nullvision bedeutet, dass Straßen und Fahrzeuge in höherem Maße an die Voraussetzungen des Menschen angepasst werden müssen und dass diejenigen, die das Straßenverkehrssystem gestalten und nutzen, sich die Verantwortung für dessen Sicherheit teilen". Seit 1997 ist die Vision Zero durch ein in diesem

Jahr vom schwedischen Parlament verabschiedetes Gesetz die Grundlage der schwedischen Verkehrspolitik. Aus der Arbeitssicherheit kommend wurde die Vision Zero so plötzlich ein wichtiges Thema der Verkehrssicherheit.

3 Was bedeutet Vision Zero?

Vision Zero geht von 4 Grundsätzen aus:

Grundsatz 1: Das Leben ist nicht verhandelbar

Kein anderes Gut kann so wichtig sein, dass es gegen das menschliche Leben aufgerechnet werden darf. Seit 1953 werden die Zahlen der im Straßenverkehr in Deutschland verunglückten Personen durch das Statistische Bundesamt erfasst. Seitdem starben in Deutschland bei Verkehrsunfällen bis heute fast 750.000 Menschen. Dies ist deutlich mehr als die Einwohnerzahl von Frankfurt am Main. Auch jetzt, da die Zahl der bei Straßenverkehrsunfällen Getöteten historische Tiefstände erreicht hat, sterben in Deutschland an jedem Tag im Durchschnitt 10 Menschen im Straßenverkehr.

Versetzen wir gedanklich E. I. du Pont aus dem Jahre 1810 in die Gegenwart und nehmen wir an, das Automobil sei noch nicht erfunden. Nun kommt du Pont und eröffnet der Politik, den Medien und der Öffentlichkeit in Deutschland, er habe nach der von ihm perfektionierten Schwarzpulverherstellung nunmehr eine ganz neue Technik erfunden, welche die persönliche Mobilität durch motorisierte, individuell steuerbare Fahrzeuge auf eine völlig neue Basis stellt. Allerdings sei nach Einführung dieser Technik mit einer neuen Art von Unfällen, nämlich den Verkehrsunfällen, zu rechnen. Sie würden nach seiner Abschätzung im Durchschnitt 10 Todesopfer täglich kosten. Es dürfte eindeutig sein, dass diese neue Technik nie eingeführt würde und der Vorschlag des Erfinders auf Ablehnung, sicher sogar Empörung stoßen würde. Wer könnte es verantworten, eine Technik einzuführen, die 10 Tote an jedem Tag verursacht! Politik, Gesellschaft und Medien wären sich in der Ablehnung einig. Das Recht auf Leben und auf körperliche Unversehrtheit steht an zentraler Stelle im Grundgesetz der Bundesrepublik Deutschland – nichts anderes fordert die Vision Zero.

Grundsatz 2: Der Mensch ist fehlbar

Vision Zero geht von der Erfahrungstatsache aus, dass sich Fehler im Straßenverkehr ebenso wie am Arbeitsplatz (oft ist die Straße auch der Arbeitsplatz) nicht vollständig vermeiden lassen. Evolutionär ist der Mensch auf eine Fortbewegung mit maximalen Geschwindigkeiten zwischen 20 und 30 km/h ausgelegt. Jahrtausende lang war das der Bereich, in dem sich Menschen bewegt haben. Jahrtausende lang waren Motorik und Koordination, aber auch Wahrnehmung und Informationsverarbeitung des Menschen auf diese Maximalgeschwindigkeit ausgerichtet.

Die wissenschaftliche Forschung auf dem Gebiet der Sensomotorik hat gezeigt, wie begrenzt die menschliche Kapazität ist, wenn es darum geht, die wichtigsten Informationen aus dem Umfeld aufzunehmen, zu verarbeiten und mit gespeicherten Informationen abzugleichen. Es ist evident, dass in Geschwindigkeitsbereichen, in denen sich unsere motorisierte Verkehrsteilnahme überwiegend abspielt, Fehlentscheidungen des Menschen nicht die Ausnahme, sondern eher die Regel sind. Hinzu kommen – egal ob bei der Arbeit oder im Straßenverkehr – Fehler des Menschen durch emotionale, motivationale oder stressbedingte Prozesse. Deshalb ist es auf den ersten Blick nicht erstaunlich, wenn die Unfallforschung im Straßenverkehr ebenso wie am Arbeitsplatz deutlich konstatiert, dass der überwiegende Anteil aller Unfallursachen in menschlichem Fehlverhalten zu suchen ist.

Genau hier liegt aber auch der falsche Denkansatz: Wenn der Mensch mit seiner evolutionär verfügbaren Motorik, Koordination, Wahrnehmung und Informationsverarbeitung zumeist nicht in der Lage sein kann, den heutigen Straßenverkehr oder bestimmte Tätigkeiten fehlerfrei zu bewältigen, dann können wir ihm Fehler nicht vorwerfen. Oder anders formuliert: Selbst bei bestem Wissen und Gewissen ist es nur eine Frage der Wahrscheinlichkeit, wie hoch die jeweils aktuelle Fehlerquote ist. Bei hohen Geschwindigkeiten und/oder komplexen Arbeitssituationen wird diese Fehlerquote hoch sein. Ebenso ist es nur eine Frage der zum Glück allerdings recht niedrigen Wahrscheinlichkeit, dass es zu einem Unfall kommt.

Dies bedeutet allerdings auch, dass wir bei fast jedem Verkehrsunfall und ebenso bei vielen Arbeitsunfällen davon ausgehen können, dass in der Kausalkette der Unfallverursachung an vielen Stellen menschliche Fehler zu finden sein werden. Die entscheidende Frage ist dann aber, welche Fehler wir dem Menschen überhaupt vorwerfen können. Denn unsere Arbeitswelt und unser heutiges Straßenverkehrssystem sind zu selten an die Tatsache angepasst, dass Menschen Fehler machen. Weltweit sterben jeden Tag Menschen, weil ihnen selber oder anderen Fehler unterlaufen. Meistens sind es Fehler, die sich tausendfach ereignen und wegen der geringen Unfallwahrscheinlichkeit i.d.R. ohne Folgen bleiben. In einer speziellen Konstellation von Umgebungsbedingungen oder einer besonderen Interaktion mit anderen Personen oder Maschinen werden tausendfach begangene Fehler plötzlich mit dem Tod oder einer schweren Verletzung bestraft. „Fehler dürfen nie mit dem Tod bestraft werden", heißt es folgerichtig in der Konzeption von Vision Zero.

Grundsatz 3: Die tolerierbaren Grenzen liegen in der physischen Belastbarkeit des Menschen

Gerade wenn man davon ausgeht, dass Menschen Fehler machen, muss dafür gesorgt werden, dass die dadurch entstehenden Unfälle nicht zu ernsthaften Personenschäden führen. „Keiner kommt um, alle kommen an" – auf diese Formel hat es der Deutsche Verkehrssicherheitsrat gebracht, als er sich für die Vision Zero als Handlungsstrategie entschieden hat, denn dieser Grundsatz bezieht sich insbesondere auf den Straßenverkehr.

Gradmesser und Kriterium für die Gestaltung des Verkehrssystems ist nach dem Ansatz von Vision Zero die biologische Toleranz des Menschen, etwas salopp gesagt also das, was er aushält. Die Unfallforschung liefert hier wissenschaftlich belegte Grenzwerte. Die meisten Menschen, die (außerhalb von Fahrzeugen) von einem Fahrzeug mit einer Geschwindigkeit von bis zu 30 km/h angefahren werden, können dies überleben. Mit weiter optimiertem Fahrzeugdesign und evtl. Außenairbags wird es möglich sein, diesen Wert noch anzuheben. Ein Pkw bietet beim heutigen Stand der passiven Sicherheit den Insassen bei einem Frontalaufprall mit einer Geschwindigkeit bis etwa 70 km/h ausreichenden Schutz, bei einem Seitenaufprall liegt die kritische Geschwindigkeit derzeit bei ca. 50 km/h. Auch diese Werte können durch die Weiterentwicklung der passiven Sicherheitssysteme bestimmt noch weiter erhöht werden.

Aktive Sicherheitssysteme, wie die automatische Einleitung einer Notbremsung, werden es immer mehr ermöglichen, im Moment des Unfalls unter die kritischen Geschwindigkeiten zu kommen. Diese Werte berücksichtigen allerdings keine individuellen Unterschiede. So sind z.B. ältere Menschen stärker gefährdet, da ihre körperliche Widerstandsfähigkeit oft geringer ist und Verletzungen schlechter heilen. Auch für Kinder gelten teilweise andere Bedingungen, da z.B. bei einem Pkw-Fußgänger- Unfall je nach Körpergröße der angefahrenen Person andere Bewegungsabläufe auftreten.

Für Arbeitsplätze, ebenso wie für den Straßenverkehr gilt eindeutig: Da wir angesichts der langen Zeitzyklen der Evolution die Widerstandsfähigkeit des Menschen nicht in einigen Jahrzehnten erhöhen können, ist die Schlussfolgerung klar. Die Arbeitswelt muss ebenso wie der Straßenverkehr an den Menschen angepasst werden, nicht umgekehrt. Das Ziel ist die Vermeidung ernsthafter Personenschäden.

Grundsatz 4: Die Menschen haben ein Recht auf ein sicheres Verkehrssystem und auf sichere Arbeitsplätze

Die Bürger können allein kein sicheres Verkehrssystem und keine sicheren Arbeitsplätze schaffen. Es ist Aufgabe des Staates und der Unternehmen, sich an dieser Aufgabe zu beteiligen bzw. diese zu gestalten.

Der Einzelne wird dadurch aber nicht aus der Verantwortung entlassen. Jeder Einzelne muss sich vielmehr bewusst sein über die Risiken, die sie oder er durch ihr oder sein Handeln oder Unterlassen für sich und andere erzeugt. In Schweden spricht man in diesem Zusammenhang von „geteilter Verantwortung". Der einzelne Mensch ist für die Einhaltung der Gesetze und Bestimmungen verantwortlich, während die Systemgestalter dafür zu sorgen haben, dass das System als Ganzes sicher ist. Zu den Systemgestaltern gehören in erster Linie die Behörden, die für Bau und Unterhalt der Straßen zuständig sind, die Fahrzeughersteller, die Transportunternehmer, die gewerblich Güter transportieren und Personen befördern, aber auch die Politiker, die Gesetzgebung und die Rechtsprechung.

Diese systemische Betrachtung in der Vision Zero ist vielleicht die wichtigste Veränderung gegenüber der heute noch weit verbreiteten Sichtweise: Im Straßenverkehrsrecht z.B. wird primär der einzelne Verkehrsteilnehmer in die Pflicht genommen. Die Verantwortung der Systemgestalter hingegen kommt dort nur am Rande vor. Claes Tingvall, Leiter der Abteilung für Verkehrssicherheit des Schwedischen Zentralamts für Straßenwesen, der als einer der Väter der Vision Zero gilt, hat die veränderte Sichtweise einmal mit einem interessanten Vergleich erläutert: „Wir im Verkehrswesen haben gewiss nicht absichtlich Menschen getötet, aber die Sicherheit war nicht unser Hauptanliegen. Vor ein paar hundert Jahren sagte man, dass Menschen krank werden, weil sie unmoralisch seien und nicht nach Gottes Willen lebten. Bei Verkehrsunfällen ist die Auffassung heute noch mehr oder weniger die gleiche: Wir haben begriffen, dass Bakterien und Viren krank machen. Bei Unglücksfällen beschuldigen wir aber immer noch die Opfer der Dummheit und Verantwortungslosigkeit."

4 Ist die Vision Zero unrealistisch?

Kritiker merken gelegentlich auch an, die Vision Zero sei unrealistisch. Die Vision Zero gibt aber nur das Ziel und die Strategie vor. Sie ist weniger eine quantitative als vielmehr eine qualitative Vorgabe. Und bekanntlich gilt ja: Wer das Bestmögliche erreichen will, muss das unmöglich Scheinende fordern. Quantitative Ziele können erst als Folge der Strategie formuliert werden.

Die Vision Zero will von ihrer international üblichen Definition her ausdrücklich noch nicht alle Unfälle vermeiden. Ihr Ziel ist, um nochmals „Vägverket", das Schwedische Zentralamt für Straßenwesen zu zitieren, „das Bild einer Zukunft, in der niemand im Straßenverkehr getötet oder so schwer verletzt wird, dass er lebenslange Schäden davonträgt".

Kritikern der Vision Zero muss man aber vor allem die erfolgreiche Umsetzung bei manchen Verkehrsträgern und in etlichen Betrieben und öffentlichen Einrichtungen vorhalten. In der Luftfahrt und im Bahnverkehr ist die Vision Zero seit Langem der Goldstandard und wurde dort in Deutschland auch schon weitestgehend erreicht. An dieser Stelle zeigt sich aber der durch Gewohnheit entstandene unterschiedliche Denkansatz: Wer würde in Deutschland ein Flugzeug besteigen, wenn wir z.B. 3.000 Tote jährlich durch Flugzeugunfälle hätten? Wer würde sich einer Fluggesellschaft anvertrauen, die als Ziel bei den jährlich Getöteten eine Zahl x nennen würde – selbst wenn es eine niedrige 3-stellige Zahl wäre? Dasselbe gilt beim Besteigen eines Zuges: Es ist für uns eine gesellschaftliche Selbstverständlichkeit, dass der schienengebundene Verkehr in Deutschland weder zu Toten noch zu Schwerverletzten führt. In den seltenen Fällen schwerer Zugunglücke entsteht dementsprechend eine enorme mediale Resonanz und es folgen intensive Untersuchungen mit dem Ziel, dass es nie mehr zu einem derartigen Unfall kommen kann. Wenn wir hingegen einen Pkw oder einen Bus besteigen, verschwenden wir keinen Gedanken daran, dass wir uns einem Verkehrssystem anvertrauen, dass auch derzeit noch 3.600 Tote und 60.000 Schwerverletzte pro Jahr erzeugt. Wir haben uns einfach daran gewöhnt.

Kritikern der Vision Zero muss man aber auch eine Frage stellen: Wie viele Tote durch Arbeits- oder Straßenverkehrsunfälle soll die Gesellschaft akzeptieren? Die Antwort dürfte eindeutig sein.

5 Betriebliche Umsetzung

Je nach Ausgangslage bieten sich 2 betriebliche Strategien an: Entweder das von der Internationalen Vereinigung für Soziale Sicherheit (IVSS) entwickelte Konzept der „Sieben Goldenen Regeln" oder der von der Deutschen Gesetzlichen Unfallversicherung (DGUV) beschriebene und in eine langjährige Kampagne umgesetzte strategische Ansatz einer Präventionskultur. Beide sind hier nur angedeutet:

Praxis-Beispiel: Die sieben goldenen Regeln

1. Übernehmen Sie Führung – zeigen Sie Flagge!
2. Ermitteln Sie systematisch alle Risiken und Gefahren!
3. Erstellen Sie ein Programm zur Verbesserung der Sicherheit und setzen Sie sich überprüfbare Ziele!
4. Sorgen Sie für eine wirksame Arbeitsschutzorganisation!
5. Setzen Sie nur sichere, gesundheitsgerechte Technik ein!
6. Investieren Sie in gute Ausbildung und sorgen Sie für Kompetenz der Beschäftigten!
7. Investieren Sie systematisch in Beteiligung und Motivation der Belegschaft!

Praxis-Beispiel: Handlungsfelder einer betrieblichen Präventionskultur

1. Prävention als integrierter Bestandteil aller Aufgaben
2. Führung
3. Kommunikation
4. Beteiligung
5. Fehlerkultur
6. Soziales Klima/Betriebsklima

Walter Eichendorf

Vorankündigung

Die Vorankündigung ist ein Dokument, dass der jeweils zuständigen Behörde übermittelt und auf der Baustelle ausgehängt wird, um u. a. über Art, Lage, Beginn und Dauer des Bauvorhabens zu informieren. Außerdem werden die nach Baustellenverordnung wesentlichen Baubeteiligten bekannt gegeben.

Gesetze, Vorschriften und Rechtsprechung

Die Pflicht zur Erstellung und Übermittlung der Vorankündigung resultiert aus § 2 Abs. 2 Baustellenverordnung (BaustellV). Weitere Erläuterungen zur Vorankündigung enthält die RAB 10 „Begriffsbestimmungen".

1 Verantwortung

Der Bauherr oder ein von ihm nach § 4 BaustellV beauftragter Dritter ist verantwortlich dafür, dass die Vorankündigung der zuständigen Behörde übermittelt und sichtbar auf der → *Baustelle* angebracht wird. Im Rahmen der Ersten Verordnung zur Änderung der Baustellenverordnung (BGBl. 2023 I Nr. 1 vom 4.1.2023) wurde hierfür eine neue Bezeichnungsform gewählt: "der nach § 4 Verantwortliche".

2 Auslösekriterien

§ 2 Abs. 2 BaustellV fordert, dass eine Vorankündigung immer erfolgen muss, wenn auf einer Baustelle

- die voraussichtliche Dauer der Arbeiten mehr als 30 Arbeitstage beträgt und auf der mehr als 20 Beschäftigte gleichzeitig tätig werden, oder
- der Umfang der Arbeiten voraussichtlich 500 Personentage überschreitet.

Gleichzeitig tätig werden heißt, dass planmäßig mind. 21 Beschäftigte auf der → *Baustelle* über eine Dauer von mind. einer Arbeitsschicht zur selben Zeit Arbeiten ausführen. Ein Personentag umfasst die Arbeitsleistung einer Person über eine Arbeitsschicht (8 Stunden).

3 Fristen

Die Vorankündigung ist spätestens 2 Wochen vor Einrichtung der → *Baustelle* der zuständigen Behörde zu übermitteln. „Die Einrichtung der Baustelle im Sinne der BaustellV beginnt mit den wesentlichen vorbereitenden Arbeiten am Ort des Bauvorhabens, die unmittelbar vor dessen Durchführung erforderlich sind, z.B. Aufbau von Sozialeinrichtungen, Installation von Ver- und Entsorgungseinrichtungen, Anlieferung von Baumaterialien, Maschinen und Geräten" (Abschn. 9 RAB 10).

4 Zuständige Behörden

Die zuständigen Behörden sind die für den Arbeitsschutz zuständigen Aufsichtsbehörden der jeweiligen Bundesländer. Aufgrund von Funktional- und Gebietsreformen sind die Behörden auf ganz unterschiedlichen Organisationsebenen eingebunden. Sie reichen von der kommunalen Ebene (z.B. Fachabteilungen in Landratsämtern) bis hin zu landeseignen Strukturen (Staatliche Gewerbeaufsichtsämter). In einigen Bundesländern wurden sie Zuständigkeiten auch den Baubehörden oder den Trägern der gesetzlichen Unfallversicherung übertragen.

Praxis-Beispiel: Auskunft über die Zuständigkeit einer Behörde

Auskünfte über die Zuständigkeit der Behörden erhält man bei den obersten Arbeitsschutzbehörden der Länder in den entsprechenden Ministerien (Arbeits- oder Sozialministerium). Die Bundesanstalt für Arbeitsschutz und Arbeitsmedizin hat auf ihrer Homepage (www.baua.de) eine Datei mit den Adressen der für den Arbeitsschutz zuständigen staatlichen Behörden bereitgestellt.

5 Inhalt

Die Vorankündigung muss enthalten:

- Bezeichnung und Ort der Baustelle,
- Name und Anschrift des Bauherren,
- Art des Bauvorhabens,
- Name und Anschrift des anstelle des Bauherren verantwortlichen Dritten,
- Name und Anschrift des(r) → *Koordinators(en)* (sofern erforderlich),
- Voraussichtlicher Beginn und Ende der Arbeiten,
- Voraussichtliche Höchstzahl der gleichzeitig Beschäftigten auf der → *Baustelle*,
- Voraussichtliche Zahl der Arbeitgeber und der Unternehmer ohne Beschäftigte,
- Angaben zu bereits ausgewählten Arbeitgebern und Unternehmern ohne Beschäftigte.

Ein Muster der Vorankündigung enthält Anlage A RAB 10.

6 Bekanntgabe auf der Baustelle

Die Vorankündigung ist auf der Baustelle sichtbar und vor Witterungseinflüssen geschützt auszuhängen. Ihre Lesbarkeit muss während der Dauer der Bauarbeiten erhalten bleiben.

Praxis-Beispiel: Aushängen der Vorankündigung

In der Praxis hat es sich bewährt, die Vorankündigung laminiert an einem schwarzen Brett oder sichtbar am Bauleitungsbüro auszuhängen. Auch das Einbetten der Vorankündigung in einen Baustellenaushang (Bauherrenerklärung) ist ein praktikabler Weg.

7 Anpassung

Bei erheblichen Änderungen ist die Vorankündigung zu aktualisieren. Eine erneute Mitteilung an die Behörde ist nicht erforderlich. Erhebliche Änderungen können gem. Abschn. 11 RAB 10 z.B. sein:

- Wechsel des/r Bauherren oder des von ihm nach § 4 BaustellV beauftragten Dritten;
- erstmalige Bestellung des → *Koordinators* bzw. Wechsel des/r bereits bestellten Koordinators/en;
- Verkürzung der Dauer der → *Bauarbeiten*, sofern dadurch verstärkt gleichzeitig oder in nicht geplanter → *Schichtarbeit* gearbeitet werden muss;
- erstmaliges Tätigwerden von Beschäftigten mehrerer Arbeitgeber;
- wesentliche Erhöhung der Höchstzahl gleichzeitig Beschäftigter oder der Anzahl der Arbeitgeber oder der Anzahl der Unternehmer ohne Beschäftigte.

8 Rechtsfolgen

Wer vorsätzlich oder fahrlässig der zuständigen Behörde eine Vorankündigung nicht, nicht richtig, nicht vollständig oder nicht rechtzeitig übermittelt, handelt ordnungswidrig im Sinne von § 25 Abs. 1 Nr. 1 Arbeitsschutzgesetz.

Matthias Glawe

Vorsorgekartei

Die Vorsorgekartei dient dazu, die gesetzlich vorgeschriebene arbeitsmedizinische Vorsorge zu organisieren und zu dokumentieren. Die Vorsorgekartei enthält sensible personenbezogene Daten. Um dem Prinzip der Datensparsamkeit gerecht zu werden, sind der Umfang zu dokumentierender Daten sowie die Aufbewahrungspflichten für den Betrieb eng beschränkt. Den Arbeitnehmer trifft daher eine erweiterte Selbstverantwortung dafür, dass Vorsorgeergebnisse aufbewahrt werden und über das gesamte Berufsleben zur Verfügung stehen.

Gesetze, Vorschriften und Rechtsprechung

Die Pflicht des Arbeitgebers, eine Vorsorgekartei zu führen, ist in § 3 Abs. 4 Arbeitsmedizinische Vorsorgeverordnung (ArbMedVV) geregelt.

1 Inhalt

Verbindlicher Inhalt der Vorsorgekartei ist nur noch

- Anlass der Vorsorge,
- Tag der Vorsorge,
- Bestätigung der durchgeführten Vorsorge (Vorsorgebescheinigung).[1]

Darüber hinaus sind die sog. Personenstammdaten, wie Name, Geburtsdatum und Privatanschrift des Beschäftigten, sowie die Arbeitgeberanschrift unverzichtbar, damit die Daten der Kartei entsprechend zuzuordnen sind.

In der Vorsorgebescheinigung ist angegeben, wann aus ärztlicher Sicht die nächste Vorsorge angezeigt ist, nicht aber das Ergebnis der Untersuchung.[2] Entgegen der früheren Praxis wird seit der Novelle der ArbMedVV in 2013 das Ergebnis der Vorsorge dem Arbeitgeber nicht mehr automatisch mitgeteilt. Stattdessen kann der Betriebsarzt den Arbeitgeber allenfalls allgemein auf Grundlage der Vorsorgeergebnisse. beraten. Nur im Einzelfall und mit Zustimmung des Betroffenen schlägt der Arzt dem Arbeitgeber einen Tätigkeitswechsel vor. Diese über die Vorsorgebescheinigung hinausgehenden Vorgänge werden aber nicht in der Vorsorgekartei dokumentiert.

Praktisch umfasst die Vorsorgekartei also nur die Vorsorgebescheinigungen. Zusätzlich kann sie auch die Verfolgung der Fristen bis zur nächsten Wiederholungsuntersuchung abbilden, was aber kein verbindlicher Bestandteil ist. In diese Richtung geht der Hinweis in § 4 ArbMedVV, dass die Vorsorgekartei auch automatisiert, z. B. als Datenbank mit Wiedervorlagefunktion, geführt werden kann.

> **Praxis-Beispiel: Schutz der Arbeitnehmerrechte im Vordergrund**
>
> Der sehr restriktive Umgang mit den Ergebnissen von Vorsorgeuntersuchungen, nach denen der Arbeitgeber im Normalfall nicht einmal eine generalisierte Angabe über das Ergebnis erhält, hat folgenden Grund: Im Arbeitnehmerinteresse soll verhindert werden, dass aus arbeitsmedizinischen Gründen Beschäftigte eine Tätigkeit nicht mehr ausüben dürfen und dadurch persönliche Nachteile in Kauf nehmen müssen. Dem Arbeitnehmer wird hier ein erweitertes Recht auf Selbstbestimmung

---

1 § 3 Abs. 4 ArbMedVV; AMR Nr. 6.3 „Vorsorgebescheinigung".

2 Abschn. 3 AMR Nr. 6.3 „Vorsorgebescheinigung".

eingeräumt, nach dem er auch gesundheitliche Nachteile in Kauf nehmen darf, um ein bestehendes Arbeitsverhältnis unverändert fortsetzen zu können.

Praxis-Beispiel: Untersuchungsangebote dokumentieren

Unabhängig von der Vorsorgekartei ist der Arbeitgeber seit einigen Jahren aufgerufen, das Angebot über arbeitsmedizinische Vorsorge schriftlich an betroffene Beschäftigte zu richten.[1] Auch hier ergeben sich also Dokumentationspflichten, die in die Organisation der arbeitsmedizinischen Vorsorge im Betrieb eingearbeitet werden müssen.

Praxis-Beispiel: Vorsorgekartei nach DGUV-V 6

Ältere noch in Gebrauch befindliche Formblätter zur Vorsorgekartei folgen der zurückgezogenen DGUV-V 6, in der weitaus mehr Informationen verbindlicher Bestandteil der Vorsorgekartei waren, wie z. B. Tag der Einstellung und des Ausscheidens, Rentenversicherungsnummer, zuständiger Krankenversicherungsträger und Angaben über frühere Tätigkeiten, bei denen eine Gefährdungsmöglichkeit bestand.

Dieser höhere Dokumentationsaufwand ist aber nicht erforderlich und i. S. des Datenschutzes auch nicht erwünscht.

Praxis-Beispiel: Neue Struktur im Arbeitsschutzrecht

Sämtliche Vorgaben zur Durchführung der arbeitsmedizinischen Vorsorge wurden seit 2008 in der ArbMedVV zusammengeführt. Dadurch sind auch für die Vorsorgekartei Rechtsbezüge weggefallen, z. B. in der zurückgezogenen DGUV-V 6 und in den früheren Versionen von Gefahrstoffverordnung, Lärm- und Vibrationsarbeitsschutzverordnung.

2 Umgang mit der Vorsorgekartei

Da es sich um personenbezogene Daten handelt, muss damit gemäß den geltenden Datenschutzbestimmungen (Bundesdatenschutzgesetz) umgegangen werden, auch ohne dass Detailregelungen dazu in der ArbMedVV aufgeführt wären. Konkret bedeutet das:

- Es muss eine verbindliche Zugriffsregelung bestehen, d. h. die Vorsorgekartei muss unter Verschluss aufbewahrt werden, z. B. in einem verschließbaren Schrank, dessen Schlüssel nur befugten Personen zugänglich ist. In elektronischen Datenverarbeitungssystemen muss ein Berechtigungskonzept dafür sorgen, dass nur die berechtigten Personen auf die Datenablage oder entsprechende Programme zugreifen können.
- Alle Personen, die mit der Vorsorgekartei umgehen, müssen entsprechend Bundesdatenschutzgesetz und Datenschutzgrundverordnung die Vertraulichkeit personenbezogener Daten wahren und entsprechend geschult sein.

Praxis-Beispiel: Keine sensiblen personenbezogenen Informationen in der Vorsorgekartei

Die Vorsorgekartei darf keine personenbezogenen Details der betriebsärztlichen Beratung enthalten. So ist sichergestellt, dass auch sehr sensible Themen, wie chronische Krankheiten oder Suchtprobleme, vertraulich mit dem Betriebsarzt unter Wahrung der ärztlichen Schweigepflicht angesprochen werden können und der Arbeitgeber davon keine Kenntnis erhält.

Auf Anordnung einer zuständigen Behörde (i. d. R. der zuständige → *Unfallversicherungsträger* oder die staatliche Arbeitsschutzaufsicht) erhält diese Einblick in die Kartei.

3 Wer führt die Vorsorgekartei?

Bei größeren Betrieben mit eigenen betriebsärztlichen Diensten wird die Vorsorgekartei direkt dort geführt, sonst meistens von der Personalabteilung oder einer vergleichbaren Stelle im Betrieb, die bei

1 Abschn. 3 Abs. 1 AMR Nr. 5.1 „Anforderungen an das Angebot von arbeitsmedizinischer Vorsorge“.

der Organisation der → *arbeitsmedizinischen Vorsorge* mit dem (dann meist externen) → *Betriebsarzt* zusammenarbeitet.

4 Aufbewahrungsfristen

Die AMR Nr. 6.1 „Fristen für die Aufbewahrung ärztlicher Unterlagen" ist eine ergänzende Rechtsnorm zur ArbMedVV, die den Charakter einer amtlichen Empfehlung hat. Sie bezieht sich ausdrücklich nicht auf die Vorsorgekartei selbst: „Die Vorsorgekartei nach § 3 Abs. 4 ArbMedVV gehört nicht zu den ärztlichen Unterlagen im Sinne dieser Regel und ist nicht Gegenstand dieser AMR. Unbeschadet davon gehört eine Kopie der Bescheinigung nach § 6 Abs. 3 ArbMedVV zu den ärztlichen Unterlagen." (Abschn. 2 Abs. 4 AMR Nr. 6.1)

Inwieweit in der Praxis gerade in kleineren und mittleren Betrieben die Vorsorgekartei von den ärztlichen Bescheinigungen zu trennen ist, sei dahin gestellt. Für ärztliche Bescheinigungen gelten danach folgende Aufbewahrungsfristen:

- Für Untersuchungen, die Tätigkeiten mit krebserzeugenden oder erbgutverändernden Stoffen oder Zubereitungen der Kategorie K 1 oder K 2 im Sinne der TRGS 905 "Verzeichnis krebserzeugender, keimzellmutagener oder reproduktionstoxischer Stoffe" betreffen sowie bei Tätigkeiten, die zu Berufskrankheiten gem. Berufskrankheiten-Verordnung (BKV) führen und eine längere Latenzzeit haben können: 40 Jahre oder 10 Jahre nach dem Tod des Beschäftigten.
- Für alle übrigen Untersuchungen: 10 Jahre nach der letzten Untersuchung.

5 Was passiert beim Ausscheiden des Beschäftigten?

Nach ArbMedVV bekommt der Arbeitnehmer beim Ausscheiden eine Kopie der ihn betreffenden Angaben aus der Vorsorgekartei ausgehändigt. Ähnliches gilt auch in Bezug auf Unterlagen zum Umgang mit besonders kritischen → *Gefahrstoffen* während der Betriebszugehörigkeit (§ 14 Abs. 4 GefStoffV). Da ein Beschäftigter darüber hinaus ohnehin persönlich eine ärztliche Bescheinigung über jede durchgeführte Untersuchung erhält, verfügt er somit bei sorgfältiger Aufbewahrung über eine komplette Dokumentation der in seinem Berufsleben durchgeführten arbeitsmedizinischen Vorsorge.

Bei bestimmten Tätigkeiten nach Maßgabe des Anhangs der ArbMedVV, bei denen nach längeren Latenzzeiten Gesundheitsstörungen auftreten können, ist dem ausscheidenden Beschäftigten nachgehende Vorsorge anzubieten. Am Ende des Beschäftigungsverhältnisses überträgt der Arbeitgeber diese Verpflichtung auf den zuständigen gesetzlichen Unfallversicherungsträger und überlässt ihm die erforderlichen Unterlagen in Kopie, sofern der Beschäftigte eingewilligt hat.

Der Arbeitgeber muss darüber hinaus ärztliche Bescheinigungen über Pflichtvorsorgen entsprechend AMR Nr. 6.1 aufbewahren. Alle anderen Informationen in der Vorsorgekartei, soweit sie nicht durch behördliche Anweisungen oder zukünftige AMR geschützt sind, müssen gelöscht werden.

Praxis-Beispiel: Aufklärung erforderlich

Solange keine Probleme auftreten, erkennen viele Beschäftigte nicht die Bedeutung der durchgeführten Vorsorgeuntersuchungen und die Notwendigkeit, die Unterlagen sorgfältig aufzubewahren. Daher ist es wichtig, im Rahmen der Unterweisung entsprechend aufzuklären und z. B. die Vorstellung zu korrigieren, dass die entsprechenden Daten grundsätzlich von dritter Stelle (z. B. dem zuständigen Unfallversicherungsträger) gesammelt würden.

6 Was passiert, wenn der Betrieb eingestellt wird?

Bis vor wenigen Jahren musste die Vorsorgekartei bei kritischen Risiken (z. B. dem Umgang mit krebserzeugenden oder erbgutverändernden Stoffen) bei Erlöschen des Betriebes komplett dem Unfallversicherungsträger übergeben werden. Zurzeit gibt es keine entsprechenden Regelungen mehr. Da mit dem Erlöschen des Betriebes ja auch Arbeitsverhältnisse in der bestehenden Form beendet werden, greifen demnach dieselben Regelungen wie beim Ausscheiden eines Beschäftigten.

Cornelia von Quistorp

Waschräume, Waschgelegenheiten

Waschräume sind Räume mit Waschplätzen sowie ggf. Duschen und anderen Einrichtungen, die es den Beschäftigten ermöglichen, sich den hygienischen Erfordernissen entsprechend zu reinigen. Außerhalb von Waschräumen sind in Arbeitsstätten Waschgelegenheiten vorgesehen. Darunter werden Einrichtungen mit fließendem Wasser und einem geschlossenen Wasserabflusssystem verstanden.

Gesetze, Vorschriften und Rechtsprechung

Nach Anhang 4.1 Abs. 2 Arbeitsstättenverordnung sind Waschräume vorzusehen, wenn es die Art der Tätigkeit oder gesundheitliche Gründe erfordern. Präzisiert wird diese Anforderung durch ASR A4.1 „Sanitärräume".

1 Bereitstellung von Waschräumen

Nach Abschn. 6.1 ASR A4.1 sind Waschräume „nach Art der Tätigkeit oder gesundheitlichen Gründen gemäß Kategorie A, B oder C" vorzusehen:

- **Kategorie A** bei mäßig schmutzenden Tätigkeiten;
- **Kategorie B** bei stark schmutzenden Tätigkeiten;
- **Kategorie C** bei sehr stark schmutzenden Tätigkeiten, bei Vorliegen gesundheitlicher Gründe, bei Tätigkeiten mit stark geruchsbelästigenden Stoffen, beim Tragen von körpergroßflächiger → *PSA*, bei Tätigkeiten unter besonderen klimatischen Bedingungen (Hitze, Kälte) oder bei Nässe sowie bei schwerer körperlicher Arbeit.

Wenn nach dieser Regelung keine Waschräume benötigt werden, müssen in der Nähe der Arbeitsplätze und der → *Umkleideräume* Waschgelegenheiten mit fließendem Wasser und geschlossenem Wasserabflusssystem zur Verfügung gestellt werden.

Wie alle Sanitärräume müssen Waschräume geschlechtergetrennt vorgesehen werden. In Betrieben mit bis zu 9 Beschäftigten kann darauf verzichtet werden, wenn eine zeitlich getrennte Nutzung sichergestellt ist.

> **Praxis-Beispiel: Waschraum bei zeitlich getrennter Nutzung eines Umkleideraumes erforderlich**
>
> Wenn in kleinen Betrieben nur ein Umkleideraum für beide Geschlechter genutzt wird, ist es aus praktischen Erwägungen erforderlich, dass es einen unmittelbaren Zugang zum Waschraum gibt, damit niemand nur teilweise bekleidet durch allgemein zugängliche Bereiche gehen muss.

In Betrieben mit bis zu 5 Beschäftigten ist eine räumliche Kombination von → *Toiletten-*, Wasch- und → *Umkleideräumen* möglich, wobei die Lüftungsmöglichkeiten an dem für Waschräume angegebenen Wert ausgerichtet werden müssen. Bei stark und sehr stark schmutzenden Tätigkeiten, beim Umgang mit → *Gefahrstoffen*, Infektionsgefahren usw., bei Tätigkeiten mit stark geruchsbelästigenden Stoffen, beim Tragen von körpergroßflächiger persönlicher Schutzausrüstung, bei Tätigkeiten unter besonderen klimatischen Bedingungen (Hitze, Kälte) oder bei Nässe sowie bei schwerer körperlicher Arbeit muss in einer → *Gefährdungsbeurteilung* entschieden werden, ob eine räumliche Kombination möglich ist.

Bei → *Arbeiten im Freien* und auf → *Baustellen* mit wenigen Beschäftigten gelten generell Waschgelegenheiten als ausreichend.[1]

> **Praxis-Beispiel: Waschräume als Teil der Unternehmenskultur?**
>
> Dass man Einrichtungen des Betriebes nutzt, um sich nach der Arbeit zu säubern und zu erfrischen, ist nur in wenigen Branchen gängige Praxis, in denen es sich wegen sehr starkem Schmutzanfall und/oder schweißtreibender Tätigkeiten nicht vermeiden lässt. Ansonsten ist es eher üblich, die nötige Körperpflege zu Hause vorzunehmen. Daher sehen auch viele Arbeitgeber wenig Sinn darin,

1 Anhang 4.1 Abs. 2 ArbStättV.

Waschräume und vor allem Duschplätze nach Vorschrift einzurichten, wenn diese so gut wie nicht benutzt werden.

Allerdings könnten attraktive Wasch- und Duschmöglichkeiten als Bestandteil eines Gesundheitsmanagementprogramms wieder an Bedeutung gewinnen, und zwar nicht zuletzt in Betrieben, in denen sie nach Arbeitsstättenrecht gar nicht erforderlich sind. Denn gerade in Betrieben mit einem hohen Anteil an Büroarbeitsplätzen nehmen Sportangebote zur Bewegungsförderung oder Aktionen wie „Mit dem Rad zur Arbeit" zu, die oft mehr Akzeptanz finden, wenn im Betrieb die Möglichkeit zum Duschen besteht.

2 Räumliche Anforderungen

2.1 Lage

2.1.1 Waschräume

Waschräume müssen sich generell in der Nähe der Arbeitsplätze befinden. Der Weg von den Arbeitsplätzen in Gebäuden zu den Waschräumen darf 300 m nicht überschreiten und soll nicht durchs Freie führen. Waschräume dürfen allerdings auch in einer anderen Etage eingerichtet sein. Wasch- und → *Umkleideräume* sollten einen unmittelbaren Zugang zueinander haben.[1] Ist das nicht der Fall, darf der Weg zwischen diesen Sanitärräumen nicht durchs Freie oder durch Arbeitsräume führen. Als „untereinander leicht erreichbar"[2] gelten Wasch- und Umkleideräume bei einer Entfernung von max. 10 m auf gleicher Etage.[3] Die Lufttemperatur in dem Raum, durch den dieser Weg führt, muss mindestens der des Umkleideraumes entsprechen (mind. 21 °C, s. u.).

Praxis-Beispiel: Sanitärbereiche vorsehen

Wenn Wasch- und Umkleideräume keinen unmittelbaren Zugang zueinander haben, sollte der Bereich/Flur dazwischen ebenfalls zum geschlechtergetrennten Sanitärbereich gehören und entsprechend gestaltet sein (z. B. nicht einsehbar).

Waschräume müssen wie alle Sanitärräume durch Beschriftung und/oder Kennzeichnung deutlich erkennbar sein.

2.1.2 Waschgelegenheiten

In Betrieben, die keine Waschräume einrichten müssen, sollen Waschgelegenheiten „in der Nähe der Arbeitsplätze und der Umkleideräume"[4] zur Verfügung stehen. Zur Konkretisierung der Angabe „in der Nähe" verweist Abschn. 6.1 Abs. 2 ASR A4.1 auf die Angaben zur Erreichbarkeit von → *Toiletten*: Demnach sollte die Weglänge zur Waschgelegenheit nicht länger als 50 m sein und darf 100 m nicht überschreiten. Waschgelegenheiten müssen sich im gleichen Gebäude befinden und dürfen nicht weiter als eine Etage von ständigen Arbeitsplätzen entfernt sein. Der Weg von ständigen Arbeitsplätzen in Gebäuden zu Waschgelegenheiten soll nicht durchs Freie führen.

Praxis-Beispiel: Waschgelegenheiten in Toiletten

Für die Mehrzahl der „normalen" Betriebe, die keine Waschräume einrichten müssen, sind die Waschbecken in den Toilettenräumen als Waschgelegenheiten nach ASR A4.1 anzusehen.

1 Abschn. 6.1 Abs. 5 ASR A4.1.
2 Anhang 4.1 Abs. 4 ArbStättV.
3 Abschn. 6.1 Abs. 5 ASR A4.1.
4 Abschn. 6.1 Abs. 2 ASR A4.1.

2.2 Raumhöhe

In Waschräumen darf eine lichte Höhe von 2,50 m nicht unterschritten werden. In bestehenden Arbeitsstätten ist bis zu einem wesentlichen Umbau eine geringere lichte Höhe zulässig, soweit sie dem Bauordnungsrecht der jeweiligen Länder entspricht.[1]

2.3 Raumgröße

Die Mindestmaße in Waschräumen werden in der ASR A4.1 in einer Skizze wiedergegeben (**Abb. 1**).

Dabei sind ggf. zusätzliche Bewegungs- und Verkehrsflächen je nach Größe und Ausstattung des Raumes zu berücksichtigen, die sich nicht überschneiden dürfen.

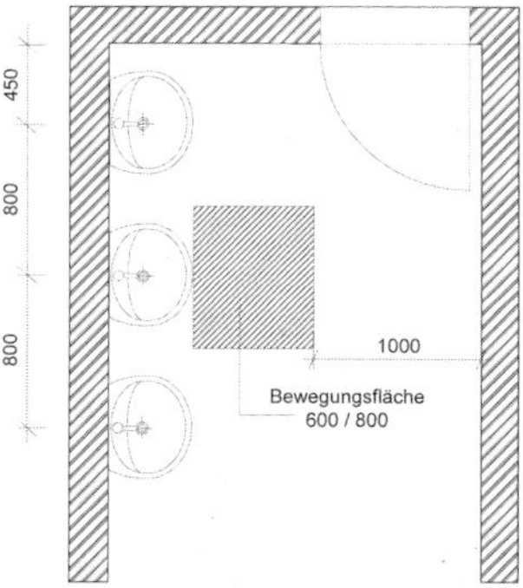

Abb. 1: Mindestraummaße in Waschräumen[2]

Ist in bestehenden Arbeitsstätten die Bereitstellung der geforderten Bewegungsfläche mit Aufwendungen verbunden, die offensichtlich unverhältnismäßig sind, so kann ggf. übergangsweise bis zu einem wesentlichen Umbau davon abgewichen werden, wenn ergänzende Maßnahmen ergriffen werden. Eine solche Maßnahme kann z. B. die Verringerung der Gleichzeitigkeit der Nutzung sein. Eine minimale Bewegungsfläche von 350 × 600 mm pro Waschplatz darf aber auch dabei nicht unterschritten werden.[3]

Duschplätze müssen eine Mindestgrundfläche von 1 m^2 haben, wobei das Mindestmaß einer Seite 900 mm nicht unterschreiten darf.[4]

2.4 Anzahl von Wasch- und Duschplätzen

Die erforderliche Anzahl von Wasch- und Duschplätzen ist nach den Angaben in Abschn. 6.2 Abs. 2 ASR A4.1 zu bestimmen. Dabei spielen folgende Kriterien eine Rolle:

- die ausgeübten Tätigkeiten entsprechend der Kategorisierung (A, B, C) gemäß Abschn. 6.1 ASR A4.1;
- die Gleichzeitigkeit der Nutzung: Bei niedriger Gleichzeitigkeit nutzen die Beschäftigten die Waschräume zu unterschiedlichen Zeiten, bei hoher Gleichzeitigkeit suchen die Beschäftigten prinzipiell Waschräume gemeinsam auf, z. B. an den Schichtenden;
- die Anzahl der Beschäftigten, die die Waschräume aufsuchen.

1 Abschn. 4 Abs. 2 ASR A4.1.

2 Abb. 5 in Abschn. 6.3 ASR A4.1.

3 Abschn. 6.3 Abs. 1 ASR A4.1.

4 Abschn. 6.3 Abs. 3 ASR A4.1.

Die entsprechenden Parameter finden sich in 3 Tabellen in Abschn. 6.2 ASR A4.1, aus denen sich die Anzahl von Wasch- und Duschplätzen ablesen lässt. Für die Kategorie A (mäßig schmutzende Tätigkeiten) sind dabei Duschplätze nicht erforderlich. Die zu ermittelnden Werte reichen dabei von 1 Waschplatz für bis zu 5 Personen bei mäßig schmutzender Tätigkeit und geringer Gleichzeitigkeit bis hin zu 20 Wasch- und 20 Duschplätzen für 100 Beschäftigte bei sehr stark schmutzenden oder anders belastenden Tätigkeiten bzw. bei hoher Gleichzeitigkeit.

Praxis-Beispiel: Anzahl von Wasch- und Duschplätzen richtig planen

Angesichts der eher geringen Akzeptanz von Wasch- und Duschmöglichkeiten in Betrieben erscheinen die Zahlen in der Praxis u.U. sehr hoch. Tatsächlich darf aber die in Abschn. 6.2 ASR A4.1 angegebene Mindestanzahl nicht unterschritten werden. Umso mehr Bedeutung kommt der Bestimmung der Kategorie (A, B oder C) zu.

Eine Unterschreitung der Mindestzahl wird nur als Übergangslösung in bestehenden Arbeitsstätten zugestanden, wenn die Bereitstellung der geforderten Anzahl von Wasch- und Duschplätzen mit Aufwendungen verbunden ist, die offensichtlich unverhältnismäßig sind und geeignete ergänzende Maßnahmen ergriffen werden. Das kann z.B. die Verminderung der Gleichzeitigkeit der Nutzung sein. Selbst dabei gilt aber die Mindestanzahl von Wasch- und Duschplätzen bei geringer Gleichzeitigkeit als Minimalanforderung.

2.5 Ausführung

Trennwände, Türen und Fenster von Waschräumen müssen so angeordnet oder beschaffen sein, dass eine Einsicht von außen nicht möglich ist.

In Waschräumen mit mehreren Duschen sollen Einzelduschen mit Sichtschutz einer halboffenen bzw. offenen Ausführung des Duschbereiches vorgezogen werden.

Bauliche Einrichtungen (wie auch Ausstattungen) in Waschräumen müssen so gestaltet und ausgeführt sein, dass Sicherheit und Gesundheit der Beschäftigten (z.B. durch Schnitt- oder Stoßkanten oder durch die Möglichkeit zur Ansammlung von Krankheitserregern) nicht gefährdet werden.[1] Insbesondere müssen Fußböden und Wände in Duschräumen leicht zu reinigen und zu desinfizieren sein (d.h. flüssigkeitsbeständig, eben, ohne offene Fugen). Fußböden müssen auch im feuchten Zustand rutschhemmend sein.[2]

Vorhandene Bodeneinläufe müssen mit einem Geruchsverschluss ausgestattet sein, der so angeschlossen sein sollte, dass das Sperrwasser fortlaufend ausgetauscht wird. Falls das nicht der Fall ist, muss zusätzlich in der Nähe ein Auslaufventil (Wasserzapfstelle) vorhanden sein, um regelmäßig Sperrwasser nachfüllen oder umspülen zu können.[3]

2.6 Beleuchtung

Die → *Beleuchtung* der Waschräume richtet sich nach den Anforderungen der ASR A3.4 „Beleuchtung und Sichtverbindung" und sieht als Mindestwert für die Beleuchtungsstärke 200 lx und für die Farbwiedergabe den Index Ra = 80 vor.[4] Wird eine Spiegelbeleuchtung eingesetzt, soll die vertikale Mindestbeleuchtungsstärke 500 lx betragen.

1 Abschn. 4 Abs. 10 ASR A4.1.

2 Siehe dazu auch ASR A1.5/1,2 „Fußböden" und DGUV-I 207-006 „Bodenbeläge für nassbelastete Barfußbereiche".

3 Abschn. 4 Abs. 9 ASR A4.1.

4 Anhang 1 ASR A3.4.

2.7 Raumklima

Die Lufttemperatur in Sanitärräumen ist in Abschn. 4.2 ASR A3.5 „Raumtemperatur" geregelt (i. d. R. 21 °C, die durch vom Benutzer ausgelöste Lüftungsvorgänge kurzzeitig unterschritten werden dürfen, in Räumen mit Duschen 24 °C). Vorhandene Heizeinrichtungen müssen dabei so angeordnet, beschaffen oder abgeschirmt sein, dass die Beschäftigten vor der Berührung von zu heißen Oberflächen geschützt sind.

Die Lüftung ist in Abhängigkeit von der Nutzungsintensität so zu gestalten, dass sie hinreichend wirksam ist. Bei freier Lüftung (Fensterlüftung) sind die in **Tab. 1** dargestellten Mindestquerschnitte entsprechend der ASR A3.6 „Lüftung" einzuhalten.

Lüftungssystem	**Freier Querschnitt der Lüftungsöffnung/en [m^2/m^2 Grundfläche]**
einseitige Lüftung	0,04
Querlüftung, d. h. Lüftungsöffnungen in gegenüberliegenden Außenwänden oder in einer Außenwand und der Deckenfläche	0,024
	Die angegebenen Flächen sind die Summe aus Zuluft- und Abluftfläche und gelten nicht für kombinierte Sanitärräume (s. o.)

Tab. 1: Mindestquerschnitte von Lüftungsöffnungen

Lüftungstechnische Anlagen (für maschinelle Lüftung) sind so auszulegen, dass ein Abluftvolumenstrom von 11 m^3/hm^2 erreicht wird.

Um Feuchtigkeit wirksam abführen zu können, wird eine mechanische Entlüftung empfohlen, v. a. bei Waschräumen mit Duschen. Dabei ist eine darauf abgestimmte Zuluftmenge zu gewährleisten und darauf zu achten, dass während der Nutzung keine Zugluft auftritt.[1]

3 Ausstattung

In Waschräumen müssen an Wasch- und Duschplätzen fließendes warmes und kaltes Wasser in Trinkwasserqualität, Seifenablage und Handtuchhalter zur Verfügung stehen. Zusätzlich soll an Duschplätzen ein Haltegriff angebracht sein. Die Temperatur von vorgemischtem Wasser soll während der Nutzungszeit +43 °C nicht überschreiten.[2]

Das Schmutzwasser muss schnell und auf dem kürzesten Weg abfließen können, ohne dabei über einen weiteren Wasch- oder Duschplatz zu laufen.[3]

Wenn notwendig sind Einrichtungen zum Trocknen der Handtücher sowie Vorrichtungen zur Haartrocknung vorzusehen.[4]

In der Nähe der Waschplätze sind zum Trocknen der Hände z. B. Einmalhandtücher, Textilhandtuchautomaten oder Warmlufttrockner zur Verfügung zu stellen.[5]

Zusätzlich sollen sich in Waschräumen Abfallbehälter und Kleiderhaken befinden. In Duschanlagen ohne direkten Zugang zum Umkleideraum sind Kleiderablagen im Trockenbereich vorzusehen.

---

1 Siehe dazu ASR A3.6 „Lüftung".

2 Abschn. 6.4 Abs. 1 ASR A4.1.

3 Abschn. 6.4 Abs. 2 ASR A4.1.

4 Abschn. 6.4 Abs. 3 ASR A4.1.

5 Abschn. 6.4 Abs. 4 ASR A4.1.

Vor Waschräumen muss, wenn nötig (z. B. bei stark schmutzender Tätigkeit), eine geeignete Einrichtung zur Reinigung des Schuhwerkes (z. B. Gitterroste, Fußmatten, Schuhreinigungsanlagen) vorhanden sein.

Waschplätze außerhalb von Waschräumen müssen mit Mitteln zum Reinigen (z. B. Seife in Seifenspendern) und hygienischen Trocknen der Hände ausgestattet sein.

Praxis-Beispiel: Hautschutzplan

Wenn die Art der Tätigkeit es erfordert, müssen die nach Hautschutzplan abgestimmten Produkte zum → *Hautschutz*, zum Reinigen/Desinfizieren sowie zur Hautpflege am Waschplatz vorhanden sein.

Praxis-Beispiel: Keine andere Nutzung

In Waschräumen dürfen keine Gegenstände oder Arbeitsstoffe (insbesondere keine → *Gefahrstoffe*) aufbewahrt werden, die nicht zur zweckentsprechenden Einrichtung dieser Räume gehören.

4 Reinigung

Waschräume müssen entsprechend der Häufigkeit der Nutzung gereinigt und bei Bedarf desinfiziert werden. Bei täglicher Nutzung soll täglich gereinigt werden. Dazu wird in der ASR A4.1 ausdrücklich ein Reinigungsplan im Waschraum mit kontinuierlicher Abzeichnungspflicht durch das verantwortliche Reinigungspersonal empfohlen.[1]

Praxis-Beispiel: Desinfektionsmaßnahmen nur gezielt

Desinfizierende Maßnahmen in Waschräumen sind vor allem zur Fußpilz- und Warzenprophylaxe vorgesehen und müssen sachgerecht umgesetzt werden. In Arbeitsbereichen mit besonderen Gefährdungen (Umgang mit → *biologischen Arbeitsstoffen* bzw. Lebensmitteln) sind ggf. zusätzliche Anforderungen entsprechend den geltenden TRBA zu berücksichtigen.

Praxis-Beispiel: Abweichende Anforderungen an Waschräume auf Baustellen

Werden von einem Arbeitgeber auf einer Baustelle mehr als 10 Beschäftigte länger als 2 zusammenhängende Wochen gleichzeitig beschäftigt, müssen Waschräume zur Verfügung stehen, für die aber z. T. abweichende Anforderungen gelten.[2]

Cornelia von Quistorp

Wegeunfall

Der Wegeunfall ist in der gesetzlichen Unfallversicherung eine Form des Arbeitsunfalls. Wegeunfälle sind Unfälle auf dem Weg von oder zu dem Ort der versicherten Tätigkeit, also typischerweise zwischen der Wohnung und der Arbeitsstätte. Versichert sind auch Wege abseits der direkten Strecke, wenn Kinder wegen der beruflichen Tätigkeit der Eltern zur Kinderbetreuung gebracht werden. Ferner sind Umwege im Rahmen von Fahrgemeinschaften versichert.

Das SGB VII definiert die Wege nach und von dem Ort der gesetzlich unfallversicherten Tätigkeit bereits als eine versicherte Tätigkeit. Deshalb handelt es sich bei Unfällen während eines solchen Weges um Arbeitsunfälle.

Gesetze, Vorschriften und Rechtsprechung

Sozialversicherung: Der Arbeitsunfall ist in § 8 Abs. 1 Satz 1 SGB VII definiert.

Für das Arbeitsrecht ist der Wegeunfall eines Arbeitnehmers insoweit von Bedeutung, als es um die Haftung des Arbeitgebers und von Arbeitskollegen für Personenschäden eines verletzten Arbeitnehmers geht.

Zu den Schäden am eigenen Kraftfahrzeug des Arbeitnehmers bei Dienstfahrt s. Auslagenersatz.

---

1 Abschn. 6.1 Abs. 8 ASR A4.1.

2 Siehe dazu Abschn. 8 ASR A4.1.

1 Versicherungsschutz

Der Versicherungsschutz in der → *Unfallversicherung* gilt auch für Wegeunfälle. Wer auf dem Weg zur oder von der Arbeit verunglückt und dabei einenn Körperschaden erleidet, hat Anspruch auf Leistungen aus der gesetzlichen Unfallversicherung.

Der Versicherungsschutz für → *Arbeitsunfälle* existiert für

- den „normalen" Wegeunfall,
- den Wegeunfall in Verbindung mit der Unterbringung von Kindern wegen Berufstätigkeit,
- den Wegeunfall bei Fahrgemeinschaften,
- den Wegeunfall beim Aufsuchen der Familienwohnung und
- Unfälle beim Umgang mit Arbeitsgeräten außerhalb des betrieblichen Bereichs.

Der Unfall auf dem Weg zur Arbeit muss in engem zeitlichen und inneren Zusammenhang mit der versicherten Tätigkeit stehen. Versichert sind alle Tätigkeiten, für die Unfallversicherungsschutz

- kraft Gesetzes,
- kraft Satzung oder
- aufgrund einer freiwilligen Versicherung

besteht.

Verbotswidriges Handeln schließt die Annahme eines Wegeunfalls nicht aus.[1] Der Unfallversicherungsschutz auf dem Weg zur Arbeitsstelle wird nicht dadurch ausgeschlossen, dass der Arbeitnehmer aufgrund seiner Fahrweise wegen vorsätzlicher Straßenverkehrsgefährdung bestraft wird, auch wenn der Unfall auf dieser Verhaltensweise beruht.[2]

2 Weg

Versichert ist stets der unmittelbare Weg von der Wohnung zum Ort der Tätigkeit. Der unmittelbare Weg muss nicht der kürzeste, der direkte Weg sein. Es muss sich um einen Weg handeln, der in unmittelbarem Zusammenhang mit der Tätigkeit steht und durch sie veranlasst worden ist. Versichert ist in der Regel der Weg, der nach den Vorstellungen des Versicherten unter Berücksichtigung des benutzten Verkehrsmittels der günstigste Weg oder auch der sicherste Weg ist.

Grundsätzlich ist es für den Unfallversicherungsschutz nicht von Bedeutung, ob der Weg zur und von der Arbeitsstätte mit einem Verkehrsmittel zurückgelegt wird. Es ist auch unwichtig, ob dieses Verkehrsmittel für die gesamte Wegstrecke benützt wird.

Voraussetzung für die Anerkennung eines Unfalls als Wegeunfall ist immer, dass der Versicherte mit der Zurücklegung des Weges keine andere Absicht verfolgt, als nach Hause bzw. zur Arbeitsstätte zu gelangen.

Versichert ist nicht nur der Weg von oder zur Arbeit, sondern überhaupt jeder Weg von oder zu einer versicherten Tätigkeit. Deshalb sind auch Wege vom oder zum Spenden von Blut, Organen oder Gewebe unfallversichert. Das gilt z. B. auch für den Weg zu oder von der Ausübung eines Ehrenamtes, der Weg zu oder von der Schule oder zum bzw. vom Kindergarten.

2.1 Beginn

Der Weg zur versicherten Tätigkeit beginnt mit dem Verlassen der Wohnung, bei Mehrfamilienhäusern unmittelbar nach dem Verlassen des Hauses. Unfälle auf dem Weg zur Arbeit, die sich vor dem Durchschreiten der Haustür ereignen, sind nicht versichert, weil sie dem privaten Bereich zuzuordnen sind. Zum versicherten Weg gehört damit auch das Aufsuchen einer Garage, die nicht ohne Verlassen des Wohnhauses zu erreichen ist. Der Weg endet mit dem Erreichen der Arbeitsstätte, d.h. mit dem Betreten des Betriebsgeländes. Wird die versicherte Tätigkeit nicht von der Wohnung, sondern von

---

1 § 7 Abs. 2 SGB VII.

2 BSG, Urteil v. 4.6.2002, B 2 U 11/01 R.

einem anderen Ort aufgesucht, ist der Weg zur Arbeit nur dann versichert, wenn der Aufenthalt an diesem Ort im Wesentlichen nicht eigenwirtschaftlichen Interessen diente, somit im Vordergrund stand, die versicherte Tätigkeit von diesem Ort aus aufzunehmen.

2.2 Unterbrechung

Eine Unterbrechung des Weges ist als geringfügig anzusehen, wenn sie auf einer Verrichtung beruht, die ohne nennenswerte zeitliche Verzögerung „im Vorbeigehen" oder „ganz nebenher" zu erledigen ist. Das ist nicht der Fall, wenn der öffentliche Verkehrsraum der zur Arbeitsstätte führenden Straße verlassen wird.

In einer Entscheidung des BSG[1] ging es um eine Arbeitnehmerin, die sich auf dem Weg zu ihrer Arbeitsstelle befand und dabei eine Brotzeit kaufte. Der Kauf fand vor dem Fahrantritt statt. Sie ging zu ihrem PKW zurück, den sie für die Fahrt zur Arbeit benutzen wollte. Auf diesem Weg rutschte sie bei Glatteis aus und zog sich eine Fraktur des rechten Schien- und Wadenbeines zu. Das BSG stellte fest, dass ein Arbeitsunfall nicht vorlag. Nach seiner Ansicht änderte daran auch der Umstand nichts, dass sich der Unfall nur wenige Meter neben dem Bürgersteig ereignet habe. Trotzdem – so das BSG – lag eine Unterbrechung des Wegs zum Betrieb vor und der Unfall ereignete sich während der Unterbrechung auf dem Abweg und nicht auf dem „normalen" Weg zum Betrieb.

Eine Unterbrechung des Weges tritt nicht ein, wenn lediglich die Straßenseite gewechselt und deshalb die Fahrbahn überquert wird. Es kommt hier der von der Rechtsprechung entwickelte Grundsatz zum Ausdruck, dass nur eine bedeutsame Unterbrechung den Zusammenhang zwischen der versicherten Tätigkeit und dem betreffenden Weg löst. Die Rechtsprechung sieht deshalb den Unfallversicherungsschutz während betriebsfremder Tätigkeit, die zeitlich und räumlich nur einen geringen Bewegungsaufwand erfordern, als erhalten an.

Damit der Versicherungsschutz nach einem Abweg wieder aufleben kann, ist es erforderlich, dass der Versicherte den öffentlichen Verkehrsraum, in dem er sich bei der Zurücklegung des Weges zu oder von dem Ort der Tätigkeit bewegte, wieder erreicht hat. An einer solchen Stelle beginnt im Übrigen auch die Unterbrechung.

Das Aufsuchen eines Hausarztes auf dem Weg zur Arbeit stellt eine eigenwirtschaftliche und damit unversicherte Tätigkeit dar.[2]

2.3 Um-/Abwege

Bei Umwegen oder Abwegen vom Arbeitsweg oder Unterbrechungen des Arbeitsweges ist die Versicherung des weiteren Weges grundsätzlich ausgeschlossen. Wird allerdings ein Umweg eingeschlagen, um eine bessere Wegstrecke oder eine schnellere befahrbare oder weniger verkehrsreiche Straße zu benutzen, besteht Versicherungsschutz.

Wird der Weg zu oder vom Betrieb unterbrochen, ist lediglich für den Abweg Versicherungsschutz nicht gegeben. Nach der Unterbrechung kann Versicherungsschutz wieder eintreten, wenn der Versicherte wieder den „üblichen" Weg erreicht hat. Allgemein wird davon ausgegangen, dass bei einer Unterbrechung des Heimweges von mehr als 2 Stunden die Verbindung zum Betrieb gelöst worden ist. In einem solchen Fall kommt es auch nach Rückkehr zum „üblichen" Weg nicht zu einem Aufleben des Versicherungsschutzes.

Weicht ein Arbeitnehmer bei der Fahrt zur Arbeit vom eigentlich notwendigen Weg ab, um Brötchen für eine Brotzeit zu kaufen, steht er nicht unter Unfallversicherungsschutz. Das gilt selbst dann, wenn es zu dem beabsichtigten Einkaufs wegen eines großen Kundenandrangs nicht kommt und sich auf dem Weg zurück zum eigentlichen Weg ein Unfall ereignet.[3]

---

1 BSG, Urteil v. 2.12.2008, B 2 U 15/07 R.

2 BSG, Urteil v. 5.7.2016, B 2 U 16/14 R.

3 BSG, Urteil v. 31.8.2017, B 2 U 1/16 R.

2.4 Versicherungsschutz von Kindern

Unter Versicherungsschutz stehen auch Kinder auf einem Abweg von dem unmittelbaren Weg zur versicherten „Tätigkeit" (z.B. Kindergarten- oder Schulbesuch), wenn sie wegen der beruflichen Tätigkeit der Eltern/des Lebenspartners in fremde Obhut gegeben werden müssen.

Längere Unterbrechungen des Arbeitsweges aus privaten Gründen oder größere Umwege oder Abwege führen dazu, dass der Zusammenhang zwischen dem Weg und der versicherten Tätigkeit gelöst wird, sofern nicht Ausnahmen (erforderliche Kinderbetreuung, Fahrgemeinschaft) vorliegen. Ob bei einem Wegeunfall noch ein innerer Zusammenhang zwischen der versicherten Tätigkeit und dem weiteren regulären Arbeitsweg vorliegt, wenn es zu Unterbrechungen, Um- und Abwegen kam, hängt entscheidend von den Umständen des Einzelfalls ab. Unterbrechungen von mehr als 2 Stunden aus eigenwirtschaftlicher Veranlassung beenden den Versicherungsschutz für den noch verbleibenden Weg von der versicherten Tätigkeit.

2.5 Familienheimfahrten

Hat ein Versicherter wegen der räumlichen Entfernung seiner Familienwohnung zum Ort der Tätigkeit an diesem oder in dessen Nähe eine Unterkunft, stehen Familienheimfahrten, auch in das Ausland, unter Unfallversicherungsschutz. Familienwohnung ist die Wohnung, die den ständigen Mittelpunkt der Lebensverhältnisse des Versicherten bildet. Familienwohnung ist auch die Wohnung des Lebensgefährten, wenn der Versicherte dort seinen Lebensmittelpunkt hat.

2.6 Verletzung bei Reparatur eines Beförderungsmittels

In der Praxis kommt es immer wieder vor, dass sich Arbeitnehmer bei der Wiederherstellung der Betriebsfähigkeit ihres Beförderungsmittels (z.B. privateigener PKW) verletzen. Hier bleibt der Versicherungsschutz erhalten, wenn die Reparatur unvorhergesehen während des Zurücklegens eines Weges zu oder vom Betrieb erforderlich wird.

Der Versicherungsschutz erlischt auch dann nicht, wenn der Versicherte wieder in seinen häuslichen Bereich (z.B. Garage) zurückkehrt, um dort die Reparaturarbeiten auszuführen. Dies gilt insbesondere dann, wenn Wetter- oder Straßenverhältnisse eine Reparatur im Freien nicht zulassen und der Weg zurück relativ kurz ist.

2.7 Dritter Ort

Das BSG[1] beschäftigte sich am 12.5.2009 mit dem Fall eines Arbeitnehmers, der als Nachtschichtler tätig war. Er hatte seine Nachtschicht beendet und war anschließend in die gemeinsam mit der Ehefrau bewohnte Wohnung gefahren. Dort hatte er sich geduscht und gefrühstückt und war nach weniger als einer Stunde weiter zur knapp 30 km entfernt liegenden Wohnung seines Bruders gefahren, um dort zu schlafen. In seiner eigenen Wohnung konnte er tagsüber nicht schlafen, weil er dort Bauarbeiten durchführen ließ. Auf dem Weg zum Bruder erlitt er einen Verkehrsunfall, an dessen Folgen er kurze Zeit darauf starb. Das BSG verneinte das Vorliegen eines Arbeitsunfalls. Der Verunglückte hatte keine in der gesetzlichen Unfallversicherung versicherte Tätigkeit verrichtet, als es zu dem Verkehrsunfall kam. Deshalb hatte er dadurch keinen Versicherungsfall im Sinne des Unfallversicherungsrechts erlitten. Das Zurücklegen des Weges zur Wohnung des Bruders war nicht nach § 8 Abs. 2 Nr. 1 SGB VII (Wegeunfall) versichert. Der mit seiner versicherten Tätigkeit zusammenhängende unmittelbare Weg von dem Ort der Tätigkeit war mit seiner Ankunft in der von ihm und seiner Ehefrau bewohnten Wohnung beendet. Der später Verunglückte hätte zwar die Wohnung des Bruders als „Dritten Ort" zum Endpunkt seines Heimweges bestimmen können, dann aber nicht zuvor seine eigene Wohnung aufsuchen dürfen.

1 BSG, Urteil v. 12.5.2009, B 2 U 11/08 R.

Endpunkt des Heimweges kann nach Auffassung des BSG nur entweder die Wohnung (oder Familienwohnung) oder der „Dritte Ort“ sein. Die eigene Wohnung kann nicht als „Zwischenort“ für eine Unterbrechung des Heimweges bestimmt werden. Wird sie erreicht, ist der versicherte Heimweg beendet.

2.8 Gemischte Tätigkeit

In Zusammenhang mit Wegeunfällen wird auch der Begriff der „gemischten Tätigkeit“ verwendet. Dabei geht es um Tätigkeiten, die sowohl den Interessen des Unternehmens als auch privaten Interessen des Versicherten dienen. Tätigkeiten dieser Art lassen sich nicht eindeutig in einem unternehmensbedingten und einen unternehmensfremden Teil zerlegen.

Dienen solche Tätigkeiten (insbesondere Besorgungen) dem Unternehmen zwar nicht überwiegend aber doch wesentlich, so ist der Versicherungsschutz gegeben. Allerdings stellt z.B. das Einwerfen von Geschäftspost in den Briefkasten während des Abendspazierganges lediglich einen unwesentlichen Nebenzweck des privaten Handelns dar und begründet deshalb keinen Unfallversicherungsschutz.

2.9 Fahrgemeinschaft

Ein Abweichen vom unmittelbaren Weg ist unschädlich und steht damit unter Versicherungsschutz, wenn Grund dafür ist, dass der Versicherte mit anderen berufstätigen oder versicherten Personen eine Fahrgemeinschaft bildet.

2.10 Weg zum Betrieb aufgrund arbeitsvertraglicher Pflichten

Unfallversicherungsschutz kann auch in Fällen bestehen, in denen der Betrieb nicht zum Zwecke der Verrichtung der Arbeit aufgesucht wird. Vielmehr ist ein Weg zum Betrieb der Tätigkeit zuzurechnen, wenn der Arbeitnehmer den Betrieb aufsucht, um arbeitsvertragliche Pflichten zu erfüllen.

In einem Urteil nennt das BSG[1] als Beispiele die Anzeige und den Nachweis der Arbeitsunfähigkeit. Es führt ferner an, dass ein Versicherungsschutz dann besteht, wenn die Fahrt zum Betrieb unternommen wird, um eine drohende Kündigung des Arbeitsverhältnisses abzuwenden bzw. gegen sie beim Betriebsrat Einspruch zu erheben.

Versicherungsschutz besteht demnach auch dann, wenn der Weg zum Personalbüro, also nicht etwa zum Produktionsbereich, in dem der Betreffende beschäftigt ist, führt. Voraussetzung ist aber, dass die Fahrt nicht nur den eigenen Interessen des Arbeitnehmers, sondern auch den Interessen des Unternehmens dient. Letzteres kann (z.B.) vorliegen, wenn die Fahrt wegen der Behebung von Unklarheiten über die Art der Beschäftigung oder die Höhe der Vergütung erfolgt.

3 Ausnahmen vom Versicherungsschutz

Kein Versicherungsschutz besteht für den Arbeitsweg, wenn der Versicherte wegen Konsums von Alkohol, Drogen oder Medikamenten fahruntüchtig ist und die Fahruntüchtigkeit die allein wesentliche Unfallursache ist. Das BSG[2] hat in diesem Zusammenhang festgestellt, dass die Wegeunfallversicherung nicht gegen Gefahren schützt, die sich erst und allein aus einem Alkoholkonsum ergeben. Im zu entscheidenden Fall lag eine Blutalkoholkonzentration von 2,2 Promille vor.

Auch ohne Alkohol- oder Drogeneinfluss gilt: Lässt sich nicht feststellen, welche konkrete Verrichtung mit welcher Handlungstendenz der Verletze im Moment des Unfalls ausübt, liegt kein Arbeits- und damit auch kein Wegeunfall vor.[3]

---

1 BSG, Urteil v. 23.10.1970, 2 RU 162/68.

2 BSG, Urteil v. 13.11.2012, B 2 U 19/11 R.

3 BSG, Urteil v. 17.12.2015, B 2 U 8/14 R.

Fahruntüchtigkeit kann i.Ü. auch bei einer Blutalkoholkonzentration von weniger als 0,8 Promille gegeben sein, wenn dafür entsprechende beweiskräftige Indizien bestehen. Allerdings genügt nach der Rechtsprechung die Wahrscheinlichkeit für das Vorliegen alkoholbedingter Verkehrsuntüchtigkeit nicht, um den Versicherungsschutz auszuschließen.

Auch ein Fußgänger kann infolge Alkoholgenuss verkehrsuntüchtig sein. Das gilt auch bei anderen Verkehrsteilnehmern, wie z.B. Radfahrern und bei Mofafahrern.

4 Sonderfälle

Tanken vor oder bei Antritt des Wegs zur Arbeitsstelle ist grundsätzlich eigenwirtschaftlich und vom Unfallversicherungsschutz ausgeschlossen. Eine andere rechtliche Beurteilung ist allerdings dann gerechtfertigt, wenn das Nachtanken während der Fahrt unvorhergesehen notwendig wird, damit die restliche Wegstrecke zurückgelegt werden kann.[1]

Unfälle auf dem Weg zur und von der Agentur für Arbeit in Erfüllung der Meldepflicht sowie zu und von einer anderen Stelle (Vorstellung bei einem Arbeitgeber, Untersuchung) auf Veranlassung der Arbeitsagentur sind keine Wegeunfälle, sondern Unfälle bei einer versicherten Tätigkeit (Arbeitsunfall).

Versicherungsschutz besteht auch für Unfälle, die beim Umgang mit Arbeitsgeräten (z.B. beim Verwahren, Instandhalten, Erneuern) oder bei der Erstbeschaffung solcher „Geräte" (z.B. Maschinen, Werkzeuge, auch Schulbücher für neue Unterrichtsfächer) geschehen.

Will eine Versicherte auf dem Weg von ihrer Arbeitsstelle nach Hause einen Brief einwerfen, handelt es sich um eine private Verrichtung und keinen Wegeunfall. Der Unfall ereignete sich, als die Frau beim Aussteigen aus ihrem Kraftfahrzeug, um den Brief einzuwerfen, stürzte, während sie sich mit der rechten Hand noch am Lenkrad festhielt. Das Fahrzeug rollte dabei über ihren linken Fuß.[2]

Eine Arbeitnehmerin, die auf dem Weg zu ihrem „Homeoffice" auf einer Stufe stürzt und sich dabei verletzt, hat einen Arbeitsunfall erlitten.[3]

Eine Hauswirtschafterin, die nach dem Urlaub zuerst den bei ihren Eltern deponierten Schlüssel für ihre Arbeitsstätte holt und sich dabei verletzt (Sturz auf einer Treppenstufe) hat einen Arbeitsunfall erlitten. Da die Arbeitnehmerin direkt nach Abholen des Schlüssels für ihren Arbeitnehmer zum Einkaufen fahren wollte, hat sie allerdings keinen Wegeunfall, sondern einen Unfall auf einem Betriebsweg, also einen Betriebsunfall (Arbeitsunfall) erlitten.[4]

Übernachtet ein Arbeitnehmer in der Wohnung seiner Freundin und tritt von dort aus den Weg zu seiner Arbeitsstelle an und verunglückt bei dieser Fahrt, liegt ein versicherter Wegeunfall vor.[5] Tritt ein Arbeitnehmer die Fahrt zur Arbeitsstätte von der Wohnung eines Freundes aus an und erleidet dabei einen Verkehrsunfall, so liegt ein versicherter Wegeunfall vor.[6]

5 Unfallanzeige

Auch Wegeunfälle sind dem zuständigen Unfallversicherungsträger durch den Arbeitgeber in Form einer Unfallanzeige zu melden. Im Gegensatz zu reinen Betriebsunfällen wirken sich Wegeunfälle aber nicht auf die Höhe der vom Unternehmen zu zahlenden Unfallversicherungsbeiträge aus.

Das Bundesministerium für Gesundheit ist ermächtigt, Einzelheiten der Unfallanzeige durch Rentenverordnung zu regeln. Zurzeit gilt die Verordnung (UVAV) vom 22.12.2016.

---

1 BSG, Urteil v. 30.1.1968, 2 RU 51/65.

2 BSG, Urteil v. 7.5.2019, B 2 U 31/17 R.

3 BSG, Urteil v. 27.11.2018, B 2 U 28/17 R.

4 BSG, Urteil v. 27.11.2018, B 2 U 7/17 R.

5 BSG, Urteil v. 30.1.2020, B 2 U 2/18 R.

6 BSG, Urteil v. 30.1.2020, B 2 U 29/19 R.

Werkzeugmaschinen

Werkzeugmaschinen sind kraftbetätigte Maschinen zur Kaltbearbeitung von Metall.

Beispiele für Werkzeugmaschinen sind:

- hydraulische, pneumatische und mechanische Pressen,
- Dreh-, Bohr- und Fräsmaschinen,
- Bearbeitungszentren,
- Schleifmaschinen,
- Tafelscheren,
- Gesenkbiegepressen,
- Funkenerodiermaschinen.

Gesetze, Vorschriften und Rechtsprechung

Für die Beschaffenheit von Werkzeugmaschinen gelten die Anforderungen des Anhang I der Maschinenrichtlinie 2006/42/EG. Für den sicheren Betrieb von Werkzeugmaschinen sind außerdem die Betriebssicherheitsverordnung (BetrSichV) und die Technischen Regeln für Betriebssicherheit (TRBS) zu beachten.

Die erhaltenswerten Bestandteile der alten Unfallverhütungsvorschriften wurden in der DGUV-R 100-500 „Betreiben von Arbeitsmitteln“ zusammengefasst, z.B. für Pressen (Kap. 2.3), für Schleifmaschinen (Kap. 2.19) und für Maschinen der Metallbearbeitung (Kap. 2.20). Sie enthalten Vorgaben für den sicheren Betrieb, jedoch keine Beschaffenheitsanforderungen.

Konkrete Hilfestellungen zu Fragestellungen für den sicheren Betrieb von Werkzeugmaschinen enthalten:

- DGUV-I 209-024 „Minimalmengenschmierung in der spannenden Fertigung“
- DGUV-I 209-026 „Brand- und Explosionsschutz an Werkzeugmaschinen“
- DGUV-I 209-030 „Pressenprüfung“
- DGUV-I 209-066 „Maschinen der Zerspannung“

1 Beschaffenheitsanforderungen

Werkzeugmaschinen fallen unter die Definition der EG-Maschinen-Richtlinie. Daher gelten für sie die grundsätzlichen Sicherheitsanforderungen in Anhang I 2006/42/EG. Neben den grundlegenden europäisch harmonisierten Normen zur Sicherheit von → *Maschinen* sind in einer Reihe sogenannter C-Normen zum Teil sehr detaillierte Sicherheitsanforderungen an bestimmte Arten von Werkzeugmaschinen enthalten.

> **Praxis-Beispiel: Geltende Normen**
>
> Die aktuell gültige Normenliste für Maschinen finden Sie unter http://eur-lex.europa.eu/de/index.htm.

Werkzeugmaschinen, die vor dem 1.1.1993 hergestellt wurden, unterlagen den damals gültigen nationalen Beschaffenheitsanforderungen (z.B. Unfallverhütungsvorschriften). Zwischen 1.1.1993 und 31.12.1994 hatten die Hersteller die Wahl, die nationalen Unfallverhütungsvorschriften oder die grundsätzlichen Anforderungen der damals bereits gültigen europäischen Maschinen-Richtlinie 89/392/EWG zu berücksichtigen. Seit 1995 waren bei der Herstellung und beim Inverkehrbringen von Werkzeugmaschinen die Anforderungen aus 89/392/EWG verbindlich.

2 Gefährdungsarten

2.1 Mechanische Gefährdungen

An Werkzeugmaschinen bestehen hohe mechanische Gefährdungen durch Einklemmen, Quetschen und Erfasstwerden aufgrund

- der teilweise hohen Geschwindigkeiten von Spindeln und
- hoher Kräfte von Achsbewegungen (z.B. bei automatischen Werkzeugwechslern).

Die Hersteller sind gehalten, diese Gefährdungen durch ein Sicherheitskonzept mit darauf abgestimmten technischen Schutzmaßnahmen ausreichend zu minimieren. Das wird z.B. durch eine Auswahl von trennenden und nicht trennenden → *Schutzeinrichtungen* (Hardware) erreicht, die z.T. über eine sicherheitsgerichtete Maschinensteuerung (Software) gesteuert werden.

Praxis-Beispiel: Unfallgeschehen

Es kommt immer wieder zu schweren Unfällen an Werkzeugmaschinen, wenn vorhandene Schutzeinrichtungen beim Betrieb nicht funktionsfähig sind, sei es durch Fehlfunktionen (Herstellerverantwortung) oder aber – wesentlich häufiger – durch Manipulation von Schutzeinrichtungen (Betreiberverantwortung).[1]

2.2 Sonderfall: Schutzscheiben an Werkzeugmaschinen

In Werkzeugmaschinen werden technologisch bedingt häufig → *Kühlschmierstoffe (KSS)* eingesetzt. Außerdem werden zum Reinigen von Werkzeugmaschinen auch häufig Lösemittel verwendet. Bei älteren Werkzeugmaschinen besteht das Schutzscheibenmaterial von beweglichen trennenden → *Schutzeinrichtungen* zuweilen noch aus Plexi- oder Acrylglas. Diese Materialien neigen nach einer gewissen Einwirkdauer von KSS oder lösemittelhaltigen Reinigungsmitteln zum Verspröden und sind dann in ihrem Rückhaltevermögen stark eingeschränkt. Untersuchungen ergaben, dass nach einer Verwendungsdauer von 5 Jahren das Rückhaltevermögen um bis zu 70 % vermindert sein kann.

Daher sollte im Rahmen einer → *Gefährdungsbeurteilung* ermittelt werden, ob Schutzscheiben ggf. rechtzeitig gegen moderne Polycarbonatscheiben ausgewechselt werden müssen.[2]

2.3 Einrichtbetrieb

Im Einrichtbetrieb besteht die Möglichkeit, Werkzeugmaschinen ohne trennende bzw. nicht trennende → *Schutzeinrichtungen* zu betreiben. Der Einrichter bzw. der Bediener ist in dieser Betriebsart nicht gegen wegfliegende Werkstücke bzw. Werkzeuge geschützt. Daher sind in dieser Betriebsart die zulässigen Geschwindigkeiten (Drehzahlen, Vorschübe, etc.) normgemäß stark vermindert und der Betreiber muss alle notwendigen Bewegungen über eine Befehlseinrichtung mit selbsttätiger Rückstellung auslösen („Totmannschaltung").

Außerdem sind dazu noch zusätzliche organisatorische Maßnahmen bzw. Festlegungen durch den Betreiber zu treffen (u. a. zur Qualifikation des Bedienpersonals).

Für das Arbeiten mit Pressen enthält z.B. Kap. 2.3 Abschn. 3.5 DGUV-R 100-500 exakte Vorgaben, welche organisatorischen Maßnahmen für den Einrichtbetrieb umzusetzen sind.

2.4 Altmaschinenbestand

Ältere Werkzeugmaschinen, die vor Inkrafttreten der Maschinen-Richtlinie erstmalig rechtmäßig in Verkehr gebracht worden sind (also vor 1995 bzw. 1993), verfügen i.d.R. nicht über die heute üblichen technischen Sicherheitsvorkehrungen. An Drehmaschinen fehlen z.B. häufig trennende → *Schutzeinrichtungen* wie Schiebetüren und Spannfutterschutzhauben.

Im Rahmen einer → *Gefährdungsbeurteilung* nach § 3 BetrSichV sollten die Betreiber solcher Maschinen prüfen, ob zumindest die Mindestvorschriften an → *Arbeitsmittel* erfüllt sind oder ggf. durch zusätzliche Schutzmaßnahmen erkannte Gefährdungen minimiert werden müssen.

---

1 Metall-BG, Alles gegen Manipulation?, FA-Infoblatt, Nr. 22 (11.2007).

2 Metall-BG, Schutzscheiben an Werkzeugmaschinen der Metallbearbeitung, FA-Infoblatt, Nr. 40 (03.2012).

2.5 Brand- und Explosionsschutz an Werkzeugmaschinen

Beim Einsatz von modernen Werkzeugmaschinen zeichnen sich 2 Trends deutlich ab:

- vermehrter Einsatz von niedrigviskosen brennbaren → *Kühlschmierstoffen (KSS)* bei sehr hohen Drücken und
- immer höhere Vorschub- und Schnittgeschwindigkeiten.

Dadurch erhöht sich das Brandrisiko innerhalb von Werkzeugmaschinen erheblich. Ziel einer → *Gefährdungsbeurteilung* muss es daher sein, durch geeignete technische Schutzmaßnahmen das Brand- und ggf. auch das Explosionsrisiko an Werkzeugmaschinen so niedrig wie möglich zu halten.[1]

Rainer von Kiparski

Wertschätzung

Wertschätzung ist zugleich ein menschliches Grundbedürfnis und eine Haltung, die sich in einer wohlwollenden Lenkung der Aufmerksamkeit auf positive Aspekte des Gegenübers zeigt und sich in Verhalten ausdrückt und zwar insbesondere in der Kommunikation.

Damit ist sie gleichzeitig aktiv – die Aufmerksamkeit wird bewusst gesteuert, das Verhalten entsprechend praktiziert – und passiv konzipiert: Sie kann gegeben und empfangen werden. Sie kann sich in Lob ausdrücken, aber sie ist weit mehr als das. Auch Dank, Interesse an der Person oder das Übertragen wichtiger Aufgaben können Ausdruck von Wertschätzung sein. Wertschätzung ist nie Mittel zum Zweck und damit – anders als Lob – in jedem Fall frei von Manipulationsverdacht.

1 Wertschätzung als Gesundheits- und Produktivitätsfaktor

1.1 Zusammenhänge zwischen Wertschätzung und Gesundheit

Der Zusammenhang zwischen Gesundheit und Wertschätzung wird immer dort besonders deutlich, wo Wertschätzungsdefizite auftreten. Wenn Menschen sich durch Missachtung gekränkt fühlen, steigt ihr Blutdruck, die Muskeln werden angespannt, die Atmung wird oberflächlicher, der Pulsschlag geht nach oben, die Stimmung wird gereizt, das Verhalten aggressiv – der Mensch geht in „Hab-Acht-Stellung".

Im Gegensatz dazu hat Wertschätzung zahlreiche gesundheitsfördernde Effekte: Sie

- reduziert Ängste,
- sorgt für → *Entspannung* und
- steigert das Wohlbefinden durch Freisetzung von Endorphinen und Oxytozin (dem sog. Vertrauenshormon). Zudem wird das Depressionsrisiko reduziert.

Für den betrieblichen Kontext sind darüber hinaus folgende Effekte der Wertschätzung von Bedeutung: Die Arbeitsfähigkeit älterer Beschäftigter wird verbessert, sobald man sich durch den direkten Vorgesetzten wertgeschätzt fühlt. Und sog. Gratifikationskrisen werden vermieden. Darunter versteht man ein Ungleichgewicht zwischen Verausgabung und Belohnung. Wenn also ein Mitarbeiter den Eindruck hat, seine Tätigkeit würde nicht hinreichend gewürdigt in Form von Lohn, Aufstiegschancen, Entwicklungsmöglichkeiten oder Imagesteigerung, dann gerät er in eine Gratifikationskrise. Diese geht mit einem erhöhten Risiko für Herz-Kreislauf-Erkrankungen einher.

Neben den gesundheitlichen Effekten spielt das Thema Wertschätzung auch im Zusammenhang mit Motivation und Mitarbeiterbindung eine wichtige Rolle: Wer der Meinung ist, dass seine Arbeit nicht gesehen wird oder er als Person nicht zur Kenntnis genommen wird, reduziert langfristig sein Engagement oder sucht sich einen anderen Arbeitgeber. Wertschätzung ist damit zugleich ein Gesundheits- und ein Produktivitätsfaktor.

---

1 Metall-BG, Brand- und Explosionsschutz an Werkzeugmaschinen, FA-Infoblatt Nr. 32 (11.2013); Metall-BG, Brand an Werkzeugmaschinen – Was ist zu beachten, FA-Infoblatt Nr. 43 (04.2013).

1.2 Psychosozialer Arbeitsschutz und Unternehmenskultur

Psychosozialer Arbeitsschutz hat zum Ziel, die zwischenmenschlichen Arbeitsbedingungen salutogen zu gestalten, sodass sich alle am Arbeitsplatz wohlfühlen. Wertschätzung trägt stark zum Wohlbefinden im Betrieb bei und ist folglich Bestandteil eines ganzheitlich ausgerichteten psychosozialen Arbeitsschutzes.

Dies gilt nicht nur für den Umgang der Führungskräfte mit ihren Mitarbeitern, auch das Miteinander der Kollegen untereinander beeinflusst das Betriebsklima und damit das Befinden. Es kann von Kränkungen und Missachtung geprägt sein, sodass es arbeitsbedingte Gesundheitsgefahren birgt. Es kann aber auch psychosoziale Ressourcen beinhalten, nämlich dann, wenn Kollegen sich gegenseitig stärken und unterstützen.

Wie **Abb. 1** zeigt, besteht zwischen Betrieblichem Gesundheitsmanagement und Wertschätzung eine Wechselbeziehung.

Sobald sich Beschäftigte von ihrem Unternehmen und seinen Vertretern persönlich wertgeschätzt fühlen, verstehen sie Maßnahmen des Betrieblichen Gesundheitsmanagements und Maßnahmen zum Arbeits- und Gesundheitsschutz (AuG) als Ausdruck von Wertschätzung. Sie „glauben" die positive Intention; folglich ist die Akzeptanzquote der zugehörigen Maßnahmen hoch. Die Maßnahmen können ihre Wirkung voll entfalten und erreichen viele Beschäftigte.

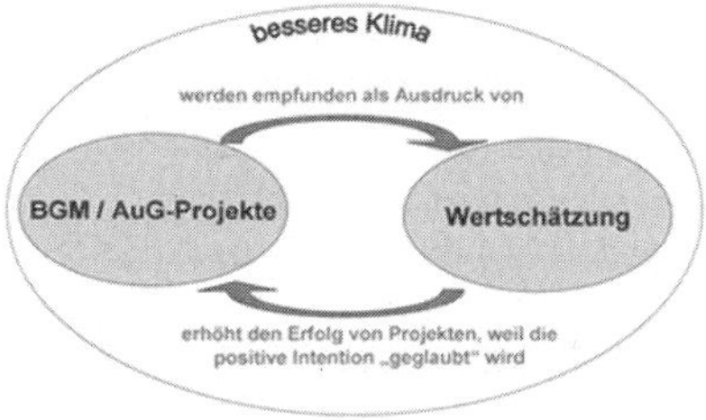

Abb. 1: Das Verhältnis von Wertschätzung und Betrieblichem Gesundheitsmanagement Arbeits- und Gesundheitsschutz (AuG)[1]

> **Praxis-Beispiel: Wertschätzung – ein Erfolgsfaktor für das BGM**
> Wo sich Beschäftigte hingegen (noch) nicht wertgeschätzt fühlen, fehlt auch (noch) die Akzeptanz der BGM-Maßnahmen. Wenn die Kultur in einem Unternehmen in der Vergangenheit geprägt war von der Betrachtung des Menschen als Kostenfaktor, dann ist Geduld erforderlich.

1.3 Wertschätzung als salutogene Grundhaltung

Wertschätzung lässt sich verstehen als wohlwollende Lenkung der Aufmerksamkeit auf positive Aspekte des Gegenübers – diese Fokussierung kann sich auf den Mitarbeiter beziehen, aber auch auf das Unternehmen als Ganzes oder auf Teilaspekte wie z. B. den Arbeitsschutz oder den Betriebssport.

Im Umgang mit anderen Menschen zeigt sich die positive Herangehensweise z. B. im Übertragen von Verantwortung. Die dahinter stehende Haltung lautet, dass man dem Mitarbeiter diese Aufgaben zutraut.

Ein zweites Beispiel ist die sog. „Rote-Tage-Regelung" mancher Betriebe; sie bedeutet, dass jeder Mitarbeiter pro Jahr 2 Tage daheim bleiben kann, wenn er sich nicht wohl fühlt. Dahinter steht die Haltung „Wir trauen unseren Mitarbeitern zu, dass sie verantwortlich mit dem Thema Krankheit bzw.

1 Aus: Matyssek, Wertschätzung im Betrieb. Impulse für eine gesündere Unternehmenskultur, 2011.

Abwesenheit umgehen". Auch hier offenbart sich ein positives Menschenbild, das in der Praxis oft entsprechend belohnt wird. Die meisten Menschen wollen etwas zurückgeben, wenn sie merken, dass man ihnen wertschätzend begegnet. (Umgekehrt „bestrafen" Mitarbeiter eine misstrauische Haltung seitens der Geschäftsleitung durch das bewusste Suchen von Schlupflöchern.)

Ein drittes Beispiel aus dem Betriebsalltag: Bei einer wertschätzenden Haltung lenkt eine Führungskraft ihr Augenmerk auch auf die 98 % der Mitarbeiterleistungen, die einwandfrei erledigt werden; sie schaut nicht ausschließlich auf die 2 % fehlerhaften Leistungen.

Wenn Menschen ihren Kolleginnen und Kollegen ablehnend gegenüberstehen, diese innerlich abwerten oder nicht mögen, ist es schwierig für sie, sich wertschätzend zu verhalten. Denn die Grundhaltung stimmt nicht. Wertschätzung vorzuheucheln ist hier nicht zielführend; gefragt ist stattdessen eine Reflexion des Menschen- bzw. Mitarbeiterbildes und der zugrundeliegenden Haltung.

Praxis-Beispiel: Ohne wertschätzende Haltung kein wertschätzendes Verhalten

Eine von Wertschätzung geprägte Grundhaltung ist die Basis für wertschätzendes Verhalten. Menschen, die so tun, als ob sie ihr Gegenüber schätzten, werden als unauthentisch erlebt.

2 Selbstwertschätzung als Basis

2.1 Selbstwertschätzung als Teil einer gesunden Psyche

Eine gesunde Psyche beinhaltet ein robustes Selbstwertgefühl. Ein Mensch, der sich selbst schätzt, wird auch im Kontakt mit anderen selbstbewusst auftreten und für seine Rechte eintreten. Er kann Kritik an seiner Leistung akzeptieren, ohne sich gleich als Person infrage gestellt zu sehen. Das Selbstwertgefühl wird zwar in der frühen Kindheit geprägt, es lässt sich aber in späteren Lebensjahren noch fördern und entwickeln.

Praxis-Beispiel: Ohne Selbstwertschätzung keine Wertschätzung anderer

Selbstwertschätzung ist die Basis, um anderen Menschen wertschätzend begegnen zu können.

Ohne Selbstwertschätzung ist es schwierig, anderen Menschen mit Wertschätzung zu begegnen. Dementsprechend ist die Ursache für arrogantes oder aggressives Verhalten häufig in mangelnder Selbstwertschätzung zu finden. Menschen mit geringer Selbstachtung müssen andere abwerten, um selber größer dazustehen. Ein erster Schritt für mehr Wertschätzung im Betrieb besteht daher in einer Stärkung des Selbstwertgefühls der handelnden Akteure und Kulturträger. Die Zusammenarbeit wird dadurch erleichtert.

Praxis-Beispiel: Überheblichkeit ist nicht Ausdruck eines starken Selbstwertgefühls

Menschen, die auf andere herabblicken, haben dies i.d.R. nötig, um sich selbst aufzuwerten. Menschen mit einem starken Selbstwertgefühl haben es nicht nötig, andere kleinzumachen.

2.2 (Selbst-)Wertschätzung in Konfliktsituationen

Insbesondere in Konfliktsituationen ist es schwierig, den Gesprächspartner weiterhin wertzuschätzen, wenn man sich selbst angegriffen fühlt. Ein stabiles Selbstwertgefühl ist daher wichtig, um in Konfliktsituationen einen kühlen Kopf zu bewahren und nicht seinerseits aggressiv und abwertend zu reagieren. Die Kränkungsanfälligkeit wird durch ein starkes Selbstwertgefühl reduziert.

Ähnliches gilt für Kritikgespräche. Diese eskalieren immer dann, wenn der Mitarbeiter sich durch die Äußerungen der Führungskraft als Person abgewertet sieht. Dann möchte er sich als Person verteidigen und greift zu aggressiven Mitteln – während die Führungskraft glaubt, sie hätte lediglich Kritik an der Leistung, nicht aber an der Person geübt. Die Gefahr ist groß, dass die Führungskraft den Mitarbeiter daraufhin als rebellisch erlebt – während dieser nur sein Selbstwertgefühl verteidigen will, das er angegriffen sieht.

Zur Vermeidung von Eskalationen in Kritik- oder Konfliktgesprächen ist es daher sinnvoll, präventiv das Selbstwertgefühl zu stärken. Dafür sind alle Tätigkeiten geeignet, bei denen man sich als kraftvoll und aktiv agierend erlebt (Sport, Hobbys, Vereinsarbeit etc.).

3 Wertschätzung im Arbeitsalltag

3.1 3 Formen der Anerkennung

Anerkennung lässt sich als Oberbegriff verstehen für Dank, Lob und Wertschätzung.

- **Dank** bezieht sich auf den Einsatz des Kollegen oder der Mitarbeiterin. Er ist unabhängig vom Ergebnis der Bemühungen oder von Sympathie. Diese Form der Anerkennung kommt also auch dann infrage, wenn die Führungskraft beispielsweise den Mitarbeiter nicht mag.
- **Lob** bezieht sich immer auf eine Leistung und beinhaltet eine (positive) Bewertung dieser Leistung. Letztlich stellt auch negatives Feedback eine Form von Anerkennung dar, denn auch Kritik beinhaltet, dass man sich die Leistung näher angeschaut hat und damit auch den Leistungserbringer zur Kenntnis genommen hat. Im Arbeitsalltag wird Kritik allerdings häufig negativ erlebt – dies ist vor allem dann der Fall, wenn die Wertschätzung aus Sicht des Kritikempfängers nicht gegeben ist.
- Die **Wertschätzung** der Person ist die Königsklasse der Anerkennung. Hier geht es um den Menschen als Ganzes – nicht nur in seiner Funktion als Leistungserbringer. Sie äußert sich z. B. in Form von Interesse für die Arbeit, aber auch für das Privatleben des Kollegen (falls gewünscht). Die meisten Beschäftigten halten die Wertschätzung ihrer Person für wichtiger als das Lob für ihre Leistung.

Praxis-Beispiel: Macht Lob klein?

Während lange Zeit die motivationsfördernde Wirkung von Lob beschrieben wurde, mehren sich in den letzten Jahren Stimmen, die Lob als „Selbstwertkiller“ bezeichnen und behaupten, Lob erziehe Mitarbeiter zu Kraftlosigkeit. Wer nach Lob durch Vorgesetzte schiele, sei umündig wie ein Kind, denn er arbeite für die Führungskraft und nicht für sich selbst, und es ginge ihm auch nicht um einen Sinn in seiner Tätigkeit.

In der Praxis schildern Beschäftigte i. d. R., dass sie beide Aspekte kennen: Eine reife Persönlichkeit ist nicht abhängig von der Anerkennung durch andere – dennoch kann Lob eine wohltuende und auch motivationsfördernde Wirkung haben.

Praxis-Beispiel: Lob ist nur der Notnagel

Mitarbeiterbefragungen ergeben branchen- und hierarchiestufenübergreifend die Klage von Mitarbeitern, sie erhielten zu wenig Lob. Ein Grund kann darin liegen, dass in den Fragebögen der Erhebung nur nach Lob für Leistungen und nicht nach Wertschätzung der Person gefragt wird. Idealerweise sollten Erhebungsinstrumente Items für beide Aspekte der Anerkennung beinhalten.

3.2 Wertschätzendes Verhalten

Wertschätzung zeigt sich im Betrieb im täglichen Umgang, z. B. im Umgangston. Ist dieser geprägt von Freundlichkeit, Höflichkeit und Respekt, so fühlen Beschäftigte sich i. d. R. wohl. Dazu gehören auch zahlreiche „kleine“ Gesten wie die Ansprache mit Namen, das Willkommenheißen nach einer Abwesenheit und der häufige Gebrauch der Wörter „bitte“ und „danke“.

Das Betriebsklima wird positiv beeinflusst, wenn man Lästern unterlässt bzw. es – seitens der Führungskraft – unterbindet. Gleiches gilt für Diskriminierungen. Gleichbehandlung ist wichtig, um Kränkungsgefühle zu vermeiden. Kollegen stehen füreinander ein und vermeiden Ausgrenzungen, wenn sie den Eindruck haben, dass auch sie selber zu ihrem Recht kommen und geschätzt werden.

Von besonderer Bedeutung für ein wertschätzendes Miteinander ist auch die oben erwähnte soziale Unterstützung. Sie umfasst Verhaltensweisen wie Zuhören, den Rücken stärken, Misserfolge erlauben, Trost spenden oder praktische Hilfen. In einer Kultur der Wertschätzung sprechen Mitarbeitende und Führungskräfte positiv übereinander (und auch über Angebote des Unternehmens wie z. B. die Kantine). Sie haben das Vertrauen, Konfliktherde offen anzusprechen, sodass eine Eskalation vermieden wird.

Praxis-Beispiel: Führungskräfte gewinnen

Da Wertschätzung im Betrieb maßgeblich durch die Führungskräfte des Unternehmens geprägt wird, ist es wichtig, diese für das Thema zu gewinnen. Sie müssen für ihre Aufgaben im Zusammenhang mit gesundheitsgerechter Mitarbeiterführung sensibilisiert, geschult und motiviert werden.

Anne Katrin Matyssek

Zoneneinteilung

Explosionsgefährdete Bereiche werden im Explosionsschutz nach Betriebssicherheitsverordnung in Zonen mit unterschiedlicher Explosionsgefährdung eingeteilt. Dies ist die Zoneneinteilung.

Gesetze, Vorschriften und Rechtsprechung

Grundlage für die Zoneneinteilung ist § 6 Abs. 4 GefStoffV. Danach hat der Arbeitgeber explosionsgefährdete Bereiche gem. Anhang I Nr. 1 Abschn. 1.7 GefStoffV in Zonen einzuteilen. Dies muss unter Berücksichtigung der Ergebnisse der Gefährdungsbeurteilung, also Art der explosionsfähigen Atmosphäre, Auftretenswahrscheinlichkeit und -dauer geschehen.

Zudem sind die Mindestvorschriften Anhang I Nr. 1 GefStoffV anzuwenden, sprich: organisatorische Maßnahmen, Unterweisung der Beschäftigten, Kennzeichnung der Bereiche, Explosionsschutzmaßnahmen etc.

1 Kriterien der Zoneneinteilung

Die Zoneneinteilung kommt in der Auswahl der → *Arbeitsmittel* zum Tragen, an die je nach Zone spezielle explosionsschutztechnische Anforderungen gestellt werden.

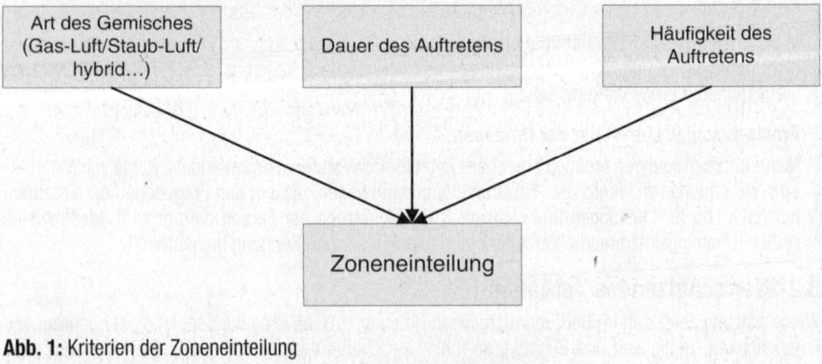

Abb. 1: Kriterien der Zoneneinteilung

2 Zoneneinteilung gemäß Gefahrstoffverordnung

Im → *Explosionsschutz* existieren 6 verschiedene Zoneneinteilungen:

- Zonen 0, 1, 2 für Gas-Luft-Gemische und
- Zonen 20, 21, 22 für Staub-Luft-Gemische.

Diese Zonen sind in Anhang I Nr. 1 Abschn. 1.7 GefStoffV folgendermaßen definiert (vgl. auch **Tab. 1**):

- **Zone 0** ist ein Bereich, in dem gefährliche → *explosionsfähige Atmosphäre* als Gemisch aus Luft und brennbaren Gasen, Dämpfen oder Nebeln ständig, über lange Zeiträume oder häufig vorhanden ist.
- **Zone 1** ist ein Bereich, in dem sich bei Normalbetrieb gelegentlich eine gefährliche explosionsfähige Atmosphäre als Gemisch aus Luft und brennbaren Gasen, Dämpfen oder Nebeln bilden kann.

- **Zone 2** ist ein Bereich, in dem bei Normalbetrieb eine gefährlich explosionsfähige Atmosphäre als Gemisch aus Luft und brennbaren Gasen, Dämpfen oder Nebeln normalerweise nicht, und wenn doch, dann nur selten und für kurze Zeit oder aber nur kurzzeitig auftritt.
- **Zone 20** ist ein Bereich, in dem gefährliche explosionsfähige Atmosphäre in Form einer Wolke aus in der Luft enthaltenem brennbaren Staub ständig, über lange Zeiträume oder häufig vorhanden ist.
- **Zone 21** ist ein Bereich, in dem sich bei Normalbetrieb gelegentlich eine gefährliche explosionsfähige Atmosphäre in Form einer Wolke aus in der Luft enthaltenem brennbaren Staub bilden kann.
- **Zone 22** ist ein Bereich, in dem bei Normalbetrieb eine gefährliche explosionsfähige Atmosphäre in Form einer Wolke aus in der Luft enthaltenem brennbaren Staub normalerweise nicht, und wenn doch, dann nur selten und für kurze Zeit auftritt.

Auftreten		**System**	
Häufigkeit	**Dauer**	**Gas-Luft**	**Staub-Luft**
ständig/häufig	lange Zeiträume	**0**	**20**
bei Normalbetrieb gelegentlich	k. A.	**1**	**21**
bei Normalbetrieb normalerweise nicht und wenn doch, dann nur selten und für kurze Zeit	kurzzeitig	**2**	**22**

Tab. 1: Zoneneinteilung nach Anhang I Nr. 1 Abschn. 1.7 GefStoffV

Die Zoneneinteilung ist für den **Normalbetrieb** vorzunehmen. Dieser ist in Anhang I Nr. 1 Abschn. 1.7 GefStoffV definiert als „Zustand, in dem Anlagen innerhalb ihrer Auslegungsparameter benutzt werden."

Praxis-Beispiel: Hybride Gemische

Bei hybriden Gemischen sind stellenweise sowohl die Zoneneinteilungen für Gas-Luft- als auch jene für Staub-Luft-Gemische anzuwenden und Geräte dementsprechend auszuwählen.

Praxis-Beispiel: Beispiele für Zoneneinteilungen

Beispielhafte Zoneneinteilungen sind im Anhang 4 der DGUV-R 113-001 „Explosionsschutz-Regeln" zu finden. Des Weiteren sind in einschlägigen Regeln wie der DGUV-I 209-046 „Lackierräume und -einrichtungen für flüssige Beschichtungsstoffe" die Zoneneinteilung solcher Anlagen zu finden. Auch im staatlichen Regelwerk wie der TRGS 510 „Lagerung von Gefahrstoffen in ortsbeweglichen Behältern" finden sich entsprechende Vorgaben zur Zoneneinteilung.

Josef Sauer

Zugelassene Überwachungsstellen

Zugelassene Überwachungsstellen (ZÜS) wurden im Rahmen der Liberalisierung des Prüfwesens in Deutschland eingeführt. Sie können seit dem 1.1.2008 die Prüfungen von überwachungsbedürftigen Anlagen (Alt- und Neuanlagen) durchführen, die bisher von den amtlich anerkannten Sachverständigen der Überwachungsorganisationen (TÜV) durchgeführt wurden. Damit wurde ein Wechsel vollzogen vom personengebundenen Prüfwesen (Sachverständige) zum organisationsbezogenen Prüfwesen (zugelassene Überwachungsstellen).

Gesetze, Vorschriften und Rechtsprechung

Zugelassene Überwachungsstellen müssen die Anforderungen gemäß §§ 15–17, 20 Gesetz über überwachungsbedürftige Anlagen (ÜAnlG) und die besonderen Anforderungen von Anhang 2 Abschn. 1 Nr. 1 Betriebssicherheitsverordnung (BetrSichV) erfüllen.

Als zugelassene Überwachungsstellen können auch Prüfstellen von Unternehmen und Unternehmensgruppen eingesetzt werden, wenn sie die besonderen Anforderungen von Anhang 2 Abschn. 1 Nr. 2 BetrSichV erfüllen: Sie dürfen nur überwachungsbedürftige Anlagen i. S. der Abschn. 3 und 4 Anhang 2 BetrSichV prüfen. Prüfstellen eines Unternehmens bzw. einer Unternehmensgruppe dürfen ausschließlich für das Unternehmen bzw. die Unternehmensgruppe arbeiten, dem bzw. der sie angehören.

1 Akkreditierung und Benennung

Um als→ *zugelassene Überwachungsstelle* tätig werden zu können, ist eine Akkreditierung und eine Benennung nötig. In einem Akkreditierungsverfahren muss die Kompetenz und Eignung der ZÜS gegenüber der Zentralstelle der Länder für Sicherheitstechnik (ZLS) nachgewiesen werden, dabei muss die ZÜS mind. die Prüfung aller überwachungsbedürftigen Anlagen eines Anwendungsbereichs vornehmen können:

- nach Abschn. 2 Aufzugsanlagen
- Abschn. 3 Explosionsgefährdungen oder
- Abschn. 4 Druckanlagen.

Eine ZÜS kann in einem oder mehreren Anwendungsbereichen akkreditiert werden. Die ZLS hat entsprechende Akkreditierungsrichtlinien für die jeweiligen Bereiche herausgegeben.

Unter Beachtung von länderspezifischen Akkreditierungsbedingungen besitzt die Akkreditierung Gültigkeit im gesamten Bundesgebiet. Alle akkreditierten ZÜS müssen durch die einzelnen Bundesländer bzw. durch die ZLS dem Bundesministerium für Arbeit und Soziales benannt werden. Für das Benennungsverfahren haben die Bundesländer entsprechende Verordnungen erlassen. Eine Benennung ist auf das Land beschränkt, für das sie ausgesprochen wird. Die Länder führen diese Benennung entweder selbst durch (sog. „zweistufiges Verfahren") oder übertragen sie der ZLS. Im letztgenannten Fall wird die ZLS neben dem Akkreditierungs- auch das Benennungsverfahren für das Land durchführen (sog. „einstufiges Verfahren").

2 Aufgaben

Aufgaben und Pflichten gem. §§ 9–14 ÜAnlG sind v. a.:

- Prüfung überwachungsbedürftiger Anlagen (s. Aufgaben gem. BetrSichV);
- bei Feststellung von Mängeln die zuständige Behörde benachrichtigen, Frist für Nachprüfung festlegen und Nachprüfung durchführen;
- Daten geprüfter überwachungsbedürftiger Anlagen an Anlagenkataster der Länder übermitteln: u. a. Standort, Kontaktdaten des Betreibers, sicherheitstechnische Beschreibung sowie Prüfstatus;
- regelmäßiger Erfahrungsaustausch mit den selbst beauftragten Personen sowie mit anderen ZÜS.

Gemäß BetrSichV haben ZÜS die folgenden Aufgaben:

- Gutachterliche Äußerung im Rahmen des Erlaubnisverfahrens für bestimmte → *überwachungsbedürftige Anlagen* (Prüfbericht nach § 18 BetrSichV),
- Prüfungen nach § 15 BetrSichV vor Inbetriebnahme und vor Wiederinbetriebnahme nach prüfpflichtigen Änderungen bestimmter → *überwachungsbedürftiger Anlagen*
- wiederkehrende Prüfungen von → *überwachungsbedürftigen Anlagen* (§ 16 BetrSichV).

Darüber hinaus können i. d. R. die zugelassenen Überwachungsstellen auch für → *Prüfungen* beauftragt werden, die gemäß BetrSichV auch von befähigten Personen durchgeführt werden dürfen.

3 Liste der zugelassenen Überwachungsstellen

Alle benannten zugelassenen Überwachungsstellen werden im Bundesanzeiger bekannt gegeben oder unter www.baua.de, ebenso die Liste der Prüfstellen von Unternehmen und Unternehmensgruppen für die jeweils in der Tabelle genannten Aufgabenbereiche nach § 20 Abs. 1 ÜAnlG.

4 Bildung eines Ausschusses

Gemäß § 31 ÜAnlG kann durch eine Rechtsverordnung die Bildung eines Ausschusses bestimmt werden, mit folgenden Aufgaben:

- Beratung des BMAS,
- Ermitteln von Stand der Technik und sonstigen wissenschaftlichen Erkenntnissen zum sicheren Betrieb sowie
- Ermitteln von Regeln, um Anforderungen des ÜAnlG zu erfüllen.

Vorgaben für die Zusammensetzung des Ausschusses gibt es bisher nicht.

Bettina Huck

Zündquellen

Eine Zündquelle ist grundsätzlich jede Art von Energie, die theoretisch in der Lage ist, Stoffe oder explosionsfähige Atmosphäre zu entzünden. Nach TRGS 723 ist eine Zündquelle bedingt durch einen physikalischen, chemischen oder technischen Vorgang, Zustand oder Arbeitsablauf, der geeignet ist, die Entzündung einer explosionsfähigen Atmosphäre auszulösen. Je nach Art des Stoffs oder der explosionsfähigen Atmosphäre, die entzündet werden könnten, muss die Zündquelle einen bestimmten Energieinhalt (Mindestzündenergie) aufweisen, um wirksam und damit zur Ursache einer Zündung zu werden. Die Wirksamkeit wird jedoch auch von weiteren Parametern wie der Geometrie der Zündquelle oder deren Einwirkungsdauer bestimmt. Zündbereitschaft des Stoffs und Zündquelle müssen als Einheit gesehen werden. Zur Bestimmung sicherheitstechnischer Kennwerte von z.B. Gasen, sind die Zündquellen genormt. Nach Zündung setzt sich der Verbrennungsvorgang zumindest eine gewisse Zeit selbstständig fort.

Gesetze, Vorschriften und Rechtsprechung

Lässt sich die Bildung explosionsfähiger Atmosphäre nicht sicher verhindern, so sind nach Gefahrstoffverordnung wirksame Zündquellen zu vermeiden. Lassen sich auch wirksame Zündquellen nicht vermeiden, so sind weitere Maßnahmen zum Explosionsschutz erforderlich (z.B. nach TRGS 724). In der Vielzahl von Regelungen zum Brandschutz ist die Vermeidung wirksamer Zündquellen eine zentrale Maßnahme, da sich brennbare Stoffe aus unserer Umwelt praktisch nicht entfernen lassen. 13 Arten von möglichen Zündquellen sind in der TRGS 723 bzw. in der DGUV-R 113-001 beschrieben. In der DGUV-R 113-001 ist auch eine hilfreiche Beispielsammlung zum Brand- und Explosionsschutz enthalten. Anforderungen zur Vermeidung von Zündgefahren durch elektrostatische Aufladungen sind in der TRGS 727 „Vermeidung von Zündgefahren infolge elektrostatischer Aufladungen" zu finden. Nach Anhang I Nr. 1.8 Gefahrstoffverordnung dürfen Arbeitsmittel nur in Betrieb genommen werden, wenn aus der Dokumentation der Gefährdungsbeurteilung hervorgeht, dass sie in explosionsgefährdeten Bereichen sicher verwendet werden können. Dazu teilt die Explosionsschutzprodukteverordnung (11. ProdSV) Arbeitsmittel auf Grund ihrer Zündfähigkeit in Kategorien ein. Die Explosionsschutzprodukteverordnung setzte die Richtlinie 2014/34/EU (ATEX-Richtlinie) in deutsches Recht um.

1 Arten von Zündquellen

In der TRGS 723„Gefährliche explosionsfähige Gemische – Vermeidung der Entzündung gefährlicher explosionsfähiger Gemische" werden 13 verschiedene Arten von → *Zündquellen* beschrieben, von denen die ersten 6 die höchste betriebliche Relevanz besitzen. Die Beschreibung der Zündquellenarten kann natürlich auch für die Betrachtung der Zündung anderer brennbarer Stoffe im Rahmen einer Zündquellenanalyse genutzt werden. Insbesondere bei der Zündquellenbetrachtung brennbarer Feststoffe kommt der Möglichkeit der Wärmeabfuhr im Wirkbereich einer potenziellen → *Zündquelle* eine besondere Bedeutung zu.

1.1 Heiße Oberflächen

Kommt → *explosionsfähige Atmosphäre* mit erhitzten Oberflächen (heiße → *Rohrleitungen*, Heizkessel, heiße Lagerstellen) in Berührung, kann es zu einer Entzündung kommen. Die eine Entzündung auslösende Temperatur hängt von Größe und Gestalt des erhitzten Körpers, vom Konzentrationsgefälle im Bereich der Wand und z.T. auch vom Wandmaterial ab. Drehende Teile in Lagern, Wellendurchführungen, Stopfbuchsen usw. können bei ungenügender Schmierung zu → *Zündquellen* werden. Heiße Oberflächen sind eine wesentliche Zündquelle bei der Entzündung von Staubablagerungen.

1.2 Flammen und heiße Gase

Flammen sind das Ergebnis exothermer chemischer Reaktionen, die bei Temperaturen von etwa 1.000 °C und mehr schnell ablaufen. Als Reaktionsprodukte treten heiße → *Gase*, bei Staubflammen oder rußenden Flammen auch glühende Feststoffpartikel auf. Sowohl die Flammen selbst als auch die heißen Reaktionsprodukte können → *explosionsfähige Atmosphäre*, Feststoffe und Flüssigkeiten entzünden. Flammen, auch sehr kleiner Abmessungen, zählen zu den wirksamsten → *Zündquellen*.

1.3 Zündquellen durch mechanische Reib-, Schlag- und Abriebvorgänge

Durch Reib-, Schlag- und Schleifvorgänge können aus festen Materialien Teilchen abgetrennt werden, die eine erhöhte Temperatur aufgrund der beim Trennvorgang aufgewandten Energie annehmen. Bestehen die Teilchen aus oxidierbaren Substanzen, wie z.B. Eisen oder Stahl, können diese Teilchen aufgrund des Oxidationsprozesses auf Temperaturen bis weit über 1.000 °C gelangen.

Beim → *Schweißen und Schneiden* entstehende Schweißperlen sind Funken mit sehr großer Oberfläche und sie gehören deshalb zu den wirksamsten Zündquellen. Bei energiereichen Schlägen mit einer Schlagenergie von 200 J und mehr von hartem Stahl auf ebenfalls sehr hartem Metall und beim Gebrauch von Trennscheiben entstehen Funken mit hoher Zündenergie.

1.4 Elektrische Anlagen

Bei → *elektrischen Betriebsmitteln* (z.B. Mess-, Steuer- und Regeleinrichtungen, Motoren) können selbst bei geringen Spannungen elektrische Funken (z.B. beim Öffnen und Schließen elektrischer Stromkreise und bei Ausgleichsströmen) sowie heiße Oberflächen als → *Zündquellen* auftreten. Fehlerhafte elektrische Geräte sind häufige → *Zündquellen*, z.B. in Verwaltungsbetrieben.

1.5 Elektrische Ausgleichsströme, kathodischer Korrosionsschutz

In elektrisch leitfähigen Anlagen oder Anlagenteilen können zeitweise oder dauernd Ausgleichsströme (auch Streu- oder Leckströme genannt) fließen:

- als Rückströme zu Stromerzeugungsanlagen (v.a. im Bereich vor elektrischen Bahnen und großen Schweißanlagen), wenn z.B. im Erdreich verlegte elektrisch leitfähige Anlagenteile wie Schienen, Rohre und Kabelmäntel den Widerstand dieses Rückstromwegs verringern;
- infolge von Körper- oder Erdschluss bei Fehlern in → *elektrischen Anlagen*;
- infolge von Induktion (z.B. in der Nähe von elektrischen Anlagen mit großen Stromstärken oder hohen Frequenzen);
- infolge von Blitzschlag.

Werden derartige Anlagenteile getrennt, verbunden oder überbrückt, kann selbst bei geringen Potenzialdifferenzen durch elektrische Funken → *explosionsfähige Atmosphäre* entzündet werden. Ferner sind Entzündungen durch Erwärmung dieser Stromwege möglich.

1.6 Statische Elektrizität

Als Folge von Trennvorgängen, können unter bestimmten Bedingungen zündfähige Entladungen statischer Elektrizität auftreten.

Besonders leicht kann die Entladung aufgeladener, isoliert angeordneter leitfähiger Teile zu zündfähigen Funken führen. So können Personen aufgeladen werden, z.B. beim Gehen, beim Aufstehen von einem

Sitz oder beim Kleiderwechsel. Berührt eine aufgeladene Person einen leitfähigen Gegenstand, z. B. einen Türgriff, treten Funkenentladungen auf.

An aufgeladenen Teilen aus nicht leitfähigen Stoffen, zu denen die meisten Kunststoffe, aber auch andere Stoffe gehören, sind Büschelentladungen und in besonderen Fällen bei schnellen Trennvorgängen (z. B. Ablaufen von Folien über Walzen, Treibriemen) auch Gleitstielbüschelentladungen möglich.

Büschelentladungen können i. Allg. nur explosionsfähige Gemische von → *Gasen* und Dämpfen, Funken- und Gleitstielbüschelentladungen darüber hinaus auch explosionsfähige Staub-Luft- und Nebel-Luft-Gemische entzünden.

Für die Beurteilung und die Vermeidung von Zündgefahren infolge elektrostatischer Aufladungen in explosionsgefährdeten Bereichen und für die Auswahl und Durchführung von Schutzmaßnahmen zum Vermeiden dieser Gefahren gilt TRGS 727.

1.7 Blitzschlag

Wenn ein Blitz in → *explosionsfähige Atmosphäre* einschlägt, wird diese stets gezündet. Daneben besteht eine Zündmöglichkeit auch durch starke Erwärmung der Ableitwege des Blitzes. Von Blitzeinschlagstellen aus fließen starke Ströme, die auch in größeren Entfernungen nach allen Richtungen von der Einschlagstelle zündfähige Funken und Sprühfeuer auslösen können.

1.8 Elektromagnetische Felder

Elektromagnetische Felder im Bereich der Frequenzen von 9 kHz bis 300 gHz gehen von allen Anlagen aus, die hochfrequente elektrische Energie erzeugen und benutzen (Hochfrequenzanlagen). Dazu gehören z. B. Funksender (u. a. Handy) oder medizinische, wissenschaftliche und industrielle Hochfrequenzgeneratoren zur Erwärmung, Trocknung, Härtung und zum → *Schweißen oder Schneiden*. Sämtliche im Strahlungsfeld befindlichen leitenden Teile wirken als Empfangsantenne (sog. Empfangsgebilde) und können bei ausreichender Stärke des Feldes und genügender Größe der Empfangsgebilde eine → *explosionsfähige Atmosphäre* entzünden.

1.9 Elektromagnetische Strahlung

Elektromagnetische Strahlung im Bereich der Frequenzen von 3×10^{11} Hz bis 3×10^{15} Hz bzw. Wellenlängen von 1000 μm bis 0,1 μm (optischer Spektralbereich) kann insbesondere bei Fokussierung durch Absorption in → *explosionsfähige Atmosphäre* oder an festen Oberflächen zur Zündquelle werden.

Sonnenlicht kann z. B. eine Zündung auslösen, wenn Gegenstände eine Bündelung der Strahlung herbeiführen (gefüllte Spritzflasche, Hohlspiegel usw.).

Bei Laserstrahlung (z. B. Nachrichtenübermittlung, Entfernungsmesser, Vermessungswesen) kann auch in großen Entfernungen noch die Energie- bzw. Leistungsdichte selbst des unfokussierten Strahls so groß sein, dass Zündung möglich ist.

1.10 Ionisierende Strahlen

→ *Ionisierende Strahlung* (erzeugt z. B. durch UV-Strahler, Röntgenröhren, Laser, radioaktive Stoffe, Beschleuniger oder Kernreaktoren) kann → *explosionsfähige Atmosphäre* (v. a. explosionsfähige Atmosphäre mit Staubpartikeln) infolge Energieabsorption entzünden. Darüber hinaus kann sich auch die radioaktive Quelle selbst durch Eigenabsorption von Strahlungsenergie so hoch erwärmen, dass die Zündtemperatur umgebender explosionsfähiger Atmosphäre überschritten wird.

Unter Einwirkung → *ionisierender Strahlung* können durch Radiolyse und chemische Zersetzung oder Umwandlung, insbesondere bei Bildung sehr reaktionsfähiger Radikale, explosionsfähige Stoffe und Gemische erzeugt und damit weitere Explosionsgefahren geschaffen werden.

1.11 Ultraschall

Bei Anwendung von Ultraschall werden große Anteile der vom Schallwandler abgegebenen Energie von festen oder flüssigen Stoffen absorbiert. Im beschallten Stoff tritt dabei infolge innerer Reibung eine Erwärmung auf, die in Extremfällen bis über die Zündtemperatur führen kann.

1.12 Adiabatische Kompression, Stoßwellen, strömende Gase

In Stoßwellen und bei adiabatischer Kompression können so hohe Temperaturen auftreten, dass → *explosionsfähige Atmosphäre* (auch abgelagerter Staub) entzündet werden kann. Die Temperaturerhöhung hängt in Wesentlichem vom Druckverhältnis, nicht aber von der Druckdifferenz ab. Stoßwellen bilden sich z. B. beim plötzlichen Entspannen von Hochdruckgasen in → *Rohrleitungen* aus. Sie dringen dabei mit Überschallgeschwindigkeit in Gebiete niederen Drucks vor.

1.13 Chemische Reaktionen

Durch chemische Umsetzungen unter Wärmeentwicklung können sich Stoffe oder Stoffsysteme erhitzen und dadurch zur Zündquelle werden.

Die den Selbsterhitzungen zugrunde liegenden Reaktionen können schon bei Raumtemperatur ablaufen. Nur verlaufen sie bei niedrigen Temperaturen i. d. R. so langsam, dass die dabei frei werdende Wärme i. Allg. schnell an die Umgebung abgeleitet wird, sodass das System auf konstanter Temperatur verharrt. Durch Behinderung der Wärmeableitung oder durch Lagerung bei erhöhter Temperatur kann jedoch die Reaktionsgeschwindigkeit zunehmen, bis schließlich die zur Entzündung notwendigen Voraussetzungen erreicht sind.

Martin Köhler

Zur Prüfung befähigte Person

Der Arbeitgeber muss für die regelmäßigen Prüfungen von Arbeitsmitteln und bestimmten überwachungsbedürftigen Anlagen nach Betriebssicherheitsverordnung sog. zur Prüfung befähigte Personen bzw. Prüfsachverständige beauftragen.

Als zur Prüfung befähigte Person gilt eine Person, die durch ihre Berufsausbildung, ihre Berufserfahrung und ihre berufliche Tätigkeit über die erforderlichen Kenntnisse zur Durchführung dieser Prüfungen verfügt. Die Anforderungen an zur Prüfung befähigte Personen sowie an Prüfsachverständige werden in der TRBS 1203 konkretisiert. Sie umfassen neben allgemeinen auch zusätzliche Anforderungen entsprechend dem jeweiligen Prüfgebiet. So muss die Prüfung von Kranen und maschinentechnischen Arbeitsmitteln der Veranstaltungstechnik durch Prüfsachverständige erfolgen. Die zur Prüfung befähigte Person bzw. der Prüfsachverständige ersetzt bei der Prüfung von Arbeitsmitteln die früher gebräuchlichen Begriffe des Sachkundigen und Sachverständigen. In anderen Gebieten, wie z. B. bei Prüfungen nach Baurecht oder bei Begutachtungen für Gerichte, wird allerdings nach wie vor von Sachkundigen und Sachverständigen gesprochen.

Gesetze, Vorschriften und Rechtsprechung

- § 2 Abs. 6 i. V. mit §§ 3 und 14 Betriebssicherheitsverordnung (BetrSichV)
- TRBS 1203 „Zur Prüfung befähigte Personen"
- TRBS 1201 Teil 1 „Prüfung von Anlagen in explosionsgefährdeten Bereichen"
- VDI 4068 „Befähigte Personen bzw. Zur Prüfung befähigte Personen" Blatt 1 bis 13

1 Hauptaufgabe: Prüfung von Arbeitsmitteln

Über viele Jahrzehnte hinweg wurde im deutschen staatlichen und berufsgenossenschaftlichen Vorschriften- und Regelwerk im Zusammenhang mit der regelmäßigen sicherheitstechnischen → *Prüfung* von → *Arbeitsmitteln* und → *überwachungsbedürftigen Anlagen* von **Sachkundigen** und **Sachverständigen** gesprochen.

Die Einführung des Begriffes der befähigten Person hängt mit der europäischen Harmonisierung des deutschen Arbeitsschutzrechtes zusammen. Bei der nationalen Umsetzung der Arbeitsmittel-Richtlinie 89/655/EWG, später ersetzt durch Richtlinie 2009/104/EG über Mindestvorschriften für Sicherheit und Gesundheitsschutz bei Benutzung von Arbeitsmitteln durch Arbeitnehmer bei der Arbeit in die Betriebssicherheitsverordnung wurden auch die Anforderungen an Personen, die der Arbeitgeber mit der Prüfung von → *Arbeitsmitteln* beauftragt, neu gefasst. In Art. 5 „Überprüfung der Arbeitsmittel" von 2009/104/EG heißt es:

„(1) Der Arbeitgeber sorgt dafür, dass die Arbeitsmittel, deren Sicherheit von den Montagebedingungen abhängt, durch … hierzu ***befähigte Personen*** *nach der Montage und vor der ersten Inbetriebnahme einer Erstüberprüfung und nach jeder Montage auf einer neuen Baustelle oder an einem neuen Standort einer Überprüfung unterzogen werden, um sich von der korrekten Montage und vom korrekten Funktionieren dieser Arbeitsmittel zu überzeugen.*

(2) Damit die Gesundheits- und Sicherheitsvorschriften eingehalten und Schäden, welche zu gefährlichen Situationen führen können, rechtzeitig entdeckt und behoben werden können,

sorgt der Arbeitgeber dafür, dass die Arbeitsmittel, die Schäden verursachenden Einflüssen unterliegen,

a) durch im Sinne der einzelstaatlichen Rechtsvorschriften oder Praktiken hierzu ***befähigte Personen*** *regelmäßig überprüft und gegebenenfalls erprobt werden und*

b) durch im Sinne der einzelstaatlichen Rechtsvorschriften oder Praktiken hierzu ***befähigte Personen*** *jedes Mal einer außerordentlichen Überprüfung unterzogen werden, wenn außergewöhnliche Ereignisse stattgefunden haben, die schädigende Auswirkungen auf die Sicherheit des Arbeitsmittels haben können, beispielsweise Veränderungen, Unfälle, Naturereignisse, längere Zeiträume, in denen das Arbeitsmittel nicht benutzt wurde."*

2009/104/EG konkretisiert allerdings nicht, welche Anforderungen an eine befähigte Person gestellt werden. Dies erfolgt durch die BetrSichV und die TRBS 1203 „Zur Prüfung befähigte Personen".

In § 2 Abs. 6 BetrSichV wird die befähigte Person wie folgt definiert:

„Zur Prüfung befähigte Person … ist eine Person, die durch ihre Berufsausbildung, ihre Berufserfahrung und ihre zeitnahe berufliche Tätigkeit über die erforderlichen Kenntnisse zur Prüfung von Arbeitsmitteln verfügt."

Es liegt auf der Hand, dass diese pauschale Beschreibung der Anforderungen in der Praxis eine Reihe von Fragen offen lässt. Diese sollen durch die TRBS 1203 „Zur Prüfung befähigte Personen" beantwortet werden. Bei Anwendung der darin beispielhaft genannten Umsetzungen kann der Arbeitgeber insoweit die Vermutung der Einhaltung der Vorschriften der Betriebssicherheitsverordnung für sich geltend machen. Wählt der Arbeitgeber eine andere Lösung, muss er die gleichwertige Erfüllung der Verordnung schriftlich nachweisen.

2 Allgemeine Anforderungen an zur Prüfung befähigte Personen

Zur Prüfung befähigte Personen im Sinn der Betriebssicherheitsverordnung müssen über die für die → *Prüfung* der jeweiligen → *Arbeitsmittel* erforderlichen Kenntnisse verfügen.

Diese können erworben werden durch

- Berufsausbildung,
- Berufserfahrung und
- zeitnahe berufliche Tätigkeit.

Praxis-Beispiel: Voraussetzungen

Die genannten Voraussetzungen müssen gleichzeitig erfüllt sein!

Bei Einhaltung der Anforderungen soll bei der zur Prüfung befähigten Person ein zuverlässiges Verständnis sicherheitstechnischer Belange gegeben sein, damit die Prüfungen ordnungsgemäß durchgeführt werden können. In Abhängigkeit von der Komplexität der Prüfaufgabe (Prüfumfang, Prüfart, Nutzung bestimmter Messgeräte) können die erforderlichen Fachkenntnisse variieren.

Praxis-Beispiel: Arbeitgeber entscheidet

Letztlich liegt die Entscheidung, ob Personen aus der eigenen Belegschaft oder von Dritten als „Zur Prüfung befähigte Person" im Sinne der Betriebssicherheitsverordnung gelten können, im Ermessen des Arbeitgebers. Im Zweifelsfall ist es sinnvoll, sich dazu mit der zuständigen Arbeitsschutzbehörde oder ggf. auch mit dem zuständigen Unfallversicherungsträger abzustimmen.

Praxis-Beispiel: Befähigungsnachweise Dritter einfordern

Beauftragt der Arbeitgeber Dritte (z.B. Fachunternehmen, Dienstleister) als zur Prüfung befähigte Personen mit der Prüfung von → *Arbeitsmitteln*, sollte er sich entsprechende Nachweise für die erforderliche Befähigung (z.B. Nachweise über die Berufsausbildung, Zertifikate für den Erwerb von Zusatzqualifikationen oder Teilnahmenachweise für die laufende Fortbildung auf dem jeweiligen Prüfgebiet) vorlegen lassen und eine Kopie davon in den Prüfunterlagen ablegen.

2.1 Berufsausbildung

Die zur Prüfung befähigte Person muss eine technische Berufsausbildung abgeschlossen haben oder über eine andere technische Qualifikation verfügen. Als abgeschlossene technische Berufsausbildung gilt auch ein abgeschlossenes technisches Studium. Die Feststellung kann auf Berufsabschlüssen oder vergleichbaren Qualifikationsnachweisen beruhen.

Die Art der Berufsausbildung ist stark abhängig vom jeweiligen Prüfgebiet. Sie kann vom Facharbeiter (z.B. Elektriker, Elektroniker, Industriemechaniker, Maschinenschlosser) über Techniker, Meister bis zum Ingenieur reichen.

2.2 Berufserfahrung

Berufserfahrung setzt voraus, dass die zur Prüfung befähigte Person eine nachgewiesene Zeit im Berufsleben praktisch mit den zu prüfenden → *Arbeitsmitteln* umgegangen ist und deren Funktions- und Betriebsweise im notwendigen Umfang kennt. Als Minimum kann eine mind. einjährige Berufserfahrung als ausreichend angesehen werden.

Die zur Prüfung befähigte Person muss vertraut sein mit (Abschn. 2.3 TRBS 1203):

- der vorschriftsmäßigen Montage, Installation und sicheren Funktion des zu prüfenden Arbeitsmittels sowie von dessen Schutzeinrichtungen;
- Schäden verursachenden Einflüssen während der Verwendung;
- typischen Schäden und Gefährdungen für die Beschäftigten;
- außergewöhnlichen Ereignissen mit schädigenden Auswirkungen;
- Erfahrungswerten aus der Prüfung vergleichbarer Arbeitsmittel.

2.3 Zeitnahe berufliche Tätigkeit

Eine „zeitnahe berufliche Tätigkeit" umfasst eine Tätigkeit im betreffenden Prüfgebiet sowie eine angemessene Weiterbildung. Zum Erhalt der Prüfpraxis gehört die regelmäßige Durchführung von oder Beteiligung an mehreren → *Prüfungen* pro Jahr.

Bei längerer Unterbrechung der Prüftätigkeit müssen ggf. durch die Teilnahme an Prüfungen Dritter aktuelle Erfahrungen mit Prüfungen gesammelt und die notwendigen Kenntnisse erneuert werden.

Die zur Prüfung befähigte Person muss über Kenntnisse zum Stand der Technik hinsichtlich des zu prüfenden → *Arbeitsmittels* und der zu betrachtenden Gefährdungen verfügen und diese aufrechterhalten. Sie muss den Ist-Zustand ermitteln, Ist-Zustand und Soll-Zustand vergleichen sowie Abweichungen bewerten können. Dabei muss sie mit der Betriebssicherheitsverordnung und deren technischem Regelwerk sowie mit weiteren staatlichen Arbeitsschutzvorschriften für den betrieblichen Arbeitsschutz (z.B. ArbSchG, GefStoffV) und deren technischen Regelwerken sowie Vorschriften mit Anforderungen an die Beschaffenheit (z.B. ProdSG, einschlägige ProdSV), mit Regelungen der Unfallversicherungsträger (z.B. DGUV-Vorschriften, -Regeln und -Informationen) und anderen Regelungen (z.B. Normen, anerkannte Prüfgrundsätze) soweit vertraut sein, dass sie den sicheren Zustand des Arbeitsmittels beurteilen kann.

3 Zusätzliche Anforderungen an zur Prüfung befähigte Personen bzw. Prüfsachverständige

Abschn. 3 und 4 TRBS 1203 enthalten über die genannten allgemeinen Anforderungen an zur Prüfung befähigte Personen hinaus noch zusätzliche Anforderungen für die Prüfung von ausgewählten Arbeitsmitteln. Dabei werden die Anforderungen an die Berufsausbildung, Berufserfahrung und zeitnahe berufliche Tätigkeit für folgende Arbeitsmittel spezifiziert:

- mit elektrischen Komponenten,
- mit hydraulischen Komponenten,
- Personenaufnahmemittel zum Heben von Personen mit Kranen,
- Arbeitsmittel nach Anhang 3 BetrSichV.

Außerdem werden in Anhang 1 TRBS 1203 für die Anwendung in der betrieblichen Praxis beispielhaft die Anforderungen an zur Prüfung befähigte Personen für folgende weitere Prüfgebiete genannt:

- Prüfung von → *Flurförderzeugen*,
- Prüfungen an Dampfkesseln, → *Druckbehältern* und → *Rohrleitungen*, sofern diese nicht nach BetrSichV durch eine → *zugelassene Überwachungsstelle* zu prüfen sind,
- Prüfung von Schlauchleitungen, sofern diese nicht nach BetrSichV ausschließlich durch eine zugelassene Überwachungsstelle zu prüfen sind.

Anhang 2 TRBS 1203 enthält eine Übersichtstabelle, in der die wichtigsten allgemeinen Anforderungen an zur Prüfung befähigte Personen hinsichtlich

- Berufsausbildung,
- Berufserfahrung und
- zeitnahe berufliche Tätigkeit

sowie deren Spezifizierung für zur Prüfung befähigte Personen bzw. für Prüfsachverständige zur Prüfung von bestimmten Arbeitsmitteln (s. o.) übersichtlich zusammengefasst sind.

Praxis-Beispiel: Arbeitsmittel nach Anhang 3 BetrSichV: Wer darf prüfen?

Während Flüssiggasanlagen durch zur Prüfung befähigte Personen geprüft werden dürfen, sind für die Prüfung von Kranen und maschinentechnischen Arbeitsmitteln der Veranstaltungstechnik grundsätzlich Prüfsachverständige erforderlich, die u. a. eine mind. 3-jährige Erfahrung in der Konstruktion, dem Bau, der Instandhaltung oder der Prüfung haben und davon mind. ein halbes Jahr an der Prüftätigkeit eines Prüfsachverständigen beteiligt gewesen sein müssen. Bestimmte Krane und bestimmte maschinentechnische Arbeitsmittel der Veranstaltungstechnik können auch von zur Prüfung befähigten Personen geprüft werden (Anhang 3 BetrSichV).

Der Verein Deutscher Ingenieure (VDI) hat zur weiteren Unterstützung der Arbeitgeber bei der Auswahl **befähigter Personen** im Rahmen einer „Qualitätsoffensive Befähigte Personen" in Ergänzung zum „amtlichen" Regelwerk folgende Richtlinien aus der Reihe VDI 4068 „Befähigte Personen" veröffentlicht:

- Blatt 1 Zur Prüfung befähigte Personen – Qualifikationsmerkmale und Beauftragung
- Blatt 2 Befähigte Personen – Krane, Anschlag-, Lastaufnahme- und Tragmittel
- Blatt 3 Befähigte Personen – Leitern, Tritte, fahrbare Arbeitsbühnen und Kleingerüste
- Blatt 4 Zur Prüfung befähigte Personen – Anforderungen an die externe Ausbildung für die Prüfung handgeführter elektrisch betriebener Arbeitsmittel
- Blatt 5 Befähigte Personen – Flurförderzeuge, Anbaugeräte, Anhänger
- Blatt 6 Befähigte Personen – Fahrbare Hubarbeitsbühnen
- Blatt 7 Befähigte Personen – Ladebrücken, -stege, -schienen und fahrbare Rampen
- Blatt 8 Befähigte Personen – Lagereinrichtungen und Regalbediengeräte
- Blatt 9 Befähigte Personen – Fahrbare oder ortsveränderliche Hubgeräte und verwandte Einrichtungen
- Blatt 10 Befähigte Personen – Ortsfeste oder ortsveränderliche und fahrbare Hubtische
- Blatt 11 Befähigte Personen – Ortsfeste oder ortsveränderliche Zentrifugen

- Blatt 12 Zur Prüfung befähigte Personen – Prüfung von Feuerlöschanlagen
- Blatt 13 Zur Prüfung befähigte Personen – Prüfung von Feuerlöschern

Rainer von Kiparski

Zusammenlagerung (Gefahrstoffe)

Die ungeordnete Lagerung von Stoffen mit unterschiedlichen Gefährdungspotentialen kann zu gefährlichen Reaktionen führen. Eine Zusammenlagerung von Gefahrstoffen ist deshalb nur dann erlaubt, wenn dadurch keine Gefährdungserhöhung entsteht.

Gesetze, Vorschriften und Rechtsprechung

Die Lagerung von Gefahrstoffen ist in vielen Rechtsgebieten beschrieben. Je nach Schutzziel – z. B. Umweltschutz, Brand- und Explosionsschutz, Arbeitsschutz – gibt es entsprechende Gesetze, Verordnungen und Technische Regeln. Die Regeln zur Zusammenlagerung sind allerdings grundsätzlich für alle Gefahrstoffe in ortsbeweglichen Behältern in einem Regelwerk zusammengefasst worden – in Abschn. 13 TRGS 510 „Lagerung von Gefahrstoffen in ortsbeweglichen Behältern“.

1 Regeln der Zusammenlagerung

Grundsätzlich sind beim Lagern von Stoffen die Gefahrstoffeinstufung und die Mengen zu ermitteln.

Die Einstufung der Stoffe in → *Gefahrstoffe* ist dem Sicherheitsdatenblatt zu entnehmen.

Befinden sich verschiedene Stoffe in ortsbeweglichen Behältern[1] in einem Lagerabschnitt[2], einem Container oder Sicherheitsschrank, liegt eine Zusammenlagerung vor. Handelt es sich dabei um Gefahrstoffe und werden die Mengen nach Abschn. 13.3 Abs. 3 TRGS 510 überschritten, sind die Regeln der Zusammenlagerung nach Abschn. 13 TRGS 510 zu beachten.

2 Zusammenlagerungstabelle

Zur Beurteilung wird in Abschn. 13.3 TRGS 510 eine Zusammenlagerungstabelle zur Verfügung gestellt. Anhand der spezifischen Gefahrenmerkmale sind die zu lagernden Stoffe und Gemische in Lagerklassen (LGK) klassifiziert. Diese dienen ausschließlich zur Festlegung der Zusammenlagerung.

Die Lagerklassen 1 bis 13 sind in Angang 2 TRGS 510 näher beschrieben. Jeder → *Gefahrstoff* wird nur in eine Lagerklasse eingestuft.

---

1 Ortsbewegliche Behälter sind dazu bestimmt, dass in ihnen Gefahrstoffe transportiert und gelagert werden. Zu den ortsbeweglichen Behältern gehören z. B. Verpackungen, Großpackmittel (IBC), Großverpackungen, Tankcontainer/ortsbewegliche Tanks, Druckgasbehälter und Aerosolpackungen oder Druckgaskartuschen (Abschn. 2 Abs. 18 TRGS 510).

2 Lagerabschnitt ist der Teil eines Lagers, der von anderen Lagerabschnitten oder angrenzenden Räumen in Gebäuden durch Wände und Decken, die die sicherheitstechnischen Anforderungen erfüllen, oder im Freien durch entsprechende Abstände oder durch Wände getrennt ist. Sicherheitsschränke mit einer Feuerwiderstandsfähigkeit von 90 Minuten gelten als Lagerabschnitt (Abschn. 2 Abs. 12 TRGS 510).

LGK	1	2A	2B	3	4.1A	4.1B	4.2	4.3	5.1A	5.1B	5.1C	5.2	6.1A	6.1B	6.1C	6.1D	6.2	7	8A	8B	10-13	*10**	*11**	*12**	*13**
1	1	-	-	-	-	-	-	-	-	-	-	-	-	-	-	-	-	-	-	-	-	-	-	-	-
2A	-	3	2	-	-	-	-	-	-	-	1	-	-	-	-	-	-	-	2	+	2	-	2	+	+
2B	-	2	+	+	-	-	-	-	-	-	1	-	+	+	+	+	-	-	+	+	+	+	+	+	+
3	-	-	+	+	-	-	-	-	-	4	-	-	+	-	+	6	-	-	+	+	5	+	5	+	+
4.1A	-	-	-	-	1	1	-	-	-	-	-	1	-	-	-	-	-	-	1	1	1	1	1	1	1
4.1B	-	-	-	-	1	+	6	6	-	4	-	1	8	-	+	6	-	-	+	+	+	+	+	+	+
4.2	-	-	-	-	-	6	+	6	-	-	-	-	-	-	6	6	-	-	6	6	6	6	6	+	+
4.3	-	-	-	-	-	6	6	+	-	-	-	-	-	-	6	6	-	-	6	6	6	6	6	6	+
5.1A	-	-	-	-	-	-	-	-	+	+	-	-	-	-	-	-	-	-	-	-	-	-	-	+	+
5.1B	-	-	-	4	-	4	-	-	+	+	1	-	4	4	6	6	-	-	7	+	7	7	7	+	+
5.1C	-	1	1	-	-	-	-	-	-	1	1	-	-	-	-	-	-	-	1	1	1	1	1	1	1
5.2	-	-	-	-	1	1	-	-	-	-	-	+	-	-	-	-	-	-	-	-	1	1	1	+	+
6.1A	-	-	+	+	-	8	-	-	-	4	-	-	+	+	+	+	-	-	+	+	5	+	5	+	+
6.1B	-	-	+	-	-	-	-	-	-	4	-	-	+	+	+	+	-	-	+	+	5	+	5	+	+
6.1C	-	-	+	+	-	+	6	6	-	6	-	-	+	+	+	+	-	-	+	+	+	+	+	+	+
6.1D	-	-	+	6	-	6	6	6	-	6	-	-	+	+	+	+	-	-	+	+	+	+	+	+	+
6.2	-	-	-	-	-	-	-	-	-	-	-	-	-	-	-	-	+	-	-	-	-	-	-	-	-
7	-	-	-	-	-	-	-	-	-	-	-	-	-	-	-	-	-	1	-	-	-	-	-	-	-
8A	-	2	+	+	1	+	6	6	-	7	1	-	+	+	+	+	-	-	+	+	+	+	+	+	+
8B	-	+	+	+	1	+	6	6	-	+	1	-	+	+	+	+	-	-	+	+	+	+	+	+	+
10-13	-	2	+	5	1	+	6	6	-	7	1	1	5	5	+	+	-	-	+	+	+	+	+	+	+
*10**	-	-	+	+	1	+	6	6	-	7	1	1	+	+	+	+	-	-	+	+	+	+	+	+	+
*11**	-	2	+	5	1	+	6	6	-	7	1	1	5	5	+	+	-	-	+	+	+	+	+	+	+
*12**	-	+	+	+	1	+	+	6	+	+	1	+	+	+	+	+	-	-	+	+	+	+	+	+	+
*13**	-	+	+	+	1	+	+	+	+	+	1	+	+	+	+	+	-	-	+	+	+	+	+	+	+

Legende:

-	Separatlagerung erforderlich
Nr.	Zusammenlagerung eingeschränkt erlaubt, siehe die Erläuterungen der Nr. im folgenden Absatz 3
+	Zusammenlagerung erlaubt

Abb. 1: Zusammenlagerungstabelle für jede Lagerklassenkombination[1]

Die Zusammenlagerungsmatrix führt zu 3 Entscheidungskategorien:

1. Separatlagerung ist erforderlich;
2. Zusammenlagerung ist erlaubt;
3. Zusammenlagerung ist nur eingeschränkt erlaubt.

2.1 Erlaubte Zusammenlagerung

Eine Zusammenlagerung ist auch nur dann erlaubt, wenn die einzelnen Stoffe einer Lagerklasse oder unterschiedlicher Lagerklassen nicht zu einer wesentlichen Gefahrenerhöhung führen.

1 Quelle: Abschn. 13.3 TRGS 510.

Praxis-Beispiel: Verschiedene Aerosole

Unterschiedliche Stoffe die alle der LGK 2B (Aerosole) zugeordnet sind, dürfen laut Tabelle zusammen gelagert werden. Eine Zusammenlagerung ist allerdings nicht erlaubt, wenn diese:

1. unterschiedliche Löschmittel benötigen,
2. unterschiedliche Temperaturbedingungen erfordern,
3. miteinander unter Bildung entzündbarer oder giftiger Gase reagieren oder
4. miteinander unter Entstehung eines Brandes reagieren.

Dieselben Kriterien gelten für die Zusammenlagerung von unterschiedlichen Lagerklassen, z.B.: LGK 2B (Aerosole) und LGK 3 (Entzündbare flüssige Stoffe).

Die TRGS 510 erlaubt im Einzelfall Abweichungen, wenn geeignete → *Brandschutzkonzepte* und/oder → *Gefährdungsbeurteilungen* vorliegen. Weitere Ausnahmen ergeben sich für Gefahrgüter.

2.2 Separatlagerung

Eine Separatlagerung ist eine Getrenntlagerung in unterschiedlichen Lagerabschnitten mit einer Feuerwiderstandsdauer oder -fähigkeit von mind. 90 Minuten.

In einer Separatlagerung dürfen nur Stoffe derselben Lagerklasse gelagert werden.

2.3 Eingeschränkt erlaubte Zusammenlagerung

Die Einschränkungen werden nach der Zusammenlagerungstabelle in Abschn. 13.3 Abs. 3 TRGS 510 erläutert. Hier ist u.a. die Getrenntlagerung eine Möglichkeit zur Reduzierung von Gefährdungen für bestimmte Stoffe derselben LGK oder Stoffe unterschiedlicher LGKs.

Werden in einem Lagerabschnitt verschiedene Stoffe durch ausreichend Abstände oder durch Barrieren (z.B. Wände, Schränke aus nicht brennbarem Material, Produkte aus nicht brennbaren Stoffen der LGK 12 oder 13) voneinander getrennt, liegt eine Getrenntlagerung vor. Eine Getrenntlagerung liegt auch bei einer Lagerung in getrennten Rückhalteeinrichtungen vor.

Katja Graf